LES
MYSTÈRES DE PARIS

PAR

EUGÈNE SUE.

ÉDITION ILLUSTRÉE PAR J.-A. BEAUCÉ ET STAAL.

PARIS,
5, RUE DU PONT-DE-LODI (PRÈS LE PONT-NEUF.)
1851

LES MYSTÈRES DE PARIS

Dessins par J. A. BEAUCÉ et STAAL.

Gravures par A. LAVIEILLE.

Le tapis-franc.

PREMIÈRE PARTIE.

CHAPITRE PREMIER.

Le tapis-franc.

Un *tapis-franc*, en argot de vol et de meurtre, signifie un estaminet ou un cabaret du plus bas étage.

Un repris de justice, qui, dans cette langue immonde, s'appelle un *ogre*, ou une femme de même dégradation, qui s'appelle une *ogresse*, tiennent ordinairement ces tavernes, hantées par le rebut de la population parisienne : forçats libérés, escrocs, voleurs, assassins y abondent.

Un crime a-t-il été commis, la police jette, si cela se peut dire, son filet dans cette fange ; presque toujours elle y prend les coupables.

Ce début annonce au lecteur qu'il doit assister à de sinistres scènes ; s'il y consent, il pénétrera dans des régions horribles, inconnues ; des types hideux, effrayants, fourmilleront dans ces cloaques impurs comme les reptiles dans les marais.

Tout le monde a lu les admirables pages dans lesquelles Cooper, le Walter Scott américain, a tracé les mœurs féroces des sauvages, leur langue pittoresque, poétique, les mille ruses à l'aide desquelles ils fuient ou poursuivent leurs ennemis.

On a frémi pour les colons et pour les habitants des villes, en songeant que si près d'eux vivaient et rôdaient ces tribus barbares, que leurs habitudes sanguinaires rejetaient si loin de la civilisation.

Nous allons essayer de mettre sous les yeux du lecteur quelques épisodes de la vie d'autres barbares aussi en dehors de la civilisation que les sauvages peuplades si bien peintes par Cooper.

Seulement les barbares dont nous parlons sont au milieu de nous ; nous pouvons les coudoyer en nous aventurant dans les repaires où ils vivent, où ils se rassemblent pour concerter le meurtre, le vol, pour se partager enfin les dépouilles de leurs victimes.

Ces hommes ont des mœurs à eux, des femmes à eux, un langage à eux, langage mystérieux, rempli d'images funestes, de métaphores dégoûtantes de sang.

Comme les sauvages, enfin, ces gens s'appellent généralement entre eux par des surnoms empruntés à leur énergie, à leur cruauté, à certains avantages ou à certaines difformités physiques.

Nous abordons avec une double défiance quelques-unes des scènes de ce récit.

Nous craignons d'abord qu'on ne nous accuse de rechercher des épisodes repoussants, et, une fois même cette licence admise, qu'on nous trouve au-dessous de la tâche qu'impose la reproduction fidèle, vigoureuse, hardie, de ces mœurs excentriques.

En écrivant ces passages dont nous sommes presque effrayé, nous n'avons pu échapper à une sorte de serrement de cœur... nous n'oserions dire de douloureuse anxiété... de peur de prétention ridicule.

En songeant que peut-être nos lecteurs éprouveraient le même ressentiment, nous nous sommes demandé s'il fallait nous arrêter ou persévérer dans la voie où nous nous engagions, si de pareils tableaux devaient être mis sous les yeux du lecteur.

Nous sommes presque resté dans le doute; sans l'impérieuse exigence de la narration, nous regretterions d'avoir placé en si horrible lieu l'exposition du récit qu'on va lire. Pourtant nous comptons un peu sur l'espèce de curiosité craintive qu'excitent quelquefois les spectacles terribles.

Et puis encore nous croyons à la puissance des contrastes.

Sous ce point de vue de l'art, il est peut-être bon de reproduire certains caractères, certaines existences, certaines figures, dont les couleurs sombres, énergiques, peut-être même crues, serviront de repoussoir, d'opposition à des scènes d'un tout autre genre.

Le lecteur, prévenu de l'excursion que nous lui proposons d'entreprendre parmi les naturels de cette race infernale qui peuple les prisons, les bagnes, et dont le sang rougit les échafauds... le lecteur voudra peut-être bien nous suivre. Sans doute cette investigation sera nouvelle pour lui : hâtons-nous de l'avertir d'abord que, s'il pose d'abord le pied sur le dernier échelon de l'échelle sociale, à mesure que le récit marchera, l'atmosphère s'épurera de plus en plus.

Le 13 décembre 1838, par une soirée pluvieuse et froide, un homme d'une taille athlétique, vêtu d'une mauvaise blouse, traversa le pont au Change et s'enfonça dans la Cité, d dale de rues obscures, étroites, tortueuses, qui s'étend depuis le Palais-de-Justice jusqu'à Notre-Dame.

Le quartier du Palais-de-Justice, très-circonscrit, très-surveillé, sert pourtant d'asile ou de rendez-vous aux malfaiteurs de Paris. N'est-il pas étrange, ou plutôt fatal, qu'une irrésistible attraction fasse toujours graviter ces créatures autour du formidable tribunal qui les condamne à la prison, au bagne, à l'échafaud ?

Cette nuit-là, donc, le vent s'engouffrait violemment dans les espèces de ruelles de ce lugubre quartier, la lueur blafarde, vacillante, des réverbères agités par la bise, se reflétait dans le ruisseau d'eau noirâtre qui coulait au milieu des pavés fangeux.

Les maisons, couleur de boue, étaient percées de quelques rares fenêtres aux châssis vermoulus et presque sans carreaux. De noires, d'infectes allées conduisaient à des escaliers plus noirs, plus infects encore, et si perpendiculaires, qu'on pouvait à peine les gravir à l'aide d'une corde à puits fixée aux murailles humides par des crampons de fer.

Le rez-de-chaussée de quelques-unes de ces maisons était occupé par des étalages de charbonniers, de tripiers, ou de revendeurs de mauvaises viandes.

Malgré le peu de valeur de ces denrées, la devanture de presque toutes ces misérables boutiques était grillagée de fer, tant les marchands redoutaient les audacieux voleurs de ce quartier.

L'homme dont nous parlons, en entrant dans la rue aux Fèves, située au centre de la Cité, ralentit beaucoup sa marche : il se sentait *sur son terrain.*

La nuit était profonde, l'eau tombait à torrents, de fortes rafales de vent et de pluie fouettaient les murailles.

Dix heures sonnaient dans le lointain à l'horloge du Palais-de-Justice.

Des femmes embusquées sous les porches voûtés, obscurs, profonds comme les cavernes, chantaient à demi-voix quelques refrains populaires.

Une de ces créatures était sans doute connue de l'homme dont nous parlons ; car, s'arrêtant brusquement devant elle, il la saisit par le bras.

— Bonsoir, Chourineur (1).

Cet homme, repris de justice, avait été ainsi surnommé au bagne.

— C'est toi, la Goualeuse (2) dit l'homme en blouse ; tu vas me payer l'*eau d'aff* (3), ou je te fais danser sans violons !

— Je n'ai pas d'argent, répondit la femme en tremblant ; car cet homme inspirait une grande terreur dans le quartier.

— Si ta *filoche* est à *jeun* (1), l'ogresse du tapis-franc te fera crédit sur ta bonne mine.

— Mon Dieu ! je lui dois déjà le loyer des vêtements que je porte...

— Ah ! tu raisonnes ? s'écria le Chourineur. Et il donna dans l'ombre et au hasard un si violent coup de poing à cette malheureuse, qu'elle poussa un cri de douleur aigu.

— Ça n'est rien que ça, ma fille ; c'est pour t'avertir...

A peine le brigand avait-il dit ces mots, qu'il s'écria avec un effroyable jurement :

— Je suis piqué à l'aileron ; tu m'as égratigné avec tes ciseaux.

Et, furieux, il se précipita à la poursuite de la Goualeuse dans l'allée noire.

— N'approche pas, ou je te crève les *ardents* (2) avec mes *fauchants* (3), dit-elle d'un ton décidé. Je ne t'ai rien fait, pourquoi m'as-tu battue ?

— Je vais te dire ça, s'écria le bandit en s'avançant toujours dans l'obscurité.

— Ah ! je te tiens ! et tu vas te danser ! ajouta-t-il en saisissant dans ses larges et fortes mains un poignet mince et frêle.

— C'est toi qui vas danser ! dit une voix mâle.

— Un homme ! Est-ce toi, Bras-Rouge ? réponds donc et ne serre pas si fort... j'entre dans l'allée de ta maison... ça peut bien être toi...

— Ça n'est pas Bras-Rouge, dit la voix.

— Bon, puisque ça n'est pas un ami, il y a avoir du *raisiné par terre* (3), s'écria le Chourineur. Mais à qui donc la petite patte que je tiens là ?

— C'est la pareille de celle-ci.

Sous la peau délicate et douce de cette main qui vint le saisir brusquement à la gorge, le Chourineur sentit se tendre des nerfs et des muscles d'acier.

La Goualeuse, réfugiée au fond de l'allée, avait lestement grimpé plusieurs marches : elle s'arrêta un moment, et s'écria en s'adressant à son défenseur inconnu :

— Oh ! merci, monsieur, d'avoir pris mon parti. Le Chourineur m'a battue parce que je n'ai pas voulu pas lui payer d'eau-de-vie. Je me suis vengée, mais je n'ai pu lui faire grand mal avec mes petits ciseaux. Maintenant je suis en sûreté, laissez-le ; prenez bien garde à vous, c'est le Chourineur.

L'effroi qu'inspirait cet homme était bien grand.

— Mais vous ne m'entendez donc pas ? Je vous dis que c'est le Chourineur ! répéta la Goualeuse.

— Et moi je suis un *fertampier* qui n'est pas *frileux* (4), dit l'inconnu.

Puis tout se tut.

On entendit pendant quelques secondes le bruit d'une lutte acharnée.

— Mais tu veux donc que je t'*escarpe* (5) ? s'écria le bandit en faisant un violent effort pour se débarrasser de son adversaire, qu'il trouvait d'une vigueur extraordinaire. Bon, bon, tu vas payer pour la Goualeuse et pour toi, ajouta-t-il en grinçant des dents.

— Payer en monnaie de coups de poing, oui, répondit l'inconnu.

— Si tu ne lâches pas ma cravate, je te mange le nez, murmura le Chourineur d'une voix étouffée.

— J'ai le nez trop petit, mon homme, et tu n'y vois pas clair !

— Alors viens sous le *pendu glacé* (6).

— Viens, reprit l'inconnu, nous nous y regarderons le blanc des yeux.

Et, se précipitant sur le Chourineur, qu'il tenait toujours au collet, il le fit reculer jusqu'à la porte de l'allée et le poussa violemment dans la rue, à peine éclairée par la lueur du réverbère.

Le bandit trébucha ; mais, se raffermissant aussitôt, il s'élança avec furie contre l'inconnu, dont la taille mince et très-mince ne semblait pas annoncer la force incroyable qu'il déployait.

Le Chourineur, quoique d'une constitution athlétique et première habileté dans une sorte de pugilat appelé vulgairement la *savate*, trouva, comme on dit, son *maître*.

L'inconnu lui *passa la jambe* (sorte de croc en jambe) avec une dextérité merveilleuse, et le renversa deux fois.

Ne voulant pas encore reconnaître la supériorité de son adversaire, le Chourineur revint à la charge en rugissant de colère.

Alors le défenseur de la Goualeuse, changeant brusquement de méthode, fit pleuvoir sur la tête du bandit une grêle de coups de poing aussi rudement assénés qu'avec un gantelet de fer.

Ces coups de poing, dignes de l'envie et de l'admiration de Jack Turner, l'un des plus fameux boxeurs de Londres, étaient d'ailleurs si en dehors des règles de la savate, que le Chourineur en fut doublement étourdi ; pour la troisième fois le brigand tomba comme un bœuf sur le pavé en murmurant :

— *Mon linge est lavé* (7).

— S'il renonce, ne l'achevez pas, ayez pitié de lui ! dit la Goualeuse,

(1) Si ta bourse est vide.
(2) Je te crève les yeux avec mes ciseaux.
(3) Du sang répandu.
(4) Je suis un bandit qui n'est pas poltron.
(5) Que je te tue.
(6) Sous le réverbère.
(7) Je m'avoue vaincu, j'en ai assez.

(1) Bonsoir, donneur de coups de couteau. (Nous n'abuserons pas longtemps de cet affreux langage d'argot, nous en donnerons seulement quelques spécimens caractéristiques.)
(2) La Chanteuse.
(3) L'eau-de-vie.

qui pendant cette rixe s'était hasardée sur le seuil de l'allée de la maison de Bras-Rouge. Puis elle ajouta avec étonnement : Mais qui êtes-vous donc? Excepté le Maître d'école, il n'y a personne, depuis la rue Saint-Éloi jusqu'à Notre-Dame, capable de battre le Chourineur. Je vous remercie bien, monsieur ; hélas ! sans vous il m'assommait.

L'inconnu, au lieu de répondre à cette femme, écoutait attentivement sa voix.

Jamais timbre plus doux, plus frais, plus argentin, ne s'était fait entendre à son oreille; il tâcha de distinguer les traits de la Goualeuse : il ne put y parvenir, la nuit était trop sombre, la clarté du réverbère était trop pâle.

Après être resté quelques minutes sans mouvement, le Chourineur remua les jambes, les bras, et enfin se mit sur son séant.

— Prenez garde ! s'écria la Goualeuse en se réfugiant de nouveau dans l'allée et en tirant son protecteur par le bras, prenez garde, il va peut-être vouloir se revenger !

— Sois tranquille, ma fille ! s'il en veut encore, j'ai de quoi le servir.

Le brigand entendit ces mots.

— J'ai la coloquinte en bringues, dit-il à l'inconnu. Pour aujourd'hui j'en ai assez, je n'en mangerai plus ; une autre fois je ne dis pas, si je le retrouve.

— Est-ce que tu n'es pas content ? est-ce que tu te plains? s'écria l'inconnu d'un ton menaçant. Est-ce que j'ai *macaroné* (1) ?

— Non, non, je ne me plains pas ; tu es un cadet qui a de l'*atout* (2), dit le brigand d'un ton bourru, mais avec cette sorte de considération respectueuse que la force physique impose toujours aux gens de cette espèce. Tu m'as rincé ; et, excepté le Maître d'école, qui mangerait trois Alcides à son déjeuner, personne jusqu'à cette heure ne peut se vanter de me mettre le pied sur la tête.

— Eh bien ! après ?

— Après ?... j'ai trouvé mon maître, voilà tout. Tu auras le tien un jour ou l'autre, tôt ou tard... tout le monde trouve le sien... A défaut d'homme il y a toujours bien le *meg* des *megs* (3), comme disent les *sangliers* (4). Ce qui est sûr, c'est que, maintenant que tu as mis le Chourineur sous tes pieds, tu peux faire les quatre cents coups dans la Cité. Toutes les filles d'amour seront tes esclaves : *ogres* et *ogresses* n'oseront pas refuser de te faire crédit. Ah ça ! mais qui es-tu donc ?... tu *dévides* le *jars* (5) comme père et mère ! Si tu es *grinche* (6), je ne suis pas ton homme. J'ai *chouriné* (7), c'est vrai ; parce que, quand le sang me monte aux yeux, j'y vois rouge, et il faut que je frappe... mais j'ai payé mes chourinades en allant quinze ans au *pré* (8). Mon temps est fini, je ne dois rien aux *curieux* (9), et je n'ai jamais *grinché* (10) ; demande à la Goualeuse.

— C'est vrai, ce n'est pas un voleur, dit celle-ci.

— Alors viens boire un verre d'eau d'aff, et tu me connaîtras, dit l'inconnu : allons, sans rancune.

— C'est honnête de ta part, mon maître, je le reconnais, tu sais rudement jouer des poignets... il y a eu surtout la grêle de coups de poing de la fin... Tonnerre ! comme ça me pleuvait sur la boule ! je n'ai jamais rien vu de pareil... comme c'était festonné ! ça allait comme un marteau de forge. C'est un nouveau jeu... faudra me l'apprendre.

— Je recommencerai quand tu voudras.

— Pas sur moi, toujours, dis donc ; eh ! pas sur moi. J'en ai encore des éblouissements. Mais tu connais donc Bras-Rouge, que tu étais dans l'allée de sa maison ?

— Bras-Rouge ! dit l'inconnu surpris de cette question ; je ne sais pas ce que tu veux dire ; il n'y a pas que Bras-Rouge qui habite cette maison, sans doute ?

— Si fait, mon homme... Bras-Rouge a ses raisons pour ne pas aimer les voisins, dit le Chourineur en souriant d'un air singulier.

— Eh bien ! tant mieux pour lui, reprit l'inconnu, qui semblait ne pas vouloir continuer la conversation à ce sujet. Je ne connais pas plus Bras-Rouge que Bras-Noir; il pleuvait, j'étais entré un moment dans cette allée pour me mettre à l'abri ; tu as voulu battre cette pauvre fille, je t'ai battu, voilà tout.

— C'est juste ; d'ailleurs tes affaires ne me regardent pas ; tous ceux qui ont besoin de Bras-Rouge ne vont pas le dire à Rome. N'en parlons plus. Puis, s'adressant à la Goualeuse : Foi d'homme, tu es une bonne fille ; je t'ai donné une calotte, tu m'as rendu un coup de ciseaux, c'était de jeu ; mais, ce qui est gentil de ta part, c'est que tu n'as pas agriché cet enragé-là contre moi, quand tu n'en voulais plus. Tu viendras boire avec nous ! c'est monsieur qui paye. A propos de ça, mon brave, dit-il à l'inconnu, si, au lieu d'aller *pitancher* (11) de l'eau d'aff, nous

(1) Agi en traître.
(2) Qui a du courage.
(3) Dieu.
(4) Les prêtres.
(5) Tu parles argot.
(6) Voleur.
(7) Donné des coups de couteau à un homme.
(8) Aux galères.
(9) Aux juges.
(10) Volé.
(11) Boire.

allions nous *refaire de sorgue* (1) chez l'ogresse du Lapin-Blanc : c'est un tapis-franc.

— Tope, je paye à souper. Veux-tu venir, la Goualeuse? dit l'inconnu.

— Oh ! j'avais bien faim, répondit-elle ; mais de voir des batteries, ça m'écœure, je n'ai plus d'appétit.

— Bah ! bah ! ça te viendra en mangeant, dit le Chourineur ; et la cuisine est fameuse au Lapin-Blanc.

Les trois personnages, alors en parfaite intelligence, se dirigèrent vers la taverne.

Pendant la lutte du Chourineur et de l'inconnu, un charbonnier d'une taille colossale, embusqué dans une autre allée, avait observé avec anxiété les chances du combat, sans toutefois, ainsi qu'on l'a vu, prêter le moindre secours à l'un des deux adversaires.

Lorsque l'inconnu, le Chourineur et la Goualeuse se dirigèrent vers la taverne, le charbonnier les suivit.

Le bandit et la Goualeuse entrèrent les premiers dans le tapis-franc ; l'inconnu allait les suivre, lorsque le charbonnier s'approcha et lui dit tout bas en anglais et d'un ton de respectueuse remontrance :

— Monseigneur, prenez bien garde !

L'inconnu haussa les épaules et rejoignit ses compagnons.

Le charbonnier ne s'éloigna pas de la porte du cabaret ; prêtant l'oreille avec attention, il regardait de temps à autre au travers d'un petit jour pratiqué dans l'épaisse couche de blanc d'Espagne dont les vitres de ces repaires sont toujours enduites intérieurement.

CHAPITRE II.

L'ogresse.

Le cabaret du Lapin-Blanc est situé vers le milieu de la rue aux Fèves. Cette taverne occupe le rez-de-chaussée d'une haute maison dont la façade se compose de deux fenêtres dites à *guillotine*.

Au-dessus de la porte d'une sombre allée voûtée se balance une lanterne oblongue dont la vitre fêlée porte ces mots écrits en lettres rouges : « Ici on loge à la nuit. »

Le Chourineur, l'inconnu et la Goualeuse entrèrent dans la taverne.

C'est une vaste salle basse, au plafond enfumé, rayé de solives noires, éclairée par la lumière rougeâtre d'un mauvais quinquet. Les murs, recrépis à la chaux, sont couverts çà et là de dessins grossiers ou de sentences en termes d'argot.

Le sol battu, salpêtré, est imprégné de boue ; une brassée de paille est déposée, en guise de tapis, au pied du comptoir de l'ogresse, situé à droite de la porte et au-dessous du quinquet.

De chaque côté de cette salle il y a six tables ; d'un bout elles sont scellées au mur, ainsi que les bancs qui les accompagnent. Au fond une porte donne sur une cuisine ; à droite, près du comptoir, existe une sortie sur l'allée qui conduit aux taudis où l'on couche à trois sous la nuit.

Maintenant quelques mots de l'ogresse et de ses hôtes.

L'ogresse s'appelle la mère Ponisse ; sa triple profession consiste à loger, à tenir un cabaret, et à louer des vêtements aux misérables créatures qui pullulent dans ces rues immondes.

L'ogresse a quarante ans environ. Elle est grande, robuste, corpulente, haute en couleur et quelque peu barbue. Sa voix rauque, virile, ses gros bras, ses larges mains, annoncent une force peu commune ; elle porte sur son bonnet un vieux foulard rouge et jaune ; un châle de poil de lapin se croise sur sa poitrine et se noue derrière son dos; sa robe de laine verte laisse voir des sabots noirs souvent incendiés par sa chaufferette ; enfin le teint de l'ogresse est cuivré, enflammé par l'abus des liqueurs fortes.

Le comptoir, plaqué de plomb, est garni de brocs cerclés de fer et de différentes mesures d'étain ; sur une tablette attachée au mur on voit plusieurs flacons de verre façonnés de manière à représenter la figure en pied de l'empereur.

Ces bouteilles renferment des breuvages frelatés de couleur rose et verte, connus sous le nom de *Parfait-Amour* et de *Consolation*.

Enfin, un gros chat noir à prunelles jaunes, accroupi près de l'ogresse, semble le démon familier de ce lieu.

Par un contraste qui semblerait impossible si l'on ne savait que l'âme humaine est un abîme impénétrable... une sainte branche de buis de Pâques, achetée à l'église par l'ogresse, était placée derrière la boîte d'une ancienne pendule à coucou.

Deux hommes à figure sinistre, à barbe hérissée, vêtus presque de haillons, touchaient à peine au broc de vin qu'on leur avait servi, et parlaient à voix basse d'un air inquiet.

L'un d'eux surtout, très-pâle, presque livide, rabattait souvent jusque sur ses sourcils un mauvais bonnet grec dont il était coiffé ; il tenait sa

(1) Souper.

main gauche presque toujours cachée, ayant soin de la dissimuler, autant que possible, lorsqu'il était obligé de s'en servir.

Plus loin s'attablait un jeune homme de seize ans à peine, à la figure imberbe, hâve, creuse, plombée, au regard éteint; ses longs cheveux noirs flottaient autour de son cou; cet adolescent, type du vice précoce, fumait une courte pipe blanche. Le dos appuyé au mur, les deux mains dans les poches de sa blouse, les jambes étendues sur le banc, il ne quittait sa pipe que pour boire à même d'une canette d'eau-de-vie placée devant lui.

Les autres habitués du tapis-franc, hommes ou femmes, n'offraient rien de remarquable, leurs physionomies étaient féroces ou abruties, leur gaieté grossière ou licencieuse, leur silence sombre ou stupide.

Tels étaient les hôtes du tapis-franc lorsque l'inconnu, le Chourineur et la Goualeuse entrèrent.

Ces trois derniers personnages jouent un rôle trop important dans ce récit, leurs figures sont trop caractérisées, pour que nous ne les mettions pas en relief.

Le Chourineur, homme de haute taille et de constitution athlétique, a des cheveux d'un blond pâle tirant sur le blanc, des sourcils épais et d'énormes favoris d'un roux ardent.

Le hâle, la misère, les rudes labeurs du bagne ont bronzé son teint de cette couleur sombre, olivâtre, pour ainsi dire, particulière aux forçats.

Malgré son terrible surnom, les traits de cet homme expriment plutôt une sorte d'audace brutale que la férocité; quoique la partie postérieure de son crâne, singulièrement développée, annonce la prédominance des appétits meurtriers et charnels.

Le Chourineur porte une mauvaise blouse bleue, un pantalon de gros velours primitivement vert, et dont on ne peut distinguer la couleur sous l'épaisse couche de boue qui le couvre.

Par une anomalie étrange, les traits de la Goualeuse offrent un de ces types angéliques et candides qui conservent leur idéalité même au milieu de la dépravation, comme si la créature était impuissante à effacer par ses vices la noble empreinte que Dieu a mise au front de quelques êtres privilégiés.

La Goualeuse avait seize ans et demi.

Le front le plus pur, le plus blanc, surmontait son visage d'un ovale parfait; une frange de cils, tellement longs qu'ils frisaient un peu, voilait à demi ses grands yeux bleus. Le duvet de la première jeunesse veloutait ses joues rondes et vermeilles. Sa petite bouche purpurine, son nez fin et droit, son menton à fossette, étaient d'une adorable suavité de lignes. De chaque côté de ses tempes satinées, une natte de cheveux d'un blond cendré magnifique descendait en s'arrondissant jusqu'au milieu de la joue, remontait derrière l'oreille dont on apercevait le lobe d'ivoire rosé, puis disparaissait sous les plis serrés d'un grand mouchoir de cotonnade à carreaux bleus, et noué, comme on dit vulgairement, en marmotte.

Un collier de grains de corail entourait son cou d'une beauté et d'une blancheur éblouissantes. Sa robe d'alépine brune, beaucoup trop large, laissait deviner une taille fine, souple et ronde comme un jonc. Un mauvais petit châle orange, à franges vertes, se croisait sur son sein.

Le charme de la voix de la Goualeuse avait frappé son défenseur inconnu. En effet, cette voix douce, vibrante, harmonieuse, avait un attrait si irrésistible, que la tourbe de scélérats avec lesquels vivait cette jeune fille la suppliaient souvent de chanter, l'écoutaient avec ravissement, et l'avaient surnommée la *Goualeuse* (la chanteuse).

La Goualeuse avait reçu un autre surnom, dû sans doute à la candeur virginale de ses traits...

On l'appelait encore *Fleur-de-Marie*, mots qui en argot signifient la *Vierge*.

Pourrons-nous faire comprendre au lecteur notre singulière impression, lorsqu'au milieu de ce vocabulaire infâme, où les mots qui signifient le vol, le sang, le meurtre, sont encore plus hideux et plus effrayants que les hideuses et effrayantes choses qu'ils expriment, lorsque nous avons, disons-nous, surpris cette métaphore d'une poésie si douce, si tendrement pieuse : *Fleur-de-Marie*.

Ne dirait-on pas un lis au calice élevant la neige odorante de son calice immaculé au milieu d'un champ de carnage?

Bizarre contraste, étrange hasard! les inventeurs de cette épouvantable langue se sont ainsi élevés jusqu'à une sainte poésie! Ils ont prêté un charme de plus à la chaste pensée qu'ils voulaient exprimer!

Ces réflexions n'amènent-elles pas à croire, en songeant ainsi à d'autres contrastes qui rompent souvent l'horrible monotonie des existences les plus criminelles, que certains principes de moralité, de piété, pour ainsi dire innés, jettent encore quelquefois çà et là de vives lueurs dans les âmes les plus ténébreuses? Les scélérats *tout d'une pièce* sont des phénomènes assez rares.

Le défenseur de la Goualeuse (nous nommerons cet inconnu Rodolphe) paraissait âgé de trente-six ans; sa taille, moyenne, svelte, parfaitement proportionnée, ne semblait pas annoncer la vigueur surprenante que cet homme venait de déployer dans sa lutte avec l'athlétique Chourineur.

Il eût été très-difficile d'assigner un caractère certain à la physionomie de Rodolphe; elle réunissait les contrastes les plus bizarres.

Ses traits étaient régulièrement beaux, trop beaux peut-être pour un homme.

Son teint d'une pâleur délicate, ses grands yeux d'un brun orangé, presque toujours à demi fermés et entourés d'une légère auréole d'azur, sa démarche nonchalante, son regard distrait, son sourire ironique, semblaient annoncer un homme blasé, dont la constitution était sinon délabrée, du moins affaiblie par les aristocratiques excès d'une vie opulente.

Et pourtant, de sa main élégante et blanche, Rodolphe venait de terrasser un des bandits les plus robustes, les plus redoutés de ce quartier de bandits.

Nous disons *aristocratiques excès*, parce que l'ivresse d'un vin généreux diffère complétement de l'ivresse d'un affreux breuvage frelaté; parce qu'en un mot, aux yeux de l'observateur, les excès diffèrent de symptômes comme ils diffèrent de nature et d'espèce.

Certains plis du front de Rodolphe révélaient le penseur profond, l'homme essentiellement contemplatif... et pourtant la fermeté des contours de sa bouche, son port de tête quelquefois impérieux et hardi, décelaient alors l'homme d'action, dont la force physique, dont l'audace, exercent toujours sur la foule un irrésistible ascendant.

Souvent son regard se chargeait d'une triste mélancolie, et tout ce que la commisération a de plus secourable, tout ce que la pitié a de plus touchant, se peignait sur son visage. D'autres fois, au contraire, le regard de Rodolphe devenait dur, méchant; ses traits exprimaient tant de dédain et de cruauté, qu'on ne pouvait le croire capable de ressentir aucune émotion douce.

La suite de ce récit montrera quel ordre de faits ou d'idées excitait chez lui des passions si contraires.

Dans sa lutte avec le Chourineur, Rodolphe n'avait témoigné ni colère ni haine contre cet adversaire indigne de lui. Confiant dans sa force, dans son adresse, dans son agilité, il n'avait eu qu'un mépris railleur pour l'espèce de bête brute qu'il venait de terrasser.

Pour achever le portrait de Rodolphe, nous dirons que ses cheveux étaient châtain clair, de la même nuance que ses sourcils noblement arqués et que sa petite moustache fine et soyeuse; son menton un peu saillant était soigneusement rasé.

Du reste, les manières et le langage qu'il affectait avec une incroyable aisance donnaient à Rodolphe une complète ressemblance avec les hôtes de l'ogresse. Son cou svelte, aussi élégamment modelé que celui du Bacchus indien, était entouré d'une cravate noire nouée négligemment, et dont les bouts retombaient sur le collet de sa blouse bleue, d'une nuance blanchâtre annonçant la vétusté. Une double rangée de clous armait ses gros souliers. Enfin, sauf ses mains d'une distinction rare, rien ne le distinguait matériellement des hôtes du tapis-franc; tandis que son air de résolution, et, pour ainsi dire, d'audacieuse sérénité, mettait entre eux et lui une distance énorme.

En entrant dans le tapis-franc, le Chourineur, posant une de ses larges mains velues sur l'épaule de Rodolphe, s'écria :

— Salut au maître du Chourineur!... Oui, mes amis, ce cadet-là vient de me rincer... Avis aux amateurs qui auraient l'idée de se faire casser les reins ou cuire la *sorbonne* (1), en comptant le Maître d'école qui, cette fois-ci, trouvera son maître... J'en réponds et je le parie!

A ces mots, depuis l'ogresse jusqu'au dernier des habitués du tapis-franc, tous regardèrent le vainqueur du Chourineur avec un respect craintif.

Les uns reculèrent leurs verres et leurs brocs au bout de la table qu'ils occupaient, s'empressant de faire une place à Rodolphe, dans le cas où il aurait voulu se placer à côté d'eux; d'autres s'approchèrent du Chourineur pour lui demander à voix basse quelques détails sur cet inconnu qui débutait si victorieusement dans le *monde*.

L'ogresse, enfin, avait adressé à Rodolphe l'un de ses plus gracieux sourires. Chose inouïe, exorbitante, fabuleuse dans les fastes du Lapin-Blanc, elle s'était levée de son comptoir pour venir prendre les ordres de Rodolphe et savoir ce qu'il fallait servir à sa *société*, attention que l'ogresse n'avait jamais eue pour le fameux Maître d'école, terrible scélérat qui faisait trembler le Chourineur lui-même.

Un des deux hommes à figure sinistre que nous avons signalés (celui qui, très-pâle, cachait sa main gauche et rabattait toujours son bonnet grec sur son front) se pencha vers l'ogresse, qui essuyait soigneusement la table de Rodolphe, et lui dit d'une voix enrouée :

— Le Maître d'école n'est pas venu aujourd'hui?

— Non, dit la mère Ponisse.

— Et hier?

— Il est venu.

— Avec sa nouvelle *largue* (2)?

— Ah çà! est-ce que tu me prends pour un *raille* (3), avec tes drogueries? Est-ce que tu crois que je vas *manger* mes pratiques *sur l'orgue* (4)? dit l'ogresse d'une voix brutale.

(1) La tête.
(2) Sa nouvelle femme.
(3) Mouchard.
(4) Dénoncer mes pratiques.

— J'ai rendez-vous ce soir avec le Maître d'école, répéta le brigand, nous avons des affaires ensemble.
— Ça doit être du propre, vos affaires, tas d'*escarpes* (1) que vous êtes !
— Escarpes ! répéta le bandit d'un air irrité, c'est les escarpes qui te font vivre !
— Ah çà ! vas-tu me donner la paix ! s'écria l'ogresse d'un air menaçant, en levant sur le questionneur le broc qu'elle tenait à la main.
L'homme se remit à sa place en grommelant.
Fleur-de-Marie, entrant dans la taverne de l'ogresse sur les pas du Chourineur, avait échangé un signe de tête amical avec l'adolescent à figure flétrie.
Le Chourineur dit à ce dernier :
— Eh ! Barbillon, tu *pitanches* donc toujours de l'*eau d'aff* (2)?
— Toujours ! j'aime mieux faire la *tortue* et avoir des *philosophes* aux *arpions* que d'être sans *eau d'aff* dans l'*avaloir* et sans *tréfoin* dans ma *chiffarde* (3), dit le jeune homme d'une voix cassée, sans changer de position et en lançant d'énormes bouffées de tabac.
— Bonsoir, mère Ponisse, dit la Goualeuse.
— Bonsoir, Fleur-de-Marie, répondit l'ogresse en s'approchant de la jeune fille pour inspecter les vêtements qui couvraient la malheureuse et qu'elle lui avait loués. Après cet examen, elle lui dit avec une sorte de satisfaction bourrue :
— C'est un plaisir de te louer des effets, à toi... tu es propre comme une petite chatte... aussi je n'aurais pas confié ce joli châle orange à des canailles comme la Tourneuse ou la Tête-de-Mort. Mais aussi c'est moi qui t'ai *éduquée* depuis ta sortie de prison... et il faut être juste, il n'y a pas un meilleur sujet que toi dans toute la Cité...
La Goualeuse baissa la tête et ne parut nullement fière des louanges de l'ogresse.
— Tiens ! dit Rodolphe, vous avez du buis bénit sur votre coucou, la mère ?
Et il montra du doigt le saint rameau placé derrière la vieille horloge.
— Eh bien, faut-il pas vivre comme des païens ! répondit naïvement l'horrible femme.
Puis, s'adressant à Fleur-de-Marie, elle ajouta :
— Dis donc, la Goualeuse, est-ce que tu ne vas pas nous *goualer* une de tes *goualantes* (4)?
— Après souper, mère Ponisse, dit le Chourineur.
— Qu'est-ce que je vas vous servir, mon brave ? dit l'ogresse à Rodolphe, dont elle voulait se faire bien venir et peut-être au besoin acheter le soutien.
— Demandez au Chourineur, la mère ; il régale ; moi, je paye.
— Eh bien ! dit l'ogresse en se tournant vers le bandit, qu'est-ce que tu veux à souper, mauvais chien ?
— Deux doubles *cholettes* de *tortu* à douze, un *arlequin* et trois croûtons de *lartif* bien tendre (deux litres de vin à douze sous, trois croûtons de pain très-tendre) et un *arlequin* (5), dit le Chourineur, après avoir un moment médité sur la composition de ce *menu*.
— Je vois que tu es toujours un fameux *licheur*, et que tu as toujours une passion pour les arlequins.
— Eh bien ! maintenant, la Goualeuse, dit le Chourineur, as-tu faim ?
— Oh ! non... ma faim a passé...
— Veux-tu autre chose qu'un *arlequin*, ma fille ? dit Rodolphe.
— Oh ! non... ma faim a passé...
— Mais regarde donc *mon maître*... ma fille ! dit le Chourineur en riant d'un gros rire et indiquant Rodolphe du regard. Est-ce que tu n'oses pas le reluquer ?
La Goualeuse rougit et baissa les yeux sans répondre.
Au bout de quelques moments, l'ogresse vint elle-même placer sur la table de Rodolphe un broc de vin, un pain, et l'*arlequin*, dont nous n'essayerons pas de donner une idée au lecteur, mais que le Chourineur sembla trouver parfaitement de son goût, car il s'écria :
— Quel plat ! Bon Dieu !... quel plat ! c'est comme un omnibus ! Il y en a pour tous les goûts, pour ceux qui font gras et pour ceux qui font maigre, pour ceux qui aiment le sucre et ceux qui aiment le poivre... Des pilons de volaille, des queues de poisson, des os de côtelette, des croûtes de pâté, de la friture, du fromage, des légumes, des têtes de bécasse, du biscuit et de la salade. Mais mange donc, la Goualeuse... c'est du soigné... Est-ce que tu as nocé aujourd'hui ?
— J'ai déjeuné ah bien oui ! j'ai *nfaugé* ce matin, comme toujours, mon sou de lait et mon sou de pain.
L'entrée d'un nouveau personnage dans le cabaret interrompit toutes les conversations et fit lever toutes les têtes.
C'était un homme entre les deux âges, alerte et robuste, portant veste

(1) Assassins.
(2) Tu bois donc toujours de l'eau-de-vie ?
(3) J'aime mieux jeûner et avoir des savates (des philosophes) aux pieds que d'être sans eau-de-vie dans le gosier et sans tabac dans ma pipe.
(4) Est-ce que tu ne vas pas chanter une de tes chansons ?
(5) Un arlequin est un ramassis de viande, de poisson et de toutes sortes de restes provenant de la desserte de la table des domestiques des grandes maisons. Nous sommes honteux de ces détails, mais ils concourent à l'ensemble de ces mœurs étranges.

et casquette, parfaitement au fait des usages du tapis-franc ; il employa le langage familier à ses hôtes pour demander à souper.
Quoique cet étranger ne fût pas un des habitués du tapis-franc, on ne fit bientôt plus attention à lui : il était *jugé*.
Pour reconnaître leurs pareils, les bandits, comme les honnêtes gens, ont un coup d'œil sûr.
Ce nouvel arrivant s'était placé de façon à pouvoir observer les deux individus à figure sinistre dont l'un avait demandé le Maître d'école. Il ne les quittait pas du regard ; mais, par leur position, ceux-ci ne pouvaient s'apercevoir de la surveillance dont ils étaient l'objet.
Les conversations, un moment interrompues, reprirent leur cours. Malgré son audace, le Chourineur témoignait une sorte de déférence à Rodolphe ; il n'osait pas le tutoyer.
Cet homme inspirait le respect des lois, mais il respectait la force...
— Foi d'homme ! dit-il à Rodolphe, quoique j'aie eu ma danse, je suis tout de même flatté de vous avoir rencontré.
— Parce que tu me trouves l'*arlequin* de ton goût ?...
— D'abord... et puis parce que je grille de vous voir vous crocher avec le Maître d'école, lui qui m'a toujours rincé... le voir rincé à son tour... ça me flattera...
— Ah çà, est-ce que tu crois que pour t'amuser je vais sauter comme un bouledogue sur le Maître d'école ?
— Non, mais il sautera sur vous dès qu'il entendra dire que vous êtes plus fort que lui, répondit le Chourineur en se frottant les mains.
— J'ai encore assez de monnaie pour lui donner sa paye ! dit nonchalamment Rodolphe ; puis il reprit : — Ah çà, il fait un temps de chien... si nous demandions un pot d'*eau d'aff* avec du sucre, ça mettrait peut-être la Goualeuse en train de chanter...
— Ça me va, dit le Chourineur.
— Et pour faire connaissance nous nous dirons qui nous sommes, ajouta Rodolphe.
— L'Albinos, dit Chourineur, *fagot affranchi* (forçat libéré), débardeur de bois flotté au quai Saint-Paul, gelé pendant l'hiver, rôti pendant l'été, voilà mon caractère, dit le convive de Rodolphe en faisant le salut militaire avec sa main gauche. Ah ça, ajouta-t-il, et vous, mon maître, c'est la première fois qu'on vous voit dans la Cité... C'est pas pour vous le reprocher, mais vous y êtes entré crânement sur mon crâne et tambour battant sur ma peau. Nom d'un nom, quel roulement !... surtout les coups de poing de la fin... j'en reviens toujours là, comme c'était *fignolé* !... Mais vous avez un autre métier que de rincer le Chourineur ?
— Je suis peintre en éventails ! et je m'appelle Rodolphe.
— Peintre en éventails ! c'est donc ça que vous avez les mains si blanches, dit le Chourineur. C'est égal, si tous vos camarades sont comme vous, il paraît qu'il faut être pas mal fort pour faire cet état-là... Mais puisque vous êtes ouvrier, et sans doute un honnête ouvrier... pourquoi venez-vous dans un tapis-franc, où il n'y a que des *grinches*, des *escarpes* ou des *fagots affranchis* comme moi, et qui ne peuvent aller ailleurs ?
— Je viens ici, parce que j'aime la bonne société.
— Hum !... hum !... dit le Chourineur en secouant la tête d'un air de doute. Je vous ai trouvé dans l'allée de Bras-Rouge ; enfin... suffit... Vous dites que vous ne le connaissez pas ?
— Est-ce que tu vas m'ennuyer encore longtemps avec ton Bras-Rouge, que l'enfer confonde... si ça plaît à Lucifer !...
— Tenez, mon maître, vous vous défiez peut-être de moi, et vous avez raison. Mais si vous voulez, je vous raconterai mon histoire... à condition que vous m'apprendrez à donner les coups de poing qui ont été le bouquet de ma raclée... j'y tiens.
— J'y consens, Chourineur... tu me diras ton histoire... et la Goualeuse dira aussi la sienne.
— Ça va, reprit le Chourineur... il fait un temps à ne pas mettre un sergent de ville dehors... ça nous amusera... Veux-tu, la Goualeuse ?
— Je veux bien ; mais il y a si longtemps, dit Fleur-de-Marie.
— Et vous nous direz la vôtre, camarade Rodolphe ? ajouta le Chourineur.
— Oui, je commencerai...
— Peintre d'éventails, dit la Goualeuse, c'est un bien joli métier.
— Eh ! combien gagnez-vous à vous éreinter là ? dit le Chourineur.
— Je suis à ma tâche, répondit Rodolphe ; mes bonnes journées vont à quatre francs, quelquefois à cinq, mais dans l'été, parce que les jours sont longs.
— Et vous flânez souvent, gueusard ?
— Oui, tant que j'ai de l'argent : d'abord six sous pour ma nuit dans mon garni...
— Excusez, monsieur... vous couchez à six, vous ! dit le Chourineur en portant la main à son bonnet...
Le mot *monseigneur*, dit ironiquement par le Chourineur, fit sourire imperceptiblement Rodolphe, qui reprit :
— Oh ! je tiens à mes aises et à la propreté.
— En voilà un pair de France ! un banquier ! un riche ! s'écria le Chourineur, il couche à six.
— Avec ça, continua Rodolphe, quatre sous de tabac, ça fait dix ; quatre sous à déjeuner, quatorze ; quinze sous à dîner ; un ou deux sous d'eau-de-vie, ça me fait dans les environs de trente *ronds* (sous) par

jour. Je n'ai pas besoin de travailler toute la semaine ; le reste du temps je fais la noce.
— Et votre famille? dit la Goualeuse.
— Le choléra l'a mangée, reprit Rodolphe.
— Qu'est-ce qu'ils étaient, vos parents? demanda la Goualeuse.
— Fripiers sous les piliers des Halles, négociants en vieux chiffons.
— Et combien que vous avez vendu leur fonds? dit le Chourineur.
— J'étais trop jeune, c'est mon tuteur qui l'a vendu ; quand j'ai été major, il me l'a rédu trente francs... Voilà mon héritage.
— Et votre maître fabricant, à cette heure? demanda le Chourineur.
— Mon *singe* (1)? il s'appelle M. Borel, rue des Bourdonnais, bête... mais brutal ;... voleur... mais avare ; il aime autant se faire crever un œil que faire la paye aux ouvriers. Voilà son signalement ; s'il s'égare, laissez-le se perdre, ne le ramenez pas à sa fabrique. J'ai été apprenti chez lui depuis l'âge de quinze ans, j'ai eu un bon numéro à la conscription ; je demeure rue de la Juiverie, au quatrième sur le devant ; je m'appelle Rodolphe Durand... Voilà mon histoire.
— Maintenant, à ton tour, la Goualeuse, dit le Chourineur ; je garde mon histoire pour la bonne bouche.

CHAPITRE III.

Histoire de la Goualeuse.

— Commençons d'abord par le commencement, dit le Chourineur.
— Oui... tes parents? reprit Rodolphe.
— Je ne les connais pas, dit Fleur-de-Marie.
— Ah ! bah ! fit le Chourineur.
— Ni vus, ni connus ; née sous un chou, comme on dit aux enfants.
— Tiens, c'est drôle, la Goualeuse !... nous sommes de la même famille...
— Toi aussi, Chourineur?
— Orphelin du pavé de Paris, tout comme toi, ma fille.
— Et qu'est-ce qui t'a élevée, la Goualeuse? demanda Rodolphe.
— Je ne sais pas... Du plus loin qu'il m'en souvient, je crois, sept à huit ans, j'étais avec une vieille borgnesse qu'on appelait la Chouette... parce qu'elle avait un nez crochu, un œil vert tout rond, et qu'elle ressemblait à une chouette qui aurait un œil crevé.
— Ah !... ah !... ah !... Je la vois d'ici, la Chouette ! s'écria le Chourineur en riant.
— La borgnesse, reprit Fleur-de-Marie, me faisait vendre, le soir, du sucre d'orge sur le Pont-Neuf ; manière de demander l'aumône... Quand je n'apportais pas au moins dix sous en rentrant, la Chouette me battait au lieu de me donner à souper.
— Je comprends, ma fille, dit le Chourineur, un coup de pied en guise de pain, avec des calottes pour mettre dessus.
— Oh ! mon Dieu, oui...
— Et tu es sûre que cette femme n'était pas ta mère? demanda Rodolphe.
— J'en suis bien sûre, la Chouette me l'a assez reproché, d'être sans père ni mère ; elle me disait toujours qu'elle m'avait ramassée dans la rue.
— Ainsi, reprit le Chourineur, tu avais une danse pour fricot, quand tu ne faisais pas une recette de dix sous ?
— Un verre d'eau par là-dessus, et j'allais grelotter toute la nuit dans une paillasse étendue par terre et où la borgnesse avait fait un trou pour me fourrer... Tenez, on croit comme ça que la paille est chaude ; eh bien ! on se trompe.
— La *plume de Beauce* (2) ! s'écria le Chourineur, tu as raison, ma fille, c'est une vraie gelée ; le fumier vaudrait cent fois mieux ! mais on *fait sa tête, not dit : C'est canaille... ç'a été porté.
Cette plaisanterie fit sourire Fleur-de-Marie, qui continua :
— Le lendemain matin la borgnesse me donnait ma même ration pour déjeuner que pour souper, et je m'en allais à Montfaucon chercher des vers de terre pour amorcer le poisson ; car dans le jour la Chouette tenait sa boutique de lignes à pêcher sous le pont Notre-Dame... Pour un enfant de sept ans, qui meurt de faim et de froid, il y a loin, allez... de la rue de la Mortellerie à Montfaucon.
— L'exercice t'a fait pousser droite comme un jonc, ma fille ; faut pas te plaindre de ça, dit le Chourineur battant le briquet pour allumer sa pipe.
— Enfin, je revenais éreintée avec un plein panier de vers. Alors, sur le midi, la Chouette me donnait un bon morceau de pain, et je ne laissais pas la mie, je t'en réponds.
— De ne pas manger, ça t'a rendu la taille fine comme une guêpe, ma fille ; faut pas te plaindre de ça, dit le Chourineur en aspirant bruyamment quelques bouffées de tabac. Mais qu'est-ce que vous avez donc, camarade ? non, je veux dire maître Rodolphe? vous avez l'air

(1) Mon bourgeois, mon maître.
(2) La paille.

tout chose... Est-ce parce que c't'e jeunesse a eu de la misère ? Tiens... nous en avons tous eu de la misère !
— Oh ! je le défie bien d'avoir été aussi malheureux que moi, Chourineur, dit Fleur-de-Marie.
— Moi, la Goualeuse !... Mais figure-toi donc, ma fille, que t'étais comme une reine auprès de moi ! Au moins, quand tu étais petite, tu couchais de la paille et tu mangeais du pain... Moi, je couchais des bonnes nuits dans les fours à plâtre de Clichy, en vrai *goupeur* (vagabond), et je me restaurais avec des feuilles de chou que je ramassais au coin des bornes ; mais, le plus souvent, comme il y avait trop loin pour aller aux fours à plâtre de Clichy, vu que la fringale me cassait les jambes, je me couchais sous les grosses pierres du Louvre... et l'hiver j'avais des draps blancs... quand il tombait de la neige.
— Tiens, un homme, c'est bien plus dur ; mais une pauvre petite fille, dit Fleur-de-Marie ; avec ça, j'étais grosse comme une mauviette.
— Tu te rappelles ça, toi ?
— Je crois bien ; quand la Chouette me battait, je tombais toujours du premier coup ; alors elle se mettait à trépigner sur moi en criant : « Cette petite gueuse-là ! elle n'a pas pour deux liards de force ; ça ne peut pas seulement supporter des calottes. » Et puis elle m'appelait la Pégriotte ; j'ai pas eu d'autre nom, ç'a été mon baptême.
— C'est comme moi, j'ai eu le baptême des chiens perdus ; on m'appelait chose... machine... ou l'Albinos. C'est étonnant comme nous nous ressemblons, ma fille, dit le Chourineur.
— C'est vrai, dit Fleur-de-Marie, qui s'adressait presque toujours à cet homme : ressentant malgré elle une sorte de honte en présence de Rodolphe, elle osait à peine lever les yeux, quoiqu'il parût appartenir à l'espèce de gens avec lesquels elle vivait habituellement.
— Et quand tu avais été chercher des vers pour la Chouette, qu'est-ce que tu faisais ? demanda le Chourineur.
— La borgnesse m'envoyait mendier autour d'elle jusqu'à la nuit ; car le soir elle allait faire de la friture sur le Pont-Neuf. Dame ! à cette heure-là, mon morceau de pain était bien loin ; mais si j'avais le malheur de demander à manger à la Chouette, elle me battait en me disant : « Fais dix sous d'aumône, Pégriotte, et tu auras à souper ! » Alors, moi, comme j'avais bien faim, et qu'elle me faisait mal, je pleurais toutes les larmes de mon corps. La borgnesse me passait mon petit éventaire de sucre d'orge au cou, et elle me plantait sur le Pont-Neuf. Comme je sanglotais ! et que je grelottais de froid et de faim !...
— Toujours toi, ma fille, dit le Chourineur en interrompant la Goualeuse ; on ne croirait pas ça... mais la faim fait grelotter autant que le froid.
— Enfin, je restais sur le Pont-Neuf jusqu'à onze heures du soir, ma boutique de sucre d'orge au cou et pleurant bien fort. De me voir pleurer... souvent ça touchait les passants, et quelquefois on me donnait jusqu'à dix, jusqu'à quinze sous, que je rendais à la Chouette.
— Fameuse soirée pour une mauviotte !
— Mais voilà-t-il pas que la borgnesse, qui voyait ça...
— D'un œil, dit le Chourineur en riant.
— D'un œil, si tu veux, puisqu'elle n'en avait qu'un ; ne voilà-t-il pas que la borgnesse prend le pli de me donner toujours des coups avant de me mettre en faction sur le Pont-Neuf, afin de me faire pleurer devant les passants et d'augmenter ainsi ma recette.
— Ce n'était pas déjà si bête !
— Oui, tu crois ça, toi, Chourineur ? J'ai fini par m'endurcir aux coups ; je voyais que la Chouette rageait quand je ne pleurais pas ; alors, pour me venger d'elle, plus elle me faisait de mal, plus je riais ; et le soir, au lieu de sangloter en vendant mes sucres d'orge, je chantais comme une alouette, quoique je n'en eusse guère envie..... de chanter.
— Dis donc... des sucres d'orge... c'est ça qui devait te faire envie, ma pauvre Goualeuse !
— Oh ! je crois bien, Chourineur ; mais je n'en avais jamais goûté ; c'était mon ambition... et c'est cette ambition qui m'a perdue, tu vas voir comment. Un jour, en revenant de mes vers, des gamins m'avaient battue et volé mon panier. Je rentre, je savais ce qui m'attendait : je reçois ma payée et pas de pain. Le soir, avant d'aller au poste, la borgnesse, furieuse de ce que je n'avais pas étrenné la veille, au lieu de me donner des coups comme d'habitude pour me mettre en train de pleurer, me martyrise jusqu'au sang en m'arrachant des cheveux du côté des tempes, où c'est le plus sensible.
— Tonnerre ! ç'a été trop fort ! s'écria le bandit en frappant du poing sur la table et en fronçant les sourcils. Battre un enfant, bon... mais le martyriser, c'est trop fort !
Rodolphe avait attentivement écouté le récit de Fleur-de-Marie ; il regarda le Chourineur avec étonnement. Cet éclair de sensibilité le surprenait.
— Qu'as-tu donc, Chourineur ? lui dit-il.
— Ce que j'ai ! ce que j'ai ! Comment ! ça ne vous fait rien, à vous ? Ce monstre de Chouette qui martyrise cet enfant ! Vous êtes donc aussi dur vos poings ?
— Continue, ma fille, dit Rodolphe à Fleur-de-Marie, sans répondre à l'interpellation du Chourineur.
— Je vous disais donc que la Chouette me martyrisait pour me faire pleurer ; moi, ça me butte ; pour la faire endêver, je me mets à rire, et

je m'en vas au pont avec mes sucres d'orge. La borgnesse était à sa poêle... De temps en temps, elle me montrait le poing. Alors, au lieu de pleurer, je chantais plus fort ; avec tout ça, j'avais une faim, une faim ! Depuis six mois que je portais des sucres d'orge, je n'en avais jamais goûté un... Ma foi ! ce jour-là, je n'y tiens pas... Autant par faim que pour faire enrager la Chouette, je prends un sucre d'orge et je le mange.
— Bravo, ma fille !
— J'en mange deux.
— Bravo ! Vive la charte !!!
— Dame ! je trouvais ça bon, mais ne voilà-t-il pas une marchande d'oranges qui se met à crier à la borgnesse : « Dis donc, la Chouette... Pégriotte mange ton fonds ! »
— Oh ! tonnerre ! ça va chauffer... ça va chauffer, dit le Chourineur singulièrement intéressé. Pauvre petit rat ! quel tremblement quand la Chouette s'est aperçue de ça, hein !
— Comment t'es-tu tirée de là, ma pauvre Goualeuse ? dit Rodolphe aussi intéressé que le Chourineur.
— Ah ! dame ! ça été dur ; seulement, ce qu'il y avait de drôle, ajouta Fleur-de-Marie en riant, c'est que la borgnesse, tout en enrageant de me voir manger ses sucres d'orge, ne pouvait pas quitter sa poêle, car sa friture était bouillante.
— Ah !... ah !... ah !... c'est vrai. En voilà une position difficile, s'écria le chourineur en riant aux éclats.
Après avoir partagé l'hilarité du bandit, Fleur-de-Marie reprit :
— Ma foi ! moi, en pensant aux coups qui m'attendaient, je me dis : Tant pis ! je ne serai pas plus battue pour trois que pour un. Je prends un troisième bâton, et avant de le manger, comme la Chouette me menaçait encore de loin avec sa grande fourchette de fer... aussi vrai que voilà une assiette, je lui montre le sucre d'orge et je le croque à son nez.
— Bravo ! ma fille !... ça m'explique ton coup de ciseaux de tout à l'heure... Allons... allons, je te l'ai dit, tu as de l'*atout* (du courage). Mais la Chouette a dû t'écorcher vive après ce coup-là ?
— Sa friture finie, elle vient à moi... On m'avait donné trois sous d'aumône et j'avais mangé pour six... Quand la borgnesse m'a prise par la main pour m'emmener, j'ai cru que j'allais tomber sur la place, tant j'avais peur... je me rappelle ça comme si j'y étais... car justement c'était dans le temps du jour de l'an. Tu sais, il y a toujours des boutiques de joujoux sur le Pont-Neuf ; toute soirée j'en avais des éblouissements... rien qu'à regarder toutes ces belles poupées, tous ces beaux petits ménages... tu penses, pour un enfant...
— Et tu n'avais jamais de joujoux, Goualeuse ? dit le Chourineur.
— Moi, es-tu bête, va !... Qui est-ce qui m'en aurait donné ? Enfin, la soirée finit ; quoiqu'en plein hiver, je n'avais qu'une mauvaise guenille de robe de toile, ni bas, ni chemise, et des sabots aux pieds ! il n'y avait pas de quoi étouffer, n'est-ce pas ? Eh bien, quand la borgnesse m'a pris la main, je suis devenue tout en nage. Ce qui m'effrayait le plus, c'est qu'au lieu de jurer, de tempêter, la Chouette ne faisait que marmonner tout le long du chemin entre ses dents... Seulement, elle ne me lâchait pas, et me faisait marcher si vite, si vite, qu'avec mes petites jambes j'étais obligée de courir pour la suivre. En courant, j'avais perdu un de mes sabots ; je n'osais pas le lui dire ; je l'ai suivie tout de même avec un pied nu... En arrivant, je l'avais tout en sang.
— La mauvaise chienne de borgnesse ! s'écria le Chourineur en frappant de nouveau sur la table avec colère ; ça me fait un drôle d'effet de penser à cette petite, qui trotte après cette vieille voleuse, avec son pauvre petit pied tout saignant.
— Nous perchions bien au grenier de la rue de la Mortellerie, à côté de la porte de l'allée, il y avait un rogomiste : la Chouette y entra en me tenant toujours par la main. Là, elle but une demi-chopine d'eau-de-vie sur le comptoir.
— Morbleu ! je ne la boirais pas, moi, sans être soûl comme une grive.
— C'était la ration de la borgnesse : aussi elle se couchait toujours dans les bringues-zingues.. C'est peut-être pour cela qu'elle me battait tant. Enfin, nous montons chez nous ; je n'étais pas à la noce, tu t'en réponds. Nous arrivons : la Chouette ferme la porte à double tour ; je me jette à ses genoux en lui demandant pardon d'avoir mangé ses sucres d'orge. Elle ne répond pas, et je l'entends marmotter en marchant dans la chambre : « Qu'est-ce donc que je vais lui faire ce soir, à cette Pégriotte, à cette voleuse de sucre d'orge ? » Voyons, qu'est-ce donc que je vais lui faire ? » Et elle s'arrêtait pour me regarder en roulant son œil vert. Moi, j'étais toujours à genoux. Tout d'un coup, la borgnesse a été à une planche et y prend une paire de tenailles.
— Des tenailles ! s'écria le Chourineur.
— Oui, des tenailles.
— Et pourquoi faire ?
— Pour te frapper ? dit Rodolphe.
— Pour te pincer ? dit le Chourineur.
— Ah bien, oui !
— Pour t'arracher les cheveux ?
— Vous n'y êtes pas : donnez-vous votre langue aux chiens ?
— Je la donne.
— Nous la donnons.
— Eh bien, c'était pour m'arracher une dent (1) !

(1) Nous prions les lecteurs qui trouveraient cette cruauté exagérée de se rap-

Le Chourineur poussa un tel blasphème, et l'accompagna d'imprécations si furieuses, que tous les hôtes du tapis-franc se retournèrent avec étonnement.
— Eh bien, qu'est-ce qu'il a donc ? dit la Goualeuse.
— Ce que j'ai ?... mais je l'*escarperais* (1) si je la tenais, la borgnesse !... Où est-elle ? dis-le-moi. Où est-elle ? Si je la trouve, je la *refroidis* (2) !
Et le regard du bandit s'injecta de sang.
Rodolphe avait partagé l'horreur du Chourineur pour la cruauté de la borgnesse ; mais il se demandait par quel phénomène un assassin entrait en fureur en entendant raconter qu'une méchante vieille femme avait voulu, par méchanceté, arracher une dent à un enfant.
Nous croyons ce sentiment de pitié possible, même probable, chez une nature pourtant féroce.
— Et elle te l'a arrachée ta dent, ma pauvre petite, cette vieille misérable ? demanda Rodolphe.
— Je crois bien, qu'elle me l'a arrachée !... et pas du premier coup encore ! Mon Dieu ! y a-t-elle travaillé ! Elle me tenait la tête entre ses genoux comme dans un étau. Enfin, moitié avec les tenailles, moitié avec ses doigts, elle m'a tiré cette dent ; et puis elle m'a dit, pour m'effrayer, bien sûr : « Maintenant, je t'en arracherai une comme ça tous les jours, Pégriotte ; et, quand tu n'auras plus de dents, je te ficherai à l'eau : tu seras mangée par les poissons ; y se revengeront sur toi de ce que tu as été chercher des vers pour les prendre. » Je me souviens de ça, parce que je ne paraissais injuste... Tiens, comme si c'était pour mon plaisir que j'allais aux vers !
— La gueuse ! casser, arracher les dents à une pauvre petite enfant ! s'écria le Chourineur avec un redoublement de fureur.
— Eh bien, après ? Est-ce qu'il y paraît maintenant, voyons ? dit Fleur-de-Marie.
Et elle entr'ouvrit en souriant une de ses lèvres roses, en montrant deux rangées de petites dents blanches comme des perles.
Était-ce insouciance, oubli, générosité instinctive de la part de cette malheureuse créature ? Rodolphe remarqua qu'il n'y eut pas dans son récit un seul mot de haine contre la femme atroce qui l'avait martyrisée.
— Eh bien, après, qu'as-tu fait ? reprit le Chourineur.
— Ma foi, j'en ai eu assez comme ça. Le lendemain, au lieu d'aller aux vers, je me suis sauvée du côté du Panthéon. J'ai marché toute la journée de côté-là, tant j'avais peur de la Chouette. J'aurais été au bout du monde plutôt que de retomber dans ses griffes.
Comme je me trouvais dans des quartiers perdus, je n'avais rencontré personne à qui demander l'aumône, et puis je n'aurais pas osé. Pendant la nuit, j'avais couché dans un chantier, sous des piles de bois. J'étais grosse comme un rat ; en me glissant sous une vieille porte, je m'étais nichée au milieu d'un tas d'écorces. La faim me dévorait : j'essayai de mâcher un peu de pelure de bois pour tromper ma fringale, mais je ne pouvais pas ; je n'ai pu mordre un peu que sur l'écorce de bouleau : c'était tendre. Par là-dessus, je me suis endormie. Au jour, entendant du bruit, je me suis encore plus enfoncée sous la pile de bois. Il y faisait presque chaud, comme dans une cave. Si j'avais eu à manger, je n'aurais jamais mieux été de l'hiver.
— C'était comme moi dans un four à plâtre.
— Je n'osais pas sortir du chantier, je me figurais que la Chouette me cherchait partout pour m'arracher les dents et me jeter aux poissons, et qu'elle saurait bien me rattraper si je bougeais d'un.
— Tiens, ne m'en parle plus de cette vieille gueuse-là, tu me fais monter le sang aux yeux !
— Enfin, le deuxième jour, j'avais encore mâché un peu d'écorce de bouleau et je commençais à m'endormir, lorsque j'entends aboyer un gros chien. Ça me réveille en sursaut. J'écoute... Le chien aboyait toujours en se rapprochant de la pile de bois. Voilà une autre frayeur qui me galope ; heureusement le chien, je ne sais pourquoi, n'osait pas avancer... mais tu vas rire, Chourineur.
— Avec toi, il y a toujours à rire... c'est une brave fille, tout de même. Tiens, vois-tu, maintenant, foi d'homme, je suis fâché de t'avoir battue.
— Pourquoi ne m'aurais-tu pas battue ? je n'ai personne pour me défendre...
— Et moi ! dit Rodolphe.
— Vous êtes bien bon, monsieur Rodolphe, mais le Chourineur ne savait pas que vous seriez là... ni moi non plus...
— C'est égal, j'en suis pour ce que j'ai dit... je suis fâché de t'avoir battue, reprit le Chourineur.
— Continue ton histoire, mon enfant, reprit Rodolphe.
— J'étais blottie sous la pile de bois, lorsque j'entends un chien aboyer. Pendant que le chien jappait, une grosse voix se met à dire : « Mon chien aboie ! il y a quelqu'un de caché dans le chantier. — C'est des vo-

peler les condamnations presque quotidiennes rendues contre des êtres féroces qui battent et blessent des enfants ; des pères, des mères n'ont pas été étrangers à ces abominables traitements.
(1) Je l'assassinerais !
(2) Je la tue.

leurs, » reprend une autre voix... Et « kiss ! kiss ! » les voilà à agacer leur chien en lui criant : « Pille ! pille ! »

Le chien accourt sur moi ; j'ai peur d'être mordue, et je me mets à crier de toutes mes forces. « Tiens ! dit la voix, on dirait les cris d'un enfant... » On rappelle le chien, on va chercher une lanterne ; je sors de mon trou, et comme je me trouve en face d'un gros homme et d'un garçon en blouse. « Qu'est-ce que tu fais dans mon chantier, petite voleuse ? » me dit ce gros homme d'un air méchant. « Mon bon monsieur, je n'ai pas mangé depuis deux jours ; je me suis sauvée de chez la Chouette, qui m'a arraché une dent, et voulait me jeter aux poissons : ne sachant où coucher, j'ai passé par-dessous votre porte, j'ai dormi la nuit dans vos écorces, sous vos piles de bois, ne croyant faire de mal à personne. »

Voilà-t-il pas le marchand qui se met à dire à son garçon : « Je ne suis pas dupe de ça, c'est une petite voleuse, elle vient me voler mes bûches. »

— Ah ! le vieux panné ! le vieux plâtras ! s'écria le Chourineur. Voler ses bûches ; et t'avais huit ans !

— C'était une bêtise... car son garçon lui répondit : « Voler vos bûches, bourgeois ? et comment donc qu'elle le ferait ? Elle n'est pas tant si grosse que la plus petite de vos bûches. — T'as raison, dit le marchand de bois ; mais si elle ne vient pas pour son compte, c'est tout de même. Les voleurs ont comme ça des enfants qu'ils envoient espionner et se cacher, pour ouvrir la porte aux autres. Il faut la mener chez le commissaire. »

— Ah ! la fichue bête de marchand de bois...

— On me mène chez le commissaire. Je défile mon chapelet ; je m'accuse d'être vagabonde ; on m'envoie en prison ; je suis citée à la correctionnelle ; condamnée, toujours comme vagabonde, à rester jusqu'à seize ans dans une maison de correction. Je remercie bien les juges de leur bonté... Dame !... tu penses, dans la prison... j'avais à manger ; on ne me battait pas, c'était pour moi un paradis auprès du grenier de la Chouette. De plus, en prison, j'ai appris à coudre. Mais voilà le malheur ! j'étais paresseuse et flâneuse ; j'aimais mieux chanter que travailler, surtout quand je voyais le soleil... Oh ! quand il faisait bien beau dans la cour de la geôle, je ne pouvais pas me retenir de chanter, et alors... comme c'est drôle !... à force de chanter, il me semblait que je n'étais plus prisonnière.

— C'est-à-dire, ma fille, que tu es un vrai rossignol de naissance, dit Rodolphe en souriant.

— Vous êtes bien honnête, monsieur Rodolphe ; c'est depuis ce temps-là qu'on m'a appelée la Goualeuse au lieu de la Pégriotte. Enfin j'attrape mes seize ans, je sors de prison... Voilà qu'à la porte je trouve l'ogresse d'ici et deux ou trois vieilles femmes qui étaient quelquefois venues voir mes camarades prisonnières, et qui m'avaient toujours dit que, le jour de ma sortie, elles auraient de l'ouvrage à me donner.

— Ah ! bon ! bon ! j'y suis, dit le Chourineur.

— « Mon dauphin, mon bel ange, ma belle petite, me dirent l'ogresse et les vieilles... voulez-vous venir loger chez nous ? nous vous donnerons de belles robes, et vous n'aurez qu'à vous amuser. »

— Tu sens bien, Chourineur, qu'on n'a pas été huit ans en prison sans savoir ce que parler veut dire. Je les envoie promener, ces vieilles embaucheuses. Je me dis : « Je sais bien coudre, j'ai trois cents francs devant moi, de la jeunesse... »

— Et de la jolie jeunesse... ma fille ! dit le Chourineur.

— Voilà huit ans que je suis en prison, je vais jouir un peu de la vie, ça ne fait de mal à personne ; l'ouvrage viendra quand l'argent me manquera... Et je me mets à faire danser mes trois cents francs !

— Ç'a été mon grand tort, ajouta Fleur-de-Marie avec un soupir ; j'aurais dû, avant cela, m'assurer de l'ouvrage, prendre à mon avance personne pour me conseiller... Enfin, ce qui est fait est fait... Je me mets donc à dépenser mon argent. D'abord j'achète des fleurs pour mettre tout plein ma chambre ; j'aime tant les fleurs ! et puis j'achète une robe, un beau châle, et je vais me promener au bois de Boulogne à âne, à Saint-Germain aussi à âne.

— Avec un amoureux, ma fille ? dit le Chourineur.

— Ma foi, non ; je voulais être ma maîtresse. Je faisais mes parties avec une de mes camarades de prison qui avait été aux Enfants-Trouvés, une bien bonne fille ; on l'appelait Rigolette, parce qu'elle riait toujours.

— Rigolette, Rigolette ! je ne connais pas ça, dit le Chourineur, en ayant l'air d'interroger ses souvenirs.

— Je crois bien que tu ne la connais pas ! Elle est bien honnête, Rigolette ; c'est une très bonne ouvrière ; maintenant elle gagne au moins vingt-cinq sous par jour ; elle a un petit ménage à elle... Aussi je n'ai jamais osé la revoir. Enfin, à force de faire danser mon argent, il ne me restait plus que quarante-trois francs.

— Il fallait acheter un fond de bijouterie avec ça, dit le Chourineur.

— Ma foi ! j'ai mieux fait que ça... J'avais pour blanchisseuse une femme appelée la Lorraine, la brebis du bon Dieu ; elle était alors grosse à pleine ceinture, avec ça toujours les pieds et les mains dans l'eau à son bateau ! Tu juges ! Ne pouvant plus travailler, elle avait demandé à entrer à la Bourbe ; il y avait plus de place, on l'avait refusée, elle ne gagnait plus rien. La voilà près d'accoucher, n'ayant pas seulement de quoi payer un lit dans un garni ! Heureusement elle rencontra par hasard, un soir, au coin du pont Notre-Dame, la femme à Goubin, qui se cachait depuis quatre jours dans la cave d'une maison qu'on démolissait derrière l'Hôtel-Dieu.

— Eh ! pourquoi donc qu'elle se cachait dans le jour, la femme à Goubin ?

— Pour se sauver de son homme, qui voulait la tuer ! Elle ne sortait qu'à la nuit pour aller acheter son pain. C'est comme ça qu'elle avait rencontré la pauvre Lorraine, qui ne savait plus où donner de la tête, car elle s'attendait à accoucher d'un moment à l'autre... Voyant ça, la femme Goubin l'avait emmenée dans la cave où elle se cachait. C'était toujours un asile.

— Attends donc ! attends donc, la femme à Goubin, c'est Helmina ? dit le Chourineur.

— Oui, une brave fille, répondit la Goualeuse... une couturière qui avait travaillé pour moi et pour Rigolette... Dame, elle a fait ce qu'elle a pu en donnant la moitié de sa cave, de sa paille et de son pain à la Lorraine, qui est accouchée d'un pauvre petit enfant ; et pas seulement une couverture, rien que de la paille !.. Voyant ça, la femme à Goubin n'y tient pas ; au risque de se faire assassiner par son homme qui la cherchait partout, elle sort en plein jour de sa cave et elle vient me trouver. Elle savait que j'avais encore un petit peu d'argent, et que je n'étais pas méchante ; justement j'allais monter en milord (1) avec Rigolette ; nous voulions finir les quarante-trois francs, nous voulions mener à la campagne, dans les champs... J'aime tant les champs ! les arbres... les prés... Mais, bah ! quand Helmina me raconte le malheur de la Lorraine, je renvoie le milord, je cours à ma chambre prendre ce que j'avais de linge, mon matelas, ma couverture, je fais mettre ça sur le dos d'un commissionnaire, et je trotte à la cave avec la femme à Goubin... Ah ! fallait voir comme elle était contente, la pauvre Lorraine ! Nous l'avions veillée nous deux, Helmina ; quand elle a pu se relever, je l'ai aidée du reste de mon argent jusqu'à ce qu'elle ait pu se remettre à son bateau. Maintenant elle gagne sa vie ; mais je ne puis pas venir à bout de lui faire donner ma note de blanchissage ! Je vois bien qu'elle s'acquitte comme ça ! D'abord... et ça continue, je lui ôterai ma pratique... dit la Goualeuse d'un air important.

— Et la femme à Goubin ? demanda le Chourineur.

— Comment ! tu ne sais pas ? dit la Goualeuse.

— Non ; quoi donc ?

— Ah ! la malheureuse !... Goubin ne l'a pas manquée ! trois coups de couteau entre les deux épaules ! On lui avait dit qu'elle rôdait du côté de l'Hôtel-Dieu ; et un soir, comme elle sortait de sa cave pour aller chercher du lait pour la Lorraine, il l'a tuée.

— C'est donc pour ça qu'il a une fièvre cérébrale (2), et qu'il sera, dit-on, fauché (3) dans huit jours ? dit le Chourineur.

— Justement, dit la Goualeuse.

— Et quand tu as eu donné ton argent à la Lorraine, qu'as-tu fait, ma fille ? dit Rodolphe.

— Dame, alors j'ai cherché de l'ouvrage. Je savais très bien coudre ; j'avais bon courage, je n'étais pas embarrassée ; j'entre dans une boutique de lingerie de la rue Saint-Martin. Pour ne pas tromper personne, je dis que je sors de prison depuis deux mois, et que j'ai bonne envie de travailler ; on me montre la porte. Je demande de l'ouvrage à emporter ; on me dit que je me moque du monde en demandant qu'on me confie seulement une chemise. Comme je m'en retournais bien triste... j'ai rencontré l'ogresse et une des vieilles qui étaient toujours après moi depuis ma sortie de prison. Je ne savais plus comment vivre... Elles m'ont emmenée... elles m'ont fait boire de l'eau-de-vie !... Et voilà...

— Je comprends, dit le Chourineur ; je te connais maintenant comme si j'étais ton père et ta mère... Si j'en avais eu, je n'aurais jamais quitté mon giron. Eh bien ! voilà, j'espère, une confession.

— On dirait que ça t'attriste, ma fille, d'avoir raconté ta vie, dit Rodolphe.

— Le fait est que ça me chagrine de regarder ainsi derrière moi ; depuis mon enfance, c'est la première fois qu'il m'arrive de me rappeler toutes ces choses-là à la fois... et ça n'est pas gai... n'est-ce pas, Chourineur ?

— C'est ça, dit celui-ci avec ironie, tu regrettes peut-être d'avoir pas été fille de cuisine dans une gargotte, ou domestique chez de vieilles bêtes, à soigner les leurs ?

— C'est égal... ça doit être bien bon d'être honnête, dit Fleur-de-Marie avec un soupir.

— Honnête ! oh !... ta tête !... s'écria le bandit avec un bruyant éclat de rire. Honnête !... Et pourquoi pas rosière tout de suite, pour honorer tes père et mère que tu ne connais pas ?

La figure de la jeune fille avait perdu depuis quelques moments l'expression d'insouciance qui la caractérisait. Elle dit au Chourineur :

— Tiens, Chourineur, je ne suis pas rosière pour ma mère ni mon père m'ont jetée au coin de la borne comme un petit chien qu'on a de trop ; je ne leur en veux pas ; ils n'avaient sans doute de quoi se nourrir eux-mêmes ! Ça n'empêche pas, vois-tu, Chourineur, qu'il y a des sorts plus heureux que le mien...

— Toi ? mais qu'est-ce donc qu'il te faut ? T'es flambante comme une Vénus ; t'as pas dix-sept ans ; tu chantes comme un rossignol ; tu as l'air d'une vierge, on t'appelle Fleur-de-Marie, et tu te plains ! Mais qu'est-ce

(1) Cabriolet de place à quatre roues.
(2) Qu'il est condamné à mort.
(3) Et qu'il sera exécuté.

que tu diras donc quand tu auras une chaufferette sous les *arpions* (1), et une teignasse en chinchilla, comme voilà l'ogresse!

— Oh! je ne viendrai jamais à cet âge-là.

— Peut-être que tu auras un brevet d'invention pour ne pas *bibarder* (2)!

— Non, mais je n'aurai pas la vie si dure! J'ai déjà une mauvaise toux!

— Ah! bon! je te vois d'ici dans le *mannequin du trimballeur des refroidis* (3). Es-tu bête... va!

— Est-ce que ça te prend souvent, ces idées-là, Goualeuse? dit Rodolphe.

— Quelquefois... Tenez, monsieur Rodolphe, vous comprenez peut-être ça, vous : le matin, quand je vais acheter mon sou de lait à la laitière au coin de la rue de la Vieille-Draperie, et que je la vois s'en retourner dans sa petite charrette avec son âne, elle me fait bien souvent envie, allez... Je me dis : Elle s'en va dans la campagne, au bon air, dans sa maison, dans sa famille... et moi je remonte toute seule dans le chenil de l'ogresse, où on ne voit pas clair en plein midi.

— Eh bien! sois honnête, ma fille, fais-en la farce... sois honnête! dit le Chourineur.

— Honnête! mon Dieu! et avec quoi donc veux-tu que je sois honnête? Les habits que je porte appartiennent à l'ogresse; je lui dois pour mon garni et pour ma nourriture... je ne puis pas bouger d'ici... elle me ferait arrêter comme voleuse... Je lui appartiens... Il faut que je m'acquitte...

En prononçant ces dernières et horribles paroles, la malheureuse ne put s'empêcher de frissonner.

— Alors reste comme tu es, et ne te compare plus à une campagnarde, dit le Chourineur. Est-ce que tu deviens folle? Mais songe donc que toi tu brilles dans la capitale, tandis que la laitière s'en va faire la bouillie à ses moutards, traire ses vaches, chercher de l'herbe pour ses lapins, et recevoir une raclée de son mari quand il sort du cabaret. En voilà une de ces destinées qui peut se vanter d'être... flatteuse!

— A boire, Chourineur, dit brusquement Fleur-de-Marie après un assez long silence; et elle tendit son verre. Non, pas de vin, de l'eau-de-vie... c'est plus fort, dit-elle de sa voix douce, en écartant le broc de vin que le Chourineur approchait de son verre.

— De l'eau-de-vie! à la bonne heure! voilà comme je t'aime, ma fille; t'es crâne! dit cet homme, sans comprendre le mouvement de la jeune fille et sans remarquer une larme qui vint trembler au bout des cils de la Goualeuse.

— C'est dommage que l'eau-de-vie soit si mauvaise à boire... car ça étourdit bien... dit Fleur-de-Marie en remettant son verre sur la table après avoir bu avec une expression de répugnance que de dégoût.

Rodolphe avait écouté ce récit d'une triste naïveté avec un intérêt croissant. La misère, l'abandon, plus que ses mauvais penchants, avaient perdu cette misérable jeune fille.

CHAPITRE IV.

Histoire du Chourineur.

Le lecteur n'a pas oublié que deux des hôtes du tapis-franc étaient attentivement observés par un troisième personnage récemment arrivé dans le cabaret.

L'un de ces deux hommes, on l'a dit, portait un bonnet grec, cachait toujours sa main gauche, et avait instamment demandé à l'ogresse si le Maître d'école n'était pas encore venu.

Pendant le récit de la Goualeuse, qu'ils ne pouvaient entendre, ces deux hommes s'étaient plusieurs fois parlé à voix basse, en regardant du côté de la porte avec anxiété.

Celui qui portait un bonnet grec dit à son camarade :

— Le Maître d'école n'*aboule* pas (4) : pourvu que le *zig* (5) ne l'ait pas *escarpé à la capahut* (6).

— Ça serait flambant pour nous qui avons nourri le *poupard* (7) reprit l'autre.

Le nouveau venu, qui observait ces deux hommes, était placé trop loin d'eux pour que leurs dernières paroles arrivassent jusqu'à lui; après avoir plusieurs fois très-adroitement consulté un petit papier caché dans le fond de sa casquette, il parut satisfait de ses remarques, se leva de table et dit à l'ogresse, qui sommeillait dans son comptoir, les pieds sur sa chaufferette, son gros chat noir sur ses genoux :

— Dis donc, mère Ponisse, je vais rentrer tout de suite; veille à mon broc et à mon assiette... car il faut se défier des francs licheurs.

(1) Pieds.
(2) Vieillir.
(3) Dans le corbillard du cocher des morts.
(4) Ne vient pas.
(5) Le camarade.
(6) Ne l'ait pas assassiné pour lui voler sa part du butin.
(7) Qui avons préparé, ménagé le vol.

— Sois tranquille, mon homme, dit la mère Ponisse, si ton assiette est vide et ton broc aussi, on n'y touchera pas.

L'homme se prit à rire de la plaisanterie de l'ogresse et disparut sans que son départ fût remarqué.

Au moment où cet homme sortit, Rodolphe aperçut dans la rue le charbonnier à figure noire et à taille colossale dont nous avons parlé; avant que la porte fût refermée, Rodolphe eut le temps de manifester par un geste d'impatience combien lui était importune l'espèce de surveillance protectrice du charbonnier; mais ce dernier, en tenant compte de la contrariété de Rodolphe, ne quitta pas les abords du tapis-franc.

Malgré le verre d'eau-de-vie qu'elle avait bu, la Goualeuse ne retrouvait pas sa gaieté; sous l'influence de cet excitant, sa physionomie devenait au contraire de plus en plus triste; le dos appuyé au mur, la tête baissée sur sa poitrine, ses grands yeux bleus errant machinalement autour d'elle, la malheureuse créature semblait accablée des plus sombres pensées.

Deux ou trois fois Fleur-de-Marie, rencontrant le regard fixe de Rodolphe, avait détourné la vue; elle ne se rendait pas compte de l'impression que lui causait cet inconnu. Gênée, oppressée par sa présence, elle se reprochait de se montrer si peu reconnaissante envers celui qui l'avait arrachée des mains du Chourineur; elle regrettait presque de lui avoir si sincèrement raconté sa vie devant Rodolphe.

Le Chourineur, au contraire, se trouvait fort en gaieté; à lui seul il avait dévoré l'*arlequin*; le vin et l'eau-de-vie le rendaient très-communicatif; la honte d'avoir trouvé *son maître*, comme il disait, s'était effacée devant les généreux procédés de Rodolphe, et il lui reconnaissait d'ailleurs une si grande supériorité, que son humiliation avait fait place à un sentiment qui tenait de l'admiration, de la crainte et du respect.

Cette absence de rancune, la sauvage franchise avec laquelle il avouait avoir tué et avoir été justement puni, l'orgueil féroce avec lequel il se défendait d'avoir jamais volé, prouvaient au moins que, malgré ses crimes, le Chourineur n'était pas un être complètement endurci.

Cette nuance n'avait pas échappé à la sagacité de Rodolphe; il attendait curieusement le récit du Chourineur.

L'ambition de l'homme est si insatiable, si bizarre dans ses prétentions infinies, que Rodolphe désirait l'arrivée du Maître d'école, bandit terrible qu'il venait presque de détrôner. Il engagea donc le Chourineur à tromper son impatience par la narration de ses aventures.

— Allons... mon garçon, lui dit-il, nous t'écoutons.

Le Chourineur vida son verre et commença ainsi :

— Toi, ma pauvre Goualeuse, t'as au moins été recueillie par la Chouette, que l'enfer confonde! tu as eu un gîte jusqu'au moment où l'on t'a emprisonnée comme vagabonde. Moi, je ne me rappelle pas d'avoir couché dans ce qui s'appelle un lit avant dix-neuf ans... bel âge où je me suis fait troupier.

— Tu as servi, Chourineur? dit Rodolphe.

— Trois ans; mais ça viendra tout à l'heure. Les pierres du Louvre, les fours à plâtre de Clichy et les carrières de Montrouge, voilà les hôtels de ma jeunesse. Vous voyez, j'avais maison à Paris et à la campagne, rien que ça.

— Et quel métier faisais-tu?

— Ma foi, mon maître... j'ai comme un brouillard d'avoir *goupé* (1) dans mon enfance avec un vieux chiffonnier qui m'assommait de coups de croc. Faut que ça soit vrai, car je n'ai jamais vu rencontrer un de ces cupidons à carquois d'osier sans avoir envie de tomber dessus : preuve qu'ils avaient dû me battre dans mon enfance. Mon premier métier a été d'aider les équarrisseurs à égorger les chevaux à Montfaucon... J'avais dix ou douze ans. Quand j'ai commencé à chouriner ces pauvres vieilles bêtes, ça m'a fait un drôle d'effet; au bout d'un mois, je n'y pensais plus; au contraire, je prenais goût à mon état. Il n'y avait personne pour avoir des couteaux affilés et aiguisés comme les miens... Ça donnait envie de s'en servir, quoi!... Quand j'avais égorgé mes bêtes, on me jetait pour ma peine un morceau de la culotte du cheval, du mouton, du gibier, au goût des personnes... Ah! mais c'est que, lorsque j'avais attrapé mon lopin de chair de cheval, le roi n'était pas mon maître, au moins! Je m'ensauvais avec ça dans mon four à plâtre, comme un loup dans sa tanière, et là, avec la permission des chaufourniers, je faisais sur les charbons de ma grillade soignée. Quand les chaufourniers ne travaillaient pas, j'allais ramasser du bois sec à Romainville, je battais le briquet, et je faisais mon rôti au coin d'un des murs du charnier. Dame! c'était saignant et presque cru : mais de cette manière-là je ne mangeais pas toujours la même chose.

— Et ton nom? comment t'appelait-on? dit Rodolphe.

— J'avais les cheveux encore plus couleur de filasse que maintenant, le sang me portait toujours aux yeux : eu égard à ça, on m'appelait l'Albinos. Les Albinos sont les lapins blancs des hommes, et ils ont les yeux rouges, ajouta gravement le Chourineur, en manière de parenthèse physiologique.

— Et tes parents, ta famille?

— Mes parents? logés au même numéro que ceux de la Goualeuse... Lieu de ma naissance? le premier coin de n'importe quelle rue, la borne

(1) Vagabondé.

à gauche ou à droite, en descendant ou en remontant vers le ruisseau.
— Tu as maudit ton père et ta mère de t'avoir abandonné?
— Ça m'aurait fait une belle jambe!... Mais c'est égal, ils m'ont joué une vilaine farce en me mettant au monde... Je ne m'en plaindrais pas, si encore ils m'avaient fait comme le *meg des megs* (1) devrait faire les gueux, c'est-à-dire sans froid, ni faim, ni soif; ça ne lui coûterait rien, et ça ne coûterait pas tant aux gueux d'être honnêtes.
— Tu as eu faim, tu as eu froid, et tu n'as pas volé, Chourineur?
— Non! et pourtant j'ai eu bien de la misère, allez... J'ai *fait la tortue* (2) quelquefois pendant deux jours, et plus souvent qu'à mon tour... Eh bien! je n'ai pas volé.
— Par peur de la prison?
— Oh! c'te farce! dit le Chourineur en haussant les épaules et riant aux éclats. J'aurais donc pas volé du pain *par peur d'avoir du pain*?... Honnête, je crevais de faim; voleur, on m'aurait nourri en prison!... Non, je n'ai pas volé parce que... parce que... enfin parce que ce n'est pas dans mon idée de voler.
Cette réponse véritablement belle, et dont le Chourineur ne comprit pas la portée, étonna profondément Rodolphe.
Il sentit que le pauvre qui restait honnête au milieu des plus cruelles privations était doublement respectable, puisque la punition du crime pouvait devenir pour lui une ressource assurée.
Rodolphe tendit la main à ce malheureux sauvage de la civilisation, que la misère n'avait pas absolument perdu.
Le Chourineur regarda son amphitryon avec étonnement, presque avec respect; à peine il osa toucher la main qu'on lui offrait. Il pressentait qu'entre lui et Rodolphe il y avait un abîme.
— Bien, bien! lui dit Rodolphe, tu as encore du cœur et de l'honneur...
— Ma foi! je n'en sais rien, dit le Chourineur tout ému; mais ce que vous me dites là... voyez-vous... jamais je n'avais rien senti de pareil... Ce qu'il y a de sûr, c'est que ça... et les coups de poing de la fin de ma raclée... qui étaient un bien festonnés, et qui auraient pu ne finir que demain, tandis qu'au contraire vous me payez à souper... et vous me dites des choses... Enfin suffit, c'est à la vie et à la mort, vous pouvez compter sur le Chourineur.
Rodolphe reprit plus froidement, ne voulant pas laisser deviner l'émotion qu'il ressentait:
— Es-tu resté longtemps aide-équarrisseur?
— Je crois bien... D'abord ça avait commencé par m'écœurer d'égorger ces pauvres vieilles bêtes... après, ça m'avait amusé; mais quand j'ai eu environs de seize ans et que ma voix a mué, est-ce que ça n'est pas devenu pour moi une rage, une passion que de chouriner! J'en perdais le boire et le manger... je ne pensais qu'à ça!... Il fallait me voir au milieu de l'*ouvrage* : à part un vieux pantalon de toile, j'étais tout nu. Quand, mon grand couteau bien aiguisé à la main, j'avais autour de moi (je ne me vante pas) jusqu'à quinze et vingt chevaux qui faisaient queue pour attendre leur tour; tonnerre !!! je me mettais à les égorger, je ne sais pas ce qui me prenait... c'était comme une furie; les oreilles me bourdonnaient! je voyais rouge, tout rouge, et je chourinais... et je chourinais jusqu'à ce que le couteau me fût tombé des mains! Tonnerre!! c'était une jouissance! J'aurais été millionnaire que j'aurais payé pour faire ce métier-là.
— C'est ce qui t'aura donné l'habitude de chouriner, dit Rodolphe.
— Ça se peut bien; mais, quand j'ai eu seize ans, cette rage-là a fini par devenir si forte, qu'une fois en train de chouriner, je devenais comme fou, et je gâtais l'ouvrage... Oui, j'abîmais les bêtes à force d'y donner des coups de couteau à tort et à travers. Finalement, on m'a mis à la porte du charnier. J'ai voulu m'employer chez les bouchers : j'ai toujours eu du goût pour cet état-là... Ah bien, oui! ils ont fait les fiers! ils m'ont méprisé comme des boîtiers mépriseraient des savetiers. Voyant ça, et d'ailleurs ma rage de chouriner s'étant passée avec mes seize ans, j'ai cherché mon pain ailleurs... et je ne l'ai pas trouvé tout de suite; alors souvent j'ai *fait la tortue*. Enfin, j'ai travaillé dans les carrières de Montrouge. Mais au bout de deux ans ça m'a scié de faire toujours l'écureuil dans les grandes roues pour tirer la pierre, moyennant vingt sous par jour. J'étais grand et fort, je me suis engagé dans un régiment. On m'a demandé mon nom, mon âge et mes papiers. Mon nom? l'Albinos; mon âge? voyez ma barbe; mes papiers? voilà le certificat de mon maître carrier. Je pouvais faire un grenadier soigné, on m'a enrôlé.
— Avec la force, ton courage et ta manie de chouriner, s'il y avait eu la guerre, dans ce temps-là, tu serais peut-être devenu officier.
— Tonnerre! à qui le dites-vous. Chouriner des Anglais ou des Prussiens, ça m'aurait bien autrement flatté que de chouriner des rosses... Mais, voilà le malheur, il n'y avait pas de guerre, il n'y avait que la discipline. Un apprenti essaye de communiquer une raclée à son bourgeois, c'est bien : s'il est le plus faible, il la reçoit; s'il est le plus fort, il la donne; on le met à la porte, quelquefois au violon, il n'en est que ça. Dans le militaire, c'est autre chose. Un jour mon sergent me bouscule pour me faire obéir plus vite; il avait raison, je ne faisais le clampin; ça m'embête, je regimbe; il me pousse, je le pousse; il me prend au

(1) Dieu. N'est-il pas étrange et significatif que le nom de Dieu se trouve jusque dans cette langue corrompue.
(2) J'ai jeûné.

collet, je lui envoie un coup de poing. On tombe sur moi; alors la rage me prend, le sang me monte aux yeux, j'y vois rouge... J'avais mon couteau à la main, j'étais de cuisine, et allez donc! Je me mets à chouriner... à chouriner... comme à l'abattoir. J'*entaille* (1) le sergent, je blesse deux soldats!... une vraie boucherie! onze coups de couteau à eux trois, oui, onze!... du sang, du sang comme dans un charnier !
Le brigand baissa la tête d'un air sombre, hagard, et resta un moment silencieux.
— A quoi penses-tu, Chourineur? dit Rodolphe l'observant avec intérêt.
— A rien, à rien, reprit-il brusquement. Puis il reprit avec sa brutale insouciance; Enfin on m'empoigne, on me met sur la *planche au pain*, et j'ai *une fièvre cérébrale* (2).
— Tu t'es donc sauvé?
— Non, j'ai été quinze ans au pré au lieu d'être *fauché* (3). J'ai oublié de vous dire qu'au régiment j'avais repêché deux camarades qui se noyaient dans la Seine ; nous étions en garnison à Melun. Une autre fois, vous allez rire et dire que je suis un amphibie au feu et à l'eau, sauveur pour hommes et pour femmes ; une autre fois, étant en garnison à Rouen, toutes maisons de bois, de vraies cassines, le feu prend à un quartier ; ça brûlait comme des allumettes ; je suis de corvée pour l'incendie ; nous arrivons au feu ; on me crie qu'il y a une vieille femme qui ne peut pas descendre de sa chambre qui commençait à chauffer : j'y cours. Tonnerre! oui, ça chauffait... car ça me rappelait mes fours à plâtre dans les bons jours ; finalement je sauve la vieille. Mon *rat de prison* (4) s'est tant tortillé des quatre pattes et de la langue, qu'il a fait changer ma peine; au lieu d'aller à l'*abbaye de Monte-à-regret* (5), j'en ai eu pour quinze années de pré. Voyez, quand j'ai vu, que je ne serais pas tué, mon premier mouvement a été de sauter sur mon bavard pour l'étrangler. Vous comprenez ça, mon maître?
— Tu regrettais de voir ta peine commuée?
— Oui... à ceux qui jouent du couteau, le couteau de *Charlot* (6), c'est juste ; à ceux qui volent, des fers aux pattes ! chacun son lot. Mais vous forcer à vivre quand on a assassiné, tenez, les *curieux* (7) ne savent pas la avec vous, ça vous fait dans les premiers temps.
— Tu as donc eu des remords, Chourineur?
— Des remords ? Non, puisque j'ai fait mon temps, dit le sauvage ; mais autrement il ne se passait presque pas de nuit où je ne visse, en manière de cauchemar, le sergent et les soldats que j'ai chourinés, c'est-à-dire ils n'étaient pas seuls, ajouta le brigand avec une sorte de terreur ; ils étaient des dizaines, des centaines, des milliers à attendre leur tour dans une espèce d'abattoir, comme les chevaux que j'égorgeais à Montfaucon attendaient leur tour aussi. Alors je voyais rouge, et je commençais à chouriner... à chouriner sur ces hommes, comme autrefois sur les chevaux. Mais, plus je chourinais de soldats, plus il en revenait. Et en mourant les autres me regardaient d'un air si doux, si doux, que je me maudissais de les tuer ; mais je ne pouvais pas m'en empêcher. Ce n'était pas tout... je n'ai jamais eu de frère, et je le faisais que tous ces gens que j'égorgeais étaient mes frères... et des frères pour qui je serais mis au feu. A la fin, quand je n'en pouvais plus, je m'éveillais tout trempé d'une sueur aussi froide que de la neige fondue.
— C'était un vilain rêve, Chourineur.
— Oh! oui, eh bien! dans les premiers temps que j'étais au pré, toutes les nuits je l'avais... ce rêve-là. Voyez-vous, c'était à en devenir fou enragé. Aussi deux fois j'ai essayé de me tuer, une fois en avalant du vert-de-gris, l'autre fois en voulant m'étrangler avec une chaîne ; je suis fort comme un taureau. Le vert-de-gris m'a donné soif, voilà tout. Quant au tour de chaîne que je m'étais passé au cou, ça m'a fait une cravate bleue naturelle. Après cela, l'habitude de vivre a repris le dessus, mes cauchemars sont devenus plus rares, et j'ai fait comme les autres.
— Tu étais à bonne école pour apprendre à faire.
— Oui, mais le goût n'y était pas. Les autres *fagots* (8) me blaguaient là-dessus, mais je les assommais à coups de chaîne. C'est comme que j'ai connu le Maître d'école... mais pour celui-là respect aux poignets ! il m'a donné ma paye comme vous me l'avez donnée tout à l'heure.
— C'est donc un forçat libéré?
— C'est-à-dire, il était *fagot à perte de vue* (9), mais il s'est libéré lui-même.
— Il est évadé? on ne le dénonce pas?
— Ce n'est pas moi qui le dénoncerai, toujours, j'aurais l'air de le craindre.
— Comment la police ne le découvre-t-elle pas? Est-ce qu'on n'a pas son signalement?
— Son signalement! Ah bien, oui! il y a longtemps qu'il a effacé de

(1) Je tue.
(2) On me met en jugement, et je suis condamné à mort.
(3) Aux galères au lieu d'avoir été exécuté.
(4) Avocat.
(5) A l'échafaud.
(6) Le bourreau.
(7) Les juges.
(8) Forçats.
(9) Forçat à perpétuité.

sa frimousse celui que le *meg des megs* (1) y avait mis. Maintenant il n'y a que le *boulanger qui met les âmes au four* (2) qui pourrait le reconnaître, le Maître d'école.
— De quelle manière s'y est-il pris?
— Il a commencé par se roger le nez, qu'il avait long d'une aune; par là-dessus il s'est débarbouillé avec du vitriol.
— Tu plaisantes?
— S'il vient ce soir, vous le verrez; il avait un grand nez de perroquet, maintenant il est aussi camard... que la *cartine* (3), sans compter qu'il a des lèvres grosses comme le poing, et un visage olive aussi couturé que la veste d'un chiffonnier.
— Il est à ce point méconnaissable!
— Depuis six mois qu'il s'est échappé de Rochefort, les *railles* (4) l'ont cent fois rencontré sans le reconnaître.
— Pourquoi était-il au bagne?
— Pour avoir été faussaire, voleur et assassin. On l'appelle le Maître d'école, parce qu'il a une écriture superbe et qu'il est très-savant.
— Et il est redouté?
— Il ne sera plus quand vous l'aurez rincé comme vous m'avez rincé. Et, tonnerre!!! je serais curieux de voir ça!
— Que fait-il pour vivre?
— On dit qu'il s'est vanté d'avoir tué et dévalisé, il y a trois semaines, un marchand de bœufs sur la route de Poissy.
— On l'arrêtera tôt ou tard.
— Il faudra qu'on soit plus de deux pour ça, car il porte toujours sous sa blouse deux pistolets chargés et un poignard Charlot l'attend, il ne sera lauché qu'une fois. Il tuera tout ce qu'il pourra tuer pour s'échapper. Oh! il ne s'en cache pas; et, comme il est deux fois fort comme vous et moi, on aura du mal à l'abattre.
— Et en sortant du bagne qu'as-tu fait, Chourineur?
— J'ai été me proposer au maître débardeur du quai Saint-Paul, et j'y gagne ma vie.
— Mais, puisque, après tout, tu n'es pas *grinche* (5), pourquoi vis-tu dans la Cité?
— Et où voulez-vous que je vive? Qui est-ce qui voudrait fréquenter un repris de justice? Et puis je m'ennuie tout seul, moi; j'aime la société, et ici je vis avec mes pareils. Je me cogne quelquefois... On me craint comme le feu dans la Cité, et le *quart d'œil* (6) n'a rien à me dire, sauf pour les batteries, qui me valent quelquefois vingt-quatre heures de violon.
— Et qu'est-ce que tu gagnes par jour?
— Trente-cinq sous. Ça durera tant que j'aurai des bras; quand je n'en aurai plus, je prendrai un crochet et un carquois d'osier, comme le vieux chiffonnier que je vois dans les brouillards de mon enfance.
— Avec tout ça tu n'es pas malheureux.
— Il y en a de pires que moi, bien sûr; sans mes rêves du sergent et des soldats égorgés, rêves que j'ai encore souvent, je pourrais tranquillement crever comme un autre au coin d'une borne ou à l'hôpital; mais ce rêve... Tenez... nom de nom! je n'aime pas à penser à ça, dit le Chourineur.

Et il vida sur un coin de la table le fourneau de sa pipe.

La Goualeuse avait écouté le Chourineur avec distraction, elle semblait absorbée dans une rêverie douloureuse.

Rodolphe lui-même restait pensif.

Les deux récits qu'il venait d'entendre éveillaient en lui des idées nouvelles.

Un incident tragique vint rappeler à ces trois personnages dans quel lieu ils se trouvaient.

CHAPITRE V.

L'arrestation.

L'homme qui était sorti un moment, après avoir recommandé à l'ogresse son broc et son assiette, revint bientôt, accompagné d'un autre personnage à larges épaules, à figure énergique.

Il lui dit:
— Voilà un hasard de se rencontrer comme ça, Borel! Entre donc, nous boirons un verre de vin.

Le Chourineur dit tout bas à Rodolphe et à la Goualeuse, en leur montrant le nouveau venu:
— Il va y avoir de la grêle... c'est un raille. Attention!

Les deux bandits, dont l'un, coiffé d'un bonnet grec enfoncé jusque sur les sourcils, avait demandé plusieurs fois le Maître d'école, échangèrent un coup d'œil rapide, se levèrent simultanément de table et se

(1) Dieu.
(2) Le diable.
(3) La mort.
(4) Mouchards.
(5) Voleur.
(6) Le commissaire.

dirigèrent vers la porte; mais les deux agents se jetèrent sur eux en poussant un cri particulier.

Une lutte terrible s'engagea.

La porte de la taverne s'ouvrit; d'autres agents se précipitèrent dans la salle, et l'on vit briller au dehors les fusils des gendarmes.

Profitant du tumulte, le charbonnier dont nous avons parlé s'avança jusqu'au seuil du tapis-franc, et, rencontrant par hasard le regard de Rodolphe, il porta à ses lèvres l'index de la main droite.

Rodolphe, d'un geste aussi rapide qu'impérieux, lui ordonna de s'éloigner; puis il continua d'observer ce qui se passa dans la taverne.

L'homme au bonnet grec poussait des hurlements de rage; à demi étendu sur la table, il faisait des soubresauts si désespérés, que trois hommes le contenaient à peine.

Anéanti, morne, la figure livide, les lèvres blanches, la mâchoire inférieure tombante et convulsivement agitée, son compagnon ne fit aucune résistance, il tendit de lui-même ses mains aux menottes.

L'ogresse, assise dans son comptoir et habituée à de pareilles scènes, restait impassible, les mains dans les poches de son tablier.

— Qu'est-ce qu'ils ont donc fait, ces deux hommes, mon bon monsieur Borel? demanda-t-elle à un des agents qu'elle connaissait.

— Ils ont assassiné hier une vieille femme dans la rue Saint-Christophe, pour dévaliser sa chambre. Avant de mourir, la malheureuse a dit qu'elle avait mordu l'un des meurtriers à la main. On avait l'œil sur ces deux scélérats: mon camarade est venu tout à l'heure s'assurer de leur identité, et les voilà pincés.

— Heureusement qu'ils m'ont payé d'avance leur chopine, dit l'ogresse. Vous ne voulez rien prendre, monsieur Borel? un verre de parfait amour, de consolation?

— Merci, mère Ponisse; il faut que j'enfourne ces brigands-là. En voilà un qui regimbe encore!...

En effet, l'assassin au bonnet grec se débattait avec rage. Lorsqu'il s'agit de le mettre dans un fiacre qui attendait dans la rue, il se défendit tellement, qu'il fallut le porter.

Son complice, saisi d'un tremblement nerveux, pouvait à peine se soutenir; ses lèvres violettes remuaient comme s'il eût parlé... On jeta cette masse inerte dans la voiture.

— Ah ça! mère Ponisse, dit l'agent, défiez-vous de Bras-Rouge; il est malin, il pourrait vous compromettre.

— Bras-Rouge! Il y a des semaines qu'on ne l'a vu dans le quartier, monsieur Borel.

— C'est toujours quand il est quelque part... qu'on ne l'y voit pas, vous savez bien ça... Mais n'acceptez de lui en garde ou en consignation aucun paquet, aucun ballot: ce serait du recel.

— Soyez tranquille, monsieur Borel, j'ai aussi peur de Bras-Rouge que du diable. On ne sait jamais où il va et d'où il vient. La dernière fois que je l'ai vu, il m'a dit qu'il arrivait d'Allemagne.

— Enfin, je vous préviens... faites-y attention.

Avant de quitter le tapis-franc, l'agent regarda attentivement les autres buveurs, et il dit au Chourineur, d'un ton presque affectueux:

— Te voilà, mauvais sujet! il y a longtemps qu'on n'a entendu parler de toi! Tu n'as pas eu de batteries? Tu deviens donc sage?

— Sage comme une image, monsieur Borel; vous savez que je ne casse guère là ceux qui ne me le demandent pas.

— Il ne te manquerait plus que cela, de provoquer les autres, fort comme tu es!

— Voilà pourtant mon maître, monsieur Borel, dit le Chourineur en mettant la main sur l'épaule de Rodolphe.

— Tiens! je ne le connais pas, celui-là, dit l'agent en examinant Rodolphe.

— Et nous ne ferons pas connaissance, mon camarade, répondit celui-ci.

— Je le désire pour mon garçon, dit l'agent. Puis, s'adressant à l'ogresse: — Bonsoir, mère Ponisse: c'est une vraie souricière que votre tapis-franc, voilà le troisième assassin que j'y prends.

— Et j'espère bien que ce ne sera pas le dernier, monsieur Borel: c'est bien à votre service... dit gracieusement l'ogresse en s'inclinant avec déférence.

Après le départ de l'agent de police, le jeune homme à figure plombée, qui fumait en buvant de l'eau-de-vie, rechargea sa pipe, et dit, d'une voix enrouée, au Chourineur:

— Est-ce que tu n'as pas reconnu le bonnet grec? C'est l'homme à la Bouloite, c'est Vélu. Quand j'ai vu entrer les agents, j'ai dit: Il y a quelque chose; avec ça que Vélu cachait toujours sa main sous la table.

— C'est tout de même heureux pour le Maître d'école qu'il ne se soit pas trouvé là, reprit l'ogresse. Le bonnet grec l'a demandé plusieurs fois pour des affaires qu'ils ont ensemble... Mais je ne *mangerai* jamais mes pratiques. Qu'on les arrête, bon... chacun son métier... mais je ne les vends pas... Tiens, quand on parle du loup on en voit la queue, ajouta l'ogresse au moment où un homme et une femme entraient dans le cabaret: voilà justement le Maître d'école et sa *largue* (sa femme).

Une sorte de frémissement de terreur courut parmi les hôtes du tapis-franc.

Rodolphe lui-même, malgré son intrépidité naturelle, ne put vaincre une légère émotion à la vue de ce redoutable brigand, qu'il contempla pendant quelques instants avec une curiosité mêlée d'horreur.

Le Chourineur avait dit vrai, le Maître d'école s'était affreusement mutilé.

épaules larges, élevées, puissantes, charnues, qui se dessinaient même sous les plis flottants de sa blouse de toile écrue ; il avait les bras longs, musculeux ; les mains courtes, grosses et velues jusqu'à l'extrémité des doigts ; ses jambes étaient un peu arquées, mais leurs mollets énormes annonçaient une force athlétique.

Cet homme offrait, en un mot, l'exagération de ce qu'il y a de court, de trapu, de ramassé dans le type d'Hercule Farnèse.

Quant à l'expression de férocité qui éclatait sur ce masque affreux, quant à ce regard inquiet, mobile, ardent comme celui d'une bête sauvage, il faut renoncer à les peindre.

Barbillon.

L'ogresse.

On ne pouvait voir quelque chose de plus épouvantable que le visage de ce brigand. Sa figure était sillonnée en tous sens de cicatrices profondes, livides ; l'action corrosive du vitriol avait boursouflé ses lèvres ; les cartilages du nez ayant été coupés, deux trous difformes remplaçaient les narines. Ses yeux gris, très-clairs, très-petits, très-ronds, étincelaient de férocité ; son front, aplati comme celui d'un tigre, disparaissait à demi sous une casquette de fourrure à longs poils fauves... on eût dit la crinière du monstre.

Le Maître d'école n'avait guère plus de cinq pieds deux ou trois pouces ; sa tête, démesurément grosse, était enfoncée entre ses deux

La femme qui accompagnait le Maître d'école était vieille, assez proprement vêtue d'une robe brune, d'un tartan à carreaux rouges et noirs, et d'un bonnet blanc.

Rodolphe la voyait de profil; son œil vert et rond, son nez crochu, ses lèvres minces, son menton saillant, sa physionomie à la fois méchante et rusée, lui rappelèrent la Chouette.

Il allait faire part de cette observation à la Goualeuse, lorsqu'en levant les yeux sur la jeune fille il la vit pâlir; elle regardait avec une terreur muette la hideuse compagne du Maître d'école; enfin, saisissant le bras de Rodolphe d'une main tremblante, Fleur-de-Marie lui dit à voix basse :

— La Chouette! mon Dieu!... la Chouette... la borgnesse!

A ce moment, le Maître d'école, échangeant quelques paroles à voix basse avec un des habitués du tapis-franc, s'avança lentement vers la table où s'attablaient Rodolphe, la Goualeuse et le Chourineur.

Alors, s'adressant à Fleur-de-Marie, d'une voix rauque et creuse comme le rugissement d'un tigre :

— Eh! dis donc, la belle blonde, tu vas quitter ces deux *mufles* et t'en venir avec moi...

La Goualeuse ne répondit rien, se serra contre Rodolphe; ses dents se choquaient d'effroi.

— Et moi... je ne serai pas jalouse, dit l'horrible Chouette en riant aux éclats.

Elle ne reconnaissait pas encore dans la Goualeuse la Pégriotte, sa victime.

— Ah ça, petite, est-ce que tu ne m'entends pas? dit le monstre en s'avançant. Si tu ne viens pas, je t'éborgne pour faire le pendant de la Chouette. Et toi, l'homme à moustache... (il s'adressait à Rodolphe), si tu ne me jettes pas cette blonde par-dessus la table... je te crève...

— Mon Dieu, mon Dieu! défendez-moi! s'écria la Goualeuse à Rodolphe, en joignant les mains. Puis, réfléchissant qu'elle allait l'exposer à un grand danger, elle reprit à voix basse : Non, non, ne bougez pas, monsieur Rodolphe; s'il approche, je crierai au secours, et, de peur d'un esclandre qui attirerait la police, l'ogresse prendra mon parti.

— Sois tranquille, ma fille, dit Rodolphe en regardant intrépidement le Maître d'école. Tu es à côté de moi, tu n'en bougeras pas; et comme ce hideux animal te fait mal au cœur et à moi aussi, je vais le porter dans la rue...

— Toi? dit le Maître d'école.

— Moi!!!... reprit Rodolphe.

— Et, malgré les efforts de la Goualeuse, il se leva de table.

Le Maître d'école recula d'un pas au terrible aspect de la physionomie de Rodolphe.

Fleur-de-Marie et le Chourineur furent aussi frappés de l'expression de méchanceté, de rage diabolique qui, en ce moment, contracta la noble figure de leur compagnon; il devint méconnaissable. Dans sa lutte contre le Chourineur, il s'était montré dédaigneux et railleur; mais face à face avec le Maître d'école, il semblait possédé d'une haine féroce : ses pupilles, dilatées par la fureur, luisaient d'un éclat étrange.

Certains regards ont une puissance magnétique irrésistible; quelques duellistes célèbres doivent, dit-on, leurs sanglants triomphes à cette action fascinatrice de leur regard, qui démoralise, qui atterre leurs adversaires.

Rodolphe était doué de cet effrayant coup d'œil fixe, perçant, qui épouvante, et que ceux qu'il obsède ne peuvent éviter... Ce regard le trouble, les domine; ils le ressentent presque physiquement, et, malgré eux, ils le recherchent... ils ne peuvent en détacher leur vue.

Le Maître d'école tressaillit, recula encore d'un pas, et, ne se fiant pas à sa force prodigieuse, il chercha sous sa blouse le manche de son poignard.

Un meurtre eût peut-être ensanglanté le tapis-franc si la Chouette, saisissant le Maître d'école par le bras, ne se fût écriée :

— Minute... minute... *fourline* (1), laisse-moi dire un mot... tu mangeras ces deux mufles tout à l'heure, ils ne t'échapperont pas...

Le Maître d'école regarda la borgnesse avec étonnement.

Depuis quelques minutes la Chouette observait Fleur-de-Marie avec une attention croissante, cherchant à rassembler ses souvenirs.

Enfin elle ne conserva plus le moindre doute : elle reconnut la Goualeuse.

— Est-il possible! s'écria la borgnesse en joignant les mains avec étonnement, c'est la Pégriotte, la voleuse de sucre d'orge. Mais d'où donc que tu sors? c'est donc *le boulanger* (2) qui t'envole! ajouta-t-elle en montrant le poing à la jeune fille. Tu retomberas donc toujours sous ma griffe? Sois tranquille, si je ne t'arrache plus de dents, je t'arracherai toutes les larmes de ton corps. Ah! vas-tu *rager!* Tu ne sais donc pas? je connais tes parents... Le Maître d'école a vu ce *pré* l'homme qui t'avait donnée à moi quand tu étais toute petite... Il lui a dit le nom de ta mère... C'est des *daims huppés* (3), tes parents...

— Mes parents! vous les connaissez?... s'écria Fleur-de-Marie.

— Oui, mon homme sait le nom de ta mère... mais je lui arracherai plutôt la langue que de le laisser te le dire... Il a encore vu hier celui qui t'a amenée dans mon chenil, parce qu'on ne payait plus sa femme, qui t'avait nourrie... car elle ne tenait guère à toi, ta mère, elle aurait autant aimé te savoir crevée, bien sûr... Mais c'est égal, si tu savais son

Rodolphe.

(1) Diminutif de *fourloureur*, assassin. — (2) Le diable. — (3) Des gens riches.

nom maintenant, tu pourrais joliment la rançonner, ma petite bâtarde...
L'homme que je te dis a des papiers... oui, Pégriotte, il a des lettres de ta mère... et s'il ne s'en sert pas, c'est qu'il a des raisons pour ça... Hein ! tu rages... tu pleures, Pégriotte... Eh bien, non, tu ne la connaîtras pas ; ta mère... Tu ne la connaîtras pas.

— J'aime autant qu'elle me croie morte... dit Fleur-de-Marie en essuyant ses yeux.

Rodolphe, oubliant le Maître d'école, avait attentivement écouté la Chouette, dont le récit l'intéressait.

Pendant ce temps, le brigand n'étant plus sous l'influence du regard de Rodolphe avait repris courage ; il ne pouvait croire que ce jeune homme, de taille moyenne et svelte, fût en état de se mesurer avec lui ; sûr de sa force herculéenne, il s'approcha du défenseur de la Goualeuse, et dit à la Chouette avec autorité :

— Assez bavardé comme ça... Je veux dévisager ce beau mufle-là et lui défoncer la frimousse... pour que la belle blonde me trouve plus gentil que lui.

D'un bond Rodolphe sauta par-dessus la table.

— Prenez garde à mes assiettes ! répéta l'ogresse.

Et le Maître d'école se mit en défense, les deux mains en avant, le haut du corps en arrière, bien campé sur ses robustes reins, et pour ainsi dire ar-bouté sur une de ses jambes énormes... qui ressemblaient à une balustre de pierre.

Au moment où Rodolphe s'élançait sur lui, la porte du tapis-franc s'ouvrit violemment ; le charbonnier dont nous avons parlé, et qui avait presque six pieds de haut, se précipita dans la salle, écarta rudement le Maître d'école, s'approcha de Rodolphe et lui dit en anglais à l'oreille :

— Monsieur, Tom et Sarah... ils sont au bout de la rue.

A ces mots mystérieux, Rodolphe fit un mouvement de colère, jeta un louis sur le comptoir de l'ogresse et courut vers la porte.

Le Maître d'école tenta de s'opposer au passage de Rodolphe ; mais celui-ci, se retournant, lui détacha au milieu du visage deux coups de poing si rudement assénés, que le taureau chancela tout étourdi et tomba pesamment à demi renversé sur une table.

— Vive la Charte ! je reconnais là mes coups de poing de la fin, s'écria le Chourineur. Encore quelques leçons comme ça, et je les saurai.

Revenu à lui au bout de quelques secondes, le Maître d'école s'élança à la poursuite de Rodolphe.

Ce dernier avait disparu avec le charbonnier dans le sombre dédale des rues de la Cité ; il était impossible de le rejoindre.

Au moment où le Maître d'école rentrait écumant de rage, deux hommes, accourant du côté opposé à celui par lequel Rodolphe avait disparu, se précipitèrent dans le tapis-franc, essoufflés, comme s'ils eussent fait rapidement une longue course.

Leur premier mouvement fut de jeter les yeux de côté et d'autre dans la taverne.

— Malheur sur moi ! dit l'un, il nous échappe encore !...
— Patience !... les jours ont vingt-quatre heures, et la vie est longue, répondit l'autre personnage.

Ces deux nouveaux venus s'exprimaient en anglais.

CHAPITRE VI.

Tom et Sarah.

Les deux personnages qui venaient d'entrer dans le tapis-franc appartenaient à une classe beaucoup plus élevée que celle des habitués de cette taverne.

L'un, grand, élancé, avait des cheveux presque blancs, les sourcils et les favoris noirs, une figure osseuse et brune, un air dur, sévère. A son chapeau rond on voyait un crêpe ; sa longue redingote noire se boutonnait jusqu'au cou ; il portait, par-dessus son pantalon de drap gris collant, des bottes autrefois appelées à la Suwarow.

Son compagnon, de très-petite taille, aussi vêtu de deuil, était pâle et beau. Ses longs cheveux, ses sourcils et ses yeux d'un noir foncé faisaient ressortir la blancheur mate de son visage ; à sa démarche, à sa taille, à la délicatesse de ses traits, il était facile de reconnaître dans ce personnage une femme déguisée en homme.

— Tom, demandez à boire, et interrogez ces gens-là sur lui, dit Sarah, toujours anglais.

— Oui, Sarah, répondit l'homme à cheveux blancs et à sourcils noirs.

S'asseyant à une table pendant que Sarah s'essuyait le front, il dit à l'ogresse en très-bon français et presque sans aucun accent :

— Madame, faites-nous donner quelque chose à boire, s'il vous plaît.

L'entrée de ces deux personnes dans le tapis-franc avait vivement excité l'attention ; leurs costumes, leurs manières, annonçaient qu'ils ne fréquentaient jamais ces ignobles tavernes. A leur physionomie inquiète, affairée, on devinait que des motifs importants les amenaient dans ce quartier.

Le Chourineur, le Maître d'école et la Chouette les considéraient avec une avide curiosité.

La Goualeuse, épouvantée de sa rencontre avec la borgnesse, redoutant les menaces du Maître d'école, qui voulait l'emmener avec lui, profita de l'inattention de ces deux misérables, se glissa par la porte restée entr'ouverte et sortit du cabaret.

Le Chourineur et le Maître d'école, dans leur position respective, n'avaient aucun intérêt à élever de nouvelles rixes.

Surprise de l'apparition d'hôtes si nouveaux, l'ogresse partageait l'attention générale. Tom lui dit une seconde fois avec impatience :

— Nous avons demandé quelque chose à boire, madame ; ayez la bonté de nous servir.

La mère Ponisse, flattée de cette courtoisie, se leva de son comptoir, vint gracieusement s'appuyer à la table de Tom, et lui dit :

— Voulez-vous un litre de vin ou une bouteille cachetée ?
— Donnez-nous une bouteille de vin, des verres et de l'eau.

L'ogresse servit ; Tom lui jeta cent sous, et, refusant la monnaie qu'elle voulait lui rendre :

— Gardez cela pour vous, notre hôtesse, et acceptez un verre de vin avec nous.

— Vous êtes bien honnête, monsieur, dit la mère Ponisse en regardant Tom avec plus d'étonnement que de reconnaissance.

— Mais dites-moi, reprit celui-ci, nous avions donné rendez-vous à un de nos camarades dans un cabaret de cette rue ; nous sommes peut-être trompés.

— C'est ici le Lapin-Blanc, pour vous servir, monsieur.

— C'est bien cela, dit Tom en faisant un signe d'intelligence à Sarah. Oui, c'est bien au Lapin-Blanc qu'il devait nous attendre.

— Et il n'y a pas deux Lapins-Blancs dans la rue, dit orgueilleusement l'ogresse. Mais comment était-il, votre camarade ?

— Grand et mince, cheveux et moustaches châtain-clair, dit Tom.

— Attendez donc, attendez donc, c'est mon homme de tout-à-l'heure ; un charbonnier d'une très-grande taille est venu le chercher, et ils sont partis ensemble.

— Ce sont eux, dit Tom.

— Et ils étaient seuls ici ? demanda Sarah.

— C'est-à-dire, le charbonnier n'est venu qu'un moment, votre autre camarade a soupé ici avec la Goualeuse et le Chourineur ; et du regard l'ogresse désigna celui des convives de Rodolphe qui était resté dans le cabaret.

Tom et Sarah se retournèrent vers le Chourineur.

Après quelques minutes d'examen, Sarah dit en anglais à son compagnon :

— Connaissez-vous cet homme ?

— Non. Karl avait perdu les traces de Rodolphe à l'entrée de ces rues obscures. Voyant Murph, déguisé en charbonnier, rôder autour de ce cabaret et venir sans cesse regarder au travers des vitres, il s'est douté de quelque chose et il est venu nous avertir.

Pendant cette conversation, tenue à voix basse et en langue étrangère, le Maître d'école disait tout bas à la Chouette en regardant Tom et Sarah :

— Le grand maigre a dégainé cent sous à l'ogresse. Il est bientôt minuit ; il pleut, il vente ; quand ils vont sortir, nous les suivrons ; j'étourdirai le grand et je lui prendrai son argent. Il est avec une femme, il n'osera pas souffler.

— Si la petite crie à la garde, j'ai mon vitriol dans ma poche, je lui casserai la bouteille sur la figure, dit la borgnesse ; il faut toujours donner à boire aux enfants pour les empêcher de crier. Puis elle ajouta : — Dis donc, fourline, la première fois que nous trouverons la Pégriotte, faudra l'emmener d'autor (1), nous lui frotterons le museau avec mon vitriol, ça fait qu'elle ne fera plus la fière avec sa jolie frimousse...

— Tiens, la Chouette, je finirai par t'épouser, dit le Maître d'école ; tu n'as pas ta pareille pour l'adresse et le courage... La nuit du marchand de bœufs, je t'ai jugée... J'ai dit : Voilà ma femme : elle travaillera mieux qu'un homme.

Après avoir réfléchi un moment, Sarah dit à Tom en lui indiquant le Chourineur :

— Si nous interrogions cet homme sur Rodolphe, peut-être saurions-nous ce qui l'amène ici.

— Essayons, dit Tom. Puis, s'adressant au Chourineur : — Camarade, nous devions retrouver dans ce cabaret un de nos amis ; il y a soupé avec vous ; puisque vous le connaissez, dites-nous si vous savez où il est allé.

— Je le connais parce qu'il m'a rincé il y a deux heures en défendant la Goualeuse.

— Et vous ne l'aviez jamais vu ?

— Jamais... Nous nous sommes rencontrés dans l'allée de la maison de Bras-Rouge.

— L'hôtesse ! encore une bouteille cachetée, et du meilleur, dit Tom. Sarah et lui avaient à peine trempé leurs lèvres dans leurs verres encore pleins ; la mère Ponisse, pour faire honneur sans doute à sa propre cave, avait plusieurs fois vidé le sien.

— Et vous nous servirez sur la table de monsieur, s'il veut bien le

(1) D'autorité.

permettre, ajouta Tom en allant se mettre avec Sarah à côté du Chourineur, aussi étonné que flatté de cette politesse.

Le Maître d'école et la Chouette causaient toujours à voix basse de leurs sinistres projets.

La bouteille servie, Tom et Sarah attablés avec le Chourineur et l'ogresse, qui avait regardé une seconde invitation comme superflue, l'entretien continua.

— Vous nous disiez donc, mon brave, que vous aviez rencontré notre camarade Rodolphe dans la maison de Bras-Rouge ? dit Tom en trinquant avec le Chourineur.

— Oui, mon brave, répondit celui-ci en vidant lestement son verre.

— Voilà un singulier nom... Bras-Rouge ! Qu'est-ce que c'est que ce Bras-Rouge ?

— Il *pastique la maltouze*, dit négligemment le Chourineur; puis il ajouta : — Voilà de fameux vin, mère Ponisse !

— C'est pour ça qu'il ne faut pas laisser votre verre vide, mon brave, reprit Tom en versant de nouveau à boire au Chourineur.

— A votre santé, dit celui-ci, et à celle de votre petit ami qui... enfin suffit... Si ma tante était un homme, ça serait mon oncle, comme dit le proverbe... Allons donc, farceur, je m'entends !

Sarah rougit imperceptiblement. Tom continua :

— Je n'ai pas bien compris ce que vous m'avez dit sur ce Bras-Rouge, Rodolphe sortait de chez lui, sans doute ?

— Je vous ai dit que Bras-Rouge *pastiquait la maltouze*.

Tom regarda le Chourineur avec surprise.

— Qu'est-ce que ça veut dire, *pastiquer la mal*... Comment dites-vous cela ?

— *Pastiquer la maltouze*, faire la contrebande, donc ! Il paraît que vous ne *dévidez pas le jars* (1) ?

— Mon brave, je ne vous comprends plus.

— Je vous dis : Vous ne parlez donc pas argot comme monsieur Rodolphe ?

— Argot ? dit Tom en regardant Sarah d'un air surpris.

— Allons, vous êtes des *sinves*... (2) mais le camarade Rodolphe est un fameux *zig* (3), lui; tout peintre en éventails qu'il est, il m'en remontrerait à moi-même pour l'argot... Eh bien, puisque vous ne parlez pas ce beau langage-là, je vous dis en bon français que Bras-Rouge est contrebandier ; je le dis sans traîtrise... car il ne s'en cache pas, il s'en vante au nez des gabelous ; mais cherche, et attrape si tu peux, car Bras-Rouge est malin.

— Et qu'est-ce que Rodolphe allait faire chez cet homme ? demanda Sarah.

— Ma foi, monsieur... ou madame, à votre choix, je n'en sais rien de rien, aussi vrai que je bois ce verre de vin. Ce soir, je voulais battre la Goualeuse ; j'avais tort : c'était une bonne fille ; elle s'enfonce dans l'allée de la maison de Bras-Rouge, je la poursuis ; c'était noir comme le diable ; au lieu d'empoigner la Goualeuse, je tombe sur maître Rodolphe, qui me donne une maye, et d'une fière force... oh ! oui... il y avait surtout les coups de poing de la fin... tonnerre ! c'était-il bien festonné ! il m'a promis de me montrer ce coup-là.

— Et Bras-Rouge, quel homme est-ce ? demanda Tom. Quelle espèce de marchandises vend-il ?

— Bras-Rouge ? dame ! il vend tout ce qu'il est défendu de vendre, il fait tout ce qu'il est défendu de faire. Voilà sa partie et son négoce. N'est-ce pas, mère Ponisse ?

— Oh ! c'est un cadet qui a le fil, dit l'ogresse.

— Et il met les gabelous joliment dedans, reprit le Chourineur. On a descendu plus de vingt fois dans sa cassine, jamais on n'a rien trouvé, pourtant il en sort souvent avec des ballots.

— C'est malin ! dit l'ogresse ; on dit qu'il a chez lui une cachette qui descend à peu près jusqu'aux catacombes.

— Ça n'empêche pas qu'on ne l'a jamais trouvée sa cachette ; il faudrait démolir sa cassine pour en venir à bout, dit le Chourineur.

— Et quel est le numéro de la maison de Bras-Rouge ?

— N° 13, rue aux Fèves ; Bras-Rouge, marchand de tout ce qu'on veut... C'est connu dans la Cité, dit le Chourineur.

— Je vais écrire cette adresse sur mon carnet ; si nous ne trouvons pas Rodolphe, je tâcherai d'avoir des informations sur lui chez M. Bras-Rouge, reprit Tom. Et il inscrivit le nom de la rue et le numéro du contrebandier.

— Et vous pouvez vous vanter d'avoir, dans maître Rodolphe, un ami solide... dit le Chourineur, et un bon enfant... Tenez le charbonnier il allait se donner un coup de peigne avec le Maître d'école qui est là-bas dans son coin avec la Chouette. Tonnerre ! faut que je me tienne à quatre pour ne pas l'exterminer, cette vieille sorcière, quand je pense à ce qu'elle a fait à la Goualeuse... Mais patience... un coup de poing n'est jamais perdu, comme dit l'autre.

— Rodolphe vous a battu? vous devez le haïr ! dit Sarah.

— Moi, haïr un homme qui se déploie comme ça ! plus souvent ! Au fait, c'est drôle... Tenez, v'là le Maître d'école qui m'a battu, et ça me réjouirait de le voir étrangler... M. Rodolphe, qui m'a battu et même plus

(1) Que vous ne parlez pas argot.
(2) Hommes simples.
(3) Camarade.

fort... c'est tout le contraire : je ne lui veux que du bien. Enfin, il me semble que je me mettrais au feu pour lui, et je ne le connais que de ce soir.

— Vous dites ça parce que nous sommes ses amis, mon brave.

— Non, tonnerre ! non, foi d'homme !... Voyez-vous, il a pour lui les coups de poing de la fin... dont il n'est pas plus fier qu'un enfant ; il n'y a pas là à dire... c'est un maître, un maître fini... Et puis il vous dit des mots... des choses qui vous remettent le cœur au ventre ; puis enfin, quand il vous regarde... il a dans les yeux quelque chose... Tenez, j'ai été troupier... avec un chef *pareil*... voyez-vous, on mangerait la lune et les étoiles.

Tom et Sarah se regardèrent en silence.

— Cette incroyable puissance de domination le suivrait-elle donc partout et toujours? dit amèrement Sarah.

— Oui... jusqu'à ce que nous ayons conjuré le charme... reprit Tom.

— Oui, et, quoi qu'il arrive, il le faut, il le faut, dit Sarah en passant sa main sur son front comme pour chasser un souvenir pénible.

Minuit sonna à l'hôtel de ville.

Le quinquet de la taverne ne jetait plus qu'une lueur douteuse.

A l'exception du Chourineur et de ses deux convives, du Maître d'école et de la Chouette, tous les habitués du tapis-franc s'étaient peu à peu retirés.

Le Maître d'école dit tout bas à la Chouette :

— Nous allons nous cacher dans l'allée en face, nous verrons sortir les *messières* (1), et nous les suivrons. S'ils vont à gauche, nous les attendrons dans le recoin de la rue Saint-Eloi ; s'ils vont à droite, nous les attendrons dans les démolitions, du côté de la triperie ; il y a là un grand trou ; j'ai mon idée.

Et le Maître d'école et la Chouette se dirigèrent vers la porte.

— Vous ne *pitanchez* donc pas ce soir ? leur dit l'ogresse.

— Non, mère Ponisse... Nous étions entrés pour nous mettre à l'abri, dit le Maître d'école. Et il sortit avec la Chouette.

CHAPITRE VII.

La bourse ou la vie.

Au bruit que fit la porte en se fermant, Tom et Sarah sortirent de leur rêverie ; ils se levèrent et remercièrent le Chourineur des renseignements qu'il leur avait donnés : celui-ci leur inspirait moins de confiance depuis qu'il avait vulgairement, mais sincèrement exprimé sa grossière admiration pour Rodolphe.

Au moment où le Chourineur sortit, le vent redoublait de violence, la pluie tombait à torrents.

Le Maître d'école et la Chouette, embusqués dans une allée qui faisait face au tapis-franc, virent le Chourineur s'éloigner du côté de la rue où se trouvait une maison en démolition. Bientôt ses pas, un peu alourdis par ses fréquentes libations de la soirée, se perdirent au milieu des sifflements du vent et du bruit de la pluie qui fouettait les murailles.

Tom et Sarah sortirent de la taverne malgré la tourmente, et prirent une direction opposée à celle du Chourineur.

— Ils sont *enflaqués* (2), dit tout bas le Maître d'école à la Chouette ; débouche ton vitriol : attention !

— Otons nos souliers, ils ne nous entendront pas marcher derrière eux, dit la Chouette.

— Tu as raison, la Chouette, toujours raison, je n'aurais pas pensé à ça ; faisons patte de velours.

Le hideux couple ôta ses chaussures et se glissa dans l'ombre en rasant les maisons.

Grâce à ce stratagème, le bruit des pas de la Chouette et du Maître d'école fut tellement amorti, qu'ils suivirent Tom et Sarah presque à les toucher sans que ceux-ci les entendissent.

— Heureusement notre fiacre est au coin de la rue, dit Tom ; car la pluie va nous tremper. N'avez-vous pas froid, Sarah ?

— Peut-être apprendrons-nous quelque chose par le contrebandier, par ce Bras-Rouge, dit Sarah pensive sans répondre à la question de Tom.

Tout à coup celui-ci s'arrêta.

Ils n'étaient qu'à une petite distance de l'endroit désigné par le Maître d'école pour commettre son crime.

— Je me suis trompé de rue, dit Tom, il fallait prendre à gauche en sortant du cabaret ; nous devons passer devant une maison en démolition pour retrouver notre fiacre. Retournons sur nos pas.

Le Maître d'école et la Chouette se jetèrent dans l'embrasure d'une porte pour n'être pas aperçus de Tom et de Sarah, qui les coudoyèrent presque.

— Au fait j'aime mieux qu'ils aillent du côté des décombres, dit tout bas le Maître d'école ; si le *messière* regimbe... j'ai mon idée.

(1) Les victimes.
(2) Perdus.

Tom et Sarah, après avoir de nouveau passé devant le tapis-franc, arrivèrent près d'une maison en ruine.

Cette masure étant à moitié démolie, ses caves découvertes formaient une espèce de gouffre le long duquel la rue se prolongeait en cet endroit.

Le Maître d'école bondit avec la vigueur et la souplesse d'un tigre; d'une de ses larges mains il saisit Tom à la gorge et lui dit :

— Ton argent ou je te jette dans ce trou.

Et le brigand, repoussant Tom en arrière, lui fit perdre l'équilibre, d'une main le retint pour ainsi dire suspendu au-dessus de la profonde excavation, tandis que de l'autre main il saisit le bras de Sarah comme dans un étau.

Avant que Tom eût fait un mouvement, la Chouette le dévalisa avec une dextérité merveilleuse.

Sarah ne cria pas, ne chercha pas à se débattre; elle dit d'une voix calme :

— Donnez-leur votre bourse, Tom. Et s'adressant au brigand : Nous ne crierons pas, ne nous faites pas de mal.

La Chouette, après avoir scrupuleusement fouillé les poches des deux victimes de ce guet-apens, dit à Sarah :

— Voyons tes mains, s'il y a des bagues. Non, dit la vieille femme en grommelant. Tu n'as donc personne pour te donner des anneaux?... quelle misère !

Le sang-froid de Tom ne se démentit pas pendant cette scène aussi rapide qu'imprévue.

— Voulez-vous faire un marché? Mon portefeuille contient des papiers qui vous seront inutiles; rapportez-le-moi, et demain je vous donne vingt-cinq louis, dit Tom au Maître d'école, dont la main l'étreignait moins rudement.

— Oui, pour nous tendre une souricière ! répondit le brigand. Allons, file sans regarder derrière toi. Tu as du bonheur d'en être quitte pour si peu.

— Un moment, dit la Chouette; s'il est gentil, il aura son portefeuille; il y a un moyen. Puis s'adressant à Tom : Vous connaissez la plaine Saint-Denis?

— Oui.

— Savez-vous où est Saint-Ouen?

— Oui.

— En face de Saint-Ouen, au bout du chemin de la Révolte, la plaine est plate; à travers champs, on y voit de loin; venez-y demain matin tout seul, aboulez l'argent, vous m'y trouverez avec le portefeuille, donnant, donnant, je vous le rendrai.

— Mais il se fera pincer, la Chouette !

— Pas si bête ! il n'y a pas mèche... on voit de trop loin. Je n'ai qu'un œil... mais il est bon; si le *messière* vient avec quelqu'un, il ne trouvera plus personne, j'aurai déménagé.

Sarah parut frappée d'une idée subite; elle dit au brigand :

— Veux-tu gagner de l'argent?

— Oui.

— As-tu vu dans le cabaret d'où nous sortons, car maintenant je te reconnais, as-tu vu l'homme que le charbonnier est venu chercher?

— Un mince à moustaches? Oui, j'allais manger un morceau de ce mufle-là; mais il ne m'a pas donné le temps... Il m'a étourdi de deux coups de poing et m'a renversé sur une table... c'est la première fois que cela m'arrive... Oh ! je m'en vengerai !

— Eh bien ! il s'agit de lui, dit Sarah.

— De lui? s'écria le Maître d'école. Donnez-moi 4,000 francs, je vous le tue...

— Sarah ! s'écria Tom avec épouvante.

— Misérable ! il ne s'agit pas de le tuer... dit Sarah au Maître d'école.

— De quoi donc, alors?

— Venez demain à la plaine Saint-Denis, vous y trouverez mon compagnon, reprit-elle; vous verrez bien qu'il est seul ! il vous dira ce qu'il faut faire. Ce n'est pas 1,000 fr., mais 2,000 fr. que je vous donnerai... si vous réussissez.

— Fourline, dit tout bas la Chouette au Maître d'école, il y a de l'argent à gagner; *c'est des daims huppés* qui veulent monter un coup à un ennemi; cet ennemi c'est le gueux que tu voulais crever... Faut y aller; j'irais, moi, à ta place... Deux mille balles ! mon homme, ça en vaut la peine.

— Eh bien ! ma femme ira, dit le Maître d'école; vous lui direz ce qu'il y a à faire, je le verrai.

— Soit, demain à une heure.

— À une heure.

— Dans la plaine Saint-Denis.

— Dans la plaine Saint-Denis.

— Entre Saint-Ouen et le chemin de la Révolte, au bout de la route.

— C'est dit.

— Et je vous rapporterai votre portefeuille.

— Et vous aurez les 500 francs promis, et un à-compte sur l'autre affaire si vous êtes raisonnable.

— Maintenant allez à droite, nous à gauche; ne nous suivez pas, sinon...

Et le Maître d'école et la Chouette s'éloignèrent rapidement.

— Le démon nous est venu en aide, dit Sarah; ce bandit peut nous servir.

— Sarah, maintenant j'ai peur... dit Tom.

— Moi, je n'ai pas peur. J'espère, au contraire... Mais, venez, venez, je me reconnais ; le fiacre ne doit pas être loin.

Et les deux personnages se dirigèrent à grands pas vers le parvis Notre-Dame.

Un témoin invisible avait assisté à cette scène.

C'était le Chourineur, qui s'était tapi dans les décombres pour se mettre à l'abri de la pluie.

La proposition que fit Sarah au brigand, relativement à Rodolphe, intéressa vivement le Chourineur; effrayé des périls qui menaçaient son nouvel ami, il regretta de ne pouvoir l'en garantir. Sa haine contre le Maître d'école et contre la Chouette fut peut-être pour quelque chose dans ce bon sentiment.

Le Chourineur se résolut d'avertir Rodolphe du danger qu'il courait; mais comment y parvenir ? Il avait oublié l'adresse du soi-disant peintre en éventails. Peut-être Rodolphe ne reviendrait-il pas au tapis-franc; comment le trouver?

En faisant ces réflexions, le Chourineur avait machinalement suivi Tom et Sarah; il les vit monter dans un fiacre qui les attendait devant le parvis Notre-Dame.

Le fiacre partit.

Une idée lumineuse vint au Chourineur; il monta derrière cette voiture.

À une heure du matin, ce fiacre s'arrêta sur le boulevard de l'Observatoire, et Tom et Sarah disparurent dans une des ruelles qui aboutissent à cet endroit.

La nuit étant noire, le Chourineur ne put signaler aucun indice qui lui servît à reconnaître plus précisément, le lendemain, les lieux où il se trouvait. Alors, avec une sagacité de sauvage, il tira son couteau de sa poche, fit une large et profonde entaille à un des arbres auprès desquels s'était arrêtée la voiture. Puis il regagna son gîte, dont il s'était considérablement éloigné.

Pour la première fois depuis longtemps le Chourineur goûta dans son taudis un sommeil profond, qui ne fut pas interrompu par l'horrible vision de l'abattoir aux sergents, comme il disait dans son rude langage.

CHAPITRE VIII.

Promenade.

Le lendemain de la soirée où s'étaient passés les différents événements que nous venons de raconter, un radieux soleil d'automne brillait au milieu d'un ciel pur ; la tourmente de la nuit avait cessé. Quoique toujours obscurci par la hauteur des maisons, le hideux quartier où le lecteur nous a suivi semblait moins horrible, vu à la clarté d'un beau jour.

Soit que Rodolphe ne craignît plus la rencontre des deux personnes qu'il avait évitées la veille, soit qu'il la bravât, vers les onze heures du matin il entra dans la rue aux Fèves, et se dirigea vers la taverne de l'ogresse.

Rodolphe était toujours habillé en ouvrier, mais on remarquait dans ses vêtements une certaine recherche; la blouse neuve, ouverte sur la poitrine, laissait voir sa chemise de laine rouge, fermée par plusieurs boutons d'argent; le col d'une autre chemise de toile blanche se rabattait sur sa cravate de soie noire, négligemment nouée autour de son cou ; de sa casquette de velours bleu de ciel, à visière vernie, s'échappaient quelques boucles de cheveux châtains; des bottes parfaitement cirées, remplaçant les gros souliers ferrés de la veille, mettaient en valeur un pied charmant, qui paraissait d'autant plus petit qu'il sortait d'un large pantalon de velours olive.

Ce costume ne nuisait en rien à l'élégance de la tournure de Rodolphe, rare mélange de grâce, de souplesse et de force.

Nos habits sont tellement laids, qu'on ne peut que gagner à les quitter, même pour les vêtements les plus vulgaires.

L'ogresse se prélassait sur le seuil du tapis-franc lorsque Rodolphe s'y présenta.

— Votre servante, jeune homme ! Vous venez sans doute chercher la monnaie de vos 20 francs ? dit-elle avec une sorte de déférence, n'osant pas oublier que la veille le vainqueur du Chourineur lui avait jeté un louis sur son comptoir : il vous revient 17 livres 10 sous... Ça n'est pas tout... On est venu vous demander hier : un grand monsieur, bien couvert; il avait aux jambes des bottes à cœur, comme un tambour-major en bourgeois, et au bras une petite femme déguisée en homme. Ils ont bu du *cacheté* avec le Chourineur.

— Ah ! ils ont bu avec le Chourineur ! Et que lui ont-ils dit ?

— Quand je dis qu'ils ont bu, je me trompe, ils n'ont fait que tremper leurs lèvres dans leurs verres ; et...

— Je *te* demande ce qu'ils ont dit au Chourineur ?

— Ils lui ont parlé de choses et d'autres, quoi ! de Bras-Rouge, de la pluie et du beau temps.

— Ils connaissent Bras-Rouge ?

— Au contraire, le Chourineur leur a expliqué qui c'était... et comment vous l'aviez battu.

— C'est bon, il ne s'agit pas de ça.

— Vous demandez votre monnaie ?

— Oui... et j'emmènerai la Goualeuse passer la journée à la campagne.

— Oh ! impossible, ça, mon garçon.

— Pourquoi ?

— Elle n'a qu'à ne pas revenir ? Ses nippes sont à moi, sans compter qu'elle me doit encore deux cent vingt francs pour finir de s'acquitter de sa nourriture et de son logement, depuis que je l'ai prise chez moi ; si elle n'était pas honnête comme elle l'est, je ne la laisserais pas aller plus loin que le coin de la rue, au moins.

— La Goualeuse te doit deux cent vingt francs ?

— Deux cent vingt francs dix sous... Mais qu'est-ce que ça vous fait, mon garçon ? Ne dirait-on pas que vous allez les payer ? Faites donc le milord !

— Tiens, dit Rodolphe en jetant onze louis sur l'étain du comptoir de l'ogresse. Maintenant, combien vaut la défroque que tu lui loues ?

La vieille, ébahie, examinait les louis l'un après l'autre d'un air de doute et de défiance.

— Ah ça, crois-tu que je te donne de la fausse monnaie ? Envoie changer cet or, et finissons... Combien vaut la défroque que tu loues à cette malheureuse ?

L'ogresse, partagée entre le désir de faire une bonne affaire, l'étonnement de voir un ouvrier posséder autant d'argent, la crainte d'être dupée, et l'espoir de gagner davantage encore, l'ogresse garda un moment le silence, puis elle reprit :

— Ses hardes valent au moins... cent francs.

— De pareilles guenilles ! allons donc ! Tu garderas la monnaie d'hier et je te donnerai encore un louis, rien de plus. Se laisser rançonner par toi, c'est voler les pauvres qui ont droit à des aumônes.

— Eh bien, mon garçon, je garde mes hardes : la Goualeuse ne sortira pas d'ici ; je suis libre de vendre mes effets ce que je veux.

— Que Lucifer te brûle un jour selon tes mérites ! Voilà ton argent, va me chercher la Goualeuse.

L'ogresse empocha l'or, pensant que l'ouvrier avait commis un vol ou fait un héritage, et lui dit, avec un ignoble sourire :

— Pourquoi, mon fils, ne monteriez-vous pas chercher vous-même la Goualeuse ?... cela lui ferait plaisir... car, foi de mère Ponisse, hier elle vous reluquait joliment !

— Va la chercher et dis-lui que je l'emmènerai à la campagne... rien de plus. Surtout qu'elle ne sache pas que je t'ai payé sa dette.

— Pourquoi donc ?

— Que t'importe ?

— Au fait, ça m'est égal, j'aime mieux qu'elle se croie encore sous ma coupe.

— Te tairas-tu ! monteras-tu !...

— Oh ! quel air méchant ! Je plains ceux à qui vous en voulez... Allons, j'y vais... j'y vais...

Et l'ogresse monta.

Quelques minutes après, elle redescendit.

— La Goualeuse ne voulait pas me croire ; elle est devenue cramoisie quand elle a su que vous étiez là... Mais quand je lui ai dit que je lui permettais de passer la journée à la campagne, j'ai cru qu'elle devenait folle ; pour la première fois de sa vie, elle a eu envie de me sauter au cou.

— C'était la joie de te quitter.

Fleur-de-Marie entra dans ce moment, vêtue comme la veille : robe d'alépine brune, châle orangé noué derrière le dos, marmotte à carreaux rouges laissant voir seulement deux grosses nattes de cheveux blonds.

Elle rougit en reconnaissant Rodolphe, et baissa les yeux d'un air confus.

— Voulez-vous venir passer la journée à la campagne avec moi, mon enfant ? dit Rodolphe.

— Bien volontiers, monsieur Rodolphe, dit la Goualeuse, puisque madame le permet.

— Je t'y autorise, ma petite chatte, par rapport à ta bonne conduite... dont tu fais l'ornement... Allons, viens m'embrasser.

Et la mégère tendit à Fleur-de-Marie son visage couperosé.

La malheureuse, surmontant sa répugnance, approcha son front des lèvres de l'ogresse ; mais d'un violent coup de coude Rodolphe repoussa la vieille dans son comptoir, prit le bras de Fleur-de-Marie et sortit du tapis-franc au bruit des malédictions de la mère Ponisse.

— Prenez garde, monsieur Rodolphe, dit la Goualeuse, l'ogresse va vous jeter quelque chose à la tête, elle est si méchante !

— Rassurez-vous, mon enfant. Mais qu'avez-vous ? vous semblez embarrassée... triste ? Êtes-vous fâchée de venir avec moi ?

— Au contraire... mais... mais vous me donnez le bras.

— Eh bien ?

— Vous êtes ouvrier... quelqu'un peut dire à votre bourgeois qu'on vous a rencontré avec moi... ça vous fera du tort. Les maîtres n'aiment pas que leurs ouvriers se dérangent.

Et la Goualeuse dégagea doucement son bras de celui de Rodolphe, en ajoutant :

— Allez tout seul... je vous suivrai jusqu'à la barrière. Une fois dans les champs, je reviendrai auprès de vous.

— Ne craignez rien, dit Rodolphe, touché de cette délicatesse, et, reprenant le bras de Fleur-de-Marie : Mon bourgeois ne demeure pas dans le quartier, et puis d'ailleurs nous allons trouver un fiacre sur le quai aux Fleurs.

— Comme vous voudrez, monsieur Rodolphe ; je vous disais cela pour ne pas vous faire arriver de la peine...

— Je le crois, et je vous en remercie. Mais, franchement, vous est-il égal d'aller à la campagne dans un endroit ou dans un autre ?

— Ça m'est égal, monsieur Rodolphe, pourvu que ce soit à la campagne... Il fait si beau... Le grand air est si bon à respirer ! Savez-vous que voilà cinq mois que je n'ai pas été plus loin que le marché aux Fleurs ? Et encore, si l'ogresse me permettait de sortir de la Cité, c'est qu'elle avait confiance en moi.

— Et quand vous veniez à ce marché, c'était pour acheter des fleurs ?

— Oh ! non ; je n'avais pas d'argent ; je venais seulement les voir, respirer leur bonne odeur... Pendant la demi-heure que l'ogresse me laissait passer sur le quai les jours de marché, j'étais si contente que j'oubliais tout.

— Et en rentrant chez l'ogresse... dans ces vilaines rues ?

— Je revenais plus triste que je n'étais partie... et je renfonçais mes larmes pour ne pas être battue ! Tenez... au marché... ce qui me faisait envie, oh ! bien envie, c'était de voir ces petites ouvrières bien proprettes, qui s'en allaient toutes gaies, avec un beau pot de fleurs dans leurs bras.

— Je suis sûr que si vous aviez eu seulement quelques fleurs sur votre fenêtre, cela vous aurait tenu compagnie ?

— C'est bien vrai ce que vous dites là, monsieur Rodolphe ! Figurez-vous qu'un jour l'ogresse, à sa fête, sachant mon goût, m'avait donné un petit rosier. Si vous saviez comme j'étais heureuse ! Je ne m'ennuyais plus, allez ! Je ne faisais que regarder mon rosier... Je m'amusais à compter ses feuilles, ses fleurs... Mais l'air est si mauvais dans la Cité, qu'au bout de deux jours il a commencé à jaunir. Alors... Mais vous allez vous moquer de moi, monsieur Rodolphe.

— Non, non, continuez.

— Eh bien ! alors, j'ai demandé à l'ogresse la permission de sortir et d'aller promener mon rosier... oui... comme j'aurais promené un enfant. Je l'emportais au quai, je me figurais que d'être avec les autres fleurs, dans ce bon air frais et embaumé, ça lui faisait du bien ; je trempais ses pauvres feuilles flétries dans la belle eau de la fontaine, et puis, pour le ressuyer, je le mettais un bon quart d'heure au soleil... Cher petit rosier, il n'en voyait jamais dans la Cité, car dans notre rue il ne descend pas plus bas que le toit... Enfin je rentrais... Eh bien, je vous assure, monsieur Rodolphe, que, grâce à ces promenades, mon rosier a peut-être vécu dix jours de plus qu'il n'aurait vécu sans cela.

— Je vous crois ; mais quand il est mort, ç'a été une grande perte pour vous ?

— Je l'ai pleuré, ç'a été un vrai chagrin... Et, tenez, monsieur Rodolphe, puisque vous comprenez qu'on aime les fleurs, je peux bien vous dire ça. Eh bien ! je lui avais aussi comme de la reconnaissance... de... Ah ! pour cette fois vous allez vous moquer de moi...

— Non, non ! j'aime... j'adore les fleurs ; ainsi je comprends toutes les folies qu'elles font faire ou qu'elles inspirent.

— Eh bien ! je lui étais reconnaissante, à ce pauvre rosier, de fleurir si gentiment pour moi... quoique... enfin... malgré ce que j'étais.

Et la Goualeuse baissa la tête et devint pourpre de honte.

— Malheureuse enfant ! avec cette conscience de votre horrible position, vous avez dû souvent...

— Avoir envie d'en finir, n'est-ce pas, monsieur Rodolphe ? dit la Goualeuse en interrompant son compagnon ; oh ! oui, allez, plus d'une fois j'ai regardé la Seine par-dessus le parapet... mais après je regardais les fleurs, le soleil... Alors je me disais : La rivière sera toujours là ; je n'ai pas dix-sept ans... qui sait ?

— Quand vous disiez Qui sait ?... vous espériez ?

— Oui...

— Et qu'espériez-vous ?

— Je ne sais pas... j'espérais... oui, j'espérais presque malgré moi. Dans ces moments-là, il me semblait que mon sort n'était pas mérité, qu'il y avait en moi quelque chose de bon. Je me disais : On m'a bien tourmentée ; mais au moins, je n'ai jamais fait de mal à personne... Si j'avais eu quelqu'un pour me conseiller, je ne serais pas où j'en suis !... Alors ça chassait un peu ma tristesse... Après ça il faut dire que ces pensées-là m'étaient surtout venues à la suite de la perte de mon rosier, ajouta la Goualeuse d'un air solennel qui fit sourire Rodolphe.

— Toujours ce grand chagrin...

— Oui... tenez, le voilà.

Et la Goualeuse tira de sa poche un petit paquet de bois soigneusement coupé et attaché avec une faveur rose.

— Vous l'avez conservé ?

— Je le crois bien... c'est tout ce que je possède au monde.

— Comment ! vous n'avez rien à vous ?
— Rien...
— Mais ce collier de corail ?
— C'est à l'ogresse.
— Comment ! vous ne possédez pas un chiffon, un bonnet, un mouchoir ?
— Non, rien... rien... que les branches sèches de mon pauvre rosier. C'est pour cela que j'y tiens tant...

A chaque mot l'étonnement de Rodolphe redoublait ; il ne pouvait comprendre cet épouvantable esclavage, cette horrible vente du corps et de l'âme pour un abri sordide, quelques haillons et une nourriture immonde (1).

Rodolphe et la Goualeuse arrivèrent au quai aux Fleurs ; un fiacre les attendait ; Rodolphe y fit monter la Goualeuse ; il monta après elle et dit au cocher.

— A Saint-Denis ; je dirai plus tard le chemin qu'il faudra prendre.

La voiture partit ; le soleil était radieux, le ciel sans nuages, le froid un peu piquant ; l'air circulait vif et frais à travers l'ouverture des glaces baissées.

— Tiens ! un manteau de femme ! dit la Goualeuse en remarquant qu'elle s'était assise sur un vêtement qu'elle n'avait pas aperçu.

— Oui, c'est pour vous, mon enfant ; je l'ai pris dans la crainte que vous n'ayez froid ; enveloppez-vous bien.

Peu habituée à ces prévenances, la pauvre fille regarda Rodolphe avec surprise. L'espèce d'intimidation que ce dernier lui causait augmentait encore, ainsi qu'une tristesse vague, dont elle ne se rendait pas compte.

— Mon Dieu ! monsieur Rodolphe, comme vous êtes bon ! ça me rend honteuse.

— Parce que je suis bon ?

— Non ; mais... il me semble que vous ne parlez plus maintenant comme hier, que vous êtes tout autre...

— Voyons, Fleur-de-Marie, qu'aimez-vous mieux, que je sois le Rodolphe d'hier, ou le Rodolphe d'aujourd'hui ?

— Je vous aime bien mieux comme maintenant... Pourtant, hier il me semblait que j'étais plus votre égale...

Puis, se reprenant aussitôt, craignant d'avoir humilié Rodolphe, elle reprit :

— Quand je dis votre égale... monsieur Rodolphe, je sais bien que cela ne peut pas être.

— Il y a une chose qui m'étonne en vous, Fleur-de-Marie.

— Quoi donc, monsieur Rodolphe ?

— Vous semblez oublier ce que la Chouette vous a dit hier de vos parents... qu'elle connaissait votre mère...

— Oh ! je n'ai pas oublié cela... j'y ai pensé cette nuit... et j'ai bien pleuré... mais je suis sûre que cela n'est pas vrai... la borgnesse aura inventé cette histoire pour me faire de la peine...

— Il se peut que la Chouette soit mieux instruite que vous ne le croyez ; si cela était, ne seriez-vous pas heureuse de retrouver votre mère ?

— Hélas ! monsieur Rodolphe ! si ma mère ne m'a jamais aimée... à quoi bon la retrouver ?... Elle ne voudra pas seulement me voir... Si elle m'a aimée... quelle honte je lui ferais !... Elle en mourrait peut-être.

— Si votre mère vous a aimée, Fleur-de-Marie, elle vous plaindra, elle vous pardonnera, elle vous aimera encore... Si elle vous a délaissée... en voyant à quel sort affreux son abandon vous a réduite... sa honte vous vengera.

— A quoi ça sert-il de se venger ? et puis, si je me vengeais, il me semble que je n'aurais plus le droit de me trouver malheureuse... Et souvent cela me console...

— Vous avez peut-être raison... N'en parlons plus...

A ce moment, la voiture arrivait près de Saint-Ouen, à l'embranchement de la route de Saint-Denis et du chemin de la Révolte.

Malgré la monotonie du paysage, Fleur-de-Marie fut si transportée de voir des *champs*, comme elle disait, que ses tristes pensées que le souvenir de la Chouette venait d'éveiller en elle, son charmant visage s'épanouit. Elle se pencha à la portière en battant des mains et s'écria :

— Monsieur Rodolphe, quel bonheur !... de l'herbe ! des champs ! Si vous vouliez me permettre de descendre... il fait si beau !... J'aimerais tant à courir dans ces prairies.

— Courons, mon enfant... Cocher, arrête !

— Comment ! vous aussi, monsieur Rodolphe ?

— Moi aussi... Je m'en fais une fête.

— Quel bonheur !! monsieur Rodolphe !!

Et Rodolphe et la Goualeuse de se prendre par la main et de courir à perdre haleine dans une vaste pièce de regain tardif, récemment fauché.

---

(1) S'il nous était permis d'entrer dans des détails devant lesquels nous reculons, nous prouverions que ce servage existe, que les lois de police sont ainsi faites, qu'une malheureuse créature, souvent vendue par ses proches et jetée dans cet abîme d'infamie, est pour ainsi dire à jamais condamnée à y vivre ; que son repentir, que ses remords soient vains, et qu'il lui est presque matériellement impossible de sortir de cette fange. (Voir le précieux ouvrage du docteur Parent-Duchâtelet, œuvre d'un philosophe et d'un grand homme de bien.)

Dire les bonds, les petits cris joyeux, le ravissement de Fleur-de-Marie, serait impossible. Pauvre gazelle si longtemps prisonnière, elle aspirait le grand air avec ivresse. Elle allait, venait, s'arrêtait, repartait avec de nouveaux transports.

A la vue de plusieurs touffes de pâquerettes et de quelques boutons d'or épargnés par les premières gelées blanches, la Goualeuse ne put retenir de nouvelles exclamations de plaisir ; elle ne laissa pas une de ces petites fleurs, et glana tout le pré.

Après avoir ainsi couru au milieu des champs, lassée vite, car elle avait perdu l'habitude de l'exercice, la jeune fille, s'arrêtant pour reprendre haleine, s'assit sur un tronc d'arbre renversé au bord d'un fossé profond.

Le teint transparent et blanc de Fleur-de-Marie, ordinairement un peu pâle, se nuançait des plus vives couleurs. Ses grands yeux bleus brillaient doucement ; sa bouche vermeille, haletante, laissait voir deux rangées de perles humides ; son sein battait sous son vieux petit châle orange ; elle appuyait une de ses mains sur son cœur pour en comprimer les pulsations, tandis que, de l'autre main, elle tendait à Rodolphe le bouquet de fleurs des champs qu'elle avait cueilli.

Rien de plus charmant que l'expression de joie innocente et pure qu'il rayonnait sur cette physionomie candide.

Lorsque Fleur-de-Marie put parler, elle dit à Rodolphe, avec un accent de félicité profonde, de reconnaissance presque religieuse :

— Que le bon Dieu est bon de nous donner un si beau jour !

Une larme vint aux yeux de Rodolphe en entendant cette pauvre créature abandonnée, méprisée, perdue, sans asile et sans pain, jeter un cri de bonheur et de gratitude ineffable envers le Créateur, parce qu'elle jouissait d'un rayon de soleil et de la vue d'une prairie.

Rodolphe fut tiré de sa contemplation par un accident imprévu.

CHAPITRE IX.

La surprise.

Nous l'avons dit, la Goualeuse s'était assise sur un tronc d'arbre renversé au bord d'un fossé profond.

Tout à coup un homme, se dressant du fond de cette excavation, secoua la litière sous laquelle il s'était tapi, et poussa un éclat de rire formidable.

La Goualeuse se retourna en jetant un cri d'effroi.

C'était le Chourineur.

— N'aie pas peur, ma fille, reprit le Chourineur en voyant la frayeur de la jeune fille, qui se réfugia auprès de son compagnon. Voilà une fameuse rencontre, hein ! maître Rodolphe, vous ne vous attendiez pas à cela ? ni moi non plus... Puis il ajouta d'un ton sérieux : Tenez, maître... voyez-vous, on dira ce qu'on voudra... mais il y a quelque chose en l'air... là-haut... au-dessus de nos têtes... Le *meg des megs* est un malin, il me fait l'effet de dire à l'homme : Va comme je te pousse... vu qu'il vous a poussé ici, ce qui est diablement étonnant !

— Que fais-tu là ? dit Rodolphe très-surpris.

— Je veille au grain pour vous, mon maître... Mais, tonnerre ! quelle bonne farce que vous veniez justement dans les environs de ma maison de campagne... Tenez, il y a quelque chose ; décidément il y a quelque chose.

— Mais, encore une fois, que fais-tu là ?

— Tout à l'heure vous le saurez, donnez-moi seulement le temps de percher sur votre observatoire à un cheval.

Et le Chourineur courut vers le fiacre arrêté à peu de distance, jeta çà et là sur la plaine immense un coup d'œil perçant, et revint prestement rejoindre Rodolphe.

— M'expliqueras-tu ce que tout cela signifie ?

— Patience ! patience, maître ! Encore un mot. Quelle heure est-il ?

— Midi et demi, dit Rodolphe en consultant sa montre.

— Bon... nous avons le temps. La Chouette ne sera ici que dans une demi-heure.

— La Chouette ! s'écrièrent à la fois Rodolphe et la jeune fille.

— Oui, la Chouette. En deux mots, maître, voilà l'histoire : Hier, quand vous avez quitté le tapis-franc, il est venu...

— Un homme d'une grande taille avec une femme habillée en homme ; ils ne m'ont demandé, je sais cela. Ensuite ?

— Ensuite, ils m'ont payé à boire, et ont voulu me faire jaspiner sur votre compte. Moi, je n'ai rien voulu dire... vu que vous ne m'avez pas communiqué autre chose que la raclée dont vous m'avez fait la politesse... je ne savais rien de plus de vos secrets. Après ça, j'aurais su quelque chose, ça aurait été tout de même. C'est entre nous à la vie à la mort, maître Rodolphe. Que le diable me brûle si je sais pourquoi je me sens pour vous comme qui dirait l'attachement d'un bouledogue pour son maître ; mais c'est égal, ça est. C'est plus fort que moi, je ne m'en mêle plus... ça vous regarde, arrangez-vous.

— Je te remercie, mon garçon, mais continue.

— Le grand monsieur et la petite femme habillée en homme, voyant qu'ils ne tiraient rien de moi, sont sortis de chez l'ogresse, et moi aussi; eux du côté du Palais-de-Justice, moi du côté de Notre-Dame. Arrivé au bout de la rue, je commence à m'apercevoir qu'il tombait par trop de hallebardes... une pluie de déluge! Il y avait tout proche une maison en démolition. Je me dis : — Si l'averse dure longtemps, je dormirai aussi bien là que dans mon garni. — Je me laisse couler dans une espèce de cave où j'étais à couvert; je fais mon lit d'une vieille poutre, mon oreiller d'un plâtras, et me voilà couché comme un roi.
— Après, après?
— Nous avions bu ensemble, maître Rodolphe; j'avais encore bu avec le grand et la petite habillée en homme; c'est pour vous dire que j'avais la tête un peu lourde... avec ça il n'y a rien qui me berce comme le bruit de la pluie qui tombe. Je commence donc à roupiller. Il n'y avait pas, je crois, longtemps que je *pionçais*, quand un bruit m'éveille en sursaut : c'était le Maître d'école qui causait comme qui dirait *amicalement* avec un autre. J'écoute... tonnerre! qu'est-ce que je reconnais! la voix du grand qui était venu au tapis-franc avec la petite habillée en homme!
— Ils causaient avec le Maître d'école et la Chouette? dit Rodolphe stupéfait.
— Avec le Maître d'école et la Chouette. Ils causaient de se retrouver le lendemain.
— C'est aujourd'hui! dit Rodolphe.
— À une heure.
— C'est dans un instant!
— À l'embranchement de la route de Saint-Denis et de la Révolte.
— C'est ici!
— Comme vous dites, maître Rodolphe, c'est ici!
— Le Maître d'école! prenez garde, monsieur Rodolphe!... s'écria Fleur-de-Marie.
— Calme-toi, ma fille... lui ne doit pas venir... mais seulement la Chouette.
— Comment cet homme a-t-il pu se mettre en rapport avec ces deux misérables? dit Rodolphe.
— Je n'en sais, ma foi, rien. Après ça, maître, peut-être que je ne me suis éveillé qu'à la fin de la chose; car le grand parlait de ravoir son portefeuille, que la Chouette doit lui rapporter ici... en échange de cinq cents francs. Faut croire que le Maître d'école avait commencé par les voler, et que c'est après qu'ils se seront mis à causer de bonne amitié.
— Cela est étrange!
— Mon Dieu! ça m'effraye pour vous, monsieur Rodolphe, dit Fleur-de-Marie.
— Maître Rodolphe n'est pas un enfant, ma fille; mais, comme tu dis, ça pourrait chauffer pour lui, et me voilà.
— Continue, mon garçon.
— Le grand et la petite ont promis deux mille francs au Maître d'école, pour vous faire... je ne sais pas quoi. C'est la Chouette qui doit venir ici tout à l'heure rapporter le portefeuille, et savoir de quoi il retourne, pour aller le redire au Maître d'école, qui se charge du reste.
Fleur-de-Marie tressaillit.
Rodolphe sourit dédaigneusement.
— Deux mille francs pour vous faire quelque chose, maître Rodolphe! je me fais penser (sans comparaison) que lorsque je vois afficher cinq cents francs de récompense pour un chien perdu, je me dis modestement à moi-même : Tu te perdrais, animal, qu'on ne donnerait pas seulement cent sous pour te ravoir. Deux mille francs pour vous faire quelque chose! Qui êtes-vous donc?
— Je le t'apprendrai tout à l'heure.
— Suffit, maître... Quand j'ai entendu cette proposition faite à la Chouette, je me dis : il faut que je sache où perchent ces richards qui veulent lâcher le Maître d'école aux trousses de M. Rodolphe : ça peut servir. Quand ils s'éloignent, je sors de mes décombres, je les suis à pas de loup; le grand et la petite rejoignent un fiacre au parvis Notre-Dame; ils montent dedans, moi derrière, et nous arrivons boulevard de l'Observatoire. Il faisait noir comme dans un four, je ne pouvais rien voir; j'entaille un arbre pour m'y reconnaître le lendemain.
— Très-bien, mon garçon.
— Ce matin j'y suis retourné. À dix pas de mon arbre, j'ai vu une ruelle fermée par une barrière; dans la boue de la ruelle, des petits pas et des grands pas; au bout de la ruelle, une maison... le nid du grand et de la petite doit être là.
— Merci, mon brave... tu me rends, sans t'en douter, un grand service.
— Pardon, excuse! maître Rodolphe, je m'en doutais, c'est pour cela que je l'ai fait.
— Je le sais, mon garçon, et je voudrais pouvoir récompenser ton service autrement que par un remerciment; malheureusement je ne suis qu'un pauvre diable d'ouvrier... quoiqu'on donne, comme je te dis, deux mille francs pour me faire quelque chose. Je vais t'expliquer cela.
— Bon, si ça vous amuse, sinon ça m'est égal. On vous monte un coup, je m'y oppose... le reste ne me regarde pas.
— Je devine ce qu'ils veulent. Écoute-moi bien; j'ai un secret pour tailler l'ivoire des éventails à la mécanique; mais ce secret ne m'appartient pas à moi seul; j'attends mon associé pour mettre ce procédé en pratique, et c'est sûrement du modèle de la machine que j'ai chez moi qu'on veut s'emparer à tout prix : car il y a beaucoup d'argent à gagner avec cette découverte.

— Le grand et la petite sont donc?...
— Des fabricants chez qui j'ai travaillé, et à qui je n'ai pas voulu donner mon secret.

Cette explication parut satisfaisante au Chourineur, dont l'intelligence n'était pas singulièrement développée, et il reprit :
— Je comprends maintenant. Voyez-vous, les gueusards! et ils n'ont pas seulement le courage de faire leurs mauvais coups eux-mêmes. Mais, pour en finir, voilà ce que je me suis dit ce matin : Je sais le rendez-vous de la Chouette et du grand, je vais aller les attendre, j'ai de bonnes jambes; mon maître débardeur m'attendra, tant pis... J'arrive ici; je vois ce trou, je vas prendre une brassée de fumier là-bas, je me cache jusqu'au bout du nez, et j'attends la Chouette. Mais voilà-t-il pas que vous déboulez dans la plaine, et que cette pauvre Gonaleuse vient justement s'asseoir au bord de mon parc; alors, ma foi, j'ai voulu vous faire une farce, et j'ai crié comme un brûlé en sortant de ma litière.
— Maintenant, quel est ton dessein?
— Attendre la Chouette, qui, bien sûr, arrivera la première; tâcher d'entendre ce qu'elle dira au grand, parce que cela peut vous servir. Il n'y a que ce tronc d'arbre-là renversé dans ce champ; de cet endroit on voit partout dans la plaine, c'est comme fait exprès pour s'y asseoir. Le rendez-vous de la Chouette est à quatre pas, là-bas; je me mettrai là-dedans; il y a à parier qu'ils viendront s'asseoir ici. S'ils n'y viennent pas, je ne peux rien entendre... quand ils seront séparés, je tombe sur la Chouette, ça sera toujours ça; je lui paye ce que je lui dois pour la dent de la Goualeuse, et je lui tords le cou jusqu'à ce qu'elle me dise le nom des parents de la pauvre fille... Qu'est-ce que vous dites de mon idée, maître Rodolphe?
— Il y a du bon, mon garçon; mais il faut corriger quelque chose à ton plan.
— Oh! d'abord, Chourineur, ne vous faites pas de mauvaise querelle pour moi. Si vous battez la Chouette, le Maître d'école...
— Assez, ma fille. La Chouette ne passera par les mains. Tonnerre! c'est justement parce qu'elle a le Maître d'école pour la défendre que je doublerai la dose.
Écoute, mon garçon, j'ai un meilleur moyen de venger la Goualeuse des méchancetés de la Chouette. Je te dirai cela plus tard. Quant à présent, dit Rodolphe en s'éloignant de quelques pas de la Goualeuse, et en baissant la voix, quant à présent, veux-tu me rendre un vrai service?...
— Parlez, maître Rodolphe.
— La Chouette ne te connaît pas?
— Je l'ai vue hier pour la première fois au tapis-franc.
— Voilà ce qu'il faudra que tu fasses. Tu te cacheras d'abord; mais lorsque tu la verras près d'ici, tu sortiras de ton trou...
— Pour lui tordre le cou?...
— Non... plus tard; aujourd'hui il faut seulement l'empêcher de parler avec le grand. Voyant quelqu'un avec elle, il n'osera pas approcher. S'il approche, ne la quitte pas d'une minute... il ne pourra pas lui faire ses propositions devant toi.
— Si l'homme me trouve curieux, j'en fais mon affaire; ça n'est ni un Maître d'école, ni un maître Rodolphe.
— Je connais le bourgeois, il ne se frottera pas à toi.
— C'est bien. Je suis la Chouette comme son ombre. L'homme ne dit pas un mot que je n'entende, et il finit par filer...
— S'ils conviennent d'un autre rendez-vous, tu le sauras, puisque tu ne les quittes pas. D'ailleurs ta présence suffira pour éloigner le bourgeois.
— Bon, bon. Après, je donne une tournée à la Chouette?... Je tiens à ça.
— Pas encore. La borgnesse ne sait pas si tu es voleur ou non?
— Non; à moins que le Maître d'école lui ait dit que c'était pas dans mon idée.
— S'il lui a dit, tu auras l'air d'avoir changé de principes.
— Moi?
— Toi.
— Tonnerre! monsieur Rodolphe. Mais dites donc... hum! hum! ça ne me va guère, cette farce-là.
— Tu ne feras que ce que tu voudras. Tu verras bien si je te propose une infamie.
— Oh! pour ça, je suis tranquille.
— Et tu as raison.
— Parlez, maître... j'obéirai.
— Une fois l'homme éloigné, tu tâcheras d'amadouer la Chouette.
— Moi? cette vieille gueuse... J'aimerais mieux me battre avec le Maître d'école. Je ne sais pas seulement comment je ferai pour ne pas lui sauter tout de suite sur la casaquin.
— Alors tu perdrais tout.
— Mais qu'est-ce qu'il faut donc que je fasse?
— La Chouette sera furieuse de la bonne aubaine qu'elle aura manquée; tu tâcheras de la calmer en lui disant que tu sais un bon coup à

faire ; que tu es là pour attendre ton complice, et que, si le Maître d'école veut en être, il y a beaucoup d'or à gagner.
— Tiens... tiens...
— Au bout d'une heure d'attente, tu lui diras : « Mon camarade ne vient pas, c'est remis... » et tu prendras rendez-vous avec la Chouette et le Maître d'école... pour demain de bonne heure. Tu comprends?
— Je comprends.
— Et ce soir, tu te trouveras, à dix heures, au coin des Champs-Elysées et de l'allée des Veuves ; je t'y rejoindrai et je te dirai le reste.
— Si c'est un piège, prenez garde ! le Maître d'école est malin... Vous l'avez battu : au moindre doute, il est capable de vous tuer.
— Sois tranquille.
— Tonnerre ! c'est farce... mais vous faites de moi ce que vous voulez. C'est pas l'embarras, quelque chose me dit qu'il y a un bouillon à boire pour le Maître d'école et pour la Chouette. Pourtant... un mot encore, monsieur Rodolphe.
— Parle.
— Ce n'est pas que je vous croie susceptible de tendre une souricière au Maître d'école pour le faire pincer par la police. C'est un gueux fini, qui mérite cent fois la mort ; mais le faire arrêter... c'est pas ma partie.
— Ni la mienne, mon garçon. Mais j'ai un compte à régler avec lui et avec la Chouette, puisqu'ils complotent avec les gens qui m'en veulent, et, à nous deux, nous en viendrons à bout, si tu m'aides.
— Oh bien ! alors, comme le mâle ne vaut pas mieux que la femelle, j'en suis.
— Et si nous réussissons, ajouta Rodolphe d'un ton sérieux, presque solennel, qui frappa le Chourineur, tu seras aussi fier que lorsque tu as sauvé du feu et de l'eau l'homme et la femme qui te doivent la vie !
— Comme vous dites ça, maître Rodolphe ! Je ne vous ai jamais vu ce regard-là... Mais vite, vite, s'écrie le Chourineur, j'aperçois là-bas, là-bas, un point blanc : ça doit être le béguin de la Chouette. Partez, je me remets dans mon trou.
— Et ce soir, à dix heures....
— Au coin de l'allée des Veuves et des Champs-Elysées, c'est dit.
Fleur-de-Marie n'avait pas entendu cette dernière partie de l'entretien du Chourineur et de Rodolphe. Elle remonta en fiacre avec son compagnon de voyage.

CHAPITRE X.

La ferme.

Après son entretien avec le Chourineur, Rodolphe resta quelques moments préoccupé, pensif.
Fleur-de-Marie, n'osant interrompre le silence de son compagnon, le regardait tristement.
Rodolphe, relevant la tête, lui dit en souriant avec bonté :
— A quoi pensez-vous, mon enfant? La rencontre du Chourineur vous a été désagréable, n'est-ce pas ? Nous étions si gais !
— C'est au contraire bon pour nous, monsieur Rodolphe, puisque le Chourineur pourra vous être utile.
— Cet homme ne passait-il pas, parmi les habitués du tapis-franc, pour avoir encore quelques bons sentiments?
— Je l'ignore, monsieur Rodolphe... Avant la scène d'hier, je l'avais vu souvent, je lui avais à peine parlé... je le croyais aussi méchant que les autres...
— Ne pensons plus à tout cela, ma petite Fleur-de-Marie. J'aurais du malheur si je vous attristais, moi qui justement voulais vous faire passer une bonne journée.
— Oh ! je suis bien heureuse ! Il y a si longtemps que je ne suis sortie de Paris !
— Depuis vos parties en milord, avec Rigolette.
— Mon Dieu, oui... monsieur Rodolphe. C'était au printemps... mais, quoique nous soyons presque en hiver, ça me fait tout autant de plaisir. Quel beau soleil il fait !... voyez donc ces petits nuages roses là-bas... là-bas... et cette colline !... avec ces jolies maisons blanches au milieu des arbres... Comme il y a encore des feuilles ! C'est étonnant au mois de novembre, elles tombent si vite... Et là-bas... cette volée de pigeons... les voilà qui s'abattent sur le toit de ce moulin... A la campagne on ne se lasse pas de regarder, tout est amusant.
— C'est plaisir de voir combien vous êtes sensible à ces riens qui font le charme de l'aspect de la campagne, Fleur-de-Marie.
En effet, à mesure que la jeune fille contemplait le tableau calme et riant qui se déroulait autour d'elle, sa physionomie s'épanouissait de nouveau.
— Et là-bas, ce feu de chaume dans les terres labourées, la belle fumée blanche qui monte au ciel... et cette charrue avec ses deux bons gros chevaux gris... Si j'étais homme, comme j'aimerais l'état de laboureur !... Etre au milieu d'une plaine bien silencieuse, à suivre sa charrue... en voyant bien loin de grands bois, par un temps comme aujourd'hui, par exemple !... c'est pour le coup que ça vous donnerait envie de chanter de ces chansons un peu tristes, qui vous font venir les larmes aux yeux... comme *Geneviève de Brabant.* Est-ce que vous connaissez la chanson de *Geneviève de Brabant*, monsieur Rodolphe?
— Non, mon enfant : mais si vous êtes gentille, vous me la chanterez une fois arrivés à la ferme.
— Quel bonheur ! Nous allons à une ferme, monsieur Rodolphe?
— Oui, à une ferme tenue par ma nourrice, bonne et digne femme qui m'a élevé.
— Et nous pourrons avoir du lait? s'écria la Goualeuse en frappant dans ses mains.
— Fi donc ! du lait... de l'excellente crème, s'il vous plaît, et du beurre que la fermière fera devant nous, et des œufs tout frais.
— Que nous irons dénicher nous-mêmes?
— Certainement...
— Et nous irons voir les vaches dans l'étable?
— Je crois bien.
— Et nous irons aussi dans la laiterie?
— Aussi dans la laiterie.
— Et au pigeonnier?
— Et au pigeonnier.
— Ah ! tenez, monsieur Rodolphe, c'est à n'y pas croire... Comme je vais m'amuser ! Quelle bonne journée !... quelle bonne journée ! s'écria la jeune fille toute joyeuse.
Puis, par un brusque revirement de pensée, la malheureuse, songeant qu'après ces heures de liberté passées à la campagne, elle rentrerait dans son bouge infect, cacha sa tête dans ses mains et fondit en larmes.
Rodolphe, surpris, dit à la Goualeuse :
— Qu'avez-vous, Fleur-de-Marie, qui vous chagrine?
— Rien... rien, monsieur Rodolphe. Et elle essuya ses yeux en tâchant de sourire. Pardon, je m'attriste... n'y faites pas attention.... je n'ai rien, je vous jure... c'est une idée... je vais être gaie...
— Mais vous étiez si joyeuse tout à l'heure !
— C'est pour ça... répondit naïvement Fleur-de-Marie en levant sur Rodolphe ses yeux encore humides de larmes.
Ces mots éclairèrent Rodolphe ; il devina tout.
Voulant chasser l'humeur sombre de la jeune fille, il lui dit en souriant ;
— Je parie que vous pensiez à votre rosier ? vous regrettez, j'en suis sûr, de ne pouvoir lui faire partager notre promenade à la ferme... Pauvre rosier ! vous auriez été capable de lui faire manger aussi un peu de crème !!
La Goualeuse prit le prétexte de cette plaisanterie pour sourire ; peu à peu ce léger nuage de tristesse s'effaça de son esprit ; elle ne pensa qu'à jouir du présent et à s'étourdir sur l'avenir.
La voiture arrivait près de Saint-Denis, la haute flèche de l'église se voyait au loin.
— Oh ! le beau clocher ! s'écria la Goualeuse.
— C'est le clocher de Saint-Denis, une église superbe... Voulez-vous la voir ? nous ferons arrêter le fiacre.
La Goualeuse baissa les yeux.
— Depuis que je suis chez l'ogresse, je ne suis point entrée dans une église ; je n'ai pas osé. A la prison, au contraire, j'aimais tant à chanter à la messe ! et, à la Fête-Dieu, nous faisions de si beaux bouquets d'autel !
— Mais Dieu est bon et clément : pourquoi craindre de le prier, d'entrer dans une église ?
— Oh ! non, non... monsieur Rodolphe..... ce serait comme une impiété... C'est bien assez d'offenser le bon Dieu autrement.
Après un moment de silence, Rodolphe dit à la Goualeuse :
— Jusqu'à présent avez-vous aimé quelqu'un ?
— Jamais, monsieur Rodolphe.
— Pourquoi cela?
— Vous avez vu les gens qui fréquentaient le tapis-franc... Et puis, pour aimer, il faut être honnête.
— Comment cela?
— Ne dépendre que de soi... pouvoir..... Mais tenez, si ça vous est égal, monsieur Rodolphe, je vous en prie, ne parlons pas de ça...
— Soit, Fleur-de-Marie, parlons d'autre chose... Mais qu'avez-vous à me regarder ainsi ? voilà encore vos beaux yeux pleins de larmes. Vous ai-je chagrinée?
— Oh ! au contraire ; mais vous êtes si bon pour moi que cela me donne envie de pleurer... et puis vous ne me tutoyez pas... et puis, enfin, on dirait que vous ne m'avez emmenée que pour mon plaisir à moi, tant vous avez l'air content de me voir heureuse. Non content de m'avoir défendue hier... vous me faites passer aujourd'hui une pareille journée avec vous...
— Vraiment, vous êtes heureuse ?
— D'ici à bien longtemps je n'oublierai ce bonheur-là.
— C'est si rare, le bonheur !
— Oui, bien rare...
— Ma foi, moi, à défaut de ce que je n'ai pas, je m'amuse quelquefois à rêver ce que voudrais avoir, à me dire : Voilà ce que je désirerais être...

voilà la fortune que j'ambitionnerais... Et vous, Fleur-de-Marie, quelquefois ne faites-vous pas aussi de ces rêves-là, de beaux châteaux en Espagne?

— Autrefois, en prison ; avant d'entrer chez l'ogresse, je passais ma vie à ça et à chanter ; mais depuis, c'est plus rare... Et vous, monsieur Rodolphe, qu'est-ce que vous ambitionneriez donc?

— Moi, je voudrais être riche, très-riche... avoir des domestiques, des équipages, un hôtel, aller dans un beau monde, tous les jours au spectacle. Et vous, Fleur-de-Marie ?

— Moi, je ne serais pas si difficile : de quoi payer l'ogresse, quelque argent d'avance pour avoir le temps de trouver de l'ouvrage, une gentille chambre bien propre d'où je verrais des arbres en travaillant.

— Beaucoup de fleurs sur votre fenêtre...

— Oh ! bien sûr.... Habiter la campagne, si ça se pouvait, et voilà tout...

— Une petite chambre, de l'ouvrage, c'est le nécessaire ; mais quand on n'a qu'à désirer, on peut bien se permettre le superflu. — Est-ce que vous ne voudriez pas avoir des voitures, des diamants, de belles toilettes ?

— Je n'en voudrais pas tant... Ma liberté, vivre à la campagne, et être sûre de ne pas mourir à l'hôpital... Oh ! cela surtout... ne pas mourir là !... Tenez, monsieur Rodolphe, souvent cette pensée-là me vient... elle est affreuse !

— Hélas ! nous autres pauvres gens...

— Ce n'est pas pour la misère... que je dis cela... Mais après... quand on est morte...

— Eh bien ?

— Vous ne savez donc pas ce que l'on fait de vous après, monsieur Rodolphe ?

— Non...

— Il y a une jeune fille que j'avais connue en prison... elle est morte à l'hôpital... on a abandonné son corps aux chirurgiens... murmura la malheureuse en frissonnant.

— Ah ! c'est horrible !!! Comment, malheureuse enfant, vous avez souvent de ces sinistres pensées ?...

— Cela vous étonne, n'est-ce pas, monsieur Rodolphe, que j'aie de la honte... pour après ma mort..... Hélas ! mon Dieu... ou ne m'a laissé que celle-là...

Ces douloureuses et amères paroles frappèrent Rodolphe.

Il cacha sa tête dans ses mains en frémissant : il songeait à la fatalité qui s'était appesantie sur Fleur-de-Marie... il songeait à la mère de cette créature pauvre... Sa mère... elle était heureuse, riche, honorée, peut-être...

Honorée... riche... heureuse... et son enfant, qu'elle avait sans doute atrocement sacrifiée à la honte, avait quitté le grenier de la Chouette pour la prison, la prison pour l'antre de l'ogresse ; de cet antre elle pouvait aller mourir sur le grabat d'un hôpital... et après sa mort...

Cela était épouvantable.

La pauvre Goualeuse, voyant l'air sombre de son compagnon, lui dit tristement :

— Pardon, monsieur Rodolphe, je ne devrais pas avoir de ces idées-là... vous m'emmenez avec vous pour être joyeuse, et je vous dis toujours des choses si tristes... si tristes ! mon Dieu, je ne sais pas comment cela se fait, si c'est malgré moi... Je n'ai jamais été plus heureuse qu'aujourd'hui ; et pourtant à chaque instant les larmes me viennent aux yeux... Vous ne m'en voulez pas, dites, monsieur Rodolphe ? D'ailleurs... vous voyez... cette tristesse s'en va... comme elle est venue... bien vite. Tenez, maintenant... je n'y songe déjà plus... Je serai raisonnable... Tenez, monsieur Rodolphe...

Et Fleur-de-Marie, après avoir deux ou trois fois fermé ses yeux pour en chasser une larme rebelle, les ouvrit tout grands... bien grands, et regarda Rodolphe avec une naïveté charmante.

— Fleur-de-Marie, je vous en prie, ne vous contraignez pas... Soyez gaie, si vous avez envie d'être gaie... triste, s'il vous plaît d'être triste. Mon Dieu, moi qui vous parle, quelquefois j'ai aussi des idées sombres... Je serais très-malheureux de feindre une joie que je ne ressentirais pas...

— Vraiment, monsieur Rodolphe, vous êtes triste aussi quelquefois?

— Sans doute ; mon avenir n'est guère plus beau que le vôtre... Je suis sans père ni mère... que demain il me tombe malade, comment vivre ? Je dépense ce que je gagne au jour le jour.

— Ça, c'est un tort, voyez-vous... un grand tort, monsieur Rodolphe, dit la Goualeuse d'un ton de grave remontrance qui fit sourire Rodolphe, vous devriez mettre à la caisse d'épargne... Moi, tout mon mauvais sort est venu de ce que je n'ai pas économisé mon argent... Avec deux cents francs devant lui, un ouvrier n'est jamais aux crochets de personne, jamais embarrassé... et c'est bien souvent l'embarras qui vous conseille mal.

— Cela est très-sage, très-sensé, ma bonne petite ménagère. Mais deux cents francs... comment amasser deux cents francs ?

— Mais, monsieur Rodolphe, c'est bien facile : faisons un peu votre compte ; vous allez voir... Vous gagnez, n'est-ce pas, quelquefois jusqu'à cinq francs par jour ?

— Oui, quand je travaille.

— Il faut travailler tous les jours. Êtes-vous donc si à plaindre ? Un joli état comme le vôtre... peintre en éventails... mais ça devrait être pour vous un plaisir... Tenez, vous n'êtes pas raisonnable, monsieur Rodolphe !... ajouta la Goualeuse d'un ton sévère. Un ouvrier peut vivre, mais très-bien vivre avec trois francs ; il vous reste donc quarante sous, au bout d'un mois soixante francs d'économie... Soixante francs par mois... mais c'est une somme !

— Oui ; mais c'est si bon de flâner, de ne rien faire !

— Monsieur Rodolphe, encore une fois, vous n'avez pas plus de raison qu'un enfant...

— Eh bien ! je serai raisonnable, petite grondeuse ; vous me donnez de bonnes idées... Je n'avais pas songé à cela...

— Vraiment ? dit la jeune fille en frappant dans ses mains avec joie. Si vous saviez combien vous me rendez contente !... Vous économiserez quarante sous par jour ! bien vrai ?

— Allons... j'économiserai quarante sous par jour, dit Rodolphe en souriant malgré lui.

— Bien vrai ? bien vrai ?

— Je vous le promets.

— Vous verrez comme vous serez fier aux premières économies que vous aurez faites... Et puis ce n'est pas tout... si vous voulez me promettre de ne pas vous fâcher...

— Est-ce que j'ai l'air bien méchant ?

— Non, certainement... mais je ne sais pas si je dois...

— Vous devez tout me dire, Fleur-de-Marie...

— Eh bien ! enfin, vous voyez... on voit, on le sent bien, vous êtes au-dessus de votre état... comment est-ce que vous fréquentez des cabarets comme celui de l'ogresse ?

— Si je n'étais pas venu dans le tapis-franc, je n'aurais pas le plaisir d'aller à la campagne aujourd'hui avec vous, Fleur-de-Marie...

— C'est bien vrai, mais c'est égal, monsieur Rodolphe... Tenez, je suis aussi heureuse que possible de ma journée, eh bien ! je renoncerais de bon cœur à en passer une pareille si cela pouvait vous faire du tort...

— Au contraire, puisque vous m'avez donné d'excellents conseils de ménage.

— Et vous les suivrez ?

— Je vous l'ai promis, parole d'honneur. J'économiserai au moins quarante sous par jour...

CHAPITRE XI.

Les souhaits.

A ce moment, Rodolphe dit au cocher, qui avait dépassé le village de Sarcelles :

— Prends le premier chemin à droite, tu traverseras Villiers-le-Bel, et puis à gauche, toujours tout droit.

Puis, s'adressant à la Goualeuse :

— Maintenant que vous êtes contente de moi, Fleur-de-Marie, nous pouvons nous amuser, comme vous le disiez tout à l'heure, à faire des châteaux en Espagne. Ça ne coûte pas cher, vous ne me reprocherez pas ces dépenses.

— Non... Voyons, faisons votre château en Espagne.

— D'abord... le vôtre, Fleur-de-Marie.

— Voyons si vous devinerez mon goût, monsieur Rodolphe.

— Essayons... Je suppose que cette route-ci... je dis celle-ci parce que nous y sommes...

— C'est juste, il ne faut pas aller chercher si loin.

— Je suppose donc que cette route-ci nous mène à un charmant village, très-éloigné de la grande route.

— Oui, c'est bien plus tranquille.

— Il est bâti à mi-côte et entremêlé de beaucoup d'arbres.

— Il y a tout auprès une petite rivière.

— Justement... une petite rivière. A l'extrémité du village on voit une jolie ferme ; d'un côté de la maison il y a un verger, de l'autre un beau jardin rempli de fleurs.

— Je vois ça d'ici, monsieur Rodolphe !

— Au rez-de-chaussée une vaste cuisine pour les gens de la ferme, et une salle à manger pour la fermière.

— La maison a des persiennes vertes... c'est si gai, n'est-ce pas, monsieur Rodolphe ?

— Des persiennes vertes... je suis de votre avis... il n'y a rien de plus gai que des persiennes vertes... Naturellement la fermière serait votre tante.

— Naturellement... et ce serait une bien bonne femme.

— Excellente : elle vous aimerait comme une mère.

— Bonne tante... ça doit être si bon d'être aimé par quelqu'un !

— Et vous l'aimeriez bien aussi ?

— Oh ! s'écria Fleur-de-Marie en joignant les mains et en levant les yeux avec une expression de bonheur indicible à rendre ; oh ! oui, je l'aimerais ; et puis je l'aiderais à travailler, à coudre, à ranger le linge,

à blanchir, à serrer les fruits pour l'hiver, à tout le ménage, enfin...
Elle ne se plaindrait pas de ma paresse, je vous en réponds !... Le matin...
— Attendez donc, Fleur-de-Marie... êtes-vous impatiente !... que je finisse de vous peindre la maison.
— Allez, allez, monsieur le peintre, on voit bien que vous avez l'habitude de peindre de jolis paysages sur vos éventails, dit la Goualeuse en riant.
— Petite babillarde... laissez-moi donc achever ma maison...
— C'est vrai, je babille ; mais c'est si amusant !... Monsieur Rodolphe, je vous écoute, finissez la maison de la fermière.
— Votre chambre est au premier.
— Ma chambre ! quel bonheur ! Voyons ma chambre, voyons.
Et la jeune fille se pressa contre Rodolphe, ses grands yeux bien ouverts, bien curieux.
— Votre chambre a deux fenêtres qui donnent sur le jardin de fleurs et sur un pré au bas duquel coule la petite rivière. De l'autre côté de la petite rivière s'élève un coteau tout planté de vieux châtaigniers, au milieu desquels on aperçoit le clocher de l'église.
— Que c'est donc joli !... que c'est donc joli, monsieur Rodolphe ! Ça donne envie d'y être !
— Trois ou quatre belles vaches paissent dans la prairie, qui est séparée du jardin par une haie d'aubépine.
— Et de ma fenêtre je vois les vaches ?
— Parfaitement.
— Il y en a une qui sera ma favorite : n'est-ce pas, monsieur Rodolphe ? je lui ferai un beau collier avec une clochette, et je l'habituerai à venir manger dans ma main.
— Elle n'y manquera pas. Elle est toute blanche, toute jeune ; elle s'appelle Musette.
— Ah ! le joli nom ! cette pauvre Musette, comme je l'aime !
— Finissons votre chambre, Fleur-de-Marie ; elle est tendue d'une jolie toile perse, avec des rideaux pareils ; un grand rosier et un énorme chèvrefeuille couvrent les murs de la ferme de ce côté-là, et entourent vos croisées, de façons que tous les matins vous n'avez qu'à allonger la main pour cueillir un beau bouquet de roses et de chèvrefeuille.
— Ah ! monsieur Rodolphe, quel bon peintre vous êtes !
— Maintenant, voici comme vous passez votre journée.
— Voyons ma journée.
— Votre bonne tante vient d'abord vous éveiller en vous baisant tendrement au front ; elle vous apporte un bol de lait bien chaud, parce que votre poitrine est faible, pauvre enfant ! Vous vous levez ; vous allez faire un tour dans la ferme, voir Musette, les poulets, vos amis les pigeons, les fleurs du jardin. A neuf heures, arrive votre maître d'écriture.
— Mon maître ?
— Vous sentez bien qu'il faut apprendre à lire, à écrire et à compter, pour pouvoir aider votre tante à tenir ses livres de fermage.
— C'est vrai, monsieur Rodolphe, je n'y pense à rien... il faut bien que j'apprenne à écrire pour aider ma tante, dit sérieusement la pauvre fille, tellement absorbée par la riante peinture de cette vie paisible, qu'elle croyait à ses réalités.
— Après votre leçon, vous travaillez au linge de la maison, ou vous vous brodez un joli bonnet à la paysanne... Sur les deux heures vous travaillez à votre écriture, et puis vous allez avec votre tante faire une bonne promenade, voir les moissonneurs dans l'été, les laboureurs dans l'automne ; vous rapportez une belle poignée d'herbes des champs, choisies par vous pour votre chère Musette.
— Car nous revenons à la prairie, n'est-ce pas, monsieur Rodolphe ?
— Sans doute ; il y a un pont de bois sur la rivière. Au retour, il est, ma foi, bien six ou sept heures ; dans ce temps-ci un bon feu bien gai flambe dans la grande cuisine de la ferme ; vous allez vous y réchauffer et causer un moment avec les braves gens qui soupent en rentrant du labour. Ensuite vous dînez avec votre tante. Quelquefois le curé ou un des vieux amis de la maison se met à table avec vous. Après cela, vous lisez ou vous travaillez pendant que votre tante fait sa partie de cartes. A dix heures, elle vous baise au front, vous remontez chez vous ; et le lendemain matin c'est à recommencer...
— On vivrait cent ans comme cela, monsieur Rodolphe, sans penser à s'ennuyer un moment...
— Mais cela n'est rien. Et les dimanches ! et les jours de fêtes !
— Ces jours-là, monsieur Rodolphe ?
— Vous vous faites belle, vous mettez une jolie robe à la paysanne, avec ça de charmants bonnets ronds qui vous vont à ravir ; vous montez en carriole d'osier avec votre tante et Jacques, le garçon de ferme, pour aller à la grand'messe du village ; après, dans l'été, vous ne manquez par d'assister, à toutes les fêtes des paroisses voisines. Vous êtes si gentille, si douce, si bonne ménagère, votre tante vous aime tant, le curé rend de vous un si bon témoignage, que tous les jeunes fermiers des environs veulent vous faire danser, parce que c'est comme cela que commencent toujours les mariages... Aussi, peu à peu vous en remarquez un... et...
Rodolphe, étonné du silence de la Goualeuse, la regarda.
La malheureuse fille étouffait à grand'peine ses sanglots.
Un moment abusée par les paroles de Rodolphe, elle avait oublié le présent, et le contraste de ce présent avec le rêve d'une existence douce et riante lui rappelait l'horreur de sa position.

— Fleur-de-Marie, qu'avez-vous ?
— Ah ! monsieur Rodolphe, sans le vouloir, vous m'avez fait bien du chagrin... j'ai cru un instant à ce paradis...
— Mais, pauvre enfant, ce paradis existe... tenez, regardez... Cocher arrête !
La voiture s'arrêta.
La Goualeuse releva machinalement la tête. Elle se trouvait au sommet d'une petite colline.
Quel fut son étonnement, sa stupeur !
Le joli village bâti à mi-côte, la ferme, la prairie, les belles vaches, la petite rivière, la châtaigneraie, l'église dans le lointain, le tableau était sous ses yeux... rien n'y manquait, jusqu'à Musette, belle génisse blanche, future favorite de la Goualeuse.
Ce charmant paysage était éclairé par un beau soleil de novembre... Les feuilles jaunes et pourprées des châtaigniers les couvraient encore et se découpaient sur l'azur du ciel.
— Eh bien ! Fleur-de-Marie, que dites-vous ? suis-je bon peintre ? dit Rodolphe en souriant.
La Goualeuse le regardait avec une surprise mêlée d'inquiétude. Cela lui semblait presque surnaturel.
— Comment se fait-il, monsieur Rodolphe ?... Mais, mon Dieu, est-ce un rêve ? Ça me fait presque peur... Comment ! ce que vous m'avez dit...
— Rien de plus simple, mon enfant... La fermière est ma nourrice, j'ai été élevé ici... Je lui ai écrit ce matin de très-bonne heure que je viendrais la voir : je peignais d'après nature.
— Ah ! c'est vrai, monsieur Rodolphe ! dit la Goualeuse avec un profond soupir.

CHAPITRE XII.

La ferme.

La ferme où Rodolphe conduisait Fleur-de-Marie était située en dehors et à l'extrémité du village de Bouqueval, petite paroisse solitaire, ignorée, enfoncée dans les terres, et éloignée d'Ecouen d'environ deux lieues.
Le fiacre, suivant les indications de Rodolphe, descendit un chemin rapide, et entra dans une longue avenue bordée de cerisiers et de pommiers. La voiture roulait sans bruit sur un tapis de ce gazon fin et ras dont la plupart des routes vicinales sont ordinairement couvertes.
Fleur-de-Marie, silencieuse, triste, restait, malgré ses efforts, sous une impression douloureuse, que Rodolphe se reprochait presque d'avoir causée.
Au bout de quelques minutes la voiture passa devant la grande porte de la cour de la ferme, continua son chemin le long d'une épaisse charmille, et s'arrêta en face d'un petit porche de bois rustique à demi caché sous un vigoureux cep de vigne aux feuilles empourprées par l'automne.
— Nous voici arrivés, Fleur-de-Marie, dit Rodolphe, êtes-vous contente ?
— Oui, monsieur Rodolphe... pourtant il me semble à présent que je vais avoir honte devant la fermière ; je n'oserai jamais la regarder...
— Pourquoi cela, mon enfant ?
— Vous avez raison, monsieur Rodolphe, elle me connaît pas.
Et la Goualeuse étouffa un soupir.
On avait sans doute guetté l'arrivée du fiacre de Rodolphe.
Le cocher ouvrait la portière, lorsqu'une femme de cinquante ans environ, vêtue comme le sont les riches fermières des environs de Paris, ayant une physionomie à la fois triste et douce, parut sous le porche, et s'avança au-devant de Rodolphe avec un respectueux empressement.
La Goualeuse devint pourpre, et descendit de voiture après un moment d'hésitation...
— Bonjour, ma bonne madame Georges... dit Rodolphe à la fermière ; vous le voyez, je suis exact...
— Puis, se retournant vers le cocher et lui mettant de l'argent dans la main :
— Tu peux t'en retourner à Paris.
Le cocher, petit homme trapu, avait son chapeau enfoncé sur les yeux et la figure presque entièrement cachée par le collet fourré de son carrick ; il empocha l'argent, ne répondit rien, remonta sur son siége fouetta son cheval et disparut rapidement dans l'allée verte.
— Après une si longue course, ce cocher muet est bien pressé de s'en aller... pensa d'abord Rodolphe. Bah ! il est près de deux heures ; il veut être assez tôt de retour à Paris pour pouvoir utiliser le restant de sa journée.
Et Rodolphe n'attacha aucune importance à sa première observation.
Fleur-de-Marie s'approcha de lui, l'air inquiet, presque alarmé, et lui dit tout bas, de manière à ne pas être entendue de madame Georges :
— Mon Dieu ! monsieur Rodolphe, pardon... Vous renvoyez la voiture... Mais l'ogresse, hélas !... il faut que je retourne chez elle ce soir, sinon... elle me regardera comme une voleuse. Mes habits lui appartiennent... et je lui dois...
— Rassurez-vous, mon enfant, c'est à moi à vous demander pardon,

— Pardon ! et de quoi ?
— De ne pas vous avoir dit plus tôt que vous ne deviez plus rien à l'ogresse, et que vous pouviez quitter ces ignobles vêtements pour d'autres que ma bonne madame Georges va vous donner. Elle en a à peu près de votre taille, elle voudra bien vous prêter de quoi vous habiller. Vous le voyez, elle commence déjà son rôle de tante.

Fleur-de-Marie croyait rêver ; elle regardait tour à tour la fermière et Rodolphe, ne pouvant croire à ce qu'elle entendait.

— Comment, dit-elle la voix palpitante d'émotion, je ne retournerai plus à Paris ? je pourrai rester ici ? madame me le permettra ?... ce serait possible ! ce château en Espagne de tantôt ?...

— C'était cette ferme... le voilà réalisé.
— Non, non, ce serait trop beau, trop heureux.
— On n'a jamais trop de bonheur, Fleur-de-Marie.
— Ah ! par pitié, monsieur Rodolphe, ne me trompez pas, cela me ferait bien mal.

— Ma chère enfant, croyez-moi, dit Rodolphe d'une voix toujours affectueuse, mais avec un accent de dignité que Fleur-de-Marie ne lui connaissait pas encore ; oui, vous pouvez, si cela vous convient, mener dès aujourd'hui, auprès de madame Georges, cette vie paisible dont tout à l'heure le tableau vous enchantait. Quoique madame Georges ne soit pas votre tante, elle aura pour vous, lorsqu'elle vous connaîtra, le plus tendre intérêt ; vous passerez même pour sa nièce aux yeux des gens de la ferme ; ce petit mensonge rendra votre position plus convenable. Encore une fois, si cela vous plaît, Fleur-de-Marie, vous pourrez réaliser votre rêve de tantôt. Dès que vous serez habillée en petite fermière, ajouta-t-il en souriant, nous vous mènerons voir votre future favorite, Musette, jolie génisse blanche qui n'attend plus que le collier que vous lui avez promis. Nous irons aussi donner un coup d'œil à vos amis les pigeons, et puis à la laiterie ; nous parcourrons enfin toute la ferme ; je tiens à remplir ma promesse.

Fleur-de-Marie joignit les mains avec force. La surprise, la joie, la reconnaissance, le respect, se peignirent sur sa ravissante figure ; ses yeux se noyèrent de larmes, elle s'écria :

— Monsieur Rodolphe, vous êtes donc un ange du bon Dieu, que vous faites tant de bien aux malheureux sans les connaître, et que vous les délivrez de la honte et de la misère !!!

— Ma pauvre enfant, répondit Rodolphe avec un sourire de mélancolie profonde et d'ineffable bonté, quoique bien jeune, j'ai dans ma vie déjà souffert ; cela vous explique ma compassion pour ceux qui souffrent. Fleur-de-Marie, ou plutôt Marie, allez avec madame Georges. Oui, Marie, gardez désormais ce nom, doux et joli comme vous ! Avant mon départ, nous causerons ensemble, et je vous quitterai bien heureux de vous savoir heureuse.

Fleur-de-Marie ne répondit rien, s'approcha de Rodolphe, fléchit à demi les genoux, et prit sa main et la porta respectueusement à ses lèvres avec un mouvement rempli de grâce et de modestie.

Puis elle suivit madame Georges, qui la contemplait avec un intérêt profond.

CHAPITRE XIII.

Murph et Rodolphe.

Rodolphe se dirigea vers la cour de la ferme et y trouva l'homme de grande taille qui, la veille, déguisé en charbonnier, était venu l'avertir de l'arrivée de Tom et de Sarah.

Murph, tel est le nom de ce personnage, avait cinquante ans environ ; quelques mèches blanches argentaient deux petites touffes de cheveux d'un blond vif qui frisaient de chaque côté de son crâne presque entièrement chauve ; son visage large, coloré, était complètement rasé, sauf des favoris très-courts, d'un blond ardent, qui ne dépassaient pas la niveau de l'oreille, et s'arrondissaient en croissant sur ses joues rebondies. Malgré son âge et son embonpoint, Murph était alerte et robuste. Sa physionomie, quoique flegmatique, était à la fois bienveillante et résolue ; il portait une cravate blanche, un grand gilet et un long habit noir à larges basques ; sa culotte, d'un gris verdâtre, était de même étoffe que ses guêtres à boutons de nacre, qui rejoignant pas tout à fait ses jarretières. Elles laissaient apercevoir ses bas de voyage, en laine écrue.

L'habillement et la mâle tournure de Murph rappelaient le type parfait de ce que les Anglais appellent le gentilhomme fermier. Hâtons-nous d'ajouter que Murph était Anglais gentilhomme (squire), mais non fermier.

Au moment où Rodolphe entra dans la cour, Murph remettait dans la poche d'une petite calèche de voyage une paire de pistolets qu'il venait de soigneusement essuyer.

— À qui diable en as-tu avec tes pistolets ? lui dit Rodolphe.
— Cela me regarde, monsieur, dit Murph en descendant du marchepied. Faites vos affaires, je fais les miennes.
— Pour quelle heure as-tu commandé les chevaux ?
— Selon vos ordres, à la nuit tombante.

— Tu es arrivé ce matin ?
— À huit heures. Madame Georges a eu le loisir de tout préparer.
— Tu as de l'humeur... Est-ce que tu n'es pas content de moi ?
— Je ne le suis que trop, monseigneur... que trop. Un jour ou l'autre... enfin le danger... c'est votre vie.
— Il te sied bien de parler ! Si je te laissais faire, il n'y aurait de péril que pour toi, et...
— Et quand vous feriez le bien sans risquer votre vie, où serait le grand mal, monseigneur ?
— Où serait le grand plaisir, maître Murph ?
— Vous, dit le squire en haussant les épaules, vous dans de pareilles tavernes !
— Oh ! que vous voilà bien, vous autres John Bull, avec vos scrupules aristocratiques ! croyant les grands seigneurs d'une essence supérieure à la vôtre, pauvres moutons, fiers de vos bouchers !!!
— Si vous étiez Anglais, monseigneur, vous comprendriez cela... on honore qui honore. D'ailleurs, je serais Turc, Chinois ou Américain, je trouverais encore que vous avez eu tort de vous exposer ainsi. Hier soir, dans cette abominable rue de la Cité, en allant tout content de vous ce Bras-Rouge, que l'enfer confonde ! il m'a fallu la crainte de vous irriter, de vous désobéir, pour m'empêcher d'aller vous secourir dans votre lutte contre le bandit que vous avez trouvé dans l'allée de ce bouge.
— C'est-à-dire, monsieur Murph, que vous doutez de ma force et de mon courage !
— Malheureusement vous m'avez cent fois mis à même de ne douter ni de l'un ni de l'autre. Grâce à Dieu, Crabb de Ramsgate vous a appris à boxer ; Lacour de Paris (1) vous a enseigné la canne, le chausson, et par curiosité l'argot ; le fameux Bertrand vous a appris l'escrime, et dans vos essais contre ces professeurs vous avez eu souvent l'avantage. Vous tuez les hirondelles au vol avec un pistolet de munition, vous avez des muscles d'acier ; quoique svelte et mince, vous abattriez aussi facilement qu'un cheval de course battrait un cheval de brasseur... Cela est vrai.

Rodolphe avait complaisamment écouté cette énumération de ses qualités de gladiateur ; il reprit en souriant :

— Eh bien ! alors que crains-tu ?
— Je maintiens, monseigneur, qu'il n'est pas convenable que vous prêtiez le collet au premier goujat venu. Je ne vous dis pas cela à cause de l'inconvénient qu'il y a pour un honorable gentilhomme d'une connaissance à se noircir la figure avec du charbon et à avoir l'air d'un diable : malgré mes cheveux gris, mon rembopoint et ma gravité, je me déguiserais en danseur de corde, si cela pouvait vous servir ; mais j'en suis pour ce que j'ai dit.
— Oh ! je le sais bien, vieux Murph, lorsqu'une idée est rivée sous ton crâne de fer, lorsque le dévouement est implanté dans ton ferme et vaillant cœur, le démon userait ses dents et ses ongles à les en retirer.
— Vous me flattez, monseigneur, vous méditez quelque...
— Ne te fâche pas.
— Quelque folie, monseigneur.
— Mon pauvre Murph, tu prends mal ton temps pour me sermonner.
— Pourquoi ?
— Je suis dans un de mes meilleurs moments d'orgueil et de bonheur... je suis ici.
— Dans un endroit où vous avez fait du bien ?
— C'est un lieu de refuge contre les homélies, c'est mon Temple-Bar...
— S'il en est ainsi, où diable voulez-vous que je vous prenne, monseigneur ?
— Maître Murph, vous me flattez, vous voulez m'empêcher de faire quelque folie.
— Monseigneur, il y a des folies pour lesquelles je suis indulgent.
— Les folies d'argent ?
— Oui, car, après tout, avec près de deux millions de revenu...
— On est si grand bien gêné, mon pauvre Murph.
— À qui le dites-vous, monseigneur ?
— Et pourtant il y a des plaisirs si vifs, si purs, si profonds, qui coûtent si peu ! Qu'y a-t-il de comparable à ce que j'ai éprouvé tout à l'heure, lorsque cette malheureuse créature s'est vue en sûreté ici, et que dans sa reconnaissance elle m'a baisé la main ? Ce n'est pas tout ; mon bonheur a un long avenir ; demain, après-demain, pendant bien des jours enfin, je pourrai songer avec délices à ce qu'éprouvera cette pauvre enfant en se réveillant dans cette tranquille retraite, auprès de cette excellente madame Georges, qui l'aimera tendrement ; car le malheur est sympathique au malheur.
— Oh ! pour madame Georges, jamais bienfaits n'ont été mieux placés. Noble, courageuse femme !... un ange de vertu, un ange ! Nous nous émeuvons rarement, et je me suis ému aux malheurs de madame Georges... Mais votre nouvelle protégée !... tenez, ne parlons pas de cela, monseigneur.
— Pourquoi, Murph ?
— Monseigneur, vous faites ce que bon vous semble.

(1) Célèbre professeur de savate.

— Je fais ce qui est juste, dit Rodolphe avec une nuance d'impatience.
— Ce qui est juste... selon vous.
— Ce qui est juste devant Dieu et devant ma conscience, reprit sévèrement Rodolphe.
— Tenez, monseigneur, nous ne nous entendrons pas. Je vous le répète, ne parlons plus de cela.
— Et moi, je vous ordonne de parler! s'écria impérieusement Rodolphe.
— Je ne me suis jamais exposé à ce que monseigneur m'ordonnât de me taire ; j'espère qu'il ne m'ordonnera pas de parler, répondit fièrement Murph.
— Monsieur Murph !!! s'écria Rodolphe avec un accent d'irritation croissante. — Monseigneur !...
— Vous le savez, monseigneur, je n'aime pas les réticences.
— Il me convient d'avoir des réticences, dit brusquement Murph.
— Apprenez, monsieur, que si je descends avec vous jusqu'à la familiarité, c'est à condition que vous vous élèverez jusqu'à la franchise.
Il est impossible de peindre la hauteur souveraine de la physionomie de Rodolphe en prononçant ces dernières paroles.
— Monseigneur, j'ai cinquante ans, je suis gentilhomme ; vous ne devez pas me parler ainsi.
— Taisez-vous !...
— Monseigneur !
— Taisez-vous !
— Monseigneur, il est indigne de forcer un homme de cœur à se souvenir des services qu'il a rendus.
— Tes services ? est-ce que je ne les paye pas de toutes façons ?
Il faut le dire, Rodolphe n'avait pas attaché à ces mots cruels un sens humiliant qui plaçât Murph dans la position d'un mercenaire ; malheureusement celui-ci les interpréta de la sorte. Il devint pourpre de honte, porta ses deux poings crispés à son front chauve avec une expression de douloureuse indignation ; puis tout à coup, par un revirement subit, jetant les yeux sur Rodolphe, dont la noble figure était alors contractée, enlaidie par la violence d'un dédain farouche, Murph étouffa un soupir, regarda le jeune homme avec une sorte de tendre commisération, et lui dit d'une voix émue :
— Monseigneur, revenez à vous, vous n'êtes pas raisonnable.
Ces mots mirent le comble à l'irritation de Rodolphe ; son regard brilla d'un éclat sauvage ; ses lèvres blanchirent, et, s'avançant vers Murph avec un geste de menace, il s'écria :
— Oses-tu bien !...
Murph se recula, et dit vivement, comme malgré lui :
— Monseigneur, monseigneur, souvenez-vous du 13 janvier !
Ces mots produisirent un effet magique sur Rodolphe. Son visage, crispé par la colère, se détendit.

Il regarda fixement Murph, baissa la tête ; puis, après un moment de silence, il murmura d'une voix altérée :
— Ah ! monsieur, vous êtes cruel... je croyais pourtant !... et vous encore !... vous !...
Rodolphe ne put achever, sa voix s'éteignit ; il tomba sur un banc de pierre, et cacha sa tête dans ses deux mains.
— Monseigneur, s'écria Murph désolé, mon bon seigneur, pardonnez-moi, pardonnez à votre vieux et fidèle Murph ! Ce n'est que poussé à bout, et craignant, hélas ! non pour moi, mais pour vous, les suites de votre emportement, que j'ai dit cela... je l'ai dit sans colère, sans reproche, je l'ai dit malgré moi et avec compassion. Monseigneur, j'ai eu tort d'être susceptible... Mon Dieu ! qui doit connaître votre caractère, si ce n'est moi, moi qui ne vous ai pas quitté depuis votre enfance ! De grâce, dites que vous me pardonnez de vous avoir rappelé ce jour funeste !... Hélas ! que d'expiations n'avez-vous pas...
Rodolphe releva la tête ; il était très-pâle. Il dit à son compagnon d'une voix douce et triste :
— Assez, assez, mon vieil ami, je te remercie d'avoir éteint d'un mot ce fatal emportement ; je ne te fais pas d'excuses, moi, des duretés que je t'ai dites ; tu sais bien qu'il y a loin du cœur aux lèvres, comme disent les bonnes gens de chez nous. J'étais fou, ne parlons plus de cela.
— Hélas ! maintenant vous voilà triste pour longtemps..... Suis-je assez malheureux !... Je ne désire rien tant que de vous voir sortir de votre humeur sombre, et je vous y replonge par ma sotte susceptibilité. Mordieu ! à quoi sert d'être honnête homme et d'avoir des cheveux gris, si ce n'est à endurer patiemment les reproches qu'on ne mérite pas !
— Mais non, reprit Murph avec une exaltation comique, car elle contrastait avec son flegme habituel, mais non, il faut sans doute qu'on me flatte à la journée, qu'on me dise : Monsieur Murph, vous êtes le modèle des serviteurs ; monsieur Murph, il n'y a pas de fidélité pareille à

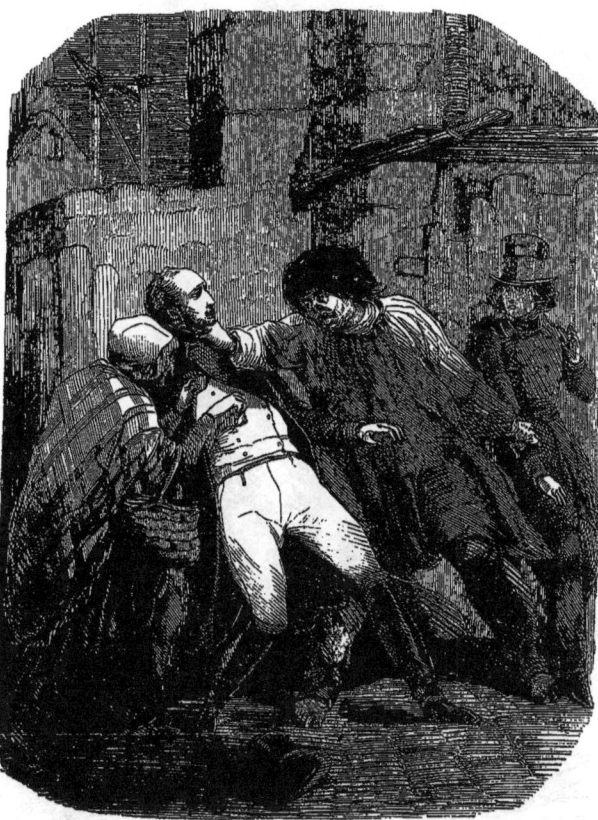

La bourse ou la vie. — PAGE 15.

la vôtre ; monsieur Murph, vous êtes un homme admirable ; monsieur Murph ! diable, peste ! oh ! oh ! qu'il est beau, monsieur Murph ! brave Murph !! Allons, vieux perroquet, fais donc gratter ta tête grise !!!
Puis, se ressouvenant des affectueuses paroles que Rodolphe lui avait dites au commencement de la conversation, il s'écria avec un redoublement de violence grotesque :
— Mais c'est qu'il m'avait appelé son bon, son vieux, son fidèle Murph !... Et moi qui vais comme un rustre, pour une boutade involontaire ! à mon âge... Mordieu !... c'est à s'arracher les cheveux.
Et le digne gentilhomme porta ses deux mains à ses tempes.
Ces mots et ce geste étaient chez lui le signe du désespoir arrivé à son paroxysme. Malheureusement ou heureusement pour Murph, il était presque complètement chauve, ce qui rendait cette manifestation

capillaire très-inoffensive, et cela à son grand et sincère regret ; car lorsque l'action succédait à la parole, c'est-à-dire lorsque ses doigts crispés ne rencontraient que la surface de son crâne luisante et polie comme du marbre, le digne squire était confus et honteux de sa présomption, il se regardait comme un hâbleur, comme un fanfaron. Hâtons-nous de dire, pour disculper Murph de tout soupçon de forfanterie, qu'il avait possédé la chevelure la plus épaisse, la plus dorée qui eût jamais orné le crâne d'un gentilhomme du Yorkshire.

Ordinairement le désappointement de Murph à l'endroit de sa chevelure amusait beaucoup Rodolphe ; mais ses pensées étaient alors graves, douloureuses. Pourtant, ne voulant pas augmenter les regrets de son compagnon, il lui dit en souriant avec douceur :

— Écoute-moi, bon Murph ; tu paraissais louer sans réserve le bien que j'ai fait à madame Georges...

— Monseigneur...

— Et t'étonner de mon intérêt pour cette pauvre fille perdue ?

— Monseigneur, de grâce... J'ai eu tort... j'ai eu tort...

— Non...... Je le conçois, les apparences ont pu te tromper...... Seulement, comme tu connais ma vie... comme tu m'aides avec autant de fidélité que de courage dans la tâche que j'ai entreprise... il est de mon devoir, ou si tu l'aimes mieux, de ma reconnaissance, de te convaincre que je n'agis pas légèrement... »

— Je le sais, monseigneur.

— Tu connais mes idées au sujet du bien que l'homme peut faire. Secourir d'honorables infortunes qui se plaignent, c'est bien. S'enquérir de ceux qui luttent avec honneur, avec énergie, et leur venir en aide, quelquefois à leur insu... prévenir à temps la misère ou la tentation, qui mènent au crime... c'est mieux. Réhabiliter à leurs propres yeux, rendre tout à fait honnêtes et bons ceux qui ont conservé purs quelques généreux sentiments au milieu du mépris qui les flétrit, de la misère qui les ronge, de la corruption qui les entoure, et pour cela braver, soi, le contact de cette misère, de cette corruption, de cette fange... c'est mieux encore. Poursuivre d'une haine vigoureuse, d'une vengeance implacable, le vice, l'infamie, le crime, qu'ils rampent dans la boue ou qu'ils trônent sur la soie, c'est justice... Mais secourir aveuglément une misère méritée, mais dégrader l'aumône et la pitié, mais prostituer ces chastes et pures consolatrices de mon âme blessée... les prostituer à des êtres indignes, infâmes, cela serait horrible, impie, sacrilège. Ce serait faire douter de Dieu. Et celui qui donne doit y faire croire. — Monseigneur, je n'ai pas voulu dire que vous aviez indignement placé vos bienfaits.

— Encore un mot, mon vieil ami. Madame Georges et la pauvre fille que je lui ai confiée sont parties des deux points extrêmes pour tomber dans un abîme commun... le malheur. L'une, heureuse, riche, aimée, honorée, douée de toutes les vertus, a vu son existence flétrie, brisée, anéantie par le scélérat hypocrite auquel d'aveugles parents l'avaient mariée... Je le dis avec joie, sans moi la malheureuse femme expirait de misère et de besoin ; car la honte l'empêchait de s'adresser à personne.

— Ah ! monseigneur, lorsque nous sommes arrivés dans cette mansarde, quelle effroyable pauvreté ! c'était affreux... affreux !... et lorsqu'après sa longue maladie elle s'est pour ainsi dire réveillée ici, dans cette maison si calme, quelle surprise ! quelle reconnaissance ! Vous avez raison, monseigneur, voir secourir de telles infortunes, cela fait croire à Dieu.

— Et c'est honorer Dieu que de les secourir ; je le reconnais, rien n'est plus céleste que la vertu sereine et réfléchie, rien n'est plus respectable qu'une femme comme madame Georges, qui, élevée par une mère pieuse et bonne dans une intelligente observance de tous les devoirs, n'y a jamais failli... jamais ! et a vaillamment traversé les plus effroyables épreuves. Mais n'est-ce pas aussi honorer Dieu, dans ce qu'il a de plus divin, que de retirer de la fange une de ces rares natures qu'il s'est complu à douer ?... Ne mérite-t-elle pas aussi pitié, intérêt, respect... oui, respect, la malheureuse enfant qui, abandonnée à son seul instinct ; qui, torturée, emprisonnée, avilie, souillée, a saintement conservé, au fond de son cœur, les nobles germes que Dieu y avait semés ? Si tu l'avais entendue, cette pauvre créature... au premier mot d'intérêt que je lui ai dit, à la première parole honnête et amie qu'elle ait entendue, comme les plus charmants instincts, les goûts les plus purs, les pensées les plus délicates, les plus poétiques, se sont éveillés en foule dans

Le Chourineur.

son âme ingénue, de même qu'au printemps les mille fleurs sauvages des prairies éclosent au moindre rayon de soleil... sans le savoir ! Dans cet entretien d'une heure avec un pauvre ouvrier, j'ai découvert dans Fleur-de-Marie des trésors de bonté, de grâce, de sagesse, oui, de sagesse, mon vieux Murph. Un sourire m'est venu aux lèvres et une larme m'est venue aux yeux, lorsque dans son gentil babil, rempli de raison, elle m'a prouvé que je devais économiser quarante sous par jour, pour être au-dessus des besoins et des mauvaises tentations. Pauvre petite, elle disait cela d'un ton si sérieux, si pénétré ! elle éprouvait une si douce satisfaction à me donner un sage conseil, une si douce joie à m'entendre promettre que je le suivrais !..... J'étais ému..... oh ! ému jusqu'aux larmes, je te l'ai dit... Et l'on m'accuse d'être blasé, dur, inflexible.. oh ! non, non, grâce à Dieu ! quelquefois je sens encore mon cœur battre ardent et généreux... Mais toi-même tu es attendri, mon vieil ami... Allons, Fleur-de-Marie ne sera pas jalouse de madame Georges, tu t'intéresses aussi à son sort.

— C'est vrai, monseigneur... ce trait de vous faire économiser quarante sous par jour... vous croyant ouvrier... au lieu de faire connaissance à faire de la dépense pour elle... oui, ce trait-là me touche plus qu'il ne le devrait peut-être.

— Et quand je songe que cette enfant a une mère riche, honorée, dit-on, qui l'a indignement abandonnée... Oh ! si cela est... je le saurai, je l'espère.. et je te dirai comment Oh ! si cela est ! malheur... malheur à cette femme ! elle aura une terrible expiation à subir... Murph, Murph... jamais je ne me suis senti des élans de haine plus implacable qu'en songeant à cette femme que je ne connais pas. Tu le sais, Murph... tu le sais... certaines vengeances me sont bien chères... certaines souffrances bien précieuses... j'ai bien soif de certaines larmes !

— Hélas ! monseigneur, dit Murph affligé de l'expression d'infernale méchanceté qui se peignait sur les traits de Rodolphe en parlant ainsi, je le sais, ceux qui méritent intérêt et compassion ont souvent dit de vous : « C'est donc un bon ange ! » Ceux qui méritent mépris et haine se sont écriés, en vous maudissant, dans leur désespoir : « C'est donc le démon !... »

— Tais-toi, voici madame Georges et Marie... Fais tout préparer pour notre départ ; il faut être à Paris de bonne heure.

CHAPITRE XIV

Les adieux.

Marie (désormais nous donnerons ce nom à la Goualeuse), grâce aux soins de madame Georges, n'était plus reconnaissable.

Un joli bonnet rond à la paysanne et deux épais bandeaux de cheveux blonds encadraient la figure virginale de la jeune fille. Un ample fichu de mousseline blanche se croisait sur son sein et disparaissait à demi sous la haute bavette carrée d'un petit tablier de taffetas changeant, dont les reflets bleus et roses miroitaient sur le fond sombre d'une robe carmélite qui semblait avoir été faite pour Marie.

Sa physionomie était profondément recueillie ; certaines félicités jettent l'âme dans une ineffable tristesse, dans une sainte mélancolie.

Rodolphe ne fut pas surpris de la gravité de Marie, il s'y attendait. Joyeuse et babillarde, il aurait eu d'elle une idée moins élevée.

Avec un tact parfait, il ne lui fit pas le moindre compliment sur sa beauté, qui brillait pourtant ainsi de tout son pur éclat.

Rodolphe sentait qu'il y avait quelque chose de solennel, d'auguste, dans cette espèce de rédemption d'une âme arrachée au vice.

On voyait sur les traits sérieux et résignés de madame Georges la trace de longues souffrances, de profonds chagrins ; elle regardait Marie avec une mansuétude, une compassion presque maternelle, tant la grâce et la douceur de cette jeune fille étaient sympathiques.

— Voilà mon enfant .. qui vient vous remercier de vos bontés, monsieur Rodolphe, dit madame Georges en présentant Marie à Rodolphe.

A ces mots de mon enfant, la Goualeuse tourna lentement ses grands yeux vers sa protectrice, et la contempla pendant quelques moments avec une expression de reconnaissance inexprimable.

— Merci pour Marie, ma chère madame Georges ; elle est digne de ce tendre intérêt... et elle le méritera toujours.

— Monsieur Rodolphe, dit Marie d'une voix tremblante, vous comprenez... n'est-ce pas, que je ne trouve rien à vous dire ?

— Votre emotion me dit tout, Marie...

— Oh ! elle sent combien le bonheur qui lui arrive est providentiel, dit madame Georges attendrie. Son premier mouvement, en entrant dans ma chambre, a été de se jeter à genoux devant mon crucifix.

— C'est que maintenant, grâce à vous, monsieur Rodolphe... j'ose prier... dit Marie en regardant son ami.

Murph se retourna brusquement : son flegme d'Anglais, sa dignité de squire, ne lui permettaient pas de laisser voir à quel point le touchaient les simples paroles de Marie.

Rodolphe dit à la jeune fille :

— Mon enfant, j'aurai à causer avec madame Georges... Mon ami Murph vous conduira dans la ferme... et vous fera faire connaissance avec vos futurs protégés... nous vous rejoindrons tout à l'heure... Eh bien ! Murph... Murph, tu ne m'entends pas ?...

Le bon gentilhomme tournait alors le dos, et feignait de se moucher avec un bruit, un retentissement formidable ; il remit son mouchoir dans sa poche, enfonça son chapeau sur ses yeux, et, se retournant à demi, il offrit son bras à Marie.

Murph avait si habilement manœuvré, ni Rodolphe, ni madame Georges ne purent apercevoir son visage. Prenant le bras de la jeune fille, il se dirigea rapidement vers les bâtiments de la ferme, en marchant si vite que, pour le suivre, la Goualeuse fut obligée de courir, comme elle courait dans son enfance après la Chouette.

— Eh bien ! madame Georges, que pensez-vous de Marie ? dit Rodolphe.

— Monsieur Rodolphe, je vous l'ai dit : à peine entrée dans ma chambre... voyant mon christ, elle a couru s'agenouiller. Il m'est impossible de vous exprimer tout ce qu'il y a eu de spontané, de naturellement religieux dans ce mouvement. J'ai compris à l'instant que son âme n'était pas dégradée. Et puis, monsieur Rodolphe, l'expression de sa reconnaissance pour vous n'a rien d'exagéré, d'emphatique ; elle n'en est que plus sincère. Encore un mot qui vous prouvera combien l'instinct religieux est puissant en elle ; je lui ai dit : « Vous avez dû être bien étonnée, bien heureuse, lorsque M. Rodolphe vous a annoncé que vous resteriez ici de désormais ?... Quelle profonde impression cela a dû vous causer !... — Oh ! oui, m'a-t-elle répondu ; quand M. Rodolphe m'a dit cela, alors je ne sais ce qui s'est passé en moi tout à coup ; mais j'ai éprouvé l'espèce de bonheur pleux, de saint respect que j'éprouvais lorsque j'entrais dans une église... quand je pouvais y entrer, a-t-elle ajouté, car vous savez, madame... Je ne l'ai pas laissée achever en voyant sa figure se couvrir de honte, ce n'est rien, mon enfant... et vous appellerai toujours mon enfant... si vous le voulez bien... je sais que vous avez beaucoup souffert ; mais Dieu bénit ceux qui s'aiment et ceux qui le craignent... ceux qui ont été malheureux et ceux qui se repentent... »

— Allons, ma bonne madame Georges, je suis doublement content de ce que j'ai fait. Cette pauvre fille vous intéressera... Vous n'aurez qu'à semer pour recueillir ; vous avez deviné juste, ses instincts sont excellents.

— Ce qui m'a encore touchée, monsieur Rodolphe, c'est qu'elle ne s'est pas permis la moindre question sur vous, quoique sa curiosité dût être bien excitée. Frappée de cette réserve pleine de délicatesse, je voulus savoir si elle en avait la conscience. Je lui dis : Vous devez être bien curieuse de savoir quel est votre mystérieux bienfaiteur ? — Je le sais..., me répondit-elle avec une naïveté charmante, il s'appelle mon bienfaiteur.

— Ainsi donc vous l'aimerez ? Excellente femme, sa compagnie vous sera douce... Elle occupera du moins votre cœur...

— Oui, je m'en occuperai d'elle comme je me serais occupée de lui, dit madame Georges d'une voix déchirante.

Rodolphe lui prit la main.

— Allons, allons, ne vous découragez pas encore... Si nos recherches ont été vaines jusqu'ici, peut-être un jour...

Madame Georges secoua tristement la tête, et dit amèrement :

— Mon pauvre fils aurait vingt ans maintenant !...

— Dites donc qu'il a cet âge.

— Dieu vous entende et vous exauce, monsieur Rodolphe !

— Il m'exaucera, je l'espère bien... Hier j'étais allé (mais en vain) chercher un certain drôle surnommé Bras-Rouge, qui pouvait peut-être, m'avait-on dit, me renseigner sur votre fils. En descendant de chez Bras-Rouge, à la suite d'une rixe, j'ai rencontré cette malheureuse enfant...

— Hélas ! tant mieux !... au moins votre bonne résolution pour moi vous a mis sur la voie d'une nouvelle infortune, monsieur Rodolphe.

— Depuis longtemps d'ailleurs je voulais explorer ces classes misérables... presque certain qu'il y avait là aussi quelques âmes à enlever au vieux Satan, que je m'amuse à contrecarrer souvent, ajouta Rodolphe en souriant, et de je dérobe quelquefois ses meilleurs morceaux. Puis il reprit d'un ton plus sérieux : Vous n'avez aucune nouvelle de Rochefort ?

— Aucune, dit madame Georges à voix basse en tressaillant.

— Tant mieux ! ce monstre aura trouvé la mort dans les bancs de vase en cherchant à s'évader. Son signalement est assez répandu ; c'est un scélérat assez redoutable pour qu'on ait mis toute l'activité possible à le découvrir ; et, depuis six mois environ qu'il est sorti du ba...

Rodolphe s'arrêta au moment de prononcer ce terrible mot.

— Du bagne ! Oh ! dites-le... du bagne ! s'écria la malheureuse femme avec horreur et d'une voix presque égarée. Le père de mon fils !... Ah ! si ce malheureux enfant vit encore... si, comme moi, il a peut-être changé de nom, quelle honte !... quelle honte ! Et cela n'est rien encore... Son père a peut-être tenu son horrible promesse. Ah ! monsieur Rodolphe, pardonnez-moi ; mais, malgré vos bienfaits, je suis encore bien malheureuse !

— Pauvre femme, calmez-vous.

— Quelquefois il me prend d'horribles frayeurs. Je me figure que mon mari s'est échappé et sauf de Rochefort, et qu'il vient peut-être me tuer comme il a peut-être tué notre enfant. Car enfin, qu'en a-t-il fait ? qu'en a-t-il fait ?

— Ce mystère est le tombeau de mon esprit, dit Rodolphe d'un air pensif. Dans quel intérêt ce misérable a-t-il emporté votre fils, lorsqu'il a quinze ans, m'avez-vous dit, a tenté de passer en pays étranger ? Un enfant de cet âge ne pouvait qu'embarrasser sa fuite.

— Hélas ! monsieur Rodolphe, lorsque mon mari (la malheureuse frissonna en prononçant ce mot), arrêté sur la frontière, a été ramené à Paris et jeté dans la prison où l'on m'a permis de pénétrer, ses terribles paroles : « J'ai emporté ton enfant parce que tu l'aimes, et que c'est un moyen de te forcer de m'envoyer de l'argent, dont il profitera ou ne profitera pas... ça me regarde. Qu'il vive ou qu'il meure, peu n'importe ; mais s'il vit, il sera entre bonnes mains ; tu boiras la honte du fils comme tu as bu la honte du père. » Hélas ! un mois après, mon mari était condamné pour la vie. Depuis, les instances, les prières dont mes lettres étaient remplies, tout a été vain ; je n'ai rien pu savoir sur le sort de cet enfant... Ah ! monsieur Rodolphe, mon fils, où est-il à présent? Ces épouvantables paroles me reviennent toujours à la pensée : « Tu boiras la honte du fils comme tu as bu celle du père ! »

— Mais ce serait une atrocité inexplicable ; pourquoi vicier, corrompre ce malheureux enfant? pourquoi surtout vous l'enlever?

— Je vous l'ai dit, monsieur Rodolphe, pour me forcer à lui envoyer de l'argent ; quoiqu'il m'ait ruinée, il me restait quelques dernières ressources qui s'épuisèrent ainsi. Malgré sa scélératesse, je ne pouvais croire qu'il n'employât au moins une partie de cette somme à faire élever ce malheureux enfant.

— Et votre fils n'avait aucun signe, aucun indice qui pût servir à le faire reconnaître?

— Aucun autre que celui dont je vous ai parlé, monsieur Rodolphe : un petit saint-esprit sculpté en lapis-lazuli, attaché à son cou par une petite chaînette d'argent. Cette relique, bénie par le saint-père, venait de ma mère ; elle l'avait portée étant petite, et y attachait une grande vénération. Je l'avais aussi portée ; je l'avais mise au cou de mon fils ! Hélas ! ce talisman a perdu sa vertu.

— Qui sait, bonne mère? Dieu est tout-puissant.

— La Providence ne m'a-t-elle pas placée sur votre chemin, monsieur Rodolphe?

— Trop tard, ma bonne madame Georges, trop tard. Je vous aurais épargné peut-être bien des années de chagrin.

— Ah ! monsieur Rodolphe, ne m'avez-vous pas comblée?

— En quoi? J'ai acheté cette ferme. Au temps de votre prospérité, vous faisiez, par goût, valoir vos biens : vous avez consenti à me servir de régisseur ; grâce à vos soins excellents, à votre intelligente activité, cette métairie me rapporte...

— Vous rapporte, monsieur ! dit madame Georges interrompant Rodolphe ; n'est-ce pas moi qui paye le fermage à notre bon abbé Laporte! et cette somme n'est-elle pas, selon vos ordres, distribuée par lui en aumônes?

— Eh bien ! n'est-ce pas un excellent rapport? Mais vous avez fait prévenir ce cher abbé de mon arrivée, n'est-ce pas? Je tiens à lui recommander cette pauvre enfant. Il a reçu ma lettre?

— M. Murph la lui a portée ce matin en arrivant.

— Dans cette lettre, je racontais, en peu de mots, à notre bon curé, l'histoire de cette pauvre enfant. Je n'étais pas certain de pouvoir venir aujourd'hui ; sans cela, Murph vous aurait amené Marie.

Un valet de ferme interrompit cet entretien, qui avait eu lieu dans le jardin.

— Madame, monsieur le curé vous attend.

— Les chevaux de poste sont-ils arrivés, mon garçon? dit Rodolphe.

— Oui, monsieur Rodolphe, on attelle.

Et le valet quitta le jardin.

Madame Georges, le curé et les habitants de la ferme ne connaissaient le protecteur de Fleur-de-Marie que sous le nom de monsieur Rodolphe.

La discrétion de Murph était impénétrable ; il mettait de la ponctualité à *monseigneuriser* Rodolphe dans le tête-à-tête, autant devant les étrangers il avait soin de ne jamais l'appeler autrement que monsieur Rodolphe.

— J'oubliais de vous prévenir, ma chère madame Georges, dit Rodolphe en regagnant la maison, que Marie a, je crois, la poitrine faible ; les privations, la misère, ont altéré sa santé. Ce matin, au grand jour, j'ai été frappé de sa pâleur, quoique ses joues fussent colorées d'un rose vif ; ses yeux aussi m'ont paru briller d'un éclat un peu fébrile. Il lui faudra de grands soins.

— Comptez sur moi, monsieur Rodolphe. Mais, Dieu merci ! il n'y a rien de grave. A la campagne... au bon air, avec du repos, du bonheur, elle se remettra vite.

— Je le crois ; mais il n'importe : je ne me fie pas à vos médecins de campagne... Je dirai à Murph d'amener ici un docteur habile, qui lui indiquera le meilleur régime à suivre. Vous me donnerez souvent des nouvelles de Marie. Dans quelque temps, lorsqu'elle sera bien reposée, bien calmée, nous songerons à son avenir. Peut-être vaudrait-il mieux pour elle de rester toujours auprès de vous... si son caractère et sa conduite vous conviennent.

— Ce serait mon désir, monsieur Rodolphe ; elle me tiendrait lieu de l'enfant que je regrette tous les jours.

— Enfin, espérons pour vous, espérons pour elle.

Au moment où Rodolphe et madame Georges approchaient de la ferme, Murph et Marie arrivaient de leur côté.

Marie très animée par la promenade, Rodolphe fit remarquer à madame Georges la coloration des pommettes de la jeune fille, couleurs vives, circonscrites, qui contrastaient beaucoup avec la blancheur délicate de son teint.

Le digne gentilhomme abandonna le bras de la Goualeuse, et vint dire à l'oreille de Rodolphe, d'un air presque confus :

— Cette petite fille m'a ensorcelé ; je ne sais pas maintenant qui m'intéresse le plus, d'elle ou de madame Georges. J'étais une bête sauvage et féroce.

— Ne t'arrache pas les cheveux pour cela, vieux Murph, dit Rodolphe en souriant et en serrant la main du squire.

Madame Georges, s'appuyant sur le bras de Marie, entra avec elle dans le petit salon du rez-de-chaussée, où attendait l'abbé Laporte.

Murph alla veiller aux préparatifs du départ.

Madame Georges, Marie, Rodolphe et le curé restèrent seuls.

Simple, mais très-confortable, ce petit salon était tendu et meublé de toile de perse, comme le reste de la maison, d'ailleurs exactement dépeinte à la Goualeuse par Rodolphe.

Un épais tapis couvrait le plancher, un bon feu flambait dans l'âtre, et deux énormes bouquets de reines marguerites de toutes couleurs, placés dans deux vases de cristal, répandaient dans cette pièce leur légère odeur balsamique.

A travers les persiennes vertes à demi fermées, on voyait la prairie, la petite rivière, et au delà le coteau planté de châtaigniers.

L'abbé Laporte, assis auprès de la cheminée, avait quatre-vingts ans passés ; depuis les derniers jours de la révolution il desservait cette pauvre paroisse.

On ne pouvait rien voir de plus vénérable, de plus doucement imposant que sa physionomie seule, amaigrie et un peu souffrante, encadrée de longs cheveux blancs qui tombaient sur le collet de sa soutane noire, rapiécée en plus d'un endroit ; l'abbé aimant mieux, disait-il, habiller deux ou trois pauvres enfants d'un bon drap bien chaud, que de faire le muguet, c'est-à-dire garder ses soutanes moins de deux ou trois ans.

Le bon abbé était si vieux, si vieux, que ses mains tremblaient toujours ; il y avait quelque chose de touchant dans ce mouvement : aussi, lorsque quelquefois il les élevait en parlant, on eût dit qu'il bénissait.

Rodolphe observait Marie avec intérêt.

S'il eût moins connue, ou plutôt moins devinée, il se fût peut-être étonné de la voir approcher de l'abbé avec une sorte de pieuse sérénité.

L'admirable instinct de Marie lui disait que la honte finit où le repentir et l'expiation commencent.

— Monsieur l'abbé, dit respectueusement Rodolphe, madame Georges veut bien se charger de cette jeune fille, pour laquelle je vous demande vos bontés.

— Elle y a droit, monsieur, comme tous ceux qui viennent à nous. La clémence de Dieu est inépuisable, ma chère enfant... il vous l'a prouvé en ne vous abandonnant pas... dans de bien douloureuses épreuves... Je sais tout. — Et il prit la main de Marie dans ses mains tremblantes et vénérables. — L'homme généreux qui vous a sauvée a réalisé cette parole de l'Écriture : « Le Seigneur est près de ceux qui l'invoquent ; il accomplira les désirs de ceux qui le redoutent ; il écoutera leurs cris et les sauvera. » Maintenant, méritez ces bontés par votre conduite ; vous me trouverez toujours pour vous encourager, pour vous soutenir... dans la bonne voie où vous entrez. Vous aurez dans madame Georges un exemple de tous les jours, en moi un conseil vigilant. Le Seigneur terminera son œuvre.

— Et je le prierai pour ceux qui ont eu pitié de moi, et qui m'ont ramenée à lui, mon père, dit la Goualeuse.

Par un mouvement presque involontaire, elle se jeta à genoux devant le prêtre.

L'émotion était trop forte, les sanglots l'étouffaient.

Madame Georges, Rodolphe, l'abbé... étaient profondément touchés.

— Relevez-vous, ma chère enfant, dit le curé, vous mériterez bientôt... l'absolution de grandes fautes dont vous avez été plutôt victime que coupable ; car, pour parler encore avec le prophète : « Le Seigneur soutient tous ceux qui sont près de tomber, et il relève tous ceux qu'on accable. »

— Adieu, Marie, lui dit Rodolphe en lui donnant une petite croix d'or, dite à la Jeannette, attachée à un ruban de velours noir. Il ajouta : — Gardez cette petite croix en souvenir de moi : j'y ai fait graver ce matin la date du jour de votre délivrance... de votre rédemption. Bientôt je reviendrai vous voir.

Marie porta la croix à ses lèvres.

Murph, à ce moment, ouvrit la porte du salon.

— Monsieur Rodolphe, les chevaux sont prêts.

— Adieu, mon père ; adieu, ma bonne madame Georges... je vous recommande votre enfant. Encore adieu, Marie.

Le vénérable prêtre, appuyé sur le bras de madame Georges et de la Goualeuse, qui soutenaient ses pas chancelants, sortit du salon pour voir partir Rodolphe.

Les derniers rayons du soleil coloraient vivement ce groupe intéressant et triste :

Un vieux prêtre, symbole de charité, de pardon et d'espérance éternelle ;

Une femme éprouvée par toutes les douleurs qui peuvent accabler une épouse, une mère ;

Une jeune fille sortant à peine de l'enfance, naguère jetée dans l'abîme du vice par la misère et par l'infâme obsession du crime.

Rodolphe monta en voiture ; Murph prit place à ses côtés.

Les chevaux partirent au galop.

2.

CHAPITRE XV.

Le rendez-vous.

Le lendemain du jour où il avait confié la Goualeuse aux soins de madame Georges, Rodolphe, toujours vêtu en ouvrier, se trouvait à midi précis à la porte du cabaret le Panier-Fleuri, situé non loin de la barrière de Bercy.

La veille, à dix heures du soir, le Chourineur s'était exactement trouvé au rendez-vous que lui avait assigné Rodolphe. La suite de ce récit fera connaître le résultat de ce rendez-vous.

Il était donc midi. Il pleuvait à torrents ; la Seine, gonflée par des pluies presque continuelles, avait atteint une hauteur énorme et inondait une partie du quai.

Rodolphe regardait de temps à autre avec impatience du côté de la barrière ; enfin, avisant au loin un homme et une femme qui s'avançaient abrités par un parapluie, il reconnut la Chouette et le Maître d'école.

Ces deux personnages étaient complétement métamorphosés : le brigand avait abandonné ses méchants habits et son air de brutalité féroce ; il portait une longue redingote de castorine verte et un chapeau rond ; sa cravate et sa chemise étaient d'une extrême blancheur. Sans l'épouvantable hideur de ses traits et le fauve éclat de son regard, toujours ardent et mobile, on eût pris cet homme, à sa démarche paisible, assurée, pour un honnête bourgeois.

La borgnesse, aussi endimanchée, portait un bonnet blanc, un grand châle en bourre de soie, façon cachemire, et tenait à la main une vaste cabas.

La pluie avait un moment cessé ; Rodolphe surmonta un moment de dégoût et marcha droit au couple affreux.

A l'argot du tapis-franc le Maître d'école avait substitué un langage presque recherché, qui paraissait d'autant plus horrible, qu'il annonçait un esprit cultivé, et qu'il contrastait avec les forfanteries sanguinaires de ce brigand.

Lorsque Rodolphe s'approcha de lui, le Maître d'école le salua profondément ; la Chouette fit la révérence.

— Monsieur... votre très-humble serviteur... dit le Maître d'école. A vous rendre mes devoirs, enchanté de faire... ou plutôt de refaire votre connaissance... car avant-hier vous m'avez octroyé deux coups de poing à assommer un rhinocéros. Mais ne parlons pas de cela maintenant ; c'était une plaisanterie de votre part, j'en suis sûr... une simple plaisanterie. N'y pensons plus... de graves intérêts nous rassemblent. J'ai vu hier soir, à onze heures, le Chourineur au tapis-franc ; je lui ai donné rendez-vous ici ce matin, dans le cas où il voudrait être notre collaborateur ; mais il paraît qu'il refuse décidément.

— Vous acceptez donc !

— Si vous vouliez, monsieur... Votre nom ?

— Rodolphe.

— Monsieur Rodolphe... nous entrerions au Panier-Fleuri... ni moi ni madame nous n'avons déjeuné... Nous parlerions de nos petites affaires en cassant une croûte.

— Volontiers.

— Nous pouvons toujours causer en marchant. Vous et le Chourineur devez sans reproche un dédommagement à ma femme et à moi... Vous nous avez fait perdre plus de 2,000 fr. La Chouette avait rendez-vous, près de Saint-Ouen, avec un grand monsieur en deuil qui était venu vous demander l'autre soir au tapis-franc ; il proposait 2,000 fr. pour vous faire quelque chose... Le Chourineur m'a à peu près expliqué cela...

Mais j'y pense, Finette, dit le brigand, va choisir un cabinet au Panier-Fleuri et commander le déjeuner ; des côtelettes, un morceau de veau, une salade et deux bouteilles de Beaune première ; nous te rejoignons.

La Chouette n'avait pas un instant quitté Rodolphe du regard ; elle partit après avoir échangé un coup d'œil avec le Maître d'école. Celui-ci reprit :

— Je vous disais donc, monsieur Rodolphe, que le Chourineur m'avait édifié sur cette proposition de deux mille francs.

— Qu'est-ce que ça signifie, *édifier* ?

— C'est juste... ce langage est un peu ambitieux pour vous ; je voulais dire que le Chourineur m'avait à peu près dit ce que voulait de vous ce grand monsieur en deuil, avec ses deux mille francs.

— Bien, bien...

— Ça n'est pas déjà si bien, jeune homme ; car le Chourineur ayant rencontré hier la Chouette près de Saint-Ouen, il ne l'a pas quittée d'une semelle dès qu'il a vu arriver le grand monsieur en deuil ; de sorte que celui-ci n'a pas osé approcher. C'est donc deux mille francs qu'il faut que vous me fassiez regagner, sans compter cinq cents francs pour un portefeuille que nous devions rendre, mais que nous n'aurions pas d'ailleurs rendu, inspection faite des papiers qui nous ont paru valoir mieux que ça.

— Il contient donc de grandes valeurs ?

— Il contient des papiers qui m'ont paru fort curieux, quoique la plupart soient écrits en anglais ; et je les garde là, dit le brigand en frappant sur la poche de côté de sa redingote.

En apprenant que le Maître d'école avait encore les papiers saisis l'avant-veille sur Tom, Rodolphe fut très-satisfait ; ils étaient pour lui d'une haute importance. Ses instructions au Chourineur n'avaient eu d'autre but que d'empêcher Tom de s'approcher de la Chouette ; celui-ci garderait alors le portefeuille, et Rodolphe espérait s'en rendre possesseur.

— Je garde donc ces papiers comme une poire pour la soif, dit le brigand ; car j'ai trouvé l'adresse du monsieur en deuil, et, d'une façon ou d'une autre, je le reverrai.

— Nous pourrons faire affaire si vous voulez ; si notre coup réussit, je vous achèterai ces papiers, moi qui connais l'homme ; ça me va mieux qu'à vous.

— Nous verrons... Mais d'abord revenons à nos moutons.

— Eh bien ! donc, j'avais proposé une affaire superbe au Chourineur ; il avait d'abord accepté, puis il s'est dédit.

— Il a toujours eu des idées singulières...

— Mais en se dédisant il m'a observé...

— Il vous a fait observer...

— Diable... vous êtes à cheval sur la grammaire.

— Maître d'école, c'est mon état.

— Il m'a fait observer que s'il ne mangeait pas de *pain rouge* il ne fallait pas en dégoûter les autres ; et que vous pourriez me donner un coup de main.

— Et pourrais-je savoir, sans indiscrétion, pourquoi vous aviez donné rendez-vous au Chourineur hier matin à Saint-Ouen ? ce qui lui a procuré l'avantage de rencontrer la Chouette ? il a été embarrassé pour me répondre à ce sujet.

Rodolphe se mordit imperceptiblement les lèvres, et répondit en haussant les épaules :

— Je le crois bien, je ne lui avais dit mon projet qu'à moitié... vous comprenez... ne sachant pas s'il était tout à fait décidé.

— C'était plus prudent...

— D'autant plus prudent que j'avais deux cordes à mon arc.

— Ah, bah !

— Certainement.

— Vous êtes un homme de précaution... Vous aviez donc donné rendez-vous au Chourineur à Saint-Ouen pour...

Rodolphe, après un moment d'hésitation, eut le bonheur de trouver une fable vraisemblable pour couvrir la maladresse du Chourineur ; il reprit :

— Voici l'affaire... Le coup que je propose est très-bon, parce que le maître de la maison en question est à la campagne... toute ma peur était qu'il ne revienne. Pour être tranquille, je me dis : Je n'ai qu'une chose à faire...

— C'était de vous assurer de la présence réelle dudit maître à la campagne.

— Comme vous dites... Je pars donc pour Pierrefitte, où est sa maison de campagne... j'ai ma cousine, domestique là... vous comprenez !

— Parfaitement, mon gaillard. Eh bien ?

— Ma cousine m'a dit que son maître ne revenait à Paris qu'après-demain...

— Après-demain ?

— Oui.

— Très-bien. Mais j'en reviens à ma question... pourquoi donner rendez-vous au Chourineur à Saint-Ouen ?

— Vous n'êtes pas intelligent... Combien y a-t-il de Pierrefitte à Saint-Ouen ?

— Une lieue environ.

— Et de Saint-Ouen à Paris ?

— Autant.

— Eh bien ! si je n'avais trouvé personne à Pierrefitte, c'est-à-dire la maison déserte... il y avait là aussi un bon coup à faire... moins bon qu'à Paris, mais passable. Je revenais à Saint-Ouen rechercher le Chourineur qui m'attendait. Nous retournions à Pierrefitte par un chemin de traverse que je connais ; et...

— Je comprends. Si, au contraire, le coup était pour Paris ?...

— Nous gagnions la barrière de l'Étoile par le chemin de la Révolte, et de là à l'allée des Veuves...

— Il n'y a qu'un pas... c'est tout simple. A Saint-Ouen vous étiez à cheval sur vos deux opérations... cela était fort adroit. Maintenant je m'explique la présence du Chourineur à Saint-Ouen. Nous disons donc que la maison de l'allée des Veuves sera inhabitée jusqu'à après-demain...

— Inhabitée... sauf le portier.

— Bien entendu... Et c'est une opération avantageuse ?

— Ma cousine m'a parlé de soixante mille francs en or dans le cabinet de son maître.

— Et vous connaissez les êtres ?

— Comme ma poche... ma cousine est là depuis un an... et c'est à force de l'entendre parler des sommes que son maître retire de la Banque pour les placer autrement que l'idée m'est venue... Comme le portier est vigoureux, j'en avais parlé au Chourineur... Il avait, après bien des façons, consenti... mais il a rechigné... Du reste, il n'est pas capable de vendre un ami.

— Noui, il a du bon... Mais nous voici arrivés. Je ne sais pas si vous êtes comme moi, mais l'air du matin m'a donné de l'appétit...

La Chouette était sur le seuil de la porte du cabaret.

— Par ici, dit-elle, par ici !... j'ai commandé notre déjeuner.

Rodolphe voulut faire passer le brigand devant lui ; il avait pour cela ses raisons... mais le Maître d'école mit tant d'instance à se défendre de cette politesse, que Rodolphe passa d'abord.

Avant de se mettre à table, le Maître d'école frappa légèrement sur l'une et l'autre des cloisons, afin de s'assurer de leur épaisseur et de leur sonorité.

— Nous n'aurons pas besoin de parler trop bas, dit-il, la cloison n'est pas mince. On nous servira tout d'un coup, et nous ne serons pas dérangés dans notre conversation.

Une servante de cabaret apporta le déjeuner.

Avant que la porte fût fermée, Rodolphe vit le charbonnier Murph gravement attablé dans un cabinet voisin.

La chambre où se passait la scène que nous décrivons était longue, étroite, et éclairée par une fenêtre qui donnait sur la rue et faisait face à la porte.

La Chouette tournait le dos à cette croisée, le Maître d'école était d'un côté de la table, Rodolphe de l'autre.

La servante sortie, le brigand se leva, prit son couvert et alla s'asseoir à côté de Rodolphe de façon à lui masquer la porte.

— Nous causerons mieux, dit-il, et nous n'aurons pas besoin de parler si haut...

— Et puis vous voulez vous mettre entre la porte et moi pour m'empêcher de sortir... répliqua froidement Rodolphe.

Le Maître d'école fit un signe affirmatif; puis, tirant à demi de la poche de côté de sa redingote un long stylet rond et gros comme une forte plume d'oie, emmanché dans une poignée de bois qui disparaissait sous ses doigts velus :

— Vous voyez ça?...
— Oui.
— Avis aux amateurs.

Et, fronçant ses sourcils par un mouvement qui rida son front large et plat comme celui d'un tigre, il fit un geste significatif.

— Et fiez-vous à moi. J'ai affilé le *surin* (1) de mon homme, ajouta la Chouette.

Rodolphe, avec une merveilleuse aisance, mit la main sous sa blouse, et en tira un pistolet à deux coups, le fit voir au Maître d'école et le remit dans sa poche.

— Nous sommes faits pour nous entendre, dit le brigand ; mais vous ne m'entendez pas... Je vais supposer l'impossible... Si on venait m'arrêter, que vous m'ayez ou non tendu la souricière... je vous refroidirais !

Et il jeta un regard féroce sur Rodolphe.

— Tandis que moi je saute sur lui, pour t'aider, fourline ! s'écria la Chouette.

Rodolphe ne répondit rien, haussa les épaules, se versa un verre de vin et le but.

Ce sang-froid imposa au Maître d'école.

— Je vous prévenais seulement.

— Bien, bien ! renfoncez votre lardoire dans votre poche, il n'y a pas ici de poulet à larder. Je suis un vieux coq, et j'ai de bons ergots, mon homme, dit Rodolphe. Maintenant, parlons affaires...

— Parlons affaires... mais ne dites pas de mal de ma lardoire. Ça ne fait pas de bruit, ça ne dérange personne...

— Et on fait de l'ouvrage bien propre, n'est-ce pas, fourline ? ajouta la Chouette.

— A propos, dit Rodolphe à la Chouette, est-ce que c'est vrai que vous connaissez les parents de la Goualeuse ?

— Mon homme a mis dans le portefeuille du grand *messière* en noir deux lettres qui parlent de ça... Mais elle ne les verra pas, la petite *gironde*... Je lui arracherais plutôt les yeux de ma propre main... Oh ! quand je la retrouverai au tapis-franc, son compte sera bon...

— Ah ça ! Finette, nous parlons, nous parlons, et les affaires ne marchent pas.

— On peut *jaspiner* devant elle ? demanda Rodolphe.

— En toute confiance ; elle est éprouvée et pourra nous être d'un grand secours pour faire le guet, prendre des informations, receler, vendre, etc. ; elle a toutes les qualités d'une excellente femme de ménage... Bonne Finette ! ajouta le brigand en tendant la main à l'horrible vieille, vous n'avez pas d'idée des services qu'elle m'a rendus... Mais si tu ôtais ton châle, Finette, tu pourrais avoir froid en sortant... mets-le sur la chaise avec ton cabas...

La Chouette se débarrassa de son châle.

Malgré sa présence d'esprit et l'empire qu'il avait sur lui-même, Rodolphe ne put retenir un mouvement de surprise en voyant, suspendu par un anneau d'argent à une grosse chaîne de similor que la vieille avait au cou, un petit saint-esprit de lapis-lazuli, en tout conforme à la description de celui que le fils de madame Georges portait à son cou lors de sa disparition.

(1) Poignard.

A cette découverte, une idée subite vint à l'esprit de Rodolphe. Selon le Chourineur, le Maître d'école, évadé du bagne depuis six mois, avait mis en défaut toutes les recherches de la police en se défigurant... et depuis six mois le mari de madame Georges avait disparu du bagne, sans qu'on sût ce qu'il était devenu.

A cet étrange rapprochement, Rodolphe songea que le Maître d'école pouvait bien être le mari de cette infortunée.

Ce misérable avait appartenu à la classe aisée de la société... et le Maître d'école s'exprimait en termes choisis.

Un souvenir en éveilla un autre : Rodolphe se rappela encore que madame Georges lui ayant un jour raconté, en frémissant, l'arrestation de son mari, parla de la résistance désespérée de ce monstre, qui fut sur le point de s'échapper, grâce à sa force herculéenne...

Si ce brigand était le mari de madame Georges, il devait connaître le sort de son fils. De plus, le Maître d'école conservait quelques papiers relatifs à la naissance de la Goualeuse dans le portefeuille volé par lui sur l'étranger connu sous le nom de Tom.

Rodolphe avait donc de nouveaux et de graves motifs de persévérer dans ses projets.

Heureusement sa préoccupation échappa au brigand, fort occupé de servir la Chouette.

Rodolphe dit à la borgnesse :

— Morbleu !... vous avez là une belle chaîne...

— Belle... et pas chère... dit en riant la vieille. C'est du faux *orient*, en attendant que mon homme m'en donne une de vrai...

— Cela dépendra de monsieur, Finette... si nous faisons une bonne affaire, sois tranquille.

— C'est étonnant comme c'est bien imité, poursuivit Rodolphe. Et au bout... qu'est-ce donc que cette petite chose bleue ?

— C'est un cadeau de mon homme, en attendant qu'il me donne une *toquante*... n'est-ce pas, fourline ?

Rodolphe voyait ses soupçons à demi confirmés. Il attendait avec anxiété la réponse du Maître d'école. Celui-ci répondit tout en mangeant :

— Et il faudra garder ça malgré la toquante, Finette... c'est un talisman... ça porte bonheur.

— Un talisman ? dit négligemment Rodolphe. Vous croyez aux talismans, vous ? Et où diable avez-vous trouvé celui-là ?... Donnez-moi donc l'adresse de la fabrique.

— On n'en fait plus, mon cher monsieur, la boutique est fermée... Tel que vous le voyez, ce bijou-là remonte à une haute antiquité... à trois générations... J'y tiens beaucoup, c'est une tradition de famille, ajouta-t-il avec un hideux sourire. C'est pour cela que je l'ai donné à Finette... pour lui porter bonheur dans les entreprises où elle me seconde avec beaucoup d'habileté... Vous la verrez à l'ouvrage, vous la verrez... si nous faisons ensemble quelque opération *commerciale*... Mais, pour en revenir à nos moutons... vous dites donc que dans l'allée des Veuves...

— Il y a, monsieur, numéro 17, une maison habitée par un richard. Il s'appelle... monsieur...

— Je ne commettrai pas l'indiscrétion de demander son nom... Il y a, dites-vous, soixante mille francs en or dans un cabinet ?

— Soixante mille francs en or ! s'écria la Chouette.

Rodolphe fit un signe de tête affirmatif.

— Et vous connaissez les êtres de cette maison ? dit le Maître d'école.

— Très-bien.

— Et l'entrée est difficile ?

— Un mur de sept pieds du côté de l'allée des Veuves, un jardin, les fenêtres de plain-pied, la maison n'a qu'un rez-de-chaussée.

— Et il n'y a qu'un portier pour garder le trésor ?

— Oui !

— Et quel serait votre plan de campagne, jeune homme ? demanda négligemment le Maître d'école.

— C'est tout simple... monter par-dessus le mur, crocheter la porte de la maison ou forcer les volets en dehors.

— Et si le portier s'éveille ? dit le Maître d'école en regardant fixement le jeune homme.

— Ce sera de sa faute... dit celui-ci avec un geste significatif. Eh bien ! ça vous convient-il ?

— Vous sentez bien que je ne puis pas vous répondre avant d'avoir tout examiné par moi-même, c'est-à-dire avec l'aide d'une femme ; mais si tout ce que vous me dites est exact, cela me semble bon à prendre tout chaud... ce soir.

Et le brigand regarda fixement Rodolphe.

— Ce soir... impossible ; répondit froidement celui-ci.

— Pourquoi, puisque le bourgeois ne revient qu'après-demain ?

— Oui, mais moi, je ne puis pas ce soir...

— Vraiment ? Eh bien ! moi, je ne puis pas demain.

— Pour quelle raison ?

— Pour celle qui vous empêche d'agir ce soir... dit le brigand en ricanant.

Après un moment de réflexion, Rodolphe reprit :

— Eh bien ! à la bonne heure... va pour ce soir. Où nous retrouverons-nous ?

— Nous retrouver ? nous ne nous quitterons pas, dit le Maître d'école.

— Comment ?

— A quoi bon nous quitter ? si le temps s'éclaircit un peu, nous irons en nous promenant donner un coup d'œil jusqu'à l'allée des Veuves ; vous verrez comment ma femme sait travailler. Ceci fait, nous reviendrons faire un cent de piquet et manger un morceau dans une cave des Champs-Élysées... que je connais... tout près de la rivière ; et, comme l'allée des Veuves est déserte de bonne heure, nous nous y acheminerons vers les dix heures.

— Moi, à neuf heures, je vous rejoindrai.
— Voulez-vous ou non faire l'affaire ensemble ?
— Je le veux.
— Eh bien ! ne nous quittons pas avant ce soir... sinon...
— Sinon ?
— Je croirais que vous voulez me *donner un pont à faucher* (1), et que c'est pour ça que vous voulez vous en aller...
— Si je veux vous tendre un piège... qui m'empêche de vous le tendre ce soir ?
— Tout... Vous ne vous attendiez pas à ce que je vous proposerais l'affaire sitôt. Et, en ne nous quittant pas, vous ne pourrez prévenir personne...
— Vous vous défiez de moi ?...
— Infiniment... mais comme il peut y avoir du vrai dans ce que vous m'offrez, et que la moitié de 60,000 fr. vaut la peine d'une démarche... je veux bien le tenter ; mais ce soir ou jamais... Si ce n'est jamais, je saurai à quoi m'en tenir sur vous... et je vous servirai à mon tour... un jour ou l'autre, un plat de mon métier.
— Et je vous rendrai votre politesse... comptez-y.
— Tout ça c'est des bêtises ! dit la Chouette. Je pense comme fourline : ce soir, ou rien.

Rodolphe se trouvait dans une anxiété cruelle : s'il laissait échapper cette occasion de s'emparer du Maître d'école, il ne le retrouverait sans doute jamais ; ce brigand, désormais sur ses gardes, ou peut-être reconnu, arrêté et reconduit au bagne, emporterait avec lui les secrets que Rodolphe avait tant d'intérêt à savoir.

Se confiant au hasard, à son adresse et à son courage, il dit au Maître d'école :
— J'y consens, nous ne nous quitterons pas d'ici à ce soir.
— Alors je suis votre homme... Mais voici bientôt deux heures... D'ici à l'allée des Veuves il y a loin ; il pleut à verse ; payons l'écot, et prenons un fiacre.
— Si nous prenons un fiacre, je pourrai bien auparavant fumer un cigare.
— Sans doute, dit le Maître d'école, Finette ne craint pas l'odeur du tabac.
— Eh bien ! je vais aller chercher des cigares, dit Rodolphe en se levant.
— Ne vous donnez donc pas cette peine, dit le Maître d'école en l'arrêtant, Finette ira...

Rodolphe se rassit.

Le Maître d'école avait pénétré son dessein.

La Chouette sortit.

— Quelle bonne ménagère j'ai là, hein ! dit le scélérat, et si complaisante ! elle se jetterait dans le feu pour moi.
— À propos de feu, il ne fait mordieu pas chaud ici, dit Rodolphe en cachant ses deux mains sous sa blouse.

Alors, tout en continuant la conversation avec le Maître d'école, il prit un crayon et un morceau de papier dans la poche de son gilet, et, sans qu'on pût l'apercevoir, il écrivit quelques mots à la hâte, ayant soin d'écarter les lettres pour ne pas les confondre, car il écrivait sous sa blouse et sans y voir.

Ce billet soustrait à la pénétration du Maître d'école, il s'agissait de le faire parvenir à son adresse.

Rodolphe se leva, s'approcha machinalement de la fenêtre, et se mit à chantonner entre ses dents en s'accompagnant sur les vitres.

Le Maître d'école vint regarder par cette croisée, et dit négligemment à Rodolphe :
— Quel air jouez-vous donc là ?
— Je joue... *Tu n'auras pas ma rose*.
— C'est un très-joli air... Je voulais seulement voir s'il ferait assez d'effet sur les passants pour les engager à se retourner.
— Je n'ai pas cette prétention-là.
— Vous avez tort, jeune homme ; car le gardien de cette maison de l'allée des Veuves est peut-être un gaillard déterminé... S'il regimbe... vous n'avez qu'un pistolet... et c'est bien bruyant, tandis qu'un outil comme cela (et il fit voir à Rodolphe le manche de son poignard) ça ne fait pas de tapage... ça ne dérange personne...
— Est-ce que vous prétendriez l'assassiner ? s'écria Rodolphe. Si vous êtes dans ces idées-là... n'y pensons plus... il n'y a rien de fait... ne comptez pas sur moi.
— Mais s'il s'éveille ?
— Nous nous sauverons...
— À la bonne heure, je vous avais mal compris ; il vaut mieux convenir de tout... avant... Ainsi il s'agira d'un simple vol avec escalade et effraction...

(1) Me tendre un piège.

— Rien de plus...
— Va comme il est dit...

Et comme je ne te quitterai pas d'une seconde, pensa Rodolphe, je t'empêcherai bien de répandre le sang.

CHAPITRE XVI.

Préparatifs.

La Chouette rentra dans le cabinet apportant du tabac.

— Il me semble qu'il ne pleut plus, dit Rodolphe en allumant son cigare ; si nous allions chercher le fiacre nous-mêmes ?... ça nous dégourdirait les jambes.
— Comment, il ne pleut plus ? reprit le Maître d'école, vous êtes donc aveugle ?... Est-ce que vous croyez que je vais exposer Finette à s'enrhumer ?... risquer une vie si précieuse... et abîmer son beau châle neuf ?...
— T'as raison, mon homme, il fait un temps de chien !
— Eh bien, la servante va venir... en la payant, nous lui dirons d'aller nous chercher une voiture, reprit Rodolphe.
— Voilà ce que vous avez dit de plus judicieux, jeune homme. Nous pourrons aller flâner du côté de l'allée des Veuves.
— Ah ! monsieur... vous abusez... je ne souffrirai pas... s'écria le Maître d'école.
— Allons donc !... chacun son tour.
— Je me soumets donc... mais à la condition que je vous offrirai quelque chose tantôt dans un petit cabaret des Champs-Élysées... que je connais... un excellent endroit.
— Bien... bien... j'accepte.

La servante entra. Rodolphe lui donna cent sous.

La servante payée, on descendit. Rodolphe voulut passer le dernier, par politesse pour la Chouette. Le Maître d'école ne le souffrit pas et le suivit de très-près, observant ses moindres mouvements.

Le traiteur tenait aussi un débit de vin. Parmi plusieurs consommateurs un charbonnier, à la figure noircie, son large chapeau enfoncé sur les yeux, soldait sa dépense au comptoir, lorsque nos trois personnages parurent.

Malgré l'attentive surveillance du Maître d'école et de la borgnesse, Rodolphe, qui marchait devant le hideux couple, échangea un rapide et imperceptible regard avec Murph.

La portière du fiacre était ouverte, Rodolphe avait décidé cette fois de monter le dernier ; car le charbonnier s'était insensiblement rapproché de lui.

En effet, la Chouette passa la première, mais après beaucoup de façons ; Rodolphe fut obligé de la suivre, car le Maître d'école lui dit à l'oreille :
— Vous voulez donc que je me défie décidément de vous ?

Rodolphe répondit, le charbonnier s'avança en sifflant sur le seuil de la porte, et regarda Rodolphe d'un air surpris et inquiet.
— Où faut-il aller, bourgeois ? demanda le cocher.

Rodolphe répondit à voix haute :
— Allée des...
— Des Acacias, au bois de Boulogne, s'écria le Maître d'école en l'interrompant ; puis il ajouta : Et on vous payera bien, cocher.

La portière se referma.
— Comment diable dites-vous où nous allons devant ces badauds ! reprit le Maître d'école. Que demain tout soit découvert, un pareil indice peut nous perdre ! Ah ! jeune homme, jeune homme, vous êtes bien imprudent !

La voiture commençait à marcher, Rodolphe répondit :
— C'est vrai, je n'avais pas songé à cela. Mais avec mon cigare je vais vous enfumer comme des harengs ; si nous ouvrions une des glaces ?

Et Rodolphe, joignant l'action à la parole, laissa très-adroitement tomber en dehors de la voiture le petit papier ployé très-mince, sur lequel il avait eu le temps d'écrire à la hâte et sous sa blouse quelques mots au crayon.

Le coup d'œil du Maître d'école était si perçant, que, malgré l'impassibilité de la physionomie de Rodolphe, le brigand y démêla sans doute une rapide expression de triomphe, car, passant la tête par la portière, il cria au cocher :
— Tapez... tapez ! il y a quelqu'un derrière votre voiture.

Rodolphe frémit, mais il joignit ses cris à ceux de son compagnon.

La voiture s'arrêta. Le cocher monta sur son siège, regarda, et dit :
— Non, non, bourgeois, il n'y a personne.
— Parbleu ! je veux m'en assurer, répondit le Maître d'école en sautant dans la rue.

Il ne vit personne, n'aperçut rien. Depuis que Rodolphe avait jeté son billet par la portière, le fiacre avait fait quelques pas.

Le Maître d'école crut s'être trompé.
— Vous allez rire, dit-il en remontant, je ne sais pourquoi je m'étais imaginé que quelqu'un nous suivait.

Le fiacre prit à ce moment une rue transversale.

La voiture disparue, Murph, qui ne l'avait pas quittée des yeux, et qui s'était aperçu de la manœuvre de Rodolphe, accourut et ramassa le petit billet caché dans un creux formé par l'écartement de deux pavés.

Au bout d'un quart d'heure, le Maître d'école dit au fiacre :

— Au fait, cocher, nous avons changé d'idée ; place de la Madeleine !

Rodolphe le regarda avec étonnement.

— Sans doute, jeune homme ; de cette place on peut aller à mille endroits différents. Si l'on voulait nous inquiéter, la déposition du fiacre ne serait d'aucune utilité.

Au moment où le fiacre approchait de la barrière, un homme de haute taille, vêtu d'une longue redingote blanchâtre, ayant son chapeau enfoncé sur ses yeux et paraissant fort brun de figure, passa rapidement sur la route, courbé sur l'encolure d'un grand et magnifique cheval de chasse d'une vitesse de trot extraordinaire.

— A beau cheval bon cavalier ! dit Rodolphe en se penchant à la portière et suivant Murph des yeux. Quel train va ce gros homme... Avez-vous vu ?

— Ma foi ! il a passé si vite, dit le Maître d'école, que je n'ai pas remarqué.

Rodolphe dissimula parfaitement sa joie : Murph avait déchiffré les signes hiéroglyphiques de son billet. Le Maître d'école, certain que le fiacre n'était pas suivi, se rassura, et voulant imiter la Chouette, qui sommeillait ou plutôt qui avait l'air de sommeiller, il dit à Rodolphe :

— Pardonnez-moi, jeune homme, mais le mouvement de la voiture me fait toujours un singulier effet : cela m'endort comme un enfant...

Le brigand, à l'abri de ce faux sommeil, se proposait d'examiner si la physionomie de son compagnon ne trahirait aucune émotion.

Rodolphe éventa cette ruse, et répondit :

— Je me suis levé de bonne heure ; j'ai sommeil, je vais faire comme vous...

Et il ferma les yeux.

Bientôt la respiration sonore du Maître d'école et de la Chouette, qui ronflaient à l'unisson, trompèrent si complètement Rodolphe, que, croyant ses compagnons profondément endormis, il entr'ouvrit les paupières.

Le Maître d'école et la Chouette, malgré leurs ronflements sonores, avaient les yeux ouverts, et échangeaient quelques signes mystérieux au moyen de leurs doigts bizarrement placés ou pliés sur la paume de leurs mains.

Tout à coup ce langage symbolique cessa. Le brigand, s'apercevant sans doute à un signe presque imperceptible que Rodolphe ne dormait pas, s'écria en riant :

— Ah ! ah ! camarade, vous éprouvez donc les amis, vous ?

— Ça ne doit pas vous étonner, vous ronflez les yeux ouverts.

— Moi, c'est différent, jeune homme, je suis somnambule.

Le fiacre s'arrêta place de la Madeleine.

La pluie avait un moment cessé ; mais les nuages, chassés par la violence du vent, étaient si noirs, si bas, qu'il faisait déjà presque nuit.

Rodolphe, la Chouette et le Maître d'école se dirigèrent vers le Cours-la-Reine.

— Jeune homme, j'ai une idée qui n'est pas mauvaise, dit le brigand.

— Laquelle ?

— De m'assurer si tout ce que vous nous avez dit de l'intérieur de la maison de l'allée des Veuves est exact.

— Voudriez-vous y aller maintenant sous un prétexte quelconque ? ça éveillerait les soupçons.

— Je ne suis pas assez innocent pour ça, jeune homme ; mais pourquoi a-t-on à son service une femme qui s'appelle Finette ?

La Chouette redressa la tête.

— La voyez-vous, jeune homme ? on dirait un cheval de trompette qui entend sonner la charge.

— Vous voulez l'envoyer en éclaireuse ?

— Comme vous dites.

— N° 17, allée des Veuves, n'est-ce pas, mon homme ? s'écria la Chouette dans son impatience. Sois tranquille, je n'ai qu'un œil, mais il est bon.

— La voyez-vous, jeune homme, la voyez-vous ? elle brûle déjà d'y être.

— Si elle s'y prend adroitement pour entrer, je ne trouve pas votre idée mauvaise.

— Garde le parapluie, fourline... Dans une demi-heure je suis ici, et tu verras ce que je sais faire, s'écria la Chouette.

— Un instant, Finette, nous allons descendre au Cœur-Saignant, c'est à deux pas d'ici. Si le petit *Tortillard*(1) est là, tu l'emmèneras avec toi ; il restera en dehors de la porte à faire le guet pendant que tu entreras.

— Tu as raison : il est fin comme renard, ce petit Tortillard ; il n'a pas dix ans, et c'est lui qui l'autre jour...

Un signe du Maître d'école interrompit la Chouette.

— Qu'est-ce que le Cœur-Saignant ? Voilà une drôle d'enseigne pour un cabaret, demanda Rodolphe.

(1) Boiteux.

— Il faudra vous en plaindre au cabaretier.

— Comment s'appelle-t-il ?

— Le cabaretier du Cœur-Saignant ?

— Oui.

— Il ne demande pas le nom de ses pratiques.

— Mais encore...

— Appelez-le comme vous voudrez, Pierre, Thomas, Christophe ou Barnabé, il répondra toujours. Mais nous voici arrivés, et bien à temps, car l'averse recommence, et la rivière, comme elle gronde ! on dirait un torrent... regardez donc ! Encore deux jours de pluie, et l'eau dépassera les arches du pont.

— Vous dites que nous voici arrivés... Où diable est donc le cabaret ? je ne vois pas de maison...

— Si vous regardez autour de vous, bien sûr.

— Et où voulez-vous que je regarde ?

— A vos pieds.

— A mes pieds ?

— Oui.

— Où cela ?

— Tenez, là... voyez-vous le toit ? Prenez garde de marcher dessus.

Rodolphe n'avait pas, en effet, remarqué un de ces cabarets souterrains que l'on voyait, il y a quelques années encore, dans certains endroits des Champs-Élysées, et notamment près le Cours-la-Reine.

Un escalier creusé dans la terre humide et grasse conduisait au fond de cette espèce de large fossé ; à l'un de ses pans, coupés à pic, s'adossait une masure basse, sordide, lézardée ; son toit, recouvert de tuiles moussues, s'élevait à peine au niveau du sol où se trouvait Rodolphe ; deux ou trois huttes en planches vermoulues, servant de cellier, de hangar, de cabane à lapins, faisaient suite à ce misérable bouge.

Une allée très-étroite, traversant le fossé dans sa longueur, conduisait de l'escalier à la porte de la maison ; le reste du terrain disparaissait sous un berceau de treillage qui abritait deux rangées de tables grossières plantées dans le sol.

Le vent faisait tristement grincer sur ses gonds une méchante plaque de tôle ; à travers la rouille qui la couvrait on distinguait encore un cœur rouge percé d'un trait. L'enseigne se balançait à un poteau dressé au-dessus de cet antre, véritable terrier humain.

Une brume épaisse, humide, se joignait à la pluie ; la nuit approchait.

— Que dites-vous de cet hôtel, jeune homme ? reprit le Maître d'école.

— Grâce aux averses qui tombent depuis quinze jours... ça ne doit pas être trop humide pour un étang, il doit y avoir une belle pêche... Allons, passez.

— Un instant ; il faut que je sache si l'hôte est là. Attention.

Et le brigand, frôlant avec force sa langue contre son palais, fit entendre un cri singulier, une espèce de roulement guttural, sonore et prolongé, que l'on pourrait accentuer ainsi :

— Prrrrr !!

Un cri pareil sortit des profondeurs de la masure.

— Il y est, dit le Maître d'école. Pardon, jeune homme... Respect aux dames ; laissez passer la Chouette, je vous suis. Prenez garde de tomber, c'est glissant.

CHAPITRE XVII.

Le Cœur-Saignant.

L'hôte du Cœur-Saignant, après avoir répondu au signal du Maître d'école, avança civilement jusqu'au seuil de sa porte.

Ce personnage, que Rodolphe avait été chercher dans la Cité, et qu'il ne devait pas encore connaître sous son vrai nom ou plutôt son surnom habituel, était Bras-Rouge.

Petit et grêle, chétif et débile, cet homme pouvait avoir cinquante ans environ. Sa physionomie tenait à la fois de la fouine et du rat ; son nez pointu, son menton fuyant, ses pommettes osseuses, ses petits yeux noirs, vifs, perçants, donnaient à ses traits une inimitable expression de ruse, de finesse et d'intelligence. Une vieille perruque blonde, ou plutôt jaune comme son teint bilieux, posée sur le sommet de son crâne, laissait voir sa nuque grisonnante. Il portait une veste ronde et un de ces longs tabliers noirâtres dont se servent les garçons marchands de vin.

Nos trois personnages avaient à peine descendu la dernière marche de l'escalier qu'un enfant de dix ans au plus, très-petit, l'air bas, maladif, boiteux et un peu contrefait, vint rejoindre Bras-Rouge, auquel il ressemblait d'une manière si frappante, qu'on ne pouvait le méconnaître pour son fils.

C'était le même regard pénétrant et astucieux ; le front de l'enfant disparaissait à demi sous une forêt de cheveux jaunâtres, durs et roides comme des crins. Un pantalon marron et une blouse grise, sanglée d'une ceinture de cuir, complétaient le costume de Tortillard, ainsi nommé à cause de son infirmité; il se tenait à côté de son père, debout sur sa bonne jambe, comme un héron au bord d'un marais.

— Justement voilà le môme, dit le Maître d'école. Finette, le temps presse, la nuit vient, il faut profiter de ce qui reste de jour.

— T'as raison, mon homme, je vas demander le moutard à son père.

— Bonjour, vieux, dit Bras-Rouge en s'adressant au Maître d'école d'une petite voix de fausset, aigre et aiguë ; qu'est-ce qu'il y a pour ton service ?

— Il y a que tu vas prêter ton gamin à ma femme pendant un quart d'heure ; elle a ici près perdu quelque chose, il l'aidera à chercher.

Bras-Rouge cligna de l'œil, fit un signe d'intelligence au Maître d'école, et dit à son fils :

— Tortillard, suis madame.

Le hideux enfant, attiré par la laideur et par l'air méchant de la Chouette, comme d'autres sont charmés par un extérieur bienveillant, accourut en boitant prendre la main de la borgnesse.

— Amour de petit momaque, va ! Voilà un enfant, dit Finette, comme ça vient tout de suite à vous ! C'est pas comme la petite Pégriotte, qui avait toujours l'air d'avoir mal au cœur quand elle m'approchait, cette petite mendiante !

— Allons, dépêche-toi, Finette, ouvre l'œil et veille au grain. Je t'attends ici.

— Ce ne sera pas long. Passe devant, Tortillard !

Et la borgnesse et le petit boiteux gravirent le glissant escalier.

— Finette, prends donc le parapluie, cria le brigand.

— Ça me gênerait, mon homme, répondit la vieille, qui disparut bientôt avec Tortillard au milieu des vapeurs amoncelées par le crépuscule, et des tristes murmures du vent qui agitait les branches noires et dépouillées des grands ormes des Champs-Elysées.

— Entrons, dit Rodolphe.

Il lui fallut se baisser pour passer sous la porte de ce cabaret, divisé en deux salles. Dans l'une on voit un comptoir et un billard en mauvais état ; dans l'autre, des bancs et des chaises de jardin, autrefois peintes en vert. Deux croisées étroites, aux carreaux fêlés, couverts de toiles d'araignée, éclairent à peine ces pièces aux murailles verdâtres, salpêtrées par l'humidité.

Rodolphe est resté seul une minute à peine ; Bras-Rouge et le Maître d'école ont eu le temps d'échanger rapidement quelques mots et quelques signes mystérieux.

— Vous boirez un verre de bière ou un verre d'eau-de-vie en attendant Finette? dit le Maître d'école.

— Non, je n'ai pas soif.

— Chacun son goût. Moi, je boirai un verre d'eau-de-vie, reprit le brigand.

Et il s'assit à une des petites tables vertes de la seconde pièce.

L'obscurité commençait à envahir tellement ce repaire, qu'il était impossible de voir, dans un des angles de la seconde chambre, l'entrée béante d'une de ces caves auxquelles on descend par une trappe à deux battants, dont l'un reste toujours ouvert pour la commodité du service.

La table où s'assit le Maître d'école était tout proche de ce trou noir et profond, auquel il tournait le dos et qu'il cachait complètement aux yeux de Rodolphe.

Ce dernier regardait à travers les fenêtres, pour se donner une contenance et dissimuler sa préoccupation. La vue de Murph se rendant en toute hâte à l'allée des Veuves ne le rassurait pas complètement ; il craignait que le digne squire n'eût pas compris toute la signification de son billet forcément si laconique qui ne contenait que ces mots : « Pour ce soir dix heures. »

Bien résolu de ne se rendre à l'allée des Veuves avant ce moment, et de ne pas quitter le Maître d'école jusque-là, il tremblait néanmoins de perdre cette unique occasion de posséder les secrets qu'il avait tant d'intérêt à connaître. Quoiqu'il fût très-vigoureux et bien armé, il devait lutter de ruse avec un meurtrier redoutable et capable de tout.

Faut-il le dire ? telle était la trempe énergique de ce caractère bizarre, avide d'émotions nerveuses et violentes, que Rodolphe trouvait une sorte de charme terrible dans les inquiétudes et dans les obstacles qui venaient entraver le plan combiné la veille avec son fidèle Murph et le Chourineur.

Ne voulant pas néanmoins se laisser pénétrer, il vint s'asseoir à la table du Maître d'école, et demanda un verre d'eau-de-vie pour sa contenance.

Bras-Rouge, depuis quelques mots échangés à voix basse avec le brigand, considérait Rodolphe d'un air curieux, sardonique et méfiant.

— M'est avis, jeune homme, dit le Maître d'école, que si ma femme nous apprend que les personnes que nous voulons voir sont chez elles, nous pourrons aller leur faire notre visite sur les huit heures ?

— Ce serait trop tôt de deux heures, dit Rodolphe, ça les gênerait.

— Vous croyez ?

— J'en suis sûr.

— Bah ! entre amis on ne fait pas de façons.

— Je les connais ; je vous répète qu'il ne faut pas y aller avant dix heures.

— Êtes-vous entêté, jeune homme !

— C'est mon idée, et que le diable me brûle si je bouge d'ici avant dix heures !

— Ne vous gênez pas, je ne ferme jamais mon établissement avant minuit, dit Bras-Rouge de sa voix de fausset. C'est le moment où arrivent mes meilleures pratiques, et mes voisins ne se plaignent pas du bruit que l'on fait chez moi.

— Il faut consentir à tout ce que vous voulez, jeune homme, reprit le Maître d'école. Soit, nous ne partirons qu'à dix heures pour notre visite.

— Voilà la Chouette ! dit Bras-Rouge en entendant et en répondant à un cri d'appel semblable à celui que le Maître d'école avait poussé avant de descendre dans la maison souterraine.

Une minute après, la Chouette entra seule dans le billard.

— Ça y est, mon homme, c'est empaumé ! s'écria la borgnesse en entrant.

Bras-Rouge se retira discrètement sans demander des nouvelles de Tortillard, qu'il ne s'attendait probablement pas à revoir encore.

Les vêtements de la vieille ruisselaient d'eau ; elle s'assit en face de Rodolphe et du brigand.

— Eh bien ! dit le Maître d'école.

— Ce garçon a dit vrai jusqu'ici.

— Voyez-vous ! s'écria Rodolphe.

— Laissez la Chouette s'expliquer, jeune homme. Voyons, va, Finette.

— Je suis arrivée au nº 17 en laissant Tortillard blotti dans un trou et aux aguets. Il faisait encore jour. J'ai carillonné à une petite porte bâtarde, gonds en dehors, deux pouces de jour sous le seuil, enfin rien du tout. Je sonne, le gardien m'ouvre : c'est un grand, gros homme, dans la cinquantaine, l'air endormi et bon enfant, favoris roux, en croissant, tête chauve... Avant de sonner, j'avais mis mon bonnet dans ma poche pour avoir l'air d'être une voisine. Dès que j'aperçois le gardien, je me mets à pleurnicher de toutes mes forces, en criant que j'ai perdu ma perruche, Cocotte, une petite bête que j'adore. Je dis que je demeure avenue de Marbœuf, et que de jardin en jardin je poursuis Cocotte. Enfin je supplie le monsieur de me laisser chercher ma bête.

— Hein ! dit le Maître d'école d'un air d'orgueilleuse satisfaction en montrant Finette, quelle femme !

— C'est très-adroit, dit Rodolphe ; mais ensuite ?

— Le gardien me permet de chercher ma bête, et me voilà trottant dans le jardin en appelant Cocotte ! Cocotte ! en regardant en l'air de tous les côtés, pour bien tout voir... En dedans des murs, reprit la vieille en continuant de détailler le logis, en dedans des murs, partout du treillage, véritable escalier ; au coin du mur, à gauche, un pin fait comme une échelle, une femme en couches y descendrait. La maison a six fenêtres au rez-de-chaussée, pas d'autre étage, quatre soupiraux de cave sans barres. Les fenêtres du rez-de-chaussée se ferment à volets, loquet par le bas, gâchette par le haut ; peser sur la plinthe, tirer le fil de fer...

— Un zest... dit le Maître d'école, et c'est ouvert.

La Chouette continua :

— La porte d'entrée vitrée, deux persiennes en dehors.

— Pour mémoire, dit le brigand.

— C'est ça, c'est absolument comme si on y était, dit Rodolphe.

— A gauche, reprit la Chouette, près de la cour, un puits : la corde peut servir, parce que là il n'y a pas de treillage au mur, dans le cas où la retraite serait bouchée du côté de la porte. En entrant dans la maison...

— Tu es entrée dans la maison ? Elle y est entrée ! jeune homme, dit le Maître d'école avec orgueil.

— Certainement, j'y suis entrée. Ne trouvant pas Cocotte, j'avais tant gémi que j'ai fait comme si je m'étais époumonée ; j'ai demandé au gardien la permission de m'asseoir sur le pas de sa porte ; le brave homme m'a dit d'entrer, m'a offert un verre d'eau et de vin... Un simple verre d'eau, ai-je dit, un simple verre d'eau, mon bon monsieur. Alors, il m'a fait entrer dans l'antichambre... tapis partout : bonne précaution, on n'entend ni marcher, ni les éclats des vitres, s'il fallait faire un carreau ; à droite et à gauche, portes et serrures à becs de cane. Ça ouvre en soufflant dessus... Au fond, une forte porte, fermée à clef ; une tournure de caisse... ça sentait l'argent !... j'avais ma cire dans mon cabas...

— Elle avait sa cire, jeune homme... elle ne marche jamais sans sa cire !... dit le brigand.

La Chouette continua :

— Il fallait m'approcher de la porte qui sentait l'argent. Alors, j'ai fait comme si me prenait une quinte si forte, que j'étais obligée de m'appuyer sur le mur. En m'entendant tousser, le gardien a dit : — Je vais vous mettre un morceau de sucre. A probablement cherché une cuiller, car j'ai entendu rire de l'argenterie... argenterie dans la pièce à main droite... n'oublie pas ça, fourline. Enfin, tout en toussant, tout en geignant, je m'étais approchée de la serrure du fond... j'avais ma cire dans la paume de ma main... je me suis appuyée sur la serrure, comme si de rien n'était. Voilà l'empreinte. Si ça ne sert pas aujourd'hui, ça servira un autre jour.

Et la Chouette donna au brigand un morceau de cire jaune où l'on voyait parfaitement l'empreinte.

— Ça fait que vous allez nous dire si c'est bien la porte de la caisse, dit la Chouette.

— Justement ! c'est là où est l'argent, reprit Rodolphe.

Et il se dit tout bas : — Murph a-t-il donc été dupe de cette vieille

misérable ? Cela se peut ; il ne s'attend à être attaqué qu'à dix heures... A cette heure-là, toutes ses précautions seront prises.
— Mais tout l'argent n'est pas là ! reprit la Chouette, dont l'œil vert étincela. En m'approchant des fenêtres, toujours pour chercher Corotte, j'ai vu dans une des chambres, à gauche de la porte, des sacs d'écus sur un bureau... Je les ai vus comme je te vois, mon homme... Il y en avait au moins une douzaine.
— Où est Tortillard ? dit brusquement le Maître d'école.
— Il est toujours dans son trou... à deux pas de la porte du jardin... Il voit dans l'ombre comme les chats. Il n'y a que cette entrée-là au numéro 17; lorsque nous irons, il nous avertira si quelqu'un est venu.
— C'est bon.
A peine avait-il prononcé ces mots, que le Maître d'école se rua sur Rodolphe à l'improviste, le saisit à la gorge, et le précipita dans la cave qui était béante derrière la table.
Cette attaque fut si prompte, si inattendue, si vigoureuse, que Rodolphe n'avait pu ni la prévoir ni l'éviter.
La Chouette, effrayée, poussa un cri perçant, car elle n'avait pas vu d'abord le résultat de cette lutte d'un instant.
Lorsque le bruit du corps de Rodolphe roulant sur les degrés eut cessé, le Maître d'école, qui connaissait parfaitement les êtres souterrains de cette maison, descendit lentement dans la cave en prêtant l'oreille avec attention.
— Fourline... défie-toi !... cria la borgnesse en se penchant à l'ouverture de la trappe. Tire ton poignard !...
Le brigand ne répondit pas et disparut.
D'abord on n'entendit rien ; mais, au bout de quelques instants, le bruit lointain d'une porte rouillée qui criait sur ses gonds résonna sourdement dans les profondeurs de la cave, et il se fit un nouveau silence. L'obscurité était complète.
La Chouette fouilla dans son cabas, fit pétiller une allumette chimique et alluma une petite bougie dont la lueur se répandit dans cette lugubre salle.
A ce moment, la figure monstrueuse du Maître d'école apparut à l'ouverture de la trappe.
La Chouette ne put retenir une exclamation d'effroi à la vue de cette tête pâle, couturée, mutilée, horrible, aux yeux presque phosphorescents, qui semblait ramper sur le sol au milieu des ténèbres... que la clarté de la bougie dissipait à peine.
Remise de son émotion, la vieille s'écria avec une sorte d'épouvantable flatterie :
— Faut-il que tu sois affreux, fourline ! tu m'as fait peur... à moi !
— Vite, vite, à l'allée des Veuves, dit le brigand en assujettissant les deux battants de la trappe avec une barre de fer ; dans une heure peut-être il sera trop tard ! Si c'est une souricière, elle n'est pas encore tendue... si ça n'en est pas une, nous ferons le coup nous seuls.

CHAPITRE XVIII.

Le caveau.

Sous le coup de son horrible chute, Rodolphe était resté évanoui, sans mouvement, au bas de l'escalier de la cave.
Le Maître d'école, le traînant jusqu'à l'entrée d'un second caveau beaucoup plus profond, l'y avait descendu et enfermé au moyen d'une porte épaisse garnie de ferrures; puis il avait rejoint la Chouette, pour aller avec elle commettre un vol, peut-être un assassinat, dans l'allée des Veuves.
Au bout d'une heure environ, Rodolphe reprit peu à peu ses sens. Il était couché par terre, au milieu d'épaisses ténèbres ; il étendit ses bras autour de lui et toucha des degrés de pierre. Ressentant à ses pieds une vive impression de fraîcheur, il y porta la main... C'était une flaque d'eau.
D'un effort violent il parvint à s'asseoir sur la dernière marche de l'escalier ; son étourdissement se dissipait peu à peu, il fit quelques mouvements. Heureusement, aucun de ses membres n'était fracturé. Il écouta... il n'entendit rien... rien qu'une espèce de petit clapotement sourd, faible, mais continu.
D'abord il n'en soupçonna pas la cause.
A mesure que sa pensée s'éveillait plus lucide, les circonstances de la surprise dont il avait été la victime se retraçaient à son esprit, mais incomplètement, mais avec lenteur... Il était sur le point de rassembler tous ses souvenirs, lorsqu'il ressentit aux pieds une nouvelle impression de fraîcheur ; il se baissa, tâta ; il avait de l'eau jusqu'à la cheville.
Et, au milieu du morne silence qui l'environnait, il entendit plus distinctement encore le petit clapotement sourd, faible, continu.
Cette fois, il en comprit la cause : l'eau envahissait le caveau... La crue de la Seine était formidable, et ce lieu souterrain se trouvait au niveau du fleuve...
Ce danger rappela tout à fait Rodolphe à lui-même ; prompt comme l'éclair, il gravit l'humide escalier. Arrivé au faîte, il se heurta contre une porte ; en vain il voulut l'ébranler, elle resta immobile sur ses gonds de fer.
Dans cette position désespérée, son premier cri fut pour Murph.
— S'il n'est pas sur ses gardes, ce monstre va l'assassiner... et c'est moi, s'écria-t-il, moi qui aurai causé sa mort !... Pauvre Murph !...
Cette cruelle pensée exaspéra les forces de Rodolphe : s'arc-boutant sur ses pieds et courbant les épaules, il s'épuisa en efforts inouïs contre la porte... il ne lui imprima pas le plus léger ébranlement.
Espérant trouver un levier dans le caveau, il redescendit : à l'avant-dernière marche, deux ou trois corps ronds, élastiques, roulèrent et fuirent sous ses pieds : c'étaient des rats que l'eau chassait de leurs retraites.
Rodolphe parcourut la cave à tâtons, en tous sens, ayant de l'eau jusqu'à mi-jambe ; il ne trouva rien. Il remonta lentement l'escalier, dans un sombre désespoir.
Il compta les marches : il y en avait treize ; trois étaient déjà submergées.
Treize ! nombre fatal !... Dans certaines positions, les esprits les plus fermes ne sont pas à l'abri des idées superstitieuses ; il vit dans ce nombre un mauvais présage. Le sort possible de Murph lui revint à la pensée. Il chercha en vain quelque ouverture entre le sol et la porte, dont l'humidité avait sans doute gonflé le bois, car il joignait hermétiquement la terre humide et grasse.
Rodolphe poussa des cris violents, croyant qu'ils parviendraient peut-être jusqu'aux hôtes du cabaret ; et puis il écouta.
Il n'entendit rien, rien que le petit clapotement sourd, faible, continu, de l'eau qui toujours montait, montait, montait.
Rodolphe s'assit avec accablement, le dos appuyé contre la porte : il pleura sur son ami, qui se débattait peut-être alors sous le couteau d'un assassin.
Bien amèrement alors il regretta ses imprudents et audacieux projets, quoique leur motif fût généreux. Il se rappelait avec déchirement mille preuves de dévouement de Murph, qui, riche, honoré, avait quitté une femme, un enfant bien-aimé, ses intérêts les plus chers, pour suivre et aider Rodolphe dans la vaillante mais étrange expiation que celui-ci s'imposait.
L'eau montait toujours... il n'y avait plus que cinq marches à sec. En se levant debout près de la porte, Rodolphe de son front touchait à la voûte. Il pouvait calculer le temps que durerait son agonie. Cette mort était lente, muette, affreuse.
Il se souvint du pistolet qu'il avait sur lui. Au risque de se mutiler en tirant contre la porte à brûle-pourre, il pourrait peut-être la renverser. Malheur !... malheur !... dans cette chute, cette arme avait été perdue ou enlevée par le Maître d'école.
Sans ses craintes pour Murph, Rodolphe eût attendu la mort avec sérénité... Il avait beaucoup vécu... Il avait été ardemment aimé... Il avait fait du bien, il aurait voulu en faire davantage, Dieu le savait ! Ne murmurant pas contre l'arrêt qui le frappait, il vit dans cette destinée une juste punition d'une fatale action non encore expiée ; ses pensées s'élevaient, grandissaient avec le péril.
Un nouveau supplice vint éprouver la résignation de Rodolphe.
Les rats, chassés par l'eau, s'étaient réfugiés de degré en degré, ne trouvant pas d'issue. Pouvant difficilement gravir une porte ou un mur perpendiculaire, ils grimpèrent le long des vêtements de Rodolphe. Lorsqu'il les sentit fourmiller sur lui, avec dégoût, une terreur furent indicibles... Il voulut les chasser, des morsures aiguës et froides ensanglantèrent ses mains ; dans sa chute, sa veste s'étant entrouverte, il sentit sur sa poitrine nue l'impression de pattes glacées et d'un corps velu. Il jetait loin des animaux immondes, après les avoir arrachés de ses habits ; mais ils revenaient à la nage.
Rodolphe poussa de nouveaux cris, on ne l'entendait pas... Dans peu d'instants il ne pourrait plus crier, l'eau avait atteint la hauteur de son cou, bientôt elle arriverait jusqu'à sa bouche.
L'air, refoulé, commençait à manquer dans cet espace étroit. Les premiers symptômes de l'asphyxie accablèrent Rodolphe ; les artères de ses tempes battirent avec violence, il eut des vertiges, il allait mourir. Il donna une dernière pensée à Murph et éleva son âme à Dieu... non pour qu'il l'arrachât au danger, mais pour qu'il agréât ses souffrances.
A ce moment suprême, sur le point de quitter, non-seulement tout ce qui fait la vie heureuse, brillante, enviée, mais encore un titre presque royal, un pouvoir souverain... forcé de renoncer à une entreprise qui, en satisfaisant ses deux instincts passionnés : l'amour du bien et la haine des méchants, pouvait lui un jour compter pour la remise de ses fautes ; prêt à périr d'une mort effroyable... Rodolphe n'eut pas un de ces mouvements de rage, de frénésie impuissante pendant lesquels les âmes faibles accusent ou maudissent tour à tour les hommes, le destin et Dieu.
Non : tant que sa pensée demeura lucide, Rodolphe supporta son sort avec soumission, avec respect... Lorsque l'agonie obscurcit ses idées, absolument livré à l'instinct vital, il se débattit, si cela se peut dire, physiquement, mais non moralement, contre la mort.
Le vertige emportait la pensée de Rodolphe dans son rapide et effrayant tourbillon ; l'eau bouillonnait à ses oreilles ; il croyait se sentir tournoyer sur lui-même ; la dernière lueur de sa raison allait s'éteindre,

lorsque des pas précipités et un bruit de voix retentirent auprès de la porte de la cave.

L'espérance ranima ses forces expirantes ; par une suprême tension d'esprit, il put saisir ces mots, les derniers qu'il entendit et qu'il comprit :

— Tu le vois bien, il n'y a personne.
— Tonnerre ! c'est vrai... répondit tristement la voix du Chourineur.

Et les pas s'éloignèrent.

Rodolphe, anéanti, n'eut pas la force de se soutenir davantage, il glissa le long de l'escalier.

Tout à coup, la porte du caveau s'ouvrit brusquement en dehors ; l'eau contenue dans le souterrain s'échappa comme par l'ouverture d'une écluse... et le Chourineur put saisir les deux bras de Rodolphe qui, à demi noyé, se cramponnait encore au seuil de la porte par un mouvement convulsif.

CHAPITRE XIX.

Le garde-malade.

Arraché à une mort certaine par le Chourineur, et transporté dans la maison de l'allée des Veuves explorée par la Chouette avant la tentative du Maître d'école, Rodolphe est couché dans une chambre confortablement meublée ; un grand feu brille dans la cheminée, une lampe placée sur une commode répand une vive clarté dans l'appartement ; le lit de Rodolphe, entouré d'épais rideaux de damas vert, reste dans l'obscurité.

Un nègre de moyenne taille, à cheveux et sourcils blancs, vêtu avec recherche et portant un ruban orange et vert à la boutonnière de son habit bleu, tient à la main gauche une montre d'or à secondes, et qu'il semble consulter en comptant de sa main droite les pulsations du pouls de Rodolphe.

Ce noir est triste, pensif ; il regarde Rodolphe endormi avec l'expression de la plus tendre sollicitude.

Le Chourineur, vêtu de haillons, souillé de boue, est immobile au pied du lit ; il a les bras pendants et les mains croisées ; sa barbe rousse est longue ; son épaisse chevelure couleur de filasse est en désordre et imbibée d'eau ; ses gros traits sont durs, bronzés ; pourtant sous cette laide et rude écorce perce une ineffable expression d'intérêt et de pitié.

Osant à peine respirer, il ne soulève qu'avec contrainte sa large poitrine ; inquiet de l'attitude méditative du docteur nègre, redoutant un fâcheux pronostic, il se hasarde à faire à voix basse cette réflexion philosophique en contemplant Rodolphe :

— Qui est-ce qui dirait pourtant, à le voir faible comme ça, que c'est lui qui m'a si crânement festonné les coups de poing de la fin !... Il ne sera pas longtemps à reprendre ses forces... n'est-ce pas, monsieur le médecin ! Foi d'homme, je voudrais bien qu'il me tambourinât sa convalescence sur le dos... ça le secouerait... n'est-ce pas, monsieur le médecin ?

Le noir, sans répondre, fit un léger signe de la main.

Le Chourineur resta muet.

— La potion ? dit le noir.

Aussitôt, le Chourineur, qui avait respectueusement laissé ses souliers ferrés à la porte, alla vers la commode en marchant sur le bout des orteils le plus légèrement possible ; mais cela avec des contorsions d'enjambements, des balancements de bras, des renflements de dos et d'épaules, qui eussent paru fort plaisants dans toute autre circonstance.

Le pauvre diable avait l'air de vouloir ramener toute sa pesanteur dans la partie de lui-même qui ne touchait pas le sol ; ce qui, malgré le tapis, n'empêchait pas le parquet de gémir sous la pesante stature du Chourineur. Malheureusement, dans son ardeur de bien faire et de peur de laisser échapper la fiole diaphane qu'il apportait précieusement, il en serra tellement le goulot dans sa large main, que le flacon se brisa, et la potion inonda le tapis.

A la vue de ce méfait, le Chourineur resta immobile, une de ses grosses jambes en l'air, les orteils nerveusement contractés et regardant alternativement, d'un air confus, et le docteur et le goulot qui lui restait à la main.

— Diable de maladroit ! s'écria le nègre avec impatience.
— Tonnerre d'imbécile ! s'écria le Chourineur en s'apostrophant lui-même.
— Ah ! reprit l'Esculape en regardant la commode, heureusement vous vous êtes trompé, je voulais l'autre fiole...
— La petite rougeâtre ? dit bien bas le malencontreux garde-malade.
— Sans doute... il n'y a que celle-là.

Le Chourineur, en tournant prestement sur ses talons par une vieille habitude militaire, écrasa les débris du flacon : des pieds plus délicats eussent été cruellement déchirés ; mais l'ex-débardeur devait à la spécialité de sa profession une paire de sandales naturelles, dures comme le sabot d'un cheval.

— Prenez donc garde, vous allez vous blesser ! s'écria le médecin.

Le Chourineur ne fit pas l'ombre d'attention à cette recommandation. Profondément préoccupé de sa nouvelle mission, dont il voulait se tirer à sa gloire afin de faire oublier sa première maladresse, il fallut voir avec quelle délicatesse, avec quelle légèreté, avec quel scrupule, écartant ses deux gros doigts, il saisit le mince cristal... Un papillon n'eût pas laissé un atome de la poussière dorée de ses ailes entre le pouce et l'index du Chourineur.

Le docteur noir frémit d'un nouvel accident qui pouvait arriver par excès de précaution. Heureusement la potion évita cet écueil.

Le Chourineur, en s'approchant du lit, broya de nouveau sous ses pieds ce qui restait de l'autre flacon.

— Mais, malheureux, vous voulez donc vous estropier ? dit le docteur à voix basse.

Le Chourineur le regarda tout surpris.

— Eh ! de quoi m'estropier, monsieur le médecin ?
— Voilà deux fois que vous marchez sur du verre.
— Si ce n'est que ça, ne faites pas attention... J'ai le dessous des *arpions* doublé en *cuir de brouette* (1).
— Une petite cuiller ! dit le docteur.

Le Chourineur recommença ses évolutions *sylphidiques* et apporta ce que le docteur lui demandait.

Après quelques cuillerées de cette potion, Rodolphe fit un mouvement et agita faiblement les mains.

— Bien ! bien ! il sort de sa torpeur, dit le médecin. La saignée l'a soulagé, bientôt il sera hors d'affaire.
— Sauvé ! bravo ! vive la charte ! s'écria le Chourineur dans l'explosion de sa joie.
— Mais tenez-vous donc tranquille !
— Oui, monsieur le médecin.
— Le pouls se règle... A merveille !... à merveille !
— Et le pauvre ami de M. Rodolphe, monsieur le médecin. Tonnerre ! quand il va savoir ! Heureusement que...
— Silence !
— Oui, monsieur le médecin.
— Asseyez-vous.
— Mais, monsieur le...
— Asseyez-vous donc ; vous m'inquiétez en rôdant toujours autour de moi, cela me distrait. Voyons, asseyez-vous !
— Monsieur le médecin, je suis aussi malpropre qu'une bûche de bois flottée qu'on va débarder de son train, je salirais les meubles.
— Alors, asseyez-vous par terre.
— Je salirais le tapis.
— Faites comme vous voudrez ; mais, au nom du ciel, restez en repos, dit le docteur avec impatience ; et, se plongeant dans un fauteuil, il appuya son front sur ses mains.

Après un moment de cogitation profonde, le Chourineur, moins par besoin de se reposer que pour obéir au médecin, prit une chaise avec les plus grandes précautions, la renversa, d'un air parfaitement satisfait, le dossier sur le tapis, dans l'honnête intention de s'asseoir proprement et modestement sur les bâtons antérieurs, afin de ne rien salir... ce qu'il fit avec toute sorte de ménagements délicats.

Malheureusement le Chourineur connaissait peu les lois du levier et de la pondération des corps : la chaise bascula ; le malheureux, par un mouvement involontaire, tendit les bras en avant, renversa un guéridon chargé d'un plateau d'une tasse et d'une théière.

A ce bruit formidable, le docteur nègre releva la tête en bondissant sur son fauteuil.

Rodolphe, réveillé en sursaut, se dressa sur son séant, regarda autour de lui avec anxiété, rassembla ses idées, et s'écria :

— Murph ! où est Murph ?
— Que Votre Altesse se rassure, dit respectueusement le noir, il y a beaucoup d'espoir.
— Il est blessé ? s'écria Rodolphe.
— Hélas ! oui, monseigneur.
— Où est-il ?... je veux le voir.

Et Rodolphe essaya de se lever ; mais il retomba vaincu par la douleur des contusions dont il ressentait alors le contre-coup.

— Qu'on me porte à l'instant auprès de Murph, puisque je ne puis pas marcher ! s'écria-t-il.
— Monseigneur, il repose... Il serait dangereux à cette heure de lui causer une vive émotion.
— Ah ! vous me trompez ! il est mort... Il est mort assassiné !... Et c'est moi... c'est moi qui en suis cause ! s'écria Rodolphe d'une voix déchirante, en levant les mains au ciel.
— Monseigneur, je suis incapable de mentir... Je lui affirme sur l'honneur que M. Murph est vivant... assez grièvement blessé, il est vrai, mais il a des chances de guérison presque certaines.
— Vous me dites cela pour me préparer à quelque affreuse nouvelle. Il est sans doute dans un état désespéré !
— Monseigneur...
— J'en suis sûr... vous me trompez... Je veux à l'instant qu'on me porte auprès de lui... La vue d'un ami est toujours salutaire.
— Encore une fois, monseigneur, je vous affirme sur l'honneur qu'à

(1) Le dessous des pieds doublé en bois.

moins d'accidents improbables M. Murph peut être bientôt convalescent.

— Vrai, bien vrai! mon cher David?

— Bien vrai, monseigneur.

— Écoutez, vous savez ma considération pour vous: depuis que vous appartenez à ma maison, vous avez toujours eu ma confiance... jamais je n'ai mis votre rare savoir en doute... mais, pour l'amour du ciel, si une consultation est nécessaire...

— Ça été ma première pensée, monseigneur. Quant à présent, une consultation est absolument inutile, vous pouvez me croire.. et puis, d'ailleurs, je n'ai pas voulu introduire d'étrangers ici avant de savoir si vos ordres d'hier...

— Mais comment tout ceci est-il arrivé? dit Rodolphe en interrompant le noir; qui m'a tiré de ce caveau où je me noyais?... J'ai un souvenir confus d'avoir entendu le Chourineur; me serais-je trompé?

— Non! non! ce brave homme peut tout vous apprendre, monseigneur, car il a tout fait.

— Mais où est-il? où est-il?

Le docteur chercha des yeux le garde-malade improvisé, qui, confus de sa chute, s'était réfugié derrière le rideau du lit.

— Le voici, dit le médecin, il a l'air tout honteux.

— Voyons, avance donc, mon brave! dit Rodolphe en tendant la main à son sauveur.

CHAPITRE XX.

Récit du Chourineur.

La confusion du Chourineur était d'autant plus profonde, qu'il venait d'entendre le médecin noir appeler Rodolphe *monseigneur* à plusieurs reprises.

— Mais approche donc... donne-moi ta main! dit Rodolphe.

— Pardon, monsieur... non, je voulais dire monseigneur... mais...

— Appelle-moi monsieur Rodolphe, comme toujours... J'aime mieux cela.

— Et moi aussi je serai moins gêné... Mais, pour ma main, excusez-, j'ai fait tant d'ouvrage depuis tantôt.

Et il avança timidement sa main noire et calleuse.

Rodolphe la serra cordialement.

— Voyons, assieds-toi et raconte-moi tout... comment as-tu découvert la caverne?... Mais j'y songe, le Maître d'école?

— Il est en sûreté, dit le médecin noir.

— Ficelés comme deux carottes de tabac... lui et la Chouette... Vu la figure qu'ils doivent se faire s'ils se regardent, ils doivent joliment se répugner à l'heure qu'il est.

— Et mon pauvre Murph! mon Dieu, j'y pense seulement maintenant! David, où a-t-il été blessé?

— Au côté droit, monseigneur... heureusement vers la dernière fausse côte.

— Oh! il me faudra une vengeance terrible, terrible!... David! je compte sur vous.

— Monseigneur le sait, je suis à lui âme et corps, répondit froidement le noir.

— Mais comment es-tu arrivé à temps, mon brave? dit Rodolphe au Chourineur.

— Si vous voulez, monseign.. non, monsieur Rodolphe... je commencerais par le commencement.

— Tu as raison: je t'écoute.

— Vous savez qu'hier soir vous m'avez dit, en revenant de la campagne, où vous étiez allé avec la pauvre Goualeuse:

« Tâche de trouver le Maître d'école dans la Cité; tu lui diras que tu sais un bon coup à faire, que tu ne veux pas en être; mais que s'il veut ta place il n'a qu'à se trouver demain (c'était ce matin) à la barrière de Bercy, au Panier-Fleuri, et qu'il y verrait celui *qui a nourri le poupard* (1).

— Très-bien!

— En vous quittant, je trotte à la Cité... Je vas chez l'ogresse: pas de Maître d'école; je fais la rue Saint-Éloi, la rue aux Fèves, la rue de la Vieille-Draperie... personne... Enfin je l'empaume avec cette limace de Chouette au parvis Notre-Dame, chez un fripier tailleur, revendeur, recéleur et voleur; ils voulaient flamber avec l'argent volé du grand monsieur en deuil qui voulait vous faire quelque chose; ils achetaient des défroques d'hasard. La Chouette marchandait un châle rouge... Vieux monstre!... Je dévide mon *chapelet* au Maître d'école... Il me dit que ça lui va, et qu'il sera au rendez-vous. Bon! Ce matin, suivant vos ordres d'hier, j'accours ici vous rendre la réponse... Vous me dites: « Mon garçon, reviens demain matin avant le jour, tu passeras la journée dans la maison, et le soir... tu verras quelque chose qui en vaut la peine... » Vous ne m'en jaspinez pas plus; mais j'en comprends davantage. Je me dis: C'est un coup monté pour faire une farce au Maître d'école demain,

(1) Qui a préparé le vol.

en l'amorçant pour une affaire. C'est un vrai scélérat... Il a assassiné le marchand de bœufs... j'en suis...

— Et moi toi ça été de ne pas tout te dire, mon garçon... Cet affreux malheur ne serait peut-être pas arrivé.

— Ça vous regardait, monsieur Rodolphe; ce qui me regardait, moi, c'était de vous servir... parce qu'enfin... je ne sais comment ça se fait, je vous l'ai déjà dit, je me sens comme votre bouledogue; enfin... suffit... Je dis donc: C'est demain la noce, aujourd'hui j'ai congé, M. Rodolphe m'a payé les deux journées que j'ai perdues, et deux autres d'avance, car voilà trois jours que je ne parais pas chez mon maître débardeur, et, n'étant pas millionnaire, le travail... c'est mon pain. Je m'ajoute: Tiens, au fait, M. Rodolphe me paye mon temps, mon temps lui appartient, je vas l'employer pour lui. Ça me donne l'idée que voilà: Le Maître d'école est malin, il doit craindre une souricière. M. Rodolphe lui proposera la chose pour demain, c'est vrai; mais le gueux est capable de venir dans la journée flâner par ici pour reconnaître les alentours, ou, s'il se défie de M. Rodolphe, d'amener un autre *grinche*, ou bien encore de dire : A demain, et de faire le coup pour son compte aujourd'hui.

— Tu as deviné juste... c'est ce qui est arrivé... Et la Providence a voulu que je te doive la vie!

— C'est étonnant, monsieur Rodolphe, comme depuis que je vous connais il m'aboule des choses qui ont l'air de se manigancer là-haut! et puis les idées que je n'avais jamais eues, depuis que vous m'avez dit: « Mon garçon, il y a en toi du cœur et de l'honneur. » Du cœur! de l'honneur! tonnerre! ces mots-là ça me remuent quelque chose dans le ventre. Allez, monsieur Rodolphe, quand on est habitué à s'entendre crier au loup, au chien enragé! quand on veut seulement approcher des honnêtes gens...

— Ainsi, tu as depuis quelques jours des pensées nouvelles pour toi?

— Bien sûr, monsieur Rodolphe. Tenez, je me disais encore : Maintenant, je connaîtrais quelqu'un qui aurait fait un mauvais coup; la boisson, la colère... enfin... n'importe quoi... je lui dirais : Mon homme, tu as fait un mauvais coup, c'est bon... Mais c'est pas tout ça; ce n'est pas pour le roi de Prusse que le bon Dieu compose les gens qui se noient, qui rôtissent ou qui crèvent de faim; tu vas me faire l'amitié, si tu gagnes quarante sous, d'en donner vingt à des pauvres vieux, ou à des petits enfants; enfin à ceux qui, plus malheureux que toi, n'ont ni pain ni force... et surtout n'oublie pas, mon homme, que s'il y a quelqu'un à sauver en risquant sa peau à coup sûr, c'est actuellement ton négoce!!! Moyennant ça, et que tu ne recommences pas tes bêtises, tu me trouveras toujours... Mais, pardon, monsieur Rodolphe, je bavarde... et vous êtes curieux...

— Non; j'aime à t'entendre parler ainsi. Et puis je ne saurai que trop tôt comment est arrivé l'horrible malheur dont mon pauvre Murph a été la victime... Je me croyais certain de ne pas quitter le Maître d'école d'un pas, d'une minute, durant cette dangereuse entreprise... Alors il m'eût tué mille fois... avant que de toucher à Murph. Hélas! le sort en a décidé autrement... Continue, mon garçon.

— Voulant donc employer mon temps pour vous, monsieur Rodolphe, je me dis: Faut aller m'embosser quelque part d'où je puisse voir la porte du jardin, il n'y a que cette entrée-là... Si je trouve un bon coin... je pleut, j'y resterai toute la journée, toute la nuit surtout, et demain matin je serai tout porté... Je m'étais dit ça sur le coup de deux heures, à Batignolles, où j'avais été manger un morceau en vous quittant, monsieur Rodolphe... Je reviens aux Champs-Élysées... Je cherche à me nicher... Qu'est-ce que je vois? Un petit bouchon à dix pas de votre porte... Je m'établis au rez-de-chaussée, près de la fenêtre, je demande un litre et un quarteron de noix, disant que j'attends des amis... un bossu et une grande femme, ça a l'air plus naturel. Je m'installe, et me voilà à dévisager votre porte... Il pleuvait, il tremblait; personne ne passait, ni ne venait...

— Mais, dit Rodolphe en interrompant le Chourineur, pourquoi n'es-tu pas allé chez moi?

— Vous m'avez dit de revenir le lendemain matin, monsieur Rodolphe.. Je n'ai pas osé revenir avant. J'aurais eu l'air de faire le câlin, le *bronsseur*, comme disent les troupiers. Après tout, je sais ce que je suis, un *fagot affranchi* (1) et quand quelqu'un comme vous est avec moi comme vous êtes, monsieur Rodolphe... Il ne faut pas aller à lui que s'il vous dit : Viens. Après ça, je verrais une araignée sur le collet de votre habit, que je l'ôterais et je l'écraserais sans vous en demander la permission... Vous comprenez?... J'étais donc à la fenêtre du bouchon, cassant mes noix et buvant ma piquette, lorsqu'à travers le brouillard je vois débouler la Chouette avec le *môme* à Bras-Rouge, le petit Tortillard...

— Bras-Rouge! il est donc le maître du cabaret souterrain des Champs-Élysées? s'écria Rodolphe.

— Oui, monsieur Rodolphe; vous ne le saviez pas?

— Non, je croyais qu'il demeurait dans la Cité...

— Il y demeure aussi... Il demeure partout, Bras-Rouge... C'est un fin et fier gueux, allez, avec sa perruque jaune et son nez pointu!... Finalement, quand je vois débouler la Chouette et Tortillard, je me dis: Bon, ça va chauffer! En effet, Tortillard se blottit dans un des fers à l'allée,

(1) Forçat libéré.

en face votre porte, comme s'il se mettait à l'abri de l'ondée, et il fait la taupe... La Chouette, elle, ôte son bonnet, le met dans sa poche, et sonne à la porte. Ce pauvre M. Murph, votre ami, vient ouvrir à la borgnesse ; et la voilà qui fait ses grands bras en courant dans le jardin. Je donnais en moi-même ma langue aux chiens de ne pouvoir deviner ce que venait faire la Chouette... Enfin elle ressort, remet son bonnet, dit deux mots à Tortillard, qui rentre dans son trou ; et elle détale... Je me continue : Minute !... ne nous embrouillons pas. Tortillard est venu avec la Chouette ; le Maître d'école et M. Rodolphe sont donc chez Bras-Rouge.

qu'il se fera demain, est donc enfoncé. Si M. Rodolphe est enfoncé, je dois aller chez Bras-Rouge voir de quoi il retourne : oui, mais si pendant ce temps-là le Maître d'école arrive... c'est juste. Alors, tant pis, je vais

La Chouette.

Le docteur nègre.

La Chouette est venue *battre l'antif* (1) dans la mat on ; ils vont donc faire le coup ce soir. S'ils font le coup ce soir, M. Rodolphe, qui croit

(1) Espionner.

entrer dans la maison et dire à M. Murph : Méfiez-vous. Oui, mais cette petite vermine de Tortillard est près de la porte, il m'entendra sonner, il me verra, il donnera l'éveil à la Chouette ; si elle revient... ça gâtera tout... d'autant plus que M. Rodolphe s'est peut-être arrangé autrement pour ce soir... Tonnerre ! ces oui et ces non me papillotaient dans la cervelle... J'étais abruti, je n'y voyais plus que du feu... je ne savais que faire : je me dis : Je vais sortir, le grand air me conseillera peut-être. Je sors... il me conseille : j'ôte ma blouse et ma cravate, je vas au fossé de Tortillard, je prends le moutard par la peau du dos ; il a beau gigotter, m'égratigner et piailler... je l'entortille dans ma blouse comme dans un sac, j'en noue un bout avec les manches, l'autre avec ma cravate, il pouvait respirer : je prends le paquet sous mon bras, je vois près de là un jardin maraîcher entouré d'un petit mur ; je jette Tortillard au milieu d'un plant de carottes ; il grognait sourd comme un cochon de lait, mais à deux pas on ne l'entendait pas... Jo file, il était temps ! je grimpe sur un des grands arbres de l'allée, juste en face votre porte, au-dessus du fossé de Tortillard. Dix minutes après, j'entends marcher ; il pleuvait toujours. Il faisait si noir... si noir, que le *boulanger* (1) aurait marché sur sa queue... écoute ; c'était la Chouette : « Tortillard !... Tortillard !... » qu'elle dit tout bas. Oui, cherche ton Tortillard ! « Il pleut, le *môme* se sera lassé d'attendre, dit le Maître d'école en jurant. Si je l'attrape, je l'écorche !!! — Fourline, prends garde, reprit la Chouette, peut-être qu'il sera venu nous prévenir de quelque chose. Si c'était une souricière !... l'autre ne voulait faire le coup qu'à dix heures. — C'est pour ça, répond le Maître d'école : il n'en est que sept. Tu as vu l'argent... Qui ne risque rien n'a rien ; donne-moi la pince et le ciseau froid. »

— Ces instruments ? demanda Rodolphe.

— Ils venaient de chez Bras-Rouge : oh ! il a une maison bien montée. En un rien la porte est forcée. « Reste là, dit le Maître d'école à la Chouette ; attention, *et crible à la grire* (2) si tu entends quelque chose. — Passe ton surin dans une boutonnière de ton gilet, pour pouvoir le tirer tout de suite, » dit la borgnesse. Et le Maître d'école entre dans le jardin. Je me dis tout de suite : M. Rodolphe n'est pas là ; il est mort ou vivant dans ce moment-ci ; je n'y peux rien, mais les amis de nos amis sont nos....... Oh ! non ; pardon, monseigneur !

— Va, va. Eh bien ?

— Je me dis : Le Maître d'école peut assassiner M. Murph, l'ami à M. Rodolphe, qui ne s'attend à rien. C'est là où ça chauffe d'abord. Je saute de mon arbre, je tombe sur la Chouette ; je l'étourdis de deux coups de poing... choisis.... elle tombe sans souffler... J'entre dans le jardin... Tonnerre ! monsieur Rodolphe !... c'était trop tard...

— Pauvre Murph !!...

— Entendant du bruit à la porte, il était sans doute sorti du vestibule ; il se roulait avec le Maître d'école sur le petit perron ; déjà blessé, il tenait toujours ferme, sans crier au secours. Brave homme ! Il est comme les bons chiens : des coups de dent, pas de coups de gueule, que je me dis... et je me jette à pile ou face sur tous les deux, en empoignant le Maître d'école par une gigue, c'était le seul morceau disponible pour le moment. « Vive la charte ! c'est moi ! le Chourineur ! Part à deux, monsieur Murph ! — Ah ! brigand ! mais d'où sors-tu donc ? me crie le Maître d'école, étourdi de ça. — Curieux, va ! » que je lui réponds en lui tenaillant une de ses jambes entre mes genoux, et en lui empoignant un aileron, c'était celui du poignard, c'était le bon. « Et... Rodolphe ? » me crie M. Murph, tout en m'aidant.

— Brave, excellent homme ! murmura Rodolphe avec douleur.

— « Je n'en sais rien, que je réponds. Ce gueux-là l'a peut-être tué. » Et je redouble sur le Maître d'école, qui tâchait de me larder avec son poignard ; mais j'étais couché la poitrine sur son bras, il n'avait que le poignet de libre. « Vous êtes donc tout seul ? que je dis à M. Murph, en continuant de nous débattre avec le Maître d'école. — Il y a du monde près d'ici, mais on ne m'entendrait pas crier. — Est-ce loin ? — Il y a pour dix minutes. — Crions au secours, s'il y a des passants, ils viendront nous aider. — Non ; puisque nous le tenons, il faut le garder ici... Mais je me sens faible... je suis blessé, me dit M. Murph. — Tonnerre, alors !!! courez chercher du secours, si vous en avez le temps. Je tâcherai de le retenir ; ôtez-lui son couteau, aidez-moi seulement à me mettre sur lui ; quoiqu'il soit deux fois fort comme moi, je m'en charge, une fois que je le l'aurai accroché. » Le Maître d'école ne disait rien, on ne l'entendait que souffler comme un bœuf ; mais, tonnerre !!! quels efforts. M. Murph n'avait pas pu lui arracher son poignard, la poigne de cet homme-là c'est un étau. Enfin, en pesant toujours de tout mon corps sur son bras droit, je lui passe mes deux mains derrière le cou et je les joins... comme je voulais l'embrasser. De le crocher comme ça, c'était mon ambition ; alors je dis à M. Murph : « Dépêchez-vous... je vous attends. Si vous avez quelqu'un de trop, faites ramasser la Chouette derrière la porte du jardin, je l'ai engourdie. » Je reste seul avec le Maître d'école. Il savait ce qui l'attendait.

— Il ne le savait pas !..... ni toi non plus, mon brave, d-t Rodolphe d'un air sombre, les traits contractés par cette expression dure, pres-

Fleur-de-Marie à la ferme de Bouqueval. — PAGE 27.

que féroce, dont nous avons parlé. Le Chourineur, étonné, dit à Rodolphe.

— Je croyais que le Maître d'école se doutait de ce qui l'attendait ; car, tonnerre ! c'est pas pour me vanter... mais il y a eu un moment où je n'étais pas à la noce. Nous étions moitié par terre, moitié sur la dernière dalle du perron... J'avais mes bras autour de son cou... ma joue contre sa joue. J'entendais ses dents grincer. Il faisait noir... il pleuvait toujours, et la lampe restée dans le vestibule nous éclairait un peu. J'avais passé une de ses jambes dans les miennes. Malgré ça, il avait les reins si forts qu'il nous soulevait tous les deux à un pied de terre. Il voulait me mordre, mais il ne pouvait pas. Jamais je ne m'étais senti si vigoureux. Tonnerre ! le cœur me battait, mais dans un bon endroit. Je me disais : Je suis comme quelqu'un qui s'accrocherait à un chien enragé

(1) Le diable.
(2) Crie : Prends garde !

pour l'empêcher de se jeter sur le monde. « Laisse-moi me sauver, et je ne te ferai rien, me dit le Maître d'école. — Ah! tu es lâche! que je lui dis; ton courage n'est donc que ta force? Tu n'aurais pas osé assassiner le marchand de bœufs de Poissy pour le voler s'il avait été seulement aussi fort que moi, hein! — Non, me dit-il, mais je vais te tuer comme ici. » En disant ça, il fit un haut-le-corps si violent, en roidissant les jambes en même temps, qu'il me jeta de côté; mais j'avais toujours mes mains croisées sous sa tête, et son bras droit sous moi. Une fois qu'il a eu les deux jambes libres, il s'en est solidement servi. Ça lui a donné de l'élan. Il m'a retourné à demi. Si je n'avais pas tenu bon le bras du poignard, j'étais fini. Dans ce moment-là, mon poignet gauche a porté à faux; j'ai été obligé de desserrer les doigts. Ça se gâtait. Je me dis : Je suis dessous, il est dessus; il va me tuer. C'est égal, j'aime mieux ma place que la sienne... monsieur Rodolphe m'a dit que j'avais du cœur et de l'honneur. Je sens que c'est vrai. J'en étais là, quand j'aperçois la Chouette tout debout sur le perron... avec son œil rond et son châle rouge. Tonnerre ! j'ai cru avoir le cauchemar. « Finette! lui crie le Maître d'école, j'ai laissé tomber le couteau; ramasse-le... là... sous lui... et frappe... dans le dos, entre les deux épaules. — Attends, attends, fourline, que je m'y reconnaisse... » Et voilà la Chouette qui tourne... qui tourne autour de nous comme un oiseau de malheur qu'elle était. Enfin elle voit le poignard... veut sauter dessus. J'étais à plat ventre, je lui envoie un coup de talon dans l'estomac, je la renverse; mais elle se lève et s'acharne. Je n'en pouvais plus ; je me cramponnais encore au Maître d'école ; mais il me donnait en dessous des coups si forts dans la mâchoire, que j'allais tout lâcher. Je commençais à m'étourdir... lorsque je vois trois ou quatre gaillards armés qui dégringolent le perron... et M. Murph, tout pâle, se soutenant à peine sur monsieur le médecin. On empoigne le Maître d'école et la Chouette, et ils sont ficelés. C'était pas tout, il me fallait M. Rodolphe. Je saute sur la Chouette, je me souviens de la dent de la pauvre Goualeuse, je lui empoigne le bras, et je lui tords en lui disant : « Où est M. Rodolphe? » Elle tient bon. Au second tour, elle me crie : « Chez Bras-Rouge, dans la cave, au Cœur-Saignant. » Bon. En passant, je veux prendre Tortillard dans sa planche de carottes : c'était mon chemin. Je regarde... il n'y avait plus rien que ma blouse. Il l'avait rongée avec ses dents. J'arrive au Cœur-Saignant, je saute à la gorge de Bras-Rouge. « Où est le jeune homme qui est venu ici ce soir avec le Maître d'école? — Ne me serre pas si fort, je vais te le dire : on a voulu lui faire une farce, on l'a enfermé dans ma cave ; nous allons lui ouvrir. » Nous descendons... personne. « Il sera sorti pendant que j'avais le dos tourné, dit Bras-Rouge; tu vois bien qu'il n'y a personne. » Je m'en allais tout triste, lorsqu'à la lueur de la lanterne je vois une autre porte. J'y cours, je tire à moi, je reçois comme qui dirait un fameux seau d'eau sur la boule. Je vois vos deux pauvres bras en l'air. Je vous repêche et je vous rapporte ici sur mon dos, vu qu'il n'y avait personne pour aller chercher un fiacre. Voilà, monsieur Rodolphe, et je puis dire, sans me vanter, que je suis fièrement content...

— Mon garçon, tu me dois la vie... c'est une dette... que je l'acquitterai, sois-en sûr, et de toutes les façons... tu as tant de cœur... que tu partageras le sentiment qui m'anime à cette heure... je ressens une affreuse inquiétude pour l'ami que tu as si vaillamment sauvé, et un besoin de vengeance féroce contre celui qui a failli vous tuer tous deux.

— Je comprends ça, monsieur Rodolphe... sauter vous en traitre, vous jeter dans une cave, et vous porter évanoui dans un caveau pour vous noyer, ça mérite ce qui revient au Maître d'école... il m'a avoué qu'il avait assassiné le marchand de bœufs. Je ne suis pas capon, mais, tonnerre ! j'irais cette fois de bon cœur chercher la garde pour le faire empoigner, le brigand !

— David, voulez-vous aller savoir des nouvelles de Murph ? dit Rodolphe sans répondre au Chourineur. Vous reviendrez ensuite.

Le noir sortit.

— Sais-tu où est le Maître d'école, mon garçon ?

— Dans une salle basse avec la Chouette. Vous allez envoyer chercher la garde, monsieur Rodolphe?

— Non...

— Est-ce que vous voudriez le lâcher? Ah! monsieur Rodolphe, pas de ces générosités-là. J'en reviens à ce que j'ai dit, c'est un chien enragé. Prenez garde aux passants !

— Il ne mordra plus personne... rassure-toi.

— Vous allez donc le renfermer quelque part?

— Non! dans une demi-heure il sortira d'ici.

— Le Maître d'école?

— Oui.

— Sans gendarmes ?

— Oui.

— Comment ! il sortira d'ici libre ?

— Libre...

— Et tout seul ?

— Oui, tout seul...

— Mais il ira?...

— Où il voudra, dit Rodolphe en interrompant le Chourineur avec un sourire qui l'épouvanta.

Le noir rentra.

— Eh bien ! David..., et Murph?...

— Il sommeille, monseigneur, dit tristement le médecin. La respiration est toujours... oppressée..

— Toujours du danger?

— Sa position... est très-grave, monseigneur... Pourtant... il faut espérer...

— Oh ! Murph! vengeance!... vengeance !... s'écria Rodolphe avec une fureur froide et concentrée. Puis il ajouta : — David... un mot...

Et il parla tout bas à l'oreille du noir.

Celui-ci tressaillit.

— Vous hésitez? lui dit Rodolphe. Je vous ai pourtant souvent entretenu de cette idée... Le moment de l'appliquer est venu...

— Je n'hésite pas, monseigneur... Cette idée, je l'approuve... elle renferme toute une réforme pénale digne de l'examen des grands criminalistes, car cette peine serait à la fois... simple... terrible .. et juste... Dans ce cas-ci, elle est applicable. Sans nombrer les crimes qui ont jeté ce brigand au bagne pour sa vie... il a commis trois meurtres... le marchand de bœufs... Murph... et vous, c'est justice.

— Et il aura encore devant lui l'horizon sans bornes du repentir, ajouta Rodolphe. Bien, David... vous me comprenez...

— Nous concourrons à la même œuvre... monseigneur...

Après un moment de silence, Rodolphe ajouta :

— Ensuite cinq mille francs lui suffiront-ils, David?

— Parfaitement, monseigneur.

— Mon garçon, dit Rodolphe au Chourineur ébahi, j'ai deux mots à dire à monsieur. Pendant ce temps-là, va dans la chambre à côté... tu trouveras un grand portefeuille rouge sur un bureau; tu y prendras cinq billets de mille francs que tu m'apporteras.

— Et pour qui ces cinq mille francs? s'écria involontairement le Chourineur.

— Pour le Maître d'école... et tu diras en même temps qu'on l'amène ici...

CHAPITRE XXI.

La punition.

La scène se passe dans un salon tendu de rouge, brillamment éclairé. Rodolphe, revêtu d'une longue robe de chambre de velours noir, qui augmente encore la pâleur de sa figure, est assis devant une grande table recouverte d'un tapis. Sur cette table on voit deux portefeuilles, celui qui a été volé à Tom par le Maître d'école dans la Cité, et celui qui appartient à ce brigand ; la chaîne de similor de la Chouette, à laquelle est suspendu le petit saint-esprit de lapis-lazuli, le stylet encore ensanglanté qui a frappé Murph, la pince de fer qui a servi à l'effraction de la porte, et enfin les cinq billets de mille francs que le Chourineur a été chercher dans une pièce voisine.

Le docteur nègre est assis d'un côté de la table, le Chourineur de l'autre.

Le Maître d'école, étroitement garrotté, hors d'état de faire un mouvement, est placé dans un grand fauteuil à roulettes, au milieu du salon.

Les gens qui ont apporté cet homme se sont retirés.

Rodolphe, le docteur, le Chourineur et l'assassin restent seuls.

Rodolphe n'est plus irrité : il reste calme, triste, recueilli ; il va accomplir une mission solennelle et formidable.

Le docteur est pensif.

Le Chourineur ressent une crainte vague ; il ne peut détacher son regard du regard de Rodolphe.

Le Maître d'école est livide... il a peur.

Une arrestation légale lui eût paru moins redoutable peut-être, son audace ne l'eût pas abandonné devant un tribunal ordinaire ; mais tout ce qui l'entoure le surprend, l'effraye ; il est au pouvoir de Rodolphe, qu'il considérait comme un artisan capable de le trahir ou de faiblir à l'heure du crime, et qu'il a voulu sacrifier à ce soupçon et à l'espoir de profiter seul du vol...

Et à cette heure Rodolphe lui apparaît terrible et imposant comme la justice.

Le plus profond silence règne au dehors. Seulement l'on entend le bruit de la pluie qui tombe... tombe du toit sur le sol.

Rodolphe s'adresse au Maître d'école :

— Échappé du bagne de Rochefort où vous aviez été condamné à perpétuité... pour crime de faux, de vol et de meurtre, . vous êtes Anselme Duresnel...

— C'est faux ; qu'on me le prouve ! dit le Maître d'école d'une voix altérée, en jetant autour de lui son regard fauve et inquiet.

— Comment ! s'écria le Chourineur, nous n'étions pas ensemble à Rochefort?

Rodolphe fit un signe au Chourineur, qui se tut.

Rodolphe continua :

— Vous êtes Anselme Duresnel... vous en conviendrez plus tard... vous avez assassiné et volé un marchand de bestiaux sur la route de Poissy.

— C'est faux !

— Vous en conviendrez plus tard.

Le brigand regarda Rodolphe avec surprise.

— Cette nuit, vous vous êtes introduit ici pour voler ; vous avez poignardé le maître de cette maison...

— C'est vous qui m'avez proposé ce vol, dit le Maître d'école en reprenant un peu d'assurance ; on m'a attaqué... je me suis défendu.

— L'homme que vous avez frappé ne vous a pas attaqué... Il était sans armes ! Je vous ai proposé ce vol... c'est vrai... je vous dirai tout à l'heure dans quel but. La veille, après avoir dévalisé un homme et une femme dans la Cité, après avoir volé le portefeuille que voici, vous leur avez offert de me tuer pour mille francs !...

— Je l'ai entendu ! s'écria le Chourineur.

Le Maître d'école lui lança un regard de haine féroce.

Rodolphe reprit :

— Vous le voyez, vous n'aviez pas besoin d'être tenté par moi pour faire le mal !...

— Vous n'êtes pas juge d'instruction, je ne vous répondrai plus...

— Voici pourquoi je vous ai proposé ce vol. Je vous savais évadé du bagne... vous connaissiez les parents d'une infortunée dont la Chouette, votre complice, a presque causé tous les malheurs... Je voulais vous attirer ici par l'appât d'un vol, seul appât capable de vous séduire. Une fois en mon pouvoir, je vous laissais le choix ou d'être mis entre les mains de la justice, qui vous faisait payer de votre tête l'assassinat du marchand de bestiaux...

— C'est faux ! ce n'est pas moi.

— Ou d'être conduit hors de France, par mes soins, et dans un lieu de réclusion perpétuelle, mais à la condition que vous me donneriez les renseignements que je voulais avoir. Vous étiez condamné à perpétuité, vous aviez rompu votre ban. En m'emparant de vous, en vous mettant désormais dans l'impossibilité de nuire, je servais la société, et par vos aveux je trouvais moyen de rendre peut-être une famille à une pauvre créature plus malheureuse encore que coupable. Tel était d'abord mon projet ; il n'était pas légal ; mais, par votre évasion et par vos nouveaux crimes, vous êtes hors la loi... Hier, une révélation providentielle m'a appris votre véritable nom...

— C'est faux ! je ne m'appelle pas Duresnel.

Rodolphe plaça sur la table la chaîne de la Chouette, et, montrant au Maître d'école le petit saint-esprit de lapis-lazuli :

— Sacrilège ! s'écria Rodolphe d'une voix menaçante. Vous avez prostitué à une créature infâme cette relique sainte... trois fois sainte !... car votre enfant tenait ce don de sa mère et de son aïeule !

Le Maître d'école, stupéfait de cette découverte, baissa la tête sans répondre.

— Hier j'ai appris que vous aviez enlevé votre fils à sa mère il y a quinze ans, et que vous seul possédiez le secret de son existence ; ce nouveau méfait m'a été un motif de plus de m'assurer de vous ; sans parler de ce qui m'est personnel... ce n'est pas cela que je venge. Cette nuit vous avez encore une fois versé le sang sans provocation. L'homme que vous avez assassiné est venu à vous avec confiance, ne soupçonnant pas votre rage sanguinaire. Il vous a demandé ce que vous vouliez. « Ton argent ou ta vie !... » et vous l'avez frappé d'un coup de poignard.

— Tel a été le récit de M. Murph lorsque je lui ai donné les premiers secours, dit le docteur.

— C'est faux, il a menti.

— Murph ne ment jamais, dit froidement Rodolphe. Vos crimes demandent une réparation éclatante. Vous vous êtes introduit à main armée dans un jardin, vous avez poignardé un homme pour le voler. Vous avez commis un autre meurtre... Vous allez mourir ici... Par pitié pour votre femme et pour votre fils, on vous sauvera la honte de l'échafaud... On dira que vous avez été tué dans une attaque à main armée... Préparez-vous... les armes sont chargées.

La physionomie de Rodolphe était implacable...

Le Maître d'école avait remarqué dans une pièce précédente deux hommes armés de carabines. Son nom était connu ; il pensa en effet qu'on allait se débarrasser de lui pour ensevelir dans l'ombre ses derniers crimes et sauver de nouvel opprobre à sa famille.

Comme ses pareils, cet homme était aussi lâche que féroce. Croyant son heure arrivée, il trembla convulsivement ; ses lèvres blanchirent ; d'une voix étranglée il cria :

— Grâce !

— Il n'y a pas de grâce pour vous, dit Rodolphe. Si l'on ne vous brûle pas la cervelle ici, l'échafaud vous attend...

— J'aime mieux l'échafaud... Je vivrai au moins deux ou trois mois encore... Qu'est-ce que cela vous fait, puisque je serai puni ensuite !... Grâce !... grâce !...

— Mais votre femme... mais votre fils... ils portent votre nom...

— Mon nom est déjà déshonoré... Quand je ne devrais pas vivre que huit jours, grâce !...

— Pas même ce mépris de la vie qu'on trouve quelquefois chez les grands criminels ! dit Rodolphe avec dégoût.

— D'ailleurs la Loi défend de se faire justice soi-même, reprit le Maître d'école avec assurance.

— La loi ! s'écria Rodolphe, la loi !... Vous osez invoquer la loi, vous qui depuis vingt ans vivez en révolte ouverte et armée contre la société ?

Le brigand baissa la tête sans répondre, puis il dit d'un ton humble :

— Au moins laissez-moi vivre, par pitié !

— Me direz-vous où est votre fils ?

— Oui, oui... Je vous dirai tout ce que j'en sais.

— Me direz-vous quels sont les parents de cette jeune fille dont l'enfance a été torturée par la Chouette ?

— Il y a là, dans mon portefeuille, des papiers qui vous mettront sur leur trace. Il paraît que sa mère est une grande dame.

— Où est votre fils ?

— Vous ne laisserez vivre ?

— Confessez tout d'abord...

— C'est quand vous saurez... dit le Maître d'école avec hésitation.

— Tu l'as tué !

— Non, non, je l'ai confié à un de mes complices, qui, lorsque j'ai été arrêté, a pu s'évader.

— Qu'en a-t-il fait ?

— Il l'a élevé et lui a donné les connaissances nécessaires pour entrer dans le commerce, afin de nous servir et... Mais je ne dirai pas le reste, à moins que vous ne me promettiez de ne pas me tuer.

— Des conditions, misérable !

— Eh bien ! non, non ; mais pitié ; faites-moi seulement arrêter comme coupable du crime d'aujourd'hui ; ne parlez pas de l'autre. Laissez-moi la chance de sauver ma tête.

— Tu veux donc vivre ?

— Oh ! oui, oui ; qui sait ? On ne peut pas prévoir ce qui arrive, dit involontairement le brigand.

Il songeait déjà à la possibilité d'une nouvelle évasion.

— Tu veux vivre à tout prix... vivre ?

— Mais vivre... quand ce serait à la chaîne ! pour un mois, pour huit jours... Oh ! que je ne meure pas à l'instant...

— Confesse tous tes crimes, tu vivras.

— Je vivrai ! oh ! vrai ? je vivrai ?

— Écoute, par pitié pour ta femme, pour ton fils, je veux te donner un sage conseil : meurs aujourd'hui, meurs...

— Oh ! non, non, ne revenez pas sur votre promesse, laissez-moi vivre, l'existence la plus affreuse, la plus épouvantable, n'est rien auprès de la mort.

— Tu le veux ?

— Oh ! oui, oui...

— Tu le veux ?

— Oh ! je ne m'en plaindrai jamais.

— Et ton fils, qu'en as-tu fait ?

— Cet ami dont je vous parle lui avait fait apprendre la tenue des livres pour le mettre dans une maison de banque, afin qu'il pût nous renseigner... à certains égards. C'était convenu entre nous. Quoiqu'à Rochefort, et en attendant mon évasion, je dirigeais le plan de cette entreprise, nous correspondions par chiffres.

— Cet homme m'épouvante ! s'écria Rodolphe en frémissant ; il est des crimes que je ne soupçonnais pas. Avoue... avoue... pourquoi voulais-tu faire entrer ton fils chez un banquier ?

— Pour... vous entendez bien... étant d'accord avec nous... sans le paraître... inspirer de la confiance au banquier... nous seconder... et...

— Oh ! mon Dieu ! son fils, son fils ! s'écria Rodolphe avec une douloureuse horreur, en cachant sa tête dans ses mains.

— Mais il ne s'agissait que de faux ! s'écria le brigand ; et encore, quand on lui a révélé ce qu'on attendait de lui, mon fils s'est indigné. Après une scène violente avec la personne qui l'avait élevé pour nos projets, il a disparu. Il y a dix-huit mois de cela... Depuis, on ne sait pas ce qu'il est devenu... Vous verrez là, dans mon portefeuille, l'indication des démarches que cette personne a tentées pour le retrouver, dans la crainte qu'il ne dénonçât l'association ; mais on a perdu ses traces à Paris. La dernière maison qu'il a habitée était rue du Temple, n° 17, sous le nom de François-Germain ; l'adresse est aussi dans mon portefeuille. Vous voyez, j'ai tout dit, tout... Tenez votre promesse, faites-moi seulement arrêter pour le vol de ce soir.

— Et le marchand de bestiaux de Poissy ?

— Il est impossible que cela se découvre, il n'y a pas de preuves. Je veux bien vous l'avouer à vous, pour montrer ma bonne volonté ; mais devant la justice je nierais...

— Tu l'avoues donc ?

— J'étais dans la misère, je ne savais comment vivre..... C'est la Chouette qui m'a conseillé... Maintenant je me repens... vous le voyez, je l'avoue... Ah ! si vous étiez assez généreux pour ne pas me livrer à la justice, je vous donnerais ma parole d'honneur de ne pas recommencer.

— Tu vivras... et je ne te livrerai pas à la justice.

— Vous me pardonnez ? s'écria le Maître d'école, ne croyant pas à ce qu'il entendait ; vous me pardonnez ?

— Je te juge... et je te punis ! s'écria Rodolphe d'une voix tonnante. Je ne te livrerai pas à la justice, parce que tu irais au bagne ou à l'échafaud, et il ne faut pas cela... non, il ne le faut pas... Au bagne ! pour dominer encore cette tourbe par la force et par la scélératesse ! pour satisfaire encore tes instincts d'oppression brutale !... pour être abhorré, redouté de tous : car le crime a son orgueil, et tu te réjouis dans ta monstruosité !... Au bagne ! non, non : ton corps de fer défie les laheurs de la chiourme et le bâton des argousins. Et puis les chaînes se brisent, les murs se percent, les remparts s'escaladent ; et quelque jour encore, tu rompras ton ban pour te jeter de nouveau sur la société comme une bête féroce enragée, marquant ton passage par la rapine et par le meurtre... car rien n'est à l'abri de ta force d'Hercule et de ton couteau ; et il ne faut pas que cela soit... non il ne le faut pas! Puisque au bagne tu briserais ta chaîne... pour garantir la société de ta rage, que faire? Te livrer au bourreau?

— Mais c'est donc ma mort que vous voulez? s'écria le brigand, c'est donc ma mort?

— La mort! ne l'espère pas... tu es si lâche, tu la crains tant... la mort... que jamais tu ne la croirais imminente! Dans ton acharnement à vivre, dans ton espérance obstinée, tu échapperais aux angoisses de sa formidable approche... Espérance stupide, insensée!... il n'importe... elle te voilerait l'horreur expiatrice du supplice ; tu n'y croirais que sous l'ongle du bourreau! Et alors, abruti par la terreur, ce ne serait plus qu'une masse inerte, insensible, qu'on offrirait en holocauste aux mânes des victimes. Cela ne se peut pas... tu aurais cru te sauver jusqu'à la dernière minute... Toi, monstre... espérer? Comment! l'espérance viendrait suspendre ses doux et consolants mirages aux murs de ton cabanon... jusqu'à ce que la mort ait terni ta prunelle?... Allons donc!... le vieux Satan rirait trop!... Si tu ne te repens pas... je ne veux plus que tu espères dans cette vie, moi...

— Mais qu'est-ce que j'ai fait à cet homme?... qui est-il? que veut-il de moi? où suis-je?... s'écria le Maître d'école presque dans le délire.

Rodolphe continua :

Si au contraire tu bravais effrontément la mort, il ne faudrait pas non plus te livrer au supplice... Pour toi l'échafaud serait un sanglant tréteau où, comme tant d'autres, tu ferais parade de ta férocité... où, insouciant d'une vie misérable, tu damnerais mon âme dans un dernier blasphème!... Il ne faut pas cela non plus... Il n'est pas bon au peuple de voir le condamné badiner avec le couperet, narguer le bourreau et souffler en ricanant sur la divine étincelle que le Créateur a mise en nous... C'est quelque chose de sacré que le salut d'une âme. Tout crime s'expie et se rachète, a dit le Sauveur, mais pour qui veut sincèrement expiation et repentir. Du tribunal à l'échafaud le trajet est trop court. Il ne faut pas que tu meures ainsi.

Le Maître d'école était anéanti... Pour la première fois de sa vie il y eut quelque chose qu'il redouta plus que la mort... Cette crainte vague était horrible.

Le docteur nègre et le Chourineur regardaient Rodolphe avec angoisse, ils écoutaient en frémissant cet accent sonore, tranchant, impitoyable comme le fer d'une hache ; ils sentaient leur cœur se serrer douloureusement.

Rodolphe continua :

— Anselme Duresnel, tu n'iras donc pas au bagne... tu ne mourras donc pas...

— Mais que voulez-vous de moi? c'est donc l'enfer qui vous envoie?

— Écoute... dit Rodolphe en se levant d'un air solennel et en donnant à son geste une autorité menaçante : Tu as criminellement abusé de la force... je paralyserai ta force... Les plus vigoureux tremblaient devant toi... tu trembleras devant les plus faibles... Assassin... tu as plongé des créatures de Dieu dans la nuit éternelle... les ténèbres de l'éternité commenceront pour toi dans cette vie... aujourd'hui... tout à l'heure... Ta punition égalera tes crimes... Mais, ajouta Rodolphe avec une sorte de pitié douloureuse, cette punition épouvantable te laissera du moins à l'horizon sans bornes de l'expiation... Je serais aussi criminel que toi si, te punissant, je ne satisfaisais qu'une vengeance, si juste qu'elle fût... Loin d'être stérile comme la mort... la punition doit être féconde ; loin de te damner... elle te peut racheter... Si pour te mettre hors d'état de nuire... je te dépossède à jamais des splendeurs de la création... si je te plonge dans une nuit impénétrable... seul... avec le souvenir de tes forfaits... c'est pour que tu contemples incessamment leur énormité... Oui... pour toujours isolé du monde extérieur, tu seras forcé de regarder toujours en toi... et alors, je l'espère, ton front bronzé par l'infamie rougira de honte... ton âme endurcie par la férocité... corrodée par le crime, s'amollira par la commisération... chacune de tes paroles est un blasphème... chacune de tes paroles sera une prière... Tu es audacieux et cruel parce que tu es fort... tu seras doux et humble parce que tu seras faible... Ton cœur est fermé au repentir... un jour tu pleureras les victimes. Tu as dégradé l'intelligence que Dieu avait mise en toi, tu l'as réduite à des instincts de rapine et de meurtre... d'homme tu t'es fait bête sauvage... un jour ton intelligence se retrempera par les remords, se relèvera par l'expiation... Tu n'as pas même respecté ce que respectent les bêtes sauvages... leurs femelles et leurs petits... Après une longue vie consacrée à la rédemption de tes crimes, ta dernière prière sera pour supplier Dieu de t'accorder le bonheur inespéré de mourir entre ta femme et ton fils.

En disant ces dernières paroles, la voix de Rodolphe s'était tristement émue.

Le Maître d'école ne ressentait presque plus de terreur... Il crut que Rodolphe avait voulu l'effrayer avant que d'arriver à cette moralité. Presque rassuré par la douceur de l'accent de son juge, le brigand, d'autant plus insolent qu'il était moins effrayé, dit avec un rire grossier :

— Ah çà! devinons-nous des charades, ou sommes-nous au catéchisme, ici?...

Le noir regarda Rodolphe avec inquiétude ; il s'attendait à un accès de fureur de sa part.

Il n'en fut rien... le jeune homme secoua la tête avec une ineffable expression de tristesse, et dit au docteur :

— Faites, David... Que Dieu me punisse seul si je me trompe!...

Et Rodolphe cacha sa figure dans ses deux mains...

A ces mots : Faites, David! le nègre sonna.

Deux hommes vêtus de noir entrèrent. D'un signe le docteur leur montra la porte d'un cabinet latéral.

Les deux hommes y roulèrent le fauteuil où le Maître d'école était garrotté de façon à ne pouvoir faire aucun mouvement. La tête était fixée au dossier par une écharpe qui entourait le cou et les épaules.

— Assujettissez le front au fauteuil avec un mouchoir, et bâillonnez-le avec un autre, dit David sans entrer dans le cabinet.

— Vous voulez donc m'égorger maintenant?... grâce!... dit le Maître d'école, grâce!... et...

Puis l'on n'entendit plus rien qu'un murmure confus.

Les deux hommes reparurent... Le docteur leur fit un signe, ils sortirent.

— Monseigneur?... dit une dernière fois le noir à Rodolphe, d'un air interrogatif.

— Faites, répondit Rodolphe sans changer de position.

David entra lentement dans le cabinet.

— Monsieur Rodolphe, j'ai peur, dit le Chourineur tout pâle et d'une voix tremblante. Monsieur Rodolphe, parlez-moi donc... j'ai peur... est-ce que je rêve?... Mais qu'est-ce donc qu'il lui fait, au Maître d'école, le nègre? Monsieur Rodolphe, on n'entend rien... Ça me fait plus peur encore.

David sortit du cabinet ; il était pâle comme le sont les nègres. Ses lèvres étaient blanches.

Il sonna.

Les deux hommes reparurent.

— Ramenez le fauteuil.

On ramena le Maître d'école.

— Ôtez-lui son bâillon.

On le lui ôta.

— Vous vouliez donc me mettre à la torture?... s'écria le Maître d'école avec plus de colère que de douleur. Pourquoi vous êtes-vous amusé à me piquer les yeux ainsi?... Vous m'avez fait mal... Est-ce pour me martyriser encore dans l'ombre que vous avez éteint les lumières ici dedans?...

Il y eut un moment de silence effrayant.

— Vous êtes aveugle... dit enfin David d'une voix émue.

— Ça n'est pas vrai! ça n'est pas possible! Vous avez fait la nuit exprès!... s'écria le brigand en faisant de violents efforts sur son fauteuil.

— Ôtez-lui ses liens, qu'il se lève, qu'il marche, dit Rodolphe.

Les deux hommes firent tomber les liens du Maître d'école.

Il se leva brusquement, fit un pas en tendant ses mains devant lui, puis retomba dans le fauteuil en levant les mains au ciel.

— David, donnez-lui ce portefeuille, dit Rodolphe.

Le nègre mit dans les mains tremblantes du Maître d'école un petit portefeuille.

— Il y a dans ce portefeuille assez d'argent pour t'assurer un abri... et du pain... jusqu'à la fin de tes jours dans quelque solitude. Maintenant tu es libre... va-t-en... et repens-toi... le Seigneur est miséricordieux!

— Aveugle! répéta le Maître d'école en tenant machinalement le portefeuille à sa main.

— Ouvrez les portes... qu'il parte! dit Rodolphe.

On ouvrit les portes avec fracas.

— Aveugle! aveugle! aveugle!!! répéta le brigand anéanti. Mon Dieu! c'est donc vrai!

— Tu es libre, tu as de l'argent, va-t-en!

— Mais je ne puis m'en aller... moi! Comment voulez-vous que je fasse? je n'y vois plus!! s'écria-t-il avec désespoir. Mais c'est un crime affreux que d'abuser ainsi de sa force pour...

— C'est un crime affreux d'abuser de sa force! répéta Rodolphe en l'interrompant d'une voix solennelle. Et toi, qu'en as-tu fait, de ta force?

— Oh! la mort... Oui, j'aurais préféré la mort! s'écria le Maître d'école. Être à la merci de tout le monde, avoir peur de tout! Un enfant me battrait maintenant! Que faire? Mon Dieu! mon Dieu! que faire?

— Tu as de l'argent.

— On me le volera! dit le brigand.

— On te le volera! Entends-tu ces mots... que tu dis avec crainte, toi qui as volé? Va-t-en!

— Pour l'amour de Dieu, dit le Maître d'école d'un air suppliant, que quelqu'un me conduise! Comment vais-je faire dans les rues?... Ah! tuez-moi! tenez, tuez-moi! je vous le demande, par pitié... tuez-moi!

— Non, un jour tu te repentiras.

— Jamais, jamais je ne me repentirai! s'écria le Maître d'école avec rage. Oh! je me vengerai! Allez... je me vengerai!...

Et, grinçant les dents de rage, il se précipita hors du fauteuil, les poings fermés et menaçants.

Au premier pas qu'il fit, il trébucha.

— Non, non, je ne pourrai pas !... et être si fort pourtant ! Ah ! je suis bien à plaindre... Personne n'a pitié de moi, personne.

Et il pleura.

Il est impossible de peindre l'effroi, la stupeur du Chourineur pendant cette scène terrible : sa sauvage et rude figure exprimait la compassion. Il s'approcha de Rodolphe, et lui dit à voix basse :

— Monsieur Rodolphe, il n'a peut-être que ce qu'il mérite... c'était un fameux scélérat ! il a aussi voulu me tuer tantôt; mais maintenant il est aveugle, il pleure. Tenez, tonnerre ! il me fait de la peine... il ne sait comment s'en aller. Il peut se faire écraser dans les rues. Voulez-vous que je le conduise quelque part où il pourra être tranquille au moins ?

— Bien... dit Rodolphe, ému de cette générosité et prenant la main du Chourineur ; bien, va...

Le Chourineur s'approcha du Maître d'école et lui mit la main sur l'épaule.

Le brigand tressaillit.

— Qu'est-ce qui me touche ? dit-il d'une voix sourde.
— Moi...
— Qui, toi ?
— Le Chourineur.
— Tu viens aussi te venger, n'est-ce pas ?
— Tu ne sais comment sortir !... prends mon bras... je vais te conduire.
— Toi ! toi !
— Oui, tu me fais de la peine... maintenant ; viens !
— Tu veux donc me tendre un piège ?
— Tu sais bien que je ne suis pas lâche... je n'abuserai pas de ton malheur. Allons, partons, il fait jour.
— Il fait jour !!! ah ! je ne verrai plus jamais quand il fera jour, moi ! s'écria le Maître d'école.

Rodolphe ne put supporter davantage cette scène, il rentra brusquement, suivi de David, en faisant signe aux deux domestiques de s'éloigner.

Le Chourineur et le Maître d'école restèrent seuls.

— Est-ce vrai qu'il y a de l'argent dans le portefeuille qu'on m'a donné ? dit le brigand, après un long silence.

— Oui, j'y ai mis moi-même cinq mille francs. Avec cela tu peux te placer en pension quelque part, dans quelque coin, à la campagne, pour le restant de tes jours... ou bien veux-tu que je te conduise chez l'ogresse ?

— Non, elle me volerait.
— Chez Bras-Rouge ?
— Il m'empoisonnerait pour me voler !
— Où veux-tu donc que je te conduise ?
— Je ne sais pas. Tu n'es pas voleur, toi, Chourineur. Tiens, cache bien mon portefeuille dans ta veste, que la Chouette ne le voie pas, elle me dévaliserait.

— La Chouette ! ou l'a portée à l'hospice Beaujon. En me débattant contre vous deux, cette nuit, je lui ai déformé une jambe.

— Mais qu'est-ce que je vais devenir ? mon Dieu ! qu'est-ce que je vais devenir ce rideau noir-là, il toujours devant moi ! Et sur ce rideau noir si je voyais paraître les figures pâles et mortes de ceux...

Il tressaillit, et dit d'une voix sourde au Chourineur :
— Cet homme de cette nuit, est-ce qu'il est mort ?
— Non.
— Tant mieux !

Et le brigand resta quelque temps silencieux ; puis tout à coup il s'écria en bondissant de rage :

— C'est pourtant toi, Chourineur, qui me vaux cela ! brigand... sans toi je refroidissais l'homme et j'emportais l'argent. Si je suis aveugle, c'est ta faute ! oui, c'est ta faute !

— Ne pense plus à cela, c'est malsain pour toi. Voyons, viens-tu, oui ou non ?... je suis fatigué, je veux dormir. C'est assez nocé comme ça. Demain je reviendrai à mon train de bois. Je vais te conduire où tu voudras, j'irai me coucher après.

— Mais je ne sais où aller, moi. Dans mon garni... je n'ose pas... il faudrait dire...

— Eh bien ! écoute : veux-tu, pour un jour ou deux, venir dans m'n chenil ? Je te trouverai peut-être bien des braves gens qui, se sachant pas qui tu es, te prendront en pension chez eux comme un infirme. Tiens... il y a justement un homme du port Saint-Nicolas, que je connais, dont la mère habite Saint-Mandé ; une digne femme, qui n'est pas heureuse. Peut-être bien qu'elle pourrait se charger de toi... Viens-tu, oui ou non ?

— On peut se fier à toi, Chourineur, je n'ai pas peur d'aller chez toi avec mon argent. Tu n'as jamais volé, toi... tu n'es pas méchant, tu es généreux.

— Allons, c'est bon, assez d'épitaphes comme ça.

— C'est que je suis reconnaissant de ce que tu veux bien faire pour moi, Chourineur. Tu es sans haine et sans rancune, toi... dit le brigand avec humilité, tu vaux mieux que moi.

— Tonnerre ! je le crois bien ; M. Rodolphe m'a dit que j'avais du cœur.

— Mais quel est-il donc, cet homme ? Ce n'est pas un homme, s'écria le Maître d'école avec un redoublement de fureur désespérée, c'est un bourreau ! un monstre !

Le Chourineur haussa les épaules et dit :
— Partons-nous ?
— Nous allons chez toi, n'est-ce pas Chourineur ?
— Oui.
— Tu n'as pas de rancune de cette nuit, tu me le jures, n'est-ce pas ?
— Oui.
— Et tu es sûr qu'il n'est pas mort... l'homme ?
— J'en suis sûr.
— Ça sera toujours celui-là de moins, dit le brigand d'une voix sourde.

Et, s'appuyant sur le bras du Chourineur, il quitta la maison de l'allée des Veuves.

DEUXIÈME PARTIE.

CHAPITRE PREMIER.

L'Ile-Adam.

Un mois s'était passé depuis les événements dont nous avons parlé. Nous conduirons le lecteur dans la petite ville de l'Ile-Adam, située dans une position ravissante, au bord de la rivière de l'Oise, au pied d'une forêt.

Les plus petits faits deviennent des événements en province. Aussi, les oisifs de l'Ile-Adam, qui se promenaient ce matin-là sur la place de l'église, se préoccupaient-ils beaucoup de savoir quand arriverait l'acquéreur du plus beau fonds de boucherie de la ville tout récemment cédé par la veuve Dumont, à laquelle il appartenait.

Sans doute l'acquéreur était riche ; car il avait fait splendidement peindre et décorer la boutique. Depuis trois semaines, les ouvriers avaient travaillé jour et nuit. Une belle grille de bronze, rehaussée d'or, s'étendait sur toute l'ouverture de l'étal, et la fermait en laissant circuler l'air. De chaque côté de la grille s'élevaient de larges pilastres, surmontés de deux grosses têtes de taureaux à cornes dorées ; ils soutenaient la vaste entablement destiné à recevoir l'enseigne de la boutique. Le reste de la maison, composé d'un étage, avait été peint d'une couleur de pierre ; les persiennes, d'un gris clair. Les travaux étaient terminés, sauf le placement de l'enseigne, impatiemment attendu par les oisifs, très-désireux de connaître le nom du successeur de la veuve.

Enfin les ouvriers apportèrent un grand tableau, et les curieux purent lire, en lettres dorées sur un fond noir : « Francœur, marchand boucher. »

La curiosité des oisifs de l'Ile-Adam ne fut qu'en partie satisfaite par ce renseignement. Quel était M. Francœur ? Un des plus impatients alla s'en informer auprès du garçon boucher, qui, l'air joyeux et ouvert, s'occupait activement des derniers soins de l'étalage.

Le garçon, interrogé sur son maître, M. Francœur, répondit qu'il ne le connaissait pas encore, car il avait fait acheter ce fonds par procuration ; mais le garçon ne doutait pas que son bourgeois ne fit tous ses efforts pour mériter la pratique de MM. les bourgeois de l'Ile-Adam.

Ce petit compliment, fait d'un air avenant et cordial, joint à l'excellente tenue de la boutique, disposa les curieux en faveur de M. Francœur ; plusieurs même promirent à l'instant leur pratique à son garçon.

La maison avait une porte charretière ouvrant sur la rue de l'Église. Deux heures après l'ouverture de la boutique, une carriole d'osier toute neuve, attelée d'un bon et vigoureux cheval percheron, entra dans la cour de la boucherie ; deux hommes descendirent de cette voiture.

L'un était Murph, complètement guéri de sa blessure, quoiqu'il fût encore pâle ; l'autre était le Chourineur.

Au risque de répéter une vulgarité, nous dirons que le prestige de l'habit est si puissant, que l'hôte des tavernes de la Cité était presque méconnaissable sous les vêtements qu'il portait. Sa physionomie avait subi la même métamorphose : il avait dépouillé ses vieux haillons son air sauvage, brutal et turbulent ; à le voir marcher ses deux mains dans les poches de sa longue et chaude redingote de castorine couleur noisette, son menton fraîchement rasé enfoui dans une cravate blanche à coins brodés, on l'eût pris pour le bourgeois le plus inoffensif du monde.

Murph attacha la longe du licou du cheval à un anneau de fer scellé dans le mur, fit signe au Chourineur de le suivre ; ils entrèrent dans une jolie salle basse, meublée en noyer, qui formait l'arrière-boutique ; les deux fenêtres donnaient sur la cour, où le cheval piaffait d'impatience. Murph paraissait être chez lui, car il ouvrit une armoire, il prit une bouteille d'eau-de-vie, un verre, et dit au Chourineur :

— Le froid étant vif ce matin, mon garçon, vous boirez bien un verre d'eau-de-vie ?

— Si cela vous est égal, monsieur Murph... je ne boirai pas.

— Vous refusez ?

— Oui, je suis trop content ; et la joie, ça réchauffe. Après ça, quand je dis content... peut-être.

— Comment cela ?

— Hier, vous venez me trouver sur le port Saint-Nicolas, où je débardais crânement pour me réchauffer. Je ne vous avais pas vu depuis la nuit... où le nègre à cheveux blancs avait aveuglé le Maître d'école. C'était la première chose qu'il n'ait pas volé, c'est vrai... mais enfin... tonnerre ! ça m'a remué. Et M. Rodolphe, quelle figure ! lui qui avait l'air si bon enfant, il m'a fait peur dans ce moment-là.

— Bien, bien... Après ?

— Vous m'avez donc dit : « Bonjour, Chourineur. — Bonjour, monsieur Murph. Vous voilà donc debout ?... tant mieux, tonnerre !... tant mieux. Et M. Rodolphe ? — Il a été obligé de partir quelques jours après l'affaire de l'allée des Veuves, et il vous a oublié, mon garçon. — Eh bien, monsieur Murph ! que je vous réponds, si M. Rodolphe m'a oublié, vrai... ça me fait de la peine. »

— Je voulais dire, mon brave, qu'il avait oublié de récompenser vos services ; mais il en gardera toujours le souvenir.

— Aussi, M. Murph, ces paroles-là m'ont ragaillardi tout de suite... Tonnerre ! moi, je ne l'oublierai pas, allez !... Il m'a dit que j'avais du cœur et de l'honneur... enfin, suffit.

— Malheureusement, mon garçon, monseigneur est parti sans laisser d'ordre à votre sujet ; moi, je ne possède rien que ce que me donne monseigneur : je ne puis reconnaître comme je le voudrais... tout ce que je vous dois pour ma part.

— Allons donc ! monsieur Murph, vous plaisantez.

— Mais pourquoi diable, aussi, n'êtes-vous pas revenu à l'allée des Veuves après cette nuit fatale ? Monseigneur ne serait pas parti sans songer à vous.

— Dame... M. Rodolphe ne m'a pas fait demander. J'ai cru qu'il n'avait plus besoin de moi.

— Mais vous deviez bien penser qu'il avait au moins besoin de vous témoigner sa reconnaissance.

— Puisque vous m'avez dit que M. Rodolphe ne m'avait pas oublié, monsieur Murph !

— Allons, bien ; allons, n'en parlons plus. Seulement j'ai eu beaucoup de peine à vous trouver... Vous n'allez donc plus chez l'ogresse ?

— Non.

— Pourquoi cela ?

— C'est des idées à moi... des bêtises.

— A la bonne heure ; mais revenons à ce que vous me disiez.

— A quoi, monsieur Murph ?

— Vous me disiez : « Je suis content de vous avoir rencontré ; et encore, content... peut-être. »

— M'y voilà, monsieur Murph. Hier, en venant à mon train de bois, vous m'avez dit : « Mon garçon, je ne suis pas riche, mais je puis vous faire avoir une place où vous aurez moins de mal que sur le port, et où vous gagnerez quatre francs par jour. » Quatre francs par jour... vive la charte ! Je n'y pouvais croire : payé d'adjudant-sous-officier ! Je vous réponds : « Ça me va, monsieur Murph. — Mais, que vous dites, il ne faudra pas que vous soyez fait comme un gueux, car ça effrayerait les bourgeois où je vous mène. Je vous réponds : « Je n'ai pas de quoi me faire autrement. » Vous me dites : « Venez au Temple. » Je vous suis ; je choisis ce qu'il y a de plus flambant chez la mère Hubart, vous m'avancez de quoi payer, et, en un quart d'heure, je suis ficelé comme un propriétaire ou un dentiste. Vous me donnez rendez-vous pour ce matin à la porte Saint-Denis, au point du jour ; je vous y trouve avec votre carriole, et vous voici.

— Eh bien ! qu'y a-t-il à regretter pour vous dans tout cela ?

— Il y a... que, d'être bien mis, voyez-vous, monsieur Murph, ça gâte, et que, quand je reprendrai mon vieux bourgeron et mes guenilles, ça me fera un effet. Et puis... gagner quatre francs par jour, moi qui n'en gagnais que deux... et ça tout d'un coup... ça me fait l'effet d'être trop beau, et de ne pouvoir pas durer ; et j'aimerais mieux coucher toute ma vie sur la méchante paillasse du bon garni, que de coucher cinq ou six nuits dans un bon lit. Voilà mon caractère.

— Cela ne manque pas de raison. Mais il vaudrait mieux toujours coucher dans un bon lit.

— C'est clair, il vaut mieux avoir du pain tout son soûl que de crever de faim. Ah çà ! c'est donc une boucherie ici ? dit le Chourineur en prêtant l'oreille aux coups de couperet du garçon, et en entrevoyant des quartiers de bœuf à travers les rideaux.

— Oui, mon brave ; elle appartient à un de mes amis. Pendant que mon cheval souffle, voulez-vous la visiter ?

— Ma foi, oui ; ça me rappelle ma jeunesse... si ce n'est que j'avais

Montfaucon pour abattoir et de vieilles rosses pour bétail. C'est drôle si j'avais eu de quoi, c'est un état que j'aurais tout de même bien aimé que celui de boucher ! S'en aller sur un bon bidet acheter des bestiaux dans les foires, revenir chez soi au coin de son feu, se chauffer si l'on a froid, se sécher si l'on est mouillé, trouver là sa ménagère, une bonne grosse maman fraîche et réjouie, avec une tapée d'enfants qui vous fouillent dans vos sacoches pour voir si vous leur rapportez quelque chose. Et puis le matin, dans l'abattoir, empoigner un bœuf par les cornes... quand il est méchant surtout, nom de nom !... Il faut qu'il soit méchant... le mettre à l'anneau, l'abattre, le dépecer, le parer... Tonnerre ! ça aurait été mon ambition, comme à la Goualeuse de manger du sucre d'orge quand elle était petite... A propos de cette pauvre fille, monsieur Murph... en ne la voyant plus revenir chez l'ogresse, je me suis bien douté que M. Rodolphe l'avait tirée de là. Tenez, ça, c'est une bonne action, monsieur Murph. Pauvre fille ! ça ne demandait pas à mal faire .. C'était si jeune ! Et plus tard... l'habitude... Enfin M. Rodolphe a bien fait.

— Je suis de votre avis. Mais voulez-vous venir visiter la boutique, en attendant que notre cheval ait soufflé ?

Le Chourineur et Murph entrèrent dans la boutique, puis ils allèrent voir l'étable, où étaient renfermés trois bœufs magnifiques et une vingtaine de moutons ; puis l'écurie, la remise, la tuerie, les greniers et les dépendances de cette maison, tenue avec un soin, une propreté, qui annonçaient l'ordre et l'aisance.

Lorsqu'ils eurent tout vu, sauf l'étage supérieur :

— Avouez, dit Murph, que mon ami est un gaillard bien heureux. Cette maison et ce fonds sont à lui ; sans compter un milliers d'écus roulants pour son commerce. Avec cela, trente-huit ans, fort comme un taureau, d'une santé de fer, le goût de son état. Le brave et honnête garçon que vous avez vu en bas le remplace avec beaucoup d'intelligence, quand il va en foire acheter des bestiaux. Encore une fois, n'est-il pas bien heureux, mon ami ?

— Ah ! dame, oui, monsieur Murph. Mais que voulez-vous ? il y a des heureux et des malheureux ; quand je pense que je vas gagner quatre francs par jour, et qu'il y en a qui ne gagnent que moitié, ou moins...

— Voulez-vous monter voir le reste de la maison ?

— Volontiers, monsieur Murph.

— Justement le bourgeois qui doit vous employer est là-haut.

— Le bourgeois qui doit m'employer ?

— Oui.

— Tiens, pourquoi donc que vous ne me l'avez pas dit plus tôt ?

— Je vous expliquerai cela plus tard.

— Un moment, dit le Chourineur d'un air triste et embarrassé, en arrêtant Murph par le bras : écoutez, je dois vous dire une chose... que M. Rodolphe a peut-être pu dire... mais que je ne dois pas cacher au bourgeois qui veut m'employer... parce que, si cela le dégoûte, autant que ce soit tout de suite qu'après.

— Que voulez-vous dire ?

— Je veux dire...

— Eh bien ?

— Que je suis repris de justice... que j'ai été au bagne... dit le Chourineur d'une voix sourde.

— Ah ! fit Murph.

— Mais je n'ai jamais fait de tort à personne ! s'écria le Chourineur, et je crèverais plutôt de faim que de voler... Mais j'ai fait pis que voler, ce n'est pas tout ça, reprit-il après un moment de silence, les bourgeois ne veulent jamais employer un forçat ; ils ont raison, ce n'est pas là qu'on couronne de rosières. C'est ce qui m'a toujours empêché de trouver de l'ouvrage ailleurs que sur les ports, à débarder des trains de bois. J'ai ça toujours dit, ne me présentant pour travailler : Voilà, voilà... en voulez-vous ? n'en voulez-vous pas ? J'aime mieux être refusé tout de suite que découvert plus tard... C'est pour vous dire que je vais tout dégoiser au bourgeois. Vous le connaissez ; s'il doit me refuser, évitez-moi ça en le lui disant, et je vais tourner les talons.

— Venez toujours, dit Murph.

Le Chourineur suivit Murph ; ils montèrent un escalier : une porte s'ouvrit, tous deux se trouvèrent en présence de Rodolphe.

— Mon bon Murph... laisse-nous, dit Rodolphe.

CHAPITRE II.

Récompense.

— Vive la charte ! je suis crânement content de vous retrouver, monsieur Rodolphe, ou plutôt monseigneur, s'écria le Chourineur.

Il éprouvait une véritable joie à revoir Rodolphe ; car les cœurs généreux s'attachent autant par les services qu'ils rendent que par ceux qu'ils reçoivent.

— Bonjour, mon garçon ; je suis aussi ravi de vous voir.

— Farceur de M. Murph! qui disait que vous étiez parti. Mais tenez, monseigneur...

— Appelez-moi monsieur Rodolphe, j'aime mieux ça.

— Eh bien, monsieur Rodolphe! pardon de n'avoir pas été vous revoir après la nuit du Maître d'école... Je sens maintenant que j'ai fait une impolitesse; mais enfin, vous ne m'en voudrez pas, n'est-ce pas?

— Je vous la pardonne, dit Rodolphe en souriant.

Puis il ajouta:

— Murph vous a fait voir cette maison?

— Oui, monsieur Rodolphe; belle habitation, belle boutique; c'est cossu, soigné. A propos de cossu, c'est moi qui vas l'être, monsieur Rodolphe : quatre francs par jour, que M. Murph me fait gagner... quatre francs!

— J'ai mieux que cela à vous proposer, mon garçon.

— Oh! mieux... sans vous commander, c'est difficile. Quatre francs par jour!

— J'ai mieux à vous proposer, vous dis-je : car cette maison, ce qu'elle contient, cette boutique et mille écus que voici dans ce portefeuille, tout cela vous appartient.

Le Chourineur sourit d'un air stupide, aplatit son castor à longs poils entre ses deux genoux, qu'il serrait convulsivement, et ne comprit pas ce que Rodolphe lui disait, quoique ses paroles fussent très-claires.

Celui-ci reprit avec bonté :

— Je conçois votre surprise; mais, je vous le répète, cette maison et cet argent sont à vous, sont votre propriété.

Le Chourineur devint pourpre, passa sa main calleuse sur son front baigné de sueur, et balbutia d'une voix altérée :

— Oh! c'est-à-dire... c'est-à-dire... ma propriété...

— Oui, votre propriété, puisque je vous donne tout cela. Comprenez-vous! je vous le donne, à vous...

Le Chourineur s'agita sur sa chaise, se gratta la tête, toussa, baissa les yeux et ne répondit pas. Il sentait le fil de ses idées lui échapper. Il entendait parfaitement ce que lui disait Rodolphe, et c'est justement pour cela qu'il ne pouvait croire à ce qu'il entendait. Entre la misère profonde, la dégradation où il avait toujours vécu, et la position qui lui assurait Rodolphe, il y avait un abîme que le service qu'il avait rendu à Rodolphe ne comblait même pas.

Ne hâtant pas le moment où son protégé ouvrirait enfin les yeux à la réalité, Rodolphe jouissait avec délices de cette stupeur, de cet étourdissement du bonheur.

Il voyait, avec un mélange de joie et d'amertume indicibles, que chez certains hommes, l'habitude de la souffrance et du malheur est telle, que leur raison se refuse à admettre la possibilité d'un avenir qui soit, pour un grand nombre, une existence très-peu enviable.

— Certes, pensait-il, si l'homme a jamais, à l'instar de Prométhée, ravi quelque rayon de la divinité, c'est dans ces moments où il fait (qu'on pardonne ce blasphème!) ce que la Providence devrait faire de temps à autre pour l'édification du monde : prouver aux bons et aux méchants qu'il y a récompense pour les uns, punition pour les autres.

Après avoir encore un peu joui du bienheureux hébétement du Chourineur, Rodolphe continua :

— Ce que je vous donne vous semble donc bien au delà de vos espérances?

— Monseigneur! dit le Chourineur en se levant brusquement, vous me proposez cette maison et beaucoup d'argent... pour me tenter ; mais je ne peux pas.

— Vous ne pouvez pas, quoi? dit Rodolphe avec étonnement.

Le visage du Chourineur s'anima, sa honte cessa; il dit d'une voix ferme :

— Ce n'est pas pour m'engager à voler, que vous m'offrez tant d'argent, je le sais bien. D'ailleurs, je n'ai jamais volé de ma vie... C'est peut-être pour tuer... mais j'ai bien assez du rêve du sergent! ajouta le Chourineur d'une voix sombre.

— Ah! les malheureux! s'écria Rodolphe avec amertume. La compassion qu'on leur témoigne est-elle donc pour à ce point qu'ils ne peuvent s'expliquer la libéralité que par le crime?

Puis, s'adressant au Chourineur, il lui dit d'un ton plein de douceur :

— Vous me jugez mal... vous vous trompez; je n'exigerai rien de vous que d'honorable. Ce que je vous donne, je vous le donne parce que vous le méritez.

— Moi! s'écria le Chourineur, dont les ébahissements recommencèrent, je le mérite, et comment?

— Je vais vous le dire : sans notions du bien et du mal, abandonné à vos instincts sauvages, renfermé pendant quinze ans au bagne avec les plus affreux scélérats, pressé par la misère et par la faim, forcé, par votre flétrissure et par la réprobation des honnêtes gens, à continuer à fréquenter la lie des malfaiteurs, non-seulement vous êtes resté probe, mais le remords de votre crime a survécu à l'expiation que la justice humaine vous avait imposée.

Ce langage simple et noble fut une nouvelle source d'étonnement pour le Chourineur. Il regardait Rodolphe avec un respect mêlé de crainte et de reconnaissance. Mais il ne pouvait encore se rendre à l'évidence.

— Comment, monsieur Rodolphe, parce que vous m'avez battu, parce que, vous croyant ouvrier comme moi, puisque vous parliez argot comme père et mère, je vous ai raconté ma vie entre deux verres de vin, et qu'après ça je vous ai empêché de vous noyer... Vous, comment? Enfin, moi... une maison... de l'argent... moi comme un bourgeois... Tenez, monsieur Rodolphe, encore une fois, c'est pas possible.

— Me croyant un des vôtres, vous m'avez raconté votre vie naturellement et sans feinte, sans cacher ce qu'il y avait eu de coupable ou de généreux. Je vous ai jugé... bien jugé, et il me plaît de vous récompenser.

— Mais, monsieur Rodolphe, ça ne se peut pas. Non, enfin, il y a de pauvres ouvriers qui toute leur vie ont été honnêtes, et qui...

— Je le sais, et j'ai peut-être fait pour plusieurs de ceux-là plus que je ne fais pour vous. Mais, si l'homme qui vit honnête au milieu des gens honnêtes, encouragé par leur estime, mérite intérêt et appui, celui qui, malgré l'éloignement des gens de bien, reste honnête au milieu des plus abominables scélérats de la terre, celui-là aussi mérite intérêt et appui. D'ailleurs, ce n'est pas tout : vous m'avez sauvé la vie, vous l'avez aussi sauvée à Murph, mon ami le plus cher. Ce que je fais pour vous m'est donc autant dicté par la reconnaissance personnelle que par le désir de retirer de la fange une bonne et forte nature qui s'est égarée, mais non perdue... Et ce n'est pas tout.

— Qu'est-ce donc que j'ai encore fait, monsieur Rodolphe?

Rodolphe lui prit cordialement la main et lui dit :

— Rempli de commisération pour le malheur d'un homme qui auparavant avait voulu vous tuer, vous lui avez offert votre appui; vous lui avez même donné asile dans votre pauvre demeure, impasse Notre-Dame, n° 9.

— Vous saviez où je demeurais, monsieur Rodolphe?

— Parce que vous oubliez les services que vous m'avez rendus, je ne les oublie pas, moi. Lorsque vous avez quitté ma maison, on vous a suivi; on vous a vu rentrer chez vous avec le Maître d'école.

— Mais M. Murph m'avait dit que vous ne saviez pas où je demeurais, monsieur Rodolphe.

— Je voulais tenter sur vous une dernière épreuve, je voulais savoir si vous aviez le désintéressement de la générosité. En effet, après votre généreuse action, vous êtes retourné aux rudes labeurs de chaque jour, ne demandant rien, n'espérant rien, n'ayant pas même un mot d'amertume pour blâmer l'apparente ingratitude envers laquelle je méconnaissais vos services; et, quand hier Murph vous a proposé une occupation un peu mieux rétribuée que votre travail habituel, vous avez accepté avec joie, avec reconnaissance!

— Ecoutez donc, monsieur Rodolphe, pour ce qui est de ça, quatre francs par jour sont toujours quatre francs par jour. Quant au service que je vous ai rendu, c'est plutôt moi qui vous en remercie.

— Comment cela?

— Oui, oui, monsieur Rodolphe, ajouta-t-il d'un air triste, il m'est encore revenu des choses... car, depuis que je vous connais et que vous m'avez dit ces deux mots : Tu as encore du cœur et de l'honneur, c'est étonnant comme j'y réfléchis. C'est tout de même drôle que deux mots, deux seuls mots, produisent ça. Mais, au fait, semez deux petits grains de blé de rien du tout dans la terre, et il va pousser de grands épis.

Cette comparaison juste, presque poétique, frappa Rodolphe. En effet, deux mots, mais deux mots puissants et magiques pour ceux qui les comprennent, avaient presque subitement développé dans cette nature énergique les bons et généreux instincts qui existaient en germe.

— Voyez-vous, monseigneur, reprit le Chourineur, j'ai sauvé M. Rodolphe et un peu M. Murph, c'est vrai, mais j'en sauverais des centaines, des milliers, que ça ne rendrait pas la vie à ceux...

Et le Chourineur baissa la tête d'un air sombre.

— Ce remords est salutaire, mais une bonne action est toujours comptée.

— Et puis, dans ce que vous avez dit au Maître d'école sur les meurtriers, monsieur Rodolphe, il y avait des choses qui pouvaient m'aller, en bien comme en mal.

Voulant rompre le cours des pensées du Chourineur, Rodolphe lui dit :

— C'est vous qui avez placé le Maître d'école à Saint-Mandé?

— Oui, monsieur Rodolphe... Il m'a fallu changer ses billets pour de l'or et acheter une ceinture que je lui ai cousue sur lui... Nous avons mis son quibus là-dedans, et pour voyage il est en pension pour trente sous par jour, chez de bien bonnes gens à qui ça fait une petite douceur.

— Il faudra que vous me rendiez encore un service, mon garçon.

— Parlez, monsieur Rodolphe.

— Dans quelques jours vous irez le trouver... avec ce papier : c'est le titre d'une place à perpétuité aux Bons-Pauvres. Il donnera quatre mille cinq cents francs, et il sera obligé de vivre là à la présentation de ce titre : c'est convenu, tout arrangé. J'ai réfléchi que cela vaudrait mieux. Il s'assurera ainsi un abri et du pain pour le restant de ses jours, et il n'aura qu'à songer au repentir. Je regrette même de ne lui avoir pas de suite donné cette entrée, au lieu d'une somme qui peut être dissipée ou volée; mais il m'inspirait une telle horreur que je voulais avant tout être délivré de sa présence. Vous lui ferez donc cette offre, et vous le conduirez à l'hospice. Si par hasard il refuse, nous verrons à agir autrement. Il est donc convenu que vous irez le trouver?

— Ce serait avec plaisir, monsieur Rodolphe, que je vous rendrais ce service, comme vous dites, mais je ne sais pas si je serai libre. M. Murph m'a engagé avec un bourgeois pour quatre francs par jour.

Rodolphe regarda le Chourineur avec étonnement.

— Comment ! Et votre boutique ? et votre maison ?

— Voyons, monsieur Rodolphe, ne vous moquez pas d'un pauvre diable. Vous vous êtes déjà assez amusé à m'éprouver, comme vous dites. Votre maison et votre boutique, c'est une chanson sur le même air. Vous vous êtes dit : Voyons donc si cet animal de Chourineur sera assez coq d'Inde pour se figurer que... Assez, assez, monsieur Rodolphe. Vous êtes un jovial... fini !

— Comment ! tout à l'heure ne vous ai-je pas expliqué...

— Pour donner de la couleur à la chose... connu... et, foi d'homme, j'y avais un brin mordu. Fallait-il être buse !

— Mais, mon garçon, vous êtes fou !

— Non, non, monseigneur. Tenez, parlez-moi de M. Murph. Quoique ça soit déjà crânement étonnant, quatre francs par jour, à la rigueur ça se conçoit ; mais une maison, une boutique, de l'argent en masse, quelle farce ! Tonnerre, quelle farce !

Et il se mit à rire d'un gros rire bruyant et sincère.

— Mais, encore une fois...

— Écoutez, monseigneur, franchement vous m'avez d'abord un petit peu mis dedans ; c'est quand je me suis dit : M. Rodolphe est un gaillard comme il n'y en a pas beaucoup, il a peut-être quelque chose à envoyer chercher chez le *boulanger*, il me donne la commission, et il veut me graisser la patte pour que je ne craigne pas le roussi. Mais après ça j'ai réfléchi que j'avais tort de penser ça de vous, et c'est là où j'ai vu que vous me montiez une farce : car si j'étais assez Job pour croire que vous me donnez toute une fortune pour rien de rien, c'est pour le coup, monseigneur, que vous diriez : Pauvre Chourineur, va ! tu me fais de la peine... tu es donc malade ?

Rodolphe commençait à être assez embarrassé de convaincre le Chourineur. Il lui dit d'un ton grave et imposant, presque sévère :

— Je ne plaisante jamais avec la reconnaissance et l'intérêt que m'inspire une noble conduite... Je vous l'ai dit, cette maison et cet argent sont à vous, c'est moi qui vous les donne. Et, puisque vous hésitez à me croire, puisque vous me forcez de vous faire un serment, je vous jure sur l'honneur que tout ceci vous appartient, et que je vous le donne pour les raisons que je vous ai dites.

A cet accent ferme, digne ; à l'expression sérieuse des traits de Rodolphe, le Chourineur ne douta plus de la vérité. Pendant quelques moments il le regarda en silence, puis il lui dit sans emphase et d'une voix profondément émue :

— Je vous crois, monseigneur, et je vous remercie bien. Un pauvre homme comme moi ne sait pas faire de phrases. Je vous crois, monseigneur, je vous remercie bien. Tout ce que je peux vous dire, voyez-vous, c'est que je ne refuserai jamais un secours aux malheureux, parce que la faim et la misère, c'est des ogresses dans le genre de celles qui ont embauché cette pauvre Goualeuse, et qu'une fois dans l'égout, tout le monde n'a pas la poigne assez forte pour s'en retirer.

— Vous ne pouviez mieux me remercier, mon garçon... vous me comprenez. Vous trouverez dans ce secrétaire les titres de cette propriété, acquise pour vous au nom de M. Francœur.

— M. Francœur ?

— Vous n'avez pas de nom, je vous donne celui-là. Il est d'un bon présage. Vous l'honorerez, j'en suis sûr.

— Monseigneur, je vous le promets.

— Courage, mon garçon ! Vous pouvez m'aider dans une bonne œuvre.

— Moi, monseigneur.

— Vous ; aux yeux du monde vous serez un vivant et salutaire exemple. L'heureuse position que la Providence vous fait prouvera que les gens tombés bien bas peuvent encore se relever et beaucoup espérer lorsqu'ils se repentent et qu'ils conservent pures quelques saillantes qualités. En vous voyant heureux, parce que après avoir commis une criminelle action, expiée par une punition terrible, vous êtes resté probe, courageux, désintéressé, ceux qui auront failli tâcheront de devenir meilleurs. Mais je ne veux ? Qui est-ce qu'on ignore rien de votre passé. Tôt ou tard on le connaîtrait ; il vaut mieux aller au-devant d'une révélation. Tout à l'heure donc j'irai trouver avec vous le maire de cette ville, je me suis informé de lui ; c'est un homme digne de concourir à mon œuvre. Je me nommerai ; je serai votre caution, et, pour établir dès à présent des relations honorables entre vous et les deux personnes qui représentent moralement la société de cette ville, j'assurerai pendant deux ans une somme mensuelle de mille francs destinée aux pauvres ; chaque mois je vous enverrai cette somme, dont l'emploi sera réglé par vous, par le maire et le curé. Si l'un d'eux conservait les moindres scrupules à se mettre en rapport avec vous, ce scrupule s'effacerait devant les exigences de la charité. Ces relations une fois assurées, il dépendra de vous de mériter l'estime de ces gens recommandables, et vous n'y manquerez pas.

— Monseigneur, je vous comprends. Ce n'est pas moi, le Chourineur, à qui vous faites tout ce bien, c'est aux malheureux qui, comme moi, se sont trouvés dans la peine, dans le crime, et qui en sont sortis, comme vous dites, avec du cœur et de l'honneur. Sauf votre respect, c'est comme dans l'armée : quand tout un bataillon a donné à mort, on ne peut pas décorer tout le monde, il n'y a que quatre croix pour cinq cents braves ; mais ceux qui n'ont pas l'étoile se disent : Bon, je l'aurai une autre fois, et l'autre fois ils chargent plus à mort encore.

Rodolphe écoutait son protégé avec bonheur. En rendant à cet homme l'estime de soi, en le relevant à ses propres yeux, en lui donnant pour ainsi dire la conscience de sa valeur, il avait presque instantanément développé dans son cœur et dans son esprit des réflexions remplies de sens, d'honorabilité, on dirait presque de délicatesse.

— Ce que vous me dites là, Francœur, reprit Rodolphe, est une nouvelle manière de me prouver votre reconnaissance, je vous en sais gré.

— Tant mieux, monseigneur, car je serais bien embarrassé de vous la prouver autrement.

— Maintenant allons visiter votre maison ; mon vieux Murph s'est donné ce plaisir, et je veux l'avoir aussi.

Rodolphe et le Chourineur descendirent.

Au moment où ils entraient dans la cour, le garçon, s'adressant au Chourineur, lui dit respectueusement :

— Puisque c'est vous qui êtes le bourgeois, monsieur Francœur, je viens vous dire que la pratique donne. Il n'y a plus de côtelettes ni de gigots, et il faudrait saigner un ou deux moutons tout de suite.

— Parbleu ! dit Rodolphe au Chourineur, voici une belle occasion d'exercer votre talent... et je veux en avoir l'étrenne... le grand air m'a donné de l'appétit, et je goûterai de vos côtelettes, bien qu'un peu dures, je le crains.

— Vous êtes bien bon, monsieur Rodolphe, dit le Chourineur d'un air joyeux ; vous me flattez ; je vais faire de mon mieux.

— Faut-il mener deux moutons à la tuerie, bourgeois ? dit le garçon.

— Oui, et apporte un couteau bien aiguisé, pas trop fin de tranchant, et fort du dos.

— J'ai votre affaire, bourgeois, soyez tranquille... c'est à se raser avec. Tenez.

— Tonnerre ! monsieur Rodolphe, dit le Chourineur en ôtant sa redingote avec empressement et en relevant les manches de sa chemise qui laissaient voir ses bras d'athlète. Ça me rappelle ma jeunesse et l'abattoir ; vous allez voir comme je taille là-dedans... Nom de nom, je voudrais déjà être ! Ton couteau, garçon, ton couteau ! C'est ça... tu t'y entends. Voilà une lame ! Qui est-ce qui on veut ?... Tonnerre ! avec un chourin comme ça je mangerais un taureau furieux.

Et le Chourineur brandit le couteau. Ses yeux commençaient à s'injecter de sang, la bête reprenait le dessus ; l'instinct, l'appétit sanguinaire reparaissaient dans toute son effrayante énergie.

La tuerie était dans la cour.

C'était une pièce voûtée, sombre, dallée de pierres, et éclairée de haut par une étroite ouverture.

Le garçon conduisit un des moutons jusqu'à la porte.

— Faut-il le passer à l'anneau, bourgeois ?

— L'attacher, tonnerre !... Et ces genoux-là ! Sois tranquille, je le serrerai là-dedans comme dans un étau. Donne-moi la bête, et retourne à la boutique.

Le garçon rentra.

Rodolphe resta seul avec le Chourineur ; il l'examinait avec intention, presque avec anxiété.

— Voyons, à l'ouvrage ! lui dit-il.

— Et ça ne sera pas long, tonnerre ! Vous allez voir si je manie le couteau. Les mains me brûlent, ça me bondonne aux oreilles... Les tempes me battent comme quand j'allais y voir rouge... Avance ici, toi, eh ! Madelon, que je te chourine à mort !

Et, les yeux brillants d'un éclat sauvage, ne s'apercevant plus de la présence de Rodolphe, il souleva la brebis sans efforts, et d'un bond l'emporta dans la tuerie avec une joie féroce.

On eût dit d'un loup se sauvant dans sa tanière avec sa proie.

Rodolphe le suivit, s'appuya sur un des ais de la porte qu'il ferma. La tuerie était sombre ; un vif rayon de lumière, tombant d'aplomb, éclairait à la Rembrandt la rude figure du Chourineur, ses cheveux blond pâle et ses favoris roux. Courbé en deux, tenant aux dents un long couteau qui brillait dans le clair-obscur, il attirait la brebis entre ses genoux. Lorsqu'il l'eut assujettie, il la prit par la tête, lui fit tendre le cou et l'égorgea.

Au moment où la brebis sentit la lame, elle poussa un petit bêlement doux, plaintif, tourna son regard mourant vers le Chourineur, et deux jets de sang frappèrent celui-ci au visage.

Ce cri, ce regard, ce sang dont il dégouttait, causèrent une épouvantable impression à cet homme. Son couteau lui tomba des mains, sa figure devint livide, contractée, effrayante sous le sang qui le couvrait ; ses yeux s'arrondirent, ses cheveux se hérissèrent ; puis, reculant tout à coup avec horreur, il s'écria d'une voix étouffée :

— Oh ! le sergent ! le sergent !

Rodolphe courut à lui.

— Reviens à toi, mon garçon.

— Là... là... le sergent... répéta le Chourineur en se reculant pas à pas, l'œil fixe, hagard, et montrant du doigt quelque fantôme invisible. Puis, poussant un cri effroyable, comme si le spectre l'eût touché, il se précipita au fond de la tuerie, dans l'endroit le plus noir, et là, se jetant la face, la poitrine, les bras contre le mur, comme s'il eût voulu le ren-

verser pour échapper à une horrible vision, il répétait encore d'une voix sourde et convulsive:
— Oh! le sergent!... le sergent!... le sergent!...

CHAPITRE III.

Le départ.

Grâce aux soins de Murph et de Rodolphe, qui calmèrent à grand'-peine son agitation, le Chourineur revint complètement à lui après une longue crise.

Il se trouvait seul avec Rodolphe dans une des pièces du premier étage de la boucherie.

— Monseigneur, dit-il avec abattement, j'aimerais mieux être mille fois plus malheureux encore que je ne l'ai été que d'accepter l'état que vous me proposez...

— Réfléchissez... pourtant.

— Tenez, monseigneur... quand j'ai entendu le cri de cette pauvre bête qui ne se défendait pas... quand j'ai senti son sang me sauter à la figure... un sang chaud... qui avait l'air d'être en vie... Oh! vous ne savez pas ce que c'est... alors, j'ai revu mon rêve... le sergent, et ces pauvres jeunes soldats que je chourinais... qui ne se défendaient pas, et qui en mourant me regardaient d'un air si doux... si doux... qu'ils avaient l'air de me plaindre!... Oh! monseigneur! c'est à devenir fou!...

Et le malheureux cacha sa tête dans ses mains avec un mouvement convulsif.

— Allons, calmez-vous.

— Excusez-moi, monseigneur, mais maintenant la vue du sang... d'un couteau... je ne pourrais la supporter... A chaque instant ça réveillerait mes rêves que je commençais à oublier... Avoir tous les jours les mains ou les pieds dans le sang... égorger de pauvres bêtes... qui ne se défendent pas... oh! non, non, je ne pourrais pas... J'aimerais mieux être aveugle, comme le Maître d'école, que d'être réduit à ce métier.

Il est impossible de peindre l'énergie du geste, de l'accent, de la physionomie du Chourineur en s'exprimant ainsi.

Rodolphe se sentait profondément ému. Il était satisfait de l'horrible impression que la vue du sang avait causée à son protégé.

Un moment chez le Chourineur, la bête sauvage, l'instinct sanguinaire avait vaincu l'homme; mais le remords avait vaincu l'instinct. Cela était beau, cela était un grand enseignement.

Il faut le dire à la louange de Rodolphe, il n'avait pas désespéré de ce mouvement. Sa volonté, non le hasard, avait amené la scène de la tuerie.

— Pardonnez-moi, monseigneur, dit timidement le Chourineur, je récompense bien mal vos bontés pour moi... mais...

— Loin de là... vous comblez mes vœux... Pourtant, je l'avoue, je n'étais pas certain de trouver chez vous cette sainte exaltation du remords.

— Comment, monseigneur?

— Écoutez, dit Rodolphe, voici quelle avait été ma pensée : j'avais choisi pour vous l'état de boucher, parce que vos goûts, vos instincts vous y portaient...

— Hélas! monseigneur, c'est vrai... Sans ce que vous savez, ça aurait été mon bonheur... je le disais encore tantôt à M. Murph.

— Je le savais... aussi, mon pauvre Francœur, le bien nommé, si vous aviez accepté l'offre que je vous faisais... et vous le pouviez sans perdre de mon estime, tout ce qui est ici vous appartenait, je payais une dette sacrée... je vous retirais d'une position pénible, je vous constituais en vous un bon et frappant et salutaire exemple... et je continuais de m'intéresser à votre avenir. Si, au contraire, la vue du sang que vous vous apprêtiez à verser machinalement vous rappelait votre crime; si un soulèvement involontaire me prouvait que le remords veillait toujours au fond de votre âme, mes vues pour vous changeaient; car l'état que je vous offrais devenait un supplice de chaque jour...

— Oh! c'est bien vrai, monsieur Rodolphe, un supplice horrible.

— Maintenant voici ce que je vous propose; vous accepterez, je le crois, car j'ai agi d'après cette certitude. Une personne qui possède beaucoup de propriétés en Algérie m'a cédé pour vous (il n'y a plus du moins qu'à signer l'acte) une vaste ferme destinée à l'élève des bestiaux. Les terres qui en dépendent sont très-fertiles et en pleine exploitation; mais, je ne vous le cache pas, connaissant votre courage et le besoin où vous êtes de l'exercer, j'ai conditionnellement acquis ces biens, quoiqu'ils fussent situés aux limites de l'Atlas, c'est-à-dire aux avant-postes, et exposés à de fréquentes attaques des Arabes... Il faut être là au moins autant soldat que cultivateur; c'est à la fois une redoute et une métairie. L'homme qui fait valoir cette habitation en l'absence du propriétaire vous mettrait au fait de tout; il est, dit-on, honnête et dévoué; vous le garderiez auprès de vous tant qu'il vous serait nécessaire. Une fois établi là, non-seulement vous pourriez augmenter votre aisance par le travail et par l'intelligence, mais rendre de vrais services au pays par votre courage. Les colons se forment en milice. L'étendue de votre propriété, le nombre des tenanciers qui en dépendent vous rendraient le chef d'une troupe armée assez considérable. Disciplinée, électrisée par votre bravoure, elle pourrait être d'une extrême utilité pour protéger les propriétés éparses dans la plaine. Je vous le répète, j'ai choisi cela malgré le danger, ou plutôt à cause du danger, parce que je voulais utiliser votre intrépidité naturelle; parce que, tout en ayant expié, presque racheté un grand crime, votre réhabilitation sera plus noble, plus entière, plus héroïque, si elle s'achève au milieu des périls d'un pays indompté qu'au milieu des paisibles habitudes d'une petite ville. Si je ne vous ai pas d'abord offert cette position, c'est qu'il était plus que probable que l'autre vous satisferait; et celle-ci est si aventureuse, que je ne voulais pas vous y exposer sans vous laisser ce choix... Il en est temps encore, si cet établissement ne vous convient pas, dites-le-moi franchement, nous chercherons autre chose... sinon demain tout sera signé; je vous remettrai les titres de votre propriété, et vous irez à Alger avec une personne désignée par l'ancien propriétaire de la métairie pour vous mettre en possession des biens... Il vous sera dû deux années de fermage; vous les toucherez en arrivant. La terre rapporte trois mille francs; travaillez, améliorez, soyez actif, vigilant, et vous accroîtrez facilement votre bien-être et celui des colons que vous serez à même de secourir; car, je n'en doute pas, vous vous montrerez toujours charitable, généreux; vous vous rappellerez qu'être riche, c'est donner beaucoup... Quoique éloigné de vous, je ne vous perdrai pas de vue. Je n'oublierai jamais que moi et mon meilleur ami nous vous devons la vie. L'unique preuve d'attachement et de reconnaissance que je vous demande est d'apprendre assez vite à lire et à écrire pour pouvoir m'instruire régulièrement une fois par semaine de ce que vous faites, et vous adresser directement à moi si vous avez besoin de conseil ou d'appui.

Il est inutile de peindre les transports et la joie du Chourineur. Son caractère et ses instincts sont assez connus du lecteur pour que l'on comprenne qu'aucune proposition ne pouvait lui convenir davantage.

. . . .

Le lendemain, en effet, le Chourineur partait pour Alger.

CHAPITRE IV.

Recherches.

La maison que possédait Rodolphe dans l'allée des Veuves n'était pas le lieu de sa résidence ordinaire. Il habitait un des plus grands hôtels du faubourg Saint-Germain, situé à l'extrémité de la rue Plumet.

Pour éviter les honneurs dus à son rang souverain, il avait gardé l'incognito depuis son arrivée à Paris, son chargé d'affaires près de la cour de France ayant annoncé que son maître rendrait les visites officielles indispensables sous les nom et titres de comte de Duren.

Grâce à cet usage, fréquent dans les cours du Nord, un prince voyage avec autant de liberté que d'agrément, et échappe aux ennuis d'une représentation gênante.

Malgré son transparent incognito, Rodolphe tenait, ainsi qu'il convenait, un grand état de maison. Nous introduirons le lecteur à l'hôtel de la rue Plumet, le lendemain du départ du Chourineur pour l'Algérie.

Dix heures du matin venaient de sonner.

Au milieu d'une grande pièce située au rez-de-chaussée, et précédant le cabinet de travail de Rodolphe, Murph, assis devant un bureau, cachetait plusieurs dépêches.

Un huissier vêtu de noir, portant au cou une chaîne d'argent, ouvrit les deux battants de la porte du salon d'attente, et annonça :

— Son Excellence le baron de Graün!

Murph, sans se déranger de son occupation, salua le baron d'un geste à la fois cordial et familier.

— Monsieur le chargé d'affaires... dit-il en souriant, veuillez vous chauffer, je suis à vous dans l'instant.

— Sir Walter Murph, secrétaire intime de S. A. Sérénissime... j'attendrai vos ordres, répondit galement M. de Graün; et il fit en plaisantant un profond et respectueux salut au digne squire.

Le baron avait cinquante ans environ, des cheveux gris, rares, légèrement poudrés et crêpés. Son menton, un peu saillant, disparaissait à demi dans une haute cravate de mousseline très-empesée et d'une blancheur éblouissante. Sa physionomie était remplie de finesse, sa tournure de distinction, et sous les verres de ses besicles d'or brillait un regard aussi malin que pénétrant. Quoiqu'il fût dix heures du matin, M. de Graün portait un habit noir : l'étiquette le voulait ainsi; un ruban rayé de plusieurs couleurs tranchantes était noué à la boutonnière. Il posa son chapeau sur un fauteuil, et s'approcha de la cheminée pendant que Murph continuait son travail.

— Son Altesse a sans doute veillé une partie de la nuit, mon cher Murph, car votre correspondance me paraît considérable.

— Monseigneur s'est couché ce matin à six heures. Il a écrit entre

Reliure serrée

autres une lettre de huit pages au grand maréchal, et il m'en a dicté une non moins longue pour le chef du conseil suprême.

— Attendrai-je le lever de S. A. pour lui faire part des renseignements que j'apporte?

— Non, mon cher baron... Monseigneur a ordonné qu'on ne l'éveillât pas avant deux ou trois heures de l'après-midi : il désire que vous fassiez partir ce matin ces dépêches par un courrier spécial, au lieu d'attendre à lundi. Vous me confierez les renseignements que vous avez recueillis, et j'en rendrai compte à monseigneur à son réveil : tels sont ses ordres.

— A merveille! S. A. sera, je crois, satisfaite de ce que j'ai à lui apprendre. Mais, mon cher Murph, j'espère que l'envoi de ce courrier n'est pas d'un mauvais augure. Les dernières dépêches que j'ai eu l'honneur de transmettre à S. A...

— Annonçaient que tout allait au mieux *là-bas*; et c'est justement parce que monseigneur tient à exprimer le plus tôt possible son contentement au chef du conseil suprême et au grand maréchal, qu'il désire que vous expédiiez ce courrier aujourd'hui même.

— Je reconnais là S. A... S'il s'agissait de la moindre réprimande, elle ne se hâterait pas ainsi ; du reste, il n'y a qu'une voix sur la ferme et habile administration de nos gouvernants par intérim. C'est tout simple, ajouta le baron en souriant, la montre était excellente et parfaitement réglée par notre maître. Il ne s'agissait que de la monter ponctuellement pour que sa marche invariable et sûre continuât d'indiquer chaque jour l'emploi de chaque heure et de chacun. L'ordre dans le gouvernement produit toujours la confiance et la tranquillité chez le peuple ; c'est ce qui m'explique les bonnes nouvelles que vous me donnez.

— Et ici, rien de nouveau, cher baron? rien n'a été ébruité?... Nos mystérieuses aventures...

— Sont complétement ignorées. Depuis l'arrivée de monseigneur à Paris, on s'est habitué à ne le voir que très-rarement chez le peu de personnes qu'il s'était fait présenter ; on croit qu'il aime beaucoup la retraite, qu'il fait de fréquentes excursions dans les environs de Paris. S. A. s'est sagement débarrassée pour quelque temps du chambellan et de l'aide de camp qu'elle avait amenés d'Allemagne.

— Et qui nous eussent été des témoins fort incommodes.

— Ainsi, à l'exception de la comtesse Sarah Mac-Gregor, de son frère Tom Seyton de Halsbury, et de Karl, leur âme damnée, personne n'est instruit des déguisements de S. A.; or, ni la comtesse, ni son frère, ni Karl, n'ont d'intérêt à trahir le secret.

— Ah! mon cher baron, dit Murph en souriant, quel malheur que cette maudite comtesse soit veuve maintenant!

— Ne s'était-elle pas mariée en 1827 ou en 1828?

— En 1827, peu de temps après la mort de cette malheureuse petite fille qui aurait maintenant seize ou dix-sept ans, et que monseigneur pleure encore chaque jour, sans en parler jamais.

— Regrets d'autant plus concevables que S. A. n'a pas eu d'enfant de son mariage.

— Aussi, tenez, mon cher baron, j'ai bien deviné qu'à part la pitié qu'inspire la pauvre Goualeuse, l'intérêt que monseigneur porte à cette malheureuse créature vient surtout de ce que la fille qu'il regrette si amèrement (tout en détestant la comtesse sa mère) aurait maintenant le même âge.

— Il est réellement fatal que cette Sarah, dont on devait se croire pour toujours délivré, se retrouve libre justement dix-huit mois après que S. A. a perdu le modèle des épouses après quelques années de mariage. La comtesse se croit, j'en suis certain, favorisée du sort par ce double veuvage.

— Et ses espérances insensées renaissent plus ardentes que jamais; pourtant elle sait que monseigneur a pour elle l'aversion la plus profonde, la plus méritée. N'a-t-elle pas été cause de... Ah! baron, dit Murph sans achever sa phrase, cette femme est funeste... Dieu veuille qu'elle ne nous amène pas d'autres malheurs!

— Que peut-on craindre d'elle, mon cher Murph? Autrefois elle a eu sur monseigneur l'influence que prend toujours une femme adroite et intrigante sur un jeune homme qui aime pour la première fois et qui se trouve surtout dans les circonstances que vous savez; mais cette influence a été détruite par la découverte des indignes manœuvres de cette créature, et surtout par le souvenir de l'événement épouvantable qu'elle a provoqué.

— Plus bas, mon cher de Graün, plus bas, dit Murph. Hélas! nous sommes dans ce mois sinistre, et nous approchons de cette date non moins sinistre, le 13 janvier ; je crains toujours pour monseigneur ce terrible anniversaire.

— Pourtant, une grande faute peut se faire pardonner par l'expiation, Son Altesse ne doit-elle pas être absoute?

— De grâce, mon cher de Graün, ne parlons pas de cela ; j'en serais attristé pour toute la journée.

— Je vous disais donc qu'à cette heure les visées de la comtesse Sarah sont absurdes, la mort de la pauvre petite fille dont vous parliez tout à l'heure a brisé le dernier lien qui pouvait encore attacher monseigneur à cette femme; elle est folle si elle persiste dans ses espérances.

— Oui! mais c'est une dangereuse folle. Son frère, vous le savez, partage ses ambitieuses et opiniâtres imaginations, quoique ce digne couple ait à cette heure autant de raisons de désespérer qu'il en a d'espérer il y a dix-huit ans.

— Ah! que de malheurs a aussi causés dans ce temps-là l'infer abbé Polidori par sa criminelle complaisance!

— A propos de ce misérable, on m'a dit qu'il était ici depuis un ou deux, plongé sans doute dans une profonde misère, ou se livrant quelque ténébreuse industrie.

— Quelle chute pour un homme de tant de savoir, de tant d'esp de tant d'intelligence!

— Mais aussi d'une si abominable perversité... Fasse le ciel qu'il rencontre pas la comtesse! L'union de ces deux mauvais esprits se bien dangereuse.

— Encore une fois, mon cher Murph, l'intérêt même de la comte si déraisonnable que soit son ambition, l'empêchera toujours de pro du goût aventureux de monseigneur pour tenter quelque mécha action.

— Je l'espère comme vous ; cependant le hasard a déjoué je ne quelle proposition, détestable sans doute, que cette femme voulait f au Maître d'école, cet affreux scélérat qui, à cette heure, hors d'éta nuire à personne, vit ignoré, peut-être repentant, chez d'honnêtes p sans du village de Saint-Mandé. Hélas! je suis convaincu, c'était tout pour se venger de cet assassin que monseigneur, en lui infligea châtiment terrible, risquait de se mettre dans une position tr grave.

— Grave! non, non, mon cher Murph ; car enfin la question c celle-ci : un forçat évadé, un meurtrier reconnu, s'introduit chez v et vous frappe d'un coup de poignard ; vous pouvez le tuer par droit légitime défense ou l'envoyer à l'échafaud ; dans les deux cas ce mi rat est voué à la mort ; maintenant, au lieu de tuer ou de le jeter bourreau, par un châtiment formidable mais mérité, vous mettez monstre hors d'état de nuire à la société. Qui vous accuserait? La ji tice se portera-t-elle partie civile contre vous en faveur d'un pareil h dit? Serez-vous condamnable pour avoir été moins loin que la lo vous permettait d'aller, pour avoir seulement privé de la vue celui q vous pouviez légalement tuer? Comment, pour défendre ma vie ou j me venger d'un flagrant adultère, la société me reconnaît le droit vie et de mort sur mon semblable, droit formidable, droit sans contrô sans appel, qui me constitue juge et bourreau, et je ne pourrais modifier à mon gré la peine capitale que j'aurais pu infliger impun ment? et surtout... surtout lorsqu'il s'agit du brigand dont nous p lons? car la question est là. Je laisse de côté notre position de pri souverain de la Confédération germanique. Je sais qu'en droit cela signifie rien ; mais en fait il est des immunités forcées ; d'ailleurs, su posez un tel procès soulevé contre monseigneur, que d'actions gé reuses plaideraient pour lui! que d'aumônes, que de bienfaits alors vélés ! Encore une fois, dans les conditions où elle se présente, supp sez cette cause étrange appelée devant un tribunal, que pensez-vo qu'il arrive?

— Monseigneur me l'a toujours dit : il accepterait l'accusation et se profiterait en rien des immunités que sa position lui pourrait assum Mais qui ébruiterait ce malheureux événement ? Vous savez l'inébra lable discrétion de David et des quatre serviteurs hongrois de la mai de l'allée des Veuves. Le Chourineur, que monseigneur a comblé, e pas dit un mot de l'exécution du Maître d'école, de peur de se trouv compromis. Avant son départ pour Alger, il m'a juré de garder le si lence à ce sujet. Quant au brigand lui-même, il sait où aller se plaind c'est porter sa tête au bourreau.

— Enfin, ni monseigneur, ni vous, ni moi, ne parlerons, n'est-ce p Mon cher Murph, ce secret, pour être de plusieurs personnes, n' sera donc pas moins bien gardé. Au pis-aller, quelques contrariét seules seraient à craindre ; et encore de si nobles, de si grandes cho apparaîtraient au grand jour à propos de cette cause étrange, qu'une telle accusation, je le répète, serait un triomphe pour Son Altesse.

— Vous me rassurez complétement. Mais vous m'apportez, dit vous, les renseignements obtenus à l'aide des lettres trouvées sur Maître d'école et des déclarations faites par la Chouette pendant son jour à l'hôpital, dont elle est sortie depuis quelques jours, bien gué de sa fracture à la jambe.

— Voici ces renseignements, dit le baron en tirant un papier de poche. Ils sont relatifs aux recherches faites sur la naissance de la jeu fille appelée la Goualeuse, et sur le lieu de résidence actuelle de Fra çois-Germain, fils du Maître d'école.

— Voulez-vous me lire ces notes, mon cher de Graün ? Je conn les intentions de monseigneur, je verrai si ces informations suffisen Vous êtes toujours satisfait de votre agent?

— C'est un homme précieux, plein d'intelligence, d'adresse et discrétion. Je suis même parfois obligé de modérer son zèle, car, vo le savez, Son Altesse se réserve certains éclaircissements.

— Et il ignore toujours la part que monseigneur a dans tout ceci?

— Absolument. Ma position diplomatique sert d'excellent prétex aux investigations dont je me charge. M. Badinot (notre homme s'ap pelle ainsi) a beaucoup d'entregent et de relations patentes ou occul tes dans presque toutes les classes de la société ; jadis avoué, forcé vendre sa charge pour de graves abus de confiance, il n'en a pas moi conservé des notions très-exactes sur la fortune et sur la position de anciens clients; il sait maint secret dont il se glorifie effrontément d'avoir trafiqué; deux ou trois fois enrichi et ruiné dans les affaires, trop connu pour tenter de nouvelles spéculations, réduit au jour le jour par une foule de moyens plus ou moins illicites, c'est une espèce de Figaro assez curieux à entendre. Tant que son intérêt le lui commande, il appartient corps et âme à qui le paye, il n'a pas d'intérêt à nous tromper; je le fais d'ailleurs surveiller à son insu; nous n'avons donc aucune raison de nous défier de lui.

— Les renseignements qu'il nous a déjà donnés étaient, du reste, fort exacts.

— Il a de la probité à sa manière, et je vous assure, mon cher Murph, que M. Badinot est le type très-original d'une de ces existences mystérieuses que l'on ne rencontre et qui ne sont possibles qu'à Paris. Il amuserait fort Son Altesse s'il n'était pas nécessaire qu'il n'eût aucun rapport avec elle.

— On pourrait augmenter la paye de M. Badinot; jugez-vous cette gratification nécessaire?

— Cinq cents francs par mois et les faux frais... montant à peu près à la même somme, me paraissent suffisants; il semble content; nous verrons plus tard.

— Et il n'a pas honte du métier qu'il fait?

— Lui? il s'en honore beaucoup au contraire; il ne manque jamais, en m'apportant ses rapports, de prendre un certain air important... je n'ose dire diplomatique; car le drôle fait semblant de croire qu'il s'agit d'affaires d'État, et de s'émerveiller des rapports occultes qui peuvent exister entre les intérêts les plus divers et les destinées des empires. Oui, il a l'impudence de me dire quelquefois: « Que de complications inconnues au vulgaire dans le gouvernement d'un État! Qui dirait pourtant que les notes que je vous remets, monsieur le baron, sont sans doute leur part d'action dans les affaires de l'Europe! »

— Allons, ces coquins cherchent à faire illusion sur leur bassesse; c'est toujours flatteur pour les honnêtes gens. Mais ces notes, mon cher baron?

— Les voici presque entièrement rédigées d'après le rapport de M. Badinot.

— Je vous écoute.

M. de Graün lut ce qui suit:

NOTE RELATIVE A FLEUR-DE-MARIE.

« Vers le commencement de l'année 1827, un homme appelé Pierre Tournemine, actuellement détenu au bagne de Rochefort pour crime de faux, a proposé à la femme Gervais, dite la Chouette, de se charger pour toujours d'une petite fille âgée de cinq ou six ans, et de recevoir pour salaire la somme de mille francs une fois payée. »

— Hélas! mon cher baron, dit Murph en interrompant M. de Graün, 1827... c'est justement cette année-là que monseigneur a appris la mort de la malheureuse enfant qu'il regrette si douloureusement... Pour cette cause et pour bien d'autres, cette année a été funeste à notre maître.

— Les heureuses années sont rares, mon pauvre Murph. Mais je continue:

« Le marché conclu, l'enfant est resté avec cette femme pendant deux ans, au bout desquels, voulant échapper aux mauvais traitements dont elle l'accablait, la petite fille a disparu. La Chouette n'en avait pas entendu parler depuis plusieurs années, lorsqu'elle l'a revue pour la première fois dans un cabaret de la Cité, il y a environ six semaines. L'enfant, devenue jeune fille, portait alors le surnom de la Goualeuse.

« Peu de temps après cette rencontre, le nommé Tournemine, que le Maître d'école a connu au bagne de Rochefort, avait fait remettre à Bras-Rouge (correspondant mystérieux et habituel des forçats détenus au bagne ou libérés) une lettre détaillée concernant l'enfant autrefois confié à la femme Gervais, dite la Chouette.

« De cette lettre et des déclarations de la Chouette, il résulte qu'une madame Séraphin, gouvernante d'un notaire nommé Jacques Ferrand, avait, en 1827, chargé Tournemine de lui trouver une femme qui, pour six ans, ou plus tard 1,000 francs, consentît à se charger d'un enfant de cinq ou six ans, que l'on voulait éloigner, ainsi qu'il a été dit plus haut.

« La Chouette accepta cette proposition.

« Le but de Tournemine, en adressant ces renseignements à Bras-Rouge, était de mettre ce dernier à même de faire rançonner madame Séraphin par un tiers, en la menaçant d'ébruiter cette aventure depuis longtemps oubliée. Tournemine affirmait que cette madame Séraphin n'était que la mandataire de personnages inconnus.

« Bras-Rouge avait confié cette lettre à la Chouette, cette associée depuis quelque temps aux crimes du Maître d'école; ce qui explique comment, lors de sa rencontre avec la Goualeuse au cabaret du Lapin-Blanc, la Chouette, pour tourmenter Fleur-de-Marie, lui dit: On a retrouvé tes parents, mais tu ne les connaîtras pas.

« La question était de savoir si la lettre de Tournemine concernant l'enfant autrefois remis par lui à la Chouette contenait la vérité.

« On s'est informé de madame Séraphin et du notaire Jacques Ferrand.

« Tous deux existent.

« Le notaire demeure rue du Sentier, n° 41; il passe pour austère et pieux, du moins il fréquente beaucoup les églises; il a dans la pratique des affaires une régularité excessive que l'on taxe de dureté; son étude est excellente; il vit avec une parcimonie qui approche de l'avarice; madame Séraphin est toujours sa gouvernante.

« M. Jacques Ferrand, qui était fort pauvre, a acheté sa charge 350,000 francs; ces fonds lui ont été fournis sous bonne garantie par M. Charles Robert, officier supérieur de l'état major de la garde nationale de Paris, très-beau jeune homme, fort à la mode dans un certain monde. Il partage avec le notaire le produit de son étude, qui est estimé 50,000 francs environ, et ne se mêle en rien des affaires du notariat, bien entendu. Quelques médisants affirment que, par suite d'heureuses spéculations ou de coups de Bourse tentés de concert avec M. Charles Robert, le notaire serait à cette heure en mesure de rembourser le prix de sa charge; mais la réputation de M. Jacques Ferrand est si bien établie, que l'on s'accorde à regarder ces bruits comme d'horribles calomnies. Il paraît donc certain que madame Séraphin, gouvernante de ce saint homme, pourra fournir de précieux éclaircissements sur la naissance de la Goualeuse. »

— A merveille! cher baron, dit Murph; il y a quelque apparence de réalité dans les déclarations de ce Tournemine. Peut-être trouverons-nous chez le notaire les moyens de découvrir les parents de cette malheureuse enfant. Maintenant avez-vous d'aussi bons renseignements sur le fils du Maître d'école?

— Peut-être moins précis... Ils sont pourtant assez satisfaisants.

— Vraiment votre M. Badinot est un trésor.

— Vous voyez que ce Bras-Rouge est la cheville ouvrière de tout ceci. M. Badinot, qui doit avoir quelques accointances avec la police, nous l'avait déjà signalé comme l'intermédiaire de plusieurs forçats lors des premières démarches de monseigneur pour retrouver le fils de madame Georges Duresnel, femme infortunée du monstre de Maître d'école.

— Sans doute; et c'est en allant chercher Bras-Rouge dans son bouge de la Cité, rue aux Fèves, n° 13, que monseigneur a rencontré le Chourineur et la Goualeuse. Son Altesse avait absolument voulu profiter de cette occasion pour visiter ces affreux repaires, pensant que peut-être elle trouverait là quelques malheureux à retirer de la fange. Ses pressentiments ne l'ont point trompé; mais au prix de quels dangers, mon Dieu!

— Dangers que vous avez bravement partagés, mon cher Murph...

— Ne suis-je pas pour cela charbonnier ordinaire de Son Altesse? répondit le squire en souriant.

— Dites donc intrépide garde du corps, mon digne ami. Mais parler de votre courage et de votre dévouement, c'est une redite. Je continue donc mon rapport... Voici la note concernant François-Germain, fils de madame Georges et du Maître d'école, autrement dit Duresnel.

CHAPITRE V.

Renseignements sur François Germain.

M. de Graün continua:

« Il y a environ dix-huit mois, un jeune homme, nommé François-Germain, arriva à Paris venant de Nantes, où il était employé dans la maison du banquier Noël et compagnie.

« Il résulte des aveux du Maître d'école et de plusieurs lettres trouvées sur lui, que le scélérat auquel le sort avait confié son fils pour le pervertir, afin de l'employer un jour à de criminelles actions, dévoila cette horrible trame à ce jeune homme, en lui proposant de favoriser une tentative de vol et de faux que l'on voulait commettre au préjudice de la maison Noël et compagnie, où travaillait François-Germain.

« Ce misérable repoussa cette offre avec indignation; mais, ne voulant pas dénoncer l'homme qui l'avait élevé, il écrivit une lettre anonyme à son patron, l'instruisit de projet de complot que l'on tramait, et quitta secrètement Nantes pour échapper à ceux qui avaient tenté de le rendre l'instrument et le complice de leurs crimes.

« Ces misérables, apprenant le départ de Germain, vinrent à Paris, s'abouchèrent avec Bras-Rouge et se mirent à la poursuite du fils du Maître d'école, sans doute dans de sinistres intentions, puisque ce jeune homme connaissait leurs projets. Après de longues et nombreuses recherches, ils parvinrent à découvrir son adresse; mais il était trop tard: Germain, ayant quelques jours auparavant rencontré celui qui avait essayé de le corrompre, changea brusquement de demeure, devinant le motif qui amenait cet homme à Paris. Le fils du Maître d'école échappa ainsi encore une fois à ses persécuteurs.

« Cependant, il y a six semaines environ, ceux-ci parvinrent à savoir qu'il demeurait rue du Temple, n° 17. Un soir, en rentrant chez lui, il manqua d'être victime d'un guet-apens (le Maître d'école avait caché cette circonstance à monseigneur).

« Germain devina d'où partait le coup, quitta la rue du Temple, et on ignora de nouveau le lieu de sa résidence. Les recherches en étaient à ce point lorsque le Maître d'école fut puni de ses crimes.

« C'est à ce point aussi que les recherches ont été reprises par l'ordre de monseigneur.

« En voici le résultat :

« François-Germain a habité environ trois mois la maison de la rue du Temple, n° 17, maison d'ailleurs extrêmement curieuse par les mœurs et par les industries de la plupart des gens qui l'habitent. Germain y était fort aimé pour son caractère gai, serviable et ouvert. Quoiqu'il parût vivre de revenus ou d'appointements très-modestes, il avait prodigué les soins les plus touchants à une famille d'indigents qui habitent les mansardes de cette maison. On s'est en vain informé rue du Temple de la nouvelle demeure de François-Germain et de la profession qu'il exerçait ; on suppose qu'il était employé dans quelque bureau ou maison de commerce, car il sortait le matin et rentrait le soir vers les dix heures.

« La seule personne qui sache certainement où habite actuellement ce jeune homme est une locataire de la maison de la rue du Temple ; cette jeune fille, qui paraissait intimement liée avec Germain, est une fort jolie grisette nommée mademoiselle Rigolette. Elle occupe une chambre voisine de celle où logeait Germain. Cette chambre, vacante depuis le départ de ce dernier, est à louer maintenant. C'est sous le prétexte de sa location que l'on s'est procuré les renseignements ultérieurs. »

— Rigolette ? dit tout à coup Murph, qui depuis quelques moments semblait réfléchir, Rigolette ? je connais ce nom-là !

— Comment ! sir Walter Murph, reprit le baron en riant, comment, digne et respectable père de famille, vous connaissez des grisettes ?... Comment, le nom d'une mademoiselle Rigolette n'est pas nouveau pour vous ! Ah ! fi ! fi !

— Pardieu ! monseigneur m'a mis à même d'avoir de si bizarres connaissances, que vous n'auriez guère le droit de vous étonner de celle-là, baron. Mais attendez donc... Oui, maintenant... je me le rappelle parfaitement : monseigneur, en me racontant l'histoire de la Goualeuse, n'a pu s'empêcher de rire de ce nom grotesque de Rigolette. Autant qu'il m'en souvient, c'était celui d'une amie de prison de cette pauvre Fleur-de-Marie.

— Eh bien, à cette heure, mademoiselle Rigolette peut nous devenir d'une excessive utilité. Je termine mon rapport :

« Peut-être y aurait-il quelque avantage à louer la chambre vacante dans la maison de la rue du Temple. On n'avait pas l'ordre de pousser plus loin les investigations ; mais, d'après quelques mots échappés à la portière, on a tout lieu de croire non-seulement qu'il serait possible de trouver dans cette maison des renseignements certains sur le fils du Maître d'école par l'intermédiaire de mademoiselle Rigolette, mais que monseigneur pourrait observer là des mœurs, des industries, et surtout des misères dont il ne soupçonne pas l'existence.

CHAPITRE VI.

Le marquis d'Harville.

— Ainsi vous le voyez, mon cher Murph, dit M. de Graün en finissant la lecture de ce rapport, qu'il remit au squire, d'après nos renseignements, c'est chez le notaire Jacques Ferrand qu'il faut chercher trace des parents de la Goualeuse, et c'est à mademoiselle la Goualeuse qu'il faut demander où demeure maintenant François-Germain. C'est déjà beaucoup, ce me semble, de savoir où chercher... ce qu'on cherche.

— Sans doute, baron ; de plus, monseigneur trouvera, j'en suis sûr, une ample moisson d'observations dans cette maison dont on parle. Ce n'est pas là encore : vous êtes vous informé de ce qui concerne le marquis d'Harville ?

— Oui, et du moins quant à la question d'argent les craintes de S. A. ne sont pas fondées. M. Badinot affirme, et je le crois bien instruit, que la fortune du marquis n'a jamais été plus solide, plus sagement administrée.

— Après avoir vain cherché la cause du profond chagrin qui minait M. d'Harville, monseigneur s'était imaginé qu'il peut-être le marquis éprouvait quelque embarras d'argent, il serait alors venu à son aide avec cette mystérieuse délicatesse que vous lui connaissez :... mais puisqu'il s'est trompé dans ses conjectures, il lui faut renoncer à trouver le mot de cette énigme avec d'autant plus de regret que beaucoup M. d'Harville.

— C'est tout simple, S. A. n'a jamais

La punition. — PAGE 38.

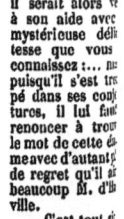

oublié tout ce que son père doit au père du marquis. Savez-vous, cher Murph, qu'en 1815, lors du remaniement des États de la Confédération germanique, le père de S. A. courait de grands risques d'extermination, à cause de son attachement connu, éprouvé pour Napoléon. Feu le vieux marquis d'Harville rendit, dans cette occasion, d'immenses services au père de notre maître, grâce à l'amitié dont l'honorait l'empereur Alexandre, amitié qui datait de l'émigration du marquis en Russie, et qui, invoquée par lui, eut une puissante influence dans les délibérations du congrès où se débattaient les intérêts des princes de la Confédération germanique.

— Et voyez, baron, combien souvent les nobles actions s'enchaînent : en 92, le père du marquis est proscrit ; il trouve en Allemagne, auprès du père de monseigneur, l'hospitalité la plus généreuse ; après un jour de trois ans dans notre cour, il part pour la Russie, y mérite les bontés du czar, et à l'aide de ces bontés il est à son tour très-utile au prince qui l'avait autrefois si noblement accueilli.

N'est-ce pas en 1815, pendant le séjour du vieux marquis d'Harville auprès du grand-duc alors régnant, que l'amitié de monseigneur et du jeune d'Harville a commencé?

— Oui, ils ont conservé les plus doux souvenirs de cet heureux temps de leur jeunesse. Ce n'est pas tout : monseigneur a une si profonde reconnaissance pour la mémoire de l'homme dont l'amitié a été si utile à son père, que tous ceux qui appartiennent à la famille d'Harville ont droit à la bienveillance de S. A... Ainsi c'est non moins à ses malheurs et à ses vertus qu'à cette parenté que la pauvre madame Georges a dû les incessantes bontés de S. A.

— Madame Georges! la femme de Duresnel! le forçat surnommé le Maître d'école? s'écria le baron.

— Oui, la mère de ce François-Germain que nous cherchons et que nous trouverons, je l'espère...

— Elle est parente de M. d'Harville?

— Elle était cousine de sa mère et son intime amie. Le vieux marquis avait pour madame Georges l'amitié la plus dévouée.

— Mais comment la famille d'Harville lui a-t-elle laissé épouser ce monstre de Duresnel, mon cher Murph?

— Le père de cette infortunée, M. de Lagny, intendant du Languedoc avant la révolution, possédait de grands biens ; il échappa à la proscription. Aux premiers jours de calme qui suivirent cette terrible époque, il s'occupa de marier sa fille. Duresnel se présenta ; il appartenait à une excellente famille parlementaire ; il était riche ; il cachait ses inclinations perverses sous des dehors hypocrites ; il épousa mademoiselle de Lagny. Quelque temps dissimulés, les vices de cet homme se développèrent bientôt : dissipateur, joueur effréné, adonné à la plus basse crapule, il rendit sa femme très-malheureuse.

Elle ne se plaignit pas, cacha ses chagrins, et après la mort de son père se retira dans une terre qu'elle fit valoir pour se distraire. Bientôt son mari eut englouti leur fortune commune dans le jeu et dans la débauche ; la propriété fut vendue. Alors elle emmena son fils et alla rejoindre sa parente la marquise d'Harville, qu'elle aimait comme sa sœur. Duresnel, ayant dévoré son patrimoine et les biens de sa femme, se trouva réduit aux expédients ; il demanda au crime de nouvelles ressources, devint faussaire, voleur, assassin, fut condamné au bagne à perpétuité, enleva son fils à sa femme pour le confier à un misérable de sa trempe. Vous savez le reste.

— Mais comment monseigneur a-t-il retrouvé madame Duresnel?
— Lorsque Duresnel fut jeté au bagne, sa femme, réduite à la plus profonde misère, prit le nom de Georges.
— Dans cette cruelle position, elle ne s'est donc pas adressée à la marquise d'Harville, sa parente, sa meilleure amie?
— La marquise était morte avant la condamnation de Duresnel, et depuis, par une honte invincible, jamais madame Georges n'a osé se présenter à sa famille, qui aurait certainement eu pour elle des égards que méritaient tant d'infortunes. Pourtant... une seule fois, poussée à bout par la misère et par la maladie... elle se résolut à implorer les secours de M. d'Harville, le fils de sa meilleure amie... Ce fut ainsi que monseigneur la rencontra.
— Comment donc?
— Un jour il allait voir M. d'Harville ; à quelques pas devant lui marchait une pauvre femme, vêtue misérablement, pâle, souffrante, abattue. Arrivée à la porte de l'hôtel d'Harville, au moment d'y frapper, après une longue hésitation, elle fit un brusque mouvement et revint sur ses pas, comme si le courage lui eût manqué. Très-étonné, monseigneur suivit cette femme, vivement intéressé par son air de douceur et de chagrin. Elle entra dans un logis de triste apparence. Monseigneur prit quelques renseignements sur elle : ils furent des plus honorables. Elle travaillait pour vivre, mais l'ouvrage et la santé lui manquaient: elle était réduite au plus affreux dénûment. Le lendemain j'allai chez elle avec monseigneur. Nous arrivâmes à temps pour l'empêcher de mourir de faim.

Après une longue maladie où tous les soins lui furent prodigués, madame Georges, dans sa reconnaissance, raconta sa vie à monseigneur, dont elle ne connaît encore ni le nom, ni le rang, et raconta, dis-je, sa vie, la condamnation de Duresnel, et l'enlèvement de son fils.
— Ce fut ainsi que Son Altesse apprit que madame Georges appartenait à la famille d'Harville?

Le Maître d'école.

— Oui, et après cette explication, monseigneur, qui avait apprécié de plus en plus les qualités de madame Georges, lui fit quitter Paris et l'établit à la ferme de Bouqueval, où elle est à cette heure avec la Goualeuse. Elle trouva dans cette paisible retraite, sinon le bonheur, du moins la tranquillité, et put se distraire de ses chagrins en gérant cette métairie. Autant pour ménager la douloureuse susceptibilité de madame Georges que parce qu'il n'aime pas à ébruiter ses bienfaits, monseigneur a laissé ignorer à M. d'Harville qu'il avait retiré sa parente d'une affreuse détresse.
— Je comprends maintenant le double intérêt de monseigneur à découvrir les traces du fils de cette pauvre femme.

— Vous jugez aussi par là, mon cher baron, de l'affection que porte Son Altesse à toute cette famille, et combien vif est son chagrin de voir le jeune marquis si triste avec tant de raisons d'être heureux.

— En effet, que manque-t-il à M. d'Harville? Il réunit tout, naissance, fortune, esprit, jeunesse; sa femme est charmante, aussi sage que belle...

— Cela est vrai, et monseigneur n'a songé aux renseignements dont nous venons de parler qu'après avoir en vain tâché de pénétrer la cause de la noire mélancolie de M. d'Harville; celui-ci s'est montré profondément touché des bontés de Son Altesse, mais il est toujours resté dans une complète réserve au sujet de sa tristesse. C'est peut-être une peine de cœur?

— On le dit pourtant fort amoureux de sa femme; elle ne lui donne aucun motif de jalousie. Je la rencontre souvent dans le monde : elle est fort entourée, comme l'est toujours une jeune et charmante femme, mais sa réputation n'a jamais reçu la moindre atteinte.

— Oui, le marquis se loue toujours beaucoup de sa femme..... Il n'a qu'une très-petite discussion avec elle au sujet de la comtesse Sarah Mac-Grégor!

— Elle la voit donc?

— Par le plus malheureux hasard, le père du marquis d'Harville a connu, il y a dix-sept ou dix-huit ans, Sarah Seyton de Halsbury et son frère Tom, lors de leur séjour à Paris, où ils étaient patronés par madame l'ambassadrice d'Angleterre. Apprenant que le frère et la sœur se rendaient en Allemagne, le vieux marquis leur donna des lettres d'introduction pour le père de monseigneur, avec lequel il entretenait une correspondance suivie. Hélas! mon cher de Graün, peut-être sans cette recommandation bien des malheurs seraient pas arrivés, car monseigneur n'aurait sans doute pas connu cette femme. Enfin, lorsque la comtesse Sarah est revenue ici, sachant l'amitié de Son Altesse pour le marquis, elle s'est fait présenter à l'hôtel d'Harville, dans l'espoir d'y rencontrer monseigneur; car elle met autant d'acharnement à le poursuivre qu'il met de persistance à la fuir.

— Se déguiser en homme pour relancer Son Altesse jusque dans la Cité!... Il n'y a qu'elle pour avoir des idées semblables.

— Elle espérait peut-être par là toucher monseigneur, et le forcer à une entrevue qu'il a toujours refusée et évitée. Pour en revenir à madame d'Harville, son mari, à qui monseigneur avait parlé de Sarah comme il le convenait, a conseillé à sa femme de la voir le moins possible; mais la jeune marquise, séduite par les flatteries hypocrites de la comtesse, s'est un peu révoltée contre les avis de M. d'Harville; de là quelques petits dissentiments, qui du reste ne peuvent certainement pas causer le morne abattement du marquis.

— Ah! les femmes... les femmes! mon cher Murph; je regrette beaucoup que madame d'Harville se trouve en rapport avec cette Sarah... Cette jeune et charmante petite marquise ne peut que perdre au commerce d'une si diabolique créature.

— A propos de créatures diaboliques, dit Murph, voici une dépêche relative à Cecily, l'indigne épouse du digne David.

— Entre nous, mon cher Murph, cette audacieuse métisse (1) aurait bien mérité la terrible punition que son mari, le cher docteur nègre, a infligée au Maître d'école par ordre de monseigneur. Elle aussi a fait couler le sang, et sa corruption est épouvantable.

— Et malgré cela si belle, si séduisante! Une âme perverse sous de gracieux dehors me cause toujours une double horreur.

— Sous ce rapport, Cecily est doublement odieuse; mais j'espère que cette dépêche annule les derniers ordres donnés par monseigneur au sujet de cette misérable.

— Au contraire...

— Monseigneur veut toujours qu'on l'aide à s'évader de la forteresse où elle avait été enfermée pour sa vie?

— Oui.

— Et que son prétendu ravisseur l'emmène en France? à Paris?

— Oui, et bien plus... cette dépêche ordonne de hâter, autant que possible, l'évasion de Cecily et de la faire voyager assez rapidement pour qu'elle arrive ici au plus tard dans quelques jours.

— Je m'y perds... monseigneur avait toujours manifesté tant d'horreur pour elle!...

— Et il en manifeste encore davantage, si cela est possible.

— Et pourtant il la fait venir auprès de lui! Du reste, il sera toujours facile, a pensé Son Altesse, d'obtenir l'extradition de Cecily, si elle n'accomplit pas ce qu'il attend d'elle. On ordonne au fils du geôlier de la forteresse de Gérolstein d'enlever cette femme en feignant d'être épris d'elle; on lui donne toutes les facilités nécessaires pour accomplir ce projet. Mille fois heureuse de cette occasion de fuir, la métisse suit son ravisseur supposé, arrive à Paris; soit, mais elle reste toujours sous le coup de la condamnation; c'est toujours une prisonnière évadée, et je suis parfaitement en mesure, dès qu'il plaira à monseigneur, de réclamer son extradition, de l'obtenir.

— Qui vivra verra, mon cher de Graün. Vous prierai aussi, d'après l'ordre de monseigneur, d'écrire à notre chancellerie pour y demander, courrier par courrier, une copie légalisée de l'acte de mariage

(1) Créole issue d'un blanc et d'une quarteronne esclave. Les métisses ne diffèrent des blanches que par quelques signes imperceptibles.

de David; car il s'est marié au palais ducal, en sa qualité d'officier de la maison de monseigneur.

— En écrivant par le courrier d'aujourd'hui, nous aurons cet acte dans huit jours au plus tard.

— Lorsque David a su par monseigneur la prochaine arrivée de Cecily, il en est resté pétrifié; puis s'est écrié. « J'espère que Votre Altesse ne m'obligera pas à voir ce monstre? Soyez tranquille, a répondu monseigneur, vous ne la verrez pas... mais j'ai besoin d'elle pour certains projets. » David s'est trouvé soulagé d'un poids énorme. Néanmoins, j'en suis sûr, de bien douloureux souvenirs s'éveilleront en lui.

— Pauvre nègre!... il est capable de l'aimer toujours. On la dit encore si jolie!

— Charmante... trop charmante... Il faudrait l'œil impitoyable d'une créole pour découvrir le *sang mêlé* dans l'imperceptible nuance bistrée qui colore légèrement la couronne des ongles roses de cette métisse; nos fraîches beautés du Nord n'ont pas un teint plus transparent, une peau plus blanche, des cheveux d'un châtain plus doré.

— J'étais en France lorsque monseigneur est revenu d'Amérique, ramenant David et Cecily; je sais que cet excellent homme est depuis cette époque attaché à Son Altesse par la plus vive reconnaissance, mais j'ai toujours ignoré par suite de quelle aventure il s'était voué au service de notre maître, et comment il avait épousé Cecily, que j'ai vue pour la première fois environ un an après son mariage; et Dieu sait le scandale qu'elle soulevait déjà!...

— Je puis parfaitement vous instruire de ce que vous désirez savoir, mon cher baron; j'accompagnais monseigneur dans ce voyage d'Amérique, où il a arraché David et la métisse au sort le plus affreux.

— Vous êtes mille fois bon, mon cher Murph, je vous écoute, dit le baron.

CHAPITRE VII.

Histoire de David et de Cecily.

— M. Willis, riche planteur américain de la Floride, dit Murph, avait reconnu dans l'un de ses jeunes esclaves noirs, nommé David, attaché à l'infirmerie de son habitation, une intelligence très-remarquable, une commisération profonde et attentive pour les pauvres malades, auxquels il donnait avec amour les soins prescrits par les médecins, et enfin une vocation si singulière pour l'étude de la botanique appliquée à la médecine, que, sans aucune instruction, il avait composé et classé une sorte de *Flore* des plantes de l'habitation et de ses environs. L'exploitation de M. Willis, située sur le bord de la mer, était éloignée de quinze ou vingt lieues de la ville la plus prochaine; les médecins du pays, assez ignorants d'ailleurs, se dérangeaient difficilement, à cause des grandes distances et de l'incommodité des voies de communication. Voulant remédier à cet inconvénient si grave dans un pays sujet à de violentes épidémies, et avoir toujours un praticien habile, le colon eut l'idée d'envoyer David en France apprendre la chirurgie et la médecine. Enchanté de cette offre, le jeune noir partit pour Paris; le planteur paya les frais de ses études, et, au bout de huit années d'un travail prodigieux, David, reçu docteur-médecin avec la plus grande distinction, revint en Amérique mettre son savoir à la disposition de son maître.

— Mais David avait dû se regarder comme libre et émancipé de fait et de droit en mettant le pied en France.

— Mais David est d'une loyauté rare, il avait promis à M. Willis de revenir; il revint. Puis il ne regardait pas pour ainsi dire comme sienne une instruction acquise avec l'argent de son maître. Et puis enfin il espérait pouvoir adoucir moralement et physiquement les souffrances des esclaves ses anciens compagnons. Il se promettait d'être non-seulement leur médecin, mais leur soutien, mais leur défenseur auprès du colon.

— Il faut en effet dire qu'il fallait un dévouement rare et d'un saint amour de ses semblables pour retourner auprès d'un maître, après un séjour de huit années à Paris... au milieu de la jeunesse la plus démocratique de l'Europe.

— Par ce trait... jugez de l'homme. Le voilà donc à la Floride, et, il faut le dire, traité par M. Willis avec considération et bonté, mangeant à sa table, logeant sous son toit; du reste, le colon stupide, méchant, sensuel, despote comme le sont quelques créoles, se crut très-généreux en donnant à David 600 francs de salaire. Au bout de quelques mois un typhus horrible ravage son habitation; M. Willis en est atteint, mais promptement guéri par les excellents soins de David. Sur trente nègres gravement malades, deux seulement périssent. M. Willis, enchanté des services de David, porte ses gages à 1,200 francs; le médecin noir se trouvait le plus heureux du monde, ses frères le regardaient comme leur providence; il avait, très-difficilement il est vrai, obtenu du maître quelque amélioration à leur sort, il espérait mieux pour l'avenir, en attendant, il moralisait, il consolait ces pauvres gens, il les exhortait à la résignation : il leur parlait de Dieu, qui veille sur le nègre comme sur le blanc; d'un autre monde, non plus peuplé de maîtres et d'esclaves, mais de justes et de méchants; d'une autre vie... éternelle celle-là où les uns n'étaient plus le bétail, la chose des autres, mais où les victimes d'ici-bas étaient si heureuses, qu'elles priaient dans le ciel pour leurs bourreaux... Que vous dirai-je ? A ces malheureux qui, au contraire des autres hommes, comptent avec une joie amère les pas que chaque jour ils font vers la tombe... à ces malheureux qui n'espéraient que le néant, David fit espérer une liberté immortelle ; leurs chaînes leur parurent alors moins lourdes, leurs travaux moins pénibles. David était leur idole. Une année environ se passa de la sorte. Parmi les plus jolies esclaves de cette habitation, on remarquait une métisse de quinze ans, nommée Cecily. M. Willis eut une fantaisie de sultan pour cette jeune fille : pour la première fois de sa vie peut-être il éprouva un refus, une résistance opiniâtre. Cecily aimait... elle aimait David, qui, pendant la dernière épidémie, l'avait soignée et sauvée avec un dévouement admirable ; plus tard, l'amour, le plus chaste amour paya la dette de la reconnaissance. David avait des goûts trop délicats pour ébruiter son bonheur avant le jour où il pourrait épouser Cecily ; il attendait qu'elle eût seize ans révolus. M. Willis, ignorant cette mutuelle affection, avait jeté superbement son mouchoir à la jolie métisse ; celle-ci, tout éplorée, vint raconter à David les tentatives brutales auxquelles elle n'avait à grand'peine échappé. Le noir la rassure, et va sur-le-champ la demander en mariage à M. Willis.

— Diable ! mon cher Murph, j'ai bien peur de deviner la réponse du sultan américain... Il refusa ?

— Il refusa. Il avait, disait-il, du goût pour cette jeune fille ; de sa vie il n'avait supporté les dédains d'une esclave : il voulait celle-là, il l'aurait. David choisirait une autre femme ou une autre maîtresse à son goût. Il y avait sur l'habitation dix capresses ou métisses aussi jolies que Cecily. David parla de son amour, que Cecily partageait depuis longtemps ; le planteur haussa les épaules. David insista ; ce fut en vain. Le créole eut l'impudence de lui dire qu'il était d'un mauvais exemple de voir un maître céder à un esclave, et que, cet exemple, il ne le donnerait pas pour satisfaire à un caprice de David. Celui-ci supplia, le maître s'impatienta ; David, rougissant de s'humilier davantage, parla d'un ton ferme des services qu'il rendait et de son désintéressement ; il se contentait du plus mince salaire. M. Willis, irrité, lui répondit avec mépris qu'il était mille fois trop bien traité pour un esclave. A ces mots, l'indignation de David éclata... Pour la première fois il parla en homme éclairé sur ses droits par un séjour de huit années en France. M. Willis, furieux, le traita d'esclave révolté, le menaça de la chaîne. David proféra quelques paroles amères et violentes... Deux heures après, attaché à un poteau, on le déchirait de coups de fouet, pendant qu'à sa vue on entraînait Cecily dans le sérail du planteur.

— La conduite de ce planteur est stupide et effroyable..... C'est l'absurdité dans la cruauté..... Il avait besoin de cet homme, après tout...

— Tellement besoin, que ce jour-là même l'accès de fureur où il s'était mis, joint à l'ivresse où cette brute se plongeait chaque soir, lui donna une maladie inflammatoire des plus dangereuses, et dont les symptômes se déclarèrent avec la rapidité particulière à ces affections : le planteur se mit à l'avoir une fièvre horrible... Il envoie un exprès chercher un médecin ; mais le médecin ne peut être arrivé à l'habitation avant trente-six heures...

— Vraiment cette péripétie semble providentielle... La fatale position de cet homme était méritée...

— Le mal faisait d'effrayants progrès... David seul pouvait sauver le colon ; mais Willis, méfiant comme tous les scélérats, ne doutait pas que le noir, pour se venger, ne l'empoisonnât dans une potion..... car, après l'avoir battu de verges, on avait jeté David au cachot..... Enfin, épouvanté de la marche de la maladie, pensant qu'à mourir pour mourir, il avait au moins une chance dans la générosité de son esclave, après de terribles hésitations Willis fit déchaîner David.

— Et David sauva le planteur ?

— Pendant cinq jours et cinq nuits il le veilla comme il aurait veillé son père, combattant la maladie pas à pas avec un savoir, une habileté admirables ; il finit par en triompher, à la profonde surprise du médecin qu'on avait fait appeler, et qui n'arriva que le second jour.

— Et une fois rendu à la santé... le colon ?

— Ne voulant pas rougir devant son esclave qui l'écraserait à chaque instant de toute la hauteur de son admirable générosité, le colon, à l'aide d'un sacrifice énorme, parvint à attacher à son habitation le médecin qu'on avait fait quérir, et David fut remis au cachot.

— Cela est horrible ! mais cela ne m'étonne pas : David eût été pour cet homme un remords vivant.

— Cette conduite barbare n'était pas d'ailleurs seulement dictée par la vengeance et par la jalousie. Les noirs de M. Willis aimaient David avec toute l'ardeur de la reconnaissance : il était pour eux le sauveur du corps et de l'âme. Ils savaient les soins qu'il avait prodigués au colon lors de la maladie de ce dernier... Aussi, sortant par miracle de l'abrutissante apathie où l'esclavage plonge ordinairement la créature, ces malheureux témoignèrent vivement de leur indignation, ou plutôt de leur douleur, lorsqu'ils virent David déchiré à coups de fouet. M. Willis, exaspéré, crut découvrir dans cette manifestation le germe d'une révolte... Songeant à l'influence que David avait acquise sur les esclaves, et il crut capable de se mettre plus tard à la tête d'un soulèvement, et

de se venger alors de l'exécrable ingratitude de son maître... Cette crainte absurde fut un nouveau motif pour le colon d'accabler David de mauvais traitements, et de le mettre hors d'état d'accomplir les sinistres desseins dont il le soupçonnait.

— A ce point de vue d'une terreur farouche... cette conduite semble moins stupide, quoique tout aussi féroce.

— Peu de temps après ces événements, nous arrivons en Amérique. Monseigneur avait affrété un brick danois à Saint-Thomas ; nous visitions incognito toutes les habitations du littoral américain que nous côtoyions. Nous fûmes magnifiquement reçus par M. Willis. Le lendemain de notre arrivée, le soir, après boire, autant par excitation du vin que par forfanterie cynique, M. Willis nous raconta, avec d'horribles plaisanteries, l'histoire de David et de Cecily ; j'oubliais de vous dire qu'on avait fait aussi jeter cette malheureuse au cachot, pour la punir de ses premiers dédains. A cet affreux récit, Son Altesse crut que Willis se vantait ou qu'il était ivre... Cet homme était ivre, mais il ne se vantait pas. Pour dissiper son incrédulité, le colon se leva de table en commandant à un esclave de prendre une lanterne et de nous conduire au cachot de David.

— Eh bien ?

— De ma vie je n'ai vu un spectacle aussi déchirant. Hâves, décharnés, à moitié nus, couverts de plaies, David et cette malheureuse fille, enchaînés par le milieu du corps, l'un à un bout du cachot, l'autre du côté opposé, ressemblaient à des spectres. La lanterne qui nous éclairait jetait sur ce tableau une teinte plus lugubre encore. David, à notre aspect, ne prononça pas un mot ; son regard avait une effrayante fixité. Le colon lui dit avec une ironie cruelle :

— Eh bien ! docteur, comment vas-tu !..... Toi qui es si savant !..... sauve-toi donc !...

Le noir répondit par une parole et par un geste sublimes ; il leva lentement la main droite, son index étendu vers le plafond ; et, sans regarder le colon, d'un ton solennel il dit :

— Dieu !

Et il se tut.

— Dieu ? reprit le planteur en éclatant de rire : dis-lui donc, à Dieu, de venir t'arracher de mes mains ! Je l'en défie !...

Puis ce Willis, égaré par la fureur et par l'ivresse, montra le poing au ciel, et s'écria en blasphémant :

— Oui, je défie Dieu de m'enlever mes esclaves avant leur mort !..... S'il ne le fait pas, je nie son existence !...

— C'était trop stupide !

— Cela nous souleva le cœur de dégoût... Monseigneur ne dit mot. Nous sortons du cachot... La nuit était noire, l'habitation, sur le bord de la mer. Nous retournons à bord de notre brick, mouillé à une très-petite distance. A une heure du matin, au moment où toute l'habitation était plongée dans le plus profond sommeil, monseigneur descend à terre avec huit hommes bien armés, va droit au cachot, le force, enlève David ainsi que Cecily. Les deux victimes sont transportées à bord sans qu'on se soit aperçu de notre expédition ; puis monseigneur et moi nous nous rendons à la maison du planteur. Bizarrerie étrange ! ces hommes torturent leurs esclaves, et ne prennent contre eux aucune précaution : ils dorment fenêtres et portes ouvertes. Nous arrivons très-facilement à la chambre à coucher du planteur, intérieurement éclairée par une verrine. Celui-ci se dresse sur son séant, le cerveau encore alourdi par les fumées de l'ivresse.

— Vous avez ce soir défié Dieu de vous enlever vos deux victimes avant leur mort ? Il vous les enlève, dit monseigneur. Je vais prendre un sac que je portais et qui renfermait 25,000 francs en or, il le jeta sur le lit de cet homme et ajouta : — Voici ce qui nous indemnisera de la perte de vos deux esclaves. A votre violence qui tue j'oppose une violence qui sauve, Dieu jugera !... Et nous disparaissons, laissant M. Willis stupéfait, immobile, se croyant sous l'impression d'un songe. Quelques minutes après, nous avions rejoint le brick et mis à la voile.

— Il me semble, mon cher Murph, que Son Altesse indemnisait bien largement ce misérable de la perte de ses esclaves ; car, à la rigueur, David ne lui appartenait plus.

— Nous avions à peu près calculé la dépense faite pour les études de ce dernier pendant huit ans, puis au moins triplé sa valeur et celle de Cecily comme simples esclaves. Notre conduite blessait le droit des gens, je le sais ; mais si vous aviez vu dans quel horrible état se trouvaient ces malheureux presque agonisants, si vous aviez entendu ce défi sacrilège jeté à la face de Dieu par cet homme ivre de vin et de férocité, vous comprendriez que monseigneur ait voulu, comme il l'a dit dans cette occasion, « jouer un peu le rôle de la Providence. »

— Cela est tout aussi attaquable et aussi justiciable que la punition du Maître d'école, mon digne squire. Et cette aventure n'eut d'ailleurs pas de suite ?

— Elle n'en pouvait avoir aucune. Le brick était sous pavillon danois, l'incognito de Son Altesse sévèrement gardé ; nous passions pour de riches Anglais. A qui M. Willis, s'il eût osé se plaindre, eût-il adressé ses réclamations ? En fait, il nous avait dit lui-même, et le médecin de monseigneur le constata dans un procès-verbal, que les deux esclaves n'auraient pas vécu huit jours de plus dans cet affreux cachot. Il fallut les plus grands soins pour arracher Cecily à une mort presque certaine. Enfin ils revinrent à la vie. Depuis ce temps, David est resté attaché à monseigneur comme médecin, et il a, pour lui le dévouement le plus profond.

— David épousa sans doute Cecily, en arrivant en Europe?

— Ce mariage, qui paraissait devoir être si heureux, se fit dans le temple du palais de monseigneur ; mais, par un revirement extraordinaire, une fois en jouissance d'une position inespérée, oubliant tout ce que David avait souffert pour elle et ce qu'elle-même avait souffert pour lui, rougissant, dans ce monde nouveau, d'être mariée à un nègre, Cecily, séduite par un homme d'ailleurs horriblement dépravé, commit une première faute. On eût dit que la perversité naturelle de cette malheureuse, jusqu'alors endormie, n'attendait que ce dangereux ferment pour se développer avec une effroyable énergie. Vous savez le reste, le scandale de ses aventures. Après deux années de mariage, David, qui avait autant de confiance que d'amour, apprit toutes ces infamies : un coup de foudre l'arracha de sa profonde et aveugle sécurité.

— Il voulut, dit-on, tuer sa femme?

— Oui ; mais, grâce aux instances de monseigneur, il consentit à ce qu'elle fût renfermée pour sa vie dans une forteresse. Et c'est cette prison que monseigneur vient d'ouvrir... à votre grand étonnement et au mien, je ne vous le cache pas, mon cher baron.

— Franchement, la résolution de monseigneur m'étonne d'autant plus que le gouverneur de la forteresse a maintes fois prévenu Son Altesse que cette femme était indomptable ; rien n'avait pu rompre ce caractère audacieux et endurci dans le vice, et, malgré cela, monseigneur persiste à la mander ici. Dans quel but? pour quel motif?

— Voilà, mon cher baron, ce que j'ignore comme vous. Mais il se fait tard. Son Altesse désire que votre courrier parte le plus tôt possible pour Gérolstein.

— Avant deux heures il sera en route. Ainsi, mon cher Murph... à ce soir!

— A ce soir!

— Avez-vous donc oublié qu'il y a grand bal à l'ambassade de ***, et que Son Altesse doit y aller?

— C'est juste ; depuis l'absence du colonel Warner et du comte d'Harneim, j'oublie toujours que je remplis les fonctions de chambellan et d'aide de camp.

— Mais à propos du comte et du colonel, quand nous reviennent-ils? Leurs missions sont-elles bientôt achevées?

— Monseigneur, vous le savez, les tient éloignés le plus longtemps possible, pour avoir plus de solitude et de liberté. Quant à la mission que Son Altesse leur a donnée pour s'en débarrasser honnêtement, en les envoyant, l'un à Avignon, l'autre à Strasbourg, je vous la confierai un jour que nous serons tous deux d'humeur sombre ; car je défierais le plus noir hypocondriaque de ne pas éclater de rire, non-seulement à cette confidence, mais à certains passages des dépêches de ces dignes gentilshommes, qui prennent leurs prétendues missions avec un incroyable sérieux.

— Franchement, je n'ai jamais bien compris pourquoi Son Altesse avait placé le colonel et le comte dans son service particulier.

— Comment! le colonel Warner n'est-il pas le type admirable du militaire? Y a-t-il, dans toute la Confédération germanique, une plus belle taille, de plus belles moustaches, une tournure plus martiale? Et lorsqu'il est sanglé, caparaçonné, bridé, empanaché, peut-on voir un plus triomphant, un plus glorieux, un plus fier, un plus bel... animal?

— C'est vrai ; mais cette beauté-là n'empêche justement pas d'avoir l'air excessivement spirituel.

— Eh bien! monseigneur dit que, grâce au colonel, il s'est habitué à trouver tolérables les gens les plus pesants du monde. Avant certaines audiences mortelles, il s'enferme une demi-heure avec le colonel, et il sort de là tout crâne, tout gaillard, et prêt à défier l'ennui en personne.

— De même que le soldat romain, avant une marche forcée, se chaussait de sandales de plomb, afin de trouver toute fatigue légère en les quittant. J'apprécie maintenant l'utilité du colonel. Mais le comte d'Harneim?

— Est aussi d'une grande utilité pour monseigneur ; en entendant sans cesse bruire à ses côtés ce vieux hochet creux, brillant et sonore ; en voyant cette bulle de savon si gonflée... de néant, si magnifiquement diaprée, qui représente le côté théâtral et puéril du pouvoir souverain, monseigneur sent plus vivement encore la vanité de ces pompes stériles, et, par contraste, il a souvent dû à la contemplation de l'inutile et miroitant chambellan les idées les plus sérieuses et les plus fécondes.

— Du reste, il faut être juste, mon cher Murph, dans quelle cour trouverait-on, je vous prie, un plus parfait modèle du chambellan? Qui connaît mieux que cet excellent d'Harneim les innombrables règles et traditions de l'étiquette? Qui sait porter plus gravement une croix d'émail au cou et un plan majestueusement une clef d'or au dos?

— A propos, baron, monseigneur prétend que le dos d'un chambellan a une physionomie toute particulière ; c'est dit-il, une expression à la fois contrainte et révoltée, qui fait peine à voir ; car, ô douleur! c'est au dos du chambellan que brille le signe symbolique de sa charge ; et, selon monseigneur, ce digne d'Harneim semble toujours tenté de se présenter à reculons, pour que l'on juge tout de suite de son importance.

— Le fait est que le sujet incessant des méditations du comte est la question de savoir par quelle fatale imagination on a placé la clef du

chambellan derrière le dos ; car, ainsi qu'il le dit très-sensément, avec une sorte de douleur courroucée : « Que diable! on n'ouvre pas une porte avec le dos, pourtant! »

— Baron! le courrier, le courrier! dit Murph en montrant la pendule au baron.

— Maudit homme, qui me fait causer! c'est votre faute. Présentez mes respects à Son Altesse, dit M. de Graün en courant prendre son chapeau ; et à ce soir, mon cher Murph.

— A ce soir, mon cher baron ; un peu tard, car je suis sûr que monseigneur voudra visiter aujourd'hui même la mystérieuse maison de la rue du Temple.

CHAPITRE VIII.

Une maison de la rue du Temple.

Afin d'utiliser les renseignements que le baron de Graün avait recueillis sur la Goualeuse et sur Germain, fils du Maître d'école, Rodolphe devait se rendre rue du Temple et chez le notaire Jacques Ferrand ; chez celui-ci, pour tâcher d'obtenir de madame Séraphin quelques indices sur la famille de Fleur-de-Marie ;

A la maison de la rue du Temple, récemment habitée par Germain, afin de tenter de découvrir la retraite de ce jeune homme par l'intermédiaire de mademoiselle Rigolette ; tâche assez difficile, cette grisette sachant peut-être que le fils du Maître d'école avait le plus grand intérêt à laisser complétement ignorer sa nouvelle demeure.

En louant dans la maison de la rue du Temple la chambre naguère occupée par Germain, Rodolphe facilitait ainsi ses recherches, et se mettait à même d'observer de près les différentes classes de gens qui occupaient cette demeure.

Le jour même de l'entretien du baron de Graün et de Murph, Rodolphe se rendit, vers les trois heures, à la rue du Temple, par une triste journée d'hiver.

Située au centre d'un quartier marchand et populeux, cette maison n'offrait rien de particulier dans son aspect ; elle se composait d'un rez-de-chaussée occupé par un rogomiste, et de quatre étages surmontés de mansardes.

Une allée sombre, étroite, conduisait à une petite cour ou plutôt à une espèce de puits carré de cinq ou six pieds de large, complétement privé d'air, réceptacle infect de toutes les immondices de la maison, qui y pleuvaient des étages supérieurs, car des lucarnes sans vitres s'ouvraient au-dessus du plomb de chaque palier.

Au pied d'un escalier humide et noir, une lueur rougeâtre annonçait la loge du portier ; loge enfumée par la combustion d'une lampe, nécessaire même en plein midi pour éclairer cet antre obscur où nous suivrons Rodolphe, à peu près vêtu en commis marchand non endimanché.

Il portait un paletot de couleur douteuse, un chapeau quelque peu déformé, une cravate rouge, un parapluie et d'immenses socques articulés. Pour compléter l'illusion de son rôle, Rodolphe tenait sous le bras un grand rouleau d'étoffes soigneusement enveloppé.

Il entra chez le portier pour lui demander à visiter la chambre alors vacante.

Un quinquet, placé derrière un globe de verre rempli d'eau qui lui sert de réflecteur, éclaire la loge. Au fond, on aperçoit un lit recouvert d'une courte-pointe arlequin, formée d'une multitude de morceaux d'étoffes de toute espèce et de toute couleur ; à gauche, une commode de noyer, dont le marbre supporte pour ornement :

Un petit saint Jean de cire, avec son mouton blanc et sa perruque blonde, le tout placé sous une cage de verre étoilée, dont les fêlures sont ingénieusement consolidées par de bandes de papier bleu ;

Deux flambeaux de vieux plaqué rougi par le temps, et portant, au lieu de bougies, des oranges pailletées, sans doute récemment offertes à la portière comme cadeau du jour de l'an ;

Deux boîtes, l'une en paille de couleurs variées, l'autre recouverte de petits coquillages ; ces deux objets d'art sentent leur maison de détention ou leur bagne d'une lieue (1). (Espérons, pour la moralité du portier de la rue du Temple, que ce présent n'est pas un hommage de l'auteur.)

Enfin, entre les deux boîtes, et sous un globe de pendule, on admire une petite paire de bottes à cœur, en maroquin rouge, véritables bottes de poupée, mais soigneusement et savamment travaillées, ouvrées et piquées.

Ce chef-d'œuvre, comme disaient les anciens artisans, joint à une abominable odeur de cuir rance et à de fantastiques arabesques dessinées le long des murs, avec une innombrable quantité de vieilles chaussures, annonce suffisamment que le portier de cette maison a travaillé dans le neuf avant de descendre jusqu'à la restauration des vieilles chaussures.

Lorsque Rodolphe s'aventura dans ce bouge, M. Pipelet, le portier,

(1) Les forçats et les détenus s'occupent presque exclusivement de la fabrication de ces boîtes.

momentanément absent, était représenté par madame Pipelet. Celle-ci, placée près d'un poêle de fonte situé au milieu de la loge, semblait écouter gravement *chanter* sa marmite (c'est l'expression consacrée).

L'Hogarth français, Henri Monnier, a si admirablement stéréotypé la portière, que nous nous contenterons de prier le lecteur, s'il veut se figurer madame Pipelet, d'évoquer dans son souvenir la plus laide, la plus ridée, la plus bourgeonnée, la plus sordide, la plus dépenaillée, la plus hargneuse, la plus venimeuse des portières immortalisées par cet éminent artiste.

Le seul trait que nous nous permettrons d'ajouter à cet idéal, qui ne peut manquer d'être une merveilleuse réalité, sera une bizarre coiffure composée d'une perruque à la Titus ; perruque originairement blonde, mais nuancée par le temps d'une foule de tons roux et jaunâtres, bruns et fauves, qui émaillaient pour ainsi dire une confusion inextricable de mèches dures, roides, hérissées, emmêlées. Madame Pipelet n'abandonnait jamais cet unique et éternel ornement de son crâne sexagénaire.

A la vue de Rodolphe, la portière prononça d'un ton rogue ces mots sacramentaux :

— Où allez-vous ?

— Madame, il y a, je crois, une chambre et un cabinet à louer dans cette maison ? demanda Rodolphe en appuyant sur le mot madame, ce qui ne flatta pas médiocrement madame Pipelet. Elle répondit moins aigrement :

— Il y a une chambre à louer au quatrième, mais on ne peut pas la voir... Alfred est sorti.

— Votre fils, sans doute, madame ? Rentrera-t-il bientôt ?

— Non, monsieur, ce n'est pas mon fils, c'est mon mari !... Pourquoi donc Pipelet ne s'appellerait-il pas Alfred ?

— Il en a parfaitement le droit, madame ; mais, si vous le permettez, j'attendrai un moment son retour. Je tiendrais à louer cette chambre ; le quartier et la rue me conviennent ; la maison me plaît, car elle me semble admirablement bien tenue. Pourtant, avant de visiter le logement que je désire occuper, je voudrais savoir si vous pouvez, madame, vous charger de mon ménage ? J'ai l'habitude de ne jamais employer que les concierges, toutefois quand ils y consentent.

Cette proposition, exprimée en termes si flatteurs : concierge !... gagna complètement madame Pipelet ; elle répondit :

— Mais certainement, monsieur... je ferai votre ménage... je m'en honore, et pour six francs par mois vous serez servi comme un prince.

— Va pour les six francs. Madame... votre nom ?

— Pomone-Fortunée-Anastasie Pipelet.

— Eh bien, madame Pipelet, je consens aux six francs par mois pour vos gages. Et si la chambre me convient... quel est son prix ?

— Avec le cabinet, 150 francs, monsieur ; par un liard à rabattre. Le principal locataire a un chien... un chien qui tondrait sur un œuf.

— Et vous le nommez ?

— M. Bras-Rouge.

Ce nom et les souvenirs qu'il éveillait firent tressaillir Rodolphe.

— Vous dites, madame Pipelet, que le principal locataire se nomme ?...

— Eh bien... M. Bras-Rouge.

— Et il demeure ?

— Rue aux Fèves, n. 13 ; il tient aussi un estaminet dans les fossés des Champs-Élysées.

Il n'y avait plus à en douter, c'était le même homme... Cette rencontre semblait étrange à Rodolphe.

— Si M. Bras-Rouge est le principal locataire, dit-il, quel est le propriétaire de la maison ?

— M. Bourdon ; mais je n'ai jamais eu affaire qu'à M. Bras-Rouge.

Voulant mettre la portière en confiance, Rodolphe reprit :

— Tenez, ma chère madame Pipelet, je suis un peu fatigué ; le froid m'a gelé... rendez-moi le service d'aller chez le rogomiste qui demeure dans la maison, vous me rapporterez un flacon de cassis et deux verres... ou plutôt trois verres, puisque votre mari va rentrer.

Et il donna cent sous à cette femme.

— Ah çà ! monsieur, vous voulez donc que du premier mot on vous adore ? s'écria la portière dont le nez bourgeonné sembla s'illuminer de tous les feux d'une bachique convoitise.

— Oui, madame Pipelet, je veux être adoré.

— Ça me chausse, ça me chausse ; je n'apporterai que deux verres, moi et Alfred nous buvons toujours dans le même. Pauvre chéri, il est si friand pour ce qui est des femmes !!!

— Allez, madame Pipelet, nous attendrons Alfred.

— Ah çà, si quelqu'un vient... vous garderez la loge ?

— Soyez tranquille.

La vieille sortit.

Resté seul, Rodolphe réfléchit à cette bizarre circonstance qui le rapprochait de Bras-Rouge. Il s'étonna seulement de ce que François-Germain eût pu rester pendant trois mois dans cette maison sans être découvert par les complices du Maître d'école qui étaient en rapport avec Bras-Rouge.

A ce moment, un facteur frappa aux carreaux de la loge, y passa le bras, tendit deux lettres en disant : — Trois sous !

— Six sous, puisqu'il y a deux lettres, dit Rodolphe.

— Une d'affranchie, répondit le facteur.

Après avoir payé, Rodolphe regarda d'abord machinalement les deux lettres qu'on venait de lui remettre ; mais bientôt elles lui semblèrent dignes d'un curieux examen.

L'une, adressée à madame Pipelet, exhalait à travers son enveloppe de papier satiné une forte odeur de sachet de peau d'Espagne. Sur son cachet de cire rouge, on voyait ces deux lettres C. R., surmontées d'un casque et appuyées sur un support étoilé de la croix de la Légion d'honneur ; l'adresse était tracée d'une main ferme. La prétention héraldique de ce casque et de cette croix fit sourire Rodolphe et le confirma dans l'idée que cette lettre n'était pas écrite par une femme.

Mais quel était le correspondant musqué, blasonné... de madame Pipelet ?

L'autre lettre, d'un papier gris commun, fermée avec un pain à cacheter picoté de coups d'épingle, était pour M. César Bradamanti, dentiste opérateur.

Évidemment contrefaite, l'écriture de cette suscription se composait de lettres toutes majuscules.

Fut-ce pressentiment, fantaisie de son imagination ou réalité, cette lettre parut à Rodolphe d'une triste apparence. Il remarqua quelques lettres de l'adresse à demi effacées dans un endroit où le papier frippait légèrement.

Une larme était tombée là.

Madame Pipelet rentra, portant le flacon de cassis et deux verres.

— J'ai lambiné, n'est-ce pas, monsieur ? mais une fois qu'on est dans la boutique du père Joseph, il n'y a pas moyen d'en sortir. Ah ! le vieux possédé !... Croiriez-vous qu'avec une femme d'âge comme moi, il conte encore la gaudriole ?

— Diable !... si Alfred savait cela ?

— Ne m'en parlez pas, le sang me tourne rien que d'y songer. Alfred est jaloux comme un Bédouin ; et pourtant, de la part du père Joseph, c'est l'histoire de rire, en tout bien, tout honneur.

— Voici deux lettres que le facteur a apportées, dit Rodolphe.

— Ah ! mon Dieu !... faites excuse, monsieur... Et vous avez payé ?

— Oui.

— Vous êtes bien bon. Alors je vas vous retenir ça sur la monnaie que je vous rapporte... Combien est-ce ?

— Trois sous, répondit Rodolphe en souriant du singulier mode de remboursement adopté par madame Pipelet.

— Comment ! trois sous ?... c'est six sous, il y a deux lettres.

— Je pourrais abuser de votre confiance en vous faisant retenir sur ma monnaie six sous au lieu de trois ; j'en suis incapable, madame Pipelet... Une des deux lettres, qui vous est adressée, est affranchie. Et, sans être indiscret, je vous ferai observer que vous avez là un correspondant dont les billets doux sentent furieusement bon.

— Voyons donc, dit la portière en prenant la lettre satinée. C'est, ma foi, vrai... ça a l'air d'un billet doux ! Dites donc, monsieur, un billet doux ! Ah ! bien ! par exemple... quel est donc le polisson qui oserait ?...

— Et si Alfred s'était trouvé là, madame Pipelet ?

— Ne dites pas ça, ou je m'évanouis dans vos bras !

— Je ne le dis plus, madame Pipelet !

— Mais que je suis bête !... m'y voilà, dit la portière en haussant les épaules, je sais... c'est du commandant. Ah ! quelle sonleur j'ai eue ! Mais ça n'empêche pas de compter ; voyons, c'est trois sous pour l'autre lettre, n'est-ce pas ? Ainsi nous disions : quinze sous de cassis et trois sous de port de lettre que je retiens, ça fait dix-huit ; dix-huit et deux que voilà font vingt, et quatre francs font cent sous ; les bons comptes font les bons amis.

— Et voilà vingt sous pour vous, madame Pipelet ; vous avez une si miraculeuse manière de rembourser les avances qu'on a faites pour vous, que je tiens à l'encourager.

— Vingt sous ! vous me donnez vingt sous !... et pourquoi donc ça ? s'écria madame Pipelet d'un air à la fois alarmé et étonné de cette générosité fabuleuse.

— Ce sera un à-compte sur le denier à Dieu, si je prends la chambre.

— Comme ça, j'accepte ; mais j'en préviendrai Alfred.

— Certainement ; mais voici l'autre lettre : elle est adressée à M. César Bradamanti.

— Ah ! oui... le dentiste du troisième... Je vas la mettre dans la *botte aux lettres*.

Rodolphe crut avoir mal entendu, mais il vit madame Pipelet jeter gravement la lettre dans une vieille botte à revers accrochée au mur. Rodolphe la regardait avec surprise.

— Comment ? lui dit-il, vous mettez cette lettre...

— Eh bien, monsieur, je la mets dans la botte aux lettres... Comme ça, rien ne s'égare : quand les locataires rentrent, Alfred ou moi nous secouons la botte, on fait le triage, et chacun a son poulet.

— Votre maison est si parfaitement ordonnée, que cela me donne de plus en plus l'envie d'y demeurer ; cette botte aux lettres surtout me ravit.

— Mon Dieu, c'est bien simple, reprit modestement madame Pipelet : Alfred avait cette vieille botte dépareillée ; autant l'utiliser au service des locataires.

Ce disant, la portière avait décacheté la lettre qui lui était adressée,

elle la tournait en tout sens; après quelques moments d'embarras, elle dit à Rodolphe :
— C'est toujours Alfred qui est chargé de lire, parce que je ne le sais pas. Est-ce que vous voudriez bien, monsieur... être pour moi comme est Alfred ?
— Pour lire cette lettre, volontiers, dit Rodolphe, très-curieux de connaître le correspondant de madame Pipelet.
Il lut ce qui suit sur un papier satiné, dans l'angle duquel on retrouvait le casque, les lettres C. R., le support héraldique et la croix d'honneur.

« Demain vendredi, à onze heures, on fera grand feu dans les deux pièces, et on nettoiera bien les glaces et on ôtera les housses partout, en prenant bien garde d'écailler la dorure des meubles en époussetant.
« Si par hasard je n'étais pas arrivé lorsqu'une dame viendra en fiacre, sur les une heure, me demander sous le nom de M. Charles, on la fera monter à l'appartement, dont on descendra la clef, qu'on me remettra lorsque j'arriverai moi-même. »

Malgré la rédaction peu académique de ce billet, Rodolphe comprit parfaitement ce dont il s'agissait, et dit à la portière :
— Qui habite donc le premier étage ?
La vieille approcha son doigt jaune et ridé de sa lèvre pendante, et répondit avec un malicieux ricanement.
— Motus... c'est des intrigues de femme.
— Je vous demande cela, ma chère madame Pipelet... parce qu'avant de loger dans une maison... on désire savoir...
— C'est tout simple... dis-moi qui tu plantes... je te dirai qui tu plais, n'est-ce pas ?
— J'allais vous le dire.
— Du reste, je peux bien vous communiquer ce que je sais là-dessus, ça ne sera pas long... Il y a environ six semaines, un tapissier est venu ici, a examiné le premier, qui était à louer, a demandé le prix, et le lendemain il est revenu avec un beau jeune homme blond, petites moustaches, croix d'honneur, beau linge. Le tapissier l'appelait...... commandant.
— C'est donc un militaire ?
— Militaire ! reprit madame Pipelet en haussant les épaules, allons donc ! c'est comme si Alfred s'intitulait concierge.
— Comment ?
— Il est tout bonnement de la garde nationale, dans l'état-major; le tapissier l'appelait commandant pour le flatter... de même que ça flatte Alfred quand on l'appelle concierge. Enfin, quand le commandant (nous ne le connaissons que sous ce nom-là) a eu tout vu, il a dit au tapissier : « C'est bon, ça me convient, arrangez ça, voyez le propriétaire. — Oui, commandant, qu'a dit l'autre... — Et le lendemain, le tapissier a signé le bail en son nom, à lui, tapissier, avec M. Bras-Rouge, lui a payé six mois d'avance, parce qu'il paraît que le jeune homme ne veut pas être connu. Tout de suite après, les ouvriers sont venus tout démolir au premier ; ils ont apporté des essophas, des rideaux en soie, des glaces dorées, des meubles superbes ; aussi c'est beau comme dans un café des boulevards ! Sans compter des tapis partout, et si épais et si doux qu'on dirait qu'on marche sur des bêtes... Quand ça été fini, le commandant est revenu pour voir tout ça ; il a dit à Alfred : « Pouvez-vous vous charger d'entretenir cet appartement, où je viendrai pas souvent, d'y faire du feu de temps en temps, et de tout préparer pour me recevoir quand je vous l'écrirai par la petite poste ? — Oui, commandant, lui dit ce flatteur d'Alfred. — Et combien me prendrez-vous pour ça ? — Vingt francs par mois, commandant. — Vingt francs ! Allons donc ! vous plaisantez, portier ! Et voilà ce beau fils à marchander comme un ladre, à carotter le pauvre monde. Voyez donc, pour une ou deux malheureuses pièces de cent sous, quand il a fait des dépenses abominables pour un appartement qu'il n'habite pas ! Enfin, à force de batailler, nous avons obtenu douze francs. Douze francs ! Dites donc, si ça ne fait pas suer !... Commandant de deux liards, va ! Quelle différence avec vous, monsieur ! ajouta la portière en s'adressant à Rodolphe d'un air agréable, vous ne vous faites pas appeler commandant, vous n'avez l'air de rien du tout, et vous êtes convenu avec moi de six francs du premier mot.
— Et depuis, ce jeune homme est-il revenu ?
— Vous allez voir, c'est ça qui est le plus drôle ; il paraît qu'on le fait joliment droguer, le commandant. Par exemple, il nous a écrit aujourd'hui, d'allumer le feu, d'arranger tout, qu'il viendrait une dame. Ah bien oui ! va-t-en voir s'ils viennent !
— Personne n'a paru.
— Ecoutez donc. La première des trois fois, le commandant est arrivé tout flambant, chantonnant entre ses dents et faisant le gros dos ; il a attendu deux bonnes heures... personne ; quand il a repassé devant la loge, nous le guettions, nous dans Pipelet, pour voir sa mine et le vexer en lui parlant. « Commandant, il n'est pas venu du tout, ou tout de petite dame vous demander, que je lui dis. — C'est bon, c'est bon ! » qu'il me répond, l'air tout honteux et tout furieux, et il part dare-dare, en se rongeant les ongles de colère. La seconde fois, avant qu'il n'arrive, un commissionnaire apporte une petite lettre adressée à M. Charles ; je me doute bien que c'est encore flambé pour cette fois-là ; nous en faisions des gorges chaudes avec Pipelet, quand le commandant arrive. « Commandant, je dis en mettant le revers de ma main gauche à ma perruque, comme une vraie troupière, voilà une lettre ; il paraît

qu'il y a encore une contre-marche aujourd'hui ! » Il me regarde, fier comme Artaban, ouvre la lettre, la lit, devient rouge comme une écrevisse ; puis il nous dit, en faisant semblant de ne pas être contrarié : « Je savais bien qu'on ne viendrait pas ; je suis venu pour vous recommander de tout bien surveiller. » C'était pas vrai ; c'était pour nous cacher qu'on le faisait aller qu'il nous disait cela ; et là-dessus il s'en va en tortillant et en chantant du bout des dents ; mais il était joliment vexé, allez... C'est bien fait ! c'est bien fait, commandant de deux liards ! ça t'apprendra à ne donner que douze francs par mois pour ton ménage.
— Et la troisième fois ?
— Ah ! la troisième fois j'ai bien cru que c'était pour de bon. Le commandant arrive sur son trente-six ; les yeux lui sortaient de la tête, tant il paraissait content et sûr de son affaire. Bien beau jeune homme tout de même... il était pommadé, et, flairant comme une civette... Il ne posait pas à terre, tant il était gonflé... Il prend la clef et nous dit, en montant chez lui, d'un air goguenard et rengorgé, comme pour se revenger cette fois : « Vous préviendrez cette dame que la porte est tout contre... » Bon ! nous deux Pipelet, nous étions si curieux de voir la petite dame, quoique nous n'y comptions pas beaucoup, que nous sortons de notre loge pour nous mettre à l'affût sur le pas de la porte de l'allée. Cette fois-là, un petit fiacre bleu, à stores baissés, s'arrête devant chez nous. « Bon ! c'est elle, que je dis à Alfred... Retirons-nous un peu pour ne pas l'effaroucher. » Le cocher ouvre la portière. Alors nous voyons une petite dame avec un manchon sur les genoux et un voile noir qui lui cachait la figure, sans compter son mouchoir qu'elle tenait sur sa bouche, car elle avait l'air de pleurer ; mais voilà-t-il pas qu'une fois le marchepied baissé, au lieu de descendre, la dame dit quelques mots au cocher, qui, tout étonné, referme la portière.
— Cette femme n'est pas descendue ?
— Non, monsieur ; elle s'est rejetée dans le fond de la voiture en mettant ses mains sur ses yeux. Moi je me précipite, et, avant que le cocher ait remonté sur son siège, je lui dis : « Eh bien ! mon brave, vous vous en retournez donc ? — Oui, qu'il me dit. — Et où ça ? que je lui demande. — D'où je viens. — Et d'où venez-vous ? — De la rue Saint-Dominique, au coin de la rue Belle-Chasse. »
A ces mots, Rodolphe tressaillit.
Le marquis d'Harville, un de ses meilleurs amis, qu'une vive mélancolie accablait depuis quelque temps, ainsi que nous l'avons dit, demeurait rue Saint-Dominique, au coin de la rue Belle-Chasse.
Était-ce la marquise d'Harville qui courait ainsi à sa perte ? Son mari avait-il des soupçons sur son inconduite ? son inconduite... seule cause peut-être du chagrin dont il semblait dévoré.
Ces doutes se pressaient en foule à la pensée de Rodolphe. Cependant il connaissait la société intime de la marquise, et ne se rappelait pas y avoir jamais vu quelqu'un qui ressemblât au commandant. La jeune femme dont il s'agissait pouvait, faute de salon, avoir pris un fiacre en cet endroit sans demeurer dans cette rue, rien ne prouvait à Rodolphe que ce fût la marquise. Néanmoins il conserva de vagues et pénibles soupçons.
Son air inquiet et absorbé n'avait pas échappé à la portière.
— Eh bien ! monsieur, à quoi pensez-vous donc ? lui dit-elle.
— Je cherche pour quelle raison cette femme qui était venue jusqu'à cette porte... a changé tout à coup d'avis...
— Que voulez-vous, monsieur, une idée, une frayeur, une superstition. Nous autres, pauvres femmes, nous sommes si faibles, si poltronnes, dit l'horrible portière d'un air timide et effarouché. Il me semble que si j'avais été comme ça en catimini faire des traits à Alfred, j'aurais été obligée de reprendre mon élan je ne sais pas combien de fois. Mais jamais, au grand jamais ! Pauvre chéri ! Pauvre Alfred ! il n'y a pas un habitant de la terre qui puisse s'en vanter...
— Je vous crois, madame Pipelet... Mais cette jeune femme...
— Je ne sais pas si elle était jeune : on ne voyait pas le bout de son nez. Toujours est-il qu'elle repart comme elle était venue, sans tambour ni trompette. On nous aurait donné dix fr. à nous deux Alfred, que nous n'aurions pas été plus contents.
— Pourquoi cela ?
— En songeant à la mine qu'allait faire le commandant, il devait y avoir de quoi crever de rire, bien sûr. D'abord, au lieu de lui dire tout de suite que la dame était repartie, nous le laissons droguer et marronner une bonne heure. Alors je monte ; je n'avais que mes chaussons de lisière à mes pauvres pieds ; j'arrive à la porte qui était tout contre. Je la pousse, je la pousse, elle crie ; l'escalier est noir comme un four, l'entrée de l'appartement aussi. Voilà qu'au moment où j'entre, le commandant me prend dans ses bras et me dit d'un ton câlin : « Mon Dieu, mon ange, comme tu viens tard !... »
Malgré la gravité des pensées qui le dominaient, Rodolphe ne put s'empêcher de rire, surtout en voyant la grotesque perruque et l'abominable figure ridée, bourgeonnée, de l'héroïne de ce quiproquo ridicule.
Madame Pipelet reprit, avec une hilarité grimaçante qui la rendait plus hideuse encore :
— Eh, eh, eh ! en voilà une bonne ! Mais vous allez voir. Moi je ne réponds rien, je retiens mon haleine, je m'abandonne au commandant ; mais tout à coup le voilà qui s'écrie, eu me repoussant, le grossier ! d'un air aussi dégoûté que s'il avait touché une araignée : « Mais qui diable est donc là ? — C'est moi, commandant, madame Pipelet, la portière, c'est pour cela que vous devriez bien taire vos mains, ne pas me prendre

la taille, ni m'appeler votre ange, ni me dire que je viens trop tard. Si Alfred avait été là pourtant ? — Que voulez-vous ? me dit-il furieux. — Commandant, la petite dame vient de venir en fiacre. — Eh bien, faites-la donc monter ; vous êtes stupide ; ne vous ai-je pas dit de la faire monter ? » Je le laisse aller, je le laisse aller. « Oui, commandant, c'est vrai, vous m'avez dit de la faire monter. — Eh bien ? — C'est que la petite dame... — Mais parlez donc ! — C'est que la petite dame est repartie. — Allons, vous aurez dit ou fait quelque bêtise ! s'écria-t-il encore plus furieux. — Non, commandant, la petite dame n'a pas descendu de fiacre ; quand le cocher a ouvert la portière, elle lui a dit de la remmener d'où elle était venue. — La voiture ne doit pas être loin ! s'écrie le commandant en se précipitant vers la porte. — Ah bien ! oui ! il y a plus d'une heure qu'elle est partie, que je lui réponds. — Une heure ! une heure ! Et pourquoi avez-vous autant tardé à me prévenir ? s'écrie-t-il avec un redoublement de colère. — Dame... parce que nous craignions que ça vous contrarie trop de n'avoir pas encore fait vos frais cette fois-ci. » Attrape ! que je me dis, mirliflor, ça t'apprendra à avoir eu mal au cœur quand tu m'as touchée. « Sortez d'ici, vous ne faites et ne dites que des sottises ! » s'écrie-t-il avec rage, en défaisant sa robe de chambre à la tartare et en jetant par terre son bonnet grec de velours brodé d'or... Beau bonnet tout de même... Et la robe de chambre donc ! ça crevait les yeux ; le commandant avait l'air d'un ver luisant...

— Et depuis, ni lui ni cette dame ne sont revenus ?

— Non ; mais attendez donc la fin de l'histoire, dit madame Pipelet.

CHAPITRE IX.

Les trois étages.

La fin de l'histoire, la voilà, reprit madame Pipelet. — Je dégringole retrouver Alfred. Justement il y avait dans notre loge la portière du n° 49 et l'écaillère qui perche à la porte du rogomiste : je leur raconte comme quoi le commandant m'avait appelée son ange et m'avait prise par la taille. En voilà des rires ! et Alfred, quoiqu'il soit bien mélan... oui, mélancolique, comme il appelle ça, quoiqu'il soit bien mélancolique depuis les traits de ce monstre de Cabrion.

Rodolphe regarda la portière avec étonnement.

— Oui, un jour, quand nous serons plus amis, vous saurez cela. Enfin tant il y a qu'Alfred, malgré sa mélancolie, s'est mis à rire comme un ange. A ce moment le commandant sort de chez lui et ferme sa porte pour s'en aller ; mais comme il nous entendait rire, il n'ose plus descendre, de peur que nous ne moquions de lui, car il ne pouvait pas s'empêcher de passer devant la loge. Nous devinons le coup, et voilà l'écaillère qui, de sa grosse voix, se met à crier : « Pipelet, tu viens bien tard, mon ange ! » Là-dessus le commandant rentre chez lui, et ferme sa porte avec un bruit affreux, en vrai rageur qu'il est, car ce vieux-là doit être rageur comme un tigre... il a le bout du nez blanc... Finalement il a ouvert plus de dix fois sa porte pour écouter s'il y avait toujours du monde à la loge. Il y en avait toujours, nous ne bougions pas. A la fin, voyant qu'on ne s'en allait pas, il a pris son parti, est descendu quatre à quatre, m'a jeté sa clef sans rien dire, et s'est ensauvé tout furieux au milieu de nos éclats de rire, et pendant que l'écaillère disait encore : « Tu viens bien tard, mon ange ! »

— Mais vous vous exposiez à ce que le commandant ne vous employât plus.

— Ah bien oui ! Il n'oserait pas. Nous le tenons. Nous savons où demeure sa *margot* ; et s'il nous disait quelque chose, nous le menacerions d'éventer la mèche. Et puis, pour ses mauvais 12 fr., qui est-ce qui se chargerait de son ménage ! Une femme du dehors ? nous lui rendrions la vie trop dure, à celle-là. Mauvais ladre, va ! Enfin, monsieur, croiriez-vous qu'il a eu la petitesse de regarder à son bois, d'éplucher le nombre de bûches pour ça, dépense par ci, lésine par là, pour qu'il ne lui veux pas d'autre mal ; mais ça m'amuse drôlement que sa particulière le fasse aller. Je parie que demain ce sera encore la même chose. Je vas prévenir l'écaillère qui était ici l'autre fois ; ça nous amusera. Si la petite dame vient, nous verrons si c'est une brunette ou une blondinette, et si elle est gentille. Dites donc, monsieur, quand on songe qu'il y a un benêt de mari là-dessous ! C'est joliment farce, n'est-ce pas ? Mais ça le regarde, ce pauvre cher homme. Enfin demain nous verrons la petite dame ; et, malgré son voile, il faudra bien qu'elle baisse joliment le nez pour que nous ne sachions pas de quelle couleur sont ses yeux. En voilà encore une *double de pas honteuse !* comme on dit dans mon pays ; ça vient chez un homme, et ça fait la frime d'avoir peur. Mais pardon, excuse, que je retire ma marmite de dessus le feu ; elle a fini de chanter. C'est que le fricot demande à être mangé. C'est du gras-double, ça va égayer tant soit peu Alfred, car comme il le dit lui-même ; l'our du gras-double il trahirait la France... sa belle France !... ce vieux chéri. . . . .

Pendant que madame Pipelet s'occupait de ce détail ménager, Rodolphe se livrait à de tristes réflexions.

La femme dont il s'agissait (que ce fût ou non la marquise d'Harville) avait sans doute hésité, longtemps combattu avant d'accorder un premier et un second rendez-vous ; puis, effrayée des suites de son imprudence, un remords salutaire l'avait probablement empêchée d'accomplir cette dangereuse promesse.

Enfin, cédant à un irrésistible entraînement, elle arrive éplorée, agitée de mille craintes, jusqu'au seuil de cette maison ; mais, au moment de se perdre à jamais, la voix du devoir se fait entendre : elle échappe encore une fois au déshonneur.

Et pour qui brave-t-elle tant de honte, tant de danger ?

Rodolphe connaissait le monde et le cœur humain ; il préjugeait presque sûrement le caractère du commandant, d'après quelques traits ébauchés par la portière avec une naïveté cynique.

N'était-ce pas un homme assez niaisement orgueilleux pour tirer vanité de l'appellation d'un grade absolument insignifiant au point de vue militaire ; un homme assez dénué de tact pour ne pas s'envelopper du plus profond incognito, afin d'entourer d'un mystère impénétrable les coupables démarches d'une femme qui risquait tout pour lui ; un homme enfin si sot et si ladre, qu'il ne comprendrait pas que, pour ménager quelques louis, il exposait sa maîtresse aux insolentes et ignobles railleries des gens de cette maison ?

Ainsi, le lendemain, poussée par une fatale influence, mais sentant l'immensité de sa faute, n'ayant pour se soutenir au milieu de ses terribles angoisses que sa foi aveugle dans la discrétion, dans l'honneur de l'homme à qui elle donne plus que sa vie, cette malheureuse jeune femme viendrait ce rendez-vous, palpitante, éperdue ; et il lui faudrait supporter les regards curieux et effrontés de quelques misérables, peut-être entendre leurs plaisanteries immondes.

Quelle honte ! quelle leçon ! quel réveil pour une femme égarée, qui jusqu'alors n'aurait vécu que des plus charmantes, des plus poétiques illusions de l'amour !

Et l'homme pour qui elle affronte tant d'opprobre, tant de périls, sera-t-il au moins touché des déchirantes anxiétés qu'il cause ?

Non...

Pauvre femme ! la passion l'aveugle et la jette une dernière fois au bord de l'abîme. Un courageux effort de vertu la sauve encore. Que ressentira cet homme à la pensée de cette lutte douloureuse et sainte ?

Il ressentira du dépit, de la colère, de la rage, en songeant qu'il s'est dérangé trois fois pour rien, que sa sotte fatuité s'est gravement compromise... aux yeux de son portier...

Enfin, dernier trait d'insigne et grossière maladresse : cet homme parle de telle sorte, s'habille de telle sorte pour cette première entrevue, qu'il doit faire mourir de confusion et de honte une femme déjà écrasée sous le poids de la confusion et de la honte !

Oh ! pensait Rodolphe, quel terrible enseignement si cette femme (qui m'est inconnue, je l'espère) avait pu entendre dans quels termes hideux on parlait d'une démarche, coupable sans doute, mais qui lui coûtait tant d'amour, tant de larmes, tant de terreurs, tant de remords !

Et puis, en songeant que la marquise d'Harville pouvait être la triste héroïne de cette aventure, Rodolphe se demandait par quelle aberration, par quelle fatalité M. d'Harville, jeune, spirituel, dévoué, généreux, et surtout tendrement épris de sa femme, pouvait être sacrifié à un autre nécessairement niais, avare, égoïste et ridicule. La marquise s'était-elle donc seulement éprise de la figure de cet homme, que l'on disait très-beau ?

Rodolphe connaissait cependant madame d'Harville pour une femme de cœur, d'esprit et de goût, d'un caractère plein d'élévation ; jamais le moindre propos n'avait effleuré sa réputation. Où avait-elle connu cet homme ? Rodolphe la voyait assez fréquemment, et il ne se souvenait pas d'avoir rencontré personne à l'hôtel d'Harville qui lui rappelât le commandant. Après de mûres réflexions, il finit presque par se persuader qu'il ne s'agissait pas de la marquise.

Madame Pipelet, ayant accompli ses devoirs culinaires, reprit son entretien avec Rodolphe.

— Qui habite le second ? demanda-t-il à la portière.

— C'est la mère Burette, une fière femme pour les cartes. Elle lit dans votre main comme dans un livre. Il y a des personnes très comme il faut qui viennent chez elle pour se faire dire la bonne aventure... et elle gagne bien d'argent qu'elle n'est pas grosse. Et pourtant ce n'est qu'un de ses métiers d'être devineresse.

— Que fait-elle donc encore ?

— Elle tient comme qui dirait un petit *mont* (1) bourgeois.

— Comment ?

— Je vous dis ça parce que vous êtes jeune homme, et que ça ne peut que vous fortifier dans l'idée de devenir notre locataire.

— Pourquoi donc ?

— Une supposition, nous voilà bientôt dans les jours gras, la saison où poussent les pierrettes et les débardeurs, les turcs et les sauvages ; dans cette saison-là les plus calés sont quelquefois gênés... Eh bien ! c'est toujours commode d'avoir une ressource dans sa maison, au lieu

(1) Mont-de-piété.

d'être obligé de courir chez ma tante, où c'est bien plus humiliant, car on y va au vu et su de tout le gouvernement.
— Chez votre tante? elle prête donc sur gages?
— Comment, vous ne savez pas?... Allez donc, allez donc, farceur!... Vous faites l'innocent à votre âge!
— Je fais l'innocent! en quoi, madame Pipelet?
— En me demandant si c'est ma tante qui prête sur gages.
— Parce que...
— Parce que tous les jeunes gens en âge de raison savent qu'aller mettre quelque chose au mont-de-piété ça se dit *aller chez ma tante.*
— Ah! je comprends... la locataire du second prête aussi sur gages?
— Allons donc, monsieur le sournois, certainement qu'elle prête sur gages, et moins cher qu'au grand mont... Et puis, c'est pas embrouillé du tout; on n'est pas embarrassé d'un tas de paperasses, de reconnaissances, de chiffres... du tout, du tout. Une supposition : on apporte à la mère Burette une chemise qui vaut 3 francs: elle vous prête 10 sous, au bout de huit jours vous lui en rapportez 20, sinon elle garde la chemise. Comme c'est simple, hein? Toujours des comptes ronds! Un enfant comprendrait ça.
— C'est fort clair, en effet; mais je croyais qu'il était défendu de prêter ainsi sur gages.
— Ah! ah! ah! s'écria madame Pipelet en riant aux éclats, vous sortez donc de votre village, jeune homme?... Pardon, je vous parle comme si je serais votre mère et que vous seriez mon enfant.
— Vous êtes bien bonne.
— Sans doute que c'est défendu de prêter sur gages; mais, si on ne faisait que ce qui est permis, dites donc, on resterait joliment souvent les bras croisés. La mère Burette n'écrit pas, ne donne pas de reçu, il n'y a pas de preuves contre elle, elle se moque de la police. C'est joliment drôle, allez, les *bazards* qu'on voit porter chez elle. Vous ne croiriez pas sur quoi elle prête quelquefois? je l'ai vue prêter sur un perroquet gris qui jurait comme un possédé, le gredin. — Sur un perroquet? mais quelle valeur?...
— Attendez donc... Il était connu : c'était le perroquet de la veuve d'un facteur qui demeure ici près, rue Sainte-Avoye, madame d'Herbelot; on savait qu'elle tenait autant à son perroquet qu'à sa peau; la mère Burette lui a dit : Je vous prête 10 francs sur votre bête; mais si dans huit jours, à midi, je n'ai pas mes 20 francs...
— Ses 10 francs.
— Avec les intérêts ça faisait juste 20 francs; toujours des comptes ronds. Si je n'ai pas mes 20 francs et les frais de nourriture, je donne à Jacquot une petite salade de persil, assaisonnée à l'arsenic. Elle connaissait bien sa pratique, allez. Avec cette peur-là, la mère Burette a eu ses 20 francs au bout de sept jours, et madame d'Herbelot a remporté sa vilaine bête, qui perforait toute la journée des F., des S. et des B., que ça en faisait rougir Alfred, qui est très-bégueule. C'est tout simple, son père était curé... dans la révolution, vous savez... il y a des curés qui ont épousé des religieuses.
— Et la mère Burette n'a pas d'autre métier, je suppose?
— Elle n'en a pas d'autre, si vous voulez. Pourtant, je ne sais pas trop ce que c'est qu'une espèce de manigance qu'elle tripote quelquefois dans une petite chambre où personne n'entre, excepté M. Bras-Rouge et une vieille borgnesse qu'on appelle la Chouette.
Rodolphe regarda la portière avec étonnement.
Celle-ci, en interprétant la surprise de son futur locataire, lui dit :
— C'est un drôle de nom, n'est-ce pas, la Chouette?
— Oui... et cette femme vient souvent ici?
— Elle n'avait pas paru depuis six semaines; mais avant hier nous l'avons vue; elle boitait un peu.
— Et que vient-elle faire chez cette diseuse de bonne aventure?
— Voilà ce que je ne sais pas ; du moins quant à la manigance de la petite chambre dont je vous parle, où la Chouette entre seule avec M. Bras-Rouge et mère Burette. J'ai seulement remarqué que ces jours-là la borgnesse apporte toujours un paquet dans son cabas, et M. Bras-Rouge un paquet sous son manteau, et qu'ils ne remportent jamais rien.
— Et ces paquets, que contiennent-ils?
— Je n'en sais rien de rien, sinon qu'ils font avec ça une ratatouille du diable ; car on sent comme une odeur de soufre, de charbon et d'étain fondu en passant sur l'escalier; et puis on les entend souffler, souffler, souffler... comme des forgerons. Bien sûr que la mère Burette manigance par rapport à la bonne aventure ou à la magie... du moins c'est ce que m'a dit M. César Bradamanti, le locataire du troisième. Voilà un particulier que ce M. César! Quand je dis un particulier, c'est un Italien, quoiqu'il

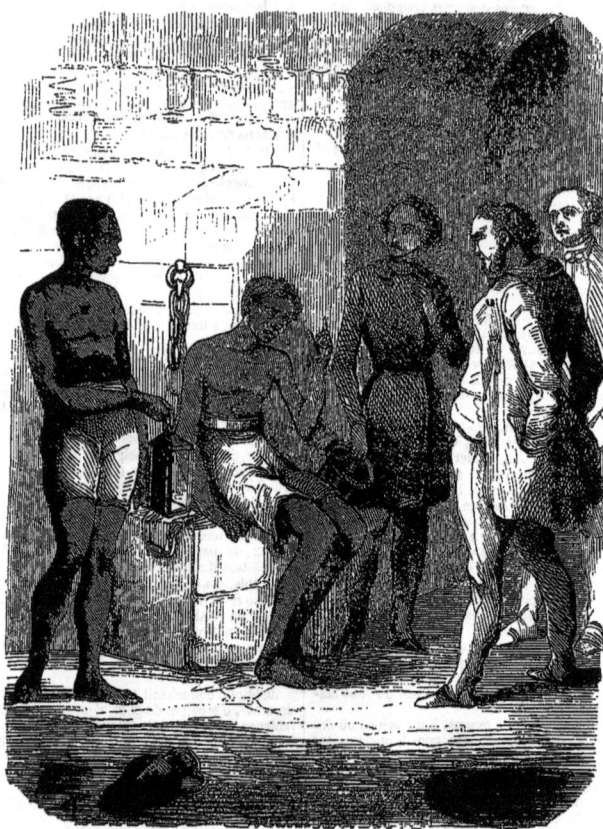

— Eh bien, docteur, comment vas-tu?... toi qui es si savant, sauve-toi donc! — PAGE 54.

parle français aussi bien que vous et moi, sauf qu'il a beaucoup d'accent; mais c'est égal, voilà un savant! et qui connaît les simples, et qui vous arrache les dents, pas pour de l'argent, mais pour l'honneur. Oui, monsieur, pour le pur honneur. Vous auriez six mauvaises dents, et il le dit lui-même à qui veut l'entendre, il vous arracherait les cinq premières pour rien, il ne vous ferait jamais payer que la sixième. Ça n'est pas de sa faute si vous n'avez que la sixième.
— C'est généreux!
— Il vend par là-dessus une eau très-bonne qui empêche les cheveux de tomber, guérit les maux d'yeux, les cors aux pieds, les faiblesses d'estomac, et détruit les rats sans arsenic.
— Cette même eau guérit les faiblesses d'estomac!...

— Cette même eau.
— Elle détruit aussi les rats?
— Sans en manquer un, parce que ce qui est très-sain à l'homme est très-malsain aux animaux.
— C'est juste, madame Pipelet, je n'avais pas songé à cela.
— Et la preuve que c'est une très-bonne eau, c'est qu'elle est faite avec des simples que M. César a récoltés dans les montagnes du Liban, du côté de chez des espèces d'Américains d'où il a aussi amené son cheval qui a l'air d'un tigre: il est tout blanc, picoté de taches baies. Tenez, quand M. César Bradamanti est monté sur sa bête avec son habit rouge à revers jaunes et son chapeau à plumet, on payerait pour le voir; car, parlant par respect, il ressemble à Judas Iscariote avec sa grande barbe rousse. Depuis un mois il a engagé le fils à M. Bras-Rouge, le petit Tortillard, qu'il a habillé comme qui dirait en troubadour, avec une toque noire, une collerette et une jaquette abricot; il bat du tambour à l'entour de M. César pour attirer les pratiques, sans compter que le petit soigne le cheval tigré du dentiste.
— Il me semble que le fils de votre principal locataire remplit là un emploi bien modeste.
— Son père dit qu'il veut lui faire manger de la vache enragée, à cet enfant; que sans ça il finirait sur un échafaud. Au fait, c'est bien le plus malin singe... et méchant, il a fait plus d'un tour à ce pauvre M. César Bradamanti, qui est la crème des honnêtes gens. Vu qu'il a guéri Alfred d'un rhumatisme, nous le portons dans notre cœur. Eh bien! monsieur, il y a des gens assez dénaturés pour... mais non, ça fait dresser les cheveux sur la tête. Alfred dit que si c'était vrai il y aurait cas de galères.
— Mais encore?
— Ah! je n'ose pas, je n'oserai jamais.
— N'en parlons plus.
— C'est que... foi d'honnête femme, dire ça à un jeune homme...
— N'en parlons plus, madame Pipelet.
— Au fait, comme vous serez notre locataire, il vaut mieux que vous soyez prévenu que c'est des mensonges. Vous êtes, n'est-ce pas, en position de faire amitié et société avec M. Bradamanti; si vous aviez cru à ces bruits-là, ça vous aurait peut-être dégoûté de sa connaissance.
— Parlez, je vous écoute.
— On dit que quand... des fois une jeune fille a fait une sottise..... vous comprenez... n'est-ce pas? et qu'elle en craint les suites...
— Eh bien?
— Tenez, voilà que je n'ose plus...
— Mais encore?
— Non; d'ailleurs c'est des bêtises...
— Dites toujours.

— Des mensonges.
— Dites toujours.
— C'est des mauvaises langues.
— Mais encore?
— Des gens qui sont jaloux du cheval tigré de M. César.
— À la bonne heure; mais enfin que disent-ils?
— Ça me fait honte.
— Mais quel rapport y a-t-il entre une petite fille qui a fait une faute et le charlatan?
— Je ne dis pas que ça soit vrai!
— Mais, au nom du ciel, quoi donc? s'écria Rodolphe, impatienté des réticences bizarres de madame Pipelet.
— Écoutez, jeune homme, reprit la portière d'un air solennel, vous me jurez sur l'honneur de ne jamais répéter ça à personne.
— Quand je saurai ce que c'est, je vous ferai, oui ou non, ce serment.
— Si je vous dis ça, ce n'est pas à cause des 6 francs que vous m'avez promis, ni à cause du cassis...
— Bien, bien.
— C'est à cause de la confiance que vous m'inspirez.
— Soit.
— Et pour servir ce pauvre M. César Bradamanti en le disculpant.
— Votre intention est excellente, je n'en doute pas; eh bien?
— On dit donc... mais que ça ne sorte pas de la loge, au moins.
— Certainement; l'on dit donc...
— Allons, voilà que je n'ose plus encore une fois. Mais, tenez, je vas vous dire ça à l'oreille, ça me fera moins d'effet... Dites donc, comme je suis enfant, hein?

Et la vieille murmura tout bas quelques mots à Rodolphe, qui tressaillit d'épouvante.

— Oh! mais c'est affreux! s'écria-t-il en se levant par un mouvement machinal, et regardant autour de lui presque avec terreur, comme si cette maison eût été maudite.
— Mon Dieu! mon Dieu! murmura-t-il à demi-voix dans une stupeur douloureuse, de si abominables

La palette de Cabrion. — PAGE 58.

crimes sont-ils donc possibles! Et cette hideuse vieille qui est presque indifférente à l'horrible révélation qu'elle vient de me faire!

La portière n'entendit pas Rodolphe, et reprit en continuant de s'occuper de son ménage:

— N'est-ce pas, que c'est un tas de mauvaises langues? Comment! un homme qui a guéri Alfred d'un rhumatisme, un homme qui a ramené un cheval tigré du Liban, un homme qui vous propose de vous arracher cinq dents gratis sur six, un homme qui a des certificats de toute l'Europe, et qui paye son terme rubis sur l'ongle. Ah bien! oui... plutôt la mort que de croire ça!

Pendant que madame Pipelet manifestait son indignation contre les calomniateurs, Rodolphe se rappelait la lettre adressée à ce charlatan, lettre écrite sur gros papier, d'une écriture contrefaite et à moitié effacée par les traces d'une larme.

Dans cette larme, dans cette lettre mystérieuse adressée à cet homme, Rodolphe vit un drame....

Un terrible drame.

Un pressentiment involontaire lui disait que les bruits atroces qui couraient sur l'Italien étaient fondés.

— Tenez, voilà Alfred, s'écria la portière; il vous dira comme moi que c'est des méchantes langues qui accusent d'horreurs ce pauvre M. César Bradamanti, qui l'a guéri d'un rhumatisme.

CHAPITRE X.

Monsieur Pipelet.

Nous rappellerons au lecteur que ces faits se passaient en 1838...

M. Pipelet entra dans la loge d'un air grave, magistral; il avait soixante ans environ, un nez énorme, un embonpoint respectable, une grosse figure taillée et enluminée à la façon des bonshommes casse-noisettes de Nuremberg. Ce masque étrange était coiffé d'un chapeau tromblon à larges bords, roussi de vétusté.

Alfred, et ne quittait pas plus ce chapeau que sa femme ne quittait sa perruque fantastique, se prélassait dans un vieil habit vert à basques immenses, aux revers ornés de plus de plombés de souillures, tant ils paraissaient çà et là d'un gris luisant. Malgré son chapeau tromblon et son habit vert, qui n'étaient pas sans un certain cérémonial, M. Pipelet n'avait pas déposé le modeste emblème de son métier : un tablier de cuir dessinait son triangle fauve sur un long gilet diapré d'autant de couleurs que la courte-pointe arlequin de madame Pipelet.

Le salut que le portier fit à Rodolphe ne manqua pas d'une certaine affabilité; mais, hélas! le sourire de cet homme était bien amer.

On y lisait l'expression d'une profonde mélancolie, ainsi que madame Pipelet l'avait dit à Rodolphe.

— Alfred, monsieur est un locataire pour la chambre et le cabinet du quatrième, dit madame Pipelet en présentant Rodolphe à Alfred, et nous t'avons attendu pour boire un verre de cassis qu'il a fait venir.

Cette attention délicate mit à l'instant M. Pipelet en confiance avec Rodolphe; le portier porta la main au rebord antérieur de son chapeau, et dit d'une voix de basse digne d'un chantre de cathédrale :

— Nous vous satisferons, monsieur, comme portiers, de même que vous nous satisferez comme locataire; qui se ressemble s'assemble.

Puis, s'interrompant, M. Pipelet dit à Rodolphe avec anxiété :

— A moins pourtant, monsieur, que vous ne soyez peintre.

— Non, je suis commis marchand.

— Alors, monsieur, vous n'avez qu'à vous rendre mes humbles devoirs. Je félicite la nature de ne pas vous avoir fait naître l'égal de ces monstres d'artistes!

— Les artistes... des monstres? demanda Rodolphe.

M. Pipelet, au lieu de répondre, leva les deux mains au plafond de sa loge et fit entendre une sorte de gémissement courroucé.

— C'est les peintres qui ont empoisonné la vie d'Alfred. C'est eux qui lui ont fait la mélancolie dont tu vois parlais, dit tout bas madame Pipelet à Rodolphe. Puis elle reprit plus haut et d'un ton caressant : Allons, Alfred, sois raisonnable, ne pense pas à ce polisson-là... tu vas te faire du mal, tu ne pourras pas dîner.

— Non, j'aurai du courage et de la raison, répondit M. Pipelet avec une dignité triste et résignée. Il m'a fait bien du mal : il a été mon persécuteur, mon bourreau, pendant bien longtemps; mais maintenant je le méprise. Les peintres, ajouta-t-il en se tournant vers Rodolphe, ah! monsieur, c'est la peste d'une maison, c'est son bacchanal, c'est sa ruine.

— Vous avez logé un peintre?

— Hélas! oui, monsieur, nous en avons logé un! dit M. Pipelet avec amertume, un peintre qui s'appelait Cabrion, encore!

A ce souvenir, malgré son apparente modération, le portier ferma convulsivement les poings.

— Était-ce le dernier locataire qui a occupé la chambre que je viens louer? demanda Rodolphe.

— Non, non, le dernier locataire était un brave, un digne jeune homme, nommé M. Germain : mais avant lui c'était Cabrion. Ah! monsieur, depuis son départ, ce Cabrion a manqué me rendre fou, hébété.

— L'auriez-vous regretté à ce point? demanda Rodolphe.

— Cabrion regretté! reprit le portier avec stupeur; regretter Cabrion! Vous figurez-vous donc, monsieur, que M. Bras-Rouge lui a payé deux termes pour le faire déguerpir d'ici; car on avait été assez malheureux pour lui faire un bail. Quel garnement! Vous n'avez pas une idée, monsieur, des horribles tours qu'il nous a joués à nous aux locataires. Pour ne parler que d'un seul de ces tours, il n'y a pas un instrument à vent dont il n'ait fait bassement son complice pour démoraliser les locataires! Oui, monsieur, depuis le cor de chasse jusqu'au serpent, monsieur! Il a abusé de tout, poussant la vilenie jusqu'à jouer faux, et exprès, la même note pendant des heures entières. C'était à devenir fou. On a fait plus de vingt pétitions au principal locataire, M. Bras-Rouge, pour qu'il chassât ce gueux-là. Enfin, monsieur, on y parvint en lui payant deux termes... C'est drôle, n'est-ce pas? un locataire à qui on paye deux termes; mais on lui en aurait payé trois pour s'en dépêtrer. Il part... Vous croyez peut-être que c'est fini de Cabrion? Vous allez voir! Le lendemain, à onze heures du soir, j'étais couché. Pan, pan, pan! Je tire le cordon. On vient à la loge. « Bonsoir, portier, dit une voix, voulez-vous me donner une mèche de vos cheveux, s'il vous plaît? » Et je réponds à l'inconnu : « Ce n'est pas ici; voyez à côté. — Pourtant c'est bien ici le numéro 17? Le portier s'appelle bien Pipelet? reprend la voix. — Oui, que je dis, je m'appelle bien Pipelet. — Eh bien! Pipelet mon ami, je viens vous demander une mèche de vos cheveux pour Cabrion; c'est son idée, il y tient, il en veut. »

M. Pipelet regarda Rodolphe en secouant la tête et en se croisant les bras dans une attitude sculpturale.

— Vous comprenez, monsieur? C'est à moi, son ennemi mortel, à moi qu'il avait abreuvé d'outrages, qu'il venait impudemment demander une mèche de mes cheveux, une faveur que les dames refusent même quelquefois à leur bien-aimé!

— Encore si ce Cabrion avait été bon locataire comme M. Germain! reprit Rodolphe avec un sang-froid imperturbable.

— Eût-il été bon locataire, je ne lui aurais pas davantage accordé cette mèche, dit majestueusement l'homme au chapeau tromblon ; ce n'est ni dans mes principes ni dans mes habitudes ; mais je me serais fait un devoir, une loi, de la lui refuser poliment.

— Ce n'est pas tout, reprit le portier, figurez-vous, monsieur, que depuis ce jour-là, le matin, le soir, la nuit, à toute heure, cet affreux Cabrion avait déchaîné une nuée de rapins qui venaient ici l'un après l'autre me demander à Alfred une mèche de ses cheveux, toujours pour Cabrion!

— Et vous pensez si j'ai cédé! dit M. Pipelet d'un air déterminé, m'aurait plutôt traîné à l'échafaud, monsieur! Après trois ou quatre mois d'opiniâtreté de leur part, de résistance de la mienne, mon énergie a triomphé de l'acharnement de ces misérables. Ils ont vu qu'ils s'attaquaient à une barre de fer, et ils ont été bien forcés de renoncer à leurs insolentes prétentions. Mais c'est égal, monsieur, j'ai reçu le coup là. — Alfred porta la main à son cœur. — J'aurais eu commis des crimes affreux que je n'aurais pas eu un sommeil plus bourrelé. A chaque instant je me réveillais en sursaut, croyant entendre la voix de ce damné Cabrion. Je me défiais de tout le monde : dans chacun je supposais un ennemi; je perdais mon aménité. Je ne pouvais voir une figure étrangère se présenter au carreau de la loge sans frémir en pensant que c'était peut-être quelqu'un de la bande à Cabrion. Et même encore maintenant, monsieur, je suis soupçonneux, renfrogné, sombre, épilogueur comme un malfaiteur... je crains d'épanouir mon âme à la moindre nouvelle connaissance, de peur d'y voir surgir quelques-uns de la bande à Cabrion; je n'ai de goût à rien.

Ici madame Pipelet porta son index à son œil gauche, comme pour essuyer une larme, et ils un signe de tête affirmatif.

Alfred continua d'un ton de plus en plus lamentable :

— Enfin je me recroqueville sur moi-même, et c'est ainsi que je vois couler le fleuve de la vie. Avais-je tort, monsieur, de vous dire que cet infernal Cabrion avait empoisonné mon existence?

Et M. Pipelet, poussant un profond soupir, inclina son chapeau tromblon sous le poids de cette immense infortune.

— Je conçois maintenant que vous n'aimiez pas les peintres, dit Rodolphe; mais du moins ce M. Germain dont vous parlez vous a dédommagé de M. Cabrion!

— Oh! oui, monsieur; voilà un bon et digne jeune homme, franc comme l'or, serviable, et pas fier, et gai, mais d'une bonne gaieté qui ne faisait de mal à personne, au lieu d'être insolent et goguenard comme ce Cabrion, que Dieu confonde!

— Allons, calmez-vous, mon cher monsieur Pipelet, ne prononcez pas ce nom-là. Et maintenant quel est le propriétaire assez heureux pour posséder M. Germain, cette perle des locataires?

— Ni vu ni connu... personne ne sait ni ne saura où demeure à cette heure M. Germain. Quand je dis personne... excepté mademoiselle Rigolette.

— Et qu'est-ce que mademoiselle Rigolette? demanda Rodolphe.

— Une petite ouvrière, l'autre locataire du quatrième, reprit madame Pipelet. Voilà une autre perle, payant son terme d'avance, et si propre dans sa chambrette, et si gentille pour tout le monde, et si gaie... un véritable oiseau du bon Dieu pour être avenante et joyeuse! avec ça travailleuse comme un petit castor, gagnant quelquefois jusqu'à deux francs par jour, mais dame avec bien du mal!

— Mais comment mademoiselle Rigolette est-elle la seule qui sache la demeure de M. Germain?

— Quand il a quitté la maison, reprit madame Pipelet, il nous a dit : « Je n'attends pas de lettres; mais, si par hasard il m'en arrivait, vous les remettriez à mademoiselle Rigolette. » Et en ça elle était digne de sa confiance, quand même la lettre serait chargée; n'est-ce pas, Alfred?

— Le fait est qu'il n'y aurait rien à dire sur le compte de mademoiselle Rigolette, dit sévèrement le portier, si elle n'avait pas eu la faiblesse de se laisser cajoler par cet infâme Cabrion.

— Pour ce qui est de ça, Alfred, reprit la portière, tu sais bien que ce n'est pas la faute de mademoiselle Rigolette, ça tient au local; car ça été tout de même, le commis voyageur qui occupait la chambre avant Cabrion, comme après ce méchant peintre ça été M. Germain qui la cajolait; encore une fois, ça ne peut être autrement, ça tient au local.

— Ainsi, dit Rodolphe, les locataires de la chambre que je veux louer font nécessairement la cour à mademoiselle Rigolette?

— Nécessairement, monsieur; vous allez comprendre ça. On est voisin avec mademoiselle Rigolette, les deux chambres se touchent; eh bien! entre jeunesse... c'est une lumière à allumer, un peu de braise à emprunter, ou bien de l'eau. Oh! quant à l'eau, on est sûr d'en trouver chez mademoiselle Rigolette, elle n'en manque jamais : c'est son luxe, c'est un vrai petit canard. Dès qu'elle a un moment, elle est tout de suite à laver ses carreaux, son foyer. Aussi c'est toujours si propre chez elle!... vous verrez ça !

— Ainsi M. Germain, eu égard à la localité, a donc été, comme vous dites, bon voisin avec mademoiselle Rigolette?

— Oui, monsieur, et c'est le cas de dire qu'ils étaient nés l'un pour l'autre. Si gentils, si jeunes, ils se faisaient plaisir à voir descendre les escaliers le dimanche, le seul jour de congé à ces pauvres enfants! elle bien attifée d'un joli bonnet et d'une jolie robe à vingt-cinq sous l'aune, qu'elle se fait elle-même, mais qui lui allait comme à une petite reine; lui, mis en vrai muscadin!

— Et M. Germain n'a plus revu mademoiselle Rigolette depuis qu'il a quitté cette maison?

— Non, monsieur, à moins que ça ne soit le dimanche, parce que les autres jours mademoiselle Rigolette n'a pas le temps de penser aux amoureux, allez! Elle se lève à cinq ou six heures, et travaille jusqu'à dix, quelquefois onze heures du soir; elle ne quitte jamais sa chambre, excepté le matin pour aller acheter la provision pour elle et ses deux serins, et à eux trois ils ne mangent guère. Qu'est-ce qu'il leur faut? Deux sous de lait, un peu de pain, du mouron, de la salade, du millet, de la belle eau claire; ce qui ne les empêche pas de babiller et de gazouiller tous les trois, la petite et ses deux oiseaux, que c'est une bénédiction!... Avec ça, bonne et charitable en ce qu'elle peut, c'est-à-dire de son temps de sommeil et de ses soins, car, en travaillant quelquefois plus de douze heures par jour, c'est tout juste si elle gagne de quoi vivre. Tenez, les malheureux des mansardes, que M. Bras-Rouge va mettre sur le pavé pas plus tard que dans trois ou quatre jours, mademoiselle Rigolette et M. Germain ont veillé leurs enfants pendant plusieurs nuits !

— Il y a donc une famille malheureuse ici?

— Malheureuse, monsieur! Dieu de Dieu! je le crois bien. Cinq enfants en bas âge, la mère au lit, presque mourante, la grand'mère idiote; et pour nourrir tout ça un homme qui ne mange pas du pain tout son soûl en trimant comme un nègre; car c'est un fameux ouvrier! Trois heures de sommeil sur vingt-quatre, voilà tout ce qu'il prend, et encore quel sommeil !... quand on est réveillé par des enfants qui crient : « Du pain ! » par une femme malade qui gémit sur sa paillasse, ou par la vieille idiote qui se met quelquefois à rugir comme une louve... de faim aussi, car elle n'a pas plus de raison qu'une bête. Quand elle a trop envie de manger, on l'entend des escaliers, elle hurle.

— Ah! c'est affreux ! s'écria Rodolphe; et personne ne les secourt ?

— Dame! monsieur, on fait ce qu'on peut entre pauvres gens. Depuis que le commandant me donne ses 12 francs par mois pour faire son ménage, je mets le pot-au-feu une fois la semaine, et ces malheureux en haut ont du bouillon. Mademoiselle Rigolette prend sur ses nuits, et dame ! ça lui coûte toujours de l'éclairage, pour leur faire, à eux, des rognures d'étoffes, des brassières et des béguins aux petits... Ce pauvre M. Germain, qu'était pas bien facile non plus, faisait semblant de recevoir de temps en temps quelques bonnes bouteilles de vin de chez lui, et Morel (c'est le nom de l'ouvrier) buvait un ou deux fameux coups qui le réchauffaient et lui mettaient pour un moment du cœur au ventre.

— Et le charlatan ne faisait-il rien pour ces pauvres gens?

— M. Bradamanti? dit le portier; il m'a guéri de mon rhumatisme, c'est vrai, je le vénère; mais ce jour-là j'ai dit à mon épouse : « Anastasie, M. Bradamanti... Hum! hum! te l'ai-je dit, Anastasie?

— C'est vrai, tu me l'as dit, mais il aime le vin, cet homme! du moins à sa manière, car il ne desserre pas les dents pour cela.

— Qu'a-t-il donc fait?

— Voilà, monsieur. Quand je lui ai parlé de la misère des Morel, à propos de ce qu'il se plaignait que la vieille idiote avait hurlé de faim toute la nuit, et que lui, ça l'avait empêché de dormir, il m'a dit : « Puisqu'ils sont si malheureux, s'ils ont des dents à arracher, je les leur ferai pas même payer la sixième, et je leur donnerai une bouteille de mon eau à moitié prix. »

— Eh bien ! s'écria M. Pipelet, quoiqu'il m'ait guéri de mon rhumatisme, je maintiens que c'est une plaisanterie indécente. Mais il n'en faut jamais d'autres... et c'est elles n'étaient qu'indécentes !

— Songe donc, Alfred, qu'il est Italien, et que c'est peut-être la manière de plaisanter chez eux.

— Décidément, madame Pipelet, dit Rodolphe, j'ai mauvaise opinion de cet homme, et je ne ferai pas, comme vous dites, ni amitié ni société avec lui... Et la prêteuse sur gages a-t-elle été plus charitable ?

— Hum! dans le prix de M. Bradamanti, dit la portière: elle leur a prêté sur leurs pauvres hardes... Tout y a passé, jusqu'à leur dernier matelas... C'est pas l'embarras, ils n'en ont jamais eu que deux.

— Et maintenant elle ne les aide pas?

— La mère Burette? Ah bien! oui; elle est aussi chiche dans son espèce que son amoureux dans la sienne; car, dites donc, M. Bras-Rouge et la mère Burette... ajouta la portière avec un clignement d'yeux et un hochement de tête extraordinairement malicieux.

— Vraiment ! dit Rodolphe.

— Je crois bien... à mort !... Et allez donc ! les étés de la Saint-Martin sont aussi chauds que les autres, n'est-ce pas, vieux chéri ?

M. Pipelet, pour toute réponse, agita mélancoliquement son chapeau tromblon.

Depuis que madame Pipelet avait fait montre d'un sentiment de charité à l'égard des malheureux des mansardes, elle semblait moins repoussante à Rodolphe.

— Et quel est l'état de ce pauvre ouvrier?

— Lapidaire en faux ; il travaille à la pièce, et tant, tant qu'il s'est contrefait à ce métier-là ; vous le verrez... Après tout, un homme est un homme, et il ne peut que ce qu'il peut, n'est-ce pas ? Et, quand il faut donner la pâtée à une famille de sept personnes, sans se compter, il y a du tirage ! Et encore sa fille aînée l'aide de ce qu'elle peut, et ça n'est guère.

— Et quel âge a cette fille?

— Dix-sept ans, et belle, belle... comme le jour ; elle est servante chez un vieux grigou, riche à acheter Paris, un notaire, M. Jacques Ferrand.

— M. Jacques Ferrand ! dit Rodolphe étonné de cette nouvelle rencontre, car c'était chez ce notaire, ou du moins près de sa gouvernante, qu'il devait prendre les renseignements relatifs à la Goualeuse. M. Jacques Ferrand qui demeure rue du Sentier? reprit-il.

— Juste !... vous le connaissez?

— Il est le notaire de la maison de commerce à laquelle j'appartiens.

— Eh bien ! alors vous devez savoir que c'est un fameux fesse-mathieu, mais, faut-être juste, honnête et dévot... tous les dimanches à la messe et à vêpres, faisant ses pâques et allant à confesse ; s'il fricote, ne fricotant jamais qu'avec des prêtres, buvant l'eau bénite, dévorant le pain béni... un saint homme, la caisse d'épargne des petites gens qui placent leurs économies chez lui ! mais dame ! avare et dur à cuire pour les autres comme pour lui-même. Voilà dix-huit mois que cette pauvre Louise, la fille du lapidaire, est servante chez lui. C'est un miracle pour la douceur, un cheval pour le travail. Elle fait tout là, et 18 francs de gages, ni plus ni moins ; elle garde 6 francs par mois pour s'entretenir, et donne le reste à sa famille ; c'est toujours ça ; mais quand il faut que sept personnes rongent là-dessus !...

— Mais le travail du père, s'il est laborieux?

— S'il est laborieux ! C'est un homme qui de sa vie n'a été bu ; c'est rangé, c'est doux comme un Jésus ; ça ne demanderait au bon Dieu pour toute récompense que de faire durer les jours quarante-huit heures, pour pouvoir gagner un peu plus de pain pour sa marmaille.

— Son travail lui rapporte donc bien peu ?

— Il a été alité pendant trois mois, et c'est ce qui l'a arriéré ; sa femme s'est abîmée la santé en le soignant, et à cette heure elle est moribonde ; c'est pendant ces trois mois qu'il a fallu vivre avec les 12 fr. de Louise, et avec ce qu'ils ont emprunté sur gages à la mère Burette, et aussi quelques sous que lui a prêtés la grand'mère en pierres fausses pour qu'il travaille. Mais huit personnes ! j'en reviens toujours là, et si vous voyiez leur mansarde !... Mais, tenez, monsieur, ne parlons pas de ça, voilà notre dîner cuit, et, rien que de penser à leur mansarde, ça me tourne sur l'estomac. Heureusement M. Bras-Rouge en débarrasse la maison. Quand je dis heureusement, ça ne se fait par méchanceté, au moins. Mais, puisqu'il faut qu'ils soient malheureux, ces pauvres Morel, et que nous n'y pouvons rien, autant qu'ils aillent être malheureux ailleurs. C'est un crève-cœur de moins.

— Mais, si on les chasse d'ici, où iront-ils?

— Dame ! je ne sais pas, moi.

— Et combien peut-il gagner par jour, ce pauvre ouvrier?

— S'il n'était pas obligé de soigner sa mère, sa femme et les enfants, il gagnerait bien 4 à 5 francs, parce qu'il s'acharne ; mais, comme il perd les trois quarts de son temps à faire le ménage, c'est au plus s'il gagne 40 sous.

— En effet, c'est bien peu. Pauvres gens !

— Oui, pauvres gens, allez ! c'est bien dit. Mais il y en a tant de pauvres gens, que, puisqu'on n'y peut rien, il faut laisser les consoler, n'est-ce pas, Alfred ? Mais, à propos de consoler, et le cassis, nous ne lui disons rien.

— Franchement, madame Pipelet, ce que vous m'avez raconté là m'a serré le cœur ; vous boirez à ma santé avec M. Pipelet.

— Vous êtes bien honnête, monsieur, dit le portier ; mais voulez-vous toujours voir la chambre d'en haut?

— Volontiers ; si elle me convient, je vous donnerai le denier à Dieu.

Le portier sortit de son antre. Rodolphe le suivit.

CHAPITRE XI.

Les quatre étages.

L'escalier sombre, humide, paraissait encore plus obscur par cette triste journée d'hiver.

L'entrée de chacun des appartements de cette maison offrait pour ainsi dire à l'œil de l'observateur une physionomie particulière.

Ainsi la porte du logis qui servait de petite maison au commandant était fraîchement peinte d'une couleur brune veinée imitant le palissandre; un bouton de cuivre doré étincelait à la serrure, et un beau cordon de sonnette à houppe de soie rouge contrastait avec la sordide vétusté des murailles.

La porte du second étage, habité par la devineresse, prêteuse sur gages, présentait un aspect plus singulier : un hibou empaillé, oiseau suprêmement symbolique et cabalistique, était cloué par les pattes et par les ailes au-dessus du chambranle; un petit guichet, grillagé de fil de fer, permettait d'examiner les visiteurs avant d'ouvrir.

La demeure du charlatan italien, que l'on soupçonnait d'exercer un épouvantable métier, se distinguait aussi par son entrée bizarre.

Son nom se lisait tracé avec des dents de cheval incrustées dans une espèce de tableau de bois noir appliqué sur la porte.

Au lieu de se terminer classiquement par une patte de lièvre ou par un pied de chevreuil, le cordon de sonnette s'attachait à un avant-bras et à une main de singe momifiés.

Ce bras desséché, cette petite main à cinq doigts articulés par phalanges et terminés par des ongles, était hideuse à voir.

On eût dit la main d'un enfant.

Au moment où Rodolphe passait devant cette porte, qui lui parut sinistre, il lui sembla entendre quelques sanglots étouffés; puis tout à coup un cri douloureux, convulsif, horrible, un cri paraissant arraché du fond des entrailles, retentit dans le silence de cette maison.

Rodolphe tressaillit.

Par un mouvement plus rapide que la pensée, il courut à la porte et sonna violemment.

— Qu'avez-vous, monsieur ? dit le portier surpris.

— Ce cri, dit Rodolphe, vous ne l'avez donc pas entendu ?

— Si, monsieur. C'est sans doute quelque pratique à qui M. César Bradamanti arrache une dent, peut-être deux.

Cette explication était vraisemblable ; pourtant elle ne satisfit pas Rodolphe.

Le cri terrible qu'il venait d'entendre ne lui semblait pas seulement une exclamation de douleur physique; mais aussi, si cela peut se dire, un cri de douleur morale.

Son coup de sonnette avait été d'une extrême violence.

On n'y répondit pas d'abord.

Plusieurs portes se fermèrent coup sur coup; puis, derrière la vitre d'un œil-de-bœuf placé près de la porte, et sur lequel Rodolphe attachait machinalement son regard, il vit confusément apparaître une figure décharnée, d'une pâleur cadavéreuse; une forêt de cheveux roux et grisonnants couronnait ce hideux visage, qui se terminait par une longue barbe de la même couleur que la chevelure.

Cette vision disparut au bout d'une seconde.

Rodolphe resta pétrifié.

Pendant le peu de temps que dura cette apparition, il avait cru reconnaître certains traits bien caractéristiques de cet homme.

Ces yeux verts et brillants comme l'algue-marine sous leurs gros sourcils fauves et hérissés, cette pâleur livide, ce nez mince, saillant, recourbé en bec d'aigle, et dont les narines, bizarrement dilatées et échancrées, laissaient voir une partie de la cloison nasale, lui rappelaient d'une manière frappante un certain abbé Polidori, dont le nom avait été maudit par Murph durant son entretien avec le baron de Graün.

Quoique Rodolphe n'eût pas vu l'abbé Polidori depuis seize ou dix-sept ans, il avait mille raisons pour ne pas l'oublier; mais, ce qui déroutait ses souvenirs, mais ce qui le faisait douter de l'identité de ces deux personnages, c'est que le prêtre qu'il croyait retrouver sous le nom de ce charlatan à barbe et à cheveux roux était très-brun.

Si Rodolphe (en supposant que ses soupçons fussent fondés) ne s'étonnait pas d'ailleurs de voir un homme revêtu d'un caractère sacré, un homme dont il connaissait la haute intelligence, le vaste savoir, le rare esprit, tomber à ce point de dégradation, peut-être d'infamie, c'est qu'il savait savoir, s'alliaient à une perversité si profonde, à une conduite si déréglée, à des penchants si crapuleux, et surtout à une telle forfanterie de cynique et sanglant mépris des hommes et des choses, que cet homme, réduit à une misère méritée, avait pu, nous dirons presque avait dû chercher les ressources les moins honorables, et trouver une sorte de satisfaction ironique et sacrilège à se voir, lui, véritablement distingué par les dons de l'esprit, lui, revêtu d'un caractère sacré, exercer ce vil métier d'impudent bateleur.

Mais, nous le répétions, quoiqu'il eût quitté l'abbé Polidori dans la force de l'âge, et que celui-ci dût avoir l'âge du charlatan, il y avait entre ces deux personnages certaines différences si notables, que Rodolphe doutait extrêmement de leur identité ; néanmoins il dit à M. Pipelet :

— Est-ce qu'il y a longtemps que M. Bradamanti habite cette maison ?

— Mais environ un an, monsieur. Oui, c'est ça, il est venu pour terme de janvier. C'est un locataire exact; il m'a guéri d'un fameux rhumatisme... Mais, comme je vous le disais tout à l'heure, il a un défaut, c'est d'être trop gouailleur, il ne respecte rien dans ses propos.

— Comment cela ?

— Enfin, monsieur, dit gravement M. Pipelet, je ne suis pas une prude, mais il y a rire et rire.

— Il est donc fort gai ?

— Ce n'est pas qu'il soit gai; au contraire, il a l'air d'un mort; mais il ne rit jamais de la bouche... il rit toujours en paroles ; il n'y a pas lui ni père ni mère, ni Dieu ni diable, il plaisante de tout, même de son eau, monsieur, même de sa propre eau ! Mais, je ne vous le cache pas, ces plaisanteries-là quelquefois me font peur, me donnent la chair de poule. Quand il a resté un quart d'heure à jaboter indécemment, dans sa loge, sur les femmes à peine voilées des différents pays sauvages qu'il a parcourus, et que je me retrouve seul à seul avec Anastasie, eh bien monsieur, moi qui, depuis trente-sept ans, ai pris l'habitude, me suis fait une loi de la chérir... Anastasie... eh bien ! il me semble que je la chéris moins. Vous allez rire... mais quelquefois encore, quand M. César est parti, après m'avoir parlé des festins des princes auxquels il a assisté pour les voir essayer les dents qu'il leur avait posées, eh bien ! il me semble que mon manger est amer, je n'ai plus faim. Enfin j'aime mon état, monsieur, et je m'en honore. J'aurais pu être cordonnier comme un tas d'ambitieux, mais je crois rendre autant de service en ressemelant les vieilles chaussures. Eh bien ! monsieur, il y a des jours où M. de César, avec ses railleries, me ferait regretter de n'être pas bottier, ma parole d'honneur ! et enfin... il a une manière de parler des dames sauvages qu'il a connues... Tenez, monsieur, je vous le répète, je ne suis pas rosière, mais quelquefois, saperlotte ! je devis pourpre, ajouta M. Pipelet d'un air de chasteté révoltée.

— Et madame Pipelet tolère cela ?

— Anastasie est folle de l'esprit, et M. César, malgré son mauvais ton en a certainement beaucoup ; aussi elle lui passe tout.

— Elle m'a aussi parlé de certains bruits horribles...

— Elle vous a parlé ?...

— Soyez tranquille, je suis discret.

— Eh bien ! monsieur, ce bruit-là, je n'y crois pas, je n'y croirai jamais, et pourtant je ne peux m'empêcher d'y penser, et ça augmente le drôle d'effet que me produisent les plaisanteries de M. Bradamanti. Enfin, monsieur, pour tout dire, bien certainement je hais M. Cabrion, c'est une haine que j'emporterai dans la tombe. Eh bien ! quelquefois me semble que j'aimerais encore mieux les ignobles farces qu'il avait l'effronterie de faire dans la maison, que les plaisanteries que nous débite M. César de son air pince-sans-rire, en bridant ses lèvres par un mouvement disgracieux qui me rappelle toujours l'aspect de mon feu Rousselot, qui en râlant bridait ses lèvres tout comme M. Bradamanti.

Quelques mots de M. Pipelet sur la perpétuelle ironie avec laquelle le charlatan parlait de tout et de tous, et flétrissait les joies les plus modestes par ses railleries amères, confirmaient les premiers soupçons de Rodolphe; car l'abbé, lorsqu'il déposait son masque de hypocrisie, avait toujours affecté le scepticisme le plus audacieux et le plus révoltant.

Bien décidé à éclaircir ses doutes, la présence de ce prêtre dans cette maison pouvant le gêner, se sentant de plus en plus disposé à interpréter d'une manière lugubre le cri terrible dont il avait été si frappé, Rodolphe suivit le portier à l'étage supérieur, où se trouvait la chambre qu'il voulait louer.

Le logis de mademoiselle Rigolette, voisin de cette chambre, était facile à reconnaître, grâce à une charmante galanterie du peintre l'ennemi mortel de M. Pipelet.

Une demi-douzaine de petits Amours joufflus, très-facilement et très spirituellement peints dans le goût de Watteau, se groupaient autour d'une espèce de cartouche, et portaient allégoriquement, l'un un dé à coudre, l'autre une paire de ciseaux, celui-là un fer à repasser, celui-ci un petit miroir de toilette; au milieu du cartouche, sur un fond bleu clair, on lisait en lettres roses : Mademoiselle Rigolette, couturière. Le tout était encadré dans une guirlande de fleurs qui se détachait à merveille du fond vert céladon de la porte.

Ce petit panneau était fort joli, et formait encore un contraste frappant avec la laideur de l'escalier.

Au risque d'irriter les plaies saignantes d'Alfred, Rodolphe lui dit, en montrant la porte de mademoiselle Rigolette :

— Ceci est sans doute l'ouvrage de M. Cabrion ?

— Oui, monsieur, il s'est permis d'abîmer la peinture de cette porte avec ces indécents barbouillages d'enfants tout nus, qu'il appelle des Amours. Sans les supplications de mademoiselle Rigolette et la faiblesse de M. Bras-Rouge, j'aurais gratté tout cela ainsi que cette palette dont e même monstre a obstrué la porte de *votre* chambre.

En effet, une palette chargée de couleurs, paraissant suspendue à un clou, était peinte sur la porte en manière de trompe-l'œil.

Rodolphe suivit le portier dans cette chambre, assez spacieuse, précédée d'un petit cabinet, et éclairée par deux fenêtres qui ouvraient sur la rue du Temple ; quelques ébauches fantastiques, peintes sur la seconde porte par M. Cabrion, avaient été scrupuleusement respectées par M. Germain.

Rodolphe avait trop de motifs d'habiter cette maison pour ne pas arrêter ce logement ; il donna donc modestement quarante sous au portier et lui dit :

— Cette chambre me convient parfaitement, voici le denier à Dieu ; demain j'enverrai des meubles. Il n'est pas nécessaire, n'est-ce pas, que je voie le principal locataire, M. Bras-Rouge ?

— Non, monsieur, il ne vient ici que de loin en loin, excepté pour les manigances de la mère Burette... C'est toujours avec moi que l'on traite directement ; je vous demanderai seulement votre nom.

— Rodolphe.

— Rodolphe... qui ?

— Rodolphe tout court, monsieur Pipelet.

— C'est différent, monsieur ; ce n'est pas par curiosité que j'insiste : les noms et les volontés sont libres.

— Dites-moi, monsieur Pipelet, est-ce que demain je ne devrais pas, comme nouveau voisin, aller demander aux Morel si je ne peux pas leur être bon à quelque chose, puisque mon prédécesseur, M. Germain, les aidait aussi selon ses moyens ?

— Si monsieur, cela se peut ; il est vrai que ça ne leur servira pas à grand'chose, puisqu'on les chasse ; mais ça les flattera toujours.

Puis, comme frappé d'une idée subite, M. Pipelet s'écria, en regardant son locataire d'un air fier et malicieux :

— Je comprends, je comprends ; c'est un commencement pour finir par aller aussi faire le bon voisin chez la petite voisine d'à côté.

— Mais j'y compte bien.

— Il n'y a pas de mal à ça, monsieur, c'est l'usage ; et, tenez, je suis sûr que mademoiselle Rigolette a entendu qu'on visitait la chambre, et qu'elle est aux aguets pour nous voir descendre. Je vas faire du bruit exprès en tournant la clef ; regardez bien en passant sur le carré.

En effet, Rodolphe s'aperçut que la porte si gracieusement enjolivée d'Amours Watteau était entre-bâillée, et il distingua vaguement, dans l'étroite ouverture, le bout relevé d'un petit nez couleur de rose et un grand œil noir vif et curieux ; mais, comme il ralentissait le pas, la porte se ferma brusquement.

— Quand je vous disais qu'elle nous guettait ! reprit le portier ; puis il ajouta : Pardon, excuse, monsieur !... je vas à mon petit observatoire.

— Qu'est-ce que cela ?

— Au haut de cette échelle, il y a le palier où s'ouvre la porte de la mansarde des Morel, et derrière ou dès lambris il se trouve un petit trou noir où je mets des fouillis. Comme le mur est très-lézardé, quand je suis dans mon trou, je vois chez eux et je les entends comme si j'y étais. Ça n'est pas que je les espionne, juste ciel ! Mais enfin je vais quelquefois les regarder comme on va à un mélodrame bien noir. Et en redescendant dans ma loge je me trouve comme dans un palais. Mais, dites donc, monsieur, si le cœur vous en dit, avant qu'ils ne partent... C'est triste, mais c'est curieux ; car, quand ils vous voient, ils sont comme des sauvages, ça les gêne.

— Vous êtes bien bon, monsieur Pipelet, un autre jour, demain peut-être, je profiterai de votre offre.

— À votre aise, monsieur ; mais il faut que je monte à mon observatoire, car j'ai besoin d'un morceau de basane. Si vous voulez toujours descendre, monsieur, je vous rejoins.

Et M. Pipelet commença sur l'échelle qui conduisait aux mansardes une ascension assez périlleuse pour son âge.

Rodolphe jetait un dernier coup d'œil sur la porte de mademoiselle Rigolette, en songeant que cette jeune fille, l'ancienne connaissance de la pauvre Goualeuse, connaissait sans doute la retraite du fils du Maître d'école, lorsqu'il entendit, à l'étage inférieur, quelqu'un sortir de chez le charlatan ; il reconnut le pas léger d'une femme, et distingua le bruissement d'une robe de soie. Rodolphe s'arrêta un moment par discrétion.

Lorsqu'il n'entendit plus rien il descendit.

Arrivé au second étage, il vit et ramassa un mouchoir sur les dernières marches ; il appartenait sans doute à la personne qui sortait du logis du charlatan.

Rodolphe s'approcha d'une des étroites fenêtres qui éclairaient le carré, et examina ce mouchoir, magnifiquement garni de dentelles ; il portait brodés, dans un de ses angles, un L et un N surmontés d'une couronne ducale.

Ce mouchoir était littéralement trempé de larmes.

La première pensée de Rodolphe fut de se hâter afin de pouvoir rendre ce mouchoir à la personne qui l'avait perdu. Il réfléchit que cette démarche ressemblerait peut-être, dans cette circonstance, à un mouvement d'inconvenante curiosité ; il le garda, se trouvant ainsi, sans le vouloir, sur la trace d'une mystérieuse et sans doute sinistre aventure.

En arrivant chez la portière, il lui dit :

— Est-ce qu'il ne vient pas de descendre une femme ?

— Non, monsieur. C'est une belle dame, grande et mince, avec un voile noir. Elle sort de chez M. César. Le petit Tortillard avait été chercher un fiacre, où elle vient de monter. Ce qui m'étonne, c'est que ce petit gueux-là s'est assis derrière le fiacre, peut-être pour voir où va cette dame ; car il est curieux comme une pie et vif comme un furet, malgré son pied bot.

— Ainsi, pensa Rodolphe, le nom et l'adresse de cette femme seront peut-être connus de ce charlatan, dans le cas où il aurait ordonné à Tortillard de suivre l'inconnue.

— Eh bien ! monsieur, la chambre vous convient-elle ? demanda la portière.

— Elle me convient beaucoup ; je l'ai arrêtée, et demain j'enverrai mes meubles.

— Que le bon Dieu vous bénisse d'avoir passé devant notre porte, monsieur ! nous aurons un fameux locataire de plus. Vous avez l'air bon enfant, Pipelet vous aimera tout de suite. Vous le ferez rire comme faisait M. Germain, qui avait toujours une farce à lui dire ; car il ne demande qu'à rire, ce pauvre cher homme : aussi je pense qu'avant un mois vous ferez une paire d'amis.

— Allons, vous me flattez, madame Pipelet.

— Pas du tout ; ce que je vous dis là c'est comme si je vous ouvrais mon cœur. Et si vous êtes gentil pour Alfred je serai reconnaissante : vous verrez votre petit ménage ; je suis un lion pour la propreté ; et, si vous voulez dîner chez vous le dimanche, je vous fricoterai des choses dont vous vous lécherez les pouces.

— C'est convenu, madame Pipelet, vous ferez mon ménage ; demain on vous apportera des meubles, et je viendrai surveiller mon emménagement.

Rodolphe sortit.

Les résultats de sa visite à la maison de la rue du Temple étaient assez importants, et pour la solution du mystère qu'il voulait découvrir, et pour la noble curiosité avec laquelle il cherchait l'occasion de faire le bien et d'empêcher le mal.

Tels étaient les résultats :

Mademoiselle Rigolette savait nécessairement la nouvelle demeure de François-Germain, fils du Maître d'école ;

Une jeune femme, qui, selon quelques apparences, pouvait malheureusement être la marquise d'Harville, avait donné au commandant pour le lendemain un nouveau rendez-vous qui le perdrait peut-être à jamais.

Et, pour mille raisons, Rodolphe portait le plus vif intérêt à M. d'Harville, dont le repos, l'honneur, semblaient si cruellement compromis ;

Un artisan honnête et laborieux, écrasé par la plus affreuse misère, allait être, lui et sa famille, jeté sur le pavé par l'intermédiaire de Bras-Rouge ;

Enfin, Rodolphe avait involontairement découvert quelques traces d'une aventure dont le charlatan César Bradamanti (peut-être Polidori) et une femme qui appartenait sans doute au plus grand monde étaient les principaux acteurs ;

De plus, la Chouette, récemment sortie de l'hôpital où elle était entrée après la scène de l'allée des Veuves, avait des intelligences suspectes avec madame Burette, devineresse et prêteuse sur gages, qui occupait le second étage de la maison.

Ayant recueilli ces divers renseignements, Rodolphe rentra chez lui, rue Plumet, remettant au lendemain sa visite au notaire Jacques Ferrand.

Le soir même, comme on le sait, Rodolphe devait se rendre à un grand bal à l'ambassade de ***.

Avant de suivre notre héros dans cette nouvelle excursion, nous jetterons un coup d'œil rétrospectif sur Tom et sur Sarah, personnages importants de cette histoire.

CHAPITRE XII.

Tom et Sarah.

Sarah Seyton, alors veuve du comte Mac-Grégor, et âgée de trente-sept à trente-huit ans, était d'une excellente famille écossaise, et fille d'un baronnet, gentilhomme campagnard.

D'une beauté accomplie, orpheline à dix-sept ans, Sarah avait quitté l'Écosse avec son frère Tom Seyton de Halsbury.

Les absurdes prédictions d'une vieille highlandaise, sa nourrice, avaient exalté presque jusqu'à la démence les deux vices capitaux de Sarah, l'orgueil et l'ambition, en lui promettant, avec une incroyable persistance de conviction, les plus hautes destinées... pourquoi ne pas le dire ? une destinée souveraine !

La jeune Écossaise s'était rendue à l'évidence des prédictions de sa nourrice, et se redisait sans cesse, pour corroborer sa foi ambitieuse, qu'une devineresse avait aussi promis une couronne à la belle et excellente créole qui s'assit un jour sur le trône de France, et qui fut reine par la grâce et par la bonté, comme d'autres le sont par la grandeur et par la majesté.

Chose étrange! Tom Seyton, aussi superstitieux que sa sœur, encourageait ses folles espérances, et avait résolu de consacrer sa vie à la réalisation du rêve de Sarah, de ce rêve aussi éblouissant qu'insensé.

Néanmoins le frère et la sœur n'étaient pas assez aveugles pour croire rigoureusement à la prédiction de la highlandaise, et pour viser absolument à un trône de premier ordre, dans leur magnifique dédain des royautés secondaires ou des principautés régnantes; non, pourvu que la belle Ecossaise ceignît un jour son front impérieux d'une couronne souveraine, le couple orgueilleux fermerait les yeux sur l'importance des possessions de cette couronne.

A l'aide de l'*Almanach de Gotha* pour l'an de grâce 1819, Tom Seyton dressa, au moment de quitter l'Ecosse, une sorte de tableau synoptique par rang d'âge de tous les rois et altesses souveraines de l'Europe alors à marier.

Bien que fort absurde, l'ambition du frère et de la sœur était pure de tout moyen honteux; Tom devait aider Sarah à ourdir la trame conjugale où elle espérait enlacer un porte-couronne quelconque. Tom devait être de moitié dans toutes les ruses, dans toutes les intrigues qui pourraient amener ce résultat; mais il aurait tué sa sœur, plutôt que de voir en elle la maîtresse d'un prince, même avec la certitude d'un mariage réparateur.

L'espèce d'inventaire matrimonial qui résulta des recherches de Tom et de Sarah dans l'*Almanach de Gotha* fut satisfaisant.

La Confédération germanique fournissait surtout un nombreux contingent de jeunes souverains présomptifs. Sarah était protestante; Tom n'ignorait pas la facilité du mariage allemand dit de la main gauche, mariage légitime d'ailleurs, auquel il se serait à la dernière extrémité résigné pour sa sœur. Il fut donc résolu entre elle et lui d'aller d'abord en Allemagne commencer cette *pipée*.

Si ce projet paraît improbable, ces espérances insensées, nous répondrons d'abord qu'une ambition effrénée, encore exagérée par une superstitieuse croyance, se pique rarement d'être raisonnable dans ses visées, et n'est guère tentée que de l'impossible; pourtant, en se rappelant certains faits contemporains, depuis d'augustes et respectables mariages morganatiques entre souverains et sujettes jusqu'à l'amoureuse odyssée de miss Pénélope et du prince de Capoue, on ne peut refuser quelque probabilité d'heureux succès aux imaginations de Tom et de Sarah.

Nous ajouterons que celle-ci joignait à une merveilleuse beauté de rares dispositions pour les talents les plus variés, et une puissance de séduction d'autant plus dangereuse qu'avec une âme sèche et dure, un esprit adroit et méchant, une dissimulation profonde, un caractère opiniâtre et absolu, elle réunissait toutes les apparences d'une nature généreuse, ardente et passionnée.

Au physique, son organisation mentait aussi perfidement qu'au moral.

Ses grands yeux noirs, tour à tour étincelants et langoureux sous leurs sourcils d'ébène, pouvaient feindre les embrasements de la volupté; et pourtant les brûlantes aspirations de l'amour ne devaient jamais faire battre son sein glacé; aucune surprise du cœur ou des sens ne devait venir déranger les impitoyables calculs de cette femme rusée, égoïste et ambitieuse.

En arrivant sur le continent, Sarah, d'après les conseils de son frère, ne voulut pas commencer ses entreprises avant d'avoir fait un séjour à Paris, où elle désirait polir son éducation, et assouplir sa roideur britannique dans le commerce d'une société pleine d'élégance, d'agréments et de liberté de bon goût.

Sarah fut introduite dans le meilleur et le plus grand monde, grâce à quelques lettres de recommandation et au bienveillant patronage de madame l'ambassadrice d'Angleterre et du vieux marquis d'Harville, qui avait connu en Angleterre le père de Tom et de Sarah.

Les personnes fausses, froides, réfléchies, s'assimilent avec une promptitude merveilleuse le langage et les manières les plus opposés à leur caractère: chez elles tout est dehors, surface, apparence, vernis, écorce; dès qu'on les pénètre, dès qu'on les devine, elles sont perdues; aussi l'espèce d'instinct de conservation dont elles sont douées les rend éminemment propres au déguisement moral. Elles se griment et se costument avec la prestesse et l'habileté d'un comédien consommé.

C'est dire qu'après six mois de séjour à Paris Sarah aurait pu lutter avec la Parisienne la plus parisienne du monde, pour la grâce piquante de son esprit, le charme de sa gaieté, l'ingénuité de ses coquetteries et la naïveté provocante de son regard à la fois chaste et passionné.

Trouvant sa sœur suffisamment *armée*, Tom partit avec elle pour l'Allemagne, muni d'excellentes lettres d'introduction.

Le premier État de la Confédération germanique qui se trouvait sur l'itinéraire de Sarah était le grand-duché de Gerolstein, ainsi désigné dans le diplomatique et infaillible *Almanach de Gotha* pour l'année 1819.

GÉNÉALOGIE DES SOUVERAINS DE L'EUROPE ET DE LEUR FAMILLE.

GEROLSTEIN.

« Grand-duc : Maximilien-Rodolphe, né le 10 décembre 1764. Succède à son père Charles-Frédéric-Rodolphe, le 21 avril 1785. — Veuf, janvier 1808, de Louise, fille du prince Jean-Auguste de Burglen.

« Fils : Gustave-Rodolphe, né le 17 avril 1803.

« Mère : Grande-duchesse Judith, douairière, veuve du grand-duc Charles-Frédéric-Rodolphe, le 21 avril 1785. »

Tom, avec assez de sens, avait d'abord inscrit sur sa liste les plus jeunes des princes qu'il convoitait pour beaux-frères, pensant que l'extrême jeunesse est de bien plus facile séduction qu'un âge mûr. D'ailleurs, nous l'avons dit, Tom et Sarah avaient été particulièrement recommandés au grand-duc régnant de Gerolstein par le vieux marquis d'Harville, engoué, comme tout le monde, de Sarah, dont il ne pouvait assez admirer la beauté, la grâce et le charmant naturel.

Il est inutile de dire que l'héritier présomptif du grand-duché de Gerolstein était *Gustave*-Rodolphe; il avait dix-huit ans à peine lorsque Tom et Sarah furent présentés à son père.

L'arrivée de la jeune Ecossaise fut un événement dans cette petite cour allemande, calme, simple, sérieuse, et pour ainsi dire patriarcale. Le grand-duc, le meilleur des hommes, gouvernait ses États avec une fermeté sage et une bonté paternelle; rien de plus matériellement, de plus moralement heureux que cette principauté: sa population laborieuse et grave, sobre et pieuse, offrait le type idéal du caractère allemand.

Ces braves gens jouissaient d'un bonheur si profond, ils étaient si complètement satisfaits de leur condition, que la sollicitude éclairée du grand-duc avait eu peu à faire pour les préserver de la manie des innovations constitutionnelles.

Quant aux modernes découvertes, quant aux idées pratiques qui pouvaient avoir une influence salutaire pour le bien-être et sur la moralisation du peuple, le grand-duc s'en informait et les appliquait incessamment, ses résidents auprès des différentes puissances de l'Europe n'ayant pour ainsi dire d'autre mission que celle de tenir leur maître au courant de tous les progrès de la science au point de vue d'utilité publique et pratique.

Nous l'avons dit, le grand-duc ressentait autant d'affection que de reconnaissance pour le vieux marquis d'Harville, qui lui avait rendu, en 1815, d'immenses services; aussi, grâce à la recommandation de ce dernier, Tom et Sarah Seyton de Halsbury furent accueillis à la cour de Gerolstein avec une distinction et une bonté très-particulières.

Quinze jours après son arrivée, Sarah, douée de leur profond esprit d'observation, avait facilement pénétré le caractère ferme, loyal et ouvert du grand-duc; avant de séduire le fils, chose immanquable, elle avait sagement voulu s'assurer des dispositions du père. Celui-ci paraissait aimer si follement son fils Rodolphe, qu'un moment Sarah le crut capable de consentir à une mésalliance plutôt que de voir ce fils chéri éternellement malheureux. Mais bientôt l'Ecossaise fut convaincue que ce père ne se départirait jamais de certains principes, de certaines idées sur les devoirs des princes.

Ce n'était pas de sa part orgueil; c'était conscience, raison, dignité.

Or, un homme de cette trempe énergique, d'autant plus affectueux et bon qu'il est plus ferme et plus fort, ne concède jamais rien de ce qui touche à sa conscience, à sa raison, à sa dignité.

Sarah fut sur le point de renoncer à son entreprise, en présence de ces obstacles presque insurmontables; mais, réfléchissant que, par compensation, Rodolphe était très-jeune, qu'on vantait généralement sa douceur, sa bonté, son caractère à la fois timide et rêveur, elle crut le jeune prince faible, irrésolu: elle persista donc dans son projet et dans ses espérances.

A cette occasion, sa conduite et celle de son frère furent un chef-d'œuvre d'habileté.

La jeune fille sut se concilier tout le monde, et surtout les personnes qui auraient pu être jalouses ou envieuses de ses avantages; elle fit oublier sa beauté, ses grâces, par la simplicité modeste dont elle les voila. Bientôt elle devint l'idole non-seulement du grand-duc, mais de sa mère, la grande-duchesse Judith douairière, qui, malgré, ou à cause de ses quatre-vingt-dix ans, aimait à la folie tout ce qui était jeune et charmant.

Plusieurs fois Tom et Sarah parlèrent de leur départ. Jamais le souverain de Gerolstein ne voulut y consentir; et, pour s'attacher tout à fait le frère et la sœur, ayant prié le baronnet Tom Seyton de Halsbury d'accepter l'emploi vacant de premier écuyer, il supplia Sarah de ne pas quitter la grande-duchesse Judith, qui ne pouvait plus se passer d'elle.

Après de nombreuses hésitations, combattues par les plus pressantes influences, Tom et Sarah acceptèrent ces brillantes propositions, et s'établirent à la cour de Gerolstein, où ils étaient arrivés depuis deux mois.

Sarah, excellente musicienne, sachant le goût de la grande-duchesse pour les vieux maîtres, et entre autres pour Gluck, fit venir l'œuvre de cet homme illustre, et fascina la vieille princesse par son inépuisable complaisance et par le talent remarquable avec lequel elle lui chantait ces anciens airs, d'une beauté si simple, si expressive.

Tom, de son côté, sut se rendre très-utile dans l'emploi que le grand-duc lui avait confié. L'Écossais connaissait parfaitement les chevaux ; il avait beaucoup d'ordre et de fermeté : en peu de temps il transforma presque complètement le service des écuries du grand-duc, service que la négligence et la routine avaient presque désorganisé.

Le frère et la sœur furent bientôt également aimés, fêtés, choyés dans cette cour. La préférence du maître commande les préférences secondaires. Sarah avait d'ailleurs besoin, pour ses futurs projets, de trop de points d'appui pour ne pas employer son habile séduction à se faire des partisans. Son hypocrisie, revêtue des formes les plus attrayantes, trompa facilement la plupart de ces loyales Allemandes, et l'affection générale consacra bientôt l'excessive bienveillance du grand-duc.

Voici donc notre couple établi à la cour de Gerolstein, parfaitement et honorablement posé, sans qu'il ait été un moment question de Rodolphe. Par un hasard heureux, quelques jours après l'arrivée de Sarah, ce dernier était parti pour une inspection de troupes avec un aide de camp et le fidèle Murph.

Cette absence, doublement favorable aux vues de Sarah, lui permit de disposer à son aise la conduite de la trame qu'elle ourdissait, sans être gênée par la présence du jeune prince, dont l'admiration trop marquée aurait peut-être éveillé les craintes du grand-duc.

Au contraire, en l'absence de son fils, il ne songea malheureusement pas qu'il venait d'admettre dans son intimité une jeune fille d'une rare beauté, d'un esprit charmant, qui devait se trouver avec Rodolphe à chaque instant du jour.

Sarah resta intérieurement insensible à cet accueil si touchant, si généreux, à cette noble confiance avec laquelle on l'introduisait au cœur de cette famille souveraine.

Ni cette jeune fille ni son frère ne reculèrent un moment devant leurs mauvais desseins; ils venaient seulement apporter le trouble et le chagrin dans cette cour paisible et heureuse. Ils calculaient froidement les résultats probables des cruelles divisions qu'ils allaient semer entre un père et un fils jusqu'alors tendrement unis.

CHAPITRE XIII.

Sir Walter Murph et l'abbé Polidori.

Rodolphe, pendant son enfance, avait été d'une complexion très-frêle. Son père fit ce raisonnement, bizarre en apparence, au fond très-sensé :

Les gentilshommes campagnards anglais sont généralement remarquables par une santé robuste. Ces avantages tiennent beaucoup à leur éducation physique : simple, rude, agreste, elle développe leur vigueur. Rodolphe va sortir des mains des femmes ; son tempérament est délicat ; peut-être, en habituant cet enfant à vivre comme le fils d'un fermier anglais (sauf quelques ménagements), fortifierai-je sa constitution.

Le grand-duc fit chercher en Angleterre un homme digne et capable de diriger cette sorte d'éducation physique : sir Walter Murph, athlétique spécimen du gentilhomme campagnard du Yorkshire, fut chargé de ce soin important. La direction qu'il donna au jeune prince répondit parfaitement aux vues du grand-duc.

Murph et son élève habitèrent pendant plusieurs années une charmante ferme située au milieu des champs et des bois, à quelques lieues de la ville de Gerolstein, dans la position la plus pittoresque et la plus salubre.

Rodolphe, libre de toute étiquette, s'occupant avec Murph de travaux agricoles proportionnés à son âge, vécut donc de la vie sobre, mâle et régulière des champs, ayant pour plaisirs et pour distractions, des exercices violents, la lutte, le pugilat, l'équitation, la chasse.

Au milieu de l'air pur des prés, des bois et des montagnes, le jeune prince sembla se transformer, poussa vigoureusement comme un jeune chêne ; sa pâleur un peu maladive fit place aux brillantes couleurs de la santé ; quoique toujours svelte et nerveux, il sortit victorieux des plus rudes fatigues; l'adresse, l'énergie, le courage, suppléant à ce qui lui manquait de puissance musculaire, il put bientôt lutter avec avantage contre des jeunes gens beaucoup plus âgés que lui ; il avait alors environ quinze ou seize ans.

Son éducation scientifique s'était nécessairement ressentie de la préférence donnée à l'éducation physique : Rodolphe savait fort peu de chose; mais le grand-duc pensait sagement que, pour demander beaucoup à l'esprit, il faut que l'esprit soit soutenu par une forte organisation physique ; alors, quoique tardivement fécondées par l'instruction, les facultés intellectuelles offrent de prompts résultats.

Le bon Walter Murph n'était pas savant ; il ne put donner à Rodolphe que quelques connaissances premières ; mais personne mieux que lui ne pouvait inspirer à son élève la conscience de ce qui était juste, loyal, généreux ; l'horreur de ce qui était bas, lâche, misérable.

Ces haines, ces admirations énergiques et salutaires s'enracinèrent pour toujours dans l'âme de Rodolphe ; plus tard ces principes furent violemment ébranlés par les orages des passions, mais jamais ils ne furent arrachés de son cœur. La foudre frappe, sillonne et brise un arbre solidement et profondément planté, mais la sève bout toujours dans ses racines, mille verts rameaux rejaillissent bientôt de ce tronc qui paraissait desséché.

Murph donna donc à Rodolphe, si cela peut se dire, la santé du corps et celle de l'âme ; il le rendit robuste, agile et hardi, sympathique à ce qui était bon et bien, antipathique à ce qui était méchant et mauvais.

Sa tâche ainsi admirablement remplie, le squire, appelé en Angleterre par de graves intérêts, quitta l'Allemagne pour quelque temps, au grand chagrin de Rodolphe, qui l'aimait tendrement.

Murph devait revenir se fixer définitivement à Gerolstein avec sa famille, lorsque quelques affaires fort importantes pour lui seraient terminées. Il espérait que son absence durerait au plus une année.

Rassuré sur la santé de son fils, le grand-duc songea sérieusement à l'instruction de cet enfant chéri.

Un certain abbé César Polidori, philologue renommé, médecin distingué, historien érudit, savant versé dans l'étude des sciences exactes et physiques, fut chargé de cultiver, de féconder le sol riche mais vierge, si parfaitement préparé par Murph.

Cette fois le choix du grand-duc fut bien malheureux, ou plutôt sa religion fut cruellement trompée par la personne qui lui présenta l'abbé et le lui fit accepter, lui prêtre catholique, comme précepteur d'un prince protestant. Cette innovation parut à beaucoup de gens une énormité, et généralement un funeste présage pour l'éducation de Rodolphe.

Le hasard, ou plutôt l'abominable caractère de l'abbé réalisa une partie de ces tristes prédictions.

Impie, fourbe, hypocrite, contempteur sacrilège de ce qu'il y a de plus sacré parmi les hommes, plein de ruse et d'adresse, dissimulant la plus dangereuse immoralité, le plus effrayant scepticisme, sous une écorce austère et pieuse, exagérant une fausse humilité chrétienne pour voiler sa souplesse insinuante, de même qu'il affectait une bienveillance expansive, un optimisme ingénu, pour cacher la perfidie de ses flatteries intéressées : connaissant profondément les hommes, ou plutôt n'ayant expérimenté que les mauvais côtés, que les honteuses passions de l'humanité, l'abbé Polidori était le plus détestable mentor que l'on pût donner à un jeune homme.

Rodolphe, abandonnant avec un extrême regret la vie indépendante, animée, qu'il avait menée jusqu'alors auprès de Murph, pour aller pâlir sur des livres et se soumettre aux cérémonieux usages de la cour de son père, prit l'abbé d'abord en aversion.

Cela devait être.

En quittant son élève, le pauvre squire l'avait comparé, non sans raison, à un jeune poulain sauvage, plein de grâce et de feu, que l'on enlevait aux belles prairies où il s'ébattait libre et joyeux, pour aller le soumettre au frein, à l'éperon, et lui apprendre à modérer, à utiliser des forces qu'il n'avait jusqu'alors employées que pour courir, que pour bondir à son caprice.

Rodolphe commença par déclarer à l'abbé qu'il ne se sentait aucune vocation pour l'étude, qu'il avait tout besoin d'exercer ses bras et ses jambes, de respirer l'air des champs, de courir les bois et les montagnes, un bon fusil et un bon cheval lui semblant d'ailleurs préférables aux plus beaux livres de la terre.

Le prêtre répondit à son élève qu'il n'y avait en effet rien de plus fastidieux que l'étude, mais que rien n'était plus grossier que les plaisirs qu'il préférait à l'étude, plaisirs parfaitement dignes d'un stupide fermier allemand. Et l'abbé de faire un tableau si bouffon, si railleur de cette existence simple et agreste, que pour la première fois Rodolphe fut honteux de s'être trouvé si heureux ; alors il demanda naïvement au prêtre à quoi l'on pouvait passer son temps si l'on n'aimait ni l'étude, ni la chasse, ni la vie libre des champs.

L'abbé lui répondit mystérieusement que plus tard il l'en instruirait.

Sous un autre point de vue, les espérances de ce prêtre étaient aussi ambitieuses que celles de Sarah.

Quoique le grand-duché de Gerolstein ne fût qu'un État secondaire, l'abbé s'était imaginé d'en être un jour le Richelieu, et de dresser Rodolphe au rôle de prince fainéant.

Il commença donc par tâcher de se rendre agréable à son élève, et de lui faire oublier Murph à force de condescendance et d'obséquiosité. Rodolphe continuait à être récalcitrant à l'endroit de la science, l'abbé dissimula au grand-duc la répugnance du jeune prince pour l'étude, vanta au contraire son assiduité, ses étonnants progrès; et quelques interrogatoires concertés d'avance entre lui et Rodolphe, mais qui semblaient très-improvisés, entretinrent le grand-duc (il faut le dire, fort peu lettré) dans son aveuglement et dans sa confiance.

Peu à peu l'éloignement que le prêtre avait d'abord inspiré à Rodolphe se changea de la part du jeune prince en une familiarité cavalière très-différente du sérieux attachement qu'il portait à Murph.

Peu à peu Rodolphe se trouva lié à l'abbé (quoique pour des causes fort innocentes) par l'espèce de solidarité qui unit deux complices. Il devait tôt ou tard mépriser un homme du caractère et de l'âge de ce prêtre, qui mentait indignement pour excuser la paresse de son élève.

L'abbé savait cela.

Mais il savait aussi que, si l'on ne s'éloigne pas tout d'abord avec dégoût des êtres corrompus, on s'habitue malgré soi et peu à peu à leur esprit, souvent attrayant, et qu'insensiblement on en vient à entendre sans honte et sans indignation railler et flétrir ce qu'on vénérait jadis.

années de son élève, le prêtre, déposant à demi son *n* rité, avait vivement éveillé sa curiosité par les demi-p l'existence enchanteresse de certains princes des temp

Madame Pipelet.

Le commandant.

« L'abbé était du reste trop fin pour heurter de front certaines nobles convictions de Rodolphe, fruit de l'éducation de Murph. Après avoir redoublé de railleries sur la grossièreté des passe-temps des premières

cédant aux instances de Rodolphe, après des ménàgem d'assez vives plaisanteries sur la gravité cérémonieuse grand-duc, l'abbé avait enflammé l'imagination du jeune p cits exagérés et ardemment colorés des plaisirs et des g avaient illustré les règnes de Louis XIV, du Régent, Louis XV, le héros de César Polidori.

Il affirmait à ce malheureux enfant, qui l'écoutait av funeste, que les voluptés, même excessives, loin de démoral heureusement doué, le rendaient souvent au contraire néreux, par cette raison que les belles âmes ne sont jamais mieux prédisposées à la bienveillance et à l'affectuosité que par le bonheur. Louis XV le Bien-aimé était une preuve irrécusable de cette assertion.

Et puis, disait l'abbé, que de grands hommes des temps anciens et modernes avaient largement sacrifié à l'épicurisme le plus raffiné!!! depuis Alcibiade jusqu'à Maurice de Saxe, depuis Antoine jusqu'au grand Condé, depuis César jusqu'à Vendôme!

De tels entretiens devaient exercer d'effroyables ravages dans une âme jeune, ardente et vierge; de plus, l'abbé traduisait éloquemment à son élève les odes d'Horace où ce rare génie exaltait avec le charme le plus entraînant les molles délices d'une vie tout entière vouée à l'amour et à des sensualités exquises. Pourtant, çà et là, pour masquer le danger de ces théories et satisfaire à ce qu'il y avait de foncièrement généreux dans le caractère de Rodolphe, l'abbé le berçait des utopies les plus charmantes. A l'entendre, un prince intelligemment voluptueux pouvait améliorer les hommes par le plaisir, les moraliser par le bonheur, et amener les plus incrédules au sentiment religieux, en exaltant leur gratitude envers le Créateur, qui, dans l'ordre matériel, comblait l'homme de jouissances avec une inépuisable prodigalité.

Jouir de tout et toujours, c'était, selon l'abbé, glorifier Dieu dans sa magnificence et dans l'éternité de ses dons.

Ces théories portèrent leurs fruits.

Au milieu de cette cour régulière et vertueuse, habituée, par l'exemple du maître, aux honnêtes plaisirs, aux innocentes distractions, Rodolphe, instruit par l'abbé, rêvait déjà les folles nuits de Versailles, les orgies de Choisy, les violentes voluptés du Parc-aux-Cerfs, et aussi çà et là, par contraste, quelques amours romanesques.

L'abbé n'avait pas manqué non plus de démontrer à Rodolphe qu'un prince de la Confédération germanique ne pouvait avoir d'autre prétention militaire que celle d'envoyer son contingent à la Diète.

D'ailleurs, l'esprit du temps n'était plus à la guerre.

Couler délicieusement et paresseusement ses jours au milieu des femmes et des raffinements du luxe, se reposer tour à tour de l'enivrement des plaisirs sensuels par les délicieuses récréations des arts, chercher parfois dans la chasse, non pas de sauvage Nemrod, mais en intelligent épicurien, ces fatigues passagères qui doublent le charme de l'indolence et de la paresse, telle était, selon l'abbé, la seule vie possible pour un prince qui (comble de bonheur!) trouvait un premier ministre capable de se vouer courageusement au fastidieux et lourd fardeau des affaires de l'État.

Rodolphe, en se laissant aller à des suppositions qui n'avaient rien de criminel parce qu'elles ne sortaient pas du cercle des probabilités fatales, se proposait, lorsque Dieu rappellerait à lui le grand-père, de se vouer à cette vie que l'abbé Polidori lui peignait si chaudes et de si riantes couleurs, et de prendre ce prêtre pour ministre.

Nous le répétons, Rodolphe aimait ardemment son père, et profondément regretté, quoique sa mort lui eût permis de faire danpalae au petit pied. Il est inutile de dire que le jeune prince le plus profond secret sur les malheureuses espérances qui ferm en lui.

Sachant que les héros de prédilection du grand-duc étaient G Adolphe, Charles XII et le grand Frédéric (Maximilien-Rodolph l'honneur d'appartenir de très-près à la maison royale de Brand Rodolphe pensait avec raison que son père, qui professait une

L'embuscade. — PAGE 84.

tion profond ces rois-ca toujours bo éperonnés, chant et gue regarderait comme perd croyait capa vouloir re dans sa cour vité tudesque mœurs facile cenciouses d gence. Un a huit mois se rent ainsi; n'était pas en retour, quoiq nonçât pro ment son arr

Sa premièr gnance vainc l'obséquiosité bé, Rodolphe des enseign scientifiques précepteur, e sinon une ins très-étendu moins des c sances superfi qui, jointes à prit naturel, sage, lui p talent de pass beaucoup pl struit qu'il no réellement, et le plus gran neur aux so l'abbé.

Murph revir gleterre avec mille, et ple joie en emb son ancien él

Au bout de ques jours, sa voir pénétrer son d'un chan qui l'affligea fondément, le squire trouva phe froid, traint enver et presque i lorsqu'il lui r leur vie ru agreste.

Certain de la naturelle du cœur du jeune prince, averti par un secret pressen Murph le crut momentanément perverti par la pernicieuse influe l'abbé Polidori, qu'il détestait d'instinct, et qu'il se promettait d' ver attentivement.

De son côté, le prêtre, vivement contrarié du retour de Murph il redoutait la franchise, le bon sens et la pénétration, n'eut seule pensée, celle de perdre le gentilhomme dans l'esprit de Rod

C'est à cette époque que Tom et Sarah furent présentés et ac à la cour de Gerolstein avec la plus extrême distinction.

Quelque temps avant leur arrivée, Rodolphe était parti avec u de camp et Murph pour inspecter les troupes de quelques garn Cette excursion étant toute militaire, le grand-duc avait jugé co ble que l'abbé ne fût pas de ce voyage. Le prêtre, à son grand regret, vit Murph reprendre pour quelques jours ses anciennes fonctions auprès du jeune prince.

Le squire comptait beaucoup sur cette occasion de s'éclairer tout à fait sur la cause du refroidissement de Rodolphe. Malheureusement celui-ci, déjà savant dans l'art de dissimuler, et croyant dangereux de laisser pénétrer ses projets d'avenir par son ancien mentor, fut pour lui d'une cordialité charmante, feignit de regretter beaucoup le temps de sa première jeunesse et ses rustiques plaisirs, et le rassura presque complétement.

Nous disons presque, car certains dévouements sont doués d'un admirable instinct. Malgré les témoignages d'affection que lui donnait le jeune prince, Murph pressentait vaguement qu'il y avait un secret entre eux deux; en vain il voulut éclaircir ses soupçons, ses tentatives échouèrent devant la précoce duplicité de Rodolphe.

Pendant ce voyage, l'abbé n'était pas resté oisif.

Les intrigants se devinent ou se reconnaissent à certains signes mystérieux, qui leur permettent de s'observer jusqu'à ce que leur intérêt les décide à une alliance ou à une hostilité déclarée.

Quelques jours après l'établissement de Sarah et de son frère à la cour du grand-duc, Tom était particulièrement lié avec l'abbé Polidori.

Ce prêtre s'avouait à lui-même, avec un odieux cynisme, qu'il avait une affinité naturelle, presque involontaire pour les fourbes et pour les méchants, disait-il, sans deviner positivement le but où tendaient Tom et Sarah, il s'était trouvé attiré vers eux par une sympathie trop vive pour ne pas leur supposer quelque dessein diabolique.

Quelques questions de Tom Seyton sur le caractère et les antécédents de Rodolphe, questions mises portée pour un homme moins en éveil que l'abbé, l'éclairèrent tout à coup sur les tendances du frère et de la sœur; seulement il ne crut pas à la jeune Ecossaise des vues à la fois si honnêtes et si ambitieuses.

La venue de cette charmante fille parut à l'abbé un coup du sort. Rodolphe avait l'imagination enflammée d'amoureuses chimères; Sarah devait être la réalité ravissante qui remplacerait tant de songes charmants; car, pensait l'abbé, avant d'arriver au choix dans le plaisir et à la variété dans la volupté, ou commence presque toujours par un attachement unique et romanesque. Louis XIV et Louis XV n'ont été peut-être fidèles qu'à Marie Mancini et à Rosette d'Arcy.

Selon l'abbé, il en serait ainsi de Rodolphe et de la belle Ecossaise. Celle-ci prendrait sans doute une immense influence sur un cœur soumis au charme enchanteur d'un premier amour. Diriger, exploiter cette influence, et s'en servir pour perdre Murph à jamais, tel fut le plan de l'abbé.

En homme habile, il fit parfaitement entendre aux deux ambitieux qu'il faudrait compter avec lui, étant seul responsable auprès du grand-duc de la vie privée du jeune prince.

Ce n'était pas tout, il fallait se défier d'un ancien précepteur de ce dernier qui l'accompagnait alors dans une inspection militaire; cet homme rude, grossier, hérissé de préjugés absurdes, avait eu autrefois une grande autorité sur l'esprit de Rodolphe, et pouvait devenir un surveillant dangereux; et, loin d'excuser les folies et charmantes erreurs de la jeunesse, il se regarderait comme obligé de les dénoncer à la sévère morale du grand-duc.

Tom et Sarah comprirent à demi-mot, quoiqu'ils n'eussent en rien instruit l'abbé de leurs secrets desseins. Au retour de Rodolphe et du squire, tous trois, rassemblés par leur intérêt commun, s'étaient tacitement ligués contre Murph, leur ennemi le plus redoutable.

CHAPITRE XIV.

Un premier amour.

Ce qui devait arriver arriva.

A son retour, Rodolphe, voyant chaque jour Sarah, en devint follement épris. Bientôt elle lui avoua qu'elle partageait son amour, mais quoiqu'il dût, prévoyait-elle, leur causer de violents chagrins. Ils ne pouvaient jamais être heureux; une trop grande distance les séparait. Aussi recommanda-t-elle à Rodolphe la plus profonde discrétion, de peur d'éveiller les soupçons du grand-duc, qui serait inexorable, et les priverait de leur seul bonheur, celui de se voir chaque jour.

Rodolphe promit de s'observer et de cacher son amour. L'Ecossaise était trop ambitieuse, trop sûre d'elle-même, pour se compromettre et se trahir aux yeux de la cour. Le jeune prince sentait aussi le besoin de la dissimulation; il imita la prudence de Sarah. L'amoureux secret fut parfaitement gardé pendant quelque temps.

Lorsque le frère et la sœur virent la passion effrénée de Rodolphe arrivée à son paroxysme, et son exaltation croissante, plus difficile à contenir de jour en jour, sur le point d'éclater et de tout perdre, ils portèrent le grand coup.

Le caractère de l'abbé autorisant cette confidence, d'ailleurs toute de moralité, Tom lui fit les premières ouvertures sur la nécessité d'un mariage entre Rodolphe et Sarah; sinon, ajoutait-il très-sincèrement, lui et sa sœur quitteraient immédiatement Gerolstein. Sarah partageait l'amour du prince, mais elle préférait la mort au déshonneur, et ne pouvait être que la femme de Son Altesse.

Ces prétentions stupéfièrent le prêtre; il n'avait jamais cru Sarah si audacieusement ambitieuse. Un tel mariage, entouré de difficultés sans nombre, de dangers de toute sorte, parut impossible à l'abbé: il dit franchement à Tom les raisons pour lesquelles le grand-duc ne consentirait jamais à une telle union.

Tom accepta ces raisons, en reconnut l'importance; mais il proposa, comme un mezzo termine qui pouvait tout concilier, un mariage secret bien en règle et seulement déclaré après la mort du grand-duc régnant.

Sarah était de noble et ancienne maison; une telle union ne manquait pas de précédents. Tom donnait à l'abbé, et conséquemment au prince, huit jours pour se décider: sa sœur ne supporterait pas plus longtemps les cruelles angoisses de l'incertitude; s'il lui fallait renoncer à l'amour de Rodolphe, elle prendrait cette douloureuse résolution le plus promptement possible.

Afin de motiver le brusque départ qui s'ensuivrait alors, Tom avait, en tous cas, adressé, disait-il, à un de ses amis d'Angleterre une lettre qui devait être mise à la poste à Londres et renvoyée en Allemagne: cette lettre contiendrait des motifs de retour assez puissants pour que Tom et Sarah se dissent absolument obligés de quitter pour quelque temps la cour du grand-duc.

Cette fois du moins l'abbé, servi par sa mauvaise opinion de l'humanité, devina la vérité.

Cherchant toujours une arrière-pensée aux sentiments les plus honnêtes, lorsqu'il sut que Sarah voulait légitimer son amour par un mariage, il vit là une preuve non de vertu, mais d'ambition: à peine aurait-il cru au désintéressement de la jeune fille si elle eût sacrifié son honneur à Rodolphe ainsi qu'il l'en avait crue capable, lui supposant seulement l'intention d'être la maîtresse de son élève. Selon les principes de l'abbé, se marchander, faire la part du devoir, c'était ne pas aimer. — Faible et froid amour, disait-il, que celui qui s'inquiète du ciel et de la terre !

Certain de ne pas se tromper sur les vues de Sarah, l'abbé demeura fort perplexe. Après tout, le vœu qu'exprimait Tom au nom de sa sœur était des plus honorables. Que demandait-il ? une union légitime. Que demandait-il ? une séparation, ou une union légitime.

Malgré son cynisme, le prêtre n'eût osé s'étonner aux yeux de Tom des honorables motifs qui semblaient dicter la conduite de ce dernier, et lui dire crûment que lui et sa sœur avaient habilement manœuvré pour amener le prince à un mariage disproportionné.

L'abbé avait trois partis à prendre:

Avertir le grand-duc de ce complot matrimonial,

Ouvrir les yeux de Rodolphe sur les manœuvres de Tom et Sarah,

Prêter les mains à ce mariage.

Mais:

Prévenir le grand-duc, c'était s'aliéner à tout jamais l'héritier présomptif de la couronne.

Eclairer Rodolphe sur les vues intéressées de Sarah, c'était s'exposer à être reçu comme on l'est toujours par un amoureux lorsqu'on vient lui déprécier l'objet aimé; et, quel terrible coup pour la vanité ou pour le cœur du prince !... lui révéler que c'était surtout sa position souveraine qu'on voulait épouser; et puis enfin, chose étrange ! lui, prêtre, viendrait blâmer la conduite d'une jeune fille qui voulait rester pure, et n'accorder qu'à son époux les droits d'un amant ?

En se prêtant au contraire à ce mariage, l'abbé s'attachait le prince et sa femme par un lien de reconnaissance profonde, ou du moins par la solidarité d'un acte dangereux.

Sans doute tout pouvait se découvrir, et il s'exposait alors à la colère du grand-duc; mais le mariage serait conclu, l'union valable, l'orage passerait, et le futur souverain de Gerolstein se trouverait d'autant plus lié envers l'abbé, que celui-ci aurait couru plus de danger à son service.

Après de mûres réflexions, l'abbé se décida donc à servir Sarah; néanmoins avec une certaine restriction dont nous parlerons plus tard.

La passion de Rodolphe était arrivée à son dernier période; violemment exaspéré par la contrainte et par les habilissimes séductions de Sarah, qui semblait souffrir encore plus que lui des obstacles insurmontables que le devoir et le monde mettaient à leur félicité, quelques jours de plus, le jeune prince se trahissait.

Qu'on y songe, c'était un premier amour, un amour aussi ardent que naïf, aussi confiant que passionné; pour l'exciter, Sarah avait déployé les ressources infernales de la coquetterie la plus raffinée. Non, jamais les émotions vierges d'un jeune homme plein de cœur, d'imagination et de flamme, ne furent plus longuement, plus savamment excitées; jamais femme ne fut plus dangereusement attrayante que Sarah. Tour à tour folâtre et triste, chaste et passionnée, pudique et provocante; ses grands yeux noirs, langoureux et brûlants, allumèrent dans l'âme effervescente de Rodolphe un feu inextinguible.

Lorsque l'abbé lui proposa de ne plus jamais voir cette fille enivrante, ou de la posséder par un mariage secret, Rodolphe sauta au cou du prêtre, l'appela son sauveur, son ami, son père. Le temple et le ministre eussent été là que le jeune prince eût épousé à l'instant.

L'abbé voulut, pour cause, se charger de tout.

Il trouva un ministre, des témoins ; et l'union (dont toutes les formalités furent soigneusement surveillées et vérifiées par Tom) fut secrètement célébrée pendant une courte absence du grand-duc, appelé à une conférence de la Diète germanique.

Les prédictions de la montagnarde écossaise étaient réalisées : Sarah épousait l'héritier d'une couronne.

Sans amortir les feux de son amour, la possession rendit Rodolphe plus circonspect, et calma cette violence qui aurait pu compromettre le secret de sa passion pour Sarah. Le jeune couple, protégé par Tom et par l'abbé, s'entendit si bien, mit tant de réserve dans ses relations, qu'elles échappèrent à tous les yeux.

Pendant les trois premiers mois de son mariage, Rodolphe fut le plus heureux des hommes ; lorsque, la réflexion succédant à l'entraînement, il contempla la position de sang-froid, il ne regretta pas de s'être enchaîné à Sarah par un lien indissoluble ; il renonça sans regrets pour l'avenir à cette vie galante, voluptueuse, efféminée, qu'il avait d'abord si ardemment rêvée, et il fit avec Sarah les plus beaux projets du monde sur leur règne futur.

Dans ces lointaines hypothèses, le rôle de premier ministre, que l'abbé s'était destiné *in petto*, diminuait beaucoup d'importance : Sarah se réservait ces fonctions gouvernementales ; trop impérieuse pour ne pas ambitionner le pouvoir et la domination, elle espérait régner à la place de Rodolphe.

Un événement impatiemment attendu par Sarah changea bientôt ce calme en tempête.

Elle devint mère.

Alors se manifestèrent chez cette femme des exigences toutes nouvelles et effrayantes pour Rodolphe ; elle lui déclara, en fondant en larmes hypocrites, qu'elle ne pouvait plus supporter la contrainte où elle vivait, contrainte que sa grossesse rendait plus pénible encore.

Dans cette extrémité, elle proposait résolument à Rodolphe de tout avouer au grand-duc : c'était, ainsi que la grande-duchesse douairière, de plus en plus affectionnée à Sarah. Sans doute, ajoutait celle-ci, il s'indignerait d'abord, s'emporterait ; mais il aimait si tendrement, si aveuglément son fils ; il l'avait pour elle, Sarah, tant d'affection, que le courroux paternel s'apaiserait peu à peu, et elle prendrait enfin à la cour de Gerolstein le rang qui lui appartenait, si cela ne devait être, doublement, puisqu'elle allait donner un enfant à l'héritier présomptif du grand-duc.

Cette prétention épouvanta Rodolphe : il connaissait le profond attachement de son père pour lui, mais il connaissait aussi l'inflexibilité des principes du grand-duc à l'endroit des devoirs de prince.

A toutes ses objections Sarah répondait impitoyablement :

— Je suis votre femme devant Dieu et devant les hommes. Dans quelque temps je ne pourrai plus cacher ma grossesse ; je ne veux plus rougir d'une position dont je suis au contraire si fière, et dont je puis me glorifier tout haut.

La paternité avait redoublé la tendresse de Rodolphe pour Sarah. Placé entre le désir d'accéder à ses vœux et la crainte du courroux de son père, il éprouvait d'affreux déchirements. Tom prenait le parti de sa sœur.

Le mariage est indissoluble, disait-il à son sérénissime beau-frère. Le grand-duc peut vous exiler de sa cour, vous bannir, rien de plus. Or il vous aime trop pour se résoudre à une pareille mesure ; il préférera tolérer ce qu'il n'aura pu empêcher.

Ces raisonnements, fort justes d'ailleurs, ne calmaient pas les anxiétés de Rodolphe. Sur ces entrefaites, Tom fut chargé par le grand-duc d'aller visiter plusieurs haras d'Autriche. Cette mission, qu'il ne pouvait refuser, ne devait le retenir que quinze jours au plus ; il partit, à son grand regret, dans un moment très-décisif pour sa sœur.

Celle-ci fut à la fois chagrine et satisfaite de l'éloignement de son frère ; elle perdait l'appui de ses conseils, mais aussi, dans le cas où tout se découvrirait, il serait à l'abri de la colère du grand-duc.

Sarah devait tenir Tom au courant, jour par jour, des différentes phases d'une affaire si importante pour tous deux. Afin de correspondre plus sûrement et plus secrètement, ils convinrent d'un chiffre.

Cette précaution seule prouve que Sarah n'entretenait son frère d'autre chose que de son amour pour Rodolphe. En effet, cette femme égoïste, froide, ambitieuse, n'avait pas senti se fondre les glaces de son cœur à l'embrasement de l'amour passionné qu'elle avait allumé.

La maternité ne fut pour elle qu'un moyen d'action de plus sur Rodolphe, et n'attendrit pas même cette âme d'airain. La jeunesse, la foi, amour, l'inexpérience de ce prince presque enfant, si perfidement attiré dans une position inextricable, lui inspiraient le plus vif intérêt ; dans ses intimes confidences à Tom, elle se plaignait avec dédain et amertume de la faiblesse de cet adolescent qui tremblait devant le plus paterne des princes allemands, *qui vivrait bien longtemps !*

En un mot, cette correspondance entre le frère et la sœur dévoilait clairement leur égoïsme intéressé, leurs ambitieux calculs, leur impatience presque homicide, et mettait à nu les ressorts de cette trame ténébreuse couronnée par le mariage de Rodolphe.

Peu de jours après le départ de Tom, Sarah se trouvait au cercle de la grande-duchesse douairière.

Plusieurs femmes la regardaient d'un air étonné et chuchotaient avec leurs voisines.

La grande-duchesse Judith, malgré ses quatre-vingt-dix ans, avait l'oreille fine et la vue bonne : ce petit manège ne lui échappa pas. Elle fit signe à une des dames de son service de venir auprès d'elle, et apprit ainsi que l'on trouvait mademoiselle Sarah Seyton de Halsbury moins svelte, moins élancée que d'habitude.

La vieille princesse adorait sa jeune protégée ; elle eût répondu à Dieu de la vertu de Sarah. Indignée de la méchanceté de ces observations, elle haussa les épaules et dit tout haut, du bout du salon où elle se tenait :

— Ma chère Sarah, écoutez !

Sarah se leva.

Il lui fallut traverser le cercle pour arriver auprès de la princesse, qui voulait, dans une intention toute bienveillante et par le seul fait de cette traversée, confondre les calomniateurs, et leur prouver victorieusement que la taille de sa protégée n'avait rien perdu de sa finesse et de sa grâce.

Hélas ! l'ennemie la plus perfide n'eût pas mieux imaginé que n'imagina l'excellente princesse, dans son désir de défendre sa protégée.

Celle-ci vint à elle. Il fallut le respect qu'on portait à la grande-duchesse pour comprimer un murmure de surprise et d'indignation lorsque la jeune fille traversa le cercle.

Les gens les moins clairvoyants s'aperçurent de ce que Sarah ne voulait pas cacher plus longtemps, car sa grossesse aurait pu se dissimuler encore ; mais l'ambitieuse femme avait ménagé cet éclat, afin de forcer Rodolphe à déclarer son mariage.

La grande-duchesse, ne se rendant pourtant pas encore à l'évidence, dit tout bas à Sarah :

— Ma chère enfant, vous êtes aujourd'hui affreusement habillée. Vous qui avez une taille à tenir dans les dix doigts, vous n'êtes plus reconnaissable. . . . .

Nous raconterons plus tard les suites de cette découverte, qui amena de grands et terribles événements. Mais nous dirons dès à présent ce que le lecteur a sans doute déjà deviné, que la Goualeuse, que Fleur-de-Marie était le fruit de ce malheureux mariage, était enfin la fille de Sarah et de Rodolphe, et que tous deux la croyaient morte.

On n'a pas oublié que Rodolphe, après avoir visité la maison de la rue du Temple, était rentré chez lui, et qu'il devait le soir même se rendre à un bal donné par madame l'ambassadrice de ***.

C'est à cette fête que nous suivrons Son Altesse le grand-duc régnant de Gerolstein, Gustave-Rodolphe, voyageant en France sous le nom de comte de Duren.

CHAPITRE XV.

Le bal.

A onze heures du soir, un suisse en grande livrée ouvrit la porte d'un hôtel de la rue Plumet, pour laisser sortir une magnifique berline bleue attelée de deux superbes chevaux gris à tous crins, et de la plus grande taille : sur le siège à large housse fraugée de crépines de soie se carrait un énorme cocher, rendu plus énorme encore par une pelisse bleue fourrée, à collet-pèlerine de martre, couturée d'argent sur toutes les tailles, et cuirassée de brandebourgs ; derrière le carrosse un valet de pied gigantesque et poudré, vêtu d'une livrée bleue, jonquille et argent, accostait un chasseur aux moustaches formidables, galonné comme un tambour major, et dont le chapeau, largement bordé, était à demi caché par une touffe de plumes jaunes et blanches.

Les lanternes jetaient une vive clarté dans l'intérieur de cette voiture doublée de satin ; l'on pouvait y voir Rodolphe, assis à droite, ayant à sa gauche le baron de Graün, et devant lui le fidèle Murph.

Par déférence pour le souverain que représentait l'ambassadeur chez lequel il se rendait au bal, Rodolphe portait seulement sur son habit la plaque diamantée de l'ordre de ***.

Le ruban orange et la croix d'émail de grand-commandeur de l'Aigle d'Or de Gerolstein pendaient au cou de sir Walter Murph : le baron de Graün était décoré des mêmes insignes. On ne parle pour mémoire d'une innombrable quantité de croix de tous pays qui se balançaient à une chaîne d'or placée entre les deux premières boutonnières de son habit.

— Je suis tout heureux, dit Rodolphe, des bonnes nouvelles que madame Georges me donne sur ma pauvre petite protégée de la ferme de Bouqueval ; les soins de David ont fait merveille. Sans la tristesse qui accable cette malheureuse enfant, elle va mieux. Et à propos de la Goualeuse, avouez, sir Walter Murph, ajouta Rodolphe en souriant, que si l'une de nos mauvaises connaissances de la Cité vous voyait ainsi déguisé, vaillant charbonnier, elle serait furieusement étonnée.

— Mais je crois, monseigneur, que Votre Altesse causerait la même surprise si elle voulait aller ce soir rue du Temple faire une visite d'amitié à madame Pipelet, dans l'intention d'égayer un peu la mélancolie

4.

de ce pauvre Alfred, qui ne demande qu'à vous aimer, ainsi qu'a dit cette estimable portière à Votre Altesse.

— Monseigneur nous a si parfaitement dépeint Alfred avec son majestueux habit vert, son air doctoral et son immobile chapeau-tromblon, dit le baron, que je crois le voir trôner dans sa loge obscure et enfumée. Du reste, Votre Altesse est, j'ose l'espérer, satisfaite des indications de mon agent secret. Cette maison de la rue du Temple a complétement répondu à l'attente de monseigneur?

— Oui, dit Rodolphe; j'ai même trouvé là plus que je n'attendais. Puis, après un moment de triste silence, et pour chasser l'idée pénible que lui causaient ses craintes au sujet de la marquise d'Harville, il reprit d'un ton plus gai : Je n'ose avouer cette puérilité, mais je trouve assez de piquant dans ces contrastes : un jour peintre en éventails, m'attablant dans un bouge de la rue aux Fèves; ce matin, commis marchand offrant un verre de cassis à madame Pipelet; et ce soir un des privilégiés, par la grâce de Dieu, qui règnent sur ce bas monde. L'homme aux quarante écus disait *mes rentes* tout comme un millionnaire, ajouta Rodolphe en manière de parenthèse et d'allusion au peu d'étendue de ses États.

— Mais bien des millionnaires, monseigneur, n'auraient pas le rare, l'admirable bon sens de l'homme aux quarante écus, dit le baron.

— Ah! mon cher de Graün, vous êtes trop bon, mille fois trop bon; vous me comblez, reprit Rodolphe en feignant un air à la fois ravi et embarrassé, pendant que Murph regardait Rodolphe en homme qui s'aperçoit trop tard qu'il a dit une sottise.

— En vérité, reprit Rodolphe avec un sérieux imperturbable, je ne sais, mon cher de Graün, comment reconnaître la bonne opinion que vous voulez bien avoir de moi, et surtout comment vous rendre la pareille.

— Monseigneur, je vous en supplie, ne prenez pas cette peine, dit le baron, qui avait un moment oublié que Rodolphe se vengeait toujours des flatteries, dont il avait horreur, par des railleries impitoyables.

— Comment donc, baron! mais je ne veux pas être en reste avec vous; voici malheureusement tout ce que je puis vous offrir pour le moment : d'honneur, c'est tout au plus si vous avez vingt ans, l'Antinoüs n'a pas des traits plus enchanteurs que les vôtres.

— Ah! monseigneur, grâce!

— Regardez donc, Murph; l'Apollon du Belvédère a-t-il des formes à la fois plus sveltes, plus élégantes et plus juvéniles?

— Monseigneur, il y avait si longtemps que cela ne m'était arrivé.

— Et ce manteau de pourpre, comme il lui sied bien!

— Monseigneur, je me corrigerai!

— Et ce cercle d'or qui retient, sans les cacher, les boucles de sa belle chevelure noire qui flotte sur son cou divin.

— Ah! monseigneur, grâce, grâce, je vous en conjure, dit le malheureux diplomate avec une expression de désespoir comique. (On n'a pas oublié qu'il avait cinquante ans, les cheveux gris, crépés et poudrés, une haute cravate blanche, le visage maigre, et des besicles d'or.)

— Vrai Dieu! Murph, il ne lui manque qu'un carquois d'argent sur les épaules et à la main pour avoir l'air du vainqueur du serpent Python!

— Pardon pour lui, monseigneur; ne l'accablez pas sous le poids de cette mythologie, dit le squire en riant : je suis caution auprès de Votre Altesse que de longtemps il ne s'avisera plus de dire une flatterie, puisque dans le nouveau vocabulaire de Gerolstein le mot vérité se traduit ainsi.

— Comment! toi aussi, vieux Murph? à ce moment tu oses...

— Monseigneur, ce pauvre de Graün m'afflige; je désire partager sa punition.

— Monsieur mon charbonnier ordinaire, voilà un dévouement à l'amitié qui vous honore. Mais, sérieusement, mon cher de Graün, comment oubliez-vous que je ne permets la flatterie qu'à Harnem et à ses pareils? car, il faut être équitable, ils ne sauraient dire autre chose : c'est le ramage de leur plumage; mais un homme de votre goût et de votre esprit, ô, baron!

— Eh bien! monseigneur, dit résolûment le baron, il y a beaucoup d'orgueil, que Votre Altesse me pardonne! dans votre aversion pour la louange!

— À la bonne heure, baron, j'aime mieux cela! expliquez-vous.

— Eh bien! Votre Altesse est absolument comme une très-jolie femme disait à un de ses admirateurs : Mon Dieu! je sais que je suis charmante; à quoi bon vos éternelles redites? votre approbation vaine et fastidieuse. À quoi bon affirmer l'évidence? S'en va-t-on crier par les rues : Le soleil éclaire!

— Ceci est plus adroit, baron, et plus dangereux : aussi, pour varier votre supplice, je vous avouerai que l'infernal abbé Polidori n'eût pas trouvé mieux pour dissimuler le poison de la flatterie.

— Monseigneur, je me tais.

— Ainsi Votre Altesse, dit sérieusement Murph cette fois, ne doute plus maintenant que ce ne soit l'abbé qu'elle ait retrouvé sous les traits du charlatan?

— Je n'en doute plus, puisque vous avez été prévenu qu'il était à Paris depuis quelque temps.

— J'avais oublié, ou plutôt omis de vous parler de lui, monseigneur, dit tristement Murph, parce que je sais combien le souvenir de ce prêtre est odieux à Votre Altesse.

Les traits de Rodolphe s'assombrirent de nouveau; et, plongé dans de tristes réflexions, il garda le silence jusqu'au moment où la voiture entra dans la cour de l'ambassade.

Toutes les fenêtres de cet immense hôtel brillaient éclairées dans la nuit noire : une haie de laquais en grande livrée s'étendait depuis le péristyle et les antichambres jusqu'aux salons d'attente, où se trouvaient les valets de chambre : c'était un luxe imposant et royal.

M. le comte *** et madame la comtesse *** avaient eu le soin de se tenir dans leur premier salon de réception jusqu'à l'arrivée de Rodolphe. Il entra bientôt, suivi de Murph et de M. de Graün.

Rodolphe était alors âgé de trente-six ans; mais, quoiqu'il approchât du déclin de la vie, la parfaite régularité de ses traits, nous l'avons dit, peut-être trop beaux pour un homme, l'air de dignité affable répandu dans toute sa personne, l'auraient toujours rendu extrêmement remarquable, lors même que ces avantages n'eussent pas été rehaussés de l'auguste éclat de son rang.

Lorsqu'il parut dans le premier salon de l'ambassade, il semblait transformé : ce n'était plus la physionomie tapageuse, la démarche alerte et hardie du peintre d'éventails vainqueur du Chourineur; ce n'était plus le commis goguenard qui sympathisait si galement aux infortunes de madame Pipelet...

C'était un prince dans l'idéalité poétique du mot.

Rodolphe porte la tête haute et fière; ses cheveux châtains, naturellement bouclés, encadrent son front large, noble et ouvert; son regard est rempli de douceur et de dignité; s'il parle à quelqu'un avec la spirituelle bienveillance qui lui est naturelle, son sourire, plein de charme et de finesse, laisse voir des dents d'émail que la teinte foncée de sa légère moustache rend plus éblouissantes encore; ses favoris bruns, encadrant l'ovale parfait de son visage pâle, descendent jusqu'au bas de son menton à fossette et un peu saillant.

Rodolphe est vêtu très-simplement. Sa cravate et son gilet sont blancs; un habit bleu boutonné très-haut, et au côté gauche duquel brille une plaque de diamants, dessine sa taille, aussi fine qu'élégante et souple; enfin quelque chose de mâle, de résolu dans son attitude, corrige ce qu'il y a peut-être de trop agréable dans ce gracieux ensemble.

Rodolphe allait si peu dans le monde, il avait l'air si prince, que son arrivée produisit une certaine sensation; tous les regards s'arrêtèrent sur lui lorsqu'il parut dans le premier salon de l'ambassade, accompagné de Murph et du baron de Graün, qui se tenaient à quelques pas derrière lui.

Un attaché, chargé de surveiller sa venue, alla aussitôt en avertir la comtesse ***; celle-ci, ainsi que son mari, s'avança au-devant de Rodolphe en lui disant :

— Je ne sais comment exprimer à Votre Altesse toute ma reconnaissance pour la faveur dont elle daigne nous honorer aujourd'hui.

— Vous savez, madame l'ambassadrice, que je suis toujours très-empressé de vous faire ma cour, et très-heureux de pouvoir dire à M. l'ambassadeur combien je lui suis affectionné; car nous sommes d'anciennes connaissances, monsieur le comte.

— Votre Altesse est trop bonne de vouloir bien se le rappeler, et de me donner un nouveau motif de ne jamais oublier ses bontés.

— Je vous assure, monsieur le comte, que ce n'est pas ma faute si certains souvenirs me sont toujours présents; j'ai le bonheur de ne garder dans ma mémoire que ce qui m'a été très-agréable.

— Mais Votre Altesse est merveilleusement douée, dit en souriant la comtesse de ***.

— N'est-ce pas, madame? Ainsi, dans bien des années, j'aurai, je l'espère, le plaisir de vous rappeler ce jour, et le goût, l'élégance extrêmes qui président à ce bal; car, franchement, je puis vous dire cela tout bas, il n'y a que vous qui sachiez donner des fêtes.

— Monseigneur!...

— Et ce n'est pas tout; dites-moi donc, monsieur l'ambassadeur, pourquoi les femmes me paraissent toujours plus jolies ici qu'ailleurs?

— C'est que Votre Altesse étend jusqu'à elles la bienveillance dont elle nous comble.

— Permettez-moi de ne pas être de votre avis, monsieur le comte; je crois que cela dépend absolument de madame l'ambassadrice.

— Votre Altesse voudrait-elle avoir la bonté de m'expliquer ce prodige? dit la comtesse en souriant.

— Mais c'est tout simple, madame; vous savez accueillir toutes ces belles dames avec une urbanité si parfaite, avec une grâce si exquise, vous leur dites à chacune un mot si charmant et si flatteur, que celles qui ne méritent pas tout à fait... tout à fait cette louange si aimable, dit Rodolphe en souriant avec malice, sont d'autant plus radieuses d'être distinguées par vous, tandis que celles qui la méritent sont non moins radieuses d'être appréciées par vous. Ces innocentes satisfactions épanouissent toutes les physionomies; le bonheur rend attrayantes les moins agréables, et voilà pourquoi, madame la comtesse, les femmes semblent toujours plus jolies chez vous qu'ailleurs. Je suis sûr que monsieur l'ambassadeur dira comme moi.

— Votre Altesse me donne de trop bonnes raisons de penser comme elle pour que je ne m'y rende pas.

— Et moi, monseigneur, dit la comtesse de ***, au risque de devenir aussi jolie que les belles dames qui ne méritent pas tout à fait... tout à fait les louanges qu'on leur donne, j'accepte la flatteuse explication de Votre Altesse avec autant de reconnaissance et de plaisir que si c'était une vérité.

— Pour vous convaincre, madame, que rien n'est plus réel, faisons quelques observations à propos des effets de la louange sur la physionomie.

— Ah! monseigneur, ce serait un piège horrible, dit en riant la comtesse de ***.

— Allons, madame l'ambassadrice, je renonce à mon projet, mais à une condition, c'est que vous me permettrez de vous offrir un moment mon bras. On m'a parlé d'un jardin de fleurs vraiment féerique au mois de janvier... Est-ce que vous seriez assez bonne pour me conduire à cette merveille des *Mille et une Nuits* ?

— Avec le plus grand plaisir, monseigneur; mais on a fait un récit très-exagéré à Votre Altesse. Elle va d'ailleurs en juger, à moins que son indulgence habituelle ne l'abuse.

Rodolphe offrit son bras à l'ambassadrice, et entra avec elle dans les autres salons, pendant que le comte de *** s'entretenait avec le baron de Graün et Murph, qu'il connaissait depuis longtemps.

CHAPITRE XVI.

Le jardin d'hiver.

Rien en effet de plus féerique, de plus digne des *Mille et une Nuits* que le jardin dont Rodolphe avait parlé à madame la comtesse de ***.

Qu'on se figure, aboutissant à une longue et splendide galerie, un emplacement de quarante toises de longueur sur trente de largeur : une cage vitrée, d'une extrême légèreté et façonnée en voûte, recouvre à une hauteur de cinquante pieds environ ce parallélogramme : ses murailles, recouvertes d'une infinité de glaces sur lesquelles se croisent les petites louanges vertes d'un treillage de joncs à mailles très-serrées, ressemblent à un berceau à jour, grâce à la réflexion de la lumière sur les miroirs : une palissade d'orangers, aussi gros que ceux des Tuileries, et de camélias de même force, les premiers chargés de fruits brillants comme autant de pommes d'or sur un feuillage d'un vert lustré, les seconds émaillés de fleurs pourpres, blanches et roses, tapisse toute l'étendue de ces murs.

Ceci est la clôture de ce jardin.

Cinq ou six énormes massifs d'arbres et d'arbustes de l'Inde ou des tropiques, plantés dans de profonds encaissements de terre de bruyère, sont environnés d'allées marbrées d'une charmante mosaïque de coquillage, et assez larges pour que deux ou trois personnes puissent s'y promener de front.

Il est impossible de peindre l'effet que produisait en plein hiver, et pour ainsi dire au milieu d'un bal, cette riche et brillante végétation exotique.

Ici des bananiers énormes atteignent presque les vitres de la voûte, et mêlent leurs larges palmes d'un vert lustré aux feuilles lancéolées des grands palmiers, dont quelques-uns sont déjà couverts de grosses fleurs aussi odorantes que magnifiques; de leur calice en forme de cloche, pourpre au dehors, argenté en dedans, s'élancent des étamines d'or; plus loin, des palmiers, des dattiers du Levant, des bataniers rouges, des figuiers de l'Inde, tous robustes, vivaces, feuillus, complètent ces immenses massifs de verdure : verdure crue, lustrée, brillante comme celle de tous les végétaux des tropiques, qui semblent emprunter l'éclat de l'émeraude, tant les feuilles de ces arbres, épaisses, charnues, vernissées, sont revêtues de teintes étincelantes et métalliques.

Le long des treillages, entre les orangers, parmi les massifs, enlacées d'un arbre à l'autre, ici en guirlandes de feuilles et de fleurs, là contournées en spirales, plus loin mêlées en réseaux inextricables, courent, serpentent, grimpent jusqu'au faîte de la voûte vitrée, une innombrable quantité de plantes sarmenteuses ; les grenadilles ailées, les passiflores aux larges fleurs de pourpre striées d'azur et couronnées d'une aigrette d'un violet noir, retombent du faîte de la voûte comme de colossales guirlandes, et semblent vouloir y remonter en jetant leurs vrilles délicates aux flèches des gigantesques aloès.

Ailleurs un bignonia de l'Inde, aux longs calices d'un jaune soufre, au feuillage léger, est entouré d'un stéphanotis aux fleurs charnues et blanches (qui répandent une senteur suave : ces deux lianes ainsi enlacées festonnent de leur frange verte et d'argent les feuilles immenses et veloutées d'un figuier de l'Inde.

Plus loin enfin jaillissent et retombent en cascade végétale et diaprée une innombrable quantité de tiges d'asclépiades dont les feuilles et les ombelles de quinze ou vingt fleurs étoilées sont si calmes, si polies, qu'on dirait des bouquets d'émail rose entourés de petites feuilles de porcelaine verte.

Les bordures des massifs se composent de bruyères du Cap, de tulipes du Thol, de narcisses de Constantinople, d'hyacinthes de Perse, de cyclamens, d'iris, qui forment une sorte de tapis naturel où toutes les couleurs, toutes les nuances se confondent de la manière la plus splendide.

Des lanternes chinoises d'une soie transparente, les unes d'un bleu, les autres d'un rose très-pâle, çà et là à demi cachées par le feuillage, éclairent ce jardin.

Il est impossible de rendre la lueur mystérieuse et douce qui résultait du mélange de ces deux nuances ; lueur charmante, fantastique, qui tenait de la limpidité bleuâtre d'une belle nuit d'été légèrement rosée par les reflets vermeils d'une aurore boréale.

On arrivait à cette immense serre chaude, surbaissée de deux ou trois pieds, par une longue galerie éblouissante d'or, de glaces, de cristaux, de lumières. Cette flamboyante clarté encadrait, pour ainsi dire, la pénombre où se dessinaient vaguement les grands arbres du jardin d'hiver, que l'on apercevait à travers une large baie à demi fermée par deux hautes portières de velours cramoisi.

On eût dit une gigantesque fenêtre ouverte sur quelque beau paysage d'Asie pendant la sérénité d'une nuit crépusculaire.

Vue du fond du jardin, où étaient disposés d'immenses divans sous un dôme de feuillage et de fleurs, la galerie offrait un contraste inverse avec la douce obscurité de la serre.

C'était au loin une espèce de brume lumineuse, dorée, sur laquelle étincelaient, miroitaient, comme une broderie vivante, les couleurs éclatantes et variées des robes de femmes, et les scintillations prismatiques des pierreries et des diamants.

Les sons de l'orchestre, affaiblis par la distance et par le sourd et joyeux bourdonnement de la galerie, venaient mélodieusement mourir dans le feuillage immobile des grands arbres exotiques.

Involontairement on parlait à voix basse dans ce jardin, on y entendait à peine le bruit léger des pas et le frôlement des robes de satin ; cet air à la fois léger, tiède et embaumé des mille suaves senteurs des plantes aromatiques, cette musique vague, lointaine, jetaient tous les sens dans une douce et molle quiétude.

Certes, deux amants nouvellement épris et heureux, assis sur la soie dans quelque coin ombreux de cet Éden, enivrés d'harmonie et de parfum, ne pouvaient trouver un cadre plus enchanteur pour leur passion ardente et encore à son aurore : car, hélas ! un ou deux mois de bonheur paisible et assuré changent si maussadement deux amants en froids époux !

En arrivant dans ce ravissant jardin d'hiver, Rodolphe ne put retenir une exclamation de surprise, et dit à l'ambassadrice :

— En vérité, madame, je n'aurais pas cru une telle merveille possible. Ce n'est plus seulement un grand luxe joint à un goût exquis, c'est de la poésie en action ; au lieu d'écrire comme un poète, de peindre comme un grand peintre, vous créez ce qu'ils oseraient à peine rêver.

— Votre Altesse est mille fois trop bonne.

— Franchement, avouez que celui qui saurait rendre fidèlement ce tableau enchanteur avec son charme de couleurs et de contrastes, là-bas ce tumulte éblouissant, ici cette délicieuse retraite, avouez, madame, que celui-là, ou poète, ou peintre, ferait une œuvre admirable, et cela seulement en reproduisant la vôtre.

— Les louanges que l'indulgence de Votre Altesse lui inspire sont d'autant plus dangereuses qu'on ne peut s'empêcher d'être charmé de leur esprit, et on les écoute malgré soi avec un plaisir extrême. Mais regardez donc, monseigneur, quelle charmante jeune femme ! Votre Altesse m'accordera du moins que la marquise d'Harville doit être jolie partout. N'est-elle pas ravissante de grâce ? Ne gagne-t-elle pas encore au contraste de la sévère beauté qui l'accompagne ?

La comtesse Sarah Mac-Gregor et la marquise d'Harville descendaient en ce moment les quelques marches qui de la galerie conduisaient au jardin d'hiver.

CHAPITRE XVII.

Le rendez-vous.

Les louanges adressées à madame d'Harville par l'ambassadrice n'étaient pas exagérées.

Rien ne saurait donner une idée de cette figure enchanteresse, où s'épanouissait alors toute la fleur d'une délicate beauté ; beauté d'autant plus rare qu'elle résidait moins encore dans la régularité des traits que dans le charme inexprimable de la physionomie de la marquise, dont le charmant visage se voilait, pour ainsi dire, modestement sous une touchante expression de bonté.

Nous insistons sur ce dernier mot, parce que d'ordinaire ce n'est pas précisément la bonté qui prédomine dans la physionomie d'une jeune femme de vingt ans, belle, spirituelle, recherchée, adulée, comme l'était madame d'Harville. Aussi se sentait-on singulièrement intéressé par le contraste de cette douceur ineffable avec les succès dont jouissait madame d'Harville, sans compter les avantages de naissance, de nom et de fortune qu'elle réunissait.

Nous essayerons de faire comprendre toute notre pensée.

Trop digne, trop éminemment douée pour aller coquettement au-devant des hommages, madame d'Harville se montrait cependant aussi affectueusement reconnaissante de ceux qu'on lui rendait que si elle les eût à peine mérités; elle n'en était pas fière, mais heureuse; indifférente aux louanges, mais très-sensible à la bienveillance, elle distinguait parfaitement la flatterie de la sympathie.

Son esprit juste, fin, parfois malin sans méchanceté, poursuivait surtout d'une raillerie inoffensive ces gens ravis d'eux-mêmes, toujours occupés d'attirer l'attention, de mettre constamment en évidence leur figure radieuse d'une foule de sots bonheurs et bouffie d'une foule de sots orgueils... Gens, disait plaisamment madame d'Harville, qui toute leur vie ont l'air de danser le cavalier seul en face d'un miroir invisible, auquel ils sourient complaisamment.

Un caractère à la fois timide et presque fier dans sa réserve inspirait au contraire à madame d'Harville un intérêt certain.

Ces quelques mots aideront pour ainsi dire à l'intelligence de la beauté de la marquise.

Son teint, d'une éblouissante pureté, se nuançait du plus frais incarnat ; de longues boucles de cheveux châtain clair effleuraient ses épaules arrondies, fermes et lustrées comme un beau marbre blanc. On peindrait difficilement l'angélique beauté de ses grands yeux gris, frangés de longs cils noirs. Sa bouche vermeille, d'une mansuétude adorable, était à ses yeux charmants ce que sa parole ineffable et touchante était à son regard mélancolique et doux. Nous ne parlerons ni de sa taille accomplie, ni de l'exquise distinction de toute sa personne. Elle portait une robe de crêpe blanc, garnie de camélias roses naturels et de feuilles du même arbuste, parmi lesquelles des diamants, à demi cachés çà et là, brillaient comme autant de gouttes d'étincelante rosée; une guirlande semblable était placée avec grâce sur son front pur et blanc.

Le genre de beauté de la comtesse Sarah Mac-Gregor faisait encore valoir la marquise d'Harville.

Agée de trente-cinq ans environ, Sarah paraissait à peine en avoir trente. Rien ne semble plus sain au corps que le froid égoïsme ; on se conserve longtemps frais dans cette glace.

Certaines âmes sèches, dures, inaltérables aux émotions qui usent le cœur, flétrissent les traits, ne ressentent jamais que les déconvenues de l'orgueil ou les mécomptes de l'ambition déçue; ces chagrins n'ont qu'une faible réaction sur le physique.

La conservation de Sarah prouvait ce que nous avançons.

Sauf un léger embonpoint qui donnait à sa taille, plus grande mais moins svelte que celle de madame d'Harville, une grâce voluptueuse, Sarah brillait d'un éclat tout juvénile; les pores dilatés pouvaient soutenir le feu trompeur de ses yeux ardents et noirs; ses lèvres humides et rouges (menteuses à demi) exprimaient la résolution et la sensualité. Le réseau bleuâtre des veines de ses tempes et de son cou apparaissait sous la blancheur lactée de sa peau transparente et fine.

La comtesse Mac-Gregor portait une robe de moire paille sous une tunique de crêpe de la même couleur; une simple couronne de feuilles naturelles de pyrrhus d'un vert d'émeraude ceignait sa tête et s'harmonisait à merveille avec ses bandeaux de cheveux noirs comme de l'encre, et séparés sur son front qui surmontait un nez aquilin à narines ouvertes. Cette coiffure sévère donnait un cachet antique au profil impérieux et passionné de cette femme.

Beaucoup de gens, dupes de leur figure, voient une irrésistible vocation dans le caractère de leur physionomie. L'un se trouve l'air excessivement guerrier, il guerroie ; l'autre rimeur, il rime, conspirateur, il conspire ; politique, il politique ; prédicateur, il prêche. Sarah se trouvait, non sans raison, un air parfaitement royal; elle dut accepter les prédictions à demi réalisées de la Highlandaise, et persister dans sa croyance à une destinée souveraine.

La marquise et Sarah avaient aperçu Rodolphe dans le jardin d'hiver, au moment où elles y descendaient; mais le prince parut ne pas les voir, car il se trouvait au détour d'une allée lorsque les deux femmes arrivèrent.

— Le prince est si occupé de l'ambassadrice, dit madame d'Harville à Sarah, qu'il n'a pas fait attention à nous...

— Ne croyez pas cela, ma chère Clémence, répondit la comtesse, qui était tout à fait dans l'intimité de madame d'Harville ; le prince nous a au contraire parfaitement vues ; mais je lui ai fait peur... Sa bouderie dure toujours.

— Moins que jamais je comprends son opiniâtreté à vous éviter ; souvent je lui ai reproché l'étrangeté de sa conduite envers vous... une ancienne amie. « La comtesse Sarah et moi nous sommes ennemis mortels, m'a-t-il répondu en plaisantant ; j'ai fait vœu de ne jamais lui parler; et il faut, a-t-il ajouté, que ce vœu soit bien sacré pour que je me prive de l'entretien d'une personne si aimable. » Aussi, ma chère Sarah, toute singulière que m'ait paru cette réponse, j'ai bien été obligée de m'en contenter (1).

(1) L'amour de Rodolphe pour Sarah, et les événements qui succédèrent à cet amour, remontant à dix-sept ou dix-huit ans, étaient complètement ignorés dans le monde, Sarah et Rodolphe ayant autant d'intérêt l'un que l'autre à les cacher.

— Je vous assure que la cause de cette brouillerie mortelle, demi plaisante, demi-sérieuse, est pourtant des plus innocentes; si on tiers n'y était pas intéressé, depuis longtemps je vous aurais confié ce grand secret... Mais qu'avez-vous donc, ma chère enfant? vous paraissez préoccupée.

— Ce n'est rien... tout à l'heure il faisait si chaud dans la galerie, que j'ai ressenti un peu de migraine ; asseyons-nous un moment ici... cela se passera... je l'espère.

— Vous avez raison; tenez, voilà justement un coin bien obscur vous serez là parfaitement à l'abri de ceux que votre absence va désoler... ajouta Sarah en souriant et en appuyant sur ces mots.

Toutes deux s'assirent sur un divan.

— J'ai dit ceux que votre absence va désoler, ma chère Clémence... Ne me savez-vous pas gré de ma discrétion ?

La jeune femme rougit légèrement, baissa la tête et ne répondit rien.

— Combien vous êtes peu raisonnable ! lui dit Sarah d'un ton de reproche amical. N'avez-vous pas confiance en moi, enfant? Sans doute enfant ; je suis d'un âge à vous appeler ma fille.

— Moi, manquer de confiance envers vous ! dit la marquise à Sarah avec tristesse ; ne vous ai-je pas dit au contraire ce que je n'aurais jamais dû m'avouer à moi-même ?

— A merveille. Eh bien ! voyons... parlons de lui : vous avez donc juré de le désespérer jusqu'à la mort ?

— Ah ! s'écria madame d'Harville avec effroi, que dites-vous ?

— Vous ne le connaissez pas encore, pauvre chère enfant... C'est un homme d'une énergie froide, pour qui la vie est peu de chose. Il a toujours été si malheureux... et l'on dirait que vous prenez encore plaisir à le torturer !

— Pensez-vous cela, mon Dieu !

— C'est sans le vouloir, peut-être ; mais cela est... Oh ! si vous saviez combien ceux qu'une longue infortune a accablés sont douloureusement susceptibles et impressionnables ! tenez, tout à l'heure, j'ai vu deux grosses larmes rouler dans ses yeux.

— Il serait vrai ?

— Sans doute... Et cela au milieu d'un bal ; et cela au risque d'être perdu de ridicule si l'on s'apercevait de cet amer chagrin. Savez-vous qu'il faut bien aimer pour souffrir ainsi..., et surtout pour ne pas songer à cacher au monde que l'on souffre ainsi !...

— De grâce, ne me parlez pas de cela, reprit madame d'Harville d'une voix émue ; vous me faites un mal horrible... Je ne connais que trop cette expression de souffrance à la fois si douce et si résignée... Hélas ! c'est la pitié qu'il m'inspirait qui m'a perdue... dit involontairement madame d'Harville.

Sarah parut ne pas avoir compris la portée de ce dernier mot, et reprit :

— Quelle exagération !... perdue pour être en coquetterie avec un homme qui pousse même la discrétion et la réserve jusqu'à ne pas se faire présenter à votre mari, de peur de vous compromettre ! M. Charles Robert n'est-il pas un homme rempli d'honneur, de délicatesse et de cœur ? Si je le défends avec cette chaleur, c'est que vous l'avez connu et surtout vu chez moi, et qu'il a pour vous autant de respect que d'attachement...

— Je n'ai jamais douté de ses nobles qualités, vous m'avez toujours dit tant de bien de lui !... Mais, vous le savez, ce sont surtout ses malheurs qui l'ont rendu intéressant à mes yeux.

— Et combien il mérite et justifie cet intérêt ! avouez-le. Et puis d'ailleurs comment on ne s'intéresserait pas à cet admirable visage qui serait-il pas l'image de l'âme? Avec sa haute et belle taille, il me rappelle les preux des temps chevaleresques. Je l'ai vu une fois en uniforme : il était impossible d'avoir un plus grand air. Certes, si la noblesse se mesurait au mérite et à la figure, au lieu d'être simplement M. Charles Robert, il serait duc et pair. Ne représenterait-il pas merveilleusement bien un des plus grands noms de France ?

— Vous n'ignorez pas que la noblesse de naissance me touche peu, vous qui me reprochez parfois d'être une républicaine, dit madame d'Harville en souriant.

— Certes, j'ai toujours pensé, comme vous, que M. Charles Robert n'avait pas besoin de titres pour être aimable ; et puis quel talent ! quelle voix charmante ! De quelle ressource il nous a été dans nos concerts intimes du matin ! vous souvenez-vous ? La première fois que vous avez chanté ensemble, quelle expression il mettait dans son duo avec vous ! quelle émotion !...

— Tenez, je vous en prie, dit madame d'Harville après un long silence, changeons de conversation.

— Pourquoi ?

— Cela m'attriste profondément, ce que vous m'avez dit tout à l'heure de son air désespéré.

— Je vous assure que dans l'excès du chagrin, un caractère aussi passionné peut chercher dans la mort un terme à...

— Oh ! je vous en prie, taisez-vous ! dit madame d'Harville en interrompant Sarah, cette pensée m'est déjà venue...

Puis, après un assez long silence, la marquise dit :

— Encore une fois, parlons d'autre chose... de votre ennemi mortel, ajouta-t-elle avec une gaieté affectée ; parlons du prince, que je n'avais pas vu depuis longtemps. Savez-vous qu'il est toujours charmant, quoique presque roi ? Toute républicaine que je suis, je trouve qu'il y a peu d'hommes aussi agréables que lui.

Sarah jeta à la dérobée un regard scrutateur et soupçonneux sur madame d'Harville, et reprit gaiement :

— Avouez, chère Clémence, que vous êtes très-capricieuse. Je vous ai connu des alternatives d'admiration et d'aversion singulière pour le prince : il y a quelques mois, lors de son arrivée ici, vous en étiez tellement fanatique, qu'entre nous... j'ai craint un moment pour le repos de votre cœur.

— Grâce à vous du moins, dit madame d'Harville en souriant, mon admiration n'a pas été de longue durée : vous avez si bien joué le rôle d'ennemie mortelle ; vous m'avez fait de telles révélations sur le prince... que, je l'avoue, l'éloignement a remplacé le fanatisme qui vous faisait craindre pour le repos de mon cœur : repos que votre ennemi ne songeait d'ailleurs guère à troubler ; car, peu de temps avant vos révélations, le prince, tout en continuant de voir intimement mon mari, avait presque cessé de m'honorer de ses visites.

— A propos ! et votre mari est-il ici ce soir ? dit Sarah.

— Non, il n'a pas désiré sortir, répondit madame d'Harville avec embarras.

— Il va de moins en moins dans le monde, ce me semble?

— Oui... quelquefois il préfère rester chez lui.

La marquise était visiblement embarrassée ; Sarah s'en aperçut et continua :

— La dernière fois que je l'ai vu, il m'a semblé plus pâle qu'à l'ordinaire.

— Oui... il a été un peu souffrant...

— Tenez, ma chère Clémence, voulez-vous que je sois franche ?

— Je vous en prie...

— Quand il s'agit de votre mari, vous êtes souvent dans un état d'anxiété singulière.

— Moi... Quelle folie !

— Quelquefois, en parlant de lui, et cela bien malgré vous, votre physionomie exprime... mon Dieu ! comment vous dirai-je cela ?... et Sarah appuya sur les mots suivants en ayant l'air de vouloir lire jusqu'au fond du cœur de Clémence : Oui, votre physionomie exprime une sorte... de répugnance craintive.

Les traits impassibles de madame d'Harville défièrent d'abord le regard inquisiteur de Sarah : pourtant celle-ci s'aperçut d'un léger tremblement nerveux, mais presque insensible qui agita un instant la lèvre inférieure de la jeune femme.

Ne voulant pas pousser plus loin ses investigations et surtout éveiller la défiance de son amie, la comtesse se hâta d'ajouter, pour donner le change à la marquise :

— Oui, une répugnance craintive, comme celle qu'inspire ordinairement un jaloux bourru...

A cette interprétation, le léger mouvement convulsif de la lèvre de madame d'Harville cessa ; elle parut soulagée d'un poids énorme, et répondit :

— Mais non, M. d'Harville n'est ni bourru ni jaloux... Puis, cherchant sans doute un prétexte de rompre une conversation qui lui pesait, elle s'écria tout à coup : Ah ! mon Dieu, voici cet insupportable duc de Lucenay, un des amis de mon mari... Pourvu qu'il ne nous aperçoive pas ! D'où sort-il donc ? Je le croyais à mille lieues d'ici !

— En effet, on le disait parti pour un voyage d'un an ou deux en Orient ; il y a cinq mois à peine qu'il a quitté Paris. Voilà une brusque arrivée qui a dû singulièrement contrarier la duchesse de Lucenay, quoique le duc ne soit guère gênant, dit Sarah avec un sourire méchant. Elle ne sera d'ailleurs pas seule à maudire ce fâcheux retour... M. de Saint-Remy partagera son chagrin.

— Ne soyez donc pas médisante, ma chère Sarah ; dites que ce retour sera fâcheux... pour tout le monde... M. de Lucenay étant assez désagréable pour que vous généralisiez votre reproche.

— Médisante ! non, certes ; je ne suis en cela qu'un écho. On dit encore que M. de Saint-Remy, modèle des élégants, qui a ébloui tout Paris de son faste, est à peu près ruiné, quoique son train diminue à peine ; il est vrai que madame de Lucenay est puissamment riche...

— Ah ! quelle horreur !...

— Encore une fois, je ne suis qu'un écho... Ah ! mon Dieu ! le duc nous a vues. Il vient, il faut se résigner. C'est désolant ; je ne sais rien au monde de plus insupportable que cet homme : il est souvent en si mauvaise compagnie, il rit si haut de ses sottises, il est si bruyant qu'il en est étourdissant ; si vous tenez à votre flacon ou à votre éventail, défendez-les courageusement contre lui, car il a encore l'inconvénient de briser tout ce qu'il touche, et cela de l'air le plus badin et le plus satisfait du monde.

Appartenant à une des plus grandes maisons de France, jeune encore, d'une figure qui n'eût pas été désagréable sans la longueur grotesque et démesurée de son nez, M. le duc de Lucenay joignait à une turbulence et à une agitation perpétuelle des éclats de voix et de rire si retentissants, des propos souvent d'un goût si détestable, des attitudes d'une désinvolture si cavalière et si inattendue, qu'il fallait à chaque instant se rappeler son nom pour ne pas s'étonner de le voir au milieu de la société la plus distinguée de Paris, et pour comprendre que l'on tolérât ses excentricités de gestes et de langage, auxquelles l'habitude avait d'ailleurs assuré une sorte de prescription ou d'impunité. On le fuyait comme la peste, quoiqu'il ne manquât pas d'ailleurs d'un certain esprit qui pointait çà et là à travers la plus incroyable exubérance de paroles. C'était un de ces êtres vengeurs, quoique innocents, aux mains desquels on souhaitait toujours de voir tomber les gens ridicules ou haïssables.

Madame de Lucenay, une des femmes les plus agréables et encore des plus à la mode de Paris, malgré ses trente ans sonnés, avait fait souvent parler d'elle ; mais on excusait presque la légèreté de sa conduite en songeant aux insupportables bizarreries de M. de Lucenay.

Un dernier trait de ce caractère fâcheux, c'était une intempérance et un cynisme d'expressions inouï à propos d'indispositions sanguenues ou d'infirmités impossibles ou absurdes qu'il s'amusait à vous supposer, et dont il vous plaignait tout haut devant cent personnes. Parfaitement brave d'ailleurs, et allant au-devant des conséquences de ses mauvaises plaisanteries, il avait donné ou reçu de nombreux coups d'épée sans se corriger davantage.

Ceci posé, nous ferons retentir aux oreilles du lecteur la voix aigre et perçante de M. de Lucenay, qui, du plus loin qu'il aperçut madame d'Harville et Sarah, se mit à crier :

— Eh bien ! eh bien ! qu'est-ce que c'est que ça ? qu'est-ce que je vois là ? Comment ! la plus jolie femme du bal qui se tient à l'écart, est-ce que c'est permis ? Faut-il que je revienne des antipodes pour faire cesser un tel scandale ? D'abord ; si vous continuez de vous dérober à l'admiration générale, marquise, je crie comme un brûlé, je crie à la disparition du plus charmant ornement de cette fête !

Et, pour péroraison, M. de Lucenay se jeta pour ainsi dire à la renverse à côté de la marquise, sur le divan ; après qu'il croisa sa jambe gauche sur sa cuisse droite, et prit son pied dans sa main.

— Comment, monsieur, vous voilà déjà de retour de Constantinople ! dit madame d'Harville en se reculant avec impatience.

— Déjà ! vous dites là ce que ma femme a pensé, j'en suis sûr ; car elle n'a pas voulu m'accompagner ce soir dans ma rentrée dans le monde. Revenez donc surprendre vos amis pour être reçu comme ça !

— C'est tout simple ; il vous était si facile de rester aimable... là-bas... dit madame d'Harville avec un demi-sourire.

— C'est-à-dire de rester absent, n'est-ce pas ? C'est une horreur, c'est une infamie, ce que vous dites là ! s'écria M. de Lucenay en décroisant ses jambes et en frappant sur son chapeau comme sur un tambour de basque.

— Pour l'amour du ciel, monsieur de Lucenay, ne criez pas si haut et tenez-vous tranquille, ou vous allez nous faire quitter la place, dit madame d'Harville avec humeur.

— Quitter la place ! ça serait donc pour me donner votre bras et aller faire un tour dans la galerie?

— Avec vous ? certainement non. Voyons, je vous prie, ne touchez pas à ce bouquet ; de grâce, laissez aussi cet éventail, vous allez le briser, selon votre habitude.

— Si ce n'est que ça, j'en ai cassé plus d'un, allez ! surtout un magnifique chinois que madame de Vaudémont avait donné à ma femme.

En disant ces rassurantes paroles, M. de Lucenay tracassait dans un réseau de plantes grimpantes qu'il tirait à lui par petites secousses. Il fallut par les déchirer de l'arbre qui les soutenait ; elles tombèrent, et le duc s'en trouva pour ainsi dire couronné.

Alors ce furent des éclats de rire si glapissants, si fous, si étourdissants, que madame d'Harville eût fui cet incommode et fâcheux personnage, si elle n'eût pas aperçu M. Charles Robert (le commandant, comme disait madame Pipelet) qui s'avançait à l'autre extrémité de l'allée. La jeune femme craignit de paraître ainsi aller à sa rencontre, et resta auprès de M. de Lucenay.

— Dites donc, madame Mac-Gregor, je devais joliment avoir l'air d'un dieu Pan, d'une naïade, d'un sylvain, d'un sauvage sous ce feuillage ? dit M. de Lucenay en s'adressant à Sarah, auprès de laquelle il alla brusquement s'étaler. A propos de sauvage, il faut que je vous raconte une histoire outrageusement inconvenante... Figurez-vous qu'à Otaïti...

— Monsieur le duc ! lui dit madame Fonbonne, d'un ton glacial.

— Eh bien ! non, je ne vous dirai pas mon histoire ; je la garde pour madame de Fonbonne que voilà.

C'était une grosse petite femme de cinquante ans, très-prétentieuse et très-ridicule, dont le menton touchait la gorge, et qui montrait toujours le blanc de ses gros yeux en parlant de son âme, des langueurs de son âme, des besoins de son âme, des aspirations de son âme. Elle portait ce soir-là un affreux turban d'étoffe de couleur de cuivre, avec un semis de dessins verts.

— Je la garde pour madame de Fonbonne, s'écria le duc.

— De quoi s'agit-il donc, monsieur le duc ? dit madame de Fonbonne, en minaudant, en roucoulant et en commençant à faire les yeux blancs, comme dit le peuple.

— Il s'agit, madame, d'une histoire horriblement inconvenante, indécente et incongrue.

— Ah ! mon Dieu ! Et qui est-ce qui oserait ? qui est-ce qui se permettrait ?

— Moi, madame ; ça ferait rougir un vieux Chamboran. Mais je connais votre goût... Écoutez-moi ça...

— Monsieur !...

— Eh bien, non, vous ne le saurez pas, mon histoire, au fait! parce qu'après tout, vous qui vous mettez toujours si bien, avec tant de goût, avec tant d'élégance, vous avez ce soir un turban qui, permettez-moi de vous le dire, ressemble, ma parole d'honneur, à une vieille tourtière rongée de vert-de-gris.

Et le duc de rire aux éclats.

— Si vous êtes revenu d'Orient pour recommencer vos absurdes plaisanteries, qu'on vous passe parce que vous êtes à moitié fou, dit la grosse femme irritée, on regrettera fort votre retour, monsieur.

Et elle s'éloigna majestueusement.

— Il faut que je me tienne à quatre pour ne pas aller la décoiffer, cette vilaine précieuse, dit M. de Lucenay, mais je la respecte, elle est orpheline... Ah! ah! ah!... et de rire de nouveau. Tiens! M. Charles Robert! reprit M. de Lucenay. Je l'ai rencontré aux eaux des Pyrénées... c'est un éblouissant garçon, il chante comme un cygne. Vous allez voir, marquise, comme je vais l'intriguer. Voulez-vous que je vous le présente?

— Tenez-vous en repos et laissez-nous tranquilles, dit Sarah.

Pendant que M. Charles Robert s'avançait lentement, ayant l'air d'admirer les fleurs de la serre, M. de Lucenay avait manœuvré assez habilement pour s'emparer du flacon de Sarah, et il s'occupait en silence et avec un soin extrême de démantibuler le bouchon de ce bijou.

M. Charles Robert s'avançait toujours; sa grande taille était parfaitement proportionnée, ses traits d'une irréprochable pureté, sa mise d'une suprême élégance; cependant son visage, sa tournure manquaient de charme, de grâce, de distinction; sa démarche était roide et gênée, ses mains et ses pieds, gros et vulgaires. Lorsqu'il aperçut madame d'Harville, la régulière nullité de ses traits s'effaça tout à coup sous une expression de mélancolie profonde beaucoup trop subite pour n'être pas feinte; néanmoins on semblait était aussi M. Robert avait l'air si affreusement malheureux, si naturellement désolé lorsqu'il s'approcha de madame d'Harville, que celle-ci ne put s'empêcher de songer aux sinistres paroles de Sarah sur les excès auxquels le désespoir aurait pu le porter.

— Eh! bonjour donc, mon cher monsieur! lui dit M. de Lucenay en l'arrêtant au passage, je n'ai pas eu le plaisir de vous voir depuis notre rencontre aux eaux. Mais qu'est-ce que vous avez donc? Mais comme vous avez l'air souffrant!

Ici M. Charles Robert jeta un long et mélancolique regard sur madame d'Harville, et répondit au duc, d'une voix plaintivement accentuée:

— En effet, monsieur, je suis souffrant...

— Mon Dieu, mon Dieu, vous ne pouvez donc pas vous débarrasser de votre pituite, lui demanda M. de Lucenay avec l'air du plus sérieux intérêt.

Cette question était si saugrenue, si absurde, qu'un moment M. Charles Robert resta stupéfait, abasourdi; puis, le rouge de la colère lui montant au front, il dit d'une voix ferme et brève à M. de Lucenay:

— Puisque vous prenez tant d'intérêt à ma santé, monsieur, j'espère que vous viendrez savoir demain de mes nouvelles?

— Comment donc, mon cher monsieur... mais certainement, j'enverrai... dit le duc avec hauteur.

M. Charles Robert fit un demi-salut et s'éloigna.

— Ce qu'il y a de fameux, c'est qu'il n'a pas plus de pituite que le Grand-Turc, dit M. de Lucenay en se renversant de nouveau près de Sarah, à moins que je n'aie deviné sans le savoir. Dites donc, madame Mac-Gregor, est-ce qu'il vous fait l'effet d'avoir de la pituite, ce monsieur?

Sarah tourna brusquement le dos à M. de Lucenay sans lui répondre davantage.

Tout ceci s'était passé très-rapidement.

Sarah avait difficilement contenu un éclat de rire.

Madame d'Harville avait affreusement souffert en songeant à l'atroce position d'un homme qui se voit interpellé si ridiculement devant une femme qu'il aime; elle était épouvantée en songeant qu'un duel pouvait avoir lieu; alors, entraînée par un sentiment de pitié irrésistible, elle se leva brusquement, prit la main de Sarah, rejoignit M. Charles Robert qui ne se possédait pas de rage, et lui dit tout bas en passant près de lui:

— Demain, à une heure... j'irai...

Puis elle regagna la galerie avec la comtesse et quitta le bal.

CHAPITRE XVIII.

Tu viens bien tard, mon ange!

Rodolphe, en se rendant à cette fête pour remplir un devoir de convenance, voulait aussi tâcher de découvrir si ses craintes au sujet de madame d'Harville étaient fondées, et si elle était réellement l'héroïne du récit de madame Pipelet.

Après avoir quitté le jardin d'hiver avec la comtesse de ***, Rodolphe avait parcouru en vain plusieurs salons, dans l'espoir de rencontrer madame d'Harville seule. Il revenait à la serre chaude, lorsque un moment arrêté sur la première marche de l'escalier, il fut témoin de la scène rapide qui se passa entre madame d'Harville et M. Charles Robert après la détestable plaisanterie du duc de Lucenay. Rodolphe surprit un échange de regards très-significatifs. Un secret pressentiment lui dit que ce grand et beau jeune homme était le commandant. Voulant s'en assurer, il rentra dans la galerie.

Une valse allait commencer; au bout de quelques minutes, il vit M. Charles Robert debout dans dans l'embrasure d'une porte. Il paraissait doublement satisfait, et de sa réponse à M. de Lucenay (M. Charles Robert était fort brave, malgré ses ridicules), et du rendez-vous que lui avait donné madame d'Harville pour le lendemain, bien certain cette fois qu'elle n'y manquerait pas.

Rodolphe alla trouver Murph.

— Tu vois bien ce jeune homme blond, au milieu de ce groupes là-bas?

— Ce grand monsieur qui a l'air si content de lui-même? Oui, monseigneur.

— Tâche d'approcher assez près de lui pour pouvoir dire tout bas, sans qu'il te voie et de façon à ce que lui seul l'entende, ces mots: « Tu viens bien tard, mon ange! »

Le squire regarda Rodolphe d'un air stupéfait.

— Sérieusement, monseigneur?

— Sérieusement. S'il se retourne à ces mots, garde ce magnifique sang-froid que j'ai si souvent admiré, afin que ce monsieur ne puisse découvrir qui a prononcé ces paroles.

— Je n'y comprends rien, monseigneur; mais j'obéis.

Le digne Murph, avant la fin de la valse, était parvenu à se placer immédiatement derrière M. Charles Robert.

Rodolphe, parfaitement posté pour ne rien perdre de l'effet de cette expérience, suivit attentivement Murph des yeux; une seconde, M. Charles Robert se retourna brusquement d'un air stupéfait.

Le squire, impassible, les sourcils bas; certes, ce grand homme chauve, d'une figure imposante et grave, fut le dernier que le commandant soupçonna d'avoir prononcé ces mots, qui lui rappelaient la désagréable quiproquo dont madame Pipelet avait été la cause et l'héroïne.

La valse finie, Murph revint trouver Rodolphe.

— Eh bien, monseigneur; ce jeune homme s'est retourné comme si je l'avais mordu. Ces mots sont donc magiques?

— Ils sont magiques, mon vieux Murph; ils m'ont découvert ce que je voulais savoir.

Rodolphe n'avait plus qu'à plaindre madame d'Harville d'une erreur d'autant plus dangereuse qu'il pressentait vaguement que Sarah en était complice ou confidente. A cette découverte, il ressentit un des douloureux; il ne douta plus de la cause des chagrins de M. d'Harville, qu'il aimait tendrement: la jalousie les causait sans doute; sa femme, douée de qualités charmantes, se sacrifiait à un homme qui ne le méritait pas. Maître d'un secret surpris par hasard, incapable d'en abuser, ne pouvant rien tenter pour éclairer madame d'Harville, que d'ailleurs cédât à l'entraînement aveugle de la passion, Rodolphe se voyait condamné à rester le témoin impassible de la perte de cette jeune femme.

Il fut tiré de ces réflexions par M. de Graün.

— Si Votre Altesse veut m'accorder un moment d'entretien dans le petit salon du fond, où il n'y a personne, j'aurai l'honneur de lui rendre compte des renseignements qu'elle m'a ordonné de prendre.

Rodolphe suivit M. de Graün.

— La seule duchesse au nom de laquelle puissent se rapporter les initiales N et L est madame de Lucenay, née de Noirmont, et la femme du baron, elle n'est pas ici ce soir. Je viens de voir son mari, M. de Lucenay, parti il y a cinq mois pour un voyage d'Orient qui devait durer plus d'une année; il est revenu subitement il y a deux ou trois jours.

On se souvient que, sa visite à la maison de la rue du Temple, Rodolphe avait trouvé, sur le palier même de l'appartement du charlatan César Bradamanti, un mouchoir trempé de larmes, richement garni de dentelles, et dans l'angle duquel il avait remarqué les lettres N et L surmontées d'une couronne ducale. D'après son ordre, mais ignorant ces circonstances, M. de Graün s'était informé du nom des duchesses actuellement à Paris, et il avait obtenu les renseignements que nous venons de parler.

Rodolphe comprit tout.

Il n'avait aucune raison de s'intéresser à madame de Lucenay, mais il ne put s'empêcher de frémir en songeant que si elle avait réellement rendu visite au charlatan, ce misérable, qui n'était autre que l'abbé Polidori, possédait le nom de cette femme, qu'il avait fait suivre par Tortillard, et qu'il pouvait affreusement abuser du terrible secret qui mettait la duchesse dans sa dépendance.

— Le hasard est quelquefois bien singulier, monseigneur, reprit M. de Graün.

— Comment cela?

— Au moment où M. de Grangeneuve venait de me donner ces renseignements sur monsieur et sur madame de Lucenay, en ajoutant assez malignement que le retour imprévu de M. de Lucenay avait dû contrarier beaucoup la duchesse et un fort beau jeune homme, le plus merveilleux élégant de Paris, le vicomte de Saint-Rémi, M. l'ambassadeur m'a demandé si je croyais que Votre Altesse lui permettrait de lui présenter le vicomte, qui se trouve ici; il vient d'être attaché à la légation de Gérolstein, et il serait trop heureux de cette occasion de faire sa cour à Votre Altesse.

Rodolphe ne put réprimer un mouvement d'impatience, et dit:

— Voilà qui m'est infiniment désagréable... mais je ne puis refuser... Allons, dites au comte de *** de me présenter M. de Saint-Remy.

Malgré sa mauvaise humeur, Rodolphe savait trop son métier de prince pour manquer d'affabilité dans cette occasion. D'ailleurs, l'on donnait M. de Saint-Remy pour amant à la duchesse de Lucenay, et cette circonstance piquait assez la curiosité de Rodolphe.

Le vicomte de Saint-Remy s'approcha, conduit par le comte de ***.

M. de Saint-Remy était un charmant jeune homme de vingt-cinq ans, mince, svelte, de la tournure la plus distinguée, de la physionomie la plus avenante ; il avait le teint fort brun, mais de ce brun velouté, transparent et couleur d'ambre, remarquable dans les portraits de Murillo ; ses cheveux noirs à reflet bleuâtre, séparés par une raie au-dessus de la tempe gauche, très-lisses sur le front, se bouclaient autour de son visage, et laissaient à peine voir le lobe incolore des oreilles ; le noir foncé de ses prunelles se découpait brillamment sur le globe de l'œil, qui, au lieu d'être blanc, se nacrait de cette nuance légèrement azurée qui donne au regard des Indiens une expression si charmante. Par un caprice de la nature, l'épaisseur soyeuse de sa moustache contrastait avec l'imberbe juvénilité de son menton et de ses joues, aussi unies que celles d'une jeune fille ; il portait par coquetterie une cravate de satin noir très-basse, qui laissait voir l'attache élégante de son cou, digne du jeune flûteur antique.

Une seule perle rattachait les longs plis de sa cravate, perle d'un prix inestimable par sa grosseur, la pureté de sa forme et l'éclat de son orient, si vif qu'une opale n'eût pas été plus splendidement irisée. D'un goût parfait, la mise de M. de Saint-Remy s'harmonisait à merveille avec ce bijou d'une magnifique simplicité.

On ne pouvait jamais oublier la figure et la personne de M. de Saint-Remy, tant il sortait du type ordinaire des élégants.

Son luxe de voiture et de chevaux était extrême ; grand et beau joueur, le total de son livre de paris de course s'élevait toujours annuellement à deux ou trois mille louis. On citait sa maison de la rue de Chaillot comme un modèle d'élégante somptuosité ; on faisait chez lui une chère exquise, et ensuite on jouait un jeu d'enfer, où il perdait souvent des sommes considérables avec l'insouciance la plus hospitalière ; et pourtant on savait certainement que le patrimoine du vicomte était dissipé depuis longtemps.

Pour expliquer ses prodigalités incompréhensibles, les envieux ou les méchants parlaient, ainsi que l'avait fait Sarah, des grands biens de la duchesse de Lucenay ; mais ils oubliaient qu'à part la vilité de cette supposition, M. de Lucenay avait naturellement un contrôle sur la fortune de sa femme, et que M. de Saint-Remy dépensait au moins 50,000 écus ou 200,000 francs par an. D'autres parlaient d'usuriers imprudents, car M. de Saint-Remy attendait plus d'héritage. D'autres, enfin, le disaient TROP heureux sur le *turf* (1), et parlaient tout bas d'*entraîneurs* et de *jockeys* corrompus par lui pour faire perdre les chevaux contre lesquels il avait parié beaucoup d'argent... mais le plus grand nombre des gens du monde s'inquiétaient peu des moyens auxquels M. de Saint-Remy avait recours pour subvenir à son faste.

Il appartenait par sa naissance au meilleur et au plus grand monde ; il était gai, brave, spirituel, bon compagnon, facile à vivre ; il donnait d'excellents dîners de garçons, et tenait ensuite tous les enjeux qu'on lui proposait. Que fallait-il de plus ?

Les femmes l'adoraient ; on nombrait à peine ses triomphes de toutes sortes. Il était jeune et beau, galant et magnifique dans toutes les occasions où un homme peut l'être avec les femmes du monde ; enfin, l'engouement était tel, que l'obscurité dont il entourait la source du Pactole où il puisait à pleines mains jetait même sur sa vie un certain charme mystérieux ; on disait, en souriant insoucieusement : « Il faut que ce diable de Saint-Remy ait trouvé la pierre philosophale ! »

En apprenant qu'il s'était fait attacher à la légation de France près le grand-duc de Gerolstein, d'autres personnes avaient pensé que M. de Saint-Remy voulait faire une retraite honorable.

Le comte de *** dit à Rodolphe, en lui présentant M. de Saint-Remy :
— J'ai l'honneur de présenter à Votre Altesse M. le vicomte de Saint-Remy, attaché à la légation de Gerolstein.

Le vicomte salua profondément, et dit à Rodolphe :
— Votre Altesse daignera-t-elle excuser l'impatience que j'éprouve de lui faire ma cour ? J'ai pour elle trop hâte de jouir d'un honneur auquel j'attachais tant de prix.

— Je serai, monsieur, très-satisfait de vous revoir à Gerolstein... Comptez-vous y aller bientôt ?

— Le séjour de Votre Altesse à Paris me rend moins empressé de partir.

— Le palpable contraste de nos cours allemandes vous étonnera beaucoup, monsieur, habitué que vous êtes à la vie de Paris.

— J'ose assurer à Votre Altesse que la bienveillance qu'elle daigne me témoigner, et qu'elle voudra peut-être bien me continuer, m'empêchera seule de jamais regretter Paris.

— Il ne dépendra pas de moi, monsieur, que vous pensiez toujours ainsi pendant le temps que vous passerez à Gerolstein.

Et Rodolphe fit une légère inclination de tête qui annonçait à M. de Saint-Remy que la présentation était terminée.

(1) Turf, terrain de course où s'engagent les paris.

Le vicomte salua profondément et se retira.

Rodolphe était très-physionomiste, et sujet à des sympathies ou à des aversions presque toujours justifiées. Après le peu de mots échangés avec M. de Saint-Remy, sans pouvoir s'en expliquer la cause, il éprouva pour lui une sorte d'éloignement involontaire. Il lui trouvait quelque chose de perfidement rusé dans le regard, et une physionomie dangereuse.

Nous retrouverons M. de Saint-Remy dans des circonstances qui contrasteront bien terriblement avec la brillante position qu'il occupait lors de sa présentation à Rodolphe ; l'on jugera de la réalité des pressentiments de ce dernier.

Cette présentation terminée, Rodolphe, réfléchissant aux bizarres rencontres que le hasard avait amenées, descendit au jardin d'hiver. L'heure du souper était arrivée, les salons devenaient presque déserts : le lieu le plus reculé de la serre chaude se trouvait un bout d'un massif, à l'angle de deux murailles qu'un énorme bananier, entouré de plantes grimpantes, cachait presque entièrement ; une petite porte de service, masquée par le treillage, et conduisant à la salle du buffet par un long corridor, était restée entr'ouverte, non loin de cet arbre feuillu.

Abrité par ce paravent de verdure, Rodolphe s'assit en cet endroit. Il était depuis quelques moments plongé dans une rêverie profonde, lorsque son nom, prononcé par une voix bien connue, le fit tressaillir.

Sarah, assise de l'autre côté du massif qui cachait entièrement Rodolphe, causait en anglais avec son frère Tom.

Tom était vêtu de noir. Quoiqu'il n'eût que quelques années de plus que Sarah, ses cheveux étaient presque blancs ; son visage annonçait une volonté froide, mais opiniâtre ; son accent était bref et tranchant ; son regard sombre, sa voix creuse. Cet homme devait être rongé par un grand chagrin ou par une grande haine.

Rodolphe écouta attentivement l'entretien suivant :

— La marquise est allée un instant au bal du baron de Nerval ; elle s'est heureusement retirée sans pouvoir parler à Rodolphe, qui la cherchait ; car je crains toujours l'influence qu'il exerce sur elle, influence que j'ai eu tant de peine à combattre et à détruire en partie. Enfin cette rivale, que j'ai toujours redoutée par pressentiment, et qui plus tard pouvait tant gêner mes projets... cette rivale sera perdue demain. Écoutez-moi, ceci est grave, Tom.

— Vous vous trompez, jamais Rodolphe n'a songé à la marquise.

— Il est temps maintenant de vous donner quelques explications à ce sujet... Beaucoup de choses se sont passées pendant votre dernier voyage... et, comme il faut agir plus tôt que je ne pensais... ce soir même, en sortant d'ici, cet entretien est indispensable... Heureusement, nous sommes seuls.

— Je vous écoute.

— Avant d'avoir vu Rodolphe, cette femme, j'en suis sûre, n'avait jamais aimé... Je ne sais pour quelle raison elle éprouve un invincible éloignement pour son mari, qui l'adore. Il y a là un mystère que j'ai voulu en vain pénétrer. La présence de Rodolphe avait excité dans le cœur de Clémence mille émotions nouvelles. J'étouffai cet amour naissant par des révélations accablantes sur le prince. Mais le besoin d'aimer était éveillé chez la marquise ; comme il arrive toujours à la femme, elle a été frappée de sa beauté, frappée comme on l'est à la vue d'un tableau ; cet homme est malheureusement aussi niais que mau, mais il a quelque chose de touchant dans le regard. J'exaltai la noblesse de son âme, l'élévation de son caractère. Je savais la bonté naturelle de madame d'Harville ; je colorai M. Robert des malheurs les plus intéressants ; je lui recommandai d'être toujours mortellement triste, de ne procéder que par soupirs et par pleurs ; j'ai suivi mes conseils.

Grâce à son talent de chanteur, à sa figure, et surtout à son apparence de tristesse incurable, il s'est fait à peu près aimer de madame d'Harville, qui a ainsi donné le change à ce besoin d'aimer que la vue de Rodolphe avait seule éveillé en elle. Comprenez-vous, maintenant ?

— Parfaitement ; continuez.

— Robert et madame d'Harville ne se voyaient intimement que chez moi ; deux fois la semaine nous faisions de la musique à nous trois, le matin. Le beau ténébreux soupirait, disait quelques tendres mots à voix basse ; il glissa un ou trois billets. Je craignais encore plus sa prose que ses paroles ; mais une femme est toujours indulgente pour les premières déclarations qu'elle reçoit ; celles de mon protégé ne lui nuisirent pas ; l'important pour lui était d'obtenir un rendez-vous. Cette petite marquise avait plus de principes que d'amour, ou plutôt elle n'avait pas assez d'amour pour oublier ses principes... À son insu, il existait toujours au fond de son cœur un souvenir de Rodolphe qui veillait pour ainsi dire sur elle et combattait ce faible penchant pour M. Charles Robert... penchant beaucoup plus factice que réel... mais entretenu par son vif intérêt pour les malheurs imaginaires de M. Charles Robert, et par l'exagération incessante de mes louanges à l'égard de cet Apollon sans cervelle. Enfin, Clémence, vaincue par l'air profondément désespéré de son malheureux adorateur, se décida un jour à lui accorder le rendez-vous si désiré.

— Vous avait-elle donc faite sa confidente ?

— Elle m'avait avoué son attachement pour Charles Robert, voilà tout. Je ne fis rien pour en savoir davantage ; cela m'eût gênée... Mais

lui, ravi de bonheur ou plutôt d'orgueil, me fit part de son bonheur, sans me dire pourtant le jour ni le lieu du rendez-vous.
— Comment l'avez-vous connu ?
— Karl, par mon ordre, alla le lendemain et le surlendemain de très-bonne heure s'embusquer à la porte de M. Robert et le suivit. Le second jour, vers midi, notre amoureux prit en fiacre le chemin d'un quartier perdu, rue du Temple... Il descendit dans une maison de mauvaise apparence ; il y resta une heure et demie environ, puis s'en alla. Karl attendit longtemps pour voir si personne ne sortirait après Charles Robert. Personne ne sortit : la marquise avait manqué à sa promesse. Je le sus le lendemain par l'amoureux, aussi courroucé que désappointé. Je lui conseillai de redoubler de désespoir. La pitié de Clémence s'émut encore ; nouveau rendez-vous, mais aussi vain que le premier. Une dernière fois cependant elle vint jusqu'à la porte : c'était un progrès. Vous voyez combien cette femme lutte... Et pourquoi ? parce que, j'en suis sûre, et c'est ce qui cause sa haine, elle a toujours au fond du cœur, et à son insu, une pensée pour Rodolphe, qui semble aussi la protéger. Enfin, ce soir, la marquise a donné à ce Robert un rendez-vous pour demain ; cette fois, je n'en doute pas, elle s'y rendra. Le duc de Lucenay a si grossièrement ridiculisé ce jeune homme, que la marquise, bouleversée de l'humiliation de son amant, lui a accordé par pitié ce qu'elle ne lui eût peut-être pas accordé sans cela. Cette fois, je vous le répète, elle tiendra sa promesse.
— Quels sont vos projets ?
— Cette femme obéit à une sorte d'intérêt charitable exalté, mais non pas à l'amour ; Charles Robert est si peu fait pour comprendre la délicatesse du sentiment qui, ce soir, a dicté la résolution de la marquise, que demain il voudra profiter de ce rendez-vous, et il se perdra complétement dans l'esprit de Clémence, qui se résigne à cette compromettante démarche sans entraînement, sans passion et seulement par pitié. En un mot, je n'en doute pas, elle se rend là pour faire acte de courageux intérêt, mais parfaitement calme et bien sûre de ne pas oublier un moment ses devoirs. Le Charles Robert ne concevra pas cela, la marquise le prendra en aversion ; et, son illusion détruite, elle retombera sous l'influence de ses souvenirs de Rodolphe, qui, j'en suis sûre, couvent toujours au fond de son cœur.
— Eh bien ?
— Eh bien, je veux qu'elle soit à jamais perdue pour Rodolphe. Il aurait, je n'en doute pas, moi, trahi tôt ou tard l'amitié de M. d'Harville en répondant à l'amour de Clémence ; mais il prendra celle-ci en horreur s'il la sait coupable d'une faute dont il n'aura pas été l'objet ; c'est un crime impardonnable pour un homme. Enfin, prétextant de l'affection qui le lie à M. d'Harville, il ne reverra jamais cette femme, qui aura si indignement trompé cet ami qu'il aime tant.
— C'est donc le mari que vous voulez prévenir ?
— Oui, et ce soir même, sauf votre avis, du moins. D'après ce que m'a dit Clémence, il a de vagues soupçons, sans savoir sur qui les fixer. Il est minuit, nous allons quitter le bal ; vous descendrez au premier café venu, vous écrirez à M. d'Harville que sa femme se rend demain, à une heure, rue du Temple, n° 17, pour une entrevue amoureuse. Il est jaloux : il surprendra Clémence ; vous devinez le reste !
— C'est une abominable action, dit froidement le gentilhomme.
— Vous êtes scrupuleux, Tom ?
— Tout à l'heure je ferai ce que vous désirez ; mais je vous répète que c'est une abominable action.
— Vous consentez néanmoins ?
— Oui... ce soir M. d'Harville sera instruit de tout. Et... mais... il me semble qu'il y a quelqu'un là, derrière ce massif ! dit tout à coup Tom en s'interrompant et en parlant à voix basse. J'ai cru entendre remuer.
— Voyez donc, dit Sarah avec inquiétude.
Tom se leva, fit le tour du massif, et ne vit personne.
Rodolphe venait de disparaître par la petite porte dont nous avons parlé.
— Je me suis trompé, dit Tom en revenant, il n'y a personne.
— C'est ce qu'il me semblait.
— Écoutez, Sarah, je ne crois pas cette femme aussi dangereuse que vous le pensez pour l'avenir de votre projet ; Rodolphe a certains principes qu'il n'enfreindra jamais. La jeune fille qu'il a conduite à cette ferme, il y a six semaines, lui déguisé en ouvrier ; cette créature qu'il entoure de soins, à laquelle on donne une éducation choisie, et qu'il a été visiter plusieurs fois, m'inspire des craintes bien fondées. Nous ignorons qui elle est, quoiqu'elle semble appartenir à une classe obscure de la société. Mais la rare beauté dont elle est douée, dit-on, le déguisement que Rodolphe a pris pour la conduire dans ce village, l'intérêt croissant qu'il lui porte, tout prouve que cette affection n'est pas sans importance. Aussi j'ai été au-devant de vos désirs. Pour écarter cet autre obstacle, plus réel, je crois, il a fallu agir avec une extrême prudence, nous bien renseigner sur les gens de la ferme et les habitudes de cette jeune fille. Ces renseignements, je les ai ; le moment d'agir est venu ; le hasard m'a renvoyé cette horrible vieille qui avait gardé mon adresse. Ses relations avec des gens de l'espèce du brigand qui nous a attaqués lors de notre excursion dans la Cité nous serviront puissamment. Tout est prévu... il n'y aura aucune preuve contre nous... Et d'ailleurs, si cette créature, comme il y paraît, appartient à la classe

ouvrière, elle n'hésitera pas entre nos offres et le sort même brillant qu'elle peut rêver, car le prince a gardé le plus profond incognito. Enfin demain cette question sera résolue, sinon... nous verrons...
— Ces deux obstacles écartés... Tom... alors notre grand projet...
— Il offre des difficultés, mais il peut réussir.
— Avouez qu'il aura une heureuse chance de plus, si nous l'exécutons au moment où Rodolphe sera doublement accablé par le scandale de la conduite de madame d'Harville et par la disparition de cette créature à laquelle il s'intéresse tant.
— Je le crois... Mais si ce dernier espoir nous échappe encore... alors je serai libre... dit Tom en regardant Sarah d'un air sombre.
— Vous serez libre !...
— Vous ne renouvellerez plus les prières qui, deux fois, ont malgré moi suspendu ma vengeance ? Puis, montrant d'un regard le crêpe qui entourait son chapeau et les gants noirs qui entouraient ses mains, Tom ajouta, en souriant d'un air sinistre : J'attends toujours, moi... Vous savez bien que je porte ce deuil depuis seize ans... et que je ne le quitterai que si...
Sarah, dont les traits exprimaient une crainte involontaire, se hâta d'interrompre son frère, et lui dit avec anxiété :
— Je vous dis que vous serez libre !... car alors cette confiance profonde qui jusqu'ici m'a soutenue dans des circonstances si diverses, parce qu'elle a été justifiée au delà de la prévision humaine... m'aura tout à fait abandonnée. Mais jusque-là il n'est pas de danger si mince en apparence que je ne veuille écarter à tout prix !... Le succès dépend souvent des plus petites causes... Des obstacles peu graves peut-être se trouvent sur mon chemin au moment où j'approche du but ; je veux avoir le champ libre, je les briserai. Mes moyens sont odieux, soit !... Ai-je été ménagée, moi ? s'écria Sarah en élevant involontairement la voix.
— Silence ! on revient du souper, dit Tom. Puisque vous croyez utile de prévenir le marquis d'Harville du rendez-vous de demain, partons... il est tard.
— L'heure avancée de la nuit à laquelle lui sera donné cet avis en prouvera l'importance.
Tom et Sarah sortirent du bal de l'ambassadrice de ***.

CHAPITRE XIX.

Les rendez-vous.

Voulant à tout prix avertir madame d'Harville du danger qu'elle courait, Rodolphe, parti de l'ambassade sans attendre la fin de l'entretien de Tom et de Sarah, ignorait le complot tramé par eux contre Fleur-de-Marie et le péril imminent qui menaçait cette jeune fille.
Malgré son zèle, Rodolphe ne put malheureusement sauver la marquise, comme il l'espérait.
Celle-ci, en sortant de l'ambassade, devait par convenance paraître un moment chez madame de Nerval ; mais, vaincue par les émotions qui l'agitaient, madame d'Harville n'eut pas le courage d'aller à cette seconde fête, et rentra chez elle.
Ce contre-temps perdit tout.
M. de Graün, ainsi que presque toutes les personnes de la société de la comtesse ***, était invité chez madame de Nerval. Rodolphe l'y conduisit rapidement, avec ordre de chercher madame d'Harville dans le bal, et de la prévenir que le prince, désirant lui dire le soir même quelques mots du plus grand intérêt, se trouverait à pied devant l'hôtel d'Harville, où il s'approcherait de la voiture de la marquise pour lui parler à sa portière pendant que ses gens attendraient l'ouverture de la porte cochère.
Après beaucoup de temps perdu à chercher madame d'Harville dans ce bal, le baron revint... Elle n'y avait pas paru.
Rodolphe fut au désespoir ; il avait sagement pensé qu'il fallait avant tout avertir la marquise de la trahison dont on voulait la rendre victime ; car alors la délation de Sarah, qu'il ne pouvait empêcher, passerait pour une indigne calomnie. Il était trop tard... cette lettre infâme était parvenue au marquis à une heure après minuit.

Le lendemain matin, M. d'Harville se promenait lentement dans sa chambre à coucher, meublée avec une élégante simplicité et seulement ornée d'une panoplie d'armes modernes et d'une étagère garnie de livres.
Le lit n'avait pas été défait, pourtant la courte-pointe de soie pendait en lambeaux ; une chaise et une petite table d'ébène à pieds tors étaient renversées près de la cheminée ; ailleurs on voyait sur le tapis les débris d'un verre de cristal, des bougies à demi écrasées et un flambeau à deux branches qui avait roulé au loin.
Ce désordre semblait causé par une lutte violente.
M. d'Harville avait trente ans environ, une figure mâle et caractérisée, d'une expression ordinairement agréable et douce, mais alors contrac-

tée, pâle, violacée ; il portait ses habits de la veille ; son cou était nu, son gilet ouvert ; sa chemise déchirée paraissait tachée çà et là de quelques gouttes de sang : ses cheveux bruns, ordinairement bouclés, retombaient roides et emmêlés sur son front livides.

Après avoir encore longtemps marché, les bras croisés, la tête basse, le regard fixe et rouge, M. d'Harville s'arrêta brusquement devant son foyer éteint, malgré la forte gelée survenue pendant la nuit. Il prit sur le marbre de la cheminée cette lettre, qu'il relut, avec une dévorante attention, à la clarté blafarde de ce jour d'hiver :

« Demain, à une heure, votre femme doit se rendre rue du Temple, « n° 17, pour une amoureuse entrevue. Suivez-la, et vous saurez tout.., « Heureux époux ! »

A mesure qu'il lisait ces mots, déjà tant de fois lus pourtant... ses lèvres, bleuies par le froid, semblaient convulsivement épeler lettre par lettre ce funeste billet.

A ce moment la porte s'ouvrit, un valet de chambre entra.

Ce serviteur, déjà vieux, avait les cheveux gris, une figure honnête et bonne.

Le marquis retourna brusquement la tête sans changer de position, tenant toujours la lettre entre ses deux mains.

— Que veux-tu? dit-il durement au domestique.

Celui-ci, au lieu de répondre, contemplait d'un air de stupeur douloureuse le désordre de la chambre ; puis, regardant attentivement son maître, il s'écria :

— Du sang à votre chemise... Mon Dieu ! mon Dieu ! monsieur, vous vous serez blessé! Vous étiez seul, pourquoi ne m'avez-vous pas sonné comme à l'ordinaire, lorsque vous avez ressenti les...?

— Va-t'en !

— Mais, monsieur le marquis, vous n'y pensez pas, votre feu est éteint, il fait ici un froid mortel, et surtout après votre...

— Te tairas-tu? laisse-moi !

— Mais, monsieur le marquis, reprit le valet de chambre tout tremblant, vous avez donné ordre à M. Doublet d'être ici ce matin à dix heures et demie ; il est dix heures et demie, et il est là avec le notaire.

— C'est juste, dit ambremente le marquis en reprenant son sang-froid. Quand on est riche, il faut songer aux affaires. C'est si beau, la fortune !..

Puis il ajouta :

— Fais entrer M. Doublet dans mon cabinet.

— Il y est, monsieur le marquis.

— Donne-moi de quoi m'habiller. Tout à l'heure je sortirai.

— Mais, monsieur le marquis...

— Fais ce que je te dis, Joseph, dit M. d'Harville d'un ton plus doux.

Puis il ajouta :

— Est-on déjà entré chez ma femme?

— Je ne crois pas que madame la marquise ait encore sonné.

— On me préviendra dès qu'elle sonnera.

— Oui, monsieur le marquis.

— Dis à Philippe de venir t'aider : tu n'en finiras pas !

— Mais, monsieur, attendez que je vous range un peu ici, répondit tristement Joseph. On s'apercevrait de ce désordre, et l'on ne comprendrait pas ce qui a pu arriver cette nuit à monsieur le marquis.

— Et si l'on comprenait... ce serait bien hideux, n'est-ce pas? reprit M. d'Harville d'un ton de raillerie douloureuse.

— Ah! monsieur, s'écria Joseph, Dieu merci, personne ne se doute...

— Personne?... Non, personne ! répondit le marquis d'un air sombre.

Pendant que Joseph s'occupait de réparer le désordre de la chambre de son maître, celui-ci alla droit à la panoplie dont nous avons parlé, examina attentivement pendant quelques minutes les armes qui la composaient, fit un geste de satisfaction sinistre, et dit à Joseph :

— Je suis sûr que tu as oublié de faire nettoyer mes fusils qui sont là-haut dans mon nécessaire de chasse.

— Monsieur le marquis ne m'en a pas parlé... dit Joseph d'un air étonné.

— Si, mais tu l'as oublié.

— Je proteste à monsieur le marquis...

— Ils doivent être dans un bel état !

— Il y a un de mes amis qui on les a rapportés de chez l'armurier.

— Il n'importe ; dès que je serai habillé, va me chercher ce nécessaire, j'irai peut-être à la chasse demain ou après, je veux examiner ces fusils.

— Je les descendrai tout à l'heure.

La chambre remise en ordre, un second valet de chambre vint aider Joseph.

La toilette terminée, le marquis entra dans le cabinet où l'attendaient M. Doublet, son intendant et un clerc de notaire.

— C'est l'acte que l'on vient lire à monsieur le marquis, dit l'intendant ; il ne reste plus qu'à le signer.

— Vous l'avez lu, monsieur Doublet?

— Oui, monsieur le marquis.

— En ce cas, cela suffit... je signe.

Il signa, le clerc sortit.

Moyennant cette acquisition, monsieur le marquis, dit M. Doublet d'un air triomphant, votre revenu financier, en belles et bonnes terres, ne va pas à moins de 126,000 francs en sacs. Savez-vous que cela est rare, monsieur le marquis, un revenu de 126,000 francs en terres?

— Je suis un homme bien heureux, n'est-ce pas, monsieur Doublet? 126,000 francs de rente en terres ! il n'y a pas de félicité pareille !

— Sans compter le portefeuille de monsieur le marquis :... sans compter...

— Certainement, et sans compter... tant d'autres bonheurs encore !

— Dieu soit loué! monsieur le marquis, car il ne vous manque rien : jeunesse, richesse, bonté, santé... tous les bonheurs réunis, enfin ; et parmi eux, dit M. Doublet en souriant agréablement, ou plutôt à leur tête, je mets celui d'être l'époux de madame la marquise et d'avoir une charmante petite fille qui ressemble à un chérubin.

M. d'Harville jeta un regard sinistre sur l'intendant.

Nous renonçons à peindre l'expression de sauvage ironie avec laquelle il dit à M. Doublet, en lui frappant familièrement sur l'épaule :

— Avec 126,000 francs de rente en terre et une femme comme la mienne... et un enfant qui ressemble à un chérubin... il ne reste plus rien à désirer, n'est-ce pas?

— Eh ! eh ! monsieur le marquis, répondit naïvement l'intendant, il reste à désirer de vivre le plus longtemps possible, pour marier mademoiselle votre fille et être grand-père. Arriver à être grand-père, c'est ce que je souhaite à monsieur le marquis, comme à madame la marquise d'être grand'mère et arrière-grand'mère.

— Ce bon monsieur Doublet, qui songe à Philémon et Baucis. Il est toujours plein d'à-propos.

— M. le marquis est trop bon. Il n'a rien à m'ordonner?

— Rien. Ah ! si, pourtant. Combien avez-vous en caisse?

— 19,500 et quelques francs de le courant, monsieur le marquis, sans compter l'argent déposé à la Banque.

— Vous m'apporterez ce matin 10,000 francs en or, et vous les remettrez à Joseph si je suis sorti.

— Ce matin?

— Ce matin.

— Dans une heure les fonds seront ici. Monsieur le marquis n'a plus rien à me dire?

— Non, monsieur Doublet.

— 126,000 francs de rente en sacs, en sacs ! répéta l'intendant en s'en allant. C'est un beau jour pour moi que celui-ci ; je craignais tant que cette ferme si à notre convenance ne nous échappât !... Votre serviteur, monsieur le marquis.

— Au revoir, monsieur Doublet.

A peine l'intendant fut-il sorti, que M. d'Harville tomba sur un fauteuil avec accablement ; il appuya ses deux coudes sur son bureau, et cacha sa figure dans ses mains.

Pour la première fois depuis qu'il avait reçu la lettre fatale de Sarah, il put pleurer.

— Oh ! disait-il, cruelle dérision de la destinée qui m'a fait riche !... Que mettre dans ce cadre d'or, maintenant? Ma honte ! l'infamie de Clémence !... infamie qu'un éclat va faire rejaillir peut-être jusque sur le front de ma fille ! Cet éclat... dois-je m'y résoudre, ou dois-je avoir pitié de...

Puis, se levant, l'œil étincelant, les dents convulsivement serrées, il s'écria d'une voix sourde :

— Non, non ! du sang, du sang ! le terrible sauve du ridicule ! Je comprends maintenant son aversion... la misérable !

Puis, s'arrêtant tout à coup, comme atterré par une réflexion soudaine, il reprit d'une voix sourde :

— Son aversion.. oh ! je sais bien ce qui la cause : je lui fais horreur, je l'épouvante !

Et après un long silence :

— Mais est-ce ma faute, à moi? Faut-il qu'elle me trompe pour cela ? Au lieu de haine, n'est-ce pas de la pitié que je mérite? Non, non, du sang!.. tous deux, tous deux !... car elle lui a sans doute tout dit à L'AUTRE.

Cette pensée redoubla la fureur du marquis.

Il leva ses deux poings crispés vers le ciel ; puis, passant sa main brûlante sur ses yeux, il comprit la nécessité de rester calme devant ses gens, il rentra dans sa chambre à coucher avec une apparente tranquillité ; il y trouva Joseph.

— Eh bien, les fusils?

— Les voilà, monsieur le marquis : ils sont en parfait état.

— Je vais m'en assurer. Ma femme a-t-elle sonné?

— Je ne sais pas, monsieur le marquis.

— Va t'en informer.

Le valet de chambre sortit.

M. d'Harville se hâta de prendre dans la boîte à fusils une petite poire à poudre, quelques balles, des capsules ; puis il referma le nécessaire et garda la clef. Il alla ensuite à la panoplie, y prit une paire de pistolets de Mantou de demi-grandeur, les chargea, et les fit facilement entrer dans les poches de sa longue redingote de matin.

A ce moment Joseph rentra.

— Monsieur, on peut entrer chez madame la marquise.

— Est-ce que madame d'Harville a demandé sa voiture?

— Non, monsieur le marquis ; mademoiselle Juliette a dit devant moi au cocher de madame la marquise, qui venait demander les ordres pour la matinée, que comme il faisait froid et sec, madame sortait à pied,.. si elle sortait.

— Très-bien. Ah! j'oubliais : si je vais à la chasse, ce sera demain ou après. Dis à Williams de visiter le petit briska vert ce matin même ; tu m'entends?
— Oui, monsieur le marquis. Vous ne voulez pas votre canne?
— Non. N'y a-t-il pas une place de fiacres ici près?
— Tout près, au coin de la rue de Lille.
Après un moment d'hésitation et de silence, le marquis reprit :
— Va demander à mademoiselle Juliette si madame d'Harville est visible.

infâme rêve sans doute l'adultère de tout à l'heure ; j'écouterai sa bouche mentir pendant que je lirai le crime dans son cœur déjà vicié. Oh! cela est curieux... voir comment vous regarde, vous parle et vous ré pond une femme qui, l'instant d'après, va souiller votre nom d'une de ces taches ridicules et horribles qu'on ne lave qu'avec des flots de sang

Le père Châtelain.

Le baron de Graün.

Joseph sortit.
— Allons... c'est un spectacle comme un autre. Oui, je veux aller chez elle et observer le masque doucereux et perfide sous lequel cette

Fou que je suis! elle me regardera, comme toujours, le sourire aux lèvres, la candeur au front! Elle me regardera comme elle regarde sa fille en la baisant au front et en lui faisant prier Dieu. Le regard... le miroir de l'âme (et il haussa les épaules avec mépris)! plus il est doux et pudique, plus il est faux et corrompu! Elle le prouve... et j'y ai été pris comme un sot. O rage! avec quel froid et insolent mépris elle devait me contempler à travers ce miroir imposteur, lorsqu'au moment peut-être où elle allait trouver *l'autre*... je la comblais de preuves d'estime et de tendresse... je lui parlais comme à une jeune mère chaste et sérieuse, en qui j'avais mis l'espoir de toute ma vie. Non! non! s'écria M. d'Harville en sentant sa fureur s'augmenter, non! je ne la verrai pas, je ne veux pas la voir... ni ma fille non plus... je me trahirais, je compromettrais ma vengeance.

En sortant de chez lui, au lieu d'entrer chez madame d'Harville, il dit seulement à la femme de chambre de la marquise :

— Vous direz à madame d'Harville que je désirais lui parler ce matin, mais que je suis obligé de sortir pour un moment ; si par hasard il lui convenait de déjeuner avec moi, je serai rentré vers midi ; sinon qu'elle ne s'occupe pas de moi.

Pensant que je vais rentrer, elle se croira beaucoup plus libre, se dit M. d'Harville. Et il se rendit à la place de fiacres voisine de sa maison.

— Cocher, à l'heure !

— Oui, bourgeois, il est onze heures et demie. Où allons-nous?

— Rue de Belle-Chasse, au coin de la rue Saint-Dominique, le long du mur d'un jardin qui se trouve là... tu attendras.

— Oui, bourgeois.

M. d'Harville baissa les stores. Le fiacre partit, et arriva bientôt presque en face de la maison du marquis. De cet endroit, personne ne pouvait sortir de chez lui sans qu'il le vît.

Le rendez-vous accordé par sa femme était pour une heure; l'œil ardemment fixé sur la porte de sa demeure, il attendit.

Sa pensée était entraînée par un torrent de colères si effrayantes et si vertigineuses, que le temps lui semblait passer avec une incroyable rapidité.

Midi sonnait à Saint-Thomas-d'Aquin, lorsque la porte de l'hôtel d'Harville s'ouvrit lentement, et la marquise sortit.

— Déjà !.... Ah! quelle attention! Elle craint de faire attendre l'autre !... se dit le marquis avec une ironie farouche.

Le froid était vif, le pavé sec. Clémence portait un chapeau noir, recouvert d'un voile de blonde de la même couleur, et une douillette de soie raisin de Corinthe ; son immense châle de cachemire bleu foncé retombait jusqu'au volant de sa robe, qu'elle releva légèrement et gracieusement pour traverser la rue.

Grâce à ce mouvement, on vit jusqu'à la cheville son petit pied étroit et cambré, merveilleusement chaussé d'une bottine de satin turc.

Chose étrange, malgré les terribles idées qui le bouleversaient, M. d'Harville remarqua dans ce moment le pied de sa femme, qui ne lui avait jamais paru plus coquet et plus joli. Cette vue exaspéra sa fureur ; il sentit jusqu'au vif les morsures aiguës de la jalousie sensuelle... il vit l'autre à genoux, portant avec ivresse ce pied charmant à ses lèvres. En une seconde, toutes les ardentes folies de l'amour, de l'amour passionné, se peignirent à sa pensée en traits de flamme.

Et alors, pour la première fois de sa vie, il ressentit au cœur une affreuse douleur physique, un élancement profond, incisif, pénétrant, qui lui arracha un cri sourd. Jusqu'alors son âme seule avait souffert, parce que jusqu'alors il n'avait songé qu'à la sainteté des devoirs outragés.

Son impression fut si cruelle, qu'il put à peine dissimuler l'altération de sa voix pour parler au cocher, en soulevant à demi le store.

— Tu vois bien cette dame en châle bleu et en chapeau noir, qui marche le long du mur?

— Oui, bourgeois.

— Marche au pas, et suis-la... Si elle va à la place des fiacres où je t'ai pris, arrête-toi, et suis la voiture où elle montera.

— Oui, bourgeois... Tiens, tiens, c'est amusant !

Madame d'Harville se rendit en effet à la place de fiacres, et monta dans une de ces voitures.

Le cocher de M. d'Harville la suivit. Les deux fiacres partirent.

Au bout de quelque temps, au grand étonnement du marquis, son cocher prit le chemin de l'église de Saint-Thomas-d'Aquin, et bientôt il s'arrêta.

— Eh bien ! que fais-tu?

— Bourgeois, la dame vient de descendre à l'église... Sapristi !... jolie petite jambe tout de même... C'est très-amusant.

Mille pensées diverses agitèrent M. d'Harville ; il crut d'abord que sa femme, remarquant qu'on la suivait, voulait dérouter les poursuites. Puis il songea que peut-être la lettre qu'il avait reçue était une calomnie indigne..... Si Clémence était coupable, à quoi bon cette fausse apparence de piété? N'était-ce pas une dérision sacrilège?

Un moment M. d'Harville eut une lueur d'espoir, tant il y avait de contraste entre cette apparente piété et la démarche dont l'accusait sa femme.

Cette consolante illusion ne dura pas longtemps.

Son cocher se pencha et lui dit :

— Bourgeois, la petite dame remonte en voiture.

— Suis-la...

— Oui, bourgeois! Très-amusant !.. très-amusant !...

Le Maître d'école et Tortillard à la ferme de Bouqueval. — PAGE 93.

Le fiacre gagna les quais, l'Hôtel-de-Ville, la rue Sainte-Avoye, et enfin la rue du Temple.

— Bourgeois, dit le cocher en se retournant vers M. d'Harville, le camarade vient d'arrêter au n° 17, nous sommes au 13, faut-il arrêter aussi?

— Oui !...

— Bourgeois, la petite dame vient d'entrer dans l'allée du n° 17.

— Ouvre-moi.

— Oui, bourgeois...

Quelques secondes après, M. d'Harville entrait dans l'allée sur les pas de sa femme.

CHAPITRE XX.

Un ange.

Madame d'Harville entra dans la maison.

Attirés par la curiosité, madame Pipelet, Alfred et l'écaillère étaient groupés sur le seuil de la porte de la loge.

L'escalier était si sombre, qu'en arrivant du dehors on ne pouvait l'apercevoir; la marquise, obligée de s'adresser à madame Pipelet, lui dit d'une voix altérée, presque défaillante :

— Monsieur Charles... madame?...

— Monsieur... qui? répéta la vieille, feignant de n'avoir pas entendu, afin de donner le temps à son mari et à l'écaillère d'examiner les traits de la malheureuse femme à travers son voile.

— Je demande... M. Charles... madame, répéta Clémence d'une voix tremblante, en baissant la tête pour tâcher de dérober ses traits aux regards qui l'examinaient avec une si insolente curiosité.

— Ah! monsieur Charles! à la bonne heure... vous parlez si bas, que je n'avais pas entendu... Eh bien! ma petite dame, puisque vous allez chez M. Charles, beau jeune homme tout de même.. montez tout droit, c'est la porte en face.

La marquise, accablée de confusion, mit le pied sur la première marche.

— Eh! eh! eh! ajouta la vieille en ricanant, il paraît que c'est pour tout de bon aujourd'hui. Vive la noce! et allez donc !

— Ça n'empêche pas qu'il est amateur, le commandant, reprit l'écaillère, elle n'est pas piquée des vers, sa margot...

S'il ne lui avait pas fallu passer de nouveau devant la loge où se tenaient ces créatures, madame d'Harville, mourant de honte et de frayeur, serait redescendue à l'instant même. Elle fit un dernier effort et arriva sur le palier.

Quelle fut sa stupeur!... Elle se trouva face à face avec Rodolphe, qui, lui mettant une bourse dans la main, lui dit précipitamment :

— Votre mari sait tout, il vous suit...

A ce moment on entendit la voix aigre de madame Pipelet s'écrier :

— Où allez-vous, monsieur ?

— C'est lui! dit Rodolphe; et il ajouta rapidement, en poussant pour ainsi dire madame d'Harville vers l'escalier du second étage :

— Montez au cinquième; vous veniez secourir une famille malheureuse; ils s'appellent Morel...

— Monsieur, vous me passerez sur le corps plutôt que de monter sans dire où vous allez! s'écria madame Pipelet en barrant le passage à M. d'Harville.

Voyant, du bout de l'allée, sa femme parler à la portière, il s'était aussi arrêté un moment.

— Je suis avec cette dame... qui vient d'entrer, dit le marquis.

— C'est différent, monsieur ; passez.

Ayant entendu un bruit inusité, M. Charles Robert entre-bâilla sa porte; Rodolphe entra brusquement avec le commandant, et s'y renferma avec lui au moment où M. d'Harville arrivait sur le palier. Rodolphe craignait, malgré l'obscurité, d'être reconnu par le marquis, avait profité de cette occasion de lui échapper sûrement.

M. Charles Robert, magnifiquement vêtu de sa robe de chambre à ramages et de son bonnet grec de velours brodé, resta stupéfait à la vue de Rodolphe, qu'il n'avait pas aperçu la veille à l'ambassade, et qui était en ce moment vêtu très plus que modestement.

— Monsieur, que signifie ?

— Silence! dit Rodolphe à voix basse, et avec une telle expression d'angoisse, que M. Charles Robert se tut.

Un bruit violent, comme celui d'un corps qui tombe et qui roule sur plusieurs degrés, retentit dans le silence de l'escalier.

— Le malheureux l'a tuée! s'écria Rodolphe.

— Tuée !... qui? Mais que se passe-t-il donc ici? dit M. Charles Robert à voix basse et en pâlissant.

Sans lui répondre, Rodolphe entr'ouvrit la porte.

Il vit descendre en se hâtant et en boitant le petit Tortillard; il tenait à la main la bourse de soie rouge que Rodolphe venait de donner à madame d'Harville.

Tortillard disparut.

On entendit le pas léger de madame d'Harville et le pas plus pesant de son mari, qui continuait à la suivre aux étages supérieurs.

Ne comprenant pas comment Tortillard avait cette bourse en sa possession, mais un peu rassuré, Rodolphe dit à M. Robert :

— Ne sortez pas d'ici, vous avez failli tout perdre...

— Mais enfin, monsieur, reprit M. Robert d'un ton impatient et courroucé, me direz-vous ce que cela signifie? qui vous êtes et de quel droit?...

— Cela signifie, monsieur, que M. d'Harville sait tout, qu'il a suivi sa femme jusqu'à votre porte, et qu'il la suit là-haut?

— Ah! mon Dieu, mon Dieu ! s'écria Charles Robert en joignant les mains avec épouvante. Mais qu'est-ce qu'elle va faire là-haut ?

— Peu vous importe; restez chez vous, et ne sortez pas avant que la portière vous avertisse.

Laissant M. Robert aussi effrayé que stupéfait, Rodolphe descendit à la loge.

— Eh bien! dites donc, s'écria madame Pipelet d'un air rayonnant, ça chauffe, ça chauffe ! Il y a un monsieur qui suit la petite dame. C'est sans doute le mari, le *jaunet* ; j'ai deviné ça tout de suite, je l'ai dit monter. Il va se massacrer avec le commandant, ça fera du bruit dans le quartier, on fera queue pour venir voir la maison comme on a été voir le n° 36, où il s'est commis un *assassin*.

— Ma chère madame Pipelet, voulez-vous me rendre un grand service ? Et Rodolphe mit cinq louis dans la main de la portière. Lorsque cette petite dame va descendre... demandez-lui comment vont les pauvres Morel: dites-lui qu'elle fait une bonne œuvre en les secourant, ainsi qu'elle l'avait promis en venant prendre des informations sur eux.

Madame Pipelet regardait l'argent et Rodolphe avec stupeur.

— Comment... monsieur, cet or... c'est pour moi?... et cette petite dame... c'est n'est donc pas chez le commandant ?

— Le monsieur qui la suit est le mari. Avertie à temps, la pauvre femme a pu monter chez les Morel, à qui elle a l'air d'apporter des secours; comprenez-vous?

— Si je comprends !... Il faut que je vous aide à enfoncer le mari... ça me va... comme un gant!... Eh! eh! eh! on dirait que je n'ai fait que ça toute ma vie... dites donc !...

Ici on vit le chapeau-tromblon de M. Pipelet se redresser brusquement dans la pénombre de la loge.

— Anastasie, dit gravement Alfred, voilà que tu ne respectes rien de tout sur la terre, comme M. César Bradamanti ; il est des choses qu'on ne doit jamais mécaniser, même dans le charme de l'intimité...

— Voyons, voyons, vieux chéri, ne fais pas la bégueule et les yeux en boule de loto... tu vois bien que je plaisante. Est-ce que tu ne sais pas qu'il n'y a personne au monde qui puisse se vanter de... Enfin suffit... Si j'oblige cette jeunesse, c'est pour obliger notre nouveau locataire qui est si bon. Puis, se retournant vers Rodolphe : Vous allez me voir travailler !... voulez-vous rester là dans le coin derrière le rideau?.., Tenez, justement je les entends.

Rodolphe se hâta de se cacher.

M. et madame d'Harville descendaient. Le marquis donnait le bras à sa femme.

Lorsqu'ils arrivèrent en face de la loge, les traits de M. d'Harville exprimaient un bonheur profond, mêlé d'étonnement et de confusion.

Clémence était calme et pâle.

— Eh bien, ma bonne petite dame ! s'écria madame Pipelet en sortant de sa loge, vous les avez vus, ces pauvres Morel? J'espère que ça fend le cœur! Ah! mon Dieu! c'est une bien bonne œuvre que vous faites là... Je vous l'avais dit qu'ils étaient fameusement à plaindre, la dernière fois que vous êtes venue aux informations! Soyez tranquille, allez, vous n'en ferez jamais assez pour de si braves gens... n'est-ce pas, Alfred ?

Alfred, dont la pruderie et la droiture naturelle se révoltaient à l'idée d'entrer dans ce complot anticonjugal, répondit vaguement par une sorte de grognement négatif.

Madame Pipelet reprit :

— Alfred a sa crampe au pylore, c'est ce qui fait qu'on ne l'entend pas; sans cela, il vous dirait, comme moi, que les pauvres gens vont bien prier le bon Dieu pour vous, ma digne dame !

M. d'Harville regardait sa femme avec admiration, et répétait :

— Un ange! un ange! Oh ! la calomnie!

— Un ange? Vous avez raison, monsieur, et un bon ange du bon Dieu encore !

— Mon ami, partons, dit madame d'Harville, qui souffrait horriblement de la contrainte qu'elle s'imposait depuis son entrée dans cette maison; elle sentait ses forces à bout.

— Partons, dit le marquis.

Il ajouta, au moment de sortir de l'allée :

— Clémence, j'ai bien besoin de pardon et de pitié !...

— Qui n'en a pas besoin ? dit la jeune femme avec un soupir.

Rodolphe sortit de sa retraite, profondément ému de cette scène de terreur mélangée de ridicule et de grossièreté, dénoûment bizarre d'un drame mystérieux qui avait soulevé tant de passions diverses.

— Eh bien ! dit madame Pipelet, j'espère que je l'ai joliment fait aller, le jaunet? Il mettrait maintenant sa femme sous cloche... Pauvre cher homme... Et vos meubles, monsieur Rodolphe, on ne les a pas apportés.

— Je vais m'en occuper... Vous pouvez maintenant avertir le commandant qu'il peut descendre...

— C'est vrai... Dites donc, en voilà une farce !... Il paraît qu'il a loué son appartement pour le roi de Prusse... C'est bien fait... avec ses mauvais 12 francs par mois...

Rodolphe sortit.

— Dis donc, Alfred, dit madame Pipelet, au tour du commandant maintenant... Je vais joliment rire!

Elle lui monta chez M. Charles Robert; elle sonna ; il ouvrit.

— Commandant, et Anastasie porta militairement le dos de sa main à sa perruque, je viens vous dépisonner... Ils sont partis bras dessus bras dessous, le mari et la femme, à votre nez et à votre barbe. C'est égal,

vous en réchappez d'une belle... grâce à M. Rodolphe; vous lui devez une fière chandelle !...
— C'est ce monsieur mince, à moustaches, qui est M. Rodolphe ?
— Lui-même.
— Qu'est-ce que c'est que cet homme-là ?
— Cet homme-là... s'écria madame Pipelet d'un air courroucé, il en rant bien un autre ! deux autres ! C'est un commis voyageur, locataire de la maison, qui n'a qu'une pièce et qui ne lésine pas, lui... Il m'a donné 6 francs pour son ménage; 6 francs et du premier coup... encore 6 francs sans marchander !
— C'est bon... c'est bon... tenez, voilà la clef.
— Faudra-t-il faire du feu demain, commandant ?
— Non !
— Et après-demain ?
— Non ! non !
— Eh bien, commandant, vous souvenez-vous ? je vous l'avais bien dit que vous ne feriez pas vos frais.
M. Charles Robert jeta un regard méprisant sur la portière et sortit, ne pouvant comprendre comment un commis voyageur, M. Rodolphe, s'était trouvé instruit de son rendez-vous avec la marquise d'Harville.
Au moment où il sortit de l'allée, il se rencontra avec le petit Tortillard qui arrivait clopinant.
— Te voilà, mauvais sujet, dit madame Pipelet.
— La Borgnesse n'est pas venue me chercher ? demanda l'enfant à la portière, sans lui répondre.
— La Chouette ! non, vilain monstre. Pourquoi donc qu'elle viendrait te chercher ?
— Tiens, pour me mener à la campagne, donc ! dit Tortillard en se balançant à la porte de la loge.
— Et ton maître ?
— Mon père a demandé à M. Bradamanti de me donner congé aujourd'hui... pour aller à la campagne... à la campagne... à la campagne... psalmodia le fils de Bras-Rouge en chantonnant et en tambourinant sur les carreaux de la loge.
— Veux-tu finir, scélérat... tu vas casser mes vitres ! Mais voilà un fiacre.
— Ah ! ben ! c'est la Chouette, dit l'enfant ; quel bonheur d'aller en voiture !
En effet, à travers la glace, et sur le store rouge opposé, on vit se dessiner le profil glabre et terreux de la Borgnesse.
Elle fit signe à Tortillard, il accourut.
Le cocher lui ouvrit la portière, il monta dans le fiacre.
La Chouette n'était pas seule.
Dans l'autre coin de la voiture, enveloppé dans un vieux manteau à collet fourré, les traits à demi cachés par un bonnet de soie noire qui tombait sur ses sourcils... on apercevait le *Maître d'école*.
Ses paupières rouges laissaient voir, pour ainsi dire, *deux yeux blancs*, immobiles, sans prunelles, et qui rendaient plus effrayant encore son visage couturé, que le froid marbrait de cicatrices violâtres et livides...
— Allons, *même*, couche-toi sur les *arpions* de mon homme, tu lui tiendras chaud, dit la Borgnesse à Tortillard, qui s'accroupit comme un chien entre les jambes du Maître d'école et de la Chouette.
— Maintenant, dit le cocher du fiacre, à la *gernaffle* (1) de Bouqueval ! n'est-ce pas, la Chouette ? Tu verras que je sais *trimballer une voite* (2).
— Et surtout *riffaude ton gaye* (3), dit le Maître d'école.
— Sois tranquille, *sans-mirettes* (4), il *défouraillera* (5) jusqu'à la *traviole* (6).
— Veux-tu que je te donne une *médecine* (7) ? dit le Maître d'école.
— Laquelle ? répond le cocher.
— *Prends de l'air* en passant devant les *sondeurs* (8) ; ils pourraient te reconnaître, tu as été longtemps rôdeur des barrières.
— J'ouvrirai l'œil, dit l'autre en montant sur son siège.
Si nous rapportons ce hideux langage, c'est qu'il prouve que le cocher improvisé était un brigand, digne compagnon du Maître d'école.
La voiture quitta la rue du Temple.
Deux heures après, à la tombée du jour, ce fiacre, renfermant le Maître d'école, la Chouette et Tortillard, s'arrêta devant une croix de bois marquant l'embranchement d'un chemin creux et désert qui conduisait à la ferme de Bouqueval, où se trouvait la Goualeuse, sous la protection de madame Georges.

(1) A la ferme.
(2) Conduire une voiture.
(3) Chauffe ton cheval.
(4) Sans yeux. (Œil, *mirette* : encore un mot presque gracieux dans cet épouvantable vocabulaire).
(5) Il courra.
(6) Jusqu'à la traverse.
(7) Un conseil. Donneur de conseil : médecin.
(8) Va vite en passant devant les commis de la barrière.

CHAPITRE XXI.

Idylle.

Cinq heures sonnaient à l'église du petit village de Bouqueval ; le froid était vif, le ciel clair ; le soleil, s'abaissant lentement derrière les grands bois effeuillés qui couronnent les hauteurs d'Écouen, empourprait l'horizon, et jetait ses rayons pâles et obliques sur les vastes plaines durcies par la gelée.

Aux champs, chaque saison offre presque toujours des aspects charmants.

Tantôt la neige éblouissante change la campagne en d'immenses paysages d'albâtre qui déploient leurs splendeurs immaculées sur un ciel d'un gris rose.

Alors, quelquefois à la brune, gravissant la colline ou descendant la vallée, le fermier attardé rentre au logis : cheval, manteau, chapeau, tout est couvert de neige ; âpre est la froidure, glaciale est la bise, sombre est la nuit qui s'avance ; mais là-bas, là-bas, au milieu des arbres dépouillés, les petites fenêtres de la ferme sont gaiement éclairées ; sa haute cheminée de briques jette au ciel une épaisse colonne de fumée qui dit au métayer qu'on attend : foyer pétillant, souper rustique ; puis après, veillée babillarde, nuit paisible et chaude, pendant que le vent siffle au dehors et que les chiens des métairies éparses dans la plaine aboient et se répondent au loin.

Tantôt, dès le matin, le givre suspend aux arbres ses girandoles de cristal que le soleil d'hiver fait scintiller de l'éclat diamanté du prisme ; la terre de labour humide et grasse est creusée de longs sillons où gîte le lièvre fauve, où courent allégrement les perdrix grises.

Çà et là on entend le tintement mélancolique de la clochette du *maître-bélier* d'un grand troupeau de moutons répandu sur les pentes vertes et gazonnées des chemins creux ; pendant que, bien enveloppé de sa mante grise à raies noires, le berger, assis au pied d'un arbre, chante en tressant un panier de joncs.

Quelquefois la scène s'anime : l'écho renvoie les sons affaiblis du cor et les cris de la meute ; un daim effaré franchit tout à coup la lisière de la forêt, débouche dans la plaine en fuyant d'effroi, et va se perdre à l'horizon au milieu d'autres taillis.

Les trompes, les aboiements se rapprochent ; des chiens blancs et orangés sortent à leur tour de la futaie ; ils courent sur la terre brune, ils courent sur les guérets en friche ; le nez collé à la voie, ils suivent, en criant, les traces du daim. A leur suite viennent les chasseurs vêtus de rouge, courbés sur l'encolure de leurs chevaux rapides, ils animent la meute à cor et à cri ! Ce tourbillon éclatant passe comme la foudre ; le bruit s'amoindrit, peu à peu tout se tait ; chiens, chevaux, chasseurs disparaissent au loin dans le bois où s'est réfugié le daim.

Alors le calme renaît, alors le profond silence des grandes plaines, la tranquillité des grands horizons ne sont plus interrompus que par le chant monotone du berger.

Ces tableaux, ces sites champêtres abondaient aux environs du village de Bouqueval, situé, malgré sa proximité de Paris, dans une sorte de désert auquel on ne pouvait arriver que par des chemins de traverse.

Cachée pendant l'été au milieu des arbres, comme un nid dans le feuillage, la ferme où était retirée la Goualeuse apparaissait alors tout entière et sans voile de verdure.

Le cours de la petite rivière, glacée par le froid, ressemblait à un long ruban d'argent mal déroulé au milieu des prés toujours verts, à travers lesquels de belles eaux claires paissaient lentement en regagnant leur étable. Ramenées par les approches du soir, des volées de pigeons s'abattaient successivement sur le faîte aigu du colombier ; les noyers immenses qui, pendant l'été, ombrageaient la cour et les bâtiments de la ferme, alors dépouillés de leurs feuilles, laissaient voir les toits de tuiles et de chaume veloutés de mousse couleur d'émeraude.

Une lourde charrette traînée par trois chevaux vigoureux, trapus, à crinière épaisse, à robe lustrée, aux colliers bleus garnis de grelots et de houppes de laine rouge, rapportait des gerbes de blé provenant d'une des meules de la plaine. Cette pesante voiture arrivait dans la cour par la porte charretière, tandis qu'un nombreux troupeau de moutons se pressait à l'une des entrées latérales.

Bêtes et gens semblaient impatients d'échapper à la froidure de la nuit et de goûter les douceurs du repos ; les chevaux hennirent joyeusement à la vue de l'écurie, les moutons bêlèrent en assiégeant la porte des chaudes bergeries, les laboureurs jetèrent un coup d'œil affamé à travers les fenêtres de la cuisine du rez-de-chaussée, où l'on préparait un souper pantagruélique.

Il régnait dans cette ferme un ordre rare, extrême, une propreté minutieuse, inaccoutumée.

Au lieu d'être couverts de boue sèche, çà et là épars et exposés aux intempéries des saisons, les herses, charrues, rouleaux et autres instruments aratoires, dont quelques-uns étaient d'invention toute nouvelle, s'alignaient, propres et peints, sous un vaste hangar où les charretiers venaient aussi ranger avec symétrie les harnais de leurs chevaux ; vaste, nette, bien plantée, la cour sablée n'offrait pas à la vue ces monceaux de fumier, ces flaques d'eau croupissante qui déparent les plus belles exploitations de la Beauce ou de la Brie : la basse-cour, entourée d'un treillage vert, renfermait et recevait toute la gent emplumée qui rentrait le soir par une petite porte s'ouvrant sur les champs.

Sans nous appesantir sur de plus grands détails, nous dirons qu'en toutes choses cette ferme passait à bon droit dans le pays pour une ferme-*modèle*, autant par l'ordre qu'on y avait établi et l'excellence de son agriculture et de ses récoltes, que par le bonheur et la moralité du nombreux personnel qui faisait valoir ces terres.

Nous dirons tout à l'heure la cause de cette supériorité si prospère ; en attendant, nous conduirons le lecteur à la porte treillagée de la basse-cour, qui ne le cédait en rien à la ferme par l'élégance champêtre de ses juchoirs, de ses poulaillers et de son petit canal encaissé de pierres de roche où coulait incessamment une eau vive et limpide, alors soigneusement débarrassée des glaçons qui pouvaient l'obstruer.

Une espèce de révolution se fit tout à coup parmi les habitants ailés de cette basse-cour : les poules quittèrent leurs perchoirs en caquetant, les dindons gloussèrent, les pintades glapirent, les pigeons abandonnèrent le toit du colombier et s'abattirent sur le sable en roucoulant.

L'arrivée de Fleur-de-Marie causait toutes ces folles gaietés.

Greuze ou Watteau n'auraient jamais rêvé un aussi charmant modèle, si les joues de la pauvre Goualeuse eussent été plus rondes et plus vermeilles ; pourtant, malgré sa pâleur, malgré l'ovale amaigri de sa figure, l'expression de ses traits, l'ensemble de sa personne, la grâce de son attitude, eussent encore été dignes d'exercer les pinceaux des grands peintres que nous avons nommés.

Le petit bonnet rond de Fleur-de-Marie découvrait son front et son bandeau de cheveux blonds ; comme presque toutes les paysannes des environs de Paris, par-dessus le bonnet, dont on voyait toujours le fond et les barbes, elle portait posé à plat, et attaché derrière sa tête avec deux épingles, un large mouchoir d'indienne rouge dont les bouts flottants retombaient carrément sur ses épaules ; coiffure pittoresque et gracieuse, que la Suisse et l'Italie devraient nous envier.

Un fichu de batiste blanche, croisé sur son sein, était à demi caché par le haut et large bavolet de son tablier de toile bise ; un corsage en gros drap bleu à manches justes dessinait sa taille fine, et tranchait sur son épaisse jupe de futaine grise rayée de brun ; des bas bien blancs et des souliers à cothurnes cachés dans de petits sabots noirs, garnis sur le cou-de-pied d'un carré de peau d'agneau, complétaient ce costume d'une simplicité rustique, auquel le charme naturel de Fleur-de-Marie donnait une grâce extrême.

Tenant un pan de sa robe relevé par les deux coins, elle y puisait des poignées de grain qu'elle distribuait à la foule ailée dont elle était entourée.

Un joli pigeon d'une blancheur argentée, au bec et aux pieds de pourpre, plus audacieux et plus familier que ses compagnons, après avoir voltigé quelque temps autour de Fleur-de-Marie, s'abattit enfin sur son épaule.

La jeune fille, sans doute accoutumée à ces façons cavalières, ne discontinua pas de jeter son grain à pleines mains ; mais, tournant à demi son doux visage d'un profil enchanteur, elle leva un peu la tête et tendit en souriant ses lèvres roses au petit bec rose de son ami.

Les derniers rayons du soleil couchant jetaient un reflet d'or pâle sur ce tableau naïf.

CHAPITRE XXII.

Inquiétudes.

Pendant que la Goualeuse s'occupait de ces soins champêtres, madame Georges et l'abbé Laporte, curé de Bouqueval, assis au coin du feu dans le petit salon de la ferme, parlaient de Fleur-de-Marie, sujet d'entretien toujours intéressant pour eux.

Le vieux curé, pensif, recueilli, la tête basse et les coudes appuyés sur ses genoux, étendait machinalement devant le foyer ses deux mains tremblantes.

Madame Georges, occupée d'un travail de couture, regardait l'abbé de temps à autre et paraissait attendre qu'il lui répondît.

Après un moment de silence :

— Vous avez raison, madame Georges, il faudra prévenir M. Rodolphe ; s'il interroge Marie, elle lui est si reconnaissante qu'elle avouera peut-être à son bienfaiteur ce qu'elle nous cache...

— N'est-il pas vrai, monsieur le curé ? alors, ce soir même j'écrirai à l'adresse qu'il m'a donnée, allée des Veuves...

— Pauvre enfant ! reprit l'abbé ; elle devrait se trouver si heureuse. Quel chagrin peut donc la miner à cette heure ?

— Rien ne peut distraire de cette tristesse, monsieur le curé... pas même l'application qu'elle met à l'étude...

— Elle a véritablement fait des progrès extraordinaires depuis le peu de temps que nous nous occupons de son éducation.

— N'est-ce pas, monsieur l'abbé ? Apprendre à lire et à écrire presque couramment, et savoir assez compter pour m'aider à tenir les livres de la ferme ! Et puis cette chère petite me seconde si activement en toutes choses, que j'en suis à la fois touchée et émerveillée. Ne s'est-elle pas, presque malgré moi, fatiguée de manière à m'inquiéter sur sa santé ?

— Heureusement ce médecin nègre nous a rassurés sur les suites de cette toux légère qui nous effrayait.

— Il est si bon, ce M. David ! il s'intéressait tant à elle ! mon Dieu, comme tous ceux qui la connaissent. Ici, chacun la chérit et la respecte. Cela n'est pas étonnant, puisque, grâce aux vues généreuses et élevées de M. Rodolphe, les gens de cette métairie sont l'élite des meilleurs sujets du pays. Mais les êtres les plus grossiers, les plus indifférents, se sentiraient attirés de cette douceur à la fois angélique et craintive qui a toujours l'air de demander grâce. Malheureuse enfant ! comme si elle était seule coupable !

L'abbé reprit après quelques minutes de réflexions :

— Ne m'avez-vous pas dit que la tristesse de Marie datait peut-être du séjour que madame Dubreuil, la fermière de M. le duc de Lucenay à Arnouville, avait fait ici, lors des fêtes de la Toussaint ?

— Oui, monsieur le curé, j'ai cru le remarquer, et pourtant madame Dubreuil, et surtout sa fille Clara, sont remplies de candeur et de bonté, subi comme tout le monde le charme de Marie ; toutes deux l'accablent journellement de marques d'amitié : vous le savez, le dimanche nos amis d'Arnouville viennent ici, ou bien nous allons chez eux. Eh bien ! l'on dirait que chaque visite augmente la mélancolie de notre chère enfant, quoique Clara l'aime déjà comme une sœur.

— En vérité, madame Georges, c'est un mystère étrange. Quelle peut être la cause de ce chagrin caché ? Elle devrait se trouver si heureuse. Entre sa vie présente et sa vie passée il y a la différence de l'enfer au paradis. On ne saurait l'accuser d'ingratitude.

— Elle ! grand Dieu !... elle... si tendrement reconnaissante de nos soins ! elle chez qui nous avons toujours trouvé des instincts d'une rare délicatesse ! Cette pauvre petite ne fait-elle pas tout ce qu'elle peut afin de gagner pour ainsi dire sa vie ? ne tâche-t-elle pas de compenser par les services qu'elle rend l'hospitalité qu'on lui donne ? Ce n'est pas tout ; excepté le dimanche, où j'exige qu'elle s'habille avec plus de recherche pour m'accompagner à l'église, elle a voulu porter des vêtements aussi grossiers que ceux des filles de campagne, et malgré cela il existe en elle une distinction, une grâce si naturelles, qu'elle est encore charmante sous ces habits, n'est-ce pas, monsieur le curé ?

— Ah ! que je reconnais bien là l'orgueil maternel ! dit le vieux prêtre en souriant.

À ces mots les yeux de madame Georges se remplirent de larmes : elle pensait à son fils.

L'abbé devina la cause de son émotion et lui dit :

— Courage ! Dieu vous a envoyé cette pauvre enfant pour vous aider à attendre le moment où vous retrouverez votre fils. Et puis un lien sacré vous attachera bientôt à Marie : une marraine, lorsqu'elle comprend bien sa mission, c'est presque une mère. Quant à M. Rodolphe, lui a donné, pour ainsi dire, la vie de l'âme en la retirant de l'abîme, d'avance il a rempli ses devoirs de parrain.

— La trouvez-vous suffisamment instruite pour lui accorder ce sacrement, que l'infortunée n'a sans doute pas encore reçu ?

— Tout à l'heure en m'en retournant avec elle au presbytère, je la préviendrai que cette cérémonie se fera probablement dans quinze jours.

— Peut-être, monsieur le curé, présiderez-vous un jour une autre cérémonie aussi bien douce et bien grave.

— Que voulez-vous dire ?

— Si Marie était aimée autant qu'elle le mérite, si elle distinguait un brave et honnête homme, pourquoi ne se marierait-elle pas ?

L'abbé secoua tristement la tête et répondit :

— La marier ! Songez-y donc, madame Georges, la vérité ordonnerait de tout dire à celui qui voudrait épouser Marie... Eh quel homme, malgré ma caution et la vôtre, affronterait le passé qui a souillé la jeunesse de cette malheureuse enfant ! Personne ne voudra d'elle.

— Mais M. Rodolphe est si généreux ! Il fera pour sa protégée plus qu'il n'a fait encore... Une dot...

— Hélas ! dit le curé en interrompant madame Georges, malheur à Marie, si la cupidité doit seule apaiser les scrupules de celui qui l'épousera ! Sa vie serait vouée aux plus pénibles, de cruelles récriminations suivraient bientôt une telle union.

— Vous avez raison, monsieur le curé, cela serait horrible. Ah ! quel malheureux avenir lui est donc réservé !

— Elle a de grandes fautes à expier, dit gravement le curé.

— Mon Dieu ! monsieur l'abbé, abandonnée si jeune, sans ressources, sans appui, presque sans notions du bien et du mal, entraînée malgré elle dans la voie du vice, comment n'aurait-elle pas failli ?

— Le bon sens moral aurait dû la soutenir, l'éclairer ; et d'ailleurs a-t-elle tâché d'échapper à cet horrible sort ? Les âmes charitables sont-elles donc si rares à Paris ?

— Non, sans doute ; mais où aller les chercher ? Avant que d'en découvrir une, que de refus, que d'indifférence ! Et puis pour Marie il ne s'agissait pas d'une aumône passagère, mais d'un intérêt continu qui

rent mise à même de gagner honorablement sa vie... Bien des mères sans doute auraient eu pitié d'elle, mais il fallait avoir le bonheur de les rencontrer. Ah! croyez-moi, j'ai connu la misère... À moins d'un hasard providentiel semblable à celui qui, hélas! trop tard, a fait connaître Marie à M. Rodolphe; à moins, dis-je, d'un de ces hasards, les malheureux, presque toujours brutalement repoussés à leurs premières demandes, croient la pitié introuvable, et pressés par la faim.. la faim si impérieuse, ils cherchent souvent dans le vice des ressources qu'ils désespèrent d'obtenir de la commisération.

À ce moment, la Goualeuse entra dans le salon.

— D'où venez-vous, mon enfant? lui demanda madame Georges avec intérêt.

— De visiter le fruitier, madame, après avoir fermé les portes de la basse-cour. Les fruits sont très-bien conservés, sauf quelques-uns que j'ai ôtés.

— Pourquoi n'avez-vous pas dit à Claudine de faire cette besogne, Marie? Vous vous serez encore fatiguée.

— Non, non, madame, je me plais tant dans mon fruitier, cette bonne odeur de fruits mûrs est si douce!

— Il faudra, monsieur le curé, que vous visitiez un jour le fruitier de Marie, dit madame Georges. Vous ne vous figurez pas avec quel goût elle l'a arrangé : des guirlandes de raisin séparent chaque espèce de fruits, et ceux-ci sont encore divisés en compartiments par des bordures de mousse.

— Oh! monsieur le curé, je suis sûre que vous serez content, dit ingénument la Goualeuse. Vous verrez comme la mousse fait un joli effet autour des pommes bien rouges ou des belles poires couleur d'or. Il y a surtout des pommes d'api qui sont si gentilles, qui ont de si charmantes couleurs roses et blanches, qu'elles ont l'air de petites têtes de chérubins dans un nid de mousse verte, ajouta la jeune fille avec l'exaltation de l'artiste pour son œuvre.

Le curé regarda madame Georges en souriant et dit à Fleur-de-Marie :

— J'ai déjà admiré la laiterie que vous dirigez, mon enfant; elle ferait envie de la ménagère la plus difficile; un de ces jours j'irai aussi admirer votre fruitier, et ces belles pommes rouges, et ces belles poires couleur d'or, et surtout ces jolies pommes-chérubins dans leur lit de mousse. Mais voici le soleil tout à l'heure couché : vous n'aurez que le temps de me conduire au presbytère et de revenir ici avant la nuit... Prenez votre mante et partons, mon enfant... Mais au fait, j'y songe, le froid est bien vif; restez, quelqu'un de la ferme m'accompagnera.

— Ah! monsieur le curé, vous la rendriez malheureuse, dit madame Georges, elle est si contente de vous reconduire ainsi chaque soir!

— Monsieur le curé, ajouta la Goualeuse en levant sur le prêtre ses grands yeux bleus et timides, je croirais que vous n'êtes pas content de moi, et vous ne me permettriez pas de vous accompagner comme d'habitude.

— Moi? pauvre enfant... prenez donc vite, vite, votre mante alors, et enveloppez-vous bien.

Fleur-de-Marie se hâta de jeter sur ses épaules une sorte de pelisse à capuchon en grosse étoffe de laine blanchâtre bordée d'un ruban de velours noir, et offrit son bras au curé.

— Heureusement, dit celui-ci, qu'il n'y a pas loin et que la route est sûre..

— Comme il est un peu plus tard aujourd'hui que les autres jours, reprit madame Georges, voulez-vous que quelqu'un de la ferme aille avec vous, Marie?

— On me prendrait pour une peureuse... dit Marie en souriant. Merci, madame, ne dérangez personne pour moi; il n'y a pas un quart d'heure de chemin d'ici au presbytère, je serai de retour avant la nuit.

— Je n'insiste pas, car jamais, Dieu merci! on n'a entendu parler de vagabonds dans le pays.

— Sans cela, je n'accepterais pas le bras de cette chère enfant, dit le curé, quoiqu'il me soit d'un grand secours.

Bientôt l'abbé quitta la ferme appuyé sur le bras de Fleur-de-Marie, qui réglait son pas léger sur la marche lente et pénible du vieillard.

Quelques minutes après, le prêtre et la Goualeuse arrivèrent auprès du chemin creux où étaient embusqués le Maître d'école, la Chouette et Tortillard.

TROISIÈME PARTIE.

CHAPITRE PREMIER.

L'embuscade.

L'église et le presbytère de Bouqueval s'élevaient à mi-côte au milieu d'une châtaigneraie, d'où l'on dominait le village.

Fleur-de-Marie et l'abbé gagnèrent un sentier sinueux qui conduisait à la maison curiale, en traversant le chemin creux dont cette colline était diagonalement coupée.

La Chouette, le Maître d'école et Tortillard, tapis dans une des anfractuosités de ce chemin, virent le prêtre et Fleur-de-Marie descendre dans la ravine et en sortir par une pente escarpée. Les traits de la jeune fille étant cachés sous le capuchon de sa mante, la borgnesse ne reconnut pas son ancienne victime.

— Silence, mon homme! dit la vieille au Maître d'école, la gossline (1) et le sanglier (2) viennent de passer la traviole (3); c'est bien elle, d'après le signalement que nous a donné le grand homme en deuil : tenue campagnarde, taille moyenne, jupe rayée de brun, mante de laine à bordure noire. Elle reconduit comme ça tous les jours le sanglier à sa casine, et elle revient toute seule. Quand elle va repasser tout à l'heure, là, au bout du chemin, il faudra tomber dessus, l'enlever pour la porter dans la voiture.

— Et si elle crie au secours! reprit le Maître d'école, on l'entendra à la ferme, puisque vous dites que l'on en voit les bâtiments d'ici, car vous voyez... vous autres, ajouta-t-il d'une voix sourde.

— Bien sûr que d'ici on voit les bâtiments tout proche, dit Tortillard. Il y a un instant, j'ai grimpé en haut du talus en me traînant sur le ventre. J'ai entendu un charretier qui parlait à ses chevaux dans cette cour là-bas...

— Alors voilà ce qu'il faut faire, reprit le Maître d'école après un moment de silence : Tortillard va se mettre au guet à l'entrée du sentier. Quand il verra la petite venir de loin, il ira au-devant d'elle en criant qu'il est fils d'une pauvre vieille femme qui s'est blessée en tombant dans le chemin creux, et il suppliera la jeune fille de venir à son secours.

— J'y suis, fourline. La pauvre vieille, ça sera la Chouette. Bien sorbonné (4). Mon homme, tu es toujours le roi des têtards (5)! Et après, qu'est-ce que je ferai?

— Tu t'enfonceras bien dans le chemin creux du côté où attend Barbillon avec le fiacre. Je me cacherai tout près. Quand Tortillard t'aura amené la petite au milieu de la ravine, cesse de geindre et saute dessus, une main autour de son colas (6), et l'autre dans sa bavarde pour lui arquepincer le chiffon rouge (7) et l'empêcher de crier.

— Connu, fourline... comme pour la femme du canal Saint-Martin, quand nous l'avons noyée après lui avoir grinchi la négresse (8) qu'elle portait sous le bras; même jeu, n'est-ce pas?

— Oui, toujours du même... Pendant que tu tiendras ferme la petite, Tortillard accourra me chercher; à nous trois, nous embaluchonnons la jeune fille dans mon manteau, nous la portons à la voiture de Barbillon, et de la plaine Saint-Denis, où l'homme en deuil nous attend.

— C'est ça qui est enfanqué! Tiens, vois-tu, fourline, tu n'as pas ton pareil. Si j'avais de quoi, je te tirerais un feu d'artifice sur ta boule, et je t'illuminerais en verres de couleur à la saint Chariot, patron du béquillard (9). Entends-tu ça, toi, moutard, si tu veux devenir passessingue (10), dévisage mon gros têtard; voilà un homme!... dit orgueilleusement la Chouette à Tortillard.

Puis, s'adressant au Maître d'école :

— A propos, tu ne sais pas : Barbillon a une peur de chien d'avoir une fièvre cérébrale (11).

— Pourquoi ça?

— Il a buté (12), il y a quelque temps, dans une dispute, le mari d'une

(1) La jeune fille.
(2) Le prêtre.
(3) Le chemin creux.
(4) Bien raisonné.
(5) Les hommes de tête.
(6) Du cou.
(7) L'autre dans la bouche, pour lui prendre la langue.
(8) Que nous l'avons noyée après lui avoir enlevé une caisse entourée de toile cirée noire. (Ces sortes de paquets s'appellent en argot des négresses.)
(9) Du bourreau.
(10) Criminel habile.
(11) D'être sous le coup d'une accusation capitale.
(12) Tué.

laitière qui venait tous les matins de la campagne, dans une petite charrette conduite par un âne, vendre du lait dans la Cité, au coin de la rue de la Vieille-Draperie, proche chez l'ogresse du *Lapin-Blanc*.

Le fils de Bras-Rouge, ne comprenant pas l'argot, écoutait la Chouette avec une sorte de curiosité désappointée.

— Tu voudrais bien savoir ce que nous disons là, hein ! moutard ?
— Dame ! c'est sûr.
— Si tu es gentil, je t'apprendrai l'argot. Tu as bientôt l'âge où ça peut servir. Seras-tu content, fifi ?
— Oh ! je crois bien ! Et puis j'aimerais mieux rester avec vous qu'avec mon vieux filou de charlatan, à piler ses drogues et à brosser son cheval. Si je savais où il cache sa *mort-aux-rats pour les hommes*, je lui en mettrais dans sa soupe, pour n'être plus forcé de trimer avec lui.

La Chouette se prit à rire, et dit à Tortillard en l'attirant à elle :
— Venez tout de suite baiser maman, loulou... Es-tu drôle !... Mais comment sais-tu qu'il y a de la mort-aux-rats pour les hommes, ton maître ?
— Tiens ! je lui ai entendu dire ça, un jour que j'étais caché dans le cabinet noir de sa chambre où il met ses bouteilles, ses machines d'acier, et où il tripote dans ses petits pots...
— Tu l'as entendu quoi dire ?... demanda la Chouette.
— Je l'ai entendu dire à un monsieur, en lui donnant une poudre dans un papier : « Quelqu'un qui prendrait ça en trois fois irait dormir sous terre... sans qu'on sache ni pourquoi ni comment, et sans qu'il reste aucune trace... »
— Et qui était ce monsieur ? demanda le Maître d'école.
— Un beau jeune monsieur, qui avait des moustaches noires et une jolie figure comme une dame... Il est revenu une autre fois ; mais cette fois-là, quand il est parti, je l'ai suivi par ordre de M. Bradamanti pour savoir où il irait *percher*. Ce joli monsieur, il est entré rue de Chaillot, dans une belle maison. Mon maître m'avait dit : « N'importe où le monsieur ira, suis-le et attends-le à la porte ; s'il ressort, *resuis*-le jusqu'à ce qu'il ne ressorte plus de l'endroit où il sera entré, ça prouvera qu'il demeure dans ce dernier lieu ; alors, Tortillard, mon garçon, tortille-toi pour savoir son nom... ou sinon, moi, je te tortillerai les oreilles d'une drôle de manière. »
— Eh bien ?
— Eh bien ! je m'ai tortillé et j'ai su le nom du joli monsieur.
— Et comment as-tu fait ? demanda le Maître d'école.
— Tiens... moi pas bête, j'ai entré chez le portier de la maison de la rue de Chaillot, d'où ce monsieur ne ressortait pas ; un portier poudré avec un bel habit brun à collet jaune galonné d'argent... Je lui ai dit comme ça : Mon bon monsieur, je viens pour chercher cent sous que le maître d'ici m'a promis pour avoir retrouvé son chien que je lui ai rendu, une petite bête noire qui s'appelle *Trompette* ; à preuve que ce monsieur, qui est brun, qui a des moustaches noires, une redingote blanchâtre et un pantalon bleu clair, m'a dit qu'il demeurait rue de Chaillot, n. 11, et qu'il se nommait Dupont. — Le monsieur dont tu parles est mon maître, et s'appelle M. le vicomte de Saint-Remy ; il n'y a pas d'autre chien ici que toi-même, méchant gamin ; ainsi, file, ou je t'étrille pour t'apprendre à vouloir me filouter cent sous, » me répond le portier en ajoutant à ça un grand coup de pied... C'est égal, reprit philosophiquement Tortillard, je savais le nom du joli monsieur à moustaches noires, qui venait chez mon maître chercher de la mort-aux-rats pour les hommes ; il s'appelle le vicomte de Saint-Remy, my, my, Saint-Remy, ajouta le fils de Bras Rouge en fredonnant ces derniers mots, selon son habitude.
— Tu veux donc que je te mange, petit momacque ? dit la Chouette en embrassant Tortillard ; est-il finaud ! Tiens, tu mériterais que je serais ta mère, scélérat !

Ces mots firent une singulière impression sur le petit boiteux ; sa physionomie méchante, narquoise et rusée devint subitement triste ; il parut prendre au sérieux les démonstrations maternelles de la Chouette et répondit :
— Et moi, je vous aime bien aussi, parce que vous m'avez embrassé le premier jour où vous êtes venue me chercher au *Cœur-Saignant*, chez mon père... Depuis défunt maman, il n'y a que vous qui m'avez caressé, tout le monde me bat ou me chasse comme un chien galeux ; tout le monde, jusqu'à la mère Pipelet, la portière.
— Vieille loque ! je lui conseille de faire la dégoûtée, dit la Chouette en prenant un air révolté dont Tortillard fut dupe, repousser un amour d'enfant comme celui-là !...

Et la borgnesse embrassa de nouveau Tortillard avec une affectation grotesque.

Le fils de Bras-Rouge, profondément touché de cette nouvelle preuve d'affection, y répondit avec expansion, et s'écria, dans sa reconnaissance :
— Vous n'avez qu'à ordonner, vous verrez comme je vous obéirai bien... comme je vous servirai !...
— Vrai ? Eh bien ! tu ne t'en repentiras pas...
— Oh ! je voudrais rester avec vous !
— Si tu es sage, nous verrons ça ; tu ne nous quitteras pas nous deux mon homme.
— Oui, dit le Maître d'école, tu me conduiras comme un pauvre aveugle, tu diras que tu es mon fils ; nous nous introduirons dans les maisons ; et, mille massacres ! ajouta le meurtrier avec colère, Chouette aidant, nous ferons encore de bons coups ; je montrerai à ce démon de Rodolphe... qui m'a aveuglé, que je ne suis pas au bout de mon rouleau !... Il m'a ôté la vue, mais il ne m'a pas ôté la pensée du mal ; je serai la tête, Tortillard les yeux, et toi la main, la Chouette : tu m'aideras, hein ?
— Est-ce que je ne suis pas à toi à corde et à potence, fourline ! Est-ce que quand, en sortant de l'hôpital, j'ai appris que tu m'avais fait demander chez l'ogresse par ce *sinve* (1) de Saint-Mandé, j'ai pas couru tout de suite à ton village, chez ces colasses de pays, en disant que j'étais ta *largue* (2) ?

Ces mots de la borgnesse rappelèrent un mauvais souvenir au Maître d'école. Changeant brusquement de ton et de langage avec la Chouette, il s'écria d'une voix courroucée :
— Oui, je m'ennuyais, moi, tout seul avec ces honnêtes gens ; au bout d'un mois, je n'y pouvais plus tenir... j'avais peur... Alors j'ai eu l'idée de te faire dire de venir me trouver. Et bien m'en a pris ; ajouta-t-il d'un ton de plus en plus irrité, l, lendemain de ton arrivée, j'étais dépouillé du reste de l'argent que ce démon de l'allée des Veuves m'avait donné. Oui... on m'a volé ma ceinture pleine d'or pendant mon sommeil... Toi seule tu as pu faire le coup : voilà pourquoi je suis maintenant à ta merci... Tiens, toutes les fois que je pense à ça, je ne sais pourquoi je ne te tue pas sur la place... vieille voleuse !

Et il fit un pas dans la direction de la borgnesse.
— Prenez garde à vous, si vous faites mal à la Chouette ! s'écria Tortillard.
— Je vous écraserai tous les deux, toi et elle, méchantes vipères que vous êtes ! s'écria le brigand avec rage. Et, entendant le fils de Bras-Rouge parler auprès de lui, il lui lança au hasard un si furieux coup de poing, qu'il l'aurait assommé s'il l'eût atteint.

Tortillard, autant pour se venger que pour venger la Chouette, ramassa une pierre, visa le maître d'école, et l'atteignit au front.

Le coup ne fut pas dangereux, mais la douleur fut vive.

Le brigand se leva furieux, terrible comme un taureau blessé ; il fit quelques pas en avant et au hasard ; mais il trébucha.
— Casse-cou ! cria la Chouette en riant aux larmes.

Malgré les liens sanglants qui l'attachaient à ce monstre, elle voyait, pour plusieurs raisons, avec une sorte de joie féroce, l'anéantissement de cet homme jadis si redoutable et si vain de sa force athlétique.

La borgnesse justifiait ainsi à sa manière cette effrayante pensée de La Rochefoucauld : que « nous trouvons toujours quelque chose de satisfaisant dans le malheur de nos meilleurs amis. »

Le hideux enfant aux cheveux jaunes et à la figure de fouine partageait l'hilarité de la borgnesse. A un nouveau faux pas du Maître d'école, il s'écria :
— Ouvre donc l'œil, mon vieux, ouvre donc !... Tu vas de travers, tu festonnes... Est-ce que tu n'y vois pas clair !... Essuie donc mieux les verres de tes lunettes !

Dans l'impossibilité d'atteindre l'enfant, le meurtrier herculéen s'arrêta, frappa du pied avec rage, mit ses deux énormes poings velus sur ses yeux et poussa un rugissement rauque comme un tigre muselé.
— Tu tousses, Tortillard ! dit le fils de Bras-Rouge. Tiens, voilà de la fameuse réglisse ; c'est un gendarme qui me l'a donnée, faut pas que ça t'en dégoûte...

Et il ramassa une poignée de sable fin qu'il jeta au visage de l'assassin.

Fouetté à la figure par cette pluie de gravier, le Maître d'école souffrit plus cruellement de cette nouvelle insulte que du coup de pierre ; blémissant sous ses cicatrices livides, il étendit brusquement ses deux bras en croix par un mouvement de désespoir inexprimable, et, levant vers le ciel sa face épouvantable, il s'écria d'une voix profondément suppliante :
— Mon Dieu ! mon Dieu ! mon Dieu !

De la part d'un homme souillé de tous les crimes, et devant qui naguère tremblaient les plus déterminés scélérats, cet appel involontaire à la commisération divine avait quelque chose de providentiel.
— Ah ! ah ! ah ! fourline qui fait les grands bras, s'écria la Chouette en ricanant. La langue te tourne, mon homme, c'est le *boulanger* (3) qu'il faut appeler à ton secours.
— Mais un couteau au moins, que je me tue !... un couteau !!! puisque tout le monde m'abandonne... cria le misérable en se mordant les poings avec une furie sauvage.
— Un couteau ? tu en as un dans ta poche, fourline, et qui a le fil. Le petit vieux de la rue du Roule et le marchand de bœufs ont dû en aller dire de bonnes nouvelles aux Huîtres.

Le Maître d'école, ainsi mis en demeure de s'exécuter, changea de conversation, et reprit d'une voix sourde et lâche :
— Le Chourineur était bon, lui ;... il ne m'a pas volé, il a eu pitié de moi.

(1) Homme naïf, simple.
(2) Ta femme.
(3) Le diable.

— Pourquoi m'as-tu dit que j'avais *grinchi ton orient* (1) ! reprit la Chouette en contenant à peine son envie de rire.
— Toi seule tu es entrée dans ma chambre, dit le brigand ; on m'a volé la nuit de ton arrivée, qui veux-tu que je soupçonne ? Ces paysans étaient incapables de cela.
— Pourquoi donc qu'ils ne grinchiraient pas comme d'autres, les paysans ? parce qu'ils boivent du lait et qu'ils vont à l'herbe pour leurs lapins ?
— Enfin on m'a volé, toujours.
— Est-ce que c'est la faute de la Chouette ? Ah çà, voyons, penses-y donc ! Est-ce que, si j'avais effarouché ta nature, je serais restée avec toi après le coup ? Es-tu bête ! Bien sûr que je te l'aurais rincé ton argent, si je l'avais pu ; mais, foi de Chouette, tu m'aurais revue quand l'argent aurait été mangé, parce que tu me plais tout de même avec tes yeux blancs, brigand ! Voyons, sois donc gentil, ne t'ébrèche pas comme ça tes quenottes en les grinçant.
— On croirait qu'il casse des noix ! dit Tortillard.
— Ah ! ah ! ah ! il a raison, le môme. Voyons, calme-toi, mon homme, et laisse-le rire, c'est de son âge ! Mais avoue le c'est pas juste : quand le grand homme en deuil, qui a l'air d'un croque-mort, m'a dit : « Il y a mille francs pour vous si vous enlevez une jeune fille qui est dans la ferme de Bouqueval, et si vous me l'amenez à un endroit de la plaine Saint-Denis que je vous indiquerai ; » réponds, fourline, est-ce que je ne t'ai pas tout de suite proposé d'être du coup, au lieu de choisir quelqu'un qui aurait vu clair ? C'est donc comme qui dirait l'aumône que je te fais. Car, excepté pour tenir la petite pendant que nous l'embauchonnerons avec Tortillard, tu me serviras comme la cinquième roue à un omnibus. Mais, c'est égal, à part que je t'aurais volé si j'avais pu, j'aime à te faire du bien, je veux que tu doives tout à la Chouette chérie : c'est mon genre, à moi ! Nous donnerons deux cents balles à Barbillon pour avoir conduit la voiture et être venu ici une fois, avec un domestique du grand monsieur en deuil, reconnaître l'endroit où il fallait nous cacher pour attendre la petite... et il nous restera huit cents balles à nous deux pour nocer. Qu'est-ce que tu dis de ça ? Eh bien ! es-tu encore fâché contre la vieille ?
— Qui m'assure que tu me donneras quelque chose, une fois le coup fait ? dit le brigand avec une sombre défiance.
— Je pourrais ne te rien donner du tout, c'est vrai, car tu es dans ma poêle, mon homme, comme autrefois la Goualeuse. Faut donc te laisser rire à ton aise, en attendant qu'à ton tour le boulanger t'enfourne, eh ! eh ! eh !... Eh bien ! fourline, est-ce que tu boudes toujours la Chouette ? ajouta la borgnesse en frappant sur l'épaule du brigand, qui restait muet et accablé.
— Tu as raison, dit-il avec un soupir de rage concentrée ; c'est mon sort. Moi ! moi ! à la merci d'un enfant et d'une femme qu'autrefois j'aurais tués d'un souffle ! Oh ! si je n'avais pas si peur de la mort ! dit-il en retombant assis sur le talus.
— Es-tu poltron, maintenant ! es-tu poltron ! dit la Chouette avec mépris. Parle donc tout de suite de ta *muette* (2), ça sera plus farce. Tiens, si tu n'as pas plus de courage que ça, tu prends de l'air et je le lâche.
— Et ne pouvoir me venger de cet homme qui, en me martyrisant ainsi, m'a mis dans l'affreuse position où je me trouve et dont je ne sortirai jamais ! s'écria le Maître d'école dans un redoublement de rage. Oh ! j'ai bien peur de la mort ! oui... j'en ai bien peur ; mais on me dira : On va te la donner entre tes deux bras, cet homme... entre tes deux bras, presque aussi forts que les tiens ; je dirai : Qu'on m'y jette... oui ; car je serais bien sûr de ne pas le lâcher avant d'arriver au fond avec lui. Et, pendant que nous roulerions tous les deux, je le mordrais au visage, à la gorge, au cœur ; je le tuerais avec mes dents, enfin ! je serais jaloux d'un couteau !
— A la bonne heure, fourline, voilà comme je t'aime. Sois calme... nous le retrouverons, le gueux de Rodolphe, et le Chourineur aussi. En sortant de l'hôpital, j'ai été rôder allée des Veuves... tout était fermé. Mais j'ai dit au grand monsieur en deuil : « Dans le temps, vous vouliez nous payer pour faire quelque chose à ce monstre de M. Rodolphe ; est-ce qu'après l'affaire de la jeune fille que nous attendons, il n'y aurait pas à monter un coup contre lui ? — Peut-être... » m'a-t-il répondu. Entends-tu, fourline ? Peut-être... Courage, mon homme ! nous en mangerons, du Rodolphe ; c'est moi qui te le dis, nous en mangerons.
— Bien vrai, tu ne m'abandonneras pas ? dit le brigand à la Chouette d'un ton soumis mais défiant. Maintenant, si tu m'abandonnais, qu'est-ce que je deviendrais ?
— Ça, c'est vrai. Dis donc, fourline, quelle farce si nous deux Tortillard, nous nous esbignions avec la voiture, et que nous te laissions là, au milieu des champs, par cette nuit où le froid va pincer dur ! C'est ça qui serait drôle, hein, brigand ?
A cette menace, le Maître d'école frémit ; il se rapprocha de la Chouette, et lui dit en tremblant :
— Non, non, tu ne me feras pas ça, la Chouette... ni toi non plus, Tortillard... ça serait trop méchant.
— Ah ! ah ! ah ! trop méchant... est-il simple ! Et le petit vieux de la rue du Roule ! et le marchand de bœufs ! et la femme du canal Saint-Martin ! et le monsieur de l'allée des Veuves ! est-ce que tu crois qu'ils t'ont trouvé caressant, avec ton grand couteau ? Pourquoi donc qu'à ton tour on ne te ferait pas de farce ?

— Eh bien ! je l'avouerai, dit sourdement le Maître d'école ; voyons, j'ai eu tort de te soupçonner, j'ai eu tort aussi de vouloir battre Tortillard : je t'en demande pardon, entends-tu... et à toi aussi, Tortillard... oui, je vous demande pardon à tous deux.
— Moi, je veux qu'il demande pardon à genoux d'avoir voulu battre la Chouette, dit Tortillard.
— Gueux de moucrque ! est-il amusant ! dit la Chouette en riant ; il me donne pourtant envie de voir quelle frimousse tu feras comme ça, mon homme. Allons, à genoux, comme si tu jaspinais d'amour à ta Chouette : dépêche-toi, où nous te lâchons ; et, je t'en préviens, dans une demi-heure il fera nuit.
— Nuit ou jour, qu'est-ce que ça lui fait ? dit Tortillard en goguenardant. Ce monsieur garde toujours ses volets fermés, il a peur de gâter son teint.
— Me voici à genoux. Je te demande pardon, la Chouette... et à toi aussi, Tortillard. Eh bien ! êtes-vous contents ? dit le brigand en s'agenouillant au milieu du chemin. Maintenant, vous ne m'abandonnerez pas, dites ?

Ce groupe étrange, encadré dans les talus du ravin, éclairé par les lueurs rougeâtres du crépuscule, était hideux à voir.

Au milieu du chemin, le Maître d'école, suppliant, étendait vers la borgnesse ses mains puissantes ; sa rude et épaisse chevelure retombait comme une crinière sur son front livide ; ses paupières rouges, démesurément écartées par la frayeur, laissaient alors voir la moitié de sa prunelle immobile, terne, vitreuse, morte... le regard d'un cadavre.

Ses formidables épaules se courbaient humblement. Cet hercule s'agenouillait tremblant aux pieds d'une vieille femme et d'un enfant.

La borgnesse, enveloppée d'un châle de tartan rouge, la tête couverte d'un vieux bonnet de tulle noir qui laissait échapper quelques mèches de cheveux gris, dominait le Maître d'école de toute sa hauteur. Le visage osseux, tanné, ridé, plombé, de cette vieille au nez crochu, exprimait une joie insultante et féroce ; son œil fauve étincelait comme un charbon ardent ; un rictus sinistre retroussait ses lèvres ombragées de longs poils, et montrait trois ou quatre grandes dents jaunes et déchaussées.

Tortillard, vêtu de sa blouse à ceinture de cuir, debout sur un pied, s'appuyait au bras de la Chouette pour se maintenir en équilibre.

La figure maladive et rusée de cet enfant, au teint aussi blafard que ses cheveux, exprimait en ce moment une méchanceté railleuse et diabolique.

L'ombre projetée du escarpement du ravin redoublait l'horreur de cette scène, que l'obscurité croissante voilait à demi.

— Mais promettez-moi donc, au moins, de ne pas m'abandonner !... répéta le Maître d'école, effrayé du silence de la Chouette et de Tortillard, qui jouissaient de son effroi. Est-ce que vous n'êtes plus là ? ajouta le meurtrier en se penchant pour écouter et avançant machinalement les bras.
— Si, si, mon homme, nous sommes là ; n'aie pas peur. T'abandonner ! plutôt *baiser la camarde* (1) ! Une fois pour toutes, il faut je te rassure et que je te dise pourquoi je ne t'abandonnerai jamais. Ecoute-moi bien : j'ai toujours adoré avoir quelqu'un à qui faire sentir mes ongles... bêtes ou gens. Avant la Pégriotte (que le boulanger me la renvoie ! car j'ai toujours mon idée... de la débarbouiller avec du vitriol), avant la Pégriotte, j'avais un môme qui *s'est refroidi* (2) à peine : c'est pour ça qu'il a été *au clou* (3) six ans ; pendant ces six mois-là je faisais la misère à des oiseaux ; je les apprivoisais pour les plumer tout vifs... mais je ne faisais pas mes frais, ils ne duraient rien. En sortant de prison, la Goualeuse est tombée sous ma griffe ; mais la petite gueuse s'est sauvée pendant qu'il y avait encore de quoi s'amuser avec elle. Après, j'ai eu un chien qui a pâti autant qu'elle ; j'ai fini par lui couper une patte de derrière et une patte de devant ; ça lui faisait une si drôle de dégaine, que j'en riais, mais que j'en riais à crever.
— Il faudra que je fasse ça à un chien que je connais et qui m'a mordu, se dit Tortillard.
— Quand je t'ai rencontré, mon homme, continua la Chouette, j'étais en train d'abîmer un chat... Eh bien ! à cette heure, c'est toi qui seras mon chat, mon chien, mon oiseau, ma Pégriotte ; tu seras... ma *bête de souffrance* enfin... Comprends-tu, mon homme ? au lieu d'un oiseau ou d'un enfant à tourmenter, comme qui dirait un loup ou un tigre, c'est ça qui est un peu chenu, hein ?
— Vieille furie ! s'écria le Maître d'école en se relevant de rage.
— Allons ! voilà encore que tu boudes ta vieille !... Eh bien ! quitte-là, tu es le maître. Je ne te prends pas en traître.
— Oui, la porte est ouverte, fils *sans yeux*, et toujours tout droit ! dit Tortillard en éclatant de rire.
— Oh ! mourir !... mourir !... cria le Maître d'école en se tordant les bras.
— Tu rabâches, mon homme, tu as déjà dit ça. Toi, mourir ! tu bla-

(1) Volé ton or.
(2) De ta conscience.

(1) Mourir.
(2) Est mort.
(3) En prison.

gues, tu es solide comme le Pont-Neuf; laisse donc, tu vivras pour le bonheur de la Chouette. Je te ferai de la misère de temps en temps, parce que c'est ma jouissance, et qu'il faudra que tu gagnes le pain que je te donnerai ; mais si tu es gentil, tu m'aideras dans de bons coups, comme aujourd'hui, et dans d'autres meilleurs où tu pourras servir ; tu sera ma bête, enfin ! Quand je te dirai : Apporte, tu apporteras ; mords, tu mordras. Après ça, dis donc, mon homme, je ne veux pas te prendre de force, au moins : si, au lieu de la vie que je te propose, t'aimes mieux avoir des rentes, rouler carrosse avec une jolie petite femme, être décoré de la croix d'honneur, être nommé *grand curieux* (1), et y voir clair au lieu d'être aveugle, faut pas te gêner ; c'est facile, t'as qu'à le dire, on te servira ça tout chaud... N'est-ce pas, Tortillard ?

— Tout chaud, tout bouillant, tout de suite ! répondit le fils de Bras-Rouge en ricanant. Mais, se penchant tout à coup vers la terre, il dit à voix basse :

— J'entends marcher dans le sentier, cachons-nous... Ça n'est pas la jeune fille, car on vient par le même côté où elle est venue.

En effet, une paysanne robuste, dans la force de l'âge, suivie d'un gros chien de ferme, et portant sur sa tête un panier couvert, parut au bout de quelques minutes, traversa le ravin et prit le sentier que suivaient le prêtre et la Goualeuse.

Nous rejoindrons ces deux personnages, et nous laisserons les trois complices embusqués dans le chemin creux.

CHAPITRE II.

Le presbytère.

Les dernières lueurs du soleil s'éteignaient lentement derrière la masse imposante du château d'Ecouen et des bois qui l'environnaient; de tous côtés s'étendaient à perte de vue des plaines immenses aux sillons bruns, durcis par la gelée... vaste solitude dont le hameau de Bouqueval semblait l'oasis.

Le ciel, d'une sérénité parfaite, se marbrait au couchant de longues traînées de pourpre, signe certain de vent et de froid ; ces tons, d'abord d'un rouge vif, devenaient violets à mesure que le crépuscule envahissait l'atmosphère.

Le croissant de la lune, fin, délié comme la moitié d'un anneau d'argent, commençait à briller doucement dans un milieu d'azur et d'ombre.

Le silence était absolu, l'heure solennelle.

Le curé s'arrêta un moment sur la colline, pour jouir de l'aspect de cette belle soirée.

Après quelques moments de recueillement, étendant sa main tremblante vers les profondeurs de l'horizon à demi voilé par la brune du soir, il dit à Fleur-de-Marie, qui marchait pensive à côté de lui :

— Voyez donc, mon enfant, cette immensité dont on n'aperçoit plus les bornes... on n'entend pas le moindre bruit... il me semble que le silence et l'infini donnent presque une idée de l'éternité... Je vous dis cela, Marie, parce que vous êtes sensible aux beautés de la création. Souvent j'ai été touché de l'admiration religieuse qu'elles vous inspiraient, à vous... qui en avez été si longtemps déshéritée. N'êtes-vous pas frappée comme moi du calme imposant qui règne à cette heure ?

La Goualeuse ne répondit rien.

Etonné, le curé la regarda ; elle pleurait.

— Qu'avez-vous donc, mon enfant ?

— Mon père, je suis bien malheureuse !

— Malheureuse ? vous... maintenant malheureuse !

— Je sais que je n'ai pas le droit de me plaindre de mon sort, après tout ce qu'on a fait pour moi... et pourtant...

— Et pourtant ?

— Ah ! mon père, pardonnez-moi ces chagrins ; ils offensent peut-être mes bienfaiteurs...

— Ecoutez, Marie, nous vous avons souvent demandé le motif de la tristesse dont vous êtes quelquefois accablée, et qui cause à votre seconde mère de vives inquiétudes... Vous avez évité de nous répondre ; nous avons respecté votre secret en nous affligeant de ne pouvoir soulager vos peines.

— Hélas ! mon père, je ne puis vous dire ce qui se passe en moi. Ainsi que vous, tout à l'heure, je me suis sentie émue à l'aspect de cette soirée calme et triste... mon cœur s'est brisé... et j'ai pleuré...

— Mais qu'avez-vous, Marie ? Vous savez combien l'on vous aime... Voyons, avouez-moi tout. D'ailleurs, je puis vous dire cela ; le jour approche où madame Georges et M. Rodolphe vous présenteront aux fonts du baptême, en prenant devant Dieu l'engagement de vous protéger toujours.

— M. Rodolphe ? lui... qui m'a sauvée ! s'écria Fleur-de-Marie en joignant les mains ; il daignerait me donner cette nouvelle preuve d'af-

(1) Grand juge.

fection ! Oh ! tenez, je ne vous cacherai rien, mon père, je crains trop d'être ingrate.

— Ingrate ! et comment ?

— Pour me faire comprendre, il faut que je vous parle des premiers jours où je suis venue à la ferme.

— Je vous écoute ; nous causerons en marchant.

— Vous serez indulgent, n'est-ce pas, mon père ? Ce que je vais vous dire est peut-être bien mal.

— Le Seigneur vous a prouvé qu'il était miséricordieux. Prenez courage.

— Lorsque j'ai su, en arrivant ici, que je ne quitterais pas la ferme et madame Georges, dit Fleur-de-Marie après un moment de recueillement, j'ai cru faire un beau rêve. D'abord j'éprouvais comme un étourdissement de bonheur : à chaque instant, je songeais à M. Rodolphe. Bien souvent, toute seule et malgré moi, je levais les yeux au ciel comme pour l'y chercher et le remercier. Enfin... je m'en accuse, mon père... je pensais plus à lui qu'à Dieu ; car il avait fait pour moi ce que Dieu seul aurait pu faire. J'étais heureuse... heureuse comme quelqu'un qui a échappé pour toujours à un grand danger. Vous et madame Georges, vous étiez si bons pour moi, que je me croyais plus à plaindre qu'à blâmer.

Le curé regarda la Goualeuse avec surprise ; elle continua :

— Peu à peu, je me suis habituée à cette vie si douce : je n'avais plus peur, en me réveillant, de me retrouver chez l'ogresse ; je me sentais, pour ainsi dire, dormir avec sécurité : toute ma joie était d'aider madame Georges dans ses travaux, de m'appliquer aux leçons que vous me donniez, mon père... et aussi de profiter de vos exhortations. Sauf quelques moments de honte, quand je songeais au passé, je me croyais l'égale de tout le monde, parce que tout le monde était bon pour moi, lorsqu'un jour...

Ici les sanglots interrompirent Fleur-de-Marie.

— Voyons, calmez-vous, pauvre enfant, courage ! et continuez.

La Goualeuse, essuyant ses yeux, reprit :

— Vous vous souvenez, mon père, que, lors des fêtes de la Toussaint, madame Dubreuil, fermière de M. le duc de Lucenay à Arnouville, est venue ici passer quelque temps avec sa fille.

— Sans doute, et je vous ai vue avec plaisir faire connaissance avec Clara Dubreuil ; elle est douée des meilleures qualités.

— C'est un ange, mon père... Quand je sus qu'elle devait venir passer quelques jours à la ferme, mon bonheur fut bien grand, je songeais qu'au moment où je verrais cette compagne si désirée. Enfin elle arriva. J'étais dans ma chambre ; je devais la partager avec elle, je la parais de mon mieux ; on m'envoya chercher. J'entrai dans le salon, mon cœur battait ; madame Georges, me montrant cette jolie jeune personne, qui avait l'air aussi doux que modeste et bon, me dit : « Marie, voilà une amie pour vous. Et j'espère que vous et ma fille serez bientôt comme deux sœurs, » ajouta madame Dubreuil. A peine sa mère avait-elle dit ces mots, que mademoiselle Clara accourut m'embrasser. Alors, mon père, dit Fleur-de-Marie en pleurant, je ne sais ce qui s'est passé tout à coup en moi... mais quand je sentis le visage pur et frais de Clara s'appuyer sur ma joue flétrie... ma joue est devenue brûlante de honte... de remords... je me suis souvenue de ce que j'étais... Moi !... moi, recevoir les caresses d'une jeune personne si honnête !... Oh ! cela me semblait une tromperie... une hypocrisie indigne...

— Mais, mon enfant...

— Ah ! mon père, s'écria Fleur-de-Marie en interrompant le curé avec une exaltation douloureuse, lorsque M. Rodolphe m'a emmenée de la Cité, j'avais déjà vaguement la conscience de ma dégradation... Mais croyez-moi que l'éducation, que les conseils, que les exemples que j'ai reçus de madame Georges et de vous, en éclairant tout à coup mon esprit, ne m'avaient, hélas ! fait comprendre que j'avais été encore plus coupable que malheureuse ?... Avant l'arrivée de mademoiselle Clara, lorsque ces pensées me tourmentaient, je m'étourdissais en tâchant de contenter madame Georges et vous, mon père... Si je rougissais du passé, c'était à mes propres yeux... Mais la vue de cette jeune personne si mon âge, si charmante, si candide, si sainte, m'a fait songer à la distance qui existerait à jamais entre elle et moi... Pour la première fois, j'ai senti qu'il est des flétrissures ineffaçables... Depuis ce jour, cette pensée ne me quitte plus... Malgré moi, je m'y appesantis sans cesse ; depuis ce jour, je n'ai plus un moment de repos.

La Goualeuse essuya ses yeux remplis de larmes.

Après avoir regardée pendant quelques instants avec une tendre commisération, le curé reprit :

— Réfléchissez donc, mon enfant, que si madame Georges voulait vous voir l'amie de mademoiselle Dubreuil, c'est qu'elle vous savait digne de cette liaison par votre bonne conduite. Les reproches que vous vous faites s'adressent presque à votre seconde mère.

— Je le sais, mon père, j'avais tort, sans doute ; mais je ne pouvais surmonter ma honte et ma crainte... Ce n'est pas tout... Il me faut du courage pour achever.

— Continuez, Marie ; jusqu'ici vos scrupules, ou plutôt vos remords prouvent en faveur de votre cœur.

— Une fois Clara établie à la ferme, je fus aussi triste que j'avais d'abord cru être heureuse en pensant au plaisir d'avoir une compagne de mon âge ; elle, au contraire, était toute joyeuse. On lui avait fait un lit dans ma chambre. Le premier soir, avant de se coucher, elle m'embrassa et me dit qu'elle m'aimait déjà, qu'elle se sentait beaucoup d'attrait pour moi; elle me demanda de l'appeler Clara, comme elle m'appellerait Marie. Ensuite elle pria Dieu, en me disant qu'elle joindrait mon nom à ses prières, si je voulais joindre son nom aux miennes. Je n'o-ai pas lui refuser cela. Après avoir encore causé quelque temps, elle s'endormit ; moi, je ne m'étais pas couchée ; je m'approchai d'elle ; je regardais en pleurant sa figure d'ange ; et puis, en pensant qu'elle dormait dans la même chambre que moi... que moi, qu'on avait trouvée chez l'ogresse avec des voleurs et des assassins... je tremblais comme si j'avais commis une mauvaise action, j'avais de vagues frayeurs... Il me semblait que Dieu me punirait un jour... Je me couchai, j'eus des rêves affreux, je revis les figures sinistres que j'avais presque oubliées, le Chourineur, le Maître d'école, la Chouette, cette femme borgne qui m'avait torturée étant petite. Oh ! quelle nuit !... mon Dieu ! quelle nuit ! quels rêves ! dit la Goualeuse en frémissant encore à ce souvenir.

— Pauvre Marie ! reprit le curé avec émotion ; que ne m'avez-vous fait plus tôt ces tristes confidences ! je vous aurais rassurée... Mais continuez.

— Je m'étais endormie bien tard ; mademoiselle Clara vint m'éveiller en m'embrassant. Pour vaincre ce qu'elle appelait ma froideur et pour prouver son amitié, elle voulut me confier un secret ; elle devait s'unir, lorsqu'elle aurait dix-huit ans accomplis, au fils d'un fermier de Goussainville, qu'elle aimait tendrement ; le mariage était depuis longtemps arrêté entre les deux familles. Ensuite, elle me raconta en peu de mots sa vie passée... vie simple, calme, heureuse : elle n'avait jamais quitté sa mère, elle ne la quitterait jamais : car son fiancé devait partager l'exploitation de la ferme avec M. Dubreuil. « Maintenant, Marie, me dit-elle, vous me connaissez comme si vous étiez ma sœur ; racontez-moi donc votre vie... » A ces mots, je crus mourir de honte... je rougis, je balbutiai. J'ignorais ce que madame Georges avait dit de moi ; je craignais de la démentir. Je répondis vaguement qu'orpheline et élevée par des personnes sévères, je n'avais pas été très-heureuse pendant mon enfance, et que mon bonheur datait de mon séjour auprès de madame Georges. Alors, Clara, prenant à mes paroles plus d'intérêt que par curiosité, me demanda où j'avais été élevée : était-ce à la ville, ou à la campagne ? comment se nommait mon père ? Elle me demanda surtout si je me rappelais d'avoir vu ma mère. Chacune de ces questions m'embarrassait autant qu'elle me peinait ; car il me fallait y répondre par des mensonges, et, vous m'avez appris, mon père, combien il est mal de mentir... Mais Clara n'imagina pas que je pouvais la tromper. Attribuant l'hésitation de mes réponses au chagrin que me causaient les tristes souvenirs de mon enfance, Clara me crut, me plaignit avec une bonté qui me navra. O mon père ! vous ne saurez jamais ce que j'ai souffert dans ce premier entretien ! combien il me coûtait de ne pas dire une parole qui ne fût hypocrite et fausse !...

— Infortunée ! que la colère de Dieu s'appesantisse sur ceux qui, en vous jetant dans une abominable voie de perdition, vous forceront peut-être de subir toute votre vie les inexorables conséquences d'une première faute !

— Oh ! oui, ceux-là ont été bien méchants, mon père, reprit amèrement Fleur-de-Marie, car ma honte est ineffaçable. Ce n'est pas tout ; à mesure que Clara me parlait du bonheur qui l'attendait, de son mariage, de sa douce vie de famille, je ne pouvais m'empêcher de comparer mon sort au sien ; car, malgré les bontés dont on me comble, mon sort sera toujours misérable ; vous et madame Georges, en me faisant comprendre la vertu, vous m'avez fait aussi comprendre la profondeur de mon abjection passée ; rien ne pourra m'empêcher d'avoir été le rebut de ce qu'il y a de plus vil au monde. Hélas ! puisque la connaissance du bien et du mal devait m'être si funeste, que ne me laissait-on à mon malheureux sort !

— Oh ! Marie ! Marie !...

— N'est-ce pas, mon père... ce que je dis est bien mal ? Hélas ! voilà ce que je n'osais vous avouer... Oui, quelquefois je suis assez ingrate pour méconnaître les bontés dont on me comble, pour me dire : Si l'on ne m'eût pas arrachée à l'infamie, eh bien ! la misère, les coups m'eussent tuée bien vite ; au moins je serais morte dans l'ignorance d'une pureté que je regretterai toujours.

— Hélas ! Marie, cela est fatal ! une nature, même généreusement douée par le Créateur, n'eût-elle été plongée qu'un jour dans la fange dont on vous a tirée, en garde un stigmate ineffaçable... Telle est l'immutabilité de la justice divine !

— Vous le voyez donc, mon père, s'écria douloureusement Fleur-de-Marie, je dois désespérer jusqu'à la mort !

— Vous devez désespérer d'effacer de votre vie cette page désolante, dit le prêtre d'une voix triste et grave, mais vous devez espérer en la miséricorde infinie du Tout-Puissant. Ici-bas, pour vous, pauvre enfant, larmes, remords, expiation, mais un jour, là-haut, ajouta-t-il en élevant sa main vers le firmament, qui commençait à s'étoiler, là-haut, pardon, félicité éternelle !

— Pitié... pitié, mon Dieu !... je suis si jeune... et ma vie sera peut-être encore si longue !... dit la Goualeuse d'une voix déchirante, en tombant à genoux aux pieds du curé par un mouvement involontaire.

Le prêtre était debout au sommet de la colline, non loin de laquelle s'élevait le presbytère ; sa soutane noire, sa figure vénérable, encadrée de longs cheveux blancs et doucement éclairée par les dernières clartés du crépuscule, se dessinaient sur l'horizon, d'une transparence, d'une limpidité profondes : or pâle au couchant, saphir au zénith.

Le prêtre levait au ciel une de ses mains tremblantes, et abandonnait l'autre à Fleur-de-Marie, qui la couvrait de larmes.

Le capuchon de sa mante grise, à ce moment rabattu sur ses épaules, laissait voir le profil enchanteur de la jeune fille, son charmant regard suppliant et baigné de larmes... son cou d'une blancheur éblouissante, où se voyait l'attache soyeuse de ses jolis cheveux blonds.

Cette scène simple et grande offrait un contraste, une coïncidence bizarre, avec l'ignoble scène qui, presque au même instant, se passait dans les profondeurs du chemin creux entre le Maître d'école et la Chouette.

Caché dans les ténèbres d'un noir ravin, assailli de lâches terreurs, un effroyable meurtrier portant la peine de ses forfaits, s'était aussi agenouillé... mais devant sa complice, furie railleuse, vengeresse, qui le tourmentait sans merci et le poussait à de nouveaux crimes... sa complice... cause première des malheurs de Fleur-de-Marie.

De Fleur-de-Marie que torturait un remords incessant.

L'exagération de sa douleur n'était-elle pas concevable ? Entourée depuis son enfance d'êtres dégradés, méchants, infâmes ; quittant sa prison pour l'antre de l'ogresse, autre prison horrible ; n'étant jamais sortie des cours de sa geôle ou des rues caverneuses de la Cité, cette malheureuse jeune fille n'avait-elle pas vécu jusqu'alors dans l'ignorance profonde du beau et du bien, aussi étrangère aux sentiments nobles et religieux qu'aux splendeurs magnifiques de la nature ?

Et voilà que tout à coup elle abandonne son cloaque infect pour une retraite charmante et rustique ; sa vie immonde, pour partager une existence heureuse et paisible avec les êtres les plus vertueux, les plus tendres, les plus compatissants à ses infortunes...

Enfin tout ce qu'il y a d'admirable dans la créature et dans la création se révèle à la fois et en un moment à son âme étonnée. A ce spectacle imposant, son esprit s'agrandit, son intelligence se développe, ses nobles instincts s'éveillent... Et c'est parce que son esprit s'est agrandi, parce que son intelligence s'est développée, parce que ses nobles instincts se sont éveillés... qu'ayant la conscience de sa dégradation première, elle ressent pour sa vie passée une douloureuse et incurable horreur, et comprend, hélas ! ainsi qu'elle l'a dit, qu'il est des souillures qui ne s'effacent jamais...

— O malheur à moi ! disait la Goualeuse désespérée, ma vie tout entière, fût-elle aussi longue, aussi pure que la vôtre, mon père, sera désormais flétrie par la conscience et par le souvenir du passé... Malheur à moi !

— Bonheur pour vous, au contraire, Marie, bonheur pour vous, à qui le Seigneur envoie ces remords pleins d'amertume, mais salutaires ! Ils prouvent la religieuse susceptibilité de votre âme ! Tant d'autres, moins noblement bien douées que vous, eussent, à votre place, vite oublié le passé pour ne songer qu'à jouir de la félicité présente ! Une âme délicate comme la vôtre rencontre des souffrances là où le vulgaire ne ressent aucune douleur ! Mais chacune de ces souffrances vous sera comptée là-haut. Croyez-moi, Dieu ne vous a laissé un moment dans la voie mauvaise que pour vous réserver la gloire du repentir et la récompense éternelle de l'expiation ! Ne l'a-t-il pas dit lui-même : « Ceux-là qui font le bien sans combat, et qui viennent à moi le sourire aux lèvres, ceux-là sont mes élus ; mais ceux-là, blessés dans la voie mauvaise, viennent à moi saignants et meurtris, ceux-là sont les élus d'entre mes élus !... »
Courage donc, mon enfant !... soutien, appui, conseils, rien ne vous manquera... Je suis bien vieux, mais madame Georges, mais M. Rodolphe ont encore de longues années à vivre... M. Rodolphe surtout... qui vous témoigne tant d'intérêt... qui suit vos progrès avec une sollicitude si éclairée... dites, Marie, dites, pourriez-vous jamais regretter de l'avoir rencontré ?

La Goualeuse allait répondre lorsqu'elle fut interrompue par la paysanne dont nous avons parlé, qui, suivant la même route que la jeune fille et l'abbé, venait de les rejoindre. C'était une des servantes de la ferme.

— Pardon, excuse, monsieur le curé, dit-elle au prêtre, mais madame Georges m'a dit de vous apporter ce panier de fruits au presbytère, et qu'en même temps je ramènerais mademoiselle Marie, car il se fait tard ; mais j'ai pris Turc avec moi, dit la fille de ferme en caressant un énorme chien des Pyrénées, qui eût défié un ours au combat. Quoiqu'il n'y ait jamais de mauvaise rencontre dans le pays, c'est toujours plus prudent.

— Vous avez raison, Claudine ; nous voici d'ailleurs arrivés au presbytère ; vous remercierez madame Georges pour moi.

Puis, s'adressant tout bas à la Goualeuse, le curé lui dit d'un ton grave :

— Il faut que je me rende demain à la conférence du diocèse ; mais je serai de retour sur les cinq heures. Si vous le voulez, mon enfant, je vous attendrai au presbytère. Je vois, à l'état de votre esprit, que vous avez besoin de vous entretenir longuement encore avec moi.

— Je vous remercie, mon père, répondit Fleur-de-Marie ; demain je viendrai, puisque vous voulez bien me le permettre.

— Mais nous voici arrivés à la porte du jardin, dit le prêtre ; laissez ce panier là, Claudine, ma gouvernante le prendra. Retournez vite à la

ferme avec Marie; car la nuit est presque venue et le froid augmente. A demain, Marie, à cinq heures!
— A demain, mon père.
L'abbé rentra dans son jardin.
La Goualeuse et Claudine, suivies de Turc, reprirent le chemin de la étairie.

CHAPITRE III.

La rencontre.

La nuit était venue, claire et froide.
Suivant les avis du Maître d'école, la Chouette avait gagné avec ce brigand un endroit du chemin creux plus éloigné du sentier et plus rapproché du carrefour où Barbillon attendait avec le fiacre.
Tortillard, posté en vedette, guettait le retour de Fleur-de-Marie, qu'il devait attirer dans ce guet-apens en la suppliant de venir à son aide pour secourir une pauvre vieille femme.
Le fils de Bras-Rouge avait fait quelques pas en dehors du ravin pour aller à la découverte, lorsque, prêtant l'oreille, il entendit au loin la Goualeuse parler à la paysanne qui l'accompagnait.
La Goualeuse n'étant plus seule, tout était manqué. Tortillard se hâta de redescendre dans le ravin et de courir avertir la Chouette.
— Il y a quelqu'un avec la jeune fille, dit-il d'une voix basse et essoufflée.
— Que *le béquilleur lui fauche le colas* (1), à cette petite gueuse! s'écria la Chouette en fureur.
— Avec qui est-elle? demanda le Maître d'école.
— Sans doute avec la paysanne qui tout à l'heure a passé dans le sentier, suivie d'un gros chien. J'ai reconnu la voix d'une femme, dit Tortillard; tenez... entendez-vous... entendez-vous le bruit de leurs sabots?...
En effet, dans le silence de la nuit, les semelles de bois résonnaient au loin sur la terre durcie par la gelée.
— Elles sont deux... Je peux me charger de la petite à la mante grise; mais l'autre! comment faire? Fourline n'y voit pas... et Tortillard est trop faible pour *amortir* cette camarade que le diable étrangle! Comment faire? répéta la Chouette.
— Je ne suis pas fort; mais, si vous voulez, je me jetterai aux jambes de la paysanne qui a un chien, je m'y accrocherai des mains et des dents: je ne lâcherai pas, allez!... Pendant ce temps-là vous entraînerez bien la petite... vous, la Chouette.
— Et si elles crient, si elles regimbent, on les entendra de la ferme, reprit la borgnesse, et on aura le temps de venir à leur secours avant que nous ayons rejoint le fiacre de Barbillon...C'est pas déjà si commode à emporter une femme qui se débat!
— Et elles ont un gros chien avec elles! dit Tortillard.
— Bah! bah! si ce n'était que ça, d'un coup de souffet je lui casserai la gargoine, à leur chien, dit la Chouette.
— Elles approchent, reprit Tortillard en prêtant de nouveau l'oreille au bruit des pas lointains, elles vont descendre dans le ravin.
— Mais parle donc, fourline, dit la Chouette au Maître d'école; qu'est-ce que tu conseilles, gros têtard?... Est-ce que tu deviens muet?
— Il n'y a rien à faire aujourd'hui, répondit le brigand.
— Et les mille francs du monsieur en deuil, s'écria la Chouette, ils seront donc flambés? Plus souvent!... Ton couteau! ton couteau! fourline... Je tuerai la camarade pour qu'elle ne nous gêne pas; quant à la petite, nous deux Tortillard et moi, nous viendrons bien à bout de la bâillonner.
— Mais l'homme en deuil ne s'attend pas à ce que l'on tue quelqu'un...
— Eh bien! nous mettrons ce sang-là en *extrà* sur son mémoire; faudra bien qu'il nous paye, puisqu'il sera notre complice.
— Les voilà!... Elles descendent, dit Tortillard à voix basse.
— Ton couteau, mon homme! s'écria la Chouette aussi à voix basse.
— Oh! la Chouette... s'écria Tortillard avec effroi en étendant ses mains vers la borgnesse, c'est trop fort... la tuer... Oh! non, non!
— Ton couteau! je te dis... répéta tout bas la Chouette, sans faire attention aux supplications de Tortillard et en se déchaussant à la hâte. Je vas ôter mes souliers, ajouta-t-elle, pour le surprendre en marchant à pas de loup derrière elles; il fait déjà sombre; mais je reconnaîtrai bien la petite à sa mante, et je *refroidirai* (2) l'autre.
— Non! dit le brigand, aujourd'hui c'est inutile; il sera toujours temps demain.
— Tu as peur, frileux! dit la Chouette avec un mépris farouche...
— Je n'ai pas peur, répondit le Maître d'école; mais tu nous manquerais ton coup à coup sûr perdre.
Le chien qui accompagnait la paysanne, éventant sans doute les gens

(1) Que le bourreau lui coupe le cou.
(2) Je tuerai.

embusqués dans le chemin creux, s'arrêta court, aboya avec furie, et ne répondit pas aux appels réitérés de Fleur-de-Marie.
— Entends-tu leur chien? les voilà... vite, ton couteau... ou sinon!... s'écria la Chouette d'un air menaçant.
— Viens donc me le prendre... de force! dit le Maître d'école.
— C'est fini! il est trop tard! s'écria la Chouette après avoir écouté un moment avec attention, les voilà passées... Tu me payeras ça! va, potence! ajouta-t-elle furieuse, en montrant le poing à son complice, mille francs de perdus par ta faute!
— Mille, deux mille, peut-être trois mille de gagnés, au contraire, reprit le Maître d'école d'un ton d'autorité. Écoute-moi, la Chouette, ajouta-t-il, et tu verras si j'ai eu tort de te refuser mon couteau... Tu vas retourner auprès de Barbillon... vous vous en irez tous les deux avec sa voiture au rendez-vous où ce monsieur attend le monsieur en deuil... vous lui direz qu'il n'y a rien à faire aujourd'hui, mais que demain ce sera enlevé...
— Et toi? murmura la Chouette toujours courroucée.
— Écoute encore: la petite va seule tous les soirs reconduire le prêtre; c'est un hasard si aujourd'hui elle a rencontré quelqu'un; il est probable que demain nous aurons meilleure chance: demain donc tu reviendras à cette heure, au carrefour, avec Barbillon et sa voiture.
— Mais toi? mais toi?
— Tortillard va se conduire à la ferme où demeure cette fille; il dira que nous sommes égarés, que je suis son père, un pauvre ouvrier mécanicien aveuglé par accident; que nous allions à Louvres, chez un de nos parents qui pouvait nous donner quelques secours, et que nous nous sommes perdus dans les champs en voulant couper au court. Nous demanderons à passer la nuit à la ferme, dans un coin de l'étable. Jamais ça ne se refuse. Ces paysans nous croiront et nous donneront à coucher. Tortillard examinera bien les portes, les fenêtres, les issues de la maison: il y a toujours de l'argent chez ces gens-là à l'approche des fermages. Moi qui ai de nos terres, ajouta-t-il avec amertume, je sais ça. Nous sommes dans la première quinzaine de janvier... c'est le bon moment, c'est le temps où on paye les termes échus... La ferme est située, dis-tu, dans un endroit désert; une fois que nous en connaîtrons les entrées et les sorties, on pourra y revenir avec les amis: c'est une affaire à mitonner...
— Toujours têtard, et quelle sorbonne! dit la Chouette en se radoucissant; continue, fourline.
— Demain matin, au lieu de quitter la ferme, je me plaindrai d'une douleur qui m'empêchera de marcher. Si on ne me croit pas, je montrerai la plaie que j'ai gardée depuis que j'ai brisé ma *manille* (1), et dont je souffre toujours. Je dirai que c'est une brûlure que je me suis faite avec une barre de fer rouge dans mon état de mécanicien; on me croira. Ainsi je resterai à la ferme une partie de la journée, pour que Tortillard ait encore le temps de tout bien examiner. Quand le soir arrivera, au moment où la petite sortira, comme d'habitude, avec le prêtre, je dirai que je suis mieux, et que je me trouve en état de partir. Moi et Tortillard nous suivrons la jeune fille de loin, nous reviendrons l'attendre ici en dehors du ravin. Elle n'aura pas de défiance en nous revoyant; nous l'aborderons... nous deux Tortillard... et une fois qu'elle sera à portée de main, j'en réponds; et les mille francs sont à nous. Ce n'est pas tout... dans deux ou trois jours nous pourrons donner *l'affaire de la ferme* au Barbillon avec d'autres, et partager ensuite avec eux s'il y a quelque chose, puisque c'est nous qui aurons *nourri le poupart* (2).
— Tiens, *sans mirettes* (3), t'as pas ton pareil, dit la Chouette en embrassant le Maître d'école. Mais si par hasard la petite ne reconduit pas le prêtre demain soir?
— Nous recommencerons après-demain, c'est un de ces morceaux qui se mangent froids et lentement; d'ailleurs ça fera des frais qui augmenteront le mémoire du monsieur en deuil; et puis, une fois dans la ferme, je saurai bien juger, d'après ce que j'entendrai dire, si nous avons chance d'enlever la petite par le moyen que nous tentons; sinon nous en chercherons un autre.
— Ça va, mon homme! Il est fameux, ton plan! Dis donc, fourline, quand tu seras tout à fait infirme, faudra te faire *grinche consultant*; tu gagneras autant d'argent qu'un *rat de prison* (4). Allons, embrasse ta Chouette, et dépêche-toi... ces paysans, ça se couche comme les poules. Je me saurai retrouver Barbillon; demain à quatre heures nous serons à la croix du carrefour avec lui et sa roulante, à moins que d'ici là on ne l'arrête pour s'être échappé le mari de la Julière... de la rue de la Vieille-Draperie. Mais, si ça n'est pas lui, ça sera un autre, puisque le faux fiacre appartient au monsieur en deuil, qui s'en est déjà servi. Un quart d'heure après notre arrivée au carrefour, je serai ici à t'attendre.
— C'est dit... A demain, la Chouette.
— Et moi, qui oubliais de te donner de la cire à Tortillard, s'il y a quelque empreinte à prendre à la ferme! Tiens, sauras-tu t'en servir, fifi? dit la borgnesse en donnant un morceau de cire à Tortillard.
— Oui, oui, allez; papa m'a montré. J'ai pris pour lui l'empreinte de

(1) Anneau qui tient à la chaîne des forçats.
(2) Indiqué, préparé le vol.
(3) Sans yeux.
(4) Qu'un avocat.

la serrure d'une petite cassette de fer que mon maître le charlatan garde dans son cabinet noir.

— A la bonne heure! et pour qu'elle ne colle pas, n'oublie pas de mouiller ta cire après l'avoir bien échauffée dans ta main.

— Connu, connu! répondit Tortillard. Mais, vous voyez, je fais tout ce que vous me dites, et ça... parce que vous m'aimez un petit peu? n'est-ce pas, la Chouette?

— Si je t'aime!... Je t'aime comme si je t'avais eu de feu le grand Napoléon!!! dit la Chouette en embrassant Tortillard, qui fut immodérément flatté de cette comparaison impériale. A demain, fourline.

— A demain, reprit le Maître d'école.

La Chouette alla rejoindre le fiacre.

Le Maître d'école et Tortillard sortirent du chemin creux, et se dirigèrent du côté de la ferme, la lumière qui brillait à travers les fenêtres leur servait de guide.

Étrange fatalité qui rapprochait ainsi Anselme Duresnel de sa femme, qu'il n'avait pas vue depuis sa condamnation aux travaux forcés.

CHAPITRE IV.

La veillée.

Est-il quelque chose de plus réjouissant à voir que la cuisine d'une grande métairie à l'heure du repas du soir, dans l'hiver surtout? Est-il quelque chose qui rappelle davantage le calme et le bien-être de la vie rustique?

On aurait pu trouver une preuve de ce que nous avançons dans l'aspect de la cuisine de la ferme de Bouqueval.

Son immense cheminée, haute de six pieds, large de huit, ressemblait à une grande baie de pierre ouverte sur une fournaise: dans l'âtre noir flamboyait un véritable bûcher de hêtre et de chêne. Ce brasier énorme envoyait autant de clarté que de chaleur dans toutes les parties de la cuisine, et rendait inutile la lumière d'une lampe suspendue à la maîtresse poutre qui traversait le plafond.

De grandes marmites et des casseroles de cuivre rouge rangées sur des tablettes étincelaient de propreté; une antique fontaine du même métal brillait comme un miroir ardent non loin d'une buche de noyer, soigneusement cirée, d'où s'exhalait une appétissante odeur de pain tout chaud. Une table longue, massive, recouverte d'une nappe de grosse toile d'une extrême propreté, occupait le milieu de la salle; la place de chaque convive était marquée par une de ces assiettes de faïence, brunes au dehors blanches au dedans, et par un couvert de fer luisant comme de l'argent.

Au milieu de la table, une grande soupière remplie de potage aux légumes fumait comme un cratère et couvrait de sa vapeur savoureuse un plat formidable de choucroute au jambon et un autre plat non moins formidable de ragoût de mouton aux pommes de terre; enfin un quartier de veau rôti, flanqué de deux salades d'hiver accostées de deux corbeilles de pommes et de deux fromages, complétait l'abondante symétrie de ce repas. Trois ou quatre cruches de cidre pétillant, autant de miches de pain bis, grandes comme des meules de moulin, étaient à la discrétion des laboureurs.

Un vieux chien de berger, griffon noir, presque édenté, doyen émérite de la gent canine de la métairie, devait à son grand âge et à ses anciens services la permission de rester au coin du feu. Usant modestement et discrètement de ce privilège, le museau allongé sur ses deux pattes de devant, il suivait d'un œil attentif les différentes évolutions culinaires qui précédaient le souper.

Ce chien vénérable répondait au nom quelque peu bucolique de Lysandre.

Peut-être l'ordinaire des gens de cette ferme, quoique fort simple, semblera-t-il un peu somptueux: mais madame Georges (en cela fidèle aux vues de Rodolphe) améliorait autant que possible le sort de ses serviteurs, exclusivement choisis parmi les gens les plus honnêtes et les plus laborieux du pays. On les payait largement, on rendait leur sort très-heureux, très-enviable; aussi, entrer comme métayer à la ferme de Bouqueval était le but de tous les bons laboureurs de la contrée : innocente ambition qui entretenait parmi eux une émulation d'autant plus louable qu'elle tournait au profit des maîtres qu'ils servaient: car on ne pouvait se présenter pour obtenir une des places vacantes à la métairie qu'avec l'appui des plus excellents antécédents.

Rodolphe créait ainsi sur une très-petite échelle une sorte de ferme modèle, non-seulement destinée à l'amélioration des bestiaux et des procédés aratoires, mais surtout à l'amélioration des hommes, et il atteignait ce but en intéressant les hommes à être probes, actifs, intelligents.

Après avoir terminé les apprêts du souper, et posé sur la table un broc de vin vieux destiné à accompagner le dessert, la cuisinière de la ferme alla sonner la cloche.

A ce joyeux appel, laboureurs, valets de ferme, laitières, filles de basse-cour, au nombre de douze ou quinze, entrèrent gaiement dans la cuisine. Les hommes avaient l'air mâle et ouvert; les femmes étaient avenantes et robustes, les jeunes filles alertes et gaies; toutes ces physionomies placides respiraient la bonne humeur, la quiétude et le contentement de soi; ils s'apprêtaient avec une sensualité naïve à faire honneur à ce repas bien gagné par les rudes labeurs de la journée.

Le haut de la table fut occupé par un vieux laboureur à cheveux blancs, au visage loyal, au regard franc et hardi, à la bouche un peu moqueuse : véritable type du paysan de bon sens, de ces esprits fermes et droits, nets et lucides, rustiques et malins, qui sentent leur vieux Gaulois d'une lieue.

Le père Châtelain (ainsi se nommait ce Nestor), n'ayant pas quitté la ferme depuis son enfance, était alors employé comme maître laboureur. Lorsque Rodolphe acheta cette métairie, le vieux serviteur lui fut justement recommandé; il le garda et l'investit, sous les ordres de madame Georges, d'une sorte de surintendance des travaux de culture. Le père Châtelain exerçait sur le personnel de la ferme une haute influence due à son âge, à son savoir, à son expérience.

Tous les paysans se placèrent.

Après avoir dit le Benedicite à haute voix, le père Châtelain, suivant un vieil et saint usage, traça une croix sur un des pains avec la pointe de son couteau, et en coupa un morceau représentant la part de la Vierge ou la part du pauvre; il versa ensuite un verre de vin sous la même invocation, et plaça le tout sur une assiette qui fut pieusement placée au milieu de la table.

A ce moment les chiens de garde aboyèrent avec force; le vieux Lysandre leur répondit par un grognement sourd, retroussa sa lèvre et laissa voir deux ou trois crocs encore respectables.

— Il y a quelqu'un le long des murs de la cour, dit le père Châtelain.

A peine avait-il dit ces paroles, que la cloche de la grande porte tinta.

— Qui peut venir si tard? dit le vieux laboureur, tout le monde est rentré... Va toujours voir, Jean-René.

Jean-René, jeune garçon de ferme, remit avec regret dans son assiette une énorme cuillerée de soupe brûlante sur laquelle il soufflait d'une force à désespérer Éole, et sortit de la cuisine.

— Voilà depuis bien longtemps la première fois que madame Georges et mademoiselle Marie ne viennent pas s'asseoir au coin du feu pour assister à notre souper, dit le père Châtelain; j'ai une rude faim, mais je mangerai de moitié moins bon appétit.

— Madame Georges est montée dans la chambre de mademoiselle Marie; car, en revenant de reconduire M. le curé, mademoiselle s'est trouvée un peu souffrante et s'est couchée, répondit Claudine, la robuste fille qui avait ramené la Goualeuse du presbytère, et ainsi renversé sans le savoir les sinistres desseins de la Chouette.

— Notre bonne mademoiselle Marie est seulement indisposée... mais elle n'est pas malade, n'est-ce pas? demanda le vieux laboureur avec inquiétude.

— Non, non, Dieu merci! père Châtelain; madame Georges a dit que ce ne serait rien, reprit Claudine; sans cela elle aurait envoyé chercher à Paris M. David, ce médecin nègre... qui a déjà soigné mademoiselle Marie lorsqu'elle a été malade. C'est égal, c'est tout de même bien étonnant, un médecin noir! Si c'était mon fait, moi, je n'aurais pas du tout de confiance. Un médecin blanc, à la bonne heure... c'est chrétien.

— Est-ce que M. David n'a pas guéri mademoiselle Marie, qui était languissante dans les premiers temps?

— Si, père Châtelain.

— Eh bien?

— C'est égal, un médecin noir, ça a comme quelque chose d'effrayant.

— Est-ce qu'il n'a pas remis sur pied la vieille Anique, qui, à la suite d'une plaie aux jambes, ne pouvait tant seulement bouger de son lit depuis trois ans?

— Si, si, père Châtelain.

— Eh bien! ma fille?

— Oui, père Châtelain; mais un médecin noir... pensez donc... tout noir, tout noir...

— Écoute, ma fille : de quelle couleur est ta génisse Musette?

— Blanche, père Châtelain, blanche comme un cygne, et fameuse laitière; et que pouvait-elle cela que je exposerais à rougir.

— Et ta génisse Rosette?

— Noire comme un corbeau, père Châtelain; fameuse laitière aussi, faut être juste pour tout le monde.

— Et le lait de cette génisse noire, de quelle couleur est-il?

— Mais... blanc, père Châtelain... c'est tout simple, blanc comme neige.

— Aussi blanc et aussi bon que celui de Musette?

— Mais oui, père Châtelain.

— Quoique Rosette soit noire?

— Quoique Rosette soit noire... Qu'est-ce que ça fait au lait que la vache soit noire, rousse ou blanche?

— Ça ne fait rien?

— Rien de rien, père Châtelain.

— Eh bien! alors, ma fille, pourquoi ne veux-tu pas qu'un médecin noir soit aussi bon qu'un médecin blanc?

— Dame... père Châtelain, c'était par rapport à la peau, dit la jeune fille après un moment de cogitation profonde. Mais au fait, puisque Rosette là noire a d'aussi bon lait que Musette la blanche, la peau n'y fait rien.

Ces réflexions physiognomoniques de Claudine sur la différence des races blanches et noires furent interrompues par le retour de Jean-René, qui soufflait dans ses doigts avec autant de vigueur qu'il avait soufflé sur sa soupe.

— Oh ! quel froid ! quel froid il fait cette nuit !... il gèle à pierre fendre, dit-il en entrant ; vaut mieux être dedans que dehors par un temps pareil. Quel froid !

— Gelée commencée par un vent d'est sera rude et longue ; tu dois savoir ça, garçon. Mais qui a sonné ? demanda le doyen des laboureurs.

— Un pauvre aveugle et un enfant qui le conduit, père Châtelain.

CHAPITRE V.

L'hospitalité.

— Et qu'est-ce qu'il veut, cet aveugle ? demanda le père Châtelain à Jean-René.

— Ce pauvre homme et son fils se sont égarés en voulant aller à Louvres par la traverse ; comme il fait un froid de loup et que la nuit est noire, car le ciel se couvre, l'aveugle et son enfant demandent à passer la nuit à la ferme, dans un coin de l'étable.

— Madame Georges est si bonne qu'elle ne refuse jamais l'hospitalité à un malheureux ; elle consentira, bien sûr, à ce qu'on donne à coucher à ces pauvres gens... mais il faut la prévenir. Vas-y, Claudine.

Claudine disparut.

— Et où attend-il, ce brave homme ? demanda le père Châtelain.

— Dans la petite grange.

— Pourquoi l'as-tu mis dans la grange ?

— S'il était resté dans la cour, les chiens l'auraient mangé tout cru, lui et son petit. Oui, père Châtelain, j'avais beau dire : « Tout beau, Médor... ici, Turc... à bas, Sultan !... » J'ai jamais vu des déchaînés pareils. Et pourtant, à la ferme, on ne les dresse pas à mordre sur le pauvre, comme dans bien des endroits...

— Ma foi, mes enfants, la part du pauvre aura été ce soir réservée pour tout de bon... Serrez-vous un peu... Bien ! Mettons deux couverts de plus, l'un pour l'aveugle, l'autre pour son fils ; car sûrement madame Georges leur laissera passer la nuit ici.

— C'est tout de même étonnant que les chiens soient furieux comme ça, se dit Jean-René ! il y avait surtout Turc, que Claudine a emmené en allant ce soir au presbytère... il était comme un possédé... En le flattant pour l'apaiser, j'ai senti les poils de son dos tout hérissés... on aurait dit d'un porc-épic. Qu'est-ce que vous dites de cela, hein ! père Châtelain, vous qui savez tout ?

— Je dis, mon garçon, moi qui sais tout, que les bêtes en savent encore plus long que moi... Lors de l'ouragan de cet automne, qui avait changé la petite rivière en torrent, quand je m'en revenais à nuit noire, avec mes chevaux de labour, assis sur le vieux cheval rouan, que le diable m'emporte si j'aurais su où passer à gué, car on n'y voyait pas plus que dans un four !... Eh bien ! j'ai laissé la bride sur le cou du vieux rouan, et il a trouvé tout seul ce que nous n'aurions trouvé ni lui ni les autres... Qui est-ce qui lui a appris cela ? — Oui, père Châtelain, qui est-ce qui lui a appris cela, au vieux cheval rouan ?

— Celui qui apprend aux hirondelles à faire leur nid sur les toits, et aux bergeronnettes à faire leur nid au milieu des roseaux, mon garçon... Eh bien ! Claudine, dit le vieil oracle à la laitière qui rentrait portant sous ses deux bras deux paires de draps bien blancs qui jetaient une suave odeur de sauge et de verveine, eh bien ! madame Georges a ordonné de faire souper et coucher ici ce pauvre aveugle et son fils, n'est-ce pas ?

— Voilà des draps pour faire leurs lits dans la petite chambre au bout du corridor, dit Claudine.

— Allons, va les chercher, Jean-René... Toi, ma fille, approche deux chaises du feu, ils se réchaufferont un moment avant de se mettre à table... car le froid est dur cette nuit.

On entendit de nouveau les aboiements furieux des chiens et la voix de Jean-René qui tâchait de les apaiser.

La porte de la cuisine s'ouvrit brusquement : le Maître d'école et Tortillard entrèrent avec précipitation, comme s'ils eussent été poursuivis.

— Prenez donc garde à vos chiens ! s'écria le Maître d'école avec frayeur ; ils ont manqué nous mordre.

— Ils m'ont arraché un morceau de ma blouse, dit Tortillard encore pâle d'effroi.

Sir Walter Murph.

— Excusez, mon brave homme, dit Jean-René en fermant la porte ; mais je n'ai jamais vu nos chiens si méchants... C'est, bien sûr, le froid qui les agace... Ces bêtes n'ont pas de raison ; elles veulent peut-être mordre pour se réchauffer !

— Allons, à l'autre maintenant ! dit le laboureur en arrêtant le vieux Lysandre au moment où, grondant d'un air menaçant, il allait s'élancer sur les nouveaux venus. Il a entendu les autres chiens aboyer de furie, il veut faire comme eux. Veux-tu aller te coucher tout de suite, vieux sauvage !... veux-tu...

A ces mots du père Châtelain, accompagnés d'un coup de pied significatif, Lysandre regagna, toujours grondant, sa place de prédilection au coin du foyer.

Le Maître d'école et Tortillard restaient à la porte de la cuisine, n'osant pas avancer.

Enveloppé d'un manteau bleu à collet de fourrure, son chapeau enfoncé sur le bonnet noir qui lui cachait presque entièrement le front, le brigand tenait la main de Tortillard, qui se pressait contre lui en regardant les paysans avec défiance; l'honnêteté de ces physionomies déroutait et effrayait presque le fils de Bras-Rouge.

Les natures mauvaises ont aussi leurs répulsions et leurs sympathies. Les traits du Maître d'école étaient si hideux, que les habitants de la ferme restèrent un instant frappés, les uns de dégoût, les autres d'effroi. Cette impression n'échappa pas à Tortillard; la frayeur des paysans le rassura. Il fut fier de l'épouvante qu'inspirait son compagnon. Ce premier mouvement passé, le père Châtelain, ne songeant qu'à remplir les devoirs de l'hospitalité, dit au Maître d'école :

— Mon brave homme, avancez près du feu, vous vous réchaufferez d'abord. Vous souperez ensuite avec nous, car vous arrivez au moment où nous allons nous mettre à table. Tenez, asseyez-vous là. Mais à quoi ai-je la tête! ajouta le père Châtelain; ce n'est pas à vous, mais à votre fils que je dois m'adresser, puisque, malheureusement, vous êtes aveugle. Voyons, mon enfant, conduis ton père auprès de la cheminée.

— Oui, mon bon monsieur, répondit Tortillard d'un ton nasillard, patelin et hypocrite; que le bon Dieu vous rende votre bonne charité!... Suis-moi, pauvre papa, suis-moi... prends bien garde. Et l'enfant guida les pas du brigand.

Tous deux arrivèrent près de la cheminée.

D'abord Lysandre gronda sourdement; mais, ayant flairé un instant le Maître d'école, il poussa tout à coup cette sorte d'aboiement lugubre qui fait dire communément que les chiens hurlent à la mort.

— Enfer! se dit le Maître d'école. Est-ce donc le sang qu'ils flairent, ces maudits animaux? J'avais ce pantalon-là pendant la nuit de l'assassinat du marchand de bœufs...

— Tiens, c'est étonnant, dit tout bas Jean René, le vieux Lysandre qui hurle à la mort en sentant le bonhomme!

Alors il arriva une chose étrange.

Les cris de Lysandre étaient si perçants, si plaintifs, que les autres chiens l'entendirent (la cour de la ferme n'étant séparée de la cuisine que par une fenêtre vitrée), et, selon l'habitude de la race canine, ils répétèrent à l'envi ces gémissements lamentables.

Quoique peu superstitieux, les métayers s'entre-regardèrent presque avec effroi.

En effet, ce qui se passait était singulier.

Un homme qu'ils n'avaient pu envisager sans horreur entrait dans la ferme. Alors des animaux jusqu'alors paisibles devenaient furieux et jetaient ces clameurs sinistres qui, selon les croyances populaires, prédisent les approches de la mort.

Le brigand lui-même, malgré son endurcissement, malgré son audace infernale, tressaillit un moment en entendant ces hurlements funèbres, mortuaires... qui éclataient à son arrivée, à lui... assassin.

Tortillard, sceptique, effronté comme un enfant de Paris, corrompu pour ainsi dire à la mamelle, resta seul indifférent à l'effet moral de cette scène. Délivré de la crainte d'être mordu, cet avorton railleur se moqua de ce qui atterrait les habitants de la ferme et de ce qui faisait frissonner le Maître d'école.

La première stupeur passée, Jean-René sortit, et l'on entendit bientôt les claquements de son fouet, qui dissipèrent les lugubres pressentiments de Turc, de Sultan et de Médor. Peu à peu les visages contristés des laboureurs se rasséréneront. Au bout de quelques moments l'épouvantable laideur du Maître d'école leur inspira plus

Le rêve. — PAGE 95.

reur; ils plaignirent le petit boiteux de son infirmité, lui trouvèrent une mine futée très-intéressante, et le louèrent beaucoup des soins empressés qu'il prodiguait à son père.

L'appétit des laboureurs, un moment oublié, se réveilla avec une nouvelle énergie, et l'on n'entendit pendant quelques instants que le bruit des fourchettes.

Tout en s'escrimant de leur mieux sur leurs mets rustiques, métayers et métayères remarquaient avec attendrissement les prévenances de l'enfant pour l'aveugle, auprès duquel on l'avait placé. Tortillard lui préparait ses morceaux, lui coupait son pain, lui versait à boire avec une attention toute filiale.

Ceci était le beau côté de la médaille, voici le revers :

Autant par cruauté que par l'esprit d'imitation naturel à son âge, Tortillard trouvait une jouissance cruelle à tourmenter le Maître d'école, à l'exemple de la Chouette, qu'il était fier de copier ainsi, et qu'il aimait avec une sorte de dévouement. Comment cet enfant pervers sentait-il le besoin d'être aimé? Comment se trouvait-il heureux du semblant d'affection que lui témoignait la borgnesse? Comment pouvait-il, enfin, s'émouvoir au lointain souvenir des caresses de sa mère? C'était encore une de ces fréquentes et nombreuses anomalies qui, de temps à autre, protestent heureusement contre l'unité dans le vice.

Nous l'avons dit, éprouvant, ainsi que la Chouette, un charme extrême à avoir, lui chétif, pour bête de souffrance un tigre enchaîné... Tortillard, assis à la table des laboureurs, eut la méchanceté de vouloir raffiner son plaisir en forçant le Maître d'école à supporter ses mauvais traitements sans sourciller.

Il compensa donc chacune de ses attentions ostensibles pour son père supposé par un coup de pied souterrain particulièrement adressé à une plaie très-ancienne que le Maître d'école, comme beaucoup de forçats, avait à la jambe droite, à l'endroit où pesait l'anneau de sa chaîne pendant son séjour au bagne.

Il fallut à ce brigand un courage d'autant plus stoïque pour cacher sa souffrance à chaque atteinte de Tortillard, que ce petit monstre, afin de mettre sa victime dans une position plus difficile encore, choisissait pour ses attaques tantôt le moment où le Maître d'école buvait, tantôt le moment où il parlait.

Néanmoins l'impassibilité de ce dernier ne se démentit pas ; il contint merveilleusement sa colère et sa douleur, pensant (et le fils de Bras-Rouge y comptait bien) qu'il serait très-dangereux pour le succès de ses desseins de laisser deviner ce qui se passait sous la table.

— Tiens, pauvre papa, voilà une noix tout épluchée, dit Tortillard en mettant dans l'assiette du Maître d'école un de ces fruits soigneusement détaché de sa coque.

— Bien... *** le père Châtelain ; puis, s'adressant au brigand *** à plaindre, brave homme ; mais vous *** consoler un peu ! *** sans la tendresse de mon cher *** cri aigu. *** ois rencontré le vif de la plaie ; la *** pauvre papa ? s'écria Tortillard d'une *** se jeta au cou du Maître d'école. *** le colère et de rage, le brigand voulut *** bras d'Hercule, et le pressa si violemment, perdant sa respiration, laissa en*** *** *** e pouvait se passer de Tortillard, le *** oussa sur sa chaise. *** t qu'un échange de tendresses paternelles et filiales ; la pâleur et la *** ffocation de Tortillard leur parurent causées par l'émotion de ce bon fils.

— Qu'avez-vous donc, mon brave ? demanda le père Châtelain. Votre cri de tout à l'heure a fait pâlir votre enfant... Pauvre petit... Tenez, il peut à peine respirer !

— Ce n'est rien, répondit le Maître d'école en reprenant son sang-froid. Je suis de mon état serrurier-mécanicien ; il y a quelque temps, en travaillant au marteau une barre de fer rouge, je l'ai laissé tomber sur mes jambes, et je me suis fait une brûlure si profonde qu'elle n'est pas encore cicatrisée... Tout à l'heure je me suis heurté au pied de la table, et je n'ai pu retenir un cri de douleur.

— Pauvre papa ! dit Tortillard, remis de son émotion et jetant un regard diabolique sur le Maître d'école, pauvre papa ! c'est pourtant vrai, mes bons messieurs, on n'a jamais pu le guérir de sa jambe... Hélas ! non, jamais ! Oh ! je voudrais bien avoir son mal, moi... pour qu'il ne l'ait plus, ce pauvre papa...

Les femmes regardaient Tortillard avec attendrissement.

— Eh bien ! mon brave homme, reprit le père Châtelain, il est malheureux pour vous que vous ne soyez pas venu à la ferme il y a trois semaines, au lieu d'y venir ce soir.

— Pourquoi cela ?

— Parce que nous avons eu ici, pendant quelques jours, un docteur de Paris qui a un remède souverain pour les maux de jambe. Une bonne vieille femme du village ne pouvait pas marcher depuis trois ans ; le docteur lui a mis de son onguent sur ses blessures... A présent, elle court comme un Basque, et elle se promet, au premier jour, d'aller à pied remercier son sauveur, allée des Veuves, à Paris... Vous voyez que d'ici à un bon bout de chemin. Mais qu'est-ce que vous avez donc ? encore cette maudite blessure ?

Ces mots, allée des Veuves, rappelaient de si terribles souvenirs au Maître d'école, qu'il n'avait pu s'empêcher de tressaillir et de contracter ses traits hideux.

— Oui, répondit-il en se remettant, encore un élancement...

— Bon papa, sois tranquille, je te bassinerai bien soigneusement ta jambe ce soir, dit Tortillard.

— Pauvre petit ! dit Claudine, aime-t-il son père !

— C'est vraiment dommage, reprit le père Châtelain en s'adressant au Maître d'école, que ce digne médecin ne soit pas ici ; mais, j'y pense, il est aussi charitable que savant ; en retournant à Paris, faites-vous conduire chez lui par votre petit garçon, il vous guérira, j'en suis sûr ; son adresse n'est pas difficile à retenir : allée des Veuves, n° 47. Si vous oubliez le numéro... peu importe, ils ne sont pas beaucoup de médecins dans cet endroit-là, et surtout de médecins nègres... car figurez-vous qu'il est nègre, cet excellent docteur David.

Les traits du Maître d'école étaient tellement couturés de cicatrices, que l'on ne put s'apercevoir de sa pâleur.

Il pâlit pourtant... pâlit affreusement en entendant d'abord citer le numéro de la maison de Rodolphe, et ensuite parler de David... le docteur noir...

De ce noir qui, par ordre de Rodolphe, lui avait infligé un supplice épouvantable, dont à chaque instant il subissait les terribles conséquences.

La journée était funeste au Maître d'école.

Le matin, il avait enduré les tortures de la Chouette et du fils de Bras-Rouge ; il arrive à la ferme, les chiens hurlent à la mort à son aspect homicide et veulent le dévorer ; enfin le hasard le conduit dans une maison où quelques jours auparavant se trouvait son bourreau.

Séparément, ces circonstances auraient suffi pour exciter tour à tour la rage ou la crainte de ce brigand ; mais, se précipitant dans l'espace de quelques heures, elles lui portèrent un coup violent.

Pour la première fois de sa vie il éprouva une sorte de terreur superstitieuse... Il se demanda si le hasard amenait seul des incidents si étranges.

Le père Châtelain, ne s'étant pas aperçu de la pâleur du Maître d'école, reprit :

— Du reste, mon brave homme, lorsque vous partirez, on donnera l'adresse du docteur à votre fils, et ce sera obliger M. David que le mettre à même de rendre service à quelqu'un : il est si bon, si bon ! c'est dommage qu'il ait toujours l'air triste... Mais, tenez, buvons un coup à la santé de votre futur sauveur.

— Merci, je n'ai plus soif, dit le Maître d'école d'un air sombre.

— Bois donc, cher bon papa, bois donc, ça te fera du bien... à ton pauvre estomac, ajouta Tortillard en mettant le verre dans les mains de l'aveugle.

— Non, non, je ne veux plus boire, dit celui-ci.

— Ce n'est plus du cidre que je vous ai versé, mais du vieux vin, dit le laboureur. Dame ! ce n'est pas une ferme comme une autre que celle-ci. Qu'est-ce que vous dites de notre ordinaire ?

— Il est très-bon, répondit machinalement le Maître d'école de plus en plus absorbé dans de sinistres pensées.

— Eh bien c'est tous les jours comme ça : bon travail et bon repas, bonne conscience et bon lit ; en quatre mots, voilà notre vie : nous sommes sept cultivateurs ici, et, sans nous vanter, nous faisons autant de besogne que quatorze, mais on nous paye comme quatorze. Aux simples laboureurs, cent cinquante écus par an ; aux laitières et aux filles de ferme, soixante écus ! et à partager entre nous un cinquième des produits de la ferme. Dame ! vous comprenez que nous ne laissons pas la terre un brin se reposer, car la pauvre vieille nourricière, tant plus elle produit, tant plus nous avons.

— Votre maître ne doit guère s'enrichir en vous avantageant de la sorte, dit le Maître d'école.

— Notre maître !... Oh ! ce n'est pas un maître comme les autres. Il a une manière de s'enrichir qui n'est qu'à lui.

— Que voulez-vous dire ? demanda l'aveugle, qui désirait engager la conversation pour échapper aux noires idées qui le poursuivaient ; votre maître est donc bien extraordinaire ?

— Extraordinaire en tout, mon brave homme ; mais, tenez, le hasard vous a amené ici, puisque ce village est éloigné de tout grand chemin. Vous n'y reviendrez sans doute jamais ; vous ne le quitterez pas du moins sans savoir ce qu'est notre maître et ce qu'il fait de cette ferme ; en deux mots, je vais vous dire ça, à condition que vous le répéterez à tout le monde. Vous verrez, c'est aussi bon à dire qu'à entendre.

— Je vous écoute, reprit le Maître d'école.

CHAPITRE VI.

Une ferme-modèle.

— Et vous ne serez pas fâché de m'avoir entendu, dit le père Châtelain au Maître d'école. Figurez-vous qu'un jour notre maître s'est dit : « Je suis très-riche, c'est bon ; mais, comme ça ne me fait pas d'être deux fois, si je faisais dîner ceux qui ne dînent pas du tout, et dîner mieux de braves gens qui ne mangent pas à leur faim ?... Ma foi, ça m'y va ; vite à l'œuvre ! » Et notre maître s'est mis à l'œuvre. Il a acheté cette ferme, qui alors n'avait pas un grand faire-valoir, et n'employait guère plus de deux charrues ; je sais cela, je suis né ici. Notre maître a augmenté les terres, vous saurez tout à l'heure pourquoi. A la tête de la ferme il a mis une digne femme aussi respectable que malheureuse, c'est toujours comme ça qu'il choisit, et il lui a dit : « Cette maison sera, comme la maison du bon Dieu, ouverte aux bons, fermée aux méchants ; on en chassera les mendiants paresseux, mais on y donnera toujours l'aumône du travail à ceux qui ont bon courage : cette aumône-là n'humilie pas qui la reçoit et profite à qui la donne : le riche qui ne lui doit pas son bien-être est un mauvais riche. » C'est notre maître qui dit ça ; par ma foi ! il a raison, mais il fait mieux que de dire. Il agit. Autrefois il y avait un chemin direct d'ici à Écouen qui raccourcissait d'une bonne lieue ; mais, dame ! il était si effondré qu'on n'y pouvait plus passer, c'était la mort aux chevaux et aux voitures ; quelques corvées et un peu d'argent fournis par un chacun des fermiers du pays auraient remis la route en état ; mais, tant plus un chacun avait envie de voir cette route en état, tant plus un chacun renâclait à fournir argent et corvée. Notre maître voyant ça dit : « Le chemin sera fait ; mais, comme ceux qui pourraient y contribuer n'y contribuent pas, comme c'est environ un chemin de luxe, il profitera un jour à ceux qui ont chevaux et voitures; mais il profitera d'abord à ceux qui n'ont que leurs deux bras, du cœur et pas de travail. Ainsi, par exemple, un gaillard robuste frappe-t-il à la ferme en disant : « J'ai faim et il me manque d'ouvrage. » Mon garçon, voilà une bonne soupe, une pioche, une pelle ; ou va vous conduire au chemin d'Écouen, faites chaque jour deux toises de cailloutis, et chaque soir vous aurez quarante sous, une toise vingt sous, une demi-toise dix sous, sinon rien. » Moi, à la brune, en revenant des champs, je vais inspecter le chemin et m'assurer de ce que chacun a fait.

— Et quand on pense qu'il y a eu des sans-cœur assez gredins pour manger la soupe et voler la pioche et la pelle ! dit Jean René avec indignation, ça dégoûterait de faire le bien.

— Ça, c'est vrai, dirent quelques laboureurs.

— Allons donc, mes enfants ! reprit le père Châtelain. Voire... on ne serait donc ni plantations ni semailles, parce qu'il y a des chenilles, des charançons et autres mauvaises bestioles rongeuses de feuilles ou grugeuses de grain? Non, non, on écrase les vermines ; le bon Dieu, qui n'est pas chiche, fait pousser de nouveaux bourgeons, de nouveaux épis, le dommage est réparé, et l'on ne s'aperçoit tant seulement pas que les bêtes malfaisantes ont passé par là. N'est-ce pas, mon brave homme ? dit le vieux laboureur au Maître d'école.

— Sans doute, sans doute, reprit celui-ci, qui semblait depuis quelques moments réfléchir profondément.

— Quant aux femmes et aux enfants, il y a aussi du travail pour eux et pour leurs forces, ajouta le père Châtelain.

— Et malgré ça, dit Claudine la laitière, le chemin n'avance pas vite.

— Dame, ma fille, ça prouve qu'heureusement dans le pays les braves gens ne manquent pas d'ouvrage.

— Mais à un infirme, à moi, par exemple, dit tout à coup le Maître d'école, est-ce qu'on ne m'accorderait pas la charité d'une place dans un coin de la ferme, un morceau de pain et un abri, pour le peu de temps qui me reste à vivre ? Oh ! si cela se pouvait, mes bonnes gens, je passerais ma vie à remercier votre maître.

Le brigand parlait alors sincèrement. Il ne se repentait pas pour cela de ses crimes ; mais l'existence paisible, heureuse, des laboureurs, excitait d'autant plus son envie, qu'il songeait à l'avenir effrayant que lui réservait la Chouette ; avenir qu'il avait été loin de prévoir, et qui lui faisait regretter davantage encore d'avoir, en rappelant sa complice auprès de lui, perdu pour jamais la possibilité de vivre auprès des honnêtes gens chez lesquels le Chourineur l'avait placé.

Le père Châtelain regarda le Maître d'école avec étonnement.

— Mais, mon pauvre homme, lui dit-il, je ne vous croyais pas tout à fait sans ressources.

— Hélas ! mon Dieu, si... j'ai perdu la vue par un accident de mon métier. Je vais à Louvres chercher des secours chez un parent éloigné ; mais, vous comprenez, quelquefois les gens sont si égoïstes, si durs... dit le Maître d'école.

— Oh ! il n'y a pas d'égoïsme qui tienne, reprit le père Châtelain ; un bon et honnête ouvrier comme vous, malheureux comme vous, avec un enfant si gentil, si bon, ça attendrirait des pierres. Mais le maître qui vous employait avant votre accident, comment ne fait-il rien pour vous ?

— Il est mort, dit le Maître d'école après un moment d'hésitation ; et c'était mon seul protecteur.

— Mais l'hospice des Aveugles ?

— Je n'ai pas l'âge d'y entrer.

— Pauvre homme ! vous êtes bien à plaindre !

— Eh bien ! vous croyez que si je ne trouve pas à Louvres les secours que j'espère, votre maître, que je respecte déjà sans le connaître, n'aura pas pitié de moi ?

— Malheureusement, voyez-vous, la ferme n'est pas un hospice. Ordinairement ici on accorde aux infirmes de passer une nuit ou un jour à la ferme, puis on leur donne un secours, et que le bon Dieu les ait en aide !

— Ainsi je n'ai aucun espoir d'intéresser votre maître à mon triste sort ? dit le brigand avec un soupir de regret.

— Je vous dis la règle, mon brave homme ; mais notre maître est si compatissant, si généreux, qu'il serait capable de tout.

— Vous croyez? s'écria le Maître d'école. Il serait possible qu'il consentît à me laisser vivre ici dans un coin. Je serais heureux de si peu !

— Je vous dis que notre maître est capable de tout. S'il consent à vous garder à la ferme, vous n'auriez pas à vous cacher dans un coin ; vous seriez traité comme nous donc !..., comme aujourd'hui. On trouverait de quoi occuper votre enfant selon ses forces ; bons conseils et bons exemples ne lui manqueraient point ; notre vénérable curé l'instruirait avec les autres enfants du village, et il grandirait dans le bien, comme on dit. Mais pour ça, tenez, il faudrait demain matin parler tout franchement à Notre-Dame-de-Bon-Secours.

— Comment ? dit le Maître d'école.

— Nous appelons ainsi notre maîtresse. Si elle s'intéresse à vous, votre affaire est sûre. En fait de charité, notre maître ne sait rien refuser à notre dame.

— Oh ! alors je lui parlerai, je lui parlerai ! s'écria joyeusement le Maître d'école, se voyant déjà délivré de la tyrannie de la Chouette.

Cette espérance trouva peu d'écho chez Tortillard, qui ne se sentait nullement disposé à profiter des offres du vieux laboureur, et à grandir dans le bien sous les auspices d'un vénérable curé. Le fils de Bras-Rouge avait des penchants très-peu rustiques et l'esprit très-peu tourné à la bucolique ; d'ailleurs, fidèle aux traditions de la Chouette, il aurait vu avec un vif déplaisir le Maître d'école se soustraire à leur commun despotisme ; il voulait donc rappeler à la réalité le brigand, qui s'égarait déjà parmi de champêtres et riantes illusions.

— Oh ! oui, répéta le Maître d'école, je lui parlerai, à Notre-Dame-de-Bon-Secours... Elle aura pitié de moi, et...

Tortillard donna en ce moment et sournoisement un vigoureux coup de pied au Maître d'école, et l'atteignit au bon endroit.

La souffrance interrompit et abrégea la phrase du brigand, qui répéta, après un tressaillement douloureux :

— Oui, j'espère que cette bonne dame aura pitié de moi.

— Pauvre bon papa, reprit Tortillard ; mais tu comptes pour rien ma bonne tante, madame la Chouette, qui t'aime si fort. Pauvre tante la Chouette !... Oh ! elle ne t'abandonnera pas comme ça, vois-tu ! Elle serait plutôt capable de venir te réclamer ici avec notre cousin M. Barbillon.

— Ce brave homme a des parents chez les poissons et les oiseaux, dit tout bas Jean René d'un air prodigieusement malicieux, en donnant un coup de coude à Claudine, sa voisine.

— Grand sans-cœur, allez ! de rire de ces malheureux, répondit tout bas la fille de ferme, en donnant à son tour à Jean René un coup de coude à lui briser toutes ses côtes.

— Madame la Chouette est une de vos parentes? demanda le laboureur au Maître d'école.

— Oui, c'est une de nos parentes, répondit-il avec un morne et sombre accablement.

Dans le cas où il trouverait à la ferme un refuge inespéré, il craignait que la borgnesse ne vînt par méchanceté le dénoncer ; il craignait aussi que les noms étrangers de ces prétendus parents, madame la Chouette et M. Barbillon, cités par Tortillard, n'éveillassent les soupçons ; mais à cet endroit ses craintes furent vaines ; Jean René seul vit le texte d'une plaisanterie faite à voix basse et très-mal accueillie par Claudine.

— C'est cette parente que vous allez trouver à Louvres ? demanda le père Châtelain.

— Oui, dit le brigand, mais je crois que mon fils se trompe en comptant trop sur elle.

— Oh ! non, pauvre bon papa, je ne me trompe pas... va... Elle est si bonne, ma tante la Chouette !... Tu sais bien, c'est elle qui t'a envoyé l'eau pour la bassine ta jambe... et la manière de s'en servir... C'est elle qui m'a dit : — Fais pour ton pauvre papa ce que je ferais moi-même, et le bon Dieu te bénira... Oh ! ma tante la Chouette... elle t'aime, mais elle t'aime si fort que...

— C'est bien, c'est bien, dit le Maître d'école en interrompant Tortillard, ça ne m'empêchera pas, en tout cas, de parler demain matin à la bonne dame d'ici... et d'implorer son appui auprès de la respectable propriétaire de cette ferme ; mais, ajouta-t-il pour changer la conversation et mettre un terme aux imprudents propos de Tortillard, mais, à propos du propriétaire de cette ferme, on m'avait promis de me dire ce qu'il y a de particulier dans l'organisation de la métairie où nous sommes.

— C'est moi qui vous ai promis cela, dit le père Châtelain, et je vais remplir ma promesse. Notre maître, après avoir ainsi imaginé ce qu'il appelle l'aumône du travail, s'est dit : Il y a des établissements et des prix pour encourager l'amélioration des chevaux, des bestiaux, des charrues et de bien d'autres choses encore... Ma foi !... m'est avis qu'il serait un brin temps de moyenner aussi de quoi améliorer les hommes... Bonnes bêtes, c'est bien ; bonnes gens, ça serait mieux, mais plus difficile. Lourde avoine et pré dru, eau vive et air pur, soins constants et sûr abri, chevaux et bestiaux viendront comme à souhait et vous donneront contentement ; mais, pour les hommes, voire ! c'est autre chose : on ne met pas un homme en grand'vertu comme un bœuf en grand'chair. L'herbage profite au bœuf, parce que l'herbage, savoureux au goût, lui plaît en l'engraissant ; eh bien ! m'est avis que, pour que les bons conseils profitent bien à l'homme, faudrait faire qu'il trouve son compte à les suivre...

— Comme le bœuf trouve son compte à manger de bonne herbe, n'est-ce pas, père Châtelain ?

— Justement, mon garçon.

— Mais, père Châtelain, dit un autre laboureur, on a parlé dans les temps d'une manière de ferme où des jeunes voleurs, qui avaient eu, malgré ça, une très-bonne conduite tout de même, apprenaient l'agriculture, et étaient soignés, choyés comme des petits princes.

— C'est vrai, mes enfants ; il y a du bon là-dedans ; c'est humain et charitable de ne jamais désespérer des méchants ; mais faudrait faire aussi espérer les bons. Un honnête jeune homme, robuste et laborieux, ayant envie de bien faire et de bien apprendre, se présenterait à cette ferme de jeunes ex-voleurs, qu'on lui dirait : Mon gars, as-tu un brin volé et vagabondé ? — Non. — Eh bien ! il n'y a pas de place ici pour toi.

— C'est pourtant vrai ce que vous dites là, mon garçon, dit Jean René. On fait pour des coquins ce qu'on ne fait pas pour les honnêtes gens; on améliore les bêtes et non pas les hommes.

— C'est pour donner l'exemple et remédier à ça, mon garçon, que notre maître, comme je l'apprends à ce brave homme, a établi cette ferme... « Je sais bien, a-t-il dit, que là-haut il y a des récompenses pour les honnêtes gens ; mais là-haut... dame ! c'est bien haut, c'est bien loin ; et d'aucuns (il faut les plaindre, mes enfants) n'ont point la vue et l'haleine assez longue pour atteindre là ; et puis où trouveraient-ils le temps de regarder là-haut ? Pendant le jour, de l'aurore au coucher du soleil, courbés sur la terre, ils la bêchent et la rebêchent pour un maître ; la nuit ils dorment harassés sur leur grabat..... Le dimanche, ils s'enivrent au cabaret pour oublier les fatigues d'hier et celles de demain. C'est qu'aussi ces fatigues sont stériles pour eux, pauvres gens ! Après un travail forcé, leur pain est-il moins noir, leur couche moins dure, leur enfant moins malingre, leur femme moins épuisée à le nourrir ?... le nourrir !... elle qui ne mange pas à sa faim ! Non ! non ! non ! Avec ça, je sais bien, mes enfants, que noir est leur pain, mais c'est du pain ; dur est leur grabat, mais c'est un lit ; chétifs sont leurs enfants, mais ils vivent. Les malheureux supporteraient peut-être si allégrement leur sort, s'ils croyaient qu'un chacun est comme eux. Mais ils vont à la ville ou au bourg le jour du marché, et là ils voient du pain blanc, d'épais et chauds matelas, des enfants fleuris comme des rosiers de mai, et si rassasiés, si rassasiés, qu'ils jettent du gâteau à des chiens. Dame !... alors, quand ils reviennent à leur hutte de terre, à leur pain noir, à leur grabat, ces pauvres gens se disent, en voyant leur petit enfant souffreteux, maigre, affamé, à qui ils auraient bien voulu apporter un de ces gâteaux que les petits riches jetaient aux chiens : « Puisqu'il faut qu'il y ait des riches et des pauvres, pourquoi ne sommes-nous pas nés riches? c'est injuste... Pourquoi chacun n'a-t-il pas son tour ? » Sans doute, mes enfants, ce qu'ils disent là est déraisonnable... et ne sert pas à leur faire paraître leur joug plus léger ; et pourtant ce joug dur et pesant, qui quelquefois blesse, écrase, il leur faut le porter sans relâche, et cela sans espoir de se reposer jamais... et de connaître un jour, un seul jour, le bonheur que donne l'aisance... Toute la vie comme ça, dame ! ça fait long... long comme un jour de pluie sans un seul petit rayon de soleil. Alors on va à l'ouvrage avec tristesse et dégoût. Finalement la plupart des gagés se disent : « A quoi bon travailler mieux et davantage ! que l'épi soit lourd ou léger, ça m'est tout un ! A quoi bon me crever de beau zèle ? Restons strictement honnêtes ; le mal est puni, ne faisons pas le mal ; le bien est sans récompense, ne faisons pas le bien... Ayons les qualités des bonnes bêtes de somme : patience, force et docilité...» Ces pensers-là sont malsains, mes enfants ; de cette insouciance à la fainéantise il n'y a pas loin, et de la fainéantise au vice il y a moins loin encore... Malheureusement, ceux-là qui, ni bons ni méchants, ne font ni bien ni mal, sont le plus grand nombre ; c'est donc ceux-là, qui n'ont pas notre maître, qu'il faut améliorer, ni plus ni moins que s'ils avaient l'honneur d'être des chevaux, des bêtes à cornes ou à laine... Faisons qu'ils aient intérêt à être actifs, sages, laborieux, instruits et dévoués à leurs devoirs... prouvons-leur qu'en devenant meilleurs ils deviendront matériellement plus heureux... tout le monde y gagnera... Pour que les bons conseils leur profitent, donnons-leur ici-bas comme qui dirait un brin l'avant-goût du bonheur qui attend les justes là-haut... »

Son plan bien arrêté, notre maître a fait savoir dans les environs qu'il lui fallait six laboureurs et autant de femmes ou filles de ferme ; mais il voulait choisir ce monde-là parmi les meilleurs sujets du pays, d'après les renseignements qu'il ferait prendre chez les maires, chez les curés ou ailleurs. On devait être payé comme nous le sommes, c'est-à-dire comme des princes, nourri mieux que des bourgeois, et partager entre tous les travailleurs la cinquième des produits de la récolte ; on resterait deux ans à la ferme, pour faire ensuite place à d'autres laboureurs choisis aux mêmes conditions ; après cinq ans révolus, on pourrait se représenter s'il y avait des vacances... Aussi, depuis la fondation de cette ferme, laboureurs et journaliers se disent dans les environs : Soyons actifs, honnêtes, laborieux, faisons-nous remarquer par notre bonne conduite, pour avoir une des places de la ferme de Bouqueval ; là nous vivrons comme en paradis durant deux ans ; nous nous perfectionnerons dans notre état ; nous emporterons un bon pécule, par là-dessus, en sortant d'ici, et c'est à qui voudra nous engager, puisque pour entrer ici il faut un brevet d'excellent sujet.

— Je suis déjà retenu pour entrer à la ferme d'Arnouville, chez M. Dubreuil, dit Jean René.

— Et moi, je suis engagé pour Gonesse, reprit un autre laboureur.

— Vous le voyez, mon brave homme, à tout cela le monde gagne : les fermiers des environs profitent doublement : il n'y a que douze places d'hommes et de femmes à donner, mais il se forme peut-être cinquante bons sujets dans le canton pour y prétendre ; et ceux qui n'auront pas eu les places n'en resteront pas moins bons sujets, n'est-ce pas ? et, comme on dit, les morceaux en seront et en resteront toujours bons, car si on n'a pas la chance une fois, on espère l'avoir une autre ;

en fin de compte, ça fait nombre de braves gens de plus. Tenez... parlant par respect, pour un cheval ou pour un bétail qui gagne le prix de vitesse, de force ou de beauté, on fait cent élèves capables de disputer ce prix. Eh bien ! ceux de ces cent élèves qui ne l'ont pas remporté, ce prix, n'en restent pas moins bons et vaillants... Hein ? mon brave homme, quand je vous disais que notre ferme n'était pas une ferme ordinaire, et que notre maître n'était pas un maître ordinaire ?

— Oh ! non, sans doute... s'écria le Maître d'école, et plus sa bonté, sa générosité me semblent grandes, plus j'espère qu'il prendra en pitié mon triste sort. Un homme qui fait le bien si noblement, avec tant d'intelligence, ne doit pas regarder à un bienfait de plus ou de moins.

— Au contraire, il y regarde, mon brave, dit le père Châtelain ; mais pour avoir à se glorifier d'une bonne action nouvelle ; ce m'est avis que nous nous reverrons, bien sûr, à la ferme, et que ce n'est pas la dernière fois que vous vous asseyez à cette table !

— N'est-ce pas ? Tenez, malgré moi j'espère... Oh ! si vous saviez comme je suis heureux et reconnaissant ! s'écria le Maître d'école.

— Je n'en doute pas, il est si bon, notre maître !

— Mais que je sache au moins son nom et aussi celui de la Dame-de-Bon-Secours, dit vivement le Maître d'école, que je puisse bénir d'avance ces nobles noms.

— Je comprends votre impatience, dit le laboureur. Ah ! dame, vous vous attendez peut-être à des noms à grand fracas ? Eh bien ! ce sont des noms simples et doux comme les saints. Notre-Dame-de-bon-Secours s'appelle madame Georges... notre maître s'appelle monsieur Rodolphe.

— Ma femme !... mon bourreau !... murmura le brigand, foudroyé par cette révélation.

CHAPITRE VII.

La nuit.

Rodolphe !!! Madame Georges !!!

Le Maître d'école ne pouvait se croire abusé par une fortuite ressemblance de noms : avant de le condamner à un terrible supplice, Rodolphe lui avait dit porter à madame Georges un vif intérêt. Enfin, la présence récente du nègre David dans cette ferme prouvait au Maître d'école qu'il ne se trompait pas.

Il reconnut quelque chose de providentiel, de fatal, dans cette dernière rencontre qui renversait les espérances qu'il avait un moment fondées sur la générosité du maître de cette ferme.

Son premier mouvement fut de fuir.

Rodolphe lui inspirait une invincible terreur ; peut-être se trouvait-il à cette heure à la ferme... A peine remis de sa stupeur, le brigand se leva de table, prit la main de Tortillard, et s'écria d'un air égaré :

— Allons-nous-en... conduis-moi... sortons d'ici !

Les laboureurs se regardèrent avec surprise.

— Vous en aller... maintenant ! Vous n'y pensez pas, mon pauvre homme, dit le père Châtelain. Ah çà ! quelle mouche vous pique ? Est-ce que vous êtes fou ?

Tortillard saisit adroitement cet à-propos, poussa un long soupir, et, mettant son index sur son front, il donna ainsi à entendre aux laboureurs que la raison de son prétendu père n'était pas fort saine.

Le vieux laboureur lui répondit par un signe d'intelligence et de compassion.

— Viens, viens, sortons ! répéta le Maître d'école en cherchant à entraîner l'enfant.

Tortillard, absolument décidé à ne pas quitter un bon gîte pour courir les champs par cette froidure, dit d'une voix dolente :

— Mon Dieu ! pauvre papa, c'est ton accès qui te reprend ; calme-toi, ne sors pas par le froid de la nuit... ça ferait mal... J'aimerais mieux, vois-tu, avoir le chagrin de te désobéir que de te conduire hors d'ici à cette heure. Puis, s'adressant aux laboureurs : N'est-ce pas, mes bons messieurs, que vous m'aiderez à empêcher mon pauvre papa de sortir ?

— Oui, oui, reste tranquille, mon enfant, dit le père Châtelain, nous n'ouvrirons pas à ton père... Il sera bien forcé de coucher à la ferme !

— Vous ne me forcerez pas à rester ici ! s'écria le Maître d'école ; et puis d'ailleurs je gênerais votre maître... monsieur Rodolphe... Vous m'avez dit que la ferme n'était pas un hospice. Ainsi, encore une fois, laissez-moi sortir...

— Gêner notre maître ! soyez tranquille... Malheureusement, il n'habite pas la ferme, il n'y vient pas aussi souvent que nous le voudrions... Mais serait-il ici, que vous ne le gêneriez pas du tout... Cette maison n'est pas un hospice, c'est vrai, mais si vous lui ai dit que les infirmes aussi à plaindre que vous pouvaient y passer un jour et une nuit

— Votre maître n'est pas ici ce soir ? demanda le Maître d'école d'un ton moins effrayé.

— Non ; il doit venir, selon son habitude, dans cinq ou six jours. Ainsi, vous le voyez, vos craintes n'ont pas de sens. Il n'est pas probable que notre bonne dame descende maintenant, sans cela elle vous rassurerait. N'a-t-elle pas ordonné qu'on fasse votre lit ici ? Du reste, si vous ne la voyez pas ce soir, vous lui parlerez demain avant votre départ... Vous lui ferez votre petite supplique, afin qu'elle intéresse notre maître à votre sort et qu'il vous garde à la ferme...

— Non, non ! dit le brigand avec terreur, j'ai changé d'idée... mon fils a raison : ma parente de Louvres aura pitié de moi... J'irai la trouver.

— Comme vous voudrez, dit complaisamment le père Châtelain, croyant avoir affaire à un homme dont le cerveau était un peu fêlé. Vous partirez demain matin. Quant à continuer votre route ce soir avec ce pauvre petit, n'y comptez pas ; nous y mettrons bon ordre.

Quoique Rodolphe ne fût pas à Bouqueval, les terreurs du Maître d'école étaient loin de se calmer. Bien qu'affreusement défiguré, il craignait encore d'être reconnu par sa femme, qui d'un moment à l'autre pouvait descendre ; et, dans ce cas, il était persuadé qu'elle le dénoncerait et le ferait arrêter, car il avait toujours pensé que Rodolphe, en lui infligeant un châtiment aussi terrible, avait voulu surtout satisfaire à la haine et à la vengeance de madame Georges.

Mais le brigand ne pouvait quitter la ferme : il se trouvait à la merci de Tortillard. Il se résigna donc ; et, pour éviter d'être surpris par sa femme, il dit au laboureur :

— Puisque vous m'assurez que cela ne gênera pas votre maître ni votre âme... j'accepte l'hospitalité que vous m'offrez ; mais, comme je suis très-fatigué, je vais, si vous le permettez, aller me coucher ; je voudrais repartir demain matin au point du jour.

— Oh ! demain matin, à votre aise ! on est matinal ici ; et, de peur que vous ne vous égariez de nouveau, on vous mettra dans votre route.

— Moi, si vous voulez, j'irai conduire ce pauvre homme au bout du chemin, dit Jean René, puisque madame m'a dit de prendre la carriole pour aller chercher demain des sacs d'argent chez le notaire, à Villiers-le-Bel.

— Tu mettras ce pauvre aveugle dans sa route, mais tu iras sur tes jambes, dit le père Châtelain. Madame a changé d'avis tantôt ; elle a réfléchi, avec raison, que ce n'était pas la peine d'aller à la ferme et à l'avance une si grosse somme ; il sera temps d'aller lundi prochain à Villiers-le-Bel : jusque-là, l'argent est aussi bien chez le notaire qu'ici.

— Madame sait mieux que moi ce qu'elle a à faire, mais qu'est-ce qu'il y a à craindre ici pour l'argent, père Châtelain ?

— Rien, mon garçon, Dieu merci ! Mais c'est égal, j'aimerais mieux avoir ici cinq cents sacs de blé que dix sacs d'écus.

— Voyons, reprit le père Châtelain en s'adressant du brigand et à Tortillard, venez, mon brave homme, et toi, suis-moi, mon petit enfant, ajouta-t-il en prenant un flambeau. Puis, précédant les deux hôtes de la ferme, il les conduisit dans une petite chambre du rez-de-chaussée, où ils arrivèrent après avoir traversé un long corridor sur lequel s'ouvraient plusieurs portes.

Le laboureur posa la lumière sur une table, et dit au Maître d'école :

— Voici votre gîte ; que le bon Dieu vous donne une nuit paisible, mon brave homme ! Quant à toi, mon enfant, tu dormiras bien, c'est de ton âge.

Le brigand alla s'asseoir, sombre et pensif, sur le bord du lit auprès duquel il fut conduit par Tortillard.

Le petit boiteux fit un signe d'intelligence au laboureur au moment où celui-ci sortit de la chambre, et le rejoignit dans le corridor.

— Que veux-tu, mon enfant ? lui demanda le père Châtelain.

— Mon Dieu ! mon bon monsieur, je suis bien à plaindre ! quelquefois mon pauvre papa a des attaques pendant la nuit, c'est comme des convulsions ; je ne puis le secourir à moi tout seul : si j'étais obligé d'appeler du secours, est-ce qu'on m'entendrait d'ici ?

— Pauvre petit ! dit le laboureur avec intérêt, sois tranquille... Tu vois bien cette porte-là, à côté de l'escalier ?

— Oui, mon bon monsieur, je la vois.

— Eh bien ! un de nos valets de ferme couche toujours là ; tu n'aurais qu'à aller l'éveiller, la clef est à sa porte ; il viendrait t'aider à secourir ton père.

— Hélas ! monsieur, ce garçon de ferme et moi nous ne viendrions peut-être pas à bout de mon pauvre papa si ses convulsions le prenaient... Est-ce que vous ne pourriez pas venir aussi, vous qui avez l'air si bon... si bon ?

— Moi, mon enfant, je couche, ainsi que les autres laboureurs, dans un corps de logis tout au fond de la cour. Mais rassure-toi, Jean-René est vigoureux, il abattrait un taureau par les cornes. D'ailleurs, s'il fallait quelqu'un de plus pour t'aider, il irait avertir notre vieille cuisinière : elle couche au premier à côté de notre dame et de notre demoiselle... et au besoin la bonne femme sert de garde-malade, tant elle est soigneuse.

— Oh ! merci, merci ! mon digne monsieur, je vas prier le bon Dieu pour vous, car vous êtes bien charitable d'avoir comme cela pitié de mon pauvre papa.

— Bien, mon enfant... Allons, bonsoir ; il faut espérer que tu n'auras besoin du secours de personne pour contenir ton père. Rentre, il t'attend peut-être.

— J'y cours. Bonne nuit, monsieur.

— Dieu te garde, mon enfant !...

Et le vieux laboureur s'éloigna.

A peine eut-il le dos tourné, que le petit boiteux lui fit ce geste suprêmement moqueur et insultant, familier aux gamins de Paris : geste qui consiste à se frapper la nuque du plat de la main gauche, et à plusieurs reprises, en lançant chaque fois en avant la main droite tout ouverte.

Avec une astuce diabolique, ce dangereux enfant venait de surprendre une partie des renseignements qu'il voulait avoir pour servir les sinistres projets de la Chouette et du Maître d'école. Il savait déjà que le corps de logis où il allait coucher n'était habité que par madame Georges, Fleur-de-Marie, une vieille cuisinière et un garçon de ferme.

Tortillard, en rentrant dans la chambre qu'il occupait avec le Maître d'école, se garda bien de s'approcher de lui. Ce dernier l'entendit et lui dit à voix basse :

— D'où viens-tu encore, gredin ?

— Vous êtes bien curieux, sans yeux...

— Oh ! tu vas me payer tout ce que tu m'as fait souffrir et endurer ce soir, enfant de malheur ! s'écria le Maître d'école ; et il se leva furieux, cherchant Tortillard à tâtons, en s'appuyant aux murailles pour se guider. Je t'étoufferai, va, méchante vipère !...

— Pauvre papa... nous sommes donc bien gai, que nous jouons à Collin-Maillard avec notre petit enfant chéri ? dit Tortillard en ricanant et en échappant le plus facilement du monde aux poursuites du Maître d'école.

Celui-ci, d'abord emporté par un mouvement de colère irréfléchi, fut bientôt obligé, comme toujours, de renoncer à atteindre le fils de Bras-Rouge.

Forcé de subir sa persécution effrontée jusqu'au moment où il pourrait se venger sans péril, le brigand, dévorant son courroux impuissant, se jeta sur son lit en blasphémant.

— Pauvre papa... est-ce que tu as une rage de dents... que tu jures comme ça ? Et M. le curé, qu'est-ce qu'il dirait s'il t'entendait ?... il te mettrait en pénitence.

— Bien ! bien ! reprit le brigand d'une voix sourde et contrainte après un long silence, raille-moi, abuse de mon malheur... lâche que tu es !... c'est beau, va ! c'est généreux !

— Oh ! c'te balle ! généreux ! Que ça de toupet ! s'écria Tortillard en éclatant de rire, excusez !... avec que vous mettriez des mitaines pour ficher des volées à tout le monde à tort et à travers, quand vous n'étiez pas borgne de chaque œil !

— Mais je ne t'ai jamais fait de mal... à toi... pourquoi me tourmentes-tu ainsi ?

— Parce que vous avez dit des sottises à la Chouette d'abord... Et quand je pense que monsieur voulait se donner le genre de rester ici en faisant le câlin avec les paysans... Monsieur voulait peut-être se mettre au but d'ânesse ?

— Gredin que tu es ! si j'avais eu la possibilité de rester à cette ferme, que le tonnerre écrase maintenant ! tu m'en aurais presque empêché avec tes insolences.

— Vous ! rester ici ! en voilà une farce ! Et qu'est-ce qui aurait été la bête de souffrance de madame la Chouette ? Moi peut-être ? Merci, je sors d'en prendre !

— Méchant avorton !

— Avorton ! tiens, raison de plus : je dis comme ma tante la Chouette, il n'y a rien de plus amusant que de vous faire rager à mort, vous qui me tueriez d'un coup de poing... c'est bien plus délicat que si vous étiez faible... Vous étiez joliment drôle, allez, ce soir, à table... Dieu de Dieu ! quelle comédie que ne donnais à moi tout seul..., un vrai pourvoir de la Gaîté ! A chaque coup de pied que je vous allongeais en sourdine, la colère vous portait le sang à la tête et vos yeux blancs devenaient rouges au bord ; il ne leur manquait qu'un peu de bleu au milieu ; avec ça ils auraient été tricolores... deux vrais cocardes de sergent de ville, quoi !

— Allons, voyons, tu aimes à rire, tu es gai... bah !... c'est de ton âge ; je ne me fâche pas, dit le Maître d'école d'un ton affectueux et dégagé, espérant apitoyer Tortillard ; mais, au lieu de rester là à me blaguer, tu ferais mieux de te souvenir de ce que t'a dit la Chouette, que tu aimes tant ; tu devrais tout examiner, prendre des empreintes. As-tu entendu ? Ils ont parlé d'une grosse somme d'argent qu'ils auront lundi... Nous y reviendrions avec les amis et nous ferions un bon coup. Bah ! j'étais bien bête de vouloir rester ici... j'en aurais eu assez au bout de huit jours, de ces bonasses de paysans... n'est-ce pas, mon garçon ? dit le brigand pour flatter Tortillard.

— Vous m'auriez fait de la peine, parole d'honneur ! dit le fils de Bras-Rouge en ricanant.

— Oui, oui, il y a un bon coup à faire ici... Et quand même il n'y aurait rien à voler, je reviendrai dans cette maison avec la Chouette pour me venger, dit le brigand d'une voix altérée par la fureur et par la haine ; car c'est, bien sûr, ma femme qui a excité contre moi cet infernal Rodolphe, un m'aveuglant ne m'a-t-il pas mis à la merci de tout le monde... de la Chouette, d'un gamin comme toi ?... Eh bien ! puisque je ne peux pas me venger sur lui... je me vengerai sur ma femme !... Oui, elle payera pour tous... quand je devrais mettre le feu à cette maison et m'ensevelir moi-même sous ses décombres... Oh ! je voudrais !... je voudrais !...

— Vous voudriez la tenir, votre femme, hein, vieux ? Et dire qu'elle est à dix pas de vous... c'est ça qu'est vexant ! Si je voulais, je vous conduirais à la porte de sa chambre... moi... car je sais où elle est, sa chambre... je le sais, je le sais, je le sais, ajouta Tortillard en chantonnant, selon son habitude.

— Tu sais où est sa chambre ! s'écria le maître d'école avec une joie féroce, tu le sais ?...

— Je vous vois venir, dit Tortillard ; je vais vous faire faire le beau sur vos pattes de derrière, comme un chien à qui on montre un os... Attention, vieux Azor !

— Tu sais où est la chambre de ma femme ? répéta le brigand en se tournant du côté où il entendait la voix de Tortillard.

— Oui, je le sais ; et ce qu'il y a de fameux, c'est qu'un seul garçon de ferme couche dans le corps de logis où nous sommes ; je sais où est sa porte, la clef est après : crac ! un tour, et il est enfermé... Allons, debout, vieux Azor !

— Qui t'a dit cela ? s'écria le brigand en se levant involontairement.

— Bien, Azor... À côté de la chambre de votre femme couche une vieille cuisinière... un autre tour de clef, et nous sommes maîtres de la maison, maîtres de votre femme et de la jeune fille à la haute grise que nous venions enlever... Maintenant, la patte, vieux Azor, faites le beau pour ce maître ! tout de suite.

— Tu mens, tu mens !... Comment saurais-tu cela ?

— Moi boiteux, mais moi pas bête... Tout à l'heure j'ai inventé de dire à ce vieux bibard de laboureur que la nuit vous aviez quelquefois des convulsions, et je lui ai demandé où je pourrais trouver du secours si vous aviez votre attaque... Alors il m'a répondu que, si ça vous prenait, je pourrais éveiller le valet et la cuisinière, et il m'a enseigné où ils couchaient... l'un en bas, l'autre en haut... au premier, à côté de votre femme, votre femme, votre femme !...

Et Tortillard de répéter ces mots d'un ton monotone.

Après un long silence, le Maître d'école lui dit d'une voix calme, avec une sincère et effrayante résolution :

— Écoute... J'ai assez de la vie... Tout à l'heure... eh bien ! oui... je l'avoue... j'ai eu une espérance qui me fait maintenant paraître mon sort plus affreux encore... La prison, le bagne, la guillotine, tout n'est rien auprès de ce que j'endure depuis ce matin... et cela, j'aurai à l'endurer toujours... Conduis-moi à la chambre de ma femme ; j'ai là mon couteau... je la tuerai... On me tuera après, ça m'est égal... La haine m'étouffe... Je serai vengé... ça me soulagera... Ce que j'endure, c'est trop, c'est trop ! pour moi devant qui tout tremblait... Tiens, vois-tu... si tu savais ce que je souffre... tu aurais pitié de moi... Depuis un instant il me semble que mon crâne va éclater... mes veines battent à se rompre... mon cerveau s'embarrasse...

— Un rhume de cerveau, vieux ?... connu... Éternuez... ça te purge... dit Tortillard en éclatant encore de rire. Voulez-vous une prise ?...

Et, frappant bruyamment sur le dos de sa main gauche fermée, comme s'il eût frappé sur le couvercle d'une tabatière, il chantonna :

J'ai du bon tabac dans ma tabatière,
J'ai du bon tabac, tu n'en auras pas.

— Oh ! mon Dieu ! mon Dieu ! ils veulent me rendre fou ! s'écria le brigand, devenu véritablement presque insensé par une sorte d'éréthisme de vengeance sanguinaire, ardente, implacable, qui cherchait en vain à s'assouvir.

L'exubérance des forces de ce monstre ne pouvait être égalée que par leur impuissance.

Qu'on se figure un loup affamé, furieux, hydrophobe, harcelé pendant tout un jour par un enfant à travers les barreaux de sa cage, et sentant à deux pas de lui une victime qui satisferait à la fois sa faim et sa rage.

Au dernier sarcasme de Tortillard, le brigand perdit presque la tête. À défaut de victime, il voulut, dans sa frénésie, répandre son propre sang... le sang l'étouffait.

Un moment il fut décidé à se tuer, il aurait eu à la main un pistolet armé, qu'il n'eût pas hésité. Il fouilla dans sa poche, en tira un long couteau-poignard, l'ouvrit, le leva pour s'en frapper... Mais, si rapides que fussent les mouvements, la réflexion, la peur, l'instinct vital les devancèrent.

Le courage manqua au meurtrier, son bras armé retomba sur ses genoux.

Tortillard avait suivi ses mouvements d'un œil attentif ; lorsqu'il vit le dénoûment inoffensif de cette velléité tragique, il s'écria en ricanant :

— Garçon, un duel !... plumez les canards...

Le Maître d'école, craignant de perdre la raison dans un dernier et inutile éclat de fureur, ne voulut pas, si cela se peut dire, entendre cette nouvelle insulte de Tortillard, qui raillait si insolemment la lâcheté de cet assassin reculant devant le suicide. Désespérant d'échapper à ce qu'il appelait, par une sorte de fatalité vengeresse, la cruauté de cet enfant maudit, le brigand voulut tenter un dernier effort en s'adressant à la cupidité du fils de Bras-Rouge.

— Oh ! lui dit-il d'une voix presque suppliante, conduis-moi à la porte de ma femme ; tu prendras tout ce que tu voudras dans sa chambre, et puis tu te sauveras ; tu me laisseras seul... tu crieras au meurtre, si tu veux ! On m'arrêtera, on me tuera sur le champ, tant mieux !... je mourrai vengé, puisque je n'ai pas le courage d'en finir... Oh ! conduis-moi, conduis-moi ; il y a, bien sûr, chez elle, de l'or, des bijoux ; je le dis

que tu prendras tout... pour toi tout seul... entends-tu ?... pour toi seul... je ne te demande que de me conduire à la porte, près d'elle.

— Oui... j'entends bien ; vous voulez que je vous mène à sa porte, et puis à son lit... et puis que je vous dise où frapper, et puis que je vous guide le bras, n'est-ce pas ? Vous voulez enfin me faire servir de manche à votre couteau !..... vieux monstre ! reprit Tortillard avec une expression de mépris, de colère et d'horreur qui, pour la première fois de la journée, rendit sérieuse sa figure de foulne, jusqu'alors railleuse et effrontée. On me tuerait plutôt.... entendez-vous.... que de me forcer à vous conduire chez votre femme.

— Tu refuses ?

Le fils de Bras-Rouge ne répondit rien.

Il s'approcha pieds nus, et sans être entendu, du Maître d'école, qui, assis sur son lit, tenait toujours son grand couteau à la main ; puis, avec une adresse et une prestesse merveilleuses, Tortillard lui enleva cette arme et fut d'un bond à l'autre bout de la chambre.

— Mon couteau ! mon couteau ! s'écria le brigand en étendant les bras.

— Non, car vous seriez capable de demander demain matin à parler à votre femme et de vous jeter sur elle pour la tuer... puisque vous avez assez de la vie, comme vous dites, et que vous êtes assez poltron pour ne pas oser vous tuer vous-même...

— Il défend ma femme contre moi maintenant ! s'écria le bandit, dont la pensée commençait à s'obscurcir. C'est donc le démon que ce petit monstre ? Où suis-je ? pourquoi la défend-il ?

— Pour te faire bisquer... dit Tortillard, et sa physionomie reprit son masque d'impudente raillerie.

— Ah ! c'est comme ça ! murmura le Maître d'école dans un complet égarement, et bien ! je vais mettre le feu à la maison !... nous brûlerons tous !... tous !... j'aime mieux cette fournaise-là que l'autre. La chandelle ?... la chandelle ?...

— Ah ! ah ! ah ! s'écria Tortillard en éclatant de rire de nouveau ; si on ne t'avait pas soufflé ta chandelle... à toi... et pour toujours... tu verrais que la nôtre est éteinte depuis une heure...

Et Tortillard de dire en chantonnant :

Ma chandelle est morte,
Je n'ai plus de feu...

Le Maître d'école poussa un sourd gémissement, étendit les bras et tomba de toute sa hauteur sur le carreau, la face contre terre, frappé d'un coup de sang, et il resta sans mouvement.

— Connu, vieux ! dit Tortillard ; c'est une frime pour me faire venir auprès de toi et pour me ficher une rataplole... Quand tu auras assez fait la planche sur le carreau, tu te relèveras.

Et le fils de Bras-Rouge, décidé à ne pas s'endormir, de crainte d'être surpris à tâtons par le Maître d'école, resta assis sur sa chaise, les yeux attentivement fixés sur le brigand, persuadé que celui-ci lui tendait un piège, et ne le croyant nullement en danger.

Pour s'occuper agréablement, Tortillard tira mystérieusement de sa poche une petite bourse de soie rouge, et compta lentement et avec des regards de convoitise et de jubilation dix-sept pièces d'or qu'elle contenait.

Voici la source des richesses mal acquises de Tortillard.

On se souvient que madame d'Harville allait être surprise par son mari lors du fatal rendez-vous qu'elle avait accordé au commandant. Rodolphe, en donnant une bourse à la jeune femme, lui avait dit de monter au cinquième étage chez les Morel, sous le prétexte de leur apporter des secours. Madame d'Harville gravissait rapidement l'escalier, tenant la bourse à la main, lorsque Tortillard, descendant de chez le charlatan, guigna la bourse de l'œil, fit semblant de tomber en passant auprès de la marquise, la heurta, et, dans le choc, lui enleva subtilement la bourse. Madame d'Harville, éperdue, entendant les pas de son mari, s'était hâtée d'arriver au cinquième sans pouvoir se plaindre de l'audacieux du petit boiteux.

Après avoir compté et recompté son or, Tortillard, n'entendant plus aucun bruit dans la ferme, alla pieds nus, l'oreille au guet, abritant sa lumière avec sa main, prendre des empreintes de quatre portes qui ouvraient sur le corridor, prêt à dire, si on le surprenait hors de sa chambre, qu'il allait chercher du secours pour son père.

En rentrant, Tortillard trouva le Maître d'école toujours étendu par terre... Un moment inquiet, il prêta l'oreille, il entendit le brigand respirer librement : il crut qu'il prolongeait indéfiniment sa ruse.

— Toujours du même, donc, vieux ! lui dit-il.

Un hasard avait sauvé le Maître d'école d'une congestion cérébrale sans doute mortelle. Sa chute avait occasionné un salutaire et abondant saignement de nez.

Il tomba ensuite dans une sorte de torpeur fiévreuse, moitié sommeil, moitié délire ; et il fit alors ce rêve étrange, ce rêve épouvantable !...

CHAPITRE VIII.

Le rêve.

Tel est le rêve du Maître d'école:
Il revoit Rodolphe dans la maison de l'allée des Veuves.
Rien n'est changé dans le salon où le brigand a subi son horrible supplice.
Rodolphe est assis derrière la table où se trouvent les papiers du Maître d'école et le petit saint-esprit de lapis qu'il a donné à la Chouette.
La figure de Rodolphe est grave, triste.
A sa droite, le nègre David, impassible, silencieux, se tient debout: à sa gauche est le Chourineur; il regarde cette scène d'un air épouvanté.
Le Maître d'école n'est plus aveugle, mais il voit à travers un sang limpide qui remplit la cavité de ses orbites.
Tous les objets lui paraissent colorés d'une teinte rouge.
Ainsi que les oiseaux de proie planent immobiles dans les airs au-dessus de la victime qu'ils fascinent avant de la dévorer, une chouette monstrueuse, ayant pour tête le hideux visage de la borgnesse, plane au-dessus du Maître d'école... Elle attache incessamment sur lui un œil rond, flamboyant, verdâtre.
Ce regard continu pèse sur sa poitrine d'un poids immense.
De même qu'en s'habituant à l'obscurité on finit par y distinguer des objets d'abord imperceptibles, le Maître d'école s'aperçoit qu'un immense lac de sang le sépare de la table où siège Rodolphe.
Ce juge inflexible prend peu à peu, ainsi que le Chourineur et le nègre, des proportions colossales... Ces trois fantômes atteignent en grandissant les frises du plafond, qui s'élèvent à mesure.
Le lac de sang est calme, uni comme un miroir rouge.
Le Maître d'école voit s'y refléter sa hideuse image.
Mais bientôt cette image s'efface sous le bouillonnement des flots qui s'enflent.
De leur surface agitée s'élève comme l'exhalaison fétide d'un marécage, d'un brouillard livide de cette couleur violâtre particulière aux lèvres des trépassés.
Mais à mesure que ce brouillard monte, monte... les figures de Rodolphe, du Chourineur et du nègre continuent de grandir, de grandir d'une manière incommensurable, et dominent toujours cette vapeur sinistre.
Au milieu de cette vapeur, le Maître d'école voit apparaître des spectres pâles, des scènes meurtrières dont il est l'acteur.
Dans ce fantastique mirage, il voit d'abord un petit vieillard à crâne chauve : il porte une redingote brune et un garde-vue de soie verte ; il est occupé, dans une chambre délabrée, à compter et à ranger des piles de pièces d'or, à la lueur d'une lampe.
Au travers de la fenêtre, éclairée par une lune blafarde, qui blanchit la cime de quelques grands arbres agités par le vent, le Maître d'école se voit lui-même en dehors... collant à la vitre son horrible visage.
Il suit les moindres mouvements du petit vieillard avec des yeux flamboyants... puis il brise un carreau, ouvre la croisée, saute d'un bond sur sa victime, et lui enfonce un long couteau entre les deux épaules.
L'action est si rapide, le coup si prompt, si sûr, que le cadavre du vieillard reste assis sur la chaise.
Le meurtrier veut retirer son couteau de ce corps mort.
Il ne le peut pas...
Il redouble d'efforts...
Ils sont vains.
Il veut alors abandonner son couteau...
Impossible.
La main de l'assassin tient au manche du poignard, comme la lame du poignard tient au cadavre de l'assassiné.
Le meurtrier entend alors résonner des éperons et retentir des sabres sur les dalles d'une pièce voisine.
Pour s'échapper à tout prix, il veut emporter avec lui le corps chétif du vieillard, dont il ne peut détacher ni son couteau ni sa main...
Il ne peut y parvenir.
Ce frêle petit cadavre pèse comme une masse de plomb.
Malgré ses épaules d'Hercule, malgré ses efforts désespérés, le Maître d'école ne peut même soulever ce poids énorme.
Le bruit de pas retentissants et de sabres traînants se rapproche de plus en plus...
La clef tourne dans la serrure. La porte s'ouvre...
La vision disparaît.
Et alors la chouette bat des ailes, en criant :
— C'est le vieux richard de la rue du Roule... Ton début d'assassin... d'assassin... d'assassin !...
Un moment obscurcie, la vapeur qui couvre le lac de sang redevient transparente, et laisse apercevoir un autre spectre...
Le jour commence à poindre, le brouillard est épais et sombre... Un homme, vêtu comme le sont les marchands de bestiaux, est étendu mort sur la berge d'un grand chemin. La terre foulée, le gazon arraché, prouvent que la victime a fait une résistance désespérée...
Cet homme a cinq blessures saignantes à la poitrine... Il est mort, et pourtant il siffle ses chiens, il appelle à son secours, en criant : — A moi ! A moi !...
Mais il siffle, mais il appelle par ses cinq larges plaies dont les bords béants s'agitent comme des lèvres qui parlent...
Ces cinq appels, ces cinq sifflements simultanés, sortant de ce cadavre par la bouche de ses blessures, sont effrayants à entendre...
A ce moment, la chouette agite ses ailes, et parodie les gémissements funèbres de la victime en poussant cinq éclats de rire, mais d'un rire strident, farouche comme le rire des fous, et elle s'écrie :
— Le marchand de bœufs de Poissy... Assassin !... Assassin !... Assassin !...
Des échos souterrains prolongés répètent d'abord très-haut les rires sinistres de la chouette, puis ils semblent aller se perdre dans les entrailles de la terre.
A ce bruit, deux grands chiens noirs comme l'ébène, aux yeux étincelants comme des tisons et toujours attachés sur le Maître d'école, commencent à aboyer et à tourner... à tourner... à tourner autour de lui avec une rapidité vertigineuse.
Ils le touchent presque, et leurs abois sont si lointains qu'ils paraissent apportés par le vent du matin.
Peu à peu les spectres pâlissent, s'effacent comme des ombres, et disparaissent dans la vapeur livide qui monte toujours.
Une nouvelle exhalaison couvre la surface du lac de sang et s'y superpose.
C'est une sorte de brume verdâtre, transparente ; on dirait la coupe verticale d'un canal rempli d'eau.
D'abord on voit le lit du canal recouvert d'une vase épaisse composée d'innombrables reptiles ordinairement imperceptibles à l'œil, mais qui, grossis comme si on les voyait au microscope, prennent des aspects monstrueux, des proportions énormes relativement à leur grosseur réelle.
Ce n'est plus de la bourbe, c'est une masse compacte vivante, grouillante, un enchevêtrement inextricable qui fourmille et pullule, si pressé, si serré, qu'une sourde et imperceptible ondulation soulève à peine le niveau de cette vase ou plutôt de ce banc d'animaux impurs.
Au-dessus coule lentement, lentement, une eau fangeuse, épaisse, morte, qui charrie dans son cours pesant des immondices incessamment vomis par les égouts d'une grande ville, des débris de toutes sortes, des cadavres d'animaux.
Tout à coup, le Maître d'école entend le bruit d'un corps qui tombe lourdement à l'eau.
Dans son brusque reflux, cette eau lui jaillit au visage...
A travers une foule de bulles d'air qui remontent à la surface du canal, il y voit s'y engouffrer rapidement une femme qui se débat... qui se débat...
Et il se voit, lui et la Chouette, se sauver précipitamment des bords du canal Saint-Martin, en emportant une caisse enveloppée de toile noire.
Néanmoins, il assiste à toutes les phases de l'agonie de la victime que lui et la Chouette viennent de jeter dans le canal.
Après cette première immersion, il voit la femme remonter à fleur d'eau et agiter précipitamment ses bras comme quelqu'un qui, ne sachant pas nager, essaye en vain de se sauver.
Puis il entend un grand cri.
Ce cri extrême, désespéré, se termine par le bruit sourd, saccadé d'une ingurgitation involontaire... et la femme redescend une seconde fois au-dessous de l'eau.
La chouette, qui plane toujours immobile, parodie le râle convulsif de la noyée, comme elle a parodié les gémissements du marchand de bestiaux.
Au milieu d'éclats de rire funèbres, la chouette répète :
— Glou... glou... glou...
Les échos souterrains redisent ces cris.
Submergée une seconde fois, la femme suffoque et fait, malgré elle, un violent mouvement d'aspiration ; mais, au lieu d'air, c'est encore de l'eau qu'elle aspire.
Alors sa tête se renverse en arrière, son visage s'injecte et bleuit, son cou devient livide et gonflé, ses bras se roidissent, et, dans une dernière convulsion, la noyée agonisante agite ses pieds, qui reposaient sur la vase.
Elle est alors entourée d'un nuage de bourbe noirâtre qui remonte avec elle à la surface de l'eau.
A peine la noyée exhale-t-elle son dernier souffle, qu'elle est déjà couverte d'une myriade de reptiles microscopiques, vorace et horrible vermine de la bourbe...
Le cadavre reste un moment à flot, oscille encore quelque peu, puis s'abîme lentement, horizontalement, les pieds plus bas que la tête, et commence à suivre entre deux eaux le courant du canal.
Quelquefois le cadavre tourne sur lui-même, et son visage se trouve en face du Maître d'école ; alors le spectre le regarde fixement de ses deux gros yeux glauques, vitreux, opaques... ses lèvres violettes s'agitent...

Le Maître d'école est loin de la noyée, et pourtant elle lui murmure à l'oreille... glou... glou... glou... en accompagnant ces mots bizarres du bruit singulier que fait un flacon submergé en se remplissant d'eau.

La chouette répète glou... glou... glou... en agitant ses ailes, et s'écrie :

— La femme du canal Saint-Martin !... Assassin !... Assassin !... Assassin !...

Les échos souterrains lui répondent... mais, au lieu de se perdre peu à peu dans les entrailles de la terre, ils deviennent de plus en plus retentissants et semblent se rapprocher.

Le Maître d'école croit entendre ces éclats de rire retentir d'un pôle à l'autre.

La vision de la noyée disparaît.

Le lac de sang, au delà duquel le Maître d'école voit toujours Rodolphe, devient d'un noir bronzé ; puis il rougit et se change bientôt en une fournaise liquide telle que du métal en fusion ; puis ce lac de feu s'élève, monte... monte... vers le ciel ainsi qu'une trombe immense.

Bientôt c'est un horizon incandescent comme du fer chauffé à blanc.

Cet horizon immense, infini, éblouit et brûle à la fois les regards du Maître d'école ; cloué à sa place, il ne peut en détourner la vue.

Alors, sur ce fond de lave ardente, dont la réverbération le dévore, il voit lentement passer et repasser un à un les spectres noirs et gigantesques de ses victimes.

— La lanterne magique du remords... du remords !... du remords !... s'écrie la chouette, en battant des ailes et en riant aux éclats.

Malgré les douleurs intolérables que lui cause cette contemplation incessante, le Maître d'école a toujours les yeux attachés sur les spectres qui se meuvent dans la nappe enflammée.

Il éprouve alors quelque chose d'épouvantable.

Passant par tous les degrés d'une torture sans nom, à force de regarder ce foyer torréfiant, il sent ses prunelles, qui ont remplacé le sang dont ses orbites étaient remplies, devenir chaudes, brûlantes, se foudre à cette fournaise, fumer, bouillonner, et enfin se calciner dans leurs cavités comme dans deux creusets de fer rouge.

Par une effroyable faculté, après avoir vu autant que senti les transformations successives de ses prunelles en cendres, il retombe dans les ténèbres de sa première cécité.

Mais voilà que tout à coup ses douleurs intolérables s'apaisent par enchantement.

Un souffle aromatique d'une fraîcheur délicieuse a passé sur ses orbites brûlantes encore.

Ce souffle est un suave mélange des senteurs printanières qu'exhalent les fleurs champêtres baignées d'une humide rosée.

Le Maître d'école entend autour de lui un bruissement léger comme celui de la brise qui se joue dans le feuillage, comme celui d'une source d'eau vive qui ruisselle et murmure sur son lit de cailloux et de mousse.

Des milliers d'oiseaux gazouillent de temps à autre les plus mélodieuses fantaisies ; s'ils se taisent, des voix enfantines d'une angélique pureté chantent des paroles étranges, inconnues, des paroles pour ainsi dire ailées, que le Maître d'école entend monter aux cieux avec un léger frémissement.

Un sentiment de bien-être moral, d'une mollesse, d'une langueur indéfinissables, s'empare peu à peu de lui.

Épanouissement de cœur, ravissement d'esprit, rayonnement d'âme dont aucune impression physique, si enivrante qu'elle soit, ne saurait donner une idée !

Le Maître d'école se sent doucement planer dans une sphère lumineuse, éthérée ; il lui semble qu'il s'élève à une distance incommensurable de l'humanité.

. . . .

Après avoir goûté quelques moments cette félicité sans nom, il se retrouve dans le ténébreux abîme de ses pensées habituelles.

Il rêve toujours, mais il n'est plus que le brigand musclé qui blasphème et se damne dans des accès de fureur impuissante.

Une voix retentit, sonore, solennelle.

C'est la voix de Rodolphe !

Le Maître d'école frémit d'épouvante ; il a vaguement la conscience de rêver, mais l'effroi que lui inspire Rodolphe est si formidable, qu'il fait, mais en vain, tous ses efforts pour échapper à cette nouvelle vision.

La voix parle... il l'écoute.

L'accent de Rodolphe n'est pas courroucé ; il est rempli de tristesse, de compassion.

— Pauvre misérable, dit-il au Maître d'école, l'heure du repentir n'a pas encore sonné pour vous. Dieu seul sait quand elle sonnera. La punition de vos crimes est incomplète encore. Vous avez souffert, vous n'avez pas expié ; la destinée poursuit son œuvre de haute justice. Vos complices sont devenus vos tourmenteurs ; une femme, un enfant vous domptent, vous torturent...

En vous infligeant un châtiment terrible comme vos crimes, je vous l'avais dit... je vous l'avais dit ! rappelez-vous mes paroles :

« Tu as criminellement abusé de la force... je paralyserai ta force...
« Les plus vigoureux, les plus féroces tremblaient devant toi... tu trembleras devant les plus faibles ! »

Vous avez quitté l'obscure retraite où vous pouviez vivre pour le repentir et pour l'expiation...

Vous avez eu peur du silence et de la solitude...

Tout à l'heure vous avez un moment envié la vie paisible des laboureurs de cette ferme ; mais il était trop tard... trop tard !

Presque sans défense, vous vous rejetez au milieu d'une tourbe de scélérats et d'assassins, et vous avez craint de demeurer plus longtemps auprès d'honnêtes gens chez lesquels on vous avait placé...

Vous avez voulu vous étourdir par de nouveaux forfaits... Vous avez jeté un farouche défi à celui qui avait voulu vous mettre hors d'état de nuire à vos semblables, et ce criminel défi a été vain. Malgré votre audace, malgré votre scélératesse, malgré votre force, vous êtes enchaîné. La soif du crime vous dévore... vous ne pouvez la satisfaire... Tout à l'heure, dans une épouvantable et sanguinaire éréthisme, vous avez voulu tuer votre femme ; elle est là, sous le même toit que vous ; elle dort sans défense ; vous avez un couteau, sa chambre est à deux pas ; aucun obstacle ne vous empêche d'arriver jusqu'à elle ; rien ne peut la soustraire à votre rage... rien que votre impuissance !

Le rêve de tout à l'heure, celui que maintenant vous rêvez, vous pourraient être d'un grand enseignement, ils pourraient vous sauver... Les images mystérieuses de ce songe ont un sens profond...

Le lac de sang où vous sont apparues vos victimes... c'est le sang que vous avez versé. La lave ardente qui l'a remplacé, c'est le remords dévorant qui aurait dû vous consumer, afin qu'un jour Dieu, prenant en pitié vos longues tortures, vous appelât à lui... et vous fit goûter les douceurs ineffables du pardon. Mais il n'en sera point ainsi. Non ! non ! ces avertissements seront inutiles ; loin de vous repentir, vous regretterez chaque jour, avec d'horribles blasphèmes, le temps où vous commettiez vos crimes... Hélas ! de cette lutte continuelle entre vos ardeurs sanguinaires et l'impossibilité de les satisfaire, entre vos habitudes d'oppression féroce et la nécessité de vous soumettre à des êtres aussi faibles que cruels, il résultera pour vous un sort si affreux, si horrible !... Oh ! pauvre misérable !

Et la voix de Rodolphe s'altéra.

Et il se tut un moment, comme si l'émotion et l'effroi l'eussent empêché de continuer.

Le Maître d'école sentit ses cheveux se hérisser sur son front.

Quel était donc ce sort qui apitoyait même son bourreau ?

— Le sort qui vous attend est si épouvantable, reprit Rodolphe, que Dieu, dans sa vengeance inexorable et toute-puissante, voudrait vous faire expier à vous seul les crimes de tous les hommes qu'il n'imaginerait pas un supplice plus effroyable. Malheur, malheur à vous ! la fatalité veut que vous sachiez l'effroyable châtiment qui vous attend, et elle veut que vous ne fassiez rien pour vous y soustraire.

Que l'avenir vous soit connu !

Il sembla au Maître d'école que la vue lui était rendue.

Il ouvrit les yeux... il vit...

Mais ce qu'il vit le frappa d'une telle épouvante, qu'il jeta un cri perçant, et s'éveilla en sursaut de ce rêve horrible.

CHAPITRE IX.

La lettre.

Neuf heures du matin sonnaient à l'horloge de la ferme de Bouqueval, lorsque madame Georges entra doucement dans la chambre de Fleur-de-Marie.

Le sommeil de la jeune fille était si léger, qu'elle s'éveilla presque à l'instant. Un brillant soleil d'hiver, dardant ses rayons à travers les persiennes et les rideaux de toile perse doublée de guingan rose, répandait une teinte vermeille dans la chambre de la Goualeuse, et donnait à son pâle et doux visage les couleurs qui lui manquaient.

— Eh bien ! mon enfant, dit madame Georges en s'asseyant sur le lit de la jeune fille et en la baisant au front, comment vous trouvez-vous ?

— Mieux, madame... je vous remercie.

— Vous n'avez pas été réveillée ce matin de très-bonne heure ?

— Non, madame.

— Tant mieux. Ce malheureux aveugle et son fils, auxquels on a donné hier à coucher, ont voulu quitter la ferme au point du jour ; je craignais que le bruit qu'on a fait en ouvrant les portes ne vous eût éveillée.

— Pauvres gens ! pourquoi sont-ils partis si tôt ?

— Je ne sais ; hier soir, en vous laissant un peu calmée, je suis descendue à la cuisine pour les voir ; mais tous deux s'étaient trouvés si fatigués, qu'ils avaient demandé la permission de se retirer. Le père Châtelain m'a dit que l'aveugle paraissait ne pas avoir la tête très-saine ; et tous nos gens ont été frappés des mots touchants que l'enfant de ce malheureux lui donnait. Mais dites-moi, Marie, vous avez eu un peu de fièvre ; je ne veux pas que vous vous exposiez au froid aujourd'hui ; vous ne sortirez pas du salon.

— Madame, pardonnez-moi ; il faut que je me rende ce soir, à cinq heures, au presbytère ; M. le curé m'attend.

— Cela serait imprudent ; vous avez, j'en suis sûre, passé une mauvaise nuit. Vos yeux sont fatigués, vous avez mal dormi.

— Il est vrai... j'ai encore eu des rêves effrayants. J'ai revu en songe la femme qui m'a tourmentée quand j'étais enfant ; je me suis réveillée en sursaut tout épouvantée. C'est une faiblesse ridicule dont j'ai honte.

— Et moi, cette faiblesse m'afflige, puisqu'elle vous fait souffrir, pauvre petite ! dit madame Georges avec un tendre intérêt, en voyant les yeux de la Goualeuse se remplir de larmes.

Celle-ci, se jetant au cou de sa mère adoptive, cacha son visage dans son sein.

— Mon Dieu ! qu'avez-vous, Marie, vous m'effrayez ?

— Vous êtes si bonne pour moi, madame, que je me reproche de ne pas vous avoir confié ce que j'ai confié à M. le curé ; demain il vous dira tout lui-même ; il me coûterait trop de vous répéter cette confession.

— Allons, allons, enfant, soyez raisonnable ; je suis sûre qu'il y a plus à louer qu'à blâmer dans ce grand secret que vous avez dit à notre bon abbé. Ne pleurez pas ainsi, vous me faites mal.

— Pardon, madame ; mais je ne sais pourquoi, depuis deux jours, par instants mon cœur se brise... Malgré moi les larmes me viennent aux yeux... J'ai de noirs pressentiments... Il me semble qu'il va m'arriver quelque malheur.

— Marie... Marie... ne vous gronderai-je si vous vous affectez ainsi de terreurs imaginaires. N'est-ce pas assez des chagrins réels qui nous accablent ?

— Vous avez raison, madame ; j'ai tort, je tâcherai de surmonter cette faiblesse... Si vous saviez, mon Dieu ! combien je me reproche de ne pas être toujours gaie, souriante, heureuse... comme je devrais l'être ! Hélas ! ma tristesse doit vous paraître de l'ingratitude !

Madame Georges allait rassurer la Goualeuse, lorsque Claudine entra, après avoir frappé à la porte.

— Que voulez-vous, Claudine ?

— Madame, c'est Pierre qui arrive d'Arnouville dans le cabriolet de madame Dubreuil ; il apporte cette lettre pour vous, il dit que c'est très-pressé.

Madame Georges lut tout haut ce qui suit :

« Ma chère madame Georges, vous me rendriez bien service, et vous
« pourriez me tirer d'un grand embarras, en venant tout de suite à la
« ferme : Pierre vous emmènera et vous reconduirait cette après-dînée.
« Je ne sais vraiment où donner de la tête. M. Dubreuil est à Pontoise
« pour la vente de ses laines ; j'ai donc recours à vous et à Marie. Clara
« embrasse sa bonne petite sœur et l'attend avec impatience. Tâchez
« de venir à onze heures pour déjeuner.

« Votre bien sincère amie,

« Femme DUBREUIL. »

— De quoi peut-il être question ? dit madame Georges à Fleur-de-Marie. Heureusement le ton de la lettre de madame Dubreuil prouve qu'il ne s'agit pas de quelque chose de grave...

— Vous accompagnerai-je, madame ? demanda la Goualeuse.

— Cela n'est peut-être pas prudent, car il fait très-froid. Mais, après tout, reprit madame Georges, cela vous distraira ; en vous enveloppant bien, cette petite course ne vous sera que favorable...

— Mais, madame, dit la Goualeuse en réfléchissant, M. le curé m'attend ce soir, à cinq heures, au presbytère.

— Vous avez raison ;... nous serons de retour avant cinq heures, je vous le promets.

— Oh ! merci, madame ; je serai si contente de revoir mademoiselle Clara.

— Encore ! dit madame Georges d'un ton de doux reproche, mademoiselle Clara !... Est-ce qu'elle dit mademoiselle Marie en parlant de vous ?

— Non, madame, répondit la Goualeuse en baissant les yeux. C'est que moi... je...

— Vous ! vous êtes une cruelle enfant qui ne songez qu'à vous tourmenter ; vous oubliez déjà les promesses que vous m'avez faites tout à l'heure. Habillez-vous vite et bien chaudement. Nous pourrons arriver avant onze heures à Arnouville.

Puis, sortant avec Claudine, madame Georges lui dit :

— Que Pierre attende un moment, nous sommes prêtes dans quelques minutes.

CHAPITRE X.

Reconnaissance.

Une demi-heure après cette conversation, madame Georges et Fleur-de-Marie montaient dans un de ces grands cabriolets dont se servent les riches fermiers des environs de Paris. Bientôt cette voiture, attelée d'un vigoureux cheval de trait conduit par Pierre, roula rapidement sur le chemin creux de Bouqueval, conduit à Arnouville.

Les vastes bâtiments et les nombreuses dépendances de la ferme exploitée par M. Dubreuil témoignaient de l'importance de cette magnifique propriété que mademoiselle Césarine de Noirmont avait apportée en mariage à M. le duc de Lucenay.

Le bruit retentissant du fouet de Pierre avertit madame Dubreuil de l'arrivée de Fleur-de-Marie et de madame Georges. Celles-ci, en descendant de voiture, furent joyeusement accueillies par la fermière et par sa fille.

Madame Dubreuil avait cinquante ans environ ; sa physionomie était douce et affable ; les traits de sa fille, jolie brune aux yeux bleus, aux joues fraîches et vermeilles, respiraient la candeur et la bonté.

A son grand étonnement, lorsque Clara vint lui sauter au cou, la Goualeuse vit son amie vêtue comme elle en paysanne, au lieu d'être habillée en demoiselle.

— Comment, vous aussi, Clara, vous voici déguisée en campagnarde ? dit madame Georges en embrassant la jeune fille.

— Est-ce qu'il ne faut pas qu'elle imite en tout sa sœur Marie ? dit madame Dubreuil. Elle n'a pas eu de cesse qu'elle n'ait eu aussi son casaquin de drap, sa jupe de futaine, tout comme votre Marie... Mais il s'agit bien des caprices de ces petites filles, ma pauvre madame Georges ! dit madame Dubreuil en soupirant ; venez, que je vous conte tous mes embarras.

En arrivant dans le salon avec sa mère et madame Georges, Clara s'assit auprès de Fleur-de-Marie, lui donna la meilleure place au coin du feu, l'entoura de mille soins, prit ses mains dans les siennes pour s'assurer si elles n'étaient pas plus froides, l'embrassa encore et l'appela sa méchante petite sœur, en lui faisant tout bas de doux reproches sur le long intervalle qu'elle mettait entre ses visites.

Si l'on se souvient de l'entretien de la pauvre Goualeuse et du curé, on comprendra qu'elle devait recevoir ces caresses tendres et ingénues avec un mélange d'humilité, de bonheur et de crainte.

— Et que vous arrive-t-il donc ? ma chère madame Dubreuil, dit madame Georges, et à quoi pourrais-je vous être utile ?

— Mon Dieu ! à bien des choses. Je vais vous expliquer cela. Vous ne savez pas, je crois, que cette ferme appartient en propre à madame la duchesse de Lucenay. C'est à elle que nous avons directement affaire... sans passer par les mains de l'intendant de M. le duc.

— En effet, j'ignorais cette circonstance.

— Vous allez savoir pourquoi je vous en instruis... C'est donc à madame la duchesse ou à madame Simon, sa première femme de chambre, que nous payons les fermages. La duchesse est si bonne, si bonne, quoiqu'un peu vive, que c'est un vrai plaisir d'avoir des rapports avec elle ; Dubreuil et moi nous mettrions tous les deux dans le feu pour l'obliger... Dame ! c'est tout simple : je l'ai vue petite fille, quand elle venait ici avec son père, feu M. le prince de Noirmont... Encore dernièrement elle nous a demandé six mois de fermage d'avance... Quarante mille francs, ça ne se trouve pas sous le pas d'un cheval, comme on dit... mais nous avions cette somme en réserve, la dot de notre Clara, et du jour au lendemain madame la duchesse a eu son argent en beaux louis d'or. Ces grandes dames, ça a tant besoin de luxe ! Pourtant il n'y a guère que depuis un an que madame la duchesse est exacte à toucher ses fermages aux échéances ; autrefois elle paraissait n'avoir jamais besoin d'argent... Mais maintenant c'est bien différent !

— Jusqu'à présent, ma chère madame Dubreuil, je ne vois pas encore à quoi je puis vous être utile.

— M'y voici, m'y voici ; je vous disais cela pour vous faire comprendre que madame la duchesse a toute confiance en nous... Sans compter qu'à l'âge de douze ou treize ans elle a été, avec son père pour compère, marraine de notre Clara... qu'elle a toujours comblée. Hier soir donc, je reçois par un exprès cette lettre de madame la duchesse :

« Il faut absolument, ma chère madame Dubreuil, que le petit pavillon du verger soit en état d'être occupé après-demain toute la journée : faites-y transporter tous les meubles nécessaires, tapis, rideaux, etc., etc. Enfin, que rien n'y manque, et qu'il soit surtout aussi *confortable* que possible... »

— Confortable ! vous entendez madame Georges ; et c'est souligné encore ! dit madame Dubreuil, en regardant son amie d'un air à la fois méditatif et embarrassé, puis elle continua :

« Faites faire du feu jour et nuit dans le pavillon pour en chasser l'humidité, car il y a longtemps qu'on ne l'a habité. Vous traiterez la personne qui viendra s'y établir comme vous me traiteriez moi-même ; une lettre que cette personne vous remettra vous instruira de ce que j'attends de votre zèle toujours si obligeant. J'y compte cette fois encore, sans crainte d'en abuser : je sais combien vous êtes bonne et dévouée. Adieu, ma chère madame Dubreuil. Embrassez ma jolie filleule, et croyez à mes sentiments bien affectionnés.

« NOIRMONT DE LUCENAY. »

« P. S. La personne dont il s'agit arrivera après-demain dans la soirée. Surtout n'oubliez pas, je vous prie, de rendre le pavillon aussi *confortable* que possible. »

— Vous voyez ; encore ce diable de mot souligné ! dit madame Dubreuil en remettant dans sa poche la lettre de la duchesse de Lucenay.

— Eh bien ! rien de plus simple, reprit madame Georges.

— Comment, rien de plus simple !... Vous n'avez donc pas entendu ? madame la duchesse veut surtout que le pavillon soit aussi *confortable* que possible ; c'est pour ça que je vous ai priée de venir. Nous deux Clara, nous nous sommes tuées à chercher ce que voulait dire *confortable*, et nous n'avons pu y parvenir... Clara a pourtant été en pension à Villiers-le-Bel, et a remporté je ne sais combien de prix d'histoire et de géographie... eh bien ! c'est égal, elle n'est pas plus avancée que moi au sujet de ce mot baroque ; il faut que ce soit un mot de la cour ou du grand monde... Mais c'est égal, vous concevez combien c'est embarrassant : madame la duchesse veut surtout que le pavillon soit *confortable*, elle souligne le mot, elle le répète deux fois, et nous ne savons pas ce que cela veut dire !

— Dieu merci ! je puis vous expliquer ce grand mystère, dit madame Georges en souriant ; *confortable*, dans cette occasion, veut dire un appartement commode, bien arrangé, bien clos, bien chaud ; une habitation, enfin, où rien ne manque de ce qui est nécessaire et même superflu...

— Ah ! mon Dieu ! je comprends ; mais alors je suis encore plus embarrassée !

— Comment cela ?

— Madame la duchesse parle de tapis, de meubles et de beaucoup d'*et cætera*, mais nous n'avons pas de tapis ici, nos meubles sont des plus communs ; et puis enfin je ne sais pas si la personne que nous devons attendre est un monsieur ou une dame, et il faut que tout soit prêt demain soir... Comment faire ? comment faire ? ici il n'y a aucune ressource. En vérité, madame Georges, c'est à en perdre la tête.

— Mais, maman, dit Clara, si tu prenais les meubles qui sont dans ma chambre, en attendant qu'elle soit remeublée j'irais passer trois ou quatre jours à Bouqueval avec Marie.

— Ta chambre ! ta chambre ! mon enfant, est-ce que c'est assez beau ! dit madame Dubreuil en haussant les épaules, est-ce que c'est assez... assez *confortable* ? comme dit madame la duchesse... Mon Dieu ! mon Dieu ! où va-t-on chercher des mots pareils !

— Ce pavillon est donc ordinairement inhabité ? demanda madame Georges.

— Sans doute ; c'est cette petite maison blanche qui est toute seule au bout du verger. M. le prince l'a fait bâtir pour madame la duchesse quand elle était demoiselle ; lorsqu'elle venait à la ferme avec son père, c'est là qu'ils se reposaient. Il y a trois jolies chambres, et au bout du jardin une laiterie suisse, où madame la duchesse, étant enfant, s'amusait à jouer à la laitière : depuis son mariage, nous ne l'avons vue à la ferme que deux fois, et chaque fois elle a passé quelques heures dans le petit pavillon. La première fois, il y a de cela six ans, elle est venue à cheval avec...

Puis, comme si la présence de Fleur-de-Marie et de Clara l'empêchait d'en dire davantage, madame Dubreuil reprit :

— Mais je cause, je cause, et tout cela ne me sort pas d'embarras... Venez donc à mon secours, ma pauvre madame Georges, venez donc à mon secours !

— Voyons, dites-moi comment à cette heure est meublé le pavillon ?

— Il est à peine : dans la pièce principale, une natte de paille sur le carreau, un canapé de jonc, deux fauteuils pareils, une table, quelques chaises, voilà tout. De là à être confortable il y a loin, comme vous le voyez.

— Eh bien ! moi, à votre place, voici ce que je ferais : il est onze heures, j'enverrais à Paris un homme intelligent.

— Notre *prend-garde-à-tout* (1), il n'y en a pas de plus actif.

— A merveille... en deux heures au plus tard il est à Paris ; il va chez un tapissier de la Chaussée-d'Antin, n'importe lequel ; il remet la liste que je vais vous faire, après avoir vu ce qui manque dans le pavillon, et il lui dira que, coûte que coûte...

— Oh ! bien sûr... pourvu que madame la duchesse soit contente, je ne regarderai à rien...

— Il lui dira donc que, coûte que coûte, il faut que ce qui est noté sur cette liste soit ici ce soir ou dans la nuit, ainsi que trois ou quatre garçons tapissiers pour tout mettre en place.

— Ils pourront venir par la voiture de Gonesse, elle part à huit heures du soir de Paris.

— Et comme il ne s'agit que de transporter des meubles, de clouer des tapis et de poser des rideaux, tout peut être facilement prêt demain soir.

— Ah ! ma bonne madame Georges, de quel embarras vous me sauvez !... Je n'aurais jamais pensé à cela... Vous êtes ma providence. Vous allez avoir la bonté de me faire la liste de ce qu'il faut pour que le pavillon soit...

— Confortable ?... oui, sans doute.

— Ah, mon Dieu ! une autre difficulté !... Encore une fois, nous ne savons pas si c'est un monsieur ou une dame que nous attendons. Dans sa lettre, madame la duchesse dit : Une personne ; c'est bien embrouillé !...

— Agissez comme si vous attendiez une femme, ma chère madame Dubreuil ; si c'est un homme, il ne s'en trouvera que mieux.

(1) Sorte de surveillant employé dans les grandes exploitations des environs de Paris.

— Vous avez raison... toujours raison...

Une servante de ferme vint annoncer que le déjeuner était servi.

— Nous déjeunerons tout à l'heure, dit madame Georges ; mais, pendant que je vais écrire la liste de ce qui est nécessaire, faites prendre la mesure des trois pièces en hauteur et en étendue, afin qu'on puisse d'avance disposer les rideaux et les tapis.

— Bien, bien... je vais aller dire tout cela à mon prend-garde-à-tout.

— Madame, reprit la servante de ferme, il y a aussi là cette laitière de Stains : son ménage est dans une petite charrette traînée par un âne ! Dame... il n'est pas lourd, son ménage !

— Pauvre femme !... dit madame Dubreuil avec intérêt.

— Quelle est donc cette femme ? demanda madame Georges.

— Une paysanne de Stains, qui avait quatre vaches et qui faisait un petit commerce en allant vendre tous les matins son lait à Paris. Son mari était maréchal-ferrant ; un jour, ayant besoin d'acheter du fer, il accompagna sa femme, convenant avec elle de venir le reprendre au coin de la rue où d'habitude elle vendait son lait. Malheureusement la laitière s'était établie dans un vilain quartier, et ce qu'il paraît ; quand son mari revient, il la trouve aux prises avec des mauvais sujets ivres qui avaient eu la méchanceté de renverser son lait dans le ruisseau. Le forgeron tâche de leur faire entendre raison, ils le maltraitent ; il se défend, et dans la rixe il reçoit un coup de couteau qui l'étend roide mort.

— Ah ! quelle horreur !... s'écria madame Georges. Et a-t-on arrêté l'assassin ?

— Malheureusement non ; dans le tumulte il s'est échappé ; la pauvre veuve assure qu'elle le reconnaîtrait bien, car elle l'a vu plusieurs fois avec d'autres de ses camarades, habitués de ce quartier ; mais jusqu'ici toutes les recherches ont été inutiles pour le découvrir. Bref, après la mort de son mari, la laitière a été obligée, pour payer diverses dettes, de vendre ses vaches et quelques morceaux de terre qu'elle avait ; le fermier du château de Stains m'a recommandé cette brave femme comme une excellente créature, aussi honnête que malheureuse, car elle a trois enfants dont le plus âgé n'a que douze ans ; j'avais justement une place vacante, je la lui ai donnée, et elle vient s'établir à la ferme.

— Cette bonté de votre part ne m'étonne pas, ma chère madame Dubreuil.

— Dis-moi, Clara, reprit la fermière, veux-tu aller installer cette brave femme dans son logement, pendant que je vais prévenir le prend-garde-à-tout de se préparer à partir pour Paris ?

— Oui, maman ; Marie va venir avec moi.

— Sans doute ; est-ce que vous pouvez vous passer l'une de l'autre ? dit la fermière.

— Et moi, reprit madame Georges en s'asseyant devant une table, je vais commencer ma liste pour ne pas perdre de temps, car il faut que nous soyons de retour à Bouqueval à quatre heures.

— A quatre heures !... vous êtes donc bien pressée ? dit madame Dubreuil.

— Oui, il faut que Marie soit au presbytère à cinq heures.

— Oh ! s'il s'agit du bon abbé Laporte, c'est sacré, dit madame Dubreuil. Je vais donner les ordres en conséquence... Ces deux enfants ont bien... bien des choses à se dire... Il faut leur donner le temps de se parler.

— Nous partirons donc à trois heures ? ma chère madame Dubreuil.

— C'est entendu... Mais que je vous remercie donc encore !... quelle bonne idée j'ai eue de vous prier de venir à mon aide ! dit madame Dubreuil. Allons, Clara ; allons, Marie !...

Pendant que madame Georges écrivait, madame Dubreuil sortit d'un côté, les deux jeunes filles d'un autre, avec la servante qui avait annoncé l'arrivée de la laitière de Stains.

— Où est-elle, cette pauvre femme ? demanda Clara.

— Elle est avec ses enfants, sa petite charrette et son âne, dans la cour des granges, mademoiselle.

— Tu vas la voir, Marie, la pauvre femme, dit Clara en prenant le bras de la Goualeuse ; comme elle est pâle et comme elle a l'air triste avec son grand deuil de veuve ! La dernière fois qu'elle est venue voir maman, elle m'a navrée ; elle pleurait à chaudes larmes en parlant de son mari, et les larmes s'arrêtaient, et elle entrait dans des accès de fureur contre l'assassin. Alors... elle me faisait peur, tant elle avait l'air méchant ; au fait, son ressentiment est bien naturel !... L'infortunée !... Comme il y a des gens malheureux !... n'est-ce pas, Marie ?

— Oh ! oui, oui... sans doute... répondit la Goualeuse en soupirant d'un air distrait. Il y a des gens bien malheureux, vous avez raison, mademoiselle.

— Allons ! s'écria Clara en frappant du pied avec une impatience chagrine, voilà encore que tu me dis vous... et que tu m'appelles mademoiselle ; mais tu es donc fâchée contre moi, Marie ?

— Moi ! grand Dieu !!!

— Eh bien ! alors, pourquoi me dis-tu vous ?... Tu le sais, ma mère et madame Georges t'ont déjà réprimandée pour cela. Je t'en préviens, je te ferai encore gronder : tant pis pour toi...

— Clara, pardon, j'étais distraite.

— Distraite... quand tu me revois après plus de huit grands jours de séparation ? dit tristement Clara. Distraite... cela serait déjà bien mal mais non, non, ce n'est pas cela : tiens, vois-tu, Marie... je finirai par croire que tu es fière.

Fleur-de-Marie devint pâle comme une morte et ne répondit pas...

A sa vue, une femme portant le deuil de veuve avait poussé un cri de colère et d'horreur.

Cette femme était la laitière qui, chaque matin, vendait du lait à la Goualeuse lorsque celle-ci demeurait chez l'ogresse du tapis-franc.

CHAPITRE XI.

La laitière.

La scène que nous allons raconter se passait dans une des cours de la ferme, en présence des laboureurs et des femmes de service qui rentraient de leurs travaux pour prendre leur repas de midi.

Sous un hangar, on voyait une petite charrette attelée d'un âne, et contenant le rustique et pauvre mobilier de la veuve ; un petit garçon de douze ans, aidé de deux enfants moins âgés, commençait à décharger cette voiture.

La laitière, complètement vêtue de noir, était une femme de quarante ans environ, à la figure rude, virile et résolue : ses paupières étaient rougies par les larmes récentes. En apercevant Fleur-de-Marie, elle jeta d'abord un cri d'effroi ; mais bientôt la douleur, l'indignation, la colère, contractèrent ses traits ; elle se précipita sur la Goualeuse, la prit brutalement par le bras, et s'écria en la montrant aux gens de la ferme :

— Voilà une malheureuse qui connaît l'assassin de mon pauvre mari... Je l'ai vue vingt fois parler à ce brigand ! quand je vendais du lait au coin de la rue de la Vieille-Draperie, elle venait m'en acheter pour un sou tous les matins ; elle doit savoir quel est le scélérat qui a fait le coup ; comme toutes ses pareilles, elle est de la clique de ces bandits... Oh ! tu ne m'échapperas pas, coquine que tu es !... s'écria la laitière exaspérée en saisissant d'injustes soupçons ; et elle saisit l'autre bras de Fleur-de-Marie, qui, tremblante, éperdue, voulait fuir.

Clara, stupéfaite de cette brusque agression, n'avait pu jusqu'alors dire un mot ; mais, à ce redoublement de violence, elle s'écria en s'adressant à la veuve :

— Mais vous êtes folle !... le chagrin vous égare !... vous vous trompez !...

— Je me trompe !... reprit la paysanne avec une ironie amère, je me trompe ! Oh ! que non !... je ne me trompe pas... Tenez, regardez comme a voilà déjà pâle... la misérable !... comme ses dents claquent !... La justice te forcera de parler ; tu vas venir avec moi chez monsieur le maire... entends-tu ?... Oh ! il ne s'agit pas de résister... j'ai une bonne poigne... je t'y porterai plutôt...

— Insolente que vous êtes ! s'écria Clara exaspérée, sortez d'ici... Oser ainsi manquer à mon amie, à ma sœur !...

— Votre sœur.... mademoiselle, allons donc !... c'est vous, vous qui êtes folle ! répondit grossièrement la veuve. Votre sœur !... une fille des rues, que, durant six mois, j'ai vue traîner dans la Cité !

A ces mots, les laboureurs firent entendre de longs murmures contre Fleur-de-Marie ; ils prenaient naturellement parti pour la laitière, qui était de leur classe, et dont le malheur les intéressait.

Les trois enfants, entendant leur mère élever la voix, accoururent auprès d'elle et l'entourèrent en pleurant, sans savoir de quoi il s'agissait. L'aspect de ces pauvres petits, aussi vêtus de deuil, redoubla la sympathie qu'inspirait la veuve et augmenta l'indignation des paysans contre Fleur-de-Marie.

Clara, effrayée de ces démonstrations presque menaçantes, dit aux gens de la ferme dont la voix était émue :

— Faites sortir cette femme d'ici ; je vous répète que le chagrin l'égare. Marie, Marie, pardon ! Mon Dieu, cette folle ne sait pas ce qu'elle fit...

La Goualeuse, pâle, la tête baissée pour échapper à tous les regards, restait muette, anéantie, inerte, et ne faisait pas un mouvement pour échapper aux rudes étreintes de la robuste laitière.

Clara, attribuant cet abattement à l'effroi qu'une pareille scène devait inspirer à son amie, dit de nouveau aux laboureurs :

— Vous ne m'entendez donc pas ? Je vous ordonne de chasser cette femme... Puisqu'elle persiste dans ses injures, pour la punir de son insolence, elle n'aura pas ici la place que ma mère lui avait promise ; de sa vie elle ne remettra les pieds à la ferme.

Aucun laboureur ne bougea pour obéir aux ordres de Clara ; l'un d'eux osa même dire :

— Dame... mademoiselle, si c'est une fille des rues et qu'elle connaisse l'assassin du mari de cette pauvre femme... faut qu'elle vienne s'expliquer chez le maire...

— Je vous répète que vous n'entrerez jamais à la ferme, dit Clara à la laitière, à moins qu'à l'instant vous ne demandiez pardon à mademoiselle Marie de vos accusations.

— Vous me chassez, mademoiselle !... à la bonne heure, répondit la veuve avec amertume. Allons, mes pauvres orphelins, ajouta-t-elle en embrassant ses enfants, rechargez la charrette, nous irons gagner notre pain ailleurs, le bon Dieu aura pitié de nous ; mais au moins, en nous en allant, nous emmènerons chez M. le maire cette malheureuse, qui va être bien forcée de dénoncer l'assassin de mon pauvre mari... puisqu'elle connaît toute la bande !... Parce que vous êtes riche, mademoiselle, reprit-elle en regardant insolemment Clara, parce que vous avez des amies dans ces créatures-là... faut pas pour cela... être si dure aux pauvres gens !

— C'est vrai, dit un laboureur, la laitière a raison...

— Pauvre femme !

— Elle est dans son droit...

— On a assassiné son mari... faut-il pas qu'elle soit contente ?

— On ne peut pas l'empêcher de faire son possible pour découvrir les brigands qui ont fait le coup.

— C'est une injustice de la renvoyer.

— Est-ce que c'est sa faute, à elle, si l'amie de mademoiselle Clara se trouve être... une fille des rues ?

— On ne met pas à la porte une honnête femme... une mère de famille... à cause d'une malheureuse pareille !

Et les murmures devenaient menaçants, lorsque Clara s'écria :

— Dieu soit loué... voici ma mère...

En effet, madame Dubreuil, revenant du pavillon du verger, traversait la cour.

— Eh bien, Clara ! dit la fermière en approchant du groupe, venez-vous déjeuner ? Allons, mes enfants, il est déjà tard !

— Maman, s'écria Clara, défendez ma sœur des insultes de cette femme, qui la montra à la veuve ; de grâce, renvoyez-la d'ici. Si vous saviez toutes les insolences qu'elle a l'audace de dire à Marie.

— Comment ? elle oserait ?...

— Oui, maman. Voyez, pauvre petite sœur, comme elle est tremblante... elle peut à peine se soutenir... Ah ! c'est une honte qu'une telle scène se passe chez nous... Marie, pardonne-nous, je t'en supplie !

— Mais qu'est-ce que cela signifie ? demanda madame Dubreuil en regardant autour d'elle d'un air inquiet, après avoir remarqué l'accablement de la Goualeuse.

— Madame sera juste, elle... bien sûr... murmurèrent les laboureurs.

— Voilà madame Dubreuil ; c'est toi qui vas être mise à la porte, dit la veuve à Fleur-de-Marie.

— Il est donc vrai ! s'écria madame Dubreuil à la laitière, qui tenait toujours Fleur-de-Marie par le bras, vous osez parler de la sorte à l'amie de ma fille ! Est-ce ainsi que vous reconnaissez mes bontés ? voulez-vous laisser cette jeune personne tranquille !

— Je vous respecte, madame, et j'ai de la reconnaissance pour vos bontés, dit la veuve en abandonnant le bras de Fleur-de-Marie ; mais avant de m'accuser et de me chasser de chez vous avec mes enfants, interrogez donc cette malheureuse. Elle n'aura peut-être pas le front de nier que je la connais et qu'elle me connaît aussi.

— Mon Dieu, Marie, entendez-vous ce que dit cette femme ? demanda madame Dubreuil au comble de la surprise.

— T'appelles-tu, oui ou non, la Goualeuse ? dit la laitière à Marie.

— Oui, dit la malheureuse à voix basse d'un air atterré et sans regarder madame Dubreuil, on m'appelait ainsi...

— Ah ! voyez-vous ! s'écrièrent les laboureurs courroucés, elle l'avoue ! elle l'avoue !...

— Elle l'avoue... mais quoi ? qu'avoue-t-elle ? s'écria madame Dubreuil, à demi effrayée de l'aveu de Fleur-de-Marie.

— Laissez-la répondre, madame, reprit la veuve, elle va encore avouer qu'elle était dans une maison infâme de la rue aux Fèves, dans la Cité, où je lui vendais pour un sou de lait tous les matins ; elle va encore avouer qu'elle a souvent parlé de moi à l'assassin de mon pauvre mari. Oh ! elle le connaît bien, j'en suis sûre... un jeune homme pâle qui fumait toujours et qui portait une casquette, une blouse et de grands cheveux ; elle doit savoir son nom... est-ce vrai ? répondras-tu, malheureuse ! s'écria la laitière.

— J'ai pu parler à l'assassin de votre mari, car il y a malheureusement plus d'un meurtrier dans la Cité, dit Fleur-de-Marie d'une voix défaillante, mais je ne sais pas de qui vous voulez me parler.

— Comment... que dit-elle ? s'écria madame Dubreuil avec effroi. Elle a parlé à des assassins...

— Les créatures comme elle ne connaissent que ça... répondit la veuve.

D'abord stupéfaite d'une si étrange révélation, confirmée par les dernières paroles de Fleur-de-Marie, madame Dubreuil, comprenant tout alors, se recula avec dégoût et horreur, attira violemment et brusquement à elle sa fille Clara, qui s'était approchée de la Goualeuse pour la soutenir, et s'écria :

— Ah ! quelle abomination ! Clara, prenez garde ! N'approchez pas de cette malheureuse... Mais comment madame Georges a-t-elle pu recevoir chez elle Fleur-de-Marie ? Comment a-t-elle osé la présenter ici... Ah ! c'est une honte pour ma fille... Mon Dieu ! mon Dieu ! mais c'est horrible, cela ! C'est à peine si je peux croire ce que je vois ! mais non, madame Georges est incapable d'une telle indignité ! elle aura été trompée comme nous. Sans cela... oh ! ce serait infâme de sa part !

Clara, désolée, effrayée de cette scène cruelle, croyait rêver. Dans sa candide ignorance, elle ne comprenait pas les terribles récriminations dont on accablait son amie ; son cœur se brisa, ses yeux se remplirent de larmes en voyant la stupeur de la Goualeuse, muette, atterrée comme une criminelle devant ses juges.

— Elle est peut-être sa complice, seulement !
— Vois-tu qu'il y a une justice au ciel ! dit la veuve en montrant le poing à la Goualeuse.
— Quant à vous, ma brave femme, dit madame Dubreuil à la laitière, loin de vous renvoyer, je reconnaîtrai le service que vous me rendez en dévoilant cette malheureuse.
— A la bonne heure ! notre maîtresse est juste, elle... murmurèrent les laboureurs.

Tortillard.

Madame Georges.

— Viens, viens, ma fille, dit madame Dubreuil à Clara ; puis se retournant vers Fleur-de-Marie : Et vous, indigne créature, le bon Dieu vous punira de votre infâme hypocrisie. Oser souffrir que ma fille... un ange de vertu, vous appelle son amie, sa sœur... son amie !... sa sœur !... vous... le rebut de ce qu'il y a de plus vil au monde ! quelle effronterie ! Oser vous mêler aux honnêtes gens, quand vous méritez sans doute d'aller rejoindre vos semblables en prison !
— Oui, oui, s'écrièrent les laboureurs ; il faut qu'elle aille en prison ; elle connaît l'assassin.

— Viens, Clara, reprit la fermière, madame Georges va nous expliquer sa conduite, ou sinon je ne la revois de ma vie ; car si elle n'a pas été trompée, elle se conduit envers nous d'une manière affreuse.
— Mais, ma mère, voyez donc cette pauvre Marie...

— Qu'elle crève de honte si elle veut, tant mieux ! Méprise-la... Je ne veux pas que tu restes un moment auprès d'elle. C'est une de ces créatures auxquelles une jeune fille comme toi ne parle pas sans se déshonorer.

— Mon Dieu ! mon Dieu ! maman, dit Clara en résistant à sa mère qui voulait l'emmener, je ne sais pas ce que cela signifie... Marie peut bien être coupable, puisque vous le dites ; mais, voyez, elle est défaillante ; ayez pitié d'elle au moins.

— Oh ! mademoiselle Clara, vous êtes bonne, vous me pardonnez. C'est bien malgré moi, croyez-moi, que je vous ai trompée. Je me le suis bien souvent reproché, dit Fleur-de-Marie en jetant sur sa protectrice un regard de reconnaissance ineffable.

— Mais, ma mère, vous êtes donc sans pitié ? s'écria Clara d'une voix déchirante.

— De la pitié pour elle ? Allons donc ! Sans madame Georges qui va nous en débarrasser, je ferais mettre cette misérable à la porte de la ferme comme une pestiférée, répondit durement madame Dubreuil. Et elle entraîna sa fille, qui, se retournant une dernière fois vers la Goualeuse, s'écria :

— Marie, ma sœur ! je ne sais pas de quoi l'on t'accuse, mais je suis sûre que tu n'es pas coupable, et je t'aime toujours.

— Tais-toi, tais-toi ! dit madame Dubreuil en mettant sa main sur la bouche de sa fille, tais-toi ; heureusement que tout le monde est témoin qu'après cette odieuse révélation tu n'es pas restée un moment seule avec cette fille perdue. N'est-ce pas, mes amis ?

— Oui, oui, madame, dit le laboureur, nous sommes témoins que mademoiselle Clara n'est pas restée un moment avec cette fille, qui est bien sûr une voleuse, puisqu'elle connaît des assassins.

Madame Dubreuil entraîna Clara.

La Goualeuse resta seule au milieu du groupe menaçant qui s'était formé autour d'elle.

Malgré les reproches dont l'accablait madame Dubreuil, la présence de la fermière et de Clara avait peu rassuré Fleur-de-Marie sur les suites de cette scène ; mais, après le départ des deux femmes, se trouvant à la merci des paysans, les forces lui manquèrent ; elle fut obligée de s'appuyer sur le parapet du profond abreuvoir des chevaux de la ferme.

Rien de plus touchant que la pose de cette infortunée.

Rien de plus menaçant que les paroles, que l'attitude des paysans qui l'entouraient.

Assise presque debout sur cette margelle de pierre, la tête baissée, cachée entre ses deux mains, son cou et son sein voilés par les bouts carrés du mouchoir d'indienne rouge qui entourait son petit bonnet rond, la Goualeuse, immobile, offrait l'expression la plus saisissante de la douleur et de la résignation.

A quelques pas d'elle, la veuve de l'assassiné, triomphante et encore exaspérée contre Fleur-de-Marie par les imprécations de madame Dubreuil, montrait la jeune fille à ses enfants et aux laboureurs avec des gestes de haine et de mépris.

Les gens de la ferme, groupés en cercle, ne dissimulaient pas les sentiments hostiles qui les animaient ; leurs traits rudes et grossières physionomies exprimaient à la fois l'indignation, le courroux, et une sorte de raillerie brutale et insultante ; les femmes se montraient les plus furieuses, les plus révoltées. La beauté touchante de la Goualeuse n'était pas une des moindres causes de leur acharnement contre elle.

Hommes et femmes ne pouvaient pardonner à Fleur-de-Marie d'avoir été jusqu'alors traitée d'égal à égal par leurs maîtres.

Et puis encore, quelques laboureurs d'Arnouville n'ayant pu justifier d'assez bons antécédents pour obtenir à la ferme de Bouqueval une de ces places si enviées dans le pays, il existait chez ceux-là, contre madame Georges, un sourd mécontentement dont sa protégée devait se ressentir.

Les premiers mouvements des natures incultes sont toujours extrêmes...

Excellents ou détestables.

Mais ils deviennent horriblement dangereux lorsqu'une multitude croit ses brutalités autorisées par les torts réels ou apparents de ceux que poursuit sa haine ou sa colère.

Quelque la plupart des laboureurs de cette ferme n'eussent peut-être pas tous les droits possibles à afficher une susceptibilité farouche à l'endroit de la Goualeuse, ils semblaient contagieusement souillés par sa seule présence ; leur pudeur se révoltait en songeant à quelle classe avait appartenu cette infortunée, qui de plus avouait qu'elle parlait souvent à des assassins. En fallait-il davantage pour exalter la colère de ces campagnards, encore excités par l'exemple de madame Dubreuil ?

La Goualeuse.

— Il faut la conduire chez le maire, s'écria l'un.
— Oui, oui ; et si elle ne veut pas marcher, on la poussera.
— Et ça ose s'habiller comme nous autres honnêtes filles de campagne, ajouta une des plus laides maritornes de la ferme.
— Avec son air de sainte-nitouche, reprit une autre, on lui aurait donné le bon Dieu sans confession.
— Est-ce qu'elle n'avait pas le front d'aller à la messe ?
— L'effrontée !... pourquoi ne pas communier tout de suite ?

— Et il lui fallait frayer avec les maîtres encore !
— Comme si nous étions de trop petites gens pour elle !
— Heureusement chacun a son tour.
— Oh ! il faudra bien que tu parles et que tu dénonces l'assassin ! s'écria la veuve. Vous êtes tous de la même bande... Je ne suis pas même bien sûre de ne pas t'avoir vue ce jour-là avec eux. Allons, allons, il ne s'agit pas de pleurnicher, maintenant que tu es reconnue. Montrenous ta face, elle est belle à voir !
Et la veuve abaissa brutalement les deux mains de la jeune fille, qui cachait son visage baigné de larmes.
La Goualeuse, d'abord écrasée de honte, commençait à trembler d'effroi en se trouvant seule à la merci de ces forcenés ; elle joignit les mains, tourna vers la laitière ses yeux suppliants et craintifs, et dit de sa voix douce :
— Mon Dieu, madame, il y a deux mois que je suis retirée à la ferme de Bouqueval... Je n'ai donc pu être témoin du malheur dont vous parlez, et...
La timide voix de Fleur-de-Marie fut couverte par ces cris furieux :
— Menons-la chez M. le maire... elle s'expliquera.
— Allons ! en marche, la belle !
Et le groupe menaçant se rapprochant de plus en plus de la Goualeuse, celle-ci, croisant les mains par un mouvement machinal, regardait de côté et d'autre avec épouvante, et semblait implorer du secours.
— Oh ! reprit la laitière, tu as beau chercher autour de toi, mademoiselle Clara n'est plus là pour te défendre ; tu ne nous échapperas pas.
— Hélas ! madame, dit-elle toute tremblante, je ne veux pas vous échapper ; je ne demande pas mieux que de répondre à ce qu'on me demandera... puisque cela peut vous être utile... Mais quel mal ai-je fait à toutes les personnes qui m'entourent et me menacent ?...
— Tu nous as fait que tu as eu le front d'aller avec nos maîtres, quand nous, qui valons mille fois mieux que toi, nous n'y allons pas.. Voilà ce que tu nous as fait.
— Et puis, pourquoi as-tu voulu que l'on chasse d'ici cette pauvre veuve et ses enfants ? dit un autre.
— Ce n'est pas moi, c'est mademoiselle Clara qui voulait...
— Laisse-nous donc tranquilles, reprit le laboureur en l'interrompant, tu n'as pas seulement demandé grâce pour elle : tu étais contente de lui ôter son pain !
— Non, non, elle n'a pas demandé grâce !
— Est-elle mauvaise !
— Une pauvre veuve... mère de trois enfants !
— Si je n'ai pas demandé sa grâce, dit Fleur-de-Marie, c'est que je n'avais pas la force de dire un mot...
— Tu avais bien la force de parler à des assassins !
Ainsi qu'il arrive toujours dans les émotions populaires, ces paysans, plus bêtes que méchants, s'irritaient, s'excitaient, se grisaient au bruit de leurs propres paroles, et s'animaient en raison des injures et des menaces qu'ils prodiguaient à leur victime.
Ainsi le populaire arrive quelquefois, à son insu, par une exaltation progressive, à l'accomplissement des actes les plus injustes et les plus féroces.
Le cercle menaçant des métayers se rapprochait de plus en plus de Fleur-de-Marie ; tous gesticulaient en parlant ; la veuve du forgeron ne se possédait plus.
Seulement séparée du profond abreuvoir par le parapet où elle s'appuyait, la Goualeuse eut peur d'être renversée dans l'eau, et s'écria, en étendant vers eux ses mains suppliantes :
— Mais, mon Dieu ! que voulez-vous de moi ? Par pitié ne me faites pas de mal !...
Et comme la laitière, gesticulant toujours, s'approchait de plus en plus et lui mettait ses deux poings presque sur le visage, Fleur-de-Marie s'écria, en se renversant en arrière avec effroi :
— Je vous en supplie, madame, n'approchez pas autant ; vous allez me faire tomber à l'eau.
Ces paroles de Fleur-de-Marie éveillèrent chez ces gens grossiers une idée cruelle. Ne pensant qu'à faire une de ces plaisanteries de paysans, qui souvent vous laissent à moitié mort sur la place, un des plus enragés s'écria :
— Un plongeon !... donnons-lui un plongeon !
— Oui... oui... A l'eau !... à l'eau !...
Répéta-t-on avec des éclats de rire et des applaudissements frénétiques.
— C'est ça, un bon plongeon !... Elle n'en mourra pas !
— Ça lui apprendra à venir se mêler aux honnêtes gens !
— Oui, oui... A l'eau ! à l'eau !
— Justement on a cassé la glace ce matin.
— La fille des rues se souviendra des braves gens de la ferme d'Arnouville !
En entendant ces cris inhumains, ces railleries barbares, en voyant l'exaspération de toutes ces figures stupidement irritées qui s'avançaient pour l'enlever, Fleur-de-Marie se crut morte.
A son premier effroi succéda bientôt une sorte de contentement amer : elle entrevoyait l'avenir sous de si noires couleurs, qu'elle remercia mentalement le ciel d'abréger ses peines ; elle ne prononça plus un mot de plainte, se laissa glisser à genoux, croisa religieusement ses deux mains sur sa poitrine, ferma les yeux et attendit en priant.
Les laboureurs, surpris de l'attitude et de la résignation muette de la Goualeuse, hésitèrent un moment à accomplir leurs projets sauvages ; mais, gourmandés sur leur faiblesse par la partie féminine de l'assemblée, ils recommencèrent de vociférer pour se donner le courage d'accomplir leurs méchants desseins.
Deux des plus furieux allaient saisir Fleur-de-Marie, lorsqu'une voix émue, vibrante, leur cria :
— Arrêtez !
Au même instant madame Georges, qui s'était frayé un passage au milieu de cette foule, arriva auprès de la Goualeuse, toujours agenouillée, la prit dans ses bras, la releva en s'écriant :
— Debout, mon enfant !... debout, ma fille chérie ! on ne s'agenouille que devant Dieu.
L'expression, l'attitude de madame Georges furent si courageusement impérieuses, que la foule recula et resta muette.
L'indignation colorait vivement les traits de madame Georges, ordinairement pâles. Elle jeta sur les laboureurs un regard ferme, et leur dit d'une voix haute et menaçante :
— Malheureux !... n'avez-vous pas honte de vous porter à de telles violences contre cette malheureuse enfant !...
— C'est une...
— C'est ma fille ! s'écria madame Georges en interrompant un des laboureurs. M. l'abbé Laporte, que tout le monde bénit et vénère, l'aime et la protège, et ceux qu'il estime doivent être respectés par tout le monde.
Ces simples paroles imposèrent aux laboureurs.
Le curé de Bouqueval était, dans le pays, regardé comme un saint ; plusieurs paysans n'ignoraient pas l'intérêt qu'il portait à la Goualeuse. Pourtant quelques sourds murmures se firent encore entendre ; madame Georges en comprit le sens, et s'écria :
— Cette malheureuse fille fût-elle la dernière des créatures, fût-elle abandonnée de tous, votre conduite envers elle n'en serait pas moins odieuse. De quoi voulez-vous la punir ? Et de quel droit d'ailleurs ? Quelle est votre autorité ? La force ? N'est-il pas lâche, honteux à des hommes de prendre pour victime une jeune fille sans défense ! Viens, Marie, viens, mon enfant bien-aimée, retournons chez nous ; là, du moins, tu es connue et appréciée...
Madame Georges prit le bras de Fleur-de-Marie ; les laboureurs, confus et reconnaissant la brutalité de leur conduite, s'écartèrent respectueusement.
La veuve seule s'avança et dit résolument à madame Georges :
— Cette fille ne sortira pas d'ici qu'elle n'ait fait sa déposition chez le maire au sujet de l'assassinat de mon pauvre mari.
— Ma chère amie, dit madame Georges en se contraignant, ma fille n'a aucune déposition à faire ici ; plus tard, si la justice trouve bon d'invoquer son témoignage, on la fera appeler, et je l'accompagnerai... Jusque-là personne n'a le droit de l'interroger.
— Mais, madame... je vous dis...
Madame Georges interrompit la laitière et lui répondit sévèrement :
— Le malheur dont vous êtes victime peut à peine excuser votre conduite ; un jour vous regretterez les violences que vous avez si imprudemment excitées. Mademoiselle Marie demeure avec moi à la ferme de Bouqueval, instruisez-en le juge qui a reçu votre première déclaration, nous attendrons ses ordres.
La veuve ne put rien répondre à ces sages paroles ; elle s'assit sur le parapet de l'abreuvoir, et se mit à pleurer amèrement en embrassant ses enfants.
Quelques minutes après cette scène, Pierre amena le cabriolet ; madame Georges et Fleur-de-Marie y montèrent pour retourner à Bouqueval.
En passant devant la maison de la fermière d'Arnouville, la Goualeuse aperçut Clara : elle pleurait, à demi cachée derrière une persienne entr'ouverte, et fit à Fleur-de-Marie un signe d'adieu avec son mouchoir.

CHAPITRE XII.

Consolations.

Ah ! madame ! quelle honte pour moi ! quel chagrin pour vous ! dit Fleur-de-Marie à sa mère adoptive, lorsqu'elle se retrouva seule avec elle dans le petit salon de la ferme de Bouqueval. Vous êtes sans doute pour toujours fâchée avec madame Dubreuil, et cela à cause de moi. Oh ! mes pressentiments !... Dieu m'a punie d'avoir ainsi trompé cette dame et sa fille...... je suis un sujet de discorde entre vous et votre amie...
— Mon amie... est une excellente femme, ma chère enfant, mais une pauvre tête faible... Du reste, comme elle a très-bon cœur, demain elle regrettera, j'en suis sûre, son fol emportement d'aujourd'hui...
— Hélas ! madame, ne croyez pas que je veuille la justifier en vous

accusant, mon Dieu!... Mais votre bonté pour moi vous a peut-être aveuglée... Mettez-vous à la place de madame Dubreuil... Apprendre que la compagne de sa fille était... ce que j'étais... dites? peut-on blâmer son indignation maternelle?

Madame Georges ne trouva malheureusement rien à répondre à cette question de Fleur-de-Marie, qui reprit avec exaltation :

— Cette scène flétrissante que j'ai subie aux yeux de tous, demain tout le pays le saura! Ce n'est pas pour moi que je crains; mais qui sait maintenant si la réputation de Clara... ne sera pas à tout jamais entachée... parce qu'elle m'a appelée son amie, sa sœur! J'aurais dû suivre mon premier mouvement... résister au penchant qui m'attirait vers mademoiselle Dubreuil... et, au risque de lui inspirer de l'aversion, me soustraire à l'amitié qu'elle m'offrait... Mais j'ai oublié la distance qui me séparait d'elle... Aussi, vous le voyez, j'en suis punie, oh! cruellement punie... car j'aurai peut-être causé un tort irréparable à cette jeune personne, si vertueuse et si bonne...

— Mon enfant, dit madame Georges après quelques moments de réflexion, vous avez tort de vous faire de si douloureux reproches : votre passé est coupable... oui, très-coupable... Mais n'est-ce rien que d'avoir, par votre repentir, mérité la protection de notre vénérable curé? N'est-ce pas sous ses auspices, sous les miens, que vous avez été présentée à madame Dubreuil? vos seules qualités ne lui ont-elles pas inspiré l'attachement qu'elle vous avait librement voué?... N'est-ce pas elle qui vous a demandé d'appeler Clara votre sœur? Et puis enfin, ainsi que je lui ai dit tout à l'heure, car je ne voulais ni ne devais rien lui cacher, pouvais-je, certaine que j'étais de votre repentir, ébruiter le passé, et rendre ainsi votre réhabilitation plus pénible... impossible, peut-être, en vous désespérant, en vous livrant au mépris de gens qui, aussi malheureux, aussi abandonnés que vous l'avez été, n'auraient peut-être pas, comme vous, conservé le secret instinct de l'honneur et de la vertu? La révélation de cette femme est fâcheuse, funeste; mais devais-je, en la prévenant, sacrifier votre repos futur à une éventualité presque improbable?

— Ah! madame, ce qui prouve que ma position est à jamais fausse et misérable, c'est que, par affection pour moi, vous avez eu raison de cacher le passé, et que la mère de Clara a aussi raison de me mépriser au nom de ce passé; de me mépriser... comme tout le monde me méprisera désormais, car la scène de la ferme d'Arnouville va se répandre, tout va se savoir... Oh! je mourrai de honte... je ne pourrai plus supporter les regards de personne!...

— Pas même les miens? Pauvre enfant! dit madame Georges en fondant en larmes et en ouvrant ses bras à Fleur-de-Marie, tu ne trouveras pourtant jamais dans mon cœur que la tendresse, que le dévouement d'une mère... Courage donc, Marie! ayez la conscience de votre repentir. Vous êtes ici entourée d'amis, eh bien! cette maison sera le monde pour vous... Nous irons au-devant de la révélation que vous craignez : notre bon abbé assemblera les gens de la ferme, qui vous aiment déjà tant; il leur dira la vérité sur le passé... Croyez-moi, mon enfant, sa parole a une telle autorité, que cette révélation vous rendra plus intéressante encore.

— Je vous crois, madame, et je me résignerai; hier, dans notre entretien, M. le curé m'avait annoncé de douloureuses expiations : elles commencent, je ne dois pas m'étonner. Il m'a dit encore que mes souffrances me seraient un jour comptées... Je l'espère... Soutenue dans ces épreuves par vous et par lui, je ne me plaindrai pas.

— Vous allez d'ailleurs le voir dans quelques moments, jamais ses conseils ne vous auront été plus salutaires... Voici déjà quatre heures et demie; disposez-vous à aller au presbytère, mon enfant... Je vais écrire à M. Rodolphe pour lui apprendre ce qui est arrivé à la ferme d'Arnouville... Un exprès lui portera ma lettre... puis j'irai vous rejoindre chez notre bon abbé... car il est urgent que nous causions tous trois.

Peu d'instants après, la Goualeuse sortait de la ferme afin de se rendre au presbytère par le chemin creux où la veille le Maître d'école et Tortillard étaient convenus de se retrouver.

CHAPITRE XIII.

Réflexion.

Ainsi qu'on a pu le voir par ses entretiens avec madame Georges et avec le curé de Bouqueval, Fleur-de-Marie avait si noblement profité des conseils de ses bienfaiteurs, s'était tellement assimilé leurs principes, qu'elle se désespérait de plus en plus en songeant à son abjection passée.

Malheureusement encore son esprit s'était développé à mesure que ses excellents instincts grandissaient au milieu de l'atmosphère d'honneur et de pureté où elle vivait.

D'une intelligence moins élevée, d'une sensibilité moins exquise, d'une imagination moins vive, Fleur-de-Marie se serait facilement consolée.

Elle s'était repentie, un vénérable prêtre l'avait pardonnée, elle aurait oublié les horreurs de la Cité au milieu des douceurs de la vie rustique qu'elle partageait avec madame Georges; elle se fût enfin livrée sans crainte à l'amitié que lui témoignait mademoiselle Dubreuil, et cela, non par insouciance des fautes qu'elle avait commises, mais par confiance aveugle dans la parole de ceux dont elle reconnaissait l'excellence.

Ils lui disaient : — Maintenant votre bonne conduite vous rend l'égale des honnêtes gens; elle n'aurait vu aucune différence entre elle et les honnêtes gens.

La scène douloureuse de la ferme d'Arnouville l'eût péniblement affectée, sans doute, mais, pour ainsi dire, prévu, devancé cette scène, en versant des larmes amères, en éprouvant de vagues remords à la vue de Clara dormant, innocente et pure, dans la même chambre que l'ancienne pensionnaire de l'ogresse.

Pauvre fille!... ne s'était-elle pas bien souvent adressé elle-même, dans le silence de ses longues insomnies, des récriminations bien plus poignantes que celles dont les habitants de la ferme l'avaient accablée?

Ce qui tuait lentement Fleur-de-Marie, c'était l'analyse, c'était l'examen incessant de ce qu'elle se reprochait; c'était surtout la comparaison constante de l'avenir que l'inexorable passé lui imposait, et de l'avenir qu'elle eût rêvé sans cela.

L'esprit d'analyse, d'examen et de comparaison est presque toujours inhérent à la supériorité de l'intelligence. Chez les âmes altières et orgueilleuses, cet esprit amène le doute et la révolte contre les autres.

Chez les âmes timides et délicates, cet esprit amène le doute et la révolte contre soi.

On condamne les premiers, ils s'absolvent.

On absout les seconds, ils se condamnent.

Le curé de Bouqueval, malgré sa sainteté, madame Georges, malgré ses vertus, ou plutôt tous deux à cause de leurs vertus et de leur sainteté, ne pouvaient imaginer ce que souffrait la Goualeuse depuis que son âme, dégagée de ses souillures, pouvait contempler toute la profondeur de l'abîme où on l'avait plongée.

Ils ne savaient pas que les affreux souvenirs de la Goualeuse avaient presque la puissance, la force de la réalité; ils ne savaient pas que cette jeune fille, d'une sensibilité exquise, d'une imagination rêveuse et poétique, d'une finesse d'impression douloureuse à force de susceptibilité; ils ne savaient pas que cette jeune fille ne pouvait pas un jour sans se rappeler, mais aussi sans ressentir, avec une souffrance mêlée de dégoût et d'épouvante, les honteuses misères de son existence d'autrefois.

Qu'on se figure une enfant de seize ans, candide et pure, ayant la conscience de sa candeur et de sa pureté, jetée par quelque pouvoir infernal dans l'infâme taverne de l'ogresse et invinciblement soumise au pouvoir de cette mégère!... Telle était pour Fleur-de-Marie la réaction du passé sur le présent.

Ferons-nous comprendre l'espèce de ressentiment rétrospectif, ou plutôt le contre-coup moral dont la Goualeuse souffrait si cruellement, qu'elle regrettait, plus souvent qu'elle n'avait osé l'avouer à l'abbé, de n'être pas morte étouffée dans la fange?

Pour peu qu'on réfléchisse et qu'on ait d'expérience de la vie, on ne prendra pas ce que nous allons dire pour un paradoxe :

Ce qui rendait Fleur-de-Marie digne d'intérêt et de pitié, c'est que non-seulement elle n'avait jamais aimé, mais que ses sens étaient toujours restés endormis et glacés. Si bien souvent, chez des femmes peut-être moins délicatement pures que Fleur-de-Marie, de chastes répulsions succèdent longtemps au mariage, s'étonnera-t-on que cette infortunée, enivrée par l'ogresse, et jetée à seize ans au milieu de la horde de bêtes sauvages ou féroces qui infestaient la Cité, n'eût éprouvé qu'horreur et effroi, et soit sortie moralement pure de ce cloaque?..

Les naïves confidences de Clara Dubreuil au sujet de son candide amour pour le jeune fermier qu'elle devait épouser avaient navré Fleur-de-Marie; elle aussi sentait qu'elle aurait aimé vaillamment, qu'elle aurait éprouvé l'amour dans tout ce qu'il a de dévoué, de noble, de pur et de grand; et pourtant il ne lui était plus permis d'inspirer ou d'éprouver ce sentiment; car si elle aimait... elle choisirait en raison de l'élévation de son âme... et plus ce choix serait digne d'elle, plus elle devait s'en croire indigne.

CHAPITRE XIV.

Le chemin creux.

Le soleil se couchait à l'horizon; la plaine était déserte, silencieuse. Fleur-de-Marie approchait de l'entrée du chemin creux qu'il lui fallait traverser pour se rendre au presbytère, lorsqu'elle vit sortir de la ravine un petit garçon boiteux, vêtu d'une blouse grise et d'une casquette bleue : il semblait éploré, et, du plus loin qu'il aperçut la Goualeuse, il accourut près d'elle.

— Oh! ma bonne dame, ayez pitié de moi, s'il vous plaît! s'écria-t-il en joignant les mains d'un air suppliant.

— Que voulez-vous ? Qu'avez-vous, mon enfant ? lui demanda la Goualeuse avec intérêt.

— Hélas, ma bonne dame, ma pauvre grand'mère, qui est bien vieille, bien vieille, est tombée là-bas, en descendant le ravin ; elle s'est fait beaucoup de mal... j'ai peur qu'elle se soit cassé la jambe... Je suis trop faible pour l'aider à se relever... Mon Dieu, comment faire, si vous ne venez pas à mon secours ? Pauvre grand'mère ! elle va mourir peut-être !

La Goualeuse, touchée de la douleur du petit boiteux, s'écria :

— Je ne suis pas très-forte non plus, mon enfant, mais je pourrai peut-être vous aider à secourir votre grand'mère... Allons vite près d'elle... Je demeure à cette ferme là-bas... si la pauvre vieille ne peut s'y transporter avec nous, je l'enverrai chercher.

— Oh ! ma bonne dame, le bon Dieu vous bénira, bien sûr... C'est par ici... à deux pas, dans le chemin creux, comme je vous le disais ; c'est en descendant la berge qu'elle a tombé.

— Vous n'êtes donc pas du pays ? demanda la Goualeuse en suivant Tortillard, que l'on a sans doute déjà reconnu.

— Non, ma bonne dame, nous venons d'Écouen.

— Et où alliez-vous ?

— Chez un bon curé qui demeure sur la colline là-bas... dit le fils de Bras-Rouge, pour augmenter la confiance de Fleur-de-Marie.

— Chez M. l'abbé Laporte, peut-être ?

— Oui, ma bonne dame, chez M. l'abbé Laporte, ma pauvre grand'mère le connaît beaucoup, beaucoup...

— J'allais justement chez lui ; quelle rencontre ! dit Fleur-de-Marie en s'enfonçant de plus en plus dans le chemin creux.

— Grand'maman ! me voilà, me voilà !... Prends patience, je t'amène du secours ! cria Tortillard pour prévenir le Maître d'école et la Chouette de se tenir prêts à saisir leur victime.

— Votre grand'mère n'est donc pas tombée loin d'ici ? demanda la Goualeuse.

— Non, ma bonne dame, derrière ce gros arbre là-bas, où le chemin tourne, à vingt pas d'ici.

Tout à coup Tortillard s'arrêta.

Le bruit du galop d'un cheval retentit dans le silence de la plaine.

— Tout est encore perdu, se dit Tortillard.

Le chemin faisait un coude très-prononcé à quelques toises de l'endroit où le fils de Bras-Rouge se trouvait avec la Goualeuse.

Un cavalier parut à ce détour ; lorsqu'il fut auprès de la jeune fille, il s'arrêta.

On entendit alors le trot d'un autre cheval, et quelques moments après survint un domestique vêtu d'une redingote brune à boutons d'argent, d'une culotte de peau blanche et de bottes à revers. Une étroite ceinture de cuir serrait derrière lui le maklintosh de son maître.

Le maître, vêtu simplement d'une épaisse redingote bronze et d'un pantalon gris clair, montait avec une grâce parfaite un cheval bai, de pur sang, d'une beauté singulière ; malgré la longue course qu'il venait de faire, le lustre éclatant de sa robe à reflets dorés ne se ternissait pas même d'une légère moiteur.

Le cheval du groom, qui resta immobile à quelques pas de son maître, était aussi plein de race et de distinction.

Dans ce cavalier, d'une figure brune et charmante, Tortillard reconnut M. le vicomte de Saint-Remy, que l'on supposait être l'amant de madame la duchesse de Lucenay.

— Ma jolie fille, dit le vicomte à la Goualeuse, dont la beauté le frappa, auriez-vous l'obligeance de m'indiquer la route du village d'Arnouville ?

Marie, baissant les yeux devant le regard profond et hardi de ce jeune homme, répondit :

— En sortant du chemin creux, monsieur, vous prendrez le premier sentier à main droite ; ce sentier vous conduira à une avenue de cerisiers qui mène directement à Arnouville.

— Mille grâces, ma belle enfant... Vous me renseignez mieux qu'une vieille femme que j'ai trouvée à deux pas d'ici, étendue au pied d'un arbre ; je n'ai pu tirer d'elle autre chose que des gémissements.

— Ma pauvre grand'mère !... murmura Tortillard d'une voix dolente.

— Maintenant, encore un mot, reprit M. de Saint-Remy en s'adressant à la Goualeuse, pouvez-vous me dire si je trouverai facilement, à Arnouville, la ferme de M. Dubreuil ?

La Goualeuse ne put s'empêcher de tressaillir à ces mots qui lui rappelaient la pénible scène de la matinée :

— Les bâtiments de la ferme bordent l'avenue que vous allez suivre pour vous rendre à Arnouville, monsieur.

— Encore une fois, merci, ma belle enfant ! dit M. de Saint-Remy. Et il partit au galop, suivi de son groom.

Les traits charmants du vicomte s'étaient quelque peu déridés pendant qu'il parlait à Fleur-de-Marie ; dès qu'il fut seul, ils redevinrent sombres et contractés avec une inquiétude profonde.

Fleur-de-Marie, se souvenant de la personne inconnue pour qui l'on préparait à la hâte un pavillon de la ferme d'Arnouville par les ordres de madame de Lucenay, ne douta pas qu'il ne s'agît de ce jeune et beau cavalier.

Le galop des chevaux ébranla quelque temps encore la terre durcie par la gelée ; il s'amoindrit, cessa...

Tout redevint silencieux.

Tortillard respira.

Voulant rassurer et avertir ses complices, dont l'un, le Maître d'école, s'était dérobé à la vue des cavaliers, le fils de Bras-Rouge s'écria :

— Grand'mère !... me voilà... avec une bonne dame qui vient à ton secours !...

— Vite, vite, mon enfant ! ce monsieur à cheval nous a fait perdre quelques minutes, dit la Goualeuse en hâtant le pas, afin d'atteindre le tournant du chemin creux.

A peine y arriva-t-elle, que la Chouette, qui s'y tenait embusquée, dit à voix basse :

— A moi, fourline !

Puis, sautant sur la Goualeuse, la borgnesse la saisit au cou d'une main, et de l'autre lui comprima les lèvres, pendant que Tortillard, se jetant aux pieds de la jeune fille, se cramponnait à ses jambes pour l'empêcher de faire un pas.

Ceci s'était passé si rapidement, que la Chouette n'avait pas eu le temps d'examiner les traits de la Goualeuse ; mais dans le peu d'instants qu'il fallut au Maître d'école pour sortir du trou où il s'était tapi et pour venir à tâtons avec son manteau, la vieille reconnut son ancienne victime.

— La Pégriotte !... s'écria-t-elle d'abord stupéfaite ; puis elle ajouta avec une joie féroce : C'est encore toi ?... Ah ! c'est le *boulanger* qui t'envoie... C'est ton sort de retomber toujours sous ma griffe !... J'ai mon vitriol dans le fiacre... cette fois, ta jolie frimousse y passera... car tu *m'enrhumes* avec ta figure de vierge... A toi, mon homme !... prends garde qu'elle ne te morde, et tiens-la bien pendant que nous allons l'emballuchonner.

De ses deux mains puissantes, le Maître d'école saisit la Goualeuse ; et, avant qu'elle eût pu pousser un cri, la Chouette lui jeta le manteau sur la tête et l'enveloppa étroitement.

En un instant, Fleur-de-Marie, liée, bâillonnée, fut mise dans l'impossibilité de faire un mouvement ou d'appeler à son secours.

— Maintenant, à toi le paquet, fourline... dit la Chouette. Eh ! eh ! eh !... c'est seulement pas si lourd que la *négresse* de la femme noyée du canal Saint-Martin... n'est-ce pas, mon homme ? Et comme le brigand tressaillait à ces mots qui lui rappelaient son épouvantable rêve de la nuit, la borgnesse reprit : — Ah çà ! qu'est-ce que tu as donc, fourline ?... on dirait que tu grelottes ?... depuis ce matin, par instants, les dents te claquent comme si tu avais la fièvre, et alors tu regardes en l'air comme si tu cherchais quelque chose.

— Gros *feignant* !... il regarde les mouches voler, dit Tortillard.

— Allons, vite, filons, mon homme ! emballe-moi la Pégriotte... A la bonne heure ! ajouta la Chouette en voyant le brigand prendre Fleur-de-Marie entre ses bras comme on prend un enfant endormi. Vite au fiacre, vite !...

— Mais qui est-ce qui va me conduire, moi ?... demanda le Maître d'école d'une voix sourde, en étreignant son souple et léger fardeau dans ses bras d'hercule.

— Vieux têtard ! il pense à tout, dit la Chouette.

Et, écartant son châle, elle dénoua un foulard rouge qui couvrait son cou décharné, tordit à moitié ce mouchoir dans sa longueur, et dit au Maître d'école :

— Ouvre la gargoine, prends le bout de ce foulard dans tes quenottes, serre bien... Tortillard prendra l'autre bout à la main, tu n'auras qu'à le suivre... A bon aveugle bon chien. Ici, moutard !

Le petit boiteux fit une gambade, murmura à voix basse un jappement imitatif et grotesque, prit dans sa main l'autre bout du mouchoir, et conduisit ainsi le Maître d'école, pendant que la Chouette hâtait le pas pour prévenir Barbillon.

Nous avons renoncé à peindre la terreur de Fleur-de-Marie lorsqu'elle s'était vue au pouvoir de la Chouette et du Maître d'école. Elle se sentit défaillir et ne put opposer la moindre résistance.

Quelques minutes après, la Goualeuse était transportée dans le fiacre conduit par Barbillon ; quoiqu'il fît nuit, les stores de cette voiture étaient soigneusement fermés, et les trois complices se dirigèrent, avec leur victime presque expirante, vers la plaine Saint-Denis, où Tom les attendait.

CHAPITRE XV.

Clémence d'Harville.

Le lecteur nous excusera d'abandonner une de nos héroïnes dans une situation si critique, situation dont nous dirons plus tard le dénoûment.

Les exigences de ce récit multiple, malheureusement trop varié dans son unité, nous forcent de passer incessamment d'un personnage à un autre, afin de faire, autant qu'il est en nous, marcher et progresser l'intérêt général de l'œuvre (si toutefois il y a de l'intérêt dans cette œuvre, aussi difficile que consciencieuse et impartiale).

Nous avons encore à suivre quelques-uns des acteurs de ce récit dans ces mansardes où frissonne de froid et de faim une misère timide, résignée, probe et laborieuse ;

Dans ces prisons d'hommes et de femmes, prisons souvent coquettes et fleuries, souvent noires et funèbres, mais toujours vastes écoles de perdition, atmosphère nauséabonde et viciée, où l'innocence s'étiole et se flétrit... sombres pandémoniums où un prévenu peut entrer pur, mais d'où il sort presque toujours corrompu ;...

Dans ces hôpitaux où le pauvre, traité parfois avec une touchante humanité, regrette aussi parfois le grabat solitaire qu'il trempait de la sueur glacée de la fièvre ;...

Dans ces mystérieux asiles où la fille séduite et délaissée met au jour, en l'arrosant de larmes amères, l'enfant qu'elle ne doit plus revoir !...

Dans ces lieux terribles où la folie, touchante, grotesque, stupide, hideuse ou féroce, se montre sous des aspects toujours effrayants... depuis l'insensé paisible qui rit tristement de ce rire qui fait pleurer..., jusqu'au frénétique qui rugit comme une bête féroce en s'accrochant aux grilles de son cabanon.

Nous avons enfin à explorer...

Mais à quoi bon faire le trop longue énumération ? Ne devons-nous pas craindre d'effrayer le lecteur ? il a déjà bien voulu nous faire la grâce de nous suivre en des lieux assez étranges, il hésiterait peut-être à nous accompagner dans de nouvelles pérégrinations.

Cela dit, passons.

On se souvient que, la veille du jour où s'accomplissaient les événements que nous venons de raconter (l'enlèvement de la Goualeuse par la Chouette), Rodolphe avait sauvé madame d'Harville d'un danger imminent, danger suscité par la jalousie de Sarah, qui avait prévenu M. d'Harville du rendez-vous si imprudemment accordé par la marquise à M. Charles Robert.

Rodolphe, profondément ému de cette scène, était rentré chez lui en sortant de la maison de la rue du Temple remettant au lendemain la visite qu'il comptait faire à mademoiselle Rigolette et à la famille de malheureux artisans dont nous avons parlé ; car il les croyait à l'abri du besoin, grâce à l'argent qu'il avait remis pour eux à la marquise, afin de rendre sa prétendue visite de charité plus vraisemblable aux yeux de M. d'Harville. Malheureusement Rodolphe ignorait que Tortillard s'était emparé de cette bourse, et l'on sait comment le petit boiteux avait commis ce vol audacieux.

Vers les quatre heures, le prince reçut la lettre suivante...

Une femme âgée l'avait apportée et s'en était allée sans attendre la réponse.

« Monseigneur,

« Je vous dois plus que la vie ; je voudrais vous exprimer aujourd'hui même ma profonde reconnaissance. Demain peut-être la honte me rendrait muette... Si vous pouviez me faire l'honneur de venir chez moi ce soir, vous finiriez cette journée comme vous l'avez commencée, monseigneur, par une généreuse action.

« D'ORBIGNY-D'HARVILLE.

« P. S. Ne prenez pas la peine de me répondre, monseigneur, je serai chez moi toute la soirée. »

Rodolphe, heureux d'avoir rendu à madame d'Harville un service éminent, regrettait pourtant l'espèce d'intimité forcée que cette circonstance établissait tout à coup entre lui et la marquise.

Incapable de trahir l'amitié de M. d'Harville, mais profondément touché de la grâce spirituelle et de l'attrayante beauté de Clémence, Rodolphe, s'apercevant d'un goût trop vif pour elle, avait presque renoncé à la voir aussi assidûment.

Aussi se rappelait-il avec émotion l'entretien qu'il avait surpris à l'ambassade de *** entre Tom et Sarah... Celle-ci, pour motiver sa haine et sa jalousie, avait affirmé, non sans raison, que madame d'Harville ressentait toujours pour son inconnu une sérieuse affection pour Rodolphe. Sarah était trop sagace, trop fine, trop initiée à la connaissance du cœur humain pour n'avoir pas compris que Clémence, se croyant négligée, dédaignée peut-être par un homme qui avait fait sur elle une impression profonde : que Clémence, dans son dépit, cédant aux obsessions d'une amie perfide, pouvait faire à l'attention, presque par surprise, aux transports imaginaires de M. Charles Robert, sans pour cela oublier complètement Rodolphe.

D'autres femmes, fidèles au souvenir de l'homme qu'elles avaient d'abord distingué, seraient restées indifférentes aux regards du commandant. Clémence d'Harville fut donc doublement coupable, quoiqu'elle n'eût cédé qu'à la séduction du malheur, et qu'un vif sentiment du devoir, joint peut-être au souvenir du prince, pouvant salutaire qui veillait au fond de son cœur, l'eût préservée d'une faute irréparable.

Rodolphe, en songeant à son entrevue avec madame d'Harville, était en proie à mille contradictions. Bien résolu de résister au penchant qui l'entraînait vers elle, tantôt il s'estimait heureux de pouvoir la désarmer, en lui reprochant un choix aussi fâcheux que celui de M. Charles Robert ; tantôt, au contraire, il regrettait amèrement de voir tomber le prestige dont il l'avait jusqu'alors entourée.

Clémence d'Harville attendait aussi cette entrevue avec anxiété ; les deux sentiments qui prédominaient en elle étaient une douloureuse confusion lorsqu'elle pensait à Rodolphe... une aversion profonde lorsqu'elle pensait à M. Charles Robert.

Beaucoup de raisons motivaient cette aversion, cette haine.

Une femme risquera son repos, son honneur pour un homme : mais elle ne lui pardonnera jamais de l'avoir mise dans une position humiliante ou ridicule.

Or, madame d'Harville, en butte aux sarcasmes et aux insultants regards de madame Pipelet, avait failli mourir de honte.

Ce n'était pas tout.

Recevant de Rodolphe l'avis du danger qu'elle courait, Clémence avait monté précipitamment au cinquième : la direction de l'escalier était telle, qu'en le gravissant elle aperçut M. Charles Robert vêtu de son éblouissante robe de chambre, au moment où, reconnaissant le pas léger de la femme qu'il attendait, il entre-bâillait sa porte d'un air souriant, confiant et conquérant... L'insolente fatuité du costume significatif du commandant apprit à la marquise combien elle s'était grossièrement trompée sur cet homme. Entraînée par la bonté de son cœur, par la générosité de son caractère à une démarche qui pouvait la perdre, elle lui avait accordé ce rendez-vous, non par amour, mais seulement par commisération, afin de le consoler du rôle ridicule que le mauvais goût de M. le duc de Lucenay lui avait fait jouer devant elle à l'ambassade de ***.

Qu'on juge de la déconvenue, du dégoût de madame d'Harville, à l'aspect de M. Charles Robert..., vêtu en triomphateur !...

Neuf heures venaient de sonner à la pendule du petit salon où madame d'Harville se tenait habituellement.

Les modistes et les cabaretiers ont tellement abusé du style Louis XV et du style renaissance, que la marquise, femme de beaucoup de goût, avait prohibé de son appartement cette espèce de luxe devenu si vulgaire, le reléguant dans la partie de l'hôtel d'Harville destinée aux grandes réceptions.

Rien de plus élégant et de plus distingué que l'ameublement du salon où la marquise attendait Rodolphe.

La tenture et les rideaux, sans pentes ni draperies, étaient d'une étoffe de l'Inde couleur paille ; sur ce fond brillant se dessinaient, brodées en soie mate de même nuance, des arabesques du goût le plus charmant et le plus capricieux. De doubles rideaux de point d'Alençon cachaient entièrement les vitres.

Les portes, en bois de rose, étaient rehaussées de moulures d'argent doré très-délicatement ciselées qui encadraient dans chaque panneau un médaillon ovale en porcelaine de Sèvres de près d'un pied de diamètre, représentant des oiseaux et des fleurs d'un fini, d'un éclat admirables. Les bordures des glaces et les baguettes de la tenture étaient aussi de bois de rose relevé des mêmes ornements d'argent doré.

La frise de la cheminée, de marbre blanc, et ses deux cariatides d'une beauté antique et d'une grâce exquise, étaient dues au ciseau magistral de Marochetti, cet artiste éminent ayant consenti à sculpter ce délicieux chef-d'œuvre, se souvenant sans doute que Benvenuto ne dédaignait pas de modeler des aiguières et des armures.

Deux candélabres et deux flambeaux de vermeil, précieusement travaillés par Gouttière, accompagnaient la pendule, bloc carré de lapis-lazuli, élevé sur un socle de jaspe oriental et surmonté d'une large et magnifique coupe d'or émaillée, enrichie de perles et de rubis, et appartenant au plus beau temps de la renaissance florentine.

Plusieurs excellents tableaux de l'école vénitienne, de moyenne grandeur, complétaient un ensemble d'une haute magnificence.

Grâce à une innovation charmante, ce joli salon était doucement éclairé par une lampe dont le globe de cristal dépoli ne paraissait à demi au milieu d'une touffe de fleurs naturelles contenues dans une profonde et immense coupe de Japon bleue, posée or, suspendue au plafond, comme un lustre, par trois grosses chaînes de vermeil, auxquelles s'enroulaient les tiges vertes de plusieurs plantes grimpantes ; quelques-uns de leurs rameaux flexibles et chargés de fleurs, débordant la coupe, retombaient gracieusement, comme une frange de fraîche verdure, sur la porcelaine émaillée d'or, de pourpre et d'azur.

Nous insistons sur ces détails, sans doute puérils, pour donner une idée du bon naturel de madame d'Harville (symptôme presque toujours sûr d'un bon esprit), et parce que certaines misères ignorées, certains mystérieux malheurs semblent encore plus poignants lorsqu'ils contrastent avec les apparences de ce qui fait aux yeux de tous la vie heureuse et enviée.

Plongée dans un grand fauteuil totalement recouvert d'étoffe couleur paille, comme les autres meubles, Clémence d'Harville, coiffée en cheveux, portait une robe de velours noir montante, sur laquelle se découpait le merveilleux travail de son large col et de ses manchettes plates en point d'Angleterre, qui empêchaient le noir du velours de trancher trop crûment sur l'éblouissante blancheur de ses mains et de son cou.

À mesure qu'approchait le moment de son entrevue avec Rodolphe, l'émotion de la marquise redoublait. Pourtant sa confusion fit place à des pensées plus résolues : après de longues réflexions, elle prit le parti de confier à Rodolphe un grand... et cruel secret, espérant que son extrême franchise lui concilierait peut-être une estime dont elle se montrait si jalouse.

Ravivé par la reconnaissance, son premier penchant pour Rodolphe se réveillait avec une nouvelle force. Un de ces pressentiments qui trompent rarement les cœurs aimants lui disait que le hasard seul n'avait pas amené le prince si à point pour la sauver, et qu'en cessant depuis quelques mots de la voir il avait cédé à un sentiment tout autre que celui de l'aversion. Un vague instinct élevait aussi dans l'esprit de Clémence des doutes sur la sincérité de l'affection de Sarah.

Au bout de quelques minutes, un valet de chambre, après avoir discrètement frappé, entra et dit à Clémence :

— Madame la marquise veut-elle recevoir madame Asthon et mademoiselle ?

— Mais sans doute, comme toujours... répondit madame d'Harville. Et sa fille entra lentement dans le salon.

C'était une enfant de quatre ans, qui eût été d'une charmante figure sans sa pâleur maladive et sa maigreur extrême. Madame Asthon, sa gouvernante, la tenait par la main ; Claire (c'était le nom de l'enfant), malgré sa faiblesse, se hâta d'accourir vers sa mère en lui tendant les bras. Deux nœuds de rubans cerise rattachaient au-dessus de chaque tempe ses cheveux bruns, nattés et roulés de chaque côté de son front ; sa santé était si frêle, qu'elle portait une petite douillette de soie brune ouatée au lieu d'une de ces jolies robes de mousseline blanche, garnies de rubans pareils à la coiffure, et bien décolletées, afin qu'on puisse voir ces bras roses, ces épaules fraîches et satinées, si charmants chez les enfants bien portants.

Les grands yeux noirs de cette enfant semblaient énormes, tant ses joues étaient creuses. Malgré cette apparence débile, un sourire plein de gentillesse et de grâce épanouit les traits de Claire lorsqu'elle fut placée sur les genoux de sa mère, qui l'embrassait avec une sorte de tendresse triste et passionnée.

— Comment a-t-elle été depuis tantôt, madame Asthon? demanda madame d'Harville à la gouvernante.

— Assez bien, madame la marquise, quoiqu'un moment j'aie craint...

— Encore ! s'écria Clémence en serrant sa fille contre son cœur avec un mouvement d'effroi involontaire.

— Heureusement, madame, je m'étais trompée, dit la gouvernante; l'accès n'a pas eu lieu, mademoiselle Claire s'est calmée : elle n'a éprouvé qu'un moment de faiblesse.... Elle a peu dormi cette après-dînée ; mais elle n'a pas voulu se coucher sans venir embrasser madame la marquise.

— Pauvre petit ange aimé ! dit madame d'Harville en couvrant sa fille de baisers.

Celle-ci lui rendait ses caresses avec une joie enfantine, lorsque le valet de chambre ouvrit les deux battants de la porte du salon, et annonça :

— Son Altesse Sérénissime monseigneur le grand-duc de Gérolstein !

Claire, montée sur les genoux de sa mère, lui avait jeté ses deux bras autour du cou et l'embrassait étroitement. A l'aspect de Rodolphe, Clémence rougit, posa doucement sa fille sur le tapis, fit signe à madame Asthon d'emmener l'enfant, et se leva.

— Vous me permettrez, madame, dit Rodolphe en souriant après avoir salué respectueusement la marquise, de renouveler connaissance avec mon ancienne petite amie, qui, je le crains bien, m'aura oublié.

Et, se courbant un peu, il tendit la main à Claire.

Celle-ci attacha d'abord curieusement sur lui ses deux grands yeux noirs ; puis, le reconnaissant, elle fit un gentil signe de tête, et lui envoya un baiser du bout de ses doigts amaigris.

— Vous reconnaissez monseigneur, mon enfant? demanda Clémence à Claire. Celle-ci baissa la tête affirmativement, et envoya un nouveau baiser à Rodolphe.

— Sa santé paraît s'être améliorée depuis que je ne l'ai vue, dit-il avec intérêt en s'adressant à Clémence.

— Monseigneur, elle va un peu mieux, quoique toujours souffrante.

La marquise et le prince, aussi embarrassés l'un que l'autre en songeant à leur prochain entretien, étaient presque satisfaits de le voir reculé de quelques minutes par la présence de Claire ; mais la gouvernante ayant discrètement emmené l'enfant, Rodolphe et Clémence se trouvèrent seuls.

CHAPITRE XVI.

Les aveux.

Le fauteuil de madame d'Harville était placé à droite de la cheminée, où Rodolphe, resté debout, s'accoudait légèrement.

Jamais Clémence n'avait été plus frappée du noble et gracieux ensemble des traits du prince ; jamais sa voix ne lui avait semblé plus douce et plus vibrante.

Sentant combien il était pénible pour la marquise de commencer cette conversation, Rodolphe lui dit :

— Vous avez été, madame, victime d'une trahison indigne : une lâche délation de la comtesse Sarah Mac-Gregor a failli vous perdre.

— Il serait vrai, monseigneur ? s'écria Clémence. Mes pressentiments ne me trompaient donc pas... Et comment Votre Altesse a-t-elle pu savoir ?...

— Hier, par hasard, au bal de la comtesse ***, j'ai découvert le secret de cette infamie. J'étais assis dans un endroit écarté du jardin d'hiver, ignorant qu'un massif de verdure me séparait d'eux et me permettait de les entendre, la comtesse Sarah et son frère vinrent s'entretenir à quelques pas de moi de leurs projets et du piège qu'ils vous tendaient. Voulant vous prévenir du péril dont vous étiez menacée, je me rendis à la hâte au bal de madame de Nerval, croyant vous y trouver : vous n'y aviez pas paru. Vous écrire ici ce matin, c'était exposer ma lettre à tomber entre les mains du marquis, dont les soupçons devaient être éveillés. J'ai préféré aller vous attendre rue du Temple, pour déjouer la trahison de la comtesse Sarah. Vous me pardonnez, n'est-ce pas, de vous entretenir si longtemps d'un sujet qui doit vous être désagréable ? Sans la lettre que vous avez eu la bonté de m'écrire... de ma vie je ne vous eusse parlé de tout ceci...

Après un moment de silence, madame d'Harville dit à Rodolphe :

— Je n'ai qu'une manière, monseigneur, de vous prouver ma reconnaissance... c'est de vous faire un aveu que je n'ai fait à personne. Cet aveu ne me justifiera pas à vos yeux, mais il vous fera peut-être trouver ma conduite moins coupable.

— Franchement, madame, dit Rodolphe en souriant, ma position envers vous est très-embarrassante.

Clémence, étonnée de ce ton presque léger, regarda Rodolphe avec surprise.

— Comment, monseigneur ?

— Grâce à une circonstance que vous devinerez sans doute, je suis obligé de faire... un peu le grand parent, à propos d'une aventure qui, dès que vous aviez échappé au piège odieux de la comtesse Sarah, ne méritait pas d'être prise si gravement... Mais, ajouta Rodolphe avec une nuance de gravité douce et affectueuse, votre mari est pour moi presque un frère ; mon père avait voué à son père la plus affectueuse gratitude. C'est donc très-sérieusement que je vous félicite d'avoir rendu à votre mari le repos et la sécurité.

— Et c'est aussi parce que vous honorez M. d'Harville de votre amitié, monseigneur, que je tiens à vous apprendre la vérité tout entière... et sur un choix qui doit vous sembler aussi malheureux qu'il l'est réellement... et sur ma conduite, qui offense celui que Votre Altesse appelle presque son frère.

— Je serai toujours, madame, heureux et fier de la moindre preuve de votre confiance. Cependant, permettez-moi de vous dire, à propos du choix dont vous parlez, que je sais que vous avez cédé autant à un sentiment de pitié sincère qu'à l'obsession de la comtesse Sarah Mac-Gregor, qui avait ses raisons pour vouloir vous perdre... Je sais encore que vous avez hésité longtemps avant de vous résoudre à la démarche que vous regrettez tant à cette heure.

Clémence regarda le prince avec surprise.

— Cela vous étonne? Je vous dirai mon secret un autre jour, afin de ne pas passer à vos yeux pour sorcier, reprit Rodolphe en souriant. Mais votre mari est-il complètement rassuré ?

— Oui, monseigneur, dit Clémence en baissant les yeux avec confusion ; et, je vous l'avoue, il m'est pénible de l'entendre me demander pardon de m'avoir soupçonnée, et s'extasier sur mon modeste silence à propos de mes bonnes œuvres.

— Il est heureux de son illusion, ne vous la reprochez pas, maintenez-le toujours, au contraire, dans sa douce erreur. S'il ne m'était interdit de parler légèrement de cette aventure, et s'il ne s'agissait pas de vous, madame... je dirais que jamais une femme n'est plus charmante pour son mari que lorsqu'elle a quelque tort à lui faire oublier. On n'a pas idée de toutes les séduisantes câlineries qu'une mauvaise conscience inspire, on n'imagine pas toutes les fleurs ravissantes que fait souvent éclore une perfidie... Quand j'étais jeune, ajouta Rodolphe en souriant, j'éprouvais toujours, malgré moi, une vague défiance lors de certains redoublements de tendresse ; et comme de mon côté je ne me sentais jamais plus à mon avantage que lorsque j'avais quelque chose à me faire pardonner, dès qu'on se montrait pour moi aussi perfidement aimable que je voulais le paraître, j'étais bien sûr que ce charmant accord... cachait une infidélité mutuelle.

Madame d'Harville s'étonnait de plus en plus d'entendre Rodolphe parler en raillant d'une aventure qui avait pu avoir pour elle des suites si terribles ; mais devinant bientôt que le prince, par cette affectation de légèreté, tâchait d'amoindrir l'importance du service qu'il lui avait rendu, elle lui dit, profondément touchée de cette délicatesse :

— Je comprends votre générosité, monseigneur... Permis à vous maintenant de plaisanter et d'oublier le péril auquel vous m'avez arrachée... Mais ce que j'ai à vous dire, moi, est si grave, si triste, cela a tant de rapport avec les événements de ce matin, vos conseils peuvent m'être si utiles, que je vous supplie de vous rappeler que vous m'avez sauvé l'honneur et la vie.... oui, monseigneur, la vie... Mon mari était armé ; il me l'a avoué dans l'excès de son repentir ; il voulait me tuer !...

— Grand Dieu ! s'écria Rodolphe avec un vive émotion.

— C'était donc droit, reprit amèrement madame d'Harville.

— Je vous en conjure, madame, répondit Rodolphe très-sérieusement cette fois, croyez-moi, je suis incapable de rester indifférent à ce qui vous intéresse ; si tout à l'heure j'ai plaisanté, c'est que je ne voulais pas appesantir tristement votre pensée sur cette matinée, qui a dû vous causer une si terrible émotion. Maintenant, madame, je vous écoute re-

ligieusement, puisque vous me faites la grâce de me dire que mes conseils peuvent vous être bons à quelque chose.
— Oh ! bien utiles, monseigneur ! Mais, avant de vous les demander, permettez-moi de vous dire quelques mots d'un passé que vous ignorez... des années qui ont précédé mon mariage avec M. d'Harville.

Rodolphe s'inclina, Clémence continua :
— A seize ans je perdis ma mère, dit-elle sans pouvoir retenir une larme. Je ne vous dirai pas combien je l'adorai : figurez-vous, monseigneur, l'idéal de la bonté sur la terre ; sa tendresse pour moi était extrême, elle y trouvait une consolation profonde à d'amers chagrins... Aimant peu le monde, d'une santé délicate, naturellement très-sédentaire, son plus grand plaisir avait été de se charger seule de mon instruction : car ses connaissances solides, variées, lui permettaient de remplir mieux que personne la tâche qu'elle s'était imposée.

Jugez, monseigneur, de son étonnement, du mien, lorsqu'à seize ans, au moment où mon éducation était presque terminée, mon père, prétextant la faiblesse de la santé de ma mère, nous annonça qu'une jeune veuve fort distinguée, que de grands malheurs rendaient très-intéressante, se chargerait d'achever ce que ma mère avait commencé... Ma mère se refusa d'abord à désir de mon père. Moi-même je la suppliais de ne pas mettre entre elle et moi une étrangère : il fut inexorable, malgré nos larmes. Madame Roland, veuve d'un colonel mort dans l'Inde, disait-elle, vint habiter avec nous, et fut chargée de remplir auprès de moi les fonctions d'institutrice.

— Comment ! c'est cette madame Roland que monsieur votre père a épousée presque aussitôt après votre mariage ?
— Oui, monseigneur.
— Elle était donc très-belle ?
— Médiocrement jolie, monseigneur.
— Très-spirituelle, alors ?
— De la dissimulation, de la ruse, rien de plus. Elle avait vingt-cinq ans environ, des cheveux blonds très-pâles, des cils presque blancs, de grands yeux ronds d'un bleu clair ; sa physionomie était humble et doucereuse ; son caractère, perfide jusqu'à la cruauté, était en apparence prévenant jusqu'à la bassesse.
— Et son instruction ?
— Complétement nulle, monseigneur ; et je ne puis comprendre comment mon père, jusqu'alors si esclave des convenances, n'avait pas songé que l'incapacité de cette femme trahirait scandaleusement le véritable motif de sa présence chez lui. Ma mère lui fit observer que madame Roland était d'une ignorance profonde ; il lui répondit, avec un accent qui n'admettait pas de réplique, que, savante ou non, cette jeune et intéressante veuve garderait chez lui la position qu'il lui avait faite. Je l'ai su plus tard : dès ce moment ma pauvre mère comprit tout, et s'affecta profondément, déplorant moins, je pense, l'infidélité de mon père que les désordres intérieurs que cette liaison devait amener et dont le bruit pouvait parvenir jusqu'à moi.
— Mais, en effet, même au point de vue de sa folle passion, monsieur votre père faisait, ce me semble, un mauvais calcul, en introduisant cette femme chez lui.
— Votre étonnement redoublerait encore, monseigneur, si vous saviez que mon père est l'homme du caractère le plus formaliste et le plus entier que je connaisse ; il fallait, pour l'amener à un pareil oubli de toute convenance, l'influence excessive de madame Roland, influence d'autant plus certaine, qu'elle la dissimulait sous les dehors d'une violente passion pour lui.
— Mais quel âge avait donc alors monsieur votre père ?
— Soixante ans environ.
— Et il croyait à l'amour de cette jeune femme ?
— Mon père a été un des hommes les plus à la mode de son temps ; madame Roland, éblouissant à son instinct ou à d'habiles conseils...
— Des conseils ! et qui pouvait la conseiller ?
— Je vous le dirai tout à l'heure, monseigneur. Devinant qu'un homme à bonnes fortunes, lorsqu'il atteint la vieillesse, aime d'autant plus à être flatté que ses agréments extérieurs, que ces louanges lui rappellent le plus beau temps de sa vie, cette femme, le croiriez-vous, monseigneur ? flatta mon père sur la grâce et sur le charme de ses traits, sur l'élégance inimitable de sa taille et de sa tournure ; et il avait soixante ans... Tout le monde apprécie sa haute intelligence, et il a donné aveuglément dans ce piège grossier. Telle a été, telle est encore, je n'en doute pas, la cause de l'influence de cette femme sur lui. Tenez, monseigneur, malgré mes tristes préoccupations, je ne puis m'empêcher de sourire en me rappelant avoir, avant mon mariage, souvent entendu dire et soutenir par madame Roland ce que j'appelais « la maturité réelle » était le bon âge de la vie. Cette maturité réelle ne commençait guère, il est vrai, que vers cinquante-cinq ou soixante ans.
— L'âge de monsieur votre père ?
— Oui, monseigneur. Alors seulement, disait madame Roland, l'esprit et l'expérience avaient acquis leur dernier développement : alors seulement un homme éminemment placé dans le monde jouissait de toute la considération à laquelle il pouvait prétendre ; alors seulement aussi l'ensemble de ses traits, la bonne grâce de ses manières atteignaient leur perfection, la physionomie offrant à cette époque de la vie un rare et divin mélange de gracieuse sérénité et de douce gravité. Enfin, une légère teinte de mélancolie, causée par les déceptions qu'amène toujours l'expérience, complétait le charme irrésistible de la « maturité réelle ; » charme seulement appréciable, se hâtait d'ajouter madame Roland, pour les femmes d'esprit et de cœur qui ont le bon goût de hausser les épaules aux éclats de la jeunesse étourdie de ces petits étourdis de quarante ans, dont le caractère n'offre aucune sûreté et dont les traits, d'une insignifiante juvénilité, ne sont pas encore poétisés par cette majestueuse expression qui décèle la science profonde de la vie.

Rodolphe ne put s'empêcher de sourire de la verve ironique avec laquelle madame d'Harville traçait le portrait de sa belle-mère.
— Il est une chose que je ne pardonne jamais aux gens ridicules, dit-il à la marquise.
— Quoi donc, monseigneur ?
— C'est d'être méchants... cela empêche de rire d'eux tout à son aise.
— C'est peut-être un calcul de leur part, dit Clémence.
— Je le croirais assez, et c'est dommage ; car, par exemple, si je pouvais oublier que cette madame Roland vous a nécessairement fait beaucoup de mal, je m'amuserais fort de cette invention de la « naturalité réelle » opposée à la folle jeunesse de ces étourneaux de quarante ans, qui, selon cette femme, semblent à peine « sortir de page, » comme auraient dit nos grands parents.
— Du moins, mon père est, je crois, heureux des illusions dont, à cette heure, ma belle-mère l'entoure.
— Et sans doute, dès à présent, punie de sa fausseté, elle subit les conséquences de son semblant d'amour passionné ; monsieur votre père l'a prise au mot, il l'entoure de solitude et d'amour. Or, permettez-moi de vous le dire, la vie de votre belle-mère doit être aussi insupportable que celle de son mari doit être heureuse : figurez-vous l'orgueilleuse joie d'un homme de soixante ans, habitué au succès, qui se croit encore assez passionnément aimé d'une jeune femme pour lui inspirer le désir de s'enfermer avec lui dans un complet isolement.
— Aussi, monseigneur, puisque mon père se trouve heureux, je n'aurais peut-être pas à me plaindre de madame Roland ; mais son odieuse conduite envers ma mère... mais la part malheureusement trop active qu'elle a prise à mon mariage, causent mon aversion pour elle, dit madame d'Harville après un moment d'hésitation.

Rodolphe la regarda avec surprise.
— M. d'Harville est votre ami, monseigneur, reprit Clémence d'une voix ferme. Je sais la gravité des paroles que je viens de prononcer... Tout à l'heure vous me direz si elles sont justes. Mais je reviens à madame Roland, établie auprès de moi comme institutrice, malgré son incapacité reconnue. Ma mère eut, à ce sujet, une explication pénible avec mon père, et lui signifia que, voulant au moins protester contre l'intolérable position de cette femme, elle ne paraîtrait plus désormais à table si madame Roland ne quittait pas à l'instant la maison. Ma mère était la douceur, la bonté même ; mais elle devenait d'une indomptable fermeté lorsqu'il s'agissait de sa dignité personnelle. Mon père fut inflexible, elle tint sa promesse ; de ce moment, nous vécûmes complétement retirées dans son appartement. Mon père me témoigna des lors autant de froideur qu'à ma mère, pendant que madame Roland faisait presque publiquement les honneurs de notre maison, toujours en qualité de mon institutrice.
— A quelles extrémités une folle passion ne porte-t-elle pas les esprits les plus éminents ! Et puis on nous enorgueillit bien plus en nous louant des qualités ou des avantages que nous ne possédons pas ou que nous ne possédons plus, qu'en nous louant de ceux que nous avons. Prouver à un homme de soixante ans qu'il n'en a que trente, c'est l'a b c de la flatterie ;... et plus une flatterie est grossière, plus elle a de succès... Hélas ! nous autres princes, nous savons cela.
— On fait à ce sujet tant d'expériences sur vous, monseigneur...
— Sous ce rapport, monsieur votre père a été traité en roi... Mais votre mère devait être horriblement souffrir.
— Plus encore pour moi que pour elle, monseigneur, car elle songeait à l'avenir. Sa santé, très-délicate, s'affaiblit encore ; elle tomba gravement malade ; la fatalité voulut que le médecin de la maison, M. Sorbier, mourût ; ma mère avait toute confiance en lui, elle le regretta vivement. Madame Roland avait pour médecin et pour ami un docteur italien d'un grand mérite, disait-elle ; mon père, circonvenu, le consulta quelquefois, s'en trouva bien, et le proposa à ma mère, qui le prit, hélas ! et ce fut lui qui la soigna pendant sa dernière maladie. A ces mots, les yeux de madame d'Harville se remplirent de larmes. J'ai honte de vous avouer cette faiblesse, monseigneur, ajouta-t-elle, mais, par cela seulement que ce médecin avait été donné à ma mère par madame Roland, il m'inspirait (alors sans aucune raison) un éloignement involontaire ; je vis avec une sorte de crainte ma mère lui accorder sa confiance, fonder, sous le rapport de la science, sur le docteur Polidori.
— Que dites-vous, madame ? s'écria Rodolphe.
— Qu'avez-vous, monseigneur ? dit Clémence stupéfaite de l'expression des traits de Rodolphe.
— Mais non, se dit le prince en se parlant à lui-même, je me trompe sans doute... il y a cinq ou six ans de cela, tandis que l'on m'a dit que Polidori n'était à Paris que depuis deux ans environ, caché sous un faux nom... c'est bien lui que j'ai vu hier... ce charlatan Bradamanti... Pour-

'ant... deux médecins de ce nom (1)... quelle singulière rencontre!...
Madame, quelques mots sur ce docteur Polidori, dit Rodolphe à madame d'Harville, qui le regardait avec une surprise croissante, quel âge avait cet Italien?
— Mais cinquante ans environ.
— Et sa figure... sa physionomie?
— Sinistre... Je n'oublierai jamais ses yeux d'un vert clair... son nez recourbé comme le bec d'un aigle.
— C'est lui!... c'est bien lui!... s'écria Rodolphe.
— Et croyez-vous, madame, que le docteur Polidori habite encore Paris? demanda Rodolphe à madame d'Harville.
— Je ne sais, monseigneur. Environ un an après le mariage de mon père, il a quitté Paris; une femme de mes amies, dont cet Italien était aussi le médecin à cette époque, madame de Lucenay...
— La duchesse de Lucenay! s'écria Rodolphe.
— Oui, monseigneur... Pourquoi cet étonnement?
— Permettez-moi de vous en taire la cause... Mais, à cette époque, que vous disait madame de Lucenay sur cet homme?
— Qu'il lui écrivait souvent, depuis son départ de Paris, des lettres fort spirituelles sur les pays qu'il visitait; car il voyageait beaucoup... Maintenant... je me rappelle qu'il y a un mois environ, demandant à madame de Lucenay si elle recevait toujours des nouvelles de M. Polidori, elle me répondit d'un air embarrassé que depuis longtemps on n'en entendait plus parler, qu'on ignorait ce qu'il était devenu, que quelques personnes même le croyaient mort.
— C'est singulier, dit Rodolphe, se souvenant de la visite de madame de Lucenay au charlatan Bradamanti.
— Vous connaissez donc cet homme, monseigneur?
— Oui, malheureusement pour moi... Mais, de grâce, continuez votre récit; plus tard je vous dirai ce que c'est que ce Polidori...
— Comment? ce médecin...
— Dites plutôt cet homme souillé des crimes les plus odieux.
— Des crimes!... s'écria madame d'Harville avec effroi; il a commis des crimes, cet homme... l'ami de madame Roland et le médecin de ma mère! ma mère est morte entre ses mains quelques jours de maladie!... Ah! monseigneur, vous m'épouvantez!... vous m'en dites trop ou pas assez!...
— Sans accuser cet homme d'un crime de plus, sans accuser votre belle-mère d'une effroyable complicité, je dis que vous devez peut-être remercier Dieu de ce que votre père, après son mariage avec madame Roland, n'ait pas eu besoin des soins de Polidori...
— O mon Dieu! s'écria madame d'Harville avec une expression déchirante, mes pressentiments ne me trompaient donc pas!
— Vos pressentiments?
— Oui... tout à l'heure, je vous parlais de l'éloignement que m'inspirait ce médecin, parce qu'il avait été introduit chez nous par madame Roland; je ne vous ai pas tout dit, monseigneur...
— Comment?
— Je craignais d'accuser un innocent, de trop écouter l'amertume de mes regrets. Mais je vais tout vous dire, monseigneur. La maladie de ma mère durait depuis cinq jours; je l'avais toujours veillée. Au bout d'un quart d'heure, je rentrai par un long corridor obscur. A la faible clarté d'une lumière qui s'échappait de la porte de l'appartement de madame Roland, je vis sortir M. Polidori. Cette femme l'accompagnait. J'étais dans l'ombre; ils ne m'apercevaient pas. Madame Roland lui dit à voix très-basse quelques paroles que je ne pus entendre. Le médecin répondit d'un ton plus haut ces seuls mots: Après-demain. Et comme madame Roland lui parlait encore à voix basse, il reprit avec un accent singulier: Après-demain, vous dis-je, après-demain...
— Que signifiaient ces paroles?
— Ce que cela signifiait, monseigneur? Le mercredi soir, M. Polidori disait: Après-demain.. Le vendredi... ma mère était morte!...
— Oh! c'est affreux!...
— Lorsque je pus réfléchir et me souvenir, ce mot après-demain, qui semblait avoir prédit l'époque de la mort de ma mère, me revint à la pensée; je crus que M. Polidori, instruit de la science du peu de temps que ma mère avait encore à vivre, s'était hâté d'en aller instruire madame Roland... madame Roland, qui avait tant de raisons de se réjouir de cette mort. Cela seul m'avait fait prendre cet homme et cette femme en horreur... Mais jamais je n'aurais osé supposer... Oh! non, non, encore à cette heure, je ne puis croire à un pareil crime!...
— Polidori est le seul médecin qui ait donné ses soins à votre malheureuse mère?
— La veille du jour où je l'ai perdue, cet homme avait amené en consultation un de ses confrères. Selon ce que m'apprit ensuite mon père, ce médecin avait trouvé ma mère dans un état très-dangereux... Après ce funeste événement, on me conduisit chez une de nos parentes. Elle avait tendrement aimé ma mère. Oubliant la réserve que mon âge lui commandait, cette parente m'apprit sans ménagement combien j'avais de raisons de haïr madame Roland. Elle m'éclaira sur les ambitieuses espérances que cette femme devait dès lors concevoir.

(1) Nous rappellerons au lecteur que Polidori était médecin distingué lorsqu'il se chargea de l'éducation de Rodolphe.

Cette révélation m'accabla; je compris enfin tout ce que ma mère avait dû souffrir. Lorsque je revis mon père, mon cœur se brisa: il venait me chercher pour m'emmener en Normandie; nous devions y passer les premiers temps de notre deuil. Pendant la route, il pleura beaucoup, et me dit qu'il n'avait que moi pour l'aider à supporter ce coup affreux. Je lui répondis avec expansion qu'il ne me restait non plus que lui depuis la perte de la plus adorée des mères. Après quelques mots sur l'embarras où il se trouverait s'il était forcé de me laisser seule pendant les absences que ses affaires le forçaient de faire de temps à autre, il m'apprit sans transition, et comme la chose la plus naturelle du monde, que, par bonheur pour lui et pour moi, madame Roland consentait à prendre la direction de sa maison et à me servir de guide et d'amie.
L'étonnement, la douleur, l'indignation me rendirent muette; je pleurai en silence. Mon père me demanda la cause de mes larmes. Je m'écriai, avec trop d'amertume sans doute, que jamais je n'habiterais la même maison que madame Roland; car je méprisais cette femme autant que je la haïssais à cause des chagrins qu'elle avait causés à ma mère. Il resta calme, combattit ce qu'il appelait mon enfantillage, et me dit froidement que sa résolution était inébranlable, et que j'eusse à m'y soumettre.
Je le suppliai de me permettre de me retirer au Sacré-Cœur, où j'avais quelques amies; j'y resterais jusqu'au moment où il jugerait à propos de me marier. Il me fit observer que l'instant passé où l'on se marinait à la grille d'un couvent; que mon empressement à le quitter lui serait très-sensible, s'il ne voyait dans mes paroles une exaltation excusable, mais peu sensée, qui se calmerait nécessairement; puis il m'embrassa au front en m'appelant mauvaise tête.
Hélas! en effet, il fallut me soumettre. Jugez, monseigneur, de ma douleur: vivre de la vie de chaque jour avec une femme à qui je reprochais presque la mort de ma mère... Je prévoyais les scènes les plus cruelles entre mon père et moi, aucune considération ne pouvant m'empêcher de témoigner mon aversion pour madame Roland. Il me semblait qu'ainsi je vengerais ma mère, tandis que la moindre parole d'affection dite à cette femme m'eût paru une lâcheté sacrilège.
— Mon Dieu, que cette existence dut vous être pénible... que j'étais loin de penser que vous eussiez déjà tant souffert lorsque j'avais le plaisir de vous voir davantage! Jamais un mot de vous ne m'avait fait soupçonner...
— C'est alors, monseigneur, je n'avais pas à m'excuser à vos yeux d'une faiblesse impardonnable... Si je vous parle si longuement de cette époque de ma vie, c'est pour vous faire comprendre dans quelle position j'étais lorsque je me suis mariée, et, pourquoi, malgré un avertissement qui aurait dû m'éclairer, j'ai épousé M. d'Harville.
En arrivant aux Aubiers (c'est le nom de la terre de mon père), la première personne qui vint à notre rencontre fut madame Roland. Elle avait déjà établi dans cette terre le jour de la mort de ma mère. Malgré son air humble et doucereux, elle laissait déjà percer une joie triomphante mal dissimulée. Je n'oublierai jamais le regard à la fois ironique et méchant qu'elle me jeta lors de mon arrivée; elle semblait me dire: — Je suis ici chez moi, c'est vous qui êtes l'étrangère. — Un nouveau chagrin m'était réservé: soit manque de tact impardonnable, soit impudence éhontée, cette femme occupait l'appartement de ma mère. Dans mon indignation, je me plaignis de mon père d'une pareille inconvenance; il me répondit sévèrement que cela devait d'autant moins m'étonner qu'il fallait m'habituer à considérer et à respecter madame Roland comme une seconde mère. Je lui dis que ce serait profaner ce nom sacré; et si en grand courroux que je manquai aucune occasion de témoigner mon aversion à madame Roland; plusieurs fois il s'emporta et me réprimanda durement devant cette femme. Il me reprochait mon ingratitude, ma froideur envers l'ange de consolation que la Providence nous avait envoyé. — Je vous en prie, mon père, parlez pour vous, lui dis-je un jour. Il me traita cruellement. Madame Roland, de sa voix mielleuse, intercéda pour moi avec une profonde hypocrisie. — Soyez indulgent pour Clémence, disait-elle: les regrets que lui inspire l'excellente personne que nous pleurons tous sont si naturels, si louables, qu'il faut avoir égard à sa douleur, et la plaindre même dans ses emportements. — Eh bien, me disait mon père en me montrant madame Roland avec admiration, vous l'entendez! est-elle assez bonne, assez généreuse? C'est en vous jetant dans ses bras que vous devriez lui répondre. — Cela est inutile, mon père; madame me hait... et je la hais. — Ah! Clémence! vous me faites bien du mal, mais je vous pardonne, ajouta madame Roland en levant les yeux au ciel. — Mon amie! ma noble amie! s'écria mon père d'une voix émue, calmez-vous, je vous en conjure: par égard pour moi, ayez pitié d'une folle assez à plaindre pour vous méconnaître ainsi! Puis, me lançant des regards irrités: — Tremblez, s'écria-t-il, si vous osez encore outrager l'âme la plus belle qu'il y ait au monde; faites-lui à l'instant vos excuses. — Ma mère me voit et m'entend... elle me pardonnera ma cruelle lâcheté, dis-je à mon père; et je sortis, le laissant occupé de consoler madame Roland et d'essuyer ses larmes menteuses. Pardon, monseigneur, de m'appesantir sur ces puérilités, mais elles peuvent seules vous donner une idée de la vie que je menais alors.
— Je crois assister à ces scènes intérieures si tristement et si humainement vraies... Dans combien de familles elles ont dû se renouveler, et combien de fois elles se renouvelleront encore!... Rien de plus vulgaire,

et partant rien de plus habile que la conduite de madame Roland ; cette simplicité de moyens dans la perfidie la met à la portée de tant d'intelligences médiocres... Et encore ce n'est pas cette femme qui était habile, c'est votre père qui était aveugle ; mais en quelle qualité présentait-il madame Roland au voisinage ?

— Comme mon institutrice et son amie... et on l'acceptait ainsi.

— Je n'ai pas besoin de vous demander s'il vivait dans le même isolement ?

— À l'exception de quelques rares visites, forcées par des relations de voisinage et d'affaires, nous ne voyions personne ; mon père, complétement dominé par sa passion et cédant sans doute aux instances de madame Roland, quitta au bout de trois mois à peine le deuil de ma mère, sous prétexte que le deuil... se portait dans le cœur... Sa froideur pour moi augmenta de plus en plus, son indifférence allait à ce point qu'il me laissait une liberté incroyable pour une jeune personne de mon âge. Je le voyais à l'heure du déjeuner ; il rentrait ensuite chez lui avec madame Roland, qui lui servait de secrétaire pour sa correspondance d'affaires ; puis il sortait avec elle en voiture ou à pied, ne rentrait qu'une heure avant le dîner... Madame Roland faisait une fraîche et charmante toilette ; mon père s'habillait avec une recherche étrange à son âge ; quelquefois, après dîner, il recevait les gens qu'il ne pouvait s'empêcher de voir ; il faisait ensuite, jusqu'à dix heures, une partie de tric-trac avec madame Roland, puis il lui offrait le bras pour la conduire à la chambre de ma mère, lui baisait respectueusement la main, et se retirait. Quant à moi, je pouvais disposer de ma journée, monter à cheval suivie d'un domestique, ou faire à pied de longues promenades dans les bois qui environnaient le château ; quelquefois, accablée de tristesse, je ne parus pas au déjeuner, mon père ne s'en inquiéta même pas...

— Quel singulier oubli !... quel abandon !...

— Ayant plusieurs fois de suite rencontré un de nos voisins dans les bois où je montais ordinairement à cheval, je renonçai à ces promenades, et je ne sortis plus du parc.

— Mais quelle était la conduite de cette femme envers vous lorsque vous étiez seule avec elle ?

— Ainsi que moi, elle évitait autant que possible ces rencontres. Une seule fois, faisant allusion à quelques paroles dures que je lui avais adressées la veille, elle me dit froidement : — Prenez garde, vous voulez lutter avec moi... vous serez brisée. — Comme ma mère ? lui dis-je ; c'est fâcheux, madame, que M. Polidori ne soit pas là pour vous affirmer que ce sera... après-demain. Ces mots firent sur madame Roland une impression profonde qu'elle surmonta bientôt. Maintenant que je sais, grâce à vous, monseigneur, ce que c'est que le docteur Polidori, et de quoi il est capable, l'espèce d'effroi que témoigna madame Roland en m'entendant lui rappeler ces mystérieuses paroles confirmerait peut-être d'horribles soupçons... Mais non... non, je ne veux pas croire cela... je serais trop épouvantée en songeant que mon père est à cette heure presque à la merci de cette femme.

— Et que vous répondit-elle lorsque vous lui avez rappelé les mots de Polidori ?

— Elle rougit d'abord ; puis, surmontant son émotion, elle me demanda froidement ce que je voulais dire. — Quand vous serez seule, madame, interrogez-vous à ce sujet, vous me répondrez. — Peu de temps de là eut lieu une scène qui décida pour ainsi dire de mon sort. Parmi un grand nombre de tableaux de famille ornant un salon où nous nous rassemblions le soir, se trouvait le portrait de ma mère. Un jour je m'aperçus de sa disparition. Deux de nos voisins avaient dîné avec nous ; un d'eux, M. Dorval, notaire du pays, avait toujours témoigné à ma mère la plus profonde vénération. En arrivant dans le salon : — Où est donc le portrait de ma mère ? dis-je à mon père. — La vue de ce portrait me causait trop de regrets, me répondit mon père d'un air embarrassé, en me montrant d'un coup d'œil les étrangers témoins de cet entretien. — Et où est ce portrait maintenant, mon père ? — Se tournant vers madame Roland et l'interrogeant du regard avec un mouvement d'impatience. — Où a-t-on mis le portrait ? demanda-t-il. — Au garde-meuble, répondit-elle en me jetant cette fois un coup d'œil de défi, croyant que la présence de nos voisins m'empêcherait de lui répondre. — Je conçois, madame, lui dis-je froidement, que le regard de ma mère avait vous peser beaucoup, ce n'était pas une raison pour reléguer au grenier le portrait d'une femme qui, lorsque vous étiez misérable, vous a charitablement permis de vivre dans sa maison.

— Très-bien ! s'écria Rodolphe. Ce dédain glacial était écrasant.

— Mademoiselle ! s'écria mon père. — Vous avouerez pourtant, lui dis-je en l'interrompant, qu'une personne qui insulte lâchement à la mémoire d'une femme qui lui a fait l'aumône, ne mérite que dédain et aversion.

Mon père resta un moment stupéfait ; madame Roland devint pourpre de honte et de colère ; les voisins très-embarrassés baissèrent les yeux et gardèrent le silence. — Mademoiselle ! reprit mon père, vous oubliez que madame était l'amie de votre mère ; vous oubliez que madame a veillé et veille encore sur votre éducation avec une sollicitude maternelle... vous oubliez enfin que je professe pour elle la plus respectueuse estime... Et puisque vous vous permettez une si inconvenante sortie devant ces messieurs, je vous dirai, moi, que les ingrats et les lâches sont ceux qui, oubliant les soins les plus tendres, osent reprocher une noble

infortune à une personne qui mérite l'intérêt et le respect. — Je ne me permettrai pas de discuter cette question avec vous, mon père, dis-je d'une voix soumise. — Peut-être, mademoiselle, serai-je plus heureuse, moi ! s'écria madame Roland, emportée cette fois par la colère au delà des bornes de sa prudence habituelle. — Peut-être me ferez-vous la grâce, non de discuter, reprit-elle, mais d'avouer que, loin de devoir la moindre reconnaissance à votre mère, je n'ai à me souvenir que de l'éloignement qu'elle m'a toujours témoigné ; car c'est bien contre sa volonté que j'ai... — Ah ! madame, lui dis-je en l'interrompant, par respect pour mon père, par pudeur pour vous-même, dispensez-vous de ces honteuses révélations, vous me feriez regretter de vous avoir exposée à de si humiliants aveux... — Comment ! mademoiselle !... s'écria-t-elle presque insensée de colère, vous osez dire... — Je dis, madame, repris-je en l'interrompant encore, je dis que ma mère, en daignant vous permettre de vivre chez elle au lieu de vous faire chasser selon son droit, a dû vous prouver, par son mépris, que sa tolérance à votre égard lui était imposée.

— De mieux en mieux, s'écria Rodolphe, c'était une exécution complète. Et cette femme ?..

— Madame Roland, par un moyen fort vulgaire, mais fort commode, termina cet entretien ; elle s'écria : Mon Dieu ! mon Dieu ! et se trouva mal. Grâce à ce fort lucident, les deux témoins de cette scène sortirent sous le prétexte d'aller chercher des secours ; je les imitai, pendant que mon père prodiguait les soins les plus empressés.

— Quel dut être le courroux de votre père lorsque ensuite vous l'avez revu ?

— Il vint chez moi le lendemain matin, et me dit : Afin qu'à l'avenir des scènes pareilles à celle d'hier ne se renouvellent plus, je vous déclare que, dès que le temps rigoureux de mon deuil et du vôtre sera expiré, j'épouserai madame Roland. Vous aurez donc désormais à la traiter avec le respect et les égards que mérite... ma femme... Pour des raisons particulières, il est nécessaire que vous vous mariiez avant moi ; la fortune de votre mère s'élève à plus d'un million ; c'est votre dot. Dès ce jour je m'occuperai activement de vous assurer une union convenable en donnant suite à quelques propositions qui m'ont été faites à votre sujet. La persistance avec laquelle vous attaquez, malgré mes prières, une personne qui m'est si chère, me donne la mesure de votre attachement pour moi. Madame Roland dédaigne ces attaques ; mais je ne souffrirai pas que de telles inconvenances se renouvellent devant des étrangers dans ma propre maison. Désormais vous n'entrerez au salon lorsque madame Roland ou moi nous y serons seuls.

Après ce dernier entretien, je vécus encore plus isolée. Je ne voyais mon père qu'aux heures de repas, où nous ne passions que dans un morne silence. Ma vie était si triste, que j'attendais avec impatience le moment où mon père me proposerait un mariage quelconque pour accepter. Madame Roland, ayant renoncé à mal parler de ma mère, se vengeait en me faisant souffrir un supplice de tous les instants ; elle affectait, pour m'exaspérer, de se servir de mille choses qui avaient appartenu à ma mère : son fauteuil, son métier à tapisserie, les livres de sa bibliothèque particulière, jusqu'à un écran à tablette que j'avais brodé pour elle, et au milieu duquel se voyait son chiffre... Cette femme profanait tout...

— Oh ! je conçois l'horreur que ces profanations devaient vous causer

— Et puis l'isolement rend les chagrins plus douloureux encore...

— Et vous n'aviez personne... personne à qui vous confier ?

— Personne... Pourtant je reçus une preuve d'intérêt qui me toucha, et qui aurait dû m'éclairer sur l'avenir : un des deux témoins de cette scène où j'avais si durement traité madame Roland était M. Dorval, vieux et honnête notaire, à qui ma mère avait rendu quelques services en s'intéressant à une de ses nièces. D'après la défense de mon père, je ne descendais jamais au salon lorsque des étrangers s'y trouvaient ; je n'avais donc pas revu M. Dorval, lorsque, à ma grande surprise, il vint un jour, d'un air mystérieux, me trouver dans une allée du parc, lieu habituel de ma promenade. — Mademoiselle, me dit-il, je crains d'être surpris par M. le comte ; lisez cette lettre, brûlez-la ensuite, il s'agit d'une chose très-importante pour vous. Et il disparut.

Dans cette lettre, il me disait qu'il s'agissait de me marier à M. le marquis d'Harville ; ce parti semblait convenable tout point ; on me répondait des bonnes qualités de M. d'Harville : il était jeune, fort riche, d'un esprit distingué, de figure agréable ; et pourtant les familles des deux jeunes personnes que M. d'Harville avait dû épouser successivement avaient brusquement rompu le mariage projeté. Le notaire ne pouvait me dire la raison de cette rupture, mais il croyait de son devoir de m'en prévenir, sans toutefois prétendre que la cause de ces ruptures fût préjudiciable à M. d'Harville. Les deux jeunes personnes dont il s'agissait étaient filles, l'une de M. de Beauregard, pair de France ; l'autre, de lord Boltrup. M. Dorval me faisait cette confidence, parce que mon père, très-impatient de conclure mon mariage, ne paraissait pas attacher assez d'importance aux circonstances que l'on signalait.

— En effet, dit Rodolphe, après quelques moments de réflexion, je me souviens maintenant que votre mari, à une année d'intervalle, me fit successivement part de deux mariages projetés qui, prêts à se conclure, avaient été brusquement rompus, m'écrivait-il, pour quelques discussions d'intérêt.

Madame d'Harville sourit avec amertume, et répondit :

— Vous saurez la vérité tout à l'heure, monseigneur... Après avoir lu la lettre du vieux notaire, je ressentis autant de curiosité que d'inquiétude. Qui était M. d'Harville? Mon père ne m'en avait jamais parlé. J'interrogeais en vain mes souvenirs: je ne me rappelais pas ce nom. Bientôt madame Roland, à mon grand étonnement, partit pour Paris. Son voyage devait durer huit jours au plus; pourtant mon père ressentit un profond chagrin de cette séparation passagère; son caractère s'aigrit; il redoubla de froideur envers moi. Il lui échappa même de me répondre, un jour que je lui demandais comment il se portait : Je suis souffrant, et c'est de votre faute. — De ma faute, mon père? — Certes. Vous savez combien je suis habitué à madame Roland, et cette admirable femme que vous avez outragée fait dans votre seul intérêt ce voyage, qui la retient loin de moi.

Cette marque d'intérêt de madame Roland m'effraya; j'eus vaguement l'instinct qu'il s'agissait de mon mariage. Je vous laisse à penser, monseigneur, la joie de mon père au retour de ma future belle-mère. Le lendemain, il me fit prier de passer chez lui; il était seul avec elle. — J'ai, me dit-il, depuis longtemps songé à votre établissement. Votre deuil finit dans un mois. Demain arrivera ici M. le marquis d'Harville, jeune homme extrêmement distingué, fort riche, et en tout capable d'assurer votre bonheur. Il vous a vue dans le monde; il désire vivement cette union; toutes les affaires d'intérêt à madame Roland et cette admirable sont réglées. Il dépendra absolument de vous d'être mariée avant six semaines. Si, au contraire, par un caprice que je ne veux pas prévoir, vous refusiez ce parti presque inespéré, je me marierais toujours, selon mon intention, dès que le temps de mon deuil sera expiré. Dans ce dernier cas, je dois vous le déclarer... votre présence chez moi ne me serait agréable que si vous me promettiez de témoigner à ma femme la tendresse et le respect qu'elle mérite. — Je vous comprends, mon père. Si je n'épouse pas M. d'Harville, vous vous marieriez; et alors, pour vous et pour... madame, il n'y a plus aucun inconvénient à ce que je me retire au Sacré-Cœur. — Aucun, me répondit-il froidement.

— Ah! ce n'est plus de la faiblesse, c'est de la cruauté!... s'écria Rodolphe.

— Savez-vous, monseigneur, ce qui m'a toujours empêchée de garder contre mon père le moindre ressentiment? C'est qu'une sorte de prévision m'avertissait qu'un jour il payerait, hélas! bien cher son aveugle passion pour madame Roland... Et, Dieu merci, ce jour est encore à venir.

— Et ne lui dites-vous rien de ce que vous avait appris le vieux notaire sur les deux mariages si brusquement rompus par les familles auxquelles M. d'Harville devait s'allier?

— Si, monseigneur... Ce jour-là même je priai mon père de m'accorder un moment d'entretien particulier. — Je n'ai pas de secret pour madame Roland, vous pouvez parler devant elle, me répondit-il. Je gardai le silence. Il reprit sévèrement : — Encore une fois, je n'ai pas de secrets pour madame Roland. Expliquez-vous donc clairement. — Si vous le permettez, mon père, j'attendrai que vous soyez seul. Madame Roland se leva brusquement et sortit. — Vous voilà satisfaite... me dit-il. Eh bien! parlez. — Je n'éprouve aucun éloignement pour l'union que vous me proposez, mon père; seulement j'ai appris que M. d'Harville ayant été deux fois sur le point d'épouser... — Bien, bien, reprit-il en m'interrompant; je sais ce que c'est. Ces ruptures ont eu lieu ensuite de discussions d'intérêt dans lesquelles d'ailleurs la délicatesse de M. d'Harville a été complètement à couvert. Si vous n'avez pas d'autre objection que celle-là, vous pouvez vous regarder comme mariée... et heureusement mariée, car je ne veux que votre bonheur.

— Sans doute madame Roland fut ravie de cette union?

— Ravie? Oui, monseigneur, dit amèrement Clémence. Oh! bien ravie!... car cette union était son œuvre. Elle en avait donné la première idée à mon père... Elle savait la véritable cause de la rupture des deux premiers mariages de M. d'Harville... voilà pourquoi elle tenait tant à me le faire épouser.

— Mais dans quel but?

— Elle voulait se venger de moi en me vouant ainsi à un sort affreux.

— Mais votre père...

— Trompé par madame Roland, il crut qu'en effet des discussions d'intérêt avaient seules fait manquer les projets de M. d'Harville.

— Quelle horrible trame!... Mais cette raison mystérieuse?

— Tout à l'heure je vous la dirai, monseigneur. M. d'Harville arriva aux Aubiers; ses manières, son esprit, sa figure me plurent : il avait l'air bon, son caractère était doux, un peu triste. Je remarquai en lui un contraste qui m'étonnait et m'agréait à la fois : son esprit était cultivé, sa fortune très-enviable, sa naissance illustre; et pourtant quelquefois sa physionomie, ordinairement énergique et résolue, exprimait une sorte de timidité presque craintive, d'abattement de soi, qui me touchait beaucoup. J'aimais aussi à le voir témoigner une bonté charmante à un vieux valet de chambre qui l'avait élevé, et duquel seul il voulait recevoir des soins. Quelque temps après son arrivée, M. d'Harville resta deux jours renfermé chez lui; mon père désira le voir.... Le vieux domestique s'y opposa, prétextant que son maître avait une migraine si violente, qu'il ne pouvait recevoir absolument personne. Lorsque M. d'Harville reparut, je le trouvai très-pâle, très-changé... Plus tard il éprouvait toujours une sorte d'impatience presque chagrine lorsqu'on lui parlait de cette indisposition passagère... À mesure que je connaissais M. d'Harville, je découvrais en lui des qualités qui m'étaient

sympathiques. Il avait tant de raisons d'être heureux, que je lui savais gré de sa modestie dans le bonheur... L'époque de notre mariage convenue, il alla toujours au-devant de mes moindres volontés dans nos projets d'avenir. Si quelquefois je lui demandais la cause de sa mélancolie, il me parlait de sa mère, de son père, qui eussent été fiers et ravis de le voir marié selon son cœur et son goût. J'aurais eu mauvaise grâce à ne pas admettre des raisons si flatteuses pour moi... M. d'Harville devina les rapports dans lesquels j'avais d'abord vécu avec madame Roland et avec mon père, quoique celui-ci, heureux de mon mariage, qui hâtait le sien, fût redevenu pour moi toujours bon, me rassurant sur cette union. Dans plusieurs entretiens, M. d'Harville me fit sentir avec beaucoup de tact et de réserve qu'il m'aimait peut-être encore davantage en raison de mes chagrins passés... Je crus devoir, à ce sujet, le prévenir que mon père songeait à se remarier; et comme je lui parlais du changement que cette union apporterait dans ma fortune, il ne me laissa pas achever et fit preuve du plus noble désintéressement : les familles auxquelles il avait été sur le point de s'allier devaient être bien sordides, pensai-je alors, pour avoir eu de graves difficultés d'intérêt avec lui.

— Le voilà bien tel que je l'ai toujours connu, dit Rodolphe, rempli de cœur, de dévouement, de délicatesse... Mais ne lui avez-vous jamais parlé de ces deux mariages rompus?

— Je vous l'avoue, monseigneur, le voyant si loyal, si bon, plusieurs fois cette question me vint aux lèvres... mais bientôt, la crainte même de blesser cette loyauté, cette bonté, je n'osai aborder un tel sujet. Plus le jour fixé pour notre mariage approchait, plus M. d'Harville semblait heureux... Cependant deux ou trois fois je le vis accablé d'une morne tristesse... Un jour, entre autres, il attacha sur moi ses yeux, où roulait une larme... Je le compris oppressé, sur le point qu'il voulait et qu'il n'osait me confier un secret important... Le souvenir de la rupture de ces deux mariages me revint à la pensée... Je l'avoue, j'eus peur.... Un secret pressentiment m'avertit qu'il s'agissait peut-être du malheur de ma vie entière... mais j'étais si torturée chez mon père, que je surmontai mes craintes...

— Et M. d'Harville ne vous confia rien?

— Rien... Quand je lui demandais la cause de sa mélancolie, il me répondait : — Pardonnez-moi, mais j'ai le bonheur triste... Ces mots, prononcés d'une voix touchante, me rassuraient un peu... Et puis, comment oser... à ce moment même, où ses yeux étaient baignés de larmes, lui témoigner une défiance outrageante à propos du passé?

Les témoins de M. d'Harville, M. de Lucenay et M. de Saint-Remy, arrivèrent aux Aubiers quelques jours avant mon mariage; mes plus proches parents y furent seuls invités. Nous devions, aussitôt après la messe, partir pour Paris... Je n'éprouvais pas d'amour pour M. d'Harville, mais je ressentais pour lui de l'intérêt : son caractère m'inspirait de l'estime. Sans les événements qui suivirent cette fatale union, un sentiment plus tendre m'aurait sans doute attachée à lui. Nous fûmes mariés.

A ces mots, madame d'Harville pâlit légèrement, sa résolution parut l'abandonner. Puis elle reprit :

— Aussitôt après mon mariage, mon père me serra tendrement dans ses bras. Madame Roland m'embrassa, ne pouvais devant tout le monde me dérober à cette nouvelle hypocrisie; de sa main sèche et blanche elle me serra la main à me faire mal, et me dit à l'oreille d'une voix doucereusement perfide ces paroles que je n'oublierai jamais : — Songez quelquefois à moi au milieu de votre bonheur, « car c'est moi qui fais votre mariage. »

— Hélas! j'étais loin de comprendre alors le véritable sens de ses paroles. Notre mariage avait eu lieu à deux heures; aussitôt après nous montâmes en voiture, suivis d'une femme à moi et du vieux valet de chambre de M. d'Harville; nous voyagions si rapidement que nous devions être à Paris avant dix heures du soir.

J'aurais été étonnée du silence et de la mélancolie de M. d'Harville, si je n'avais su qu'il avait, comme il disait, le bonheur triste... J'étais moi-même péniblement émue, je revenais à Paris pour la première fois depuis la mort de ma mère; je n'eusse guère eu de raison de regretter la maison paternelle, j'y étais chez moi... et je la quittais pour une maison où tout me serait nouveau, inconnu; j'allais arriver seule avec mon mari, que je connaissais à peine depuis six semaines, et qui la veille encore ne m'eût pas dit un mot qui ne fût empreint d'une formalité respectueuse. Peut-être ne tient-on pas assez compte de la crainte que nous cause ce brusque changement de ton et de manières auquel les hommes bien élevés sont soumis dès que nous leur apparaissons... On ne songe pas que la jeune femme ne peut en quelques heures oublier sa timidité, ses scrupules de jeune fille.

— Rien ne m'a toujours paru plus barbare et plus sauvage que cette coutume d'emporter brutalement une jeune femme comme une proie, tandis que le mariage ne devrait être que la consécration du droit d'employer toutes les ressources de l'amour, toutes les séductions de la tendresse passionnée pour se faire aimer.

— Vous comprendrez alors, monseigneur, le brisement de cœur et la vague frayeur avec lesquels je revenais à Paris, dans cette ville où ma mère était morte il y avait un an à peine. Nous arrivons à l'hôtel d'Harville.

L'émotion de la jeune femme redoubla, ses joues se couvrirent d'une rougeur brûlante, et elle ajouta d'une voix déchirante :

— Il faut pourtant que vous sachiez tout... sans cela... je vous paraitrais trop méprisable... Eh bien !... reprit-elle avec une résolution désespérée, on me conduisit dans l'appartement qui m'était destiné... on m'y laissa seule... M. d'Harville vint m'y rejoindre... Malgré ses protestations de tendresse, je me mourais d'effroi... les sanglots me suffoquaient... j'étais à lui... Il fallut me résigner... Mais bientôt mon mari, poussant un cri terrible, me saisit le bras à me le briser... Je veux en vain ne délivrer de cette étreinte de fer... implorer sa pitié... il ne m'entend plus... son visage est contracté par d'effrayantes convulsions... ses yeux roulent dans leurs orbites avec une rapidité qui me fascine..... sa bouche contournée est remplie d'une écume sanglante... sa main m'étreint toujours... Je fais un effort désespéré... ses doigts roidis abandonnent enfin mon bras... je m'évanouis au moment où M. d'Harville se débat dans le paroxysme de cette horrible attaque... Voilà ma nuit de noces, monseigneur... Voilà la vengeance de madame Roland !...

— Malheureuse femme ! dit Rodolphe avec accablement, je comprends... Ah ! c'est affreux !...

— Et ce n'est pas tout... ajouta Clémence d'une voix déchirante. Oh ! que cette nuit fatale... soit à jamais maudite !... Ma fille... ce pauvre petit ange a hérité de cette épouvantable maladie !...

— Votre fille... aussi ? Comment ! sa pâleur... sa faiblesse ?

— C'est cela... mon Dieu ! et les médecins pensent que le mal est incurable !... parce qu'il est héréditaire...

Madame d'Harville cacha sa tête dans ses mains ; accablée par cette douloureuse révélation, elle n'avait plus le courage de dire une parole. Rodolphe aussi resta muet.

Sa pensée reculait effrayée devant les terribles mystères de cette première nuit de noces... Il se figurait cette jeune fille, déjà si attristée par son retour dans la ville où sa mère était morte, arrivant dans cette maison inconnue, seule avec un homme pour qui elle ressentait de l'intérêt, de l'estime, mais pas d'amour, mais rien de ce qui trouble délicieusement, rien de ce qui enivre, rien de ce qui fait qu'une femme oublie son chaste effroi dans le ravissement d'une passion légitime et partagée.

Non, non ; tremblante d'une crainte pudique, Clémence arrivait là... triste, froide, le cœur brisé, le front empourpré de honte, les yeux remplis de larmes... Elle se résigne... et puis, au lieu d'entendre des paroles remplies de reconnaissance, d'amour et de tendresse, qui la consolent du bonheur qu'elle a donné... elle voit rouler à ses pieds un homme égaré, qui se tord, écume, rugit, dans les affreuses convulsions d'une des plus effrayantes infirmités dont l'homme soit incurablement frappé !

Et ce n'est pas tout... Sa fille... pauvre petit ange innocent, est aussi flétrie en naissant...

Ces douloureux et tristes aveux faisaient naître chez Rodolphe des réflexions amères.

— Telle est la loi de ce pays, se disait-il : une jeune fille belle et pure, loyale et confiante, victime d'une funeste dissimulation, unit sa destinée à celle d'un homme atteint d'une épouvantable maladie, héritage fatal qu'il doit transmettre à ses enfants ; la malheureuse femme découvre cet horrible mystère : que peut-elle ? Rien...

Rien que souffrir et pleurer, rien que tâcher de surmonter son dégoût et son effroi... rien que passer ses jours dans des angoisses, dans des terreurs infinies... rien que chercher peut-être des consolations coupables en dehors de l'existence désolée qu'on lui a faite.

Encore une fois, disait Rodolphe, les lois étranges forcent quelquefois à des rapprochements honteux, écrasants pour l'humanité...

Dans ces lois, les animaux semblent toujours supérieurs à l'homme par les soins qu'on leur donne, par les améliorations dont on les poursuit, par la protection dont on les entoure, par les garanties dont on les couvre...

Ainsi achetez un animal quelconque ; qu'une infirmité prévue par la loi se déclare chez lui après l'emplette... la vente est nulle... C'est qu'aussi, voyez donc, quelle indignité, quel crime de lèse-société ! condamner un homme à conserver un animal qui parfois tousse, corne ou boite ! Mais c'est un scandale, mais c'est un crime, mais c'est une monstruosité sans pareille ! Jugez donc, être forcé de garder, de garder toujours, toute leur vie durant, un mulet qui tousse, un cheval qui corne, un âne qui boite ! Quelles effroyables conséquences cela ne peut-il pas entraîner pour le salut de l'humanité tout entière !... Aussi il n'y a pas là de marché qui tienne, de parole qui passe, de contrat qui engage... La loi toute-puissante vient délier tout ce qui était lié.

Mais qu'il s'agisse d'une créature faite à l'image de Dieu, mais qu'il s'agisse d'une jeune fille innocente, unie à un brutal, d'une loyauté d'un homme, s'est unie à lui, et qui se réveille la compagne d'un épileptique, d'un malheureux que frappe une maladie terrible, dont les conséquences morales et physiques sont effroyables ; une maladie qui peut jeter le désordre et l'aversion dans la famille, perpétuer un mal horrible, vicier des générations...

Oh ! cette loi si inexorable à l'endroit des animaux boitants, cornants ou toussants ; cette loi, si admirablement prévoyante, qui ne veut pas qu'un cheval taré soit apte à la reproduction... cette loi se gardera bien de délivrer la victime d'une pareille union...

Ces liens sont sacrés... indissolubles ; c'est offenser les hommes et Dieu que de les briser.

En vérité, disait Rodolphe, l'homme est quelquefois d'une humilité bien honteuse et d'un égoïsme d'orgueil bien exécrable... Il se ravale au-dessous de la bête en la couvrant de garanties qu'il se refuse ; et il impose, consacre, perpétue ses plus redoutables infirmités en les mettant sous la sauvegarde de l'immutabilité des lois divines et humaines.

CHAPITRE XVII.

La charité.

Rodolphe blâmait beaucoup M. d'Harville, mais il se promit de l'excuser aux yeux de Clémence, quoique bien convaincu, d'après les tristes révélations de celle-ci, que le marquis s'était à jamais aliéné son cœur.

De pensées en pensées, Rodolphe se dit :

Par devoir, je me suis éloigné d'une femme que j'aimais... et qui déjà peut-être ressentait pour moi un secret penchant. Soit découragement de cœur, soit commisération, elle a failli perdre l'honneur, la vie, pour un sot qu'elle croyait malheureux. Si, au lieu de m'éloigner d'elle, je l'avais entourée de soins, d'amour et de respects, ma réserve eût été telle que sa réputation n'aurait pas reçu la plus légère atteinte, les soupçons de son mari n'eussent jamais été éveillés ; tandis qu'à cette heure elle est presque à la merci de la fatuité de M. Charles Robert, et il sera, je le crains, d'autant plus indiscret qu'il a moins de raisons de l'être.

Et puis encore, qui sait maintenant si, malgré les périls qu'elle a courus, le cœur de madame d'Harville restera toujours inoccupé ? Tout retour vers son mari est désormais impossible... Jeune, belle, entourée d'un caractère sympathique à tout ce qui souffre... pour elle, que de dangers ! que d'écueils ! Pour M. d'Harville, que d'angoisses, que de chagrins ! À la fois jaloux et amoureux de sa femme, qui ne peut vaincre l'éloignement, la frayeur qu'il lui inspire depuis la première et funeste nuit de son mariage... quel sort est le sien !

Clémence, le front appuyé sur sa main, les yeux humides, la joue brûlante de confusion, évitait le regard de Rodolphe, tant cette révélation lui avait coûté.

— Ah ! maintenant, reprit Rodolphe après un long silence, je comprends la cause de la tristesse de M. d'Harville, tristesse que je ne pouvais pénétrer... Je comprends ses regrets...

— Ses regrets ! s'écria Clémence, dites donc ses remords, monseigneur... s'il en éprouve... car jamais crime pareil n'a été plus froidement médité.

— Un crime !... madame.

— Et qu'est-ce donc, monseigneur, que d'enchaîner à soi, par des liens indissolubles, une jeune fille qui se fie à votre honneur, lorsqu'on se sait fatalement frappé d'une maladie qui inspire l'épouvante et l'horreur ? Qu'est-ce donc que de vouer sûrement un malheureux enfant aux mêmes misères ?... Qui forçait M. d'Harville à faire deux victimes ? Une passion aveugle et insensée ?... Non, il trouvait à son gré ma naissance, ma fortune et la mienne... Il a voulu faire un mariage convenable, parce que la vie de garçon l'ennuyait sans doute.

— Madame... de la pitié au moins...

— De la pitié !... Savez-vous quelle est ma pitié, ma pitié ? c'est ma fille... Pauvre victime de cette odieuse union, que de nuits, que de jours j'ai passés près d'elle ! que de larmes amères n'ont arrachées ses douleurs !...

— Mais son père... souffrait des mêmes douleurs imméritées !

— Mais c'est son père qu'il a condamnée à une enfance maladive, à une jeunesse flétrie, et, si elle vit, à une vie d'isolement et de chagrins ; car elle ne se mariera pas. Oh ! non, je l'aime trop pour l'exposer un jour à pleurer sur son enfant fatalement frappé, comme je pleure sur elle... J'ai trop souffert de cette trahison pour me rendre coupable ou complice d'une trahison pareille !

— Oh ! vous aviez raison... la vengeance de votre belle-mère est horrible... la patience !... Peut-être, à votre tour, serez-vous vengée... dit Rodolphe après un moment de réflexion.

— Que voulez-dire, monseigneur ? lui demanda Clémence étonnée de l'inflexion de sa voix.

— J'ai presque toujours eu... le bonheur de voir punir eu !... cruellement punir les méchants que je connaissais, ajouta-t-il avec un accent qui fit tressaillir Clémence. Mais, le lendemain de cette malheureuse nuit, que vous dit votre mari ?

— Il m'avoua, avec cette étrange naïveté, que les familles auxquelles il devait s'allier avaient découvert le secret de sa maladie et rompu les unions projetées... Ainsi, après avoir été repoussé deux fois... il a encore... oh ! cela est infâme ! Et voilà pourtant ce qu'on appelle dans le monde un gentilhomme de cœur et d'honneur !

— Vous, toujours si bonne, vous êtes cruelle !...

— Je suis cruelle, parce que j'ai été indignement trompée. M. d'Harville me savait bonne : que ne s'adressait-il loyalement à ma bonté, en me disant toute la vérité ?

— Vous l'eussiez refusé...

— Ce mot le condamne, monseigneur ; sa conduite était une trahison indigne s'il avait cette crainte.

— Mais il vous aimait !

— S'il m'aimait, devait-il me sacrifier à son égoïsme ?... Mon Dieu !

j'étais si tourmentée, j'avais tant de hâte de quitter la maison de mon père, que, s'il eût été franc, peut-être m'aurait-il touchée, émue par le tableau de l'espèce de réprobation dont il était frappé, de l'isolement auquel le vouait un sort affreux et fatal... Oui, le voyant à la fois si loyal, si malheureux, peut-être n'aurais-je pas eu le courage de le refuser ; et, si j'avais pris ainsi l'engagement sacré de subir les conséquences de mon dévouement, j'aurais vaillamment tenu ma promesse. Mais vouloir forcer mon intérêt et ma pitié en me mettant d'abord dans sa dépendance ; mais exiger cet intérêt, cette pitié, au nom de mes devoirs de femme, lui qui a trahi ses devoirs d'honnête homme, c'est à la fois une folie et une lâcheté !... Maintenant, monseigneur, jugez de ma vie ! jugez de mes cruelles déceptions ! J'avais foi dans la loyauté de M. d'Harville, et il m'a indignement trompée... Sa mélancolie douce et timide m'avait intéressée ; et cette mélancolie, qu'il disait causée par de pieux souvenirs, n'était que la conscience de son incurable infirmité...

— Mais enfin, vous fût-il étranger, ennemi, la vue de ses souffrances doit vous apitoyer : votre cœur est noble et généreux !

— Mais, puis-je les calmer, ces souffrances ? Si encore ma voix était entendue, si un regard reconnaissant répondait à mon regard attendri !... Mais non... Oh ! vous ne savez pas, monseigneur, ce qu'il y a d'affreux dans ces crises où l'homme se débat dans une furie sauvage, ne voit rien, n'entend rien, ne sent rien, et ne sort de cette frénésie que pour tomber dans une sorte d'accablement farouche. Quand ma fille succombe à une de ces attaques, je ne puis que me désoler ; mon cœur se déchire, je baise en pleurant ces pauvres petits bras roidis par les convulsions qui la tuent... Mais c'est ma fille... c'est ma fille !... et quand je la vois souffrir ainsi, je maudis mille fois plus encore son père. Si les douleurs de mon enfant se calment, mon irritation contre mon mari se calment aussi ; alors... oui, alors je le plains, parce que je suis bonne ; à mon aversion succède un sentiment de pitié douloureuse... Mais enfin, me suis-je mariée à dix-sept ans pour n'éprouver jamais que ces alternatives de haine et de commisération pénible, pour pleurer sur un malheureux enfant que je ne conserverai peut-être pas? Et à propos de ma fille, monseigneur, permettez-moi d'aller au-devant d'un reproche que je mérite sans doute, et que peut-être vous n'osez pas me faire. Elle est si intéressante qu'elle aurait dû suffire à occuper mon cœur, car je l'aime passionnément ; mais cette affection navrante est mêlée de tant d'amertumes présentes, de tant de craintes pour l'avenir, que ma tendresse pour ma fille se résout toujours par des larmes. Auprès d'elle, mon cœur est continuellement brisé, torturé, désespéré ; car je suis impuissante à conjurer ses maux, que l'on dit incurables. Eh bien ! pour sortir de cette atmosphère accablante et sinistre, j'avais rêvé un atta-

Scène de la laitière. — PAGE 99.

chement dans la douceur duquel je me serais réfugiée, reposée... Hélas ! je me suis abusée, indignement abusée, je l'avoue, et je retombe dans l'existence douloureuse que mon mari m'a faite. Dites, monseigneur, était-ce cette vie que j'avais le droit d'attendre ? Suis-je donc seule coupable des torts que M. d'Harville voulait ce matin me faire payer de ma vie ? Ces torts sont grands, je le sais, d'autant plus grands que j'ai à rougir de mon choix. Heureusement pour moi, monseigneur, ce que vous avez surpris de l'entretien de la comtesse Sarah et de son frère au sujet de M. Charles Robert m'épargnera la honte de ce nouvel aveu... Mais j'espère au moins que maintenant je vous semble mériter autant de pitié que de blâme, et que vous voudrez bien me conseiller dans la cruelle position où je me trouve.

— Je ne puis vous exprimer, madame, combien votre récit m'a ému ; depuis la mort de votre mère jusqu'à la naissance de votre fille, que de chagrins dévorés, que de tristesses cachées !..... Vous si brillante, si admirée, si enviée !.

— Oh ! croyez-moi, monseigneur, lorsqu'on souffre de certains malheurs, il est affreux de s'entendre dire : Est-elle heureuse !...

— N'est-ce pas, rien n'est plus puéril ? Eh bien ! vous n'êtes pas seule à souffrir de ce cruel contraste entre ce qui est et ce qui paraît.

— Comment, monseigneur ?

— Aux yeux de tous, votre mari doit sembler encore plus heureux que vous, puisqu'il vous possède...... Et pourtant, n'est-il pas aussi bien à plaindre ? Est-il au monde une vie plus atroce que la sienne ? Ses torts envers vous sont grands.. Mais il en est affreusement puni !! Il vous aime comme vous méritez d'être aimée, et il sait que vous ne pouvez avoir pour lui qu'un insurmontable éloignement... Dans sa fille souffrante, maladive, il voit un reproche incessant. Ce n'est pas tout, la jalousie vient encore le torturer...

— Et que puis-je à cela, monseigneur ? ne pas lui donner le droit d'être jaloux ? soit. Mais parce que mon cœur n'appartiendra à personne, lui appartiendra-t-il davantage ? Il sait que non. Depuis l'affreuse scène que je vous ai racontée, nous vivons séparés ; mais, aux yeux du monde, j'ai pour lui les égards que les convenances commandent... et je n'ai dit à personne, si ce n'est à vous, monseigneur, un mot de ce fatal secret.

— Et je vous assure, madame, que si le service que je vous ai rendu méritait une récompense, je me croirais mille fois payé par votre confiance. Mais, puisque vous voulez bien me demander mes conseils et que vous me permettez de vous parler franchement...

— Oh ! je vous en supplie, monseigneur...

— Laissez-moi vous dire que, faute de bien employer une de vos plus précieuses qualités, vous perdez de grandes jouissances qui non-seulement satisferaient aux grands besoins de votre cœur, mais vous dis-

traînaient de vos chagrins domestiques, et répondraient encore à ce besoin d'émotions vives, poignantes, et j'oserais presque ajouter (pardonnez-moi ma mauvaise opinion des femmes) à ce goût naturel pour le mystère et pour l'intrigue qui a tant d'empire sur elles.
— Que voulez-vous dire, monseigneur ?
— Je veux dire que si vous vouliez *vous amuser* à faire le bien, rien ne vous plairait, rien ne vous intéresserait davantage.

Madame d'Harville regarda Rodolphe avec étonnement.

— Et vous comprenez, reprit-il, que je ne vous parle pas d'envoyer avec insouciance, presque avec dédain, une riche aumône à des malheureux que vous ne connaissez pas, et qui souvent ne méritent pas vos bienfaits. Mais si vous vous *amusiez* comme moi à *jouer* de temps à autre à la *Providence*, vous avoueriez que certaines bonnes œuvres ont quelquefois tout le piquant d'un roman.

— Je n'avais pas songé, monseigneur, à cette manière d'envisager la charité sous le point de vue *amusant*, dit Clémence en souriant à son tour.

— C'est une découverte que j'ai due à mon horreur de tout ce qui est ennuyeux; horreur qui m'a été surtout inspirée par mes conférences politiques avec mes ministres. Mais, pour en revenir à notre bienfaisance amusante, je n'ai pas, hélas ! la vertu de ces gens désintéressés qui confient à d'autres le soin de placer leurs aumônes. S'il s'agissait simplement d'envoyer un de mes chambellans porter quelques centaines de louis à chaque arrondissement de Paris, j'avoue à ma honte que je ne prendrais pas grand goût à la chose : tandis que faire le bien comme je l'entends, c'est ce qu'il y a au monde de plus *amusant*. Je tiens à ce mot, parce que pour moi il dit... tout ce qui plaît, tout ce qui charme, tout ce qui attache... Et vraiment, madame, si vous vouliez devenir ma complice dans quelques ténébreuses intrigues de genre, vous verriez, je vous le répète, qu'à part même la noblesse de l'action, rien n'est souvent plus curieux, plus attachant, plus attrayant... quelquefois même plus divertissant que ces aventures charitables... Et puis, que de mystères pour cacher son bienfait !... que de précautions à prendre pour n'être pas connu !... que d'émotions diverses et puissantes, à la vue de pauvres et bonnes gens qui pleurent de joie en vous voyant !... Mon Dieu ! cela vaut autant quelquefois que la figure maussade d'un amant jaloux ou infidèle, ils ne sont guère que cela tour à tour... Tenez ! les émotions dont je vous parle sont à peu près celles que vous avez ressenties ce matin en allant rue du Temple... Vêtue bien simplement pour n'être pas remar-

Rigolette.

quée, vous sortiriez aussi de chez vous le cœur palpitant, vous monteriez aussi tout inquiète dans un modeste fiacre dont vous baisseriez les stores pour ne pas être vue, et puis, jetant aussi les yeux de côté et d'autre de peur d'être surprise, vous entreriez furtivement dans quelque maison de misérable apparence... tout comme ce matin, vous dis-je... La seule différence, c'est que vous vous diriez : Si l'on me découvre, je suis perdue ; et que vous vous diriez : Si l'on me découvre, je serai bénie ! Mais comme vous avez la modestie de vos adorables qualités, vous emploieriez les ruses les plus perfides, les plus diaboliques pour n'être pas bénie. — Ah ! monseigneur, s'écria madame d'Harville avec attendrissement, vous m'avez sauvée ! Je ne puis vous exprimer les nouvelles idées, les consolantes espérances que vos paroles éveillent en moi. Vous dites bien vrai, occuper son cœur et son esprit à se faire adorer de ceux qui souffrent, c'est presque aimer... Que dis-je..... c'est mieux qu'aimer... Quand je compare l'existence que j'entrevois à celle qu'une honteuse erreur m'aurait faite, les reproches que je m'adresse sont plus amers encore...

— J'en serais désolé, reprit Rodolphe en souriant, car tout mon désir serait de vous aider à oublier le passé, et de vous prouver seulement que le choix des distractions de cœur est nombreux... Les moyens du bien et du mal sont souvent à peu près les mêmes... la fin seule diffère... En un mot, si le bien est aussi attrayant, aussi amusant que le mal, pourquoi préférer celui-ci ? Tenez, je vais faire une comparaison bien vulgaire. Pourquoi beaucoup de femmes prennent-elles pour amants des hommes qui ne valent pas leurs maris ? Parce que le plus grand charme de l'amour est l'attrait affriandant du fruit défendu. — Avouez que, si on retranchait de cet amour les craintes, les angoisses, les difficultés, les dangers, il ne resterait rien, ou peu de chose, c'est-à-dire l'amant dans sa simplicité première ; en un mot, ce serait toujours plus ou moins

l'aventure de cet homme à qui l'on disait : — « Pourquoi n'épousez-vous pas cette veuve, votre maîtresse ? — Hélas ! j'y ai bien pensé, répondait-il, mais c'est qu'alors je ne saurais plus où aller passer mes soirées. »

— C'est un peu trop vrai, monseigneur, dit madame d'Harville en souriant.

— Eh bien ! si je trouve le moyen de vous faire ressentir ces craintes, ces angoisses, ces inquiétudes qui vous affriandent, si j'utilise votre goût naturel pour le mystère et pour les aventures, votre penchant à la dissimulation et à la ruse (toujours mon exécrable opinion des femmes, vous voyez, qui perce malgré moi!) ajouta gaiement Rodolphe, ne changerai-je pas en qualités généreuses des instincts impérieux, inexorables, excellents si on les emploie bien, funestes si on les emploie mal?... Voyons, dites, voulez-vous que nous ourdissions à nous deux toutes sortes de machinations bienfaisantes, de roueries charitables dont seront victimes, comme toujours, de très-bonnes gens? Nous aurions nos rendez-vous, notre correspondance, nos secrets... et surtout nous nous cacherions bien du marquis ; car votre visite de ce matin chez les Morel l'aura mis en éveil. Enfin, si vous le vouliez, nous serions... en intrigue réglée.

— J'accepte avec joie, avec reconnaissance cette association *ténébreuse*, monseigneur, reprit gaiement Clémence. Et, pour commencer notre roman, je retournerai dès demain chez ces infortunés, auxquels ce matin je n'ai pu malheureusement apporter que quelques paroles de consolation ; car, profitant de mon trouble et de mon effroi, un petit garçon boiteux m'a volé la bourse que vous m'aviez remise. Ah! monseigneur, ajouta Clémence, sa physionomie perdit l'expression de douce gaieté qui l'avait un moment animée, si vous saviez quelle misère!... quel horrible tableau ! Non, non... je ne croyais pas qu'il pût exister de telles infortunes !... Et je me plains !... et j'accuse ma destinée !

Rodolphe, ne voulant pas laisser voir à madame d'Harville combien il était touché de ce retour sur elle-même, qui prouvait la beauté de son âme, reprit gaiement :

— Si vous le permettez, j'excepterai les Morel de notre communauté ; vous me laisserez me charger de ces pauvres gens, et vous me promettrez surtout de ne pas retourner dans cette triste maison... car j'y demeure. .

— Vous, monseigneur?... Quelle plaisanterie !...

— Rien de plus sérieux... un logement modeste, il est vrai... deux cents francs par an : de plus, six francs pour mon ménage libéralement accordés chaque mois à la portière, madame Pipelet, cette horrible vieille que vous savez. Ajoutez à cela que j'ai pour voisine la plus jolie grisette du quartier du Temple, mademoiselle Rigolette ; et vous conviendrez que, pour un commis-marchand qui gagne dix-huit cents francs (je passe pour un commis), c'est assez sortable.

— Votre présence... si inespérée dans cette fatale maison, me prouve que vous parlez sérieusement, monseigneur... quelque généreuse action vous attire là sans doute. Mais pour quelle bonne œuvre vous réservez-vous donc ? quel sera le rôle que vous me destinez ?

— Celui d'un ange de consolation, et, passez-moi ce vilain mot, d'un démon de finesse et de ruse... car il y a certaines blessures délicates et douloureuses que la main d'une femme seule peut soigner et guérir ; il est aussi des infortunes si fières, si ombrageuses, si cachées, qu'il faut une rare pénétration pour les découvrir, et un charme irrésistible pour attirer leur confiance.

— Et quand pourrai-je déployer cette pénétration, cette habileté que vous me supposez? demanda impatiemment madame d'Harville.

— Bientôt, je l'espère, vous aurez à faire une conquête digne de vous ; mais il faudra employer vos ressources les plus machiavéliques.

— Et quel jour, monseigneur, me confierez-vous ce grand secret?

— Voyez... nous voilà déjà au rendez-vous... l'ouvez-vous me faire la grâce de me recevoir dans quatre jours?

— Si tard !... dit naïvement Clémence.

— Et le mystère? et les convenances? Jugez donc ! si l'on nous croyait complices, on se déferait de nous ; mais j'aurai peut-être à vous écrire. Quelle est cette femme âgée qui m'a apporté ce soir votre lettre?

— Une ancienne femme de chambre de ma mère : la sûreté, la discrétion même.

— C'est donc à elle que j'adresserai mes lettres, elle vous les remettra. Si vous avez la bonté de me répondre, écrivez : A monsieur Rodolphe, rue Plumet. Votre femme de chambre mettra vos lettres à la poste.

— Je les mettrai moi-même, monseigneur, en faisant comme d'habitude ma promenade à pied...

— Vous sortez souvent seule et à pied?

— Quand il fait beau, presque chaque jour.

— A merveille ! c'est une habitude que toutes les femmes devraient prendre dès les premiers mois de leur mariage... De bonnes... ou de mauvaises prévisions l'usage existe... C'est un précédent, comme disent les procureurs ; et plus tard ces promenades habituelles ne donnent jamais lieu à des interprétations dangereuses... Si j'avais été femme (et, entre nous, j'aurais été, je le crains, à la fois très-charitable et très-légère), le lendemain de mon mariage, j'aurais pris le plus innocemment du monde les allures les plus mystérieuses... Je me serais ingénument enveloppée des apparences les plus compromettantes... toujours pour établir ce précédent que j'ai dit, afin de pouvoir un jour rendre visite à mes pauvres... ou à mon amant.

— Mais voilà une bien affreuse perfidie, monseigneur ! dit en souriant madame d'Harville.

— Heureusement pour vous, madame, vous n'avez jamais été à même de comprendre la sagesse et l'humilité de ces prévoyances-là...

Madame d'Harville ne sourit plus ; elle baissa les yeux, rougit et dit tristement :

— Vous n'êtes pas généreux, monseigneur !...

D'abord Rodolphe regarda la marquise avec étonnement, puis reprit :

— Je vous comprends, madame... Mais, une fois pour toutes, posons bien nettement votre position à l'égard de M. Charles Robert. Un jour, une femme de vos amies vous montre un de ces mendiants piteux qui roulent des yeux languissants, et jouent de la clarinette d'un ton désespéré pour apitoyer les passants. C'est un bon pauvre, vous dit votre amie, il a au moins sept enfants et une femme aveugle, sourde, muette, etc., etc. Ah! le malheureux, dites-vous en lui faisant charitablement l'aumône ; et chaque fois que vous rencontrez le mendiant, du plus loin qu'il vous aperçoit ses yeux implorent, sa clarinette rend des sons lamentables, et votre aumône tombe dans son bissac. Un jour, de plus en plus apitoyée sur ce bon pauvre par votre amie, qui méchamment abusait de votre cœur, vous vous résignez à aller charitablement visiter votre infortuné au milieu de ses misères... Vous arrivez : hélas ! plus de clarinette mélancolique, plus de regard piteux et implorant, mais un drôle alerte, jovial et dispos, qui entonne une chanson de cabaret... Aussitôt le mépris succède à la pitié... car vous avez pris un mauvais pauvre pour un bon pauvre, rien de plus, rien de moins. Est-ce vrai?...

Madame d'Harville ne put s'empêcher de sourire de ce singulier apologue, et répondit à Rodolphe :

— Si acceptable que soit cette justification, monseigneur, elle me semble trop facile.

— Ce n'est pourtant, après tout, qu'une noble et généreuse imprudence que vous avez commise... Il vous reste trop de moyens de la réparer pour la regretter... Mais ne verrai-je pas ce soir M. d'Harville?...

— Non, monseigneur... la scène de ce matin l'a si fort affecté, qu'il est... souffrant, dit la marquise à voix basse.

— Ah ! je comprends... répondit tristement Rodolphe. Allons, du courage ! Il manquait un but à votre envie, une distraction à vos chagrins, comme vous disiez... Laissez-moi croire que vous trouverez cette distraction dans l'avenir dont je vous ai parlé... Alors votre âme sera si remplie de douces consolations, que votre ressentiment contre votre mari n'y trouvera peut-être plus de place. Vous éprouverez pour lui quelque chose de l'intérêt que vous portez à votre pauvre enfant... Et quant à ce petit ange, maintenant que je sais la cause de son état maladif, j'oserai presque vous dire d'espérer un peu...

— Il serait possible ! monseigneur ! et comment ? s'écria Clémence en joignant les mains avec reconnaissance.

— J'ai pour médecin ordinaire un homme très-inconnu et fort savant : il est resté longtemps en Amérique, et je me souviens qu'il m'a parlé de deux ou trois cures presque merveilleuses faites par lui sur des esclaves atteints de cette effrayante maladie.

— Ah ! monseigneur, il serait possible...

— Gardez-vous bien de trop espérer : la déception serait trop cruelle... Seulement ne désespérons pas tout à fait.

Clémence d'Harville jetait sur les nobles traits de Rodolphe un regard de reconnaissance ineffable. C'était presque un roi... qui la consolait avec tant d'intelligence, de grâce et de bonté.

Elle se demanda comment elle avait pu s'intéresser à M. Charles Robert.

Cette idée lui fut horrible.

— Que ne vous dois-je pas, monseigneur ! dit-elle d'une voix émue. Vous me rassurez, vous me faites malgré moi espérer pour ma fille, entrevoir un nouvel avenir où serait à la fois une consolation, un plaisir et un mérite. N'avais-je pas raison de vous écrire que, si vous vouliez bien venir ici ce soir, vous finiriez la journée comme vous l'avez commencée... par une bonne action?...

— Et ajoutez au mérite, madame, une de ces bonnes actions comme je les aime dans mon égoïsme, pleines d'attrait, de plaisir et de charme, dit Rodolphe en se levant, car onze heures et demie venaient de sonner à la pendule du salon.

— Adieu, monseigneur, n'oubliez pas de me donner bientôt des nouvelles de ces pauvres gens de la rue du Temple.

— Je les verrai demain matin... car j'ignorais malheureusement que ce petit boiteux vous eût volé cette bourse, et ces malheureux sont peut-être dans une extrémité terrible. Dans quatre jours, daignez ne pas l'oublier, je viendrai vous mettre au courant du rôle que vous voulez bien accepter. Seulement je dois vous prévenir qu'un déguisement vous sera peut-être indispensable.

— Un déguisement ! oh ! quel bonheur ! et lequel, monseigneur ?

— Je ne puis vous le dire encore... Je vous laisserai le choix.

En revenant chez lui, le prince s'applaudissait assez de l'effet général de son entretien avec madame d'Harville. Ces propositions étant données :

Occuper généreusement l'esprit et le cœur de cette jeune femme, qu'un éloignement insurmontable séparait de son mari ; éveiller en elle assez de curiosité romanesque, assez d'intérêt mystérieux en dehors de l'amour, pour satisfaire aux besoins de son imagination, de son âme, et la sauvegarder ainsi d'un nouvel amour ;

Ou bien encore :

Inspirer à Clémence d'Harville une passion si profonde, si incurable, et à la fois si pure et si noble, que cette jeune femme, désormais incapable d'éprouver un amour moins élevé, ne compromît plus jamais le repos de M. d'Harville, que Rodolphe aimait comme un frère.

CHAPITRE XVIII.

Misère.

On n'a peut-être pas oublié qu'une famille malheureuse dont le chef, ouvrier lapidaire, se nommait Morel, occupait la mansarde de la maison de la rue du Temple.

Nous conduirons le lecteur dans ce triste logis.

Il est cinq heures du matin.

Au dehors le silence est profond, la nuit noire, glaciale; il neige.

Une chandelle, soutenue par deux brins de bois sur une petite planche carrée, perce à peine de sa lueur jaune et blafarde les ténèbres de la mansarde; réduit étroit, bas, aux deux tiers lambrissé par la pente rapide du toit qui forme avec le plancher un angle très-aigu. Partout on voit le dessous des tuiles verdâtres.

Les cloisons recrépies de plâtre noirci par le temps, et crevassées de nombreuses lézardes, laissent apercevoir les lattes vermoulues qui forment ces minces parois; dans l'une d'elles, une porte disjointe s'ouvre sur l'escalier.

Le sol, d'une couleur sans nom, infect, gluant, est semé çà et là de brins de paille pourrie, de haillons sordides, et de ces gros os que le pauvre achète aux plus infimes revendeurs de viande corrompue pour ronger les cartilages qui y adhèrent encore (1)...

Une si effroyable incurie annonce toujours ou l'inconduite, ou une misère honnête, mais si écrasante, si désespérée, que l'homme anéanti, dégradé, ne sent plus ni la volonté, ni la force, ni le besoin de sortir de sa fange : il y croupit comme une bête dans sa tanière.

Durant le jour, ce taudis est éclairé par une lucarne étroite, oblongue, pratiquée dans la partie déclive de la toiture, et garnie d'un châssis vitré, qui s'ouvre et se ferme au moyen d'une crémaillère.

A l'heure dont nous parlons, une couche épaisse de neige recouvrait cette lucarne.

La chandelle, posée à peu près au centre de la mansarde, sur l'établi du lapidaire, projette en cet endroit une sorte de zone de pâle lumière qui, se dégradant peu à peu, se perd dans l'ombre où reste enseveli le galetas, ombre au milieu de laquelle se dessinent vaguement quelques formes blanchâtres.

Sur l'établi, lourde table carrée en chêne brut grossièrement équarri, tachée de graisse et de suif, fourmillent, étincellent, scintillent une poignée de diamants et de rubis d'une grosseur et d'un éclat admirables.

Morel était lapidaire en fin, et non pas lapidaire en faux, comme il le disait, et comme on le pensait dans la maison de la rue du Temple... Grâce à cet innocent mensonge, les pierreries qu'on lui confiait semblaient si peu de valeur, qu'il pouvait les garder chez lui sans crainte d'être volé.

Tant de richesses, mises à la merci de tant de misère, nous dispensent de parler de la probité de Morel...

Assis sur un escabeau sans dossier, vaincu par la fatigue, par le froid, par le sommeil, après une longue nuit d'hiver passée à travailler, le lapidaire a laissé tomber sur son établi sa tête appesantie, ses bras engourdis; son front s'appuie à une large meule, placée horizontalement sur la table, et ordinairement mise en mouvement par une petite roue à main; une scie de fin acier, quelques autres outils sont épars à côté; l'artisan, dont on ne voit que le crâne chauve, entouré de cheveux gris, est vêtu d'une vieille veste de suif brun qu'il porte à nu sur la peau, et d'un mauvais pantalon de toile; ses chaussons de lisière en lambeaux cachent à peine ses pieds bleuis posés sur le carreau.

Il fait dans cette mansarde un froid si glacial, si pénétrant, que l'artisan, malgré l'espèce de somnolence où le plonge l'épuisement de ses forces, frissonne parfois de tout son corps.

La longueur et la carbonisation de la mèche de la chandelle annoncent que Morel sommeille depuis quelque temps; on n'entend que sa respiration oppressée; car les six autres habitants de cette mansarde ne dorment pas...

Oui, dans cette étroite mansarde vivent sept personnes...

Cinq enfants, dont le plus jeune a quatre ans, le plus âgé douze ans à peine.

Et puis une mère infirme.

Et puis une octogénaire idiote, la mère de leur mère.

La froidure est bien âpre, puisque la chaleur naturelle de sept personnes entassées dans un si petit espace n'attiédit pas cette atmosphère glacée; c'est qu'aussi ces sept corps grêles, chétifs, grelottants, épuisés, depuis le petit enfant jusqu'à l'aïeule, dégagent peu de calorique, comme dirait un savant.

Excepté le père de famille, un moment assoupi, parce que ses forces sont à bout, personne ne dort; non, parce que le froid, la faim, la maladie, tiennent les yeux ouverts, bien ouverts.

(1) On trouve fréquemment dans les quartiers populeux des débitants de veaux mort-nés, de bestiaux morts de maladie, etc.

On ne sait pas combien est rare et précieux pour le pauvre le sommeil profond, salutaire, dans lequel il répare ses forces et oublie ses maux. Il s'éveille si allègre, si dispos, si vaillant au plus rude labeur, après une de ces nuits bienfaisantes, que les moins religieux, dans le sens catholique du mot, éprouvent un vague sentiment de gratitude, sinon envers Dieu, du moins envers... le sommeil, et qui bénit l'effet bénit la cause.

A l'aspect de l'effrayante misère de cet artisan, comparée à la valeur des pierreries qu'on lui confie, on est frappé d'un de ces contrastes qui tout à la fois désolent et élèvent l'âme.

Incessamment cet homme a sous les yeux le déchirant spectacle des douleurs des siens, accablé, depuis la faim jusqu'à la folie, et il respecte ces pierreries, dont une seule arracherait sa femme, ses enfants, aux privations qui les tuent lentement.

Sans doute il fait son devoir, simplement son devoir d'honnête homme; mais, parce que ce devoir est simple, tout accomplissement est-il moins grand, moins beau? Les conditions dans lesquelles s'exerce le devoir ne peuvent-elles pas d'ailleurs en rendre la pratique plus méritoire encore?

Et puis cet artisan, restant si malheureux et si probe auprès de ce trésor, ne représente-t-il pas l'immense et formidable majorité des hommes qui, voués à jamais aux privations, mais paisibles, laborieux, résignés, voient chaque jour sans haine et sans envie amère resplendir à leurs yeux la magnificence des riches!

N'est-il pas enfin noble, consolant, de songer que ce bon sens moral qui seul contient ce redoutable océan populaire dont le débordement pourrait engloutir la société tout entière, se joint de ses lois, de sa puissance, comme la mer en furie se joue des digues et des remparts!

Ne sympathise-t-on pas alors de toutes les forces de son âme et de son esprit avec ces généreuses intelligences qui demandent un peu de place au soleil pour tant d'infortune, tant de courage, tant de résignation?

. . . .

Revenons à ce spécimen, hélas! trop réel, d'épouvantable misère que nous essayerons de peindre dans son effrayante nudité.

Le lapidaire ne possède plus qu'un mince matelas et un morceau de couverture dévolus à la grand'mère idiote, qui, dans son stupide et farouche égoïsme, ne voulait partager son grabat avec personne.

Au commencement de l'hiver, elle était devenue furieuse, et avait presque étouffé le plus jeune des enfants qu'on avait voulu placer à côté d'elle, une petite fille de quatre ans, depuis quelque temps phthisique, et qui souffrait trop du froid dans la paillasse où elle couchait avec ses frères et sœurs.

Tout à l'heure nous expliquerons ce mode de couchage, fréquemment usité chez les pauvres. Auprès d'eux, les animaux sont traités en sybarites : on change leur litière.

Tel est le tableau complet que présente la mansarde de l'artisan, lorsque l'œil perce la pénombre où viennent mourir les faibles lueurs de la chandelle.

Le long du mur d'appui, moins humide que les autres cloisons, est placé sur le carreau le matelas où repose la vieille idiote.

Comme elle ne peut rien supporter sur sa tête, ses cheveux blancs, coupés très-ras, dessinent la forme de son crâne au front aplati; ses épais sourcils gris ombragent ses orbites profonds où luit un regard d'un éclat sauvage; ses joues caves, livides, plissées de mille rides, se collent à ses pommettes et aux angles saillants de sa mâchoire; couchée sur le côté, repliée sur elle-même, son menton touchant presque ses genoux, elle tremble sous une couverture de laine grise, trop petite pour l'envelopper entièrement, et qui laisse apercevoir ses jambes décharnées et le bas d'un vieux jupon en lambeaux dont elle est vêtue.

Ce grabat exhale une odeur fétide.

A peu de distance du chevet de la grand'mère s'étend aussi, parallèlement au mur, la paillasse qui sert de lit aux cinq enfants.

Et voici comment:

On a fait une incision à chaque bout de la toile, dans le sens de sa longueur, puis on a glissé les enfants dans une paille humide et nauséabonde; la toile d'enveloppe leur sert ainsi de drap et de couverture.

Deux petites filles, dont l'une est gravement malade, grelottent d'un côté, trois petits garçons de l'autre;

Ceux-ci et celles-là couchés tout vêtus, si quelques misérables haillons peuvent s'appeler des vêtements.

D'épaisses chevelures blondes, ternes, emmêlées, hérissées, que leur mère laisse croître parce que cela les garantit toujours un peu du froid, couvrent à demi leurs figures pâles, étiolées, souffrantes. L'un des garçons, ses doigts roidis, tire à soi jusqu'à son menton l'enveloppe de sa paillasse pour se mieux couvrir; l'autre, de crainte d'exposer ses mains au froid, met la toile entre ses dents qui se choquent; le troisième se serre contre ses deux frères.

La seconde des deux filles, minée par la phthisie, appuie languissamment sa pauvre petite figure, déjà d'une lividité bleuâtre et morbide, sur la poitrine glacée de sa sœur, âgée de cinq ans, qui tâche en vain de la réchauffer entre ses bras et la veille avec une sollicitude inquiète.

Sur une autre paillasse, placée au fond du taudis et en retour de celle des enfants, la femme de l'artisan est étendue gisante, épuisée par une fièvre lente et par une infirmité douloureuse qui ne lui permet pas de se lever depuis plusieurs mois.

Madeleine Morel a trente-six ans. Un vieux mouchoir de cotonnade bleue, serré autour de son front déprimé, fait ressortir davantage encore la pâleur bilieuse de son visage osseux. Un cercle brun cerne ses yeux caves, éteints; des gerçures saignantes fendent ses lèvres blafardes.

Sa physionomie chagrine, abattue, ses traits insignifiants, décèlent un de ces caractères doux, mais sans ressort, sans énergie, qui ne luttent pas contre la mauvaise fortune, mais qui se courbent, s'affaissent et se lamentent.

Faible, inerte, bornée, elle était restée honnête parce que son mari était honnête; livrée à elle-même, le malheur aurait pu la dépraver et la pousser au mal. Elle aimait ses enfants, son mari; mais elle n'avait ni le courage ni la force de retenir ses plaintes amères sur leur commune infortune. Souvent le lapidaire, dont le labeur opiniâtre soutenait seul cette famille, était forcé d'interrompre son travail pour venir consoler, apaiser la pauvre valétudinaire.

Par-dessus un méchant drap de grosse toile bise troué qui recouvrait sa femme, Morel, pour la réchauffer, avait étendu quelques hardes si vieilles, si rapetassées, que le prêteur sur gages n'avait pas voulu les prendre.

Un fourneau, un poêlon et une marmite de terre égueulée, deux ou trois tasses fêlées éparses çà et là sur le carreau, un baquet, une planche à savonner, et une grande cruche de grès placée sous l'angle du toit, près de la porte disjointe, que le vent ébranle à chaque instant, voilà ce que possède cette famille.

Ce tableau désolant est éclairé par la chandelle, dont la flamme, agitée par la bise qui siffle à travers les interstices des tuiles, jette tantôt sur ces misères ses lueurs pâles et vacillantes, tantôt fait scintiller de mille feux, pétiller de mille étincelles prismatiques l'éblouissant fouillis de diamants et de rubis exposés sur l'établi où sommeille le lapidaire.

Par un mouvement d'attention machinal, les yeux de ces infortunés, tous silencieux, tous éveillés, depuis l'aïeule jusqu'au plus petit enfant, s'attachaient instinctivement sur le lapidaire, leur seul espoir, leur seule ressource.

Dans leur naïf égoïsme, ils s'inquiétaient de le voir inactif et affaissé sous le poids du travail;

La mère songeait à ses enfants;

Les enfants songeaient à eux :

L'idiote paraissait ne songer à rien.

Pourtant tout à coup elle se dressa sur son séant, croisa sur sa poitrine de squelette ses longs bras secs et jaunes comme du buis, regarda la lumière en clignotant, puis se leva lentement, entraînant après elle, comme un suaire, son lambeau de couverture.

Elle était de très-grande taille, sa tête rasée paraissait démesurément petite, un mouvement spasmodique agitait sa lèvre inférieure, épaisse et pendante : ce masque hideux offrait le type d'un hébétement farouche.

L'idiote s'avança sournoisement près de l'établi, comme un enfant qui va commettre un méfait.

Quand elle fut à la portée de la chandelle, elle approcha de la flamme ses deux mains tremblantes; leur maigreur était telle que la lumière qu'elles abritaient leur donnait une sorte de transparence livide.

Madeleine Morel suivait de son grabat les moindres mouvements de la vieille; celle-ci, en continuant de se réchauffer à la flamme de la chandelle, baissait la tête et considérait avec une curiosité imbécile le chatoiement des rubis et des diamants qui scintillaient sur la table.

Absorbée par cette contemplation, l'idiote ne maintint pas ses mains à distance suffisante de la flamme, elle se brûla et poussa un cri rauque.

A ce bruit, Morel se réveilla en sursaut et releva vivement la tête.

Il avait quarante ans, une physionomie ouverte, intelligente et douce, mais flétrie, mais creusée par la misère; une barbe grise de plusieurs semaines couvrait le bas de son visage couturé par la petite vérole; des rides précoces sillonnaient son front déjà chauve; ses paupières enflammées étaient rougies par l'abus des veilles.

Un de ces phénomènes fréquents chez les ouvriers d'une constitution débile, et voués à un travail sédentaire qui les contraint à demeurer tout le jour dans une position presque invariable, avait déformé sa taille chétive. Continuellement forcé de se tenir courbé sur son établi et de se pencher du côté droit, afin de mettre sa meule en mouvement, le lapidaire, pour ainsi dire, pétrifié, ossifié dans cette position qu'il gardait douze à quinze heures par jour, s'était voûté et déjeté de ce côté.

Puis, son bras droit, incessamment exercé par le pénible maniement de la meule, avait acquis un développement musculaire considérable, tandis que le bras et la main gauches, toujours inertes et appuyés sur l'établi pour présenter les facettes des diamants à l'action de la meule, étaient réduits à un état de maigreur et de marasme effrayant; les jambes grêles, presque amphiliées par le manque complet d'exercice, pouvaient à peine soutenir ce corps épuisé, dont toute la substance, toute la viabilité, toute la force, semblaient s'être concentrées dans la seule partie que le travail exerce continuellement.

Et, comme disait Morel avec une poignante résignation :

— C'est moins pour moi que je tiens à manger que pour renforcer le bras qui tourne la meule.

Réveillé en sursaut, le lapidaire se trouva face à face avec l'idiote.

— Qu'avez-vous? que voulez-vous, la mère? lui dit Morel; puis il ajouta d'une voix plus basse, craignant d'éveiller sa famille qu'il croyait endormie : Allez vous coucher, la mère. Ne faites pas de bruit, Madeleine et les enfants dorment.

— Je ne dors pas, je tâche de réchauffer Adèle, dit l'aînée des petites filles.

— J'ai trop faim pour dormir, reprit un des garçons; ça n'était pas mon tour d'aller souper hier comme mes frères chez mademoiselle Rigolette.

— Pauvres enfants! dit Morel avec accablement; je croyais que vous dormiez, au moins.

— J'avais peur de t'éveiller, Morel, dit la femme; sans cela je t'aurais demandé de l'eau; j'ai bien soif, je suis dans mon accès de fièvre.

— Tout de suite, répondit l'ouvrier; seulement il faut que je fasse d'abord recoucher ta mère. Voyons, laissez donc mes pierres tranquilles, dit-il à la vieille qui voulait s'emparer d'un gros rubis dont la scintillement fixait son attention. Allez donc vous coucher, la mère! répéta-t-il.

— Ça, ça, répondit l'idiote en montrant la pierre précieuse qu'elle convoitait.

— Nous allons nous fâcher, dit Morel en grossissant sa voix, pour effrayer sa belle-mère dont il repoussa doucement la main.

— Mon Dieu! mon Dieu! Morel, que j'ai donc soif, murmura Madeleine. Viens donc me donner à boire!

— Mais comment veux-tu que je fasse, aussi? Je ne puis pas laisser ta mère toucher à mes pierres, pour qu'elle me perde encore un diamant, comme il y a un an; et Dieu sait... Dieu sait ce qu'il nous coûte, ce diamant, et ce qu'il nous coûtera peut-être encore.

Et le lapidaire porta sa main à son front d'un air sombre; puis il ajouta, en s'adressant à un de ses enfants :

— Félix, va donner à boire à ta mère, puisque tu ne dors pas.

— Non, non, j'attendrai, il va prendre froid, reprit Madeleine.

— Je n'aurai pas plus froid dehors que dans la paillasse, dit l'enfant en se levant.

— Ah ça, voyons, allez-vous fuir! s'écria Morel d'une voix menaçante pour chasser l'idiote, qui ne voulait pas s'éloigner de l'établi et s'obstinait à s'emparer d'une des pierres.

— Maman, l'eau de la cruche est gelée, cria Félix.

— Casse la glace alors, dit Madeleine.

— Elle est trop épaisse, je ne peux pas.

— Morel, casse donc la glace de la cruche, dit Madeleine d'une voix dolente et impatiente : puisque je n'ai pas autre chose à boire que de l'eau, que j'en puisse boire au moins. Tu me laisses mourir de soif.

— Oh! mon Dieu! mon Dieu! quelle patience! Mais comment veux-tu que je fasse? j'ai ta mère ici à la mère, s'écria le malheureux lapidaire.

Il ne pouvait parvenir à se débarrasser de l'idiote, qui, commençant à s'irriter de la résistance qu'elle rencontrait, faisait entendre une sorte de grognement courroucé.

— Appelle-la donc, dit Morel à sa femme; elle t'écoute quelquefois, toi.

— Ma mère, allez vous coucher; si vous êtes sage, je vous donnerai du café que vous aimez bien.

— Ça, ça, reprit l'idiote en cherchant cette fois à s'emparer violemment du rubis qu'elle convoitait.

Morel la repoussa avec ménagement, mais en vain.

— Mon Dieu! tu sais bien que tu n'en finiras pas avec elle; si tu ne lui fais pas peur avec le fouet, s'écria Madeleine; il n'y a que ce moyen-là de la faire rester tranquille.

— Il le faut bien; mais, quoiqu'elle soit folle, menacer une vieille femme de coups de fouet, ça me répugne toujours, dit Morel.

Puis, s'adressant à la vieille qui tâchait de le mordre, et qu'il contenait d'une main, il s'écria de sa voix la plus terrible :

— Gare au fouet! si vous n'allez pas vous coucher tout de suite!

Ces menaces furent encore vaines.

Il prit son fouet sous son établi, le fit claquer violemment, et en menaça l'idiote, lui disant :

— Couchez-vous tout de suite, couchez-vous!

Au bruit retentissant du fouet, la vieille s'éloigna d'abord brusquement de l'établi, puis s'arrêta, gronda entre ses dents et jeta de regards irrités sur son gendre.

— Au lit! au lit! répéta celui-ci en s'avançant et en faisant de nouveau claquer son fouet.

Alors l'idiote regagna lentement sa couche à reculons, en montrant le poing au lapidaire.

Celui-ci, désirant terminer cette scène cruelle pour aller donner à boire à sa femme, s'avança très-près de l'idiote, fit une dernière fois brusquement résonner son fouet, sans le toucher néanmoins, et répéta d'une voix menaçante :

— Au lit, tout de suite!

La vieille, dans son effroi, se mit à pousser des hurlements affreux, se jeta sur sa couche et s'y blottit comme un chien dans son chenil, sans cesser de hurler.

Les enfants épouvantés, croyant que leur père avait frappé la vieille, lui crièrent en pleurant :

— Ne bats pas grand'mère, ne la bats pas!

Il est impossible de rendre l'effet sinistre de cette scène nocturne, accompagnée des cris suppliants des enfants, des hurlements furieux de l'idiote, et des plaintes douloureuses de la femme du lapidaire.

CHAPITRE XIX.

La dette.

Morel le lapidaire avait souvent assisté à des scènes aussi tristes que celles que nous venons de raconter ; pourtant il s'écria, dans un accès de désespoir, en jetant son fouet sur son établi :

— Oh! quelle vie! quelle vie!!!

— Est-ce ma faute, à moi, si ma mère est idiote? dit Madeleine en pleurant.

— Est-ce la mienne? dit Morel. Qu'est-ce que je demande? de me tuer de travail pour vous tous. Jour et nuit je suis à l'ouvrage ; je ne me plains pas, tant que j'en aurai la force, j'irai ; mais je ne peux pas non plus faire mon état et être en même temps gardien de fou, de malade et d'enfants ! Non, le ciel n'est pas juste à la fin ! non, il n'est pas juste ! c'est trop de misère pour un seul homme ! dit le lapidaire avec un accent déchirant.

Et, accablé, il retomba sur son escabeau, la tête cachée dans ses mains.

— Puisqu'on n'a pas voulu prendre ma mère à l'hospice, parce qu'elle n'était pas assez folle, qu'est-ce que tu veux que j'y fasse, moi, là ? dit Madeleine de sa voix traînante, dolente et plaintive. Quand tu te tourmenteras de ce que tu ne peux pas empêcher, à quoi ça t'avancera-t-il?

— A rien, dit l'artisan; et il essuya ses yeux qu'une larme avait mouillés ; à rien... tu as raison. Mais quand tout vous accable, on n'est quelquefois pas maître de soi.

— Oh ! mon Dieu, mon Dieu ! que j'ai soif ! je frissonne, et la fièvre me brûle, dit Madeleine.

— Attends, je vais te donner à boire.

Morel alla prendre la cruche sous le toit. Après avoir difficilement brisé la glace qui recouvrait l'eau, il remplit une tasse de ce liquide gelé, et s'approcha du grabat de sa femme, qui étendait vers lui ses mains impatientes.

Mais, après un moment de réflexion, il lui dit :

— Non, ça serait trop froid, dans un accès de fièvre, ça te ferait du mal.

— Ça me fera du mal! tant mieux, donne vite alors, reprit Madeleine avec amertume ; ça sera plus tôt fini, ça te débarrassera de moi, tu n'auras plus qu'à être gardien de fou et d'enfants. La maladie se sera de moins.

— Pourquoi me parler comme cela, Madeleine? je ne le mérite pas, dit tristement Morel. Tiens, ne me fais pas de chagrin, c'est tout juste s'il me reste assez de raison et de force pour travailler ; je n'ai pas la tête bien solide, elle n'y résisterait pas ; et alors qu'est-ce que vous deviendriez tous? C'est pour vous que je parle ; s'il ne s'agissait que de moi, je ne m'embarrasserais guère de demain, Dieu merci ! la rivière coule pour tout le monde.

— Pauvre Morel ! dit Madeleine attendrie; c'est vrai, j'ai eu tort de le dire d'un air fâché que je voudrais te débarrasser de moi. Ne m'en veux pas, mon intention était bonne ; oui, car enfin je suis un fardeau à toi et à nos enfants. Depuis seize mois que je suis alitée... Oh ! mon Dieu ! que j'ai soif ! je t'en prie, donne-moi à boire.

— Tout à l'heure; je tâche de réchauffer la tasse entre mes mains.

— Es-tu bon ! et moi qui te dis des choses dures, encore !

— Pauvre femme, tu souffres ! ça aigrit le caractère. Dis-moi tout ce que tu voudras, mais ne me dis pas que tu voudrais me débarrasser de toi.

— Mais à quoi te suis-je bonne ?

— A quoi nous sont bons nos enfants ?

— A te surcharger de travail.

— Sans doute ! aussi, grâce à vous autres, je trouve la force d'être à l'ouvrage quelquefois vingt heures par jour, à ce point que j'en suis devenu difforme et estropié. Crois-tu que si je crois que sans cela je ferais pour l'amour de moi tout seul le métier que je fais ? Oh ! non, la vie n'est pas assez belle, j'en finirais avec elle.

— C'est comme moi, reprit Madeleine : sans les enfants, il y a longtemps que je l'aurais dit : Morel, tu en as assez, moi aussi ; le temps d'allumer un réchaud de charbon, on se moque de la misère... Mais ces enfants... ces enfants !...

— Tu vois donc bien qu'ils sont bons à quelque chose, dit Morel avec une admirable naïveté. Allons, tiens, bois, mais par petites gorgées, car c'est encore bien froid.

— Oh ! merci, Morel, dit Madeleine en buvant avec avidité.

— Assez, assez...

— C'était trop froid ; mon frisson redouble, dit Madeleine en lui rendant la tasse.

— Mon Dieu, mon Dieu ! je te l'avais bien dit, tu souffres...

— Je n'ai plus la force de trembler. Il me semble que je suis saisie de tous les côtés dans un gros glaçon, voilà tout...

Morel ôta sa veste, la mit sur les pieds de sa femme, et resta le torse nu. Le malheureux n'avait pas de chemise.

— Mais tu vas geler, Morel !

— Tout à l'heure, si j'ai trop froid, je reprendrai ma veste un moment.

— Pauvre homme !... ah ! tu as bien raison, le ciel n'est pas juste. Qu'est-ce que nous avons fait pour être si malheureux, tandis que d'autres...

— Chacun a ses peines, les grands comme les petits.

— Oui, mais les grands ont des peines qui ne leur creusent pas l'estomac et qui ne les font pas grelotter. Tiens, quand je pense qu'avec le prix d'un de ces diamants que tu polis nous aurions de quoi vivre dans l'aisance, nous et nos enfants, ça révolte. Et à quoi ça leur sert-il, ces diamants?

— S'il n'y avait qu'à dire : A quoi ça sert-il à ce monsieur, que madame Pipelet appelle le commandant, d'avoir loué et meublé le premier étage de cette maison, où il ne met jamais ? A quoi ça lui sert-il d'avoir là de bons matelas, de bonnes couvertures, puisqu'il loge ailleurs?

— C'est bien vrai, il y aurait là de quoi... nipper pour longtemps plus d'un pauvre ménage comme le nôtre... sans compter que tous les jours madame Pipelet fait du feu pour empêcher ses meubles d'être abîmés par l'humidité. Tant de bonne chaleur perdue, tandis que nous et nos enfants nous gelons ! Mais tu me diras à ça : Nous ne sommes pas des meubles. Oh ! ces riches, c'est si dur !

— Pas plus durs que d'autres, Madeleine. Mais ils ne savent pas, vois-tu, ce que c'est que la misère. Ça naît heureux, ça vit heureux, ça meurt heureux : à propos de quoi veux-tu que ça pense à nous ? Et puis, je te dis... ils ne savent pas... Comment se feraient-ils une idée des privations des autres ? Ont-ils grand'faim, grande est leur joie. Ils n'en dînent que mieux. Fait-il grand froid, tant mieux, ils appellent ça une belle gelée ; c'est tout simple ; s'ils sortent à pied, ils rentrent ensuite au coin d'un bon feu ; de la froidure leur fait trouver le feu meilleur ; ils ne peuvent donc pas nous plaindre beaucoup, puisqu'à eux la faim et le froid leur tournent à plaisir. Ils ne savent pas, vois-tu, ils ne savent pas !... A leur place nous ferions comme eux.

— Les pauvres gens sont donc meilleurs qu'eux tous, puisqu'ils s'entr'aident ! Cette bonne petite mademoiselle Rigolette, qui nous a tant veillés, moi et les enfants, pendant nos maladies, a emmené hier Jérôme et Pierre pour partager son souper. Et son souper, ça n'est guère : une tasse de lait et du pain. A son âge on bon appétit ; bien sûr elle se sera privée.

— Pauvre fille ! Oui, elle est bien bonne. Et pourquoi ? parce qu'elle connaît la peine. Et, comme je le dis toujours : Si les riches savaient ! si les riches savaient !...

— Et cette petite dame qui est venue avant-hier d'un air si effaré nous demander si nous avions besoin de quelque chose, maintenant elle sait, celle-là, ce que c'est que des malheureux... eh bien ! elle n'est pas revenue.

— Elle reviendra peut-être ; car, malgré sa figure effrayée, elle avait l'air bien doux et bien comme il faut.

— Oh ! avec toi, dès qu'on est riche, on a toujours raison. On dirait que les riches sont faits d'une autre pâte que nous.

— Je ne dis pas cela, reprit doucement Morel ; je dis au contraire qu'ils ont leurs défauts ; nous avons, nous, les nôtres.

— Le malheur est qu'ils ne savent pas. Le malheur est qu'il n'y a, par exemple, beaucoup d'agents pour découvrir les gueux qui ont commis des crimes, et qu'il n'y a pas d'agents pour découvrir les honnêtes ouvriers accablés de famille qui sont dans la dernière des misères, et qui, faute d'un peu de secours donné à point, se laissent quelquefois tenter. C'est bon de faire le mal, mais ça serait peut-être meilleur de l'empêcher. Vous êtes resté probe jusqu'à cinquante ans ; mais l'extrême misère, la faim, vous poussent au mal, et voilà un coquin de plus ; tandis que si on avait su... Mais à quoi bon penser à cela ?... le monde est comme il est. Je suis pauvre et désespéré, je parle ainsi ; je serais riche, je parlerais de fêtes et de plaisirs.

— Eh bien ! pauvre femme, comment vas-tu ?

— Toujours la même chose... Je ne sens plus mes jambes. Mais toi, tu trembles : reprends donc la veste, et souffle cette chandelle qui brûle pour rien ; voilà le jour.

En effet, une lueur blafarde, glissant péniblement à travers la neige dont était obstrué le carreau de la lucarne, commençait à jeter une triste clarté dans l'intérieur de ce réduit, et rendait son aspect plus affreux encore. L'ombre de la nuit voilait au moins une partie de ces misères.

— Je vais attendre qu'il fasse assez clair pour me remettre à travailler, dit le lapidaire en s'asseyant sur le bord de la paillasse de sa femme et en appuyant son front dans ses deux mains.

Après quelques moments de silence, Madeleine lui dit :

— Quand madame Mathieu doit-elle revenir chercher les pierres auxquelles tu travailles?

— Ce matin. Je n'ai plus qu'une facette d'un diamant faux à polir.

— Un diamant faux !... toi qui ne tailles que des pierres fines, malgré ce qu'on dit dans la maison !

— Comment ! tu ne sais pas !... Mais c'est juste, quand l'autre jour madame Mathieu est venue, tu dormais. Elle m'a donné dix diamants faux, dix cailloux du Rhin à tailler, juste de la même grosseur et de la même manière que le même nombre de pierres fines qu'elle m'apportait, celles qui sont là avec des rubis. Je n'ai jamais vu des diamants d'une plus belle eau; ces dix pierres-là valent certainement plus de soixante mille francs.

— Et pourquoi te les fait-elle imiter en faux ?

— Une grande dame à qui ils appartiennent, une duchesse, je crois, a chargé M. Baudoin le joaillier de vendre sa parure, et de lui faire faire à la place une parure en pierres fausses. Madame Mathieu, la courtière en pierreries de M. Baudoin, m'a appris cela en m'apportant les pierres vraies, afin que je donne aux fausses la même coupe et la même forme ; madame Mathieu a chargé de la même besogne quatre autres lapidaires, car il y a quarante ou cinquante pierres à tailler. Je ne pouvais pas tout faire, cela devait être prêt ce matin ; il faut à M. Baudoin le temps de remonter les pierres fausses. Madame Mathieu dit que souvent des dames font ainsi en cachette remplacer leurs diamants par des cailloux du Rhin.

— Tu vois bien, les fausses pierres font le même effet que les vraies, et les grandes dames, qui mettent seulement ce pour se parer, n'auraient jamais l'idée de sacrifier un diamant au soulagement de malheureux comme nous !

— Pauvre femme ! sois donc raisonnable, le chagrin te rend injuste. Qui est-ce qui sait que nous, les Morel, sommes malheureux ?

— Oh ! quel homme, quel homme ! On te couperait en morceaux, toi, que tu dirais merci.

Morel haussa les épaules avec compassion.

— Combien te devra ce matin madame Mathieu? reprit Madeleine.

— Rien, puisque je sais en avance avec elle de cent vingt sous.

— Rien ! Mais nous avons fini hier nos derniers vingt sous.

— Oui, dit Morel d'un air abattu.

— Et comment allons-nous faire?

— Je ne sais pas.

— Et le boulanger ne veut plus nous fournir à crédit...

— Non, puisque hier j'ai emprunté le quart d'un pain à madame Pipelet.

— La mère Burette ne nous prêterait rien?

— Nous prêter !... Maintenant qu'elle a tous nos effets en gage, sur quoi nous prêterait-elle?... sur nos enfants? dit Morel avec un sourire amer.

— Mais ma mère, les enfants et toi, vous n'avez mangé hier qu'une livre et demie de pain à vous tous ! Vous ne pouvez pas mourir de faim non plus. Aussi c'est ta faute ; tu n'as pas voulu te faire inscrire cette année au bureau de charité.

— On n'inscrit que les pauvres qui ont des meubles, et nous n'en avons plus ; on nous regarde comme en garni. C'est comme pour être admis aux salles d'asile, il faut que les enfants aient au moins une blouse, et les nôtres n'ont que des haillons ; et puis, pour le bureau de charité, il aurait fallu, pour me faire inscrire, aller, retourner peut-être vingt fois au bureau, puisque nous n'avons pas de protections. Ça me ferait perdre plus de temps que ça ne vaudrait.

— Mais comment faire alors ?

— Peut-être cette petite dame qui est venue hier ne nous oubliera pas.

— Oui, comptes-y. Mais madame Mathieu te prêtera bien cent sous ; tu travailles pour elle depuis dix ans, elle ne peut pas laisser dans une pareille peine un honnête ouvrier chargé de famille.

— Je ne crois pas qu'elle puisse nous prêter quelque chose. Elle a fait tout ce qu'elle a pu en m'avançant petit à petit cent vingt francs ; c'est une grosse somme pour elle. Parce qu'elle est courtière de diamants et qu'elle en a quelquefois pour cinquante mille francs dans son cabas, elle n'en est pas plus riche. Quand elle gagne cent francs par mois, elle est bien contente, car elle a des charges, deux nièces à élever. Cent sous pour elle, vois-tu, c'est comme cent sous pour nous, et il y a des moments où on ne les a pas, tu le sais bien. Étant déjà de beaucoup en avance avec moi, elle ne peut s'ôter le pain de la bouche à elle et aux siens.

— Voilà ce que c'est que de travailler pour des courtiers au lieu de travailler pour les forts joailliers ; ils sont moins regardants quelquefois. Mais tu te laisses toujours manger la laine sur le dos, c'est ta faute.

— C'est ma faute ! s'écria ce malheureux, exaspéré par cet absurde reproche ; est-ce ta mère ou moi qui est cause de toutes nos misères ? S'il n'avait pas fallu payer le diamant qu'elle a perdu, ta mère, nous serions en avance, nous aurions le prix de nos journées, nous aurions les onze cents francs que nous avons retirés de la caisse d'épargne pour les joindre aux treize cents francs que nous a prêtés ce M. Jacques Ferrand, que Dieu maudisse !

— Tu t'obstines encore à ne lui rien demander, à celui-là. Après ça, il est si avare, que ça ne servirait peut-être à rien ; mais enfin on essaye toujours.

— A lui ! à lui ! m'adresser à lui ! s'écria Morel ; j'aimerais mieux me laisser brûler à petit feu. Tiens, ne me parle pas de cet homme-là, tu me rendrais fou.

En disant ces mots, la physionomie du lapidaire, ordinairement douce et résignée, prit une expression de sombre énergie, son pâle visage se colora légèrement ; il se leva brusquement du grabat où il était assis, et marcha dans la mansarde avec agitation. Malgré son apparence grêle, difforme, l'attitude et les traits de cet homme respiraient alors une généreuse indignation.

— Je ne suis pas méchant, s'écria-t-il ; de ma vie je n'ai fait de mal à personne, mais, vois-tu, ce notaire (1) !... oh ! je lui souhaite autant de mal qu'il m'en a fait. Puis, mettant ses deux mains sur son front, il murmura d'une voix douloureuse : Mon Dieu ! pourquoi donc faut-il qu'un mauvais sort que je n'ai pas mérité me livre, moi et les miens, pieds et poings liés, à cet hypocrite ! Aura-t-il donc le droit d'user de sa richesse pour perdre, corrompre et désoler ceux qu'il veut perdre, corrompre et désoler ?

— C'est ça, c'est ça, dit Madeleine, déchaîne-toi contre lui ; tu seras bien avancé quand il t'aura fait mettre en prison, comme il peut le faire d'un jour à l'autre pour cette lettre de change de treize cents francs, pour laquelle il a obtenu jugement contre toi. Il te tient comme un oiseau au bout d'un fil. Je le déteste autant que toi, ce notaire ; mais, puisque nous sommes dans sa dépendance, comme tu dis toujours.

— Laisser déshonorer notre fille, n'est-ce pas ? s'écria le lapidaire d'une voix foudroyante.

— Mon Dieu ! tais-toi donc, ces enfants sont éveillés... ils t'entendent.

— Bah ! bah ! tant mieux ! reprit Morel avec une effrayante ironie, ça veut d'un bon exemple pour nos deux petites filles ; ça les préparera ; il n'a qu'un jour à en avoir aussi la fantaisie, le notaire ! Ne sommes-nous pas dans sa dépendance ? comme tu dis toujours. Voyons, répète donc encore qu'il peut me faire mettre en prison ; voyons, parle franchement... il faut lui abandonner notre fille, n'est-ce pas ?

Puis ce malheureux termina son imprécation en éclatant en sanglots ; car cette honnête et bonne nature ne pouvait longtemps soutenir ce ton de douloureux sarcasme.

— O mes enfants ! s'écria-t-il en fondant en larmes, mes pauvres enfants ! ma Louise ! ma bonne et belle Louise !... trop belle !... c'est aussi de là que viennent tous nos malheurs. Si elle n'avait pas été si belle, cet homme ne m'aurait pas proposé de me prêter son argent. Je suis laborieux et honnête, le joaillier m'aurait donné du temps, je n'aurais pas eu d'obligation à ce vieux monstre, et il n'abuserait pas du service que j'ai cru qu'il nous rendait pour tâcher de déshonorer ma fille, je ne l'aurais pas laissée un jour chez lui. Mais il le faut, il le faut ; il me tient dans sa dépendance. Oh ! la misère, la misère, que d'outrages elle fait dévorer !

— Mais, comment faire aussi ? il a dit à Louise : Si tu t'en vas de chez moi, je fais mettre ton père en prison.

— Oui, il la tutoie comme la dernière des créatures !

— Si ce n'était que cela, on se ferait une raison ; mais si elle quitte le notaire il te fera prendre, et alors, pendant que tu seras en prison, que veux-tu que je devienne toute seule, moi, avec nos enfants et ta mère ? Quand Louise gagnerait vingt francs par mois dans une autre place, est-ce que nous pourrions vivre six personnes là-dessus ?

— Oui, c'est pour vivre que nous laissons peut-être déshonorer Louise.

— Tu exagères toujours ; le notaire la poursuit, c'est vrai... elle nous l'a dit, mais elle est honnête, tu le sais bien.

— Oh ! oui, elle est honnête, et active, et bonne !... Quand, nous voyant dans la gêne à cause de ta maladie, elle a voulu entrer en place pour ne pas nous être à charge, je ne sais pas ce que ça m'a coûté !... Elle servante, maltraitée, humiliée !... elle si fière naturellement, qu'en riant... te souviens-tu ? nous rions alors, nous l'appelions la Princesse, parce qu'elle disait toujours qu'à force de propreté elle rendrait notre pauvre réduit comme un petit palais... Chère enfant, c'aurait été mon luxe de la garder près de nous, j'aurais dû passer les nuits au travail. C'est qu'aussi, quand je voyais sa bonne figure rose et ses jolis yeux bruns devant moi, à près de mon établi, et que je l'écoutais chanter, ma tâche ne me paraissait pas lourde ! Pauvre Louise, si laborieuse et avec ça si gaie... Jusqu'à la mère dont elle faisait ce qu'elle voulait !... Mais, dame ! aussi quand elle vous parlait, quand elle vous regardait, il n'y avait pas moyen de ne pas dire comme elle... Et toi, comme elle te soignait ! comme elle t'amusait ! et ses frères et ses sœurs, s'en occupait-elle assez !... Elle trouvait le temps de tout faire. Aussi, avec Louise, tout notre bonheur... tout s'en est allé.

(1) Le lecteur se souvient peut-être que Fleur-de-Marie avait été confiée toute jeune à ce notaire, et que sa femme de charge abandonna l'enfant à la Chouette, qui devait s'en charger moyennant 1000 fr. une fois payés.

— Tiens, Morel, ne me rappelle pas ça... tu me fends le cœur, dit Madeleine en pleurant à chaudes larmes.

— Et quand je pense que peut-être ce vieux monstre... Tiens, vois-tu... à cette pensée la tête me tourne... Il me prend des envies d'aller le tuer et de me tuer après...

— Et nous, qu'est-ce que nous deviendrions ? Et puis, encore une fois, tu exagères. Le notaire aura peut-être dit cela à Louise comme... en plaisantant... D'ailleurs il va à la messe tous les dimanches ; il fréquente beaucoup de prêtres... Il y a beaucoup de gens qui disent qu'il est plus sûr de placer de l'argent chez lui qu'à la caisse d'épargne.

— Qu'est-ce que cela prouve ? qu'il est riche et hypocrite... Je connais bien Louise... elle est honnête... Oui, mais elle nous aime comme on n'aime pas ; son cœur saigne de notre misère. Elle sait que sans moi, vous mourriez tout à fait de faim ; et si le notaire l'a menacée de me faire mettre en prison... la malheureuse a été peut-être capable... Oh ! ma tête !... c'est à en devenir fou !

— Mon Dieu ! si cela était arrivé, le notaire lui aurait donné de l'argent, des cadeaux, et, bien sûr, elle n'aurait rien gardé pour elle ; elle nous en aurait fait profiter.

— Tais-toi... je ne comprends pas seulement que tu aies des idées pareilles... Louise accepter... Louise...

— Mais pas pour elle... pour nous...

— Tais-toi... encore une fois, tais-toi !... tu me fais frémir... Sans moi... je ne sais pas ce que tu serais devenue... et mes enfants aussi avec des raisons pareilles.

— Quel mal est-ce que je dis ?

— Aucun.

— Eh bien ! pourquoi crains-tu que... ?

Le lapidaire interrompit impatiemment sa femme :

— Je crains, parce que je remarque que depuis trois mois... chaque fois que Louise vient ici et qu'elle m'embrasse... elle rougit.

— Du plaisir de te voir.

— Ou de honte... elle est de plus en plus triste...

— Parce qu'elle nous voit de plus en plus malheureux. Et puis, quand je lui parle du notaire, elle dit que maintenant il ne la menace plus de la prison pour toi.

— Oui, mais à quel prix ne la menace-t-il plus ? elle ne le dit pas, et elle rougit en m'embrassant... Oh ! mon Dieu ! ça serait déjà pourtant bien mal à un maître de dire à une pauvre fille honnête, dont le pain dépend de lui : « Cède, ou je te chasse ; et si l'on vient s'informer de toi, je répondrai que tu es un mauvais sujet, pour t'empêcher de te placer ailleurs... » Mais lui dire : « Cède, ou je te mettrai son père en prison » lui dire cela lorsqu'on sait que toute une famille vit du travail de ce père, oh ! c'est mille fois plus criminel encore !

— Et quand on pense qu'avec un des diamants qui sont là sur ton établi tu pourrais avoir de quoi rembourser le notaire, faire sortir notre fille de chez lui, et la garder chez nous... dit lentement Madeleine.

— Quand tu me répéteras cent fois la même chose, à quoi bon ? Certainement que, si j'étais riche, je ne serais pas pauvre, reprit Morel avec une douloureuse impatience.

La probité était tellement naturelle et pour ainsi dire tellement organique chez cet homme, qu'il ne lui venait pas à l'esprit que sa femme, abattue, aigrie par le malheur, pût concevoir quelque arrière-pensée mauvaise et voulût tenter son irréprochable honnêteté.

Il reprit amèrement :

— Il faut se résigner. Heureux ceux qui peuvent avoir leurs enfants auprès d'eux, et les défendre des pièges ; mais une fille du peuple, qui la garantit ? personne... Est-elle en âge de gagner quelque chose, elle part le matin pour son atelier, rentre le soir ; pendant ce temps-là la mère travaille de son côté, le père du sien. Le temps, c'est notre fortune, et le pain est si cher qu'il ne nous reste pas le loisir de veiller sur nos enfants ; et quand on crie à l'inconduite des filles pauvres... comme si leurs parents avaient le moyen de les garder chez eux, ou le temps de les surveiller quand elles sont dehors... Les privations ne nous sont rien auprès du chagrin de quitter notre femme, notre enfant, notre père... C'est surtout à nous, pauvres gens, que la vie de famille serait salutaire et consolante... Et, dès que nos enfants sont en âge de raison, nous sommes forcés de nous en séparer !

A ce moment on frappa bruyamment à la porte de la mansarde.

CHAPITRE XX.

Le jugement.

Etonné... le lapidaire se leva et alla ouvrir... Deux hommes entrèrent dans la mansarde.

L'un, maigre, grand, la figure ignoble et bourgeonnée, encadrée d'épais favoris noirs grisonnants, tenait à la main une grosse canne plombée, portait un chapeau déformé et une longue redingote verte crottée, étroitement boutonnée. Son col de velours noir râpé laissait voir un cou long, rouge, pelé comme celui d'un vautour. Cet homme s'appelait Malicorne.

L'autre plus petit, et de mine aussi basse, rouge, gros et trapu, était vêtu avec une sorte de somptuosité grotesque. Des boutons de brillants attachaient les plis de sa chemise d'une propreté douteuse, et une longue chaîne d'or serpentait sur un gilet écossais d'étoffe passée, que laissait voir un paletot de panne d'un gris jaunâtre... Cet homme s'appelait Bourdin.

— Oh ! que ça pue la misère et la mort ici ! dit Malicorne en s'arrêtant au seuil.

— Le fait est que ça ne sent pas le musc ! Quelles pratiques ! reprit Bourdin en faisant un geste de dégoût et de mépris ; puis il s'avança vers l'artisan qui le regardait avec autant de surprise que d'indignation.

A travers la porte laissée entre-bâillée, on vit apparaître la figure méchante, attentive et rusée de Tortillard, qui, ayant suivi ces inconnus à leur insu, regardait, épiait, écoutait.

— Que voulez-vous ? dit brusquement le lapidaire, révolté de la grossièreté des deux hommes.

— Jérôme Morel ? lui répondit Bourdin.

— C'est moi.

— Ouvrier lapidaire ?

— C'est moi.

— Bien sûr ?

— Encore une fois, c'est moi... Vous m'impatientez... que voulez-vous ?... expliquez-vous, ou sortez !

— Que ça d'honnêteté ?... merci !... dis donc, Malicorne, reprit l'homme en se retournant vers son camarade, il n'y a pas *gras*, ici... c'est pas comme chez le vicomte de Saint-Remy ?

— Oui... mais quand il y a *gras*, on trouve visage de bois... comme nous l'avons trouvé rue de Chaillot. Le moineau avait filé la veille.... et roide encore, tandis que des vermines pareilles ça vient toujours se coller à son chenil.

— Je crois bien ; ça ne demande qu'à être *serré* (1) pour avoir la pâtée.

— Faut encore que le *loup* (2) soit bon enfant ; ça lui coûtera plus que ça ne vaut... mais ça le regarde.

— Tenez, dit Morel avec indignation, si vous n'étiez pas ivres comme vous en avez l'air, on se mettrait en colère... Sortez de chez moi à l'instant !

— Ah ! il est fameux, le *déjeté* ! s'écria Bourdin en faisant une allusion insultante à la déviation de la taille du lapidaire. Dis donc, Malicorne, il a le toupet d'appeler ça un *chez soi*... un bouge où je ne voudrais pas mettre mon chien...

— Mon Dieu ! mon Dieu ! s'écria Madeleine, si effrayée qu'elle n'avait pas jusqu'alors pu dire une parole, appelle donc au secours... c'est peut-être des malfaiteurs... Prends garde à tes diamants...

En effet, voyant ces deux inconnus de mauvaise mine s'approcher de plus en plus de l'établi où étaient encore exposées les pierreries, Morel craignit quelque mauvais dessein, courut à sa table, et de ses deux mains couvrit les pierres précieuses.

Tortillard, toujours aux écoutes et aux aguets, retint les paroles de Madeleine, remarqua le mouvement de l'artisan et se dit :

— Tiens... tiens... tiens... on le disait lapidaire en faux ; si les pierres étaient fausses, il n'aurait pas peur d'être volé... Bon à savoir : alors la mère Mathieu, qui vient souvent ici, est donc aussi courtière en *vrai*... C'est donc de vrais diamants qu'elle a dans son cabas... Bon à savoir ; je dirai ça à la Chouette, à la Chouette, dit le fils de Bras-Rouge en chantonnant.

— Si vous ne sortez pas de chez moi, je crie à la garde, dit Morel.

Les enfants, effrayés de cette scène, commencèrent à pleurer, et la vieille idiote se dressa sur son séant...

— S'il y a quelqu'un qui ait le droit de crier à la garde... c'est nous... entendez-vous, monsieur le déjeté ? dit Bourdin.

— Vu que la garde doit nous prêter main-forte pour vous conduire si vous regimbez, ajouta Malicorne. Nous n'avons pas de juge de paix avec nous, c'est vrai ; mais si vous tenez à jouir de sa société, on va vous en servir un sortant de son lit, tout chaud, tout bouillant... Bourdin va aller le chercher.

— En prison... moi ? s'écria Morel frappé de stupeur.

— Oui... à Clichy.

— A Clichy ? répéta l'artisan d'un air hagard.

— A-t-il la boule dure, celui-là ! dit Malicorne.

— A la prison pour dettes... aimez-vous mieux ça ? reprit Bourdin.

— Vous... vous... seriez... comment... le notaire... Ah ! mon Dieu !...

Et l'ouvrier, pâle comme la mort, retomba sur son escabeau, sans pouvoir ajouter une parole.

— Nous sommes gardes du commerce pour vous pincer, si nous en étions capables... Y êtes-vous, pays ?

— Morel... le billet du maître de Louise !... Nous sommes perdus ! s'écria Madeleine d'une voix déchirante.

— Voilà le jugement, dit Malicorne en tirant de son portefeuille un acte timbré.

Après avoir psalmodié, comme d'habitude, une partie de cette re-

(1) Emprisonné.
(2) Le créancier.

quête d'une voix presque inintelligible, il articula nettement les derniers mots, malheureusement trop significatifs pour l'artisan :

— Et Louise, alors ? et Louise ? s'écria Morel presque égaré, sans paraître entendre ce grimoire, où est elle ? Elle est donc sortie de chez le notaire, puisqu'il me fait emprisonner ?... Louise... mon Dieu ! qu'est-elle devenue ?
— Qui, ça, Louise ? dit Bourdin.
— Laisse-le donc, reprit brutalement Malicorne, est-ce que tu ne vois pas qu'il bat la breloque ? Allons, et il s'approcha de Morel, allons, par file à gauche... en avant, marche, décanillons ; j'ai besoin de prendre l'air, ça empoisonne ici.

Louise Morel.

Morel le lapidaire.

« Jugeant en dernier ressort, le tribunal condamne le sieur Jérôme
« Morel à payer au sieur Pierre Petit-Jean, négociant (1), par toutes
« voies de droit, et même par corps, la somme de treize cents francs
« avec l'intérêt à dater du jour du protêt, et le condamne en outre aux
« dépens.
« Fait et jugé à Paris, le 13 septembre 1838. »

(1) L'habile notaire, ne pouvant poursuivre en son nom personnel, avait fait faire au malheureux Morel ce qu'on appelle une acceptation en blanc, et avait fait remplir la lettre de change par un tiers.

— Morel, n'y vas pas. Défends-toi ! s'écria Madeleine avec égarement. Tue-les, ces gueux-là. Oh ! es-tu poltron !... Tu te laisseras emmener ? tu nous abandonneras ?

— Faites comme chez vous, madame, dit Bourdin d'un air sardonique. Mais si votre homme lève la main sur moi, je l'étourdis.

Seulement préoccupé de Louise, Morel n'entendait rien de ce qu'on disait autour de lui. Tout à coup une expression de joie amère éclaira son visage, il s'écria :

— Louise a quitté la maison du notaire... j'irai en prison de bon cœur... Mais, jetant un regard autour de lui, il s'écria : Et ma femme... et sa mère... et mes autres enfants... qui les nourrira ? On ne voudra pas me confier des pierres pour travailler en prison... on croira que c'est mon inconduite qui m'y envoie... Mais c'est donc la mort des miens, notre mort à tous, qu'il veut, le notaire ?

— Une fois ! deux fois ! finirons-nous ? dit Bourdin, ça nous embête, à la fin... Habillez-vous, et filons.

— Mes bons messieurs, pardon de ce que je vous ai dit tout à l'heure ! s'écria Madeleine toujours couchée. Vous n'aurez pas le cœur d'emmener Morel... Qu'est-ce que vous voulez que je devienne avec mes cinq enfants et ma mère qui est folle ? tenez, la voyez-vous... là, accroupie sur son matelas ? elle est folle, mes bons messieurs !..... elle est folle !...

— La vieille tondue ?

— Tiens ! c'est vrai, elle est tondue, dit Malicorne ; moi, je croyais qu'elle avait un serre-tête blanc...

— Mes enfants, jetez-vous aux genoux de ces bons messieurs, s'écria Madeleine, voulant, par un dernier effort, attendrir les recors : priez-les de ne pas emmener votre pauvre père... notre seul gagne-pain...

Malgré les ordres de leur mère, les enfants pleuraient effrayés, n'osant pas sortir de leur grabat.

A ce bruit inaccoutumé, à l'aspect des deux recors qu'elle ne connaissait pas, l'idiote commença à jeter des hurlements sourds en se rencognant contre la muraille.

Morel semblait étranger à ce qui se passait autour de lui ; ce coup était si affreux, si inattendu ; les conséquences de cette arrestation lui paraissaient si épouvantables, qu'il ne pouvait y croire... Déjà affaibli par des privations de toutes sortes, les forces lui manquaient ; il restait pâle, hagard, assis sur son escabeau, affaissé sur lui-même, les bras pendants, la tête baissée sur sa poitrine.

— Ah çà ! mille tonnerres !... ça finira-t-il ? s'écria Malicorne. Est-ce que vous croyez qu'on est à la noce ici ? Marchons, ou je vous empoigne.

Le recors mit sa main sur l'épaule de l'artisan et le secoua rudement.

Ces menaces, ce geste inspirèrent une grande frayeur aux enfants ;

Le recors mit sa main sur l'épaule de l'artisan.

les trois petits garçons sortirent de leur paillasse à moitié nus, et vinrent, éplorés, se jeter aux pieds des gardes du commerce, joignant les mains, et criant d'une voix déchirante :

— Grâce ! ne tuez pas notre père !...

A la vue de ces malheureux enfants frissonnant de froid et d'épouvante, Bourdin, malgré sa dureté naturelle et son habitude de pareilles scènes, se sentit presque ému. Son camarade, impitoyable, dégagea brutalement sa jambe des étreintes des enfants qui s'y cramponnaient suppliants.

— Eh ! hu donc, les moutards !... Quel chien de métier, si on avait toujours affaire à des mendiants pareils !...

Un épisode horrible rendit cette scène plus affreuse encore. L'aînée des petites filles, restée couchée dans la paillasse avec sa sœur malade, s'écria tout à coup :

— Maman, maman, je ne sais pas ce qu'elle a... Adèle... Elle est toute froide ! elle me regarde toujours... et elle ne respire plus...

La pauvre enfant phthisique venait d'expirer doucement sans une plainte, son regard toujours attaché sur celui de sa sœur, qu'elle aimait tendrement...

Il est impossible de rendre le cri que jeta la femme du lapidaire à cette affreuse révélation, car elle comprit tout.

Ce fut un de ces cris pantelants, convulsifs, arrachés du plus profond des entrailles d'une mère.

— Ma sœur a l'air d'être morte ! mon Dieu ! mon Dieu ! j'en ai peur ! s'écria l'enfant en se précipitant hors de la paillasse et courant épouvantée se jeter dans les bras de sa mère.

Celle-ci, oubliant que ses jambes presque paralysées ne pouvaient la soutenir, fit un violent effort pour se lever et courir auprès de sa fille morte ; mais les forces lui manquèrent, elle tomba sur le carreau en poussant un dernier cri de désespoir.

Ce cri trouva un écho dans le cœur de Morel : il sortit de sa stupeur, d'un bond fut à la paillasse, y saisit sa fille âgée de quatre ans...

Il la trouva morte.

Le froid, le besoin avaient hâté sa fin... quoique sa maladie, fruit de la misère, fût mortelle.

Ses pauvres petits membres étaient déjà roidis et glacés...

QUATRIÈME PARTIE.

CHAPITRE PREMIER.

Louise.

Morel, ses cheveux gris hérissés par le désespoir et par l'effroi, restait immobile, tenant sa fille morte entre ses bras. Il la contemplait d'un œil fixe, sec et rouge.

— Morel, Morel... donnez-moi Adèle ! s'écriait la malheureuse mère en étendant les bras vers son mari. Ce n'est pas vrai... non, elle n'est pas morte... tu vas voir, je vais la réchauffer...

La curiosité de l'idiote fut excitée par l'empressement des deux recors à s'approcher du lapidaire, qui ne voulait pas se séparer du corps de son enfant. La vieille cessa de hurler, se leva de sa couche, s'approcha lentement, passa sa tête hideuse et stupide par-dessus l'épaule de Morel... et pendant quelques moments l'aïeule contempla le cadavre de sa petite-fille...

Ses traits gardèrent leur expression habituelle d'hébétement farouche ; au bout d'une minute, l'idiote fit entendre une sorte de bâillement caverneux, rauque, comme celui d'une bête affamée : puis, retournant à son grabat, elle s'y jeta en criant :

— A faim ! a faim !

— Vous voyez, messieurs, vous voyez, une pauvre petite fille de quatre ans, Adèle... Elle s'appelle Adèle. Je l'ai embrassée hier au soir encore ; et ce matin... Voilà ! vous me direz que c'est toujours celle-là de moins à nourrir, et que j'ai du bonheur, n'est-ce pas ? dit l'artisan d'un air hagard.

Sa raison commençait à s'ébranler sous tant de coups réitérés.

— Morel, je veux ma fille ; je la veux ! s'écria Madeleine.

— C'est vrai, chacun la sienne, répondit le lapidaire. Et il alla poser l'enfant dans les bras de sa femme.

Puis il se cacha la figure entre ses mains en poussant un long gémissement.

Madeleine, non moins égarée que son mari, enfouit dans la paille de son grabat le corps de sa fille, le couvant des yeux avec une sorte de jalousie sauvage, pendant que les autres enfants, agenouillés, éclataient en sanglots.

Les recors, un moment émus par la mort de l'enfant, retombèrent bientôt dans leur habitude de dureté brutale.

— Ah ça, voyons, camarade, dit Malicorne au lapidaire, votre fille est morte, c'est bien malheureux ; nous sommes tous mortels ; nous n'y pouvons rien, ni vous non plus... Il faut nous suivre ; nous avons encore un particulier à pincer, car le gibier donne aujourd'hui.

Morel n'entendait pas cet homme.

Complètement égaré dans de funèbres pensées, l'artisan se disait d'une voix sourde et saccadée :

— Il va pourtant falloir ensevelir ma petite fille... la veiller... ici... jusqu'à ce qu'on vienne l'emporter... L'ensevelir ! mais avec quoi ? nous n'avons rien... Et le cercueil... qui est-ce qui nous fera crédit ? Oh ! un cercueil tout petit... pour un enfant de quatre ans... ça ne doit pas être cher... et puis pas de corbillard... on prend ça sous un bras... Ah ! ah ! ah ! ajouta-t-il avec un éclat de rire effrayant, comme j'ai du bonheur !... elle aurait pu mourir à dix-huit ans, à l'âge de Louise, et on ne m'aurait pas fait crédit d'un grand cercueil...

— Ah ça, mais, minute ! ce gaillard-là est capable d'en perdre la boule, dit Bourdin à Malicorne ; regarde donc ses yeux... il fait peur... Allons, bon !... et la vieille idiote qui hurle la faim !... Quelle famille !...

— Faut pourtant en finir... Quoique l'arrestation de ce mendiant-là ne soit tarifée qu'à 76 francs 75 centimes, à l'ensevelir ici, comme de juste, les frais à 240 ou 250 francs. C'est le loup (1) qui paye...

— Dis donc qui avance ; car c'est ce moineau-là qui payera les violons... puisque c'est lui qui va le danser.

— Quand celui-là aura de quoi payer à son créancier 2,500 francs pour capital, intérêts, frais et tout... il fera chaud...

— Ça ne sera pas comme ici, car on gèle... dit le recors en soufflant dans ses doigts. Finissons-en, emballons-le, il pleurnichera en chemin... Est-ce que c'est notre faute, à nous, si sa petite est crevée ?...

— Quand on est aussi gueux on ne fait pas d'enfants.

— Ça lui apprendra ; ajouta Malicorne ; puis, frappant sur l'épaule de Morel : Allons, allons, camarade, nous n'avons pas le temps d'attendre ; puisque vous ne pouvez pas payer, en prison !

— En prison, M. Morel ! s'écria une voix jeune et pure. Et une jeune

(1) Le créancier.

fille brune, fraîche, rose et coiffée en cheveux, entra vivement dans la mansarde.

— Ah ! mademoiselle Rigolette, dit un des enfants en pleurant, vous êtes si bonne ! Sauvez papa, on veut l'emmener en prison, et notre petite sœur est morte...

— Adèle est morte ! s'écria la jeune fille, dont les grands yeux noirs et brillants se voilèrent de larmes. Votre père en prison ! ça ne se peut pas...

Et, immobile, elle regardait tour à tour le lapidaire, sa femme et les recors.

Bourdin s'approcha de Rigolette.

— Voyons, ma belle enfant, vous qui avez votre sang-froid, faites entendre raison à ce brave homme ; sa petite fille est morte, à la bonne heure ! mais il faut qu'il nous suive à Clichy... à la prison pour dettes, nous sommes gardes du commerce...

— C'est donc vrai ? s'écria la jeune fille.

— Très vrai ! la mère a la petite dans son lit, on ne peut pas la lui ôter ; ça l'occupe... Le père devrait profiter de ça pour filer.

— Mon Dieu ! mon Dieu, quel malheur ! s'écria Rigolette, quel malheur ! comment faire ?

— Payer ou aller en prison, il n'y a pas de milieu ; avez-vous deux ou trois billets de mille à leur prêter ? demanda Malicorne d'un air goguenard ; si vous les avez, passez à votre caisse, et aboulez les noyaux, nous ne demandons pas mieux.

— Ah ! c'est affreux ! dit Rigolette avec indignation. Oser plaisanter devant un pareil malheur !

— Eh bien ! sans plaisanterie, reprit l'autre recors, puisque vous voulez être bonne à quelque chose, tâchez que la femme ne nous voie pas emmener le mari. Vous leur éviterez à tous les deux un mauvais quart d'heure.

Quoique brutal, le conseil était bon ; Rigolette le suivit, et s'approcha de Madeleine. Celle-ci, égarée par le désespoir, n'eut pas l'air de voir la jeune fille, qui s'agenouilla auprès du grabat avec les autres enfants.

Morel n'était revenu de son égarement passager que pour retomber sous le coup des réflexions les plus accablantes ; plus calme, il put contempler l'horreur de sa position. Décidé à cette extrémité, le notaire devait être implacable, les recors faisaient leur métier.

L'artisan se résigna.

— Ah ça ! marchons-nous, à la fin ? lui dit Bourdin.

— Je ne puis laisser ces diamants ici ; ma femme est à moitié folle, dit Morel en montrant les diamants épars sur son établi. La courtière pour qui je travaille doit venir les chercher ce matin ou dans la journée ; il y en a pour une somme considérable.

— Bon, dit Tortillard, qui était toujours resté auprès de la porte entre-bâillée, bon, bon, bon, la Chouette saura ça.

— Accordez-moi seulement jusqu'à demain, reprit Morel, afin que je puisse remettre ces diamants à la courtière.

— Impossible ! finissons tout de suite !

— Mais je ne veux pas, en laissant ces diamants ici, les exposer à être perdus.

— Emportez-les avec vous, notre fiacre est en bas, vous les payerez avec les frais. Nous irons chez votre courtière : si elle n'y est pas, vous déposerez ces pierreries au greffe de Clichy ; ils seront aussi en sûreté là qu'à la Banque... Voyons, dépêchons-nous ; nous filerons sans que votre femme ou vos enfants vous aperçoivent.

— Accordez-moi jusqu'à demain, que je puisse faire enterrer mon enfant ! demanda Morel d'une voix suppliante et altérée par les larmes qu'il contraignait.

— Non !... voilà plus d'une heure que nous perdons ici...

— Cet enterrement vous attristerait encore, ajouta Malicorne.

— Ah ! oui... cela m'attristerait, dit Morel avec amertume. Vous craignez tant d'attrister les gens !... Alors un dernier mot.

— Voyons, sacrebleu ! dépêchez-vous !... dit Malicorne avec une impatience brutale.

— Depuis quand avez-vous ordre de m'arrêter ?

— Le jugement a été rendu il y a quatre mois, mais c'est hier que notre huissier a reçu l'ordre du notaire de le mettre à exécution...

— Hier seulement ?... pourquoi si tard ?...

— Est-ce que je le sais, moi ?... Allons, votre paquet !

— Hier !... et Louise n'a pas paru ici ; où est-elle ? qu'est-elle devenue ? dit le lapidaire en tirant de l'établi une boîte de carton remplie de coton, dans laquelle il rangea les pierres. Mais ne pensons pas à cela... J'aurai le temps d'y songer.

— Voyons, faites vite votre paquet et habillez-vous.

— Je n'ai pas de paquet à faire, je n'ai que ces diamants à emporter pour les consigner au greffe.

— Habillez-vous alors !...

— Je n'ai pas d'autres vêtements que ceux-là.

— Vous allez sortir avec ces guenilles ! dit Bourdin.

— Je vous ferai honte, sans doute ? dit le lapidaire avec amertume.

— Non, puisque nous allons dans votre fiacre, répondit Malicorne.

— Papa, maman t'appelle, dit un des enfants.

— Écoutez, murmura rapidement Morel en s'adressant à un des recors, ne soyez pas inhumain... accordez-moi une dernière grâce... Je n'ai pas le courage de dire adieu à ma femme, à mes enfants... mon cœur se briserait... S'ils vous voient m'emmener, ils accourront auprès de moi... Je voudrais éviter cela. Je vous en supplie, dites-moi tout haut que vous reviendrez dans trois ou quatre jours, et feignez de vous en aller... vous m'attendrez à l'étage au-dessous... je sortirai cinq minutes après... ça m'épargnera les adieux, je n'y résisterais pas, je vous assure... Je deviendrais fou... j'ai manqué le devenir tout à l'heure.

— Connu !... vous voulez me faire voir le tour !... dit Malicorne, vous voulez filer, vieux farceur.

— Oh ! mon Dieu !... mon Dieu ! s'écria Morel avec une douloureuse indignation.

— Je ne crois pas qu'il blague, dit tout bas Bourdin à son compagnon ; faisons ce qu'il demande, sans ça nous ne sortirons jamais d'ici ; je vois d'ailleurs rester là en dehors de la porte... il n'y a pas d'autre sortie à la mansarde, il ne peut pas nous échapper.

— A la bonne heure, mais que le tonnerre l'emporte !... quelle chenille ! quelle chenille !... Puis, s'adressant à voix basse à Morel : C'est convenu, nous vous attendons au quatrième... faites votre frime, et dépêchons.

— Je vous remercie, dit Morel.

— Eh bien ! à la bonne heure ! reprit Bourdin à voix haute, en regardant l'artisan d'un air d'intelligence, puisque c'est comme ça et que vous nous promettez de payer, nous vous laissons : nous reviendrons dans cinq ou six jours... Mais alors soyez exact !

— Oui, messieurs, j'espère alors pouvoir payer, répondit Morel.

Les recors sortirent.

Tortillard, de peur d'être surpris, avait disparu dans l'escalier au moment où les gardes du commerce sortaient de la mansarde.

— Madame Morel, entendez-vous ? dit Rigolette en s'adressant à la femme du lapidaire pour l'arracher à sa lugubre contemplation, on laisse votre mari tranquille ; ces deux hommes sont sortis.

— Maman, entends-tu ? on n'emmène pas mon père, reprit l'aîné des garçons.

— Morel ! écoute, écoute..... Prends un des gros diamants, on ne le saura pas, et nous sommes sauvés, murmura Madeleine tout à fait en délire. Notre petite Adèle n'aura plus froid, elle ne sera plus morte...

Profitant d'un instant où aucun des siens ne le regardait, le lapidaire sortit avec précaution.

Le garde du commerce l'attendait en dehors, sur une espèce de petit palier aussi plafonné par le toit.

Sur ce palier s'ouvrait la porte d'un grenier qui prolongeait en partie la mansarde des Morel, et dans lequel M. Pipelet serrait ses provisions de cuir. En outre (avons-nous dit), le digne portier appelait ce réduit « sa loge de mélodrame, » parce qu'au moyen d'un trou pratiqué à la cloison, entre deux lattes, il allait quelquefois assister aux tristes scènes qui se passaient chez les Morel.

Le recors remarqua la porte du grenier : un instant il pensa que peut-être son prisonnier avait compté sur cette issue pour fuir ou pour se cacher.

— Allons ! en route, mauvaise troupe ! dit-il en mettant le pied sur la première marche de l'escalier ; et il fit signe au lapidaire de le suivre.

— Une minute encore, par grâce ! dit Morel.

Il se mit à genoux sur le carreau ; à travers une des fentes de la porte, il jeta un dernier regard sur sa famille, joignit les mains, et dit tout bas d'une voix déchirante et en pleurant à chaudes larmes :

— Adieu, mes pauvres enfants... adieu ! ma pauvre femme... adieu !

— Ah çà ! finirez-vous vos antiennes ? dit brutalement Bourdin. Malicorne a bien raison, quel chenil ! quel chenil !

Morel se releva ; il allait suivre le recors, lorsque ces mots retentirent dans l'escalier.

— Mon père ! mon père !

— Louise ! s'écria le lapidaire en levant les mains au ciel. Je pourrai donc l'embrasser avant de partir !

— Merci, mon Dieu ! j'arrive à temps !... dit la voix en se rapprochant de plus en plus.

Et on entendit la jeune fille monter précipitamment l'escalier.

— Soyez tranquille, ma petite, dit une troisième voix aigre, poussive, essoufflée, partant d'une région plus inférieure, je m'embusquerai, s'il le faut, dans l'allée, nous deux mon balai et mon vieux chéri, et ils ne sortiront pas d'ici que vous ne leur ayez parlé, les gueusards !

On a sans doute reconnu madame Pipelet, qui, moins ingambe que Louise, la suivait lentement.

Quelques minutes après, la fille du lapidaire était dans les bras de son père.

— C'est toi, Louise ! ma bonne Louise ! disait Morel en pleurant. Mais comme tu es pâle ! Mon Dieu ! qu'as-tu ?

— Rien, rien... répondit Louise en balbutiant. J'ai couru si vite !... Voici l'argent.

— Comment !...

— Tu es libre !

— Tu savais donc ?...

— Oui, oui... Prenez, monsieur, voici l'argent, dit la jeune fille en donnant un rouleau d'or à Malicorne.

— Mais cet argent, Louise, cet argent ?...

— Tu sauras tout... sois tranquille... Viens rassurer ma mère !

— Non, tout à l'heure ! s'écria Morel en se plaçant devant la porte ;

il pensait à la mort de sa petite fille, que Louise ignorait encore. Attends ! il faut que je te parle... Mais cet argent...

— Minute ! dit Malicorne en finissant de compter les pièces d'or, qu'il empocha. Soixante-quatre, soixante-cinq ; ça fait treize cents francs. Est-ce que vous n'avez que ça, la petite mère ?

Mais tu ne dois que treize cents francs ? — dit Louise stupéfaite, en s'adressant à son père.

— Oui, dit Morel.

Minute, reprit le recors ; le billet est de treize cents francs, bon ; voilà le billet payé ; mais les frais ?... sans l'arrestation, il y en a déjà pour onze cent quarante francs.

— Oh ! mon Dieu ! s'écria Louise, je croyais que ce n'était que treize cents francs. Mais, monsieur, plus tard on vous payera le reste... voilà un assez fort à-compte... n'est-ce pas, mon père ?

— Plus tard... à la bonne heure !... apportez l'argent au greffe, et on lâchera votre père. Allons, marchons !...

— Vous l'emmenez ?

— Et roide... C'est un à-compte... qu'il paye le reste, il sera libre... Passe, Bourdin, et en route !

— Grâce !... grâce !... s'écria Louise.

— Ah ! quelle scie ! voilà les geigneries qui recommencent ; c'est à vous faire suer en plein hiver, ma parole d'honneur ! dit brutalement le recors. Puis, s'avançant vers Morel : Si vous ne marchez pas tout de suite, je vous empoigne au collet et je vous fais descendre bon train ; c'est embêtant, à la fin.

— Oh ! mon pauvre père... moi qui le croyais sauvé au moins ! dit Louise avec accablement.

— Non... non... Dieu n'est pas juste ! s'écria le lapidaire d'une voix désespérée, en frappant du pied avec rage.

— Si, Dieu est juste... Il a toujours pitié des honnêtes gens qui souffrent, dit une voix douce et vibrante.

Au même instant, Rodolphe parut à la porte du petit réduit, d'où il avait invisiblement assisté à plusieurs des scènes que nous venons de raconter.

Il était pâle et profondément ému.

A cette apparition subite, les recors reculèrent ; Morel et sa fille regardèrent cet inconnu avec stupeur.

Tirant de la poche de son gilet un petit paquet de billets de banque pliés, Rodolphe en prit trois, et, les présentant à Malicorne, lui dit :

— Voici deux mille cinq cents francs ; rendez à cette jeune fille l'or qu'elle vous a donné.

De plus en plus étonné, le recors prit les billets en hésitant, les examina en tous sens, les tourna, les retourna, finalement les empocha. Puis, sa grossièreté reprenant le dessus à mesure que son étonnement mêlé de frayeur se dissipait, il toisa Rodolphe et lui dit :

— Ils sont bons, vos billets : mais comment avez-vous entre les mains une somme pareille ? Est-elle bien à vous, au moins ? Je vous dis ça...

Rodolphe était très-modestement vêtu et couvert de poussière, grâce à son séjour dans le grenier de M. Pipelet.

— Je t'ai dit de rendre cet or à cette jeune fille, répondit Rodolphe d'une voix brève et dure.

— Je t'ai dit !!... et pourquoi donc que tu me tutoies ?... s'écria le recors en s'avançant vers Rodolphe d'un air menaçant.

— Cet or ! le cet or !... dit Rodolphe en saisissant et en serrant si violemment le poignet de Malicorne, que celui-ci plia sous cette étreinte de fer et s'écria :

— Oh ! mais vous me faites mal... lâchez-moi !...

— Rends donc cet or !... Tu es payé, va-t-en... sans dire d'insolence, ou je te jette en bas de l'escalier.

— Eh bien ! le voilà, cet or, dit Malicorne en remettant le rouleau à la jeune fille, mais ne me tutoyez pas et ne me maltraitez pas, parce que vous êtes plus fort que moi...

— C'est vrai... qu'est-ce vous pour vous donner ces airs-là ? dit Bourdin en s'abritant derrière son confrère, qui êtes-vous ?

— Qui ça est, malappris ?... c'est mon locataire... le roi des locataires, mal-embouchés que vous êtes ! s'écria madame Pipelet, qui apparut enfin tout essoufflée, et toujours coiffée de sa perruque blonde à la Titus. La portière tenait à la main un poêlon de terre rempli de soupe fumante qu'elle apportait charitablement aux Morel.

— Qu'est-ce qu'elle veut, cette vieille fouine ? dit Bourdin.

— Si vous attaquez mon physique, je me jette sur vous et je vous mords, s'écria madame Pipelet ; et par là-dessus, mon locataire, mon roi des locataires vous fichera du haut en bas des escaliers, comme il le dit... et je vous balayerai comme un tas d'ordures que vous êtes.

— Cette vieille est capable d'ameuter la maison contre nous. Nous sommes payés, nous avons fait nos frais, filons ! dit Bourdin à Malicorne.

— Voici vos pièces, dit celui-ci en jetant un dossier aux pieds de Morel.

— Ramasse !... on te paye pour être honnête, dit Rodolphe, et, arrêtant le recors d'une main vigoureuse, de l'autre il lui montra les papiers.

Sentant, à cette nouvelle et redoutable étreinte qu'il ne pourrait lutter contre un pareil adversaire, le garde du commerce se baissa en mur-

murmura, ramassa le dossier, et le remit à Morel, qui le prit machinalement.

Il croyait rêver.

— Vous, quoique vous ayez une poigne de fort de la halle, ne tombez jamais sous notre coupe ! dit Malicorne.

Et, après avoir montré le poing à Rodolphe, d'un saut il enjamba dix marches, suivi de son complice, qui regardait derrière lui avec un certain effroi.

Madame Pipelet se mit en mesure de venger Rodolphe des menaces du recors ; regardant son poêlon d'un air inspiré, elle s'écria héroïquement :

— Les dettes to Morel sont payées... ils vont avoir de quoi manger ; ils n'ont plus besoin de ma pâtée ; gare là-dessous !!

Et, se penchant sur la rampe, la vieille vida le contenu de son poêlon sur le dos des deux recors, qui arrivaient à ce moment au premier étage.

— Et allllez... donc ! ajouta la portière, les voilà trempés comme une soupe... comme deux soupes... Eh ! eh ! eh ! c'est le cas de le dire...

— Mille millions de tonnerres ! s'écria Malicorne, inondé de la préparation culinaire de madame Pipelet, voulez-vous faire attention là-haut... vieille guipe !

— Alfred ! riposta madame Pipelet en criant à tue-tête, d'une voix aigre à percer le tympan d'un sourd, Alfred ! tape dessus, vieux chéri ! ils ont voulu faire les Bédouins avec ta *Stasie* (Anastasie). Ces deux indécents... ils m'ont saccagée... tape dessus à grands coups de balai... Dis à l'écaillère et au rogomiste de t'aider... A vous ! à vous ! à vous ! au rat ! au chat ! au voleur !... Kiss ! kiss ! kiss !... Brrrrr... llou... hou... Tape dessus !... vieux chéri !!! Boum ! boum !!!

Et, pour clore formidablement ces onomatopées, qu'elle avait accompagnées de trépignements furieux, madame Pipelet, emportée par l'ivresse de la victoire, lança du haut en bas de l'escalier son poêlon de faïence, qui, se brisant avec un bruit épouvantable au moment où les recors, étourdis de ces cris affreux, descendaient quatre à quatre les dernières marches, augmenta prodigieusement leur effroi.

— Et allllez donc ! s'écria Anastasie en riant aux éclats et en se croisant les bras dans une attitude triomphante.

Pendant que madame Pipelet poursuivait les recors de ses injures et de ses huées, Morel s'était jeté aux pieds de Rodolphe.

— Ah ! monsieur, vous nous sauvez la vie !... A qui devons-nous ce secours inespéré ?...

— A Dieu ; vous le voyez, il a toujours pitié des honnêtes gens.

CHAPITRE II.

Rigolette.

Louise, la fille du lapidaire, était remarquablement belle, d'une beauté grave. Svelte et grande, elle tenait de la Junon antique par la régularité de ses traits sévères, et de la Diane chasseresse par l'élégance de sa taille élevée. Malgré le hâle de son teint, malgré la rougeur rugueuse de ses mains, d'un très-beau galbe, mais durcies par les travaux domestiques, malgré ses humbles vêtements, cette jeune fille avait un extérieur plein de noblesse, que l'artisan, dans son admiration paternelle, appelait un *air de princesse*.

Nous n'essayerons pas de peindre la reconnaissance et la stupeur joyeuse de cette famille, si brusquement arrachée à un sort épouvantable. Un moment même, dans cet enivrement subit, la mort de la petite fille fut oubliée.

Rodolphe seul remarqua l'extrême pâleur de Louise et la sombre préoccupation dont elle semblait toujours poursuivie, malgré la délivrance de son père.

Voulant rassurer complétement les Morel sur leur avenir et expliquer une libéralité qui pouvait compromettre son incognito, Rodolphe dit au lapidaire, qui l'emmena sur le palier, pendant que Rigolette préparait Louise à apprendre la mort de sa petite sœur :

— Avant-hier matin, une jeune dame est venue chez vous !

— Oui, monsieur, et elle a paru bien peinée de l'état où elle nous voyait.

— Après Dieu, c'est elle que vous devez remercier, non pas moi.

— Il serait vrai, monsieur !... cette jeune dame...

— Est votre bienfaitrice. J'ai souvent porté des étoffes chez elle ; en venant louer ici une chambre au quatrième, j'ai appris par la portière votre cruelle position. Comptant sur la charité de cette dame, j'ai couru chez elle... et avant-hier elle était ici, afin de juger par elle-même de l'étendue de votre malheur ; elle en a été douloureusement émue ; mais comme ce malheur pouvait être le fruit de l'inconduite, elle m'a chargé de prendre moi-même, et le plus tôt possible, des renseignements sur vous, désirant proportionner ses bienfaits à votre probité.

— Bonne et excellente dame ! j'avais bien raison de dire...

— De dire à Madeleine : *Si les riches savaient!* n'est-ce pas ?

— Comment, monsieur, connaissez-vous le nom de ma femme ?.. qui vous a appris que...

— Depuis ce matin six heures, dit Rodolphe en interrompant Morel, je suis caché dans le petit grenier qui avoisine votre mansarde.

— Vous !... monsieur ?

— Et j'ai tout entendu, tout, honnête et excellent homme !!!

— Mon Dieu !... mais comment étiez-vous là ?

— En bien ou en mal, je ne pouvais être mieux renseigné que par vous-même ; j'ai voulu tout voir, tout entendre à votre insu. Le portier m'avait parlé de ce petit réduit pour vous délivrer des recors, lorsque j'ai entendu la voix de votre fille. J'ai voulu lui laisser le plaisir de vous sauver. . Malheureusement, la rapacité des gardes du commerce a devancé cette douce satisfaction à la pauvre Louise ; alors j'ai paru. J'avais reçu hier quelques sommes qui m'étaient dues, j'ai été à même de faire une avance à votre bienfaitrice en payant pour vous cette malheureuse dette. Mais votre infortune a été si grande, si honnête, si digne, que l'intérêt qu'on vous porte et que vous méritez ne s'arrêtera pas là. Je puis, au nom de votre ange sauveur, vous répondre d'un avenir paisible, heureux, pour vous et pour les vôtres.

— Il serait possible !... Mais, au moins, son nom, monsieur ? son nom, à cet ange du ciel, à cet ange sauveur, comme vous l'appelez ?

— Oui, c'est un ange... Et vous aviez encore raison de dire que grands et petits avaient leurs peines.

— Cette dame serait malheureuse ?

— Qui n'a pas ses chagrins ?... Mais je ne vois aucune raison de vous taire son nom... Cette dame s'appelle...

Songeant que madame Pipelet n'ignorait pas que madame d'Harville était venue dans la maison pour demander le commandant, Rodolphe, craignant l'indiscret bavardage de la portière, reprit après un moment de silence :

— Je vous dirai le nom de cette dame... à une condition..

— Oh ! parlez, monsieur !...

— C'est que vous ne le répéterez à personne... vous entendez ? à personne...

— Oh ! je vous le jure. Mais ne pourrais-je pas au moins la remercier, cette providence des malheureux ?

— Je le demanderai à madame d'Harville, je ne doute pas qu'elle n'y consente.

— Cette dame se nomme ?

— Madame la marquise d'Harville.

— Oh ! je n'oublierai jamais ce nom-là. Ce sera ma sainte... mon adoration. Quand je pense que, grâce à elle, ma femme, mes enfants sont sauvés !... Sauvés ! pas tous... pas tous... ma pauvre petite Adèle, nous ne la reverrons plus !... Hélas ! mon Dieu, il faut se dire qu'un jour ou l'autre nous l'aurions perdue, qu'elle était condamnée...

Et le lapidaire essuya ses larmes.

— Quant aux derniers devoirs à rendre à cette pauvre petite, si vous m'en croyez... voilà ce qu'il faut faire... Je m'occupe encore ma chambre ; elle est grande, saine, aérée ; il y a déjà là, on y transportera ce qui sera nécessaire pour que vous et votre famille vous puissiez vous établir là, en attendant que madame d'Harville ait trouvé à vous caser convenablement. Le corps de votre enfant restera dans la mansarde, où il sera cette nuit, comme il convient, gardé et veillé par un prêtre. Je vais prier M. Pipelet de s'occuper de ces tristes détails.

— Mais, monsieur, vous prenez notre chambre !... ça n'est pas la peine. Maintenant que nous voilà tranquilles, que je n'ai plus peur d'aller en prison... notre pauvre logis me semblera un palais, surtout si ma Louise nous reste... pour tout soigner comme par le passé...

— Votre Louise ne vous quittera plus. Vous disiez que ce serait votre luxe de l'avoir toujours auprès de vous... ce sera mieux... ce sera votre récompense.

— Mon Dieu, monsieur, est-ce possible ? ça me paraît un rêve... je n'ai jamais été dévot... mais un tel coup du sort... un secours si providentiel... ça vous ferait croire !...

— Croyez toujours... qu'est-ce que vous risquez ?...

— C'est vrai, répondit naïvement Morel ; qu'est-ce qu'on risque ?

— Si la douleur d'un père pouvait reconnaître des compensations, je vous dirais qu'une de vos filles vous est retirée, mais que l'autre vous est rendue.

— C'est juste, monsieur. Nous aurons notre Louise, maintenant.

— Vous acceptez ma chambre, n'est-ce pas ? vous pouvez même faire pour cette triste veillée mortuaire ?... Songez donc à votre femme, dont la tête est déjà si faible... lui laisser pendant vingt-quatre heures un si douloureux spectacle sous les yeux !

— Vous songez à tout ! à tout !... Combien vous êtes bon, monsieur !

— C'est votre ange bienfaiteur qu'il faut remercier, sa bonté m'inspire. Je vous dis ce qu'il vous dirait, il m'approuvera, j'en suis sûr.

Ainsi vous acceptez, c'est convenu. Maintenant, dites-moi, ce Jacques Ferrand ?...

Un sombre nuage passa sur le front de Morel.

— Ce Jacques Ferrand, reprit Rodolphe, est bien Jacques Ferrand, notaire, qui demeure rue du Sentier ?

— Oui, monsieur. Est-ce que vous le connaissez ?

Puis, assailli de nouveau par ses craintes au sujet de Louise, Morel s'écria :

— Puisque vous le connaissez, monsieur, dites... dites... ai-je le droit d'en vouloir à cet homme ?... et qui sait .. si ma fille... ma Louise...

Il ne put achever et cacha sa figure dans ses mains.

Rodolphe comprit ses craintes.

— La démarche même du notaire, lui dit-il, doit vous rassurer : il vous faisait sans doute arrêter pour se venger des dédains de votre fille ; du reste, j'ai tout lieu de croire que c'est un malhonnête homme. S'il en est ainsi, dit Rodolphe, après un moment de silence, comptons sur la Providence pour le punir.

— Il est bien riche et bien hypocrite, monsieur !

— Vous étiez bien pauvre et bien désespéré !... la Providence vous a-t-elle failli ?

— Oh! non, monsieur... grand Dieu !... ne croyez pas que je dise cela par ingratitude...

— Un ange sauveur est venu à vous... un vengeur inexorable atteindra peut-être le notaire, s'il est coupable.

A ce moment, Rigolette sortit de la mansarde en essuyant ses yeux.

Rodolphe dit à la jeune fille :

— N'est-ce pas, ma voisine, que M. Morel fera bien d'occuper ma chambre avec sa famille, en attendant que son bienfaiteur, dont je ne suis que l'agent, lui ait trouvé un logement convenable ?

Rigolette regarda Rodolphe d'un air étonné.

— Comment, monsieur, vous seriez assez généreux ?...

— Oui, mais à une condition... qui dépend de vous, ma voisine...

— Oh ! tout ce qui dépendra de moi...

— J'avais quelques comptes très-pressés à régler pour mon patron... on doit venir chercher tantôt... mes papiers sont là. Si, en qualité de voisine, vous vouliez me permettre de m'occuper de ce travail chez vous... sur un coin de votre table... pendant que vous travaillerez? je ne vous dérangerais pas, et la famille Morel pourrait tout de suite, avec l'aide de M. et madame Pipelet, s'établir chez moi.

— Oh! si ce n'est que cela, monsieur, très-volontiers ; entre voisins on doit s'entr'aider. Vous donnez l'exemple par ce que vous faites pour ce M. Morel.

— Appelez-moi mon voisin, sans cela ça me gênera, et je n'oserai pas accepter, dit Rodolphe en souriant.

— Qu'à cela ne tienne ! Je puis bien vous appeler mon voisin, puisque vous l'êtes.

— Papa, maman le demande... viens ! viens ! dit un des petits garçons en sortant de la mansarde.

— Allez, mon cher monsieur Morel ; quand tout sera prêt en bas, on vous en fera prévenir.

Le lapidaire rentra précipitamment chez lui.

— Maintenant, ma voisine, dit Rodolphe à Rigolette, il faut encore que vous me rendiez un service.

— De tout mon cœur, je le ferai si c'est possible, mon voisin.

— Vous êtes, j'en suis sûr, une excellente petite ménagère ; il s'agirait d'acheter à l'instant ce qui est nécessaire pour que la famille Morel soit convenablement vêtue, couchée et établie dans ma chambre, où il n'y a encore que mon mobilier de garçon (et il n'est pas lourd) qu'on a apporté hier. Comment allons-nous faire pour nous procurer tout de suite ce que je désire pour M. Morel ?

Rigolette réfléchit un moment et répondit :

— Avant deux heures vous aurez ça, de bons vêtements tout faits, bien chauds, bien propres, du bon linge bien blanc pour toute la famille, deux petits lits pour les enfants, un pour la grand'mère, tout ce qu'il faut enfin... mais, par exemple, cela coûtera beaucoup, beaucoup d'argent.

— Et combien ?

— Oh! au moins... au moins cinq ou six cents francs...

— Pour le tout ?

— Hélas ! oui... vous voyez, c'est bien de l'argent ! dit Rigolette en ouvrant de grands yeux et en secouant la tête.

— Et nous aurions ça ?...

— Avant deux heures !

— Mais vous êtes donc une fée, ma voisine ?

— Mon Dieu, non ; c'est bien simple... Le Temple est à deux pas d'ici, et vous y trouverez tout ce dont vous aurez besoin.

— Le Temple ?

— Oui, le Temple.

— Qu'est-ce que cela ?

— Vous ne connaissez pas le Temple, mon voisin ?

— Non, ma voisine.

— C'est pourtant là où les gens comme vous et moi se meublent et se nippent, quand ils sont économes. C'est bien moins cher qu'ailleurs et c'est aussi bon...

— Vraiment ?

— Je le crois bien ; tenez, je suppose... combien avez-vous payé votre redingote ?

— Je ne vous dirai pas précisément.

— Comment, mon voisin, vous ne savez pas ce que vous coûte votre redingote ?

— Je vous avouerai en confidence, ma voisine, dit Rodolphe en souriant, que je la dois... Alors, vous comprenez... je ne peux pas savoir...

— Ah ! mon voisin, mon voisin, vous me faites l'effet de ne pas avoir beaucoup d'ordre.

— Hélas ! non, ma voisine.

— Il faudra vous corriger de cela, si vous voulez que nous soyons amis, et je vois déjà que nous le serons, vous avez l'air si bon ! Vous verrez que vous ne serez pas fâché de m'avoir pour voisine. Vous m'aiderez... je raccommoderai... on est voisin, c'est pour ça. J'aurai bien soin de votre linge, je vous donnerai un coup de main pour cirer ma chambre. Je suis matinale, je vous réveillerai afin que vous ne soyez pas en retard à votre magasin. Je frapperai à votre cloison jusqu'à ce que vous m'ayez dit : — Bonjour, voisine !

— C'est convenu, vous m'éveillerez ; vous aurez soin de mon linge, et je cirerai votre chambre.

— Et vous aurez de l'ordre ?

— Certainement.

— Et quand vous aurez quelques effets à acheter, vous irez au Temple ; car, tenez, un exemple : votre redingote vous coûte 80 fr., je suppose ; eh bien ! vous l'auriez eue au Temple pour 30 fr.

— Mais c'est merveilleux ! Ainsi, vous croyez qu'avec cinq ou six cents francs ces pauvres Morel ?...

— Seraient nippés de tout, et très-bien, et pour longtemps.

— Ma voisine, une idée !...

— Voyons l'idée !

— Vous vous connaissez en objets de ménage ?

— Mais oui, un peu, dit Rigolette avec une nuance de fatuité.

— Prenez mon bras, et allons au Temple acheter de quoi nipper les Morel ; ça va-t-il ?

— Oh ! quel bonheur ! pauvres gens ! mais de l'argent ?

— J'en ai.

— Cinq cents francs ?

— Le bienfaiteur de Morel m'a donné carte blanche, il n'épargnera rien pour que ces braves gens soient bien. S'il y a même un endroit où l'on trouve de meilleures fournitures qu'au Temple...

— On ne trouve nulle part rien de mieux, et puis il y a de tout et tout fait : de petites robes pour les enfants, des robes pour leur mère.

— Allons au Temple alors, ma voisine.

— Ah ! mon Dieu, mais...

— Quoi donc ?

— Rien... c'est que, voyez-vous... mon temps... c'est tout mon avoir ; je me suis déjà mise un peu en arriérée... en venant par-là veiller la pauvre femme Morel ; et vous concevez, une heure d'un côté, une heure de l'autre, ça fait petit à petit une journée ; une journée, c'est trente sous ; et quand on ne gagne rien un jour, il faut vivre tout de même... mais, bah !... c'est égal... je prendrai cela s'ur ma nuit... et puis, tiens ! les parties de plaisir sont rares, et je me fais une joie de celle-là... il me semblera que je suis riche... riche, riche, et que c'est avec mon argent que j'achète toutes ces bonnes choses pour ces pauvres Morel. Eh bien ! voyons, le temps de mettre mon châle, un bonnet, et je suis à vous, mon voisin.

— Si vous n'avez que ça à mettre, ma voisine... voulez-vous que pendant ce temps-là j'apporte mes papiers chez vous ?

— Bien volontiers, ça fait que vous verrez ma chambre, dit Rigolette avec orgueil, car mon ménage est déjà fait, ce qui vous prouve que je suis matinale, et que si vous êtes dormeur et paresseux... tant pis pour vous, je vous serai un mauvais voisinage.

Et, légère comme un oiseau, Rigolette descendit l'escalier, suivie de Rodolphe, qui alla chez lui se débarrasser de la poussière du grenier de M. Pipelet.

Nous dirons plus tard pourquoi Rodolphe n'était pas encore prévenu de l'enlèvement de Fleur-de-Marie, qui avait eu lieu la veille à la ferme de Bouqueval, et pourquoi il n'était pas venu visiter les Morel le lendemain de son entretien avec madame d'Harville.

Nous rappellerons de plus au lecteur que, mademoiselle Rigolette sachant seule la nouvelle adresse de François-Germain, fils de madame Georges, Rodolphe avait un grand intérêt à pénétrer cet important secret.

La promenade au Temple qu'il venait de proposer à la grisette devait la mettre en confiance avec lui et la distraire des tristes pensées qu'avait éveillées en lui la mort de la petite fille de l'artisan.

L'enfant que Rodolphe regrettait si amèrement avait dû mourir à peu près à cet âge...

C'était, en effet, à cet âge que Fleur-de-Marie avait été livrée à la Chouette par la femme de charge du notaire Jacques Ferrand.

Nous dirons plus tard dans quel but et dans quelles circonstances.

Rodolphe, armé, par manière de contenance, d'un formidable rouleau de papiers, entra dans la chambre de Rigolette.

Rigolette était à peu près du même âge que la Goualeuse, son ancienne amie de prison.

Il y avait entre ces deux jeunes filles la différence qu'il y a entre le rire et les larmes;

Entre l'insouciance joyeuse et la rêverie mélancolique;

Entre l'imprévoyance la plus audacieuse et une sombre, une incessante préoccupation de l'avenir;

Entre une nature délicate, exquise, élevée, poétique, douloureusement sensible, incurablement blessée par le remords, et une nature gaie, vive, heureuse, mobile, prosaïque, irréfléchie, quoique bonne et complaisante.

Car, loin d'être égoïste, Rigolette n'avait de chagrins que ceux des autres; elle sympathisait de toutes ses forces, se dévouait corps et âme à ce qui souffrait, mais n'y songeait plus, le dos tourné, comme on dit vulgairement.

Souvent elle s'interrompait de rire aux éclats pour pleurer sincèrement, et elle s'interrompait de pleurer pour rire encore.

En véritable enfant de Paris, Rigolette préférait l'étourdissement au calme, le mouvement au repos, l'âpre et retentissante harmonie de l'orchestre des bals de la Chartreuse ou du Colisée au doux murmure du vent, des eaux et du feuillage;

Le tumulte assourdissant des carrefours de Paris à la solitude des champs;...

L'éblouissement des feux d'artifice, le flamboiement du bouquet, le fracas des bombes, à la sérénité d'une belle nuit pleine d'étoiles, d'ombre et de silence.

Hélas! oui, la bonne fille préférait franchement la boue noire des rues de la capitale au verdoiement des prés fleuris; ses pavés fangeux ou brûlants à la mousse fraîche ou veloutée des sentiers des bois parfumés de violettes; la poussière suffocante des barrières ou des boulevards au balancement des épis d'or, émaillés de l'écarlate des pavots sauvages et de l'azur des bluets.

Rigolette ne quittait sa chambre que le dimanche et le matin de chaque jour, pour faire sa provision de mouron, de pain, de lait et de millet pour elle et ses deux oiseaux, comme disait madame Pipelet; mais elle vivait à Paris pour Paris. Elle eût été au désespoir d'habiter ailleurs que dans la capitale.

Autre anomalie: malgré ce goût des plaisirs parisiens, malgré la liberté ou plutôt l'abandon où elle se trouvait, étant seule au monde... malgré l'économie fabuleuse qu'il lui fallait mettre dans ses moindres dépenses pour vivre avec environ trente sous par jour, malgré la plus piquante, la plus espiègle, la plus adorable petite figure du monde, jamais Rigolette ne choisissait ses amoureux (nous ne dirons pas ses amants; l'avenir prouvera si l'on doit considérer les propos de madame Pipelet, au sujet des voisins de la grisette, comme des calomnies ou des indiscrétions); Rigolette, disons-nous, ne choisissait ses amoureux que dans sa classe, c'est-à-dire ne choisissait que ses voisins, et cette égalité devait le loyer être loin d'être chimérique.

Un opulent et célèbre artiste, un moderne Raphaël dont Cabrion était le Jules Romain, avait vu un portrait de Rigolette, qui, dans cette étude d'après nature, n'était aucunement flatté. Frappé des traits charmants de la jeune fille, le maître soutint à son élève qu'il avait poétisé, idéalisé son modèle. Celui-ci, fier de sa jolie voisine, proposa à son maître de la lui faire voir comme objet d'art, un dimanche, au bal de l'Ermitage. Le Raphaël, charmé de cette ravissante figure, fit tous ses efforts pour supplanter son Jules Romain. Les offres les plus séduisantes, les plus splendides, furent faites à la grisette: elle les refusa héroïquement, tandis que le dimanche, sans façon et sans scrupule, elle acceptait d'un voisin un modeste dîner au Méridien (cabaret renommé du boulevard du Temple) et une place de galerie à la Gaîté ou à l'Ambigu.

De telles intimités étaient fort compromettantes, et pouvaient faire singulièrement soupçonner la vertu de Rigolette.

Sans nous expliquer encore à ce sujet, nous ferons remarquer qu'il est dans certaines délicatesses relatives des secrets et des abîmes impénétrables.

Quelques mots de la figure de la grisette, et nous introduirons Rodolphe dans la chambre de sa voisine.

Rigolette avait dix-huit ans à peine, une taille moyenne, petite même, mais si gracieusement tournée, si finement cambrée, si voluptueusement arrondie... mais qui répondait si bien à sa démarche à la fois leste et furtive, qu'elle paraissait accomplie: un pouce de plus lui eût fait beaucoup perdre de son gracieux ensemble; le mouvement de ses petits pieds, toujours irréprochablement chaussés de bottines de casimir noir à semelle un peu épaisse, rappelait l'allure alerte, coquette et discrète de la caille ou de la bergeronnette. Elle ne semblait pas marcher, elle effleurait le pavé; elle glissait rapidement à sa surface.

Cette démarche particulière aux grisettes, à la fois agile, agaçante et légèrement effarouchée, doit être sans doute attribuée à trois causes:

À leur désir d'être trouvées jolies;

À leur crainte d'une admiration traduite... par une pantomime trop expressive;

À la préoccupation qu'elles ont toujours de perdre le moins de temps possible dans leurs pérégrinations.

Rodolphe n'avait encore vu Rigolette qu'à un sombre jour de la mansarde des Morel ou sur un palier non moins obscur; il fut donc ébloui de l'éclatante fraîcheur de la jeune fille lorsqu'il entra doucement dans une chambre éclairée par deux larges croisées. Il resta un moment immobile, frappé du gracieux tableau qu'il avait sous les yeux.

Debout devant une glace placée au-dessus de sa cheminée, Rigolette finissait de nouer sous son menton les brides de ruban d'un petit bonnet de tulle brodé, orné d'une légère garniture piquée de faveur cerise; ce bonnet, très-étroit de passe, posé très en arrière, laissait bien à découvert deux larges et épais bandeaux de cheveux lisses, brillants comme du jais, tombant très-bas sur le front: ses sourcils fins, déliés, semblaient tracés à l'encre et s'arrondissaient au-dessus de deux grands yeux noirs éveillés et malins; ses joues fermes et pleines se veloutaient du plus frais incarnat, frais à la vue, frais au toucher comme une pêche vermeille imprégnée de froide rosée du matin.

Son petit nez relevé, espiègle, effronté, eût fait la fortune d'une Lisette ou d'une Marton; sa bouche un peu grande, aux lèvres bien rouges, bien humides, aux petites dents blanches, serrées, perlées, était fine et moqueuse; de trois charmantes fossettes qui donnaient une grâce mutine à sa physionomie, deux se creusaient aux joues, l'autre au menton, non loin d'un grain de beauté, petite mouche d'ébène meurtrièrement posée au coin de la bouche.

Entre un col garni, largement rabattu, et le fond du petit bonnet froncé par un ruban cerise, on voyait la naissance d'une forêt de beaux cheveux si parfaitement tordus et relevés, que leur racine se dessinait aussi nette, aussi noire que si elle eût été peinte sur l'ivoire de ce charmant cou.

Une robe de mérinos raisin de Corinthe, à dos plat et à manches justes, faites avec amour par Rigolette, révélait une taille tellement mince et svelte, que la jeune fille ne portait jamais de corset!... par économie. Une souplesse, une désinvolture inaccoutumées dans les moindres mouvements des épaules et du corsage, qui rappelaient la moelleuse ondulation des allures de la chatte, trahissaient cette particularité.

Qu'on se figure une robe étroitement collée aux formes rondes et polies du marbre, et l'on conviendra que Rigolette pouvait parfaitement se passer de l'accessoire de toilette dont nous avons parlé. La ceinture d'un petit tablier de levantine gros-vert entourait sa taille, qui eût tenu entre les dix doigts.

Confiante dans la solitude où elle croyait être, car Rodolphe restait toujours à la porte, immobile et inaperçu, Rigolette, après avoir lustré ses bandeaux du plat de sa main mignonne, blanche et parfaitement soignée, mit son petit pied sur une chaise et se courba pour resserrer le lacet de sa bottine. Cette opération intime ne put s'accomplir sans exposer aux yeux indiscrets de Rodolphe un bas de coton blanc comme la neige, et la moitié d'une jambe au galbe pur et irréprochable.

D'après le récit détaillé que nous avons fait de sa toilette, on devine que la grisette avait choisi son plus joli bonnet et son plus joli tablier pour faire honneur à son voisin dans leur visite au Temple.

Elle trouvait le prétendu commis-marchand fort à son gré: sa figure à la fois bienveillante, fière et hardie, lui plaisait beaucoup; puis il se montrait si compatissant envers les Morel, en leur cédant généreusement sa chambre, que, grâce à cette preuve de bonté, et peut-être aussi grâce à l'agrément de ses traits, Rodolphe avait, sans s'en douter, fait un pas de géant dans la confiance de la couturière.

Celle-ci, d'après ses idées pratiques sur l'intimité forcée et les obligations réciproques qu'impose le voisinage, s'estimait très-franchement heureuse de ce qu'un voisin tel que Rodolphe venait succéder au commis-voyageur, à Cabrion et à François Germain; car elle commençait à trouver que l'autre chambre restait bien longtemps vacante, et elle craignait surtout de ne pas la voir occupée d'une manière convenable.

Rodolphe profitait de son invisibilité pour jeter un coup d'œil curieux dans ce logis, qu'il trouvait encore au-dessus des louanges que madame Pipelet avait accordées à l'excessive propreté du modeste ménage de Rigolette.

Rien de plus gai, de mieux ordonné que cette pauvre chambrette.

Un papier gris à bouquets verts couvrait les murs; le carreau mis en couleur, d'un beau rouge, luisait comme un miroir. Un poêle de faïence blanche était placé dans la cheminée, où l'on avait symétriquement rangé une petite provision de bois coupé si court, si menu, que sans hyperbole on pouvait comparer chaque morceau à une énorme allumette.

Sur la cheminée de pierre figurant du marbre gris, on voyait pour ornements deux pots à fleurs ordinaires, peints d'un beau vert-émeraude, et dès le printemps toujours remplis de fleurs communes, mais odorantes; un petit cartel de buis renfermant une montre d'argent tenait lieu de pendule; d'un côté brillant un bougeoir de cuivre étincelant comme de l'or, garni d'un bout de bougie; de l'autre côté brillant, non moins resplendissante, une de ces lampes formées d'un cylindre et d'un réflecteur de cuivre monté sur une tige d'acier et un pied de plomb. Une assez grande glace carrée, encadrée d'une bordure de bois noir, surmontait la cheminée.

Des rideaux en toile perse, grise et verte, bordés d'un galon de laine, coupés, ourlés, garnis par Rigolette, et aussi posés par elle sur leurs légères tringles de fer noircies, drapaient les croisées et le lit, recouvert d'une courte-pointe pareille; deux cabinets à vitrage, peints en blanc, placés de chaque côté de l'alcôve, renfermaient sans doute les ustensiles de ménage, le fourneau portatif, la fontaine, les balais, etc., etc., car aucun de ces objets ne déparait l'aspect coquet de cette chambre.

Une commode d'un beau bois de noyer bien veiné, bien lustré, quatre chaises du même bois, une grande table à repasser et à travailler, recouverte d'une de ces couvertures de laine verte que l'on voit dans quelques chaumières de paysans, un fauteuil de paille avec son tabouret pareil, siège habituel de la couturière, tel était le modeste mobilier.

Enfin, dans l'embrasure d'une des croisées, on voyait la cage de deux serins, fidèles commensaux de Rigolette.

Par une de ces idées industrieuses qui ne viennent qu'aux pauvres, cette cage était posée au milieu d'une grande caisse de bois d'un pied de profondeur; placée sur une table, cette caisse, que Rigolette appelait le jardin de ses oiseaux, était remplie de terre recouverte de mousse pendant l'hiver, au printemps on y semait du gazon et de petites fleurs.

Rodolphe considérait ce réduit avec intérêt et curiosité; il comprenait parfaitement l'air de joyeuse humeur de cette jeune fille.

Il se figurait cette solitude égayée par le gazouillement des oiseaux et par le chant de Rigolette; l'été elle travaillait sans doute auprès de sa fenêtre ouverte, à demi voilée par un verdoyant rideau de pois de senteur roses, de capucines orange, de volubilis bleus et blancs; l'hiver elle veillait au coin de son petit poêle, à la clarté douce de sa lampe.

Puis chaque dimanche elle se distrayait de cette vie laborieuse par une franche et bonne journée de plaisirs partagés avec un voisin jeune, gai, insouciant, amoureux comme elle.... (Rodolphe n'avait alors aucune raison de croire à la vertu de la grisette).

Le lundi elle reprenait ses travaux en songeant aux plaisirs passés et aux plaisirs à venir. Rodolphe sentit alors la poésie de ces refrains vulgaires sur Lisette et sa chambrette, sur ces folles amours qui nichent gaîment dans quelques mansardes; car cette poésie qui embellit tout, qui d'un taudis de pauvres gens fait un joyeux nid d'amoureux, c'est la riante, fraîche et vive jeunesse... et personne mieux que Rigolette ne pouvait représenter cette adorable divinité.

Rodolphe en était là de ses réflexions, lorsque, regardant machinalement la porte, il y aperçut un énorme verrou...

Un verrou qui n'eût pas déparé la porte d'une prison.

Ce verrou le fit réfléchir...

Il peut ait avoir deux significations, deux usages bien distincts :
Fermer la porte aux amoureux...
Fermer la porte sur les amoureux...

L'un de ces usages ruinait radicalement les assertions de madame Pipelet.

L'autre les confirmait.

Rodolphe en était là de ses interprétations, lorsque Rigolette, tournant la tête, l'aperçut, et, sans changer d'attitude, lui dit :

— Tiens, voisin, vous étiez donc là?

CHAPITRE III.

Voisin et voisine.

Le brodequin lacé, la jolie jambe disparut sous les amples plis de la robe raisin de Corinthe, et Rigolette reprit :

— Ah! vous étiez là, monsieur le sournois?...
— J'étais là... admirant en silence.
— Et qu'admiriez-vous... mon voisin?
— Cette gentille petite chambre... car vous êtes logée comme une reine, ma voisine...
— Dame! voyez-vous, c'est mon luxe : je ne sors jamais, c'est bien le moins que je me plaise chez moi...
— Mais je n'en reviens pas, quels jolis rideaux!... et cette commode, aussi belle que l'acajou... Vous avez dû dépenser furieusement d'argent ici?
— Ne m'en parlez pas!... J'avais à moi 425 francs en sortant de prison;... presque tout y a passé...
— En sortant de prison! vous?...
— Oui,... c'est toute une histoire! Vous pensez bien, n'est-ce pas, que je n'étais pas en prison pour avoir fait mal!
— Sans doute... mais comment?
— Après le choléra, je me suis trouvée toute seule au monde. J'avais alors, je crois, dix ans...
— Mais, jusque-là, qui avait pris soin de vous?
— Oh! de bien braves gens!... mais ils sont morts du choléra... (ici, les grands yeux noirs de Rigolette devinrent humides). On a vendu le peu qu'ils possédaient pour payer quelques petites dettes, je suis restée sans personne qui voulût me recueillir : ne sachant comment faire, je suis allée à un corps de garde qui était en face de notre maison, et j'ai dit au factionnaire : Monsieur le soldat, mes parents sont morts, je ne sais où aller; que voulez-vous que j'en fasse? Là-dessus l'officier est venu; il m'a fait conduire chez le commissaire, qui m'a fait mettre en prison comme vagabonde, et j'en suis sortie à seize ans.
— Mais vos parents?
— Je ne sais pas qui était mon père, j'avais six ans quand j'ai perdu ma mère, qui m'avait retirée des Enfants-Trouvés, où elle avait été forcée de me mettre d'abord. Les braves gens dont je vous ai parlé demeuraient dans notre maison; ils n'avaient pas d'enfants : me voyant orpheline, ils m'ont prise avec eux.
— Et quel était leur état, leur position?
— Papa Crétu, je l'appelais comme ça, était peintre en bâtiment, et sa femme bordeuse...
— Était-ce au moins des ouvriers aisés?
— Comme dans tous les ménages : quand je dis ménages, ils n'étaient pas mariés, mais ils s'appelaient mari et femme. Il y avait des hauts et des bas; aujourd'hui dans l'abondance, si le travail donnait; demain dans la gêne, s'il ne donnait pas; mais ça n'empêchait pas l'homme et la femme d'être contents de tout et toujours gais (à ce souvenir la physionomie de Rigolette redevint sereine). Il n'y avait pas dans le quartier un ménage pareil; toujours en train, toujours chantant; avec ça sous comme il n'est pas possible : ce qui était à eux était aux autres. Maman Crétu était une grosse réjouie de trente ans, propre comme un sou, vive comme une anguille, joyeuse comme un pinson. Son mari était un autre Roger-Bontemps; il avait un grand nez, une grande bouche, toujours un bonnet de papier sur la tête, et une figure si drôle, mais si drôle, qu'on ne pouvait le regarder sans rire. Une fois revenu à la maison, après l'ouvrage, il ne faisait que chanter, grimacer, gambader comme un enfant; il me faisait danser, sauter sur ses genoux; il jouait avec moi comme s'il avait été de mon âge; et sa femme me gâtait que c'était une bénédiction! Tous deux ne me demandaient qu'une chose, d'être de bonne humeur; et ce n'était pas ça, Dieu merci! qui me manquait. Aussi ils me donnaient l'exemple; jamais je ne les ai vus tristes. S'ils se faisaient des reproches, c'était : Tiens, Crétu, c'est bête, mais tu me fais trop rire! Ou bien c'était lui qui disait à sa femme : Tiens, tais-toi, Ramonette (je ne sais pas pourquoi il l'appelait Ramonette), tais-toi, tu me fais mal, tu es trop drôle!... Et moi je riais de les voir rire... Voilà comme j'ai été élevée, et comme ils m'ont formé le caractère .. J'espère que ça profite!

— A merveille, ma voisine! Ainsi entre eux jamais de disputes?

— Jamais, au grand jamais!... Le dimanche, le lundi, quelquefois le mardi, ils faisaient, comme ils disaient, la noce, et ils m'emmenaient toujours avec eux. Papa Crétu était très-bon ouvrier : quand il voulait travailler, il gagnait ce qu'il lui plaisait; sa femme aussi. Dès qu'ils avaient de quoi faire le dimanche et le lundi, et vivre au courant tant bien que mal, ils étaient contents. Après ça, fallait-il chômer, ils étaient contents tout de même... Je me rappelle que, quand nous n'avions que du pain et de l'eau, papa Crétu prenait dans sa bibliothèque...

— Il avait une bibliothèque?

— Il appelait ainsi un petit casier où il mettait tous les recueils de chansons nouvelles... Il les achetait, et il ne les savait toutes. Quand il n'y avait donc que du pain à la maison, il prenait dans sa bibliothèque un vieux livre de cuisine, et il nous disait : Voyons, qu'est-ce que nous allons manger aujourd'hui? Ceci? cela?... et il nous lisait le titre d'une foule de bonnes choses. Chacun choisissait son plat; papa Crétu mettait une casserole vide, et, avec des mines et des plaisanteries les plus drôles du monde, il avait l'air de mettre dans la casserole tout ce qu'il fallait pour composer un bon ragoût; et puis il faisait semblant de verser ça dans un plat vide aussi, qu'il posait sur la table, toujours avec des grimaces à nous tenir les côtes; il reprenait ensuite son livre, et, pendant qu'il nous lisait, par exemple, le récit d'une bonne fricassée de poulet que nous avions choisie, et qui nous faisait venir l'eau à la bouche... nous mangions notre pain... avec sa lecture, et en riant comme des fous.

— Et ce joyeux ménage avait des dettes?

— Jamais! tant qu'il y avait de l'argent, on noçait; quand il n'y en avait pas, on dînait « en détrempe, » comme disait papa Crétu à cause de son état.

— Et à l'avenir, il n'y songeait pas?

— Ah bien, oui! l'avenir, pour nous, c'était le dimanche et le lundi. L'été, nous les passions aux barrières; l'hiver, chez le faubourg.

— Puisque ces bonnes gens se convenaient si bien, puisqu'ils faisaient si fréquemment la noce, pourquoi ne se mariaient-ils pas?

— Un de leurs amis leur a demandé une fois devant moi.

— Eh bien?

— Ils ont répondu : « Si nous avons un jour des enfants, à la bonne heure! mais, pour nous deux, nous nous trouvons bien comme ça... A quoi bon nous forcer à faire ce que nous faisons de bon cœur? Ce serait des frais, et nous n'avons pas d'argent de trop. » Mais, voyez un peu, reprit Rigolette, que je suis bavarde. C'est qu'aussi, une fois que je suis sur le compte de ces braves gens, qui ont été si bons pour moi, je ne peux pas m'empêcher d'en parler longuement. Tenez, mon voisin, soyez assez gentil pour prendre mon châle sur le lit et pour me l'attacher là, sous le col de ma chemisette, avec cette grosse épingle, et nous allons descendre, car il me faut le temps de choisir au Temple ce que vous voulez acheter pour ces pauvres Morel.

Rodolphe s'empressa d'obéir aux ordres de Rigolette; il prit sur le lit un grand châle tartan de couleur brune, à larges raies ponceau, et le posa soigneusement sur les charmantes épaules de Rigolette, et :

— Maintenant, mon voisin, relevez un peu mon col, pincez bien la robe et le châle ensemble, enfoncez l'épingle, et surtout prenez garde de me piquer.

Pour exécuter ces nouveaux commandements, il fallut que Rodolphe touchât presque ce cou d'ivoire, où se dessinait, si noire et si nette, l'attache des beaux cheveux d'ébène de Rigolette.

Le jour était bas, Rodolphe s'approcha... très-près... trop près sans doute, car la grisette jeta un petit cri effarouché.

Nous ne saurions dire la cause de ce petit cri.

Était-ce la pointe de l'épingle? était-ce la bouche de Rodolphe qui avait effleuré ce cou blanc, frais et poli? Toujours est-il que Rigolette se retourna vivement et s'écria d'un air moitié riant, moitié triste, qui fit presque regretter à Rodolphe l'innocente liberté qu'il avait prise :

— Mon voisin, je ne vous prierai plus jamais d'attacher mon châle.

— Pardon, ma voisine... je suis si maladroit!

— Au contraire, monsieur, et c'est ce dont je me plains... Voyons, votre bras; mais soyez sage, ou nous nous fâcherons!

— Vrai, ma voisine, ce n'est pas ma faute..... Votre joli cou était si blanc, que j'ai eu comme un éblouissement... Malgré moi ma tête s'est baissée... et...

— Bien, bien! à l'avenir j'aurai soin de ne plus vous donner de ces éblouissements-là, dit Rigolette en le menaçant du doigt; puis elle ferma sa porte.

— Tenez, mon voisin, prenez ma clef; elle est si grosse, qu'elle crèverait ma poche... c'est un vrai pistolet.

Et de rire.

Rodolphe se chargea (c'est le mot) d'une énorme clef qui aurait pu glorieusement figurer sur un de ces plats allégoriques que les vaincus viennent humblement offrir aux vainqueurs d'une ville.

Quoique Rodolphe se crût assez changé par les années pour ne pas être reconnu par Polidori, avant de passer devant la porte du charlatan, il releva le collet de son paletot.

— Mon voisin, n'oubliez pas de prévenir M. Pipelet que l'on va apporter des effets qu'il faudra monter dans votre chambre, dit Rigolette.

— Vous avez raison, ma voisine; nous allons entrer un moment dans la loge du portier.

M. Pipelet, son éternel chapeau-tromblon sur la tête, était, comme toujours, vêtu de son habit vert et gravement assis devant une table couverte de morceaux de cuir et de débris de chaussures de toutes sortes; il s'occupait alors de ressemeler une botte, avec le sérieux de la conscience qu'il mettait à toutes choses. Anastasie était absente de la loge.

— Eh bien, monsieur Pipelet, lui dit Rigolette, j'espère que voilà du nouveau! Grâce à mon voisin, les pauvres Morel sont hors de peine... Quand on pense qu'on allait conduire le pauvre ouvrier en prison! Oh! ces gardes du commerce sont de vrais sans-cœur!

— Et des sans-mœurs, mademoiselle, ajouta M. Pipelet d'un ton courroucé, en gesticulant avec une botte en réparation dans laquelle il avait introduit sa main et son bras gauche. Non, je ne crains pas de le répéter à la face du ciel et des hommes, ce sont de grands sans-mœurs. Ils ont profité des ténèbres de l'escalier pour oser porter leurs gestes indécents jusque sur la taille de mon épouse! En entendant les cris de sa pudeur offensée, malgré moi j'ai cédé à la vivacité de mon caractère. Je ne le cache pas, mon premier mouvement a été de rester immobile et de devenir pourpre de honte, en songeant aux odieux attentats dont Anastasie venait d'être victime... comme me le prouvait l'égarement de sa raison, puisque, dans son délire, elle avait jeté son poêlon de faïence du haut en bas de l'escalier. A cet instant, ces affreux débauchés ont passé devant ma loge...

— Vous les avez poursuivis, j'espère, monsieur Pipelet? dit Rigolette, qui avait assez de peine à conserver son sérieux.

— J'y songeais, répondit M. Pipelet avec un profond soupir, lorsque j'ai réfléchi qu'il me faudrait affronter leurs regards, peut-être même leurs propos licencieux; cela m'a révolté, m'a mis hors de moi. Je ne suis pas plus méchant qu'un autre, mais quand ces éhontés ont passé devant ma loge, mon sang n'a fait qu'un tour, et je n'ai pu m'empêcher de mettre brusquement ma main devant mes yeux, pour me dérober la vue de ces luxurieux malfaiteurs!!! Mais cela ne m'étonna pas, il devait m'arriver quelque chose de malheureux aujourd'hui, j'avais rêvé de ce monstre de Cabrion.

Rigolette sourit, le bruit des soupirs de M. Pipelet se confondait avec les coups de marteau qu'il appliquait sur la semelle de sa vieille botte.

D'après les réflexions d'Alfred, il résultait qu'Anastasie s'était outrageusement vantée, imitant à sa manière le coquet manège de ces femmes qui, pour raviver le feu de leurs maris ou de leurs amants, se disent incessamment et dangereusement courtisées.

— Mon voisin, dit tout bas Rigolette à Rodolphe, laissez croire à ce pauvre M. Pipelet qu'on a

Rodolphe et Rigolette allant au Temple. — pag. 129.

agacé sa femme : intérieurement ça le flatte. Ne voulant pas, en effet, détruire l'illusion dont se berçait M. Pipelet, Rodolphe lui dit :

— Vous avez sagement pris le parti des sages, mon cher monsieur Pipelet, celui du mépris. D'ailleurs, la vertu de madame Pipelet est au-dessus de toute atteinte.

— Sa vertu, monsieur... sa vertu! et Alfred recommença de gesticuler avec sa botte au bras, j'en porterais ma tête sur l'échafaud! La gloire du grand Napoléon... et la vertu d'Anastasie... j'en peux répondre comme de mon propre honneur, monsieur!

— Et vous avez raison, monsieur Pipelet. Mais oublions ces misérables recors; veuillez, je vous prie, me rendre un service.

— L'homme est né pour s'entr'aider, répliqua M. Pipelet d'un ton

sentencieux et mélancolique : à plus forte raison, lorsqu'il est question d'un aussi bon locataire que monsieur.
— Il s'agirait de faire monter chez moi différents objets qu'on apportera tout à l'heure. Ils sont destinés aux Morel.
— Soyez tranquille, monsieur, je surveillerai cela.
— Puis, reprit tristement Rodolphe, il faudrait demander un prêtre pour veiller la petite fille qu'ils ont perdue cette nuit, aller déclarer son décès, et, en même temps, commander un service et un convoi décents. Voici de l'argent... ne ménagez rien : le bienfaiteur de Morel, dont je ne suis que l'agent, veut que tout soit fait pour le mieux.
— Fiez-vous-en à moi, monsieur. Anastasie est allée acheter notre dîner; dès qu'elle rentrera, je lui ferai garder la loge, et je m'occuperai de vos commissions.
A ce moment, un homme si complétement embossé dans son manteau, comme disent les Espagnols, qu'on apercevait à peine ses yeux, s'informa, sans trop s'approcher de la loge, et restant le plus possible dans l'ombre, si madame Burette, marchande d'objets d'occasion, était chez elle.
— Venez-vous de Saint-Denis? lui demanda M. Pipelet d'un air d'intelligence.
— Oui, en une heure un quart.
— C'est bien cela, alors montez.
L'homme au manteau disparut rapidement dans l'escalier.
— Qu'est-ce que cela signifie? dit Rodolphe à M. Pipelet.
— Il se manigance quelque chose chez la mère Burette..... c'est des allées, des venues continuelles. Elle m'a dit ce matin : « Vous demanderez à toutes les personnes qui viendront pour moi : « Venez-vous de « Saint-Denis? » Celles qui répondront : « Oui, en une heure un quart, » vous les laisserez monter... mais pas d'autres. »
— C'est un véritable mot d'ordre ! dit Rodolphe assez intrigué.
—Justement, monsieur. Aussi me suis-je dit à part moi : Il se manigance quelque chose chez la mère Burette. Sans compter que Tortillard, un mauvais garnement, un petit boiteux, qui est employé chez M. César Bradamanti, est rentré cette nuit, à deux heures, avec une vieille femme borgne qu'on appelle la Chouette. Celle-ci est restée jusqu'à quatre heures du matin chez la mère Burette, pendant qu'un fiacre l'attendait à la porte. D'où venait cette femme borgne? que venait faire cette femme borgne à une heure aussi indue? Telles sont les questions que je me suis posées sans pouvoir y répondre, ajouta gravement M. Pipelet.
— Et cette femme que vous appelez la Chouette est repartie à quatre heures du matin en fiacre? demanda Rodolphe.

— Oui, monsieur; et elle va sans doute revenir : car la mère Burette m'a dit que la consigne ne regardait pas la borgnesse.
Rodolphe pensa, non sans raison, que la Chouette machinait quelque nouveau méfait : mais, hélas ! il était loin de songer à quel point cette nouvelle trame l'intéressait.
— C'est donc bien convenu, mon cher monsieur Pipelet; n'oubliez pas tout ce que je vous ai recommandé pour les Morel, et priez aussi votre femme de leur faire apporter un bon repas de chez le meilleur traiteur du voisinage.
— Soyez tranquille, dit M. Pipelet ; aussitôt que mon épouse sera de retour, j'irai à la mairie, à l'église et chez le traiteur... A l'église pour le mort... chez le traiteur pour les vivants..... ajouta philosophiquement et poétiquement M. Pipelet. C'est comme fait, monsieur... c'est comme fait.
A la porte de l'allée, Rodolphe et Rigolette se trouvèrent face à face avec Anastasie, qui revenait du marché, rapportant un lourd panier de provisions.
— A la bonne heure ! s'écria la portière en regardant le voisin et la voisine d'un air narquois et significatif; vous voilà déjà bras dessus bras dessous..... Ça va !..... Chaud !..... chaud !..... Tiens. faut bien que jeunesse se passe !... à jolie fille beau garçon... vive l'amour ! et aillliez donc !
Et la vieille disparut dans les profondeurs de l'allée en criant :
— Alfred ! ne geins pas, vieux chéri..... voilà ta Stasie qui t'apporte du nanan, gros friand !
Rodolphe, offrant son bras à Rigolette, sortit avec elle de la maison de la rue du Temple.

CHAPITRE IV.

Le budget de Rigolette.

A la neige de la nuit avait succédé un vent très-froid ; le pavé de la rue, ordinairement fangeux, était presque sec. Rigolette et Rodolphe se dirigèrent vers l'immense et singulier bazar que l'on nomme le Temple. La jeune fille s'appuyait sans façon au bras de son cavalier, aussi peu gênée avec lui que s'ils eussent été liés par une longue intimité.
— Est-elle drôle, cette madame Pipelet, avec ses remarques ! dit la grisette à Rodolphe.
— Ma foi, ma voisine, je trouve qu'elle a raison.
— En quoi, mon voisin?
— Elle a dit : « Il faut que jeunesse se passe... vive l'amour, et allez donc ! »
— Eh bien ?

Cabrion.

— C'est justement ma manière de voir...
— Comment?
— Je voudrais passer ma jeunesse avec vous... pouvoir crier vive l'amour... et aller où vous voudriez me conduire.
— Je le crois bien... vous n'êtes pas difficile!
— Où serait le mal?... nous sommes voisins.
— Si nous n'étions pas voisins, je ne sortirais pas avec vous comme ça...
— Vous me dites donc d'espérer?
— D'espérer quoi?
— Que vous m'aimerez.
— Je vous aime déjà.
— Vraiment?
— C'est tout simple, vous êtes bon, vous êtes gai. Quoique pauvre vous-même, vous faites ce que vous pouvez pour ces pauvres Morel, en intéressant des gens riches à leur malheur; vous avez une figure qui me revient beaucoup, une jolie tournure, ce qui est toujours agréable et flatteur pour moi, qui vous donne le bras et qui vous le donnerai souvent. Voilà, je crois, assez de raisons pour que je vous aime.
Puis, s'interrompant pour rire aux éclats, Rigolette s'écria :
— Regardez donc... regardez donc cette grosse femme avec ses vieux souliers fourrés; on dirait qu'elle est traînée par deux chats sans queue.
Et de rire encore.
— Je préfère vous regarder, ma voisine; je suis si heureux de penser que vous m'aimez déjà.
— Je vous le dis parce que ça est... Vous ne me plairiez pas, je vous le dirais tout de même... Je n'ai pas à me reprocher d'avoir jamais trompé personne, ni été coquette. Quand on me plaît, je le dis tout de suite...
Puis, s'interrompant encore pour s'arrêter devant une boutique, la grisette s'écria :
— Oh! voyez donc la jolie pendule et les deux beaux vases! J'avais pourtant déjà trois livres dix sous d'économie dans ma tirelire pour en acheter de pareils! En cinq ou six ans j'aurais pu y atteindre.
— Des économies, ma voisine! et vous gagnez?...
— Au moins trente sous par jour, quelquefois quarante; mais je ne compte jamais que sur trente, c'est plus prudent, et je règle mes dépenses là-dessus, dit Rigolette d'un air aussi important que s'il se fût agi de l'équilibre financier d'un budget formidable.
— Mais avec trente sous par jour, comment pouvez-vous vivre?
— Le compte n'est pas long... Voulez-vous que je vous le fasse, mon voisin? Vous m'avez l'air d'un dépensier, ça vous servira d'exemple.
— Voyons, ma voisine.
— Mes trente sous par jour me font quarante-cinq francs par mois, n'est-ce pas?
— Oui.
— Là-dessus j'ai douze francs de loyer et vingt-trois francs de nourriture.
— Vingt-trois francs de nourriture!...
— Mon Dieu, oui, tout autant! Avouez que pour une mauviette comme moi... c'est énorme!... par exemple, je ne me refuse rien.
— Voyez-vous la petite gourmande...
— Ah! mais aussi là-dedans je compte la nourriture de mes oiseaux...
— Il est certain que si vous vivez trois là-dessus, c'est moins exorbitant. Mais voyons le détail par jour... toujours pour mon instruction.
— Écoutez bien : une livre de pain, c'est quatre sous; deux sous de lait, ça fait six; quatre sous de légumes, ou de fruits et de salade dans l'été; j'adore la salade, parce que c'est, comme les légumes, propre à arranger, ça ne salit pas les mains; voilà donc déjà dix sous; trois sous de beurre ou d'huile et de vinaigre pour assaisonnement, treize! une voie de belle eau claire, oh! ça c'est mon luxe, ça me fait mes quinze sous, s'il vous plaît... Ajoutez-y par semaine deux ou trois sous de chenevis et de mouron pour régaler mes oiseaux, qui mangent ordinairement un peu de mie de pain ou de lait, c'est vingt-deux à vingt-trois francs par mois, ni plus ni moins.
— Et vous ne mangez jamais de viande?
— Ah bien oui!... de la viande!... elle coûte dix et douze sous la livre; est-ce qu'on y peut songer? Et puis ça sent la cuisine, le pot-au-feu; au lieu que du lait, des légumes, des fruits, c'est tout de suite prêt. Tenez, un plat que j'adore, qui n'est pas embarrassant, et que je fais dans la perfection...
— Voyons le plat...
— Je mets de jolies pommes de terre jaunes dans le four de mon poêle; quand elles sont cuites, je les écrase avec un peu de beurre et de lait... une pincée de sel... c'est un manger des dieux... Si vous êtes gentil, je vous en ferai goûter...
— Arrangé par de jolies mains, ça doit être excellent. Mais, voyons, comptons, ma voisine..... Nous avons déjà vingt-trois francs de nourriture, douze francs de loyer, c'est trente-cinq francs par mois...
— Pour aller à quarante-cinq ou cinquante francs que je gagne, il me reste dix ou quinze francs pour mon bois ou mon huile pendant l'hiver, pour mon entretien et mon blanchissage, c'est-à-dire pour mon savon; car, excepté mes draps, je me blanchis moi-même... c'est encore mon luxe... une blanchisseuse de fin me coûterait les yeux de la tête... tandis que je repasse très-bien, et je me tire d'affaire..... Pendant les cinq mois d'hiver, je brûle une voie et demie de bois... et je dépense pour quatre ou cinq sous d'huile par jour pour ma lampe... ça me fait environ quatre-vingts francs par an pour mon chauffage et mon éclairage.
— De sorte que c'est au plus s'il vous reste cent francs pour votre entretien.
— Oui, et c'est là-dessus que j'avais économisé mes trois francs dix sous.
— Mais vos robes, vos chaussures, ce joli bonnet?
— Mes bonnets, je n'en mets que quand je sors, et ça ne me ruine pas, car je les monte moi-même; chez moi je me contente de mes cheveux... Quant à mes robes, à mes bottines... est-ce que le Temple n'est pas là?...
— Ah! oui... ce bienheureux Temple... Eh bien! vous trouvez là...
— Des robes excellentes et très-jolies. Figurez-vous que les grandes dames ont l'habitude de donner leurs vieilles robes à leurs femmes de chambre... Quand je dis vieilles... c'est-à-dire qu'elles les ont portées un mois ou deux en voiture..... et les femmes de chambre vont les vendre au Temple... pour presque rien... Ainsi, tenez, j'ai là une robe de très-beau mérinos raisin de Corinthe que j'ai eue pour quinze francs; elle en avait peut-être coûté soixante, elle avait été à peine portée; je l'ai arrangée à ma taille... et j'espère qu'elle me fait honneur.
— C'est vous qui lui faites honneur, ma voisine... Mais, avec la ressource du Temple, je commence à comprendre que vous puissiez suffire à votre entretien avec cent francs par an.
— N'est-ce pas? On a là des robes d'été charmantes pour cinq ou six francs, des brodequins comme ceux que je porte, presque neufs, pour deux ou trois francs. Tenez, ne dirait-on pas qu'ils ont été faits pour moi? dit Rigolette, qui s'arrêta et montra le bout de son petit pied, véritablement très-bien chaussé.
— Le pied est charmant, c'est vrai; mais vous devez difficilement lui trouver des chaussures... Après ça vous me direz sans doute qu'on vend au Temple des souliers d'enfants...
— Vous êtes un flatteur, mon voisin; mais avouez qu'une petite fille toute seule, et bien rangée, peut vivre avec trente sous par jour! Il faut dire aussi que les quatre cent cinquante francs que j'ai emportés de la prison m'ont joliment aidée pour m'établir... Une fois qu'on m'a vue dans mes meubles, ça a inspiré de la confiance, et on m'a donné de l'ouvrage chez moi; mais il a fallu attendre longtemps avant d'en trouver; heureusement j'avais gardé de quoi vivre trois mois sans compter sur mon travail.
— Avec votre petit air étourdi, savez-vous que vous avez beaucoup d'ordre et de raison, ma voisine?
— Dame! quand on est toute seule au monde et qu'on ne veut avoir d'obligation à personne, faut bien s'arranger et faire son nid, comme on dit.
— Et votre nid est charmant.
— N'est-ce pas? car enfin je ne me refuse rien; j'ai même un loyer au-dessus de mon état; j'ai des oiseaux; l'été, toujours au moins deux pots de fleurs sur ma cheminée, sans compter les caisses de ma fenêtre et celle de ma cage; et pourtant, comme je vous le disais, j'avais déjà trois francs dix sous dans ma tirelire, afin de pouvoir un jour parvenir à une garniture de cheminée.
— Et que sont devenues ces économies?
— Mon Dieu, dans les derniers temps, j'ai vu ces pauvres Morel si malheureux, si malheureux, que j'ai dit : il n'y a pas de bon sens d'avoir trois bêtes de pièces de vingt sous à paresser dans une tirelire, quand d'honnêtes gens meurent de faim à côté de vous !... alors j'ai prêté mes trois francs aux Morel. Quand je dis prêté... c'était pour ne pas les humilier, car je les leur aurais donnés de bon cœur.
— Vous entendez bien, ma voisine, que, puisque les voilà à leur aise, ils vous les rembourseront.
— C'est vrai, ce ne sera pas de refus... ça sera toujours un commencement pour acheter une garniture de cheminée... C'est mon rêve !
— Et puis, enfin, il faut toujours songer un peu à l'avenir.
— A l'avenir?
— Si vous tombiez malade, par exemple...
— Moi... malade?
Et Rigolette de rire aux éclats.
De rire si fort, qu'un gros homme qui marchait devant elle, portant un chien sous son bras, se retourna tout interloqué, croyant qu'il s'agissait de lui.
Rigolette, sans discontinuer de rire, lui fit une demi-révérence accompagnée d'une petite mine si espiègle, que Rodolphe ne put s'empêcher de partager l'hilarité de sa compagne.
Le gros homme continua son chemin en grommelant.
— Êtes-vous folle!... allez, ma voisine, dit Rodolphe en reprenant son sérieux.
— C'est votre faute aussi...
— Ma faute?
— Oui, vous me dites des bêtises...
— Parce que je vous dis que vous pourriez tomber malade?
— Malade, moi?
Et de rire encore.
— Pourquoi pas?
— Est-ce que j'ai l'air de ça?

— Jamais je n'ai vu figure plus rose et plus fraîche.
— Eh bien ! alors... pourquoi voulez-vous que je tombe malade ?
— Comment ?
— A dix-huit ans, avec la vie que je mène... est-ce que c'est possible ? Je me lève à cinq heures, hiver comme été ; je me couche à dix ou onze ; je mange à ma faim, qui n'est pas grande, c'est vrai ; je ne souffre pas du froid, je travaille toute la journée, je chante comme une alouette, je dors comme une marmotte, j'ai le cœur libre, joyeux, content ; je suis sûre de ne jamais manquer d'ouvrage, à propos de quoi voulez-vous que je sois malade ?... ce serait par trop drôle aussi...

Et de rire encore.

Rodolphe, frappé de cette aveugle et bienheureuse confiance dans l'avenir, se reprocha d'avoir risqué de l'ébranler... Il songeait avec une sorte d'effroi qu'une maladie d'un mois pouvait ruiner cette riante et paisible existence.

Cette foi profonde de Rigolette dans son courage et dans ses dix-huit ans... ses seuls biens... semblait à Rodolphe respectable et sainte.

De la part de la jeune fille... ce n'était plus de l'insouciance, de l'imprévoyance ; c'était une créance instinctive à la commisération et à la justice divine, qui ne pouvaient abandonner une créature laborieuse et bonne, une pauvre fille dont le seul tort était de compter sur la jeunesse et sur la santé qu'elle tenait de Dieu.

Au printemps, quand d'une aile agile les oiseaux du ciel, joyeux et chantants, effleurent les luzernes roses, ou fendent l'air tiède et azuré, s'inquiètent-ils du sombre hiver ?

— Ainsi, dit Rodolphe à la grisette, vous n'ambitionnez rien ?
— Rien...
— Absolument rien ?...
— Non... C'est-à-dire, entendons-nous, ma garniture de cheminée... et je l'aurai... je ne sais pas quand... mais j'ai mis dans ma tête de l'avoir, et ce sera ; je prendrai plutôt sur mes nuits...
— Et sauf cette garniture ?...
— Je n'ambitionne rien... seulement depuis aujourd'hui.
— Pourquoi cela ?
— Parce qu'avant-hier encore j'ambitionnais un voisin qui me plût, afin de faire avec lui, comme j'ai toujours fait, bon ménage... afin de lui rendre de petits services pour qu'il m'en rende à son tour.
— C'est déjà convenu, ma voisine ; vous soignerez mon linge, et je cirerai votre chambre... sans compter que vous m'éveillerez de bonne heure, en frappant à ma cloison.
— Et vous croyez que ce sera tout ?
— Qu'y a-t-il encore ?
— Ah bien ! vous n'êtes pas au bout. Est-ce qu'il ne faudra pas que le dimanche vous me meniez promener aux barrières ou sur les boulevards ? Je n'ai que ce jour-là de récréation...
— C'est ça, l'été nous irons à la campagne.
— Non, je déteste la campagne ; je n'aime que Paris. Pourtant, dans le temps, par complaisance, j'ai fait quelques parties à Saint-Germain avec une de mes camarades de prison, qu'on appelait la Goualeuse, parce qu'elle chantait toujours ; un bien bonne petite fille !
— Et qu'est-elle devenue ?
— Je ne sais pas ; elle dépensait son argent de prison sans avoir l'air de s'amuser beaucoup ; elle était toujours triste, mais douce et charitable... Quand nous sortions ensemble, je n'avais pas encore d'ouvrage ; quand j'en eu, je ne l'ai pas bougé de chez moi ; je lui ai donné mon adresse, elle n'est pas venue me voir ; sans doute elle est occupée de son office... C'était pour vous dire, mon voisin, que j'aimais Paris plus que tout... Aussi, quand vous le pourrez, le dimanche, vous me mènerez dîner chez le traiteur, quelquefois au spectacle... sinon, si vous n'avez pas d'argent, vous me mènerez voir les boutiques dans les beaux passages, ça m'amuse presque autant. Mais soyez tranquille, dans nos petites parties fines, vous me ferez honneur... Vous verrez comme je serai gentille avec ma jolie robe de lévantine gros-bleu, que je ne mets que le dimanche ! elle me va comme un amour ; j'ai avec ça un joli petit bonnet garni de dentelles, avec des nœuds oranges, qui ne font pas trop mal sur mes cheveux noirs, des bottines de satin turc que j'ai fait faire pour moi... un charmant châle de bourre de soie façon cachemire. Allez, allez, mon voisin, on se retournera plus d'une fois pour nous voir passer. Les hommes diront : « Mais c'est qu'elle est gentille, cette petite, parole d'honneur ! » Et les femmes diront de leur côté : « Mais c'est qu'il a l'air très-joli tournure, ce grand jeune homme mince... son air est très-distingué... et ses petites moustaches brunes lui vont très-bien... » Et ce sera l'avis de ces dames, car j'adore les moustaches... Malheureusement M. Germain n'en portait pas à cause de son bureau. M. Cabrion en avait, mais elles étaient rouges comme sa grande barbe, et je n'aime pas les grandes barbes, puis il faisait par trop le gamin dans les rues, et tourmentait trop ce pauvre M. Pipelet. Par exemple, M. Giraudeau (mon voisin d'avant M. Cabrion) avait une bonne tenue, mais il était louche. Dans les commencements, ça me gênait beaucoup, parce qu'il avait toujours l'air de regarder quelqu'un à côté de moi, et, sans y penser, je me retournais pour voir qui.

Et de rire.

Rodolphe écoutait ce babil avec curiosité ; il se demandait pour la troisième ou quatrième fois ce qu'il devait penser de la vertu de Rigolette.

Tantôt la liberté même des paroles de la grisette et le souvenir du gros verrou lui faisaient presque croire qu'elle aimait ses voisins en frères, en camarades, et que madame Pipelet l'avait calomniée ; tantôt il souriait de ses velléités de crédulité, en songeant qu'il était peu probable qu'une fille aussi jeune, aussi abandonnée, eût échappé aux séductions de MM. Giraudeau, Cabrion et Germain. Pourtant, la franchise, l'originale familiarité de Rigolette, éveillaient en lui de nouveaux doutes.

— Vous me charmez, ma voisine, en disposant ainsi de mes dimanches, reprit gaiement Rodolphe ; soyez tranquille, nous ferons de fameuses parties.
— Un instant, monsieur le dépensier, c'est moi qui tiendrai la bourse, je vous en préviens. L'été, nous pourrons dîner très-bien... mais très-bien !... pour trois francs, à la Chartreuse ou à l'Ermitage Montmartre, une demi-douzaine de contredanses ou de valses par là-dessus, et quelques courses sur les chevaux de bois... J'adore monter à cheval... ça vous fera vos cent sous, pas un liard de plus... Valsez-vous ?
— Très-bien.
— A la bonne heure ! M. Cabrion me marchait toujours sur les pieds, et puis, par farce, il jetait des pois fulminants par terre, ça fait qu'on n'a plus voulu de nous à la Chartreuse.

Et de rire.

— Soyez tranquille, je vous réponds de ma réserve à l'égard des pois fulminants ; mais l'hiver, que ferons-nous ?
— L'hiver, comme on a moins faim, nous dînerons parfaitement pour quarante sous, et il nous restera trois francs pour le spectacle, car je ne veux pas que vous dépassiez vos cent sous : c'est déjà bien assez cher ; mais tout seul vous dépenseriez au moins ça à l'estaminet, au billard, avec de mauvais sujets qui sentent la pipe comme des horreurs. Est-ce qu'il ne vaut pas mieux passer gaiement la journée avec une petite amie bien bonne enfant, bien rieuse, qui trouvera encore le temps de vous économiser quelques dépenses en vous ourlant vos cravates, et soignant votre ménage ?
— Mais c'est un gain tout clair, ma voisine. Seulement, si mes amis me rencontrent avec ma gentille petite amie sous le bras ?
— Eh bien ! ils diront : Il n'est pas malheureux, ce diable de Rodolphe !
— Vous savez mon nom ?
— Quand j'ai appris que la chambre voisine était déjà louée, j'ai demandé à qui.
— Et mes amis diront : Il est très-heureux, ce Rodolphe !... Et ils m'environt.
— Tant mieux !
— Ils me croiront heureux.
— Tant mieux !... tant mieux !...
— Et si je ne le suis pas autant que je le paraîtrai ?
— Qu'est-ce que ça vous fait, pourvu qu'on le croie ?... Aux hommes, il ne leur en faut pas davantage.
— Mais votre réputation ?

Rigolette partit d'un éclat de rire.

— La réputation d'une grisette ! est-ce qu'on croit à ces météores-là ? reprit-elle. Si j'avais père ou mère, frère ou sœur, je tiendrais pour eux au qu'en dira-t-on... Je suis toute seule, ça me regarde.
— Mais, moi, je serai très-malheureux.
— De quoi ?
— De passer pour être heureux, tandis qu'au contraire je vous aimerai... à peu près comme vous dîniez chez le papa Crétu... en mangeant votre pain sec à la lecture d'un livre de cuisine.
— Bah ! bah ! vous vous y ferez ; je serai pour vous si douce, si reconnaissante, si peu gênante, que vous vous direz : Après tout, autant faire mon dimanche avec elle qu'avec un camarade... Si vous êtes libre le soir dans la semaine, et que ça ne vous ennuie pas, vous viendrez passer la soirée chez nous, vous profiterez de mon feu et de ma lampe ; vous louerez des romans, vous me ferez la lecture. Autant ça que d'aller perdre votre argent au billard ; sinon, si vous êtes occupé tard chez votre patron, ou que vous aimiez mieux aller au café, vous me direz bonsoir en rentrant, si je veille encore. Si je suis couchée, le lendemain matin je vous dirai bonjour à travers votre cloison pour vous éveiller... Tenez, M. Germain, mon dernier voisin, passait toutes ses soirées comme ça ; il ne s'en plaignait pas !... Il m'a lu tout Walter Scott... C'est qui était amusant ! Quelquefois, le dimanche, quand il faisait mauvais, au lieu d'aller au spectacle ou de sortir, il allait acheter quelque chose ; nous faisions une vraie dînette dans ma chambre, et puis après nous rentrions... Ça m'amusait presque autant que le théâtre. C'est pour vous dire que je ne suis pas difficile à vivre, et je fais tout ce qu'on veut. Et puis, vous qui craignez d'être malade, si jamais vous l'étiez... c'est moi qui suis là une vraie petite sœur grise !... demandez aux Morel... Tenez, vous ne savez pas votre bonheur, monsieur Rodolphe... C'est un vrai quine à la loterie de m'avoir pour voisine.
— C'est vrai, j'ai toujours eu du bonheur ; mais, à propos de M. Germain, où est-il donc maintenant ?
— A Paris, je pense.
— Vous ne le voyez plus ?
— Depuis qu'il a quitté la maison, il n'est plus revenu chez moi.
— Mais où demeure-t-il ? Que fait-il ?
— Pourquoi ces questions-là, mon voisin ?

— Parce que je suis jaloux de lui, dit Rodolphe en souriant, et que je voudrais...
— Jaloux!!! Et Rigolette de rire. Il n'y a pas de quoi, allez... Pauvre garçon!...
— Sérieusement, ma voisine, j'aurais le plus grand intérêt à savoir où rencontrer M. Germain; vous connaissez sa demeure, et, sans me vanter, vous devez me croire incapable d'abuser du secret que je vous demande... Je vous le jure dans son intérêt...
— Sérieusement, mon voisin, je crois que vous pouvez vouloir beaucoup de bien à M. Germain; mais il m'a fait promettre de ne dire son adresse à personne... et puisque je ne vous la dis pas à vous, c'est que ça m'est impossible... Cela ne doit pas vous fâcher contre moi... Si vous m'aviez confié un secret, vous seriez content, n'est-ce pas, de me voir agir comme je le fais?
— Mais...
— Tenez, mon voisin, une fois pour toutes, ne me parlez plus de cela... J'ai fait une promesse, je la tiendrai, et, quoi que vous me puissiez dire, je vous répondrai toujours la même chose...

Malgré son étourderie, sa légèreté, la jeune fille accentua ces derniers mots si fermement, que Rodolphe comprit, à son grand regret, qu'il n'obtiendrait peut-être pas d'elle ce qu'il désirait savoir. Il lui répugnait d'employer la ruse pour surprendre la confiance de Rigolette; il attendit et reprit gaiement :
— N'en parlons plus, ma voisine. Diable! vous gardez si bien les secrets des autres, que je ne m'étonne plus que vous gardiez les vôtres.
— Des secrets, moi! Je voudrais bien en avoir, ça doit être très-amusant.
— Comment! vous n'avez pas un petit secret de cœur?
— Un secret de cœur?
— Enfin... vous n'avez jamais aimé? dit Rodolphe en regardant bien fixement Rigolette pour tâcher de deviner la vérité.
— Comment! jamais aimé?... Et M. Giraudeau? et M. Cabrion? et M. Germain? et vous donc?...
— Vous ne les avez pas aimés plus que moi?... autrement que moi?
— Ma foi! non; moins peut-être, car il a fallu m'habituer aux yeux louches de M. Giraudeau, à la barbe rousse et aux farces de M. Cabrion, et à la tristesse de M. Germain, car il était bien triste, ce pauvre jeune homme. Vous, au contraire, vous m'avez plu tout de suite...
— Voyons, ma voisine, ne vous fâchez pas, je vais vous parler... en vrai camarade.
— Allez... allez... j'ai le caractère bien fait... et puis vous êtes si bon, que vous n'auriez pas le cœur, j'en suis sûre, de me dire quelque chose qui me fasse de la peine...
— Sans doute... Mais voyons, franchement, vous n'avez jamais eu d'amant?
— Des amants!... ah! bien oui! est-ce que j'ai le temps?
— Qu'est-ce que le temps fait à cela?
— Ce que ça fait! mais tout... D'abord je serais jalouse comme un tigre, je me ferais sans cesse des peines de cœur; eh bien! est-ce que je gagne assez d'argent pour pouvoir perdre deux ou trois heures par jour à pleurer, à me désoler? Et si on me trompait... que de larmes, que de chagrins!... Ah bien! par exemple... c'est pour le coup que ça m'arriérerait joliment!
— Mais tous les amants ne sont pas infidèles, ne font pas pleurer leur maîtresse.
— Ça serait encore pis... s'il était par trop gentil. Est-ce que je pourrais vivre un moment sans lui?... et comme il faudrait probablement qu'il soit toute la journée à son bureau, à son atelier ou à sa boutique, je serais comme une pauvre âme en peine pendant son absence; je me forgerais mille chimères... je me figurerais que d'autres l'aiment... qu'il est auprès d'elles... Et s'il m'abandonnait!... jugez donc!... est-ce que je sais enfin... tout ce qui pourrait m'arriver? Tant il y a que certainement mon travail s'en ressentirait... et alors, qu'est-ce que je deviendrais? C'est tout juste si, tranquille comme je suis, je puis me tenir au courant en travaillant douze à quinze heures par jour... Voyez donc si je perdais trois ou quatre journées par semaine à me tourmenter... comment rattraper ce temps-là?... impossible!... Il faudrait donc me mettre aux ordres de quelqu'un?... Oh! ça, non!... j'aime trop ma liberté...
— Votre liberté?
— Oui, je pourrais entrer comme ouvrière chez la maîtresse couturière pour qui je travaille... j'aurais quatre cents francs, logée, nourrie...
— Et vous n'acceptez pas?
— Non, sans doute... je serais à gages chez les autres; au lieu que, si pauvre que soit mon chez moi, je suis chez moi; je ne dois rien à personne... J'ai du courage, du cœur, de la santé, de la gaieté... un bon voisin comme vous ; qu'est-ce qu'il me faut de plus?
— Et vous n'avez jamais songé à vous marier?
— Me marier!... je ne peux me marier qu'à un pauvre comme moi. Voyez les malheureux Morel; voilà où ça mène... tandis que quand on n'a à répondre que pour soi... on s'en retire toujours.
— Ainsi vous ne faites jamais de châteaux en Espagne, de rêves?
— Si... je rêve ma garniture de cheminée... excepté ça... qu'est-ce que vous voulez que je désire?
— Mais si un parent vous avait laissé une petite fortune... douze

cents francs de rentes, je suppose... à vous qui vivez avec cinq cents francs?
— Dame! ça serait peut-être un bien, peut-être un mal.
— Un mal?
— Je suis heureuse comme je suis ; je connais la vie que je mène, je ne sais pas celle que je mènerais si j'étais riche. Tenez, mon voisin, quand, après une bonne journée de travail je me couche le soir, que ma lumière est éteinte, et qu'à la lueur du petit peu de braise qui reste dans mon poêle je vois ma chambre bien proprette, mes rideaux, ma commode, mes chaises, mes oiseaux, ma montre, ma table chargée d'étoffes qu'on m'a confiées, et que je me dis : Enfin tout ça est à moi, je ne dois qu'à moi... vrai, mon voisin... ces idées-là me bercent bien câlinement, allez !... et quelquefois je m'endors orgueilleuse et toujours contente. Eh bien !... je devrais mon chez moi à l'argent d'un vieux parent... que ça ne me ferait pas autant de plaisir, j'en suis sûre... Mais tenez, nous voici au Temple, avouez que c'est un superbe coup d'œil !

CHAPITRE V.

Le Temple.

Quoique Rodolphe ne partageât pas la profonde admiration de Rigolette à la vue du Temple, il fut néanmoins frappé de l'aspect singulier de cet énorme bazar, qui a ses quartiers et ses passages.

Vers le milieu de la rue du Temple, non loin d'une fontaine qui se trouve à l'angle d'une grande place, on aperçoit un immense parallélogramme construit en charpente et surmonté d'un comble recouvert d'ardoises.

C'est le Temple.

Borné à gauche par la rue du Petit-Thouars, à droite par la rue Percée, il aboutit à un vaste bâtiment circulaire, colossale rotonde, entourée d'une galerie à arcades.

Une longue voie, coupant le parallélogramme dans son milieu et dans sa longueur, le partage en deux parties égales ; celles-ci sont à leur tour divisées, subdivisées à l'infini par une multitude de petites ruelles latérales et transversales qui se croisent en tous sens, et sont abritées de la pluie par le toit de l'édifice.

Dans ce bazar, toute marchandise neuve est généralement prohibée ; mais la plus infime rognure d'étoffe quelconque, mais le plus mince débris de fer, de cuivre, de fonte ou d'acier y trouve son vendeur et son acheteur.

Il y a là des négociants en bribes de drap de toutes couleurs, de toutes nuances, de toutes qualités, de tout âge, destinées à assortir les pièces que l'on met aux habits troués ou déchirés.

Il est des magasins où l'on découvre des montagnes de savates éculées, percées, tordues, feudues, choses sans nom, sans forme, sans couleur, parmi lesquelles apparaissent çà et là quelques semelles fossiles, épaisses d'un pouce, constellées de clous comme des portes de prison, dures comme le sabot d'un cheval ; véritables squelettes de chaussures, dont toutes les différences ont été dévorées par le temps ; tout cela est moisi, racorni, troué, corrodé, et tout cela s'achète : il y a des négociants qui vivent de ce commerce.

Il existe des détaillants de ganses, franges, crêtes, cordons, effilés de soie, de coton ou de fil, provenant de la démolition de rideaux complètement hors de service.

D'autres industriels s'adonnent au commerce des chapeaux de femme : ces chapeaux n'arrivent jamais à leur boutique que dans les sacs des revendeuses, après les pérégrinations les plus étranges, les transformations les plus violentes, les décolorations les plus incroyables. Afin que les marchandises ne tiennent pas trop de place dans un magasin ordinairement grand comme une énorme boîte, on plie bien proprement ces chapeaux en deux, après quoi on les aplatit et on les empile excessivement serrés ; sauf la saumure, c'est absolument le même procédé que pour la conservation des harengs ; aussi ne peut-on se figurer combien, grâce à ce mode d'arrimage, il tient de ces choses dans un espace de quatre pieds carrés.

L'acheteur se présente-t-il, on soustrait ces chiffons à la haute pression qu'ils subissent ; le marchand donne, d'un air dégagé, un petit coup de poing dans le fond de la forme pour le relever, défripe la passe sur son genou, et vous avez sous les yeux un objet bizarre, fantastique, qui rappelle confusément à votre souvenir des coiffures fabuleuses, particulièrement dévolues aux ouvreuses de loges, aux tantes de figurantes ou aux duègnes des théâtres de province.

Plus loin, à l'enseigne du *Goût du Jour*, sous les arcades de la rotonde élevée au bout de la large voie qui sépare le Temple en deux parties, sont appendus comme des *ex-voto* des myriades de vêtements de couleurs, de formes et de tournures encore plus exorbitantes, encore plus énormes que celles des vieux chapeaux de femme.

Ainsi on trouve des fracs gris de lin crânement rehaussés de trois rangées de boutons de cuivre à la hussarde, et chaudement ornés d'un petit collet fourré en poil de renard.

Des redingotes primitivement vert-bouteille, que le temps a rendues vert-pistache, bordées d'un cordonnet noir et rajeunies par une doublure écossaise bleue et jaune du plus bel effet.

Des habits dits autrefois à queue de morue, couleur d'amadou, à riche collet de panne, ornés de boutons jadis argentés, mais alors d'un rouge cuivreux.

On y remarque encore des polonaises marron, à collet de peau de chat, côtelées de brandebourgs et d'agréments de coton noir éraillés; non loin d'icelles, des robes de chambre artistement faites avec de vieux carriks dont on a ôté les triples collets, et qu'on a intérieurement garnies de morceaux de cotonnade imprimée; les mieux portées sont bleu ou vert sordide, ornées de pièces nuancées, brodées de fil passé, et doublées d'étoffe rouge à rosaces orange, parements et collet pareils; une cordelière, faite d'un vieux cordon de sonnette en laine tordue, sert de ceinture à ces élégants déshabillés, dans lesquels Robert Macaire se fût prélassé avec un orgueilleux bonheur.

Nous ne parlerons que pour mémoire d'une foule de costumes de Frontin plus ou moins équivoques, plus ou moins barbares, au milieu desquels on retrouve pourtant çà et là quelques authentiques livrées royales ou princières que les révolutions de toutes sortes ont traînées du palais aux sombres arceaux de la rotonde du Temple.

Ces exhibitions de vieilles chaussures, de vieux chapeaux et de vieux habits ridicules, sont le côté grotesque de ce bazar; c'est le quartier des guenilles prétentieusement parées et déguisées; mais on doit avouer, ou plutôt on doit proclamer que ce vaste établissement est d'une haute utilité pour les classes pauvres ou peu aisées. Là elles achètent, à un rabais excessif, d'excellentes choses presque neuves, dont la dépréciation est pour ainsi dire imaginaire.

Un des côtés du Temple, destiné aux objets de couchage, était rempli de monceaux de couvertures, de draps, de matelas, d'oreillers. Plus loin, c'étaient des tapis, des rideaux, des ustensiles de ménage de toutes sortes; ailleurs, des vêtements, des chaussures, des coiffures pour toutes les conditions, pour tous les âges. Ces objets, généralement d'une extrême propreté, n'offraient à la vue rien de répugnant.

On ne saurait croire, avant d'avoir visité ce bazar, comme il faut peu de temps et peu d'argent pour remplir une charrette de tout ce qui est nécessaire au complet établissement de deux ou trois familles qui manquent de tout.

Rodolphe fut frappé de la manière à la fois empressée, prévenante et joyeuse, avec laquelle les marchands, debout en dehors de leurs boutiques, sollicitaient la pratique des passants; ces façons, empreintes d'une sorte de familiarité respectueuse, semblaient appartenir à un autre âge.

Rodolphe donnait le bras à Rigolette. A peine parut-il dans le grand passage, où se tenaient les marchands d'objets de literie, qu'il fut poursuivi des offres les plus séduisantes.

— Monsieur, entrez donc voir mes matelas, c'est comme neuf; je vais vous en découdre un coin, vous verrez la fourniture, on dirait de la laine d'agneau, tant c'est doux et blanc!

— Ma jolie petite dame, j'ai des draps de belle toile, meilleurs que neufs, car leur première rudesse est passée; c'est souple comme un gant, fort comme une trame d'acier.

— Mes gentils mariés, achetez-moi donc une de ces couvertures; voyez, c'est moelleux, chaud et léger; on dirait de l'édredon, c'est remis à neuf, ça n'a pas servi vingt fois; voyons, ma petite dame, décidez votre mari, donnez-moi votre pratique, vous ne monterez votre ménage pas cher... vous serez contents, vous reviendrez voir la mère Bouvard, vous trouverez de tout chez moi... Hier, j'ai eu une occasion superbe... vous allez voir ça... allons, entrez donc!... ne vous n'en coûte rien.

— Ma foi, ma voisine, dit Rodolphe à Rigolette, cette bonne grosse femme aura la préférence... Elle nous prend pour de jeunes mariés, ça me flatte... je me décide pour sa boutique.

— Va pour la grosse femme! dit Rigolette, sa figure me revient aussi!

La grisette et son compagnon entrèrent chez la mère Bouvard.

Par une magnanimité peut-être sans exemple ailleurs qu'au Temple, les rivales de la mère Bouvard ne se révoltèrent pas de la préférence qu'on lui accordait; une de ses voisines poussa même la générosité jusqu'à dire:

— Autant que ça soit la mère Bouvard qu'une autre qui ait cette aubaine; elle est de la famille, et c'est la doyenne et l'honneur du Temple.

Il était d'ailleurs impossible d'avoir une figure plus avenante, plus ouverte et plus réjouie que la doyenne du Temple.

— Tenez, ma jolie petite dame, dit-elle à Rigolette, qui examinait plusieurs objets d'un œil très-connaisseur, voilà l'occasion dont je vous parlais: deux garnitures de lit complètes, c'est comme tout neuf. Si par hasard vous vouliez un vieux petit secrétaire pas cher, en voilà un (la mère Bouvard l'indiqua du geste), je l'ai eu de même lot. Quoique je n'achète pas ordinairement de meubles, je n'ai pu refuser de le prendre; les personnes de qui je tiens tout ça avaient l'air si malheureuses! Pauvre dame!... c'était surtout la vente de cette antiquaille qui semblait lui saigner le cœur... Il paraît que c'est un meuble de famille...

A ces mots, et pendant que la marchande débattait avec Rigolette les prix de différentes fournitures, Rodolphe considéra plus attentivement le meuble que la mère Bouvard lui avait montré.

C'était un de ces anciens secrétaires en bois de rose, d'une forme presque triangulaire, fermé par un panneau antérieur qui, rabattu et soutenu par deux longues charnières de cuivre, sert de table à écrire. Au milieu de ce panneau, orné de marqueterie de bois de couleurs variées, Rodolphe remarqua un chiffre incrusté en ébène, composé d'un M et d'un R entrelacés, et surmonté d'une couronne de comte. Il supposa que le dernier possesseur de ce meuble appartenait à une classe élevée de la société. Sa curiosité redoubla; il regarda le secrétaire avec une nouvelle attention: il visitait machinalement les tiroirs les uns après les autres, lorsque, éprouvant quelque difficulté à ouvrir le dernier, et cherchant la cause de cet obstacle, il découvrit et attira à lui avec précaution une feuille de papier à moitié engagée entre le casier et le fond du meuble.

Pendant que Rigolette terminait ses achats avec la mère Bouvard, Rodolphe examinait curieusement sa découverte.

Aux nombreuses ratures qui couvraient ce papier, on reconnaissait le brouillon d'une lettre inachevée.

Rodolphe lut ce qui suit avec assez de peine:

« Monsieur,

« Soyez persuadé que le malheur le plus effroyable peut seul me contraindre à la démarche que je tente auprès de vous. Ce n'est pas une fierté mal placée qui cause mes scrupules, c'est le manque absolu de titres au service que j'ose vous demander. La vue de ma fille, réduite comme moi au plus affreux dénûment, me fait surmonter mon embarras. Quelques mots seulement sur la cause des désastres qui m'accablent.

« Après la mort de mon mari, il me restait pour fortune trois cent mille francs placés par mon frère chez M. Jacques Ferraud, notaire. Je recevais à Angers, où j'étais retirée avec ma fille, les intérêts de cette somme par l'entremise de mon frère. Vous savez, monsieur, l'épouvantable événement qui a mis fin à ses jours; ruiné, ce qu'il paraît, par de secrètes et malheureuses spéculations, il s'est tué il y a huit mois. Lors de ce funeste événement, je reçus de lui quelques lignes désespérées. Lorsque je les lirais, me disait-il, il n'existerait plus. Il terminait cette lettre en me prévenant qu'il ne possédait aucun titre relativement à la somme placée en mon nom chez M. Jacques Ferrand; ce dernier ne donnant jamais de reçu, car il était l'honneur, la piété même, il suffirait de me présenter chez lui pour que cette affaire fût convenablement réglée.

« Dès qu'il me fut possible de songer à autre chose qu'à la mort affreuse de mon frère, je vins à Paris, où je ne connaissais personne que vous, monsieur, et encore indirectement par les relations que vous aviez eues avec mon mari. Je vous l'ai dit, la somme déposée chez M. Jacques Ferrand formait toute ma fortune; et mon frère m'envoyait tous les six mois l'intérêt échu de cet argent; plus d'une année était révolue depuis le dernier payement; je me présentai donc chez M. Jacques Ferrand pour lui demander un revenu dont j'avais le plus grand besoin.

« A peine m'étais-je nommée, que, sans respect pour ma douleur, il accusa mon frère de lui avoir emprunté deux mille francs que sa mort lui faisait perdre, ajoutant que, non-seulement son suicide était un crime devant Dieu et devant les hommes, mais encore que c'était un acte de spoliation dont lui, M. Jacques Ferrand, se trouvait victime.

« Cet odieux langage m'indigna: l'éclatante probité de mon frère était bien connue; il avait, il est vrai, à l'insu de moi et de ses amis, perdu sa fortune dans des spéculations hasardeuses: mais il était mort sans aucune réputation intacte, regretté de tous, et ne laissait aucune dette, sauf celle du notaire.

« Je répondis à M. Ferrand que je l'autorisais à prendre à l'instant, sur les trois cent mille francs dont il était dépositaire, les deux mille francs que lui devait mon frère. A ces mots, il me regarda d'un air stupéfait, et me demanda de quels trois cent mille francs je voulais parler.

« — De ceux que mon frère a placés chez vous depuis dix-huit mois, monsieur, et dont jusqu'à présent vous m'avez fait parvenir les intérêts par son entremise, lui dis-je, ne comprenant pas sa question.

« Le notaire haussa les épaules, sourit de pitié comme si mes paroles n'eussent pas été sérieuses, et me répondit que, loin de placer de l'argent chez lui, mon frère lui avait emprunté deux mille francs.

« Il m'est impossible de vous exprimer mon épouvante à cette réponse.

« — Mais alors qu'est devenue cette somme? m'écriai-je. Ma fille et moi nous n'avons d'autre ressource; si elle nous est enlevée, il ne nous reste que la misère la plus profonde. Que deviendrons-nous?

« — Je n'en sais rien, répondit froidement le notaire. Il est probable que votre frère, au lieu de placer cette somme chez moi comme il vous l'a dit, l'aura mangée dans des spéculations malheureuses auxquelles il s'adonnait à l'insu de tout le monde.

« — C'est faux, c'est infâme, monsieur! m'écriai-je. Mon frère était la loyauté même. Loin de me dépouiller, moi et ma fille, il se fût sacrifié pour nous. Il n'avait jamais voulu se marier, pour laisser ce qu'il possédait à mon enfant.

« — Oseriez-vous donc prétendre, madame, que je suis capable de nier un dépôt qui m'aurait été confié? me demanda le notaire avec une indignation qui me parut si honorable et si sincère, que je lui répondis:

« — Non, sans doute, monsieur; votre réputation de probité est connue; mais je ne puis pourtant accuser mon frère d'un aussi cruel abus de confiance.

« — Sur quels titres vous fondez-vous pour me faire cette réclamation? me demanda M. Ferrand.

« — Sur aucun, monsieur. Il y a dix-huit mois, mon frère, qui voulait bien se charger de mes affaires, m'a écrit : « J'ai un excellent place« ment à six pour cent; envoie-moi ta procuration pour vendre tes « rentes : je déposerai trois cent mille francs, que je compléterai, chez « M. Jacques Ferrand, notaire. » J'ai envoyé ma procuration à mon frère; peu de jours après, il m'a annoncé que le placement était fait chez vous, que vous ne donniez jamais de reçu; et au bout de six mois il m'a envoyé les intérêts échus.

« — Et au moins avez-vous quelques lettres de lui à ce sujet, madame?

« — Non, monsieur. Elles traitaient seulement d'affaires, je ne les conservai pas.

« — Je ne puis malheureusement rien à cela, madame, me répondit le notaire. Si ma probité n'était pas au-dessus de tout soupçon, de toute atteinte, je vous dirais : Les tribunaux vous sont ouverts; attaquez-moi : les juges auront à choisir entre la parole d'un homme honorable, qui depuis trente ans jouit de l'estime des gens de bien, et la déclaration posthume d'un homme qui, après s'être sourdement ruiné dans les entreprises les plus folles, n'a trouvé de refuge que dans le suicide... Je vous dirais enfin : Attaquez-moi, madame, si vous l'osez, et la mémoire de votre frère sera déshonorée. Mais je crois que vous aurez le bon sens de vous résigner à un malheur fort grand, sans doute, mais auquel je suis étranger.

« — Mais enfin, monsieur, je suis mère! si ma fortune m'est enlevée, moi et ma fille nous n'avons d'autre ressource qu'un modeste mobilier. Cela vendu, c'est la misère, monsieur, l'affreuse misère!

« — Vous avez été dupe, c'est un malheur, je n'y puis rien, me répondit le notaire. Encore une fois, madame, votre frère vous a trompée. Si vous hésitez entre sa parole et la mienne, attaquez-moi : les tribunaux prononceront.

« Je sortis de chez le notaire la mort dans le cœur. Que me restait-il à faire dans cette extrémité? Sans titre pour prouver la validité de ma créance, convaincue de la sévère probité de mon frère, confondue par l'assurance de M. Ferrand, n'ayant personne à qui m'adresser pour demander des conseils (vous étiez alors en voyage), sachant qu'il faut de l'argent pour avoir les avis des gens de loi, et voulant précisément conserver le peu qui me restait, je n'osai entreprendre un tel procès. Ce fut alors... »

Ce brouillon de lettre s'arrêtait là; car d'indéchiffrables ratures couvraient quelques lignes qui suivaient encore; enfin au bas, et dans un coin de la page, Rodolphe lut cette espèce de mémento : « Écrire à madame la duchesse de Lucenay. »

Rodolphe resta pensif après la lecture de ce fragment de lettre.

Quoique la nouvelle infamie dont on semblait accuser Jacques Ferrand ne fût pas prouvée, cet homme s'était montré si impitoyable envers le malheureux Morel, si infâme envers Louise, sa fille, qu'un déni de dépôt, protégé par une impunité certaine, pouvait à peine étonner de la part d'un pareil misérable.

Cette mère, qui réclamait cette fortune si étrangement disparue, était sans doute habituée à l'aisance. Ruinée par un coup subit, ne connaissant personne à Paris, disait le projet de lettre, quelle devait être l'existence de ces deux femmes dénuées de tout peut-être, seules au milieu de cette ville immense !

Rodolphe avait, on le sait, promis quelques intrigues à madame d'Harville, en lui assignant, même au hasard, et pour occuper son esprit, un rôle à jouer dans une bonne œuvre à venir, certain d'ailleurs de trouver, avant son prochain rendez-vous avec la marquise, quelque malheur à soulager.

Il pensa que peut-être le hasard le mettait sur la voie d'une noble infortune, qui pourrait, selon son projet, intéresser le cœur et l'imagination de madame d'Harville.

Le projet de lettre qu'il tenait entre ses mains, et dont la copie n'avait sans doute pas été envoyée à la personne dont il implorait l'assistance, annonçant un caractère fier et résigné que l'offre d'une aumône révolterait sans doute. Alors que de précautions, que de détours, que de ruses délicates pour cacher la source d'un généreux secours ou pour le faire accepter!

Et puis que d'adresse pour s'introduire chez cette femme afin de juger si elle méritait véritablement l'intérêt qu'elle semblait devoir inspirer! Rodolphe entrevoyait une foule d'émotions neuves, curieuses, touchantes, qui devaient singulièrement *amuser* madame d'Harville, ainsi qu'il le lui avait promis.

— Eh bien! mon *mari*, dit gaiement Rigolette à Rodolphe, qu'est-ce que c'est donc que ce chiffon de papier que vous lisez là?

— Ma petite *femme*, répondit Rodolphe, vous êtes très-curieuse! je vous dirai cela tantôt. Avez-vous terminé vos achats?

— Certainement, et vos protégés seront établis comme des rois. Il ne s'agit plus que de payer; madame Bouvard est bien arrangeante, faut être juste.

— Ma petite *femme*, une idée! pendant que je vais payer, si vous alliez choisir des vêtements pour madame Morel et pour ses enfants ! je vous avoue mon ignorance au sujet de ces emplettes. Vous diriez d'avance

porter cela ici : on ne ferait qu'un voyage, et nos pauvres gens auraient tout à la fois.

— Vous avez toujours raison, mon *mari*. Attendez-moi, ça ne sera pas long. Je connais deux marchandes dont je suis la pratique habituelle; je trouverai chez elles tout ce qu'il me faudra.

Et Rigolette sortit.

Mais elle se retourna pour dire :

— Madame Bouvard, je vous confie mon *mari*; n'allez pas lui faire les yeux doux au moins.

Et de rire, et de disparaître prestement.

CHAPITRE VI.

Découverte.

— Faut avouer, monsieur, dit la mère Bouvard à Rodolphe, après le départ de Rigolette, faut avouer que vous avez là une fameuse petite ménagère. Pesto !... elle s'entend joliment à acheter; et puis elle est gentille! rose et blanche, avec de grands beaux yeux noirs et les cheveux pareils... c'est rare!...

— N'est-ce pas qu'elle est charmante, et que je suis un heureux mari, madame Bouvard?

— Aussi heureux mari qu'elle est heureuse femme... j'en suis bien sûre.

— Vous ne vous trompez guère : mais, dites-moi, combien vous dois-je?

— Votre petite ménagère n'a pas voulu démordre de trois cent trente francs pour le tout. Comme il n'y a qu'un Dieu, je ne gagne que quinze francs, car je n'ai pas payé ces objets aussi bon marché que j'aurais pu... je n'ai pas eu le cœur de les marchander... les gens qui vendaient avaient l'air par trop malheureux !

— Vraiment! ne sont-ce pas les mêmes personnes à qui vous avez aussi acheté ce petit secrétaire !

— Oui, monsieur... tenez, ça fend le cœur, rien que d'y songer ! Figurez-vous qu'avant-hier il arrive ici une dame jeune encore et belle encore, mais si pâle, si maigre, qu'elle faisait peine à voir... et puis nous connaissons ça, nous autres. Quoiqu'elle fût, comme on dit, tirée à quatre épingles, son vieux châle de laine noir râpé, sa robe d'alpine aussi noire et tout éraillée, son chapeau de paille au mois de janvier (cette dame était en deuil) annonçaient ce que nous appelons une misère bourgeoise, je suis sûre que c'est une dame très comme il faut ; enfin elle me demande en rougissant si je veux acheter la fourniture de deux lits complets et un vieux petit secrétaire, je lui réponds que puisque je vends, faut bien que j'achète; que si ça me convient, c'est une affaire faite, mais que je voudrais voir les objets. Elle me prie alors de la suivre, pas loin d'ici, de l'autre côté du boulevard, dans une maison sur le quai du canal Saint-Martin. Je laisse ma boutique à ma nièce, je suis la dame, nous arrivons dans une maison à petites gens, comme on dit, tout au fond de la cour; nous montons au quatrième, la dame frappe, une jeune fille de quatorze ans vient ouvrir : elle était aussi en deuil, et aussi bien pâle et bien maigre; mais malgré ça, belle comme le jour... si belle que je restai en extase.

— Et cette jeune fille?

— Était la fille de la dame en deuil... Malgré le froid, une pauvre robe de cotonnade noire à pois blancs et un petit châle de deuil tout usé, voilà ce qu'elle avait sur elle.

— Et leur logis était misérable?

— Figurez-vous, monsieur, deux pièces bien propres, mais nues, mais glaciales que ça en donnait la petite-mort; d'abord une cheminée où on ne voyait pas une miette de cendre ; il n'y avait pas eu de feu là depuis longtemps. Pour tout mobilier, deux lits, deux chaises, une commode, une vieille malle et le petit secrétaire; sur la malle un paquet dans un foulard... Ce petit paquet, c'était tout ce qui restait à la mère et à la fille, une fois leur mobilier vendu. La propriétaire s'arrangeait des deux bois de lits, des chaises, de la malle et de la table pour ce qu'on lui devait, nous dit le portier, qui était monté avec nous. Alors cette dame me pria bien honnêtement d'estimer les matelas, les draps, les rideaux, les couvertures. Foi d'honnête femme, monsieur, quoique mon état soit d'acheter bon marché et de vendre cher, quand j'ai vu cette pauvre demoiselle les yeux tout pleins de larmes, et sa mère, qui, malgré son sang-froid, avait l'air de pleurer en dedans, j'ai estimé à quinze francs près ce que ça valait, et ça bien au juste, je vous le jure. J'ai même consenti, pour les obliger, à prendre ce petit secrétaire, quoique ce ne soit pas ma partie...

— Je vous l'achète, madame Bouvard...

— Ma foi ! tant mieux, monsieur, il me serait resté longtemps sur les bras... Je m'en étais chargée pour rendre service, à cette pauvre dame. Je lui dis donc le prix j'offrais de ces effets... Je m'attendais à ce qu'elle allait marchander, demander plus... Ah bien oui ! C'est encore à ça que j'ai vu que ce n'était pas une dame du commun ; misère bourgeoise, allez, monsieur, bien sûr! Je lui dis donc : — C'est tant. — Elle me répond : — C'est bien. Retournons chez vous, vous me payerez, car je ne dois plus revenir dans cette maison. — Alors elle dit à sa fille, qui pleurait assise sur la malle : — Claire, prends le paquet... (je me suis bien souvenue du nom, elle l'a appelée Claire). La jeune demoiselle se lève ; mais, en passant à côté du petit secrétaire, voilà qu'elle se jette à genoux devant et qu'elle se met à sangloter. — Mon enfant, du courage! on nous regarde, lui dit sa mère à demi-voix, ce qui ne m'a pas empêchée de l'entendre. Vous concevez, monsieur, c'est des gens pauvres, mais fiers malgré ça. Quand la dame m'a donné la clef du petit secrétaire, j'ai vu aussi une larme dans ses yeux rougis; le cœur avait l'air de lui saigner en se séparant de ce vieux meuble, mais elle tâchait de garder son sang-froid et sa dignité devant des étrangers. Enfin elle a averti le portier que je viendrais enlever tout ce que le propriétaire ne gardait pas, et nous sommes revenues ici. La jeune demoiselle donnait le bras à sa mère et portait le petit paquet renfermant tout ce qu'elles possédaient. Je leur ai compté leur argent, trois cent quinze francs, et je ne les ai plus revues.

— Mais leur nom?
— Je ne le sais pas ; la dame m'avait vendu ses effets en présence du portier ; je n'avais pas besoin de m'informer de son nom... ce qu'elle vendait était bien à elle.
— Mais leur nouvelle adresse?
— Je n'en sais rien non plus.
— Sans doute on la connaît dans son ancien logement?
— Non, monsieur. Quand j'y ai retourné pour chercher mes effets, le portier m'a dit en me parlant de la mère et de la fille : — C'étaient des personnes bien tranquilles, bien respectables et bien malheureuses! pourvu qu'il ne leur arrive pas malheur ! Elles ont l'air comme ça calmes; mais au fond, je suis sûr qu'elles sont désespérées. — Et où iront-elles aller loger à cette heure? que je lui demande. — Ma foi! je n'en sais rien, qu'il me répond ; elles sont parties sans me le dire... bien sûr qu'elles ne reviendront plus.

Les espérances que Rodolphe avait un moment conçues s'évanouirent. Comment découvrir ces deux malheureuses femmes, ayant pour tout indice le nom de la jeune fille Claire, et ce fragment de brouillon de lettre dont nous avons parlé, au bas duquel se trouvaient ces mots : « Écrire à madame de Lucenay. »

La seule et bien faible chance de retrouver les traces de ces infortunées reposait donc sur madame de Lucenay, qui se trouvait heureusement de la société de madame d'Harville.

— Tenez, madame, payez-vous, dit Rodolphe à la marchande, en lui présentant un billet de cinq cents francs.
— Je vas vous rendre, monsieur...
— Où trouverons-nous une charrette pour transporter ces effets?
— Si ça n'est pas trop loin, une grande charrette à bras suffira... il y a celle du père Jérôme, ici près : c'est mon commissionnaire habituel... Quelle est votre adresse, monsieur?
— Rue du Temple, n° 17.
— Rue du Temple, n° 17?... oh! bien, bien, je ne connais que ça!
— Vous êtes allée dans cette maison?
— Plusieurs fois... d'abord, j'ai acheté des hardes à une prêteuse sur gages qui demeure là... c'est vrai qu'elle ne fait pas un beau métier... mais ça ne me regarde pas... elle vend, j'achète, nous sommes quittes. Une autre fois, il n'y a pas six semaines, j'y suis retournée pour le mobilier d'un jeune homme qui demeurait au quatrième et qui déménageait.
— M. François Germain, peut-être? s'écria Rodolphe.
— Juste! vous le connaissez?
— Beaucoup; malheureusement il n'a pas laissé rue du Temple sa nouvelle adresse, et je ne sais plus où le trouver.
— Si ce n'est que ça, je peux vous tirer d'embarras.
— Vous savez où il demeure?
— Pas précisément, mais je sais où vous pourrez bien sûr le rencontrer.
— Et où cela?
— Chez le notaire où il travaille.
— Un notaire?
— Oui, qui demeure rue du Sentier.
— M. Jacques Ferrand! s'écria Rodolphe.
— Lui-même, un bien saint homme; il y a un crucifix et du bois bénit dans son étude ; ça sent la sacristie comme si on y était.
— Mais comment avez-vous su que M. Germain travaillait chez ce notaire?
— Voilà... Ce jeune homme est venu me proposer d'acheter en bloc son petit mobilier. Cette fois-là encore, quoique ce ne soit pas ma partie, j'ai fait affaire du tout, et j'ai ensuite détaillé ici ; puisque ça l'arrangeait, ce jeune homme, je ne voulais pas le désobliger. Je lui achète donc son mobilier de garçon... bon...; je le lui paye... bon... Il avait sans doute été content de moi, car au bout de quinze jours il revient pour m'acheter une garniture de lit. Une petite charrette et un commissionnaire l'accompagnaient : on emballe le tout, bon...; mais voilà qu'au moment de payer il s'aperçoit qu'il a oublié sa bourse. Il avait l'air d'un si honnête jeune homme, que je lui dis : Emportez tout de même les effets, je passerai chez vous pour le payement. — Très-bien, me dit-il, mais je ne suis jamais chez moi : venez demain, rue du Sentier, chez M. Jacques Ferrand, notaire, où je suis employé, je vous payerai. — J'y suis allée le lendemain, il m'a payée ; seulement ce que je trouve de drôle, c'est qu'il ait vendu son mobilier pour en acheter un autre quinze jours après.

Rodolphe crut deviner et devina la raison de cette singularité : Germain voulait faire perdre ses traces aux misérables qui le poursuivaient. Craignant sans doute que son déménagement ne les mît sur la voie de sa nouvelle demeure, il avait préféré, pour éviter ce danger, vendre ses meubles et en racheter ensuite.

Rodolphe tressaillit de joie en songeant au bonheur de madame Georges, qui allait enfin revoir ce fils si longtemps, si vainement cherché.

Rigolette rentra bientôt, l'œil joyeux, la bouche souriante.
— Eh bien, quand je vous le disais ! s'écria-t-elle, je ne me suis point trompée... nous aurons dépensé en tout six cent quarante francs, et les Morel seront établis comme des princes... Tenez, tenez... voyez les marchands qui arrivent... sont-ils chargés! Rien ne manquera au ménage de la famille, il y a tout ce qu'il faut, jusqu'à un gril, deux belles casseroles étamées à neuf, et une cafetière... Je me suis dit : Puisqu'on veut faire les choses en grand, faisons les choses en grand !... et avec tout ça, c'est au plus si j'aurai perdu trois heures... mais payez vite, mon voisin, et allons-nous-en... Voilà bientôt midi; il va falloir que mon aiguille aille un fameux train pour rattraper cette matinée-là.

Rodolphe paya et quitta le Temple avec Rigolette.

. . . .

CHAPITRE VII.

Apparition.

Au moment où la grisette et son compagnon entraient dans l'allée de leur maison, ils furent presque renversés par madame Pipelet, qui courait, troublée, éperdue, effarée...
— Ah! mon Dieu! dit Rigolette, qu'est-ce que vous avez donc, madame Pipelet! ou courez-vous comme cela?
— C'est vous! mademoiselle Rigolette... s'écria Anastasie; c'est le bon Dieu qui vous envoie... aidez-moi à sauver la vie d'Alfred...
— Que dites-vous?
— Ce pauvre vieux chéri est évanoui, ayez pitié de nous!... courez-moi chercher pour deux sous d'absinthe chez le rogomiste, de la plus forte... c'est son remède quand il est indisposé... du pylore... ça le remettra peut-être : soyez charitable, ne me refusez pas, je pourrai retourner auprès d'Alfred. Je suis tout ahuri.

Rigolette abandonna le bras de Rodolphe et courut chez le rogomiste.
— Mais qu'est-il arrivé, madame Pipelet? demanda Rodolphe en suivant la portière, qui retournait à la loge.
— Est-ce que je le sais, mon digne monsieur ! J'étais sortie pour aller à la mairie, à l'église et chez le traiteur, pour éviter ces trottes-là à Alfred... Je rentre, — c'est que je vois... ce vieux chéri les quatre fers en l'air ! Tenez, monsieur Rodolphe, dit Anastasie en ouvrant à la porte de sa tanière, voyez si ça ne fend pas le cœur!

Lamentable spectacle!... Toujours coiffé de son chapeau-tromblon, plus coiffé même que d'habitude, car le castor douteux, enfoncé violemment sans doute (à en juger par sa courbure transversale), cachait les yeux de M. Pipelet, assis par terre et adossé au pied de son lit.

L'évanouissement avait cessé ; Alfred commençait à faire quelques légers mouvements de mains, comme s'il eût voulu repousser quelqu'un ou quelque chose; puis il essaya de se débarrasser de sa visière improvisée.

— Il gigote !... c'est bon signe !... il revient !... s'écria la portière. Et, se baissant! elle lui cria aux oreilles : — Qu'est-ce que tu as, mon Alfred ?... C'est ta Stasie qui est là... Comment vas-tu ?... On va t'apporter de l'absinthe, ça te remettra. Puis, prenant une voix de fausset des plus caressantes, elle ajouta : — On l'a donc écharpé, assassiné, ce pauvre vieux chéri à sa mamau, hein ?

Alfred poussa un profond soupir et laissa échapper comme un gémissement ce mot fatidique :
— CABRION !!!

Et ses mains frémissantes semblèrent vouloir de nouveau repousser une vision effrayante.
— Cabrion ! encore ce gueux de peintre ! s'écria madame Pipelet. Alfred en a rêvé toute la nuit, qu'il a attrapé des coups de pied. Ce monstre-là est son cauchemar ! Non-seulement il a empoisonné ses jours, mais il empoisonne ses nuits ; il le poursuit jusque dans son sommeil ; oui, monsieur, comme si Alfred serait un malfaiteur, et que ce Cabrion, que Dieu confonde! serait son remords acharné.

Rodolphe sourit discrètement, prévoyant quelque nouveau tour de l'ancien voisin de Rigolette.

— Alfred... réponds-moi, ne fais pas le muet, tu me fais peur, dit madame Pipelet ; voyons, remets-toi... Aussi, pourquoi vas-tu penser à ce gredin-là !... tu sais bien que quand tu y songes, ça te fait le même effet que les choux... ça te porte au pylore et ça t'étouffe.

— Cabrion ! répéta M. Pipelet en relevant avec effort son chapeau démesurément enfoncé sur ses yeux, qu'il roula autour de lui d'un air égaré.

Rigolette entra, portant une petite bouteille d'absinthe.

— Merci, mam'zelle ; êtes-vous complaisante ! dit la vieille ; puis elle ajouta : — Tiens, vieux chéri, *siffle-moi* ça, ça va te remettre.

Et Anastasie, approchant vivement la fiole des lèvres de M. Pipelet, entreprit de lui faire avaler l'absinthe.

Alfred eut beau se débattre courageusement, sa femme, profitant de la faiblesse de sa victime, lui maintint la tête d'une main ferme, et de l'autre lui introduisit le goulot de la petite bouteille entre les dents, et le força de boire l'absinthe ; après quoi elle s'écria triomphalement :

— Et allllez donc ! te vellà sur les pattes, vieux chéri !

En effet, Alfred, après s'être essuyé la bouche du revers de la main, ouvrit ses yeux, se leva debout, et demanda d'un ton encore effarouché :

— L'avez-vous vu ?
— Qui ?
— Est-il parti ?
— Mais qui, Alfred ?
— Cabrion !
— Il a osé ! s'écria la portière.

M. Pipelet, aussi muet que la statue du commandeur, baissa, comme le spectre, deux fois la tête d'un air affirmatif.

— M. Cabrion est venu ici ? demanda Rigolette en retenant une violente envie de rire.

Ce monstre-là est-il déchaîné après Alfred ! s'écria madame Pipelet. Oh ! si j'avais été là avec mon balai... il aurait mangé jusqu'au manche. Mais parle donc, Alfred, raconte-nous donc ton malheur !

M. Pipelet fit signe de la main qu'il allait parler.

On écouta l'homme au chapeau-tromblon dans un religieux silence.

Il s'exprima en ces termes d'une voix profondément émue :

— Mon épouse venait de me quitter pour m'éviter la peine d'aller, selon le commandement de monsieur (il s'inclina devant Rodolphe), à la mairie, à l'église et chez le traiteur.

— Ce vieux chéri avait ou le cauchemar toute la nuit ; j'ai préféré lui éviter ça, dit Anastasie.

— Ce cauchemar m'était envoyé comme un avertissement d'en haut, reprit religieusement le portier. J'avais rêvé Cabrion... je devais souffrir de Cabrion : la journée avait commencé par un attentat sur la taille de mon épouse...

— Alfred... Alfred... tais-toi donc ! ça me gêne devant le monde... dit madame Pipelet en minaudant, roucoulant et baissant les yeux d'un air pudique.

— Je croyais avoir payé ma dette de malheur à cette journée de malheur après le départ de ces luxurieux malfaiteurs, reprit M. Pipelet, lorsque... oh ! mon Dieu ! mon Dieu !

— Voyons, Alfred, du courage !

— J'en aurai, répondit héroïquement M. Pipelet ; il m'en faut... J'en aurai... J'étais donc là, assis tranquillement devant ma table, réfléchissant à un changement que je voulais opérer dans l'empeigne de cette botte, confiée à mon industrie... lorsque l'entends un bruit... un frôlement au carreau de ma loge... Fut-ce un pressentiment... un avis d'en haut ?... mon cœur se serra ; je levai la tête... et, à travers la vitre, je vis... je vis...

— Cabrion !!! s'écria Anastasie en joignant les mains.

— Cabrion ! répondit sourdement M. Pipelet. Sa figure hideuse était là, collée à la fenêtre, me regardant avec ses yeux de chat... qu'est-ce que je dis ?... de tigre !... juste comme dans mon rêve... Je voulus parler, ma langue était collée à mon palais ; je voulus me lever, j'étais collé à mon siège... ma botte me tomba des mains, et, comme dans tous les événements critiques et importants de ma vie... je restai complétement immobile... Alors la clef tourna dans la serrure, la porte s'ouvrit, Cabrion entra !

— Il entra !... Quel front ! reprit madame Pipelet, aussi atterrée que son mari de cette audace.

— Il entra lentement, reprit Alfred, s'arrêta un moment à la porte, comme pour me fasciner de son regard atroce... puis il s'avança vers moi, s'arrêtant à chaque pas, me transperçant de l'œil, sans dire un mot, droit, muet, menaçant comme un fantôme !...

— C'est-à-dire qu'il en ai le dos qui m'en hérisse, dit Anastasie.

— Je restais de plus en plus immobile et assis sur ma chaise... Cabrion s'avançait toujours lentement... me tenant sous son regard comme le serpent l'oiseau... car il me faisait horreur, et malgré moi je le fixais. Il arrive tout près de moi... Je ne puis davantage supporter son aspect révoltant... c'était trop fort... je n'y tiens plus... je ferme les yeux... Alors, je le sens qui ôte doucement ses mains sur mon chapeau ; il le prend par le haut, l'ôte lentement de dessus ma tête... et me met le chef à nu ! Je commençais à être saisi d'un vertige... ma respiration était suspendue... les oreilles me bourdonnaient... j'étais de plus en plus collé à mon siège, je fermais les yeux de plus en plus fort. Alors, Cabrion se baisse, me prend ma tête chauve, que j'ai le droit de dire, ou plutôt que j'avais le droit de dire vénérable avant son attentat... il me prend donc la tête

entre ses mains froides comme des mains de mort... et sur mon front glacé de sueur il dépose... un baiser effronté ! impudique !!!

Anastasie leva les bras au ciel.

— Mon ennemi le plus acharné venir me baiser au front !... me forcer à subir ses dégoûtantes caresses, après m'avoir odieusement persécuté pour posséder de mes cheveux !... une pareille monstruosité me donna beaucoup à penser et me paralysa... Cabrion profita de ma stupeur pour me remettre mon chapeau sur la tête, puis, d'un coup de poing, il me l'enfonça jusque sur les yeux, comme vous l'avez vu. Ce dernier outrage me bouleversa, la mesure fut comblée, tout tourna autour de moi, et je m'évanouis au moment où je le voyais, par-dessous les bords de mon chapeau, sortir de la loge aussi tranquillement, aussi lentement qu'il y était entré.

Puis, comme si ce récit eût épuisé ses forces, M. Pipelet retomba sur sa chaise en levant ses mains au ciel en manière de muette imprécation.

Rigolette sortit brusquement, son courage était à bout, son envie de rire l'étouffait ; elle ne put se contraindre plus longtemps. Rodolphe avait lui-même difficilement gardé son sérieux.

Tout à coup, cette rumeur confuse qui annonce l'arrivée d'un rassemblement populaire retentit dans la rue ; on entendit un grand tumulte en dehors de la porte de l'allée, et bientôt des crosses de fusil résonnèrent sur la dalle de la porte.

CHAPITRE VIII.

L'arrestation.

— Mon Dieu ! monsieur Rodolphe, s'écria Rigolette en accourant pâle et tremblante, il y a là un commissaire de police et la garde !

— La justice divine veille sur moi ! dit M. Pipelet dans un élan de religieuse reconnaissance ; on vient arrêter Cabrion... Malheureusement il est trop tard !

Un commissaire de police, reconnaissable à l'écharpe que l'on apercevait sous son habit noir, entra dans la loge ; sa physionomie était grave, digne et sévère.

— Monsieur le commissaire, il est trop tard, le malfaiteur s'est évadé ! dit tristement M. Pipelet ; mais je puis vous donner son signalement... Sourire atroce, regards effrontés... manières...

— De qui parlez-vous ? demanda le magistrat.

— Mais, en se hâtant, serait peut-être encore temps de l'atteindre, répondit M. Pipelet.

— Je ne sais pas ce que c'est que Cabrion, dit impatiemment le magistrat ; le nommé Jérôme Morel, ouvrier lapidaire, demeure dans cette maison ?

— Oui, mon commissaire, dit madame Pipelet, se mettant au port d'arme.

— Conduisez-moi à son logement.

— Morel le lapidaire ! reprit la portière au comble de la surprise ; mais c'est la brebis du bon Dieu ! Il est incapable de...

— Jérôme Morel demeure-t-il ici, oui ou non ?

— Il y demeure, mon commissaire... avec sa famille, dans une mansarde.

— Conduisez-moi donc à cette mansarde.

Puis, s'adressant à un homme qui l'accompagnait, le magistrat lui dit :

— Que les deux gardes municipaux attendent en bas et ne quittent pas l'allée. Envoyez Justin chercher un fiacre.

L'homme s'éloigna pour exécuter ces ordres.

— Maintenant, reprit le magistrat en s'adressant à M. Pipelet, conduisez-moi chez Morel.

— Si ça vous est égal, mon commissaire, je remplacerai Alfred ; il est indisposé des suites de Cabrion... qui, comme les choux, lui reste sur le pylore !!!

— Vous ou votre mari, peu importe, allons !

Et précédée de madame Pipelet, il commença de monter l'escalier ; mais bientôt il s'arrêta, se voyant suivi par Rodolphe et par Rigolette.

— Qui êtes-vous ? que voulez-vous ? leur demanda-t-il.

— C'est les deux locataires du quatrième, dit madame Pipelet.

— Pardon ! monsieur, j'ignorais que vous fussiez de la maison, dit-il à Rodolphe.

Celui-ci, augurant bien des manières polies du magistrat, lui dit :

— Vous allez trouver une famille désespérée, monsieur ; je ne sais quel nouveau coup menace ce malheureux artisan, mais il a été cruellement éprouvé cette nuit. Une de ses filles, déjà épuisée par la maladie, est morte... sous ses yeux... morte de froid et de misère...

— Serait-il possible ?

— C'est la vérité, mon commissaire, dit madame Pipelet. Sans monsieur, qui vous parle, et qui est le roi des locataires, puisqu'il a sauvé par ses bienfaits le pauvre Morel de la prison, toute la famille du lapidaire serait morte de faim.

Le commissaire regardait Rodolphe avec autant d'intérêt que de surprise.

— Rien de plus simple, monsieur, reprit celui-ci ; une personne très-charitable, sachant que Morel, dont je vous garantis l'honneur et la probité, était dans une position aussi déplorable que peu méritée, m'a chargé de payer une lettre de change pour laquelle les recors allaient traîner en prison ce pauvre ouvrier, seul soutien d'une famille nombreuse.

A son tour, frappé de la noble physionomie de Rodolphe et de la dignité de ses manières, le magistrat lui répondit :

— Je ne doute pas de la probité de Morel ; je regrette seulement d'avoir à remplir une pénible mission devant vous, monsieur, qui vous intéressez si vivement à cette famille.

— Que voulez-vous dire, monsieur?

— D'après les services que vous avez rendus aux Morel, d'après votre langage, je vois, monsieur, que vous êtes un galant homme. N'ayant d'ailleurs aucune raison de cacher l'objet du mandat que j'ai à exercer, je vous avouerai qu'il s'agit de l'arrestation de Louise Morel, la fille du lapidaire.

Le souvenir du rouleau d'or offert aux gardes du commerce par la jeune fille revint à la pensée de Rodolphe.

— De quoi est-elle donc accusée, mon Dieu ?

— Elle est sous le coup d'une prévention d'infanticide.

— Elle ! elle !... Oh ! son pauvre père !

— D'après ce que vous m'apprenez, monsieur, je conçois que, dans les tristes circonstances où se trouve cet artisan, ce nouveau coup lui sera terrible... Malheureusement je dois obéir aux ordres que j'ai reçus.

— Mais il s'agit seulement d'une simple prévention? s'écria Rodolphe. Les preuves manquent, sans doute?

— Je ne puis m'expliquer davantage à ce sujet... La justice a été mise sur la voie de ce crime, ou plutôt de cette présomption, par la déclaration d'un homme respectable à tous égards... le maître de Louise Morel.

— Jacques Ferrand le notaire ? dit Rodolphe indigné.

— Oui, monsieur... Mais pourquoi cette vivacité?

— M. Jacques Ferrand est un misérable, monsieur !

— Je vois avec peine que vous ne connaissez pas celui dont vous parlez, monsieur ; M. Jacques Ferrand est l'homme le plus honorable du monde ; il est d'une probité reconnue de tous.

— Je vous répète, monsieur, que ce notaire est un misérable... Il a voulu faire emprisonner Morel parce que sa fille a repoussé ses propositions infâmes. Si Louise n'est accusée que sur la dénonciation d'un pareil homme..... avouez, monsieur, que cette présomption mérite peu de créance.

— Il ne m'appartient pas, monsieur, et il ne me convient pas de discuter la valeur des déclarations de M. Ferrand, dit froidement le magistrat ; la justice est saisie de cette affaire, les tribunaux décideront : quant à moi, j'ai l'ordre de m'assurer de la personne de Louise Morel, et j'exécute mon mandat.

— Vous avez raison, monsieur, je regrette qu'un mouvement d'indignation peut-être légitime m'ait fait oublier que ce n'était en effet ni le lieu ni le moment d'élever une discussion pareille. Un mot seulement : le corps de l'enfant que Morel a perdu est resté dans sa mansarde, j'ai offert ma chambre à cette famille pour lui épargner le triste spectacle de ce cadavre ; c'est donc chez moi que vous trouverez le lapidaire et probablement sa fille. Je vous en conjure, monsieur, au nom de l'humanité, n'arrêtez pas brusquement Louise au milieu de ces infortunés, à peine arrachés à un sort épouvantable. Morel a éprouvé tant de secousses cette nuit, que sa raison n'y résisterait pas ; sa femme aussi est dangereusement malade, un tel coup la tuerait.

— J'ai toujours, monsieur, exécuté mes ordres avec tous les ménagements possibles, j'agirai de même dans cette circonstance.

— Si vous me permettiez, monsieur, de vous demander une grâce ? Voici ce que je vous proposerais : la jeune fille qui nous suit avec la portière occupe une chambre voisine de la mienne ; je ne doute pas qu'elle ne la mette à votre disposition ; vous pourriez d'abord y mander Louise, puis, s'il le faut, Morel, pour que sa fille lui fasse ses adieux... Au moins vous éviterez à une pauvre mère malade et infirme une scène déchirante.

— Si cela peut s'arranger ainsi, monsieur... volontiers.

La conversation que nous venons de rapporter avait eu lieu à demi-voix, pendant que Rigolette et madame Pipelet se tenaient discrètement à plusieurs marches de distance du commissaire et de Rodolphe ; celui-ci descendit auprès de la grisette, que la présence du commissaire rendait toute tremblante, et lui dit :

— Ma pauvre voisine, j'attends de vous un nouveau service ; il faudrait me laisser libre de disposer de votre chambre pendant une heure.

— Tant que vous voudrez, monsieur Rodolphe... Vous avez ma clef. Mais, mon Dieu, qu'est-ce qu'il y a donc?

— Je vous l'apprendrai tantôt ; ce n'est pas tout, il faudrait être assez bonne pour retourner au Temple dire qu'on n'apporte que dans une heure ce que nous avons acheté.

— Bien volontiers, monsieur Rodolphe ; mais est-ce qu'il arrive encore malheur aux Morel?

— Hélas ! oui, il leur arrive quelque chose de bien triste, vous ne le saurez que trop tôt.

— Allons, mon voisin, je cours au Temple... Mon Dieu ! moi qui, grâce à vous, croyais ces braves gens hors de peine !... dit la grisette ; et elle descendit rapidement l'escalier.

Rodolphe avait voulu surtout épargner à Rigolette le triste tableau de l'arrestation de Louise.

— Mon commissaire, dit madame Pipelet, puisque mon roi des locataires vous conduit, je peux aller retrouver Alfred ? Il m'inquiète ; c'est à peine si tout à l'heure il était remis de son indisposition de Cabrion.

— Allez... allez, dit le magistrat ; et il resta seul avec Rodolphe.

Tous deux arrivèrent sur le palier du quatrième, en face de la chambre où étaient alors provisoirement établis le lapidaire et sa famille.

Tout à coup la porte s'ouvrit.

Louise, pâle, éplorée, sortit brusquement.

— Adieu, adieu ! mon père, s'écria-t-elle, je reviendrai, il faut que je parte.

— Louise, mon enfant, écoute-moi donc, reprit Morel en suivant sa fille et en tâchant de la retenir.

— A la vue de Rodolphe, du magistrat, Louise et le lapidaire restèrent immobiles.

— Ah ! monsieur, vous notre sauveur, dit l'artisan en reconnaissant Rodolphe, aidez-moi donc à empêcher Louise de partir. Je ne sais ce qu'elle a, elle me fait peur ; elle veut s'en aller. N'est-ce pas, monsieur, qu'il ne faut plus qu'elle retourne chez son maître? N'est-ce pas que vous m'avez dit : « Louise ne vous quittera plus, ce sera votre récompense. » Oh ! à cette bienheureuse promesse, je l'avoue, un moment j'ai oublié la mort de ma pauvre petite Adèle ; mais aussi je veux n'être plus séparé de toi, Louise, jamais ! jamais !

Le cœur de Rodolphe se brisa, il n'eut pas la force de répondre une parole.

Le commissaire dit sévèrement à Louise :

— Vous vous appelez Louise Morel?

— Oui, monsieur, répondit la jeune fille interdite.

Rodolphe avait ouvert la chambre de Rigolette.

— Vous êtes Jérôme Morel, son père? ajouta le magistrat en s'adressant au lapidaire.

— Oui... monsieur... mais...

— Entrez là avec votre fille.

Et le magistrat montra la chambre de Rigolette, où se trouvait déjà Rodolphe.

Rassurés par la présence de ce dernier, le lapidaire et Louise, étonnés, troublés, obéirent au commissaire ; celui-ci ferma la porte, et dit à Morel avec émotion :

— Je sais combien vous êtes honnête et malheureux ; c'est donc à regret que je vous apprends qu'au nom de la loi... je viens arrêter votre fille.

— Tout est découvert... je suis perdue !... s'écria Louise épouvantée, en se jetant dans les bras de son père.

— Qu'est-ce que tu dis ?... qu'est-ce que tu dis ?... reprit Morel stupéfait. Tu es folle... pourquoi perdue?... T'arrêter?... pourquoi t'arrêter?... qui viendrait t'arrêter?...

— Moi... au nom de la loi ! et le commissaire montra son écharpe.

— Oh ! malheureuse !... malheureuse !... s'écria Louise en tombant agenouillée.

— Comment ! au nom de la loi ? dit l'artisan, dont la raison, fortement ébranlée par ce nouveau coup, commençait à s'affaiblir ; pourquoi arrêter ma fille au nom de la loi ?... je réponds de Louise, moi ; c'est ma fille, ma digne fille... que veut, Louise ? Comment ? l'arrêter, quand notre bon ange te rend à nous pour nous consoler de la mort de ma petite Adèle ? Allons donc ! ça ne se peut pas !..... Et puis, monsieur le commissaire, parlant par respect, on n'arrête que les misérables, entendez-vous ?... Et Louise, ma fille, n'est pas une misérable. Bien sûr, vois-tu, mon enfant, ce monsieur se trompe... Je m'appelle Morel ; il y a plus d'un Morel... tu t'appelles Louise ; il y a plus d'une Louise... c'est ça ; voyez-vous, monsieur le commissaire, il y a erreur, certainement il y a erreur ! erreur !

— Il n'y a malheureusement pas erreur !... Louise Morel, faites vos adieux à votre père.

— Vous m'enlevez ma fille, vous !... s'écria l'ouvrier furieux de douleur, en s'avançant vers le magistrat d'un air menaçant.

Rodolphe saisit le lapidaire par le bras, et lui dit :

— Calmez-vous, espérez ; votre fille vous sera rendue... son innocence sera prouvée ; elle n'est sans doute pas coupable.

— Coupable de quoi ?... Elle ne peut être coupable de rien... Je mettrai ma main au feu... Puis, se souvenant de l'or que Louise avait apporté pour payer la lettre de change, Morel s'écria : Mais cet argent !... cet argent de ce matin, Louise !...

Et il jeta sur sa fille un regard terrible.

Louise comprit.

— Moi, voler ! s'écria-t-elle, et, les joues colorées d'une généreuse indignation, son accent, son geste rassurèrent son père.

— Je le savais bien ! s'écria-t-il. Vous voyez, monsieur le commissaire..... Elle le nie... et de sa vie elle n'a menti, je vous le jure.... Demandez à tous ceux qui la connaissent, ils vous l'affirmeront comme moi ! Elle, mentir ! oh ! bien oui... elle est trop fière pour ça ; d'ailleurs, la lettre de change a été payée par notre bienfaiteur... Cet or, elle ne veut pas le garder ; elle allait le rendre à la personne qui le lui a prêté, en lui défendant de le nommer... n'est-ce pas, Louise ?

— On n'accuse pas votre fille d'avoir volé, dit le magistrat.

— Mais, mon Dieu ! de quoi l'accuse-t-on, alors ? Moi, son père, je vous jure que, de quoi qu'on puisse l'accuser, elle est innocente ; et de ma vie non plus je n'ai menti.

— A quoi bon connaître cette accusation? lui dit Rodolphe, ému de ses douleurs ; l'innocence de Louise sera prouvée ; la personne qui s'intéresse vivement à vous protégera votre fille..... Allons, du courage..... cette fois encore la Providence ne vous faillira pas, Embrassez votre fille, vous la reverrez bientôt...

— Monsieur le commissaire, s'écria Morel sans écouter Rodolphe, on n'enlève pas une fille à son père sans lui dire au moins de quoi on l'accuse ! Je veux tout savoir !... Louise, parleras-tu ?

— Votre fille est accusée d'infanticide, dit le magistrat.

— Je... je... ne comprends pas... je vous...

Et Morel, atterré, balbutia quelques mots sans suite.

— Votre fille est accusée d'avoir tué son enfant, reprit le commissaire profondément ému de cette scène, mais il n'est pas encore prouvé qu'elle ait commis ce crime.

— Oh ! non, cela n'est pas, monsieur, cela n'est pas ! s'écria Louise avec force en se relevant. Je vous jure qu'il était mort ! Il ne respirait plus... il était glacé... j'ai perdu la tête... voilà mon crime... Mais tuer mon enfant, oh ! jamais !...

— Ton enfant, misérable ! s'écria Morel en levant ses deux mains sur Louise, comme s'il eût voulu l'anéantir sous ce geste et sous cette imprécation terrible.

— Grâce, mon père ! grâce !... s'écria-t-elle.

Après un moment de silence effrayant, Morel reprit avec un calme plus effrayant encore :

— Monsieur le commissaire, emmenez cette créature... ce n'est pas là ma fille...

Le lapidaire voulut sortir ; Louise se jeta à ses genoux, qu'elle embrassa de ses deux bras, et la tête renversée en arrière, éperdue et suppliante, elle s'écria :

— Mon père ! écoutez-moi seulement... écoutez-moi !

— Monsieur le commissaire, emmenez-la donc, je vous l'abandonne, disait le lapidaire en faisant tous ses efforts pour se dégager des étreintes de Louise.

— Écoutez-la, lui dit Rodolphe en l'arrêtant, ne soyez pas maintenant impitoyable.

— Elle !!! mon Dieu ! mon Dieu !... Elle !!! répétait Morel en portant ses deux mains à son front, elle déshonorée !... oh ! l'infâme !... l'infâme !

— Et si elle s'est déshonorée pour vous sauver ?... lui dit tout bas Rodolphe.

Ces mots firent sur Morel une impression foudroyante ; il regarda sa fille éplorée, toujours agenouillée à ses pieds ; puis, l'interrogeant d'un coup d'œil impossible à peindre, il s'écria d'une voix sourde, les dents serrées par la rage :

— Le notaire ?

Une réponse vint sur les lèvres de Louise... Elle allait parler, mais la réflexion l'arrêtant sans doute, elle baissa la tête en silence et resta muette.

— Mais non, il voulait me faire emprisonner ce matin ! reprit Morel en éclatant, ce n'est donc pas lui ?... Oh ! tant mieux !... tant mieux !... elle n'a pas même d'excuse à sa faute, je ne serai pour rien dans son déshonneur !... je pourrai sans remords la maudire !...

— Non ! non !... ne me maudissez pas, mon père !... à vous, je dirai tout... à vous seul ; et vous verrez... vous verrez si je ne mérite pas votre pardon...

— Écoutez-la, par pitié ! lui dit Rodolphe.

— Que m'apprendra-t-elle ? son infamie ?... elle va être publique ; j'attendrai...

— Monsieur !... s'écria Louise en s'adressant au magistrat, par pitié ! laissez-moi dire quelques mots à mon père... avant de le quitter pour jamais, peut-être... Et devant vous aussi, notre sauveur, je parlerai... mais seulement devant vous et devant mon père...

— J'y consens, dit le magistrat.

— Serez-vous donc insensible ? Refuserez-vous cette dernière consolation à votre enfant ? demanda Rodolphe à Morel. Si vous croyez me devoir quelque reconnaissance pour les bontés que j'ai attirées sur vous, rendez-vous à la prière de votre fille.

Après un moment de farouche et morne silence, Morel répondit : Allons !...

— Mais... où irons-nous ?... demanda Rodolphe, votre famille est à côté...

— Où nous irons ? s'écria le lapidaire avec une ironie amère ; où nous irons ? Là-haut... là-haut... dans la mansarde... à côté du corps de ma fille... le lieu est bien choisi pour cette confession, n'est-ce pas ? Allons .. nous verrons si Louise osera mentir en face du cadavre de sa sœur. Allons !

Et Morel sortit précipitamment, d'un air égaré, sans regarder Louise.

— Monsieur, dit tout bas le commissaire à Rodolphe, de grâce, dans l'intérêt de ce pauvre père, ne prolongez pas cet entretien. Vous disiez vrai, sa raison n'y résisterait pas ; tout à l'heure son regard était presque celui d'un fou.

— Hélas ! monsieur, je crains comme vous un terrible et nouveau malheur ; je vais abréger autant que possible ces adieux déchirants.

Et Rodolphe rejoignit le lapidaire et sa fille.

Si étrange, si lugubre que fût la détermination de Morel, elle était d'ailleurs, pour ainsi dire, commandée par les localités ; le magistrat consentait à attendre l'issue de cet entretien dans la chambre de Rigolette, la famille Morel occupait le logement de Rodolphe, il ne restait que la mansarde.

Ce fut dans ce funèbre réduit que se rendirent Louise, son père et Rodolphe.

CHAPITRE IX.

Confession.

Sombre et cruel spectacle !

Au milieu de la mansarde, telle que nous l'avons dépeinte, reposait, sur la couche de l'idiote, le corps de la petite fille morte le matin ; un lambeau de drap la recouvrait.

La rare et vive clarté filtrée par l'étroite lucarne jetait sur les figures des trois acteurs de cette scène des lumières et des ombres durement tranchées.

Rodolphe, debout et adossé au mur, était péniblement ému.

Morel, assis sur le bord de son établi, la tête baissée, les mains pendantes, le regard fixe, farouche, ne quittait pas des yeux le matelas où étaient déposés les restes de la petite Adèle.

A cette vue, le courroux, l'indignation du lapidaire s'affaiblirent et se changèrent en une tristesse d'une amertume inexprimable ; son énergie l'abandonnait, il s'affaissait sous ce nouveau coup.

Louise, d'une pâleur mortelle, se sentait défaillir ; la révélation qu'elle devait faire l'épouvantait. Pourtant elle se hasarda à prendre en tremblant la main de son père, cette pauvre main amaigrie, déformée par l'excès du travail.

Il ne la retira pas ; alors sa fille, éclatant en sanglots, la couvrit de baisers, et la sentit bientôt se presser légèrement contre ses lèvres. La colère de Morel avait cessé ; ses larmes, longtemps contenues, coulèrent enfin.

— Mon père ! si vous saviez ? s'écria Louise, si vous saviez comme je suis à plaindre !

— Oh ! tiens, vois-tu, ce sera le chagrin de toute ma vie, Louise, de toute ma vie, répondit le lapidaire en pleurant. Toi, mon Dieu !... toi en prison... sur le banc des criminels... toi, si fière... quand tu avais le droit d'être fière... Non ! reprit-il dans un nouvel accès de douleur désespérée, non ! je préférerais te voir sous le drap de mort à côté de ta pauvre petite sœur...

— Et moi aussi, je voudrais y être ! répondit Louise.

— Tais-toi, malheureuse enfant, tu me fais mal... J'ai eu tort de te dire cela ; j'ai été trop loin... Allons, parle ; mais, au nom de Dieu, ne mens pas... Si a:freuse que soit la vérité, dis-moi-la... que je l'apprenne de toi... elle me paraîtra moins cruelle... Parle, hélas ! les moments nous sont comptés ; en bas... on *attend*. Oh ! les tristes... tristes adieux, juste ciel !

— Mon père, je vous dirai tout... reprit Louise, s'armant de résolution ; mais promettez-moi, et que notre sauveur me promette aussi de ne répéter ceci à personne... à personne... S'il savait que j'ai parlé, voyez-vous... Oh ! ajouta-t-elle en frissonnant de terreur, vous seriez perdus... perdus comme moi... car vous ne savez pas la puissance et la férocité de cet homme...

— De quel homme ?

— De mon maître...

— Le notaire ?

— Oui... dit Louise à voix basse et en regardant autour d'elle, comme si elle eût craint d'être entendue.

— Rassurez-vous, reprit Rodolphe : cet homme est cruel et puissant, peu importe, nous le combattrons ! Ce que vous allez nous dire, ce serait seulement dans votre intérêt ou dans celui de votre père.

— Et moi aussi, Louise, si je parlais, ce serait pour tâcher de te sauver. Mais qu'a-t-il encore fait, ce méchant homme ?

— Ce n'est pas tout, dit Louise après un moment de réflexion, dans ce récit il sera question de quelqu'un qui m'a rendu un grand service... qui a été pour mon père et pour notre famille plein de bonté ; cette personne était employée chez M. Ferrand lorsque j'y suis entrée, elle m'a fait jurer de ne pas la nommer.

Rodolphe, pensant qu'il s'agissait peut-être de Germain, dit à Louise :

— Si vous voulez parler de François Germain... soyez tranquille, son secret sera bien gardé par votre père et par moi.

Louise regarda Rodolphe avec surprise.

— Vous le connaissez ? dit-elle.

— Comment ! ce bon, cet excellent jeune homme qui a demeuré ici pendant trois mois était employé chez le notaire quand tu y es entrée ? dit Morel. La première fois que tu l'as vu ici, tu as eu l'air de ne pas le connaître ?...

— Cela était convenu entre nous, mon père ; il avait de graves raisons pour cacher qu'il travaillait chez M. Ferrand. C'est moi qui lui avais indiqué la chambre du quatrième qui était à louer ici, sachant qu'il serait pour vous un bon voisin...

— Mais, reprit Rodolphe, qui a donc placé votre fille chez le notaire?

— Lors de la maladie de ma femme, j'avais dit à madame Burette, la prêteuse sur gages, qui loge ici, que Louise voulait entrer en maison pour nous aider. Madame Burette connaissait la femme de charge du notaire; elle m'a donné pour elle une lettre où elle lui recommandait Louise comme un excellent sujet. Maudite... maudite soit cette lettre!... elle est la cause de tous nos malheurs... Enfin, monsieur, voilà comment ma fille est entrée chez le notaire.

— Quoique je sois instruit de quelques-uns des faits qui ont causé la haine de M. Ferrand contre votre père, dit Rodolphe à Louise, je vous prie, racontez-moi en peu de mots ce qui s'est passé entre vous et le notaire depuis votre entrée à son service... cela pourra servir à vous défendre.

— Pendant les premiers temps de mon séjour chez M. Ferrand, reprit Louise, je n'ai pas eu à me plaindre de lui. J'avais beaucoup de travail, la femme de charge me rudoyait souvent, la maison était triste, mais j'endurais tout avec patience; le service me fût été dur; ailleurs j'aurais eu d'autres désagréments. M. Ferrand avait une figure sévère, il allait à la messe, il recevait souvent des prêtres; je ne me défiais pas de lui. Dans les commencements, il me regardait à peine; il me paraissait très-durement, surtout en présence des étrangers.

Excepté le portier, qui logeait sur la rue, dans le corps de logis où est l'étude, j'étais seule de domestique avec madame Séraphin, la femme de charge. Le pavillon que nous occupions était une grande masure isolée, entre la cour et le jardin. Ma chambre était tout en haut. Bien souvent j'avais peur, restant le soir toujours seule, ou dans la cuisine, qui est souterraine, ou dans ma chambre. La nuit, il me semblait quelquefois entendre des bruits sourds et extraordinaires à l'étage au-dessous de moi, que personne n'habitait, et où seulement M. Germain venait souvent travailler dans le jour; deux des fenêtres de cet étage étaient murées, et une des portes, très-épaisse, était renforcée de lames de fer. La femme de charge m'a dit depuis que dans cet endroit se trouvait la caisse de M. Ferrand.

Un jour, j'avais veillé très-tard pour finir des raccommodages pressés; j'allais me coucher, lorsque j'entendis marcher doucement dans le petit corridor au bout duquel était ma chambre; on s'arrêta à ma porte; d'abord je supposai que c'était la femme de charge; mais, comme on n'entrait pas, cela me fit peur; je n'osais bouger, j'écoutais, on ne remuait pas, j'étais pourtant sûre qu'il y avait quelqu'un derrière ma porte: je demandai par deux fois qui était là..., on ne me répondit rien. De plus en plus effrayée, je poussai ma commode contre la porte, qui n'avait ni verrou, ni serrure. J'écoutai toujours, on ne bougea; au bout d'une demi-heure, qui me parut bien longue, je me jetai sur mon lit; la nuit se passa tranquillement. Le lendemain, je demandai à la femme de charge la permission de faire mettre un verrou à ma chambre, qui n'avait pas de serrure; lui racontant ma peur de la nuit; elle me répondit que j'avais rêvé, qu'il fallait d'ailleurs m'adresser à M. Ferrand pour ce verrou. A ma demande, il haussa les épaules, me dit que j'étais folle; je n'osai plus en parler.

A quelque temps de là, arriva le malheur du diamant. Mon père, désespéré, ne savait comment faire. Je contai mon chagrin à madame Séraphin, elle me répondit: Monsieur est si charitable qu'il fera peut-être quelque chose pour votre père. Le soir même, il me servait à table, M. Ferrand me dit brusquement: Ton père a besoin de treize cents francs; va ce soir lui dire de passer demain à mon étude, il aura son argent. C'est un honnête homme, il mérite qu'on s'intéresse à lui. A cette marque de bonté, je fondis en larmes; je ne savais comment remercier mon maître; il me dit avec sa brusquerie ordinaire: C'est bon, c'est bon, ce que je fais est tout simple... Le soir, après mon ouvrage, je vins annoncer cette bonne nouvelle à mon père, et à...

— J'avais les treize cents francs contre une lettre de change à trois mois de date, acceptée en blanc par moi, dit Morel; je le connais Louise, je pleurai de reconnaissance; j'appelai cet homme mon bienfaiteur... mon sauveur. Oh! il a fallu qu'il fût bien méchant pour détruire la reconnaissance et la vénération que je lui avais vouées...

— Cette précaution de vous faire souscrire une lettre de change en blanc, à une échéance tellement rapprochée que vous ne pouviez la payer, n'éveilla pas vos soupçons? lui demanda Rodolphe.

— Non, monsieur; il me dit que le notaire prenait ses sûretés, voilà tout; d'ailleurs, il me dit que je n'avais pas besoin de songer à rembourser cette somme avant deux ans, les trois mois ne lui renouvellerais seulement la lettre de change pour plus de régularité; cependant, à la première échéance, on l'a présentée ici, et n'ayant pas été payée, il a obtenu jugement contre moi, sous le nom d'un tiers; mais il m'a fait dire que ça ne devait pas m'inquiéter... que c'était une erreur de son huissier.

— Il voulait ainsi vous tenir en sa puissance, dit Rodolphe.

— Hélas! oui, monsieur; car ce fût à dater de ce jugement qu'il commença de... Mais continue, Louise... continue... Je ne sais plus où j'en suis... la tête me tourne... j'ai comme des absences... j'en deviendrai fou!... C'est par trop, aussi... c'est par trop!...

Rodolphe calma le lapidaire... Louise reprit:

— Je redoublais de zèle, afin de reconnaître, comme je le pouvais, les bontés de M. Ferrand pour nous. La femme de charge me prit dès lors en grande aversion; elle trouvait du plaisir à me tourmenter, à me mettre dans mon tort en ne me répétant pas les ordres que M. Ferrand lui donnait pour moi; je souffrais de ces désagréments, j'aurais préféré une autre place; mais l'obligation que mon père avait à mon maître m'empêchait de m'en aller. Depuis trois mois M. Ferrand avait prêté cet argent; il continuait de me brusquer devant madame Séraphin; cependant il me regardait quelquefois à la dérobée d'une manière qui m'embarrassait, et il souriait en me voyant rougir.

— Vous comprenez, monsieur? il était alors en train d'obtenir contre moi une contrainte par corps.

— Un jour, reprit Louise, la femme de charge sort après le dîner, contre son habitude; les clercs quittent l'étude; ils logeaient dehors. M. Ferrand envoie le portier en commission, je reste à la maison seule avec mon maître; je travaillais dans l'antichambre, il me sonne. J'entre dans sa chambre à coucher, il était debout devant la cheminée; je m'approche de M. Ferrand pour prendre ses ordres, il se retourne brusquement, me prend dans ses bras;... sa figure était rouge comme du sang, ses yeux brillaient. J'eus une peur affreuse, la frayeur m'empêcha d'abord de faire un mouvement; mais, quoiqu'il soit très-fort, je me débattis si vivement que je lui échappai; je me sauvai dans l'antichambre, dont je poussai la porte, la tenant de toutes mes forces; la clef était de son côté.

— Vous l'entendez, monsieur, vous l'entendez, dit Morel à Rodolphe, voilà la conduite de ce digne bienfaiteur.

— Au bout de quelques moments la porte céda sous ses efforts, reprit Louise, heureusement la lampe était à ma portée, j'eus le temps de l'éteindre. L'antichambre était éloignée de la pièce où il se tenait; il se trouva tout à coup dans l'obscurité, il m'appela, je ne répondis pas; il me dit alors d'une voix tremblante de colère: Si tu essayes de m'échapper, ton père ira en prison pour les treize cents francs qu'il me doit et qu'il ne peut payer. Je le suppliai pour avoir pitié de moi, je lui promis de faire tout au monde pour le bien servir, pour reconnaître ses bontés, mais je lui déclarai que rien ne me forcerait à m'avilir.

— C'est pourtant bien là le langage de Louise, dit Morel, de ma Louise quand elle avait le droit d'être fière. Mais comment?... Enfin, continue, continue...

— Je me trouvais toujours dans l'obscurité; j'entendis, au bout d'un moment, fermer la porte de sortie de l'antichambre, que mon maître avait trouvée à tâtons. Il me tenait ainsi en son pouvoir; il court chez lui et revient bientôt avec une lumière, je n'ose vous dire, mon père, la lutte nouvelle qu'il me fallut soutenir, ses menaces, ses poursuites de chambre en chambre; heureusement le désespoir, la peur, la colère me donnèrent des forces; ma résistance le rendait furieux, et il ne se possédait plus, il me maltraita, me frappa; j'avais la figure en sang...

— Mon Dieu! mon Dieu! s'écria le lapidaire en levant les mains au ciel, ce sont là des crimes pourtant,... et il n'y a pas de punition pour un tel monstre... il n'y en a pas...

— Peut-être, dit Rodolphe, qui semblait réfléchir profondément; puis, s'adressant à Louise: Courage! dites tout.

— Cette lutte durait depuis longtemps; mes forces m'abandonnaient, lorsque le portier, qui venait rentrer, ce était une lettre qu'on annonçait. Craignant, si je n'allais pas la chercher, que le portier ne l'apportât lui-même, M. Ferrand me dit: « Va-t'en!... Dis un mot, et ton père est perdu; si tu cherches à sortir de chez moi, il est encore perdu; si on vient sous renseignements sur toi, je refuserai de te placer, en laissant entendre, sans l'affirmer, que tu m'as volé. Je dirai de plus que tu es une détestable servante... » Le lendemain de cette scène, malgré les menaces de mon maître, j'accourus te tout dire à mon père. Il voulait me faire à l'instant quitter cette maison... mais la prison était là... Le peu que je gagnais devenait indispensable à notre famille depuis la maladie de ma mère... Et les mauvais renseignements que M. Ferrand eût donnés sur moi m'auraient empêché de me placer ailleurs pendant bien longtemps peut-être.

— Oui, dit Morel avec une sombre amertume, nous avons eu la lâcheté, l'égoïsme de laisser notre enfant retourner là... Oh! je vous le disais bien, la misère... la misère... que d'infamies elle fait commettre!...

— Hélas! mon père, n'avez-vous pas essayé de toutes manières de vous procurer ces treize cents francs? Cela était impossible, il a bien fallu nous résigner.

— Va, va, continue, ces gens ont été tes bourreaux; nous sommes plus coupables que toi du malheur qui t'arrive, dit le lapidaire en cachant sa figure dans ses mains.

— Lorsque je revis mon maître, reprit Louise, il fut pour moi comme il avait été avant la scène dont je vous ai parlé, brusque et dur; il ne me dit pas un mot du passé; la femme de charge continua de me tourmenter; elle me donnait à peine ce qui m'était nécessaire pour me nourrir, enfermant le pain sous clef; quelquefois, par méchanceté, elle souillait devant moi les restes du repas qu'on me laissait, car presque toujours elle mangeait avec M. Ferrand. La nuit, je ne dormais pas, je craignais à chaque instant de voir le notaire entrer dans ma chambre, qui ne fermait pas; il m'avait fait ôter la commode que je mettais devant ma porte pour me garder; il ne me restait qu'une chaise, une petite table et ma malle. Je tâchais de me barricader avec cela comme je pouvais, et je me couchais tout habillée. Pendant quelque temps il me laissa tranquille : il ne me regardait même pas. Je commençais à me rassurer un peu, pensant qu'il ne songeait plus à moi. Un dimanche, il m'avait permis de sortir ; je vins annoncer cette bonne nouvelle à mon père et à ma mère : nous étions tous bien heureux !.... C'est jusqu'à ce moment que vous avez tout su, mon père... Ce qui me reste à vous dire... et la voix de Louise trembla... est affreux... je vous l'ai toujours caché.

— Oh ! j'en étais bien sûr... bien sûr... que tu me cachais un secret, s'écria Morel avec une sorte d'égarement et une singulière volubilité d'expression qui étonna Rodolphe. Ta pâleur, tes traits... auraient dû m'éclairer. Cent fois je l'ai dit à ta mère... mais bah ! bah ! bah ! elle me rassurait... La voilà bien ! la voilà bien ! pour échapper au mauvais sort, laisser notre fille chez ce monstre !... Et notre fille, où va-t-elle ? sur le banc des criminels..... La voilà bien ! Ah ! mais aussi..... enfin..... qui sait ?..... au fait..... parce qu'on est pauvre... oui... mais les autres ?..... bah..... bah......les autres.....

Puis, s'arrêtant comme pour rassembler ses pensées qui lui échappaient, Morel se frappa le front et s'écria : Tiens ! je ne sais plus ce que je dis... la tête me fait un mal horrible... il me semble que je suis gris...

Et il cacha sa tête dans ses deux mains.

Rodolphe ne voulut pas laisser voir à Louise combien il était effrayé de l'incohérence du langage du lapidaire ; il reprit gravement :

— Vous n'êtes pas juste, Morel ; ce n'est pas pour elle seule, mais pour sa mère, pour ses enfants, pour vous-même, que votre pauvre femme redoutait les funestes conséquences de la sortie de Louise de chez le notaire..... N'accusez personne... Que toutes les malédictions, que toutes les haines retombent sur un seul homme... sur ce monstre d'hypocrisie, qui plaçait une fille entre le déshonneur et la ruine... la mort peut-être de son père et de sa famille ; sur ce maître qui abusait d'une manière infâme de son pouvoir de maître... Mais patience, je vous l'ai dit, la Providence réserve souvent au crime des vengeances surprenantes et épouvantables. Les paroles de Rodolphe étaient, pour ainsi dire, empreintes d'un tel caractère de certitude et de conviction en parlant de cette vengeance providentielle, que Louise regarda son sauveur avec surprise, presque avec crainte.

— Continuez, mon enfant, reprit Rodolphe en s'adressant à Louise, ne nous cachez rien... cela est plus important que vous ne le pensez.

— Je commençais donc à me rassurer un peu, dit Louise, lorsqu'un soir M. Ferrand et la femme de charge sortirent chacun de leur côté. Ils ne dînèrent pas à la maison, je restai seule ; comme d'habitude, on me laissa ma ration d'eau, de pain et de vin, après avoir fermé à clef les buffets. Mon ouvrage terminé, je dînai, et puis, ayant peur toute seule dans les appartements, je remontai dans ma chambre, après avoir allumé la lampe de M. Ferrand. Quand il sortait le soir, on ne l'attendait jamais. Je me mis à travailler, et, contre mon ordinaire, peu à peu le sommeil me gagna... Ah ! mon père ! s'écria Louise en s'interrompant avec crainte, vous allez ne pas me croire... vous allez m'accuser de mensonge... et pourtant, tenez, sur le corps de ma pauvre petite sœur, je vous jure que je vous dis bien la vérité...

— Expliquez-vous, dit Rodolphe.

— Hélas ! monsieur, depuis sept mois je cherche en vain à m'expliquer à moi-même cette nuit affreuse... sans pouvoir y parvenir ; j'ai manqué perdre la raison en tâchant d'éclaircir ce mystère.

— Mon Dieu ! mon Dieu ! que va-t-elle dire ? s'écria le lapidaire, sortant de l'espèce de stupeur indifférente qui l'accablait par intermittence depuis le commencement de ce récit. — Je m'étais, contre mon habitude, endormie sur ma chaise..... reprit Louise. Voilà la dernière chose dont je me souviens..Avant, avant..... oh ! mon père, pardon..... Je vous jure que je ne suis pas coupable, pourtant...

— Je te crois ! je te crois ! mais parle.

— Je ne sais pas depuis combien de temps je dormais lorsque je m'éveillai, toujours dans ma chambre, mais couchée et déshonorée par M. Ferrand, qui était auprès de moi.

— Tu mens, tu mens ! s'écria le lapidaire furieux. Avouemoi que tu as cédé à la violence, à la peur de me voir traîner en prison, mais ne mens pas ainsi !

— Mon père, je vous jure...

— Tu mens, tu mens !..... Pourquoi le notaire aurait-il voulu me faire emprisonner, puisque tu lui avais cédé ?

— Cédé, oh ! non, mon père ! mon sommeil fut si profond que j'étais comme morte. Cela vous semble extraordinaire, impossible... Mon Dieu, je le sais bien, car à cette heure je ne peux encore le comprendre.

— Et moi je comprends tout, reprit Rodolphe en interrompant Louise, ce crime manquait à cet homme. N'accusez pas votre fille de mensonge, Morel... Dites-moi, Louise, en dînant, avant de monter dans votre chambre, n'avez-vous pas remarqué quelque goût étrange à ce que vous avez bu ? Tâchez de bien vous rappeler cette circonstance.

Après un moment de réflexion, Louise répondit :

— Je me souviens, en effet, que le mélange d'eau et de vin que madame Séraphin me laissa, selon son habitude, avait un goût un peu amer ; je n'y ai pas alors fait attention parce que quelquefois la femme de charge s'amusait à mettre du sel ou du poivre dans ce que je buvais.

— Et ce jour-là cette boisson vous a semblé amère ?

— Oui, monsieur, mais pas assez pour m'empêcher de la boire ; j'ai cru que le vin était tourné.

Morel, l'œil fixe, un peu hagard, écoutait les questions de Rodolphe et les réponses de Louise sans paraître comprendre leur portée.

Cabrion embrassant son ami Pipelet. — PAGE 136.

— Avant de vous endormir sur votre chaise, n'avez-vous pas senti votre tête pesante, vos jambes alourdies?
— Oui, monsieur; les tempes me battaient, j'avais un léger frisson, j'étais mal à mon aise.
— Oh! le misérable! le misérable! s'écria Rodolphe. Savez-vous, Morel, ce que cet homme a fait boire à votre fille?
L'artisan regarda Rodolphe sans lui répondre.
— La femme de charge, sa complice, avait mêlé dans le breuvage de Louise un soporifique, de l'opium, sans doute; les forces, la pensée de votre fille, ont été paralysées pendant quelques heures; en sortant de ce sommeil léthargique, elle était déshonorée!...
— Ah! maintenant, s'écria Louise, mon malheur s'explique. Vous le voyez, mon père, je suis moins coupable que je ne le paraissais. Mon père, mon père, réponds-moi donc!

Le regard du lapidaire était d'une effrayante fixité.

Une si horrible perversité ne pouvait entrer dans l'esprit de cet homme naïf et honnête. Il comprenait à peine cette affreuse révélation.

Et puis, faut-il le dire, depuis quelques moments sa raison lui échappait; par instants ses idées s'obscurcissaient; alors il tombait dans ce néant de la pensée qui est à l'intelligence ce que la nuit est à la vue... formidable symptôme de l'aliénation mentale.

Pourtant Morel reprit d'une voix sourde, brève et précipitée :
— Oh! oui, c'est bien mal, bien mal, très-mal.
Et il retomba dans son apathie.

Rodolphe le regarda avec anxiété, il crut que l'énergie de l'indignation commençait à s'épuiser chez ce malheureux, de même qu'à la suite de violents chagrins souvent les larmes manquent.

Voulant terminer le plus tôt possible ce triste entretien, Rodolphe dit à Louise :
— Courage, mon enfant, achevez de nous dévoiler ce tissu d'horreurs.
— Hélas! monsieur, ce que vous avez entendu n'est rien encore. En voyant M. Ferrand auprès de moi, je jetai un cri de frayeur. Je voulus fuir, il me retint de force; je me sentais encore si faible, si appesantie, sans doute à cause de ce breuvage dont vous m'avez parlé, que je ne pus m'échapper de ses mains. — Pourquoi te sauver maintenant? me dit M. Ferrand d'un air étonné qui me confondit. Quel est ton caprice? Ne suis-je pas là de ton consentement? — Ah! monsieur, c'est indigne, m'écriai-je; vous avez abusé de mon sommeil pour me perdre! Mon père le saura. Mon maître éclata de rire. — J'ai abusé de ton sommeil, moi! mais tu plaisantes? A qui feras-tu croire ce mensonge? Il est quatre heures du matin. Je suis ici depuis dix heures; tu aurais dormi bien longtemps si tu étais opiniâtrement. Avoue donc plutôt que j'ai fait que profiter de ta bonne volonté. Allons, ne sois pas ainsi capricieuse ou nous nous fâcherons. Ton père est en mon pouvoir; tu n'as plus de raisons maintenant pour me repousser; sois soumise et nous serons bons amis; sinon, prends garde. — Je dirai tout à mon père! m'écriai-je; il saura me venger. Il y a une justice. M. Ferrand me regarda avec surprise. — Mais tu es donc décidément folle? Et que diras-tu à ton père? Qu'il t'a convenu de me recevoir ici? Libre à toi... tu verras comme il t'accueillera. — Mon Dieu! mais cela n'est pas vrai. Vous savez bien que vous êtes ici malgré moi. — Malgré toi? Tu aurais l'effronterie de soutenir ce mensonge, de parler de violences! Veux-tu une preuve de ta fausseté? J'avais ordonné à Germain, mon caissier, de revenir hier soir, à dix heures, terminer un travail pressé; il a travaillé jusqu'à une heure du matin dans une chambre au-dessous de celle-ci. N'aurait-il pas entendu tes cris, le bruit d'une lutte pareille à celle que j'ai soutenue en bas contre toi, méchante, quand tu n'étais pas aussi raisonnable qu'aujourd'hui! Eh bien! interroge demain Germain, il affirmera ce qui est : que cette nuit tout a été parfaitement tranquille dans la maison.
— Oh! toutes les précautions étaient prises pour assurer son impunité, dit Rodolphe.
— Oui, monsieur, car j'étais atterrée. A tout ce que me disait M. Ferrand, je ne trouvais rien à répondre. Ignorant quel breuvage il m'avait fait prendre, je ne m'expliquais pas à moi-même la persistance de mon sommeil. Les apparences étaient contre moi. Si je me plaignais, tout le monde m'accuserait; cela devait être, puisque pour moi-même cette nuit affreuse était un mystère impénétrable.

CHAPITRE X.

Le crime.

Rodolphe restait confondu de l'effroyable hypocrisie de M. Ferrand.
— Ainsi, dit-il à Louise, vous n'avez pas osé vous plaindre à votre père de l'odieux attentat du notaire?
— Non, monsieur; il m'aurait crue sans doute la complice de M. Ferrand; et puis je craignais que dans sa colère mon père n'oubliât que sa liberté, que l'existence de notre famille, dépendaient toujours de mon maître.

Louise Morel enterrant son enfant. — PAGE 144.

— Et probablement, reprit Rodolphe, pour éviter à Louise une partie de ces pénibles aveux, cédant à la contrainte, à la frayeur de perdre votre père par un refus, vous avez continué d'être la victime de ce misérable?

Louise baissa les yeux en rougissant.
— Et ensuite sa conduite fut-elle au moins brutale envers vous?
— Non, monsieur; pour éloigner les soupçons, lorsque par hasard il avait le curé de Bonne-Nouvelle et son vicaire à dîner, mon maître m'adressait devant eux de durs reproches; il priait M. le curé de m'admonester; il lui disait que tôt ou tard je me perdrais, que j'avais des

manières trop libres avec les clercs de l'étude, que j'étais fainéante, qu'il me gardait par charité pour mon père, un honnête père de famille qu'il avait obligé. Sauf le service rendu à mon père, tout cela était faux. Jamais je ne voyais les clercs de l'étude; ils travaillaient dans un corps de logis séparé du nôtre.

— Et quand vous vous trouviez seule avec M. Ferrand, comment expliquait-il sa conduite à votre égard devant le curé?

— Il m'assurait qu'il plaisantait. Mais le curé prenait ces accusations au sérieux; il me disait sévèrement qu'il faudrait être doublement vicieuse pour se perdre dans une sainte maison où j'avais continuellement sous les yeux de religieux exemples. A cela je ne savais que répondre, je baissais la tête en rougissant; mon silence, ma confusion, tournaient encore contre moi; la vie m'était si à charge que bien des fois j'ai été sur le point de me détruire; mais je pensais à mon père, à ma mère, à mes frères et sœurs que je soutenais un peu, je me résignais; au milieu de mon avilissement, je trouvais une consolation: au moins mon père était sauvé de la prison. Un nouveau malheur m'accabla, je devins mère... je me vis perdue tout à fait. Je ne sais pourquoi je pressentais que M. Ferrand, en apprenant un événement qui aurait pourtant dû le rendre moins cruel pour moi, redoublerait de mauvais traitements à mon égard; j'étais pourtant loin encore de supposer ce qui allait arriver.

Morel, revenu de son aberration momentanée, regarda autour de lui avec étonnement, passa sa main sur son front, rassembla ses souvenirs et dit à sa fille:

— Il me semble que j'ai eu un moment d'absence; la fatigue, le chagrin... Que disais-tu?

— Lorsque M. Ferrand apprit que j'étais mère...

Le lapidaire fit un geste de désespoir; Rodolphe le calma d'un regard.

— Allons, j'écouterai jusqu'au bout, dit Morel. Va, va.

Louise reprit:

— Je demandai à M. Ferrand par quels moyens je cacherais ma honte et les suites d'une faute dont il était l'auteur. Hélas! c'est à peine si vous me croirez, mon père...

— Eh bien?...

— M'interrompant avec indignation et une feinte surprise, il eut l'air de ne pas me comprendre; il me demanda si j'étais folle. Effrayée, je m'écriai: — Mais, mon Dieu! que voulez-vous donc que je devienne maintenant? si vous n'avez pas pitié de moi, ayez au moins pitié de votre enfant. — Quelle horreur! s'écria M. Ferrand en levant les mains au ciel. Comment, misérable! tu as l'audace de m'accuser d'être assez bassement corrompu pour descendre jusqu'à une fille de ton espèce!... Tu es assez effrontée pour m'attribuer les suites de tes débordements, moi qui j'ai cent fois répété devant les témoins les plus respectables que tu te perdrais, vile débauchée! Sors de chez moi à l'instant; je te chasse.

Rodolphe et Morel restaient frappés d'épouvante; une hypocrisie si infernale les foudroyait.

— Oh! je l'avoue, dit Rodolphe, cela passe les prévisions les plus horribles.

Morel ne dit rien; ses yeux s'agrandirent d'une manière effrayante, un spasme convulsif contracta ses traits; il descendit de l'établi où il était assis, ouvrit brusquement un tiroir, y prit une forte lime très-longue, très-acérée, emmanchée dans une poignée de bois, et s'élança vers la porte.

Rodolphe devina sa pensée, le saisit par le bras et l'arrêta.

— Morel, où allez-vous? Vous vous perdez, malheureux!

— Prenez garde! s'écria l'artisan furieux en se débattant, je ferais deux malheurs au lieu d'un.

Et l'insensé menaça Rodolphe.

— Mon père, c'est notre sauveur! s'écria Louise.

— Il se moque bien de nous! bah! bah! Il veut sauver le notaire! répondit Morel complètement égaré en luttant contre Rodolphe.

Au bout d'une seconde, celui-ci le désarma avec ménagement, ouvrit la porte et jeta la lime sur l'escalier.

Louise courut au lapidaire, le serra dans ses bras et lui dit:

— Mon père, c'est notre bienfaiteur! tu as levé la main sur lui, reviens donc à toi!

Ces mots rappelèrent Morel à lui-même, il cacha sa figure dans ses mains, et, muet, il tomba aux genoux de Rodolphe.

— Relevez-vous, pauvre homme, reprit Rodolphe avec bonté. Patience... patience... je comprends votre fureur, je partage votre haine; mais au nom même de votre vengeance, ne la compromettez pas...

— Mon Dieu! mon Dieu! s'écria le lapidaire en se relevant. Mais que peut la justice... la loi... contre cela? Pauvres gens que nous sommes! Quand nous irons accuser cet homme riche, puissant, respecté, on nous rira au nez, ah, ah, ah! Et il se prit à rire d'un rire convulsif. Et on aura raison... Où seront nos preuves? oui, nos preuves? On ne nous croira pas. Aussi, je vous dis, mo... s'écria-t-il dans un redoublement de folle fureur, je vous dis que je n'ai confiance que dans l'impartialité du couteau.

— Silence, Morel, la douleur vous égare, lui dit tristement Rodolphe... Laissez parler votre fille... les moments sont précieux, le magistrat l'attend, il faut qu'il sache tout... vous dis-je... tout... Continuez, mon enfant.

Morel retomba sur son escabeau avec accablement.

— Il est inutile, monsieur, reprit Louise, de vous dire mes larmes, mes prières; j'étais anéantie. Ceci s'était passé à dix heures du matin dans le cabinet de M. Ferrand, le curé devait venir déjeuner avec lui ce jour-là; il entra au moment où mon maître m'accablait de reproches et d'outrages... Il parut vivement contrarié à la vue du prêtre.

— Et que dit-il alors?...

— Il eut bientôt pris son parti; il s'écria, en me montrant: Eh bien! monsieur l'abbé, je le disais bien, que cette malheureuse se perdrait... Elle est perdue... à tout jamais perdue; elle vient de m'avouer sa faute et sa honte... en me priant de la sauver. Et penser que j'ai, par pitié, reçu dans ma maison une telle misérable! — Comment! me dit M. l'abbé avec indignation, malgré les conseils salutaires que votre maître vous a donnés maintes fois devant moi... vous vous êtes avilie à ce point! Oh! cela est impardonnable... Mon ami, après les bontés que vous avez eues pour cette malheureuse et pour sa famille, de la pitié serait faiblesse... Soyez inexorable, dit l'abbé, dupe comme tout le monde de l'hypocrisie de M. Ferrand.

— Et vous n'avez pas à cet instant démasqué l'infâme? dit Rodolphe.

— Mon Dieu! monsieur, j'étais terrifiée, ma tête se perdait, je n'osais je ne pouvais prononcer une parole; pourtant je voulus parler, me défendre. Mais, monsieur... m'écriai-je... Pas un mot de plus, indigne créature, me dit M. Ferrand en m'interrompant. Tu as entendu M. l'abbé... De la pitié serait de la faiblesse... Dans une heure tu auras quitté ma maison! Puis, sans me laisser le temps de répondre, il emmena l'abbé dans une autre pièce.

Après le départ de M. Ferrand, reprit Louise, je fus un moment comme en délire; je me voyais chassée de chez lui, ne pouvant me replacer ailleurs, à cause de l'état où je me trouvais et des mauvais renseignements que mon maître donnerait sur moi; je ne doutais pas non plus que dans sa colère il ne fît emprisonner mon père; je ne savais que devenir; j'allai me réfugier dans ma chambre.

— Au bout de deux heures, M. Ferrand y parut: — Ton paquet est-il fait? me dit-il. — Grâce! lui dis-je en tombant à ses pieds, ne me renvoyez pas de chez vous dans l'état où je suis. Que vais-je devenir? je ne puis me placer nulle part! — Tant mieux, Dieu te punira de ton libertinage et de tes mensonges. — Vous osez dire que je mens? m'écriai-je indignée, vous osez dire que ce n'est pas vous qui m'avez perdue? — Sors à l'instant de chez moi, infâme, puisque tu persistes dans tes calomnies, s'écria-t-il d'une voix terrible. Et pour te punir, demain je ferai emprisonner ton père. — Eh bien! non, non, lui dis-je épouvantée, je ne vous accuserai plus, monsieur, je vous le promets, mais ne me chassez pas... Ayez pitié de mon père; je peu que je gagne ici soutient ma famille... Gardez-moi chez vous... je ne dirai rien, je tâcherai qu'on ne s'aperçoive de rien, et quand je ne pourrai plus cacher ma triste position, eh bien! alors seulement vous me renverrez.

Après de nouvelles supplications de ma part, M. Ferrand consentit à me garder chez lui; je regardai cela comme un grand service, tant mon sort était affreux. Pourtant, pendant les cinq mois qui suivirent cette scène cruelle, je fus bien malheureuse, bien maltraitée; quelquefois, seulement, M. Germain, que je voyais rarement, m'interrogeait avec bonté au sujet de mes chagrins; mais la honte m'empêchait de lui rien avouer.

— N'est-ce pas à peu près à cette époque qu'il vint habiter ici?

— Oui, monsieur, il cherchait une chambre du côté de la rue du Temple ou de l'Arsenal; il y en avait une à louer ici, je lui ai enseigné celle que vous occupez maintenant, monsieur, et il en a convenu. Lorsqu'il l'a quittée, il y a près de deux mois, il m'a priée de ne pas dire à sa nouvelle adresse, que l'on savait chez M. Ferrand.

L'obligation où était Germain d'échapper aux poursuites dont il était l'objet expliquait ces précautions aux yeux de Rodolphe.

— Et vous n'avez jamais songé à faire vos confidences à Germain? demanda-t-il à Louise.

— Non, monsieur; il était aussi dupe de l'hypocrisie de M. Ferrand; il le disait dur, exigeant; mais il le croyait le plus honnête homme de la terre.

— Germain, lorsqu'il logeait ici, n'entendait-il pas votre père accuser quelquefois M. Ferrand d'avoir voulu vous séduire?

— Mon père ne parlait jamais de ses craintes devant des étrangers; et d'ailleurs, à cette époque, je le trompais sur ses inquiétudes en le rassurant en lui disant que M. Ferrand ne songeait plus à moi... Hélas! mon pauvre père, maintenant, vous me pardonnerez ces mensonges. Je ne les faisais que pour vous tranquilliser; vous le voyez bien, n'est-ce pas?

Morel ne répondit rien; le front appuyé à ses deux bras croisés sur son établi, il sanglotait.

Rodolphe fit signe à Louise de ne pas adresser de nouveau la parole à son père. Elle continua:

— Je passai ces cinq mois dans les larmes, dans des angoisses continuelles. A force de précautions, j'étais parvenue à cacher mon état à tous les yeux; mais je ne pouvais espérer de le dissimuler ainsi pendant les deux derniers mois qui me séparaient du terme fatal... L'avenir était pour moi de plus en plus effrayant; M. Ferrand m'avait déclaré qu'il ne voulait plus me garder chez lui... J'allais être ainsi privée du peu de ressources qui aidaient notre famille à vivre. Maudite, chassée par mon père, car, d'après les mensonges que je lui avais faits jusqu'alors pour le rassurer, il me croirait complice et non victime de M. Ferrand... que devenir? où me réfugier, où me placer... dans la position où j'étais? J'eus alors une idée bien criminelle. Heureusement j'ai reculé devant son exécution; je vous fais cet aveu, monsieur, parce que je ne veux rien cacher, même de ce qui peut m'accuser, et aussi pour vous montrer à quelles extrémités m'a réduite la cruauté de M. Ferrand. Si j'avais cédé à une funeste pensée, n'aurait-il pas été le complice de mon crime?

Après un moment de silence, Louise reprit avec effort, et d'une voix tremblante :

— J'avais entendu dire par la portière qu'un charlatan demeurait dans la maison... et...

Elle ne put achever.

Rodolphe se rappela qu'à sa première entrevue avec madame Pipelet il avait reçu du facteur, en l'absence de la portière, une lettre écrite sur gros papier d'une écriture contrefaite, et sur laquelle il avait remarqué les traces de quelques larmes...

— Et vous lui avez écrit, malheureuse enfant... il y a de cela trois jours !... Sur cette lettre vous aviez pleuré, votre écriture était déguisée.

Louise regardait Rodolphe avec effroi.

— Comment savez-vous, monsieur?...

— Rassurez-vous. J'étais seul dans la loge de madame Pipelet quand on a apporté cette lettre, et, par hasard, je l'ai remarquée...

— Eh bien! oui, monsieur. Dans cette lettre sans signature j'écrivais à M. Bradamanti que, n'osant pas aller chez lui, je le priais de se trouver le soir près du Château-d'Eau... J'avais la tête perdue. Je voulais lui demander ses affreux conseils... Je sortis de chez mon maître dans l'intention de le suivre; mais au bout d'un instant la raison me revint, je compris quel crime j'allais commettre... Je regagnai la maison et je manquai le rendez-vous. Ce soir-là se passa une scène dont les suites ont causé le dernier malheur qui m'accable.

M. Ferrand me croyait sortie pour deux heures, tandis qu'au bout de très-peu de temps j'étais de retour. En passant devant la petite porte du jardin, à mon grand étonnement je la vis entr'ouverte; j'entrai par là, et je rapportai la clef dans le cabinet de M. Ferrand, où on la déposait ordinairement. Cette pièce précédait sa chambre à coucher, le lieu le plus retiré de la maison; c'était là qu'il donnait ses audiences secrètes, traitait ses affaires courantes dans le bureau de son étude. Vous allez savoir, monsieur, pourquoi je vous donne ces détails : connaissant très-bien les êtres du logis, après avoir traversé la salle à manger, qui était éclairée, j'entrai sans lumière dans le salon, puis dans le cabinet qui précédait sa chambre à coucher. La porte de cette dernière pièce s'ouvrit au moment où je posais la clef sur une table. A peine mon maître m'eut-il aperçue à la clarté de la lampe qui brûlait dans sa chambre, qu'il referma précipitamment la porte sur une personne que je ne pus voir; puis, malgré l'obscurité, il se précipita sur moi, me saisit au cou comme s'il eût voulu m'étrangler, et me dit à voix basse... d'un ton à la fois furieux et effrayé : « Tu espionnais, tu écoutais à la porte! qu'as-tu entendu?... Réponds! réponds! ou je t'étouffe. » Mais, changeant d'idée, sans me donner le temps de dire un mot, il me fit reculer dans la salle à manger; l'office était ouverte, il m'y jeta brutalement et la referma.

— Et vous n'aviez rien entendu de sa conversation?

— Rien, monsieur; si je l'avais su dans sa chambre avec quelqu'un, je me serais bien gardée d'entrer dans le cabinet; je l'aurais défendu même à madame Séraphin.

— Et lorsque vous êtes sortie de l'office, que vous a-t-il dit?

— C'est la femme de charge qui est venue me délivrer, et je n'ai pas revu M. Ferrand ce soir-là. Le saisissement, l'effroi que j'avais eus me rendirent très-souffrante. Le lendemain, au moment où je descendais, je rencontrai M. Ferrand; je frissonnais en songeant à ses menaces de la veille; quelle fut ma surprise? il me dit presque avec calme : — « Tu sais pourtant que je défends d'entrer dans mon cabinet quand j'ai quelqu'un dans ma chambre; mais pour le peu de temps que tu as à rester ici, il est inutile que je te gronde davantage. » Et il se rendit à son étude.

Cette modération m'étonna après ses violences de la veille, je continuai mon service, selon mon habitude, et j'allai mettre en ordre sa chambre à coucher... J'avais beaucoup souffert toute la nuit; je me trouvais faible, abattue. En rangeant quelques habits dans un cabinet très-obscur situé près de l'alcôve, je fus tout à coup prise d'un étourdissement douloureux; je sentis que je perdais connaissance... En tombant, je voulus machinalement me retenir en saisissant un manteau suspendu à la cloison, et ma chute l'entraîna de mon côté, de sorte que je fus presque entièrement couverte.

Quand je revins à moi, la porte vitrée de ce cabinet d'alcôve était fermée... j'entendis la voix de M. Ferrand... Il parlait très-haut... Me souvenant de la scène de la veille, je me crus morte si je faisais un mouvement; je supposais que, cachée sous le manteau qui était tombé sur moi, mon maître, en fermant la porte de ce vestiaire obscur, ne m'avait pas aperçue. S'il me découvrait, comment lui faire croire à ce hasard presque inexplicable? Je retins donc ma respiration, et malgré moi j'entendis la fin de cet entretien sans doute commencé depuis quelque temps.

CHAPITRE XI.

L'entretien.

— Et quelle était la personne qui, enfermée dans la chambre du notaire, causait avec lui? demanda Rodolphe à Louise.

— Je l'ignore, monsieur; je ne connaissais pas cette voix.

— Et que disaient-ils?

— La conversation durait depuis quelque temps sans doute, car voici seulement ce que j'entendis : — Rien de plus simple, disait cette voix inconnue; un drôle nommé Bras-Rouge, contrebandier déterminé, m'a mis, pour l'affaire dont je vous parlais tout à l'heure, en rapport avec une famille de *pirates d'eau douce* (1) établie à la pointe d'une petite île près d'Asnières : ce sont les plus grands bandits de la terre; le père et le grand-père ont été guillotinés, deux des fils sont aux galères à perpétuité; mais il reste à la mère trois garçons et deux filles, tous aussi scélérats les uns que les autres. On dit que, la nuit, pour voler sur les deux rives de la Seine, ils font quelquefois des descentes en bateau jusqu'à Bercy. Ce sont des gens à tuer le premier venu pour un écu; mais nous n'avons pas besoin d'eux, il suffit qu'ils donnent l'hospitalité à votre dame de province. Les Martial (c'est le nom de ces pirates) passeront à ses yeux pour une honnête famille de pêcheurs; j'irai de votre part faire deux ou trois visites à votre jeune dame; je lui ordonnerai certaines potions... et au bout de huit jours elle fera connaissance avec le cimetière d'Asnières. Dans les villages, les décès passent comme une lettre à la poste, tandis qu'à Paris on y regarde de trop près. Mais quand enverrez-vous votre provinciale à l'île d'Asnières, afin que j'aie le temps de prévenir les Martial du rôle qu'ils ont à jouer? — Elle arrivera demain ici, après-demain elle sera chez eux, reprit M. Ferrand, et je la préviendrai que le docteur Vincent ira lui donner des soins de ma part. — Va pour le nom de Vincent, dit la voix; j'aime autant celui-là qu'un autre...

— Quel est ce nouveau mystère de crime et d'infamie? dit Rodolphe de plus en plus surpris.

— Nouveau! non, monsieur; vous allez voir qu'il se rattachait à un autre crime que vous connaissez, reprit Louise, et elle continua : — J'entendis le mouvement des chaises, l'entretien était terminé. « Je ne vous demande pas le secret, dit M. Ferrand; vous me tenez comme je vous tiens. — Ce qui fait que nous pouvons nous servir et jamais nous nuire, répondit la voix. Voyez mon zèle ! j'ai reçu votre lettre hier à dix heures du soir, ce matin je suis chez vous. Au revoir, complice, n'oubliez pas l'île d'Asnières, la famille Martial et le docteur Vincent. Grâce à ces trois mots magiques, votre provinciale n'en a pas pour huit jours.

— Attendez, dit M. Ferrand, que j'aille tirer le verrou de précaution que j'avais mis dans mon cabinet et que je vois qu'il n'y a personne dans l'antichambre pour que vous puissiez sortir par la ruelle du jardin comme vous y êtes entré... M. Ferrand sortit un moment, puis il revint, et je l'entendis enfin s'éloigner avec la personne dont j'avais entendu la voix...

Vous devez comprendre ma terreur, monsieur, pendant cet entretien, et mon désespoir d'avoir malgré moi surpris un tel secret. Deux heures après cette conversation, madame Séraphin vint me chercher dans ma chambre où j'étais montée, toute tremblante et plus malade que je ne l'avais été jusqu'ici. — Monsieur vous demande, me dit-elle; vous avez plus de bonheur que vous n'en méritez; allons, descendez. Vous êtes bien pâle, ce qu'il va vous apprendre vous donnera des couleurs.

Je suivis madame Séraphin; M. Ferrand était dans son cabinet. En le voyant, je frissonnai malgré moi; pourtant il avait l'air moins méchant qu'habitude; il me regarda longtemps fixement, comme s'il eût voulu lire au fond de ma pensée. Je baissai les yeux. — Vous paraissez très-souffrante? me dit-il. — Oui, monsieur, lui répondis-je, très-étonnée de ce qu'il ne me tutoyait pas comme d'habitude. — Le temps, c'est simple, ajouta-t-il, c'est la suite de votre état et des efforts que vous avez faits pour le dissimuler; mais malgré vos mensonges, votre mauvaise conduite et votre indiscrétion d'hier, reprit-il d'un ton plus doux, j'ai pitié de vous; dans quelques jours il vous serait impossible de cacher votre grossesse. Quoique je vous aie traitée comme vous le méritiez devant le curé de la paroisse, un tel événement aux yeux du public serait la honte d'une maison comme la mienne; de plus, votre famille serait au désespoir... Je consens, dans cette circonstance, à venir à votre secours. — Ah! monsieur, m'écriai-je, ces mots de bonté de votre part me font tout oublier. — Oublier quoi? me demanda-t-il durement. — Rien, rien... pardon monsieur, repris-je, de crainte de l'irriter et le croyant dans de meilleures dispositions à mon égard. — Ecoutez-moi donc, reprit-il; vous irez voir votre père aujourd'hui; vous lui annoncerez que je vous envoie deux ou trois mois à la campagne pour gar-

(1) On verra plus tard les mœurs singulières de ces pirates parisiens.

der une maison que je viens d'acheter : pendant votre absence je lui ferai parvenir vos gages. Demain vous quitterez Paris ; je vous donnerai une lettre de recommandation pour madame Martial, mère d'une honnête famille de pêcheurs qui dem... ure près d'Asnières. Vous aurez soin de dire que vous venez de province sans vous expliquer davantage. Vous saurez plus tard le but de cette recommandation, toute dans votre intérêt. La mère Martial vous traitera comme son enfant ; un médecin de mes amis, le docteur Vincent, ira vous donner les soins que nécessite votre position... Vous voyez combien je suis bon pour vous !

— Quelle horrible trame ! s'écria Rodolphe. Je comprends tout maintenant. Croyant que la veille vous aviez surpris un secret terrible pour lui, il voulait se défaire de vous. Il avait probablement un intérêt à tromper son complice en vous désignant à lui comme une femme de province. Quelle dût être votre frayeur à cette proposition !

— Cela me porta un coup violent ; j'en fus bouleversée. Je ne pouvais répondre ; je regardais M. Ferrand avec effroi, ma tête s'égarait. J'allais peut-être risquer ma vie en lui disant que le matin j'avais entendu ses projets, lorsque heureusement je me rappelai les nouveaux dangers auxquels cet aveu m'exposerait. — Vous ne me comprenez donc pas ? me demanda-t-il avec impatience. — Si... monsieur... Mais, lui dis-je en tremblant, je préférerais ne pas aller à la campagne. — Pourquoi cela ? Vous serez parfaitement traitée là où je vous envoie. — Non ! non ! je n'irai pas ; j'aime mieux rester à Paris, ne pas m'éloigner de ma famille ; j'aime mieux tout lui avouer, mourir de honte s'il le faut. — Tu me refuses ? dit M. Ferrand, contenant encore sa colère et me regardant avec attention. — Pourquoi as-tu si brusquement changé d'avis ? Tu acceptais tout à l'heure... Je vis que, s'il me devinait, j'étais perdue ; je lui répondis que je ne croyais pas qu'il fût question de quitter Paris, ma famille. — Mais tu la déshonores, ta famille, misérable ! s'écria-t-il ; et, ne se possédant plus, il me saisit par le bras et me poussa si violemment, qu'il me fît tomber. — Je donne jusqu'à après-demain ! s'écria-t-il ; demain tu sortiras d'ici pour aller chez les Martial ou pour aller apprendre à ton père que je t'ai chassée, et qu'il ira le jour même en prison.

Je restai seule, étendue par terre ; je n'avais pas la force de me relever. Madame Séraphin était accourue en entendant son maître élever la voix ; avec son aide, et faiblissant à chaque pas, je pus regagner ma chambre. En rentrant je me jetai sur mon lit ; j'y restai jusqu'à la nuit ; tant de secousses m'avaient porté un coup terrible ! aux douleurs atroces qui me surprirent vers une heure du matin, je sentis que j'allais mettre au monde ce malheureux enfant bien avant terme.

— Pourquoi n'avez-vous pas appelé à votre secours ?

— Oh ! je n'ai pas osé. M. Ferrand voulait se défaire de moi ; il aurait, bien sûr, envoyé chercher le docteur Vincent, qui m'aurait tuée chez mon maître, au lieu de me tuer chez les Martial... ou bien M. Ferrand m'aurait étouffée pour dire ensuite que j'étais morte en couches. Hélas ! monsieur, ces terreurs étaient peut-être folles... mais dans ce moment elles m'ont assaillie, c'est ce qui a causé mon malheur ; sans cela j'aurais bravé la honte, et je ne serais pas accusée d'avoir tué mon enfant. Au lieu d'appeler du secours, et de peur qu'on n'entendît mes cris de douleur, je les étouffai en mordant mes draps. Enfin, après des souffrances horribles... seule au milieu de l'obscurité, je donnai le jour à cette malheureuse créature dont la mort fut sans doute causée par cette délivrance prématurée... car je ne l'ai pas tuée, mon Dieu... je ne l'ai pas tuée... oh non ! Au milieu de cette nuit j'ai eu un moment de joie amère, c'est quand j'ai pressé mon enfant dans mes bras...

Et la voix de Louise s'éteignit dans les sanglots.

Morel avait écouté le récit de sa fille avec une apathie, une indifférence morne qui effrayèrent Rodolphe.

Pourtant, le voyant fondre en larmes, le lapidaire, qui, toujours accoudé sur son établi, tenait ses deux mains collées à ses tempes, regarda Louise fixement et dit :

— Elle pleure... elle pleure... pourquoi donc qu'elle pleure ? Puis il reprit après un moment d'hésitation : Ah ! oui... je sais, je sais... le notaire... Continue, ma pauvre Louise... je sais ma fille... je te t'aime toujours... tout à l'heure... je ne te reconnaissais plus... mes larmes étaient comme obscures. Oh ! mon Dieu ! mon Dieu ! ma tête... elle me fait bien du mal.

— Vous voyez que je ne suis pas coupable, n'est-ce pas, mon père ?
— Oui... oui...
— C'est un grand malheur... mais j'avais si peur du notaire !
— Le notaire !... oh ! je te crois... il est si méchant, si méchant !...
— Vous me pardonnez maintenant ?
— Oui...
— Bien vrai ?
— Oui... bien vrai... Oh ! je t'aime toujours... va... quoique... je ne puisse... pas dire... vois-tu... parce que... Oh ! ma tête... ma tête...

Louise regarda Rodolphe avec frayeur.

— Il pleure, laissez-le un peu se calmer. Continuez.

Louise reprit, après avoir deux ou trois fois regardé Morel avec inquiétude :

— Je serrais mon enfant contre moi... j'étais étonnée de ne pas l'entendre respirer ; mais je me disais : La respiration d'un si petit enfant... ça s'entend à peine... et puis aussi il me semblait bien froid... je ne pouvais me procurer de lumière, on ne m'en laissait jamais... J'attendis

qu'il fît clair, tâchant de le réchauffer comme je le pouvais ; mais il semblait de plus en plus glacé. Je me disais encore : Il gèle si fort, qu... c'est le froid qui l'engourdit ainsi.

Au point du jour, j'approchai mon enfant de ma fenêtre... Je le regardai... il était roide... glacé... Je collai ma bouche à sa bouche pour sentir son souffle... je mis ma main sur son cœur... il ne battait pas... il était mort !...

Et Louise fondit en larmes.

— Oh ! dans ce moment, reprit-elle, il se passa en moi quelque chose d'impossible à rendre. Je ne me souviens plus du reste que confusément, comme d'un rêve ; c'était à la fois du désespoir, de la terreur, de la rage et, par-dessus tout, j'étais saisie d'une autre épouvante : je ne redoutais plus que M. Ferrand m'étouffât ; mais je craignais que si l'on trouvait mon enfant mort à côté de moi on ne m'accusât de l'avoir tué ; alors je n'eus plus qu'une seule pensée, celle de cacher son corps à tous les yeux ; comme cela, mon déshonneur ne serait pas connu, je n'aurais plus à redouter la colère de mon père, j'échapperais à la vengeance de M. Ferrand, puisque je pourrais, étant ainsi délivrée, quitter sa maison, me placer ailleurs et continuer de gagner de quoi soutenir ma famille...

Hélas ! monsieur, telles sont les raisons qui m'ont engagée à ne rien avouer, à soustraire le corps de mon enfant à tous les yeux. J'ai eu tort, sans doute ; mais dans la position où j'étais, accablée de tous côtés, brisée par la souffrance, presque en délire, je n'ai pas réfléchi à quoi m'exposais si j'étais découverte.

— Quelles tortures !... quelles tortures !... dit Rodolphe avec accablement.

— Le jour grandissait, reprit Louise, je n'avais plus que quelques moments avant qu'on fût éveillé dans la maison... Je n'hésitai plus ; j'enveloppai mon enfant du mieux que je pus ; je descendis bien doucement ; j'allai au fond du jardin afin de faire un trou dans la terre pour l'ensevelir, mais il avait gelé toute la nuit, la terre était trop dure. Alors je cachai le corps au fond d'une espèce de caveau où l'on n'entrait jamais pendant l'hiver ; je le recouvris d'une caisse à fleurs vide, et je rentrai dans ma chambre sans que personne m'eût vue sortir.

De tout ce que je vous dis, monsieur, il ne me reste qu'une idée confuse. Faible comme j'étais, je suis encore à m'expliquer comment j'ai eu le courage et la force de faire tout cela. A neuf heures, madame Séraphin vint savoir pourquoi je n'étais pas encore levée ; je lui dis que j'étais si malade, que je la suppliais de me laisser couchée pendant la journée ; le lendemain je quitterais la maison, puisque M. Ferrand me renvoyait. Au bout d'une heure, il vint lui-même. — Vous êtes plus souffrante ; voilà les suites de votre entêtement, me dit-il ; si vous aviez profité de mes bontés, aujourd'hui vous auriez été établie chez de braves gens qui auraient de vous tous les soins possibles ; du reste, je ne serai pas assez inhumain pour vous laisser sans secours dans l'état où vous êtes ; ce soir le docteur Vincent viendra vous voir.

A cette menace je frissonnai de peur. Je répondis à M. Ferrand que la veille j'avais eu tort de refuser ses offres, que je les acceptais ; mais qu'étant encore trop souffrante pour partir, je me rendrais seulement le surlendemain chez les Martial, et qu'il était inutile de demander le docteur Vincent. Je ne voulais que gagner du temps ; j'étais bien décidée à quitter la maison et aller le surlendemain chez mon père ; j'espérais qu'ainsi il ignorerait tout. Rassuré par ma promesse, M. Ferrand fut presque affectueux pour moi et me recommanda, pour la première fois de sa vie, aux soins de madame Séraphin.

Je passai la journée dans les transes mortelles, tremblant à chaque minute que le hasard ne fît découvrir le corps de mon enfant. Je ne désirais qu'une chose, c'était que le froid cessât, que la terre n'étant plus aussi dure, il me fût possible de la creuser... Il tomba de la neige... cela me donna de l'espoir... je restai tout le jour couchée.

La nuit venue, j'attendis que tout le monde fût endormi ; j'eus la force de me lever, d'aller au bûcher chercher une hachette à fendre du bois, pour faire un trou dans la terre couverte de neige... Après des peines infinies, j'y réussis. Alors je pris le corps, je pleurai encore bien sur lui, et je l'ensevelis comme je pus dans la petite caisse à fleurs. Je ne savais pas la prière des morts, je dis un Pater et un Ave, priant le bon Dieu de le recevoir dans son paradis. Je crus que le courage me manquerait lorsqu'il fallut couvrir de terre l'espèce de bière que je lui avais faite... Une mère... enterrer son enfant !... Enfin j'y parvins... Oh ! ce que cela m'a coûté, mon Dieu ! Je remis la neige par-dessus la terre, pour qu'on ne s'aperçût de rien... La lune m'avait éclairée. Quand tout fut fini, je ne pouvais me résoudre à m'en aller... Pauvre petit, dans la terre glacée... sous la neige... Quoiqu'il fût mort... il me semblait qu'il devait ressentir le froid... Enfin, je revins dans ma chambre ; je me couchai avec une fièvre violente. Au matin, M. Ferrand envoya savoir comment je me trouvais ; je répondis que je me sentais un peu mieux, et que je serais, bien sûr, en état de partir le lendemain pour la campagne. Je restai encore couchée toute la journée, afin de reprendre un peu de force. Sur le soir, je me levai, je descendis à la cuisine pour me chauffer ; j'y restai tard, toute seule. J'allai au jardin faire une dernière prière.

Au moment où je remontais dans ma chambre, je rencontrai M. Germain sur le palier du cabinet où il travaillait quelquefois ; il était très-pâle... Il me dit bien vite, en me mettant un rouleau dans la main :
— On doit arrêter votre père demain de grand matin pour une lettre de

change de treize cents francs; il est hors d'état de la payer... voilà l'arr...... dès qu'il fera jour, courez chez lui... D'aujourd'hui seulement je connais M. Ferrand... c'est un méchant homme,... je le démasquerai... Surtout ne dites pas que vous tenez cet argent de moi... Et M. Germain ne me laissa pas le temps de le remercier; il descendit en courant.

CHAPITRE XII.

La folie.

— Ce matin, reprit Louise, avant que personne fût levé chez M. Ferrand, je suis venue ici avec l'argent que m'avait donné M. Germain pour sauver mon père; mais la somme ne suffisait pas, et sans votre générosité je n'aurais pu le délivrer des mains des recors... Probablement, après mon départ de chez M. Ferrand, on sera monté dans ma chambre, on aura trouvé les traces qui auront mis sur la voie de cette funeste découverte... Un dernier service, monsieur, dit Louise en tirant le rouleau d'or de sa poche; voudrez-vous faire remettre cet argent à M. Germain?... Je lui avais promis de ne dire à personne qu'il était employé chez M. Ferrand; mais puisque vous le saviez, je n'ai pas été indiscrète... Maintenant, monsieur, je vous le répète... devant Dieu qui m'entend, je n'ai pas dit un mot qui ne fût vrai... Je n'ai pas cherché à affaiblir mes torts, et...

Mais, s'interrompant brusquement, Louise effrayée s'écria :

— Monsieur! regardez mon père... regardez... qu'est-ce qu'il a donc?

Morel avait écouté la dernière partie de ce récit avec une sombre indifférence que Rodolphe s'était expliquée, l'attribuant à l'accablement de ce malheureux. Après des secousses si violentes, si rapprochées, ses larmes avaient dû se tarir, sa sensibilité s'émousser; il ne devait même plus lui rester la force de s'indigner, pensait Rodolphe.

Rodolphe se trompait.

Ainsi que la flamme tour à tour mourante et renaissante d'un flambeau qui s'éteint, la raison de Morel, déjà fortement ébranlée, vacilla quelque temps, jeta çà et là quelques dernières lueurs d'intelligence, puis tout à coup... s'obscurcit.

Absolument étranger à ce qui se disait, à ce qui se passait autour de lui, depuis quelques instants le lapidaire était devenu fou.

Quoique sa meule fût placée de l'autre côté de son établi, et qu'il n'eût entre les mains ni pierreries ni outils, l'artisan, attentif, occupé, simulait les opérations de son travail habituel à l'aide d'instruments imaginaires.

Il accompagnait cette pantomime d'une sorte de frôlement de sa langue contre son palais, afin d'imiter le bruit de la meule dans ses mouvements de rotation.

— Mais, monsieur, reprit Louise avec une frayeur croissante, regardez donc mon père !

— Puis, s'approchant de l'artisan, elle lui dit :

— Mon père !... mon père !

Morel regarda sa fille de ce regard troublé, vague, distrait, indécis, particulier aux aliénés.

Sans discontinuer sa manœuvre insensée, il répondit tout bas d'une voix douce et triste :

— Je dois treize cents francs au notaire... le prix du sang de Louise... Il faut travailler, travailler, travailler ! Oh! je payerai, je payerai, je payerai...

— Mon Dieu, monsieur, mais ce n'est pas possible... cela ne peut pas durer !... Il n'est pas fou! il a fait fou, n'est-ce pas ? s'écria Louise d'une voix déchirante. Il va revenir à lui... ce n'est qu'un moment d'absence.

— Morel !... mon ami ! lui dit Rodolphe, nous sommes là... Votre fille est auprès de vous, elle est innocente...

— Treize cents francs !

Dit le lapidaire sans regarder Rodolphe ; et il continua son simulacre de travail.

— Mon père... dit Louise en se jetant à ses genoux et serrant malgré lui ses mains dans les siennes, c'est moi, Louise !

— Treize cents francs !...

Répéta-t-il en se dégageant avec effort des étreintes de sa fille.

— Treize cents francs... ou sinon, ajouta-t-il à voix basse et comme en confidence, ou sinon... Louise est guillotinée...

Et il se remit à feindre de tourner sa meule.

Louise poussa un cri terrible.

— Il est fou ! s'écria-t-elle, il est fou !... et c'est moi... c'est moi qui en suis cause... Oh ! mon Dieu! mon Dieu ! ce n'est pas ma faute pourtant... je ne voulais pas mal faire... c'est ce monstre !...

— Allons, pauvre enfant, du courage ! dit Rodolphe, espérons... cette folie ne sera que momentanée. Votre père... a trop souffert ; tant de chagrins précipités étaient au-dessus de la force d'un homme... Sa raison faiblit un moment... elle reprendra le dessus.

— Mais ma mère... ma grand'mère... mes sœurs... mes frères... que vont-ils devenir ? s'écria Louise, les voilà privés de mon père et de moi... ils vont donc mourir de faim, de misère et de désespoir !

— Ne suis-je pas là ?... Soyez tranquille, ils ne manqueront de rien... Courage ! vous dis-je ; votre révélation provoquera la punition d'un grand criminel. Vous m'avez convaincu de votre innocence, elle sera reconnue, proclamée, je n'en doute pas.

— Ah ! monsieur, vous le voyez... le déshonneur, la folie, la mort... Voilà les maux qu'il cause, cet homme ! et on ne peut rien contre lui ! rien !... Ah ! cette pensée complète tous mes maux !...

— Loin de là, que la pensée contraire vous aide à les supporter.

— Que voulez-vous dire, monsieur ?

— Emportez avec vous la certitude que votre père, que vous et les vôtres vous serez vengés.

— Vengés !...

— Oui !... Et je vous jure, moi, répondit Rodolphe avec solennité, je vous jure que, ses crimes prouvés, cet homme expiera cruellement le déshonneur, la folie, la mort qu'il a causés. Si les lois sont impuissantes à l'atteindre, et si sa ruse et son adresse égalent ses forfaits, à sa ruse on opposera la ruse, à son adresse l'adresse, à ses forfaits des forfaits ; mais qui seront aux siens ce que le supplice juste et vengeur, infligé au coupable par une main inexorable, est au meurtre lâche et caché.

— Ah ! monsieur, que Dieu vous entende ! Ce n'est plus moi que je voudrais venger, c'est mon père insensé... c'est mon enfant mort en naissant...

Puis, tentant un dernier effort pour tirer Morel de sa folie, Louise s'écria encore :

— Mon père, adieu ! On m'emmène en prison... Je ne te verrai plus ! C'est Louise qui te dit adieu. Mon père ! mon père ! mon père !...

A ces appels déchirants il ne répondit.

Rien ne retentit dans cette pauvre âme anéantie... rien.

Les cordes paternelles, toujours les dernières brisées, ne vibrèrent pas...

La porte de la mansarde s'ouvrit.

Le commissaire entra.

— Mes moments sont comptés, monsieur, dit-il à Rodolphe. Je vous déclare à regret qu'il m'est impossible de laisser cet entretien se prolonger plus longtemps.

— Cet entretien est terminé, monsieur, répondit amèrement Rodolphe en montrant le lapidaire. Louise n'a plus rien à dire à son père... Il n'a plus rien à entendre de sa fille... Il est fou !

— Grand Dieu ! voilà ce que je redoutais... Ah ! c'est affreux ! s'écria le magistrat.

Et, s'approchant vivement de l'ouvrier, au bout d'une minute d'examen, il fut convaincu de cette douloureuse réalité.

— Ah ! monsieur, dit-il tristement à Rodolphe, je faisais déjà des vœux sincères pour que l'innocence de cette jeune fille fût reconnue ! Mais, après un tel malheur, je ne me bornerai pas à ces vœux... non, non ; je dirai cette famille si probe, si désolée : je dirai l'affreux et dernier coup qui l'accable, et, n'en doutez pas, les juges auront un motif de plus de trouver une innocente dans l'accusée.

— Bien, bien, monsieur, dit Rodolphe, en agissant ainsi, ce ne sont pas des fonctions que vous remplissez... c'est un sacerdoce que vous exercez.

— Croyez-moi, monsieur, notre mission est presque toujours si pénible, que c'est avec bonheur, avec reconnaissance, que nous nous intéressons à ce qui est honnête et bon.

— Un mot encore, monsieur. Les révélations de Louise Morel m'ont évidemment prouvé son innocence. Pouvez-vous m'apprendre comment son prétendu crime a été découvert ou plutôt dénoncé ?

— Ce matin, dit le magistrat, une femme de charge au service de M. Ferrand, notaire, est venue me déclarer qu'après le départ précipité de Louise Morel, qu'elle savait grosse de sept mois, elle était montée dans la chambre de cette jeune fille, et qu'elle y avait trouvé des traces d'un accouchement clandestin. Après quelques investigations, des pas marqués sur la neige avaient conduit à la découverte du corps d'un enfant nouveau-né enterré dans le jardin.

Après la déclaration de cette femme, je me suis transporté rue du Sentier ; j'ai trouvé M. Jacques Ferrand indigné de ce qu'un tel scandale se fût passé chez lui. M. le curé de l'église Bonne-Nouvelle, qu'il avait envoyé chercher, m'a aussi déclaré que la fille Morel avait avoué sa faute devant lui, un jour qu'elle implorait sa protection et la pitié de son maître ; que de plus il avait souvent entendu M. Ferrand donner à Louise Morel les avertissements les plus sévères, lui prédisant que tôt ou tard elle se perdrait : prédiction qui venait de se réaliser si malheureusement, ajouta l'abbé. L'indignation de M. Ferrand, reprit le magistrat, me parut si légitime, que je la partageai. Il me dit sans doute Louise Morel était réfugiée chez son père. Je me rendis ici à l'instant ; le crime étant flagrant, j'avais le droit de procéder à une arrestation immédiate.

Rodolphe se contraignait en entendant parler de l'indignation de M. Ferrand. Il dit au magistrat :

— Je vous remercie mille fois, monsieur, de votre obligeance et de l'appui que vous voudrez bien prêter à Louise ; je vais faire conduire ce malheureux dans une maison de fous, ainsi que la mère de sa femme.

Puis s'adressant à Louise, qui, toujours agenouillée près de son père, tâchait en vain de le rappeler à la raison :

— Résignez-vous, mon enfant, à partir sans embrasser votre mère... épargnez-lui des adieux déchirants... Soyez rassurée sur son sort, rien ne manquera désormais à votre famille ; on trouvera une femme qui soignera votre mère et s'occupera de vos frères et sœurs sous la surveillance de votre bonne voisine mademoiselle Rigolette. Quant à votre père, rien ne sera épargné pour que sa guérison soit aussi rapide que complète... Courage, croyez-moi, les honnêtes gens sont souvent rudement éprouvés par le malheur, mais ils sortent toujours de ces luttes plus purs, plus forts, plus vénérés.

Deux heures après l'arrestation de Louise, le lapidaire et la vieille idiote furent, d'après les ordres de Rodolphe, conduits par David à Charenton ; ils devaient y être traités en chambre et recevoir des soins particuliers.

Morel quitta la maison de la rue du Temple sans résistance ; indifférent, il alla où on le mena ; sa folie était douce, inoffensive et triste.

La grand'mère avait faim : on lui montra de la viande et du pain, elle suivit le pain et la viande.

Les pierreries du lapidaire, confiées à sa femme, furent, le même jour, remises à madame Mathieu, la courtière, qui vint les chercher.

Malheureusement, cette femme fut épiée et suivie par Tortillard, qui connaissait la valeur des pierres prétendues fausses, par l'entretien qu'il avait surpris lors de l'arrestation de Morel par les recors... Le fils de Bras-Rouge s'assura que la courtière demeurait boulevard Saint-Denis, n° 11.

Rigolette apprit à Madeleine Morel avec beaucoup de ménagement l'accès de folie du lapidaire et l'emprisonnement de Louise. D'abord Madeleine pleura beaucoup, se désola, poussa des cris désespérés ; puis, cette première effervescence de douleur passée, la pauvre créature, faible et mobile, se consola peu à peu en se voyant, elle et ses enfants, entourés du bien-être qu'ils devaient à la générosité de leur bienfaiteur.

Quant à Rodolphe, ses pensées étaient amères en songeant aux révélations de Louise.

« Rien de plus fréquent, se disait-il, que cette corruption plus ou moins violemment imposée par le maître à la servante : ici, par la terreur ou par la surprise ; là par l'impérieuse nature des relations que crée la servitude.

« Cette dépravation par ordre, descendant du riche au pauvre, et méprisant pour s'assouvir, l'inviolabilité tutélaire du foyer domestique : cette dépravation, toujours déplorable quand elle est acceptée volontairement, devient hideuse, horrible, lorsqu'elle est forcée.

« C'est un asservissement impur et brutal, un ignoble et barbare esclavage de la créature, qui, dans son effroi, répond aux désirs du maître par des larmes, à ses baisers par le frisson du dégoût et de la peur.

« Et puis, pensait encore Rodolphe, pour la femme quelles conséquences ! presque toujours l'avilissement, la misère, la prostitution, le vol, quelquefois l'infanticide !

« Et c'est encore à ce sujet que les lois sont étranges !

« Tout complice d'un crime porte la peine de ce crime.

« Tout recéleur est assimilé au voleur.

« Cela est juste.

« Mais qu'un homme, par désœuvrement, séduise une jeune fille innocente et pure, la rende mère, l'abandonne, la laisse que honte, infortune, désespoir, et la pousse ainsi à l'infanticide, crime qu'elle doit payer de sa tête...

« Cet homme sera-t-il regardé comme son complice ?

« Allons donc !

« Qu'est-ce que cela ? Rien, moins que rien... une amourette, un caprice d'un jour pour un minois chiffonné... Le tour est fait... A une autre !

« Bien plus, pour peu que cet homme soit d'un caractère original et narquois (au demeurant le meilleur fils du monde), il peut aller voir sa victime à la barre des assises.

« S'il est d'aventure cité comme témoin, il peut s'amuser à dire à ces gens très-curieux de faire guillotiner la jeune fille le plus tôt possible, pour la plus grande gloire de la morale publique :

« — J'ai quelque chose d'important à révéler à la justice.

« — Parlez.

« — Messieurs les jurés,

« Cette malheureuse était vertueuse et pure, c'est vrai...

« Je l'ai séduite, c'est encore vrai...

« Je lui ai fait un enfant, c'est toujours vrai...

« Après cela, comme elle était blonde, je l'ai complètement abandonnée pour une autre qui était brune, c'est de plus en plus vrai.

« Mais en cela j'ai usé d'un droit imprescriptible, d'un droit sacré que la société me reconnaît et m'accorde.

« — Le fait est que ce garçon est complètement dans son droit, se diront tout bas les jurés les uns aux autres. Il n'y a pas de loi qui défende de faire un enfant à une jeune fille blonde et de l'abandonner ensuite pour une jeune fille brune. C'est tout bonnement un gaillard...

« — Maintenant, messieurs les jurés, cette malheureuse prétend avoir tué son enfant... je dirai même notre enfant...

« Parce que je l'ai abandonnée...

« Parce que, se trouvant seule et dans la plus profonde misère, elle s'est épouvantée, elle a perdu la tête. Et pourquoi ? Parce qu'ayant, di- sait-elle, à soigner, à nourrir son enfant, il lui devenait impossible d'aller de longtemps travailler dans son atelier, et de gagner ainsi sa vie, celle du résultat de notre amour.

« Mais je trouve ces raisons-là pitoyables, permettez-moi de vous le dire, messieurs les jurés.

« Est-ce que mademoiselle ne pouvait pas aller accoucher à la Bourbe, s'il y avait de la place ?

« Est-ce que mademoiselle ne pouvait pas, au moment critique, se rendre à temps chez le commissaire de son quartier, lui faire sa déclaration de... honte, afin d'être autorisée à déposer son enfant aux Enfants-Trouvés ?

« Est-ce qu'enfin mademoiselle, pendant que je faisais la poule à l'estaminet, en attendant mon autre maîtresse, ne pouvait pas trouver moyen de se tirer d'affaire par un procédé moins sauvage ?

« Car, je l'avouerai, messieurs les jurés, je trouve trop commode et trop cavalière cette façon de se débarrasser du fruit de plusieurs moments d'erreur et de plaisir, et d'échapper ainsi aux soucis de l'avenir.

« Que diable ! ce n'est pas tout, pour une jeune fille, que de perdre l'honneur, de braver le mépris, l'infamie, et de porter un enfant illégitime neuf mois dans son sein... il lui faut encore l'élever, cet enfant ! le soigner, le nourrir, lui donner un état, en faire enfin un honnête homme comme son père, ou une honnête fille qui ne se débauche pas comme sa mère... Car enfin la maternité a des devoirs sacrés, que diable ! et les misérables qui les foulent aux pieds, sont, comme mademoiselle, des mères dénaturées qui méritent un châtiment exemplaire et terrible...

« En foi de quoi, messieurs les jurés, livrez-moi lestement cette scélérate au bourreau, et vous ferez acte de citoyens vertueux, indépendants, fermes et éclairés... Dixi !

« — Ce monsieur envisage la question sous un point de vue très-moral, dira d'un air paterne quelque bonnetier enrichi ou quelque vieil usurier déguisé en chef du jury ; il a fait, pardieu ! ce que nous aurions tous fait à sa place, car elle est fort gentille, cette petite blondinette, quoiqu'un peu pâlotte... Ce gaillard-là, comme dit Joconde, « a courtisé la brune et la blonde ; » il n'y a pas de loi qui le défende. Quant à cette malheureuse, après tout, c'est sa faute ! Pourquoi ne s'est-elle pas défendue ? Elle n'aurait pas eu à commettre un crime... un... crime monstrueux qui fait... qui fait... rougir la société... jusque dans ses fondements.

« — Et ce bonnetier enrichi ou cet usurier aura raison, parfaitement raison...

« En vertu de quoi ce monsieur peut-il être incriminé ? De quelle complicité directe ou indirecte, morale ou matérielle peut-on l'accuser ?

« Cet heureux coquin a séduit une jolie fille, ensuite il l'a plantée là, il l'avoue ; où est la loi qui défend ceci et cela ?

« La société, en cas pareil, ne dit-elle pas comme ce père de je ne sais plus quel comte grivois :

« — Prenez garde à vos poules, mon coq est lâché... je m'en lave les mains ! »

« Mais qu'un pauvre misérable, autant par besoin que par stupidité, contrainte, ou ignorance des lois qu'il ne sait pas lire, achète sciemment une guenille provenant d'un vol... il ira vingt ans aux galères comme recéleur, si le voleur va vingt ans aux galères.

« Ceci est un raisonnement logique, puissant.

« Sans recéleurs il n'y aurait pas de voleurs.

« Sans voleurs pas de recéleurs.

« Non... pas plus de pitié... moins de pitié, même... pour celui qui excite au mal que pour celui qui fait le mal !

« Que la plus légère complicité du mal soit punie d'un châtiment terrible !...

« Bien... Il y a là une pensée sévère et féconde, haute et morale.

« On va s'incliner devant la société qui a dicté cette loi... mais on se souvient que cette société, si inexorable envers les moindres complicités de crimes contre les choses, est ainsi faite, qu'un homme simple et naïf qui essayerait de prouver qu'il y a au moins solidarité morale, complicité matérielle entre le séducteur inconstant et la fille séduite et abandonnée, serait pris pour un visionnaire.

« Et si cet homme simple se hasardait d'avancer que, sans père... il n'y aurait peut-être pas d'enfant, la société crierait à l'atrocité, à la folie.

« Et elle aurait raison, toujours raison... car, après tout, ce monsieur, qui pourrait dire de si belles choses au jury, pour peu qu'il fût amateur d'émotions tragiques, pourrait aussi aller tranquillement voir couper le cou de sa maîtresse, exécutée pour crime d'infanticide, crime dont il est le complice, disons mieux... l'auteur, par son horrible abandon.

« Cette charmante protection, accordée à la partie masculine de la société pour certaines friponnes espiègleries relevant du petit dieu d'amour, ne montre-t-elle pas que le Français sacrifie encore aux Grâces, et qu'il est toujours le peuple le plus galant de l'univers ? »

CHAPITRE XIII.

Jacques Ferrand.

Au temps où se passaient les événements que nous racontons, à l'une des extrémités de la rue du Sentier, s'étendait un long mur crevassé, éperonné d'une couche de plâtre hérissée de morceaux de bouteilles ; ce mur, bornant de ce côté le jardin de Jacques Ferrand le notaire, aboutissait à un corps de logis, bâti sur la rue et élevé seulement d'un étage surmonté de greniers.

Deux larges écussons de cuivre doré, insignes du notariat, flanquaient une porte cochère vermoulue, dont on ne distinguait plus la couleur primitive sous la boue qui la couvrait.

Cette porte conduisait à un passage couvert ; à droite se trouvait la loge d'un vieux portier à moitié sourd, qui était au corps des tailleurs ce que M. Pipelet était au corps des bottiers ; à gauche, une écurie servant de cellier, de buanderie, de bûcher et d'établissement à une naissante colonie de lapins, parqués dans la mangeoire par le portier, qui se distrayait des chagrins d'un récent veuvage en élevant de ces animaux domestiques.

A côté de la loge s'ouvrait la baie d'un escalier tortueux, étroit, obscur, conduisant à l'étude, ainsi que l'annonçait aux clients une main peinte en noir, dont l'index se dirigeait vers ces mots aussi peints en noir sur le mur : — *L'étude est au premier.*

D'un côté d'une grande cour humide, envahie par l'herbe, on voyait les remises inoccupées ; de l'autre côté, une grille de fer rouillé, qui fermait le jardin ; au fond, le pavillon, seulement habité par le notaire.

Un perron de huit ou dix marches de pierres disjointes, branlantes, moussues, verdâtres, usées par le temps, conduisait à ce pavillon carré, composé d'une cuisine et autres dépendances souterraines, d'un rez-de-chaussée, d'un premier et d'un comble où avait habité Louise.

Ce pavillon paraissait aussi dans un grand état de délabrement ; de profondes lézardes sillonnaient les murs ; les fenêtres et les persiennes, autrefois peintes en gris, étaient, avec les années, devenues presque noires ; les six croisées du premier étage, donnant sur la cour, n'avaient pas de rideaux ; une espèce de rouille grasse et opaque couvrait les vitres ; au rez-de-chaussée on voyait, à travers les carreaux, plus transparents, des rideaux de cotonnade jaune passée à rosaces rouges.

Du côté du jardin, le pavillon n'avait que quatre fenêtres ; deux étaient murées.

Ce jardin, encombré de broussailles parasites, semblait abandonné ; on n'y voyait pas une plate-bande, pas un arbuste ; un bouquet d'ormes, cinq ou six gros arbres verts, quelques acacias et sureaux, un gazon clair et jauni, rongé par la mousse et par le soleil d'été ; des allées de terre crayeuse, embarrassée de ronces ; au fond, une serre à demi souterraine ; pour horizon, les grands murs nus et gris des maisons mitoyennes, percés çà et là de jours de souffrance, grillés comme les fenêtres de prison ; tel était le triste ensemble du jardin et de l'habitation du notaire.

A cette apparence, ou plutôt à cette réalité, M. Ferrand attachait une grande importance.

Aux yeux du vulgaire, l'insouciance du bien-être passe presque toujours pour du désintéressement ; la malpropreté, pour l'austérité.

Comparant le gros luxe financier de quelques notaires, ou les toilettes fabuleuses de mesdames leurs notairesses, à la sombre maison de M. Ferrand, si dédaigneux de l'élégance, de la recherche et de la somptuosité, les clients éprouvaient une sorte de respect ou plutôt de confiance aveugle pour cet homme, qui, d'après sa nombreuse clientèle et la fortune qu'on lui supposait, aurait pu, dire, comme maint confrère : — Mon équipage (cela se dit ainsi), mon *raout (sic)*, ma *campagne (sic)*, mon *jour* à l'Opéra, etc., et qui, loin de là, vivait avec une sévère économie ; aussi, dépôts, placements, fidéicommis, toutes ces affaires enfin qui reposent sur l'intégrité la plus reconnue, sur la bonne foi la plus retentissante, affluaient-elles chez M. Ferrand.

En vivant de peu, ainsi qu'il vivait, le notaire cédait à son goût… Il détestait le monde, le faste, les plaisirs chèrement achetés ; on eût-il fait autrement, il aurait sans hésitation sacrifié ses penchants les plus chers à l'apparence qu'il lui importait de se donner.

Quelques mots sur le caractère de cet homme.

C'était un de ces fils de la grande famille des avares.

On montre presque toujours l'avare sous un jour ridicule ou grotesque ; les plus méchants ne vont pas au delà de l'égoïsme ou de la dureté.

La plupart augmentent leur fortune en thésaurisant ; quelques-uns, en bien petit nombre, s'aventurent à prêter au denier trente ; à peine quelques déterminés osent-ils sonder du regard le gouffre de l'agiotage… Mais il est presque inouï qu'un avare, pour acquérir de nouveaux biens, aille jusqu'au crime, jusqu'au meurtre.

Cela se conçoit.

L'avarice est surtout une passion négative, passive.

L'avare, dans ses combinaisons incessantes, songe bien plus à s'enrichir en ne dépensant pas, en rétrécissant de plus en plus autour de lui les limites du strict nécessaire, qu'il ne songe à s'enrichir aux dépens d'autrui ; il est, avant tout, le martyr de la conservation.

Faible, timide, rusé, défiant, surtout prudent et circonspect, jamais offensif, indifférent aux maux du prochain, du moins l'avare ne causera pas ces maux ; il est, avant tout et surtout, l'homme de la certitude, du positif, on plutôt il n'est l'avare que parce qu'il ne croit qu'au *fait*, qu'à l'or qu'il tient en caisse.

Les spéculations, les prêts les plus sûrs le tentent peu ; car, si improbable qu'elle soit, ils offrent toujours une chance de perte, et il aime mieux encore sacrifier l'intérêt de son argent que d'exposer le capital.

Un homme aussi timoré, aussi contempteur des éventualités, aura donc rarement la sauvage énergie du scélérat qui risque le bagne ou sa tête pour s'approprier une fortune.

Risquer est un mot rayé du vocabulaire de l'avare.

C'est donc en ce sens que Jacques Ferrand était, disons-nous, une assez curieuse exception, une variété peut-être nouvelle de l'espèce avare.

Car Jacques Ferrand risquait, et beaucoup.

Il comptait sur sa finesse, elle était extrême : sur son hypocrisie, elle était profonde ; sur son esprit, il était souple et fécond ; sur son audace, elle était infernale pour assurer l'impunité de ses crimes, et ils étaient déjà nombreux.

Jacques Ferrand était une double exception.

Ordinairement aussi, ces gens aventureux, énergiques, qui ne reculent devant aucun forfait pour se procurer de l'or, sont harcelés par des passions fougueuses : le jeu, le luxe, la table, la grande débauche.

Jacques Ferrand ne connaissait aucun de ces besoins violents, désordonnés ; fourbe et patient comme un faussaire, cruel et déterminé comme un meurtrier, il était sobre et régulier comme Harpagon.

Une seule passion, ou plutôt un seul appétit, mais honteux, mais ignoble, mais presque féroce dans son animalité, l'exaltait souvent jusqu'à la frénésie.

C'était la luxure.

La luxure de la bête, la luxure du loup ou du tigre.

Lorsque ce ferment âcre et impur bouillonnait dans le sang de cet homme robuste, des chaleurs dévorantes lui montaient à la face, l'effervescence charnelle obstruait son intelligence ; alors, oubliant quelquefois sa prudence rusée, il devenait, nous l'avons dit, tigre ou loup, témoin ses premières violences envers Louise.

Le soporifique, l'audacieuse hypocrisie avec laquelle il avait nié son crime, étaient, si cela se peut dire, beaucoup plus dans *sa manière* que la force ouverte.

Désir grossier, ardeur brutale, dédain farouche, voilà les différentes phases de l'*amour* chez cet homme.

C'est dire, ainsi que l'a prouvé sa conduite avec Louise, que la prévenance, la bonté, la générosité, lui étaient absolument inconnues. Le prêt de treize cents francs fait à Morel à gros intérêts était à la fois pour Ferrand un piège, un moyen d'oppression et une bonne affaire. Sûr de la probité du lapidaire, il savait être remboursé tôt ou tard ; cependant, il fallait que la beauté de Louise eût produit sur lui une impression bien profonde pour qu'il se dessaisît d'une somme si avantageusement placée.

Sauf cette faiblesse, Jacques Ferrand n'aimait que l'or.

Il aimait l'or pour l'or.

Non pour les jouissances qu'il procurait, il était stoïque ;

Non pour les jouissances qu'il pouvait procurer, il n'était pas assez poète pour jouir spéculativement comme certains avares. Quant à ce qui lui appartenait, il aimait la possession pour la possession. Quant à ce qui appartenait aux autres, il s'agissait-il d'un riche dépôt, par exemple, loyalement remis à sa seule probité, il éprouvait à rendre ce dépôt le même déchirement, le même supplice qu'éprouvait l'orfèvre Cardillac à se séparer d'une parure dont son goût exquis avait fait un chef-d'œuvre !

C'est que, pour le notaire, c'était aussi un chef-d'œuvre d'art que son éclatante réputation de probité… C'est qu'un dépôt était aussi pour lui un joyau dont il ne pouvait se dessaisir qu'avec des regrets furieux.

Que de soins, que d'astuce, que de ruses, que d'habileté, que d'art en un mot, n'avait-il pas employés pour attirer cette somme dans son coffre, pour parfaire cette étincelante renommée d'intégrité où les plus précieuses marques de confiance venaient pour ainsi dire s'enchâsser, ainsi que les perles et les diamants dans l'or des diadèmes de Cardillac !

Plus le célèbre orfèvre se perfectionnait, dit-on, plus il attachait de prix à ses parures, regardant toujours la dernière comme son chef-d'œuvre, et se désolant de l'abandonner.

Plus Jacques Ferrand se perfectionnait dans le crime, plus il tenait aux marques de confiance *sonnantes et trébuchantes* qu'on lui accordait… regardant toujours aussi sa dernière fourberie comme son chef-d'œuvre.

On verra, par la suite de cette histoire, à l'aide de quels moyens, vraiment prodigieux, de composition et de machination, il parvint à s'approprier impunément plusieurs sommes très-considérables.

Sa vie active, mystérieuse, lui donnait les émotions incessantes, terribles, que le jeu donne au joueur.

Contre la fortune de tous, Jacques Ferrand mettait pour enjeu son hypocrisie, sa ruse, son audace, sa tête… et il jouait sur le velours, comme on dit ; car, hormis l'atteinte de la justice humaine, qu'il caractérisait vulgairement et énergiquement d'une « cheminée qui pouvait lui tomber sur la tête, » perdre, pour lui, c'était ne pas gagner ; et encore disait-il si criminellement doué, que, dans son ironie amère, il voyait un gain continu dans l'estime sans bornes, dans la confiance illimitée qu'il inspirait, non-seulement à la foule de ses riches clients, mais encore à la petite bourgeoisie et aux ouvriers de son quartier.

Un grand nombre d'entre eux plaçaient de l'argent chez lui, disant :
— Il n'est pas charitable, c'est vrai ; il est dévot, c'est un malheur ; mais il est plus sûr que le gouvernement et que les caisses d'épargne.

Malgré sa rare habileté, cet homme avait commis deux de ces erreurs auxquelles les plus rusés criminels n'échappent presque jamais.

Forcé par les circonstances, il est vrai, il s'était adjoint deux complices ; cette faute immense, ainsi qu'il disait, avait été réparée en partie : nul des deux complices ne pouvait le perdre sans se perdre lui-même, et tous deux n'auraient retiré de cette extrémité d'autre profit que celui de dénoncer à la vindicte publique eux-mêmes et le notaire.

Il était donc, de ce côté, assez tranquille.

Du reste, n'étant pas au bout de ses crimes, les inconvénients de la complicité étaient balancés par l'aide criminelle qu'il en tirait parfois encore.

Quelques mots maintenant du physique de M. Ferrand, et nous introduirons le lecteur dans l'étude du notaire, où nous retrouverons les principaux personnages de ce récit.

M. Ferrand avait cinquante ans, et il n'en paraissait pas quarante ; il était de stature moyenne, voûté, large d'épaules, vigoureux, carré, trapu, roux, velu comme un ours.

Ses cheveux s'aplatissaient sur ses tempes, son front était chauve, ses sourcils à peine indiqués ; son teint bilieux disparaissait presque sous une innombrable quantité de taches de rousseur ; mais, lorsqu'une vive émotion l'agitait, ce masque fauve et terreux s'injectait de sang et devenait d'un rouge livide.

Sa figure était plate comme une tête de mort, ainsi que le dit le vulgaire ; son nez, camus et punais ; ses lèvres, si minces, si imperceptibles, que sa bouche semblait incisée dans sa face ; lorsqu'il souriait d'un air méchant et sinistre, on voyait le bout de ses dents, presque toutes noires et gâtées. Toujours rasé jusqu'aux tempes, ce visage blafard avait une expression à la fois austère et béate, impassible et rigide, froide et réfléchie ; ses petits yeux noirs, vifs, perçants, mobiles, disparaissaient sous de larges lunettes vertes.

Jacques Ferrand avait une vue excellente ; mais, abrité par ses lunettes, il pouvait, avantage immense ! observer sans être observé ; il savait combien un coup d'œil est souvent et involontairement significatif. Malgré son imperturbable audace, il avait rencontré deux ou trois fois dans sa vie certains regards puissants, magnétiques, devant lesquels il avait été forcé de baisser la vue ; or, dans quelques circonstances souveraines, il est funeste de baisser les yeux devant l'homme qui vous interroge, vous accuse ou vous juge.

Les larges lunettes de M. Ferrand étaient donc une sorte de retranchement couvert d'où il examinait attentivement les moindres manœuvres de l'ennemi... car tout le monde était l'ennemi du notaire, parce que tout le monde était plus ou moins sa dupe, et que les accusateurs ne sont que des dupes éclairées ou révoltées.

Il affectait dans son habillement une négligence qui allait jusqu'à la malpropreté, ou plutôt il était naturellement sordide ; son visage rasé tous les deux ou trois jours, son crâne sale et rugueux, ses ongles plats cerclés de noir, son odeur de bouc, ses vieilles redingotes rapées, ses chapeaux graisseux, ses cravates en corde, ses bas de laine noirs, ses gros souliers, recommandaient encore singulièrement sa vertu auprès de ses clients, en donnant à cet homme un air de détachement du monde, un parfum de philosophie pratique qui les charmait.

A quels goûts, à quelle passion, à quelle faiblesse le notaire aurait-il, disait-on, sacrifié la confiance qu'on lui témoignait ?... Il gagnait peut-être soixante mille francs par an, et sa maison se composait d'une servante et d'une vieille femme de charge ; son seul plaisir était d'aller chaque dimanche à la messe et à vêpres ; il ne connaissait pas d'opéra comparable au chant grave de l'orgue, pas de société mondaine qui valût une soirée paisiblement passée au coin de son feu avec le curé de sa paroisse après un dîner frugal ; il mettait enfin sa joie dans la probité, son orgueil dans l'honneur, sa félicité dans la religion.

Tel était le jugement que les contemporains de M. Jacques Ferrand portaient sur ce rare et grand homme de bien.

CHAPITRE XIV.

L'étude.

L'étude de M. Ferrand ressemblait à toutes les études ; ses clercs à tous les clercs. On y arrivait par une antichambre meublée de quatre vieilles chaises. Dans l'étude proprement dite, entourée de casiers garnis des cartons renfermant les dossiers des clients de M. Ferrand, cinq jeunes gens, courbés sur des pupitres de bois noir, riaient, causaient ou griffonnaient incessamment.

Une salle d'attente, encore remplie de cartons, et dans laquelle se tenait d'habitude M. le premier clerc ; puis une autre pièce vide, qui, plus de secret, séparait le cabinet du notaire de cette salle d'attente, était l'ensemble de ce laboratoire d'actes de toutes sortes.

Deux heures venaient de sonner à une antique pendule à coucou placée entre les deux fenêtres de l'étude ; une certaine agitation régnait parmi les clercs ; quelques fragments de leur conversation feront connaître la cause de cet émoi.

— Certainement, si quelqu'un m'avait soutenu que François Germain était un voleur, dit l'un des jeunes gens, j'aurais répondu : Vous en avez menti !
— Moi aussi !...
— Moi aussi !...
— Moi, ça m'a fait un tel effet de le voir arrêter et emmener par la garde, que je n'ai pas pu déjeuner... J'en ai été récompensé, car ça m'a épargné de manger la ratatouille quotidienne de la mère Séraphin.
— Dix-sept mille francs, c'est une somme !
— Une fameuse somme !
— Dire que, depuis quinze mois que Germain est caissier, il n'a pas manqué un centime à la caisse du patron !...
— Moi, je trouve que le patron a eu tort de faire arrêter Germain puisque ce pauvre garçon jurait ses grands dieux qu'il n'avait pris que 1,300 francs en or.
— D'autant plus qu'il les rapportait ce matin pour les remettre dans la caisse, ces 1,300 francs, au moment où le patron venait d'envoyer chercher la garde..
— Voilà le désagrément des gens d'une probité féroce comme le patron, ils sont impitoyables.
— C'est égal, on doit y regarder à deux fois avant de perdre un pauvre jeune homme qui s'est bien conduit jusque-là.
— M. Ferrand dit à cela que c'est pour l'exemple.
— L'exemple de quoi ? Ça ne sert à rien à ceux qui sont honnêtes, ceux qui ne le sont pas savent bien qu'ils sont exposés à être découverts s'ils volent.
— La maison est tout de même une bonne pratique pour le commissaire.
— Comment ?
— Dame ! ce matin cette pauvre Louise... tantôt Germain...
— Moi, l'affaire de Germain ne me paraît pas claire...
— Puisqu'il a avoué !
— Il a avoué qu'il avait pris 1,300 francs, oui ; mais il soutient comme un enragé qu'il n'a pas pris les autres 15,000 francs en billets de banque et les autres 700 francs qui manquent à la caisse.
— Au fait, puisqu'il avoue une chose, pourquoi n'avouerait-il pas l'autre ?
— C'est vrai ; on est aussi puni pour 1,300 francs que pour 15,000 francs.
— Oui ; mais on garde les 15,000 francs, et, en sortant de prison, on fait un petit établissement, dirait un coquin.
— Pas si bête !
— On aura beau dire et beau faire, il y a quelque chose là-dessous.
— Et Germain qui défendait toujours le patron quand nous l'appelions jésuite !
— C'est pourtant vrai. « Pourquoi le patron n'aurait-il pas le droit d'aller à la messe ? nous disait-il ; vous avez bien le droit de n'y pas aller. »
— Tiens, voilà Chalamel qui rentre de course ; c'est lui qui va être étonné !
— De quoi, de quoi, mes braves ? est-ce qu'il y a quelque chose de nouveau sur cette pauvre Louise ?
— Tu le saurais, flâneur, si tu n'étais pas resté si longtemps en course rue de Chaillot.
— Tiens, vous croyez peut-être qu'il n'y a qu'un pas de clerc d'ici la rue de Chaillot.
— Oh ! mauvais !... mauvais !...
— Eh bien ! ce fameux vicomte de Saint-Remy ?
— Il n'est pas encore venu ?
— Non.
— Tiens, sa voiture était attelée, et il m'a fait dire par son valet de chambre qu'il allait venir tout de suite ; mais il n'a pas l'air content, dit le domestique... Ah ! messieurs, voilà un joli petit hôtel !... un cuir, luxe... on dirait d'une de ces petites maisons des seigneurs d'autrefois dont on parle dans Faublas. Oh ! Faublas... voilà mon héros, mon modèle ! dit Chalamel en déposant son parapluie et en désarticulant ses socques.
— Je crois bien alors qu'il a des dettes et des contraintes par corps ce vicomte.
— Une recommandation de trente-quatre mille francs que l'huissier envoyée ici, puisque c'est à l'étude qu'on doit venir payer ; le créancier aime mieux ça, je ne sais pas pourquoi.
— Il faut bien qu'il puisse payer maintenant, ce beau vicomte, puisqu'il est revenu hier soir de la campagne, où il était caché depuis trois jours pour échapper aux gardes du commerce.
— Mais comment n'a-t-on pas déjà saisi chez lui ?

— Lui, pas bête ! la maison n'est pas à lui, son mobilier est au nom de son valet de chambre, qui est censé lui louer en garni, de même que ses chevaux et ses voitures sont au nom de son cocher, qui dit, lui, qu'il les à loyer au vicomte des équipages magnifiques à tant par mois. — C'est un malin, allez, M. de Saint-Remy. Mais qu'est-ce que vous dites ? qu'il est arrivé encore du nouveau ici ?
— Figure-toi qu'il y a deux heures le patron entre ici comme un furieux : — Germain n'est pas là ? nous crie-t-il. — Non, monsieur, — Eh bien ! le misérable m'a volé hier soir dix-sept mille francs, reprit le patron.
— Germain... voler... allons donc !
— Tu vas voir.
— Comment donc, monsieur, vous êtes sûr ? mais ce n'est pas possible, que nous nous écrions.
— Je vous dis, messieurs, que j'avais mis hier dans le tiroir du bureau où il travaille quinze billets de mille, plus deux mille francs en or dans une petite boîte : tout a disparu. A ce moment, voilà le père Marriton, le portier, qui arrive en disant : — Monsieur, la garde va venir.
— Et Germain ?
— Attends donc... Le patron dit au portier : — Dès que M. Germain viendra, envoyez-le ici, à l'étude, sans lui rien dire... Je veux le confondre devant vous, messieurs, reprend le patron. Au bout d'un quart d'heure, le pauvre Germain arrive comme si de rien n'était ; la mère Séraphin venait d'apporter notre ratatouille : il salue le patron, nous dit bonjour très-tranquillement. — Germain, vous ne déjeunez pas ? dit Ferrand. — Non, monsieur ; merci, je n'ai pas faim. — Vous venez en tard ? — Oui, monsieur, j'ai été obligé d'aller à Belleville ce matin. — Sans doute pour cacher l'argent que vous m'avez volé ? s'écria M. Ferrand d'une voix terrible.
— Et Germain ?...
— Voilà le pauvre garçon qui devient pâle comme un mort, et qui répond tout de suite en balbutiant : — Monsieur, je vous en supplie, ne me perdez pas...
— Il avait volé ?
— Mais attendez donc, Chalamel. — Ne me perdez pas ! dit-il au patron. — Vous avouez donc, misérable ? — Oui, monsieur... mais voici l'argent qui manque. Je croyais pouvoir le remettre ce matin avant que vous fussiez levé ; malheureusement, une personne chez qui je devais dîner cette somme, et que je croyais trouver hier soir chez elle, était à Belleville depuis deux jours ; il m'a fallu y aller ce matin. C'est ce qui a causé mon retard. Grâce, monsieur, ne me perdez pas ! En prenant cet argent, je savais bien que je pourrais le remettre ce matin. Voici les treize cents francs en or. — Comment, les treize cents francs ! s'écria M. Ferrand. Il s'agit bien de treize cents francs ! Vous m'avez volé, dans le bureau de la chambre du premier, dans un portefeuille vert et deux mille francs en or. — Moi !... jamais ! s'écria le pauvre Germain d'un air renversé. — Je vous avais pris treize cents francs en or... mais pas un sou de plus. Je n'ai pas vu de portefeuille dans le tiroir ; il n'y avait que deux mille francs en or dans une boîte. — Oh ! l'infâme menteur !... s'écria le patron. Vous avez volé treize cents francs, vous pouvez bien en avoir volé davantage ; la justice prononcera... Oh ! je serai impitoyable pour un si affreux abus de confiance ; ça sera un exemple... Enfin, mon pauvre Chalamel, la garde arrive sur le coup de temps-là, avec le secrétaire du commissaire, pour dresser procès-verbal ; on empoigne Germain, et voilà !
— C'est-il bien possible ? Germain, la crème des honnêtes gens !
— Ça nous a paru aussi bien singulier.
— Après ça, il faut avouer une chose : Germain était maniaque, il ne voulait jamais dire où il demeurait.
— Ça, c'est vrai.
— Il avait toujours l'air mystérieux.
— Ce n'est pas une raison pour qu'il ait volé dix-sept mille francs.
— Sans doute.
— C'est une remarque que je fais.
— Ah bien !... voilà une nouvelle !... c'est comme si on me donnait un coup de poing sur la tête... Germain... Germain... qui avait l'air si honnête... à qui on aurait donné le bon Dieu sans confession !
— On dirait qu'il avait comme un pressentiment de son malheur...
— Pourquoi ?
— Depuis quelque temps il avait comme quelque chose qui le rongeait.
— C'était peut-être à propos de Louise.
— De Louise ?
— Après ça, je ne fais que répéter ce que disait ce matin la mère Séraphin.
— Quoi donc ? quoi donc ?
— Qu'il était l'amant de Louise... et le père de l'enfant...
— Voyez-vous, le sournois !
— Tiens, tiens, tiens !
— Ah ! bah !
— Ça n'est pas vrai !
— Comment sais-tu ça, Chalamel ?
— Il n'y a pas quinze jours que Germain m'a dit, en confidence, qu'il était amoureux fou, mais fou, fou, d'une petite ouvrière, bien honnête,

qu'il avait connue dans une maison où il avait logé ; il avait les larmes aux yeux en me parlant d'elle.
— Ohé, Chalamel ! ohé, Chalamel ! est-il rococo !
— Il dit que Faublas est son héros, et il est assez bon enfant, assez cruche, assez actionnaire pour ne pas comprendre qu'on peut être amoureux de l'une et être l'amant de l'autre.
— Je vous dis, moi, que Germain parlait sérieusement...
A ce moment, le maître clerc entra dans l'étude.
— Eh bien ! dit-il, Chalamel, avez-vous fait toutes les courses ?
— Oui, monsieur Dubois, j'ai été chez M. de Saint-Remy, il va venir tout à l'heure pour payer.
— Et chez madame la comtesse Mac-Grégor ?
— Aussi... voilà la réponse.
— Et chez la comtesse d'Orbigny ?
— Elle remercie bien le patron ; elle est arrivée hier matin de Normandie, elle ne s'attendait pas à avoir sitôt sa réponse : voilà la lettre. J'ai aussi passé chez l'intendant de M. le marquis d'Harville, comme il l'avait demandé, pour les frais du contrat que j'ai été faire signer l'autre jour à l'hôtel.
— Vous lui aviez bien dit que ce n'était pas si pressé ?
— Oui ; mais l'intendant a voulu payer tout de même. Voilà l'argent. Ah ! j'oubliais cette carte qui était ici en bas chez le portier, avec un mot au crayon écrit dessus (pas sur le portier) ; ce monsieur a demandé le patron, il a laissé cela.
— WALTER MURPH, lut le maître clerc, et plus bas, au crayon : « reviendra à trois heures pour affaires importantes. » Je ne connais pas ce nom.
— Ah ! j'oubliais encore, reprit Chalamel, M. Badinot a dit que c'était bon, que M. Ferrand fasse comme il l'entendrait, que ça serait toujours bien.
— Il n'a pas donné de réponse par écrit ?
— Non, monsieur, il a dit qu'il n'avait pas le temps.
— Très-bien.
— M. Charles Robert viendra aussi dans la journée parler au patron ; il paraît qu'il s'est battu hier en duel avec le duc de Lucenay.
— Est-il blessé ?
— Je ne crois pas, on me l'aurait dit chez lui.
— Tiens ! une voiture qui s'arrête...
— Oh ! les beaux chevaux ! sont-ils fougueux !
— Et ce gros cocher anglais, avec sa perruque blanche et sa livrée brune à galons d'argent, et ses épaulettes comme un colonel !
— C'est un ambassadeur, bien sûr.
— Et le chasseur, en a-t-il aussi, de cet argent sur le corps !
— Et de grandes moustaches !
— Tiens, dit Chalamel, c'est la voiture du vicomte de Saint-Remy.
— Que ça de genre ? merci !
Bientôt après, M. de Saint-Remy entrait dans l'étude.

CHAPITRE XV.

M. de Saint-Remy.

Nous avons dépeint la charmante figure, l'élégance exquise, la tournure ravissante de M. de Saint-Remy, arrivé la veille de la ferme d'Arnouville (propriété de madame la duchesse de Lucenay), où il avait trouvé un refuge contre les poursuites des gardes du commerce Malicorne et Bourdin.
M. de Saint-Remy entra brusquement dans l'étude, son chapeau sur la tête, l'air haut et fier, fermant à demi les yeux, et demandant d'un air souverainement impertinent, sans regarder personne :
— Le notaire, où est-il ?
— M. Ferrand travaille dans son cabinet, dit le maître clerc, si vous voulez attendre un instant, monsieur, il pourra vous recevoir.
— Comment, attendre ?
— Mais, monsieur...
— Il n'y a pas de mais, monsieur ; allez lui dire que M. de Saint-Remy est là... Je trouve encore plaisant que ce notaire me fasse faire antichambre... Ça empeste le poêle ici !
— Veuillez passer dans cette pièce à côté, monsieur, dit le premier clerc, j'irai tout de suite prévenir M. Ferrand.
M. de Saint-Remy haussa les épaules, et suivit le maître clerc.
Au bout d'un quart d'heure qui lui sembla fort long et qui changea son dépit en colère, M. de Saint-Remy fut introduit dans le cabinet du notaire.
Rien de plus curieux que le contraste de ces deux hommes, tous deux profondément physionomistes et généralement habitués à juger presque du premier coup d'œil à qui ils avaient affaire.
M. de Saint-Remy voyait Jacques Ferrand pour la première fois. Il fut frappé du caractère de cette figure blafarde, rigide, impassible, au regard caché par d'énormes lunettes vertes, au crâne disparaissant à demi sous un vieux bonnet de soie noire.

Le notaire était assis devant son bureau, sur un fauteuil de cuir, à côté d'une cheminée dégradée, remplie de cendre, où fumaient deux tisons noircis. Des rideaux de percaline verte, presque en lambeaux, ajustés à de petites tringles de fer sur les croisées, cachaient les vitres inférieures et jetaient dans ce cabinet, déjà sombre, un reflet livide et sinistre. Des casiers de bois noir remplis de cartons étiquetés, quelques chaises de merisier recouvertes de velours d'Utrecht jaune, une pendule d'acajou, un carrelage jaunâtre, humide et glacial, un plafond sillonné de crevasses et orné de guirlandes de toiles d'araignée, tel était le *sanctus sanctorum* de M. Jacques Ferrand.

Le vicomte n'avait pas fait deux pas dans ce cabinet, n'avait pas dit une parole, que le notaire, qui le connaissait de réputation, le haïssait déjà. D'abord il voyait en lui, pour ainsi dire, un rival en fourberies ; et puis, par cela même que M. Ferrand était d'une mine basse et ignoble, il détestait chez les autres l'élégance, la grâce et la jeunesse, surtout lorsqu'un air suprêmement insolent accompagnait ces avantages.

Le notaire affectait ordinairement une sorte de brusquerie rude, presque grossière, envers ses clients, qui n'en ressentaient que plus d'estime pour lui en raison de ces manières de paysan du Danube. Il se promit de redoubler de brutalité envers M. de Saint-Remy.

Celui-ci, ne connaissant aussi Jacques Ferrand que de réputation, s'attendait à trouver en lui une sorte de tabellion, bonhomme ou ridicule, le vicomte se représentant toujours sous des dehors presque niais les hommes de probité proverbiale, dont Jacques Ferrand était, disait-on, le type achevé.

Loin de là, la physionomie, l'attitude du tabellion, imposaient au vicomte un ressentiment indéfinissable, moitié crainte, moitié haine, quoiqu'il n'eût aucune raison sérieuse de le craindre ou de le haïr. Aussi, en conséquence de son caractère résolu, M. de Saint-Remy exagéra-t-il encore son insolence et sa fatuité habituelles. Le notaire gardait son bonnet sur sa tête, le vicomte garda son chapeau, et s'écria, dès la porte, d'une voix haute et mordante :

— Il est, pardieu ! fort étrange, monsieur, que vous me donniez la peine de venir ici, au lieu d'envoyer chercher chez moi l'argent des traites que j'ai souscrites à ce Badinot, et pour lesquelles le drôle-là m'a poursuivi... Vous me dites, il est vrai, qu'en outre vous avez une communication très-importante à me faire... soit... mais alors vous ne devriez pas m'exposer à attendre un quart d'heure dans votre antichambre : cela n'est pas poli, monsieur.

M. Ferrand, impassible, termina un calcul qu'il faisait, essuya méthodiquement sa plume sur l'éponge imbibée d'eau qui entourait son encrier de faïence ébréché, et leva vers le vicomte sa face glaciale, terreuse et camuse, chargée d'une paire de lunettes.

On eût dit une tête de mort dont les orbites auraient été remplacées par de larges prunelles fixes, glauques et vertes.

Après l'avoir considéré un moment en silence, le notaire dit au vicomte, d'une voix brusque et brève :

— Où est l'argent ?

Ce sang-froid exaspéra M. de Saint-Remy.

Lui... lui, l'idole des femmes, le parangon de la meilleure compagnie de Paris, le duelliste redouté, ne pas produire plus d'effet sur un misérable notaire ! cela était odieux ; quoiqu'il fût en tête-à-tête avec Jacques Ferrand, son orgueil intime se révoltait.

— Où sont les traites ?

Reprit-il aussi brièvement.

Du bout d'un de ses doigts durs comme du fer et couverts de poils roux, le notaire, sans répondre, frappa sur un large portefeuille de cuir posé près de lui.

Décidé à être aussi laconique, mais frémissant de colère, le vicomte prit dans la poche de sa redingote un petit agenda de cuir de Russie fermé par des agrafes d'or, en tira quarante billets de mille francs, et les montra au notaire.

— Combien ? demanda celui-ci.

— Quarante mille francs.

— Donnez...

— Tenez, et finissons vite, monsieur ; faites votre métier, payez-vous, remettez-moi les traites, dit le vicomte en jetant impatiemment le paquet de billets de banque sur la table.

Le notaire les prit, se leva, les examina près de la fenêtre, les tournant et les retournant un à un, avec une attention si scrupuleuse, et pour ainsi dire si insultante pour M. de Saint-Remy, que ce dernier en blêmit de rage.

Le notaire, comme s'il eût deviné les pensées qui agitaient le vicomte, hocha la tête, se tourna à demi vers lui, et lui dit avec un accent indéfinissable :

— Ça s'est vu...

Un moment interdit, M. de Saint-Remy reprit sèchement :

— Quoi ?

— Des billets de banque faux, répondit le notaire en continuant de soumettre ceux qu'il tenait à un examen attentif.

— A propos de quoi me faites-vous cette remarque, monsieur ?

Jacques Ferrand s'arrêta un moment, regarda fixement le vicomte à travers ses lunettes ; puis, haussant imperceptiblement les épaules, il se remit à inventorier les billets sans prononcer une parole.

— Mort-Dieu, monsieur le notaire, sachez que lorsque j'interroge, on

me répond ! s'écria M. de Saint-Remy irrité par le calme de Jacques Ferrand.

— Ceux-là sont bons... dit le notaire en retournant vers son bureau où il prit une petite liasse de papiers timbrés auxquels étaient annexées deux lettres de change ; il mit ensuite un des billets de mille francs et trois rouleaux de cent francs sur le dossier de la créance, puis il dit à M. de Saint-Remy, en lui indiquant du bout du doigt l'argent et les traites :

— Voici ce qui vous revient des quarante mille francs ; mon client m'a chargé de percevoir la note des frais.

Le vicomte s'était contenu à grand' peine pendant que Jacques Ferrand établissait ses comptes. Au lieu de lui répondre et de prendre l'argent, il s'écria d'une voix tremblante de colère :

— Je vous demande, monsieur, pourquoi vous m'avez dit, à propos des billets de banque que je viens de vous remettre, qu'on en avait vu de faux ?

— Pourquoi ?

— Oui.

— Parce que... je vous ai mandé ici pour une affaire de faux...

Et le notaire braqua ses lunettes vertes sur le vicomte.

— En quoi cette affaire de faux me concerne-t-elle ?

— Après un moment de silence, M. Ferrand dit au vicomte, d'un ton triste et sévère :

— Vous rendez-vous compte, monsieur, des fonctions que remplit un notaire ?

— Le compte et les fonctions sont parfaitement simples, monsieur ; j'avais tout à l'heure quarante mille francs, il m'en reste treize cents.

— Vous êtes très-plaisant, monsieur... Je vous dirai, moi, qu'un notaire est aux affaires temporelles ce qu'un confesseur est aux affaires spirituelles... Par état, il connaît souvent d'ignobles secrets.

— Après, monsieur ?

— Il se trouve souvent forcé d'être en relation avec des fripons...

— Ensuite, monsieur ?

— Il doit, autant qu'il le peut, empêcher un nom honorable d'être traîné dans la boue.

— Qu'ai-je de commun avec tout cela ?

— Votre père vous avait laissé un nom respecté que vous déshonorez, monsieur !...

— Qu'osez-vous dire ?

— Sans l'intérêt qu'inspire ce nom à tous les honnêtes gens, au lieu d'être cité ici, devant moi, vous seriez à cette heure devant le juge d'instruction.

— Je ne vous comprends pas.

— Il y a deux mois, vous avez escompté, par l'intermédiaire d'un agent d'affaires, une traite de cinquante-huit mille francs, souscrite par la maison Meulaert et compagnie, de Hambourg, au profit d'un William Smith, et payable dans trois mois chez M. Grimaldi, banquier à Paris.

— Eh bien !

— Cette traite est fausse.

— Cela n'est pas vrai...

— Cette traite est fausse !... La maison Meulaert n'a jamais contracté d'engagement avec William Smith ; elle ne le connaît pas.

— Serait-il vrai ! s'écria M. de Saint-Remy avec autant de surprise que d'indignation ; mais alors j'ai été horriblement trompé, monsieur, car j'ai reçu cette valeur comme argent comptant.

— De qui ?

— De M. William Smith lui-même ; la maison Meulaert est si connue, je connaissais moi-même tellement la probité de M. William Smith, que j'ai accepté cette traite en payement d'une somme qu'il me devait...

— William Smith n'a jamais existé... c'est un personnage imaginaire...

— Monsieur, vous m'insultez !

— Je vous dis, monsieur, que M. William Smith existe ; mais il a sans doute été dupe d'un horrible abus de confiance.

— Pauvre jeune homme !...

— Expliquez-vous.

— En quatre mots, le dépositaire actuel de la traite est convaincu que vous avez commis le faux...

— Monsieur !...

— Il prétend en avoir la preuve ; avant-hier il est venu me prier de vous mander chez moi et de vous proposer de vous rendre cette fausse traite... moyennant transaction... Jusque-là tout était loyal ; voici qu'il ne l'est plus, et je ne vous en parle qu'à titre de renseignements : il veut cent mille francs... écus... aujourd'hui même ; ou sinon, demain à midi, le faux est déposé au parquet du procureur du roi.

— C'est une indignité !

— Et de plus une absurdité... Vous êtes ruiné, vous étiez poursuivi pour une somme que vous venez de me payer, grâce à je ne sais quelle ressource... voilà ce que j'ai déclaré à ce tiers porteur... Il m'a répondu à cela... que certaine grande dame très-riche ne vous laisserait pas dans l'embarras.

— Assez, monsieur !... assez !...

— Autre indignité, autre absurdité ! d'accord.

— Enfin, monsieur, que veut-on ?

— Indignement exploiter une action indigne. J'ai consenti à vous faire savoir cette proposition, tout en la flétrissant comme un honnête homme doit la flétrir. Maintenant cela vous regarde. Si vous êtes coupable, choisissez entre la cour d'assises ou la rançon qu'on vous impose... Ma démarche est tout officieuse, et je ne me mêlerai pas davantage d'une affaire aussi sale. Le tiers-porteur s'appelle M. Petit-Jean, négociant en huiles ; il demeure sur le bord de la Seine, quai de Billy, 10. Arrangez-vous avec lui. Vous êtes dignes de vous entendre... si vous êtes faussaire, comme il l'affirme.

M. de Saint-Remy était entré chez Jacques Ferrand le verbe insolent, la tête haute. Quoiqu'il eût commis dans sa vie quelques actions honteuses, il restait encore en lui une certaine fierté de race, un courage naturel qui ne s'était jamais démenti. Au commencement de cet entretien, regardant le notaire comme un adversaire indigne de lui, il s'était contenté de le persifler.

Lorsque Jacques Ferrand eut parlé de faux... le vicomte se sentit écrasé. A son tour il se trouvait dominé par le notaire.

Sans l'empire absolu qu'il avait sur lui-même, il n'aurait pu cacher l'impression terrible que lui causa cette révélation inattendue ; car elle pouvait avoir pour lui des suites incalculables, que le notaire ne soupçonnait même pas.

Après un moment de silence et de réflexion, il se résigna, lui si orgueilleux, si irritable, si vain de sa bravoure, à implorer cet homme grossier qui lui avait si rudement parlé l'austère langage de la probité.

— Monsieur, vous me donnez une preuve d'intérêt dont je vous remercie ; je regrette la vivacité de mes premières paroles... dit M. de Saint-Remy d'un ton cordial.

— Je ne m'intéresse pas du tout à vous, reprit brutalement le notaire. Votre père étant l'honneur même, je n'aurais pas voulu voir son nom à la cour d'assises : voilà tout.

— Je vous répète, monsieur, que je suis incapable de l'infamie dont on m'accuse.

— Vous direz cela à M. Petit-Jean.

— Mais, je l'avoue, l'absence de M. Smith, qui a indignement abusé de ma bonne foi...

— Infâme Smith !

— L'absence de M. Smith me met dans un cruel embarras ; je suis innocent : qu'on m'accuse, je le prouverai ; mais une telle accusation flétrit toujours un galant homme.

— Après ?

— Soyez assez généreux pour employer la somme que je viens de vous remettre à désintéresser en partie la personne qui a cette traite entre les mains.

— Cet argent appartient à mon client, il est sacré !

— Mais dans deux ou trois jours je le rembourserai.

— Vous ne le pourrez pas.

— J'ai des ressources.

— Aucunes... d'avouables du moins. Votre mobilier, vos chevaux ne vous appartiennent plus, dites-vous... ce qui m'a l'air d'une fraude indigne.

— Vous êtes bien dur, monsieur. Mais, en admettant cela, ne ferai-je pas argent de tout dans une extrémité aussi désespérée ? Seulement, comme il m'est impossible de me procurer d'ici à demain midi cent mille francs, je vous en conjure, employez l'argent que je viens de vous remettre à retirer cette malheureuse traite ; ou bien... vous qui êtes si riche... faites-moi cette avance, ne me laissez pas dans une position pareille...

— Moi, répondre de cent mille francs pour vous ! Ah çà ! vous êtes donc fou ?

— Monsieur, je vous en supplie... au nom de mon père... dont vous m'avez parlé... soyez assez bon pour...

— Je suis bon pour ceux qui le méritent, dit rudement le notaire ; honnête homme, je hais les escrocs, et je ne serais pas fâché de voir un de ces beaux fils sans foi ni loi, impies et débauchés, une bonne fois attaché au pilori pour servir d'exemple aux autres... Mais j'entends vos chevaux qui s'impatientent, monsieur le vicomte, dit le notaire en souriant du bout de ses dents noires.

A ce moment on frappa à la porte du cabinet.

— Qu'est-ce ? dit Jacques Ferrand.

— Madame la comtesse d'Orbigny, dit le maître clerc.

— Priez-la d'attendre un moment.

— C'est la belle-mère de la marquise d'Harville ! s'écria M. de Saint-Remy.

— Oui, monsieur ; elle a rendez-vous avec moi ; ainsi, serviteur.

— Pas un mot de ceci, monsieur ! s'écria M. de Saint-Remy d'un ton menaçant.

— Je vous ai dit, monsieur, qu'un notaire était aussi discret qu'un confesseur.

Jacques Ferrand sonna ; le clerc parut.

— Faites entrer madame d'Orbigny. Puis, s'adressant au vicomte : Prenez ces treize cents francs, monsieur, ce sera toujours un à-compte pour M. Petit-Jean.

Madame d'Orbigny (autrefois madame Roland) entra au moment où M. de Saint-Remy sortait, les traits contractés par la rage de s'être inutilement humilié devant le notaire.

— Eh ! bonjour, monsieur de Saint-Remy, lui dit madame d'Orbigny ; combien il y a de temps que je ne vous ai vu...

— En effet, madame, depuis le mariage de d'Harville, dont j'étais témoin, je n'ai pas eu l'honneur de vous rencontrer, dit M. de Saint-Remy en s'inclinant et en donnant tout à coup à ses traits une expression affable et souriante. Depuis lors, vous êtes toujours restée en Normandie ?

— Mon Dieu ! oui ; M. d'Orbigny ne peut plus vivre maintenant qu'à la campagne... et ce qu'il aime, je l'aime... Aussi, vous voyez en moi une vraie provinciale : je ne suis pas venue à Paris depuis le mariage de ma chère belle-fille avec cet excellent M. d'Harville... Le voyez-vous souvent ?

— D'Harville est devenu très-sauvage et très-morose. On le rencontre assez peu dans le monde, dit M. de Saint-Remy avec une nuance d'impatience, car cet entretien lui était insupportable, et par son inopportunité, et parce que le notaire semblait s'en amuser beaucoup. Mais la belle-mère de madame d'Harville, enchantée de cette rencontre avec un élégant, n'était pas femme à lâcher sitôt sa proie.

— Et ma chère belle-fille, reprit-elle, n'est pas, je l'espère, aussi sauvage que son mari ?

— Madame d'Harville est fort à la mode et toujours fort entourée, ainsi qu'il convient à une jolie femme ; mais je crains, madame, d'abuser de vos moments... et...

— Mais pas du tout, je vous assure. C'est une bonne fortune pour moi de rencontrer l'élégant des élégants, le roi de la mode ; en dix minutes, je vais être au fait de Paris comme si je ne l'avais jamais quitté... Et votre cher M. de Lucenay, qui était avec vous le témoin du mariage de M. d'Harville ?

— Plus original que jamais : il part pour l'Orient, et il en revient juste à temps pour recevoir hier matin un coup d'épée, fort innocent du reste.

— Ce pauvre duc ! Et sa femme, toujours belle et ravissante ?

— Vous savez, madame, que j'ai l'honneur d'être un de ses meilleurs amis, mon témoignage à ce sujet serait suspect... Veuillez, madame, à votre retour aux Aubiers, me faire la grâce de ne pas m'oublier auprès de M. d'Orbigny.

— Il sera très-sensible, je vous assure, à votre aimable souvenir ; car il s'informe souvent de vous, de vos succès... Il dit toujours que vous lui rappelez le duc de Lauzun.

— Cette comparaison seule est tout un éloge ; mais, malheureusement pour moi, elle est beaucoup plus bienveillante que vraie. Adieu, madame ; car je n'ose espérer que vous puissiez me faire l'honneur de me recevoir avant votre départ.

— Je serais désolée de vous priser la peine de venir chez moi. Je suis tout à fait campée pour quelques jours en hôtel garni ; mais si, cet été ou cet automne, vous passez sur votre route en allant à quelqu'un de ces châteaux à la mode où les merveilleuses se disputent le plaisir de vous recevoir... accordez-nous quelques jours, seulement par curiosité de contraste, et pour vous reposer chez de pauvres campagnards de l'étourdissement de la vie de château si élégante et si folle... car c'est toujours fête où vous allez !...

— Madame...

— Je n'ai pas besoin de vous dire combien M. d'Orbigny et moi serons heureux de vous recevoir. Mais adieu, monsieur ; je crains que le bourru bienfaisant (elle montra le notaire) ne s'impatiente de nos bavardages.

— Bien au contraire, madame, bien au contraire, dit Ferrand avec un accent qui redoubla la rage contenue de M. de Saint-Remy.

— Avouez que M. Ferrand est un homme terrible, reprit madame d'Orbigny en faisant l'évaporée. Mais prenez garde ; puisqu'il est heureusement pour vous chargé de vos affaires, il vous grondera furieusement, c'est un homme impitoyable. Mais que dis-je ?... au contraire... un merveilleux comme vous... avoir M. Ferrand pour notaire... mais c'est un brevet d'amendement : car on sait bien qu'il ne laisse jamais faire de folies à ses clients, sinon il leur rend leurs comptes... Oh ! il ne veut pas être le notaire de tout le monde... Puis, s'adressant à Jacques Ferrand : Savez-vous, monsieur le puritain, quelle est une superbe conversion que vous avez faite là... rendre sage l'élégant par excellence, le roi de la mode ?

— C'est justement une conversion, madame... M. le vicomte sort de mon cabinet tout autre qu'il n'y était entré.

— Quand je vous dis que vous faites des miracles !... ce n'est pas étonnant, vous êtes un saint.

— Ah ! madame... vous me flattez, dit Jacques Ferrand avec componction.

M. de Saint-Remy salua profondément madame d'Orbigny ; puis, au moment de quitter le notaire, voulant tenter une dernière fois de l'apitoyer, il lui dit d'un ton dégagé, qui laissait pourtant deviner une anxiété profonde :

— Décidément, mon cher monsieur Ferrand, vous ne voulez pas m'accorder ce que je vous demande ?

— Quelque folie, sans doute ?... Soyez inexorable, mon cher puritain, s'écria madame d'Orbigny en riant.

— Vous entendez, monsieur, je ne puis contrarier une aussi belle dame...

— Mon cher monsieur Ferrand, parlons sérieusement... des choses sérieuses... et vous savez que celle-là... l'est beaucoup... Décidément vous me refusez? demanda le vicomte avec une angoisse à peine dissimulée.

c'est impossible... Je ne souffrirai pas que, par caprice, vous fassiez une étourderie pareille... Monsieur le vicomte, je me regarde comme le tuteur de mes clients; je n'ai pas d'autre famille, et je me regarderais comme complice des folies que je leur laisserais faire.
— Oh! le puritain! Voyez-vous le puritain! dit madame d'Orbigny.
— Du reste, voyez M. Petit-Jean; il pensera, j'en suis sûr, absolument comme moi; et, comme moi, il vous dira... non!

M. de Saint-Remy sortit désespéré.

La mère Bouvard.

Le vicomte de Saint-Remy.

Le notaire fut assez cruel pour paraître hésiter. M. de Saint-Remy eut un moment d'espoir.
— Comment, homme de fer, vous cédez? dit en riant la belle-mère de madame d'Harville, vous subissez aussi le charme de l'irrésistible?...
— Ma foi, madame, j'étais sur le point de céder, comme vous dites; mais vous me faites rougir de ma faiblesse, reprit M. Ferrand. Puis, s'adressant au vicomte, il lui dit, avec une expression dont celui-ci comprit toute la signification : Là, sérieusement (et il appuya sur ce mot),

Après un moment de réflexion, il dit : — Il le faut. Puis, à son chasseur, qui tenait ouverte la portière de sa voiture :
— A l'hôtel de Lucenay.
Pendant que M. de Saint-Remy se rend chez la duchesse, nous ferons

assister nos lecteurs à l'entretien de M. Ferrand et de la belle-mère de madame d'Harville.

CHAPITRE XVI.

Le testament.

Le lecteur a peut-être oublié le portrait de la belle-mère de madame d'Harville, tracé par celle-ci.

Répétons que madame d'Orbigny est une petite femme blonde, mince, ayant les cils presque blancs, les yeux ronds et d'un bleu pâle : sa parole est mielleuse, son regard hypocrite, ses manières insinuantes et insidieuses. En étudiant sa physionomie fausse et perfide, on y découvre quelque chose de sournoisement cruel.

— Quel charmant jeune homme que M. de Saint-Remy ! dit madame d'Orbigny à Jacques Ferrand lorsque le vicomte fut sorti.

— Charmant. Mais, madame, causons d'affaires... Vous m'avez écrit de Normandie que vous vouliez me consulter sur de graves intérêts...

— N'avez-vous pas toujours été mon conseil depuis que ce bon docteur Polidori m'a adressée à vous ?... A propos, avez-vous de ses nouvelles ? demanda madame d'Orbigny d'un air parfaitement détaché.

— Depuis son départ de Paris il ne m'a pas écrit une seule fois, répondit non moins indifféremment le notaire.

Avertissons le lecteur que ces deux personnages se mentaient effrontément l'un à l'autre. Le notaire avait vu récemment Polidori (un de ses deux complices) et lui avait proposé d'aller à Asnières, chez les Martial, pirates d'eau douce dont nous parlerons plus tard, d'aller, disons-nous, empoisonner Louise Morel, sous le nom du docteur Vincent.

La belle-mère de madame d'Harville se rendait à Paris afin d'avoir aussi une conférence secrète avec ce scélérat, depuis assez longtemps caché, nous l'avons dit, sous le nom de César Bradamanti.

— Mais il ne s'agit pas du bon docteur, reprit la belle-mère de madame d'Harville : vous me voyez très-inquiète : mon mari est indisposé ; sa santé s'affaiblit de plus en plus. Sans me donner de craintes graves... son état me tourmente... ou plutôt le tourmente, dit madame d'Orbigny en essuyant ses yeux légèrement humectés.

— De quoi s'agit-il ?

— Il parle incessamment de dernières dispositions à prendre... de testament...

Mort du marquis d'Harville. — PAGE 169.

Ici madame d'Orbigny cacha son visage dans son mouchoir pendant quelques minutes.

— Cela est triste, sans doute, reprit le notaire, mais cette précaution n'a en elle-même rien de fâcheux... Quelles seraient d'ailleurs les intentions de M. d'Orbigny, madame ?

— Mon Dieu, que sais-je ?... Vous sentez bien que, lorsqu'il met la conversation sur ce sujet, je ne l'y laisse pas longtemps.

— Mais, enfin, à ce propos, ne vous a-t-il rien dit de positif ?

— Je crois, reprit madame d'Orbigny d'un air parfaitement désintéressé, je crois qu'il veut non-seulement me donner tout ce que la loi lui permet de me donner... mais... Oh ! tenez, je vous en prie, ne parlons pas de cela...

— De quoi parlerons-nous ?

— Hélas ! vous avez raison, homme impitoyable ! Il faut, malgré moi, revenir au triste sujet qui m'amène auprès de vous. Eh bien ! M. d'Orbigny pousse la bonté jusqu'à vouloir... dénaturer une partie de sa fortune et me faire don... d'une somme considérable.

— Mais sa fille, sa fille ? s'écria sévèrement M. Ferrand. Je dois vous déclarer que depuis un an M. d'Harville m'a chargé de ses affaires. Je lui ai dernièrement encore fait acheter une terre magnifique. Vous connaissez ma rudesse en affaires, peu m'importe que M. d'Harville soit un client ; ce que je plaide, c'est la cause de la justice ; si votre mari veut prendre envers sa fille, madame d'Harville, une détermination qui ne me semble pas convenable... je vous le dirai brutalement, il ne faudra pas compter sur mon concours. Nette et droite, telle a toujours été ma ligne de conduite.

— Et la mienne donc ! Ainsi je répète sans cesse à mon mari ce que vous me dites là : « Votre fille a de grands torts envers vous, soit ; mais ce n'est pas une raison pour la déshériter. »

— Très-bien, à la bonne heure. Et que répondit-il ?

— Il répond : « Je laisserai à ma fille vingt-cinq mille francs de rentes. Elle a eu plus d'un million de sa mère ; son mari a personnellement une fortune énorme ; ne puis-je pas vous abandonner le reste, à vous, ma tendre amie, le seul soutien, la seule consolation de mes vieux jours, mon ange gardien ? »

— Je vous répète ces paroles trop flatteuses, dit madame d'Orbigny avec un soupir de modestie, pour vous montrer combien M. d'Orbigny est bon pour moi ; mais, malgré cela, j'ai toujours refusé ses offres ; ce que voyant, il s'est décidé à me prier de venir vous trouver.

— Mais je ne connais pas M. d'Orbigny.

— Mais lui, comme tout le monde, connaît votre loyauté.

— Mais comment vous a-t-il adressée à moi ?

— Pour couper court à mes refus, à mes scrupules, il m'a dit : « Je ne vous propose pas de consulter mon notaire, vous le croiriez trop à ma dévotion ; mais je m'en rapporterai absolument à la décision d'un homme dont le rigorisme de probité est proverbial, M. Jacques Ferrand. S'il trouve votre délicatesse compromise par votre acquiescement à mes offres, nous n'en parlerons plus; sinon vous vous résignerez.—J'y consens, dis-je à M. d'Orbigny, et voilà comment vous êtes devenu notre arbitre.—S'il m'approuve, ajouta mon mari, je lui enverrai un plein pouvoir pour réaliser, en mon nom, mes valeurs de rentes et de portefeuille: il gardera cette somme en dépôt, et après moi, ma tendre amie, vous aurez au moins une existence digne de vous. »

Jamais peut-être M. Ferrand ne sentit plus qu'en ce moment l'utilité de ses lunettes. Sans elles, madame d'Orbigny eût sans doute été frappée du regard étincelant du notaire, dont les yeux semblèrent s'illuminer à ce mot de dépôt.

Il répondit néanmoins d'un ton bourru :
— C'est impatientant... voilà la dix ou douzième fois qu'on me choisit ainsi pour arbitre... toujours sous le prétexte de ma probité... on n'a que ce mot à la bouche... Ma probité! ma probité!... bel avantage... ça ne me vaut que des ennuis... que des tracas...
— Mon bon monsieur Ferrand... voyons... ne me rudoyez pas. Vous écrirez donc à M. d'Orbigny, il attend votre lettre afin de vous adresser ses pleins pouvoirs... pour réaliser cette somme...
— Combien à peu près?...
— Il m'a parlé, je crois, de quatre à cinq cent mille francs.
— La somme est moins considérable que je ne le croyais; après tout, vous vous êtes dévouée à M. d'Orbigny... Sa fille est riche... vous n'avez rien... je puis approuver cela; il me semble que loyalement vous devez accepter...
— Vrai... vous croyez? dit madame d'Orbigny, dupe comme tout le monde de la probité proverbiale du notaire, et qui n'avait pas été détrompée à cet égard par Polidori.
— Vous pouvez accepter, répéta-t-il.
— J'accepterai donc, dit madame d'Orbigny avec un soupir.
Le premier clerc frappa à la porte.
— Qu'est-ce? demanda M. Ferrand.
— Madame la comtesse Mac-Grégor.
— Faites attendre un moment...
— Je vous laisse donc, mon cher monsieur Ferrand, dit madame d'Orbigny, vous écrirez à mon mari... puisqu'il le désire, et il vous enverra ses pleins pouvoirs demain...
— J'écrirai...
— Adieu, mon digne et bon conseil.
— Ah! vous ne savez pas, vous autres gens du monde, combien il est désagréable de se charger de pareils dépôts... la responsabilité qui pèse sur nous. Je vous dis qu'il n'y a rien de plus détestable que cette belle réputation de probité; qui ne vous attire que des corvées!
— Et l'admiration des gens de bien !
— Dieu merci! je place ailleurs qu'ici-bas la récompense que j'ambitionne! dit M. Ferrand d'un ton béat.

A madame d'Orbigny succéda Sarah Mac-Grégor.

CHAPITRE XVII.

La comtesse Mac-Grégor.

Sarah entra dans le cabinet du notaire avec son sang-froid et son assurance habituels. Jacques Ferrand ne la connaissait pas, il ignorait le but de sa visite; il s'observa plus encore que de coutume, dans l'espoir de faire une nouvelle dupe... Il regarda très-attentivement la comtesse, et, malgré l'impassibilité de cette femme au front de marbre, il remarqua un léger tressaillement des sourcils, qui lui parut trahir un embarras contraint.

Le notaire se leva de son fauteuil, avança une chaise, la montra du geste à Sarah et lui dit :
— Vous m'avez demandé, madame, un rendez-vous pour aujourd'hui ; j'ai été très-occupé hier, je n'ai pu vous répondre que ce matin ; je vous en fais mille excuses.
— Je désirais vous voir, monsieur... pour une affaire de la plus haute importance... Votre réputation de probité, de bonté, d'obligeance, m'a fait espérer le succès de la démarche que je tente auprès de vous...
Le notaire s'inclina légèrement sur la chaise.
— Je sais, monsieur, que votre discrétion est à toute épreuve...
— C'est mon devoir, madame.
— Vous êtes, monsieur, un homme rigide et incorruptible.
— Oui, madame.
— Pourtant, si l'on vous disait : Monsieur, il dépend de vous de rendre la vie... plus que la vie... la raison, à une malheureuse mère, auriez-vous le courage de refuser?
— Précisez des faits, madame, je répondrai.
— Il y a quatorze ans environ, à la fin du mois de décembre 1824, un homme, jeune encore, vêtu de deuil... est venu vous proposer de prendre en viager la somme de cent cinquante mille francs, que l'on voulait placer à fonds perdus sur la tête d'un enfant de trois ans dont les parents désiraient rester inconnus.
— Ensuite, madame? dit le notaire, s'épargnant ainsi de répondre affirmativement.
— Vous avez consenti à vous charger de ce placement, et de faire assurer à cette enfant une rente viagère de huit mille francs ; la moitié de ce revenu devait être capitalisée à son profit jusqu'à sa majorité ; l'autre moitié devait être payée par vous à la personne qui prenait soin de cette petite fille?
— Ensuite, madame?
— Au bout de deux ans, dit Sarah sans pouvoir vaincre une légère émotion, le 28 novembre 1827, cette enfant est morte.
— Avant de continuer cet entretien, madame, je vous demanderai quel intérêt vous portez à cette affaire.
— La mère de cette petite fille est... ma sœur, monsieur (1). J'ai là, pour preuve de ce que j'avance, l'acte de décès de cette pauvre petite, les lettres de la personne qui a pris soin d'elle, l'obligation d'un de vos clients, chez lequel vous aviez placé les cinquante mille écus.
— Voyons ces papiers, madame.
Assez étonnée de ne pas être crue sur parole, Sarah tira d'un portefeuille plusieurs papiers, que le notaire examina soigneusement.
— Eh bien ! madame, que désirez-vous? L'acte de décès est parfaitement en règle, et les cinquante mille écus ont été acquis à M. Petit-Jean, mon client, par la mort de l'enfant; c'est une des chances des placements viagers, je l'ai fait observer à la personne qui m'a chargé de cette affaire. Quant aux revenus, ils ont été exactement payés par moi jusqu'à la mort de l'enfant.
— Rien de plus loyal que votre conduite en tout ceci, monsieur, je me plais à le reconnaître. La femme à qui l'enfant a été confiée a eu aussi des droits à notre gratitude, elle a eu les plus grands soins de ma pauvre petite nièce.
— Cela est vrai, madame ; j'ai même été si satisfait de la conduite de cette femme, que, la voyant sans place après la mort de cette enfant, je l'ai pris à mon service, et depuis ce temps elle y est encore.
— Madame Séraphin est à votre service, monsieur ?
— Depuis quatorze ans, comme femme de charge. Et je n'ai qu'à me louer d'elle.
— Puisqu'il en est ainsi, monsieur, elle pourrait nous être d'un grand secours si... vous... vouliez bien accueillir une demande qui vous paraîtra étrange, peut-être même... coupable au premier abord ; mais quand vous saurez dans quelle intention...
— Une demande coupable, madame! je ne vous crois pas plus capable de la faire que moi de l'écouter.
— Je sais, monsieur, que vous êtes la dernière personne à qui on devrait adresser une pareille requête... mais je mets tout mon espoir... mon seul espoir, dans votre pitié. En tout cas, je puis compter sur votre discrétion?
— Oui, madame.
— Je continue donc. La mort de cette pauvre petite fille a jeté sa mère dans une désolation telle, que sa douleur est aussi vive aujourd'hui qu'il y a quatorze ans, et qu'après avoir craint pour sa vie aujourd'hui nous craignons pour sa raison.
— Pauvre mère ! dit M. Ferrand avec un soupir.
— Oh ! oui, bien malheureuse mère, monsieur ; car elle ne pouvait que rougir de la naissance de sa fille à l'époque où elle l'a perdue, tandis qu'à cette heure les circonstances sont telles, que ma sœur, si son enfant vivait encore, pourrait la légitimer, s'en enorgueillir, ne plus jamais la quitter. Aussi, ce regret incessant venant se joindre à ses autres chagrins, nous craignons à chaque instant de voir sa raison s'égarer.
— Il n'y a malheureusement rien à faire à cela.
— Si, monsieur.
— Comment, madame?
— Supposez qu'on vienne dire à la pauvre mère : On a cru votre fille morte, elle ne l'est pas ; la femme qui a pris soin d'elle étant toute petite pourrait l'affirmer.
— Un tel mensonge serait cruel, madame... pourquoi donner en vain un espoir à cette pauvre mère ?
— Mais, si ce n'était pas un mensonge, monsieur ? ou plutôt si cette supposition pouvait se réaliser?
— Par un miracle? s'il ne fallait pour l'obtenir que joindre mes prières aux vôtres, je les joindrais du plus profond de mon cœur... croyez-le, madame... Malheureusement l'acte de décès est formel.
— Mon Dieu, je sais, monsieur, l'enfant est mort ; et pourtant, si vous vouliez, le malheur ne serait pas irréparable.
— Est-ce une énigme, madame?
— Je parlerai donc plus clairement... Que ma sœur retrouve demain sa fille, non-seulement elle renaît à la vie, mais encore elle est sûre d'épouser le père de cet enfant, aujourd'hui libre comme elle. Ma nièce est

(1) Nous croyons inutile de rappeler au lecteur que l'enfant dont il est question est Fleur-de-Marie, fille de Rodolphe et de Sarah, et que celle-ci, en parlant d'une prétendue sœur, fait un mensonge nécessaire à ses projets, ainsi qu'on va le voir. Sarah était d'ailleurs convaincue comme Rodolphe de la mort de la petite fille.

morte à six ans. Séparée de ses parents dès l'âge le plus tendre, ils n'ont conservé d'elle aucun souvenir... Supposez qu'on trouve une jeune fille de dix-sept ans, ma nièce aurait maintenant cet âge... une jeune fille comme il y en a tant, abandonnée de ses parents: qu'on dise à ma sœur : « Voilà votre fille, car on vous a trompée : de graves intérêts ont voulu qu'on la fît passer pour morte. La femme qui l'a élevée, un notaire respectable, vous affirmeront, vous prouveront que c'est bien elle... »

Jacques Ferrand, après avoir laissé parler la comtesse sans l'interrompre, se leva brusquement, et s'écria d'un air indigné :

— Assez... assez !... madame ! Oh ! cela est infâme !

— Monsieur !

— Oser me proposer à moi... à moi... une supposition d'enfant... l'anéantissement d'un acte de décès... une action criminelle, enfin ! C'est la première fois de ma vie que je subis un pareil outrage... et je ne l'ai pourtant pas mérité, mon Dieu... vous le savez !

— Mais, monsieur, à qui cela fait-il du tort? Ma sœur et la personne qu'elle désire épouser sont veufs et sans enfants... tous deux regrettent amèrement la fille qu'ils ont perdue. Les tromper... mais c'est les rendre au bonheur, à la vie... mais c'est assurer le sort le plus heureux à quelque pauvre fille abandonnée... c'est donc là une noble, une généreuse action, et non pas un crime.

— En vérité, s'écria le notaire avec une indignation croissante, j'admire combien les projets les plus exécrables peuvent se colorer de beaux semblants !

— Mais, monsieur, réfléchissez...

— Je vous répète, madame, que cela est infâme... C'est une honte de voir une femme de votre qualité machiner de telles abominations... auxquelles votre sœur, je l'espère, est étrangère...

— Monsieur...

— Assez, madame, assez !... Je ne suis pas galant, moi... Je vous dirais brutalement de dures vérités...

Sarah jeta sur le notaire un de ces regards noirs, profonds, presque acérés, et lui dit froidement :

— Vous refusez?

— Pas de nouvelle insulte, madame !...

— Prenez garde !

— Des menaces ?...

— Des menaces... Et pour vous prouver qu'elles ne seraient pas vaines, apprenez d'abord que je n'ai pas de sœur...

— Comment, madame ?

— Je suis la mère de cet enfant...

— Vous ?...

— Moi !... J'avais pris un détour pour arriver à mon but, imaginé une fable pour vous intéresser... Vous êtes impitoyable... Je lève le masque... Vous voulez la guerre... eh bien ! la guerre...

— La guerre ! parce que je refuse de m'associer à une machination criminelle ! quelle audace !...

— Écoutez-moi, monsieur... votre réputation d'honnête homme est faite et parfaite... retentissante et immense...

— Parce qu'elle est méritée... Aussi faut-il avoir perdu la raison pour oser me faire des propositions comme les vôtres !...

— Mieux que personne je le sais, monsieur, combien il faut se défier de ces réputations de vertu farouche, qui souvent voilent la galanterie des femmes et la friponnerie des hommes...

— Vous oseriez dire, madame !...

— Depuis le commencement de notre entretien, je ne sais pourquoi... je doute que vous méritiez l'estime et la considération dont vous jouissez.

— Vraiment, madame ? ce doute fait honneur à votre perspicacité.

— N'est-ce pas ?.. car ce doute est fondé sur des riens... sur l'instinct, sur des pressentiments inexplicables... mais rarement ces prévisions m'ont trompée.

— Finissons cet entretien, madame.

— Avant, connaissez ma résolution.... Je commence par vous dire, de vous à moi, que je suis convaincue de la mort de ma pauvre fille... Mais il n'importe, je prétendrai qu'elle n'est pas morte... Les causes les plus invraisemblables se plaident... Je soutiendrai qu'à cette heure dans une position telle, que vous devez avoir beaucoup d'envieux, ils regarderont comme une bonne fortune l'occasion de vous attaquer... je la leur fournirai...

— Vous ?

— Moi, en vous attaquant sous quelque prétexte absurde, sur une irrégularité de l'acte de décès, je suppose... il n'importe. Je soutiendrai que ma fille n'est pas morte. Comme j'ai le plus grand intérêt à faire croire qu'elle vit encore, quoique perdu, ce procès me servira en donnant un retentissement immense à cette affaire. Une mère qui réclame son enfant est toujours intéressante ; j'aurai pour moi vos envieux, vos ennemis, et toutes les âmes sensibles et romanesques.

— C'est aussi fou que méchant ! Dans quel intérêt aurais-je fait passer votre fille pour morte si elle ne l'était pas ?

— C'est vrai, le motif est assez embarrassant à trouver ; heureusement les avocats sont là !... Mais, j'y pense, en voici un excellent : voulant partager avec votre client la somme placée en viager sur la tête de cette malheureuse enfant... vous l'avez fait disparaître...

Le notaire impassible haussa les épaules.

— Si j'avais été assez criminel pour cela, au lieu de la faire disparaître, je l'aurais tuée !

Sarah tressaillit de surprise, resta muette un moment, puis reprit avec amertume :

— Pour un saint homme, voilà une pensée de crime profondément creusée !... Aurais-je donc touché juste en tirant au hasard ?... Cela me donne à penser... et je penserai... Un dernier mot... Vous voyez quelle femme je suis... j'écrase sans pitié tout ce qui fait obstacle à mon chemin... Réfléchissez bien... il faut que demain vous soyez décidé... Vous pouvez faire impunément ce que je vous demande... Dans sa joie, le père de ma fille ne discutera pas la possibilité d'une telle résurrection si nos mensonges, qui le rendront si heureux, sont adroitement combinés. Il n'a d'ailleurs d'autres preuves de la mort de notre enfant que ce que je lui en ai écrit il y a quatorze ans ; il me sera facile de le persuader que je l'ai trompé à ce sujet, car alors j'avais de justes griefs contre lui... Je lui dirai que dans ma douleur j'avais voulu briser à ses yeux le dernier lien qui nous attachait encore l'un à l'autre. Vous ne pouvez donc être en rien compromis : affirmez seulement... homme irréprochable, affirmez que tout a été autrefois concerté entre vous, moi et madame Séraphin, et l'on vous croira. Quant aux cinquante mille écus placés sur la tête de ma fille, cela me regarde seule ; ils resteront acquis à votre client, qui doit ignorer complètement ceci ; enfin, vous fixerez vous-même votre récompense.

Jacques Ferrand conserva tout son sang-froid, malgré la bizarrerie de cette situation si étrange et si dangereuse pour lui.

La comtesse, croyant réellement à la mort de sa fille, venait proposer au notaire de faire passer pour vivante cette enfant qu'il avait, lui, fait passer pour morte, quatorze années auparavant.

Il était trop habile, il connaissait trop bien les périls de sa position pour ne pas comprendre la portée des menaces de Sarah.

Quelque admirablement et laborieusement construit, l'édifice de la réputation du notaire reposait sur le sable. Le public se détache aussi facilement qu'il s'engoue, aimant à avoir le droit de fouler aux pieds celui que naguère il portait aux nues. Devait-il prévoir les conséquences de la première attaque portée à la réputation de Jacques Ferrand ? Si folle que fût cette attaque, son audace même pouvait éveiller les soupçons...

La perspicacité de Sarah, son endurcissement, effrayaient le notaire. Cette mère n'avait pas eu un moment d'attendrissement en parlant de sa fille ; elle n'avait paru considérer sa mort que comme la perte d'un moyen d'action. De tels caractères sont impitoyables dans leurs desseins et dans leur vengeance.

Voulant se donner le temps de chercher à parer ce coup dangereux, Ferrand dit froidement à Sarah :

— Vous m'avez demandé jusqu'à demain midi, madame ; c'est moi qui vous donne jusqu'à après-demain pour renoncer à un projet dont vous ne soupçonnez pas la gravité. Si d'ici là je n'ai pas reçu de vous une lettre qui m'annonce que vous abandonnez cette criminelle et folle entreprise, vous apprendrez à vos dépens que la justice sait protéger les honnêtes gens qui refusent de coupables complicités, et qu'elle peut atteindre les fauteurs d'odieuses machinations.

— Cela veut dire, monsieur, que vous me demandez un jour de plus pour réfléchir à mes propositions ? C'est bon signe, je vous l'accorde... Après-demain, à cette heure, je reviendrai ici, et ce sera entre nous la paix... ou la guerre, je vous le répète... mais une guerre acharnée, sans merci ni pitié...

Et Sarah sortit.

——————

— Tout va bien, se dit-elle. Cette misérable jeune fille à laquelle Rodolphe s'intéressait par caprice, et qu'il avait envoyée à la ferme de Bouqueval, afin d'en faire sans doute plus tard sa maîtresse, n'est plus maintenant à craindre... grâce à la borgnesse qui m'en a délivrée...

L'adresse de Rodolphe a sauvé madame d'Harville du piège où j'avais voulu la faire tomber ; mais il est impossible qu'elle échappe à la nouvelle trame que je médite : elle sera donc à jamais perdue pour Rodolphe.

Alors, attristé, découragé, isolé de toute affection, ne sera-t-il pas dans une position d'esprit telle, qu'il ne demandera pas mieux que d'être dupe d'un mensonge heureux qui lui offrira toutes les apparences de la réalité avec l'aide du notaire ?... Et le notaire m'aidera, car je l'ai effrayé.

Je trouverai facilement une jeune fille orpheline, intéressante et pauvre, qui, instruite par moi, remplira le rôle de notre enfant si amèrement regretté par Rodolphe. Je connais la grandeur, la générosité de son cœur. Oui, pour donner un nom, un rang à celle qu'il croira sa fille, jusqu'alors malheureuse et abandonnée, il renouera nos liens que j'avais crus indissolubles. Les prédictions de ma nourrice se réaliseront enfin, et j'aurai cette fois sûrement atteint le but constant de ma vie... une couronne !

A peine Sarah venait-elle de quitter la maison du notaire, que M. Charles Robert y entra, descendant du cabriolet le plus élégant : il se dirigea en habitué vers le cabinet de Jacques Ferrand.

CHAPITRE XVIII.

M. Charles Robert

Le commandant, ainsi que disait madame Pipelet, entra sans façon chez le notaire, qu'il trouva d'une humeur sombre et atrabilaire, et qui lui dit brutalement :
— Je réserve les après-midi pour mes clients... quand vous voulez me parler, venez donc le matin.
— Mon cher tabellion (c'était une des plaisanteries de M. Robert), il s'agit d'une affaire importante... d'abord, et puis je tenais à vous rassurer par moi-même sur les craintes que vous pouviez avoir...
— Quelles craintes ?
— Vous ne savez donc pas ?
— Quoi?
— Mon duel...
— Votre duel?
— Avec le duc de Lucenay. Comment, vous ignoriez
— Oui.
— Ah ! bah !
— Et pourquoi ce duel ?
— Une chose excessivement grave, qui voulait du sang. Figurez-vous qu'en pleine ambassade M. de Lucenay s'était permis de me dire en face que... j'avais la pituite !
— Que vous aviez ?
— La pituite, mon cher tabellion ; une maladie qui doit être très-ridicule !
— Vous vous êtes battu pour cela ?
— Et pourquoi diable voulez-vous donc qu'on se batte ? Vous croyez qu'on peut, là... de sang-froid... s'entendre dire froidement qu'on a la pituite ? et devant une femme charmante, encore !... devant une petite marquise... que... Enfin, suffit... ça ne pouvait pas se passer comme cela...
— Certainement.
— Nous autres militaires, vous comprenez... nous sommes toujours sur la hanche. Mes témoins ont été avant-hier s'entendre avec ceux du duc. J'avais très-nettement posé la question... ou un duel ou une rétractation.
— Une rétractation... de quoi ?
— De la pituite, pardieu ! de la pituite qu'il se permettait de m'attribuer !
Le notaire haussa les épaules.
— De leur côté, les témoins du duc disaient : — Nous rendons justice au caractère honorable de M. Charles Robert; mais M. de Lucenay ne peut, ne doit ni ne veut se rétracter. — Ainsi, messieurs, ripostèrent mes témoins, M. de Lucenay s'opiniâtre à soutenir que M. Charles Robert a la pituite ? — Oui, messieurs ; mais il ne croit pas en cela porter atteinte à la considération de M. Robert. — Alors, qu'il se rétracte. — Non, messieurs ; M. de Lucenay reconnaît M. Robert pour un galant homme ; mais il prétend qu'il a la pituite. — Vous voyez qu'il n'y avait pas moyen d'arranger une affaire aussi grave.
— Aucun... vous étiez insulté dans ce que l'homme a de plus respectable.
— N'est-ce pas ? Aussi on convient du jour, de l'heure, de la rencontre ; et hier matin, à Vincennes, tout s'est passé le plus honorablement du monde : j'ai donné un léger coup d'épée dans le bras au duc de Lucenay ; les témoins ont déclaré l'honneur satisfait. Alors le duc a dit à haute voix. — Je ne me rétracte jamais avant une affaire ; après, c'est différent ; il est donc de mon devoir, de mon honneur, et de proclamer que j'avais faussement accusé M. Charles Robert d'avoir la pituite. Messieurs, je reconnais non-seulement que mon loyal adversaire n'a pas la pituite, mais j'affirme qu'il est incapable de l'avoir jamais... Puis le duc m'a tendu cordialement la main en me disant : — Êtes-vous content ?
— C'est entre nous à la vie et à la mort ! lui ai-je répondu. Et je lui devais bien ça... Le duc a parfaitement fait les choses... il aurait pu ne rien dire du tout, ou se contenter de déclarer que je n'avais pas la pituite... Mais affirmer que je ne l'aurais jamais... c'était un procédé très-délicat de sa part.
— Voilà ce que j'appelle du courage bien employé !... Mais que voulez-vous ?
— Mon cher garde-notes (autre plaisanterie de M. Robert), il s'agit de quelque chose de très-important pour moi. Vous savez que, d'après nos conventions, lorsque je vous ai avancé trois cent cinquante mille francs pour achever de payer votre charge, il a été stipulé qu'en vous prévenant trois mois d'avance je pourrais retirer de chez vous... ces fonds dont vous me payez l'intérêt...
— Après ?
— Eh bien ! dit M. Robert avec embarras, je n'... non... mais... c'est que...
— Quoi ?

— Vous concevez, c'est un pur caprice... l'idée de devenir seigneur terrien, cher tabellion.
— Expliquez-vous donc ! vous m'impatientez !
— En un mot, on me propose une acquisition territoriale, et, si cela ne vous était pas désagréable... je voudrais, c'est-à-dire je désirerais retirer mes fonds de chez vous... et je viens vous en prévenir, selon nos conventions...
— Ah ! ah !
— Cela ne vous fâche pas, au moins ?
— Pourquoi cela me fâcherait-il ?
— Parce que vous pourriez croire...
— Je pourrais croire ?
— Que je suis l'écho des bruits...
— Quels bruits ?
— Il n'y a rien, des bêtises...
— Mais parlez donc...
— Ce n'est pas une raison parce qu'il court sur vous de sots propos...
— Quels propos ?
— Il n'y a pas un mot de vrai là-dedans... mais les méchants affirment que vous vous êtes trouvé malgré vous engagé dans de mauvaises affaires. Purs cancans, bien entendu. C'est comme lorsqu'on a dit que nous jouions à la Bourse ensemble. Ces bruits sont tombés bien vite... car je veux que vous et moi devenions chèvres si...
— Ainsi vous ne croyez plus votre argent en sûreté chez moi ?
— Si fait, si fait... mais j'aimerais autant l'avoir entre mes mains...
— Attendez-moi là...
M. Ferrand ferma le tiroir de son bureau et se leva.
— Où allez-vous donc, mon cher garde-notes ?
— Chercher de quoi vous convaincre de la vérité des bruits qui courent de l'embarras de mes affaires, dit ironiquement le notaire.
Et, ouvrant la porte d'un petit escalier dérobé, qui lui permettait d'aller au pavillon du fond sans passer par l'étude, il disparut.
À peine était-il sorti que le maître clerc frappa.
— Entrez, dit Charles Robert.
— M. Ferrand n'est pas là ?
— Non, mon digne basochien. (Autre plaisanterie de M. Robert.)
— C'est une dame voilée qui veut parler au patron à l'instant pour une affaire très-pressante.
— Digne basochien, le patron va revenir tout à l'heure, je lui dirai cela. Est-elle jolie, cette dame ?
— Il faudrait être malin pour le deviner ; elle a un voile noir, si épais qu'on ne voit pas sa figure...
— Bon, bon ! je vais joliment la dévisager en sortant. Je vais prévenir M. Ferrand dès qu'il va rentrer.
Le clerc sortit.
— Où diable est allé le tabellion ? se demanda M. Charles Robert, me chercher sans doute l'état de sa caisse... Si ces bruits sont absurdes, tant mieux !... Après cela... bah !... Ce sont peut-être de méchantes langues qui font courir ces propos-là... les gens intègres comme Jacques Ferrand ont tant d'envieux !... C'est égal, j'aime autant avoir mes fonds... J'achèterai le château dont on m'a parlé... il y a des tourelles gothiques du temps de Louis XIV, genre renaissance... tout ce qu'il y a de plus rococo... ça me donnera un petit air seigneurial qui ne sera pas piqué des vers... Ça ne sera pas comme mon amour pour cette bégueule de madame d'Harville... M'a-t-elle fait aller !... mon Dieu ! m'a-t-elle fait aller !... Oh ! non, je n'ai pas fait mes frais... comme dit cette stupide portière de la rue du Temple, avec sa perruque et l'enfant... Cette plaisanterie-là me coûte au moins mille écus. Il est vrai que les meubles me restent... et que j'ai de quoi compromettre la marquise... Mais voici le tabellion.
M. Ferrand revenait, tenant à la main quelques papiers qu'il remit à M. Charles Robert.
— Voici, dit-il à ce dernier, trois cent cinquante mille francs en bons du trésor... Dans quelques jours nous réglerons nos comptes d'intérêt... Faites-moi un reçu...
— Comment !... s'écria M. Robert stupéfait. Ah çà, n'allez pas croire au moins que...
— Je ne crois rien...
— Mais...
— Ce reçu !...
— Cher garde-notes !...
— Écrivez donc, et dites aux gens qui vous parlent de l'embarras de mes affaires de quelle manière je réponds à ces soupçons.
— Le fait est que, dès qu'on va savoir cela, votre crédit n'en sera que plus solide ; mais vraiment, reprenez cet argent, je n'en ai que faire en ce moment ; je vous disais dans trois mois.
— Monsieur Charles Robert, on ne me soupçonne pas deux fois.
— Vous êtes fâché ?
— Ce reçu !
— Barre de fer, allez ! dit M. Charles Robert. Puis il ajouta en écrivant le reçu :
— Il y a une dame on ne peut pas plus voilée qui veut vous parler tout de suite, tout de suite, pour une affaire très-pressée... Je me fais une joie de la bien regarder en passant devant elle... Voilà votre reçu ; est-il en règle ?

— Très-bien ! maintenant allez-vous-en par ce petit escalier.
— Mais la dame?
— C'est justement pour que vous ne la voyiez pas.
Et le notaire, sonnant son maître clerc, lui dit :
— Faites entrer cette dame... Adieu, monsieur Robert.
— Allons... il faut renoncer à la voir. Sans rancune, tabellion... Croyez bien que...
— Bien, bien ! adieu...
Et le notaire referma la porte sur M. Charles Robert.

Au bout de quelques instants le maître clerc introduisit madame la duchesse de Lucenay, vêtue très-modestement, enveloppée d'un grand châle, et la figure complètement cachée par l'épais voile de dentelle noire qui entourait son chapeau de moire de la même couleur.

CHAPITRE XIX.

Madame de Lucenay.

Madame de Lucenay, assez troublée, s'approcha lentement du bureau du notaire, qui alla quelques pas à sa rencontre.
— Qui êtes-vous, madame... et que me voulez-vous? dit brusquement Jacques Ferrand, dont l'humeur, déjà très-assombrie par les menaces de Sarah, s'était exaspérée aux soupçons fâcheux de M. Charles Robert. D'ailleurs la duchesse était vêtue si modestement, que le notaire ne voyait aucune raison pour ne pas la rudoyer. Comme elle hésitait à ne pas parler, il reprit durement :
— Vous expliquerez-vous enfin, madame?
— Monsieur... dit-elle d'une voix émue, en tâchant de cacher son visage sous les plis de son voile, monsieur... peut-on vous confier un secret de la plus haute importance?...
— On peut tout me confier, madame ; mais il faut que je sache et que je voie à qui je parle.
— Monsieur... cela, peut-être, n'est pas nécessaire... Je sais que vous êtes l'honneur, la loyauté même...
— Au fait, madame... au fait, il y a là... quelqu'un qui m'attend. Qui êtes-vous?
— Peu vous importe mon nom, monsieur... Un... de... mes amis... de mes parents, sort de chez vous.
— Son nom?
— M. Florestan de Saint-Remy.
— Ah ! fit le notaire ; et il jeta sur la duchesse un regard attentif et inquisiteur, et il reprit :
— Eh bien ! madame?
— M. de Saint-Remy... m'a tout dit... monsieur...
— Que vous a-t-il dit, madame?
— Tout !
— Mais encore...
— Mon Dieu ! monsieur... vous le savez bien.
— Je sais beaucoup de choses sur M. de Saint-Remy.
— Hélas ! monsieur, une chose terrible !...
— Je sais beaucoup de choses terribles sur M. de Saint-Remy...
— Ah ! monsieur ! il me l'avait bien dit, vous êtes sans pitié.
— Pour les escrocs et les faussaires comme lui... oui, je suis sans pitié. Ce Saint-Remy est-il votre parent, madame? eh bien ! de l'avouer, vous devriez en rougir? Venez-vous pleurnicher ici pour m'attendrir, c'est inutile ; sans compter que vous faites là un vilain métier pour une honnête femme... si vous l'êtes...

Cette brutale insolence révolta l'orgueil et le sang patricien de la duchesse. Elle se redressa, rejeta son voile en arrière ; alors, l'attitude altière, le regard impérieux, la voix ferme, elle dit :
— Je suis la duchesse de Lucenay... monsieur...

Cette femme prit alors un si grand air, son aspect devint si imposant, que le notaire, dominé, charmé, recula tout interdit, ôta vivement le bonnet de soie noire qui couvrait son crâne, et salua profondément.

Rien n'était, en effet, plus gracieux et plus fier que le visage et la tournure de madame de Lucenay ; elle avait pourtant alors trente ans bien sonnés, une figure pâle et un peu fatiguée ; mais aussi elle avait de grands yeux bruns étincelants et hardis, de magnifiques cheveux noirs, le nez fin et arqué, la lèvre rouge et dédaigneuse, le teint éclatant, les dents éblouissantes, la taille haute et mince, souple et pleine de noblesse, « une démarche de déesse sur les nuées », comme dit l'immortel Saint-Simon.

Avec un œil de poudre et le grand habit du dix-huitième siècle, madame de Lucenay eût représenté au physique et au moral une de ces libertines (1) duchesses de la Régence qui mettaient à la fois tant d'audace, d'étourderie et de séduisante bonhomie dans leurs nombreuses amours, qui s'accusaient de temps à autre de leurs erreurs avec tant de franchise et de naïveté, que les plus rigoristes disaient en souriant :

(1) Alors *libertinage* signifiait indépendance de caractère, insouciance du qu'en dira-t-on.

Sans doute elle est bien légère, bien coupable ; mais elle est si bonne, si charmante ! elle aime ses amants avec tant de dévouement, de passion... de fidélité... tant qu'elle les aime... qu'on ne saurait trop lui en vouloir. Après tout, elle ne damne qu'elle-même, et elle fait tant d'heureux !

Sauf la poudre et les grands paniers, telle était aussi madame de Lucenay lorsque de sombres préoccupations ne l'accablaient pas.

Elle était entrée chez le notaire en timide bourgeoise... elle se montra tout à coup grande dame altière, irritée. Jamais Jacques Ferrand n'avait de sa vie rencontré une femme d'une beauté si insolente, d'une tournure à la fois si noble et si hardie.

Le visage un peu fatigué de la duchesse, ses beaux yeux entourés d'une imperceptible auréole d'azur, ses narines roses fortement dilatées, annonçaient une de ces natures ardentes que les hommes peu platoniques adorent avec autant d'ivresse que d'emportement. Quoique vieux, laid, ignoble, sordide, Jacques Ferrand était autant qu'un autre capable d'apprécier le genre de beauté de madame de Lucenay.

Sa haine et sa rage contre M. de Saint-Remy s'augmentaient de l'admiration brutale que lui inspirait sa fière et belle maîtresse ; le Jacques Ferrand, rongé de toutes sortes de fureurs contenues, se disait avec rage que ce gentilhomme faussaire, qu'il avait presque forcé de s'agenouiller devant lui en le menaçant des assises, inspirait un tel amour à cette grande dame, qu'elle risquait une démarche qui pouvait la perdre. A ces pensées, le notaire sentit renaître son audace un moment paralysée.

La haine, l'envie, une sorte de ressentiment farouche et brûlant, allumèrent dans son regard, sur son front et sur sa joue, les feux des plus honteuses, des plus méchantes passions.

Voyant madame de Lucenay sur le point d'entamer un entretien si délicat, il s'attendait de sa part à des détours, à des tempéraments.

Quelle fut sa stupeur ! Elle lui parla avec autant d'assurance et de hauteur que s'il se fût agi de la chose la plus naturelle du monde, et comme si devant un homme de cette espèce elle n'avait aucun souci de la réserve et des convenances qu'elle eût certainement gardées avec ses pareils, à elle.

En effet, l'insolente grossièreté du notaire, en la blessant au vif, avait forcé madame de Lucenay de sortir du rôle humble et implorant qu'elle avait pris d'abord à grand'peine ; revenue à son caractère, elle crut au-dessous d'elle de descendre jusqu'à la moindre réticence devant ce griffonneur d'actes.

Spirituelle, charitable et généreuse, pleine de bonté, de dévouement et de cœur, malgré ses fautes, mais fille d'une mère qui, par sa révoltante immoralité, avait trouvé moyen d'avilir jusqu'à la noble et sainte infortune de l'émigration ; madame de Lucenay, dans son naïf mépris de certaines races, eût dit comme cette impératrice romaine qui se mettait au bain devant un esclave : « Ce n'est pas un homme. »

— M'sieu le notaire, dit donc résolûment la duchesse à Jacques Ferrand, M. de Saint-Remy est un de mes amis ; il m'a confié l'embarras où il se trouve par l'inconvénient d'une double friponnerie dont il est victime... Tout s'arrange avec de l'argent ; combien faut-il pour terminer ces misérables tracasseries?...

Jacques Ferrand restait abasourdi de cette façon cavalière et délibérée d'entrer en matière.

— On demande cent mille francs ! reprit-il d'un ton bourru, après avoir surmonté son étonnement.

— Vous aurez ces cent mille francs... et vous renverrez tout de suite ces mauvais papiers à M. de Saint-Remy.

— Où sont les cent mille francs, madame la duchesse?

— Est-ce que je ne vous ai pas dit que vous les auriez, monsieur?

— Il les faut demain avant midi, madame ; sinon la plainte en faux sera déposée au parquet.

— Eh bien ! donnez cette somme, je vous en tiendrai compte ; quant à vous, je vous payerai bien...

— Mais, madame, il est impossible...

— Vous ne me direz pas, je le crois, qu'un notaire comme vous ne trouve pas cent mille francs du jour au lendemain.

— Et sur quelles garanties, madame?

— Qu'est-ce que cela veut dire? Expliquez-vous.

— Qui me répondra de cette somme?

— Moi.

— Mais... madame...

— Faut-il vous dire que j'ai une terre de quatre-vingt mille livres de rente à quatre lieues de Paris... Ça peut suffire, je crois, pour ce que vous appelez des garanties?

— Oui, madame, moyennant inscription hypothécaire.

— Qu'est-ce encore que ce mot-là? Quelque formalité sans doute... Faites, monsieur, faites...

— Un tel acte ne peut pas être dressé avant quinze jours, et il faut le consentement de M. votre mari.

— Mais cette terre m'appartient, à moi, à moi seule, dit impatiemment la duchesse.

— Il n'importe, madame ; vous êtes en puissance de mari, et les actes hypothécaires sont très-longs et très-minutieux.

— Mais encore une fois, monsieur, vous ne me ferez pas accroire qu'il soit difficile de trouver cent mille francs en deux heures.

— Alors, madame, adressez-vous à votre notaire habituel, à vos intendants... Quant à moi, ça m'est impossible.
— J'ai des raisons, monsieur, pour tenir ceci secret, dit madame de Lucenay avec hauteur. Vous connaissez les fripons qui veulent rançonner M. de Saint-Remy; c'est pour cela que je m'adresse à vous...
— Votre confiance m'honore infiniment, madame ; mais je ne puis faire ce que vous me demandez.
— Vous n'avez pas cette somme ?
— J'ai beaucoup plus que cette somme en billets de banque ou en bel et bon or... ici, dans ma caisse.
— Oh ! que de paroles !... Est-ce ma signature que vous voulez ?... je vous la donne, finissons...
— En admettant, madame, que vous fussiez madame de Lucenay... Venez dans une heure à l'hôtel de Lucenay, monsieur. Je signerai chez moi ce qu'il faudra signer.
— M. le duc signera-t-il aussi ?
— Je ne comprends pas, monsieur...
— Votre signature seule est sans valeur pour moi, madame.

Jacques Ferrand jouissait avec de cruelles délices de la douloureuse impatience de la duchesse, qui, sous cette apparence de sang-froid et de dédain, cachait de pénibles angoisses.

Elle était pour le moment à bout de ses ressources. La veille, son joaillier lui avait avancé une somme considérable sur ses pierreries, dont quelques-unes avaient été confiées à Morel le lapidaire. Cette somme avait servi à payer les lettres de change de M. de Saint-Remy, à désarmer d'autres créanciers ; M. Dubreuil, le fermier d'Arnouville, était en avance de plus d'une année de fermage, et d'ailleurs le temps manquait ; malheureusement encore pour madame de Lucenay, deux de ses amis, auxquels elle aurait pu recourir dans une situation extrême, étaient alors absents de Paris. A ses yeux, le vicomte était innocent du faux ; il s'était dit, et elle l'avait cru, dupe de deux fripons ; mais sa position n'en était pas moins terrible. Lui accusé, lui traîné en prison !... alors même qu'il prendrait la fuite, son nom en serait-il moins déshonoré par un soupçon pareil ?

A ces terribles pensées, madame de Lucenay frémissait de terreur... Elle aimait aveuglément cet homme à la fois si misérable et doué de si profondes séductions ; sa passion pour lui était une de ces passions désordonnées que les femmes de son caractère et de son organisation ressentent ordinairement lorsque la première fleur de leur jeunesse est passée, et qu'elles atteignent la maturité de l'âge.

Jacques Ferrand épiait attentivement les moindres mouvements de la physionomie de madame de Lucenay, qui lui semblait de plus en plus belle et attrayante. Son admiration haineuse et contrainte augmentait d'ardeur, il éprouvait un âcre plaisir à tourmenter par ses refus cette femme, qui ne pouvait avoir pour lui que dégoût et mépris.

Celle-ci se révoltait à la pensée de prière au notaire ne mot qui pût ressembler à une prière : pourtant c'est en reconnaissant l'inutilité d'autres tentatives qu'elle avait résolu de s'adresser à lui, cet homme seul pouvant sauver M. de Saint-Remy. Elle reprit :
— Puisque vous possédez la somme que je vous demande, monsieur, et qu'après tout ma garantie est suffisante, pourquoi me refusez-vous ?
— Parce que les hommes ont leurs caprices comme les femmes, madame.
— Mais encore quel est ce caprice, qui vous fait agir contre vos intérêts ? car, je vous le répète, faites les conditions, monsieur... quelles qu'elles soient, je les accepte !
— Vous accepteriez toutes les conditions, madame ? dit le notaire avec une expression singulière.
— Toutes !... deux, trois, quatre mille francs, plus si vous voulez ! car, tenez, je vous le dis, ajouta franchement la duchesse d'un ton presque affectueux, je n'ai de ressource qu'en vous ! monsieur, qu'en vous seul !... Il me serait impossible de trouver ailleurs ce que je vous demande pour demain... et il le faut... vous entendez !... il le faut absolument. Aussi, je vous le répète, quelle que soit la condition que vous mettiez à ce service, je l'accepte, rien ne me coûtera... rien...

La respiration du notaire s'embarrassait, ses tempes battaient, son front devenait pourpre ; heureusement, les verres de ses lunettes éteignaient la flamme impure de ses prunelles ; un nuage ardent s'étendait sur sa pensée ordinairement si claire et si froide; sa raison l'abandonna. Dans son ignoble aveuglement, il interpréta les derniers mots de madame de Lucenay d'une manière indigne ; il entrevit vaguement, à travers son intelligence obscurcie, une femme hardie comme quelques femmes de l'ancienne cour, une femme poussée à bout par la crainte du déshonneur de celui qu'elle aimait, et peut-être capable des plus abominables sacrifices pour le sauver. Cela était fort stupide qu'infâme à penser : mais, nous l'avons dit, quelquefois Jacques Ferrand devenait tigre ou loup, alors la bête l'emportait sur l'homme.

Il se leva brusquement et s'approcha de madame de Lucenay.

Celle-ci, interdite, se leva comme lui et le regarda fort étonnée.
— Rien ne vous coûtera ! s'écria-t-il d'une voix tremblante et entrecoupée, en s'approchant encore de la duchesse. Eh bien ! cette somme, je vous la prêterai à une condition, à une seule condition... et je vous jure que... Il ne put achever sa déclaration.

Par une de ces contradictions bizarres de la nature humaine, à la vue des traits hideusement enflammés de M. Ferrand, aux pensées étranges et grotesques que soulevèrent ses prétentions amoureuses dans l'esprit de madame de Lucenay, qui les devina, celle-ci, malgré ses inquiétudes, ses angoisses, partit d'un éclat de rire si franc, si fou, si éclatant, que le notaire recula stupéfait.

Puis, sans lui laisser le temps de prononcer une parole, la duchesse s'abandonna de plus en plus à son hilarité croissante, rabaissa son voile, et, entre deux redoublements d'éclats de rire, elle dit au notaire, bouleversé par la haine, la rage et la fureur :
— J'aime encore mieux, franchement, demander ce service à M. de Lucenay.

Puis elle sortit, en continuant de rire si fort, que la porte de son cabinet fermée, le notaire l'entendait encore.

Jacques Ferrand ne revint à la raison que pour maudire amèrement son imprudence. Pourtant peu à peu il se rassura en songeant qu'après tout la duchesse ne pouvait parler de cette aventure sans se compromettre gravement.

Néanmoins la journée était pour lui mauvaise. Il était plongé dans de noires pensées lorsque la porte dérobée de son cabinet s'ouvrit, et madame Séraphin entra tout émue.
— Ah ! Ferrand ! s'écria-t-elle en joignant les mains, vous aviez bien raison de dire que nous serions peut-être un jour perdus pour l'avoir laissée vivre !...
— Qui ?
— Cette maudite petite fille.
— Comment ?
— Une femme borgne que je ne connaissais pas, et à qui Tournemine avait livré la petite pour nous en débarrasser, il y a quatorze ans, quand on l'a eu fait passer pour morte... Ah ! mon Dieu ! qui aurait cru cela !...
— Parle donc !... parle donc !...
— Cette femme borgne vient de venir... Elle était en bas tout à l'heure. Elle m'a dit qu'elle savait que c'était moi qui avais livré la petite.
— Malédiction ! qui a pu le lui dire ?... Tournemine... est aux galères...
— J'ai tout nié, en traitant cette borgnesse de menteuse. Mais, bah ! elle soutient qu'elle a retrouvé cette petite fille, qui est grande maintenant ; qu'elle sait où elle est, et qu'il ne tient qu'à elle de tout découvrir... de tout dénoncer...
— Mais l'enfer est donc aujourd'hui déchaîné contre moi ! s'écria le notaire dans un accès de rage qui le rendit hideux.
— Mon Dieu ! que dire à cette femme ? que lui promettre pour la faire taire ?
— A-t-elle l'air heureuse ?
— Comme je la traitais de mendiante, elle m'a fait sonner son cabas ; il y avait de l'argent dedans.
— Et elle sait où est maintenant cette jeune fille ?
— Elle affirme le savoir.
— Et c'est la fille de la comtesse Sarah Mac-Gregor, se dit le notaire avec stupeur. Et tout à l'heure elle m'offrait tant pour dire que sa fille n'était pas morte !... Et cette fille vit... je pourrais la lui rendre !... Oui, mais ce faux acte de décès ! Si on fait une enquête, je suis perdu ! Ce crime peut mettre sur la voie des autres.

Après un moment de silence, il dit à madame Séraphin :
— Cette borgnesse sait où est cette jeune fille ?
— Oui.
— Et cette femme doit revenir ?
— Demain.
— Ecris à Polidori qu'il vienne me trouver ce soir, à neuf heures.
— Est-ce que vous voudriez vous défaire de la jeune fille... et de la vieille ?... Ce serait beaucoup en une fois, Ferrand !
— Je te dis d'écrire à Polidori d'être ici ce soir, à neuf heures !

A la fin de ce jour, Rodolphe dit à Murph, qui n'avait pu pénétrer chez le notaire :
— Que M. de Graün fasse partir un courrier à l'instant même... il faut que Cecily soit à Paris dans six jours...
— Encore cette infernale diablesse ? l'exécrable femme du pauvre David, aussi belle qu'elle est infâme !... A quoi bon, monseigneur ?...
— A quoi bon, sir Walter Murph !... Dans un mois vous demanderez cela au notaire Jacques Ferrand.

CHAPITRE XX.

Dénonciation.

Le jour de l'enlèvement de Fleur-de-Marie par la Chouette et par le Maître d'école, un homme à cheval était arrivé, vers dix heures du soir, à la métairie de Bouqueval, venant, disait-il, de la part de M. Rodolphe, rassurer madame Georges sur la disparition de sa jeune protégée, qui lui serait ramenée d'un jour à l'autre. Pour plusieurs raisons très importantes, ajoutait cet homme, M. Rodolphe priait madame Georges, dans le cas où elle aurait quelque chose à lui demander, de ne pas lui écrire à Paris, mais de remettre une lettre à l'exprès, qui s'en chargerait.

Cet émissaire appartenait à Sarah.

Par cette ruse, elle tranquillisait madame Georges et retardait ainsi de quelques jours le moment où Rodolphe apprendrait l'enlèvement de la Goualeuse.

Dans cet intervalle, Sarah espérait forcer le notaire Jacques Ferrand à favoriser l'indigne supercherie (la supposition d'enfant) dont nous avons parlé.

Ce n'était pas tout...

Sarah voulait aussi se débarrasser de madame d'Harville, qui lui inspirait des craintes sérieuses, et qu'une fois déjà elle eût perdue sans la présence d'esprit de Rodolphe.

Le lendemain du jour où le marquis avait suivi sa femme dans la maison de la rue du Temple, Tom s'y rendit, fit facilement jaser madame Pipelet, et apprit qu'une jeune dame, sur le point d'être surprise par son mari, avait été sauvée grâce à l'adresse d'un locataire de la maison nommé M. Rodolphe.

Instruite de cette circonstance, Sarah ne possédant aucune preuve matérielle des rendez-vous que Clémence avait donnés à M. Charles Robert, Sarah conçut un autre plan odieux : il se réduisait encore à envoyer l'écrit anonyme suivant à M. d'Harville, afin d'amener une rupture complète entre Rodolphe et le marquis, ou du moins de jeter dans l'âme de ce dernier des soupçons assez violents pour qu'il défendît à sa femme de recevoir jamais le prince.

Cette lettre était ainsi conçue :

« On vous a indignement joué ; l'autre jour votre femme, avertie que vous la suiviez, a imaginé un prétexte de bienfaisance imaginaire : elle allait à un rendez-vous chez un très-auguste personnage qui a loué dans la maison de la rue du Temple une chambre au quatrième étage, sous le nom de Rodolphe. Si vous doutez de ces faits, si bizarres qu'ils vous paraissent, allez rue du Temple, n° 17; informez-vous, dépeignez les traits de l'auguste personnage dont on vous parle, et vous reconnaîtrez facilement que vous êtes le mari le plus crédule et le plus débonnaire qui ait jamais été souverainement trompé. Ne négligez pas cet avis... sinon l'on pourrait croire que vous êtes aussi par trop... l'ami du prince. »

Ce billet fut mis à la poste sur les cinq heures par Sarah, le jour de son entretien avec le notaire.

Ce même jour, après avoir recommandé à M. de Graün de hâter le plus possible l'arrivée de Cecily à Paris, Rodolphe sortit le même soir pour aller faire une visite à madame l'ambassadrice de ***; il devait ensuite se rendre chez madame d'Harville pour lui annoncer qu'il avait trouvé une intrigue charitable digne d'elle.

Nous conduirons le lecteur chez madame d'Harville. On verra, par l'entretien suivant, que cette jeune femme, se montrant généreuse et compatissante envers son mari, qu'elle avait jusqu'alors traité avec une froideur extrême, suivait déjà les nobles conseils de Rodolphe.

Le marquis et sa femme sortaient de table; la scène se passait dans le petit salon dont nous avons parlé, l'expression des traits de Clémence était affectueuse et douce, M. d'Harville semblait moins triste que d'habitude.

Hâtons-nous de dire que le marquis n'avait pas encore reçu la nouvelle et infâme lettre anonyme de Sarah.

— Que faites-vous ce soir? dit-il machinalement à sa femme.
— Je ne sortirai pas... Et vous-même, que faites-vous?
— Je ne sais..., répondit-il avec un soupir; le monde m'est insupportable.... Je passerai cette soirée.... comme tant d'autres soirées... seul.
— Pourquoi seul?... puisque je ne sors pas.

M. d'Harville regarda sa femme avec surprise?
— Sans doute... mais...
— Eh bien?
— Je sais que vous préférez souvent la solitude lorsque vous n'allez pas dans le monde...
— Oui, mais comme je suis très-capricieuse, dit Clémence en souriant, aujourd'hui j'aimerais beaucoup à partager ma solitude avec vous... si cela vous était agréable.
— Vraiment! s'écria M. d'Harville avec émotion. Que vous êtes aimable, d'aller ainsi au-devant d'un désir que je n'osais vous témoigner !
— Savez-vous, mon ami, que votre étonnement a presque l'air d'un reproche?
— Un reproche?... oh! non, non; mais après mes injustes et cruels soupçons de l'autre jour, vous trouver si bienveillante, c'est, je l'avoue, une surprise pour moi, mais la plus douce des surprises.
— Oublions le passé, dit-elle à son mari avec un sourire d'une douceur angélique.
— Clémence, le pourrez-vous jamais! répondit-il tristement, n'ai-je pas osé vous soupçonner?... Vous dire à quelles extrémités m'aurait poussé une aveugle fureur, mais qu'est-ce que cela, auprès d'autres torts plus grands, plus irréparables?
— Oublions le passé, vous dis-je, reprit Clémence en contenant une émotion pénible.
— Qu'entends-je?... ce passé-là aussi, vous pourriez l'oublier ?..
— Je l'espère...

— Il serait vrai! Clémence... vous seriez assez généreuse! Mais non, non, je ne puis croire à un pareil bonheur; j'y avais renoncé pour toujours.
— Vous aviez tort, vous le voyez.
— Quel changement, mon Dieu! est-ce un rêve?... Oh! dites-moi que je ne me trompe pas...
— Non... vous ne vous trompez pas...
— En effet, votre regard est moins froid... votre voix presque émue. Oh! dites! est-ce donc bien vrai?... Ne suis-je pas le jouet d'une illusion?
— Non... car moi aussi j'ai besoin de pardon...
— Vous?
— Souvent! N'ai-je pas été à votre égard dure, peut-être même cruelle? Ne devais-je pas songer qu'il vous aurait fallu un rare courage, une vertu plus qu'humaine, pour agir autrement que vous ne l'avez fait? Isolé, malheureux... comment résister au désir de chercher quelques consolations dans un mariage qui vous plaisait... Hélas! quand on souffre, on est si disposé à croire à la générosité des autres... Votre tort a été jusqu'ici de compter sur la mienne... Eh bien! désormais, je tâcherai de vous donner raison.
— Oh! parlez... parlez encore, dit M. d'Harville les mains jointes, dans une sorte d'extase.
— Nos existences sont à jamais liées l'une à l'autre... Je ferai tous mes efforts pour vous rendre la vie moins amère.
— Mon Dieu!... Mon Dieu!... Clémence, est-ce vous que j'entends?...
— Je vous en prie, ne vous étonnez pas ainsi..... Cela me fait mal.... c'est une censure amère de ma conduite passée... Qui donc vous plaindrait, qui donc vous tendrait une main amie et secourable... si ce n'est moi?... Une bonne inspiration m'est venue... J'ai réfléchi, bien réfléchi sur le passé, sur l'avenir. J'ai reconnu mes torts, et j'ai trouvé, je crois, le moyen de les réparer...
— Vos torts, pauvre femme?
— Oui, je devais le lendemain de mon mariage en appeler à votre loyauté, et vous demander franchement de nous séparer...
— Ah! Clémence!... pitié!... pitié!...
— Sinon, puisque j'acceptais ma position, il me fallait l'agrandir par le dévouement, au lieu d'être pour vous un reproche incessant par ma froideur hautaine et silencieuse. Je devais tâcher de vous consoler d'un effroyable malheur, me souvenir que de votre infortune. Peu à peu je me serais attachée à mon œuvre de commisération ; en raison même des soins, peut-être des sacrifices qu'elle m'eût coûtés, votre reconnaissance m'eût récompensée, et alors... Mais, mon Dieu! qu'avez-vous?... vous pleurez!
— Oui, je pleure, je pleure avec délices : vous ne savez pas tout ce que vos paroles remuent en moi d'émotions nouvelles... Oh! Clémence! laissez-moi pleurer!... Jamais plus qu'en ce moment je n'ai compris à quel point j'ai été coupable en vous enchaînant à ma triste vie !
— Et jamais, moi, je ne me suis sentie plus décidée au pardon. Ces douces larmes que vous versez me font connaître un bonheur que j'ignorais. Courage donc, mon ami ! courage ! à défaut d'une vie radieuse et fortunée, cherchons notre satisfaction dans l'accomplissement des devoirs sérieux que le sort nous impose. Soyons-nous indulgents l'un à l'autre ; si nous faiblissons, regardons le berceau de notre fille, concentrons sur elle toutes nos affections, et nous aurons encore quelques joies mélancoliques et saintes.
— Un ange... c'est un ange !... — s'écria M. d'Harville en joignant les mains et en contemplant sa femme avec une admiration passionnée.
— Oh ! vous ne savez pas le bien et le mal que vous me faites, Clémence ! vous ne savez pas que vos plus dures paroles d'autrefois, que vos reproches les plus amers, hélas ! les plus mérités, ne m'ont jamais autant accablé que cette mansuétude adorable, que cette résignation généreuse... Et pourtant, malgré moi, vous me faites renaître à l'espérance. Vous ne savez pas l'avenir que j'ose entrevoir...
— Et vous pouvez avoir une foi aveugle et entière dans ce que je vous dis, Albert. Cette résolution, je la prends fermement ; je n'y manquerai jamais, je vous le jure. Plus tard même je pourrai vous donner de nouvelles garanties de ma parole.
— Des garanties ! s'écria M. d'Harville de plus en plus exalté par un bonheur si peu prévu, des garanties ! en ai-je besoin ? Votre regard, votre accent, cette divine expression de bonté qui vous embellit encore, les battements, les ravissements de mon cœur, tout cela ne me prouve-t-il pas que vous dites vrai ? Mais vous le savez, Clémence, l'homme est insatiable dans ses vœux, ajouta le marquis en se rapprochant du fauteuil de sa femme. Vos nobles et touchantes paroles me donnent le courage, l'audace d'espérer... d'espérer le ciel, oui, d'espérer ce qu'hier encore je regardais comme un rêve insensé !...
— Expliquez-vous, de grâce !... dit Clémence un peu inquiète de ces paroles passionnées de son mari.
— Eh bien ! oui... s'écria-t-il en saisissant la main de sa femme, oui, à force de tendresse, de soins, d'amour... entendez-vous, Clémence ?... à force d'amour... j'espère me faire aimer de vous !... non d'une affection pâle et tiède... mais d'une ardente, ardente passion comme la mienne... Oh! vous ne la connaissez pas cette passion !... Est-ce que j'osais vous en parler seulement... vous vous montriez toujours si glaciale envers moi ;... jamais un mot de bonté... jamais une de ces paroles... qui tout

à l'heure m'ont fait pleurer... qui maintenant me rendent ivre de bonheur... Et ce bonheur, je le mérite... je vous ai toujours tant aimée ? et j'ai tant souffert... sans vous le dire ! Ce chagrin qui me dévorait... c'était cela !... Oui, mon horreur du monde... mon caractère sombre, taciturne, c'était cela... Figurez-vous donc aussi... avoir dans sa maison une femme adorable et adorée, qui est la vôtre ; une femme que l'on désire avec tous les emportements d'un amour contraint... et être à jamais condamné par elle à de solitaires et brûlantes insomnies... Oh ! non, vous ne savez pas mes larmes de désespoir, mes fureurs insensées ! Je vous assure que cela vous eût touchée... Mais, que dis-je ? cela vous a touchée... vous avez deviné mes tortures, n'est-ce pas ?... vous en aurez pitié... La vue de votre ineffable beauté, de vos grâces enchanteresses, ne sera plus mon bonheur et mon supplice de chaque jour... Oui, ce trésor que je regarde comme mon bien le plus précieux... ce trésor qui m'appartient et que je ne possédais pas... ce trésor sera bientôt à moi... Oui, mon cœur, ma joie, mon ivresse, tout me le dit... n'est-ce pas, mon amie... ma tendre amie ?

En disant ces mots, M. d'Harville couvrit la main de sa femme de baisers passionnés.

Clémence, désolée de la méprise de son mari, ne put s'empêcher, dans un premier mouvement de répugnance, presque d'effroi, de retirer brusquement sa main.

Sa physionomie exprima trop clairement ses ressentiments pour que M. d'Harville pût s'y tromper.

Ce coup fut pour lui terrible.

Ses traits prirent alors une expression déchirante ; madame d'Harville lui tendit vivement la main et s'écria :

— Albert, je vous le jure, je serai pour vous la plus dévouée des amies, la plus tendre des sœurs... mais rien de plus... Pardon, pardon... si malgré moi mes paroles vous ont donné des espérances que je ne puis jamais réaliser !

— Jamais ?... s'écria M. d'Harville en attachant sur sa femme un regard suppliant, désespéré.

— Jamais !... répondit Clémence.

Ce seul mot, l'accent de la jeune femme, révélaient une résolution irrévocable.

Clémence, ramenée à de nobles résolutions par l'influence de Rodolphe, était fermement décidée à entourer M. d'Harville des soins les plus touchants ; mais elle se sentait incapable d'éprouver jamais de l'amour pour lui.

Une impression plus inexorable encore que l'effroi, que le mépris, que la haine, éloignait pour toujours Clémence de son mari...

C'était une répugnance... invincible.

Après un moment de douloureux silence, M. d'Harville passa la main sur ses yeux humides, et dit à sa femme, avec une amertume navrante :

— Pardon... de m'être trompé... pardon de m'être ainsi abandonné à une espérance insensée !

Puis, après un nouveau silence, il s'écria :

— Ah ! je suis bien malheureux !...

— Mon ami, lui dit doucement Clémence, je ne voudrais pas vous faire de reproches ; pourtant... comptez-vous donc pour rien ma promesse d'être pour vous la plus tendre des sœurs ? Vous devrez à l'amitié dévouée des soins que l'amour ne pourrait vous donner... Espérez... espérez des jours meilleurs... Jusqu'ici vous m'avez trouvée presque indifférente à vos chagrins ; vous verrez combien j'y saurai compatir, et quelles consolations vous trouverez dans mon affection.

Un valet de chambre entra et dit à Clémence :

— Son Altesse monseigneur le grand-duc de Gerolstein fait demander à madame la marquise si elle peut la recevoir ?

Clémence interrogea son mari du regard.

M. d'Harville, reprenant son sang-froid, dit à sa femme :

— Mais sans doute.

Le valet de chambre sortit.

— Pardon, mon ami, reprit Clémence, mais je n'avais pas défendu ma porte... Il y a d'ailleurs longtemps que vous n'avez vu le prince ; il sera heureux de vous trouver ici.

— J'aurai aussi beaucoup de plaisir à le voir, dit M. d'Harville. Pourtant, je vous l'avoue, en ce moment, je suis si troublé, que j'aurais préféré recevoir sa visite un autre jour...

— Je le comprends... Mais que faire ?... Le voici...

Au même instant on annonçait Rodolphe.

— Je suis mille fois heureux, madame, d'avoir l'honneur de vous rencontrer, dit Rodolphe ; et je m'applaudis doublement de ma bonne fortune, puisqu'elle me procure aussi le plaisir de vous voir, mon cher Albert, ajouta-t-il en se retournant vers le marquis, dont il serra cordialement la main.

— Il y a, en effet, bien longtemps, monseigneur, que je n'ai eu l'honneur de vous présenter mes hommages.

— Et à qui la faute, monsieur l'invisible ! La dernière fois que je suis venu faire ma cour à madame d'Harville, je vous ai demandé, vous étiez absent. Voilà plus de trois semaines que vous m'oubliez ; c'est très-mal...

— Soyez sans pitié, monseigneur, dit Clémence en souriant ; M. d'Harville est d'autant plus coupable qu'il a pour Votre Altesse le dévouement le plus profond, et qu'il pourrait en faire douter par sa négligence.

— Eh bien ! voyez ma vanité, madame ; quoi que puisse faire d'Harville, il me sera toujours impossible de douter de son affection : mais je ne devrais pas dire cela... je vais l'encourager dans ses semblants d'indifférence.

— Croyez, monseigneur, que quelques circonstances imprévues m'ont seules empêché de profiter plus souvent de vos bontés pour moi...

— Entre nous, mon cher Albert, je vous crois un peu trop platonique en amitié ; bien certain qu'on vous aime, vous ne tenez pas beaucoup à donner ou à recevoir des preuves d'attachement.

Par un manque d'étiquette dont madame d'Harville ressentit une légère contrariété, un valet de chambre entra, apportant une lettre au marquis.

C'était la dénonciation anonyme de Sarah, qui accusait le prince d'être l'amant de madame d'Harville.

Le marquis, par déférence pour le prince, repoussa de la main le petit plateau d'argent que le domestique lui présentait, et dit à demi-voix :

— Plus tard... plus tard...

— Mon cher Albert, dit Rodolphe du ton le plus affectueux, faites-vous de ces façons avec moi ?

— Monseigneur...

— Avec la permission de madame d'Harville, je vous en prie... lisez cette lettre...

— Je vous assure, monseigneur, que je n'ai aucun empressement...

— Encore une fois, Albert, lisez donc cette lettre !

— Mais... monseigneur...

— Je vous en prie... Je le veux...

— Puisque Son Altesse l'exige... dit le marquis en prenant la lettre sur le plateau.

— Certainement Son Altesse exige que vous me traitiez en ami. Puis, se tournant vers la marquise pendant que M. d'Harville décachetait la lettre fatale, dont Rodolphe ne pouvait imaginer le contenu, il ajouta en souriant :

— Quel triomphe pour vous, madame, de faire toujours céder cette volonté si opiniâtre !

M. d'Harville s'approcha d'un des candélabres de la cheminée, et ouvrit la lettre de Sarah.

CINQUIÈME PARTIE.

CHAPITRE PREMIER.

Conseils.

Rodolphe et Clémence causaient ensemble pendant que M. d'Harville lisait par deux fois la lettre de Sarah.

Les traits du marquis restèrent calmes ; un tremblement nerveux presque imperceptible agita seulement sa main, lorsqu'après un moment d'hésitation il mit le billet dans la poche de son gilet.

— Au risque de passer encore pour un sauvage, dit-il à Rodolphe en souriant, je vous demanderai la permission, monseigneur, d'aller répondre à cette lettre... plus importante que je ne le pensais d'abord...

— Ne vous reverrai-je pas ce soir ?

— Je ne crois pas avoir cet honneur, monseigneur. J'espère que Votre Altesse voudra bien m'excuser.

— Quel homme insaisissable ! dit gaiement Rodolphe. N'essayerez-vous pas, madame, de le retenir ?

— Je n'ose tenter ce que Votre Altesse a essayé en vain.

— Sérieusement, mon cher Albert, tâchez de nous revenir dès que votre lettre sera écrite... sinon promettez-moi de m'accorder quelques moments un matin... J'ai mille choses à vous dire.

— Votre Altesse me comble, dit le marquis en saluant profondément.

Et il se retira, laissant Clémence avec le prince.

— Votre mari est préoccupé, dit Rodolphe à la marquise ; son sourire m'a paru contraint...

— Lorsque Votre Altesse est arrivée, M. d'Harville était profondément ému ; il a eu grand'peine à vous le cacher.

— Je suis peut-être arrivé mal à propos ?

— Non, monseigneur. Vous m'avez même épargné la fin d'un entretien pénible.

— Comment cela ?

— J'ai dit à M. d'Harville la nouvelle conduite que j'étais résolue de suivre à son égard... en lui promettant soutien et consolation.

— Qu'il a dû être heureux !

— D'abord il l'a été autant que moi ; car ses larmes, sa joie, m'ont causé une émotion que je ne connaissais pas encore... Autrefois, je croyais me venger en lui adressant un reproche ou un sarcasme... Triste vengeance ! mon chagrin n'en était ensuite que plus amer... Tandis que tout à l'heure... quelle différence ! J'avais demandé à mon mari s'il sortait ; il m'avait répondu tristement qu'il passerait la soirée seul, comme cela lui arrivait souvent. Quand je lui ai offert de rester auprès de lui... si vous aviez vu son étonnement, monseigneur ! Combien ses traits, toujours sombres, sont tout à coup devenus radieux... Ah ! vous aviez bien raison... rien de plus charmant à ménager que ces surprises de bonheur !...

— Mais comment ces preuves de bonté de votre part ont-elles amené cet entretien pénible dont vous me parliez ?

— Hélas ! monseigneur, dit Clémence en rougissant, à des espérances que j'avais fait naître, parce que je pouvais les réaliser... ont succédé chez M. d'Harville des espérances plus tendres... que je m'étais bien gardée de provoquer, parce qu'il me sera toujours impossible de les satisfaire...

— Je comprends... il vous atteint si tendrement...

— Autant j'avais d'abord été touchée de sa reconnaissance... autant je me suis sentie glacée, effrayée, dès que son langage est devenu passionné... Enfin, lorsque dans son exaltation il a posé ses lèvres sur ma main... un froid mortel m'a saisie, je n'ai pu dissimuler ma frayeur... Je lui portai un coup douloureux... en manifestant ainsi l'invincible éloignement que me causait son amour... Je le regrette... Mais au moins M. d'Harville est maintenant à jamais convaincu, malgré mon retour vers lui, qu'il ne doit attendre de moi que l'amitié la plus dévouée.

— Je le plains... sans pouvoir vous blâmer ; il est des susceptibilités pour ainsi dire sacrées. Pauvre Albert, si bon, si loyal pourtant !!! d'un cœur si vaillant, d'une âme si ardente ! Si vous saviez combien j'ai été longtemps préoccupé de la tristesse qui le dévorait, quoique j'en ignorasse la cause... Attendons tout du temps, de la raison. Peu à peu il reconnaîtra le prix de l'affection que vous lui offrez, et il se résignera comme il s'était résigné jusqu'ici sans avoir les touchantes consolations que vous lui offrez...

— Et qui ne lui manqueront jamais, je vous le jure, monseigneur.

— Maintenant, songeons à d'autres infortunes. Je vous ai promis une bonne œuvre, ayant tout le charme d'un roman en action... Je viens remplir mon engagement.

— Déjà, monseigneur ? quel bonheur !

— Ah ! que j'ai été bien inspiré en louant cette pauvre chambre de la rue du Temple, dont je vous ai parlé... Vous n'imaginez pas tout ce que j'ai trouvé là de curieux, d'intéressant !... D'abord vos protégés de la mansarde jouissent du bonheur que votre présence leur avait promis ; ils ont cependant encore à subir de rudes épreuves ; mais je ne veux pas vous attrister... Un jour vous saurez combien d'horribles maux peuvent accabler une seule famille...

— Quelle doit-être leur reconnaissance envers vous !

— C'est votre nom qu'ils bénissent...

— Vous les avez secourus en mon nom, monseigneur !

— Pour leur rendre l'aumône plus douce... D'ailleurs, je n'ai fait que réaliser vos promesses.

— Oh ! j'irai les détromper... leur dire ce qu'ils vous doivent.

— Ne faites pas cela ! vous le savez, j'ai une chambre dans cette maison, redoutée de nouvelles lâchetés anonymes de mes ennemis... ou des miens... et puis Morel sont maintenant à l'abri du besoin... Songeons à notre intrigue. Il s'agit d'une pauvre mère et de sa fille, qui, autrefois dans l'aisance, sont aujourd'hui, par suite d'une spoliation infâme, réduites au sort le plus affreux.

— Malheureuses femmes !... et où demeurent-elles, monseigneur ?

— Je l'ignore.

— Mais comment avez-vous connu leur misère ?

— Hier je vais au Temple... Vous ne savez pas ce que c'est que le Temple, madame la marquise ?

— Non, monseigneur.

— C'est un bazar très-amusant à voir ; j'allais donc faire là quelques emplettes avec ma voisine du quatrième...

— Votre voisine ?...

— N'ai-je pas ma chambre, rue du Temple ?

— Je l'oubliais, monseigneur...

— Cette voisine est une ravissante petite grisette ; elle s'appelle Rigolette ; elle rit toujours, et n'a jamais eu d'amant.

— Quelle erreur... pour une grisette !

— Ce n'est pas absolument par vertu qu'elle est sage, mais parce qu'elle n'a pas, dit-elle, le loisir d'être amoureuse ; cela lui prendrait trop de temps, car il lui faut travailler douze à quinze heures par jour pour gagner vingt-cinq sous, avec lesquels elle vit !...

— Elle peut vivre de si peu ?

— Comment donc ! elle a même comme objet de luxe deux oiseaux qui mangent plus qu'elle ; sa chambrette est des plus proprettes, et sa mise des plus coquettes.

— Vivre avec vingt-cinq sous par jour ! c'est un prodige...

— Un vrai prodige d'ordre, de travail, d'économie et de philosophie pratique, je vous assure ; aussi je vous la recommande : elle est, dit-elle, très-habile couturière... En tous cas, vous ne seriez pas obligée de porter les robes qu'elle vous ferait...

— Dès demain je lui enverrai de l'ouvrage... Pauvre fille !... vivre avec une somme si minime et pour ainsi dire si inconnue à nous autres riches, que le prix du moindre de nos caprices a cent fois cette valeur !

— Vous vous intéressez donc à ma petite protégée, c'est convenu ; revenons à notre aventure. J'étais donc allé au Temple, avec mademoiselle Rigolette, pour quelques achats destinés à nos pauvres gens de la mansarde, lorsque, fouillant par hasard dans un vieux secrétaire à vendre, je trouvai un brouillon de lettre, écrite par une femme qui se plaignait à un tiers d'être réduite à la misère, elle et sa fille, par l'infidélité d'un dépositaire. Je demandai au marchand d'où lui venait ce meuble. Il faisait partie d'un modeste mobilier qu'une femme, jeune encore, lui avait vendu, étant sans doute à bout de ressources... Cette femme et sa fille, me dit le marchand, semblaient être des bourgeoises et supporter fièrement leur détresse.

— Et vous ne savez pas leur demeure, monseigneur ?

— Malheureusement, non... jusqu'à présent... Mais j'ai donné ordre à M. de Graün de tâcher de la découvrir, en s'adressant, s'il le faut, à la préfecture de police. Il est probable que, dénuées de tout, la mère et la fille auront été chercher un refuge dans quelque misérable hôtel garni. S'il en est ainsi, nous avons bon espoir ; car les maîtres de ces maisons y inscrivent chaque soir les étrangers qui y sont venus dans la journée.

— Quel singulier concours de circonstances ! dit madame d'Harville avec étonnement. Combien cela est attachant !

— Ce n'est pas tout... Dans un coin du brouillon de la lettre restée dans le vieux meuble, se trouvaient ces mots : « Écrire à madame de Lucenay. »

— Quel bonheur ! peut-être saurons-nous quelque chose par la duchesse, s'écria vivement madame d'Harville. Puis elle reprit avec un soupir : — Mais, ignorant le nom de cette femme, comment la désigner à madame de Lucenay ?

— Il faudra lui demander si elle ne connaît pas une veuve, jeune encore, d'une physionomie distinguée, et dont la fille, âgée de seize ou dix-sept ans, se nomme Claire... Je me souviens du nom.

— Le nom de ma fille ! Il me semble que c'est un motif de plus de s'intéresser à ces infortunées.

— J'oubliais de vous dire que le frère de cette veuve s'est suicidé il y a quelques mois.

— Si madame de Lucenay connaît cette famille, reprit madame d'Harville en réfléchissant, de tels renseignements suffiront pour la mettre sur la voie ; dans ce cas encore le triste genre de mort de ce malheureux aura dû frapper la duchesse. Mon Dieu ! que j'ai hâte d'aller la voir ! Je lui écrirai un mot ce soir pour avoir la certitude de la rencontrer demain matin. Quelles peuvent être ces femmes ? D'après ce que vous savez d'elles, monseigneur, elles paraissent appartenir à une classe distinguée de la société... Et se voir réduites à une telle détresse !... Ah ! pour elles la misère doit être doublement affreuse.

— Et cela par la volerie d'un notaire, abominable coquin dont je savais déjà d'autres méfaits... un certain Jacques Ferrand.

— Le notaire de mon mari ! s'écria Clémence, le notaire de ma belle-mère ! Mais vous vous trompez, monseigneur ; on le regarde comme le plus honnête homme du monde.

— J'ai les preuves du contraire... Mais veuillez ne dire à personne mes doutes ou plutôt mes certitudes au sujet de ce fripon ; il est aussi adroit que criminel, et, pour le démasquer, j'ai besoin qu'il croie encore quelques jours à l'impunité. Oui, c'est lui qui a dépouillé ces infortunées, en niant un dépôt qui, selon toute apparence, lui avait été remis par le frère de cette veuve.

— Et cette somme ?

— Était toutes leurs ressources !

— Oh ! voilà de ces crimes...

— De ces crimes, s'écria Rodolphe, de ces crimes que rien n'excuse, ni le besoin, ni la passion... Souvent la faim pousse au vol, la vengeance au meurtre... Mais ce notaire déjà riche, mais cet homme revêtu par la société d'un caractère presque sacerdotal, d'un caractère qui impose, qui force la confiance... cet homme n'est poussé au crime, lui, par une cupidité froide et implacable. L'assassin ne vous tue qu'une fois... et vite... avec son couteau ; lui vous tue lentement, par toutes les tortures du désespoir et de la misère où il vous plonge... Pour un homme comme ce Ferrand, le patrimoine de l'orphelin, les deniers du pauvre si laborieusement amassés... rien n'est sacré ! Vous lui confiez de l'or, cet or, il le vole. De riche et d'heureux, il vous fait mendiant et désolé... A force de privations et de travaux, vous avez assuré le pain et l'abri de votre vieillesse... la volonté de cet homme arrache à votre vieillesse et ce pain et cet abri...

Ce n'est pas tout. Voyez les effrayantes conséquences de ces spoliations infâmes... Que cette veuve dont nous parlons, madame, meure de chagrin et de détresse, sa fille, jeune et belle, sans appui, sans ressource, habituée à l'aisance, inapte, par son éducation, à gagner sa vie, se trouve bientôt entre le déshonneur et la faim ! Qu'elle s'égare, qu'elle succombe... la voilà perdue, avilie, déshonorée !... Par sa spoliation,

Jacques Ferrand est donc cause de la mort de la mère, de la prostitution de la fille!... il a tué le corps de l'une, tué l'âme de l'autre; et cela, encore une fois, non pas tout d'un coup, comme les autres homicides, mais avec lenteur et cruauté.

Clémence n'avait pas encore entendu Rodolphe parler avec autant d'indignation et d'amertume; elle l'écoutait en silence, frappée de ces paroles d'une éloquence sans doute morose, mais qui révélaient une haine vigoureuse contre le mal.

— Pardon, madame, lui dit Rodolphe après quelques instants de silence, je n'ai pu contenir mon indignation en songeant aux malheurs horribles qui pourraient atteindre vos futures protégées... Ah! croyez-moi, on n'exagère jamais les conséquences qu'entraînent souvent la ruine et la misère.

— Oh! merci, au contraire, monseigneur, d'avoir, par ces terribles paroles, encore augmenté, s'il est possible, la tendre pitié que m'inspire cette mère infortunée. Hélas! c'est surtout pour sa fille qu'elle doit souffrir... Oh! c'est affreux... Mais nous les sauverons, nous assurerons leur avenir, n'est-ce pas, monseigneur? Dieu merci, je suis riche; pas autant que je le voudrais, maintenant que j'entrevois un nouvel usage de la richesse; mais, s'il le faut, je m'adresserai à M. d'Harville, je le rendrai si heureux, qu'il ne pourra se refuser à aucun de mes nouveaux caprices, et je prévois que j'en aurai beaucoup de ce genre. Nos protégées sont fières, m'avez-vous dit, monseigneur; je les en aime davantage; la fierté dans l'infortune prouve toujours une âme élevée... Je trouverai le moyen de les sauver sans qu'elles croient devoir mes secours à un bienfait... Cela sera difficile... tant mieux! Oh! j'ai déjà mon projet; vous verrez, monseigneur... vous verrez que l'adresse et la finesse ne me manqueront pas.

— J'entrevois déjà les combinaisons les plus machiavéliques, dit Rodolphe en souriant.

— Mais il faut d'abord les découvrir. Que j'ai hâte d'être à demain! En sortant de chez madame de Lucenay, j'irai à leur ancienne demeure, j'interrogerai leurs voisins, je verrai par moi-même, je demanderai des renseignements à tout le monde. Je me compromettrai s'il le faut! Je serais si fière d'obtenir par moi-même et par moi seule le résultat que je désire... Oh! j'y parviendrai... cette aventure est si touchante. Pauvres femmes! il me semble que je m'intéresse encore davantage à elles quand je songe à ma fille.

Rodolphe, ému de ce charitable empressement, souriait avec mélancolie en voyant cette belle femme de vingt ans, si belle, si aimante, tâchant d'oublier dans de nobles distractions les malheurs domestiques qui la frappaient; les yeux de Clémence brillaient d'un vif éclat, ses joues étaient légèrement colorées, l'animation de son geste, de sa parole, donnait un nouvel attrait à sa ravissante physionomie.

CHAPITRE II.

Le piège.

Madame d'Harville s'aperçut que Rodolphe la contemplait en silence. Elle rougit, baissa les yeux, puis, les relevant avec une confusion charmante, elle lui dit:

— Vous riez de mon exaltation, monseigneur! C'est que je suis impatiente de goûter ces douces joies qui vont animer ma vie, jusqu'à présent triste et inutile. Tel n'était pas sans doute le sort que j'avais rêvé... Il est un sentiment, un bonheur, le plus vif de tous... que je ne dois jamais connaître. Quoique bien jeune encore, il me faut y renoncer!... ajouta Clémence avec un soupir contraint. Puis elle reprit : — Mais enfin, grâce à vous, mon sauveur, toujours grâce à vous, je me serai créé d'autres intérêts; la charité remplacera l'amour. J'ai déjà dû à vos conseils de si touchantes émotions! Vos paroles, monseigneur, ont tant d'influence sur moi!... Plus je médite, plus j'approfondis vos idées, plus je les trouve justes, grandes, fécondes. Puis, quand je songe que, non content de prendre en commisération des peines qui devraient vous être indifférentes, vous me donnez encore les avis les plus salutaires, en me guidant pas à pas dans cette voie nouvelle que vous avez ouverte à un pauvre cœur chagrin et abattu... oh! monseigneur, quel trésor de bonté renferme donc votre âme? Où avez-vous puisé tant de généreuse pitié?

— J'ai beaucoup souffert, je souffre encore... voilà pourquoi je sais le secret de bien des douleurs!

— Vous, monseigneur, vous malheureux!

— Oui, car l'on dirait que, pour me préparer à compatir à toutes les infortunes, le sort a voulu que je les subisse toutes... Ami, il m'a frappé dans mon ami; amant, il m'a frappé dans la première femme que j'ai aimée avec l'aveugle confiance de la jeunesse; époux, il m'a frappé dans ma femme; fils, il m'a frappé dans mon père; père, il m'a frappé dans mon enfant.

— Je croyais, monseigneur, que la grande-duchesse ne vous avait pas laissé d'enfant.

— En effet; mais avant mon mariage j'avais une fille, morte toute petite... Eh bien! si étrange que cela vous paraisse, la perte de cette enfant, que j'ai vue à peine, est le regret de toute ma vie. Plus je vieillis, plus ce chagrin devient profond! chaque année en redouble l'amertume; on dirait qu'il grandit en raison de l'âge que devrait avoir ma fille. Maintenant elle aurait dix-sept ans!

— Et sa mère, monseigneur, vit-elle encore? demanda Clémence après un moment d'hésitation.

— Oh! ne m'en parlez pas, s'écria Rodolphe, dont les traits se rembrunirent à la pensée de Sarah. Sa mère est une indigne créature, une âme bronzée par l'égoïsme et par l'ambition. Quelquefois je me demande s'il ne vaut pas mieux pour ma fille d'être morte que d'être restée aux mains de sa mère.

Clémence éprouva une sorte de satisfaction en entendant Rodolphe s'exprimer ainsi.

— Oh! je conçois alors, s'écria-t-elle, que vous regrettiez doublement votre fille.

— Je l'aurais tant aimée!... Et puis il me semble que chez nous autres princes il y a toujours dans notre amour pour un fils une sorte d'intérêt de race et de nom, d'arrière-pensée politique. Mais une fille! une fille! on l'aime pour elle seule. Par cela même que l'on a vu, hélas! l'humanité sous ses faces les plus sinistres, quelles délices de se reposer dans la contemplation d'une âme candide et pure! de respirer son parfum virginal, d'épier avec une tendresse inquiète ses tressaillements ingénus! La mère la plus folle, la plus fière de sa fille, n'éprouve pas ces ravissements; elle lui est trop pareille pour l'apprécier, pour goûter ces douceurs ineffables; elle appréciera bien davantage les mâles qualités d'un fils vaillant et hardi. Par cela même que l'on s'y rend encore plus touchant peut-être l'amour d'une mère pour son fils, l'amour d'un père pour sa fille, c'est que dans ces affections il y a un être faible qui a toujours besoin de protection! Le fils protège sa mère, le père protège sa fille.

— Oh! c'est vrai, monseigneur.

— Mais, hélas! à quoi bon comprendre ces jouissances ineffables, lorsqu'on ne doit jamais les éprouver? reprit Rodolphe avec abattement.

Clémence ne put retenir une larme, tant l'accent de Rodolphe avait été profond, déchirant.

Après un moment de silence, rougissant presque de l'émotion à laquelle il s'était laissé entraîner, il dit à madame d'Harville en souriant tristement :

— Pardon, madame, mes regrets et mes souvenirs m'ont emporté malgré moi; vous m'excuserez, n'est-ce pas?

— Ah! monseigneur, croyez-moi je partage vos chagrins. N'en ai-je pas le droit? N'avez-vous pas partagé les miens? malheureusement les consolations que je puis vous offrir sont vaines...

— Non, non... le témoignage de votre intérêt m'est doux et salutaire; c'est déjà presque un soulagement de dire que l'on souffre... et je ne vous l'aurais pas dit sans la nature de notre entretien, qui a réveillé en moi des souvenirs douloureux... C'est une faiblesse, mais je ne puis entendre parler d'une jeune fille sans songer à celle que j'ai perdue...

— Ces préoccupations sont si naturelles! Tenez, monseigneur, depuis que je vous ai vu, j'ai accompagné dans ses visites aux prisons une femme de mes amies qui est patronesse de l'œuvre des jeunes détenues de Saint-Lazare; cette maison renferme des créatures bien coupables. Si je n'avais pas été mère, je les aurais jugées, sans doute, avec encore plus de sévérité... tandis que je ne ressens plus qu'une pitié douloureuse en songeant que peut-être elles n'eussent pas été perdues sans l'abandon et la misère où on les a laissées depuis leur enfance... Je ne sais pourquoi, à ces pensées, il me semble aimer ma fille davantage encore...

— Allons, courage, dit Rodolphe avec un sourire mélancolique. Cet entretien me laisse rassuré sur vous... Une voie salutaire vous est ouverte; en la suivant vous traverserez, sans faillir, ces années d'épreuves si dangereuses pour les femmes, et surtout pour une femme douée comme vous l'êtes. Votre mérite sera grand... vous aurez encore à lutter, à souffrir... car vous êtes bien jeune, mais vous reprendrez des forces en songeant au bien que vous aurez fait... à celui que vous aurez à faire encore...

Madame d'Harville fondit en larmes.

— Au moins, dit-elle, votre appui, vos conseils ne me manqueront jamais, n'est-ce pas, monseigneur?

— De près ou de loin, toujours je vous prendrai le plus vif intérêt à ce qui vous touche... toujours, autant qu'il sera en moi, je contribuerai à votre bonheur... à celui de l'homme auquel j'ai voué la plus constante amitié.

— Oh! merci de cette promesse, monseigneur, dit Clémence en essuyant ses larmes. Sans votre généreux soutien, je le sens, mes forces m'abandonneraient... mais, croyez-moi... je vous le jure ici, j'accomplirai courageusement mon devoir.

— A ces mots, une petite porte cachée dans la tenture s'ouvrit brusquement.

Clémence poussa un cri; Rodolphe tressaillit.

M. d'Harville parut, pâle, ému, profondément attendri, les yeux humides de larmes.

Le premier étonnement passé, le marquis dit à Rodolphe en lui donnant la lettre de Sarah :
— Monseigneur... voici la lettre infâme que j'ai reçue tout à l'heure devant vous... Veuillez la brûler après l'avoir lue.
— Clémence regardait son mari avec stupeur.
— Oh ! c'est infâme ! s'écria Rodolphe indigné.
— Eh bien ! monseigneur... il y a quelque chose de plus lâche encore que cette lâcheté anonyme... c'est ma conduite !
— Que voulez-vous dire ?
— Tout à l'heure, au lieu de vous montrer cette lettre franchement, hardiment, je vous l'ai cachée ; j'ai feint le calme pendant que j'avais la jalousie, la rage, le désespoir dans le cœur... Ce n'est pas tout... Savez-vous ce que j'ai fait, monseigneur ? je suis allé honteusement me tapir derrière cette porte pour vous épier... Oui, j'ai été assez misérable pour douter de votre loyauté, de votre honneur... Oh ! l'auteur de ces lettres sait à qui il les adresse... Il sait combien ma tête est faible... Eh bien ! monseigneur, après avoir entendu ce que je viens d'entendre, car je n'ai pas perdu un mot de votre entretien, car je sais quels intérêts vous attirent rue du Temple... après avoir été assez bassement défiant pour me faire le complice de cette horrible calomnie en y croyant... n'est-ce pas à genoux que je dois vous demander grâce et pitié?... Et c'est ce que je fais, monseigneur... et c'est que je fais, Clémence ; car je n'ai plus d'espoir que dans votre générosité.
— Eh ! mon Dieu, mon cher Albert, qu'ai-je à vous pardonner ? dit Rodolphe en tendant ses deux mains au marquis avec la plus touchante cordialité. Maintenant, vous savez nos secrets, à moi et à madame d'Harville ; j'en suis ravi, je pourrai vous sermonner tout à mon aise. Me voici votre confident forcé, et, ce qui vaut encore mieux, vous voici le confident de madame d'Harville : c'est dire que vous connaissez maintenant tout ce que vous devez attendre de ce noble cœur.
— Et vous, Clémence, dit tristement M. d'Harville à sa femme, me pardonnerez-vous encore cela ?
— Oui, à condition que vous m'aiderez à assurer votre bonheur... Et elle tendit la main à son mari, qui la serra avec émotion.
— Ma foi, mon cher marquis, s'écria Rodolphe, nos ennemis sont maladroits ! grâce à eux, nous voici plus intimes que par le passé. Vous n'avez jamais plus justement apprécié madame d'Harville, jamais elle ne vous a été plus dévouée. Avouez que nous sommes bien vengés des envieux et des méchants ? C'est toujours cela, en attendant mieux... car je devine d'où le coup est parti, et je n'ai pas l'habitude de souffrir patiemment le mal que l'on fait à mes amis. Mais ceci me regarde. Adieu, madame, voici votre intrigue découverte, vous ne serez plus seule à secourir vos protégés. Soyez tranquille, nous renouerons bientôt quelque mystérieuse entreprise, et le marquis sera bien fin s'il la découvre.

. . . .

Après avoir accompagné Rodolphe jusqu'à sa voiture pour le remercier encore, le marquis rentra chez lui sans revoir Clémence.

CHAPITRE III.

Réflexions.

Il serait difficile de peindre les sentiments tumultueux et contraires dont fut agité M. d'Harville lorsqu'il se trouva seul.
Il reconnaissait avec joie l'indigne fausseté de l'accusation portée contre Rodolphe et contre Clémence ; mais il était aussi convaincu qu'il lui fallait renoncer à l'espoir d'être aimé d'elle. Plus, dans sa conversation avec Rodolphe, Clémence s'était montrée résignée, courageuse, résolue au bien ; plus il se reprochait amèrement d'avoir, par un coupable égoïsme, enchaîné cette malheureuse jeune femme à son sort.
Loin d'être consolé par l'entretien qu'il avait surpris, il tomba dans une tristesse, dans un accablement inexprimables.
La richesse oisive à cela de terrible, que rien ne la distrait, que rien ne la défend des ressentiments douloureux. N'étant jamais forcément préoccupée de l'avenir ou des labeurs de chaque jour, elle demeure tout entière en proie aux grandes afflictions morales.
Pouvant posséder ce qui se possède à prix d'or, elle désire ou elle regrette, avec une violence inouïe, ce que l'or seul ne peut donner.
La douleur de M. d'Harville était désespérée, car il ne voulait, après tout, rien que de juste, que de légal :
« La possession... sinon l'amour de sa femme. »
Or, en face des refus inexorables de Clémence, il se demandait si ce n'était pas une dérision amère que ces paroles de la loi :
« La femme appartient à son mari. »
A quel pouvoir, à quelle intervention recourir pour vaincre cette froideur, cette répugnance qui changeait sa vie en un long supplice, puisqu'il ne devait, ne pouvait, ne voulait aimer que sa femme ?
Il lui fallait reconnaître qu'en cela, comme en tant d'autres incidents de la vie conjugale, la simple volonté de l'homme ou de la femme se substituait impérieusement, sans appel, sans répression possible, à la volonté souveraine de la loi.

A ces transports de vaine colère succédait parfois un morne abattement.
L'avenir lui pesait, lourd, sombre, glacé.
Il pressentait que le chagrin rendrait sans doute plus fréquentes encore les crises de son effroyable maladie.
— Oh ! s'écria-t-il, à la fois attendri et désolé, c'est ma faute... c'est ma faute ! pauvre malheureuse femme ! je l'ai trompée... indignement trompée ! Elle peut... elle doit me haïr... et pourtant, tout à l'heure encore, elle m'a témoigné l'intérêt le plus touchant ; mais, au lieu de me contenter de cela, ma folle passion m'a égaré, je suis devenu tendre, j'ai parlé de mon amour, et à peine mes lèvres ont-elles effleuré sa main qu'elle a tressailli de frayeur. Si j'avais pu douter encore de la répugnance invincible que je lui inspire, ce qu'elle a dit au prince ne m'aurait laissé aucune illusion. Oh ! c'est affreux... affreux !
Et de quel droit lui a-t-elle confié ce hideux secret ? cela est une trahison indigne ! De quel droit ! Hélas, du droit que les victimes ont de se plaindre de leur bourreau. Pauvre enfant, si jeune, si aimante, tout ce qu'elle a trouvé de plus cruel à dire contre l'horrible existence que je lui ai faite... c'est que tel n'était pas le sort qu'elle avait rêvé, et qu'elle était bien jeune pour renoncer à l'amour ! Je connais Clémence... cette parole qu'elle m'a donnée, qu'elle a donnée au prince, elle la tiendra désormais : elle sera pour moi la plus tendre des sœurs. Eh bien !... ma position n'est-elle pas encore digne d'envie ?... aux rapports froids et contraints qui existaient entre nous vont succéder des relations affectueuses et douces, tandis qu'elle aurait pu me traiter toujours avec un mépris glacial, ainsi qu'elle m'eût possible de me plaindre.
Allons, je me consolerai en jouissant de ce qu'elle m'offre. Ne serai-je pas encore trop heureux ? Trop heureux ! oh ! que je suis faible, que je suis lâche. N'est-ce pas ma femme, après tout ? n'est-elle pas à moi ? bien à moi ? La loi ne me reconnaît-elle pas mon pouvoir sur elle ? Ma femme, eh bien ! j'ai le droit de... Il s'interrompit avec un éclat de rire sardonique.
— Oh ! oui, la violence, n'est-ce pas ! Maintenant la violence ! Autre infamie. Mais que faire alors ? car je l'aime, moi ! je l'aime comme un insensé... Je n'aime qu'elle... Je n'aime qu'elle... Je veux son amour, et non sa tiède affection de sœur. Oh ! à la fin il faudra bien qu'elle ait pitié... elle est si bonne, elle me verra si malheureux ! Mais non, non ! jamais ! Il est une cause d'éloignement que je n'ai pas dite... Le dégoût. Le dégoût... oui... le dégoût... entends-tu ? le dégoût !... Il faut bien te convaincre de cela : ton horrible infirmité lui fait horreur... toujours... entends-tu ? toujours ! s'écria M. d'Harville dans une douloureuse exaltation.
Après un moment de farouche silence, il reprit :
— Cette anonyme délation, qui accusait le prince et ma femme, part encore d'une main ennemie ; et tout à l'heure, avant de l'avoir entendue, j'ai pu un instant le soupçonner ! Lui, le croire capable d'une si lâche trahison ! Et ma femme, l'envelopper dans le même soupçon ! Oh ! la jalousie est incurable ! Et pourtant il ne faut pas que je m'abuse. Si le prince, qui m'aime comme l'ami le plus tendre, le plus généreux, engage Clémence à occuper son esprit et son cœur par des œuvres charitables ; s'il lui promet ses conseils, son appui, c'est qu'elle a besoin de conseils, d'appui.
Au fait, si belle, si jeune, si entourée, sans amour au cœur qui la défende, presque excusée de ses torts par les miens, qui sont atroces, ne peut-elle pas faillir ?
Autre torture ! Que j'ai souffert, mon Dieu ! quand je l'ai crue coupable... quelle terrible agonie ! Mais non, cette crainte est vaine. Clémence a juré de ne pas manquer à ses devoirs.... elle tiendra ses promesses... mais à quel prix, mon Dieu ! à quel prix ! Tout à l'heure, lorsqu'elle revenait à son mari, combien d'affectueuses paroles, combien son regard doux, triste, résigné, m'a fait de mal ! Combien ce retour vers son bourreau a dû lui coûter ! Pauvre femme ! qu'elle était belle et touchante ainsi ! Pour la première fois je l'ai senti son remords déchirant, car jusqu'alors sa froideur hautaine l'avait assez vengée. Oh ! malheureux, malheureux que je suis !

. . . .

Après une longue nuit d'insomnie et de réflexions amères, les agitations de M. d'Harville cessèrent comme par enchantement.
Il attendit le jour avec impatience.

CHAPITRE IV.

Projets d'avenir.

Dès le matin, M. d'Harville sonna son valet de chambre.
Le vieux Joseph en entrant chez son maître l'entendit, à son grand étonnement, fredonner un air de chasse, signe aussi rare que certain de la bonne humeur de M. d'Harville.
— Ah ! monsieur le marquis, dit le fidèle serviteur attendri, quelle jolie voix vous avez... quel dommage que vous ne chantiez pas plus souvent !

— Vraiment, monsieur Joseph, j'ai une jolie voix? dit M. d'Harville en riant.
— Monsieur le marquis aurait la voix aussi enrouée qu'un chat-huant ou qu'une crécelle, que je trouverais encore qu'il a une jolie voix.

— Vous seriez heureux tous les jours, monsieur le marquis! s'écria Joseph en joignant les mains avec un radieux étonnement.
— Tous les jours, mon vieux Joseph, heureux tous les jours. Oui, plus de chagrins, plus de tristesse. Je puis te dire cela, à toi, seul et discret confident de mes peines... Je suis au comble du bonheur... Ma femme est un ange de bonté... elle m'a demandé pardon de son éloignement passé, l'attribuant, le devinerais-tu?... à la jalousie!...
— A la jalousie?
— Oui, d'absurdes soupçons excités par des lettres anonymes...

Le marquis d'Harville.

La Mont-Saint-Jean.

— Taisez-vous, flatteur!
— Dame! quand vous chantez, monsieur le marquis, c'est signe que vous êtes content... et alors votre voix me paraît la plus charmante musique du monde...
— En ce cas, mon vieux Joseph, apprête-toi à ouvrir tes longues oreilles.
— Que dites-vous?
— Tu pourras jouir tous les jours de cette charmante musique, dont tu parais si avide.

— Quelle indignité!...
— Tu comprends... les femmes ont tant d'amour-propre... Il n'en a pas fallu davantage pour nous séparer; mais heureusement hier soir elle s'en est franchement expliquée avec moi. Je l'ai désabusée; te dire

son ravissement me serait impossible, car elle m'aime, oh! elle m'aime! La froideur qu'elle me témoignait lui pesait aussi cruellement qu'à moi-même... Enfin notre cruelle séparation a cessé... juge de ma joie!...

— Il serait vrai! s'écria Joseph les yeux mouillés de larmes. Il serait donc vrai, monsieur le marquis! vous voilà heureux pour toujours, puisque l'amour de madame la marquise vous manquait seul... ou plutôt puisque son éloignement faisait seul votre malheur, comme vous me le disiez...

— Et à qui l'aurais-je dit, mon pauvre Joseph?... Ne possédais-tu pas un secret plus triste encore? Mais ne parlons pas de tristesse... ce jour est trop beau... Tu t'aperçois peut-être que j'ai pleuré?... c'est qu'aussi, vois-tu, le bonheur me débordait... Je m'y attendais si peu!... Comme je suis faible, n'est-ce pas?

— Allez... allez... monsieur le marquis, vous pouvez bien pleurer de contentement, vous avez assez pleuré de douleur. Et moi donc! tenez... est-ce que je ne fais pas comme vous? Braves larmes! je ne les donnerais pas pour dix années de ma vie... Je n'ai plus qu'une peur, c'est de ne pouvoir pas m'empêcher de me jeter aux genoux de madame la marquise la première fois que je vais la voir...

— Vieux fou, tu es aussi déraisonnable que ton maître... Maintenant, j'ai une crainte aussi, moi...

— Laquelle? mon Dieu!

— C'est que cela ne dure pas.... Je suis trop heureux... qu'est-ce qui me manque?

— Rien, rien, monsieur le marquis, absolument rien...

— C'est pour cela. Je me défie de ces bonheurs si parfaits, si complets...

— Hélas! si ce n'est que cela... monsieur le marquis; mais non, je n'ose...

— Je t'entends... eh bien, je crois tes craintes vaines!... La révolution que mon bonheur me cause est si vive, si profonde, que je suis sûr d'être à peu près sauvé!

— Comment cela?

— Mon médecin ne m'a-t-il pas dit cent fois que souvent une violente secousse morale suffisait pour donner ou pour guérir cette funeste maladie... Pourquoi les émotions heureuses seraient-elles impuissantes à nous sauver?

— Si vous croyez cela, monsieur le marquis, cela sera... Cela est... vous êtes guéri! Mais c'est donc un jour béni que celui-ci? Ah! comme vous le dites, monsieur, madame la marquise est un bon ange descendu du ciel, et je commence presque à m'effrayer aussi, monsieur; c'est peut-être trop de félicité en un jour; mais, j'y songe... si pour vous rassurer il ne vous faut qu'un petit chagrin, Dieu merci! j'ai votre affaire.

— Comment?

— Un de vos amis a reçu très-heureusement et très à propos, voyez comme ça se trouve! a reçu un coup d'épée, bien peu grave, il est vrai; mais c'est égal, ça suffira toujours à vous chagriner assez pour qu'il y ait, comme vous le désiriez, une petite tache dans ce trop beau jour. Il est vrai qu'eu égard à cela il vaudrait mieux que le coup d'épée fût plus dangereux, mais il faut se contenter de ce que l'on a.

— Veux-tu te taire!... Et de qui veux-tu parler?
— De M. le duc de Lucenay.
— Il est blessé?
— Une égratignure au bras. M. le duc est venu hier pour voir monsieur, et il a dit qu'il reviendrait ce matin lui demander une tasse de thé...
— Ce pauvre Lucenay! et pourquoi ne m'as-tu pas dit...
— Hier soir je n'ai pu voir monsieur le marquis.

Après un moment de réflexion, M. d'Harville reprit :
— Tu as raison; ce léger chagrin satisfera sans doute la jalouse destinée..... Mais il me vient une idée, j'ai envie d'improviser ce matin un déjeuner de garçons, tous amis de M. de Lucenay, pour fêter l'heureuse issue de son duel. Ne s'attendant pas à cette réunion, il sera enchanté.

— A la bonne heure, monsieur le marquis! Vive la joie; rattrapez le temps perdu... Combien de couverts, que je donne les ordres au maître d'hôtel?

— Six personnes dans la petite salle à manger d'hiver.

— Et les invitations?

— Je vais les écrire. Un homme d'écurie montera à cheval et les portera à l'instant : il est de bonne heure, on trouvera tout le monde. Sonne.

Joseph sonna.

M. d'Harville entra dans un cabinet et écrivit les lettres suivantes, sans autre variante que le nom de l'invité.

« Mon cher ***, ceci est une circulaire; il s'agit d'un impromptu. Lucenay doit venir déjeuner avec moi ce matin; il ne compte que sur un tête-à-tête; faites-lui la très-aimable surprise de vous joindre à moi et à quelques-uns de ses amis que je fais aussi prévenir. A midi sans faute.
« A. D'HARVILLE. »

Un domestique entra.

La prison de Saint-Lazare. — PAGE 170.

— Faites monter quelqu'un à cheval, et que l'on porte à l'instant ces lettres, dit M. d'Harville; puis, s'adressant à Joseph : Écris les adresses : « M. le vicomte de Saint-Remy... » Lucenay ne peut se passer de lui, se dit M. d'Harville; « M. de Montville... » un des compagnons de voyage du duc; « Lord Douglas, » son fidèle partner au whist; « le baron de Sézannes, » son ami d'enfance... As-tu écrit?

— Oui, monsieur le marquis.

— Envoyez ces lettres sans perdre une minute dit M. d'Harville. Ah Philippe, priez M. Doublet de venir me parler.

Philippe sortit.

— Eh bien, qu'as-tu? demanda M. d'Harville à Joseph qui le regardait avec ébahissement.

— Je n'en reviens pas, monsieur; je ne vous ai jamais vu l'air si en train, si gai. Et puis, vous qui êtes ordinairement pâle, vous avez de belles couleurs... vos yeux brillent...

— Le bonheur, mon vieux Joseph, toujours le bonheur... Ah çà, il faut que tu m'aides dans un complot... Tu vas aller t'informer auprès de mademoiselle Juliette, celle des femmes de madame d'Harville qui a soin, je crois, de ses diamants...

— Oui, monsieur le marquis, c'est mademoiselle Juliette qui en est chargée; je l'ai aidée, il n'y a pas huit jours, à les nettoyer.

— Tu vas lui demander le nom et l'adresse du joaillier de sa maîtresse... mais qu'elle ne dise pas un mot de ceci à la marquise!...

— Ah! je comprends, monsieur... une surprise...

— Va vite. Voici M. Doublet.

En effet, l'intendant entra au moment où sortait Joseph.

— J'ai l'honneur de me rendre aux ordres de monsieur le marquis.

— Mon cher monsieur Doublet, je vais vous épouvanter, dit M. d'Harville en riant; je vais vous faire pousser d'affreux cris de détresse.

— A moi, monsieur le marquis?

— A vous.

— Je ferai tout mon possible pour satisfaire monsieur le marquis.

— Je vais dépenser beaucoup d'argent, monsieur Doublet, énormément d'argent.

— Qu'à cela ne tienne, monsieur le marquis, nous le pouvons; Dieu merci! nous le pouvons.

— Depuis longtemps je suis poursuivi par un projet de bâtisse : il s'agirait d'ajouter une galerie sur le jardin à l'aile droite de l'hôtel. Après avoir hésité devant cette folie, dont je ne vous ai pas parlé jusqu'ici, je me décide... Il faudra prévenir aujourd'hui mon architecte afin qu'il vienne causer des plans avec moi... Eh bien! monsieur Doublet, vous ne gémissez pas de cette dépense?

— Je puis affirmer à monsieur que je ne gémis pas...

— Cette galerie sera destinée à donner des fêtes; je veux qu'elle s'élève comme par enchantement : or, les enchantements étant fort chers, il faudra vendre quinze ou vingt mille livres de rente pour être en mesure de fournir aux dépenses, car je veux que les travaux commencent le plus tôt possible.

— Et c'est très-raisonnable; autant jouir tout de suite... Je me disais toujours : Il ne manque rien à monsieur le marquis, si ce n'est un goût quelconque... Celui des bâtiments a cela de bon que les bâtiments restent... Quant à l'argent, que monsieur le marquis ne s'en inquiète pas. Dieu merci! il peut, s'il lui plaît, se passer cette fantaisie de galerie-là.

Joseph rentra.

— Voici, monsieur le marquis, l'adresse du joaillier; il se nomme M. Baudoin, dit-il à M. d'Harville.

— Mon cher monsieur Doublet, vous allez aller, je vous prie, chez ce bijoutier, et lui direz d'apporter ici, dans une heure, une rivière de diamants, à laquelle je mettrai environ deux mille louis. Les femmes n'ont jamais trop de pierreries, maintenant qu'on en garnit les robes... Vous vous arrangerez avec le joaillier pour le payement.

— Oui, monsieur le marquis. C'est pour le coup que je ne gémirai pas. Des diamants, c'est comme des bâtiments, ça reste; et puis cette surprise fera sans doute bien plaisir à madame la marquise, sans compter le plaisir que cela vous procure à vous-même. C'est qu'aussi, comme j'avais l'honneur de le dire l'autre jour, il n'y a pas au monde une existence plus belle que celle de monsieur le marquis.

— Ce cher monsieur Doublet, dit M. d'Harville en souriant, ses félicitations sont toujours d'un à-propos inconcevable.

— C'est leur seul mérite, monsieur le marquis, et elles l'ont peut-être, ce mérite, parce qu'elles partent du fond du cœur. Je cours chez le joaillier, dit M. Doublet. Et il sortit.

Dès qu'il fut seul, M. d'Harville se promena dans son cabinet, les bras croisés sur la poitrine, l'œil fixe, méditatif.

Sa physionomie changea tout à coup : elle n'exprima plus ce contentement dont l'intendant et le vieux serviteur du marquis venaient d'être dupes, mais une résolution calme, morne, froide.

Après avoir marché quelque temps, il s'assit lourdement et comme accablé sous le poids de ses peines; il posa ses deux coudes sur son bureau, et cacha son front dans ses mains.

Au bout d'un instant, il se redressa brusquement, essuya une larme qui vint mouiller sa paupière rougie, et dit avec effort :

— Allons... courage... allons.

Il écrivit alors à différentes personnes au sujet des objets assez insignifiants; mais, dans les lettres, il donnait ou ajournait différents rendez-vous à plusieurs jours de là.

Le marquis terminait cette correspondance lorsque Joseph rentra; ce dernier était si gai, qu'il s'oubliait jusqu'à chantonner à son tour.

— Monsieur Joseph, vous avez une bien jolie voix, lui dit son maître en souriant.

— Ma foi, tant pis, monsieur le marquis, je n'y tiens pas; ça chante si fort au dedans de moi, qu'il faut bien que ça s'entende au dehors...

— Tu feras mettre ces lettres à la poste.

— Oui, monsieur le marquis; mais où recevrez-vous ces messieurs tout à l'heure?

— Ici, dans mon cabinet, ils fumeront après déjeuner, et l'odeur du tabac n'arrivera pas chez madame d'Harville.

A ce moment on entendit le bruit d'une voiture dans la cour de l'hôtel.

— C'est madame la marquise qui va sortir, elle a demandé ce matin ses chevaux de très-bonne heure, dit Joseph.

— Cours alors la prier de vouloir bien passer ici avant de sortir.

— Oui, monsieur le marquis.

A peine le domestique fut-il parti, que M. d'Harville s'approcha d'une glace et s'examina attentivement.

— Bien, bien, dit-il d'une voix sourde, c'est cela... les joues colorées, le regard brillant... Joie ou fièvre... peu importe... pourvu qu'on s'y trompe. Voyons, maintenant, le sourire aux lèvres. Il y a tant de sortes de sourires. Mais qui pourrait distinguer le faux du vrai? qui pourrait pénétrer sous ce masque menteur, dire : Ce rire cache un sombre désespoir, cette gaieté bruyante cache une pensée de mort? Qui pourrait deviner cela? personne... heureusement... personne... Personne? Oh! si... l'amour ne s'y méprendrait pas, lui; son instinct l'éclairerait. Mais j'entends ma femme... ma femme! allons... à ton rôle, histrion sinistre.

Clémence entra dans le cabinet de M. d'Harville.

— Bonjour, Albert, mon bon frère, lui dit-elle d'un ton plein de douceur et d'affection en lui tendant la main. Puis, remarquant l'expression souriante de la physionomie de son mari : Qu'avez-vous donc, mon ami? Vous avez l'air radieux.

— C'est qu'au moment où vous êtes entrée, ma chère petite sœur, je pensais à vous... De plus, j'étais sous l'impression d'une excellente résolution...

— Cela ne m'étonne pas...

— Ce qui s'est passé hier, votre admirable générosité, la noble conduite du prince, tout cela m'a donné beaucoup à réfléchir, et je me suis converti à vos idées ; mais converti tout à fait, en regrettant mes velléités de révolte d'hier... que vous excuserez, au moins par coquetterie, n'est-ce pas? ajouta-t-il en souriant. Et vous ne m'auriez pas pardonné, j'en suis sûr, de renoncer trop facilement à votre amour. Qui pouvait cela? personne... et pour moi aussi; et vous verrez, monsieur mon frère, ce que c'est que l'entêtement d'un cœur bien dévoué.

— Quel langage! quel heureux changement! s'écria madame d'Harville. Ah! j'étais bien sûre qu'en m'adressant à votre cœur, à votre raison, vous me comprendriez. Maintenant, je ne doute plus de l'avenir.

— Ni moi non plus, Clémence, je vous l'assure. Oui, depuis ma résolution de cette nuit, mon avenir, qui me semblait vague et sombre, s'est singulièrement éclairé, simplifié.

— Rien de plus naturel, mon ami ; maintenant nous marchons vers un même but, appuyés fraternellement l'un sur l'autre. Au bout de notre carrière, nous nous retrouverons ce que nous sommes aujourd'hui. Ce sentiment sera inaltérable. Enfin, je veux que vous soyez heureux, et ce sera, car je l'ai mis là, dit Clémence en posant son doigt sur son front. Puis, elle reprit avec une expression charmante, en abaissant sa main sur son cœur : Non, je me trompe, c'est là... que cette bonne pensée veillera incessamment, pour vous... et pour moi aussi; et vous verrez, monsieur mon frère, ce que c'est que l'entêtement d'un cœur bien dévoué.

— Chère Clémence! répondit M. d'Harville avec une émotion contenue.

Puis, après un moment de silence, il reprit gaiement.

— Je vous ai fait prier de vouloir bien venir ici avant votre départ, pour vous prévenir que je ne pouvais pas prendre ce matin le thé avec vous. J'ai plusieurs personnes à déjeuner; c'est une espèce d'impromptu pour fêter l'heureuse issue du duel de ce pauvre Lucenay, qui, du reste, n'a été que très-légèrement blessé par son adversaire.

Madame d'Harville rougit en songeant à la cause de ce duel : un propos ridicule adressé devant elle par M. de Lucenay à M. Charles Robert.

Ce souvenir fut cruel pour Clémence, il lui rappelait une erreur dont elle avait honte.

Pour échapper à cette pénible impression, elle dit à son mari :

— Voyez quel singulier hasard : M. de Lucenay vient déjeuner avec vous ; je vais, moi, peut-être très-indiscrètement, m'inviter ce matin chez madame de Lucenay : car j'ai beaucoup à causer avec elle de mes deux protégées inconnues. De là je compte aller à la prison de Saint-Lazare avec madame de Blainval ; car vous ne savez pas toutes mes ambitions : à cette heure j'intrigue pour être admise dans l'œuvre des jeunes détenues.

— En vérité vous êtes insatiable, dit M. d'Harville en souriant ; puis il ajouta avec une douloureuse émotion qui, malgré ses efforts, se trahit quelque peu : Ainsi, je ne vous verrai plus... d'aujourd'hui? se hâta-t-il de dire.

— Êtes-vous contrarié que je sorte si matin? lui demanda vivement Clémence, étonnée de l'accent de sa voix. Si vous le désirez, je puis remettre ma visite à madame de Lucenay.

Le marquis avait été sur le point de se trahir ; il reprit du ton le plus affectueux :

— Oui, ma chère petite sœur, je suis aussi contrarié de vous voir sortir que je le serai impatient de vous voir rentrer. Voilà de ces défauts dont je ne me corrigerai jamais.

— Et vous ferez bien, mon ami, car j'en serais désolée.

Un timbre annonçant une visite retentit dans l'hôtel.

— Voilà sans doute un de vos convives, dit madame d'Harville. Je vous laisse. A propos, ce soir, que faites-vous? si vous n'avez pas disposé de votre soirée, j'exige que vous m'accompagniez aux Italiens ; peut-être maintenant la musique vous plaira-t-elle davantage!

— Je me mets à vos ordres avec le plus grand plaisir.

— Sortez-vous tantôt, mon ami? Vous reverrai-je avant dîner?

— Je ne sors pas... Vous me retrouverez... ici.
— Alors, en revenant, je viendrai savoir si votre déjeuner de garçons a été amusant.
— Adieu, Clémence.
— Adieu, mon ami... à bientôt !... Je vous laisse le champ libre, je vous souhaite mille bonnes folies... Soyez bien gai !

Et, après avoir cordialement serré la main de son mari, Clémence sortit par une porte un moment avant que M. de Lucenay n'entrât par une autre.

— Elle me souhaite mille bonnes folies... Elle m'engage à être gai... Dans ce mot adieu, dans ce dernier cri de mon âme à l'agonie, dans cette parole de suprême et éternelle séparation, elle a compris... à bientôt... Et elle s'en va tranquille, souriante... Allons... cela fait honneur à ma dissimulation... Par le ciel ! je ne me croyais pas si bon comédien... Mais voici Lucenay...

CHAPITRE V.

Déjeuner de garçons.

M. de Lucenay entra chez M. d'Harville.

La blessure du duc avait si peu de gravité, qu'il ne portait même plus son bras en écharpe ; sa physionomie était toujours goguenarde et hautaine, son agitation toujours incessante, sa manie de tracasser toujours insurmontable. Malgré ses travers, ses plaisanteries de mauvais goût, malgré son nez démesuré qui donnait à sa figure un caractère presque grotesque, M. de Lucenay n'était pas, nous l'avons dit, un type vulgaire, grâce à une sorte de dignité naturelle et de courageuse impertinence qui ne l'abandonnait jamais.

— Combien vous devez me croire indifférent à ce qui vous regarde, mon cher Henri ! dit M. d'Harville en tendant la main à M. de Lucenay ; mais c'est seulement ce matin que j'ai appris votre fâcheuse aventure.

— Fâcheuse... allons donc, marquis !... Je m'en suis donné pour mon argent, comme on dit. Je n'ai jamais tant ri de ma vie !... Cet excellent M. Robert avait l'air si solennellement déterminé à ne pas passer pour avoir la pituite... Au fait, vous ne savez pas ? c'était la cause du duel. L'autre soir, à l'ambassade de ***, je lui avais demandé, devant votre femme et devant la comtesse Mac-Gregor, s'il avait la pituite ; il y a répondu le surlendemain en me donnant très-galamment un petit coup d'épée ; voilà nos relations. Mais ne parlons plus de ces niaiseries. Je viens vous demander une tasse de thé.

Ce disant, M. de Lucenay se jeta et s'étendit sur un sofa ; après quoi, introduisant le bout de sa canne entre le mur et la bordure d'un tableau placé au-dessus de sa tête, il commença de tracasser et de balancer ce cadre.

— Je vous attendais, mon cher Henri, et je vous ai ménagé une surprise, dit M. d'Harville.

— Ah ! bah ! et laquelle ? s'écria M. de Lucenay en imprimant au tableau un balancement très-inquiétant.

— Vous allez finir par décrocher ce tableau, et vous le faire tomber sur la tête...

— C'est, pardieu, vrai ! vous avez un coup d'œil d'aigle... Mais votre surprise, dites-la donc !

— J'ai prié quelques-uns de nos amis de venir déjeuner avec nous.

— Ah bien ! par exemple, pour ça, marquis, bravo ! bravissimo ! archi-bravissimo ; cria M. de Lucenay à tue-tête en frappant de grands coups de canne sur les coussins du sofa. Et qui aurons-nous ? Saint-Remy ? Non, au fait, il est à la campagne depuis quelques jours ; que diable peut-il manigancer à la campagne en plein hiver ?

— Vous êtes sûr qu'il n'est pas à Paris ?

— Très-sûr ; je lui avais écrit pour lui demander de me servir de témoin... Il était absent, je me suis rabattu sur lord Douglas et sur Sézannes...

— Cela se rencontre à merveille, ils déjeunent avec nous.

— Bravo ! bravo ! bravo ! se mit à crier de nouveau M. de Lucenay. Puis, se tordant et se roulant sur le sofa, il accompagna cette fois ces cris inhumains d'une série de sauts de carpe à désespérer un batelour.

Les évolutions acrobatiques du duc de Lucenay furent interrompues par l'arrivée de M. de Saint-Remy.

— Je n'ai pas eu besoin de demander si Lucenay était ici, dit gaiement le vicomte. On l'entend d'en bas !

— Comment ! c'est vous, beau sylvain, campagnard ! loup-garou ! s'écria le duc étonné, en se redressant brusquement ; on vous croyait à la campagne.

— Je suis de retour depuis hier ; j'ai reçu tout à l'heure l'invitation de d'Harville, et j'accours... tout joyeux de cette bonne surprise. Et M. de Saint-Remy tendit la main à M. de Lucenay, puis au marquis.

— Et je vous sais bien gré de cet empressement, mon cher Saint-Remy. N'est-ce pas naturel ? Les amis de Lucenay ne doivent-ils pas se réjouir de l'heureuse issue de ce duel, qui, après tout, pouvait avoir des suites fâcheuses.

— Mais, reprit obstinément le duc, qu'est-ce donc que vous avez été faire à la campagne en plein hiver, Saint-Remy ? cela m'intrigue.

— Est-il curieux ! dit le vicomte en s'adressant à M. d'Harville. Puis il répondit au duc : Je veux me sevrer peu à peu de Paris... puisque je dois le quitter bientôt...

— Ah ! oui, cette belle imagination de vous faire attacher à la légation de France à Gerolstein. Laissez-nous donc tranquilles avec vos billevesées de diplomatie ! vous n'irez jamais là... ma femme le dit et tout le monde le répète...

— Je vous assure que madame de Lucenay se trompe comme tout le monde.

— Elle vous a dit devant moi que c'était une folie...

— J'en ai tant fait dans ma vie.

— Des folies élégantes et charmantes, à la bonne heure, comme qui dirait de vous ruiner pour vos magnificences de Sardanapale, j'admets ça ; mais aller vous enterrer dans un trou de cour pareil... à Gerolstein ! Voyez donc la belle poussée... Ça n'est pas une folie, c'est une bêtise, et vous avez trop d'esprit pour en faire... des bêtises.

— Prenez garde, mon cher Lucenay ; en médisant de cette cour allemande, vous allez vous faire une querelle avec d'Harville, l'ami intime du grand-duc régnant, qui, du reste, m'a l'autre jour accueilli avec la meilleure grâce du monde à l'ambassade de ***, où je lui ai été présenté.

— Vraiment ! mon cher Henri, dit M. d'Harville, si vous connaissiez le grand-duc comme je le connais, vous comprendriez que Saint-Remy n'ait aucune répugnance à aller passer quelque temps à Gerolstein.

— Je vous crois, marquis, quoiqu'on le dise fièrement original, votre grand-duc ; mais ça n'empêche pas qu'un beau comme Saint-Remy, la fine fleur de la fleur des pois, ne peut vivre qu'à Paris... Il n'est en toute valeur qu'à Paris.

Les autres convives de M. d'Harville venaient d'arriver, lorsque Joseph entra et dit quelques mots tout bas à son maître.

— Messieurs, vous permettez ?... dit le marquis. C'est le joaillier de ma femme qui m'apporte des diamants à choisir pour elle... une surprise. Vous connaissez cela, Lucenay, nous sommes les maris de la vieille roche, nous autres...

— Ah ! pardieu, s'il s'agit de surprise, s'écria le duc, ma femme m'en a fait une hier... et une fameuse encore !!!

— Quelque cadeau splendide ?

— Elle m'a demandé... cent mille francs...

— Et comme vous êtes magnifique... vous les lui avez...

— Prêtés !... ils seront hypothéqués sur sa terre d'Arnouville... Les bons comptes font les bons amis... Mais c'est égal... prêter en deux heures cent mille francs à quelqu'un qui en a besoin, c'est gentil et c'est rare... n'est-ce pas, dissipateur, vous qui êtes très-connaisseur en emprunts ?... dit en riant le duc à M. de Saint-Remy, sans se douter de la portée de ses paroles.

Malgré son audace, le vicomte rougit d'abord légèrement un peu, puis il reprit effrontément :

— Cent mille francs ! mais c'est énorme... Comment une femme peut-elle jamais avoir besoin de cent mille francs ?... Nous autres hommes, à la bonne heure.

— Ma foi, je ne sais pas ce qu'elle veut faire de cette somme-là... ma femme. D'ailleurs ça m'est égal. Des arriérés de toilette probablement... des fournisseurs impatientés et exigeants ; ça la regarde, et... vous sentez bien, mon cher Saint-Remy, que, lui prêtant mon argent, il eût été du plus mauvais goût à moi de lui en demander l'emploi.

— C'est pourtant presque toujours une curiosité particulière à ceux qui prêtent de savoir ce qu'on veut faire de l'argent qu'on leur emprunte... dit le vicomte en riant.

— Parbleu ! Saint-Remy, dit M. d'Harville, vous qui avez un si excellent goût, vous allez m'aider à choisir la parure que je destine à ma femme ; votre approbation consacrera mon choix, vos arrêts sont souverains en fait de modes...

Le joaillier entra, portant plusieurs écrins dans un grand sac de peau.

— Tiens, c'est M. Baudoin ! dit M. de Lucenay.

— A vous rendre mes devoirs, monsieur le duc.

— Je suis sûr que c'est vous qui ruinez ma femme avec vos tentations infernales et éblouissantes ? dit M. de Lucenay.

— Madame la duchesse s'est contentée de faire seulement remonter ses diamants cet hiver, dit le joaillier avec un léger embarras. Et justement, en venant chez monsieur le marquis, je les ai portés à madame la duchesse.

M. de Saint-Remy savait que madame de Lucenay, pour venir à son aide, avait changé ses pierreries pour des diamants faux : il fut désagréablement frappé de cette rencontre... mais il reprit audacieusement :

— Ces maris sont-ils curieux ! ne répondez donc pas, monsieur Baudoin.

— Curieux! ma foi, non, dit le duc; c'est ma femme qui paye... elle peut se passer toutes ses fantaisies... elle est plus riche que moi...

Pendant cet entretien, M. Baudoin avait étalé sur un bureau plusieurs admirables colliers de rubis et de diamants.

— Quel éclat!... et que ces pierres sont divinement taillées! dit lord Douglas.

— Hélas! monsieur, répondit le joaillier, j'employais à ce travail un des meilleurs lapidaires de Paris; le malheur veut qu'il soit devenu fou, et jamais je ne retrouverai un ouvrier pareil. Ma courtière en pierreries m'a dit que c'est probablement la misère qui lui a fait perdre la tête, à ce pauvre homme.

— La misère!... Et vous confiez des diamants à des gens dans la misère!

— Certainement, monsieur, et il est sans exemple qu'un lapidaire ait jamais rien détourné, quelque soit un rude et pauvre état que le leur.

— Combien ce collier? demanda M. d'Harville.

— Monsieur le marquis remarquera que les pierres sont d'une eau et d'une coupe magnifiques, presque toutes de la même grosseur.

— Voici les précautions oratoires des plus menaçantes pour votre bourse, dit M. de Saint-Remy en riant; attendez-vous, mon cher d'Harville, à quelque prix exorbitant.

— Voyons, monsieur Baudoin, en conscience, votre dernier mot? dit M. d'Harville.

— Je ne voudrais pas faire marchander monsieur le marquis... Le dernier prix sera de quarante-deux mille francs.

— Messieurs! s'écria M. de Lucenay, admirons d'Harville en silence, nous autres maris... Ménager à sa femme une surprise de quarante-deux mille francs!... Diable! n'allons pas ébruiter cela, ce serait d'un exemple détestable.

— Riez tant qu'il vous plaira, messieurs, dit gaiement le marquis. Je suis amoureux de ma femme, je ne m'en cache pas; je le dis, je m'en vante!

— On le voit bien, reprit M. de Saint-Remy; un tel cadeau en dit plus que toutes les protestations du monde.

— Je prends donc ce collier, dit M. d'Harville, si toutefois cette monture d'émail noir vous semble de bon goût, Saint-Remy.

— Elle fait encore valoir l'éclat des pierreries; elle est disposée à merveille!

— Je me décide pour ce collier, dit M. d'Harville. Vous aurez, monsieur Baudoin, à compter avec M. Doublet, mon homme d'affaires.

— M. Doublet m'a prévenu, monsieur le marquis, dit le joaillier, et il sortit après avoir remis dans son sac, sans les compter (tant sa confiance était grande), les diverses pierreries qu'il avait apportées, et que M. de Saint-Remy avait longtemps et curieusement maniées et examinées durant cet entretien.

M. d'Harville, donnant le collier à Joseph qui avait attendu ses ordres, lui dit tout bas:

— Il faut que mademoiselle Juliette mette adroitement ces diamants avec ceux de sa maîtresse, sans que celle-ci s'en doute, pour que la surprise soit plus complète.

A ce moment, le maître d'hôtel annonça que le déjeuner était servi; les convives du marquis passèrent dans la salle à manger et s'attablèrent.

— Savez-vous, mon cher d'Harville, dit M. de Lucenay, que cette maison est une des plus élégantes et des mieux distribuées de Paris?

— Elle est assez commode, en effet, mais elle manque d'espace... mon projet est de faire ajouter une galerie sur le jardin. Madame d'Harville désire donner quelques grands bals, et nos salons ne suffiraient pas. Puis je trouve qu'il n'y a rien de plus incommode que les empiétements des fêtes sur les appartements que l'on occupe habituellement, et dont elles vous exilent de temps à autre.

— Je suis de l'avis de d'Harville, dit M. de Saint-Remy; rien de plus mesquin, de plus bourgeois que ces déménagements forcés par autorité de bals ou de concerts... Pour donner des fêtes vraiment belles sans se gêner, il faut leur consacrer un emplacement particulier, et puis de vastes et éblouissantes salles, destinées à un bal splendide, doivent avoir un tout autre caractère que celui des salons ordinaires: il y a entre ces deux espèces d'appartements la même différence qu'entre la peinture à fresque monumentale et les tableaux de chevalet.

— Il a raison, dit M. d'Harville; quel dommage, messieurs, que Saint-Remy n'ait pas douze à quinze cent mille livres de rentes! quelles merveilles il nous ferait admirer!

— Puisque nous avons le bonheur de jouir d'un gouvernement représentatif, dit le duc de Lucenay, le pays ne devrait-il pas voter un million par an à Saint-Remy, et le charger de représenter à Paris le goût et l'élégance française qui décideraient du goût et de l'élégance de l'Europe... du monde?

— Adopté! cria-t-on en chœur.

— Et l'on prélèverait ce million annuel, en manière d'impôt, sur ces abominables fesse-mathieux qui, possesseurs de fortunes énormes, seraient prévenus, atteints et convaincus de vivre comme des grippe-sous, ajouta M. de Lucenay.

— Et comme tels, reprit M. d'Harville, condamnés à défrayer des magnificences qu'ils devraient étaler.

— Sans compter que ces fonctions de grand prêtre, ou plutôt de grand maître de l'élégance, reprit M. de Lucenay, dévolues à Saint-Remy, auraient, par l'imitation, une prodigieuse influence sur le goût général.

— Il serait le type auquel on voudrait toujours ressembler.

— C'est clair.

— Et en tâchant de le copier, le goût s'épurerait.

— Au temps de la renaissance, le goût est devenu partout excellent, parce qu'il se modelait sur celui des aristocraties, qui était exquis.

— A la grave tournure que prend la question, reprit gaiement M. d'Harville, je vois qu'il ne s'agit plus que d'adresser une pétition aux chambres pour l'établissement de la charge de grand maître de l'élégance française.

— Et comme les députés, sans exception, passent pour avoir des idées très-grandes, très-artistiques et très-magnifiques, cela sera voté par acclamation.

— En attendant la décision qui consacrera en droit la suprématie que Saint-Remy exerce en fait, dit M. d'Harville, je lui demanderai ses conseils pour la galerie que je vais faire construire; car j'ai été frappé de ses idées sur la splendeur des fêtes.

— Mes faibles lumières sont à vos ordres, d'Harville.

— Et quand inaugurerons-nous vos magnificences, mon cher?

— L'an prochain, je suppose; car je vais faire commencer immédiatement les travaux.

— Quel homme à projets vous êtes!

— J'en ai bien d'autres, ma foi... Je médite un bouleversement complet du Val-Richer.

— Votre terre de Bourgogne?

— Oui; il y a là quelque chose d'admirable à faire, si toutefois... Dieu me prête vie...

— Pauvre vieillard!...

— Mais n'avez-vous pas acheté dernièrement une ferme près du Val-Richer pour vous arrondir encore?

— Oui, une très-bonne affaire que mon notaire m'a conseillée.

— Et quel est ce rare et précieux notaire qui conseille de si bonnes affaires?

— M. Jacques Ferrand.

A ce nom, un léger tressaillement plissa le front de M. de Saint-Remy.

— Est-il vraiment aussi honnête homme qu'on le dit? demanda-t-il négligemment à M. d'Harville, qui se souvint alors de ce que Rodolphe avait raconté à Clémence à propos du notaire.

— Jacques Ferrand! quelle question! mais c'est un homme d'une probité antique, dit M. de Lucenay.

— Aussi respecté que respectable.

— Très-pieux... ce qui ne gâte rien.

— Excessivement avare... ce qui est une garantie pour ses clients.

— C'est enfin un de ces notaires de la vieille roche, qui vous demandent pour qui vous les prenez lorsqu'on s'avise de leur parler de reçu à propos de l'argent qu'on leur confie.

— Rien qu'à cause de cela, moi, je lui confierais toute ma fortune.

— Mais où diable Saint-Remy a-t-il été chercher ses doutes à propos de ce digne homme, d'une intégrité proverbiale?

— Je ne suis que l'écho de bruits vagues... Du reste, je n'ai aucune raison pour nier ce phénix des notaires... Mais, pour revenir à vos projets, d'Harville, que voulez-vous donc bâtir au Val-Richer? On dit le château admirable?...

— Vous serez consulté, soyez tranquille, mon cher Saint-Remy, et plus tôt peut-être que vous ne pensez, car je me fais une joie de ce travail; il me semble qu'il n'y a rien de plus attachant que d'avoir des intérêts successifs qui échelonnent et occupent les années à venir... Aujourd'hui ce projet... dans un an celui-ci... Plus tard c'est autre chose... Joignez à cela une femme charmante que l'on adore, qui est de moitié dans tous vos goûts, dans tous vos desseins, et, ma foi, la vie se passe assez doucement.

— Je le crois, pardieu! bien, c'est un vrai paradis sur terre.

— Maintenant, messieurs, dit d'Harville lorsque le déjeuner fut terminé, si vous voulez fumer un cigare dans mon cabinet, vous en trouverez d'excellents.

On se leva de table, on rentra dans le cabinet du marquis; la porte de sa chambre à coucher, qui y communiquait, était ouverte. Nous avons dit que le seul ornement de cette pièce se composait de deux panoplies de très-belles armes.

M. de Lucenay, ayant allumé un cigare, suivit le marquis dans sa chambre.

— Vous voyez, je suis toujours amateur d'armes, lui dit M. d'Harville.

— Voilà, en effet, de magnifiques fusils anglais et français; ma foi, je ne saurais auxquels donner la préférence... Douglas! cria M. de Lucenay, venez donc voir si ces fusils ne peuvent rivaliser avec vos meilleurs Manton.

Lord Douglas, Saint-Remy et deux autres convives entrèrent dans la chambre du marquis pour examiner les armes.

— M. d'Harville, prenant un pistolet de combat, l'arma, et dit en riant:

— Voici, messieurs, la panacée universelle pour tous les maux... le spleen... l'ennui...

Et il approcha, en plaisantant, le canon de ses lèvres.
— Ma foi! moi, je préfère un autre spécifique, dit Saint-Remy ; celui-là n'est bon que dans les cas désespérés.
— Oui, mais il est si prompt, dit M. d'Harville. Zest ! et c'est fait ; la volonté n'est pas plus rapide... Vraiment, c'est merveilleux.
— Prenez donc garde, d'Harville ; ces plaisanteries-là sont toujours dangereuses ; un malheur est si vite arrivé ! dit M. de Lucenay, voyant le marquis approcher encore le pistolet de ses lèvres.
— Parbleu, mon cher, croyez-vous que s'il était chargé je jouerais ce jeu-là ?
— Sans doute, mais c'est toujours imprudent.
— Tenez, messieurs, voilà comme on s'y prend : on introduit délicatement le canon entre ses dents... et alors...
— Mon Dieu ! que vous êtes donc bête, d'Harville, quand vous vous y mettez ! dit M. de Lucenay en haussant les épaules.
— On approche le doigt de la détente... ajouta M. d'Harville.
— Est-il enfant... est-il enfant... à son âge !
— Un petit mouvement sur la gâchette, reprit le marquis, et l'on va droit chez les âmes.
Avec ces mots le coup partit.
M. d'Harville s'était brûlé la cervelle.

Nous renonçons à peindre la stupeur, l'épouvante des convives de M. d'Harville.
Le lendemain, on devait lire dans un journal :
« Hier, un événement aussi imprévu que déplorable a mis en émoi tout le faubourg Saint-Germain. Une de ces imprudences qui amènent chaque année de si funestes accidents a causé un affreux malheur. Voici les faits que nous avons recueillis, et dont nous pouvons garantir l'authenticité :
« M. le marquis d'Harville, possesseur d'une fortune immense, âgé de peine de vingt-six ans, cité pour la bonté de son cœur, marié depuis peu d'années à une femme qu'il idolâtrait, avait réuni quelques-uns de ses amis à déjeuner. En sortant de table, on passa dans la chambre à coucher de M. d'Harville, où se trouvaient plusieurs armes de prix. En faisant examiner à ses convives quelques fusils, M. d'Harville prit en plaisantant un pistolet qu'il ne croyait pas chargé et l'approcha de ses lèvres... Dans sa sécurité, il pesa sur la gâchette... le coup partit !... et le malheureux jeune homme tomba mort, la tête horriblement fracassée !
Que l'on juge de l'effroyable consternation des amis de M. d'Harville, auxquels un instant auparavant, plein de jeunesse, de bonheur et d'avenir, il faisait part de différents projets ! Enfin, comme si toutes les circonstances de ce douloureux événement devaient le rendre plus cruel encore par de pénibles contrastes, le matin même, M. d'Harville, voulant ménager une surprise à sa femme, avait acheté une parure d'un grand prix qu'il lui destinait... Et c'est au moment où peut-être jamais la vie ne lui avait paru plus riante et plus belle qu'il tombe victime d'un effroyable accident ...
« En présence d'un pareil malheur, toutes réflexions sont inutiles, on ne peut que rester anéanti devant les arrêts impénétrables de la Providence. »

Nous citons le journal, afin de consacrer, pour ainsi dire, la croyance générale, qui attribua la mort du mari de Clémence à une fatale et déplorable imprudence.
Est-il besoin de dire que M. d'Harville emporta seul dans la tombe le mystérieux secret de sa mort volontaire ?...
Oui, volontaire et méditée avec autant de sang-froid que de générosité, afin que Clémence ne pût concevoir le plus léger soupçon sur la véritable cause de ce suicide.
Ainsi les projets dont M. d'Harville avait entretenu son intendant et ses amis, ces heureuses confidences à son vieux serviteur, la surprise que le matin même il avait ménagée à sa femme, tout cela était autant de piéges tendus à la crédulité publique.
Comment supposer qu'un homme si préoccupé de l'avenir, si jaloux de plaire à sa femme, pût songer à se tuer ?...
Sa mort ne fut donc attribuée et ne pouvait qu'être attribuée à une imprudence.
Quant à sa résolution, un incurable désespoir l'avait dictée.
En se montrant à son égard aussi affectueuse, aussi tendre qu'elle s'était montrée jadis froide et hautaine en revenant noblement à lui, Clémence avait éveillé dans le cœur de son mari de douloureux remords.
La voyant si mélancoliquement résignée à cette longue vie sans amour, passée auprès d'un homme atteint d'une incurable et effrayante maladie ; bien certain, d'après la solennité des paroles de Clémence, qu'elle ne pourrait jamais vaincre la répugnance qu'il lui inspirait, M. d'Harville s'était pris d'une profonde pitié pour sa femme et d'un effrayant dégoût de lui-même et de la vie.
Dans l'exaspération de sa douleur, il se dit :
— Je n'aime, je ne puis aimer qu'une femme au monde... c'est la mienne. Sa conduite, pleine de cœur et d'élévation, augmenterait encore ma folle passion, s'il était possible de l'augmenter.
— Et cette femme, qui est la mienne, ne peut jamais m'appartenir...
— Elle a le droit de me mépriser, de me haïr...

— Je l'ai, par une tromperie infâme, enchaînée, jeune fille, à mon détestable sort...
— Je m'en repens... Que dois-je faire pour elle maintenant ?
— La délivrer des liens odieux que mon égoïsme lui a imposés.
— Ma mort seule peut briser ces liens... il faut donc que je me tue...
Et voilà pourquoi M. d'Harville avait accompli ce grand, ce douloureux sacrifice.
Si le divorce eût existé, ce malheureux se serait-il suicidé ?
Non !
Il pouvait réparer en partie le mal qu'il avait fait, rendre sa femme à la liberté, lui permettre de trouver le bonheur dans une autre union...
L'inexorable immutabilité de la loi rend donc souvent certaines fautes irrémédiables, ou, comme dans ce cas, ne permet de les effacer que par un nouveau crime.

CHAPITRE VI.

Saint-Lazare.

Nous croyons devoir prévenir les plus timorés de nos lecteurs que la prison de Saint-Lazare, spécialement destinée aux voleuses et aux prostituées, est journellement visitée par plusieurs femmes dont la charité, dont le nom, dont la position sociale, commandent le respect de tous.
Ces femmes, élevées au milieu des splendeurs de la fortune, ces femmes, à bon droit comptées parmi la société la plus choisie, viennent chaque semaine passer de longues heures auprès des misérables prisonnières de Saint-Lazare ; épiant dans ces âmes dégradées la moindre aspiration vers le bien, le moindre regret d'un passé criminel, elles encouragent les tendances meilleures, fécondent le repentir, et, par la puissante magie de ces mots : devoir, honneur, vertu, elles retirent quelquefois de la fange une de ces créatures abandonnées, avilies, méprisées.
Habituées aux délicatesses, à la politesse exquise de la meilleure compagnie, ces femmes courageuses quittent leur hôtel séculaire, appuient leurs lèvres au front virginal de leurs filles pures comme les anges du ciel, et vont dans de sombres prisons braver l'indifférence grossière ou les propos criminels de ces voleuses ou de ces prostituées...
Fidèles à leur mission de haute moralité, elles descendent vaillamment dans cette boue infecte, posent la main sur tous ces cœurs gangrenés, et, si quelque faible battement d'honneur leur révèle un léger espoir de salut, elles disputent et arrachent à une irrévocable perdition l'âme malade dont elles n'ont pas désespéré.
Les lecteurs timorés auxquels nous nous adressons calmeront donc leur susceptibilité en songeant qu'ils n'entendront et ne verront, après tout, que ce que voient et entendent chaque jour les femmes vénérées que nous venons de citer.
Sans oser établir un ambitieux parallèle entre leur mission et la nôtre, pourrons-nous dire que ce qui nous soutient aussi dans cette œuvre longue, pénible, difficile, c'est la conviction d'avoir éveillé quelques nobles sympathies pour les infortunes probes, courageuses, immérités, pour les repentirs sincères, pour l'honnêteté simple, naïve ; et d'avoir inspiré le dégoût, l'aversion, l'horreur, la crainte salutaire de tout ce qui était absolument impur et criminel ?
Nous n'avons pas reculé devant les tableaux les plus hideusement vrais, pensant que, comme le feu, la vérité morale purifie tout.
Notre parole a trop peu de valeur, notre opinion trop peu d'autorité, pour que nous prétendions enseigner ou réformer.
Notre unique espoir est d'appeler l'attention des penseurs et des gens de bien sur de grandes misères sociales, dont on peut déplorer, mais non contester la réalité.
Pourtant, parmi les heureux du monde, quelques-uns, révoltés de la crudité de ces douloureuses peintures, ont crié à l'exagération, à l'invraisemblance, à l'impossibilité, pour n'avoir pas à plaindre (nous ne disons pas à secourir) tant de maux.
Cela se conçoit.
L'égoïste gorgé d'or ou bien repu veut avant tout digérer tranquille. L'aspect des pauvres frissonnant de faim et de froid lui est particulièrement importun : il préfère cuver sa richesse sur sa bonne chère, les yeux à demi ouverts aux visions voluptueuses d'un ballet d'Opéra.
Le plus grand nombre, au contraire, des riches et des heureux ont généreusement compati à certains malheurs qu'ils ignoraient ; quelques personnes même nous ont su gré de leur avoir indiqué le bienfaisant emploi d'aumônes nouvelles.
Nous avons été puissamment soutenu, encouragé par de pareilles adhésions.
Cet ouvrage, que nous reconnaissons sans difficulté pour un livre mauvais au point de vue de l'art, mais que nous maintenons n'être pas un mauvais livre au point de vue moral, cet ouvrage, disons-nous, n'aurait-il eu dans sa carrière éphémère que le dernier résultat dont nous avons parlé, que nous serions très-fier, très-honoré de notre œuvre.
Quelle plus glorieuse récompense pour nous que les bénédictions de

quelques pauvres familles qui auront dû un peu de bien-être aux pensées que nous avons soulevées !

Cela dit à propos de la nouvelle pérégrination où nous engageons le lecteur, après avoir, nous l'espérons, apaisé ses scrupules, nous l'introduirons à Saint-Lazare, immense édifice d'un aspect imposant et lugubre, situé rue du Faubourg-Saint-Denis.

Ignorant le terrible drame qui se passait chez elle, madame d'Harville s'était rendue à la prison, après avoir obtenu quelques renseignements de madame de Lucenay au sujet des deux malheureuses femmes que la cupidité du notaire Jacques Ferrand plongeait dans la détresse.

Madame de Blinval, une des patronesses de l'œuvre des jeunes détenues, n'ayant pu ce jour-là accompagner Clémence à Saint-Lazare, celle-ci y était venue seule. Elle fut accueillie avec empressement par le directeur et par plusieurs dames inspectrices, reconnaissables à leurs vêtements noirs et au ruban bleu à médaillon d'argent qu'elles portaient en sautoir.

Une de ces inspectrices, femme d'un âge mûr, d'une figure grave et douce, resta seule avec madame d'Harville dans un petit salon attenant au greffe.

On ne peut s'imaginer ce qu'il y a de dévouement ignoré, d'intelligence, de commisération, de sagacité, chez ces femmes respectables qui se consacrent aux fonctions modestes et obscures de surveillantes des détenues.

Rien de plus sage, de plus praticable que les notions d'ordre, de travail, de devoir, qu'elles donnent aux prisonnières, dans l'espoir que ces enseignements survivront au séjour de la prison.

Tour à tour indulgentes et fermes, patientes et sévères, mais toujours justes et impartiales, ces femmes, sans cesse en contact avec les détenues, finissent, au bout de longues années, par acquérir une telle science de la physionomie de ces malheureuses, qu'elles les jugent presque toujours sûrement du premier coup d'œil, et qu'elles les classent à l'instant selon leur degré d'immoralité.

Madame Armand, l'inspectrice qui était restée seule avec madame d'Harville, possédait à un point extrême cette prescience presque divinatrice du caractère des prisonnières ; ses paroles, ses jugements, avaient dans la maison une autorité considérable.

Madame Armand dit à Clémence :

— Puisque madame la marquise a bien voulu me charger de lui désigner celles de nos détenues qui, par une meilleure conduite ou par un repentir sincère, pourraient mériter son intérêt, je crois pouvoir lui recommander une infortunée que je crois plus malheureuse encore que coupable ; car je ne crois pas me tromper en affirmant qu'il n'est pas trop tard pour sauver cette jeune fille, une malheureuse enfant de seize ou dix-sept ans tout au plus.

— Et qu'a-t-elle fait pour être emprisonnée ?

— Elle est coupable de s'être trouvée aux Champs-Élysées le soir. Comme il est défendu à ses pareilles, sous des peines très-sévères, de fréquenter, soit le jour, soit la nuit, certains lieux publics, et que les Champs-Élysées sont au nombre des promenades interdites, on l'a arrêtée.

— Et elle vous semble intéressante ?

— Je n'ai jamais vu de traits plus réguliers, plus candides. Imaginez-vous, madame la marquise, une figure de vierge. Ce qui donnait encore à sa physionomie une expression plus modeste, c'est qu'en arrivant ici elle était vêtue comme une paysanne des environs de Paris.

— C'est donc une fille de campagne ?

— Non, madame la marquise. Les inspecteurs l'ont reconnue ; elle demeurait dans une horrible maison de la Cité, dont elle était absente depuis deux ou trois mois ; mais, comme elle n'a pas demandé sa radiation des registres de la police, elle reste soumise au pouvoir exceptionnel qui l'a envoyée ici.

— Mais peut-être avait-elle quitté Paris pour tâcher de se réhabiliter ?

— Je le pense, madame, c'est ce qui m'a tout de suite intéressée à elle. Je l'ai interrogée sur le passé, je lui ai demandé si elle venait de la campagne, lui disant d'espérer, dans le cas où, comme je le croyais, elle voudrait revenir de ses fautes.

— Qu'a-t-elle répondu ?

— Levant sur moi ses grands yeux bleus mélancoliques et pleins de larmes, elle m'a dit avec un accent de douceur angélique : « Je vous remercie, madame, de vos bontés ; mais je ne puis rien dire sur le passé ; on m'a arrêtée, j'étais dans mon tort, je ne me plains pas. — Mais d'où venez-vous ? Où êtes-vous restée depuis votre départ de la Cité ? Si vous êtes allée à la campagne chercher une existence honorable, dites-le, prouvez-le : nous ferons écrire à M. le préfet pour obtenir votre liberté ; on vous rayera des registres de la police, et on encouragera vos bonnes résolutions. — Je vous en supplie, madame, ne m'interrogez pas, je ne pourrais vous répondre, a-t-elle repris. — Mais en sortant d'ici voulez-vous donc retourner dans cette affreuse maison ? — Oh ! jamais, s'est-elle écriée ? — Que ferez-vous donc alors ? — Dieu le sait, » a-t-elle répondu en laissant retomber sa tête sur sa poitrine.

— Cela est étrange !... Et elle s'exprime ?...

— En très-bons termes, madame ; son maintien est timide, respectueux, mais sans bassesse ; je dirai plus : malgré la douceur extrême de sa voix et de son regard, il y a parfois dans son accent, dans son attitude, une sorte de tristesse fière qui me confond. Si elle n'appartenait pas à la malheureuse classe dont elle fait partie, je croirais presque que cette fierté annonce une âme qui a la conscience de son élévation.

— Mais c'est tout un roman ! s'écria Clémence, intéressée au dernier point, et trouvant, ainsi que le lui avait dit Rodolphe, que rien n'était souvent plus amusant à faire que le bien. Et quels sont ses rapports avec les autres prisonnières ? Si elle est douée de l'élévation d'âme que vous lui supposez, elle doit bien souffrir au milieu de ses misérables compagnes ?

— Mon Dieu, madame la marquise, vous ne sauriez pas ; elle observe par état et par habitude, tout dans cette jeune fille est un sujet d'étonnement. À peine ici depuis trois jours, elle possède déjà une sorte d'influence sur les autres détenues.

— En si peu de temps ?

— Elles éprouvent pour elle non-seulement de l'intérêt, mais presque du respect.

— Comment ! ces malheureuses...

— Ont quelquefois un instinct d'une singulière délicatesse pour reconnaître, deviner même les nobles qualités des autres. Seulement elles haïssent souvent les personnes dont elles sont obligées d'admettre la supériorité.

— Et elles ne haïssent pas cette pauvre jeune fille ?

— Bien loin de là, madame : aucune d'elles ne la connaissait avant son entrée ici. Elles ont été d'abord frappées de sa beauté ; ses traits, bien que d'une pureté rare, sont pour ainsi dire voilés par une pâleur touchante et maladive ; ce mélancolique et doux visage leur a d'abord inspiré plus d'intérêt que de jalousie. Ensuite elle est très-silencieuse, autre sujet d'étonnement pour ces créatures qui, pour la plupart, tâchent toujours de s'étourdir à force de bruit, de paroles et de mouvements. Enfin, quoique digne et réservée, elle s'est montrée compatissante, ce qui a empêché ses compagnes de se choquer de sa froideur. Ce n'est pas tout. Il y a ici depuis un mois une créature indomptable surnommée la Louve, tant son caractère est violent, audacieux et bestial. C'est une fille de vingt ans, grande, virile, d'une figure assez belle, mais dure ; nous sommes souvent forcés de la mettre au cachot pour vaincre sa turbulence. Avant-hier justement elle sortait de cellule, encore irritée de la punition qu'elle venait de subir ; c'était l'heure du repas, la pauvre fille dont je vous parle ne mangeait pas : elle dit tristement à ses compagnes : « Qui veut mon pain ? — Moi ! dit d'abord la Louve. — Moi ! dit ensuite une créature presque contrefaite, appelée Mont-Saint-Jean, qui sert de risée, et quelquefois, malgré nous, de souffre-douleur aux autres détenues, quoiqu'elle soit grosse de plusieurs mois. La jeune fille donna d'abord son pain à cette dernière, à la grande colère de la Louve. — C'est moi qui t'ai d'abord demandé ta ration, s'écria-t-elle furieuse. — C'est vrai, mais cette pauvre femme est enceinte, elle en a plus besoin que vous, » répondit la jeune fille. La Louve néanmoins arracha le pain des mains de Mont-Saint-Jean, et commença de vociférer en agitant son couteau. Comme elle est très-méchante et très-redoutée, personne n'osa prendre le parti de la pauvre Goualeuse, quoique toutes les détenues lui donnassent raison intérieurement.

— Comment dites-vous ce nom, madame ?

— La Goualeuse... c'est le nom ou plutôt le surnom sous lequel a été écrouée ici ma protégée, et qui, je l'espère, sera bientôt la vôtre, madame la marquise... Presque toutes ont ainsi des noms d'emprunt.

— Celui-ci est singulier.

— Il signifie, dans leur hideux langage, la chanteuse ; car cette jeune fille a, dit-on, une très-jolie voix ; je le crois sans peine, car son accent est enchanteur...

— Et comment a-t-elle échappé à cette vilaine Louve ?

— Rendue plus furieuse encore par le sang-froid de la Goualeuse, elle courut à elle l'injure à la bouche, son couteau levé ; toutes les prisonnières jetèrent un cri d'effroi... Seule, la Goualeuse, regardant sans crainte cette redoutable créature, lui sourit avec amertume, en lui disant de sa voix angélique : — Oh ! tuez-moi, tuez-moi, je le veux bien... et ne me faites pas trop souffrir ! Ces mots, m'a-t-on rapporté, furent prononcés avec une simplicité si navrante, que presque toutes les détenues en eurent les larmes aux yeux.

— Je le crois bien, dit madame d'Harville, péniblement émue.

— Les plus mauvais caractères, reprit l'inspectrice, ont heureusement quelquefois de bons revirements. En entendant ces mots empreints d'une résignation déchirante, la Louve, remuée, a-t-elle dit plus tard, jusqu'au fond de l'âme, jeta son couteau par terre, le foula aux pieds et s'écria : — J'ai eu tort de te menacer, la Goualeuse, car je suis plus forte que toi ; tu n'as pas eu peur de mon couteau, tu es brave... J'aime les braves ; aussi maintenant, si l'on voulait te faire du mal, c'est moi qui te défendrais...

— Quel caractère singulier !

— L'exemple de la Louve augmenta encore l'influence de la Goualeuse, et aujourd'hui, chose à peu près sans exemple, presque aucune des prisonnières ne la tutoie ; la plupart la respectent, et s'offrent même à lui rendre tous les petits services qu'on peut se rendre entre prisonnières. Je me suis adressée à quelques détenues de son dortoir pour savoir la cause de la déférence qu'elles lui témoignaient. — C'est plus fort que nous, m'ont-elles répondu, on voit bien que ce n'est pas une personne comme nous autres. — Mais qui vous l'a dit ? — On ne nous l'a pas dit, cela se voit. — Mais encore à quoi ? — À mille choses. D'abord, hier, avant de se coucher, elle s'est mise à genoux et a fait sa prière : pour qu'elle prie, comme a dit la Louve, il faut bien qu'elle en ait le droit.

— Quelle observation étrange !

— Ces malheureuses n'ont aucun sentiment religieux, et elles ne se permettraient pourtant jamais ici un mot sacrilège ou impie ; vous verrez, madame, dans toutes nos salles, des espèces d'autels où la statue de la Vierge est entourée d'offrandes et d'ornements faits par elles-mêmes. Chaque dimanche, il se brûle un grand nombre de cierges en *ex-voto*. Celles qui vont à la chapelle s'y comportent parfaitement ; mais généralement l'aspect des lieux saints leur impose ou les effraye. Pour revenir à la Goualeuse, ses compagnes me disaient encore : — On voit qu'elle n'est pas comme nous autres, à son air doux, à sa tristesse, à la manière dont elle parle... Et puis enfin, reprit brusquement la Louve, qui assistait à cet entretien, il faut bien qu'elle ne soit pas des nôtres ; car ce matin... dans le dortoir, sans savoir pourquoi... nous étions honteuses de nous habiller devant elle...

— Quelle bizarre délicatesse au milieu de tant de dégradation ! s'écria madame d'Harville.

— Oui, madame, devant les hommes et entre elles la pudeur leur est inconnue, et elles sont péniblement confuses d'être vues à demi vêtues par nous ou par des personnes charitables qui, comme vous, madame la marquise, visitent les prisons. Ainsi ce profond instinct de pudeur que Dieu a mis en nous se révèle encore, même chez ces créatures, à l'aspect des seules personnes qu'elles puissent respecter.

— Il est au moins consolant de retrouver quelques bons sentiments naturels plus forts que la dépravation.

— Sans doute, car ces femmes sont capables de dévouements qui, honnêtement placés, seraient très-honorables... Il est encore un sentiment sacré pour elles qui ne respectent rien, ne craignent rien : c'est la maternité ; elles s'en honorent, elles s'en réjouissent ; il n'y a pas de meilleures mères, rien ne leur coûte pour garder leur enfant auprès d'elles ; elles s'imposent, pour l'élever, les plus pénibles sacrifices ; car, ainsi qu'elles disent, ce petit être est le seul qui ne les méprise pas.

— Elles ont donc un sentiment profond de leur abjection ?

— On ne les méprise jamais autant qu'elles se méprisent elles-mêmes... Chez quelques-unes dont le repentir est sincère, cette tache originelle du vice reste ineffaçable à leurs yeux, lors même qu'elles se trouvent dans une condition meilleure ; d'autres deviennent folles, tant l'idée de leur abjection première leur paraît fixe et implacable. Aussi, madame, je ne serais pas étonnée que le chagrin profond de la Goualeuse ne fût causé par un remords de ce genre.

— Si cela est, en effet, quel supplice pour elle ! un remords que rien ne peut calmer !

— Heureusement, madame, pour l'honneur de l'espèce humaine, ces remords sont plus fréquents qu'on ne le croit ; la conscience vengeresse ne s'endort jamais complétement ; ou plutôt, chose étrange ! quelquefois on dirait que l'âme veille pendant que le corps est assoupi ; c'est une observation que j'ai faite de nouveau cette nuit à propos de ma protégée.

— De la Goualeuse ?

— Oui, madame.

— Et comment donc cela ?

— Assez souvent, lorsque les prisonnières sont endormies, je vais faire une ronde dans les dortoirs... Vous ne pouvez vous imaginer, madame... combien les physionomies de ces femmes diffèrent d'expression pendant qu'elles dorment. Bon nombre d'entre elles, que j'avais vues le jour insouciantes, moqueuses, effrontées, hardies, me semblaient complétement changées lorsque le sommeil dépouillait leurs traits de toute exagération de cynisme ; car le vice, hélas ! a son orgueil. Oh ! madame, que de tristes révélations sur ces visages alors abattus, mornes et sombres ! que de tressaillements ! que de soupirs douloureux involontairement arrachés par quelques rêves empreints sans doute d'une inexorable réalité !... Je vous parlais tout à l'heure, madame, de cette fille surnommée la Louve, créature indomptée, indomptable. Il y a quinze jours environ, elle m'injuria brutalement devant toutes les détenues ; je haussai les épaules, mon indifférence exaspéra sa rage. Alors, pour me blesser sûrement, elle s'imagina de me dire je ne sais quelles ignobles injures sur ma mère... qu'elle avait souvent vue venir me visiter ici...

— Ah ! quelle horreur !...

— Je l'avoue, toute stupide qu'était cette attaque, elle me fit mal... La Louve s'en aperçut et triompha. Ce soir-là, vers minuit, j'allai faire inspection dans les dortoirs ; j'arrivai près du lit de la Louve, qui ne devait être mise en cellule que le lendemain matin ; je fus frappée, je dirai presque de la douceur de sa physionomie, comparée à l'expression dure et insolente qui lui était habituelle ; ses traits semblaient suppliants, pleins de tristesse et de contrition ; ses lèvres étaient à demi ouvertes, sa poitrine oppressée ; enfin, chose qui me parut incroyable, si je le croyais impossible, deux larmes, deux grosses larmes coulaient des yeux de cette femme au caractère de fer !... Je la contemplais en silence depuis quelques minutes, lorsque je l'entendis prononcer ces mots : « Pardon... pardon !... sa mère !... » J'écoutai plus attentivement, mais tout ce que je pus saisir au milieu d'un murmure presque inintelligible, fut mon nom... madame Armand... prononcé avec un soupir.

— Elle se repentait pendant son sommeil d'avoir injurié votre mère...

— Je l'ai cru... et cela m'a rendue moins sévère. Sans doute, aux yeux de ses compagnes, elle avait voulu, par une déplorable vanité, exagérer encore sa grossièreté naturelle ; peut-être un bon instinct la faisait se repentir pendant son sommeil.

— Et le lendemain vous témoigna-t-elle quelque regret de sa conduite passée ?

— Aucun ; elle se montra, comme toujours, grossière, farouche et emportée. Je vous assure pourtant, madame, que rien ne dispose plus à la pitié que les observations dont je vous parle. Je me persuade, illusion peut-être ! que pendant leur sommeil ces infortunées redeviennent meilleures, ou plutôt redeviennent elles-mêmes, avec tous leurs défauts, il est vrai, mais parfois aussi avec quelques bons instincts non plus dissimulés par une détestable forfanterie de vice. De tout ceci j'ai été amenée à croire que ces créatures sont généralement moins méchantes qu'elles n'affectent de le paraître ; agissant d'après cette conviction, j'ai souvent obtenu des résultats impossibles à réaliser si j'avais complétement désespéré d'elles.

Madame d'Harville ne pouvait cacher sa surprise de trouver tant de bon sens, tant de haute raison joints à des sentiments d'humanité si élevés, si pratiques, chez une obscure inspectrice de filles perdues.

— Mon Dieu, madame, reprit Clémence, vous avez une telle manière d'exercer vos tristes fonctions, qu'elles doivent être pour vous des plus intéressantes. Que d'observations, que d'études curieuses, mais surtout que de bien vous pouvez, vous devez faire !

— Le bien est très-difficile à obtenir ; ces femmes ne restent ici que peu de temps ; il est donc difficile d'agir très-efficacement sur elles ; il faut se borner à semer... dans l'espoir que quelques-unes de ces bons germes fructifieront un jour... Parfois cet espoir se réalise.

— Mais il vous faut, madame, un grand courage, une grande vertu pour ne pas reculer devant l'ingratitude d'une tâche qui vous donne de si rares satisfactions !

— La conscience de remplir un devoir soutient et encourage ; puis quelquefois on est récompensé par d'heureuses découvertes ; ce sont çà et là quelques éclaircies dans des cœurs que l'on aurait crus tout d'abord absolument ténébreux.

— Il n'importe ; les femmes comme vous doivent être bien rares, madame.

— Non, non, je vous assure ; ce que je fais, d'autres le font avec plus de succès et d'intelligence que moi... Une des inspectrices de l'autre quartier de Saint-Lazare, destiné aux prévenues de différents crimes, vous intéresserait bien davantage... Elle me racontait ce matin l'arrivée d'une jeune fille prévenue d'infanticide. Jamais je n'ai rien entendu de plus déchirant... Le père de cette malheureuse, un honnête artisan lapidaire, est devenu fou de douleur en apprenant la honte de sa fille ; il paraît que rien n'était plus affreux que la misère de toute cette famille, logée dans une misérable mansarde de la rue du Temple.

— La rue du Temple ! s'écria madame d'Harville étonnée, quel est le nom de cet artisan ?

— Sa fille s'appelle Louise Morel...

— C'est bien cela...

— Elle était au service d'un homme respectable, M. Jacques Ferrand, notaire.

— Cette pauvre famille m'avait été recommandée, dit Clémence en rougissant ; mais j'étais loin de m'attendre à la voir frappée de ce nouveau coup terrible... Et Louise Morel ?

— Se dit innocente : elle jure que son enfant était mort... et il paraît que ses paroles ont l'accent de la vérité. Puisque vous vous intéressiez à sa famille, madame la marquise, si vous étiez assez bonne pour daigner la voir, cette marque de votre bonté calmerait son désespoir, qu'on dit effrayant.

— Certainement je la verrai ; j'aurai ici deux protégées au lieu d'une ; Louise Morel et la Goualeuse... car tout ce que vous dites de cette pauvre fille me touche à un point extrême... Mais que faut-il faire pour obtenir sa liberté ? Ensuite je la placerais, je me chargerais de son avenir...

— Avec les relations que vous devez avoir, madame la marquise, il vous sera très-facile de la faire sortir de prison du jour au lendemain. Cela dépend absolument de la volonté de M. le préfet de police... la recommandation d'une personne considérable serait décisive auprès de lui. Mais me voici bien loin, madame, de l'observation que j'avais faite sur le sommeil de la Goualeuse. Et à ce propos je dois vous avouer que je ne serais pas étonnée qu'un sentiment profondément douloureux de sa première abjection ne se joignit un autre chagrin... non moins cruel.

— Que voulez-vous dire, madame ?

— Peut-être me trompé-je... mais je ne serais pas étonnée que cette jeune fille, sortie par je ne sais quel événement de la dégradation où elle était d'abord plongée, eût éprouvé... éprouvât peut-être un amour honnête, qui fût à la fois son bonheur et son tourment.

— Et pour quelle raison croyez-vous cela ?

— Le silence obstiné qu'elle garde sur l'endroit où elle a passé les trois mois qui ont suivi son départ de la Cité me donne à penser qu'elle

craint de se faire réclamer par les personnes chez qui peut-être elle avait trouvé un refuge.
— Et pourquoi cette crainte?
— Parce qu'il lui faudrait avouer un passé qu'on ignore sans doute.
— En effet, ses vêtements de paysanne...
— Puis une dernière circonstance est venue renforcer mes soupçons. Hier au soir, en allant faire mon inspection dans le dortoir, je me suis approchée du lit de la Goualeuse; elle dormait profondément ; au contraire de ses compagnes, sa figure était calme et sereine; ses grands cheveux blonds, à demi détachés sous sa cornette, tombaient en profusion sur son cou et sur ses épaules. Elle tenait ses deux petites mains jointes et croisées sur son sein, comme si elle se fût endormie en priant... Je contemplais depuis quelques moments avec attendrissement cette angélique figure, lorsqu'à voix basse et avec un accent à la fois respectueux, triste et passionné... elle prononça un nom...
— Et ce nom?
Après un moment de silence, madame Armand reprit gravement :
— Bien que je considère comme sacré ce que l'on peut surprendre pendant le sommeil, vous vous intéressez si généreusement à cette infortunée, madame, que je puis vous confier ce secret... Ce nom était Rodolphe.
— Rodolphe! s'écria madame d'Harville en songeant au prince. Puis, réfléchissant qu'après tout Son Altesse le grand-duc de Gerolstein ne pouvait avoir aucun rapport avec le Rodolphe de la pauvre Goualeuse, elle dit à l'inspectrice, qui semblait étonnée de son exclamation :
— Ce nom m'a surprise, madame, car, par un hasard singulier... un de mes parents le porte aussi ; mais tout ce que vous m'apprenez de la Goualeuse m'intéresse de plus en plus... Ne pourrais-je pas la voir aujourd'hui... tout à l'heure?...
— Si, madame ; je vais, si vous le désirez, la chercher... Je pourrai m'informer aussi de Louise Morel, qui est dans l'autre quartier de la prison.
— Je vous en serai très-obligée, madame, répondit madame d'Harville, qui resta seule.
— C'est singulier, dit-elle; je ne puis me rendre compte de l'impression étrange que m'a causée ce nom de Rodolphe... En vérité, je suis folle! entre lui... et une créature pareille, quels rapports peuvent exister? Puis, après un moment de silence, la marquise ajouta : Il avait raison!... combien tout cela m'intéresse!... l'esprit, le cœur s'agrandissent lorsqu'on les applique à de nobles occupations!... Ainsi qu'il le dit, il semble que l'on participe un peu au pouvoir de la Providence en secourant ceux qui méritent... Et puis, ces excursions dans un monde que nous ne soupçonnons même pas sont si attachantes, si amusantes, comme il se plaît à le dire! Quel roman me donnerait ces émotions touchantes, exciterait à ce point ma curiosité?... Cette pauvre Goualeuse, par exemple, d'après ce qu'on vient de me dire, m'inspire une pitié profonde ; je me laisse aveuglément aller à cette commisération, car la surveillante a trop d'expérience pour se tromper à l'égard de notre protégée... Et cette autre infortunée... la fille de l'artisan... que le prince a si généreusement secourue en mon nom ! Pauvres gens ! leur misère affreuse lui a servi de prétexte pour me sauver... J'ai échappé à la honte, à la mort peut-être... par un mensonge hypocrite: cette tromperie me pèse, mais je l'expierai à force de bienfaisance... cela me sera si facile!... il est si doux de suivre les nobles conseils de Rodolphe!... c'est encore l'aimer que de lui obéir !... Oh ! je le sens avec ivresse... son souffle seul anime et féconde la nouvelle vie qu'il m'a créée pour la consolation de ceux qui souffrent... j'éprouve une adorable jouissance à n'agir que par lui, à n'avoir d'autres idées que les siennes... car je l'aime... oh! oui, je l'aime ! et toujours il ignorera cette éternelle passion de ma vie...

. . . .

Pendant que madame d'Harville attend la Goualeuse, nous conduirons le lecteur au milieu des détenues.

CHAPITRE VII.

Mont-Saint-Jean.

Deux heures sonnaient à l'horloge de la prison de Saint-Lazare.
Au froid qui régnait depuis quelques jours avait succédé une température douce, tiède, presque printanière; les rayons du soleil se reflétaient dans l'eau d'un grand bassin carré, à margelles de pierre, situé au milieu d'une cour plantée d'arbres et entourée de hautes murailles noirâtres, percées de nombreuses fenêtres grillées ; des bancs de bois étaient scellés çà et là dans cette vaste enceinte pavée, qui servait de promenade aux détenues.
Le tintement d'une cloche annonçant l'heure de la récréation, les prisonnières débouchèrent en tumulte par une porte épaisse et guichetée qu'on leur ouvrit.
Ces femmes, uniformément vêtues, portaient des cornettes noires et de longs sarraux d'étoffe de laine bleue, serrés par une ceinture à boucle de fer. Elles étaient là deux cents prostituées, condamnées pour contraventions aux ordonnances particulières qui les régissent et les mettent en dehors de la loi commune.
Au premier abord, leur aspect n'avait rien de particulier; mais, en les observant plus attentivement, on reconnaissait sur presque toutes ces physionomies les stigmates presque ineffaçables du vice et surtout de l'abrutissement qu'engendrent l'ignorance et la misère.
A l'aspect de ces rassemblements de créatures perdues, on ne peut s'empêcher de songer avec tristesse que beaucoup d'entre elles ont été pures et honnêtes au moins pendant quelque temps. Nous faisons cette restriction, parce qu'un grand nombre ont été viciées, corrompues, dépravées, non pas seulement dès leur jeunesse, mais dès leur plus tendre enfance... mais dès leur naissance, si cela se peut dire, ainsi qu'on le verra plus tard...
On se demande donc avec une curiosité douloureuse quel enchaînement de causes funestes a pu amener là celles de ces misérables qui ont connu la pudeur et la chasteté.
Tant de pentes diverses inclinent à cet égout!...
C'est rarement la passion de la débauche pour la débauche, mais le délaissement, mais le mauvais exemple, mais l'éducation perverse, mais surtout la faim, qui conduisent tant de malheureuses à l'infamie ; car les classes pauvres payent seules à la civilisation cet impôt de l'âme et du corps.

. . . .

Lorsque les détenues se précipitèrent en courant et en criant dans le préau, il était facile de voir que la seule joie de sortir de leurs ateliers ne les rendait pas si bruyantes. Après avoir fait irruption par l'unique porte qui conduisait à la cour, cette foule s'écarta et fit cercle autour d'un être infirme, qu'on accablait de huées.
C'était une petite femme de trente-six à quarante ans, courte, ramassée, contrefaite, ayant le cou enfoncé entre des épaules inégales. On lui avait arraché sa cornette ; et ses cheveux, d'un blond ou plutôt d'un jaune blafard, hérissés, emmêlés, nuancés de gris, retombaient sur son front bas et stupide. Elle était vêtue d'un sarrau bleu comme les autres prisonnières, et portait sous son bras droit un petit paquet enveloppé d'un mauvais mouchoir à carreaux, troué. Elle tâchait, avec son coude gauche, de parer les coups qu'on lui portait.
Rien de plus tristement grotesque que les traits de cette malheureuse : c'était une ridicule et hideuse figure, allongée en museau, ridée, tannée, sordide, d'une couleur terreuse, percée de deux narines et de deux petits yeux rouges bridés et éraillés; tour à tour colère ou suppliante, elle grondait, elle implorait, mais on riait encore plus de ses plaintes que de ses menaces.
Cette femme était le jouet des détenues.
Une chose aurait dû pourtant la garantir de ces mauvais traitements... elle était grosse.
Mais sa laideur, son imbécillité et l'habitude qu'on avait de la regarder comme une victime vouée à l'amusement général, rendaient ses persécutrices implacables malgré leur respect ordinaire pour la maternité.
Parmi les ennemies les plus acharnées de Mont-Saint-Jean (c'était le nom du souffre-douleur), on remarquait la Louve.
La Louve était une grande fille de vingt ans, leste, virilement découplée, et d'une figure assez régulière ; ses rudes cheveux noirs se nuançaient de reflets roux ; l'ardeur du sang couperosait son teint; un duvet brun ombrageait ses lèvres charnues; ses sourcils châtains, épais et drus, se rejoignaient entre eux, au-dessus de ses grands yeux fauves; quelque chose de violent, de farouche, de bestial, dans l'expression de la physionomie de cette femme ; une sorte de rictus habituel, qui, retroussant surtout sa lèvre supérieure lors de ses accès de colère, laissait voir ses dents blanches et écartées, expliquait le surnom de la Louve.
Néanmoins, on lisait sur ce visage plus d'audace et d'insolence que de cruauté; en un mot, on comprenait que, plutôt viciée que foncièrement mauvaise, cette femme fût encore susceptible de quelques bons mouvements, ainsi que l'inspectrice venait de le raconter à madame d'Harville.
— Mon Dieu ! mon Dieu ! qu'est-ce que je vous ai donc fait? criait Mont-Saint-Jean en se débattant au milieu de ses compagnes. Pourquoi vous acharnez-vous après moi?...
— Parce que ça nous amuse.
— Parce que tu n'es bonne qu'à être tourmentée...
— C'est ton état.
— Regarde-toi... tu verras que tu n'as pas le droit de te plaindre...
— Mais vous savez bien que je ne me plains qu'à la fin... je souffre tant que je peux.
— Eh bien ! nous te laisserons tranquille si tu nous dis pourquoi tu t'appelles Mont-Saint-Jean.
— Oui, oui, raconte-nous ça.
— Eh ! je vous l'ai dit cent fois, c'est un ancien soldat que j'ai aimé dans les temps, et qu'on appelait ainsi parce qu'il avait été blessé à la bataille de Mont-Saint-Jean. J'ai gardé son nom, là... Maintenant êtes-vous contentes ? quand vous me ferez répéter toujours la même chose ?
— S'il te ressemblait, il était frais ton soldat !

— Ça devait être un invalide...
— Un restant d'homme...
— Combien avait-il d'œils de verre?
— Et de nez de fer-blanc?
— Il fallait qu'il eût les deux jambes et les deux bras de moins, avec ça sourd et aveugle... pour vouloir de toi...
— Je suis laide, un vrai monstre... je le sais bien, allez. Dites-moi des sottises, moquez-vous de moi tant que vous voudrez... ça m'est égal; mais ne me battez pas, je ne demande que ça.
— Qu'est-ce que tu as dans ce vieux mouchoir? dit la Louve.
— Oui!... oui!... qu'est-ce qu'elle a là?
— Qu'elle nous le montre!
— Voyons!
— Oh non, je vous en supplie!... s'écria la misérable en serrant de toutes ses forces son petit paquet entre ses mains.
— Il faut lui prendre...
— Oui, arrache-lui... la Louve!
— Mon Dieu! faut-il que vous soyez méchantes, allez... mais laissez donc ça... laissez donc ça...
— Qu'est-ce que c'est?
— Eh bien! c'est un commencement de layette pour mon enfant... je fais ça avec les vieux morceaux de linge dont personne ne veut et que je ramasse; ça vous est égal, n'est-ce pas?
— Oh! la layette du petit à Mont-Saint-Jean! C'est ça qui doit être farce!
— Voyons!!
— La layette!... la layette!
— Elle aura pris mesure sur le petit chien de la gardienne... bien sûr...
— A vous, à vous, la layette! cria la Louve en arrachant le paquet des mains de Mont-Saint-Jean.
Le mouchoir presque en lambeaux se déchira, bon nombre de rognures d'étoffes de toutes couleurs et de vieux morceaux de linge à demi façonnés voltigèrent dans la cour et furent foulés aux pieds par les prisonnières, qui redoublèrent de huées et d'éclats de rire.
— Que ça de guenilles!
— On dirait le fond de la hotte d'un chiffonnier!
— En voilà des échantillons de vieilles loques!
— Quelle boutique!...
— Et coupez tout ça...
— Il y aura plus de fil que d'étoffe...
— Ça fera des broderies!
— Tiens, rattrape-les maintenant tes haillons... Mont-Saint-Jean!
— Faut-il être méchant, mon Dieu! faut-il être méchant! s'écria la pauvre créature en courant çà et là après les chiffons qu'elle tâchait de ramasser, malgré les bourrades qu'on lui donnait. Je n'ai jamais fait de mal à personne, ajouta-t-elle en pleurant, je leur ai offert, pour qu'elles me laissent tranquille, de leur rendre tous les services qu'elles voudraient, de leur donner la moitié de ma ration, quoique j'aie bien faim; eh bien! non, non, c'est tout de même... Mais qu'est-ce qu'il faut donc que je fasse pour avoir la paix?... Elles n'ont pas seulement pitié d'une pauvre femme enceinte! Faut être plus sauvage que des bêtes... J'avais eu tant de peine à ramasser ces petits bouts de linge! Au quoi voulez-vous que je fasse la layette de mon enfant, puisque je n'ai de quoi rien acheter? A qui ça fait-il du tort de ramasser ce que personne ne veut plus, puisqu'on le jette... Mais tout à coup Mont-Saint-Jean s'écria avec un accent d'espoir: Oh! puisque vous voilà... la Goualeuse... je suis sauvée... parlez-leur pour moi... elles vous écouteront, bien sûr, puisqu'elles vous aiment autant qu'elles me haïssent.
La Goualeuse, arrivant la dernière des détenues, entrait alors dans le préau.
Fleur-de-Marie portait le sarrau bleu et la cornette noire des prisonnières; mais, sous ce grossier costume, elle était encore charmante. Pourtant, depuis son enlèvement de la ferme de Bouqueval (enlèvement dont nous expliquerons plus tard l'issue), ses traits semblaient profondément altérés; sa pâleur, autrefois légèrement rosée, était mate comme la blancheur de l'albâtre; l'expression de sa physionomie avait aussi changé: elle était alors empreinte d'une sorte de dignité triste.
Fleur-de-Marie sentait qu'accepter courageusement les douloureux sacrifices de l'expiation, c'est presque atteindre à la hauteur de la réhabilitation.
— Demandez-leur donc grâce pour moi, la Goualeuse, reprit Mont-Saint-Jean implorant la jeune fille; voyez comme ils traitent dans la cour tout ce que j'avais rassemblé avec tant de peine pour commencer la layette de mon enfant... Quel beau plaisir ça peut-il leur faire?
Fleur-de-Marie ne dit mot, mais elle se mit à ramasser activement un à un, sous les pieds des détenues, tous les chiffons qu'elle put recueillir.
Une détenue retenait méchamment sous son sabot une sorte de brassière de grosse toile bise, Fleur-de-Marie, toujours baissée, leva sur cette détenue son regard enchanteur, et lui dit de sa voix douce:
— Je vous en prie, laissez-moi reprendre cela, au nom de cette pauvre femme qui pleure...
La détenue recula son pied...
La brassière fut sauvée ainsi que presque tous les autres haillons, que la Goualeuse conquit ainsi pièce à pièce.

Il lui restait à récupérer un petit bonnet d'enfant que deux détenues se disputaient en riant. Fleur-de-Marie leur dit:
— Voyons, soyez tout à fait bonnes... rendez-lui ce petit bonnet...
— Ah bien oui!... c'est donc pour un arlequin au maillot, ce bonnet! il est fait d'un morceau d'étoffe grise, avec des pointes en futaine vertes et noires, et une doublure de toile à matelas.
Ceci était exact.
Cette description du bonnet fut accueillie avec des huées et des rires sans fin.
— Moquez-vous-en, mais rendez-le-moi, disait Mont-Saint-Jean, et surtout ne le traînez pas dans le ruisseau comme le reste... Pardon de vous avoir fait ainsi salir les mains pour moi, la Goualeuse, ajouta Mont-Saint-Jean d'une voix reconnaissante.
— A moi le bonnet d'arlequin! dit la Louve, qui s'en empara et l'agita en l'air comme un trophée.
— Je vous en supplie, donnez-le-moi, dit la Goualeuse.
— Non, c'est pour le rendre à Mont-Saint-Jean!
— Certainement.
— Ah! bah! ça en vaut bien la peine... une pareille guenille!
— C'est parce que Mont-Saint-Jean, pour habiller son enfant, n'a que des guenilles... que vous devriez avoir pitié d'elle, la Louve, dit tristement Fleur-de-Marie en étendant les mains vers le bonnet.
— Vous ne l'aurez pas! reprit brutalement la Louve; ne faudrait-il pas toujours vous céder, à vous, parce que vous êtes la plus faible?... vous abusez de cela, à la fin!...
— Où serait le mérite de me céder... si j'étais la plus forte?... répondit la Goualeuse avec un demi-sourire plein de grâce.
— Non, non; vous voulez encore m'entortiller avec votre petite voix douce... vous ne l'aurez pas;
— Voyons, la Louve, ne soyez pas méchante...
— Laissez-moi tranquille, vous m'ennuyez...
— Je vous en prie!...
— Tiens! ne m'impatiente pas... j'ai dit non, c'est non! s'écria la Louve tout à fait irritée.
— Ayez donc pitié d'elle... voyez comme elle pleure!
— Qu'est-ce que ça me fait à moi?... tant pis pour elle! elle est notre souffre-douleur...
— C'est vrai, c'est vrai... il ne fallait pas lui rendre ses loques, murmuraient les détenues, entraînées par l'exemple de la Louve. Tant pis pour Mont-Saint-Jean...
— Vous avez raison, tant pis pour elle! dit Fleur-de-Marie avec amertume, elle est votre souffre-douleur... elle doit se résigner... ses gémissements vous amusent... ses larmes vous font rire, il vous faut bien passer le temps à quelque chose! on la tuerait sur place qu'elle n'aurait rien à dire... Vous avez raison, la Louve, elle est juste!... cette pauvre femme ne fait de mal à personne, elle ne peut pas se défendre, elle est seule contre toutes... vous l'accablez... cela est surtout bien brave et bien généreux!
— Nous sommes donc des lâches! s'écria la Louve emportée par la violence de son caractère et par son impatience de toute contradiction. Répondras-tu? Sommes-nous des lâches, hein? reprit-elle de plus en plus irritée.
Des rumeurs menaçantes pour la Goualeuse commencèrent à se faire entendre.
Les détenues offensées se rapprochèrent et l'entourèrent en vociférant, oubliant ou plutôt se révoltant contre l'ascendant que la jeune fille avait jusqu'alors pris sur elles.
— Elle nous appelle lâches!
— De quel droit vient-elle nous blâmer?
— Est-ce qu'elle est plus que nous?
— Nous avons été trop bonnes enfants avec elle.
— Et maintenant elle veut prendre des airs avec nous.
— Si ça nous plaît de faire la misère à Mont-Saint-Jean, qu'est-ce qu'elle a à dire?
— Puisque c'est comme ça, tu seras encore plus battue qu'auparavant, entends-tu, Mont-Saint-Jean?
— Tiens, voilà pour commencer, dit l'une en lui donnant un coup de poing.
— Et si tu te mêles encore de ce qui ne te regarde pas, la Goualeuse, on te traitera de même.
— Oui!... oui!
— Ça n'est pas tout! cria la Louve; il faut que la Goualeuse nous demande pardon de nous avoir appelées lâches! C'est vrai... si on la laissait faire, elle finirait par nous manger la laine sur le dos. Nous sommes bien bêtes, aussi... de ne pas nous apercevoir de ça!
— Qu'elle nous demande pardon!
— A genoux!
— A deux genoux!
— Ou nous allons la traiter comme Mont-Saint-Jean, sa protégée.
— A genoux! à genoux!
— Ah! nous sommes des lâches!
— Répète-le donc, hein!
Fleur-de-Marie ne s'émut pas de ces cris furieux; elle laissa passer la tourmente; puis, lorsqu'elle put se faire entendre, promenant sur les

prisonnières son beau regard calme et mélancolique, elle répondit à la Louve, qui vociférait de nouveau :

— Ose donc répéter que nous sommes des lâches !
— Vous? Non, non, c'est cette pauvre femme dont vous avez déchiré les vêtements, que vous avez battue, traînée dans la boue : c'est elle qui est lâche... Ne voyez-vous pas, comme elle pleure, comme elle tremble en vous regardant? Encore une fois, c'est elle qui est lâche, puisqu'elle a peur de vous !

L'instinct de Fleur-de-Marie la servait parfaitement. Elle eût invoqué la justice, le devoir, pour désarmer l'acharnement stupide et brutal des prisonnières contre Mont-Saint-Jean, qu'elle n'eût pas été écoutée. Elle les émut en s'adressant à ce sentiment de générosité naturelle qui jamais ne s'éteint tout à fait, même dans les masses les plus corrompues.

La Louve et ses compagnes murmurèrent encore, mais elles se sentaient, elles s'avouaient lâches.

Fleur-de-Marie ne voulut pas abuser de ce premier triomphe, et continua :

— Votre souffre-douleur ne mérite pas de pitié, dites-vous; mais, mon Dieu ! son enfant en mérite, lui ! Hélas ! ne ressent-il pas les coups que vous donnez à sa mère? Quand elle vous crie grâce ! ce n'est pas pour elle... c'est pour son enfant ! Quand elle vous demande un peu de votre pain, si vous en avez trop, parce qu'elle a plus faim que d'habitude, ce n'est pas pour elle... c'est pour son enfant !... Quand elle vous supplie, les larmes aux yeux, d'épargner ses haillons qu'elle a eu tant de peine à rassembler, ce n'est pas pour elle... c'est pour son enfant ! Ce pauvre petit bonnet de pièces et de morceaux doublé de toile à matelas, dont vous vous moquez tant, est bien risible... peut-être; pourtant, à moi, rien qu'à le voir, il me donne envie de pleurer, je vous l'avoue... Moquez-vous de moi et de Mont-Saint-Jean, si vous voulez.

Les détenues ne rirent pas.

La Louve regarda même tristement ce petit bonnet qu'elle tenait encore à la main.

— Mon Dieu ! reprit Fleur-de-Marie en essuyant les yeux du revers de sa main blanche et délicate, je sais que vous n'êtes pas méchantes... Vous tourmentez Mont-Saint-Jean par désœuvrement, non par cruauté. Mais vous oubliez qu'ils sont deux... et qu'elle le tiendrait entre ses bras, qu'il la protégerait contre vous... Non-seulement vous ne la battriez pas, de peur de faire du mal à ce pauvre innocent, mais, s'il avait froid, vous donneriez à sa mère tout ce que vous pourriez pour le couvrir, n'est-ce pas, la Louve?

— C'est vrai... un enfant, qui est-ce qui n'en aurait pas pitié?...
— C'est tout simple, ça...
— S'il avait faim, vous vous ôteriez le pain de la bouche pour lui, n'est-ce pas, la Louve?
— Oui, de bon cœur... je ne suis pas plus méchante qu'une autre.
— Ni nous non plus...
— Un pauvre petit innocent !
— Qu'est-ce qui aurait le cœur de vouloir lui faire mal ?
— Faudrait être des monstres !
— Des sans-cœur !
— Des bêtes sauvages !
— Je vous le disais bien, reprit Fleur-de-Marie, que vous n'étiez pas méchantes ; vous êtes bonnes, votre tort c'est de ne pas réfléchir que Mont-Saint-Jean, au lieu d'avoir son enfant dans ses bras pour nous apitoyer... l'a dans son sein... voilà tout...
— Voilà tout ! reprit la Louve avec exaltation, non, ça n'est pas tout. Vous avez raison, la Goualeuse, nous étions des lâches... et vous êtes brave d'avoir osé nous le dire, et vous êtes brave de n'avoir pas tremblé après nous l'avoir dit. Voyez-vous, nous avons beau dire et beau faire, nous débattre contre ça, une bonne parole d'une créature comme nous autres, faut toujours finir par en convenir... Ça me vexe, mais ça ne nous...
— Tout à l'heure encore nous avons eu tort... vous étiez plus courageuse que nous.
— C'est vrai qu'il lui a fallu du courage à cette blondinette pour nous dire comme ça nos vérités en face...
— Oh ! mais, c'est que ces yeux bleus tout doux, tout doux, une fois quo ça s'y met...
— Ça devient des vrais petits lions.
— Pauvre Mont-Saint-Jean ! elle lui doit une fière chandelle !
— Après tout, c'est que c'est vrai, quand nous battons Mont-Saint-Jean nous battons son enfant.
— Je n'avais pas pensé à cela.
— Ni moi non plus.
— Mais la Goualeuse, elle, pense à tout.
— Et battre un enfant... c'est affreux !
— Pas une de nous n'en serait capable.

Rien de plus mobile que les passions populaires; rien de plus brusque, de plus rapide que leurs retours du mal au bien et du bien au mal.

Quelques simples et touchantes paroles de Fleur-de-Marie avaient opéré une réaction subite en faveur de Mont-Saint-Jean, qui pleurait d'attendrissement.

Tous les cœurs étaient émus, parce que, nous l'avons dit, les sentiments qui se rattachent à la maternité sont toujours vifs et puissants chez les malheureuses dont nous parlons.

Tout à coup la Louve, violente et exaltée en toute chose, prit le petit bonnet qu'elle tenait à la main, en fit une sorte de bourse, fouilla dans sa poche, en tira vingt sous, les jeta dans le bonnet, et s'écria en le présentant à ses compagnes :

— Je mets vingt sous pour acheter de quoi faire une layette au petit de Mont-Saint-Jean. Nous taillerons et nous coudrons tout nous-mêmes, afin que la façon ne lui coûte rien...
— Oui... oui...
— C'est ça !... cotisons-nous !..
— J'en suis !
— Fameuse idée !
— Pauvre femme !
— Elle est laide comme un monstre... mais elle est mère comme une autre...
— La Goualeuse avait raison, au fait, c'est à pleurer toutes les larmes de son corps que de voir cette malheureuse layette de haillons.
— Je mets dix sous.
— Moi trente.
— Moi vingt.
— Moi, quatre sous... je n'ai que ça.
— Moi, je n'ai rien... mais je vends ma ration de demain pour mettre à la masse. Qui me l'achète?
— Moi, dit la Louve, je mets dix sous pour toi... mais tu garderas ta ration, et Mont-Saint-Jean aura une layette comme une princesse.

Exprimer la surprise, la joie de Mont-Saint-Jean serait impossible; son grotesque et laid visage, inondé de larmes, devenait presque touchant. Le bonheur, la reconnaissance y rayonnaient.

Fleur-de-Marie aussi était bien heureuse, quoiqu'elle eût été obligée de dire à la Louve, quand celle-ci lui tendit le petit bonnet :

— Je n'ai pas d'argent... mais je travaillerai tant qu'on voudra...
— Oh ! mon bon petit ange du paradis, s'écria Mont-Saint-Jean en tombant aux genoux de la Goualeuse, en la prenant la main pour la baiser; qu'est-ce que je vous ai donc fait pour que vous soyez aussi charitable pour moi, et toutes ces dames aussi? C'est-il bien possible, mon bon Dieu sauveur !... une layette pour mon enfant, une bonne layette, tout ce qu'il lui faudra? Qui aurait jamais cru cela pourant ! j'en deviendrai folle, c'est sûr. Moi qui tout à l'heure étais le pâtiras de tout le monde. En un rien de temps, parce que vous leur avez dit... quelque chose... de votre chère petite voix de séraphin... voilà que vous les retournez de mal à bien, voilà qu'elles m'aiment à cette heure. Et moi aussi, je les aime. Elles sont si bonnes ! J'avais tort de me fâcher. Étais-je donc bête, et injuste, et ingrate ! tout ce qu'elles me faisaient, c'était pour rire, elles ne m'en voulaient pas de mal , c'était pour mon bien, en voilà la preuve. Oh ! maintenant on m'assommerait sur la place, que je ne dirais pas ouf. J'étais par trop susceptible aussi !

— Nous avons quatre-vingt-huit francs et sept sous, dit la Louve en finissant de compter le montant de la collecte, qu'elle enveloppa dans le petit bonnet. Qui est-ce qui sera la trésorière jusqu'à ce qu'on ait employé l'argent? Faut pas le donner à Mont-Saint-Jean, elle est trop sotte.

— Que la Goualeuse garde l'argent, cria-t-on tout d'une voix.
— Si vous m'en croyez, dit Fleur-de-Marie, vous prierez l'inspectrice, madame Armand, de se charger de cette somme et de faire les emplettes nécessaires à la layette; et puis, qui sait? Madame Armand sera sensible à la bonne action que vous avez faite, et peut-être demandera-t-elle qu'on ôte quelques jours de prison à celles qui sont bien notées. Eh bien ! la Louve, ajouta Fleur-de-Marie en prenant sa compagne par le bras, est-ce que vous ne vous sentez pas plus contente que tout à l'heure, quand vous jetiez au vent les pauvres haillons de Mont-Saint-Jean?

La Louve ne répondit pas d'abord.

A l'exaltation généreuse qui avait un moment animé ses traits succéda une sorte de défiance farouche.

Fleur-de-Marie la regardait avec surprise , ne comprenant rien à ce changement subit.

— Goualeuse..... venez..... j'ai à vous parler, dit la Louve d'un air sombre.

Et, se détachant du groupe des détenus, elle emmena brusquement Fleur-de-Marie près du bassin à margelle de pierre creusé au milieu du préau. Un banc était tout près.

La Louve et la Goualeuse s'y assirent et se trouvèrent ainsi presque isolées de leurs compagnes.

CHAPITRE VIII.

La Louve et la Goualeuse.

Nous croyons fermement à l'influence de certains caractères dominateurs, assez sympathiques aux masses, assez puissants sur elles pour leur imposer le bien ou le mal.

Les uns, audacieux, emportés, indomptables, s'adressant aux mauvaises passions, les soulèveront comme l'ouragan soulève l'écume de la mer; mais, ainsi que tous les orages, ces orages seront aussi furieux qu'éphémères ; à ces funestes effervescences succéderont de sourds ressentiments de tristesse, de malaise, qui empireront les plus misérables conditions. Le déboire d'une violence est toujours amer, le réveil d'un excès toujours pénible.

La Louve, si l'on veut, personnifiera cette influence funeste.

D'autres organisations, plus rares, parce qu'il faut que leurs généreux instincts soient fécondés par l'intelligence, et que chez elles l'esprit soit au niveau du cœur ; d'autres, disons-nous, inspireront le bien, ainsi que les premiers inspirent le mal. Leur action pénétrera doucement les âmes, comme les tièdes rayons du soleil pénètrent les corps d'une chaleur vivifiante... comme la fraîche rosée d'une nuit d'été imbibe la terre aride et brûlante.

Fleur-de-Marie, si l'on veut, personnifiera cette influence bienfaisante.

La réaction en bien n'est pas brusque comme la réaction en mal ; ses effets se prolongent davantage. C'est quelque chose d'onctueux, d'ineffable, qui peu à peu détend, calme, épanouit les cœurs les plus endurcis, et leur fait goûter une sensation d'une exprimable sérénité.

Malheureusement le charme cesse.

Après avoir entrevu de célestes clartés, les gens pervers retombent dans les ténèbres de leur vie habituelle : le souvenir des suaves émotions qui les ont un moment surpris s'efface peu à peu. Parfois pourtant ils cherchent vaguement à se les rappeler, de même que nous essayons de murmurer les chants dont notre heureuse enfance a été bercée.

Grâce à la bonne action qu'elle leur avait inspirée, les compagnes de la Goualeuse venaient de connaître la douceur passagère de ces ressentiments, aussi partagés par la Louve. Mais celle-ci, pour des raisons que nous dirons bientôt, devait rester moins longtemps que les autres prisonnières sous cette bienfaisante impression.

Si l'on s'étonne d'entendre et de voir Fleur-de-Marie, naguère si passivement, si douloureusement résignée, agir, parler avec courage et autorité, c'est que les nobles enseignements qu'elle avait reçus pendant son séjour à la ferme de Bouqueval avaient rapidement développé les rares qualités de cette nature excellente.

Fleur-de-Marie comprenait qu'il ne suffisait pas de pleurer un passé irréparable, et qu'on ne se réhabilitait qu'en faisant le bien ou en l'inspirant.

Nous l'avons dit : la Louve s'était assise sur un banc de bois à côté de la Goualeuse.

Le rapprochement de ces deux jeunes filles offrait un singulier contraste.

Les pâles rayons d'un soleil d'hiver les éclairaient ; le ciel pur se pommelait çà et là de petites nuées blanches et floconneuses ; quelques oiseaux, égayés par la tiédeur de la température, gazouillaient dans les branches noires des grands marronniers de la cour ; deux ou trois moineaux plus effrontés que les autres venaient boire et se baigner dans un petit ruisseau où s'écoulait le trop plein du bassin ; les mousses vertes veloutaient les revêtements de pierre des margelles ; entre leurs assises disjointes poussaient çà et là quelques touffes d'herbe et de plantes pariétaires épargnées par la gelée.

Cette description d'un bassin de prison semblera puérile, mais Fleur-de-Marie ne perdait pas un de ces détails ; les yeux tristement fixés sur ce petit coin de verdure et sur cette eau limpide, sur la blancheur mobile des nuées courant sur l'azur du ciel, où se brisaient avec un miroitement lumineux les rayons d'or du beau soleil, elle songeait en soupirant aux magnificences de la nature qu'elle aimait, qu'elle admirait si poétiquement, elle qui en était encore privée.

— Que voulez-vous me dire ? demanda la Goualeuse à sa compagne, qui, assise auprès d'elle, restait sombre et silencieuse.

— Il faut que nous ayons une explication, s'écria durement la Louve ; ça ne peut pas durer ainsi.

— Je ne vous comprends pas, la Louve.

— Tout à l'heure, dans la cour, à propos de Mont-Saint-Jean, je m'étais dit : Je ne veux plus céder à la Goualeuse, et pourtant je viens encore de vous céder...

— Mais...

— Mais je vous dis que ça ne peut pas durer...

— Qu'avez-vous contre moi, la Louve ?

— J'ai... que je ne suis plus la même depuis votre arrivée ici... non, je n'ai plus ni cœur, ni force, ni hardiesse...

Puis, s'interrompant, la Louve releva tout à coup la manche de sa robe, et, montrant à la Goualeuse son bras blanc, nerveux et couvert d'un duvet noir, elle lui fit remarquer, sur la partie antérieure de ce bras, un tatouage indélébile représentant un poignard bleu à demi enfoncé dans un cœur rouge ; au-dessous de cet emblème on lisait ces mots :

Mort aux lâches !
Martial.
P. L. V. (pour la vie).

— Voyez-vous cela ? s'écria la Louve.

— Oui... cela est sinistre et me fait peur, dit la Goualeuse en détournant la vue.

— Quand Martial, mon amant, m'a écrit, avec une aiguille rougie au feu, ces mots sur le bras : Mort aux lâches ! il me croyait brave ; s'il savait ma conduite depuis trois jours, il me planterait son couteau dans le corps comme ce poignard est planté dans ce cœur... et il aurait raison, car il a écrit là : Mort aux lâches ! et je suis lâche.

— Qu'avez-vous fait de lâche ?

— Tout.

— Regrettez-vous votre bonne pensée de tout à l'heure ?

— Oui...

— Ah ! je ne vous crois pas...

— Je vous dis que je la regrette, moi, car c'est encore une preuve de ce que vous pouvez sur nous toutes. Est-ce que vous n'avez pas entendu Mont-Saint-Jean, quand elle était à genoux... à vous remercier ?...

— Qu'a-t-elle dit ?

— Elle a dit, en parlant de nous, que « d'un rien vous nous tourniez de mal à bien. » Je l'aurais étranglée quand elle a dit ça... car, pour notre honte... c'était vrai. Oui, en un rien de temps, vous nous changez du blanc au noir : on vous écoute, on se laisse aller à ses premiers mouvements... et on est votre dupe, comme tout à l'heure...

— Ma dupe... en secourant généreusement cette pauvre femme !

— Il ne s'agit pas de tout ça, s'écria la Louve avec colère, je n'ai jusqu'ici courbé la tête devant personne.... La Louve est mon nom, et je suis bien nommée... plus d'une femme porte mes marques... plus d'un homme aussi... Il ne sera pas dit qu'une petite fille comme vous me mettra sous ses pieds...

— Moi !... et comment ?

— Est-ce que je le sais, comment ?... Vous arrivez ici... vous commencez d'abord par m'offenser...

— Vous offenser ?...

— Oui... vous demandez qui veut votre pain... la première, je réponds : Moi !... Mont-Saint-Jean ne vous le demande qu'ensuite... et vous lui donnez la préférence... Furieuse de cela, je m'élance sur vous, mon couteau levé...

— Et je vous dis : Tuez-moi si vous voulez... mais ne me faites pas trop souffrir... reprit la Goualeuse... voilà tout.

— Voilà tout ?... oui, voilà tout !... et pourtant ces seuls mots-là m'ont fait tomber mon couteau des mains... m'ont fait vous demander pardon... à vous qui m'aviez offensée... Est-ce que c'est naturel ?... Tenez, quand je reviens dans mon bon sens, je me fais pitié à moi-même... Et le soir de votre arrivée ici, lorsque vous vous êtes mise à genoux pour votre prière, pourquoi, au lieu de me moquer de vous, d'ameuter tout le dortoir, pourquoi ai-je dit : Faut la laisser tranquille... Elle prie, c'est qu'elle en a le droit... Et le lendemain, pourquoi, moi et les autres, avons-nous eu honte de nous habiller devant vous ?

— Je ne sais pas... la Louve.

— Vraiment ! reprit cette violente créature avec ironie ; vous ne le savez pas ! C'est sans doute, comme nous l'avons dit quelquefois en plaisantant, que vous êtes d'une autre espèce que nous. Vous croyez peut-être cela ?

— Je ne vous ai jamais dit que je le croyais.

— Non, vous ne le dites pas... mais vous faites tout comme.

— Je vous en prie, écoutez-moi.

— Non, ça m'a été trop mauvais de vous écouter... de vous regarder. Jusqu'ici je n'avais jamais envié personne ; eh bien ! deux ou trois fois je me suis surprise... faut-il être bête et lâche !... je me suis surprise à envier votre figure de sainte Vierge, votre air doux et triste... Oui, j'ai envié jusqu'à vos cheveux blonds et à vos yeux bleus, moi qui ai toujours détesté les blondes, moi qui suis brune... Vouloir vous ressembler... moi, la Louve !... moi !... Il y a huit jours, j'aurais marqué celui qui m'aurait dit ça.... Car pourtant pas votre sort qui peut tenter ; vous êtes chagrine comme une Madeleine. Est-ce naturel, dites ?

— Comment voulez-vous que je me rende compte des impressions que je vous cause ?

— Oh ! vous savez bien ce que vous faites... avec votre air de ne pas y toucher.

— Mais quel mauvais dessein me supposez-vous ?

— Est-ce que je le sais, moi ? C'est justement parce que je ne comprends rien à tout cela que je me défie de vous. Il y a autre chose : jusqu'ici j'avais été toujours gaie ou colère... mais jamais songeuse, et vous m'avez rendue songeuse. Oui, il y a des mots que vous dites qui, malgré moi, m'ont remué le cœur et m'ont fait songer à toutes sortes de choses tristes.

— Je suis fâchée de vous avoir peut-être attristée, la Louve... mais je ne me souviens pas de vous avoir dit...

— Eh ! mon Dieu, s'écria la Louve en interrompant sa compagne avec une impatience courroucée, ce que vous faites est quelquefois aussi émouvant que ce que vous dites !... Vous êtes si maligne !...

— Ne vous fâchez pas, la Louve... expliquez-vous...

— Hier, dans l'atelier de travail, je vous voyais bien... vous aviez la tête et les yeux baissés sur l'ouvrage que vous cousiez ; une grosse larme est tombée sur votre main..., Vous l'avez regardée pendant une minute... et puis vous avez porté votre main à vos lèvres, comme pour la baiser et l'essuyer, cette larme ; est-ce vrai ?

— C'est vrai, dit la Goualeuse en rougissant.

— Ça n'a l'air de rien... mais dans cet instant-là vous aviez l'air si malheureux, si malheureux, que je me suis sentie tout écœurée, toute sens dessus dessous... Dites donc, est-ce que vous croyez que c'est amusant ? Comment ! j'ai toujours été dure comme un roc pour ce qui me touche... personne ne peut se vanter de m'avoir vue pleurer... et il faut qu'en regardant seulement votre petite frimousse je me sente des lâchetés plein le cœur !... Oui, car tout ça, c'est des pures lâchetés ; et la preuve, c'est que depuis trois jours je n'ai pas osé écrire à Martial, mon amant, tant j'ai une mauvaise conscience... Oui, votre fréquentation m'affadit le caractère, il faut que ça finisse... j'en ai assez ; ça tournerait mal... je m'entends... Je veux rester comme je suis... et ne pas me faire moquer de moi....

— Et pourquoi se moquerait-on de vous ?

— Pardieu ! parce qu'on me verrait faire la bonne et la bête, moi qui faisais trembler tout le monde ici ! Non, non ; j'ai vingt ans, je suis aussi belle que vous dans mon genre, je suis méchante... on me craint, c'est ce que je veux... Je me moque du reste..... Crève qui dit le contraire !...

— Vous êtes fâchée contre moi, la Louve ?

— Oui, vous êtes pour moi une mauvaise connaissance ; si ça continuait, dans quinze jours, au lieu de m'appeler la Louve, on m'appellerait... la Brebis. Merci !... ça n'est pas moi qu'on châtrera jamais comme ça... Martial me tuerait... Finalement, je ne veux plus vous fréquenter ; pour me séparer tout à fait de vous, je vais demander à être changée de salle ; si on me refuse, je ferai un mauvais coup pour me remettre en haleine et pour qu'on m'envoie au cachot jusqu'à ma sortie... Voilà ce que j'avais à vous dire, la Goualeuse.

Fleur-de-Marie comprit que sa compagne, dont le cœur n'était pas complétement vicié, se débattait, pour ainsi dire, contre de meilleures tendances. Sans doute, ces vagues aspirations vers le bien avaient été éveillées chez la Louve par la sympathie, par l'intérêt involontaire que lui inspirait Fleur-de-Marie. Heureusement pour l'humanité, de rares mais éclatants exemples prouvent, nous le répétons, qu'il est des âmes d'élite, douées, presque à leur insu, d'une telle puissance d'attraction, qu'elles forcent les êtres les plus réfractaires à entrer dans leur sphère et à tendre plus ou moins à s'assimiler à elles.

Les résultats prodigieux de certaines missions, de certains apostolats, ne s'expliquent pas autrement...

Dans un cercle infiniment borné, telle était la nature des rapports de Fleur-de-Marie et de la Louve ; mais celle-ci, par une contradiction singulière, ou plutôt par une conséquence de son caractère intraitable et pervers, se défendait de tout son pouvoir contre la salutaire influence qui la gagnait... de même que les caractères honnêtes luttent énergiquement contre les influences mauvaises.

Si l'on songe que le vice a souvent un orgueil infernal, l'on ne s'étonnera pas de voir la Louve faire tous ses efforts pour conserver sa réputation de créature indomptable et redoutée, et pour ne pas devenir de louve... brebis, ainsi qu'elle disait.

Pourtant ces hésitations, ces colères, ces combats, mêlés çà et là de quelques élans généreux, révélaient chez cette malheureuse des symptômes trop favorables et trop significatifs pour que Fleur-de-Marie abandonnât l'espoir qu'elle avait un moment conçu.

Oui, pressentant que la Louve n'était pas absolument perdue, elle aurait voulu la sauver comme on l'avait sauvée elle-même.

« La meilleure manière de prouver ma reconnaissance à mon bienfaiteur, pensait la Goualeuse, c'est de donner à d'autres, qui peuvent encore les entendre, les nobles conseils qu'il m'a donnés. »

Prenant timidement la main de sa compagne, qui la regardait avec une sombre défiance, Fleur-de-Marie lui dit :

— Je vous assure, la Louve... que vous vous intéressez à moi... non pas parce que vous êtes lâche, mais parce que vous êtes généreuse. Les braves cœurs sont les seuls qui s'attendrissent sur le malheur des autres.

— Il n'y a ni générosité ni courage là-dedans, dit brutalement la Louve ; c'est de la lâcheté... D'ailleurs, je ne veux pas que vous me disiez que je me suis attendrie... ça n'est pas vrai...

— Je ne le dirai plus, la Louve ; mais puisque vous m'avez témoigné de l'intérêt... vous me laisserez vous en être reconnaissante, n'est-ce pas ?

— Je m'en moque pas mal !... Ce soir, je serai dans une autre salle que vous... ou seule au cachot, et bientôt je serai dehors, Dieu merci !

— Et où irez-vous en sortant d'ici ?

Bradamant.

— Tiens !... chez moi, donc, rue Pierre-Lescot. Je suis dans mes meubles.

— Et Martial... dit la Goualeuse, qui espérait continuer l'entretien en parlant à la Louve d'un objet intéressant pour elle, et Martial, vous serez bien contente de le revoir ?

— Oui... oh, oui !... répondit-elle avec un accent passionné. Quand j'ai été arrêtée, il relevait de maladie... une fièvre qu'il avait eue parce qu'il demeure toujours sur l'eau... Pendant dix-sept jours et dix-sept nuits, je ne l'ai pas quitté d'une minute, j'ai vendu la moitié de mon bazar pour payer le médecin, les drogues, tout... Je peux m'en vanter,

et je m'en vante... si mon homme vit, c'est à moi qu'il le doit... J'ai encore hier fait brûler un cierge pour lui... C'est des bêtises... mais c'est égal, on a vu quelquefois de très-bons effets de ça pour la convalescence...
— Et où est-il maintenant? que fait-il?
— Il demeure toujours près du pont d'Asnières, sur le bord de l'eau.
— Sur le bord de l'eau?
— Oui, il est établi là, avec sa famille, dans une maison isolée. Il est toujours en guerre avec les gardes-pêche, et une fois qu'il est dans son bateau, avec son fusil à deux coups, il ne ferait pas bon l'approcher, allez! dit orgueilleusement la Louve.
— Quel est donc son état?
— Il pêche en fraude, la nuit; et puis, comme il est brave comme un lion, quand un poltron veut faire chercher querelle à un autre, il s'en charge, lui... Son père a eu des malheurs avec la justice. Il a encore sa mère, deux sœurs et un frère... Autant vaudrait pour lui... ne pas l'avoir, ce frère-là, car c'est un scélérat qui se fera guillotiner un jour ou l'autre... ses sœurs aussi... Enfin, n'importe, c'est dans leur cou.
— Et où l'avez-vous connu, Martial?
— A Paris. Il avait voulu apprendre l'état de serrurier... un bel état, toujours du fer rouge et du feu autour de soi... du danger, quoi!..... ça lui convenait; mais, comme moi, il avait mauvaise tête, ça n'a pas pu marcher avec ses bourgeois; alors il s'en est retourné auprès de ses parents, et il s'est mis à marauder sur la rivière... Il vient me voir à Paris, et moi, dans le jour, je vais le voir à Asnières: c'est tout près; ça serait plus loin que j'irais tout de même, quand ça serait sur les genoux et sur les mains.
— Vous serez bien heureuse d'aller à la campagne... vous la Louve! dit la Goualeuse en soupirant; surtout si vous aimez, comme moi, à vous promener dans les champs.
— J'aimerais bien mieux me promener dans les bois, dans les grandes forêts, avec mon homme.
— Dans les forêts?... vous n'auriez pas peur?
— Peur! ah bien oui, peur? Est-ce qu'une louve a peur? Plus la forêt serait déserte et épaisse, plus j'aimerais ça. Une hutte isolée où j'habiterais avec Martial, qui serait braconnier: aller lui la nuit tendre des pièges au gibier... et puis, si les gardes venaient pour nous arrêter, leur tirer des coups de fusil, nous deux mon homme, et nous cachant dans les broussailles, ah! dame... c'est qui serait bon!
— Vous avez donc déjà habité des bois, la Louve?
— Jamais.
— Qui vous a donc donné ces idées-là?
— Martial.
— Comment?

— Il était braconnier dans la forêt de Rambouillet. Il y a un an, il a causé tiré sur un garde qui avait tiré sur lui... gueux de garde! enfin ça n'a pas été prouvé en justice, mais Martial a été obligé de quitter le pays... Alors il est venu à Paris pour apprendre l'état de serrurier; c'est là où je l'ai connu. Comme il était trop mauvaise tête pour s'arranger avec son bourgeois, il a mieux aimé retourner à Asnières près de ses parents, et marauder sur la rivière; c'est moins assujettissant... Mais il regrette toujours les bois; il y retournera un jour ou l'autre. A force de me parler du braconnage et des forêts, il m'a fourré ces idées-là dans la tête... et maintenant il me semble que je suis née pour ça. Mais c'est toujours de même.... ce que veut votre homme, vous le voulez..... Si Martial avait été voleur... j'aurais été voleuse.... Quand on a un homme, c'est pour être comme son homme. — Et vos parents, la Louve, où sont-ils?
— Est-ce que je sais, moi!...
— Il y a longtemps que vous ne les avez vus?
— Je ne sais seulement pas s'ils sont morts ou en vie.
— Ils étaient donc méchants pour vous?
— Ni bons ni méchants: j'avais, je crois bien, onze ans quand ma mère s'en est allée d'un côté avec un soldat. Mon père, qui était journalier, a amené dans notre grenier une maîtresse à lui, avec deux garçons qu'elle avait, de six ans et un de mon âge. Elle était marchande de pommes à la brouette. Ça n'a pas été trop mal dans les commencements; mais ensuite, pendant qu'elle était à sa charretée, il venait chez nous une écaillère qui, mon père faisait des traits à l'autre... qui l'a su. Depuis ce temps-là, il y avait presque tous les soirs à la maison des batteries si enragées, que ça nous en donnait la petite mort, à moi et deux garçons avec qui je couchais; car notre logement n'avait qu'une pièce, et nous avions un lit pour nous trois... dans la même chambre que mon père et sa maîtresse. Un jour, c'était justement le jour de sa fête, à elle, la Sainte-Madeleine, voilà-t-il pas qu'elle lui reproche de ne pas lui avoir souhaité sa fête! De raisons en raisons, mon père a fini par lui fendre la tête d'un coup de manche à balai. J'ai joliment cru que c'était fini. Elle est tombée comme un plomb, la mère Madeleine; mais elle avait la vie dure et la tête aussi. Après ça, elle le rendait bien à mon père: une fois, elle l'a mordu si fort à la main, que le morceau lui est resté dans les dents. Faut dire que ces massacres-là, c'était comme qui dirait les jours de grandes eaux à Versailles; les jours ouvrables, les batteries étaient moins voyantes; il y avait des bleus, mais pas de rouge...
— Et cette femme était méchante pour vous?
— La mère Madeleine? non, au contraire, elle n'était que vive; sauf ça, une brave femme... Mais à la fin mon père en a eu assez; il lui a abandonné le peu de meubles qu'il y avait chez nous, et il n'est plus

Pipelet allant chez le commissaire. — PAGE 188

revenu. Il était Bourguignon, faut croire qu'il sera retourné au pays. Alors j'avais quinze ou seize ans.

— Et vous êtes restée avec l'ancienne maîtresse de votre père?

— Où est-ce que je serais allée? Alors elle s'est mise avec un couvreur qui est venu habiter chez nous. Des deux garçons de la mère Madeleine, il y en a un, le plus grand, qui s'est noyé à l'île des Cygnes; l'autre est entré en apprentissage chez un menuisier.

— Et que faisiez-vous chez cette femme?

— Je tirais sa charrette avec elle, je faisais la soupe, j'allais porter à manger à son homme, et quand il rentrait gris, ce qui lui arrivait plus souvent qu'à son tour, j'aidais la mère Madeleine à le rouer de coups pour en avoir la paix, car nous habitions toujours la même chambre. Il était méchant comme un âne rouge quand il était dans le vin, il voulait tout tuer. Une fois, si nous ne lui avions pas arraché sa hachette, il nous aurait assassinées toutes les deux. La mère Madeleine a en pour sa part un coup sur l'épaule qui a saigné comme une vraie boucherie.

— Et comment êtes-vous devenue... ce que nous sommes? dit Fleur-de-Marie en hésitant.

— Le fils de Madeleine, le petit Charles, qui s'est depuis noyé à l'île des Cygnes, avait été... avec moi... à peu près depuis le temps que lui, sa mère et son frère étaient venus loger chez nous, quand nous étions deux enfants!... Après lui le couvreur, ça m'était égal; mais j'avais peur d'être mise à la porte par la mère Madeleine, si elle s'apercevait de quelque chose. Ça est arrivé; comme elle était bonne femme, elle m'a dit : « Puisque c'est ainsi, tu as seize ans, tu n'es propre à rien, tu es trop mauvaise tête pour te mettre en place ou pour apprendre un état; tu vas venir avec moi te faire inscrire à la police; à défaut de tes parents, je répondrai de toi, ça te fera toujours un sort autorisé par le gouvernement; t'auras rien à faire qu'à nocer; je serai tranquille sur toi, et tu ne me seras plus à charge. Qu'est-ce que tu dis de cela, ma fille? » — Ma foi, au fait, vous avez raison, que je lui ai répondu, je n'avais pas songé à ça. » Nous avons été au bureau des mœurs, elle m'a recommandée dans une maison, et c'est depuis ce temps-là que je suis inscrite. J'ai revu la mère Madeleine, il y a de ça un an; j'étais à boire avec mon homme, nous l'avons invitée; elle nous a dit que le couvreur était aux galères. Depuis je ne l'ai pas rencontrée, elle; je ne sais plus qui, dernièrement, soutenait qu'elle avait été apportée à la Morgue il y a trois mois. Si ça est, ma foi, tant pis! car c'était une brave femme, la mère Madeleine, elle avait le cœur sur la main, et pas plus de fiel qu'un pigeon.

Fleur-de-Marie, quoique plongée jeune dans une atmosphère de corruption, avait depuis respiré un air si pur, qu'elle éprouva une oppression douloureuse à l'horrible récit de la Louve.

Et si nous avons eu le triste courage de le faire, ce récit, c'est qu'il faut bien qu'on sache que, si hideux qu'il soit, il est encore mille fois au-dessous d'innombrables réalités.

Oui, l'ignorance et la misère conduisent souvent les classes pauvres à ces effrayantes dégradations humaines et sociales.

Oui, il est une foule de tanières où enfants et adultes, filles et garçons, légitimes ou bâtards, gisant pêle-mêle sur la même paillasse, comme des bêtes dans la même litière, ont continuellement sous les yeux d'abominables exemples d'ivresse, de violences, de débauches et de meurtres.

Oui, et trop fréquemment encore l'inceste vient ajouter une horreur de plus à ces horreurs.

Les riches peuvent entourer leurs vices d'ombre et de mystère, et respecter la sainteté du foyer domestique.

Mais les artisans les plus honnêtes, occupant presque toujours une seule chambre avec leur famille, sont forcés, faute de lits et d'espace, de faire coucher leurs enfants ensemble, frères et sœurs, à quelques pas d'eux, maris et femmes.

Si l'on frémit déjà des fatales conséquences de telles nécessités, presque toujours inévitablement imposées aux artisans pauvres, mais probes, que sera-ce donc lorsqu'il s'agira d'artisans dépravés par l'ignorance ou par l'inconduite?

Quels épouvantables exemples ne donneront-ils pas à de malheureux enfants abandonnés, ou plutôt excités, dès leur plus tendre jeunesse, à tous les penchants brutaux, à toutes les passions animales! Auront-ils seulement l'idée du devoir, de l'honnêteté, de la pudeur?

Ne seront-ils pas aussi étrangers aux lois sociales que les sauvages du nouveau monde?

Pauvres créatures corrompues en naissant, qui, dans les prisons où les conduisent souvent le vagabondage et le délaissement, sont déjà flétries par cette grossière et terrible métaphore :

— Graines de bagne!!!

Et la métaphore a raison.

Cette sinistre prédiction s'accomplit presque toujours : galères ou lupanar, chaque sexe a son avenir.

Nous ne voulons justifier ici aucun débordement.

Que l'on compare seulement la dégradation volontaire d'une femme pieusement élevée au sein d'une famille aisée, qui ne lui aurait donné que de nobles exemples; que l'on compare, disons-nous, cette dégradation à celle de la Louve, créature pour ainsi dire élevée dans le vice, par le vice et pour le vice, à qui l'on montre, non sans raison, la prostitution comme un état protégé par le gouvernement!

Ce qui est vrai.

Il y a un bureau où cela s'enregistre, se certifie et se paraphe; un bureau où souvent la mère vient autoriser la prostitution de sa fille; le mari, la prostitution de sa femme.

Cet endroit s'appelle le « bureau des mœurs !!! »

Ne faut-il pas qu'une société ait un vice d'organisation bien profond, bien incurable, à l'endroit des lois qui régissent la condition de l'homme et de la femme, pour que le pouvoir... le pouvoir... cette grave et morale abstraction, soit obligé, non-seulement de tolérer, mais de réglementer, mais de légaliser, mais de protéger, pour la rendre moins dangereuse, cette vente du corps et de l'âme, qui, multipliée par les appétits effrénés d'une population immense, atteint chaque jour à un chiffre presque incommensurable!

. . . .

CHAPITRE IX.

Châteaux en Espagne.

La Goualeuse, surmontant l'émotion que lui avait causée la triste confession de sa compagne, lui dit timidement :

— Écoutez-moi sans vous fâcher.

— Voyons, dites, j'espère que j'ai assez bavardé; mais au fait c'est égal, puisque c'est la dernière fois que nous causons ensemble.

— Êtes-vous heureuse, la Louve?

— Comment?

— De la vie que vous menez?

— Ici, à Saint-Lazare?

— Non, chez vous, quand vous êtes libre?

— Oui, je suis heureuse.

— Toujours?

— Toujours.

— Vous ne voudriez pas changer votre sort contre un autre?

— Contre quel sort? il n'y a pas d'autre sort pour moi.

— Dites-moi, la Louve, reprit Fleur-de-Marie après un moment de silence, est-ce que vous n'aimez pas à faire quelquefois des châteaux en Espagne? c'est si amusant en prison!

— A propos de quoi, des châteaux en Espagne?

— A propos de Martial.

— De mon homme?

— Oui.

— Ma foi, je n'en ai jamais fait.

— Laissez-moi en faire un pour vous et pour Martial.

— Bah! à quoi bon?

— A passer le temps.

— Eh bien! voyons ce château en Espagne.

— Figurez-vous, par exemple, qu'un hasard comme il en arrive quelquefois vous fasse rencontrer une personne qui vous dise : Abandonnée de votre père et de votre mère, votre enfance a été entourée de si mauvais exemples, qu'il faut vous plaindre autant que vous blâmer d'être devenue...

— D'être devenue quoi?

— Ce que vous et moi nous sommes devenues, répondit la Goualeuse d'une voix douce; et elle continua : Supposez que cette personne vous dise encore : Vous aimez Martial, il vous aime; vous et lui, quittez une vie mauvaise; au lieu d'être sa maîtresse, soyez sa femme.

La Louve haussa les épaules.

— Est-ce qu'il voudrait de moi pour sa femme?

— Excepté le braconnage, il n'a commis, n'est-ce pas, aucune autre action coupable?

— Non... il est braconnier sur la rivière comme il l'était dans les bois, et il a raison. Tiens, est-ce que les poissons ne sont pas comme le gibier, à qui peut les prendre? Où donc est la marque de leur propriétaire?

— Eh bien! supposez qu'ayant renoncé à son dangereux métier de maraudeur de rivière, il veuille devenir tout à fait honnête; supposez qu'il inspire, par la franchise de ses bonnes résolutions, assez de confiance à un bienfaiteur inconnu pour que celui-ci lui donne une place... de garde-chasse, par exemple, à lui qui était braconnier, ça serait dans ses goûts, j'espère ; c'est le même état, mais en bien.

— Ma foi, oui, c'est toujours vivre dans les bois.

— Seulement on ne lui donnerait cette place qu'à la condition qu'il vous épouserait et qu'il vous emmènerait avec lui.

— M'en aller avec Martial!

— Oui, vous seriez si heureuse, disiez-vous, d'habiter ensemble au fond des forêts! N'aimeriez-vous pas mieux, au lieu d'une mauvaise hutte de braconnier, où vous vous cacheriez tous deux comme des coupables, une honnête petite chaumière dont vous seriez la ménagère active et laborieuse?

— Vous vous moquez de moi! est-ce que c'est possible?

— Qui sait? le hasard! D'ailleurs c'est toujours un château en Espagne.

— Ah! comme ça, à la bonne heure.

— Dites donc, la Louve, il me semble déjà vous voir établie dans votre maisonnette, en pleine forêt, avec votre mari et deux ou trois enfants. Des enfants! quel bonheur, n'est-ce pas?

— Des enfants de mon homme? s'écria la Louve avec une passion farouche; oh! oui, ils seraient fièrement aimés, ceux-là!

— Comme ils vous tiendraient compagnie dans votre solitude! puis, quand ils seraient un peu grands, ils commenceraient à vous rendre bien des services; les plus petits ramasseraient des branches mortes pour votre chauffage; le plus grand vous aiderait à herser les herbes de la forêt faire pâturer une vache ou deux qu'on vous donnerait pour récompenser votre mari de son activité; car, ayant été braconnier, il n'en serait que meilleur garde-chasse.

— Au fait... c'est vrai. Tiens, c'est amusant, ces châteaux en Espagne. Dites-m'en donc encore, la Goualeuse.

— On serait très-content de votre mari... vous auriez de son maître quelques douceurs... une basse-cour, un jardin; mais, dame! aussi, il vous faudrait courageusement travailler, la Louve! et cela du matin au soir.

— Oh! si ce n'était que ça, une fois auprès de mon homme, l'ouvrage ne me ferait pas peur, à moi... j'ai de bons bras...

— Et vous auriez de quoi les occuper, je vous en réponds... Il y a tant à faire... tant à faire!... c'est l'étable à soigner, les repas à préparer, la veillée, les habits de la famille à raccommoder; c'est un jour le blanchissage, un autre jour le pain à cuire, ou bien encore la maison à nettoyer du haut en bas, pour que les autres gardes de la forêt disent : « Oh! il n'y a pas une ménagère comme la femme à Martial; de la cave au grenier sa maison est un miracle de propreté... et les enfants toujours si bien soignés ! C'est qu'aussi elle est fièrement laborieuse, madame Martial... »

— Dites donc, la Goualeuse, c'est vrai, je m'appelle... la madame Martial... reprit la Louve avec une sorte d'orgueil; madame Martial!...

— Ce qui vaudrait mieux que de vous appeler la Louve, n'est-ce pas?

— Bien sûr, j'aimerais mieux le nom de mon homme que le nom d'une bête... Mais, bah! bah!... louve je suis née... louve je mourrai...

— Qui sait?... qui sait?... ne pas reculer devant une vie bien dure, mais honnête, ça porte bonheur... Ainsi, le travail ne vous effrayerait pas?

— Oh! pour ça non, ce n'est pas mon homme et trois ou quatre mioches qui m'embarrasseraient, allez!

— Et puis aussi tout n'est pas le labeur, il y a des moments de repos; l'hiver, à la veillée, pendant que les enfants dorment, et que votre mari fume sa pipe en nettoyant ses armes ou en caressant ses chiens... écoutez donc, vous pouvez prendre un peu de bon temps.

— Bah! bah! du bon temps... rester les bras croisés! ma foi non; j'aimerais mieux raccommoder le linge de la famille, le soir, au coin du feu; ça n'est pas déjà si fatigant. L'hiver, les jours sont si courts!

Aux paroles de Fleur-de-Marie, la Louve oubliait de plus en plus le présent pour ces rêves d'avenir... aussi vivement intéressée que précédemment la Goualeuse, lorsque Rodolphe lui avait parlé des douceurs rustiques de la ferme de Bouqueval.

La Louve ne cachait pas les goûts sauvages que lui avait inspirés son amant. Se souvenant de l'impression profonde, salutaire, qu'elle avait ressentie aux riantes peintures de Rodolphe, à propos de la vie des champs, Fleur-de-Marie voulut tenter le même moyen d'action sur la Louve, pensant avec raison que, si sa compagne se laissait assez émouvoir au tableau d'une existence rude, pauvre et solitaire, pour désirer ardemment une vie pareille... cette femme mériterait intérêt et pitié.

Enchantée de voir sa compagne l'écouter avec curiosité, la Goualeuse reprit en souriant :

— Et puis, voyez-vous... madame Martial... laissez-moi vous appeler ainsi... que cela vous flatte?...

— Tiens, au contraire, ça me flatte... puis la Louve haussa les épaules en souriant aussi, et reprit : Quelle bêtise de jouer à la madame!... Sommes-nous enfants!... C'est égal... allez toujours... c'est amusant... Vous dites donc?...

— Je dis, madame Martial, qu'en parlant de votre vie, l'hiver au fond des bois, nous songeons qu'à la pire des saisons.

— Ma foi, non, c'est n'est pas la pire... Entendre le vent siffler la nuit dans la forêt, et de temps en temps hurler les loups, bien loin... bien loin... je ne trouverais pas ça ennuyeux, moi, pourvu que je sois au coin du feu avec mon homme et mes mioches, ou même toute seule sans mon homme, s'il était à faire sa ronde; oh! un fusil ne me fait pas peur, à moi... Si j'avais mes enfants à défendre... je serais bonne là, allez!... la Louve garderait bien ses louveteaux!

— Oh! je vous crois... vous êtes très-brave, vous... mais, moi, poltronne, je préfère le printemps à l'hiver... Oh! le printemps! madame Martial, le printemps! quand verdissent les feuilles, quand fleurissent les jolies fleurs des bois, qui sentent si bon, si bon, que l'air en est embaumé... C'est alors que vos enfants se rouleraient gaiement dans l'herbe nouvelle; et puis la forêt serait si touffue qu'on apercevrait à peine votre maison au milieu du feuillage. Il me semble que je la vois d'ici. Il y a devant la porte un berceau de vigne que votre mari a planté et sous l'ombrage le banc de gazon où il doit durant la grande chaleur du jour, pendant que vous allez et venez en recommandant aux enfants de ne pas réveiller leur père... Je ne sais pas si vous avez remarqué cela; mais dans le fort de l'été, sur le midi, il se fait dans les bois autant de silence que pendant la nuit... on n'entend ni les feuilles remuer, ni les oiseaux chanter...

— Ça, c'est vrai, répéta machinalement la Louve, qui, oubliant de plus en plus la réalité, croyait presque voir se dérouler à ses yeux les riants tableaux que lui présentait l'imagination poétique de Fleur-de-Marie, si instinctivement amoureuse des beautés de la nature.

Ravie de la profonde attention que lui prêtait sa compagne, la Goualeuse reprit en se laissant elle-même entraîner au charme des pensées qu'elle évoquait :

— Il y a une chose que j'aime presque autant que le silence des bois, c'est le bruit des grosses gouttes de pluie d'été tombant sur les feuilles; aimez-vous cela aussi?

— Oh! oui... j'aime bien aussi la pluie d'été.

— N'est-ce pas? lorsque les arbres, la mousse, l'herbe, tout est bien trempé, quelle bonne odeur fraîche! Et puis, comme le soleil, en passant à travers les arbres, fait briller toutes ces gouttelettes d'eau qui pendent aux feuilles après l'ondée! avez-vous aussi remarqué cela?

— Oui... mais je m'en souviens, parce que vous me le dites à présent... Comme c'est drôle pourtant ! vous racontez si bien, la Goualeuse, qu'on semble tout voir, tout voir, à mesure que vous parlez... et puis, dame! je ne sais pas comment vous expliquer cela... mais, tenez, que vous dites... ça sent bon... ça rafraîchit... comme la pluie d'été dont nous parlons.

Ainsi que le beau, que le bien, la poésie est souvent contagieuse. La Louve, cette nature brute et farouche, devait subir en tout l'influence de Fleur-de-Marie.

Celle-ci reprit en souriant :

— Il ne faut pas croire que nous soyons seules à aimer la pluie d'été. Et les oiseaux donc! comme ils sont contents, comme ils secouent leurs plumes, en gazouillant joyeusement, ne plus joyeusement pourtant que vos enfants... vos enfants libres, gais et légers comme eux. Voyez-vous, à la tombée du jour, les plus petits courir à travers bois au-devant de l'aîné, qui ramène deux génisses du pâturage? Ils ont bien vite reconnu le tintement lointain des clochettes, allez!...

— Dites donc, la Goualeuse, il me semble voir le plus petit et le plus hardi, qui s'est fait mettre, par son frère aîné qui le soutient, à califourchon sur le dos d'une des vaches...

— Et l'on dirait que la pauvre bête sait quel fardeau elle porte, tant elle marche avec précaution... Mais voilà l'heure du souper : votre aîné, tout en menant pâturer son bétail, s'est aussi amusé à remplir pour vous un panier de belles fraises des bois, qu'il a rapportées un frais, sous une couche épaisse de violettes sauvages.

— Fraises et violettes... c'est ça qui doit être un baume!... Mais mon Dieu! mon Dieu! où diable allez-vous donc chercher ces idées-là la Goualeuse?

— Dans les bois où mûrissent les fraises, où fleurissent les violettes... Il n'y a qu'à regarder et à ramasser, madame Martial!... Mais parlons ménage... voici la nuit, il faut traire vos laitières, préparer le souper sous le berceau de vigne; car vous entendez aboyer les chiens de votre mari et bientôt la voix de leur maître, qui, tout harassé qu'il est, rentre en chantant... Et comment n'aurait-il pas envie de chanter, quand, par une belle soirée d'été, le cœur satisfait, on regarde la maison où vous attendent une bonne femme et deux enfants?... N'est-ce pas, madame Martial?

— C'est vrai, on ne peut faire autrement que de chanter, dit la Louve, devenant de plus en plus songeuse.

— A moins qu'on ne pleure d'attendrissement, reprit Fleur-de-Marie, émue elle-même. Et ces larmes-là sont aussi douces que les chansons... Et puis, quand la nuit est venue tout à fait, quel bonheur de rester sous la tonnelle à jouir de la sérénité d'une belle soirée... à respirer l'odeur de la forêt... à écouter babiller ses enfants... à regarder les étoiles... Alors, le cœur est si plein, si plein... qu'il faut qu'il déborde par la prière... Comment ne pas remercier celui à qui l'on doit la fraîcheur du soir, la senteur des bois, la douce clarté du ciel étoilé?... Après ce remercîment de toute cette prière, on va dormir paisiblement jusqu'au lendemain, et on remercie encore le Créateur... car cette vie pauvre, laborieuse, mais calme et honnête, est celle de tous les jours...

— De tous les jours!... répéta la Louve, la tête baissée sur sa poitrine, le regard fixe, le sein oppressé, car c'est vrai, le bon Dieu est bon de nous donner de quoi vivre si heureux avec si peu...

— Eh bien! dites maintenant, reprit doucement Fleur-de-Marie, dites, ne devrait-il pas être béni comme Dieu celui qui vous donnerait cette vie paisible et laborieuse, au lieu de la vie misérable que vous menez dans la boue des rues de Paris?

Ce mot de Paris rappela brusquement la Louve à la réalité.

Il venait de se passer dans l'âme de cette créature un phénomène étrange.

Peinture naïve d'une condition humble et rude, ce simple récit, tout à tour éclairé des douces lueurs du foyer domestique, doré par quelques joyeux rayons de soleil, rafraîchi par la brise des grands bois ou parfumé de la senteur des fleurs sauvages, ce récit avait fait sur la Louve une impression plus profonde, plus saisissante que ne l'aurait fait une exhortation d'une moralité transcendante.

Oui, à mesure que parlait Fleur-de-Marie, la Louve avait désiré d'être ménagère infatigable, vaillante épouse, mère pieuse et dévouée.

Inspirer, même pendant un moment, à une femme violente, immorale, avilie, l'amour de la famille, le respect du devoir, le goût du travail, la reconnaissance envers le Créateur, et cela seulement en lui promettant ce que Dieu donne à tous, le soleil du ciel et l'ombre des forêts... ce que l'homme doit à qui travaille, un toit et du pain, n'était-ce pas un beau triomphe pour Fleur-de-Marie ?

Le moraliste le plus sévère, le prédicateur le plus fulminant, auraient-ils obtenu davantage en faisant gronder dans leurs prédictions menaçantes toutes les vengeances humaines, toutes les foudres divines ?

La colère douloureuse dont se sentit transportée la Louve en revenant à la réalité, après s'être laissé charmer par la rêverie nouvelle et salutaire où, pour la première fois, l'avait plongée Fleur-de-Marie, prouvait l'influence des paroles de cette dernière sur sa malheureuse compagne.

Plus les regrets de la Louve étaient amers en retombant de ce consolant mirage dans l'horreur de sa position, plus le triomphe de la Goualeuse était manifeste.

Après un moment de silence et de réflexion, la Louve redressa brusquement la tête, passa la main sur son front, et se levant menaçante, courroucée :

— Vois-tu... vois-tu que j'avais raison de me défier de toi et de ne pas vouloir t'écouter... parce que ça tournerait mal pour moi ! Pourquoi m'as-tu parlé ainsi ? pour te moquer de moi ? Et cela, parce que j'ai été assez bête pour te dire que j'aurais aimé à vivre au fond des bois avec mon homme !... Mais qui es-tu donc ?... Pourquoi me bouleverser ainsi ?... Tu ne sais pas ce que tu as fait, malheureuse ! Maintenant, malgré moi, je vais toujours penser à cette forêt, à cette maison, à ces enfants, à tout ce bonheur que je n'aurai jamais... jamais !... Et si je ne peux pas oublier ce que tu viens de dire, moi, ma vie va donc être un supplice, un enfer... et cela, par ta faute... oui, par ta faute !...

— Tant mieux ! oh ! tant mieux ! dit Fleur-de-Marie.

— Tu dis tant mieux ? s'écria la Louve, les yeux menaçants.

— Oui, tant mieux : car si votre misérable vie d'à présent vous paraît un enfer, vous préférerez celle dont je vous ai parlé.

— Et à quoi bon la préférer, puisque je ne l'aurai pas faite pour moi ? à quoi bon regretter d'être une fille des rues, puisque je dois mourir fille des rues ? s'écria la Louve de plus en plus irritée, en saisissant dans sa forte main le petit poignet de Fleur-de-Marie. Réponds... réponds ! Pourquoi es-tu venue me faire désirer ce que je ne peux pas avoir ?

— Désirer une vie honnête et laborieuse, c'est être digne de cette vie, je vous l'ai dit, reprit Fleur-de-Marie, sans chercher à dégager sa main.

— Eh bien ! après, quand j'en serais digne ? qu'est-ce que cela prouve ? à quoi cela m'avancera-t-il ?

— A voir se réaliser ce que vous regardez comme un rêve, dit Fleur-de-Marie d'un ton si sérieux, si convaincu, que la Louve, dominée de nouveau, abandonna la main de la Goualeuse et resta frappée d'étonnement.

— Ecoutez-moi, la Louve, reprit Fleur-de-Marie d'une voix pleine de compassion, me croyez-vous assez méchante pour éveiller chez vous ces pensées, ces espérances, si je n'étais pas sûre, en vous faisant rougir de votre condition présente, de vous donner les moyens d'en sortir ?

— Vous ? vous pourriez cela ?

— Moi ?... non ; mais quelqu'un qui est bon, grand, puissant comme Dieu...

— Puissant comme Dieu ?...

— Ecoutez encore, la Louve... Il y a trois mois, comme vous j'étais une pauvre créature perdue... abandonnée. Un jour, celui dont je vous parle avec des larmes de reconnaissance, et Fleur-de-Marie essuya ses yeux, un jour celui-ci est venu à moi ; il n'a pas craint, tout avilie, toute méprisée que j'étais, de me dire de consolantes paroles... les premières que j'aie entendues !... Je lui avais conté mes souffrances, mes misères, ma honte, sans lui rien cacher, ainsi que vous m'avez tout à l'heure raconté votre vie, la Louve... Après m'avoir écoutée avec bonté, il ne m'a pas blâmée, il m'a plainte ; il ne m'a pas reproché mon abjection, il m'a vanté la vie calme et pure que l'on menait aux champs.

— Comme vous tout à l'heure...

— Alors, cette abjection m'a paru d'autant plus affreuse que l'avenir qu'il me montrait me semblait plus beau !

— Comme moi, mon Dieu !

— Oui, ainsi que vous je disais : A quoi bon, hélas ! me faire entrevoir ce paradis, à moi qui suis condamnée à l'enfer ?... Mais j'avais tort de désespérer... car celui dont je vous parle est, comme Dieu, souverainement juste, souverainement bon, et incapable de faire luire un faux espoir aux yeux d'une pauvre créature qui ne demandait à personne ni pitié, ni bonheur, ni espérance.

— Et pour vous... qu'a-t-il fait ?

— Il m'a traitée en enfant malade ; j'étais, comme vous, plongée dans un air corrompu, il m'a envoyé respirer un air salubre et vivifiant ; je vivais aussi parmi des êtres hideux et criminels, il m'a confiée à des êtres faits à son image... qui ont épuré mon âme, élevé mon esprit...

car, comme Dieu encore, à tous ceux qui l'aiment et le respectent, il donne une étincelle de sa céleste intelligence... Oui, si mes paroles vous émeuvent, la Louve, si mes larmes font couler vos larmes, c'est que son esprit et sa pensée m'inspirent ! Si je vous parle de l'avenir plus heureux que vous obtiendriez par le repentir, c'est que je puis vous promettre cet avenir en son nom, quoiqu'il ignore à cette heure l'engagement que je prends ! Enfin, si je vous dis : Espérez !... c'est qu'il j'entend toujours la voix de ceux qui veulent devenir meilleurs... car Dieu l'a envoyé sur terre pour faire croire à la Providence...

En parlant ainsi, la physionomie de Fleur-de-Marie devint radieuse, inspirée ; ses joues pâles se colorèrent un moment d'un léger incarnat, ses beaux yeux brillèrent doucement : elle rayonnait alors d'une beauté si noble, si touchante, que la Louve, déjà profondément émue de cet entretien, contempla sa compagne avec une respectueuse admiration, et s'écria :

— Mon Dieu !... où suis-je ? est-ce que je rêve ? je n'ai jamais rien entendu, rien vu de pareil... ça n'est pas possible !... mais qui êtes-vous donc aussi ? Oh ! je disais bien que vous étiez tout autre que nous !... Mais alors, vous qui parlez si bien... vous qui pouvez tant, vous qui connaissez des gens si puissants... comment se fait-il que vous soyez ici, prisonnière avec nous ?... Mais... mais... c'est donc pour nous tenter !!! Vous êtes donc pour le bien... comme le démon pour le mal ?

Fleur-de-Marie allait répondre, lorsque madame Armand vint l'interrompre et la chercher pour la conduire auprès de madame d'Harville.

La Louve restait frappée de stupeur ; l'inspectrice lui dit :

— Je vois avec plaisir que la présence de la Goualeuse dans la prison vous a porté bonheur à vous et à vos compagnes... Je sais que vous avez fait une quête pour cette pauvre Mont-Saint-Jean ; cela est bien... cela est charitable, la Louve. Cela vous sera compté... J'étais bien sûre que vous valiez mieux que vous ne vouliez le paraître... En récompense de votre bonne action, je crois pouvoir vous promettre qu'on fera abréger de beaucoup les jours de prison qui vous restent à subir.

Et madame Armand s'éloigna, suivie de Fleur-de-Marie.

L'on ne s'étonnera pas du langage presque éloquent de Fleur-de-Marie en songeant que cette nature, si merveilleusement douée, s'était rapidement développée, grâce à l'éducation et aux enseignements qu'elle avait reçus à la ferme de Bouqueval.

Puis la jeune fille était surtout forte de son expérience.

Les sentiments qu'elle avait éveillés dans le cœur de la Louve avaient été éveillés en elle par Rodolphe, lors de circonstances à peu près semblables.

Croyant reconnaître quelques bons instincts chez sa compagne, elle avait tâché de la ramener à l'honnêteté en lui prouvant (selon la théorie de Rodolphe appliquée à la ferme de Bouqueval) qu'il était de son intérêt de devenir honnête, et en lui montrant sa réhabilitation sous de riantes et attrayantes couleurs.

Et, à ce propos, répétons que l'on procède d'une manière incomplète et, ce nous semble, inintelligente et inefficace, pour inspirer aux classes pauvres et ignorantes l'horreur du mal et l'amour du bien.

Afin de les détourner de la voie mauvaise, incessamment on les menace des vengeances divines et humaines ; incessamment on fait bruire à leurs oreilles un cliquetis sinistre : clefs de prison, carcans de fer, chaînes de bagne ; et enfin au loin, dans une pénombre effrayante, à l'extrême horizon du crime, on leur montre la coupe-tête du bourreau, étincelant aux lueurs des flammes éternelles...

On le voit, la part de l'intimidation est incessante, formidable, terrible...

A qui fait le mal... captivité, infamie, supplice...

Cela est juste ; mais à qui fait le bien, la société décerne-t-elle donc honorables, distinctions glorieuses ?

Non.

Par de bienfaisantes rémunérations, la société encourage-t-elle à la résignation, à l'ordre, à la probité, cette masse immense d'artisans voués le tout jamais au travail, aux privations, et presque toujours à une misère profonde ?

Non.

En regard de l'échafaud où monte le grand coupable, est-il un pavois où monte le grand homme de bien ?

Non.

Etrange, fatal symbole ! on représente la justice aveugle, portant d'une main un glaive pour punir, de l'autre des balances où se pèsent l'accusation et la défense.

Ceci n'est pas l'image de la justice.

C'est l'image de la loi, ou plutôt de l'homme qui condamne ou absout selon sa conscience.

La Justice tiendrait d'une main une épée, de l'autre une couronne ; l'une pour frapper les méchants, l'autre pour récompenser les bons.

Le peuple verrait alors que, s'il est de terribles châtiments pour le mal, il est d'éclatants triomphes pour le bien ; tandis qu'à cette heure, dans son nef et rude bon sens, il cherche en vain le pendant des tribunaux, des geôles, des galères et des échafauds.

Le peuple voit bien une justice criminelle (.ér), composée d'hommes fermes, intègres, éclairés, toujours occupés à rechercher, à découvrir, à punir des scélérats.

Il ne voit pas de justice vertueuse (1), composée d'hommes fermes, intègres, éclairés, toujours occupés à rechercher, à récompenser les gens de bien.

Tout lui dit : Tremble !...
Rien ne lui dit : Espère !...
Tout le menace...
Rien ne le console.

L'État dépense annuellement beaucoup de millions pour la stérile punition des crimes. Avec cette somme énorme, il entretient prisonniers et geôliers, galériens et argousins, échafauds et bourreaux.

Cela est nécessaire, soit.

Mais combien dépense l'État pour la rémunération si salutaire, si féconde, des gens de bien ?

Rien.

Et ce n'est pas tout.

Ainsi que nous le démontrerons lorsque le cours de ce récit nous conduira aux prisons d'hommes, combien d'artisans d'une irréprochable probité seraient au comble de leurs vœux s'ils étaient certains de jouir un jour de la condition matérielle des prisonniers, toujours assurés d'une bonne nourriture, d'un bon lit, d'un bon gîte !

Et pourtant, au nom de leur dignité d'honnêtes gens rudement et longuement éprouvée, n'ont-ils pas le droit de préten re à jouir du même bien-être que les scélérats, ceux-là qui, comme Morel le lapidaire, auraient pendant vingt ans vécu laborieux, probes, résignés, au milieu de la misère et des tentations ?

Ceux-là ne méritent-ils pas assez de la société pour qu'elle se donne la peine de les chercher et, sinon de les récompenser, à la glorification de l'humanité, du moins de les soutenir dans la voie pénible et difficile qu'ils parcourent vaillamment ?

Le grand homme de bien, si modeste qu'il soit, se cache-t-il donc plus obscurément que le voleur ou l'assassin ?... et ceux-ci ne sont-ils pas toujours découverts par la justice criminelle ?

Hélas ! c'est une utopie, mais elle n'a rien que de consolant.

Supposez, au nom de la pensée, une société organisée de telle sorte qu'elle ait pour ainsi dire les assises de la vertu, comme elle a les assises du crime ;

Un ministère public signalant les nobles actions, les dénonçant à la reconnaissance de tous, comme on dénonce aujourd'hui les crimes à la vindicte des lois.

Voici deux exemples, deux justices : que l'on dise quelle est la plus féconde en enseignements, en conséquences, en résultats positifs :

Un homme a tué un autre homme pour le voler ;

Au point du jour on dresse sournoisement la guillotine dans un coin reculé de Paris, et on coupe le cou de l'assassin, devant la lie de la populace, qui rit du juge, du patient et du bourreau.

Voilà le dernier mot de la société.

Voilà le plus grand crime que l'on puisse commettre contre elle, voilà le plus grand châtiment... voilà l'enseignement le plus terrible, le plus salutaire qu'elle puisse donner au peuple...

Le seul... car rien ne sert de contre-poids à ce billot dégouttant de sang.

Non... la société n'a aucun spectacle doux et bienfaisant à opposer à ce spectacle funèbre.

Continuons notre utopie...

N'en serait-il pas autrement si presque chaque jour le peuple avait sous les yeux l'exemple de quelques grandes vertus hautement glorifiées et matériellement rémunérées par l'État ?

Ne serait-il pas sans cesse encouragé au bien, s'il voyait souvent un tribunal auguste, imposant, vénéré, évoquer devant lui, aux yeux d'une foule immense, un pauvre et honnête artisan, dont on raconterait la longue vie probe, intelligente et laborieuse, et auquel on dirait :

— Pendant vingt ans vous avez plus qu'aucun autre travaillé, souffert, courageusement lutté contre l'infortune ; votre famille a été élevée par vous dans des principes de droiture et d'honneur... vos vertus supérieures vous ont hautement distingué ; soyez glorifié et récompensé.

Vigilante, juste et toute-puissante, la société ne laisse jamais ni le public ni le mal ni le bien... A chacun elle paye selon ses œuvres... l'État vous assure une pension suffisante à vos besoins. Environné de la considération publique, vous terminerez dans le repos et dans l'aisance une vie qui doit servir d'enseignement à tous... et ainsi sont et seront toujours exaltés ceux qui, comme vous, auront justifié, pendant beaucoup

(1) Quelques jours après avoir écrit ces lignes, nous relisions le *Mémorial de Sainte-Hélène*, ce livre immortel qui nous semble un sublime traité de philosophie pratique, nous avons remarqué ce passage, qui nous avait jusqu'alors échappé :
« Aussi un de mes rêves (c'est l'empereur qui parle), nos grands événements de guerre accomplis et soldés, en retour de l'intérieur, en repos et respirant, eût été de chercher une douzaine de vrais bons philanthropes, de ces braves gens ne vivant que pour le bien, n'existant que pour le pratiquer ; je les eusse disséminés dans l'empire, qu'ils eussent parcouru en secret pour me rendre compte à moi-même ; ils eussent été les ESPIONS DE LA VERTU ; ils seraient venus me trouver directement ; ils eussent été mes confesseurs, mes directeurs spirituels, et mes décisions avec eux eussent été mes bonnes œuvres secrètes. Ma grande occupation, lors de mon entier repos, eût été, du sommet de ma puissance, de m'occuper à fond d'améliorer la condition de la société ; j'eusse descendu jusqu'aux *jouissances individuelles*. » (*Mémorial*, t. V, p. 100, édition de 1824.)

d'années, d'une admirable persévérance dans le bien... et fait preuve de rares et grandes qualités morales... Votre exemple encouragera le plus grand nombre à vous imiter... l'espérance allégera le pénible fardeau que le sort leur impose durant une longue carrière. Animés d'une salutaire émulation, ils lutteront d'énergie dans l'accomplissement des devoirs les plus difficiles, afin d'être un jour distingués entre tous et rémunérés comme vous...

Nous le demandons : lequel de ces deux spectacles, du meurtrier égorgé, du grand homme de bien récompensé, réagira sur le peuple d'une façon plus salutaire, plus féconde ?

Sans doute beaucoup d'esprits délicats s'indigneront à la seule pensée de ces ignobles rémunérations matérielles accordées à ce qu'il y a au monde de plus éthéré : la vertu !

Ils trouveront contre ces tendances toutes sortes de raisons plus ou moins philosophiques, platoniques, théologiques, mais surtout économiques, telles que celles-ci :

« Le bien porte en soi sa récompense...

« La vertu est une chose sans prix...

« La satisfaction de la conscience est la plus noble des récompenses. »

Et enfin cette objection triomphante et sans réplique :

« Le bonheur éternel qui attend les justes dans l'autre vie doit uniquement suffire pour les encourager au bien. »

A cela nous répondrons que la société, pour intimider et punir les coupables, ne nous paraît pas exclusivement se reposer sur la vengeance divine qui les atteindra certainement dans l'autre vie.

La société prélude au jugement dernier par des jugements humains...

En attendant l'heure inexorable des archanges aux armures d'hyacinthe, aux trompettes retentissantes et aux glaives de flamme, elle se contente modestement... de gendarmes.

Nous le répétons :

Pour terrifier les méchants, on matérialise, ou plutôt on réduit à des proportions humaines, perceptibles, visibles, les effets anticipés du courroux céleste.

Pourquoi n'en serait-il pas de même des effets de la rémunération divine à l'égard des gens de bien ?

. . . .

Mais oublions ces utopies, folles, absurdes, stupides, impraticables, comme de véritables utopies qu'elles sont.

La société est si bien comme elle est ! Interrogez plutôt tous ceux qui, la jambe avinée, l'œil incertain, le rire bruyant, sortent d'un joyeux banquet !

CHAPITRE X.

La protectrice.

L'inspectrice entra bientôt avec la Goualeuse dans le petit salon où se trouvait Clémence ; la pâleur de la jeune fille s'était légèrement colorée ensuite de son entretien avec la Louve.

— Madame la marquise, touchée des excellents renseignements que je lui ai donnés sur vous, dit madame Armand à Fleur-de-Marie, désire vous voir, et daignera peut-être vous faire sortir d'ici avant l'expiration de votre peine.

— Je vous remercie, madame, répondit timidement Fleur-de-Marie à madame Armand, qui la laissa seule avec la marquise.

Celle-ci, frappée de l'expression candide des traits de sa protégée, de son maintien rempli de grâce et de modestie, ne put s'empêcher de se souvenir que la Goualeuse avait, en dormant, prononcé le nom de Rodolphe, et que l'inspectrice croyait la pauvre prisonnière en proie à un amour profond et caché.

Quoique parfaitement convaincue qu'il ne pouvait être question du grand-duc Rodolphe, Clémence reconnaissait que du moins, quant à la beauté, la Goualeuse était digne de l'amour d'un prince...

A l'aspect de sa protectrice, dont la physionomie, nous l'avons dit, respirait une bonté charmante, Fleur-de-Marie se sentit sympathiquement attirée vers elle.

— Mon enfant, lui dit Clémence, en louant beaucoup la douceur de votre caractère et la sagesse exemplaire de votre conduite, madame Armand se plaint de votre peu de confiance envers elle.

Fleur-de-Marie baissa la tête sans répondre.

— Les habits de paysanne dont vous étiez vêtue lorsqu'on vous a arrêtée, votre silence au sujet de l'endroit où vous demeuriez avant d'être amenée ici, prouvent que vous nous cachez certaines circonstances...
— Madame...

— Je n'ai aucun droit à votre confiance, ma pauvre enfant, je ne voudrais pas vous faire de question importune ; seulement on m'assure que si je demandais votre sortie de prison, cette grâce pourrait m'être accordée. Avant d'agir, je désirerais causer avec vous de vos projets, de vos ressources pour l'avenir. Une fois libérée... que ferez-vous ? Si, comme je n'en doute pas, vous êtes décidée à suivre la bonne voie où vous êtes entrée, ayez confiance en moi, je vous mettrai à même de gagner honorablement votre vie...

La Goualeuse fut émue jusqu'aux larmes de l'intérêt que lui témoignait madame d'Harville.

Après un moment d'hésitation, elle lui dit :

— Vous daignez, madame, vous montrer pour moi si bienveillante, si généreuse, que je dois peut-être rompre le silence que j'ai gardé jusqu'ici sur le passé... un serment m'y forçait.

— Un serment ?

— Oui, madame, j'ai juré de taire à la justice et aux personnes employées dans cette prison par suite de quels événements j'ai été conduite ici ; pourtant... si vous vouliez, madame, me faire une promesse...

— Laquelle ?

— Celle de me garder le secret, je pourrais, grâce à vous, madame, sans manquer pourtant à mon serment, rassurer des personnes respectables qui sans doute, sont bien inquiètes de moi.

— Comptez sur ma discrétion ; je ne dirai que ce que vous m'autoriserez à dire.

— Oh ! merci, madame ; je craignais tant que mon silence envers mes bienfaiteurs ne ressemblât à de l'ingratitude !...

Le doux accent de Fleur-de-Marie, son langage presque choisi, frappèrent madame d'Harville d'un nouvel étonnement.

— Je ne vous cache pas, lui dit-elle, que votre maintien, vos paroles, tout m'étonne au dernier point. Comment, avec une éducation qui paraît distinguée, avez-vous pu...

— Tomber si bas, n'est-ce pas, madame ? dit la Goualeuse avec amertume. C'est qu'hélas ! cette éducation, il y a bien peu de temps que je l'ai reçue. Je dois ce bienfait à un protecteur généreux, qui, comme vous, madame... sans me connaître... sans même avoir les favorables renseignements qu'on vous a donnés sur moi, m'a prise en pitié...

— Et ce protecteur... quel est-il ?

— Je l'ignore, madame...

— Vous l'ignorez ?

— Il ne se fait connaître, dit-on, que par son inépuisable bonté ; grâce au ciel, je me suis trouvée sur son passage.

— Et où l'avez-vous rencontré ?

— Une nuit... dans la Cité, madame, dit la Goualeuse en baissant les yeux, un homme voulait me battre ; le bienfaiteur inconnu m'a courageusement défendue : telle a été ma première rencontre avec lui.

— C'était donc un homme... du peuple ?

— La première fois que je l'ai vu, il en avait le costume et le langage... mais plus tard...

— Plus tard ?

— La manière dont il m'a parlé, le profond respect dont l'entouraient les personnes auxquelles il m'a confiée, tout m'a prouvé qu'il avait pris par déguisement l'extérieur d'un de ces hommes qui fréquentent la Cité.

— Mais dans quel but ?

— Je ne sais...

— Et le nom de ce protecteur mystérieux, le connaissez-vous ?

— Oh ! oui, madame, dit la Goualeuse avec exaltation, Dieu merci ! car je puis sans cesse bénir, adorer ce nom... Mon sauveur s'appelle M. Rodolphe, madame...

Clémence devint pourpre.

— Et n'a-t-il pas d'autre nom ?... demanda-t-elle vivement à Fleur-de-Marie.

— Je l'ignore, madame... Dans la ferme où il m'avait envoyée, on ne le connaissait que sous le nom de M. Rodolphe.

— Et son âge ?

— Il est jeune encore, madame...

— Et beau ?

— Oh ! oui... beau, noble... comme son cœur...

L'accent reconnaissant, passionné de Fleur-de-Marie en prononçant ces mots, causa une impression douloureuse à madame d'Harville.

Un invincible, un inexplicable pressentiment lui disait qu'il s'agissait du prince.

Les remarques de l'inspectrice étaient fondées, pensait Clémence... la Goualeuse aimait Rodolphe... c'était son nom qu'elle avait prononcé pendant son sommeil.

Dans quelles circonstances étranges le prince et cette malheureuse s'étaient-ils rencontrés ?

Pourquoi Rodolphe était-il allé déguisé dans la Cité ?

La marquise ne put résoudre ces questions.

Seulement elle se souvint de ce que Sarah lui avait autrefois méchamment et faussement raconté des prétendues excentricités de Rodolphe, de ses amours étranges... N'était-il pas, en effet, bizarre qu'il eût retiré de la fange cette jeune créature d'un ravissante beauté, d'une intelligence peu commune ?...

Clémence avait de nobles qualités ; mais elle était femme, et elle aimait profondément Rodolphe, quoiqu'elle fût décidée à ensevelir ce secret au plus profond de son cœur.

Sans réfléchir qu'il ne s'agissait sans doute que d'une de ces actions généreuses que le prince était accoutumé de faire dans l'ombre ; sans réfléchir qu'elle confondait peut-être avec l'amour un sentiment de gratitude exalté ; sans réfléchir enfin que, ce sentiment eût-il été plus tendre, Rodolphe pouvait l'ignorer, la marquise, dans un premier moment

d'amertume et d'injustice, ne put s'empêcher de regarder la Goualeuse comme sa rivale.

Son orgueil se révolta en reconnaissant qu'elle rougissait, qu'elle souffrait malgré elle d'une rivalité si abjecte.

Elle reprit donc d'un ton sec, qui contrastait cruellement avec l'affectueuse bienveillance de ses premières paroles :

— Et comment se fait-il, mademoiselle, que votre protecteur vous laisse en prison ? Comment vous trouvez-vous ici ?

— Mon Dieu ! madame, dit timidement Fleur-de-Marie, frappée de ce brusque changement de langage, vous ai-je déplu en quelque chose ?...

— Et en quoi pouvez-vous m'avoir déplu ? demanda madame d'Harville avec hauteur.

— Il me semble... que tout à l'heure... vous me parliez avec plus de bonté, madame...

— En vérité, mademoiselle, ne faut-il pas que je pèse chacune de mes paroles ? Puisque je consens à m'intéresser à vous... j'ai le droit, je pense, de vous adresser certaines questions...

A peine ces mots étaient-ils prononcés, que Clémence, pour plusieurs raisons, en regretta la dureté.

D'abord, par un louable retour de générosité, puis parce qu'elle songea qu'en brusquant sa rivale elle n'en apprendrait rien de ce qu'elle désirait savoir.

En effet, la physionomie de la Goualeuse, un moment ouverte et confiante, devint tout à coup craintive.

De même que la sensitive, à la première atteinte, referme ses feuilles délicates et se replie sur elle-même... le cœur de Fleur-de-Marie se serra douloureusement.

Clémence reprit doucement, pour ne pas éveiller les soupçons de sa protégée par un revirement trop subit :

— En vérité, je vous le répète, je ne puis comprendre qu'ayant autant à vous louer de votre bienfaiteur, vous soyez ici prisonnière. Comment, après être sincèrement revenue au bien, avez-vous pu vous faire arrêter la nuit dans une promenade qui vous était interdite ? Tout cela, je vous l'avoue, me semble extraordinaire... Vous parlez d'un serment qui vous a jusqu'ici imposé le silence... mais ce serment même est si étrange !...

— J'ai dit la vérité, madame...

— J'en suis certaine... il n'y a qu'à vous voir, qu'à vous entendre, pour vous croire incapable de mentir ; mais ce qu'il y a d'incompréhensible dans votre situation augmente, irrite encore mon impatiente curiosité ; c'est seulement à cela que vous devez attribuer la vivacité de mes paroles de tout à l'heure. Allons... je l'avoue... j'ai eu tort ; car, bien que je n'aie d'autre droit à vos confidences que mon vif désir de vous être utile, vous ne m'avez offert de me dire ce que vous n'avez dit à personne, et je suis très-touchée, croyez-moi, pauvre enfant, de cette preuve de votre foi dans l'intérêt que je vous porte... Aussi, je vous le promets, en gardant scrupuleusement votre secret, si vous me le confiez... je ferai mon possible pour arriver au but que vous vous proposez.

Grâce à ce replâtrage assez habile (qu'on nous passe cette trivialité), madame d'Harville regagna la confiance de la Goualeuse, un moment effarouchée.

Fleur-de-Marie, dans sa candeur, se reprocha même d'avoir mal interprété les mots qui l'avaient blessée.

— Pardonnez-moi, madame, dit-elle à Clémence ; j'ai sans doute eu tort de ne pas vous dire tout de suite ce que vous désirez savoir ; mais vous m'avez demandé le nom de mon bienfaiteur inconnu... malgré moi je n'ai pu résister au bonheur de parler de lui...

— Rien de mieux... cela prouve combien vous lui êtes reconnaissante. Mais par quelle circonstance avez-vous quitté les honnêtes gens chez lesquels il vous avait placée sans doute ? Est-ce à cet événement que se rapporte le serment dont vous m'avez parlé ?

— Oui, madame ; mais, grâce à vous, je crois maintenant pouvoir, tout en restant fidèle à ma parole, rassurer mes bienfaiteurs sur ma disparition...

— Voyons, ma pauvre enfant, je vous écoute.

— Il y a trois mois environ, M. Rodolphe m'avait placée dans une ferme située à quatre ou cinq lieues d'ici...

— Il vous y avait conduite... lui-même ?

— Oui, madame... Il m'avait confiée à une dame aussi bonne que vénérable... que j'aimai bientôt comme ma mère... Elle et le curé du village, à la recommandation de M. Rodolphe, s'occupèrent de mon éducation...

— Et monsieur... Rodolphe venait-il souvent à la ferme ?

— Non, madame... il n'y est venu trois fois pendant le temps que j'y suis restée.

Clémence ne put cacher un tressaillement de joie.

— Et quand il venait vous voir, cela vous rendait bien heureuse... n'est-ce pas ?

— Oh ! oui, madame !... c'était pour moi plus que du bonheur... c'était un sentiment mêlé de reconnaissance, de respect, d'admiration et même d'un peu de crainte...

— De la crainte ?

— De lui... non... de lui aux autres... la distance est si grande !...

— Mais... quel est donc son rang ?

— J'ignore s'il a un rang, madame...

— Pourtant, vous parlez de la distance qui existe entre lui... et les autres.

— Oh! madame... ce qui le met au-dessus de tout le monde, c'est l'élévation de son caractère... c'est son inépuisable générosité pour ceux qui souffrent... c'est l'enthousiasme qu'il inspire à tous... Les méchants mêmes ne peuvent entendre son nom sans trembler... ils le respectent autant qu'ils le redoutent... Mais, pardon, madame, de parler encore de lui... je dois me taire... je vous donnerais une idée incomplète de celui que l'on doit se borner à adorer en silence... autant vouloir exprimer par des paroles la grandeur de Dieu.

— Cette comparaison...

— Est peut-être sacrilège, madame... Mais est-ce offenser Dieu que de lui comparer celui qui m'a donné la conscience du bien et du mal, celui qui m'a retirée de l'abîme... celui enfin à qui je dois une vie nouvelle?

— Je ne vous blâme pas, mon enfant; je comprends toutes les nobles exagérations. Mais comment avez-vous abandonné cette ferme où vous deviez vous trouver si heureuse?

— Hélas!... cela n'a pas été volontairement, madame!

— Qui vous y a donc forcée?

— Un soir, il y a quelques jours, dit Fleur-de-Marie, tremblant encore à ce récit, je me rendais au presbytère du village, lorsqu'une méchante femme, qui m'avait tourmentée pendant mon enfance... et un homme son complice... qui était embusqué avec elle dans un chemin creux, se jetèrent sur moi, et, après m'avoir bâillonnée, m'emportèrent dans un fiacre.

— Et dans quel but?

— Je ne sais pas, madame. Mes ravisseurs obéissaient, je crois, à des personnes puissantes.

— Quelles furent les suites de cet enlèvement?

— A peine le fiacre était-il en marche, que la méchante femme, qui s'appelle la Chouette, s'écria : J'ai du vitriol, je vais en frotter le visage de la Goualeuse pour la défigurer.

— Quelle horreur!... malheureuse enfant!... Et qui vous a sauvée de ce danger.

— Le complice de cette femme... un aveugle, nommé le Maître d'école.

— Il a pris votre défense?

— Oui, madame, dans cette occasion et dans une autre encore. Cette fois une lutte s'engagea entre lui et la Chouette. Usant de sa force, le Maître d'école la força de jeter par la portière la bouteille qui contenait le vitriol. Tel est le premier service qu'il m'ait rendu, après avoir pourtant aidé à mon enlèvement... La nuit était profonde... Au bout d'une heure et demie, la voiture s'arrêta, je crois, sur la grande route qui traverse la plaine Saint-Denis; un homme à cheval attendait à cet endroit... — Eh bien! dit-il, la tenez-vous enfin? — Oui, nous la tenons! répondit la Chouette, qui était furieuse de ce qu'on l'avait empêchée de me défigurer. — Si vous voulez vous débarrasser de cette petite, il y a un bon moyen : je vais l'étendre par terre, sur la route, je lui ferai passer les roues de la voiture sur la tête... elle aura l'air d'avoir été écrasée par accident.

— Mais c'est épouvantable!

— Hélas! madame, la Chouette était bien capable de faire ce qu'elle disait. Heureusement l'homme à cheval lui répondit qu'il ne voulait pas qu'on me fît du mal, qu'il fallait seulement me tenir pendant deux mois enfermée dans un endroit d'où je ne pourrais ni sortir ni écrire à personne. Alors la Chouette proposa de me mener chez un homme appelé Bras-Rouge, qui tient une taverne située aux Champs-Elysées, dans cette taverne, il y avait plusieurs chambres souterraines : l'une d'elles pourrait, disait la Chouette, me servir de prison. L'homme à cheval accepta cette proposition; puis il me promit qu'après être restée deux mois chez Bras-Rouge, on m'assurerait un sort qui m'empêcherait de regretter la ferme de Bouqueval.

— Quel mystère étrange!

— Cet homme donna de l'argent à la Chouette, lui en promit encore lorsqu'on me retirerait de chez Bras-Rouge, et partit au galop de son cheval. Notre fiacre continua sa route vers Paris. Peu de temps avant d'arriver à la barrière, le Maître d'école dit à la Chouette :

— Tu ne laisseras pas la Goualeuse dans une des caves de Bras-Rouge; tu sais bien qu'étant près de la rivière, ces caves sont dans l'hiver toujours submergées!..... Tu veux donc la noyer? — Oui, répondit la Chouette.

— Mais, mon Dieu! qu'aviez-vous donc fait à cette horrible femme?

— Rien, madame, et depuis mon enfance elle s'est toujours ainsi acharnée sur moi... Le Maître d'école lui répondit : Je ne veux pas qu'on noie la Goualeuse; on n'ira pas chez Bras-Rouge. — La Chouette était aussi étonnée que moi, madame, d'entendre cet homme me défendre ainsi. Elle se mit alors dans une colère horrible et jura quelle me conduirait chez Bras-Rouge malgré le Maître d'école. — Je t'en défie, dit celui ci, car je te tiens la Goualeuse par le bras, je ne la lâcherai pas, et je t'étranglerai si tu t'approches d'elle. — Mais que veux-tu donc en faire alors? s'écria la Chouette, puisqu'il faut qu'elle disparaisse pendant deux mois sans qu'on sache où elle est? — Il y a un moyen, dit le Maître d'école; nous allons aller aux Champs-Elysées, nous ferons stationner le fiacre à quelque distance d'un corps de garde; tu iras chercher Bras-Rouge à sa taverne; il est minuit, tu le trouveras, tu le ramèneras, il prendra la Goualeuse et il la conduira au poste, en déclarant que c'est une fille de la Cité qu'il a trouvée rôdant autour de son cabaret. Comme les filles sont condamnées à trois mois de prison quand on les surprend aux Champs-Elysées, et que la Goualeuse est encore inscrite à la police, on l'arrêtera, on la mettra à Saint-Lazare, où elle sera aussi bien gardée et cachée que dans la cave de Bras-Rouge. — Mais, reprit la Chouette, la Goualeuse ne se laissera pas arrêter. Une fois au corps de garde, elle dira que nous l'avons enlevée, elle nous dénoncera. En supposant même qu'on l'emprisonne, elle écrira à ses protecteurs, tout sera découvert. — Non, elle ira en prison de bonne volonté, reprit le Maître d'école, et elle va jurer de ne pas dénoncer à personne tant qu'elle restera à Saint-Lazare, ni ensuite non plus; elle me doit cela, car je l'ai empêchée d'être défigurée par toi, la Chouette, et noyée chez Bras-Rouge. Mais si, après avoir juré de ne pas parler, elle avait le malheur de le faire, nous mettrions la ferme de Bouqueval à feu et à sang. Puis, s'adressant à moi, le Maître d'école ajouta : — Décide-toi; fais le serment que je te demande; tu en seras quitte pour aller deux mois en prison; sinon je t'abandonne à la Chouette, qui te mènera dans la cave de Bras-Rouge, où tu seras noyée. Voyons, décide-toi... si tu fais le serment, tu le tiendras.

— Et vous avez juré?

— Hélas! oui, madame, tant je craignais d'être défigurée par la Chouette ou d'être noyée dans une cave... cela me paraissait affreux... Une autre mort m'eût paru moins effrayante; je n'aurais peut-être pas cherché à y échapper.

— Quelle idée sinistre, à votre âge!... dit madame d'Harville en regardant la Goualeuse avec surprise. Une fois sortie de ces mains aux mains de vos bienfaiteurs, ne serez-vous pas bien heureuse? Votre repentir n'aura-t-il pas effacé le passé?

— Est-ce que le passé s'efface? Est-ce que le passé s'oublie? Est-ce que le repentir tue la mémoire, madame? s'écria Fleur-de-Marie d'un ton si désespéré que Clémence tressaillit.

— Mais toutes les fautes se rachètent, malheureuse enfant!

— Et le souvenir de la souillure... madame, ne devient-il pas de plus en plus terrible à mesure que l'âme s'épure, à mesure que l'esprit s'élève! Hélas! plus vous montez, plus l'abîme dont vous sortez vous paraît profond.

— Ainsi, vous renoncez à tout espoir de réhabilitation, de pardon?

— De la part des autres... non, madame; vos bontés prouvent que l'indulgence ne manque jamais aux remords.

— Vous serez donc la seule impitoyable envers vous?

— Les autres pourront ignorer, pardonner, oublier ce que j'ai été.... Moi, madame, je ne pourrai jamais l'oublier...

— Et quelquefois vous désirez mourir?

— Quelquefois! dit la Goualeuse en souriant avec amertume. Puis elle reprit, après un moment de silence : Quelquefois... oui, madame.

— Pourtant, vous craigniez d'être défigurée par cette horrible femme ; vous teniez donc à votre beauté, pauvre petite? Cela annonce que la vie a encore quelque attrait pour vous. Courage donc, courage!...

— C'est peut-être une faiblesse de penser cela : mais si j'étais belle, comme vous le dites, madame, je voudrais mourir belle en prononçant le nom de mon bienfaiteur.

Les yeux de madame d'Harville se remplirent de larmes.

Fleur-de-Marie avait dit ces derniers mots si simplement; ses traits angéliques, pâles, abattus, son douloureux sourire, étaient tellement d'accord avec ses paroles, qu'on ne pouvait douter de la réalité de son funeste désir.

Madame d'Harville était douée de trop de délicatesse pour ne pas sentir qu'il y avait d'inexorable, de fatal dans cette pensée de la Goualeuse :

« Je n'oublierai jamais ce que j'ai été... »

Idée fixe, incessante, qui devait dominer, torturer la vie de Fleur-de-Marie.

Clémence, honteuse d'avoir un instant méconnu la générosité toujours si désintéressée du prince, regrettait aussi de s'être laissé entraîner à un mouvement jalousie absurde contre la Goualeuse, qui exprimait avec une naïve exaltation sa reconnaissance envers son protecteur.

Chose étrange, l'admiration que cette pauvre prisonnière ressentait si vivement pour Rodolphe augmentait peut-être encore l'amour profond que Clémence voulait toujours lui cacher.

Elle reprit, pour fuir ces pensées :

— J'espère qu'à l'avenir vous serez moins sévère pour vous-même. Mais parlons de votre serment . maintenant je m'explique votre silence. Vous n'avez pas voulu dénoncer ces misérables?

— Quoique le Maître d'école eût pris part à mon enlèvement, il m'avait deux fois défendue... j'aurais craint d'être ingrate envers lui.

— Et vous vous êtes prêtée aux desseins de ces monstres?

— Oui, madame, j'étais si effrayée! La Chouette alla chercher Bras-Rouge; il me conduisit au corps de garde, disant qu'il m'avait trouvée rôdant autour de son cabaret; je ne l'ai pas nié, ou m'a arrêtée, on m'a conduite ici.

— Mais vos amis de la ferme doivent être en proie à une inquiétude mortelle?

— Hélas! madame, dans mon premier mouvement d'épouvante, je

n'avais pas réfléchi que mon serment m'empêcherait de les rassurer... Maintenant cela me désole... Mais je crois, n'est-ce pas? que, sans manquer à ma parole, je puis vous prier d'écrire à madame Georges, à la ferme de Bouqueval, de n'avoir aucune inquiétude à mon égard, sans lui apprendre pourtant où je suis, car j'ai promis de le taire...

— Vous méritez tant d'intérêt, que je réussirai, j'en suis sûre; et je ne doute pas qu'après-demain vous ne puissiez aller vous-même rassurer vos bienfaiteurs...

— Mon Dieu, madame, comment ai-je pu mériter tant de bontés de votre part? comment les reconnaître?...

— En continuant de vous conduire comme vous faites... Je regrette seulement de ne pouvoir rien faire pour votre avenir; c'est un bonheur que vos amis se sont réservé...

Madame Armand entra tout à coup d'un air consterné.

Madame Séraphin.

M. Pipelet.

— Mon enfant, ces précautions deviendront inutiles si, à ma recommandation, on vous fait grâce. Demain vous retournerez à la ferme, sans avoir trahi pour cela votre serment; plus tard vous consulterez vos bienfaiteurs pour savoir jusqu'à quel point vous engage cette promesse arrachée par la menace.

— Vous croyez, madame... que, grâce à vos bontés... je puis espérer de sortir bientôt d'ici?

— Madame la marquise, dit-elle à Clémence avec hésitation, je suis désolée du message que j'ai à remplir auprès de vous.

— Que voulez-vous dire, madame?...

— M. le duc de Lucenay est en bas... il vient de chez vous, madame.
— Mon Dieu, vous m'effrayez ; qu'y a-t-il ?
— Je l'ignore, madame ; mais M. de Lucenay est chargé pour vous, dit-il, d'une nouvelle,... aussi triste qu'imprévue... Il a appris chez madame la duchesse, sa femme, que vous étiez ici, et il est venu en toute hâte...
— Une triste nouvelle !... se dit madame d'Harville. Puis, tout à coup, elle s'écria avec un accent déchirant : Ma fille... ma fille... peut-être !... Oh ! parlez, madame !...
— J'ignore, madame...
— Oh ! de grâce, de grâce, madame, conduisez-moi auprès de M. de Lucenay ! s'écria madame d'Harville en sortant, tout éperdue, suivie de madame Armand.
— Pauvre mère !... dit tristement la Goualeuse en suivant Clémence du regard. Oh ! non... c'est impossible !... au moment même où elle vient de se montrer si bienveillante pour moi, un tel coup la frapper !... Non, non, encore une fois, c'est impossible.

. . . . . .
. . . . . .

CHAPITRE XI.

Une intimité forcée.

Nous conduirons le lecteur dans la maison de la rue du Temple, le jour du suicide de M. d'Harville, vers les trois heures du soir.

M. Pipelet, seul dans sa loge, travailleur consciencieux et infatigable, s'occupait de restaurer la botte qui lui était plus d'une fois tombée des mains lors de la dernière et audacieuse incartade de Cabrion.

La physionomie du chaste portier était abattue et beaucoup plus mélancolique que de coutume.

Ainsi qu'un soldat, dans l'humiliation de sa défaite, passe tristement la main sur la cicatrice de ses blessures, souvent M. Pipelet poussait un profond soupir, s'interrompait de travailler, et promenait un doigt tremblant sur la cassure transversale dont son vénérable chapeau tromblon avait été sillonné par la main insolente de Cabrion.

Alors tous les chagrins, toutes les inquiétudes, toutes les craintes d'Alfred se réveillaient en songeant aux inconcevables et incessantes poursuites du rapin.

M. Pipelet n'avait pas un esprit très-étendu, très-élevé ; son imagination n'était pas des plus vives ni des plus poétiques, mais il possédait un sens très-droit, très-solide et très-logique.

Malheureusement, par une conséquence naturelle de la rectitude de son jugement, ne pouvant comprendre l'excentrique et folle portée de ce qu'en langage d'atelier on appelle une charge, M. Pipelet s'efforçait de trouver des motifs raisonnables, possibles, à la conduite exorbitante de Cabrion, et il se posait à ce sujet une foule de questions insolubles.

Aussi quelquefois, nouveau Pascal, se sentait-il saisi de vertige à force de sonder l'abîme sans fond que le génie infernal du peintre avait creusé sous ses pas.

Que de fois, blessé dans ses épanchements, il avait été forcé de se replier sur lui-même, grâce au pyrrhonisme effréné de madame Pipelet, qui, ne s'arrêtant qu'aux faits et dédaignant d'approfondir les causes, considérait grossièrement la conduite incompréhensible de Cabrion à l'égard d'Alfred comme une simple farce !

M. Pipelet, homme sérieux et grave, ne pouvait admettre une telle interprétation : il gémissait de l'aveuglement de sa femme ; sa dignité d'homme se révoltait à cette pensée, qu'il pouvait être le jouet d'une combinaison aussi vulgaire : une farce..... Il était absolument convaincu que la conduite inouïe de Cabrion cachait quelque complot ténébreux dissimulé sous une frivole apparence.

Nous l'avons dit, c'est à résoudre ce funeste problème que l'homme au chapeau tromblon épuisait incessamment sa puissante dialectique.

— Je porterais plutôt ma tête sur l'échafaud, disait cet homme austère, qui, dès qu'il les touchait, agrandissait immensément les questions, je porterais ma tête sur l'échafaud plutôt que d'admettre que, dans l'unique intention de faire une plaisanterie stupide, Cabrion s'acharne si opiniâtrément contre moi ; on ne fait une farce que pour la galerie. Or, dans sa dernière entreprise, cette créature malfaisante n'avait aucun témoin ; il a agi seul et dans l'ombre, comme toujours ; il s'est clandestinement introduit dans la solitude de ma loge pour déposer sur mon front indigné son hideux baiser. Et cela, je le demanderai à toute per-

La Louve.

sonne désintéressée : dans quel but ? ce n'était pas par bravade... personne ne le voyait ; ce n'était pas par plaisir... les lois de la nature s'y opposent ; ce n'était pas par amitié... je n'ai qu'un ennemi au monde, c'est lui. Il faut donc reconnaître qu'il y a là un mystère que ma raison ne peut pénétrer ? Alors, où tend ce plan diabolique, concerté de longue main et poursuivi avec une persistance qui m'épouvante ? Voilà ce que je ne puis comprendre ; c'est l'impossibilité où je suis de soulever ce voile qui peu à peu me mine et me consume !

Telles étaient les réflexions pénibles de M. Pipelet au moment où nous le présentions au lecteur.

L'honnête portier venait même de raviver ses plaies toujours saignantes en portant mélancoliquement la main à la cassure de son chapeau, lorsqu'une voix perçante, partant d'un des étages supérieurs de la maison, fit retentir ces mots dans la cage sonore de l'escalier :

— Vite, vite, monsieur Pipelet, montez... dépêchez-vous !

— Je ne connais pas cet organe, dit Alfred, après un moment d'audition réfléchie, et il laissa tomber sur ses genoux son avant-bras chaussé de la botte qu'il réparait.

— Monsieur Pipelet, dépêchez-vous donc ! répéta la voix d'un ton pressant.

— Cet organe m'est complètement étranger. Il est mâle, il m'appelle, lui, . voilà ce que je puis affirmer... Ça n'est pas une raison suffisante pour que j'abandonne ma loge... La laisser seule... la déserter en l'absence de mon épouse... jamais ! s'écria héroïquement Alfred, jamais !!

— Monsieur Pipelet, reprit la voix, montez donc vite... madame Pipelet se trouve mal !

— Anastasie !... s'écria Alfred en se levant de son siège : puis il retomba, en se disant à lui-même : Enfant que je suis... c'est impossible, mon épouse est sortie il y a une heure ! Oui, mais ne peut-elle pas être rentrée sans que je l'aie aperçue ? Ceci serait peu régulier ; mais je dois éclaircir que cela peut être.

— Monsieur Pipelet, montez donc, j'ai votre femme entre les bras !

— On a mon épouse entre les bras ! dit M. Pipelet en se levant brusquement.

— Je ne puis pas délacer madame Pipelet tout seul ! ajouta la voix.

Ces mots firent un effet magique sur Alfred ; il devint pourpre ; sa chasteté se révolta.

— L'organe mâle et inconnu parle de délacer Anastasie ! s'écria-t-il, je m'y oppose ! je le défends !!

Et il se précipita hors de la loge ; mais, sur le seuil, il s'arrêta.

M. Pipelet se trouvait dans une de ces positions horriblement critiques et éminemment dramatiques souvent exploitées par les poètes. D'un côté le devoir le retenait dans sa loge ; d'un autre côté sa pudique et conjugale susceptibilité l'appelait aux étages supérieurs de la maison.

Au milieu de ces perplexités terribles, la voix reprit :

— Vous ne venez pas, monsieur Pipelet !... Tant pis... je coupe les cordons et je ferme les yeux !...

Cette menace décida M. Pipelet.

— Mossieurr, s'écria-t-il d'une voix de Stentor, en sortant éperdument de la loge, au nom de l'honneur, je vous adjure, mòssieurr, de ne rien couper, de laisser mon épouse intacte !... Je monte... Et Alfred s'élança dans les ténèbres de l'escalier, en laissant, dans son trouble, la porte de sa loge ouverte.

A peine eut-il quittée, que tout à coup un homme y entra vivement, prit sur la table le marteau du savetier, sauta sur le lit, et, au moyen de quatre pointes fichées d'avance à chaque coin d'un épais carton qu'il tenait à la main, cloua ce carton dans le fond de l'obscure alcôve de M. Pipelet, puis disparut.

Cette opération fut faite si prestement que le portier, s'étant souvenu presque au même instant qu'il avait laissé la porte de sa loge ouverte, redescendit précipitamment, la ferma, emporta la clef et remonta sans pouvoir soupçonner que quelqu'un était entré chez lui. Après cette mesure de précaution, Alfred s'élança de nouveau au secours d'Anastasie en criant de toutes ses forces :

— Mòssieurr, ne coupez rien... je monte... me voici... je mets mon épouse sous la sauvegarde de votre délicatesse !

Le digne portier devait tomber d'étonnement en étonnement.

A peine avait-il de nouveau gravi les premières marches de l'escalier, qu'il entendit la voix d'Anastasie, non pas à l'étage supérieur, mais dans l'allée.

Cette voix, plus glapissante que jamais, s'écriait :

— Alfred ! comment, tu laisses la loge seule ?... Où es-tu donc, vieux coureur ?

A ce moment, M. Pipelet allait poser son pied droit sur le palier du premier étage ; il resta pétrifié, la tête tournée vers le bas de l'escalier, la bouche béante, les yeux fixes, le pied levé.

— Alfred !!! cria de nouveau madame Pipelet.

— Anastasie est en bas... elle s'est donc pas en haut occupée à se trouver mal !... se dit M. Pipelet, fidèle à son argumentation logique et serrée. Mais alors... cet organe mâle et inconnu qui me menaçait de la délacer, quel est-il ?... c'est donc un imposteur !... il se fait donc un jeu cruel de mon inquiétude ?... Quel est son dessein ? Il se passe ici quelque chose d'extraordinaire... N'importe . Fais ton devoir, advienne que pourra... » Après avoir été répondre à mon épouse, je remonterai pour éclaircir ce mystère et vérifier cet organe.

M. Pipelet descendit fort inquiet et se trouva face à face avec sa femme.

— C'est toi ! lui dit-il.

— Eh bien, oui, c'est moi ; qui veux-tu que ce *soye* ?

— C'est toi, ma vue ne m'abuse point ?

— Ah çà ! qu'est-ce que tu as encore à faire tes gros yeux en boules de loto ? tu me regardes comme si tu allais me manger...

— C'est que ta présence me révèle qu'il se passe ici des choses... des choses...

— Quelles choses ? Voyons, donne-moi la clef de la loge ; pourquoi la laisses-tu seule ? Je reviens du bureau des diligences de Normandie, où j'étais allée en fiacre porter la malle de M. Bradamanti, qui ne veut pas qu'on sache qu'il part ce soir et qui ne se fie pas à ce petit gueux de Tortillard... et il a raison !

En disant ces mots, madame Pipelet prit la clef que son mari tenait à la main, ouvrit la loge et y précéda son mari.

A peine le couple était-il rentré, qu'un personnage, descendant légèrement l'escalier, passa rapidement et inaperçu devant la loge.

C'était l'organe mâle qui avait si vivement excité les inquiétudes d'Alfred.

M. Pipelet s'assit lourdement sur sa chaise et dit à sa femme d'une voix émue :

— Anastasie... je ne me sens pas dans mon assiette accoutumée ; il se passe ici des choses... des choses...

— Voilà que tu rabâches encore ; mais il s'en passe partout, des choses ! Qu'est-ce que tu as ? Voyons... ah çà, mais tu es tout en eau... tout en nage... mais tu viens donc de faire un effort ?... Il ruisselle... ce vieux chéri !

— Oui, je ruisselle... et j'en ai le droit... et M. Pipelet passa la main sur son visage baigné de sueur, car il se passe ici des choses à vous renverser...

— Qu'est-ce qu'il y a encore ? Tu ne peux jamais te tenir en repos... Il faut toujours que tu trottes comme un chat maigre, au lieu de rester tranquille sur ta chaise à garder la loge.

— Anastasie, vous êtes injuste... en disant que je trotte comme un chat maigre si je trotte... c'est pour vous.

— Pour moi ?

— Oui... Pour vous épargner un outrage dont nous eussions tous les deux gémi et rougi... j'ai déserté un poste que je considère comme aussi sacré que la guérite du soldat...

— On voulait me faire outrage, à moi ?

— Ce n'était pas à vous... puisque l'outrage dont on vous menaçait devait s'accomplir là-haut, et que vous étiez sortie... mais...

— Que le diable m'emporte si je comprends rien à ce que tu me chantes là ! Ah çà, est-ce qu'il y a décidément un perdu la boule ?... Tiens, vois-tu... je finirai par croire que tu as des absences... un coup de marteau... et par la faute de ce gredin de Cabrion, que Dieu confonde !... Depuis sa farce de l'autre jour je ne te reconnais plus, tu as l'air tout ahuri... cet être-là me donne toujours ton cauchemar ?

A peine Anastasie avait-elle prononcé ces mots, qu'il se passa une chose étrange.

Alfred se tenait assis, le visage tourné du côté du lit.

La loge était éclairée par la clarté blafarde d'un jour d'hiver et par une lampe. A la lueur de ces deux lumières douteuses, M. Pipelet, au moment où sa femme prononça le nom de Cabrion, crut voir apparaître dans l'ombre de l'alcôve la figure immobile et narquoise du peintre.

C'était lui, son chapeau pointu, ses longs cheveux, son visage maigre, son rire satanique, sa barbe en pointe et son regard fascinateur.

Un moment M. Pipelet crut rêver ; il passa sa main sur ses yeux... se croyant le jouet d'une illusion...

Ce n'était pas une illusion.

Rien de plus réel que cette apparition...

Chose effrayante, on ne voyait pas de corps... mais seulement une tête, dont la carnation vivante se détachait de l'obscurité de l'alcôve...

A cette vue, M. Pipelet se renversa brusquement en arrière sans prononcer une parole ; il leva le bras droit vers le lit et désigna cette terrible vision d'un geste si épouvanté, que madame Pipelet se retourna pour chercher la cause d'un effroi qu'elle partagea bientôt, malgré sa crânerie habituelle.

Elle recula de deux pas, saisit avec force la main d'Alfred et s'écria :

— Cabrion !!!

— Oui !... murmura M. Pipelet d'une voix éteinte et caverneuse, en fermant les yeux.

La stupeur de ces deux époux faisait le plus grand honneur au talent de l'artiste qui avait admirablement peint sur carton les traits de Cabrion.

Sa première surprise passée, Anastasie, intrépide comme une lionne, courut au lit, y monta, et, non sans un certain saisissement, arracha le carton du mur où il avait été cloué.

L'amazone couronna cette vaillante entreprise en poussant comme un cri de guerre son exclamation favorite :

— Et allllez donc !

Alfred, les yeux toujours fermés, les mains tendues en avant, restait immobile, ainsi qu'il en avait pris l'habitude dans les circonstances critiques de sa vie. L'oscillation convulsive de son chapeau tromblon révélait seule de temps à autre la violence continue de ses émotions intérieures.

— Ouvre donc l'œil, vieux chéri, dit madame Pipelet triomphante, ça n'est rien... c'est une peinture... le portrait de ce scélérat de Cabrion... Tiens, regarde comme je le trépigne ! Et Anastasie, dans son indignation, jeta la peinture à terre et la foula aux pieds en s'écriant : Voilà comme je voudrais l'arranger en chair et en os, le gredin. Puis, ramassant le portrait : Vois, maintenant, il porte mes marques... regarde donc...

Alfred secoua négativement la tête sans dire un mot, et en faisant signe à sa femme d'éloigner de lui cette image détestée.

— A-t-on vu un effronté pareil !... Ça n'est pas tout... il y a écrit av has, en lettres rouges : « Cabrion à son bon ami Pipelet, pour la vie, » dit la portière en examinant le carton à la lumière.

— « Son bon ami... pour la vie !... » murmura Alfred. Et il leva les mains au ciel comme pour le prendre à témoin de cette nouvelle et outrageante ironie.

— Mais, à propos, comment ça se fait-il? dit Anastasie, ce portrait n'était pas ce matin quand j'ai fait le lit, bien sûr... tu avais tout à l'heure emporté la clef de la loge avec toi, personne n'a donc pu y entrer pendant ton absence. Comment donc, encore une fois, ce portrait se trouve-t-il ici?... Ah çà, est-ce que par hasard ce serait toi qui l'aurais mis là, vieux chéri?

A cette monstrueuse hypothèse, Alfred bondit sur son siège; il ouvrit des yeux furieux, menaçants.

— Moi... moi... accrocher dans mon alcôve le portrait de cet être malfaisant qui, non content de me persécuter de son odieuse présence, me poursuit encore la nuit en rêve, le jour en peinture! Mais vous voulez donc me rendre fou, Anastasie... fou à lier?...

— Eh bien! après? Quand pour avoir la paix tu te serais raccommodé... avec Cabrion pendant mon absence... où serait le grand mal?

— Moi... raccommodé avec... O mon Dieu! vous l'entendez!...

— Et alors... il t'aurait donné son portrait... en gage de bonne amitié... Si ça est, ne t'en défends pas...

— Anastasie !...

— Si ça est, il faut convenir que tu es capricieux comme une jolie femme.

— Mon épouse!

— Mais, enfin, il faut bien que ça soit toi qui aies accroché ce portrait?

— Moi !... O mon Dieu! mon Dieu !...

— Mais... qui est-ce, alors?

— Vous, madame...

— Moi!...

— Oui! s'écria M. Pipelet avec égarement, c'est vous, j'ai besoin de croire que c'est vous. Ce matin, ayant le dos tourné au lit, je ne me serai aperçu de rien.

— Mais... vieux chéri...

— Je vous dis qu'il faut que ça soit vous... sinon je croirai c'est le diable... puisque je n'ai pas quitté la loge, et que lorsque je suis monté en haut pour répondre à l'appel de l'organe mâle j'avais la clef. La porte était bien fermée, c'est vous qui l'avez ouverte... Niez cela?

— C'est, ma foi, vrai!

— Vous avouez donc?...

— J'avoue que je n'y comprends rien... C'est une farce, et elle est joliment faite... faut être juste.

— Une farce! s'écria M. Pipelet, emporté par une indignation délirante. Ah! vous y voilà encore, une farce! Je vous dis, moi, que tout cela cache quelque trame abominable... Il y a quelque chose là-dessous. C'est un coup monté... un complot. On dissimule l'abîme sous des fleurs, on tente de m'étourdir pour m'empêcher de voir le précipice où l'on veut me plonger... Il ne me reste plus qu'à me mettre sous la protection des lois... Heureusement, Dieu protège la France.

Et M. Pipelet se dirigea vers la porte.

— Où vas-tu donc, vieux chéri?

— Chez monsieur le commissaire... déposer ma plainte et ce portrait, comme preuve des persécutions dont on m'accable.

— Mais de quoi te plaindras-tu?

— De quoi je me plaindrai? Comment! mon ennemi le plus acharné trouvera moyen par des procédés frauduleux... de me forcer à avoir son portrait chez moi, jusque dans mon lit nuptial, et les magistrats ne me prendront pas sous leur égide?... Donnez-moi ce portrait, Anastasie... donnez-le-moi... pas du côté de la peinture... cette vue me révolte! Le traître ne pourra nier... il y a de sa main : *Cabrion à son bon ami Pipelet, pour la vie*... Oui, c'est bien cela... C'est pour avoir ma vie sans doute qu'il me poursuit... et il finira par l'avoir... Je vais vivre dans des alarmes continuelles; je croirai que cet être infernal est là, toujours là! sous le plancher, dans la muraille, au plafond! la nuit, qu'il me regarde dormir aux bras de mon épouse, le jour, qu'il est debout derrière moi, toujours avec son sourire satanique... Et qui me dit qu'en ce moment même il n'est pas ici... tapi quelque part, tapi comme un insecte venimeux? Voyons! y es-tu, monstre? y es-tu? s'écria M. Pipelet en accompagnant cette imprécation furibonde d'un mouvement de tête circulaire, comme s'il eût voulu interroger du regard toutes les parties de la loge.

— J'y suis, bon ami! dit affectueusement la voix bien connue de Cabrion.

Ces paroles semblaient sortir du fond de l'alcôve, grâce à un simple effet de ventriloquie; car l'infernal rapin se tenait en dehors de la porte de la loge, jouissant des moindres détails de cette scène. Pourtant, après avoir prononcé ces derniers mots, il s'esquiva prudemment, non sans laisser, ainsi qu'on le verra plus tard, un nouveau sujet de colère, d'étonnement et de méditation à sa victime.

Madame Pipelet, toujours courageuse et sceptique, visita le dessous du lit, les derniers recoins de la loge sans rien découvrir, explora l'allée sans être plus heureuse dans ses recherches, pendant que M. Pipelet, atterré par ce dernier coup, était retombé assis sur sa chaise, dans un état d'accablement désespéré.

— Ça n'est rien, Alfred, dit Anastasie, qui se montrait toujours très-esprit fort, le gredin était caché près de la porte, et, pendant que nous cherchions d'un côté, il se sera sauvé de l'autre. Patience! je l'attraperai au jour, et alors... gare à lui! Il mangera mon manche à balai!

La porte s'ouvrit, et madame Séraphin, femme de charge du notaire Jacques Ferrand, entra dans la loge.

— Bonjour, madame Séraphin, dit madame Pipelet, qui, voulant cacher à une étrangère ses chagrins domestiques, prit tout à coup un air gracieux et avenant; qu'est-ce qu'il y a pour votre service?

— D'abord, dites-moi donc ce que c'est que votre nouvelle enseigne?

— Notre nouvelle enseigne?

— Le petit écriteau...

— Un petit écriteau?

— Oui, noir, avec des lettres rouges, qui est accroché au-dessus de la porte de votre allée.

— Comment! dans la rue?...

— Mais oui, dans la rue, juste au-dessus de votre porte.

— Ma chère madame Séraphin, je donne ma langue aux chiens, je n'y comprends rien du tout; et toi, vieux chéri?

Alfred resta muet.

— Au fait, c'est M. Pipelet que ça regarde, dit madame Séraphin; il va m'expliquer ça, lui.

Alfred poussa une sorte de gémissement sourd, inarticulé, en agitant son chapeau tromblon.

Cette pantomime signifiait qu'Alfred se reconnaissait incapable de rien expliquer aux autres, étant suffisamment préoccupé d'une infinité de problèmes plus insolubles les uns que les autres.

— Ne faites pas attention, madame Séraphin, reprit Anastasie. Ce pauvre Alfred a sa crampe au pylore, ça le rend tout chose... Mais qu'est-ce que c'est donc que cet écriteau dont vous parliez... peut-être celui du ragomiste d'à côté?

— Mais non, mais non; je vous dis que c'est un petit écriteau accroché tout juste au-dessus de votre porte.

— Allons, vous voulez rire.

— Pas du tout, je viens de le lire en entrant; il y a dessus écrit en grosses lettres : PIPELET ET CABRION FONT COMMERCE D'AMITIÉ ET AUTRES. *S'adresser au portier*.

— Ah! mon Dieu!... Il y a cela écrit au-dessus de notre porte! Entends-tu, Alfred?

M. Pipelet regarda madame Séraphin d'un air égaré; il ne comprenait pas, il ne voulait pas comprendre.

— Il y a cela... dans la rue... sur un écriteau? reprit madame Pipelet, confondue de cette nouvelle audace.

— Oui, puisque je viens de le lire. Alors je me suis dit : « Quelle drôle de chose! M. Pipelet est cordonnier de son état, et il apprend aux passants par une affiche qu'il fait « commerce d'amitié » avec un monsieur Cabrion... Qu'est-ce qu'cela signifie?... Il y a quelque chose là-dessous... ça n'est pas clair. Mais comme il y a sur l'écriteau : « Adressez-vous au portier, » madame Pipelet va m'expliquer cela. » Mais regardez donc, s'écria tout à coup madame Séraphin en s'interrompant, votre mari a l'air de se trouver mal... prenez donc garde! il va tomber à la renverse !...

Madame Pipelet reçut Alfred dans ses bras, à demi pâmé.

Ce dernier coup avait été trop violent; l'homme au chapeau tromblon perdit à peu près connaissance en murmurant ces mots :

— Le malheureux! il m'a publiquement affiché!!

— Je vous le disais, madame Séraphin, Alfred a sa crampe au pylore, sans compter un polisson déchaîné qui le mine à coups d'épingle... Ce pauvre vieux chéri n'y résistera pas! Heureusement, j'ai là une goutte d'absinthe, ça va peut-être le remettre sur ses pattes...

En effet, grâce au remède infaillible de madame Pipelet, Alfred reprit peu à peu ses sens; mais, hélas! à peine renaissait-il à la vie, qu'il fut soumis à une nouvelle et cruelle épreuve.

Un personnage d'un âge mûr, honnêtement vêtu et d'une physionomie si candide, ou plutôt si niaise qu'on ne pouvait supposer la moindre arrière-pensée ironique à ce type de *gobe-mouche* parisien, ouvrit la partie mobile et vitrée de la porte, et dit d'un air singulièrement intrigué :

— Je viens de voir écrit sur un écriteau placé au-dessus de cette allée : « Pipelet et Cabrion font commerce d'amitié et autres. Adressez-vous au portier. Pourriez-vous, s'il vous plaît, me faire l'honneur de m'enseigner ce que cela veut dire, vous qui êtes le portier de la maison?

— Ce que cela veut dire !... s'écria M. Pipelet d'une voix tonnante, en donnant enfin cours à ses ressentiments si longtemps comprimés, cela veut dire que M. Cabrion est un infâme imposteur, *monsieur !*...

Le gobe-mouche, à cette explosion soudaine et furieuse, recula d'un pas.

Alfred, exaspéré, le regard flamboyant, le visage pourpre, avait le corps à demi sorti de sa loge et appuyait ses deux mains crispées au panneau inférieur de la porte, pendant que les figures de madame Séraphin et d'Anastasie se dessinaient vaguement sur le second plan, dans la demi-obscurité de la loge.

— Apprenez, *monsieur!* cria M. Pipelet, que je n'ai aucun commerce avec ce gueux de Cabrion, et celui d'amitié encore moins que tout autre !

— C'est vrai... et il faut que vous soyez depuis bien longtemps en bocal, vieux cornichon que vous êtes, pour venir faire une telle demande ! s'écria aigrement la Pipelet, en montrant sa mine hargneuse au-dessus de l'épaule de son mari.

— Madame, dit sentencieusement le gobe-mouche en reculant d'un autre pas, les affiches sont faites pour être lues. Vous affichez, je lis ; je suis dans mon droit, et vous n'êtes pas dans le vôtre en me disant une grossièreté !

— Grossièreté vous-même... grigou ! riposta Anastasie en montrant les dents.

— Vous êtes une manante !

— Alfred, ton tire-pied, que je prenne mesure de son museau... pour lui apprendre à venir faire le farceur à son âge... vieux paltoquet !

— Des injures, quand on vient vous demander les renseignements que vous indiquez sur votre affiche ! ça ne se passera pas comme ça, madame !

— Mais, *môsieur*... s'écria le malheureux portier.

— Mais, monsieur, reprit le gobe-mouche exaspéré, faites amitié tant qu'il vous plaira avec votre M. Cabrion : mais, corbleu ! ne l'affichez pas en grosses lettres au nez des passants ! Sur ce, je me vois dans l'obligation de vous prévenir que vous êtes un fier malotru, et que je vais déposer ma plainte chez le commissaire.

Et le gobe-mouche s'en alla courroucé.

— Anastasie, dit Pipelet d'une voix dolente, je n'y survivrai pas ; le sens, je suis frappé à mort... alors, cet écriteau est l'espoir de lui échapper. Tu le vois, mon nom est publiquement accolé à celui de ce misérable. Il ose afficher que je suis en commerce d'amitié avec lui, et le public le croit ; j'en informe... je le dis... je le communique... c'est monstrueux... c'est énorme, c'est une idée infernale ; mais il faut que ça finisse... la mesure est comblée... Il faut que lui ou moi succombions dans cette lutte !

Et, surmontant son apathie habituelle, M. Pipelet, déterminé à une vigoureuse résolution, saisit le portrait de Cabrion et s'élança vers la porte.

— Où vas-tu, Alfred ?

— Chez le commissaire. Je vais enlever en même temps cet infâme écriteau ; cet écriteau et ce portrait à la main, je crierai au commissaire : Défendez-moi ! vengez-moi ! délivrez-moi de Cabrion !

— Bien dit, vieux chéri ; remue-toi, secoue-toi ! si tu ne peux pas enlever l'écriteau, dis au rogomiste de t'aider et de te prêter sa petite échelle. Gueux de Cabrion ! Oh ! si je le tenais et si je le pouvais, je le mettrais frire dans ma poêle, tant je voudrais le voir souffrir. Oh ! il y a des gens que l'on guillotine qui ne l'ont pas autant mérité que lui. Le gredin ! je voudrais le voir en Grève, le scélérat !

Alfred fit preuve dans cette circonstance d'une longanimité sublime. Malgré ses terribles griefs contre Cabrion, il eut encore la générosité de manifester quelques sentiments pitoyables à l'égard du rapin.

— Non, dit-il, non, quand même je le pourrais, je ne demanderais pas sa tête !

— Moi, si... si... si, tant pis. Et allez donc ! s'écria la féroce Anastasie.

— Non, reprit Alfred, je n'aime pas le sang, mais j'ai le droit de réclamer la réclusion perpétuelle de cet être malfaisant ; mon repos l'exige, ma santé me le commande... la loi doit m'accorder cette réparation.... sinon, je quitte la France... ma belle France ! Voilà ce qu'on y gagnera.

Et Alfred, abîmé dans sa douleur, sortit majestueusement de sa loge, comme une de ces imposantes victimes de la fatalité antique.

CHAPITRE XII.

Cecily.

Avant de faire assister le lecteur à l'entretien de madame Séraphin et de madame Pipelet, nous le préviendrons qu'Anastasie, sans suspecter le moins du monde la vertu et la dévotion du notaire, blâmait extrêmement la sévérité qu'il avait déployée à l'égard de Louise Morel et de Germain. Naturellement la portière enveloppait madame Séraphin dans la même réprobation ; mais, en habile politique, madame Pipelet, pour des raisons que nous dirons plus bas, dissimulait son éloignement pour la femme de charge sous l'accueil le plus cordial.

Après avoir formellement désapprouvé l'indigne conduite de Cabrion, madame Séraphin reprit :

— Ah çà ! que devient donc M. Bradamanti (*Polidori*) ? Hier soir je lui écris, pas de réponse ; ce matin je viens pour le trouver, personne... J'espère cette heure j'aurai plus de bonheur.

Madame Pipelet feignit la contrariété la plus vive.

— Ah ! par exemple, s'écria-t-elle, faut avoir du guignon !

— Comment ?

— M. Bradamanti n'est pas encore rentré.

— C'est insupportable !

— Hein ! est-ce tannant, ma pauvre madame Séraphin !

— Moi qui ai tant à lui parler !

— Si ça n'est pas comme un sort !

— D'autant plus qu'il faut que j'invente des prétextes pour venir ici ; car si M. Ferrand se doutait jamais que je connais un charlatan, lui qui est si dévot... si scrupuleux... vous jugez... quelle scène !

— C'est comme Alfred : il est si bégueule, si bégueule, qu'il s'effarouche de tout.

— Et vous ne savez pas quand il rentrera, M. Bradamanti ?

Il a donné rendez-vous à quelqu'un pour six ou sept heures du soir ; et il m'a priée de dire à la personne qu'il attend de repasser, s'il n'était pas encore rentré. Revenez dans la soirée, vous serez sûre de le trouver.

Et Anastasie ajouta mentalement : — Compte là-dessus ; dans une heure il sera en route pour la Normandie.

— Je reviendrai donc ce soir, dit madame Séraphin d'un air contrarié. Puis elle ajouta : J'avais autre chose à vous dire, ma chère dame Pipelet. Vous savez ce qui est arrivé à cette drôlesse de Louise, que tout le monde croyait si honnête.

— Ne m'en parlez pas, répondit madame Pipelet en levant les yeux avec componction, ça fait dresser les cheveux sur la tête.

— C'est pour vous dire que nous n'avons plus de servante, et que si par hasard vous entendiez parler d'une jeune fille bien sage, bien bonne travailleuse, bien honnête, vous seriez bien aimable de me l'adresser. Les excellents sujets sont si difficiles à rencontrer, qu'il faut se mettre en quête de vingt côtés pour les trouver.

— Soyez tranquille, madame Séraphin. Si j'entends parler de quelqu'un, je vous préviendrai... Écoutez donc, les bonnes places sont aussi rares que les bons sujets.

Puis Anastasie ajouta, toujours mentalement :

— Plus souvent que je t'enverrai une pauvre fille pour qu'elle crève de faim dans ta baraque ! Ton maître est trop avare et trop méchant : dénoncer du même coup cette pauvre Louise et ce pauvre Germain.

— Je n'ai pas besoin de vous dire, reprit madame Séraphin, combien notre maison est tranquille ; il n'y a qu'à gagner pour une jeune fille à être placée chez nous, et c'est un il a fallu que cette Louise fût un mauvais sujet incarné pour avoir mal tourné, malgré les bons et saints conseils que lui donnait M. Ferrand.

— Bien sûr... Aussi fiez-vous à moi ; si j'entends parler d'une jeunesse comme il vous la faut, je vous l'adresserai tout de suite.

— Il y a encore une chose, reprit madame Séraphin, c'est que M. Ferrand tiendrait, autant que possible, à ce que cette servante n'eût pas de famille, parce qu'ainsi, vous comprenez, n'ayant pas d'occasion de sortir, elle risquerait moins de se d'ranger ; de sorte que, si par hasard cela se trouvait, monsieur préférerait une orpheline, je suppose... d'abord parce que ce serait une bonne action, et puis parce que, je vous l'ai dit, n'ayant ni tenants ni aboutissants, elle n'aurait aucun prétexte pour sortir. Cette misérable Louise est une fière leçon pour monsieur... allez... ma pauvre madame Pipelet ! c'est ce qui maintenant le rend si difficile sur le choix d'une domestique. Un tel esclandre dans une pieuse maison comme la nôtre... quelle horreur ! Allons, à ce soir ; en montant chez M. Bradamanti, j'entrerai chez la mère Burette.

— À ce soir, madame Séraphin, et vous trouverez M. Bradamanti pour sûr.

Madame Séraphin sortit.

— Est-elle acharnée après Bradamanti ! dit madame Pipelet ; qu'est-ce qu'elle peut lui vouloir ? et lui, est-il acharné à ne pas la voir avant son départ pour la Normandie ! J'avais une fière peur qu'elle ne s'en allât pas, la Séraphin, d'autant plus que M. Bradamanti attend la personne qui est déjà venue hier soir. Je n'ai pas pu bien la voir ; mais cette fois-ci je vais tâcher de la dévisager, ni plus ni moins que l'autre jour la particulière de ce commandant de deux liards. Il n'a pas remis les pieds ici ! je vas lui apprendre, je vas lui brûler son bois... oui, je le brûlerai, tout ton bois ! freluquet manqué. Va donc ! avec tes mauvais douze francs et ta robe de chambre de ver luisant ! Ça t'a servi à grand'chose ! Mais qu'est-ce que c'est que cette dame de M. Bradamanti ? Une bourgeoise, ou une femme du commun ? Je voudrais bien savoir, car je suis curieuse comme une pie ; ça n'est pas ma faute, le bon Dieu m'a faite comme ça. Qu'il s'arrange ! voilà mon caractère. Tiens... une idée, et fameuse encore, pour savoir son nom, à cette dame ! Il faudra que j'essaye. Mais qui est-ce qui vient là ? Ah ! c'est mon roi des locataires. Salut ! monsieur Rodolphe, dit madame Pipelet en se mettant au port d'arme, le revers de sa main gauche à sa perruque.

C'était en effet Rodolphe ; il ignorait encore la mort de M. d'Harville.

— Bonjour, madame Pipelet, dit-il en entrant. Mademoiselle Rigolette est-elle chez elle ? J'ai à lui parler.

— Eh ! pauvre petit chat, est-ce qu'elle n'y est pas toujours ! Et son travail, donc ! Est-ce qu'elle chôme jamais !...

— Et comment va la femme de Morel ? Reprend-elle un peu courage ?

— Oui, monsieur Rodolphe. Dame ! grâce à vous ou à un protecteur dont vous êtes l'agent, elle et ses enfants sont si heureux maintenant ! Ils sont comme des poissons dans l'eau : ils ont du feu, de l'air, de bons lits, une bonne nourriture, une garde pour les soigner, sans compter mademoiselle Rigolette, qui, tout en travaillant comme un petit castor, et sans avoir l'air de rien, ne les perd pas de l'œil, allez !... et puis il est venu de votre part un médecin nègre voir la femme de Morel.

Eh ! eh ! eh ! dites donc, monsieur Rodolphe, je me suis dit à moi-même :

Ah çà, mais c'est donc le médecin des charbonniers, ce moricaud-là ? il peut leur tâter le pouls sans se salir les mains. C'est égal, la couleur n'y fait rien : il paraît qu'il est fameux médecin, tout de même ! Il a ordonné une potion à la femme Morel, qui l'a soulagée tout de suite.

— Pauvre femme ! elle doit être toujours bien triste ?

— Oh ! oui, monsieur Rodolphe... Que voulez-vous ? avoir son mari fou... et puis sa Louise en prison. Voyez-vous, sa Louise, c'est son crève-cœur ! pour une famille honnête, c'est terrible... Et quand je pense que tout à l'heure la mère Séraphin, la femme de charge du notaire, est venue ici dire des horreurs de cette pauvre fille ! Si je n'avais pas eu un goujon à lui faire avaler, à la Séraphin, ça ne se serait pas passé comme ça ; mais pour le quart d'heure j'ai filé doux. Est-ce qu'elle n'a pas eu le front de venir me demander si je ne connaîtrais pas une jeunesse pour remplacer Louise chez ce grigou de notaire ?... Sont-ils ronds et avares ! Figurez-vous qu'ils veulent une orpheline pour servante, si ça se rencontre. Savez-vous pourquoi, monsieur Rodolphe ? C'est censé qu'une orpheline, n'ayant pas de parents, n'a pas occasion de sortir pour les voir et qu'elle est bien plus tranquille. Mais ça n'est pas ça, c'est que ces vilains gens voudraient empaumer une pauvre fille qui ne tiendrait à rien, parce que n'ayant personne pour la conseiller, ils la grugeraient sur ses gages tout à leur aise. Pas vrai, monsieur Rodolphe ?

— Oui... oui... répondit celui-ci d'un air préoccupé.

Apprenant que madame Séraphin cherchait une orpheline pour remplacer Louise comme servante auprès de M. Ferrand, Rodolphe entrevoyait dans cette circonstance un moyen peut-être certain d'arriver à la punition du notaire. Pendant que madame Pipelet parlait, il modifiait donc peu à peu le rôle qu'il avait jusqu'alors dans sa pensée décidé à Cecily, principal instrument du juste châtiment qu'il voulait infliger au bourreau de Louise Morel.

J'étais bien sûre que vous penseriez comme moi, reprit madame Pipelet : oui, je le répète, ils ne veulent chez eux une jeunesse isolée pour rogner ses gages ; aussi plutôt mourir que de leur adresser quelqu'un. D'abord je ne connais personne... mais je connaîtrais n'importe qui, que je l'empêcherais d'entrer jamais dans une pareille baraque. N'est-ce pas, monsieur Rodolphe, que j'aurais raison ?

— Madame Pipelet, voulez-vous me rendre un grand service ?

— Dieu de Dieu ! monsieur Rodolphe... faut-il me jeter en travers du feu, friser ma perruque avec de l'huile bouillante ? aimez-vous mieux que je morde quelqu'un ? parlez... je suis toute à vous... moi et mon cœur nous sommes des esclaves... excepté ce qui serait de faire des traits à Alfred...

— Rassurez-vous, madame Pipelet... voilà de quoi il s'agit... J'ai à placer une jeune orpheline... elle est étrangère... elle n'était jamais venue à Paris, et je voudrais la faire entrer chez M. Ferrand...

— Vous me suffoquez !... comment ! dans cette baraque, chez ce vieil avare ?...

— C'est toujours une place... Si la jeune fille dont je vous parle ne s'y trouve pas bien, elle en sortira plus tard... mais au moins elle gagnera tout de suite de quoi vivre... et je serai tranquille sur son compte.

— Dame, monsieur Rodolphe, ça vous regarde, vous êtes prévenu... Si, malgré ça, vous trouvez la place bonne... vous êtes le maître... Et puis aussi, faut être juste, par rapport au notaire : s'il y a du contre, il y a du pour... Il est avare comme un chien, dur comme un âne, bigot comme un sacristain, c'est vrai... mais il est honnête homme comme il n'y en a pas... Il donne peu de gages... mais il les paye rubis sur l'ongle... La nourriture est mauvaise... mais elle est tous les jours la même chose. Enfin, c'est une maison où il faut travailler comme un cheval ; mais c'est une maison où on ne peut pas plus embêtante... où il n'y a jamais de risque qu'une jeune fille prenne des allures... Louise, c'est un hasard.

— Madame Pipelet, je vais confier un secret à votre honneur.

— Foi d'Anastasie Pipelet, née Galimard, aussi vrai qu'il y a un Dieu au ciel... et qu'Alfred ne porte que des habits verts... je serai muette comme une tanche...

— Il ne faudra rien dire à M. Pipelet !...

— Je le jure sur la tête de mon vieux chéri... si le motif est honnête...

— Ah ! madame Pipelet !

— Alors nous lui en ferons voir de toutes les couleurs ; il ne saura rien de rien ; figurez-vous que c'est un enfant de six mois, pour l'innocence et la malice.

— J'ai confiance en vous. Ecoutez-moi donc.

— C'est entre nous à la vie, à la mort, mon roi des locataires... Allez votre train.

— La jeune fille dont je vous parle a fait une faute...

— Connu !... Si je n'avais pas à quinze ans épousé Alfred, j'en aurais peut-être commis des cinquantaines... des centaines de fautes ! Moi, telle que vous me voyez... j'étais un vrai salpêtre déchaîné, avec d'un petit bonhomme ! Heureusement, Pipelet m'a éteinte dans sa vertu... sans ça... je n'aurais fait des folies pour les hommes. C'est pour vous dire que si votre jeune fille n'en a commis qu'une de faute... il y a encore de l'espoir.

— Je le crois aussi. Cette jeune fille était servante, en Allemagne,

chez une de mes parentes ; le fils de cette parente a été le complice de la faute ; vous comprenez ?

— Allllez donc !... je comprends... comme si je l'aurais faite, la faute.

— La mère a chassé la servante ; mais le jeune homme a été assez fou pour quitter la maison paternelle et pour amener cette pauvre fille à Paris.

— Que voulez-vous ?... ces jeunes gens...

— Après le coup de tête sont venues les réflexions, réflexions d'autant plus sages, que le peu d'argent qu'il possédait était mangé. Mon jeune parent s'est adressé à moi ; j'ai consenti à lui donner de quoi retourner auprès de sa mère, mais à condition qu'il laisserait ici cette fille et que je tâcherais de la placer.

— Je n'aurais pas mieux fait pour mon fils... si Pipelet s'était plu à m'en accorder un...

— Je suis enchanté de votre approbation ; seulement, comme la jeune fille n'a pas de répondants et qu'elle est étrangère, il est très-difficile de la placer... Si vous vouliez dire à madame Séraphin qu'un de vos parents, établi en Allemagne, vous a adressé et recommandé cette jeune fille, le notaire la prendrait peut-être à son service ; j'en serais doublement satisfait. Cecily, n'ayant été qu'égarée, se corrigerait certainement dans une maison aussi sévère que celle du notaire... C'est pour cette raison surtout que je tiendrais à la voir, cette jeune fille, entrer chez M. Jacques Ferrand. Je n'ai pas besoin de vous dire que présentée par vous... personne n'est respectable...

— Ah ! monsieur Rodolphe...

— Si estimable...

— Ah ! mon roi des locataires...

— Que cette jeune fille enfin, recommandée par vous, serait certainement acceptée par madame Séraphin, tandis que présentée par moi...

— Connu !... c'est comme si je présentais un petit jeune homme ! Eh bien ! tope... ça me chausse... Allez donc !... enfoncé la Séraphin ! Tant mieux, j'ai une dent contre elle ; je vous réponds de l'affaire, monsieur Rodolphe ! Je lui ferai voir des étoiles en plein midi ; je lui dirai que je ne sais combien de temps j'ai eu une cousine établie en Allemagne, une Galimard : que je viens de recevoir la nouvelle qu'elle est défunte, comme son mari, et que leur fille, qui est orpheline, va me tomber sur le dos d'un jour à l'autre.

— Très-bien... Vous conduirez vous-même Cecily chez M. Ferrand, sans en parler davantage à madame Séraphin. Comme il y a vingt ans que vous n'avez vu votre cousine, vous n'aurez rien à répondre, si ce n'est que depuis son départ pour l'Allemagne vous n'aviez eu d'elle aucune nouvelle.

— Ah çà, mais si la jeunesse ne baragouine que l'allemand ?

— Elle parle parfaitement français. Je lui ferai sa leçon ; ne vous occupez de rien, sinon de recommander très-instamment à madame Séraphin : ou plutôt, j'y songe, non... car elle soupçonnerait peut-être que vous voulez lui forcer la main... Vous le savez, souvent il suffit qu'on demande quelque chose pour qu'on vous refuse...

— A qui le dites-vous !... C'est pour ça que j'ai toujours rembarré les enjôleurs. S'ils m'avaient rien demandé... je ne dis pas...

— Cela arrive toujours ainsi... Ne faites donc aucune proposition à madame Séraphin et voyez-la venir... Dites-lui seulement que Cecily est orpheline, étrangère, très-jeune, très-jolie, qu'elle va être pour vous une bien lourde charge, vu que vous ne vous sentez pour elle qu'une très-médiocre affection, vu que vous étiez brouillée avec votre cousine, et que vous ne concevez rien que comme un cadeau qu'elle vous fait là...

— Dieu de Dieu ! que vous êtes malin !... Mais soyez tranquille, à nous deux nous faisons la paire. Dites donc, monsieur Rodolphe, comme nous nous entendons bien... nous deux !... Quand je pense que si vous aviez été de mon âge dans les temps où j'étais un vrai salpêtre... ma foi, je ne sais pas... et vous ?

— Chut !... Si M. Pipelet...

— Ah bien oui ! Pauvre cher homme, il pense bien à la gaudriole ! Vous ne savez pas... une nouvelle infamie de ce Cabrion ?... Mais je vous dirai cela plus tard... Quant à votre jeune fille, soyez calme... je gage que j'amène la Séraphin à me demander de placer ma parente chez eux.

— Si vous y réussissez, ma chère madame Pipelet, il y a cent francs pour vous. Je ne suis pas riche, mais...

— Est-ce que vous vous moquez du monde, monsieur Rodolphe ? Est-ce que vous croyez que je fais ça par intérêt ? Dieu de Dieu !... c'est de la pure amitié... Cent francs !...

— Mais jugez donc que si j'avais longtemps cette jeune fille à ma charge, cela me coûterait bien plus que cette somme... au bout de quelques mois...

— C'est donc pour vous rendre service que je prendrai les cent francs, monsieur Rodolphe ; mais c'est un fameux quine à la loterie pour nous que vous soyez venu dans la maison. Je puis le crier sur les toits, vous êtes le roi des locataires... Tiens, un fiacre !... C'est sans doute la petite dame de M. Bradamanti... Elle est venue hier, je n'ai pu bien la voir. Je vas l'anterver à lui répondre pour la bien dévisager ; sans compter que j'ai inventé un moyen pour avoir son nom... Vous allez me voir travailler... ça nous amusera.

— Non, non, madame Pipelet, peu m'importent le nom et la figure de cette dame, dit Rodolphe en se reculant dans le fond de la loge.

— Madame! cria Anastasie en se précipitant au-devant de la personne qui entrait, où allez-vous, madame?
— Chez M. Bradamanti, dit la femme visiblement contrariée d'être ainsi arrêtée au passage.
— Il n'y est pas...
— C'est impossible, j'ai rendez-vous avec lui.
— Il n'y est pas...
— Vous vous trompez...
— Je ne me trompe pas du tout... dit la portière en manœuvrant toujours habilement afin de distinguer les traits de cette femme. M. Bradamanti est sorti, bien sorti, très-sorti!... c'est-à-dire excepté pour une dame...
— Eh bien! c'est moi... vous m'impatientez... laissez-moi passer.
— Votre nom, madame?... je verrai bien si c'est le nom de la personne que M. Bradamanti m'a dit de laisser entrer. Si vous ne portez pas ce nom-là... il faudra que vous me passiez sur le corps pour monter.
— Il vous a dit mon nom? s'écria la femme avec autant de surprise que d'inquiétude.
— Oui, madame.
— Quelle imprudence! murmura la jeune femme. Puis, après un moment d'hésitation, elle ajouta impatiemment à voix basse, et comme si elle eût craint d'être entendue : Eh bien! je me nomme madame d'Orbigny.

A ce nom, Rodolphe tressaillit.

C'était le nom de la belle-mère de madame d'Harville.

Au lieu de rester dans l'ombre, il s'avança, et, à la lueur du jour et de la lampe, il reconnut facilement cette femme grâce au portrait que Clémence lui en avait plus d'une fois tracé.
— Madame d'Orbigny? répéta madame Pipelet, c'est bien ça le nom que m'a dit M. Bradamanti; vous pouvez monter, madame.

La belle-mère de madame d'Harville passa rapidement devant la loge.
— Et allilez donc! s'écria la portière d'un air triomphant, enfoncée la bourgeoise!... je sais son nom, elle s'appelle d'Orbigny... pas mauvais le moyen, hein... monsieur Rodolphe? Mais qu'est-ce que vous avez donc? vous voilà tout pensif!
— Cette dame est déjà venue voir M. Bradamanti? demanda Rodolphe à la portière.
— Oui. Hier soir, dès qu'elle a été partie, M. Bradamanti est tout de suite sorti, afin d'aller probablement retenir sa place à la diligence pour aujourd'hui; car hier, en revenant, il m'a priée d'accompagner ce matin sa malle jusqu'au bureau des voitures, parce qu'il ne se fiait pas à ce petit gueux de Tortillard.
— Et où va M. Bradamanti? le savez-vous?
— En Normandie... route d'Alençon.

Rodolphe se souvint que la terre des Aubiers, qu'habitait M. d'Orbigny, était située en Normandie.

Plus de doute, le charlatan se rendait auprès du père de Clémence, nécessairement dans de sinistres intentions!
— C'est son départ, à M. Bradamanti, qui va joliment estiner la Séraphin! reprit madame Pipelet. Elle est comme une enragée pour voir M. Bradamanti, qui l'évite le plus qu'il peut; car il m'a bien recommandé de lui cacher qu'il partait ce soir à six heures; aussi, quand elle va revenir, elle trouvera visage de bois! Et puis du chagrin, allez! il vous coûtera cela... ce monstre de Cabrion a encore fait des siennes...
— Je prendrai toujours part aux chagrins de votre mari, madame Pipelet...

Et Rodolphe, singulièrement préoccupé de la visite de madame d'Orbigny à Polidori, monta chez mademoiselle Rigolette.

CHAPITRE XIII.

Le premier chagrin de Rigolette.

La chambre de Rigolette brillait toujours de la même propreté coquette; la grosse montre d'argent, placée sur la cheminée dans un cartel de buis, marquait quatre heures; la rigueur du froid ayant cessé, l'économe ouvrière n'avait pas allumé son poêle.

A peine de la fenêtre apercevait-on un coin du ciel bleu à travers la masse irrégulière de toits, de mansardes et de hautes cheminées qui de l'autre côté de la rue formait l'horizon.

Tout à coup un rayon de soleil, pour ainsi dire égaré, glissant entre deux pignons élevés, vint pendant quelques instants empourprer d'une teinte resplendissante les carreaux de la chambre de la jeune fille.

Rigolette travaillait assise à côté de la croisée; le doux clair-obscur de son charmant profil se détachait alors sur la transparence lumineuse de la vitre comme une camée d'une blancheur rosée sur un fond vermeil.

De brillants reflets couraient sur sa noire chevelure, tordue derrière sa tête, et manquaient d'une chaude couleur d'ambre l'ivoire de ses petites mains laborieuses, qui maniaient l'aiguille avec une incomparable agilité.

Les longs plis de sa robe brune, sur laquelle tranchait la dentelure d'un tablier vert, cachaient à demi son fauteuil de paille; ses deux jolis pieds, toujours parfaitement chaussés, s'appuyaient au rebord d'un tabouret placé devant elle.

Ainsi qu'un grand seigneur s'amuse quelquefois par caprice à cacher les murs d'une chaumière sous d'éblouissantes draperies, un moment le soleil couchant illumina cette chambrette de mille feux chatoyants, moira de reflets dorés les rideaux de perse grise et verte, fit étinceler le poli des meubles de noyer, miroiter le carrelage du sol comme du cuivre rouge, et entoura d'un grillage d'or la cage des oiseaux de la grisette.

Mais, hélas! malgré la joyeuseté provocante de ce rayon de soleil, les deux canaris mâle et femelle voletaient d'un air inquiet, et contre leur habitude ne chantaient pas.

C'est que, contre son habitude, Rigolette ne chantait pas.

Tous trois ne gazouillaient guère les uns sans les autres. Presque toujours le chant frais et matinal de celle-ci donnait l'éveil aux chansons de ceux-là, qui, plus paresseux, ne quittaient pas leur nid de si bonne heure.

C'étaient alors des défis, des luttes de notes claires, sonores, perlées, argentines, dans lesquelles les oiseaux ne remportaient pas toujours l'avantage.

Rigolette ne chantait plus... parce que pour la première fois de sa vie elle éprouvait un chagrin.

Jusqu'alors l'aspect de la misère des Morel l'avait souvent affectée; mais de tels tableaux sont trop familiers aux classes pauvres pour leur causer des sentiments très-durables.

Après avoir presque chaque jour secouru ces malheureux autant qu'elle le pouvait, sincèrement pleuré pour eux et sur eux, la jeune fille se sentait à la fois satisfaite... émue de ces infortunes... satisfaite de s'y être montrée pitoyable.

Mais ce n'était pas là un chagrin.

Bientôt la gaieté naturelle du caractère de Rigolette reprenait son empire... Et puis, sans égoïsme, mais par un simple fait de comparaison, elle se trouvait si heureuse dans sa petite chambre en sortant de l'horrible réduit de Morel, que sa tristesse éphémère se dissipait bientôt.

Cette mobilité d'impression était si peu entachée de personnalité, que, par un raisonnement d'une touchante délicatesse, la grisette regardait presque comme un devoir de faire la part des plus malheureux qu'elle, pour pouvoir jouir sans scrupule d'une existence bien précaire sans doute, et entièrement acquise par son travail, mais qui, auprès de l'épouvantable détresse de la famille du lapidaire, lui paraissait presque luxueuse.

— Pour chanter sans remords, lorsqu'on a auprès de soi des gens si à plaindre, disait-elle naïvement, il faut leur avoir été aussi charitable que possible.

Avant d'apprendre au lecteur quel était le premier chagrin de Rigolette, nous désirons le rassurer et l'édifier complètement sur la vertu de cette jeune fille.

Nous regrettons d'employer le mot de vertu, mot grave, pompeux, solennel, qui entraîne presque toujours avec soi des idées de sacrifice douloureux, de lutte pénible contre les passions, d'austères méditations sur la fin des choses d'ici-bas.

Telle n'était pas la vertu de Rigolette.

Elle n'avait ni lutté ni médité.

Elle avait travaillé, ri et chanté.

Sa sagesse, ainsi qu'elle le disait simplement et sincèrement à Rodolphe, dépendait surtout d'une question de temps... Elle n'avait pas le loisir d'être amoureuse.

Avant tout, gaie, laborieuse, ordonnée, l'ordre, le travail, la gaieté, l'avaient, à son insu, défendue, soutenue, sauvée.

On trouvera peut-être cette morale légère, facile et joyeuse; mais qu'importe la cause, pourvu que l'effet subsiste?

Qu'importe la direction des racines de la plante, pourvu que sa fleur s'épanouisse pure, brillante et parfumée?...

A propos de notre utopie sur les encouragements, les secours, les récompenses que la société devrait accorder aux artisans remarquables par d'éminentes qualités sociales, nous avons parlé de cet espionnage de la vertu, un des projets de l'empereur.

Supposons cette féconde pensée du grand homme réalisée!...

Un de ces vrais philanthropes, chargés par lui de rechercher le bien, a découvert Rigolette.

Abandonnée, sans conseils, sans appui, exposée à tous les dangers de la pauvreté, à toutes les séductions dont la jeunesse et la beauté sont entourées, cette charmante fille est restée pure ; sa vie honnête, laborieuse, pourrait servir d'enseignement et d'exemple.

Cette enfant ne méritera-t-elle pas, non une récompense, non un secours, mais quelques touchantes paroles d'approbation, d'encouragement, qui lui donneront la conscience de sa valeur, qui la rehausseront à ses propres yeux, qui l'obligeront même pour l'avenir ?

Car elle saura qu'on la suit d'un regard plein de sollicitude et de protection dans la voie difficile où elle marche avec tant de courage et de sérénité.

Car elle saura que si un jour le manque d'ouvrage ou la maladie menaçait de rompre l'équilibre de cette vie pauvre et préoccupée qui repose tout entière sur le travail et sur la santé, un léger secours dû à ses mérites passés lui viendrait en aide.

L'on se récriera sans doute sur l'impossibilité de cette surveillance tutélaire dont seraient entourées les personnes particulièrement dignes d'intérêt par leurs excellents antécédents.

Il nous semble que la société a déjà résolu ce problème.

N'a-t-elle pas imaginé la surveillance de la haute police à vie ou à temps, dans le but, d'ailleurs fort utile, de contrôler incessamment la conduite des personnes dangereuses signalées par leurs détestables antécédents?

Pourquoi la société n'exercerait-elle pas aussi une surveillance de haute charité morale ?

Mais descendons de la sphère des utopies et revenons à la cause du premier chagrin de Rigolette.

Sauf Germain, candide et grave jeune homme, les voisins de la grisette avaient pris tout d'abord son originale familiarité, ses offres de bon voisinage, pour des agaceries très-significatives ; mais ces messieurs avaient été obligés de reconnaître, avec autant de surprise que de dépit, qu'ils trouveraient dans Rigolette un aimable et gai compagnon pour leurs récréations dominicales, une voisine serviable et bonne enfant, mais non pas une maîtresse.

Leur surprise et leur dépit, très-vifs d'abord, cédèrent peu à peu devant la franche et charmante humeur de la grisette ; et puis, ainsi qu'elle l'avait judicieusement dit à Rodolphe, ses voisins étaient fiers le dimanche d'avoir au bras une jolie fille qui leur faisait honneur de plus d'une manière (Rigolette se souciait peu des apparences), et qui ne leur coûtait que le partage de modestes plaisirs dont sa présence et sa gentillesse doublaient le prix.

D'ailleurs la chère fille se contentait si facilement !... dans les jours de pénurie elle dînait si bien et si gaiement avec un beau morceau de galette chaude où elle mordait de toutes les forces de ses petites dents blanches ; avec quoi elle s'amusait tant d'une promenade sur les boulevards ou dans les passages !

Si nos lecteurs ressentent quelque peu de sympathie pour Rigolette, ils conviendront qu'il aurait fallu être bien sot ou bien barbare pour refuser, une fois par semaine, ces modestes distractions à une si gracieuse créature, qui, du reste, n'ayant pas la droit d'être jalouse, n'empêchait jamais ses sigisbés de se consoler de ses rigueurs auprès de belles moins cruelles !

François Germain seul ne fonda aucune folle espérance sur la familiarité de la jeune fille : fôt-ce instinct du cœur ou délicatesse d'esprit, il devina, dès le premier jour, tout ce qu'il pouvait y avoir de ravissant dans la camaraderie singulière que lui offrait Rigolette.

Ce qui devait fatalement arriver arriva.

Germain devint passionnément amoureux de sa voisine, sans oser lui dire un mot de cet amour.

Loin d'imiter ses prédécesseurs, qui, bien convaincus de la vanité de leurs poursuites, s'étaient consolés par d'autres amours, sans pour cela vivre en moins bonne intelligence avec leur voisine, Germain avait délicieusement joui de son intimité avec la jeune fille, passant auprès d'elle non-seulement le dimanche, mais toutes les soirées où il n'était pas occupé. Durant ces longues heures, Rigolette s'était montrée, comme toujours, rieuse et folle ; Germain, tendre, attentif, sérieux, souvent même un peu triste.

Cette tristesse était son seul inconvénient ; car ses manières, naturellement distinguées, ne pouvaient se comparer aux ridicules prétentions de M. Giraudeau, le commis voyageur, ou aux turbulentes excentricités de Cabrion ; mais M. Giraudeau, par son intarissable loquacité, et le peintre par son hilarité non moins intarissable, l'emportaient sur Germain, dont la douce gravité imposait un peu à sa voisine.

Rigolette n'avait donc eu jusqu'alors de préférence marquée pour aucun de ses trois amoureux... Mais comme elle ne manquait pas de jugement, elle trouvait que Germain réunissait seul toutes les qualités nécessaires pour rendre heureuse une femme raisonnable.

Ces antécédents posés, nous dirons pourquoi Rigolette était chagrine, et pourquoi ni elle ni ses oiseaux ne chantaient pas.

Sa fraîche et fraîche figure avait un peu pâli : ses grands yeux noirs, ordinairement gais et brillants, étaient légèrement battus et voilés ; ses traits révélaient une fatigue inaccoutumée. Elle avait employé à travailler une grande partie de la nuit.

De temps à autre, elle regardait tristement une lettre placée toute ouverte sur une table auprès d'elle ; cette lettre venait de lui être adressée par Germain, et contenait ce qui suit :

« Prison de la Conciergerie.

« Mademoiselle,

« Le lieu d'où je vous écris vous dira l'étendue de mon malheur. Je suis incarcéré comme voleur... Je suis coupable aux yeux de tout le monde, et j'ose pourtant vous écrire !

« C'est qu'il me serait affreux de croire que vous me regardez aussi comme un être criminel et dégradé. Je vous en supplie, ne me condamnez pas avant d'avoir lu cette lettre... Si vous me repoussiez... ce dernier coup m'accablerait tout à fait !

« Voici ce qui s'est passé :

« Depuis quelque temps, je n'habitais plus rue du Temple ; mais je savais par la pauvre Louise que la famille Morel, à laquelle vous et moi nous nous intéressions tant, était de plus en plus misérable. Hélas ! ma pitié pour ces pauvres gens m'a perdu ! Je ne m'en repens pas, mais mon sort est bien cruel !...

« Hier, j'étais resté assez tard chez M. Ferrand, occupé d'écritures pressées. Dans la chambre où je travaillais se trouvait un bureau, mon patron y serrait chaque jour la besogne que j'avais faite. Ce soir-là, il paraissait inquiet, agité ; il me dit : — Ne vous en allez pas que ces comptes ne soient terminés, vous les déposerez dans le bureau dont je vous laisse la clef. Et il sortit.

« Mon ouvrage fini, j'ouvris le tiroir pour l'y serrer ; machinalement mes yeux s'arrêtèrent sur une lettre déployée, où je lus le nom de Jérôme Morel, le lapidaire.

« Je l'avoue, voyant qu'il s'agissait de cet infortuné, j'eus l'indiscrétion de lire cette lettre : j'appris ainsi que l'artisan devait être le lendemain arrêté pour une lettre de change de mille trois cents francs, à la poursuite de M. Ferrand, qui, sous un nom supposé, le faisait emprisonner.

« Cet avis était de l'agent d'affaires de mon patron. Je connaissais assez la situation de la famille Morel pour savoir quel coup lui porterait l'incarcération de son seul soutien... Je fus aussi désolé qu'indigné. Malheureusement je vis dans le même tiroir une boîte ouverte, renfermant de l'or ; elle contenait deux mille francs. A ce moment, j'entendis Louise monter l'escalier ; sans réfléchir à la gravité de mon action, profitant de l'occasion que le hasard m'offrait, je pris mille trois cents francs. J'attendis Louise au passage ; je lui mis l'argent dans la main, et lui dis : « On doit arrêter votre père demain au point du jour pour mille trois cents francs, les voici ; sauvez-le, mais ne dites pas que c'est de moi que vous tenez cet argent ; M. Ferrand est un méchant homme !... »

« Vous le voyez, mademoiselle, mon intention était bonne, mais ma conduite coupable ; je ne vous cache rien... Maintenant voici mon excuse.

« Depuis longtemps, à force d'économies, j'avais réalisé et placé chez un banquier une petite somme de mille cinq cents francs. Il y a huit jours, il me prévint que le terme de son obligation envers moi étant arrivé, il tenait mes fonds à ma disposition dans le cas où je ne les lui laisserais pas.

« Je possédais donc plus que le ne prenais au notaire : je pouvais le lendemain toucher mes mille cinq cents francs ; mais le caissier du banquier n'arrivait pas chez mon patron avant midi, et c'est au point du jour qu'on devait arrêter Morel. Il me fallait donc mettre celui-ci en mesure de payer de très-bonne heure ; sinon, lors même que je serais allé dans la journée le tirer de prison, il n'eût pas moins été arrêté et emmené aux yeux de sa femme, que ce dernier coup pouvait achever. De plus, les frais considérables de l'arrestation auraient encore été à la charge du lapidaire. Vous comprenez, n'est-ce pas, que tous ces malheurs m'arrivaient pas si je prenais les treize cents francs, que je croyais pouvoir remettre le lendemain matin dans le bureau, avant que M. Ferrand se fût aperçu de quelque chose. Malheureusement je me suis trompé.

« Je sortis de chez M. Ferrand n'étant plus sous l'impression d'indignation et de pitié qui m'avait fait agir. Je réfléchis à tout le danger de ma position : mille craintes vinrent alors m'assaillir ; je connaissais la sévérité du notaire ; il pouvait, dans cette soirée même, revenir fouiller dans son bureau, s'apercevoir du vol ; car à ses yeux, aux yeux de tous, c'est un vol.

« Ces idées me bouleversèrent ; quoiqu'il fût tard, je courus chez le banquier pour le supplier de me rendre mes fonds à l'instant ; j'aurais ensuite demandé extraordinaire : je serais ensuite retourné chez M. Ferrand remplacer l'argent que j'avais pris.

« Le banquier, par un funeste hasard, était depuis deux jours à Belleville dans une maison de campagne, où il faisait faire des plantations ; j'attendis le jour avec une angoisse croissante, enfin j'arrivai à Belleville. Tout se liguait contre moi : le banquier venait de repartir à l'instant pour Paris ; j'y accours, j'ai enfin mon argent. Je me présente chez M. Ferrand, tout était découvert !

« Mais ce n'est là qu'une partie de mes infortunes. Maintenant le notaire m'accuse de lui avoir volé quinze mille francs en billets de banque, qui étaient, dit-il, dans le tiroir du bureau, avec les deux mille francs en or. C'est une accusation indigne, un mensonge infâme ! Je m'avoue coupable de la première soustraction ; mais, par tout ce qu'il y a de plus sacré au monde, je vous jure, mademoiselle, que je suis innocent de la seconde. Je n'ai vu aucun billet de banque dans ce tiroir : il n'y avait que deux mille francs en or, sur lesquels j'ai pris les treize cents francs que je rapportais.

« Telle est la vérité, mademoiselle : je suis sous le coup d'une accusation accablante, et pourtant j'affirme que vous devez me savoir incapable de mentir... mais me croirez-vous? Hélas! comme m'a dit M. Ferrand, celui qui a volé une faible somme peut en voler une plus forte, et ses paroles ne méritent aucune confiance.

« Je vous ai toujours vue si bonne et si dévouée pour les malheureux, mademoiselle ; je vous sais si loyale et si franche, que votre cœur vous guidera, je l'espère, dans l'appréciation de la vérité. Je ne demande rien de plus... Ajoutez foi à mes paroles, et vous me trouverez aussi à plaindre qu'à blâmer ; car, je le répète, mon intention était bonne, des circonstances impossibles à prévoir m'ont perdu.

« Ah ! mademoiselle Rigolette, je suis bien malheureux ! Si vous saviez au milieu de quelles gens je suis destiné à vivre jusqu'au jour de mon jugement !

« Hier on m'a conduit dans un lieu qu'on appelle le dépôt de préfecture de police. Je ne saurais vous dire ce que j'ai éprouvé lorsqu'après avoir monté un sombre escalier, je suis arrivé devant une porte à guichet de fer que l'on a ouverte et qui s'est bientôt refermée sur moi.

« J'étais si troublé, que je ne distinguai d'abord rien. Un air chaud, nauséabond, m'a frappé au visage ; j'ai entendu un grand bruit de voix mêlé çà et là de rires sinistres, d'accents de colère et de chansons grossières ; je me tenais immobile près de la porte, regardant les dalles de grès de cette salle, n'osant ni avancer ni lever les yeux, croyant que tout le monde m'examinait.

« On ne s'occupait pas de moi : un prisonnier de plus ou de moins inquiète peu ces gens-là. Enfin je me suis hasardé à lever la tête. Quelles horribles figures, mon Dieu ! que de vêtements en lambeaux ! que de haillons souillés de boue ! Tous les dehors de la misère et du vice. Ils étaient là quarante ou cinquante, assis, debout, ou couchés sur des bancs scellés dans le mur, vagabonds, voleurs, assassins, enfin tous ceux qui avaient été arrêtés la nuit ou dans la journée.

« Lorsqu'ils se sont aperçus de ma présence, j'ai éprouvé une triste consolation en voyant qu'ils reconnaissaient que je n'étais pas des leurs. Quelques-uns me regardèrent d'un air insolent et moqueur ; puis ils se mirent à parler entre eux à voix basse je ne sais quel langage hideux que je ne comprenais pas. Au bout d'un moment, le plus audacieux vint me frapper sur l'épaule et me demander de l'argent pour payer ma bienvenue.

« J'ai donné quelques pièces de monnaie, espérant acheter ainsi le repos : cela ne leur a pas suffi, ils ont exigé davantage, j'ai refusé.

BEAUCE.

Germain en prison.

Alors plusieurs m'ont entouré en m'accablant d'injures et de menaces ; ils allaient se précipiter sur moi lorsque heureusement, attiré par le tumulte, un gardien est entré. Je me suis plaint à lui : il a exigé que l'on me rendît l'argent que j'avais donné, et m'a dit que si je voulais le serais, pour une modique somme, conduit à ce qu'on appelle la pistole, c'est-à-dire que je pourrais être seul dans une cellule. J'acceptai avec reconnaissance, et je quittai ces bandits au milieu de leurs menaces pour l'avenir : car nous devions, disaient-ils, nous retrouver, et alors je resterais sur la place.

« Le gardien me mena dans une cellule où je passai le reste de la nuit.

« C'est de là que je vous écris ce matin, mademoiselle Rigolette. Tantôt, après mon interrogatoire, je serai conduit à une autre prison qu'on appelle la Force, où je crains de retrouver plusieurs de mes compagnons du dépôt.

« Le gardien, intéressé par ma douleur et par mes larmes, m'a promis de vous faire parvenir cette lettre, quoique de telles complaisances lui soient très-sévèrement défendues.

« J'attends, mademoiselle Rigolette, un dernier service de votre ancienne amitié, si toutefois vous ne rougissez pas maintenant de cette amitié.

« Dans le cas où vous voudriez bien m'accorder ma demande, la voici :

« Vous recevrez avec cette lettre une petite clef et un mot pour le portier de la maison que j'habite, boulevard Saint-Denis, n° 11. Je le préviens que vous pouvez disposer comme moi-même de tout ce qui m'appartient, et qu'il doit exécuter vos ordres. Il vous conduira dans ma chambre. Vous aurez la bonté d'ouvrir mon secrétaire avec la clef que je vous envoie ; vous trouverez une grande enveloppe renfermant différents papiers que je vous prie de me garder : l'un d'eux vous était destiné, ainsi que vous le verrez par l'adresse. D'autres ont été écrits à propos de vous, et cela dans des temps bien heureux. Ne vous en fâchez pas, vous ne devez jamais les connaître. Je vous prie aussi de prendre le peu d'argent qui est dans ce meuble, ainsi qu'un sachet de satin renfermant une petite cravate de soie orange que vous portiez lors de nos dernières promenades du dimanche, et que vous m'avez donnée le jour où j'ai quitté la rue du Temple.

« Je voudrais enfin qu'à l'exception d'un peu de linge que vous m'enverriez à la Force vous fissiez vendre les meubles et les effets que je possède : acquitté ou condamné, je n'en serai pas moins flétri et obligé de quitter Paris. Où irai-je? quelles seront mes ressources? Dieu le sait.

« Madame Bouvard, qui a déjà vendu et acheté plusieurs objets, se chargerait peut-être de tout ; c'est une honnête femme ; cet arrangement vous épargnerait beaucoup d'embarras, car je sais combien votre temps est précieux.

« J'avais payé mon terme d'avance, je vous prie donc de vouloir bien seulement donner une petite gratification au portier. Pardon, mademoiselle, de vous importuner de tous ces détails, mais vous êtes la seule personne au monde à laquelle j'ose et je puisse m'adresser.

« J'aurais pu réclamer ce service d'un des clercs de M. Ferrand avec lequel je suis assez lié ; mais j'aurais craint son indiscrétion au sujet de divers papiers ; plusieurs vous concernent, comme je vous l'ai dit ; quelques autres ont rapport à de tristes événements de ma vie.

« Ah ! croyez-moi, mademoiselle Rigolette, si vous me l'accordez, cette dernière preuve de votre ancienne affection sera ma seule consolation dans le grand malheur qui m'accable ; malgré moi, j'espère que vous ne me refuserez pas.

« Je vous demande aussi la permission de vous écrire quelquefois... Il me serait si doux, si précieux, de pouvoir épancher dans un cœur bienveillant la tristesse qui m'accable !

« Hélas ! je suis seul au monde ; personne ne s'intéresse à moi. Cet isolement m'était déjà bien pénible, jugez maintenant !...

« Et je suis honnête pourtant... et j'ai la conscience de n'avoir jamais nui à personne, d'avoir toujours, même au péril de ma vie, témoigné de mon aversion pour ce qui était mal... ainsi que vous le verrez par les papiers que je vous prie de garder, et que vous pouvez lire... Mais quand je dirai cela, qui me croira ? M. Ferrand est respecté par tout le monde, sa réputation de probité est établie depuis longtemps, il a un juste grief à me reprocher... il m'écrasera... Je me résigne d'avance à mon sort.

« Enfin, mademoiselle Rigolette, si vous me croyez, vous n'aurez, je l'espère, aucun mépris pour moi, vous me plaindrez, et vous penserez quelquefois à un ami sincère. Alors, si je vous fais bien... bien pitié, peut-être vous pousserez la générosité jusqu'à venir un jour... un dimanche (hélas ! que de souvenirs ce mot me rappelle !), jusqu'à venir un dimanche affronter le parloir de ma prison. Mais non, non, vous revoir dans un pareil lieu... je n'oserais jamais... Pourtant, vous êtes si bonne... que...

« Je suis obligé d'interrompre cette lettre et de vous l'envoyer ainsi avec la clef et le petit mot pour le portier, que je vais écrire à la hâte. Le gardien vient m'avertir que je vais être conduit devant le juge... Adieu, adieu, mademoiselle Rigolette... ne me repoussez pas... je n'ai d'espoir qu'en vous, qu'en vous seule !   FRANÇOIS GERMAIN.

« P. S. — Si vous me répondez, adressez votre lettre à la prison de la Force. »

La veuve du supplicié.

On comprend maintenant la cause du premier chagrin de Rigolette. Son cœur excellent s'était profondément ému d'une infortune dont elle n'avait eu jusqu'alors aucun soupçon. Elle croyait aveuglément à l'entière véracité du récit de Germain, ce fils infortuné du Maître d'école.

Assez peu rigoriste, elle trouvait même que son ancien voisin s'exagérait énormément sa faute. Pour sauver un malheureux père de famille, il avait pris de l'argent qu'il savait pouvoir rendre. Cette action, aux yeux de la grisette, n'était que généreuse.

Par une de ces contradictions naturelles aux femmes, et surtout aux femmes de sa classe, cette jeune fille, qui jusqu'alors n'avait éprouvé pour Germain, comme pour ses autres voisins, qu'une cordiale et joyeuse amitié, ressentit pour lui une vive préférence.

Dès qu'elle le sut malheureux... injustement accusé et prisonnier, ce souvenir effaça celui de ses anciens rivaux.

Chez Rigolette, ce n'était pas encore l'amour, c'était une affection vive, sincère, remplie de commisération et de dévouement résolu ; sentiment très-nouveau pour elle en raison même de l'amertume qui s'y joignait.

Telle était la situation morale de Rigolette, lorsque Rodolphe entra dans sa chambre, après avoir discrètement frappé à la porte.

CHAPITRE XIV.

Amitié.

— Bonjour, ma voisine, dit Rodolphe à Rigolette ; je ne vous dérange pas ?
— Non, mon voisin ; je suis au contraire très-contente de vous voir, car j'ai beaucoup de chagrin.
— En effet, je vous trouve pâle, vous semblez avoir pleuré.
— Je crois bien que j'ai pleuré !... Il y a de quoi ! Pauvre Germain ! Tenez, lisez. Et Rigolette remit à Rodolphe la lettre du prisonnier. Si ce n'est pas à fendre le cœur ! Vous m'avez dit que vous vous intéressiez à lui... voilà le moment de le montrer, ajouta-t-elle pendant que Rodolphe lisait attentivement. Faut-il que ce vilain M. Ferrand soit acharné après tout le monde ! D'abord ça a été contre Louise, maintenant c'est contre Germain. Oh ! je ne suis pas méchante ; mais il arriverait quelque bon malheur à ce notaire, que j'en serais contente. Accuser un si honnête garçon de lui avoir volé 15,000 francs ! Germain ! lui ! la probité en personne !... et puis, si rangé, si doux, si triste. Va-t-il être à plaindre, mon Dieu ! au milieu de tous ces scélérats, dans sa prison ! Ah ! monsieur Rodolphe, d'aujourd'hui je commence à voir que tout n'est pas couleur de rose dans la vie.

— Et que comptez-vous faire, ma voisine ?

— Ce que je compte faire ?... mais tout ce que Germain me demande ; et cela le plus tôt possible. Je serais déjà partie sans cet ouvrage très-pressé que je finis, et que je vais porter tout à l'heure rue Saint-Honoré, en me rendant à la chambre de Germain chercher les papiers dont il me parle. J'ai passé une partie de la nuit à travailler pour gagner quelques heures d'avance. Je vais avoir tant de choses à faire en dehors de mon ouvrage, qu'il faut que je me mette en mesure. D'abord madame Morel voudrait que je puisse voir Louise dans sa prison. C'est peut-être très-difficile, mais enfin je tâcherai... Malheureusement je ne sais pas seulement à qui m'adresser...

— J'avais songé à cela.

— Vous, mon voisin ?

— Voici une permission.

— Quel bonheur ! Est-ce que vous ne pourriez pas m'en avoir une aussi pour la prison de ce malheureux Germain ?... ça lui ferait tant de plaisir !

— Je vous donnerai aussi les moyens de voir Germain.

— Oh ! merci, monsieur Rodolphe.

— Vous n'aurez donc pas peur d'aller dans sa prison ?

— Bien sûr le cœur me battra très-fort la première fois... Mais c'est égal. Est-ce que, quand Germain était heureux, je ne le trouvais pas toujours prêt à aller au-devant de toutes mes volontés, à me mener au spectacle ou promener, à me faire la lecture le soir, à m'aider à arranger mes caisses de fleurs, à cirer ma chambre ? Eh bien ! il est dans la peine, c'est à mon tour maintenant. Un pauvre petit rat comme moi ne peut pas grand'chose, je le sais, mais enfin tout ce que je pourrai, je le ferai, il peut y compter ; il verra si je suis bonne amie. Tenez, monsieur Rodolphe, il y a une chose qui me désole, c'est sa défiance. Me croire capable de le mépriser, moi ! je vous demande un peu pourquoi. Ce vieil avare de notaire l'accuse d'avoir volé ; qu'est-ce que ça me fait ?... je sais bien que ce n'est pas vrai. La lettre de Germain ne m'aurait pas prouvé clair comme le jour qu'il est innocent, que je ne l'aurais pas cru coupable ; il n'y a qu'à le voir, qu'à le connaître, pour être sûr qu'il est incapable d'une vilaine action. Il faut être aussi méchant que M. Ferrand pour soutenir des faussetés pareilles.

— Bravo ! ma voisine, j'aime votre indignation.

— Oh ! tenez, je voudrais être homme pour pouvoir aller trouver ce notaire, et lui dire : — Ah ! vous soutenez que Germain vous a volé, eh bien ! tenez, voilà pour vous, vieux menteur ! il ne vous volera pas cela, toujours ! Et pan ! pan ! pan ! je le battrais comme plâtre.

— Vous avez une justice très-expéditive, dit Rodolphe en souriant de l'animation de Rigolette.

— C'est que ça révolte aussi ; et, comme dit Germain dans sa lettre, tout le monde sera du parti de son patron contre lui, parce que son patron est riche, considéré, et que Germain n'est qu'un pauvre jeune homme sans protection, à moins que vous ne veniez à son secours, monsieur Rodolphe, vous qui connaissez des personnes si bienfaisantes. Est-ce qu'il n'y aurait pas à faire quelque chose ?

— Il faut qu'il attende son jugement. Une fois acquitté, comme je le crois, de nombreuses preuves d'intérêt lui seront données, je vous l'assure. Mais, écoutez, ma voisine, je sais par expérience qu'on peut compter sur votre discrétion.

— Oh ! oui, monsieur Rodolphe ; je n'ai jamais été bavarde.

— Eh bien ! il faut que personne ne sache, et que Germain lui-même ignore que des amis veillent sur lui... car il a des amis.

— Vraiment ?

— De très-puissants, de très-dévoués.

— Ça lui donnerait tant de courage de le savoir !

— Sans doute ; mais il ne pourrait peut-être pas s'en taire. Alors M. Ferrand, effrayé, se mettrait sur ses gardes, sa défiance s'éveillerait, et, comme il est très-adroit, il deviendrait difficile de l'atteindre ; ce qui serait fâcheux, car il faut non-seulement que l'innocence de Germain soit reconnue, mais que son calomniateur soit démasqué.

— Je vous comprends, monsieur Rodolphe.

— Il en est de même de Louise ; je vous apportais cette permission de la voir, afin que vous la priiez de ne parler à personne de ce qu'elle m'a révélé ; elle saura ce que cela signifie.

— Cela suffit, monsieur Rodolphe.

— En un mot, que Louise se garde de se plaindre dans sa prison de la méchanceté de son maître, c'est très-important. Mais elle devra ne rien cacher à un avocat qui viendra de ma part s'entendre avec elle pour sa défense ; faites-lui bien toutes ces recommandations.

— Soyez tranquille, mon voisin, je n'oublierai rien, j'ai bonne mémoire. Mais je parle de bonté ! c'est vous qui êtes bon et généreux ! Quelqu'un est-il dans la peine, vous vous trouvez tout de suite là.

— Je vous l'ai dit, ma voisine, je ne suis qu'un pauvre commis marchand ; mais quand, en flânant de côté et d'autre, je trouve de braves gens qui méritent protection, j'en instruis une personne bienfaisante qui a toute confiance en moi, et on les secourt. Ça n'est pas plus malin que ça.

— Et où logez-vous, maintenant que vous avez cédé votre chambre aux Morel ?

— Je loge... en garni.

— Oh ! que je détesterais ça ! Être où a été tout le monde, c'est comme si tout le monde avait été chez vous.

— Je n'y suis que la nuit, et alors...

— Je conçois, c'est moins désagréable. Ce que c'est que de nous, pourtant, monsieur Rodolphe ! Mon chez-moi me rendait si heureuse ! je m'étais arrangé une petite vie si tranquille, que je n'aurais jamais cru possible d'avoir un chagrin, et vous voyez pourtant !... Non, je ne peux pas vous dire le coup que le malheur de Germain m'a porté. J'ai vu les Morel et d'autres encore bien à plaindre, c'est vrai ; mais enfin la misère est la misère, entre pauvres gens on s'y attend, ça ne surprend pas, et l'on s'entr'aide comme on peut. Aujourd'hui c'est l'un, demain c'est l'autre. Quant à soi, avec du courage et de la gaieté, on se tire d'affaire. Mais voir un pauvre jeune homme, honnête et bon, qui a été votre ami pendant longtemps, le voir accusé de vol et emprisonné pêle-mêle avec des scélérats !... ah ! dame, monsieur Rodolphe, vrai, je suis sans force contre ça, c'est un malheur auquel je n'avais jamais pensé, ça me bouleverse.

Et les grands yeux de Rigolette se voilèrent de larmes.

— Courage ! courage ! votre gaieté reviendra quand votre ami sera acquitté.

— Oh ! il faudra bien qu'il soit acquitté. Il n'y aura qu'à lire aux juges la lettre qu'il m'a écrite : ça suffira, n'est-ce pas, monsieur Rodolphe ?

— En effet, cette lettre est si simple et si touchante à tout le caractère de la vérité ; il faudra même que vous m'en laissiez prendre copie, cela sera nécessaire à la défense de Germain.

— Certainement, monsieur Rodolphe. Si je n'écrivais pas comme un vrai chat, malgré les leçons qu'il m'a données, ce bon Germain, je vous proposerais de vous la copier ; mais mon écriture est si grosse, si de travers, et puis il y a tant, tant de fautes !...

— Je vous demanderai de me confier seulement la lettre jusqu'à demain.

— La voilà, mon voisin, mais vous y ferez bien attention, n'est-ce pas ? J'ai brûlé tous les billets doux que M. Cabrion et M. Giraudeau m'écrivaient dans les commencements de notre connaissance, avec des cœurs enflammés et des colombes sur le haut du papier, parce qu'ils croyaient que je me laisserais prendre à leurs cajoleries ; mais cette pauvre lettre de Germain je la garderai soigneusement, et les autres aussi, s'il m'en écrit. Car enfin, n'est-ce pas, monsieur Rodolphe, ça prouve en ma faveur qu'il me demande ces petits services ?

— Sans doute, cela prouve que vous êtes la meilleure petite amie qu'on puisse désirer. Mais j'y songe, au lieu d'aller tout à l'heure seule chez M. Cabrion, voulez-vous que je vous accompagne ?

— Avec plaisir, mon voisin. La nuit vient, et le soir j'aime autant ne pas être seule dans les rues ; sans compter qu'il faut que je porte de l'ouvrage près du Palais-Royal. Mais d'aller si loin, ça va vous fatiguer et vous ennuyer peut-être ?

— Pas du tout... nous prendrons un fiacre.

— Vraiment ! oh ! comme ça m'amuserait d'aller en voiture si je n'avais pas de chagrin ! Et il faut que j'en aie, du chagrin, car voilà la première fois depuis que je suis ici que je n'ai pas chanté de la journée. Mes oiseaux en sont tout interdits. Pauvres petites bêtes ! ils ne savent pas ce que cela signifie ; deux ou trois fois papa Crétu a chanté un peu pour m'agacer ; j'ai voulu lui répondre, Ramonette a recommencé, mais je n'ai pas pu lui répondre davantage.

— Quels singuliers noms vous avez donnés à vos oiseaux, papa Crétu et Ramonette ?

— Dame, monsieur Rodolphe, mes oiseaux font la joie de ma solitude, ce sont mes meilleurs amis ; je leur ai donné le nom des braves gens qui ont fait la joie de mon enfance et qui ont été aussi mes meilleurs amis ; sans compter, pour achever la ressemblance, que papa Crétu et Ramonette étaient gais et chantaient comme les oiseaux du bon Dieu.

— Ah ! maintenant, en effet, je me souviens, vos parents adoptifs s'appelaient ainsi.

— Oui, mon voisin ; ces noms sont ridicules pour des oiseaux, je le sais, mais ça ne regarde que moi. Tenez, c'est encore là ce que j'ai vu que Germain avait bien bon cœur.

— Comment donc ?

— Certainement : M. Giraudeau et M. Cabrion... M. Cabrion surtout ; étaient toujours à faire des plaisanteries sur les noms de mes oiseaux ; appeler un serin papa Crétu, voyez donc ! M. Cabrion n'en revenait pas, et il partait de là pour faire des gorges chaudes à n'en plus finir. Si c'était un coq, disait-il, à la bonne heure vous pourriez l'appeler Crétu. C'est comme le nom de la serine, Ramonette ; ça ressemble à Ramona. Enfin il m'a si fort impatientée que j'ai été deux dimanches sans vouloir sortir avec lui pour lui apprendre, et je lui ai dit très-sérieusement que s'il ne recommençait ses moqueries, qui me faisaient de la peine, nous n'irions plus jamais ensemble.

— Quelle courageuse résolution !

— Ça m'a coûté, allez, monsieur Rodolphe, moi qui attendais mes sorties du dimanche comme le Messie ; j'avais le cœur bien gros de rester toute seule par un temps superbe ; mais, c'est égal, j'aimais encore mieux sacrifier mon dimanche que de continuer à entendre M. Cabrion se moquer de ce que respectais. Après ça, certainement que, sans l'idée que j'y attachais, j'aurais préféré donner d'autres noms à mes oiseaux. Tenez, il y a surtout un nom que j'aurais aimé à l'adoration, Colibri... Eh bien ! je m'en suis privée, parce que jamais je n'appellerai les oiseaux que j'aurai autrement que Crétu et Ramonette ; sinon il me semblerait que je sacrifie, que j'oublie mes bons parents adoptifs, n'est-ce pas, monsieur Rodolphe ?

— Vous avez raison, mille fois raison. Et Germain ne se moquait pas de ces noms, lui ?

— Au contraire ; seulement la première fois ils lui ont semblé drôles, ainsi qu'à tout le monde : c'était tout simple ; mais, quand je lui ai expliqué mes raisons, comme je les avais pourtant expliquées à M. Cabrion, les larmes lui en sont venues aux yeux. De ce jour-là je me suis dit : M. Germain est un bien bon cœur ; il n'a contre lui que sa tristesse. Et voyez-vous, monsieur Rodolphe, ça m'a porté malheur de lui reprocher sa tristesse. Alors je ne comprenais pas qu'on pût être triste, maintenant je ne le comprends que trop. Mais voilà mon paquet fini, mon ouvrage prêt à emporter. Voulez-vous me donner mon châle, mon voisin ? il ne fait pas assez froid pour prendre un manteau, n'est-ce pas ?

— Nous allons en voiture et je vous ramènerai.

— C'est vrai, nous irons et nous reviendrons plus vite ; ce sera toujours ça de temps gagné.

— Mais, j'y songe, comment allez-vous faire ? votre travail va souffrir de vos visites aux prisons ?

— Oh ! que non, que non, j'ai fait mon compte. D'abord j'ai mes dimanches à moi ; j'irai voir Louise et Germain ces jours-là, ça me servira de promenade et de distraction ; ensuite, dans la semaine, je retournerai à la prison une ou deux autres fois ; chacune me prendra trois bonnes heures, n'est-ce pas ? Eh bien, pour me trouver à mon aise, je travaillerai une heure de plus par jour, je me coucherai à minuit au lieu de me coucher à onze heures ; ça me fera un gain tout clair de sept ou huit heures par semaine, que je pourrai dépenser pour aller voir Louise et Germain. Vous voyez, je suis plus riche que je n'en ai l'air, ajouta Rodolphe en souriant.

— Et vous ne craignez pas que cela vous fatigue ?

— Bah ! je m'y ferai, on se fait à tout. Et puis ça ne durera pas toujours.

— Voilà votre châle, ma voisine. Je ne serai pas aussi indiscret qu'hier, je n'approcherai pas trop mes lèvres de ce cou charmant.

— Ah ! mon voisin, hier, c'était hier, on pouvait rire ; mais aujourd'hui c'est différent. Prenez garde de me piquer.

— Allons, l'épingle est tordue.

— Eh bien ! prenez-en une autre, là, sur la pelote. Ah ! j'oubliais, voulez-vous être bien gentil, mon voisin ?

— Ordonnez, ma voisine.

— Taillez-moi une bonne plume, bien grosse, pour que je puisse, en rentrant, écrire à ce pauvre Germain que ses commissions sont faites. Il aura ma lettre demain de bonne heure à la prison, ça lui fera un bon réveil.

— Et où sont vos plumes ?

— Là, sur la table, le canif est dans le tiroir. Attendez, je vais vous allumer ma bougie, car il commence à n'y plus faire clair.

— Ça ne sera pas de refus pour tailler la plume.

— Et puis il faut que je puisse attacher mon bonnet.

Rigolette fit pétiller une allumette chimique et alluma un bout de bougie dans un petit bougeoir bien luisant.

— Diable, de la bougie, ma voisine ! quel luxe !

— Pour ce que j'en brûle, ça me coûte une idée plus cher que de la chandelle, et c'est bien plus propre.

— Pas plus cher ?

— Mon Dieu, non ! J'achète ces bouts de bougie à la livre, et une demi-livre me fait presque mon année.

— Mais, dit Rodolphe en taillant soigneusement la plume, pendant que la grisette nouait son bonnet devant son miroir, je ne vois pas de préparatifs pour votre dîner.

— Je n'ai pas l'ombre de faim. J'ai pris une tasse de lait ce matin, j'en prendrai une ce soir avec un peu de pain, j'en aurai bien assez.

— Vous ne voulez pas venir sans façon dîner avec moi en sortant de chez Germain ?

— Je vous remercie, mon voisin, j'ai le cœur trop gros ; une autre fois, avec plaisir. Tenez, la veille du jour où ce pauvre Germain sortira de prison, je vous invite, et après vous me mènerez au spectacle. Est-ce dit ?

— C'est dit, ma voisine ; je vous assure que je n'oublierai pas cet engagement. Mais aujourd'hui vous me refusez ?

— Oui, monsieur Rodolphe, je vous serais une compagnie trop maussade, sans compter que ça me prendrait beaucoup de temps. Pensez donc... c'est surtout maintenant que je ne faut pas que je fasse la paresseuse, et que je dépense un quart d'heure mal à propos.

— Allons, je renonce à ce plaisir... pour aujourd'hui.

— Tenez, voilà mon paquet, mon voisin ; passez devant, je fermerai la porte.

— Voici une plume excellente. Maintenant, votre paquet.

— Prenez garde de le chiffonner, c'est du pou-de-soie, ça garde le

pli ; tenez-le à votre main, comme ça, légèrement. Bien, passez, je vous éclairerai.

Et Rodolphe descendit, précédé de Rigolette.

Au moment où le voisin et la voisine passèrent devant la loge du portier, ils virent M. Pipelet qui, les bras pendants, s'avançait vers eux du fond de l'allée : d'une main il tenait l'enseigne qui annonçait au public qu'il ferait commerce d'amitié avec Cabrion, de l'autre main il tenait le portrait du damné peintre.

Le désespoir d'Alfred était si écrasant, que son menton touchait à sa poitrine, et qu'on n'apercevait que le fond immense de son chapeau-trombion.

En le voyant venir ainsi, la tête baissée, vers Rodolphe et Rigolette, on eût dit un bélier ou un brave champion breton se préparant au combat.

Anastasie parut bientôt sur le seuil de sa loge, et s'écria à l'aspect de son mari :

— Eh bien ! vieux chéri, te voilà donc ! Qu'est-ce qu'il t'a dit le commissaire ? Alfred ! Alfred ! mais fais donc attention, tu vas poquer dans mon roi des locataires qui te crève les yeux. Pardon, monsieur Rodolphe, c'est ce gueux de Cabrion qui l'abrutit de plus en plus. Il le fera bien sûr, tourner en bourrique, ce vieux chéri !!! Alfred, mais réponds donc !

A cette voix chère à son cœur, M. Pipelet releva la tête ; ses traits étaient empreints d'une sombre amertume.

— Qu'est-ce qu'il t'a dit, le commissaire ? reprit Anastasie.

— Anastasie, il faudra rassembler le peu que nous possédons, serrer nos amis dans nos bras, faire nos malles... et nous expatrier de Paris... de la France... de ma belle France ! car, sûr maintenant de l'impunité le monstre est capable de me poursuivre partout... dans toute l'étendue des départements du royaume...

— Comment ! le commissaire ?

— Le commissaire ! s'écria M. Pipelet avec une indignation courroucée, le commissaire !... il m'a ri au nez...

— A toi... un homme d'âge, un Alfred si respectable que tu en paraîtrais bête comme une oie si on ne connaissait pas tes vertus !...

— Eh bien ! malgré cela, lorsque j'eus respectueusement déposé devant lui mon amas de plaintes et de griefs contre cet infernal Cabrion... ce magistrat, après avoir regardé en riant... oui, en riant... et, j'ose le dire, en riant indécemment... l'enseigne et le portrait que j'apportais comme pièces justificatives, ce magistrat m'a répondu :

— Mon brave homme, ce Cabrion est un très-drôle de corps, c'est un mauvais farceur ; ne faites pas attention à ses plaisanteries. Je vous conseille, moi, tout bonnement, d'en rire, car il y a vraiment de quoi...

— D'en rire, *monsieur* ! me suis-je écrié, d'en rire !... mais le chagrin me dévore... mais ce gueux-là empoisonne mon existence... m'affiche, il me fera perdre la raison... je demande qu'on l'enferme qu'on l'exile... au moins de ma rue.

A ces mots, le commissaire a souri, et m'a obligeamment montré la porte... J'ai compris ce geste du magistrat... et me voici.

— Magistrat de rien du tout !... s'écria madame Pipelet.

— Tout est fini, Anastasie... tout est fini... plus d'espoir ! Il n'y a plus de justice en France, je suis atrocement sacrifié !...

Et, pour péroraison, M. Pipelet lança de toutes ses forces l'enseigne et le portrait sur le sol.

Rodolphe et Rigolette avaient, dans l'ombre, un peu souri du désespoir de M. Pipelet.

Après avoir adressé quelques mots de consolation à Alfred, qu'Anastasie calmait de son mieux, le roi des locataires quitta la maison de la rue du Temple avec Rigolette, et tous deux montèrent en fiacre pour se rendre chez François Germain.

CHAPITRE XV.

Le testament.

François Germain demeurait boulevard Saint-Denis, n° 11. Nous rappellerons au lecteur, qui l'a sans doute oublié, que madame Matthieu, courtière en diamants dont nous avons parlé à propos de Morel le lapidaire, logeait dans la même maison que Germain.

Pendant le long trajet de la rue du Temple à la rue Saint-Honoré, où demeurait la maîtresse couturière à qui Rigolette allait rapporter son ouvrage, Rodolphe put apprécier davantage encore l'excellent naturel de la jeune fille. Ainsi que les caractères instinctivement bons et dévoués, elle n'avait pas la conscience de la délicatesse, de la générosité de sa conduite, qui lui semblait fort simple.

Rien n'eût été plus facile à Rodolphe que de libéralement assurer le présent et l'avenir de Rigolette, et de la mettre ainsi à même d'aller charitablement consoler Louise et Germain, sans qu'elle se préoccupât du temps que ses visites déroberaient à son travail, son unique ressource ; mais le prince craignait d'affaiblir le mérite du dévouement de la grisette en le rendant trop facile ; bien décidé à récompenser les quali-

rares et charmantes qu'il avait découvertes en elle, il voulait la suivre jusqu'au terme de cette nouvelle et intéressante épreuve.

Est-il besoin de dire que, dans le cas où la santé de la jeune fille se fût le moins du monde altérée par le surcroît de travail qu'elle s'imposait vaillamment pour consacrer quelques heures chaque semaine à la fille du lapidaire et au fils du Maître d'école, Rodolphe fût à l'instant venu au secours de sa protégée ?

Il étudiait avec autant de bonheur que d'émotion ce caractère si naturellement heureux et si peu habitué au chagrin, que çà et là un éclair de gaieté venait l'illuminer encore.

Au bout d'une heure environ, le fiacre, de retour dans la rue Saint-Honoré, s'arrêta boulevard Saint-Denis, n° 11, devant une maison de modeste apparence.

Rodolphe aida Rigolette à descendre; celle-ci entra chez le portier et lui communiqua les intentions de Germain, sans oublier la gratification promise. Grâce à l'aménité de son caractère, le fils du Maître d'école était partout aimé. Le confrère de M. Pipelet fut consterné d'apprendre que la maison perdait un locataire si honnête et si tranquille... Telles furent ses expressions.

La grisette, munie d'une lumière, rejoignit son compagnon, le portier ne devant monter que quelque temps après pour recevoir ses dernières instructions.

La chambre de Germain était située au quatrième étage. En arrivant devant la porte, Rigolette dit à Rodolphe, en lui donnant la clef :

— Tenez, mon voisin... ouvrez; la main me tremble trop... Vous allez vous moquer de moi; mais, en pensant que ce pauvre Germain ne reviendra plus jamais ici... il me semble que je vais entrer dans la chambre d'un mort.

— Soyez donc raisonnable, ma voisine, n'ayez pas de ces idées-là !

— J'ai tort, mais c'est plus fort que moi... Et elle essuya une larme.

Sans être aussi ému que sa compagne, Rodolphe éprouvait néanmoins une impression pénible en pénétrant dans ce modeste réduit.

Sachant de quelles détestables obsessions les complices du Maître d'école avaient poursuivi et poursuivaient peut-être encore Germain, il pressentait que cet infortuné avait dû passer de bien tristes heures dans cette solitude.

Rigolette posa la lumière sur une table.

Rien de plus simple que l'ameublement de cette chambre de garçon, composé d'une couchette, d'une commode, d'un secrétaire de noyer, de quatre chaises de paille et d'une table; des rideaux de coton blanc drapaient les fenêtres et l'alcôve; pour tout ornement on voyait sur la cheminée une carafe et un verre.

À l'affaissement du lit, qui n'était pas défait, on s'apercevait que Germain avait dû s'y jeter quelques instants tout habillé pendant la nuit qui avait précédé son arrestation.

— Pauvre garçon ! dit tristement Rigolette en examinant avec intérêt l'intérieur de la chambre, on voit bien qu'il ne m'a plus pour sa voisine... C'est rangé, mais ça n'est pas soigné : il y a de la poussière partout, les rideaux sont enfumés, les vitres sont ternes, le carreau n'est pas ciré... Ah ! quelle différence ! rue du Temple, ça n'était pas plus beau, mais c'était plus gai, parce que tout brillait de propreté, comme chez moi...

— C'est qu'aussi vous étiez là pour donner vos avis.

— Mais voyez donc ! s'écria Rigolette en montrant le lit, il ne s'est pas couché l'autre nuit, tant il était inquiet. Tenez, ce mouchoir qu'il a laissé là, il a été tout trempé de larmes. Ça se voit bien... Et elle le prit en ajoutant : Germain a gardé une petite cravate de soie orange que je lui ai donnée quand nous étions heureux ; moi, je garderai ce mouchoir en souvenir de ses malheurs ; je suis sûr qu'il ne s'en fâchera pas...

— Au contraire, il sera très-heureux de ce témoignage de votre affection.

— Maintenant songeons aux choses sérieuses : je ferai tout à l'heure un paquet du linge que je trouverai dans la commode, afin de le lui porter en prison ; la mère Bouvard, que j'enverrai ici demain, s'arrangera du reste... Je vais d'abord ouvrir le secrétaire pour y prendre les papiers et l'argent que Germain me prie de lui garder.

— Mais j'y songe, dit Rodolphe, Louise Morel m'a remis hier les 1,300 francs que vous ou que Germain lui avait donnés pour acquitter la dette du lapidaire, que j'avais déjà payée; j'ai cet argent : il appartient à Germain, puisqu'il a remboursé le notaire; je vais vous le remettre, vous le joindrez à celui dont vous allez être dépositaire.

— Comme vous voudrez, monsieur Rodolphe ; pourtant, j'aimerais presque autant ne pas avoir chez moi une si grosse somme ; il y a tant de voleurs maintenant !... Des papiers, à la bonne heure... on n'a rien à craindre, mais de l'argent... c'est dangereux.

— Vous avez peut-être raison, ma voisine ; voulez-vous que je me charge de cette somme? Si Germain a besoin de quelque chose, vous me le ferez savoir tout de suite ; je vous laisserai mon adresse et je vous enverrai ce qu'il vous faudra.

— Tenez, mon voisin, je n'aurais pas osé vous prier de nous rendre ce service ; cela vaut bien mieux ; il vous remettra aussi ce qui proviendra de la vente des effets. Voyons donc ces papiers, dit la jeune fille en ouvrant le secrétaire et plusieurs tiroirs. Ah ! c'est probablement cela.

Voici une grosse enveloppe. Ah ! mon Dieu ! voyez donc, monsieur Rodolphe, comme c'est triste ce qu'il y a d'écrit dessus.

Et elle lut d'une voix émue :

« Dans le cas où je mourrais de mort violente ou autrement, je prie la personne qui ouvrira ce secrétaire de porter ces papiers chez mademoiselle Rigolette, couturière, rue du Temple, n° 17. »

— Est-ce que je puis décacheter cette enveloppe, monsieur Rodolphe?

— Sans doute ; Germain ne vous annonce-t-il pas qu'il y a parmi les papiers qu'elle contient une lettre qui vous est particulièrement adressée ?

La jeune fille rompit le cachet ; plusieurs écrits s'y trouvaient renfermés ; l'un d'eux, portant cette suscription : À mademoiselle *Rigolette*, contenait ces mots :

« Mademoiselle, lorsque vous lirez cette lettre, je n'existerai plus... Si, comme je le crains, je meurs de mort violente en tombant dans un guet-apens semblable à celui auquel j'ai dernièrement échappé, quelques renseignements joints ici sous le titre de : *Notes sur ma vie*, pourront mettre sur la trace de mes assassins. »

— Ah ! monsieur Rodolphe, dit Rigolette en s'interrompant, je ne m'étonne plus maintenant de ce qu'il était si triste ! Pauvre Germain ! toujours poursuivi de pareilles idées !

— Oui, il a dû être bien affligé ; mais ses plus mauvais jours sont passés... croyez-moi.

— Hélas ! je le désire, monsieur Rodolphe ; mais pourtant, être en prison... accusé de vol.

— Soyez tranquille : une fois son innocence reconnue, au lieu de retomber dans l'isolement, il retrouvera des amis. Vous d'abord, puis une mère bien-aimée, dont il a été séparé depuis son enfance.

— Sa mèr... il a encore sa mère?

— Oui... Elle le croyait perdu pour elle. Jugez de sa joie lorsqu'elle le reverra, mais absous de l'indigne accusation portée contre lui ! J'avais donc raison de vous dire que ses plus mauvais jours étaient passés. Ne lui parlez pas de sa mère. Je vous confie ce secret parce que vous vous intéressez si généreusement à Germain, qu'il faut au moins qu'à votre dévouement ne se joignent pas de trop cruelles inquiétudes sur son sort à venir.

— Je vous remercie, monsieur Rodolphe, vous pouvez être tranquille, je garderai votre secret...

Et Rigolette continua de lire la lettre de Germain.

« Si vous voulez, mademoiselle, jeter un coup d'œil sur ces notes, vous verrez que j'ai été toute ma vie bien malheureux... excepté pendant le temps que j'ai passé auprès de vous... Ce que je n'aurais jamais osé vous dire, vous le trouverez écrit dans une espèce de *memento* intitulé : *Mes seuls jours de bonheur*.

« Presque chaque soir, en vous quittant, j'épanchais ainsi les consolantes pensées que votre affection m'inspirait, et qui seules adoucissaient l'amertume de ma vie. Ce qui était amitié chez vous était de l'amour chez moi. Je vous ai caché que je vous aimais ainsi jusqu'à ce moment où je ne suis plus pour vous qu'un triste souvenir. Ma destinée était si malheureuse, que je vous aurais jamais parlé de ce sentiment ; quoique sincère et profond, il vous eût porté malheur.

« Il me reste un dernier vœu à former, et j'espère que vous voudrez bien l'accomplir.

« J'ai vu avec quel courage admirable vous travailliez, et combien il vous fallait d'ordre, de sagesse, pour vivre du modique salaire que vous gagnez si péniblement ; souvent, sans vous le dire, j'ai tremblé en pensant qu'une maladie, causée peut-être par l'excès du labeur, pouvait vous réduire à une position si affreuse que je ne pouvais l'envisager sans frémir. Il m'est bien doux de penser que je pourrai du moins vous épargner en grande partie les tourments et peut-être... les misères que votre insouciante jeunesse ne prévoit pas, heureusement. »

— Que veut-il dire, monsieur Rodolphe ? dit Rigolette étonnée.

— Continuez... nous allons voir.

Rigolette reprit :

« Je sais de combien peu vous vivez et de quelle ressource vous serait, en des temps difficiles, la plus modique somme ; je suis bien pauvre, mais, à force d'économie, j'ai mis de côté 1,500 francs, placés chez un banquier ; c'est tout ce que je possède. Par mon testament, que vous trouverez ici, je me permets de vous les léguer ; acceptez cela d'un ami, d'un bon frère... qui n'est plus. »

— Ah ! monsieur Rodolphe ! dit Rigolette en fondant en larmes et donnant la lettre au prince, cela me fait trop de mal. Bon Germain, s'occuper ainsi de mon avenir ! ah ! quel cœur, mon Dieu ! quel excellent !

— Digne et brave homme ! reprit Rodolphe avec émotion. Mais calmez-vous, mon enfant ; Dieu merci, Germain n'est pas mort ; ce testament subsistera aura du moins servi à vous apprendre combien il vous aimait... combien il vous aime.

— Et dire, monsieur Rodolphe, reprit Rigolette en essuyant ses larmes, que, quand je m'en étais jamais douté ! Dans les commencements de notre voisinage, M. Giraudeau et M. Cabrion me parlaient toujours de leur passion enflammée, comme ils disaient, mais, voyant que cela ne les menait à rien, ils s'étaient déshabitués de me dire de ces choses-là; Germain, lui aussi, ne m'avait jamais parlé d'amour. Quand je lui ai proposé d'être bons amis, il a franchement accepté, et depuis nous avons vécu en vrais camarades. Mais, tenez... je puis bien vous avouer cela

maintenant, monsieur Rodolphe, certainement je n'étais pas fâchée que Germain ne m'eût pas dit, comme les autres, qu'il m'aimait d'amour.
— Mais enfin, vous en étiez... étonnée?
— Oui, monsieur Rodolphe, je pensais que c'était sa tristesse... qui le rendait ainsi.
— Et vous lui en vouliez un peu... de cette tristesse?
— C'était son seul défaut, dit naïvement la grisette; mais maintenant je l'excuse... je m'en veux de la lui avoir reprochée.
— D'abord parce que vous savez qu'il avait malheureusement beaucoup de sujets de chagrin, et puis... peut-être parce que vous voilà certaine que, malgré cette tristesse... il vous aimait d'amour? ajouta Rodolphe en souriant.
— C'est vrai... être aimée d'un si brave jeune homme, ça flatte le cœur... n'est-ce pas, monsieur Rodolphe?
— Et un jour peut-être vous partagerez cet amour.
— Dame! monsieur Rodolphe, c'est bien tentant; ce pauvre Germain est à plaindre! Je me mets à sa place... si, au moment où je me croyais abandonnée, méprisée de tout le monde, une personne, une bonne amie, venait à moi encore plus tendre que je ne l'espérais, je serais si heureuse! Après un moment de silence, Rigolette reprit avec un soupir : D'un autre côté... nous sommes si pauvres tous les deux que ça ne serait peut-être pas raisonnable. Tenez, monsieur Rodolphe, je ne veux pas penser à cela; je me trompe peut-être; ce qu'il y a de sûr, c'est que je ferai pour Germain tout ce que je pourrai tant qu'il restera en prison. Une fois libre, il sera toujours temps de voir si c'est de l'amour ou de l'amitié que j'aurai pour lui; alors, si c'est l'amour... que voulez-vous, mon voisin.... ça sera de l'amour.... Jusque-là ça me gênerait de savoir à quoi m'en tenir. Mais il se fait tard, monsieur Rodolphe : voulez-vous rassembler ces papiers pendant que je vais faire un paquet de linge? Ah! j'oubliais le dernier cadeau que je lui ai donnée. Il est dans ce tiroir, sans doute. Oui, le voilà. Oh! voyez donc comme il est joli, ce sachet, et tout brodé! Pauvre Germain, il l'a gardée comme une relique, cette petite cravate! Je me rappelle bien la dernière fois où je l'ai mise, et quand je la lui ai donnée... Il a été si content, si content !...

A ce moment on frappa à la porte de la chambre.
— Qui est là? demanda Rodolphe.
— On voudrait parler à *m'ame* Matthieu, répondit une voix grêle et enrouée, avec l'accent qui distingue la plus basse populace. (Madame Matthieu était la courtière en diamants dont nous avons parlé.)
Cette voix, singulièrement accentuée, éveilla quelques vagues souvenirs dans la pensée de Rodolphe. Voulant les éclaircir, il prit la lumière et alla lui-même ouvrir la porte. Il se trouva face à face avec un des habitués du tapis-franc de l'ogresse, qu'il reconnut sur-le-champ, tant l'empreinte du vice était fatalement, profondément marquée sur cette physionomie imberbe et juvénile : c'était Barbillon.
Barbillon, le faux cocher de fiacre qui avait conduit le Maître d'école et la Chouette au chemin creux de Bouqueval; Barbillon, l'assassin du mari de cette malheureuse laitière qui avait ameuté contre la Goualeuse les laboureurs de la ferme d'Arnouville.
Soit que ce misérable eût oublié les traits de Rodolphe, qu'il n'avait vu qu'une fois au tapis-franc de l'ogresse, soit que le changement de costume l'empêchât de reconnaître le vainqueur du Chourineur, il ne manifesta aucun étonnement à son aspect.
— Que voulez-vous? lui dit Rodolphe.
— C'est une lettre pour *m'ame* Matthieu... Faut que je la lui remette à elle-même, répondit Barbillon.
— Ce n'est pas ici qu'elle demeure; voyez en face, dit Rodolphe.
— Merci, bourgeois; on m'avait dit la porte à gauche, je me suis trompé.
Rodolphe ne se souvenait pas du nom de la courtière en diamants, que Morel le lapidaire n'avait prononcé qu'une ou deux fois. Il n'avait donc aucun motif de s'intéresser à la femme auprès de laquelle Barbillon venait comme messager. Néanmoins, quoiqu'il ignorât les crimes de ce bandit, sa figure avait un tel caractère de perversité, qu'il resta sur le seuil de la porte, curieux de voir la personne à qui Barbillon apportait cette lettre.
A peine Barbillon eut-il frappé à la porte opposée à celle de Germain, qu'elle s'ouvrit, et que la courtière, grosse femme de cinquante ans environ, parut tenant une chandelle à la main.
— M'ame Matthieu? lui dit Barbillon.
— C'est moi, mon garçon.
— Voilà une lettre, il y a réponse...
Et Barbillon fit un pas pour entrer chez la courtière; mais celle-ci lui fit signe de ne pas avancer, décacheta la lettre tout en tenant son flambeau, lut et répondit d'un air satisfait :
— Vous direz que c'est bon, mon garçon; j'apporterai ce qu'on demande. J'irai à la même heure que l'autre fois. Bien des compliments... à cette dame...
— Oui, ma bourgeoise... n'oubliez pas le commissionnaire...
— Va demander à ceux qui t'envoient, ils sont plus riches que moi...
Et la courtière ferma sa porte.
Rodolphe rentra chez Germain, voyant Barbillon descendre rapidement l'escalier.

Le brigand trouva sur le boulevard un homme d'une mine basse et féroce, qui l'attendait devant une boutique.
Quoique plusieurs personnes pussent l'entendre, mais non le comprendre, il est vrai, Barbillon semblait si satisfait, qu'il ne put s'empêcher de dire à son compagnon :
— Viens *pitancher l'eau d'aff*, Nicolas; *la birbasse fauche dans le point à mort*... elle *aboulera* chez la Chouette; la mère Martial nous aidera à lui *pessiller d'esbrouffe ses durailles d'orphelin*, et après nous *trimballerons le refroidi* dans *son passe-lance* (1).
— *Esbignons-nous* (2), alors ; faut que je sois à Asnières de bonne heure ; je crains que mon frère Martial ne doute de quelque chose.
Et les deux bandits, après avoir tenu cette conversation inintelligible pour ceux qui auraient pu les écouter, se dirigèrent vers la rue Saint-Denis.

Quelques moments après, Rigolette et Rodolphe sortirent de chez Germain, remontèrent en fiacre et arrivèrent rue du Temple.
Le fiacre s'arrêta.
Au moment où la portière s'ouvrit, Rodolphe reconnut, à la lueur du quinquet du rogomiste, son fidèle Murph qui l'attendait à la porte de l'allée.
La présence du squire annonçait toujours quelque événement grave ou inattendu, car lui seul savait où trouver le prince.
— Qu'y a-t-il? lui demanda vivement Rodolphe pendant que Rigolette rassemblait plusieurs paquets dans la voiture.
— Un grand malheur, monseigneur!
— Parle, au nom du ciel!
— M. le marquis d'Harville...
— Tu m'effrayes!
— Il avait donné ce matin à déjeuner à plusieurs de ses amis... Tout s'était passé à merveille... lui surtout n'avait jamais été plus gai, lorsqu'une fatale imprudence...
— Achève... achève donc!
— En jouant avec un pistolet qu'il ne croyait pas chargé...
— Il s'est blessé grièvement...
— Monseigneur !...
— Eh bien?..
— Quelque chose de terrible»
— Que dis-tu?
— Il est mort!...
— D'Harville!!! ah! c'est affreux! s'écria Rodolphe avec un accent si déchirant que Rigolette, qui descendait alors du fiacre avec ses paquets, s'écria :
— Mon Dieu! qu'avez-vous, monsieur Rodolphe?
— Une bien triste nouvelle que je viens d'apprendre à mon ami, mademoiselle, dit Murph à la jeune fille ; car le prince, accablé, ne pouvait répondre.
— C'est donc un bien grand malheur? dit Rigolette toute tremblante.
— Un bien grand malheur, répondit le squire.
— Ah! c'est épouvantable! dit Rodolphe après quelques minutes de silence; puis, se ressouvenant de Rigolette, il lui dit :
— Pardon, mon enfant... je ne vous accompagne pas chez vous. Demain... je vous enverrai mon adresse et un permis pour entrer à la prison de Germain... bientôt je vous reverrai.
— Ah! monsieur Rodolphe, je vous assure que je prends bien part au chagrin qui vous arrive... Je vous remercie de m'avoir accompagnée... A bientôt, n'est-ce pas?
— Oui, mon enfant, à bientôt.
— Bonsoir, monsieur Rodolphe, ajouta tristement Rigolette, qui disparut dans l'allée, avec les différents objets qu'elle rapportait de chez Germain.
Le prince et Murph montèrent dans le fiacre, qui les conduisit rue Plumet.
Aussitôt Rodolphe écrivit à Clémence le billet suivant :

« Madame,

« J'apprends à l'instant le coup inattendu qui vous frappe et qui m'enlève un de mes meilleurs amis ; je renonce à vous peindre ma stupeur, mon chagrin.

« Il faut pourtant que je vous entretienne d'intérêts étrangers à ce cruel événement... Je viens d'apprendre que votre belle-mère, à Paris depuis quelques jours sans doute, repart ce soir pour la Normandie, emmenant avec elle Polidori.

« C'est vous dire le péril qui sans doute menace monsieur votre père. Permettez-moi de vous donner un conseil que je crois salutaire. Après l'affreux malheur de ce matin, on ne comprendra que trop votre besoin de quitter Paris pendant quelque temps... Ainsi, croyez-moi, partez, partez à l'instant pour les Aubiers, afin d'y arriver, sinon avant votre belle-mère, du moins en même temps qu'elle. Soyez tranquille, madame :

(1) Viens *boire de l'eau-de-vie*, Nicolas; *la vieille donne dans le piège à mort*; elle *viendra* chez la Chouette; la mère Martial nous aidera à *lui prendre de force ses pierreries*, et après nous *emporterons le cadavre dans son bateau*.
(2) Dépêchons-nous.

de près comme de loin je veille sur vous... les abominables projets de votre belle-mère seront déjoués...

« Adieu, madame; je vous écris ces mots à la hâte... J'ai l'âme brisée quand je songe à cette soirée d'hier où je l'*ai quitté, lui*... plus tranquille, plus heureux qu'il ne l'avait été depuis longtemps...

« Croyez, madame, à mon dévouement profond et sincère...
                                                                « RODOLPHE. »

Suivant les avis du prince, madame d'Harville, trois heures après avoir reçu cette lettre, était en route avec sa fille pour la Normandie.

Une voiture de poste, partie de l'hôtel de Rodolphe, suivait la même route.

Malheureusement, dans le trouble où la plongèrent cette complication d'événements et la précipitation de son départ, Clémence oublia de faire savoir au prince qu'elle avait rencontré Fleur-de-Marie à Saint-Lazare.

On se souvient peut-être que, la veille, la Chouette était venue menacer madame Séraphin de dévoiler l'existence de la Goualeuse, affirmant savoir (et elle disait vrai) où était alors cette jeune fille.

On se souvient encore qu'après cet entretien, le notaire Jacques Ferrand, craignant la révélation de ses criminelles menées, se crut un puissant intérêt à faire disparaître la Goualeuse, dont l'existence, une fois connue, pouvait le compromettre dangereusement.

Il avait donc fait écrire à Bradamanti, un de ses complices, de venir le trouver pour tramer avec lui une nouvelle machination dont Fleur-de-Marie devait être la victime.

Bradamanti, occupé des intérêts non moins pressants de madame d'Harville, qui avait de sinistres raisons pour emmener le charlatan auprès de M. d'Orbigny, Bradamanti, trouvant sans doute plus d'avantage à servir son ancienne amie, ne se rendit pas à l'invitation du notaire, et partit pour la Normandie sans voir madame Séraphin.

L'orage grondait sur Jacques Ferrand; dans la journée, la Chouette était venue réitérer ses menaces, et, pour prouver qu'elles n'étaient pas vaines, elle avait déclaré au notaire que la petite fille autrefois abandonnée par madame Séraphin était alors prisonnière à Saint-Lazare sous le nom de la Goualeuse, et que, s'il ne donnait pas 10,000 francs dans trois jours, cette jeune fille recevrait des papiers qui lui apprendraient qu'elle avait été dans son enfance confiée aux soins de Jacques Ferrand.

Selon son habitude, ce dernier nia tout avec audace, et chassa la Chouette comme une effrontée menteuse, quoiqu'il fût convaincu et effrayé de la dangereuse portée de ses menaces.

Grâce à ses nombreuses relations, le notaire trouva moyen de s'assurer dans la journée même (pendant l'entretien de Fleur-de-Marie et madame d'Harville) que la Goualeuse était en effet prisonnière à Saint-Lazare, et à parfaitement cité pour sa bonne conduite, qu'on s'attendait à voir cesser sa détention d'un moment à l'autre.

Muni de ces renseignements, Jacques Ferrand, ayant mûri un projet diabolique, sentit que, pour l'exécuter, le secours de Bradamanti lui était de plus en plus indispensable; de là les vaines instances de madame Séraphin pour rencontrer le charlatan.

Apprenant le soir même le départ de ce dernier, le notaire, pressé d'agir par l'imminence de ses craintes et du danger, se souvint de la famille Martial, ces pirates d'eau douce établis près du pont d'Asnières, chez lesquels Bradamanti lui avait proposé d'envoyer Louise Morel pour s'en défaire impunément.

Ayant absolument besoin d'un complice pour accomplir ses sinistres desseins contre Fleur-de-Marie, le notaire prit les précautions les plus habiles pour n'être pas compromis dans le cas où un nouveau crime serait commis, et, le lendemain du départ de Bradamanti pour la Normandie, madame Séraphin se rendit en hâte chez Martial.

CHAPITRE XVI.

L'île du Ravageur.

Les scènes suivantes vont se passer pendant la soirée du jour où madame Séraphin, suivant les ordres du notaire Jacques Ferrand, s'est rendue chez les Martial, pirates d'eau douce, établis à la pointe d'une petite île de la Seine, non loin du pont d'Asnières.

Le père Martial, mort sur l'échafaud comme son père, avait laissé une veuve, quatre fils et deux filles.

Le second de ces fils était déjà condamné aux galères à perpétuité...

De cette nombreuse famille il restait donc à l'île du Ravageur (nom que dans le pays on donnait à ce repaire, nous dirons pourquoi), il restait, disons-nous :

La mère Martial ;

Trois fils : l'aîné (l'amant de la Louve) avait vingt-cinq ans ; l'autre vingt ans ; le plus jeune douze ans ;

Deux filles, l'une de dix-huit ans, la seconde de neuf ans.

Les exemples de ces familles, où se perpétue une sorte d'épouvantable hérédité dans le crime, ne sont que trop fréquents.

Cela doit être.

Répétons-le sans cesse : la société songe à punir, jamais à prévenir le mal.

Un criminel sera jeté au bagne pour sa vie ...

Un autre sera décapité...

Ces condamnés laisseront de jeunes enfants...

La société prendra-t-elle souci de ces orphelins...

De ces orphelins, qu'elle a faits... en frappant leur père de mort civile, ou en lui coupant la tête?

Viendra-t-elle substituer une tutelle salutaire, préservatrice, à la déchéance de celui que la loi a déclaré indigne, infâme... à la déchéance de celui que la loi a tué?

Non... Morte la bête... mort le venin... dit la société...

Elle se trompe.

Le venin de la corruption est si subtil, si corrosif, si contagieux, qu'il devient presque toujours héréditaire ; mais, combattu à temps, il ne serait jamais incurable.

Contradiction bizarre!...

L'autopsie prouve-t-elle qu'un homme est mort d'une maladie transmissible ? à force de soins préservatifs, on mettra les descendants de cet homme à l'abri de l'affection dont il a été victime...

Que les mêmes faits se reproduisent dans l'ordre moral...

Qu'il soit démontré qu'un criminel lègue presque toujours à son fils le germe d'une perversité précoce...

Fera-t-on pour le salut de cette jeune âme ce que le médecin fait pour le corps lorsqu'il s'agit de lutter contre un vice héréditaire ?

Non...

Au lieu de guérir ce malheureux, on le laissera se gangrener jusqu'à la mort...

Et alors, de même que le peuple croit le fils du bourreau forcément bourreau... on croira le fils d'un criminel forcément criminel...

Et alors on regardera comme le fait d'une hérédité inexorablement fatale, une corruption causée par l'égoïste incurie de la société...

De sorte que si, malgré de funestes enseignements, l'orphelin que la loi a fait... reste par hasard laborieux et honnête, un préjugé barbare fera rejaillir sur lui la flétrissure paternelle. En butte à une réprobation imméritée, à peine trouvera-t-il du travail...

Et, au lieu de lui venir en aide, de le sauver du découragement, du désespoir, et surtout des dangereux ressentiments de l'injustice, qui poussent quelquefois les caractères les plus généreux à la révolte, au mal... la société dira :

« Qu'il tourne à mal... nous verrons bien... N'ai-je pas là geôliers, gardes-chiourmes et bourreaux ? »

Ainsi, pour celui qui (chose aussi rare que belle) se conserve pur malgré de détestables exemples, aucun appui, aucun encouragement...

Ainsi, pour celui qui, plongé en naissant dans un foyer de dépravation domestique, est vicié tout jeune encore, aucun espoir de guérison !

« — Si ! si ! moi je le guérirai, cet orphelin que j'ai fait, répond la société, mais en temps et lieu... mais à ma mode... mais plus tard.

« Pour extirper la verrue, pour inciser l'apostème... il faut qu'ils soient à point. »

Un criminel demande à être attendu...

« Prisons et galères, voilà mes hôpitaux... Dans les cas incurables, j'ai le couperet.

« Quant à la cure de mon orphelin, j'y songerai, vous dis-je ; mais patience, laissons mûrir le germe de corruption héréditaire qui couve en lui, laissons-le grandir, laissons-le étendre profondément ses ravages.

« Patience donc, patience. Lorsque notre homme sera pourri jusqu'au cœur, lorsqu'il suintera le crime par tous les pores, lorsqu'un bon vol ou un bon meurtre l'auront jeté sur le banc d'infamie où s'est assis son père, oh ! alors nous guérirons l'héritier du mal... comme nous avons guéri le donneur.

« Au bagne ou sur l'échafaud, le fils trouvera la place paternelle encore toute chaude... »

Oui, dans ce cas, la société raisonne ainsi.

Et elle s'étonne, et elle s'indigne, et elle s'épouvante de voir des traditions de vol et de meurtre fatalement perpétuées de génération en génération.

Le sombre tableau qui va suivre : Les pirates d'eau douce, a pour but de montrer ce que peut être dans une famille l'hérédité du mal, lorsque la société ne vient pas, soit légalement, soit officieusement, préserver les malheureux orphelins de la loi des terribles conséquences de l'arrêt fulminé contre leur père'

Le lecteur nous excusera de faire précéder ce nouvel épisode d'une sorte d'introduction.

Voici pourquoi nous agissons ainsi :

A mesure que nous avançons dans cette publication, son but moral est attaqué avec tant d'acharnement et, selon nous, avec tant d'injustice, qu'on nous permettra d'insister sur la pensée sérieuse, honnête, qui, jusqu'à présent nous a soutenu, guidé.

Plusieurs esprits graves, délicats, élevés, ayant bien voulu nous encourager dans nos tentatives, et nous faire parvenir des témoignages flatteurs de leur adhésion, nous devons peut-être à des amis connus et inconnus de répondre une dernière fois à des récriminations aveugles, obstinées, qui ont retenti, nous dit-on, jusqu'au sein de l'assemblée législative.

Proclamer l'odieuse immoralité de notre œuvre, c'est proclamer implicitement, ce nous semble, les tendances odieusement immorales des personnes qui nous honorent de leurs vives sympathies.

C'est donc au nom de ces sympathies autant qu'au nôtre que nous tenterons de prouver par un exemple, choisi parmi plusieurs, que cet ouvrage n'est pas complètement dépourvu d'idées généreuses et pratiques.

L'an passé, dans l'une des premières parties de ce livre, nous avons donné l'aperçu d'une ferme-modèle, fondée par Rudolphe pour encourager, enseigner et rémunérer les cultivateurs pauvres, probes et laborieux.

A ce propos, nous ajoutions :
— Les honnêtes gens malheureux méritent au moins autant d'intérêt que les criminels ; pourtant il y a de nombreuses sociétés destinées au patronage des jeunes détenus ou libérés, mais aucune société n'est fondée dans le but de secourir les jeunes gens pauvres dont la conduite aurait toujours été exemplaire... De sorte qu'il faut nécessairement avoir commis un délit... pour être apte à jouir du bénéfice de ces institutions, d'ailleurs si méritantes et si salutaires.

Et nous faisions dire à un paysan de la ferme de Bouqueval :
« Il est humain et charitable de ne jamais désespérer des méchants ; mais il faudrait aussi faire espérer les bons. Un honnête garçon, robuste et laborieux, ayant envie de bien faire, de bien apprendre, se présenterait à cette ferme de jeunes ex-voleurs, qu'on lui dirait : Mon gars, as-tu un brin volé et vagabondé ? — Non. — Eh bien ! il n'y a point de place ici pour toi. »

Cette discordance avait aussi frappé des esprits meilleurs que le nôtre. Grâce à eux, ce que nous regardions comme une utopie vient d'être réalisé.

Sous la présidence d'un des hommes les plus éminents, les plus honorables de ce temps-ci, M. le comte Portalis, et sous l'intelligente direction d'un véritable philanthrope au cœur généreux, à l'esprit pratique et éclairé, M. Allier, une société vient d'être fondée dans le but de venir au secours des jeunes gens pauvres et honnêtes du département de la Seine, et de les employer dans des colonies agricoles.

Ce seul et simple rapprochement suffit pour constater la pensée morale de notre œuvre.

Nous sommes très-fier, très-heureux de nous être rencontré dans un même milieu d'idées, de vœux et d'espérance avec les fondateurs de cette nouvelle œuvre de patronage ; car nous sommes un des propagateurs les plus obscurs, mais les plus convaincus, de ces deux grandes vérités : Qu'il est du devoir de la société de prévenir le mal et d'encourager, de récompenser le bien autant qu'il est en elle.

Puisque nous avons parlé de cette nouvelle œuvre de charité, dont la pensée juste et morale doit avoir une action salutaire et féconde, espérons que ses fondateurs songeront peut-être à combler une autre lacune, en étendant plus tard leur tutélaire patronage ou du moins leur sollicitude officieuse sur les jeunes enfants dont le père aurait été supplicié ou condamné à une peine infamante entraînant la mort civile, et qui, nous le répétons, sont rendus orphelins par le fait de l'application de la loi.

Ceux de ces malheureux enfants qui seraient déjà dignes d'intérêt par leurs saines tendances et par leur misère mériteraient encore une attention particulière, en raison même de leur position exceptionnelle, pénible, difficile, dangereuse.

Oui, pénible, difficile, dangereuse.

Disons-le encore : presque toujours victime de cruelles répulsions, souvent la famille d'un condamné, demandant en vain du travail, se voit, pour échapper à la réprobation générale, contrainte d'abandonner les lieux où elle trouvait des moyens d'existence.

Alors, aigris, irrités par l'injustice, déjà flétris à l'égal des criminels pour des fautes dont ils sont innocents... quelquefois à bout de ressources honorables, ces infortunés ne seront-ils pas bien près de faillir, s'ils sont restés probes ?

Ont-ils, au contraire, déjà subi une influence presque inévitablement corruptrice, ne doit-on pas tenter de les sauver, lorsqu'il en est temps encore ?

La présence de ces orphelins de la loi au milieu des autres enfants recueillis par la société dont nous parlons, serait d'un pour tous d'un utile enseignement... Elle montrerait que, si le coupable est inexorablement puni, les siens ne perdent rien, gagnent même dans l'estime du monde, si, à force de courage, de vertus, ils parviennent à réhabiliter un nom déshonoré.

Dira-t-on que le législateur a voulu rendre le châtiment plus terrible encore, en frappant virtuellement le père criminel dans l'avenir de son fils innocent ?

Cela serait barbare, immoral, insensé.

N'est-il pas, au contraire, d'une haute moralité de prouver au peuple :
— Qu'il n'y a dans le mal aucune solidarité héréditaire ;
— Que la tache originelle n'est pas ineffaçable ?

Osons espérer que ces réflexions paraîtront dignes de quelque intérêt à la nouvelle société de patronage.

Sans doute, il est douloureux de songer que l'État ne prend jamais l'initiative dans toutes ces questions palpitantes qui touchent au vif de l'organisation sociale.

En peut-il être autrement ?

A l'une des dernières séances législatives, un pétitionnaire, frappé, dit-il, de la misère et des souffrances des classes pauvres, a proposé, entre autres moyens d'y remédier, « la fondation de maisons d'invalides destinées aux travailleurs. »

Ce projet, sans doute défectueux dans sa forme, mais qui renfermait du moins une haute idée philanthropique digne du plus sérieux examen, en cela qu'elle se rattache à l'immense question de l'organisation du travail, ce projet, disons-nous, « a été accueilli par une hilarité générale et prolongée. »

. . . .

Cela dit, passons.

Revenons aux pirates d'eau douce et à l'île du Ravageur.

Le chef de la famille Martial, qui le premier s'établit dans cette petite île moyennant un loyer modique, était *ravageur*.

Les ravageurs, ainsi que les débardeurs et les déchireurs de bateaux, restent pendant toute la journée plongés dans l'eau jusqu'à la ceinture pour exercer leur métier.

Les débardeurs débarquent le bois flotté.

Les déchireurs démolissent les trains qui ont amené le bois.

Tout aussi aquatique que les industries précédentes, l'industrie des ravageurs a un but différent.

S'avançant dans l'eau aussi loin qu'il peut aller, le ravageur puise, à l'aide d'une longue drague, le sable de rivière sous la vase ; puis le recueillant dans de grandes sébiles de bois, il le lave comme un minerai ou comme un gravier aurifère, et en retire ainsi une grande quantité de parcelles métalliques de toutes sortes, fer, cuivre, fonte, plomb, étain, provenant des débris d'une foule d'ustensiles.

Souvent même les ravageurs trouvent dans le sable des fragments de bijoux d'or ou d'argent apportés dans la Seine, soit par les égouts où se dégorgent les ruisseaux, soit par les masses de neige ou de glace ramassées dans les rues et que l'hiver on jette à la rivière.

Nous ne savons en vertu de quelle tradition ou de quel usage ces industriels, généralement honnêtes, paisibles et laborieux, sont si formidablement baptisés.

Le père Martial, premier habitant de l'île, jusqu'alors inoccupée, étant *ravageur* (fâcheuse exception), les riverains du fleuve la nommèrent l'île du Ravageur.

L'habitation des pirates d'eau douce est donc située à la partie méridionale de cette *terre*.

Dans le jour, on peut lire sur un écriteau qui se balance au-dessus de la porte :

AU RENDEZ-VOUS DES RAVAGEURS.

BON VIN, BONNE MATELOTE ET FRITURE.

On loue des bachots (bateaux) pour la promenade.

On le voit, à ses métiers patents ou occultes le chef de cette famille maudite avait joint ceux de cabaretier, de pêcheur et de loueur de bateaux.

La veuve de ce supplicié continuait de tenir la maison : des gens sans aveu, des vagabonds en rupture de ban, des montreurs d'animaux, des charlatans nomades, venaient y passer le dimanche et d'autres jours non fériés en parties de plaisir.

Martial (l'amant de la Louve), fils aîné de la famille, le moins coupable de tous, pêchait en fraude, et, au besoin, prenait, en véritable *bravo*, et moyennant salaire, le parti des faibles contre les forts.

Un de ses autres frères, Nicolas, un des complices de Barbillon pour le meurtre de la courtière en diamants, était en apparence ravageur, mais de fait il se livrait à la piraterie d'eau douce sur la Seine et sur ses rives.

Enfin François, le plus jeune des fils du supplicié, conduisait les curieux qui voulaient se promener en bateau. Nous parlerons pour mémoire d'Ambroise Martial, condamné aux galères pour vol de nuit avec effraction et tentative de meurtre.

La fille aînée, surnommée *Calebasse*, aidait sa mère à faire la cuisine et à servir les hôtes ; sa sœur Amandine, âgée de neuf ans, s'occupait aussi des soins du ménage, selon ses forces.

Ce soir-là, au dehors, la nuit est sombre ; de lourds nuages gris et opaques, chassés par le vent, laissent voir çà et là, à travers leurs déchirures bizarres, quelque peu de sombre azur scintillant d'étoiles.

La silhouette de l'île, bordée de hauts peupliers dépouillés, se dessine vigoureusement en noir sur l'obscurité diaphane du ciel et sur la transparence blanchâtre de la rivière.

La maison, à pignons irréguliers, est complètement ensevelie dans l'ombre ; deux fenêtres du rez-de-chaussée sont seulement éclairées ; leurs vitres flamboient ; ces lueurs rouges se reflètent comme de longues traînées de feu dans les petites vagues qui baignent le débarcadère, situé proche de l'habitation.

Les chaînes des bateaux qui y sont amarrés font entendre un cliquetis sinistre : il se mêle tristement aux rafales de la bise dans les branches des peupliers, et au sourd mugissement des grandes eaux...

Une partie de la famille est rassemblée dans la cuisine de la maison.

Cette pièce est vaste et basse ; en face de la porte sont deux fenêtres, au-dessous desquelles s'étend un long fourneau ; à gauche, une haute cheminée ; à droite, un escalier qui monte à l'étage supérieur ; à côté de cet escalier, l'entrée d'une grande salle garnie de plusieurs tables destinées aux habitués du cabaret.

La lumière d'une lampe, jointe aux flammes du foyer, fait reluire un grand nombre de casseroles et autres ustensiles en cuivre pendus le long des murailles ou rangés sur des tablettes avec différentes poteries ; une grande table occupe le milieu de cette cuisine.

La veuve du supplicié, entourée de trois de ses enfants, est assise au coin du foyer.

Cette femme, grande et maigre, paraît avoir quarante-cinq ans. Elle est vêtue de noir ; un mouchoir de deuil noué en marmotte, cachant ses cheveux, entoure son front plat, blême, déjà sillonné de rides ; son nez est long, droit et pointu ; ses pommettes saillantes, ses joues creuses, son teint bilieux, blafard, et profondément marqué de petite vérole ; les coins de sa bouche, toujours abaissés, rendent plus dure encore l'expression de ce visage froid, sinistre, impassible comme un masque de marbre. Ses sourcils gris surmontent ses yeux d'un bleu terne.

La veuve du supplicié s'occupe d'un travail de couture, ainsi que ses deux filles.

L'aînée, sèche et grande, ressemble beaucoup à sa mère... C'est sa physionomie calme, dure et méchante, son nez mince, sa bouche sévère, son regard pâle... Seulement, son teint terreux, jaune comme un coing, lui a valu le surnom de Calebasse. Elle ne porte pas le deuil : sa robe est brune ; son bonnet de tulle noir laisse apercevoir deux bandeaux de cheveux rares, d'un blond fade et sans reflet.

François, le plus jeune des fils de Martial, accroupi sur un escabeau, remaille un aldret, filet de pêche destructeur sévèrement interdit sur la Seine.

Malgré le hâle qui le brunit, le teint de cet enfant est florissant ; une forêt de cheveux roux couvre sa tête ; ses traits sont arrondis, ses lèvres grosses, son front saillant, ses yeux vifs, perçants : il ne ressemble ni à sa mère, ni à sa sœur aînée ; il a l'air sournois, craintif ; de temps à autre, à travers l'espèce de crinière qui retombe sur son front, il jette obliquement sur sa mère un coup d'œil défiant, ou échange avec sa petite sœur Amandine un regard d'intelligence et d'affection.

Celle-ci, assise à côté de son frère, s'occupe, non pas à marquer, mais à démarquer du linge volé la veille. Elle a neuf ans ; elle ressemble autant à son frère que sa sœur ressemble à sa mère ; ses traits, sans être plus réguliers, sont moins grossiers que ceux de François. Quoique couvert de taches de rousseur, son teint est d'une fraîcheur éclatante ; ses lèvres sont épaisses, mais vermeilles ; ses cheveux roux, mais fins, soyeux, brillants ; ses yeux petits, mais d'un bleu pur et doux.

Lorsque le regard d'Amandine rencontre celui de son frère, elle lui montre la porte ; à ce signe, François répond par un soupir ; puis, appelant l'attention de sa sœur par un geste rapide, il compte distinctement du bout de son filoir dix mailles de filet.

Cela veut dire, dans le langage symbolique des enfants, que leur frère Martial ne doit rentrer qu'à dix heures.

En voyant ces deux femmes silencieuses, à l'air méchant, et ces deux pauvres petits, inquiets, muets, craintifs, on devine là deux bourreaux et deux victimes.

Calebasse, s'apercevant qu'Amandine cessait un moment de travailler, lui dit d'une voix dure :

— Auras-tu bientôt fini de démarquer cette chemise ?...

L'enfant baissa la tête sans répondre, et, à l'aide de ses doigts et de ses ciseaux, elle acheva d'enlever à la hâte les fils de coton rouge qui dessinaient des lettres sur la toile.

Au bout de quelques instants, Amandine, s'adressant timidement à la veuve, lui présenta son ouvrage :

— Ma mère, j'ai fini, lui dit-elle.

Sans lui répondre, la veuve lui jeta une autre pièce de linge.

L'enfant ne put la recevoir à temps et la laissa tomber. Sa grande sœur lui donna de sa main dure comme du bois un coup vigoureux sur le bras en s'écriant :

— Petite bête !!!

Amandine regagna sa place et se mit activement à l'œuvre, après avoir échangé avec son frère un regard où roulait une larme.

Le même silence continua de régner dans la cuisine.

Au dehors le vent gémissait toujours et agitait l'enseigne du cabaret. Ce triste grincement et le sourd bouillonnement d'une marmite placée devant le feu étaient les seuls bruits qu'on entendît.

Les deux enfants observaient avec une secrète frayeur que leur mère ne parlait pas.

Quoiqu'elle fût habituellement silencieuse, ce mutisme complet et certain pincement de ses lèvres leur annonçaient que la veuve était dans ce qu'ils appelaient ses colères blanches, c'est-à-dire en proie à une irritation concentrée.

Le feu menaçait de s'éteindre faute de bois.

— François, une bûche ! dit Calebasse.

Le jeune raccommodeur de filets défendus regarda derrière le pilier de la cheminée et répondit :

— Il n'y en a plus là...

— Va au bûcher, reprit Calebasse.

François murmura quelques paroles inintelligibles, et ne bougea pas.

— Ah ça ! François, m'entends-tu ? dit aigrement Calebasse.

La veuve du supplicié posa sur ses genoux une serviette qu'elle démarquait aussi, et jeta les yeux sur son fils.

Celui-ci avait la tête baissée, mais il devina, mais il sentit pour ainsi dire le terrible regard de sa mère peser sur lui... Craignant de rencontrer ce visage redoutable, l'enfant restait immobile.

— Ah ça ! es-tu sourd, François ? reprit Calebasse irritée. Ma mère... tu vois...

La grande sœur semblait avoir pour fonction d'accuser les deux enfants et de requérir les peines que la veuve appliquait impitoyablement.

Amandine, sans qu'on pût remarquer son mouvement, poussa doucement le coude de son frère pour l'engager tacitement à obéir à Calebasse.

François ne bougea pas.

La sœur aînée regarda sa mère pour lui demander la punition du coupable ; la veuve l'entendit.

De son long doigt décharné elle lui montra une baguette de saule forte et souple, placée dans l'encoignure de la cheminée.

Calebasse se pencha en arrière, prit cet instrument de correction et le remit à sa mère.

François avait parfaitement suivi le geste de sa mère ; il se leva brusquement, et d'un saut se mit hors de l'atteinte de la menaçante baguette.

— Tu veux donc que ma mère te roue de coups ? s'écria Calebasse.

La veuve, tenant toujours le bâton à la main, plaçant de plus en plus ses lèvres pâles, regardait François d'un œil fixe, sans prononcer un mot.

Au léger tremblement des mains d'Amandine, dont la tête était baissée, à la rougeur qui couvrit subitement son cou, on voyait que l'enfant, quoique habituée à de pareilles scènes, s'effrayait du sort qui attendait son frère.

Celui-ci, réfugié dans un coin de la cuisine, semblait craintif et irrité.

— Prends garde à toi, ma mère va se lever, et il ne sera plus temps ! dit la grande sœur.

— Ça m'est égal, reprit François en pâlissant. J'aime mieux être battu comme avant-hier... que d'aller dans le bûcher... et la nuit, encore...

— Et pourquoi ça ? reprit Calebasse avec impatience.

— J'ai peur dans le bûcher... moi... répondit l'enfant en frissonnant malgré lui.

— Tu as peur... imbécile... et de quoi ?

François hocha la tête sans répondre.

— Parleras-tu ?... De quoi as-tu peur ?

— Je ne sais pas... mais j'ai peur...

— Tu es allé la cent fois, et encore hier soir !

— Je ne veux plus y aller maintenant...

— Voilà ma mère qui se lève !...

— Tant pis ! s'écria l'enfant, qu'elle me batte, qu'elle me tue, elle ne me fera pas aller dans le bûcher... la nuit... surtout...

— Mais, encore une fois, pourquoi ? reprit Calebasse.

— Eh bien ! parce que...

— Parce que ?

— Parce qu'il y a quelqu'un...

— Il y a quelqu'un ?

— D'enterré là... murmura François en frissonnant.

La veuve du supplicié, malgré son impassibilité, ne put réprimer un brusque tressaillement ; sa fille l'imita ; on eût dit ces deux femmes frappées d'une même secousse électrique.

— Il y a quelqu'un d'enterré dans le bûcher ? reprit Calebasse en haussant les épaules.

— Oui, dit François d'une voix si basse, qu'on l'entendit à peine.

— Menteur !... s'écria Calebasse.

— Je te dis, moi, que tantôt, en rangeant du bois, j'ai vu dans le coin noir du bûcher un os de mort... Il sortait un peu de la terre qui était humide à l'entour... répliqua François.

— L'entends-tu, ma mère ? Est-il bête ! dit Calebasse en faisant un signe d'intelligence à la veuve, ce sont des os de mouton que je mets là pour la lessive.

— Ce n'était pas un os de mouton, reprit l'enfant avec épouvante, c'étaient des os d'enterrés... des os de mort... un pied qui sortait de terre... je l'ai bien vu.

— Et tu as tout de suite raconté cette belle trouvaille-là... à ton frère... à ton bon ami Martial, n'est-ce pas ? dit Calebasse avec une ironie sauvage.

François ne répondit pas.

Méchant petit raille (1), s'écria Calebasse furieuse, parce qu'il est poltron comme une vache. Il serait capable de nous faire faucher comme on a fauché (2) notre père !

— Puisque tu m'appelles raille, s'écria François exaspéré, je dirai tout à mon frère Martial. Je ne le lui avais pas dit encore, car je ne l'ai pas vu depuis tantôt... Mais quand il reviendra ce soir... je...

L'enfant n'osa pas achever. Sa mère s'avançait vers lui, calme, mais inexorable.

(1) Mouchard.
(2) Guillotiné.

Quoiqu'elle se tint habituellement un peu courbée, sa taille était très-haute pour une femme ; tenant sa baguette d'une main, de l'autre la veuve prit son fils par le bras, et, malgré la terreur, la résistance, les prières, les pleurs de l'enfant, l'entraînant après elle, elle le força de monter l'escalier du fond de la cuisine.

Au bout d'un instant, on entendit au-dessus du plafond des trépignements sourds, mêlés de cris et de sanglots.

Quelques minutes après ce bruit cessa.

Une porte se referma violemment.

Et la veuve du supplicié redescendit.

Puis, toujours impassible, elle remit la baguette de saule à sa place, se rassit auprès du foyer, et reprit son travail de couture sans prononcer une parole.

SIXIÈME PARTIE.

CHAPITRE PREMIER.

Le pirate d'eau douce.

Après quelques moments de silence, la veuve du supplicié dit à sa fille :

— Va chercher du bois ; cette nuit nous rangerons le bûcher... au retour de Nicolas et de Martial.

— De Martial ? Vous voulez donc lui dire aussi que...

— Du bois, reprit la veuve en interrompant brusquement sa fille.

Celle-ci, habituée à subir cette volonté de fer, alluma une lanterne et sortit.

Au moment où elle ouvrit la porte, on vit au dehors la nuit noire, on entendit le craquement des hauts peupliers agités par le vent, le cliquetis des chaînes de bateaux, les sifflements de la bise, le mugissement de la rivière.

Ces bruits étaient profondément tristes.

Pendant la scène précédente, Amandine, péniblement émue du sort de François, qu'elle aimait tendrement, n'avait osé ni lever les yeux, ni essuyer ses pleurs, qui tombaient goutte à goutte sur ses genoux. Ses sanglots contenus la suffoquaient, elle tâchait de réprimer jusqu'aux battements de son cœur palpitant de crainte.

Les larmes obscurcissaient sa vue. En se hâtant de démarquer la chemise qu'on lui avait donnée, elle s'était blessée à la main avec ses ciseaux ; la piqûre saignait beaucoup, mais la pauvre enfant songeait moins à sa douleur qu'à la punition qui l'attendait pour avoir taché de son sang cette pièce de linge. Heureusement, la veuve, absorbée dans une réflexion profonde, ne s'aperçut de rien.

Calebasse rentra portant un panier rempli de bois. Au regard de sa mère, elle répondit par un signe de tête affirmatif.

Cela voulait dire qu'en effet le pied du mort sortait de terre...

La veuve pinça ses lèvres et continua de travailler, seulement elle parut manier plus précipitamment son aiguille.

Calebasse ranima le feu, surveilla l'ébullition de la marmite qui cuisait au coin du foyer, puis se rassit auprès de sa mère.

— Nicolas n'arrive pas ! lui dit-elle. Pourvu que la vieille femme de ce matin, en lui donnant un rendez-vous avec un bourgeois de la part de Bradamanti, ne l'ait pas mis dans une mauvaise affaire. Elle avait l'air si en dessous ! elle n'a voulu ni s'expliquer, ni dire son nom, ni d'où elle venait.

La veuve haussa les épaules.

— Vous croyez qu'il n'y a pas de danger pour Nicolas, ma mère ? Après tout, vous avez peut-être raison... La vieille lui demandait de se trouver à sept heures du soir quai de Billy, en face de la Gare, et là d'attendre un homme qui voulait lui parler et qui lui dirait Bradamanti pour mot de passe. Au fait, ce n'est pas bien périlleux. Si Nicolas s'attarde, c'est qu'il aura peut-être trouvé quelque chose en route, comme avant-hier ce linge-là, qu'il a *grinchi* (1) sur un bateau de blanchisseuse. Et elle montra une des pièces que démarquait Amandine ; puis, s'adressant à l'enfant : Ça veut-ce que ça veut dire, *grinchir* ?

— Ça veut dire... prendre... répondit l'enfant sans lever les yeux.

— Ça veut dire voler, petite sotte ; entends-tu ?... voler...

— Oui, ma sœur.

— Et quand on sait bien *grinchir* comme Nicolas, il y a toujours quelque chose à gagner... Le linge qu'il a volé hier nous a remonté, et ne nous coûtera que la façon du démarquage, n'est-ce pas... ma mère ?

(1) Volé.

ajouta Calebasse avec un éclat de rire qui laissa voir des dents déchaussées et jaunes comme son teint.

La veuve resta froide à cette plaisanterie.

— A propos de remonter notre ménage gratis, reprit Calebasse, nous pourrons peut-être nous fournir à une autre boutique. Vous savez bien qu'un vieux homme est venu habiter, depuis quelques jours, la maison de campagne de M. Griffon, le médecin de l'hospice de Paris ; cette maison isolée, à cent pas du bord de l'eau, en face du four à plâtre ?

La veuve baissa la tête.

— Nicolas disait hier que maintenant il y aurait peut-être là un bon coup à faire, reprit Calebasse. Le vieux je sais depuis ce matin qu'il y a là du butin pour sûr ; il faudra envoyer Amandine flâner autour de la maison, on n'y fera pas attention : elle aura l'air de jouer, regardera bien partout, et viendra nous rapporter ce qu'elle aura vu. Entends-tu ce que je te dis ? ajouta durement Calebasse en s'adressant à Amandine.

— Oui, ma sœur, j'irai, répondit l'enfant en tremblant.

— Tu dis toujours : Je ferai, et tu ne fais pas, sournoise ! La fois où je t'avais commandé de prendre cent sous dans le comptoir de l'épicier d'Asnières pendant que je l'occupais d'un autre côté de sa boutique, c'était facile : on ne se défie pas d'un enfant. Pourquoi ne m'as-tu pas obéi ?

— Ma sœur... le cœur m'a manqué... je n'ai pas osé...

— L'autre jour tu as bien osé voler un mouchoir dans la balle du colporteur, pendant qu'il vendait dans le cabaret. S'en est-il aperçu de quelque chose, imbécile ?

— Ma sœur, vous m'y avez forcée... le mouchoir était pour vous ; et puis ce n'était pas de l'argent...

— Qu'est-ce que ça fait ?

— Dame !... prendre un mouchoir, ça n'est pas si mal que de prendre de l'argent.

— Ta parole d'honneur ? c'est Martial qui lui apprend ces vertuchoueries, n'est-ce pas ? reprit Calebasse avec ironie ; tu vas tout lui rapporter, petite moucharde ; crois-tu que nous ayons peur qu'il nous mange, ton Martial ?... Puis, s'adressant à la veuve, Calebasse ajouta : Vois-tu, ma mère, ça finira mal pour lui... Il veut faire la loi ici. Nicolas est furieux contre lui, moi aussi. Il excite Amandine et François contre nous, contre toi... Est-ce que ça peut durer ?

— Non... dit la mère d'un ton bref et dur.

— C'est surtout depuis que sa Louve est à Saint-Lazare qu'il est comme un déchaîné après tout le monde... Est-ce que c'est notre faute, à nous, si elle est en prison... sa maîtresse ? Une fois sortie, elle n'a qu'à venir ici... et je la servirai... bonne mesure... quoiqu'elle fasse la méchante.

La veuve, après un moment de réflexion, dit à sa fille :

— Tu crois qu'il y a un coup à faire sur le vieux qui habite la maison du médecin ?

— Oui, ma mère.

— Il a l'air d'un mendiant !

— Ça n'empêche pas que c'est un noble.

— Un noble ?

— Oui, et qu'il ait de l'or dans sa bourse, quoiqu'il aille à Paris à pied tous les jours, et qu'il revienne de même, avec son gros bâton pour toute voiture.

— Qu'en sais-tu s'il a de l'or ?

— Tantôt j'ai été au bureau de poste d'Asnières pour voir s'il n'y avait pas de lettre de Toulon...

A ces mots qui lui rappelaient le séjour de son fils au bagne, la veuve du supplicié fronça ses sourcils et étouffa un soupir.

Calebasse continua :

— J'attendais mon tour, quand le vieux qui loge chez le médecin est entré ; je l'ai tout de suite reconnu à sa barbe blanche comme ses cheveux, à sa face couleur de buis, et à ses sourcils noirs. Il n'a pas l'air facile... Malgré son âge, ça doit être un vieux déterminé... Il a dit à la buraliste : « Avez-vous des lettres d'Angers pour M. le comte de Saint-Remy ? — Oui, a-t-elle répondu, en voilà une. C'est pour moi, a-t-il dit ; voilà mon passe-port. » Pendant que la buraliste l'examinait, le vieux, pour payer la port, a tiré sa bourse de soie verte. A un bout j'ai vu de l'or reluire à travers les mailles ; il y en avait gros comme un œuf... au moins quarante ou cinquante louis ! s'écria Calebasse, les yeux brillants de convoitise... et pourtant il est mis comme un gueux. C'est un de ces vieux avares farcis de trésors... Allez, ma mère ! nous savons son nom, ça pourra peut-être servir... pour s'introduire chez lui quand Amandine nous aura dit s'il y a des chambres.

Des aboiements violents interrompirent Calebasse.

— Ah ! les chiens crient, dit-elle ; ils entendent un bateau. C'est Martial ou Nicolas...

Au nom de Martial, les traits d'Amandine exprimèrent une joie contrainte.

Après quelques minutes d'attente, pendant lesquelles elle fixait un œil impatient et inquiet sur la porte, l'enfant vit, à son grand regret, entrer Nicolas, le futur complice de Barbillon.

La physionomie de Nicolas Martial était à la fois ignoble et féroce ; petit, grêle, chétif, on ne concevrait pas qu'il pût exercer son dangereux et criminel métier. Malheureusement une sauvage énergie morale suppléait chez ce misérable à la force physique qui lui manquait.

Par-dessus son bourgeron bleu, Nicolas portait une sorte de casaque sans manches, faite d'une peau de bouc à longs poils bruns; en entrant il jeta par terre un saumon de cuivre qu'il avait péniblement apporté sur son épaule.

— Bonne nuit et bon butin, la mère! s'écria-t-il d'une voix creuse et enrouée, après s'être débarrassé de son fardeau; il y a encore trois saumons pareils dans mon bachot, un paquet de hardes et une caisse remplie de je ne sais pas quoi; car je ne me suis pas amusé à l'ouvrir. Peut-être que je suis volé... on verra!

— Et l'homme du quai de Billy? demanda Calebasse pendant que la veuve regardait silencieusement son fils.

Celui-ci, pour toute réponse, plongea sa main dans la poche de son pantalon, et, la secouant, y fit bruire un grand nombre de pièces d'argent.

— Tu lui as pris tout ça?... s'écria Calebasse.

— Non, il a aboulé de lui-même deux cents francs; et il en aboulera encore huit cents quand j'aurai... mais suffit!... D'abord déchargeons mon bachot, nous jaserons après... Martial n'est pas ici?

— Non, dit la sœur.

— Tant mieux! nous serrerons le butin sans lui... Autant qu'il ne sache pas...

— Tu as peur de lui, poltron? dit aigrement Calebasse.

— Peur de lui?... moi!... Il haussa les épaules, j'ai peur qu'il ne nous vende... voilà tout. Quant à le craindre... *Coupe-sifflet* (1) a la langue trop bien affilée!...

— Oh! quand il n'est pas là... tu fanfaronnes... mais qu'il arrive, ça te clôt le bec.

Nicolas parut insensible à ce reproche, et dit:

— Allons, vite! vite!... au bateau... Où est donc François, la mère? il nous aiderait.

— Ma mère l'a enfermé là haut après l'avoir rincé; il se couchera sans souper, dit Calebasse.

— Bon; mais qu'il vienne tout de même aider à décharger le bachot, n'est-ce pas, la mère? Moi, lui et Calebasse, en une tournée nous rentrerons tout ici...

La veuve leva le doigt au plafond. Calebasse comprit, et monta chercher François.

Le sombre visage de la mère Martial s'était quelque peu déridé depuis l'arrivée de Nicolas; elle l'aimait plus que Calebasse, moins encore cependant que son fils de Toulon, comme elle disait... car l'amour maternel de cette farouche créature s'élevait en proportion de la criminalité des siens.

Cette préférence perverse explique suffisamment l'éloignement de la veuve pour ses deux jeunes enfants qui n'annonçaient pas de dispositions mauvaises, et sa haine profonde pour Martial, son fils aîné, qui, sans mener une vie irréprochable, pouvait passer pour un très-honnête homme si on le comparait à Nicolas, à Calebasse et à son frère le forçat de Toulon.

— Où as-tu picoré cette nuit? dit la veuve à Nicolas.

— En m'en retournant du quai de Billy, où j'ai rencontré le bourgeois avec qui j'avais rendez-vous pour ce soir, j'ai reluqué, près du pont des Invalides, une galiote amarrée au quai. Il faisait noir; j'ai dit : Pas de lumière dans la cabine... les mariniers sont à terre... J'aborde... Si je trouve un curieux, je demande un bout de corde, censé pour receler ma rame... J'entre dans la cabine... personne... Alors j'y rafle ce que je peux, des hardes, une grande caisse, et, sur le pont, quatre saumons de cuivre; car j'ai fait deux tournées, la galiote était chargée de cuivre et de fer. Mais voilà François et Calebasse: vite au bachot!... Allons, file aussi toi, eh!... Amandine, tu porteras les hardes... Avant de chasser... faut rapporter...

Restée seule, la veuve s'occupa des préparatifs du souper de la famille, plaça sur la table des verres, des bouteilles, des assiettes de faïence et des couverts d'argent.

Au moment où elle terminait ses apprêts, ses enfants rentrèrent pesamment chargés.

Le poids de deux saumons de cuivre qu'il portait sur ses épaules semblait écraser le petit François; Amandine disparaissait à moitié sous le monceau de hardes volées qu'elle tenait sa tête; enfin Nicolas, aidé de Calebasse, apportait une caisse de bois blanc, sur laquelle il avait placé le quatrième saumon de cuivre.

— La caisse, la caisse!... éventrons-la, la caisse! s'écria Calebasse avec une sauvage impatience.

Les saumons de cuivre furent jetés sur le sol.

Nicolas s'arma de la hachette qu'il portait à sa ceinture, et l'introduisit sous le couvercle de la caisse, placée au milieu de la cuisine, afin de le soulever.

La lueur rougeâtre et vacillante du foyer éclairait cette scène de pillage; au dehors, les sifflements du vent redoublaient de violence.

Nicolas, vêtu de sa peau de bouc, accroupi devant le coffre, tâchait de le briser, et proférait d'horribles blasphèmes en voyant l'épais couvercle résister à de vigoureuses pesées.

Les yeux enflammés de cupidité, les joues colorées par l'emportement de la rapine, Calebasse, agenouillée sur la caisse, y faisait porter tout le poids de son corps, afin de donner un point d'appui plus fixe à l'action du levier de Nicolas.

La veuve, séparée de ce groupe par la largeur de la table, où elle allongeait sa grande taille, se penchait aussi vers l'objet volé, le regard étincelant d'une fiévreuse convoitise.

Enfin, chose cruelle et malheureusement trop humaine! les deux enfants, dont les bons instincts naturels avaient souvent triomphé de l'influence maudite de cette abominable corruption domestique; les deux enfants, oubliant leurs scrupules et leurs craintes, cédaient à l'attrait d'une curiosité fatale...

Serrés l'un contre l'autre, l'œil brillant, la respiration oppressée, François et Amandine n'étaient pas les moins empressés de connaître le contenu du coffre, ni les moins irrités des lenteurs de l'effraction de Nicolas.

Enfin le couvercle sauta en éclats.

— Ah!... s'écria la famille d'une seule voix, haletante et joyeuse.

Et tous, depuis la mère jusqu'à la petite fille, s'abattirent et se précipitèrent avec une ardeur sauvage sur la caisse effondrée. Sans doute expédiée de Paris à un marchand de nouveautés d'un bourg riverain, elle contenait une grande quantité de pièces d'étoffes à l'usage des femmes.

— Nicolas n'est pas volé! s'écria Calebasse en déroulant une pièce de mousseline de laine.

— Non, répondit le brigand en déployant à son tour un paquet de foulards, j'ai fait mes frais...

— De la levantine... ça se vendra comme du pain... dit la veuve en puisant à son tour dans la caisse.

— La receleuse de Bras-Rouge, qui demeure rue du Temple, achètera les étoffes, ajouta Nicolas; et le père Micou, le logeur en garni du quartier Saint-Honoré, s'arrangera du *rouget* (1).

— Amandine, dit tout bas François à sa petite sœur, comme ça ferait une jolie cravate, un de ces beaux mouchoirs de soie... que Nicolas tient à la main!...

— Ça ferait aussi une bien jolie marmotte, répondit l'enfant avec admiration.

— Faut avouer que tu as eu de la chance de monter sur cette galiote, Nicolas, dit Calebasse. Tiens, fameux!... ces châles... il y en a trois... vraie bourre de soie... Vois donc, ma mère!...

— La mère Burette donnera au moins 500 francs du tout, dit la veuve après un mûr examen.

— Alors ça doit valoir au moins 1,800 francs, dit Nicolas; mais, comme on dit, tout receleur... tout voleur. Bah! tant pis, je ne sais pas chicaner... je serai encore assez colas cette fois-ci pour en passer par ce que la mère Burette voudra et le père Micou aussi; mais lui, c'est un ami.

— C'est égal, il est voleur comme les autres, le vieux revendeur de ferraille: mais ces canailles de receleurs savent qu'on a besoin d'eux, reprit Calebasse en se drapant dans un des châles, et ils en abusent!

— Il n'y a plus rien, dit Nicolas, en arrivant au fond de la caisse.

— Maintenant il faut tout resserrer, dit la veuve.

— Moi, je garde ce châle-là, reprit Calebasse.

— Tu gardes... tu gardes... s'écria brusquement Nicolas, tu le garderas... si je te le donne... Tu prends toujours... toi... madame *Pas-Gênée*.

— Tiens!... et toi donc, tu t'en prives... de prendre!

— Moi... je *grinche* en risquant ma peau; c'est pas toi qui aurais été *enfaguée* si on m'avait pincé sur la galiote...

— Eh bien! le voilà, ton châle, je m'en moque pas mal! dit aigrement Calebasse en le rejetant dans la caisse.

— C'est pas à cause du châle... que je parle; je ne suis pas assez chiche pour lésiner sur un châle : un de plus ou un de moins, la mère Burette changera pas son prix; elle achète en bloc, reprit Nicolas. Mais, au lieu de dire que tu prends ce châle, tu peux me demander que je te le donne... Allons, voyons, garde-le... Garde-le... je te dis... ou sinon je l'envoie au feu pour faire bouillir la marmite.

Ces paroles calmèrent la mauvaise humeur de Calebasse; elle prit le châle sans rancune.

Nicolas était sans doute en veine de générosité, car, déchirant avec ses dents le chef d'une des pièces de soierie, il en détacha deux foulards et les jeta à Amandine et à François, qui n'avaient pas cessé de contempler cette étoffe avec envie.

— Voilà pour vous, gamins! cette bouchée-là vous mettra en goût de grincher. L'appétit vient en mangeant. Maintenant allez vous coucher... j'ai à jaser avec la mère; on vous portera à souper là-haut.

Les deux enfants battirent joyeusement des mains, et agitèrent triomphalement les foulards volés qu'on venait de leur donner.

— Eh bien, petits bêtas! dit Calebasse, écouterez-vous encore Martial? Est-ce qu'il vous a jamais donné des beaux foulards comme ça, lui?

François et Amandine se regardèrent, puis ils baissèrent la tête sans répondre.

— Parlez donc, reprit durement Calebasse; est-ce qu'il vous a jamais fait des cadeaux, Martial?

(1) Mon couteau.

(1) Cuivre.

— Dame !... non.. Il ne nous en a jamais fait, dit François en regardant son mouchoir de soie rouge avec bonheur.

Amandine ajouta bien bas :

— Notre frère Martial ne nous fait pas de cadeaux... parce qu'il n'a pas de quoi...

— S'il volait, il aurait de quoi, dit durement Nicolas ; n'est-ce pas, François ?

— Oui, mon frère, répondit François. Puis il ajouta : — Oh ! le beau foulard !... Quelle jolie cravate pour le dimanche !

— Et moi, quelle belle marmotte ! reprit Amandine.

— Sans compter que les enfants du chaufournier du four à plâtre rageront joliment en vous voyant passer, dit Calebasse ; et elle examina les traits des enfants pour voir s'ils comprendraient la méchante portée de ces paroles. L'abominable créature appelait la vanité à son aide pour étouffer les derniers scrupules de ces malheureux. Les enfants du chaufournier, reprit-elle, auront l'air de mendiants, ils en crèveront de jalousie ; car vous autres, avec vos beaux mouchoirs de soie, vous aurez l'air de petits bourgeois !

— Tiens ! c'est vrai, reprit François ; alors je suis bien plus content de ma belle cravate, puisque les petits chaufourniers rageront de ne pas en avoir une pareille... N'est-ce pas, Amandine ?

— Moi, je suis contente d'avoir ma belle marmotte... voilà tout.

— Aussi, toi, tu ne seras jamais qu'une colasse ! dit dédaigneusement Calebasse. Puis, prenant sur la table du pain et un morceau de fromage, elle le donna aux enfants, et leur dit :

— Montez vous coucher... Voilà une lanterne, prenez garde au feu, et éteignez-la avant de vous endormir.

— Ah ça ! ajouta Nicolas, rappelez-vous bien que si vous avez le malheur de parler à Martial de la caisse, des saumons de cuivre et des hardes, vous aurez une danse que le feu y prendra ; sans compter que je vous retirerai les foulards.

Après le départ des enfants, Nicolas et sa sœur enfouirent les hardes, la caisse d'étoffes et les saumons de cuivre au fond d'un petit caveau surbaissé de quelques marches, qui s'ouvrait dans la cuisine, non loin de la cheminée.

— Ah ça, la mère ! à boire, et du chenu !... s'écria le bandit ; du cacheté, de l'eau-de-vie !... J'ai bien gagné ma journée !... Sers le souper, Calebasse ; Martial rongera nos os, c'est bon pour lui... Jasons maintenant du bourgeois du quai de Billy, car demain ou après-demain il faut que ça chauffe, et je veux empocher l'argent qu'il a promis... Je vas te conter ça, la mère... Mais à boire, tonnerre !!! à boire..., c'est moi qui régale !

Et Nicolas fit de nouveau bruire les pièces de cent sous qu'il avait dans sa poche ; puis, jetant au loin sa peau de bouc, son bonnet de laine noire, il s'assit à table devant un énorme plat de ragoût de mouton, un morceau de veau froid et une salade.

Lorsque Calebasse eut apporté du vin et de l'eau-de-vie, la veuve, toujours impassible et sombre, s'assit d'un côté de la table, ayant Nicolas à sa droite, sa fille à sa gauche ; en face d'elle étaient les places inoccupées de Martial et des deux enfants.

Nicolas tira de sa poche un large et long couteau catalan à manche de corne, à lame aiguë. Contemplant cette arme meurtrière avec une sorte de satisfaction féroce, il dit à la veuve :

— Coupe-sifflet tranche toujours bien !... Passez-moi le pain, la mère !...

— A propos de couteau, dit Calebasse, François s'est aperçu de la chose dans le bûcher.

— De quoi ? dit Nicolas sans la comprendre.

— Il a vu un des pieds...

— De l'homme ? s'écria Nicolas.

— Oui, dit la veuve en mettant une tranche de viande dans l'assiette de son fils.

— C'est drôle !... la fosse était pourtant bien profonde, dit le brigand ; mais depuis le temps... la terre aura tassé...

— Il faudra bien le jeter tout à la rivière, dit la veuve.

— C'est plus sûr, répondit Nicolas.

— On y attachera un pavé avec un brin de vieille chaîne de bateau, dit Calebasse.

— Pas si bête !... répondit Nicolas en se versant à boire ; puis, s'adressant à la veuve, tenant la bouteille haute : — Voyons, trinquez avec nous, ça vous égayera, la mère !

La veuve secoua la tête, recula son verre, et dit à son fils :

— Et l'homme du quai de Billy ?

— Voilà la chose... dit Nicolas, sans s'interrompre de manger et de boire. En arrivant à la gare, j'ai attaché mon bachot et j'ai monté au quai ; sept heures sonnaient à la boulangerie militaire de Chaillot, on ne s'y voyait pas à quatre pas. Je me promenais le long du parapet depuis un quart d'heure, lorsque j'entends marcher doucement derrière moi ; je ralentis ; un homme emballonné dans un manteau s'approche de moi en toussant ; je m'arrête, il s'arrête... Tout ce que je sais de sa figure, c'est que son manteau lui cachait le nez, et son chapeau les yeux.

(Nous rappellerons au lecteur que ce personnage mystérieux était Jacques Ferrand le notaire, qui, voulant se défaire de Fleur-de-Marie, avait, le matin même, dépêché madame Séraphin chez les Martial, dont il espérait faire les instruments de son nouveau crime.)

« — *Bradamanti*, me dit le bourgeois, reprit Nicolas, c'était le mot de passe convenu avec la vieille pour me reconnaître avec le particulier. *Ravageur*, que je lui réponds, comme c'était encore convenu.

« — Vous vous appelez Martial ? me dit-il.

« — Oui, bourgeois.

« — Il est venu ce matin une femme à votre île ; que vous a-t-elle dit ?

« — Que vous aviez à me parler de la part de M. Bradamanti.

« — Voulez-vous gagner de l'argent ?

« — Oui, bourgeois, beaucoup.

« — Vous avez un bateau ?

« — Nous en avons quatre, bourgeois, c'est notre partie : bachoteurs et ravageurs de père en fils, à votre service.

« — Voilà ce qu'il faudrait faire... si vous n'avez peur...

« — Peur... de quoi, bourgeois ?

« — De voir quelqu'un se noyer par accident... seulement il s'agirait d'aider à l'accident... Comprenez-vous ?

« — Ah ça, bourgeois, faut donc faire boire un particulier à même la Seine comme par hasard ? ça me va... Mais, comme c'est un fricot délicat, ça coûte cher d'assaisonnement...

« — Combien... pour deux ?...

« — Pour deux... il y aura deux personnes à mettre au court bouillon dans la rivière ?

« — Oui...

« — Cinq cents francs par tête, bourgeois... c'est pas cher !

« — Va pour mille francs...

« — Payés d'avance, bourgeois.

« — Deux cents francs d'avance, le reste après...

« — Vous vous défiez de moi, bourgeois ?

« — Non ; vous pouvez empocher mes deux cents francs sans remplir nos conventions.

« — Et vous, bourgeois, une fois le coup fait, quand je vous demanderai les huit cents francs, vous pouvez me répondre : Merci, je sors d'en prendre !

« — C'est une chance ; ça vous convient-il, oui ou non ? deux cents francs comptants, et après-demain soir, ici à neuf heures, je vous remettrai huit cents francs.

« — Et qui vous dira que j'aurai fait boire les deux personnes ?

« — Je le saurai... ça me regarde... Est-ce dit ?

« — C'est dit, bourgeois.

« — Voilà deux cents francs... Maintenant, écoutez-moi : Vous reconnaîtrez bien la vieille femme qui est allée vous trouver ce matin ?

« — Oui, bourgeois.

« — Demain ou après-demain, au plus tard, vous la verrez venir, vers les quatre heures du soir, sur la rive en face de votre île, avec une jeune fille blonde ; la vieille vous fera un signal en agitant un mouchoir.

« — Oui, bourgeois.

« — Combien faut-il de temps pour aller de la rive à votre île ?

« — Vingt bonnes minutes.

« — Vos bateaux sont à fond plat ?

« — Plat comme la main, bourgeois.

« — Vous pratiquerez adroitement une sorte de large soupape dans le fond de l'un de ces bateaux, afin de pouvoir, en ouvrant cette soupape, le faire couler à volonté en un clin d'œil... Comprenez-vous ?

« — Très-bien, bourgeois ; vous êtes malin ! justement un vieux bateau à moitié pourri ; je voulais le déchirer... il sera bon pour ce dernier voyage.

« — Vous partez donc de votre île avec ce bateau à soupape ; un bon bateau vous suit, conduit par quelqu'un de votre famille. Vous abordez, vous prenez la vieille femme et la jeune fille blonde à bord du bateau troué, et vous regagnez votre île ; mais, à une distance raisonnable du rivage, vous feignez de vous baisser pour raccommoder quelque chose, vous ouvrez la soupape, et vous sautez lestement dans l'autre bateau, pendant que la vieille femme et la jeune fille blonde...

« — Boivent à la même tasse... ça y est, bourgeois !

« — Mais êtes-vous sûr de n'être pas dérangé ? S'il venait des pratiques dans votre cabaret ?

« — Il n'y a pas de crainte, bourgeois. A cette heure-là, et en hiver surtout, il n'en vient jamais ; et c'est notre morte-saison ; et il en viendrait, qu'ils ne seraient pas gênants, au contraire... c'est tous des amis connus.

« — Très-bien ! D'ailleurs vous ne vous compromettez en rien : le bateau sera censé couler par vétusté, et la vieille femme qui vous aura amené la jeune fille disparaîtra avec elle. Enfin, pour bien vous assurer que toutes deux seront noyées (toujours par accident), vous pourrez, si elles revenaient sur l'eau ou si elles s'accrochaient au bateau, avoir l'air de faire tous vos efforts pour les secourir, et...

« — Et les aider, à replonger. Bien, bourgeois !

« — Il faudra même que la promenade se fasse après le soleil couché, afin que la nuit soit noire lorsqu'elles tomberont à l'eau.

« — Non, bourgeois ; car si on n'y voit pas clair, comment saura-t-on si les deux femmes ont bu leur soûl, ou si elles en veulent encore ?

« — C'est juste... Alors l'accident aura lieu avant le coucher du soleil.
« — A la bonne heure, bourgeois. Mais la vieille ne se doutera de rien?
« — Non. En arrivant, elle vous dira à l'oreille : « Il faut noyer la pe« tite ; un peu avant de faire enfoncer le bateau, faites-moi signe pour « que je sois prête à me sauver avec vous. » Vous répondrez à la vieille de manière à éloigner ses soupçons.
« — De façon qu'elle croira mener la petite blonde boire...
« — Et qu'elle boira avec la petite blonde.
« — C'est crânement arrangé, bourgeois.

« — A votre service, bourgeois ! »
— Là-dessus, dit le brigand en terminant sa narration, j'ai quitté l'homme au manteau, j'ai regagné mon bateau, et, en passant devant la galiote, j'ai raflé le butin de tout à l'heure.

François et Amandine.

Le père Micou.

« — Et surtout que la vieille ne se doute de rien !
« — Calmez-vous, bourgeois, elle avalera ça doux comme miel.
« — Allons, bonne chance, mon garçon ! Si je suis content, peut-être vous emploierai encore.

On voit, par le récit de Nicolas, que le notaire voulait, au moyen d'un double crime, se débarrasser à la fois de Fleur-de-Marie et de madame Séraphin, en faisant tomber celle-ci dans le piége qu'elle croyait seulement tendu à la Goualeuse.
Avons-nous besoin de répéter que, craignant à juste titre que la Chouette n'apprît, d'un moment à l'autre, à Fleur-de-Marie qu'elle avait été abandonnée par madame Séraphin, Jacques Ferrand se croyait un puissant intérêt à faire disparaître cette jeune fille, dont les réclamations auraient pu le frapper mortellement et dans sa fortune et dans sa réputation ?
Quant à madame Séraphin, le notaire, en la sacrifiant, se défaisait de

LES MYSTÈRES DE PARIS.

l'un des deux complices (Bradamanti était l'autre) qui pouvaient le perdre en se perdant eux-mêmes, il est vrai ; mais Jacques Ferrand croyait ses secrets mieux gardés par la tombe que par l'intérêt personnel.

La veuve du supplicié et Calebasse avaient attentivement écouté Nicolas, qui ne s'était interrompu que pour boire avec excès. Aussi commençait-il à parler avec une exaltation singulière :

— Ça n'est pas tout, reprit-il ; j'ai emmanché une autre affaire avec la Chouette et Barbillon, de la rue aux Fèves. C'est un fameux coup crânement monté ; et, si nous ne le manquons pas, il y aura de quoi frire, je m'en vante. Il s'agit de dépouiller une courtière en diamants, qui a quelquefois pour des cinquante mille francs de pierreries dans son cabas.

— Cinquante mille francs ! s'écrièrent la mère et la fille, dont les yeux étincelèrent de cupidité.

— Oui..... rien que ça. Bras-Rouge en sera. Hier il a déjà empaumé la courtière par une lettre que nous lui avons portée nous deux Barbillon, boulevard Saint-Denis. C'est un fameux homme que Bras-Rouge ! Comme il a de quoi, on ne se méfie pas de lui. Pour amorcer la courtière, il lui a déjà vendu un diamant de quatre cents francs. Elle ne se défiera pas de venir, à la tombée du jour, dans son cabaret des Champs-Élysées. Nous serons là cachés. Calebasse viendra aussi, elle gardera mon bateau le long de la Seine. S'il faut emballer la courtière morte ou vive, ça sera une voiture commode et qui ne laisse pas de traces. En voilà un plan ! Gueux de Bras-Rouge, quelle sorbonne !

— Je me défie toujours de Bras-Rouge, dit la veuve. Après l'affaire de la rue Montmartre, ton frère Ambroise a été à Toulon et Bras-Rouge a été relâché.

— Parce qu'il n'y avait pas de preuves contre lui ; il est si malin !..... Mais trahir les autres... jamais !

La veuve secoua la tête, comme si elle n'eût été qu'à demi convaincue de la probité de Bras-Rouge.

Après quelques moments de réflexion, elle dit :

— J'aime mieux l'affaire du quai de Billy pour demain ou après-demain soir... la noyade des deux femmes... Mais Martial nous gênera... comme toujours...

— Le tonnerre du diable ne nous débarrassera donc pas de lui ?... s'écria Nicolas à moitié ivre, en plantant avec fureur son long couteau dans la table.

— J'ai dit à ma mère que nous en avions assez, que ça ne pouvait pas durer, reprit Calebasse. Tant qu'il sera ici, on ne pourra rien faire des enfants...

— Je vous dis qu'il est capable de nous dénoncer un jour ou l'autre, le brigand ! dit Nicolas. Vois-tu, la mère... si tu m'en avais cru... ajouta-t-il d'un air farouche et significatif en regardant sa mère, tout serait dit...

— Il y a d'autres moyens.

— C'est le meilleur ! dit le brigand.

— Maintenant... non, répondit la veuve, d'un ton si absolu que Nicolas se tut, dominé par l'influence de sa mère, qu'il savait aussi criminelle, aussi méchante, mais encore plus déterminée que lui.

La veuve ajouta :

— Demain matin il quittera l'île pour toujours.

— Comment ? dirent à la fois Calebasse et Nicolas.

— Il va rentrer ; cherchez-lui querelle... mais hardiment, en face... comme vous n'avez jamais osé le faire... Venez-en aux coups, s'il le faut... Il est fort... mais vous serez deux, et je vous aiderai... Surtout, pas de couteaux !... pas de sang... qu'il soit battu, pas blessé.

La lutte fratricide. — PAGE 208.

— Et puis après, la mère ? demanda Nicolas.

— Après... on s'expliquera... Nous lui dirons de quitter l'île demain... sinon que tous les jours la scène de ce soir recommencera... Je le connais, ces batteries continuelles le dégoûteront. Jusqu'à présent on l'a laissé trop tranquille...

— Mais il est entêté comme un mulet ; il est capable de vouloir rester tout de même à cause des enfants... dit Calebasse.

— C'est un gueux fini... mais une batterie ne lui fait pas peur, dit Nicolas.

— Une... oui, dit la veuve, mais tous les jours, tous les jours... c'est l'enfer... il cédera...

— Et s'il ne cédait pas ?

— Alors j'ai un autre moyen sûr de le forcer à partir cette nuit, ou demain matin au plus tard, reprit la veuve avec un sourire étrange.

— Vraiment, la mère ?

— Oui, mais j'aimerais mieux l'effrayer par les batteries ; si je n'y réussissais pas ... alors, à l'autre moyen.

— Et si l'autre moyen ne réussissait pas non plus, la mère ? dit Nicolas.

— Il y en a un dernier qui réussit toujours, répondit la veuve.

Tout à coup la porte s'ouvrit, Martial entra.

Il ventait si fort au dehors, qu'on n'avait pas entendu les aboiements des chiens annoncer le retour du fils aîné de la veuve du supplicié.

CHAPITRE II.

La mère et le fils.

Ignorant les mauvais desseins de sa famille, Martial entra lentement dans la cuisine.

Quelques mots de la Louve, dans son entretien avec Fleur-de-Marie, ont déjà fait connaître la singulière existence de cet homme.

Doué de bons instincts naturels, incapable d'une action positivement basse ou méchante, Martial n'en menait pas moins une conduite peu régulière. Il péchait en fraude, et sa force, son audace, inspiraient assez de crainte aux gardes-pêche pour qu'ils fermassent les yeux sur son braconnage de rivière.

A cette industrie déjà très-peu légale, Martial en joignait une autre fort illicite.

Bravo redouté, il se chargeait volontiers, plus encore par excès de courage, par crânerie, que par cupidité, de venger, dans des rencontres de pugilat ou de bâton, les victimes d'adversaires d'une force trop inégale ; il faut dire que Martial choisissait d'ailleurs avec assez de droiture les causes qu'il plaidait à coups de poing : généralement il prenait le parti du faible contre le fort.

L'amant de la Louve ressemblait beaucoup à François et à Amandine ; il était de taille moyenne, mais robuste, large d'épaules ; ses épais cheveux roux, coupés en brosse, formaient cinq pointes sur son front bien ouvert ; sa barbe épaisse, drue et courte, ses joues larges, son nez saillant carrément accusé, ses yeux bleus et hardis, donnaient à ce mâle visage une expression singulièrement résolue.

Il était coiffé d'un vieux chapeau ciré ; malgré le froid, il ne portait qu'une mauvaise blouse bleue par-dessus sa veste et son pantalon de gros velours de coton tout usé. Il tenait à la main un énorme bâton noueux, qu'il déposa près de lui sur le buffet...

Un gros chien basset, à jambes torses, au pelage noir marqué de feux très-vifs, était entré avec Martial ; mais il restait auprès de la porte, n'osant s'approcher ni du feu, ni des convives déjà attablés, l'expérience ayant prouvé au vieux Miraut (c'était le nom du basset, ancien compagnon de braconnage de Martial) qu'il était, ainsi que son maître, très-peu sympathique à la famille.

— Où sont donc les enfants ?
Tels furent les premiers mots de Martial lorsqu'il s'assit à table.
— Ils sont où ils sont, répondit aigrement Calebasse.
— Où sont les enfants, ma mère ? reprit Martial sans s'inquiéter de la réponse de sa sœur.
— Ils sont couchés, reprit sèchement la veuve.
— Est-ce qu'ils n'ont pas soupé, ma mère ?
— Qu'est-ce que ça te fait, à toi ? s'écria brutalement Nicolas, après avoir bu un grand verre de vin pour augmenter son audace ; car le caractère et la force de son frère lui imposaient beaucoup.
Martial, aussi indifférent aux attaques de Nicolas qu'à celles de Calebasse, dit de nouveau à la veuve :
— Je suis fâché que les enfants soient déjà couchés.
— Tant pis, répondit la veuve.
— Oui, tant pis !... car j'aime à les avoir à côté de moi quand je soupe.
— Et nous, comme ils nous embêtent, nous les avons renvoyés, s'écria Nicolas. Si ça ne te plaît pas, va-t'en les retrouver !
Martial, surpris, regarda fixement son frère.
— Puis, comme s'il eût réfléchi à la vanité d'une querelle, il haussa les épaules, coupa un morceau de pain et se servit une tranche de viande.

Le basset s'était approché de Nicolas, quoiqu'à distance très-respectueuse ; le bandit, irrité de la dédaigneuse insouciance de son frère, et espérant lui faire perdre patience en frappant son chien, donna un furieux coup de pied à Miraut, qui poussa des cris lamentables.

Martial devint pourpre, serra dans ses mains contractées le couteau qu'il tenait, et frappa violemment sur la table ; mais, se contenant encore, il appela son chien et lui dit doucement :
— Ici, Miraut.
Le basset vint se coucher aux pieds de son maître.

Cette modération contrariait les projets de Nicolas ; il voulait pousser son frère à bout pour amener un éclat.
Il ajouta donc :
— Je n'aime pas les chiens, moi... je ne veux pas que ton chien reste ici !...

Pour toute réponse, Martial se versa un verre de vin, et but lentement.

Echangeant un coup d'œil rapide avec Nicolas, la veuve l'encouragea d'un signe à continuer ses hostilités contre Martial, espérant, nous l'avons dit, qu'une violente querelle amènerait une rupture et une séparation complète.

Nicolas alla prendre la baguette de saule dont s'était servie la veuve pour battre François, et, s'avançant vers le basset, il le frappa rudement en disant :
— Hors d'ici, hé, Miraut !

Jusqu'alors Nicolas s'était souvent montré sournoisement agressif envers Martial ; mais jamais il n'avait osé le provoquer avec tant d'audace et de persistance.

L'amant de la Louve, pensant qu'on voulait le pousser à bout, dans quelque but caché, redoubla de modération.

Au cri de son chien battu par Nicolas, Martial se leva, ouvrit la porte de la cuisine, mit le basset dehors, et revint continuer son souper.

Cette incroyable patience, si peu en harmonie avec le caractère ordinairement emporté de Martial, confondit ses agresseurs... Ils se regardèrent profondément surpris.

Lui, paraissant complètement étranger à ce qui se passait, mangeait glorieusement et gardait un profond silence.
— Calebasse, ôte le vin, dit la veuve à sa fille.
Celle-ci se hâtait d'obéir, lorsque Martial dit :
— Attends... je n'ai pas fini de souper.
— Tant pis ! dit la veuve en enlevant elle-même la bouteille.
— Ah !... c'est différent !... reprit l'amant de la Louve.
Et, se versant un grand verre d'eau, il le but, fit claquer sa langue contre son palais, et dit :
Voilà de fameuse eau !

Cet imperturbable sang-froid irritait la colère haineuse de Nicolas, déjà très-exalté par de nombreuses libations ; néanmoins il reculait encore devant une attaque directe, connaissant la force peu commune de son frère ; tout à coup il s'écria, ravi de son inspiration :
— Tu as bien fait de céder pour ton basset, Martial ; c'est une bonne habitude à prendre ; car il faut à l'avenir à nous voir chasser ta maîtresse à coups de pied, comme vous avons chassé ton chien.
— Oh ! oui... car si la Louve avait le malheur de venir dans l'île en sortant de prison, dit Calebasse, qui comprit l'intention de Nicolas, c'est moi qui la soufflèterais drôlement !
— Et moi je lui ferais faire un plongeon dans la vase, près la baraque du bout de l'île, ajouta Nicolas. Et si elle en ressortait, je la renfoncerais dedans à coups de soulier... la carne...

Cette insulte adressée à la Louve, qu'il aimait avec une passion sauvage, triompha des pacifiques résolutions de Martial ; il fronça ses sourcils, le sang lui monta au visage, les veines de son front se gonflèrent et se tendirent comme des cordes ; néanmoins il eut assez d'empire pour dire à Nicolas d'une voix légèrement altérée par une colère contenue :
— Prends garde à toi... tu cherches une querelle, et tu trouveras une tournée que tu ne cherches pas.
— Une tournée... à moi ?
— Oui... meilleure que la dernière.
— Comment ! Nicolas, dit Calebasse avec un étonnement sardonique, Martial t'a battu... Dites donc, ma mère, entendez-vous ?... Ça ne m'étonne plus, que Nicolas ait si peur de lui.
— Il m'a battu... parce qu'il m'a pris en traître, s'écria Nicolas devenant blême de fureur.
— Tu mens ; tu m'avais attaqué en sournois, je t'ai crossé et j'ai eu pitié de toi ; mais si tu t'avises encore de parler de ma maîtresse... entends-tu bien, de ma maîtresse... cette fois-ci pas de grâce... tu porteras longtemps mes marques.
— Et si j'en veux parler, moi, de la Louve, dit Calebasse...
— Je te donnerai une paire de calottes pour t'avertir, et si tu recommences... je recommencerai à t'avertir.
— Et si j'en parle, moi ? dit lentement la veuve.
— Vous ?
— Oui... moi.
— Vous ? dit Martial en faisant un violent effort sur lui-même, vous ?
— Tu me battras aussi ? n'est-ce pas ?
— Non, mais si vous me parlez de la Louve, je rosserai Nicolas ; maintenant, allez... ça vous regarde... et lui aussi.
— Toi, s'écria le bandit furieux en levant son dangereux couteau catalan, tu me rosseras !!!
— Nicolas... pas de couteau ! s'écria la veuve en se levant promptement pour saisir le bras de son fils ; mais celui-ci, ivre de rage et de colère, se leva, repoussa rudement sa mère et se précipita sur son frère.
Martial se recula vivement, saisit le gros bâton noueux qu'il avait en entrant déposé sur le buffet, et se mit sur la défensive.
— Nicolas, pas de couteau ! répéta la veuve.
— Laissez-le donc faire ! cria Calebasse en s'armant de la hachette du ravageur.
Nicolas, brandissant toujours son formidable couteau, épiait le moment de se jeter sur son frère.
— Je te le dis, s'écria-t-il, que toi et ta canaille de Louve je vous crèverai tous les deux, et je commence... A moi, ma mère !... à moi, Calebasse !... refroidissons-le, il y a trop longtemps qu'il dure !
Et, croyant le moment favorable à son attaque, le brigand s'élança sur son frère le couteau levé.
Martial, bâtonniste expert, fit une brusque retraite de corps, leva son bâton, qui, rapide comme la foudre, décrivit en sifflant un huit de chiffre et retomba si pesamment sur l'avant-bras droit de Nicolas, que celui-ci, frappé d'un engourdissement subit, douloureux, laissa échapper son couteau.
— Brigand... tu m'as cassé le bras ! s'écria-t-il en saisissant de sa main gauche son bras droit, qui pendait inerte à son côté.
— Non, j'ai senti mon bâton rebondir... répondit Martial en envoyant d'un coup de pied le couteau sous le buffet.
Puis, profitant de la souffrance qu'éprouvait Nicolas, il le prit au collet, le poussa rudement en arrière, jusqu'à la porte du petit caveau dont nous avons parlé, l'ouvrit d'une main, de l'autre y jeta et y enferma son frère, encore tout étourdi de cette brusque attaque.

Revenant ensuite aux deux femmes, il saisit Calebasse par les épaules, et, malgré sa résistance, ses cris et un coup de hachette qui le blessa légèrement à la main, il l'enferma dans la salle basse du cabaret qui communiquait à la cuisine.

Alors, s'adressant à la veuve, encore stupéfaite de cette manœuvre aussi habile qu'inattendue, Martial lui dit froidement :
— Maintenant, ma mère... à nous deux...
— Eh bien ! oui... à nous deux... s'écria la veuve ; et sa figure impassible s'anima, son teint blafard se colora, un feu sombre illumina sa prunelle jusqu'alors éteinte ; la colère, la haine, donnèrent à ses traits un caractère terrible ; oui... à nous deux !... reprit-elle d'une voix menaçante ; j'attendais ce moment, tu vas savoir à la fin ce que j'ai sur le cœur.
— Et moi aussi, je vais vous dire ce que j'ai sur le cœur.
— Tu vivrais cent ans, vois-tu, que tu te souviendrais de cette nuit.
— Je m'en souviendrai !... Mon frère et ma sœur ont voulu m'assassiner, vous n'avez rien fait pour les en empêcher... Mais voyons... parlez... qu'avez-vous contre moi ?
— Ce que j'ai ?...
— Oui.
— Depuis la mort de ton père... tu n'as fait que des lâchetés !
— Moi ?
— Oui, lâche !... Au lieu de rester avec nous pour nous soutenir, tu t'es sauvé à Rambouillet, braconner dans les bois avec ce colporteur de gibier que tu avais connu à Bercy.
— Si j'étais resté ici, maintenant je serais aux galères comme Ambroise, ou près d'y aller comme Nicolas : je n'ai pas voulu être voleur comme vous autres... de là votre haine.
— Et quel métier fais-tu ? Tu voles du gibier, tu voles du poisson ; vol sans danger, vol de lâche !...
— Le poisson comme le gibier n'appartient à personne ; aujourd'hui chez l'un, demain chez l'autre, il est à qui sait le prendre... Je ne vole pas... Quant à être lâche...
— Tu bats pour l'argent des hommes plus faibles que toi !
— Parce qu'ils avaient battu plus faible qu'eux.
— Métier de lâche !... métier de lâche !...
— Il y en a de plus honnêtes, c'est vrai ; ce n'est pas à vous à me le dire !
— Pourquoi ne les as-tu pas pris alors, ces métiers honnêtes, au lieu de venir ici fainéantiser et vivre à mes crochets ?
— Je vous donne le poisson que je prends et l'argent que j'ai !... ça n'est pas beaucoup, mais c'est assez... je ne vous coûte rien... J'ai essayé d'être serrurier pour gagner plus... mais quand depuis son enfance on a vagabondé sur la rivière et dans les bois, on ne peut pas s'attacher ailleurs ; c'est fini... on en a pour sa vie... Et puis... ajouta Martial d'un air sombre, j'ai toujours mieux aimé vivre seul sur l'eau ou dans une forêt... là personne ne me questionne. Au lieu qu'ailleurs, qu'on me parle de mon père, faut-il pas que je réponde... guillotiné ! de mon frère... galérien ! de ma sœur... voleuse !
— Et de ta mère, qu'en dis-tu ?
— Je dis...
— Quoi ?
— Je dis qu'elle est morte...
— Et tu fais bien ; c'est tout comme... Je te renie, lâche ! Ton frère est au bagne ! Ton grand-père et ton père ont bravement fini sur l'échafaud en narguant le prêtre et le bourreau ! Au lieu de les venger, tu trembles !...
— Les venger ?
— Oui, te montrer vrai Martial, cracher sur le couteau de Charlot et sur la casaque rouge, et finir comme père et mère, frère et sœur...
Si habitué qu'il fût aux exaltations féroces de sa mère, Martial ne put s'empêcher de frissonner.
La physionomie de la veuve du supplicié, en prononçant ces derniers mots, était épouvantable.
Elle reprit avec une fureur croissante :
— Oh ! lâche, encore plus crétin que lâche ! Tu veux être honnête !!! Honnête ! est-ce que tu ne seras pas toujours méprisé, rebuté, comme fils d'assassin, frère de galérien ! Mais toi, au lieu de te mettre la vengeance et la rage au ventre, ça t'y met la peur ! au lieu de mordre tu te sauves ; quand ils ont eu guillotiné ton père... tu nous as quittés... lâche ! Et tu savais que nous ne pouvions pas sortir de l'île pour aller au bourg sans qu'on hurle après nous, en nous poursuivant à coups de pierres comme des chiens enragés... Oh ! on nous payera ça, vois-tu ! on nous payera ça !!!
— Un homme, dix hommes ne me font pas peur ; mais être hué par tout le monde comme fils et frère de condamné... eh bien ! je n'ai pas pu... j'ai mieux aimé m'en aller dans les bois braconner avec Pierre, le vendeur de gibier.
— Fallait y rester... dans tes bois.
— Je suis revenu à cause de mon affaire avec un garde, et surtout à cause des enfants... parce qu'ils étaient en âge de tourner à mal, par l'exemple.
— Qu'est-ce que ça te fait ?
— Ça me fait que je ne veux pas qu'ils deviennent des gueux comme Ambroise, Nicolas et Calebasse...
— Pas possible !
— Et seuls, avec vous tous, ils n'y auraient pas manqué. Je m'étais mis en apprentissage pour tâcher de gagner de quoi les prendre avec moi, ces enfants, et quitter l'île... mais à Paris, tout se sait... c'était toujours fils de guillotiné... frère de forçat... j'avais des batteries tous les jours... ça m'a lassé...

— Et ça ne t'a pas lassé d'être honnête... ça te réussissait si bien !... au lieu d'avoir le cœur de revenir avec nous, pour faire comme nous... comme feront les enfants... malgré toi... oui, malgré toi... Tu crois les enjôler avec ton prêche... mais nous sommes là... François est déjà à nous... à peu près... une occasion, et il sera de la bande...
— Je vous dis que non...
— Tu verras que si... je m'y connais... Au fond il a du vice ; mais tu le gênes... Quant à Amandine, une fois qu'elle aura quinze ans, elle ira toute seule... Ah ! on nous a jeté des pierres ! ah ! on nous a poursuivis comme des chiens enragés !... on verra ce que c'est que notre famille... excepté toi, lâche, car il n'y a ici que toi qui nous fasses honte (1) !
— C'est dommage.
— Et comme tu le gâterais avec nous... demain tu sortiras d'ici pour n'y jamais rentrer...
Martial regarda sa mère avec surprise ; après un moment de silence, il lui dit :
— Vous m'avez cherché querelle à souper pour en arriver là ?
— Oui, pour te montrer ce qui t'attend si tu voulais rester ici malgré nous : un enfer... entends-tu ?... un enfer !... chaque jour une querelle, des coups, des rixes ; tu ne seras pas seuls comme ce soir : nous aurons des amis qui nous aideront... tu n'y tiendras pas huit jours...
— Vous croyez me faire peur ?
— Je ne te dis que ce qui t'arrivera...
— Ça m'est égal... je reste...
— Tu resteras ici ?
— Oui.
— Malgré nous ?
— Malgré vous, malgré Calebasse, malgré Nicolas, malgré tous les gueux de la terre !
— Tiens... tu me fais rire.
Dans la bouche de cette femme à figure sinistre et féroce, ces mots étaient horribles.
— Je vous dis que je resterai ici jusqu'à ce que je trouve le moyen de gagner ma vie ailleurs avec les enfants : oui, je serais pas embarrassé, je retournerais dans les bois ; mais à cause d'eux, il me faudra plus de temps... pour rencontrer ce que je cherche... En attendant, je reste.
— Ah ! tu restes... jusqu'au moment où tu emmèneras les enfants ?
— Comme vous dites !
— Emmener les enfants ?
— Quand je leur dirai : Venez, ils viendront... et en courant, je vous en réponds.
La veuve haussa les épaules, et reprit :
— Ecoute : je t'ai dit tout à l'heure que, quand bien même tu vivrais cent ans, tu te rappellerais cette nuit ; je vais t'expliquer pourquoi ; mais avant, es-tu bien décidé à ne pas t'en aller d'ici ?
— Oui ! oui ! mille fois oui !
— Tout à l'heure, tu diras non ! mille fois non ! Ecoute-moi bien... Sais-tu quel métier fait ton frère ?
— Je m'en doute, mais je ne veux pas le savoir...
— Tu le sauras... il vole...
— Tant pis pour lui.
— Et pour toi.
— Pour moi ?
— Il vole la nuit avec effraction, cas de galères ; nous recelons ses vols ; qu'on le découvre, nous sommes condamnés à la même peine que lui comme receleurs, et toi aussi ; on tombe sur la famille, et les enfants seront sur le pavé, où ils apprendront l'état de ton père et de ton grand-père aussi bien qu'ici.
— Moi, arrêté comme receleur, comme votre complice ! sur quelle preuve ?
— On ne sait pas comment tu vis ; tu vagabondes sur l'eau, tu as la réputation d'un mauvais homme, tu habites avec nous ; à qui feras-tu croire que tu ignores nos vols et nos recels ?
— Je prouverai que non.
— Nous te chargerons comme notre complice.

(1) Ces effroyables enseignements ne sont malheureusement pas exagérés. Voici ce que nous lisons dans l'excellent rapport de M. de Bretignères sur la colonie pénitentiaire de Mettray (séance du 12 mars 1842) :
« L'état civil de nos colons est important à constater ; parmi eux nous comptons : 32 enfants naturels, 34 dont les père et mère sont remariés, 51 dont les parents sont en prison, 124 dont les parents n'ont pas été l'objet de poursuites de la justice, mais sont plongés dans la plus profonde misère.
« Ces chiffres sont éloquents et grands d'enseignements ; ils permettent de remonter des effets aux causes, et donnent l'espoir d'arrêter les progrès d'un mal dont l'origine est ainsi constatée.
« Le nombre des parents criminels fait apprécier l'éducation qu'ont dû recevoir les enfants sous la tutelle de semblables guides. Instruits au mal par leurs pères, les fils ont failli sous leurs ordres, et ont cru bien faire en suivant leur exemple. Atteints par la justice, ils se résignent facilement à partager dans la prison le destin de leur famille ; ils n'y apportent que l'émulation du vice, et il faut vraiment qu'une lueur de la grâce divine existe encore au fond de ces rudes et grossières natures pour que tous germes honnêtes ne soient pas éteints. »

— Me charger ! pourquoi ?
— Pour te récompenser d'avoir voulu rester ici malgré nous.
— Tout à l'heure vous vouliez me faire peur d'une façon, maintenant c'est d'une autre ; ça ne prend pas, je prouverai que je n'ai jamais volé. Je reste.
— Ah ! tu restes ! Ecoute donc encore. Te rappelles-tu, l'an dernier, ce qui s'est passé ici pendant la nuit de Noël ?
— La nuit de Noël ? dit Martial en cherchant à rassembler ses souvenirs.
— Cherche bien... cherche bien...
— Je ne me rappelle pas...
— Tu ne te rappelles pas que Bras-Rouge a amené ici, le soir, un homme bien mis, qui avait besoin de se cacher ?...
— Oui, maintenant je me souviens ; je suis monté me coucher, et je l'ai laissé souper avec vous... Il a passé la nuit dans la maison ; avant le jour, Nicolas l'a conduit à Saint-Ouen...
— Tu es sûr que Nicolas l'a conduit à Saint-Ouen ?
— Vous me l'avez dit le lendemain matin.
— La nuit de Noël, tu étais donc ici ?
— Oui... eh bien ?
— Cette nuit-là... cet homme, qui avait beaucoup d'argent sur lui, a été assassiné dans cette maison.
— Lui !... ici ?...
— Et volé... et enterré dans le petit bûcher.
— Cela n'est pas vrai, s'écria Martial devenant pâle de terreur, et ne voulant pas croire à ce nouveau crime des siens. Vous voulez m'effrayer. Encore une fois, ça n'est pas vrai !
— Demande à ton protégé François ce qu'il a vu ce matin dans le bûcher ?
— François ! et qu'a-t-il vu ?
— Un des pieds de l'homme qui sortait de terre... Prends la lanterne, vas-y, tu t'en assureras.
— Non, dit Martial en essuyant son front baigné d'une sueur froide, non, je ne vous crois pas... Vous dites cela pour...
— Pour te prouver que, si tu demeures ici malgré nous, tu risques à chaque instant d'être arrêté comme complice de vol et de meurtre ; tu étais ici la nuit de Noël ; nous dirons que tu nous as aidés à faire le coup. Comment prouveras-tu le contraire ?
— Mon Dieu ! mon Dieu ! dit Martial en cachant sa figure dans ses mains.
— Maintenant t'en iras-tu ? dit la veuve avec un sourire sardonique.
Martial était atterré : il ne doutait malheureusement pas de ce que venait de lui dire sa mère ; la vie vagabonde qu'il menait, sa cohabitation avec une famille si criminelle, devaient, en effet, faire peser sur lui de terribles soupçons, et ces soupçons pouvaient se changer en certitude aux yeux de la justice, si sa mère, son frère, sa sœur, le désignaient comme leur complice.
La veuve jouissait de l'abattement de son fils.
— Tu as un moyen de sortir d'embarras : dénonce-nous !
— Je le devrais... mais je ne le ferai pas... vous le savez bien.
— C'est pour cela que je t'ai tout dit... Maintenant t'en iras-tu ?
Martial voulut tenter d'attendrir cette mégère, d'une voix moins rude il lui dit :
— Ma mère, je ne vous crois pas capable de ce meurtre...
— Comme tu voudras, mais va-t'en.
— Je m'en irai à une condition.
— Pas de condition !
— Vous mettrez les enfants en apprentissage... loin d'ici... en province...
— Ils resteront ici...
— Voyons, ma mère, quand vous les aurez rendus semblables à Nicolas, à Calebasse, à Ambroise, à mon père... à quoi ça vous servira-t-il ?
— A faire de bons coups avec leur aide... Nous ne sommes pas déjà de trop... Calebasse reste ici avec moi pour tenir le cabaret, Nicolas est seul ; une fois dressés, François et Amandine l'aideront ; on leur a aussi jeté des pierres, à eux, tout petits... faut qu'ils se vengent !...
— Ma mère, vous aimez Calebasse et Nicolas, n'est-ce pas ?
— Après ?
— Que les enfants les imitent... que vos crimes et les leurs se découvrent...
— Après ?
— Ils vont à l'échafaud, comme mon père...
— Après, après ?
— Et leur sort ne vous fait pas trembler !
— Leur sort sera le mien, ni meilleur ni pire... Je vole, ils volent ; je tue, ils tuent ; qui prendra la mère prendra les petits... Nous ne nous quitterons pas. Si nos têtes tombent, elles tomberont dans le même panier... où elles se diront adieu ! Nous ne reculerons pas ; il n'y a que toi de lâche dans la famille, nous te chassons... va-t'en !
— Mais les enfants ! les enfants !
— Les enfants deviendront grands ; je te dis que sans toi ils seraient déjà formés. François est presque prêt ; quand tu seras parti, Amandine rattrapera le temps perdu...
— Ma mère, je vous en supplie, consentez à envoyer les enfants en apprentissage loin d'ici.

— Combien de fois faut-il te dire qu'ils y sont en apprentissage ici ?
La veuve du supplicié articula ces derniers mots d'une manière si inexorable, que Martial perdit tout espoir d'amollir cette âme de bronze.
— Puisque c'est ainsi, reprit-il d'un ton bref et résolu, écoutez-moi bien à votre tour, ma mère... Je reste.
— Ah ! ah !
— Pas dans cette maison... je serais assassiné par Nicolas ou empoisonné par Calebasse ; mais, comme je n'ai pas de quoi me loger ailleurs moi et les enfants, nous habiterons la baraque au bout de l'île ; la porte est solide, je la renforcerai encore... Une fois barricadé, avec mon fusil, mon bâton et mon chien, je ne crains personne. Demain matin j'emmènerai les enfants ; le jour, ils viendront avec moi, soit dans mon bateau, soit dehors ; la nuit, ils coucheront près de moi, dans la cabane ; nous vivrons de ma pêche ; ça durera jusqu'à ce que j'aie trouvé à les placer, et je trouverai...
— Ah ! c'est ainsi !
— Ni vous, ni mon frère, ni Calebasse ne pouvez empêcher que ça soit, n'est-ce pas !... Si on découvre vos vols ou votre assassinat durant mon séjour dans l'île... tant pis, j'en cours la chance ! J'expliquerai que je suis revenu, que je suis resté à cause des enfants, pour les empêcher de devenir des gueux... On jugera... Mais que le tonnerre m'écrase si je quitte l'île, et si les enfants restent un jour de plus dans cette maison !... Oui, et je vous défie, vous et les vôtres, de me chasser de l'île !
La veuve connaissait la résolution de Martial ; les enfants aimaient leur frère aîné autant qu'ils le redoutaient ; ils le suivraient donc sans hésiter lorsqu'il le voudrait. Quant à lui, bien armé, toujours sur ses gardes, dans son bateau pendant le jour, retranché et barricadé dans la cabane de l'île pendant la nuit, il n'avait rien à redouter des mauvais desseins de sa famille.
Le projet de Martial pouvait donc de tout point se réaliser... Mais la veuve avait beaucoup de raisons pour en empêcher l'exécution.
D'abord, ainsi que les honnêtes artisans considèrent quelquefois le nombre de leurs enfants comme une richesse, en raison des services qu'ils en retirent, la veuve comptait sur Amandine et sur François pour l'assister dans ses crimes.
Puis, ce qu'elle avait dit de son désir de venger son mari et son fils était vrai. Certains êtres, nourris, vieillis, durcis dans le crime, entrent en révolte ouverte, en guerre acharnée contre la société, et croient par de nouveaux crimes se venger de la juste punition qui a frappé eux ou les leurs.
Puis enfin les sinistres desseins de Nicolas contre Fleur-de-Marie, et plus tard contre la courtière, pouvaient être contrariés par la présence de Martial. La veuve avait espéré amener une séparation immédiate entre elle et Martial, soit en lui suscitant la querelle de Nicolas, soit en lui révélant que, s'il s'obstinait à rester dans l'île, il risquait de passer pour complice de plusieurs crimes.
Aussi rusée que pénétrante, la veuve, s'apercevant qu'elle s'était trompée, sentit qu'il fallait recourir à la perfidie pour faire tomber son fils dans un piège sanglant... Elle reprit donc, après un assez long silence, avec une amertume affectée :
— Je vois ton plan ! tu ne veux pas nous dénoncer toi-même, tu veux nous faire dénoncer par les enfants.
— Moi !
— Ils savent maintenant qu'il y a un homme enterré ici ; ils savent que Nicolas a volé... Une fois en apprentissage, ils parleraient, on les prendrait, et nous y passerions tous... toi comme nous : voilà ce qui arriverait si je t'écoutais, si je ne laissais chercher à placer les enfants ailleurs... Et pourtant tu dis que tu ne nous veux pas de mal !... Je ne te demande pas de m'aimer ; mais ne hâte pas le moment où nous serons pris.
Le ton radouci de la veuve fit croire à Martial que ses menaces avaient produit sur elle un effet salutaire : il donna dans le piège affreux.
— Je connais les enfants ; reprit-il, je suis sûr qu'en leur recommandant de ne rien dire ils ne diraient rien... D'ailleurs, d'une façon ou d'une autre, je serais toujours avec eux et je répondrais de leur silence.
— Est-ce qu'on peut répondre des paroles d'enfants... à Paris surtout, où l'on est si curieux et si bavard !... C'est autant pour qu'ils puissent nous aider à faire nos coups, que pour qu'ils ne puissent pas nous vendre, que je veux les garder ici.
— Est-ce qu'ils ne vont pas quelquefois au bourg et à Paris ? qui les empêcherait de parler... s'ils ont à parler ? S'ils étaient loin d'ici, à la bonne heure ! ce qu'ils pourraient dire n'aurait aucun danger...
— Loin d'ici ? et où ça ? dit la veuve en regardant fixement son fils.
— Laissez-moi les emmener... peu vous importe...
— Comment vivras-tu, et eux aussi ?
— Mon ancien bourgeois, serrurier, est brave homme ; je lui dirai ce qu'il faudra lui dire, et peut-être qu'il me prêtera quelque chose à cause des enfants ; avec ça j'irai les mettre en apprentissage loin d'ici. Nous partons dans deux jours, et vous n'entendrez plus parler de nous...
— Non, au fait... je veux qu'ils restent avec moi, je serai plus sûre d'eux.
— Alors je m'établis demain à la baraque de l'île, en attendant mieux... J'ai une tête aussi, vous le savez ?...
— Oui, je le sais... Oh ! que je te voudrais voir loin d'ici !... Pourquoi n'es-tu pas resté dans tes bois ?

— Je vous offre de vous débarrasser de moi et des enfants...
— Tu laisseras donc ici la Louve, que tu aimes tant ?... dit tout à coup la veuve.
— Ça me regarde : je sais ce que j'ai à faire, j'ai mon idée...
— Si je te les laissais emmener, toi, Amandine et François, vous ne remettriez jamais les pieds à Paris ?
— Avant trois jours nous serions partis et comme morts pour vous.
— J'aime encore mieux cela que de l'avoir ici et d'être toujours à me défier d'eux... Allons, puisqu'il faut s'y résigner, emmène-les... et allez-vous-en tous le plus tôt possible... que je ne vous revoie jamais !...
— C'est dit !...
— C'est dit. Rends-moi la clef du caveau, que j'ouvre à Nicolas.
— Non, il y cuvera son vin ; je vous rendrai la clef demain matin.
— Et Calebasse ?
— C'est différent ; ouvrez-lui quand je serai monté ; elle me répugne à voir.
— Va... que l'enfer te confonde !
— C'est votre bonsoir, ma mère !
— Oui...
— Ça sera le dernier, heureusement, dit Martial.
— Le dernier, reprit la veuve.

Son fils alluma une chandelle, puis il ouvrit la porte de la cuisine, à son chien, qui accourut tout joyeux du dehors, et suivit son maître à l'étage supérieur de la maison.

— Va, ton compte est bon ! murmura la mère en montrant le poing à son fils, qui venait de monter l'escalier ; c'est toi qui l'auras voulu.

Puis, aidée de Calebasse, qui alla chercher un paquet de fausses clefs, la veuve crocheta le caveau où se trouvait Nicolas, et remit celui-ci en liberté.

CHAPITRE III.

François et Amandine.

François et Amandine couchaient dans une pièce située immédiatement au-dessus de la cuisine, à l'extrémité d'un corridor sur lequel s'ouvraient plusieurs autres chambres servant de cabinets de société aux habitués du cabaret.

Après avoir partagé leur souper frugal, au lieu d'éteindre leur lanterne, selon les ordres de la veuve, les deux enfants avaient veillé laissant leur porte entr'ouverte pour guetter leur frère Martial au passage, lorsqu'il rentrerait dans sa chambre.

Posée sur un escabeau boiteux, la lanterne jetait de pâles clartés à travers sa corne transparente.

Des murs de plâtre rayés de voliges brunes, un grabat pour François, un vieux petit lit d'enfant beaucoup trop court pour Amandine, une pile de débris de chaises et de bancs brisés par les hôtes turbulents de la taverne de l'île du Ravageur, tel était l'intérieur de ce réduit.

Amandine, assise sur le bord du grabat, s'étudiait à se coiffer en marmotte avec le foulard volé, don de son frère Nicolas.

François, agenouillé, présentait un fragment de miroir à sa sœur, qui, la tête à demi tournée, s'occupait alors d'épanouir la grosse rosette qu'elle avait faite en nouant les deux pointes du mouchoir.

Fort attentif et fort émerveillé de cette coiffure, François négligea un moment de présenter le morceau de glace de façon à ce que l'image de sa sœur pût s'y réfléchir.

— Lève donc le miroir plus haut, dit Amandine ; maintenant je ne me vois plus... Là... bien... attends encore un peu... voilà que j'ai fini... Tiens, regarde ! Comment me trouves-tu coiffée ?
— Oh ! très-bien ! très-bien !... bleu ! Oh ! la belle rosette !... Tu m'en feras une pareille à ma cravate, n'est-ce pas ?
— Oui, tout à l'heure..... mais laisse-moi me promener un peu. Tu iras devant moi... à reculons, en tenant toujours le miroir haut... pour que je puisse me voir en marchant...

François exécuta de son mieux cette manœuvre difficile, à la grande satisfaction d'Amandine, qui se prélassait, triomphante et glorieuse, sous les cornes et l'énorme bouffette de son foulard.

Très-innocente et très-naïve dans tout autre circonstance, cette coquetterie devenait coupable en s'exerçant à propos du produit d'un vol que François et Amandine n'ignoraient pas. Autre preuve de l'effrayante facilité avec laquelle des enfants, même bien doués, se corrompent presque à leur insu, lorsqu'ils sont continuellement plongés dans une atmosphère criminelle.

Et d'ailleurs le seul mentor de ces petits malheureux, leur frère Martial, n'était pas lui-même irréprochable, nous l'avons dit ; incapable de commettre un vol ou un meurtre, il n'en menait pas moins une vie vagabonde et peu régulière. Sans doute les crimes de sa famille le révoltaient ; il aimait tendrement les deux enfants ; il les défendait contre les mauvais traitements ; il tâchait de les soustraire à la pernicieuse influence de sa famille ; mais, n'étant pas appuyés sur des enseignements d'une moralité rigoureuse, absolue, ses conseils sauvegardaient faiblement ses protégés. Ils se refusaient à commettre certaines mauvaises actions, non par honnêteté, mais pour obéir à Martial, qu'ils aimaient, et pour désobéir à leur mère, qu'ils redoutaient et haïssaient.

Quant aux notions du juste et de l'injuste, ils n'en avaient aucune, familiarisés qu'ils étaient avec les détestables exemples qu'ils avaient chaque jour sous les yeux, car, nous l'avons dit, ce cabaret champêtre, hanté par le rebut de la plus basse populace, servait de théâtre à d'ignobles orgies, à de crapuleuses débauches ; et Martial, si ennemi du vol et du meurtre, se montrait assez indifférent à ces immondes saturnales.

C'est dire combien les instincts de moralité des enfants étaient douteux, vacillants, précaires, chez François surtout, arrivé à ce terme dangereux où l'âme hésitant, indécise entre le bien et le mal, peut être en un moment à jamais perdue ou sauvée...

. . . .

— Comme ce mouchoir rouge te va bien, ma sœur ! reprit François ; est-il joli ! Quand nous irons jouer sur la grève devant le four à plâtre du chaufournier, faudra te coiffer comme ça, pour faire enrager ses enfants, qui sont toujours à nous jeter des pierres et à nous appeler petits guillotinés... Moi, je mettrai aussi ma belle cravate rouge, et nous leur dirons : C'est égal, vous n'avez pas de beaux mouchoirs de soie comme nous deux !
— Mais, dis donc, François... reprit Amandine après un moment de réflexion, s'ils savaient que les mouchoirs que nous portons sont volés, ils nous appelleraient petits voleurs...
— Avec ça qu'ils s'en gênent de nous appeler voleurs !
— Quand c'est pas vrai... c'est égal... Mais maintenant...
— Puisque Nicolas nous les a donnés, ces deux mouchoirs, nous ne les avons pas volés.
— Oui, mais lui, il les a pris sur un bateau, et notre frère Martial dit qu'il ne faut pas voler...
— Mais puisque c'est Nicolas qui a volé, ça ne nous regarde pas.
— Tu crois, François ?
— Bien sûr...
— Pourtant il me semble que j'aimerais mieux que la personne à qui ils étaient nous les eût donnés... Dis, François ?
— Moi, ça m'est égal... On nous en a fait cadeau ; c'est à nous.
— Tu en es bien sûr ?
— Mais, oui, oui, sois donc tranquille !...
— Alors... tant mieux, nous ne faisons pas ce que mon frère Martial nous défend, et nous avons de beaux mouchoirs.
— Dis donc, Amandine, s'il savait que, l'autre jour, Calebasse t'a fait prendre ce fichu à carreaux dans la balle du colporteur pendant qu'il avait le dos tourné ?
— Oh ! François, ne dis pas cela ! dit la pauvre enfant dont les yeux se mouillèrent de larmes. Mon frère Martial serait capable de ne plus nous aimer... vois-tu... de nous laisser tous seuls ici...
— N'aie donc pas peur... est-ce que je lui en parlerai jamais ? Je riais...
— Oh ! ne ris pas de cela, François ; j'ai eu assez de chagrin, va ! mais il a bien fallu ; ma sœur m'a pincée jusqu'au sang, et puis elle me faisait des yeux... des yeux... Et pourtant, par deux fois le cœur m'a manqué, je croyais que je ne pourrais jamais... Enfin, le colporteur ne s'est aperçu de rien, et ma sœur a gardé le fichu. Si on m'avait prise pourtant, François, on m'aurait mise en prison...
— On ne t'a pas prise, c'est comme si tu n'avais pas volé.
— Tu crois ?
— Pardi !
— Et en prison, comme on doit être malheureux !
— Ah ! bien oui !... au contraire...
— Comment, François, au contraire ?
— Tiens ! tu sais bien le gros boiteux qui loge à Paris chez le père Micou, le revendeur de Nicolas... qui tient un garni à Paris, passage de la Brasserie ?
— Un gros boiteux ?
— Mais oui, qui est venu ici, à la fin de l'automne, de la part du père Micou, avec un montreur de singes et deux femmes.
— Ah ! oui, oui ; un gros boiteux qui a dépensé tant, tant d'argent ?
— Je crois bien, il payait pour tout le monde... Te souviens-tu les promenades sur l'eau... c'est moi qui les menais... même que le montreur de singes avait emporté son orgue pour faire de la musique pendant le bateau ?...
— Et puis, le soir, le beau feu d'artifice qu'ils ont tiré, François !
— Et le gros boiteux n'était pas chiche ! il m'a donné dix sous pour moi !!! il ne prenait jamais que du vin cacheté ; ils avaient du poulet à tous leurs repas ; il en a eu au moins pour 80 francs.
— Tant que ça, François ?
— Oh ! oui...
— Il était donc bien riche ?
— Du tout... ce qu'il dépensait, c'était de l'argent qu'il avait gagné en prison, d'où il sortait.
— Il avait gagné tout cet argent-là en prison ?
— Oui !... il disait qu'il lui restait encore sept cents francs ; que quand il ne lui resterait plus rien... il ferait un bon coup... et que si on le

prenait... ça lui était bien égal, parce qu'il retournerait rejoindre les bons enfants de la geôle, comme il dit.

— Il n'avait donc pas peur de la prison, François ?

— Mais au contraire... il disait à Calebasse qu'ils sont là un tas d'amis et de noceurs ensemble... qu'il n'avait jamais eu un meilleur lit et une meilleure nourriture qu'en prison... de la bonne viande quatre fois la semaine, du feu tout l'hiver, et une bonne somme en sortant... tandis qu'il y a des bêtes d'ouvriers honnêtes qui crèvent de faim et de froid, faute d'ouvrage.

— Pour sûr, François, il disait ça, le gros boiteux ?

— Je l'ai bien entendu... puisque c'est moi qui ramais dans le bachot pendant qu'il racontait son histoire à Calebasse et aux deux femmes, qui disaient que c'était la même chose dans les prisons de femmes d'où elles sortaient.

— Mais alors, François, faut donc pas que ça soit si mal de voler, puisqu'on est si bien en prison ?

— Dame ! je ne sais pas, moi... ici, il n'y a que notre frère Martial qui dise que c'est mal de voler... peut-être qu'il se trompe...

— C'est égal, il faut le croire, François... Il nous aime tant !

— Il nous aime, c'est vrai... quand il est là, il n'y a pas de risque qu'on nous batte... S'il avait été ici ce soir, notre mère ne m'aurait pas roué de coups... Vieille bête ! est-elle mauvaise !... oh ! je la hais... je la hais... que je voudrais être grand pour lui rendre tous les coups qu'elle nous a donnés... à toi, surtout, qui es bien moins dure que moi...

— Oh ! François, tais-toi... ça me fait peur de t'entendre dire que tu voudrais battre notre mère ! s'écria la pauvre petite en pleurant et en jetant ses bras autour du cou de son frère, qu'elle embrassa tendrement.

— Non, c'est que c'est vrai aussi, reprit François en repoussant Amandine avec douceur, pourquoi ma mère et Calebasse sont-elles toujours si acharnées sur nous ?

— Je ne sais pas, reprit Amandine en essuyant ses yeux du revers de sa main ; c'est peut-être parce qu'on a mis notre frère Ambroise aux galères et qu'on a guillotiné notre père, qu'elles sont injustes pour nous...

— Est-ce que c'est notre faute ?

— Mon Dieu, non ; mais que veux-tu ?

— Ma foi, si je devais recevoir ainsi toujours, toujours des coups, à la fin j'aimerais mieux voler comme ils le veulent, moi... A quoi ça m'avance-t-il de ne pas voler ?

— Et Martial, qu'est-ce qu'il dirait ?

— Oh ! sans lui... il y a longtemps que j'aurais dit oui, car ça lasse aussi d'être battu ; tiens, ce soir, jamais ma mère n'avait été aussi méchante... c'était comme une furie... il faisait noir, noir... elle ne disait pas un mot... je me sentais que sa main froide qui me tenait par le cou pendant que l'autre elle me battait... et puis il me semblait voir ses yeux reluire...

— Pauvre François... pour avoir dit que tu avais vu un os de mort dans le bûcher.

— Oui, un pied qui sortait de dessous terre, dit François en tressaillant d'effroi ; j'en suis bien sûr.

— Peut-être qu'il y aura eu autrefois un cimetière ici, n'est-ce pas ?

— Faut croire... mais alors pourquoi notre mère m'a-t-elle dit qu'elle m'abîmerait encore si je parlais de l'os de mort à mon frère Martial ?... Vois-tu, c'est plutôt quelqu'un qu'on aura tué dans une dispute et qu'on aura enterré là pour que ça ne se sache pas.

— Tu as raison... car te souviens-tu ? un pareil malheur a déjà manqué d'arriver.

— Quand cela ?

— Tu sais, la fois où M. Barbillon a donné un coup de couteau à ce grand qui est si décharné, si décharné, si décharné, qu'il se fait voir pour de l'argent.

— Ah ! oui, le Squelette ambulant... comme ils l'appellent ; ma mère est venue, la a séparés, ça, Barbillon aurait peut-être tué le grand décharné ! As-tu vu comme il écumait et comme les yeux lui sortaient de la tête, à Barbillon ?...

— Oh ! il n'a pas peur de vous allonger un coup de couteau pour rien. C'est lui qui est un crâne !

— Si jeune et si méchant... François !

— Tortillard est bien plus jeune, et il serait au moins aussi méchant que lui, s'il était assez fort.

— Oh ! oui, il est bien méchant... L'autre jour il m'a battue, parce que je n'ai pas voulu jouer avec lui.

— Il t'a battue ?... bon... la première fois qu'il viendra...

— Non, non, vois-tu, François, c'était pour rire...

— Bien sûr ?

— Oui, bien vrai.

— A la bonne heure... sans ça... Mais je ne sais pas comment il fait, ce gamin-là, pour avoir toujours autant d'argent ; est-il heureux ! La fois qu'il est venu ici avec la Chouette, il nous a montré des pièces d'or de vingt francs. Avait-il l'air moqueur, quand il nous a dit : — « Vous en auriez comme ça, si vous n'étiez pas des petits sinves. »

— Des sinves ?

— Oui, en argot ça veut dire des bêtes, des imbéciles.

— Ah ! oui, c'est vrai.

— Quarante francs... en or... comme j'achèterais des belles chos avec ça... Et toi, Amandine ?

— Oh ! moi aussi.

— Qu'est-ce que tu achèterais ?

— Voyons, dit l'enfant en baissant la tête d'un air méditatif : j'achèterais d'abord pour mon frère Martial une bonne casaque bien chau pour qu'il n'ait pas froid dans son bateau.

— Mais pour toi ?... pour toi ?...

— J'aimerais bien un petit Jésus en cire avec son mouton et sa croi comme ce marchand de figures de plâtre en avait dimanche... tu sais sous le porche de l'église d'Asnières ?

— A propos, pourvu qu'on ne dise pas à ma mère ou à Calebas qu'on nous a vus dans l'église ?

— C'est vrai, elle qui nous a toujours tant défendu d'y entrer... C'e dommage, car c'est bien gentil en dedans, une église... n'est-ce pa François ?

— Oui... quels beaux chandeliers d'argent !

— Et le portrait de la Sainte-Vierge... comme elle a l'air bonne...

— Et les belles lampes... as-tu vu ? et la belle nappe sur le gran buffet du fond, où le prêtre disait la messe avec ses deux amis, habill comme lui... et qui lui donnaient de l'eau et du vin ?

— Dis donc, François, te souviens-tu, l'autre année à la Fête-Dieu quand nous avons d'ici un vu passer sur le pont toutes ces petites comm niantes avec leurs voiles blancs ?

— Avaient-elles de beaux bouquets !

— Comme elles chantaient d'une voix douce en tenant les rubans leur bannière !

— Et comme les broderies d'argent de leur bannière reluisaient a soleil !... C'est ça qui doit coûter cher !...

— Mon Dieu, que c'était donc joli, hein, François !

— Je crois bien ; et les communiants avec leurs bouffettes de sati blanc au bras... et leurs cierges à poignée de velours rouge avec de l'o après...

— Ils avaient aussi leur bannière, les petits garçons, n'est-ce pa François ? Ah ! mon Dieu ! ai-je été battue encore ce jour-là pour avoi demandé à notre mère pourquoi nous n'allions pas à la procession comme les autres enfants !

— C'est alors qu'elle nous a défendu d'entrer jamais dans l'église quand nous irions au bourg ou à Paris, à moins que ce ne soit pour voler le tronc des pauvres, ou dans les poches des paroissiens, pendan qu'ils écouteraient la messe, a ajouté Calebasse en riant et en montran ses vieilles dents jaunes. Mauvaise bête, va !

— Oh ! pour ça... voler dans une église, on me tuerait plutôt, n'est-ce pas, François ?

— Là ou ailleurs, qu'est-ce que ça fait, une fois qu'on est décidé ?

— Dame ! je ne sais pas... j'aurais bien plus peur... je ne pourrais pas mais...

— A cause des prêtres ?

— Non... peut-être à cause de ce portrait de la Sainte-Vierge, qui l'air si douce, si bonne.

— Qu'est-ce que ça fait, ce portrait ? il ne te mangerait pas... gross bête !...

— C'est vrai... mais enfin, je ne pourrais pas... Ça n'est pas m faute...

— A propos de prêtres, Amandine, te souviens-tu de ce jour... où Nicolas m'a donné deux si grands soufflets, parce qu'il m'avait vu salue le curé sur la grève ? Je l'avais vu saluer, je le saluais ; je ne croyais pas faire mal, moi.

— Oui, mais cette fois-là, par exemple, notre frère Martial a dit, comme Nicolas, que nous n'avions pas besoin de saluer les prêtres.

A ce moment, François et Amandine entendirent marcher dans le corridor.

Martial regagnait sa chambre sans défiance, après son entretien avec sa mère, croyant Nicolas enfermé jusqu'au lendemain matin.

Voyant un rayon de lumière s'échapper du cabinet des enfants par la porte entr'ouverte, Martial entra chez eux.

Tous deux coururent à lui, il les embrassa tendrement.

— Comment ! vous n'êtes pas encore couchés, petits bavards ?

— Non, mon frère, nous attendions pour vous voir rentrer chez vous et vous dire bonsoir, dit Amandine.

— Et puis nous avions entendu parler bien fort en bas... comme si on s'était disputé, ajouta François.

— Oui, dit Martial, j'ai eu des raisons avec Nicolas. Mais ce n'est rien... Du reste, je suis content de vous trouver encore debout, j'ai une bonne nouvelle à vous apprendre.

— A nous, mon frère ?

— Seriez-vous contents de vous en aller d'ici et de venir avec moi ailleurs, bien loin, bien loin ?

— Oh ! oui, mon frère !...

— Oui, mon frère.

— Eh bien ! dans deux ou trois jours nous quitterons l'île tous les trois.

— Quel bonheur ! s'écria Amandine en frappant joyeusement dans ses mains.

— Et où irons-nous ? demanda François.

— Tu le verras, curieux... mais n'importe, où nous irons tu apprendras un bon état... qui te mettra à même de gagner ta vie... voilà ce qu'il y a de sûr.

— Je n'irai plus à la pêche avec toi, mon frère ?

— Non, mon garçon, tu iras en apprentissage chez un menuisier ou un serrurier ; tu es fort, tu es adroit ; avec du cœur et en travaillant ferme, au bout d'un an tu pourras déjà gagner quelque chose. Ah çà, qu'est-ce que tu as ?... tu n'as pas l'air content.

— C'est que... mon frère... je...

— Voyons, parle.

— C'est que j'aimerais mieux ne pas te quitter, rester avec toi à pêcher... à raccommoder tes filets, que d'apprendre un état.

— Vraiment ?

— Dame ! être enfermé dans un atelier toute la journée, c'est triste... et puis être apprenti, c'est ennuyeux...

Martial haussa les épaules.

— Vaut mieux être paresseux, vagabond, flâneur, n'est-ce pas ? lui dit-il sévèrement, en attendant qu'on devienne voleur...

— Non, mon frère, mais je voudrais vivre avec toi ailleurs comme nous vivons ici, voilà tout...

— Oui, c'est ça, boire, manger, dormir et t'amuser à pêcher comme un bourgeois, n'est-ce pas ?

— J'aimerais mieux ça...

— C'est possible, mais tu aimeras autre chose... Tiens, vois-tu, mon pauvre François, il est crânement temps que je t'emmène d'ici ; sans t'en douter tu deviendrais aussi gueux que les autres... Ma mère avait raison... je crains que tu n'aies du vice... Et toi, Amandine, est-ce que ça ne te plairait pas d'apprendre un état ?

— Oh ! si, mon frère... j'aimerais mieux apprendre, j'aime mieux tout que de rester ici. Je serais si contente de m'en aller avec vous et avec François !

— Mais qu'est-ce que tu as là sur la tête, ma fille ? dit Martial en remarquant la triomphante coiffure d'Amandine.

— Un foulard que Nicolas m'a donné.

— Il m'en a donné un aussi, à moi, dit orgueilleusement François.

— Et d'où viennent-ils, ces foulards ? Ça m'étonnerait que Nicolas les eût achetés pour vous en faire cadeau.

Les deux enfants baissèrent la tête sans répondre.

Au bout d'une seconde, François dit résolument :

— Nicolas nous les a donnés ; nous ne savons pas d'où ils viennent, n'est-ce pas, Amandine ?

— Non... non... mon frère... — ajouta Amandine en balbutiant et en devenant pourpre, sans oser lever les yeux sur Martial.

— Ne mentez pas... — dit sévèrement Martial.

— Nous ne mentons pas, — ajouta hardiment François.

— Amandine, mon enfant... dis la vérité, — reprit Martial avec douceur.

— Eh bien ! pour dire toute la vérité, — reprit timidement Amandine, — ces beaux mouchoirs viennent d'une caisse d'étoffes que Nicolas a rapportée ce soir dans son bateau...

— Et qu'il a volée ?

— Je crois que oui, mon frère... sur une galiote.

— Vois-tu, François ! tu mentais, — dit Martial.

L'enfant baissa la tête sans répondre.

— Donne-moi ce foulard, Amandine ; donne-moi aussi le tien, François.

La petite se décoiffa, regarda une dernière fois l'énorme rosette qui ne s'était pas défaite, et remit le foulard à Martial en étouffant un soupir de regret.

François tira lentement le mouchoir de sa poche, et, comme sa sœur, le rendit à Martial.

— Demain matin, — dit celui-ci, — je rendrai les foulards à Nicolas ; vous n'auriez pas dû les prendre, mes enfants ; profiter d'un vol, c'est comme si on volait soi-même.

— C'est dommage ; ils étaient bien jolis, ces mouchoirs, — dit François.

— Quand tu auras un état et que tu gagneras de l'argent en travaillant, tu en achèteras d'aussi beaux. Allons, couchez-vous, il est tard... mes enfants.

— Vous n'êtes pas fâché, mon frère ? — dit timidement Amandine.

— Non, non, ma fille, ce n'est pas votre faute... Vous vivez avec des gueux, vous faites comme eux sans savoir... Quand vous serez avec de braves gens, vous ferez comme les braves gens ; et vous y serez bientôt... ou le diable m'emportera... Allons, bonsoir !

— Bonsoir, mon frère !

Martial embrassa les enfants.

Ils restèrent seuls.

— Qu'est-ce que tu as donc, François ? Tu as l'air tout triste ! — dit Amandine.

— Tiens ! mon frère m'a pris mon beau foulard ; et puis, tu n'as donc pas entendu ?

— Quoi ?

— Il veut nous emmener pour nous mettre en apprentissage...

— Ça ne te fait pas plaisir ?

— Ma foi, non...

— Tu aimes mieux rester ici à être battu tous les jours ?

— Je suis battu ; mais au moins je ne travaille pas, je suis toute la journée en bateau ou à pêcher, ou à jouer, ou à servir les pratiques, qui quelquefois me donnent pour boire, comme le gros boiteux ; c'est bien plus amusant que d'être du matin au soir enfermé dans un atelier à travailler comme un chien.

— Mais tu n'as donc pas entendu ?... mon frère nous a dit que si nous restions ici plus longtemps nous deviendrions des gueux !

— Ah bah ! ça m'est bien égal... puisque les autres enfants nous appellent déjà petits voleurs... petits guillotinés... Et puis, travailler... c'est trop ennuyeux...

— Mais ici on nous bat toujours, mon frère !

— On nous bat parce que nous écoutons plutôt Martial que les autres...

— Il est si bon pour nous !

— Il est bon, il est bon ; je ne dis pas... aussi je l'aime bien... On n'ose pas nous faire du mal devant lui... il nous emmène promener... c'est vrai... mais c'est tout... il ne nous donne jamais rien...

— Dame ! il n'a rien... ce qu'il gagne, il le donne à notre mère pour sa nourriture.

— Nicolas a quelque chose, lui... Bien sûr que si on l'écoutions, et ma mère aussi, ils ne nous rendraient pas la vie si dure... ils nous donneraient des belles nippes comme aujourd'hui... Ils ne se défieraient plus de nous... nous aurions de l'argent comme Tortillard.

— Mais, mon Dieu, pour ça il faudrait voler, et ça ferait tant de peine à notre frère Martial !

— Eh bien ! tant pis !

— Oh ! François... et puis si on nous prenait, nous irions en prison.

— Être en prison ou être enfermé dans un atelier toute la journée, c'est la même chose... D'ailleurs le gros boiteux dit qu'on s'amuse... en prison.

— Mais le chagrin que nous ferions à Martial... tu n'y penses donc pas ? Enfin c'est pour nous qu'il est revenu ici et qu'il y reste ; pour lui tout seul, il ne serait pas gêné, il retournerait être braconnier dans les bois qu'il aime tant.

— Eh bien ! qu'il nous emmène avec lui dans les bois, — dit François, — ça vaudrait mieux que tout. Je serais avec lui que j'aime bien, et je ne travaillerais pas à des métiers qui m'ennuient.

La conversation de François et d'Amandine fut interrompue.

Du dehors on ferma la porte à double tour.

— On nous enferme ! — s'écria François.

— Ah ! mon Dieu... et pourquoi donc, mon frère ? Qu'est-ce qu'on va nous faire ?

— C'est peut-être Martial.

— Écoute... écoute... comme son chien aboie !... — dit Amandine en prêtant l'oreille.

Au bout de quelques instants François ajouta :

— On dirait qu'on frappe à sa porte avec un marteau... on veut l'enfoncer peut-être !

— Oui, oui, son chien aboie toujours...

— Écoute, François ! maintenant c'est comme si on clouait quelque chose... Mon Dieu ! mon Dieu ! j'ai peur... Qu'est-ce donc qu'on fait à notre frère ? voilà son chien qui hurle maintenant...

— Amandine, on n'entend plus rien... — reprit François en s'approchant de la porte.

Les deux enfants, suspendant leur respiration, écoutaient avec anxiété.

— Voilà qu'ils reviennent vers nous, mon frère, — dit François à voix basse ; — j'entends marcher dans le corridor.

— Jetons-nous sur nos lits ; ma mère nous tuerait si elle nous trouvait levés, — dit Amandine avec terreur.

— Non... — reprit François en écoutant toujours, ils viennent de passer devant notre porte... ils descendent l'escalier en courant...

— Mon Dieu ! mon Dieu ! qu'est-ce que c'est donc ?...

— Ah ! on ouvre la porte de la cuisine... maintenant...

— Tu crois ?

— Oui, oui... j'ai reconnu son bruit...

— Le chien de Martial hurle toujours... — dit Amandine en écoutant...

Tout à coup elle s'écria :

— François ! mon frère nous appelle...

— Martial ?

— Oui... entends-tu ? entends-tu ?...

En effet, malgré l'épaisseur des deux portes fermées, la voix retentissante de Martial, qui de sa chambre appelait les deux enfants, arriva jusqu'à eux.

— Mon Dieu, nous ne pouvons aller à lui... nous sommes enfermés, — dit Amandine ; — on veut lui faire du mal, puisqu'il nous appelle.

— Oh ! pour ça... si je pouvais les en empêcher, — s'écria résolument François, — je les empêcherais, quand on devrait me couper en morceaux !...

— Mais notre frère ne sait pas qu'on a donné un tour de clef à notre porte ; il va croire que nous ne voulons pas aller à son secours ; crie-lui donc que nous sommes enfermés, François !

Ce dernier allait suivre le conseil de sa sœur, lorsqu'un coup violent ébranla au dehors la persienne de la petite fenêtre du cabinet des deux enfants.

— Ils viennent par la croisée pour nous tuer ! — s'écria Amandine ; et, dans son épouvante, elle se précipita sur son lit et cacha sa tête dans ses mains.

François resta immobile, quoiqu'il partageât la terreur de sa sœur.

Pourtant, après le choc violent dont on a parlé, la persienne ne s'ouvrit pas ; le plus profond silence régna dans la maison.

Martial avait cessé d'appeler les enfants.

Un peu rassuré, et excité par une vive curiosité, François se hasarda d'entre-bâiller doucement sa croisée, et tâcha de regarder au dehors à travers les feuilles de la persienne.

— Prends bien garde, mon frère ! — dit tout bas Amandine, qui, entendant François ouvrir la fenêtre, s'était mise sur son séant. — Est-ce que tu vois quelque chose ? — ajouta-t-elle.

— Non... la nuit est trop noire.
— Tu n'entends rien ?
— Non, il fait trop grand vent.
— Reviens... reviens alors !
— Ah ! maintenant je vois quelque chose.
— Quoi donc ?
— La lueur d'une lanterne... elle va et elle vient.
— Qui est-ce qui la porte ?
— Je ne vois que la lueur... Ah ! elle se rapproche... on parle.
— Qui ça ?
— Écoute... écoute... c'est Calebasse.
— Que dit-elle ?
— Elle dit de bien tenir le pied de l'échelle.
— Ah ! vois-tu, c'est en prenant la grande échelle qui était appuyée contre notre persienne qu'ils auront fait le bruit de tout à l'heure.
— Je n'entends plus rien.
— Et qu'est-ce qu'ils en font de l'échelle, maintenant ?
— Je ne peux plus voir...
— Tu n'entends plus rien ?
— Non...
— Mon Dieu, François, c'est peut-être pour monter chez notre frère Martial par la fenêtre... qu'ils ont pris l'échelle !
— Ça se peut bien.
— Si tu ouvrais un tout petit peu la jalousie, pour voir....
— Je n'ose pas.
— Rien qu'un peu.
— Oh ! non, non. Si ma mère s'en apercevait !
— Il fait si noir, il n'y a pas de danger.

François se rendit, quoique à regret, au désir de sa sœur, entre-bâilla la persienne et regarda.

— Eh bien ! mon frère ? dit Amandine en surmontant ses craintes et s'approchant de François sur la pointe du pied.

— A la clarté de la lanterne, dit celui-ci, je vois Calebasse qui tient le pied de l'échelle... Ils l'ont appuyée à la fenêtre de Martial.

— Et puis ?

— Nicolas monte à l'échelle, il a sa hachette à la main, je le vois reluire...

— Ah ! vous n'êtes pas couchés et vous nous espionnez ! s'écria tout à coup la veuve, en s'adressant du dehors à François et à sa sœur. Au moment de rentrer dans la cuisine, elle venait d'apercevoir la lueur qui s'échappait de la persienne entr'ouverte.

Les malheureux enfants avaient négligé d'éteindre leur lumière.

— Je monte, ajouta la veuve d'une voix terrible, je monte vous trouver, petits mouchards !

Tels étaient les événements qui se passèrent à l'île du Ravageur, la veille du jour où madame Séraphin devait y amener Fleur-de-Marie.

CHAPITRE IV.

Un garni.

Le passage de la Brasserie, passage ténébreux et assez peu connu, quoique situé au centre de Paris, aboutit d'un côté à la rue Traversière-Saint-Honoré, de l'autre à la cour Saint-Guillaume.

Vers le milieu de cette ruelle, humide, boueuse, sombre et triste, où presque jamais le soleil ne pénètre, s'élevait une maison garnie (vulgairement un garni, en raison du bas prix de ses loyers).

Sur un méchant écriteau on lisait : Chambres et cabinets meublés ; à droite d'une allée obscure s'ouvrait la porte d'un magasin non moins obscur, où se tenait habituellement le principal locataire du garni.

Cet homme, dont le nom a été plusieurs fois prononcé à l'île du Ravageur, se nomme Micou ; il est ouvertement marchand de vieilles ferrailles, mais secrètement il achète et recèle les métaux volés, tels que fer, plomb, cuivre et étain.

Dire que le père Micou était en relation d'affaires et d'amitié avec les Martial, c'est apprécier suffisamment sa moralité.

Il est, du reste, un fait à la fois curieux et effrayant : c'est l'esp d'affiliation, de communion mystérieuse qui relie presque tous les n faiteurs de Paris. Les prisons en commun sont les grands centres où fluent et d'où refluent incessamment ces flots de corruption qui env sent peu à peu la capitale et y laissent de si sanglantes épaves.

Le père Micou est un gros homme de cinquante ans, à physiono basse, rusée, au nez bourgeonnant, aux joues aviolées ; il porte un b net de loutre et s'enveloppe d'un vieux carrick vert.

Au-dessus du petit poêle de fonte auprès duquel il se chauffe, on marque une planche numérotée attachée au mur ; là sont accrochées clefs des chambres dont les locataires sont absents. Les carreaux d devanture vitrée qui s'ouvrait sur la rue, derrière d'épais barreaux fer, étaient peints de façon à ce que du dehors on ne pût pas voir pour cause) ce qui se passait dans la boutique.

Il règne dans ce vaste magasin une assez grande obscurité ; aux p railles noirâtres et humides pendent des chaînes rouillées de toutes g seurs et de toutes longueurs : le sol disparaît presque entièrement s des monceaux de débris de fer et de fonte.

Trois coups frappés à la porte, d'une façon particulière, attirè l'attention du logeur-revendeur-receleur.

— Entrez ! cria-t-il.

On entra.

— C'était Nicolas, le fils de la veuve du supplicié.

Il était très-pâle ; sa figure semblait encore plus sinistre que la vel et pourtant on le verra feindre une sorte de gaieté bruyante pend l'entretien suivant. (Cette scène se passait le lendemain de la quer de ce bandit avec son frère Martial.)

— Ah ! te voilà, bon sujet ! lui dit cordialement le logeur.

— Oui, père Micou ; je viens faire affaire avec vous

— Ferme donc la porte, alors... ferme donc la porte...

— C'est que mon chien et ma petite charrette sont là... avec ça du...

— Qu'est-ce que c'est que tu m'apportes ? du *gras-double* (1) ?

— Non, père Micou.

— C'est du *ravage* (2) ; t'es trop *feignant* maintenant ; tu ne t vailles plus... c'est peut-être du *dur* (3) ?

— Non, père Micou ; c'est du *rouget*... (4) quatre saumons... Il do en avoir au moins cent cinquante livres ; mon chien en a tout son tira

— Va me chercher le *rouget* ; nous allons peser.

— Faut que vous m'aidiez, père Micou : j'ai mal au bras.

Et, au souvenir de sa lutte avec son frère Martial, les traits du ban exprimèrent à la fois un ressentiment de haine et de joie féroce, com si déjà sa vengeance eût été satisfaite.

— Qu'est-ce que tu as donc au bras, mon garçon ?

— Rien... une foulure.

— Il faut faire rougir un fer au feu, le tremper dans l'eau, et met ton bras dans cette eau presque bouillante ; c'est un remède de fer leur, mais excellent.

— Merci, père Micou.

— Allons, viens chercher le *rouget* ; je vais t'aider, paresseux !

En deux voyages, les saumons furent retirés d'une petite charre tirée par un énorme dogue, et apportés dans la boutique.

— C'est une bonne idée, ta charrette ! dit le père Micou en ajusta les plateaux de bois d'énormes balances pendues à une des solives plafond.

— Oui, quand j'ai quelque chose à apporter, je mets mon dogue et charrette dans mon bachot, et je l'attelle en abordant. Un fiacre jaser peut-être, mon chien ne jase pas.

— Et on va toujours bien chez toi ? demanda le receleur en pesant cuivre ; ta mère et ta sœur sont en bonne santé ?

— Oui, père Micou.

— Les enfants aussi ?

— Les enfants aussi. Et votre neveu, André, où donc est-il ?

— Ne m'en parle pas ! il était en ribotte hier ; Barbillon et le gr boiteux me l'ont emmené, il n'est rentré que ce matin ; Il est déjà course... au grand bureau de la poste, rue Jean-Jacques Rousseau... ton frère Martial, toujours sauvage ?

— Ma foi, je n'en sais rien.

— Comment ! tu n'en sais rien ?

— Non, dit Nicolas en affectant un air indifférent : depuis deux jou nous ne l'avons pas vu... Il sera peut-être retourné braconner dans l bois, à moins que son bateau qui était vieux, vieux... n'ait coulé bas milieu de la rivière, et lui avec...

— Ça ne te ferait pas de peine, garnement, car tu ne pouvais pas sentir, ton frère ?

— C'est vrai... on a comme ça des idées sur les uns et sur les autre Combien y a-t-il de livres de cuivre ?

— T'as le coup d'œil juste... cent quarante-huit livres, mon garçon

— Et vous me devez ?

— Trente francs tout au juste.

(1) Lames de plomb généralement volées sur les toits.
(2) Débris métalliques recueillis par les ravageurs.
(3) Fer.
(4) Cuivre.

— Trente francs, quand le cuivre est à vingt sous la livre ? trente francs !

— Mettons trente-cinq francs et ne souffle pas, ou je t'envoie au diable, toi, ton cuivre, ton chien et ta charrette.

— Mais, père Micou, vous me filoutez par trop ! il n'y a pas de bon sens !

— Veux-tu me prouver comme quoi il t'appartient, ce cuivre, et je t'en donne quinze sous la livre.

— Toujours la même chanson... Vous vous ressemblez tous, allez, tas de brigands ! peut-on écorcher les amis comme ça ! Mais c'est égal : si je vous prends de la marchandise en troc, vous me ferez bonne mesure, au moins ?

— Comme de juste. Qu'est-ce qu'il te faut ? des chaînes ou des crampons pour tes bachots ?

— Non, il me faudrait quatre ou cinq plaques de tôle très-forte, comme qui dirait pour doubler des volets.

— J'ai ton affaire... quatre lignes d'épaisseur... une balle de pistolet ne traverserait pas ça.

— C'est ce que je veux... justement !...

— Et de quelle grandeur ?

— Mais... en tout, sept à huit pieds carrés.

— Bon ! qu'est-ce qu'il te faudrait encore ?

— Trois barres de fer de trois à quatre pieds de long et de deux pouces carrés.

— J'ai démoli l'autre jour une grille de croisée, ça t'ira comme un gant... Et puis ?

— Deux fortes charnières et un loquet pour ajuster et fermer à volonté une soupape de deux pieds carrés.

— Une trappe, tu veux dire ?

— Non, une soupape...

— Je ne comprends pas à quoi ça peut te servir, une soupape.

— C'est possible ; moi, je le comprends.

— A la bonne heure ! tu n'auras qu'à choisir, j'ai là un tas de charnières ; qu'est-ce qu'il te faudra encore ?

— C'est tout.

— Ça n'est guère.

— Préparez-moi tout de suite ma marchandise, père Micou, je la prendrai en repassant ; j'ai encore des courses à faire.

— Avec ta charrette ? Dis-donc, farceur, j'ai vu un ballot au fond ; c'est encore quelque friandise que tu as prise dans le buffet à tout le monde, petit gourmand ?

— Comme vous dites, père Micou ; mais vous ne mangez pas de ça. Ne me faites pas attendre mes ferrailles, car il faut que je sois à l'île avant midi.

— Sois tranquille, il est huit heures ; si tu ne vas pas loin, dans une heure tu peux revenir, tout sera prêt, argent et fournitures... Veux-tu boire la goutte ?

— Toujours... vous me la devez bien !...

Le père Micou prit dans une vieille armoire une bouteille d'eau-de-vie, un verre fêlé, une tasse sans anse, et versa.

— A la vôtre, père Micou.

— A la tienne, mon garçon, et à ces dames de chez toi !

— Merci... Et ça va bien toujours, votre garni ?

— Comme ci, comme ça.... J'ai toujours quelques locataires pour qui je crains les descentes du commissaire... mais ils payent en conséquence.

— Pourquoi donc ?

— Es-tu bête ! quelquefois je loge comme j'achète... à ceux-là, je ne demande pas plus de passe-port que je ne te demande de facture de ton cuivre.

— Connu !... mais, à ceux-là, vous louez aussi cher que vous m'achetez bon marché.

— Faut bien se rattraper. J'ai un de mes cousins qui tient une belle maison garnie de la rue Saint-Honoré, même sa femme a une forte couturière qui emploie jusqu'à des vingt ouvrières, soit chez elle, soit dans leur chambre.

— Dites donc, vieux obstiné, il doit y en avoir de *girondes* (1) là-dedans ?

— Je crois bien ! il y en a deux ou trois que j'ai vues quelquefois apporter leur ouvrage... Mille z'yeux ! sont-elles gentilles ! Une petite surtout, qui travaille en chambre, qui rit toujours, et qui s'appelle Rigolette... Dieu de Dieu, mon fiston, quel dommage de ne plus avoir ses vingt ans !

— Allons, papa, éteignez-vous, ou je crie au feu !

— Mais c'est honnête, mon garçon, c'est honnête...

— Cot... sse ! va... et vous disiez que votre cousin...

— Tient très-bien sa maison ; et, comme il est du même numéro que cette petite Rigolette...

— Honnête ?

— Tout juste !

— Colas !

— Il ne veut que des locataires à passe-port ou à papiers. Mais s'il

(1) jolies.

s'en présente qui n'en aient pas, comme il sait que j'y regarde moins, il m'envoie ces pratiques-là.

— Et elles payent en conséquence ?

— Toujours.

— Mais c'est tous amis de la *pègre* (1) ceux qui n'ont pas de papiers !

— Eh ! non ! Tiens, justement, à propos de ça, mon cousin m'a envoyé il y a quelques jours une pratique... Que le diable me brûle si j'y comprends rien... Encore une tournée !

— Ça va... le liquide est bon... A la vôtre, père Micou !

— A la tienne, garçon ! Je te disais donc que l'autre jour mon cousin m'a envoyé une pratique où je ne comprends rien. Figure-toi une mère et sa fille qui avaient l'air bien pauvres et bien râpées, c'est vrai ; elles portaient leur butin dans un mouchoir. Eh bien ! quoique ça doive être des rien du tout, puisqu'elles n'ont pas de papiers et qu'elles logent à la quinzaine... depuis qu'elles sont ici, elles ne bougent pas plus que des marmottes ; il n'y vient d'hommes, mon fiston, jamais d'hommes... et pourtant, si elles n'étaient pas si maigres et si pâles, ça ferait deux fameux brins de femme, la fille surtout ! Ça vous a quinze ou seize ans tout au plus... c'est blanc comme un lapin blanc, avec des yeux grands comme ça... Nom de nom, quels yeux ! quels yeux !

— Vous allez encore vous incendier... Et qu'est-ce qu'elles font, ces deux femmes ?

— Je te dis que je n'y comprends rien... Il faut qu'elles soient honnêtes ; et pourtant pas de papiers... Sans compter qu'elles reçoivent des lettres sans adresse... Faut que leur nom soit guère bon à écrire.

— Comment cela ?

— Elles ont envoyé ce matin mon neveu André au bureau de la poste restante, pour réclamer une lettre adressée à madame X. Z. La lettre doit venir de Normandie, d'un bourg appelé les Aubiers. Elles ont écrit cela sur un papier, afin qu'André puisse réclamer la lettre en donnant ces renseignements-là... Tu vois que ça n'a pas l'air de grand'chose, des femmes qui prennent le nom d'un X et d'un Z. Eh bien, pourtant, jamais d'hommes !

— Elles ne vous payeront pas.

— Ce n'est pas à un vieux singe comme moi qu'on apprend des grimaces. Elles ont pris un cabinet à cheminée, on leur fait payer vingt francs par quinzaine et d'avance. Elles sont peut-être malades, car, depuis deux jours, elles ne sont pas descendues. C'est toujours pas d'indigestion qu'elles seraient malades, car je ne crois pas qu'elles aient jamais allumé un fourneau pour leur manger depuis qu'elles sont ici. Mais j'en reviens toujours là... jamais d'hommes ni de papiers...

— Si vous n'avez que des pratiques comme ça, père Micou...

— Ça va et ça vient ; si je loge des gens sans passe-port, dis donc, je loge aussi des gens calés. J'ai dans ce moment-ci deux commis voyageurs, un facteur de la poste, le chef d'orchestre du café des aveugles, une rentière, tous gens honnêtes ; ce sont eux qui sauveraient la réputation de la maison, si le commissaire voulait y regarder de trop près... C'est pas des locataires de nuit, ceux-là, c'est des locataires de plein soleil.

— Quand il en fait dans votre passage, père Micou.

— Farceur !... Encore une tournée ?

— Mais la dernière ; faut que je file... A propos, Robin le gros boiteux loge donc encore ici ?

— En haut... la porte à côté de la mère et de la fille. Il finit de manger son argent de prison, et je crois qu'il ne lui en reste guère.

— Dites donc, garde à vous ! il est en rupture de ban.

— Je sais bien, mais ne me peux pas rien faire. Je crois qu'il monte quelque coup ; le petit Tortillard, le fils de Bras-Rouge, est venu ici l'autre soir avec Barbillon pour le chercher. J'ai peur qu'il ne fasse tort à mes bons locataires, ce damné Robin ; aussi, une fois sa quinzaine finie, je le mets dehors, en lui disant que son cabinet est retenu par un ambassadeur ou par le mari de madame Saint-Ildefonse, ma rentière.

— Une rentière ?

— Je crois bien ! trois chambres et un cabinet sur le devant, rien que ça... remeublés à neuf, sans compter une mansarde pour sa bonne... quatre-vingts francs par mois... et payés d'avance par un monsieur, à qui elle donne une de ses chambres en pied-à-terre, quand il vient de la campagne. Après ça, je crois bien que sa campagne est comme qui dirait rue Vivienne, rue Saint-Honoré, ou dans les environs de ces paysages-là.

— Connu !... Elle est rentière parce que le vieux lui fait des rentes. Tais-toi donc ! justement voilà sa bonne !

Une femme assez âgée, portant un tablier blanc d'une propreté douteuse, entra dans le magasin du revendeur.

— Qu'est-ce qu'il y a pour votre service, madame Charles ?

— Père Micou, votre neveu n'est pas ici ?

— Il est en course, au grand bureau de la poste aux lettres ; il va rentrer tout à l'heure.

— M. Badinot voudrait qu'il portât tout de suite cette lettre à son adresse ; il n'y a pas de réponse, mais c'est très-pressé.

— Dans un quart d'heure il sera en route, madame Charles.

— Et qu'il se dépêche.

— Soyez tranquille.

La bonne sortit.

— C'est donc la bonne d'un de vos locataires, père Micou ?

(1) Voleur.

— Eh! non! Colas, c'est la bonne de ma rentière, madame Saint-Ildefonse. Mais M. Badinot est son oncle; il est venu hier de la campagne, dit le logeur, qui examinait la lettre; puis il ajouta en lisant l'adresse : Vois donc : que ça de belles connaissances! Quand je te dis que c'est des gens calés : il écrit à un vicomte.
— Ah bah!
— Tiens, vois plutôt : *A monsieur le vicomte de Saint-Remy, rue de Chaillot... Très-pressée... A lui-même.* J'espère que quand on loge des rentières qui ont des oncles qui écrivent à des vicomtes, on peut bien ne pas tenir aux passe-ports de quelques locataires du haut de la maison, hein?
— Je crois bien. Allons, à tout à l'heure, père Micou. Je vas attacher mon chien à votre porte avec sa charrette; je porterai ce que j'ai à porter à pied... Préparez ma marchandise et mon argent, que je n'aie qu'à filer.
— Sois tranquille : quatre bonnes plaques de tôle de deux pieds carrés chaque, trois barres de fer de trois pieds et deux charnières pour ta soupape. Cette soupape me paraît drôle; enfin c'est égal.... est-ce là tout?
— Oui, et mon argent?
— Et ton argent... Mais dis donc, avant de t'en aller, faut que je te dise... depuis que tu es là... je t'examine...
— Eh bien?
— Je ne sais pas... mais tu as l'air d'avoir quelque chose.
— Moi?
— Oui.
— Vous êtes fou. Si j'ai quelque chose... c'est que... j'ai faim.
— Tu as faim... tu as faim... c'est possible... mais on dirait que tu veux avoir l'air gai, et qu'au fond tu as quelque chose qui te pince et qui te cuit... *une puce à la muette* (1), comme dit l'autre... et pour que ça te démange, il faut que ça te gratte fort.... car tu n'es pas bégueule.
— Je vous dis que vous êtes fou, père Micou, dit Nicolas en tressaillant malgré lui.
— On dirait que tu viens de trembler, vois-tu.
— C'est mon bras qui me fait mal.
— Alors n'oublie pas ma recette, ça te guérira.
— Merci, père Micou... à tout à l'heure.
Et le bandit sortit.
Le recéleur, après avoir dissimulé les saumons de cuivre derrière son buffet, s'occupait de rassembler les différents objets que lui avait demandés Nicolas, lorsqu'un nouveau personnage entra dans sa boutique.
C'était un homme de cinquante ans environ, à figure fine et sagace, portant un épais collier de favoris gris très-touffus et des besicles d'or; il était vêtu avec assez de recherche ; les larges manches de son paletot brun, à parements de velours noir, laissaient voir des mains gantées de gants paille ; ses bottes devaient avoir été enduites la veille d'un brillant vernis.
Tel était M. Badinot, l'oncle de la rentière, cette madame Saint-Ildefonse dont la position sociale faisait l'orgueil et la sécurité du père Micou.
On se souvient peut-être que M. Badinot, ancien avoué, chassé de sa corporation, alors chevalier d'industrie et agent d'affaires équivoques, servait d'espion au baron de Graün et avait donné à ce diplomate des renseignements assez nombreux et très-précis sur bon nombre des personnages de cette histoire.
— Madame Charles vient de vous donner une lettre à porter, dit M. Badinot au logeur.
— Oui, monsieur... Mon neveu va rentrer... dans un moment il partira.
— Non, rendez-moi cette lettre... je me suis ravisé, j'irai moi-même chez le vicomte de Saint-Remy, dit M. Badinot en appuyant avec intention et fatuité sur cette adresse aristocratique.
— Voici la lettre, monsieur... Vous n'avez pas d'autre commission?
— Non, père Micou, dit M. Badinot d'un air protecteur ; mais j'ai des reproches à vous faire.
— A moi, monsieur?
— De très-graves reproches.
— Comment, monsieur?
— Certainement.... Madame de Saint-Ildefonse paye très-cher votre premier ; ma nièce est une de ces locataires auxquelles on doit les plus grands égards. elle est venue de confiance dans cette maison ; redoutant le bruit des voitures, elle espérait être ici comme à la campagne.
— Et elle y est.. c'est ici comme un hameau... Vous devez vous y connaître, vous, monsieur, qui habitez la campagne, c'est ici comme un vrai hameau.
— Un hameau? Il est joli! toujours un tapage infernal.
— Pourtant il est impossible de trouver une maison plus tranquille ; au-dessus de madame il y a un chef d'orchestre du café des Aveugles et un commis voyageur... Au-dessus, un autre commis voyageur. Au-dessus il y a...
— Il ne s'agit pas de ces personnes-là, elles sont fort tranquilles et fort honnêtes, ma nièce n'en disconvient pas; mais il y a au quatrième un gros boiteux que madame de Saint-Ildefonse a rencontré hier encore ivre dans l'escalier ; il poussait des cris de sauvage ; elle en a eu presque

(1) A la conscience.

une révolution, tant elle a été effrayée... Si vous croyez qu'avec de locataires votre maison ressemble à un hameau...
— Monsieur, je vous jure que je n'attends que l'occasion pour me ce gros boiteux à la porte ; il m'a payé sa dernière quinzaine d'ava sans quoi il serait déjà dehors.
— Il ne fallait pas l'accepter pour locataire.
— Mais, sauf lui, j'espère que madame n'a pas à se plaindre ; j un facteur à la petite poste, qui est la crème des honnêtes gens : et dessus, à côté de la chambre du gros boiteux, une femme et sa fille ne bougent pas plus que des marmottes.
— Encore une fois, madame de Saint-Ildefonse ne se plaint que gros boiteux : c'est le cauchemar de la maison que ce drôle-là! Je v en préviens, si vous le gardez, il fera déserter tous les honnêtes g
— Je le renverrai, soyez tranquille... je ne tiens pas à lui.
— Et vous ferez bien... car on ne tiendrait pas à votre maison.
— Ce qui ne ferait pas mon affaire... Aussi, monsieur, regarde gros boiteux comme déjà parti, car il n'a plus que quatre jours à re ici.
— C'est beaucoup trop ; enfin ça vous regarde... A la première al rade, ma nièce abandonne votre maison.
— Soyez tranquille, monsieur.
— Tout ceci est dans votre intérêt, mon cher. Faites-en votre profi car je n'ai qu'une parole, dit M. Badinot d'un air protecteur.
Et il sortit.
Avons-nous besoin de dire que cette femme et cette jeune fille, vivaient si solitaires, étaient les deux victimes de la cupidité du nota Nous conduirons le lecteur dans le triste réduit qu'elles habitaient.

CHAPITRE V.

Les victimes d'un abus de confiance.

(Lorsque l'abus de confiance est puni, terme moyen de la puniti Deux mois de prison et 25 francs d'amende. — Art. 406 et 408 du c pénal. —)
Que le lecteur se figure un cabinet situé au quatrième étage de la t maison du passage de la Brasserie.
Un jour pâle et sombre pénètre à peine dans cette pièce étroite une petite fenêtre à un seul vantail, garnie de trois vitres fêlées, so des ; un papier délabré, d'une couleur jaunâtre, couvre les mural aux angles du plafond lézardé pendent d'épaisses toiles d'araignée sol, décarrelé en plusieurs endroits, laisse voir çà et là les poutre les lattes qui supportent les carreaux.
Une table de bois blanc, une chaise, une vieille malle sans serrur un lit de sangle à dossier de bois garni d'un mince matelas, de drap grosse toile bise et d'une vieille couverture de laine brune, tel e mobilier de ce garni.
Sur la chaise est assise madame la baronne de Fermont.
Dans le lit repose mademoiselle Claire de Fermont (tel était le r des deux victimes de Jacques Ferrand).
Ne possédant qu'un lit, la mère et la fille s'y couchaient tour à to se partageant ainsi les heures de la nuit.
Trop d'inquiétudes, trop d'angoisses torturaient la mère pour qu cédât souvent au sommeil : mais sa fille y trouvait du moins quel instants de repos et d'oubli.
Dans ce moment elle dormait.
Rien de plus touchant, de plus douloureux, que le tableau de c misère imposée par la cupidité du notaire à deux femmes jusqu'a habituées aux modestes douceurs de l'aisance, et entourées dans ville natale de la considération qu'inspire toujours une famille honor et honorée.
Madame de Fermont a trente-six ans environ ; sa physionomie e la fois remplie de douceur et de dignité ; ses traits, autrefois d' beauté remarquable, sont pâles et altérés ; ses cheveux noirs, sép sur son front et aplatis en bandeaux, se tordent derrière sa tête ; le grin y a déjà mêlé quelques mèches argentées. Vêtue d'une robe de d rapiécée en plusieurs endroits, madame de Fermont, le front appuyé sa main, s'accoude au misérable chevet de sa fille, et la regarde a une affliction inexprimable.
Claire n'a que seize ans ; le candide et doux profil de son vis amaigri comme celui de sa mère, se dessine sur la couleur grise gros draps dont est recouvert son traversin, rempli de sciure de boi
Le teint de la jeune fille a perdu de son éclatante pureté ; ses gra yeux fermés projettent jusque sur ses joues creuses leur double fra de longs cils noirs. Autrefois roses et humides, mais alors sèches et pâ ses lèvres entr'ouvertes laissent entrevoir le blanc émail de ses dent rude contact des draps grossiers et de la couverture de laine avait ro marbré en plusieurs endroits la carnation délicate du cou, des épa et des bras de la jeune fille.
De temps à autre, un léger tressaillement rapprochait ses sour minces et veloutés, comme si elle eût été poursuivie par un rêve p

ble. L'aspect de ce visage, déjà empreint d'une expression morbide, est pénible; on y découvre les sinistres symptômes d'une maladie qui couve et menace.

Depuis longtemps madame de Fermont n'avait plus de larmes; elle attachait sur sa fille un œil sec et enflammé par l'ardeur d'une fièvre lente qui la minait sourdement. De jour en jour, madame de Fermont trouvait plus faible ; ainsi que sa fille, elle ressentait ce malaise, cet accablement, précurseurs certains d'un mal grave et latent ; mais, craignant d'effrayer Claire, et ne voulant pas surtout, si cela peut se dire, s'effrayer soi-même, elle luttait de toutes ses forces contre les premières atteintes de la maladie.

Par des motifs d'une générosité pareille, Claire, afin de ne pas inquiéter sa mère, tâchait de dissimuler ses souffrances. Ces deux malheureuses créatures, frappées des mêmes chagrins, devaient être encore frappées des mêmes maux.

Il arrive un moment suprême dans l'infortune où l'avenir se montre sous un aspect si effrayant, que les caractères les plus énergiques, n'osant l'envisager en face, ferment les yeux et tâchent de se tromper par de folles illusions.

Telle était la position de madame et de mademoiselle de Fermont.

Exprimer les tortures de cette femme, pendant les longues heures où elle contemplait ainsi son enfant endormie, songeant au passé, au présent, à l'avenir, serait peindre ce que les augustes et saintes douleurs d'une mère ont de plus poignant, de plus désespéré, de plus insensé : souvenirs enchanteurs, craintes sinistres, prévisions terribles, regrets amers, abattement mortel, élans de fureur impuissante contre l'auteur de tant de maux, supplications vaines, prières violentes, et enfin... enfin, doutes effrayants sur la toute-puissante justice de celui qui reste inexorable à ce cri sacré arraché des entrailles maternelles... à ce cri sacré dont le retentissement doit pourtant arriver jusqu'au ciel : Pitié pour ma fille !

— Comme elle a froid, maintenant ! disait la pauvre mère en touchant légèrement de sa main glacée les bras glacés de son enfant, elle a bien froid... Il y a une heure elle était brûlante... c'est la fièvre !... heureusement elle ne sait pas l'avoir.. Mon Dieu, qu'elle a froid !... cette couverture est si mince aussi... Je mettrais bien mon vieux châle sur le lit... mais si je l'ôte de la porte où je l'ai suspendu... ces hommes ivres viendront encore comme hier regarder au travers des trous qui sont à la serrure ou par les ais disjoints de la chambranle...

Quelle horrible maison, mon Dieu !

Si j'avais su comment elle était habitée... avant de payer notre quinzaine d'avance... nous ne serions pas restées ici... mais je ne savais pas... Quand on est sans papiers, on est repoussée des autres maisons garnies. Pouvais-je deviner que j'aurais jamais besoin de passe-port?... Quand je suis partie d'Angers dans ma voiture... parce que je ne croyais pas convenable que ma fille voyageât dans une voiture publique... pouvais-je croire que...

Puis, s'interrompant avec un élan de colère :

— Mais c'est pourtant infâme, cela... parce que ce notaire a voulu me dépouiller, me voici réduite aux plus affreuses extrémités, et contre lui je ne puis rien!... rien!...

Si... dans le cas où j'aurais de l'argent je pourrais plaider ; plaider... pour entendre traîner dans la boue la mémoire de mon bon et noble frère... pour entendre dire que dans sa ruine il a mis fin à ses jours, après avoir dissipé toute ma fortune et celle de ma fille... Plaider... pour entendre dire qu'il nous a réduites à la dernière misère... Oh ! jamais ! jamais !

Pourtant... si la mémoire de mon frère est sacrée... la vie... l'avenir de ma fille... me sont aussi sacrés... mais je n'ai pas de preuves contre le notaire, moi, et c'est soulever un scandale inutile...

Ce qui est affreux... affreux, reprit-elle après un moment de silence, c'est que quelquefois, aigrie, irritée par ce sort atroce, j'ose accuser mon frère... donner raison au notaire contre lui... comme si, en ayant deux noms à maudire, ma peine serait soulagée... et puis je m'indigne de mes suppositions injustes, odieuses... contre le meilleur, le plus loyal des frères.

Oh! ce notaire, il ne sait pas toutes les effroyables conséquences de son vol... Il a cru ne voler que de l'argent, ce sont deux âmes qu'il torture... deux femmes qu'il fait mourir à petit feu...

Hélas ! oui, je n'ose jamais dire à ma pauvre enfant toutes mes craintes pour ne pas la désoler... mais je souffre... j'ai la fièvre... je ne me soutiens qu'à force d'énergie ; je sens en moi les germes d'une maladie... dangereuse peut-être... oui, je la sens venir... elle s'approche... ma poitrine brûle ; ma tête se fend... Ces symptômes sont plus graves que je ne veux me l'avouer à moi-même... Mon Dieu... si j'allais tomber... tout à fait malade... j'allais mourir !...

Non ! non ! s'écria madame de Fermont avec exaltation, je ne veux pas... je ne veux pas mourir... Laisser Claire, à seize ans... sans ressource, seule, abandonnée au milieu de Paris... est-ce que cela est possible ?... Non ! je ne suis pas malade, après tout... qu'est-ce que j'éprouve ? un peu de chaleur à la poitrine, quelque pesanteur à la tête ; c'est la suite du chagrin, des insomnies, du froid, des privations... tout le monde à ma place ressentirait cet abattement... mais cela n'a rien de sérieux.

Allons, allons, pas de faiblesse... mon Dieu ! c'est en se laissant aller à des idées pareilles, c'est en s'écoutant ainsi... que l'on tombe réellement malade... et j'en ai bien le loisir, vraiment !... Ne faut-il pas que je m'occupe de trouver de l'ouvrage pour moi et pour Claire, puisque cet homme qui nous donnait des gravures à colorier...

Après un moment de silence, madame de Fermont ajouta avec indignation :

— Oh! cela est abominable !... mettre ce travail au prix de la honte de Claire!... nous retirer impitoyablement ce chétif moyen d'existence, parce que je n'ai pas voulu que ma fille allât travailler seule le soir chez lui !... Peut-être trouverons-nous de l'ouvrage ailleurs, en couture ou en broderie... Mais, quand on ne connaît personne, c'est si difficile !... Dernièrement encore, j'ai tenté en vain... Lorsqu'on est si misérablement logé, on n'inspire aucune confiance; et pourtant la petite somme qui nous reste une fois épuisée, que faire?... que devenir?... il ne nous restera plus rien... mais plus rien... sur la terre... mais pas une obole... et j'étais riche pourtant !...

Ne songeons pas à cela... ces pensées me donnent le vertige... me rendent folle.. Voilà ma faute, c'est de trop m'appesantir sur ces idées ; au lieu de tâcher de m'en distraire... C'est cela qui m'aura rendue malade... non, non, je ne suis pas malade... je crois même que j'ai moins de fièvre, ajouta la malheureuse mère en se tâtant le pouls elle-même.

Mais, hélas ! les pulsations précipitées, saccadées, irrégulières, qu'elle sentit battre sous sa peau à la fois sèche et froide, ne lui laissèrent pas d'illusion.

Après un moment de morne et sombre désespoir, elle dit avec amertume :

— Seigneur, mon Dieu ! pourquoi nous accabler ainsi?.. quel mal avons-nous jamais fait ? Ma fille n'était-elle pas un modèle de candeur et de piété? son père, l'honneur même ? N'ai-je pas toujours vaillamment rempli mes devoirs d'épouse et de mère? Pourquoi permettre qu'un misérable fasse de nous ses victimes?... cette pauvre enfant surtout !...

Quand je pense que sans le vol de ce notaire je n'aurais aucune crainte sur le sort de ma fille... Nous serions à cette heure dans notre maison, sans inquiétude pour l'avenir, seulement tristes et malheureuses de la mort de mon pauvre frère ; dans deux ou trois ans, j'aurais songé à marier Claire, et j'aurais trouvé un homme digne d'elle, si bonne, si charmante, si belle !... Qui n'eût pas été heureux d'obtenir sa main ?... Je voulais d'ailleurs, me réservant une petite pension pour vivre auprès d'elle, lui abandonner en mariage tout ce que je possédais, cent mille écus au moins... car j'aurais pu encore faire quelques économies ; et quand une jeune personne aussi jolie, aussi bien élevée que mon enfant chérie, apporte en dot plus de cent mille écus...

Puis, revenant par la douloureux contraste à la triste réalité de sa position, madame de Fermont s'écria dans une sorte de délire :

— Mais il est pourtant impossible que, parce que le notaire le veut, je voie patiemment ma fille réduite à la plus affreuse misère... elle qui avait droit à tant de félicité.

Si les lois laissent ce crime impuni, eh bien... enfin, si le sort me pousse à bout, et si je ne trouve pas moyen de sortir de l'atroce position où ce misérable m'a jetée avec mon enfant, je ne sais pas ce que je ferai... je serais capable de le tuer, moi, cet homme. Après, on fera de moi ce qu'on voudra... j'aurai pour moi toutes les mères...

Oui... mais ma fille ?... ma fille ?

La laisser seule, abandonnée, voilà ma terreur, voilà pourquoi je ne veux pas mourir... voilà pourquoi je ne puis pas tuer cet homme. Que deviendrait-elle ? elle a seize ans... elle est jeune et sainte comme un ange... mais elle est si belle !... Mais l'abandon, la misère, mais la faim... quel effrayant vertige tous ces malheurs réunis ne peuvent-ils pas causer à une enfant de cet âge... et alors... et alors dans quel abîme ne peut-elle pas tomber ?

Oh ! c'est affreux... à mesure que je creuse ce mot, misère, j'y trouve d'épouvantables choses.

La misère... la misère atroce pour tous, mais peut-être plus atroce encore pour ceux qui ont toute leur vie vécu dans l'aisance. Ce que je ne me pardonnerais pas, c'est, en présence de tant de maux menaçants, de ne pouvoir vaincre un malheureux sentiment de fierté. Il me faudrait voir ma fille manquer absolument de pain pour me résigner à mendier. Comme je suis lâche, pourtant !

Et elle ajouta avec une sombre amertume :

— Ce notaire m'a réduite à l'aumône ; il faut pourtant que je me rompe aux nécessités de ma position ; il ne s'agit plus de scrupules, de délicatesse, cela était bon autrefois ; maintenant il faut que je tende la main pour ma fille et pour moi : oui, si je ne trouve pas de travail... il faudra bien me résoudre à implorer la charité des autres, puisque le notaire l'aura voulu.

Il y a sans doute là-dedans une adresse, un art que l'expérience vous donne ; j'apprendrai ; c'est un métier comme un autre, ajouta-t-elle avec une sorte d'exaltation délirante. Il me semble pourtant que j'ai tout ce qu'il faut pour intéresser... des malheurs horribles, immérités, et une fille de seize ans... un ange... oui ; mais il faut savoir, il faut oser faire valoir ces avantages... j'y parviendrai.

Après tout, de quoi me plaindrais-je ? s'écria-t-elle avec un éclat de rire sinistre. La fortune est précaire, périssable... Le notaire m'aura au moins appris un état.

Madame de Fermont resta un moment absorbée dans ses pensées ; puis elle reprit avec plus de calme :

— J'ai souvent pensé à demander un emploi ; ce que j'envie, c'est le sort de la domestique de cette femme qui loge au premier ; si j'avais cette place, peut-être, avec mes gages, pourrais-je suffire aux besoins de Claire... peut-être, par la protection de cette femme, pourrais-je trouver quelque ouvrage pour ma fille... qui resterait ici... Comme cela je ne la quitterais pas. Quel bonheur... si cela pouvait s'arranger ainsi !... Oh ! non, non, ce serait trop beau... ce serait un rêve !... Et puis, pour prendre sa place, il faudrait faire renvoyer cette servante... et peut-être son sort serait-il alors aussi malheureux que le nôtre. Eh bien ! tant pis, tant pis... a-t-on mis du scrupule à me dépouiller, moi ? Ma fille avant tout. Voyons, comment m'introduire chez cette femme du premier ? Par quel moyen évincer sa domestique ? car une telle place serait pour nous une position inespérée.

Deux ou trois coups violents frappés à la porte firent tressaillir madame de Fermont et éveillèrent sa fille en sursaut.

— Mon Dieu ! maman, qu'y a-t-il ? s'écria Claire en se levant brusquement sur son séant ; puis, par un mouvement machinal, elle jeta ses bras autour du cou de sa mère, qui, aussi effrayée, se serra contre sa fille en regardant la porte avec terreur.

— Maman, qu'est-ce donc ? répéta Claire.

— Je ne sais, mon enfant... Rassure-toi, ce n'est rien... on a seulement frappé..... c'est peut-être la réponse qu'on nous apporte de la poste restante...

A cet instant la porte vermoulue s'ébranla de nouveau sous le choc de plusieurs vigoureux coups de poing.

— Qui est là ? dit madame de Fermont d'une voix tremblante.

Une voix ignoble, rauque, enrouée, répondit : — Ah çà, vous êtes donc sourdes, les voisines ? Ohé !... les voisines ! ohé !...

— Que voulez-vous ? monsieur, je ne vous connais pas, dit madame de Fermont en tâchant de dissimuler l'altération de sa voix.

« Je suis Robin... votre voisin... donnez-moi du feu pour allumer ma pipe... allons, houp ! et plus vite que ça !

— Mon Dieu ! c'est cet homme boiteux qui est toujours ivre, dit tout bas la mère à sa fille.

— Ah çà..... allez-vous me donner du feu, ou j'enfonce tout..... nom d'un tonnerre !

— Monsieur... je n'ai pas de feu...

— Vous devez avoir des allumettes chimiques... tout le monde en a... ouvrez-vous... voyons ?

— Monsieur... retirez-vous...

— Vous ne voulez pas ouvrir, une fois... deux fois ?...

— Je vous prie de vous retirer ou j'appelle..

— Une fois... deux fois... trois fois... non... vous ne voulez pas ? Alors je démolis tout !... hu ! donc.

Et le misérable donna un si furieux coup dans la porte, qu'elle céda, la méchante serrure qui la fermait ayant été brisée.

Les deux femmes poussèrent un grand cri d'effroi.

Madame de Fermont, malgré sa faiblesse, se précipita au-devant du bandit au moment où il mettait un pied dans le cabinet, et lui barra passage.

— Monsieur, cela est indigne ! vous n'entrerez pas ! s'écria la malheureuse mère en retenant de toutes ses forces la porte entre-bâillée.

Et elle frissonnait à l'aspect de cet homme à figure hideuse et aviné.

— De quoi, de quoi ? reprit-il, est-ce que l'on ne s'oblige pas entre voisins ? il fallait m'ouvrir, j'aurais rien enfoncé.

Puis, avec l'obstination stupide de l'ivresse, il ajouta, en chancelant sur ses jambes inégales :

— Je veux entrer, j'entrerai... et je ne sortirai pas que je n'aie allumé ma pipe.

— Je n'ai ni feu ni allumettes. Au nom du ciel, monsieur, retirez-vous.

— C'est pas vrai, vous dites ça pour que je n'aille pas où elle est couchée. Hier vous avez bouché les trous de la porte. Elle est gentille, je veux la voir. Prenez garde à vous, je vous casse la figure si vous ne me laissez pas entrer... je vous dis que je vous verrai la petite dans son lit et que j'allumerai ma pipe... ou bien je démolis tout et vous avec !...

— Au secours, mon Dieu !... au secours ! cria madame de Fermont, qui sentit la porte céder sous un violent coup d'épaule du gros boiteux.

Intimidé par ces cris, l'homme fit un pas en arrière et montra le poing à madame de Fermont en lui disant :

— Tu me payeras ça, va... Je reviendrai cette nuit, je t'empoignerai la langue et tu ne pourras pas crier...

Et le gros boiteux, comme on l'appelait à l'île du Ravageur, se rendit en proférant d'horribles menaces.

Madame de Fermont craignant qu'il ne revînt sur ses pas, et voyant la serrure brisée, traîna la table contre la porte afin de la barricader.

Claire avait été si émue, si bouleversée de cette horrible scène, qu'elle était retombée sur son grabat presque sans mouvement, en proie à une crise nerveuse.

Madame de Fermont oubliant sa propre frayeur, courut à sa fille, la serra dans ses bras, lui fit boire un peu d'eau, et à force de soins, de caresses parvint à la ranimer.

Le gros boiteux forçant la porte de madame de Fermont.

Elle la vit bientôt reprendre peu à peu ses sens, et lui dit : — Calme-toi... rassure-toi, pauvre enfant... ce méchant homme s'en est allé. Puis la malheureuse mère s'écria avec un accent d'indignation et de douleur indicible :

— C'est pourtant ce notaire qui est la cause première de toutes nos tortures !...

Claire regardait autour d'elle avec autant d'étonnement que de crainte.

— Rassure-toi, mon enfant, reprit madame de Fermont en l'embrassant tendrement sa fille, ce misérable est parti.

— Mon Dieu, maman, s'il allait remonter !? Tu vois bien, tu as crié au secours, et personne n'est venu.. Oh ! je t'en supplie, quittons cette maison... j'y mourrais de peur.

— Comme tu trembles !... Tu as la fièvre.
— Non, non, dit la jeune fille pour rassurer sa mère, ce n'est rien, c'est la frayeur, cela se passe... Et toi, comment vas-tu ? Donne tes mains... Mon Dieu, comme elles sont brûlantes ! Vois-tu, c'est toi qui souffres, tu veux me le cacher.
— Ne crois pas cela, je me trouvais mieux que jamais ! c'est l'émotion que cet homme m'a causée qui me rend ainsi ; je dormais sur la chaise très-profondément, je ne me suis éveillée qu'en même temps que toi...
— Pourtant, maman, tes pauvres yeux sont bien rouges... bien enflammés !
— Ah ! tu conçois, mon enfant, sur une chaise, le sommeil repose moins... vois-tu !
— Bien vrai, tu ne souffres pas ?
— Non, non, je t'assure... Et toi ?
— Ni moi non plus ; seulement je tremble encore de peur. Je t'en supplie, maman, quittons cette maison.
— Et où irons-nous ? Tu sais avec combien de peine nous avons trouvé ce malheureux cabinet..... car nous sommes malheureusement sans papiers, et puis nous avons payé quinze jours d'avance, on ne nous rendrait pas notre argent..... et il nous reste si peu, si peu... que nous devons ménager le plus possible.
— Peut-être M. de Saint-Remy te répondra-t-il un jour ou l'autre.
— Je ne l'espère plus... Il y a si longtemps que je lui ai écrit !
— Il n'aura pas reçu ta lettre..... Pourquoi ne lui écrirais-tu pas de nouveau ? D'ici à Angers ce n'est pas si loin, nous aurions bien vite sa réponse.
— Ma pauvre enfant, tu sais combien cela m'a coûté déjà...
— Que risques-tu ? Il est si bon malgré sa brusquerie ! N'était-il pas un des plus vieux amis de mon père ?... Et puis enfin il est notre parent...
— Mais il est pauvre lui-même ; sa fortune est bien modeste..... Peut-être ne nous répond-il pas pour s'éviter le chagrin de nous refuser.
— Mais s'il n'avait pas reçu ta lettre, maman ?
— Et s'il l'a reçue, mon enfant... De deux choses l'une : ou il est lui-même dans une position trop gênée pour venir à notre secours... ou il ne ressent aucun intérêt pour nous : alors à quoi bon nous exposer à un refus ou à une humiliation ?
— Allons, courage, maman, il nous reste encore un espoir... Peut-être ce matin nous rapportera-t-on une bonne réponse...
— De M. d'Orbigny ?
— Sans doute... Cette lettre dont vous aviez fait autrefois le brouillon était si simple, si touchante... exposait si naturellement notre malheur, qu'il aura pitié de nous... Vraiment, je ne sais qui me dit que

Martial.

vous avez tort de désespérer de lui. — Il a si peu de raison de s'intéresser à nous ! Il avait, il est vrai, autrefois connu ton père, et j'avais souvent entendu mon pauvre frère parler de M. d'Orbigny comme d'un homme avec lequel il avait eu de très-bonnes relations avant que celui-ci eût quitté Paris pour se retirer en Normandie avec sa jeune femme.
— C'est justement cela qui me fait espérer ; Il a une jeune femme, elle sera compatissante... Et puis, à la campagne, on peut faire tant de bien ! Il vous prendrait, je suppose, pour femme de charge, moi je travaillerais à la lingerie... Puisque M. d'Orbigny est très-riche, dans une grande maison il y a toujours de l'emploi...
— Oui ; mais nous avons si peu de droits à son intérêt !...
— Nous sommes si malheureuses !
— C'est un titre aux yeux des gens très-charitables, il est vrai.
— Espérons que M. d'Orbigny et sa femme le sont...
— Enfin, dans le cas où il ne faudrait rien attendre de lui, je surmonterais encore ma fausse honte, et j'écrirais à madame la duchesse de Lucenay.
— Cette dame dont M. de Saint-Remy nous parlait si souvent, dont il vantait sans cesse le bon cœur et la générosité ?
— Oui, la fille du prince de Noirmont. Il l'a connue toute petite, et il la traitait presque comme son enfant... car il était intimement lié avec le prince. Madame de Lucenay doit avoir de nombreuses connaissances, elle pourrait peut-être trouver à nous placer.
— Sans doute, maman ; mais je comprends ta réserve, tu ne la connais pas du tout, tandis qu'au moins mon père et mon pauvre oncle connaissaient un peu M. d'Orbigny.
— Enfin, dans le cas où madame de Lucenay ne pourrait rien faire pour nous, j'aurais recours à une dernière ressource.
— Laquelle, maman ?
— C'est une bien faible... une bien folle espérance, peut-être ; mais pourquoi ne pas la tenter ?... le fils de M. de Saint-Remy est...
— M. de Saint-Remy a un fils ? s'écria Claire en interrompant sa mère avec étonnement.
— Oui, mon enfant, il a un fils...
— Il n'en parlait jamais... il ne venait jamais à Angers.
— En effet, et pour des raisons que tu ne peux connaître, M. de Saint-Remy, ayant quitté Paris il y a quinze ans, n'a pas revu son fils depuis cette époque.
— Quinze ans sans voir son père... cela est-il possible, mon Dieu !...
— Hélas ! oui, tu le vois... Je te dirai que le fils de M. de Saint-Remy étant fort répandu dans le monde, et fort riche...
— Fort riche ?... et son père est pauvre ?
— Toute la fortune de M. de Saint-Remy fils vient de sa mère...
— Mais il n'importe... comment laisse-t-il son père ?...

— Son père n'aurait rien accepté de lui.
— Pourquoi cela ?
— C'est encore une question à laquelle je ne puis répondre, ma chère enfant. Mais j'ai entendu dire par mon pauvre frère qu'on vantait beaucoup la générosité de ce jeune homme... Jeune et généreux, il doit être bon... Aussi, apprenant par moi que mon mari était l'ami intime de son père, peut-être voudra-t-il bien s'intéresser à nous pour tâcher de nous trouver de l'ouvrage ou de l'emploi... il a des relations si brillantes, si nombreuses, que cela lui sera facile.
— Et puis l'on saurait par lui peut-être si M. de Saint-Remy, son père, n'aurait pas quitté Angers avant que vous ne lui ayez écrit ; cela expliquerait alors son silence.
— Je crois que M. de Saint-Remy, mon enfant, n'a conservé aucune relation. Enfin, c'est toujours à tenter...
— A moins que M. d'Orbigny ne vous réponde d'une manière favorable... et, je vous le répète, je ne sais pourquoi, malgré moi, j'ai de l'espoir.
— Mais voilà plusieurs jours que je lui ai écrit, mon enfant, lui exposant les causes de notre malheur, et rien... rien encore... Une lettre mise à la poste avant quatre heures du soir arrive le lendemain matin à la terre des Aubiers... Depuis cinq jours, nous pourrions avoir reçu sa réponse...
— Peut-être cherche-t-il, avant de t'écrire, de quelle manière il pourra nous être utile avant de nous répondre.
— Dieu t'entende, mon enfant !
— Cela me paraît tout simple, maman... S'il ne pouvait rien pour nous, il t'en aurait instruite tout de suite.
— A moins qu'il ne veuille rien faire...
— Ah ! maman... est-ce possible ? dédaigner de nous répondre et nous laisser espérer quatre jours, huit jours, peut-être... car lorsqu'on est malheureux on espère toujours...
— Hélas ! mon enfant, il y a quelquefois tant d'indifférence pour les maux que l'on ne connaît pas !
— Mais votre lettre...
— Ma lettre ne peut lui donner une idée de nos inquiétudes, de nos souffrances de chaque minute ; ma lettre lui peindra-t-elle notre vie si malheureuse, nos humiliations de toutes sortes, notre existence dans cette affreuse maison, la frayeur que nous avons eue tout à l'heure encore ?... ma lettre lui peindra-t-elle enfin l'horrible avenir qui nous attend, si... ? Mais, tiens... mon enfant, ne parlons pas de cela... Mon Dieu... tu trembles... tu as froid...
— Non, maman... ne fais pas attention ; mais, dis-moi, supposons que tout nous manque, le peu d'argent qui nous reste là, dans cette malle, soit dépensé... Il serait donc possible que dans une ville riche comme Paris... nous mourussions toutes les deux de faim et de misère... faute d'ouvrage, et parce qu'un méchant homme t'a pris tout ce que tu avais ?...
— Tais-toi, malheureuse enfant...
— Mais enfin, maman, cela est donc possible ?...
— Hélas !...
— Mais Dieu, qui est juste, qui peut tout, comment nous abandonne-t-il ainsi, lui que nous n'avons jamais offensé ?
— Je t'en supplie, mon enfant, n'aie pas de ces idées désolantes... j'aime mieux encore te voir espérer, sans grande raison peut-être... Allons, rassure-moi au contraire par tes chères illusions ; je ne suis que trop sujette au découragement... tu sais bien...
— Oui ! oui ! espérons... cela vaut mieux. Le neveu du portier va sans doute revenir aujourd'hui de la poste restante avec une lettre... Encore une course à payer pour votre petit trésor, et par ma faute... Si je n'avais pas été si faible hier et aujourd'hui, nous serions allées à la poste nous-mêmes, comme auparavant... mais vous n'avez pas voulu me laisser seule ici en y allant vous-même.
— Le pouvais-je... mon enfant ?... Juge donc... tout à l'heure... ce misérable qui a enfoncé cette porte, si tu t'étais trouvée seule ici, pourtant !
— Oh ! maman, tais-toi... rien qu'à y songer, cela épouvante...

A ce moment, on frappa assez brusquement à la porte.
— Ciel !... c'est lui ! s'écria madame de Fermont encore sous sa première impression de terreur. Et elle poussa de toutes ses forces la table contre la porte.

Ses craintes cessèrent lorsqu'elle entendit la voix du père Micou.
— Madame, mon neveu André arrive de la poste restante... Une lettre avec un X et un Z pour adresse... ça vient de loin... Il y a huit sous de port et la commission... c'est vingt sous...
— Maman... une lettre de province, nous sommes sauvées... c'est de M. de Saint-Remy ou de M. d'Orbigny ! Pauvre mère, tu ne souffriras plus, tu ne t'inquiéteras plus de moi, tu seras heureuse... Dieu est juste... Dieu est bon !... s'écria la jeune fille ; et un rayon d'espoir éclaira sa douce et charmante figure.
— Oh ! monsieur, merci... donnez... donnez vite ! dit madame de Fermont en dérangeant la table à la hâte et en entre-bâillant la porte.
— C'est vingt sous, madame, dit le recéleur en montrant la lettre si impatiemment désirée.
— Je vais vous payer, monsieur.
— Ah ! madame, par exemple... il n'y a pas de presse. Je monte aux combles ; dans dix minutes je redescends, je prendrai l'argent en passant.

Le revendeur remit la lettre à madame de Fermont et disparut.
— La lettre est de Normandie... Sur le timbre il y a les Aubiers... c'est de M. d'Orbigny ! s'écria madame de Fermont en examinant l'adresse : A madame X. Z., poste restante, à Paris (1).
— Eh bien, maman, avais-je raison ?... Mon Dieu, comme le cœur me bat !...
— Notre bon ou mauvais sort est pourtant... dit madame de Fermont d'une voix altérée, en montrant la lettre.

Deux fois sa main tremblante s'approcha du cachet pour le rompre. Elle n'en eut pas le courage.

Peut-être espérer de peindre la terrible angoisse à laquelle sont en proie ceux qui, comme madame de Fermont, attendent d'une lettre l'espoir ou le désespoir ?

La brûlante et fiévreuse émotion du joueur dont les dernières pièces d'or sont aventurées sur une carte, et qui, haletant, l'œil enflammé attend d'un coup décisif sa ruine ou son salut ; cette émotion si violente donnerait pourtant à peine une idée de la terrible angoisse dont nous parlons.

En une seconde l'âme s'élève jusqu'à la plus radieuse espérance, ou retombe dans un découragement mortel. Selon qu'il croit être secouru ou repoussé, le malheureux passe tour à tour par les émotions les plus violemment contraires : ineffables élans de bonheur et de reconnaissance envers le cœur généreux qui s'est apitoyé sur un sort misérable ; amers et douloureux ressentiments contre l'égoïste indifférence !

Lorsqu'il s'agit d'infortunes méritantes, ceux qui donnent souvent donneraient peut-être toujours... et ceux qui refusent toujours donneraient peut-être souvent, s'ils savaient ce qu'ils voyalent en eux l'espoir d'un appui bienveillant ou ce que la crainte d'un refus dédaigneux... ce que leur volonté enfin... peut soulever d'ineffable ou d'affreux dans le cœur de ceux qui les implorent.

— Quelle faiblesse ! dit madame de Fermont avec un triste sourire en s'asseyant sur le lit de sa fille. Encore une fois, ma pauvre Claire, notre sort est là... Elle montrait la lettre. Je brûle de la connaître et je n'ose... Si c'est un refus, hélas ! il sera toujours assez tôt...
— Et si c'est une promesse de secours, dis, maman... Si cette pauvre petite lettre contient de bonnes et consolantes paroles qui nous rassureront sur l'avenir en nous promettant un modeste emploi dans la maison de M. d'Orbigny, chaque minute de perdue n'est-elle pas un moment de bonheur perdu ?
— Oui, mon enfant ; mais si au contraire...
— Non, maman, vous vous trompez, j'en suis sûre. Quand je vous disais que M. d'Orbigny n'aurait autant tardé à vous répondre que pour pouvoir vous donner quelque certitude favorable.... Permettez-moi de voir la lettre, maman ; je suis sûre de deviner, seulement à l'écriture, si la nouvelle est bonne ou mauvaise... Tenez, j'en suis sûre maintenant, dit Claire en prenant la lettre ; rien qu'à voir cette bonne écriture simple, droite et ferme, on devine une main loyale et généreuse, habituée à s'offrir à ceux qui souffrent...
— Je t'en supplie, Claire, pas de folles espérances, sinon j'oserais encore moins ouvrir cette lettre.
— Mon Dieu, bonne petite maman, sans l'ouvrir, moi, je puis te dire à peu près ce qu'elle contient : Madame, votre sort et celui de votre fille sont dignes d'intérêt, que je vous prie de vouloir bien vous rendre auprès de moi dans le cas où vous voudriez vous charger de la surveillance de ma maison.
— De grâce, mon enfant, je t'en supplie encore... pas d'espoir insensé... le réveil serait affreux. Voyons, du courage, dit madame de Fermont en prenant la lettre des mains de sa fille et s'apprêtant à briser le cachet.
— Du courage ? Pour vous, à la bonne heure ! dit Claire, souriant et entraînée par un de ses accès de confiance si naturels à son âge ; moi, je n'en ai pas besoin ; je suis sûre de ce que j'avance. Tenez, voulez-vous que j'ouvre la lettre ? que je la lise ?... Donnez, peureuse...
— Oui, j'aime mieux cela, tiens... Mais non, il vaut mieux que ce soit moi.

Et madame de Fermont rompit le cachet avec un terrible serrement de cœur.

Sa fille, aussi profondément émue, malgré son apparente confiance, respirait à peine.
— Lis tout haut, maman, dit-elle.
— La lettre n'est pas longue : elle est de la comtesse d'Orbigny, dit madame de Fermont en regardant la signature.
— Tant mieux, c'est bon signe... Vois-tu, maman, cette excellente jeune dame aura voulu te répondre elle-même.
— Nous allons voir.

Et madame de Fermont lut ce qui suit d'une voix tremblante :

(1) Madame de Fermont ayant écrit cette lettre dans son dernier domicile, et ignorant alors où elle irait se loger, avait prié M. d'Orbigny de lui répondre poste restante ; mais, faute de passe-port pour retirer sa lettre au bureau, elle avait indiqué une des adresses d'initiales qu'il suffit de désigner pour qu'on vous remette la lettre qui porte cette suscription.

« Madame,

« M. le comte d'Orbigny, fort souffrant depuis quelque temps, n'a pu vous répondre pendant mon absence...

— Vois-tu, maman, il n'y a pas de sa faute.
— Écoute, écoute !

« Arrivée ce matin de Paris, je m'empresse de vous écrire, madame, après avoir conféré de votre lettre avec M. d'Orbigny. Il se rappelle fort confusément les relations que vous dites avoir existé entre lui et monsieur votre frère. Quant au nom de monsieur votre mari, madame, il n'est pas inconnu à M. d'Orbigny, mais il ne peut se rappeler en quelle circonstance il l'a entendu prononcer. La prétendue spoliation dont vous accusez si légèrement M. Jacques Ferrand, que nous avons le bonheur d'avoir pour notaire, est, aux yeux de M. d'Orbigny, une cruelle calomnie dont vous n'avez sans doute pas calculé la portée. Ainsi que moi, madame, mon mari connaît et admire l'éclatante probité de l'homme respectable et pieux que vous attaquez si aveuglément. C'est vous dire, madame, que M. d'Orbigny, prenant sans doute part à la fâcheuse position dans laquelle vous vous trouvez, et dont il ne lui appartient pas de rechercher la véritable cause, se voit dans l'impossibilité de vous secourir.

« Veuillez recevoir, madame, avec l'expression de tous les regrets de M. d'Orbigny, l'assurance de mes sentiments les plus distingués.

« Comtesse D'ORBIGNY. »

La mère et la fille se regardèrent avec une stupeur douloureuse, incapables de prononcer une parole.

Le père Micou frappa à la porte et dit :
— Madame, est-ce que je peux entrer, pour le port et pour la commission ? C'est vingt sous.

— Ah ! c'est juste ; une si bonne nouvelle vaut bien ce que nous dépensons en deux jours pour notre existence, dit madame de Fermont avec un sourire amer ; et, laissant la lettre sur le lit de sa fille, elle alla vers une vieille malle sans serrure, se baissa et l'ouvrit.

— Nous sommes volées ! s'écria la malheureuse femme avec épouvante ; rien, plus rien, ajouta-t-elle d'une voix morne.

Et, anéantie, elle s'appuya sur la malle.

— Que dis-tu, maman ?... le sac d'argent...

Mais madame de Fermont, se relevant vivement, sortit de la chambre, et, s'adressant au revendeur qui se trouvait ainsi avec elle sur le palier :

— Monsieur, lui dit-elle, l'œil étincelant, les joues colorées par l'indignation et par l'épouvante, j'avais un sac d'argent dans cette malle... on me l'a volé avant-hier sans doute, car je suis sortie pendant une heure avec ma fille... Il faut que cet argent se retrouve, entendez-vous ? vous en êtes responsable.

— On vous a volée ! ce n'est pas vrai ; ma maison est honnête, dit insolemment et brutalement le receleur ; vous dites cela pour ne pas me payer mon port de lettre et ma commission.

— Je vous dis, monsieur, que cet argent étant tout ce que je possédais au monde, on me l'a volé ; il faut qu'il se retrouve, ou je porte ma plainte. Oh ! je ne ménagerai rien, je ne respecterai rien... voyez-vous, je vous en avertis.

— Ça serait joli, vous qui n'avez seulement pas de papiers... allez-y donc, porter votre plainte ! allez-y donc tout de suite... je vous en défie, moi !

La malheureuse femme était atterrée.

Elle ne pouvait sortir et laisser sa fille seule, alitée depuis la frayeur que le gros boiteux lui avait faite le matin, et surtout après les menaces que lui adressait le revendeur.

Celui-ci reprit :

— C'est une frime ; vous n'avez pas plus de sac d'argent que de sac d'or ; vous voulez ne pas me payer mon port de lettre, n'est-ce pas ? Bon ! ça m'est égal... quand vous passerez devant ma porte, je vous arracherai votre vieux châle noir des épaules... il est bien pané, mais il vaut toujours au moins vingt sous.

— Ah ! monsieur, s'écria madame de Fermont en fondant en larmes, de grâce, ayez pitié de nous... cette faible somme est tout ce que nous possédons, ma fille et moi ; cela volé, mon Dieu, il ne nous reste plus rien... rien, entendez-vous ? rien qu'à mourir de faim !...

— Que voulez-vous que j'y fasse... moi ? S'il est vrai qu'on vous a volée... et de l'argent encore (ce qui me paraît louche), il y a longtemps qu'il est frit... l'argent !

— Mon Dieu ! mon Dieu !...

— Le gaillard qui a fait le coup n'aura pas été assez bon enfant pour marquer les pièces et les garder ici pour se faire pincer, si c'est quelqu'un de la maison, et je ne le crois pas ; car, ainsi que je le disais encore ce matin à l'oncle de la dame du premier, c'est un vrai chameau ; si l'on vous a volée... c'est un malheur. Vous déposeriez cent mille plaintes que vous n'en retireriez pas un centime... vous n'en serez pas plus avancée... je vous le dis... croyez-moi... Eh bien ! s'écria le receleur en s'interrompant et en voyant madame de Fermont chanceler, qu'est-ce que vous avez ?... vous pâlissez ?... vous êtes donc garde ! ma-demoiselle, votre mère se trouve mal !... ajouta le revendeur en s'avançant assez à temps pour retenir la malheureuse mère, qui, frappée par ce dernier coup, se sentait défaillir ; l'énergie factice qui la soutenait depuis si longtemps cédait à cette nouvelle atteinte.

— Ma mère... mon Dieu, qu'avez-vous ? s'écria Claire toujours couchée.

Le receleur, encore vigoureux malgré ses cinquante ans, saisi d'un mouvement de pitié passagère, prit madame de Fermont entre ses bras, poussa du genou la porte pour entrer dans le cabinet, et dit :

— Mademoiselle, pardon d'entrer pendant que vous êtes couchée, mais faut pourtant que je vous ramène votre mère... elle est évanouie... ça ne peut pas durer.

En voyant cet homme entrer, Claire poussa un cri d'effroi, et la malheureuse enfant se cacha du mieux qu'elle put sous sa couverture.

Le revendeur assit madame de Fermont sur la chaise à côté du lit de sangle, et se retira, laissant la porte entr'ouverte, le gros boiteux en ayant brisé la serrure.

Une heure après cette dernière secousse, la violente maladie qui depuis longtemps couvait et menaçait madame de Fermont avait éclaté.

En proie à une fièvre ardente, à un délire affreux, la malheureuse femme était couchée dans le lit de sa fille, éperdue, épouvantée, qui, seule, presque aussi malade que sa mère, n'avait ni argent ni ressources, et craignait à chaque instant de voir entrer le bandit qui logeait sur le même palier.

. . . .

CHAPITRE VI.

La rue de Chaillot.

Nous précéderons de quelques heures M. Badinot, qui, du passage de la Brasserie, se rendait en hâte chez le vicomte de Saint-Remy.

Ce dernier, nous l'avons dit, demeurait rue de Chaillot, et occupait seul une charmante petite maison, bâtie entre cour et jardin, dans ce quartier solitaire, quoique très-voisin des Champs-Élysées, la promenade la plus à la mode de Paris.

Il est inutile de nombrer les avantages que M. de Saint-Remy, spécialement homme à bonnes fortunes, retirait de la position d'une demeure si savamment choisie. Disons seulement qu'une femme pouvait entrer très-promptement chez lui, par une petite porte de son vaste jardin qui s'ouvrait sur une ruelle absolument déserte, communiquant de la rue Marbeuf à la rue de Chaillot.

Enfin, par un miraculeux hasard, l'un des plus beaux établissements d'horticulture de Paris avait aussi, dans ce passage écarté, une sortie peu fréquentée ; les mystérieuses visiteuses de M. de Saint-Remy, en cas de surprise ou de rencontre imprévue, étaient donc armées d'un prétexte parfaitement plausible et bucolique pour s'aventurer dans la ruelle fatale.

Elles allaient (pouvaient-elles dire) choisir des fleurs rares chez un célèbre jardinier-fleuriste renommé par la beauté de ses serres chaudes.

Ces belles visiteuses n'auraient d'ailleurs menti qu'à demi : le vicomte, largement doué de tous les goûts d'un luxe distingué, avait une charmante serre chaude qui s'étendait en partie le long de la ruelle dont nous avons parlé ; la petite porte dérobée donnait dans ce délicieux jardin d'hiver, qui aboutissait à un boudoir (qu'on nous pardonne cette expression surannée) situé au rez-de-chaussée de la maison.

Il serait donc permis de dire sans métaphore qu'une femme qui passait ce seuil dangereux pour entrer chez M. de Saint-Remy courait à sa perte sur un sentier fleuri ; car, l'hiver surtout, cette élégante allée était bordée de véritables buissons de fleurs éclatantes et parfumées.

Madame de Lucenay, jalouse comme une femme passionnée, avait exigé une clef de cette petite porte.

Si nous insistons quelque peu sur le caractère général de cette singulière habitation, c'est qu'elle nous reflétait, pour ainsi dire, une de ces existences dégradantes qui, de jour en jour, deviennent heureusement plus rares, mais qu'il est bon de signaler comme une des bizarreries de l'époque ; nous voulons parler de l'existence de ces hommes qui sont aux femmes ce que les courtisanes sont aux hommes ; faute d'une expression plus particulière, nous appellerions ces gens-là des hommes-courtisanes, si cela se pouvait dire.

L'intérieur de la maison de M. de Saint-Remy offrait, sous ce rapport, un aspect curieux, ou plutôt cette maison était séparée en deux zones très-distinctes :

Le rez-de-chaussée, où il recevait les femmes ;

Le premier étage, où il recevait ses compagnons de jeu, de table, de chasse, ce qu'on appelle enfin des amis...

Ainsi, au rez-de-chaussée se trouvait une chambre à coucher qui n'était qu'or, glaces, fleurs, satin et dentelles, un petit salon de musique où l'on voyait une harpe et un piano (M. de Saint-Remy était excellent musicien), un cabinet de tableaux et de curiosités, le boudoir communiquant à la serre chaude ; une salle à manger pour deux personnes, servie et desservie par un tour ; une salle de bain, modèle achevé du luxe et du raffinement oriental, et tout auprès une petite bibliothèque en partie formée d'après le catalogue de celle que La Mettrie avait colligée pour le grand Frédéric.

Il est inutile de dire que toutes ces pièces, meublées avec un goût exquis, avec une recherche véritablement sardanapalesque, avaient pour ornement des Watteau peu connus, des Boucher inédits, des groupes de biscuit ou de terre cuite de Clodion, et, sur des socles de jaspe ou de brèche antique, quelques précieuses copies des plus jolis groupes du Musée, en marbre blanc. Joignez à cela, l'été, pour perspective, les vertes profondeurs d'un jardin touffu, solitaire, encombré de fleurs, peuplé d'oiseaux, arrosé d'un petit ruisseau d'eau vive, qui, avant de se répandre sur la fraîche pelouse, tombe du haut d'une roche noire et agreste, y brille comme un pli de gaze d'argent, et se fond en lame nacrée dans un bassin limpide où de beaux cygnes blancs se jouent avec grâce.

Et quand venait la nuit tiède et sereine, que d'ombre, que de parfum, que de silence dans les bosquets odorants dont l'épais feuillage servait de dais aux sofas rustiques faits de joncs et de nattes indiennes !

Pendant l'hiver, au contraire, excepté la porte de glace qui s'ouvrait sur la serre chaude, tout était bien clos : la soie transparente des stores, le réseau de dentelle des rideaux, rendaient le jour plus mystérieux encore ; sur tous les meubles, des masses de végétaux exotiques semblaient jaillir de grandes coupes étincelantes d'or et d'émail.

Dans cette retraite silencieuse, remplie de fleurs odorantes, de tableaux voluptueux, on aspirait une sorte d'atmosphère amoureuse, enivrante, qui plongeait l'âme et les sens dans de brûlantes langueurs...

Enfin, pour faire les honneurs de ce temple qui paraissait élevé à l'amour antique ou aux divinités nues de la Grèce, un homme, jeune et beau, élégant et distingué, tour à tour spirituel ou tendre, romanesque ou libertin, tantôt moqueur et gai jusqu'à la folie, tantôt plein de charme et de grâce, excellent musicien, doué d'une de ces voix vibrantes, passionnées, que les femmes ne peuvent entendre chanter sans ressentir une impression profonde... presque physique, enfin un homme amoureux surtout... amoureux toujours... tel était le vicomte.

A Athènes il eût été sans doute admiré, exalté, déifié à l'égal d'Alcibiade ; de nos jours, et à l'époque dont nous parlons, le vicomte n'était plus qu'un ignoble faussaire, qu'un misérable escroc.

Le premier étage de la maison de M. de Saint-Remy avait au contraire un aspect tout viril.

C'est là qu'il recevait ses nombreux amis, tous d'ailleurs de la meilleure compagnie.

Là, rien de coquet, rien d'efféminé : un ameublement simple et sévère, pour ornements de belles armes, des portraits de chevaux de course, qui avaient gagné au vicomte bon nombre de magnifiques vases d'or et d'argent posés sur les meubles ; le tabagie et le salon de jeu avoisinaient une joyeuse salle à manger, où huit personnes (nombre de convives strictement limité lorsqu'il s'agit d'un dîner *savant*) avaient bien des fois apprécié l'excellence du cuisinier et le non moins excellent mérite de la cave du vicomte, avant de tenir contre lui quelque nerveuse partie de whiste de cinq à six cents louis, ou d'agiter bruyamment les cornets d'un creps infernal.

Ces deux nuances assez tranchées de l'habitation de M. de Saint-Remy exposées, le lecteur voudra bien nous suivre dans des régions plus infimes, entrer dans la cour des remises et monter le petit escalier qui conduisait au très-confortable appartement d'Edwards Patterson, chef d'écurie de M. de Saint-Remy.

Cet illustre coachman avait invité à déjeuner M. Boyer, valet de chambre de confiance du vicomte. Une très-jolie servante anglaise s'étant retirée après avoir apporté la théière d'argent, nos deux personnages restèrent seuls.

Edwards était âgé de quarante ans environ ; jamais plus habile et plus gros cocher ne fit gémir son siège sous une rotondité plus imposante, n'encadra dans sa perruque blanche une figure plus rubiconde, et ne réunit plus élégamment dans sa main gauche les quadruples guides d'un *four-in-hand* ; aussi fin connaisseur en chevaux que Tatersall de Londres, ayant été dans sa jeunesse aussi bon entraîneur que le vieux et célèbre Chiffney, le vicomte avait trouvé dans Edwards, chose rare, un excellent cocher et un homme très-capable de diriger l'entraînement de quelques chevaux de course qu'il avait eus pour tenir des paris.

Edwards, lorsqu'il n'étalait pas sa somptueuse livrée brune et argent sur la housse blasonnée de son siège, ressemblait fort à un honnête fermier anglais ; c'est sous cette dernière apparence que nous le présenterons au lecteur, en ajoutant toutefois que, sous cette face large et colorée, on devinait l'impitoyable et diabolique astuce d'un maquignon.

M. Boyer, son convive, valet de chambre de confiance du vicomte, était un grand homme mince, à cheveux gris et plats, au front chauve, au regard fin, à la physionomie froide, discrète et réservée ; il s'exprimait en termes choisis, avait des manières polies, aisées, quelque peu de lettres, des opinions politiques conservatrices, et pouvait honorablement tenir sa partie de premier violon dans un quatuor d'amateurs ; de temps en temps, il prenait du meilleur air du monde une prise de tabac dans une tabatière d'or rehaussée de perles fines... après quoi il secouait négligemment du revers de sa main, aussi soignée que celle de son maître, les plis de sa chemise de fine toile de Hollande.

— Savez-vous, mon cher Edwards, dit Boyer, que votre serva[nte] Betty fait une petite cuisine bourgeoise fort supportable ?

— Ma foi, c'est une bonne fille, dit Edwards, qui parlait parfaite[ment] français, et je l'emmènerai avec moi dans mon établissement, [une] fois je me décide à le prendre ; et à ce propos, puisque nous v[oilà] seuls, mon cher Boyer, parlons affaires, vous les entendez très-bien[.]

— Moi, oui, un peu, dit modestement Boyer en prenant une prise [de] tabac. Cela s'apprend si naturellement... quand on s'occupe de celles [des] autres.

— J'ai donc un conseil très-important à vous demander ; c'est p[our] cela que je vous avais prié de venir prendre une tasse de thé avec m[oi.]

— Tout à votre service, mon cher Edwards.

— Vous savez qu'en dehors des chevaux de course, j'avais un for[fait] avec M. le vicomte, pour l'entretien complet de son écurie, bêtes [et] gens, c'est-à-dire huit chevaux et cinq ou six grooms et boys, à rais[on] de 24,000 francs par an, mes gages compris.

— C'était raisonnable.

— Pendant quatre ans, M. le vicomte m'a exactement payé ; ma[is] vers le milieu de l'an passé, il m'a dit : « Edwards, je vous dois en[vi]ron 24,000 francs. Combien estimez-vous, au plus bas prix, [les che]vaux et mes voitures ? — Monsieur le vicomte, lui ai-je dit, les chevaux peuvent pas être vendus moins de 3,000 francs chaque, l'un da[ns] l'autre, encore c'est donné (et c'est vrai, Boyer ; car la paire de ch[e]vaux de phaéton a été payée 800 guinées), ça fera donc 24,000 fra[ncs] pour les chevaux. Quant aux voitures, il y en a quatre, mettons 12,0[00] francs, ce qui, joint aux 24,000 francs des chevaux, fait 36,000 francs.

— Eh bien ! a repris M. le vicomte, achetez-moi le tout à ce prix-là, à condition que les 12,000 francs à vous revenir, vos avanc[es] remboursées, vous entretiendrez et laisserez à ma disposition chevau[x] gens et voitures pendant six mois.

— Et vous avez sagement accepté le marché, Edwards ? C'était u[ne] affaire d'or.

— Sans doute ; dans quinze jours les six mois seront écoulés, [je] rentre dans la propriété des chevaux et des voitures.

— Rien de plus simple. L'acte a été rédigé par M. Badinot, l'homm[e] d'affaires de M. le vicomte. En quoi avez-vous besoin de mes conseil[s?]

— Que dois-je faire ? vendre les chevaux et les voitures par voie de départ de M. le vicomte, et tout se vendra très-bien, car il est con[nu] pour le premier amateur de Paris ; ou dois-je m'établir marchand [de] chevaux, avec mon écurie, qui ferait un joli commencement ? Que m[e] conseillez-vous ?

— Je vous conseille de faire ce que je ferai moi-même.

— Comment ?

— Je me trouve dans la même position que vous.

— Vous ?

— M. le vicomte déteste les détails ; quand je suis entré ici, j'ava[is] d'économies et de patrimoine une soixantaine de mille francs, j'ai fait l[es] dépenses de la maison comme vous celles de l'écurie, et tous les an[s] M. le vicomte m'a payé sans examen ; à peu près à la même époq[ue] que vous, je me suis trouvé à découvert, pour moi, d'une vingtain[e de] mille francs, et, pour les fournisseurs, d'une soixantaine ; alors M. [le vi]comte m'a proposé comme à vous, pour me rembourser, de me vend[re] le mobilier de cette maison, y compris l'argenterie, qui très-heill[e] de très-bons tableaux, etc. ; le tout a été estimé, au plus bas pri[x], 410,000 francs. Il y avait 80,000 francs à vous, restait 60,000 fran[cs] que je devais affecter, jusqu'à leur entier épuisement, aux dépenses [de] la table, aux gages des gens, etc., et non à autre chose : c'était u[ne] condition du marché.

— Parce que sur ces dépenses vous gagniez encore.

— Nécessairement, car j'ai pris des arrangements avec les fournis[seurs] que je ne payerai qu'après la vente, dit Boyer en aspirant une for[te] prise de tabac, de sorte qu'à la fin de ce mois-ci...

Le mobilier est à vous comme les chevaux et les voitures sont à moi.

— Evidemment. M. le vicomte a gagné à cela de vivre pendant les de[r]niers temps comme il aime à vivre..., en grand seigneur, et ceci à l[a] barbe de ses créanciers ; car mobilier, argenterie, chevaux, voiture[s,] tout avait été payé comptant à la majorité, et était devenu notre pr[o]priété à vous et à moi.

— Ainsi M. le vicomte se sera ruiné ?...

— En cinq ans...

— Et M. le vicomte avait hérité ?...

— D'un pauvre petit million comptant, dit assez dédaigneusemen[t] M. Boyer en prenant une prise de tabac, ajoutez à ce million 200,000 francs de dettes environ, c'est passable... C'était donc pour vous dire, mon cher Edwards, que j'avais eu l'intention de louer cette maison admirablement meublée, comme elle l'est, à des Anglais, linge, cristaux porcelaine, argenterie, serre chaude ; quelques-uns de vos compatriote[s] auraient payé cela fort cher.

— Sans doute. Pourquoi ne le faites-vous pas ?

— Oui, mais les non-valeurs ! c'est chanceux ; je me décide donc à vendre le mobilier. M. le vicomte est aussi tellement cité comme connaisseur en meubles précieux, en objets d'art, que ce qui sortira de chez lui aura toujours une double valeur : de la sorte, je réaliserai une somme ronde. Faites comme moi, Edwards, réalisez, réalisez, et n'aventurez pas vos gains dans des spéculations ; vous, premier cocher de

M. le vicomte de Saint-Remy, c'est à qui voudra vous avoir : on m'a justement parlé hier d'un mineur émancipé, un cousin de madame la duchesse de Lucenay, le jeune duc de Montbrison, qui arrive d'Italie avec son précepteur, et qui monte sa maison. Deux cent cinquante bonnes mille livres de rentes en terre, mon cher Edwards, deux cent cinquante mille livres de rentes... Et avec cela entrant dans la vie. Vingt ans, toutes les illusions de la confiance, tous les enivrements de la dépense, prodige comme un prince... Je connais l'intendant, je puis vous dire cela en confiance ; il m'a déjà presque agréé comme premier valet de chambre : il me protége, le niais !

Et M. Boyer leva les épaules en aspirant violemment sa prise de tabac.

— Vous espérez le débusquer ?

— Parbleu ! c'est un imbécile ou un impertinent. Il me met là, comme si je n'étais pas à craindre pour lui ! Avant deux mois je serai à sa place.

— Deux cent cinquante mille livres de rentes en terres ! reprit Edwards en réfléchissant, et jeune homme, c'est une bonne maison...

— Je vous dis qu'il y a de quoi faire. Je parlerai pour vous à mon protecteur, dit M. Boyer avec ironie. Entrez là, c'est une fortune qui a des racines à laquelle on peut s'attacher pour longtemps. Ce n'est pas comme ce malheureux million de M. le vicomte, une vraie boule de neige : un rayon du soleil parisien, et tout est dit. J'ai bien vu tout de suite que je ne serais ici qu'un oiseau de passage : c'est dommage ; car notre maison nous faisait honneur, et jusqu'au dernier moment je servirai M. le vicomte avec le respect et l'estime qui lui est due.

— Ma foi, mon cher Boyer, je vous remercie et j'accepte votre proposition : mais, j'y songe, si je proposais à ce jeune duc l'écurie de M. le vicomte ! Elle est toute prête, elle est connue et admirée de tout Paris.

— C'est juste, vous pouvez faire là une affaire d'or.

— Mais vous-même, pourquoi ne pas lui proposer cette maison si admirablement montée ou ici ? que trouverait-il de mieux ?

— Pardieu, Edwards, vous êtes un homme d'esprit, ça ne m'étonne pas, quand vous me donnez là une excellente idée ; il faut nous adresser à M. le vicomte, il est si bon maître qu'il ne refusera pas de parler pour nous au jeune duc ; il lui dira que, partant pour la légation de Gérolstein, où il est attaché, il veut se défaire de tout son établissement. Voyons, 160,000 francs pour la maison toute meublée, 20,000 francs pour l'argenterie et les tableaux, 50,000 francs pour l'écurie et les voitures, ça fait 250,000 francs ; c'est une affaire excellente pour un jeune homme qui veut se monter de tout ; il dépenserait trois fois cette somme avant de réunir quelque chose d'aussi complétement élégant et choisi que l'ensemble de cet établissement. Car, il faut l'avouer, Edwards, il n'y a pas un second comme M. le vicomte pour entendre la vie.

— Et les chevaux !

— Et la bonne chère ! Godefroi, son cuisinier, sort d'ici cent fois meilleur qu'il n'y est entré ; M. le vicomte lui a donné d'excellents conseils, l'a énormément raffiné.

— Par là-dessus on dit que M. le vicomte est si beau joueur !

— Admirable... gagnant de grosses sommes avec encore plus d'indifférence qu'il n'en perd... Et pourtant je n'ai jamais vu perdre plus galamment.

— Et les femmes ! Boyer, les femmes !! Ah ! vous pourriez en dire long là-dessus, vous qui entrez seul dans les appartements du rez-de-chaussée...

— J'ai mes secrets comme vous avez les vôtres, mon cher.

— Les miens ?

— Quand M. le vicomte faisait courir, n'aviez-vous pas aussi vos confidences ? Je ne veux pas attaquer la probité des jockeys de vos adversaires... Mais enfin certains bruits...

— Silence, mon cher Boyer ; un gentleman ne compromet pas plus la réputation d'un jockey adversaire qui a eu la faiblesse de l'écouter...

— Qu'un galant homme ne compromet la réputation d'une femme qui a eu des bontés pour lui ; aussi, vous dis-je, gardons nos secrets, ou plutôt les secrets de M. le vicomte, mon cher Edwards.

— Ah çà... qu'est-ce qu'il va faire maintenant ?

— Partir pour l'Allemagne avec une bonne voiture de voyage et sept ou huit mille francs qu'il saura bien trouver. Oh ! je ne suis pas embarrassé de M. le vicomte ; il est de ces personnages qui retombent toujours sur leurs jambes, comme on dit...

— Et il n'a plus aucun héritage à attendre ?

— Aucun, car son père a tout juste une petite aisance.

— Son père ?

— Certainement...

— Le père de M. le vicomte n'est pas mort ?...

— Il ne l'était pas, du moins, il y a cinq ou six mois ; M. le vicomte lui a écrit pour certains papiers de famille...

— Mais on ne le voit jamais ici ?

— Par une bonne raison : depuis une quinzaine d'années il habite en province, à Angers.

— Mais M. le vicomte ne va pas le visiter ?

— Son père ?

— Oui.

— Jamais... jamais... ah ! bien oui !

— Ils sont donc brouillés ?

— Ce que je vais vous dire n'est pas un secret, car je le tiens de l'ancien homme de confiance de M. le prince de Noirmont.

— Le père de madame de Lucenay ? dit Edwards avec un regard malin et significatif dont M. Boyer, fidèle à ses habitudes de réserve et de discrétion, n'eut pas l'air de comprendre la signification ; il reprit donc froidement :

— Madame la duchesse de Lucenay est en effet fille de M. le prince de Noirmont ; le père de M. le vicomte était intimement lié avec le prince ; madame la duchesse était alors toute jeune personne, et M. de Saint-Remy père, qui l'aimait beaucoup, la traitait aussi familièrement que si elle eût été sa fille. Je tiens ces détails de Simon, l'homme de confiance du prince ; je puis parler sans scrupules, car l'aventure que je vais vous raconter a été dans le temps la fable de tout Paris. Malgré ses soixante ans, le père de M. le vicomte est un homme d'un caractère de fer, d'un courage de lion, d'une probité que je me permettrai d'appeler fabuleuse ; il ne possédait presque rien, et avait épousé par amour la mère de M. le vicomte, jeune personne assez riche, qui possédait le million à la fonte duquel nous venons d'avoir l'honneur d'assister.

Et M. Boyer s'inclina.

Edwards l'imita.

— Le mariage fut très-heureux jusqu'au moment où le père de M. le vicomte trouva, dit-on, par hasard, de diables de lettres qui prouvaient évidemment que, pendant une de ses absences, trois ou quatre ans après son mariage, sa femme avait eu une tendre faiblesse pour un certain comte polonais.

— Cela arrive souvent aux Polonais. Quand j'étais chez M. le marquis de Senneval, madame la marquise... une enragée...

M. Boyer interrompit son compagnon.

— Vous devriez, mon cher Edwards, savoir les alliances de nos grandes familles avant de parler ; sans cela, vous vous réserveriez de cruels mécomptes.

— Comment !

— Madame la marquise de Senneval est la sœur de M. le duc de Montbrison, où vous désirez entrer...

— Ah ! diable !

— Jugez de l'effet, si vous aviez été parler d'elle en des termes pareils devant des envieux ou des délateurs : vous ne seriez pas resté vingt-quatre heures dans la maison.

— C'est juste, Boyer... je tâcherai de connaître les alliances...

— Je reprends... Le père de M. le vicomte découvrit donc, après douze ou quinze ans d'un mariage jusque-là fort heureux, qu'il avait à se plaindre d'un comte polonais. Malheureusement ou heureusement, M. le vicomte était né neuf mois après que son père, ou plutôt que M. le comte de Saint-Remy, était revenu de ce fatal voyage, de sorte qu'il ne pouvait pas être certain, malgré de grandes probabilités, que M. le vicomte fût le fruit de l'adultère. Néanmoins, M. le comte se sépara à l'instant de sa femme, ne voulut pas toucher à un sou de la fortune qu'elle lui avait apportée, et se retira en province avec environ 80,000 francs qu'il possédait ; mais vous allez voir la rancune de ce caractère diabolique. Quoique l'outrage datât de quinze ans lorsqu'il le découvrit, et qu'il prît sur ses 80,000 francs d'avoir prescription, lui-même, accompagné de M. de Fermont, l'un de ses parents, se mit aux trousses du Polonais séducteur, et l'atteignit à Venise, après l'avoir cherché pendant dix-huit mois dans presque toutes les villes de l'Europe.

— Quel obstiné !...

— Une rancune de démon, vous dis-je, mon cher Edwards... A Venise eut lieu un duel terrible, dans lequel le Polonais fut tué. Tout s'était passé loyalement ; mais le père de M. le vicomte montra, dit-on, une joie si féroce de voir le Polonais blessé mortellement, que son parent, M. de Fermont, eut beaucoup de peine à l'arracher du lieu du combat... le comte voulant voir, disait-il, expirer son ennemi sous ses yeux.

— Quel homme quel homme !

— Le comte, lui, revint à Paris, alla chez sa femme, lui annonça qu'il venait de tuer le Polonais, et repartit. Depuis, il n'a jamais revu ni elle ni son fils, M. le vicomte. Il s'est retiré à Angers ; il y vit, dit-on, comme un vrai loup-garou, avec ce qui lui reste de ses 80,000 francs, bien écornés par ses courses après le Polonais, comme vous pensez. A Angers il ne voit personne, si ce n'est la femme et la fille de son parent, M. de Fermont, qui est mort depuis quelques années. Du reste, cette famille a du malheur, car le frère de madame de Fermont s'est brûlé, dit-on, la cervelle, il y a plusieurs mois.

— Et la mère de M. le vicomte ?

— Il l'a perdue il y a longtemps. C'est pour cela que M. le vicomte, à sa majorité, a joui de la fortune de sa mère. Vous voyez donc bien, mon cher Edwards, qu'en fait d'héritage, M. le vicomte n'a rien ou presque rien à attendre de son père...

— Qui, du reste, doit le détester.

— Il n'a jamais voulu le voir, depuis la découverte en question, persuadé sans doute qu'il est fils du Polonais.

L'entretien des deux personnages fut interrompu par un valet de pied géant, soigneusement poudré, quoiqu'il fût à peine onze heures.

— Monsieur Boyer, M. le vicomte a sonné deux fois, dit le géant.

Boyer parut désolé d'avoir manqué à son service, se leva précipitamment et suivit le domestique avec autant d'empressement et de respect que s'il n'eût pas été le propriétaire de la maison de son maître.

CHAPITRE VII.

Le comte de Saint-Remy.

Il y avait environ deux heures que Boyer, quittant Edwards, s'était rendu auprès de M. de Saint-Remy, lorsque le père de ce dernier vint frapper à la porte cochère de la maison de la rue de Chaillot.

Le comte de Saint-Remy était un homme de haute taille, encore alerte et vigoureux malgré son âge; la couleur presque cuivrée de son teint contrastait étrangement avec la blancheur éclatante de la barbe et de ses cheveux; ses épais sourcils, restés noirs, recouvraient à demi des yeux perçants, profondément enfoncés dans leur orbite. Quoiqu'il portât, par une sorte de manie misanthropique, des vêtements presque sordides, il y avait dans toute sa personne quelque chose de calme, de fier, qui commandait le respect.

La porte de la maison de son fils s'ouvrit, il entra.

Un portier en grande livrée brune et argent, parfaitement poudré et chaussé de bas de soie, parut sur le seuil d'une loge élégante, qui avait autant de rapport avec l'antre enfumé des Pipelet que le tonneau d'une ravaudeuse peut en avoir avec la somptueuse boutique d'une lingère à la mode.

— M. de Saint-Remy? demanda le comte d'un ton bref.

Le portier, au lieu de répondre, examinait avec une dédaigneuse surprise la barbe blanche, la redingote râpée et le vieux chapeau de l'inconnu, qui tenait à la main une grosse canne.

— M. de Saint-Remy? reprit impatiemment le comte, choqué de l'impertinent examen du portier.

— M. le vicomte n'y est pas.

Ce disant, le confrère de M. Pipelet tira le cordon, et d'un geste significatif invita l'inconnu à se retirer.

— J'attendrai, dit le comte.

Et il passa outre.

— Eh! l'ami, l'ami! on n'entre pas ainsi dans les maisons! s'écria le portier en courant après le comte et en le prenant par le bras.

— Comment, drôle : répondit le vieillard d'un air menaçant en levant sa canne, tu oses me toucher!...

— J'oserai bien dire que vous ne sortez pas tout de suite. Je vous ai dit que M. le vicomte n'y était pas, ainsi allez-vous-en.

A ce moment, Boyer, attiré par ces éclats de voix, parut sur le perron de la maison.

— Quel est ce bruit? demanda-t-il.

— Monsieur Boyer, c'est ce vieux qui veut absolument entrer, quoique je lui aie dit que M. le vicomte n'y était pas.

— Finissons! reprit le comte en s'adressant à Boyer, qui s'était approché; je veux voir mon fils... S'il est sorti, je l'attendrai...

Nous l'avons dit, Boyer n'ignorait ni l'existence ni la misanthropie du père de son maître: assez physionomiste d'ailleurs, il ne douta pas un moment de l'identité du comte, le salua respectueusement et répondit :

— Si M. le comte veut bien me suivre, je suis à ses ordres...

— Allez, dit M. de Saint-Remy, qui accompagna Boyer, au profond ébahissement du portier.

Toujours précédé du valet de chambre, le comte arriva au premier étage et suivit son guide, qui lui faisait traverser le cabinet de travail de Florestan de Saint-Remy (nous désignerons désormais le vicomte par ce nom de baptême pour le distinguer de son père). L'introduisit dans un petit salon communiquant à cette pièce, et situé immédiatement au-dessus du boudoir du rez-de-chaussée.

— M. le vicomte a été obligé de sortir ce matin, dit Boyer; si monsieur le comte veut prendre la peine de l'attendre, il ne tardera pas à rentrer.

Et le valet de chambre disparut.

Resté seul, le comte regarda autour de lui avec assez d'indifférence; mais tout à coup il fit un brusque mouvement, sa figure s'anima, ses joues s'empourprèrent, la colère contracta ses traits.

Il venait d'apercevoir le portrait de sa femme... de la mère de Florestan de Saint-Remy.

Il croisa ses bras sur sa poitrine, baissa la tête comme pour échapper à cette vision, et marcha à grands pas.

— Cela est étrange! disait-il; cette femme est morte; j'ai tué son amant, et ma blessure est aussi vive, aussi douloureuse qu'au premier jour... Ma soif de vengeance n'est pas encore éteinte, ma farouche misanthropie, en m'isolant presque absolument du monde, m'a laissé face à face avec la pensée de mon outrage. Oui, car la mort du complice de cette infâme a vengé mon outrage! mais ne l'a pas effacé de mon souvenir.

Oh ! je le sens, ce qui rend ma haine incurable, c'est de songer que pendant quinze ans j'ai été dupe; c'est que pendant quinze ans j'ai entouré d'estime, de respect, une misérable qui m'avait indignement trompé. C'est que j'ai aimé son fils, le fils de son crime, comme s'il été mon enfant ;... car l'aversion que m'inspire maintenant ce Flore ne me prouve que trop qu'il est le fruit de l'adultère !

Et pourtant je n'ai pas la certitude absolue de son illégitimité; possible enfin qu'il soit mon fils... quelquefois ce doute m'est affre

S'il était mon fils pourtant ! alors l'abandon où je l'ai laissé, l gnement que je lui ai toujours témoigné, mon refus de le jamais seraient impardonnables. Mais, après tout, il est riche, jeune, beau à quoi lui aurais-je été utile?... Oui, mais sa tendresse eût peut adouci les chagrins que m'a causés sa mère !

Après un moment de réflexion profonde, le comte reprit en hau les épaules :

Encore ces suppositions insensées, sans issue, qui ravivent toutes peines ! Soyons homme, et surmontons la stupide et pénible émotio je ressens en songeant que je vais revoir celui que, pendant dix an j'ai aimé avec la plus folle idolâtrie, que j'ai aimé comme mon fils, lui ! l'enfant de cet homme que j'ai vu tomber sous mon épée avec tant de bonheur, de cet homme dont j'ai vu couler le sang avec tant de j et ils m'ont empêché d'assister à son agonie... à sa mort !... Oh ! l savaient pas ce que c'est que d'avoir été frappé aussi cruellement je l'ai été !... Et puis, penser que mon nom, toujours respecté, hon a dû être si souvent prononcé avec insolence et dérision... comm prononce celui d'un mari trompé !... Penser que mon nom... mon dont j'ai toujours été si fier, appartient à cette heure au fils de l'ho dont j'aurais voulu arracher le cœur !... Oh ! je ne sais pas comme ne deviens pas fou quand je songe à cela !

Et M. de Saint-Remy, continuant de marcher avec agitation, sou machinalement la portière qui séparait le salon du cabinet de trava Florestan, et fit quelques pas dans cette dernière pièce.

Il avait disparu depuis un instant, lorsqu'une petite porte mas dans la tenture s'ouvrit doucement, et madame de Lucenay, envelo d'un grand châle de cachemire vert, coiffée d'un chapeau de vel noir très-simple, entra dans le salon que le comte venait de quitter un moment.

Expliquons la cause de cette apparition inattendue.

Florestan de Saint-Remy avait donné la veille rendez-vous à la chesse pour le lendemain matin. Celle-ci ayant, nous l'avons dit, clef de la petite porte de la ruelle, était, comme d'habitude, entrée la serre chaude, comptant trouver Florestan dans l'appartement du de-chaussée; ne l'y trouvant pas, elle crut (ainsi que cela était ar quelquefois) le vicomte occupé à écrire dans son cabinet... Un esc dérobé conduisait du boudoir au premier. Madame de Lucenay mo sans crainte, supposant que M. de Saint-Remy avait, comme toujo défendu sa porte.

Malheureusement, une visite assez menaçante de M. Badinot a obligé Florestan de sortir précipitamment. Il avait oublié le rendez-v de madame de Lucenay.

Celle-ci, ne voyant personne, allait entrer dans le cabinet, lorsque rideaux de la portière du salon s'écartèrent, et la duchesse se tro face à face avec le père de Florestan.

Elle ne put retenir un cri d'effroi.

— Clotilde ! s'écria le comte stupéfait.

Intimement lié au comte de Noirmont, père de madame de cenay, M. de Saint-Remy ayant connu celle-ci enfant et toute jeune l'avait autrefois ainsi familièrement appelée par son nom de baptêm

La duchesse restait immobile, contemplant avec surprise ce vieil à barbe blanche et mal vêtu, dont elle se rappelait pourtant confusém les traits.

— Vous, Clotilde ! répéta le comte avec un accent de reproche d loureux; vous... ici... chez mon fils !

Ces derniers mots fixèrent les souvenirs indécis de madame de Lu nay; elle reconnut enfin le père de Florestan, et s'écria :

— M. de Saint-Remy !

La position était tellement nette et significative, que la duchesse, d on sait d'ailleurs le caractère excentrique et résolu, dédaigna de rec rir à un mensonge pour expliquer le motif de sa présence chez Flo tan ; comptant sur l'affection toute paternelle que le comte lui avait j témoignée, elle lui tendit la main, et lui dit de cet air à la fois gracie cordial et hardi qui n'appartenait qu'à elle :

— Voyons... ne me grondez pas... vous êtes mon plus vieil ami ; s venez-vous qu'il y a vingt ans vous m'appeliez votre chère Clotilde ?

— Oui... je vous appelais ainsi... mais...

— Je sais d'avance tout ce que vous allez me dire, vous connais ma devise : « Ce qui est, est... Ce qui sera, sera... »

— Ah ! Clotilde !...

— Epargnez-moi vos reproches, laissez-moi plutôt vous parler de joie de vous revoir; votre présence me rappelle tant de choses : m pauvre père... d'abord, et puis mes quinze ans... Ah ! quinze ans, c'est beau !

— C'est parce que votre père était mon ami, que...

— Oh ! oui, reprit la duchesse en interrompant M. de Saint-Remy vous aimait tant ! Vous souvenez-vous, il vous appelait en riant l'hom aux rubans verts... Vous lui disiez toujours : Vous gâtez Clotilde... nez garde ; et il vous répondait en m'embrassant : Je le crois bien je la gâte, et il faut que je me dépêche et que je redouble, car bientôt monde me l'enlèvera pour la gâter à son tour. Excellent père ! quel ami perdu !... Une larme brilla dans les beaux yeux de madame de Lucenay ; puis, tendant la main à M. de Saint-Remy, elle lui dit d'une voix émue : Vrai, je suis heureuse, bien heureuse de vous revoir ; vous éveillez des souvenirs si précieux, si chers à mon cœur !...

Le comte, quoiqu'il connût dès longtemps ce caractère original et délibéré, restait confondu de l'aisance avec laquelle Clotilde acceptait cette position si délicate : rencontrer chez son amant le père de son amant !

— Si vous êtes à Paris depuis longtemps, reprit madame de Lucenay, il est mal à vous de ne m'être pas venu me voir plus tôt ; nous aurions tant causé du passé... car savez-vous que je commence à atteindre l'âge où l'on a un charme extrême à dire à de vieux amis : Vous souvenez-vous ? Certes, la duchesse n'eût pas parlé avec un plus tranquille nonchaloir si elle eût reçu une visite du matin à l'hôtel de Lucenay.

M. de Saint-Remy ne put s'empêcher de lui dire sévèrement :

— Au lieu de parler du passé, il serait plus à propos de parler du présent...

— Non, dit Clotilde en l'interrompant, j'ai la clef de la petite porte de la serre ; je viens chez vous, mais ce n'est pas pour mon fils... A son âge, il n'a pas ou il n'a plus besoin de mes conseils.

— Que voulez-vous dire ?

— Vous devez savoir pour quelles raisons j'ai le monde et surtout Paris en horreur, dit le comte avec une expression pénible et contrainte. Il a donc fallu des circonstances de la dernière importance pour m'obliger à quitter Angers, et surtout à venir ici... dans cette maison... Mais j'ai dû braver mes répugnances et recourir à toutes les personnes qui pouvaient m'aider ou me renseigner à propos de recherches d'un grand intérêt pour moi.

— Oh ! alors, dit madame de Lucenay avec l'empressement le plus affectueux, je vous en prie, disposez de moi, et de vous tous si cela est à quelque chose. Est-il besoin de sollicitations ? M. de Lucenay doit avoir un certain crédit, car les jours où je vais dîner chez ma grand'tante de Montbrison, il donne à manger chez moi à des députés ; on ne fait pas ça sans motifs : cet inconvénient doit être racheté par quelque avantage probablement... comme le dirait une certaine influence sur des gens qui en ont beaucoup dans ce temps-ci, dit-on. Encore une fois, si nous pouvons vous servir, regardez-nous comme à vous. Il y a encore mon jeune cousin, le petit duc de Montbrison, qui, pair lui-même, est lié avec toute la prairie. Pourrait-il aussi quelque chose ? En ce cas, je vous l'offre. En un mot, disposez de moi et des miens, vous savez si je puis me dire amie vaillante et dévouée.

— Je le sais... et je ne refuse pas votre appui... quoique pourtant...

— Voyons, mon cher Alceste, nous sommes gens du monde, agissons donc en gens du monde ; que nous soyons ici ou ailleurs, cela importe peu, je suppose, à l'affaire qui vous intéresse, et qui maintenant m'intéresse extrêmement, puisqu'elle est vôtre. Causons donc de cela, et très-à fond... je l'exige...

Ce disant, la duchesse s'approcha de la cheminée, s'y appuya, et avança vers le foyer le plus joli petit pied du monde, qui, pour le moment, était glacé.

Avec un tact parfait, madame de Lucenay saisissait l'occasion de ne plus parler du vicomte et d'entretenir M. de Saint-Remy d'un sujet auquel ce dernier attachait beaucoup d'importance.

La conduite de Clotilde eût été différente en présence de la mère de Florestan ; c'est avec bonheur, avec fierté, qu'elle lui eût longuement avoué combien il lui était cher.

Malgré son rigorisme et son âpreté, M. de Saint-Remy subit l'influence de la grâce cavalière et cordiale de cette femme qu'il avait vue et aimée tout enfant, et il oublia presque qu'il parlait à la maîtresse de son fils.

Comment, d'ailleurs, résister à la contagion de l'exemple, lorsque le héros d'une position souverainement embarrassante ne semble pas même se douter ou vouloir se douter de la difficulté de la circonstance où il se trouve ?

— Vous ignorez peut-être, Clotilde, dit le comte, que depuis très-longtemps j'habite Angers ?

— Non, je le savais.

— Malgré l'espèce d'isolement que je recherchais, j'avais choisi cette ville, parce que l'habitait un de mes parents, M. de Fermont, qui, lors de l'affreux malheur qui m'a frappé, s'est conduit pour moi comme un frère. Après m'avoir accompagné dans toutes les villes de l'Europe où j'espérais rencontrer... un homme que je voulais tuer, il m'avait servi de témoin lors d'un duel...

— Oui, un duel terrible ; mon père à tout dit autrefois, reprit tristement madame de Lucenay ; mais, heureusement, Florestan ignore ce duel... et aussi la cause qui l'a amené...

— J'ai voulu lui laisser respecter sa mère, répondit le comte en étouffant un soupir... il continua :

— Au bout de quelques années, M. de Fermont mourut à Angers, dans mes bras, laissant une fille et une femme que, malgré ma misanthropie, j'avais été obligé d'aimer, parce qu'il n'y avait rien au monde de plus pur, de plus noble que ces deux excellentes créatures. Je vivais seul dans un faubourg éloigné de la ville ; mais, quand mes accès de noire tristesse me laissaient quelque relâche, j'allais chez madame de Fermont parler avec elle et avec sa fille de celui que nous avions perdu. Comme de son vivant, je venais me retremper, me calmer dans cette douce intimité, où j'avais désormais concentré toutes mes affections. Le frère de madame de Fermont habitait Paris ; il se chargea de toutes les affaires de sa sœur lors de la mort de son mari, et plaça chez un notaire cent mille écus environ, qui composaient toute la fortune de la veuve. Au bout de quelque temps, un nouveau et affreux malheur frappa madame de Fermont : son frère, M. de Renneville, se suicida, il y a de cela environ huit mois. Je la consolai du mieux que je pus. Sa première douleur calmée, elle partit pour Paris, afin de mettre ordre à ses affaires. Au bout de quelque temps, j'appris que l'on vendait par son ordre le modeste mobilier de la maison qu'elle louait à Angers, et que cette somme avait été employée à payer quelques dettes laissées par elle. Inquiet de cette circonstance, je m'informai, et j'appris vaguement que cette malheureuse femme et sa fille se trouvaient dans la détresse, victimes sans doute d'une banqueroute. Si madame de Fermont pouvait, dans une extrémité pareille, compter sur quelqu'un, c'était sur moi... pourtant je ne reçus d'elle aucune nouvelle. Ce fut surtout en perdant cette intimité si douce que j'en reconnus toute la valeur. Vous ne pouvez vous figurer mes souffrances, mes inquiétudes depuis le départ de madame de Fermont et de sa fille... Leur père, leur mari était pour moi un frère... il me fallait donc absolument les retrouver, savoir pourquoi dans leur ruine elles ne s'adressaient pas à moi, tout pauvre que j'étais ; je partis pour venir ici, laissant à Angers une personne qui, si par hasard on apprenait quelque chose de nouveau, pourrait m'en instruire.

— Eh bien ?

— Hier encore j'ai reçu une lettre d'Anjou... on ne sait rien. En arrivant à Paris j'ai commencé mes recherches... je suis allé d'abord à l'ancien domicile du frère de madame de Fermont. Là on m'a dit qu'elle demeurait sur le quai du canal Saint-Martin.

— Et cette adresse ?

— Avait été la sienne, mais on ignorait son nouveau logement. Malheureusement, jusqu'à présent mes recherches ont été inutiles. Après mille vaines tentatives, avant de désespérer tout à fait, je me suis décidé à venir ici : peut-être madame de Fermont, qui, par un motif inexplicable, ne m'a demandé ni aide ni appui, aura eu recours à mon fils comme au fils du meilleur ami de son mari. Sans doute ce dernier espoir est bien peu fondé... mais je ne veux rien avoir négligé pour retrouver cette pauvre femme et sa fille.

Depuis quelques minutes madame de Lucenay écoutait le comte avec un redoublement d'attention ; tout à coup elle dit :

— En vérité, il serait bien singulier qu'il s'agît des mêmes personnes... auxquelles s'intéresse madame d'Harville...

— Quelles personnes ? demanda le comte.

— La veuve dont vous parlez est jeune encore, n'est-ce pas ? sa figure est très-noble ?

— Sans doute ; mais comment savez-vous...

— Sa fille, belle comme un ange, a seize ans au plus ?

— Oui... oui...

— Et elle s'appelle Claire ?

— Oh ! de grâce ! dites, où sont-elles ?

— Hélas ! je l'ignore...

— Vous l'ignorez ?

— Voici ce qui est arrivé : Une femme de ma société, madame d'Harville, est venue chez moi me demander si je ne connaissais pas une femme veuve dont la fille se nommait Claire, et dont le frère se serait suicidé ; madame d'Harville s'adressait à moi, parce qu'elle avait vu ces mots : « Écrire à madame de Lucenay, » tracés au bas d'un brouillon de lettre que cette malheureuse femme écrivait à une personne inconnue, dont elle réclamait l'appui.

— Elle voulait vous écrire... à vous, et pourquoi ?

— Je l'ignore... je ne la connais pas.

— Mais elle vous connaissait, elle ! s'écria M. de Saint-Remy, frappé d'une idée subite.

— Que dites-vous ?

— Cent fois elle m'avait entendu parler de votre père, de vous, de votre généreux et excellent cœur. Dans son infortune, elle aura songé à recourir à vous.

— En effet, cela peut s'expliquer ainsi.

— Et madame d'Harville..... comment avait-elle eu ce brouillon de lettre en sa possession ?

— Je l'ignore ; tout ce que je sais, c'est que, sans savoir encore où étaient réfugiées cette pauvre mère et sa fille, elle était, je crois, sur leurs traces.

— Alors je compte sur vous, Clotilde, pour m'introduire auprès de madame d'Harville ; il faut que je la voie aujourd'hui.

— Impossible ! Son mari vient d'être victime d'un effroyable accident ; une arme qu'il ne croyait pas chargée est partie entre ses mains ; il a été tué sur le coup.

— Ah ! c'est horrible !

— La marquise est aussitôt partie pour aller passer les premiers temps de son deuil chez son père, en Normandie.

— Clotilde, je vous en conjure, écrivez-lui aujourd'hui, demandez-lui les renseignements qu'elle possède déjà ; puisque'elle s'intéresse à ces pauvres femmes, dites-lui qu'elle n'aura pas de plus chaleureux auxiliaire que moi ; mon seul désir est de retrouver la veuve de mon ami et de partager avec elle et avec sa fille le peu que je possède. Maintenant c'est ma seule famille.

— Toujours le même, toujours généreux et dévoué ! Comptez sur moi, j'écrirai aujourd'hui même à madame d'Harville. Où adresserai-je ma réponse ?

— A Asnières, poste restante.

— Quelle bizarrerie ! pourquoi vous loger là, et pas à Paris ?

— J'exècre Paris, à cause des souvenirs qu'il me rappelle, — dit M. de Saint-Remy d'un air sombre ; — mon ancien médecin, le docteur Griffon, avec qui je suis resté en correspondance, possède une petite maison de campagne sur le bord de la Seine, près d'Asnières ; il ne l'habite pas l'hiver, il me l'a proposée ; c'était presque un faubourg de Paris ; je pouvais, après m'être livré à mes recherches, trouver là l'isolement qui me plaît... J'ai accepté.

— Je vous écrirai donc à Asnières ; je puis d'ailleurs vous donner déjà un renseignement qui pourra vous servir peut-être... et que je dois à madame d'Harville. La ruine de madame de Fermont a été causée par la friponnerie du notaire chez qui était placée toute la fortune de votre parente... Ce notaire a été son dépôt.

— Le misérable !... Et il se nomme ?

— M. Jacques Ferrand, — dit la duchesse, sans pouvoir dissimuler son envie de rire.

— Que vous êtes étrange, Clotilde ! Il n'y a rien que de sérieux, que de triste dans tout ceci, et vous riez ! — dit le comte surpris et mécontent.

En effet, madame de Lucenay, au souvenir de l'amoureuse déclaration du notaire, n'avait pu réprimer un mouvement d'hilarité.

— Pardon, mon ami, — reprit-elle ; — c'est que ce notaire est un homme fort singulier... et l'on raconte de lui des choses fort ridicules... Mais, sérieusement, si sa réputation d'honnête homme n'est pas bien méritée que sa réputation de saint homme... (et je déclare celle-ci usurpée), c'est un grand misérable !

— Et il demeure ?

— Rue du Sentier.

— Il aura ma visite... Ce que vous me dites de lui coïnciderait alors assez avec certains soupçons...

— Quels soupçons ?

— D'après quelques renseignements pris sur la mort du frère de ma pauvre amie, je serais presque tenté de croire que ce malheureux, au lieu de se suicider, a été victime d'un assassinat.

— Grand Dieu ! Et qui vous ferait supposer ?...

— Plusieurs raisons qui seraient un peu trop longues à vous dire ; je vous laisse... N'oubliez pas les offres de service que vous m'avez faites en votre nom et en celui de M. de Lucenay.

— Comment ! vous partez... sans voir Florestan ?

— Cette entrevue me serait trop pénible, vous devez le comprendre... Je le bravais dans le seul espoir de trouver ici quelques renseignements sur madame de Fermont, voulant n'avoir au moins rien négligé pour la retrouver ; maintenant, adieu...

— Ah ! vous êtes impitoyable !

— Ne savez-vous pas ?...

— Je sais que votre fils n'a jamais eu plus besoin de vos conseils...

— Comment ? N'est-il pas riche, heureux ?...

— Oui, mais il ne connaît pas les hommes. Aveuglément prodigue, parce qu'il est confiant et généreux, en tout, partout et toujours très-grand seigneur, je crains qu'on n'abuse de sa bonté. Si vous saviez ce qu'il y a de noblesse dans ce cœur ! je n'ai jamais osé le sermonner au sujet de ses dépenses et de son désordre, d'abord parce que je suis au moins aussi folle que lui, et puis... pour d'autres raisons ; mais vous, au contraire, vous pourriez...

Madame de Lucenay n'acheva pas.

Tout à coup on entendit la voix de Florestan de Saint-Remy.

Il entra précipitamment dans le cabinet voisin du salon ; après en avoir brusquement fermé la porte, il dit d'une voix altérée à quelqu'un qui l'accompagnait :

— Mais c'est impossible !...

— Je vous répète, — répondit la voix claire et perçante de M. Badinot, — je vous répète que, sans cela, avant quatre heures vous serez arrêté... Car s'il n'a pas l'argent tantôt, notre homme va déposer plainte au parquet du procureur du roi, et vous savez ce que vaut faux comme celui-là : les galères, mon pauvre vicomte !...

CHAPITRE VIII.

L'entretien.

Il est impossible de peindre le regard qu'échangèrent madame de Lucenay et le père de Florestan en entendant ces terribles paroles : Il va pour vous... des galères ! — Le comte devint livide ; il s'appuya au dossier d'un fauteuil, ses genoux se dérobaient sous lui.

Son nom vénérable et respecté... son nom déshonoré par un homme qu'il accusait d'être le fruit de l'adultère !

Ce premier abattement passé, les traits courroucés du vieillard, geste menaçant qu'il fit en s'avançant vers le cabinet, révélèrent une résolution si effrayante, que madame de Lucenay lui saisit la main, l'arrêta, et lui dit à voix basse, avec l'accent de la plus profonde conviction :

— Il est innocent... je vous le jure !... Écoutez en silence...

Le comte s'arrêta. Il voulait croire ce que lui disait la duchesse. Celle-ci était en effet persuadée de la loyauté de Florestan.

Pour obtenir de nouveaux sacrifices de cette femme si aveuglément généreuse, sacrifices qui avaient pu seuls le mettre à l'abri d'une première et des poursuites de Jacques Ferrand, le vicomte avait affirmé à madame de Lucenay que, dupe d'un misérable dont il avait reçu payement une traite fausse, il risquait d'être regardé comme complice du faussaire, ayant lui-même mis cette traite en circulation.

Madame de Lucenay savait le vicomte imprudent, prodigue, désordonné ; mais jamais elle ne l'aurait un moment supposé capable, non pas d'une bassesse ou d'une infamie, mais seulement de la plus légère indélicatesse.

En lui prêtant par deux fois des sommes considérables dans des circonstances très-difficiles, elle avait voulu lui rendre un service d'amie, le vicomte n'acceptant jamais ces avances qu'à la condition expresse de les rembourser ; car on lui devait, disait-il, plus du double de ces sommes.

Son luxe apparent permettait de le croire. D'ailleurs madame de Lucenay, cédant à l'impulsion de sa bonté naturelle, n'avait songé qu'à être utile à Florestan, et nullement à s'assurer s'il pouvait s'acquitter envers elle. Il l'affirmait, elle n'en doutait pas ; eût-il accepté sans cela des prêts aussi importants ? En répondant de l'honneur de Florestan, en suppliant le vieux comte d'écouter la conversation de son fils, la duchesse pensait qu'il n'allait être question que de l'abus de confiance dont le vicomte se prétendait victime, et qu'il serait ainsi complètement innocenté aux yeux de son père.

— Encore une fois, reprit Florestan d'une voix altérée, ce Petit-Jean est un infâme ; il m'avait assuré n'avoir pas d'autres traites que celles que j'ai retirées de ses mains hier et il y a trois jours... Je croyais celle-ci en circulation, elle n'était payable que dans trois mois à Londres, chez Adams et Compagnie.

— Oui, oui, dit la voix mordante de Badinot, je sais, mon cher vicomte, que vous aviez adroitement combiné votre affaire ; vos faux ne devaient être découverts que lorsque vous seriez déjà loin... Mais on a voulu vous attraper plus que vous.

— Eh ! il est bien temps maintenant de me dire cela, malheureux que vous êtes... s'écria Florestan furieux ; c'est-à-dire pas vous qui m'avez mis en rapport avec celui qui m'a négocié ces traites !

— Voyons, mon cher aristocrate, répondit froidement Badinot, du calme !... Vous contrefaites habilement les signatures de commerce ; c'est à merveille, mais ce n'est pas une raison pour traiter vos auxiliaires avec une familiarité désagréable. Si vous vous emportez encore... vous laisse, arrangez-vous comme vous voudrez...

— Et croyez-vous qu'on puisse conserver son sang-froid dans ma position pareille ?... Si ce que vous me dites est vrai, si cette plainte doit être déposée aujourd'hui au parquet du procureur du roi, je suis perdu...

— C'est justement que je vous dis, à moins que... vous n'ayez encore recours à votre charmante Providence aux yeux bleus...

— C'est impossible.

— Alors, résignez-vous. C'est dommage, c'était la dernière traite... et pour vingt-cinq mauvais mille francs... aller prendre l'air du Midi à Toulon... C'est absurde, c'est bête ! comment un habile homme comme vous peut-il se laisser acculer ainsi ?

— Mon Dieu, que faire ? que faire ?... rien de ce qui est ici ne m'appartient plus, je n'ai pas vingt louis à moi.

— Vos amis ?

— Eh ! je dois à tous ceux qui pourraient me prêter ; me croyez-vous assez sot pour avoir attendu jusqu'à aujourd'hui pour m'adresser à eux ?

— C'est vrai ; pardon... tenez, causons tranquillement, c'est le meilleur moyen d'arriver à une solution raisonnable. Tout à l'heure je voulais vous expliquer comment vous vous étiez attaqué à plus fin que vous. Vous ne m'avez pas écouté.

— Allons, parlez, si cela peut être bon à quelque chose.

— Récapitulons : vous m'avez dit, il y a deux mois : « J'ai pour cent treize mille francs de traites sur différentes maisons de banque à longues échéances ; mon cher Badinot, trouvez moyen de me les négocier... »

— Eh bien !... ensuite ?...

— Attendez... je vous ai demandé à voir ces valeurs... Un certain je ne sais quoi m'a dit que ces traites étaient fausses, quoique parfaitement imitées. Je ne vous soupçonnais pas, il est vrai, un talent calligraphique aussi avancé ; mais, m'occupant du soin de votre fortune depuis que vous n'aviez plus de fortune, je vous savais complétement ruiné. J'avais fait passer l'acte par lequel vos chevaux, vos voitures, le mobilier de cet hôtel, appartenaient à Boyer et à Edwards... Il n'était donc pas indiscret à moi de m'étonner de vous voir possesseur de valeurs de commerce si considérables, hein ?

— Faites-moi grâce de vos étonnements, arrivons au fait.

— M'y voici... J'ai assez d'expérience ou de timidité... pour ne pas me soucier de me mêler directement d'affaires de cette sorte ; je vous adressai donc à un tiers qui, non moins clairvoyant que moi, soupçonna le mauvais tour que vous vouliez lui jouer.

— C'est impossible, il n'aurait pas escompté ces valeurs s'il les avait crues fausses.

— Combien vous a-t-il donné d'argent comptant, pour ces 113,000 francs ?

— Vingt-cinq mille francs comptant, et le reste en créances à recouvrer...

— Et qu'avez-vous retiré de ces créances ?...

— Rien, vous le savez bien ; elles étaient illusoires... mais il aventurait toujours 25,000 francs.

— Que vous êtes jeune, mon cher vicomte ! Ayant à recevoir de vous ma commission de cent louis si l'affaire se faisait, je m'étais bien gardé de dire au tiers l'état réel de vos affaires... Il vous croyait encore à votre aise, et il vous savait surtout très-adoré d'une grande dame puissamment riche qui ne vous laisserait jamais dans l'embarras ; il était donc à peu près sûr de rentrer au moins dans ses fonds, par transaction ; il risquait sans doute de perdre, mais il risquait aussi de gagner beaucoup, et son calcul était bon ; car, l'autre jour, vous lui avez déjà compté bel et bien 100,000 francs, pour retirer la fausse traite de 58,000 francs, et hier 30,000 pour la seconde... Pour celle-ci, il s'est contenté, il est vrai, du remboursement intégral. Comment vous êtes-vous procuré ces 30,000 francs d'hier ? que le diable m'emporte si je le sais ! car vous êtes un homme unique...Vous voyez donc bien qu'en fin de compte, si Petit-Jean vous force à payer la dernière traite de 25,000 francs, il aura reçu de vous 155,000 pour 25,000 qu'il vous aura comptés ; or, j'avais raison de dire que vous vous étiez joué à plus fin que vous.

— Mais pourquoi m'a-t-il dit que cette dernière traite, qu'il présente aujourd'hui, était négociée ?

— Pour ne pas vous effrayer ; il vous avait dit aussi qu'excepté celle de 58,000 francs, les autres étaient en circulation ; une fois la première payée, hier est venue la seconde, et aujourd'hui la troisième.

— Le misérable !...

— Ecoutez donc, chacun pour soi, chacun chez soi, comme dit un célèbre jurisconsulte dont j'admire beaucoup la maxime. Mais causons de sang-froid : ceci vous prouve que le Petit-Jean (et entre nous je ne serais pas étonné que, malgré sa sainte renommée, le Jacques Ferrand ne fût de moitié dans ces spéculations), ceci vous prouve, dis-je, que le Petit-Jean, alléché par ses premiers payements, spécule sur cette dernière traite, comme il a spéculé sur les autres, bien certain que vos amis ne vous laisseront pas traduire en cour d'assises. C'est à vous de voir si ces amitiés ne sont pas exploitées, pressurées jusqu'à l'écorce, et s'il ne reste pas encore quelques gouttes d'or à en exprimer ; car si dans trois heures vous n'avez pas les 25,000 francs, mon noble vicomte, vous êtes coffré.

— Quand vous me répéterez cela sans cesse...

— A force de m'entendre vous consentirez peut-être à essayer de tirer une dernière plume de l'aile de cette généreuse duchesse.

— Je vous répète qu'il n'y faut pas songer... En trois heures trouver encore 25,000 francs, après les sacrifices qu'elle a déjà faits, ce serait folle que de l'espérer.

— Pour vous plaire, heureux mortel, on tente l'impossible...

— Eh ! elle l'a déjà tenté, l'impossible... c'était d'emprunter 100,000 francs à son mari et de réussir ; mais ce sont de ces phénomènes qui ne se reproduisent pas deux fois. Voyons, mon cher Badinot, jusqu'ici vous n'avez pas eu à vous plaindre de moi... je suis toujours généreux, tâchez d'obtenir quelque sursis de ce misérable Petit-Jean. Vous le savez, je trouve toujours moyen de récompenser qui me sert ; une fois cette dernière affaire assoupie, je prends un nouvel essor... vous serez content de moi.

— Petit-Jean est aussi inflexible que vous êtes peu raisonnable.

— Moi !...

— Tâchez seulement d'intéresser encore votre généreuse amie à vo-

tre funeste sort... Que diable ! dites-lui nettement ce qu'il en est ; non plus, comme déjà, que vous avez été dupe de faussaires, mais que vous êtes faussaire vous-même.

— Jamais je ne lui ferai un tel aveu, ce serait une honte sans avantage.

— Aimez-vous mieux qu'elle apprenne demain la chose par la *Gazette des Tribunaux* ?

— J'ai trois heures devant moi, je puis fuir.

— Et où irez-vous sans argent ? Jugez donc, au contraire : ce dernier faux retiré, vous vous trouverez dans une position superbe, vous n'aurez plus que des dettes. Voyons, promettez-moi de parler encore à la duchesse. Vous êtes si roué ! vous saurez vous rendre intéressant malgré vos erreurs ; au pis-aller on vous estimera peut-être un peu moins ou plus du tout, mais on vous tirera d'affaire. Voyons, promettez-moi de voir votre belle amie ; je cours chez Petit-Jean, je me fais fort d'obtenir une heure ou deux de sursis.

— Enfer ! il faut boire la honte jusqu'à la lie !

— Allons ! bonne chance, soyez tendre, passionné, charmant ; je cours chez Petit-Jean, vous m'y trouverez jusqu'à trois heures... plus tard il ne serait plus temps... le parquet du procureur du roi n'est ouvert que jusqu'à quatre heures...

Et M. Badinot sortit.

Lorsque la porte fut fermée, on entendit Florestan s'écrier avec un profond désespoir :

— Mon Dieu ! mon Dieu ! mon Dieu !

Pendant cet entretien, qui dévoilait au comte l'infamie de son fils, et à madame de Lucenay l'infamie de l'homme qu'elle avait aveuglément aimé, tous deux étaient restés immobiles, respirant à peine, sous cette épouvantable révélation.

Il serait impossible de rendre l'éloquence muette de la scène douloureuse qui se passa entre cette jeune femme et le comte lorsqu'il n'y eut plus de doute possible sur le crime de Florestan. Etendant le bras vers la pièce où se trouvait son fils, le vieillard sourit avec une ironie amère, jetant un regard écrasant sur madame de Lucenay, et sembla lui dire :

— Voilà celui pour lequel vous avez bravé toutes les hontes, consommé tous les sacrifices ! voilà celui que vous me reprochiez d'avoir abandonné !...

La duchesse comprit le reproche ; un moment elle baissa la tête sous le poids de sa honte.

La leçon était terrible...

Puis, peu à peu, à l'anxiété cruelle qui avait contracté les traits de madame de Lucenay, succéda une sorte d'indignation hautaine. Les fautes inexcusables de cette femme étaient au moins palliées par la loyauté de son amour, par la hardiesse de son dévouement, par la grandeur de sa générosité, par la franchise de son caractère, et par son inexorable aversion pour tout ce qui était bas ou lâche.

Encore trop jeune, trop belle, trop recherchée, pour éprouver l'humiliation d'avoir été exploitée, une fois le prestige de l'amour subitement évanoui chez elle, cette femme altière et décidée ne ressentit ni haine ni colère ; instantanément, sans transition aucune, un dégoût mortel, un dédain glacial, tua son affection jusqu'alors si vivace ; ce ne fut plus une maîtresse indignement trompée par son amant, ce fut une femme de bonne compagnie découvrant qu'un homme de sa société était un escroc et un faussaire, et le chassant de chez elle.

En supposant même que quelques circonstances eussent pu atténuer l'ignominie de Florestan, madame de Lucenay ne les aurait pas admises ; selon elle, l'homme qui franchissait certaines limites d'honneur, soit par vice, entraînement ou faiblesse, n'existait plus à ses yeux ; l'honorabilité étant pour elle une question d'être ou de non-être.

Le seul ressentiment douloureux qu'éprouva la duchesse fut excité par l'effet terrible que cette révélation inattendue produisait sur le comte, son vieil ami.

Depuis quelques moments il semblait ne pas voir, ne pas entendre ; ses yeux étaient fixes, sa tête baissée, ses bras pendants, sa pâleur livide ; de temps à autre un soupir convulsif soulevait sa poitrine.

Chez un homme aussi résolu qu'énergique, un tel abattement était plus effrayant que les transports de la colère.

Madame de Lucenay le regardait avec inquiétude.

— Courage, mon ami, lui dit-elle à voix basse. Pour vous... pour moi... pour cet homme.. je sais ce qu'il me reste à faire...

Le vieillard la regarda fixément ; puis, comme s'il eût été arraché à sa stupeur par une commotion violente, il redressa la tête, ses traits devinrent menaçants, et, oubliant que son fils pouvait l'entendre, il s'écria :

— Et moi aussi, pour vous, pour moi, pour cet homme, je sais ce qu'il me reste à faire...

— Qui est donc là ? demanda Florestan surpris.

Madame de Lucenay, craignant de se trouver avec le vicomte, disparut par la petite porte et descendit par l'escalier dérobé.

Florestan ayant encore demandé qui était là, et ne recevant pas de réponse, entra dans le salon. Il s'y trouva seul avec le comte.

La longue barbe du vieillard le changeait tellement, il était si pauvrement vêtu, que son fils, qui ne l'avait pas vu depuis plusieurs années, ne le reconnaissant pas d'abord, s'avança vers lui d'un air menaçant.

— Que faites-vous là ?... Qui êtes-vous ?

— Je suis le mari de cette femme ! répondit le comte en montrant le portrait de madame de Saint-Remy.

— Mon père ! s'écria Florestan en reculant avec frayeur ; et il se rappela les traits du comte, depuis longtemps oubliés.

Debout, formidable, le regard irrité, le front empourpré par la colère, ses cheveux blancs rejetés en arrière, ses bras croisés sur sa poitrine, le comte dominait, écrasait son fils, qui, la tête baissée, n'osait lever les yeux sur lui.

Pourtant M. de Saint-Remy, par un secret motif, fit un violent effort pour rester calme et pour dissimuler ses terribles ressentiments.

— Mon père ! reprit Florestan d'une voix altérée, vous étiez là ?...
— J'étais là...
— Vous avez entendu ?...
— Tout.
— Ah ! s'écria douloureusement le vicomte en cachant son visage dans ses mains.

Il y eut un moment de silence.

Florestan, d'abord aussi étonné que chagrin de l'apparition inattendue de son père, songea bientôt, en homme de ressources, au parti qu'il pourrait tirer de cet incident.

— Tout n'est pas perdu, se dit-il. La présence de mon père est un coup du sort. Il sait tout, il ne voudra pas laisser flétrir son nom ; il n'est pas riche, mais il doit toujours posséder plus de 25,000 fr. Jouons serré... De l'adresse, de l'entrain, de l'émotion... je laisse reposer la duchesse et je suis sauvé !

Puis, donnant à ses traits charmants une expression de douloureux abattement, mouillant son regard des larmes du repentir, prenant sa voix la plus vibrante, son accent le plus pathétique, il s'écria en joignant les mains avec un geste désespéré :

— Ah ! mon père... je suis bien malheureux !... Après tant d'années... vous revoir... et dans un tel moment !... Je dois vous paraître si coupable ! Mais daignez m'écouter, je vous en supplie; permettez-moi, non de me justifier, mais de vous expliquer ma conduite... Le voulez-vous, mon père ?...

M. de Saint-Remy ne répondit pas un mot ; ses traits restèrent impassibles ; il s'assit dans un fauteuil, où il s'accouda, et là, le menton appuyé sur la paume de sa main, il contempla le vicomte en silence.

Si Florestan eût connu les motifs qui remplissaient l'âme de son père de haine, de fureur et de vengeance, épouvanté du calme apparent du comte, il n'eût pas sans doute essayé de le duper, ni plus ni moins qu'un bonhomme Géronte.

Mais ignorant les funestes soupçons qui pesaient sur la légitimité de sa naissance, mais ignorant la faute de sa mère, Florestan ne douta pas du succès de sa piperie, croyant n'avoir qu'à attendrir un père qui, à la fois très-misanthrope et très-fier de son nom, serait capable, plutôt que de le laisser déshonorer, de se décider aux derniers sacrifices.

— Mon père, reprit timidement Florestan, me permettez-vous de tâcher, non de me disculper, mais de vous dire par suite de quels entraînements involontaires... je suis arrivé, presque malgré moi, jusqu'à des actions... infâmes... je l'avoue.

Le vicomte prit le silence de son père pour un consentement tacite et continua :

— Lorsque j'eus le malheur de perdre ma mère... ma pauvre mère qui m'avait tant aimé... je n'avais pas vingt ans... Je me trouvai seul... sans conseil... sans appui... Maître d'une fortune considérable... habitué au luxe dès mon enfance... je m'en étais fait une habitude... un besoin. Ignorant combien il est difficile de gagner de l'argent, je le prodiguais sans mesure... Malheureusement, je dis malheureusement, parce que cela m'a perdu, mes dépenses, toutes folles qu'elles étaient, furent remarquables par leur élégance... A force de goût, j'éclipsai les gens dix fois plus riches que moi. Ce premier succès m'enivra, je devins homme de luxe comme on devient homme de guerre, homme d'État ; oui, j'aimai le luxe, non par ostentation vulgaire, mais je l'aimai comme le peintre aime la peinture, comme le poète aime la poésie ; comme tout artiste, j'étais jaloux de mon œuvre... et mon œuvre, à moi, c'était mon luxe. Je sacrifiai tout à sa perfection... Je le voulus beau, grand, complet, splendidement harmonieux en toutes choses... depuis mon écurie jusqu'à ma table, depuis mon habit jusqu'à ma maison... Je voulus que ma vie fût comme un enseignement de goût et d'élégance. Comme un artiste enfin, j'étais à la fois avide des applaudissements de la foule et de l'admiration des gens d'élite ; ce succès si rare, je l'obtins...

En parlant ainsi, les traits de Florestan perdaient peu à peu leur expression hypocrite, ses yeux brillaient d'une sorte d'enthousiasme. Il disait vrai ; il avait été d'abord séduit par cette manière assez peu commune de comprendre le luxe.

Le vicomte interrogea du regard la physionomie de son père ; elle lui parut s'adoucir un peu.

Il reprit avec une exaltation croissante :

— Oracle et régulateur de la mode, mon blâme ou ma louange faisaient loi ; j'étais cité, copié, vanté, admiré, et cela par la meilleure compagnie de Paris, c'est-à-dire de l'Europe, du monde... Les femmes partagèrent l'engouement général, les plus charmantes se disputaient le plaisir de venir à quelques fêtes très-restreintes que je donnais, et partout et toujours on s'extasiait sur l'élégance incomparable, sur le goût exquis de ces fêtes... que les millionnaires ne pouvaient ni égaler ni éclipser ;

enfin, je fus ce que l'on appelle le roi de la mode... Ce mot vous tout, mon père, si vous le comprenez.

— Je le comprends... et je suis sûr qu'au bagne vous invente quelque élégance raffinée dans la manière de porter votre chaîne... deviendrait à la mode dans la chiourme et s'appellerait... à la S Remy, dit le vieillard avec une sanglante ironie... Puis il ajouta Saint-Remy... c'est mon nom !...

Et il se tut, restant toujours accoudé, toujours le menton dans paume de sa main.

Il fallut à Florestan beaucoup d'empire sur lui-même pour cache blessure que lui fit ce sarcasme acéré.

Il reprit d'un ton plus humble:

— Hélas ! mon père, ce n'est pas par orgueil que j'évoque le sou nir de ces succès... car, je vous le répète, ces succès m'a perdu... cherché, envié, flatté, adulé, non par des parasites intéressés, mais des gens dont la position dépassait de beaucoup la mienne, et n quels j'avais seulement l'avantage que donne l'élégance... qui est luxe ce que le goût est aux arts... la tête me tourna. Je ne cale plus : ma fortune devait être dissipée en quelques années, peu m'im fait. Pouvais-je renoncer à cette vie fiévreuse, éblouissante, dans laqu les plaisirs succédaient aux plaisirs, les jouissances aux jouissances, fêtes aux fêtes, les ivresses de toutes sortes aux enchantements toutes sortes ?... Oh ! si vous saviez, mon père, ce que c'est que d' partout signalé comme le héros du jour... d'entendre le murmure accueille votre entrée dans un salon... d'entendre les femmes se di C'est lui !... le voilà !... Oh ! si vous saviez...

— Je sais, dit le vieillard en interrompant son fils et sans chan d'attitude, je sais... Oui, l'autre jour, sur une place publique, il y a foule ; tout à coup on entendit un murmure... pareil à celui qui v accueille quand vous entrez quelque part, puis les regards des fem surtout se fixèrent sur un très-beau garçon... toujours comme il fixent sur vous... et elles se le montraient les unes aux autres en se sant : C'est lui ; le voilà... toujours comme s'il s'était agi de vous...

— Mais cet homme, mon père ?
— Était un faussaire que l'on mettait au carcan.

— Ah ! s'écria Florestan avec une rage concentrée; puis, feign une affliction profonde, il ajouta : Mon père, vous êtes sans pitié... voulez-vous que je vous dise pourtant ? je ne cherche pas à nier l torts... je veux seulement vous expliquer l'entraînement fatal qui l causés. Eh bien ! oui, dussiez-vous encore m'accabler de sanglants casmes, je tâcherai d'aller jusqu'au bout de cette confession, je tâche de vous faire comprendre cette exaltation fiévreuse qui m'a per parce qu'alors peut-être vous me plaindrez... Oui, car on aurait un fo et j'étais fou... Fermant les yeux, je m'abandonnais à l'étincelant to billon dans lequel j'entraînais avec moi les femmes les plus charman les hommes les plus aimables. M'arrêter, le pouvais-je ? Autant dire poète qui s'épuise, et dont le génie dévore la santé : Arrêtez-vous milieu de l'inspiration qui vous emporte !... Non, je ne pouvais p moi !... moi !... abdiquer cette royauté que j'exerçais, et rent honteux, ruiné, moqué, dans la plèbe inconnue ; donner ce triomph mes envieux que j'avais jusqu'alors défiés, dominés, écrasés !... N je ne le pouvais pas !... volontairement du moins. Vint le jour fa où pour la première fois l'argent m'a manqué. Je fus surpris comm ce moment n'avait jamais dû arriver. Cependant j'avais encore à t mes chevaux, mes voitures, le mobilier de cette maison... Mes det payées, il me serait resté 60,000 francs... peut-être... Qu'aurais-je de cette misère ? Alors, mon père, je fis le premier pas dans une v infâme... j'étais encore honnête, je n'avais dépensé que ce qui m'a partenait ; mais alors je commençai à faire des dettes que je ne pouv pas payer ; je vendis tout ce que je possédais à deux de mes gens, à m'acquitter envers eux, et de pouvoir, pendant six mois encore, m gré mes créanciers, jouir du luxe qui m'enivrait... Pour subvenir à besoins de jeu et de folles dépenses, j'empruntai d'abord à des ju puis, pour payer les juifs, à mes amis, et, pour payer mes amis, à maîtresses. Ces ressources épuisées, il y eut un nouveau temps d' dans ma vie... D'honnête homme j'étais devenu chevalier d'industri mais je n'étais pas encore criminel... Cependant j'hésitai... je vou prendre une résolution violente... j'avais prouvé dans plusieurs du que je ne craignais pas la mort... je voulus me tuer !...

— Ah bah !... vraiment ? dit le comte avec une ironie farouche.
— Vous ne me croyez pas, mon père ?
— C'était bien tôt ou bien tard ! ajouta le vieillard toujours imp sible et dans une même attitude.

Florestan, pensant avoir ému son père en lui parlant de son pro de suicide, crut nécessaire de remonter la scène par un coup de théât

Il ouvrit un meuble, y prit un petit flacon de cristal verdâtre, et au comte en le posant sur la table :

— Un charlatan italien m'a vendu ce poison...
— Et... il était pour vous... ce poison ? dit le vieillard toujours a coudé ?

Florestan comprit la portée des paroles de son père.

Ses traits exprimèrent cette fois une indignation réelle, car il dis vrai.

Un jour, il avait eu la fantaisie de se tuer : fantaisie éphémère ! I gens de sa sorte sont trop lâches pour se résoudre froidement et sa témoins à la mort qu'ils affrontent par point d'honneur dans un duel.

Il s'écria donc avec l'accent de la vérité :

— Je suis tombé bien bas... mais du moins pas jusque-là, mon père ! C'était pour moi que je réservais ce poison !

— Et vous avez eu peur ? fit le comte sans changer de position.

— Je l'avoue, j'ai reculé devant cette extrémité terrible ; rien n'était encore désespéré : les personnes auxquelles je devais étaient riches et pouvaient attendre... A mon âge, avec mes relations, j'espérai un moment, sinon refaire ma fortune, du moins m'assurer une position honorable, indépendante, qui m'en eût tenu lieu... Plusieurs de mes amis, peut-être moins bien doués que moi, avaient fait un chemin rapide dans la diplomatie. J'eus une velléité d'ambition... Je n'eus qu'à vouloir, et je fus attaché à la légation de Gérolstein... Malheureusement, quelques jours après cette nomination, une dette de jeu contractée envers un homme de je haïssais mit dans un cruel embarras... J'avais épuisé mes dernières ressources... Une idée fatale me vint. Me croyant certain de l'impunité, je commis une action infâme... Vous le voyez... mon père... je ne vous ai rien caché... j'avoue l'ignominie de ma conduite, je ne cherche à l'atténuer en rien... Deux partis me restent à prendre, et je suis également décidé à tous deux... Le premier est de me tuer... et de laisser votre nom déshonoré, car si je ne paye pas aujourd'hui même 25,000 francs, la plainte est déposée, l'éclat a lieu, et, mort ou vivant, je suis flétri. Le second moyen est de me jeter dans vos bras, mon père... de vous dire : Sauvez votre fils, sauvez votre nom de l'infamie... et je vous jure de partir demain pour l'Afrique, de m'y engager soldat et d'y trouver la mort ou de vous revenir un jour vaillamment réhabilité... Ce que je vous dis là, mon père, voyez-vous, est vrai... En présence de l'extrémité qui m'accable, je n'ai pas d'autre parti... Décidez... ou je mourrai couvert de honte, ou, grâce à vous... je vivrai pour réparer ma faute... Ce ne sont pas là des menaces et des paroles de jeune homme, mon père... J'ai vingt-cinq ans, je porte votre nom, j'ai assez de courage ou pour me tuer... ou pour me faire soldat, car je ne veux pas aller au bagne...

Le comte se leva.

— Je ne veux pas que mon nom soit déshonoré, dit-il froidement à Florestan.

— Ah ! mon père !... mon sauveur, s'écria chaleureusement le vicomte ; et il allait se précipiter dans les bras de son père, lorsque celui-ci, d'un geste glacial, calma cet entraînement.

— On vous attend jusqu'à trois heures... chez cet homme qui a le faux ?

— Oui, mon père... et il est deux heures.

— Passons dans votre cabinet... donnez-moi de quoi écrire.

— Voici, mon père.

Le comte s'assit devant le bureau de Florestan, et écrivit d'une main ferme :

« Je m'engage à payer ce soir à dix heures les vingt-cinq mille francs que doit mon fils.

« Comte DE SAINT-RÉMY. »

— Votre créancier ne veut que de l'argent ; malgré ses menaces, cet engagement de moi ne fera consentir à un nouveau délai ; il ira chez M. Dupont, banquier, rue de Richelieu, n° 7, qui lui répondra de la valeur de cet acte.

— O mon père !... comment jamais...

— Vous m'attendrez ce soir... à dix heures, je vous apporterai l'argent... De votre créancier se trouvera ici...

— Oui, mon père ; et après-demain je pars pour l'Afrique... Vous verrez si je suis ingrat !... Alors, peut-être, lorsque je serai réhabilité, vous accepterez mes remerciements...

— Vous ne me devez rien ; j'ai dit que mon nom ne serait pas déshonoré davantage ; il ne le sera pas, dit simplement M. de Saint-Rémy en prenant sa canne qu'il avait déposée sur le bureau ; et il se dirigea vers la porte.

— Mon père, votre main, au moins ! reprit Florestan d'un ton suppliant.

— Ici, ce soir, à dix heures, dit le comte en refusant sa main.

Et il sortit.

— Sauvé !... s'écria Florestan radieux. Sauvé ! Puis il reprit, après un moment de réflexion : Sauvé, à peu près... N'importe ! c'est toujours cela... Peut-être ce soir lui avouerai-je l'*autre chose*. Il est en train... il ne voudra pas s'arrêter en si beau chemin, et que son premier sacrifice reste inutile faute d'un second... Et encore, pourquoi lui dire ?... Qui saura jamais ?... Au fait, si rien ne se découvre, je garderai l'argent qu'il me donnera pour éteindre cette dernière dette... J'ai eu de la peine à l'émouvoir, ce diable d'homme !!! L'amertume de ses sarcasmes m'avait fait douter de sa bonne résolution ; mais ma menace de suicide, la crainte de voir son nom flétri, l'ont décidé ; c'était bien là qu'il fallait frapper. Il est sans doute beaucoup moins pauvre qu'il n'affecte de l'être... Il possède une centaine de mille francs, il a dû faire des économies en vivant comme il vit... Encore une fois, sa venue est un coup du sort... Il a l'air sauvage, mais au fond je le crois bon homme .. Courons chez cet huissier !

Il sonna. M. Boyer parut.

— Comment ne m'avez vous pas averti que mon père était ici ? vous êtes d'une négligence...

— Par deux fois j'ai voulu adresser la parole à monsieur le vicomte, qui rentrait avec M. Badinot par le jardin ; mais monsieur le vicomte, probablement préoccupé de son entretien avec M. Badinot, m'a fait signe de la main de ne pas l'interrompre... Je ne me suis pas permis d'insister... Je serais désolé que monsieur le vicomte pût me croire coupable de négligence...

— C'est bien... Dites à Edwards de me faire tout de suite atteler *Orion*, non, *Plover* au cabriolet.

M. Boyer s'inclina respectueusement.

Au moment où il allait sortir, on frappa.

M. Boyer regarda le vicomte d'un air interrogatif.

— Entrez ! dit Florestan.

Un second valet de chambre parut, tenant à la main un petit plateau de vermeil.

M. Boyer s'empara du plateau avec une sorte de jalouse prévenance, de respectueux empressement, et vint le présenter au vicomte.

Celui-ci y prit une assez volumineuse enveloppe scellée d'un cachet de cire noire.

Les deux serviteurs se retirèrent discrètement.

Florestan ouvrit l'enveloppe. Elle contenait vingt-cinq mille francs en bons du Trésor... sans autre avis.

— Décidément, s'écria-t-il avec joie, la journée est bonne... Sauvé ! cette fois, et pour le coup complètement sauvé... je cours chez le joaillier... et encore... se dit-il, peut-être... Non, attendons, on ne peut avoir aucun soupçon sur moi... Vingt-cinq mille francs sont bons à garder... Pardieu ! je suis bien sot de jamais douter de mon étoile... au moment où elle semble obscurcie, ne reparaît-elle pas plus brillante encore ?... Mais d'où vient cet argent ? l'écriture de l'adresse m'est inconnue... voyons le cachet... le chiffre... Mon dieu ! oui... je ne me trompe pas... un N et un L... c'est Clotilde !... Comment a-t-elle su ?... Et pas un mot... c'est bizarre ! Quel à-propos !... Ah ! mon Dieu ! j'y songe.. je lui avais donné rendez-vous ce matin... Ces menaces de Badinot m'ont bouleversé... J'ai oublié Clotilde... après m'avoir attendu au rez-de-chaussée, elle s'en sera allée ?... Sans doute, cet envoi est un moyen délicat de me faire entendre qu'elle craint de ne voir oubliée pour des embarras d'argent. Oui, c'est un reproche indirect de ne m'être pas adressé à elle comme toujours... Bonne Clotilde ! toujours la même !... généreuse comme une reine ! Quel dommage d'en être venu là avec elle... encore si jolie ! Quelquefois j'en ai regret... mais je ne me suis adressé à elle qu'à la dernière extrémité... J'y ai été forcé.

— Le cabriolet de monsieur le vicomte est avancé, vint dire M. Boyer.

— Qui a apporté cette lettre ? lui demanda Florestan.

— Je l'ignore, monsieur le vicomte.

— Au fait, je le demanderai en bas.

— Mais dites-moi, il n'y a personne au rez-de-chaussée ? ajouta le vicomte en regardant Boyer d'un air significatif.

— Il n'y a personne, monsieur le vicomte.

— Je ne m'étais pas trompé, pensa Florestan, Clotilde m'a attendu et s'en est allée.

— Si monsieur le vicomte voulait avoir la bonté de m'accorder deux minutes, dit Boyer.

— Dites, et dépêchez-vous.

— Edwards et moi nous avons appris que M. le duc de Montbrison désirait monter sa maison ; si monsieur le vicomte voulait être assez bon pour lui proposer la sienne toute meublée, ainsi que son écurie toute montée... ce serait pour moi et pour Edwards une très-bonne occasion de nous défaire de tout, et pour monsieur le vicomte peut-être une bonne occasion de motiver cette vente.

— Mais vous avez pardieu raison, Boyer... pour moi-même, je préfère cela... Je verrai Montbrison, je lui parlerai. Quelles sont vos conditions ?

— Monsieur le vicomte comprend bien... que nous devons tâcher de profiter le plus possible de sa générosité.

— Et gagner sur votre marché ; rien de plus simple ! Voyons... le prix ?

— Le tout, deux cent soixante mille francs... monsieur le vicomte.

— Vous gagnez là-dessus, vous et Edwards ?...

— Environ quarante mille francs, monsieur le vicomte...

— C'est joli ! Du reste, tant mieux ; car, après tout, je suis content de vous... et si j'avais eu un testament à faire, je vous aurais laissé cette somme, à vous et à Edwards.

Et le vicomte sortit pour se rendre d'abord chez son créancier, puis chez madame de Lucenay, qu'il ne soupçonnait pas d'avoir assisté à son entretien avec Badinot.

CHAPITRE IX.

La perquisition.

L'hôtel de Lucenay était une de ces royales habitations du faubourg Saint-Germain que le *terrain perdu* rendait si grandioses : une maison moderne tiendrait à l'aise dans la cage de l'escalier d'un de ces palais, et on bâtirait un quartier tout entier sur l'emplacement qu'ils occupent.

Vers les neuf heures du soir de ce même jour, les deux battants de l'énorme porte de cet hôtel s'ouvrirent devant un étincelant coupé qui, après avoir décrit une courbe savante dans la cour immense, s'arrêta devant un large perron abrité qui conduisait à une première antichambre.

Pendant que le piétinement de deux chevaux ardents et vigoureux retentissait sur le pavé sonore, un gigantesque valet de pied ouvrit la portière armoriée ; un jeune homme descendit lestement de cette brillante voiture et monta non moins lestement les cinq ou six marches du perron.

Ce jeune homme était le vicomte de Saint-Remy.

A l'empressement de deux valets de pied de l'antichambre qui coururent ouvrir la porte vitrée dès qu'ils reconnurent la voiture de Florestan, à l'air profondément respectueux avec lequel le reste de la livrée se leva spontanément sur le passage du vicomte ; enfin à quelques nuances presque imperceptibles, on devinait le second, ou plutôt le véritable maître de la maison.

La duchesse de Lucenay.

Le duc de Montbrison.

En sortant de chez son créancier, qui, satisfait de l'engagement du père de Florestan, avait accordé le délai demandé et devait revenir toucher son argent à dix heures du soir, rue de Chaillot, M. de Saint-Remy s'était rendu chez madame de Lucenay pour la remercier du nouveau service qu'elle lui avait rendu ; mais, n'ayant pas rencontré la duchesse le matin, il arrivait triomphant, certain de la trouver en *prima sera*, heure qu'elle lui réservait habituellement.

Lorsque M. le duc de Lucenay rentrait chez lui, son parapluie à la main et les pieds chaussés de socquets démesurés (il détestait de sortir dans le jour en voiture), les mêmes évolutions domestiques se répétaient tout aussi respectueuses ; cependant, aux yeux d'un observateur, il y avait une grande différence de physionomie entre l'accueil fait au mari et celui qu'on réservait à l'amant.

Le même empressement se manifesta dans le salon des valets de chambre lorsque Florestan y entra ; à l'instant l'un d'eux le précéda pour aller l'annoncer à madame de Lucenay.

Jamais le vicomte n'avait été plus glorieux, ne s'était senti plus léger, plus sûr de lui, plus conquérant...

La victoire qu'il avait remportée le matin sur son père, la nouvelle preuve d'attachement de madame de Lucenay, la joie d'être sorti si miraculeusement d'une position terrible, sa renaissante confiance dans son étoile, donnaient à sa jolie figure une expression d'audace et de bonne humeur qui la rendait plus séduisante encore; jamais enfin il ne s'était senti mieux.

Et il avait raison.

Jamais sa taille mince et flexible ne s'était dressée plus cavalière: jamais il n'avait porté le front et le regard plus haut; jamais son orgueil n'avait été plus délicieusement chatouillé par cette pensée : « La très-grande dame, maîtresse de ce palais, est à moi, est à mes pieds... ce matin encore elle m'attendait chez moi... »

Florestan s'était livré à ses réflexions singulièrement vaniteuses en traversant trois ou quatre salons qui conduisaient à une petite pièce où la duchesse se tenait habituellement. Un dernier coup d'œil jeté sur une glace compléta l'excellente opinion que Florestan avait de soi-même.

Le valet de chambre ouvrit les deux battants de la porte du salon et annonça :

— Monsieur le vicomte de Saint-Remy !

L'étonnement et l'indignation de la duchesse furent inexprimables.

Elle croyait que le comte n'avait pas encore dit à son fils qu'elle aussi avait tout entendu...

Nous l'avons dit : en apprenant combien Florestan était infâme, l'amour de madame de Lucenay, subitement éteint, s'était changé en un dédain glacial.

Nous l'avons dit encore : au milieu de ses légèretés, de ses erreurs, madame de Lucenay avait conservé purs et intacts des sentiments de droiture, d'honneur, de loyauté chevaleresque, d'une vigueur et d'une exigence toutes viriles; elle avait les qualités de ses défauts, les vertus de ses vices ; traitant l'amour aussi cavalièrement qu'un homme le traite, elle poussait aussi loin, plus loin qu'un homme, le dévouement, la générosité, le courage, et surtout l'horreur de toute bassesse.

Madame de Lucenay, devant aller le soir dans le monde, était, quoique sans diamants, habillée avec son goût et sa magnificence habituels; cette toilette splendide, le rouge vif qu'elle portait franchement, hardiment, en femme de cour, jusque sous les paupières, sa beauté surtout éclatante aux lumières, sa taille de déesse marchant sur les nues, rendaient plus frappant encore ce grand air que personne au monde ne possédait comme elle, et qu'elle poussait, s'il le fallait, jusqu'à une foudroyante insolence...

On connaît le caractère altier, déterminé de la duchesse : qu'on se figure donc sa physionomie, son regard, lorsque le vicomte s'avançant, pimpant, souriant et confiant, lui dit avec amour :

— Ma chère Clotilde... combien vous êtes bonne !... combien vus ...

Le vicomte ne put achever.

La duchesse était assise et n'avait pas bougé · mais son geste, son

Il faut mourir! — PAGE 232.

coup d'œil révélèrent un mépris à la fois si calme et si écrasant... que Florestan s'arrêta court...

Il ne put dire un mot ou faire un pas de plus.

Jamais madame de Lucenay ne s'était montrée à lui sous cet aspect. Il ne pouvait croire que ce fût la même femme qu'il avait toujours trouvée douce, tendre, passionnément soumise : car rien n'est plus humble, plus timide qu'une femme résolue devant l'homme qu'elle aime et qui la domine.

Sa première surprise passée, Florestan eut honte de sa faiblesse; son audace habituelle reprit le dessus. Faisant un pas vers madame de Lucenay pour lui prendre la main, il lui dit, de sa voix la plus caressante :

— Mon Dieu ! Clotilde, qu'est-ce donc?... Je ne t'ai jamais vue si jolie, et pourtant...

— Ah! c'est trop d'impudence ! s'écria la duchesse en se reculant avec tant de dégoût et de hauteur, que Florestan demeura de nouveau surpris et atterré.

Reprenant pourtant un peu d'assurance, il lui dit : — M'apprendrez-vous au moins, Clotilde, la cause de ce changement si soudain? Que vous ai-je fait?... que voulez-vous?

Sans lui répondre, madame de Lucenay le regarda, comme on dit vulgairement, des pieds à la tête, avec une expression si insultante, que Florestan sentit le rouge de la colère lui monter au front, et il s'écria :

— Je sais, madame, que vous brusquez habituellement les ruptures... Est-ce une rupture que vous voulez?

— La prétention est curieuse ! dit madame de Lucenay avec un éclat de rire sardonique; sachez donc que lorsqu'un laquais me vole... je ne romps pas avec lui... je le chasse...

— Madame !...

— Finissons, dit la duchesse d'une voix brève et insolente, votre présence me répugne ! Que voulez-vous ici? Est-ce que vous n'avez pas votre argent?

— Il était donc vrai... Je vous avais devinée... Ces 25,000 francs...

— Votre dernier FAUX est retiré, n'est-ce pas ? l'honneur du nom de votre famille est sauvé. C'est bien... allez-vous-en...

— Ah ! croyez...

— Je regrette fort cet argent, il aurait pu secourir tant d'honnêtes gens... mais il fallait songer à la honte de votre père et à la mienne.

— Ainsi, Clotilde, vous saviez tout?... Oh ! voyez-vous ! maintenant... il ne me reste plus qu'à mourir... s'écria Florestan du ton le plus pathétique et le plus désespéré.

Un impertinent éclat de rire de la duchesse accueillit cette exclamation tragique, et elle ajouta entre deux accès d'hilarité :

— Mon Dieu ! je n'aurais jamais cru que l'infamie pût être si ridicule !

— Madame !... s'écria Florestan les traits contractés par la rage.

Les deux battants de la porte s'ouvrirent avec fracas, et on annonça :

— M. le duc de Montbriso !

Malgré son empire sur lui-même, Florestan contint à peine la violence de ses ressentiments, qu'un homme plus observateur que le duc eût certainement remarqués.

M. de Montbrison avait à peine dix-huit ans.

Qu'on s'imagine une ravissante figure de jeune fille, blonde, blanche et rose, dont les lèvres vermeilles et le menton satiné seraient légèrement ombragés d'une barbe naissante ; qu'on ajoute à cela de grands yeux bruns encore un peu timides, qui ne demandent qu'à s'émerillonner, une taille aussi svelte que celle de la duchesse, et l'on aura peut-être l'idée de ce jeune duc, le Chérubin le plus idéal que jamais comtesse et suivante aient coiffé d'un bonnet de femme, après avoir remarqué la blancheur de son cou d'ivoire.

Le vicomte eut la faiblesse, ou l'audace de rester...

— Que vous êtes aimable, Conrad, d'avoir pensé à moi ce soir ! dit madame de Lucenay du ton le plus affectueux en tendant sa belle main au jeune duc.

Celui-ci allait donner un *shake-hands* à sa cousine, mais Clotilde haussa légèrement la main, et lui dit gaiement :

— Baisez-la, mon cousin, vous avez vos gants.

— Pardon... ma cousine, dit l'adolescent ; et il appuya ses lèvres sur la main nue et charmante qu'on lui présentait.

— Que faites-vous ce soir, Conrad ? lui demanda madame de Lucenay, sans paraître s'occuper le moins du monde de Florestan.

— Rien, ma cousine ; en sortant de chez vous j'irai au club.

— Pas du tout, vous nous accompagnerez, M. de Lucenay et moi, chez madame de Senneval, c'est son jour ; elle m'a déjà demandé plusieurs fois de vous présenter à elle.

— Ma cousine, je serai trop heureux de me mettre à vos ordres.

— Et puis, franchement, je n'aime pas vous voir déjà ces habitudes et ces goûts de club ; vous avez tout ce qu'il faut pour être parfaitement accueilli et même recherché dans le monde... il faut donc y aller beaucoup.

— Oui, ma cousine.

— Et comme je suis avec vous à peu près sur le pied d'une grand'-mère... mon cher Conrad, je me dispose à exiger infiniment.. Vous êtes émancipé, c'est vrai ; mais je crois que vous aurez encore longtemps besoin d'une tutelle... Et il faudra vous résoudre à accepter la mienne.

— Avec joie, avec bonheur, ma cousine ! dit vivement le jeune duc.

Il est impossible de peindre la rage muette de Florestan, toujours debout, appuyé à la cheminée.

Ni le duc ni Clotilde ne faisaient attention à lui. Sachant combien madame de Lucenay se décidait vite, il s'imagina qu'elle poussait l'audace et le mépris jusqu'à vouloir se mettre aussitôt et devant lui en coquetterie réglée avec M. de Montbrison.

Il n'en était rien : la duchesse ressentait alors pour son cousin une affection toute maternelle, l'ayant presque vu naître. Mais le jeune duc était si joli, il semblait si heureux du gracieux accueil de sa cousine, que la jalousie, ou plutôt l'orgueil de Florestan, s'exaspéra ; son cœur se tordit sous les cruelles morsures de l'envie que lui inspirait Conrad de Montbrison, qui, riche et charmant, entrait si splendidement dans cette vie de plaisirs, d'enivrement et de fête, d'où il sortait, lui, ruiné, flétri, méprisé, déshonoré.

M. de Saint-Remy était brave de cette bravoure de tête, si cela se peut dire, qui fait que par colère ou par vanité affronter un duel ; mais, vil et corrompu, il n'avait pas ce courage de cœur qui triomphe des mauvais penchants, ou qui, du moins, vous donne l'énergie d'échapper à l'infamie par une mort volontaire.

Furieux de l'infernal mépris de la duchesse, croyant voir un successeur dans le jeune duc, M. de Saint-Remy résolut de lutter d'insolence avec madame de Lucenay, et, s'il le fallait, de chercher querelle à Conrad.

La duchesse, irritée de l'audace de Florestan, ne le regardait pas ; et M. de Montbrison, dans son empressement auprès de sa cousine, oubliant un peu les convenances, n'avait pas salué ni dit un mot au vicomte, qu'il connaissait pourtant.

Celui-ci, s'avançant vers Conrad, qui lui tournait le dos, lui toucha légèrement le bras, et lui dit d'un ton sec et ironique :

— Bonsoir, monsieur... mille pardons de ne pas vous avoir encore aperçu.

M. de Montbrison, sentant qu'il venait en effet de manquer de politesse, se retourna vivement, et dit cordialement au vicomte :

— Monsieur, je suis confus, en vérité... Mais j'ose espérer que ma cousine, qui a causé ma distraction, voudra bien m'excuser auprès de vous... et...

— Conrad, dit la duchesse, poussée à bout par l'impudence de Florestan, qui persistait à rester chez elle et à la braver, Conrad, c'est bon ; pas d'excuses... ça n'en vaut pas la peine.

M. de Montbrison, croyant que sa cousine lui reprochait en plaisantant d'être trop formaliste, dit gaiement au vicomte, blême de colère :

— Je n'insisterai pas, monsieur... puisque ma cousine me le défend... Vous le voyez, sa tutelle commence.

— Et cette tutelle ne s'arrêtera pas là... mon cher monsieur, soyez-en certain. Aussi dans cette prévision (que madame la duchesse s'empressera de réaliser, je n'en doute pas), dans cette prévision, dis-je, il me vient l'idée de vous faire une proposition...

— A moi, monsieur ? dit Conrad, commençant à se choquer du ton sardonique de Florestan.

— A vous-même... je pars dans quelques jours pour la légation de Gerolstein, à laquelle je suis attaché... Je voudrais me défaire de ma maison toute meublée, de mon écurie toute montée ; vous devriez vous arranger aussi... Et le vicomte appuya insolemment sur ces derniers mots en regardant madame de Lucenay. Ce serait fort piquant... n'est-ce pas, madame la duchesse ?

— Je ne vous comprends pas, monsieur, dit M. de Montbrison de plus en plus étonné.

— Je vous dirai, Conrad, pourquoi vous ne pouvez accepter l'offre qu'on vous fait, dit Clotilde.

— Et pourquoi monsieur ne peut-il pas accepter mon offre, madame la duchesse ?

— Mon cher Conrad, ce qu'on vous propose de vous vendre est déjà vendu à d'autres... vous comprenez... vous auriez l'inconvénient d'être volé comme dans un bois.

Florestan se mordit les lèvres de rage.

— Prenez garde, madame ! s'écria-t-il.

— Comment ? des menaces... ici... monsieur ! s'écria Conrad.

— Allons donc, Conrad, ne faites pas attention, dit madame de Lucenay en prenant une pastille dans une bonbonnière avec un imperturbable sang-froid ; un homme d'honneur ne doit ni ne peut plus se commettre avec monsieur. S'il y tient, je vais vous dire pourquoi !

Un terrible éclat allait avoir lieu peut-être, lorsque les deux battants de la porte s'ouvrirent de nouveau, et M. le duc de Lucenay entra bruyamment, violemment, étourdiment, selon sa coutume.

— Comment, ma chère, vous êtes déjà prête ? dit-il à sa femme ; mais c'est étonnant !... mais c'est surprenant !... Bonsoir, Saint-Remy ; bonsoir, Conrad... Ah ! vous voyez le plus désespéré des hommes... c'est-à-dire que je n'en dors pas, que je n'en mange pas, que j'en suis abruti, je ne peux pas m'y habituer... pauvre d'Harville, quel événement !

Et M. de Lucenay, se jetant à la renverse sur une sorte de causeuse de la porte à deux dossiers, lança son chapeau loin de lui avec un geste de désespoir et, croisant sa jambe gauche sur son genou droit, il prit par manière de contenance son pied dans sa main, continuant de pousser des exclamations diverses.

L'émotion de Conrad et de Florestan put se calmer sans que M. de Lucenay, d'ailleurs l'homme le moins clairvoyant du monde, se fût aperçu de rien.

Madame de Lucenay, non par embarras, elle n'était pas femme à s'embarrasser jamais, on le sait, mais parce que la présence de Florestan lui était aussi répugnante qu'insupportable, dit au duc :

— Quand vous voudrez, nous partirons, je présente Conrad à madame de Senneval.

— Non, non, non ! se mit à crier le duc, en abandonnant son pied pour saisir des coussins sur lequel il frappa violemment de ses deux poings, au grand émoi de Clotilde, qui, aux cris inattendus de son mari, bondit sur son fauteuil.

— Mon Dieu, monsieur, qu'avez-vous ? lui dit-elle, vous m'avez fait une peur horrible.

— Non ! répéta le duc, et, repoussant le coussin, il se leva brusquement et se mit à gesticuler en marchant ; je ne puis me faire à l'idée de la mort de ce pauvre d'Harville ; et vous, Saint-Remy ?

En effet, cet événement est affreux ! dit le vicomte, qui, la haine et la rage dans le cœur, cherchait le regard de M. de Montbrison ; mais celui-ci, d'après les derniers mots de sa cousine, non par manque de cœur, mais par fierté, détournait sa vue d'un homme si cruellement flétri.

— De grâce, monsieur, dit la duchesse à son mari, en se levant, ne regrettez pas M. d'Harville d'une manière si bruyante et surtout si singulière... Sonnez, je vous prie, pour demander mes gens.

— C'est que c'est vrai aussi, dit M. de Lucenay en saisissant le cordon de la sonnette dire qu'il y a trois jours il était plein de vie et de santé.. et aujourd'hui... et lui que reste-t-il ? Rien... rien... rien !!!

Ces trois dernières exclamations furent accompagnées de trois secousses si violentes, que le cordon de sonnette que le duc tenait à la main toujours en gesticulant, se sépara du ressort supérieur, tomba sur un candélabre garni de bougies allumées, en renversa deux ; l'une, s'arrêtant sur la cheminée, brisa une charmante petite coupe de vieux Sèvres ; l'autre roula à terre sur un tapis de foyer en hermine, qui, un moment enflammé, fut presque aussitôt éteint sous le pied de Conrad.

Au même instant deux valets de chambre, appelés par cette sonnerie formidable, accoururent en hâte et trouvèrent M. de Lucenay le cordon de sonnette à la main, la duchesse riant aux éclats de cette ridicule cascatelle de bougies, et M. de Montbrison partageant l'hilarité de sa cousine.

M. de Saint-Remy seul ne riait pas.

M. de Lucenay, fort habitué à ces sortes d'accidents, conservait un sérieux parfait : il jeta le cordon de sonnette à un des gens, et leur dit :

— La voiture de madame.

Clotilde, un peu calmée, reprit :

— En vérité, monsieur, il n'y a que vous au monde capable de donner à rire à propos d'un événement aussi lamentable.

— Lamentable !... Mais, dites donc effroyable... mais dites donc épouvantable. Tenez, depuis hier, je suis à chercher combien il y a de personnes, même dans ma propre famille, que j'aurais voulu voir mourir à la place de ce pauvre d'Harville. Mon neveu d'Emberval, par exemple, qui est si impatientant à cause de son bégaiement ; ou bien encore votre tante Merinville, qui parle toujours de ses nerfs, de sa migraine, et qui vous avale tous les jours, pour attendre le dîner, une abominable croûte au pot, comme une portière ! Est-ce que vous y tenez beaucoup à votre tante Merinville ?

— Allons donc, monsieur, vous êtes fou ! dit la duchesse en haussant les épaules.

— Mais c'est que c'est vrai, reprit le duc, on donnerait vingt indifférents pour un ami... n'est-ce pas, Saint-Remy ?

— Sans doute.

— C'est toujours cette vieille histoire du tailleur. La connais-tu, Conrad, l'histoire du tailleur ?

— Non, mon cousin.

— Tu vas comprendre tout de suite l'allégorie. Un tailleur est condamné à être pendu ; il n'y avait que lui de tailleur dans le bourg ; que font les habitants ? Ils disent au juge : Monsieur le juge, nous n'avons qu'un tailleur, et nous avons trois cordonniers ; si ça vous était égal de pendre un des trois cordonniers à la place du tailleur, nous aurions bien assez de deux cordonniers. Comprends-tu l'allégorie, Conrad ?

— Oui, mon cousin.

— Et vous, Saint-Remy ?

— Moi aussi.

— La voiture de madame la duchesse ! dit un des gens.

— Ah çà ! mais pourquoi donc que vous n'avez pas mis vos diamants ? dit tout à coup M. de Lucenay ; avec cette toilette-là ils iraient joliment bien !

Saint-Remy tressaillit.

— Pour une pauvre fois que nous allons dans le monde ensemble, reprit le duc, vous auriez bien pu m'en faire honneur de vos diamants. C'est qu'ils sont beaux, les diamants de la duchesse... Les avez-vous vus, Saint-Remy ?

— Oui... monsieur les connaît parfaitement, dit Clotilde ; puis elle ajouta : Votre bras, Conrad.

M. de Lucenay suivit la duchesse avec Saint-Remy, qui ne se possédait pas de colère.

— Est-ce que vous ne venez pas avec nous chez les Senneval, Saint-Remy ? lui dit M. de Lucenay.

— Non... impossible, répondit-il brusquement.

— Tenez, Saint-Remy, madame de Senneval, voilà encore une personne... qu'est-ce que je dis, une ?... deux... que je sacrifierais volontiers ; car mon mari est aussi sur ma liste.

— Quelle liste ?

— Celle des gens qu'il m'aurait été bien égal de voir mourir, pourvu que d'Harville nous fût resté.

Au moment où, dans le salon d'attente, M. de Montbrison aidait la duchesse à mettre sa mante, M. de Lucenay, s'adressant à son cousin, lui dit :

— Puisque tu viens avec nous, Conrad... dis à la voiture de suivre la nôtre... à moins que vous ne veniez, Saint-Remy, alors vous me donneriez une place... et je vous raconterais une bonne autre histoire, qui vaut bien celle du tailleur.

— Je vous remercie, dit sèchement Saint-Remy ; je ne puis vous accompagner.

— Alors, au revoir, mon cher... Est-ce que vous êtes en querelle avec ma femme ? la voilà qui monte en voiture sans vous dire un mot.

En effet, la voiture de la duchesse étant avancée au bas du perron, elle y monta légèrement.

— Mon cousin ?... dit Conrad en attendant M. de Lucenay par déférence.

— Monte donc ! monte donc ! dit le duc, qui, arrêté un moment au haut du perron, considérait l'élégant attelage de la voiture du vicomte.

— Ce sont vos chevaux alezans... Saint-Remy ?

— Oui...

— Et votre gros Edwards... quelle tournure !... Voilà ce qui s'appelle un cocher de bonne maison !... Voyez comme il a bien ses chevaux dans la main !... Il faut être juste, il n'y a pourtant que ce diable de Saint-Remy pour avoir ce qu'il y a de mieux en tout.

— Madame de Lucenay et son cousin vous attendent, mon cher, dit M. de Saint-Remy avec amertume.

— C'est pardieu vrai... suis-je grossier !... Au revoir, Saint-Remy... Ah ! j'oubliais, dit le duc en s'arrêtant au milieu du perron, si vous n'avez rien de mieux à faire, venez donc dîner avec nous demain ; lord Dudley m'a envoyé d'Écosse des grouses (coqs de bruyère). Figurez-vous que c'est quelque chose de monstrueux... C'est dit, n'est-ce pas ?

Et le duc rejoignit sa femme et Conrad.

Saint-Remy, resté seul sur le perron, vit la voiture partir.

La sienne avança.

Il y monta en jetant un regard de colère, de haine et de désespoir sur cette maison, où il était entré si souvent en maître, et qu'il quittait ignominieusement chassé.

— Chez moi ! dit-il brusquement.

— À l'hôtel ! dit le valet de pied à Edwards, en fermant la portière.

On comprend quelles furent les pensées amères et désolantes de Saint-Remy en revenant chez lui.

Au moment où il rentra, Boyer, qui l'attendait sous le péristyle, lui dit :

— M. le comte est en haut qui attend M. le vicomte.

— C'est bien.

— Il y a aussi là un homme à qui M. le vicomte a donné rendez-vous à dix heures, M. Petit-Jean...

— Bien, bien.

— Oh ! quelle soirée ! dit Florestan en montant rejoindre son père, qu'il trouva dans le salon du premier étage, où s'était passée leur entrevue du matin.

— Mille pardons ! mon père, de ne pas m'être trouvé ici lors de votre arrivée... mais je...

— L'homme qui a en mains cette traite fausse est-il ici ? dit le comte en interrompant son fils.

— Oui, mon père, il est en bas.

— Faites-le monter...

Florestan sonna ; Boyer parut.

— Dites à M. Petit-Jean de monter.

— Oui, monsieur le vicomte, et Boyer sortit.

— Combien vous êtes bon, mon père, de vous être souvenu de votre promesse.

— Je me souviens toujours de ce que je promets...

— Que de reconnaissance !... Comment jamais vous prouver...

— Je ne voulais pas que mon nom fût déshonoré... Il ne le sera pas...

— Il ne le sera pas !... non... et il ne le sera plus, je vous le jure, mon père...

Le comte regarda son fils d'un air singulier et il répéta :

— Non, il ne le sera plus !

Puis il ajouta d'un air sardonique :

— Vous êtes devin ?

— C'est que je lis ma résolution dans mon cœur.

Le père de Florestan ne répondit rien.

Il se promena de long en large dans la chambre, les deux mains plongées dans les poches de sa longue redingote.

Il était pâle.

— Monsieur Petit-Jean, dit Boyer en introduisant un homme à figure basse, sordide et rusée.

— Où est cette traite ? dit le comte.

— La voici, monsieur, dit Petit-Jean (l'homme de paille de Jacques Ferrand le notaire), en présentant le titre au comte.

— Est-ce bien cela ? dit celui-ci à son fils, en lui montrant la traite d'un coup d'œil.

— Oui, mon père.

Le comte tira de la poche de son gilet vingt-cinq billets de mille francs, les remit à son fils et lui dit :

— Payez !

Florestan paya et prit la traite avec un profond soupir de satisfaction.

M. Petit-Jean plaça soigneusement les billets dans un vieux portefeuille, et salua.

M. de Saint-Remy sortit avec lui du salon, pendant que Florestan déchirait prudemment la traite.

— Au moins les 25,000 francs de Clotilde me restent. Si rien ne se découvre... c'est une consolation. Mais comme elle m'a traité !... Ah çà, qu'est-ce que mon père peut vouloir en tête à tête à M. Petit-Jean ?

Le bruit d'une serrure que l'on fermait à double tour fit tressaillir le vicomte.

Son père rentra.

Sa pâleur avait augmenté.

— Il me semble, mon père, avoir entendu fermer la porte de mon cabinet ?

— Oui, je l'ai fermée.

— Vous, mon père ? Et pourquoi ? demanda Florestan stupéfait.

— Je vais vous le dire.

Et le comte se plaça de manière à ce que son fils ne pût passer par l'escalier dérobé qui conduisait au rez-de-chaussée.

Florestan, inquiet, commençait à remarquer la physionomie sinistre de son père, et suivait tous ses mouvements avec défiance.

Sans pouvoir se l'expliquer, il ressentait une vague terreur.

— Mon père... qu'avez-vous ?

— Ce matin, en ne me voyant pas, votre seule pensée a été celle-ci : Mon père ne laissera pas déshonorer son nom, il payera... si je parviens à l'étourdir par quelques teintes paroles de repentir.

— Ah ! pouvez-vous croire que...

— Ne m'interrompez pas... Je n'ai pas été votre dupe : il n'y a chez vous ni honte, ni regrets, ni remords ; vous êtes vicié jusqu'au cœur, vous n'avez jamais eu un sentiment honnête ; vous n'avez pas volé tant que vous avez possédé de quoi satisfaire vos caprices, c'est ce qu'on appelle la probité des riches de votre espèce ; puis sont venues les indélicatesses, puis les bassesses, puis le crime, les faux. Ceci n'est que la première période de votre vie... elle est belle et pure, comparée à celle qui vous attendrait.

— Si je ne changeais pas de conduite, je l'avoue ; mais j'en changerai, mon père, je vous l'ai juré.

— Vous n'en changeriez pas...
— Mais...
— Vous n'en changeriez pas... Chassé de la société où vous avez jusqu'ici vécu, vous deviendriez bientôt criminel à la manière des misérables parmi lesquels vous serez rejeté, voleur inévitablement... et, si besoin est, assassin. Voilà votre avenir.
— Assassin !... moi !...
— Oui, parce que vous êtes lâche !
— J'ai eu des duels, et j'ai prouvé...
— Je vous dis que vous êtes lâche ! Vous avez préféré l'infamie à la mort ! Un jour viendrait où vous préféreriez l'impunité de vos nouveaux crimes à la vie d'autrui. Cela ne peut pas être, je ne veux pas que cela soit. J'arrive à temps pour sauver du moins désormais mon nom d'un déshonneur public. Il faut en finir.
— Comment, mon père... en finir ! Que voulez-vous dire ? s'écria Florestan de plus en plus effrayé de l'expression redoutable de la figure de son père et de sa pâleur croissante.

Tout à coup on heurta violemment à la porte du cabinet ; Florestan fit un mouvement pour aller ouvrir, afin de mettre un terme à une scène qui l'effrayait, mais le comte le saisit d'une main de fer et le retint.
— Qui frappe ? demanda le comte.
— Au nom de la loi, ouvrez !... ouvrez !... dit une voix.
— Ce faux n'était donc pas le dernier ? s'écria le comte à voix basse, en regardant son fils d'un air terrible.
— Si, mon père... je vous le jure, dit Florestan en tâchant en vain de se débarrasser de la vigoureuse étreinte de son père.
— Au nom de la loi... ouvrez !... répéta la voix.
— Que voulez-vous ? demanda le comte.
— Je suis le commissaire de police ; je viens procéder à des perquisitions pour un vol de diamants dont est accusé M. de Saint-Remy... M. Baudoin, joaillier, a des preuves. Si vous n'ouvrez pas, monsieur, je serai obligé de faire enfoncer la porte.
— Déjà voleur ! je ne m'étais pas trompé, dit le comte à voix basse. Je venais vous tuer... j'ai trop tardé.
— Me tuer !
— Assez de déshonneur sur mon nom ; finissons ; j'ai là deux pistolets.... vous allez vous brûler la cervelle.... sinon, moi je vous la brûle, et je dirai que vous vous êtes tué de désespoir pour échapper à la honte.
Et le comte, avec un effrayant sang-froid, tira de sa poche un pistolet, et de la main qu'il avait de libre le présenta à son fils en lui disant :
— Allons ! finissons, si vous n'êtes pas un lâche !
Après de nouveaux et inutiles efforts pour échapper aux mains du comte, son fils se renversa en arrière, frappé d'épouvante, et devint livide.
Au regard terrible, inexorable de son père, il vit qu'il n'y avait aucune pitié à attendre de lui.
— Mon père ! s'écria-t-il.
— Il faut mourir !
— Je me repens !
— Il est trop tard !... Entendez-vous !... Ils ébranlent la porte !
— J'expierai mes fautes !
— Ils vont entrer ! Il faut donc que ce soit moi qui te tue ?
— Grâce !
— La porte va céder ! tu l'auras voulu !...
Et le comte appuya le canon de l'arme sur la poitrine de Florestan.
Le bruit extérieur annonçait qu'en effet la porte du cabinet ne pouvait résister bien longtemps.
Le vicomte se vit perdu.
Une résolution soudaine et désespérée éclata sur son front ; il ne se débattit plus contre son père, et lui dit avec autant de fermeté que de résignation :
— Vous avez raison, mon père... donnez cette arme. Assez d'infamie sur mon nom, la vie qui m'attend est affreuse, elle ne vaut pas la peine d'être disputée. Donnez cette arme. Donnez-moi voir si je suis lâche. Et il étendit sa main vers le pistolet. Mais, au moins, un mot, un seul mot de consolation, de pitié, d'adieu, dit Florestan.
Et ses lèvres tremblantes, sa pâleur, sa physionomie bouleversée, annonçaient l'émotion terrible de ce moment suprême.
— Si c'était mon fils pourtant ! pensa le comte avec terreur, en hésitant à lui remettre le pistolet. Si c'est mon fils, je dois encore moins hésiter devant ce sacrifice.
Un long craquement de la porte du cabinet annonça qu'elle venait d'être forcée.
— Mon père... ils entrent... Oh ! je le sens maintenant, la mort est un bienfait... Merci... merci... mais au moins, votre main, et pardonnez-moi !
Malgré sa dureté, le comte ne put s'empêcher de tressaillir et de dire d'une voix émue :
— Je vous pardonne.
— Mon père... la porte s'ouvre... allez à eux... qu'on ne vous soupçonne pas au moins... Et puis, s'ils entrent ici, ils m'empêcheraient d'en finir... Adieu.
Les pas de plusieurs personnes s'entendirent dans la pièce voisine.
Florestan se posa le canon du pistolet sur le cœur.
Le coup partit au moment où le comte, pour échapper à cet horrible spectacle, détournait la vue et se précipitait hors du salon, dont les portières se refermèrent sur lui.

Au bruit de l'explosion, à la vue du comte pâle et égaré, le commissaire s'arrêta subitement près du seuil de la porte, faisant signe à ses agents de ne pas avancer.
Averti par Boyer que le vicomte était enfermé avec son père, le magistrat comprit tout, et respecta cette grande douleur.
— Mort !.... s'écria le comte en cachant sa figure dans ses mains.... mort !!! répéta-t-il avec accablement. Cela était juste... mieux vaut la mort que l'infamie... mais c'est affreux !
— Monsieur, dit tristement le magistrat après quelques minutes de silence, épargnez-vous un douloureux spectacle, quittez cette maison.... Maintenant il me reste à remplir un autre devoir plus pénible encore que celui qui m'appelait ici.
— Vous avez raison, monsieur, dit M. de Saint-Remy. Quant à la victime du vol, vous pouvez lui dire de se présenter chez M. Dupont, banquier.
— Rue de Richelieu... il est bien connu, répondit le magistrat.
— A quelle somme sont estimés les diamants volés ?
— A 50,000 francs environ, monsieur ; la personne qui les a achetés, et par laquelle le vol s'est découvert, en a donné cette somme... à votre fils.
— Je pourrai encore payer cela, monsieur. Que le joaillier se trouve après-demain chez mon banquier, je m'entendrai avec lui.
Le commissaire s'inclina.
Le comte sortit.
Après le départ de ce dernier, le magistrat, profondément touché de cette scène inattendue, se dirigea lentement vers le salon, dont les portières étaient baissées.
Il les souleva avec émotion.
— Personne !... s'écria-t-il stupéfait, en regardant autour du salon et n'y voyant pas la moindre trace de l'événement tragique qui avait dû s'y passer.
Puis, remarquant la petite porte pratiquée dans la tenture, il y courut.
Elle était fermée du côté de l'escalier dérobé.
— C'était une ruse... c'est par là qu'il aura pris la fuite ! s'écria-t-il avec dépit.
En effet, le vicomte, devant son père, s'était posé le pistolet sur le cœur, mais il avait ensuite fort habilement tiré par dessous son bras, et avait prestement disparu.

Malgré les plus actives recherches dans toute la maison, on ne put retrouver Florestan.
Pendant l'entretien de son père et du commissaire, il avait rapidement gagné la serre chaude, puis la ruelle déserte, et enfin les Champs-Elysées.

Le tableau de cette ignoble dépravation dans l'opulence est chose triste...
Nous le savons.
Mais, faute d'enseignements, les classes riches ont aussi fatalement leurs misères, leurs vices, leurs crimes.
Rien de plus fréquent et de plus affligeant que ces prodigalités insensées, stériles, que nous venons de peindre, et qui toujours entraînent ruine, déconsidération, bassesse ou infamie.
C'est un spectacle déplorable... funeste... autant voir un florissant champ de blé inutilement ravagé par une horde de bêtes fauves.
Sans doute l'héritage, la propriété sont et doivent être inviolables, sacrés...
La richesse acquise ou transmise doit pouvoir impunément et magnifiquement resplendir aux yeux des classes pauvres et souffrantes.
Longtemps encore il doit y avoir de ces disproportions effrayantes qui existent entre le millionnaire Saint-Remy et l'artisan Morel.
Mais, par cela même que ces disproportions inévitables sont consacrées, protégées par la loi, ceux qui possèdent tant de biens en doivent user moralement comme ceux qui ne possèdent que probité, résignation, courage et ardeur du travail.
Aux yeux de la raison, du droit humain et même de l'intérêt social bien entendu, une grande fortune serait un dépôt héréditaire, confié à des mains prudentes, fermes, habiles, généreuses, qui, chargées à la fois de faire fructifier et de dispenser cette fortune, sauraient fertiliser, vivifier, améliorer tout ce qui aurait le bonheur de se trouver dans son rayonnement splendide et salutaire.
Il en est ainsi quelquefois ; mais les cas sont rares.
Que de jeunes gens comme Saint-Remy (à l'infamie près), maîtres à vingt ans d'un patrimoine considérable, le dissipent follement dans l'oisiveté, dans l'ennui, dans le vice, faute de savoir employer mieux ces biens et pour eux et pour autrui !
D'autres, effrayés de l'instabilité des choses humaines, thésaurisent d'une manière sordide.
Enfin ceux-là, sachant qu'une fortune stationnaire s'amoindrit, se livrent, forcément dupes ou fripons, à cet agiotage hasardeux, immoral, que le pouvoir encourage et patronne.
Comment en serait-il autrement ?

Cette science, cet enseignement, ces rudiments d'économie individuelle et par cela même sociale, qui les donne à la jeunesse inexpérimentée? Personne.

Le riche est jeté au milieu de la société avec sa richesse, comme le pauvre avec sa pauvreté.

On ne prend pas plus de souci du superflu de l'un que des besoins de l'autre.

On ne songe pas plus à moraliser la fortune que l'infortune.

N'est-ce pas au pouvoir à remplir cette grande et noble tâche?

Si, prenant enfin en pitié les misères, les douleurs toujours croissantes des travailleurs encore résignés... réprimant une concurrence, mortelle à tous, abordant enfin l'imminente question de l'organisation du travail, il donnait lui-même le salutaire exemple de l'association des capitaux et du labeur...

Mais d'une association honnête, intelligente, équitable, qui assurerait le bien-être de l'artisan sans nuire à la fortune du riche... et qui, établissant entre ces deux classes des liens d'affection, de reconnaissance, sauvegarderait à jamais la tranquillité de l'État...

Combien seraient puissantes les conséquences d'un tel enseignement pratique!

Parmi les riches, qui hésiterait alors :
Entre les chances improbes, désastreuses de l'agiotage,
Les farouches jouissances de l'avarice,
Les folles vanités d'une dissipation ruineuse,
Ou un placement à la fois fructueux, bienfaisant, qui répandrait l'aisance, la moralité, le bonheur, la joie dans vingt familles?...

CHAPITRE X.

LES ADIEUX.

... J'ai cru — j'ai vu — je pleure...
WORDSWORTH.

Le lendemain de cette soirée où le comte de Saint-Remy avait été si indignement joué par son fils, une scène touchante se passait à Saint-Lazare, à l'heure de la récréation des détenues.

Ce jour-là, pendant la promenade des autres prisonnières, Fleur-de-Marie était assise sur un banc avoisinant le bassin du préau, et déjà surnommé le Banc de la Goualeuse : par une sorte de convention tacite, les détenues lui abandonnaient cette place, qu'elle aimait, et la douce influence de la jeune fille avait encore augmenté.

La Goualeuse affectionnait ce banc situé près du bassin, parce qu'au moins le peu de mousse qui veloutait les margelles de ce réservoir lui rappelait la verdure des champs, de même que l'eau limpide dont il était rempli lui rappelait la petite rivière du village de Bouqueval.

Pour le regard attristé du prisonnier, une touffe d'herbe est une prairie... une fleur est un parterre.

Confiante dans les affectueuses promesses de madame d'Harville, Fleur-de-Marie s'était attendue depuis deux jours à quitter Saint-Lazare.

Quoiqu'elle n'eût aucune raison de s'inquiéter du retard que l'on apportait à sa sortie de prison, la jeune fille, dans son habitude du malheur, osait à peine espérer d'être libre.

Depuis son retour parmi ces créatures, dont l'aspect, dont le langage ravivaient à chaque instant dans son âme le souvenir incurable de sa première honte, la tristesse de Fleur-de-Marie était devenue plus accablante encore.

Ce n'est pas tout.

Un nouveau sujet de trouble, de chagrin, presque d'épouvante pour elle, naissait de l'exaltation passionnée de sa reconnaissance envers Rodolphe.

Chose étrange! elle ne sondait la profondeur de l'abîme où elle avait été plongée que pour mesurer la distance qui la séparait de cet homme dont la grandeur lui semblait surhumaine... de cet homme d'une bonté si auguste... et d'une puissance si redoutable aux méchants...

Malgré le respect dont était empreinte son adoration pour lui, quelquefois, hélas! Fleur-de-Marie craignait de reconnaître dans cette adoration les caractères de l'amour, mais d'un amour aussi caché que profond, aussi chaste que caché, aussi désespéré que chaste.

La malheureuse enfant n'avait cru lire dans son cœur cette désolante révélation qu'après son entretien avec madame d'Harville, éprise elle-même pour Rodolphe d'une passion qu'il ignorait.

Après le départ et les promesses de madame d'Harville, Fleur-de-Marie aurait dû être transportée de joie en songeant à ses amis de Bouqueval, à Rodolphe qu'elle allait revoir...

Il n'en fut rien.

Son cœur se serra douloureusement. Sans cesse revenaient à son souvenir les paroles acerbes, les regards hautains, scrutateurs, de madame d'Harville, lorsque la pauvre prisonnière s'était élevée jusqu'à l'enthousiasme en parlant de son bienfaiteur.

Par une singulière intuition, la Goualeuse avait ainsi surpris une partie du secret de madame d'Harville.

— L'exaltation de ma reconnaissance pour M. Rodolphe a blessé cette jeune dame si belle et d'un rang si élevé, pensa Fleur-de-Marie... Maintenant je comprends l'amertume de ses paroles, elles exprimaient une jalousie dédaigneuse...

— Elle! jalouse de moi? il faut donc qu'elle l'aime... et que je l'aime aussi, lui?... il faut donc que mon amour se soit trahi malgré moi?....

L'aimer..... moi, moi... créature à jamais flétrie, ingrate et misérable que je suis... oh! si cela était... mieux vaudrait cent fois la mort...

Hâtons-nous de le dire, la malheureuse enfant, qui semblait vouée à tous les martyres, s'exagérait ce qu'elle appelait son amour.

A sa gratitude profonde envers Rodolphe, se joignait une admiration involontaire pour la grâce, la force, la beauté qui le distinguaient entre tous; rien de plus immatériel, rien de plus pur que cette admiration; mais elle existait vive et puissante, parce que la beauté physique est toujours attrayante.

Et puis enfin, la voix du sang, si souvent niée, muette, ignorante ou méconnue, se fait parfois entendre; ces élans de tendresse passionnée qui entraînaient Fleur-de-Marie vers Rodolphe, et dont elle s'effrayait, parce que, dans son ignorance, elle en dénaturait la tendance, ces élans résultaient de mystérieuses sympathies, aussi évidentes mais aussi inexplicables que la ressemblance des traits...

En un mot, Fleur-de-Marie, apprenant qu'elle était fille de Rodolphe, se fût expliqué la vive attraction qu'elle ressentait pour lui; alors, complétement éclairée, elle eût admiré, sans scrupule, la beauté de son père.

Ainsi s'explique l'abattement de Fleur-de-Marie, quoiqu'elle dût s'attendre d'un moment à l'autre, d'après la promesse de madame d'Harville, à quitter Saint-Lazare.

Fleur-de-Marie, mélancolique et pensive, était donc assise sur un banc auprès du bassin, regardant avec une sorte d'intérêt machinal les jeux de quelques oiseaux effrontés qui venaient s'ébattre sur les margelles de pierre. Un moment elle avait cessé de travailler à une petite brassière d'enfant qu'elle finissait d'ourler.

Est-il besoin de dire que cette brassière appartenait à la nouvelle layette si généreusement offerte à la Goualeuse à Saint-Jean par les prisonnières, grâce à la touchante intervention de Fleur-de-Marie?

La pauvre et difforme protégée de la Goualeuse était assise à ses pieds; tout en s'occupant de parfaire un petit bonnet, de temps à autre elle jetait sur sa bienfaitrice un regard à la fois reconnaissant, timide et dévoué... le regard du chien sur son maître.

La beauté, le charme, la douceur adorable de Fleur-de-Marie inspiraient à cette femme avilie autant d'attrait que de respect.

Il y a toujours quelque chose de saint, de grand dans les aspirations d'un cœur même dégradé, qui, pour la première fois, s'ouvre à la reconnaissance; et jusqu'alors personne n'avait mis Mont-Saint-Jean à même d'éprouver la religieuse ardeur de ce sentiment si nouveau pour elle.

Au bout de quelques minutes, Fleur-de-Marie tressaillit légèrement, essuya une larme et se remit à coudre avec activité.

— Vous ne voulez donc pas vous reposer de travailler pendant la récréation, mon bon ange sauveur? dit Mont-Saint-Jean à la Goualeuse.

— Je n'ai pas donné d'argent pour acheter la layette... je dois fournir ma part en ouvrage... reprit la jeune fille.

— Votre part! mon bon Dieu!... mais sans vous, au lieu de cette bonne toile bien blanche, de cette futaine bien chaude, pour habiller mon enfant, je n'aurais que ces haillons que l'on traînait dans la boue de la cour... Je suis bien reconnaissante envers mes compagnes, elles ont été très-bonnes pour moi... c'est vrai... mais vous? ô vous!... comment donc que je vous dirai cela? ajouta la pauvre créature en hésitant et très-embarrassée d'exprimer sa pensée. Tenez, reprit-elle, voilà le soleil, n'est-ce pas? voilà le soleil?...

— Oui, Mont-Saint-Jean... voyons, je vous écoute, répondit Fleur-de-Marie en inclinant son visage enchanteur vers la hideuse figure de sa compagne.

— Mon Dieu... vous allez vous moquer de moi, reprit celle-ci tristement, je veux me mêler de parler... et je ne le sais pas...

— Dites toujours, Mont-Saint-Jean.

— Avez-vous des bons yeux d'ange! dit la prisonnière en contemplant Fleur-de-Marie dans une sorte d'extase, ils m'encouragent... vos bons yeux... voyons, je vas tâcher de dire ce que je voulais; voilà le soleil, n'est-ce pas? il est bien chaud, il égaye la prison, il est bien agréable à voir et à sentir, pas vrai?

— Sans doute.

— Mais une supposition... ce soleil... ne s'est pas fait tout seul, et si on est reconnaissant pour lui, à plus forte raison pour...

— Pour celui qui l'a créé, n'est-ce pas, Mont-Saint-Jean?... Vous avez raison... aussi, celui-là on doit le prier, l'adorer... C'est Dieu.

— C'est ça... voilà mon idée, s'écria joyeusement la prisonnière; c'est ça : je suis bien reconnaissante pour mes compagnes; mais je dois vous prier, vous adorer, vous, la Goualeuse, car c'est vous qui les avez rendues bonnes pour moi, au lieu de méchantes qu'elles étaient.

— C'est Dieu qu'il faut remercier, Mont-Saint-Jean, et non pas moi.

— Oh! si... vous, vous... je vous vois... vous m'avez fait du bien et par vous et par les autres.

— Mais si je suis bonne comme vous dites, Mont-Saint-Jean, c'est Dieu qui m'a faite ainsi... c'est donc lui qu'il faut remercier.

— Ah! dame... alors, peut-être bien... puisque vous le dites, reprit la prisonnière indécise; si ça vous fait plaisir... comme ça... à la bonne heure...

— Oui, ma pauvre Mont-Saint-Jean... priez-le souvent... ce sera la meilleure manière de me prouver que vous m'aimez un peu...

— Si je vous aime, la Goualeuse! mon Dieu, mon Dieu !!! Mais vous ne vous souvenez donc plus de ce que vous disiez aux autres détenues pour les empêcher de me battre? « Ce n'est pas seulement elle que vous battez... c'est aussi son enfant... » Eh bien !... c'est tout de même pour vous aimer; ça n'est pas seulement pour moi que je vous aime, c'est aussi pour mon enfant...

— Merci, merci, Mont-Saint-Jean, vous me faites plaisir en me disant cela.

Et Fleur-de-Marie émue tendit sa main à sa compagne.

— Quelle belle petite menotte de fée !... est-elle blanche et mignonne! dit Mont-Saint-Jean en se reculant comme si elle eût craint de toucher, de ses vilaines mains rouges et sordides, cette main charmante.

Pourtant, après un moment d'hésitation, elle effleura respectueusement de ses lèvres le bout des doigts effilés que lui présentait Fleur-de-Marie; puis, s'agenouillant brusquement, elle se mit à la contempler fixement dans un recueillement attentif, profond.

— Mais venez donc vous asseoir là..... près de moi, lui dit la Goualeuse.

— Oh! pour ça non, par exemple... jamais... jamais...

— Pourquoi cela?

— Respect à la discipline, comme disait autrefois mon brave Mont-Saint-Jean; soldats ensemble, officiers ensemble, chacun avec ses pareils.

— Vous êtes folle... il n'y a aucune différence entre nous deux...

— Aucune différence... mon bon Dieu! Et vous dites cela quand je vous vois comme je vous vois, aussi belle qu'une reine; oh! tenez... qu'est-ce que cela vous fait?... laissez-moi là, à genoux, vous bien, bien regarder comme tout à l'heure... Dame... qui sait?... quoique je sois un vrai monstre, mon enfant vous ressemblera peut-être... On dit que quelquefois par un regard... ça arrive.

Puis, par un scrupule d'une incroyable délicatesse chez une créature de cette espèce, craignant d'avoir peut-être humilié ou blessé Fleur-de-Marie par ce vœu singulier, Mont-Saint-Jean ajouta tristement :

— Non, non, je dis cela en plaisantant, allez, la Goualeuse... je ne me permettrais pas de vous regarder dans cette idée-là... sans que vous me le permettiez... Mon enfant sera aussi laid que moi... qu'est-ce que ça me fait?... je ne l'en aimerai pas moins; pauvre petit malheureux, il n'a pas demandé à naître, comme on dit... Et s'il vit... qu'est-ce qu'il deviendra? dit-elle d'un air sombre et abattu. Hélas !... oui..... qu'est-ce qu'il deviendra, mon Dieu?

La Goualeuse tressaillit à ces paroles.

En effet, que pouvait devenir l'enfant de cette misérable, avilie, dégradée, pauvre et méprisée?... Quel sort !... quel avenir !...

— Ne pensez pas à cela, Mont-Saint-Jean, reprit Fleur-de-Marie; espérez que votre enfant trouvera des personnes charitables sur son chemin.

— Oh! on n'a pas deux fois la chance, voyez-vous, la Goualeuse, dit amèrement Mont-Saint-Jean en secouant la tête; je vous ai rencontrée... vous... c'est déjà un grand hasard... Et, tenez, soit dit sans vous offenser, j'aurais mieux aimé que mon enfant ait eu ce bonheur-là que moi. Ce vœu-là... c'est tout ce que je peux lui donner.

— Priez, priez... Dieu vous exaucera.

— Allons, je prierai, si ça vous fait plaisir, la Goualeuse, ça me portera peut-être bonheur; au fait, qui m'aurait dit, quand la Louve me battait, et que j'étais le *pâtiras* de tout le monde, qu'il se trouverait là un bon petit ange sauveur qui, avec sa jolie voix douce, serait plus fort que tout le monde et que la Louve, qui est si forte et si méchante?...

— Oui, mais la Louve a été bien bonne pour vous... quand elle a réfléchi que vous étiez doublement à plaindre.

— Oh! ça c'est vrai... grâce à vous, et je ne l'oublierai jamais... Mais dites donc, la Goualeuse, pourquoi donc a-t-elle, depuis l'autre jour, demandé à changer de quartier, la Louve... elle qui, malgré ses colères, avait l'air de ne pouvoir plus se passer de vous?

— Elle est un peu capricieuse...

— C'est drôle... une femme qui est venue ce matin du quartier de la prison où est la Louve dit qu'elle est toute changée...

— Comment cela?

— Au lieu de quereller ou de menacer le monde, elle est triste... triste, et s'isole dans les coins; si on lui parle, elle vous tourne le dos et ne vous répond pas... A présent la voir muette, elle qui criait toujours, c'est étonnant, n'est-ce pas? Et puis cette femme m'a dit encore une chose, mais pour cela... je ne le crois pas.

— Quoi donc?...

— Elle dit avoir vu pleurer la Louve... pleurer la Louve, c'est impossible.

— Pauvre Louve! c'est à cause de moi qu'elle a voulu changer de quartier... je l'ai chagrinée sans le vouloir, dit la Goualeuse en soupirant.

— Vous, chagriner quelqu'un, mon bon ange sauveur...

A ce moment l'inspectrice, madame Armand, entra dans le préau.

Après avoir cherché des yeux Fleur-de-Marie, elle vint à elle l'air satisfait et souriant.

— Bonne nouvelle, mon enfant...

— Que dites-vous, madame? s'écria la Goualeuse en se levant.

— Vos amis ne vous ont pas oubliée, ils ont obtenu votre mise en liberté... M. le directeur vient d'en recevoir l'avis.

— Il serait possible, madame? ah ! quel bonheur ! mon Dieu !...

Et l'émotion de Fleur-de-Marie fut si violente qu'elle pâlit, mit sa main sur son cœur qui battait avec violence, et retomba sur son banc.

— Calmez-vous, mon enfant, lui dit madame Armand avec bonté, heureusement ces secousses-là sont sans danger.

— Ah! madame, que de reconnaissance !...

— C'est sans doute madame la marquise d'Harville qui a obtenu votre liberté... il y a là une vieille dame chargée de vous conduire chez des personnes qui s'intéressent à vous... Attendez-moi, je vais revenir vous prendre, j'ai quelques mots à dire à l'atelier.

Il serait difficile de peindre l'expression de morne désolation qui assombrit les traits de Mont-Saint-Jean, en apprenant que son bon ange sauveur, comme elle appelait la Goualeuse, allait quitter Saint-Lazare.

La douleur de cette femme était moins causée par la crainte de redevenir le souffre-douleur de la prison que par le chagrin de se voir séparée du seul être qui lui eût jamais témoigné quelque intérêt.

Toujours assise au pied du banc, Mont-Saint-Jean porta ses mains aux deux touffes de cheveux hérissés qui sortaient en désordre de son vieux bonnet noir, comme pour se les arracher; puis, cette violente affliction faisant place à l'abattement, elle laissa retomber sa tête, et resta muette, immobile, le front caché dans ses mains, les coudes appuyés sur ses genoux.

Malgré sa joie de quitter la prison, Fleur-de-Marie ne put s'empêcher de frissonner un moment au souvenir de la Chouette et du Maître d'école, se rappelant que ces deux monstres lui avaient fait jurer de ne pas informer ses bienfaiteurs de son triste sort.

Mais ces funestes pensées s'effacèrent bientôt de l'esprit de Fleur-de-Marie devant l'espoir de revoir Bouqueval, madame Georges, Rodolphe, à qui elle voulait recommander la Louve et Martial; il lui semblait même que le sentiment exalté qu'elle se reprochait d'éprouver pour son bienfaiteur, n'étant plus nourri par le chagrin et par la solitude, se calmerait dès qu'elle reprendrait ses occupations rustiques, qu'elle aimait tant à partager avec les bons et simples habitants de la ferme.

Étonnée du silence de sa compagne, silence dont elle ne soupçonnait pas la cause, la Goualeuse lui toucha légèrement l'épaule, en disant :

— Mont-Saint-Jean, puisque me voilà libre... ne pourrais-je pas vous être utile à quelque chose?

En sentant la main de la Goualeuse, la prisonnière tressaillit, laissa retomber ses bras sur ses genoux, et tourna vers la jeune fille son visage ruisselant de larmes.

Une si amère douleur éclatait sur la figure de Mont-Saint-Jean, que sa laideur disparaissait.

— Mon Dieu !... qu'avez-vous? lui dit la Goualeuse; comme vous pleurez!

— Vous vous en allez! murmura la détenue d'une voix entrecoupée de sanglots ; je n'avais pourtant jamais pensé que d'un moment à l'autre vous partiriez d'ici... et que je ne vous verrais plus... plus... jamais...

— Je vous assure que je me souviendrai toujours de votre amitié... Mont-Saint-Jean.

— Mon Dieu, mon Dieu !... et dire que je vous aimais déjà tant... Quand j'étais là assise par terre, à vos pieds... il me semblait que j'étais sauvée... que je n'avais plus rien à craindre. Ce n'est pas pour les coups que les autres vont peut-être recommencer à me donner que je dis cela... j'ai la vie dure... Mais enfin il me semblait que vous étiez ma bonne chance et que vous porteriez bonheur à mon enfant, rien que parce que vous aviez eu pitié de moi... C'est vrai, allez, ça : quand on est habitué à être maltraité, on est plus sensible que d'autres à la bonté. Puis, s'interrompant pour éclater encore en sanglots, elle s'écria : Allons, c'est fini... c'est fini... au fait... ça devait arriver un jour ou l'autre... mon tort est de n'y avoir jamais pensé... C'est fini... plus rien... plus rien...

— Allons, courage, je me souviendrai de vous, vous vous souviendrez de moi.

— Oh! pour ça on me couperait en morceaux plutôt que de me faire vous renier ou vous oublier ; je deviendrais vieille, vieille comme les rues, que j'aurais toujours devant les yeux votre belle figure d'ange. Le premier mot que j'apprendrai à mon enfant, ça sera votre nom, la Goualeuse, car il vous aura dû de n'être pas mort de froid...

— Écoutez-moi, Mont-Saint-Jean, dit Fleur-de-Marie, touchée de l'affection de cette misérable, je ne puis rien vous promettre pour vous... quoique je connaisse des personnes bien charitables; mais pour votre enfant... c'est différent... Il est innocent de tout, lui, et les personnes dont je vous parle voudront peut-être bien se charger de le faire élever quand vous pourrez vous en séparer...

— M'en séparer... jamais, oh ! jamais, s'écria Mont-Saint-Jean avec exaltation : qu'est-ce que je deviendrais donc maintenant que j'ai compté sur lui...

— Mais... comment l'élèverez-vous? Fille ou garçon, il faut qu'il soit honnête, et pour cela...

— Il faut qu'il mange un pain honnête, n'est-ce pas la Goualeuse? Je le crois bien, c'est mon ambition; je me le dis tous les jours ; aussi, en sortant d'ici, je me remettrai pas le pied sous un pont... Je me ferai chiffonnière, balayeuse des rues, mais honnête ; on doit ça, sinon à soi, du moins à son enfant, quand on a l'honneur d'en avoir un... dit-elle avec une sorte de fierté.

— Et qui gardera votre enfant pendant que vous travaillerez? reprit la Goualeuse; ne vaudrait-il pas mieux, si cela est possible, comme je l'espère, le placer à la campagne chez de braves gens qui en feraient une brave fille de ferme ou un bon cultivateur? Vous viendriez de temps en temps le voir, et un jour vous trouveriez peut-être moyen de vous en rapprocher tout à fait : à la campagne on vit de si peu !

— Mais m'en séparer, m'en séparer ! je mettais toute ma joie en lui, moi qui n'ai rien qui m'aime.

— Il faut songer plus à lui qu'à vous, ma pauvre Mont-Saint-Jean; dans deux ou trois jours j'écrirai à madame Armand, et, si la demande que je compte faire en faveur de votre enfant réussit, vous n'aurez plus à dire de lui ce qui tout à l'heure m'a tant navré : Hélas ! mon Dieu, que deviendra-t-il ?

L'inspectrice, madame Armand, interrompit cet entretien ; elle venait chercher Fleur-de-Marie.

Après avoir de nouveau éclaté en sanglots et baigné de larmes désespérées les mains de la jeune fille, Mont-Saint-Jean retomba sur le banc dans un accablement stupide, ne songeant pas même à la promesse que Fleur-de-Marie venait de lui faire à propos de son enfant.

— Pauvre créature ! dit madame Armand au préau suivie de Fleur-de-Marie. Sa reconnaissance envers vous me donne meilleure opinion d'elle.

En apprenant que la Goualeuse était graciée, les autres détenues, loin de se montrer jalouses de cette faveur, lui témoignèrent leur joie ; quelques-unes entourèrent Fleur-de-Marie et lui firent des adieux pleins de cordialité, la félicitèrent franchement de sa prompte sortie de prison.

— C'est égal, dit l'une d'elles ; cette petite blonde nous a fait passer un bon moment... c'est quand nous avons boursillé pour la layette de Mont-Saint-Jean. On se souviendra de cela à Saint-Lazare.

Lorsque Fleur-de-Marie eut quitté le bâtiment des prisons sous la conduite de l'inspectrice, celle-ci lui dit :

— Maintenant, mon enfant, rendez-vous au vestiaire où vous déposerez vos vêtements de détenue pour reprendre vos habits de paysanne, qui, par leur simplicité rustique, vous seyaient si bien ; adieu, vous allez être heureuse, car vous allez vous trouver sous la protection de personnes recommandables, et vous quittez cette maison pour n'y jamais rentrer. Mais... tenez... je ne suis guère raisonnable, dit madame Armand, dont les yeux se mouillèrent de larmes ; il m'est impossible de vous cacher combien je m'étais déjà attachée à vous, pauvre petite !

Puis, voyant le regard de Fleur-de-Marie devenir humide aussi, l'inspectrice ajouta : Vous ne m'en voudrez pas, je l'espère, d'attrister ainsi votre départ ?

— Ah ! madame... n'est-ce pas grâce à votre recommandation que cette jeune dame, à qui je dois ma liberté, s'est intéressée à mon sort ?

— Oui, et je suis heureuse de ce que j'ai fait ; mes pressentiments ne m'avaient pas trompée...

A ce moment une cloche sonna.

— Voici l'heure du travail des ateliers, il faut que je rentre... Adieu, encore adieu, ma chère enfant !...

Et madame Armand, aussi émue que Fleur-de-Marie, l'embrassa tendrement : puis elle dit à un des employés de la maison :

— Conduisez mademoiselle au vestiaire.

— Un quart d'heure après, Fleur-de-Marie, vêtue en paysanne ainsi que nous l'avons vue à la ferme de Bouqueval, entrait dans le greffe, où l'attendait madame Séraphin.

La femme de charge du notaire Jacques Ferrand venait chercher cette malheureuse enfant pour la conduire à l'île du Ravageur.

CHAPITRE XI.

Souvenirs.

Jacques Ferrand avait facilement et promptement obtenu la liberté de Fleur-de-Marie, liberté qui dépendait d'une simple décision administrative.

Instruit par la Chouette du séjour de la Goualeuse à Saint-Lazare, il s'était aussitôt adressé à l'un de ses clients, homme honorable et influent, lui disant qu'une jeune fille, d'abord égarée mais sincèrement repentante et récemment enfermée à Saint-Lazare, risquait, par le contact des autres prisonnières, de voir s'affaiblir peut-être ses bonnes résolutions. Cette jeune fille lui ayant été vivement recommandée par des personnes respectables qui devaient se charger d'elle à sa sortie de prison, avait ajouté Jacques Ferrand, il priait son tout-puissant client, au nom de la morale, de la religion et de la réhabilitation future de cette infortunée, de solliciter sa libération.

Enfin le notaire, pour se mettre à l'abri de toute recherche ultérieure, avait surtout et instamment prié son client de ne pas le nommer dans l'accomplissement de cette bonne œuvre ; ce vœu, attribué à la modestie philanthropique de Jacques Ferrand, fut scrupuleusement observé : la liberté de Fleur-de-Marie fut demandée et obtenue au seul nom du client qui, pour comble d'obligeance, envoya directement à Jacques Ferrand l'ordre de sortie, afin qu'il pût l'adresser aux protecteurs de la jeune fille.

Madame Séraphin, en remettant cet ordre au directeur de la prison, ajouta qu'elle était chargée de conduire la Goualeuse auprès des personnes qui s'intéressaient à elle.

D'après les excellents renseignements donnés par l'inspectrice à madame d'Harville sur Fleur-de-Marie, personne ne douta que celle-ci ne dût sa liberté à l'intervention de la marquise.

La femme de charge du notaire ne pouvait donc en rien exciter la défiance de sa victime.

Madame Séraphin avait, selon l'occasion et ainsi qu'on le dit vulgairement, l'air bonne femme ; il fallait assez d'observation pour remarquer quelque chose d'insidieux, de faux, de cruel dans son regard patelin, dans son sourire hypocrite.

Malgré sa profonde scélératesse, qui l'avait rendue complice ou confidente des crimes de son maître, madame Séraphin ne put s'empêcher d'être frappée de la touchante beauté de cette jeune fille, qu'elle avait livrée tout enfant à la Chouette... et qu'elle conduisait alors à une mort certaine.

— Eh bien ! ma chère demoiselle, lui dit madame Séraphin d'une voix mielleuse, vous devez être bien contente de sortir de prison ?

— Oh ! oui, madame, et c'est, sans doute, à la protection de madame d'Harville, qui a été si bonne pour moi....

— Vous ne vous trompez pas... mais venez... nous sommes déjà un peu en retard... et nous avons une longue route à faire.

— Nous allons à la ferme de Bouqueval, chez madame Georges, n'est-ce pas... madame ? s'écria la Goualeuse.

— Oui... certainement, nous allons à la campagne... chez madame Georges, dit la femme de charge pour éloigner tout soupçon de l'esprit de Fleur-de-Marie, puis elle ajouta, avec un air de malicieuse bonhomie :

— Mais ce n'est pas tout : avant de voir madame Georges, une petite surprise vous attend ; venez, notre fiacre est en bas... Quel oui vous allez pousser en sortant d'ici... chère demoiselle !... Allons, partons... Votre servante, messieurs.

Et madame Séraphin, après avoir salué le greffier et son commis, descendit avec la Goualeuse.

Un gardien les suivait, chargé de faire ouvrir les portes.

La dernière venait de se refermer, et les deux femmes se trouvaient sous le vaste porche qui donne sur la rue du Faubourg-Saint-Denis, lorsqu'elles se rencontrèrent avec une jeune fille qui venait sans doute visiter quelque prisonnière.

C'était Rigolette... Rigolette toujours leste et coquette ; un petit bonnet très-simple, mais frais et orné de faveurs cerise qui accompagnaient à merveille ses bandeaux de cheveux noirs, encadrait son joli minois; un col blanc se rabattait sur son long tartan brun. Elle portait au bras un cabas de paille : grâce à sa démarche de chatte attentive et proprette, ses brodequins à semelles épaisses étaient d'une propreté miraculeuse, quoiqu'elle vînt, hélas ! de bien loin, la pauvre enfant.

— Rigolette ! s'écria Fleur-de-Marie en reconnaissant son ancienne compagne de prison (1) et de promenades champêtres.

— La Goualeuse ! dit à son tour la grisette.

Et les deux jeunes filles se jetèrent dans les bras l'une de l'autre.

Rien de plus enchanteur que le contraste de ces deux enfants de seize ans, tendrement embrassées, toutes deux si charmantes, et pourtant si différentes de physionomie et de beauté.

L'une blonde, aux grands yeux bleus mélancoliques, au profil d'une angélique pureté idéale, un peu pâli, un peu attristé, un peu spiritualisé, de ces adorables paysannes de Greuze, d'un coloris si frais et si transparent... mélange ineffable de rêverie, de candeur et de grâce.

L'autre, brune piquante, aux joues rondes et vermeilles, aux jolis yeux noirs, au rire ingénu, à la mine éveillée, type ravissant de jeunesse, d'insouciance et de gaieté, exemple rare et touchant du bonheur dans l'indigence, de l'honnêteté dans l'abandon et de la joie dans le travail.

---

(1) Le lecteur se souvient peut-être que, dans le récit de ses premières années qu'elle a fait à Rodolphe lors de son entretien avec lui chez l'ogresse, la Goualeuse lui avait parlé de Rigolette, qui, enfant vagabond comme elle, avait été enfermée jusqu'à seize ans dans une maison de détention.

Après l'échange de leurs naïves caresses, les deux jeunes filles se regardèrent...

Rigolette était radieuse de cette rencontre... Fleur-de-Marie confuse...

La vue de son amie lui rappelait le peu de jours de bonheur calme qui avait précédé sa dégradation première.

— C'est toi... quel bonheur !... disait la grisette...

— Mon Dieu, oui, quelle douce surprise !... il y a si longtemps que nous ne nous sommes vues... répondit la Goualeuse.

— Ah ! maintenant, je ne m'étonne plus de ne t'avoir pas rencontrée depuis six mois... reprit Rigolette en remarquant les vêtements rustiques de la Goualeuse, tu habites donc la campagne ?...

— Oui... depuis quelque temps, dit Fleur-de-Marie en baissant les yeux...

— Et tu viens, comme moi, voir quelqu'un en prison ?

— Oui... je venais... je viens de voir quelqu'un, dit Fleur-de-Marie en balbutiant et en rougissant de honte.

— Et tu t'en retournes chez toi ?.. loin de Paris sans doute ? chère petite Goualeuse... toujours bonne : je te reconnais bien là... Te rappelles-tu cette pauvre femme en couche à qui tu avais donné ton matelas, du linge, et le peu d'argent qui te restait, et que nous allions dépenser à la campagne..., car alors tu étais déjà folle de la campagne, toi... mademoiselle la villageoise.

— Et toi, tu ne l'aimais pas beaucoup, Rigolette ; étais-tu complaisante ! c'est pour moi que tu y venais pourtant.

— Et pour moi aussi... car toi, qui étais toujours un peu sérieuse, tu devenais si contente, si gaie, si folle une fois au milieu des champs ou des bois... que rien que de t'y voir... c'était pour moi un plaisir... mais laisse-moi donc encore te regarder. Comme ce joli bonnet rond te va bien ! es-tu gentille ainsi ! décidément... c'était ta vocation de porter un bonnet de paysanne, comme la mienne de porter un bonnet de grisette. Te voilà selon ton goût, tu dois être contente... du reste, ça m'étonne pas... quand je ne t'ai plus vue, je me suis dit : Cette bonne petite Goualeuse n'est pas faite pour Paris, c'est une vraie fleur des bois, comme dit la chanson, et ces fleurs-là ne vivent pas dans la capitale, l'air n'y est pas bon pour elles... Aussi la Goualeuse se sera mise en place chez de braves gens à la campagne : c'est ce que tu as fait, n'est-ce pas ?

— Oui... dit Fleur-de-Marie en rougissant.

— Seulement... j'ai un reproche à te faire.

— A moi ?...

— Tu aurais dû me prévenir... on ne se quitte pas ainsi du jour au lendemain... ou du moins sans donner de ses nouvelles.

— Je..., j'ai quitté Paris... si vite, dit Fleur-de-Marie de plus en plus confuse, que je n'ai pas pu...

— Oh ! je ne t'en veux pas, je suis trop contente de te revoir... Au fait, tu as bien raison de quitter Paris, va, c'est si difficile d'y vivre tranquille ; sans compter qu'une pauvre fille isolée comme nous sommes peut tourner à mal sans le vouloir... Quand on n'a personne pour vous conseiller... on a si peu de défense... les hommes vous font toujours de si belles promesses ; et puis, dame, quelquefois la misère est si dure... Tiens, te souviens-tu de la petite Julie qui était si gentille ? et de Rosine, la blonde aux yeux noirs ?

— Oui... je m'en souviens.

— Eh bien ! ma pauvre Goualeuse, elles ont été trompées toutes les deux, puis abandonnées, et enfin de malheurs en malheurs elles en sont tombées à être de ces vilaines femmes que l'on renferme ici...

— Ah ! mon Dieu ! s'écria Fleur-de-Marie qui baissa la tête et devint pourpre.

Rigolette, se trompant sur le sens de l'exclamation de son amie, reprit :

— Elles sont coupables, méprisables... même, si tu veux, je ne dis pas ; mais, vois-tu, ma bonne Goualeuse, parce que nous avons eu le bonheur de rester honnêtes toi, parce que tu as été vivre à la campagne auprès de braves paysans ; moi, parce que je n'avais pas de temps à perdre avec les amoureux... que je leur préférais mes oiseaux, et que je mettais tout mon plaisir à avoir, grâce à mon travail, un petit ménage bien gentil... Il ne faut pas être trop sévère pour les autres ; mon Dieu, qui sait... si l'occasion, la tromperie, la misère n'ont pas été pour beaucoup dans la mauvaise conduite de Rosine et de Julie... et si à leur place nous n'aurions pas fait comme elles !...

— Oh ! dit amèrement Fleur-de-Marie, je ne les accuse pas... je les plains...

— Allons, allons, nous sommes pressées, ma chère demoiselle, dit madame Séraphin en offrant son bras à sa victime avec impatience.

— Madame, donnez-nous encore quelques moments ; il y a si longtemps que je n'ai vu ma pauvre Goualeuse, dit Rigolette.

— C'est qu'il est tard, mesdemoiselles ; déjà trois heures, et nous avons une longue course à faire, répondit madame Séraphin fort contrariée de cette rencontre ; puis elle ajouta : Je vous donne encore dix minutes...

— Et toi, reprit Fleur-de-Marie en prenant les mains de son amie dans les siennes, tu as un caractère si heureux ; tu es toujours gaie ? toujours contente ?...

— Je l'étais il y a quelques jours... contente et gaie, mais maintenant...

— Tu as des chagrins ?

— Moi ? ah bien oui, tu me connais... un vrai Roger-Bontemps... je ne suis pas changée... mais malheureusement tout le monde n'est pas comme moi... Et comme les autres ont des chagrins, ça fait que j'en ai

— Toujours bonne....

— Que veux-tu !... figure-toi que je viens ici pour une pauvre fille... une voisine... la brebis du bon Dieu, qu'on accuse à tort et qui est bien à plaindre, va ; elle s'appelle Louise Morel, c'est la fille d'un honnête ouvrier qui est devenu fou tant il était malheureux.

Au nom de Louise Morel, une des victimes du notaire, madame Séraphin tressaillit et regarda très-attentivement Rigolette.

La figure de la grisette lui était absolument inconnue ; néanmoins la femme de charge prêta dès lors beaucoup d'attention à l'entretien des deux jeunes filles.

— Pauvre femme ! reprit la Goualeuse, comme elle doit être contente de ce que tu ne l'oublies pas dans son malheur !

— Ce n'est pas tout, c'est comme elle : telle que tu me vois, je viens de bien loin... et encore d'une prison... mais d'une prison d'hommes.

— D'une prison d'hommes, toi ?...

— Ah ! mon Dieu oui, j'ai là une autre pauvre pratique bien triste, aussi je vois mon cabas (et Rigolette le montra), il est partagé en deux, chacun a son côté : aujourd'hui j'apporte à Louise un peu de linge, et tantôt j'ai aussi porté quelque chose à ce pauvre Germain... mon prisonnier s'appelle Germain : tiens, je ne peux pas penser à ce qui vient de m'arriver sans avoir envie de pleurer... c'est bête, je sais bien, cela n'en vaut pas la peine, mais enfin je suis comme ça.

— Et pourquoi as-tu envie de pleurer ?

— Figure-toi que Germain est si malheureux d'être confondu avec ces mauvais hommes de la prison qu'il est tout accablé, n'ayant de goût à rien, ne mangeant pas et maigrissant à vue d'œil... Je m'aperçois de ça, et je me dis : Il n'a pas faim, je vais lui faire une petite friandise qu'il aimait bien quand il était mon voisin, ça le ragoûtera... Quand je dis friandise, entendons-nous, c'étaient tout bonnement de belles pommes de terre jaunes, écrasées avec un peu de lait et de sucre ; j'en ai mis dans une jolie tasse bien propre, et tantôt je lui porte ça à sa prison en lui disant que j'avais préparé moi-même ce pauvre petit régal, comme autrefois, dans le bon temps, je comprends ; je croyais ainsi lui donner un peu envie de manger... Ah bien oui...

— Comment ?

Ça lui a donné envie de pleurer ; quand il a reconnu la tasse dans laquelle je l'avais si souvent pris son lait devant lui, il s'est mis à fondre en larmes... et, par-dessus le marché, j'ai fini par faire comme lui, quoique j'aie voulu m'en empêcher. Tu vois comme j'ai de la chance, je croyais bien faire... le consoler, et je l'ai attristé davantage encore.

— Oui, mais ces larmes-là lui auront été si douces !

— C'est égal, j'aurais autant aimé le consoler autrement ; mais je parle de lui sans te dire qui il est ; c'est un ancien voisin à moi... le plus honnête garçon du monde, aussi doux, aussi timide qu'une jeune fille, et que j'aimais comme un camarade, comme un frère.

— Oh ! alors, je conçois que ses chagrins soient devenus les tiens.

— N'est-ce pas ? Mais tu vas voir comme il a bon cœur. Quand je me suis en allée, je lui ai demandé, pour mes commissions, en lui disant en riant, afin de l'égayer un peu, que j'étais sa petite femme de ménage et que je serais bien exacte, bien active, pour garder sa pratique. Alors lui, s'efforçant de sourire, m'a demandé de lui apporter un des romans de Walter Scott qu'il m'avait autrefois lus le soir pendant que je travaillais ; ce roman-là s'appelle Ivanhoë... oui, c'est ça, j'aimais tant ce livre-là, qu'il me l'avait lu deux fois !... Pauvre Germain il était si complaisant !...

— C'est un souvenir de cet heureux temps passé qu'il veut avoir...

— Certainement, puisqu'il m'a prié d'aller dans le même cabinet de lecture, non pour louer, mais pour acheter les mêmes volumes que nous lisions ensemble... Oui, les acheter... et tu juges, pour lui, c'est un sacrifice, car il est aussi pauvre que nous.

— Excellent cœur ! dit la Goualeuse tout émue.

— Te voilà aussi attendrie toi... quand il m'a chargé de cette commission, ma bonne petite Goualeuse ; mais tu comprends, plus je me sentais envie de pleurer, plus je tâchais de rire, car, pleurer deux fois dans une visite faite exprès pour l'égayer, c'était trop fort... Aussi, pour cacher ça, je me suis mise à lui rappeler les drôles d'histoires d'un juif, un personnage de ce roman qui nous amusait tant autrefois... mais plus je parlais, plus il me regardait avec de grosses, grosses larmes dans les yeux. Dame, moi, ça m'a fendu le cœur ; j'avais beau renfoncer mes larmes depuis un quart d'heure... j'ai fini par faire comme lui ; quand je l'ai quitté, il sanglotait, et je me disais, furieuse de ma sottise :

— Si c'est comme ça que je le console et que je l'égaye, c'est bien la peine de le voir, moi qui me promets toujours de le faire rire, c'est étonnant comme j'y réussis.

Au nom de Germain, autre victime du notaire, madame Séraphin avait redoublé d'attention.

— Et qu'a-t-il donc fait, ce jeune homme, pour être [en prison] ? demanda Fleur-de-Marie.

— Lui ! s'écria Rigolette, dont l'attendrissement cédait à l'indignation, il a fait qu'il est poursuivi par un vieux monstre de notaire... qui est aussi le dénonciateur de Louise.

— De Louise, que tu viens voir ici ?

— Sans doute ; elle était la servante du notaire, et Germain était son caissier... Il serait trop long de te dire de quoi il accuse bien injustement ce pauvre garçon... Mais, ce qu'il y a de sûr, c'est que ce méchant homme est comme un enragé après ces deux malheureux, qui ne lui ont jamais fait de mal... Mais patience, patience, chacun aura son tour...

Rigolette prononça ces derniers mots avec une expression qui inquiéta madame Séraphin. Se mêlant à la conversation, au lieu d'y demeurer étrangère, elle dit à Fleur-de-Marie d'un air patelin :

— Ma chère demoiselle, il est tard, il faut partir... on nous attend. Je comprends bien que ce que vous dit mademoiselle vous intéresse, car moi, qui ne connais pas la jeune fille et le jeune homme dont on parle, ça me désole. Mon Dieu ! est-il possible qu'il y ait des gens si méchants ! Et comment donc s'appelle-t-il, ce vilain notaire dont vous parlez, mademoiselle ?

Rigolette n'avait aucune raison de se défier de madame Séraphin. Néanmoins, se souvenant des recommandations de Rodolphe, qui lui avait enjoint la plus grande réserve au sujet de la protection cachée qu'il accordait à Germain et à Louise, elle regretta de s'être laissé entraîner à dire : Patience, chacun aura son tour.

— Ce méchant homme s'appelle M. Ferrand, madame, reprit donc Rigolette, ajoutant très-adroitement, pour réparer sa légère indiscrétion : et c'est d'autant plus mal à lui de tourmenter Louise et Germain, que personne ne s'intéresse à eux... excepté moi... ce qui ne leur sert pas à grand'chose.

— Quel malheur ! reprit madame Séraphin, j'avais espéré le contraire quand vous avez dit : « Mais patience... » Je croyais que vous comptiez sur quelque protecteur pour soutenir ces deux infortunés contre ce méchant notaire.

— Hélas ! non, madame, ajouta Rigolette, afin de détourner complétement les soupçons de madame Séraphin ; qui serait assez généreux pour prendre le parti de ces deux pauvres jeunes gens contre un homme riche et puissant, comme l'est M. Ferrand ?

— Oh ! il y a des cœurs assez généreux pour cela ! reprit Fleur-de-Marie après un moment de réflexion et avec une exaltation contrainte, oui, je connais quelqu'un qui se fait un devoir de protéger ceux qui souffrent et de les défendre, car celui dont je te parle est aussi secourable aux honnêtes gens qu'il est redoutable aux méchants.

Rigolette regarda la Goualeuse avec étonnement, et fut sur le point de lui dire, en songeant à Rodolphe, qu'elle aussi connaissait quelqu'un qui prenait courageusement le parti du faible contre le fort ; mais, toujours fidèle aux recommandations de son voisin (ainsi qu'elle appelait le prince), la grisette répondit à Fleur-de-Marie :

— Vraiment ! tu connais quelqu'un d'assez généreux pour venir aussi en aide aux pauvres gens ?

— Oui... et, quoique j'aie déjà à implorer sa pitié, sa bienfaisance pour d'autres personnes, je suis sûre que s'il connaissait le malheur immérité de Louise et de M. Germain... il les sauverait et punirait leur persécuteur... car sa justice et sa bonté sont inépuisables comme celles de Dieu...

Madame Séraphin regarda sa victime avec surprise.

— Cette petite fille serait-elle donc encore plus dangereuse que nous ne le pensions ? se dit-elle ; si j'avais pu en avoir pitié, ce qu'elle vient de dire rendrait inévitable l'accident qui va nous en débarrasser.

— Ma bonne petite Goualeuse, puisque tu as une si bonne connaissance, je t'en supplie, recommande-lui ma bonne Louise et mon Germain, car ils ne méritent pas leur mauvais sort, dit Rigolette en songeant que ses amis ne pouvaient que gagner à avoir deux défenseurs au lieu d'un.

— Sois tranquille, je te promets de faire ce que je pourrai pour tes protégés auprès de M. Rodolphe, dit Fleur-de-Marie.

— M. Rodolphe ! s'écria Rigolette étrangement surprise.

— Sans doute, dit la Goualeuse.

— M. Rodolphe !... un commis-voyageur ?

— Je ne sais pas ce qu'il est... mais pourquoi cet étonnement ?

— Parce que je connais aussi un M. Rodolphe.

— Ce n'est peut-être pas le même.

— Voyons, voyons le tien ; comment est-il ?

— Jeune !...

— C'est ça.

— Une figure pleine de noblesse et de bonté.

— C'est tout comme le mien, dit Rigolette de plus en plus étonnée, et elle ajouta : Est-il brun, a-t-il de petites moustaches ?

— Oui.

— Enfin, il est grand et mince... il a une taille charmante... et l'air si comme il faut... pour un commis-voyageur... Est-ce toujours bien ça le tien ?

— Sans doute, c'est lui, répondit Fleur-de-Marie ; seulement, ce qui m'étonne, c'est que tu crois qu'il est commis-voyageur.

— Quant à cela, j'en suis sûre... il me l'a dit.

— Tu le connais ?

— Si je le connais ? c'est mon voisin.

— M. Rodolphe ?

— Il a une chambre au quatrième, à côté de la mienne.

— Lui ?... lui ?...

— Qu'est-ce qu'il y a d'étonnant à cela ? C'est tout simple ; il ne gagne guère que quinze ou dix-huit cents francs par an ; il ne peut prendre qu'un logement modeste, quoiqu'il ait l'air de ne pas avoir beaucoup d'ordre... car il ne sait pas seulement ce que ses habits lui coûtent.... mon cher voisin...

— Non... non... ce n'est pas le même... dit Fleur-de-Marie en réfléchissant.

— Ah çà ! le tien est donc un phénix pour l'ordre ?

— Celui dont je te parle, vois-tu, Rigolette, dit Fleur-de-Marie avec enthousiasme, est tout-puissant... on ne prononce son nom qu'avec amour et vénération... son aspect trouble, impose... et l'on est tenté de s'agenouiller devant sa grandeur et sa bonté.

— Alors je m'y perds, ma pauvre Goualeuse ; je dis comme toi, ça n'est plus le même, car le mien n'est ni tout-puissant, ni imposant, il est très-bon enfant, très-gai, et on ne s'agenouille pas devant lui ; au contraire, car il m'avait promis de m'aider à cirer ma chambre, sans compter qu'il devait me mener promener le dimanche... Tu vois que ça n'est pas un gros seigneur. Mais à quoi est-ce que je pense, j'ai joliment le cœur à la promenade ! Et Louise, et mon pauvre Germain ! tant qu'ils seront en prison, il n'y aura pas de plaisir pour moi.

Depuis quelques moments Fleur-de-Marie réfléchissait profondément ; elle s'était tout à coup rappelé que, lors de sa première entrevue avec Rodolphe chez l'ogresse, il avait l'extérieur et le langage des hôtes du tapis-franc. Ne pouvait-il pas jouer le rôle de commis-voyageur auprès de Rigolette ?

Mais quel était le but de cette nouvelle transformation ?

La grisette reprit, voyant l'air pensif de Fleur-de-Marie :

— Il n'est pas besoin de te creuser la tête pour cela, ma bonne Goualeuse ; nous saurons bien si nous connaissons le même M. Rodolphe ; quand tu verras le tien, parle-lui de moi ; quand je verrai le mien, je lui parlerai de toi ; de cette manière-là nous saurons tout de suite à quoi nous en tenir.

— Et où demeures-tu, Rigolette ?

— Rue du Temple, n° 17.

— Voilà qui est étrange et bon à savoir, se dit madame Séraphin, qui avait attentivement écouté cette conversation. Ce M. Rodolphe, mystérieux et tout-puissant personnage, qui se fait sans doute passer pour commis-voyageur, occupe un logement voisin de celui de cette petite ouvrière, qui a l'air d'en savoir plus qu'elle n'en veut dire, et se défenseur des opprimés loge ainsi qu'elle dans la maison de Morel et de Bradamanti... Bon, bon, si la grisette et le prétendu commis-voyageur continuent à se mêler de ce qui ne les regarde pas, on saura où les trouver.

— Lorsque j'aurai parlé à M. Rodolphe, je t'écrirai, dit la Goualeuse, et je te donnerai mon adresse pour que tu puisses me répondre ; mais répète-moi la tienne, je crains de l'oublier.

— Tiens, j'ai justement sur moi des cartes que je laisse à mes pratiques, et elle donna à Fleur-de-Marie une petite carte sur laquelle était écrit en magnifique bâtarde : Mademoiselle Rigolette, couturière, rue du Temple, n° 17. C'est comme imprimé, n'est-ce pas ? ajouta la grisette. C'est encore ce pauvre Germain qui me les a écrites dans le temps, ces cartes-là ; il était si bon, si prévenant !... Tiens, vois-tu, c'est comme un fait exprès, on dirait que je ne m'aperçois de toutes ses excellentes qualités que depuis qu'il est malheureux... et maintenant je suis toujours à me reprocher d'avoir attendu si tard pour l'aimer...

— Tu l'aimes donc ?

— Ah ! mon Dieu oui !... il faut bien que j'aie un prétexte pour aller le voir en prison. Avoue que je suis une drôle de fille, dit Rigolette en étouffant un soupir et en riant dans ses larmes, comme dit le proverbe.

— Tu es bonne et généreuse comme toujours, dit Fleur-de-Marie en pressant tendrement les mains de son amie.

Madame Séraphin en avait sans doute assez appris par l'entretien des deux jeunes filles, car elle dit presque brusquement à Fleur-de-Marie :

— Allons, allons, ma chère demoiselle, partons ; il est tard, voilà un quart d'heure de perdu.

— A-t-elle l'air bougon, cette vieille !... je n'aime pas sa figure, dit tout bas Rigolette à Fleur-de-Marie. Puis elle reprit tout haut : — Quand tu viendras à Paris, ma bonne Goualeuse, ne m'oublie pas ; ta visite me ferait tant de plaisir ! Je serais si contente de passer une journée avec toi, de te montrer mon petit ménage, ma chambre, mes oiseaux !... j'ai des oiseaux... c'est mon luxe.

— Je tâcherai de t'aller voir, mais certainement je t'écrirai ; allons, adieu, Rigolette, adieu... Si tu savais comme je suis heureuse de t'avoir rencontrée !

— Et moi donc... mais ce ne sera pas la dernière fois, je l'espère ; et puis je suis si impatiente de savoir si ton M. Rodolphe est le même que le mien... Écris-moi bien vite à ce sujet, je t'en prie.

— Oui, oui... adieu, Rigolette.

— Adieu, ma bonne petite Goualeuse.

Et les deux jeunes filles s'embrassèrent tendrement en dissimulant leur émotion.

Rigolette entra dans la prison pour voir Louise, grâce au permis que lui avait fait obtenir Rodolphe.

Fleur-de-Marie monta en fiacre avec madame Séraphin, qui ordonna au cocher d'aller aux Batignolles et de s'arrêter à la barrière.

Un chemin de traverse très-court conduisait de cet endroit presque directement au bord de la Seine, non loin de l'île du Ravageur.

Fleur-de-Marie, ne connaissant pas Paris, n'avait pu s'apercevoir que la voiture suivait une autre route que celle de la barrière Saint-Denis. Ce fut seulement lorsque le fiacre s'arrêta aux Batignolles qu'elle dit à madame Séraphin, qui l'invitait à descendre :

— Mais il me semble, madame, que ce n'est pas là le chemin de Bouqueval... Et puis comment irons-nous à pied d'ici jusqu'à la ferme ?

— Tout ce que je puis vous dire, ma chère demoiselle, reprit cordialement la femme de charge, c'est que j'exécute les ordres de vos bienfaiteurs... et que vous leur feriez grand'peine si vous hésitiez à me suivre...

— Oh ! madame, ne le pensez pas ! s'écria Fleur-de-Marie ; vous êtes envoyée par eux, je n'ai aucune question à vous adresser... je vous suis aveuglément ; dites-moi seulement si madame Georges se porte toujours bien.

— Elle se porte à ravir.
— Et M. Rodolphe ?
— Parfaitement bien aussi.
— Vous le connaissez donc, madame ; mais tout à l'heure, quand je parlais de lui avec Rigolette, vous n'en avez rien dit ?
— Parce que je ne devais rien en dire... apparemment. J'ai mes ordres...
— C'est lui qui vous les a donnés ?
— Est-elle curieuse, cette chère demoiselle, est-elle curieuse ! dit en riant la femme de charge.
— Vous avez raison ; pardonnez mes questions, madame. Puisque nous allons à pied à l'endroit où vous me conduisez, ajouta Fleur-de-Marie en souriant doucement, je saurai bientôt ce que je désire tant de savoir.
— En effet, ma chère demoiselle : avant un quart d'heure, nous serons arrivées.

La femme de charge, ayant laissé derrière elle les dernières maisons des Batignolles, suivit avec Fleur-de-Marie un chemin gazonné bordé de noyers.

Le jour était tiède et beau ; le ciel à demi voilé de nuages empourprés par le couchant : le soleil, commençant à décliner, jetait ses rayons obliques sur les hauteurs de Colombes, de l'autre côté de la Seine.

A mesure que Fleur-de-Marie approchait des bords de la rivière, ses joues pâles se coloraient légèrement ; elle aspirait avec délices l'air vif et pur de la campagne.

Sa touchante physionomie exprimait une satisfaction si douce, que madame Séraphin lui dit :

— Vous semblez bien contente, ma chère demoiselle ?
— Oh ! oui, madame... je vais revoir madame Georges, peut-être M. Rodolphe... j'ai de pauvres créatures très-malheureuses à leur recommander... j'espère qu'on les soulagera... comment ne serais-je pas contente ? Si j'étais triste, comment ma tristesse ne s'effacerait-elle pas ? Et puis, voyez donc... le ciel est si gai avec ses nuages roses ! et le gazon... est-il vert malgré la saison ! et là-bas... là-bas... derrière ces saules, la rivière... est-elle grande, mon Dieu ! le soleil y brille, c'est éblouissant... on dirait des reflets d'or... il brillait ainsi lo it à l'heure dans l'eau du petit bassin de la prison... Dieu n'oublie pas les pauvres prisonniers... il leur donne aussi leur rayon de soleil, ajouta Fleur-de-Marie avec une touchante reconnaissance ; puis, ramenée par le souvenir de sa captivité à mieux apprécier encore le bonheur d'être libre, elle s'écria dans un élan de joie naïve :

— Ah ! madame... et là-bas, au milieu de la rivière, voyez donc cette jolie petite île bordée de saules et de peupliers, avec cette maison blanche au bord de l'eau... comme cette habitation doit être charmante l'été quand tous les arbres sont couverts de feuilles ; quel silence, quelle fraîcheur on doit y trouver !

— Ma foi, dit madame Séraphin avec un sourire étrange, je suis ravie que vous trouviez cette île jolie.
— Pourquoi cela, madame ?
— Parce que nous y allons.
— Dans cette île ?
— Oui, cela vous surprend ?
— Un peu, madame.
— Et si vous trouviez là vos amis ?
— Que dites-vous ?
— Vos amis rassemblés pour fêter votre sortie de prison ? ne seriez-vous pas encore plus agréablement surprise ?
— Il serait possible ! madame Georges... M. Rodolphe...
— Tenez, ma chère demoiselle, je n'ai pas plus de défense qu'un enfant... mais votre petit air innocent vous me feriez dire ce que je ne dois pas dire.
— Je vais les revoir... oh ! madame, comme mon cœur bat !
— N'allez donc pas si vite, je conçois votre impatience, mais je puis à peine vous suivre... petite folle...

— Pardon, madame, j'ai tant de hâte d'arriver...
— C'est bien naturel... je ne vous en fais pas un reproche, au contraire...
— Voici le chemin qui descend, il est mauvais, voulez-vous mon bras, madame ?
— Ce n'est pas de refus, ma chère demoiselle... car vous êtes leste et ingambe, et moi je suis vieille.
— Appuyez-vous sur moi, madame, n'ayez pas peur de me fatiguer.
— Merci, ma chère demoiselle, votre aide n'est pas de trop, cette descente est si rapide... enfin nous voici dans une belle route.
— Ah ! madame, il est donc vrai, je vais revoir madame Georges ? je ne puis le croire.
— Encore un peu de patience... dans un quart d'heure... vous la verrez et vous la croirez alors !
— Ce que je ne puis pas comprendre, ajouta Fleur-de-Marie après un moment de réflexion, c'est que madame Georges m'attende là au lieu de m'attendre à la ferme.
— Toujours curieuse, cette chère demoiselle, toujours curieuse...
— Comme je suis indiscrète, n'est-ce pas, madame ? dit Fleur-de-Marie en souriant.
— Aussi pour vous j'ai bien envie de vous apprendre la surprise qui vos amis vous ménagent.
— Une surprise ? à moi, madame ?
— Tenez, laissez-moi tranquille, petite espiègle, vous me feriez encore parler malgré moi.

Nous laisserons madame Séraphin et sa victime dans le chemin qui conduit à la rivière.

Nous les précéderons toutes deux de quelques moments à l'île du Ravageur.

CHAPITRE XII.

LE BATEAU.

— Eh quoi ! déjà partir ?
— Partir ! ne plus entendre vos nobles p
roles ! Non, par le ciel ! je reste ici, maître
WOLFRANG, sc. II.

Pendant la nuit, l'aspect de l'île habitée par la famille Martial était sinistre ; mais, à la brillante clarté du soleil, rien de plus riant que ce séjour maudit.

Bordée de saules et de peupliers, presque entièrement couverte d'une herbe épaisse, où serpentaient quelques allées de sable jaune, l'île renfermait un petit jardin potager et un assez grand nombre d'arbres fruits. Au milieu de ce verger on voyait la baraque à toit de chaume dans laquelle Martial voulait se retirer avec François et Amandine. De côté, l'île se terminait à sa pointe par une sorte d'estacade formée gros pieux destinés à contenir l'éboulement des terres.

Devant la maison, touchant presque au débarcadère, s'arrondissait une tonnelle de treillage vert, destinée à supporter pendant l'été les ges grimpantes de la vigne vierge et du houblon, berceau de verdu sous lequel on disposait alors les tables des buveurs.

A l'une des extrémités de la maison, pelote en blanc et recouvert de tuiles, un bûcher surmonté d'un grenier formait en retour une peti aile beaucoup plus basse que le corps de logis principal. Presque au-de sus de cette aile on remarquait une fenêtre aux volets garnis de pl ques de tôle, et extérieurement condamnés par deux barres de fer tra versales, que de forts crampons fixaient au mur.

Trois bachots se balançaient, amarrés aux pilotis du débarcadère.

Accroupi au fond de l'un de ces bachots, Nicolas s'assurait du lib jeu de la soupape qu'il y avait adaptée.

Debout sur un banc situé en dehors de la tonnelle, Calebasse, la main placée au-dessus de ses yeux en manière d'abat-jour, regardait au lo dans la direction où madame Séraphin et Fleur-de-Marie devaient su vre pour se rendre à l'île.

— Personne ne paraît encore, ni vieille ni jeune, dit Calebasse, en descendant de son banc et s'adressant à Nicolas. Ce sera comme me nous aurons attendu pour le roi de Prusse. Si ces femmes n'arrivent p avant une demi-heure.... il faudra partir ; la courtière doit venir à cinq heures chez l mieux, il nous attend. La courtière doit venir à cinq heures chez l aux Champs-Élysées. Il faut que nous soyons arrivés avant elle. Ce m tin la Chouette nous l'a répété.

— Tu as raison, reprit Nicolas en quittant son bateau. Que le tonne écrase cette vieille qui nous fait droguer pour rien ! La soupape va, comme un charme. Des deux affaires nous n'en aurons peut-être p une...

— Du reste, Bras-Rouge et Barbillon ont besoin de nous... à eux de ils ne peuvent rien.

— C'est vrai ; car, pendant qu'on fera le coup, il faudra que Bra Rouge reste en dehors de son cabaret pour être au guet, et Barbill n'est pas assez fort pour entraîner à lui tout seul la courtière dans le caveau .. elle regimbera, cette vieille.

— Et-ce que la Chouette ne nous disait pas, en riant, qu'elle y tenait le Maître d'école... en pension... dans ce caveau ?

— Pas dans celui-là. Dans un autre qui est bien plus profond, et qui est inondé quand la rivière est haute.

— Doit-il marronner dans ce caveau, le Maître d'école ! Être là-dedans tout seul, et aveugle !

— Il y verrait clair qu'il n'y verrait pas autre chose : le caveau est noir comme un four.

— C'est égal, quand il a fini de chanter, pour se distraire, toutes les romances qu'il sait, le temps doit lui paraître joliment long.

— La Chouette dit qu'il s'amuse à faire la chasse aux rats, et que ce caveau-là est très-giboyeux.

— Dis donc, Nicolas, à propos de particuliers qui doivent s'ennuyer et marronner, reprit Calebasse avec un sourire féroce, en montrant du doigt la fenêtre garnie de plaques de tôle, il y en a là un qui doit se manger le sang.

— Bah !... il dort... Depuis ce matin il ne cogne plus... et son chien est muet.

— Peut-être qu'il l'a étranglé pour le manger. Depuis deux jours ils doivent tous deux enrager la faim et la soif là-dedans.

— Ça les regarde... Martial peut durer encore longtemps comme ça, si ça l'amuse. Quand il sera fini... on dira qu'il est mort de maladie ; ça ne sera pas un pli.

— Tu crois ?

— Bien sûr. En allant ce matin à Asnières, la mère a rencontré le père Férot, le pêcheur ; comme il s'étonnait de ne pas avoir vu son ami Martial depuis deux jours, la mère lui a dit que Martial ne quittait pas son lit, tant il était malade, et qu'on désespérait de lui. Le père Férot a avalé ça doux comme miel... il le redira à d'autres... et quand la chose arrivera... elle paraîtra toute simple.

— Oui, mais il ne mourra pas encore tout de suite ; c'est long de cette manière-là.

— Qu'est-ce que tu veux ? il n'y avait pas moyen d'en venir à bout autrement. Cet enragé de Martial, quand il s'y met, est méchant en diable, et fort comme un taureau, par là-dessus ; il se défiait, nous n'aurions pas pu l'approcher sans danger ; tandis que sa fenêtre est une fois bien clouée en dehors, qu'est-ce qu'il pouvait faire ? Sa fenêtre était grillée.

— Tiens... Il pouvait desceller les barreaux... en creusant le plâtre avec son couteau, ça lui aurait fait, si, montée à l'échelle, je ne lui avais pas déchiqueté les mains à coups de hachette toutes les fois qu'il voulait commencer son ouvrage.

— Quelle faction ! dit le brigand en ricanant ; c'est toi qui as dû t'amuser !

— Il fallait bien te donner le temps d'arriver avec la tôle que tu avais été chercher chez le père Micou.

— Devait-il écumer... cher frère !

— Il grinçait des dents comme un possédé ; deux ou trois fois il a voulu me repousser à travers les barreaux à grands coups de bâton ; mais alors, n'ayant plus qu'une main de libre, il ne pouvait pas travailler et desceller la grille. C'est ce qu'il fallait.

— Heureusement qu'il n'y a pas de cheminée dans sa chambre !

— Et que la porte est solide et qu'il a les mains abîmées ! sans ça, il serait capable de trouer le plancher.

— Et les pontres, il passerait donc à travers ? Non, non, va, il n'y a pas de danger qu'il s'échappe ; les volets sont garnis de tôle et assurés par deux barres de fer ; la porte... clouée en dehors avec des clous à bateau de trois pouces. Sa bière est plus solide que si elle était en chêne et en plomb.

— Dis donc, et quand, en sortant de prison, la Louve viendra ici pour chercher son homme... comme elle l'appelle ?

— Eh bien ! on lui dira : Cherche.

— À propos, dis-tu que si ma mère n'avait pas enfermé ces gueux d'enfants, ils auraient été capables de ronger la porte comme des rats pour délivrer Martial ? Ce petit gredin de François est un vrai démon depuis qu'il se doute que nous avons emballé le grand frère.

— Ah çà ! mais est-ce qu'on va les laisser dans la chambre d'en haut pendant que nous allons quitter l'île ? Leur fenêtre n'est pas grillée ; ils n'ont qu'à descendre en dehors...

À ce moment, des cris et des sanglots, partant de la maison, attirèrent l'attention de Calebasse et de Nicolas.

Ils virent la porte du rez-de-chaussée, jusqu'alors ouverte, se fermer violemment ; une minute après, la figure pâle et sinistre de la mère Martial apparut à travers les barreaux de la fenêtre de la cuisine.

De son long bras décharné, la veuve du supplicié fit signe à ses enfants de venir à elle.

— Allons, il y a du grabuge ; je parie donc que c'est encore François qui se rebiffe, dit Nicolas. Gredin de Martial ! sans lui, ce gamin-là aurait été tout seul. Veille toujours bien ; et si tu vois venir les deux femelles, appelle-moi.

Pendant que Calebasse, remontée sur son banc, épiait au loin la venue de madame Séraphin et de la Goualeuse, Nicolas entra dans la maison.

La petite Amandine, agenouillée au milieu de la cuisine, sanglotait et demandait grâce pour son frère François.

Irrité, menaçant, celui-ci, acculé dans un des angles de cette pièce, brandissait la hachette de Nicolas, et semblait décidé à apporter cette fois une résistance désespérée aux volontés de sa mère.

Toujours impassible, toujours silencieuse, montrant à Nicolas l'entrée du caveau qui s'ouvrait dans la cuisine et dont la porte était entre-bâillée, la veuve fit signe à son fils d'y enfermer François.

— On ne m'enfermera pas là-dedans ! s'écria l'enfant déterminé dont les yeux brillaient comme ceux d'un jeune chat sauvage.

— Vous voulez nous y laisser mourir de faim avec Amandine, comme notre frère Martial.

— Maman... pour l'amour de Dieu, laisse-nous en haut dans notre chambre, comme hier, demanda la petite fille d'un ton suppliant, en joignant les mains... dans le caveau noir, nous aurons trop peur.

La veuve regarda Nicolas d'un air impatient, comme pour lui reprocher de n'avoir pas encore exécuté ses ordres ; puis, d'un nouveau geste impérieux, lui désigna François.

Voyant son frère s'avancer vers lui, le jeune garçon brandit sa hachette d'un air désespéré et s'écria :

— Si on veut m'enfermer là, que ce soit ma mère, mon frère ou Calebasse, tant pis... je frappe, et la hache coupe.

Ainsi que la veuve, Nicolas sentait l'imminente nécessité d'empêcher les deux enfants d'aller au secours de Martial pendant que la maison resterait seule, et aussi de leur dérober la connaissance des scènes qui allaient se passer, car de leur fenêtre on découvrait la rivière, où l'on voulait noyer Fleur-de-Marie.

Mais Nicolas, aussi féroce que lâche, et se souciant peu de recevoir un coup de la dangereuse hachette dont son jeune frère était armé, hésitait à s'approcher de lui.

La veuve, courroucée de l'hésitation de son fils aîné, le poussa rudement par l'épaule au-devant de François.

Mais Nicolas, reculant de nouveau, s'écria :

— Quand il m'aura blessé, qu'est-ce que je ferai, la mère ? Vous savez bien que je vais avoir besoin de mes bras à l'heure, et je me ressens encore du coup que ce gueux de Martial m'a donné.

La veuve haussa les épaules avec mépris, et fit un pas vers François.

— N'approchez pas, ma mère, s'écria François furieux, ou vous allez me payer tous les coups que vous nous avez donnés à nous deux Amandine.

— Mon frère, laisse-toi plutôt renfermer. Oh ! mon Dieu, ne frappe pas notre mère ! s'écria Amandine épouvantée.

Tout à coup Nicolas vit sur une chaise une grande couverture de laine dont on s'était servi pour le repassage ; il la saisit, la déploya à moitié, et la lança adroitement sur la tête de François, qui, malgré ses efforts, se trouvant engagé sous ses plis épais, ne put faire usage de son arme.

Alors Nicolas se précipita sur lui, et aidé de sa mère il le porta dans le caveau.

Amandine était restée agenouillée au milieu de la cuisine ; dès qu'elle vit le sort de son frère, elle se leva vivement, et, malgré sa terreur, alla d'elle-même le rejoindre dans le sombre réduit.

La porte fut fermée à double tour sur le frère et sur la sœur.

— C'est pourtant la faute de ce gueux de Martial si ces enfants sont maintenant comme des déchaînés après nous, s'écria Nicolas.

— On n'entend plus rien dans sa chambre depuis ce matin, dit la veuve d'un air pensif, et elle tressaillit ; plus rien...

— C'est ce qui prouve, la mère, que tu as bien fait de dire tantôt au père Férot, le pêcheur d'Asnières, que Martial était depuis deux jours dans son lit malade à crever. Comme ça, quand tout sera dit, on ne s'étonnera de rien.

Après un moment de silence, et comme si elle eût voulu échapper à une pensée pénible, la veuve reprit brusquement :

— La Chouette est venue ici pendant que j'étais à Asnières ?

— Oui, la mère.

— Pourquoi n'est-elle pas restée pour nous accompagner chez Bras-Rouge ? Je me défie d'elle.

— Bah ! vous vous défiez de tout le monde, la mère : aujourd'hui c'est de la Chouette, hier c'était de Bras-Rouge.

— Bras-Rouge est libre, mon fils est à Toulon, et ils avaient commis le même vol.

— Quand vous répéterez toujours cela... Bras-Rouge a échappé parce qu'il est fin comme l'ambre, voilà tout. La Chouette n'est pas restée ici parce qu'elle avait rendez-vous à deux heures, près l'Observatoire, avec ce grand monsieur en deuil au compte de qui elle a enlevé cette jeune fille de campagne avec l'aide du Maître d'école et de Tortillard, même que c'était Barbillon qui menait le fiacre que ce grand monsieur en deuil avait loué pour cette affaire. Voyons, la mère, comment voulez-vous que la Chouette nous dénonce, puisqu'elle nous dit les coups qu'elle monte, et que nous ne lui disons pas les nôtres ? car elle ne sait rien de la noyade de tout à l'heure. Soyez tranquille, allez, les mères, les loups ne se mangent pas, la journée sera bonne ; quand je pense que la courtière a souvent pour des vingt, des trente mille francs de diamants dans son sac, et qu'avant deux heures nous la tiendrons dans le caveau de Bras-Rouge !... Trente mille francs de diamants !... pensez donc !

— Et pendant que nous tiendrons la courtière, Bras-Rouge restera en dehors de son cabaret? dit la veuve d'un air soupçonneux.

— Et où voulez-vous qu'il soit? S'il vient quelqu'un chez lui, ne faut-il pas qu'il réponde, et qu'il empêche d'approcher de l'endroit où nous ferons notre affaire?

— Nicolas! Nicolas! cria tout à coup Calebasse au dehors, voilà les deux femmes.

— Vite, vite, la mère, votre châle; je vais vous conduire à terre, ça sera autant de fait, dit Nicolas.

La veuve avait remplacé sa marmotte de deuil par un bonnet de tulle noir. Elle s'enveloppa dans un grand châle de tartan à carreaux gris et blancs, ferma la porte de la cuisine, plaça la clef derrière un des volets du rez-de-chaussée, et suivit son fils à l'embarcadère.

Presque malgré elle, avant de quitter l'île, elle jeta un long regard sur la fenêtre de Martial, fronça les sourcils, pinça ses lèvres; puis, après un brusque et nouveau tressaillement, elle murmura tout bas :

— C'est sa faute, c'est sa faute.

— Nicolas, les voilà... là-bas, le long de la butte? il y a une paysanne et une bourgeoise, s'écria Calebasse en montrant, de l'autre côté de la rivière, madame Séraphin et Fleur-de-Marie qui descendaient un petit sentier contournant un escarpement assez élevé d'où l'on dominait un four à plâtre.

— Attendons le signal, n'allons pas faire de mauvaise besogne, dit Nicolas.

— Tu es donc aveugle? Est-ce que tu ne reconnais pas la grosse femme qui est venue avant-hier! Vois donc son châle orange. Et la petite paysanne, comme elle se dépêche! Elle est encore bonne enfant, celle-là, on voit bien qu'elle ne sait pas ce qui l'attend.

— Oui, je reconnais la grosse femme. Allons, ça chauffe, ça chauffe. Ah çà! convenons bien du coup, Calebasse, dit Nicolas. Je prendrai la vieille et la jeune dans le bachot à soupape, tu me suivras dans l'autre bout à bout, et attention à ramer juste, pour que d'un saut je puisse me lancer dans ton bateau dès que j'aurai fait jouer la trappe et que le mien enfoncera.

— N'aie pas peur, ce n'est pas la première fois que je rame, n'est-ce pas?

— Je n'ai pas peur de me noyer, tu sais comme je nage. Mais, si je ne sautais pas à temps dans l'autre bachot, les femelles, en se débattant contre la noyade, pourraient s'accrocher à moi, et, merci, je n'ai pas envie de faire une pleine eau avec elles.

— La vieille fait signe avec son mouchoir, dit Calebasse; les voilà sur la grève.

— Allons, allons, embarquez, la mère, dit Nicolas en démarrant, venez dans le bachot à soupape. Comme ça les deux femmes ne se défieront de rien. Et toi, Calebasse, saute dans l'autre, et des bras, ma fille, rame dur. Ah! tiens, prends mon croc, mets-le à côté de toi, il est pointu comme une lance, ça pourra servir, et en route! dit le bandit en plaçant dans le bateau de Calebasse un long croc armé d'un fer aigu.

En peu d'instants les deux bachots, conduits l'un par Nicolas, l'autre par Calebasse, abordèrent sur la grève, où madame Séraphin et Fleur-de-Marie attendaient depuis quelques minutes.

Pendant que Nicolas attachait son bateau à un pieu placé sur le rivage, madame Séraphin s'approcha et lui dit tout bas et très-rapidement : — Dites que madame Georges nous attend; puis la femme de charge reprit à haute voix :

— Nous sommes un peu en retard, mon garçon?

— Oui, ma brave dame; madame Georges vous a déjà demandée plusieurs fois.

— Vous voyez, ma chère demoiselle, madame Georges nous attend dit madame Séraphin en se retournant vers Fleur-de-Marie, qui, malgré sa confiance, avait senti son cœur se serrer à l'aspect des sinistres figures de la veuve, de Calebasse et de Nicolas. Mais le nom de madame Georges la rassura, et elle répondit : — Je suis aussi bien impatiente de voir madame Georges heureusement le trajet n'est pas long.

Fleur-de-Marie s'embarquant sur le bateau à soupape.

— Va-t-elle être contente, cette chère dame! dit madame Séraphin. Puis, s'adressant à Nicolas : Voyons, mon garçon, approche encore un peu plus votre bateau que nous puissions monter. Puis elle ajouta tout bas : faut absolument noyer la petite; si elle revient sur l'eau, replongez-la.

— C'est dit; et vous n'ayez pas peur : quand je vous ferai signe donnez-moi la main. Elle enfoncera toute seule, tout est préparé, vous n'avez rien à craindre, répondit tout bas Nicolas. Puis, avec une impassibilité féroce, sans être touché ni de la beauté ni de la jeunesse de Fleur-de-Marie, il lui tendit son bras.

La jeune fille s'y appuya légèrement et entra dans le bateau.

— A vous, ma brave dame, dit Nicolas à madame Séraphin.

Et il lui offrit la main à son tour.

Fut-ce pressentiment, défiance ou seulement crainte de ne pas sauter assez lestement de l'embarcation dans laquelle se trouvaient Nicolas et Goualeuse lorsqu'elle coulerait à fond, la femme de charge de Jacques Ferrand dit à Nicolas en se reculant :

— Au fait, moi j'irai dans le bateau de mademoiselle.

Et elle se plaça près de Calebasse.

— A la bonne heure, dit Nicolas en échangeant un coup d'œil expressif avec sa sœur.

Et du bout de sa rame il donna une vigoureuse impulsion à son bachot.

Sa sœur l'imita lorsque madame Séraphin fut à côté d'elle.

Debout, immobile sur le rivage, indifférente à cette scène, la veuve pensive et absorbée, attachait obstinément son regard sur la fenêtre de Martial, que l'on distinguait de la grève à travers les peupliers.

Pendant ce temps, les deux bachots, dont le premier portait Fleur-de-Marie et Nicolas, l'autre madame Séraphin et Calebasse, s'éloignèrent lentement du bord.

SEPTIÈME PARTIE.

CHAPITRE PREMIER.

Bonheur de se revoir.

Avant d'apprendre au lecteur le dénoûment du drame qui se passait dans le bateau à soupape de Martial, nous reviendrons sur nos pas. Peu de moments après que Fleur-de-Marie eut quitté Saint-Lazare avec madame Séraphin, la Louve était aussi sortie de prison.

Grâce aux recommandations de madame Armand et du directeur, qui voulait la récompenser de sa bonne action envers Mont-Saint-Jean, on avait gracié la maîtresse de Martial de quelques jours de captivité qui lui restaient à subir.

Un changement complet s'était d'ailleurs opéré dans l'esprit de cette créature jusqu'alors corrompue, avilie, indomptée.

Ayant sans cesse présent à la pensée le tableau de la vie paisible, rude et solitaire, évoquée par Fleur-de-Marie, la Louve avait pris en horreur sa vie passée.

Se retirer au fond des forêts avec Martial, tel était son but unique, son idée fixe, contre laquelle tous ses anciens et mauvais instincts s'étaient en vain révoltés pendant que, séparée de la Goualeuse, dont elle avait voulu fuir l'influence croissante, cette femme étrange s'était retirée dans un autre quartier de Saint-Lazare.

Pour opérer cette rapide et sincère conversion, encore assuré, consolidée par la lutte impuissante des habitudes perverses de sa compagne, Fleur-de-Marie, suivant l'impulsion de son naïf bon sens, avait ainsi raisonné :

La Louve, créature violente et résolue, aime passionnément Martial; elle doit donc accueillir avec joie la possibilité de sortir de l'ignominieuse vie dont elle a honte pour la première fois, et de se consacrer tout entière à cet homme rude et sauvage dont elle réfléchit tous les penchants, à cet homme qui recherche la solitude autant par goût qu'afin d'échapper à la réprobation dont sa détestable famille est poursuivie.

Aidée de ces seuls éléments puisés dans son entretien avec la Louve, Fleur-de-Marie, en donnant une louable direction à l'amour farouche et au caractère hardi de cette créature, avait donc changé une fille perdue en honnête femme... Car ne rêver qu'à épouser Martial pour se retirer avec lui au milieu des bois et y vivre de travail et de privations, n'est-ce pas absolument le vœu d'une honnête femme ?

Confiante dans l'appui que Fleur-de-Marie lui avait promis au nom d'un bienfaiteur inconnu, la Louve venait donc de faire cette louable proposition à son amant, non sans la crainte amère d'un refus, car la Goualeuse, en l'amenant à rougir du passé, lui avait aussi donné la conscience de sa position envers Martial.

Une fois libre, la Louve ne songea qu'à revoir son homme, comme elle disait. Elle n'avait pas reçu de nouvelles de lui depuis plusieurs jours. Dans l'espoir de le rencontrer à l'île du Ravageur, et décidée à l'y attendre s'il ne s'y trouvait pas, elle monta dans un cabriolet de régie, qu'elle paya largement, se fit rapidement conduire au pont d'Asnières, qu'elle traversa environ un quart d'heure avant que madame Séraphin et Fleur-de-Marie, venant à pied depuis la barrière, fussent arrivées sur la grève près du four à plâtre.

Lorsque Martial ne venait pas prendre la Louve dans son bateau pour la mener dans l'île, elle s'adressait à un vieux pêcheur, nommé le père Férot, qui habitait près du pont.

La Louve sauvant Fleur-de-Marie. — PAGE 242.

À quatre heures de l'après-midi, un cabriolet s'arrêta donc à l'entrée d'une petite rue du village d'Asnières. La Louve donna cent sous au cocher, d'un bond fut à terre, et se rendit en hâte à la demeure du père Férot le batelier.

La Louve, ayant quitté ses habits de prison, portait une robe de mérinos vert-foncé, un châle rouge à palmes façon cachemire, et un bonnet de tulle garni de rubans ; ses cheveux épais, crépus, étaient à peine lissés. Dans son ardeur impatiente de revoir Martial, elle s'était habillée avec plus de hâte que de soin.

Après une si longue séparation, toute autre créature eût sans doute pris le temps de se faire belle pour cette première entrevue ; mais la Louve se souciait peu de ces délicatesses et de ces lenteurs. Avant tout, elle voulait voir son homme le plus tôt possible, désir impétueux, non-seulement causé par un de ces amours passionnés qui exaltent quelquefois ces créatures jusqu'à la frénésie, mais encore par le besoin de confier à Martial la résolution salutaire qu'elle avait puisée dans son entretien avec Fleur-de-Marie.

La Louve arriva bientôt à la maison du pêcheur.

Assis devant sa porte, le père Férot, vieillard à cheveux blancs, raccommodait ses filets. Du plus loin qu'elle l'aperçut, la Louve s'écria :

— Votre bateau... père Férot... vite... vite !.....

— Ah ! c'est vous, mademoiselle ; bien le bonjour... Il y a longtemps qu'on ne vous a vue par ici.

— Oui, mais votre bateau. . vite... et à l'île !...

— Ah bien ! c'est comme un sort, ma brave fille, impossible pour aujourd'hui.

— Comment ?

— Mon garçon a pris mon bachot pour s'en aller à Saint-Ouen avec les autres jouter à la rame... Il ne reste pas un bateau sur toute la rive d'ici jusqu'à la gare...

— Mordieu! s'écria la Louve en frappant du pied et en serrant les poings, c'est fait pour moi!

— Vrai! foi de père Férot... je suis bien fâché de ne pas pouvoir vous conduire à l'île... car sans doute qu'il est encore plus mal...

— Plus mal! qui? Martial? s'écria la Louve en saisissant le père Férot au collet, mon homme est malade?

— Vous ne le savez pas?

— Martial?

— Sans doute; mais vous allez déchirer ma blouse. Tenez-vous donc tranquille.

— Il est malade! Et depuis quand?

— Depuis deux ou trois jours.

— C'est faux! Il me l'aurait écrit.

— Ah bien oui! il est trop malade pour écrire.

— Trop malade pour écrire! Et il est à l'île? vous en êtes sûr?

— Je vas vous dire... Figurez-vous que ce matin j'ai rencontré la veuve Martial. Ordinairement, quand je la vois d'un côté, vous entendez bien, je m'en vas de l'autre, car je n'aime pas sa société; alors...

— Mais mon homme, mon homme, où est-il?

— Attendez donc. Me trouvant avec sa mère entre quatre-z-yeux, je n'ai pas osé éviter de lui parler; elle a l'air si mauvais, que j'en ai toujours peur; c'est plus fort que moi. Voilà deux jours que je n'ai vu votre Martial, que je lui dis; il est donc parti en ville? Là-dessus elle me regarde avec des yeux... mais des yeux... qui m'auraient tué s'ils avaient été des pistolets, comme dit cet autre.

— Vous me faites bouillir. Après? après?

Le père Férot garda un moment le silence, puis reprit :

— Tenez, vous êtes une bonne fille, promettez-moi le secret, et je vous dirai toute la chose, comme je la sais.

— Sur mon homme?

— Oui, car, voyez-vous, Martial est bon enfant quoique mauvaise tête; et s'il lui arrivait malheur par sa vieille scélérate de mère ou par son gueux de frère, ça serait dommage.

— Mais que se passe-t-il? Qu'est-ce que sa mère et son frère lui ont fait? où est-il, hein? parlez donc, mais parlez donc!

— Allons, bon, vous voilà encore après ma blouse. Lâchez-moi donc! Si vous m'interrompez toujours en me détruisant mes effets, je ne pourrai jamais finir et vous ne saurez rien.

— Oh! quelle patience! s'écria la Louve en frappant des pieds avec colère.

— Vous ne répéterez à personne ce que je vous raconte?

— Non, non, non!

— Parole d'honneur?

— Père Férot, vous allez me donner un coup de sang.

— Oh! quelle fille! quelle fille! a-t-elle une mauvaise tête! Voyons, m'y voilà. D'abord il faut vous dire que Martial est de plus en plus en bisbille avec sa famille, et qu'ils lui feraient quelque mauvais coup, que cela ne m'étonnerait pas. C'est pour ça que je suis fâché de ne pas avoir mon bachot, car, si vous comptez sur ceux de l'île pour y aller, vous avez tort. Ce n'est pas Nicolas ou cette vilaine Calebasse qui vous y conduiraient.

— Je le sais bien. Mais que vous a dit la mère de mon homme? C'est donc à l'île qu'il est tombé malade?

— Ne m'embrouillez pas; voilà ce que c'est : ce matin je dis à la veuve : Il y a deux jours que je n'ai vu Martial, son bachot est au pieu; il est donc en ville? Là-dessus la veuve me regarde d'un air méchant : Il est malade à l'île, et si malade qu'il n'en reviendra pas. Je me dis à part moi : Comment que ça se fait? Il y a trois jours que... Eh bien! quoi! dit le père Férot en s'interrompant, eh bien! où allez-vous? Où diable court-elle à présent?

Croyant le Martial menacé par les habitants de l'île, la Louve, éperdue de frayeur, transportée de rage, n'écoutant pas davantage le pêcheur, s'était encourue le long de la Seine.

Quelques détails topographiques sont indispensables à l'intelligence de la scène suivante.

L'île du Ravageur se rapprochait plus de la rive gauche de la rivière que de la rive droite, où Fleur-de-Marie et madame Séraphin s'étaient embarquées.

La Louve se trouvait sur la rive gauche.

Sans être très-escarpée, la hauteur des terres de l'île masquait dans toute sa longueur la vue d'une rive sur l'autre. Ainsi la maîtresse de Martial n'avait pas pu voir l'embarquement de la Gouleuse, et la famille du ravageur n'avait pu voir la Louve accourant le long du même lit le long de la rive opposée.

Rappelons enfin au lecteur que la maison de campagne du docteur Griffon, où habitait temporairement le comte de Saint-Remy, s'élevait à mi-côte et près de la plage où la Louve arrivait éperdue.

Elle passa, sans les voir, auprès de deux personnes qui, frappées de son air hagard, se retournèrent pour la suivre de loin. Ces deux personnes étaient le comte de Saint-Remy et le docteur Griffon.

Le premier mouvement de la Louve en apprenant le péril de son amant avait été de courir impétueusement vers l'endroit où elle le savait en danger. Mais, à mesure qu'elle approchait de l'île, elle songeait à la difficulté d'y aborder. Ainsi que le lui avait dit le vieux pêcheur,

elle ne devait compter sur aucun bateau étranger, et personne de la famille Martial ne voudrait la venir chercher.

Haletante, le teint empourpré, le regard étincelant, elle s'arrêta donc en face de la pointe de l'île qui, formant une courbe dans cet endroit, se rapprochait assez du rivage.

A travers les branches effeuillées des saules et des peupliers, la Louve aperçut le toit de la maison où Martial se mourait peut-être.

A cette vue, poussant un gémissement farouche, elle arracha son bonnet, laissa glisser sa robe jusqu'à ses pieds, ne garda que son jupon, se jeta intrépidement dans la rivière, y marcha tant qu'elle eut pied, puis, le perdant, elle se mit à nager vigoureusement vers l'île.

Ce fut un spectacle d'une énergie sauvage.

A chaque brassée, l'épaisse et longue chevelure de la Louve, dénouée par la violence de ses mouvements, frémissait autour de sa tête comme une crinière double à reflets cuivrés.

Sans l'ardente fixité de ses yeux incessamment attachés sur la maison de Martial, sans la contraction de ses traits crispés par de terribles angoisses, on aurait cru que la maîtresse du braconnier se jouait dans l'onde, tant cette femme nageait librement, fièrement. Tatoués en sorte voir de son amant, ses bras blancs et nerveux, d'une vigueur toute virile, fendaient l'eau qui rejaillissait et roulait en perles humides sur ses larges épaules, sur sa robuste et ferme poitrine, qui ruisselait comme un marbre à demi submergé.

Tout à coup de l'autre côté de l'île retentit un cri de détresse, un cri d'agonie terrible, désespéré.

La Louve tressaillit et s'arrêta court.

Puis, se soutenant sur l'eau d'une main, de l'autre elle rejeta en arrière son épaisse chevelure et écouta.

Un nouveau cri se fit entendre, mais plus faible, mais suppliant, convulsif, expirant.

Et tout retomba dans un profond silence.

— Mon homme!!! cria la Louve en se remettant à nager avec fureur.

Dans son trouble, elle avait cru reconnaître la voix de Martial.

Le comte et le docteur, auprès desquels la Louve était passée en courant, n'avaient pu la suivre d'assez près pour s'opposer à sa téméraire.

Ils arrivèrent en face de l'île au moment où venaient de retentir les cris effrayants.

Ils s'arrêtèrent aussi épouvantés que la Louve.

Voyant celle-ci lutter intrépidement contre le courant, ils s'écrièrent :

— La malheureuse va se noyer!

Ces craintes furent vaines.

La maîtresse de Martial nageait comme une loutre; en quelques brassées, l'intrépide créature aborda.

Elle avait pris pied, et s'aidait, pour sortir de l'eau, d'un des pieux qui formaient à l'extrémité de l'île une sorte d'estacade avancée, lorsque tout à coup, le long de ces pilotis, emporté par le courant, passa lentement le corps d'une jeune fille vêtue en paysanne; ses vêtements la soutenaient encore sur l'eau.

Se cramponner d'une main à l'un des pieux, de l'autre saisir brusquement au passage la femme par sa robe, tel fut le mouvement de la Louve, mouvement aussi rapide que la pensée.

Seulement elle attira si violemment à elle et en dedans du pilotis la malheureuse qu'elle sauvait, que celle-ci disparut un instant sous l'eau quoiqu'il y eût pied à cet endroit.

Douée d'une force et d'une adresse peu communes, la Louve souleva la Gouleuse (c'était elle), qu'elle n'avait pas encore reconnue, la prit entre ses bras robustes comme on prend un enfant, fit encore quelques pas dans la rivière, et la déposa enfin sur la berge gazonnée de l'île.

— Courage! courage! lui cria M. de Saint-Remy, témoin comme le docteur Griffon de ce hardi sauvetage. Nous allons passer le pont d'Asnières et venir à votre secours avec un bateau.

Puis tous deux se dirigèrent en toute hâte vers le pont.

Ces paroles n'arrivèrent pas jusqu'à la Louve.

Répétons que de la rive droite de la Seine, où se trouvaient encore Nicolas, Calebasse et sa mère, après leur détestable nouveau crime: aussi lorsque le bateau à soupape s'était enfoncé avec Fleur-de-Marie, Nicolas, s'élançant dans le bachot conduit par sa sœur, et dans lequel se trouvait madame Séraphin, avait imprimé une violente secousse à cette embarcation, et saisi le moment où la femme de charge trébuchait pour la précipiter dans la rivière et l'y achever d'un coup de croc.

Haletante, épuisée, la Louve, agenouillée sur l'herbe à côté de Fleur

vait absolument voir ce qui se passait de l'autre côté de l'île, grâce à son escarpement.

Fleur-de-Marie, brusquement attirée par la Louve en dedans de l'estacade, ayant un moment plongé pour ne plus reparaître aux yeux de ses meurtriers, ceux-ci durent croire leur victime noyée et engloutie.

Quelques minutes après, le courant emportait un autre cadavre entre deux eaux, sans que la Louve l'aperçût.

C'était le corps de la femme de charge du notaire.

Morte, bien morte, celle-là.

Nicolas et Calebasse avaient autant d'intérêt que Jacques Ferrand à faire disparaître ce témoin, ce complice de leur nouveau crime: aussi lorsque le bateau à soupape s'était enfoncé avec Fleur-de-Marie, Nicolas, s'élançant dans le bachot conduit par sa sœur, et dans lequel se trouvait madame Séraphin, avait imprimé une violente secousse à cette embarcation, et saisi le moment où la femme de charge trébuchait pour la précipiter dans la rivière et l'y achever d'un coup de croc.

Haletante, épuisée, la Louve, agenouillée sur l'herbe à côté de Fleur de Marie, reprenait ses forces, et examinait les traits de celle qu'elle venait d'arracher à la mort.

Qu'on juge de sa stupeur en reconnaissant sa compagne de prison. Sa compagne qui avait eu sur sa destinée une influence si rapide, si bienfaisante...

Dans son saisissement, la Louve un moment oublia Martial.

— La Goualeuse! s'écria-t-elle.

Et, le corps penché, appuyé sur ses genoux et sur ses mains, la tête échevelée, ses vêtements ruisselants d'eau, elle contemplait la malheureuse enfant étendue, presque expirante, sur le gazon. Pâle, inanimée, les yeux demi-ouverts et sans regards, ses beaux cheveux blonds collés à ses tempes, les lèvres bleues, ses petites mains déjà roidies, glacées, on l'eût crue morte.

— La Goualeuse! répéta la Louve; quel hasard! moi qui venais dire à mon homme le bien et le mal qu'elle m'a faits avec ses paroles et ses promesses, la résolution que j'avais prise! Pauvre petite, je la retrouve ici morte! s'écria la Louve en s'approchant encore plus de Fleur-de-Marie, et sentant un souffle imperceptible s'échapper de sa bouche. Non! Mon Dieu! mon Dieu! elle respire encore, je l'ai sauvée de la mort... Ça ne m'était jamais arrivé de sauver quelqu'un. Ah! ça fait du bien, ça réchauffe. Oui, mais mon homme, il faut le sauver aussi, lui. Peut-être qu'il râle à cette heure. Sa mère et son frère sont capables de l'assassiner. Je ne peux pas pourtant laisser là cette pauvre petite, je vais l'emporter chez la veuve; il faudra bien qu'elle la secoure et qu'elle me montre Martial, ou je brise tout, je tue tout. Oh! il n'y a ni mère, ni sœur, ni frère qui tiennent quand je sens mon homme là!

Et, se relevant aussitôt, la Louve emporta Fleur-de-Marie dans ses bras.

Chargée de ce léger fardeau, elle courut vers la maison, ne doutant pas que la veuve et sa fille, malgré leur méchanceté, ne donnassent les premiers secours à Fleur-de-Marie.

Lorsque la maîtresse de Martial fut arrivée au point culminant de l'île, d'où elle pouvait découvrir les deux rives de la Seine, Nicolas, sa mère et Calebasse s'étaient éloignés.

Certains de l'accomplissement de leur double meurtre, ils se rendirent en toute hâte chez Bras-Rouge.

A ce moment aussi un homme qui, embusqué dans un des enfoncements du rivage cachés par le four à plâtre, avait invisiblement assisté à cette horrible scène, disparaissait, croyant, ainsi que les meurtriers, le crime exécuté.

Cet homme était Jacques Ferrand.

Un des bateaux de Nicolas se balançait amarré à un pieu du rivage, à l'endroit où s'étaient embarquées la Goualeuse et madame Séraphin.

Peine Jacques Ferrand quittait-il le four à plâtre pour regagner Paris, que M. de Saint-Rémy et le docteur Griffon passaient en hâte le pont d'Asnières, accouraient vers l'île, comptant s'y rendre à l'aide du bateau de Nicolas qu'ils avaient aperçu de loin.

A sa grande surprise, en arrivant auprès de la maison des ravageurs, la Louve trouva la porte fermée.

Déposant sous la tonnelle Fleur-de-Marie toujours évanouie, elle s'approcha de la maison. Elle connaissait la croisée de la chambre de Martial; quelle fut sa surprise de voir les volets de cette fenêtre couverts de plaques de tôle, et assujettis au dehors par deux barres de fer!

Devinant une partie de la vérité, la Louve poussa un cri rauque, retentissant, et se mit à appeler de toutes ses forces:

— Martial! mon homme!...

Rien ne lui répondit.

Épouvantée de ce silence, la Louve se mit à tourner, à tourner autour du logis comme une bête sauvage qui flaire et cherche en rugissant l'entrée de la tanière où s'est enfermé son mâle.

De temps en temps elle criait:

— Mon homme, es-tu là? mon homme!!!

Et, dans sa rage, elle ébranlait les barreaux de la fenêtre de la cuisine, elle frappait la muraille, elle heurtait à la porte.

Tout à coup un bruit sourd lui répondit de l'intérieur de la maison.

La Louve tressaillit, écouta.

Le bruit cessa.

— Mon homme m'a entendue, il faut que j'entre, quand je devrais ronger la porte avec mes dents.

Et elle se mit de nouveau à pousser son cri sauvage.

Plusieurs coups frappés, mais faiblement, à l'intérieur des volets de Martial, répondirent aux hurlements de la Louve.

— Il est là! s'écria-t-elle en s'arrêtant brusquement sous la fenêtre de son amant, il est là! Il le faut, j'arracherai la tôle avec mes ongles, mais j'ouvrirai ces volets.

Ce disant, elle avisa une grande échelle à demi engagée derrière un des contrevents de la salle basse; en attirant violemment ce contrevent à elle, la Louve fit tomber la clef cachée par la veuve sur le bord de la croisée.

— Si elle ouvre, dit la Louve en essayant la clef dans la serrure de la porte d'entrée, je pourrai monter à sa chambre. Ça ouvre, s'écria-t-elle avec joie, mon homme est sauvé!

Une fois dans la cuisine, elle fut frappée des cris des deux enfants qui, renfermés dans le caveau et entendant un bruit extraordinaire, appelaient à leur secours.

La veuve, croyant que personne ne viendrait dans l'île ou dans la maison pendant son absence, s'était contentée d'enfermer François et Amandine à double tour, laissant la clef à la serrure.

Mis en liberté par la Louve, le frère et la sœur sortirent précipitamment du caveau.

— O la Louve! sauvez mon frère Martial, ils veulent le faire mourir! s'écria François; depuis deux jours ils l'ont muré dans sa chambre.

— Ils ne lui ont pas fait de blessures?

— Non, non, je ne crois pas.

— J'arrive à temps! s'écria la Louve en courant à l'escalier; puis, s'arrêtant après avoir gravi quelques marches:

— Et la Goualeuse que j'oublie! dit-elle. Amandine, du feu tout de suite; toi et ton frère, apportez ici près de la cheminée une pauvre fille qui se noyait; je l'ai sauvée. Elle est sous la tonnelle. François, un merlin, une hache, une barre de fer, que j'enfonce la porte de mon homme!

— Il y a là le merlin à fendre le bois, mais c'est trop lourd pour vous, dit le jeune garçon en traînant avec peine un énorme marteau.

— Trop lourd! s'écria la Louve; et elle enleva sans peine cette masse de fer qu'en toute autre circonstance elle eût peut-être difficilement soulevée.

Puis, montant l'escalier quatre à quatre, elle répéta aux deux enfants:

— Courez chercher la jeune fille et approchez-la du feu.

En deux bonds la Louve fut au fond du corridor, à la porte de Martial.

— Courage, mon homme, voilà ta Louve! s'écria-t-elle; et, levant le marteau à deux mains, d'un coup furieux elle ébranla la porte.

— Elle est clouée en dehors. Arrache les clous, s'écria Martial d'une voix faible.

Se jetant aussitôt à genoux dans le corridor, à l'aide du bec du merlin et de ses ongles qu'elle meurtrit, de ses doigts qu'elle déchira, la Louve parvint à arracher du plancher et du chambranle plusieurs clous énormes qui condamnaient la porte.

Enfin cette porte s'ouvrit.

Martial, pâle, les mains ensanglantées, tomba presque sans mouvement dans les bras de la Louve.

CHAPITRE II.

La Louve et Martial.

— Enfin je te vois, je te tiens, je t'ai... s'écria la Louve en recevant et en serrant Martial dans ses bras, avec un accent de possession et de joie d'une énergie sauvage; puis, le soutenant, le portant presque, elle l'aida à s'asseoir sur un banc placé dans le corridor.

Pendant quelques minutes Martial resta faible, hagard, cherchant à se remettre de cette violente secousse qui avait épuisé ses forces défaillantes.

La Louve sauvait son amant au moment où, anéanti, désespéré, il se sentait mourir, moins encore par le manque d'aliments que par la privation d'air, impossible à renouveler dans une petite chambre sans cheminée, sans issue, et hermétiquement fermée, grâce à l'atroce prévoyance de Calebasse, qui avait bouché avec de vieux linges jusqu'aux moindres fissures de la porte et de la croisée.

Palpitante de bonheur et d'angoisse, les yeux mouillés de pleurs, la Louve, à genoux, épiait les moindres mouvements de la physionomie de Martial.

Celui-ci semblait peu à peu renaître en aspirant à longs traits un air pur et salubre.

Après quelques tressaillements, il releva sa tête appesantie, poussa un long soupir et ouvrit les yeux.

— Martial, c'est moi, c'est ta Louve! Comment vas-tu?

— Mieux, répondit-il d'une voix faible.

— Mon Dieu! qu'est-ce que tu veux? de l'eau, du vinaigre?

— Non, non, reprit Martial de moins en moins oppressé. De l'air! oh! de l'air, rien que de l'air!

La Louve, au risque de se couper les poings, brisa les quatre carreaux d'une fenêtre qu'elle n'aurait pu ouvrir sans déranger une lourde table.

— Je respire maintenant, je respire; ma tête se dégage, dit Martial en revenant tout à fait à lui.

Puis, comme s'il se fût alors seulement rappelé le service que sa maîtresse lui avait rendu, il s'écria avec une explosion de reconnaissance ineffable:

— Sans toi j'étais mort, ma brave Louve.

— Bien, bon... comment te trouves-tu à cette heure?

— De mieux en mieux.

— Tu as faim?

— Non, je me sens trop faible. Ce qui m'a fait le plus souffrir, c'était le manque d'air. A la fin, j'étouffais, j'étouffais... c'était affreux.
— Et maintenant?
— Je revis, je sors du tombeau, et j'en sors grâce à toi !
— Mais tes mains, tes pauvres mains ! ces coupures !... Qu'est-ce qu'ils t'ont donc fait, mon Dieu ?
— Nicolas et Calebasse, n'osant pas m'attaquer en face une seconde fois, m'avaient muré dans ma chambre pour m'y laisser mourir de faim. J'ai voulu les empêcher de clouer mes volets, ma sœur m'a coupé les mains à coups de hachette !!!
— Les monstres ! ils voulaient faire croire que tu étais mort de maladie; ta mère avait déjà répandu le bruit que tu te trouvais dans un état désespéré. Ta mère, mon homme, ta mère !...
— Tiens, ne me parle pas d'elle, dit Martial avec amertume ; puis, remarquant pour la première fois les vêtements mouillés et l'étrange accoutrement de la Louve, il s'écria : Que t'est-il arrivé? tes cheveux ruissellent, tu es en jupon... il est trempé d'eau ?
— Qu'importe ! enfin te voilà sauvé, sauvé !
— Mais explique-moi pourquoi tu es ainsi mouillée.
— Je te savais en danger... je n'ai pas trouvé de bateau...
— Et tu es venue à la nage ?
— Oui. Mais tes mains, donne que je les baise. Tu souffres... les monstres !. . Et je n'étais pas là !
— Oh ! ma brave Louve ! s'écria Martial avec enthousiasme, brave entre toutes les créatures braves !
— N'as-tu pas écrit là : Mort aux lâches !
Et la Louve montra son bras tatoué où étaient écrits ces mots en caractères indélébiles.
— Intrépide, va ! Mais le froid t'a saisie, tu trembles.
— Ça n'est pas de froid.
— C'est égal... Entre là, tu prendras le manteau de Calebasse, tu t'envelopperas dedans.
— Mais...
— Je le veux.
En une seconde, la Louve fut enveloppée d'un manteau de tartan et revint.
— Pour moi... risquer de te noyer ! répéta Martial en la regardant avec exaltation.
— Au contraire... une pauvre fille se noyait, je l'ai sauvée en abordant à l'île.
— Tu l'as sauvée aussi ? Où est-elle ?
— En bas, avec les enfants ; ils la soignent.
— Et qui est cette jeune fille ?
— Mon Dieu ! si je savais quel hasard, quel heureux hasard ! C'est une de mes compagnes de Saint-Lazare, une fille bien extraordinaire, va...
— Comment cela ?
— Figure-toi que je l'aimais et que je la haïssais, parce qu'elle m'avait mis à la fois la mort et le bonheur dans l'âme.
— Elle ?
— Oui, à propos de toi.
— De moi ?
— Ecoute, Martial... Puis, s'interrompant, la Louve ajouta : Tiens, non, non... je n'oserai jamais.
— Quoi donc ?
— Je voulais te faire une demande... J'étais venue pour te voir et pour cela, car en partant de Paris je ne te savais pas en danger.
— Eh bien ! dis.
— Je n'ose plus.
— Tu n'oses plus, après ce que tu viens de faire pour moi !
— Justement. J'aurais l'air de quémander du retour.
— Quémander du retour ! est-ce que je ne t'en dois pas ? est-ce que tu ne m'as pas déjà soigné nuit et jour dans ma maladie l'an passé ?
— Est-ce que tu n'es pas mon homme ?
— Aussi tu dois me parler franchement, parce que je suis ton homme, et que je le serai toujours.
— Toujours, Martial ?
— Toujours, vrai comme je m'appelle Martial. Pour moi il n'y aura plus dans le monde d'autre femme que toi, vois-tu, la Louve. Que tu aies été ceci ou cela, tant pis, ça me regarde... je t'aime, tu m'aimes, et je te dois la vie. Enfin, depuis que tu es en prison, je ne suis plus le même. Il y a eu bien du nouveau ?... j'ai réfléchi, et tu ne seras plus ce que tu as été.
— Que veux-tu dire ?
— Je ne veux plus te quitter maintenant, mais je ne veux pas non plus quitter François et Amandine.
— Ton petit frère et ta petite sœur ?
— Oui ; d'aujourd'hui il faut que je sois pour eux comme qui dirait leur père. Tu comprends, ça me donne des devoirs, ça me range, je suis obligé de me charger d'eux. On voulait en faire des brigands finis ; pour les sauver je les emmène.
— Où ça ?
— Je n'en sais rien ; mais, pour sûr, loin de Paris.
— Et moi ?
— Toi ? je t'emmène aussi.

— Tu m'emmènes ? s'écria la Louve avec une stupeur joyeuse. Elle ne pouvait croire à un tel bonheur. Je ne te quitterai pas ?
— Non, ma brave Louve, jamais. Tu m'aideras à élever ces enfants. Je te connais; en te disant : Je veux que ma pauvre petite Amandine soit une honnête fille, parle-lui dans ces prix-là, je sais ce que tu sors pour elle, une brave mère.
— Oh ! merci, Martial, merci !
— Nous vivrons en honnêtes ouvriers ; sois tranquille, nous trouverons de l'ouvrage, nous travaillerons comme des nègres. Mais au moins ces enfants ne seront pas gueux comme leur père et mère, je ne m'entendrai plus appeler fils et frère de guillotinés, enfin je ne passerai plus dans les rues où l'on te connaît... Mais qu'est-ce que tu as ? qu'est-ce que tu as ?
— Martial, j'ai peur de devenir folle.
— Folle ?
— Folle de joie.
— Pourquoi ?
— Parce que, vois-tu, c'est trop !
— Quoi ?
— Ce que tu me demandes là... Oh ! non, vois-tu, c'est trop. A moins que d'avoir sauvé la Goualeuse ça m'ait porté bonheur... c'est ça pour sûr.
— Mais, encore une fois, qu'est-ce que tu as ?
— Ce que tu me demandes là, oh ! Martial ! Martial !
— Eh bien ?
— Je venais te le demander !
— De quitter Paris ?...
— Oui,.. reprit-elle précipitamment, d'aller avec toi dans les bois, où nous aurions une petite maison bien propre, des enfants que j'aimerais ! oh ! que j'aimerais ! comme ta Louve aimerait les enfants de son homme ! ou plutôt si tu le voulais, dit la Louve en tremblant, au lieu de t'appeler mon homme... je t'appellerais mon mari... car nous n'aurions pas la place sans cela, se hâta-t-elle d'ajouter vivement.
Martial à son tour regarda la Louve avec étonnement, ne comprenant rien à ces paroles.
— De quelle place parles-tu ?
— D'une place de garde-chasse...
— Que j'aurais ?
— Oui...
— Et qui me la donnerait ?
— Les protecteurs de la jeune fille que j'ai sauvée.
— Ils ne me connaissent pas !
— Mais, moi, je lui ai parlé de toi... et elle nous recommandera à ses protecteurs...
— Et à propos de quoi lui as-tu parlé de moi ?
— De quoi veux-tu que je parle ?
— Bonne Louve.
— Et puis, tu conçois, en prison la confiance vient ; et cette jeunesse était si gentille, si douce, que malgré moi je me suis sentie attirée vers elle ; j'ai tout de suite comme deviné qu'elle n'était pas des nôtres.
— Qui est-elle donc ?
— Je n'en sais rien, je n'y comprens rien, mais de ma vie je n'ai rien vu, rien entendu de semblable ; c'est comme une fée pour lire ça qu'on a dans le cœur ; quand je lui ai eu dit combien je t'aimais, rien que pour cela, elle s'est intéressée à nous... Elle m'a fait honte de ma vie passée, non en me disant des choses dures, tu sais comme ça aurait pris avec moi, mais en me parlant d'une vie bien laborieuse, bien pénible mais tranquillement passée avec toi selon ton goût, au fond des forêts Seulement, dans son idée, au lieu d'être braconnier... tu étais garde-chasse; au lieu d'être ta maîtresse... j'étais ta vraie femme, et puis nous avions de beaux enfants qui couraient au-devant de toi quand le soir tu revenais de tes rondes avec tes chiens, ton fusil sur l'épaule ; puis nous soupions à la porte de notre cabane, au frais de la nuit, sous des grands arbres, et puis nous nous couchions si heureux, si paisibles... Qu'est-ce que tu veux que je te dise ?... malgré moi je l'écoutais, c'était comme un charme. Si tu savais... elle parlait si bien... si bien... que... tout ce qu'elle disait, je croyais le voir à mesure ; je rêvais tout éveillée.
— Ah ! oui ! c'est ça qui serait une belle et bonne vie ! dit Martial en soupirant à son tour. Sans être tout à fait malsain de cœur, ce pauvre François a assez fréquenté Calebasse et Nicolas pour que le bon air des bois lui vaille mieux que l'air des villes... Amandine t'aiderait au ménage; je serais aussi bon garde que pas un, vu que j'ai été fameux braconnier... Je t'aurais pour ménagère, ma brave Louve... et puis, comme tu dis, avec des enfants... qu'est-ce qui nous manquerait ?... Une fois qu'on est habitué à sa forêt, on y est comme chez soi ; on y vivrait cent ans, ça passerait comme un jour... Mais, voyons, je te l'ai dit, Tiens, il ne fallait pas me parler de cette vie-là... ça donne des regrets voilà tout.
— Je te laissais aller... parce que tu dis là ce que je disais à la Goualeuse.
— Comment ?
— Oui, en écoutant ses contes de fée, je lui disais : Quel malheur que ces châteaux en Espagne, comme vous appelez ça, la Goualeuse, ne soient pas la vérité ! Sais-tu ce qu'elle m'a répondu, Martial ? dit la Louve les yeux étincelants de joie.

— Non !
— Que Martial vous épouse, promettez de vivre honnêtement tous deux, et cette place, qui vous fait tant d'envie, je me fais fort de la lui faire obtenir, m'a-t-elle répondu.
— A moi, une place de garde ?
— Oui... à toi...
— Mais tu as raison, c'est un rêve. S'il ne fallait que t'épouser pour avoir cette place, ma brave Louve, ça serait fait demain, si j'avais de quoi ; car depuis aujourd'hui, vois-tu... tu es ma femme... ma vraie femme.
— Martial... je suis ta vraie femme ?
— Ma vraie, ma seule, et je veux que tu m'appelles ton mari... c'est comme si le maire y avait passé.
— Oh ! la Goualeuse avait raison... c'est fier à dire, mon mari ! Martial... tu verras la Louve au ménage, au travail, tu la verras...
— Mais cette place... est-ce que tu crois ?...
— Pauvre petite Goualeuse, si elle se trompe... c'est sur les autres ; car elle avait l'air de bien croire à ce qu'elle me disait... D'ailleurs, tantôt, en quittant la prison, l'inspectrice m'a dit que les protecteurs de la Goualeuse, gens très-haut placés, l'avaient fait sortir aujourd'hui même ; ça prouve qu'elle a des bienfaiteurs puissants et qu'elle pourra tenir ce qu'elle m'a promis.
— Ah ! s'écria tout à coup Martial en se levant, je ne sais pas à quoi nous pensons.
— Quoi donc ?
— Cette jeune fille... elle est en bas, mourante peut-être... et au lieu de la secourir... nous sommes là...
— Rassure-toi, François et Amandine sont auprès d'elle ; ils seraient montés s'il y avait eu plus de danger. Mais tu as raison, allons la trouver ; il faut que tu la voies, celle à qui nous devrons peut-être notre bonheur.
Et Martial, s'appuyant sur le bras de la Louve, descendit au rez-de-chaussée.
Avant de les introduire dans la cuisine, disons ce qui s'était passé depuis que Fleur-de-Marie avait été confiée aux soins des deux enfants.

CHAPITRE III.

Le docteur Griffon.

François et Amandine venaient de transporter Fleur-de-Marie près du feu de la cuisine, lorsque M. de Saint-Remy et le docteur Griffon, qui avaient abordé au moyen du bateau de Nicolas, entrèrent dans la maison.
Pendant que les enfants ranimaient le foyer et y jetaient quelques fagots de peuplier, qui, bientôt embrasés, répandirent une vive flamme, le docteur Griffon donnait à la jeune fille les soins les plus empressés.
— La malheureuse enfant a dix-sept ans à peine ! s'écria le comte profondément attendri. Puis, s'adressant au docteur :
— Eh bien, mon ami ?
— On sent à peine les battements du pouls ; mais, chose singulière, la peau de la face n'est pas colorée en bleu chez ce sujet, comme cela arrive ordinairement après une asphyxie par submersion, répondit le docteur avec un sang-froid imperturbable, en considérant Fleur-de-Marie d'un air profondément méditatif.
Le docteur Griffon était un grand homme maigre, pâle et complètement chauve, sauf deux touffes de rares cheveux noirs soigneusement ramenés de derrière la tempe et aplatis sur ses tempes ; sa physionomie creusée, sillonnée par les fatigues de l'étude, était froide, intelligente et réfléchie.
D'un savoir immense, d'une expérience consommée, praticien habile et renommé, médecin en chef d'un hospice civil (où nous le retrouverons plus tard), le docteur Griffon n'avait qu'un défaut, celui de faire, si cela peut se dire, complètement abstraction du malade et de ne s'occuper que de la maladie ; jeune ou vieux, femme ou homme, riche ou pauvre, peu lui importait ; il ne songeait qu'au fait médical plus ou moins curieux ou intéressant, au point de vue scientifique, que lui offrait le sujet.
Il n'y avait plus là que des sujets.
— Quelle figure charmante !... combien elle est belle encore, malgré cette effrayante pâleur ! dit M. de Saint-Remy en contemplant Fleur-de-Marie avec tristesse. Avez-vous jamais vu des traits plus doux, plus candides, mon cher docteur ?... Et si jeune... si jeune !..
— L'âge ne signifie rien, dit brusquement le médecin, pas plus que la présence de l'eau dans les poumons, que l'on croyait autrefois mortelle... On se trompait grossièrement ; les admirables expériences de Goodwin... du fameux Goodwin, l'ont prouvé de reste.
— Mais, docteur...
— Mais c'est un fait... répliqua M. Griffon, absorbé par l'amour de son art. Pour reconnaître la présence d'un liquide étranger dans les poumons, Goodwin a plongé plusieurs fois des chats et des chiens dans des baquets d'encre pendant quelques secondes, les en a retirés vivants, et a disséqué mes gaillards quelque temps après... Eh bien ! Il s'est convaincu par la dissection que l'encre avait pénétré dans les poumons, et que la présence de ce liquide dans les organes de la respiration n'avait pas causé la mort des sujets.
Le comte connaissait le médecin, excellent homme au fond, mais que sa passion effrénée pour la science faisait souvent paraître dur, presque cruel.
— Avez-vous au moins quelque espoir ? lui demanda M. de Saint-Remy avec impatience.
— Les extrémités du sujet sont bien froides, dit le médecin, il reste peu d'espoir.
— Ah ! mourir à cet âge... malheureuse enfant !... c'est affreux.
— Pupille fixe... dilatée... reprit le docteur impassible en soulevant du bout du doigt la paupière glacée de Fleur-de-Marie.
— Homme étrange ! s'écria le comte presque avec indignation, on vous croirait impitoyable, et je vous ai vu veiller auprès de mon lit des nuits entières... J'eusse été votre frère, que vous n'eussiez pas été pour moi plus admirablement dévoué.
Le docteur Griffon, tout en s'occupant de secourir Fleur-de-Marie, répondit au comte sans le regarder, avec un flegme imperturbable :
— Parbleu, si vous croyez qu'on rencontre tous les jours une fièvre ataxique aussi merveilleusement bien compliquée, aussi curieuse à étudier que celle que vous aviez ! C'était admirable... mon bon ami, admirable ! Stupeur, délire, soubresauts des tendons, syncopes, elle réunissait les symptômes les plus variés, votre chère fièvre ; vous avez même été affecté d'un état partiel et éminemment intéressant... vous avez même été affecté d'un état partiel et momentané de paralysie, s'il vous plaît... Rien que pour ce fait, votre maladie avait droit à tout mon dévouement ; vous m'offriez une magnifique étude ; car franchement, mon cher ami, tout ce que je désire au monde, c'est de rencontrer encore une aussi belle fièvre... mais on ne jouit pas de ce bonheur-là deux fois.
Le comte haussa les épaules avec impatience.
Ce fut à ce moment que Martial descendit appuyé sur le bras de la Louve, qui avait mis, on le sait, par-dessus ses vêtements mouillés, un manteau de tartan appartenant à Calebasse.
Frappé de la pâleur de l'amant de la Louve, et remarquant ses mains couvertes de sang caillé, le comte s'écria :
— Quel est cet homme ?...
— Mon mari... répondit la Louve en regardant Martial avec une expression de bonheur et de noble fierté impossible à rendre.
— Vous avez une bonne et intrépide femme, monsieur, lui dit le comte : je l'ai vue sauver cette malheureuse enfant avec un rare courage.
— Oh oui ! monsieur, elle est bonne et intrépide, ma femme, répondit Martial en appuyant sur ces derniers mots, et en contemplant la Louve d'un air à la fois attendri et passionné. Oui, intrépide !... car elle vient de me sauver aussi la vie...
— A vous ? dit le comte étonné.
— Voyez ses mains... ses pauvres mains ! dit la Louve en essuyant les larmes qui adoucissaient l'éclat sauvage de ses yeux.
— Ah ! c'est horrible ! s'écria le comte, ce malheureux a les mains hachées... Voyez donc, docteur...
Détournant légèrement la tête et regardant par-dessus son épaule les plaies nombreuses que Calebasse avait faites aux mains de Martial, le docteur Griffon dit à ce dernier :
— Ouvrez et fermez la main.
Martial exécuta ce mouvement avec assez de peine.
Le docteur haussa les épaules, continua de s'occuper de Fleur-de-Marie, et dit dédaigneusement, comme à regret :
— Ces blessures n'ont absolument rien de grave... Il n'y a aucun tendon de lésé ; dans un mois, le sujet pourra se servir de ses mains.
— Vrai, monsieur ! mon mari ne sera pas estropié ? s'écria la Louve avec reconnaissance.
Le docteur secoua la tête négativement.
— Et la Goualeuse, docteur ? elle vivra, n'est-ce pas ? demanda la Louve. Oh ! il faut qu'elle vive, moi et mon mari nous lui devons tant !... Puis se retournant vers Martial : Pauvre petite... la voilà celle dont je te parlais... c'est elle pourtant qui sera peut-être la cause de notre bonheur ; c'est elle qui m'a donné l'idée de venir à toi te dire tout ce que je t'ai dit... Vois donc le hasard qui fait que je la sauve... et je t'ai encore !...
— C'est notre Providence... dit Martial, frappé de la beauté de la Goualeuse. Quelle figure d'ange ! oh ! elle vivra, n'est-ce pas, monsieur le docteur ?
— Je n'en sais rien, dit le docteur ; mais d'abord peut-elle rester ici ? aura-t-elle les soins nécessaires ?
— Ici ! s'écria la Louve, mais on assassine ici !
— Tais-toi ! tais-toi ! dit Martial.
Le comte et le docteur regardèrent la Louve avec surprise.
— La maison de l'île est mal famée dans le pays... cela ne m'étonne guère, dit à demi-voix le médecin à M. de Saint-Remy.
— Vous avez donc été victime de violences ? demanda le comte à Martial. Ces blessures, qui vous les a faites ?
— Ce n'est rien, monsieur... j'ai eu ici une dispute... une batterie s'en est suivie... et j'ai été blessé. Mais cette jeune paysanne ne peut pas rester dans la maison, ajouta-t-il d'un air sombre, je n'y reste pas moi-

même... ni ma femme... ni mon frère, ni ma sœur que voilà... nous allons quitter l'île pour n'y plus jamais revenir.

— Oh! quel bonheur! s'écrièrent les deux enfants.

— Alors, comment faire? dit le docteur en regardant Fleur-de-Marie. Il est impossible de songer à transporter le sujet à Paris, dans l'état de prostration où il se trouve. Mais au fait, ma maison est à deux pas : ma jardinière et sa fille seront d'excellentes garde-malades... Puisque cette asphyxie par submersion vous intéresse, vous surveillerez les soins qu'on lui donnera, mon cher Saint-Remy, et je viendrai la voir chaque jour.

— Et vous jouez l'homme dur, impitoyable! s'écria le comte, lorsque vous avez le cœur le plus généreux, ainsi que le prouve cette proposition...

— Si le sujet succombe, comme cela est possible, il y aura lieu à une autopsie intéressante qui me permettra de confirmer encore une fois les assertions de Goodwin.

— Ce que vous dites est affreux! s'écria le comte.

— Pour qui sait y lire, le cadavre est un livre où l'on apprend à sauver la vie des malades, dit stoïquement le docteur Griffon.

— Enfin vous faites le bien, dit amèrement M. de Saint-Remy, c'est l'important. Qu'importe la cause, pourvu que le bienfait subsiste! Pauvre enfant, plus je la regarde, plus elle m'intéresse.

— Et elle le mérite, allez, monsieur, reprit la Louve avec exaltation en se rapprochant.

— Vous la connaissez? s'écria le comte.

— Si je la connais, monsieur! C'est à elle que je devrai le bonheur de ma vie ; en la sauvant, je n'ai pas fait autant pour elle qu'elle a fait pour moi. Et la Louve regarda passionnément son mari ; elle ne disait plus son homme.

— Et qui est-elle? demanda le comte.

— Un ange, monsieur, tout ce qu'il y a de meilleur au monde. Oui, et quoiqu'elle soit mise en paysanne, il n'y a pas une bourgeoise, pas une grande dame pour parler aussi bien qu'elle, avec sa petite voix douce comme de la musique. C'est une fière fille, allez, et courageuse, et bonne!

— Par quel accident est-elle donc tombée à l'eau?

— Je ne sais, monsieur.

— Ce n'est donc pas une paysanne? demanda le comte.

— Une paysanne! regardez donc ces petites mains blanches, monsieur.

— C'est vrai, dit M. de Saint-Remy ; quel singulier mystère!... Mais son nom, sa famille?

— Allons, reprit le docteur en interrompant l'entretien, il faut transporter le sujet dans le bateau.

Une demi-heure après, Fleur-de-Marie, qui n'avait pas encore repris ses sens, était amenée dans la maison du médecin, couchée dans un bon lit, et maternellement surveillée par la jardinière de M. Griffon, à laquelle s'adjoignit la Louve.

Le docteur promit à M. de Saint-Remy, de plus en plus intéressé à la Goualeuse, de revenir le soir même la visiter.

Martial partit pour Paris avec François et Amandine, la Louve n'ayant pas voulu quitter Fleur-de-Marie avant de la voir hors de danger.

L'île du Ravageur resta déserte.

Nous retrouverons bientôt ces sinistres habitants chez Bras-Rouge, où ils doivent se réunir à la Chouette pour le meurtre de la courtière en diamants.

En attendant, nous conduirons le lecteur au rendez-vous que Tom, le frère de Sarah, avait donné à l'horrible mégère complice du Maître d'école.

CHAPITRE IV.

LE PORTRAIT.

... Moitié serpent et moitié chat...
WOLFGANG, 1 II.

Thomas Seyton, frère de la comtesse Sarah Mac-Grégor, se promenait impatiemment sur l'un des boulevards voisins de l'Observatoire, lorsqu'il vit arriver la Chouette.

L'horrible vieille était coiffée d'un bonnet blanc et enveloppée de son grand tartan rouge ; la pointe d'un stylet rond comme une grosse plume et très-acéré ayant traversé le fond du large cabas de paille qu'elle portait au bras, on pouvait voir saillir l'extrémité de cette arme homicide qui avait appartenu au Maître d'école.

Thomas Seyton ne s'aperçut pas que la Chouette était armée.

— Trois heures sonnent au Luxembourg, dit la vieille. J'arrive comme mars en carême... j'espère.

— Venez, lui répondit Thomas Seyton. Et marchant devant elle il traversa quelques terrains vagues, entra dans une ruelle déserte située près de la rue Cassini, s'arrêta vers le milieu de ce passage barré par un tourniquet, ouvrit une petite porte, fit signe à la Chouette de le suivre, et, après avoir fait quelques pas avec elle dans une épaisse allée d'arbres verts, il lui dit :

— Attendez là.

Et il disparut.

— Pourvu qu'il ne me fasse pas droguer trop longtemps dit la Chouette ; il faut que je sois chez Bras-Rouge à cinq heures avec les Martial pour *estourbir* la courtière. A propos de ça, et mon *surin* (1) ? Ah! le gueux! Il a le nez à la fenêtre, ajouta la vieille en voyant la pointe du poignard traverser les tresses de son cabas. Voilà ce que c'est de ne lui avoir pas mis son bouchon...

Et, retirant du cabas le stylet emmanché d'une poignée de bois, elle le plaça de façon à le cacher complétement.

— C'est l'outil de Fourline, reprit-elle. Est-ce qu'il ne me le demandait pas, censé pour tuer les rats qui viennent lui faire des risettes dans sa cave?... Pauvres bêtes! plus souvent... Ils n'ont que le vieux sans yeux pour se divertir et leur tenir compagnie! C'est bien le moins qu'ils le grignotent un peu... Aussi je ne veux pas qu'il leur fasse du mal à ces ratons, et je garde le surin... D'ailleurs j'en aurai besoin tantôt pour la courtière peut-être... Trente mille francs de diamants !... quelle part à chacun de nous! La journée sera bonne... c'est pas comme l'autre jour ce brigand de notaire que je croyais rançonner. Ah! bien oui! j'ai eu beau le menacer, s'il ne me donnait pas d'argent, de dénoncer que c'était sa bonne qui m'avait fait remettre la Goualeuse par Tournemine quand elle était toute petite, rien ne l'a effrayé. Il m'a appelé vieille menteuse et m'a mise à la porte... Bon, bon! je ferai écrire une lettre anonyme à ces gens de la ferme où était allée la Pégriotte pour leur apprendre que c'est le notaire qui l'a fait abandonner autrefois... ils connaissent peut-être sa famille, et quand elle sortira de Saint-Lazare, ça chauffera pour ce gredin de Jacques Ferrand... Mais on vient... Tiens... c'est la petite dame pâle qui était déguisée en homme au tapis franc de l'ogresse avec le grand de tout à l'heure, les mêmes que nous avons volés nous deux Fourline dans les décombres, près Notre-Dame, ajouta la Chouette en voyant Sarah paraître à l'extrémité de l'allée. C'est encore quelque coup à monter ; ça doit être au compte de cette petite dame-là que nous avons enlevé la Goualeuse à la ferme. Si elle paye bien, pour du nouveau, ça me chausse encore.

En approchant de la Chouette, qu'elle revoyait pour la première fois depuis la scène du tapis-franc, la physionomie de Sarah exprima ce dédain, ce dégoût que ressentent les gens d'un certain monde, lorsqu'ils sont obligés d'entrer en contact avec les misérables qu'ils prennent pour instruments ou pour complices.

Thomas Seyton, qui jusqu'alors avait activement servi les criminelles machinations de sa sœur, bien qu'il les considérât comme à peu près vaines, s'était refusé de continuer ce misérable rôle, consentant néanmoins à mettre pour la première fois et pour la dernière fois sa sœur en rapport avec la Chouette, sans vouloir se mêler des nouveaux projets qu'elles allaient ourdir.

N'ayant pu ramener Rodolphe à elle en brisant les liens ou les affections qu'elle lui croyait chers, la comtesse espérait, nous l'avons dit, le rendre dupe d'une indigne fourberie, dont le succès pouvait réaliser le rêve de cette femme opiniâtre, ambitieuse et cruelle.

Il s'agissait de persuader à Rodolphe que la fille qu'il avait eue de Sarah n'était pas morte et de substituer une orpheline à cette enfant.

On sait que Jacques Ferrand, ayant formellement refusé d'entrer dans ce complot, malgré les menaces de Sarah, s'était résolu à faire disparaître Fleur-de-Marie, autant par crainte des révélations de la Chouette que par crainte des insistances obstinées de la comtesse. Mais celle-ci ne renonçait pas à son dessein, presque certaine de corrompre ou d'intimider le notaire, lorsqu'elle se serait assurée d'une jeune fille capable de remplir le rôle dont elle voulait la charger.

Après un moment de silence, Sarah dit à la Chouette :

— Vous êtes adroite, discrète et résolue?

— Adroite comme un singe, résolue comme un dogue, muette comme une tanche, voilà la Chouette, telle que le diable l'a faite, pour vous servir, si elle en était capable... et elle l'est... répondit allégrement la vieille. J'espère que nous vous avons fameusement empaumé la jeune campagnarde, qui est maintenant clouée à Saint-Lazare pour deux bons mois.

— Il ne s'agit plus d'elle, mais d'autre chose...

— A vos souhaits, ma petite dame! Pourvu qu'il y ait de l'argent au bout de ce que vous allez me proposer ; nous serons comme les deux doigts de la main.

Sarah ne put réprimer un mouvement de dédain.

— Vous devez connaître, reprit-elle, des gens du peuple... des gens malheureux?

— Il y a plus de ceux-là que de millionnaires... on peut choisir, Dieu merci ; il y a une riche misère à Paris!

— Il faudrait me trouver une orpheline pauvre et surtout qui eût perdu ses parents étant tout enfant. Il faudrait de plus qu'elle fût d'une figure agréable, d'un caractère doux et qu'elle n'eût pas plus de dix-sept ans.

La Chouette regarda Sarah avec étonnement.

(1) Poignard.

— Une telle orpheline ne doit pas être difficile à rencontrer, reprit la comtesse, il y a tant d'enfants trouvés...

— Ah çà ! mais dites donc, ma petite dame, et la Goualeuse que vous oubliez ?... voilà votre affaire !

— Qu'est-ce que c'est que la Goualeuse ?

— Cette jeunesse que nous avons été enlever à Bouqueval !

— Il ne s'agit plus d'elle, vous dis-je !

— Mais écoutez-moi donc, et surtout récompensez-moi du bon conseil : vous voulez une orpheline douce comme un agneau, belle comme le jour, et qui n'ait pas dix-sept ans, n'est-ce pas ?

— Sans doute...

— Eh bien ! prenez la Goualeuse lorsqu'elle sortira de Saint-Lazare ; c'est votre lot, comme si on vous l'avait faite exprès, puisqu'elle avait environ dix ans quand ce gueux de Jacques Ferrand (il y a dix ans de cela) me l'a fait donner avec mille francs pour s'en débarrasser... même que c'est Tournemine, actuellement au bagne à Rochefort, qui me l'a amenée, me disant que c'était sans doute une enfant dont on voulait se débarrasser ou faire passer pour mort...

— Jacques Ferrand... dites-vous ! s'écria Sarah d'une voix si altérée, que la Chouette recula stupéfaite.

— Le notaire Jacques Ferrand... reprit Sarah, vous a livré cette enfant... et...

Elle ne put achever.

L'émotion était trop violente ; ses deux mains, tendues vers la Chouette, tremblaient convulsivement ; la surprise, la joie, bouleversaient ses traits.

— Mais je ne sais pas ce qui vous allume comme ça, ma petite dame, reprit la vieille. C'est pourtant bien simple... Il y a dix ans... Tournemine, une vieille connaissance, m'a dit : Veux-tu charger d'une petite fille qu'on veut faire disparaître ? Qu'elle crève ou qu'elle vive, c'est égal ; il y a mille francs à gagner ; tu feras de l'enfant ce que tu voudras...

— Il y a dix ans !... s'écria Sarah.

— Dix ans...

— Une petite fille blonde ?

— Une petite fille blonde...

— Avec des yeux bleus ?

— Avec des yeux bleus, bleus comme des bluets.

— Et c'est elle... qu'à la ferme...

— Nous avons emballée pour Saint-Lazare... Faut dire que je ne m'attendais guère à la retrouver à la campagne... cette Pégriotte.

— Oh ! mon Dieu ! mon Dieu ! s'écria Sarah en tombant à genoux, en levant les mains et les yeux au ciel, vos vues sont impénétrables... Je me prosterne devant votre providence. Oh ! si un tel bonheur était possible... mais non, je ne puis encore le croire... ce serait trop beau... non !...

Puis, se relevant brusquement, elle dit à la Chouette, qui la regardait tout interdite : — Venez...

Et Sarah marcha devant la vieille à pas précipités.

Au bout de l'allée, elle monta quelques marches conduisant à la porte vitrée d'un cabinet de travail somptueusement meublé.

Au moment où la Chouette allait y entrer, Sarah lui fit signe de demeurer en dehors.

Puis la comtesse sonna violemment.

Un domestique parut.

— Je n'y suis pour personne !... et que personne n'entre ici... entendez-vous ?... absolument personne...

Le domestique sortit.

Sarah, pour plus de sûreté, alla pousser un verrou.

La Chouette avait entendu la recommandation faite au domestique, et vu Sarah fermer le verrou.

La comtesse, se retournant, lui dit :

— Entrez vite... et fermez la porte.

La Chouette entra.

Ouvrant à la hâte un secrétaire, Sarah y prit un coffret d'ébène qu'elle apporta sur un bureau situé au milieu de la chambre, et fit signe à la Chouette de venir près d'elle.

Le coffret contenait plusieurs fonds d'écrins superposés les uns sur les autres, et renfermait de magnifiques pierreries.

Sarah était si pressée d'arriver au fond du coffret, qu'elle jetait précipitamment sur la table ces casiers splendidement garnis de colliers, de bracelets, de diadèmes, où les rubis, les émeraudes et les diamants chatoyaient de mille feux.

La Chouette était éblouie.

Elle était armée, elle était seule enfermée avec la comtesse ; la fuite lui était facile, assurée...

Une idée infernale traversa l'esprit de ce monstre.

Mais, pour exécuter ce nouveau forfait, il lui fallait sortir son stylet de son cabas et s'approcher de Sarah sans exciter sa défiance.

Avec l'astuce du chat-tigre, qui rampe et s'avance traîtreusement vers sa proie, la vieille profita de la préoccupation de la comtesse pour faire insensiblement le tour du bureau qui la séparait de sa victime.

La Chouette avait déjà commencé cette évolution perfide, lorsqu'elle fut obligée de s'arrêter brusquement.

Sarah retira un médaillon du double fond de la boîte, se pencha sur la table, le tendit à la Chouette d'une main tremblante, et lui dit :

— Regardez ce portrait.

— C'est la Pégriotte ! s'écria la Chouette, frappée de l'extrême ressemblance ; c'est la petite qu'on m'a livrée ; il me semble la voir quand Tournemine me l'a amenée... C'est bien là ses grands cheveux bouclés que j'ai coupés tout de suite et bien vendus, ma foi !...

— Vous la reconnaissez, c'était bien elle ? Oh ! je vous en conjure, ne me trompez pas... ne me trompez pas !

— Je vous dis, ma petite dame, que c'est la Pégriotte, comme si on la voyait, dit la Chouette en tâchant de se rapprocher davantage de Sarah sans être remarquée ; à l'heure qu'il est, elle ressemble encore à ce portrait .. Si vous la voyiez vous en seriez frappée.

Sarah n'avait pas eu un cri de douleur, d'effroi, en apprenant que sa fille avait pendant dix ans vécu misérable, abandonnée...

Pas un remords en songeant qu'elle-même l'avait fait arracher fatalement de la paisible retraite où Rodolphe l'avait placée.

Tout d'abord, cette mère dénaturée n'interrogea pas la Chouette avec une anxiété terrible sur le passé de son enfant.

Non ; chez Sarah l'ambition avait depuis longtemps étouffé la tendresse maternelle.

Ce n'était pas la joie de retrouver sa fille qui la transportait, c'était l'espoir certain de voir réaliser enfin le rêve orgueilleux de toute sa vie...

Rodolphe s'était intéressé à cette malheureuse enfant, l'avait recueillie sans la connaître ; que serait-ce donc lorsqu'il saurait qu'elle était..

SA FILLE !!!

Il était libre... la comtesse, veuve...

Sarah voyait déjà briller à ses yeux la couronne souveraine.

La Chouette, avançant toujours à pas lents, avait enfin gagné l'un des bouts de la table, et placé son stylet perpendiculairement dans son cabas, la poignée à fleur de l'ouverture... bien à sa portée...

Elle n'était plus qu'à quelques pas de la comtesse.

— Savez-vous écrire ? lui dit tout à coup celle-ci.

Et repoussant de la main le coffre et les bijoux elle ouvrit un buvard placé devant un encrier.

— Non, madame, je ne sais pas écrire, répondit la Chouette à tout hasard...

— Je vais donc écrire sous votre dictée... Dites-moi toutes les circonstances de l'abandon de cette petite fille.

Et Sarah, s'asseyant dans un fauteuil devant le bureau, prit une plume et fit signe à la Chouette de venir auprès d'elle.

L'œil de la vieille étincela.

Enfin... elle était debout, à côté du siége de Sarah.

Celle-ci, courbée sur la table, se préparait à écrire...

— Je vais lire tout haut, et à mesure, dit la comtesse, vous rectifierez mes erreurs.

— Oui, madame, reprit la Chouette en épiant les moindres mouvements de Sarah.

Puis elle glissa sa main droite dans son cabas, pour pouvoir saisir son stylet sans être vue.

La comtesse commença d'écrire :

— « Je déclare que... »

Mais s'interrompant et se tournant vers la Chouette, qui touchait déjà le manche de son poignard, la comtesse ajouta :

— A quelle époque cette enfant vous a-t-elle été livrée

— Au mois de février 1827.

— Et par qui ? reprit Sarah, toujours tournée vers la Chouette.

— Par Pierre Tournemine, actuellement au bagne de Rochefort...C'est madame Séraphin, la femme de charge du notaire, qui lui avait donné la petite.

La comtesse se remit à écrire et lut à haute voix :

— « Je déclare qu'au mois de février 1827, le nommé... »

La Chouette avait tiré son stylet.

Déjà elle se levait pour frapper sa victime entre les deux épaules...

Sarah se retourna de nouveau.

La Chouette, pour n'être pas surprise, appuya prestement sa main droite armée sur le dossier du fauteuil de Sarah, et se pencha vers elle afin de répondre à sa nouvelle question.

— J'ai oublié le nom de l'homme qui vous a confié l'enfant ? dit la comtesse.

— Pierre Tournemine, répondit la Chouette.

— « Pierre Tournemine, » répéta Sarah en continuant d'écrire, « actuellement au bagne de Rochefort, m'a remis un enfant qui lui avait été confié par la femme de charge du... »

La comtesse ne put achever.

La Chouette, après s'être doucement débarrassée de son cabas en le laissant couler à ses pieds, s'était jetée sur la comtesse avec autant de rapidité que de furie, de sa main gauche l'avait saisie à la nuque, et, lui appuyant le visage sur la table qu'il lui avait, de sa main droite, planté le stylet entre les deux épaules...

Cet abominable meurtre fut exécuté si brusquement, que la comtesse ne poussa pas un cri, pas une plainte.

Toujours assise, elle resta le haut du corps et le front sur la table. Sa plume s'échappa de sa main.

? — Le même coup que Fourline... au petit vieillard de la rue du Roule, dit le monstre.

Encore une qui ne parlera plus... son compte est fait.

Et la Chouette, s'emparant à la hâte des pierreries, qu'elle jeta dans son cabas, ne s'aperçut pas que sa victime respirait encore.

Le meurtre et le vol accomplis, l'horrible vieille ouvrit la porte vitrée, disparut rapidement dans l'allée d'arbres verts, sortit par la petite porte de la ruelle et gagna les terrains déserts.

Près de l'Observatoire, elle prit un fiacre qui la conduisit chez Bras-Rouge, aux Champs-Elysées. La veuve Martial, Nicolas, Calebasse et Barbillon avaient, on le sait, donné rendez-vous à la Chouette dans ce repaire pour voler et tuer la courtière en diamants.

CHAPITRE V.

L'agent de sûreté.

Le lecteur connaît déjà le cabaret du Cœur-Saignant, situé aux Champs-Elysées, proche le Cours-la-Reine, dans l'un des vastes fossés qui avoisinaient cette promenade il y a quelques années.

Les habitants de l'île du Ravageur n'avaient pas encore paru.

Depuis le départ de Bradamanti, qui avait, on le sait, accompagné la belle-mère de madame d'Harville en Normandie, Tortillard était revenu chez son père.

Placé en vedette en haut de l'escalier, le petit boiteux devait signaler l'arrivée des Martial par un cri convenu, Bras-Rouge étant alors en conférence secrète avec un agent de sûreté nommé Narcisse Borel, que l'on se souvient peut-être d'avoir vu au tapis-franc de l'ogresse, lorsqu'il y vint arrêter deux scélérats accusés de meurtre.

Cet agent, homme de quarante ans environ, vigoureux et trapu, avait le teint coloré, l'œil fin et perçant, la figure complètement rasée, afin de pouvoir prendre divers déguisements nécessaires à ses dangereuses expéditions ; car il lui fallait souvent joindre la souplesse de transfiguration du comédien au courage et à l'énergie du soldat pour parvenir à s'emparer de certains bandits contre lesquels il devait lutter de ruse et de détermination. Narcisse Borel était, en un mot, l'un des instruments les plus utiles, les plus actifs de cette providence au petit pied, appelée modestement et vulgairement la Police.

Revenons à l'entretien de Narcisse Borel et de Bras-Rouge... Cet entretien semblait très-animé.

— Oui, disait l'agent de sûreté, on vous accuse de profiter de votre position à double face pour prendre impunément part aux vols d'une bande de malfaiteurs très-dangereux, et pour donner sur eux de fausses indications à la police de sûreté... Prenez garde, Bras-Rouge, si cela était découvert, on serait sans pitié pour vous.

— Hélas ! je sais qu'on m'accuse de cela, et c'est désolant, mon bon monsieur Narcisse, répondit Bras-Rouge en donnant à sa figure de fouine une expression de chagrin hypocrite. Mais j'espère qu'aujourd'hui enfin on me rendra justice, et que ma bonne foi sera reconnue.

— Nous verrons bien !

— Comment peut-on se défier de moi ? Est-ce que je n'ai pas fait mes preuves ? Est-ce moi, oui ou non, qui, dans le temps, vous ai mis à même d'arrêter en flagrant délit Ambroise Martial, un des plus dangereux malfaiteurs de Paris ? Car, comme on dit, bon chien chasse de race, et la race des Martial vient de l'enfer, où elle retournera si le bon Dieu est juste.

Cecily.

— Tout cela est bel et bon, mais Ambroise était prévenu qu'on allait venir l'arrêter : si je n'avais pas devancé l'heure que vous m'aviez indiquée, il échappait.

— Me croyez-vous capable, monsieur Narcisse, de lui avoir secrètement donné avis de votre arrivée ?

— Ce que je sais, c'est que j'ai reçu de ce brigand-là un coup de pistolet à bout portant, qui heureusement ne m'a traversé que le bras.

— Dame, monsieur Narcisse, il est sûr que dans votre partie on est exposé à ces malentendus-là...

— Ah ! vous appelez ça des malentendus !

— Certainement, car il voulait sans doute, le scélérat, vous loger la balle dans le corps.

— Dans le bras, dans le corps ou dans la tête, peu importe, ce n'est pas de cela que je me plains ; chaque état a ses désagréments.

— Et ses plaisirs, donc, monsieur Narcisse, et ses plaisirs ! Par exemple, lorsqu'un homme aussi fin, aussi adroit, aussi courageux que vous... est depuis longtemps sur la piste d'une nichée de brigands, qu'il les suit de quartier en quartier, de bouge en bouge, avec un bon limier comme votre serviteur Bras-Rouge, et qu'il finit par les traquer et les cerner dans une souricière dont aucun ne peut échapper, avouez, monsieur Narcisse, qu'il y a un grand plaisir... une joie de chasseur... Sans compter le service que l'on rend à la justice, ajouta gravement le tavernier du Cœur-Saignant.

— Je serais assez de votre avis, si le limier était fidèle, mais je crains qu'il ne le soit pas.

— Ah ! monsieur Narcisse, vous croyez...

— Je crois qu'au lieu de nous mettre sur la voie vous vous amusez à nous égarer et que vous abusez de la confiance qu'on a en vous. Chaque jour vous promettez de nous aider à mettre la main sur la bande... ce jour n'arrive jamais.

— Et si ce jour arrive aujourd'hui, monsieur Narcisse, comme j'en suis sûr, et si je vous fais ramasser Barbillon, Nicolas Martial, la veuve, sa fille et la Chouette, sera-ce, oui ou non, un bon coup de filet ? Vous méfierez-vous encore de moi ?

— Non, et vous aurez rendu un véritable service ; car on a contre cette bande de fortes présomptions, des soupçons presque certains, mais malheureusement aucune preuve.

— Aussi, un petit bout de flagrant délit, en permettant de les pincer, aiderait furieusement à débrouiller leurs cartes, hein ! monsieur Narcisse ?

— Sans doute... Et vous m'assurez qu'il n'y a pas eu provocation de votre part dans le coup qu'ils vont tenter ?

— Non, sur l'honneur ! c'est la Chouette qui est venue me proposer d'attirer la courtière chez moi, lorsque cette infernale borgnesse a appris par mon fils que Morel le lapidaire, qui demeure rue du Temple, travaillait en vrai au lieu de travailler en faux, et que la mère Mathieu avait souvent sur elle des valeurs considérables...J'ai accepté l'affaire, en proposant à la Chouette de nous adjoindre les Martial et Barbillon, afin de vous mettre toute la séquelle sous la main.

— Et le Maître d'école, cet homme si dangereux, si fort et si féroce, qui était toujours avec la Chouette? un des habitués du tapis-franc ?

— Le Maître d'école ?... dit Bras-Rouge en feignant l'étonnement.

— Oui, un forçat évadé du bagne de Rochefort, un nommé Anselme Duresnel, condamné à perpétuité. On sait maintenant qu'il s'est défiguré pour se rendre méconnaissable.?. N'avez-vous aucun indice sur lui ?

— Aucun... répondit intrépidement Bras-Rouge, qui avait ses raisons pour faire ce mensonge ; car le Maître d'école était alors enfermé dans une des caves du cabaret.

— Il y a tout lieu de croire que le Maître d'école est l'auteur de nouveaux assassinats. Ce serait une capture importante...

— Depuis six semaines, on ne sait pas ce qu'il est devenu.

— Aussi vous reproche-t-on d'avoir perdu sa trace.

— Toujours des reproches ! monsieur Narcisse... toujours ?

— Ce ne sont pas les raisons qui manquent... Et la contrebande ?...

— Ne faut-il pas que je connaisse un peu de toutes sortes de gens ? des contrebandiers comme d'autres, pour vous mettre sur la voie ?... Je vous ai dénoncé ce tuyau à introduire les liquides, établi en dehors de la barrière du Trône et aboutissant dans une maison de la rue...

— Je sais tout cela, dit Narcisse en interrompant Bras-Rouge ; mais, pour un que vous dénoncez, vous en faites peut-être échapper dix ; et vous continuez impunément votre trafic. Je suis sûr que vous mangez à deux râteliers, comme on dit.

— Ah ! monsieur Narcisse... je suis incapable d'une faim aussi malhonnête...

— Et ce n'est pas tout ; rue du Temple, n° 17, loge une femme Burette,

Mort de la Chouette. — PAGE 252.

prêteuse sur gages, que l'on accuse d'être votre recéleuse particulière, à vous.

— Que voulez-vous que j'y fasse, monsieur Narcisse ? on dit tant de choses, le monde est si méchant... Encore une fois, il faut bien que je fraye avec le plus grand nombre de coquins possible, que j'aie même l'air de faire comme eux... pis qu'eux, pour ne pas leur donner de soupçons... mais ça me navre de les imiter... ça me navre... Il faut que je sois bien dévoué au service, allez... pour me résigner à ce métier-là...

— Pauvre cher homme... je vous plains de toute mon âme.

— Vous riez, monsieur Narcisse... Mais si l'on croit ça, pourquoi n'a-t-on pas fait une descente chez la mère Burette et chez moi ?

— Vous le savez bien... pour ne pas effaroucher ces bandits, que vous nous promettez de nous livrer depuis si longtemps.

— Et je vais vous les livrer, monsieur Narcisse : avant une heure, ils seront ficelés... et sans trop de peine, car il y a trois femmes ; quant à Barbillon et à Nicolas Martial, ils sont féroces comme des tigres, mais lâches comme des poules.

— Tigres ou poules, dit Narcisse en entr'ouvrant sa longue redingote et montrant la crosse de deux pistolets qui sortaient des goussets de son pantalon, j'ai là de quoi les servir.

— Vous ferez toujours bien de prendre deux de vos hommes avec vous, monsieur Narcisse ; quand ils se voient acculés, les plus poltrons deviennent quelquefois des caragés.

— Je placerai deux de mes hommes dans la petite salle basse, à côté de celle où vous ferez entrer la courtière... au premier cri, je paraîtrai à une porte, mes deux hommes à l'autre.

— Il faut vous hâter, car la bande va arriver d'un moment à l'autre, monsieur Narcisse.

— Soit, je vais poster mes hommes. Pourvu que ce ne soit pas encore pour rien, cette fois.

L'entretien fut interrompu par un sifflement particulier destiné à servir de signal.

Bras-Rouge s'approcha d'une fenêtre pour voir quelle personne Tortillard annonçait.

— Tenez, voilà déjà la Chouette. Eh bien ! me croyez-vous, à présent, monsieur Narcisse ?

— C'est déjà quelque chose, mais ce n'est pas tout ; enfin, nous verrons ; je cours placer mes hommes.

Et l'agent de sûreté disparut par une porte latérale.

CHAPITRE VI.

La Chouette.

La précipitation de la marche de la Chouette, les ardeurs féroces d'une fièvre de rapine et de meurtre qui l'animaient encore, avaient empourpré son hideux visage ; son œil vert étincelait d'une joie sauvage.

Tortillard la suivait sautillant et boitant.

Au moment où elle descendait les dernières marches de l'escalier, le fils de Bras-Rouge, par une méchante espièglerie, posa son pied sur les plis traînants de la robe de la Chouette.

Ce brusque temps d'arrêt fit trébucher la vieille. Ne pouvant se retenir à la rampe, elle tomba sur ses genoux, les deux mains tendues en avant, abandonnant son précieux cabas, d'où s'échappa un bracelet d'or garni d'émeraudes et de perles fines.

La Chouette, s'étant dans sa chute quelque peu écorché les doigts, ramassa le bracelet qui n'avait pas échappé à la vue perçante de Tortillard, se releva et se précipita furieuse sur le petit boiteux qui s'approchait d'elle d'un air hypocrite en lui disant :

— Ah! mon Dieu! le pied vous a donc fourché?

Sans lui répondre, la Chouette saisit Tortillard par les cheveux, et, se baissant au niveau de sa joue, le mordit avec rage; le sang jaillit sous sa dent.

Chose étrange! Tortillard, malgré sa méchanceté, malgré le ressentiment d'une cruelle douleur, ne poussa pas une plainte, pas un cri...

Il essuya son visage ensanglanté, et dit en riant d'un air forcé :

— J'aime mieux que vous ne m'embrassiez pas si fort une autre fois... hé... la Chouette.

— Méchant petit momacque, pourquoi as-tu mis exprès ton pied sur ma robe... pour me faire tomber?

— Moi? par exemple... je vous jure que je ne l'ai pas fait exprès, ma bonne Chouette. Plus souvent que votre petit Tortillard aurait voulu vous faire du mal... il vous aime trop pour cela ; vous avez beau le battre, le brusquer, le mordre, il vous est attaché comme le pauvre petit chien l'est à son maître, dit l'enfant d'une voix pateline et doucereuse.

Trompée par l'hypocrisie de Tortillard, la Chouette le crut et lui répondit :

— A la bonne heure! si je t'ai mordu à tort, ce sera pour toutes les autres fois que tu l'aurais mérité, brigand... Allons, vive la joie!... aujourd'hui je n'ai pas de rancune... Où est ton tilou de père?

— Dans la maison... Voulez-vous que j'aille le chercher?...

— Non. Les Martial sont-ils venus?

— Pas encore...

— Alors j'ai le temps de descendre chez Fourline; j'ai à lui parler, au vieux sans yeux...

— Vous allez au caveau du Maître d'école? dit Tortillard en dissimulant à peine une joie diabolique.

— Qu'est-ce que ça te fait?

— A moi?

— Oui, tu m'as demandé cela d'un drôle d'air?

— Parce que je pense à quelque chose de drôle.

— Quoi?

— C'est que vous devriez bien au moins lui apporter un jeu de cartes pour le désennuyer, reprit Tortillard d'un air narquois; ça le changerait un peu... il ne joue qu'à être mordu par les rats! à ce jeu-là il gagne toujours, et à la fin ça lasse.

La Chouette rit aux éclats de ce lazzi, et dit au petit boiteux :

— Amour de momacque à sa maman... je ne connais pas un moutard pour avoir déjà plus de vice que ce gueux-là... Va chercher une chandelle, tu m'éclaireras pour descendre chez Fourline... et tu m'aideras à ouvrir sa porte... tu sais bien qu'à moi toute seule je ne peux pas seulement la pousser.

— Ah! bien non, il fait trop noir dans la cave, dit Tortillard en hochant la tête.

— Comment! comment! toi qui es mauvais comme un démon, tu serais poltron?... je voudrais bien voir ça... allons, va vite, et dis à ton père que je vais revenir tout à l'heure... que je suis avec Fourline... que nous causons de la publication des bans pour notre mariage... eh! eh! eh! ajouta le monstre en ricanant, dépêche-toi, tu seras garçon de noce, et si tu es gentil c'est toi qui prendras ma jarretière...

Tortillard alla chercher une lumière d'un air maussade.

En l'attendant, la Chouette, toute à l'ivresse du succès de son vol, plongea sa main droite dans son cabas pour y manier les bijoux précieux qu'il renfermait.

C'était pour cacher momentanément ce trésor qu'elle voulait descendre dans le caveau du Maître d'école, et non pour jouir, selon son habitude, des tourments de sa nouvelle victime.

Nous dirons tout à l'heure pourquoi, du consentement de Bras-Rouge, la Chouette avait relégué le Maître d'école dans ce même réduit souterrain où ce brigand avait autrefois précipité Rodolphe.

Tortillard, tenant un flambeau, reparut à la porte du cabaret.

La Chouette le suivit dans la salle basse, où s'ouvrait la large trappe à deux vantaux que l'on connaît déjà.

Le fils de Bras-Rouge, abritant sa lumière dans le creux de sa main, et précédant la vieille, descendit lentement un escalier de pierre conduisant à une pente rapide au bout de laquelle se trouvait la porte épaisse du caveau qui avait failli devenir le tombeau de Rodolphe.

Arrivé au bas de l'escalier, Tortillard parut hésiter à suivre la Chouette.

— Eh bien!... méchant lambin... avance donc, lui dit-elle en se retournant.

— Dame! il fait si noir... et puis vous allez si vite, la Chouette. Mais au fait, tenez... j'aime mieux m'en retourner... et vous laisser la chandelle.

— Et la porte du caveau, imbécile?... Est-ce que je peux l'ouvrir à moi toute seule? Avanceras-tu?

— Non... j'ai trop peur.

— Si je vais à toi... prends garde.

— Puisque vous me menacez, je remonte...

Et Tortillard recula quelques pas.

— Eh bien! écoute... sois gentil, reprit la Chouette en contenant sa colère, je te donnerai quelque chose...

— A la bonne heure! dit Tortillard en se rapprochant, parlez-moi ainsi, et vous ferez de moi tout ce que vous voudrez, mère la Chouette.

— Avance, avance, je suis pressée...

— Oui; mais promettez-moi que vous me laisserez aguicher le Maître d'école...

— Une autre fois... aujourd'hui je n'ai pas le temps.

— Bien qu'un petit peu; laissez-moi seulement le faire écumer...

— Une autre fois... Je te dis qu'il faut que je remonte tout de suite.

— Pourquoi donc voulez-vous ouvrir la porte de son appartement?

— Ça ne te regarde pas. Voyons, finiras-tu? Les Martial sont peut-être déjà en haut, il faut que je leur parle... Sois gentil et tu n'en seras pas fâché... arrive.

— Il faut que je vous aime bien, allez, la Chouette... vous me faites faire tout ce que vous voulez, dit Tortillard en s'avançant lentement.

La clarté blafarde, vacillante de la chandelle, éclairait vaguement ce sombre couloir, dessinait la noire silhouette du hideux enfant sur les murailles verdâtres, lézardées, ruisselantes d'humidité.

Au fond du passage, à travers une demi-obscurité, on voyait le cintre bas, écrasé, de l'entrée du caveau, porte épaisse, garnie de bandes de fer, et, se détachant dans l'ombre, le tartan rouge et le bonnet blanc de la Chouette.

Grâce à ses efforts et à ceux de Tortillard, la porte s'ouvrit, en grinçant, sur ses gonds rouillés.

Une bouffée de vapeur humide s'échappa de cet antre, obscur comme la nuit.

La lumière, posée à terre, jetait quelques lueurs sur les premières marches de l'escalier de pierre, dont les derniers degrés se perdaient complètement dans les ténèbres.

Un cri, ou plutôt un rugissement sauvage, sortit des profondeurs du caveau.

— Ah! voilà Fourline qui dit bonjour à sa maman, dit ironiquement la Chouette.

Et elle descendit quelques marches pour cacher son cabas dans quelque recoin.

— J'ai faim! cria le Maître d'école d'une voix frémissante de rage; on veut donc me faire mourir comme une bête enragée!

— Tu as faim, gros minet? dit la Chouette en éclatant de rire, eh bien!... suce ton pouce...

On entendit le bruit d'une chaîne qui se roidissait violemment...

Puis un soupir de rage muette contenu.

— Prends garde! prends garde! tu vas te faire encore bobo à la jambe, comme à la ferme de Bouqueval. Pauvre bon papa! dit Tortillard.

— Il a raison, cet enfant! tiens-toi donc en repos, Fourline, reprit la vieille; l'anneau et la chaîne sont solides, vieux sans yeux, ça vient de chez le père Micou, qui ne vend que du bon. C'est ta faute aussi; pourquoi t'es-tu laissé ficeler pendant ton sommeil? on n'a eu ensuite qu'à te passer l'anneau et la chaîne de la gigue, et à te descendre ici... au frais... pour te conserver, vieux coquet.

— C'est dommage, il va moisir, dit Tortillard.

On entendit un nouveau bruit de chaîne.

— Eh! eh! Fourline qui sautille comme un hanneton attaché par la patte, dit la vieille. Il me semble le voir...

— Hanneton! vole! vole! vole!... Ton mari est le Maître d'école!... chantonna Tortillard.

Cette variante augmenta l'hilarité de la Chouette.

Ayant placé son cabas dans un trou formé par la dégradation de la muraille de l'escalier, elle dit en se relevant :

— Vois-tu, Fourline?...

— Il ne voit pas, dit Tortillard...

— Il a raison, cet enfant! Eh bien! entends-tu, Fourline? il ne fallait pas, en revenant de la ferme, être assez Colas pour faire le bon ch'en... en m'empêchant de dévisager la Pégriotte avec mon vitriol. Par là-dessus, tu m'as parlé de la muette (1), qui devenait bègueme. J'ai vu que ta pâte de franc gueux s'algrissait, que elle tournait à l'honnête... comme qui dirait un mouchard... que d'un jour à l'autre tu pourrais manger sur nous (2), vieux sans yeux... et alors...

— Alors le vieux sans yeux va manger sur toi, la Chouette, car il a faim! s'écria Tortillard en poussant brusquement et de toutes ses forces la vieille par le dos.

La Chouette tomba en avant, en poussant une imprécation terrible.

On l'entendit rouler au bas de l'escalier de pierre.

(1) De la conscience.
(2) Nous dénoncer.

— Kis... kis... kis... à toi la Chouette, à toi... saute dessus... vieux, ajouta Tortillard.

Puis, saisissant le cabas sous la pierre où il avait vu la vieille le placer, il gravit précipitamment l'escalier en criant avec un éclat de rire féroce :

— Voilà une poussée qui vaut mieux que celle de tout à l'heure, hein, la Chouette? Cette fois tu ne me mordras pas jusqu'au sang. Ah! tu croyais que je n'avais pas de rancune... merci... je saigne encore.

— Je la tiens... oh !... je la tiens... cria le Maître d'école du fond du caveau.

— Si tu la tiens, vieux, part à deux, dit Tortillard en ricanant.

Et il s'arrêta sur la dernière marche de l'escalier.

— Au secours! cria la Chouette d'une voix stranglée.

— Merci... Tortillard, reprit le Maître d'école, merci ! et on l'entendit pousser une aspiration de joie effrayante.

— Oh! je te pardonne le mal que tu m'as fait... et pour ta récompense... tu vas l'entendre chanter, la Chouette!!! écoute-la bien... l'oiseau de mort.

— Bravo !... me voilà aux premières loges, dit Tortillard en s'asseyant au haut de l'escalier.

CHAPITRE VII.

Le caveau.

Tortillard, assis sur la première marche de l'escalier, éleva sa lumière pour tâcher d'éclairer l'épouvantable scène qui allait se passer dans les profondeurs du caveau ; mais les ténèbres étaient trop épaisses... une si faible clarté ne put les dissiper.

Le fils de Bras-Rouge ne distingua rien.

La lutte du Maître d'école et de la Chouette était sourde, acharnée, sans un mot, sans un cri.

Seulement de temps à autre on entendait l'aspiration bruyante ou le souffle étouffé qui accompagne toujours des efforts violents et contenus.

Tortillard, assis sur le degré de pierre, se mit alors à frapper des pieds avec cette cadence particulière aux spectateurs impatients de voir commencer le spectacle ; puis il poussa ce cri familier aux habitués du paradis des théâtres du boulevard :

— Eh ! la toile... la pièce... la musique !

— Oh ! je te tiendrai comme je veux, murmura le Maître d'école au fond du caveau, et tu vas...

Un mouvement désespéré de la Chouette l'interrompit. Elle se débattait avec l'énergie que donne la crainte de la mort.

— Plus haut... on n'entend pas, cria Tortillard.

— Tu as beau me dévorer la main, je te tiendrai comme je le veux, reprit le Maître d'école.

Puis, ayant sans doute réussi à contenir la Chouette, il ajouta : — C'est cela... Maintenant, écoute...

— Tortillard, appelle ton père ! cria la Chouette d'une voix haletante, épuisée. Au secours !... au secours !...

— A la porte... la vieille ! elle empêche d'entendre, dit le petit boiteux en éclatant de rire ; à bas la cabale !

Les cris de la Chouette ne pouvaient percer ces deux étages souterrains.

La misérable, voyant qu'elle n'avait aucune aide à attendre du fils de Bras-Rouge, voulut tenter un dernier effort.

— Tortillard, va chercher du secours, et je te donne mon cabas ; il est plein de bijoux... il est là sous une pierre.

— Que ça de générosité ! Merci, madame... Est-ce que je ne l'ai pas, ton cabas ? Tiens, entends-tu comme ça clique dedans... dit Tortillard en le secouant. Mais, par exemple, donne-moi tout de suite pour deux sous de galette chaude, et je vas chercher papa !

— Aie pitié de moi, et je...

La Chouette ne put continuer.

Il se fit un nouveau silence.

Le petit boiteux recommença de frapper en mesure sur la pierre de l'escalier où il était accroupi, accompagnant le bruit de ses pieds de ce cri répété :

— Ça ne commence donc pas ? Ohé ! la toile, ou j'en fais des faux-cols ! la pièce !... la musique !

— De cette façon, la Chouette, tu ne pourras plus m'étourdir de tes cris, reprit le Maître d'école, après quelques minutes, pendant lesquelles il parvint sans doute à bâillonner la vieille. Tu sens bien, reprit-il d'une voix lente et creuse, que je ne veux pas en finir tout de suite. Torture pour torture ! Tu m'as assez fait souffrir. Il faut que je te parle longuement avant de te tuer... oui... longuement... ça va être affreux pour toi... quelle agonie, hein ?

— Ah ! ça, pas de bêtises, eh ! vieux ! s'écria Tortillard en se levant à demi ; corrige-la, mais ne lui fais pas trop de mal. Tu parles de la tuer... c'est une frime, n'est-ce pas ? Je tiens à ma Chouette. Je te l'ai prêtée, mais tu me la rendras. . ne me l'abîme pas... je ne veux pas qu'on me détruise ma Chouette, ou sans ça je vais chercher papa.

— Sois tranquille. elle n'aura que ce qu'elle mérite... une leçon profitable... dit le Maître d'école pour rassurer Tortillard, craignant que le petit boiteux n'allât chercher du secours.

— A la bonne heure, bravo ! voilà la pièce qui va commencer, dit le fils de Bras-Rouge, qui ne croyait pas que le Maître d'école menaçât sérieusement les jours de l'horrible vieille.

— Causons donc, la Chouette, reprit le Maître d'école d'une voix calme. D'abord, vois-tu... depuis ce rêve de la ferme de Bouqueval, qui m'a remis sous les yeux tous nos crimes, depuis ce rêve qui a manqué de me rendre fou... qui me rendra fou... car dans la solitude, dans l'isolement profond où je vis, toutes mes pensées viennent malgré moi aboutir à ce rêve... il s'est passé en moi un changement étrange...

Oui... j'ai eu horreur de ma férocité passée...

D'abord, je ne t'ai pas permis de martyriser la Goualeuse... cela n'était rien encore...

En m'enchaînant ici dans cette cave, en m'y faisant souffrir le froid et la faim, mais en me délivrant de ton obsession... tu m'as laissé tout à l'épouvante de mes réflexions.

Oh ! tu ne sais pas ce que c'est que d'être seul... toujours seul... avec un voile noir sur les yeux, comme m'a dit l'homme implacable qui m'a puni...

Cela est effrayant... vois donc !

C'est dans ce caveau que je l'avais précipité pour le tuer... et ce caveau est le lieu de mon supplice... Il sera peut-être mon tombeau...

Je te répète que cela est effrayant.

Tout ce que cet homme m'a prédit s'est réalisé.

Il m'avait dit : « Tu as abusé de ta force... tu seras le jouet des plus faibles. »

Cela a été.

Il m'avait dit : « Désormais séparé du monde extérieur, face à face avec l'éternel souvenir de tes crimes, un jour tu te repentiras de tes crimes. »

Et ce jour est arrivé... l'isolement m'a purifié.

Je ne l'aurais pas cru possible.

Une autre preuve... que je suis peut-être moins scélérat qu'autrefois... c'est que j'éprouve une joie infinie à te tenir là... monstre... non pour me venger, moi... mais pour venger nos victimes. Oui, j'aurai accompli un devoir... quand, de ma main sanglante, j'aurai puni ma complice.

Une voix me dit que si tu étais tombée plus tôt en mon pouvoir, bien du sang... bien du sang n'aurait pas coulé sous tes coups.

J'ai maintenant horreur de mes meurtres passés, et pourtant... ne trouves-tu pas cela bizarre ? c'est sans crainte, c'est avec sécurité que je vais commettre sur toi un meurtre affreux avec des raffinements affreux... Dis... dis... conçois-tu cela ?

— Bravo !... bien joué... vieux sans yeux ! ça chauffe ! s'écria Tortillard en applaudissant. Tout ça, c'est toujours pour rire ?

— Toujours pour rire, reprit le Maître d'école d'une voix creuse. Tiens-toi donc, la Chouette, il faut que je finisse de t'expliquer comment peu à peu j'en suis venu à me repentir.

Cette révélation te sera odieuse, cœur endurci, et elle te prouvera aussi combien je dois être impitoyable dans la vengeance que je veux exercer sur toi au nom de nos victimes.

Il faut que je me hâte...

La joie de te tenir là... me fait bondir la tête... mes tempes battent avec violence... comme lorsqu'à force de penser au rêve ma raison s'égare... Peut-être une de mes crises va-t-elle venir... mais j'aurai le temps de te rendre les approches de la mort effroyables, en te forçant de m'entendre.

— Hardi ! la Chouette, cria Tortillard ; hardi à la réplique !... Tu ne sais donc pas ton rôle ?... Alors, dis au boulanger (1) de te souffler, ma vieille.

— Oh ! tu auras beau te débattre et me mordre, reprit le Maître d'école après un nouveau silence, tu ne m'échapperas pas... Tu m'as coupé les doigts jusqu'aux os... mais je t'arrache la langue si tu bouges...

Continuons de causer.

En me trouvant seul dans la nuit et dans le silence, j'ai commencé par éprouver des accès de rage furieuse... impuissante... Pour la première fois ma tête s'est perdue. Oui .. quoique éveillé, j'ai revu le rêve... tu sais ? le rêve...

Le petit vieillard de la rue du Roule... la femme noyée... le marchand de bestiaux... et toi... planant au-dessus de ces fantômes...

Je te dis que cela est effrayant.

Je suis aveugle... et ma pensée prend une forme, un corps, pour me représenter incessamment d'une manière visible, presque palpable... les traits de mes victimes.

Je n'aurais pas fait ce rêve affreux, que mon esprit, continuellement absorbé par le souvenir de mes crimes passés, eût été troublé des mêmes visions...

Sans doute, lorsqu'on est privé de la vue, les idées obsédantes s'imagent presque matériellement dans le cerveau...

Pourtant... quelquefois, à force de les contempler avec une terreur résignée... il me semble que ces spectres menaçants ont pitié de moi, ils pâlissent... s'effacent et disparaissent... Alors je crois me réveiller

(1) Le diable.

d'un songe funeste... mais je me sens faible, abattu, brisé... et, le croirais-tu... oh! comme tu vas rire... la Chouette!... je pleure... entends-tu ?... je pleure... Tu ne ris pas ?... Mais ris donc!... ris donc...

La Chouette poussa un gémissement sourd et étouffé.

— Plus haut! cria Tortillard, on n'entend pas.

— Oui, reprit le Maître d'école, je pleure, car je souffre... et la fureur est vaine. Je me dis : Demain, après-demain, toujours je serai en proie aux mêmes accès de délire et de morne désolation...

Quelle vie ! oh ! quelle vie !...

Et je n'ai pas choisi la mort plutôt que d'être enseveli vivant dans cet abîme que creuse incessamment ma pensée !

Aveugle, solitaire et prisonnier... qui pourrait me distraire de mes remords ? Rien... rien...

Quand les fantômes cessent un moment de passer et de repasser sur le voile noir que j'ai devant les yeux, ce sont d'autres tortures... ce sont des comparaisons écrasantes. Je me dis : Si j'étais resté honnête homme, à cette heure je serais libre, tranquille, heureux, aimé et honoré des miens... au lieu d'être aveugle et enchaîné dans ce cachot, à la merci de mes complices.

Hélas ! le regret du bonheur perdu par un crime est un premier pas vers le repentir.

Et, quand au repentir se joint une expiation d'une effrayante sévérité... une expiation qui change votre vie en une longue insomnie remplie d'hallucinations vengeresses ou de réflexions désespérées... peut-être alors le pardon des hommes succède aux remords et à l'expiation.

— Prends garde, vieux, cria Tortillard, tu manges dans le rôle à M. Moëssard... Connu ! connu !

Le Maître d'école n'écouta pas le fils de Bras-Rouge.

— Cela t'étonne de m'entendre parler ainsi, la Chouette ? Si j'avais continué de m'étourdir, ou par d'autres sanglants forfaits, ou par l'ivresse farouche de la vie du bagne, jamais ce changement salutaire ne se fût opéré en moi, je te sais bien...

Mais seul, mais aveugle, mais bourrelé de remords qui se voient, à quoi songer ?

A de nouveaux crimes ?
Comment les commettre ?
A une évasion ?
Comment m'évader ?
Et si je m'évadais... où irais-je ?... que ferais-je de ma liberté ?

Non, il me faut vivre désormais dans une nuit éternelle, entre les angoisses du repentir et l'épouvante des apparitions formidables dont je suis poursuivi...

Quelquefois pourtant... un faible rayon d'espoir... vient luire au milieu de mes ténèbres... un moment de calme succède à mes tourments... oui... car quelquefois je parviens à conjurer les spectres qui m'obsèdent, en leur opposant les souvenirs d'un passé honnête et paisible, en remontant par la pensée jusqu'aux premiers temps de ma jeunesse, de mon enfance...

Heureusement, vois-tu, les plus grands scélérats ont au moins quelques années de paix et d'innocence à opposer à leurs années criminelles et sanglantes.

On ne naît pas méchant.

Les plus pervers ont eu la candeur aimable de l'enfance... ont connu les douces joies de cet âge charmant... Aussi, je te le répète, parfois je ressens une consolation amère en me disant : Je suis à cette heure voué à l'exécration de tous, mais il a été un temps où l'on m'aimait, où l'on me protégeait, parce que j'étais inoffensif et bon.

Hélas !... il faut bien me réfugier dans le passé... quand je le puis... là seulement je trouve quelque calme...

En prononçant ces dernières paroles, l'accent du Maître d'école avait perdu de sa rudesse ; cet homme indomptable semblait profondément ému ; il ajouta :

— Tiens, vois-tu, la salutaire influence de ces pensées est telle que ma fureur s'apaise... le courage... la force... la volonté me manquent pour te punir... non... ce n'est pas à moi de verser ton sang...

— Bravo, vieux ! Vois-tu, la Chouette, que c'était une frime !... cria Tortillard en applaudissant.

— Non, ce n'est pas à moi de verser ton sang, reprit le Maître d'école, ce serait un meurtre... excusable peut-être... mais ce serait toujours un meurtre... et j'ai assez des trois spectres... et puis, qui sait ?... tu te repentiras peut-être aussi un jour, toi ?

En parlant ainsi, le Maître d'école avait machinalement rendu à la Chouette quelque liberté de mouvement.

Elle en profita pour saisir le stylet qu'elle avait placé dans son corsage après le meurtre de Sarah, et pour porter un violent coup de cette arme au bandit, afin de se débarrasser de lui.

Il poussa un cri de douleur perçant.

Les ardeurs féroces de sa haine, de sa vengeance, de sa rage, ses instincts sanguinaires, brusquement réveillés et exaspérés par cette attaque, firent une explosion soudaine, terrible, où s'abîma sa raison, déjà fortement ébranlée par tant de secousses.

— Ah ! vipère... j'ai senti ta dent ! s'écria-t-il d'une voix tremblante de fureur en étreignant avec force la Chouette, qui avait cru lui échapper ; tu rampais dans le caveau... hein ? ajouta-t-il de plus en plus garé ; mais je te vais écraser... vipère ou chouette... Tu attendais sans doute la venue des fantômes... Oui, car le sang me bat dans les tempes... mes oreilles tintent... la tête me tourne... comme lorsqu'ils doivent venir... Oui, je ne me trompe pas... Oh ! les voilà... du fond des ténèbres, ils s'avancent... Ils s'avancent... Comme ils sont pâles... et leur sang, comme il coule, rouge et fumant... Cela t'épouvante... tu te débats... Eh bien ! sois tranquille, tu ne les verras pas, les fantômes... non... tu ne les verras pas... j'ai pitié de toi... je vais te rendre aveugle... Tu seras comme moi... sans yeux...

Ici le Maître d'école fit une pause.

La Chouette jeta un cri si horrible, que Tortillard épouvanté bondit sur sa marche de pierre, et se leva debout.

Les cris effroyables de la Chouette parurent mettre le comble au vertige furieux du Maître d'école.

— Chante... disait-il à voix basse, chante, la Chouette... chante ton chant de mort... Tu es heureuse, tu ne vois plus les trois fantômes de nos assassinés... le petit vieillard de la rue du Roule... la femme noyée... le marchand de bestiaux... Moi, je les vois... ils approchent... ils me touchent... Oh ! qu'ils ont froid... ah !...

La dernière lueur de l'intelligence de ce misérable s'éteignit dans ce cri d'épouvante, dans ce cri de damné.

Dès lors le Maître d'école ne raisonna plus, ne parla plus ; il agit et rugit en bête féroce, Il n'obéit plus qu'à l'instinct sauvage de la destruction pour la destruction.

Et il se passa quelque chose d'épouvantable dans les ténèbres du caveau.

On entendit un piétinement précipité, interrompu à différents intervalles par un bruit sourd, retentissant comme celui d'une boîte osseuse qui rebondirait sur une pierre contre laquelle on voudrait la briser.

Des plaintes aiguës, convulsives, et un éclat de rire infernal accompagnaient chacun de ces coups.

Puis ce fut un râle... d'agonie...

Puis on n'entendit plus rien.

Rien que le piétinement furieux... rien que les coups sourds et rebondissants qui continuèrent toujours...

Bientôt un bruit lointain de pas et de voix arriva jusqu'aux profondeurs du caveau... De vives lueurs brillèrent à l'extrémité du passage souterrain.

Tortillard, glacé de terreur par la scène ténébreuse à laquelle il venait d'assister sans la voir, aperçut plusieurs personnes portant des lumières descendre rapidement l'escalier. En un moment la cave fut envahie par plusieurs agents de sûreté, à la tête desquels était Narcisse Borel... des gardes municipaux fermaient la marche.

Tortillard fut saisi sur les premières marches du caveau, tenant encore à la main le cabas de la Chouette.

Narcisse Borel, suivi de quelques-uns des siens, descendit dans le caveau du Maître d'école.

Tous s'arrêtèrent frappés d'un hideux spectacle.

Enchaîné par la jambe à une pierre énorme placée au milieu du caveau, le Maître d'école, horrible, monstrueux, la crinière hérissée, la barbe longue, la bouche écumante, vêtu de haillons ensanglantés, tournait comme une bête fauve autour de son cachot, traînant après lui, par les deux pieds, le cadavre de la Chouette, dont la tête était horriblement mutilée, brisée, écrasée.

Il fallut une lutte violente pour lui arracher les restes sanglants de sa complice et pour parvenir à le garrotter.

Après une vigoureuse résistance, on parvint à le transporter dans la salle basse du cabaret de Bras-Rouge, vaste salle obscure, éclairée par une seule fenêtre.

Là se trouvaient, les menottes aux mains et gardés à vue, Barbillon, Nicolas Martial, sa mère et sa sœur.

Ils venaient d'être arrêtés au moment où ils entraînaient la courtière en diamants pour l'égorger.

Celle-ci reprenait ses sens dans une autre chambre.

Étendu sur le sol et contenu à peine par deux agents, le Maître d'école, légèrement blessé au bras par la Chouette, mais complètement insensé, soufflait, mugissait comme un taureau qu'on abat. Quelquefois il se soulevait tout d'une pièce par un soubresaut convulsif.

Barbillon, la tête baissée, le teint livide, plombé, les lèvres décolorées, l'œil fixe et farouche, ses longs cheveux noirs et plats retombant sur le col de sa blouse bleue déchirée dans une lutte, Barbillon était assis sur un banc ; ses poignets, serrés dans les menottes de fer, reposaient sur ses genoux.

L'apparence juvénile de ce misérable (il avait à peine dix-huit ans), la régularité de ses traits imberbes, déjà flétris, dégradés, rendaient plus déplorable encore la hideuse empreinte dont la débauche et le crime avaient marqué cette physionomie.

Impassible, il ne disait pas un mot.

On ne pouvait deviner si cette insensibilité apparente était due à la stupeur ou à une froide énergie ; sa respiration était fréquente, de temps à autre, de ses deux mains entravées il essuyait la sueur qui baignait son front nu.

A côté de lui on voyait Calebasse ; son bonnet avait été arraché ; sa chevelure jaunâtre, serrée à la nuque par un lacet, pendait derrière sa tête en plusieurs mèches rares et effilées. Plus courroucée qu'abattue, ses joues maigres et bilieuses quelque peu colorées, elle contemplait avec dédain l'accablement de son frère Nicolas, placé sur une chaise en face d'elle.

Prévoyant le sort qui l'attendait, ce bandit, affaissé sur lui-même, la tête pendante, les genoux tremblants et s'entre-choquant, était éperdu de terreur; ses dents claquaient convulsivement, il poussait de sourds gémissements.

Seule entre tous, la mère Martial, la veuve du supplicié, debout et adossée au mur, n'avait rien perdu de son audace. La tête haute, elle jetait autour d'elle un regard ferme ; ce masque d'airain ne trahissait pas la moindre émotion...

Pourtant, à la vue de Bras-Rouge, que l'on ramenait dans la salle basse après l'avoir fait assister à la minutieuse perquisition que le commissaire et son greffier venaient de faire dans toute la maison; pourtant, à la vue de Bras-Rouge, disons-nous, les traits de la veuve se contractèrent malgré elle ; ses petits yeux, ordinairement ternes, s'illuminèrent comme ceux d'une vipère en furie ; ses lèvres serrées devinrent blafardes, elle roidit ses deux bras garrottés... Puis, comme si elle eût regretté cette muette manifestation de colère et de haine impuissante, elle dompta son émotion et redevint d'un calme glacial.

Pendant que le commissaire verbalisait, assisté de son greffier, Narcisse Borel, se frottant les mains, jetait un regard complaisant sur la capture importante qu'il venait de faire et qui délivrait Paris d'une bande de criminels dangereux ; mais, s'avouant de quelle utilité lui avait été Bras-Rouge dans cette expédition, il ne put s'empêcher de lui jeter un regard expressif et reconnaissant.

Le père de Tortillard devait partager jusqu'après leur jugement la prison et le sort de ceux qu'il avait dénoncés : comme ceux il portait des menottes ; plus qu'eux encore il avait l'air tremblant, consterné, grimaçant de toutes ses forces sa figure de fouine, pour lui donner une expression désespérée, poussant des soupirs lamentables. Il embrassait Tortillard, comme s'il eût cherché quelques consolations dans ces caresses paternelles.

Le petit boiteux se montrait peu sensible à ces preuves de tendresse : il venait d'apprendre qu'il serait jusqu'à nouvel ordre transféré dans la prison des jeunes détenus.

— Quel malheur de quitter mon fils chéri ! s'écriait Bras-Rouge en feignant l'attendrissement; c'est nous deux qui sommes les plus malheureux, mère Martial... car on nous sépare de nos enfants.

La veuve ne put garder plus longtemps son sang-froid ; ne doutant pas de la trahison de Bras-Rouge, qu'elle avait pressentie, elle s'écria :
— J'étais bien sûre que tu avais vendu mon fils de Toulon... Tiens, Judas !... et elle lui cracha à la face. Tu vends nos têtes... soit ! on verra de belles morts... des morts de vrais Martial !
— Oui... on ne boudera pas devant la Carline, ajouta Calebasse avec une exaltation sauvage.

La veuve, montrant Nicolas d'un coup d'œil de mépris écrasant, dit à sa fille :
— Ce lâche-là nous déshonorera sur l'échafaud !

Quelques moments après, la veuve et Calebasse, accompagnées de deux agents, montaient en fiacre pour se rendre à Saint-Lazare.

Barbillon, Nicolas et Bras-Rouge étaient conduits à la Force.

On transportait le Maître d'école au dépôt de la Conciergerie, où se trouvent des cellules destinées à recevoir temporairement les aliénés.

CHAPITRE VIII.

PRÉSENTATION.

. . Le mal que font les méchants sans le
savoir est souvent plus cruel que celui qu'ils
voulait faire.
SCHILLER, — Wallenstein, acte II.

Quelques jours après le meurtre de madame Séraphin, la mort de la Chouette et l'arrestation de la bande de malfaiteurs surpris chez Bras-Rouge, Rodolphe se rendit à la maison de la rue du Temple.

Nous l'avons dit, voulant lutter de ruse avec Jacques Ferrand, découvrir ses crimes cachés, l'obliger à les réparer et le punir d'une manière terrible dans le cas où, à force d'adresse et d'hypocrisie, ce misérable réussirait à échapper à la vengeance des lois, Rodolphe avait fait venir d'une prison d'Allemagne une créole métisse, femme indigne du nègre David.

Arrivée la veille, cette créature, aussi belle que pervertie, aussi enchanteresse que dangereuse, avait reçu les instructions détaillées du baron de Graün.

On a vu dans le dernier entretien de Rodolphe avec madame Pipelet que celle-ci ayant très-adroitement proposé Cecily à madame Séraphin pour remplacer Louise Morel comme servante du notaire, la femme de charge avait parfaitement accueilli ses ouvertures, et promis d'en parler à Jacques Ferrand et qu'elle avait fait dans les termes les plus favorables à Cecily, le matin même du jour où elle (madame Séraphin) avait été noyée à l'île du Ravageur.

Rodolphe venait donc savoir le résultat de la présentation de Cecily.

A son grand étonnement, en entrant dans la loge, il trouva, quoiqu'il fût onze heures du matin, M. Pipelet couché et Anastasie debout auprès de son lit, lui offrant un breuvage.

Alfred, dont le front et les yeux disparaissaient sous un formidable bonnet de coton, ne répondait pas à Anastasie ; elle en conclut qu'il dormait et ferma les rideaux du lit ; en se retournant, elle aperçut Rodolphe. Aussitôt elle se mit, selon son usage, au port d'armes, le revers de sa main gauche collé à sa perruque.

— Votre servante, mon roi des locataires, vous me voyez bouleversée, ahurie, exténuée. Il y a de fameux tremblements dans la maison... sans compter qu'Alfred est alité depuis hier.
— Et qu'a-t-il donc ?
— Est-ce que ça se demande ?
— Comment ?
— Toujours du même numéro. Le monstre s'acharne de plus en plus après Alfred, il me l'abrutit, que je ne sais plus qu'en faire...
— Encore Cabrion ?
— Encore.
— C'est donc le diable ?
— Je finirai par le croire, monsieur Rodolphe ; car ce gredin-là devine toujours les moments où je suis sortie... A peine ai-je les talons tournés que, crac, il est ici sur le dos de mon vieux chéri, qui n'a pas plus de défense qu'un enfant. Hier encore, pendant que j'étais allée chez M. Ferrand, le notaire... C'est encore là où il y a du nouveau.
— Et Cecily ? dit vivement Rodolphe ; je venais savoir...
— Tenez, mon roi des locataires, ne m'embrouillez pas ; j'ai tant, tant de choses à vous dire... que je m'y perdrai, si vous rompez mon fil.
— Voyons... je vous écoute.
— D'abord, pour ce qui est de la maison, figurez-vous qu'on est venu arrêter la mère Burette.
— La prêteuse sur gages du second ?
— Mon Dieu, oui ; il paraît qu'elle en avait de drôles de métiers, outre celui de prêteuse! elle était par là-dessus recéleuse, haricandeuse, fondeuse, voleuse, allumeuse, enjôleuse, brocanteuse, fricoteuse, enfin tout ce qui rime à gueuse ; le pire, c'est que son vieil amoureux, M. Bras-Rouge, notre principal locataire, est aussi arrêté... Je vous dis que c'est un vrai tremblement dans la maison, quoi !
— Aussi arrêté... Bras-Rouge ?
— Oui, dans son cabaret des Champs-Élysées ; on a coffré jusqu'à son fils Tortillard, ce méchant petit boiteux... On dit qu'il s'est passé chez lui un tas de massacres ; qu'ils étaient là une bande de scélérats : que la Chouette, une des amies de la mère Burette, a été étranglée, et que si on n'était pas venu à temps, ils assassinaient la mère Mathieu, la courtière en pierreries, qui faisait travailler le pauvre Morel... En voilà-t-il de ces nouvelles !

— Bras-Rouge arrêté ! la Chouette morte ! se dit Rodolphe avec étonnement ; l'horrible vieille a mérité son sort ; cette pauvre Fleur-de-Marie est du moins vengée.
— Voilà donc pour ce qui est d'ici... sans compter la nouvelle infamie de Cabrion, reprit madame Pipelet. Vous allez voir quel front ! Quand on a arrêté la mère Burette, et que nous avons su que Bras-Rouge, notre principal locataire, était aussi pincé, j'ai dit au vieux chéri : Faut qu'tu trottes tout de suite chez le propriétaire, lui apprendre que M. Bras-Rouge est coffré. Alfred part. Au bout de deux heures, il m'arrive... mais dans un état... mais dans un état. . Blanc comme un linge et soufflant comme un bœuf.
— Quoi donc encore ?
— Vous allez voir, monsieur Rodolphe : figurez-vous qu'à dix pas d'ici il y a un grand mur blanc ; mon vieux chéri, en sortant de la maison, regarde par hasard sur ce mur ; qu'est-ce qu'il voit écrit au charbon en grosses lettres ? Pipelet—Cabrion, les deux noms joints par un grand trait d'union (c'est ce trait d'union avec ce scélérat-là qui l'estomaque le plus, mon vieux chéri). Bon, ça commence à le renverser ; dix pas plus loin, qu'est-ce qu'il voit ? encore du côté du Temple ? encore Pipelet—Cabrion, toujours avec un trait d'union ; il va toujours : à chaque pas, monsieur Rodolphe, il voit écrits ces damnés noms sur les murs des maisons, sur les portes, partout Pipelet—Cabrion (1). Mon vieux chéri commençait à perdre la tête ; il enfonçait son chapeau sur son nez, tant il était honteux. Il prend le boulevard, croyant que ce gueux de Cabrion aura borné ses immondices à la rue du Temple. Ah bien oui!... tout le long des boulevards, à chaque endroit où il y avait de quoi écrire, toujours Pipelet—Cabrion à mort !! Enfin le pauvre cher homme est arrivé si bouleversé chez le propriétaire, qu'après avoir bredouillé, pataugé, barboté pendant un quart d'heure au vis-à-vis du propriétaire, celui-ci n'a rien compris du tout à ce qu'Alfred venait lui chanter ; il l'a renvoyé en l'appelant vieil imbécile, et lui a dit de m'envoyer pour expliquer la

(1) On se souvient peut-être qu'on pouvait lire, il y a quelques années, sur tous les murs et dans tous les quartiers de Paris le nom de *Crédeville*, ainsi écrit par suite d'une *charge d'atelier*.

chose. Bon! Alfred sort, s'en revient par un autre chemin pour éviter les noms qu'il avait vus écrits sur les murs... Ah bien oui !...

— Encore Pipelet et Cabrion !

— Comme vous dites, mon roi des locataires; de façon que le pauvre cher homme m'est arrivé ici abruti, ahuri, voulant s'exiler. Il me raconte l'histoire, je le calme comme je peux, je le laisse, et je pars avec mademoiselle Cecily pour aller chez le notaire... avant d'aller chez le propriétaire... Vous croyez que c'est tout? Joliment ! A peine avais-je le dos tourné, que ce Cabrion, qui avait guetté ma sortie, a eu le front d'envoyer ici deux grandes drôlesses qui se sont mises aux trousses d'Alfred... Tenez, les cheveux m'en dressent sur la tête... je vous dirai cela tout à l'heure... finissons du notaire.

Je pars donc en fiacre avec mademoiselle Cecily... comme vous me l'aviez recommandé... Elle avait son joli costume de paysanne allemande, vu qu'elle arrivait et qu'elle n'aurait voulu fixer la donzelle une seconde fois... Il en a eu pour une heure à se trémousser sur sa chaise, comme s'il avait été assis sur des orties; il m'a dit après qu'il ne savait pas comment ça se faisait, mais que le regard de Cecily lui avait rappelé toutes les histoires de cet effronté de Bradamanti sur les sauvagesses qui le faisaient tant rougir, ma vieille bégueule d'Alfred...

— Mais le notaire? le notaire?

— M'y voilà, monsieur Rodolphe. Il était environ sept heures du soir quand nous arrivons chez M. Ferrand; je dis au portier d'avertir son maître que c'est madame Pipelet qui est là avec la bonne dont madame Séraphin lui a parlé et qu'elle lui a dit d'amener. Là-dessus, le portier pousse un soupir et me demande si je sais ce qui est arrivé à madame Séraphin. Je lui dis que non... Ah ! monsieur Rodolphe, en voilà encore un autre tremblement!

— Quoi donc ?

— La Séraphin s'est noyée dans une partie de campagne qu'elle avait été faire avec une de ses parentes.

— Noyée !... Une partie de campagne en hiver !... dit Rodolphe surpris.

— Mon Dieu, oui, monsieur Rodolphe, noyée... Quant à moi, ça m'étonne plus que cela ne m'attriste; car depuis le malheur de cette pauvre Louise, qu'elle avait dénoncée, je la détestais, la Séraphin ; aussi, ma foi, je me dis : Elle s'est noyée, eh bien ! elle s'est noyée... après tout... je n'en mourrai pas. Voilà mon caractère.

— Et M. Ferrand ?

— Le portier me dit d'abord qu'il ne croyait pas que je pourrais voir son maître, et me prie d'attendre dans sa loge; mais au bout d'un moment il revient me chercher; nous traversons la cour, et nous entrons dans sa chambre au rez-de-chaussée.

Il n'y avait qu'une mauvaise chandelle pour éclairer. Le notaire était assis au coin d'un feu où fumaillait un reste de tison... Quelle baraque ! Je n'avais jamais vu M. Ferrand... Dieu de Dieu, est-il vilain! En voilà encore un qui aurait beau m'offrir le trône de l'Arabie pour faire des traits à Alfred...

— Et le notaire a-t-il paru frappé de Cecily ?

— Est-ce qu'on peut le savoir avec ses lunettes vertes?... un vieux sacristain pareil, on ne doit pas se connaître en femmes. Pourtant, quand nous sommes entrées toutes les deux, il a fait comme un soubresaut sur sa chaise ; c'était sans doute l'étonnement de voir le costume alsacien de Cecily ; car elle avait (en cent milliards de fois mieux) la tournure d'une de ces marchandes de petits balais, avec ses cotillons courts et ses jolies jambes chaussées de bas bleus à coins rouges: sapristi... quel mollet !... et la cheville si mince!... et le pied si mignon!... finalement le notaire a eu l'air ahuri en la voyant.

— C'était sans doute la bizarrerie du costume de Cecily qui le frappait ?

— Faut croire; mais le moment croustilleux approchait. Heureusement je me suis rappelé la maxime que vous m'avez dite, monsieur Rodolphe ; ça a été mon salut.

— Quelle maxime ?

— Vous savez : « C'est assez qu'un veuille pour que l'autre ne veuille pas, ou que l'un ne veuille pas pour que l'autre veuille. » Alors je me dis à moi-même : Il faut que je débarrasse mon roi des locataires de son Allemande, en la colloquant au maître de Louise ; hardi ! je vas faire une frime, et voilà que je dis au notaire, sans lui donner le temps de respirer:

« Pardon, monsieur, si ma nièce vient habillée à la mode de son pays ; mais elle arrive, cela n'a que ces vêtements-là, et je n'ai pas de quoi lui en faire faire d'autres, d'autant plus que ça ne sera pas la peine ; car nous venons seulement pour vous remercier d'avoir dit à madame Séraphin que vous consentiez à voir Cecily, d'après les bons renseignements que j'avais donnés sur elle ; mais je ne crois pas qu'elle puisse convenir à monsieur. »

— Très-bien, madame Pipelet.

« — Pourquoi votre nièce ne me conviendrait-elle pas ? dit le notaire, qui s'était remis au coin de son feu, et avait l'air de nous regarder par-dessus ses lunettes.

« — Parce que Cecily commence à avoir le mal du pays, monsieur. Il n'y a pas trois jours qu'elle est ici, et elle veut déjà s'en retourner, quand elle devrait mendier sur la route en vendant de petits balais comme ses paysannes.

« — Et vous qui êtes sa parente, me dit M. Ferrand, vous souffririez cela ?

« — Dame, monsieur, je suis sa parente, c'est vrai ; mais elle est orpheline, elle a vingt ans, et elle est maîtresse de ses actions.

« — Bah ! bah ! maîtresse de ses actions, à cet âge-là on doit obéir à ses parents, reprit-il brusquement. »

Là-dessus voilà Cecily qui se met à pleurnicher et à trembler en se serrant contre moi ; c'était le notaire qui lui faisait peur, bien sûr...

— Et Jacques Ferrand ?

— Il grommelait toujours en marronnant :

« — Abandonner une fille à cet âge-là, c'est vouloir la perdre ! S'en retourner en Allemagne en mendiant, belle ressource ! et vous, sa tante, vous souffrez une telle conduite ?... »

— Bien, bien, que je me dis, tu vas tout seul, grigou, je te colloquerai Cecily ou j'y perdrai mon nom.

« — Je suis sa tante, c'est vrai, que je réponds en grognant, et c'est une malheureuse parenté pour moi ; j'ai bien assez de charges ; j'aimerais autant que ma nièce s'en aille, que de l'avoir sur les bras. Que le diable emporte les parents qui vous envoient une grande fille comme ça d'avoir le mot, qui se met à fondre en larmes... Là-dessus le notaire prend son creux comme un prédicateur et se met à me dire :

« — Vous devez compte à Dieu du dépôt que la Providence a remis entre vos mains ; ce serait un crime que d'exposer cette jeune fille à la perdition. Je consens à vous aider dans une œuvre charitable ; si votre nièce me promet d'être laborieuse, honnête et pieuse, et surtout de ne jamais sortir de chez moi, j'aurai pitié d'elle, et je la prendrai à mon service.

« — Non, non, j'aime mieux m'en retourner au pays, dit Cecily en pleurant encore.

— Sa dangereuse fausseté ne lui a pas fait défaut... pensa Rodolphe ; la diabolique créature a, je le vois, parfaitement compris les ordres du baron de Graün. Puis le prince reprit tout haut :

— M. Ferrand paraissait-il contrarié de la résistance de Cecily ?

— Oui, monsieur Rodolphe ; il marronnait entre ses dents et il lui a dit brusquement:

« — Il ne s'agit pas de ce que vous aimeriez mieux, mademoiselle, mais de qui est convenable et décent ; le ciel ne vous abandonnera pas si vous menez une bonne conduite et si vous accomplissez vos devoirs religieux. Vous serez ici dans une maison aussi sévère que sainte ; si votre tante vous aime réellement, elle profitera de mon offre ; vous aurez des gages faibles d'abord ; mais si par votre sagesse et votre zèle vous méritez mieux, plus tard peut-être je les augmenterai. »

— Bon ! que je m'écrie à moi-même, enfoncé le notaire ! voilà Cecily colloquée chez toi, vieux fesse-mathieu, vieux sans-cœur ! La Séraphin était à ton service depuis des années, et tu n'as pas seulement l'air de te souvenir qu'elle s'est noyée avant-hier... Et je reprends tout haut :

« — Sans doute, monsieur, la place est avantageuse, mais si cette jeunesse a le mal du pays...

« — Ça va passer, me répond le notaire ; voyons, décidez-vous.... est-ce oui ou non ? Si vous y consentez, amenez-moi votre nièce demain soir à la même heure, et elle entrera ici de suite à mon service... mon portier la mettra au fait... Quant aux gages je donne, en commençant, vingt francs par mois et vous serez nourrie.

« — Ah ! monsieur, vous mettrez bien cinq francs de plus ?...

« — Non, plus tard... si je suis content, nous verrons... Mais je dois vous prévenir que votre nièce ne sortira jamais, et que personne ne viendra la voir.

« — Eh ! mon Dieu, monsieur, qui voulez-vous qui vienne la voir? elle ne connaît que moi à Paris, et j'ai ma porte à garder ; ça m'a assez dérangé d'être obligée de l'accompagner ici; vous ne la verrez plus, elle me sera aussi étrangère que si elle n'était jamais venue de son pays. Quant à ce qu'elle ne sorte pas, il y a un moyen bien simple: laissez-lui le costume de son pays, elle n'osera pas sortir de chez vous habillée comme cela dans les rues.

« — Vous avez raison, me dit le notaire ; c'est d'ailleurs respectable de tenir aux vêtements de son pays... Elle restera donc vêtue en Alsacienne.

« — Allons, que je dis à Cecily, qui, la tête basse, pleurnichait toujours, il faut te décider ma fille ; une bonne place dans une honnête maison ne se trouve pas tous les jours ; et d'ailleurs, si tu refuses, arrange-toi comme tu voudras, je ne m'en mêle plus. »

Là-dessus Cecily répond en soupirant, le cœur tout gros, qu'elle consent à rester, mais à condition que, si dans une quinzaine de jours le mal du pays la tourmente trop, elle pourra s'en aller.

« — Je ne veux pas vous garder de force, dit le notaire, et je ne suis pas embarrassé de trouver des servantes. Voilà votre denier-à-Dieu ; votre tante n'aura qu'à vous ramener ici demain soir. »

Cecily n'avait pas cessé de pleurnicher. J'ai accepté pour elle le denier-à-Dieu de quarante sous de ce vieux pingre, et nous sommes revenues ici.

— Très-bien, madame Pipelet ! je n'oublie pas ma promesse ; voilà ce que je vous ai promis si vous parveniez à placer cette pauvre fille qui m'embarrassait...

— Attendez à demain, mon roi des locataires, dit madame Pipelet en refusant l'argent de Rodolphe ; car enfin M. Ferrand n'a qu'à se raviser, quand ce soir je vas lui conduire Cecily...

— Je ne crois pas qu'il se ravise ; mais où est-elle ?

— Dans le cabinet qui dépend de l'appartement du commandant ; elle n'en bouge pas d'après vos ordres : elle a l'air résignée comme un mouton, quoiqu'elle ait des yeux... ah ! quels yeux !... Mais à propos du commandant, est-il intrigant ! Lorsqu'il est venu lui-même surveiller l'emballement de ses meubles, est-ce qu'il ne m'a pas dit que s'il venait ici des lettres adressées à une madame Vincent, c'était pour lui, et de les lui envoyer rue Mondovi, n° 5 ? Il se fait écrire sous un nom de femme, ce bel oiseau ! comme c'est malin !... Mais ce n'est pas tout, est-ce qu'il n'a pas eu l'effronterie de me demander ce qu'était devenu son bois !... Votre bois !... pourquoi donc pas votre forêt, tout de suite ? que je lui ai répondu. Tiens, c'est vrai, pour deux mauvaises voies... de rien du tout ; une de flotté et une de neuf, car il n'avait pas pris tout bois neuf, le grippe-sous... fait-il son embarras ! Son bois ! Je l'ai brûlé, votre bois, que je lui dis, pour sauver vos effets de l'humidité : sans cela il aurait poussé des champignons sur votre calotte brodée et sur votre robe de chambre de ver luisant, que vous avez mise joliment souvent pour le roi de Prusse... en attendant cette petite dame qui se moquait de vous.

Un gémissement sourd et plaintif d'Alfred interrompit madame Pipelet.

— Voilà le vieux chéri qui rumine, il va s'éveiller... vous permettez, mon roi des locataires ?

— Certainement... j'ai d'ailleurs encore quelques renseignements à vous demander...

— Eh bien ! vieux chéri, comment ça va-t-il ? demanda madame Pipelet à son mari, en ouvrant ses rideaux ; voilà M. Rodolphe ; il sait la nouvelle infamie de Cabrion, il se plaint de tout son cœur.

— Ah ! monsieur, dit Alfred en tournant languissamment sa tête vers Rodolphe, cette fois je n'y survivrai pas... le monstre m'a frappé au cœur... Je suis l'objet des brocards de la capitale... mon nom se lit sur tous les murs de Paris... accolé à celui de ce misérable, Pipelet — Cabrion, avec un énorme trait d'union... mossieur.... un trait d'union... moi !... uni à cet infernal polisson aux yeux de la capitale de l'Europe !

— M. Rodolphe sait cela... mais ce qu'il ne sait pas, c'est l'on aventure d'hier soir avec ces deux grandes drôlesses.

— Ah ! monsieur, il avait gardé sa plus monstrueuse infamie pour la dernière ; celle-là a passé toutes les bornes, dit Alfred d'une voix dolente.

— Voyons, mon cher monsieur Pipelet... raconter-moi ce nouveau malheur.

— Tout ce qu'il m'a fait jusqu'à présent n'était rien auprès de cela, monsieur... Il est arrivé à ses fins... grâce aux procédés les plus honteux.. Je ne sais si je vais avoir la force de vous faire ce narré... la confusion... la pudeur, m'entraveront à chaque pas.

M. Pipelet s'était mis péniblement sur son séant croisa pudiquement les revers de son gilet de laine, et commença en ces termes :

— Mon épouse venait de sortir ; absorbé dans l'amertume que me causait la nouvelle prostitution de mon nom écrit sur tous les murs de la capitale, je cherchais en m'occupant d'un ressemelage d'une botte vingt fois reprise et vingt fois abandonnée, grâce aux opiniâtres persécutions de mon bourreau. J'étais assis devant une table, lorsque je vois la porte de ma loge s'ouvrir et une femme entrer.

Cette femme était enveloppée d'un manteau à capuchon ; je me soulevai honnêtement de mon siège et portai la main à mon chapeau. A ce moment une seconde femme, aussi enveloppée d'un manteau à capuchon, entre dans ma loge et ferme la porte en dedans...

Quoique étonné de la familiarité de ce procédé et du silence que gardaient les deux femmes, je me ressoulève de ma chaise, et je reporte la main à mon chapeau... Alors, monsieur... non, non, je ne pourrai jamais... ma pudeur se révolte...

— Voyons, vieille bégueule... nous sommes entre hommes... va donc.

— Alors, reprit Alfred en devenant cramoisi, les manteaux tombent et qu'est-ce que je vois ? Deux espèces de sirènes ou de nymphes, sans autres vêtements qu'une tunique de feuillage, la tête aussi couronnée de feuillage ; j'étais pétrifié... Alors toutes deux s'avancent vers moi en me tendant leurs bras, comme pour m'engager à m'y précipiter... (1).

— Les coquines !... dit Anastasie.

— Les avances de ces impudiques me révoltèrent, reprit Alfred,

(1) Deux danseuses de la Porte-Saint-Martin, amies de Cabrion, vêtues de maillots et d'un costume de ballet.

animé d'une chaste indignation ; et, selon cette habitude qui ne m'abandonne jamais dans les circonstances les plus critiques de ma vie, je restai complètement immobile sur ma chaise : alors, profitant de ma stupeur, les deux sirènes s'approchent avec une espèce de cadence, en faisant des ronds de jambes et en arrondissant les bras... Je m'immobilise de plus en plus. Elles m'atteignent... elles m'enlacent.

— Enlacer un homme d'âge et marié... les gredines ! Ah ! si j'avais été là... avec mon manche à balai... s'écria Anastasie, je vous en aurais donné, de la cadence et des ronds de jambes, gourgandines !

— Quand je me sens enlacé, reprit Alfred, mon sang ne fait qu'un tour... j'ai la petite mort... Alors l'une des sirènes... la plus effrontée, une grande blonde, se penche sur mon épaule, m'enlève mon chapeau, et me met le chef à nu, toujours en cadence... avec des ronds de jambes et en arrondissant les bras. Alors sa complice, tirant une paire de ciseaux de son feuillage, rassemble en une énorme mèche tout ce qui me restait de cheveux derrière la tête, et me coupe le tout, monsieur, le tout... toujours avec des ronds de jambes ; puis elle dit en chantonnant et en cadençant : C'est pour Cabrion... Et l'autre impudique de répéter en chœur : C'est pour Cabrion... c'est pour Cabrion !

Après une pause accompagnée d'un soupir douloureux, Alfred reprit :

— Pendant cette impudente spoliation... je lève les yeux et je vois collée aux vitres de la loge la figure infernale de Cabrion avec sa barbe et son chapeau pointu... Il riait, il riait... il était hideux. Pour échapper à cette vision odieuse, je ferme les yeux... Quand je les ai rouverts, tout avait disparu... je me suis retrouvé sur ma chaise... le chef à nu et complètement dévasté !... Vous le voyez, monsieur, Cabrion est arrivé à ses fins à force de ruse, d'opiniâtreté et d'audace... et par quels moyens, mon Dieu !... Il voulait me faire passer pour son ami !... il a commencé par afficher ici que nous faisions commerce d'amitié ensemble. Non content de cela... à cette heure mon nom est accolé au sien sur tous les murs de la capitale avec un énorme trait d'union. Il n'y a pas à cette heure un habitant de Paris qui mette en doute mon intimité avec ce misérable ; il voulait de mes cheveux, il en a... Il les a tous, grâce aux exactions de ces sirènes effrontées. Maintenant, monsieur, vous le voyez, il ne me reste qu'à quitter la France... ma belle France... où je croyais vivre et mourir...

Et Alfred se jeta à la renverse sur son lit en joignant les mains.

— Mais au contraire, vieux chéri, maintenant qu'il a de tes cheveux, il te laissera tranquille.

— Me laisser tranquille ! s'écria M. Pipelet avec un soubresaut convulsif ; mais tu ne le connais pas, il est insatiable. Maintenant qui sait ce qu'il voudra de moi ?

Rigolette, paraissant à l'entrée de la loge, mit un terme aux lamentations de M. Pipelet.

— N'entrez pas, mademoiselle ! cria M. Pipelet, fidèle à ses habitudes de chaste susceptibilité. Je suis au lit en linge.

Ce disant, il tira un de ses draps jusqu'à son menton. Rigolette s'arrêta discrètement au seuil de la porte.

— Justement, ma voisine, j'allais chez vous, lui dit Rodolphe. Veuillez m'attendre un moment. Puis, s'adressant à Anastasie : N'oubliez pas de conduire Cecily ce soir chez M. Ferrand.

— Soyez tranquille, mon roi des locataires, à sept heures elle y sera installée. Maintenant que la femme Morel peut marcher, je la prierai de garder ma loge, car Alfred ne voudrait pas, pour un empire, rester tout seul.

CHAPITRE IX.

Voisin et voisine.

Les roses du teint de Rigolette pâlissaient de plus en plus ; sa charmante figure, jusqu'alors si fraîche, si ronde, commençait à s'allonger un peu ; sa piquante physionomie, ordinairement si animée, si vive, était devenue sérieuse et plus triste encore qu'elle ne l'était lors de la dernière entrevue de la grisette et de Fleur-de-Marie à la porte de la prison de Saint-Lazare.

— Combien je suis contente de vous rencontrer, mon voisin, dit Rigolette à Rodolphe lorsque celui-ci fut sorti de la loge de madame Pipelet. J'ai bien des choses à vous dire, allez...

— D'abord, ma voisine, comment vous portez-vous ? Voyons, cette jolie figure... et celle toujours rose et gaie ? Hélas ! non ; je vous trouve pâle... Je suis sûr que vous travaillez trop...

— Oh ! non, monsieur Rodolphe, je vous assure que maintenant je suis faite à ce petit surcroît d'ouvrage... Ce qui me change, c'est tout bonnement le chagrin. Mon Dieu oui, toutes les fois que je vois ce pauvre Germain, il m'attriste de plus en plus.

— Il est donc toujours bien abattu ?

— Plus que jamais, monsieur Rodolphe, et ce qui est désolant, c'est que tout ce que je fais pour le consoler tourne contre moi, c'est comme un sort... il en vient vingt voiler les grands yeux noirs de Rigolette.

— Expliquez-moi cela, ma voisine.

— Hier, par exemple, je vais le voir et lui porter un livre qu'il m'avait priée de lui procurer, parce que c'était un roman que nous lisions dans notre bon temps de voisinage. A la vue de ce livre il fond en larmes; cela ne m'étonne pas, c'était bien naturel... Dame!... ce souvenir de nos soirées si tranquilles, si gentilles au coin de mon poêle, dans ma jolie petite chambre, comparer cela à son affreuse vie de prison; pauvre Germain! c'est bien cruel.

— Comme il est le seul honnête homme au milieu de ces bandits, ils l'ont en grippe, parce qu'il ne peut pas prendre sur lui de frayer avec eux. Le gardien du parloir, un bien brave homme, m'a dit d'engager Germain, dans son intérêt, à être moins fier... à tâcher de se familiariser avec ces mauvaises gens... mais il ne le peut pas, c'est plus fort que lui, et je tremble qu'un jour ou l'autre on ne lui fasse du mal... Puis, s'interrompant tout à coup et essuyant une larme, Rigolette reprit : Mais, voyez donc, je ne pense qu'à moi, et j'oubliais de vous parler de la Goualeuse.

Narcisse Borel.

Calebasse.

— Rassurez-vous, dit Rodolphe à la jeune fille. Lorsque Germain sera hors de prison et que son innocence sera reconnue, il retrouvera sa mère, des amis, et il oubliera bien vite auprès d'eux et de vous ces durs moments d'épreuve.

— Oui, mais jusque-là, monsieur Rodolphe, il va encore se tourmenter davantage. Et puis, ce n'est pas tout...

— Qu'y a-t-il encore?

— De la Goualeuse? dit Rodolphe avec surprise.

— avant-hier, en allant voir Louise à Saint-Lazare... je l'ai rencontrée.

— La Goualeuse?
— Oui, monsieur Rodolphe.
— A Saint-Lazare?
— Elle en sortait avec une vieille dame.
— C'est impossible!... s'écria Rodolphe stupéfait.
— Je vous assure que c'était bien elle, mon voisin.
— Vous vous serez trompée.
— Non, non; quoiqu'elle fût vêtue en paysanne, je l'ai tout de suite reconnue; elle est toujours bien jolie, quoique pâle, et elle a le même petit air doux et triste qu'autrefois.
— Elle, à Paris... sans que j'en sois instruit! Je ne puis le croire. Et que venait-elle faire à Saint-Lazare?
— Comme moi, voir une prisonnière sans doute; je n'ai pas eu le temps de lui en demander davantage : la vieille dame qui l'accompagnait avait l'air si grognon et si pressé..... Ainsi, vous la connaissez aussi, la Goualeuse, monsieur Rodolphe?
— Certainement.
— Alors plus de doute, c'est bien de vous qu'elle m'a parlé.
— De moi?
— Oui, mon voisin. Figurez-vous que je lui racontais le malheur de Louise et de Germain, tous deux si bons, si honnêtes et si persécutés par ce vilain M. Jacques Ferrand, me gardant bien de lui apprendre, comme vous me l'aviez défendu, que vous vous intéressiez à eux; alors la Goualeuse m'a dit que si une personne généreuse qu'elle connaissait était instruite du sort malheureux et peu mérité de mes deux pauvres prisonniers, elle viendrait bien sûr à leur secours; je lui ai demandé le nom de cette personne, et elle vous a nommé, monsieur Rodolphe.
— C'est elle, c'est bien elle...
— Vous pensez que nous avons été bien étonnées toutes deux de cette découverte ou de cette ressemblance de nom; aussi nous sommes promis de nous écrire si notre Rodolphe était le même..... Et il paraît que vous êtes le même, mon voisin.
— Oui, je me suis aussi intéressé à cette pauvre enfant... Mais ce que vous me dites de sa présence à Paris me surprend tellement, que si vous ne m'aviez pas donné tant de détails sur votre entrevue avec elle, j'aurais persisté à croire que vous vous trompiez... Mais adieu... ma voisine, ce que vous venez de m'apprendre à propos de la Goualeuse m'oblige de vous quitter... Restez toujours aussi réservée à l'égard de Louise et de Germain sur la protection que des amis inconnus leur manifesteront lorsqu'il en sera temps. Ce secret est plus nécessaire que jamais. A propos, comment va la famille Morel?
— De mieux en mieux, monsieur Rodolphe; la mère est tout à fait sur pied maintenant; les enfants reprennent à vue d'œil. Tout le ménage vous doit la vie, le bonheur... Vous êtes si généreux pour eux!... Et ce pauvre Morel, lui, comment va-t-il?
— Mieux.. J'ai eu hier de ses nouvelles; il semble avoir de temps en temps quelques moments lucides; on a bon espoir de le guérir de sa folie... Allons, courage, et à bientôt, ma voisine... Vous n'avez besoin de rien? Le gain de votre travail vous suffit toujours?
— Oh! oui, monsieur Rodolphe; je prends un peu sur mes nuits, et ce n'est guère dommage, allez, car je ne dors presque plus.
— Hélas! ma pauvre petite voisine, je crains bien que papa Crétu et Ramonette ne chantent plus beaucoup s'ils vous attendent pour commencer.
— Vous ne vous trompez pas, monsieur Rodolphe; mes oiseaux et moi nous ne chantons plus, mon Dieu non; mais, tenez, vous allez vous moquer, eh bien! il me semble qu'ils comprennent que je suis triste: oui, au lieu de gazouiller gaîment quand j'arrive, ils font un petit ramage si doux, si plaintif, qu'ils ont l'air de vouloir me consoler. Je suis folle, n'est-ce pas, de croire cela, monsieur Rodolphe?
— Pas du tout; je suis sûr que ces bons amis les oiseaux vous aiment trop pour ne pas s'apercevoir de votre chagrin.
— Au fait, ces pauvres petites bêtes sont si intelligentes! dit naïvement Rigolette, très-contente d'être rassurée sur la sagacité de ses compagnons de solitude.
— Sans doute, rien de plus intelligent que la reconnaissance. Allons, adieu... Bientôt, ma voisine, avant peu, je l'espère, vos jolis yeux seront redevenus bien vifs, vos joues bien roses, et vos chants si gais, si gais, que papa Crétu et Ramonette pourront à peine vous suivre.
— Puissiez-vous dire vrai, monsieur Rodolphe! reprit Rigolette avec un grand soupir. Allons, adieu, mon voisin.
— Adieu, ma voisine, et à bientôt.

. . . .

Rodolphe, ne pouvant comprendre comment madame Georges avait, sans l'en prévenir, amené ou envoyé Fleur-de-Marie à Paris, se rendit chez lui pour envoyer un exprès à la ferme de Bouqueval.
Au moment où il rentrait rue Plumet, il vit une voiture de poste s'arrêter devant la porte de l'hôtel : c'était Murph qui revenait de Normandie.
Le squire y était allé, nous l'avons dit, pour déjouer les sinistres projets de la belle-mère de madame d'Harville et de Bradamanti son complice.

Madame d'Orbigny chassée par son mari — PAGE 260.

CHAPITRE X.

Murph et Polidori.

La figure de sir Walter Murph était rayonnante.
En descendant de voiture, il remit à un des gens du prince une paire

de pistolets, ôta sa longue redingote de voyage, et, sans prendre le temps de changer de vêtements, il suivit Rodolphe, qui, impatient, l'avait précédé dans son appartement.

— Bonne nouvelle, monseigneur, bonne nouvelle! s'écria le squire lorsqu'il se trouva seul avec Rodolphe ; les misérables sont démasqués, M. d'Orbigny est sauvé... vous m'avez fait partir à temps... Une heure de retard... un nouveau crime était commis!

— Et madame d'Harville?

— Elle est tout à la joie que lui cause le retour de l'affection de son père, et tout au bonheur d'être arrivée, grâce à vos conseils, assez à temps pour l'arracher à une mort certaine.

— Ainsi, Polidori...

— Était encore cette fois le digne complice de la belle-mère de madame d'Harville. Mais quel monstre que cette belle-mère !... quel sang-froid! quelle audace !... et ce Polidori !... Ah! monseigneur, vous avez bien voulu quelquefois me remercier de ce que vous appeliez mes preuves de dévouement...

— J'ai toujours dit les preuves de ton amitié, mon bon Murph...

— Eh bien! monseigneur, jamais, non jamais cette amitié n'a été mise à une plus rude épreuve que dans cette circonstance, dit le squire d'un air moitié sérieux, moitié plaisant.

— Comment cela ?

— Les déguisements de charbonnier, les pérégrinations dans la Cité, et *tutti quanti*, cela n'a rien été, monseigneur, rien absolument, auprès du voyage que je viens de faire avec cet infernal Polidori.

— Que dis-tu? Polidori...

— Je l'ai ramené...

— Avec toi?

— Avec moi... Jugez... quelle compagnie... pendant douze heures côte à côte avec l'homme que je méprise et que je hais le plus au monde. Autant voyager avec un serpent... ma bête d'antipathie.

— Et où est Polidori, maintenant?

— Dans la maison de l'allée des Veuves... sous bonne et sûre garde...

— Il n'a donc fait aucune résistance pour te suivre?

— Aucune. Je lui ai laissé le choix d'être arrêté sur-le-champ par les autorités françaises ou d'être mon prisonnier allée des Veuves : il n'a pas hésité.

— Tu as eu raison, il vaut mieux l'avoir ainsi sous la main. Tu es un homme d'or, mon vieux Murph ; mais raconte-moi ton voyage... Je suis impatient de savoir comment cette femme indigne et son indigne complice ont été enfin démasqués.

— Rien de plus simple : je n'ai eu qu'à suivre vos instructions à la lettre pour terrifier et écraser ces infâmes. Dans cette circonstance, monseigneur, vous avez sauvé, comme toujours, des gens de bien, et puni des méchants. Noble providence que vous êtes !...

— Sir Walter, sir Walter, rappelez-vous les flatteries du baron de Graün... dit Rodolphe en souriant.

— Allons, soit, monseigneur. Je commencerai donc, ou plutôt vous voudrez bien lire d'abord cette lettre de madame la marquise d'Harville, qui vous instruira de tout ce qui s'est passé avant que mon arrivée ait confondu Polidori.

— Une lettre?... donne vite.

Murph, remettant à Rodolphe la lettre de la marquise, ajouta :

— Ainsi que cela était convenu, au lieu d'accompagner madame d'Harville chez son père, j'étais descendu dans une auberge servant de tournebride, à deux pas du château, où je devais attendre que madame la marquise me fît demander.

Rodolphe lut ce qui suit avec une tendre et impatiente sollicitude :

« Monseigneur,

« Après tout ce que je vous dois déjà, je vous devrai la vie de mon père !..

« Je laisse parler les faits : ils vous diront mieux que moi quels nouveaux trésors de gratitude envers vous je viens d'amasser dans mon cœur.

« Comprenant toute l'importance des conseils que vous m'avez fait donner par sir Walter Murph, qui m'a rejointe sur la route de Normandie, presque à ma sortie de Paris, je suis arrivée en toute hâte au château des Aubiers.

« Je ne sais pourquoi la physionomie des gens qui me reçurent me parut sinistre ; je ne vis parmi eux aucun des anciens serviteurs de notre maison : personne ne me connaissait ; je fus obligée de me nommer. J'appris que depuis quelques jours mon père était très-souffrant, et que ma belle-mère venait de ramener un médecin de Paris.

« Plus de doute, il s'agissait du docteur Polidori.

« Voulant me faire conduire à l'instant auprès de mon père, je demandai où était un vieux valet de chambre auquel il était très-attaché. Depuis quelque temps cet homme avait quitté le château, ces renseignements m'étaient donnés par un intendant qui m'avait conduite dans mon appartement, disant qu'il allait prévenir ma belle-mère de mon arrivée.

« Était-ce illusion, prévention ? il me semblait que ma venue était même importune aux gens de mon père. Tout dans le château me paraissait morne, sinistre. Dans la disposition d'esprit où je me trouvais, on cherche à tirer des inductions des moindres circonstances. Je remarquai partout des marques de désordre, d'incurie, comme si on avait trouvé inutile de soigner une habitation qui devait être bientôt abandonnée...

« Mes inquiétudes, mes angoisses augmentaient à chaque instant. Après avoir établi ma fille et sa gouvernante dans mon appartement, j'allais me rendre chez mon père, lorsque ma belle-mère entra.

« Malgré sa fausseté, malgré l'empire qu'elle possédait ordinairement sur elle-même, elle parut atterrée de ma brusque arrivée.

« — M. d'Orbigny ne s'attend pas à votre visite, madame, me dit-elle. Il est si souffrant qu'une pareille surprise lui serait funeste. Je crois donc convenable de lui laisser ignorer votre présence ; il ne pourrait aucunement se l'expliquer, et...

« Je ne la laissai pas achever.

« — Un grand malheur est arrivé, madame, lui dis-je. M. d'Harville est mort... victime d'une funeste imprudence. Après un si déplorable événement, je ne pouvais rester à Paris chez moi, et je viens passer auprès de mon père les premiers temps de mon deuil.

« — Vous êtes veuve !... ah ! c'est un bonheur insolent ! s'écria ma belle-mère avec rage.

« D'après ce que vous savez du malheureux mariage que cette femme avait tramé pour se venger de moi, vous comprendrez, monseigneur, l'atrocité de son exclamation.

« — C'est parce que je crains que vous ne vouliez être aussi insolemment heureuse que moi, madame, que je viens ici, lui dis-je, peut-être imprudemment. Je veux voir mon père.

« — Cela est impossible en ce moment, me dit-elle en pâlissant ; votre aspect lui causerait une révolution dangereuse.

« — Puisque mon père est si gravement malade, m'écriai-je, comment n'en suis-je pas instruite?

« — Telle a été la volonté de M. d'Orbigny, me répondit ma belle-mère.

« — Je ne vous crois pas, madame, et je vais m'assurer de la vérité, lui dis-je en faisant un pas pour sortir de ma chambre.

« — Je vous répète que votre vue inattendue peut faire un mal horrible à votre père, s'écria-t-elle en se plaçant devant moi pour me barrer le passage. Je ne souffrirai pas que vous entriez chez lui sans que je l'aie prévenu de votre retour avec les ménagements que réclame sa position.

« J'étais dans une cruelle perplexité, monseigneur. Une brusque surprise pouvait, en effet, porter un coup dangereux à mon père ; mais cette femme, ordinairement si froide, si maîtresse d'elle-même, me semblait tellement épouvantée de ma présence, j'avais tant de raisons de douter de la sincérité de sa sollicitude pour la santé de celui qu'elle avait épousé par cupidité, enfin la présence du docteur Polidori, le meurtrier de ma mère, me causait une terreur si grando, que, croyant la vie de mon père menacée, je n'hésitai pas entre l'espoir de le sauver et la crainte de lui causer une émotion fâcheuse.

« — Je verrai mon père à l'instant, dis-je à ma belle-mère.

« Et, quoique celle-ci m'eût saisie par le bras, je passai outre...

« Perdant complètement l'esprit, cette femme voulut, une seconde fois, presque par force, m'empêcher de sortir de ma chambre... Cette incroyable résistance redoubla ma frayeur, je me dégageai de ses mains Connaissant l'appartement de mon père, j'y courus rapidement : j'entrai...

« Ô monseigneur ! de ma vie je n'oublierai cette scène et le tableau qui s'offrit à ma vue...

« Mon père, presque méconnaissable, pâle, amaigri, la souffrance peinte sur tous les traits, la tête renversée sur un oreiller, était étendu dans un grand fauteuil...

« Au coin de la cheminée, debout auprès de lui, le docteur Polidori s'apprêtait à verser dans une tasse que lui présentait une garde-malade quelques gouttes d'une liqueur contenue dans un petit flacon de cristal qu'il tenait à la main...

« Sa longue barbe rousse donnait une expression plus sinistre encore à sa physionomie. J'entrai si précipitamment, qu'il fit un geste de surprise, échangea un regard d'intelligence avec ma belle-mère qui me suivait en hâte, et, au lieu de faire prendre à mon père la potion qu'il lui avait préparée, il posa brusquement le flacon sur la cheminée.

« Guidée par un instinct dont il m'est encore impossible de me rendre compte, mon premier mouvement fut de m'emparer de ce flacon.

« Remarquant aussitôt la surprise et la frayeur de ma belle-mère et de Polidori, je me félicitai de mon action. Mon père, stupéfait, semblait irrité de me voir, je m'y attendais. Polidori me lança un coup d'œil féroce ; malgré la présence de mon père et celle de la garde-malade, je craignais que ce misérable, voyant son crime presque découvert, ne se portât contre moi à quelque extrémité.

« Je sentis le besoin d'un appui dans ce moment décisif, je sonnai ; un des gens de mon père accourut ; je le priai de dire à mon valet de chambre (il était prévenu) d'aller chercher quelques objets que j'avais laissés au tournebride ; sir Walter Murph savait que, pour ne pas éveiller les soupçons de ma belle-mère, dans le cas où je serais obligée de donner des ordres devant elle, j'emploierais ce moyen pour le mander auprès de moi...

« La surprise de mon père, de ma belle-mère, était telle, que le domestique sortit avant qu'il n'eussent pu dire un mot : je fus rassurée au bout de quelques instants sir Walter Murph serait auprès de moi.

« — Qu'est-ce que cela signifie? me dit enfin mon père d'une voix faible, mais impérieuse et courroucée. Vous ici, Clémence... sans que je vous y aie appelée?... Puis à peine arrivée vous vous emparez du flacon qui contient la potion que le docteur allait me donner... m'expliquerez-vous cette folie?

« — Sortez, dit ma belle-mère à la garde-malade.

« Cette femme obéit.

« — Calmez-vous, mon ami, reprit ma belle-mère en s'adressant à mon père ; vous le savez, la moindre émotion pourrait vous être nuisible. Puisque votre fille vient ici malgré vous, et que sa présence vous est désagréable, donnez-moi votre bras, je vous conduirai dans le petit salon ; pendant ce temps-là notre bon docteur fera comprendre à madame d'Harville ce qu'il y a d'imprudent, pour ne pas dire plus, dans sa conduite.

« Et elle jeta un regard significatif à son complice.

« Je compris le dessein de ma belle-mère. Elle voulait emmener mon père et me laisser seule avec Polidori, qui, dans ce cas extrême, aurait sans doute employé la violence pour m'arracher le flacon qui pouvait fournir une preuve évidente de ses projets criminels.

« — Vous avez raison, dit mon père à ma belle-mère. Puisqu'on vient me poursuivre jusque chez moi, sans respect pour mes volontés, je laisserai la place libre aux importuns.

« Et se levant avec peine il accepta le bras que lui offrait ma belle-mère, et fit quelques pas vers le petit salon.

« À ce moment, Polidori s'avança vers moi ; mais, me rapprochant aussitôt de mon père, je lui dis :

« — Je vais vous expliquer ce qu'il y a d'imprévu dans mon arrivée et d'étrange dans ma conduite... Depuis hier je suis veuve... Depuis hier je sais que mes jours sont menacés, mon père.

« Il marchait péniblement courbé. À ces mots, il s'arrêta, se redressa vivement, et, me regardant avec un étonnement profond, il s'écria :

« — Vous êtes veuve... mes jours sont menacés !... Qu'est-ce que cela signifie?

« — Et qui ose menacer les jours de M. d'Orbigny, madame ? me demanda audacieusement ma belle-mère.

« — Oui, qui les menace?... ajouta Polidori.

« — Vous, monsieur ; vous madame, répondis-je.

« — Quelle horreur!... s'écria ma belle-mère en faisant un pas vers moi.

« — Ce que je dis, je le prouverai, madame... lui répondis-je.

« — Mais une telle accusation est épouvantable! s'écria mon père.

« — Je quitte à l'instant cette maison, puisque j'y suis exposé à de si atroces calomnies! dit le docteur Polidori avec l'indignation apparente d'un homme outragé dans son honneur. Commençant à sentir le danger de sa position, il voulait fuir sans doute.

« Au moment où il ouvrait la porte, il se trouva face à face avec sir Walter Murph... »

Rodolphe, s'interrompant de lire, tendit la main au squire, et lui dit :
— Très-bien, mon vieil ami, ta présence a dû foudroyer ce misérable.

— C'est le mot, monseigneur... il est devenu livide... a fait deux pas en arrière en me regardant avec stupeur ; il semblait anéanti... Me retrouver au fond de la Normandie, dans un moment pareil !... il croyait faire un mauvais rêve... Mais continuez, monseigneur, vous allez voir que cette infernale comtesse d'Orbigny a eu aussi son tour de *foudroiement*, grâce à ce que vous m'aviez appris de sa visite au charlatan Bradamanti-Polidori dans la maison de la rue du Temple... car, après tout, c'est vous qui agissiez... ou plutôt je n'étais que l'instrument de votre pensée... aussi, jamais, je vous le jure, vous ne vous êtes plus heureusement et plus justement substitué à l'indolente Providence que dans cette occasion.

Rodolphe sourit et continua la lecture de la lettre de madame d'Harville :

« À la vue de sir Walter Murph, Polidori resta pétrifié ; ma belle-mère tombait de surprise en surprise ; mon père, ému de cette scène, affaibli par la maladie, fut obligé de s'asseoir dans un fauteuil. Sir Walter ferma à double tour la porte par laquelle il était entré ; et se plaçant devant celle qui conduisait à un autre appartement, afin que le docteur Polidori ne pût s'échapper, il dit à mon pauvre père avec l'accent du plus profond respect :

« — Mille pardons, monsieur le comte, de la licence que je prends ; mais une impérieuse nécessité, dictée par votre seul intérêt (et vous allez bientôt le reconnaître), m'oblige à agir ainsi ; je me nomme sir Walter Murph, ainsi que peut vous l'affirmer ce misérable, qui a vu tremble de tous ses membres ; je suis le conseiller intime de S. A. R. monseigneur le grand-duc régnant de Gerolstein.

« — Cela est vrai, dit le docteur Polidori en balbutiant, éperdu de frayeur.

« — Mais alors, monsieur... que venez-vous faire ici ? que voulez-vous ?

« — Sir Walter Murph, repris-je en m'adressant à mon père, vient se joindre à moi pour démasquer les misérables dont vous avez failli être victime.

« Puis, remettant à sir Walter le flacon de cristal, j'ajoutai : J'ai été assez bien inspirée pour m'emparer de ce flacon au moment où le docteur Polidori allait verser quelques gouttes de la liqueur qu'il contient dans une potion qu'il offrait à mon père.

« — Un praticien de la ville voisine analysera devant vous le contenu de ce flacon, que je vais déposer entre vos mains, monsieur le comte ; et s'il est prouvé qu'il renferme un poison lent et sûr, dit Walter Murph à mon père, il ne pourra plus vous rester de doute sur les dangers que vous couriez, et que la tendresse de madame votre fille a heureusement prévenus.

« Mon pauvre père regardait tour à tour sa femme, le docteur Polidori, moi et sir Walter d'un air égaré ; ses traits exprimaient une angoisse indéfinissable. Je lisais sur son visage navré la lutte violente qui déchirait son cœur. Sans doute il résistait de tout son pouvoir à de croissants et terribles soupçons, craignant d'être obligé de reconnaître la scélératesse de ma belle-mère ; enfin, cachant sa tête dans ses mains, il s'écria :

« — O mon Dieu, mon Dieu !... tout cela est horrible... impossible. Est-ce un rêve que je fais?

« — Non, ce n'est pas un rêve... s'écria audacieusement ma belle-mère, rien de plus réel que cette atroce calomnie concertée d'avance pour perdre une malheureuse femme dont le seul crime a été de vous consacrer sa vie. Venez, venez, mon ami, ne restons pas une seconde de plus ici, ajouta-t-elle en s'adressant à mon père ; peut-être votre fille n'aura-t-elle pas l'insolence de vous retenir malgré vous...

« — Oui, oui, sortons, dit mon père hors de lui, tout cela n'est pas vrai, ne peut pas être vrai, je ne veux pas en entendre davantage, ma raison n'y résisterait pas... d'épouvantables méfiances s'élèveraient dans mon cœur, empoisonneraient le peu de jours qui me restent à vivre, et rien ne pourrait me consoler d'une si abominable découverte.

« Mon père semblait si souffrant, si désespéré, qu'à tout prix j'aurais voulu mettre fin à cette scène si cruelle pour lui. Sir Walter devina ma pensée ; mais, voulant faire pleine et entière justice, il répondit à mon père :

« — Encore quelques mots, monsieur le comte ; vous allez avoir le chagrin, sans doute bien pénible, de reconnaître qu'une femme que vous croyiez attachée par la reconnaissance a toujours été un monstre hypocrite ; mais vous trouverez des consolations certaines dans l'affection de votre fille, qui ne vous a jamais manqué.

« — Cela passe toutes les bornes ! s'écria ma belle-mère avec rage ; et de quel droit, monsieur, et sur quelles preuves osez-vous baser de si effroyables calomnies ? Vous dites que ce flacon contient du poison ?... Je le nie, monsieur, et je le nierai jusqu'à preuve du contraire ; et lors même que le docteur Polidori aurait, par méprise, confondu un médicament avec un autre, est-ce une raison pour m'accuser d'avoir voulu... de complicité avec lui... Oh ! non, non, le s'achèverai pas... Une idée si horrible est déjà un crime ; encore une fois, monsieur, je vous défie de dire sur quelles preuves, vous et madame, vous appuyez cette affreuse calomnie... dit ma belle-mère avec une audace incroyable.

« — Oui, sur quelles preuves ? s'écria mon malheureux père. Il faut que la torture que l'on m'impose ait un terme.

« — Je ne suis pas venu ici sans preuves, monsieur le comte, dit sir Walter ; et ces preuves, les réponses de ce misérable vous les fourniront tout à l'heure. Puis sir Walter adressa la parole en allemand au docteur Polidori, qui semblait avoir repris un peu d'assurance, mais qui le perdit aussitôt. »

— Que lui as-tu dit ? demanda Rodolphe au squire en s'interrompant de lire.

— Quelques mots significatifs, monseigneur ; peu près ceux-ci : Tu as échappé par la fuite à la condamnation dont tu avais été frappé par la justice du grand-duché ; tu demeures rue du Temple, sous le faux nom de Bradamanti, on sait à quel abominable métier tu te livres ; tu as empoisonné la première femme du comte ; il y a trois jours, madame d'Orbigny est allée te chercher pour t'emmener ici empoisonner son mari ; S. A. R. est à Paris, elle a les preuves de tout ce que j'avance. Si tu avoues la vérité, au lieu de confondre cette misérable femme, tu peux espérer, non grâce, mais un adoucissement au châtiment que tu mérites ; tu me suivras à Paris, où je te déposerai en sûreté jusqu'à ce que S. A. R. ait décidé de toi. Sinon, de deux choses l'une, ou bien S. A. R. fait demander et obtient ton extradition, ou bien à l'instant même j'envoie chercher à la ville voisine un magistrat ; ce flacon renfermant du poison lui sera remis, on t'arrêtera sur-le-champ, on fera des perquisitions chez toi, rue du Temple ; tu sais combien elles te compromettront, et la justice française suivra son cours... Choisis donc...

Ces révélations, ces accusations, ces menaces qu'il savait fondées, se succédant coup sur coup, accablèrent cet infâme, qui ne s'attendait pas à me voir si peu instruit. Dans l'espoir d'adoucir la position qui l'attendait, il n'hésita pas à sacrifier sa complice, et me répondit : — Interrogez-moi, je dirai la vérité en ce qui concerne cette femme.

— Bien, bien, mon digne Murph, tu n'attendais pas moins de toi.

— Pendant mon entretien avec Polidori, les traits de la belle-mère de madame d'Harville se décomposaient d'une manière effrayante, quoiqu'elle ne comprît pas l'allemand. Elle voyait, à l'abattement croissant de son complice, à son attitude suppliante, que je le dominais. Dans une anxiété terrible, elle cherchait à rencontrer les yeux de Polidori, afin de lui donner du courage ou d'implorer sa discrétion, mais il évitait constamment son regard.

18.

— Et le comte ?
— Son émotion était inexprimable ; de ses doigts crispés il serrait convulsivement les bras de son fauteuil, la sueur baignait son front, il respirait à peine, ses yeux ardents, fixes, ne quittaient pas les miens. Ses angoisses égalaient celles de sa femme. La suite de la lettre de madame d'Harville vous dira la fin de cette scène pénible, monseigneur.

CHAPITRE XI.

Punition.

Rodolphe continua la lecture de la lettre de madame d'Harville.

« Après un entretien en allemand qui dura quelques minutes entre sir Walter Murph et Polidori, sir Walter dit à ce dernier :

« — Maintenant, répondez. N'est-ce pas madame, et il désigna ma belle-mère, qui, lors de la maladie de la première femme de M. le comte, vous a introduit chez lui comme médecin ?

« — Oui, c'est elle... répondit Polidori.

« — Afin de servir les affreux projets de... madame... n'avez-vous pas été assez criminel pour rendre mortelle par vos prescriptions homicides la maladie d'abord légère de madame la comtesse d'Orbigny ?

« — Oui, dit Polidori.

« Mon père poussa un gémissement douloureux, leva ses deux mains au ciel, et les laissa retomber avec accablement.

« — Mensonge et infamie ! s'écria ma belle-mère. Tout cela est faux ; ils s'entendent pour me perdre.

« — Silence, madame ! dit sir Walter Murph d'une voix imposante. Puis, continuant de s'adresser à Polidori :

« — Est-il vrai qu'il y a trois jours madame a été vous chercher rue du Temple, n° 17, où vous habitez, caché sous le faux nom de Bradamanti ?

« — Cela est vrai.

« — Madame ne vous a-t-elle pas proposé de venir ici assassiner le comte d'Orbigny, comme vous aviez assassiné sa femme ?

« — Hélas ! je ne puis le nier, dit Polidori.

« A cette accablante révélation, mon père se leva debout, menaçant ; d'un geste foudroyant il montra la porte à ma belle-mère ; puis, me tendant les bras, il s'écria d'une voix entrecoupée :

« — Au nom de la malheureuse mère, pardon ! pardon !... je l'ai bien fait souffrir... mais, je te le jure... j'étais étranger au crime qui l'a conduite au tombeau.

« Et avant que j'aie pu l'empêcher, mon père tomba à mes genoux.

« Lorsque moi et sir Walter nous le relevâmes, il était évanoui.

« Je sonnai les gens ; sir Walter prit le docteur Polidori par le bras et sortit avec lui en disant à ma belle-mère :

« — Croyez-moi, madame, quittez cette maison avant une heure, sinon je vous livre à la justice.

« La misérable sortit de l'appartement dans un état de frayeur et de rage que vous pouvez facilement concevoir, monseigneur.

« Lorsque mon père reprit ses sens, tout ce qui venait de se passer lui parut un rêve horrible. Je fus dans la triste nécessité de lui raconter mes premiers soupçons sur la mort prématurée de ma mère, soupçons que votre connaissance des premiers crimes du docteur Polidori, monseigneur, avait changés en certitude.

« Je dus dire aussi à mon père comment ma belle-mère m'avait poursuivie de sa haine jusque dans mon mariage, et quel avait été son but en me faisant épouser M. d'Harville.

« Autant mon père s'était montré faible, aveugle à l'égard de cette femme, autant il voulait se montrer impitoyable envers elle ; il s'accusait avec désespoir d'avoir été presque le complice de ce monstre en lui donnant sa main après la mort de ma mère ; il voulait livrer madame d'Orbigny aux tribunaux ; je lui représentai le scandale odieux d'un tel procès, dont l'éclat serait si fâcheux pour lui ; je l'engageai à chasser pour jamais ma belle-mère de sa présence en lui assurant seulement ce qui lui était nécessaire pour vivre, puisqu'elle portait son nom.

« J'eus assez de peine à obtenir de mon père ces résolutions modérées ; il voulut me charger de la chasser de la maison. Cette mission m'était doublement pénible ; je songeai que sir Walter voudrait peut-être bien s'en charger... Il y consentit. »

— Et j'y ai pardieu consenti avec joie, monseigneur, dit Murph à Rodolphe ; rien ne me plaît davantage que de donner aux méchants cette espèce d'extrême-onction.

— Et qu'a dit cette femme ?

— Madame d'Harville avait en effet poussé la bonté jusqu'à demander à son père une pension de cent louis pour cette infâme ; ceci me parut non pas de la bonté, mais de la faiblesse ; il était déjà mal de dérober à la justice une si dangereuse créature. J'allai trouver le comte, il adopta parfaitement mes observations ; il fut convenu qu'on donnerait, en tout et pour tout, vingt-cinq louis à l'infâme pour la mettre à même d'attendre un emploi ou du travail. — Et à quel emploi, à quel travail, moi, comtesse d'Orbigny, pourrai-je me livrer ? me demanda-t-elle insolemment. — Ma foi, c'est votre affaire ; vous serez quelque chose comme garde-malade ou gouvernante : mais, croyez-moi, recherchez le métier le plus humble, le plus obscur ; car si vous aviez l'audace de dire votre nom, ce nom que vous devez à un crime, on s'étonnerait de voir la comtesse d'Orbigny réduite à une telle condition ; on s'informerait, et vous jugez des conséquences, si vous étiez assez insensée pour ébruiter le passé. Cachez-vous donc au loin ; faites-vous surtout oublier ; devenez madame Pierre ou madame Jacques, et repentez-vous... si vous pouvez.

— Et vous croyez, monsieur, me dit-elle, ayant sans doute ménagé ce coup de théâtre, que je ne réclamerai pas les avantages que m'assure mon contrat de mariage ? — Comment donc, madame ! rien de plus juste ; il serait indigne à M. d'Orbigny de ne pas exécuter ses promesses, et de méconnaître tout ce que vous avez fait, et surtout ce que vous vouliez faire pour lui... Plaidez... plaidez, adressez-vous à la justice ; je ne doute pas qu'elle ne vous donne raison contre votre mari... Un quart d'heure après notre entretien, la créature était en route pour la ville voisine.

— Tu as raison, il est pénible de laisser presque impunie une aussi détestable mégère ; mais le scandale d'un procès... pour ce vieillard déjà si affaibli... Il n'y fallait pas songer.

« J'ai facilement décidé mon père à quitter les Aubiers aujourd'hui même, reprit Rodolphe, continuant de lire la lettre de madame d'Harville ; de trop tristes souvenirs le poursuivraient ici. Quoique sa santé soit chancelante, les distractions d'un voyage de quelques jours, le changement d'air, ne peuvent que lui être favorables, a dit le médecin que le docteur Polidori avait remplacé, et que j'ai fait aussitôt mander à la ville voisine. Mon père a voulu qu'il analysât le contenu du flacon, sans lui rien dire de ce qu'il s'était passé ; le médecin répondit qu'il ne pouvait s'occuper de cette opération que chez lui, et qu'avant deux heures nous saurions le résultat de l'expérience. Le résultat fut que plusieurs doses de cette liqueur, composée avec un art infernal, pouvaient, en un temps donné, causer la mort sans laisser néanmoins d'autres traces que celles d'une maladie ordinaire que le médecin nomma.

« Dans quelques heures, monseigneur, je pars avec mon père et ma fille pour Fontainebleau, nous y resterons quelque temps, puis, selon le désir de mon père, nous reviendrons à Paris, mais non pas chez moi ; il me serait impossible d'y demeurer après le déplorable accident qui s'y est passé.

« Ainsi que je vous l'ai dit, monseigneur, en commençant cette lettre, les faits vous prouvent tout ce que je dois encore à votre inépuisable sollicitude... Prévenue par vous, aidée de vos conseils, forte de l'appui d'un être excellent et courageux sir Walter, j'ai pu arracher mon père à un péril certain, et je suis assurée du retour de sa tendresse.

« Adieu, monseigneur ; il m'est impossible de vous en dire davantage. mon cœur est trop plein, trop d'émotions l'agitent, je vous exprimerais mal tout ce qu'il ressent.

« D'ORBIGNY D'HARVILLE. »

« Je rouvre cette lettre à la hâte, monseigneur, pour réparer un oubli dont je suis confuse. En cherchant, d'après vos nobles inspirations, quelque bien à faire, j'étais allée à la prison de Saint-Lazare visiter de pauvres prisonnières ; j'ai trouvé une malheureuse enfant à laquelle vous vous êtes intéressé... Sa douceur angélique, sa pieuse résignation font l'admiration des respectables femmes qui surveillent les détenues ..Vous apprendrez où est la Goualeuse (tel est son surnom si je ne me trompe), c'est vous mettre à même d'obtenir à l'instant sa liberté ; cette infortunée vous racontera par quel concours de circonstances sinistres, enlevée de l'asile où vous l'aviez placée, elle a été jetée dans cette prison, où du moins elle a su faire apprécier la candeur de son caractère.

« Permettez-moi de vous rappeler aussi mes deux futures protégées, monseigneur, cette malheureuse mère et sa fille, dépouillées par le notaire Ferrand... Où sont-elles ? Avez-vous eu quelques renseignements sur elles ? Oh ! de grâce, tâchez de retrouver leurs traces, et qu'à mon retour à Paris je puisse leur payer la dette que j'ai contractée envers tous les malheureux !... »

— La Goualeuse a donc quitté la ferme de Bouqueval, monseigneur ! s'écria Murph, aussi étonné que Rodolphe de cette nouvelle révélation.

— Tout à l'heure encore on ne m'a rien dit à vue sortir de Saint-Lazare, répondit Rodolphe. Ma tête s'y perd : le silence de madame Georges me confond et m'inquiète... Pauvre petite Fleur-de-Marie ! quels nouveaux malheurs sont donc venus la frapper ? Fais monter un homme à cheval à l'instant ; qu'il se rende en hâte à la ferme, et écris à madame Georges que je la prie instamment de venir à Paris ; dis aussi à M. de Graün de m'obtenir une permission pour entrer à Saint-Lazare... D'après ce que me dit madame d'Harville, Fleur-de-Marie y serait détenue. Mais non, reprit Rodolphe en réfléchissant, elle n'y est plus prisonnière, car Rigolette l'a vue sortir de cette prison avec une femme âgée. Serait-ce madame Georges ? sinon quelle est cette femme ? où est allée la Goualeuse (1) ?

— Patience, monseigneur ; avant ce soir vous saurez à quoi vous en tenir ; puis, demain, il vous faudra interroger ce misérable Polidori ; il a, dit-il, d'importantes révélations à vous faire, mais à vous seul...

(1) Le lecteur se souvient que, trompée par l'émissaire de Sarah, qui lui avait dit que Fleur-de-Marie avait quitté Bouqueval par ordre du prince, madame Georges était sans inquiétude sur sa protégée, qu'elle attendait de jour en jour.

— Cette entrevue me sera odieuse, dit tristement Rodolphe, car je n'ai pas revu cet homme depuis le jour fatal... où j'ai...

Rodolphe ne put achever ; il cacha son front dans sa main.

— Eh ! mort-dieu ! monseigneur, pourquoi consentir à ce que demande Polidori ! Menacez-le de la justice française ou d'une extradition immédiate ; il faudra bien qu'il se résigne à me révéler ce qu'il ne veut révéler qu'à vous.

— Tu as raison, mon pauvre ami, car la présence de ce misérable rendrait plus menaçants encore ces souvenirs terribles auxquels se rattachent tant de douleurs incurables.... depuis la mort de mon père jusqu'à celle de ma pauvre petite fille... Je ne sais, mais plus j'avance dans la vie, plus cette enfant me manque... Combien je l'aurais adorée ! combien il m'eût été cher et précieux, ce fruit charmant de mon premier amour, de mes premières et pures croyances, ou plutôt de mes jeunes illusions !... J'aurais déversé sur cette innocente créature les trésors d'affection dont son odieuse mère est indigne ; et puis il me semble que, telle que je l'avais rêvée, cette enfant, par la beauté de son âme, par le charme de ses qualités, eût adouci, calmé tous les chagrins, tous les remords qui se rattachent, hélas ! à sa funeste naissance.

— Tenez, monseigneur, je vois avec peine l'empire toujours croissant que prennent sur votre esprit ces regrets aussi stériles que cruels.

Après quelques moments de silence, Rodolphe dit à Murph :

— Je puis maintenant te faire un aveu, mon vieil ami : J'aime... oui, j'aime profondément une femme digne de l'affection la plus noble et la plus dévouée. Et, depuis que mon cœur s'est ouvert de nouveau à toutes les douceurs de l'amour, depuis que je suis prédisposé aux émotions tendres, je ressens plus vivement encore la perte de ma fille... J'aurais pour ainsi dire pu craindre qu'un attachement de cœur n'affaiblît l'amertume de mes regrets... Il n'en est rien : toutes mes facultés aimantes ont augmenté... je me sens meilleur, plus charitable, et plus que jamais il m'est cruel de n'avoir pas ma fille à adorer...

— Rien de plus simple, monseigneur, et pardonnez-moi la comparaison ; mais, de même que certains hommes ont l'ivresse joyeuse et bienveillante, vous avez l'amour bon et généreux.

— Pourtant ma haine des méchants est aussi devenue plus vivace ; mon aversion pour Sarah augmente sans doute en raison du chagrin que me cause la mort de ma fille. Je m'imagine que cette mauvaise mère l'a négligée, qu'une fois ses ambitieuses espérances ruinées par mon mariage, la comtesse, dans son implacable égoïsme, aura abandonné notre enfant à des mains mercenaires, et que ma fille sera peut-être morte par le manque de soins. C'est ma faute, aussi... je n'ai pas alors senti l'étendue des devoirs sacrés que la paternité impose... Lorsque le véritable caractère de Sarah m'a été à coup révélé, j'aurais dû à l'instant lui enlever ma fille, veiller sur elle avec amour et sollicitude. Je devais prévoir que la comtesse ne serait jamais qu'une mère dénaturée... C'est ma faute, vois-tu, c'est ma faute...

— Monseigneur, la douleur vous égare. Pouviez-vous, après l'événement si funeste que vous savez... différer d'un jour le long voyage qui vous était imposé... comme...

— Comme une expiation !... Tu as raison, mon ami, dit Rodolphe avec accablement.

— Vous n'avez pas entendu parler de la comtesse Sarah depuis mon départ, monseigneur ?

— Non : depuis ces infâmes délations qui, par deux fois, ont failli perdre madame d'Harville, je n'ai eu d'elle aucune nouvelle... Sa présence ici me pèse, m'obsède ; il me semble que mon mauvais ange est auprès de moi, que quelque nouveau malheur me menace.

— Patience, monseigneur, patience... Heureusement, l'Allemagne lui est interdite, et l'Allemagne nous attend.

— Oui... bientôt nous partirons. Au moins, durant mon court séjour à Paris, j'aurai accompli une promesse sacrée, j'aurai fait quelques pas de plus dans cette voie méritante qu'une auguste et miséricordieuse volonté m'a tracée pour ma rédemption... Dès que le fils de madame Georges sera rendu à sa tendresse, innocent et libre ; dès que Jacques Ferrand sera convaincu et puni de ses crimes ; dès que j'aurai assuré l'avenir de toutes les honnêtes et laborieuses créatures qui, par leur résignation, leur courage et leur probité, ont mérité mon intérêt, nous retournerons en Allemagne ; mon voyage n'aura pas été du moins stérile.

— Surtout si vous parvenez à démasquer cet abominable Jacques Ferrand, monseigneur, la pierre angulaire, le pivot de tant de crimes.

— Quoique la fin justifie les moyens... et que les scrupules soient peu de mise envers ce scélérat, quelquefois je regrette de faire intervenir Cecily dans cette réparation juste et vengeresse.

— Elle doit maintenant arriver d'un moment à l'autre ?

— Elle est arrivée.

— Cecily ?

— Oui... Je n'ai pas voulu la voir ; de Graün lui a donné des instructions très-détaillées, elle a promis de s'y conformer.

— Tiendra-t-elle sa promesse ?

— D'abord tout l'y engage ; l'espoir d'un adoucissement dans son sort à venir, et la crainte d'être immédiatement renvoyée dans sa prison d'Allemagne ; car de Graün ne la quittera pas de vue ; à la moindre incartade, il obtiendra son extradition.

— C'est juste, elle est arrivée ici comme évadée ; lorsqu'on saurait

quels crimes ont motivé sa détention perpétuelle, on accorderait aussitôt son extradition.

— Et, lors même que son intérêt ne l'obligerait pas de servir nos projets, la tâche qu'on lui a imposée ne pouvant se réaliser qu'à force de ruse, de perfidies et de séductions diaboliques, Cecily doit être ravie (et elle l'est, m'a dit le baron) de cette occasion d'employer les détestables avantages dont elle a été si libéralement douée.

— Est-elle toujours bien jolie, monseigneur ?

— De Graün la trouve plus attrayante que jamais ; il a été, m'a-t-il dit, ébloui de sa beauté, à laquelle le costume alsacien qu'elle a choisi donnait beaucoup de piquant. Le regard de cette diablesse a toujours, dit-il, la même expression véritablement magique.

— Tenez, monseigneur, je n'ai jamais été ce qu'on appelle un écervelé, un homme sans cœur et sans mœurs ; eh bien ! à vingt ans, j'aurais rencontré Cecily, qu'alors même que je l'aurais sue aussi dangereuse, aussi pervertie qu'elle l'est à cette heure, je n'aurais pas répondu de ma raison si j'étais resté longtemps sous le feu de ses grands yeux noirs et brûlants qui étincellent au milieu de sa figure pâle et ardente... Oui, par le ciel ! je n'ose songer où aurait pu m'entraîner un si funeste amour.

— Cela ne m'étonne pas, mon digne Murph, car je connais cette femme. Du reste, le baron a été presque effrayé de la sagacité avec laquelle Cecily a compris ou plutôt deviné le rôle à la fois provoquant et platonique qu'elle doit jouer auprès du notaire.

— Mais s'introduira-t-elle chez lui aussi facilement que vous l'espériez, monseigneur, grâce à l'intervention de madame Pipelet ? Les gens de l'espèce de ce Jacques Ferrand sont si soupçonneux !

— J'avais, avec raison, compté sur la vue de Cecily pour combattre et vaincre la méfiance du notaire.

— Il l'a déjà vue ?

— Hier. D'après le récit de madame Pipelet, je ne doute pas qu'il n'ait été fasciné par la créole, car il l'a prise aussitôt à son service.

— Allons, monseigneur, notre partie est gagnée.

— Je l'espère ; une cupidité féroce, une luxure sauvage ont conduit le bourreau de Louise Morel aux forfaits les plus odieux... C'est dans sa luxure, c'est dans sa cupidité qu'il trouvera la punition terrible de ses crimes... punition qui surtout ne sera pas stérile pour ses victimes... car tu sais à quel but doivent tendre tous les efforts de la créole.

— Cecily !... Cecily !... Jamais méchanceté plus grande, jamais corruption plus dangereuse, jamais âme plus noire n'auront servi à l'accomplissement d'un projet d'une moralité plus haute et d'une fin plus équitable... Et David, monseigneur ?

— Il approuve tout ; au point de mépris et d'horreur où il est arrivé envers cette créature, il ne voit en elle que l'instrument d'une juste vengeance. « Si cette maudite pouvait jamais mériter quelque commisération après tout le mal qu'elle m'a fait, m'a-t-il dit, ce serait en se vouant à l'impitoyable punition de ce scélérat, dont il faut qu'elle soit le démon exterminateur. »

Un huissier ayant légèrement frappé à la porte, Murph sortit, et revint bientôt apportant deux lettres, dont l'une seulement était destinée à Rodolphe.

— C'est un mot de madame Georges, s'écria ce dernier en lisant rapidement.

— Eh bien ! monseigneur... la Goualeuse ?...

— Plus de doute, s'écria Rodolphe après avoir lu, il s'agit encore de quelque complot ténébreux. Le soir du jour où cette pauvre enfant a disparu de la ferme, et au moment où madame Georges allait m'instruire de cet événement, un homme qu'elle ne connaît pas, envoyé en exprès et à cheval, est venu de ma part la rassurer, lui disant que je savais la brusque disparition de Fleur-de-Marie, et que dans quelques jours je la ramènerais à la ferme. Malgré cet avis, madame Georges, inquiète de mon silence au sujet de sa protégée, ne peut, me dit-elle, résister au désir de savoir des nouvelles de sa fille chérie, ainsi qu'elle appelle cette pauvre enfant.

— Cela est étrange, monseigneur.

— Dans quel but enlever Fleur-de-Marie ?

— Monseigneur, dit tout à coup Murph, la comtesse Sarah n'est pas étrangère à cet enlèvement.

— Sarah ? et qui te le fait croire ?...

— Rapprochez cet événement de ses dénonciations contre madame d'Harville.

— Tu as raison, s'écria Rodolphe frappé d'une clarté subite, c'est évident... je comprends maintenant, oui, toujours le même calcul. La comtesse s'opiniâtre à croire qu'en parvenant à briser toutes les affections qu'elle me suppose, elle me fera sentir le besoin de me rapprocher d'elle. Cela est aussi odieux qu'insensé. Il faut pourtant qu'une si indigne persécution ait un terme. Tu ne peux savoir, mon ami, à tout ce qui mérite respect, intérêt, pitié, que cette femme s'attaque. Tu enverras sur l'heure M. de Graün officiellement chez la comtesse ; il lui déclarera que j'ai la certitude de la part qu'elle a prise à l'enlèvement de Fleur-de-Marie, et que si elle ne me donne pas les renseignements nécessaires pour retrouver cette malheureuse enfant, je serai sans pitié, et alors c'est à la justice que M. de Graün s'adressera.

— D'après la lettre de madame d'Harville, la Goualeuse serait à Saint-Lazare.

— Oui, mais Rigolette affirme l'avoir vue libre et sortir de prison. Il y a là un mystère qu'il faut éclaircir.

— Je vais à l'instant donner vos ordres au baron de Graün, monseigneur ; mais permettez-moi d'ouvrir cette lettre : elle est de mon correspondant de Marseille, à qui j'avais recommandé le Chourineur ; il devait faciliter le passage de ce pauvre diable en Algérie.

— Eh bien ! est-il parti ?

— Monseigneur, voici qui est singulier !

— Qu'y a-t-il ?

— Après avoir longtemps attendu à Marseille un bâtiment en partance pour l'Algérie, le Chourineur, qui semblait de plus en plus triste et soucieux, a subitement déclaré, le jour même fixé pour son embarquement, qu'il préférait retourner à Paris.

— Quelle bizarrerie !

— Bien que mon correspondant eût, ainsi qu'il était convenu, mis une assez forte somme à la disposition du Chourineur, celui-ci n'a pris que ce qui lui était rigoureusement nécessaire pour revenir à Paris, où il ne peut tarder à arriver, me dit-on.

— Alors il nous expliquera lui-même son changement de résolution ; mais envoie à l'instant de Graün chez la comtesse Mac-Grégor, et va toi-même à Saint-Lazare t'informer de Fleur-de-Marie.

Au bout d'une heure, le baron de Graün revint de chez la comtesse Sarah Mac-Grégor.

Malgré son sang-froid habituel et officiel, le diplomate semblait bouleversé ; à peine l'huissier l'eut-il introduit, que Rodolphe remarqua sa pâleur.

— Eh bien !... de Graün... qu'avez-vous ?... Avez-vous vu la comtesse ?...

— Ah ! monseigneur !...

— Qu'y a-t-il ?

— Que Votre Altesse Royale se prépare à apprendre quelque chose de bien pénible.

— Mais encore ?...

— Madame la comtesse de Mac-Grégor...

— Eh bien !...

— Que Votre Altesse Royale me pardonne de lui apprendre si brusquement un événement si funeste, si imprévu, si...

— La comtesse est donc morte ?

— Non, monseigneur... mais on désespère de ses jours... elle a été frappée d'un coup de poignard.

— Ah ! c'est affreux ! s'écria Rodolphe ému de pitié malgré son aversion pour Sarah. Et qui a commis ce crime ?

— On l'ignore, monseigneur ; ce meurtre a été accompagné de vol, on s'est introduit dans l'appartement de madame la comtesse et l'on a enlevé une grande quantité de pierreries.

— A cette heure, comment va-t-elle ?

— Son état est presque désespéré, monseigneur... elle n'a pas encore repris connaissance... son frère est dans la consternation.

— Il faudra aller chaque jour vous informer de la santé de la comtesse, mon cher de Graün...

A ce moment, Murph revenait de Saint-Lazare.

— Apprends une triste nouvelle, lui dit Rodolphe, la comtesse Sarah vient d'être assassinée... ses jours sont dans le plus grand danger.

— Ah ! monseigneur, quoiqu'elle soit bien coupable, on ne peut s'empêcher de la plaindre.

— Oui, une telle fin serait épouvantable !... Et la Goualeuse ?

— Mise en liberté depuis hier, monseigneur, on le suppose, par la protection de madame d'Harville.

— Mais c'est impossible ! madame d'Harville me prie, au contraire, de faire les démarches nécessaires pour faire sortir de prison cette malheureuse enfant.

— Sans doute, monseigneur... et pourtant une femme âgée, d'une figure respectable, est venue à Saint-Lazare, apportant l'ordre de remettre Fleur-de-Marie en liberté. Toutes deux ont quitté la prison.

— C'est ce que m'a dit Rigolette ; mais cette femme âgée qui est venue chercher Fleur-de-Marie, qui est-elle ? où sont-elles allées toutes deux ? quel est ce nouveau mystère ? La comtesse Sarah pourrait peut-être seule l'éclaircir ; et si elle se trouve hors d'état de donner aucun renseignement. Pourvu qu'elle n'emporte pas ce secret dans la tombe !

— Mais son frère, Thomas Seyton, fournirait certainement quelques lumières. De tout temps il a été le conseil de la comtesse.

— Sa sœur est mourante ; s'il s'agit d'une nouvelle trame, il ne parlera pas ; mais, dit Rodolphe en réfléchissant, il faut savoir le nom de la personne qui s'est intéressée à Fleur-de-Marie pour la faire sortir de Saint-Lazare : ainsi l'on apprendra nécessairement quelque chose.

— C'est juste, monseigneur.

— Tâchez donc de connaître de qui vient cette personne le plus tôt possible, mon cher de Graün ; si vous n'y réussissez pas, mettez votre M. Badinot en campagne, n'épargnez rien pour découvrir les traces de cette pauvre enfant.

— Votre Altesse Royale peut compter sur mon zèle.

— Ma foi, monseigneur, dit Murph, il est peut-être bon que le Chourineur nous revienne ; ses services pourront vous être utiles... pour ces recherches

— Tu as raison, et maintenant je suis impatient de voir arriver à Paris mon brave sauveur, car je n'oublierai jamais que je lui dois la vie.

CHAPITRE XII.

L'étude.

Plusieurs jours s'étaient passés depuis que Jacques Ferrand avait pris Cecily à son service.

Nous conduirons le lecteur (qui connaît déjà ce lieu) dans l'étude du notaire à l'heure du déjeuner des clercs.

Chose inouïe, exorbitante, merveilleuse ! au lieu du maigre et peu attrayant ragoût apporté chaque matin à ces jeunes gens par feu madame Séraphin, un énorme dindon froid, servi dans le fond d'un vieux carton à dossier, trônait au milieu d'une des tables de l'étude, accosté de deux pains tendres, d'un fromage de Hollande et de trois bouteilles de vin cacheté ; une vieille écritoire de plomb, remplie d'un mélange de poivre et de sel, servait de salière : tel était le menu du repas.

Chaque clerc, armé de son couteau et d'un formidable appétit, attendait l'heure du festin avec une impatience affamée ; quelques-uns même mâchaient à vide, en maudissant l'absence de M. le maître-clerc, sans lequel on ne pouvait hiérarchiquement commencer à déjeuner.

Un progrès, ou plutôt un bouleversement si radical dans l'ordinaire des clercs de Jacques Ferrand, annonçait une énorme perturbation domestique.

L'entretien suivant, éminemment *béotien* [s'il nous est permis d'emprunter cette expression au très-spirituel écrivain qui l'a popularisée (1)] jettera quelques lumières sur cette importante question.

— Voilà un dindon qui ne s'attendait pas, quand il est entré dans la vie, à jamais paraître à déjeuner sur la table des clercs du patron.

— De même que le patron, quand il est entré dans la vie... de notaire, ne s'attendait pas à donner à ses clercs un dindon pour déjeuner.

— Car enfin ce dindon est à nous, s'écria le saute-ruisseau de l'étude avec une gourmande convoitise.

— Saute-ruisseau, mon ami, tu t'oublies ; cette volaille doit être pour toi une étrangère.

— Et, comme Français, tu dois avoir la haine de l'étranger.

— Tout ce qu'on pourra faire sera de te donner les pattes.

— Emblème de la vélocité avec laquelle tu fais les courses de l'étude.

— Je croyais avoir au moins droit à la carcasse, dit le saute-ruisseau en murmurant.

— On pourra te l'octroyer... mais tu n'y as pas droit, ainsi qu'il en a été de la Charte de 1814, qui n'était qu'une autre carcasse de liberté, dit le Mirabeau de l'étude.

— A propos de carcasse, reprit un des jeunes gens avec une insensibilité brutale, Dieu veuille avoir l'âme de la mère Séraphin ! car depuis qu'elle s'est noyée dans une partie de campagne, nous ne sommes plus condamnés à ses ratatouilles forcées à perpétuité.

— Et, depuis une bonne semaine, le patron, au lieu de nous donner à déjeuner...

— Nous alloue à chacun quarante sous par jour.

— C'est ce qui me fait dire : Dieu veuille avoir l'âme de la mère Séraphin !

— Au fait, de son temps, jamais le patron ne nous aurait donné les quarante sous.

— C'est énorme !

— C'est fabuleux !

— Il n'y a pas une étude à Paris...

— En Europe...

— Dans l'univers, où l'on donne quarante sous... à un simple clerc pour son déjeuner.

— A propos de madame Séraphin, qui de vous a vu la servante qui la remplace ?

— Cette Alsacienne que la portière de la maison où habitait cette pauvre Louise a amenée un soir, nous a dit le portier ?

— Oui.

— Je ne l'ai pas encore vue.

— Ni moi.

— Parbleu ! c'est tout bonnement impossible de la voir, puisque le patron est plus féroce que jamais pour nous empêcher d'entrer dans le pavillon de la cour.

— Et puis c'est le portier qui range l'étude maintenant : comment la verrait-on, cette donzelle ?

— Eh bien ! moi, je l'ai vue.

— Toi ?

— Où cela ?

— Comment est-elle ?

— Grande ou petite ?

— Jeune ou vieille ?

(1) Louis Desnoyers.

— D'avance je suis sûr qu'elle n'a pas une figure aussi avenante que cette pauvre Louise... bonne fille !

— Voyons, puisque tu l'as aperçue, comment est-elle, cette nouvelle servante ?

— Quand je dis que je l'ai vue... j'ai vu son bonnet, un drôle de bonnet.

— Ah bah ! et comment ?

— Il était de couleur cerise et en velours, je crois ; une espèce de béguin comme en ont les vendeuses de petits balais.

— Comme les Alsaciennes ? C'est tout simple, puisqu'elle est Alsacienne.

— Tiens, tiens, tiens...

— Parbleu ! qu'est-ce qui vous étonne là-dedans ? Chat échaudé craint l'eau froide.

— Ah çà, Chalamel, quel rapport ton proverbe a-t-il avec ce bonnet d'Alsacienne ?

— Il n'en a aucun.

— Pourquoi le dis-tu alors ?

— Parce « qu'un bienfait n'est jamais perdu, » et que « le lézard est l'ami de l'homme. »

— Tiens, si Chalamel commence ses bêtises en proverbes, qui ne riment à rien, il en a pour une heure. Voyons, dis donc ce que tu sais de cette nouvelle servante.

— Je passais avant-hier dans la cour ; elle était adossée à une des fenêtres du rez-de-chaussée.

— La cour ?

— Quelle bêtise ! non, la servante. Les carreaux d'en bas sont si sales que je n'ai pu rien voir de l'Alsacienne ; mais, ceux du milieu de la fenêtre étant moins troubles, j'ai vu son bonnet cerise et une profusion de boucles de cheveux noirs comme du jais ; car elle avait l'air d'être coiffée à la Titus.

— Je suis sûr que le patron n'en aura vu tant que toi à travers ses lunettes ; car en voilà encore un, comme on dit, que, s'il restait seul avec une femme sur la terre, le monde finirait bientôt.

— Cela n'est pas étonnant : « Rira bien qui rira le dernier, » d'autant plus que « l'exactitude est la politesse des rois. »

— Dieu, que Chalamel est assommant quand il s'y met !

— Dame, « dis-moi qui tu hantes, je te dirai qui tu es. »

— Oh ! que c'est joli !

— Moi, j'ai dans l'idée que c'est la superstition qui abrutit de plus en plus le patron.

— C'est peut-être par pénitence qu'il nous donne quarante sous pour notre déjeuner.

— Le fait est qu'il faut qu'il soit fou.

— Ou malade.

— Moi, depuis quelques jours, je lui trouve l'air très-égaré.

— Ce n'est pas qu'on ne le voie beaucoup. Lui qui était pour notre malheur dans son cabinet dès le *patron-minet*, et toujours sur notre dos, il reste maintenant des deux jours sans mettre le nez dans l'étude.

— Ce qui fait que le maître-clerc est accablé de besogne.

— Et que ce matin nous sommes obligés de mourir de faim en l'attendant.

— En voilà du changement dans l'étude !

— C'est que Germain n'y serait pas joliment étonné si on lui disait : Figure-toi, mon garçon, que le patron nous donne quarante sous pour notre déjeuner. — Ah bah ! c'est si possible que c'est à moi Chalamel, parlant à *sa personne*, qu'il l'a annoncé. — Tu veux rire ? — Je veux rire ! Voilà comme ça s'est passé : pendant les deux ou trois jours de notre deuil suivi le décès de la mère Séraphin, nous n'avons pas eu à déjeuner du tout ; nous aimions mieux cela, d'une façon, parce que c'était moins mauvais ; mais, d'une autre, notre réfection nous coûtait de l'argent ; pourtant nous patientions, disant : Le patron n'a plus ni servante ni femme de ménage ; quand il en aura repris une, nous reprendrons notre dégoûtante pâtée. Eh bien ! pas du tout, mon pauvre Germain, le patron a repris une servante, et notre déjeuner a continué à être enseveli dans le fleuve de l'oubli. Alors j'ai été comme qui dirait député pour porter au patron les doléances de nos estomacs. Il était avec le maître-clerc. — Je ne veux plus vous nourrir le matin, a-t-il dit d'un ton bourru et comme s'il pensait à autre chose ; ma servante n'a pas le temps de s'occuper de votre déjeuner. — Mais, monsieur, il est convenu que vous nous devez notre repas du matin. — Eh bien ! vous ferez venir votre déjeuner du dehors, comme tu dis, bien. Combien vous faut-il, quarante sous chacun ? a-t-il ajouté en ayant l'air de penser de plus en plus à autre chose, et de dire quarante sous comme il aurait dit vingt sous ou cent sous. — Oui, monsieur, quarante sous nous suffiront, m'écriai-je en prenant la balle au bond. — Soit ; le maître-clerc se chargera de cette dépense, je compterai avec lui. Et là-dessus le patron m'a fermé la porte au nez. Avouez, messieurs, que Germain serait furieusement étonné des libéralités du patron.

— Germain dirait que le patron a bu.

— Et que c'est un abus.

— Chalamel, nous préférons tes proverbes.

— Sérieusement je crois le patron malade. Depuis dix jours il n'est pas reconnaissable, ses joues sont creuses à y fourrer le poing.

— Et des distractions ! fort vrai. L'autre jour il a levé ses lunettes

pour lire un acte, il avait les yeux rouges et brûlants comme des charbons ardents.

— Il en avait le droit, « les bons comptes font les bons amis. »

— Laisse-moi donc parler. Je vous dis, messieurs, que c'est très-singulier. Je présente donc cet acte à lire au patron, mais il avait la tête en bas.

— Le patron ? Le fait est que c'est très-singulier. Qu'est-ce qu'il pouvait donc faire ainsi la tête en bas ? Il devait suffoquer ; à moins que ses habitudes ne soient, comme tu dis, bien changées.

— Oh ! que ce Chalamel est fatigant ; je te dis que je lui ai présenté l'acte à lire à l'envers.

— Ah ! a-t-il dû bougonner !

— Ah bien oui ! il ne s'en est pas seulement aperçu ; il a regardé l'acte pendant dix minutes, ses gros yeux rouges fixés dessus, et puis il me l'a rendu... en me disant : — C'est bien !

— Toujours la tête en bas ?

— Toujours...

— Il n'avait donc pas lu l'acte ?

— Pardieu ! à moins qu'il ne lise à l'envers.

— C'est drôle !

— Le patron avait l'air si sombre et si méchant dans ce moment-là, que je n'ai osé rien dire, et je m'en suis allé comme si de rien n'était.

— Et moi donc, il y a quatre jours, j'étais dans le bureau du maître-clerc ; arrive un client, deux clients, trois clients, auxquels le patron avait donné rendez-vous. Ils s'impatientaient d'attendre ; je leur demande, je vais frapper à la porte du cabinet ; on ne me répond pas, j'entre...

— Eh bien ?

— M. Jacques Ferrand avait ses deux bras croisés sur son bureau, et son front chauve et peu ragoûtant appuyé sur ses bras ; il ne bougea pas.

— Il dormait ?

— Je le croyais. Je m'approche : Monsieur, il y a là des clients à qui vous avez donné rendez-vous... Il ne bronche pas. Monsieur !... Pas de réponse. Enfin je le touche à l'épaule, il se redresse comme si le diable l'avait mordu ; dans ce brusque mouvement, ses grandes lunettes vertes tombent dessus son nez, et je vois... Vous ne me croirez jamais.

— Eh bien ! que vois-tu ?

— Des larmes.

— Ah ! quelle farce !

— En voilà une de sévère !

— Le patron pleurer ? allons donc !

— Quand on verra ça... les hannetons joueront du cornet à piston.

— Et les poules porteront des bottes à revers.

— Ta ta ta ta, vos bêtises n'empêcheront pas que je l'aie vu comme je vous vois.

— Pleurer ?

— Oui, pleurer ; il a ensuite eu l'air si furieux d'être surpris en cet état lacrymatoire, qu'il a rajusté à la hâte ses lunettes, en me criant : — Sortez !... sortez !... — Mais, monsieur... — Sortez !... — Il y a là des clients auxquels vous avez donné rendez-vous, etc.... — Je n'ai pas le temps ; qu'ils s'en aillent au diable, et vous avec ! — Là-dessus il s'est levé tout furieux comme pour me mettre à la porte ; je n'ai pas attendu, j'ai filé et renvoyé les clients, qui n'avaient pas l'air plus contents qu'il ne faut... mais, pour l'honneur de l'étude, je leur ai dit que le patron avait la coqueluche.

Cet intéressant entretien fut interrompu par M. le premier clerc, qui entra tout affairé ; sa venue fut saluée par une acclamation générale, et tous les yeux se tournèrent sympathiquement vers le dindon avec une impatiente convoitise.

— Sans reproche, seigneur, vous nous faites diablement attendre, dit Chalamel.

— Prenez garde : une autre fois... notre appétit ne sera pas aussi subordonné.

— Eh ! messieurs, ce n'est pas ma faute... je me faisais plus de mauvais sang que vous... Ma parole d'honneur, il faut que le patron soit devenu fou !

— Quand je vous le disais !

— Mais que cela ne nous empêche pas de manger...

— Au contraire !

— Nous parlerons tout aussi bien la bouche pleine.

— Nous parlerons mieux, s'écria le saute-ruisseau, pendant que Chalamel, dépeçant le dindon, dit au maître-clerc : A propos, de quoi donc vous figurez-vous que le patron est fou ?

— Nous avions déjà une velléité de le croire parfaitement abruti lorsqu'il nous a alloué quarante sous par tête pour notre déjeuner... quotidien.

— J'avoue que cela m'a surpris autant que vous, messieurs ; mais cela n'était rien, absolument rien, auprès de ce qui vient de se passer tout à l'heure.

— Ah bah !

— Ah çà ! est-ce que ce malheureux-là deviendrait assez insensé pour nous forcer d'aller dîner tous les jours à ses frais au Cadran-Bleu ?

— Et ensuite au spectacle ?

— Et ensuite au café, finir la soirée par un punch ?

— Et ensuite...,

— Messieurs, riez tant que vous voudrez, mais la scène à laquelle je viens d'assister est plutôt effrayante que plaisante.

— Eh bien ! racontez-nous-la donc cette scène.

— Oui, c'est ça, ne vous occupez pas de déjeuner, dit Chalamel, nous voilà tout oreilles.

— Et tout mâchoires, mes gaillards ! Je vous vois venir : pendant que je parlerais, vous joueriez des dents... et le dindon serait fini avant mon histoire. Patience, ce sera pour le dessert.

Fut-ce l'aiguillon de la faim ou de la curiosité qui activa les jeunes praticiens, nous ne le savons ; mais ils mirent une telle rapidité dans leur opération gastronomique, que le moment du récit du maître-clerc arriva presque instantanément.

Pour n'être pas surpris par le patron, on envoya en vedette dans la pièce voisine le saute-ruisseau, à qui la carcasse et les pattes de la bête avaient été libéralement dévolues.

M. le maître-clerc dit à ses collègues :

— D'abord il faut que vous sachiez que depuis quelques jours le portier s'inquiétait de la santé du patron ; comme le bonhomme veille très-tard, il avait vu plusieurs fois M. Ferrand descendre dans le jardin la nuit, malgré le froid ou la pluie, et s'y promener à grands pas. Il s'est hasardé une fois à sortir de sa niche et à demander à son maître s'il avait besoin de quelque chose. Le patron l'a envoyé se coucher d'un tel ton, que, depuis, le portier s'est tenu coi, et qu'il s'y tient toujours dès qu'il entend le patron descendre au jardin, ce qui arrive presque toutes les nuits, tel temps qu'il fasse.

— Le patron est peut-être somnambule ?

— Ça n'est pas probable... mais de pareilles promenades nocturnes annoncent une fameuse agitation.... J'arrive à mon histoire.... Tout à l'heure je me rends dans le cabinet du patron pour lui demander quelques signatures... au moment où je mettais la main au bouton de la serrure... il me semble entendre parler... je m'arrête... et je distingue deux ou trois cris sourds... on eût dit des plaintes étouffées. Après avoir un instant hésité à entrer... ma foi... craignant quelque malheur... j'ouvre la porte...

— Eh bien ?

— Qu'est-ce que je vois ? le patron à genoux... par terre...

— A genoux ?

— Par terre ?

— Oui... agenouillé sur le plancher... le front dans ses mains... et les coudes appuyés sur le fond d'un de ses vieux fauteuils...

— C'est tout simple ; sommes-nous bêtes ! il est si cagot, il faisait une prière d'extra.

— Ce serait une drôle de prière, en tout cas ! On n'entendait que des gémissements étouffés : seulement de temps en temps il murmurait entre ses dents : Mon Dieu !... mon Dieu... mon Dieu !... comme un homme au désespoir. Et puis... voilà qui est encore bizarre... Dans un mouvement qu'il a fait, comme pour se déchirer la poitrine avec les ongles, sa chemise s'est entr'ouverte et j'ai très-bien distingué sur sa peau velue un petit portefeuille rouge suspendu à son cou par une chaînette d'acier...

— Tiens, tiens,... tiens... Alors ?...

— Alors, ma foi, voyant ça, je ne savais plus si je devais rester ou sortir.

— Ça aurait été aussi mon opinion politique.

— Je restais donc là... très-embarrassé, lorsque le patron se relève et se retourne tout à coup ; il avait entre ses dents un vieux mouchoir de poche à carreaux... ses lunettes restèrent sur le fauteuil... Non... non, messieurs... de ma vie je n'ai vu une figure pareille ; il avait l'air d'un damné. Je recule effrayé, ma parole d'honneur ! effrayé. Alors, lui,...

— Vous saute à la gorge ?

— Vous n'y êtes pas. Il me regarde d'abord d'un air égaré ; puis, laissant tomber son mouchoir, qu'il avait passé rongé, coupé en grinçant des dents, il s'écrie en se jetant dans mes bras : « Ah ! je suis bien malheureux ! »

— Quelle farce !

— Quelle farce ! Eh bien ! ça n'empêche pas que malgré sa figure de tête de mort, quand il a prononcé ces mots-là... sa voix était si déchirante... je dirais presque si douce...

— Si douce... allons donc... il n'y a pas de crécelle, pas de chat-huant enrhumé dont le cri ne semble de la musique auprès de la voix du patron !

— C'est possible, ça n'empêche pas que dans ce moment sa voix était si plaintive, que je me suis senti presque attendri, d'autant plus que M. Ferrand n'est pas expansif habituellement. Monsieur, lui dis-je, croyez que... — Laisse-moi ! laisse-moi ! me répondit-il en m'interrompant, cela soulage tant de pouvoir dire à quelqu'un ce que l'on souffre... Evidemment il me prenait pour un autre.

— Il vous a tutoyé ? Alors vous nous devez deux bouteilles de Bordeaux :

Quand le patron vous a tutoyé,
À boire vous devez payer.

C'est le proverbe qui le dit, c'est sacré : les proverbes sont la sagesse des nations.

— Voyons, Chalamel, laissez là vos rébus ; vous comprenez bien, messieurs, qu'en entendant le patron me tutoyer, j'ai tout de suite compris qu'il se méprenait ou qu'il avait une fièvre chaude. Je me suis dégagé en lui disant : Monsieur, calmez-vous !... calmez-vous !... c'est moi. Alors il m'a regardé d'un air stupide.

— A la bonne heure, vous voilà dans le vrai.

— Ses yeux étaient égarés. — Hein ! a-t-il répondu, qu'est-ce ?... qui est là ?.... que me voulez-vous ?... Et il passait, à chaque question, sa main sur son front, comme pour écarter le nuage qui obscurcissait sa pensée.

— Qui obscurcissait sa pensée... Comme c'est écrit... Bravo ! maître-clerc, nous ferons un mélodrame ensemble :

Quand on parle si bien, sur mon âme !
On doit écrire un mélodrââââme.

— Mais tais-toi donc, Chalamel.

— Qu'est-ce donc que le patron peut avoir ?

— Ma foi, je n'en sais rien ; mais ce qu'il y a de sûr, c'est que, lorsqu'il a retrouvé son sang-froid, ça a été une autre chanson : il a froncé les sourcils d'un air terrible, et m'a dit vivement, sans me donner le temps de lui répondre : — Que venez-vous faire ici ? Y a-t-il longtemps que vous êtes là ?... je ne puis donc pas rester chez moi sans être environné d'espions ? Qu'ai-je dit ? Qu'avez-vous entendu ? Répondez... répondez. Ma foi, il avait l'air si méchant, que j'ai repris : — Je n'ai rien entendu, monsieur, j'entre ici à l'instant même. — Vous ne me trompez pas ? — Non, monsieur. — Eh bien ! que voulez-vous ? — Vous demander quelques signatures, monsieur. — Donnez. Et le voilà qui se met à signer, à signer... sans les lire, une demi-douzaine d'actes notariés, lui qui ne mettait jamais son parafe sur un acte sans l'épeler, pour ainsi dire, lettre par lettre, et deux fois d'un bout à l'autre. Je remarquai que de temps en temps sa main se ralentissait au milieu de sa signature, comme s'il eût été absorbé par une idée fixe, et puis il reprenait et signait vite, vite, comme en convulsionnaire. Quand tout a été signé, il m'a dit de me retirer, et je l'ai entendu descendre par le petit escalier qui communique de son cabinet dans la cour.

— J'en reviens toujours là... qu'est-ce qu'il peut avoir ?

— Messieurs, c'est peut-être madame Séraphin qu'il regrette.

— Ah bien oui ! lui... regretter quelqu'un !

— Ça me fait penser que le portier a dit que le curé de Bonne-Nouvelle et son vicaire étaient venus plusieurs fois pour voir le patron, et qu'ils n'avaient pas été reçus. C'est ça qui est surprenant ! eux qui ne démordaient pas d'ici.

— Moi, ce qui m'intrigue, c'est de savoir quels travaux il a fait faire au menuisier et au serrurier dans le pavillon.

— Le fait est qu'ils y ont travaillé trois jours de suite.

— Et puis un soir on a apporté des meubles dans une grande tapissière couverte.

— Ma foi, moi, messieurs, trou la la ! je donne ma langue aux chiens, comme dit le cygne de Cambrai.

— C'est peut-être le remords d'avoir fait emprisonner Germain qui le tourmente...

— Des remords, lui ?... Il est trop dur à cuire et trop culotté pour ça... comme dit le curé de l'aigle de Meaux !

— Farceur de Chalamel !

— A propos de Germain, il va avoir de fameuses recrues dans sa prison, pauvre garçon !

— Comment cela !

— J'ai lu dans la *Gazette des Tribunaux* que la bande de voleurs et d'assassins qu'on a arrêtée aux Champs-Elysées, dans un de ces petits cabarets souterrains...

— En voilà de vraies cavernes...

— Que cette bande de scélérats a été écrouée à la Force.

— Pauvre Germain, ça va lui faire une jolie société !

— Louise Morel aura aussi sa part de recrues ; car dans la bande on dit qu'il y a toute une famille de voleurs et d'assassins de père en fils... et de mère en fille...

— Alors on enverra les femmes à Saint-Lazare, où est Louise.

— C'est peut-être quelqu'un de cette bande qui a assassiné cette comtesse qui demeure près de l'Observatoire, une des clientes du patron. M'a-t-il assez souvent envoyé savoir de ses nouvelles, à cette comtesse ! Il a l'air de s'intéresser joliment à sa santé. Il faut être juste, c'est la seule chose sur laquelle il n'ait pas l'air abruti... Hier encore, il m'a dit d'aller m'informer de l'état de madame Mac-Gregor.

— Eh bien ?

— C'est toujours la même chose : un jour on espère, le lendemain on désespère ; on ne sait jamais si elle passera la journée ; avant-hier on en désespérait, mais hier il y a, a-t-on dit, une lueur d'espoir ; ce qui complique la chose, c'est qu'elle a eu une fièvre cérébrale.

— Est-ce que tu as pu entrer dans la maison, et voir l'endroit où l'assassinat s'est commis ?

— Ah bien oui!... je n'ai pu aller plus loin que la porte cochère, et le concierge n'a pas l'air causeur, tant s'en faut...

— Messieurs... à vous, à vous! voici le patron qui monte, cria le saute-ruisseau en entrant dans l'étude toujours armé de sa carcasse.

Aussitôt les jeunes gens regagnèrent à la hâte leurs tables respectives, sur lesquelles ils se courbèrent en agitant leurs plumes, pendant que le saute-ruisseau déposait momentanément le squelette du dindon dans un carton rempli de dossiers.

Jacques Ferrand parut en effet.

S'échappant de son vieux bonnet de soie noire, ses cheveux roux, mêlés de mèches grises, tombaient en désordre de chaque côté de ses tempes: quelques-unes des veines qui marbraient son crâne paraissaient injectées de sang, tandis que sa face camuse et ses joues creuses étaient d'une pâleur blafarde. On ne pouvait voir l'expression de son regard, caché sous ses larges lunettes vertes; mais la profonde altération des traits de cet homme annonçait les ravages d'une passion dévorante.

Il traversa lentement l'étude, sans dire un mot à ses clercs, sans même paraître s'apercevoir qu'ils fussent là, entra dans la pièce où se tenait le maître-clerc, la traversa ainsi que son cabinet, et redescendit immédiatement par le petit escalier qui conduisait à la cour.

Jacques Ferrand ayant laissé derrière lui toutes les portes ouvertes, les clercs purent à bon droit s'étonner de la bizarre évolution de leur patron, qui était monté par un escalier et descendu par un autre, sans s'arrêter dans une seule des chambres qu'il avait traversées machinalement.

CHAPITRE XIII.

LUXURIEUX POINT NE SERAS...

> ...Mais au lieu de m'en tenir à ce qu'il y a de lumineux et de pur dans cette union des esprits et des cœurs à qui l'amitié se borne, le fond bourbeux de ma lubricité, remué par cette pointe de volupté qui se fait sentir à l'âge où j'étais, exhalait des nuages qui offusquaient les yeux de mon esprit.
>
> ... Je m'abandonnais sans mesure à mes plaisirs sensuels, dont l'ardeur, comme une poix bouillante, brûlait mon cœur et consumait tout ce qu'il y avait de vigueur et de force.
>
> ...Quand je voyais mes compagnons qui se vantaient de leurs débauches, et qui s'en savaient d'autant meilleur gré qu'elles étaient plus infâmes, j'avais honte de n'en avoir pas fait autant.
>
> *Confessions de saint Augustin*, liv. II, chap. II et III.

Il fait nuit.

Le profond silence qui règne dans le pavillon habité par Jacques Ferrand est interrompu de temps en temps par les gémissements du vent et par les rafales de la pluie qui tombe à torrents.

Ces bruits mélancoliques semblent rendre plus complète encore la solitude de cette demeure.

Dans une chambre à coucher du premier étage, très-confortablement meublée à neuf et garnie d'un épais tapis, une jeune femme se tient debout devant une cheminée où flambe un excellent feu.

Chose assez étrange! au milieu de la porte soigneusement verrouillée qui fait face au lit, on remarque un petit guichet de cinq ou six pouces carrés qui peut s'ouvrir du dehors.

Une lampe à réflecteur jette une demi-clarté dans cette chambre tendue d'un papier grenat; les rideaux du lit, de la croisée, ainsi que la couverture d'un vaste sofa, sont de damas soie et laine de même couleur.

Nous insistons minutieusement sur ces détails du demi-luxe si récemment importé dans l'habitation du notaire, parce que ce demi-luxe annonce une révolution complète dans les habitudes de Jacques Ferrand, jusqu'alors d'une avarice sordide et d'une insouciance de Spartiate (surtout à l'endroit d'autrui) pour tout ce qui touchait au bien-être.

C'est donc sur cette tenture grenat, fond vigoureux et chaud de ton, que se dessine la figure de Cecily, que nous allons tâcher de peindre.

D'une stature haute et svelte, la créole est dans la fleur et dans l'épanouissement de l'âge. Le développement de ses belles épaules et de ses larges hanches fait paraître sa taille ronde si merveilleusement mince, que l'on croirait que Cecily peut se servir de son collier pour ceinture.

Aussi simple que coquet, son costume alsacien est d'un goût bizarre, un peu théâtral, et ainsi d'autant plus approprié à l'effet qu'elle a voulu produire.

Son spencer de casimir noir, à demi ouvert sur sa poitrine saillante, très-long de corsage, à manches justes, à dos plat, est légèrement brodé de laine pourpre sur les coutures et rehaussé d'une rangée de petits boutons d'argent ciselés. Une courte jupe de mérinos orange, qui semble d'une ampleur exagérée quoiqu'elle colle sur des contours d'une richesse sculpturale, laisse voir à demi le genou charmant de la créole, chaussée de bas écarlates à coins bleus, ainsi que cela se rencontre chez les vieux peintres flamands, qui montrent si complaisamment les jarretières de leurs robustes héroïnes.

Jamais artiste n'a rêvé un galbe aussi pur que celui des jambes de Cecily; nerveuses et fines au-dessous de leur mollet rebondi, elles se terminent par un pied mignon, bien à l'aise et bien cambré dans son tout petit soulier de maroquin noir à boucles d'argent.

Cecily, un peu hanchée sur le côté gauche, est debout en face de la glace qui surmonte la cheminée... L'échancrure de son spencer permet de voir son cou élégant et potelé, d'une blancheur éblouissante, mais sans transparence.

Otant son béguin de velours cerise pour le remplacer par un madras, la créole découvrit ses épais et magnifiques cheveux d'un noir bleu, qui, séparés au milieu du front et naturellement frisés, ne descendaient pas plus bas que le collier de Vénus qui joignait le col aux épaules.

Il faut connaître le goût inimitable avec lequel les créoles tortillent autour de leur tête ces mouchoirs aux couleurs tranchantes, pour avoir une idée de la gracieuse coiffure de nuit de Cecily, et du contraste piquant de ce tissu bariolé de pourpre, d'azur et d'orange, avec ses cheveux noirs qui, s'échappant du pli serré du madras, encadrent de leurs mille boucles soyeuses ses joues pâles, mais rondes et fermes...

Les deux bras élevés et arrondis au-dessus de sa tête, elle finissait, du bout de ses doigts déliés comme des fuseaux d'ivoire, de chiffonner une large rosette placée très-bas du côté gauche, presque sur l'oreille.

Les traits de Cecily sont de ceux qu'il est impossible d'oublier jamais.

Un front hardi, un peu saillant, surmonte son visage d'un ovale parfait; son teint a la blancheur mate, la fraîcheur satinée d'une feuille de camélia imperceptiblement dorée par un rayon de soleil; ses yeux, d'une grandeur presque démesurée, ont une expression singulière, car leur prunelle, extrêmement large, noire et brillante, laisse à peine apercevoir, aux deux coins des paupières frangées de longs cils, la transparence bleuâtre du globe de l'œil; son menton est nettement accusé; son nez droit et fin, se termine par deux narines mobiles qui se dilatent à la moindre émotion; sa bouche, insolente et amoureuse, est d'un pourpre vif.

Qu'on s'imagine donc cette figure incolore, avec son regard tout noir qui étincelle, et ses deux lèvres rouges, lisses, humides, qui luisent comme du corail mouillé.

Disons-le, cette grande créole, à la fois svelte et charnue, vigoureuse et souple comme une panthère, était le type incarné de la sensualité brutale qui ne s'allume qu'aux feux des tropiques.

Tout le monde a entendu parler de ces filles de couleur pour ainsi dire mortelles aux Européens, de ces vampires enchanteurs qui, enivrant leur victime de séductions terribles, pompent jusqu'à sa dernière goutte d'or et de sang, et ne lui laissent, selon l'énergique expression du pays, que ses yeux à pleurer, que son cœur à ronger.

Telle est Cecily.

Seulement ses détestables instincts, quelque temps contenus par son véritable attachement pour David, ne s'étaient développés qu'en Europe, la civilisation et l'influence des climats du Nord en avaient tempéré la violence, modifié l'expression.

Au lieu de se jeter violemment sur sa proie, et de ne songer, comme ses pareilles, qu'à anéantir au plutôt une vie et une fortune de plus, Cecily, attachant sur ses victimes son regard magnétique, commençait par les attirer peu à peu dans le tourbillon embrasé qui semblait émaner d'elle; puis, les voyant alors pantelantes, éperdues, souffrant les tortures d'un désir inassouvi, elle se plaisait, par un raffinement de coquetterie féroce, à prolonger leur délire ardent; puis, en revenant à son premier instinct, elle les dévorait dans ses embrassements homicides.

Cela était plus horrible encore.

Le tigre affamé, qui bondit et emporte la proie qu'il déchire en rugissant, inspire moins d'horreur que le serpent qui la fascine silencieusement, l'aspire peu à peu, l'enlace de ses replis inextricables, l'y broie longuement, la sent palpiter sous ses lentes morsures, et semble se repaître autant de ses douleurs que de son sang.

Cecily, nous l'avons dit, à peine arrivée en Allemagne, ayant d'abord été débauchée par un homme affreusement dépravé, put, à l'insu de David, qui l'aimait avec autant d'idolâtrie que d'aveuglement, déployer et exercer pendant quelque temps de dangereuses séductions; mais bientôt le funeste scandale de ses aventures fut dévoilé; on fit d'horribles découvertes, et cette femme dut être condamnée à une prison perpétuelle.

Que l'on joigne à ces antécédents un esprit souple, adroit, insinuant, une si merveilleuse intelligence, qu'en un an elle avait parlé le français et l'allemand avec une extrême facilité, quelquefois même avec une éloquence naturelle; qu'on se figure enfin une corruption digne des reines courtisanes de l'ancienne Rome, une audace et un courage à toute épreuve, des instincts d'une méchanceté diabolique, et l'on connaîtra à peu près la nouvelle servante de Jacques Ferrand... la créature déterminée qui avait osé s'aventurer dans la tanière du loup.

Et pourtant, anomalie singulière! en apprenant par M. de Graün le rôle provoquant et PLATONIQUE qu'elle devait remplir auprès du notaire et à quelles fins vengeresses devaient aboutir ses séductions, Cecily avait promis de jouer son personnage avec amour, ou plutôt avec une haine terrible contre Jacques Ferrand, s'étant sincèrement indignée au récit des violences infâmes qu'il avait exercées contre Louise, récit qu'il fallut faire à la créole pour la mettre en garde contre les hypocrites tentatives de ce monstre.

Quelques mots rétrospectifs à propos de ce dernier sont indispensables.

Lorsque Cecily lui avait été présentée par madame Pipelet comme une orpheline sur laquelle elle ne voulait conserver aucun droit, aucune surveillance, le notaire s'était peut-être senti moins encore frappé de la beauté de la créole que fasciné par son regard irrésistible, regard qui, dès la première entrevue, porta le feu dans les sens de Jacques Ferrand et le trouble dans sa raison.

Car, nous l'avons dit à propos de l'audace insensée de quelques-unes de ses paroles lors de sa conversation avec madame la duchesse de Lucenay, cet homme, ordinairement si maître de soi, si calme, si fin, si rusé, oubliait les froids calculs de sa profonde dissimulation, lorsque le démon de la luxure obscurcissait sa pensée.

D'ailleurs il n'avait pu nullement se défier de la protégée de madame Pipelet.

Après son entretien avec cette dernière, madame Séraphin avait proposé à Jacques Ferrand, en remplacement de Louise, une jeune fille presque abandonnée dont elle répondait... Le notaire avait accepté avec empressement, dans l'espoir d'abuser impunément de la condition précaire et isolée de sa nouvelle servante.

Enfin, loin d'être prédisposé à la méfiance, Jacques Ferrand trouvait dans la marche des événements de nouveaux motifs de sécurité.

Tout répondait à ses vœux.

La mort de madame Séraphin le débarrassait d'une complice dangereuse.

La mort de Fleur-de-Marie (il la croyait morte) le délivrait de la preuve vivante d'un de ses premiers crimes.

Enfin, grâce à la mort de la Chouette et au meurtre inopiné de la comtesse Mac-Grégor (son état était désespéré), il ne redoutait plus ces deux seules personnes dont les révélations et les poursuites auraient pu lui être funestes...

Nous le répétons, aucun sentiment de défiance n'étant venu balancer dans l'esprit de Jacques Ferrand l'impression subite, irrésistible qu'il avait ressentie à la vue de Cecily, il saisit avec ardeur l'occasion d'attirer dans sa demeure solitaire la prétendue nièce de madame Pipelet.

Le caractère, les habitudes et les antécédents de Jacques Ferrand connus et posés, la beauté provocante de la créole acceptée, telle que nous avons tâché de la peindre, quelques autres faits que nous exposerons plus bas feront comprendre, nous l'espérons, la passion subite, effrénée du notaire pour cette séduisante et dangereuse créature.

Et puis, il faut le dire... si elles n'inspirent qu'éloignement, que répugnance aux hommes doués de sentiments tendres et élevés, de goûts délicats et épurés, les femmes de l'espèce de Cecily exercent une action soudaine, une omnipotence magique sur les hommes de sensualité brutale tels que Jacques Ferrand.

Du premier regard ils devinent ces femmes, ils les convoitent ; une puissance fatale les attire auprès d'elles, et bientôt des affinités mystérieuses, des sympathies magnétiques sans doute, les enchaînent invinciblement aux pieds de leur monstrueux idéal ; car elles seules peuvent apaiser les feux impurs qu'elles allument.

Une fatalité juste, vengeresse, rapprochait donc la créole du notaire. Une expiation terrible commençait pour lui.

Une luxure féroce l'avait poussé à commettre des attentats odieux, à poursuivre avec un impitoyable acharnement une famille indigente et honnête, à y porter la misère, la folie, la mort...

La luxure devait être le formidable châtiment de ce grand coupable.

Car l'on dirait que, par une fatale équité, certaines passions faussées, dénaturées, portent en elles leur punition...

Un noble amour, lors même qu'il n'est pas heureux, peut trouver quelques consolations dans les douceurs de l'amitié, dans l'estime qu'une femme digne d'être adorée offre toujours à défaut d'un sentiment plus tendre. Si cette compensation ne calme pas les chagrins de l'amant malheureux, si son désespoir est incurable comme son amour, il peut du moins avouer et presque s'enorgueillir de cet amour désespéré...

Mais quelles compensations offrir à ces ardeurs sauvages que le seul attrait matériel exalte jusqu'à la frénésie ?

Et disons encore que cet attrait matériel est aussi impérieux pour les organisations grossières que l'attrait moral pour les âmes d'élite...

Non, les sérieuses passions du cœur ne sont pas les seules subites, aveugles, exclusives, les seules qui concentrent toutes les facultés sur la personne choisie, rendent impossible toute autre affection, et décident d'une destinée tout entière.

La passion physique peut atteindre, comme chez Jacques Ferrand, à une incroyable intensité ; alors tous les phénomènes qui dans l'ordre moral caractérisent l'amour irrésistible, unique, absolu, se reproduisent dans l'ordre matériel.

. . . .

Quoique Jacques Ferrand ne dût jamais être heureux, la créole s'était bien gardée de lui ôter absolument tout espoir ; mais les vagues et lointaines espérances dont elle le berçait flottaient au gré de tant de caprices, qu'elles lui étaient une torture de plus, et rivaient plus solidement encore la chaîne brûlante qu'il portait.

Si l'on s'étonne de ce qu'un homme de cette vigueur et de cette audace n'eût pas eu déjà recours à la ruse ou à la violence pour triompher de la résistance calculée de Cecily, c'est qu'on oublie que Cecily n'était pas une seconde Louise. D'ailleurs, le lendemain de sa présentation au notaire, elle lui avait, ainsi qu'on va le voir, joué un tout autre rôle que celui à l'aide duquel elle s'était introduite chez son maître : car celui-ci n'eût pas été dupe de sa servante deux jours de suite.

Instruite du sort de Louise par le baron de Graün, et sachant ensuite par quels abominables moyens la malheureuse fille de Morel le lapidaire était devenue la proie du notaire, la créole, entrant dans cette maison solitaire, avait pris d'excellentes précautions pour y passer sa première nuit en pleine sécurité.

Le soir même de son arrivée, restée seule avec Jacques Ferrand, qui, afin de ne pas l'effaroucher, affecta de la regarder à peine et lui ordonna brusquement d'aller se coucher, elle lui avoua naïvement que la nuit elle avait grand'peur des voleurs ; mais qu'elle était forte, résolue et prête à se défendre.

— Avec quoi ? demanda Jacques Ferrand.

— Avec ceci... répondit la créole en tirant de l'ample pelisse de laine dont elle était enveloppée un petit stylet parfaitement acéré, dont la vue fit réfléchir le notaire.

Pourtant, persuadé que sa nouvelle servante ne redoutait que les voleurs, il la conduisit dans la chambre qu'elle devait occuper (l'ancienne chambre de Louise). Après avoir examiné les localités, Cecily lui dit en tremblant et en baissant les yeux, que, couchant la même nuit, elle passerait la nuit sur une chaise parce qu'elle ne voyait ni à la porte ni verrou ni serrure.

Jacques Ferrand, déjà complètement sous le charme, mais ne voulant rien compromettre en éveillant les soupçons de Cecily, lui dit d'un ton bourru qu'elle était sotte et folle d'avoir de telles craintes, mais il lui promit que le lendemain le verrou serait placé.

La créole ne se coucha pas.

Au matin, le notaire monta chez elle pour la mettre au fait de son service. Il s'était promis de garder pendant les premiers jours une hypocrite réserve à l'égard de sa nouvelle servante, afin de lui inspirer une confiance trompeuse ; mais, frappé de sa beauté, qui au grand jour semblait plus éclatante encore, égaré, aveuglé par les désirs qui le transportaient déjà, il balbutia quelques compliments sur la taille et sur la beauté de Cecily.

Celle-ci, d'une sagacité rare, avait jugé, dès sa première entrevue avec le notaire, qu'il était complètement sous le charme ; à l'aveu qu'il lui fit de sa flamme, elle crut devoir se dépouiller brusquement de sa feinte timidité, et, ainsi que nous l'avons dit, changer de masque.

La créole prit donc tout à coup un air effronté.

Jacques Ferrand s'extasiait de nouveau sur la beauté des traits et sur la taille enchanteresse de sa nouvelle bonne.

— Regardez-moi donc bien en face, lui dit résolument Cecily. Quoique vêtue en paysanne alsacienne, est-ce que j'ai l'air d'une servante ?

— Que voulez-vous dire ? s'écria Jacques Ferrand.

— Voyez cette main... Est-elle accoutumée à de rudes travaux ?

Et elle montra une main blanche, charmante, aux doigts fins et déliés, aux ongles roses et polis comme de l'agate, mais dont la couronne légèrement bistrée trahissait le sang mêlé.

— Et ce pied, est-ce un pied de servante ?

Et elle avança un ravissant petit pied coquettement chaussé, que le notaire n'avait pas encore remarqué, et qu'il ne quitta des yeux que pour contempler Cecily avec ébahissement.

— J'ai dit à ma tante Pipelet ce qui m'a convenu ; elle ignore ma vie passée, à pu me croire réduite à une telle condition... par la mort de mes parents, et me prendre pour une servante ; mais vous avez, j'espère, trop de sagacité pour être dans une telle erreur, cher maître ?

— Et qui êtes-vous donc ? s'écria Jacques Ferrand de plus en plus surpris de ce langage.

— Ceci est mon secret... Pour des raisons à moi connues, j'ai dû quitter l'Allemagne sous ces habits de paysanne ; je voulais rester cachée à Paris pendant quelque temps le plus secrètement possible. Ma tante, me supposant réduite à la misère, m'a proposé d'entrer chez vous, m'a parlé de la vie solitaire qu'on menait forcément dans votre maison, et m'a prévenue que je ne sortirais jamais... J'ai vite accepté. Sans le savoir, ma tante allait au-devant de mon plus vif désir. Qui pourrait me chercher et me découvrir ici ?

— Vous vous cachez !... et qu'avez-vous donc fait pour être obligée de vous cacher ?

— De doux péchés peut-être... mais ceci est encore mon secret.

— Et quelles sont vos intentions, mademoiselle ?

— Toujours les mêmes. Sans vos compliments significatifs sur ma taille et sur ma beauté, je ne vous aurais peut-être pas fait cet aveu... que votre perspicacité eût d'ailleurs tôt ou tard provoqué. Écoutez-moi donc bien, mon cher maître ; j'ai accepté momentanément la condition ou plutôt le rôle de servante ; les circonstances m'y obligent...

j'aurai le courage de remplir ce rôle jusqu'au bout... j'en subirai toutes les conséquences... je vous servirai avec zèle, activité, respect, pour conserver ma place... c'est-à-dire une retraite sûre et ignorée. Mais au moindre mot de galanterie, mais à la moindre liberté que vous prendriez avec moi, je vous quitte, non par pruderie... rien en moi, je crois, ne sont la prude...

Et elle darda un regard chargé d'électricité sensuelle jusqu'au fond de l'âme du notaire, qui tressaillit.

— Non, je ne suis pas prude, reprit-elle avec un sourire provoquant qui laissa voir des dents éblouissantes. Vive Dieu ! quand l'amour me mord, les bacchantes sont des saintes auprès de moi... Mais soyez juste... et vous conviendrez que votre servante indigne ne peut que vouloir faire honnêtement son métier de servante. Maintenant vous savez mon secret, ou du moins une partie de mon secret. Voudriez-vous, par hasard, agir en gentilhomme ? Me trouvez-vous trop belle pour vous servir ? Désirez-vous changer de rôle, devenir mon esclave ? Soit ! franchement je préférerais cela..., mais toujours à cette condition que je ne sortirai jamais d'ici, et que vous aurez pour moi des attentions toutes paternelles... ce qui ne vous empêchera pas de me dire que vous me trouvez charmante : ce sera la récompense de votre dévouement et de votre discrétion....

— La seule ? la seule ? dit Jacques Ferrand en balbutiant.

— La seule... à moins que la solitude et le diable ne me rendent folle... ce qui est impossible, car vous me tiendrez compagnie, et, en votre qualité de saint homme, vous conjurerez le démon.

Voyons, décidez-vous, pas de position mixte... ou je vous servirai ou vous me servirez : sinon je quitte votre maison... et je prie ma tante de me trouver une autre place... Tout ceci doit vous sembler étrange : soit ; mais si vous me prenez pour une aventurière... sans moyens d'existence, vous avez tort... Afin que ma tante fût ma complice sans le savoir, je lui ai laissé croire que j'étais assez pauvre pour ne pas posséder de quoi acheter d'autres vêtements que ceux-ci... J'ai pourtant, vous le voyez, une bourse assez bien garnie : de ce côté, de l'or... de l'autre des diamants... (et Cecily montra au notaire une longue bourse de soie rouge remplie d'or, et à travers laquelle on voyait aussi briller quelques pierreries) ; malheureusement tout l'argent du monde ne me donnerait pas une retraite aussi sûre que votre maison, si isolée par l'isolement même où vous vivez .. Acceptez donc l'une ou l'autre de mes offres : vous me rendrez service. Vous le voyez, je me mets presque à votre discrétion ; car vous dire : Je me cache, c'est vous dire : On me cherche... Mais je suis sûre que vous ne me trahirez pas, dans le cas même où vous sauriez comment me trahir...

Cette confidence romanesque, ce brusque changement de personnage bouleversa les idées de Jacques Ferrand.

Quelle était cette femme ? pourquoi se cachait-elle ? Le hasard seul l'avait-il en effet amenée chez lui ? Si elle y venait au contraire dans un but secret, quel était ce but ?

Parmi toutes les hypothèses que cette bizarre aventure souleva dans l'esprit du notaire, le véritable motif de la présence de la créole chez lui ne pouvait venir à sa pensée. Il n'avait ou plutôt il ne se croyait d'autres ennemis que les victimes de sa luxure et de sa cupidité ; or, toutes se trouvaient dans de telles conditions de malheur ou de détresse, qu'il ne pouvait pas les soupçonner capables de lui tendre un piège dont Cecily eût été l'appât.

Et encore, ce piège, dans quel but le lui tendre ?

Non, la soudaine transfiguration de Cecily n'inspira qu'une crainte à Jacques Ferrand : il pensa que si cette femme ne disait pas la vérité, c'était peut-être une aventurière qui, le croyant riche, s'introduisait dans sa maison pour le circonvenir, l'exploiter, et peut-être le faire épouser par lui.

Mais, quoique son avarice et sa cupidité se fussent révoltées à cette idée, il s'aperçut en frémissant que ces soupçons, que ces réflexions étaient trop tardives ; car d'un seul ,mot il pouvait calmer sa méfiance en renvoyant cette femme de chez lui.

Ce mot, il ne le dit pas...

A peine même ces pensées l'arrachèrent-elles quelques moments à l'ardente extase où le plongeait la vue de cette femme si belle, de cette beauté sensuelle qui avait sur lui tant d'empire... D'ailleurs, depuis la veille il se sentait dominé, fasciné.

Déjà il aimait à sa façon et avec fureur.

Déjà l'idée de voir cette séduisante créature quitter sa maison lui semblait inadmissible : déjà même, ressentant des emportements d'une jalousie féroce en songeant que Cecily pourrait prodiguer à d'autres les trésors de volupté qu'elle lui refuserait peut-être toujours, il éprouvait une sombre consolation à se dire :

— Tant qu'elle sera séquestrée chez moi... personne ne la possédera.

La hardiesse du langage de cette femme, le feu de ses regards, la provoquante liberté de ses manières révélaient assez qu'elle n'était pas, ainsi qu'elle le disait, une prude. Cette conviction donnant de vagues espérances au notaire assurait davantage encore l'empire de Cecily.

En un mot, la luxure de Jacques Ferrand étouffant la voix de la froide raison, il s'abandonnait en aveugle au torrent de désirs effrénés qui l'emportait.

* * * * * * * * *

Il fut convenu que Cecily ne serait sa servante qu'en apparence : il n'y aurait pas ainsi de scandale : de plus, pour assurer davantage encore la sécurité de son hôtesse, il ne prendrait pas d'autre domestique, il se résignerait à la servir et à se servir lui-même ; un traiteur voisin apporterait ses repas, il payerait en argent le déjeuner de ses clercs, et le portier se chargerait des soins ménagers de l'étude. Enfin le notaire ferait promptement meubler au premier une chambre au goût de Cecily : celle-ci voulait payer les frais... Il s'y opposa et dépensa deux mille francs...

Cette générosité était énorme, et prouvait la violence inouïe de sa passion.

Alors commença pour ce misérable une vie terrible.

Renfermé dans la solitude impénétrable de sa maison, inaccessible à tous, de plus en plus sous le joug de son amour effréné, renonçant à pénétrer les secrets de cette femme étrange, de maître il devint esclave ; il fut le valet de Cecily, il la servait à ses repas, il prenait soin de son appartement.

Prévenue par le baron que Louise avait été surprise par un narcotique, la créole ne buvait que de l'eau très-limpide, ne mangeait que des mets impossibles à falsifier ; elle avait choisi la chambre qu'elle devait occuper, et s'était assurée que les murailles ne recélaient aucune porte secrète.

D'ailleurs Jacques Ferrand comprit bientôt que Cecily n'était pas une femme qu'il pût surprendre ou violenter impunément. Elle était vigoureuse, agile et dangereusement armée : un délire frénétique aurait donc pu seul le porter à des tentatives désespérées, et elle s'était parfaitement mise à l'abri de ce péril...

Néanmoins, pour ne pas lasser et rebuter la passion du notaire, la créole semblait quelquefois touchée de ses soins et flattée de la terrible domination qu'elle exerçait sur lui. Alors, supposant qu'à force de preuves de dévouement et d'abnégation il parviendrait à faire oublier sa laideur et son âge, elle se plaisait à lui peindre, en termes d'une hardiesse brûlante, l'inexprimable volupté dont elle pourrait l'enivrer, si ce miracle de l'amour se réalisait jamais.

A ces paroles d'une femme si jeune et si belle, Jacques Ferrand sentait quelquefois sa raison s'égarer... de dévorantes images le poursuivaient partout ; l'antique symbole de la tunique de Nessus se réalisait pour lui...

Au milieu de ces tortures sans nom, il perdait la santé, l'appétit, le sommeil.

Tantôt, la nuit, malgré le froid et la pluie, il descendait dans son jardin, et cherchait par une promenade précipitée à calmer, à briser ses ardeurs.

D'autres fois, pendant des heures entières, il plongeait son regard enflammé dans la chambre de la créole endormie ; car elle avait eu l'infernale complaisance de permettre que sa porte fût percée d'un guichet qu'elle ouvrait souvent... souvent, car Cecily n'avait qu'un but, celui d'irriter incessamment la passion de cet homme sans la satisfaire, de l'exaspérer ainsi presque jusqu'à la déraison, afin de pouvoir alors exécuter les ordres qu'elle avait reçus....

Ce moment semblait approcher.

Le châtiment de Jacques Ferrand devenait de jour en jour plus digne de ses attentats.

Il souffrait les tourments de l'enfer. Tour à tour absorbé, éperdu, hors de lui, indifférent à ses plus sérieux intérêts, au maintien de sa réputation d'homme austère, grave et probe, réputation usurpée, mais conquise par de longues années de dissimulation et de ruse, il stupéfiait ses clercs par l'aberration de son esprit, mécontentait ses clients par ses refus de les recevoir, et éloignait brutalement de lui les prêtres, qui, trompés par son hypocrisie, avaient été jusqu'alors ses prôneurs les plus fervents.

A ces langueurs accablantes qui lui arrachaient des larmes succédaient de furieux emportements ; sa frénésie atteignait-elle son paroxysme, il se prenait à rugir dans la solitude et dans l'ombre comme une bête fauve ; ses accès de rage se terminaient-ils par une sorte de brisement douloureux de tout son être, il ne jouissait même pas de ce calme de mort, produit souvent par l'anéantissement de la pensée : l'embrasement du sang de cet homme dont toute la vigoureuse maturité de l'âge ne lui laissait ni trêve ni repos... Un bouillonnement profond, torride, agitait incessamment ses esprits.

Nous l'avons dit, Cecily se coiffait de nuit devant sa glace.

A un léger bruit venant du corridor, elle détourna la tête du côté de la porte.

CHAPITRE XIV.

Le guichet.

Malgré le bruit qu'elle venait d'entendre à sa porte, Cecily n'en continua pas moins tranquillement sa toilette de nuit : elle retira de son corsage, où il était à peu près placé comme un busc, un stylet long de cinq à six pouces, enfermé dans un étui de chagrin noir, et emmanché dans une petite poignée d'ébène cerclée de fils d'argent, poignée fort simple, mais parfaitement à la main.

Jacques Ferrand ayant un jour mis en doute la dangereuse propriété de cette arme, la créole fit devant lui une expérience *in anima vili*, c'est-à-dire sur l'infortuné chien de la maison qui, légèrement piqué au nez, tomba et mourut dans d'horribles convulsions.

Le stylet déposé sur la cheminée, Cecily, quittant son spencer de drap noir, resta, les épaules, le sein et les bras nus, ainsi qu'une femme en toilette de bal.

Badinot.

Madame d'Orbigny.

Ce n'était pas là une arme de luxe.

Cecily ôta le stylet de son fourreau avec une excessive précaution, et le posa sur le marbre de sa cheminée; la lame, de la meilleure trempe et du plus fin damas, était triangulaire, à arêtes tranchantes; sa pointe, aussi acérée que celle d'une aiguille, eût percé une piastre sans s'émousser.

Imprégné d'un venin subtil et persistant, la moindre piqûre de ce poignard devenait mortelle.

Selon l'habitude de la plupart des filles de couleur, elle portait, au lieu de corset, un second corsage de double toile qui lui serrait étroitement la taille; sa jupe orange, restant attachée sous cette sorte de canezou blanc à manches courtes et très-décolleté, composait ainsi un costume beaucoup moins sévère que le premier, et s'harmonisait à merveille avec les bas écarlates et la coiffure de madras si capricieusement chiffonnée autour de la tête de la créole. Rien de plus pur, de plus accompli que les contours de ses bras et de ses épaules, auxquelles deux mignonnes fossettes et un petit signe noir, velouté, coquet, donnaient une grâce de plus.

Un soupir profond attira l'attention de Cecily.

Elle sourit en roulant autour de l'un de ses doigts effilés quelques boucles de cheveux qui s'échappaient des plis de son madras.

— Cecily !... Cecily !... murmura une voix à la fois rude et plaintive.

— Et, à travers l'étroite ouverture du guichet, apparut la face blême et camuse de Jacques Ferrand ; ses prunelles étincelaient dans l'ombre.

Cecily, muette jusqu'alors, commença de chanter doucement un air créole.

Les paroles de cette lente mélodie étaient suaves et expressives. Quoique contenu, le mâle contralto de Cecily dominait le bruit des torrents de pluie et les violentes rafales de vent qui semblaient ébranler la vieille maison jusque dans ses fondements.

— Cecily !..... Cecily !..... répéta Jacques Ferrand d'un ton suppliant.

La créole s'interrompit tout à coup, tourna brusquement la tête, parut entendre pour la première fois la voix du notaire, et s'approcha nonchalamment de la porte.

— Comment ! cher maître (elle l'appelait ainsi par dérision) ; vous êtes là, dit-elle avec un léger accent étranger qui donnait un charme de plus à sa voix mordante et sonore.

— Oh ! que vous êtes belle ainsi ! murmura le notaire.

— Vous trouvez ? répondit la créole ; ce madras sied bien à mes cheveux noirs, n'est-ce pas ?

— Chaque jour je vous trouve plus belle encore.

— Et mon bras, voyez donc comme il est blanc.

— Monstre..... va-t'en ! va-t'en !... s'écria Jacques Ferrand furieux.

— Cecily se mit à rire aux éclats.

— Non, non, c'est trop souffrir... Oh ! si je ne craignais la mort ! s'écria sourdement le notaire, vous ne voulez pas m'ouvrir ? c'est renoncer à vous voir, et vous êtes si belle !..... J'aime encore mieux souffrir et vous regarder.

— Regardez-moi... ce guichet est fait pour cela... et aussi pour que nous puissions causer comme deux amis... et charmer ainsi notre solitude... qui vraiment ne me pèse pas trop... Vous êtes si bon maître !... Voilà de ces dangereux aveux que je puis faire à travers cette porte !...

— Et cette porte, vous ne voulez pas l'ouvrir ? Voyez pourtant comme je suis soumis ! ce soir, j'aurais pu essayer d'entrer avec vous dans cette chambre... je ne l'ai pas fait.

— Vous êtes soumis par deux raisons... D'abord parce que vous savez

Pique-Vinaigre.

qu'ayant, par une nécessité de ma vie errante, pris l'habitude de porter un stylet... je manie d'une main ferme ce bijou venimeux, plus acéré que la dent d'une vipère... Vous savez aussi que du jour où j'aurais à me plaindre de vous, je quitterais à jamais cette maison, vous laissant mille fois plus épris encore... puisque vous avez bien voulu faire la grâce à votre indigne servante de vous éprendre d'elle.

— Ma servante ! c'est moi qui suis votre esclave... votre esclave moqué, méprisé...

— C'est assez vrai...

— Et cela ne vous touche pas ? — Cela me distrait... Les journées... et surtout les nuits... sont si longues !...

— Oh ! la maudite !

— Non, sérieusement, vous avez l'air si complètement égaré, vos traits s'altèrent si sensiblement, que j'en suis flattée... C'est un pauvre triomphe, mais vous êtes seul ici...

— Entendre cela... et ne pouvoir que se consumer dans une rage impuissante !

— Avez-vous peu d'intelligence !!! jamais, peut-être, je ne vous ai rien dit de plus tendre...

— Raillez, raillez...

— Je ne raille pas ; je n'avais pas encore vu d'homme de votre âge... amoureux à votre façon.... et, il faut en convenir, un homme jeune et beau serait incapable d'une de ces passions enragées. Un Adonis s'admire autant qu'il nous admire..... il aime du bout des dents... et puis le favoriser... quoi de plus simple !... cela lui est dû... à peine en est-il reconnaissant ; mais favoriser un homme comme vous, mon maître... oh ! ce serait le ravir de la terre au ciel, ce serait combler ses rêves les plus insensés, ses espérances les plus impossibles ! Car enfin, l'être qui vous dirait : Vous aimez Cecily éperdument ; si je le veux, elle sera à vous dans une seconde..... vous croiriez cet être doué d'une puissance surnaturelle... n'est-ce pas, cher maître ?

— Oui, oh ! oui...

— Eh bien ! si vous saviez me mieux convaincre de votre passion, j'aurais peut-être la bizarre fantaisie de jouer auprès de moi-même, en votre faveur, ce rôle surnaturel..... Comprenez-vous ?

— Je comprends que vous me raillez encore... toujours et sans pitié !

— Peut-être... la solitude fait naître de si étranges fantaisies !...

— L'accent de Cecily avait jusqu'alors été sardonique ; mais elle dit ces derniers mots avec une expression sérieuse, réfléchie, et les accompagna d'un long coup d'œil qui fit tressaillir le notaire.

— Taisez-vous ! ne me regardez pas ainsi : vous me rendrez fou... J'aimerais mieux que vous me disiez : Jamais !... Au moins, je pourrais vous abhorrer, vous chasser de ma maison ! s'écria Jacques Ferrand, qui s'abandonnait encore à une vaine espérance. Oui, car je n'attendrais rien de vous. Mais malheur ! malheur !... je vous connais maintenant assez pour espérer, malgré moi, qu'un jour je devrais peut-être à votre désœuvrement ou à un de vos dédaigneux caprices ce que je n'obtiendrai jamais de votre amour... Vous me dites de vous convaincre de ma passion; ne voyez-vous pas combien je suis malheureux, mon Dieu?... Je fais pourtant tout ce que je peux pour vous plaire... Vous voulez être cachée à tous les yeux, je vous cache à tous les yeux, peut-être au risque de me compromettre gravement; car enfin, moi, je ne sais pas qui vous êtes; je respecte votre secret, je ne vous en parle jamais... Je vous ai interrogée sur votre vie passée... vous ne m'avez pas répondu...

— Eh bien! j'ai eu tort; je vais vous donner une marque de confiance aveugle, ô mon maître! écoutez-moi donc.

— Encore une plaisanterie amère, n'est-ce pas?

— Non... c'est très-sérieux... Il faut au moins que vous connaissiez la vie de celle à qui vous donnez une si généreuse hospitalité... Et Cecily ajouta d'un ton de componction hypocrite et larmoyante : Fille d'un brave soldat, frère de ma tante Pipelet, j'ai reçu une éducation au-dessus de mon état; j'ai été séduite, puis abandonnée par un jeune homme riche. Alors, pour échapper au courroux de mon vieux père, intraitable sur l'honneur, j'ai fui mon pays natal... Puis, éclatant de rire, Cecily ajouta : Voilà, j'espère, une petite histoire très-présentable et surtout très-probable, car elle a été souvent racontée. Amusez toujours votre curiosité avec cela, en attendant quelque révélation plus piquante.

— J'étais bien sûr que c'était une cruelle plaisanterie, dit le notaire avec une rage concentrée. Rien ne vous touche... rien... que faut-il faire? parlez donc au moins. Je vous sers comme le dernier des valets, pour vous je néglige mes plus chers intérêts, je ne sais plus ce que je fais... je suis un sujet de surprise, de risée pour mes clercs... mes clients hésitent à me laisser leurs affaires... j'ai rompu avec quelques personnes pieuses que je voyais... je n'ose penser à ce que dit le public de ce renversement de toutes mes habitudes... Mais vous ne savez pas, non, vous ne savez pas les funestes conséquences que ma folle passion peut avoir pour moi... Voilà cependant des preuves de dévouement, des sacrifices... En voulez-vous d'autres?... parlez! Est-ce de l'or qu'il vous faut? On me croit plus riche que je ne le suis... mais je...

— Que voulez-vous que je fasse maintenant de votre or? dit Cecily en interrompant le notaire et en haussant les épaules; pour habiter cette chambre... à quoi bon de l'or?... vous êtes fou inventif!

— Mais ce n'est pas ma faute, à moi, si vous êtes prisonnière... Cette chambre vous déplaît-elle? la voulez-vous plus magnifique? Parlez... ordonnez...

— A quoi bon, encore une fois, à quoi bon?... Oh! si je devais y attendre une ère adoré... brûlant de l'amour qu'il inspire et qu'il partage, je voudrais de l'or, de la soie, des fleurs, des parfums; toutes les merveilles du luxe, tous de trop somptueux, de trop enchanteur pour servir de cadre à mes ardentes amours, dit Cecily avec un accent passionné qui fit bondir le notaire.

— Eh bien! ces merveilles de luxe... dites un mot, et...

— A quoi bon? à quoi bon? que faire d'un cadre sans tableau?... Et l'être adoré... où serait-il... ô mon maître?

— C'est vrai!... s'écria le notaire avec amertume. Je suis vieux... je suis laid... je ne peux inspirer que le dégoût ou l'aversion. Elle m'accable de mépris... elle se joue de moi... et je n'ai pas la force de la chasser... je n'ai que la force de souffrir.

— Oh! l'insupportable pleurard, oh! le niais personnage avec ses doléances! s'écria Cecily d'un ton sardonique et méprisant; il ne sait que gémir, que se désespérer, et il est depuis dix jours... enfermé seul avec une jeune femme... au fond d'une maison déserte...

— Mais cette femme me dédaigne, mais cette femme est armée... mais cette femme est enfermée!... s'écria le notaire avec fureur.

— Eh bien! je surmonte le dédain de cette femme; fais tomber le poignard de sa main; contrains-la à ouvrir cette porte qui te sépare d'elle... et cela non par la force brutale... elle serait impuissante...

— Et comment alors?

— Par la force de la passion.

— La passion... et puis j'en inspirer, mon Dieu?

— Tiens, tu n'es qu'un notaire doublé de sacristain... tu me fais pitié... tu as honte à t'apprendre ton rôle?... Tu es laid... sois terrible : on oubliera ta laideur. Tu es vieux... sois énergique : on oubliera ton âge. Tu es repoussant... sois menaçant. Puisque tu ne peux être le noble cheval qui hennit fièrement au milieu de ses cavales amoureuses, ne sois pas le stupide chameau qui plie le genoux et tend le dos... sois tigre... un vieux tigre qui rugit au milieu du carnage en core sa beauté... sa tigresse lui répond du fond de l'antre...

A ce langage qui n'était pas sans une sorte d'éloquence naturelle et hardie, Jacques Ferrand tressaillit, frappé de l'expression sauvage, presque féroce, des traits de Cecily, qui, le sein gonflé, la narine ouverte, la bouche insolente, attachait sur lui de grands yeux noirs et brûlants.

Jamais elle ne lui avait paru plus belle...

— Parlez, parlez encore, s'écria-t-il avec exaltation, vous parlez sérieusement cette fois... Oh! si je pouvais!...

— On peut ce qu'on veut, dit brusquement Cecily.

— Mais...

— Mais te dis-je que si vieux, si repoussant que tu sois... je voudrais être à ta place, et avoir à séduire une femme belle, ardente et jeune,

que la solitude m'aurait livrée, une femme qui comprend tout... parce qu'elle est peut-être capable de tout... oui, je la séduirais. Et, une fois ce but atteint, ce qui aurait été contre moi tournerait à mon avantage. Quel orgueil, quel triomphe de se dire : J'ai su me faire pardonner mon âge et ma laideur! L'amour qu'on me témoigne, je ne le dois pas à la pitié, je le dois à mon esprit, à mon audace, à mon énergie... je le dois enfin à ma passion effrénée... Oui, ce maintenant ils seraient là de beaux jeunes gens, brillants de grâce et de charme, que cette femme si belle, que j'ai vaincue par les preuves d'une passion effrénée, n'aurait pas un regard pour ceux; hou... car elle saurait que ces élégants efféminés craindraient de compromettre le nœud de leur cravate ou une boucle de leur chevelure pour obéir à un de ses ordres fantasques... tandis qu'elle jetterait son mouchoir au milieu des flammes, que, sur un signe d'elle, son vieux tigre se précipiterait dans la fournaise avec un rugissement de joie.

— Oui, je le ferais!... Essayez, essayez! s'écria Jacques Ferrand plus en plus exalté.

Cecily continua en s'approchant davantage du guichet et en attachant sur Jacques Ferrand un regard fixe et pénétrant.

— Car cette femme saurait bien, reprit la créole, qu'elle aurait un caprice exorbitant à satisfaire... que ces beaux fils regarderaient à ! argent s'ils en avaient, ou, s'ils n'en avaient pas, à une basse... tandis que son vieux tigre...

— Ne regarderait à rien... lui... entendez-vous? à rien... Fortune... honneur... il saurait tout sacrifier, lui!...

— Vrai?... dit Cecily en posant ses doigts charmants sur les doigts osseux et velus de Jacques Ferrand, dont les mains crispées, passant au travers du guichet, étreignaient l'épaisseur de la porte.

Pour la première fois il sentait le contact de la peau fraîche et polie de la créole.

Il devint plus pâle encore, poussa une sorte d'aspiration rauque.

— Comment cette femme ne serait-elle pas ardemment passionnée? ajouta Cecily. Aurait-elle un ennemi, que le désignant du regard à son vieux tigre... elle lui dirait : Frappe, et...

— Et le frapperait! s'écria Jacques Ferrand en tâchant d'approcher du bout des doigts de Cecily ses lèvres desséchées.

— Vrai?... le vieux tigre frapperait? dit la créole en appuyant doucement sa main sur la main de Jacques Ferrand.

— Pour te posséder, s'écria le misérable, je crois que je commettrais un crime...

— Tiens, maître... dit tout à coup Cecily en retirant sa main, à ton tour va-t-en... je ne te reconnais plus; tu ne me parais plus si laid... que tout à l'heure... va-t-en.

Elle s'éloigna brusquement du guichet.

La détestable créature sut donner à son geste et à ces dernières paroles un accent de vérité si incroyable; son regard, à la fois surpris, brûlant et courroucé, semblait exprimer si naturellement son dépit d'avoir un moment oublié la laideur de Jacques Ferrand, que celui-ci, transporté d'une espérance frénétique, s'écria en se cramponnant aux barreaux du guichet :

Cecily... reviens,... reviens... ordonne... je serai ton tigre...

— Non, non, maître... dit Cecily en s'éloignant de plus en plus du tour va-t-en!... et pour conjurer le diable qui me tente... je vais chanter une chanson de mon pays... Maître, entends-tu?... au dehors le vent redouble, la tempête se déchaîne... quelle belle nuit pour deux amants, assis côte à côte auprès d'un beau feu pétillant !...

— Cecily... reviens!... cria Jacques Ferrand d'un ton suppliant.

— Non, non, plus tard... quand je te pourrai sans danger... mais la lumière de cette lampe blesse ma vue... une douce langueur appesantit mes paupières... Je ne sais quelle émotion m'agite... une demi-obscurité me plaira davantage... on dirait que je suis dans le crépuscule du plaisir...

Et Cecily alla vers la cheminée, éteignit la lampe, prit une guitare suspendue au mur, et attisa le feu, dont les flamboyantes lueurs éclairèrent alors cette vaste pièce.

De l'étroit guichet où il se tenait immobile, tel était le tableau qu'apercevait Jacques Ferrand :

Au milieu de la zone lumineuse formée par les tremblantes clartés du foyer, Cecily, dans une pose pleine de mollesse et d'abandon, à demi couchée sur un vaste divan de damas grenat, tenait une guitare dont elle tirait quelques harmonieux préludes.

Le foyer embrasé jetait ses reflets vermeils sur la créole, qui apparaissait ainsi vivement éclairée au milieu de l'obscurité du reste de la chambre.

Pour compléter l'effet de ce tableau, que le lecteur se rappelle l'aspect mystérieux, presque fantastique, d'un appartement où la flamme de la cheminée lutte contre les grandes ombres noires qui tremblent au plafond et sur les murailles.

L'ouragan redoublait de violence, on entendait mugir au dehors.

Tout en préludant sur sa guitare, Cecily attachait opiniâtrement son regard magnétique sur Jacques Ferrand, qui, fasciné, ne la quittait pas des yeux.

— Tenez, maître, dit la créole, écoutez une chanson de mon pays; nous ne savons pas faire de vers, nous disons un simple récitatif sans rimes, et entre chaque repos nous improvisons tant bien que mal une cantilène appropriée à l'idée du couplet; c'est très-naïf et très-pastoral, cela vous plaira, j'en suis sûre, maître... Cette chanson s'appelle la *Femme amoureuse*; c'est elle qui parle.

Et Cecily commença une sorte de récitatif bien plus accentué par l'expression de la voix que par la modulation du chant. Quelques accords doux et frémissants servaient d'accompagnement. Telle était la chanson de Cecily.

Des fleurs, partout des fleurs...
Mon amant va venir! L'attente du bonheur et me brise et m'énerve.
Adoucissons l'éclat du jour, la volupté cherche une ombre transparente.
Au frais parfum des fleurs mon amant préfère ma chaude haleine...
L'éclat du jour ne blessera pas ses yeux, car ses paupières, sous mes baisers, resteront closes.
Mon ange, oh! viens... mon sein bondit, mon sang brûle...
Viens... viens... viens...

Ces paroles, dites avec autant d'ardeur impatiente que si la créole se fût adressée à un amant invisible, furent ensuite pour ainsi dire traduites par elle dans un thème d'une mélodie enchanteresse; ses doigts charmants tiraient de sa guitare, instrument ordinairement peu sonore, des vibrations pleines d'une suave harmonie.

La physionomie animée de Cecily, ses yeux voilés, humides, toujours attachés sur ceux de Jacques Ferrand, exprimaient les brûlantes langueurs de l'attente.

Paroles amoureuses, musique enivrante, regards enflammés, beauté sensuellement idéale, au dehors le silence, la nuit.... tout concourait en ce moment à égarer la raison de Jacques Ferrand.

Aussi, éperdu, s'écria-t-il:
— Grâce... Cecily!... grâce!... c'est à en perdre la tête!... Tais-toi, c'est à mourir!... Oh! je voudrais être fou!...
— Ecoutez donc le second couplet, maître, dit la créole en préludant de nouveau.

Et elle continua son récitatif passionné:

Si mon amant était là et que sa main effleurât mon épaule nue, je me sentirais frissonner et mourir...
S'il était là... et que ses cheveux effleurassent ma joue, ma joue si pâle deviendrait pourpre...
Ma joue si pâle serait en feu...
Ame de mon ame, si tu étais là... mes lèvres desséchées, mes lèvres avides ne diraient pas une parole...
Vie de ma vie, si tu étais là, ce n'est pas moi qui, expirante... demanderais grâce...
Ceux que j'aime comme je t'aime... je les tue...
Mon ange, oh! viens... mon sein bondit... mon sang brûle...
Viens... viens... viens...

Si la créole avait accentué la première strophe avec une langueur voluptueuse, elle mit dans ces dernières paroles tout l'emportement de l'amour antique.

Et, comme si la musique eût été impuissante à exprimer son fougueux délire, elle jeta sa guitare loin d'elle... et se levant à demi en tendant les bras vers la porte où se tenait Jacques Ferrand, elle répéta d'une voix éperdue, mourante:
— Oh! viens... viens... viens...
Peindre le regard électrique dont elle accompagna ces paroles serait impossible...

Jacques Ferrand poussa un cri terrible.
— Oh! la mort, la mort à celui que tu aimerais ainsi... à qui tu dirais ces paroles brûlantes! s'écria-t-il en s'ébranlant dans une sorte d'emportement de jalousie et d'ardeur furieuse. Oh!... ma fortune,... ma vie pour une minute de cette volupté dévorante... que tu peins en traits de flamme.

Souple comme une panthère, d'un bond Cecily fut au guichet; et, comme si elle eût difficilement concentré ses feints transports, elle dit à Jacques Ferrand d'une voix basse, concentrée, palpitante:
— Eh bien!... je te l'avoue... je me suis embrasée moi-même... aux ardentes paroles de cette chanson. Je ne voulais pas revenir à cette porte... et m'y voilà revenue... malgré moi, car j'entends encore tes paroles de tout à l'heure: « Si tu me disais frappe... je frapperais... » Tu m'aimes donc bien?
— Veux-tu... de l'or... tout mon or?...
— Non... j'en ai...
— As-tu un ennemi? je le tue.
— Je n'ai pas d'ennemi...
— Veux-tu être ma femme? je t'épouse..
— Je suis mariée!...

— Mais que veux-tu donc alors? mon Dieu!... que veux-tu donc?...
— Prouve-moi que ta passion pour moi est aveugle, furieuse, que tu lui sacrifierais tout!...
— Tout! oui, tout! mais comment?
— Je ne sais... mais il y a un instant l'éclat de tes yeux m'a éblouie... Si à cette heure tu me donnais une de ces marques d'amour forcené qui exaltent l'imagination d'une femme jusqu'au délire... je ne sais pas de quoi je serais capable!... Hâte-toi! je suis capricieuse; demain, l'impression de tout à l'heure sera peut-être effacée.
— Mais quelle preuve puis-je te donner ici, à l'instant? cria le misérable en se tordant les mains. C'est un supplice atroce! Quelle preuve? dis, quelle preuve?
— Tu n'es qu'un sot! répondit Cecily en s'éloignant du guichet avec une apparence de dépit dédaigneux et irrité. Je me suis trompée! je te croyais capable d'un dévouement énergique! Bonsoir.... C'est dommage....
— Cecily... oh! ne t'en va pas... reviens... Mais que faire? dis-le moi au moins. Oh! ma tête s'égare... que faire? mais que faire?
— Cherche...
— Mon Dieu! mon Dieu!
— Je n'étais que trop disposée à me laisser séduire si tu l'avais voulu... Tu ne retrouveras pas une occasion pareille.
— Mais enfin... on dit ce qu'on veut! s'écria le notaire presque insensé.
— Devine...
— Explique-toi... ordonne...
— Eh! si tu me désirais aussi passionnément que tu le dis... tu trouverais le moyen de me persuader... Bonsoir...
— Cecily!
— Je vais fermer ce guichet... au lieu d'ouvrir cette porte...
— Grâce! écoute...
— Un moment j'avais pourtant cru que ma tête se montait... ce foyer s'éteint... l'obscurité serait venue... je n'aurais plus songé qu'à ton dévouement; alors ce verrou... mais, non, je ne veux pas... oh! tu ne sais pas ce que tu perds... Bonsoir, saint homme...
— Cecily... écoute... reste... j'ai trouvé... s'écria Jacques Ferrand après un moment de silence et avec une explosion de joie impossible à rendre.

Le misérable fut alors frappé de vertige.
Une vapeur impure obscurcit son intelligence; livré aux appétits aveugles et furieux de la brute, il perdit toute prudence... toute réserve... l'instinct de sa conservation morale l'abandonna...
— Eh bien! cette preuve de ton amour? dit la créole, qui, s'étant rapprochée de la cheminée pour y prendre son poignard, revint lentement près du guichet, doucement éclairée par la lueur du foyer.

Puis, sans que le notaire s'en aperçût, elle s'assura du jeu d'une chaînette de fer qui reliait deux pitons, dont l'un était vissé dans la porte, l'autre dans le chambranle.
— Ecoute, dit Jacques Ferrand d'une voix rauque et entrecoupée, écoute... Si je mettais mon honneur... ma fortune... ma vie à ta merci... là... à l'instant... croirais-tu que je t'aime? Cette preuve de folle passion te suffirait-elle, dis?
— Ton honneur... ta fortune... ta vie?... Je ne te comprends pas.
— Si je te livre un secret qui peut me faire monter sur l'échafaud, seras-tu à moi?
— Toi... criminel? Tu railles... Et ton austérité?
— Mensonge...
— Ta probité?
— Mensonge...
— Ta piété?
— Mensonge...
— Tu passes pour un saint, et tu serais un démon!... Tu te vantes. Non, il n'y a pas d'homme assez habilement rusé, assez froidement énergique, assez heureusement audacieux pour capter ainsi la confiance et le respect des hommes... Ce serait un sarcasme infernal, un épouvantable défi jeté à la face de la société!
— Je suis cet homme... J'ai jeté ce sarcasme et ce défi à la face de la société! s'écria le monstre dans un accès d'épouvantable orgueil.
— Jacques!... Jacques!... ne parle pas ainsi! dit Cecily d'une voix stridente et le sein palpitant; tu me rendrais folle...
— Ma tête pour tes caresses... veux-tu?
— Ah! voilà donc de la passion enfin!... s'écria Cecily. Tiens... prends ton poignard... tu me désarmes...

Jacques Ferrand prit, à travers le guichet, l'arme dangereuse avec précaution et la jeta au loin dans le corridor.
— Cecily... tu me crois donc? s'écria-t-il avec transport.
— Si je te crois! dit la créole en appuyant avec force ses deux mains charmantes sur les mains crispées de Jacques Ferrand. Oui, je te crois, car retrouve ton regard de tout à l'heure, ce regard qui m'avait fascinée... Tes yeux étincellent d'une ardeur sauvage. Jacques... je les aime, tes yeux!
— Cecily!!!
— Tu dois dire vrai...
— Si je dis vrai!... Oh! tu vas voir.
— Ton front est menaçant... Ta figure redoutable... Tiens, tu es

effrayant et beau comme un tigre en fureur... Mais tu dis vrai, n'est-ce pas ?
— J'ai commis des crimes, te dis-je !
— Tant mieux... si par leur aveu tu me prouves ta passion...
— Et si je dis tout ?
— Je t'accorde tout... Car si tu as cette confiance aveugle, courageuse... vois-tu, Jacques... ce ne serait plus l'amant idéal de la chanson que j'appellerais. C'est à toi... mon tigre... à toi... que je dirais : Viens... viens... viens...

En disant ces mots avec une expression avide et ardente, Cecily s'approcha si près, si près du guichet, que Jacques Ferrand sentit sur sa joue le souffle embrasé de la créole et sur ses doigts velus l'impression électrique de ses lèvres fraîches et fermes...

— Oh ! tu seras à moi... je serai ton tigre ! s'écria-t-il. Et après, si tu le veux, tu me déshonoreras, tu feras tomber ma tête... Mon honneur, ma vie, tout est à toi maintenant...

— Ton honneur ?
— Mon honneur ! Écoute. Il y a dix ans, on m'avait confié une enfant et deux cent mille francs qu'on lui destinait. J'ai abandonné l'enfant ; je l'ai fait passer pour morte au moyen d'un faux acte de décès, et j'ai gardé l'argent...

— C'est habile et hardi... Qui aurait cru cela de toi ?
— Écoute encore. Je haïssais mon caissier... Un soir, il avait pris chez moi un peu d'or qu'il m'a restitué le lendemain ; mais, pour perdre ce misérable, je l'ai accusé de m'avoir volé une somme considérable. On m'a cru ; on l'a jeté en prison... Maintenant mon bonheur est-il à ta merci ?

— Oh !... tu m'aimes... Jacques... tu m'aimes... Me livrer ainsi tes secrets ! Quel empire ai-je donc sur toi ?... Je ne serai pas ingrate... Donne ce front où sont nées tant d'infernales pensées... que je le baise...

— Oh ! s'écria le notaire en balbutiant, l'échafaud serait là... dressé, que je ne reculerais pas... Écoute encore... Cette enfant autrefois abandonnée s'est retrouvée sur mon chemin... Elle m'inspirait des craintes... je l'ai fait tuer...

— Toi ?... Et comment ?... où cela ?...
— Il y a peu de jours... près du pont d'Asnières... à l'île du Ravageur... un nommé Martial l'a noyée dans un bateau à soupape... Voilà-t-il assez de détails ? me croiras-tu ?

— Oh ! démon... d'enfer... tu m'épouvantes, et pourtant tu m'attires... tu me passionnes... Quel est donc ton pouvoir ?

— Écoute encore... Avant cela, un homme m'avait confié cent mille écus... Je l'ai fait tomber dans un guet-apens... Je lui ai brûlé la cervelle... J'ai prouvé qu'il s'était suicidé, et j'ai nié le dépôt que sa sœur réclamait. Maintenant ma vie est à ta merci... Ouvre.

— Jacques... viens, je t'adore ! dit la créole avec exaltation.
— Oh ! viennent mille morts... et je les brave ! s'écria le notaire dans un enivrement impossible à peindre. Oui, tu avais raison ; je serais jeune, charmant, que je n'éprouverais pas cette joie triomphante... La clef !... jette-moi la clef !... tire le verrou...

La créole ôta la clef de la serrure, fermée en dedans, et la donna au notaire par le guichet en lui disant éperdument :

— Jacques... je suis folle !...
— Tu es à moi enfin ! s'écria-t-il avec un rugissement sauvage, en faisant précipitamment tourner le pêne de la serrure.
Mais la porte, fermée au verrou, ne s'ouvrit pas encore.

— Viens, mon tigre ! viens... dit Cecily d'une voix mourante.
— Le verrou... le verrou !... s'écria Jacques Ferrand.
— Mais si tu me trompais !... s'écria tout à coup la créole. Si ces secrets... tu les inventais pour te jouer de moi !...
Le notaire resta un moment frappé de stupeur. Il se croyait au terme de ses vœux ; ce dernier temps d'arrêt mit le comble à son impatiente furie.

Il porta rapidement la main à sa poitrine, rompit son gilet, rompit avec violence une chaînette d'acier à laquelle était suspendu un petit portefeuille rouge, le prit, et, le montrant par le guichet à Cecily, il lui dit d'une voix oppressée, haletante :

— Voilà de quoi faire tomber ma tête. Tire le verrou, le portefeuille est à toi...

— Donne, mon tigre !... s'écria Cecily.
Et, tirant bruyamment le verrou d'une main, de l'autre elle saisit le portefeuille...

Mais Jacques Ferrand ne le lui abandonna qu'au moment où il sentit la porte céder sous son effort.

Mais si la porte céda, elle ne fit que s'entre-bâiller de la largeur d'un demi-pied environ, retenue qu'elle était à la hauteur de la serrure par la chaîne et les pitons.

A cet obstacle imprévu, Jacques Ferrand se précipita contre la porte et l'ébranla d'un effort désespéré.

Cecily, avec la rapidité de la pensée, prit le portefeuille entre ses dents, ouvrit la croisée, jeta dans la cour un manteau, et aussi leste que hardie, se servant d'une corde à nœuds fixée à l'avance au balcon, elle se laissa glisser du premier étage dans la cour, rapide et légère comme une flèche qui tombe à terre...

Puis, s'enveloppant à la hâte dans le manteau, elle courut à la loge du portier, l'ouvrit, tira le cordon, sortit dans la rue et sauta dans une voiture qui, depuis l'entrée de Cecily chez Jacques Ferrand, venait chaque soir, à tout événement, par ordre du baron de Graün, stationner à vingt pas de la maison du notaire...

Cette voiture partit au grand trot de deux vigoureux chevaux.
Elle atteignit le boulevard avant que Jacques Ferrand se fût aperçu de la fuite de Cecily.

Revenons à ce monstre.

Par l'entre-bâillement de la porte, il ne pouvait apercevoir la fenêtre dont la créole s'était servie pour préparer et assurer sa fuite...

D'un dernier coup furieux de ses larges épaules, Jacques Ferrand fit éclater la chaîne qui tenait la porte entr'ouverte...

Il se précipita dans la chambre...
Il ne trouva personne...

La corde à nœuds se balançait encore au balcon de la croisée, où il se pencha.

Alors, de l'autre côté de la cour, à la clarté de la lune qui se dégageait des nuages amoncelés par l'ouragan, il vit, dans l'enfoncement de la voûte d'entrée, la porte cochère ouverte.

Jacques Ferrand devina tout.
Une dernière lueur d'espoir lui restait.

Vigoureux et déterminé, il enjamba le balcon, se laissa glisser à son tour dans la cour au moyen de la corde, et sortit en hâte de sa maison.
La rue était déserte.
Il ne vit personne.

Il n'entendit d'autre bruit que le roulement lointain de la voiture qui emportait rapidement la créole.

Le notaire pensa que c'était quelque carrosse attardé, et n'attacha aucune attention à cette circonstance.

Ainsi pour lui aucune chance de retrouver Cecily, qui emportait avec elle la preuve de ses crimes !...

A cette épouvantable certitude, il tomba foudroyé sur une borne placée à sa porte.

Il resta longtemps là, muet, immobile, pétrifié.

Les yeux fixes, hagards, les dents serrées, la bouche écumante, labourant machinalement de ses ongles sa poitrine qu'il ensanglantait, il sentait sa pensée s'égarer et se perdre dans un abîme sans fond.

Lorsqu'il sortit de ce stupeur, il marchait pesamment et d'un pas mal assuré ; les objets vacillaient à sa vue comme s'il sortait d'une ivresse profonde...

Il ferma violemment la porte de la rue et rentra dans sa cour...
La pluie avait cessé.

Le vent, continuant de souffler avec force, chassait de lourdes nuées grises qui voilaient, sans l'obscurcir, la clarté de la lune, dont la lumière blafarde éclairait la maison.

Un peu calmé par l'air vif et froid de la nuit, Jacques Ferrand, espérant combattre son agitation intérieure par l'agitation de sa marche, s'enfonça dans les allées boueuses de son jardin, marchant à pas rapides, saccadés, et de temps à autre portant à son front ses deux poings crispés...

Allant ainsi au hasard, il arriva au bout d'une allée, près d'une serre en ruines.

Tout à coup il trébucha violemment contre un amas de terre fraîchement remuée.

Il se baissa, regarda machinalement et vit quelques linges ensanglantés.

Il se trouvait près de la fosse que Louise Morel avait creusée pour y cacher son enfant mort...

Son enfant... qui était aussi celui de Jacques Ferrand...
Malgré son endurcissement, malgré les effroyables craintes qui l'agitaient, Jacques Ferrand frissonna d'épouvante.

Il y avait quelque chose de fatal dans ce rapprochement.

Poursuivi par la punition vengeresse de sa luxure, le hasard le ramenait sur la fosse de son enfant... malheureux fruit de sa violence et de sa luxure !...

Dans toute autre circonstance, Jacques Ferrand eût foulé cette sépulture avec une indifférence atroce, mais, ayant épuisé son énergie sauvage dans la scène que nous avons racontée, il se sentit saisi d'une faiblesse et d'une terreur soudaines...

Son front s'inonda d'une sueur glacée, ses genoux tremblants se dérobèrent sous lui, et il tomba sans mouvement à côté de cette tombe ouverte.

CHAPITRE XV.

LA FORCE.

... Erreur inexplicable ! erreur injuste !
erreur cruelle ! WOLFGANG, liv. II.

Peut-être nous accusera-t-on, à propos de l'extension donnée aux scènes suivantes, de porter atteinte à l'unité de notre fable par quelques tableaux épisodiques ; il nous semble que dans ce moment surtout, où d'importantes questions pénitentiaires, questions qui touchent au vif de l'état social, sont à la veille d'être, sinon résolues (nos législateurs s'en garderont bien), du moins discutées, il nous semble que l'intérieur d'une prison, effrayant pandémonium, lugubre thermomètre de la civilisation, serait une étude opportune.

En un mot, les physionomies variées des détenus de toutes classes, les relations de famille ou d'affection qui les rattachent encore au monde dont les murs de la prison les séparent, nous ont paru dignes d'intérêt.

On nous excusera donc d'avoir groupé autour de plusieurs prisonniers, personnages connus de cette histoire, d'autres figures secondaires, destinées à mettre en action, en relief, certaines idées critiques, et à compléter cette initiation à la vie de prison.

. . . .

Entrons à la Force.

Rien de sombre, rien de sinistre dans l'aspect de cette maison de détention, située rue du Roi-de-Sicile, au Marais.

Au milieu de l'une des premières cours, on voit quelques massifs de terre, plantés d'arbustes, au pied desquels pointent déjà çà et là les pousses vertes et précoces des primevères et des perce-neige ; un perron surmonté d'un porche en treillage, où serpentent les rameaux noueux de la vigne, conduit à l'un des sept ou huits promenoirs destinés aux détenus.

Les vastes bâtiments qui entourent ces cours ressemblent beaucoup à ceux d'une caserne ou d'une manufacture tenue avec un soin extrême.

Ce sont de grandes façades de pierre blanche percées de hautes et larges fenêtres où circule abondamment un air vif et pur. Les dalles et le pavé des préaux sont d'une scrupuleuse propreté. Au rez-de-chaussée, de vastes salles chauffées pendant l'hiver, fraîchement aérées pendant l'été, servent, durant le jour, de lieu de conversation, d'atelier ou de réfectoire aux détenus.

Les étages supérieurs sont consacrés à d'immenses dortoirs de dix ou douze pieds d'élévation, au carrelage net et luisant ; deux rangées de lits de fer les garnissent, lits excellents composés d'une paillasse, d'un moelleux et épais matelas, d'un traversin, de draps de toile bien blanche et d'une chaude couverture de laine.

A la vue de ces établissements réunissant toutes les conditions du bien-être et de la salubrité, on reste malgré soi fort surpris, habitué que l'on est à regarder les prisons comme des antres tristes, sordides, malsains et ténébreux.

On se trompe.

Ce qui est triste, sordide et ténébreux, ce sont les bouges où, comme Morel le lapidaire, tant de pauvres et honnêtes ouvriers languissent épuisés, forcés d'abandonner leur grabat à leur femme infirme, et de laisser avec un impuissant désespoir leurs enfants hâves, affamés, grelotter de froid dans leur paille infecte.

Même contraste entre la physionomie de l'habitant de ces deux demeures.

Incessamment préoccupé des besoins de sa famille, auxquels il suffit à peine au jour le jour, voyant une folle concurrence amoindrir son salaire, l'artisan laborieux sera chagrin, abattu, l'heure du repos ne sonnera pas pour lui, une sorte de lassitude somnolente interrompra son travail exagéré. Puis, au réveil de ce douloureux assoupissement, il se retrouvera face à face avec les mêmes pensées accablantes sur le présent, avec les mêmes inquiétudes pour le lendemain.

Bronzé par le vice, indifférent au passé, heureux de la vie qu'il mène, certain de l'avenir (il peut se l'assurer par un délit ou par un crime), regrettant la liberté sans doute, mais trouvant de larges compensations dans le bien-être matériel dont il jouit, certain d'emporter à sa sortie de prison une bonne somme d'argent, gagnée par un labeur scrupuleux et modéré ; estimé, c'est-à-dire redouté de ses compagnons en raison de son cynisme et de sa perversité, le condamné, au contraire, sera toujours insouciant et gai.

Encore une fois, que lui manque-t-il ?

Ne trouve-t-il pas en prison bon abri, bon lit, bonne nourriture, salaire élevé (1), travail facile, et surtout et avant tout société de son choix, société, répétons-le, qui mesure sa considération à la grandeur des forfaits ?

Un condamné endurci ne connaît donc ni la misère, ni la faim, ni le froid. Que lui importe l'horreur qu'il inspire aux honnêtes gens ?

Il ne les voit pas, il n'en connaît pas.

Ses crimes font sa gloire, son influence, sa force auprès des bandits au milieu desquels il passera désormais sa vie.

Comment craindrait-il la honte ?

Au lieu de graves et charitables remontrances qui pourraient le forcer à rougir et à se repentir du passé, il entend de farouches applaudissements qui l'encouragent au vol et au meurtre.

A peine emprisonné, il médite de nouveaux forfaits.

Quoi de plus logique ?

S'il est découvert, arrêté derechef, il retrouvera le repos, le bien-être

(1) Salaire élevé, si l'on songe que, défrayé de tout, le condamné peut gagner de 5 à 10 sous par jour. Combien est-il d'ouvriers qui puissent économiser une telle somme ?

matériel de la prison, et ses joyeux et hardis compagnons de crime et de débauche...

Sa corruption est-elle moins grande que celle des autres, manifeste-t-il, au contraire, le moindre remords : il est exposé à des railleries atroces, à des huées infernales, à des menaces terribles.

Enfin, chose si rare qu'elle est devenue l'exception de la règle, un condamné sort-il de cet épouvantable pandémonium avec la volonté ferme de revenir au bien par des prodiges de travail, de courage, de patience et d'honnêteté, a-t-il pu cacher son infamant passé, la rencontre d'un de ses anciens camarades de prison suffit pour renverser cet échafaudage de réhabilitation si péniblement élevé.

Voici comment :

Un libéré endurci propose une affaire à un libéré repentant ; celui-ci, malgré de dangereuses menaces, refuse cette criminelle association ; aussitôt une délation anonyme dévoile la vie de ce malheureux qui voulait à tout prix cacher et expier une première faute par une conduite honorable.

Alors, exposé aux dédains ou au moins à la défiance de ceux dont il avait conquis l'intérêt à force de labeur et de probité, réduit à la détresse, aigri par l'injustice, égaré par le besoin, cédant enfin à ses funestes obsessions, cet homme presque réhabilité retombera encore et pour toujours au fond de l'abîme d'où il était si difficilement sorti.

Dans les scènes suivantes, nous tâcherons donc de démontrer les monstrueuses et inévitables conséquences de la réclusion en commun.

Après des siècles d'épreuves barbares, d'hésitations pernicieuses, on paraît comprendre qu'il est peu raisonnable de plonger dans une atmosphère abominablement vicée des gens qu'un air pur et salubre pourrait seul sauver.

Que de siècles pour reconnaître qu'en agglomérant les êtres gangrenés, on redouble l'intensité de leur corruption, qui devient ainsi incurable !

Que de siècles pour reconnaître qu'il n'est, en un mot, qu'un remède à cette lèpre envahissante qui menace le corps social !...

L'isolement !...

Nous nous estimerions heureux si notre faible voix pouvait être, sinon comptée, du moins entendue parmi toutes celles qui, plus imposantes, plus éloquentes que la nôtre, demandent avec une si juste et si impatiente insistance, l'application complète, absolue, du système cellulaire.

Un jour aussi, peut-être, la société verra-t-elle le mal est une maladie accidentelle et non pas organique ; que les crimes sont presque toujours des faits de subversion d'instincts, de penchants toujours bons dans leur essence, mais faussés, mais maléficiés par l'ignorance, l'égoïsme ou l'incurie des gouvernants, et que la santé de l'âme, comme celle du corps, est invinciblement subordonnée aux lois d'une hygiène salubre et préservatrice.

Dieu donne à tous des organes impérieux, des appétits énergiques, le désir du bien-être ; c'est à la société d'équilibrer et de satisfaire ces besoins.

L'homme qui n'a en partage que force, bon vouloir et santé, a droit, souverainement droit, à un labeur justement rétribué, qui lui assure non le superflu, mais le nécessaire, mais le moyen de rester sain et robuste, actif et laborieux, . partant, honnête et bon, parce que sa condition sera heureuse.

Les sinistres régions de la misère et de l'ignorance sont peuplées d'êtres morbides, aux cœurs flétris. Assainissez ces cloaques, répandez-y l'instruction, l'attrait du travail, d'équitables salaires, de justes récompenses, et aussitôt ces visages maladifs, ces âmes étiolées renaîtront au bien, qui est la santé, la vie de l'âme.

. . . .

Nous conduirons le lecteur au parloir de la prison de la Force.

C'est une salle obscure, séparée dans sa longueur en deux parties égales par un étroit couloir à claires-voies.

L'une des parties de ce parloir communique à l'intérieur de la prison : elle est destinée aux détenus.

L'autre communique au greffe : elle est destinée aux étrangers admis à visiter les prisonniers.

Ces entrevues et ces conversations ont lieu à travers le double grillage du parloir, en présence d'un gardien qui se tient dans l'intérieur et à l'extrémité du couloir.

L'aspect des prisonniers réunis au parloir ce jour-là offrait de nombreux contrastes : les uns étaient couverts de vêtements misérables, d'autres semblaient appartenir à la classe ouvrière, ceux-ci à la riche bourgeoisie.

Les mêmes contrastes de condition se remarquaient parmi les personnes qui venaient voir les détenus : presque toutes sont des femmes.

Généralement les prisonniers ont l'air moins tristes que les visiteurs ; car, chose étrange, funeste et prouvée par l'expérience, il est peu de chagrins, de hontes, qui résistent à trois ou quatre jours de prison passés en commun !

Ceux qui s'épouvantaient le plus de cette hideuse communion s'y habituent promptement ; la contagion les gagne : environnés d'êtres dégradés, n'entendant que des paroles infâmes, une sorte de farouche émulation les entraîne, et, soit pour imposer à leurs compagnons en luttant de cynisme avec eux, soit pour s'étourdir par cette ivresse mo rale, presque toujours les nouveaux venus affichent autant de dépravation et d'insolente gaieté que les habitués de la prison.

Revenons au parloir.

Malgré le bourdonnement sonore d'un grand nombre de conversations tenues à demi voix d'un côté du couloir à l'autre, prisonniers et visiteurs finissaient, après quelque temps de pratique, par pouvoir causer entre eux, à la condition absolue de ne pas se laisser un moment distraire ou occuper par l'entretien de leurs voisins, ce qui créait une sorte de secret au milieu de ce bruyant échange de paroles, chacun étant forcé d'entendre son interlocuteur, mais de ne pas écouter un mot de ce qui se disait autour de lui.

Parmi les détenus appelés au parloir par des visiteurs, le plus éloigné de l'endroit où siégeait le gardien était Nicolas Martial.

Au morne abattement dont on l'a vu frappé lors de son arrestation avait succédé une assurance cynique.

Déjà la contagieuse et détestable influence de la prison en commun portait ses fruits.

Sans doute, s'il eût été aussitôt transféré dans une cellule solitaire, ce misérable, encore sous le coup de son premier accablement, face à face avec la pensée de ses crimes, épouvanté de la punition qui l'attendait, ce misérable eût éprouvé, sinon du repentir, au moins une frayeur salutaire dont rien ne l'eût distrait.

Et qui sait ce que peut produire chez un coupable une méditation incessante, forcée, sur les crimes qu'il a commis et sur leurs châtiments ?...

Loin de là, jeté au milieu d'une tourbe de bandits, aux yeux desquels le moindre signe de repentir est une lâcheté, ou plutôt une trahison qu'ils font chèrement expier ; car, dans leur sauvage endurcissement, dans leur stupide défiance, ils regardent comme capable de les espionner tout homme (s'il s'en trouve) qui, triste et morne, regrettant sa faute, ne partage pas leur audacieuse insouciance et frémit à leur contact.

Jeté, disons-nous, au milieu de ces bandits, Nicolas Martial, connaissant dès longtemps et par tradition les mœurs des prisons, surmonta sa faiblesse et voulut paraître digne d'un nom déjà célèbre dans les annales du vol et du meurtre.

Quelques vieux repris de justice avaient connu son père le supplicié, d'autres son frère le galérien ; il fut reçu et aussitôt patroné par ces vétérans du crime avec un intérêt farouche.

Ce fraternel accueil fait au meurtrier exalta le fils de la veuve ; ces louanges données à la perversité héréditaire de sa famille l'enivrèrent. Oubliant bientôt, dans ce hideux étourdissement, l'avenir qui le menaçait, il ne se souvint de ses forfaits passés que pour s'en glorifier et les exagérer encore aux yeux de ses compagnons.

L'expression de la physionomie de Martial était donc aussi insolente que celle de son visiteur était inquiète et consternée.

Ce visiteur était le père Micou, le receleur-logeur du passage de la Brasserie, dans la maison duquel madame de Fermont et sa fille, victimes de la cupidité de Jacques Ferrand, avaient été obligées de se retirer.

Le père Micou savait de quelles peines il était passible pour avoir maintes fois acquis à vil prix le fruit des vols de Nicolas et de bien d'autres.

Le fils de la veuve étant arrêté, le receleur se trouvait presque à la discrétion du bandit, qui pouvait le désigner comme son acheteur habituel. Quoique cette accusation ne pût être appuyée de preuves flagrantes, elle n'en était pas moins très-dangereuse, très-redoutable pour le père Micou ; aussi avait-il immédiatement exécuté les ordres que Nicolas lui avait fait transmettre par un libéré sortant.

— Eh bien ! comment ça va-t-il, père Micou ? lui dit le brigand.

— Pour vous servir, mon brave garçon, répondit le receleur avec empressement. Dès que j'ai vu la personne que vous m'avez envoyée, tout de suite je me...

— Tiens ! pourquoi donc que vous ne me tutoyez plus, père Micou ? dit Nicolas en l'interrompant d'un air sardonique. Est-ce que vous me méprisez... parce que je suis dans la peine ?...

— Non, mon garçon, ce n'est pas que je te méprise personne... c'est le receleur qui ne se souciait pas d'afficher sa familiarité passée avec ce misérable.

— Eh bien ! alors, dites-moi *tu*... comme d'habitude, ou je croirai que vous n'avez plus d'amitié pour moi, et ça me fendrait le cœur...

— A la bonne heure, dit le brigand en soupirant. Je me suis donc occupé tout de suite de tes petites commissions.

— Voilà qui est parler, père Micou... je savais bien que vous n'oublieriez pas tes amis. Et mon tabac ?

— J'en ai déposé deux livres au greffe, mon garçon.

— Il est bon ?

— Tout ce qu'il y a de meilleur.

— Et le jambonneau ?

— Aussi déposé avec un pain blanc de quatre livres ; j'y ai ajouté une petite surprise à laquelle tu ne t'attendais pas... une demi-douzaine d'œufs durs et une belle tête de Hollande...

— C'est ce qui s'appelle se conduire en ami ! et du vin ?

— Il y a six bouteilles cachetées, mais tu sais qu'on ne t'en délivrera qu'une bouteille par jour.

— Que voulez-vous !... faut bien en passer par là.

— J'espère que tu es content de moi, mon garçon ?

— Certainement, et je le serai encore, et je le serai toujours, père Micou, car ce jambonneau, ce fromage, ces œufs et ce vin ne dureront pas le temps d'avaler... mais, comme dit l'autre, quand il n'y en aura plus, il y en aura encore, grâce au papa Micou, qui me donnera encore du nanan si je suis gentil.

— Comment !... tu veux ?...

— Que dans deux ou trois jours vous me renouvellez mes petites provisions, père Micou.

— Que le diable me brûle si je le fais ! c'est bon une fois.

— Bon une fois ! allons donc ! des jambons et du vin, c'est bon toujours, vous savez bien ça.

— C'est possible, mais je ne suis pas chargé de te nourrir de friandises.

— Ah ! père Micou ! c'est mal, c'est injuste, me refuser du jambon, à moi qui vous ai si souvent porté du *gras-double* (1).

— Tais-toi donc, malheureux ! dit le receleur effrayé.

— Non, j'en ferai juge le *curieux* (2) ; je lui dirai : Figurez-vous que le père Micou...

— C'est bon, c'est bon, s'écria le receleur, voyant avec autant de crainte que de colère Nicolas très-disposé à abuser de l'empire que lui donnait leur complicité, j'y consens... je te renouvellerai ta provision, quand elle sera finie.

— C'est juste... rien que juste... Faudra pas non plus oublier d'envoyer du café à ma mère et à Calebasse, qui sont à Saint-Lazare ; elles prenaient leur tasse tous les matins... ça leur manquerait.

— Encore ! mais tu veux donc me ruiner, gredin ?

— Comme vous voudrez, père Micou... n'en parlons plus... je demanderai au curieux si...

— Va donc pour le café, dit le receleur en l'interrompant. Mais que le diable t'emporte !... maudit soit le jour où je t'ai connu !

— Mon vieux... moi c'est tout le contraire... dans ce moment, je suis ravi de vous connaître. Je vous vénère comme mon père nourricier.

— J'espère que tu n'as rien de plus à m'ordonner ! reprit le père Micou avec amertume.

— Si... tu diras à ma mère et à ma sœur que, si j'ai tremblé quand on m'a arrêté, je ne tremble plus, et que je suis maintenant aussi déterminé qu'elles deux.

— Je leur dirai. Est-ce tout ?

— Attendez donc. J'oubliais de vous demander deux paires de bas de laine bien chauds.... vous ne voudriez pas que je m'enrhume, n'est-ce pas ?

— Je voudrais que tu crèves !

— Merci, père Micou, ça sera pour plus tard ; aujourd'hui j'aime autant autre chose... je veux la passer douce. Au moins si on me raccourcit comme mon père... j'aurai joui de la vie.

— Elle est propre, ta vie.

— Elle est superbe ! depuis que je suis ici, je m'amuse comme un roi. S'il y avait eu des lampions et des fusées, on aurait illuminé et tiré des fusées en mon honneur, quand on a su que j'étais le fils du fameux Martial, le guillotiné.

— C'est touchant. Belle parenté !

— Tiens ! il y a bien des ducs et des marquis... pourquoi donc que nous n'aurions pas notre noblesse, nous autres ? dit le brigand avec une ironie farouche.

— Oui... c'est *Charlot* (3) qui vous les donne sur la place du Palais, vos lettres de noblesse.

— Bien sûr que ce n'est pas M. le curé ; raison de plus ; en prison faut être de la noblesse de *la haute pègre* (4) pour avoir de l'agrément, sans ça on vous regarde comme des rien du tout. Faut voir comme on les arrange, ceux qui ne sont pas nobles de pègre ; qui font leur tête... Tenez, il y a ici justement un nommé Germain, un petit jeune homme qui fait le dégoûté et qui a l'air de nous mépriser. Gare à sa peau ! c'est un sournois ; on le soupçonne d'être un mouton. Si ça est, on lui grignotera le nez... en manière d'avis.

— Germain ? ce jeune homme s'appelle Germain ?

— Oui... vous le connaissez ? Il est donc de la pègre ? Alors, malgré son air colas...

— Je ne le connais pas... mais s'il est le Germain dont j'ai entendu parler, son compte est bon.

— Comment ?

— Il a déjà manqué de tomber dans un guet-apens que le Velu et le Gros-Boiteux lui ont tendu il y a quelque temps.

— Pourquoi ça ?

— Je n'en sais rien. Ils disaient qu'en province il avait *coqué* (5) quelqu'un de leur bande.

(1) Du plomb volé.
(2) Le juge.
(3) Le bourreau.
(4) Les grands voleurs.
(5) Dénoncé. — On se souvient que Germain, élevé pour le crime par un ami de son père, le Maître d'école, ayant refusé de favoriser un vol que l'on voulait commettre chez le banquier où il était employé à Nantes, avait instruit son patron de ce qu'on tramait contre lui, et s'était réfugié à Paris. Quelque temps

— J'en étais sûr... Germain est un mouton. Eh bien ! on en mangera, du mouton. Je vas dire ça aux amis... ça leur donnera de l'appétit. Ah ça ! le Gros-Boiteux fait-il toujours des niches à vos locataires ?

— Dieu merci, j'en suis débarrassé, de ce vilain gueux-là ! tu le verras ici aujourd'hui ou demain.

— Vive la joie ! nous allons rire ! En voilà encore un qui ne boude pas !

— C'est parce qu'il va retrouver ici Germain... que je t'ai dit que le compte du jeune homme serait bon... si c'est le même...

— Et pourquoi l'a-t-on pincé, le Gros-Boiteux ?

— Pour un vol commis avec un libéré qui voulait rester honnête et travailler. Ah ! bien oui ! le Gros-Boiteux l'a joliment enfoncé. Il a tant de vice, ce gueux-là ! Je suis sûr que c'est lui qui a forcé la malle de ces deux femmes qui occupent chez moi le cabinet du quatrième.

— Quelles femmes ? Ah ! oui... deux femmes, dont la plus jeune vous incendiait, vieux brigand, tant vous la trouviez gentille.

Elles n'incendieront plus personne ; car, à l'heure qu'il est, la mère doit être morte, et la fille n'en vaut guère mieux. J'en serai pour une quinzaine de loyer ; mais que le diable me brûle si je donne seulement une loque pour les enterrer ! J'ai fait assez de pertes, sans compter les douceurs que tu me *pries* de donner à toi et à ta famille ; ça arrange joliment mes affaires. J'ai de la chance cette année...

— Bah ! bah ! vous vous plaignez toujours, père Micou ; vous êtes riche comme un Crésus. Ah ça ! que je ne vous retienne pas !

— C'est heureux !

— Vous viendrez me donner des nouvelles de ma mère et de Calebasse, en m'apportant d'autres provisions ?

— Oui... il le faut bien...

— Ah ! j'oubliais... pendant que vous y êtes, achetez-moi une casquette neuve, en velours écossais, avec un gland ; la mienne n'est plus mettable.

— Ah ça ! décidément tu veux rire ?

— Non, père Micou, je veux une casquette en velours écossais. C'est mon idée.

— Mais tu t'acharnes donc à me mettre sur la paille ?

— Voyons, père Micou, ne vous échauffez pas, c'est oui ou c'est non. Je ne vous force pas... mais... suffit.

Le receleur, en réfléchissant qu'il était à la merci de Nicolas, se leva, craignant d'être assailli de nouvelles demandes, s'il prolongeait sa visite.

— Tu auras la casquette, vilain ; mais prends garde, si tu me demandes autre chose, je ne donnerai plus rien ; il en arrivera ce qui pourra ; tu y perdras autant que moi.

— Soyez tranquille, père Micou, je ne vous *ferai chanter* (1) qu'autant qu'il en faudra pour que vous ne perdiez pas votre voix ; car ça serait dommage, vous chantez bien.

Le receleur sortit en haussant les épaules avec colère, et le gardien fit rentrer Nicolas dans l'intérieur de la prison.

Au moment où le père Micou quittait le parloir destiné aux détenus, Rigolette y entrait.

Le gardien, homme de quarante ans, ancien soldat à figure rude et énergique, était vêtu d'un habit-veste, d'une casquette et d'un pantalon bleus ; deux étoiles d'argent étaient brodées sur le collet et sur les retroussis de son habit.

A la vue de la grisette, la figure de cet homme s'éclaircit et prit une expression d'affectueuse bienveillance ; il avait toujours été frappé de la grâce, de la gentillesse et de la bonté touchante avec laquelle Rigolette consolait Germain lorsqu'elle venait au parloir s'entretenir avec lui.

Germain était, de son côté, un prisonnier peu ordinaire, sa réserve, sa douceur et sa tristesse inspiraient un vif intérêt aux employés de la prison ; intérêt qu'on se gardait d'ailleurs de lui témoigner, de peur de l'exposer aux mauvais traitements de ses hideux compagnons, qui, nous l'avons dit, le regardaient avec une haine méfiante.

Au dehors il pleuvait à torrents ; mais, grâce à ses socques élevés et à son parapluie, Rigolette avait courageusement bravé le vent et la pluie.

— Quel vilain jour, ma pauvre demoiselle ! lui dit le gardien avec bonté. Il faut du cœur pour sortir par un temps pareil au moins !

— Quand on pense toute la route au plaisir qu'on va faire à un pauvre prisonnier, on ne s'inquiète guère du temps, allez, monsieur !

— Je n'ai pas besoin de vous demander qui vous venez voir...

— Sûrement... Et comment va-t-il, mon pauvre Germain ?

— Tenez, ma chère demoiselle, j'en ai bien vu des détenus ; ils étaient tristes, tristes un jour, deux jours, et puis peu à peu ils se mettaient au train-train des autres ; et les plus chagrins dans les premiers temps finissaient souvent par devenir les plus gais de tous... M. Germain, ce n'est pas cela, il a l'air de plus en plus accablé, lui.

— C'est ce qui me désole.

— Quand je suis de service dans les cours, je le regarde du coin de l'œil, il est toujours seul... Je vous l'ai déjà dit, vous devriez lui recommander de ne pas s'isoler ainsi... de prendre sur lui pour parler aux autres ; il finira par être leur bête noire... Les préaux sont surveillés, mais un mauvais coup est bientôt fait.

— Ah ! mon Dieu ! monsieur... est-ce qu'il y a davantage de danger pour lui ? s'écria Rigolette.

— Pas précisément ; mais ces bandits-là voient qu'il n'est pas des leurs, et ils le haïssent parce qu'il a l'air honnête et fier.

— Je lui avais pourtant recommandé de faire ce que vous me dites là, monsieur, de tâcher de parler aux moins méchants ; mais c'est plus fort que lui, il ne peut surmonter sa répugnance.

— Il a tort... il a tort... une rixe est bien vite engagée.

— Mon Dieu ! mon Dieu ! on ne peut donc pas le séparer d'avec les autres ?

— Depuis deux ou trois jours que je me suis aperçu de leurs mauvaises intentions à son égard, je lui avais conseillé de se mettre ce que nous appelons à la pistole, c'est-à-dire en chambre.

— Eh bien ?

— Je n'avais pas pensé à une chose... toute une rangée de cellules est comprise dans les travaux de réparation qu'on fait à la prison, et les autres sont occupées.

— Mais ces mauvais hommes sont capables de le tuer ! s'écria Rigolette, dont les yeux se remplirent de larmes. Et si par hasard il avait des protecteurs, que pourraient-ils pour lui, monsieur ?

— Rien autre chose que de lui faire obtenir ce qu'obtiennent les détenus qui peuvent la payer, une chambre à la pistole.

— Hélas !... alors il est perdu, s'il est pris en haine dans la prison...

— Rassurez-vous, on y veillera de près... Mais, je vous le répète, ma chère demoiselle... conseillez-lui de se familiariser un peu... il n'y a que le premier pas qui coûte !

— Je lui recommanderai cela de toutes mes forces, monsieur ; mais pour un bon et honnête cœur, c'est dur, voyez-vous, de se familiariser avec des gens pareils.

— De deux maux il faut choisir le moindre. Allons, je vais demander M. Germain. Mais au fait, tenez, j'y pense, dit le gardien en se ravisant, il ne reste plus que deux visiteurs... attendez qu'ils soient partis... Il n'en reviendra pas d'autres aujourd'hui... car voilà deux heures... je ferai prévenir M. Germain ; vous causerez plus à l'aise... Je pourrai même, quand vous serez seuls, le faire entrer dans le couloir, de façon que vous ne serez séparés que par une grille au lieu de deux : c'est toujours cela.

— Ah ! monsieur, combien vous êtes bon... que je vous remercie !

— Chut ! qu'on ne vous entende pas, ça ferait des jaloux. Asseyez-vous là-bas, au bout du banc ; et, dès que cet homme et cette femme seront partis, j'irai prévenir M. Germain.

Le gardien rentra à son poste dans l'intérieur du couloir ; Rigolette alla tristement se placer à l'extrémité du banc où s'asseyaient les visiteurs.

Pendant que la grisette attend l'arrivée de Germain, nous ferons successivement assister le lecteur à l'entretien des prisonniers qui étaient restés dans le parloir après le départ de Nicolas Martial.

HUITIÈME PARTIE.

CHAPITRE PREMIER.

Pique-Vinaigre.

Le détenu qui se trouvait à côté de Barbillon était un homme de quarante-cinq ans environ, grêle, chétif, à l'air physionomie fine, intelligente, joviale et railleuse ; il avait une bouche énorme, presque entièrement édentée ; dès qu'il parlait, sa contournait de droite à gauche, selon l'habitude assez générale des gens accoutumés à s'adresser à la populace des carrefours ; son nez était camard ; sa tête démesurément grosse, presque complètement chauve ; il portait un vieux gilet de tricot gris, un pantalon d'une couleur inappréciable, lacéré, rapiécé en mille endroits : ses pieds nus, rougis par le froid, à demi enveloppés de vieux linges, étaient chaussés de sabots.

Cet homme, nommé Fortuné Gobert, dit Pique-Vinaigre, ancien joueur de gobelets, réclusionnaire libéré d'une condamnation pour crime d'émission de fausse monnaie, était prévenu de rupture de ban et de vol commis la nuit avec effraction et escalade.

Écroué depuis très-peu de jours à la Force, déjà Pique-Vinaigre remplissait, à la satisfaction générale de ses compagnons de prison, le métier de conteur.

Aujourd'hui les conteurs sont très-rares ; mais autrefois chaque cham-

---

après, ayant rencontré dans cette ville le misérable dont il avait refusé d'être le complice à Nantes, Germain, épié par lui, avait manqué d'être victime d'un guet-apens nocturne. C'était pour échapper à de nouveaux dangers qu'il avait quitté la rue du Temple, et tenu secret son nouveau domicile.

(1) Forcer à donner de l'argent en menaçant de faire certaines révélations.

brée avait généralement, moyennant une légère contribution individuelle, son conteur d'office, qui par ses improvisations faisait paraître moins longues les interminables soirées d'hiver, les détenus se couchant à la tombée du jour.

S'il est assez curieux de signaler ce besoin de fictions, de récits émouvants, qui se retrouve chez ces misérables, il est une chose bien plus considérable aux yeux des penseurs : ces gens corrompus jusqu'à la moelle, ces voleurs, ces meurtriers, préfèrent surtout les histoires où sont exprimés des sentiments généreux, héroïques, les récits où la faiblesse et la bonté sont vengées d'une oppression farouche.

Il en est de même des filles perdues : elles affectionnent singulièrement la lecture des romans naïfs, touchants et élégiaques, et répugnent presque toujours aux lectures obscènes.

L'instinct naturel du bien, joint au besoin d'échapper par la pensée à tout ce qui leur rappelle la dégradation où elles vivent, ne cause-t-il pas chez ces malheureuses les sympathies et les répulsions intellectuelles dont nous venons de parler?

Pique-Vinaigre excellait donc dans ce genre de récits héroïques où la faiblesse, après mille traverses, finit par triompher de son persécuteur. Pique-Vinaigre possédait en outre un grand fonds d'ironie qui lui avait valu son sobriquet, ses reparties étant souvent sardoniques ou plaisantes.

Il venait d'entrer au parloir.

En face de lui, de l'autre côté de la grille, on voyait une femme de trente-cinq ans environ, d'une figure pâle, douce et intéressante, pauvrement, mais proprement vêtue; elle pleurait amèrement, et tenait son mouchoir sur ses yeux.

Pique-Vinaigre la regardait avec un mélange d'impatience et d'affection.

— Voyons donc, Jeanne, lui dit-il, ne fais pas l'enfant; voilà seize ans que nous ne nous sommes vus : si tu gardes toujours ton mouchoir sur tes yeux, ça n'est pas le moyen de nous reconnaître.

— Mon frère, mon pauvre Fortuné... j'étouffe... je ne peux pas parler...

— Es-tu drôle, va! Mais qu'est-ce que tu as?

Sa sœur, car cette femme était sa sœur, contint ses sanglots, essuya ses yeux, et, le regardant avec stupeur, reprit :

— Ce que j'ai? comment ! je te retrouve en prison, toi qui y es déjà resté quinze ans !...

— C'est vrai; il y a aujourd'hui six mois que je suis sorti de la centrale de Melun... sans t'aller voir à Paris, parce que la capitale m'était défendue...

— Déjà repris! Qu'est-ce que tu as donc encore fait, mon Dieu? Pourquoi as-tu quitté Beaugency, où on t'avait envoyé en surveillance?

— Pourquoi! Faudrait me demander pourquoi j'y suis allé.

— Tu as raison.

— D'abord, ma pauvre Jeanne, puisque ces grilles sont entre nous deux, figure-toi que je t'ai embrassée, serrée dans mes bras, comme ça se doit quand on revoit sa sœur après une éternité. Maintenant, causons : Un détenu de Melun, qu'on appelait le Gros-Boiteux, m'avait dit qu'il y avait à Beaugency un ancien forçat de sa connaissance qui employait des libérés à une fabrique de blanc de céruse? Sais-tu ce que c'est que fabriquer le blanc de céruse?

— Non, mon frère.

— C'est un bien joli métier; ceux qui le font, au bout d'un mois ou deux attrapent la colique de plomb. Sur trois coliqués, il y en a un qui crève. Par exemple, faut être juste, les deux autres crèvent aussi, mais à leur aise, ils prennent leur temps, se gobergent et durent environ un an, dix-huit mois au plus. Après ça, le métier n'est pas si mal payé qu'un autre; et il y a des gens nés coiffés qui y résistent deux à trois ans. Mais ceux-là sont les anciens, les centenaires des blanc-de-cérusiens. On en meurt, c'est vrai, mais il n'est pas fatigant.

— Et pourquoi as-tu choisi un état si dangereux qu'on en meurt, mon pauvre Fortuné?

— Qu'est-ce que tu voulais que je fasse? Quand je suis entré à Melun pour cette affaire de fausse monnaie, j'étais joueur de gobelets. Comme à la prison il n'y avait pas d'atelier pour mon état, et que je ne suis pas plus fort qu'une puce, on m'a mis à la fabrication des joujoux d'enfants. C'était un fabricant de Paris qui trouvait plus avantageux de faire confectionner par les détenus ses pantins, ses trompettes de bois et ses sabres idem. Aussi c'est le cas de dire : Sabre de bois ! on a aiguisé, percé et taillé pendant quinze ans, de ces joujoux; je suis sûr que j'en ai défrayé les moutards de tout un quartier de Paris... c'était surtout aux trompettes que je mordais. Et les crécelles, donc ! avec deux de ces instruments-là on aurait fait grincer les dents à tout un bataillon, je m'en vante. Mon temps de prison fini, me voilà surtout passé maître en fait de trompettes à deux sous. On me donne à choisir pour lieu de ma résidence entre trois ou quatre bourgs, à quarante lieues de Paris; j'avais pour toute ressource mon savoir-faire en joujoux d'enfants; or, en admettant que, depuis les vieillards jusqu'aux marmots, tous les habitants du bourg auraient eu la passion de faire turlututu dans mes trompettes, j'aurais eu encore bien de la peine à faire mes frais; mais je ne pouvais insinuer à toute une bourgade de trompetter du matin au soir. On m'aurait pris pour un intrigant.

— Mon Dieu, tu ris toujours.

— Cela vaut mieux que de pleurer. Finalement, voyant qu'à quarante lieues de Paris mon métier d'escamoteur ne me serait pas plus de ressource que mes trompettes, j'ai demandé la surveillance à Beaugency, voulant m'engager dans les blanc-de-cérusiens. C'est une pâtisserie qui vous donne des indigestions de *miserere*; mais, jusqu'à ce qu'on en crève, on en vit, c'est toujours ça de gagné, et j'aimais autant cet état-là que celui de voleur; pour voler je ne suis pas assez brave ni assez fort, et c'est par pur hasard que j'ai commis la chose dont je te parlerai tout à l'heure.

— Tu aurais été brave et fort, que par idée tu n'aurais pas volé davantage.

— Ah! tu crois cela, toi?

— Oui, au fond tu n'es pas méchant : car dans cette malheureuse affaire de fausse monnaie tu as été entraîné malgré toi, presque forcé, tu le sais bien.

— Oui, ma fille; mais, vois-tu, quinze ans dans une maison, ça vous culotte un homme comme mon brûle-gueule que voilà, quand même il serait entré à la geôle blanc comme une pipe neuve. En sortant de Melun, je me sentais donc trop poltron pour voler.

— Et tu avais le courage de prendre un métier mortel! Tiens, Fortuné, je te dis que tu veux te faire plus mauvais que tu ne l'es.

— Attends donc, tout gringalet que j'étais, j'avais dans l'idée, que le diable m'emporte si je sais pourquoi! que je ferais la nique à la colique de plomb, que la maladie aurait trop peu à ronger sur moi et qu'elle irait ailleurs ; enfin que je deviendrais un des vieux blanc-de-cérusiens. En sortant de prison je commence par fricasser ma masse; bien entendu, augmentée de ce que j'avais gagné en contant des histoires le soir à la chambrée.

— Comme tu nous en contais autrefois, mon frère. Ça amusait tant notre pauvre mère, t'en souviens-tu?

— Pardieu ! bonne femme ! Et elle ne s'est jamais doutée, avant de mourir, que j'étais à Melun?

— Jamais : jusqu'à son dernier moment elle a cru que tu étais passé aux îles.

— Que veux-tu, ma fille, mes bêtises, c'est la faute de mon père, qui m'avait dressé pour être paillasse, pour l'assister dans ses tours de gobelet, manger de l'étoupe et cracher du feu : ce qui faisait que je n'avais pas le temps de frayer avec des fils de pairs de France, et j'ai fait de mauvaises connaissances. Mais, pour revenir à Beaugency, une fois sorti de Melun, je fricasse ma masse comme de juste. Après quinze ans en cage, il faut bien prendre un peu l'air et égayer son existence : d'autant plus que, sans être trop gourmand, de faire de céruse pouvait me donner une dernière indigestion ; alors à quoi m'aurait servi mon argent de prison, je te le demande. Finalement j'arrive à Beaugency à peu près sans le sou; je demande Velu, l'ami du Gros-Boiteux, le chef de fabrique. Serviteur! pas plus de fabrique de blanc de céruse que dessus la main; il y était mort onze personnes dans l'année; l'ancien forçat avait fermé boutique. Me voilà au milieu de ce bourg, toujours avec mon talent pour les trompettes de bois pour tout potage, et ma cartouche de libéré pour toute recommandation. Je demande à m'employer selon ma force, et comme je n'avais pas de force, tu comprends comme on me reçoit : voleur par-ci, gueux par-là, échappé de prison! enfin, dès que je paraissais quelque part, chacun mettait ses mains sur ses poches; je ne pouvais donc pas m'empêcher de crever de faim dans un trou pareil, que je devais pas quitter pendant cinq ans. Voyant ça, je romps mon ban pour venir à Paris utiliser mes talents. Comme je n'avais pas de quoi venir en carrosse à quatre chevaux, je suis venu en gueusant et en mendiant tout le long de la route, évitant les gendarmes comme un chien les coups de bâton; j'avais eu du bonheur, j'étais arrivé sans encombre jusqu'auprès d'Auteuil. J'étais harassé, j'avais une faim d'enfer, j'étais vêtu comme tu vois, sans luxe.

Et Pique-Vinaigre jeta un coup d'œil goguenard sur ses haillons.

— Je ne me portais pas un sou sur moi, je pouvais être arrêté comme vagabond. Ma foi, une occasion s'est présentée, le diable m'a tenté, et malgré ma poltronnerie...

— Assez, mon frère, assez, dit sa sœur craignant que le gardien, quoique à une certaine distance, n'entendît un si dangereux aveu.

— Tu as peur qu'on écoute? reprit-il ; sois tranquille, je ne m'en cache pas, j'ai été pris sur le fait, il n'y avait pas moyen de nier; j'ai tout avoué, je sais ce qui m'attend; mon compte est bon.

— Mon Dieu ! mon Dieu ! reprit la pauvre femme en pleurant, avec quel sang-froid tu parles de cela !

— Quand j'en parlerais avec un sang chaud, qu'est-ce que j'y gagnerais? Voyons, sois donc raisonnable, Jeanne; faut-il que ce soit moi qui te console?

Jeanne essuya ses larmes, et soupira.

— Pour en revenir à mon affaire, reprit Pique-Vinaigre, j'étais arrivé tout près d'Auteuil, à la brune; je n'en pouvais plus ; je ne voulais entrer dans Paris qu'à la nuit; je m'étais assis derrière une haie pour me reposer et réfléchir à mon plan de campagne. A force de réfléchir, j'ai fini par m'endormir; un bruit de voix m'a réveillé; il faisait tout à fait nuit; j'écoute... c'était un homme et une femme qui causaient sur la route, de l'autre côté de ma haie; l'homme disait à la femme : — Qui veux-tu qui pense à venir nous voler? Est-ce que nous n'avons pas

cent fois laissé la maison toute seule? — Oui, que reprend la femme, mais nous n'y avions pas cent francs dans notre commode. — Qu'est-ce qui le sait, bête? dit le mari. — T'as raison, reprend la femme, et ils dîent. Ma foi, l'occasion me paraît trop belle pour la manquer, il n'y avait aucun danger. J'attends que l'homme et la femme soient un peu plus loin pour sortir de derrière ma haie; je regarde à vingt pas de là, je vois une petite maison de paysans, ça devait être la maison aux cent francs, il n'y avait que cette bicoque sur la route, Auteuil était à cinq cents pas de là. Je me dis : Courage, mon vieux, il n'y a personne, il fait nuit; s'il n'y a pas de chien de garde (tu sais que j'ai toujours eu peur des chiens), l'affaire est faite. Par bonheur il n'y avait pas de chien. Pour être plus sûr, je cogne à la porte, rien... ça m'encourage. Les volets du rez-de-chaussée étaient fermés, je passe mon bâton entre eux deux, je les force, j'entre par la fenêtre dans une chambre; il restait un peu de feu dans la cheminée; ça m'éclaire; je vois une commode dont la clef était ôtée; je prends la pincette, je force les tiroirs, et sous un tas de linge je trouve le magot enveloppé dans un vieux bas de laine; je ne m'amuse pas à prendre autre chose; je saute par la fenêtre et je tombe... devine où? Voilà une chance!
— Mon Dieu! dis donc!
— Sur le dos du garde-champêtre qui rentrait au village.
— Quel malheur!...
— La lune s'était levée; il me voit sortir par la fenêtre; il m'empoigne. C'était un camarade qui en aurait mangé dix comme moi... Trop poltron pour résister, je me résigne. Je tenais encore le bas à la main; il entend sonner l'argent, il prend le tout, le met dans sa gibecière, et me force de le suivre à Auteuil. Nous arrivons chez le maire avec accompagnement de gamins et de gendarmes: on va attendre les propriétaires chez eux; à leur retour, ils font leur déclaration... Il n'y avait pas moyen de le nier; j'avoue tout, je signe le procès-verbal, on me met les menottes, et en route...
— Et te voilà en prison encore... pour longtemps peut-être?
— Écoute, Jeanne, je ne veux pas te tromper, ma fille; autant te dire cela tout de suite...
— Quoi donc encore, mon Dieu!...
— Voyons, du courage!...
— Mais parle donc!
— Eh bien! il ne s'agit plus de prison...
— Comment cela?
— A cause de la récidive, de l'effraction et de l'escalade de nuit dans une maison habitée... l'avocat me l'a dit : c'est un compte fait comme des petits pâtés... j'en aurai pour quinze ou vingt ans de bagne et l'exposition par-dessus le marché.
— Aux galères! mais toi si faible, tu y mourras! s'écria la malheureuse femme en éclatant en sanglots.
— Et si je m'étais enrôlé dans les blanc-de-cérusiens?...
— Mais les galères, mon Dieu! les galères!
— C'est la prison au grand air, avec une casaque rouge au lieu d'une brune; et puis j'ai toujours été curieux de voir la mer... Quel badaud de Parisien je fais... hein?
— Mais l'exposition!... malheureux!... Être exposé au mépris de tout le monde... Oh! mon Dieu! mon Dieu! mon pauvre frère!...
Et l'infortunée se reprit à pleurer.
— Voyons, voyons, Jeanne... sois donc raisonnable... c'est un mauvais quart d'heure à passer... et encore je crois qu'on est assis..... Et puis, ce que je ne suis pas habitué à voir la foule! Quand je faisais mes tours de gobelets, j'avais toujours un tas de monde autour de moi; je me figurerai que l'escamote, et si ça me fait trop d'effet je fermerai les yeux; ce sera absolument comme si on ne me voyait pas.
En parlant avec autant de cynisme, ce malheureux voulait moins faire acte d'une criminelle insensibilité que consoler et rassurer sa sœur par cette apparence d'indifférence.
Pour un homme habitué aux mœurs des prisons, et chez lequel toute honte est nécessairement morte, le bagne n'est, en effet, qu'un changement de condition, un changement de casaque, comme Pique-Vinaigre le disait avec une effrayante vérité.
Beaucoup de détenus des prisons centrales, préféraient même le bagne, à cause de la vie bruyante qu'on y mène, commettent souvent des tentatives de meurtre pour être envoyés à Brest ou à Toulon.
Cela se conçoit : avant d'entrer au bagne, ils avaient presque autant de labeur, selon leur profession.
La condition des plus honnêtes ouvriers des ports n'est pas moins rude que celle des forçats; ils entrent aux ateliers et en sortent aux mêmes heures, enfin les grabats où ils reposent leurs membres brisés de fatigue ne sont souvent pas meilleurs que ceux de la chiourme.
Ils sont libres! dira-t-on.
Oui, libres... un jour... le dimanche, et ce jour est aussi un jour de repos pour les forçats.
Mais ils n'ont pas la honte, la flétrissure?
Eh! qu'est-ce que la honte et la flétrissure pour ces misérables, qui, chaque jour, se bronzent l'âme dans cette fournaise infernale, qui prennent tous les grades d'infamie dans cette école mutuelle de perdition, où les plus criminels sont les plus considérés?
Telles sont donc les conséquences du système de pénalité actuelle;
L'incarcération est très-recherchée;

Le bagne... souvent demandé...

— Vingt ans de galères, mon Dieu! mon Dieu! répétait la pauvre sœur de Pique-Vinaigre.
— Mais rassure-toi donc, Jeanne; on ne m'en donnera que pour mon argent; je suis trop faible pour qu'on me mette aux travaux de force... S'il n'y a pas de fabrique de trompettes et de sabres de bois, comme à Melun, on me mettra au travail doux, on m'emploiera à l'infirmerie; je ne suis pas récalcitrant, je suis bon enfant, je conterai des histoires comme j'en conte ici; je me ferai adorer de mes chefs, estimer de mes camarades, et j'enverrai des noix de coco gravées et des boîtes de paille pour mes neveux et pour mes nièces. Enfin, le vin est tiré, il faut le boire.
— Si tu m'avais seulement écrit que tu venais à Paris, j'aurais tâché de te cacher et de t'héberger en attendant que tu aies trouvé de l'ouvrage.
— Pardieu! je comptais bien aller chez toi, mais j'aimais mieux y arriver les mains pleines; car, d'ailleurs, à la mise où je te vois tu ne roules pas non plus carrosse. Ah çà, et tes enfants, et ton mari?
— Ne me parle pas de lui.
— Toujours bambocheur! c'est dommage, bon ouvrier tout de même.
— Il me fait bien du mal... va... J'avais assez de mes autres peines sans avoir encore celle que tu me fais...
— Comment! ton mari...
— Depuis trois ans il m'a quittée, après avoir vendu tout notre ménage, me laissant avec mes enfants sans rien, avec ma paillasse pour tout mobilier.
— Tu ne m'avais pas dit cela!
— A quoi bon?... ça t'aurait chagriné.
— Pauvre Jeanne! Et comment as-tu fait, toute seule avec tes trois enfants?
— Dame! j'ai eu beaucoup de mal; je travaillais à ma tâche comme frangeuse, tant que je pouvais; les voisines m'aidaient un peu, gardaient mes enfants pendant que j'étais sortie; et puis, moi qui n'ai pas toujours la chance, j'ai eu du bonheur une fois dans ma vie, mais ça ne m'a pas profité, à cause de mon mari...
— Pourquoi donc cela?
— Mon passementier avait parlé de ma peine à une de ses pratiques, lui apprenant comment mon mari m'avait laissée sans rien, après avoir vendu notre ménage, et que malgré ça je travaillais de toutes mes forces pour élever mes enfants; un jour, en rentrant, qu'est-ce que je trouve? mon ménage remonté à neuf, un bon lit, des meubles, du linge; c'était une charité de la pratique de mon passementier.
— Brave pratique!... Pauvre sœur!... Pourquoi diable aussi ne m'as-tu pas écrit pour m'apprendre ta gêne? Au lieu de dépenser ma masse, je t'aurais envoyé de l'argent!
— Moi libre, te demander, à toi prisonnier!...
— Justement; j'étais nourri, chauffé, logé aux frais du gouvernement; ce que je gagnais était tout bénéfice; sachant le beau-frère bon ouvrier et toi bonne ouvrière et ménagère, j'étais tranquille, et j'ai fricassé ma masse les yeux fermés et la bouche ouverte.
— Mon mari était bon ouvrier, c'est vrai; mais il s'est dérangé. Enfin, grâce à ce secours inattendu, j'ai repris bon courage : ma fille aînée commençait à gagner quelque chose; nous étions heureux, sans le chagrin de te savoir à Melun. L'ouvrage allait; mes enfants étaient proprement habillés, ils ne manquaient rien de près de rien; je leur donnais du cœur... un cœur!... Enfin j'étais presque parvenue à mettre trente-cinq francs de côté, lorsque tout à coup mon mari revient. Ça ne m'avais pas vu depuis un an. Me trouvant bien emménagée, bien nippée, il n'en fait ni une ni deux, il me prend mon argent, s'installe chez nous sans travailler, se grise tous les jours et me bat quand je me plains.
— Le gueux!
— Ce n'est pas tout. Il avait logé dans un cabinet de notre logement une mauvaise femme avec laquelle il vivait; il fallait encore souffrir cela pour la seconde fois. Prévoyant ce qui allait m'arriver, je vais chez un avocat qui demeurait dans la maison en demandant ce qu'il faut faire pour empêcher mon mari de me mettre encore sur la paille, moi et mes enfants.
— C'était bien simple; il fallait fourrer ton mari à la porte.
— Oui, mais je n'en avais pas le droit. L'avocat me dit que mon mari pouvait disposer de tout, comme chef de la communauté, et s'installer à la maison sans rien faire; que c'était un malheur, mais qu'il fallait m'y soumettre; que la circonstance de sa maîtresse qui vivait sous notre toit me donnait le droit de demander la séparation de corps et de biens, comme on appelle cela... D'autant plus que j'avais des témoins que mon mari m'avait battue; mais je pouvais plaider contre lui, mais que cela me coûterait au moins, au moins, quatre ou cinq cents francs pour obtenir ma séparation. Tu juges! c'est presque tout ce que je peux gagner en une année! Où trouver une pareille somme à emprunter?... Et puis ce n'est pas le tout d'emprunter... il faut rendre... Et cinq cents francs... tout d'un coup... c'est une fortune.
— Il y a pourtant un moyen bien simple d'amasser cinq cents francs, dit Pique-Vinaigre avec amertume : c'est de mettre son estomac au croc pendant un an... de vivre de l'air du temps et de travailler tout de même. C'est étonnant que l'avocat ne t'ait pas donné ce conseil-là...

— Tu plaisantes toujours...
— Oh ! cette fois, non !... s'écria Pique-Vinaigre avec indignation. Car enfin c'est une infamie, ça... que la loi soit trop chère pour les pauvres gens. Car te voilà, toi, brave et digne mère de famille, travaillant de toutes tes forces pour élever honnêtement tes enfants... Ton mari est un mauvais sujet fieffé ; il te bat, te gruge, te pille, dépense au cabaret l'argent que tu gagnes. Tu t'adresses à la justice... pour qu'elle te protége et que tu puisses mettre à l'abri des griffes de ce fainéant ton pain et celui de tes enfants... Les gens de loi te disent : Oui, vous avez raison ; votre mari est un mauvais drôle ; on vous fera justice... mais cette justice-là vous coûtera cinq cents francs. Cinq cents francs !... ce qu'il te faut pour vivre, toi et ta famille, presque pendant un an !... Tiens, vois-tu, Jeanne, tout ça prouve, comme dit le proverbe, qu'il n'y a que deux espèces de gens, ceux qui sont pendus et ceux qui méritent de l'être.

Rigolette, seule et pensive, n'ayant aucun interlocuteur à écouter, n'avait pas perdu un mot des confidences de cette pauvre femme, au malheur de laquelle elle sympathisait vivement. Elle se promit de raconter cette infortune à Rodolphe dès qu'elle le reverrait, ne doutant pas qu'il ne la secourût.

CHAPITRE II.

Comparaison.

Rigolette, vivement intéressée au triste sort de la sœur de Pique-Vinaigre, ne la quittait pas des yeux et allait tâcher de se rapprocher un peu d'elle, lorsque malheureusement un nouveau visiteur, entrant dans le parloir, demanda un détenu, qu'on alla chercher, et s'assit sur le banc entre Jeanne et la grisette.

Celle-ci, à la vue de cet homme, ne put retenir un geste de surprise, presque de crainte...

Elle reconnaissait en lui l'un des deux recors qui étaient venus arrêter Morel, mettant ainsi à exécution la contrainte par corps obtenue contre le lapidaire par Jacques Ferrand.

Cette circonstance, rappelant à Rigolette l'opiniâtre persécuteur de Germain, redoubla sa tristesse, dont elle avait été un peu distraite par les touchantes et pénibles confidences de la sœur de Pique-Vinaigre.

S'éloignant autant qu'elle le put de son nouveau voisin, la grisette s'appuya au mur et retomba dans ses affligeantes pensées.

— Tiens, Jeanne, reprit Pique-Vinaigre, dont la figure joviale et railleuse s'était subitement assombrie, je ne suis ni fort ni brave ; mais si je m'étais trouvé là pendant que ton mari te faisait ainsi de la misère, ça ne se serait pas passé gentiment entre lui et moi... Mais aussi tu étais par trop bonne enfant, toi...

— Que voulais-tu que je fasse ?... J'ai bien été forcée de souffrir ce que je ne pouvais pas empêcher !... Tant qu'il y a eu chez nous quelque chose à vendre, mon mari a vendu pour aller au cabaret avec sa maîtresse, tout, jusqu'à la robe du dimanche de ma petite fille.

— Mais l'argent de tes journées, pourquoi le lui donnais-tu ?... pourquoi ne le cachais-tu pas ?

— Je le cachais ; mais il me battait tant... que j'étais bien obligée de le lui donner... C'était moins à cause des coups que je lui cédais... que parce que je me disais : A la fin il n'a qu'à me blesser assez grièvement pour que je sois hors d'état de travailler de longtemps, qu'il me casse un bras, je suppose ; alors qu'est-ce que je deviendrai ?... qui soignera, qui nourrira mes enfants ?... Si je suis forcée d'aller à l'hospice, il faudra donc que ils meurent de faim pendant ce temps-là ?... Aussi tu conçois, mon frère, j'aimais encore mieux donner mon argent à mon mari, afin de n'être pas battue, blessée... et de rester bonne à travailler.

— Pauvre femme, va !... On parle de martyrs ; c'est toi qui l'as été martyre !

— Et pourtant je n'ai jamais fait de mal à personne ; je ne demandais qu'à travailler, qu'à soigner mon mari et mes enfants. Mais que veux-tu, il y a des heureux et des malheureux, comme il y a des bons et des méchants.

— Oui, et c'est étonnant comme les bons sont heureux !... Mais enfin en es-tu tout à fait débarrassée, de ton gueux de mari ?

— Je l'espère, car il ne m'a quittée qu'après avoir vendu jusqu'à mon bois de lit et au berceau de mes deux petits enfants... Mais quand je pense qu'il voulait bien pis encore...

— Quoi donc ?

— Quand je dis loi, c'était plutôt cette vilaine femme qui le poussait ; c'est pour ça que je t'en parle. Enfin un jour il m'a dit : « Quand dans un ménage il y a une jolie fille de quinze ans comme la nôtre, on est des bêtes de ne pas profiter de sa beauté. »

— Ah bon ! je comprends... Après avoir vendu les nippes, il veut vendre les corps !...

— Quand il a dit cela, vois-tu, Fortuné, mon sang n'a fait qu'un tour, et il faut dire juste, je l'ai fait rougir de honte par mes reproches ; et, comme sa mauvaise femme voulait se mêler de notre querelle en soutenant que mon mari pouvait faire de sa fille ce qu'il voulait, je l'ai traitée

si mal, cette malheureuse, que mon mari m'a battue, et c'est depuis cette scène-là que je ne les ai plus revus.

— Tiens, vois-tu, Jeanne, il y a des gens condamnés à dix ans de prison qui n'en ont pas tant fait que ton mari... Au moins ils ne dépouillaient que des étrangers... C'est un fier gueux !...

— Dans le fond, il n'est pourtant pas méchant, vois-tu. C'est de mauvaises connaissances de cabaret qui l'ont dérangé...

— Oui, il ne ferait pas de mal à un enfant ; mais à une grande personne, c'est différent...

— Enfin, que veux-tu ! Il faut bien prendre la vie comme le bon Dieu nous l'envoie... Au moins, mon mari parti, je n'avais plus à craindre d'être estropiée par un mauvais coup ; j'ai repris courage... Faute d'avoir de quoi racheter un matelas, car avant tout il faut vivre et payer son terme, et à nous deux ma fille aînée, ma pauvre Catherine, à peine nous gagnions quarante sous par jour, mes deux autres enfants étant trop petits pour rien gagner encore... faute d'un matelas, nous couchions sur une paillasse faite avec de la paille que nous ramassions à la porte d'un emballeur de notre rue.

— Et j'ai mangé ma masse !... et j'ai mangé ma masse !...

— Que veux-tu... tu ne pouvais pas savoir ma peine, puisque je ne t'en parlais pas. Enfin nous avons redoublé de travail nous deux Catherine... Pauvre enfant, si tu savais comme c'est honnête, et laborieux, et bon ! Toujours les yeux sur les miens pour savoir ce que je désire qu'elle fasse ; jamais une plainte, et pourtant... elle en a déjà vu de cette misère... quoiqu'elle n'ait que quinze ans !... Ah ! ça console de bien des choses, vois-tu, Fortuné, d'avoir une enfant pareille, dit Jeanne en essuyant ses yeux.

— C'est tout ton portrait... à ce que je vois. Il faut bien que tu aies cette consolation au moins...

— Je t'assure, va, que c'est plus pour elle que je me chagrine que pour moi ; car il n'y a pas à dire, vois-tu, depuis deux mois elle ne s'est pas arrêtée de travailler un moment. Une fois par semaine elle sort pour aller savonner, aux bateaux du Pont-au-Change, à trois sous l'heure, le peu de linge que mon mari nous a laissé : tout le reste du temps, à l'attache comme un pauvre chien... Vrai, le malheur lui est venu trop tôt. Je sais bien qu'il faut toujours qu'il vienne ; mais au moins il y en a qui ont une ou deux années de tranquillité... Ce qui me fait aussi beaucoup de chagrin dans tout ça, vois-tu, Fortuné, c'est de ne pouvoir t'aider en presque rien... Pourtant, je tâcherai...

— Ah ça ! est-ce que tu crois que j'accepterais ? Au contraire, je demandais un sou par paire d'oreilles pour leur raconter mes faribôles ; j'en demanderai deux, et ils se passeront des contes de Pique-Vinaigre, et ça t'aidera un peu dans ton ménage. Mais, j'y pense, pourquoi ne pas te mettre en garni ? comme ça ton mari ne pourrait rien vendre.

— En garni ! Mais penses-y donc : nous sommes quatre, on nous demanderait au moins vingt sous par jour ; qu'est-ce qui nous resterait pour vivre ? Tandis que notre chambre ne nous coûte que cinquante francs par an.

— Allons, c'est juste, ma fille, dit Pique-Vinaigre avec une ironie amère, travaille, éreinte-toi pour refaire un peu ton ménage ; dès que tu auras encore gagné quelque chose, ton mari te pillera de nouveau... et un beau jour il vendra ta fille comme il a vendu les nippes.

— Oh ! pour ça, par exemple, il me tuerait plutôt... Ma pauvre Catherine !

— Il ne te tuera pas, et il vendra ta pauvre Catherine. Il est ton mari, n'est-ce pas ? Il est le chef de la communauté, comme t'a dit l'avocat, tant que vous ne serez pas séparés par la loi ; et comme t'as pas cinq cents francs à donner pour ça, il est le maître, il a le droit d'emmener sa fille de chez toi et où il veut... Une fois que lui et sa maîtresse s'acharneront à perdre cette pauvre enfant, est-ce qu'il ne faudra pas qu'elle y passe ?...

— Mon Dieu !... mon Dieu !... Mais si cette infamie était possible... il n'y aurait donc pas de justice ?

— La justice ! dit Pique-Vinaigre avec un éclat de rire sardonique, c'est comme la viande... c'est trop cher pour les pauvres en mangent... Seulement, entendons-nous, s'il s'agit de les envoyer à Melun, de les mettre au carcan ou de les jeter aux galères, c'est une autre affaire, on leur donne cette justice-là gratis... Si on leur coupe le cou, c'est encore gratis... toujours gratis... Prrrrenez vos billets, ajouta Pique-Vinaigre avec son accent de bateleur. Ce n'est pas dix sous, deux sous, un sou, un centime que ça vous coûtera... non, messieurs, ça vous coûtera la bagatelle de... rien du tout... C'est à la portée de tout le monde, on ne fournit que sa tête... La coupe et la frisure sont aux frais du gouvernement... Voilà la justice gratis... Mais la justice qui empêcherait une honnête mère de famille d'être battue et dépouillée par un gueux de mari qui veut et peut faire argent de sa fille, cette justice-là coûte cinq cents francs... et il faudra t'en passer, ma pauvre Jeanne.

— Tiens, Fortuné, dit la malheureuse mère en fondant en larmes, tu me mets la mort dans l'âme...

— Et c'est qu'aussi je l'ai... la mort dans l'âme, en pensant à ton sort... à celui de ta famille... et en reconnaissant que je n'y peux rien... J'ai l'air de toujours rire... mais ne t'y trompe pas ; il y a deux sortes de gaietés, vois-tu, Jeanne, ma gaieté gaie et ma gaieté triste... Je n'ai ni la force ni le courage d'être méchant, colère ou haineux comme les autres... ça s'en va toujours chez moi en paroles plus ou moins farces. Ma poltronnerie et ma faiblesse de corps m'ont empêché de devenir pire que je suis... Il a fallu l'occasion de cette bicoque isolée, où il n'y avait pas un chat, et surtout pas un chien, pour me pousser à voler. Il a fallu encore que par hasard il ait fait un clair de lune superbe; car la nuit, et seul, j'ai une peur de tous les diables!

— C'est ce que me fait toujours te dire, mon pauvre Fortuné, que tu es meilleur que tu ne crois... Aussi j'espère que les juges auront pitié de toi...

— Pitié de moi? un libéré récidiviste? compte là-dessus! Après ça, je ne leur en veux pas : être ici, là ou ailleurs, ça m'est égal ; et puis tu as raison, je ne suis pas méchant... et ceux qui le sont, je les hais à ma manière, en me moquant d'eux ; faut croire qu'à force de conter des histoires où, pour plaire à mes auditeurs, je fais toujours en sorte que ceux qui tourmentent les autres par pure cruauté reçoivent à la fin des raclées indignes... je me serai habitué à sentir comme je raconte.

— Ils aiment des histoires pareilles, ces gens avec qui tu es... mon pauvre frère? Je n'aurais pas cru cela.

— Minute !... Si je leur contais des récits où un gaillard qui vole ou qui tue pour voler est roulé à la fin, ils ne me laisseraient pas finir ; mais s'il s'agit ou d'une femme ou d'un enfant, ou, par exemple, d'un pauvre diable comme moi qu'on jetterait par terre en soufflant dessus, et qu'il soit poursuivi à outrance par une barbe noire qui le persécute seulement pour le plaisir du persécuter, pour l'honneur, comme on dit, oh ! alors ils trépignent de joie quand à la fin du conte la barbe noire reçoit sa paye. Tiens, j'ai surtout une histoire intitulée : *Gringalet et Coupe-en-Deux*, qui faisait les délices de la centrale de Melun, et que je n'ai pas encore racontée ici. Je l'ai promise pour ce soir ; mais faudra qu'ils mettent crânement à ma tirelire, car j'en profiterai... Sans compter que je l'écrirai pour tes enfants... *Gringalet et Coupe-en-Deux*, ça les amusera; des religieuses liraient cette histoire-là, ainsi sois tranquille.

— Enfin, mon pauvre Fortuné, ce qui me console un peu, c'est de voir que tu n'es pas aussi malheureux que d'autres, grâce à ton caractère.

— Bien sûr que si j'étais comme un détenu qui est de notre chambrée, je serais malfaisant à moi-même. Pauvre garçon !... j'ai bien peur qu'avant la fin de la journée il ne saigne d'un côté ou d'un autre, ça chauffe à rouge pour lui... il y a un mauvais complot monté pour ce soir à son intention...

— Ah ! mon Dieu ! on veut lui faire du mal?... ne te mêle pas de ça, au moins, Fortuné !...

— Pas si bête !... j'attraperais des éclaboussures... C'est en allant et venant que j'ai entendu jaboter l'un et l'autre... on parlait de bâillon pour l'empêcher de crier... et puis, afin d'empêcher qu'on ne voie son exécution... ils veulent faire cercle autour de lui, en ayant l'air d'écouter un d'eux... qui sera censé lire tout haut un journal ou autre chose.

— Mais... pourquoi veut-on le maltraiter ainsi?

— Comme il est toujours seul, qu'il ne parle à personne, et qu'il a l'air dégoûté des autres, ils s'imaginent que c'est un mouchard, ce qui est très-bête ; car au contraire il se faufilerait avec tout le monde s'il voulait moucharder. Mais le fin de la chose est qu'il a l'air d'un Monsieur, et que ça les offusque. C'est le capitaine du dortoir, nommé le Squelette ambulant, qui est à la tête du complot. Il est comme un rat désossé après ce pauvre Germain ; leur bête noire s'appelle ainsi. Ma foi, qu'ils s'arrangent, ça ne les regarde, je n'y peux rien. Mais tu vois, Jeanne, voilà à quoi ça sert d'être triste en prison, tout de suite on vous suspecte ; aussi je ne l'ai jamais été, moi, suspecté. Ah çà, ma fille, assez causé, va-t'en voir chez toi si j'y suis, tu prends sur ton temps pour venir ici... moi je n'ai qu'à bavarder... toi, c'est différent... ainsi, bonsoir... Reviens de temps en temps ; tu sais que j'en serai content.

— Mon frère, encore quelques moments, je t'en prie.

— Non, non, tes enfants t'attendent. Ah çà, tu ne leur dis pas, j'espère, qu'ils sont pensionnaires ici ?

— Ils te croient aux îles, comme autrefois ma mère. De cette manière, je peux leur parler de toi.

— A la bonne heure. Ah çà ! va-t'en vite, vite.

— Oui, mais écoute, mon pauvre frère ; je n'ai pas grand'chose, pourtant je ne te laisserai pas ainsi. Tu dois avoir si froid, pas de bas, et ce mauvais gilet ! Nous t'arrangerons quelques hardes avec Catherine. Dame ! Fortuné, tu penses, ce n'est pas l'envie de bien faire pour toi qui nous manque.

— De quoi? des hardes? mais j'en ai plein mes malles. Dès qu'elles vont arriver, j'aurai de quoi m'habiller comme un prince. Allons, ris donc un peu ! Non ? Eh bien ! sérieusement, moi, Jeanne, je n'ai pas de refus... en attendant que Gringalet et Coupe-en-Deux aient rempli ma tirelire. Alors je te rendrai ça. Adieu, ma bonne Jeanne, la première fois que tu viendras, que je perde mon nom de Pique-Vinaigre si je ne te fais pas rire. Allons, va-t'en, je t'ai déjà trop retenue.

— Mais, mon frère, encore un doux...

— Mon brave, eh ! mon brave, cria Pique-Vinaigre au gardien qui était assis à l'autre bout du couloir, j'ai fini ma conversation, je voudrais rentrer, assez causé.

— Ah ! Fortuné... ce n'est pas bien... de me renvoyer ainsi, dit Jeanne.

— C'est au contraire très-bien. Allons, adieu, bon courage, et demain matin dis aux enfants que tu as rêvé de leur oncle qui est aux îles et qu'il t'a priée de les embrasser. Adieu.

— Adieu, Fortuné, dit la pauvre femme tout en larmes et en voyant son frère rentrer dans l'intérieur de la prison.

Rigolette, depuis que le recors s'était assis à côté d'elle, n'avait pu entendre la conversation de Pique-Vinaigre et de Jeanne ; mais elle n'avait pas quitté celle-ci des yeux, pensant au moyen de savoir l'adresse de cette pauvre femme, afin de pouvoir, selon sa première idée, la recommander à Rodolphe.

Lorsque Jeanne se leva du banc pour quitter le parloir, la grisette s'approcha d'elle en lui disant timidement :

— Madame, tout à l'heure, sans chercher à vous écouter, j'ai entendu que vous étiez frangeuse-passementière ?

— Oui, mademoiselle, répondit Jeanne, un peu surprise, mais prévenue en faveur de Rigolette par son air gracieux et sa charmante figure.

— Je suis couturière en robes, reprit la grisette ; maintenant que les franges et les passementeries sont à la mode, j'ai quelquefois des pratiques qui me demandent des garnitures à leur goût ; j'ai pensé qu'il serait peut-être moins cher de m'adresser à vous, qui travaillez en chambre, que de m'adresser à un marchand, et que d'un autre côté je pourrais vous donner plus que ne vous donne votre fabricant.

— C'est vrai, mademoiselle, en prenant de la soie à mon compte cela me ferait un petit bénéfice... Vous êtes bien bonne de penser à moi... je n'en reviens pas...

— Tenez, madame, je vous parlerai franchement : j'attends la personne que je viens voir ; n'ayant à causer avec personne, tout à l'heure, avant que ce monsieur se soit mis entre nous deux, sans le vouloir, je vous assure, je vous ai entendue parler à votre frère de vos chagrins, de vos enfants ; je me suis dit : Entre pauvres gens on doit s'aider. L'idée m'est venue que je pourrais vous être bonne à quelque chose, puisque vous étiez frangeuse. Si, en effet, ce que je vous propose vous convient, voici mon adresse, donnez-moi la vôtre, de façon que lorsque j'aurai une petite commande à vous faire, je saurai où vous trouver.

Et Rigolette donna une de ses adresses à la sœur de Pique-Vinaigre.

Celle-ci, vivement touchée des procédés de la grisette, dit avec effusion :

— Votre figure ne m'avait pas trompée, mademoiselle, et puis, ne prenez pas cela pour de l'orgueil, mais vous avez un faux air de ma fille aînée, ce qui fait qu'en entrant je vous avais regardée par deux fois. Je vous remercie bien : si vous m'employez, vous serez contente de mon ouvrage, ce sera fait en conscience... Je me nomme Jeanne Duport... Je demeure rue de la Barillerie, n° 1.

— N° 1... ça n'est pas difficile à retenir. Merci, madame.

— C'est à moi de vous remercier, ma chère demoiselle, c'est si bon à vous... d'avoir tout de suite pensé à m'être utile! Encore une fois, je n'en reviens pas.

— Mais c'est tout simple, madame Duport, dit Rigolette avec un charmant sourire. Puisque j'ai un faux air de votre fille Catherine, ce que vous appelez ma bonne idée ne doit pas vous étonner.

— Êtes-vous gentille... chère demoiselle ! Tenez, grâce à vous, je m'en irai au moins triste que je ne croyais ; et puis peut-être que nous nous retrouverons ici quelquefois, car vous venez comme moi voir un prisonnier.

— Oui, madame... répondit Rigolette en soupirant.

— Alors à revoir... du moins je l'espère mademoiselle... Rigolette, dit Jeanne Duport après avoir jeté les yeux sur l'adresse de la grisette.

— A revoir, madame Duport.

— Au moins, pensa Rigolette en allant se rasseoir sur son banc, je sais maintenant l'adresse de cette pauvre femme, et, bien sûr, M. Rodolphe s'intéressera à elle quand il saura combien elle est malheureuse, car il m'a toujours dit : Si vous connaissez quelqu'un de bien à plaindre, adressez-vous à moi...

Et Rigolette, se remettant à sa place, attendit avec impatience la fin de l'entretien de son voisin, afin de pouvoir faire demander Germain.

Maintenant, quelques mots sur la scène précédente.

Malheureusement, il faut l'avouer, l'indignation du misérable frère de Jeanne Duport avait été légitime... Oui... en disant que la loi était trop chère pour les pauvres, il disait vrai.

Plaider devant les tribunaux civils entraîne des frais énormes et inaccessibles aux artisans, qui vivent à grand'peine d'un salaire insuffisant.

Qu'une mère ou qu'un père de famille appartenant à cette classe toujours sacrifiée, veuillent en effet obtenir une séparation de corps ; qu'ils aient, pour l'obtenir, tous les droits possibles...

L'obtiendront-ils?

Non.

Car il n'y a pas d'ouvrier en état de dépenser de quatre à cinq cents francs pour les onéreuses formalités d'un tel jugement.

Pourtant le pauvre n'a d'autre vie que la vie domestique ; la bonne ou mauvaise conduite d'un chef de famille d'artisans n'est pas seulement une question de moralité, c'est une question de PAIN.

Le sort d'une femme du peuple, tel que nous venons d'essayer de le peindre, mérite-t-il donc moins d'intérêt, moins de protection, que celui d'une femme riche qui souffre des désordres ou des infidélités de son mari ?

Rien de plus digne de pitié, sans doute, que les douleurs de l'âme.

Mais lorsqu'à ces douleurs se joint, pour une malheureuse mère, la misère de ses enfants, n'est-il pas monstrueux que la pauvreté de cette femme la mette hors la loi, et la livre sans défense, elle et sa famille, aux odieux traitements d'un mari fainéant et corrompu ?

Et cette monstruosité existe.

Et un repris de justice peut, dans cette circonstance comme dans d'autres, nier avec droit et logique l'impartialité des institutions au nom desquelles il est condamné.

Est-il besoin de dire ce qu'il y a de dangereux pour la société à justifier de pareilles attaques ?

Quelle sera l'influence, l'autorité morale de ces lois, dont l'application est absolument subordonnée à une question d'argent ?

La justice civile, comme la justice criminelle, ne devrait-elle pas être accessible à tous ?

« Lorsque des gens sont trop pauvres pour pouvoir invoquer le bénéfice d'une loi éminemment préservatrice et tutélaire, la société ne devrait-elle pas, à ses frais, en assurer l'application, par respect pour l'honneur et pour le repos des familles ?

Mais laissons cette femme qui restera toute sa vie la victime d'un mari brutal et perverti, parce qu'elle est trop pauvre pour faire prononcer sa séparation de corps par la loi.

Parlons du frère de Jeanne Duport.

Ce réclusionnaire libéré sort d'un autre de corruption pour rentrer dans le monde ; il a subi sa peine, payé sa dette par l'expiation.

Quelles précautions la société a-t-elle prises pour l'empêcher de retomber dans le crime ?

Aucune...

Lui a-t-on, avec une charitable prévoyance, rendu possible le retour au bien, afin de pouvoir sévir, ainsi que l'on sévit d'une manière terrible, s'il se montre incorrigible ?

Non...

La perversité contagieuse de vos geôles est tellement connue, est si justement redoutée, que celui qui en sort est partout un sujet de mépris, d'aversion et d'épouvante : serait-il vingt fois homme de bien, il ne trouvera presque nulle part de l'occupation.

De plus, votre surveillance flétrissante l'exile dans de petites localités où ses antécédents doivent être immédiatement connus, et où il n'aura aucun moyen d'exercer les industries exceptionnelles souvent imposées aux détenus par les fermiers de travail des maisons centrales.

Si le libéré a eu le courage de résister aux tentations mauvaises, il se livrera donc à l'un de ces métiers homicides dont nous avons parlé, à la préparation de certains produits chimiques dont l'influence mortelle décime ceux qui exercent ces funestes professions (1), ou bien encore, s'il

(1) On vient de trouver, assure-t-on, le moyen de préserver les malheureux ouvriers voués à ces effroyables industries. (Voir le *Mémoire descriptif d'un nou-*

Fuite de Cecily. — PAGE 272.

en a la force, il ira extraire du grès dans la forêt de Fontainebleau, métier auquel on résiste, terme moyen, six ans !!!

La condition d'un libéré est donc beaucoup plus fâcheuse, plus pénible, plus difficile qu'elle ne l'était avant sa première faute : il marche entouré d'entraves, d'écueils ; il lui faut braver la répulsion, les dédains, souvent même la plus profonde misère...

Et s'il succombe à toutes ces chances effrayantes de criminalité, et s'il commet un second crime, vous vous montrez mille fois plus sévères envers lui que pour sa première faute...

Cela est injuste... car c'est presque toujours la nécessité que vous lui faites qui le conduit à un second crime.

Oui, car il est démontré qu'au lieu de corriger, votre système pénitentiaire dépraye.

Au lieu d'améliorer, il empire...

Au lieu de guérir de légères affections morales, il les rend incurables.

Votre aggravation de peine, impitoyablement appliquée à la récidive, est donc inique, barbare, puisque cette récidive est, pour ainsi dire, une conséquence forcée de vos institutions pénales.

Le terrible châtiment qui frappe les récidivistes serait juste et logique, si vos prisons moralisaient, épuraient les détenus, et si à l'expiration de leur peine une bonne conduite leur était, sinon facile, du moins généralement possible...

Si l'on s'étonne de ces contradictions de la loi, que sera-ce donc lorsque l'on comparera certains délits à certains crimes, soit à cause de leurs suites inévitables, soit à cause des disproportions exorbitantes qui existent entre les punitions dont ils sont atteints ?

L'entretien du prisonnier que venait visiter le recors nous offrira un de ces affligeants contrastes.

CHAPITRE III.

Maître Boulard.

Le détenu qui entra dans le parloir au moment où Pique-Vinaigre en sortait était un homme de trente ans environ, aux cheveux d'un blond ardent, à la figure joviale, pleine et rubiconde ; sa taille moyenne rendait plus remarquable encore son énorme embonpoint. Ce prisonnier, si vermeil et si obèse, s'enveloppait dans une longue et chaude redingote de molleton gris, pareille à son pantalon à pieds ; une sorte de casquette-chaperon en velours rouge, dite à la Pérínet-Leclerc, complétait le costume de ce personnage, qui portait d'excellentes pantoufles fourrées. Quoique la mode des breloques fût passée depuis longtemps, il laissait voir à sa montre soutenant bon nombre de cachets montés en pierres fines ; enfin plusieurs bagues enrichies d'assez belles pierreries brillaient aux grosses mains rouges de ce détenu nommé maître Boulard, huissier prévenu d'abus de confiance.

veau procédé de FABRICATION DE BLANC DE CÉRUSE, *présenté à l'Académie des sciences par M* J.-N. Gannal.

Son interlocuteur était, nous l'avons dit, Pierre Bourdin, l'un des gardes du commerce chargés d'opérer l'arrestation de Morel le lapidaire. Ce recors était ordinairement employé par maître Boulard, huissier de M. Petit-Jean, prête-nom de Jacques Ferrand.

Bourdin, plus petit et aussi replet que l'huissier, se modelait selon ses moyens sur son patron, dont il admirait la magnificence. Affectionnant comme lui les bijoux, il portait ce jour-là une superbe épingle de topaze, et un long jaseron d'or serpentait, paraissait et disparaissait entre les boutonnières de son gilet.

— Bonjour, fidèle Bourdin, j'étais bien sûr que vous ne manqueriez pas à l'appel, dit joyeusement maître Boulard d'une petite voix grêle qui contrastait singulièrement avec son gros corps et sa large figure fleurie.

— Manquer à l'appel! répondit le recors; j'en étais incapable, mon général.

C'est ainsi que Bourdin, par une plaisanterie à la fois familière et respectueuse, appelait l'huissier sous les ordres duquel il instrumentait, cette locution militaire étant d'ailleurs assez souvent usitée parmi certaines classes d'employés et de praticiens civils.

— Je vois avec plaisir que l'amitié reste fidèle à l'infortune, dit maître Boulard avec une gaieté cordiale; pourtant je commençais à m'inquiéter, voilà trois jours que je vous avais écrit, et pas de Bourdin...

— Figurez-vous, mon général, que c'est toute une histoire. Vous vous rappelez bien ce beau vicomte de la rue de Chaillot?

— Saint-Remy?

— Justement! Vous savez comme il se moquait de nos prises de corps?

— Il en était indécent...

— A qui le dites-vous? nous deux Malicorne nous en étions comme abrutis, si c'est possible.

— C'est impossible, brave Bourdin.

— Heureusement, mon général; mais voici le fait : ce beau vicomte a monté en titre.

— Il est devenu comte?

— Non! d'escroc il est devenu voleur.

— Ah! bah!

— On est à ses trousses pour les diamants qu'il a effarouchés. Et, par parenthèse, ils appartenaient au joaillier qui employait cette vermine de Morel, le lapidaire, que nous allions pincer rue du Temple, lorsqu'un grand mince à moustaches noires a payé pour ce meurt-de-faim, et a manqué de nous jeter du haut en bas des escaliers, nous deux Malicorne.

— Ah! oui, je me souviens... vous m'avez raconté cela, mon pauvre Bourdin... c'était fort drôle. Le meilleur de la farce a été que la portière de la maison vous a vidé sur le dos une écuelle de soupe bouillante.

— Y compris l'écuelle, général, qui a éclaté comme une bombe à nos pieds. Vieille sorcière!

Sarah Mac-Gregor.

— Ça comptera sur vos états de services et blessures. Mais ce beau vicomte?

— Je vous disais donc que Saint-Remy était poursuivi pour vol... après avoir fait croire à son bon enfant de père qu'il avait voulu se brûler la cervelle. Un agent de police de mes amis, sachant que j'avais longuement traqué ce vicomte, m'a demandé si je ne pourrais pas le renseigner, le mettre sur la trace de ce mirliflor. Justement j'avais su trop tard, lors de la dernière contrainte par corps à laquelle il avait échappé, qu'il s'était terré dans une ferme à Arnouville, à cinq lieues de Paris... Mais quand nous y étions arrivés... il n'était plus temps... L'oiseau avait déniché!

— D'ailleurs il a, le surlendemain, payé cette lettre de change, grâce à certaine grande dame, dit-on.

— Oui, général,..., mais, c'est égal, je connaissais le nid, il s'était déjà une fois caché là... il pouvait bien s'y être caché une seconde... c'est ce que j'ai dit à mon ami l'agent de police. Celui-ci m'a proposé de lui donner un coup de main..... en amateur... et de le conduire à la ferme..... Je n'avais pas d'occupation... ça me faisait une partie de campagne... j'ai accepté.

— Eh bien! le vicomte?...

— Introuvable! Après avoir d'abord rôdé autour de la ferme, et nous y être ensuite introduits, nous sommes revenus, Jeans comme devant... c'est ce qui fait que je n'ai pas pu me rendre plus tôt à vos ordres, mon général.

— J'étais bien sûr qu'il y avait impossibilité de votre part, mon brave.

— Mais, sans indiscrétion, comment diable vous trouvez-vous ici?

— Des canailles, mon cher... une nuée de canailles, qui, pour une misère d'une soixantaine de mille francs dont ils se prétendent dépouillés, ont porté plainte contre moi en abus de confiance, et me forcent de me défaire de ma charge...

— Vraiment! général? ah bien! en voilà un malheur! comment, nous ne travaillerons plus pour vous?

— Je suis à la demi-solde, mon brave Bourdin... me voici sous la remise.

— Mais qui est-ce donc que ces acharnés-là?

— Figurez-vous qu'un des plus forcenés contre moi est un voleur libéré, qui m'avait donné à recouvrer le montant d'un billet de sept cents mauvais francs, pour lequel il fallait poursuivre. J'ai poursuivi, j'ai été payé, j'ai encaissé l'argent... et parce que, par suite d'opérations qui ne m'ont pas réussi, j'ai fricassé cette somme ainsi que beaucoup d'autres, toute cette canaille a tant piaillé qu'on a lancé contre moi un mandat d'amener, et que vous me voyez ici, mon brave, ni plus ni moins qu'un malfaiteur...

— Si ça ne fait pas suer, mon général... vous!

— Mon Dieu, oui ; mais ce qu'il y a de plus curieux, c'est que ce libéré m'a écrit, il y a quelques jours, que cet argent étant sa seule ressource pour les jours mauvais, et que ces jours mauvais étant arrivés... (je ne sais pas ce qu'il entend par là), j'étais responsable des crimes qu'il pourrait commettre pour échapper à la misère.

— C'est charmant, parole d'honneur !

— N'est-ce pas ? rien de plus commode... le drôle est capable de dire cela pour son excuse... Heureusement la loi ne connaît pas ces complicités-là.

— Après tout, vous n'êtes prévenu que d'abus de confiance, n'est-ce pas, mon général ?

— Certainement ! est-ce que vous me prendriez pour un voleur, maître Bourdin ?

— Ah ! par exemple, général ! Je voulais vous dire qu'il n'y avait rien de grave là-dedans ; après tout, il n'y a pas de quoi fouetter un chat.

— Est-ce que j'ai l'air désespéré, mon brave ?

— Pas du tout ; je ne vous ai jamais trouvé meilleure mine. Au fait, si vous êtes condamné, vous en aurez pour deux ou trois mois de prison et 25 francs d'amende. Je connais mon Code.

— Et ces deux ou trois mois de prison... j'obtiendrai, j'en suis sûr, de les passer bien à mon aise dans une maison de santé. J'ai un député dans ma manche.

— Oh ! alors... votre affaire est sûre.

— Tenez, Bourdin, aussi je ne peux m'empêcher de rire ; ces imbéciles qui m'ont fait mettre ici seront bien avancés, ils ne verront pas davantage un sou de l'argent qu'ils réclament. Ils me forcent de vendre ma charge, ça m'est égal, je suis censé le devoir à mon prédécesseur, comme vous dites. Vous voyez, c'est encore ces Gogos qui seront les dindons de la farce, comme dit Robert-Macaire.

— Mais ça me fait cet effet-là, général ; tant pis pour eux.

— Ah ça ! mon brave, venons au sujet qui m'a fait vous prier de venir me voir : il s'agit d'une mission délicate, d'une affaire de femme, maître Boulard avec une fatuité mystérieuse.

— Ah ! scélérat de général, et vous reconnais bien là ! de quoi s'agit-il ? comptez sur moi.

— Je m'intéresse particulièrement à une jeune artiste des Folies-Dramatiques : je paye son terme, et, en échange, elle me paye de retour, du moins je le crois ; car, mon brave, vous le savez, souvent les absents ont tort. Or je tiendrais d'autant plus à savoir si j'ai tort, qu'Alexandrine (elle s'appelle Alexandrine) m'a fait demander quelques fonds. Je n'ai jamais été chiche avec les femmes ; mais, écoutez donc, je n'aime pas à être dindonné. Ainsi, avant de faire le libéral avec cette chère amie, je voudrais savoir si elle le mérite par sa fidélité. Je sais qu'il n'y a rien de plus rococo, de plus perruque, que la fidélité ; mais c'est un faible que j'ai comme ça. Vous me rendriez donc un service d'ami, mon cher camarade, si vous pouviez pendant quelques jours surveiller mes amours et me mettre à même de savoir à quoi m'en tenir, soit en faisant jaser la portière d'Alexandrine, soit...

— Suffit, mon général, répondit Bourdin en interrompant l'huissier ; ceci n'est pas plus malin que de surveiller, épier, et dépister un débiteur. Reposez-vous sur moi ; je saurai si mademoiselle Alexandrine donne des coups de canif dans le contrat, ce qui me parait guère probable, car, sans vous commander, mon général, vous êtes trop bel homme et trop généreux pour qu'on ne vous adore pas.

— J'ai beau dire bel homme, je suis absent, mon cher camarade, et c'est un grand tort ; enfin je compte sur vous pour savoir la vérité.

— Vous la saurez, je vous en réponds.

— Ah ! mon cher camarade, comment vous exprimer ma reconnaissance ?

— Allons donc, mon général !

— Il est bien entendu, mon brave Bourdin, que dans cette circonstance-là vos honoraires seront ce qu'ils seraient pour une prise de corps.

— Mon général, je ne le souffrirai pas ; tant que j'ai exercé sous vos ordres, ne m'avez-vous pas toujours laissé poindre le débiteur jusqu'au vif, doubler, tripler les frais d'arrestation, frais dont vous poursuiviez ensuite le payement avec autant d'activité que s'ils vous eussent été dus à vous-même ?

— Mais, mon cher camarade, ceci est différent, et à mon tour je ne souffrirai pas...

— Mon général, vous m'humilieriez si vous ne me permettiez pas de vous offrir ces renseignements sur mademoiselle Alexandrine comme une faible preuve de ma reconnaissance.

— À la bonne heure ; je ne lutterai plus longtemps avec vous de générosité. Au reste, votre dévouement me sera une douce récompense du *moelleux* que j'ai toujours mis dans nos relations d'affaires.

— C'est bien comme cela que je l'entends, mon général ; mais ne pourrai-je pas vous être bon à autre chose ? Vous devez être horriblement mal ici, vous qui tenez tant à vos aises ! Vous êtes à la *pistole* (1), j'espère ?

— Certainement ; et je suis arrivé à temps, car j'ai eu la dernière chambre vacante ; les autres sont comprises dans les réparations qu'on

(1) En chambre particulière. — Les prévenus qui peuvent faire cette dépense obtiennent cet avantage.

fait à la prison. Je me suis installé le mieux possible dans ma cellule ; je n'y suis pas trop mal : j'ai un poêle, j'ai fait venir un bon fauteuil, je fais trois longs repas, je digère, je me promène et je dors. Sauf les inquiétudes que me donne Alexandrine, vous voyez que je ne suis pas trop à plaindre.

— Mais pour vous qui êtes si gourmand, général, les ressources de la prison sont bien maigres.

— Et le marchand de comestibles qui est dans ma rue n'a-t-il pas été créé comme qui dirait à mon intention ? Je suis en compte ouvert avec lui, et tous les deux jours il m'envoie une bourriche soignée ; et à ce propos, puisque vous êtes en train de me rendre service, priez donc la marchande, cette brave petite madame Michonneau, qui par parenthèse n'est pas piquée des vers ..

— Ah ! scélérat, scélératissime de général !...

— Voyons, mon cher camarade, pas de mauvaises pensées, dit l'huissier avec une nuance de fatuité, je suis seulement bonne pratique et bon voisin. Donc, priez la chère madame Michonneau de mettre dans mon panier de demain un pâté de thon mariné... c'est la saison, ça me changera et ça fait boire.

— Excellente idée !...

— Et puis, que madame Michonneau me renvoie un panier de vins composé, bourgogne, champagne et bordeaux, pareil au dernier, elle saura ce que ça veut dire, et qu'elle y ajoute deux bouteilles de son vieux cognac de 1817 et une livre de pur moka frais grillé et frais moulu.

— Je vais écrire la date de l'eau-de-vie pour ne rien oublier, dit Bourdin en tirant son carnet de sa poche.

— Puisque vous écrivez, mon cher camarade, ayez donc aussi la bonté de demander chez moi mon édredon.

— Tout ceci sera exécuté à la lettre, mon général ; soyez tranquille, me voilà un peu rassuré sur votre nourriture. Mais vos promenades, vous les faites pêle-mêle avec ces brigands de détenus ?

— Oui, je suis très-gai, très-animé ; je descends de chez moi après déjeuner, je vais tantôt dans une cour, tantôt dans une autre, et, comme vous dites, je m'encanaille. C'est Régence, c'est Porcheron ! Je vous assure qu'au fond ils paraissent très-braves gens ; il y a de fort amusants. Les plus féroces sont rassemblés dans ce qu'on appelle la Fosse aux Lions. Ah ! mon cher camarade, quelles figures patibulaires ! Il y a entre autres un nommé le Squelette, je n'ai jamais rien vu de pareil.

— Quel drôle de nom !

— Il est si maigre, ou plutôt si décharné, que ça n'est pas un sobriquet, je vous dis qu'il est effrayant ; par là-dessus il est prévôt de sa chambrée. C'est bien le plus grand scélérat... il sort du bagne, et il a encore volé et assassiné ; mais son dernier meurtre est si horrible qu'il sait bien qu'il sera condamné à mort sans rémission, mais il s'en moque comme de Colin-Tampon.

— Quel bandit !

— Tous les détenus l'admirent et tremblent devant lui. Je me suis mis tout de suite dans ses bonnes grâces en lui donnant des cigares ; aussi il m'a pris en amitié et il m'apprend l'argot. Je fais des progrès.

— Ah ! ah ! quelle bonne farce ! mon général qui apprend l'argot !

— Je vous dis que je m'amuse comme un bossu ; ces gaillards-là m'adorent, il y en a même qui me tutoient... Je ne suis pas fier, moi, comme un petit monsieur nommé Germain, un va-nu-pieds qui n'a pas seulement le moyen d'être à la pistole, et qui se mêle de faire le dégoûté, le grand seigneur avec eux.

— Mais il doit être enchanté de trouver un homme aussi comme il faut que vous pour causer avec lui, s'il est si dégoûté des autres ?

— Bah ! il n'a pas eu l'air seulement de remarquer que j'étais ; mais, l'eût-il remarqué, que je me serais bien gardé de répondre à ses avances. C'est la bête noire de la prison... Ils lui joueront tôt ou tard un mauvais tour, et je n'ai pardieu pas envie de partager l'aversion dont il est l'objet.

— Vous avez bien raison.

— Ça me gâterait ma récréation ; car ma promenade avec les détenus est une véritable récréation. Seulement ces brigands-là n'ont pas grande opinion de moi, moralement.. Vous comprenez, un prévenu de simple abus de confiance... c'est une misère pour des gaillards pareils... Aussi ils me regardent comme bien peu, ainsi que dit Arnal.

— En effet, auprès de ces matadors de crimes, vous êtes..

— Un véritable agneau pascal, mon cher camarade... Ah ça ! puisque vous êtes si obligeant, n'oubliez pas mes commissions.

— Soyez tranquille, mon général :
1° Mademoiselle Alexandrine ;
2° Le pâté de poisson et le panier de vin ;
3° Le vieux cognac de 1817, le café en poudre et l'édredon... vous aurez tout cela... Il n'y a pas autre chose ?

— Ah ! si, j'oubliais !... Vous savez bien où demeure M. Badinot ?

— L'agent d'affaires ? oui.

— Eh bien ! veuillez lui dire que je compte toujours sur son obligeance pour me trouver un avocat comme il me le faut pour ma cause... que je ne regarderai pas à un billet de mille francs.

— Je verrai M. Badinot, soyez tranquille, mon général ; ce soir toutes

vos commissions seront faites, et demain vous recevrez ce que vous me demandez. A bientôt, et bon courage, mon général.
— Au revoir, mon cher camarade.

Et le détenu quitta le parloir d'un côté, le visiteur de l'autre.

Maintenant comparez le crime de Pique-Vinaigre, récidiviste, au délit de maître Boulard, huissier.

Comparez le point de départ de tous deux et les raisons, les nécessités qui ont pu les pousser au mal.

Comparez enfin le châtiment qui les attend.

Sortant de prison, inspirant partout l'éloignement et la crainte, le libéré n'a pu exercer, dans la résidence qu'on lui avait assignée, le métier qu'il savait ; il espérait se livrer à une profession dangereuse pour sa vie, mais appropriée à ses forces : cette ressource lui a manqué.

Alors il rompt son ban, revient à Paris, comptant y cacher plus facilement ses antécédents et trouver du travail.

Il arrive épuisé de fatigue, mourant de faim ; par hasard il découvre qu'une somme d'argent est déposée dans une maison voisine, il cède à une détestable tentation, il force un volet, ouvre un meuble, vole cent francs et se sauve.

On l'arrête, il est prisonnier... Il sera jugé, condamné.

Comme récidiviste, quinze ou vingt ans de travaux forcés et l'exposition, voilà ce qui l'attend. Il le sait.

Cette peine formidable, il la mérite.

La propriété est sacrée. Celui qui, la nuit, brise votre porte pour s'emparer de votre avoir, doit subir un châtiment terrible.

En vain le coupable objectera-t-il le manque d'ouvrage, la misère, la position exceptionnelle, difficile, intolérable, le besoin que sa condition de libéré lui impose... Tant pis, la loi est une ; la société, pour son salut et pour son repos, veut et doit être armée d'un pouvoir sans bornes, et impitoyablement réprimer ces attaques audacieuses contre le bien d'autrui.

Oui, ce misérable, ignorant et abruti, ce récidiviste corrompu et dédaigné a mérité son sort.

Mais que méritera donc celui qui, intelligent, riche, instruit, entouré de l'estime de tous, revêtu d'un caractère officiel, volera, non pas pour manger, mais pour satisfaire à de fastueux caprices ou pour tenter les chances de l'agiotage ?

Volera, non pas cent francs... mais volera cent mille francs... un million ?...

Volera, non pas la nuit au péril de sa vie, mais volera tranquillement au grand jour, à la face de tous ?...

Volera... non pas un inconnu qui aura mis son argent sous la sauvegarde d'une serrure... mais volera un client qui aura mis forcément son argent sous la sauvegarde de la probité de l'officier public que la loi désigne, impose à sa confiance ?...

Quel châtiment terrible méritera donc celui-là qui, au lieu de voler une petite somme presque par nécessité... volera par luxe une somme considérable ?

Ne serait-ce déjà pas une injustice criante de ne lui appliquer qu'une peine égale à celle qu'on applique au récidiviste poussé à bout par la misère, au vol par le besoin ?

Allons donc ! dira la loi...

Comment appliquer à un homme bien élevé la même peine qu'à un vagabond ? Fi donc !...

Comparer un délit de bonne compagnie avec une ignoble effraction ? Fi donc !...

Après tout, de quoi s'agit-il ? répondra, par exemple, maître Boulard d'accord avec la loi :

— « En vertu des pouvoirs que me confère mon office, j'ai touché pour vous une somme d'argent ; cette somme, je l'ai dissipée, détournée, il n'en reste pas une obole : mais n'allez pas croire que la misère m'ait poussé à cette spoliation ! Suis-je un mendiant, un nécessiteux ? Dieu merci, non, j'avais et j'ai de quoi vivre largement. Oh ! rassurez-vous, mes visées étaient plus hautes et plus fières... Muni de votre argent, je me suis audacieusement élancé dans la sphère éblouissante de la spéculation ; je pouvais doubler, tripler la somme à mon profit, si la fortune m'eût souri... malheureusement elle m'a été contraire ! vous voyez bien que j'y perds autant que vous... »

Encore une fois, semble dire la loi, cette spoliation, leste, nette, preste et cavalière, faite au grand soleil, a-t-elle quelque chose de commun avec ces rapines nocturnes, ces bris de serrures, ces effractions de portes, ces fausses clefs, ces leviers, sauvage et grossier appareil de misérables voleurs du plus bas étage ?

Les crimes ne changent-ils pas de pénalité, même de nom, lorsqu'ils sont commis par certains privilégiés ?

Un malheureux dérobe un pain chez un boulanger, en cassant un carreau... une servante dérobe un mouchoir ou un louis à ses maîtres : cela, bien et dûment appelé vol avec circonstances aggravantes et infamantes, est du ressort de la cour d'assises.

Et cela est juste, surtout pour le dernier cas.

Le serviteur qui vole son maître est doublement coupable : il fait presque partie de la famille ; la maison lui est ouverte à toute heure, il trahit indignement la confiance qu'on a en lui ; c'est cette trahison que la loi frappe d'une condamnation infamante.

Encore une fois, rien de plus juste, de plus moral.

Mais qu'un huissier, mais qu'un officier public quelconque vous dérobe l'argent que vous avez forcément confié à sa qualité officielle, non seulement ceci n'est plus assimilé au vol domestique ou au vol avec effraction, mais ceci n'est pas même qualifié vol par la loi.

— Comment ?

Non, sans doute ! vol... ce mot est par trop brutal... il sent trop son mauvais lieu... vol !... fi donc ! abus de confiance, à la bonne heure ! c'est plus délicat, plus décent et plus en rapport avec la condition sociale, la considération de ceux qui sont exposés à commettre... ce délit ! car cela s'appelle délit... Crime serait aussi trop brutal.

Et puis, distinction importante :

Le crime ressort de la cour d'assises...

L'abus de confiance, de la police correctionnelle.

O comble de l'équité ! ô comble de la justice distributive ! répétons-le : un serviteur vole un louis à son maître, un affamé brise un carreau pour voler un pain... voilà des crimes, vite aux assises.

Un officier public dissipe ou détourne un million, c'est un abus de confiance... un simple tribunal de police correctionnelle doit en connaître.

En fait, en droit, en raison, en logique, en humanité, en morale, cette effrayante différence entre les pénalités est-elle justifiée par la dissemblance de criminalité ?

En quoi le vol domestique, puni d'une peine infamante, diffère-t-il de l'abus de confiance, puni d'une peine correctionnelle ?

Est-ce parce que l'abus de confiance entraîne presque toujours la ruine des familles ?

Qu'est-ce donc qu'un abus de confiance, sinon un vol domestique, mille fois aggravé par ses conséquences effrayantes et par le caractère officiel de celui qui le commet ?

Ou bien encore en quoi un vol avec effraction est-il plus coupable qu'un vol avec abus de confiance ?

Comment ! vous osez déclarer que la violation morale du serment de ne jamais forfaire à la confiance que la société est forcée d'avoir en vous, est moins criminelle que la violation matérielle d'une porte ?

Oui, on l'ose.

Oui, la loi est ainsi faite...

Oui, plus les crimes sont graves, plus ils compromettent l'existence des familles, plus ils portent atteinte à la sécurité, à la moralité publique... moins ils sont punis.

De sorte que plus les coupables ont de lumières, d'intelligence, de bien-être et de considération, plus la loi se montre indulgente pour eux...

De sorte que la loi réserve ses peines les plus terribles, les plus infamantes pour les misérables qui ont, nous ne voudrions pas dire pour excuse... mais qui ont du moins pour prétexte l'ignorance, l'abrutissement, la misère où on les laisse plongés.

Cette partialité de la loi est barbare et profondément immorale.

Frappez impitoyablement le pauvre s'il attente au bien d'autrui, mais frappez impitoyablement aussi l'officier public qui attente au bien de ses clients.

Qu'on n'entende donc plus des avocats excuser, défendre et faire absoudre (car c'est absurde que de condamner à si peu) des gens coupables de spoliations infâmes, par des raisons analogues à celles-ci :

« — Mon client ne nie pas avoir dissipé les sommes dont il s'agit ; il sait dans quelle détresse son abus de confiance a plongé une honorable famille ; mais que voulez-vous ! mon client a l'esprit aventureux, il aime à courir les chances des entreprises audacieuses, et, une fois qu'il s'est lancé dans les spéculations, dans la fièvre de l'agiotage le saisit, il ne fait plus aucune différence entre ce qui est à lui et ce qui est aux autres. »

Ce qui, on le voit, est parfaitement consolant pour ceux qui sont dépouillés, et singulièrement rassurant pour ceux qui sont en position de l'être.

Il nous semble pourtant qu'un avocat serait assez mal venu en cour d'assises s'il présentait environ cette défense :

« — Mon client ne nie pas avoir crocheté un secrétaire pour y voler la somme dont il s'agit ; mais que voulez-vous ! il aime la bonne chère, il adore les femmes, il chérit le bien-être et le luxe : or, une fois qu'il est dévoré de cette soif de plaisirs, il ne fait plus aucune différence entre ce qui est à lui et ce qui est aux autres. »

Et nous maintenons la comparaison exacte entre le voleur et le spoliateur. Celui-ci n'agiote que dans l'espoir du gain, et il ne désire ce gain que pour augmenter sa fortune ou ses jouissances.

Résumons notre pensée...

Nous voudrions que, grâce à une réforme législative, l'abus de confiance, commis par un officier public, fût qualifié vol, et assimilé, pour le minimum de la peine, au vol domestique ; et, pour le maximum, au vol avec effraction et récidive.

La compagnie à laquelle appartiendrait l'officier public serait responsable des sommes qu'il aurait volées en sa qualité de mandataire forcé et salarié.

Voici, du reste, un rapprochement qui servira de corollaire à cette digression... Après les faits que nous allons citer, tout commentaire devient inutile.

14.

Seulement, on se demande si l'on vit dans une société civilisée ou dans un monde barbare.

On lit dans le *Bulletin des Tribunaux* du 17 février 1843, à propos d'un appel interjeté par un huissier condamné pour abus de confiance :

« La Cour, adoptant les motifs des premiers juges,

« Et attendu que les écrits produits pour la première fois devant la Cour, par le prévenu, sont impuissants pour détruire et même pour affaiblir les faits qui ont été constatés devant les premiers juges ;

« Attendu qu'il est prouvé que le prévenu, en sa qualité d'huissier, comme mandataire forcé et salarié, a reçu des sommes d'argent pour trois de ses clients ; qu'il a abusé de leur confiance, et qu'il a commis le délit prévu et puni par les art. 408 et 406 du Code pénal, etc., etc. ;

« Confirme la condamnation à deux mois de prison et vingt-cinq francs d'amende. »

Quelques lignes plus bas, dans le même journal, on lisait le même jour :

« — Cinquante-trois ans de travaux forcés.

« Le 13 septembre dernier, un vol de nuit fut commis avec escalade et effraction dans une maison habitée par les époux Bresson, marchands de vin au village d'Ivry.

« Des traces récentes attestaient qu'une échelle avait été appliquée contre le mur de la maison, et l'un des volets de la chambre dévalisée, donnant sur la rue, avait cédé sous l'effort d'une effraction vigoureuse.

« Les objets enlevés étaient en eux-mêmes moins considérables par la valeur que par le nombre : c'étaient de mauvaises hardes, de vieux draps de lit, des chaussures éculées, deux casseroles trouées, et, pour tout énumérer, deux bouteilles d'absinthe blanche de Suisse.

« Ces faits, imputés au prévenu Tellier, ayant été pleinement justifiés aux débats, M. l'avocat général a requis toute la sévérité de la loi contre l'accusé, à cause surtout de son état particulier de récidive légale.

« Aussi, le jury ayant rendu son verdict de culpabilité sur toutes les questions, sans circonstances atténuantes, la cour a condamné Tellier à vingt années de travaux forcés et à l'exposition. »

Ainsi, pour l'officier public spoliateur : — Deux mois de prison..
Pour le libéré récidiviste : — Vingt ans de travaux forcés et l'exposition.

Qu'ajouter à ces faits?... Ils parlent d'eux-mêmes...

Quelles tristes et sérieuses réflexions (nous l'espérons, du moins) ne soulèveront-ils pas ?

Fidèle à sa promesse, le vieux gardien avait été chercher Germain.

Lorsque l'huissier Boulard fut rentré dans l'intérieur de la prison, la porte du couloir s'ouvrit, Germain y entra, et Rigolette ne fut plus séparée de son pauvre protégé que par un léger grillage de fil de fer.

CHAPITRE IV.

François Germain.

Les traits de Germain manquaient de régularité, mais on ne pouvait voir une figure plus intéressante ; sa tournure était distinguée, sa taille svelte ; ses vêtements simples, mais propres (un pantalon gris et une redingote noire boutonnée jusqu'au cou), ne se ressentaient en rien de l'incurie sordide où s'abandonnent généralement les prisonniers ; ses mains blanches et nettes témoignaient d'un soin pour sa personne qui avait encore augmenté l'aversion des autres détenus à son égard ; car la perversité morale se joint presque toujours à la saleté physique.

Ses cheveux châtains, naturellement bouclés, qu'il portait longs et séparés sur le côté du front, selon la mode du temps, encadraient sa figure pâle et abattue ; ses yeux, d'un beau bleu, annonçaient la franchise et la bonté ; son sourire, à la fois doux et triste, exprimait la bienveillance et une mélancolie habituelle ; car, quoique bien jeune, ce malheureux avait été déjà cruellement éprouvé.

En un mot, rien de plus touchant que cette physionomie souffrante, affectueuse, résignée, comme aussi rien de plus honnête, de plus loyal que le cœur de ce jeune homme.

La cause même de son arrestation (en le dépouillant des aggravations calomnieuses dues à la haine de Jacques Ferrand) prouvait la bonté de Germain et n'accusait qu'un moment d'entraînement et d'imprudence coupable sans doute, mais pardonnable, puisque l'on songe que le fils de madame Georges pouvait remplacer le lendemain matin la somme momentanément prise dans la caisse du notaire pour sauver Morel le lapidaire.

Germain rougit légèrement, lorsqu'à travers le grillage du parloir il aperçut le frais et charmant visage de Rigolette.

Celle-ci, selon sa coutume, voulait paraître joyeuse, pour encourager et égayer un peu son protégé ; mais la pauvre enfant dissimulait mal le chagrin et l'émotion qu'elle ressentait toujours dès son entrée dans la prison.

Assise sur un banc, de l'autre côté de la grille, elle tenait sur ses genoux son cabas de paille.

Le vieux gardien, au lieu de rester dans le couloir, alla s'établir auprès d'un poêle, à l'extrémité de la salle ; au bout de quelques moments il s'endormit.

Germain et Rigolette purent donc causer en liberté.

— Voyons, monsieur Germain, dit la grisette en approchant le plus possible son gentil visage de la grille pour mieux examiner les traits de son ami, voyons, je serai contente de votre figure... Est-elle bien triste ?... Hum !... hum !... comme cela... Prenez garde... je me fâcherai...

— Que vous êtes bonne !... Venir encore aujourd'hui !

— Encore ! mais c'est un reproche, cela...

— Ne devrais-je pas, en effet, vous reprocher de tant faire pour moi, pour moi qui ne peux rien... que vous dire merci ?

— Erreur, monsieur ; car je suis aussi heureuse que vous des visites que je vous fais. Ce serait donc à moi de vous dire merci à mon tour... Ah ! c'est là où je vous prends, monsieur l'injuste... Aussi, j'aurais bien envie de vous punir de vos vilaines idées en ne vous donnant pas ce que je vous apporte.

— Encore une attention... Comme vous me gâtez !... Oh ! merci !... Pardon si je répète si souvent ce mot qui vous fâche... mais vous ne me laissez que cela à dire.

— D'abord, vous ne savez pas ce que je vous apporte...

— Qu'est-ce que cela me fait ?...

— Eh bien ! vous êtes gentil...

— Quoi que ce soit, cela ne vient-il pas de vous ? Votre bonté touchante ne me remplit-elle pas de reconnaissance... et d'....

Germain n'acheva pas et baissa les yeux.

— Et de quoi ?... reprit Rigolette en rougissant.

— Et de... de dévouement, balbutia Germain.

— Pourquoi de ce respect tout de suite, comme à la fin d'une lettre ? dit Rigolette avec impatience. Vous me trompez, ce n'est pas cela que vous vouliez dire... Vous vous êtes arrêté brusquement...

— Je vous assure...

— Vous m'assurez... vous m'assurez... je vous vois bien rougir à travers la grille... Est-ce que je ne suis pas votre petite amie, votre bonne camarade ? Pourquoi me cacher quelque chose ?... Soyez donc franc avec moi, dites-moi tout, ajouta timidement la grisette : car elle n'attendait qu'un aveu de Germain pour lui dire naïvement, loyalement qu'elle l'aimait.

Honnête et généreux amour, que le malheur de Germain avait fait naître.

— Je vous assure, reprit le prisonnier avec un soupir, que je n'ai voulu rien dire de plus... que je ne vous cache rien !

— Fi ! le menteur ! s'écria Rigolette en frappant du pied. Eh bien ! vous voyez cette grande cravate de laine blanche que je vous apportais, elle la tira de son cabas ; pour vous punir d'être si dissimulé, vous ne l'aurez pas... Je l'avais tricotée pour vous... je m'étais dit : Il doit faire si froid, si humide dans ces grandes cours de la prison, qu'au moins il sera bien chaudement garanti avec cela... Il est si frileux !

— Comment, vous ?...

— Oui, monsieur, vous êtes frileux... dit Rigolette en l'interrompant, je me le rappelle bien, peut-être ! ce qui ne vous empêchait pas de vouloir toujours, par délicatesse, m'empêcher de mettre du bois dans mon poêle, quand vous passiez la soirée avec moi... Oh ! j'ai bonne mémoire !

— Et moi aussi... que trop bonne !... dit Germain d'une voix émue.

Et il passa la main sur ses yeux.

— Allons ! vous voilà encore à vous attrister, quoique je vous le défende.

— Comment voulez-vous que je ne sois pas touché aux larmes, quand je songe à tout ce que vous avez fait pour moi depuis mon séjour en prison ?... Et cette nouvelle attention n'est-elle pas charmante ? Ne suis-je pas enfin que vous prenez sur vos nuits pour avoir le temps de venir me voir ? à cause de moi, vous vous imposez un travail exagéré.

— C'est ça ! plaignez-moi bien vite de faire tous les deux ou trois jours une folle promenade pour venir visiter mes amis, moi qui adore marcher... C'est si amusant de regarder les boutiques tout le long du chemin !

— Et aujourd'hui, sortir par ce vent, par cette pluie !

— Raison de plus, vous n'avez pas idée des drôles de figures qu'on rencontre !!! Les uns retiennent leur chapeau à deux mains pour que l'ouragan ne l'emporte pas ; les autres, pendant que leur parapluie fait la tulipe, font des grimaces incroyables en fermant les yeux pendant que la pluie leur fouette le visage... Tenez, ce matin, pendant toute ma route, c'était une vraie comédie... Je me promettais de vous faire rire en vous la racontant... Mais vous ne voulez pas seulement vous dérider un peu...

— Ce n'est pas ma faute... pardonnez-moi ; mais les bonnes impressions que je vous dois tournent en attendrissement profond... Vous le savez, je n'ai pas le bonheur gai... c'est plus fort que moi...

Rigolette ne voulut pas laisser pénétrer que, malgré son gentil babil elle était bien près de partager l'émotion de Germain ; elle se hâta de changer de conversation, et reprit :

— Vous dites toujours que c'est plus fort que vous ; mais il y a encore bien des choses plus fortes que vous… que vous ne faites pas, quoique je vous en aie prié, supplié, ajouta Rigolette.

— De quoi voulez-vous parler ?

— De votre opiniâtreté à vous isoler toujours des autres prisonniers… à ne jamais leur parler… Leur gardien vient encore de me dire que, dans votre intérêt, vous devriez prendre cela sur vous… Je suis sûre que vous n'en faites rien… Vous vous taisez ?… Vous voyez bien, c'est toujours la même chose !… Vous ne serez content que lorsque ces affreux hommes vous auront fait du mal !…

— C'est que vous ne savez pas l'horreur qu'ils m'inspirent… vous ne savez pas toutes les raisons personnelles que j'ai de fuir et d'exécrer eux et leurs pareils !

— Hélas ! si, je crois les savoir, ces raisons… j'ai lu ces papiers que vous aviez écrits pour moi, et que j'ai été chercher chez vous après votre emprisonnement… Là j'ai appris les dangers que vous aviez courus à votre arrivée à Paris, parce que vous vous êtes refusé à vous associer, en province, aux crimes du scélérat qui vous avait élevé… C'est même à la suite du dernier guet-apens qu'il vous a tendu que, pour le dérouter, vous avez quitté la rue du Temple… ne disant qu'à moi où vous alliez demeurer… Dans ces papiers-là… j'ai aussi lu autre chose, ajouta Rigolette en rougissant de nouveau et en baissant les yeux ; j'ai lu des choses… que…

— Oh ! que vous auriez toujours ignorées, je vous le jure, s'écria vivement Germain, sans le malheur qui me frappe… Mais, je vous en supplie, soyez tout à fait généreuse ; pardonnez-moi ces folies, oubliez-les ; autrefois seulement il m'était permis de me complaire dans ces rêves, quoique bien insensés.

Rigolette venait une seconde fois de tâcher d'amener un aveu sur les lèvres de Germain, en faisant allusion aux pensées remplies de tendresse, de passion, que celui-ci avait écrites jadis et dédiées au souvenir de la grisette ; car, nous l'avons dit, il avait toujours ressenti pour elle un vif et sincère amour ; mais, pour jouir de l'intimité cordiale de sa gentille voisine, il avait caché cet amour sous les dehors de l'amitié.

Rendu par le malheur encore plus défiant et plus timide, il ne pouvait s'imaginer que Rigolette l'aimât d'amour, lui prisonnier, lui flétri d'une accusation terrible, tandis qu'avant les malheurs qui le frappaient elle ne lui témoignait qu'un attachement tout fraternel.

La grisette, se voyant si peu comprise, étouffa un soupir, attendant, espérant une occasion meilleure de dévoiler à Germain le fond de son cœur.

Elle reprit donc avec embarras :

— Mon Dieu ! je comprends bien que la société de ces vilaines gens vous fasse horreur, mais ce n'est pas une raison pourtant pour braver des dangers inutiles.

— Je vous assure qu'afin de suivre vos recommandations, j'ai plusieurs fois tâché d'adresser la parole à ceux d'entre eux qui me semblaient moins criminels ; mais si vous saviez quel langage ! quels hommes !

— Hélas ! c'est vrai, cela doit être terrible…

— Ce qu'il y a de plus terrible encore, voyez-vous, c'est de m'apercevoir que je m'habitue peu à peu aux affreux entretiens que, malgré moi, j'entends toute la journée : oui, maintenant j'écoute avec une morne apathie des horreurs qui, pendant les premiers jours, me soulevaient d'indignation ; aussi, tenez, je commence à douter de moi, s'écria-t-il avec amertume.

— Oh ! monsieur Germain, que dites-vous !

— Si, moi, et d'autres valant mille fois mieux que moi. Hélas ! ceux qui, avant le jugement, nous condamnent à cette odieuse fréquentation, ignorent donc ce qu'elle a de douloureux et de funeste !… Ils ignorent donc qu'à la longue l'air que l'on respire ici devient contagieux… mortel à l'honneur…

— Je vous en prie, ne parlez pas ainsi, vous me faites trop de chagrin.

— Vous me demandez la cause de ma tristesse croissante, la voilà… Je ne voulais pas vous la dire… mais n'ai-je qu'un moyen de reconnaître votre pitié pour moi.

— Ma pitié… ma pitié…

— Oui, c'est de ne vous rien cacher… Eh bien ! je vous l'avoue avec effroi… je ne me reconnais plus… j'ai beau mépriser, fuir ces misérables ; leur présence, leur contact agit sur moi… malgré moi… On dirait qu'ils ont la fatale puissance de vicier l'atmosphère où ils vivent… Il me semble que je sens la corruption me gagner par tous les pores… Si l'on m'absolvait de la faute que j'ai commise, la vue, les relations des honnêtes gens me rempliraient de confusion et de honte. Je n'en suis pas encore à me plaire au milieu de mes compagnons ; mais j'en suis venu à redouter le jour où je me retrouverai au milieu de personnes honorables… Et cela, parce que j'ai la conscience de ma faiblesse.

— De votre faiblesse ?

— De ma lâcheté…

— De votre lâcheté ?… mais quelles idées injustes avez-vous donc de vous-même, mon Dieu ?

— Et n'est-ce pas être lâche et coupable que de composer avec ses devoirs, avec la probité ? et cela je l'ai fait.

— Vous ! vous !

— Moi. En entrant ici… je ne m'abusais pas sur la grandeur de ma faute… tout excusable qu'elle était peut-être. Eh bien ! maintenant elle me paraît moindre ; à force d'entendre ces voleurs et ces meurtriers parler de leurs crimes avec une sorte d'orgueil féroce, au lieu de s'excuser à leurs propres yeux, de regarder au-dessous de soi… Je ne puis plus m'égaler aux gens sans tache… Me voici déjà forcé de me comparer aux gens dégradés avec lesquels je vis… Aussi à la longue… je m'aperçois bien, la conscience s'engourdit, s'endurcit… Demain, je commettrais un vol, non pas avec la certitude de pouvoir restituer la somme que j'aurais dérobée dans un but louable, mais je volerais par cupidité, que je me croirais sans doute innocent, en me comparant à celui qui tue pour voler… Et pourtant, à cette heure, il y a autant de distance entre moi et un assassin, qu'il y en a entre moi et un homme irréprochable… Ainsi, parce qu'il est des êtres mille fois plus dégradés que moi, ma dégradation va s'amoindrir à mes yeux ! Au lieu de pouvoir dire comme autrefois : Je suis aussi honnête que le plus honnête homme, je me consolerai en disant : Je suis le moins dégradé des misérables parmi lesquels je suis destiné à vivre toujours !

— Toujours ? Mais une fois sorti d'ici ?

— Eh ! j'aurai beau être acquitté, ces gens-là me connaissent ; à leur sortie de prison, s'ils me rencontrent, ils me parleront comme à leur ancien compagnon de geôle. Si l'on ignore la juste accusation qui m'a conduit aux assises, ces misérables me menaceront de la divulguer. Vous le voyez donc bien, ces liens maudits et maintenant indissolubles m'attachent à eux… tandis que, enfermé seul dans ma cellule jusqu'au jour de mon jugement, inconnu d'eux comme ils eussent été inconnus de moi, je n'aurais pas été assailli de ces craintes qui peuvent paralyser les meilleures résolutions… Et puis, seul à subir une pensée de ma faute, elle eût grandi au lieu de diminuer à mes yeux : plus elle m'aurait paru grave, plus l'expiation que je me serais imposée aurait été grave. Aussi, plus j'aurais eu à me faire pardonner, plus dans ma pauvre sphère j'aurais tâché de faire le bien… Car il faut cent bonnes actions pour en expier une mauvaise… Mais songerais-je jamais à expier ce qui à cette heure me cause à peine un remords… Tenez… je le sens, j'obéis à une irrésistible influence, contre laquelle j'ai longtemps lutté de toutes mes forces ; on m'avait élevé pour le mal, je cède à mon destin : après tout, isolé, sans famille… qu'importe que ma destinée s'accomplisse honnête ou criminelle… Et pourtant… mes intentions étaient bonnes et pures… Par cela même qu'on eut voulu faire de moi un infâme, j'éprouvais une satisfaction profonde à me dire : Je n'ai jamais failli à l'honneur, et cela m'a été peut-être plus difficile qu'à tout autre… Et aujourd'hui… Ah ! cela est affreux… affreux, s'écria le prisonnier avec une explosion de sanglots si déchirants, que Rigolette profondément émue, ne put retenir ses larmes.

C'est qu'aussi l'expression de la physionomie de Germain était navrante ; c'est qu'on ne pouvait s'empêcher de sympathiser à ce désespoir d'un homme de cœur qui se débattait contre les atteintes d'une contagion fatale, dont sa délicatesse exagérait encore le danger si menaçant.

Oui, le danger menaçant.

Nous n'oublierons jamais ces paroles d'un homme d'une rare intelligence, auxquelles une expérience de vingt années passées dans l'administration des prisons donnait tant de poids :

« En admettant qu'injustement accusé l'on entre complètement pur dans une prison, l'on en sortira toujours moins honnête qu'on n'y est entré ; ce qu'on pourrait appeler la première fleur de l'honorabilité disparaît à jamais au seul contact de cet air corrosif. »

Disons pourtant que Germain, grâce à sa probité saine et robuste, avait longtemps et victorieusement lutté, et qu'il présentait plutôt les approches de la maladie qu'il ne l'éprouvait réellement.

Ses craintes de voir sa faute s'amoindrir à ses propres yeux prouvaient qu'à cette heure encore il en sentait toute la gravité ; mais le trouble, mais l'appréhension, mais les doutes qui agitaient cruellement cette âme honnête et généreuse n'en étaient pas moins des symptômes alarmants.

Guidée par la droiture de son esprit, par sa sagacité de femme et par l'instinct de son amour, Rigolette devina ce que nous venons de dire.

Quoique bien convaincue que son ami n'avait encore rien perdu de sa délicate probité, elle craignait que, malgré l'excellence de son naturel, Germain ne fût un jour indifférent à ce qui le tourmentait alors si cruellement.

CHAPITRE V.

RIGOLETTE.

> ... Si assuré que soit le bonheur dont on jouit, on serait quelquefois tenté de désirer des *malheurs impossibles*, pour contempler avec reconnaissance et vénération la noble grandeur de certains dévouements...
>
> WOLFBANG. — *L'Esprit-Saint*, liv. II.

Rigolette, essuyant ses larmes et s'adressant à Germain, dont le front était appuyé sur la grille, lui dit avec un accent touchant, sérieux, presque solennel, qu'il ne lui connaissait pas encore :

— Écoutez-moi, Germain, je m'exprimerai peut-être mal, je ne parle pas aussi bien que vous ; mais ce que je vous dirai sera juste et sincère. D'abord vous avez tort de vous plaindre d'être isolé, abandonné...

— Oh ! ne pensez pas que j'oublie jamais ce que votre pitié pour moi vous inspire !...

— Tout à l'heure je ne vous ai pas interrompu quand vous avez parlé de pitié... mais puisque vous répétez ce mot... je dois vous dire que ce n'est pas du tout de la pitié que je ressens pour vous... Je vais vous expliquer cela de mon mieux.

Quand nous étions voisins, je vous aimais comme un bon frère, comme un bon camarade ; vous me rendiez de petits services, je vous en rendais d'autres ; vous me faisiez partager vos amusements du dimanche, je tâchais d'être bien gaie, bien gentille pour vous en remercier... nous étions quittes.

— Quittes ! oh non... je...

— Laissez-moi parler à mon tour... Quand vous avez été forcé de quitter la maison que nous habitions... votre départ m'a fait plus de peine que celui de mes autres voisins.

— Il serait vrai !...

— Oui, parce qu'eux autres étaient des sans-soucis à qui, certainement, je devais manquer bien moins qu'à vous ; et puis ils ne s'étaient résignés à devenir mes camarades qu'après s'être fait cent fois répéter par moi qu'ils ne seraient jamais autre chose... Tandis que vous... vous avez tout de suite deviné ce que nous devions être l'un pour l'autre.

Malgré ça, vous passiez auprès de moi tout le temps dont vous pouviez disposer... vous m'avez appris à écrire ; vous m'avez donné de bons conseils, un peu sérieux, parce qu'ils étaient bons, enfin vous avez été le plus dévoué de mes voisins... et le seul qui ne m'ayez rien demandé... pour la peine... Ce n'est pas tout : en quittant la maison, vous m'avez donné une grande preuve de confiance... vous voir confier un secret si important à une petite fille comme moi, dame, ça m'a rendue fière... Aussi, quand je me suis séparée de vous, votre souvenir m'était toujours bien plus présent que celui de mes autres voisins... Ce que je vous dis là est vrai... vous le savez, je ne mens jamais...

— Il serait possible !... vous auriez fait cette différence entre moi... et les autres ?...

— Certainement, je l'ai faite, sinon j'aurais eu un mauvais cœur... Oui, je me disais : Il n'y a rien de meilleur que M. Germain ; seulement il est un peu sérieux... mais c'est égal, si j'avais une amie qui voulût se marier pour être bien, bien heureuse, certainement je lui conseillerais d'épouser M. Germain, car il serait le paradis d'une bonne petite ménagère.

— Vous pensiez à moi !... pour une autre... ne put s'empêcher de dire tristement Germain.

— C'est vrai ; j'aurais été ravie de vous voir faire un heureux mariage, puisque je vous aimais comme un bon camarade. Vous voyez, je suis franche, je vous dis tout.

— Et je vous en remercie du fond de l'âme ; c'est une consolation pour moi d'apprendre que parmi vos amis j'étais celui que vous préfériez.

— Voilà où en étaient les choses lorsque vos malheurs sont arrivés... C'est alors que j'ai reçu cette pauvre et bonne lettre où vous m'instruisiez de ce que vous appelez une faute... faute que je trouve, moi qui ne suis pas savante, une belle et bonne action ; c'est alors que vous m'avez demandé d'aller chez vous chercher ces papiers qui m'ont appris que vous m'aviez toujours aimée d'amour sans oser me le dire. Ces papiers où j'ai lu, et Rigolette ne put retenir ses larmes, que, songeant à mon avenir, qu'une maladie ou le manque d'ouvrage pouvait rendre si pénible, vous me laissiez, si vous mouriez de mort violente, comme vous

pouviez le craindre... vous me laissiez le peu que vous aviez acquis à force de travail et d'économie...

— Oui, car si de mon vivant vous vous étiez trouvée sans travail ou malade... c'est à moi, plutôt qu'à tout autre, que vous vous seriez adressée, n'est-ce pas ? j'y comptais bien, dites ! dites !... Je ne me suis pas trompé, n'est-ce pas ?

— Mais c'est tout simple, à qui auriez-vous voulu que je m'adresse ?

— Oh ! tenez, voilà de ces paroles qui font du bien, qui consolent de bien des chagrins !

— Moi, je ne peux pas vous exprimer ce que j'ai éprouvé en lisant... quel triste mot ! ce testament dont chaque ligne contenait un souvenir pour moi ou une pensée pour mon avenir ; et pourtant je ne devais connaître ces preuves de votre attachement que lorsque vous n'existeriez plus... Dame, que voulez-vous ! après une conduite si généreuse, on s'étonne que l'amour vienne tout d'un coup !... c'est pourtant bien naturel,.. n'est-ce pas, monsieur Germain ?

La jeune fille dit ces derniers mots avec une naïveté si touchante et si franche, en attachant ses grands yeux noirs sur ceux de Germain, que celui-ci ne comprit pas tout d'abord, tant il était loin de se croire aimé d'amour par Rigolette.

Pourtant ces paroles étaient si précises, que leur écho retentit au fond de l'âme du prisonnier ; il rougit, pâlit tour à tour, et s'écria :

— Que dites-vous ? Je crains... Oh ! mon Dieu... je me trompe peut-être... je...

— Je dis que du moment où je vous ai vu si bon pour moi, et où je vous ai vu si malheureux, je vous ai aimé autrement qu'un camarade, et que si maintenant une de mes amies voulait se marier, dit Rigolette en souriant et rougissant, ce n'est plus vous que je lui conseillerais d'épouser, monsieur Germain.

— Vous m'aimez ! vous m'aimez !

— Il faut bien que je vous le dise de moi-même, puisque vous ne me le demandez pas.

— Il serait possible !

— Ce n'est pourtant pas faute de vous avoir par deux fois mis sur la voie, pour vous le faire comprendre. Mais bon ! monsieur ne veut pas entendre à demi-mot, il me force à lui faire l'aveu de ces choses-là. C'est mal peut-être, mais comme il n'y a que vous qui puissiez me gronder de mon effronterie, je le ferai bien ; et puis, ajouta Rigolette d'un ton plus sérieux et avec une tendre émotion, tout à l'heure vous m'avez paru si accablé, si désespéré, que je n'y ai pas tenu ; j'ai eu l'amour-propre de croire que cet aveu, fait franchement et du fond du cœur, vous empêcherait d'être malheureux à l'avenir. Je me suis dit : Jusqu'à présent, je n'ai pas eu la chance dans mes efforts pour le distraire ou pour le consoler ; mes friandises lui étaient l'appétit, ma gaieté le faisait pleurer ; cette fois du moins... ah ! mon Dieu ! vous n'avez ?... s'écria Rigolette en voyant Germain cacher sa figure dans ses mains. Là ! voyez si ce n'est pas cruel ! s'écria-t-elle, quoi que je fasse, quoi que je dise... vous restez aussi malheureux ; c'est être par trop méchant et par trop égoïste aussi !... on dirait qu'il n'y a que vous qui souffriez de vos chagrins !...

— Hélas ! quel malheur est le mien !!! s'écria Germain avec désespoir. Vous m'aimez, lorsque je ne suis plus digne de vous !

— Plus digne de moi ? Mais ça n'a pas de bon sens, ce que vous dites-là. C'est comme si je disais qu'autrefois je n'étais pas digne de votre amitié, parce que j'avais été en prison... car, après tout, moi aussi j'ai été prisonnière, en suis-je moins une honnête fille ?

— Mais vous êtes allée en prison parce que vous étiez une pauvre enfant abandonnée, tandis que moi ! mon Dieu, quelle différence !

— Enfin, quant à la prison, nous n'avons rien à nous reprocher, toujours !... C'est plutôt moi qui suis une ambitieuse... car, dans mon état, je ne devrais penser qu'à me marier avec un ouvrier. Je suis un enfant trouvé... je ne possède rien que ma petite chambre et mon bon courage... pourtant je viens hardiment vous proposer de me prendre pour femme !

— Hélas ! autrefois ce sort eût été le rêve, le bonheur de ma vie ! mais à cette heure, moi, sous le coup d'une accusation infamante, j'abuserais de votre admirable générosité, de votre pitié qui vous égare peut-être ! non, non.

— Mais, mon Dieu ! mon Dieu ! s'écria Rigolette avec une impatience douloureuse, ce que vous dis que ce n'est pas de la pitié que j'ai pour vous, c'est de l'amour. Je ne songe qu'à vous ! je ne dors plus, je ne mange plus : votre triste et doux visage me suit partout. Est-ce de la pitié, cela ? maintenant, quand vous me parlez, votre voix, votre regard me vont au cœur, il y a mille choses en vous qui, à cette heure, me plaisent à la folie, et que je n'avais pas remarquées. J'aime votre figure, j'aime vos yeux, j'aime votre tournure, j'aime votre esprit, j'aime votre bon cœur, est-ce encore de la pitié, cela ? Pourquoi, après vous avoir aimé en ami, vous aimé-je en amant ? je n'en sais rien ! Pourquoi étais-je folle et gaie quand je vous aimais en ami, pourquoi suis-je tout absorbée depuis que je vous aime en amant ? je n'en sais rien ! Pourquoi ai-je attendu si tard pour vous trouver à la fois beau et bon, vous que j'aimais à la fois des yeux et du cœur ? je n'en sais rien, ou plutôt, si, je le sais, c'est que j'ai découvert combien vous m'aimiez sans me l'avoir jamais dit, combien vous étiez généreux et dévoué. Alors l'amour m'a monté le cœur aux yeux, comme y monte une douce larme quand on est attendri.

— Vraiment, je crois rêver en vous entendant parler ainsi.

— Et moi, donc ! je n'aurais jamais cru pouvoir oser vous dire tout cela; mais votre désespoir m'y a forcée ! Eh bien ! monsieur, maintenant que vous savez que je vous aime comme mon ami ! comme mon amant ! comme mon mari ! direz-vous encore que c'est de la pitié ?

Les généreux scrupules de Germain tombèrent un moment devant cet aveu si naïf et si vaillant.

Une joie inespérée le ravit à ses douloureuses préoccupations.

— Vous m'aimez ! s'écria-t-il. Je vous crois : votre accent, votre regard, tout me le dit ! Je ne veux pas me demander comment j'ai mérité un pareil bonheur, je m'y abandonne aveuglément. Ma vie, ma vie entière, ne suffira pas à m'acquitter envers vous ! Ah ! j'ai bien souffert déjà ; mais ce moment efface tout !

— Enfin, vous voilà consolé. Oh ! j'étais bien sûre, moi, que j'y parviendrais ! s'écria Rigolette avec un élan de joie charmante.

— Et c'est au milieu des horreurs d'une prison, et c'est lorsque tout m'accable, qu'une telle félicité...

Germain ne put achever.

Cette pensée lui rappelait la réalité de sa position ; ses scrupules, un moment oubliés, revinrent plus cruels que jamais, et il reprit avec désespoir :

— Mais je suis prisonnier, mais je suis accusé de vol, mais je serai condamné, déshonoré peut-être ! et j'accepterais votre valeureux sacrifice, je profiterais de votre généreuse exaltation ! Oh ! non ! non ! je ne suis pas assez infâme pour cela !

— Que dites-vous ?

— Je puis être condamné... à des années de prison.

— Eh bien ! répondit Rigolette avec calme et fermeté, on verra que je suis une honnête fille, on ne nous refusera pas de nous marier dans la chapelle de la prison.

— Mais je puis être emprisonné loin de Paris.

— Une fois votre femme, je vous suivrai ; je m'établirai dans la ville où vous serez ; j'y trouverai de l'ouvrage, et je viendrai vous voir tous les jours !

— Mais je serai flétri aux yeux de tous.

— Vous m'aimez plus que tous, n'est-ce pas ?

— Pouvez-vous me le demander ?

— Alors que vous importe ? Loin d'être flétri à mes yeux, je vous regarderai, moi, comme le martyr de votre bon cœur.

— Mais le monde m'accusera, le monde condamnera, calomniera votre choix...

— Le monde ! c'est vous pour moi, et moi pour vous ; nous laisserons dire...

— Enfin, en sortant de prison, ma vie sera précaire, misérable ; repoussé de partout, peut-être ne trouverai-je pas d'emploi !... et puis, cela est horrible à penser, mais si cette corruption que je redoute allait malgré moi me gagner... quel avenir pour vous !

— Vous ne vous corromprez pas : non, car maintenant vous savez que je vous aime, cette pensée vous donnera la force de résister aux mauvais exemples... vous songerez qu'alors même que tous vous repousseraient en sortant de prison, votre femme vous accueillera avec amour et reconnaissance, bien certaine que vous serez resté honnête homme...

Ce langage m'étonne, n'est-ce pas ? il m'étonne moi-même... Je ne sais pas où je vais chercher ce que je vous dis... c'est au fond de mon âme assurément... et cela doit vous convaincre... sinon, si vous dédaigniez une offre qui vous est faite de tout cœur... si vous ne vouliez pas de l'attachement d'une pauvre fille qui ne...

Germain interrompit Rigolette avec une ivresse passionnée.

— Eh bien ! j'accepte... j'accepte; oui, je le sens, il est quelquefois lâche de refuser certains sacrifices, c'est reconnaître qu'on en est indigne... J'accepte, noble et courageuse fille.

— Bien vrai ? bien vrai, cette fois ?...

— Je vous le jure... et puis, vous m'avez dit d'ailleurs quelque chose qui m'a frappé, qui m'a donné le courage qui me manquait.

— Quel bonheur ! et qu'ai-je dit ?

— Que pour vous je devrai désormais rester honnête homme... Oui, dans cette pensée je trouverai la force de résister aux détestables influences qui m'entourent... Je braverai la contagion, et je saurai conserver digne de votre amour ce cœur qui vous appartient !

— Ah ! Germain, que je suis heureuse ! si j'ai fait quelque chose pour vous, comme vous me récompensez !!!

— Et puis, voyez-vous, quoique vous excusiez ma faute, je n'oublierai pas sa gravité... Ma tâche à l'avenir sera double : expier le passé et mériter le bonheur que je vous dois... Pour cela, je ferai le bien... car, si pauvre que l'on soit, l'occasion ne manque jamais.

— Hélas ! mon Dieu ! c'est vrai, on trouve toujours plus malheureux que soi.

— A défaut d'argent...

— On donne des larmes, ce que je faisais pour ces pauvres Morel.

— Et c'est une sainte aumône : la charité de l'âme vaut bien celle qui donne du pain.

— Enfin vous acceptez... vous ne vous dédirez pas ?...

— Oh ! jamais, jamais, mon amie, ma femme ; oui, le courage me revient, il me semble sortir d'un songe, je ne doute plus de moi-même ; je m'abusais, heureusement je m'abusais. Mon cœur ne battrait pas comme il bat, s'il avait perdu de sa noble énergie.

— Oh ! Germain, que vous êtes beau en parlant ainsi ! combien vous me rassurez, non pour moi, mais pour vous-même ! Ainsi, vous me le promettez, n'est-ce pas, maintenant que vous avez mon amour pour vous défendre, vous ne craindrez plus de parler à ces méchants hommes, afin de ne pas exciter leur colère contre vous ?

— Rassurez-vous. En me voyant triste et accablé, ils m'accuseraient sans doute d'être en proie à mes remords ; et en me voyant fier et joyeux, ils croiront que leur cynisme m'a gagné.

— C'est vrai ; ils ne vous soupçonneront plus, et je serai tranquille. Ainsi, pas d'imprudence... maintenant vous m'appartenez... je suis votre petite femme ?

A ce moment le gardien fit un mouvement ; il s'éveillait.

— Vite ! dit tout bas Rigolette avec un sourire plein de grâce et de pudique tendresse. Vite, mon mari, donnez-moi un beau baiser sur le front, à travers la grille... ce seront nos fiançailles.

Et la jeune fille, rougissant, appuya son front sur le treillis de fer.

Germain, profondément ému, effleura de ses lèvres, à travers le grillage, ce front pur et blanc.

Une larme du prisonnier y roula comme une perle humide.

Touchant baptême de cet amour chaste, mélancolique et charmant !

— Oh ! oh ! déjà trois heures ! dit le gardien en se levant, et les visiteurs doivent être partis à deux. Allons, ma chère demoiselle, ajouta-t-il en s'adressant à la jeune fille, c'est dommage, mais il faut partir.

— Oh ! merci, merci, monsieur, de nous avoir ainsi laissés causer seuls. J'ai donné bon courage à Germain ; il prendra sur lui pour n'avoir plus l'air si chagrin, et il n'aura plus rien à craindre de ses méchants compagnons. N'est-ce pas, mon ami ?

— Soyez tranquille, dit Germain en souriant, je serai à l'avenir le plus gai de la prison.

— A la bonne heure, alors ils ne feront plus attention à vous, dit le gardien.

— Voilà une cravate que j'ai apportée à Germain, monsieur, reprit Rigolette ; faut-il la déposer au greffe ?

— C'est l'usage ; mais, après tout, pendant que je suis en dehors du règlement, une petite chose de plus ou de moins... Allons, faites la journée complète, donnez-lui vite votre cadeau vous-même.

Et le gardien ouvrit la porte du couloir.

— Ce brave homme a raison, la journée sera complète, dit Germain en recevant la cravate des mains de Rigolette qu'il serra tendrement. Adieu, et à bientôt. Maintenant je n'ai plus peur de vous demander de venir me voir le plus tôt possible.

— Ni moi de vous le promettre. Adieu, bon Germain.

— Adieu, ma bonne petite amie.

— Et servez-vous bien de ma cravate, craignez d'avoir froid, il fait si humide !

— Quelle jolie cravate ! quand je pense que vous l'avez faite pour moi ! Oh ! je ne la quitterai pas, dit Germain en la portant à ses lèvres.

— Ah ça ! maintenant vous allez avoir de l'appétit, j'espère ? Voulez-vous que je vous fasse mon petit régal ?

— Certainement, et cette fois j'y ferai honneur.

— Soyez tranquille alors, monsieur le gourmand, vous m'en direz des nouvelles. Allons, encore adieu. Merci, monsieur le gardien, aujourd'hui je m'en vais bien heureuse et bien rassurée. Adieu, Germain.

— Adieu, ma petite femme... à bientôt !...

— A toujours !...

Quelques minutes après, Rigolette, ayant bravement repris ses socques et son parapluie, sortait de la prison plus allègrement qu'elle n'y était entrée.

Pendant l'entretien de Germain et de la grisette, d'autres scènes s'étaient passées dans une des cours de la prison, où nous conduirons le lecteur.

CHAPITRE VI.

La Fosse-aux-Lions.

Si l'aspect matériel d'une vaste maison de détention, construite dans toutes les conditions de bien-être et de salubrité que réclame l'humanité, n'offre au regard, nous l'avons dit, rien de sinistre, la vue des prisonniers cause une impression contraire.

L'on est ordinairement saisi de tristesse et de pitié, lorsqu'on se trouve au milieu d'un rassemblement de femmes prisonnières, en songeant que ces infortunées sont presque toujours poussées au mal moins par leur propre volonté que par la pernicieuse influence du premier homme qui les a séduites.

Et les encore les femmes les plus criminelles conservent au fond de l'âme deux cordes saintes que les violents ébranlements des passions les plus détestables, les plus fougueuses, ne brisent jamais entièrement... l'amour et la maternité !

Parler d'amour et de maternité, c'est dire que, chez ces misérables créatures, de pures et douces lueurs peuvent encore éclairer çà et là les noires ténèbres d'une corruption profonde.

Mais chez les hommes tels que la prison les fait et les rejette dans le monde... rien de semblable.

C'est le crime d'un seul jet, c'est un bloc d'airain qui ne rougit plus qu'au feu des passions infernales.

Aussi, à la vue des criminels qui encombrent les prisons, on est d'abord saisi d'un frisson d'épouvante et d'horreur.

La réflexion seule vous ramène à des pensées plus pitoyables, mais d'une grande amertume.

Oui, d'une grande amertume... car on réfléchit que les sinistres populations des geôles et des bagnes... que la sanglante moisson du bourreau... germent toujours dans la fange de l'ignorance, de la misère et de l'abrutissement.

Pour comprendre cette première impression d'horreur et d'épouvante dont nous parlons, que le lecteur nous suive dans la Fosse-aux-Lions.

L'une des cours de la Force s'appelle ainsi.

Là sont ordinairement réunis les détenus les plus dangereux par leurs antécédents, par leur férocité ou par la gravité des accusations qui pèsent sur eux.

Néanmoins, on avait été obligé de leur adjoindre temporairement, par suite de travaux d'urgence entrepris dans un des bâtiments de la Force, plusieurs autres prisonniers.

Ceux-ci, quoique également justiciables de la cour d'assises, étaient presque des gens de bien, comparés aux hôtes habituels de la Fosse-aux-Lions.

Le ciel, sombre, gris et pluvieux, jetait un jour morne sur la scène que nous allons dépeindre. Elle se passait au milieu d'une cour, assez vaste quadrilatère formé par de hautes murailles blanches, percées çà et là de quelques fenêtres grillées.

A l'un des bouts de cette cour, on voyait une étroite porte guichetée ; à l'autre bout, l'entrée du chauffoir, grande salle dallée au milieu de laquelle était un calorifère de fonte entouré de bancs de bois, où se tenaient paresseusement étendus plusieurs prisonniers devisant entre eux.

D'autres, préférant l'exercice au repos, se promenaient dans le préau, marchant en rangs pressés, par quatre ou cinq de front, se tenant par le bras.

Il faudrait posséder l'énergique et sombre pinceau de Salvator ou de Goya pour esquisser ces divers spécimens de laideur physique et morale, pour rendre dans sa hideuse fantaisie la variété de costumes de ces malheureux, couverts pour la plupart de vêtements misérables ; car n'étant que prévenus, c'est-à-dire supposés innocents, ils ne revêtaient pas l'habit uniforme des maisons centrales : quelques-uns pourtant le portaient ; car, à leur entrée en prison, leurs haillons avaient paru si sordides, si infects, qu'après le bain d'usage (1), on leur avait donné la casaque et le pantalon de gros drap gris des condamnés.

Un phrénologiste aurait attentivement observé ces figures hâves et tannées, aux fronts aplatis ou écrasés, aux regards cruels ou insidieux, à la bouche méchante ou stupide, à la nuque énorme ; presque toutes offraient d'effrayantes ressemblances bestiales.

Sur les traits rusés de celui-là, on retrouvait la perfide subtilité du renard ; chez celui-ci, la rapacité sanguinaire de l'oiseau de proie ; chez cet autre, la férocité du tigre ; ailleurs enfin, l'animale stupidité de la brute.

La marche circulaire de cette bande d'êtres silencieux, aux regards hardis et haineux, au rire insolent et cynique, se pressant les uns contre les autres, au fond de cette cour, espèce de puits carré, avait quelque chose d'étrangement sinistre...

On frémissait en songeant que cette horde féroce serait, dans un temps donné, de nouveau lâchée parmi ce monde auquel elle avait déclaré une guerre implacable.

Que de vengeances sanguinaires, que de projets meurtriers couvent toujours sous ces apparences de perversité railleuse et effrontée !!!

Esquissons quelques-unes des physionomies saillantes de la Fosse-aux-Lions ; laissons les autres sur le second plan.

Pendant qu'un gardien surveillait les promeneurs, une sorte de conciliabule se tenait dans le chauffoir.

Parmi les détenus qui y assistaient, nous retrouverons Barbillon et Nicolas Martial, dont nous parlerons seulement pour mémoire.

Celui qui paraissait, ainsi que cela se dit, présider et conduire la discussion, était un détenu surnommé le Squelette (2), dont on a plusieurs fois entendu prononcer le nom chez Martial, à l'île du Ravageur.

(1) Par une excellente mesure hygiénique d'ailleurs, chaque prisonnier est, à son arrivée, et ensuite deux fois par mois, conduit à la salle de bains de la prison ; puis on soumet ses vêtements à une fumigation sanitaire. — Pour un artisan, un bain chaud est une recherche d'un luxe inouï.

(2) A ce propos, nous éprouvons un scrupule. Cette année, un pauvre diable, seulement coupable de vagabondage, et nommé Decure, a été condamné à un mois de prison ; il exerçait en effet, dans une foire, le métier de *squelette ambulant*, vu son état d'incroyable et épouvantable maigreur. Ce type nous a paru curieux, nous l'avons exploité ; mais le véritable squelette n'a *moralement* aucun

Le Squelette était prévôt ou capitaine du chauffoir.

Cet homme, d'assez haute taille, de quarante ans environ, justifiait son lugubre surnom par une maigreur dont il est impossible de se faire une idée, et que nous appellerions presque ostéologique...

Si la physionomie des compagnons du Squelette offrait plus ou moins d'analogie avec celle du tigre, du vautour ou du renard, la forme de son front, fuyant en arrière, et de ses mâchoires osseuses, plates et allongées, supportées par un cou démesurément long, rappelait entièrement la conformation de la tête du serpent.

Une calvitie absolue augmentait encore cette hideuse ressemblance ; car, sous la peau rugueuse de son front presque plane comme celui d'un reptile, on distinguait les moindres protubérances, les moindres sutures de son crâne ; quant à son visage imberbe, qu'on s'imagine du vieux parchemin, immédiatement collé sur les os de la face, et seulement quelque peu tendu depuis la saillie de la pommette jusqu'à l'angle de la mâchoire inférieure, dont on voyait distinctement l'attache.

Les yeux, petits et louches, étaient si profondément encaissés, l'arcade sourcilière ainsi que la pommette étaient si proéminentes, qu'au-dessous du front jaunâtre où se jouait la lumière, on voyait deux orbites littéralement remplies d'ombre, et qu'à peu de distance les yeux semblaient disparaître au fond de ces deux cavités sombres, de ces deux trous noirs qui donnent un aspect si funèbre à une tête de squelette. Ses longues dents, dont les saillies alvéolaires se dessinaient parfaitement sous la peau tannée des mâchoires osseuses et aplaties, se découvraient presque incessamment par un rictus habituel.

Quoique les muscles corrodés de cet homme fussent presque réduits à l'état de tendons, il était d'une force extraordinaire. Les plus robustes résistaient difficilement à l'étreinte de ses longs bras, de ses longs doigts décharnés.

On eût dit la formidable étreinte d'un squelette de fer.

Il portait un bourgeron bleu beaucoup trop court, qui laissait voir, et il en tirait vanité, ses mains noueuses et la moitié de son avant-bras, ou plutôt deux os (le *radius* et le *cubitus*, qu'on nous pardonne cette anatomie), deux os enveloppés d'une peau rude et noirâtre, séparés entre eux par une profonde rainure où serpentaient quelques veines dures et sèches comme des cordes.

Lorsqu'il posait ses mains sur une table, il semblait, selon une assez juste métaphore de Pique-Vinaigre, y étaler un jeu d'osselets.

Le Squelette, après avoir passé quinze années de sa vie au bagne pour vol et tentative de meurtre, avait rompu son ban, et avait été pris en flagrant délit de vol et de meurtre.

Ce dernier assassinat avait été commis avec des circonstances d'une telle férocité que, vu la récidive, ce bandit se regardait d'avance et avec raison comme condamné à mort.

L'influence du Squelette exerçait sur les autres détenus par sa force, par son énergie, par sa perversité, l'avait fait choisir, par le directeur de la prison, comme prévôt de dortoir, c'est-à-dire que le Squelette était chargé de la police de sa chambrée, du soin de son coucher, de l'arrangement et de la propreté de la salle et des lits ; il s'acquittait parfaitement de ces fonctions, et jamais les détenus n'auraient osé manquer aux soins et aux devoirs dont il avait la surveillance.

Chose étrange et significative.

Les directeurs de prisons les plus intelligents, après avoir essayé d'investir des fonctions dont nous parlons les détenus qui se recommandaient encore par quelque honnêteté, ou dont les crimes étaient moins graves, se sont vus forcés de renoncer à ce choix cependant logique et moral, et de chercher les prévôts parmi les prisonniers les plus corrompus, les plus redoutés, ceux-ci ayant seuls une action positive sur leurs compagnons.

Ainsi, répétons-le encore, plus un coupable montrera de cynisme et d'audace, plus il sera compté, et pour ainsi dire respecté.

Ce fait prouvé par l'expérience, sanctionné par le choix forcé dont nous parlons, n'est-il pas un argument irréfragable contre le vice de la réclusion en commun ?

Ne démontre-t-il pas, jusqu'à une évidence absolue, l'intensité de la contagion qui atteint mortellement les prisonniers dont on pourrait encore espérer quelque chance de réhabilitation ?

Oui, car à quoi bon songer au repentir, à l'amendement, lorsque dans ce pandémonium où l'on doit passer de longues années, sa vie peut-être, on voit l'influence se mesurer au nombre des forfaits ?

Encore une fois, l'on ignore donc que le monde extérieur, que la société honnête n'existent plus pour le détenu ?

rapport avec notre personnage fictif. Voici un fragment de l'histoire de l'interrogatoire de Decure :

— Le président : Que faisiez-vous dans la commune de Maisons au moment de votre arrestation ?

— R. Je m'y livrais, suivant la profession que j'exerce de *squelette ambulant*, toutes sortes d'exercices pour amuser la jeunesse ; je réduis mon corps à l'état de squelette, je déploie mes os et mes muscles à volonté ; je mange l'arsenic, le sublimé-corrosif, les crapauds, les araignées, et en général tous les insectes ; je mange aussi de feu, j'avale de l'huile bouillante, je me lave dedans, je ne vais au moins une fois par an appelé à Paris par les médecins les plus célèbres, tels que MM. Dubois, Orfila, qui me font faire toutes sortes d'expériences avec mon corps, etc., etc., etc.

(*Bulletin des Tribunaux.*)

Indifférent aux lois morales qui les régissent, il prend nécessairement les mœurs de ceux qui l'entourent; toutes les distinctions de la geôle étant réservées à la supériorité du crime, inévitablement il tendra toujours vers cette farouche aristocratie.

Revenons au Squelette, prévôt de chambrée, qui causait avec plusieurs prisonniers, parmi lesquels se trouvaient Barbillon et Nicolas Martial.

— Es-tu bien sûr de ce que tu dis là? demanda le Squelette à Martial...

— Oui, oui, cent fois oui; le père Micou le tient du Gros-Boiteux, qui a déjà voulu le tuer, ce gredin-là... parce qu'il a *mangé* (1) quelqu'un...

— Alors, qu'on lui dévore le nez, et que ça finisse! ajouta Barbillon. Déjà tantôt le Squelette était pour qu'on lui donne une *tournée rouge*, à ce mouton de Germain.

Le prévôt ôta un moment sa pipe de sa bouche et dit d'une voix si basse, si crapuleusement enrouée qu'on l'entendait à peine :

— Germain faisait sa tête, il nous gênait, il nous espionnait, car moins l'on parle, plus on écoute; il fallait le forcer de filer de la Fosse-aux-Lions... une fois que nous l'aurions fait saigner... on l'aurait ôté d'ici...

— Eh bien alors... dit Nicolas, qu'est-ce qu'il y a de changé?

— Il y a de changé, reprit le Squelette, que s'il a *mangé*, comme le dit le Gros-Boiteux, il n'en sera pas quitte pour saigner...

— A la bonne heure, dit Barbillon.

— Il faut un exemple... dit le Squelette en s'animant peu à peu. Maintenant ce n'est plus la *rousse* (2) qui nous découvre, ce sont les *mangeurs* (3). Jacques et Gauthier, qu'on a guillotinés l'autre jour... *mangés*... Roussillon, qu'on a envoyé aux galères à *perte de vue*... (4) *mangé*...

— Et moi donc? et ma mère? et Calebasse?... et mon frère de Toulon? s'écria Nicolas. Est-ce que nous n'avons pas tous été *mangés* par Bras-Rouge? C'est sûr maintenant, puisqu'au lieu de l'écrouer ici on l'a envoyé à la Roquette! On n'a pas osé le mettre avec nous... il sentait donc son rôt... le gueux...

— Et moi, dit Barbillon, est-ce que Bras-Rouge n'a pas aussi *mangé* sur moi?

— Et sur moi donc? dit un jeune prisonnier d'une voix grêle, en grasseyant d'une manière affectée, j'ai été *coqué* (5) par Jobert, un homme qui m'avait proposé une affaire dans la rue Saint-Martin.

Ce dernier personnage, à la voix flûtée, à la figure pâle, grasse et efféminée, au regard insidieux et lâche, était vêtu d'une façon singulière; il avait pour coiffure un foulard rouge qui laissait voir deux mèches de cheveux blonds collées sur les tempes; les deux bouts du mouchoir formaient une rosette bouffante au-dessus de son front; il portait pour cravate un châle de mérinos blanc à palmettes vertes, qui se croisait sur sa poitrine; sa veste de drap marron disparaissait sous l'étroite ceinture d'un ample pantalon en étoffe écossaise à larges carreaux de couleurs variées.

— Si ce n'est pas une indignité!... faut-il qu'un homme soit gredin!... reprit ce personnage d'une voix mignarde. Pour rien au monde, je ne me serais méfié de Jobert.

— Je le sais bien qu'il t'a dénoncé, Javotte, répondit le Squelette, qui semblait protéger particulièrement ce prisonnier; à preuve qu'on a fait pour ce mangeur ce qu'on a fait pour Bras-Rouge... on ne l'a pas plus osé laisser Jobert ici... on l'a mis au *clou* à la Conciergerie... Eh bien! il faut que ça finisse... il faut un exemple... les faux frères font la besogne de la police... ils se croient sûrs de leur peau parce qu'on les met dans une autre prison... que ceux qu'ils ont mangés...

— C'est vrai!...

— Pour empêcher ça, il faut que les prisonniers regardent tout mangeur comme un ennemi à mort; qu'il soit *mangé* sur Pierre ou sur Jacques, ici ou ailleurs, ça ne fait rien, qu'on tombe sur lui. Quand on en aura refroidi quatre ou cinq dans les préaux... les autres tourneront leur langue deux fois avant de *coquer la pègre* (6).

— T'as raison, Squelette, dit Nicolas; alors il faut que Germain y passe...

— Il y passera, reprit le prévôt. Mais attendons que le Gros-Boiteux soit arrivé. Quand, pour l'exemple, il aura prouvé à tout le monde que Germain est un *mangeur*, tout sera dit... Le mouton ne bêlera plus, on lui supprimera la respiration.

— Et comment faire avec les gardiens qui nous surveillent? demanda le détenu que le Squelette appelait Javotte.

— J'ai mon idée... Pique-Vinaigre nous servira.

— Lui? il est trop poltron.

— Est pas plus fort qu'une puce.

— Suffit, je m'entends; où est-il?

(1) Dénoncé.
(2) La police.
(3) Un homme complice ou instigateur d'un crime, qu'il dénonce ensuite à l'autorité, est un *mangeur*; l'action de dénoncer, se dit *manger*.
(4) A perpétuité.
(5) Trahi.
(6) Dénoncer les voleurs.

— Il était revenu du parloir, mais on vient de venir le demander pour aller *jaspiner* avec son *rat de prison* (1).

— Et Germain, il est toujours au parloir?

— Oui, avec cette petite fille qui vient le voir.

— Dès qu'il descendra, attention! Mais il faudra attendre Pique-Vinaigre, nous ne pouvons rien faire sans lui.

— Sans Pique-Vinaigre?

— Non...

— Et on refroidira Germain?

— Je m'en charge.

— Mais avec quoi, on nous ôte nos couteaux

— Et ces tenailles-là, y mettrais-tu ton cou? demanda le Squelette en ouvrant ses longs doigts décharnés et durs comme du fer.

— Tu l'étoufferas?

— Un peu.

— Mais si on salt que c'est toi?

— Après? Est-ce que je suis un veau à deux têtes, comme ceux qu'on montre à la foire?

— C'est vrai... on n'est raccourci qu'une fois, et puisque tu es sûr de l'être...

— Archisûr; le rat de prison me l'a dit encore hier... J'ai été pris la main dans le sac et le couteau dans la gorge du *pante* (2). Je suis *cheval de retour* (3), c'est toisé... J'enverrai ma tête voir, dans le panier de Charlot, si c'est vrai qu'il filoute les condamnés et qu'il mette de la sciure de bois dans son mannequin, au lieu du son que le gouvernement nous accorde...

— C'est vrai... le *guillotiné* a droit à du son... Mon père a été volé aussi... j'en rappelle!!! dit Nicolas Martial avec un ricanement féroce.

Cette abominable plaisanterie fit rire les détenus aux éclats.

Ceci est effrayant... mais, loin d'exagérer, nous affaiblissons l'horreur de ces entretiens et communs en prison.

Il faut pourtant bien, nous le répétons, que l'on ait une idée, et encore affaiblie, de ce qui se dit, de ce qui se fait dans ces effroyables écoles de perdition, de cynisme, de vol et de meurtre.

Il faut que l'on sache avec quel audacieux dédain presque tous les grands criminels parlent des plus terribles châtiments dont la société puisse les frapper.

Alors peut-être on comprendra l'urgence de substituer à ces peines impuissantes et peu ou point contagieuses, la seule punition, nous allons le démontrer, qui puisse terrifier les scélérats les plus déterminés.

Les détenus du chauffoir s'étaient donc pris à rire aux éclats.

— Mille tonnerres! s'écria le Squelette, je voudrais bien qu'ils nous voient blaguer, ce tas de *curieux* (4) qui nous croient faire bouder devant la guillotine... Ils n'ont qu'à venir à la barrière Saint-Jacques, le jour de ma représentation à bénéfice; ils m'entendront faire la nique à la foule, et dire à Charlot d'une voix crâne :

— Père Samson, cordon, s'il vous plaît (5)!

Nouveaux rires.

— Le fait est que la chose dure le temps d'avaler une chique... Charlot tire le cordon...

— Et il vous ouvre la porte du *Boulanger* (6), dit le Squelette en continuant de fumer sa pipe.

— Ah! bah! c'est-ce qu'il y a un boulanger?

— Imbécile! je dis ça par farce... Il y a un couperet, une tête qu'on met dessous, et c'est tout.

— Moi, maintenant que je sais mon chemin et que je dois m'arrêter à l'*Abbaye de Monte-à-Regret* (7), j'aimerais autant partir aujourd'hui que demain, dit le Squelette avec une exaltation sauvage, je voudrais déjà y être... le sang m'en vient à la bouche... quand je pense à la foule qui sera là pour me voir... Ils seront bien quatre ou cinq mille qui se bousculeront, qui se battront pour être bien placés... on louera des fenêtres et des chaises comme pour un cortège. Je les entends déjà crier : Place à louer!... place à louer!... et puis il y aura de la troupe, cavalerie et infanterie, tout le tremblement à la voile... et tout ça pour moi, pour le Squelette... c'est peu pour un *pante* qu'on se dérangerait comme ça, hein!... Voilà de quoi monter un homme... Quand il serait lâche comme Pique-Vinaigre, il y a de quoi vous faire marcher en déterminé... Tous ces yeux qui vous regardent vous mettent le feu au ventre... et puis... c'est un moment à passer... on meurt en crâne... ça vexe les juges et les *pantes*, et ça encourage la *pègre* à blaguer la *camarde*.

— C'est vrai, reprit Barbillon, afin d'imiter l'effroyable forfanterie du Squelette, on croit nous faire peur et avoir tout dit quand on envoie Charlot monter sa boutique à notre profit.

(1) Causer avec son avocat.
(2) De la victime.
(3) Repris de justice arrêté de nouveau.
(4) Juges.
(5) Pour comprendre le sens de cette horrible plaisanterie, il faut savoir que le couperet glisse entre les rainures de la guillotine après avoir été mis en mouvement par la détente d'un ressort au moyen d'un cordon qui y est attaché.
(6) Du diable.
(7) La guillotine.

— Ah bah! dit à son tour Nicolas, on s'en moque pas mal... de la boutique à Charlot! c'est comme de la prison ou du bagne, on s'en moque aussi : pourvu qu'on soit tous amis ensemble, vive la joie à moi !

— Par exemple, dit le prisonnier à la voix mignarde, ce qu'il y aurait de sciant, ce serait qu'on nous mette en cellule jour et nuit ; on dit qu'on en viendra là.

— En cellule! s'écria le Squelette avec une sorte d'effroi courroucé. Ne parle pas de ça... En cellule !... tout seul !... Tiens, tais-toi, j'aimerais mieux qu'on me coupe les bras et les jambes... Tout seul !... entre quatre murs !... Tout seul... sans avoir des vieux de la pègre avec qui rire !... Ça ne se peut pas ! Je préfère cent fois le bagne à la centrale, parce qu'au bagne, au lieu d'être renfermé on est dehors, on voit du monde, on va, on vient, on gaudriole avec la chiourme... Eh bien ! j'aimerais cent fois mieux être raccourci que d'être mis en cellule pendant seulement un an... Oui, ainsi, à l'heure qu'il est, je suis sûr d'être fauché, n'est-ce pas ? eh bien ! on me dirait : Aimes-tu mieux un an de cellule ?... je tendrais le cou... Un au tout seul !... mais est-ce que c'est possible ?... A quoi veulent-ils donc que l'on pense quand on est tout seul ?...

— Si l'on t'y mettait de force, en cellule ?

— Je n'y resterais pas... je ferais tant des pieds et des mains que je m'évaderais, dit le Squelette.

— Mais si tu ne pouvais pas... si tu étais sûr de ne pas te sauver ?

— Alors je tuerais le premier venu pour être guillotiné.

— Mais si au lieu de condamner les *escarpes* (1) à mort... on les condamnait à être en cellule pendant toute leur vie !...

Le Squelette parut frappé de cette réflexion.

Après un moment de silence, il reprit :

— Alors je ne sais pas ce que je ferais... je me briserais la tête contre les murs... Je me laisserais crever de faim plutôt que d'être en cellule... Comment! tout seul... toute ma vie seul... avec moi ? sans l'espoir de me sauver ? Je vous dis que ce n'est pas possible... Tenez, il n'y en a pas de plus crâne que moi, je saignerais un homme pour six blancs... et même pour rien... pour l'honneur... On croit que je n'ai assassiné que deux personnes... mais si les morts parlaient, il y a cinq refroidis qui pourraient dire comment je travaille.

Le brigand se vantait.

Ces forfanteries sanguinaires sont encore un des traits les plus caractéristiques des scélérats endurcis.

Un directeur de prison nous disait :

« Si les prétendus meurtres dont ces malheureux se glorifient étaient réels, la population serait décimée. »

— C'est comme moi... reprit Barbillon pour se vanter à son tour, on croit que je n'ai escarpé que le mari de la laitière de la Cité... mais j'en ai servi bien d'autres avec le grand Robert, qui a été fauché l'an passé.

— C'était donc pour vous dire, reprit le Squelette, que je ne crains ni feu ni diable... eh bien !... si j'étais en cellule... et bien sûr de ne pouvoir jamais me sauver... tonnerre !... je crois que j'aurais peur...

— De quoi ? demanda Nicolas.

— D'être tout seul... répondit le prévôt.

— Ainsi, si tu avais à recommencer tes tours de pègre et d'escarpe, et si, au lieu de centrales, de bagnes et de guillotine... il n'y avait que des cellules, tu bouderais devant le mal ?

— Ma foi... oui... peut-être... (historique) répondit le Squelette.

Et il disait vrai.

On ne peut s'imaginer l'indicible terreur qu'inspire à de pareils bandits la seule pensée de cette pénalité.

Cette terreur n'est-elle pas encore un plaidoyer éloquent en faveur de cette pénalité ?

Ce n'est pas tout : la condamnation à l'isolement, si redoutée par les scélérats, amènera peut-être forcément l'abolition de la peine de mort.

Voici comment :

La génération criminelle qui à cette heure peuple les prisons et les bagnes regardera l'application du système cellulaire comme un supplice intolérable.

Habitués à la perverse animation de l'emprisonnement en commun, dont nous venons de tâcher d'esquisser quelques traits affaiblis, car, nous le répétons, il nous faut reculer devant des monstruosités de toutes sortes ; ces hommes, disons-nous, se voyant menacés, en cas de récidive, d'être séquestrés du monde infâme où ils expiaient si allégrement leurs crimes ; ces hommes, d'être mis en cellule seul à seul avec les souvenirs du passé... ces hommes se révolteront à l'idée de cette punition effrayante.

Beaucoup préféreront la mort ;

Et, pour encourir la peine capitale, ne reculeront pas devant l'assassinat... car, chose étrange, sur dix criminels qui voudront se débarrasser de la vie, il y en a neuf qui tueront... pour être tués... et un seul qui se suicidera.

Alors, sans doute, nous le répétons, le suprême vestige d'une législation barbare disparaîtra de nos codes...

Afin d'ôter aux meurtriers ce dernier refuge qu'ils croiront trouver dans le néant, on abolira forcément la peine de mort.

(1) Assassins.

Mais l'isolement cellulaire à perpétuité offrira-t-il une réparation, une punition assez formidable pour quelques grands crimes, tels que le parricide entre autres?

L'on s'évade de la prison la mieux gardée, ou du moins on espère s'évader ; il ne faut laisser aux criminels dont nous parlons ni cette possibilité ni cette espérance.

Aussi la peine de mort, qui n'a d'autre fin que celle de débarrasser la société d'un être nuisible... la peine de mort, qui donne rarement aux condamnés le temps de se repentir, et jamais celui de se réhabiliter par l'expiation... la peine de mort, que ceux-là subissent inanimés, presque sans connaissance, et que ceux-ci bravent avec un épouvantable cynisme, la peine de mort sera peut-être remplacée par un châtiment terrible, mais qui donnera au condamné le temps du repentir... de l'expiation, et qui ne retranchera pas violemment de ce monde une créature de Dieu...

L'aveuglement (1) mettra le meurtrier dans l'impossibilité de s'évader et de nuire désormais à personne...

La peine de mort sera donc en ceci, son seul but, efficacement remplacée :

Car la société ne tue pas au nom de la loi du talion ;

Elle ne tue pas pour faire souffrir, puisqu'elle a choisi celui de tous les supplices qu'elle croit le moins douloureux (2) ;

Elle tue au nom de sa propre sûreté.

Or, que peut-elle craindre d'un aveugle emprisonné ?

Enfin cet isolement perpétuel, adouci par les charitables entretiens de personnes honnêtes et pieuses qui se voueraient à cette secourable mission, permettrait au meurtrier de racheter son âme par de longues années de remords et de contrition.

Un grand tumulte et de bruyantes exclamations de joie, poussées par les détenus qui se promenaient dans le préau, interrompirent le conciliabule présidé par le Squelette.

Nicolas se leva précipitamment et s'avança sur le pas de la porte du chauffoir, afin de connaître la cause de ce bruit inaccoutumé.

— C'est le Gros-Boiteux ! s'écria Nicolas en rentrant.

— Le Gros-Boiteux ! s'écria le prévôt, et Germain est-il descendu au parloir ?

— Pas encore, dit Barbillon.

— Qu'il se dépêche donc, dit le Squelette, que je lui donne un bon pour une bière neuve.

CHAPITRE VII.

Complot.

Le Gros-Boiteux, dont l'arrivée était accueillie par les détenus de la Fosse-aux-Lions avec une joie bruyante, et dont la dénonciation pouvait être si funeste à Germain, était un homme de taille moyenne ; malgré son embonpoint et son infirmité, il semblait agile et vigoureux.

Sa physionomie bestiale, comme la plupart de celles de ses compagnons, se rapprochait beaucoup du type du bouledogue ; son front déprimé, ses petits yeux fauves, ses joues retombantes, ses lourdes mâchoires, dont l'inférieure, très-saillante, était armée de longues dents, ou plutôt de crocs ébréchés qui çà et là débordaient les lèvres, rendaient cette ressemblance animale plus frappante encore ; il avait pour coiffure un bonnet de loutre, et portait par-dessus ses habits un manteau bleu à collet fourré.

Le Gros-Boiteux était entré dans la prison accompagné d'un homme de trente ans environ, dont la figure brune et hâlée paraissait moins dégradée que celle des autres détenus, quoiqu'il affectât de paraître aussi résolu que son compagnon ; quelquefois son visage s'assombrissait et il souriait amèrement...

Le Gros-Boiteux se retrouvait, comme on dit vulgairement, en pays de connaissance. Il pouvait à peine répondre aux félicitations et aux paroles de bienvenue qu'on lui adressait de toutes parts.

— Te voilà donc enfin, gros réjoui... Tant mieux, nous allons rire.

— Tu nous manquais...

— Tu as bien tardé...

— J'ai pourtant fait tout ce qu'il fallait pour revenir voir les amis... c'est pas ma faute si la rousse n'a pas voulu de moi plus tôt.

— Comme de juste, mon vieux, on ne vient pas se mettre au clou soi-même ; mais une fois qu'on y est... ça se tire et faut gaudrioler.

— Tu as la chance, car Piqué-Vinaigre est ici.

(1) Nous maintenons le barbarisme, l'expression de cécité s'appliquant à une maladie accidentelle ou à une infirmité naturelle ; tandis que ce ce dérivé du verbe aveugler rend mieux notre pensée, *l'action d'aveugler*.

(2) Mon père, le docteur Jean-Joseph Sue, croyait le contraire ; une série d'observations intéressantes et profondes, publiées par lui à ce sujet, tendent à prouver que la *pensée survit quelques minutes à la décollation instantanée*. — Cette probabilité seule fait frissonner d'épouvante.

— Lui aussi? un ancien de Melun! fameux!... fameux! il nous aidera à passer le temps avec ses histoires, et les pratiques ne lui manqueront pas, car je vous annonce des recrues.

— Qui donc?...

— Tout à l'heure au greffe... pendant qu'on m'écrouait, on a encore amené deux cadets... Il y en a un que je ne connais pas... mais l'autre, qui a un bonnet de coton bleu et une blouse grise, m'est resté dans l'œil... J'ai vu cette boule-là quelque part... Il me semble que c'est chez l'ogresse du Lapin-Blanc... un fort homme...

— Dis donc, Gros-Boiteux... te rappelles-tu à Melun... que j'avais parié avec toi qu'avant un an tu serais repincé?

— C'est vrai, tu as gagné; car j'avais plus de chances pour être cheval de retour que pour être couronné rosière; mais toi... qu'as-tu fait?

— J'ai grinchi à l'américaine.

— Ah! bon, toujours du même tonneau?...

— Toujours... Je vas mon petit bonhomme de chemin. Ce tour est commun... mais les sluves aussi sont communs, et sans une ânerie de mon collègue je ne serais pas ici... C'est égal, la leçon me profitera. Quand je recommencerai, je prendrai mes précautions... J'ai mon plan...

— Tiens, voilà Cardillac, dit le Boiteux en voyant venir à lui un petit homme misérablement vêtu, à mine basse, méchante et rusée, qui tenait du renard et du loup. Bonjour, vieux...

— Allons donc, reprit gaiement au Gros-Boiteux le détenu surnommé Cardillac: on disait tous les jours: Il viendra, il ne viendra pas... Monsieur fait comme les jolies femmes, il faut qu'on le désire...

— Mais oui, mais oui.

— Ah çà! reprit Cardillac, est-ce pour quelque chose d'un peu corsé que tu es ici?

— Ma foi, mon cher, je me suis passé l'effraction. Avant, j'avais fait de très-bons coups; mais, le dernier a raté... une affaire superbe... qui d'ailleurs reste encore à faire... malheureusement, nous deux Frank, que voilà, nous avons *marché dessus* (1).

Et le Gros-Boiteux montra son compagnon, sur lequel tous les yeux se tournèrent.

— Tiens, c'est vrai, voilà Frank! dit Cardillac; je ne l'aurais pas reconnu à cause de sa barbe... Comment! c'est toi! je te croyais au moins maire de ton endroit à l'heure qu'il est... Tu voulais faire l'honnête?...

— J'étais bête et j'en ai été puni, dit brusquement Frank; mais à tout péché miséricorde... c'est bon une fois... me voilà maintenant de la pègre jusqu'à ce que je crève; gare à ma sortie!

— A la bonne heure, c'est parler.

— Mais qu'est-ce donc qu'il t'est arrivé, Frank?

— Ce qui arrive à tout libéré assez colas pour vouloir, comme tu dis, faire l'honnête... Le sort est si juste!... En sortant de Melun, j'avais une masse de neuf cents et tant de francs...

— C'est vrai, dit le Gros-Boiteux, tous les malheurs viennent de ce qu'il a gardé sa masse au lieu de la fricoter en sortant de prison. Vous allez voir à quoi mène le repentir... et si on fait seulement ses frais.

— On m'a envoyé en surveillance à Etampes, reprit Frank... Serrurier de mon état, j'ai été chez un maître de mon métier; je lui ai dit : Je suis libéré, je sais qu'on n'aime pas à les employer, mais voilà les neuf cents francs de ma masse, donnez-moi de l'ouvrage; mon argent ça sera votre garantie, je veux travailler et être honnête.

— Parole d'honneur, il n'y a que Frank pour avoir des idées pareilles.

— Il a toujours eu un petit coup de marteau.

— Ah!... comme serrurier!

— Farceur...

— Et vous allez voir comme ça lui a réussi.

— Je propose donc ma masse en garantie au maître serrurier pour qu'il me donne de l'ouvrage. Je ne suis pas banquier pour prendre de l'argent à intérêt, qu'il me dit, et je ne veux pas de libéré dans ma boutique; je vais travailler dans les maisons, ouvrir des portes dont on perd les clefs; j'ai un état de confiance, et si on savait que j'emploie un libéré parmi mes ouvriers, je perdrais mes pratiques. Bonsoir, voisin.

— N'est-ce pas, Cardillac, qu'il n'y avait que ce qu'il méritait?

— Bien sûr...

— Enfant! ajouta le Gros-Boiteux en s'adressant à Frank d'un air paterne, au lieu de rompre tout de suite ton ban, et de venir à Paris fricoter ta masse, afin de n'avoir plus le sou et de te mettre dans la nécessité de voler! Alors ou trouve des idées superbes.

— Quand tu me diras toujours la même chose! dit Frank avec impatience; c'est vrai, j'ai eu tort de ne pas dépenser ma masse, puisque je n'en ai pas joui. Pour en revenir à ma surveillance, comme il n'y avait que quatre serruriers à Etampes, celui à qui je m'étais d'abord adressé le premier avait jasé; quand j'ai été m'adresser aux autres, ils m'ont dit comme leur confrère... Merci. Partout la même chanson.

— Voyez-vous, les amis, à quoi ça sert? Nous sommes marqués pour la vie, allez!!!

— Me voilà en grève sur le pavé d'Etampes; je vis sur ma masse un

(1) Nous l'avons manquée.

mois, deux mois, reprit Frank; l'argent s'en allait, l'ouvrage ne venait pas. Malgré ma surveillance, je quitte Etampes.

— C'est ce que tu aurais dû faire tout de suite, colas.

— Je viens à Paris; là je trouve de l'ouvrage ; mon bourgeois ne savait pas qui j'étais, je lui dis que j'arrive de province. Il n'y avait pas de meilleur ouvrier que moi. Je place 700 francs qui me restaient chez un agent d'affaires, qui me fait un billet; à l'échéance il ne me paye pas; je mets mon billet chez un huissier, qui poursuit et se fait payer; je laisse l'argent chez lui, et je me dis : C'est une poire pour la soif. Là-dessus je rencontre le Gros-Boiteux.

— Oui, les amis, et c'est moi qui m'étais la soif, comme vous l'allez voir. Frank était serrurier, fabriquait les clefs; j'avais une affaire où il pouvait me servir, je lui propose le coup. J'avais des empreintes, il n'y avait plus qu'à travailler dessus, c'était sa partie. L'enfant me refuse, il voulait redevenir honnête. Je me dis : Il faut faire son bien malgré lui. J'écris une lettre sans signature à son bourgeois, une autre à ses compagnons, pour leur apprendre que Frank est un libéré. Le bourgeois le met à la porte et les compagnons lui tournent le dos.

Il va chez un autre bourgeois, il y travaille huit jours. Même jeu. Il aurait été chez dix que je lui aurais servi toujours du même.

— Et je ne me doutais pas alors que c'était toi qui me dénonçais, reprit Frank; sans cela tu aurais passé un mauvais quart d'heure.

— Oui; mais moi pas bête je t'avais dit que je m'en allais à Longjumeau voir mon oncle ; mais j'étais resté à Paris, et je savais tout ce que tu faisais par le petit Ledru.

— Enfin on me chasse encore de chez mon dernier maître serrurier, comme un gueux bon à pendre. Travaillez donc! soyez donc paisible, pour qu'on vous dise, non pas: Que fais-tu? mais: Qu'as-tu fait? Une fois sur le pavé, c'est fini: Heureusement il me restait ma masse chez l'huissier. Je vas chez l'huissier, il avait levé le pied; mon argent était flambé, j'étais sans le sou, je n'avais pas seulement de quoi payer une huitaine de mon garni. Fallait voir ma rage! Là-dessus le Gros-Boiteux a l'air d'arriver de Longjumeau; il profite de ma colère. Je ne savais à quel clou me pendre, je voyais qu'il n'y avait pas moyen d'être honnête, qu'une fois dans la pègre on y était à vie. Ma foi, le Gros-Boiteux me talonne tant...

— Que ce brave Frank ne boude plus, reprit le Gros-Boiteux : il prend son parti en brave, il entre dans l'affaire, elle s'annonçait comme une reine; malheureusement, au moment où nous ouvrons la bouche pour avaler le morceau, pincés par la rousse. Que veux-tu, garçon, c'est un malheur, le métier serait trop beau sans cela.

— C'est égal, si ce gredin d'huissier ne m'avait pas volé, je ne serais pas ici, dit Frank avec une rage concentrée.

— Eh bien! eh bien! reprit le Gros-Boiteux, te voilà bien malade! Avec ça que tu étais plus heureux quand tu t'échinais à travailler!

— J'étais libre.

— Oui, le dimanche, et encore quand l'ouvrage ne pressait pas; mais le restant de la semaine enchaîné comme un chien; et jamais sûr de trouver de l'ouvrage, jamais sûr de ton bonheur.

— Tu me l'apprendras, dit Frank avec amertume.

— Après ça tout est juste, tu en as le droit d'être vexé ; c'est dommage que le coup ait manqué, il était superbe, et il le sera encore dans un ou deux mois ; les bourgeois seront rassurés, et ce sera à refaire. C'est une maison riche, je sais ; Je serai toujours condamné pour rupture de ban, ainsi je ne pourrai pas reprendre l'affaire; mais, si je trouve un amateur, je le cédérai un prix pas trop cher. Les empreintes sont chez ma femelle, il n'y aura qu'à fabriquer de nouvelles fausses clefs; avec les renseignements que je pourrai donner, ça ira tout seul. Il y a de quoi, et il y a encore là un coup de dix mille francs à faire : ça doit pourtant te consoler, Frank.

Le complice du Gros-Boiteux secoua la tête, croisa les bras sur sa poitrine et ne répondit pas.

Cardillac prit le Gros-Boiteux par le bras, l'attira dans un coin du préau, et lui dit, après un moment de silence :

— L'affaire que tu as manquée est encore bonne?

— Dans deux mois, aussi bonne qu'une neuve.

— Tu peux le prouver?

— Pardieu !

— Combien en veux-tu?

— Cent francs d'avance, et je dirai le mot convenu avec ma femelle pour qu'elle livre les empreintes avec quoi on refera de fausses clefs ; de plus, si le coup réussit, je veux un cinquième du gain, que l'on payera à ma femelle.

— C'est raisonnable.

— Comme je saurai à qui elle aura donné les empreintes, si on me filoustait ma part, je dénoncerais. Tant pis.

— Tu serais dans ton droit si on t'enfonçait... mais dans la *pègre*... on est honnête... faut bien compter les uns sur les autres... sans cela il n'y aurait pas d'affaires possibles...

Autre anomalie de ces mœurs horribles...

Ce misérable disait vrai.

Il est assez rare que les voleurs manquent à la parole qu'ils se donnent pour des marchés de cette nature... Ces criminelles transactions s'opèrent généralement avec une sorte de bonne foi, ou plutôt, afin de ne pas prostituer ce mot, disons que la nécessité force ces bandits de tenir leur promesse; car s'ils y manquaient, ainsi que le disait le compagnon du Gros-Boiteux, il n'y aurait pas d'affaires possibles...

Un grand nombre de vols se donnent, s'achètent et se complotent ainsi en prison, autre détestable conséquence de la réclusion en commun.

— Si ce que tu dis est sûr, reprit Cardillac, je pourrai m'arranger de l'affaire... Il n'y a pas de preuves contre moi... je suis sûr d'être acquitté; je passe au tribunal dans une quinzaine, je serai en liberté, mettons dans vingt jours; le temps de se retourner, de faire faire les fausses clefs, d'aller aux renseignements... c'est un mois, six semaines...

— Juste ce qu'il faut aux bourgeois pour se remettre de l'alerte... Et puis, d'ailleurs, qui a été attaqué une fois, croit ne pas l'être une seconde fois; tu sais ça...

— Je sais ça : je prends l'affaire... c'est convenu.

— Mais auras-tu de quoi me payer? Je veux des arrhes.

— Tiens, voilà mon dernier bouton ; et quand il n'y en a plus, il y en a encore, dit Cardillac en arrachant un des boutons recouverts d'étoffe qui garnissaient sa mauvaise redingote bleue... Puis, à l'aide de ses ongles, il déchira l'enveloppe, et montra au Gros-Boiteux qu'au lieu de moule le bouton renfermait une pièce de quarante francs.

— Tu vois, ajouta-t-il, que je pourrai te donner des arrhes quand nous aurons causé de l'affaire.

— Alors touche là, vieux, dit le Gros-Boiteux. Puisque tu sors bientôt et que tu as des fonds pour travailler, je pourrai te donner autre chose; mais ça c'est du nanan..... du vrai nanan..... un *petit poupart* (1), que moi et ma femelle nous nourrissions depuis deux mois, et qui ne demande qu'à marcher... Figure-toi une maison isolée, dans un quartier perdu, un rez-de-chaussée donnant d'un côté sur une rue déserte, de l'autre sur un jardin ; deux vieilles gens qui se couchent comme des poules. Depuis les émeutes et dans la peur d'être pillés, ils ont caché dans un lambris un grand pot à confiture plein d'or... C'est ma femme qui a dépisté la chose en faisant jaser la servante. Mais, je t'en préviens, cette affaire-là sera plus chère que l'autre, c'est monnayé... c'est tout cuit et bon à manger...

— Nous nous arrangerons, sois tranquille... Mais je vois que t'as pas mal travaillé depuis que tu as quitté la centrale...

— Oui, j'ai eu assez de chance... J'ai raccroché de bric et de brac pour une quinzaine de cents francs; un de mes meilleurs morceaux a été la grenouille de deux femmes qui logeaient dans le même garni que moi, passage de la Brasserie.

— Chez le père Micou, le recéleur?
— Juste.
— Et Joséphine, ta femme?

Récit de Pique-Vinaigre. — PAGE 297.

— Toujours un vrai furet; elle faisait un ménage chez les vieilles gens dont je parle ; c'est elle qui a flairé le pot aux jaunets...
— C'est une fière femme!...
— Je m'en vante... A propos de fière femme, tu connais bien la Chouette?
— Oui, Nicolas m'a dit ça ; le Maître d'école l'a estourbie ; et lui, il est devenu fou.
— C'est peut-être d'avoir perdu la vue par je ne sais quel accident... Ah ça! mon vieux Cardillac, convenu... puisque tu veux t'arranger de mes *poupards*, je n'en parlerai à personne.
— A personne... je les prends en sevrage. Nous en causerons ce soir...
— Ah ça, qu'est-ce qu'on fait ici?
— On rit et on bêtise à mort.
— Qu'est-ce qui est le prévôt de la chambrée?
— Le Squelette.
— En voilà un dur à cuire! Je l'ai vu chez les Martial à l'île du Ravageur... Nous avons nocé avec Joséphine et la Boulotte.
— A propos, Nicolas est ici.
— Je le sais bien, le père Micou me l'a dit... Il s'est plaint que Nicolas l'a *fait chanter*, le vieux gueux... je lui ferai aussi dégoiser un petit air..... Les recéleurs... sont faits pour ça.
— Nous parlions du Squelette : tiens, justement le voilà, dit Cardillac en montrant à son compagnon le prévôt, qui parut à la porte du chauffoir.
— Cadet... avance à l'appel, dit le Squelette au Gros-Boiteux.
— Présent... répondit celui-ci en entrant dans la salle accompagné de Frank, qu'il prit par le bras.

Pendant l'entretien du Gros-Boiteux, de Frank et de Cardillac, Barbillon avait été, par ordre du prévôt, recruter douze ou quinze prisonniers de choix. Ceux-ci, afin de ne pas éveiller les soupçons du gardien, s'étaient rendus isolément au chauffoir.

Les autres détenus restèrent dans le préau; quelques-uns même, d'après le conseil de Barbillon, parlèrent à voix haute d'un ton assez courroucé, pour attirer l'attention du gardien et le distraire ainsi de la surveillance du chauffoir, où se trouvèrent bientôt réunis le Squelette, Barbillon, Nicolas, Frank, Cardillac, le Gros-Boiteux et une quinzaine de détenus, tous attendant avec une impatiente curiosité que le prévôt prît la parole.

Barbillon, chargé d'épier et d'annoncer l'approche du surveillant, se plaça près de la porte.

Le Squelette, ôtant sa pipe de sa bouche, dit au Gros-Boiteux :
— Connais-tu un petit jeune homme nommé Germain, aux yeux bleus, cheveux bruns, l'air d'un *pante* (1)?
— Germain est ici! s'écria le Gros-Boiteux, dont les traits exprimèrent aussitôt la surprise, la haine et la colère.

(1) Vol préparé de longue main

(1) Honnête homme.

— Tu le connais donc? demanda le Squelette.
— Si je le connais?... reprit le Gros-Boiteux : mes amis, je vous le dénonce, c'est un *mangeur*... Il faut qu'on le roule...
— Oui, oui, reprirent les détenus.
— Ah çà ! est-ce bien sûr qu'il ait dénoncé? demanda Frank? Si on se trompait?... rouler un homme qui ne le mérite pas...
Cette observation déplut au Squelette, qui se pencha vers le Gros-Boiteux et lui dit tout bas :
— Qu'est-ce que celui-là ?

— Suffit, j'aurai l'œil dessus.
— Voyons comme quoi Germain est un *mangeur*, dit un prisonnier.
— Explique toi, Gros-Boiteux, reprit le Squelette, qui ne quitta plus Frank du regard.

Le duc de Lucenay.

Coupe-en-Deux.

— Un homme avec qui j'ai travaillé.
— En es-tu sûr?
— Oui ; mais ça n'a pas de fiel, c'est mollasse.

— Voilà, dit le Gros-Boiteux : Un Nantais, nommé Velu, ancien libéré, a éduqué le jeune homme, dont on ignore la naissance. Quand il a eu l'âge, il l'a fait entrer à Nantes chez un banquezingue, croyant mettre le loup dans sa caisse et se servir de Germain pour empaumer une affaire superbe qu'il mitonnait depuis longtemps ; il avait deux cordes à son arc... un faux et le *soulagement* de la caisse du banquezingue... peut-être cent mille francs... à faire en deux coups... Tout était prêt; Velu comptait sur le petit jeune homme comme sur lui-même;

ce galopin-là couchait dans le pavillon où était la caisse ; Velu lui dit son plan... Germain ne répond ni oui ni non   dénonce tout à son patron, et file le soir même pour Paris.

Les détenus firent entendre de violents murmures d'indignation et des paroles menaçantes.

— C'est un mangeur... il faut le désosser...
— Si l'on veut, je lui cherche querelle... et je le crève...
— Faut-il lui signer sur la figure un billet d'hôpital ?
— Silence dans la pègre ! cria le Squelette d'une voix impérieuse.

Les prisonniers se turent.

— Continue, dit le prévôt au Gros-Boiteux. Et il se remit à fumer.
— Croyant que Germain avait dit oui, comptant sur son aide, Velu et deux de ses amis tentent l'affaire la nuit même ; le banquezingue était sur ses gardes : un des amis de Velu est pincé en escaladant une fenêtre, et lui a le bonheur de s'évader... Il arrive à Paris, furieux d'avoir été *mangé* par Germain et d'avoir manqué une affaire superbe. Un beau jour, il rencontre le petit jeune homme ; il était plein jour ; il n'ose rien faire, mais il le suit ; il voit où il demeure, et, une nuit, nous deux Velu et le petit Ledru, nous tombons sur Germain... Malheureusement il nous échappe... Il déniche de la rue du Temple où il demeurait ; depuis nous n'avons pu le retrouver : mais s'il est ici... je demande...

— Tu n'as rien à demander, dit le Squelette avec autorité.

Le Gros-Boiteux se tut.

— Je prends ton marché, tu me cèdes la peau de Germain, je l'écorche, ou je ne m'appelle pas le Squelette pour rien... je suis mort d'avance... mon trou est fait à Clamart, je ne risque rien de travailler pour la pègre ; les mangeurs nous dévorent encore plus que la police : on met les mangeurs de la Force à la Roquette, et les mangeurs de la Roquette à la Conciergerie, ils se croient sauvés. Minute... quand chaque prison aura tué son mangeur, n'importe où il ait mangé... ça ôtera l'appétit aux autres... Je donne l'exemple... on fera comme moi...

Tous les détenus, admirant la résolution du Squelette, se pressèrent autour de lui... Barbillon lui-même, au lieu de rester auprès de la porte, se joignit au groupe, et ne s'aperçut pas qu'un nouveau détenu entrait dans le parloir.

Ce dernier, vêtu d'une blouse grise, et portant un bonnet de coton bleu brodé de laine rouge enfoncé jusque sur ses yeux, fit un mouvement en entendant prononcer le nom du Squelette... puis il alla se mêler parmi les admirateurs du Squelette, et approuva vivement de la voix et du geste la criminelle détermination du prévôt.

— Est-il crâne, le Squelette !... disait l'un, quelle sorbonne !...
— Le diable en personne ne le ferait pas caner...
— Voilà un homme !...
— Si tous les pègres avaient ce front-là... c'est eux qui jugeraient et qui feraient guillotiner les *pantes*... (1).
— Ça serait juste... chacun son tour...
— Oh ! ... mais on ne s'entend pas...
— C'est égal... Il rend un fameux service à la pègre... en voyant qu'on les refroidit... les mangeurs ne mangeront plus...
— C'est sûr.
— Et puisque le Squelette est si sûr d'être fauché, ça ne lui coûte rien... de tuer ce jeune homme.
— Moi, je trouve que c'est rude ! dit Frank, tuer ce jeune homme.
— De quoi ! de quoi ! reprit le Squelette d'une voix courroucée, on n'a pas le droit de buter un traître ?
— Oui, au fait, c'est un traître ; tant pis pour lui, dit Frank, après un moment de réflexion.

Ces derniers mots et la garantie du Gros-Boiteux calmèrent la défiance que Frank avait un moment soulevée chez les détenus.

Le Squelette seul persévéra dans sa méfiance.

— Ah ça ! et comment faire avec le gardien ? Dis donc, Mort-d'avance, car c'est aussi bien ton nom que Squelette, reprit Nicolas en ricanant.
— Eh bien ! on s'occupera d'un côté, le gardien.
— Non, il ne retiendra de force.
— Oui...
— Non.
— Silence dans la pègre !! dit le Squelette.

On fit le plus profond silence.

— Écoutez-moi bien, reprit le prévôt de sa voix enrouée, il n'y a pas moyen de faire le coup pendant que le gardien sera dans le chauffoir ou dans le préau. Je n'ai pas de couteau ; il y aura quelques cris étouffés ; le mangeur se débattra.
— Alors, comment...
— Voilà comment : Pique-Vinaigre nous a promis de nous conter aujourd'hui, après dîner, son histoire de *Gringalet et Coupe-en-Deux*. Voilà la pluie, nous nous retirerons tous ici, et le mangeur viendra se mettre là-bas dans le coin, là où il est presque toujours... Nous donnerons quelques sous à Pique-Vinaigre pour qu'il commence son histoire... C'est l'heure du dîner de la geôle. Le gardien nous verra tranquillement occupés à écouter les faribotes de *Gringalet et de Coupe-en-Deux*, il ne se défiera pas, ira faire un tour à la cantine... Dès qu'il aura quitté la cour... nous avons un quart d'heure à nous, le mangeur est refroidi avant que le gardien soit revenu... Je m'en charge... J'en

(1) Les honnêtes gens.

ai étourdi de plus roides que lui... Mais je ne veux pas qu'on m'aide...
— Minute, s'écria Cardillac, et l'huissier qui vient toujours blaguer ici avec nous... à l'heure du dîner ?... S'il entre dans le chauffoir pour écouter Pique-Vinaigre, et qu'il voie refroidir Germain, il est capable de crier au secours... Ça n'est pas un homme culotté, l'huissier ; c'est un pistolier, il faut s'en défier.
— C'est vrai, dit le Squelette.
— Il y a un huissier ici ! s'écria Frank, victime, on le sait, de l'abus de confiance de maître Boulard ; il y a un huissier ici ! reprit-il avec étonnement. Et comme s'appelle-t-il ?
— Boulard, dit Cardillac.
— C'est mon homme ! s'écria Frank en serrant les poings ; c'est lui qui m'a volé ma masse...
— L'huissier ? demanda le prévôt.
— Oui... sept cent vingt francs qu'il a touchés pour moi.
— Tu le connais ?... il t'a vu ? demanda le Squelette.
— Je crois bien que je l'ai vu... pour mon malheur... Sans lui, je ne serais pas ici...

Ces regrets sonnèrent mal aux oreilles du Squelette : il attacha longuement ses yeux louches sur Frank, qui répondait à quelques questions de ses camarades, puis, se penchant vers le Gros-Boiteux, il lui dit tout bas :

— Voilà un cadet qui est capable d'avertir les gardiens de notre coup.
— Non, j'en réponds, il ne dénoncera personne... mais c'est encore friteux pour le vice... et il serait capable de vouloir défendre Germain... Vaudrait mieux l'éloigner du préau.
— Suffit, dit le Squelette, et il reprit tout haut : Dis donc, Frank, est-ce que tu ne le rouleras pas ce brigand d'huissier ?
— Laissez faire... qu'il vienne, son compte est bon.
— Il va venir, prépare-toi.
— Je suis tout prêt ; il portera mes marques.
— Ça fera une batterie, on renverra l'huissier à sa pistole et Frank au cachot, dit tout bas le Squelette au Gros-Boiteux, nous serons débarrassés de tous deux.
— Quelle sorbonne !... Comme le Squelette est-il roué ! dit le bandit avec admiration. Puis il reprit tout haut :
— Ah ça ! préviendra-t-on Pique-Vinaigre qu'on s'aidera de son conte pour engourdir le gardien et escarper le mangeur ?
— Non ; Pique-Vinaigre est trop mollasse et trop poltron ; s'il savait ça, il ne voudrait pas conter ; mais, le coup fait, il prendra son parti.

La cloche du dîner sonna.

— A la pâtée, les chiens ! dit le Squelette ; Pique-Vinaigre et Germain vont rentrer au préau. Attention, les amis, on m'appelle Mort-d'avance, mais le mangeur aussi est mort d'avance.

CHAPITRE VIII.

Le conteur.

Le nouveau détenu dont nous avons parlé, qui portait un bonnet de coton et une blouse grise, avait attentivement écouté et énergiquement approuvé le complot qui menaçait la vie de Germain... Cet homme, aux formes athlétiques, sortit du chauffoir avec les autres prisonniers sans avoir été remarqué, et se mêla bientôt aux différents groupes qui se pressaient dans la cour autour des distributeurs d'aliments, qui portaient la viande cuite dans des bassines de cuivre, et le pain dans de grands paniers.

Chaque détenu recevait un morceau de bœuf bouilli désossé qui avait servi à faire la soupe grasse du matin, trempée avec une moitié d'un pain supérieur en qualité au pain des soldats (1).

Les prisonniers qui possédaient quelque argent pouvaient acheter du vin à la cantine, et y aller boire, en termes de prison, la *gobette*.

Ceux enfin qui, comme Nicolas, avaient reçu des vivres du dehors improvisaient un festin auquel ils invitaient d'autres détenus. Les convives du fils du supplicié furent le Squelette, Barbillon, l'observation de celui-ci, Pique-Vinaigre, afin de le bien disposer à conter.

Le jambonneau, les œufs durs, le fromage et le pain blanc dus à la libéralité forcée de Micou le receleur furent étalés sur un des bancs du chauffoir, et le Squelette s'apprêta à faire honneur à ce repas, sans s'inquiéter du meurtre qu'il allait froidement commettre.

(1) Tel est le régime alimentaire des prisons : au repas du matin, chaque détenu reçoit une écuellée de soupe maigre ou grasse, trempée avec un demi-litre de bouillon. — Au repas du soir, une portion de bœuf d'un quarteron, sans os, ou une portion de légumes, haricots, pommes de terre, etc.; jamais les mêmes légumes deux jours de suite. — Sans doute les détenus ont droit, au nom de l'humanité, à cette nourriture saine et presque abondante. Mais, répétons-le, la plupart des ouvriers les plus laborieux, les plus rangés, ne mangent pas de viande et de soupe grasse dix fois par an.

— Va donc voir si Pique-Vinaigre n'arrive pas. En attendant d'étrangler Germain, j'étrangle la faim et la soif ; n'oublie pas de dire au Gros-Boiteux qu'il faut que Frank saute aux crins de l'huissier pour qu'on débarrasse la Fosse-aux-Lions de tous les deux.

— Sois tranquille, Mort-d'avance, si Frank ne roule pas l'huissier, ça ne sera pas de notre faute...

Et Nicolas sortit du chauffoir.

A ce moment même, maître Boulard entrait dans le préau en fumant un cigare, les mains plongées dans sa longue redingote de molleton gris, sa casquette à bec bien enfoncée sur ses oreilles, la figure souriante, épanouie ; il avisa Nicolas, qui, de son côté, chercha aussitôt Frank des yeux.

Frank et le Gros-Boiteux dînaient assis sur un des bancs de la cour ; ils n'avaient pu apercevoir l'huissier, auquel ils tournaient le dos.

Fidèle aux recommandations du Squelette, Nicolas, voyant du coin de l'œil maître Boulard venir à lui, n'eut pas l'air de le remarquer, et se rapprocha de Frank et du Gros-Boiteux.

— Bonjour, mon brave, dit l'huissier à Nicolas.

— Ah! bonjour, monsieur, je ne vous voyais pas ; vous venez faire, comme d'habitude, votre petite promenade ?

— Oui, mon garçon, et aujourd'hui j'ai deux raisons pour la faire... Je vais vous dire pourquoi : d'abord, prenez ces cigares... voyons, sans façon... Entre camarades, que diable ! il ne faut pas se gêner.

— Merci, monsieur... Ah çà ! pourquoi avez-vous deux raisons de vous promener ?

— Vous allez le comprendre, mon garçon. Je ne me sens pas en appétit aujourd'hui... Je me suis dit : En assistant au dîner de mes gaillards, à force de les voir travailler des mâchoires, la faim me viendra peut-être.

— C'est pas bête, tout de même... Mais, tenez, si vous voulez voir deux cadets qui mastiquent crânement, dit Nicolas en amenant peu à peu l'huissier tout près du banc de Frank, qui lui tournait le dos, regardez-moi ces deux avale-tout-cru; la fringale vous galopera comme si vous veniez de manger un bocal de cornichons.

— Ah! parbleu... voyons donc ce phénomène, dit maître Boulard.

— Eh ! Gros-Boiteux ! cria Nicolas.

Le Gros-Boiteux et Frank retournèrent vivement la tête.

L'huissier resta stupéfait, la bouche béante, en reconnaissant celui qu'il avait dépouillé.

Frank, jetant son pain et sa viande sur le banc, d'un bond sauta sur maître Boulard, qu'il prit à la gorge en s'écriant :

— Mon argent !...

— Comment ?... quoi ?... monsieur... vous m'étranglez... je...

— Mon argent !...

— Mon ami, écoutez-moi...

— Mon argent !... Et encore, il est trop tard, car c'est ta faute, si je suis ici...

— Mais... je... mais..

— Si je vais aux galères, entends-tu, c'est ta faute ; car si j'avais eu ce que tu m'as volé... je ne me serais pas vu dans la nécessité de voler ; je serais resté honnête comme je voulais l'être... et on t'acquittera peut-être, toi.... On ne te fera rien, mais je te ferai quelque chose, moi... tu porteras mes marques ! Ah ! tu as des bijoux, des chaînes d'or, et tu voles le pauvre monde !... Tiens... tiens... En as-tu assez ? Non... tiens encore !...

— Au secours ! au secours !...

Cria l'huissier en roulant sous les pieds de Frank, qui le frappait avec furie.

Les autres détenus, très-indifférents à cette rixe, faisaient cercle autour des deux combattants, ou plutôt autour du battant et du battu ; car maître Boulard, essoufflé, épouvanté, ne faisait aucune résistance, et tâchait de parer, du mieux qu'il pouvait, les coups dont son adversaire l'accablait.

Heureusement, le surveillant accourut aux cris de l'huissier et le retira des mains de Frank.

Maître Boulard se releva pâle, épouvanté, un de ses gros yeux contus ; et, sans se donner le temps de ramasser sa casquette, il s'écria en courant vers le guichet :

— Gardien... ouvrez-moi... je ne veux pas rester une seconde de plus ici... Au secours !...

— Et vous, pour avoir battu monsieur, suivez-moi chez le directeur, dit le gardien en prenant Frank au collet ; vous en aurez pour deux jours de cachot.

— C'est égal, il a reçu sa paye, dit Frank.

— Ah çà ! lui dit tout bas le Gros-Boiteux en ayant l'air de l'aider à se rajuster, pas un mot de ce qu'on veut faire au mangeur.

— Sois tranquille ; peut-être que si j'avais été là je l'aurais défendu ; car, tuer un homme pour ça... c'est dur ; mais vous dénoncer, jamais !

— Allons, venez-vous ? dit le gardien.

— Nous voilà débarrassés de l'huissier et de Frank... maintenant, chaud, chaud pour le mangeur ! dit Nicolas.

Au moment où Frank sortait du préau, Germain et Pique-Vinaigre y rentraient.

En entrant dans le préau, Germain n'était plus reconnaissable ; sa physionomie, jusqu'alors triste, abattue, était radieuse et fière ; il portait le front haut et jetait autour de lui un regard joyeux et assuré... Il était aimé... l'horreur de la prison disparaissait à ses yeux.

Pique-Vinaigre le suivait d'un air fort embarrassé ; enfin, après avoir hésité deux ou trois fois à l'aborder, il fit un grand effort sur lui-même et toucha légèrement le bras de Germain avant que celui-ci se fût rapproché des groupes de détenus qui de loin l'examinaient avec une haine sournoise. Leur victime ne pouvait leur échapper.

Malgré lui, Germain tressaillit au contact de Pique-Vinaigre ; car la figure et les haillons de l'ancien joueur de gobelets prévenaient peu en faveur de ce malheureux. Mais, se rappelant les recommandations de Rigolette, et se trouvant d'ailleurs trop heureux pour n'être pas bienveillant, Germain s'arrêta, et dit doucement à Pique-Vinaigre :

— Que voulez-vous ?

— Vous remercier.

— De quoi ?

— De ce que votre jolie petite visiteuse veut faire pour ma pauvre sœur.

— Je ne vous comprends pas, dit Germain surpris.

— Je vais vous expliquer cela... Tout à l'heure, au greffe, j'ai rencontré le surveillant qui était de garde au parloir...

— Ah ! oui, un brave homme.

— Ordinairement les geôliers ne répondent pas à ce nom-là... *brave homme*... mais le père Roussel, c'est différent... Il le mérite... Tout à l'heure, il m'a donc glissé dans le tuyau de l'oreille : — Pique-Vinaigre, mon garçon, vous connaissez bien M. Germain ? — Oui, la bête noire du préau, que je réponds. Puis, s'interrompant Pique-Vinaigre se hâta de dire à Germain : — Pardon, excuse, si je vous ai appelé bête noire... ne faites pas attention... attendez la fin.

— Oui donc, que je réponds, je connais M. Germain, la bête noire du préau. Et la vôtre aussi, peut-être, Pique-Vinaigre ? me demanda le gardien d'un air sévère. — Mon gardien, je suis trop poltron et trop bon enfant pour me permettre d'avoir aucune espèce de bête noire, blanche ou grise, et encore moins M. Germain que tout autre, car il ne paraît pas méchant, et on est injuste pour lui. — Eh bien ! Pique-Vinaigre, vous avez raison d'être du parti de M. Germain, car il a été bon pour vous. — Pour moi, gardien ? Comment donc ? — C'est-à-dire, ça n'est pas lui, et ça n'est pas pour vous ; mais sauf cela, vous lui devez une fière reconnaissance, me répond le père Roussel.

— Voyons... expliquez-vous un peu plus clairement, dit Germain en souriant.

— C'est absolument ce que j'ai répondu au gardien : — Parlez plus clairement. Alors il m'a répondu : — Ce n'est pas M. Germain, mais sa jolie petite visiteuse, qui a été pleine de bontés pour votre sœur. Elle l'a entendue vous raconter les malheurs de son ménage, et, au moment où la pauvre femme sortait du parloir, la jeune fille lui a offert de lui être utile autant qu'elle le pourrait.

— Bonne Rigolette ! s'écria Germain attendri ; elle s'est bien gardée de m'en rien dire !

— Oh ! pour lors, que je réponds au gardien, je ne suis qu'une oie. Vous aviez raison, M. Germain a été bon pour moi, car sa visiteuse, c'est comme qui dirait lui, et ma sœur Jeanne, c'est comme qui dirait moi, et bien plus que moi.

— Pauvre petite Rigolette ! reprit Germain, cela ne m'étonne pas... elle a un cœur si généreux, si compatissant !

— Le gardien a repris : — J'ai entendu tout cela sans faire semblant de rien. Vous voilà prévenu maintenant, Pique-Vinaigre, vous seriez un gueux fini... Pique-Vinaigre... — Gardien, je suis un gueux commencé, c'est vrai, mais pas encore un gueux fini... Enfin, puisque la visiteuse de M. Germain a voulu du bien à ma pauvre Jeanne... qui est une brave et honnête femme, celle-là, je m'en vante... Je ferai pour M. Germain ce que je pourrai. Malheureusement, ce ne sera pas grand'chose...

— C'est égal, faites toujours. Je vais aussi vous donner une bonne nouvelle à apprendre à M. Germain ; je viens de la savoir à l'instant.

— Quoi donc ? demanda Germain.

— Il y aura demain une cellule vacante à la pistole ; le gardien m'a dit de vous en prévenir.

— Il serait vrai ! Oh ! quel bonheur ! s'écria Germain. Ce brave homme avait raison ; c'est une bonne nouvelle que vous m'apprenez là.

— Sans me flatter, je le crois bien, car votre place n'est pas d'être avec des gens comme nous, monsieur Germain.

Puis s'interrompant Pique-Vinaigre se hâta d'ajouter tout bas et rapidement en se baissant comme s'il eût ramassé quelque chose :

— Tenez, monsieur Germain, voilà les détenus qui nous regardent ; ils sont étonnés de nous voir causer ensemble, je vous laisse, défiez-vous. Si on vous cherche dispute, ne répondez pas. Ils veulent un prétexte pour engager une querelle et vous battre. Barbillon doit engager la dispute ; prenez garde à lui. Je tâcherai de les détourner de leur idée...

Et Pique-Vinaigre se releva comme s'il eût trouvé ce qu'il semblait chercher depuis un moment.

— Merci, mon brave homme, je serai prudent, dit vivement Germain en se séparant de son compagnon.

Seulement instruit du complot du matin, qui consistait à provoquer une rixe dans laquelle Germain devait être maltraité, afin de forcer ainsi le directeur de la prison à le changer de préau, non-seulement Pique-Vinaigre ignorait le meurtre récemment projeté par le Squelette, mais il ignorait encore que l'on comptait sur son récit de Gringalet et Coupe-en-Deux pour tromper et distraire la surveillance du gardien.

— Arrive donc, feignant, dit Nicolas à Pique-Vinaigre en allant à sa rencontre. Laisse là ta ration de carne ; il y a noce et festin... je t'invite.

— Où ça ? au Panier-Fleuri ? au Petit-Ramponneau ?

— Farceur !... Non, dans le chauffoir. La table est mise... sur un banc. Nous avons un jambonneau, des œufs et du fromage... C'est moi qui paye.

— Ça me va. Mais c'est dommage de perdre ma ration, et encore plus dommage que ma sœur n'en profite pas. Ni elle ni ses enfants n'en voient pas souvent de la viande, à moins que ça ne soit à la porte des bouchers.

— Allons, viens vite ; le Squelette s'embête. Il est capable de tout dévorer avec Barbillon.

Nicolas et Pique-Vinaigre entrèrent dans le chauffoir. Le Squelette, à cheval sur le bout du banc où étaient étalés les vivres de Nicolas, jurait et maugréait en attendant l'amphitryon.

— Te voilà, colimaçon ! traînard ! s'écria le bandit à la vue du conteur. Qu'est-ce que tu faisais donc ?

— Il causait avec Germain en dépeçant le jambon.

— Ah ! tu causais avec Germain ! dit le Squelette en regardant attentivement Pique-Vinaigre sans s'interrompre de manger avec avidité.

— Oui ! répondit le conteur. En voilà encore un qui n'a pas inventé les tire-bottes et les œufs durs (je dis ça parce que j'adore ce légume). Est-il bête, ce Germain, est-il bête ! Je me suis laissé dire qu'il mouchardait dans la prison : il est joliment trop colas pour ça !

— Ah ! tu crois ? dit le Squelette en échangeant un coup d'œil rapide et significatif avec Nicolas et Barbillon.

— J'en suis sûr, comme voilà du jambon ! Et puis comment diable voulez-vous qu'il mouchardе ? Il est toujours tout seul, il ne parle à personne et personne ne lui parle ; il se sauve de nous comme si nous avions le choléra. S'il faut qu'il fasse des rapports avec ça, excusez du peu ! D'ailleurs il ne mouchardera pas longtemps ; il va à la pistole.

— Lui ! s'écria le Squelette ; et quand ?

— Demain matin il y aura une cellule de vacante.

— Tu vois bien qu'il faut le tuer tout de suite. Il ne couche pas dans ma chambre ; demain il ne sera plus temps. Aujourd'hui nous n'avons que jusqu'à quatre heures, et voilà qu'il en est bientôt trois, dit tout bas le Squelette à Nicolas, pendant que Pique-Vinaigre causait avec Barbillon.

— C'est égal, reprit tout haut Nicolas en ayant l'air de répondre à une observation du Squelette, Germain a l'air de nous mépriser.

— Au contraire, mes enfants, reprit Pique-Vinaigre, vous l'intimidez, ce jeune homme ; il se regarde, auprès de vous, comme le dernier des derniers. Tout à l'heure, savez-vous ce qu'il me disait ?

— Non ! voyons.

— Il me disait : « Vous êtes bien heureux, vous, Pique-Vinaigre, d'oser parler avec ce fameux Squelette (il a dit fameux) comme de pair à compagnon. Moi ! j'en meurs d'envie, de lui parler ; mais il me produit un effet si respectueux, que je verrais M. le préfet de police en chair, en os et en uniforme, que je ne serais pas plus abalobé. »

— Il t'a dit cela ? reprit le Squelette en feignant de croire et d'être sensible à l'impression d'admiration qu'il causait à Germain.

— Aussi vrai que tu es le plus grand brigand de la terre, il me l'a dit.

— Alors c'est différent, reprit le Squelette. Je me raccommode avec lui. Barbillon avait envie de lui chercher dispute ; il fera aussi bien de le laisser tranquille.

— Il fera mieux, s'écria Pique-Vinaigre, persuadé d'avoir détourné le danger dont Germain était menacé. Il fera mieux, car ce pauvre garçon ne mordrait pas à une dispute ; il est dans mon genre, hardi comme un lièvre.

— Malgré ça, c'est dommage, reprit le Squelette. Nous comptions sur cette batterie-là pour nous amuser après dîner. Le temps va nous paraître long.

— Oui, qu'est-ce que nous allons faire alors ? dit Nicolas.

— Puisque c'est comme ça, que Pique-Vinaigre raconte une histoire à la chambrée, je ne chercherai pas querelle à Germain, dit Barbillon.

— Ça va, ça va, dit le conteur, c'est déjà une condition ; mais il y en a une autre, et sans les deux je ne conte pas.

— Voyons ton autre condition ?

— C'est que l'honorable société, qui est empoisonnée de capitalistes, dit Pique-Vinaigre en reprenant son accent de bateleur, me fera la bagatelle d'une cotisation de vingt sous. Vingt sous ! messieurs ! pour entendre le fameux Pique-Vinaigre, qui a eu l'honneur de travailler devant les grinches les plus renommés, devant les escarpes les plus fameux de France et de Navarre, et qui est incessamment attendu à Brest et à Toulon, où il se rend par ordre du gouvernement. Vingt sous ! C'est pour rien, messieurs !

— Allons ! on te fera vingt sous, quand tu auras dit tes contes.

— Après ? Non, avant, s'écria Pique-Vinaigre.

— Ah ça ! dis donc, est-ce que tu nous crois capables de te filouter vingt sous ? dit le Squelette d'un air choqué.

— Du tout ! répondit Pique-Vinaigre ; j'honore la pègre de ma confiance, et c'est pour ménager sa bourse que je demande vingt sous d'avance.

— Ta parole d'honneur ?

— Oui, messieurs ; car après mon conte on sera si satisfait, que ce n'est plus vingt sous, mais vingt francs ! mais cent francs qu'on me forcerait de prendre ! Je me connais, j'aurais la petitesse d'accepter. Vous voyez donc bien que, par économie, vous feriez mieux de me donner vingt sous d'avance !

— Oh ! ça n'est pas la blague qui te manque, à toi.

— Je n'ai que ma langue, faut bien que je m'en serve. Et puis, le fin mot, c'est que ma sœur et ses enfants sont dans une atroce débine, et vingt sous dans un petit ménage, ça se sent.

— Pourquoi qu'elle ne grinche pas, ta sœur, et ses mômes aussi, s'ils ont l'âge ? dit Nicolas.

— Ne m'en parlez pas, elle me désole, elle me déshonore... je suis trop bon.

— Dis donc trop bête, puisque tu l'encourages.

— C'est vrai, je l'encourage dans le vice d'être honnête. Mais elle n'est bonne qu'à ce métier-là, elle m'en fait pitié, quoi ! Ah ça ! c'est convenu, je vous conterai ma fameuse histoire de Gringalet et Coupe-en-Deux, mais on me fera vingt sous, et Barbillon ne cherchera pas querelle à cet imbécile de Germain, dit Pique-Vinaigre.

— On te fera vingt sous, et Barbillon ne cherchera pas querelle à cet imbécile de Germain, dit le Squelette.

— Alors, ouvrez vos oreilles, vous allez entendre du chenu. Mais voici la pluie... qui fait rentrer les pratiques ; il n'y aura pas besoin de les aller chercher.

En effet, la pluie commençait à tomber ; les prisonniers quittèrent la cour et vinrent se réfugier dans le chauffoir, toujours accompagnés d'un gardien.

Nous l'avons dit, ce chauffoir était une grande et longue salle dallée, éclairée par trois fenêtres donnant sur la cour ; au milieu se trouvait le calorifère, près duquel se tenaient le Squelette, Barbillon, Nicolas et Pique-Vinaigre. A un signe d'intelligence du prévôt, le Gros-Boiteux vint rejoindre ce groupe.

Germain entra l'un des derniers, absorbé dans de délicieuses pensées. Il alla machinalement s'asseoir sur le rebord de la fenêtre croisée de la salle, place qu'il occupait habituellement et que personne ne lui disputait : car elle était éloignée du poêle, autour duquel se groupaient les détenus.

Nous l'avons dit, une quinzaine de prisonniers avaient d'abord été instruits et de la trahison que l'on reprochait à Germain, et du meurtre qui devait l'en punir.

Mais, bientôt divulgué, ce projet compta autant d'adhérents qu'il y avait de détenus ; ces misérables, dans leur aveugle cruauté, regardant cet affreux guet-apens comme une vengeance légitime et y voyant une garantie certaine contre les futures dénonciations des mangeurs.

Germain, Pique-Vinaigre et le gardien ignoraient seuls ce qui allait se passer.

L'attention générale se partageait entre le bourreau, la victime et le conteur qui allait innocemment priver Germain du seul secours que ce dernier pût attendre ; car il était presque certain que le gardien, voyant les détenus attentifs aux récits de Pique-Vinaigre, laisserait sa surveillance inutile, et profiterait de ce moment de calme pour aller prendre son repas.

En effet, lorsque les détenus furent entrés, le Squelette dit au gardien :

— Dites donc, vieux, Pique-Vinaigre a une bonne idée... il va nous conter son conte de Gringalet et Coupe-en-Deux. Il fait un temps à ne pas mettre un municipal dehors, nous allons attendre tranquillement l'heure d'aller à nos niches.

— Au fait, quand il bavarde, vous vous tenez tranquilles... Au moins on n'a pas besoin d'être sur votre dos.

— Oui, reprit le Squelette, mais Pique-Vinaigre demande cher pour conter... il veut vingt sous.

— Oui, la bagatelle de vingt sous... et c'est pour rien, s'écria Pique-Vinaigre. Oui, messieurs, pour rien, car il ne faudrait pas avoir un liard dans sa poche pour se priver d'entendre le récit des aventures du pauvre petit Gringalet, et du terrible Coupe-en-Deux et du scélérat Gargousse... c'est à fendre le cœur et à hérisser les cheveux. Or, messieurs, qui est-ce qui ne pourrait pas disposer de la bagatelle de quatre liards, ou, si vous aimez mieux compter en kilomètres, la bagatelle de cinq centimes, pour avoir le cœur fendu et les cheveux hérissés ?...

— Je mets deux sous, dit le Squelette ; et il jeta sa pièce devant Pique-Vinaigre. Allons ! est-ce que la pègre serait chiche pour un amusement pareil ? ajouta-t-il en regardant ses complices d'un air significatif.

Plusieurs sous tombèrent de côté et d'autre, à la grande joie de Pique-Vinaigre, qui songeait à sa sœur en faisant sa collecte.

— Huit, neuf, dix, onze, douze et treize ! s'écria-t-il en ramassant la monnaie ; allons, messieurs les richards, les capitalistes et autres banquezingues, encore un petit effort, vous ne pouvez pas rester à treize, c'est un mauvais nombre. Il ne faut plus que sept sous, la bagatelle de sept sous! Comment, messieurs, il sera dit que la pègre de la Fosse-aux-Lions ne pourra pas réunir encore sept sous, sept malheureux sous! ah! messieurs, vous feriez croire qu'on vous a mis ici injustement ou que vous avez eu la main bien malheureuse.

La voix perçante et les lazzis de Pique-Vinaigre avaient tiré Germain de sa rêverie; autant pour suivre les avis de Rigolette en se popularisant un peu que pour faire une légère aumône à ce pauvre diable qui avait témoigné quelque désir de lui être utile, il se leva et jeta une pièce de dix sous aux pieds du conteur, qui s'écria en désignant à la foule le généreux donateur :

— Dix sous, messieurs !... vous voyez. Je parlais de capitalistes... honneur à monsieur, il se comporte en banquezingue, en ambassadeur, pour être agréable à la société... Oui, messieurs... car c'est à lui que vous devrez la plus grande part de Gringalet et de Coupe-en-Deux... et vous l'en remercierez. Quant aux trois sous de surplus que fait sa pièce, je les mériterai en imitant la voix des personnages, au lieu de parler comme vous et moi... Ce sera une douceur que vous devrez à ce riche capitaliste, que vous devez adorer.

— Allons, ne blague pas tant et commence, dit le Squelette.

— Un moment, messieurs, dit Pique-Vinaigre, il est de toute justice que le capitaliste qui m'a donné dix sous soit... le mieux placé, sauf notre prévôt qui doit choisir.

Cette proposition servait si bien le projet du Squelette, qu'il s'écria :
— C'est vrai, après moi il doit être le mieux placé.

Et le bandit jeta un nouveau regard d'intelligence aux détenus.
— Oui, oui, qu'il s'approche, dirent-ils.
— Qu'il se mette au premier banc.
— Vous voyez, jeune homme... votre libéralité est récompensée... l'honorable société reconnaît que vous avez droit aux premières places, dit Pique-Vinaigre à Germain.

Croyant que sa libéralité avait réellement mieux disposé ses odieux compagnons en sa faveur, enchanté de suivre en cela les recommandations de Rigolette, Germain, malgré une assez vive répugnance, quitta sa place de prédilection et se rapprocha du conteur.

Celui-ci, aidé de Nicolas et de Barbillon, ayant rangé autour du poêle les quatre ou cinq bancs du chauffoir, dit avec emphase :
— Voici les premières loges !... à tout seigneur tout honneur... d'abord le capitaliste.

Maintenant, que ceux qui ont payé s'asseyent sur les bancs, ajouta galement Pique-Vinaigre, croyant fermement que Germain n'avait plus, grâce à lui, aucun péril à redouter. Et ceux qui n'ont pas payé, ajouta-t-il, s'assiéront par terre ou se tiendront debout, à leur choix...

Résumons la disposition matérielle de cette scène :

Pique-Vinaigre, debout auprès du poêle, se préparait à conter.
Près de lui, le Squelette, aussi debout, et couvant Germain des yeux, prêt à s'élancer sur lui au moment où le gardien quitterait la salle.

A quelque distance de Germain, Nicolas, Barbillon, Cardillac et d'autres détenus, parmi lesquels on remarquait l'homme au bonnet de coton bleu et à la blouse grise, occupaient les derniers bancs.

Le plus grand nombre des prisonniers groupés çà et là, les uns assis par terre, d'autres debout et adossés aux murailles, composaient les plans secondaires de ce tableau, éclairé à la Rembrandt par les trois fenêtres latérales, qui jetaient de vives lumières et de vigoureuses ombres sur ces figures si diversement caractérisées et si durement accentuées.

Disons enfin que le gardien, qui devait, à son insu et par son départ, donner le signal du meurtre de Germain, se tenait auprès de la porte entr'ouverte.

— Y sommes-nous ? demanda Pique-Vinaigre au Squelette.
— Silence dans la pègre... dit celui-ci en se retournant à demi; puis, s'adressant à Pique-Vinaigre : Maintenant, commence ton conte, on t'écoute.

On fit un profond silence.

CHAPITRE IX.

GRINGALET ET COUPE-EN-DEUX.

... Rien de plus doux, de plus salutaire, de plus précieux que vos paroles; elles charment, elles encouragent, elles améliorent...
WOLFGANG, l. IV.

Avant d'entamer le récit de Pique-Vinaigre, nous rappellerons au lecteur que, par un contraste bizarre, la majorité des détenus, malgré leur cynique perversité, affectionnent presque toujours les récits naïfs, nous ne voudrions pas dire puérils, où l'on voit, selon les lois d'une inexorable fatalité, l'opprimé vengé de son tyran, après des épreuves et des traverses sans nombre.

Loin de nous la pensée d'établir d'ailleurs le moindre parallèle entre des gens corrompus et la masse honnête et pauvre; mais ne sait-on pas avec quels applaudissements frénétiques le populaire des théâtres du boulevard accueille la délivrance de la victime, et de quelles malédictions passionnées il poursuit le méchant ou le traître?

On raille ordinairement ces incultes témoignages de sympathie pour ce qui est bon, faible et persécuté... d'aversion pour ce qui est puissant, injuste et cruel.

On a tort, ce nous semble.

Rien de plus consolant en soi que ces ressentiments de la foule.

N'est-il pas évident que ces instincts salutaires pourraient devenir des principes arrêtés chez les infortunés que l'ignorance et la pauvreté exposent incessamment à la subversive obsession du mal?

Comment ne pas tout espérer d'un peuple dont le bon sens moral se manifeste si invariablement? d'un peuple qui, malgré les prestiges de l'art, ne permettrait jamais qu'une œuvre dramatique fût dénouée par le triomphe du scélérat et par le supplice du juste?

Ce fait, dédaigné, moqué, nous paraît très-considérable en raison des tendances qu'il constate, et qui souvent même se retrouvent, nous le répétons, parmi les êtres les plus corrompus, lorsqu'ils sont pour ainsi dire au repos et à l'abri des instigations ou des nécessités criminelles.

En un mot, puisque les gens endurcis dans le crime sympathisent encore quelquefois au récit et à l'expression des sentiments élevés, ne doit-on pas penser que tous les hommes ont plus ou moins en eux l'amour du beau, du bien, du juste, mais que la misère, mais que l'abrutissement, en faussant, en étouffant ces divins instincts, sont les causes premières de la dépravation humaine?

N'est-il pas évident qu'on ne devient généralement méchant que parce qu'on est malheureux, et qu'arracher l'homme aux terribles tentations du besoin par l'équitable amélioration de sa condition matérielle, c'est lui rendre praticables les vertus dont il a la conscience?

. . . .

L'impression causée par le récit de Pique-Vinaigre démontrera, ou plutôt exposera, nous l'espérons, quelques-unes des idées que nous venons d'émettre.

Pique-Vinaigre commença donc son récit en ces termes, au milieu du profond silence de son auditoire :

« — Il y a déjà pas mal de temps que s'est passée l'histoire que je vais raconter à l'honorable société. Ce qu'on appelait la Petite-Pologne n'était pas encore détruit. L'honorable société sait ou ne sait pas ce que c'était que la Petite-Pologne. »

— Connu, dit le détenu au bonnet bleu et à la blouse grise, c'étaient des cassines du côté de la rue du Rocher et de la rue de la Pépinière.

« — Justement, mon garçon, reprit Pique-Vinaigre, et le quartier de la Cité, qui n'est pourtant pas composé de palais, serait comme qui dirait la rue de la Paix ou la rue de Rivoli, auprès de la Petite-Pologne ; quelle turne ! mais, du reste, fameux repaire pour la pègre ; il n'y avait pas de rues, mais des ruelles ; pas de maisons, mais des masures ; pas de pavé, mais un petit tapis de boue et de fumier, ce qui faisait que le bruit des voitures ne vous aurait pas incommodé s'il en avait passé ; mais il n'en passait pas. Du matin jusqu'au soir, et surtout le soir jusqu'au matin, ce qu'on ne cessait pas d'entendre, c'étaient des cris : A la garde ! au secours ! au meurtre ! mais la garde ne se dérangeait pas. Tant plus il y avait d'assommés dans la Petite-Pologne, tant moins il y avait de gens à arrêter !

« Ça grouillait donc de monde là-dedans, fallait voir : il y logeait peu de bijoutiers, d'orfévres et de banquiers ; mais, en revanche, il y avait des tas de joueurs d'orgue, de paillasses, de polichinelles ou de montreurs de bêtes curieuses. Parmi ceux-là, il y en avait un qu'on nommait Coupe-en-Deux, tant il était méchant ; mais il était surtout méchant pour les enfants... On l'appelait Coupe-en-Deux parce qu'on disait que d'un coup de hache il avait coupé en deux un petit Savoyard. »

A ce passage du récit de Pique-Vinaigre, l'horloge de la prison sonna trois heures un quart.

Les détenus rentrant dans les dortoirs à quatre heures, le crime du Squelette devait être consommé avant ce moment.

— Mille tonnerres ! le gardien ne s'en va pas, dit-il tout bas au Gros-Boiteux.

— Sois tranquille, une fois l'histoire en train, il filera...

Pique-Vinaigre continua son récit.

« — On ne savait pas d'où venait Coupe-en-Deux ; les uns disaient qu'il était Italien, d'autres Bohémien, d'autres Turc, d'autres Africain ; les bonnes femmes disaient magicien, quoiqu'un magicien dans ce temps-ci paraisse drôle ; moi, je serais assez tenté de dire comme les bonnes femmes. Ce qui faisait croire ça, c'est qu'il avait toujours avec lui un grand singe roux appelé Gargousse, et qui était si malin et si méchant qu'on aurait dit qu'il avait le diable dans le ventre. Tout à l'heure je vous reparlerai de Gargousse. Quant à Coupe-en-Deux, je vas vous le dévisager : il avait le teint couleur de revers de botte, les cheveux rouges comme les poils de son singe, les yeux verts, et ça ferait croire, comme les bonnes femmes, qu'il était magicien... c'est qu'il avait la langue noire... »

— La langue noire ? dit Barbillon.

— Noire comme de l'encre ! répondit Pique-Vinaigre.

— Et pourquoi ça ?

« — Parce qu'étant grosse, sa mère avait probablement parlé d'un nègre, reprit Pique-Vinaigre avec une assurance modeste. A cet agrément-là, Coupe-en-Deux joignait le métier d'avoir je ne sais combien de tortues, de singes, de cochons d'Inde, de souris blanches, de renards et de marmottes, qui correspondaient à un nombre égal de petits Savoyards ou d'enfants abandonnés.

« Tous les matins, Coupe-en-Deux distribuait à chacun sa bête et un morceau de pain noir, et en route... pour demander *un petit sou* ou faire danser la *Catarina*. Ceux qui le soir ne rapportaient pas au moins quinze sous étaient battus, mais battus! que dans les premiers temps on entendait les enfants crier d'un bout de la Petite-Pologne à l'autre.

« Faut vous dire qu'il y avait dans la Petite-Pologne un homme qu'on appelait le doyen, parce que c'était le plus ancien de cette espèce de quartier, et qu'il en était comme qui dirait le maire, le prévôt, le juge de paix ou plutôt de guerre, car c'était dans sa cour (il était marchand de vin gargotier) qu'on allait se peigner devant lui, quand il n'y avait que ce moyen de s'entendre et de s'arranger. Quoique déjà vieux, le doyen était fort comme un Hercule et très-craint: on ne jurait que par lui dans la Petite-Pologne; quand il disait: C'est bien, tout le monde disait: — C'est très-bien; — C'est mal, tout le monde disait: — C'est mal. Il était brave homme au fond, mais terrible; quand, par exemple, des gens forts faisaient la misère de plus faibles qu'eux... alors, gare dessous!

« Comme le doyen était voisin de Coupe-en-Deux, il avait dans le commencement entendu les enfants crier, à cause des coups que le montreur de bêtes leur donnait; mais il lui avait dit : — Si j'entends encore les enfants crier, je te fais crier à mon tour, et, comme tu as la voix plus forte, je taperai plus fort. »

— Farceur de doyen! j'aime le doyen, moi! dit le détenu à bonnet bleu.

— Et moi aussi, ajouta le gardien en se rapprochant du groupe.

Le Squelette ne put contenir un mouvement d'impatience courroucée.

Pique-Vinaigre continua :

« — Grâce au doyen, qui avait menacé Coupe-en-Deux, on n'entendait donc plus les enfants crier la nuit dans la Petite-Pologne; mais les pauvres petits malheureux n'en souffraient pas moins, car s'ils ne criaient plus quand leur maître les battait, c'est qu'ils craignaient d'être battus encore plus fort. Quant à aller se plaindre au doyen, ils n'en avaient pas seulement l'idée.

« Moyennant les quinze sous que chaque petit montreur de bêtes devait lui rapporter, Coupe-en-Deux les logeait, les nourrissait et les habillait.

« Le soir, un morceau de pain noir, comme à déjeuner... voilà pour la nourriture; il ne leur donnait jamais d'habits... voilà pour l'habillement; et il les enfermait la nuit pêle-mêle avec leurs bêtes, sur la même paille, dans un grenier où on montait par une échelle et par une trappe... voilà pour le logement. Une fois bêtes et enfants rentrés au complet, il retirait l'échelle et fermait la trappe à clef.

« Vous jugez la vie et le vacarme que ces singes, ces cochons d'Inde, ces renards, ces souris, ces tortues, ces marmottes et ces enfants faisaient sans lumière dans ce grenier, où cela devait grand comme rien. Coupe-en-Deux couchait dans une chambre au-dessous, ayant son grand singe Gargousse attaché au pied de son lit. Quand ça grouillait et que ça criait trop fort dans le grenier, le montreur de bêtes se levait sans lumière, prenait un grand fouet, montait à l'échelle, ouvrait la trappe, et, sans y voir, fouaillait à tour de bras.

« Comme il avait toujours des quinzaines d'enfants, et que quelques-uns lui rapportaient, les innocents, quelquefois jusqu'à vingt sous par jour, Coupe-en-Deux, ses frais faits, et ils n'étaient pas gros, avait pour lui environ quatre francs ou cent sous par jour; avec ça, il ribotait; car notez bien que c'était aussi le plus grand soûlard de la terre, et qu'il était régulièrement ivre-mort une fois par jour. C'était son régime, il prétendait que sans cela il aurait eu mal à la tête toute la journée ; faut dire aussi que son grand singe il achetait des cœurs de mouton à Gargousse, car son grand singe mangeait de la viande crue comme un vorace.

« Mais je vois que l'honorable société me demande Gringalet; le voici, messieurs... »

— Ah! voyons Gringalet, et puis je m'en vas manger ma soupe, dit le gardien.

Le Squelette échangea un regard de satisfaction féroce avec le Gros-Boiteux.

« — Parmi les enfants à qui Coupe-en-Deux distribuait les bêtes, reprit Pique-Vinaigre, il y avait un pauvre diable surnommé Gringalet. Sans père ni mère, sans frère ni sœur, sans feu ni lieu, il se trouvait seul... tout seul dans le monde, où il n'avait pas demandé à venir, et d'où il pouvait partir sans que personne y prît garde.

« Il ne se nommait pas Gringalet pour son plaisir, allez ! il était chétif, et malingre, et souffreteux, que c'était pitié; on lui aurait donné au plus sept ou huit ans, et il en avait treize; mais s'il ne paraissait que la moitié de son âge, ce n'était pas mauvaise volonté... car il n'avait environ mangé que de deux jours l'un, et encore si peu et si peu... si mal et si mal, qu'il faisait grandement les choses en paraissant avoir sept ans. »

— Pauvre moutard, il me semble le voir! dit le détenu à bonnet bleu, il y en a tant d'enfants comme ça... sur le pavé de Paris, des petits crève-de-faim.

— Faut bien qu'ils commencent jeunes à apprendre cet état-là pour

qu'ils puissent s'y faire, reprit Pique-Vinaigre en souriant avec amertume.

— Allons, va donc, dépêche-toi donc, dit brusquement le Squelette, le gardien s'impatiente, sa soupe se refroidit.

— Ah bah! c'est égal, reprit le surveillant, je veux encore faire un peu connaissance avec Gringalet, c'est amusant.

— Vraiment, c'est très-intéressant, ajouta Germain, attentif à ce récit.

— Ah! merci de ce que vous me dites là, mon capitaliste, répondit Pique-Vinaigre, ça me fait plus de plaisir encore que votre pièce de dix sous...

— Tonnerre de lambin! s'écria le Squelette, finiras-tu de nous faire languir?

— Voilà ! reprit Pique-Vinaigre.

« Un jour, Coupe-en-Deux avait ramassé Gringalet dans la rue, mourant de froid et de faim ; il aurait aussi bien fait de le laisser mourir. Comme Gringalet était faible, il était peureux, et comme il était peureux, il était devenu la risée et le pâtiras des autres petits montreurs de bêtes, qui le battaient et lui faisaient tant de misère qu'il en serait devenu méchant, si la force et le courage ne lui avaient pas manqué.

« Mais non... quand on l'avait beaucoup battu, il pleurait en disant : — Je n'ai fait de mal à personne, et tout le monde me fait du mal... c'est injuste. Oh ! si j'étais fort et hardi ! Vous croyez peut-être que Gringalet allait ajouter : — Je rendrais aux autres le mal qu'on m'a fait. Eh bien ! pas du tout... il disait : — Oh ! si j'étais fort et hardi, je défendrais les faibles contre les forts, car je suis faible, et les forts m'ont fait souffrir !

« En attendant, comme il était trop puceron pour empêcher les forts de molester les faibles, à commencer par lui-même, il empêchait les grosses bêtes de manger les petites. »

— En voilà-t-il une drôle d'idée! dit le détenu au bonnet bleu.

« — Et ce qu'il y a de plus farce, reprit le conteur, c'est qu'on aurait dit qu'avec cette idée-là Gringalet se consolait d'être battu..... ce qui prouve qu'il n'avait pas au fond un mauvais cœur. »

— Pardieu, je crois bien, au contraire, dit le gardien. Diable de Pique-Vinaigre, est-il amusant !

A ce moment trois heures et demie sonnèrent.

Le bourreau de Germain et le Gros-Boiteux échangèrent un coup d'œil significatif.

L'heure avançait, le surveillant ne s'en allait pas, et quelques-uns des détenus, les moins endurcis, semblaient presque oublier les sinistres projets du Squelette contre Germain, pour écouter avec avidité le récit de Pique-Vinaigre.

« — Quand je dis, reprit celui-ci, que Gringalet empêchait les grosses bêtes de manger les petites, vous entendez bien que Gringalet n'allait pas se mêler des affaires des tigres, des lions, des loups, ou même des renards et des singes de la ménagerie de Coupe-en-Deux, il était trop peureux pour cela ; mais, dès qu'il voyait, par exemple, une araignée embusquée dans sa toile pour y prendre une pauvre folle de mouche qui volait gaiement au soleil du bon Dieu, sans nuire à personne, crac, Gringalet donnait un coup de bâton dans la toile, délivrait la mouche, et écrasait l'araignée en vrai César... Oui ! en vrai César... car il devenait blanc comme un linge en touchant à ces vilaines bêtes ; il lui fallait donc de la résolution... à lui qui avait peur d'un hanneton, et qui avait été très-longtemps à se familiariser avec la tortue que Coupe-en-Deux lui distribuait tous les matins. Aussi Gringalet, en surmontant la frayeur que lui causaient les araignées, afin d'empêcher les mouches d'être mangées, se montrait... »

— Se montrait aussi crâne dans son espèce qu'un homme qui aurait attaqué un loup pour lui ôter un mouton de la gueule, dit le détenu au bonnet bleu.

— Ou un homme qui aurait attaqué Coupe-en-Deux pour lui retirer Gringalet des pattes, ajouta Barbillon, aussi vivement intéressé.

« — Comme vous dites, reprit Pique-Vinaigre. De sorte qu'après ces beaux coups-là, Gringalet ne se sentait plus si malheureux... Lui qui ne riait jamais, il souriait, il faisait le crâne, mettait son bonnet de travers (quand il avait un bonnet), et chantonnait *la Marseillaise* d'un air vainqueur... Dans ce moment-là, il n'y avait pas une araignée capable d'oser le regarder en face.

« Une autre fois, c'était un cri-cri qui se noyait et se débattait dans un ruisseau... Vite, Gringalet jetait bravement deux de ses doigts à la nage, et rattrapait le cri-cri, qu'il déposait ensuite sur un brin d'herbe. Un maître nageur médaillisé, qui aurait repêché son dixième noyé à cinquante francs par tête, n'aurait pas été plus fier que Gringalet quand il voyait son cri-cri gigoter et se sauver...

« Et pourtant le cri-cri ne lui donnait ni argent ni médaille, et ne lui disait pas seulement merci, non plus que la mouche... Mais alors l'Pique-Vinaigre, mon ami, me dira l'honorable société, quel diable de plaisir Gringalet, que tout le monde battait, trouvait-il donc à être le libérateur des cris-cris et le bourreau des araignées? Puisqu'on lui faisait du mal, pourquoi qu'il ne se revengeait pas en faisant du mal selon sa force; par exemple, en faisant manger des mouches par des araignées, ou en laissant les cris-cris se noyer... ou même en noyant exprès... des cris-cris?... »

— Oui, au fait, pourquoi ne se revengeait-il pas comme ça? dit Nicolas.

— A quoi ça lui aurait-il servi ? dit un autre.
— Tiens, à faire du mal, puisqu'on lui en faisait !
— Non ! eh bien, moi, je comprends ça, qu'il aimait à sauver des mouches... ce pauvre petit moutard ! reprit l'homme au bonnet bleu. Il se disait peut-être : Qui sait si on ne me sauvera pas tout de même ?
— Le camarade a raison, s'écria Pique-Vinaigre ; il a lu dans le cœur de ce que j'allais dégoiser à l'honorable société.

« Gringalet n'était pas malin ; il n'y voyait pas plus loin que le bout de son nez ; mais il s'était dit : Coupe-en-Deux est mon araignée, peut-être bien qu'un jour quelqu'un fera pour moi ce que je fais pour les autres pauvres moucherons... qu'on lui démolira sa toile et qu'on m'ôtera de ses griffes. Car jusqu'alors, pour rien au monde il n'aurait osé se sauver de chez son maître, il se serait cru mort. Pourtant, un jour que lui et sa tortue n'avaient eu la chance, et qu'ils n'avaient gagné à eux deux que trois sous, Coupe-en-Deux se mit à battre le pauvre enfant si fort, si fort, que, ma foi, Gringalet n'y tint plus ; lassé d'être le rebut et le martyr de tout le monde, il guetta le moment où la trappe du grenier est ouverte, et pendant que Coupe-en-Deux donnait la pâtée à ses bêtes, il se laissa glisser le long de l'échelle... »
— Ah... tant mieux ! dit un détenu.
— Mais pourquoi qu'il n'allait pas se plaindre au doyen ? dit le bonnet bleu, il aurait donné sa rincée à Coupe-en-Deux.

« — Oui, mais il n'osait pas... il avait trop peur, il aimait mieux tâcher de se sauver. Malheureusement Coupe-en-Deux l'avait vu ; il vous l'empoigne par le cou et le remonte dans le grenier : cette fois-là, Gringalet, en pensant à ce qui l'attendait, frémit de tout son corps, car il n'était pas au bout de ses peines.

« A propos des peines de Gringalet, il faut que je vous parle de Gargousse, le grand singe favori de Coupe-en-Deux ; ce méchant animal était, ma foi, plus grand que Gringalet ; jugez quelle taille pour un singe ! Maintenant je vais vous dire pourquoi on ne le montait pas se montrer dans les rues comme les autres bêtes de la ménagerie ; c'est que Gargousse était si méchant et si fort, qu'il n'y avait eu, parmi tous les enfants, qu'un Auvergnat de quatorze ans, gaillard résolu, qui, après s'être plusieurs fois colleté et battu avec Gargousse, avait fini par pouvoir le mâter, l'emmener et le tenir à la chaîne, et encore bien souvent il y avait eu des batailles où Gargousse avait mis son conducteur en sang.

« Embêté de ça, le petit Auvergnat s'était dit un beau jour : — Bon, bon, je me vengerai de toi, gredin de singe ! Un matin donc il part avec sa bête comme à l'ordinaire ; pour l'amorcer, il achète un cœur de mouton : pendant que Gargousse mange, il passe une corde dans le bout de sa chaîne, attache la corde à un arbre, et une fois que le gueux de singe est bien amarré, il vous lui flanque une dégelée de coups de bâton... mais une dégelée, que le feu y aurait pris. »
— Ah ! c'est bien fait !
— Bravo, l'Auvergnat !
— Tape dessus, mon garçon !
— Éreinte-moi ce scélérat de Gargousse, dirent les détenus.

« — Et il tapait de bon cœur, allez, reprit Pique-Vinaigre. Il fallait voir comme Gargousse criait, grinçait des dents, sautait, gambadait et de ci et de là ; mais l'Auvergnat lui ripostait avec son bâton, en veux-tu ? en voilà !

« Malheureusement les singes sont comme les chats, ils ont la vie dure... Gargousse était aussi malin que méchant ; quand il a vu, c'est le cas de le dire, un bon bois ça chauffait pour lui, au plus haut moment de la dégelée il avait fait une dernière cabriole, était retombé à plat au pied de l'arbre, avait gigoté un moment, et puis fait le mort, ne bougeant pas plus qu'une bûche.

« L'Auvergnat n'en voulait pas davantage : croyant le singe assommé, il file, pour ne jamais remettre les pieds chez Coupe-en-Deux. Mais le gueux de Gargousse le guettait du coin de l'œil ; tout roué de coups qu'il était, dès qu'il se voit seul et que l'Auvergnat est loin, il coupe avec ses dents la corde qui attachait sa chaîne à l'arbre. Le boulevard Monceaux, où il avait reçu sa dernière raclée, était tout près de la Petite-Pologne ; le singe connaissait son chemin comme son Pater ; il détale donc en traînant la gigue, et arrive chez son maître, qui rugit, qui écume de voir son singe arrangé ainsi. Mais ça n'est pas tout ; depuis ce moment-là Gargousse avait gardé une si furieuse rancune contre tous les enfants en général, que Coupe-en-Deux, qui n'était pourtant pas tendre, n'avait plus osé le donner à conduire à personne... de peur d'un malheur ; car Gargousse aurait été capable d'étrangler ou de dévorer un enfant ; et tous les petits montreurs de bêtes, sachant cela, se seraient plutôt laissé écharper par Coupe-en-Deux que d'approcher du singe. »

— Il faut décidément que j'aille manger ma soupe, dit le gardien en faisant un pas vers la porte ; ce diable de Pique-Vinaigre ferait descendre les oiseaux des arbres pour l'entendre... Je ne sais pas où il va pêcher ce qu'il raconte.

— Enfin... le gardien s'en va, dit tout bas le Squelette au Gros-Boiteux ; je suis en nage, j'en ai la fièvre... tant je rage en dedans... Attention seulement à faire le mur autour du mangeur... je me charge du reste...

— Ah ça ! soyez sages, dit le gardien en se dirigeant vers la porte.
— Sages comme des images, répondit le Squelette en se rapprochant de Germain, pendant que le Gros-Boiteux et Nicolas, après s'être concertés d'un signe, firent deux pas dans la même direction.

— Ah ! respectable gardien... vous vous en allez au plus beau moment, dit Pique-Vinaigre d'un air de reproche.

Sans le Gros-Boiteux qui prévint son mouvement en le saisissant rapidement par le bras, le Squelette s'élançait sur Pique-Vinaigre.

— Comment, au plus beau moment ? répondit le gardien en se retournant vers le conteur.

— Je crois bien, dit Pique-Vinaigre ; vous ne savez pas tout ce que vous allez perdre... Voilà ce qu'il y a de plus charmant dans mon histoire qui va commencer...

— Ne l'écoutez donc pas, dit le Squelette en contenant à peine sa fureur ; il n'est pas en train aujourd'hui ; moi je trouve que son conte est bête comme tout...

— Mon conte est bête comme tout ! s'écria Pique-Vinaigre froissé dans son amour-propre de narrateur ; eh bien ! gardien... je vous en prie, je vous en supplie... restez jusqu'à la fin... j'en ai au plus encore pour un bon quart d'heure... d'ailleurs votre soupe est froide... maintenant, qu'est-ce que vous risquez ? Je vous chauffe le récit, pour que vous ayez encore le temps d'aller manger avant que nous remontions à nos dortoirs.

— Allons, je reste, mais dépêchez-vous, dit le gardien en se rapprochant.

— Et vous avez raison de rester, gardien ; sans me vanter, vous n'aurez rien entendu de pareil, surtout à la fin ; il y a le triomphe du singe et de Gringalet... escortés de tous les petits montreurs de bêtes et des habitants de la Petite-Pologne. Ma parole d'honneur, ça n'est pas pour faire le fier, mais c'est vraiment superbe...

— Alors... contez vite, mon garçon, dit le gardien en revenant auprès du poêle.

Le Squelette frémissait de rage...

Il désespérait presque d'accomplir son crime.

Une fois l'heure du coucher arrivée, Germain était sauvé ; car il n'habitait pas le même dortoir que son implacable ennemi, et le lendemain, nous l'avons dit, il devait occuper l'une des cellules vacantes à la pistole.

Puis enfin le Squelette reconnaissait, aux interruptions de plusieurs détenus, qu'ils se trouvaient, grâce au récit de Pique-Vinaigre, transportés dans un milieu d'idées presque pitoyables ; peut-être alors n'assisteraient-ils pas avec une féroce indifférence au meurtre affreux dont leur impassibilité devait les rendre complices.

Le Squelette pouvait empêcher le conteur de terminer son histoire ; mais alors s'évanouissait sa dernière espérance de voir le gardien s'éloigner avant l'heure où Germain serait en sûreté.

— Ah ! c'est bête comme tout ! reprit Pique-Vinaigre. Eh bien ! l'honorable société va juger de la chose...

« Il n'y avait donc pas d'animal plus méchant que le grand singe Gargousse, qui était surtout aussi acharné que son maître après les enfants... Qu'est-ce que fait Coupe-en-Deux pour punir Gringalet d'avoir voulu se sauver ?... ça... vous le saurez tout à l'heure. En attendant, il rattrape donc l'enfant, le resfoure dans le grenier pour la nuit en lui disant : Demain matin, quand tous tes camarades seront partis, je t'empoignerai et tu verras ce que je fais à ceux qui veulent s'ensauver d'ici...

« Je vous laisse à penser la terrible nuit que passa Gringalet. Il ne ferma presque pas l'œil : il se demandait ce que Coupe-en-Deux voulait lui faire... A force de se demander ça, il finit par s'endormir... Mais quel sommeil !... Par là-dessus il eut un rêve... un rêve affreux... c'est-à-dire le commencement... Vous allez voir...

« Il rêva qu'il était une de ces pauvres mouches comme il en avait tant fait sauver des toiles d'araignées, et qu'à son tour il tombait dans une grande et forte toile où il se débattait, se débattait de toutes ses forces sans pouvoir s'en dépêtrer ; alors il voyait venir lui, doucement, traîtreusement, une espèce de monstre qui avait la figure de Coupe-en-Deux sur un corps d'araignée...

« Mon pauvre Gringalet recommençait à se débattre, comme vous pensez... mais, plus il faisait d'efforts, plus il s'enchevêtrait dans la toile, ainsi que font les pauvres mouches... Enfin l'araignée s'approche... le touche... et il sent les grandes pattes froides et velues de l'horrible bête l'attirer, l'enlacer... pour le dévorer... Il se croit mort... Mais voilà que tout à coup il entend une espèce de bruit bourdonnant clair, sonore, aigu, et il voit un joli moucheron d'or, qui avait une espèce de dard fin et brillant comme une aiguille de diamant, voltiger autour de l'araignée d'un air furieux, et une voix... (quand je dis une voix, figurez-vous la voix d'un moucheron !) une voix qui lui disait : « Pauvre petite mouche... tu as sauvé des mouches... L'araignée te... »

« Malheureusement Gringalet s'éveilla en sursaut... et il ne vit pas la fin du rêve ; malgré ça, il fut d'abord un peu rassuré en se disant : Peut-être que le moucheron d'or au dard de diamant aurait tué l'araignée si j'avais vu la fin du songe.

« Mais Gringalet avait beau se bercer de cela pour se rassurer et se consoler, à mesure que la nuit finissait, sa peur revenait si forte, qu'à la fin il oublia le rêve, ou plutôt il n'en retint que ce qui était effrayant, la grande toile où il avait été enlacé et l'araignée à figure de Coupe-en-Deux... Vous jugez quels frissons de peur il devait avoir... Dame ! jugez donc, seul... tout seul... sans personne qui voulût le défendre !

« Sur le matin, quand il vit le jour petit à petit paraître par la lucarne du grenier, sa frayeur redoubla ; le moment approchait où il allait se trouver seul avec Coupe-en-Deux. Alors il se jeta à genoux au milieu du grenier, et, pleurant à chaudes larmes, il supplia ses camarades de demander grâce pour lui à Coupe-en-Deux, ou bien de l'aider à se sauver s'il y avait moyen. Ah ! bien oui ! les uns par peur du maître, les autres par insouciance, les autres par méchanceté, refusèrent au pauvre Gringalet le service qu'il leur demandait. »

— Mauvais galopins ! dit le prisonnier au bonnet bleu ; ils n'avaient donc ni cœur ni ventre !

— C'est vrai, reprit un autre ; c'est tannant de voir ce petit abandonné de la nature entière.

— Et seul et sans défense encore, reprit le prisonnier au bonnet bleu ; car quelqu'un qui ne peut que tendre le cou sans se regimber, ça fait toujours pitié. Quand on a des dents pour mordre, alors c'est différent... Ma foi... tu as des crocs ? eh bien ! montre-les et défends ta queue, mon cadet !

— C'est vrai ! dirent plusieurs détenus.

— Ah çà ! s'écria le Squelette, ne pouvant plus dissimuler sa rage et s'adressant au bonnet bleu, est-ce que tu ne te tairas pas, toi ? Est-ce que je n'ai pas dit : Silence dans la pègre !... Suis-je ou non le prévôt ici ?...

Pour toute réponse, le bonnet bleu regarda le Squelette en face, puis il fit ce geste gouailleur parfaitement connu des gamins, qui consiste à appuyer sur le bout du nez le pouce de la main droite ouverte en éventail, et à appuyer son petit doigt sur le pouce de la gauche, étendue de la même manière.

Le bonnet bleu accompagna cette réponse muette d'une mine si grotesque, que plusieurs détenus rirent aux éclats, tandis que d'autres, au contraire, restèrent stupéfaits de l'audace du nouveau prisonnier, tant le Squelette était redouté.

Ce dernier montra le poing au bonnet bleu et lui dit en grinçant des dents :

— Nous compterons demain.

— Et je ferai l'addition sur ta frimousse... je poserai dix-sept calottes, et je ne retiendrai rien.

De crainte que le gardien n'eût une nouvelle raison de rester afin de prévenir une rixe possible, le Squelette répondit avec calme :

— Il ne s'agit pas de ça ; j'ai la police du chauffoir, et l'on doit m'écouter, n'est-ce pas, gardien ?

— C'est vrai, dit le surveillant. N'interrompez pas. Et toi, continue, Pique-Vinaigre ; mais dépêche-toi, mon garçon.

CHAPITRE X.

Le triomphe de Gringalet et de Gargousse.

« — Pour lors donc, reprit Pique-Vinaigre, continuant son récit, Gringalet, se voyant abandonné de tout le monde, se résigne à son malheureux sort. Le grand jour vient, et tous les enfants s'apprêtent à décanuller avec leurs bêtes. Coupe-en-Deux ouvre la trappe et fait l'appel pour donner à chacun son morceau de pain. Tous descendent par l'échelle, et Gringalet, plus mort que vif, rencogné dans un coin du grenier avec sa tortue, ne bougeait pas plus qu'elle ; il regardait ses compagnons s'en aller les uns après les autres : il aurait donné bleu des choses pour pouvoir faire comme eux... Enfin le dernier quitte le grenier. Le cœur battait bien fort au pauvre enfant : il espérait que peut-être son maître l'oublierait. Ah ! bien oui ! Voilà qu'il entend Coupe-en-Deux, qui était resté au pied de l'échelle, crier d'une grosse voix :

« — Gringalet !... Gringalet !...

« — Me voilà, mon maître.

« — Descends tout de suite, ou je vais te chercher, reprend Coupe-en-Deux.

« Pour le coup, Gringalet se croit à son dernier jour.

« — Allons, qu'il se dit en tremblant de tous ses membres et en se souvenant de son rêve, te voilà dans la toile, petit moucheron ; l'araignée va te manger.

« Après avoir déposé tout doucement sa tortue par terre, il lui dit comme un adieu, car il avait fini par s'attacher à cette bête. Il s'approcha de la trappe. Il mettait le pied sur le haut de l'échelle pour descendre, quand Coupe-en-Deux, le prenant par sa pauvre petite jambe comme un fuseau, le tira si fort, si brusquement, que Gringalet dégringola et se rabota toute la figure le long de l'échelle.

« — Quel dommage que le doyen de la Petite-Pologne ne se soit pas trouvé là !... Quelle danse à Coupe-en-Deux ! dit le bonnet bleu. C'est dans ces moments-là qu'il est bon d'être fort.

« — Oui, mon garçon ; mais malheureusement le doyen ne se trouvait pas là !... Coupe-en-Deux prend donc l'enfant par la peau de son pantalon et l'emporte dans son chenil, où il gardait le grand singe attaché au pied de son lit. Rien qu'à voir seulement l'enfant, voilà la mauvaise bête qui se met à bondir, à grincer des dents comme un furieux, à s'élancer de toute la longueur de sa chaîne à l'encontre de Gringalet, comme pour le dévorer. »

— Pauvre Gringalet, comment te tirer de là ?

— Mais s'il tombe dans les pattes du singe, il est étranglé net !

— Tonnerre !... ça donne la petite mort, dit le bonnet bleu ; moi, dans ce moment-ci, je ne ferais pas de mal à une puce... Et vous, les amis ?

— Ma foi, ni moi non plus.

— Ni moi.

À ce moment la pendule de la prison sonna le troisième quart de trois heures.

Le Squelette, craignant de plus en plus que le temps ne lui manquât, s'écria, furieux de ces interruptions qui semblaient annoncer que plusieurs détenus s'apitoyaient réellement :

— Silence donc dans la pègre !... Il n'en finira jamais, ce conteur de malheur, si vous parlez autant que lui !

Les interrupteurs se turent.

Pique-Vinaigre continua :

« Quand on pense que Gringalet avait eu toutes les peines du monde à s'habituer à sa tortue, et que les plus courageux de ses camarades tremblaient au seul nom de Gargousse, on se figure sa terreur quand il se voit apporter par son maître tout près de ce gueux de singe.

« Grâce, mon maître ! criait-il en claquant ses deux mâchoires l'une contre l'autre, comme s'il avait eu la fièvre, grâce, mon maître ! je ne le ferai plus, je vous le promets !

« Le pauvre petit criait : Je ne le ferai plus ! sans savoir ce qu'il disait, il n'avait rien à se reprocher. Mais Coupe-en-Deux se moquait bien de ça... Malgré les cris de l'enfant, qui se débattait, il le met à la portée de Gargousse, qui saute dessus et l'empoigne... »

Une sorte de frémissement circula dans l'auditoire, de plus en plus attentif.

— Comme j'aurais été bête de m'en aller, dit le gardien en se rapprochant davantage des groupes.

« Et ça n'est rien encore ; le plus beau n'est pas là, reprit Pique-Vinaigre. Dès que Gringalet sentit les pattes froides et velues du grand singe qui le saisissait par le cou et par la tête, il se crut foutu ; eut comme le délire, et se mit à crier avec des gémissements qui auraient attendri un tigre :

« — L'araignée de mon rêve, mon bon Dieu !... l'araignée de mon rêve... Petit moucheron d'or, à mon secours !

« — Veux-tu te taire... veux-tu te taire !... lui disait Coupe-en-Deux en lui donnant de grands coups de pied, car il avait peur qu'on entendît ses cris ; mais au bout d'une minute il n'y avait plus de risque, allez ! le pauvre Gringalet ne criait plus, ne se débattait plus ; à genoux et blanc comme un linge, il fermait les yeux et grelottait de tous ses membres ni plus ni moins que par un froid de janvier ; pendant ce temps-là, le singe le battait, lui tirait les cheveux et l'égratignait ; et puis de temps en temps la méchante bête s'arrêtait pour regarder son maître, absolument comme s'ils s'étaient entendus ensemble. Coupe-en-Deux, lui, riait si fort ! si fort ! que si Gringalet eût crié, les éclats de rire de son maître auraient couvert ses cris. On aurait dit que ça encourageait Gargousse, qui s'acharnait de plus belle après Gringalet.

— Ah ! gredin de singe ! s'écria le bonnet bleu. Si je t'avais tenu par la queue, j'aurais mouliné avec toi comme avec une fronde, et je t'aurais cassé la tête sur un pavé.

— Gueux de singe !! il était méchant comme un homme !

— Il n'y a pas d'homme si méchant que ça !

« — Pas si méchant ! reprit Pique-Vinaigre. Et Coupe-en-Deux donc ! Jugez-en... voilà ce qu'il fait après : il détache du pied de son lit la chaîne de Gargousse, qui était très-longue, il retire un moment de ses pattes l'enfant plus mort que vif, et l'enchaîne de l'autre côté, de façon que Gringalet était à un bout de la chaîne et Gargousse à l'autre, tous les deux attachés par le milieu des reins, et séparés entre eux par environ trois pieds de distance. »

— Voilà-t-il une invention !

— C'est vrai, il y a des hommes plus méchants que les plus méchantes bêtes.

« Quand Coupe-en-Deux a fait ce coup-là, il dit à son singe, qui avait l'air de comprendre, car ils méritaient bien de s'entendre :

« — Attention, Gargousse ! on t'a montré, c'est toi qui montreras à ton tour Gringalet ; il sera ton singe. Allons, houp ! debout, Gringalet, ou je dis à Gargousse de piller sur toi...

« Le pauvre enfant était retombé à genoux, joignant les mains, mais ne pouvant plus parler ; on n'entendait que ses dents claquer.

« — Tiens, fais-le marcher, Gargousse, se mit à dire Coupe-en-Deux à son singe, et, s'il rechigne, fais-lui comme moi.

« Et en même temps il donne à l'enfant une dégelée de coups de houssine, puis il remet la baguette au singe.

« Vous savez comme ces animaux sont imitateurs de leur nature, mais Gargousse l'était plus que non pas un ; le voilà donc qui prend la houssine de son maître, Gargousse, qui est bien obligé de se lever. Une fois debout, il était, ma foi, à peu près de la même taille que le singe ; alors Coupe-en-Deux sort de sa chambre et descend l'escalier en appelant Gargousse, et Gargousse le suit en chassant Gringalet de vant lui à grands coups de houssine, comme s'il avait été son esclave.

« Ils arrivent ainsi dans la petite cour de la masure de Coupe-en-Deux. C'est là où il comptait s'amuser ; il ferme la porte de la ruelle, et fait signe à Gargousse de faire courir l'enfant devant lui tout autour de la cour à grands coups de houssine.

« Le singe obéit, et se met à coursser ainsi Gringalet en le battant, pendant que Coupe-en-Deux se tenait les côtes de rire. Vous croyez que cette méchanceté-là devait lui suffire ? Ah ! bien oui !... ce n'était rien encore. Gringalet en avait été quitte jusque-là pour des égratignures, des coups de houssine et une peur horrible. Voilà ce qu'imagina Coupe-en-Deux :

« Pour rendre le singe furieux contre l'enfant, qui tout essoufflé était déjà plus mort que vif, il prend Gringalet par les cheveux, fait semblant de l'accabler de coups et de le mordre, et il le rend à Gargousse en lui criant : Pille, pille... et ensuite il lui montre un morceau de cœur de mouton, comme pour lui dire : Ça sera ta récompense...

« Oh ! alors, mes amis, vraiment c'était un spectacle terrible...

« Figurez-vous un grand singe roux à museau noir, grinçant des dents comme un possédé, se jetant furieux, quasi enragé, sur ce pauvre petit malheureux, qui, ne pouvant pas se défendre, avait été renversé du premier coup et s'était jeté à plat ventre, la face contre terre, pour ne pas être devisagé. Voyant ça, Gargousse, que son maître aguichait toujours contre l'enfant, monte sur son dos, le prend par le cou et commence à lui mordre au sang le derrière de la tête.

« — Oh ! l'araignée de mon rêve !... l'araignée ! criait Gringalet d'une voix étouffée, se croyant bien mort cette fois.

« Tout à coup on entend frapper à la porte. Pan !... pan !... pan !... »

« — Ah ! le bon ! s'écrièrent les prisonniers avec joie.

« — Oui, cette fois, c'était lui, mes amis ; il criait à travers la porte :

« — Ouvriras-tu, Coupe-en-Deux ? ouvriras-tu ? Ne fais pas le sourd ; car je te vois par le trou de la serrure ?

« Le montreur de bêtes, forcé de répondre, s'en va tout grognant ouvrir au doyen, qui était un gaillard solide comme un pont, malgré ses cinquante ans, et avec lequel il ne fallait pas badiner quand il se fâchait.

« — Qu'est-ce que vous me voulez ? lui dit Coupe-en-Deux en entre-bâillant la porte.

« — Je veux te parler, dit le doyen, qui entra presque de force dans la petite cour ; puis, voyant le singe toujours acharné après Gringalet, il court, vous empoigne Gargousse par la peau du cou, veut l'arracher de dessus l'enfant et le jeter à dix pas ; mais il s'aperçoit seulement alors que l'enfant était enchaîné au singe. Voyant ça, le doyen regarde Coupe-en-Deux d'un air terrible et lui crie : Viens tout de suite désenchaîner ce petit malheureux !

« Vous jugez de la joie, de la surprise de Gringalet, qui, à demi-mort de frayeur, se voit sauvé si à propos, et comme par miracle. Aussi il ne put s'empêcher de se souvenir du moucheron d'or de son rêve, quoique le doyen n'eût pas l'air d'un moucheron, le gaillard, tant s'en faut... »

« — Allons, dit le gardien en faisant un pas vers la porte, voilà Gringalet sauvé, je vais manger ma soupe.

« — Sauvé ! s'écria Pique-Vinaigre, ah ! bien oui, sauvé ! il n'est pas au bout de ses peines, allez, le pauvre Gringalet.

« — Vraiment ? dirent quelques détenus avec intérêt.

« — Mais qu'est-ce donc qui va lui arriver ? reprit le gardien en se rapprochant.

« — Restez, gardien, vous le saurez, reprit le conteur.

« — Diable de Pique-Vinaigre, il vous fait faire tout ce qu'il veut, dit le gardien ; ma foi, je reste encore un peu.

« — Le Squelette, muet, écumait de rage.

Pique-Vinaigre continua :

« — Coupe-en-Deux, qui craignait le doyen comme le feu, avait, tout en grognant, détaché l'enfant de la chaîne ; quand c'est fait, le doyen jette Gargousse en l'air, le reçoit au bout d'un grandissime coup de pied dans les reins, et l'envoie rouler à dix pas... Le singe crie comme un brûlé, grince des dents, mais il se sauve lestement et se réfugier au faîte d'un petit hangar d'où il montre le poing au doyen.

« — Pourquoi battez-vous mon singe ? dit Coupe-en-Deux au doyen.

« — Tu devrais me demander plutôt pourquoi je ne te bats pas toi-même. Faire ainsi souffrir cet enfant ! Tu t'es donc levé de bien bonne heure ce matin ?

« — Je ne suis pas plus soûl que vous : j'apprenais un tour à mon singe ; je veux donner une représentation où lui et Gringalet paraîtront ensemble ; je fais mon état, de quoi vous mêlez-vous ?

« — Je me mêle de ce qui me regarde. Ce matin, en ne voyant pas Gringalet passer devant ma porte comme à leur ordinaire, je leur ai demandé où il était ; ils ne m'ont pas répondu, ils avaient l'air embarrassé ; je te connais, j'ai deviné que tu ferais quelque mauvais coup sur lui, et je ne me suis pas trompé. Ecoute-moi bien ! toutes les fois que je ne verrai pas Gringalet passer devant ma porte avec les autres le matin, j'arriverai ici dare-dare, et il faudra que tu me le montres, ou sinon, je t'assomme...

« — Je ferai ce que je voudrai, je n'ai pas d'ordre à recevoir de vous, lui répondit Coupe-en-Deux, irrité de cette menace de surveillance. Vous n'assommerez rien du tout, et si vous ne vous en allez d'ici, ou si vous revenez, je vous...

« — Vt-vlan, fit le doyen en interrompant Coupe-en-Deux par un duo de calottes à assommer un rhinocéros, voilà ce que tu mérites pour répondre ainsi au doyen de la Petite-Pologne. »

« — Deux calottes, c'était bien maigre, dit le bonnet bleu ; à la place du doyen, je lui aurais trempé une drôle de soupe grasse.

« — Et ne lui aurait pas volée, ajouta un détenu.

« — Le doyen, reprit Pique-Vinaigre, en aurait mangé dix comme Coupe-en-Deux. Le montreur de bêtes fut donc obligé de mettre les calottes dans son sac ; mais il n'en était pas moins furieux d'être battu, et surtout d'être battu devant Gringalet. Aussi, à ce moment même, il se promit de s'en venger, et il lui vint une idée qui ne pouvait venir qu'à un démon de méchanceté comme lui. Pendant qu'il remuait cette idée diabolique en se frottant les oreilles, le doyen lui dit :

« — Rappelle-toi que si tu t'avises de faire encore souffrir cet enfant, je te forcerai à filer de la Petite-Pologne, toi et tes bêtes, sans quoi j'ameuterai tout le monde contre toi ; tu sais qu'on te déteste déjà : aussi on te fera une conduite dont ton dos se souviendra, je te réponds.

« En traître qu'il était et pour pouvoir exécuter son idée scélérate, au lieu de se fâcher contre le doyen, Coupe-en-Deux fait le bon chien, et dit d'un air câlin :

« — Foi d'homme, doyen, vous avez tort de m'avoir battu, et de croire que je veux du mal à Gringalet ; au contraire, je vous répète que j'apprenais un nouveau tour à mon singe ; il n'est pas commode quand il se rebiffe, et, dans la bagarre, le petit a été mordu, j'en suis fâché.

« — Hum !... fit le doyen en le regardant de travers, est-ce bien vrai, ce que tu me dis là ? D'ailleurs, si tu veux apprendre un tour à ton singe, pourquoi l'attaches-tu à Gringalet ?

« — Parce que Gringalet doit être aussi du tour. Voilà ce que je veux faire ; j'habillerai Gargousse avec un habit rouge et un chapeau à plumes comme un marchand de vulnéraire suisse ; j'asseoirai Gringalet dans une petite chaise d'enfant ; puis je lui mettrai une serviette au cou, et le singe, avec un grand rasoir de bois, fera sans aussi de lui faire la barbe.

« Le doyen ne put s'empêcher de rire à cette idée.

« — N'est-ce pas que c'est farce ? reprit Coupe-en-Deux d'un air sournois.

« — Le fait est que c'est farce, dit le doyen, d'autant plus qu'on dit ton gueux de singe assez adroit et assez malin pour jouer une parade pareille.

« — Je le crois bien ; quand il m'aura vu cinq ou six fois faire semblant de raser Gringalet, il m'imitera avec son grand rasoir de bois ; mais pour ça il faut qu'il s'habitue à l'enfant ; aussi je les avais attachés ensemble.

« — Mais pourquoi as-tu choisi Gringalet plutôt qu'un autre ?

« — Parce qu'il est le plus petit de tous, et qu'étant assis, Gargousse sera plus grand que lui ; d'ailleurs, je voulais donner la moitié de la recette à Gringalet.

« — Si c'est comme cela, dit le doyen rassuré par l'hypocrisie du montreur de bêtes, je regrette la tournée que je t'ai donnée ; alors mets que c'est une avance.

« Pendant le temps que son maître parlait avec le doyen, Gringalet, lui, n'osait pas souffler ; il tremblait comme la feuille, et mourait d'envie de se jeter aux pieds du doyen pour le supplier de l'emmener de chez le montreur de bêtes ; mais le courage lui manquait, et il recommençait à se désespérer tout bas en disant : Je serai comme la pauvre mouche de mon rêve, l'araignée me dévorera ; j'avais tort de croire que le moucheron d'or me sauverait.

« — Allons, mon garçon, puisque le père Coupe-en-Deux te donne la moitié de la recette, ça doit t'encourager à t'habituer au singe... Bah ! bah ! tu t'y feras, et si la recette est bonne tu n'auras pas à te plaindre.

« — Lui ! se plaindre ! Est-ce que tu as à te plaindre ? lui demanda son maître en le regardant à la dérobée d'un air si terrible, que l'enfant aurait voulu être à cent pieds sous terre.

« — Non... non... mon maître, répondit-il en balbutiant.

« — Vous voyez bien, doyen, dit Coupe-en-Deux, il n'a jamais eu à se plaindre : je ne veux que son bien, après tout. Si Gargousse l'a égratigné une première fois, cela n'arrivera plus, je vous le promets, j'y veillerai.

« — A la bonne heure ! Ainsi, tout le monde sera content.

« — Gringalet tout le premier, dit Coupe-en-Deux. N'est-ce pas que tu seras content ?

« — Oui... oui... mon maître... dit l'enfant tout en pleurant.

« — Et pour te consoler de tes égratignures je te donnerai ta part d'un bon déjeuner, car le doyen va m'envoyer un plat de côtelettes aux cornichons, quatre bouteilles de vin et un demi-setier d'eau-de-vie.

« — A ton service, Coupe-en-Deux, ma cave et ma cuisine luisent pour tout le monde.

« Au fond, le doyen était brave homme, mais il n'était pas malin et il aimait à vendre son vin et son fricot aussi. Le gueux de Coupe-en-Deux le savait bien, vous voyez qu'il lui renvoyait content de lui vendre à boire et à manger, et rassuré sur le sort de Gringalet.

« Voilà donc le pauvre petit retombé au pouvoir de son maître. Dès que le doyen a les talons tournés, Coupe-en-Deux montre l'escalier à son pâtiras et lui ordonne de remonter vite dans son grenier ; l'enfant ne se le fait pas dire deux fois, il s'en va tout effrayé.

« — Mon bon Dieu, je suis perdu, s'écrie-t-il en se jetant sur la paille à côté de sa tortue, et en pleurant à chaudes larmes. Il était là depuis une bonne heure à sangloter, lorsqu'il entend la grosse voix de Coupe-en-Deux qui l'appelait... Ce qui augmentait encore la peur de Gringalet, c'est qu'il lui semblait que la voix de son maître n'était pas comme à l'ordinaire.

« — Descendras-tu bientôt? reprend le montreur de bêtes avec un tonnerre de jurements.

« L'enfant se dépêche vite de descendre par l'échelle ; à peine a-t-il mis le pied par terre, que son maître le prend et l'emporte dans sa chambre, en trébuchant à chaque pas, car Coupe-en-Deux avait tant bu, tant bu, qu'il était soûl comme une grive et qu'il se tenait à peine sur ses jambes ; son corps se penchait tantôt en avant et tantôt en arrière, et il regardait Gringalet en roulant des yeux d'un air féroce, mais sans parler ; il avait, comme on dit, la bouche trop épaisse : jamais l'enfant n'en avait eu plus peur.

« Gargousse était enchaîné au pied du lit.

Au milieu de la chambre il y avait une chaise avec une corde pendante au dossier.

« — Ass... assis-toi... là, continua Pique-Vinaigre en imitant, jusqu'à la fin de ce récit, le bégayement empâté d'un homme ivre, lorsqu'il faisait parler Coupe-en-Deux.

« Gringalet s'assied tout tremblant; alors Coupe-en-Deux, toujours sans parler, l'entortille de la grande corde et l'attache sur la chaise, et cela pas facilement, car, quoique le montreur de bêtes eût encore un peu de vue et de connaissance, vous pensez qu'il faisait les nœuds doubles. Enfin voilà Gringalet solidement amarré sur sa chaise. Mon bon Dieu ! Mon bon Dieu ! murmura-t-il, cette fois personne ne viendra me délivrer.

« Pauvre petit, il avait raison, personne ne pouvait, ne devait venir comme vous allez le voir : le doyen était parti rassuré, Coupe-en-Deux avait fermé la porte de sa cour en dedans à double tour, mis le verrou ; personne ne pouvait donc venir au secours de Gringalet. »

— Oh ! pour cette fois, se dirent les prisonniers impressionnés par ce récit, Gringalet, tu es perdu...

— Pauvre petit...

— Quel dommage !

— S'il ne fallait que donner vingt sous pour le sauver, je les donnerais.

— Moi aussi.

— Gueux de Coupe-en-Deux !

— Qu'est-ce qu'il va lui faire ?

Pique-Vinaigre continua :

« Quand Gringalet fut bien attaché sur sa chaise, son maître lui dit, et le conteur imita de nouveau l'accent d'un homme ivre : Ah !... gredin... c'est toi... qui as été cause que... que j'ai été battu par le doyen... tu... vas mou... mourir...

« Et il tire de sa poche un grand rasoir tout fraîchement repassé, l'ouvre, et prend d'une main Gringalet par les cheveux... »

Un murmure d'indignation et d'horreur circula parmi les détenus et interrompit un moment Pique-Vinaigre, qui reprit :

« — A la vue du rasoir, l'enfant se mit à crier :

« — Grâce ! mon maître... grâce !... ne me tuez pas !...

« — Va, cric... crie... même... tu ne crieras pas longtemps, répondit Coupe-en-Deux.

« — Moucheron d'or ! moucheron d'or ! à mon secours ! cria le pauvre Gringalet en délire, en se rappelant son rêve qui l'avait tant frappé ; voilà l'araignée qui va me tuer !

« — Ah ! tu m'app... tu m'appelles... araignée, toi... dit Coupe-en-Deux... A cause de ça... et d'autres... d'autres choses, tu vas mourir... entends-tu... mais... pas de ma main... parce que... la... chose... et puis qu'on me guillotinerait... je dirai... c'est prou... prouverai que c'est... le singe. J'ai... tantôt... préparé la chose... a... a... enfin n'importe, dit Coupe-en-Deux en se soutenant à peine ; puis, appelant son singe, qui, au bout de sa chaîne, le tendait de toutes ses forces en grinçant des dents et en regardant tour à tour son maître et l'enfant :

« — Tiens, Gargousse, lui dit-il en lui montrant le rasoir et Gringalet qu'il tenait par les cheveux, tu vas lui faire comme ça... vois-tu ?...

« Et, passant à plusieurs reprises le dos du rasoir sur le cou de Gringalet, il fit comme s'il lui coupait le cou.

« Le gueux de singe était si imitateur, si méchant et si malin, qu'il comprit ce que son maître voulait ; et, comme pour le lui prouver, il se prit le menton dans sa patte gauche, renversa sa tête en arrière, et, avec sa patte droite, il fit mine de se couper le cou.

« — C'est ça, Gargousse... ça y est, dit Coupe-en-Deux en balbutiant, en fermant les yeux à demi et en trébuchant si fort, qu'il manqua de tomber avec Gringalet et la chaise... Oui, ça y est... je vas te... dé... détacher, et tu... lui couperas le sifflet, n'est-ce pas, Gargousse ?

« Le singe cria en grinçant des dents, comme pour dire oui, et avança la patte pour prendre le rasoir que Coupe-en-Deux lui tendait.

« — Moucheron d'or, à mon secours ! murmura Gringalet d'une pauvre voix mourante, certain cette fois d'être à sa dernière heure.

« Car, hélas ! il appelait le moucheron d'or à son secours sans y compter et sans l'espérer ; mais il disait cela comme on dit : Mon Dieu ! mon Dieu ! quand on se noie...

« Eh bien ! pas du tout.

« Voilà-t-il pas qu'à ce moment-là Gringalet voit entrer par la fenêtre ouverte une de ces petites mouches vertes et or, comme il y en a tant ! On aurait dit une étincelle de feu qui voltigeait ; et, juste à l'instant où Coupe-en-Deux venait de donner le rasoir à Gargousse, le moucheron d'or s'en va se bloquer droit dans l'œil de ce méchant brigand.

« Une mouche dans l'œil, ça n'est pas grand chose ; mais, dans le moment, vous savez que ça cuit comme une piqûre d'épingle ; aussi Coupe-en-Deux, qui se soutenait à peine, porta vivement la main à son œil, et ça par un mouvement si brusque qu'il trébucha, tomba tout de son long, et roula comme une masse au pied du lit où était enchaîné Gargousse.

« — Moucheron d'or, merci... tu m'as sauvé ! cria Gringalet ; car, toujours assis et attaché sur sa chaise, il avait tout vu. »

— C'est ma foi vrai, pourtant, le moucheron d'or l'a empêché d'avoir le cou coupé, s'écrièrent les détenus transportés de joie.

— Vive le moucheron d'or ! cria le bonnet bleu.

— Oui, vive le moucheron d'or ! répétèrent plusieurs voix.

— Vivent Pique-Vinaigre et ses contes !

— Attendez donc, reprit le conteur ; voici le plus beau et le plus terrible de l'histoire que je vous avais promise :

« Coupe-en-Deux avait tombé par terre comme un plomb ; il était si soûl, si soûl, qu'il ne remuait pas plus qu'une bûche... Il était ivre-mort... quoi ! et sans connaissance de rien ; mais en tombant il avait manqué d'écraser Gargousse, et lui avait presque cassé une patte de derrière... Vous savez comme ce vilain animal était méchant, rancunier et malicieux. Il n'avait pas lâché le rasoir que son maître lui avait donné pour couper le cou à Gringalet. Qu'est-ce que fait mon gueux de singe quand il voit son maître étendu sur le dos, immobile comme une carpe pâmée et bien à sa portée ? il saute sur lui, s'accroupit sur sa poitrine, d'une de ses pattes lui tend la peau du cou, et de l'autre... crac... il vous lui coupe le sifflet net comme verre... juste comme Coupe-en-Deux lui avait enseigné à le faire sur Gringalet. »

— Bravo !...

— C'est bien fait !...

— Vive Gargousse !... crièrent les détenus avec enthousiasme.

— Vive le petit moucheron d'or !

— Vive Gringalet !

— Vive Gargousse !

— Eh bien ! mes amis, s'écria Pique-Vinaigre enchanté du succès de son récit, ce que vous criez là, toute la Petite-Pologne le criait une heure plus tard.

— Comment cela... comment ?

— Je vous ai dit que pour faire son mauvais coup tout à son aise le gueux de Coupe-en-Deux avait fermé sa porte en dedans. A la brune, voilà les enfants qui arrivent les uns après les autres avec leurs bêtes ; les premiers cognent, personne ne répond, enfin, quand ils sont tous rassemblés, ils recognent, rien. L'un d'eux s'en va trouver le doyen et lui dire qu'ils avaient beau frapper, que leur maître ne leur ouvrait pas. Le gredin se sera soûlé comme un Anglais, dit-il, je lui ai envoyé du vin tantôt : faut enfoncer sa porte, ces enfants ne peuvent pas rester la nuit dehors.

« On enfonce la porte à coups de merlin ; on entre, on monte, on arrive dans la chambre, et qu'est-ce qu'on voit ? Gargousse enchaîné et accroupi sur le corps de son maître et jouant avec le rasoir ; le pauvre Gringalet, heureusement hors de la portée de la chaîne de Gargousse, toujours assis et attaché sur sa chaise, n'osant pas lever les yeux sur le corps de Coupe-en-Deux, et regardait, devinez quoi ? la petite mouche d'or, qui, après avoir voleté autour de l'enfant comme pour le féliciter, était enfin venue se poser sur sa petite main.

« Gringalet raconta tout au doyen et à la foule qui l'avait suivi ; ça paraissait vraiment, comme on dit, un coup du ciel ; aussi le doyen s'écrie : Un triomphe à Gringalet, un triomphe à Gargousse, qui a tué ce mauvais brigand de Coupe-en-Deux ! Il coupait les autres, c'était son tour d'être coupé.

« — Oui, oui ! dit la foule, car le montreur de bêtes était détesté de tout le monde. Un triomphe à Gargousse ! un triomphe à Gringalet !

« Il faisait nuit ; on allume des torches de paille, on attache Gargousse sur un banc que quatre gamins portaient sur leurs épaules ; le gredin de singe n'avait pas l'air du trouver ça trop beau pour lui, et il prenait des airs de triomphateur en montrant ses dents à la foule. Après le singe venait le doyen, portant Gringalet dans ses bras ; tous les petits montreurs de bêtes, chacun avec la sienne, entouraient le doyen : l'un portait son renard, l'autre sa marmotte, l'autre son cochon d'Inde ; ceux qui jouaient de la vielle jouaient de la vielle ; il y avait des charbonniers auvergnats avec leur musette, qui en jouaient aussi ; c'était enfin un tintamarre, une joie, une fête qu'on ne peut s'imaginer ! Derrière les musiciens et les montreurs de bêtes venaient tous les habitants de la Petite-Pologne, hommes, femmes, enfants ; presque tous tenaient à la main de torches de paille et criaient comme des enragés : Vive Gringalet ! vive Gargousse ! Le cortège fait dans cet ordre-là le tour de la cassine de Coupe-en-Deux. C'était un drôle de spectacle, allez, que ces vieilles masures et toutes ces figures éclairées par la lueur rouge des feux de paille qui flamboyaient, flamboyaient ! Quant à Gringalet, la première chose qu'il avait faite, une fois en liberté, ça avait été de mettre

la petite mouche d'or dans un cornet de papier, et il répétait tout le temps de son triomphe :
« — Petits moucherons, j'ai bien fait d'empêcher les araignées de vous manger, car... »
La fin du récit de Pique-Vinaigre fut interrompue.
— Eh ! père Roussel, cria une voix de dehors, viens donc manger ta soupe ; quatre heures vont sonner dans dix minutes.
— Ma foi, l'histoire est à peu près finie, j'y vais. Merci, mon garçon, tu m'as joliment amusé, tu peux t'en vanter, dit le surveillant à Pique-Vinaigre en allant vers la porte. Puis, s'arrêtant : Ah çà, soyez sages, dit-il aux détenus en se retournant.
— Nous allons entendre la fin de l'histoire, dit le Squelette haletant de fureur contrainte. Puis il dit tout bas au Gros-Boiteux : Va sur le pas de la porte, suis le gardien des yeux, et quand tu l'auras vu sortir de la cour crie : Gargousse ! et le mangeur est mort.
— Ça y est, dit le Gros-Boiteux qui accompagna le gardien et resta debout à la porte du chauffoir, l'épiant du regard.
« Je vous disais donc, reprit Pique-Vinaigre, que Gringalet, tout le temps de son triomphe, se disait : Petits moucherons, j'ai... »
— Gargousse ! s'écria le Gros-Boiteux en se retournant. Il venait de voir le surveillant quitter la cour.
— A moi ! Gringalet... je serai ton araignée, s'écria aussitôt le Squelette en se précipitant si brusquement sur Germain, que celui-ci ne put faire un mouvement ni pousser un cri.
Sa voix expira sous la formidable étreinte des longs doigts de fer du Squelette.

CHAPITRE XI.

Un ami inconnu.

— Si tu es l'araignée, moi je serai le moucheron d'or, Squelette de malheur, cria une voix au moment où Germain, surpris par la violente et soudaine attaque d'un implacable ennemi, tombait renversé sur son banc, livré à la merci du brigand qui, un genou sur la poitrine, le tenait par le cou.
Oui, je serai le moucheron, et un fameux moucheron encore ! répéta l'homme au bonnet bleu dont nous avons parlé; puis, d'un bond furieux, renversant trois ou quatre prisonniers qui le séparaient de Germain, il s'élança sur le Squelette et lui asséna sur le crâne et entre les deux yeux une grêle de coups de poing si précipités, qu'on eût dit le bat erie sonore d'un marteau sur une enclume.
L'homme au bonnet bleu, qui n'était autre que le Chourineur, ajouta, en redoublant la rapidité de son martelage sur la tête du Squelette :
— C'est la grêle de coups de poing que M. Rodolphe m'a tambourinés sur la boule ! je les ai retenus.
A cette agression inattendue, les détenus restèrent frappés de surprise, sans prendre parti pour ou contre le Chourineur. Plusieurs d'entre eux, encore sous la salutaire impression du conte de Pique-Vinaigre, furent mêmes satisfaits de cet incident qui pouvait sauver Germain.
Le Squelette, d'abord étourdi, chancelant comme un bœuf sous la masse de fer du boucher, revint bientôt machinalement ses deux mains en avant pour parer les coups de son ennemi ; Germain put se dégager de la mortelle étreinte du Squelette et se relever à demi.
— Mais qu'est-ce qu'il a ? à qui en a-t-il donc, ce brigand-là ? s'écria le Gros-Boiteux ; et, s'élançant sur le Chourineur, il tâcha de lui saisir les bras par derrière, pendant que celui-ci faisait de violents efforts pour maintenir le Squelette sur le banc.
Le défenseur de Germain répondit à l'attaque du Gros-Boiteux par une espèce de ruade si violente qu'il l'envoya rouler à l'extrémité du cercle formé par les détenus.
Germain, d'une pâleur livide et violacée, à demi suffoqué, à genoux auprès du banc, ne paraissait pas avoir la conscience de ce qui se passait autour de lui. La strangulation avait été si violente et si douloureuse, qu'il respirait à peine.
Après son premier étourdissement, le Squelette, par un effort désespéré, parvint à se débarrasser du Chourineur et à se remettre sur ses pieds.
Haletant, ivre de rage et de haine, il était épouvantable...
Sa face cadavéreuse ruisselait de sang ; sa lèvre supérieure, retroussée comme celle d'un loup furieux, laissait voir ses dents serrées les unes contre les autres.
Enfin il s'écria d'une voix palpitante de colère et de fatigue, car sa lutte contre le Chourineur avait été violente :
— Escarpez-le donc... ce brigand-là !... tas de frileux !... qui me laissez prendre en traître... sinon le mangeur va vous échapper !
Durant cette espèce de trêve, le Chourineur, enlevant Germain à demi évanoui, avait assez habilement manœuvré pour se rapprocher peu à peu de l'angle d'un mur, où il déposa son protégé.
Profitant de cette excellente position de défense, le Chourineur pouvait alors, sans crainte d'être pris à dos, tenir assez longtemps contre les détenus, auxquels le courage et la force herculéenne qu'il venait de déployer imposaient beaucoup.
Pique-Vinaigre, épouvanté, disparut pendant le tumulte, sans qu'on s'aperçût de son absence.
Voyant l'hésitation de la plupart des prisonniers, le Squelette s'écria :
— A moi donc !... estourbissons-les tous les deux... le gros et le petit !
— Prends garde ! répondit le Chourineur en se préparant au combat, les deux mains en avant et carrément campé sur ses robustes reins. Gare à toi, Squelette ! Si tu veux faire encore le Coupe-en-Deux... moi, je ferai comme Gargousse, je te couperai le sifflet...
— Mais tombez donc dessus ! cria le Gros-Boiteux en se relevant. Pourquoi cet enragé défend-il le mangeur ? A mort le mangeur... et lui aussi ! S'il défend Germain, c'est un traître !
— Oui !... oui !
— A mort ! le mangeur !
— A mort !
— Oui ! à mort le traître... qui le soutient !
Tels furent les cris des plus endurcis des détenus.
Un parti plus pitoyable s'écria :
— Non ! avant, qu'il parle !
— Oui ! qu'il s'explique !
— On ne tue pas un homme sans l'entendre !
— Et sans défense !
— Faudrait être de vrais Coupe-en-Deux !
— Tant mieux ! reprirent le Gros-Boiteux et les partisans du Squelette.
— On ne saurait trop en faire à un mangeur !
— A mort !
— Tombons dessus !
— Soutenons le Squelette !
— Oui ! oui !... charivari pour le bonnet bleu !
— Non !... soutenons le bonnet bleu !... charivari pour le Squelette ! riposta le parti du Chourineur.
— Non !... à bas le bonnet bleu !
— A bas le Squelette !
— Bravo, mes cadets !... s'écria le Chourineur en s'adressant aux détenus qui se rangeaient de son côté. Vous avez du cœur... vous ne voudriez pas massacrer un homme à demi mort !... il n'y a que des lâches capables de ça... Le Squelette s'en moque pas mal... il est condamné d'avance... c'est pour cela qu'il vous pousse... Mais si vous aidez à tuer Germain, vous serez durement pincés. D'ailleurs, je propose une chose, moi !... le Squelette veut achever ce pauvre jeune homme... eh bien ! qu'il vienne donc me le prendre, s'il en a le toupet !... ça se passera entre nous deux ; nous nous crocherons et on verra... mais il n'ose pas, il est comme Coupe-en-Deux, fort avec les faibles.
La vigueur, l'énergie, la rude figure du Chourineur devaient avoir une puissante action sur les détenus ; aussi un assez grand nombre d'entre eux se rangèrent de son côté et entourèrent Germain ; le parti du Squelette se groupa autour de ce bandit.
Une sanglante mêlée allait s'engager, lorsqu'on entendit dans la cour le pas sonore et mesuré du piquet d'infanterie toujours de garde à la prison.
Pique-Vinaigre, profitant du bruit et de l'émotion générale, avait gagné la cour et était allé frapper au guichet de la porte d'entrée, afin d'avertir les gardiens de ce qui se passait dans le chauffoir.
L'arrivée des soldats mit fin à cette scène.
Germain, le Squelette et le Chourineur furent conduits auprès du directeur de la Force. Le premier devait déposer sa plainte, les deux autres répondre à une prévention de rixe dans l'intérieur de la prison.
La terreur et la souffrance de Germain avaient été si vives, sa faiblesse était si grande, qu'il fallut s'appuyer sur deux gardiens pour arriver jusqu'à une chambre voisine du cabinet du directeur, où on le conduisit. Là, il se trouva mal ; son cou, excorié, portait l'empreinte livide et sanglante des doigts de fer du Squelette. Quelques secondes de plus, le fiancé de Rigolette aurait été étranglé.
Le gardien chargé de la surveillance du parloir, et qui, nous l'avons dit, s'était toujours intéressé à Germain, lui donna les premiers secours.
Lorsque celui-ci revint à lui, lorsque la réflexion succéda aux émotions rapides et terribles qui lui avaient à peine laissé l'exercice de sa raison, sa première pensée fut pour son sauveur.
— Merci de vos bons soins, monsieur, dit-il au gardien ; sans cet homme courageux, j'étais perdu.
— Comment vous trouvez-vous ?
— Mieux... Ah ! tout ce qui vient de se passer me semble un songe horrible !
— Remettez-vous.
— Et celui qui m'a sauvé, où est-il ?
— Dans le cabinet du directeur. Il lui raconte comment la rixe est arrivée... Il paraît que sans lui...
— J'étais mort, monsieur... Oh ! dites-moi son nom... Qui est-il ?
— Son nom... je n'en sais rien, il est surnommé le Chourineur ; c'est un ancien forçat.
— Et le crime qui l'amène ici... n'est pas grave, peut-être ?
— Très-grave ! Vol avec effraction, la nuit... dans une maison habi-

tée, dit le gardien. Il aura probablement la même dose que Pique-Vinaigre ; quinze ou vingt ans de travaux forcés et l'exposition, vu la récidive.

Germain tressaillit : il eût préféré être lié par la reconnaissance à un homme moins criminel.

— Ah ! c'est affreux ! dit-il. Et pourtant cet homme, sans me connaître, a pris ma défense. Tant de courage, tant de générosité...

— Que voulez-vous, monsieur, quelquefois il y a encore un peu de bon chez ces gens-là. L'important, c'est que vous voilà sauvé ; demain vous aurez votre cellule à la pistole, et pour cette nuit vous coucherez à l'infirmerie, d'après l'ordre de M. le directeur. Allons, courage, monsieur ! Le mauvais temps est passé : quand votre jolie petite visiteuse viendra vous voir, vous pourrez la rassurer ; car, une fois en cellule, vous n'aurez plus rien à craindre. Seulement, vous ferez bien, je crois, de ne pas lui parler de la scène de tout à l'heure. Elle en tomberait malade de peur.

— Oh ! non, sans doute, je ne lui en parlerai pas ; mais je voudrais pourtant remercier mon défenseur... Si coupable qu'il soit aux yeux de la loi, il ne m'en a pas moins sauvé la vie.

— Tenez, justement je l'entends qui sort de chez M. le directeur, qui va maintenant interroger le Squelette ; je les reconduirai ensemble tout à l'heure, le Squelette au cachot, et le Chourineur à la Fosse-aux-Lions. Il sera d'ailleurs un peu récompensé de ce qu'il a fait pour vous ; car, comme c'est un gaillard solide et déterminé, tel qu'il faut être pour mener les autres, il est probable qu'il remplacera le Squelette comme prévôt...

Le Chourineur, ayant traversé un petit couloir sur lequel s'ouvrait la porte du cabinet du directeur, entra dans la chambre où se trouvait Germain.

— Attendez-moi là, dit le gardien au Chourineur ; je vais aller savoir de M. le directeur ce qu'il décide du Squelette, et je reviendrai vous prendre..... Voilà notre jeune homme tout à fait remis ; il veut vous remercier, et il y a de quoi, car sans vous c'était fini de lui.

Le gardien sortit. La physionomie du Chourineur était radieuse ; il s'avança joyeusement en disant : — Tonnerre ! que je suis content ! que je suis donc content de vous avoir sauvé ! Et il tendit la main à Germain.

Celui-ci, par un sentiment de répulsion involontaire, se recula d'abord légèrement, au lieu de prendre la main que le Chourineur lui offrait ; puis, se rappelant qu'après tout il devait la vie à cet homme, il voulut réparer ce premier mouvement de répugnance. Mais le Chourineur s'en était aperçu ; ses traits s'assombrirent, et, en reculant à son tour, il dit avec une tristesse amère : — Ah ! c'est juste, pardon, monsieur...

— Non, c'est moi qui dois vous demander pardon... Ne suis-je pas prisonnier comme vous ? Je ne dois songer qu'au service que vous m'avez rendu... vous m'avez sauvé la vie. Votre main, monsieur, je vous en prie, de grâce, votre main.

— Merci... maintenant c'est inutile. Le premier mouvement est tout. Si vous m'aviez d'abord donné une poignée de main, cela m'aurait fait plaisir. Mais, en y réfléchissant, c'est à moi à ne plus vouloir. Pensez que je suis prisonnier comme vous, mais, ajouta-t-il d'un air sombre et en hésitant, parce qu'avant d'être ici... j'ai été...

— Le gardien m'a tout dit, reprit Germain en l'interrompant ; mais vous ne m'avez pas moins sauvé la vie.

— Je n'ai fait que mon devoir et mon plaisir, car je sais qui vous êtes... monsieur Germain ?

— Vous me connaissez ?

— Un peu, mon neveu ! que je vous répondrais si j'étais votre oncle, dit le Chourineur en reprenant son ton d'insouciance habituelle, et vous auriez pardieu bien tort de mettre mon nom arrivée à la Force sur le dos du hasard. Si je ne vous avais pas connu... je ne serais pas en prison.

Germain regarda le Chourineur avec une surprise profonde.

— Comment ? c'est parce que vous m'avez connu ?...

— Que je suis ici... prisonnier à la Force...

— Je voudrais vous croire... mais...

— Mais vous ne me croyez pas.

— Je veux dire qu'il m'est impossible de comprendre comment il se fait que je sois pour quelque chose dans votre emprisonnement.

— Pour quelque chose ?... Vous y êtes pour tout.

— J'aurais eu ce malheur ?...

— Un malheur !... au contraire... c'est moi qui vous redois..... Et crânement encore...

— A moi ! vous me devez ?...

— Une fière chandelle, pour m'avoir procuré l'avantage de faire un tour à la Force...

— En vérité, dit Germain en passant la main sur son front, je ne sais si la terrible secousse de tout à l'heure affaiblit ma raison, mais il m'est impossible de vous comprendre. Le gardien vient de me dire que vous étiez ici comme prévenu... de... de...

Et Germain hésitait.

— De vol... pardieu... allez donc... oui, de vol avec effraction... avec escalade... et la nuit, par-dessus le marché !... tout le tremblement à la volée, quoi ! s'écria le Chourineur en éclatant de rire. Rien n'y manque... c'est du chenu. Mon vol a toutes les herbes de la Saint-Jean, comme on dit...

Germain, péniblement ému du cynisme audacieux du Chourineur, ne put s'empêcher de lui dire :

— Comment.. vous, vous si brave... si généreux, parlez-vous ainsi ? ne savez-vous pas à quelle terrible punition vous êtes exposé ?

— Une vingtaine d'années de galères et le carcan !... connu... Je suis un crâne scélérat, hein, de prendre ça en blague ? Mais que voulez-vous ! une fois qu'on y est... Et dire pourtant que c'est vous qui êtes cause de mon malheur !... ajouta le Chourineur en poussant un énorme soupir, d'un air plaisamment contrit, que c'est vous qui êtes cause de mon malheur !...

— Quand vous vous expliquerez plus clairement, je vous entendrai.

Triomphe de Gringalet. — PAGE 302.

Raillez tant qu'il vous plaira, ma reconnaissance pour le service que vous m'avez rendu n'en subsistera pas moins, dit Germain tristement.

— Tenez, pardon, monsieur Germain, répondit le Chourineur en devenant sérieux, vous n'aimez pas à me voir rire de cela, n'en parlons plus. Il faut que je me rabiboche avec vous, et que je vous force peut-être bien à me tendre encore la main.

— Je n'en doute pas; car, malgré le crime dont on vous accuse et dont vous vous accusez vous-même, tout en vous annonce le courage, la franchise. Je suis sûr que vous êtes injustement soupçonné... de graves apparences peut-être vous compromettent... mais voilà tout...

— Oh! quant à cela, vous vous trompez, monsieur Germain, dit le Chourineur, si sérieusement cette fois, et avec un tel accent de sincérité, que Germain dut croire. Foi d'homme, aussi vrai que j'ai un protecteur (le Chourineur ôta son bonnet), qui est pour moi ce que le bon Dieu est pour les bons prêtres, j'ai volé la nuit en enfonçant un volet, j'ai été arrêté sur le fait, et encore nanti de tout ce que je venais d'emporter...

— Mais le besoin... la faim... vous poussaient donc à cette extrémité?

— La faim?... J'avais 120 francs à moi quand on m'a arrêté... le restant d'un billet de 1,000 francs..... sans compter que le protecteur dont je vous parle, et qui, par exemple, ne sait pas que je suis ici, ne me laissera jamais manquer de rien. Mais puisque je vous ai parlé de mon protecteur, vous devez croire que ça devient sérieux, parce que, voyez-vous, celui-là, c'est à se mettre à genoux devant. Ainsi, tenez... la grêle de coups de poing dont j'ai tambouriné le Squelette, c'est une manière à lui que j'ai copiée d'après nature. L'idée du vol, c'est à cause de lui qu'elle m'est venue. Enfin si vous êtes là au lieu d'être étranglé par le Squelette, c'est encore grâce à lui.

— Mais ce protecteur?

— Est aussi le vôtre.

— Le mien?

— Oui, M. Rodolphe vous protège. Quand je dis monsieur, c'est monseigneur... que je devrais dire... car c'est au moins un prince... mais j'ai l'habitude de l'appeler M. Rodolphe, et il me le permet.

— Vous vous trompez, dit Germain de plus en plus surpris, je ne connais pas de prince.

— Oui, mais il vous connaît, lui. Vous ne vous en doutez pas? C'est possible, c'est sa manière. Il sait qu'il y a un brave homme dans la peine, crac, le brave homme est soulagé; et ni vu ni connu, je t'embrouille; le bonheur lui tombe des nues comme une tuile sur la tête. Aussi, patience, un jour ou l'autre vous recevrez votre tuile.

— En vérité, ce que vous me dites me confond.

La marquise d'Harville.

— Vous en apprendrez bien d'autres! Pour en revenir à mon protecteur, il y a quelque temps, après un service qu'il prétendait que je lui avais rendu, il me procure une position superbe; je n'ai pas besoin de vous dire laquelle, ce serait trop long; enfin il m'envoie à Marseille pour m'embarquer et aller rejoindre en Algérie ma superbe position. Je pars de Paris, content comme un gueux; bon! mais bientôt ça change. Une supposition : mettons que je sois parti par un beau soleil, n'est-ce pas? Eh bien! le lendemain, voilà le temps qui se couvre, le surlendemain il devient tout gris, et ainsi de suite, de plus en plus sombre à mesure que je m'éloignais, jusqu'à ce qu'enfin il devienne noir comme le diable. Comprenez-vous?

— Pas absolument.

— Eh bien! voyons, avez-vous eu un chien?

— Quelle singulière question?

— Avez-vous eu un chien qui vous aimât bien et qui se soit perdu?

— Non.

— Alors je vous dirai tout uniment qu'une fois loin de M. Rodolphe, j'étais inquiet, abruti, effaré, comme un chien qui aurait perdu son maître. C'était bête, mais les chiens aussi sont bêtes, ce qui ne les empêche pas d'être attachés et de se souvenir au moins autant des bons morceaux que des coups de bâton qu'on leur donne; et M. Rodolphe m'avait donné mieux que des bons morceaux, car, voyez-vous, pour moi M. Rodolphe c'est tout. D'un méchant vaurien, brutal, sauvage et tapageur, il a fait une espèce d'honnête homme, en me disant seulement deux mots... Mais ces deux mots-là, voyez-vous, c'est comme de la magie...

— Et ces mots, que sont-ils? Que vous a-t-il dit?

— Il m'a dit que j'avais encore du cœur et de l'honneur, quoique j'aie été au bagne, non pour avoir volé... c'est vrai. Oh! ça, jamais... mais pour ce qui est pis... peut-être... pour avoir tué... Oui, dit le Chourineur d'une voix sombre, oui, tué dans un moment de colère... parce que, autrefois, élevé comme une bête brute, ou plutôt comme un voyou sans père ni mère, abandonné sur le pavé de Paris, je ne connaissais ni Dieu ni diable, ni bien ni mal, ni fort ni faible. Quelquefois le sang me montait aux yeux... je voyais rouge... et si j'avais un couteau à la main, je chourinais, je chourinais, j'étais comme un vrai loup, quoi! je ne pouvais pas fréquenter autre chose que des gueux et des bandits; je n'en mettais pas un crêpe à mon chapeau pour cela; fallait vivre dans la boue... je vivais rondement dans la boue... je ne m'apercevais pas seulement que j'y étais. Mais quand M. Rodolphe m'a eu dit que, puisque, malgré les mépris de tout le monde et la misère, au lieu de voler comme d'autres, j'avais préféré travailler tant que je pouvais et à quoi je pouvais, ça montrait que j'avais du cœur et de l'honneur... Tonnerre!... voyez-vous... ces deux mots-là, ça m'a fait le même effet que si on m'avait empoigné par la crinière pour m'enlever à mille pieds en l'air au-dessus de la vermine où je pataugeais, et me montrer dans quelle crapule je vivais. Comme de juste alors j'ai dit : Merci ! j'en ai assez ; je sors d'en prendre. Alors le cœur m'a battu autrement que de colère, et je me suis juré d'avoir toujours de cet honneur dont parlait M. Rodolphe. Vous voyez, monsieur Germain, en me disant avec bonté que je n'étais pas si pire que je me croyais, M. Rodolphe m'a encouragé, et, grâce à lui, je suis devenu meilleur que je n'étais...

En entendant ce langage, Germain comprenait de moins en moins que le Chourineur eût commis le vol dont il s'accusait.

CHAPITRE XII.

Délivrance.

Non, pensait Germain, c'est impossible, cet homme, qui s'exalte ainsi aux seuls mots d'honneur et de cœur, ne peut avoir commis le vol dont il parle avec tant de cynisme.

Le Chourineur continua sans remarquer l'étonnement de Germain.

— Finalement, ce qui fait que je suis à M. Rodolphe comme un chien est à son maître, c'est qu'il m'a relevé à mes propres yeux. Avant de le connaître, je n'avais rien ressenti qu'à la peau ; mais lui, il m'a remué en dedans, et bien à fond, allez. Une fois loin de lui et de l'endroit qu'il habitait, je me suis trouvé comme un corps sans âme. A mesure que je m'éloignais, je me disais : — Il mène une si drôle de vie ! il se mêle à de si grandes canailles (j'en sais quelque chose), qu'il risque vingt fois sa peau par jour, et c'est dans une de ces circonstances-là que je pourrai faire le chien pour lui et défendre mon maître, car j'ai bonne gueule. Mais, d'un autre côté, il m'avait dit : — Il faut, mon garçon, vous rendre utile aux autres, aller là où vous pouvez servir à quelque chose. Moi, j'avais bien envie de lui répondre : — Pour moi il n'y a pas d'autres à servir que vous, monsieur Rodolphe. — Mais je n'osais pas. Il me disait : — Allez. — J'allais, et j'ai été tant que j'ai pu. Mais, tonnerre ! quand il a fallu monter dans le sabot, quitter la France, et mettre la mer entre moi et M. Rodolphe, sans espoir de le revoir jamais... vrai, je n'en ai pas eu le courage. Il avait fait dire à son correspondant de me donner de l'argent gros comme moi quand je m'embarquerais. J'ai été trouver le monsieur. Je lui ai dit : — Impossible pour le quart d'heure, j'aime mieux le plancher des vaches. Donnez-moi de quoi faire ma route à pied, j'ai de bonnes jambes, je retourne à Paris, je ne peux pas y tenir. Monsieur Rodolphe dira ce qu'il voudra, il se fâchera, il ne voudra plus me voir, possible. Mais je le verrai, moi ; mais je saurai où il est, et s'il continue la vie qu'il mène, tôt ou tard, j'arriverai peut-être à temps pour me mettre entre un couteau et lui. Et puis enfin je ne peux pas m'en aller si loin de lui, moi ! je sens je ne sais quoi diable qui me tire du côté où il est. Enfin on me donne de quoi faire ma route, j'arrive à Paris. Je ne boude devant guère de choses, mais une fois de retour, voilà la peur qui me galope. Qu'est-ce que je pourrai dire à M. Rodolphe pour m'excuser d'être revenu sans sa permission ? Bah ! après tout, il ne me mangera pas, il en sera ce qu'il en sera. Je m'en vais trouver son ami, un gros grand chauve, encore une crème, celui-là. Tonnerre ! quand M. Murph est entré, j'ai dit : Mon sort va se décider ; je me suis senti le gosier sec, mon cœur battait la breloque. Je m'attendais à être bousculé drôlement. Ah bien ouiche ! le digne homme me reçoit, comme s'il m'avait quitté la veille ; il me dit que M. Rodolphe, loin d'être fâché, veut me voir tout de suite. En effet, il me fait entrer chez mon protecteur. Tonnerre ! quand je me suis retrouvé face à face avec lui, lui qui a une si bonne baisse, qui, si bon cœur, lui qui est terrible comme un lion et doux comme un enfant, lui qui est un prince, et qui a mis une blouse comme moi, pour avoir la circonstance (que je bénis) de m'allonger une grêle de coups de poing où je n'ai vu que du feu, tenez, monsieur Germain, en pensant à tous ces agréments qu'il possède, je me suis senti bouleversé, j'ai pleuré comme une biche. Eh bien ! au lieu d'en rire, car figurez-vous ma balle quand je pleurniche, M. Rodolphe me dit sérieusement :

— Vous voilà donc de retour, mon garçon ?

— Oui, monsieur Rodolphe ; pardon si j'ai eu tort, mais je n'y tenais pas. Faites-moi faire une niche dans un coin de votre cour, donnez-moi la pâtée ou laissez-moi la gagner ici, voilà tout ce que je vous demande, et surtout ne m'en voulez pas d'être revenu.

— Je vous en veux d'autant moins, mon garçon, que vous revenez à temps pour me rendre service.

— Moi, monsieur Rodolphe, il serait possible ! Eh bien ! voyez-vous qu'il fallait, comme vous me le disiez, qu'il y ait quelque chose là-haut : sans ça, comment expliquer que j'arrive ici, juste au moment où vous avez besoin de moi ? Et qu'est-ce que je pourrais donc faire pour vous, monsieur Rodolphe ? piquer une tête du haut des tours Notre-Dame ?

— Moins que cela, mon garçon. Un honnête et excellent jeune homme, auquel je m'intéresse comme à un fils, est injustement accusé de vol et détenu à la Force ; il se nomme Germain, il est d'un caractère doux et timide ; les scélérats avec lesquels il est emprisonné l'ont pris en aversion, il peut courir de grands dangers ; vous qui avez malheureusement connu la vie de prison et un grand nombre de prisonniers, ne pourriez-vous pas, dans le cas où quelques-uns de vos anciens camarades seraient à la Force (on trouverait moyen de le savoir), ne pourriez-vous pas les aller voir, et, par des promesses d'argent qui seraient tenues, les engager à protéger ce malheureux jeune homme ?

— Mais quel est donc l'homme généreux et inconnu qui prend tant d'intérêt à mon sort ? dit Germain de plus en plus surpris.

— Vous le saurez peut-être ; quant à moi, j'en ignore. Pour revenir à ma conversation avec M. Rodolphe, pendant qu'il me parlait, il m'est venu une idée, mais une idée si farce, si farce, que je n'ai pas pu m'empêcher de rire devant lui.

— Qu'avez-vous donc, mon garçon ? me dit-il.

— Dame, monsieur Rodolphe, je ris parce que je suis content, et je suis content parce que j'ai le moyen de mettre votre M. Germain à l'abri d'un mauvais coup de prisonniers, de lui donner un protecteur qui le défendra crânement ; car, une fois le jeune homme sous l'aile de ce cadet dont je vous parle, il n'y en aura pas un qui osera venir lui regarder sous le nez.

— Très-bien, mon garçon, et c'est sans doute un de vos anciens compagnons ?

— Juste, monsieur Rodolphe ; il est entré à la Force il y a quelques jours, j'ai su ça en arrivant ; mais il faudra de l'argent.

— Combien faut-il ?

— Un billet de mille francs.

— Le voilà.

— Merci, monsieur Rodolphe ; dans deux jours vous aurez de mes nouvelles ; serviteur, la compagnie ! Tonnerre ! le roi n'était pas mon maître, je pouvais rendre service à M. Rodolphe en passant que c'est ça qui était fameux !

— Je commence à comprendre, ou plutôt, mon Dieu, je tremble de comprendre, s'écria Germain ; un tel dévouement serait-il possible ? pour venir me protéger, me défendre dans cette prison, vous avez peut-être commis un vol ? Oh ! ce serait le remords de toute ma vie.

— Minute ! M. Rodolphe m'a dit que j'avais du cœur et de l'honneur ; ces mots-là, à moi, voyez-vous, et il pourrait encore me les dire ; car si je ne suis pas meilleur qu'autrefois, du moins je ne suis pas pire.

— Mais ce vol ?... Si vous ne l'avez pas commis, comment êtes-vous ici ?...

— Attendez donc. Voilà la farce : avec mes mille francs je m'en vas acheter une perruque noire ; je rase mes favoris. Je mets des lunettes bleues, je me fourre un oreiller dans le dos, et voilà la bosse ; je me mets à chercher une ou deux chambres à louer tout de suite, au rez-de-chaussée, dans un quartier bien vivant. Je trouve mon affaire rue de Provence, je paye un terme d'avance sous le nom de M. Grégoire. Le lendemain je vas acheter au Temple de quoi meubler les deux chambres, toujours avec ma perruque noire, ma bosse et mes lunettes bleues, afin qu'on me reconnaisse bien ; j'achète les effets rue de Provence, et de plus six couverts d'argent que j'achète boulevard Saint-Denis, toujours avec mon déguisement de bossu.

Je reviens mettre tout en ordre dans mon domicile. Je dis au portier que je ne coucherai chez moi que le surlendemain, et j'emporte ma clef. Les fenêtres des deux chambres étaient fermées par de forts volets. Avant de m'en aller, j'en avais exprès laissé un sans y mettre le crochet du dedans. La nuit venue, je me débarrasse de ma perruque, de mes lunettes, de ma bosse et des habits avec lesquels j'avais été faire mes achats et louer ma chambre ; je mets cette défroque dans une malle que j'envoie à l'adresse de M. Murph, ami de M. Rodolphe, en le priant de garder ces nippes ; j'achète la blouse que voilà, le bonnet bleu que voilà, une barre de fer de deux pieds de long, et à une heure du matin je viens rôder dans la rue de Provence, devant mon logement, attendant le moment où une patrouille passerait pour me dépêcher de me voler, de m'escalader et de m'effractionner moi-même, afin de me faire empoigner.

Et le Chourineur ne put s'empêcher de rire encore aux éclats.

— Ah ! je comprends... s'écria Germain.

— Mais vous allez voir si je n'ai pas du guignon ; il ne passait pas de patrouille !... J'aurais pu vingt fois me dévaliser tout à mon aise. Enfin, sur les deux heures du matin, j'entends piétiner les tourlourous au bout de la rue ; je finis d'ouvrir mon volet, je casse deux ou trois carreaux pour faire un tapage d'enfer, j'enfonce la fenêtre, je saute dans la chambre, j'empoigne la boîte d'argenterie... quelques nippes... heureusement la patrouille avait entendu le drelin-dindin des carreaux, car, juste comme je ressortais par la fenêtre, je suis pincé par la garde, qui, au bruit des carreaux cassés, avait pris le pas de course.

On frappe, le portier vient ouvrir ; on va chercher le commissaire ; il arrive ; le portier dit que les deux chambres dévalisées ont été louées la veille par un monsieur bossu, à cheveux noirs et portant des lunettes bleues, et qui s'appelait Grégoire. J'avais la crinière de filasse que vous me voyez, j'ouvrais l'œil comme un lièvre au gîte, j'étais droit comme un Russe au port d'armes, on ne pouvait donc pas me prendre pour le bossu à lunettes bleues et à crins noirs. J'avoue tout, on m'arrête, on me conduit au dépôt, du dépôt ici, et j'arrive au bon moment, juste pour arracher des pattes du Squelette le jeune homme dont M. Rodolphe m'avait dit : Je m'y intéresse comme à mon fils.

— Ah! que ne vous dois-je pas... pour tant de dévouement! s'écria Germain.

— Ce n'est pas à moi... c'est à M. Rodolphe que vous devez...

— Mais la cause de son intérêt pour moi?

— Il vous la dira, à moins qu'il ne vous la dise pas ; car souvent il se contente de vous faire du bien, et si vous avez le toupet de lui demander pourquoi, il ne se gêne pas pour vous répondre : Mêlez-vous de ce qui vous regarde.

— Et M. Rodolphe sait-il que vous êtes ici?

— Pas si bête de lui avoir dit mon idée, il ne m'aurait peut-être pas permis... cette force... et sans me vanter, hein, elle est fameuse?

— Mais que de risques vous avez courus... vous courez encore!

— Qu'est-ce que je risquais? de n'être pas conduit à la Force, où vous étiez, c'est vrai... Mais je comptais sur la protection de M. Rodolphe pour me faire changer de prison et vous rejoindre ; un seigneur comme lui, ça peut tout. Et une fois que j'aurais été coffré, il aurait autant aimé que ça vous serve à quelque chose.

— Mais au jour de votre jugement?

— Eh bien! je prierai M. Murph de m'envoyer la malle ; je reprendrai devant le juge ma perruque noire, mes lunettes bleues, ma bosse, et je redeviendrai M. Grégoire pour le portier qui m'a loué la chambre, pour les marchands qui m'ont vendu, voilà pour le volé... On veut revoir le voleur, je quitterai ma défroque, et il sera clair comme le jour que le voleur et le volé ça fait, au total, le Chourineur, ni plus ni moins. Alors que diable voulez-vous qu'on me fasse, quand il sera prouvé que je me volais moi-même?

— En effet, dit Germain plus rassuré. Mais puisque vous me portiez tant d'intérêt, pourquoi ne m'avez-vous rien dit en entrant dans la prison?

— J'ai tout de suite su le complot qu'on avait fait contre vous, j'aurais pu le dénoncer avant que Pique-Vinaigre eût commencé ou fini son histoire ; mais dénoncer même des bandits pareils, ça ne m'allait pas... j'ai mieux aimé m'en faire qu'à ma poigne... pour vous arracher des pattes du Squelette. Et puis quand je l'ai vu, ce brigand-là, je me suis dit : Voilà une fameuse occasion de me rappeler la grêle de coups de poing de M. Rodolphe, auxquels j'ai dû l'honneur de faire sa connaissance.

— Mais si tous les détenus avaient pris parti contre vous seul, qu'auriez-vous pu faire?

— Alors j'aurais crié comme un aigle et appelé au secours! Mais ça m'allait mieux de faire ma petite cuisine moi-même, pour pouvoir dire à M. Rodolphe : Il n'y a que moi qui me suis mêlé de la chose... j'ai défendu et je défendrai votre jeune homme, soyez tranquille.

A ce moment le gardien rentra brusquement dans la chambre.

— Monsieur Germain, venez vite, vite, chez M. le directeur... il veut vous parler à l'instant même. Et vous, Chourineur, mon garçon, descendez à la Fosse-aux-Lions... Vous serez prévôt, si cela vous convient ; car vous avez l'air et il vous faut pour remplir ces fonctions... et les détenus ne badineront pas avec un gaillard de votre espèce.

— Ça me va tout de même... autant être capitaine que soldat pendant qu'on y est.

— Refuserez-vous encore ma main? dit cordialement Germain au Chourineur.

— Ma foi non... monsieur Germain, ma foi non ; je crois que maintenant je peux me permettre ce plaisir-là, et vous la serre de bon cœur.

— Nous nous reverrons... ce me voici sous votre protection... je n'aurai plus rien à craindre, et de ma cellule je descendrai chaque jour au préau.

— Soyez calme ; si je le veux, on ne vous parlera qu'à quatre pattes. Mais j'y songe, vous savez écrire... mettez sur le papier ce que je viens de vous raconter, et envoyez l'histoire à M. Rodolphe ; il saura qu'il n'a plus à être inquiet de vous, et que je suis ici pour le bon motif, car s'il apprenait autrement que le Chourineur a voulu se mêler de ne connaître pas le dessous des cartes... tonnerre!... ça ne lui irait pas...

— Soyez tranquille... ce soir même je vais écrire à mon protecteur inconnu ; demain vous me donnerez son adresse et la lettre partira. Adieu encore, merci, mon brave!

— Adieu, monsieur Germain ; je vas retourner auprès de ces tas de gueux... dont je suis prévôt... il faudra bien qu'ils marchent droit, ou sinon, gare dessous!...

— Quand je songe qu'à cause de moi vous allez vivre quelque temps encore avec ces misérables !...

— Qu'est-ce que ça me fait? Maintenant il n'y a pas de risque qu'ils déteignent sur moi... M. Rodolphe m'a trop bien lessivé ; je suis assuré contre l'incendie.

Et le Chourineur suivit le gardien.

Germain entra chez le directeur.

Quelle fut sa surprise!... il y trouva Rigolette...

Rigolette pâle, émue, les yeux baignés de larmes, et pourtant souriant à travers ses pleurs... Sa physionomie exprimait un ressentiment de joie, de bonheur inexprimable.

— J'ai une bonne nouvelle à vous apprendre, monsieur, dit le directeur à Germain. La justice vient de déclarer qu'il n'y avait pas lieu à suivre contre vous. Par suite du désistement et surtout des explications de la partie civile, je reçois l'ordre de vous mettre immédiatement en liberté.

— Monsieur... que dites-vous? Il serait possible!

Rigolette voulut parler ; sa trop vive émotion l'en empêcha : elle ne put que faire à Germain un signe de tête affirmatif en joignant les mains.

— Mademoiselle est arrivée ici peu de moments après que j'ai reçu l'ordre de vous mettre en liberté, ajouta le directeur. Une lettre de toute-puissante recommandation, qu'elle m'apportait, m'a appris le touchant dévouement qu'elle vous a témoigné pendant votre séjour en prison, monsieur. C'est donc avec un vif plaisir que je vous ai envoyé chercher, certain que vous serez très-heureux de donner votre bras à mademoiselle pour sortir d'ici !

— Un rêve !... non, c'est un rêve! dit Germain. Ah! monsieur... que de bontés !... Pardonnez-moi si la surprise... la joie... m'empêchent de vous remercier comme je le devrais...

— Et moi donc, monsieur Germain, je ne trouve pas un mot à dire, reprit Rigolette ; jugez de mon bonheur : en vous quittant, je trouve l'ami de M. Rodolphe qui m'attendait.

— Encore M. Rodolphe! dit Germain étonné.

— Oui, maintenant on peut tout vous dire, vous saurez cela ; M. Murph me dit donc : Germain est libre, voilà une lettre pour M. le directeur de la prison ; quand vous arriverez, il aura reçu l'ordre de mettre Germain en liberté et vous pourrez l'emmener. Je ne pouvais croire ce que j'entendais, et pourtant c'était vrai. Vite, vite, je prends un fiacre... j'arrive... et il est en bas qui nous attend.

Nous renonçons à peindre le ravissement des deux amants lorsqu'ils sortirent de la Force, la soirée qu'ils passèrent dans la petite chambre de Rigolette, que Germain quitta à onze heures pour gagner un modeste logement garni.

Résumons en peu de mots les idées pratiques ou théoriques que nous avons tâché de mettre en relief dans cet épisode de la vie de prison.

Nous nous estimerions très-heureux d'avoir démontré :

L'insuffisance, l'impuissance et le danger de la réclusion en commun...

Les disproportions qui existent entre l'appréciation et la punition de certains crimes (le vol domestique, le vol avec effraction) et celle de certains délits (les abus de confiance)...

Et enfin l'impossibilité matérielle où sont les classes pauvres de jouir du bénéfice des lois civiles (1).

CHAPITRE XIII.

Punition.

Nous conduirons de nouveau le lecteur dans l'étude du notaire Jacques Ferrand.

Grâce à la loquacité habituelle des clercs, presque incessamment occupés des bizarreries croissantes de leur patron, nous exposerons ainsi les faits accomplis depuis la disparition de Cecily.

— Cent sous contre dix que, si son dépérissement continue, avant un mois le patron aura crevé comme un mousquet?

— Le fait est que, depuis que la servante qui avait l'air d'une Alsacienne a quitté la maison, il n'a plus que la peau sur les os.

— Et quelle peau !

— Ah ça ! il était donc amoureux de l'Alsacienne, alors, puisque c'est depuis son départ qu'il se racornit ainsi?

— Lui ! le patron, amoureux ? quelle farce !!!

— Au contraire, il se remet à voir des prêtres plus que jamais !

— Sans compter que le curé de la paroisse, un homme bien respectable, il faut être juste, s'en est allé hier (je l'ai entendu), en disant à un autre prêtre qui l'accompagnait : « C'est admirable !... M. Jacques Ferrand est l'idéal de la charité et de la générosité sur la terre... »

— Le curé a dit ça ? de lui-même ? et sans effort ?

— Quoi ?

— Que le patron était l'idéal de la charité et de la générosité sur la terre?...

— Oui, je l'ai entendu...

— Alors je n'y comprends plus rien ; le curé, la réputation, et il la mérite, d'être ce qu'on appelle un vrai bon pasteur...

— Oh ! ça, c'est vrai, et de celui-là il faut parler sérieusement et avec respect ! il est aussi bon et aussi charitable que le Petit-Manteau-Bleu (2), et quand on dit ça d'un homme, il est jugé.

— Et ça n'est pas peu dire.

(1) Voir les notes à la fin de l'ouvrage.
(2) Qu'on nous permette de mentionner ici avec une vénération profonde le nom de ce grand homme de bien, M. Champion, que nous n'avons pas l'honneur de connaître personnellement, mais dont tous les pauvres de Paris parlent avec autant de respect que de reconnaissance.

— Non. Pour le Petit-Manteau-Bleu comme pour le bon prêtre, les pauvres n'ont qu'un cri… et un brave cri du cœur.
— Alors j'en reviens à mon idée. Quand le curé affirme quelque chose, il faut le croire, vu qu'il est incapable de mentir ; et pourtant, croire d'après lui que le patron est charitable et généreux… ça me gêne dans les entournures de ma croyance.
— Oh ! que c'est joli, Chalamel ! oh ! que c'est joli !…
— Sérieusement, j'aime autant croire à cela qu'à un miracle… Ce n'est pas plus difficile.
— M. Ferrand, généreux !… lui… qui tondrait sur un œuf !
— Pourtant, messieurs, les quarante sous de notre déjeuner ?
— Belle preuve ! C'est comme lorsqu'on a par hasard un bouton sur le nez… c'est un accident.
— Oui ; mais d'un autre côté, le maître-clerc m'a dit que depuis trois jours le patron a réalisé une énorme somme en bons du Trésor, et que…
— Eh bien ?
— Parle donc…
— C'est que c'est un secret…
— Raison de plus… Ce secret ?
— Votre parole d'honneur que vous n'en direz rien ?…
— Sur la tête de nos enfants, nous la donnons.
— Que ma tante Messidor fasse des folies de son corps si je bavarde !
— Et puis, messieurs, rapportons-nous-en à ce que disait majestueusement le grand roi Louis XIV au doge de Venise, devant sa cour assemblée :

Lorsqu'un secret est possédé par un clerc,
Ce secret, il doit le dire, c'est clair.

— Allons, bon ! voilà Chalamel avec ses proverbes !
— Je demande la tête de Chalamel !
— Les proverbes sont la sagesse des nations ; c'est à ce titre que j'exige ton secret.
— Voyons, pas de bêtises… Je vous dis que le maître-clerc m'a fait promettre de n'en dire à personne…
— Oui, mais il ne t'a pas défendu de le dire à tout le monde ?
— Enfin ça ne sortira pas d'ici. Va donc !…
— Il meurt d'envie de nous le dire, son secret.
— Eh bien ! le patron vend sa charge ; à l'heure qu'il est, c'est peut-être fait !…
— Ah ! bah !
— Voilà une drôle de nouvelle !…
— C'est renversant !
— Éblouissant !
— Voyons, sans charge, qui se charge de la charge dont il se décharge ?
— Dieu ! que ce Chalamel est insupportable avec ses rébus !
— Est-ce que je sais à qui il la vend ?
— S'il la vend, c'est qu'il veut peut-être se lancer, donner des fêtes… des *routes*, comme dit le beau monde.
— Après tout, il a de quoi.
— Et pas la queue d'une famille.
— Je crois bien qu'il a de quoi ! Le maître-clerc parle de plus d'un million y compris la valeur de la charge.
— Plus d'un million, cette caressant !
— On dit qu'il a joué à la Bourse en catimini, avec le commandant Robert, et qu'il a gagné beaucoup d'argent.
— Sans compter qu'il vivait comme un ladre.
— Oui ; mais ces ladrichons-là, une fois qu'ils se mettent à dépenser, deviennent plus prodigues que les autres.
— Aussi, je suis comme Chalamel ; je croirais assez que maintenant le patron veut la passer douce.
— Et il aurait joliment tort de ne pas s'abîmer de volupté et de ne pas se plonger dans les délices de Golconde… s'il en a le moyen… car, comme dit le vaporeux Ossian dans la grotte de Fingal :

Tout notaire qui bambochera,
S'il a du *quibus* raison aura.

— Je demande la tête de Chalamel !
— C'est absurde !
— Avec ça que le patron a joliment l'air de penser à s'amuser.
— Il a une figure à porter le diable en terre !
— Et puis M. le curé qui vante sa charité !
— Eh bien ! charité bien ordonnée commence par soi-même… Tu ne connais donc seulement pas les commandements de Dieu, sauvage ? Si le patron se demande à lui-même l'aumône de plus grands plaisirs… il est de son devoir de se les accorder… ou il se regarderait comme bien peu…
— Moi, ce qui m'étonne, c'est cet ami intime qui lui est comme tombé des nues, et qui ne le quitte pas plus que son ombre…
— Sans compter qu'il a une mauvaise figure…
— Il est roux comme une carotte…
— Je serais assez porté à induire que cet intrus est le fruit d'un faux pas qu'aurait fait M. Ferrand à son aurore ; car, comme le disait l'aigle de Meaux à propos de la prise de voile de la tendre La Vallière :

Qu'on aime jeune homme ou vieux bibard,
Souvent la fin est un moutard.

— Je demande la tête de Chalamel !
— C'est vrai… avec lui, il est impossible de causer un moment.
— Quelle bêtise ! Dire que cet inconnu est le fils du patron ! il est plus âgé que lui, on le voit bien.
— Eh bien ! à la grande rigueur, qu'est-ce que ça ferait ?
— Comment ! qu'est-ce que ça ferait : que le fils soit plus âgé que le père ?
— Messieurs, j'ai dit à la grande, à la grandissime rigueur.
— Et comment expliques-tu ça ?
— C'est tout simple : dans ce cas-là, l'intrus aurait fait le faux pas et serait le père de M. Ferrand au lieu d'être son fils.
— Je demande la tête de Chalamel !
— Ne l'écoutez donc pas ; vous savez qu'une fois qu'il est en train de dire des bêtises il en a pour une heure !
— Ce qui est certain, c'est que cet intrus a une mauvaise figure et ne quitte pas M. Ferrand d'un moment.
— Il est toujours avec lui dans son cabinet ; ils mangent ensemble, ils ne peuvent faire un pas l'un sans l'autre.
— Moi, il me semble que je l'ai déjà vu ici, l'intrus.
— Moi, aussi…
— Dites donc, messieurs, est-ce que vous n'avez pas aussi remarqué que depuis quelques jours il vient régulièrement presque toutes les deux heures un homme à grandes moustaches blondes, tournure militaire, faire demander l'intrus par le portier ? L'intrus descend, cause une minute avec l'homme à moustaches ; après quoi, celui-là fait demi-tour comme un automate, pour revenir deux heures après ?
— C'est vrai, je l'ai remarqué… Il m'a semblé aussi rencontrer dans la rue, en m'en allant, des hommes qui avaient l'air de surveiller la maison…
— Sérieusement, il se passe ici quelque chose d'extraordinaire.
— Qui vivra verra.
— A ce sujet, le maître-clerc en sait peut-être plus que nous, mais il fait le diplomate.
— Tiens, au fait, où est-il donc, depuis tantôt ?
— Il est chez cette comtesse qui a été assassinée ; il paraît qu'elle est maintenant hors d'affaire.
— La comtesse Mac-Grégor ?
— Oui ; ce matin elle avait fait demander le patron dare-dare, mais il lui a envoyé le maître-clerc à sa place.
— C'est peut-être pour un testament ?
— Non, puisqu'elle va mieux.
— En a-t-il de la besogne, le maître-clerc, en a-t-il, maintenant qu'il remplace Germain comme caissier !
— A propos de Germain, en voilà encore une drôle de chose !
— Laquelle ?
— Le patron, pour le faire remettre en liberté, a déclaré que c'était lui, M. Ferrand, qui avait fait erreur de compte et qu'il avait retrouvé l'argent qu'il réclamait de Germain.
— Moi, je le trouve aussi de la drôle, mais juste ; vous vous le rappelez, je disais toujours : Germain est incapable de voler.
— C'est néanmoins très-ennuyeux pour lui d'avoir été arrêté et emprisonné comme voleur.
— Moi, à sa place, je demanderais des dommages et intérêts à M. Ferrand.
— Au fait, il aurait dû au moins le reprendre comme caissier, afin de prouver que Germain n'était pas coupable.
— Oui, mais Germain n'aurait peut-être pas voulu.
— Est-il toujours à cette campagne où il est allé en sortant de prison, et d'où il nous a écrit pour nous annoncer le désistement de M. Ferrand ?
— Probablement, car hier je suis allé à l'adresse qu'il nous avait donnée ; on m'a dit qu'il était encore à la campagne, et qu'on pouvait lui écrire à Bouqueval, par Écouen, chez madame Georges, fermière.
— Ah ! messieurs, une voiture ! dit Chalamel en se penchant vers la fenêtre. Dame ! ce n'est pas un fringant équipage comme celui de ce fameux vicomte. Vous rappelez-vous de ce flambant Saint-Remy, avec son chasseur chamarré d'argent et son gros cocher à perruque blanche ! Cette fois, c'est tout bonnement un *sapin*, une citadine.
— Et qui en descend ?
— Attendez donc !… Ah ! une robe noire !
— Une femme ! une femme !… oh ! voyons voir !
— Dieu ! que ce saute-ruisseau est indécemment charnel pour son âge ! il ne pense qu'aux femmes ; il faudra finir par l'enchaîner, ou il enlèvera des Sabines en pleine rue ; car, comme dit le cygne de Cambrai dans son *Traité d'Éducation* pour le Dauphin :

Défiez-vous du saute-ruisseau,
Au beau sexe qui donne l'assaut.

— Je demande la tête de Chalamel !
— Dame !... monsieur Chalamel, vous dites une robe noire... moi je croyais...
— C'est M. le curé, imbécile !... Que ça te serve d'exemple !
— Le curé de la paroisse ? le bon pasteur ?
— Lui-même, messieurs.
— Voilà un digne homme !
— Ce n'est pas un jésuite, celui-là !
— Je le crois bien, et, si tous les prêtres lui ressemblaient, il n'y aurait que des gens dévots.
— Silence ! on tourne le bouton de la porte.
— A vous ! à vous !... c'est lui !

Et tous les clercs, se courbant sur leurs pupitres, se mirent à griffonner avec une ardeur apparente, faisant bruyamment crier leurs plumes sur le papier.

La pâle figure de ce prêtre était à la fois douce et grave, intelligente et vénérable; son regard rempli de mansuétude et de sérénité.

Une petite calotte noire cachait sa tonsure ; ses cheveux gris, assez longs, flottaient sur le collet de sa redingote marron.

Hâtons-nous d'ajouter que, grâce à une confiance des plus candides, cet excellent prêtre avait toujours été et était encore dupe de l'habile et profonde hypocrisie de Jacques Ferrand.

— Votre digne patron est-il dans son cabinet, mes enfants ? demanda le curé.

— Oui, monsieur l'abbé, dit Chalamel en se levant respectueusement.

Et il ouvrit au prêtre la porte d'une chambre voisine de l'étude.

Entendant parler avec une certaine véhémence dans le cabinet de Jacques Ferrand, l'abbé, ne voulant pas écouter malgré lui, marcha rapidement vers la porte et y frappa.

— Entrez ! dit une voix avec un accent italien assez prononcé.

Le prêtre se trouva en face de Polidori et de Jacques Ferrand.

Les clercs du notaire ne semblaient pas s'être trompés en assignant un terme prochain à la vie de leur patron.

Depuis la fuite de Cecily, le notaire était devenu presque méconnaissable.

Quoique son visage fût d'une maigreur effrayante, d'une lividité cadavéreuse, une rougeur fébrile colorait ses pommettes saillantes ; un tremblement nerveux, interrompu çà et là par quelques soubresauts convulsifs, l'agitait presque continuellement ; ses mains décharnées étaient sales et brûlantes : ses larges lunettes vertes cachaient ses yeux injectés de sang, qui brillaient du sombre feu d'une fièvre dévorante ; en un mot, ce masque sinistre trahissait les ravages d'une consomption sourde et incessante.

La physionomie de Polidori contrastait avec celle du notaire ; rien de plus amèrement, de plus froidement ironique que l'expression des traits de cet autre scélérat ; une forêt de cheveux d'un roux ardent, mélangés de quelques mèches argentées, couronnait son front blême et ridé ; ses yeux pénétrants, transparents et verts comme l'aigue-marine, étaient très-rapprochés de son nez crochu : sa bouche, aux lèvres minces, rentrées, exprimait le sarcasme et la méchanceté. Polidori, complètement vêtu de noir, était assis auprès du bureau de Jacques Ferrand.

A la vue de l'abbé, tous deux se levèrent.

— Eh bien ! comment allez-vous, mon digne monsieur Ferrand ? dit l'abbé avec bonté ; vous trouvez-vous un peu mieux ?

— Je suis toujours dans le même état, monsieur l'abbé ; la fièvre ne me quitte pas, répondit le notaire ; les insomnies me tuent ! Que la volonté de Dieu soit faite !

— Voyez, monsieur l'abbé, ajouta Polidori avec componction : quelle pieuse résignation ! Mon pauvre ami est toujours le même ; il ne trouve quelque adoucissement à ses maux que dans le bien qu'il fait !

— Je ne mérite pas ces louanges, veuillez ne m'en dispenser, dit sèchement le notaire en dissimulant à peine un ressentiment de colère et de haine contenues. Au Seigneur seul appartient l'appréciation du bien et du mal ; je ne suis qu'un misérable pécheur...

— Nous sommes tous pécheurs, reprit doucement l'abbé ; mais nous n'avons pas tous la charité qui vous distingue, mon respectable ami. Bien rares ceux qui, comme vous, se détachent assez des biens terrestres pour songer à les employer de leur vivant d'une façon si chrétienne... Persistez-vous toujours à vous défaire de votre charge, afin de vous livrer plus entièrement aux pratiques de la religion ?

— Depuis avant-hier ma charge est vendue, monsieur l'abbé ; quelques concessions m'ont permis de la réaliser, chose bien rare, le prix comptant ; cette somme, ajoutée à d'autres, me servira à fonder l'institution dont je vous ai parlé, et dont j'ai définitivement arrêté le plan, que je vais vous soumettre...

— Ah ! mon digne ami ! dit l'abbé avec une profonde et sainte admiration ; faire tant de bien... si simplement... et, je puis le dire, si naturellement !... Je vous le répète, les gens comme vous sont rares, il n'y a pas assez de bénédictions pour eux.

— C'est que bien peu de personnes réunissent, comme Jacques, la richesse à la piété, à l'intelligence et à la charité, dit Polidori avec un sourire ironique qui échappa au bon abbé.

A ce nouvel et sarcastique éloge, la main du notaire se crispa involontairement ; il lança, sous ses lunettes, un regard de rage infernale à Polidori.

— Vous voyez, monsieur l'abbé, se hâta de dire l'ami intime de Jacques Ferrand ; toujours ses soubresauts nerveux, et il ne veut rien faire. Il me désole... il est son propre bourreau... Oui, j'aurai le courage de le dire devant M. l'abbé, tu es ton propre bourreau, mon pauvre ami !...

A ces mots de Polidori, le notaire tressaillit encore convulsivement, mais il se calma.

Un homme moins naïf que l'abbé eût remarqué, pendant cet entretien, et surtout pendant celui qui va suivre, l'accent contraint et courroucé de Jacques Ferrand ; car il est inutile de dire qu'une volonté supérieure à la sienne, que la volonté de Rodolphe, en un mot, imposait à cet homme des paroles et des actes diamétralement opposés à son véritable caractère.

Aussi, quelquefois poussé à bout, le notaire paraissait hésiter à obéir à cette toute-puissance et invisible autorité ; mais un regard de Polidori mettait un terme à cette indécision ; alors, concentrant avec un soupir de fureur les plus violents ressentiments, Jacques Ferrand subissait le joug qu'il ne pouvait briser.

— Hélas ! monsieur l'abbé, reprit Polidori, qui semblait prendre à tâche de torturer son complice, comme on dit vulgairement, à coups d'épingles, mon pauvre ami néglige trop sa santé... Dites-lui donc, avec moi, qu'il se soigne, sinon pour lui, pour ses amis, du moins pour les malheureux dont il est l'espoir et le soutien...

— Assez !... assez !... murmura le notaire d'une voix sourde.

— Non, ce n'est pas assez, dit le prêtre avec émotion ; on ne saurait trop vous répéter que vous ne vous appartenez pas, et qu'il est mal de négliger ainsi votre santé. Depuis dix ans que je vous connais, je ne vous ai jamais vu malade ; mais depuis un mois environ vous n'êtes plus reconnaissable. Je suis d'autant plus frappé de l'altération de vos traits, que j'étais resté quelque temps sans vous voir. Aussi, lors de notre première entrevue, je n'ai pu vous cacher ma surprise ; mais le changement que je remarque en vous depuis plusieurs jours est bien plus grave : vous dépérissez à vue d'œil, vous nous inquiétez sérieusement... Je vous en conjure, mon digne ami, songez à votre santé...

— Je vous suis on ne peut plus reconnaissant de votre intérêt, monsieur l'abbé ; mais je vous assure que ma position n'est pas aussi alarmante que vous le croyez.

— Puisque tu t'opiniâtres ainsi, reprit Polidori, je vais tout dire à M. l'abbé, moi : il t'aime, il t'estime, il t'honore beaucoup ; que sera-ce donc lorsqu'il saura tes nouveaux mérites ? lorsqu'il saura la véritable cause de ton dépérissement ?

— Qu'est-ce encore ? dit l'abbé.

— Monsieur l'abbé, dit le notaire avec impatience, je vous ai prié de vouloir bien venir me trouver pour vous communiquer des projets d'une haute importance, et non pour m'entendre ridiculement louanger par mon ami.

— Tu sais, Jacques, que de moi il faut te résigner à tout entendre, dit Polidori en regardant fixement le notaire.

Celui-ci baissa les yeux et se tut.

Polidori continua :

— Vous avez peut-être remarqué, monsieur l'abbé, que les premiers symptômes de la maladie nerveuse de Jacques ont eu lieu peu de temps après l'abominable scandale que Louise Morel a causé dans cette maison.

Le notaire frissonna.

— Vous savez donc la crime de cette malheureuse fille, monsieur ? demanda le prêtre étonné. Je ne vous croyais arrivé à Paris que depuis peu de jours ?

— Sans doute, monsieur l'abbé ; mais Jacques m'a tout raconté, comme à son ami, comme à son médecin ; car il attribue presque à l'indignation que lui a fait éprouver le crime de Louise l'ébranlement nerveux dont il se ressent aujourd'hui... Ce n'est rien encore, mon pauvre ami devait, hélas ! endurer de nouveaux coups, qui ont, vous le voyez, altéré sa santé... Une vieille servante, qui depuis bien des années lui était attachée par les sentiments de la reconnaissance...

— Madame Séraphin ? dit le curé en interrompant Polidori, j'ai su la mort de cette infortunée, noyée par une malheureuse imprudence, et je comprends le chagrin de M. Ferrand : on n'oublie pas ainsi dix ans de loyaux services... de tels regrets honorent autant le maître que le serviteur.

— Monsieur l'abbé, dit le notaire, je vous en supplie, ne parlez pas de mes vertus... vous me rendez confus... cela m'est pénible.

— Et qui en parlera donc ? sera-ce toi ? reprit affectueusement Polidori ; mais vous allez avoir à le louer bien davantage, monsieur l'abbé ; vous ignorez peut-être quelle est la servante qui a remplacé, chez Jacques, Louise Morel, madame Séraphin ? Vous ignorez enfin ce qu'il a fait pour cette pauvre Cecily, car cette nouvelle servante s'appelait Cecily, monsieur l'abbé.

Le notaire, malgré lui, fit un bond sur son siège ; ses yeux flamboyèrent sous ses lunettes ; une rougeur brûlante empourpra ses traits livides.

— Tais-toi... tais-toi !... s'écria-t-il en se levant à demi. Pas un mot de plus, je te le défends !...

— Allons, allons, calmez-vous, dit l'abbé en souriant avec mansuétude, quelque généreuse action à révéler encore ?... quant à moi, j'approuve fort l'indiscrétion de votre ami... Je ne connais pas, en effet, cette servante, car c'est justement peu de jours après son entrée chez notre digne M. Ferrand, qu'accablé d'occupations il a été obligé, à mon grand regret, d'interrompre momentanément nos relations.

— C'était pour vous cacher la nouvelle bonne œuvre qu'il méditait, monsieur l'abbé ; aussi, quoique sa modestie se révolte, il faudra bien qu'il m'entende, et vous allez tout savoir, reprit Polidori en souriant.

Jacques Ferrand se tut, s'accouda sur son bureau, et cacha son front dans ses mains.

CHAPITRE XIV.

La banque des pauvres.

— Imaginez-vous donc, M. l'abbé, reprit Polidori en s'adressant au curé, mais en accentuant, pour ainsi dire, chaque phrase par un coup d'œil ironique jeté à Jacques Ferrand, imaginez-vous que mon ami trouva dans sa nouvelle servante, qui, je vous l'ai déjà dit, s'appelait Cecily, les meilleures qualités... une grande modestie... une douceur angélique.., et surtout beaucoup de piété. Ce n'est pas tout. Jacques, vous le savez, doit à sa longue pratique des affaires une pénétration extrême ; il s'aperçut bientôt que cette jeune femme, car elle était jeune et fort jolie, monsieur l'abbé, que cette jeune et jolie femme n'était pas faite pour l'état de servante, et qu'à des principes... vertueusement austères... elle joignait une instruction solide et des connaissances... très-variées.

— En effet, ceci est étrange, dit l'abbé fort intéressé. J'ignorais complétement ces circonstances... Mais qu'avez-vous, mon bon monsieur Ferrand ? vous semblez plus souffrant...

— En effet, dit le notaire en essuyant la sueur froide qui coulait sur son front, car la contrainte qu'il s'imposait était atroce, j'ai un peu de migraine... mais cela passera.

Polidori haussa les épaules en souriant.

— Remarquez, monsieur l'abbé, ajouta-t-il, que Jacques est toujours ainsi lorsqu'il s'agit de dévoiler quelqu'une de ses charités cachées ; il est si hypocrite au sujet du bien qu'il fait ! heureusement me voici : justice éclatante lui sera rendue. Revenons à Cecily. A son tour, elle eut bientôt deviné l'excellence du cœur de Jacques ; et, lorsque celui-ci l'interrogea sur la cause, elle lui avoua naïvement qu'étrangère, sans ressources, et réduite, par l'inconduite de son mari, à la plus humble des conditions, elle avait regardé comme un coup du ciel de pouvoir entrer dans la sainte maison d'un homme aussi vénérable que M. Ferrand. A la vue de tant de malheur, de résignation, de vertu, Jacques n'hésita pas ; il écrivit au pays de cette infortunée pour avoir sur elle quelques renseignements, ils furent parfaits et confirmèrent la réalité de tout ce qu'elle avait raconté à notre ami ; alors, sûr de placer justement son bienfait, Jacques bénit Cecily comme un père, la renvoya dans son pays avec une somme d'argent qui lui permettait d'attendre des jours meilleurs et l'occasion de trouver une condition convenable. Je n'ajouterai pas un mot de louange pour Jacques : les faits sont plus éloquents que mes paroles.

— Bien, très-bien ! s'écria le curé attendri.

— Monsieur l'abbé, dit Jacques Ferrand d'une voix sourde et brève, je ne voudrais pas abuser de vos précieux moments, ne parlons plus de moi, je vous en conjure, mais du projet pour lequel je vous ai prié de venir ici, et à propos duquel je vous ai demandé votre bienveillant concours.

— Je conçois que les louanges de votre ami blessent votre modestie ; occupons-nous donc de vos nouvelles bonnes œuvres, et oublions que vous en êtes l'auteur ; mais avant, parlons de l'affaire dont vous m'avez chargé. J'ai, selon votre désir, déposé à la Banque de France, et sous mon nom, la somme de cent mille écus destinés à la restitution dont vous êtes l'intermédiaire, et qui doit s'opérer par mes mains. Vous avez préféré ce dépôt ne reste pas chez vous, quoique pourtant il y eût été, ce me semble, aussi sûrement placé qu'à la Banque.

— En cela, monsieur l'abbé, je me suis conformé aux intentions de l'auteur inconnu de cette restitution ; il agit ainsi pour le repos de sa conscience. D'après ses vœux, j'ai dû vous confier cette somme, et vous prier de la remettre à madame veuve de Fermont, née de Renneville (la voix du notaire trembla légèrement en prononçant ces noms), lorsque cette dame se présenterait chez vous en justifiant de sa possession d'état.

— J'accomplirai la mission dont vous me chargez, dit le prêtre.

— Ce n'est pas la dernière, monsieur l'abbé.

— Tant mieux, les autres ressemblent à celle-ci ; car, sans vouloir rechercher les motifs qui les imposent, je suis toujours touché d'une restitution volontaire ; ces arrêts souverains, que la seule conscience dicte et qu'on exécute fidèlement et librement dans son for intérieur, sont toujours l'indice d'un repentir sincère, et ce n'est pas une expiation stérile que celle-là.

— N'est-ce pas, monsieur l'abbé ? cent mille écus restitués d'un coup, c'est rare ; moi, j'ai été plus curieux que vous ; mais que pouvait ma curiosité contre l'inébranlable discrétion de Jacques ? Aussi, j'ignore encore le nom de l'honnête homme qui faisait cette noble restitution.

— Quel qu'il soit, dit l'abbé, je suis certain qu'il est placé très-haut dans l'estime de M. Ferrand.

— Cet honnête homme est en effet, monsieur l'abbé, placé très-haut dans mon estime, répondit le notaire avec une amertume mal dissimulée.

— Et ce n'est pas tout, monsieur l'abbé, reprit Polidori en regardant Jacques Ferrand d'un air significatif, vous allez voir jusqu'où vont les généreux scrupules de l'auteur inconnu de cette restitution ; et il faut tout dire, je soupçonne fort notre ami de n'avoir pas peu contribué à éveiller ces scrupules, et à trouver moyen de les calmer.

— Comment cela ? demanda le prêtre.

— Que voulez-vous dire ? ajouta le notaire.

— Et les Morel, cette brave et honnête famille ?

— Ah ! oui... oui... en effet... j'oubliais... dit Jacques Ferrand d'une voix sourde.

— Figurez-vous, monsieur l'abbé, reprit Polidori, que l'auteur de cette restitution, sans doute conseillée par Jacques, non content de rendre cette somme considérable, veut encore... Mais je laisse parler ce digne ami... c'est un plaisir que je ne veux pas lui ravir...

— Je vous écoute, mon cher monsieur Ferrand, dit le prêtre.

— Vous savez, reprit Jacques Ferrand avec une componction hypocrite, mêlée çà et là de mouvements de révolte involontaire contre le rôle qui lui était imposé, mouvements que trahissaient fréquemment l'altération de sa voix et l'hésitation de sa parole, vous savez, monsieur l'abbé, que l'inconduite de Louise Morel... a porté un coup si terrible à son père qu'il est devenu fou. La nombreuse famille de cet artisan courait risque de mourir de misère, privée de son seul soutien. Heureusement la Providence est venue à son secours, et... la... personne qui fait la restitution volontaire dont vous voulez bien être l'intermédiaire, monsieur l'abbé, n'a pas cru avoir suffisamment expié un grand abus... de confiance... Elle m'a donc demandé s'il ne m'en connaîtrais pas une intéressante infortune à soulager. J'ai dû signaler à sa générosité la famille Morel, et l'on m'a prié, en me donnant les fonds nécessaires, que je vous remettrai tout à l'heure, de vous charger de constituer une rente de deux mille francs sur la tête de Morel, réversible sur sa femme et sur ses enfants...

— Mais, en vérité, dit l'abbé, tout en acceptant cette nouvelle mission bien respectable sans doute, je m'étonne qu'on ne vous en ait pas chargé vous-même.

— La personne inconnue a pensé, et je partage cette croyance, que ses bonnes œuvres acquerraient un nouveau prix... seraient pour ainsi dire sanctifiées... en passant par des mains aussi pieuses que les vôtres, monsieur l'abbé.

— A cela je n'ai rien à répondre ; je constituerai la rente de deux mille francs sur la tête de Morel, la digne et malheureux père de Louise. Mais je crois, comme votre ami, que vous n'avez pas été étranger à la résolution qui a dicté ce nouveau don expiatoire.

— J'ai désigné la famille Morel, rien de plus, je vous prie de le croire, monsieur l'abbé, répondit Jacques Ferrand.

— Maintenant, dit Polidori, vous allez voir, monsieur l'abbé, à quelle hauteur de vues philanthropiques mon bon Jacques s'est élevé à propos de l'établissement charitable dont nous nous sommes déjà entretenus ; il va nous lire le plan qu'il a définitivement arrêté ; l'argent nécessaire pour la fondation des rentes est, dans sa caisse : mais depuis hier il lui est survenu un scrupule, et, s'il n'ose vous le dire, je m'en charge.

— C'est inutile, reprit Jacques Ferrand, qui quelquefois aimait encore mieux s'étourdir par ses propres paroles que d'être forcé de subir en silence les louanges ironiques de son complice. Voici le fait, monsieur l'abbé. J'ai réfléchi... qu'il serait de plus humilité... plus chrétienne... que cet établissement ne fût pas institué sous mon nom.

— Mais cette humilité est exagérée, s'écria l'abbé. Vous pouvez, vous devez légitimement vous enorgueillir de votre charitable fondation ; c'est un droit, presque un devoir pour vous d'y attacher votre nom.

— Je préfère cependant, monsieur l'abbé, garder l'incognito ; j'y suis résolu... et je compte assez sur votre bonté pour espérer que vous voudrez bien remplir pour moi, en me gardant le plus profond secret, les dernières formalités, et choisir les employés inférieurs de cet établissement. Je me suis seulement réservé la nomination du directeur et d'un gardien.

— Lors même que je n'aurais pas un vrai plaisir à concourir à cette œuvre, qui est la vôtre, il serait de mon devoir d'accepter... J'accepte donc.

— Maintenant, monsieur l'abbé, si vous le voulez bien, mon ami va vous lire le plan qu'il a définitivement arrêté.

— Puisque vous êtes si obligeant, mon ami, dit Jacques Ferrand avec amertume, lisez vous-même... Épargnez-moi cette peine... je vous en prie...

— Non, non, répondit Polidori en jetant au notaire un regard celui-ci comprit la signification sarcastique, me me fera pas moins plaisir de t'entendre exprimer toi-même les nobles sentiments qui t'ont guidé dans cette fondation philanthropique.

— Soit, je lirai, dit brusquement le notaire en prenant un papier sur son bureau.

Polidori, depuis longtemps complice de Jacques Ferrand, connaissait les crimes et les secrètes pensées de ce misérable ; aussi put-il retenir un sourire cruel en le voyant forcé de lire cette note dictée par Rodolphe.

On le voit, le prince se montrait d'une logique inexorable dans la punition qu'il infligeait au notaire.

Luxurieux... il le torturait par la luxure.
Cupide... par la cupidité.
Hypocrite... par l'hypocrisie.

Car si Rodolphe avait choisi le prêtre vénérable dont il est question pour être l'agent des restitutions et de l'expiation imposées à Jacques Ferrand, c'est qu'il voulait doublement punir celui-ci d'avoir, par sa détestable hypocrisie, surpris la naïve estime et l'affection candide du bon abbé.

N'était-ce pas, en effet, une grande punition pour ce hideux imposteur, pour ce criminel endurci, que d'être contraint de pratiquer enfin les vertus chrétiennes qu'il avait si souvent simulées, et cette fois de mériter, en frémissant d'une rage impuissante, les justes éloges d'un prêtre respectable dont il avait jusqu'alors fait sa dupe !

Jacques Ferrand lut donc la note suivante avec les ressentiments cachés qu'on peut lui supposer.

ÉTABLISSEMENT DE LA BANQUE DES TRAVAILLEURS SANS OUVRAGE.

« *Aimons-nous les uns les autres*, a dit le Christ.
« Ces divines paroles contiennent le germe de tous devoirs, de toutes vertus, de toutes charités.
« Elles ont inspiré l'humble fondateur de cette institution.
« Au Christ seul appartient le bien qu'il aura fait.
« Limité quant aux moyens d'action, le fondateur a voulu du moins faire participer le plus grand nombre possible de ses frères aux secours qu'il leur offre.
« Il s'adresse d'abord aux ouvriers honnêtes, laborieux et chargés de famille, que le manque de travail réduit souvent à de cruelles extrémités.
« Ce n'est pas une aumône dégradante qu'il fait à ses frères, c'est un prêt gratuit qu'il leur offre.
« Il puisse ce prêt, comme il l'espère, les empêcher souvent de grever indéfiniment leur avenir par ces emprunts écrasants qu'ils sont forcés de contracter afin d'attendre le retour du travail, leur seule ressource, et de soutenir la famille dont ils sont l'unique appui !
« Pour garantie de ce prêt, il ne demande à ses frères qu'un engagement d'honneur et une solidarité de parole jurée.
« Il affecte un revenu annuel de douze mille francs à faire, la première année, jusqu'à la concurrence de cette somme, des prêts-secours de vingt à quarante francs, sans intérêts, en faveur des ouvriers mariés et sans ouvrage, domiciliés dans le 7e arrondissement.
« On a choisi ce quartier comme étant l'un de ceux où la classe ouvrière est la plus nombreuse.
« Ces prêts ne seront accordés qu'aux ouvriers ou ouvrières porteurs d'un certificat de bonne conduite, délivré par leur dernier patron, qui indiquera la cause et la date de la suspension du travail.
« Ces prêts seront remboursables mensuellement par sixième ou par douzième, au choix de l'emprunteur, à partir du jour où il aura retrouvé de l'emploi.
« Il souscrira un simple engagement d'honneur de rembourser le prêt aux époques fixées.
« A cet engagement adhéreront, comme garants, deux de ses camarades, afin de développer et d'étendre, par la solidarité, la religion de la promesse jurée (1).
« L'ouvrier qui ne rembourserait pas la somme empruntée par lui ne pourrait, ainsi que ses deux garants, prétendre désormais à un nouveau prêt ; car il aurait forfait à un engagement sacré, et surtout privé successivement plusieurs de ses frères de l'avantage dont il a joui, la somme qu'il ne rendrait pas étant perdue pour la banque des pauvres.
« Ces sommes prêtées étant, au contraire, scrupuleusement remboursées, les prêts-secours augmenteront d'année en année de nombre et de quotité, et un jour il sera possible de faire participer d'autres arrondissements aux mêmes bienfaits.
« Ne pas dégrader l'homme par l'aumône.
« Ne pas encourager la paresse par un don stérile.
« Exalter les sentiments d'honneur et de probité naturels aux classes laborieuses...
« Venir fraternellement en aide au travailleur qui, vivant déjà difficilement au jour le jour, grâce à l'insuffisance des salaires, ne peut, quand vient le chômage, suspendre ses besoins ni ceux de sa famille parce qu'on suspend ses travaux...
« Telles sont les pensées qui ont présidé à cette institution (2).

(1) On ignore peut-être que la classe ouvrière porte généralement un tel respect à la chose due, que les vampires qui lui prêtent à la petite semaine au taux énorme de 3 à 400 pour 100, n'exigent aucun engagement écrit, et qu'ils sont toujours religieusement remboursés. C'est surtout à la Halle et dans les environs que s'exerce cette abominable industrie.

(2) Notre projet, sur lequel nous avons consulté plusieurs ouvriers aussi honorables qu'éclairés, est bien imparfait sans doute, mais nous le livrons aux ré-

« Que celui qui a dit : *Aimons-nous les uns les autres*, en soit seul glorifié. »

— Ah ! monsieur, s'écria l'abbé avec une religieuse admiration, quelle idée charitable ! combien je comprends votre émotion en lisant ces lignes d'une si touchante simplicité !

En effet, en achevant cette lecture, la voix de Jacques Ferrand était altérée ; sa patience et son courage étaient à bout ; mais, surveillé par Polidori, il n'osait, il ne pouvait enfreindre les moindres ordres de Rodolphe.

Que l'on juge de la rage du notaire, forcé de disposer si libéralement, si charitablement de sa fortune en faveur d'une classe qu'il avait impitoyablement poursuivie dans la personne de Morel le lapidaire.

— N'est-ce pas, monsieur l'abbé, que l'idée de Jacques est excellente ? reprit Polidori.

— Ah ! monsieur, moi qui connais toutes les misères, je suis plus à même que personne de comprendre de quelle importance peut être, pour de pauvres et honnêtes ouvriers sans travail, ce prêt, qui semblerait bien modique aux heureux du monde... Hélas ! que de bien ils feraient s'ils savaient qu'une somme si minime qu'elle défrayerait à peine le moindre de leurs fastueux caprices... qu'avec trente ou quarante francs qui leur seraient scrupuleusement rendus, mais sans intérêt... ils pourraient souvent sauver l'avenir, quelquefois l'honneur d'une famille que le manque d'ouvrage met aux prises avec les effrayantes obsessions de la misère et du besoin ! L'indigence sans travail ne trouve jamais de crédit, ou, si l'on consent à lui prêter de petites sommes sans nantissement, ce n'est qu'au prix d'intérêts usuraires monstrueux ; elle empruntera trente sous pour huit jours, et il faudra qu'elle en rende régulièrement, et encore ces prêts modiques sont rares et difficiles. Les prêts du Mont-de-Piété eux-mêmes coûtent, dans certaines circonstances, près du cinq cents pour cent (1). L'artisan sans travail y dépose souvent pour quarante sous l'unique couverture qui, les nuits d'hiver, défend lui et les siens de la rigueur du froid... Mais, ajouta l'abbé avec enthousiasme, un prêt de trente à quarante francs sans intérêt, et remboursable par douzièmes quand l'ouvrage revient... mais pour d'honnêtes ouvriers, c'est le salut, c'est l'espérance, c'est la vie !... Et avec quelle fidélité ils s'acquitteront ! Ah ! monsieur, ce n'est pas là que vous trouverez des faillites... C'est une dette sacrée que celle que l'on a contractée pour donner du pain à sa femme et à ses enfants !

— Combien les éloges de M. l'abbé doivent t'être précieux, Jacques ! dit Polidori, et combien il va t'en adresser encore... pour ta fondation du Mont-de-Piété gratuit !

— Comment ?

— Certainement, monsieur l'abbé ; Jacques n'a pas oublié cette question, qui est pour ainsi dire une annexe de sa banque des pauvres.

— Il serait vrai ! s'écria le prêtre en joignant les mains avec admiration.

— Continue, Jacques, dit Polidori.

Le notaire continua d'une voix rapide ; car cette scène lui était odieuse :

« Les prêts-secours ont pour but de remédier à l'un des plus graves accidents de la vie ouvrière, l'interruption du travail. Ils ne seront donc absolument accordés qu'aux artisans qui manqueront d'ouvrage.

« Mais il reste à prévoir d'autres cruels embarras qui atteignent même le travailleur occupé.

« Souvent un chômage d'un ou deux jours, nécessité quelquefois par la fatigue, par les soins à donner à une femme ou à un enfant malade, par un déménagement forcé, prive l'ouvrier de sa ressource quotidienne... Alors il a recours au Mont-de-Piété, dont l'argent est à un taux énorme, ou à des prêteurs clandestins, qui prêtent à des intérêts monstrueux.

flexions des personnes qui s'intéressent aux classes ouvrières, espérant que le germe d'utilité qu'il renferme (nous ne craignons pas de l'affirmer) pourra être fécondé par un esprit plus puissant que le nôtre.

(1) Nous empruntons les renseignements suivants à un éloquent et excellent travail publié par M. Alphonse Esquiros dans la *Revue de Paris* du 11 juin 1843.
« La moyenne des articles engagés pour *trois francs* chez les commissionnaires des huitièmes et douzièmes arrondissements est au moins de *cinq cents* dans un jour. La population ouvrière, réduite à d'aussi faibles ressources, ne retire donc du Mont-de-Piété que des avances insignifiantes en comparaison de ses besoins.
— Aujourd'hui les droits du Mont-de-Piété s'élèvent, dans les cas ordinaires, à 13 pour cent ; mais ces droits augmentent dans une proportion effrayante si le prêt, au lieu d'être annuel, est fait pour un temps moins long. Or, comme les articles déposés par la classe pauvre sont, en général, des objets de première nécessité, il résulte qu'on les apporte et qu'on les retire presque aussitôt ; il est des effets qui sont régulièrement engagés et dégagés une fois par semaine. Dans cette circonstance, supposons un prêt de 3 francs ; l'intérêt payé par l'emprunteur sera alors calculé sur le taux de 294 pour cent, — par an — ! L'argent qui s'amasse, chaque année, dans la caisse du Mont-de-Piété tombe incontinent dans celle des hospices ; cette somme est très-considérable. En 1840, année de détresse, les bénéfices se sont élevés à 432,215 francs. On ne peut nier, dit en terminant M. Esquiros avec une haute raison, que cette somme n'ait une destination louable, puisque venant de la misère elle retourne à la misère ; mais on se fait néanmoins cette question grave : *S'il est bien au pauvre qu'il appartient de venir au secours du pauvre !* Disons enfin que M. Esquiros, tout en réclamant de grandes améliorations à établir dans l'exercice du Mont-de-Piété, rend hommage au zèle du directeur actuel, M. Delaroche, qui a déjà entrepris d'utiles réformes.

« Voulant, autant que possible, alléger le fardeau de ses frères, le fondateur de la Banque des pauvres affecte un revenu de 25,000 francs par an à des prêts sur gages, qui ne pourront s'élever au delà de 10 francs pour chaque prêt.

« Les emprunteurs ne payeront ni frais ni intérêts, mais ils devront prouver qu'ils exercent une profession honorable, et fournir une déclaration de leurs patrons, qui justifiera de leur moralité.

« Au bout de deux années, on vendra sans frais les effets qui n'auront pas été dégagés ; le montant provenant du surplus de cette vente sera placé à 5 pour 100 d'intérêts au profit de l'engagiste.

« Au bout de cinq ans, s'il n'a pas réclamé cette somme, elle sera acquise à la Banque des pauvres, et, jointe aux rentrées successives, elle permettra d'augmenter successivement le nombre des prêts (1).

« L'administration et le bureau des prêts de la Banque des pauvres seront placés rue du Temple, n° 17, dans une maison achetée à cet effet au sein de ce quartier populeux. Un revenu de 10,000 fr. sera affecté aux frais et à l'administration de la Banque des pauvres, dont le directeur à vie sera... »

Polidori interrompit le notaire, et dit au prêtre :

— Vous allez voir, monsieur l'abbé, par le choix du directeur de cette administration, si Jacques sait réparer le mal qu'il a fait involontairement. Vous savez que, par une erreur qu'il déplore, il avait faussement accusé son caissier du détournement d'une somme qui s'est ensuite retrouvée.

— Sans doute...

— Eh bien ! c'est à cet honnête garçon, nommé François Germain, que Jacques accorde la direction à vie de cette banque, avec des appointements de 4,000 francs. N'est-ce pas admirable... monsieur l'abbé ?

— Rien ne m'étonne plus maintenant, ou plutôt rien ne m'a étonné jusqu'ici, dit le prêtre... La fervente piété, les vertus de notre digne ami devaient tôt ou tard avoir un résultat pareil. Consacrer toute sa fortune à une si belle institution, ah ! c'est admirable !

— Plus d'un million, monsieur l'abbé ! dit Polidori, plus d'un million amassé à force d'ordre, d'économie et de probité !... Et il y avait pourtant des misérables capables d'accuser Jacques d'avarice !... Comment, disaient-ils, son étude lui rapporte 50 ou 60,000 francs par an, et il vit de privations !

— A ceux-là, reprit l'abbé avec enthousiasme, je répondrais : Pendant quinze ans il a vécu comme un indigent... afin de pouvoir un jour magnifiquement soulager les indigents.

— Mais sois donc au moins fier et joyeux du bien que tu fais ! s'écria Polidori en s'adressant à Jacques Ferrand, qui, sombre, abattu, le regard fixe, semblait absorbé dans une méditation profonde.

(1) Nous avons dit que dans quelques petits Etats d'Italie il existe des Monts-de-Piété gratuits, fondations charitables qui ont beaucoup d'analogie avec l'établissement que nous supposons.

— Hélas ! dit tristement l'abbé, ce n'est pas dans ce monde que l'on reçoit la récompense de tant de vertus, on a une ambition plus haute...

— Jacques, dit Polidori en touchant légèrement l'épaule du notaire, finis donc ta lecture.

Le notaire tressaillit, passa sa main sur son front, puis, s'adressant au prêtre, il lui dit :

— Pardon, monsieur l'abbé, mais je songeais... je songeais à l'immense extension que pourra prendre cette banque des pauvres par la seule accumulation des revenus, si les prêts de chaque année, régulièrement remboursés, ne les entamaient pas. Au bout de quatre ans, elle pourrait déjà faire pour environ cinquante mille écus de prêts gratuits ou sur gages. C'est énorme... énorme... et je m'en félicite, ajouta-t-il en songeant, avec une rage cachée, à la valeur du sacrifice qu'on lui imposait. Il reprit : J'en étais, je crois...

— A la nomination de François Germain pour directeur de la société, dit Polidori.

Jacques Ferrand continua :

« Un revenu de dix mille francs sera affecté aux frais et à l'administration de la *Banque des travailleurs sans ouvrage*, dont le directeur à vie sera François Germain, et dont le gardien sera le portier actuel de la maison, nommé Pipelet.

« M. l'abbé Dumont, auquel les fonds nécessaires à la fondation de l'œuvre seront remis, instituera un conseil supérieur de surveillance, composé du maire et du juge de paix de l'arrondissement, qui s'adjoindront les personnes qu'ils jugeront utiles au patronage et à l'extension de la Banque des pauvres ; car le fondateur s'estimerait mille fois payé du peu qu'il fait, si quelques personnes charitables concouraient à son œuvre.

« On annoncera l'ouverture de cette banque par tous les moyens de publicité possibles.

« Le fondateur répète, en finissant, qu'il n'a aucun mérite à faire ce qu'il fait pour ses frères ;

« Sa pensée n'est que l'écho de cette pensée divine :

« AIMONS-NOUS LES UNS LES AUTRES. »

— Et votre place sera marquée dans le ciel auprès de celui qui a prononcé ces paroles immortelles, s'écria l'abbé en venant serrer avec effusion les mains de Jacques Ferrand dans les siennes.

Le notaire était debout. Les forces lui manquaient. Sans répondre aux félicitations de l'abbé, il se hâta de lui remettre en bons du Trésor la somme considérable nécessaire à la fondation de cette œuvre, et à celle de la rente de Morel le lapidaire.

— J'ose croire, monsieur l'abbé, dit enfin Jacques Ferrand, que vous ne refuserez pas cette nouvelle mission, confiée à votre charité. Du reste, un étranger... nommé Walter Murph... qui m'a donné quelques avis... sur la rédaction de ce projet, allégera quelque peu votre fardeau... et ira aujourd'hui même causer avec vous de la pratique de l'œuvre et se mettre à votre disposition, s'il peut vous être utile. Excepté pour lui, je vous prie donc de me garder le plus profond secret, monsieur l'abbé.

Tais-toi... tais-toi !... pas un mot de plus, je te le défends ! — PAGE 509.

— Vous avez raison... Dieu sait ce que vous faites pour vos frères... Qu'importe le reste? Tout mon regret est de ne pouvoir apporter que mon zèle dans cette noble institution; il sera du moins aussi ardent que votre charité est intarissable. Mais qu'avez-vous? vous pâlissez... souffrez-vous?

— Un peu, monsieur l'abbé. Cette longue lecture, l'émotion que me causent vos bienveillantes paroles... le malaise que j'éprouve depuis quelques jours... Pardonnez ma faiblesse, dit Jacques Ferrand en s'asseyant péniblement; cela n'a rien de grave sans doute, mais je suis épuisé.

Le notaire tressaillit.

— Un peu de repos vous remettra, je l'espère, dit le curé. Je vous laisse; mais avant, je vais vous donner le reçu de cette somme.

Le comte de Saint-Remy.

Le Gros-Boiteux.

— Peut-être ferez-vous bien de vous mettre au lit? dit le prêtre avec un vif intérêt, de faire demander votre médecin...

— Je suis médecin, monsieur l'abbé, dit Polidori. L'état de Jacques Ferrand demande de grands soins, je les lui donnerai.

Pendant que le prêtre écrivait le reçu, Jacques Ferrand et Polidori échangèrent un regard impossible à rendre.

— Allons, bon courage, bon espoir! dit le prêtre en remettant le reçu à Jacques Ferrand. D'ici à bien longtemps, Dieu ne permettra pas qu'un de ses meilleurs serviteurs quitte une vie si utilement, si religieusement employée. Demain je reviendrai vous voir. Adieu, monsieur... adieu, mon ami... mon digne et saint ami.

Le prêtre sortit.

Jacques Ferrand et Polidori restèrent seuls.

NEUVIÈME PARTIE.

CHAPITRE PREMIER.

Les complices.

A peine l'abbé fut-il parti, que Jacques Ferrand poussa une imprécation terrible.

Son désespoir et sa rage, si longtemps comprimés, éclatèrent avec furie; haletant, la figure crispée, l'œil égaré, il marchait à pas précipités, allant et venant dans son cabinet comme une bête féroce tenue à la chaîne.

Polidori, conservant le plus grand calme, observait attentivement le notaire.

— Tonnerre et sang! s'écria enfin Jacques Ferrand d'une voix éclatante de courroux, ma fortune entière engloutie dans ces stupides bonnes œuvres!... moi qui méprise et exècre les hommes... moi qui n'avais vécu que pour les tromper et les dépouiller... moi fonder des établissements philanthropiques... m'y forcer... par des moyens infernaux! Mais c'est donc le démon que ton maître? s'écria-t-il exaspéré, en s'arrêtant brusquement devant Polidori.

— Je n'ai pas de maître, répondit froidement celui-ci. Ainsi que toi... j'ai un juge.

— Obéir comme un niais aux moindres ordres de cet homme! reprit Jacques Ferrand, dont la rage redoublait. Et ce prêtre... qu'à part moi j'ai si souvent raillé d'être, comme les autres, dupe de mon hypocrisie... chacune des louanges qu'il me donnait de bonne foi était un coup de poignard... Et me contraindre!... toujours me contraindre!

— Sinon l'échafaud.

— Oh! ne pouvoir échapper à cette domination fatale!... Mais enfin voilà plus d'un million que j'abandonne. S'il me reste avec cette maison cent mille francs, c'est tout au plus. Que peut-on vouloir encore?

— Tu n'es pas au bout... Le prince sait par Badinot que ton homme de paille, Petit-Jean, n'est que ton prête-nom pour les prêts usuraires faits au vicomte de Saint-Rémy, où (toujours sous le nom de Petit-Jean) si rudement rançonné d'ailleurs pour ses faux. Les sommes que Saint-Rémy a payées lui avaient été prêtées par une grande dame... probablement encore une restitution qui t'attend. Mais on l'ajourne sans doute parce qu'elle est plus délicate.

— Enchaîné... enchaîné ici!

— Aussi solidement qu'avec un câble de fer.

— Toi... mon geôlier... misérable!

— Que veux-tu... selon le système du prince, rien de plus logique : il punit le crime par le crime, le complice par le complice.

— O rage!

— Et malheureusement rage impuissante!... car tant qu'il ne m'aura pas fait dire : « Jacques Ferrand est libre de quitter sa maison... » je resterai à tes côtés, comme ton ombre... Écoute donc, aussi que toi je mérite l'échafaud. Si je manque aux ordres que j'ai reçus comme ton geôlier, ma tête tombe! Tu ne pouvais donc avoir un gardien plus incorruptible. Quant à fuir tous deux... impossible. Nous ne pourrions faire un pas hors d'ici sans tomber entre les mains des gens qui veillent jour et nuit à la porte de ce logis et à celle de la maison voisine, notre seule issue en cas d'escalade.

— Mort et furie!... je le sais.

— Résigne-toi donc alors, car cette fuite est impossible. Réussît-elle, elle ne nous offrirait que des chances de salut plus que douteuses : on mettrait la police à nos trousses. Au contraire, toi en obéissant et moi en surveillant l'exactitude de ton obéissance, nous sommes certains de ne pas avoir le cou coupé. Encore une fois, résignons-nous.

— Ne m'exaspère pas par cet ironique sang-froid... ou bien...

— Ou bien quoi? Je ne te crains pas; je suis sur mes gardes, je suis armé, et lors même que tu aurais retrouvé pour me tuer le stylet empoisonné de Cecily...

— Tais-toi.

— Cela ne t'avancerait à rien. Tu sais que toutes les deux heures, il faut que je donne à qui de droit un bulletin de ta précieuse santé... manière indirecte d'avoir de nos nouvelles à tous deux. En ne me voyant pas paraître, on se douterait du meurtre, tu serais arrêté. Et mais... tiens... je te fais injure en te supposant capable de ce crime. Tu as sacrifié plus d'un million pour avoir la vie sauve, et tu risquerais ta tête... pour le sot et stérile plaisir de me tuer par vengeance! Allons donc, tu n'es pas assez bête pour cela.

— C'est parce que tu sais que je ne puis pas te tuer que tu redoubles mes maux et tu les exaspères par les sarcasmes.

— Ta position est très-originale... tu ne te vois pas... mais, d'honneur... c'est très-piquant.

— Oh! malheur! malheur inextricable! de quelque côté que je me tourne, c'est la ruine, c'est le déshonneur, c'est la mort! Et dire que maintenant, ce que je redoute le plus au monde... c'est le néant! Malédiction sur moi, sur toi, sur la terre entière!

— Ta misanthropie est plus large que ta philanthropie. Elle embrasse le monde. L'autre, un arrondissement de Paris.

— Va... raille-moi, monstre!

— Aimes-tu mieux que je t'écrase de reproches?

— Moi?

— A qui la faute si nous sommes réduits à cette position? A toi. Pourquoi conserver à ton cou, pendue comme une relique, cette lettre de moi, relative à ce meurtre qui t'a valu cent mille écus, ce meurtre que nous avions fait si adroitement passer pour un suicide?

— Pourquoi? misérable! ne t'avais-je pas donné cinquante mille francs pour ta coopération à ce crime et pour cette lettre que j'ai exigée, tu le sais bien, afin d'avoir une garantie contre toi... et de t'empêcher de me rançonner plus tard en me menaçant de me perdre? Car ainsi tu ne pouvais me dénoncer sans te livrer toi-même. Ma vie et ma fortune étaient donc attachées à cette lettre... voilà... pourquoi je la portais toujours si précieusement sur moi.

— C'est vrai, c'était habile de ta part, car je ne gagnais rien à te dénoncer, que le plaisir d'aller à l'échafaud côte à côte avec toi. Pourtant ton habileté nous a perdus, lorsque la mienne nous avait jusqu'ici assuré l'impunité de ce crime.

— L'impunité... tu le vois.

— Qui pouvait deviner ce qui se passe? Mais, dans la marche ordinaire des choses, notre crime devait être et a été impuni, grâce à moi.

— Grâce à toi?

— Oui, lorsque nous avons eu brûlé la cervelle de cet homme... tu voulais, toi, simplement contrefaire son écriture et écrire à sa sœur que, ruiné complètement, il s'était tué par désespoir. Tu croyais de cette manière de grande finesse en ne parlant pas dans cette prétendue lettre du dépôt qu'il avait confié. C'était absurde. Ce dépôt étant connu de la sœur de notre homme, elle l'eût nécessairement réclamé. Il fallait donc au contraire, ainsi que nous avons fait, le mentionner, ce dépôt, afin que si par hasard l'on avait des doutes sur la réalité du suicide, tu fusses la dernière personne soupçonnée. Comment supposer que, tuant un homme pour t'emparer d'une somme qu'il t'avait confiée, tu serais assez sot pour parler de ce dépôt dans la fausse lettre que tu lui attribuerais? Aussi qu'est-il arrivé? On a cru au suicide. Grâce à ta réputation de probité, tu as pu nier le dépôt, et on a cru que le frère s'était tué après avoir dissipé la fortune de sa sœur.

— Mais qu'importe tout cela aujourd'hui? le crime est découvert.

— Et grâce à qui? Était-ce ma faute si ma lettre était une arme à deux tranchants? Pourquoi as-tu été assez faible, assez niais pour livrer cette arme terrible... à cette infernale Cecily?

— Tais-toi... ne prononce pas ce nom! s'écria Jacques Ferrand avec une expression effrayante.

— Soit... je ne veux pas te rendre épileptique... tu vois bien qu'en ne comptant que sur la justice ordinaire... nos précautions mutuelles étaient suffisantes... Mais la justice extraordinaire de celui qui nous tient en son pouvoir redoutable procède autrement...

— Oh! je ne le sais que trop.

— Il croit, lui, que couper la tête aux criminels ne répare pas suffisamment le mal qu'ils ont fait... Avec les preuves qu'il a en mains, il nous livrait tous deux aux tribunaux. Qu'en résulterait-il? Deux cadavres tout au plus bons à engraisser l'herbe du cimetière.

— Oh! oui, ce sont des larmes, des angoisses, des tortures qu'il lui faut, à ce prince, à ce démon. Mais je ne le connais pas, moi; mais je ne lui ai jamais fait de mal. Pourquoi s'acharne-t-il ainsi sur moi?

— D'abord il prétend se ressentir du bien et du mal qu'on fait aux autres hommes, qu'il appelle naïvement ses frères; et puis il connaît, lui, ceux à qui tu as fait du mal, et il te punit à sa manière.

— Mais de quel droit?

— Voyons, Jacques, entre nous, ne parlons pas de droit : il avait le pouvoir de te faire judiciairement couper la tête. Qu'en serait-il résulté? Tes deux seuls parents sont morts, l'État profitait de ta fortune au détriment de ceux que tu avais dépouillés. Au contraire, en mettant ta vie au prix de la fortune, Morel le lapidaire, le père de Louise, que tu as déshonorée, se trouve, lui et sa famille, désormais à l'abri du besoin. Madame de Fermont, la sœur de M. de Renneville prétendu suicidé, retrouve ses cent mille écus; Germain, que tu avais faussement accusé de vol, est réhabilité et mis en possession d'une place honorable et assurée, à la tête de la Banque des Travailleurs sans ouvrage, qu'on te force de fonder pour réparer et expier les outrages que tu as commis contre la société. Entre scélérats on peut s'avouer cela ; mais franchement, au point de vue de celui qui nous tient entre ses serres, la société n'aurait rien gagné à ta mort, elle gagne beaucoup à la vie.

— Et c'est cela qui cause ma rage... et ce n'est pas là ma seule torture!...

— Le prince le sait bien. Maintenant que va-t-il décider de nous? Je l'ignore. Il nous a promis la vie sauve si nous exécutions aveuglément ses ordres, il tiendra sa promesse. Mais s'il ne croit pas nos crimes suffisamment expiés, il saura bien faire que la mort soit mille fois préférable à la vie qu'il nous laisse. Tu ne le connais pas. Quand il se croit autorisé à être inexorable, il n'est pas de bourreau plus féroce. Il faut qu'il ait le diable à ses ordres pour avoir découvert ce que j'étais allé faire en Normandie. Du reste, il a plus d'un démon à son service, car cette Cecily, que la foudre écrase !...

— Encore une fois, tais-toi, pas ce nom, pas ce nom !
— Si, si, que la foudre écrase celle qui porte ce nom ! c'est elle qui a tout perdu. Notre tête serait en sûreté sur nos épaules sans ton imbécile amour pour cette créature.

Au lieu de s'emporter, Jacques Ferrand répondit avec un profond abattement :

— La connais-tu, cette femme ? Dis ? l'as-tu jamais vue ?
— Jamais. On la dit belle, je le sais.
— Belle ! répondit le notaire en haussant les épaules. Tiens, ajouta-t-il avec une sorte d'amertume désespérée, tais-toi, ne parle pas de ce que tu ignores. Ne m'accuse pas. Ce que j'ai fait, tu l'aurais fait à ma place.
— Moi ! mettre ma vie à la merci d'une femme !
— De celle-là, oui, et je le ferais de nouveau, si j'avais à espérer ce qu'un moment j'ai espéré.
— Par l'enfer !... il est encore sous le charme, s'écria Polidori stupéfait.
— Écoute, reprit le notaire d'une voix calme, basse, et pour ainsi dire accentuée çà et là par des élans de désespoir incurable, écoute, tu sais si j'aime l'or ? tu sais ce que j'ai bravé pour en acquérir ? Compter dans ma pensée les sommes que je possédais, les voir se doubler par mon avarice, endurer toutes les privations et me savoir maître d'un trésor, c'était ma joie, mon bonheur. Oui, posséder, non pour dépenser, non pour jouir, mais pour thésauriser, c'était ma vie... Il y a un mois, si l'on m'eût dit : « Entre ta fortune et ta tête, choisis, » j'aurais livré ma tête.
— Mais à quoi bon posséder, quand on va mourir ?
— Demande-moi donc alors : À quoi bon posséder quand on n'use pas de ce qu'on possède ? Moi, millionnaire, menais-je la vie d'un millionnaire ? Non, je vivais comme un pauvre. J'aimais donc à posséder... pour posséder.
— Mais, encore une fois, à quoi bon posséder si l'on meurt ?
— À mourir en possédant ! oui, à jouir jusqu'au dernier moment de la jouissance qui vous a fait tout braver, privations, infamie, échafaud ; oui, à dire encore, la tête sur le billot : Je possède !!! Oh ! vois-tu, la mort douce, comparée aux tourments que l'on endure en me voyant, de son vivant, dépossédé comme je le suis, dépossédé de ce qu'on a amassé au prix de tant de peine, de tant de dangers ! Oh ! se dire à chaque heure, à chaque minute du jour : Moi qui avais plus d'un million, moi qui ai souffert les plus rudes privations pour conserver, pour augmenter ce trésor, moi qui, dans dix ans, l'aurais eu doublé, triplé, je n'ai plus rien, rien ! C'est atroce ! c'est mourir, non pas chaque jour, mais c'est mourir à chaque minute du jour. Oui, à cette horrible agonie qui doit durer des années peut-être, j'aurais préféré mille fois la mort rapide et sûre qui vous atteint avant qu'une parcelle de votre trésor vous ait été enlevée ; encore une fois, au moins je serais mort en disant : Je possède !

Polidori regarda son complice avec un profond étonnement.

— Je ne te comprends plus. Alors pourquoi as-tu obéi aux ordres de celui qui n'a qu'à dire un mot pour que ta tête tombe ? Pourquoi as-tu préféré la vie sans ton trésor, si cette vie te semble si horrible ?
— C'est que, vois-tu, ajouta le notaire d'une voix de plus en plus basse, mourir, c'est ne plus penser, mourir, c'est le néant. Et Cecily ?
— Et tu espères ? s'écria Polidori stupéfait.
— Je n'espère pas, je possède.
— Quoi ?
— Le souvenir.
— Mais tu ne dois jamais la revoir, mais elle a livré ta tête.
— Mais je l'aime toujours, et plus frénétiquement que jamais, moi ! s'écria Jacques Ferrand avec une explosion de larmes, de sanglots, qui contrastaient avec le calme morne de ses dernières paroles. Oui, reprit-il dans une effrayante exaltation, je l'aime toujours, et je ne veux pas mourir, afin de pouvoir me plonger et me replonger encore dans cet atroce plaisir dans cette fournaise où je me consume à petit feu. Car tu ne sais pas, cette nuit, cette nuit où je l'ai vue si belle, si passionnée, si enivrante, cette nuit est toujours présente à mon souvenir. Ce tableau d'une volupté terrible est là, toujours là, devant moi ; que mes yeux soient ouverts ou fermés par un assoupissement fébrile ou par une insomnie ardente, je vois toujours son regard noir et enflammé qui fait bouillir la moelle de mes os. Je sens toujours son souffle sur mon front. J'entends toujours sa voix.
— Mais ce sont là d'épouvantables tourments !
— Épouvantables ! oui, épouvantables ! Mais la mort ! mais le néant ! mais perdre pour toujours ce souvenir aussi vivant que la réalité, mais renoncer à ces souvenirs qui me déchirent, me dévorent et m'embrasent ! Non ! non ! non ! Vivre ! vivre ! pauvre, méprisé, flétri, vivre au bagne, mais vivre ! pour que la pensée me reste, puisque cette créature infernale a toute ma pensée, est toute ma pensée !
— Jacques, dit Polidori d'un ton grave qui contrasta avec son amère ironie habituelle, j'ai vu bien des souffrances ; mais jamais tortures n'approchèrent des tiennes. Celui qui nous tient en sa puissance ne pouvait être plus impitoyable. Il t'a condamné à vivre, ou plutôt à attendre la mort dans des angoisses terribles, car cet aveu m'explique les symptômes alarmants qui chaque jour se développent en toi, et dont je cherchais en vain la cause.

— Mais ces symptômes n'ont rien de grave ! c'est de l'épuisement, c'est la réaction de mes chagrins !... Je ne suis pas en danger, n'est-ce pas ?...
— Non, non, mais ta position est grave, il ne faut pas l'empirer ; il est certaines pensées qu'il faudra chasser. Sans cela, tu courrais de grands dangers.
— Je ferai ce que tu voudras, pourvu que je vive, car je ne veux pas mourir. Oh ! les prêtres parlent de damnés ! jamais ils n'ont imaginé pour eux un supplice égal au mien. Torturé par la passion et la cupidité, j'ai deux plaies vives au lieu d'une, et je les sens également toutes deux. La perte de ma fortune n'est affreuse, mais la mort me serait plus affreuse encore. J'ai voulu vivre, ma vie peut n'être qu'une torture sans fin, sans issue, et je n'ose appeler la mort, car la mort anéantit mon funeste bonheur, ce mirage de ma pensée, où m'apparaît incessamment Cecily.
— Tu as du moins la consolation, dit Polidori en reprenant son sang-froid ordinaire, de songer au bien que tu as fait pour expier tes crimes...
— Oui, raille, tu as raison, retourne-moi sur des charbons ardents. Tu sais bien, misérable, que je hais l'humanité ; tu sais bien que ces expiations que l'on m'impose, et dans lesquelles des esprits faibles trouveraient quelques consolations, ne m'inspirent, à moi, que la haine et la fureur contre ceux qui m'y obligent et contre ceux qui en profitent. Tonnerre et meurtre ! Songer que pendant que je traînerai ma vie épouvantable, n'existant que pour jouir de souffrances qui effrayeraient les plus intrépides, ces hommes que j'exècre verront, grâce aux biens dont on m'a dépouillé, leur misère s'alléger... que cette veuve et sa fille te remercieront Dieu de la fortune que je leur rends... que ce Morel et sa fille vivront dans l'aisance... que Germain aura un avenir honorable et assuré ! Et ce prêtre ! ce prêtre qui me bénissait, quand mon cœur nageait dans le fiel et dans le sang, je l'aurais poignardé ! Oh ! c'en est trop ! Non ! non ! s'écria-t-il en appuyant sur son front ses deux mains crispées, ma tête éclate, à la fin, mes idées se troublent. Je ne résisterai pas à de tels accès de rage impuissante, à ces tortures toujours renaissantes. Et tout cela pour toi ! Cecily, Cecily ! Le sais-tu, au moins, que je souffre autant, te sais-tu, Cecily, démon sorti de l'enfer !

Et Jacques Ferrand, épuisé par cette effroyable exaltation, retomba haletant sur son siège, et se tordit les bras en poussant des rugissements sourds et inarticulés.

Cet accès de rage convulsive et désespérée n'étonna pas Polidori. Possédant une expérience médicale consommée, il reconnut facilement que chez Jacques Ferrand la rage de se voir dépossédé de sa fortune, jointe à sa passion ou plutôt à sa frénésie pour Cecily, avait allumé chez ce misérable une fièvre dévorante.

Ce n'était pas tout... dans l'accès auquel Jacques Ferrand était alors en proie, Polidori remarquait avec inquiétude certains pronostics d'une des plus effrayantes maladies qui aient jamais épouvanté l'humanité, et dont Paulus et Aretée, aussi grands observateurs que grands moralistes, ont si admirablement tracé le foudroyant tableau.

Tout à coup on frappa précipitamment à la porte du cabinet.

— Jacques, dit Polidori au notaire, Jacques, remets-toi... voici quelqu'un...

Le notaire ne l'entendit pas. A demi couché sur son bureau, il se tordait dans des spasmes convulsifs.

Polidori alla ouvrir la porte, et il vit le maître-clerc de l'étude qui, pâle et la figure bouleversée, s'écria :

— Il faut que je parle à l'instant à M. Ferrand !
— Silence... il est dans ce moment très-souffrant... Il ne peut vous entendre, dit Polidori à voix basse ; et, sortant du cabinet du notaire, il en ferma la porte.
— Ah ! monsieur, s'écria le maître-clerc, vous, le meilleur ami de M. Ferrand, venez à son secours ; il n'y a pas un moment à perdre.
— Que voulez-vous dire ?
— D'après les ordres de M. Ferrand, j'étais allé dire à madame la comtesse Mac-Grégor qu'il pouvait se rendre chez elle aujourd'hui, ainsi qu'elle le désirait...
— Eh bien ?
— Cette dame, qui paraît maintenant hors de danger, m'a fait entrer dans sa chambre. Elle s'est écriée en me menaçant : — Retournez dire à M. Ferrand que, s'il n'est pas ici, chez moi, dans une demi-heure, avant la fin du jour il sera arrêté comme faussaire... car l'enfant qu'il a fait passer pour morte n'est pas, je sais à qui il l'a livrée, je sais où elle est [1].
— Cette femme délirait, répondit froidement Polidori en haussant les épaules.
— Vous le croyez, monsieur ?
— J'en suis sûr.

(1) Le lecteur sait que Sarah croyait encore Fleur-de-Marie enfermée à Saint-Lazare, d'après ce que la Chouette lui avait dit avant de la frapper.

— Je l'avais pensé d'abord, monsieur ; mais l'assurance de madame la comtesse...

— Sa tête aura sans doute été affaiblie par la maladie... et les visionnaires croient toujours à leurs visions.

— Vous avez sans doute raison, monsieur ; car je ne pouvais m'expliquer les menaces de la comtesse à un homme aussi respectable que M. Ferrand.

— Cela n'a pas le sens commun.

— Je dois vous dire aussi, monsieur, qu'au moment où je quittais la chambre de madame la comtesse, une de ses femmes est entrée précipitamment en disant : — Son Altesse sera ici dans une heure.

— Cette femme a dit cela ? s'écria Polidori.

— Oui, monsieur, et j'ai été très-étonné, ne sachant de quelle Altesse il pouvait être question...

— Plus de doute, c'est le prince, se dit Polidori. Lui chez la comtesse Sarah, qu'il ne devait jamais revoir... Je ne sais, mais je n'aime pas ce rapprochement... Il peut empirer notre position. Puis, s'adressant au maître-clerc, il ajouta : — Encore une fois, monsieur, ceci n'a rien de grave, c'est une folle imagination de malade ; d'ailleurs je ferai part tout à l'heure à M. Ferrand de ce que vous venez de m'apprendre.

Maintenant nous conduirons le lecteur chez la comtesse Sarah Mac-Grégor.

CHAPITRE II.

Rodolphe et Sarah.

Nous conduirons le lecteur chez la comtesse Mac-Grégor, qu'une crise salutaire venait d'arracher au délire et aux souffrances qui pendant plusieurs jours avaient donné pour sa vie les craintes les plus sérieuses.

Le jour commençait à baisser... Sarah, assise dans un grand fauteuil et soutenue par son frère Thomas Seyton, se regardait avec une profonde attention dans un miroir que lui présentait une de ses femmes agenouillée devant elle.

Cette scène se passait dans le salon où la Chouette avait commis sa tentative d'assassinat.

La comtesse était d'une pâleur de marbre, que faisait ressortir encore le noir foncé de ses yeux, de ses sourcils et de ses cheveux ; un grand peignoir de mousseline blanche l'enveloppait entièrement.

— Donnez-moi le bandeau de corail, dit-elle à une de ses femmes, d'une voix faible, mais impérieuse et brève.

— Betty vous l'attachera, reprit Thomas Seyton, vous allez vous fatiguer... Il est déjà tard et si grande imprudence de...

— Le bandeau ! le bandeau ! répéta impatiemment Sarah, qui prit ce bijou et le posa à son gré sur son front. Maintenant, attachez-le... et laissez-moi, dit-elle à ses femmes.

Au moment où celles-ci se retiraient, elle ajouta :

— On fera entrer M. Ferrand, le notaire, dès le petit salon bleu... puis, reprit-elle avec une expression d'orgueil mal dissimulé, dès que S. A. R. le grand-duc de Gerolstein arrivera, on l'introduira ici.

— Enfin ! dit Sarah en se rejetant au fond de son fauteuil, dès qu'elle fut seule avec son frère, il touche à cette couronne... le rêve de ma vie... La prédiction va donc s'accomplir !

— Sarah, calmez votre exaltation, lui dit sévèrement son frère. Hier encore je désespérais de votre vie ; une dernière déception vous porterait un coup mortel.

— Vous avez raison, Tom, la chute serait affreuse, car mes espérances n'ont jamais été plus près de se réaliser. J'en suis certaine, ce qui m'a empêchée de succomber à mes souffrances a été ma pensée constante de profiter de la toute-puissante révélation que m'a faite cette femme au moment de m'assassiner.

— De même pendant votre délire... vous reveniez sans cesse à cette idée.

— Parce que cette idée seule soutenait ma vie chancelante. Quel espoir !... princesse souveraine... presque reine !... ajouta-t-elle avec enivrement.

— Encore une fois, Sarah, pas de rêves insensés ; le réveil serait terrible.

— Des rêves insensés ?... Comment ! lorsque Rodolphe saura que cette jeune fille aujourd'hui prisonnière à Saint-Lazare (1), et autrefois confiée au notaire qui l'a fait passer pour morte, est notre enfant, vous croyez que...

Seyton interrompit sa sœur :

(1) Le lecteur n'a pas oublié que la Chouette, un moment avant de frapper Sarah, croyait et lui avait dit que la Goualeuse était encore à Saint-Lazare, ignorant que le jour même Jacques Ferrand avait fait conduire à l'île du Ravageur par madame Séraphin.

— Je crois, reprit-il avec amertume, que les princes mettent les raisons d'Etat, les convenances politiques avant les devoirs naturels.

— Comptez-vous si peu sur mon adresse ?

— Le prince n'est plus l'adolescent candide et passionné que vous avez autrefois séduit ; ce temps est bien loin de lui... et de vous, ma sœur.

Sarah haussa légèrement les épaules et dit :

— Savez-vous pourquoi j'ai voulu orner mes cheveux de ce bandeau de corail, pourquoi j'ai mis cette robe blanche ? C'est que la première fois que Rodolphe m'a vue, à la cour de Gerolstein, j'étais vêtue de blanc, et je portais ce même bandeau de corail dans mes cheveux.

— Comment ! dit Thomas Seyton en regardant sa sœur avec surprise, vous voulez évoquer ces souvenirs ? vous n'en redoutez pas au contraire l'influence ?

— Je connais Rodolphe mieux que vous. Sans doute mes traits, aujourd'hui changés par l'âge et par la souffrance, ne sont plus ceux de la jeune fille de seize ans qu'il a éperdument aimée, qu'il a seule aimée, car j'étais son premier amour... Et cet amour, unique dans la vie de l'homme, laisse toujours dans son cœur des traces ineffaçables. Aussi, croyez-moi, mon frère, la vue de cette parure réveillera chez Rodolphe non seulement les souvenirs de son amour, mais encore ceux de sa jeunesse... Et pour les hommes ces derniers souvenirs sont toujours doux et précieux.

— Mais à ces doux souvenirs s'en joignent de terribles ; et le sinistre dénoûment de votre amour ? et l'odieuse conduite du père du prince envers vous ? et votre silence obstiné lorsque Rodolphe, après votre mariage avec le comte Mac-Grégor, vous redemandait votre fille alors tout enfant, votre fille dont une froide lettre de vous lui a appris la mort il y a dix ans ? Oubliez-vous donc que depuis ce temps le prince n'a eu pour vous que mépris et haine ?

— La pitié a remplacé la haine. Depuis qu'il m'a sue mourante, chaque jour il a envoyé le baron de Graün s'informer de mes nouvelles.

— Par humanité.

— Tout à l'heure il m'a fait répondre qu'il allait venir ici. Cette concession est immense, mon frère.

— Il vous croit expirante ; il suppose qu'il s'agit d'un dernier adieu, et il vient. Vous avez eu tort de ne pas lui écrire la révélation que vous allez lui faire.

— Je sais pourquoi j'agis ainsi. Cette révélation le comblera de surprise, de joie, et je serai là pour profiter de son premier élan d'attendrissement. Aujourd'hui, ou jamais, il me dira : Un mariage doit légitimer la naissance de notre enfant. S'il le dit, sa parole est sacrée, et l'espoir de toute ma vie est enfin réalisé.

— S'il vous fait cette promesse, oui.

— Et pour qu'il la fasse, rien n'est à négliger dans cette circonstance décisive. Je connais Rodolphe, il me hait, quoique je ne devine pas le motif de sa haine, car jamais je n'ai manqué devant lui au rôle que je m'étais imposé.

— Peut-être, car il n'est pas homme à haïr sans raison.

— Il n'importe ; une fois certain d'avoir retrouvé sa fille, il surmontera son aversion pour moi, et ne reculera devant aucun sacrifice pour assurer à son enfant le sort le plus enviable, pour la rendre aussi magnifiquement heureuse qu'elle aura été jusqu'alors infortunée.

— Qu'il assure le sort le plus brillant à votre fille, soit ; mais entre cette réparation et la résolution de vous épouser afin de légitimer la naissance de cette enfant, il y a un abîme.

— Son amour de père comblera cet abîme.

— Mais cette infortunée a sans doute vécu jusqu'ici dans un état précaire ou misérable ?

— Rodolphe voudra d'autant plus l'élever qu'elle aura été plus abaissée.

— Songez-y donc, la faire asseoir au rang des familles souveraines de l'Europe ! la reconnaître pour sa fille aux yeux de ces princes, de ces rois dont il est le parent ou l'allié !

— Ne connaissez-vous pas son caractère étrange, impétueux et résolu, son exagération chevaleresque à propos de tout ce qu'il regarde comme juste et commandé par le devoir ?

— Mais cette malheureuse enfant a peut-être été si viciée par la misère où elle doit avoir vécu, que le prince, au lieu d'éprouver de l'attrait pour elle...

— Que dites-vous ? s'écria Sarah en interrompant son frère. N'est-elle pas aussi belle jeune fille qu'elle était ravissante enfant ? Rodolphe, en la connaissant, ne s'était-il pas assez intéressé à elle pour vouloir se charger de son avenir ? ne l'avait-il pas envoyée à sa ferme de Bouqueval dont nous l'avons fait enlever...

— Oui, grâce à votre persistance à vouloir rompre tous les liens d'affection du prince, dans l'espoir insensé de le ramener un jour à vous.

— Et cependant, sans cet espoir insensé, je n'aurais pas découvert, au prix de ma vie, le secret de l'existence de ma fille. N'est-ce pas enfin par cette femme qui l'avait arrachée de la ferme que j'ai connu l'indigne fourberie du notaire Jacques Ferrand ?

— Il est fâcheux qu'on n'ait refusé ce matin l'entrée de Saint-Lazare, où se trouve, vous a-t-on dit, cette malheureuse enfant ; malgré ma vive instance, on n'a voulu répondre à aucun des renseignements que je demandais, parce que je n'avais pas de lettre d'introduction auprès du directeur de la prison. J'ai écrit au préfet en votre nom, mais je n'aurai sans doute sa réponse que demain, et le prince va être ici tout à l'heure. Encore une fois, je regrette que vous ne puissiez lui présenter vous-même votre fille; il eût mieux valu attendre sa sortie de prison avant de mander le grand-duc ici.

— Attendre ! et sais-je seulement si la crise salutaire où je me trouve durera jusqu'à demain ? Peut-être suis-je passagèrement soutenue par la seule énergie de mon ambition.

— Mais quelles preuves donnerez-vous au prince ? Vous croira-t-il ?

— Il me croira lorsqu'il aura lu le commencement de la révélation que j'écrivais sous la dictée de cette femme quand elle m'a frappée, révélation dont heureusement je n'ai oublié aucune circonstance ; il me croira lorsqu'il aura lu votre correspondance avec madame Séraphin et Jacques Ferrand jusqu'à la mort supposée de l'enfant ; il me croira lorsqu'il aura entendu les aveux du notaire, qui, épouvanté de mes menaces, sera ici tout à l'heure ; il me croira lorsqu'il verra le portrait de ma fille à l'âge de six ans, portrait qui, m'a dit cette femme, est encore à cette heure d'une ressemblance frappante. Tant de preuves suffiront pour montrer au prince que je dis vrai, et pour décider chez lui ce premier mouvement qui peut faire de moi presque une reine... Ah ! ne fût-ce qu'un jour, une heure, au moins je mourrais contente !

A ce moment on entendit le bruit d'une voiture qui entrait dans la cour.

— C'est lui... c'est Rodolphe !... s'écria Sarah à Thomas Seyton.

Celui-ci s'approcha précipitamment d'un rideau, le souleva et répondit :

— Oui, c'est le prince ; il descend de voiture.

— Laissez-moi seule, voici le moment décisif, dit Sarah avec un sang-froid inaltérable, car une ambition monstrueuse, un égoïsme impitoyable avait toujours été et était encore l'unique mobile de cette femme. Dans l'espèce de résurrection miraculeuse de sa fille, elle ne voyait que le moyen de parvenir enfin au but constant de sa vie.

Après avoir un moment hésité à quitter l'appartement, Thomas Seyton, se rapprochant tout à coup de sa sœur, lui dit :

— C'est moi qui apprendrai au prince comment votre fille, qu'on avait crue morte, a été sauvée. Cet entretien serait trop dangereux pour vous... une émotion violente vous tuerait, et après une séparation si longue... la vue du prince... les souvenirs de ce temps...

— Votre main, mon frère, dit Sarah.

Puis, appuyant sur son cœur impassible la main de Thomas Seyton, elle ajouta avec un sourire sinistre et glacial :

— Suis-je émue ?

— Non... rien... rien... pas un battement précipité, dit Seyton avec stupeur, je sais quel empire vous avez sur vous-même. Mais dans un tel moment, mais quand il s'agit pour vous ou d'une couronne ou de la mort, car, encore une fois, songez-y, la perte de cette dernière espérance vous serait mortelle. En vérité, votre calme me confond !

— Pourquoi serais-je émue, mon frère ? Jusqu'ici, ne le savez-vous pas ? rien... non, rien n'a jamais fait battre le cœur de marbre ; il ne palpitera que le jour où je sentirai poser sur mon front la couronne souveraine. J'entends Rodolphe... laissez-moi...

— Mais...

— Laissez-moi, s'écria Sarah avec un ton si impérieux, si résolu, que son frère quitta l'appartement quelques moments avant qu'on y eût introduit le prince.

Lorsque Rodolphe entra dans le salon, son regard exprimait la pitié. Mais, voyant Sarah assise dans son fauteuil et presque parée, il recula de surprise, sa physionomie devint aussitôt sombre et méfiante.

La comtesse, devinant sa pensée, lui dit d'une voix douce et faible :

— Vous croyiez me trouver expirante, vous veniez pour recevoir mes derniers adieux ?

— J'ai toujours regardé comme sacrés les derniers vœux des mourants ; mais il s'agit d'une tromperie sacrilège...

— Rassurez-vous, dit Sarah en interrompant Rodolphe, quoique vous, je ne vous ai pas trompé ; il me reste, je crois, peu d'heures à vivre. Pardonnez-moi une dernière coquetterie. J'ai voulu vous épargner le sinistre entourage qui accompagne ordinairement l'agonie ; j'ai voulu mourir vêtue comme je l'étais la première fois où je vous vis. Hélas ! après dix années de séparation, vous voilà donc ici ! Merci ! là ! merci ! Mais, à votre tour, rendez grâces à Dieu de vous avoir inspiré la pensée d'écouter ma dernière prière. Si vous m'aviez refusé... j'emportais avec moi un secret qui va faire la joie... le bonheur de votre vie. Joie mêlée de quelque tristesse... bonheur mêlé de quelques larmes... comme toute félicité humaine ; mais cette félicité, vous l'achèteriez encore au prix de la moitié des jours qui vous restent à vivre !

— Que voulez-vous dire ? lui demanda le prince avec surprise.

— Oui, Rodolphe, si vous n'étiez pas venu... ce secret m'aurait suivie dans la tombe... c'eût été ma seule vengeance... et encore... non, non, je n'aurais pas eu ce terrible courage. Quoique vous m'ayez bien fait souffrir, j'aurais partagé avec vous ce suprême bonheur dont, plus heureux que moi, vous jouirez longtemps, bien longtemps, je l'espère.

— Mais encore, madame, de quoi s'agit-il ?

— Lorsque vous le saurez, vous ne pourrez comprendre la lenteur que je mets à vous en instruire, car vous regarderez cette révélation comme un miracle du ciel. Mais, chose étrange, moi qui d'un mot peux vous causer le plus grand bonheur que vous ayez peut-être jamais ressenti... j'éprouve, quoique maintenant les minutes de ma vie soient comptées, j'éprouve une satisfaction indéfinissable à prolonger votre attente... et puis je connais votre cœur... et, malgré la fermeté de votre caractère, je craindrais de vous annoncer sans préparation une découverte aussi incroyable. Les émotions d'une joie foudroyante ont aussi leurs dangers.

— Votre pâleur augmente, vous contenez à peine une violente agitation, dit Rodolphe ; tout ceci est, je le crois, grave et solennel.

— Grave et solennel, reprit Sarah d'une voix émue ; car, malgré son impassibilité habituelle, en songeant à l'immense portée de la révélation qu'elle allait faire à Rodolphe, elle se sentait plus troublée qu'elle n'avait cru l'être ; aussi, ne pouvant se contraindre plus longtemps, elle s'écria :

— Rodolphe... notre fille existe...

— Notre fille !...

— Elle vit ! vous dis-je.

Ces mots, l'accent de vérité avec lequel ils furent prononcés, remuèrent le prince jusqu'au fond des entrailles.

— Notre enfant ? répéta-t-il en se rapprochant précipitamment du fauteuil de Sarah d'une voix altérée.

— Elle n'est pas morte, j'en ai des preuves irrécusables... je sais où elle est... demain vous la reverrez.

— Ma fille ! ma fille ! répéta Rodolphe avec stupeur, il se pourrait ! elle vivrait !

Puis tout à coup, réfléchissant à l'invraisemblance de cet événement, et craignant d'être dupe d'une nouvelle fourberie de Sarah, il s'écria :

— Non... non... c'est un rêve ! c'est impossible ! vous me trompez, c'est une ruse, un mensonge indigne !

— Rodolphe ! écoutez-moi.

— Non, je connais votre ambition, je sais de quoi vous êtes capable, je devine la fraude et la tromperie !

— Eh bien ! vous dites vrai, je suis capable de tout. Oui, j'avais voulu vous abuser ; oui, quelques jours avant d'être frappée d'un coup mortel, j'avais voulu trouver une jeune fille... que je vous aurais présentée à la place de notre enfant... que vous regretteriez amèrement.

— Assez... et assez, madame.

— Après cet aveu, vous me croirez peut-être, ou plutôt vous serez bien forcé de vous rendre à l'évidence.

— A l'évidence...

— Oui, Rodolphe, je le répète, j'avais voulu vous tromper, substituer une jeune fille obscure à celle que nous pleurions ; mais Dieu a voulu, lui, qu'au moment où je faisais ce marché sacrilège... je fusse frappée à mort.

— Vous... à ce moment !

— Dieu a voulu qu'on me proposât... pour jouer ce rôle... de mensonge... savez-vous qui ? notre fille...

— Êtes-vous donc en délire... en êtes-vous donc du ciel ?

— Je ne suis pas en délire, Rodolphe. Dans cette cassette, avec des papiers et un portrait qui vous prouveront la vérité de ce que je vous dis, vous trouverez un papier taché de mon sang.

— De votre sang ?

— La femme qui m'a appris que notre fille vivait encore me dictait cette révélation, lorsque j'ai été frappée d'un coup de poignard.

— Et qui était-elle ? comment savait-elle ?...

— C'est à elle qu'on avait livré notre fille... tout enfant... après l'avoir fait passer pour morte.

— Mais cette femme... son nom ?... peut-on la croire ? où l'avez-vous connue ?

— Je vous dis, Rodolphe, que tout ceci est fatal, providentiel. Il y a quelques mois, vous aviez tiré une jeune fille de la misère pour l'envoyer à la campagne, n'est-ce pas ?

— Oui, à Bouqueval.

— La jalousie, la haine m'égaraient. J'ai fait enlever cette jeune fille par la femme... dont je vous parle...

— Et on a conduit la malheureuse enfant à Saint-Lazare.

— Où elle est encore.

— Elle n'y est plus. Ah ! vous ne savez pas, madame, le mal affreux que vous avez fait... en arrachant cette infortunée de la retraite où je l'avais placée... mais...

— Cette jeune fille n'est plus à Saint-Lazare, s'écria Sarah avec épouvante, et vous parlez d'un malheur affreux !

— Un monstre de cupidité avait intérêt à sa perte. Ils l'ont noyée, madame. Mais répondez... vous dites que...

— Ma fille ! s'écria Sarah, en interrompant Rodolphe et se levant droite, immobile comme une statue de marbre.

— Que dit-elle ? mon Dieu ! s'écria Rodolphe.

— Ma fille ! répéta Sarah, dont le visage devint livide et effrayant de désespoir ; ils ont tué ma fille !

— La Goualeuse, votre fille !!!... répéta Rodolphe en se reculant avec horreur.

— La Goualeuse... oui... c'est le nom que m'a dit cette femme surnommée la Chouette. Morte ! morte ! reprit Sarah, toujours immobile, toujours le regard fixe ; ils l'ont tuée.

— Sarah ! reprit Rodolphe aussi pâle, aussi effrayant que la comtesse,

revenez à vous... répondez-moi. La Goualeuse... cette jeune fille que vous avez fait enlever par la Chouette à Bouqueval... était...
— Notre fille!
— Elle!!!
— Et ils l'ont tuée!
— Oh! non... non... vous délirez... cela ne peut pas être... Vous ne savez pas, non, vous ne savez pas combien cela serait affreux. Sarah! revenez à vous... parlez-moi tranquillement. Asseyez-vous, calmez-vous. Souvent il y a des ressemblances, des apparences qui trompent ; on est si enclin à croire ce qu'on désire. Ce n'est pas un reproche que je vous fais... mais expliquez-moi bien... dites-moi bien toutes les raisons qui vous portent à penser cela, car cela ne peut pas être... non, non! Il ne faut pas que cela soit! cela n'est pas!

Après un moment de silence, la comtesse rassembla ses pensées, et dit à Rodolphe d'une voix défaillante :
— Apprenant votre mariage, pensant à me marier moi-même, je n'ai pas pu garder notre fille auprès de moi ; elle avait quatre ans alors...
— Mais à cette époque je vous l'ai demandée, moi... avec prières, s'écria Rodolphe d'un ton déchirant, et mes lettres sont restées sans réponse. La seule que vous m'ayez écrite m'annonçait sa mort!
— Je voulais me venger de vos mépris en vous refusant votre enfant. Cela était indigne. Mais écoutez-moi... je le sens... la vie m'échappe, ce dernier coup m'accable...
— Non! non! je ne vous crois pas... je ne veux pas vous croire. La Goualeuse... ma fille! O mon Dieu, vous ne voudriez pas cela!
— Écoutez-moi, vous dis-je. Lorsqu'elle eut quatre ans, mon frère chargea madame Séraphin, veuve d'un ancien serviteur à lui, d'élever l'enfant jusqu'à ce qu'elle fût en âge d'entrer en pension. La somme destinée à assurer l'avenir de notre fille fut déposée par mon frère chez un notaire cité par sa probité. Les lettres de cet homme et de madame Séraphin, adressées à cette époque à moi et à mon frère, sont là... dans cette cassette. Au bout d'un an on m'écrivit que la santé de ma fille s'altérait... huit mois après qu'elle était morte, et l'on m'envoya son acte de décès. A cette époque, madame Séraphin est entrée au service de Jacques Ferrand, après avoir livré notre fille à la Chouette, par l'intermédiaire d'un misérable actuellement au bagne de Rochefort. Je commençais à écrire cette déclaration de la Chouette, quand elle m'a frappée. Ce papier est là... avec un portrait de notre fille à l'âge de quatre ans. Examinez tout, lettres, déclaration, portrait ; et vous, qui l'avez vue... cette malheureuse enfant... jugez.

Après ces mots qui épuisèrent ses forces, Sarah tomba défaillante dans son fauteuil.

Rodolphe resta foudroyé par cette révélation.

Il est de ces malheurs si imprévus, si abominables, qu'on tâche de ne pas y croire jusqu'à ce qu'une évidence écrasante vous y contraigne... Rodolphe, persuadé de la mort de Fleur-de-Marie, n'avait plus qu'un espoir, celui de se convaincre qu'elle n'était pas sa fille.

Avec un calme effrayant qui épouvanta Sarah, il s'approcha de la table, ouvrit la cassette et se mit à lire les lettres une à une, à examiner, avec une attention scrupuleuse, les papiers qui les accompagnaient.

Ces lettres, timbrées et datées par la poste, écrites à Sarah et à son frère par le notaire et par madame Séraphin, étaient relatives à l'enfance de Fleur-de-Marie et au placement des fonds qu'on lui destinait.

Rodolphe ne pouvait douter de l'authenticité de cette correspondance. La déclaration de la Chouette se trouvait confirmée par les renseignements dont nous avons parlé au commencement de cette histoire, renseignements pris par ordre de Rodolphe, et qui signalaient un nommé Pierre Tournemine, forçat alors à Rochefort, comme l'homme qui avait reçu Fleur-de-Marie des mains de madame Séraphin pour la livrer à la Chouette, à la Chouette, que la malheureuse enfant avait reconnue plus tard devant Rodolphe au tapis-franc de l'ogresse.

Rodolphe ne pouvait plus douter de l'identité de ces personnages et de celle de la Goualeuse.

L'acte de décès paraissait en règle ; mais Ferrand avait lui-même avoué à Cecily que le faux acte avait servi à la spoliation d'une somme considérable, autrefois placée en viager sur la tête de la jeune fille qu'il avait fait noyer par Martial à l'île du Ravageur.

Ce fut donc avec une croissante et épouvantable angoisse que Rodolphe acquit, avec lui, cette terrible conviction que la Goualeuse était sa fille et qu'elle était morte.

Malheureusement pour lui... tout semblait confirmer cette croyance.

Avant de condamner Jacques Ferrand sur les preuves données par le notaire lui-même à Cecily, le prince, dans son vif intérêt pour la Goualeuse, ayant fait prendre des informations à Asnières, avait appris qu'en effet deux femmes, l'une vieille et l'autre jeune, vêtue en paysanne, s'étaient noyées en se rendant à l'île du Ravageur, et que le bruit public accusait les Martial de ce nouveau crime.

Disons enfin que, malgré les soins du docteur Griffon, du comte de Saint-Remy et de la Louve, Fleur-de-Marie, longtemps dans un état désespéré, entrait à peine en convalescence, et que sa faiblesse morale et physique était encore telle, qu'elle n'avait pu jusqu'alors prévenir ni madame Georges ni Rodolphe de sa position.

Ce concours de circonstances ne pouvait laisser le moindre espoir au prince.

Une dernière épreuve lui était réservée.

Il jeta enfin les yeux sur le portrait qu'il avait presque craint de regarder.

Ce coup fut affreux.

Dans cette figure enfantine et charmante, déjà belle de cette beauté divine que l'on prête aux chérubins, il retrouva d'une manière saisissante les traits de Fleur-de-Marie... son nez fin et droit, son noble front, sa petite bouche déjà un peu sérieuse. Car, disait madame Séraphin à Sarah dans une des lettres que Rodolphe venait de lire : « L'enfant demande toujours sa mère et est bien triste. »

C'étaient encore ses grands yeux d'un bleu si pur et si doux... d'un *bleu de bluet*, avait dit la Chouette à Sarah, en reconnaissant dans cette miniature les traits de l'infortunée qu'elle avait poursuivie enfant sous le nom de Pégriotte, jeune fille sous le nom de Goualeuse.

A la vue de ce portrait, les tumultueux et violents sentiments de Rodolphe furent étouffés par ses larmes.

Il retomba brisé dans un fauteuil, et cacha sa figure dans ses mains en sanglotant.

CHAPITRE III.

Vengeance.

Pendant que Rodolphe pleurait amèrement, les traits de Sarah se décomposaient d'une manière sensible.

Au moment de voir se réaliser enfin le rêve de son ambitieuse vie, la dernière espérance qui l'avait jusqu'alors soutenue lui échappait à jamais.

Cette affreuse déception devait avoir sur sa santé, momentanément améliorée, une réaction mortelle.

Renversée dans son fauteuil, agitée d'un tremblement fiévreux, ses deux mains croisées et crispées sur ses genoux, le regard fixe, la comtesse attendit avec effroi la première parole de Rodolphe. Connaissant l'impétuosité du caractère du prince, elle pressentait qu'au brisement douloureux qui arrachait tant de pleurs à cet homme aussi résolu qu'inflexible, succéderait quelque emportement terrible.

Tout à coup Rodolphe redressa la tête, essuya ses larmes, se leva debout, et s'approchant de Sarah, les bras croisés sur sa poitrine, l'air menaçant, impitoyable... il la contempla quelques moments en silence, puis il dit d'une voix sourde :
— Cela devait être... j'ai tiré l'épée contre mon père... je suis frappé dans mon enfant... Juste punition du parricide. Écoutez-moi, madame.
— Parricide!... vous! mon Dieu! O funeste jour! qu'allez-vous donc encore m'apprendre?
— Il faut que vous sachiez, dans ce moment suprême, tous les maux causés par votre implacable ambition, par votre féroce égoïsme... Entendez-vous, femme sans cœur et sans foi? Entendez-vous, mère dénaturée?...
— Grâce!... Rodolphe...
— Pas de grâce pour vous... qui, autrefois, sans pitié pour un amour sincère, exploitiez froidement, dans l'intérêt de votre exécrable orgueil, une passion généreuse et dévouée que vous feigniez de partager... pas de grâce pour vous qui avez armé le fils contre le père!... Pas de grâce pour vous qui, au lieu de veiller pieusement sur votre enfant, l'avez abandonnée à des mains mercenaires, afin de satisfaire votre cupidité par un riche mariage... comme vous aviez jadis assouvi votre ambition effrénée en m'amenant à vous épouser... Pas de grâce pour vous qui, après avoir refusé mon enfant à ma tendresse, venez de causer sa mort par vos fourberies sacrilèges!... Malédiction sur vous... vous... mon mauvais génie et celui de ma race!...
— O mon Dieu!... il est sans pitié! Laissez-moi!... laissez-moi!
— Vous m'entendrez... vous dis-je!... Vous souvenez-vous du dernier jour... où je vous ai vue... il y a dix-sept ans de cela... vous ne pouviez plus cacher les suites de notre secrète union, que, comme vous, je croyais indissoluble... Je connaissais le caractère inflexible de mon père... je savais quel mariage politique il projetait pour moi... Bravant son indignation, je lui déclarai que vous étiez ma femme devant Dieu et devant les hommes... que, dans peu de temps vous mettriez au monde un enfant, fruit de notre amour... La colère de mon père fut terrible. Il me voulait pas croire à mon mariage... tant d'audace lui semblait impossible... Il me menaça de son courroux si je me permettais de lui parler encore d'une semblable folie... Alors je vous aimais comme un fou... dupe de vos séductions... je croyais que votre cœur d'airain avait battu pour moi... Je répondis à mon père que jamais je n'aurais d'autre femme que vous... A ces mots, son emportement n'eut plus de bornes; il vous prodigua les noms les plus outrageants, s'écria que votre mariage était nul ; que, pour vous punir de votre audace, il vous ferait attacher au pilori de la ville. Cédant à ma folle passion... à la violence de mon caractère... j'osai défendre à mon père, à mon souverain... de parler ainsi de ma femme... j'osai le menacer. Exaspéré par cette insulte, mon père leva la main sur moi ; la rage m'aveugla... je tirai mon épée... je me précipitai sur lui... Sans Murph qui survint et

détourna le coup... j'étais parricide de fait... comme je l'ai été d'intention!... Entendez-vous... parricide!... Et pour vous défendre... vous!...

— Hélas! j'ignorais ce malheur!...

— En vain j'avais cru jusqu'ici expier mon crime... le coup qui me frappe aujourd'hui est ma punition.

— Mais moi, n'ai-je pas aussi bien souffert de la dureté de votre père, qui a rompu notre mariage? Pourquoi m'accuser de ne pas vous avoir aimé... lorsque...

— Pourquoi?... — s'écria Rodolphe, en interrompant Sarah et jetant sur elle un regard de mépris écrasant. Sachez-le donc, et ne vous étonnez plus de l'horreur que vous m'inspirez. Après cette scène funeste dans laquelle j'avais menacé mon père, je rendis mon épée. Je fus mis au secret le plus absolu. Polidori, par les soins de qui notre mariage avait été conclu, fut arrêté: il prouva que cette union était nulle, que le ministre qui l'avait bénie était un ministre supposé, et que vous, votre frère et moi, nous avions été trompés. Pour désarmer la colère de mon père à son égard, Polidori fit plus: il lui remit une de vos lettres à votre frère, interceptée lors d'un voyage que fit Seyton.

— Ciel!... il serait possible?

— Vous expliquez-vous mes mépris maintenant?

— Oh! assez... assez.

— Dans cette lettre, vous dévoilez vos projets ambitieux avec un cynisme révoltant. Vous me traitiez avec un dédain glacial; vous me sacrifiiez à votre orgueil infernal; je n'étais que l'instrument de la fortune souveraine qu'on vous avait prédite... vous trouviez enfin que mon père vivait bien longtemps.

— Malheureuse que je suis! A cette heure je comprends tout.

— Et pour vous défendre j'avais menacé la vie de mon père. Lorsque le lendemain, sans m'adresser un seul reproche, il me montra cette lettre... cette lettre qui à chaque ligne révélait la noirceur de votre âme, je ne pus que tomber à genoux et demander grâce. Depuis ce jour j'ai été poursuivi par un remords inexorable. Bientôt je quittai l'Allemagne pour de longs voyages; alors commença l'expiation que je me suis imposée. Elle ne finira qu'avec ma vie... Récompenser le bien, poursuivre le mal, soulager ceux qui souffrent, sonder toutes les plaies de l'humanité pour tâcher d'arracher quelques âmes à la perdition, telle est la tâche que je me suis donnée.

— Elle est noble et sainte, elle est digne de vous.

— Si je vous parle de ce vœu, reprit Rodolphe avec autant de dédain que d'amertume, de ce vœu que j'ai accompli selon mon pouvoir partout où je me suis trouvé, ce n'est pas pour être loué par vous. Ecoutez-moi donc. Dernièrement j'arrive en France; mon séjour dans ce pays ne devait pas être perdu pour l'expiation. Tout en voulant secourir d'honnêtes infortunes, je voulus aussi connaître les classes que la misère écrase, abrutit et déprave, sachant qu'un secours donné à propos, que quelques généreuses paroles, suffisent souvent à sauver un malheureux de l'abîme. Afin de juger par moi-même, je pris l'extérieur et le langage des gens que je désirais observer. Ce fut lors d'une de ces explorations... que... pour la première fois... je... je... rencontrai... Puis, comme s'il eût reculé devant cette révélation terrible, Rodolphe ajouta après un moment d'hésitation : Non... non; je n'en ai pas le courage.

— Qu'avez-vous donc à m'apprendre encore, mon Dieu?

— Vous ne le saurez que trop tôt... mais, reprit-il avec une sanglante ironie, vous portez au passé un si vif intérêt, que je dois vous parler des événements qui ont précédé mon retour en France. Après de longs voyages je revins en Allemagne; je m'empressai d'obéir aux volontés de mon père; j'épousai une princesse de Prusse. Pendant mon absence vous aviez été chassée du grand-duché. Apprenant plus tard que vous étiez mariée au comte Mac-Grégor, je vous redemandai ma fille avec instance : vous ne me répondîtes pas; malgré toutes mes informations, je ne pus jamais savoir où vous aviez envoyé cette malheureuse enfant, au sort de laquelle mon père avait libéralement pourvu. Il y a dix ans seulement, une lettre de vous m'apprit que notre fille était morte. Hélas! plût à Dieu qu'elle fût morte alors... j'aurais ignoré l'incurable douleur qui va désormais désespérer ma vie.

— Maintenant, dit Sarah d'une voix faible, je ne m'étonne plus de l'aversion que je vous ai inspirée depuis que vous avez lu cette lettre... Je le sens, je ne survivrai pas à ce dernier coup. Eh bien! oui... l'orgueil et l'ambition m'ont perdue! Sous une apparence passionnée je cachais un cœur glacé, j'affectais le dévouement, la franchise; je n'étais que dissimulation et égoïsme. Ne sachant pas combien vous avez le droit de me mépriser, de me haïr, mes folles espérances étaient revenues plus ardentes que jamais. Depuis qu'un double malheur nous rendait libres tous deux, j'avais repris une nouvelle créance à cette prédiction qui me promettait une couronne, et lorsque le hasard m'a fait retrouver ma fille, il m'a semblé voir dans cette fortune inespérée une volonté providentielle!... Oui, j'allai jusqu'à croire que votre aversion pour moi céderait à votre amour pour votre enfant... et que vous me donneriez votre main afin de lui rendre le rang qui lui était dû...

— Eh bien! que votre exécrable ambition soit donc satisfaite et punie! Oui, malgré l'horreur que vous m'inspirez; oui, par attachement, que dis-je? par respect pour les affreux malheurs de mon enfant, j'aurais... quoique décidé à vivre ensuite séparé de vous... j'aurais, par un mariage qui eût légitimé la naissance de notre fille, rendu sa position aussi éclatante, aussi haute qu'elle avait été misérable!

— Je ne m'étais donc pas trompée!... Malheur!... Malheur!... il est trop tard!...

— Oh! je le sais! ce n'est pas la mort de votre fille que vous pleurez, c'est la perte de ce rang que vous avez poursuivi avec une inflexible opiniâtreté!... Eh bien! que ces regrets infâmes soient votre dernier châtiment!...

— Le dernier... car je n'y survivrai pas...

— Mais avant de mourir vous saurez... quelle a été l'existence de votre fille depuis que vous l'avez abandonnée.

— Pauvre enfant! bien misérable, peut-être...

— Vous souvenez-vous, reprit Rodolphe avec un calme effrayant, vous souvenez-vous de cette nuit où vous et votre frère vous m'avez suivi dans un repaire de la Cité?

— Je m'en souviens; mais pourquoi cette question?... votre regard me glace.

— En venant dans ce repaire, vous avez vu, n'est-ce pas, au coin de ces rues ignobles, de... malheureuses créatures... qui... mais non... non... Je n'ose pas, dit Rodolphe en cachant son visage dans ses mains, je n'ose pas... mes paroles m'épouvantent.

— Moi aussi, elles m'épouvantent... qu'est-ce donc encore, mon Dieu?

— Vous les avez vues, n'est-ce pas? reprit Rodolphe en faisant sur lui-même un effort terrible. Vous les avez vues, ces femmes, la honte de leur sexe?... Eh bien!... parmi elles, avez-vous remarqué une jeune fille de seize ans, belle... oh! belle... comme on peint les anges?... une pauvre enfant qui, au milieu de la dégradation où on l'avait plongée depuis quelques semaines, conservait une physionomie si candide, si virginale et si pure, que les voleurs et les assassins qui la tutoyaient, madame... l'avaient surnommée Fleur-de-Marie... L'avez-vous remarquée, cette jeune fille... dites? dites, tendre mère?

— Non... je ne l'ai pas remarquée, dit Sarah presque machinalement, se sentant oppressée par une vague terreur.

— Vraiment? s'écria Rodolphe avec un éclat sardonique. C'est étrange... je l'ai remarquée, moi... Voici à quelle occasion... écoutez bien. Lors d'une de ces explorations dont je vous ai parlé tout à l'heure et qui avait alors un double but (1), je me trouvais dans la Cité : non loin du repaire où vous m'avez suivi, un homme voulait battre une de ces malheureuses créatures; je la défendis contre la brutalité de cet homme... Vous ne devinez pas qui était cette créature... Dites, mère sainte et prévoyante, dites... vous ne devinez pas?

— Non... je ne... devine pas... laissez-moi... laissez-moi.

— Cette malheureuse était Fleur-de-Marie.

— O mon Dieu!...

— Et vous ne devinez pas... qui était Fleur-de-Marie... mère irréprochable?

— Tuez-moi... oh! tuez-moi...

— C'était la Goualeuse... c'était votre fille... s'écria Rodolphe avec une explosion déchirante. Oui, cette infortunée que j'ai arrachée des mains d'un ancien forçat, c'était mon enfant, à moi... à moi... Rodolphe de Gerolstein! Oh! il y avait dans cette rencontre avec mon enfant, que je sauvais sans la connaître, quelque chose de fatal... de providentiel... une récompense pour l'homme qui cherche à secourir ses frères... une punition pour le parricide...

— Je meurs maudite et damnée... murmura Sarah en se renversant dans son fauteuil et en cachant son visage dans ses mains.

— Alors, continua Rodolphe, dominant à peine ses ressentiments et voulant en vain comprimer les sanglots qui de temps en temps étouffèrent sa voix, quand je l'ai eue soustraite aux mauvais traitements dont on la menaçait, frappé de la douceur inexprimable de son accent... de l'angélique expression de ses traits... il m'a été impossible de ne pas m'intéresser à elle... Avec quelle émotion profonde j'ai écouté le naïf et poignant récit de cette vie d'abandon, de douleur et de misère; car, voyez-vous, c'est quelque chose d'épouvantable que la vie de votre fille... madame...

Oh! il faut que vous sachiez les tortures de votre enfant; oui, madame la comtesse... pendant qu'au milieu de votre opulence vous rêviez une couronne... votre fille, toute petite, couverte de haillons, allait le soir mendier dans les rues, souffrant du froid et de la faim... durant les nuits d'hiver elle grelottait sur un peu de paille dans le coin d'un grenier, et puis, quand l'horrible femme qui la torturait était lasse de battre la pauvre petite, ne sachant qu'imaginer pour la faire souffrir, savez-vous ce qu'elle lui faisait, madame?... elle lui arrachait les dents!...

— Oh! je voudrais mourir! c'est une atroce agonie!...

— Ecoutez encore... S'échappant enfin des mains de la Chouette; errant sans pain, sans asile, âgée de huit ans à peine, on l'arrête comme vagabonde, on la met en prison. Ah! cela a été le meilleur temps de la vie de votre fille... madame... Oui, dans sa geôle, chaque soir, elle remerciait Dieu de ne plus souffrir du froid, de la faim, et de ne plus être battue. Et c'est dans une prison qu'elle a passé les années les plus précieuses de la vie d'une jeune fille, ces années qu'une tendre mère entoure toujours d'une sollicitude si pieuse et si jalouse; oui, au

(1) Celui de retrouver les traces de Germain, fils de madame Georges.

lieu d'atteindre ses seize ans environnée de soins tutélaires, de nobles enseignements, votre fille n'a connu que la brutale indifférence des geôliers, et puis, un jour, dans sa féroce insouciance, la société l'a jetée, innocente et pure, belle et candide, au milieu de la fange de la grande ville... Malheureuse enfant... abandonnée... sans soutien, sans conseil, livrée à tous les hasards de la misère et du vice!... Oh! s'écria Rodolphe, en donnant un libre cours aux sanglots qui l'étouffaient, votre cœur eût-il été endurci, votre égoïsme impitoyable, mais vous auriez pleuré .. oui... vous auriez pleuré en entendant le récit déchirant de votre fille!... Pauvre enfant! souillée, mais non corrompue, chaste encore au milieu de cette horrible dégradation qui était pour elle un songe affreux, car chaque mot disait son horreur pour cette vie où elle était fatalement enchaînée; oh! si vous saviez comme à chaque instant il se révélait en elle d'adorables instincts. Que de bonté... que de charité touchante! oui... car c'était pour soulager une infortune plus grande encore que la sienne que la pauvre petite avait dépensé le peu d'argent qui lui restait, et qui la séparait de l'abîme d'infamie où on l'a plongée... Oui! car il est venu un jour... un jour affreux... où, sans travail, sans pain, sans asile... d'horribles femmes l'ont rencontrée exténuée de faiblesse... de besoin... l'ont enivrée... et...

Rodolphe ne put achever; il poussa un cri déchirant en s'écriant :
— Et c'était ma fille! ma fille!..
— Malédiction sur moi! murmura Sarah en cachant sa figure dans ses mains comme si elle eût redouté de voir le jour.
— Oui, s'écria Rodolphe, malédiction sur vous! car c'est votre abandon qui a causé toutes ces horreurs... Malédiction sur vous! car, lorsque la retirant de cette fange je l'avais placée dans une paisible retraite, vous l'en avez fait arracher par vos misérables complices. Malédiction sur vous! car cet enlèvement l'a mise au pouvoir de Jacques Ferrand...

A ce nom, Rodolphe se tut brusquement...

Il tressaillit comme s'il l'eût prononcé pour la première fois.

C'est que pour la première fois aussi il prononçait ce nom depuis qu'il savait que sa fille était la victime de ce monstre... Les traits du prince prirent alors une effrayante expression de rage et de haine.

Muet, immobile, il restait comme écrasé par cette pensée : que le meurtrier de sa fille vivait encore...

Sarah, malgré sa faiblesse croissante et le bouleversement que venait de lui causer l'entretien de Rodolphe, fut frappée de son air sinistre; elle eut peur pour elle...

— Hélas! qu'avez-vous? murmura-t-elle d'une voix tremblante. N'est-ce pas assez de souffrances, mon Dieu?...
— Non... ce n'est pas assez! ce n'est pas assez... dit Rodolphe en se parlant à lui-même et répondant à sa pensée, je n'avais jamais éprouvé cela... jamais! Quelle ardeur de vengeance... quelle soif de sang... quelle rage calme et réfléchie!... Quand je ne savais pas qu'une des victimes du monstre était mon enfant... je me disais : La mort de cet homme serait stérile... tandis que sa vie serait féconde, si, pour la racheter, il acceptait les conditions que je lui impose... Le condamner à la charité, pour expier ses crimes, me paraissait juste. Et puis la vie sans or, la vie sans l'assouvissement de sa sensualité frénétique, devait être une longue et double torture... Mais c'est ma fille qu'il a livrée, enfant, à toutes les horreurs de la misère... jeune fille, à toutes les horreurs de l'infamie!... s'écria Rodolphe en s'animant peu à peu; mais c'est ma fille qu'il a fait assassiner!... Je tuerai cet homme!...

Et le prince s'élança vers la porte.
— Où allez-vous? Ne m'abandonnez pas!... s'écria Sarah, se levant à demi et étendant vers Rodolphe ses mains suppliantes. Ne me laissez pas seule!..... je vais mourir...
— Seule!... non!... non!... Je vous laisse avec le spectre de votre fille, dont vous avez causé la mort!...

Sarah, éperdue, se jeta à genoux en poussant un cri d'effroi, comme si un fantôme effrayant lui eût apparu.
— Pitié! je meurs!
— Mourez donc, maudite!... reprit Rodolphe effrayant de fureur. Maintenant il me faut la vie de votre complice..... car c'est vous qui avez livré votre fille à son bourreau!...

. . . .

Et Rodolphe se fit rapidement conduire chez Jacques Ferrand.

CHAPITRE IV.

Furens amoris.

La nuit était venue pendant que Rodolphe se rendait chez le notaire...

. . . .

Le pavillon occupé par Jacques Ferrand est plongé dans une obscurité profonde...

Le vent gémit...

La pluie tombe...

Le vent gémissait, la pluie tombait aussi pendant cette nuit sinistre où Cecily, avant de quitter pour jamais la maison du notaire, avait exalté la brutale passion de cet homme jusqu'à la frénésie.

Entrevue de Rodolphe et de Sarah. — PAGE 517.

Etendu sur le lit de sa chambre à coucher faiblement éclairée par une lampe, Jacques Ferrand est vêtu d'un pantalon et d'un gilet noirs; une des manches de sa chemise est relevée, tachée de sang; une ligature de drap rouge, que l'on aperçoit à son bras nerveux, annonce qu'il vient d'être saigné par Polidori.

Celui-ci, debout auprès du lit, s'appuie d'une main au chevet, et semble contempler les traits de son complice avec inquiétude.

Rien de plus hideusement effrayant que la figure de Jacques Ferrand, alors plongé dans cette torpeur somnolente qui succède ordinairement aux crises violentes.

D'une pâleur violacée qui se détache des ombres de l'alcôve, son visage, inondé d'une sueur froide, a atteint le dernier degré du marasme; ses paupières fermées sont tellement gonflées, injectées de sang, qu'elles apparaissent comme deux lobes rougeâtres au milieu de cette face d'une lividité cadavéreuse.

— Encore un accès aussi violent que celui de tout à l'heure... et il est mort... dit Polidori à voix basse. Arétée (1) l'a dit, la plupart de ceux qui sont atteints de cette étrange et effroyable maladie périssent presque toujours le septième jour... et il y a aujourd'hui six jours que l'infernale créole a allumé le feu inextinguible qui dévore cet homme...

Après quelques moments de silence méditatif, Polidori s'éloigna du lit et se promena lentement dans la chambre.

— Tout à l'heure, reprit-il en s'arrêtant, pendant la crise qui a failli emporter Jacques, je me croyais sous l'obsession d'un rêve en l'entendant décrire une à une, et d'une voix haletante, les monstrueuses hallucinations qui traversaient son cerveau..... Terrible... terrible maladie !.... Tour à tour elle soumet chaque organe à des phénomènes qui déconcertent la science... épouvantent la nature... Ainsi tout à l'heure l'ouïe de Jacques était d'une sensibilité si incroyablement douloureuse, que, quoique je lui parlasse aussi bas que possible, mes paroles brisaient à ce point son tympan, qu'il lui semblait, disait-il, que son crâne était une cloche, et qu'un énorme battant d'airain mis en branle au moindre son lui martelait la tête d'une tempe à l'autre avec un fracas étourdissant et des élancements atroces.

Polidori resta de nouveau pensif devant le lit de Jacques Ferrand, dont il s'était rapproché...

La tempête grondait au dehors; elle éclata bientôt en longs sifflements, en violentes rafales de vent et de pluie qui ébranlèrent toutes les fenêtres de cette maison délabrée...

Malgré son audacieuse scélératesse, Polidori était superstitieux; de noirs pressentiments l'agitaient; il éprouvait un malaise indéfinissable; les mugissements de l'ouragan qui troublaient seuls le morne silence de la nuit lui inspiraient une vague frayeur contre laquelle il voulait en vain se roidir.

Pour se distraire de ses sombres pensées, il se remit à examiner les traits de son complice.

Mort de Jacques Ferrand. — PAGE 324.

— Maintenant, dit-il en se penchant vers lui, ses paupières s'injectent... On dirait que son sang calciné y afflue et s'y concentre. L'organe de la vue va, comme tout à l'heure celui de l'ouïe, offrir sans doute quelque phénomène extraordinaire... Quelles souffrances !... comme elles durent !... Comme elles sont variées !... Oh! ajouta-t-il avec un rire amer, quand la nature se mêle d'être cruelle... et de jouer le rôle de tourmenteur, elle défie les plus féroces combinaisons des hommes. Ainsi, dans cette maladie, causée par une frénésie érotique, elle soumet chaque sens à des tortures inouïes, surhumaines... elle développe la sensibilité de chaque organe jusqu'à l'idéal, pour que l'atrocité des douleurs soit idéale aussi.

Après avoir contemplé pendant quelques moments les traits de son complice, il tressaillit de dégoût, se recula et dit :

— Ah ! ce masque est affreux... Ces frémissements rapides qui le parcourent et le rident parfois le rendent effrayant...

Au dehors l'ouragan redoublait de furie...

— Quel orage! reprit Polidori en tombant assis dans un fauteuil et en appuyant son front dans ses mains. Quelle nuit... quelle nuit ! Il ne peut y en avoir de plus funestes pour l'état de Jacques.

Après un long silence il reprit : — Je ne sais si le prince, instruit de l'infernale puissance des séductions de Cecily et de la fougue des sens de Jacques, a prévu que chez un homme d'une trempe si énergique, d'une organisation si vigoureuse, l'ardeur d'une passion brûlante et inassouvie, compliquée d'une sorte de rage cupide, développerait l'effroyable névrose dont Jacques est victime..... mais cette conséquence était normale, forcée...

Oh ! oui, dit-il en se levant brusquement et comme s'il eût été effrayé par cette pensée, oui, le prince avait sans doute prévu cela... sa rare et vaste intelligence n'est étrangère à aucune science... Son coup d'œil profond embrasse la cause et l'effet de chaque chose... Impitoyable dans sa justice, il a dû baser et calculer sûrement le châtiment de Jacques sur les développements logiques et successifs d'une passion brutale, exaspérée jusqu'à la rage.

Après un long silence, Polidori reprit :

— Quand je songe au passé... quand je songe aux projets ambitieux que, d'accord avec Sarah, j'avais autrefois fondés sur la jeunesse du prince !... Que d'événements ! par quelles dégradations suis-je tombé dans l'abjection criminelle où je vis ? moi qui avais cru efféminer ce prince et en faire l'instrument docile du pouvoir que j'avais rêvé !... De précepteur je comptais devenir ministre... Et, malgré mon savoir, mon esprit, de forfaits en forfaits, j'ai atteint les derniers degrés de l'infamie... Me voici enfin le geôlier de mon complice.

Et Polidori s'abîma dans de sinistres réflexions qui le ramenèrent à la pensée de Rodolphe.

— Je redoute et je hais le prince, reprit-il, mais je suis forcé de m'incliner en tremblant devant cette imagination, devant cette volonté toute-puissante qui s'élance toujours d'un seul bond en dehors des routes connues... Quel contraste étrange dans cet homme... assez tendrement charitable pour imaginer la banque des travailleurs sans ouvrage, assez féroce... pour arracher Jacques à la mort afin de le livrer à toutes les furies vengeresses de la luxure !...

Rien d'ailleurs de plus orthodoxe, ajouta Polidori avec une sombre ironie. Parmi les peintures que Michel-Ange a faites des sept péchés ca-

(1) *Nam plerumque in septimâ die hominem consumit.* (Arétée.) Voir aussi la traduction de Baldassar. (*Cas. med.*, lib. III, *Salacitas nitro curata.*) Voir aussi les admirables pages d'Ambroise Paré sur le *satyriasis*, cette étrange et effrayante maladie qui ressemble tant, dit-il, à un *châtiment de Dieu*...

pitaux dans son *Jugement dernier* de la chapelle Sixtine, j'ai vu la punition terrifiante dont il frappe la luxure (1) ; mais les masques hideux, convulsifs, de ces damnés de la chair qui se tordaient sous la morsure aiguë des serpents, étaient moins effrayants que la face de Jacques pendant son accès de tout à l'heure... il m'a fait peur !

Et Polidori frissonna comme s'il avait encore devant les yeux cette vision formidable.

— Oh ! oui ! reprit-il avec un abattement rempli de frayeur, le prince est impitoyable... Mieux vaudrait mille fois, pour Ferrand, avoir porté sa tête sur l'échafaud, mieux vaudrait le feu, la roue, le plomb fondu qui brûle et troue les membres, que le supplice que ce misérable endure. A force de le voir souffrir je finis par m'épouvanter pour mon propre sort... Que va-t-on décider de moi... que me réserve-t-on, à moi le complice de Jacques ?... Etre son geôlier ne peut suffire à la vengeance du prince... Il ne m'a pas fait grâce de l'échafaud... pour me laisser vivre. Peut-être une prison éternelle m'attend-elle en Allemagne... Mieux encore vaudrait cela que la mort... Je ne pouvais que me mettre aveuglément à la discrétion du prince... c'était ma seule chance de salut... Quelquefois, malgré sa promesse, une crainte m'assiège... peut-être me livrera-t-on au bourreau... si Jacques succombe ! En dressant l'échafaud pour moi de son vivant, ce serait le dresser aussi pour lui, mon complice... mais, lui mort ?... Pourtant... je le sais, la parole du prince est sacrée... mais moi qui ai tant de fois violé les lois divines et humaines... pourrai-je invoquer la promesse jurée ?... Il n'importe !... de même qu'il était de mon intérêt que Jacques ne s'échappât pas, il serait aussi de mon intérêt de prolonger ses jours... Mais à chaque instant les symptômes de sa maladie s'aggravent... il faudrait presque un miracle pour le sauver... Que faire... que faire ?

A ce moment, la tempête était dans toute sa fureur ; une cheminée presque croulante de vétusté, renversée par la violence du vent, tomba sur le toit et dans la cour avec de grands retentissants de la foudre.

Jacques Ferrand, brusquement arraché à sa torpeur somnolente, fit un mouvement sur son lit.

Polidori se sentit de plus en plus sous l'obsession de la vague terreur qui le dominait.

— C'est une sottise de croire aux pressentiments, dit-il d'une voix roublée, mais cette nuit me semble devoir être sinistre...

Un sourd gémissement du notaire attira l'attention de Polidori.

— Il sort de sa torpeur, se dit-il en se rapprochant lentement du lit ; peut-être va-t-il tomber dans une nouvelle crise.

— Polidori ! murmura Jacques Ferrand, toujours étendu sur son lit et tenant ses yeux fermés, Polidori, quel est ce bruit ?

— Une cheminée qui s'écroule... répondit Polidori à voix basse, craignant de frapper trop vivement l'ouïe de son complice ; un affreux ouragan ébranle la maison jusque dans ses fondements... la nuit est horrible... horrible !

Le notaire ne l'entendit pas, et reprit en tournant à demi la tête :

— Polidori, tu n'es donc pas là ?

— Si... si... je suis là, dit Polidori d'une voix plus haute, mais je t'ai répondu doucement, de peur de te causer, comme tout à l'heure, de nouvelles douleurs, en parlant haut.

— Non... maintenant ta voix arrive à mon oreille sans me faire éprouver ces affreuses douleurs de tantôt... car il me semblait au moindre bruit que la foudre éclatait dans mon crâne... et pourtant, au milieu de ce fracas, de ces souffrances sans nom, je distinguais la voix passionnée de Cecily qui m'appelait...

— Toujours cette femme infernale... toujours ! Mais chasse donc ces pensées... elles te tueront !

— Ces pensées sont ma vie ! comme ma vie, elles résistent à mes tortures.

— Mais, puisque tu le sais, ce sont ces pensées seules qui causent tes tortures, te dis-je ! Ta maladie n'est autre chose que la frénésie sensuelle arrivée à sa dernière exaspération... Encore une fois, chasse de ton cerveau ces images mortellement lascives, ou tu périras...

— Chasser ces images ! s'écria Jacques Ferrand avec exaltation, oh ! jamais, jamais ! Toute ma crainte est que ma pensée s'épuise à les évoquer... mais, par l'enfer ! elle ne s'épuise pas... Plus cet ardent mirage m'apparaît, plus il ressemble à la réalité... Dès que la pensée me laisse un moment de repos, dès que je puis lier deux idées, Cecily, ce démon que je chéris et que je maudis, surgit à mes yeux.

— Quelle fureur indomptable ! Il m'épouvante !

— Tiens, maintenant, dit le notaire d'une voix stridente et les yeux obstinément attachés sur un point obscur de son alcôve, je vois déjà comme une forme indécise et blanche se dessiner... là... là !

Et il étendait son doigt velu et décharné dans la direction de sa vision.

— Tais-toi, malheureux !

— Ah ! la voilà !...

---

(1) « Emporté par son sujet, l'imagination égarée par huit ans de méditations continues sur un jour si horrible pour un croyant, Michel-Ange, élevé à la dignité de prédicateur, et ne songeant plus qu'à son saint, a voulu punir de la manière la plus frappante le vice alors le plus à la mode. L'horreur de ce supplice me semble arriver au vrai sublime du genre. » Stendhal, *Hist. de la Peinture en Italie*, 22, p. 354.)

— Jacques... c'est la mort !

— Ah ! je la vois, ajouta Ferrand les dents serrées, sans répondre à Polidori ; la voilà ! qu'elle est belle ! qu'elle est belle !... Comme ses cheveux noirs flottent en désordre sur ses épaules !... Et ses petites dents qu'on aperçoit entre ses lèvres entr'ouvertes... ses lèvres si rouges et si humides ! quelles perles !... Oh ! ses grands yeux semblent tour à tour étinceler et mourir !... Cecily ! ajouta-t-il avec une exaltation inexprimable, Cecily ! je t'adore !...

— Jacques ! écoute, écoute !

— Oh ! la damnation éternelle... et la voir ainsi pendant l'éternité !...

— Jacques ! s'écria Polidori alarmé, n'excite pas ta vue sur ces fantômes !

— Ce n'est pas un fantôme !

— Prends garde ! tout à l'heure, tu le sais... tu te figurais aussi entendre les chants voluptueux de cette femme, et ton ouïe a été tout à coup frappée d'une douleur effroyable... Prends garde !

— Laisse-moi ! s'écria le notaire avec un courroux impatient, laisse-moi !... A quoi bon l'ouïe, sinon pour l'entendre ?... la vue, sinon pour la voir ?...

— Mais tes tortures qui s'ensuivent, misérable fou !

— Je puis braver les tortures pour un mirage ! j'ai bravé la mort pour une réalité... Que m'importe, d'ailleurs ? cette ardente image est plus vraie que la réalité ! Oh ! Cecily ! es-tu belle !... Je le sais bien, monstre, que tu es enivrante... A quoi bon cette coquetterie infernale qui m'embrase encore !... Oh ! l'exécrable furie ! tu veux donc que je meure ?... Cesse... cesse... ou je t'étrangle ! s'écria le notaire en délire.

— Mais tu te tues, misérable ! s'écria Polidori en secouant rudement le notaire pour l'arracher à son extase.

Efforts inutiles !... Jacques continua avec une nouvelle exaltation :

— O reine chérie ! démon de volupté ! jamais je n'ai vu...

Le notaire n'acheva pas.

Il poussa un brusque cri de douleur en se rejetant en arrière.

— Qu'as-tu ? lui demanda Polidori avec étonnement.

— Éteins cette lumière ; son éclat devient trop vif... je ne puis le supporter : il me blesse...

— Comment ! dit Polidori de plus en plus surpris, il n'y a qu'une lampe recouverte de son abat-jour, et sa lueur est très-faible...

— Je te dis que la clarté augmente ici... Tiens, encore, encore ! Oh ! c'est trop... cela devient intolérable ! ajouta Jacques Ferrand en fermant les yeux avec une expression de souffrance croissante.

— Tu es fou ! cette chambre est à peine éclairée, te dis-je ; je viens au contraire d'abaisser la lampe ; ouvre les yeux, tu verras !

— Ouvrir les yeux !... mais je serais aveuglé par les torrents de clarté flamboyante dont cette pièce est de plus en plus inondée... Ici, là, partout... ce sont des gerbes de feu, des milliers d'étincelles éblouissantes ! s'écria le notaire en se levant sur son séant. Puis, poussant un nouveau cri de douleur atroce, il porta les deux mains sur ses yeux. — Mais je suis aveugle ! cette lumière torride traverse mes paupières fermées, elle me brûle, elle me dévore... Ah ! maintenant, mes mains me garantissent un peu !... Mais éteins cette lampe, elle jette une flamme infernale !...

— Plus de doute, dit Polidori, sa vue est frappée de l'exorbitante sensibilité dont son ouïe avait été frappée tout à l'heure... puis une crise d'hallucination... Il est perdu ! Le saigner de nouveau dans cet état serait mortel... Il est perdu !

Un nouveau cri aigu, terrible, de Jacques Ferrand, retentit dans la chambre.

— Bourreau ! éteins donc cette lampe !... son éclat embrasé pénètre à travers mes mains, qu'il rend transparentes... Je vois le sang circuler dans le réseau de mes veines. J'ai beau clore mes paupières de toutes mes forces, cette lave ardente s'y infiltre... Oh ! quelle torture !... ce sont des élancements éblouissants comme si on m'enfonçait au fond des orbites un fer aigu chauffé à blanc... Au secours ! mon Dieu ! au secours !... s'écria-t-il en se tordant sur son lit, en proie à d'horribles convulsions de douleur.

Polidori, effrayé de la violence de cet accès, éteignit brusquement la lumière.

Et tous les deux se trouvèrent dans une obscurité profonde.

A ce moment, on entendit le bruit d'une voiture qui s'arrêtait à la porte de la rue...

CHAPITRE V.

Les visions.

Lorsque les ténèbres eurent envahi la chambre où il se trouvait avec Polidori, les douleurs aiguës de Jacques Ferrand cessèrent peu à peu.

— Pourquoi as-tu autant tardé à éteindre cette lampe ? dit Jacques Ferrand. Était-ce pour me faire endurer les tourments de l'enfer ? Oh ! que j'ai souffert... mon Dieu, que j'ai souffert !

— Maintenant, souffres-tu moins ?

— J'éprouve encore une irritation violente... mais ce n'est rien auprès de ce que je ressentais tout à l'heure.

— Je te l'avais dit : dès que le souvenir de cette femme excitera l'un de tes sens, presque à l'instant ce sens sera frappé par un de ces terribles phénomènes qui déconcertent la science, et que les croyants pourraient prendre pour une terrible punition de Dieu...

— Ne me parle pas de Dieu ! s'écria le monstre en grinçant des dents.

— Je t'en parlais... pour mémoire... Mais, puisque tu tiens à la vie, si misérable qu'elle soit... songe bien, je te le répète, que tu seras emporté pendant une de ces crises furieuses, si tu les provoques encore...

— Je tiens à la vie... parce que le souvenir de Cecily est toute ma vie...

— Mais ce souvenir te tue, t'épuise, te consume !

— Je ne puis ni ne veux m'y soustraire... Je suis incarné à Cecily comme le sang l'est au corps... Cet homme m'a pris toute ma fortune, il n'a pu me ravir l'ardente et impérissable image de cette enchanteresse; cette image est à moi ; à toute heure elle est là comme mon esclave... elle dit ce que je veux ; elle me regarde comme je veux... elle m'adore comme je veux ! s'écria le notaire dans un nouvel accès de passion frénétique.

— Jacques ! ne t'exalte pas ! souviens-toi de la crise de tout à l'heure ! Le notaire n'entendit pas son complice, qui prévit une nouvelle hallucination.

En effet, Jacques Ferrand reprit en poussant un éclat de rire convulsif et sardonique :

— M'enlever Cecily ! Mais ils ne savent donc pas qu'on arrive à l'impossible en concentrant la puissance de toutes ses facultés sur un objet? Ainsi tout à l'heure... je... vais monter dans la chambre de Cecily, où je n'ai pas osé aller depuis son départ... Oh ! voir... toucher les vêtements qui lui ont appartenu... la glace devant laquelle elle s'habillait... ce sera la voir elle-même ! Oui, en attachant énergiquement mes yeux sur cette glace... bientôt j'y verrai apparaître Cecily, ce ne sera pas une illusion, un mirage, ce sera bien elle, je la trouverai là... comme la statuaire trouve la statue dans le bloc de marbre... Mais, par tous les feux de l'enfer, dont je brûle, ce ne sera pas une pâle et froide Galatée.

— Où vas-tu ? dit tout d'un coup Polidori en entendant Jacques Ferrand se lever, car l'obscurité la plus profonde régnait toujours dans cette pièce.

— Je vais trouver Cecily...

— Tu n'iras pas, l'aspect de cette chambre te tuerait.

— Cecily m'attend là-haut.

— Tu n'iras pas, je te tiens, je ne te lâche pas, dit Polidori en saisissant le notaire par le bras.

Jacques Ferrand, arrivé au dernier degré de l'épuisement, ne pouvait lutter contre Polidori qui l'étreignait d'une main vigoureuse.

— Tu veux m'empêcher d'aller trouver Cecily ?

— Oui, et d'ailleurs il y a une lampe allumée dans la salle voisine; tu sais quel effet la lumière a tout à l'heure produit sur ta vue.

— Cecily est en haut... elle m'attend... Je traverserais une fournaise ardente pour aller la rejoindre... Laisse-moi... elle m'a dit que j'étais son vieux tigre... prends garde, mes griffes sont tranchantes.

— Tu ne sortiras pas ! je m'attacherai plutôt sur ton lit comme un fou furieux.

— Polidori, écoute, je te le dis, j'ai toute ma raison, je sais bien que Cecily n'est pas matériellement là-haut... mais, pour moi, les fantômes de mon imagination valent des réalités...

— Silence ! s'écria tout à coup Polidori en prêtant l'oreille, tout à l'heure j'avais cru entendre une voiture s'arrêter à la porte ; je ne m'étais pas trompé ; j'entends maintenant un bruit de voix dans la cour.

— Tu veux me distraire de ma pensée ; le piège est grossier.

— J'entends parler, te dis-je, et je crois reconnaître...

— Tu veux m'abuser, dit Jacques Ferrand interrompant Polidori, je ne suis pas ta dupe...

— Mais, misérable, écoute donc, écoute, tiens, n'entends-tu pas?...

— Laisse-moi !... Cecily est là-haut, elle m'appelle : ne me mets pas en fureur. A mon tour je te le dis : Prends garde !... Entends-tu ? prends garde...

— Tu ne sortiras pas...

— Prends garde.

— Tu ne sortiras pas d'ici, mon intérêt veut que tu restes...

— Tu m'empêches d'aller retrouver Cecily, mon intérêt veut que tu meures... Tiens donc ! dit le notaire d'une voix sourde.

Polidori poussa un cri.

— Scélérat ! tu m'as frappé au bras, mais la main était mal affermie ; la blessure est légère, tu ne m'échapperas pas...

— Ta blessure est mortelle... c'est le stylet empoisonné de Cecily qui t'a frappé; le poison est toujours sur moi ; attends l'effet du poison. Ah ! tu me lâches, enfin, tu vas mourir... Il ne fallait pas m'empêcher d'aller là-haut retrouver Cecily, ajouta Jacques Ferrand en cherchant à tâtons dans l'obscurité à ouvrir la porte.

— Oh !... murmura Polidori, mon bras s'engourdit... un froid mortel me saisit... mes genoux tremblent sous moi... mon sang se fige dans mes veines... un vertige me saisit... Au secours !... cria le complice de Jacques Ferrand en rassemblant ses forces dans un dernier cri ; au secours !... je meurs !...

Et il s'affaissa sur lui-même.

Le fracas d'une porte vitrée, ouverte avec tant de violence que plusieurs carreaux se brisèrent en éclats, la voix retentissante de Rodolphe, et un bruit de pas précipités semblèrent répondre au cri d'angoisse de Polidori.

Jacques Ferrand, ayant enfin trouvé la serrure dans l'obscurité, ouvrit brusquement la porte de la pièce voisine, et s'y précipita, son dangereux stylet à la main...

Au même instant, menaçant et formidable comme le génie de la vengeance, le prince entrait dans cette pièce par le côté opposé.

— Monstre ! s'écria Rodolphe en s'avançant vers Jacques Ferrand, c'est ma fille que tu as tuée !... tu vas...

Le prince n'acheva pas, il recula épouvanté.

On eût dit que ses paroles avaient foudroyé Jacques Ferrand.

Jetant son stylet et portant ses deux mains à ses yeux, le misérable tomba la face contre terre en poussant un cri qui n'avait rien d'humain.

Par suite du phénomène dont nous avons parlé et dont une obscurité profonde avait suspendu l'action, lorsque Jacques Ferrand entra dans cette chambre vivement éclairée, il fut frappé d'éblouissements plus vertigineux, plus intolérables que s'il eût été jeté au milieu d'un torrent de lumière aussi incandescente que celle du disque du soleil.

Et ce fut un épouvantable spectacle que l'agonie de cet homme qui se tordait dans d'épouvantables convulsions, éraillant le parquet avec ses ongles, comme s'il eût voulu se creuser un trou pour échapper aux tortures atroces que lui causait cette flamboyante clarté.

Rodolphe, un de ses gens et le portier de la maison qui avait été forcé de conduire le prince jusqu'à la porte de cette pièce, restaient frappés d'horreur.

Malgré sa juste haine, Rodolphe ressentit un mouvement de pitié pour les souffrances inouïes de Jacques Ferrand, il ordonna de le reporter sur un canapé.

On y parvint non sans peine, car de crainte de se trouver soumis à l'action directe de la lampe, le notaire se débattit violemment; mais lorsqu'il eut la face inondée de lumière il poussa un nouveau cri...

Un cri qui glaça Rodolphe de terreur.

Après de nouvelles et longues tortures, le phénomène cessa par sa violence même.

Ayant atteint les dernières limites du possible sans que la mort s'ensuivît, la douleur visuelle cessa ; mais, suivant la marche normale de cette maladie, une hallucination délirante vint succéder à cette crise.

Tout à coup Jacques Ferrand se roidit comme un cataleptique ; ses paupières, jusqu'alors obstinément fermées, s'ouvrirent brusquement; au lieu de fuir la lumière, ses yeux s'y attachèrent invinciblement; ses prunelles, dans un état de dilatation et de fixité extraordinaires, semblaient phosphorescentes et intérieurement illuminées.

Jacques Ferrand paraissait plongé dans une sorte de contemplation extatique ; son corps et ses membres restèrent d'abord dans une immobilité complète ; ses traits seuls furent incessamment agités par des tressaillements nerveux.

Son hideux visage ainsi contracté, contourné, n'avait plus rien d'humain ; on eût dit que dans Jacques Ferrand s'éteignait l'intelligence de l'homme, imprimant à la physionomie de ce misérable un caractère absolument bestial.

Arrivé à la période mortelle de son délire, à travers cette suprême hallucination, il se souvenait encore des paroles de Cecily qui l'avait appelé son tigre ; peu à peu sa raison s'égara ; il s'imagina être un tigre.

Ses paroles entrecoupées, haletantes, peignaient le désordre de son cerveau et l'étrange aberration qui s'en était emparée. Peu à peu ses membres, jusqu'alors roides et immobiles, se détendirent ; un brusque mouvement le fit choir du canapé ; il voulut se relever et marcher ; mais les forces lui manquant, il fut réduit tantôt à ramper comme un reptile, tantôt à se traîner sur ses mains et sur ses genoux... allant, venant, deçà et delà, selon que ses visions le poussaient et le possédaient.

Tapi dans l'un des angles de la chambre, comme un tigre dans son repaire, ses cris rauques, furieux, les grincements de dents, la torsion convulsive des muscles de son front et de sa face, son regard flamboyant, lui donnaient parfois quelque vague et effrayante ressemblance avec cette bête féroce.

— Tigre... tigre... tigre que je suis, disait-il d'une voix saccadée, en se ramassant sur lui-même, oui, tigre... Que de sang !... Dans ma caverne... cadavres déchirés... La Goualeuse... le frère de cette veuve... un petit enfant... le fils de Louise... voilà des cadavres... ma tigresse Cecily prendra sa part... Puis, regardant ses doigts décharnés, dont les ongles avaient démesurément poussé pendant sa maladie, il ajouta ces mots entrecoupés : Oh ! mes ongles tranchants... tranchants et aigus... Un vieux tigre, moi, mais plus souple, plus fort, plus hardi... On n'osera pas me disputer ma tigresse Cecily... Ah ! elle appelle !... elle appelle ! dit-il en avançant son monstrueux visage et prêtant l'oreille.

Après un moment de silence, il se tapit de nouveau le long du mur en disant :

— Non... j'avais cru l'entendre... elle n'est pas là... mais je la vois. Oh ! toujours, toujours !... Oh ! la voilà... Elle m'appelle, elle rugit, rugit là-bas... Me voilà... me voilà...

Et Jacques Ferrand se traîna vers le milieu de la chambre sur ses ge noux et sur ses mains. Quoique ses forces fussent épuisées, de temps à autre il avançait par un soubresaut convulsif, puis il s'arrêtait, semblant écouter attentivement.

— Où est-elle?... où est-elle?... j'approche, elle s'éloigne... Ah!... là-bas... oh!... elle m'attend... va... va... mords le sable en poussant tes rugissements plaintifs... Ah! ses grands yeux féroces... ils deviennent languissants, ils implorent... Cecily, ton vieux tigre est à toi, s'écria-t-il.

Et d'un dernier élan il eut la force de se soulever et de se redresser sur ses genoux.

Mais tout à coup se renversant en arrière avec épouvante, le corps affaissé sur ses talons, les cheveux hérissés, le regard effaré, la bouche contournée de terreur, les deux mains tendues en avant, il sembla lutter avec rage contre un objet invisible, prononçant des paroles sans suite, et s'écriant d'une voix entrecoupée :

— Quelle morsure... au secours... nœuds glacés... mes bras brisés... je ne peux pas l'ôter... dents aiguës... Non, non, oh ! pas les yeux... au secours... un serpent noir... oh ! sa tête plate... ses prunelles de feu. Il me regarde... c'est le démon... Ah !... il me reconnaît... Jacques Ferrand... à l'église... saint homme... toujours à l'église... va-t'en... au signe de la croix... va-t'en...

Et le notaire se redressant un peu, s'appuyant d'une main sur le parquet, tâcha de l'autre de se signer.

Son front livide était inondé de sueur froide, ses yeux commençaient à perdre de leur transparence ; ils devenaient ternes, glauques.

Tous les symptômes d'une mort prochaine se manifestaient.

Rodolphe et les autres témoins de cette scène restaient immobiles et muets, comme s'ils eussent été sous l'obsession d'un rêve abominable.

— Ah !... reprit Jacques Ferrand toujours à demi étendu sur le parquet et se soutenant d'une main, le démon... disparu... je vais à l'église... je suis un saint homme... je prie... Hein? on ne le saura pas... tu crois? non, non, tentateur... bien sûr !... le secret?... Eh bien ! qu'elles viennent... ces femmes... Toutes... oui, toutes, si on ne sait pas.

Et sur la hideuse physionomie de ce martyr damné de la luxure on put suivre les dernières convulsions de l'agonie sensuelle... Les deux pieds dans la tombe que sa passion frénétique avait ouverte, obsédé par son fougueux délire, il évoquait encore des images d'une volupté mortelle.

— Ah !... reprit-il d'une voix haletante, ces femmes... ces femmes!... Mais le secret!... Je suis un saint homme!... Le secret!... Ah ! les voilà !... trois... Elles sont trois !... Que dit celle-ci ? Je suis Louise Morel... Ah ! oui... Louise Morel... je suis... Je ne suis qu'une fille du peuple... Vois, Jacques... quelle forêt de cheveux bruns se déploie sur mes épaules... Tu trouvais mon visage beau... Tiens... prends... garde-le... Que me donne-t-elle?... Sa tête... coupée par le bourreau... Cette tête morte, elle me regarde... Cette tête morte... elle me parle... Ses lèvres violettes, elles remuent... Viens... viens !... viens !... Comme Cecily... non... je ne veux pas... je ne veux pas... démon... laisse-moi... va-t'en... va-t'en !... Et cette autre femme !... Oh ! belle !... belle !... Jacques... je suis la duchesse, de Lucenay... Vois ma taille de déesse... mon sourire... mes yeux effrontés... Viens !... viens !... oui... je viens... mais attends !... Et celle-ci !... qui retourne son visage !... Oh ! Cecily !... Cecily !... Oui... Jacques... je suis Cecily... Tu vois les trois Grâces... Louise... la duchesse et moi... choisis... Beauté du peuple... beauté patricienne... beauté sauvage des tropiques... L'enfer avec nous... Viens !... viens !...

— L'enfer avec vous !..., Oui, s'écria Jacques Ferrand en se soulevant sur ses genoux et en étendant ses bras pour saisir ses fantômes.

Ce dernier élan convulsif fut suivi d'une commotion mortelle.

Il retomba aussitôt en arrière, roide et inanimé ; ses yeux semblaient sortir de leur orbite ; d'atroces convulsions imprimaient à ses traits des contorsions surnaturelles, pareilles à celle que la pile voltaïque arrache au visage des cadavres ; une écume sanglante inondait ses lèvres ; sa voix devint sifflante, étranglée, comme celle d'un hydrophobe, car, dans son dernier paroxysme, cette maladie épouvantable... épouvantable punition de la luxure, offre les mêmes symptômes que la rage.

La vie du monstre s'éteignit au milieu d'une dernière et horrible vision, car il balbutia ces mots :

— Nuit noire !... noire... spectre... squelettes d'airain rougi au feu... m'enlacent... leurs doigts brûlants... ma chair fume... ma moelle se calcine... spectre acharné... non !... non... Cecily !... le feu... Cecily !...

Tels furent les derniers mots de Jacques Ferrand...

Rodolphe sortit épouvanté.

CHAPITRE VI.

L'hospice (1).

On se souvient que Fleur-de-Marie, sauvée par la Louve, avait été transportée, non loin de l'île du Ravageur, dans la maison de campagne du docteur Griffon, l'un des médecins de l'hospice civil où nous conduirons le lecteur.

Ce savant docteur, qui avait obtenu, par de hautes protections, un service dans cet hôpital, regardait ses salles comme une espèce de lieu d'essai où il expérimentait sur les pauvres les traitements qu'il appliquait ensuite à ses riches clients, ne hasardant jamais sur ceux-ci un nouveau moyen curatif avant d'en avoir ainsi plusieurs fois tenté et répété l'application *in animâ vili*, comme il le disait avec cette sorte de barbarie naïve où peut conduire la passion aveugle de l'art, et surtout l'habitude et la puissance d'exercer, sans crainte et sans contrôle, sur une créature de Dieu, toutes les capricieuses tentatives, toutes les savantes fantaisies d'un esprit inventeur.

Ainsi, par exemple, le docteur voulait-il s'assurer de l'effet comparatif d'une médication nouvelle assez hasardée, afin de pouvoir déduire des conséquences favorables à tel ou tel système :

Il prenait un certain nombre de malades...

Traitait ceux-ci selon la nouvelle méthode,

Ceux-là par l'ancienne;

Dans quelques circonstances abandonnait les autres aux seules forces de la nature...

Après quoi il comptait les survivants...

Ces terribles expériences étaient, à bien dire, un sacrifice humain fait sur l'autel de la science (1).

Le docteur Griffon n'y songeait même pas.

Aux yeux de ce prince de la science, comme on dit de nos jours, les malades de son hôpital n'étaient que de la matière à étude, à expérimentation ; et comme, après tout, il résultait parfois de leur sacrifice un fait utile ou une découverte acquise à la science, le docteur se montrait aussi ingénument satisfait et triomphant qu'un général après une victoire assez coûteuse en soldats.

L'homœopathie, lors de son apparition, n'avait pas de l'adversaire plus acharné que le docteur Griffon. Il traitait cette méthode d'absurde, de funeste, d'homicide ; aussi, fort de sa conviction, et voulant mettre les homœopathes, comme on dit, au pied du mur, il leur offrit, avec une loyauté chevaleresque, de leur abandonner un certain nombre de malades sur lesquels l'homœopathie instrumenterait à son.gré. Mais il affirmait d'avance, sûr de ne pas être démenti par l'expérience, que, de vingt malades soumis à ce traitement, cinq au plus survivraient.

Les homœopathes éludèrent la proposition, au grand chagrin du docteur Griffon, qui regretta cette occasion de prouver par des chiffres la vanité du traitement homœopathique.

On eût stupéfié le docteur Griffon en lui disant, à propos de cette libre et autocratique disposition de ses sujets :

« Un tel état de choses ferait regretter la barbarie de ce temps où les condamnés à mort étaient exposés à subir des opérations chirurgicales récemment découvertes... mais que l'on n'osait encore pratiquer sur le vivant... l'opération réussissait-elle, le condamné était gracié.

« Comparée à ce que vous faites, cette barbarie était de la charité, monsieur.

« Après tout, on donnait ainsi une chance de vie à un misérable que

---

tième siècle) ont rendu célèbre par de beaux et de grands travaux pratiques et théoriques sur toutes les branches de l'art de guérir, m'interdirait la moindre allusion irréfléchie à propos des médecins, non même que la glorieuse et la juste et immense célébrité de l'école médicale française ne s'y opposeraient pas (bien entendu, dans la création du docteur Griffon j'ai seulement voulu personnifier un de ces hommes respectables d'ailleurs, mais qui pourraient se laisser quelquefois entraîner par la passion de l'expérience, à de graves abus du pouvoir médical, s'il est permis de s'exprimer ainsi, oubliant qu'il est quelque chose encore de plus sacré que la science... *l'humanité*.

(1) Par une rencontre dont nous nous félicitons au nom de la vérité, ces lignes étaient sous presse depuis quelques jours, lorsqu'a paru dans *le Siècle* (6 août 1843) un article signé de plusieurs chirurgiens des hôpitaux de Paris, où nous lisons les lignes suivantes :

« Les intrusions que nous déplorons (il s'agit de médecins ayant obtenu par faveur des salles dans les hôpitaux civils) doivent être encore examinées à un autre point de vue, celui de la moralité. Un mot malheureux a été prononcé, le mot d'*essai*. Des arrêtés, portant création de services donnés contre l'esprit et contre la lettre du règlement, disposent que cette création a pour objet d'autoriser telle personne à faire *l'essai* de sa méthode de traitement. Un pareil langage étonne à une époque comme la nôtre, où personne n'a le droit (de considérer les malades pauvres comme une matière à essai de quelque genre que ce soit ; et d'ailleurs ces essais, combien de temps doivent-ils durer? sur combien de malades doivent-ils être tentés? No doivent-ils pas être constamment surveillés par une commission permanente, tenue d'en faire connaître les résultats? Il y aurait une incurie profonde à laisser non résolues de semblables questions. Puis, une fois lancé dans cette malheureuse carrière des essais, qui sait où l'on s'arrêtera? Toutes les prétendues méthodes nouvelles ne viendront-elles pas demander à leur tour de faire leurs preuves dans un service d'hôpital et alors homœopathie, hydrosudopathie, magnétisme, machines à rompre les ankyloses, tout cela, soyez-en sûrs, réclamera son droit d'essai. »

Et plus loin :

« Des frais très-considérables ont été faits avec une utilité très-problématique pour ces services, véritables superfétations dans les hôpitaux, qui n'ont pas toujours le nécessaire. Ainsi, tandis que l'administration est réduite à économiser sur l'eau de Seltz, sur les sirops nécessaires à la santé des pauvres fiévreux, sur la charpie, etc., etc., on a accordé en dépenses extraordinaires, pour frais d'appareils, des sommes trop considérables, en égard au peu d'avantage qu'on en a retiré. »

le bourreau attendait, et l'on rendait possible une expérience peut-être utile au salut de tous.

« Mais tenter vos aventureuses médications sur de malheureux artisans dont l'hospice est le seul refuge lorsque la maladie les accable... mais essayer un traitement peut-être funeste sur des gens que la misère vous livre confiants et désarmés... à vous leur seul espoir, à vous qui ne répondez de leur vie qu'à Dieu... savez-vous que cela serait pousser l'amour de la science jusqu'à l'inhumanité, monsieur ?

« Comment ! les classes pauvres peuplent déjà les ateliers, les champs, l'armée ; de ce monde elles ne connaissent que misère et privations, et lorsqu'à bout de fatigues et de souffrances elles tombent exténuées... et demi-mortes... la maladie même ne les préserverait pas d'une dernière et sacrilège exploitation ?

« J'en appelle à votre cœur, monsieur, cela ne serait-il pas injuste et cruel ? »

Hélas ! le docteur Griffon aurait été touché peut-être par ces paroles sévères, mais non convaincu.

L'homme est fait de la sorte : le capitaine s'habitue aussi à ne plus considérer ses soldats que comme les pions de ce jeu sanglant qu'on appelle une bataille.

Et c'est parce que l'homme est ainsi fait que la société doit protection à ceux que le sort expose à subir la réaction de ces nécessités humaines.

Or, le caractère du docteur Griffon une fois admis (et on peut l'admettre sans trop d'hyperbole), la population de son hospice n'avait donc aucune garantie, aucun recours contre la barbarie scientifique de ses expériences : car il existe une fâcheuse lacune dans l'organisation des hôpitaux civils.

Nous le signalons ici ; puissions-nous être entendu...

Les hôpitaux militaires sont chaque jour visités par un officier supérieur chargé d'accueillir les plaintes des soldats malades et d'y donner suite si elles lui semblent raisonnables. Cette surveillance contradictoire, complètement distincte de l'administration et du service de santé, est excellente ; elle a toujours produit les meilleurs résultats. Il est d'ailleurs impossible de voir des établissements mieux tenus que les hôpitaux militaires ; les soldats y sont soignés avec une douceur extrême, et traités nous dirions presque avec une commisération respectueuse.

Pourquoi une surveillance analogue à celle que les officiers supérieurs exercent dans les hôpitaux militaires n'est-elle pas exercée dans les hôpitaux civils par des hommes complètement indépendants de l'administration et du service de santé, par une commission choisie peut-être parmi les maires, leurs adjoints, parmi tous ceux enfin qui exercent les diverses charges de l'édilité parisienne, charges toujours si ardemment briguées ? Les réclamations du pauvre (si elles étaient fondées) auraient ainsi un organe impartial, tandis que, nous le répétons, cet organe manque absolument ; il n'existe aucun contrôle contradictoire du service des hospices...

Cela nous semble exorbitant.

Ainsi, la porte des salles du docteur Griffon une fois refermée sur un malade, ce dernier appartenait corps et âme à la science. Aucune oreille amie ou désintéressée ne pouvait entendre ses doléances.

On lui disait nettement qu'étant admis à l'hospice par charité, il faisait désormais partie du domaine expérimental du docteur, et que malade et maladie devaient servir de sujet d'étude, d'observation, d'analyse ou d'enseignement aux jeunes élèves qui suivaient assidûment la visite de M. Griffon.

En effet, bientôt le patient avait à répondre aux interrogatoires souvent les plus pénibles, les plus douloureux, et cela non pas seul à seul avec le médecin, qui, comme le prêtre, remplit un sacerdoce et a le droit de tout savoir ; non, il lui fallait répondre à voix haute, devant une foule avide et curieuse.

Oui, dans ce pandemonium de la science, vieillard ou jeune homme, fille ou femme, étaient obligés d'abjurer tout sentiment de pudeur ou de honte, et de faire les révélations les plus intimes, de se soumettre aux investigations matérielles les plus pénibles devant un nombreux public, et presque toujours les cruelles fonctions aggravaient les maladies.

Et cela n'était ni humain ni juste : c'est parce que le pauvre entre à l'hospice au nom saint et sacré de la charité qu'il doit être traité avec compassion, avec respect ; car le malheur a sa majesté (1).

(1) Ceci n'a rien d'exagéré ; nous empruntons les passages suivants à un article du *Constitutionnel* (19 janvier 1836). Cet article, intitulé : *Une visite d'hôpital*, est signé Z., et nous savons que cette initiale cache le nom d'une de nos célébrités médicales, qui ne peut être accusée de partialité dans la question des hôpitaux civils.

« Lorsqu'un malade arrive à l'hôpital, on a soin d'inscrire aussitôt sur une pancarte le nom de l'arrivant, le numéro du lit, la désignation de la maladie, l'âge du malade, sa profession, sa demeure actuelle. Cette pancarte est ensuite appendue à l'une des extrémités du lit. Cette mesure ne laisse pas d'avoir de graves inconvénients pour ceux à qui des revers imprévus font temporairement partager le dernier refuge du pauvre. Croiriez-vous, par exemple, que ce fût là pour Gilbert, malade à l'hospice, une circonstance indifférente que sa guérison ? J'ai vu des jeunes gens, j'ai vu des vieillards imprévoyants à qui cette divulgation de leur misère et de leur nom de l'hôpital inspirait une profonde tristesse.

« C'est une rude corvée pour un malade que le jour où on l'admet à l'hôpital. Jugés si le malade doit être fatigué dès le lendemain de son arrivée ; dans l'es-

• • • • • • • • • • • • •

En lisant les lignes suivantes, on comprendra pourquoi nous les avons fait précéder de quelques réflexions.

Rien de plus attristant que l'aspect nocturne de la vaste salle d'hôpital où nous introduirons le lecteur.

Le long de ses grands murs sombres, percés çà et là de fenêtres grillagées comme celles des prisons, s'étendent deux rangées de lits parallèles, vaguement éclairées par la lueur sépulcrale d'un réverbère suspendu au plafond.

L'atmosphère est si nauséabonde, si lourde, que les nouveaux malades ne s'y acclimatent souvent pas sans danger ; ce surcroît de souffrances est une sorte de prime que tout nouvel arrivant paye inévitablement au sinistre séjour de l'hospice.

Au bout de quelque temps une certaine lividité morbide annonce que le malade a subi la première influence de ce milieu délétère, et qu'il est, nous l'avons dit, acclimaté (1).

L'air de cette salle immense est donc épais, fétide.

Çà et là le silence de la nuit est interrompu tantôt par des gémissements plaintifs, tantôt par de profonds soupirs arrachés par l'insomnie fébrile... puis tout se tait, et l'on n'entend plus que le balancement monotone et régulier du pendule d'une grosse horloge qui sonne ces heures si longues, si longues pour la douleur qui veille.

Une des extrémités de cette salle était presque plongée dans l'obscurité.

Tout à coup il se fit à cet endroit une sorte de tumulte et de bruit de pas précipités ; une porte s'ouvrit et se referma plusieurs fois ; une sœur de charité, dont on distinguait le vaste bonnet blanc et le vêtement noir à la clarté d'une lumière qu'elle portait, s'approcha d'un des derniers lits de la rangée de droite.

Quelques-unes des malades, éveillées en sursaut, se levèrent sur leur séant, attentives à ce qui se passait.

Bientôt les deux battants de la porte s'ouvrirent.

Un prêtre entra portant un crucifix... les deux sœurs s'agenouillèrent.

À la clarté de la lumière qui entourait ce lit d'une pâle auréole, tandis que les autres parties de la salle restaient dans l'ombre, on put voir l'aumônier de l'hospice se pencher vers la couche de misère et prononcer quelques paroles dont la voix affaiblie et grave troublait le silence de la nuit.

Au bout d'un quart d'heure le prêtre souleva l'extrémité d'un drap dont il recouvrit complètement le chevet du lit...

Puis il sortit...

Une des sœurs agenouillées se releva, ferma les rideaux, qui crièrent sur leurs tringles, et se remit à prier auprès de sa compagne.

Puis tout redevint silencieux.

Une des malades venait de mourir...

Parmi les femmes qui ne dormaient pas et qui avaient assisté à cette

pace de vingt-quatre heures, il s'est vu successivement interrogé : 1° par son propre médecin ; 2° par les médecins du bureau d'administration ; 3° par le chirurgien de garde ; 4° par l'interne de la salle ; 5° par le médecin sédentaire de l'hôpital, et enfin 6° le lendemain matin par le médecin en chef du service, ainsi que par dix ou vingt des élèves zélés et studieux qui suivent la clinique publique. Sans doute cela profite à l'expérience maintenant si précoce des jeunes médecins, autant qu'au progrès de l'art ; mais cela aggrave les maux ou retarde certainement la guérison du malade... »

« Un de ces malheureux disait un jour :

« — Je serais un accusé de cour d'assises, que je n'aurais pas en quinze jours plus d'interrogatoires ; comparez personnes, depuis hier, m'ont harcelé de questions presque toutes semblables. Je n'avais qu'une pleurésie en entrant ici ; mais je crains bien que l'insatiable curiosité de tant de personnes ne me donne à la fin une fluxion de poitrine. »

« Une femme me disait :

« — On m'obsède à chaque instant, on veut connaître mon âge, mon tempérament, ma constitution, la couleur de mes cheveux, si j'ai la peau brune ou blanche, mon régime, mes habitudes, la santé de mes ascendants, les circonstances sous lesquelles je suis née, ma fortune, ma position, mes plus secrètes affections et le motif supposé de mes chagrins ; on va jusqu'à scruter ma conduite, et jusqu'à épier des sentiments que je devrais soigneusement renfermer dans mon cœur, et dont le soupçon me fait rougir. Et plus loin : — On frappe ma poitrine en vingt endroits et devant tout le monde ; on y fait de vilaines marques d'encre pour indiquer apparemment le progrès des obstructions qui ont envahi mes entrailles. — Les médecins d'à présent, ajoutait cette femme, ressemblent à des inquisiteurs : on guérit maintenant comme on punissait jadis, et cela me chagrine. »

Plus loin, après avoir décrit les formalités de la visite, M. Z. ajoute :

« Le docteur ne fait qu'apparaître au lit des anciens malades qui sont en voie de guérison ou convalescents ; mais, parvenu à un des lits occupés par des malades nouveaux ou en danger, il ne saurait en approcher qu'après avoir traversé la double haie d'étudiants conservant si patiemment depuis le matin leur poste d'observateurs vigilants. Quant au malade, il reste muet et silencieux au milieu de cette foule curieuse et attentive, et souvent la maladie s'aggrave en proportion de cette affluence, inspirant le danger et motivant toujours l'inquiétude. Tandis que le patient envisage le médecin avec cette émotion qui participe de la confiance et de l'anxiété, celui-ci porte circulairement sur ses assistants un regard de recueillement et de circonspection, qui l'illumine soudain en arrivant au malade, dont le trouble intérieur est ainsi combattu. »

(1) À moins de circonstances très-urgentes, on ne pratique jamais de graves opérations chirurgicales avant que le malade soit acclimaté.

scène muette, se trouvaient trois personnes dont le nom a été déjà prononcé dans le cours de cette histoire :

Mademoiselle de Fermont, fille de la malheureuse veuve ruinée par la cupidité de Jacques Ferrand ;

La Lorraine, pauvre blanchisseuse, à qui Fleur-de-Marie avait autrefois donné le peu d'argent qui lui restait, et Jeanne Duport, sœur de Pique-Vinaigre, le conteur de la Force.

Nous connaissons mademoiselle de Fermont et la sœur du conteur de la Force. Quant à la Lorraine, c'était une femme de vingt ans environ, d'une figure douce et régulière, mais d'une pâleur et d'une maigreur extrêmes ; elle était phthisique au dernier degré, il ne restait aucun espoir de la sauver ; elle le savait et s'éteignait lentement.

La distance qui séparait les lits de ces deux femmes était assez petite pour qu'elles pussent causer à voix basse sans être entendues des sœurs.

— En voilà encore une qui s'en va, dit à demi-voix la Lorraine, en songeant à la morte et en se parlant à elle-même. Elle ne souffre plus !.. elle est bien heureuse !...

— Elle est bien heureuse... si elle n'a pas d'enfant, ajouta Jeanne.

— Tiens... vous ne dormez pas... ma voisine... lui dit la Lorraine. Comment ça va-t-il, pour votre première nuit ici ? Hier soir, dès en entrant, on vous a fait vous coucher... et je n'ai pas osé ensuite vous parler, je vous entendais sangloter.

— Oh ! oui... j'ai bien pleuré.

— Vous avez donc grand mal ?

— Oui, mais je suis dure au mal ; c'est de chagrin que je pleurais. Enfin j'avais fini par m'endormir, je sommeillais, quand le bruit des portes m'a éveillée. Lorsque le prêtre est entré et que les bonnes sœurs se sont agenouillées, j'ai bien vu que c'était une femme qui se mourait... alors j'ai dit en moi-même un *Pater* et un *Ave* pour elle.

— Moi aussi... et, comme j'ai la même maladie que la femme qui vient de mourir, je n'ai pu m'empêcher de m'écrier : En voilà une qui ne souffre plus ; et elle est bien heureuse !

— Oui... comme je vous le disais... si elle n'a pas d'enfant !

— Vous en avez donc... vous, des enfants ?

— Trois... dit la sœur de Pique-Vinaigre avec un soupir. Et vous ?

— J'ai une petite fille... mais je ne l'ai pas gardée longtemps. La pauvre enfant avait été frappée d'avance ; j'avais eu trop de misère pendant ma grossesse. Je suis blanchisseuse au bateau ; j'avais travaillé tant que j'ai pu aller. Mais tout a une fin ; quand la force m'a manqué, le pain m'a manqué aussi. On m'a renvoyée de mon garni ; je ne sais pas ce que je serais devenue, sans une pauvre femme qui m'a prise avec elle dans une cave où elle se cachait pour se sauver de son homme qui voulait la tuer. C'est là que j'ai accouché sur la paille ; mais, par bonheur, cette brave femme connaissait une jeune fille, belle et charitable comme un ange du bon Dieu ; cette jeune fille avait un peu d'argent ; elle m'a retirée de ma cave, m'a bien établie dans un cabinet garni dont elle a payé un mois d'avance... me donnant en outre un berceau d'osier pour mon enfant, et quarante francs pour moi avec un peu de linge. Grâce à elle, j'ai pu me remettre sur pied et reprendre mon ouvrage.

Bonne petite fille... Tenez, mon aussi, j'ai rencontré par hasard comme qui dirait sa pareille, une jeune ouvrière bien serviable. J'étais allée... voir mon pauvre frère qui est prisonnier... Je l'avais attendue un moment d'hésitation, et j'ai rencontré au parloir cette ouvrière dont je vous parle : m'ayant entendu dire que je n'étais pas heureuse, elle est venue à moi, bien embarrassée, pour m'offrir de m'être utile selon ses moyens, la pauvre enfant.

— Comme c'était bon à elle !

— J'ai accepté : elle m'a donné son adresse, et, deux jours après, cette chère petite mademoiselle Rigolette... elle s'appelle Rigolette... m'avait fait une commande.

— Rigolette ! s'écria la Lorraine ; voyez donc comme ça se rencontre !...

— Vous la connaissez ?

— Non ; mais la jeune fille qui a été si généreuse pour moi a plusieurs fois prononcé devant moi le nom de mademoiselle Rigolette ; elles étaient amies ensemble...

— Eh bien ! dit Jeanne en souriant tristement, puisque nous sommes voisines de lit, nous devrions être amies comme nos deux bienfaitrices.

— Bien volontiers ; moi, je m'appelle Annette Gerbier, dit la Lorraine, blanchisseuse.

— Et moi, Jeanne Duport, ouvrière frangeuse... Ah ! c'est si bon, à l'hospice, de pouvoir trouver quelqu'un qui ne vous soit pas tout à fait étranger, surtout quand on y vient pour la première fois, et qu'on a beaucoup de chagrins !... Mais je ne vous ai pas peusen à cela... Dites-moi, la Lorraine... et comment s'appelait la jeune fille qui a été si bonne pour vous ?

— Elle s'appelait la Goualeuse. Tout mon chagrin est de ne l'avoir pas revue depuis longtemps... Elle était jolie comme une Sainte-Vierge, avec de beaux cheveux blonds et des yeux bleus si doux... Malheureusement, malgré mon secours, mon pauvre enfant est mort... à deux mois ; il était si chétif, il n'avait que le souille... et la Lorraine essuya une larme.

— Et votre mari ?

— Je ne suis pas mariée.. je blanchissais à la journée chez une riche bourgeoise de mon pays : j'avais toujours été sage, mais je m'en suis laissé conter par le fils de la maison, et alors...

— Ah ! oui... je comprends.

— Quand j'ai vu l'état où je me trouvais, je n'ai pas osé rester au pays ; M. Jules, c'était le fils de la riche bourgeoise, m'a donné cinquante francs pour venir à Paris, disant qu'il me ferait passer vingt francs tous les mois pour ma layette et pour mes couches ; mais, depuis mon départ de chez nous, je n'ai plus jamais rien reçu de lui, pas seulement de ses nouvelles, je lui ai écrit une fois, il ne m'a pas répondu... je n'ai pas osé recommencer, je voyais bien qu'il ne voulait plus entendre parler de moi...

— Et c'est lui qui vous a perdue, pourtant ; et il est riche ?

— Sa mère a beaucoup de bien chez nous ; mais que voulez-vous ? je n'étais plus là... il m'a oubliée...

— Mais au moins... il n'aurait pas dû vous oublier, à cause de son enfant.

— C'est au contraire cela, voyez-vous, qui l'aura rendu mal pour moi ; il m'en aura voulu d'être enceinte, parce que je lui devenais un embarras.

— Pauvre Lorraine !...

— Je regrette mon enfant, pour moi, mais pas pour elle ; pauvre chère petite ! elle aurait eu trop de misère et aurait été orpheline de trop bonne heure... car je n'en ai pas pour longtemps à vivre...

— On ne doit pas avoir de ces idées-là à votre âge. Est-ce qu'il y a beaucoup de temps que vous êtes malade ?

— Bientôt trois mois... Dame, quand j'ai eu à gagner pour moi et mon enfant, j'ai redoublé de travail, j'ai repris trop vite mon ouvrage à mon bateau ; l'hiver était très-froid, j'ai gagné une fluxion de poitrine ; c'est à ce moment-là que j'ai perdu ma petite fille. En la veillant, j'ai négligé de me soigner... et puis par là-dessus le chagrin... enfin je suis poitrinaire... condamnée comme l'était l'actrice qui vient de mourir.

— A votre âge, il y a toujours de l'espoir.

— L'actrice n'avait que deux ans de plus que moi, et vous voyez.

— Celle que les bonnes sœurs veillent maintenant, c'était donc une actrice ?

— Mon Dieu, oui. Voyez le sort... Elle avait été belle comme le jour. Elle avait eu beaucoup d'argent, des équipages, des diamants ; mais par malheur la petite vérole l'a défigurée ; alors la gêne est venue, puis la misère, enfin la voilà morte à l'hospice. Du reste, elle n'était pas fière ; au contraire, elle était bien douce et bien honnête pour toute la salle... Jamais personne n'est venu la voir ; pourtant, il y a quatre ou cinq jours, on nous disait qu'elle avait écrit à un monsieur qu'elle avait connu autrefois dans son beau temps, et qui l'avait bien aimée ; elle lui écrivait pour le prier de venir réclamer son corps, parce que cela lui faisait mal de penser qu'elle serait disséquée... coupée en morceaux.

— Et ce monsieur... il est venu ?

— Non.

— Ah ! c'est bien mal.

— A chaque instant la pauvre femme demandait après lui, disant toujours : Oh ! Il viendra, oh ! il va venir, bien sûr... et pourtant elle est morte sans qu'il soit venu...

— Sa fin lui aura été plus pénible encore.

— Oh ! mon Dieu ! oui, car ce qu'elle craignait tant arrivera à son pauvre corps...

— Après avoir été riche, heureuse, mourir ici, c'est triste ! Au moins, nous autres nous ne changeons pas de misère.

— A propos de ça, reprit la Lorraine après un moment d'hésitation, je voudrais bien que vous me rendiez un service.

— Parlez...

— Si je mourais, comme c'est probable, avant que vous sortiez d'ici, je voudrais que vous réclamiez mon corps. J'ai la même peur que l'actrice... et j'ai mis là le peu d'argent qui me reste pour me faire enterrer.

— N'ayez donc pas ces idées-là.

— C'est égal, me le promettez-vous ?

— Enfin, Dieu merci, ça n'arrivera pas.

— Oui, mais si cela arrive, je n'aurai pas, grâce à vous, le même malheur que l'actrice.

— Pauvre dame, après avoir été riche, finir ainsi !

— Il n'y a pas que l'actrice dans cette salle qui ait été riche, madame Jeanne.

— Appelez-moi donc Jeanne... comme je vous appelle la Lorraine.

— Vous êtes bien bonne...

— Qui donc encore a été riche aussi ?

— Une jeune personne de quinze ans au plus, qu'on a amenée ici hier soir, avant que vous n'entriez. Elle était si faible qu'on a été obligé de la porter. La sœur dit que cette jeune personne et sa mère sont des gens très-comme il faut, qui ont été ruinés...

— Sa mère est ici aussi ?

— Non, la mère était si mal, si mal, qu'on n'a pu la transporter... La pauvre jeune fille ne voulait pas la quitter, et on a profité du son évanouissement pour l'emmener... C'est le propriétaire d'un méchant garni

où elles logeaient qui, de peur qu'elles ne meurent chez lui, a été faire sa déclaration au commissaire.
— Et où est-elle?
— Tenez... là... dans le lit en face de vous...
— Et elle a quinze ans?
— Mon Dieu! tout au plus...
— L'âge de ma fille aînée!... dit Jeanne en ne pouvant retenir ses larmes.

CHAPITRE VII.

La visite.

Jeanne Duport, à la pensée de sa fille, s'était mise à pleurer amèrement.
— Pardon, lui dit la Lorraine attristée, pardon, si je vous ai fait de la peine sans le vouloir en vous parlant de vos enfants... Ils sont peut-être malades aussi?
— Hélas, mon Dieu!... je ne sais pas ce qu'ils vont devenir si je reste ici plus de huit jours.
— Et votre mari?
Après un moment de silence, Jeanne reprit en essuyant ses larmes:
— Puisque nous sommes amies ensemble, la Lorraine, je peux vous dire mes peines, comme vous m'avez dit les vôtres... cela me soulagera... Mon mari était un bon ouvrier; il s'est dérangé, puis il m'a abandonnée, moi et mes enfants, après avoir vendu tout ce que nous possédions; je me suis remise au travail, de bonnes âmes m'ont aidée, je commençais à être un peu à flot, j'élevais ma petite famille du mieux que je pouvais, quand mon mari est revenu, avec une mauvaise femme qui était sa maîtresse, me reprendre le peu que je possédais, et ça a été encore à recommencer.
— Pauvre Jeanne, vous ne pouviez pas empêcher cela?
— Il aurait fallu me séparer devant la loi; mais la loi est trop chère, comme dit mon frère. Hélas! mon Dieu, vous allez voir ce que ça fait que la loi soit trop chère pour nous, pauvres gens. Il y a quelques jours je retourne voir mon frère, il me donne trois francs qu'il avait ramassés à conter des histoires aux autres prisonniers.
On voit que ces bien bons cœurs dans votre famille, dit la Lorraine qui, par une rare délicatesse d'instinct, n'interrogea pas Jeanne sur la cause de l'emprisonnement de son frère.
— Je reprends donc courage, je croyais que mon mari ne reviendrait pas de longtemps, car il avait pris chez nous tout ce qu'il pouvait prendre. Non, je me trompe, ajouta la malheureuse en frissonnant; il lui restait à prendre ma fille... ma pauvre Catherine...
— Votre fille?
— Vous allez voir... vous allez voir. Il y a trois jours, j'étais à travailler avec mes enfants autour de moi: mon mari entre. Rien qu'à son air, je m'aperçois tout de suite qu'il a bu. — Je viens chercher Catherine, qu'il me dit. — Malgré moi je prends le bras de ma fille et je réponds à Duport: — Où veux-tu l'emmener? — Ça ne te regarde pas, c'est ma fille: qu'elle fasse son paquet et qu'elle me suive. — A ces mots-là, mon sang ne fait qu'un tour, car figurez-vous, la Lorraine, que cette mauvaise femme qui est avec mon mari... ça a fait frémir à dire, mais enfin... c'est ainsi... elle le pousse depuis longtemps à tirer parti de notre fille... qui est jeune et jolie. Dites, quel monstre de femme!
— Ah! oui, c'est un vrai monstre.
— Emmener Catherine! que je réponds à Duport, jamais; je sais ce que la mauvaise femme voudrait en faire. — Tiens, me dit mon mari, dont les lèvres étaient déjà toutes blanches de colère, ne m'obstine pas ou je t'assomme. — Là-dessus il prend ma fille par le bras en lui disant: — En route! Catherine. — La pauvre petite me sauta au cou en fondant en larmes et criant: — Je veux rester avec maman! — Voyant ça, Duport devient furieux; il l'arrache ma fille d'après moi, me donne un coup de poing dans l'estomac qui me renverse par terre, et une fois par terre... une fois par terre... Mais voyez-vous, la Lorraine, si la malheureuse femme en s'interrompant, bien sûr il n'a été si méchant que parce qu'il avait bu... enfin il trépigne sur moi... en m'accablant de sottises...
— Faut-il être méchant, mon Dieu!
— Mes pauvres enfants se jettent à ses genoux en demandant grâce; Catherine aussi; alors il dit à ma fille en jurant comme un furieux: — Si tu ne viens pas avec moi, j'achève ta mère! — Je vomissais le sang... je me sentais à moitié morte... je ne pouvais pas faire un mouvement... mais je crie à Catherine: — Laisse-moi tuer plutôt! mais ne suis pas ton père! — Tu ne te tairas donc pas, me dit Duport en me donnant un nouveau coup de pied qui me fit perdre connaissance.
— Quelle misère! quelle misère!
— Quand je suis revenue à moi, j'ai retrouvé mes deux petits garçons qui pleuraient.
— Et votre fille?
— Partie!... s'écria la malheureuse mère avec un accent et des sanglots déchirants, oui... partie... Mes autres enfants m'ont dit que leur père l'avait battue... la menaçant, en outre, de m'achever sur la place. Alors, que voulez-vous? la pauvre enfant a perdu la tête... elle s'est jetée sur moi pour m'embrasser... elle a aussi embrassé ses petits frères en pleurant... et puis mon mari l'a entraînée! Ah! sa mauvaise femme l'attendait dans l'escalier... j'en suis bien sûre!...
— Et vous ne pouviez pas vous plaindre au commissaire?
— Dans le premier moment, je n'étais qu'au chagrin de savoir Catherine partie... mais j'ai senti bientôt de grandes douleurs dans tout le corps, je ne pouvais pas marcher. Hélas! mon Dieu! ce que j'avais tant redouté était arrivé. Oui, je l'avais dit à mon frère, un jour mon mari me battra si fort... si fort... que je serai obligée d'aller à l'hospice. Alors... mes enfants... qu'est-ce qu'ils deviendront? Et aujourd'hui m'y voilà, à l'hospice, et... je dis: Qu'est-ce qu'ils deviendront, mes enfants?
— Mais il n'y a donc pas de justice, mon Dieu! pour les pauvres gens?
— Trop cher, trop cher pour nous, comme dit mon frère, reprit Jeanne Duport avec amertume. Les voisins avaient été chercher le commissaire... son greffier est venu, ça me répugnait de dénoncer Duport... mais, à cause de ma fille, il l'a fallu. Seulement j'ai dit que dans une querelle que je lui faisais, parce qu'il voulait emmener ma fille, il m'avait poussée... que cela ne serait rien... mais que je voulais ravoir Catherine, parce que je craignais qu'une mauvaise femme, avec qui vivait mon mari, ne la débauchât.
— Et qu'est-ce qu'il vous a dit, le greffier?
— Que mon mari était dans son droit d'emmener sa fille, n'étant pas séparé d'avec moi; que ce serait un malheur si ma fille tournait mal par de mauvais conseils, mais que ce n'étaient que des suppositions et que ça ne suffisait pas pour porter plainte contre mon mari. Vous n'avez qu'un moyen, m'a dit le greffier: plaidez au civil, demandez une séparation de corps, et alors les coups que vous a donnés votre mari, sa conduite avec une vilaine femme, seront en votre faveur, et on le forcera de vous rendre votre fille; sans cela, il est dans son droit de la garder avec lui. — Mais plaider! je n'ai pas de quoi, mon Dieu! j'ai mes enfants à nourrir. — Que voulez-vous que j'y fasse? a dit le greffier, c'est comme ça. — Oui, reprit Jeanne en sanglotant, il avait raison... c'est comme ça... et parce que c'est comme ça... dans trois mois ma fille sera peut-être une créature des rues! tandis que si j'avais eu de quoi plaider pour me séparer de mon mari, cela ne serait pas arrivé.
— Mais cela n'arrivera pas; votre fille doit tant vous aimer!
— Mais elle est jeune! à cet âge-là on n'a pas de défense; et puis la peur, les mauvais traitements, les mauvais conseils, les mauvais exemples, l'acharnement qu'on mettra peut-être à lui faire faire mal! Mon pauvre frère avait prévu tout ce qui arrive, lui; il me disait: « Est-ce que tu crois que si cette mauvaise femme et ton mari s'acharnent à perdre cette enfant, il ne faudra pas qu'elle y passe (1)? » Mon Dieu! mon Dieu! pauvre Catherine, si douce, si aimante! Et moi qui, cette année encore, lui voulais faire renouveler sa première communion!
— Ah! vous avez bien de la peine. Et moi qui me plaignais, dit la Lorraine en essuyant ses yeux. Et vos autres enfants?
— A cause d'eux j'ai fait ce que j'ai pu pour vaincre la douleur et ne pas entrer à l'hôpital, mais je n'ai pu résister. Je vomis le sang trois ou quatre fois par jour, j'ai une fièvre qui me casse les bras et les jambes, je suis hors d'état de travailler. Au moins en étant vite guérie, je pourrai retourner auprès de mes enfants, si avant ils ne sont pas morts de faim ou emprisonnés comme mendiants. Moi ici, qui voulez-vous qui prenne soin d'eux, qui les nourrisse?
— Oh! c'est terrible. Vous n'avez donc pas de bons voisins?
— Ils sont aussi pauvres que moi, ils ont déjà cinq enfants déjà. Aussi deux enfants de plus! c'est lourd; pourtant ils m'ont promis de les nourrir... un peu, pendant huit jours, avec ce qu'ils peuvent, et encore en prenant sur leur pain, et ils n'en ont pas déjà de trop; il faut donc que je sois guérie dans huit jours; oh! oui, guérie ou non, je sortirai tout de même.
— Mais, j'y pense, comment n'avez-vous pas songé à cette bonne ouvrière, mademoiselle Rigolette, que vous avez rencontrée en prison? elle les aurait gardés, bien sûr, elle.
— J'y ai pensé, et quoique la pauvre petite ait peut-être aussi bien du mal à vivre, je lui ai fait dire ma peine par une voisine: malheureusement elle est à la campagne où elle va se marier, a-t-on dit chez la portière de sa maison.
— Ainsi dans huit jours... vos pauvres enfants... Mais non, vos voisins n'auront pas le cœur de les renvoyer.
— Mais que voulez-vous qu'ils fassent? ils ne mangent pas déjà selon leur faim, et il faudra encore qu'ils retirent aux leurs pour donner aux miens. Non, non, voyez-vous, il faut que je sois guérie dans huit jours: je l'ai demandé à tous les médecins qui m'ont interrogée depuis hier, mais ils me répondaient en riant: C'est au médecin en chef qu'il faut s'adresser pour cela. Quand viendra-t-il donc, le médecin en chef, la Lorraine?
— Chut! je crois que le voilà; il ne faut pas parler pendant qu'il fait sa visite, répondit tout bas la Lorraine.
En effet, pendant l'entretien des deux femmes, le jour était venu peu à peu.

(1) Nous rappellerons au lecteur que le père ou la mère sont admis à faire inscrire leur fille sur le livre de prostitution au bureau des mœurs.

Un mouvement tumultueux annonça l'arrivée du docteur Griffon, qui entra bientôt dans la salle, accompagné de son ami le comte de Saint-Remy, qui, portant, on le sait, un vif intérêt à madame de Fermont et à sa fille, était loin de s'attendre à trouver cette malheureuse jeune fille à l'hôpital.

En entrant dans la salle, les traits froids et sévères du docteur Griffon semblèrent s'épanouir : jetant autour de lui un regard de satisfaction et d'autorité, il répondit d'un signe de tête protecteur à l'accueil empressé des sœurs.

vicomte, qui avait préféré à la mort une vie infâme, l'écrasaient de chagrin.

— Eh bien ! dit au comte le docteur Griffon d'un air triomphant, que pensez-vous de mon hôpital ?

Le docteur Griffon.

Nicolas Martial.

La rude et austère physionomie du vieux comte de Saint-Remy était empreinte d'une profonde tristesse. La vanité de ses tentatives pour retrouver les traces de madame de Fermont, l'ignominieuse lâcheté du

— En vérité, répondit M. de Saint-Remy, je ne sais pourquoi j'ai cédé à votre désir ; rien n'est plus navrant que l'aspect de ces salles remplies de malades. Depuis mon entrée ici, mon cœur est cruellement serré.

— Bah ! bah ! dans un quart d'heure vous n'y penserez plus ; vous qui êtes philosophe, vous trouverez ample matière à observations ; et puis enfin il était honteux que vous, un de mes plus vieux amis, vous ne connussiez pas le théâtre de ma gloire, de mes travaux, et que vous

ne m'eussiez pas encore vu à l'œuvre. Je mets mon orgueil dans ma profession ; est-ce un tort ?
— Non, certes ; et après vos excellents soins pour Fleur-de-Marie, que vous avez sauvée, je ne pouvais rien vous refuser. Pauvre enfant ! quel charme touchant ses traits ont conservé malgré la maladie !
— Elle m'a fourni un fait médical fort curieux, je suis enchanté d'elle. A propos, comment a-t-elle passé cette nuit ? L'avez-vous vue ce matin avant de partir d'Asnières ?
— Non ; mais la Louve, qui la soigne avec un dévouement sans pareil, m'a dit qu'elle avait parfaitement dormi. Pourrait-on aujourd'hui lui permettre d'écrire ?

Après un moment d'hésitation, le docteur répondit : — Oui... Tant que le sujet n'a pas été complétement rétabli, j'ai craint pour lui la moindre émotion, la moindre tension d'esprit ; mais maintenant je ne vois aucun inconvénient à ce qu'elle écrive.

— Au moins elle pourra prévenir les personnes qui s'intéressent à elle...

— Sans doute... Ah çà ! vous n'avez rien appris de nouveau sur le sort de madame de Fermont et de sa fille ?

— Rien, dit M. de Saint-Remy en soupirant. Mes constantes recherches n'ont eu aucun résultat. Je n'ai plus d'espoir que dans madame la marquise d'Harville, qui, m'a-t-on dit, s'intéresse vivement aussi à ces deux infortunées ; peut-être a-t-elle quelques renseignements qui pourront me mettre sur la voie. Il y a trois jours je suis allé chez elle ; on m'a dit qu'elle arriverait d'un moment à l'autre. Je lui ai écrit à ce sujet, la priant de me répondre le plus tôt possible.

Pendant l'entretien de M. de Saint-Remy et du docteur Griffon, plusieurs groupes s'étaient peu à peu formés autour d'une grande table occupant le milieu de la salle ; sur cette table était un registre où les élèves attachés à l'hôpital, et que l'on reconnaissait à leurs longs tabliers blancs, venaient tour à tour signer la feuille de présence ; un grand nombre de jeunes étudiants studieux et empressés arrivaient successivement du dehors pour grossir le cortège scientifique du docteur Griffon, qui, ayant devancé de quelques minutes l'heure habituelle de sa visite, attendait qu'elle sonnât.

— Vous voyez, mon cher Saint-Remy, que mon état-major est assez considérable, dit le docteur Griffon avec orgueil en montrant la foule qui venait assister à ses enseignements pratiques.
— Et ces jeunes gens vous suivent au lit de chaque malade ?
— Ils ne viennent que pour cela.
— Mais tous ces lits sont occupés par des femmes.
— Eh bien ?
— La présence de tant d'hommes doit leur inspirer une confusion pénible.
— Allons donc, un malade n'a pas de sexe.

— A vos yeux peut-être ; mais aux siens, la pudeur, la honte...
— Il faut laisser ces belles choses-là à la porte, mon cher Alceste ; ici nous commençons sur le vivant des expériences et des études que nous finissons à l'amphithéâtre sur le cadavre.
— Tenez, docteur, vous êtes le meilleur et le plus honnête des hommes ; je vous dois la vie, je reconnais vos excellentes qualités ; mais l'habitude et l'amour de votre art vous font envisager certaines questions d'une manière qui me révolte... Je vous laisse... dit M. de Saint-Remy en faisant un pas pour quitter la salle.
— Quel enfantillage ! s'écria le docteur Griffon en le retenant.
— Non, non, il est des choses qui me navrent et m'indignent ; je prévois que ce serait un supplice pour moi que d'assister à votre visite.

La visite du docteur Griffon. — PAGE 331.

Je ne m'en irai pas, soit ; mais je vous attends ici, près de cette table.
— Quel homme vous êtes avec vos scrupules ! Mais je ne vous tiens pas quitte. J'admets qu'il serait fastidieux pour vous d'aller de lit en lit ; restez donc là, je vous appellerai pour deux ou trois cas assez curieux.
— Soit, puisque vous y tenez absolument ; cela me suffira, et de reste.

Sept heures et demie sonnèrent.

— Allons, messieurs, dit le docteur Griffon. Et il commença sa visite, suivi d'un nombreux auditoire.

En arrivant au premier lit de la rangée droite, dont les rideaux étaient fermés, la sœur dit au docteur :
— Monsieur, le n° 1 est mort cette nuit à quatre heures et demie du matin.
— Si tard ? cela m'étonne ; hier matin je ne lui aurais pas donné la journée. A-t-on réclamé le corps ?
— Non, monsieur le docteur.
— Tant mieux ; il est beau, on ne pratiquera pas d'autopsie ; je vais faire un heureux. Puis, s'adressant à un des élèves de sa suite : Mon cher Dunoyer, il y a longtemps que vous désirez un sujet ; vous êtes inscrit le premier, celui-ci est à vous.
— Ah ! monsieur, que de bontés !
— Je voudrais plus souvent récompenser votre zèle, mon cher ami ; mais marquez le sujet, prenez possession... il y a tant de gaillards après à la curée. Et le docteur passa outre.

L'élève, à l'aide d'un scalpel, incisa très-délicatement un F et un D (François Dunoyer) sur le bras de l'actrice défunte (1), pour prendre possession, comme disait le docteur.

Et la visite continua.
— La Lorraine, dit tout bas Jeanne Duport à sa voisine, qu'est-ce donc que tout ce monde qui suit le médecin ?

(1) Personne n'est plus convaincu que nous du savoir et de l'humanité de la jeunesse studieuse et éclairée qui se voue à l'apprentissage de l'art de guérir ; nous voudrions seulement que quelques-uns des maîtres qui l'enseignent lui donnassent de plus fréquents exemples de cette réserve compatissante, de cette douceur charitable qui peut avoir une si salutaire influence sur le moral des malades.

— Ce sont des élèves et des étudiants.
— Oh! mon Dieu, est-ce que tous ces jeunes gens seront là lorsque le médecin va m'interroger et me regarder?
— Hélas! oui.
— Mais c'est à la poitrine que j'ai mal... On ne m'examinera pas devant tous ces hommes?
— Si, si, il le faut, ils le veulent. J'ai assez pleuré la première fois, je mourais de honte. Je résistais, on m'a menacée de me renvoyer. Il a bien fallu me décider; mais cela m'a fait une telle révolution, que j'en ai été bien plus malade. Jugez donc, presque nue devant tant de monde, c'est bien pénible, allez!
— Devant le médecin lui seul, je comprends ça, si c'est nécessaire, et encore ça coûte beaucoup. Mais pourquoi devant tous ces jeunes gens?..
— Ils apprennent et on leur enseigne sur nous... Que voulez-vous? nous sommes ici pour ça... c'est à cette condition qu'on nous reçoit à l'hospice.
— Ah! je comprends, dit Jeanne Duport avec amertume, on ne nous donne rien pour rien, à nous autres. Mais pourtant, il y a des occasions où ça ne peut pas être. Ainsi ma pauvre fille Catherine, qui a quinze ans, viendrait à l'hospice, est-ce qu'on oserait vouloir que devant tous ces jeunes gens?... Oh! non, je crois que j'aimerais mieux la voir mourir chez nous.
— Si elle venait ici, il faudrait bien qu'elle se résignât comme les autres, comme vous, comme moi; mais taisons-nous, dit la Lorraine. Si cette pauvre demoiselle qui est là en face vous entendait, elle qui, dit-on, était riche, elle qui n'a peut-être jamais quitté sa mère, ça va être son tour. Jugez comme elle va être confuse et malheureuse.
— C'est vrai, mon Dieu! c'est vrai; je frissonne rien qu'à y penser, pour elle, pauvre enfant!
— Silence, Jeanne, voilà le médecin! dit la Lorraine.

CHAPITRE VIII.

Mademoiselle de Fermont.

Après avoir rapidement visité plusieurs malades qui ne lui offraient rien de curieux et d'attachant, le docteur Griffon arriva enfin auprès de Jeanne Duport.
A la vue de cette foule empressée qui, avide de voir et de savoir, de connaître et d'apprendre, se pressait autour de son lit, la malheureuse femme, saisie d'un tremblement de crainte et de honte, s'enveloppa étroitement dans ses couvertures.
La figure sévère et méditative du docteur Griffon, son regard pénétrant, son sourcil toujours froncé par l'habitude de la réflexion, sa parole brusque, impatiente et brève, augmentaient encore l'effroi de Jeanne.
— Un nouveau sujet!
Dit le docteur en parcourant la pancarte où était inscrit le genre de maladie de l'entrante. Après quoi il jeta sur Jeanne un long coup d'œil investigateur.
Il se fit un profond silence pendant lequel les assistants, à l'imitation du prince de la science, attachèrent curieusement leurs regards sur la malade.
Celle-ci, pour se dérober autant que possible à la pénible émotion que lui causaient tous ces yeux fixés sur elle, ne détacha pas les siens de ceux du médecin, qu'elle contemplait avec angoisse.
Après plusieurs minutes d'attention, le docteur, remarquant quelque chose d'anormal dans la teinte jaunâtre du globe de l'œil de la patiente, s'approcha plus près d'elle, et, du bout du doigt, lui retroussant la paupière, il examina silencieusement le cristallin.
Puis plusieurs élèves, répondant à une sorte d'invitation muette de leur professeur, allèrent tour à tour observer l'œil de Jeanne.
Ensuite le docteur procéda à cet interrogatoire:
— Votre nom?
— Jeanne Duport, murmura la malade de plus en plus effrayée.
— Votre âge?
— Trente-six ans et demi.
— Plus haut donc. Le lieu de votre naissance?
— Paris.
— Votre état?
— Ouvrière frangeuse.
— Êtes-vous mariée?
— Hélas, oui! monsieur, répondit Jeanne avec un profond soupir.
— Depuis quand?
— Depuis dix-huit ans.
— Avez-vous des enfants?
— Ici, au lieu de répondre, la pauvre mère donna cours à ses larmes longtemps contenues.
— Il ne s'agit pas de pleurer, mais de répondre. Avez-vous des enfants?

— Oui, monsieur, deux petits garçons et une fille de seize ans.
Ici plusieurs questions qu'il nous est impossible de répéter, mais auxquelles Jeanne ne satisfit qu'en balbutiant et après plusieurs injonctions sévères du docteur; la malheureuse femme se mourait de honte, obligée qu'elle était de répondre tout haut à de telles demandes devant ce nombreux auditoire.
Le docteur, complètement absorbé par sa préoccupation scientifique, ne songea pas le moins du monde à la cruelle confusion de Jeanne, et reprit:
— Depuis combien de temps êtes-vous malade?
— Depuis quatre jours, monsieur, dit Jeanne en essuyant ses larmes.
— Racontez-nous comment votre maladie vous est survenue.
— Monsieur... c'est que... il y a tant de monde... je n'ose...
— Ah çà! mais d'où sortez-vous, ma chère amie? dit impatiemment le docteur. Ne voulez-vous pas que je fasse apporter ici un confessionnal... Voyons... parlez... et dépêchez-vous...
— Mon Dieu, monsieur, c'est que ce sont des choses de famille...
— Soyez tranquille, nous sommes ici en famille... en nombreuse famille, vous le voyez, ajouta le prince de la science, qui était ce jour-là fort en gaieté. Voyons, finissons.
De plus en plus intimidée, Jeanne dit en balbutiant et en hésitant à chaque mot:
— J'avais eu... monsieur... une querelle avec mon mari... au sujet de mes enfants... je veux dire de ma fille aînée... il voulait l'emmener... Moi, vous comprenez, monsieur, je ne voulais pas, à cause d'une vilaine femme avec qui il vivait, et qui pouvait donner de mauvais exemples à ma fille; alors mon mari, qui était gris... oh! oui, monsieur... sans cela... il ne l'aurait pas fait... mon mari m'a poussée très-fort... je suis tombée, et puis, peu de temps après, j'ai commencé à vomir le sang.
— Ta, ta, ta, votre mari vous a poussée et vous êtes tombée... vous nous la donnez belle... il a certainement fait mieux que vous pousser... il doit vous avoir parfaitement bien frappée dans l'estomac, à plusieurs reprises... Peut-être même vous aura-t-il foulée aux pieds... Voyons, répondez! dites la vérité.
— Ah! monsieur, je vous assure qu'il était gris... sans cela il n'aurait pas été si méchant.
— Bon ou méchant, gris ou noir, il ne s'agit pas de ça, ma brave femme; je ne suis pas juge d'instruction, moi; je tiens tout bonnement à préciser un fait: vous avez été renversée et foulée aux pieds avec fureur, n'est-ce pas?
— Hélas! oui, monsieur, dit Jeanne en fondant en larmes, et pourtant je ne lui ai jamais donné un sujet de plainte... je travaille autant que je peux et je...
— L'épigastre doit être douloureux? vous devez y ressentir une grande chaleur? dit le docteur en interrompant Jeanne... vous devez éprouver du malaise, de la lassitude, des nausées?
— Oui, monsieur... Je ne suis venue ici que à la dernière extrémité, quand la force m'a tout à fait manqué; sans cela, je n'aurais pas abandonné mes enfants... dont je vais être si inquiète, car ils n'ont que moi... Et puis Catherine... ah! c'est elle surtout qui me tourmente, monsieur... si vous saviez...
— Votre langue! dit le docteur Griffon en interrompant de nouveau la malade.
Cet ordre parut si étrange à Jeanne, qui avait cru apitoyer le docteur, qu'elle ne lui répondit pas tout d'abord et le regarda avec ébahissement.
— Voyons donc cette langue dont vous vous servez si bien, dit le docteur en souriant; puis il baissa du bout du doigt la mâchoire inférieure de Jeanne.
Après avoir fait successivement et longuement tâter et examiner par ses élèves la langue du sujet afin d'en constater la couleur et la sécheresse, le docteur se recueillit un moment. Jeanne, surmontant sa crainte, s'écria d'une voix tremblante:
— Monsieur, je vais vous dire... des voisins aussi pauvres que moi ont bien voulu se charger de deux de mes enfants, mais pendant huit jours seulement... C'est déjà beaucoup... Au bout de ce temps, il faut que je retourne chez moi... Aussi, je vous en supplie, pour l'amour de Dieu! guérissez-moi le plus vite possible... ne fût-ce qu'à peu près... que je puisse seulement me lever et travailler, je n'ai que huit jours devant moi... car...
— Face décolorée, état de prostration complète; cependant pouls assez fort, dur et fréquent, dit imperturbablement le docteur en désignant Jeanne. Remarquez-le bien, messieurs: oppressions, chaleur à l'épigastre: tous ces symptômes annoncent certainement une hématémèse, probablement compliquée d'une hépatite causée par des chagrins domestiques, ainsi que l'indique la coloration jaunâtre du globe de l'œil; elle a reçu des coups violents dans les régions de l'épigastre et de l'abdomen: le vomissement de sang est nécessairement causé par quelque lésion organique de certains viscères... A ce propos, j'appellerai votre attention sur un point très-curieux, fort curieux: les couvertures cadavériques de ceux qui sont morts de l'affection dont le sujet est atteint offrent des résultats singulièrement variables: souvent la maladie, très-aiguë et très-grave, emporte le malade en peu de jours, et l'on ne trouve aucune trace de son existence; d'autres fois, la rate, le

foie, le pancréas, offrent des lésions plus ou moins profondes. Il est probable que le sujet dont nous nous occupons a souffert quelques-unes de ces lésions ; nous allons donc tâcher de nous en assurer, et vous vous en assurerez vous-mêmes par un examen attentif du malade.

Et, d'un mouvement rapide, le docteur Griffon, rejetant la couverture au pied du lit, découvrit presque entièrement Jeanne.

Nous répugnons à peindre l'espèce de lutte douloureuse de cette infortunée, qui sanglotait, éperdue de honte, implorant le docteur et son auditoire.

Mais à cette menace... « On va vous mettre dehors de l'hospice si vous ne vous soumettez pas aux usages établis, » menace si écrasante pour ceux dont l'hospice est l'unique et dernier refuge, Jeanne se soumit à une investigation publique qui dura longtemps, très-longtemps... car le docteur Griffon analysait, expliquait chaque symptôme, et les plus studieux des assistants voulurent ensuite joindre la pratique à la théorie, et s'assurer par eux-mêmes de l'état physique du sujet.

Ensuite de cette scène cruelle, Jeanne éprouva une émotion si violente qu'elle tomba dans une crise nerveuse pour laquelle le docteur Griffon donna une prescription supplémentaire.

La visite continua.

Le docteur Griffon arriva bientôt auprès du lit de mademoiselle Claire de Fermont, victime comme sa mère de la cupidité de Jacques Ferrand. Terrible et nouvel exemple des conséquences sinistres qu'entraîne après soi un abus de confiance, ce délit si faiblement puni par la loi.

Mademoiselle de Fermont, coiffée du bonnet de toile fourni par l'hôpital, appuyait languissamment sa tête sur le traversin de son lit ; à travers les ravages de la maladie, on retrouvait sur ce candide et doux visage les traces d'une beauté pleine de distinction.

Après une nuit de douleurs aiguës, la pauvre enfant était tombée dans une sorte d'assoupissement fébrile, et, lorsque le docteur et son cortège scientifique étaient entrés dans la salle, le bruit de la visite ne l'avait pas réveillée.

— Un nouveau sujet, messieurs ! dit le prince de la science en parcourant la pancarte qu'un élève lui présenta. — Maladie, fièvre lente, nerveuse... Peste ! s'écria le docteur avec une expression de satisfaction profonde, si l'interne de service ne s'est pas trompé dans son diagnostic, c'est une excellente aubaine. Il y a fort longtemps que je désirais une fièvre lente nerveuse... car ce n'est généralement pas une maladie de pauvres. Ces affections naissent presque toujours ensuite de graves perturbations dans la position sociale du sujet, et il y a sans dire que plus la position est élevée, plus la perturbation est profonde. C'est du reste une affection des plus remarquables par ses caractères particuliers. Elle remonte à la plus haute antiquité, les écrits d'Hippocrate ne laissent aucun doute à cet égard, et c'est tout simple : cette fièvre, je l'ai dit, a presque toujours pour cause les chagrins les plus violents. Or, le chagrin est vieux comme le monde. Pourtant, chose singulière, avant le dix-huitième siècle cette maladie n'avait été exactement décrite par aucun auteur ; c'est Huxham, qui honore à tant de titre la médecine de cette époque, c'est Huxham, dis-je, qui le premier a donné une monographie de la fièvre nerveuse, monographie qui est devenue classique... et pourtant c'est une maladie de vieille roche, ajouta le docteur en riant. Eh ! eh ! eh !... elle appartient à cette grande, antique et illustre famille *febris* dont l'origine se perd dans la nuit des temps. Mais ne nous réjouissons pas trop, voyons si en effet nous avons le bonheur de posséder un échantillon de cette curieuse affection. Cela se trouverait doublement désirable, car il y a très-longtemps que j'ai envie d'essayer l'usage interne du phosphore. Oui, messieurs, reprit le docteur en entendant dans son auditoire une sorte de frémissement de curiosité, oui, messieurs, du phosphore ; c'est une expérience fort curieuse que je veux tenter, elle est audacieuse ! mais *audaces fortuna juvat*... et l'occasion sera excellente. Nous allons d'abord examiner si le sujet va nous offrir sur toutes les parties de son corps, et principalement sur la poitrine, cette éruption miliaire si symptomatique selon Huxham, et vous vous assurerez vous-mêmes, en palpant le sujet, de l'espèce de rugosité que cette éruption entraîne. Mais ne vendons pas la peau de l'ours avant de l'avoir mis par terre, ajouta le prince de la science qui se trouvait décidément fort en gaieté.

Et il secoua légèrement l'épaule de mademoiselle de Fermont pour l'éveiller.

La jeune fille tressaillit et ouvrit ses grands yeux creusés par la maladie.

Que l'on juge de sa stupeur, de son épouvante...

Pendant qu'une foule d'hommes entouraient son lit et la couvaient des yeux, elle sentit la main du docteur écarter sa couverture et se glisser dans son lit, afin de lui prendre la main pour lui tâter le pouls.

— Mademoiselle de Fermont, rassemblant toutes ses forces dans un cri d'angoisse et de terreur, s'écria :

— Ma mère !... au secours !... ma mère !...

Par un hasard presque providentiel, au moment où les cris de mademoiselle de Fermont faisaient bondir le vieux comte de Saint-Remy sur sa chaise, car il reconnaissait cette voix, la porte de la salle s'ouvrit, et une jeune femme, vêtue de deuil, entra précipitamment, accompagnée du directeur de l'hospice.

Cette femme était la marquise d'Harville.

— De grâce, monsieur, dit-elle au directeur avec la plus grande anxiété, conduisez-moi auprès de mademoiselle de Fermont.

— Veuillez vous donner la peine de me suivre, madame la marquise, répondit respectueusement le directeur. Cette demoiselle est au numéro 17 de cette salle.

— Malheureuse enfant !... ici... ici... dit madame d'Harville en essuyant ses larmes. Ah ! c'est affreux.

La marquise, précédée du directeur, s'approchait rapidement du groupe rassemblé auprès du lit de mademoiselle de Fermont, lorsqu'on entendit ces mots prononcés avec indignation :

— Je vous dis que cela est un meurtre infâme, vous la tuerez, monsieur.

— Mais, mon cher Saint-Remy, écoutez-moi donc...

— Je vous répète, monsieur, que votre conduite est atroce. Je regarde mademoiselle de Fermont comme ma fille ; je vous défends d'en approcher ; je vais la faire immédiatement transporter hors d'ici.

— Mais, mon cher ami, c'est un cas de fièvre lente nerveuse, très-rare... Je voulais essayer du phosphore... C'était une occasion unique. Promettez-moi au moins que je la soignerai, n'importe où vous l'emmeniez, puisque vous privez ma clinique d'un sujet aussi précieux.

— Si vous n'étiez pas un fou... vous seriez un monstre, reprit le comte de Saint-Remy.

Clémence écoutait ces mots avec une angoisse croissante ; mais la foule était si compacte autour du lit, qu'il fallut que le directeur dit à haute voix :

— Place, messieurs, s'il vous plaît, place à madame la marquise d'Harville, qui vient voir le numéro 17.

A ces mots, les élèves se rangèrent avec autant d'empressement que de respectueuse admiration, en voyant la charmante figure de Clémence, que l'émotion colorait des plus vives couleurs.

— Madame d'Harville ! s'écria le comte de Saint-Remy en écartant rudement le docteur et en se précipitant vers Clémence. Ah ! c'est Dieu qui envoie ici un de ses anges. Madame... je savais que vous vous intéressiez à ces deux infortunées. Plus heureuse que moi, vous les avez trouvées... tandis que moi, c'est... le hasard... qui m'a conduit ici... et pour assister à une scène d'une barbarie inouïe. Malheureuse enfant ! Voyez, madame... voyez. Et vous, messieurs, au nom de vos filles ou de vos sœurs, ayez pitié d'une enfant de seize ans, je vous en supplie... laissez-la seule avec madame et les bonnes religieuses. Lorsqu'elle aura repris ses sens... je la ferai transporter hors d'ici.

— Soit... je signerai sa sortie ! s'écria le docteur ; mais je m'attacherai à ses pas... mais je me cramponnerai à vous. C'est un sujet qui m'appartient... et vous aurez beau faire... je la soignerai... je ne risquerai pas le phosphore, bien entendu, mais je le passerai les nuits s'il le faut... j'ai et j'ai passées auprès de vous, ingrat Saint-Remy... car cette fièvre est aussi curieuse que l'était la vôtre. Ce sont deux sœurs qui ont le même droit à mon intérêt.

— Maudit homme, pourquoi avez-vous tant de science ? dit le comte sachant qu'en effet il ne pourrait confier mademoiselle de Fermont à des mains plus habiles.

— Eh ! mon Dieu, c'est tout simple ! lui dit le docteur à l'oreille, j'ai beaucoup de science parce que j'étudie, parce que j'essaye, parce que je risque et pratique beaucoup sur mes sujets... soit dit sans calembour. Ah çà, j'aurai donc ma fièvre lente, vilain bourru ?

— Oui ; mais cette jeune fille est-elle transportable ?

— Certainement.

— Alors... pour Dieu... retirez-vous.

— Allons, messieurs, dit le prince de la science, notre clinique sera privée d'une étude précieuse... mais je vous tiendrai au courant.

Et le docteur Griffon, accompagné de son auditoire, continua sa visite, laissant M. de Saint-Remy et madame d'Harville auprès de mademoiselle de Fermont.

CHAPITRE IX.

Fleur-de-Marie.

Pendant la scène que nous venons de raconter, mademoiselle de Fermont, toujours évanouie, était restée livrée aux soins empressés de Clémence et des deux religieuses ; l'une d'elles soutenait la tête pâle et appesantie de la jeune fille, pendant que madame d'Harville, penchée sur le lit, essuyait avec son mouchoir la sueur glacée qui inondait le front de la malade.

Profondément ému, M. de Saint-Remy contemplait ce tableau touchant, lorsqu'une funeste pensée lui traversant tout à coup l'esprit, il s'approcha de Clémence et lui dit à voix basse :

— Et la mère de cette infortunée, madame ?

La marquise se retourna vers M. de Saint-Remy, et lui répondit avec une tristesse navrante :

— Cette enfant... n'a plus de mère... monsieur.

— Grand Dieu !... morte !!!

— J'ai appris seulement hier soir, à mon retour, l'adresse de madame de Fermont... et son état désespéré. A une heure du matin, j'étais chez elle avec mon médecin. Ah! monsieur!... quel tableau!... la misère dans toute son horreur... et aucun espoir de sauver cette pauvre mère expirante !

— Oh! que son agonie a dû être affreuse, si la pensée de sa fille lui était présente!

— Son dernier mot a été : Ma fille !

— Quelle mort... mon Dieu!.. Elle, mère si tendre, si dévouée. C'est épouvantable !

Une des religieuses vint interrompre l'entretien de M. de Saint-Remy et de madame d'Harville, en disant à celle-ci :

— La jeune demoiselle est bien faible... elle entend à peine; tout à l'heure peut-être elle reprendra un peu de connaissance... cette secousse l'a brisée. Si vous ne craigniez pas, madame, de rester là... en attendant que la malade revienne tout à fait à elle, je vous offrirais ma chaise.

— Donnez... donnez, dit Clémence en s'asseyant auprès du lit; je ne quitterai pas mademoiselle de Fermont; je veux qu'elle voie au moins une figure amie lorsqu'elle ouvrira les yeux... ensuite je l'emmènerai avec moi, puisque le médecin trouve heureusement qu'on peut la transporter sans danger.

— Ah! madame, soyez bénie pour le bien que vous faites, dit M. de Saint-Remy ; mais pardonnez-moi de ne pas vous avoir encore dit mon nom ; tant de chagrins... tant d'émotions. Je suis le comte de Saint-Remy, madame... le mari de madame de Fermont était mon ami le plus intime. J'habitais à Angers... j'ai quitté cette ville dans mon inquiétude de ne recevoir aucune nouvelle de ces deux nobles et dignes femmes ; elles avaient jusqu'alors habité cette ville, et on les disait complétement ruinées : leur position était d'autant plus pénible que jusqu'alors elles avaient vécu dans l'aisance.

— Ah ! monsieur... vous ne savez pas tout... madame de Fermont a été indignement dépouillée.

— Par son notaire, peut-être? Un moment j'en avais eu le soupçon.

— Cet homme était un monstre, monsieur. Hélas ! ce crime n'est pas le seul qu'il ait commis. Mais heureusement, dit Clémence avec exaltation en songeant à Rodolphe, un génie providentiel en a fait justice, et j'ai pu fermer les yeux de madame de Fermont en la rassurant sur l'avenir de sa fille. Sa mort a été ainsi moins cruelle.

— Je le comprends; sachant à sa fille un appui tel que le vôtre, madame, ma pauvre amie a dû mourir plus tranquille.

— Non-seulement mon vif intérêt est à tout jamais acquis à mademoiselle de Fermont... mais sa fortune lui sera rendue...

— Sa fortune !... Comment ?... Le notaire ?...

— A été forcé de restituer la somme... qu'il s'était appropriée par un crime horrible...

— Un crime ?...

— Cet homme avait assassiné le frère de madame de Fermont pour faire croire que ce malheureux s'était suicidé après avoir dissipé la fortune de sa sœur...

— C'est horrible !... mais c'est à n'y pas croire... et pourtant, par suite de mes soupçons sur le notaire, j'avais conservé de vagues doutes sur la réalité de ce suicide... car Renneville était l'honneur, la loyauté même. La somme que le notaire a restituée ?...

— Est déposée chez un prêtre vénérable, M. le curé de Bonne-Nouvelle ; elle sera remise à mademoiselle de Fermont.

— Cette restitution ne suffit pas à la justice des hommes, madame !... L'échafaud réclame ce notaire... car il n'a pas commis un meurtre, mais deux meurtres. La mort de madame de Fermont, les souffrances que sa fille endure sur le lit d'hôpital, ont été causées par l'infâme abus de confiance de ce misérable !

— Et ce misérable a commis un autre meurtre aussi affreux, aussi atrocement combiné.

— Que dites-vous, madame ?

— S'il s'est défait du frère de madame de Fermont par un prétendu suicide, afin de s'assurer l'impunité, il y a peu de jours il s'est défait d'une malheureuse jeune fille qu'il avait intérêt à perdre en la faisant noyer... certain qu'on attribuerait cette mort à un accident.

M. de Saint-Remy tressaillit, regarda madame d'Harville avec surprise en songeant à Fleur-de-Marie, et s'écria :

— Ah ! mon Dieu, madame, quel étrange rapport !...

— Qu'avez-vous, monsieur ?...

— Cette jeune fille !... où a-t-il voulu la noyer ?

— Dans la Seine... près d'Asnières, m'a-t-on dit...

— C'est elle !... c'est elle !... s'écria M. de Saint-Remy.

— De qui parlez-vous, monsieur ?

— De la jeune fille que ce monstre avait intérêt à perdre...

— Fleur-de-Marie !!!

— Vous la connaissez, madame ?

— Pauvre enfant... je l'aimais tendrement... Ah ! si vous saviez, monsieur, combien elle était belle et touchante... Mais comment se fait-il ?...

— Le docteur Griffon et moi nous lui avons donné les premiers secours...

— Les premiers secours ? à elle ?... et où cela ?

— A l'île du Ravageur... quand on l'a eu sauvée...

— Sauvée, Fleur-de-Marie... sauvée ?...

— Par une brave créature qui, au risque de sa vie, l'a retirée de la Seine... Mais qu'avez-vous, madame ?...

— Ah! monsieur, je n'ose croire encore à tant de bonheur... mais je crains d'être dupe d'une erreur... Je vous en supplie, dites-moi, cette jeune fille... comment est-elle ?

— D'une admirable beauté... une figure d'ange...

— De grands yeux bleus... des cheveux blonds ?...

— Oui, madame.

— Et quand on l'a noyée... elle était avec une femme âgée ?

— En effet, depuis hier seulement qu'elle a pu parler (car elle est encore bien faible), elle nous a dit cette circonstance... Une femme âgée l'accompagnait.

— Dieu soit béni! s'écria Clémence en joignant les mains avec ferveur, je pourrai lui apprendre que sa protégée vit encore (1). Quelle joie pour lui, qui dans sa dernière lettre me parlait de cette pauvre enfant avec des regrets si pénibles !... Pardon, monsieur ! mais si vous saviez combien ce que vous m'apprenez me rend heureuse... et pour moi, et pour une personne... qui, plus que moi encore, a aimé et protégé Fleur-de-Marie ! Mais, de grâce, à cette heure... où est-elle ?

— Près d'Asnières... dans la maison de l'un des médecins de cet hôpital... le docteur Griffon, qui, malgré des travers que je déplore, a d'excellentes qualités... car c'est chez lui que Fleur-de-Marie a été transportée ; et depuis il lui a prodigué les soins les plus constants.

— Et elle est hors de tout danger ?

— Oui, madame, depuis deux ou trois jours seulement. Et aujourd'hui on lui permettra d'écrire à ses protecteurs.

— Oh ! c'est moi, monsieur... c'est moi qui me chargerai de ce soin... ou plutôt c'est moi qui aurai la joie de la conduire auprès de ceux qui, la croyant morte, la regrettent si amèrement.

— Je comprends ces regrets, madame... car il est impossible de connaître Fleur-de-Marie sans rester sous le charme de cette angélique créature : sa grâce et sa douceur exercent sur tous ceux qui l'approchent un empire indéfinissable... La femme qui l'a sauvée, et qui depuis l'a veillée jour et nuit comme elle aurait veillé son enfant, est une personne courageuse et dévouée, mais d'un caractère si habituellement emporté qu'on l'a surnommée la Louve. Jugez !... Un bien ! un mot de Fleur-de-Marie la bouleverse... Je l'ai vue sangloter, pousser des cris de désespoir, lorsque ensuite d'une crise fâcheuse le docteur Griffon avait presque désespéré de la vie de Fleur-de-Marie.

— Cela ne m'étonne pas... je connais la Louve.

— Vous, madame ? dit M. de Saint-Remy surpris, vous connaissez la Louve (2) ?

— En effet, cela doit vous étonner, monsieur, dit la marquise en souriant doucement ; car Clémence était heureuse... oh ! bien heureuse... en songeant à la douce surprise qu'elle allait faire à Rodolphe !... Quel eût été son enivrement, si elle avait su que c'était une fille qu'il croyait morte... qu'elle allait ramener à Rodolphe !...

— Ah ! monsieur, dit-elle à M. de Saint-Remy, ce jour est si beau pour moi... que je voudrais qu'il le fût aussi pour d'autres ; il me semble qu'il doit y avoir ici bien des infortunes honnêtes à soulager, ce serait une digne manière de célébrer l'excellente nouvelle que vous me donnez. Puis, s'adressant à la religieuse qui venait de faire boire quelques cuillerées d'une potion à mademoiselle de Fermont : Eh bien !... ma sœur, reprend-elle ses sens ?

— Pas encore... madame... elle est si faible. Pauvre demoiselle ! à peine si l'on sent les battements de son pouls.

— J'attendrai pour l'emmener qu'elle soit en état d'être transportée dans ma voiture... Mais, dites-moi, ma sœur, parmi toutes ces malheureuses malades, n'en connaîtriez-vous pas qui méritassent particulièrement l'intérêt et la pitié, et à qui je pourrais être utile avant de quitter cet hospice ?

— Ah ! madame... c'est Dieu qui vous envoie... dit la sœur; il y a, ajouta-t-elle en montrant le lit de la sœur de Pique-Vinaigre, une pauvre femme très-malade et très à plaindre : elle n'est entrée ici qu'à bout de ses forces ; elle se désole sans cesse parce qu'elle est obligée d'abandonner deux petits enfants qui n'ont qu'elle au monde pour soutien. Elle disait tout à l'heure à M. le docteur qu'elle voulait sortir, guérie ou non, dans huit jours, parce que ses voisins lui avaient promis de garder ses enfants seulement une semaine... et qu'après ce temps ils ne pourraient plus s'en charger.

— Conduisez-moi à son lit, je vous prie, ma sœur, dit madame d'Harville en se levant et en suivant la religieuse.

Jeanne Duport, à peine remise de la crise violente que lui avaient causée les investigations du docteur Griffon, ne s'était pas aperçue de l'entrée de Clémence d'Harville dans la salle de l'hospice.

(1) Madame d'Harville, arrivée seulement de la veille, ignorait que Rodolphe avait découvert que la Goualeuse (qu'il croyait morte) était sa fille. Quelques jours auparavant, le prince, en écrivant à la marquise, lui avait appris les nouveaux crimes du notaire ainsi que les restitutions qu'il l'avait obligé à faire. C'est par les soins de M. Badinot que l'adresse de madame de Fermont, passage de la Brasserie, avait été découverte, et Rodolphe en avait aussitôt fait part à madame d'Harville.

(2) Dans sa visite à Saint-Lazare, madame d'Harville avait entendu parler de la Louve par madame Armand, la surveillante.

Quel fut son étonnement lorsque la marquise, soulevant les rideaux de son lit, lui dit, en attachant sur elle un regard rempli de commisération et de bonté :

— Ma bonne mère, il ne faut plus être inquiète de vos enfants ; j'en aurai soin ; ne songez donc qu'à vous guérir pour les aller bien vite retrouver !

Jeanne Duport croyait rêver.

A cette même place où le docteur Griffon et son studieux auditoire lui avaient fait subir une cruelle inquisition, elle voyait une jeune femme d'une ravissante beauté venir à elle avec des paroles de pitié, de consolation et d'espérance.

L'émotion de la sœur de Pique-Vinaigre était si grande, qu'elle ne put prononcer une parole ; elle joignit seulement les mains comme si elle eût prié, en regardant sa bienfaitrice inconnue avec adoration.

— Jeanne, Jeanne ! lui dit tout bas la Lorraine, répondez donc à cette bonne dame... Puis la Lorraine ajouta, en s'adressant à la marquise : — Ah ! madame, vous la sauvez ! Elle serait morte de désespoir en pensant à ses enfants, qu'elle voyait déjà abandonnés... N'est-ce pas, Jeanne ?

— Encore une fois, rassurez-vous, ma bonne mère... n'ayez aucune inquiétude, reprit la marquise en pressant dans ses petites mains délicates et blanches la main brûlante de Jeanne Duport. Rassurez-vous, ne soyez plus inquiète de vos enfants ; et même, si vous le préférez, vous sortirez aujourd'hui de l'hospice ; on vous soignera chez vous : rien ne vous manquera. De la sorte, vous ne quitterez pas vos chers enfants... Si votre logement est insalubre ou trop petit, on vous en trouvera tout de suite un plus convenable, afin que vous soyez, dans une chambre, et vos enfants dans une autre... Vous aurez une bonne garde-malade qui les surveillera pour en vous soignant... Enfin, lorsque vous serez rétablie, si vous manquez d'ouvrage, je vous mettrai à même d'attendre qu'il vous en arrive ; et, dès aujourd'hui, je me charge de l'avenir de vos enfants !

— Ah ! mon bon Dieu ! qu'est-ce que j'entends ?... Les chérubins descendent donc du ciel comme dans les livres d'église ! dit Jeanne Duport tremblante, égarée, osant à peine regarder sa bienfaitrice. Pourquoi tant de bontés pour moi ? Qu'ai-je fait pour cela ?... Ça n'est pas possible ! Moi, sortir de l'hospice, où j'ai déjà tant pleuré, tant souffert ! ne plus quitter mes enfants... avoir une garde-malade !... Mais c'est comme un miracle du bon Dieu !

Et la pauvre femme disait vrai.

Si l'on savait combien il est doux et facile de faire souvent et à peu de frais de ces *miracles !*

Hélas ! pour certaines infortunes abandonnées ou repoussées de tous, un salut immédiat, inespéré, accompagné de paroles bienveillantes, d'égards tendrement charitables, ne doit-il pas avoir, n'a-t-il pas l'apparence surnaturelle d'un miracle ?...

Ainsi était-il humainement permis à Jeanne Duport, non pas d'espérer, mais seulement de rêver à la probabilité de la fortune inouïe que lui assurait madame d'Harville.

— Ce n'est pas un miracle, ma bonne mère, répondit Clémence vivement émue ; ce que je fais pour vous, ajouta-t-elle en rougissant légèrement au souvenir de Rodolphe, ce que je fais pour vous m'est inspiré par un généreux esprit qui m'a appris à compatir au malheur... c'est lui qu'il faut remercier et bénir...

— Ah ! madame, je bénirai vous et les vôtres ! dit Jeanne Duport en pleurant. Je vous demande pardon de m'exprimer si mal, mais je n'ai pas l'habitude de ces grandes joies... c'est la première fois que cela m'arrive...

— Eh bien ! voyez-vous, Jeanne, dit la Lorraine attendrie, il y a aussi parmi les riches des Rigolettes et des Goualeuses... en grand, il est vrai, mais, quant au bon cœur, c'est la même chose !

Madame d'Harville se retourna toute surprise vers la Lorraine, en lui entendant prononcer ces deux noms.

— Vous connaissez la Goualeuse et une jeune ouvrière nommée Rigolette ? demanda Clémence à la Lorraine.

— Oui, madame... La Goualeuse, bon petit ange, a fait l'an passé pour moi, mais dame ! selon ses pauvres moyens, ce que vous faites pour Jeanne... Oui, madame ! Oh ! ça me fait du bien à dire et à répéter à tout le monde ! La Goualeuse m'a retirée d'une cave où je venais d'accoucher sur la paille... et le cher petit ange m'a établie, moi et mon enfant, dans une chambre où il y avait un bon lit et un berceau... La Goualeuse avait fait des dépenses-là par pure charité, elle ne connaissait à peine et était pauvre elle-même... C'est beau, cela, n'est-ce pas, madame ? dit la Lorraine avec exaltation.

— Oh ! oui... la charité du pauvre envers le pauvre est grande et sainte, dit Clémence les yeux mouillés de douces larmes.

— Il en a été de même de mademoiselle Rigolette, qui, selon ses moyens de petite ouvrière, reprit la Lorraine, avait, il y a quelques jours, offert ses services à Jeanne.

— Quel singulier rapprochement ! se dit Clémence de plus en plus émue, car chacun de ces deux noms, la Goualeuse et Rigolette, lui rappelait une noble action de Rodolphe. Et vous, mon enfant, que puis-je pour vous ? dit-elle à la Lorraine. Je voudrais que les noms que vous venez de prononcer avec tant de reconnaissance vous portassent bonheur.

— Merci, madame, dit la Lorraine avec un sourire de résignation amère ; j'avais un enfant... il est mort... Je suis poitrinaire condamnée, je n'ai plus besoin de rien.

— Quelle idée sinistre ! A votre âge... si jeune, il y a toujours de la ressource !

— Oh ! non, madame, je sais mon sort... je ne me plains pas ! J'ai vu encore cette nuit mourir une poitrinaire dans la salle... on meurt bien doucement, allez ! je vous remercie toujours de vos bontés.

— Vous vous exagérez votre état...

— Je ne me trompe pas, madame, je le sens bien ; mais, puisque vous êtes si bonne... une grande dame comme vous est toute-puissante...

— Parlez... dites... que voulez-vous ?

— J'avais demandé un service à Jeanne ; mais puisque, grâce à Dieu et à vous, elle s'en va...

— Eh bien, ce service, ne puis-je vous le rendre ?

— Certainement, madame... un mot de vous aux sœurs ou au médecin arrangerait tout.

— Ce mot, je le dirai, soyez-en sûre... De quoi s'agit-il ?

— Depuis que j'ai vu l'actrice qui est morte si tourmentée de la crainte d'être coupée en morceaux après sa mort, j'ai la même peur... Jeanne m'avait promis de réclamer mon corps et de me faire enterrer...

— Ah ! c'est horrible ! dit Clémence en frissonnant d'épouvante ; il faut venir ici pour savoir qu'il est encore pour les pauvres des misères et des terreurs même au delà de la tombe !...

— Pardon, madame, dit timidement la Lorraine ; pour une grande dame riche et heureuse comme vous méritez de l'être, cette demande est bien triste... je n'aurais pas dû la faire !

— Je vous en remercie, au contraire, mon enfant ; elle m'apprend une misère que j'ignorais, et cette science ne sera pas stérile... Soyez tranquille, quoique ce moment fatal soit bien éloigné d'ici, quand il arrivera, vous serez sûre de reposer en toute sainteté !

— Oh ! merci, madame ! s'écria la Lorraine ; si j'osais vous demander la permission de baiser votre main...

Clémence présenta sa main aux lèvres desséchées de la Lorraine.

— Oh ! merci, madame ! j'aurai quelqu'un à aimer et à bénir jusqu'à la fin... avec la Goualeuse... et je ne serai plus attristée pour après ma mort !

Ce détachement de la vie et les craintes d'outre-tombe avaient péniblement affecté madame d'Harville ; se penchant à l'oreille de la sœur, qui venait l'avertir que mademoiselle de Fermont avait complètement repris connaissance, elle lui dit :

— Est-ce que réellement l'état de cette jeune femme est désespéré ?

Et, d'un signe, elle lui indiqua le lit de la Lorraine.

— Hélas ! oui, madame ; la Lorraine est condamnée... elle n'a peut-être pas huit jours à vivre !

Une demi-heure après, madame d'Harville, accompagnée de M. de Saint-Remy, emmenait chez elle la jeune orpheline, à qui elle avait caché la mort de sa mère.

Le jour même, un homme de confiance de madame d'Harville, après avoir été visiter, rue de la Barillerie, la misérable demeure de Jeanne Duport, et avoir recueilli sur cette digne femme les meilleurs renseignements, loua aussitôt, sur le quai de l'École, deux grandes chambres et un cabinet bien aéré, meublé en deux heures de modeste mais salubre logis, et, grâce aux ressources instantanées du Temple, le soir même Jeanne Duport fut transportée dans cette demeure, où elle trouva ses enfants et une excellente garde-malade.

Le même homme de confiance fut chargé de réclamer et de faire enterrer le corps de la Lorraine, lorsqu'elle succomberait à sa maladie.

Après avoir conduit et installé chez elle mademoiselle de Fermont, madame d'Harville partit aussitôt pour Asnières, accompagnée de M. de Saint-Remy, afin d'aller chercher Fleur-de-Marie et de la conduire chez Rodolphe.

CHAPITRE X.

Espérance.

Les premiers jours du printemps approchaient, le soleil commençait à prendre un peu de force, le ciel était pur, l'air tiède... Fleur-de-Marie, appuyée sur le bras de la Louve, essayait ses forces en se promenant dans le jardin de la petite maison du docteur Griffon.

La chaleur vivifiante du soleil et le mouvement de la promenade coloraient d'une teinte rosée les traits pâles et amaigris de la Goualeuse ; ses vêtements de paysanne ayant été déchirés dans la précipitation des premiers secours qu'on lui avait donnés, elle portait une robe de mérinos d'un bleu foncé, faite en blouse, et seulement serrée autour de sa taille délicate et fine par une cordelière de laine.

— Quel bon soleil ! dit-elle à la Louve en s'arrêtant au pied d'une charmille d'arbres verts exposés au midi et qui s'arrondissaient autour d'un banc de pierre. Voulez-vous que nous nous asseyions un moment ici, la Louve ?

— Est-ce que vous avez besoin de me demander si je veux? répondit brusquement la femme de Martial en haussant les épaules.

Puis, ôtant de son cou un châle de bourre de soie, elle le ploya en quatre, s'agenouilla, le posa sur le sable un peu humide de l'allée, et dit à la Goualeuse :

— Mettez vos pieds là-dessus.

— Mais, la Louve, dit Fleur-de-Marie, qui s'était aperçue trop tard du dessein de sa compagne pour l'empêcher de l'exécuter; mais, la Louve, vous allez abîmer votre châle.

— Pas tant de raisons!... la terre est fraîche, dit la Louve.

Et, prenant d'autorité les petits pieds de Fleur-de-Marie, elle les posa sur le châle.

— Comme vous me gâtez, la Louve....

— Hum!... vous ne le méritez guère : toujours à vous débattre contre ce que je veux faire pour votre bien... Vous n'êtes pas fatiguée? Voilà une bonne demi-heure que nous marchons... Midi vient de sonner à Asnières.

— Je suis un peu lasse... mais je sens que cette promenade m'a fait du bien.

— Vous voyez... vous étiez lasse. Vous ne pouviez pas me demander plus tôt de vous asseoir?

— Ne me grondez pas; je ne m'apercevais pas de ma lassitude. C'est si bon de marcher quand on a été longtemps alitée... de voir le soleil, les arbres, la campagne, quand on a cru ne les revoir jamais!

— Le fait est que vous avez été dans un état désespéré durant deux jours. Pauvre Goualeuse... oui, on peut vous dire cela maintenant... on désespérait de vous.

— Et puis figurez-vous, la Louve, que me voyant sous l'eau... malgré moi je me suis rappelé qu'une méchante femme qui m'avait tourmentée quand j'étais petite me menaçait toujours de me jeter aux poissons. Plus tard elle avait encore voulu me noyer (1). Alors je me suis dit : Je n'ai pas de bonheur... c'est une fatalité, je n'y échapperai pas...

— Pauvre Goualeuse... ç'a été votre dernière idée quand vous vous êtes crue perdue?

— Oh! non... dit Fleur-de-Marie avec exaltation. Quand je me suis sentie mourir... ma dernière pensée a été pour celui que je regarde comme mon Dieu; de même qu'en me sentant renaître, ma première pensée s'est élevée vers lui...

— C'est plaisir de vous faire du bien, à vous... vous n'oubliez pas.

— Oh! non!... c'est si bon de s'endormir avec sa reconnaissance et de s'éveiller avec elle!

— Aussi on se mettrait dans le feu pour vous.

— Bonne Louve... Tenez, je vous assure qu'une des causes qui me rendent heureuse de vivre... c'est l'espoir de vous porter bonheur, d'accomplir ma promesse... vous savez nos châteaux en Espagne de Saint-Lazare?

— Quant à cela, il y a du temps de reste. Vous voilà sur pied, j'ai fait mes frais... comme dit mon homme.

— Pourvu que M. le comte de Saint-Remy me dise tantôt que le médecin me permet d'écrire à madame Georges! Elle doit être si inquiète! et peut-être M. Rodolphe aussi! ajouta Fleur-de-Marie en baissant les yeux et en rougissant de nouveau à la pensée de son Dieu. Peut-être ils me croient morte!

— Comme le croient aussi ceux qui vous ont fait noyer, pauvre petite. Oh! les brigands!

— Vous supposez donc toujours que ce n'est pas un accident, la Louve?

— Un accident! Oui, les Martial appellent ça des accidents... Quand je dis les Martial... c'est sans compter mon homme... car il n'est pas de la famille, lui... pas plus que ne le seront François et Amandine.

— Mais quel intérêt pouvait-on avoir à ma mort? je n'ai jamais fait de mal à personne... personne ne me connaît.

— C'est égal... si les Martial sont assez scélérats pour noyer quelqu'un, ils ne sont pas assez bêtes pour le faire sans avoir un intérêt. Quelques mots que la veuve a dits à mon homme dans la prison... me le prouvent bien.

— Il a donc été voir sa mère, cette femme terrible?

— Oui. Il n'y a plus d'espoir pour elle, ni pour Calebasse, ni pour Nicolas. On avait découvert tout ces choses: mais ce gueux de Nicolas, dans l'espoir d'avoir la vie sauve, a dénoncé sa mère et sa sœur pour un autre assassinat. Ça vaut qu'ils y passeront tous. L'avocat n'espère plus rien; les gens de la justice disent qu'il faut un exemple.

— Ah! c'est affreux! presque toute une famille.

— Oui, à moins que Nicolas ne s'évade. Il est dans la même prison qu'un monstre de bandit appelé le Squelette, qui machine un complot pour se sauver, lui et d'autres. C'est Nicolas qui a fait dire cela à Martial par un prisonnier sortant; car mon homme a été encore assez faible pour aller voir son gueux de frère à la Force. Alors, encouragé par cette visite, ce misérable, que l'enfer confonde! a eu le front de faire dire à mon homme que d'un moment à l'autre il pourrait s'échapper, et que Martial lui tienne prêt chez le père Micou de l'argent et des habits pour se déguiser.

— Votre Martial a si bon cœur!

(1) Dans une des caves submergées de Bras-Rouge, aux Champs-Élysées.

— Bon cœur tant que vous voudrez, la Goualeuse; mais que le diable me brûle si je laisse mon homme aider un assassin qui a voulu le tuer! Martial ne dénoncera pas le complot d'évasion, c'est déjà beaucoup... D'ailleurs, maintenant que vous voilà en santé, la Goualeuse, nous allons partir, moi, mon homme et les enfants, pour notre tour de France; nous ne remettrons jamais les pieds à Paris : c'était déjà bien assez pénible à Martial d'être appelé fils du guillotiné. Qu'est-ce que cela serait donc lorsque mère, frère et sœur y auraient passé?

— Vous attendrez au moins que j'aie parlé de vous à M. Rodolphe, si je le revois. Vous êtes revenue au bien, j'ai dit que je lui en serais récompensée, je veux tenir ma parole. Sans cela comment m'acquitterais-je envers vous? Vous m'avez sauvé la vie... et pendant ma maladie vous m'avez comblée de soins.

— Justement! maintenant j'aurais l'air intéressée, si je vous laissais demander quelque chose pour moi à vos protecteurs. Vous êtes sauvée... je vous répète que j'ai fait mes frais.

— Bonne Louve... rassurez-vous... ce n'est pas vous qui serez intéressée, c'est moi qui serai reconnaissante.

— Écoutez donc! dit tout d'un coup la Louve en se levant, on dirait le bruit d'une voiture. Oui... oui, elle approche; tenez, la voilà; l'avez-vous vue passer devant la grille? il y a une femme dedans.

— Oh! mon Dieu! s'écria Fleur-de-Marie avec émotion, il m'a semblé reconnaître...

— Qui donc?

— Une jeune et jolie dame que j'ai vue à Saint-Lazare, et qui a été bien bonne pour moi.

— Elle sait donc que vous êtes ici?

— Je l'ignore; mais elle connaît la personne dont je vous parlais toujours, et qui, si elle le veut, et elle le voudra, je l'espère, pourra réaliser nos châteaux en Espagne de la prison.

— Une place de garde-chasse pour mon homme, avec une cabane pour nous au milieu des bois, dit la Louve en soupirant. Tout ça c'est des féeries... trop beau, cela ne peut pas arriver.

Un bruit de pas précipités se fit entendre derrière la charmille; François et Amandine, qui, grâce aux bontés du comte de Saint-Remy, n'avaient pas quitté la Louve, arrivèrent essoufflés en criant :

— La Louve, voici une dame avec M. de Saint-Remy; ils demandent à voir tout de suite Fleur-de-Marie.

— Je ne m'étais pas trompée! dit la Goualeuse.

Presque au même instant parut M. de Saint-Remy, accompagné de madame d'Harville.

À peine celle-ci eut-elle aperçu Fleur-de-Marie, qu'elle s'écria en courant à elle et en la serrant tendrement entre ses bras :

— Pauvre chère enfant... vous voilà... Ah!... sauvée!... sauvée miraculeusement d'une horrible mort... Avec quel bonheur je vous retrouve... moi qui, ainsi que vos amis, vous avais crue perdue... vous avais tant regrettée!

— Je suis aussi bien heureuse de vous revoir, madame; car je n'ai jamais oublié vos bontés pour moi, dit Fleur-de-Marie en répondant aux tendresses de madame d'Harville avec une grâce et une modestie charmantes.

— Ah! vous ne savez pas quelle sera la surprise, la folle joie de vos amis... qui à cette heure vous pleurent si amèrement...

Fleur-de-Marie, prenant par la main la Louve, qui s'était retirée à l'écart, dit à madame d'Harville en la lui présentant :

— Puisque mon saint est si cher à mes bienfaiteurs, madame, permettez-moi de vous demander leurs bontés pour ma compagne, qui m'a sauvée au risque de sa vie...

— Soyez tranquille, mon enfant... vos amis prouveront à la brave Louve qu'ils savent que c'est à elle qu'ils doivent le bonheur de vous revoir.

La Louve, rouge, confuse n'osant ni répondre ni lever les yeux sur madame d'Harville, tant la présence d'une femme de cette dignité lui imposait, n'avait pu cacher son étonnement en entendant Clémence prononcer son nom.

— Mais il n'y a pas un moment à perdre, reprit la marquise. Je meurs d'impatience de vous emmener, Fleur-de-Marie; j'ai apporté dans ma voiture un châle, un manteau bien chaud; venez, venez, mon enfant...

Puis, s'adressant au comte : Serez-vous assez bon pour donner mon adresse à cette courageuse femme, afin qu'elle puisse demain faire ses adieux à Fleur-de-Marie? De la sorte vous serez bien forcée de venir nous voir, ajouta madame d'Harville en s'adressant à la Louve.

— Oh! madame, j'irai bien sûr, répondit celle-ci, puisque ce sera pour dire adieu à la Goualeuse; j'aurais trop de chagrin de ne pouvoir pas l'embrasser encore une fois.

Quelques minutes après, madame d'Harville et la Goualeuse étaient sur la route de Paris.

Rodolphe, après avoir assisté à la mort de Jacques Ferrand si terriblement puni de ses crimes, était rentré chez lui dans un accablement inexplicable.

Ensuite d'une longue et pénible nuit d'insomnie, il avait mandé près de lui sir Walter Murph, pour confier à ce vieux et fidèle ami l'écrasante découverte de la veille au sujet de Fleur-de-Marie.

Le digne squire fut atterré; mieux que personne il pouvait comprendre et partager l'immensité de la douleur du prince.

Celui-ci, pâle, abattu, les yeux rougis par des larmes récentes, venait de faire à Murph cette poignante révélation.

— Du courage! dit le squire en essuyant ses yeux; car, malgré son flegme, il avait aussi pleuré. Oui, du courage... monseigneur! beaucoup de courage!... Pas de vaines consolations... ce chagrin doit être incurable.

— Tu as raison... Ce que je ressentais hier n'est rien auprès de ce que je ressens aujourd'hui...

— Hier, monseigneur... vous éprouviez l'étourdissement de ce coup; mais sa réaction vous sera ce jour un jour plus douloureuse... Ainsi donc, du courage!... L'avenir est triste... bien triste...

— Et puis hier... le mépris et l'horreur que m'inspiraient cette femme... mais que Dieu en ait pitié!... elle est à cette heure devant lui... hier enfin, la surprise, la haine, l'effroi, tant de passions violentes refoulaient en moi ces élans de tendresse désespérée... qu'à présent je ne contiens plus... A peine si je pouvais pleurer... Au moins maintenant... auprès de toi... je le peux... Tiens, tu vois... je suis sans forces... je suis lâche, pardonne-moi. Des larmes... encore... toujours... O mon enfant!... mon pauvre enfant!...

— Pleurez, pleurez, monseigneur... hélas! la perte est irréparable.

— Et tant d'atroces misères à lui faire oublier! s'écria Rodolphe avec un accent déchirant, après ce qu'elle a souffert!... Songe au sort qui l'attendait!

— Peut-être cette transition eût-elle été trop brusque pour cette infortunée, déjà si cruellement éprouvée?

— Oh! non... non!... si... si tu savais avec quels ménagements... avec quelle réserve je lui aurais appris sa naissance!... Comme je l'aurais doucement préparée à cette révélation. C'était si simple... si facile... Oh! s'il ne s'était agi que de cela, vois-tu, ajouta le prince avec un sourire navrant, j'aurais été bien tranquille et pas embarrassé. Me mettant à genoux devant cette enfant idolâtrée, je lui aurais dit : Toi qui as été jusqu'ici si torturée... sois enfin heureuse... et pour toujours heureuse... Tu es ma fille... Mais non. dit Rodolphe en se reprenant, non... cela aurait été trop brusque, trop imprévu... Oui! je me serais donc bien contenu, et je lui aurais dit d'un air calme : Mon enfant, il faut que je vous apprenne une chose qui va bien vous étonner... Mon Dieu! oui... figurez-vous qu'on a retrouvé les traces de vos parents... votre père existe... et votre père... c'est moi. Ici le prince s'interrompit de nouveau, non, non! c'est encore trop brusque, trop prompt... mais ce n'est pas ma faute, cette révélation me vient tout de suite aux lèvres... c'est qu'il faut tant d'empire sur soi... tu comprends, mon ami, tu comprends.. Être là, devant sa fille, et se contraindre! Puis, se laissant emporter à un nouvel accès de désespoir, Rodolphe s'écria : Mais à quoi bon, à quoi bon ces vaines paroles? Je n'aurai plus jamais rien à lui dire. Oh! ce qui est affreux, affreux à penser, vois-tu? c'est de penser que j'ai eu ma fille près de moi... pendant tout un jour... oui, pendant ce jour à jamais maudit et sacré où je l'ai conduite à la ferme, ce jour où les trésors de son âme angélique se sont révélés à moi dans toute leur pureté! J'assistais au réveil de cette nature adorable... et rien dans mon cœur ne me disait : C'est ta fille... Rien... rien... O aveugle, barbare, stupide que j'étais!... Je ne devinais pas... Oh! j'étais indigne d'être père!

— Mais, monseigneur...

— Mais enfin... s'écria le prince, a-t-il dépendu de moi, oui ou non, de la jamais quitter! Pourquoi ne l'ai-je pas adoptée, non qui depuis ne m'a tant ma fille? Pourquoi, au lieu d'envoyer cette malheureuse enfant chez madame Georges, ne l'ai-je pas gardée près de moi?... Aujourd'hui je n'aurais qu'à lui tendre les bras... Pourquoi n'ai-je pas fait cela? pourquoi? Ah! parce qu'on ne fait jamais le bien qu'à demi, parce qu'on n'apprécie les merveilles que lorsqu'elles ont lui et disparu pour toujours... parce qu'au lieu d'élever tout de suite à sa véritable hauteur cette admirable jeune fille qui, malgré la misère, l'abandon, était, par l'esprit et par le cœur, plus grande, plus noble peut-être qu'elle ne le fût jamais devenue par les avantages de la naissance et de l'éducation... j'ai cru faire beaucoup pour elle en la plaçant dans une ferme... auprès de bonnes gens... comme j'aurais fait pour la première mendiante intéressante qui se serait trouvée sur ma route... C'est ma faute... ma faute... Si j'avais fait cela, elle ne serait pas morte... Oh! si... Je suis bien puni... je l'ai mérité... Mauvais fils... mauvais père!...

Murph savait que de pareilles douleurs sont inconsolables; il se tut.

Après un assez long silence, Rodolphe reprit d'une voix altérée :

— Je ne resterai pas ici, Paris m'est odieux... demain je pars...

— Vous avez raison, monseigneur.

— Nous ferons un détour, je m'arrêterai à la ferme de Bouqueval... J'irai m'enfermer quelques heures dans la chambre où ma fille a passé les seuls jours heureux de sa triste vie... Là on recueillera avec religion tout ce qui reste d'elle... les livres où elle commençait à lire... les cahiers où elle a écrit... les vêtements qu'elle a portés... tout... jusqu'aux meubles... jusqu'aux tentures de cette chambre, dont je prendrai moi-même un dessin exact... Et à Gerolstein... dans le parc réservé où j'ai fait élever un monument à la mémoire de mon père outragé... je ferai construire une petite maison où se trouvera cette chambre... là j'irai pleurer ma fille... De ces deux funèbres monuments, l'un me rappellera mon crime envers mon père, l'autre le châtiment qui m'a frappé dans mon enfant... Après un nouveau silence, Rodolphe ajouta : Ainsi donc, que tout soit prêt... demain matin...

Murph, voulant essayer de distraire un moment le prince de ses sinistres pensées, lui dit :

— Tout sera prêt, monseigneur; seulement vous oubliez que demain devait avoir lieu à Bouqueval le mariage du fils de madame Georges et de Rigolette... Non-seulement vous avez assuré l'avenir de Germain et doté magnifiquement sa fiancée... mais vous leur avez promis d'assister à leur mariage comme témoin... Alors seulement ils devaient savoir le nom de leur bienfaiteur.

— Il est vrai, j'ai promis cela... Ils sont à la ferme... et je ne puis y aller demain... sans assister à cette fête... et, je l'avoue, je n'aurai pas ce courage...

— La vue du bonheur de ces jeunes gens calmerait peut-être un peu votre chagrin.

— Non, non, la douleur est solitaire et égoïste... Demain tu iras m'excuser et me représenter auprès d'eux, tu prieras madame Georges de rassembler tout ce qui a appartenu à ma fille... On fera faire le dessin de sa chambre et on me l'enverra en Allemagne.

— Partirez-vous donc aussi, monseigneur, sans voir madame la marquise d'Harville?

Au souvenir de Clémence, Rodolphe tressaillit... ce sincère amour vivait toujours en lui, ardent et profond... mais dans ce moment il était pour ainsi dire noyé sous le flot d'amertume dont son cœur était inondé.

Par une contradiction bizarre, le prince sentait que la tendre affection de madame d'Harville aurait pu seule lui aider à supporter le malheur qui le frappait, et il se reprochait cette pensée comme indigne de la rigidité de sa douleur paternelle.

— Je partirai sans voir madame d'Harville, répondit Rodolphe. Il y a peu de jours, je lui écrivais la peine que me causait la mort de Fleur-de-Marie. Quand elle saura que Fleur-de-Marie était ma fille, elle comprendra qu'il est de ces douleurs ou plutôt de ces punitions fatales qu'il faut avoir le courage de subir seul... oui, seul, pour qu'elles soient expiatoires... et elle est terrible, l'expiation que la fatalité m'impose, terrible! car elle commence... pour moi... à l'heure où le déclin de la vie commence aussi.

On frappa légèrement et discrètement à la porte du cabinet de Rodolphe, qui fit un mouvement d'impatience chagrine.

Murph se leva et alla ouvrir.

A travers la porte entre-bâillée, un aide de camp du prince dit au squire quelques mots à voix basse. Celui-ci répondit par un signe de tête, et, se tournant vers Rodolphe :

— Monseigneur me permet-il de m'absenter un moment? Quelqu'un veut me parler à l'instant même pour le service de Votre Altesse-Royale.

— Va... répondit le prince.

A peine Murph fut-il parti, que Rodolphe, cachant sa figure dans ses mains, poussa un long gémissement.

— Oh! s'écria-t-il, ce que je ressens m'épouvante... Mon âme déborde de fiel et de haine; la présence de mon meilleur ami me pèse... le souvenir d'un noble et pur amour m'importune et me trouble, et puis... cela est lâche et indigne, mais hier j'ai appris avec une joie barbare la mort de Sarah, de cette mère dénaturée qui a causé la perte de ma fille; je me plais à retracer l'horrible agonie du monstre qui a fait tuer mon enfant. O rage! je suis arrivé trop tard! s'écria-t-il en bondissant sur son fauteuil. Pourtant, hier, je ne souffrais pas cela, et hier comme aujourd'hui je savais ma fille morte... Oh! oui, mais je ne me disais pas ces mots qui désormais empoisonneront ma vie : J'ai vu ma fille, je lui ai parlé, je l'ai entendue tout ce qu'il y avait d'adorable en elle. Oh! que de temps j'ai perdu à cette ferme! Quand je songe que je n'y suis allé que trois fois... oui, pas plus. Et je pouvais y aller tous les jours... voir ma fille tous les jours... Que dis-je! la garder à jamais près de moi. Oh! tel sera mon supplice... de me répéter cela toujours... toujours!

Et le malheureux trouvait une volupté cruelle à revenir à cette pensée désolante et sans issue; car le propre des grandes douleurs est de s'aviver incessamment par de terribles redites.

Tout à coup la porte du cabinet s'ouvrit, et Murph entra très-pâle, si pâle, que le prince se leva à demi et s'écria :

— Murph, qu'as-tu?

— Rien, monseigneur...

— Tu es pâle, pourtant.

— C'est... l'étonnement.

— Quel étonnement?

— Madame d'Harville!

— Madame d'Harville, grand Dieu! un nouveau malheur!...

— Non, non, monseigneur, rassurez-vous, elle est... là... dans le salon de service.

— Elle... ici... elle chez moi, c'est impossible!...

— Aussi, monseigneur... vous dis-je... la surprise.

— Une telle démarche de sa part... Mais qu'y a-t-il donc au nom du ciel?

— Je ne sais... mais je ne puis me rendre compte de ce que j'éprouve...

— Tu me caches quelque chose?
— Sur l'honneur, monseigneur... sur l'honneur... non... je ne sais que ce que madame la marquise m'a dit.
— Mais que t'a-t-elle dit?
« — Sir Walter, et sa voix était émue, mais son regard rayonnait de joie, ma présence ici doit vous étonner beaucoup. Mais il est certaines circonstances si impérieuses, qu'elles laissent peu le temps de songer aux convenances. Priez Son Altesse de m'accorder à l'instant quelques moments d'entretien en votre présence, car je sais que le prince n'a pas au monde de meilleur ami que vous J'aurais pu lui demander de me faire la grâce de venir chez moi; mais c'eût été un retard d'une heure peut-être, et le prince me saura gré de n'avoir pas retardé d'une minute cette entrevue..... » a-t-elle ajouté avec une expression qui m'a fait tressaillir.
— Mais, dit Rodolphe d'une voix altérée, et devenant plus pâle encore que Murph, je ne devine pas la cause de ton trouble... de... ton émotion... de... ta pâleur..... il y a autre chose..... Cette entrevue.
— Sur l'honneur, je ne... sais rien de plus. Ces seuls mots de la marquise m'ont bouleversé. Pourquoi? je l'ignore... Mais vous-même, vous êtes bien pâle, monseigneur.
— Moi! dit Rodolphe en s'appuyant sur son fauteuil, car il sentait ses genoux se dérober sous lui.
— Je vous dis, monseigneur, que vous êtes aussi bouleversé que moi. Qu'avez-vous?
— Dussé-je mourir sous le coup... prie madame d'Harville d'entrer, s'écria le prince.
Par une sympathie étrange, la visite si inattendue, si extraordinaire de madame d'Harville, avait éveillé chez Murph et chez Rodolphe une même vague et folle espérance; mais cet espoir leur semblait si insensé, que ni l'un ni l'autre n'avaient voulu se l'avouer. Madame d'Harville, suivie de Murph, entra dans le cabinet du prince.

CHAPITRE XI.

Le père et la fille.

Ignorant, nous l'avons dit, que Fleur-de-Marie fût la fille du prince, madame d'Harville, toute à la joie de lui ramener sa protégée, avait cru pouvoir la lui présenter presque sans ménagements; seulement, elle l'avait laissée dans sa voiture, ignorant si Rodolphe voulait se faire connaître à cette jeune fille et la recevoir chez lui. Mais s'apercevant de la profonde altération des traits de Rodolphe, qui trahissaient un morne désespoir; remarquant dans ses yeux les traces récentes de quelques larmes, Clémence pensa qu'il avait été frappé par un malheur bien plus cruel pour lui que la mort de la Goualeuse; ainsi, oubliant l'objet de sa visite, elle s'écria : — Grand Dieu! monseigneur... qu'avez-vous?

— Vous l'ignorez, madame?... Ah! tout espoir est perdu... Votre empressement... l'entretien que vous m'avez si instamment demandé... j'avais cru..
— Oh! je vous en prie, ne parlons pas du sujet qui m'amenait ici, monseigneur... Au nom de mon père, dont vous avez sauvé la vie. j'ai presque droit de vous demander la cause de la désolation où vous êtes plongé... Votre abattement, votre pâleur m'épouvantent... Oh! parlez, monseigneur... soyez généreux... parlez, ayez pitié de mes angoisses...
— A quoi bon, madame? ma blessure est incurable.
— Ces mots redoublent mon effroi, monseigneur; expliquez-vous..... Sir Walter..... mon Dieu, qu'y a-t-il?
— Eh bien, dit Rodolphe d'une voix entrecoupée, en faisant un violent effort sur lui-même, depuis que je vous ai instruite de la mort de Fleur-de-Marie, j'ai appris qu'elle était ma fille.
— Fleur-de-Marie!... votre fille? s'écria Clémence avec un accent impossible à rendre.
— Oui. Et tout à l'heure, quand vous m'avez fait dire que vous vouliez me voir à l'instant, pour m'apprendre une nouvelle qui me comblerait de joie, ayez pitié de ma faiblesse, mais un père, fou de douleur d'avoir perdu son enfant, est capable des plus folles espérances; un moment j'avais cru que... mais non, non, je le vois, je m'étais trompé. Pardonnez-moi, je ne suis qu'un misérable insensé.
Rodolphe, épuisé par le contre-coup d'un fugitif espoir et d'une déception écrasante, retomba sur son siège en cachant sa figure dans ses mains.
Madame d'Harville restait stupéfaite, immobile, muette, respirant à peine, tour à tour en proie à une joie enivrante, à la crainte de l'effet foudroyant de la révélation qu'elle devait faire au prince, exaltée enfin par une religieuse reconnaissance envers la Providence, qui la chargeait, elle... elle... d'annoncer à Rodolphe que sa fille vivait, et qu'elle le lui ramenait...
Clémence, agitée par ces émotions si violentes, si diverses, ne pouvait trouver une parole.
Murph, après avoir un moment partagé la folle espérance du prince, semblait aussi accablé que lui.
Tout à coup la marquise, cédant à un mouvement subit, involontaire, oubliant la présence de Murph et de Rodolphe, s'agenouilla, joignit les mains, et s'écria avec l'expression d'une piété fervente et d'une gratitude ineffable :
— Merci !... mon Dieu... soyez béni !... je reconnais votre volonté toute-puissante... merci encore, car vous m'avez choisie... pour lui apprendre que sa fille est sauvée !...
Quoique dits à voix basse, ces mots, prononcés avec un accent de sin-

Jacques Ferrand.

cérité et de sainte exaltation, arrivèrent aux oreilles de Murph et du prince.

Celui-ci redressa vivement la tête au moment où Clémence se relevait.

Il est impossible de dire le regard, le geste, l'expression de la physionomie de Rodolphe en contemplant madame d'Harville, dont les traits adorables, empreints d'une joie céleste, rayonnaient en ce moment d'une beauté surhumaine.

Appuyée d'une main sur le marbre d'une console, et comprimant sous son autre main les battements précipités de son sein, elle répondit par un signe de tête affirmatif à un regard de Rodolphe qu'il faut encore renoncer à rendre.

— Et où est-elle? dit le prince en tremblant comme la feuille.
— En bas, dans ma voiture.

Sans Murph, qui, prompt comme l'éclair, se jeta au-devant de Rodolphe, celui-ci sortait éperdu.

— Monseigneur, vous la tueriez! s'écria le squire en retenant le prince.

— D'hier seulement elle est convalescente. Au nom de sa vie, pas d'imprudence, monseigneur, ajouta Clémence.

— Vous avez raison, dit Rodolphe en se contenant à peine, vous avez raison, je serai calme, je ne la verrai pas encore, j'attendrai que ma première émotion soit apaisée. Ah! c'est trop, trop en un jour! ajouta-t-il d'une voix altérée. Puis, s'adressant à madame d'Harville et lui tendant la main, il s'écria, dans une effusion de reconnaissance indicible : Je suis pardonné... vous êtes l'ange de la rédemption.

— Monseigneur, vous m'avez rendu mon père, Dieu veut que je vous ramène votre enfant, répondit Clémence. Mais, à mon tour, je vous demande pardon de ma faiblesse. Cette révélation si subite, si inattendue, m'a bouleversée. J'avoue que je n'aurais pas le courage d'aller chercher Fleur-de-Marie, mon émotion l'effrayerait.

— Et comment l'a-t-on sauvée? qui l'a sauvée? s'écria Rodolphe. Voyez mon ingratitude, je ne vous avais pas encore fait cette question.

— Au moment où elle se noyait, elle a été retirée de l'eau par une femme courageuse.
— Vous la connaissez?
— Demain elle viendra chez moi.
— La dette est immense, dit le prince, mais je saurai l'acquitter.
— Comme j'ai été bien inspirée, mon Dieu, en n'amenant pas Fleur-de-Marie avec moi! dit la marquise, cette scène lui eût été funeste.
— Il est vrai, madame, dit Murph, c'est un hasard providentiel qu'elle ne soit pas ici.
— J'ignorais si monseigneur désirait être connu d'elle, et je n'ai pas voulu la lui présenter sans le consulter.
— Maintenant, dit le prince, qui avait passé pour ainsi dire quelques minutes à combattre, à vaincre son agitation, et dont les traits semblaient presque calmes, maintenant je suis maître de moi, je vous l'assure. Murph, va chercher ma fille.

Ces mots, *ma fille*, furent prononcés par le prince avec un accent que nous ne saurions non plus exprimer.

— Monseigneur, êtes-vous bien sûr de vous? dit Clémence. Pas d'imprudence.

— Oh! soyez tranquille, je sais le danger qu'il y aurait pour elle. Je ne l'y exposerai pas. Mon bon Murph, je t'en supplie, va, va!

— Rassurez-vous, madame, reprit le squire, qui avait attentivement observé le prince, elle peut venir, monseigneur se contiendra.

— Alors va, va donc vite, mon vieil ami.

— Oui, monseigneur, je vous demande seulement une minute, on n'est pas de fer, dit le brave gentilhomme en essuyant la trace de ses larmes; il ne faut pas qu'elle voie que j'ai pleuré.

— Excellent homme! reprit Rodolphe en serrant la main de Murph dans les siennes.

— Allons, allons, monseigneur, m'y voilà... je ne voulais pas traverser le salon de service éploré comme une Madeleine.

Et le squire fit un pas pour sortir; puis, se ravisant :

— Mais, monseigneur, que lui dirai-je?

— Oui, que dira-t-il? demanda le prince à Clémence.

— Que M. Rodolphe désire la voir, rien de plus, ce me semble?

— Sans doute : que M. Rodolphe désire la voir... rien de plus... Allons, va, va.

— C'est certainement ce qu'il y a de mieux à lui dire, reprit le squire, qui se sentait au moins aussi impressionné que madame d'Harville. Je lui dirai simplement que M. Rodolphe désire la voir. Cela ne lui fera rien préjuger, rien prévoir; c'est ce qu'il y a de plus raisonnable, en effet.

Et Murph ne bougeait pas.

— Sir Walter, lui dit Clémence en souriant, vous avez peur.

— C'est vrai, madame la marquise; malgré mes six pieds et mon épaisse enveloppe, je suis encore sous le coup d'une émotion profonde.

— Mon ami, prends garde, lui dit Rodolphe; attends plutôt un moment encore, si tu n'es pas sûr de toi.

— Allons, allons, cette fois, monseigneur, j'ai pris le dessus, dit le squire, après avoir passé sur ses yeux ses deux poings d'Hercule; il est évident qu'à mon âge cette faiblesse est parfaitement ridicule. Ne craignez rien, monseigneur.

Et Murph sortit d'un pas ferme, le visage impassible.

Un moment de silence suivit son départ.

Alors Clémence songea en rougissant qu'elle était chez Rodolphe, seule avec lui. Le prince s'approcha d'elle et lui dit presque timidement :

— Si je choisis ce jour, ce moment, pour vous faire un aveu sincère, c'est que la solennité de ce jour, de ce moment, ajoutera encore à la gravité de cet aveu. Depuis que je vous ai vue, je vous aime. Tant que j'ai dû cacher cet amour, je l'ai caché : maintenant vous êtes libre, vous m'avez rendu ma fille, voulez-vous être sa mère?

La toilette. — PAGE 351.

— Moi, monseigneur! s'écria madame d'Harville. Que dites-vous?
— Je vous en supplie, ne me refusez pas ; faites que ce jour décide du bonheur de toute ma vie, reprit tendrement Rodolphe.

Clémence aussi aimait le prince depuis longtemps avec passion ; elle croyait rêver : l'aveu de Rodolphe, cet aveu à la fois si simple, si grave et si touchant, fait dans une telle circonstance, la transportait d'un bonheur inespéré ; elle répondit en hésitant : — Monseigneur, c'est à moi de vous rappeler la distance de nos conditions, l'intérêt de votre souveraineté.

— Laissez-moi songer avant tout à l'intérêt de mon cœur, à celui de ma fille chérie ; rendez-nous bien heureux, oh! bien heureux, elle et moi ; faites que moi, qui tout à l'heure étais sans famille, je puisse maintenant dire ma femme, ma fille ; faites enfin que cette pauvre enfant qui, elle aussi, tout à l'heure était sans famille, puisse dire... mon père, ma mère, ma sœur, car vous avez une fille qui deviendra la mienne.

— Ah! monseigneur, à de si nobles paroles on ne peut répondre que par des larmes de reconnaissance, s'écria Clémence Puis, se contraignant, elle ajouta : Monseigneur, on vient, c'est votre fille.

— Oh! ne me refusez pas, reprit Rodolphe d'une voix émue et suppliante, au nom de mon amour, dites... notre fille.

— Eh bien! notre fille, murmura Clémence au moment où Murph, ouvrant la porte, introduisit Fleur-de-Marie dans le salon du prince.

La jeune fille, descendue de la voiture de la marquise devant le péristyle de cet immense hôtel, avait traversé une première antichambre remplie de valets de pied en grande livrée, une salle d'attente où se tenaient des valets de chambre, puis le salon des huissiers, et enfin le salon de service, occupé par un chambellan et les aides de camp du prince en grand uniforme. Qu'on juge de l'étonnement de la pauvre Goualeuse, qui ne connaissait pas d'autres splendeurs que celle de la ferme de Bouqueval, en traversant ces appartements princiers, étincelants d'or, de glaces et de peintures.

Dès qu'elle parut, madame d'Harville courut à elle, la prit par la main, et, l'entourant d'un de ses bras comme pour la soutenir, la conduisit à Rodolphe, qui, debout près de la cheminée, n'avait ou faire un pas.

Murph, après avoir confié Fleur-de-Marie à madame d'Harville, s'était hâté de disparaître à demi derrière un des immenses rideaux de la fenêtre, ne se trouvant pas suffisamment sûr de lui.

A la vue de son bienfaiteur, de son sauveur, de son Dieu... qui la contemplait dans une muette extase, Fleur-de-Marie, déjà si troublée, se mit à trembler.

— Rassurez-vous... mon enfant, lui dit madame d'Harville, voilà votre ami... M. Rodolphe, qui vous attendait impatiemment... il a été bien inquiet de vous.

— Oh!... oui... bien... bien... balbutia Rodolphe toujours immobile et dont le cœur se fondait en larmes à l'aspect du pâle et doux visage de sa fille.

Aussi, malgré sa résolution, le prince fut-il un moment obligé de détourner la tête pour cacher son attendrissement.

— Tenez, mon enfant, vous êtes encore bien faible, asseyez-vous là, dit Clémence pour détourner l'attention de Fleur-de-Marie ; et elle la conduisit vers un grand fauteuil de bois doré, dans lequel la Goualeuse s'assit avec précaution.

Son trouble augmentait de plus en plus ; elle était oppressée, la voix lui manquait ; elle se désolait de n'avoir encore pu dire un mot de gratitude à Rodolphe.

Enfin, sur un signe de madame d'Harville, qui, accoudée au dossier du fauteuil, était penchée vers Fleur-de-Marie et tenait une de ses mains dans les siennes, le prince s'approcha doucement de l'autre côté du siège. Plus maître de lui, il dit alors à Fleur-de-Marie, qui tourna vers lui un visage enchanteur :

— Enfin, mon enfant, vous voilà pour jamais réunie à vos amis!... Vous ne les quitterez plus... Il faut surtout maintenant oublier ce que vous avez souffert.

— Oui, mon enfant, le meilleur moyen de nous prouver que vous nous aimez, ajouta Clémence, c'est d'oublier ce triste passé.

— Croyez, monsieur Rodolphe... croyez, madame, que si j'y songeais quelquefois malgré moi, ce serait pour me dire que sans vous... je serais encore bien malheureuse.

— Oui ; mais nous ne ferons en sorte que vous n'ayez plus de ces sombres pensées. Notre tendresse ne vous en laissera pas le temps, ma chère Marie, reprit Rodolphe, car vous savez que je vous ai donné ce nom... à la ferme.

— Oui, monsieur Rodolphe. Et madame Georges, qui m'avait permis de l'appeler... ma mère, se porte-t-elle bien?

— Très-bien, mon enfant... Mais j'ai d'importantes nouvelles à vous apprendre.

— A moi, monsieur Rodolphe?

— Depuis que je vous ai vue... on a fait de grandes découvertes sur... sur... votre naissance.

— Sur ma naissance?

— On a su quels étaient vos parents. On connaît votre père.

Rodolphe avait tant de larmes dans la voix en prononçant ces mots, que Fleur-de-Marie, très-émue, se retourna vivement vers lui ; heureusement qu'il put détourner la tête.

Un autre incident semi-burlesque vint encore distraire la Goualeuse et l'empêcher de trop remarquer l'émotion de son père : le digne squire, qui ne sortait pas de derrière son rideau et semblait attentivement regarder le jardin de l'hôtel, ne put s'empêcher de se moucher avec un bruit formidable, car il pleurait comme un enfant.

— Oui, ma chère Marie, se hâta de dire Clémence, on connaît votre père... il existe.

— Mon père! s'écria la Goualeuse avec une expression qui mit le courage de Rodolphe à une nouvelle épreuve.

— Et un jour... reprit Clémence, bientôt peut-être... vous le verrez. Ce qui vous étonnera sans doute, c'est qu'il est d'une très-haute condition... d'une grande naissance.

— Et ma mère, madame, la verrai-je?

— Votre père répondra à cette question, mon enfant... mais ne serez-vous pas bien heureuse de le voir?

— Oh! oui, répondit Fleur-de-Marie en baissant les yeux.

— Combien vous l'aimerez, quand vous le connaîtrez! dit la marquise.

— De ce jour-là... une nouvelle vie commencera pour vous, n'est-ce pas, Marie? ajouta le prince.

— Oh! non, monsieur Rodolphe, répondit naïvement la Goualeuse. Ma nouvelle vie a commencé du jour où vous avez eu pitié de moi... où vous m'avez envoyée à la ferme.

— Mais votre père... vous chérit, dit le prince.

— Je ne le connais pas... et je vous dois tout... monsieur Rodolphe.

— Ainsi... vous... m'aimez... autant... plus peut-être que vous n'aimeriez votre père?

— Je vous bénis et je vous respecte comme Dieu, monsieur Rodolphe, parce que vous avez fait pour moi ce que Dieu seul aurait pu faire, répondit la Goualeuse avec exaltation, oubliant sa timidité habituelle. Quand madame a eu la bonté de me parler à la prison, je le lui ai dit, ainsi que je le disais à tout le monde... oui, monsieur Rodolphe, aux personnes qui étaient bien malheureuses, je disais : Espérez, M. Rodolphe soulage les malheureux. A celles qui hésitaient entre le bien et le mal, je disais : Courage, soyez bonnes, M. Rodolphe récompense ceux qui sont bons. A celles qui étaient méchantes, je disais : Prenez garde, M. Rodolphe punit les méchants. Enfin, quand j'ai cru mourir, je me suis dit : Dieu aura pitié de moi, car M. Rodolphe m'a jugée digne de son intérêt.

Fleur-de-Marie, entraînée par sa reconnaissance envers son bienfaiteur, avait surmonté sa crainte, un léger incarnat colorait ses joues, et ses beaux yeux bleus, qu'elle levait au ciel comme si elle eût prié, brillaient du plus doux éclat.

Un silence de quelques secondes succéda aux paroles enthousiastes de Fleur-de-Marie : l'émotion des acteurs de cette scène était profonde.

— Je vois, mon enfant, reprit Rodolphe, pouvant à peine contenir sa joie, que dans votre cœur j'ai à peu près pris la place de votre père.

— Ce n'est pas ma faute, monsieur Rodolphe. C'est peut-être mal à moi... mais je vous l'ai dit, je vous connais et je ne connais pas mon père ; et elle ajouta en baissant la tête avec confusion : et puis, enfin, vous savez le passé... monsieur Rodolphe, et malgré cela vous m'avez comblée de bontés ; mais mon père ne le sait pas, lui... ce passé. Peut-être regrettera-t-il de m'avoir retrouvée, ajouta la malheureuse enfant en frissonnant, et puisqu'il est, comme le dit madame... d'une grande naissance... sans doute il aura honte... il rougira de moi.

— Rougir de vous! s'écria Rodolphe en se redressant le front altier, le regard orgueilleux. Rassurez-vous, pauvre enfant, votre père vous fera une position si brillante, si haute, que les plus grands parmi les grands de ce monde ne vous regarderont désormais qu'avec un profond respect. Rougir de vous! non... non. Après les reines, auxquelles vous êtes alliée par le sang... vous marcherez de pair avec les plus nobles princesses de l'Europe.

— Monseigneur! s'écrièrent à la fois Murph et Clémence, effrayés de l'exaltation de Rodolphe et de la pâleur croissante de Fleur-de-Marie, qui regardait son père avec stupeur.

— Rougir de toi! continua-t-il, oh! si j'ai jamais été heureux et fier de mon rang souverain... c'est parce que, grâce à ce rang, je puis t'élever autant que tu as été abaissée... entends-tu, mon enfant chérie... ma fille adorée?... car c'est moi... c'est moi qui suis ton père!

Et le prince, ne pouvant vaincre plus longtemps son émotion, se jeta aux pieds de Fleur-de-Marie, qu'il couvrit de larmes et de caresses.

— Soyez béni, mon Dieu! s'écria Fleur-de-Marie en joignant les mains. Il m'était permis d'aimer mon bienfaiteur autant que je l'aimais... C'est mon père, je pourrai le chérir sans remords... Soyez... béni... mon...

Elle ne put achever... la secousse était trop violente ; Fleur-de-Marie s'évanouit entre les bras du prince.

Murph courut à la porte du salon de service, l'ouvrit et dit :
— Le docteur David... à l'instant... pour Son Altesse Royale... quelqu'un se trouve mal.

— Malédiction sur moi!... je l'ai tuée, s'écria Rodolphe, en sanglotant agenouillé devant sa fille. Marie... mon enfant... écoute-moi... c'est ton père... Pardon... oh! pardon... de n'avoir pu retenir plus longtemps ce secret... Je l'ai tuée... mon Dieu! je l'ai tuée!

— Calmez-vous, monseigneur, dit Clémence ; il n'y a sans doute au cun danger... Voyez... ses joues sont colorées... c'est le saisissement... seulement le saisissement.

— Mais à peine convalescente... elle en mourra... Malheur ! oh ! malheur sur moi !

A ce moment, David, le médecin nègre, entra précipitamment, tenant à la main une petite caisse remplie de flacons, et un papier qu'il remit à Murph.

— David... ma fille se meurt... Je t'ai sauvé la vie... tu dois sauver mon enfant ! s'écria Rodolphe.

Quoique stupéfait de ces paroles du prince, qui parlait de sa fille, le docteur courut à Fleur-de-Marie, que madame d'Harville tenait dans ses bras, prit le pouls de la jeune fille, lui posa la main sur le front, et se retournant vers Rodolphe qui, pâle, épouvanté, attendait son arrêt :

— Il n'y a aucun danger... que Votre Altesse se rassure.
— Tu dis vrai... aucun danger... aucun ?...
— Aucun, monseigneur. Quelques gouttes d'éther, et cette crise aura cessé.
— Oh ! merci... David... mon bon David ! s'écria le prince avec effusion. Puis, s'adressant à Clémence, Rodolphe ajouta : Elle vit... notre fille vivra...

Murph venait de jeter les yeux sur le billet que lui avait remis David en entrant ; il tressaillit et regarda le prince avec effroi.

— Oui, mon vieil ami !... reprit Rodolphe, toujours occupé de Fleur-de-Marie, il n'y a pas la moindre inquiétude à avoir... Mais le grand air serait urgent ; on pourrait rouler le fauteuil sur la terrasse en ouvrant la porte du jardin... l'évanouissement cesserait complètement.
— Monseigneur, dit Murph en tremblant, la nouvelle d'hier était fausse.
— Que dis-tu ?
— Une crise violente, suivie d'une syncope, avait fait croire... à la mort de la comtesse Sarah...
— La comtesse !
— Ce matin... on espère la sauver.
— O mon Dieu !... mon Dieu ! s'écria le prince atterré, pendant que Clémence le regardait avec stupeur, ne comprenant pas encore.
— Monseigneur, dit Murph, toujours occupé de Fleur-de-Marie, il n'y a pas la moindre inquiétude à avoir... Mais le grand air serait urgent ; on pourrait rouler le fauteuil sur la terrasse en ouvrant la porte du jardin... l'évanouissement cesserait complètement.

Aussitôt Murph courut ouvrir la porte vitrée qui donnait sur un immense perron formant terrasse ; puis, aidé de David, il y roula doucement le fauteuil où se trouvait la Goualeuse, toujours sans connaissance.

Rodolphe et Clémence restèrent seuls.

CHAPITRE XII.

Dévouement.

— Ah ! madame ! s'écria Rodolphe dès que Murph et David furent éloignés, vous ne savez pas ce que c'est que la comtesse Sarah ? c'est la mère de Fleur-de-Marie !
— Grand Dieu !
— Et je la croyais morte !

Il y eut un moment de profond silence.

Madame d'Harville pâlit beaucoup, son cœur se brisa.

— Ce que vous ignorez encore, reprit Rodolphe avec amertume, c'est que cette femme, aussi égoïste qu'ambitieuse, n'aimant en moi que le prince, m'avait, dans ma première jeunesse, amené à une union plus tard rompue. Voulant alors se remarier, la comtesse a causé tous les malheurs de son enfant en l'abandonnant à des mains mercenaires.
— Ah ! maintenant, monseigneur, je comprends l'aversion que vous aviez pour elle.
— Vous comprenez aussi pourquoi, deux fois, elle a voulu vous perdre par d'infâmes délations ! Toujours en proie à une implacable ambition, elle croyait me forcer de revenir à elle en m'isolant de toute affection.
— Oh ! quel calcul affreux !
— Et elle n'est pas morte !
— Monseigneur, ce regret n'est pas digne de vous !
— C'est que vous ignorez tous les maux qu'elle a causés ! En ce moment encore... alors que, malheureux ma fille... j'allais lui donner une mère digne d'elle... Oh ! non... non... cette femme est un démon vengeur attaché à mes pas...
— Allons, monseigneur, du courage, dit Clémence en essuyant ses larmes qui coulaient malgré elle, vous avez un grand, un juste et généreux élan d'amour paternel, désormais le sort de votre fille doit être aussi heureux qu'il a été misérable. Elle doit être aussi élevée qu'elle a été abaissée. Pour cela... il faut légitimer sa naissance... pour cela, il faut épouser la comtesse Mac-Grégor.
— Jamais, jamais. Ce serait récompenser le parjure, l'égoïsme et la féroce ambition de cette mère dénaturée. Je reconnaîtrai ma fille, vous l'adopterez, et, ainsi que je l'espérais, elle trouvera en vous une affection maternelle.

— Non, monseigneur, vous ne ferez pas cela ; non, vous ne laisserez pas dans l'ombre la naissance de votre enfant. La comtesse Sarah est de noble et ancienne maison ; pour vous, sans doute, cette alliance est disproportionnée, mais elle est honorable. Par ce mariage, votre fille ne sera pas légitimée, mais légitime, et ainsi, quel que soit l'avenir qui l'attende, elle pourra se glorifier de son père et avouer hautement sa mère.
— Mais renoncer à vous, mon Dieu ! c'est impossible. Ah ! vous ne songez pas ce qu'aurait été pour moi cette vie partagée entre vous et ma fille, mes deux seuls amours de ce monde.
— Il vous reste votre enfant, monseigneur. Dieu vous l'a miraculeusement rendue. Trouver votre bonheur incomplet serait de l'ingratitude !
— Ah ! vous ne m'aimez pas comme je vous aime.
— Croyez cela, monseigneur, croyez-le, le sacrifice que vous faites à vos devoirs vous semblera moins pénible.
— Mais si vous m'aimez, mais si vos regrets sont aussi amers que les miens, vous serez affreusement malheureuse. Que vous restera-t-il ?
— La charité, monseigneur ! cet admirable sentiment que vous avez éveillé dans mon cœur... ce sentiment qui jusqu'ici m'a fait oublier bien des chagrins, et à qui je dû de bien douces consolations.
— De grâce, écoutez-moi. Soit, j'épouserai cette femme ; mais, une fois le sacrifice accompli, est-ce qu'il ne sera pas possible de vivre auprès d'elle ? d'elle, qui ne m'inspire qu'aversion et mépris ? Non, non, nous resterons à jamais séparés l'un de l'autre, jamais elle ne verra ma fille. Ainsi Fleur-de-Marie... perdra en vous la plus tendre des mères.
— Il lui restera le plus tendre des pères. Par le mariage, elle sera la fille légitime d'un prince souverain de l'Europe, et, ainsi que vous l'avez dit, monseigneur, sa position sera aussi éclatante qu'elle était obscure.
— Vous êtes impitoyable.
— Vous êtes bien malheureux !
— Osez-vous parler ainsi... vous si grand, si juste... vous qui comprenez si noblement le devoir, le dévouement et l'abnégation. Tout à l'heure, avant cette révélation providentielle, quand vous pleuriez votre enfant avec des sanglots si déchirants, si l'on vous eût dit : Faites un vœu, un seul, et il sera réalisé, vous nous seriez écrié : Ma fille... oh ! ma fille... qu'elle vive ! Ce prodige s'accomplit... votre fille vous est rendue... et vous vous dites malheureux. Ah ! monseigneur, que Fleur-de-Marie ne vous entende pas !
— Vous avez raison, dit Rodolphe après un long silence, tant de bonheur... c'eût été le ciel... sur la terre... et ne le mérite pas cela... je ferai ce que je dois. Je ne regrette pas mon hésitation, je lui ai dû une nouvelle preuve de la beauté de votre âme.
— Cette âme, c'est vous qui l'avez agrandie, élevée. Si ce que je fais est bien, c'est vous que j'en glorifie, vous que je vous ai toujours glorifié des bonnes pensées que j'ai eues. Courage, monseigneur, dès que Fleur-de-Marie pourra soutenir le voyage, emmenez-la. Une fois en Allemagne, dans ce pays si calme et si grave, sa transformation sera complète, et le passé ne sera plus pour elle qu'un songe triste et lointain.
— Mais vous ? mais vous ?
— Moi... je puis bien vous dire cela maintenant, parce que je pourrai vous dire toujours avec joie et orgueil, mon amour pour vous sera mon ange gardien, mon sauveur, ma vertu, mon avenir ; tout ce que je ferai de bien viendra de lui et retournera à lui. Chaque jour je vous écrirai, pardonnez-moi cette exigence, c'est la seule que je me permette. Vous, monseigneur, vous me répondrez quelquefois... pour me donner des nouvelles de celle qu'un moment au moins j'ai appelée ma fille, dit Clémence sans pouvoir retenir ses pleurs, et qui le sera toujours dans ma pensée ; enfin, lorsque les années nous auront donné le droit d'avouer hautement l'inaltérable affection qui nous lie... je le vous jure sur votre fille, si vous le désirez, j'irai vivre en Allemagne, dans la même ville que vous, pour ne plus nous quitter, et terminer ainsi une vie qui aura pu être plus sainte selon nos passions, mais qui aura du moins été honorable et digne.
— Monseigneur ! s'écria Murph en entrant précipitamment, celle que Dieu vous a rendue à repris ses sens, elle renaît. Son premier mot a été : Mon père !... Elle demande à vous voir.

Peu d'instants après, madame d'Harville avait quitté l'hôtel du prince, et celui-ci se rendait en hâte chez la comtesse Mac-Grégor, accompagné de Murph, du baron de Graün et d'un aide de camp.

CHAPITRE XIII.

Le mariage.

Depuis que Rodolphe lui avait appris le meurtre de Fleur-de-Marie, la comtesse Sarah Mac-Grégor, écrasée par cette révélation qui ruinait toutes ses espérances, torturée par un remords tardif, avait été en proie à de violentes crises nerveuses, à un effrayant délire ; sa blessure, à demi cicatrisée, s'était rouverte, et une longue syncope avait momentanément fait croire à sa mort. Pourtant, grâce à la force de sa constitution, elle ne succomba pas à cette rude atteinte ; une nouvelle lueur de vie vint la ranimer encore.

Assise dans un fauteuil, afin de se soustraire aux oppressions qui la suffoquaient, Sarah était depuis quelques moments plongée dans des réflexions accablantes, regrettant presque la mort à laquelle elle venait d'échapper.

Tout à coup Thomas Seyton entra dans la chambre de la comtesse : il contenait difficilement une émotion profonde ; d'un signe il éloigna les deux femmes de Sarah ; celle-ci parut à peine s'apercevoir de la présence de son frère.

— Comment vous trouvez-vous ? lui dit-il.

— Dans le même état... j'éprouve une grande faiblesse... et de temps à autre des suffocations douloureuses... Pourquoi Dieu ne m'a-t-il pas retirée de ce monde... dans ma dernière crise ?

— Sarah, reprit Thomas Seyton après un moment de silence, vous êtes entre la vie et la mort... une émotion violente pourrait vous tuer... comme elle pourrait vous sauver.

— Je n'ai plus d'émotions à éprouver, mon frère.

— Peut-être.

— La mort de Rodolphe me trouverait indifférente... le spectre de ma fille noyée... noyée par ma faute... est là... toujours là... devant moi... Ce n'est pas une émotion... c'est un remords incessant. Je suis réellement mère... depuis que je n'ai plus d'enfant.

— J'aimerais mieux retrouver en vous cette froide ambition qui vous faisait regarder votre fille comme un moyen de réaliser le rêve de votre vie.

— Les effrayants reproches du prince ont tué cette ambition, le sentiment maternel s'est éveillé en moi... au tableau des atroces misères de ma fille.

— Et... dit Seyton en hésitant et en pesant pour ainsi dire chaque parole, si par hasard, supposons une chose impossible, un miracle, vous apprenez que votre fille vit encore, comment supporteriez-vous une telle découverte ?

— Je mourrais de honte et de désespoir à sa vue.

— Ne croyez pas cela, vous seriez trop enivrée du triomphe de votre ambition ! Car enfin, si votre fille avait vécu, le prince vous épousait, il vous l'avait dit.

— En admettant cette supposition insensée, il me semble que je n'aurais pas le droit de vivre. Après avoir reçu la main du prince, ce don devait être de le délivrer... d'une épouse indigne... ma fille, d'une mère dénaturée...

L'embarras de Thomas Seyton augmentait à chaque instant. Chargé par Rodolphe, qui était dans une pièce voisine, d'apprendre à Sarah que Fleur-de-Marie vivait, il ne savait que résoudre. La vie de la comtesse était si chancelante, qu'elle pouvait s'éteindre d'un moment à l'autre ; il n'y avait donc aucun retard à apporter au mariage in extremis qui devait légitimer la naissance de Fleur-de-Marie. Pour cette triste cérémonie, le prince s'était fait accompagner d'un ministre, de Murph et du baron de Graün comme témoins ; le duc de Lucenay et lord Douglas, prévenus à la hâte par Seyton, devaient servir de témoins à la comtesse, et venaient d'arriver à l'instant même.

Les moments pressaient ; mais les remords, empreints de la tendresse maternelle, qui remplaçaient alors chez Sarah une impitoyable ambition, rendaient la tâche de Seyton plus difficile encore. Tout son espoir était que sa sœur le trompait ou se trompait elle-même, et que l'orgueil de cette femme se réveillerait dès qu'elle toucherait à cette couronne si longtemps rêvée.

— Ma sœur... dit Thomas Seyton d'une voix grave et solennelle, je suis dans une terrible perplexité... Un mot de moi va peut-être vous rendre à la vie... peut-être vous tuer...

— Je vous l'ai dit... je n'ai plus d'émotions à redouter...

— Une seule... pourtant...

— Laquelle ?

— S'il s'agissait... de votre fille ?...

— Ma fille est morte.

— Si elle ne l'était pas ?

— Nous avons épuisé cette supposition tout à l'heure... Assez, mon frère... mes remords me suffisent.

— Mais si ce n'était pas une supposition ?... Mais si par un hasard incroyable... inespéré... votre fille avait été arrachée à la mort... mais si... elle vivait ?

— Vous me faites mal... ne me parlez pas ainsi.

— Eh bien ! donc, que Dieu me pardonne et vous juge !... elle vit encore...

— Ma fille ?

— Elle vit, vous dis-je... Le prince est là... avec un ministre... J'ai fait prévenir deux de vos amis pour vous servir de témoins... Le vœu de votre vie est enfin réalisé... la prédiction s'accomplit... Vous êtes souveraine.

Thomas Seyton avait prononcé ces mots en attachant sur sa sœur un regard rempli d'angoisse, épiant sur son visage chaque signe d'émotion.

A son grand étonnement, les traits de Sarah restèrent presque impassibles : elle porta seulement ses deux mains à son cœur et en se renversant dans son fauteuil, étouffa un léger cri qui parut lui être arraché par une douleur subite et profonde... puis sa figure redevint calme.

— Qu'avez-vous, ma sœur ?

— Rien... la surprise... une joie inespérée... Enfin mes vœux sont comblés !...

— Je ne m'étais pas trompé ! pensa Thomas Seyton. L'ambition domine... elle est sauvée... Puis s'adressant à Sarah : Eh bien ! ma sœur, que vous disais-je ?

— Vous aviez raison... reprit-elle avec un sourire amer et devinant la pensée de son frère, l'ambition a encore étouffé en moi la maternité...

— Vous vivrez ! et vous aimerez votre fille...

— Je n'en doute pas... je vivrai... voyez comme je suis calme...

— Et ce calme est réel ?

— Abattue, brisée comme je le suis... aurais-je la force de feindre ?

— Vous comprenez maintenant mon hésitation de tout à l'heure ?

— Non, je m'en étonne ; car vous connaissiez mon ambition... Où est le prince ?

— Il est ici.

— Je voudrais le voir... avant la cérémonie... Puis elle ajouta avec une indifférence affectée : Ma fille est là... sans doute ?

— Non... vous la verrez plus tard.

— En effet... j'ai le temps... Faites, je vous prie, venir le prince...

— Ma sœur... je ne sais... mais votre air est étrange... sinistre.

— Voulez-vous que je rie ? Croyez-vous que l'ambition assouvie ait une expression douce et tendre ?... Faites venir le prince !

Malgré lui Seyton était inquiet du calme de Sarah. Un moment il crut voir dans ses yeux des larmes contenues ; après une nouvelle hésitation, il ouvrit une porte, qu'il laissa ouverte, et sortit.

— Maintenant, dit Sarah, pourvu que je vive... que j'embrasse ma fille, je serai satisfaite. Ce sera bien difficile à obtenir... Rodolphe, pour me punir, me refusera... Mais j'y parviendrai... oh ! j'y parviendrai... Le voici.

Rodolphe entra et ferma la porte.

— Votre frère vous a tout dit ? demanda froidement le prince à Sarah.

— Tout...

— Votre... ambition... est satisfaite ?

— Elle est... satisfaite...

— Le ministre... et les témoins... sont là...

— Je le sais...

— Ils peuvent entrer... je pense ?...

— Un mot... monseigneur...

— Parlez... madame...

— Je voudrais... voir ma fille...

— C'est impossible...

— Je vous dis, monseigneur, que je veux voir ma fille !...

— Elle est à peine convalescente... elle a éprouvé déjà ce matin une violente secousse... cette entrevue lui serait funeste.

— Mais au moins... elle embrassera sa mère...

— A quoi bon ? Vous voici princesse souveraine...

— Je ne le suis pas encore... et je ne le serai qu'après avoir embrassé ma fille...

Rodolphe regarda la comtesse avec un profond étonnement.

— Comment ! s'écria-t-il, vous soumettez la satisfaction de votre orgueil...

— A la satisfaction... de ma tendresse maternelle... Cela vous surprend... monseigneur ?...

— Hélas !... oui.

— Verrai-je ma fille ?

— Mais...

— Prenez garde, monseigneur, les moments sont peut-être comptés... Ainsi que l'a dit mon frère... cette crise peut me sauver comme elle peut me tuer... Dans ce moment... je rassemble toutes mes forces... toute mon énergie... et il m'en faut beaucoup... pour lutter contre le saisissement d'une telle découverte... Je veux voir ma fille... ou sinon... je refuse votre main... et si je meurs... sa naissance ne sera pas légitimée...

— Fleur-de-Marie... n'est pas ici... il faudrait l'envoyer chercher... chez moi.

— Envoyez-la chercher à l'instant, je le consens à tout. Comme les moments sont peut-être comptés, je vous l'ai dit... le mariage se fera... pendant le temps que Fleur-de-Marie mettra à se rendre ici...

— Quoique ce sentiment m'étonne de votre part... il est trop louable pour que je n'y aie pas égard... Vous verrez Fleur-de-Marie. Je vais lui écrire.

— Là... sur ce bureau... où j'ai été frappée...

Pendant que Rodolphe écrivait quelques mots à la hâte, la comtesse essuya la sueur glacée qui coulait de son front, ses traits jusqu'alors calmes trahirent une souffrance violente et cachée ; on eût dit que Sarah, en cessant de se contraindre, se reposait d'une dissimulation douloureuse.

Sa lettre écrite, Rodolphe se leva et dit à la comtesse :

— Je vais envoyer cette lettre à ma fille par un de mes aides de camp. Dans une demi-heure... puis-je rentrer avec le ministre et les témoins ?...

— Vous le pouvez, je vous en prie, sonnez... ne me laissez pas seule... Chargez sir Walter de cette commission... Il ramènera le témoin et le ministre...

Rodolphe sonna, une des femmes de Sarah parut...

— Priez mon frère d'envoyer ici sir Walter Murph, dit la comtesse.

La femme de chambre sortit.
— Cette union est triste, Rodolphe... dit amèrement la comtesse, triste pour moi... Pour vous, elle sera heureuse !
Le prince fit un mouvement.
— Elle sera heureuse pour vous, Rodolphe, car je n'y survivrai pas ! A ce moment, Murph entra.
— Mon ami, lui dit Rodolphe, envoie à l'instant cette lettre à ma fille par le colonel ; il la ramènera dans ma voiture... Prie le ministre et les témoins d'entrer dans la salle voisine.
— Mon Dieu ! s'écria Sarah d'un ton suppliant lorsque le squire eut disparu, faites qu'il me reste assez de forces pour le voir ! que je ne meure pas avant son arrivée !...
— Ah ! que n'avez-vous toujours été aussi bonne mère !
— Grâce à vous, du moins, je connais le repentir, le dévouement, l'abnégation... Oui, tout à l'heure, quand mon frère m'a appris que notre fille vivait... laissez-moi dire notre fille... je ne le dirai pas longtemps, j'ai senti au cœur un coup affreux ; j'ai senti que j'étais frappée à mort. J'ai caché cela, mais j'étais heureuse... La naissance de notre enfant serait légitimée, et je mourrais ensuite.
— Ne parlez pas ainsi !
— Oh ! cette fois, je ne vous trompe pas... vous verrez !
— Et aucun vestige de cette ambition implacable qui vous a perdue ! Pourquoi la fatalité a-t-elle voulu que votre repentir fût si tardif ?
— Il est tardif, mais profond, mais sincère, je vous le jure. A ce moment solennel, si je remercie Dieu de me retirer de ce monde, c'est que ma vie vous eût été un horrible fardeau.
— Sarah ! de grâce...
— Rodolphe... une dernière prière... votre main...
Le prince, détournant la vue, tendit sa main à la comtesse, qui la prit vivement entre les siennes.
— Ah ! les vôtres sont glacées ! s'écria Rodolphe avec effroi.
— Oui... je me sens mourir ! Peut-être, par une dernière punition... Dieu ne voudra-t-il pas que j'embrasse ma fille !
— Oh ! si... si ! il sera touché de vos remords...
— Et vous, mon ami, en êtes-vous touché ?... me pardonnez-vous ?... Oh ! de grâce, dites-le ! Tout à l'heure, quand notre fille sera là, si elle arrive à temps, vous ne pourrez pas me pardonner devant elle... ce serait lui apprendre combien j'ai été coupable... et cela, vous ne le voudrez pas... Une fois que je serai morte, qu'est-ce que cela vous fait qu'elle m'aime ?...
— Rassurez-vous... elle ne saura rien !
— Rodolphe... pardon !... oh ! pardon !... Serez-vous sans pitié ?... Ne suis-je pas assez malheureuse ?...
— Eh bien ! que Dieu vous pardonne le mal que vous avez fait à votre enfant comme je vous pardonne celui que vous m'avez fait, malheureuse femme !
— Vous me pardonnez... du fond du cœur ?...
— Du fond du cœur... dit le prince d'une voix émue.
La comtesse pressa vivement la main de Rodolphe contre ses lèvres défaillantes avec un élan de joie et de reconnaissance, puis elle dit :
— Faites entrer le ministre, mon ami, et dites-lui ensuite qu'il ne s'éloigne pas... Je me sens bien faible !
Cette scène était déchirante ; Rodolphe ouvrit les deux battants de la porte du fond ; le ministre entra, suivi de Murph et du baron de Graün, témoins de Rodolphe, et du duc de Lucenay et de lord Douglas, témoins de la comtesse ; Thomas Seyton venait ensuite.
Tous les acteurs de cette scène douloureuse étaient graves, tristes et recueillis ; M. de Lucenay lui-même avait oublié sa pétulance habituelle.
Le contrat de mariage entre très-haut et très-puissant prince S. A. R. Gustave-Rodolphe V, grand-duc régnant de Gerolstein, et Sarah Seyton de Halsbury, comtesse Mac-Grégor (contrat qui légitimait la naissance de Fleur-de-Marie), avait été préparé par les soins du baron de Graün ; il fut lu et signé par les époux et leurs témoins.
Malgré le repentir de la comtesse, lorsque le ministre dit d'une voix solennelle à Rodolphe : — « Votre Altesse Royale consent-elle à prendre pour épouse madame Sarah Seyton de Halsbury, comtesse de Mac-Grégor ? et que le prince eut répondu Oui ! d'une voix haute et ferme, le regard mourant de Sarah étincela ; une rapide et fugitive expression d'orgueilleux triomphe passa sur ses traits livides ; c'était le dernier éclat de l'ambition qui mourait avec elle.
Durant cette triste et imposante cérémonie, aucune parole ne fut échangée entre les assistants. Lorsqu'elle fut accomplie, les témoins de Sarah, M. le duc de Lucenay et lord Douglas, vinrent en silence saluer profondément le prince, puis sortirent.
Sur un signe de Rodolphe, Murph et M. de Graün les suivirent.
— Mon frère, dit tout bas Sarah, veux-tu prier le ministre de vous accompagner dans la pièce voisine, et d'avoir la bonté d'y attendre un moment...
— Comment vous trouvez-vous, ma sœur ? Vous êtes bien pâle...
— Je suis sûre de vivre, maintenant... ne suis-je pas grande-duchesse de Gerolstein ? ajouta-t-elle avec un sourire amer.
Restée seule avec Rodolphe, Sarah murmura d'une voix épuisée, pendant que ses traits se décomposaient d'une manière effrayante :
— Mes forces sont à bout... je me sens mourir... je ne le verrai pas !
— Si... si... rassurez-vous, Sarah... vous la verrez.

— Je ne l'espère plus... cette contrainte... Oh ! il fallait une force surhumaine... Ma vue se trouble déjà !
— Sarah ! dit le prince en s'approchant vivement de la comtesse et prenant ses mains dans les siennes, elle va venir... maintenant, elle ne peut tarder...
— Dieu ne voudra pas m'accorder... cette dernière consolation.
— Sarah ! écoutez, écoutez... Il me semble entendre une voiture... Oui, c'est elle... voilà votre fille !
— Rodolphe, vous ne lui direz pas... que j'étais une mauvaise mère ! articula lentement la comtesse, qui déjà n'entendait plus.
Le bruit d'une voiture retentit sur les pavés sonores de la cour.
La comtesse ne s'en aperçut pas. Ses paroles devinrent de plus en plus incohérentes ; Rodolphe était penché vers elle avec anxiété ; il vit ses yeux se voiler.
— Pardon ! ma fille... voir ma fille ! Pardon !... au moins... après ma mort, les honneurs de mon rang ! murmura-t-elle enfin.
Ce furent les derniers mots intelligibles de Sarah. L'idée fixe, dominante de toute sa vie, revenait encore malgré son repentir sincère.
Tout à coup Murph annonça :
— Monseigneur... la princesse Marie.
— Non ! s'écria vivement Rodolphe, qu'elle n'entre pas ! Dis à Seyton d'amener le ministre. Puis, montrant Sarah qui s'éteignait dans une lente agonie, Rodolphe ajouta : — Dieu lui refuse la consolation suprême d'embrasser son enfant.
Une demi-heure après, la comtesse Sarah Mac-Grégor avait cessé de vivre.

CHAPITRE XIV.

Bicêtre.

Quinze jours s'étaient passés depuis que Rodolphe, en épousant Sarah *in extremis*, avait légitimé la naissance de Fleur-de-Marie.
C'était le jour de la mi-carême. Cette date établie, nous conduirons le lecteur à Bicêtre. Cet immense établissement, destiné, ainsi que chacun sait, au traitement des aliénés, sert aussi de lieu de refuge à sept ou huit cents vieillards pauvres, qui sont admis à cette espèce de maison d'invalides civils (1) lorsqu'ils sont âgés de soixante-dix ans ou atteints d'infirmités très-graves.
En arrivant à Bicêtre, on entre d'abord dans une vaste cour plantée de grands arbres, coupée de pelouses vertes ornées en été de plates-bandes de fleurs. Rien de plus riant, de plus calme, de plus salubre que ce promenoir spécialement destiné aux vieillards indigents dont nous avons parlé ; il entoure les bâtiments où se trouvent, au premier étage, de spacieux dortoirs bien aérés, garnis de bons lits, et au rez-de-chaussée des réfectoires d'une admirable propreté, où les pensionnaires de Bicêtre prennent en commun une nourriture saine, abondante, agréable et préparée avec un soin extrême, grâce à la paternelle sollicitude des administrateurs de ce bel établissement.
Un tel asile serait le rêve de l'artisan veuf ou célibataire qui, après une longue vie de privations, de travail et de probité, trouverait là le repos, le bien-être qu'il n'a jamais connus.
Malheureusement le favoritisme qui de nos jours s'étend à tout, envahit tout, s'est emparé des bourses de Bicêtre, et se sont en grande partie d'anciens domestiques qui jouissent de ces retraites, grâce à l'influence de leurs derniers maîtres.
Ceci nous semble un abus révoltant.
Rien de plus méritoire que les longs et honnêtes services domestiques, rien de plus digne de récompense que ces serviteurs qui, éprouvés par des années de dévouement, finissaient autrefois par faire presque partie de la famille ; mais, si louables que soient de pareils antécédents, c'est le maître qui en a profité, et non l'État, qui doit les rémunérer.
Ne serait-il donc pas juste, moral, humain, que les places de Bicêtre et celles d'autres établissements semblables appartinssent de droit à des artisans choisis parmi ceux qui justifieraient de la meilleure conduite et de la plus grande infortune ?
Pour eux, si limité que fût leur nombre, ces retraites seraient au moins une lointaine espérance qui allégerait un peu leurs misères de chaque jour. Salutaire espoir qui les encouragerait au bien, en leur montrant dans un avenir éloigné sans doute, mais enfin certain, un peu de calme, de bonheur pour récompense. Et, comme ils ne pourraient prétendre à ces retraites que par une conduite irréprochable, leur moralisation deviendrait pour ainsi dire forcée.
Est-ce donc trop de demander que le petit nombre de travailleurs qui atteignent un âge très-avancé à travers des privations de toutes sortes aient au moins la chance d'obtenir un jour à Bicêtre du pain, du repos, un abri pour leur vieillesse épuisée ?

(1) Nous ne saurions trop répéter qu'à la session dernière une pétition basée sur les sentiments et les vœux les plus honorables, tendant à demander la fondation de maisons d'invalides civils pour les ouvriers, a été écartée au milieu de l'hilarité générale de la chambre. (V. le *Moniteur*.)

Il est vrai qu'une telle mesure exclurait à l'avenir de cet établissement les gens de lettres, les savants, les artistes d'un grand âge, qui n'ont pas d'autre refuge.

Oui, de nos jours, des hommes dont les talents, dont la science, dont l'intelligence ont été estimés de leur temps, obtiennent à grand'peine une place parmi ces vieux serviteurs que le crédit de leur maître envoie à Bicêtre.

Au nombre de ceux-là qui ont concouru au renom, aux plaisirs de la France, de ceux-là dont la réputation a été consacrée par la voix populaire, est-ce trop demander que de vouloir pour leur extrême vieillesse une retraite modeste mais digne?

Sans doute c'est trop : et pourtant citons un exemple entre mille : on a dépensé 8 ou 10 millions pour le monument de la Madeleine, qui n'est ni un temple ni une église : avec cette somme énorme que de bien à faire ! fonder, je suppose, une maison d'asile où deux cent cinquante trois cents personnes jadis remarquables comme savants, poètes, musiciens, administrateurs, médecins, avocats, etc., etc. (car presque toutes ces professions ont successivement leurs représentants parmi les pensionnaires de Bicêtre), auraient trouvé une retraite honorable.

Sans doute c'était là une question d'humanité, de pudeur, de dignité nationale d'un pays qui prétend marcher à la tête des arts, de l'intelligence et de la civilisation ; mais l'on n'y a pas songé.

Car Hégésippe Moreau et tant d'autres rares génies sont morts à l'hospice ou dans l'indigence...

Car de nobles intelligences, qui ont autrefois rayonné d'un pur et vif éclat, portent aujourd'hui à Bicêtre la houppelande des bons pauvres.

Car il n'y a pas ici, comme à Londres, un établissement charitable (1) où un étranger sans ressource trouve au moins pour une nuit un toit, un lit et un morceau de pain...

Car les ouvriers qui vont en Grève chercher du travail et attendre les embauchements n'ont pas même pour se garantir des intempéries des saisons un hangar pareil à celui qui, dans les marchés, abrite le bétail en vente (2). Pourtant la Grève est la Bourse des travailleurs sans ouvrage, et dans cette Bourse-là il ne se fait que d'honnêtes transactions, car elles n'ont pour fin que d'obtenir un rude labeur et un salaire insuffisant dont l'artisan paye un pain bien amer...

Car...

Mais l'on ne cesserait pas si l'on voulait compter tout ce que l'on a sacrifié d'utiles fondations à cette grotesque imagination de temple grec, enfin destiné au culte catholique.

Mais revenons à Bicêtre et disons, pour complètement énumérer les différentes destinations de cet établissement, qu'à l'époque de ce récit les condamnés à mort y étaient conduits après leur jugement. C'est donc dans un des cabanons de cette maison que la veuve Martial et sa fille Calebasse attendaient le moment de leur exécution, fixée au lendemain ; la mère et la fille n'avaient voulu se pourvoir ni en grâce ni en cassation. Nicolas, le squelette et plusieurs autres scélérats étaient parvenus à s'évader de la Force la veille de leur transfèrement à Bicêtre.

Nous l'avons dit, rien de plus riant que l'abord de cet édifice lorsqu'en venant de Paris on y entrait par la cour des Pauvres.

Grâce à un printemps hâtif, les ormes et les tilleuls se couvraient déjà de pousses verdoyantes ; les grandes pelouses de gazon étaient d'une fraîcheur extrême, et çà et là les plates-bandes s'émaillaient de perce-neige, de primevères, d'oreilles-d'ours aux couleurs vives et variées ; le soleil dorait le sable brillant des allées. Les vieillards pensionnaires, vêtus de houppelandes grises, se promenaient çà et là, ou devisaient, assis sur des bancs : leur physionomie sereine annonçait généralement le calme, la quiétude, ou une sorte d'insouciance tranquille.

Onze heures venaient de sonner à l'horloge lorsque deux fiacres s'arrêtèrent devant la grille extérieure ; de la première voiture descendirent madame Georges, Germain et Rigolette ; de la seconde, Louise Morel et sa mère.

Germain et Rigolette étaient, on le sait, mariés depuis quinze jours. Nous laissons le lecteur s'imaginer la pétulante gaieté, le bonheur turbulent qui rayonnaient sur le frais visage de la grisette, dont les lèvres fleuries ne s'ouvraient pas pour rire, sourire, ou embrasser madame Georges, qu'elle appelait sa mère.

(1) Société de bienfaisance, fondée à Londres par un de nos compatriotes, M. le comte d'Orsay, qui continue à cette noble et digne œuvre son patronage aussi généreux qu'éclairé.

(2) Nous connaissons l'activité, le zèle de M. le préfet de la Seine et de M. le préfet de police, leur excellent vouloir pour les classes pauvres et ouvrières. Espérons que cette réclamation parviendra jusqu'à eux, et que leur initiative auprès du conseil municipal fera cesser un tel état de choses. La dépense serait minime et le bienfait serait grand. Il en serait de même pour les prêts gratuits faits par le Mont-de-Piété, lorsque la somme empruntée serait au-dessous de 3 ou 4 fr. ; je suppose Ne devrait-on pas aussi, répétons-le, abaisser le taux exorbitant de l'intérêt ? Comment la ville de Paris, si puissamment riche, ne fait-elle pas jouir les classes pauvres des avantages que leur offrent, ainsi que je l'ai dit, beaucoup de villes du nord et du midi de la France, en prêtant soit gratuitement, soit à 3 et 4 pour 100 d'intérêt ? (Voir l'excellent ouvrage de M Bluise, sur la *Statistique* et l'*Organisation du Mont-de-Piété*, ouvrage rempli de faits curieux, d'appréciations sincères, éloquentes et élevées.)

Les traits de Germain exprimaient une félicité plus calme, plus réfléchie, plus grave... Il s'y mêlait un sentiment de reconnaissance profonde, presque du respect pour cette bonne et vaillante jeune fille qui lui avait apporté en prison des consolations si secourables, si charmantes... ce dont Rigolette n'avait pas l'air de se souvenir le moins du monde : aussi, dès que son petit Germain mettait l'entretien sur ce sujet, elle parlait aussitôt d'autre chose, prétextant que ses souvenirs l'attristaient. Quoiqu'elle fût devenue madame Germain et que Rodolphe l'eût dotée de quarante mille francs, Rigolette n'avait pas voulu, et son mari avait été de cet avis, changer sa coiffure de grisette contre un chapeau. Certes jamais l'humilité ne servit mieux une innocente coquetterie ; car rien n'était plus gracieux, plus élégant que son petit bonnet à barbes plates, un peu à la paysanne, orné de chaque côté de deux gros nœuds orange, qui faisaient encore valoir le noir éclatant de ses jolis cheveux, qu'elle portait longs et bouclés, depuis qu'elle avait le temps de mettre des papillotes ; un col richement brodé entourait le cou charmant de la jeune mariée : une écharpe de cachemire français de la même nuance que les rubans du bonnet cachait à demi sa taille souple et fine, et, quoiqu'elle n'eût pas de corset, selon son habitude (bien qu'elle eût aussi le temps de se lacer), sa robe montante de taffetas mauve ne faisait pas le plus léger pli sur son corsage svelte, arrondi, comme celui de la Galatée de marbre.

Madame Georges contemplait son fils et Rigolette avec un bonheur profond, toujours nouveau.

Louise Morel, après une instruction minutieuse et l'autopsie de son enfant, avait été mise en liberté par la chambre d'accusation. Les beaux traits de la fille du lapidaire, creusés par le chagrin, annonçaient une sorte de résignation douce et triste. Grâce à la générosité de Rodolphe et aux soins qu'il lui avait fait donner, la mère de Louise Morel, qui l'accompagnait, avait retrouvé la santé.

Le concierge de la porte extérieure ayant demandé à madame Georges ce qu'elle désirait, celle-ci lui répondit que l'un des médecins des salles d'aliénés lui avait donné rendez-vous à onze heures et demie, ainsi qu'aux personnes qui l'accompagnaient. Madame Georges eut le choix d'attendre le docteur soit dans un bureau qu'on lui indiqua, soit dans la grande cour plantée dont nous avons parlé. Elle prit ce dernier parti, s'appuya sur le bras de son fils, et, continuant à causer avec la femme du lapidaire, elle parcourut les allées du jardin. Louise et Rigolette les suivaient à peu de distance.

— Que je suis donc contente de vous revoir, chère Louise ! dit la grisette. Tout à l'heure, quand nous étions à vous chercher rue du Temple, à notre arrivée de Bouqueval, je voulais monter chez vous ; mais mon mari n'a pas voulu, disant que c'était trop haut ; j'ai attendu dans le fiacre. Votre voiture a suivi la nôtre, ça fait que je vous retrouve pour la première fois depuis mon mariage.

— Depuis que vous êtes venue me consoler en prison... Ah ! mademoiselle Rigolette, s'écria Louise avec attendrissement, quel bon cœur ! quel...

— D'abord, ma bonne Louise, dit la grisette en interrompant gaiement la fille du lapidaire afin d'échapper à ses remerciements, je ne suis plus mademoiselle Rigolette, mais madame Germain : je ne sais pas si vous le savez... et je tiens à mes titres.

— Oui... je vous savais... mariée... Mais laissez-moi vous remercier encore de...

— Ce que vous ignorez certainement, ma bonne Louise, reprit madame Germain en interrompant de nouveau la fille de Morel, afin de changer le cours de ses idées, ce que vous ignorez, c'est que je suis mariée grâce à la générosité de celui qui a été notre providence à tous, à vous, à votre famille, à moi, à Germain, à sa mère !

— M. Rodolphe ! Oh ! nous le bénissons chaque jour !... Lorsque je suis sortie de prison, l'avocat qui était venu de sa part me voir, me conseiller et m'encourager, m'a dit que grâce à M. Rodolphe, qui avait déjà tant fait pour nous, M. Ferrand... et le malheureux ne put prononcer ce nom sans frissonner... M. Ferrand, pour réparer ses cruautés, avait assuré une rente à moi et à mon pauvre père, qui est toujours ici, lui... mais qui, grâce à Dieu, va de mieux en mieux...

— Et qui reviendra aujourd'hui avec vous à Paris... si l'espérance de ce digne médecin se réalise.

— Plût au ciel !...

— Cela doit plaire au ciel... Votre père est si bon, si honnête ! Et je suis sûre, moi, que nous l'emmènerons. Le médecin pense maintenant qu'il faut frapper un grand coup, et que la présence imprévue des personnes que votre père avait l'habitude de voir presque chaque jour avant de perdre la raison... pourra terminer sa guérison... Moi, dans mon petit jugement... cela me paraît certain.

— Je n'ose encore y croire, mademoiselle.

— Madame Germain... madame Germain... si ça vous est égal, bonne Louise... Mais, pour en revenir à ce que je vous disais, vous ne savez pas ce que c'est que M. Rodolphe ?

— C'est la providence des malheureux.

— D'abord... et puis encore ? Vous ignorez... Eh bien ! je vais vous le dire...

Puis, s'adressant à son mari, qui marchait devant elle, donnant le bras à madame Georges et causait avec la femme du lapidaire, Rigolette s'écria :

— Ne va donc pas si vite, mon ami... Tu fatigues notre bonne mère... et puis j'aime à t'avoir plus près de moi.

Germain se retourna, ralentit un peu sa marche et sourit à Rigolette, qui lui envoya furtivement un baiser.

— Comme il est gentil, mon petit Germain! N'est-ce pas, Louise? Avec ça l'air si distingué!... une si jolie taille! Avais-je raison de le trouver mieux que mes autres voisins, M. Giraudeau, le commis-voyageur, et M. Cabrion?... Ah! mon Dieu! à propos de Cabrion... M. Pipelet et sa femme, où sont-ils donc? Le médecin avait dit qu'ils devaient venir aussi, parce que votre père avait souvent prononcé leur nom...

— Ils ne tarderont pas. Quand j'ai quitté la maison, ils étaient partis depuis longtemps.

— Oh! alors ils ne manqueront pas au rendez-vous; pour l'exactitude, M. Pipelet est une vraie pendule... Mais revenons à mon mariage et à M. Rodolphe. Figurez-vous, Louise, que c'est d'abord lui qui m'a envoyée porter à Germain l'ordre qui le rendait libre. Vous pensez notre joie en sortant de cette maudite prison! Nous arrivons chez moi, et là, aidée de Germain, je fais une dînette... mais une dînette de vrais gourmands. Il est vrai que ça ne nous a pas servi à grand'chose; car, quand elle a été finie, nous n'avons mangé ni l'un ni l'autre, nous étions trop contents. A onze heures, Germain s'en va; nous nous donnons rendez-vous pour le lendemain matin. A cinq heures, j'étais debout et à l'ouvrage, car j'étais au moins de deux jours de travail en retard. A huit heures, on frappe, j'ouvre: qui est-ce qui entre? M. Rodolphe... d'abord, je commence à le remercier du fond du cœur pour ce qu'il a fait pour Germain; il ne me laisse pas finir. Ma voisine, me dit-il, Germain va venir, vous lui remettrez cette lettre. Vous et lui prendrez un fiacre; vous vous rendrez tout de suite au petit village appelé Bouqueval, près d'Écouen, route de Saint-Denis. Une fois là, vous demanderez madame Georges... et bon plaisir. Monsieur Rodolphe, je vais vous dire; c'est que ce sera encore une journée de perdue, et, sans reproche, ça fera trois. Rassurez-vous, ma voisine, vous trouverez de l'ouvrage chez madame Georges; c'est une excellente pratique que je vous donne. Si c'est comme ça, à la bonne heure, monsieur Rodolphe. Adieu, ma voisine. Adieu et merci, mon voisin. Il part, et Germain arrive; je lui conte la chose, M. Rodolphe ne pouvait pas nous tromper: nous montons en voiture, gais comme des pinsons, mais si tristes la veille, jugez... nous arrivons. Ah! ma bonne Louise... tenez, malgré moi, les larmes m'en viennent encore aux yeux... Cette madame Georges que voilà devant nous, c'était la mère de Germain.

— Sa mère!!!

— Mon Dieu, oui... sa mère, à qui on l'avait enlevé tout enfant, et qu'il n'espérait plus revoir. Vous pensez leur bonheur à tous deux. Quand madame Georges a eu bien pleuré, bien embrassé son fils, ç'a été mon tour. M. Rodolphe lui avait sans doute écrit de bonnes choses de moi, car elle m'a dit, en me serrant dans ses bras, qu'elle savait ma conduite pour son fils. Et si vous le voulez, ma mère, dit Germain, Rigolette sera votre fille aussi. Si je le veux! mes enfants, de tout mon cœur; je le suis, jamais tu ne trouveras une meilleure ni une plus gentille femme. Nous voilà donc installés dans une belle ferme avec Germain, sa mère et mes oiseaux, que j'avais fait venir, pauvres petites bêtes! pour qu'ils soient aussi de la partie. Quoique je n'aime pas la campagne, les jours passaient si vite que c'était comme un rêve; je ne travaillais que pour mon plaisir: j'aidais madame Georges, je me promenais avec Germain, je chantais, je sautais, c'était à en devenir folle... Enfin notre mariage a été arrêté pour il y a eu hier quinze jours... La surveille, qui est-ce qui arrive dans une belle voiture? un grand gros monsieur chauve, l'air excellent, qui m'apporte, de la part de M. Rodolphe, une corbeille de mariage. Figurez-vous, Louise, un grand coffre de bois de rose, avec ces mots écrits dessus en lettres d'or sur une plaque de porcelaine bleue : Travail et sagesse, amour et bonheur. J'ouvre le coffre, qu'est-ce que je trouve? des petits bonnets de dentelle comme celui que je porte, des robes en pièces, des bijoux, des gants, cette écharpe, un beau châle; enfin, c'était comme un conte de fées.

— C'est vrai au moins que c'est comme un conte de fées; mais voyez comme ça vous a porté bonheur... d'être si bonne, si laborieuse.

— Quant à être bonne et laborieuse... ma chère Louise, je ne l'ai pas fait exprès... je l'ai trouvé ainsi... tant mieux pour moi... Mais ça n'est pas tout : au fond du coffret je découvre un joli portefeuille avec ces mots : Le voisin à sa voisine. Je l'ouvre : il y avait deux enveloppes, l'une pour Germain, l'autre pour moi; dans celle de Germain, je trouve un papier qui le nommait directeur d'une banque pour les pauvres, avec 4.000 fr. d'appointements; lui, dans l'enveloppe qui m'était destinée, trouve un bon de 40,000 fr. sur le... sur le Trésor... oui... c'est cela, c'était ma dot... Je veux le refuser: mais madame Georges, qui avait causé avec le grand monsieur chauve et avec Germain, me dit : Mon enfant, vous pouvez, vous devez accepter; c'est la récompense de votre sagesse, de votre travail... et de votre dévouement à ceux qui souffrent... Car c'est ce prenant sur vos nuits, au risque de vous rendre malade et de perdre ainsi vos seuls moyens d'existence, que vous êtes allée consoler vos amis malheureux...

— Oh! c'est bien vrai, s'écria Louise : Il n'y en a pas une autre comme vous au moins... mademoi... madame Germain.

— A la bonne heure!... Moi, je dis au gros monsieur chauve que ce

que j'ai fait c'est par plaisir : il me répond : C'est égal, M. Rodolphe est immensément riche : votre dot est de sa part un gage d'estime, d'amitié; votre refus lui causerait un grand chagrin; il assistera d'ailleurs à votre mariage, et il vous forcera bien d'accepter.

— Quel bonheur que tant de richesse tombe à une personne aussi charitable que M. Rodolphe!

— Sans doute il est bien riche, mais s'il n'était que cela. Ah! ma bonne Louise, si vous saviez ce que c'est que sa part un gage d'amitié, M. Rodolphe!... Et moi qui lui ai fait porter mes paquets!!! Mais patience... vous allez voir... La veille du mariage... le soir, très-tard, le grand monsieur chauve arrive en poste; M. Rodolphe ne pouvait pas venir... il était souffrant, mais le grand monsieur chauve venait le remplacer... C'est seulement alors, ma bonne Louise, que nous avons appris que votre bienfaiteur, que le vôtre, était... devinez quoi?... un prince!

— Un prince?

— Qu'est-ce que je dis, un prince... une altesse royale, un grand-duc régnant, un roi en petit... Germain m'a expliqué ça.

— M. Rodolphe!

— Hein! ma pauvre Louise! Et moi qui lui avais demandé de m'aider à cirer ma chambre!

— Un prince... presque un roi! C'est ça qu'il a tant de pouvoir pour faire le bien.

— Vous comprenez ma confusion, ma bonne Louise. Aussi, voyant que c'était presque un roi, on n'a pas osé refuser la dot. Nous avons été mariés. Il y a huit jours, M. Rodolphe nous a fait dire, à nous deux Germain et à madame Georges, qu'il serait très-content que nous lui fissions une visite de noce : nous y allons. Dame, vous comprenez, le cœur me battait fort; nous arrivons rue Plumet, nous entrons dans un palais : nous traversons des salons remplis de domestiques galonnés, de messieurs en noir avec des chaînes d'argent au cou et l'épée au côté, d'officiers en uniforme: que sais-je, moi? et puis des dorures, des dorures partout, qu'on en était ébloui. Enfin, nous trouvons le monsieur chauve dans un salon avec d'autres messieurs tout camarades de broderies; il nous introduit dans une grande pièce, où nous trouvons M. Rodolphe... c'est-à-dire le prince, vêtu très-simplement et l'air si bon, si franc, si peu fier... enfin l'air si M. Rodolphe d'autrefois, que je me suis sentie tout de suite à mon aise, en me rappelant que je lui avais fait m'attacher mon châle, me tailler des plumes et me donner le bras dans la rue.

— Vous n'avez plus eu peur? Oh! moi, comme j'aurais tremblé!

— Eh bien! moi, non. Après avoir reçu poliment ma mère avec une bonté sans pareille et offert sa main à Germain, le prince m'a dit en souriant : — Eh bien! ma voisine, comment vont papa Crétu et Ramonette? (C'est le nom de mes oiseaux; faut-il qu'il soit aimable pour s'en être souvenu!) Je suis sûr, a-t-il ajouté, que maintenant vous et Germain vous luttez de chants joyeux avec vos jolis oiseaux? — Oui, monseigneur. (Madame Georges nous avait fait la leçon toute la route, à nous deux Germain, nous disant qu'il fallait appeler le prince monseigneur.) Oui, monseigneur, notre bonheur est grand, et il nous semble plus doux et plus grand encore parce que nous le devons. — Ce n'est pas à moi que vous le devez, mon enfant, mais à vos excellentes qualités et à celles de Germain. Et cætera, et cætera, je passe le reste de ses compliments. Enfin nous avons quitté ce seigneur le cœur un peu gros, car nous ne le verrons plus il nous a dit qu'il retournait en Allemagne sous peu de jours, peut-être qu'il est déjà parti; mais, parti ou non, son souvenir sera toujours avec nous.

— Puisqu'il a des sujets, ils doivent être bien heureux!

— Jugez! il nous a fait tant de bien, à nous qui ne lui sommes rien. J'oubliais de vous dire que c'était à cette ferme-là qu'avait habité une de mes anciennes compagnes de prison, une bien bonne et bien honnête petite fille qui, pour son bonheur, avait aussi rencontré M. Rodolphe; mais madame Georges m'avait bien recommandé de n'en pas parler du prince, je ne sais pas pourquoi... sans doute parce qu'il n'aime pas qu'on lui parle du bien qu'il fait. Ce qu'il est sûr, c'est qu'il paraît que cette chère Goualeuse a retrouvé ses parents, qui l'ont emmenée avec eux, bien loin, bien loin! tout ce que je regrette, c'est de ne pas l'avoir embrassée avant son départ.

— Allons, tant mieux, dit amèrement Louise; elle est heureuse aussi, elle...

— Ma bonne Louise, pardon... je suis égoïste; c'est vrai, je ne vous parle que du bonheur. à vous qui avez tant de raisons d'être encore chagrine.

— Si mon enfant m'était resté, dit tristement Louise en interrompant Rigolette, cela m'aurait consolée; car maintenant quel est l'honnête homme qui voudra de moi, quoique j'aie de l'argent?

— Au contraire, Louise, moi je dis qu'il n'y a qu'un honnête homme capable de comprendre votre position; oui, lorsqu'il saura tout, lorsqu'il vous connaîtra, il ne pourra que vous plaindre, vous estimer, et il sera bien sûr d'avoir en vous une bonne et digne femme.

— Vous me dites cela pour me consoler.

— Non, je dis cela parce que c'est vrai.

— Enfin, vrai ou non, ça me fait du bien, toujours, et je vous en remercie. Mais qui vient donc là? Tiens, c'est M. Pipelet et sa femme! Mon Dieu, comme il a l'air content! lui qui dans les derniers temps, était toujours si malheureux des plaisanteries de M. Cabrion.

En effet, M. et madame Pipelet s'avançaient allègrement. Alfred, toujours coiffé de son inamovible chapeau tromblon, portait un magnifique habit vert-pré encore dans tout son lustre; sa cravate, à coins brodés, laissait dépasser un col de chemise formidable qui lui cachait la moitié des joues ; un grand gilet fond jaune vif, à larges bandes marron, un pantalon noir un peu court, des bas d'une éblouissante blancheur et des souliers cirés à l'œuf complétaient son accoutrement.

Anastasie se prélassait dans une robe de mérinos amarante sur laquelle tranchait vivement un châle d'un bleu foncé. Elle exposait orgueilleusement à tous les regards sa perruque fraîchement bouclée, et tenait son bonnet suspendu à son bras par des brides de ruban vert en manière de ridicule.

La physionomie d'Alfred, ordinairement si grave, si recueillie et dernièrement si abattue, était rayonnante, jubilante, rutilante; du plus loin qu'il aperçut Louise et Rigolette, il accourut en s'écriant de sa voix de basse :

— Délivré... parti !

— Ah ! mon Dieu ! monsieur Pipelet, dit Rigolette, comme vous avez l'air joyeux ! qu'avez-vous donc ?

— Parti... mademoiselle, ou plutôt madame, veux-je, puis-je, dois-je dire, car maintenant vous êtes exactement semblable à Anastasie, grâce au *conjungo*, de même que votre mari, M. Germain, est exactement semblable à moi.

— Vous êtes bien honnête, monsieur Pipelet, dit Rigolette en souriant ; mais qui est donc parti ?

— Cabrion ! s'écria M. Pipelet en respirant et en aspirant l'air avec une indicible satisfaction, comme s'il eût été dégagé d'un poids énorme. Il quitte la France à jamais, à toujours... à perpétuité... enfin il est parti.

— Vous en êtes bien sûre ?

— Je l'ai vu... de mes yeux vu monter hier en diligence... route de Strasbourg, lui, tous ses bagages... et tous ses effets, c'est-à-dire un étui à chapeau, un appuie-mains et une boîte à couleurs.

— Qu'est-ce qu'il vous chante là, ce vieux chéri ? dit Anastasie en arrivant essoufflée, car elle avait difficilement suivi la course précipitée d'Alfred. Je parie qu'il vous parle du départ de Cabrion ? Il n'a fait qu'en rabâcher toute la route.

— C'est-à-dire, Anastasie, que je ne tiens pas sur terre. Avant, il me semblait que mon chapeau était doublé de plomb ; maintenant on dirait que l'air me soulève vers le firmament ! Parti... enfin... parti ! et il ne reviendra plus !

— Heureusement, le gredin !

— Anastasie... ménagez les absents... le bonheur me rend clément : je dirai simplement que c'était un indigne polisson.

— Et comment avez-vous su qu'il allait en Allemagne ? demanda Rigolette.

— Par un ami de mon roi des locataires. A propos de ce cher homme, vous ne savez pas ? grâce aux bons renseignements qu'il a donnés de nous, Alfred est nommé concierge-gardien d'un mont-de-piété et d'une banque charitable, fondés dans notre maison par une bonne âme qui me fait joliment l'effet d'être celle dont M. Rodolphe était le commis-voyageur en bonnes actions !

— Cela se trouve bien, reprit Rigolette, c'est mon mari qui est le directeur de cette banque, sous le crédit de M. Rodolphe.

— Et alliez donc... s'écria gaiement madame Pipelet. Tant mieux ! tant mieux ! mieux vaut des connaissances que des inconnus, mieux vaut des anciens visages que des nouveaux. Mais, pour en revenir à Cabrion, figurez-vous qu'un grand gros monsieur chauve, en venant nous apprendre la nomination d'Alfred comme gardien, nous a demandé si un peintre de beaucoup de talent, nommé Cabrion, n'avait pas demeuré chez nous. Au nom de Cabrion, voilà mon vieux chéri qui lève la boule en l'air, et qui a la petite mort. Heureusement le gros grand chauve ajoute : Ce jeune peintre va partir pour l'Allemagne ; une personne riche l'y emmène pour des travaux qui l'y retiendront pendant des années... peut-être même se fixera-t-il tout à fait à l'étranger. En foi de quoi le particulier donna à mon vieux chéri la date du départ de Cabrion et l'adresse des Messageries.

— Et j'ai eu le bonheur inespéré de lire sur le registre : « M. Cabrion, artiste peintre, départ pour Strasbourg et l'étranger par correspondance. »

— Le départ était fixé à ce matin.

— Je me rends dans la cour avec mon épouse.

— Nous voyons le gredin monter sur l'impériale à côté du conducteur.

— Et enfin, au moment où la voiture s'ébranle, Cabrion m'aperçoit, me reconnaît, se retourne et me crie : Je pars pour toujours... à toi pour la vie ! Heureusement la trompette du conducteur étouffa presque ces derniers mots et ce tutoiement indécent que je méprise... car enfin, Dieu soit loué, il est parti.

— Et parti pour toujours, croyez-le, monsieur Pipelet, dit Rigolette en comprimant une violente envie de rire. Mais ce que vous ne savez pas, et ce qui va bien vous étonner... c'est que M. Rodolphe était...

— Était ?

— Un prince déguisé... une altesse royale.

— Allons donc, quelle farce ! dit Anastasie.

— Je vous le jure sur mon mari... dit très-sérieusement Rigolette.

— Mon roi des locataires... une altesse royale ! s'écria Anastasie. Allez donc !... Et moi qui l'ai prié de garder ma loge !!... Pardon... pardon... pardon...

Et elle remit machinalement son bonnet, comme si cette coiffure eût été plus convenable pour parler d'un prince.

Par une manifestation diamétralement opposée quant à la forme, mais toute semblable quant au fond, Alfred, contre son habitude, se décoiffa complètement, et salua profondément le vide en s'écriant : — Un prince, une altesse dans notre loge !... Et il m'a vu sous le linge quand j'étais au lit par suite des indignités de Cabrion !

A ce moment madame Georges se retourna, et dit à son fils et à Rigolette :

— Mes enfants, voici le docteur.

CHAPITRE XV.

Le Maître d'école.

Le docteur Herbin, homme d'un âge mûr, avait une physionomie infiniment spirituelle et distinguée, un regard d'une profondeur, d'une sagacité remarquable, et un sourire d'une bonté extrême. Sa voix, naturellement harmonieuse, devenait presque caressante lorsqu'il s'adressait aux aliénés : aussi la suavité de son accent, la mansuétude de ses paroles semblaient souvent calmer l'irritabilité naturelle de ces infortunés. L'un des premiers il avait substitué, dans le traitement de la folie, la commisération et la bienveillance aux terribles moyens coërcitifs employés autrefois : plus de chaînes, plus de coups, plus de douches, plus d'isolement surtout (sauf quelques cas exceptionnels).

Sa haute intelligence avait compris que la monomanie, que l'insanité, que la fureur s'exaltent par la séquestration et par les brutalités ; qu'en soumettant au contraire les aliénés à la vie commune, mille distractions, mille incidents de tous les moments les empêchent de s'absorber dans une idée fixe, d'autant plus funeste qu'elle est plus concentrée par la solitude et par l'intimidation.

Ainsi l'expérience prouve que, pour les aliénés, l'isolement est aussi funeste qu'il est salutaire pour les détenus criminels... La perturbation mentale des premiers s'accroissant dans la solitude, de même que la perturbation ou plutôt la subversion morale des seconds s'augmente et devient incurable par la fréquentation de leurs pairs en corruption.

Sans doute, dans plusieurs années, le système pénitentiaire actuel, avec ses prisons en commun, véritables écoles d'infamie, avec ses bagnes, ses chaînes, ses piloris et ses échafauds, paraîtra aussi vicieux, aussi sauvage, aussi atroce que l'ancien traitement qu'on infligeait aux aliénés paraît à cette heure absurde et atroce...

— Monsieur, dit madame Georges (1) à M. Herbin, j'ai cru pouvoir accompagner mon fils et ma belle-fille, quoique je ne connaisse pas M. Morel. La position de cet excellent homme m'a paru si intéressante, que je n'ai pu résister au désir d'assister avec mes enfants au réveil complet de sa raison, qui, vous l'espérez, nous a-t-on dit, lui reviendra ensuite de l'épreuve à laquelle vous allez le soumettre.

— Je compte de moins beaucoup, madame, sur l'impression favorable que doit lui causer la présence de sa fille et des personnes qu'il avait habitude de voir.

— Lorsqu'on est venu arrêter mon mari, dit la femme de Morel avec émotion, en montrant Rigolette au docteur, notre bonne petite voisine était occupée à me secourir moi et mes enfants.

— Mon père connaissait bien aussi M. Germain, qui a toujours eu beaucoup de bonté pour nous, ajouta Louise. Puis, désignant Alfred et Anastasie, elle reprit : Monsieur et madame sont les portiers de notre maison... ils avaient aussi bien des fois aidé notre famille dans son malheur autant qu'ils le pouvaient.

— Je vous remercie, monsieur, dit le docteur à Alfred, de vous être dérangé pour venir ici ; mais, d'après ce qu'on me dit, je vois que cette visite ne doit pas vous coûter.

— Monsieur, dit Pipelet en s'inclinant gravement, l'homme doit s'entr'aider ici-bas... il est frère... sans compter que le père Morel était la crème des honnêtes gens... avant qu'il n'ait perdu la raison par suite de son arrestation et celle de cette chère mademoiselle Louise.

— Et même, reprit Anastasie, je me regrette toujours que l'écuellée de soupe brûlante que j'ai jetée sur le dos des recors n'aurait pas été du plomb fondu... n'est-ce pas, vieux chéri, du pur plomb fondu ?

— C'est vrai ; je dois rendre ce juste hommage à l'affection que mon épouse avait vouée aux Morel.

— Si vous ne craignez pas, madame, dit le docteur Herbin à la mère de Germain, la vue des aliénés, nous traverserons plusieurs cours pour nous rendre au bâtiment extérieur où j'ai jugé à propos de faire conduire

(1) Nous savons que les femmes sont très-difficilement admises dans les maisons d'aliénés : mais nous demandons pardon au lecteur de cette irrégularité nécessaire à notre fable.

Morel, et j'ai donné l'ordre ce matin qu'on ne le menât pas à la ferme comme à l'ordinaire.

— A la ferme, monsieur ? dit madame Georges, il y a une ferme ici ?

— Cela vous surprend, madame ? je le conçois. Oui, nous avons ici une ferme dont les produits sont d'une très-grande ressource pour la maison et qui est mise en valeur par des aliénés (1).

— Ils y travaillent en liberté, monsieur ?

— Sans doute, et le travail, le calme des champs, la vue de la nature, est un de nos meilleurs moyens curatifs... Un seul gardien les y conduit, et il n'y a presque jamais eu d'exemple d'évasion; ils s'y rendent avec une satisfaction véritable... et le petit salaire qu'ils gagnent sert à améliorer leur sort... à leur procurer de petites douceurs. Mais nous voici arrivés à la porte d'une des cours. Puis, voyant une légère nuance d'appréhension sur les traits de madame Georges, le docteur ajouta : Ne craignez rien, madame... dans quelques minutes vous serez aussi rassurée que moi.

— Je vous suis, monsieur... Venez, mes enfants.

— Anastasie, dit tout bas M. Pipelet, qui était resté en arrière avec sa femme, quand je songe que si l'infernale poursuite de Cabrion eût duré... ton Alfred devenait fou, et, comme tel, était relégué parmi ces malheureux que nous allons voir vêtus des costumes les plus baroques, enchaînés par le milieu du corps ou enfermés dans des loges comme les bêtes féroces du Jardin-des-Plantes !

— Ne m'en parle pas, vieux chéri... On dit que les fous par amour sont comme de vrais singes qu'ils aperçoivent une femme... Ils se jettent aux barreaux de leurs cages en poussant des roucoulements affreux... Il faut que leurs gardiens les apaisent à grands coups de fouet et en leur lâchant sur la tête des immenses robinets d'eau glacée qui tombent de cent pieds de haut... et ça n'est pas de trop pour les rafraîchir.

— Anastasie, ne vous approchez pas trop des cages de ces insensés, dit gravement Alfred ; un malheur est si vite arrivé !

— Sans compter que ça ne serait pas généreux de ma part d'avoir l'air de les narguer ; car, après tout, ajouta Anastasie avec mélancolie, c'est nos attraits qui rendent les hommes comme ça. Tiens, je frémis, mon Alfred, quand je pense que si je t'avais refusé ton bonheur, tu serais probablement, à l'heure qu'il est, fou d'amour comme un de ces enragés... que tu serais à te cramponner aux barreaux de ta cage aussitôt que tu verrais une femme, et à rugir après, pauvre vieux chéri... toi qui, au contraire, t'esnuves dès qu'elles t'agacent.

— Ma pudeur est ombrageuse, c'est vrai, et je ne m'en suis pas mal trouvé. Mais, Anastasie, la porte s'ouvre, je frissonne... Nous allons voir d'abominables figures, entendre des bruits de chaînes et des grincements de dents...

M. et madame Pipelet, n'ayant pas, ainsi qu'on le voit, entendu la conversation du docteur Herbin, partageaient les préjugés populaires qui existent encore à l'endroit des hospices d'aliénés, préjugés qui, du reste, il y a quarante ans, étaient d'effroyables réalités.

La porte de la cour s'ouvrit.

Cette cour, formant un long parallélogramme, était plantée d'arbres, garnie de bancs ; de chaque côté régnait une galerie d'une étrange construction ; des cellules largement aérées avaient accès sur cette galerie : une cinquantaine d'hommes, uniformément vêtus de gris, se promenaient, causaient, ou restaient silencieux et contemplatifs, assis au soleil.

Rien ne contrastait davantage avec l'idée qu'on se fait ordinairement des excentricités de costume et de la singularité physionomique des aliénés : il fallait même une longue habitude d'observation pour découvrir sur beaucoup de ces visages les indices certains de la folie.

A l'arrivée du docteur Herbin, un grand nombre d'aliénés se pressèrent autour de lui, joyeux et empressés, en lui tendant leurs mains avec une touchante expression de confiance et de gratitude, à laquelle il répondit cordialement en leur disant :

— Bonjour, bonjour, mes enfants.

Quelques-uns de ces malheureux, trop éloignés du docteur pour lui prendre la main, vinrent l'offrir avec une sorte d'hésitation craintive aux personnes qui l'accompagnaient.

— Bonjour, mes amis, leur dit Germain en leur serrant la main avec une bonté qui semblait les ravir.

— Monsieur, dit madame Georges au docteur, est-ce que ce sont des fous ?

— Ce sont à peu près les plus dangereux de la maison, dit le docteur en souriant. On les laisse ensemble le jour ; seulement, la nuit on les renferme dans des cellules dont vous voyez les portes ouvertes.

— Comment ! ces gens sont complètement fous ?... Mais quand sont-ils donc furieux ?...

— D'abord... dès le début de leur maladie, quand on les amène ici ; puis peu à peu le traitement agit, la vue de leurs compagnons les calme, les distrait... la douceur les apaise, et leurs crises violentes, d'abord fréquentes, deviennent de plus en plus rares... Tenez, en voici un des plus méchants.

C'était un homme robuste et nerveux, de quarante ans environ, aux

(1) Cette ferme, admirable institution curative, est située à très-peu de distance de Bicêtre.

longs cheveux noirs, au grand front, au teint bilieux, au regard profond, à la physionomie des plus intelligentes. Il s'approcha gravement du docteur et lui dit d'un ton d'exquise politesse, quoique se contraignant un peu :

— Monsieur le docteur, je dois avoir à mon tour le droit d'entretenir et de promener l'aveugle ; j'aurai l'honneur de vous faire observer qu'il y a une injustice flagrante à priver ce malheureux de ma conversation pour le livrer... (et le fou sourit avec une dédaigneuse amertume) aux stupides divagations d'un idiot complètement étranger, je crois ne rien hasarder, complètement étranger aux moindres notions d'une science quelconque, tandis que ma conversation distrairait l'aveugle. Ainsi, ajouta-t-il avec une extrême volubilité, je lui aurais dit mon avis sur les surfaces isothermes et orthogonales, lui faisant remarquer que les équations aux différences partielles, dont l'interprétation géométrique se résume en deux faces orthogonales, ne peuvent être intégrées généralement à cause de leur complication. Je lui aurais prouvé que les surfaces conjuguées sont nécessairement toutes isothermes, et nous aurions cherché ensemble quelles sont les surfaces capables de composer un système triplement isotherme... Si je ne me fais pas illusion, monsieur, comparez cette récréation aux stupidités dont on entretient l'aveugle, ajouta l'aliéné en reprenant haleine, et dites-moi si ce n'est pas un meurtre de le priver de mon entretien ?

— Ne prenez pas ce qu'il vient de dire, madame, pour les élucubrations d'un fou, dit tout bas le docteur : il aborde ainsi parfois les plus hautes questions de géométrie ou d'astronomie avec une sagacité qui ferait honneur aux savants les plus illustres... Son savoir est immense. Il parle toutes les langues vivantes ; mais il est, hélas ! martyr du désir et de l'orgueil du savoir ; il se figure qu'il a absorbé toutes les connaissances humaines en lui seul, et c'est en le retenant ici qu'on replonge l'humanité dans les ténèbres de la plus profonde ignorance.

Le docteur reprit tout haut à l'aliéné, qui semblait attendre sa réponse avec une respectueuse anxiété :

— Mon cher monsieur Charles, votre réclamation me semble de toute justice, et ce pauvre aveugle, qui, je crois, est muet, mais heureusement n'est pas sourd, goûterait un charme infini à la conversation d'un homme aussi érudit que vous. Je vais m'occuper de vous faire rendre justice.

— Du reste, vous persistez toujours, en me retenant ici, à priver l'univers de toutes les connaissances humaines que je me suis appropriées en me les assimilant, dit le fou en s'animant peu à peu et en commençant à gesticuler avec une extrême agitation.

— Allons, allons, calmez-vous, mon bon monsieur Charles. Heureusement l'univers ne s'est pas encore aperçu de ce qui lui manquait ; dès qu'il réclamera, nous nous empresserons de satisfaire à sa réclamation ; en tout état de cause, un homme de votre capacité, de votre savoir, peut toujours rendre de grands services.

— Mais je suis pour la science ce qu'était l'arche de Noé pour la nature physique, s'écria-t-il en grinçant des dents et l'œil égaré.

— Je le sais, mon cher ami.

— Vous voulez mettre la lumière sous le boisseau ! s'écria-t-il en fermant les poings. Mais alors si je vous briserais comme verre, ajouta-t-il d'un air menaçant, le visage empourpré de colère et les veines gonflées à se rompre.

— Ah ! monsieur Charles, répondit le docteur en attachant sur l'insensé un regard calme, fixe, perçant, et donnant à sa voix un accent caressant et flatteur, je croyais que vous étiez le plus grand savant des temps modernes...

— Et passés ! s'écria le fou, oubliant tout à coup sa colère pour son orgueil.

— Vous ne me laissez pas achever... que vous étiez le plus grand savant des temps passés... présents...

— Et futurs ! ajouta le fou avec fierté.

— Oh ! le vilain bavard, qui m'interrompt toujours, dit le docteur en souriant et en lui frappant amicalement sur l'épaule. Ne dirait-on pas que j'ignore toute l'admiration que vous inspirez et que vous méritez !... Voyons, allons voir l'aveugle... conduisez-moi près de lui.

— Docteur, vous êtes un brave homme ; venez, venez, vous allez voir ce qu'on l'oblige d'écouter quand je pourrais lui dire de si belles choses, reprit le fou complètement calmé en marchant devant le docteur d'un air satisfait.

— Je vous l'avoue, monsieur, dit Germain, qui s'était rapproché de sa mère et de sa femme, dont il avait remarqué l'effroi lorsque le fou avait parlé et gesticulé violemment ; un moment, j'ai craint une crise.

— Eh ! mon Dieu, monsieur, autrefois, au premier mot d'exaltation, au premier geste de menace de ce malheureux, les gardiens se fussent jetés sur lui ; on l'eût garrotté, battu, inondé de douches, une des plus atroces tortures que l'on puisse rêver... Jugez de l'effet d'un tel traitement sur une organisation énergique et irritable, dont la force d'expansion est d'autant plus violente qu'elle est plus comprimée. Alors il serait tombé dans un de ces accès de rage effroyables qui défiaient les étreintes les plus puissantes, s'exaspéraient par leur fréquence et devenaient presque incurables ; tandis que, vous le voyez, en ne comprimant pas d'abord cette effervescence momentanée ou en la détournant à l'aide de l'excessive mobilité d'esprit que l'on remarque chez beaucoup d'insensés, ces bouillonnements éphémères s'apaisent aussi vite qu'ils s'élèvent.

— Et quel est donc cet aveugle dont il parle, monsieur? est-ce une illusion de son esprit? demanda madame Georges.

— Non, madame, c'est une histoire fort étrange, répondit le docteur. Cet aveugle a été pris dans un repaire des Champs-Elysées, où l'on a arrêté une bande de voleurs et d'assassins ; on a trouvé cet homme enchaîné au milieu d'un caveau souterrain, à côté du cadavre d'une femme si horriblement mutilée, qu'on n'a pu la reconnaître.

— Ah! c'est affreux... dit madame Georges en frissonnant (1).

— Cet homme est d'une épouvantable laideur, toute sa figure est corrodée par le vitriol. Depuis son arrivée ici il n'a pas prononcé une parole. Je ne sais s'il est réellement muet, ou s'il affecte le mutisme. Par un singulier hasard, les seules crises qu'il ait eues se sont passées pendant mon absence, et toujours la nuit. Malheureusement toutes les demandes qu'on lui adresse restent sans réponse, et il est impossible d'avoir aucun renseignement sur sa position; les accès semblent causés par une fureur dont la cause est impénétrable, car il ne prononce pas une parole. Les autres aliénés ont pour lui beaucoup d'attentions; ils guident sa marche et ils se plaisent à l'entretenir, hélas! selon le degré de leur intelligence. Tenez... le voici...

Toutes les personnes qui accompagnaient le médecin reculèrent d'horreur à la vue du Maître d'école, car c'était lui.

Il n'était pas fou, mais il contrefaisait le muet et l'insensé.

Il avait massacré la Chouette, non dans un accès de folie, mais dans un accès de fièvre chaude pareil à celui dont il avait déjà été frappé lors de sa terrible vision à la ferme de Bouqueval.

Ensuite de son arrestation à la taverne des Champs-Elysées, sortant de son délire passager, le Maître d'école s'éveilla dans une des cellules du dépôt de la Conciergerie où l'on enferme provisoirement les insensés. Entendant dire autour de lui : — C'est un fou furieux, il résolut de continuer de jouer ce rôle, et s'imposa un mutisme complet afin de ne pas se compromettre par ses réponses, dans le cas où l'on douterait de son insanité prétendue.

Ce stratagème lui réussit. Conduit à Bicêtre, il simula de temps à autre de violents accès de fureur, ayant toujours soin de choisir la nuit pour ces manifestations, afin d'échapper à la pénétrante observation du médecin en chef, le chirurgien de garde, éveillé et appelé à la hâte, n'arrivant presque jamais qu'à l'issue ou à la fin de la crise.

Le très-petit nombre des complices du Maître d'école qui savaient son véritable nom et son évasion du bagne de Rochefort ignoraient ce qu'il était devenu, et n'avaient d'ailleurs aucun intérêt à le dénoncer; on ne pouvait ainsi constater son identité. Il espérait donc rester toujours à Bicêtre, en continuant son rôle de fou et de muet.

Oui, toujours, tel était alors l'unique vœu, le seul désir de cet homme, grâce à l'impuissance de nuire qui paralysait ses méchants instincts. Grâce à l'isolement profond où il avait vécu dans le caveau de Bras-Rouge, le remords, on le sait, s'était peu à peu emparé de cette âme de fer.

A force de concentrer son esprit dans une incessante méditation, le souvenir de ses crimes passés, privé de toute communication avec le monde extérieur, ses idées finissaient souvent par prendre un corps, par s'imager dans son cerveau, ainsi qu'il l'avait dit à la Chouette; alors lui apparaissaient quelquefois les traits de ses victimes; mais ce n'était pas là de la folie, c'était la puissance du souvenir porté à sa dernière expression.

Ainsi cet homme, encore dans la force de l'âge, d'une constitution athlétique, cet homme qui devait sans doute vivre encore de longues années, cet homme qui jouissait de toute la plénitude de sa raison, devait passer ces longues années parmi les fous, dans un mutisme complet, sinon, s'il était découvert, on le conduisait à l'échafaud pour ses nouveaux meurtres, ou on le condamnait à une réclusion perpétuelle parmi des scélérats pour lesquels il ressentait une horreur qui s'augmentait en raison de son repentir.

Le Maître d'école était assis sur un banc; une forêt de cheveux grisonnants couvraient sa tête hideuse et énorme ; accoudé sur un de ses genoux, il appuyait son menton dans sa main. Quoique ce masque affreux fût privé de regard, que deux trous remplaçassent son nez, que sa bouche fût difforme, un désespoir écrasant, incurable, se manifestait encore sur ce visage monstrueux.

Un aliéné à figure triste, bienveillante et juvénile, agenouillé devant le Maître d'école, tenait sa robuste main entre les siennes, le regardait avec bonté, et d'une voix douce répétait incessamment ces seuls mots : Des fraises... des fraises... des fraises...

— Voilà pourtant, dit gravement le fou savant, la seule conversation que cet idiot sache tenir à l'aveugle. Si chez lui les yeux du corps sont fermés, ceux de l'esprit sont sans doute ouverts, et il me saura gré de me mettre en communication avec lui.

— Je n'en doute pas, dit le docteur pendant que le pauvre insensé à figure mélancolique contemplait l'abominable figure du Maître d'école avec compassion, et répétait de sa voix douce : Des fraises.... des fraises... des fraises...

(1) Rodolphe avait toujours laissé ignorer à madame Georges le sort du Maître d'école depuis que celui-ci s'était évadé du bagne de Rochefort.

— Depuis son entrée ici, ce pauvre fou n'a pas prononcé d'autres paroles que celles-là, dit le docteur à madame Georges, qui regardait le Maître d'école avec horreur ; quel événement se rattache à ces mots, les seuls qu'il dise... c'est ce que je n'ai pu pénétrer...

— Mon Dieu, ma mère, dit Germain à madame Georges, combien ce malheureux aveugle paraît accablé!...

— C'est vrai, mon enfant, répondit madame Georges, malgré moi mon cœur se serre... sa vue me fait mal. Oh! qu'il est triste de voir l'humanité sous ce sinistre aspect !

A peine madame Georges eut-elle prononcé ces mots, que le Maître d'école tressaillit ; son visage couturé devint pâle sous ses cicatrices ; il leva et tourna si vivement la tête du côté de la mère de Germain, que celle-ci ne put retenir un cri d'effroi, quoiqu'elle ignorât quel était ce misérable.

Le Maître d'école avait reconnu la voix de sa femme, et les paroles de madame Georges lui disaient qu'elle parlait à son fils.

— Qu'avez-vous, ma mère? s'écria Germain.

— Rien, mon enfant... mais le mouvement de cet homme... l'expression de sa figure... tout cela... m'a effrayée... Tenez monsieur, pardonnez à ma faiblesse, ajouta-t-elle en s'adressant au docteur; je regrette presque d'avoir cédé à ma curiosité en accompagnant mon fils.

— Oh ! pour une fois... ma mère... il n'y a rien à regretter.

— Bien certainement que notre bonne mère ne reviendra plus jamais ici, ni nous non plus, n'est-ce pas, mon petit Germain? dit Rigolette ; c'est si triste... ça navre le cœur.

— Allons, vous êtes une petite peureuse. N'est-ce pas, monsieur le docteur, dit Germain en souriant, n'est-ce pas que ma femme est une peureuse ?

— J'avoue, répondit le médecin, que la vue de ce malheureux aveugle et muet m'a impressionné... moi qui ai vu bien des misères.

— Quelle frimousse... hein ! vieux chéri ? dit tout bas Anastasie... Eh bien ! auprès de toi... tous les hommes me paraissent aussi laids que cet affreux bonhomme... C'est pour ça que personne ne peut se vanter de... tu comprends, mon Alfred ?...

— Anastasie, je rêverai de cette figure-là... c'est sûr... j'en aurai le cauchemar.

— Mon ami, dit le docteur au Maître d'école, comment vous trouvez-vous?...

Le Maître d'école resta muet.

— Vous ne m'entendez donc pas? reprit le docteur en lui frappant légèrement sur l'épaule.

Le Maître d'école ne répondit rien, il baissa la tête : au bout de quelques instants... de ses yeux sans regards il tomba une larme...

— Il pleure, dit le docteur.

— Pauvre homme! ajouta Germain avec compassion.

Le Maître d'école frissonna : il entendait de nouveau la voix de son fils... Son fils éprouvait pour lui un sentiment de compassion.

— Qu'avez-vous? Quel chagrin vous afflige? demanda le docteur.

Le Maître d'école, sans répondre, cacha son visage dans ses mains.

— Nous n'en obtiendrons rien, dit le docteur.

— Laissez-moi faire, je vais le consoler, reprit le fou savant d'un air grave et prétentieux. Je vais lui démontrer que tous les genres de surfaces orthogonales dans lesquelles les trois systèmes sont isothermes sont : 1° ceux des surfaces du second ordre ; 2° ceux des ellipsoïdes de révolution autour du petit axe et du grand axe; 3° ceux... Mais, au fait, reprit le fou en se ravisant et réfléchissant : c'est l'entretiendrai du système planétaire. Puis, s'adressant au jeune aliéné toujours agenouillé devant le Maître d'école : Ote-toi de là... les fraises...

— Mon garçon, dit le docteur au jeune fou, il faut que chacun de vous conduise et entretienne à son tour ce pauvre homme... Laissez votre camarade prendre votre place...

Le jeune aliéné obéit aussitôt, se leva, regarda timidement le docteur de ses grands yeux bleus, lui témoigna sa déférence par un salut, fit un signe d'adieu au Maître d'école et s'éloigna en répétant d'une voix plaintive : — Des fraises... des fraises...

Le docteur, s'apercevant de la pénible impression que cette scène causait à madame Georges, lui dit :

— Heureusement, madame, nous allons trouver Morel, et, si mon espérance se réalise, votre âme s'épanouira en voyant cet excellent homme rendu à la tendresse de sa digne femme et de sa digne fille.

Et le médecin s'éloigna suivi des personnes qui l'accompagnaient.

Le Maître d'école resta seul avec le fou de science, qui commença de lui expliquer, d'ailleurs très-savamment, très-éloquemment, la marche imposante des astres, qui décrivent silencieusement leur courbe immense dans le ciel, dont l'état normal est la nuit...

Mais le Maître d'école ne l'écoutait pas...

Il songeait avec un profond désespoir qu'il n'entendrait plus jamais la voix de son fils et de sa femme... Certain de la juste horreur qu'il leur inspirait, du malheur, de la honte, de l'épouvante où les aurait plongés la révélation de son nom, il eût plutôt enduré mille morts que de se découvrir à eux... Une seule, une dernière consolation lui restait : un moment il avait inspiré quelque pitié à son fils.

Et malgré lui il se rappelait ces mots que Rodolphe lui avait dits avant de lui infliger un châtiment terrible :

« Chacune de tes paroles est un blasphème, chacune de tes paroles sera une prière ; tu es audacieux et cruel parce que tu es fort, tu seras doux et humble parce que tu seras faible. Ton cœur est fermé au repentir... un jour tu pleureras tes victimes... D'homme tu t'es fait bête féroce... un jour ton intelligence se relèvera par l'expiation. Tu n'as pas même respecté ce que respectent les bêtes sauvages, leur femelle et leurs petits... après une longue vie consacrée à la rédemption de tes crimes, ta dernière prière sera pour supplier Dieu de t'accorder le bonheur inespéré de mourir entre ta femme et ton fils... » »

— Nous allons passer devant la cour des idiots, et nous arriverons au bâtiment où se trouve Morel, dit le docteur en sortant de la cour où était le Maître d'école.

CHAPITRE XVI.

Morel le lapidaire.

Malgré la tristesse que lui avait inspirée la vue des aliénés, madame Georges ne put s'empêcher de s'arrêter un moment en passant devant une cour grillée où étaient enfermés les idiots incurables.

Pauvres êtres, qui souvent n'ont pas même l'instinct de la bête et dont on ignore presque toujours l'origine ; inconnus de tous et d'euxmêmes... Ils traversent ainsi la vie, absolument étrangers aux sentiments, à la pensée, éprouvant seulement les besoins animaux les plus limités...

Le hideux accouplement de la misère et de la débauche, au plus profond des bouges les plus infects, cause ordinairement cet effroyable abâtardissement de l'espèce... qui atteint en général les classes pauvres.

Si généralement la folie ne se révèle pas tout d'abord à l'observateur superficiel par la seule inspection de la physionomie de l'aliéné, il n'est que trop facile de reconnaître les caractères physiques de l'idiotisme.

Le docteur Herbin n'eut pas besoin de faire remarquer à madame Georges l'expression d'abrutissement sauvage, d'insensibilité stupide ou d'ébahissement imbécile qui donnait aux traits de ces malheureux une expression à la fois hideuse et pénible à voir. Presque tous étaient vêtus de longues souquenilles sordides en lambeaux : car, malgré toute la surveillance possible, on ne peut empêcher ces êtres, absolument privés d'instinct et de raison, de lacérer, de souiller leurs vêtements en rampant, et en se roulant comme des bêtes dans la fange des cours (1) où ils restent pendant le jour.

Les uns, accroupis dans les coins les plus obscurs d'un hangar qui les abritait, pelotonnés, ramassés sur eux-mêmes comme des animaux dans leurs tanières, faisaient entendre une sorte de râlement sourd et continuel.

D'autres, adossés au mur, debout, immobiles, muets, regardaient fixement le soleil.

Un vieillard d'une obésité difforme, assis sur une chaise de bois, dévorait sa pitance avec une voracité animale, en jetant de côté et d'autre des regards obliques et courroucés.

Ceux-ci marchaient circulairement et en hâte dans un tout petit espace qu'ils se limitaient. Cet étrange exercice durait des heures entières sans interruption.

Ceux-là, assis par terre, se balançaient incessamment en jetant alternativement le haut de leur corps en avant et en arrière, n'interrompant ce mouvement d'une monotonie vertigineuse que pour rire aux éclats, de ce rire strident, guttural de l'idiotisme.

D'autres enfin, dans un complet anéantissement, n'ouvraient les yeux qu'aux heures du repas, et restaient inertes, inanimés, muets, sourds, aveugles, sans qu'un cri, sans qu'un geste annonçât leur vitalité.

L'absence complète de communication verbale ou intelligente est un des caractères les plus sinistres d'une réunion d'idiots ; au moins, malgré l'incohérence de leurs paroles et de leurs pensées, les fous se parlent, se reconnaissent, se recherchent ; mais entre les idiots il règne une indifférence stupide, un isolement farouche. Jamais on ne les entend prononcer une parole articulée ; ce sont de temps à autre quelques rires sauvages ou des gémissements et des cris qui n'ont rien d'humain. A peine un très-petit nombre d'entre eux reconnaissent-ils leurs gardiens. Et pourtant, répétons-le avec admiration, par respect pour la créature,

(1) Disons à ce propos qu'il est impossible de voir sans une profonde admiration pour les intelligences charitables qui ont combiné ces recherches de propreté hygiénique, de voir, disons-nous, les dortoirs et les lits consacrés aux idiots. Quand on pense qu'autrefois ces malheureux croupissaient dans une paille infecte, et qu'à cette heure ils ont des lits excellents, maintenus dans un état de salubrité parfaite par des moyens vraiment merveilleux, on ne peut, encore une fois, que glorifier ceux qui se sont voués à l'adoucissement de telles misères. Là, nulle reconnaissance à attendre, pas même la gratitude de l'animal pour son maître. C'est donc le bien seulement fait pour le bien au saint nom de l'humanité ; et cela n'en est que plus digne, que plus grand. On ne saurait trop louer MM. les administrateurs et médecins de Bicêtre, dignement soutenus d'ailleurs par la haute et juste autorité du célèbre docteur Ferrus, chargé de l'inspection générale des hospices d'aliénés, et auquel on doit l'excellente loi sur les aliénés, loi basée sur ses savantes et profondes observations.

ces infortunés, qui semblent ne plus appartenir à notre espèce, et pas même à l'espèce animale, par le complet anéantissement de leurs facultés intellectuelles ; ces êtres, incurablement frappés, qui tiennent plus du mollusque que de l'être animé, et qui souvent traversent ainsi tous les âges d'une longue carrière, sont entourés de soins recherchés et d'un bien-être dont ils n'ont pas même la conscience.

Sans doute, il est beau de respecter ainsi le principe de la dignité humaine jusque dans ces malheureux qui de l'homme n'ont plus que l'enveloppe ; mais, répétons-le toujours, on devrait songer aussi à la dignité de ceux qui, doués de toute leur intelligence, remplis de zèle, d'activité, sont la force vive de la nation ; leur donner conscience de cette dignité en l'encourageant, en la récompensant lorsqu'elle s'est manifestée par l'amour du travail, par la résignation, par la probité : ne pas dire enfin, avec un égoïsme semi-orthodoxe : Punissons ici-bas, Dieu récompensera là-haut.

— Pauvres gens ! dit madame Georges en suivant le docteur, après avoir jeté un dernier regard dans la cour des idiots, qu'ils sont tristes de songer qu'il n'y a aucun remède à leurs maux !

— Hélas ! aucun, madame, répondit le docteur, surtout arrivés à cet âge ; car maintenant, grâce aux progrès de la science, les enfants idiots reçoivent une sorte d'éducation qui développe au moins l'atome d'intelligence incomplète dont ils sont quelquefois doués. Nous avons ici une école (1), dirigée avec autant de persévérance que de patience éclairée, qui offre déjà des résultats on ne peut plus satisfaisants : par des moyens très-ingénieux et exclusivement appropriés à leur état, on exerce à la fois le physique et le moral de ces pauvres enfants, et beaucoup parviennent à connaître les lettres, les chiffres, à se rendre compte des couleurs ; on est même arrivé à faire chanter en chœur, et je vous assure, madame, qu'il y a une sorte de charme étrange, à la fois triste et touchant, à entendre ces voix étonnées, plaintives, quelquefois douloureuses, s'élever vers le ciel dans un cantique dont presque tous les mots, quoique français, leur sont inconnus. Mais nous voici arrivés au bâtiment où se trouve Morel. J'ai recommandé qu'on le laissât seul ce matin, afin que l'effet que j'espère produire sur lui eût une plus grande action.

— Et quelle est donc sa folie, monsieur ? dit tout bas madame Georges au docteur, afin de n'être pas entendue de Louise.

— Il s'imagine que s'il n'a pas gagné treize cents francs dans sa journée pour payer une dette contractée envers un notaire nommé Ferrand, Louise doit mourir sur l'échafaud pour crime d'infanticide.

— Ah ! monsieur, ce notaire... était un monstre ! s'écria madame Georges, instruite de la haine de cet homme contre Germain. Louise Morel, son père, ne sont pas ses seules victimes. Il a poursuivi mon fils avec une impitoyable animosité.

— Louise Morel m'a tout dit, madame, répondit le docteur. Dieu merci, ce misérable a cessé de vivre. Mais veuillez m'attendre un moment avec ces braves gens. Je vais voir comment se trouve Morel.

Puis s'adressant à la fille du lapidaire :

— Je vous en prie, Louise, soyez bien attentive. Au moment où je crierai : « Venez ! » paraissez aussitôt, mais seule... Quand je dirai une seconde fois : « Venez ! » les autres personnes entreront avec vous.

— Ah ! monsieur, le cœur me manque, dit Louise en essuyant ses larmes. Pauvre père... si cette épreuve était inutile !...

— J'espère qu'elle le sauvera. Depuis longtemps je la ménage... Allons, rassurez-vous, et songez à mes recommandations.

Et le docteur, quittant les personnes qui l'accompagnaient, entra dans une chambre dont les fenêtres grillées ouvraient sur un jardin.

Grâce au repos, à un régime salubre, aux soins dont on l'entourait, les traits de Morel le lapidaire n'étaient plus pâles, hâves et creusés par une maigreur maladive. Son visage plein, légèrement coloré, annonçait le retour de la santé ; mais un sourire mélancolique, une certaine fixité qui souvent encore immobilisait son regard, annonçaient que sa raison n'était pas encore complètement rétablie.

Lorsque le docteur entra, Morel, assis et courbé devant une table, simulait l'exercice de son métier de lapidaire en disant :

— Treize cents francs... treize cents francs..., ou sinon Louise sur l'échafaud... treize cents francs... Travaillons... travaillons... travaillons...

Cette aberration, dont les accès étaient d'ailleurs de moins en moins fréquents, avait toujours été le symptôme primordial de sa folie. Le médecin, d'abord contrarié de trouver Morel en ce moment sous l'influence de sa monomanie, espéra bientôt faire servir cette circonstance à son projet. Il prit dans sa poche une bourse contenant soixante-cinq louis qu'il y avait placés d'avance, versa cet or dans sa main et dit brusquement à Morel, qui, profondément absorbé par son simulacre de travail, ne s'était pas aperçu de l'arrivée du docteur :

— Mon brave Morel... assez travaillé... Vous avez enfin gagné les treize cents francs qu'il vous faut pour sauver Louise... les voilà !

Et le docteur jeta sur la table la poignée d'or.

— Louise est sauvée ! s'écria le lapidaire en ramassant l'or avec rapidité. Je cours chez le notaire.

(1) Cette école est encore une des institutions les plus curieuses et les plus intéressantes.

Et, se levant précipitamment il courut vers la porte.

— Venez! cria le docteur avec une vive angoisse, car la guérison instantanée du lapidaire pouvait dépendre de cette première impression.

A peine eut-il dit « Venez, » que Louise parut à la porte, au moment même où son père s'y présentait.

Morel, stupéfait, recula deux pas en arrière et laissa tomber l'or qu'il tenait.

Pendant quelques minutes il contempla Louise dans un ébahissement profond, ne la reconnaissant pas encore. Il semblait pourtant tâcher de rappeler ses souvenirs; puis, se rapprochant d'elle peu à peu, il la regarda avec une curiosité inquiète et craintive.

Louise, tremblante d'émotion, contenait difficilement ses larmes, pendant que le docteur, lui recommandant par un geste de rester muette, épiait, attentif et silencieux, les moindres mouvements de la physionomie du lapidaire. Celui-ci, toujours penché vers sa fille, commença de pâlir : il passa ses deux mains sur son front inondé de sueur ; puis, faisant un nouveau pas vers elle, il voulut lui parler ; mais la voix expira sur ses lèvres, sa pâleur augmenta, et il regarda autour de lui avec surprise, comme s'il sortait peu à peu d'un songe.

— Bien... bien... dit tout bas le docteur à Louise, c'est bon signe..... quand je dirai venez, jetez-vous dans ses bras en l'appelant votre père.

Le lapidaire porta les mains sur sa poitrine en se regardant, si cela se peut dire, des pieds à la tête, comme pour se bien convaincre de son identité. Ses traits exprimaient une incertitude douloureuse; au lieu d'attacher ses yeux sur sa fille, il semblait vouloir se dérober à sa vue. Alors il se dit à voix basse, d'une voix entrecoupée :

— Non !... non !... un songe... où suis-je?... impossible !... un songe... ce n'est pas elle... Puis voyant les pièces d'or éparses sur le plancher : Et cet or... je ne me rappelle pas... Je m'éveille donc ?... la tête me tourne... je n'ose pas regarder... j'ai honte... ce n'est pas Louise...

— Venez, dit le docteur à voix haute.

— Mon père... reconnaissez-moi donc, je suis Louise... votre fille !... s'écria-t-elle fondant en larmes et en se jetant dans les bras du lapidaire, au moment où entraient la femme de Morel, Rigolette, madame Georges, Germain et les Pipelet.

— Oh ! mon Dieu ! disait Morel, que Louise accablait de caresses, où suis-je ? que me veut-on ? que s'est-il passé ? je ne peux pas croire... Puis, après quelques instants de silence, il prit brusquement entre ses deux mains la tête de Louise, la regarda fixement et s'écria, après quelques instants d'émotion croissante :

— Louise !...

Le Squelette.

— Il est sauvé ! dit le docteur.

— Mon mari... mon pauvre Morel !... s'écria la femme du lapidaire en venant se joindre à Louise.

— Ma femme ! reprit Morel, ma femme et ma fille !

— Et moi aussi, monsieur Morel, dit Rigolette, tous vos amis se sont donné rendez-vous ici.

— Tous vos amis !... vous voyez, monsieur Morel, ajouta Germain.

— Mademoiselle Rigolette !... M. Germain !... dit le lapidaire en reconnaissant chaque personnage avec un nouvel étonnement.

— Et les vieux amis de la loge, donc ! dit Anastasie en s'approchant à son tour avec Alfred, les voilà, les Pipelet... les vieux Pipelet... amis à mort... et allez donc, père Morel... voilà une bonne journée...

— M. Pipelet et sa femme !... tant de monde autour de moi !... Il me semble qu'il y a si longtemps !..... Et..... mais..... mais enfin..... c'est toi, Louise... n'est-ce pas ?... s'écrit-il avec entraînement en serrant sa fille dans ses bras. C'est toi, Louise? bien sûr ?...

— Mon pauvre père... oui... c'est moi, c'est ma mère.... ce sont tous vos amis..... Vous ne nous quitterez plus..... vous n'aurez plus de chagrin... nous serons heureux maintenant, tous heureux.

— Tous heureux... Mais..... attendez donc que je me souvienne... Tous heureux... il me semble pourtant qu'on était venu te chercher pour te conduire en prison, Louise.

— Oui... mon père... mais j'en suis sortie.. acquittée..... Vous le voyez..... me voici.. près de vous...

— Attendez encore... attendez... voilà la mémoire qui me revient. Puis le lapidaire reprit avec effroi : Et le notaire ?...

— Mort..... il est mort, mon père... murmura Louise.

— Mort !.... lui !... alors... je vous crois... nous pouvons être heureux... Mais où suis-je ?... comment suis-je ici ?... depuis combien de temps... et pourquoi ?... je ne me rappelle pas bien...

— Vous avez été si malade, monsieur, lui dit le docteur, qu'on vous a transporté ici... à la campagne. Vous avez eu une fièvre très-violente, le délire.

— Oui, oui... je me souviens de la dernière chose avant ma maladie ; j'étais à parler avec ma fille, et... qui donc, qui donc ?... Ah ! un homme bien généreux, M. Rodolphe... il m'avait empêché d'être arrêté. Depuis, par exemple, je ne me souviens de rien.

— Votre maladie s'était compliquée d'une absence de mémoire, dit le médecin. La vue de votre fille, de votre femme, de vos amis, vous l'a rendue.

— Et chez qui suis-je donc ici ?

— Chez un ami de M. Rodolphe, se hâta de dire Germain ; on avait songé que le changement d'air vous serait utile.

— A merveille, dit tout bas le docteur ; et s'adressant à un surveillant il ajouta : Envoyez le fiacre au bout de la ruelle du jardin, afin qu'il n'ait pas à traverser les cours et à sortir par la grande porte.

Ainsi que cela arrive quelquefois dans les cas de folie, Morel n'avait aucunement le souvenir et la conscience de l'aliénation dont il avait été atteint.

Quelques moments après, appuyé sur le bras de sa femme, de sa fille, et accompagné d'un élève chirurgien que, pour plus de prudence, le docteur avait commis à sa surveillance jusqu'à Paris, Morel montait en fiacre et quittait Bicêtre sans soupçonner qu'il y avait été enfermé comme fou.

— Vous croyez ce pauvre homme complétement guéri ? disait madame Georges au docteur, qui la reconduisait jusqu'à la grande porte de Bicêtre.

— Je le crois, madame, et j'ai voulu exprès le laisser sous l'heureuse influence de ce rapprochement avec sa famille ; j'aurais craint de l'en séparer. Du reste un de mes élèves ne le quittera pas et indiquera le régime à suivre. Tous les jours j'irai le visiter jusqu'à ce que sa guérison soit tout à fait consolidée ; car non-seulement il m'intéresse beaucoup, mais il m'a encore été très - particulièrement recommandé, à son entrée à Bicêtre, par le chargé d'affaires du grand-duché de Gerolstein.

Germain et sa mère échangèrent un coup d'œil significatif.

— Je vous remercie, monsieur, dit madame Georges, de la bonté avec laquelle vous avez bien voulu me faire visiter ce bel établissement, et je me félicite d'avoir assisté à la scène touchante que votre savoir avait si habilement prévue et annoncée.

— Et moi, madame, je me félicite doublement de ce succès, qui rend un si excellent homme à la tendresse de sa famille.

. . . .

Encore tout émus de ce qu'ils venaient de voir, madame Georges, Rigolette et Germain reprirent le chemin de Paris, ainsi que M. et madame Pipelet.

Au moment où le docteur Herbin rentrait dans les cours, il rencontra un employé supérieur de la maison qui lui dit :

— Ah ! mon cher monsieur Herbin, vous ne sauriez vous imaginer à quelle scène je viens d'assister. Pour un observateur comme vous, c'eût été une source inépuisable.

— Comment donc ? quelle scène ?

— Vous savez que nous avons ici deux femmes condamnées à mort, la mère et la fille, qui seront exécutées demain ?

— Sans doute.

— Eh bien ! de ma vie je n'ai vu une audace et un sang-froid pareil à celui de la mère. C'est une femme infernale.

— N'est-ce pas cette veuve Martial qui a montré tant de cynisme dans les débats ? — Elle-même.

Mort du Chourineur. — PAGE 556.

— Et qu'a-t-elle fait encore ?

— Elle avait demandé à être enfermée dans le même cabanon que sa fille jusqu'au moment de leur exécution. On avait accédé à sa demande. Sa fille, beaucoup moins endurcie qu'elle, paraît s'amollir à mesure que le moment fatal approche, tandis que l'assurance diabolique de la veuve augmente encore, s'il est possible. Tout à l'heure le vénérable aumônier de la prison est entré dans leur cachot pour leur offrir les consolations de la religion. La fille se préparait à les accepter, lorsque sa mère, sans perdre un moment son sang-froid glacial, l'a accablée, elle et l'aumônier, de si indignes sarcasmes, que ce vénérable prêtre a dû quitter le cachot après avoir en vain tenté de faire entendre quelques saintes paroles à cette femme indomptable.

— A la veille de monter à l'échafaud ! une telle audace est vraiment effrayante, dit le docteur.

— Du reste, on dirait une de ces familles poursuivies par la fatalité antique. Le père est mort sur l'échafaud, un autre fils est au bagne, un autre, aussi condamné à mort, s'est dernièrement évadé. Le fils aîné seul et deux jeunes enfants ont échappé à cette épouvantable contagion. Pourtant cette femme a fait demander à ce fils aîné, le seul honnête homme de cette exécrable race, de venir demain matin recevoir ses dernières volontés.

— Quelle entrevue !

— Vous n'êtes pas curieux d'y assister ?

— Franchement non. Vous connaissez mes principes au sujet de la peine de mort, et je n'ai pas besoin d'un si affreux spectacle pour m'affermir encore dans ma manière de voir. Si cette terrible femme porte son caractère indomptable jusque sur l'échafaud, quel déplorable exemple pour le peuple !

— Il y a encore quelque chose dans cette double exécution qui me paraît très-singulier, c'est le jour qu'on a choisi pour la faire.

— Comment ?

— C'est aujourd'hui la mi-carême.

— Eh bien ?

— Demain l'exécution a lieu à sept heures. Or, des bandes de gens déguisés, qui auront passé cette nuit dans les bals de barrières, se croiseront nécessairement, en rentrant dans Paris, avec le funèbre cortége.

— Vous avez raison, ce sera un contraste hideux.

— Sans compter que de la place de l'exécution, barrière Saint-Jacques, on entendra au loin la musique des guinguettes environnantes, car, pour fêter le dernier jour du carnaval, on danse dans ces cabarets jusqu'à dix et onze heures du matin.

. . . .

Le lendemain le soleil se leva radieux, éblouissant.

A quatre heures du matin, plusieurs piquets d'infanterie et de cavalerie vinrent entourer et garder les abords de Bicêtre.

Nous conduirons le lecteur dans le cabanon où se trouvaient réunies la veuve du supplicié et sa fille Calebasse.

DIXIÈME PARTIE

CHAPITRE PREMIER.

La toilette.

A Bicêtre, un sombre corridor percé çà et là de quelques fenêtres grillées, sortes de soupiraux situés un peu au-dessus du sol d'une cour supérieure, conduisait au cachot des condamnés à mort.

Ce cachot ne prenait de jour que par un large guichet pratiqué à la partie supérieure de la porte, qui ouvrait sur le passage à peine éclairé dont nous avons parlé.

Dans ce cabanon au plafond écrasé, aux murs humides et verdâtres, au sol dallé de pierres froides comme les pierres du sépulcre, sont renfermées la femme Martial et sa fille Calebasse.

La figure anguleuse de la veuve du supplicié se détache, dure, impassible et blafarde comme un masque de marbre, au milieu de la demi-obscurité qui règne dans le cachot.

Privée de l'usage de ses mains, car par-dessus sa robe noire elle porte la camisole de force, sorte de longue casaque de grosse toile grise lacée derrière le dos, et dont les manches se terminent et se ferment en forme de sac, elle demande qu'on lui ôte son bonnet, se plaignant d'une vive chaleur à la tête... Ses cheveux gris tombent épars sur ses épaules. Assise au bord de son lit, ses pieds reposent sur la dalle, elle regarde fixement sa fille Calebasse, séparée d'elle par la largeur du cachot...

Celle-ci, à demi couchée et vêtue aussi de la camisole de force, s'adosse au mur. Elle a la tête baissée sur sa poitrine, l'œil fixe, la respiration saccadée. Sauf un léger tremblement convulsif, qui de temps à autre agite sa mâchoire inférieure, ses traits paraissent assez calmes, malgré leur pâleur livide.

Dans l'intérieur et à l'extrémité du cachot, auprès de la porte, au-dessous du guichet ouvert, un vétéran décoré, à figure rude et basanée, au crâne chauve, aux longues moustaches grises, est assis sur une chaise. Il garde à vue les condamnées.

— Il fait un froid glacial ici!... et pourtant les yeux me brûlent... et puis j'ai soif... toujours soif... dit Calebasse au bout de quelques instants. Puis, s'adressant au vétéran, elle ajouta : De l'eau, s'il vous plaît, monsieur...

Le vieux soldat se leva, prit sur un escabeau un broc d'étain plein d'eau, en remplit un verre, s'approcha de Calebasse et la fit boire lentement, la camisole de force empêchant la condamnée de se servir de ses mains.

Après avoir bu avec avidité, elle dit :
— Merci, monsieur.
— Voulez-vous boire? demanda le soldat à la veuve.
Celle-ci répondit par un signe négatif.
Le vétéran alla se rasseoir.
Il se fit un nouveau silence.
— Quelle heure est-il, monsieur? demanda Calebasse.
— Bientôt quatre heures et demi, dit le soldat.
— Dans trois heures... reprit Calebasse avec un sourire sardonique et sinistre, faisant allusion au moment fixé pour son exécution, dans trois heures...
Elle n'osa pas achever.
La veuve haussa les épaules... Sa fille comprit sa pensée, et reprit :
— Vous avez plus de courage que moi... ma mère... Vous ne faiblissez jamais... vous...
— Jamais!
— Je le sais bien... je le vois bien... Votre figure est aussi tranquille que si vous étiez assise au coin du feu de notre cuisine... occupée à coudre... Il est loin, ce bon temps-là!... il est loin!...
— Bavarde!
— C'est vrai... au lieu de rester là à penser... sans rien dire... j'aime mieux parler... j'aime mieux...
— T'étourdir... poltronne!
— Quand cela serait, ma mère, tout le monde n'a pas votre courage, non plus... J'ai fait ce que j'ai pu pour vous imiter; je n'ai pas écouté le prêtre, parce que vous ne le vouliez pas. Ça m'empêche pas que j'ai peut-être eu tort... car enfin... ajouta la condamnée en frissonnant, après... qui sait?... et après... c'est bientôt... c'est... dans...
— Dans trois heures.
— Comme vous dites cela froidement, ma mère!... Mon Dieu! mon Dieu! c'est pourtant vrai... dire que nous sommes là... toutes les deux... que nous ne sommes pas malades, que nous ne voudrions pas mourir... et que, pourtant, dans trois heures...

— Dans trois heures, tu auras fini en vraie Martial. Tu auras vu noir... voilà tout... Hardi, ma fille!
— Cela n'est pas beau de parler ainsi à votre fille, dit le vieux soldat d'une voix lente et grave; vous auriez mieux fait de lui laisser écouter le prêtre.

La veuve haussa de nouveau les épaules avec un dédain farouche, et reprit en s'adressant à Calebasse sans seulement tourner la tête du côté du vétéran :
— Courage, ma fille... nous montrerons que des femmes ont plus de cœur que ces hommes... avec leurs prêtres... Les lâches!
— Le commandant Leblond était le plus brave officier du 3ᵉ chasseurs à pied... Je l'ai vu, criblé de blessures à la brèche de Saragosse... mon rire en faisant le signe de la croix, dit le vétéran.
— Vous étiez donc son sacristain? lui demanda la veuve en poussant un éclat de rire sauvage.
— J'étais son soldat... répondit doucement le vétéran. C'était seulement pour vous dire qu'on peut, au moment de mourir... prier sans être lâche...

Calebasse regarda attentivement cet homme au visage basané, type parfait et populaire du soldat de l'empire; une profonde cicatrice sillonnait sa joue gauche et se perdait dans sa large moustache grise. Les simples paroles de ce vétéran, dont les traits, les blessures et le ruban rouge semblaient annoncer la bravoure calme et éprouvée par les batailles, frappèrent profondément la fille de la veuve.

Elle avait refusé les consolations du prêtre encore plus par fausse honte et par crainte des sarcasmes de sa mère que par endurcissement. Dans sa pensée incertaine et mourante, elle opposa aux railleries sacrilèges de la veuve l'assentiment du soldat. Forte de ce témoignage, elle crut pouvoir écouter sans lâcheté des instincts religieux auxquels des hommes intrépides avaient obéi.

— Au fait, reprit-elle avec angoisse, pourquoi n'ai-je pas voulu entendre le prêtre?.. Il n'y avait pas de faiblesse à cela... D'ailleurs ça m'aurait étourdie... et puis... enfin... après... qui sait?
— Encore! dit la veuve d'un ton de mépris écrasant. Le temps manque... c'est dommage... tu serais religieuse. L'arrivée de ton frère Martial achèvera ta conversion. Mais il ne viendra pas, l'honnête homme... le bon fils!

Au moment où la veuve prononçait ces paroles, l'énorme serrure de la prison retentit bruyamment, et la porte s'ouvrit :
— Déjà! s'écria Calebasse en faisant un bond convulsif. O mon Dieu! on a avancé l'heure! On nous trompait!
Et ses traits commencèrent à se décomposer d'une manière effrayante.
— Tant mieux... si la montre du bourreau avance... tes béguineries ne me déshonoreront pas.
— Madame, dit un employé de la prison à la condamnée avec cette commisération doucereuse qui sent la mort, votre fils est là... voulez-vous le voir?
— Oui, répondit la veuve sans tourner la tête.
— Entrez... monsieur... dit l'employé.
Martial entra.

Le vétéran resta dans le cachot, dont on laissa, pour plus de précaution, la porte ouverte. A travers la pénombre du corridor à demi éclairé par le jour naissant et par un réverbère, on voyait plusieurs soldats et gardiens, les uns assis sur un banc, les autres debout.

Martial était aussi livide que sa mère; ses traits exprimaient une angoisse, une horreur profonde; ses genoux tremblaient sous lui. Malgré les crimes de cette femme, malgré l'aversion qu'elle lui avait toujours témoignée, il s'était cru obligé d'obéir à sa dernière volonté.

Dès qu'il entra dans le cachot, la veuve jeta sur lui un regard perçant, et lui dit d'une voix sourdement courroucée et comme pour éveiller dans l'âme de son fils une haine profonde :
— Tu vois... ce qu'on va faire... de ta mère... de ta sœur?
— Ah! ma mère... c'est affreux... mais je vous l'avais dit, hélas!... je vous l'avais dit!
La veuve serra ses lèvres blanches avec colère; son fils ne la comprenait pas; cependant elle reprit :
— On va la tuer... comme on a tué ton père...
— Mon Dieu!... mon Dieu!... et je ne puis rien... c'est fini. Maintenant... que voulez-vous que je fasse? pourquoi ne pas m'avoir écouté... ni vous ni ma sœur? vous n'en seriez pas là.
— Ah!... c'est ainsi... reprit la veuve avec son habituelle et farouche ironie, tu trouves cela bien?
— Ma mère!
— Te voilà content... tu pourras dire, sans mentir, que ta mère est morte... tu ne rougiras plus d'elle.
— Si j'étais mauvais fils, répondit brusquement Martial, révolté de l'injuste dureté de sa mère, je ne serais pas ici.
— Tu viens... par curiosité.
— Je viens... pour vous obéir.
— Ah! si je t'avais écouté, Martial, au lieu d'écouter ma mère... je ne serais pas ici, s'écria Calebasse d'une voix déchirante et cédant enfin à ses angoisses, à ses terreurs, jusqu'alors contenues par l'influence de la veuve. C'est votre faute... soyez maudite, ma mère!
— Elle se repent... elle m'accuse... tu dois jouir, hein? dit la veuve à son fils avec un éclat de rire diabolique.

Sans lui répondre, Martial se rapprocha de Calebasse, dont l'agonie commençait, et lui dit avec compassion :
— Pauvre sœur... Il est trop tard... maintenant.
— Jamais... trop tard... pour être lâche ! dit la mère avec une fureur froide. Oh ! quelle race ! quelle race ! Heureusement Nicolas est évadé. Heureusement François et Amandine... t'échapperont... Ils ont déjà du vice... la misère les achèvera !
— Ah ! Martial, veille bien sur eux... ou ils finiront... comme nous deux ma mère. On leur coupera aussi la tête ! s'écria Calebasse en poussant de sourds gémissements.
— Il aura beau veiller sur eux, s'écria la veuve avec une exaltation féroce, le vice et la misère seront plus forts que lui... et un jour... ils vengeront père, mère et sœur.
— Votre horrible espérance sera trompée, ma mère, répondit Martial indigné. Ni eux ni moi nous n'aurons jamais la misère à craindre. La Louve a sauvé la jeune fille que Nicolas voulait noyer. Les parents de cette jeune fille nous ont proposé ou beaucoup d'argent, ou moins d'argent et des terres en Alger... à côté d'une ferme qu'ils ont déjà donnée à un homme qui leur a aussi rendu de grands services. Nous avons préféré les terres. Il y a un peu de danger... mais ça nous va... à la Louve et à moi. Demain nous partirons avec les enfants, et de notre vie nous ne reviendrons en Europe.
— Ce que tu dis là est-il vrai ? demanda la veuve à Martial d'un ton de surprise irritée.
— Je ne mens jamais.
— Tu mens aujourd'hui pour me mettre en colère.
— En colère, parce que le sort de ces enfants est assuré ?
— Oui, de louveteaux on en fera des agneaux. Le sang de ton père, de ta sœur, le mien, ne sera pas vengé...
— A ce moment ne parlez pas ainsi.
— J'ai tué, on me tue... je suis quitte.
— Ma mère, le repentir...
La veuve poussa un nouvel éclat de rire.
— Je vis depuis trente ans dans le crime, et pour me repentir de trente ans on me donne trois jours, avec la mort au bout... Est-ce que j'aurais le temps ? Non, non, quand ma tête tombera, elle grincera de rage et de haine.
— Mon frère, au secours ! emmène-moi d'ici ! ils vont venir, murmura Calebasse d'une voix défaillante, car la misérable commençait à délirer.
— Veux-tu te taire ? dit la veuve exaspérée par la faiblesse de Calebasse ; veux-tu te taire ? Oh ! l'infâme !... et c'est ma fille !
— Ma mère ! ma mère ! s'écria Martial déchiré par cette horrible scène, pourquoi m'avez-vous fait venir ici ?
— Parce que je croyais te donner du cœur et de la haine... mais qui n'a pas l'un n'a pas l'autre, lâche !
— Ma mère !
— Lâche, lâche, lâche !
A ce moment il se fit un assez grand bruit de pas dans le corridor.
Le vétéran tira sa montre et regarda l'heure.
Le soleil, se levant au dehors, éblouissant et radieux, jeta tout à coup une nappe de clarté dorée par le soupirail pratiqué dans le corridor en face de la porte du cachot.
Cette porte s'ouvrit, et l'entrée du cabanon se trouva vivement éclairée. Au milieu de cette zone lumineuse, des gardiens apportèrent deux chaises (1), puis le greffier vint dire à la veuve d'une voix émue :
— Madame, il est temps.
La condamnée se leva droite, impassible ; Calebasse poussa des cris aigus.
Quatre hommes entrèrent.
Trois d'entre eux, assez mal vêtus, tenaient à la main de petits paquets de corde très-déliée, mais très-forte.
Le plus grand des quatre hommes, correctement habillé de noir, portant un chapeau rond et une cravate blanche, remit au greffier un papier.
Cet homme était le bourreau.
Ce papier était un reçu des deux femmes bonnes à guillotiner. Le bourreau prenait possession de ces deux créatures de Dieu ; désormais il en répondait seul.
A l'effroi désespéré de Calebasse avait succédé une torpeur hébétée. Deux aides du bourreau furent obligés de l'asseoir sur son lit et de l'y soutenir. Ses mâchoires, serrées par une convulsion tétanique, lui permettaient à peine de prononcer quelques mots sans suite. Elle roulait autour d'elle ses yeux déjà ternes et sans regard, son menton touchait à sa poitrine, et, sans l'appui des deux aides, son corps serait tombé en avant comme une masse inerte.
Martial, après avoir une dernière fois embrassé cette malheureuse, restait immobile, épouvanté, n'osant, ne pouvant faire un pas, et comme fasciné par cette terrible scène.
La froide audace de la veuve ne se démentait pas : la tête haute et droite, elle aidait elle-même à se dépouiller de la camisole de force qui

(1) Ordinairement la toilette des condamnés a lieu dans l'avant-greffe ; mais quelques réparations indispensables obligeaient de faire dans le cachot les sinistres apprêts.

emprisonnait ses mouvements. Cette toile tomba, elle se trouva vêtue d'une vieille robe de laine noire.
— Où faut-il me mettre ? demanda-t-elle d'une voix ferme.
— Ayez la bonté de vous asseoir sur une de ces chaises, lui dit le bourreau en lui indiquant un des deux sièges placés à l'entrée du cachot.
La porte étant restée ouverte, on voyait dans le corridor plusieurs gardiens, le directeur de la prison et quelques curieux privilégiés.
La veuve se dirigeait d'un pas hardi vers la place qu'on lui avait indiquée, lorsqu'elle passa devant sa fille.
Elle s'arrêta, s'approcha d'elle, et lui dit d'une voix légèrement émue :
— Ma fille, embrasse-moi.
A la voix de sa mère, Calebasse sortit de son apathie, se dressa sur son séant, et, avec un geste de malédiction, elle s'écria :
— S'il y a un enfer, descendez-y, maudite !
— Ma fille, embrasse-moi, dit encore la veuve en faisant un pas.
— Ne m'approchez pas ! vous m'avez perdue ! murmura la malheureuse en jetant ses mains en avant pour repousser sa mère.
— Pardonne-moi !
— Non, non, dit Calebasse d'une voix convulsive ; et, cet effort ayant épuisé ses forces, elle retomba presque sans connaissance entre les bras des aides.
Un nuage passa sur le front indomptable de la veuve ; un instant ses yeux secs et ardents devinrent humides. A ce moment, elle rencontra le regard de son fils.
Après un moment d'hésitation, et comme si elle eût cédé à l'effort d'une lutte intérieure, elle lui dit :
— Et toi ?...
Martial se précipita en sanglotant dans les bras de sa mère.
— Assez ! dit la veuve en surmontant son émotion et en se dégageant des étreintes de son fils. Monsieur attend, ajouta-t-elle en montrant le bourreau.
Puis elle marcha rapidement vers la chaise, où elle s'assit résolument.
La lueur de sensibilité maternelle qui avait un moment éclairé les noires profondeurs de cette âme abominable s'éteignit tout à coup.
— Monsieur, dit le vétéran à Martial en s'approchant de lui avec intérêt, ne restez pas ici. Venez, venez.
Martial, égaré par l'horreur et par l'épouvante, suivit machinalement le soldat.
Deux aides avaient apporté sur la chaise Calebasse agonisante ; l'un maintenait ce corps déjà presque privé de vie, pendant que l'autre homme, au moyen de cordes de fouet excessivement minces, mais très-longues, lui attachait les mains derrière le dos par des nœuds et des nœuds inextricables, et lui nouait aux chevilles une corde assez longue pour que la marche à petits pas fût possible.
Cette opération était à la fois étrange et horrible : on eût dit que les longues cordes minces qu'on distinguait à peine dans l'ombre, et dont ces hommes silencieux entouraient, garrottaient la condamnée, avec autant de rapidité que de dextérité, sortaient de leurs mains comme les fils ténus dont les araignées enveloppent aussi leur victime avant de la dévorer.
Le bourreau et son aide enchevêtraient la veuve avec la même agilité, sans que les traits de cette femme offrissent la moindre altération. Seulement de temps à autre elle toussait légèrement.
Lorsque la condamnée fut ainsi mise dans l'impossibilité de faire un mouvement, le bourreau, tirant de sa poche une longue paire de ciseaux, lui dit avec politesse :
— Ayez la complaisance de baisser la tête, madame.
La veuve baissa la tête en disant :
— Nous sommes de bonnes pratiques : vous avez eu mon mari, maintenant voilà sa femme et sa fille.
Sans répondre, le bourreau ramassa dans sa main gauche les longs cheveux gris de la condamnée, et se mit à les couper très-ras, très-ras, surtout à la nuque.
— Ça fait que j'aurai été coiffée trois fois dans ma vie, dit la veuve avec un ricanement sinistre : le jour de ma première communion, quand on m'a mis le voile ; le jour de mon mariage, quand on m'a mis la fleur d'oranger ; et puis aujourd'hui, n'est-ce pas, coiffeur de la mort !
Le bourreau resta muet.
Les cheveux de la condamnée étant épais et rudes, l'opération fut si longue que la chevelure de Calebasse tombait entièrement sur les dalles alors que celle de sa mère n'était coupée qu'à demi.
— Vous ne savez pas à quoi je pense ? dit la veuve au bourreau, après avoir de nouveau contemplé sa fille.
Le bourreau continua de garder le silence.
On n'entendait que le grincement sonore des ciseaux et que l'espèce de hoquet et de râle qui de temps à autre soulevait la poitrine de Calebasse.
A ce moment on vit dans le corridor un prêtre à figure vénérable s'approcher du directeur de la prison et causer à voix basse avec lui. Ce saint ministre venait tenter une dernière fois d'arracher l'âme de la veuve à l'endurcissement.

— Je pense, reprit la veuve au bout de quelques moments, et voyant que le bourreau ne lui répondait pas, je pense qu'à cinq ans ma fille, à qui on va couper la tête, était la plus jolie enfant qu'on puisse voir. Elle avait des cheveux blonds et des joues roses et blanches. Alors qui est-ce qui lui aurait dit que... Puis, ensuite d'un nouveau silence, elle s'écria, avec un éclat de rire d'une expression impossible à rendre : Quelle comédie que le sort !

A ce moment, les dernières mèches de la chevelure grise de la condamnée tombèrent sur ses épaules.

— C'est fini, madame, dit poliment le bourreau.

— Merci!... Je vous recommande mon fils Nicolas, dit la veuve, vous le coifferez un de ces jours !

Un gardien vint dire quelques mots tout bas à la condamnée.

— Non, je vous ai déjà dit que non, répondit-elle brusquement.

Le prêtre entendit ces mots, leva les yeux au ciel, joignit les mains et disparut.

— Madame, nous allons partir ; vous ne voulez rien prendre ? dit obséquieusement le bourreau.

— Merci... ce soir je prendrai une gorgée de terre.

Et la veuve, après ce nouveau sarcasme, se leva droite ; ses mains étaient attachées derrière son dos, et dans un lien assez lâche pour qu'elle pût marcher la garrottait d'une cheville à l'autre. Quoique son pas fût ferme et résolu, le bourreau et un aide voulurent obligeamment la soutenir ; elle fit un geste d'impatience, et dit d'une voix impérieuse et dure :

— Ne me touchez pas, j'ai bon pied, bon œil. Sur l'échafaud, on verra si j'ai une bonne voix, et si je dis des paroles de repentance...

Et la veuve, accostée du bourreau et d'un aide, sortant du cachot, entra dans le corridor.

Les deux autres aides furent obligés de transporter Calebasse sur sa chaise ; elle était mourante.

Après avoir traversé le long corridor, le funèbre cortège monta un escalier de pierre qui conduisait à une cour extérieure.

Le soleil inondait de sa lumière chaude et dorée le faîte des hautes murailles blanches qui entouraient la cour et se découpaient sur un ciel d'un bleu splendide ; l'air était doux et tiède, jamais journée de printemps ne fut plus riante, plus magnifique.

Dans cette cour on voyait un piquet de gendarmerie départementale, un fiacre et une voiture longue, étroite, à caisse jaune, attelée de trois chevaux de poste qui hennissaient galement en faisant tinter leurs grelots retentissants.

On montait dans cette voiture comme dans un omnibus, par une portière située à l'arrière. Cette ressemblance inspira une dernière raillerie à la veuve.

— Le conducteur ne dira pas... *Complet*, dit-elle. Puis elle gravit le marchepied aussi lestement que le lui permettaient ses entraves.

Calebasse, expirante et soutenue par un aide, fut placée dans la voiture en face de sa mère ; puis on ferma la portière.

Le cocher du fiacre s'était endormi, le bourreau le secoua.

— Excusez, bourgeois, dit le cocher en se réveillant et en descendant pesamment de son siège ; mais une nuit de mi-carême, c'est rude. Je venais justement de conduire aux Vendanges de Bourgogne une tapée de débardeurs et de débardeuses qui chantaient la mère Godichon, quand vous m'avez pris à l'heure.

— Allons, c'est bon. Suivez cette voiture, et... boulevard Saint-Jacques.

— Excusez, bourgeois... il y a une heure aux Vendanges, maintenant à la guillotine ! Ça prouve que les courses se suivent et ne se ressemblent pas, comme dit c't'autre.

Les deux voitures, précédées et suivies du piquet de gendarmerie, sortirent de la porte extérieure de Bicêtre, et prirent au grand trot la route de Paris.

. . . .

CHAPITRE II.

Martial et le Chourineur.

Nous avons présenté le tableau de la toilette des condamnés dans toute son effroyable vérité, parce qu'il nous semble qu'il ressort de cette peinture de puissants arguments

Contre la peine de mort,

Contre la manière dont cette peine est appliquée,

Contre l'effet qu'on en attend comme exemple donné aux populations.

Quoique dépouillé de cet appareil à la fois formidable et religieux dont devraient être au moins entourés tous les actes du suprême châtiment que la loi inflige au nom de la vindicte publique, la toilette est ce qu'il y a de plus terrifiant dans l'exécution de l'arrêt de mort, et c'est cela que l'on cache à la multitude.

Au contraire, en Espagne, par exemple, le condamné reste exposé pendant trois jours dans une chapelle ardente, son cercueil est continuellement sous ses yeux ; les prêtres disent les prières des agonisants, les cloches de l'église tintent jour et nuit un glas funèbre (1).

On conçoit que cette espèce d'initiation à une mort prochaine puisse épouvanter les criminels les plus endurcis, et inspirer une terreur salutaire à la foule qui se presse aux grilles de la chapelle mortuaire.

Puis le jour du supplice est un jour de deuil public ; les cloches de toutes les paroisses sonnent les *trepassés* ; le condamné est lentement conduit à l'échafaud avec une pompe imposante, lugubre ; son cercueil toujours porté devant lui ; les prêtres, chantant les prières des morts, marchent à ses côtés ; viennent ensuite les confréries religieuses, et enfin des frères quêteurs demandant à la foule de quoi dire des messes pour le repos de l'âme du supplicié. Jamais la foule ne reste sourde à cet appel...

Sans doute, tout cela est épouvantable, mais cela est logique, mais cela est imposant, mais cela montre que l'on ne retranche pas de ce monde une créature de Dieu pleine de vie et de force comme on égorge un bœuf, mais cela donne à penser à la multitude, qui juge toujours du crime par la grandeur de la peine... L'homicide est un forfait bien abominable, puisque son châtiment ébranle, attriste, émeut toute une ville.

Encore une fois, ce redoutable spectacle peut faire naître de graves réflexions, inspirer un utile effroi... et ce qu'il y a de barbare dans ce sacrifice humain est au moins couvert par la terrible majesté de son exécution.

Mais, nous le demandons, les choses se passant exactement comme nous les avons rapportées (et quelquefois même moins gravement), de quel exemple cela peut-il être ?

De grand matin on prend le condamné, on le garrotte, on le jette dans une voiture fermée, le postillon fouette, on arrive à l'échafaud, la bascule joue, et une tête tombe dans un panier... au milieu des railleries atroces de ce qu'il y a de plus corrompu dans la populace !...

Encore une fois, dans cette exécution rapide et furtive, où est l'exemple ? où est l'épouvante ?...

Et puis, comme l'exécution a lieu pour ainsi dire à huis clos, dans un endroit parfaitement écarté, avec une précipitation sournoise, toute la ville ignore cet acte sanglant et solennel, rien ne lui annonce que ce jour-là on « tue un homme. » Les théâtres rient et chantent... la foule bourdonne insoucieuse et bruyante...

Au point de vue de la société, de la religion, de l'humanité, c'est pourtant quelque chose qui doit importer à tous que cet homicide juridique commis au nom de l'intérêt de tous...

Enfin, disons-le encore, disons-le toujours, voici le glaive, mais où est la couronne ? A côté de la punition, montrez la récompense ; alors seulement la leçon sera complète et féconde.. Si, le lendemain de ce jour de deuil et de mort, le peuple, qui a vu couler le sang d'un grand criminel rougir l'échafaud, voyait rémunérer et exalter un grand homme de bien, il redouterait d'autant plus le supplice du premier qu'il ambitionnerait davantage le triomphe du second ; la terreur empêche à peine le crime, jamais elle n'inspire la vertu.

Considère-t-on l'effet de la peine de mort sur les condamnés eux-mêmes ?

Ou ils la bravent avec un cynisme audacieux...

Ou ils la subissent inanimés, à demi morts d'épouvante...

Ou ils offrent une tête avec un repentir profond et sincère...

Or, la peine est insuffisante pour ceux qui la narguent...

Inutile pour ceux qui sont déjà morts moralement...

Exagérée pour ceux qui se repentent avec sincérité.

Répétons-le : la société ne tue le meurtrier ni pour le faire souffrir, ni pour lui infliger la loi du talion... Elle le tue pour que l'exemple de sa punition serve de frein aux meurtriers à venir.

Nous croyons, nous, que la peine est trop barbare, et qu'elle n'épouvante pas assez.

Nous croyons, nous, que dans quelques crimes, tels que le parricide, ou autres forfaits qualifiés, l'*aveuglement* et un isolement perpétuel mettraient un condamné dans l'impossibilité de nuire, et le puniraient de manière mille fois plus redoutable, tout en lui laissant le temps du repentir et de la rédemption.

Si l'on doutait de cette assertion, nous rappellerions beaucoup de faits constatant l'horreur invincible des criminels endurcis pour l'isolement. Ne sait-on pas que quelques-uns ont commis des meurtres pour être condamnés à mort, préférant ce supplice à une cellule ?... Quelle serait donc leur terreur, lorsque l'*aveuglement*, joint à l'isolement, ôterait au condamné toute espoir de s'évader, espoir qu'il conserve et qu'il réalise quelquefois même en cellule et chargé de fers ?

Et, à ce propos, nous pensons aussi que l'abolition des condamnations capitales sera peut-être une des conséquences forcées de l'isolement pénitentiaire : l'effroi que cet isolement inspire à la génération qui peuple à cette heure les prisons et les bagnes étant tel que beaucoup d'entre ces incurables préféreront encourir le dernier supplice que l'emprisonnement cellulaire, alors il faudra sans doute supprimer la peine

(1) C'est ainsi que cela se passait en Espagne pendant le séjour que j'y fis de 1824 à 1825.

de mort pour leur enlever cette dernière et épouvantable alternative.

Avant de poursuivre notre récit, disons quelques mots des relations récemment établies entre le Chourineur et Martial.

Une fois Germain sorti de prison, le Chourineur prouva facilement qu'il s'était volé lui-même, avoua au juge d'instruction le but de cette singulière mystification, et fut mis en liberté après avoir été justement et sévèrement admonesté par ce magistrat.

N'ayant pas alors retrouvé Fleur-de-Marie, et voulant récompenser de ce nouvel acte de dévouement le Chourineur, auquel il devait déjà la vie, Rodolphe, pour combler les vœux de son rude protégé, l'avait logé à l'hôtel de la rue Plumet, lui promettant de l'emmener à sa suite lorsqu'il retournerait en Allemagne. Nous l'avons dit, le Chourineur éprouvait pour Rodolphe l'attachement aveugle, obstiné du chien pour son maître. Demeurer sous le même toit que le prince, le voir quelquefois, attendre avec patience une nouvelle occasion de se sacrifier à lui ou aux siens, là se bornaient l'ambition et le bonheur du Chourineur, qui préférait mille fois cette condition à l'argent et à la ferme en Algérie que Rodolphe avait mis à sa disposition.

Mais, lorsque le prince eut retrouvé sa fille, tout changea ; malgré sa vive reconnaissance pour l'homme qui lui avait sauvé la vie, il ne put se résoudre à emmener avec lui en Allemagne ce témoin de la première honte de Fleur-de-Marie. Bien décidé d'ailleurs à combler tous les désirs du Chourineur, il le fit venir une dernière fois, et lui dit qu'il attendait de son attachement un nouveau service. A ces mots, la physionomie du Chourineur rayonna ; mais elle devint bientôt consternée, lorsqu'il apprit que non-seulement il ne pourrait suivre le prince en Allemagne, mais qu'il faudrait quitter l'hôtel le jour même.

Il est inutile de dire les compensations brillantes que Rodolphe offrit au Chourineur : l'argent qui lui était destiné, le contrat de vente de la ferme en Algérie, plus encore, s'il le voulait... tout était à sa disposition.

Le Chourineur, frappé au cœur, refusa ; et, pour la première fois de sa vie peut-être, cet homme pleura... Il fallut l'instance de Rodolphe pour le décider à accepter ses premiers bienfaits.

Le lendemain, il devait venir la Louve et Martial ; sans leur apprendre que Fleur-de-Marie était sa fille, il leur demanda ce qu'il pouvait faire pour eux ; tous leurs désirs devaient être accomplis. Voyant leur hésitation, et se souvenant de ce que Fleur-de-Marie lui avait dit des goûts un peu sauvages de la Louve et de son mari, il proposa au hardi ménage une somme d'argent considérable, ou bien la moitié de cette somme et des terres en plein rapport, dépendantes d'une ferme voisine de celle qu'il avait fait acheter pour le Chourineur, et qui était aussi à vendre. En faisant cette offre, le prince avait encore songé que Martial et le Chourineur, tous deux rudes, énergiques, tous deux doués de bons et valeureux instincts, sympathiseraient d'autant mieux qu'ils avaient aussi tous deux des raisons de rechercher la solitude, l'un à cause de son passé, l'autre à cause des crimes de sa famille.

Il ne se trompait pas : Martial et la Louve acceptèrent avec transport ; puis, ayant été, par l'intermédiaire de Murph, mis en rapport avec le Chourineur, tous trois se félicitèrent bientôt des relations que promettait leur voisinage en Algérie.

Malgré la profonde tristesse où il était plongé, ou plutôt à cause même de cette tristesse, le Chourineur, touché des avances cordiales de Martial et de sa femme, y répondit avec effusion. Bientôt une amitié sincère unit les futurs colons : les gens de cette trempe se jugent vite et s'aiment de même... Aussi, la Louve et Martial, n'ayant pu, malgré leurs affectueux efforts, tirer leur nouvel ami de sa sombre et morne tristesse, ne comptaient plus pour l'en distraire que sur le mouvement du voyage et sur l'activité de leur vie à venir ; car, une fois en Algérie, ils seraient obligés de se mettre au fait de la culture des terres qu'on leur avait données, les propriétaires devant, d'après les conditions de la vente, faire valoir les fermes pendant une année encore, afin que les nouveaux possesseurs fussent en état de surveiller plus utilement l'exploitation.

Ces préliminaires posés, on comprendra qu'instruit de la pénible entrevue à laquelle Martial devait se rendre pour obéir aux dernières volontés de sa mère, le Chourineur ait voulu accompagner son nouvel ami jusqu'à la porte de Bicêtre, où il l'attendait dans le fiacre qui les avait amenés, et qui les reconduisit à Paris après que Martial, épouvanté, eut quitté le cachot où l'on faisait les terribles préparatifs de l'exécution de sa mère et de sa sœur.

La physionomie du Chourineur était complètement changée : l'expression d'audace et de bonne humeur qui caractérisait ordinairement sa mâle figure avait fait place à une morne abattement ; sa voix même avait perdu quelque chose de sa rudesse ; une douleur de l'âme, douleur jusqu'alors inconnue de lui, avait rompu, brisé cette nature énergique.

Il regardait Martial avec compassion.

— Courage, lui disait le Chourineur, vous avez fait tout ce qu'un brave garçon pouvait faire... C'est fini... Songez à votre femme, à ces enfants que vous avez empêchés d'être des gueux comme leur père et mère... Et puis enfin, ce soir nous aurons quitté Paris pour n'y plus revenir, et vous n'entendrez plus jamais parler de ce qui vous afflige.

— C'est égal, voyez-vous, Chourineur... après tout, c'est ma mère... c'est ma sœur.

— Enfin, que voulez-vous... ça est... et, quand les choses sont.. Il faut bien s'y soumettre... dit le Chourineur en étouffant un soupir.

Après un moment de silence, Martial lui dit cordialement :

— Moi aussi je devrais vous consoler, pauvre garçon... toujours cette tristesse...

— Toujours, Martial...

— Enfin... moi et ma femme... nous comptons qu'une fois hors de Paris... ça vous passera...

— Oui, dit le Chourineur au bout de quelques instants et presque en frissonnant malgré lui, si je sors de Paris...

— Puisque... nous partons ce soir.

— C'est-à-dire vous autres... vous partez ce soir...

— Et vous donc ? est-ce que vous changez d'idée maintenant ?

— Non...

— Eh bien ?

Le Chourineur garda de nouveau le silence, puis il reprit, en faisant un effort sur lui-même :

— Tenez, Martial.. vous allez hausser les épaules.. mais j'aime autant vous tout dire... S'il m'arrive quelque chose, au moins ça prouvera que je ne me suis pas trompé.

— Qu'y a-t-il donc ?

— Quand... M. Rodolphe... nous a fait demander s'il nous conviendrait de partir ensemble pour Alger et d'y être voisins, je n'ai pas voulu vous tromper... ni vous ni votre femme... Je vous ai dit... ce que j'avais été...

— Ne parlons plus de cela... vous avez subi votre peine... vous êtes aussi bon et honnête brave que moi... Mais je conçois que, comme moi, vous aimiez mieux aller vivre au loin... grâce à notre généreux protecteur... que de rester ici... où, si j'abuse et si honnêtes que nous soyons, on nous reprocherait toujours, à vous un méfait que vous avez payé et dont vous repentez pourtant encore... à moi les crimes de mes parents... dont je ne suis pas responsable. Mais de vous à nous... le passé est passé... et bien passé... Soyez tranquille... nous comptons sur vous comme vous pouvez compter sur nous.

— De vous à moi... peut-être... le passé est passé ; mais, comme je le disais à M. Rodolphe, voyez-vous, Martial... il y a quelque chose là-haut... et j'ai tué un homme...

— C'est un grand malheur ; mais, enfin, dans ce moment-là vous ne vous connaissiez plus... vous étiez comme fou... et puis enfin vous avez sauvé la vie à d'autres personnes... et ça doit vous compter.

— Écoutez, Martial... si je vous parle de mon malheur... voilà pourquoi... Autrefois j'avais souvent ce rêve... dans lequel je voyais... le sergent que j'ai tué... Depuis longtemps... je ne l'avais plus... ce rêve... et cette nuit... je l'ai eu...

— C'est un hasard.

— Non... ça m'annonce un malheur pour aujourd'hui.

— Vous déraisonnez, mon bon camarade...

— J'ai un pressentiment que je ne sortirai pas de Paris...

— Encore une fois, vous n'avez pas le sens commun... Votre chagrin de quitter votre bienfaiteur, la pensée de me conduire aujourd'hui à Bicêtre... où de si tristes choses m'attendaient... tout cela vous aura agité cette nuit... alors naturellement votre rêve... vous sera revenu...

Le Chourineur secoua tristement la tête.

— Il m'est revenu juste la veille du départ de M. Rodolphe... car c'est aujourd'hui qu'il part...

— Aujourd'hui ?

— Oui... Hier j'ai envoyé un commissionnaire à son hôtel... n'osant pas y aller moi-même... il me l'avait défendu... On a dit que le prince partait ce matin, à onze heures... par la barrière de Charenton. Aussi une fois que nous allons être arrivés à Paris... je me posterai là... pour tâcher de le voir ; ça sera la dernière fois !... la dernière...

— Il paraît si bon, que je comprends bien que vous l'aimiez...

— L'aimer ! dit le Chourineur avec une émotion profonde et concentrée, oh oui !... allez... Voyez-vous, Martial... coucher par terre, manger du pain noir... être son chien... mais être où il aurait été, je ne le demandais pas mieux... C'était trop... il n'a pas voulu.

— Il a été si généreux pour vous !

— Ce n'est pas parce qu'il m'aime tant... c'est parce qu'il m'a dit que j'avais du cœur et de l'honneur... Oui, et dans un temps où j'étais farouche comme une bête brute, où je me méprisais comme le rebut de la canaille... lui m'a fait comprendre qu'il y avait encore du bon en moi, puisque, ma peine faite, je m'étais repenti, et qu'après avoir souffert la misère des misères sans voler, j'avais travaillé avec courage pour gagner honnêtement ma vie... sans vouloir de mal à personne, quoique tout le monde m'ait regardé comme un brigand fini, ce qui n'était pas encourageant...

— C'est vrai ; souvent pour vous mettre ou vous remettre dans la bonne route, il ne faut que quelques mots qui vous encouragent et vous relèvent...

— N'est-ce pas, Martial ? Aussi quand M. Rodolphe me les a dits ces mots, dame ! voyez-vous, le cœur m'a battu haut et fier. Depuis ce temps-là, je me mettrais dans le feu pour lui faire plaisir... Que l'occasion vienne, on verrait... Et ça, grâce à qui ?... grâce à M. Rodolphe.

— C'est justement parce que vous êtes mille fois meilleur que vous n'étiez que vous ne devez pas avoir de mauvais pressentiments. Votre rêve ne signifie rien.

— Enfin nous verrons. C'est pas que je cherche un malheur exprès... il n'y en a pas pour moi de plus grand que celui qui m'arrive... Ne plus le voir jamais... M. Rodolphe! Moi qui croyais ne plus le quitter... Dans mon espèce, bien entendu... j'aurais été là, à lui corps et âme, toujours prêt... C'est égal, il a peut-être tort... Tenez, Martial, je ne suis qu'un ver de terre auprès de lui... mais bien! quelquefois il arrive que les plus petits peuvent être utiles aux plus grands... Si ça devait être, je ne lui pardonnerais de ma vie de s'être privé de moi.

— Qui sait?... un jour peut-être vous le reverrez...

— Oh! non. Il m'a dit : « Mon garçon, il faut que tu me promettes de ne jamais chercher à me revoir, cela me rendra service. » Vous comprenez, Martial, j'ai promis... foi d'homme, je tiendrai... mais c'est dur.

— Une fois là-bas vous oublierez peu à peu ce qui vous chagrine. Nous travaillerons, nous vivrons seuls, tranquilles, comme de bons fermiers, sauf à faire quelquefois le coup de fusil avec les Arabes... Ça mieux! ça nous ira à nous deux ma femme; car elle est crâne, allez, la Louve!

— S'il s'agit de coups de fusil, ça me regardera, Martial! dit le Chourineur un peu moins accablé. Je suis garçon, et j'ai été troupier...

— Et moi braconnier !

— Mais vous... vous avez votre femme et ces deux enfants dont vous êtes comme le père.. Moi, je n'ai que ma peau.. . et, puisqu'elle ne peut plus être bonne à faire un paravent à M. Rodolphe, je n'y tiens guère. Ainsi s'il y a un coup de peigne à se donner, ça me regardera.

— Ça nous regardera tous les deux.

— Non, non seul... tonnerre!... A moi les Bédouins !

— A la bonne heure ! j'aime mieux vous entendre parler ainsi que comme tout à l'heure... Allez, Chourineur... nous serons de vrais frères; et puis vous pourrez nous entretenir de vos chagrins s'ils durent encore, car j'aurai les miens. La journée d'aujourd'hui comptera longtemps dans ma vie, allez... On ne voit pas sa mère, sa sœur... comme je les ai vues... sans que ça vous revienne à l'esprit... Nous nous ressemblons, vous et moi, dans trop de choses, pour qu'il ne nous soit pas bon d'être ensemble. Nous ne boudons au danger ni l'un ni l'autre; eh bien! nous serons moitié fermiers moitié soldats... Il y a de la chasse là-bas... nous chasserons... Si vous voulez vivre seul chez vous, vous y vivrez, et nous voisinerons... sinon... nous logerons tous ensemble. Nous élèverons les enfants comme de braves gens, et vous serez quasi leur oncle.. puisque nous serons frères. Ça vous va-t-il ? dit Martial en tendant la main au Chourineur.

— Ça me va, mon brave Martial... Et puis enfin... le chagrin me tuera ou je le tuerai... comme on dit.

— Il ne vous tuera pas... Nous vieillirons là-bas dans notre désert, et tous les soirs nous dirons : « Frère... merci à M. Rodolphe. » Ça sera notre prière pour lui...

— Tenez, Martial... vous me mettez du baume dans le sang...

— A la bonne heure... Ce bête de rêve... vous n'y pensez plus, j'espère ?...

— Je tâcherai...

— Ah çà !... vous venez nous prendre à quatre heures ! la diligence part à cinq.

— C'est convenu... Mais nous voici bientôt à Paris ; je vais arrêter le fiacre. J'irai à pied jusqu'à la barrière de Charenton; j'attendrai M. Rodolphe pour le voir passer.

La voiture s'arrêta. le Chourineur descendit.

— N'oubliez pas... à quatre heures... mon bon camarade, dit Martial.

— A quatre heures !...

Le Chourineur avait oublié qu'on était au lendemain de la mi-carême ; aussi fut-il étrangement surpris du spectacle à la fois bizarre et hideux qui s'offrit à sa vue lorsqu'il eut parcouru une partie du boulevard extérieur, qu'il suivait pour se rendre à la barrière de Charenton.

CHAPITRE III.

Le doigt de Dieu.

Le Chourineur, au bout de quelques instants, se trouvait emporté malgré lui par une foule compacte, torrent populaire qui, descendant du faubourg de la Glacière, s'amoncelait aux abords de cette barrière, pour se rendre ensuite sur le boulevard Saint-Jacques, où allait avoir lieu l'exécution.

Quoiqu'il fit grand jour, on entendait encore au loin la musique retentissante de l'orchestre des guinguettes, où éclatait surtout la vibration sonore des cornets à pistons.

Il faudrait le pinceau de Callot, de Rembrandt ou de Goya pour rendre l'aspect bizarre, hideux, presque fantastique, de cette multitude. Presque tous, hommes, femmes, enfants, étaient vêtus de vieux costumes de mascarades ; ceux qui n'avaient pu s'élever jusqu'à ce luxe portaient sur leurs vêtements des guenilles de couleurs tranchantes; quelques jeunes gens étaient affublés de robes de femmes à demi déchirées et souillées de boue ; tous ces visages, flétris par la débauche et par le vice, marbrés par l'ivresse, étincelaient d'une joie sauvage en songeant qu'après une nuit de crapuleuse orgie, ils allaient voir mettre à mort deux femmes dont l'échafaud était dressé (1).

Écume fangeuse et fétide de la population de Paris, cette immense cohue se composait de bandits et de femmes perdues qui demandent chaque jour au crime le pain de la journée... et qui chaque soir rentrent largement repus dans leurs tanières (2).

Le boulevard extérieur étant fort resserré à cet endroit, la foule entassée refluait et entravait absolument la circulation. Malgré sa force athlétique, le Chourineur fut obligé de rester presque immobile au milieu de cette masse compacte... il se résigna... Le prince, partant de la rue l'Iumet à dix heures, lui avait-on dit, ne devait passer à la barrière de Charenton qu'à onze heures environ, et il n'était pas sept heures.

Quoiqu'il eût naguère forcément fréquenté les classes dégradées auxquelles appartenait cette populace, le Chourineur, en se retrouvant au milieu d'elles, éprouvait un dégoût invincible. Poussé par le reflux de la foule jusqu'au mur d'une des guinguettes dont fourmillent ces boulevards, à travers les fenêtres ouvertes, d'où s'échappaient les sons étourdissants d'un orchestre d'instruments de cuivre, le Chourineur assista, malgré lui, à un spectacle étrange...

Dans une vaste salle basse, occupée à l'une de ses extrémités par les musiciens, entourée de bancs et de tables chargées des débris d'un repas, d'assiettes cassées, de bouteilles renversées, une douzaine d'hommes et de femmes déguisés, à moitié ivres, se livraient avec emportement à cette danse folle et obscène appelée la chahut, à laquelle un petit nombre d'habitués de ces lieux ne s'abandonnent qu'à la fin du bal, alors que les gardes municipaux en surveillance se sont retirés.

Parmi les ignobles couples qui figuraient dans cette saturnale, le Chourineur en remarqua deux qui se faisaient surtout applaudir par le cynisme révoltant de leur poses, de leurs gestes et de leurs paroles.

Le premier couple se composait d'un homme à peu près déguisé en ours au moyen d'une veste et d'un pantalon de peau de mouton noir. La tête de l'animal, sans doute trop gênante à porter, avait été remplacée par une sorte de capuce à longs poils qui recouvrait entièrement le visage ; deux trous, à la hauteur des yeux, une large fente à la hauteur de la bouche, permettaient de voir, de parler et de respirer... Cet homme masqué, l'un des prisonniers évadés de la Force (parmi lesquels se trouvaient aussi Barbillon et les deux meurtriers arrêtés chez l'ogresse du tapis-franc au commencement de ce récit) ; cet homme masqué était Nicolas Martial, le fils, le frère des deux femmes dont l'échafaud était dressé à quelques pas... Entraîné par cet acte d'insensibilité atroce, d'audacieuse forfanterie, par un de ses compagnons, redoutable bandit, aussi lâche aussi... ce misérable osait, à l'aide de ce travestissement, se livrer aux dernières joies du carnaval...

La femme qui dansait avec lui, costumée en vivandière, portait un chapeau de cuir bouilli bossué, à rubans déchirés, une sorte de justaucorps de drap rouge passé, orné de trois rangs de boutons de cuivre à la hussarde ; une jupe verte et des pantalons de calicot blanc ; ses cheveux noirs tombaient en désordre sur son front ; ses traits hâves et plombés respiraient l'effronterie et l'impudeur.

Le vis-à-vis de ces deux danseurs était non moins ignoble.

L'homme, d'une très-grande taille, déguisé en Robert Macaire, avait tellement barbouillé de suie sa figure osseuse, qu'il était méconnaissable; d'ailleurs un large bandeau couvrant son œil gauche, et la taie mat du globe de l'œil droit, se détachant sur cette face noirâtre, le rendait plus hideux encore. Le bas du visage du Squelette (on l'a déjà reconnu sans doute) disparaissait entièrement dans une haute cravate faite d'un châle rouge. Coiffé, selon la tradition, d'un chapeau gris, râpé, aplati, sordide et sans fond ; vêtu d'un habit vert en lambeaux et d'un pantalon garance rapiécé en mille endroits et attaché aux chevilles avec des ficelles, cet assassin, outrant les poses les plus grotesques et les plus cyniques de la chahut, lançant de droite, de gauche, en avant, en arrière, ses longs membres durs comme le fer, les dépliait et les repliait avec tant de vigueur et d'élasticité, qu'on les eût dits mis en mouvement par des ressorts d'acier.

Digne coryphée de cette immonde saturnale, sa danseuse, grande et leste créature au visage impudent et aviné, costumée en débardeur, coiffée d'un bonnet de police incliné sur une perruque poudrée, à grosse queue, portait une veste et un pantalon de velours vert éraillé, assujetti à la taille par une écharpe orange aux longs bouts flottants derrière le dos.

Une grosse femme, ignoble et hommasse, l'ogresse du tapis-franc, assise sur un des bancs, tenait sur ses genoux les manteaux de tartan de cette créature et de la vivandière, pendant qu'elles rivalisaient toutes

---

(1) L'exécution de Norbert et de Desprès a eu lieu cette année le lendemain de la mi-carême...

(2) Selon M. Frégier, l'excellent historien des classes dangereuses de la société, il existe à Paris trente mille personnes qui n'ont d'autre moyen d'existence que le vol.

deux de bonds et de postures cyniques avec le Squelette et Nicolas Martial...

Parmi les autres danseurs, on remarquait encore un enfant boiteux, habillé en diable au moyen d'un tricot noir beaucoup trop large et trop grand pour lui, d'un caleçon rouge et d'un masque vert horrible et grimaçant. Malgré son infirmité, ce petit monstre était d'une agilité surprenante; sa dépravation précoce atteignait, si elle ne dépassait pas, celle de ses affreux compagnons, et il gambadait aussi effrontément que pas un devant une grosse femme déguisée en bergère, qui excitait encore le dévergondage de son partner par ses éclats de rire.

Aucune charge ne s'étant élevée contre Tortillard (on l'a aussi reconnu), et Bras-Rouge ayant été provisoirement laissé en prison, l'enfant, à la demande de son père, avait été réclamé par Micou, le receleur du passage de la Brasserie, que ses complices n'avaient pas dénoncé.

Comme figures secondaires du tableau que nous essayons de peindre, qu'on s'imagine tout ce qu'il y a de plus bas, de plus honteux, de plus monstrueux dans cette crapule oisive, audacieuse, rapace, sanguinaire, athée, qui se montre de plus en plus hostile à l'ordre social, et sur laquelle nous avons voulu rappeler l'attention des penseurs en terminant ce récit.

Puisse cette dernière et horrible scène symboliser le péril qui menace incessamment la société !

Oui, que l'on y songe, la cohésion, l'augmentation inquiétante de cette race de voleurs et de meurtriers est une sorte de protestation vivante contre le vice des lois répressives, et surtout contre l'absence de mesures préventives, d'une législation prévoyante, de larges institutions préservatrices, destinées à surveiller, à moraliser des l'enfance cette foule de malheureux abandonnés ou pervertis par d'effroyables exemples. Encore une fois, ces êtres déshérités, que Dieu n'a faits ni plus mauvais ni meilleurs que ses autres créatures, ne se vicient, ne se gangrènent ainsi incurablement que dans la fange de misère, d'ignorance et d'abrutissement où ils se traînent et naissent.

Encore excités par les rires, par les bravos de la foule pressée aux fenêtres, les acteurs de l'abominable orgie que nous racontons crièrent à l'orchestre de jouer un dernier galop.

Les musiciens, ravis de toucher à la fin d'une séance si pénible pour leurs poumons, se rendirent au vœu général, et jouèrent avec énergie un air de galop d'une mesure entraînante et précipitée.

A ces accords vibrants des instruments de cuivre l'exaltation redoubla, tous les couples s'étreignirent, s'ébranlèrent, et, suivant le Squelette et sa danseuse, commencèrent une ronde infernale en poussant des hurlements sauvages...

Une poussière épaisse, soulevée par ces piétinements furieux, s'éleva du plancher de la salle et jeta une sorte de nuage roux et sinistre sur ce tourbillon d'hommes et de femmes enlacés, qui tournoyaient avec une rapidité vertigineuse.

Bientôt, pour ces têtes exaspérées par le vin, par le mouvement, par leurs propres cris, ce ne fut plus même de l'ivresse, ce fut du délire, de la frénésie ; l'espace leur manqua... Le Squelette cria d'une voix haletante :

— Gare !... la porte !... Nous allons sortir... sur le boulevard...
— Oui... oui... cria la foule entassée aux fenêtres, un galop jusqu'à la barrière Saint-Jacques !
— Voilà bientôt l'heure où on va raccourcir les deux *largues* (1).
— Le bourreau fait coup double ; c'est drôle !
— Avec accompagnement de cornet à pistons.
— Nous danserons la contredanse de la guillotine !
— En avant la femme sans tête !... cria Tortillard.
— Ça égayera les condamnées.
— J'invite la veuve...
— Moi, la fille...
— Ça mettra le vieux Charlot en gaieté...
— Il chahutera sur sa boutique avec ses employés.
— Mort aux *pantes* (2) ! Vivent les *grinches* et les *escarpes* (2) ! cria le Squelette d'une voix frémissante.

Ces railleries, ces menaces de cannibales, accompagnées de chants obscènes, de cris, de sifflets, de huées, augmentèrent encore lorsque la bande du Squelette eut fait, par la violence impétueuse de son impulsion, une large trouée au milieu de cette foule compacte.

Ce fut alors une mêlée épouvantable ; on entendit des rugissements, des imprécations, des éclats de rire qui n'avaient rien d'humain.

Le tumulte fut tout à coup porté à son comble par deux nouveaux incidents.

La voiture renfermant les condamnées, accompagnée de son escorte de cavalerie, parut au loin à l'angle du boulevard ; alors toute cette populace se rua dans cette direction en poussant un hurlement de satisfaction féroce.

A ce moment aussi la foule fut rejointe par un courrier venant du boulevard des Invalides et se dirigeant au galop vers la barrière de Charenton. Il était vêtu d'une veste bleu clair à collet jaune, doublement galonnée d'argent sur toutes les coutures ; mais en signe de grand deuil

(1) Les deux femmes.
(2) Mort aux honnêtes gens, vivent les voleurs et les assassins...

il portait des culottes noires avec ses bottes fortes ; sa casquette, aussi largement bordée d'argent, était entourée d'un crêpe ; enfin, sur les œillères de la bride à collier de grelots, on voyait en relief les armes souveraines de Gerolstein.

Le courrier mit son cheval au pas ; mais sa marche devenant de plus en plus embarrassée, il fut presque obligé de s'arrêter lorsqu'il se trouva au milieu du flot de populace dont nous avons parlé... Quoiqu'il criât : gare !... et qu'il conduisît sa monture avec la plus grande précaution, des cris, des injures et des menaces s'élevèrent bientôt contre lui.

— Est-ce qu'il veut nous monter sur le dos avec son chameau... celui-là ?...
— Que ça de plat d'argent sur le corps.., merci ! cria Tortillard sous son masque vert à langue rouge.
— S'il nous embête... mettons-le à pied...
— Et on lui découdra les galuches de sa veste pour les fondre, dit Nicolas.
— Et on te découdra le ventre si tu n'es pas content, mauvaise valetaille... ajouta le Squelette en s'adressant au courrier et en saisissant la bride de son cheval ; car la foule était devenue si compacte, que le bandit avait renoncé à son projet de danse jusqu'à la barrière.

Le courrier, homme vigoureux et résolu, dit au Squelette en levant le manche de son fouet :

— Si tu ne lâches pas la bride de mon cheval, je te coupe la figure...
— Toi... méchant mufle ?
— Oui... Je vais au pas, je crie : gare ! tu n'as pas le droit de m'arrêter. La voiture de monseigneur arrive derrière moi... j'entends déjà les fouets... Laissez-moi passer.
— Ton seigneur ? dit le Squelette. Qu'est-ce que ça me fait à moi, ton seigneur ?... L'estourbiral si ça me plaît. Je n'en ai jamais refroidi, de seigneurs... et ça m'en donne l'envie.
— Il n'y a plus de seigneurs... Vive la Charte ! cria Tortillard ; et, tout en fredonnant ces vers de *la Parisienne* : « En avant, marchons contre leurs canons, » il se cramponna brusquement à une des bottes du courrier, y pesa de tout son poids, et le fit trébucher sur sa selle. Un coup de manche de fouet rudement asséné sur la tête de Tortillard le punit de son audace. Mais aussitôt la populace en fureur se précipita sur le courrier ; il eut beau mettre ses éperons dans le ventre de son cheval pour le porter en avant et se dégager, il n'y put parvenir, non plus qu'à tirer son couteau de chasse. Démonté, renversé au milieu de cris et de huées enragées, il n'aurait pu échapper sans l'arrivée de la voiture de Rodolphe, qui fit diversion à l'emportement stupide de ces misérables.

Depuis quelque temps le coupé du prince, attelé de quatre chevaux de poste, n'allait qu'au pas, et un des deux valets de pied en deuil (à cause de la mort de Sarah), assis sur le siége de derrière, était même prudemment descendu, se tenant à une des portières, la voiture étant très-basse. Les postillons criaient : gare ! et avançaient avec précaution.

Rodolphe, vêtu de grand deuil comme sa fille, dont il tenait une des mains dans les siennes, la regardait avec bonheur et attendrissement. La douce et charmante figure de Fleur-de-Marie s'encadrait dans une petite capote de crêpe noir qui faisait ressortir encore la blancheur éblouissante de son teint et les reflets brillants de ses jolis cheveux blonds : on eût dit que l'azur de ce beau jour se reflétait dans ses grands yeux, qui n'avaient jamais été d'un bleu plus limpide et plus doux... Quoique sa figure, doucement souriante, exprimât le calme, le bonheur, lorsqu'elle regardait son père, une teinte de mélancolie, quelquefois même de tristesse indéfinissable, jetait souvent son ombre sur les traits de Fleur-de-Marie quand les yeux de son père n'étaient plus attachés sur elle.

— Tu ne m'en veux pas de t'avoir fait lever de si bonne heure... et d'avoir ainsi avancé le moment de notre départ ? lui dit Rodolphe en souriant.

— Oh ! non, mon père ; cette matinée est si belle !...
— C'est que j'ai pensé, vois-tu, que notre journée serait mieux coupée en partant de bonne heure... et que tu serais moins fatiguée... Murph, mes aides-de-camp et la voiture de suite, où sont tes femmes, nous rejoindront à notre première halte, où tu te reposeras.
— Bon père... c'est moi... toujours moi qui vous préoccupe.
— Oui, mademoiselle... et, sans reproche... il est impossible d'avoir aucune autre pensée... dit le prince en souriant ; puis il ajouta avec un élan de tendresse : Oh ! je t'aime tant... je t'aime tant !... Ton front... vite...

Fleur-de-Marie s'inclina vers son père, et Rodolphe posa ses lèvres avec délices sur son front charmant.

C'était à cet instant que la voiture, approchant de la foule, avait commencé de marcher très-lentement.

Rodolphe, étonné, baissa la glace, et il dit en allemand au valet de pied qui se tenait près de la portière :

— Eh bien ! Frantz... qu'y a-t-il ? quel est ce tumulte ?
— Monseigneur, il y a tant de foule... que les chevaux ne peuvent plus avancer.
— Et pourquoi cette foule ?
— Monseigneur...
— Eh bien ?...
— C'est que Votre Altesse...
— Parle donc...

— Monseigneur... je viens d'entendre dire qu'il y a là-bas... une exécution à mort.

— Ah ! c'est affreux ! s'écria Rodolphe en se rejetant au fond de la voiture.

— Qu'avez-vous, mon père ? dit vivement Fleur-de-Marie avec inquiétude.

— Rien... rien... mon enfant.

— Mais ces cris menaçants... entendez-vous ? ils approchent... Qu'est-ce que cela, mon Dieu ?

— Frantz, ordonne aux postillons de retourner et de gagner Charenton par un autre chemin... quel qu'il soit... dit Rodolphe.

— Monseigneur, il est trop tard... nous voilà dans la foule... On arrête les chevaux... des gens de mauvaise mine...

Le valet de pied ne put parler davantage. La foule, exaspérée par les forfanteries sanguinaires du Squelette et de Nicolas, entoura tout à coup la voiture en vociférant. Malgré les efforts, les menaces des postillons, les chevaux furent arrêtés, et Rodolphe ne vit de tous côtés, au niveau des portières, que des visages horribles, furieux, menaçants, parmi lesquels dominant de sa grande taille, le Squelette, qui s'avança à la portière.

— Mon père... prenez garde !... s'écria Fleur-de-Marie en jetant ses bras autour du cou de Rodolphe.

— C'est donc vous qui êtes le seigneur ? dit le Squelette en avançant sa tête hideuse jusque dans la voiture.

A cette insolence, Rodolphe, sans la présence de sa fille, se fût livré à la violence de son caractère ; mais il se contint, et répondit froidement :

— Que voulez-vous ?... Pourquoi arrêtez-vous ma voiture ?...

— Parce que cela nous plaît, dit le Squelette en mettant ses mains osseuses sur le rebord de la portière. Chacun son tour... hier tu m'écrasais la canaille... aujourd'hui la canaille t'écrasera si tu bouges.

— Mon père... nous sommes perdus ! murmura Fleur-de-Marie à voix basse.

— Rassure-toi... je comprends... dit le prince : c'est le dernier jour de carnaval... Ces gens sont ivres... je vais m'en débarrasser.

— Il faut le faire descendre... et sa *largue* (1) aussi... cria Nicolas. Pourquoi qu'ils écrasent le pauvre monde !

— Vous me paraissez avoir déjà beaucoup bu, et avoir envie de boire encore, dit Rodolphe en tirant une bourse de sa poche. Tenez... voilà pour vous... ne retenez pas ma voiture plus longtemps, et il jeta sa bourse.

Tortillard l'attrapa au vol.

— Au fait, tu n'es pas ivre, tu dois avoir les goussets garnis ; aboule encore de l'argent, ou je te tue... Je n'ai rien à risquer... je demande la bourse ou la vie en plein soleil... C'est farce ! dit le Squelette complètement ivre de vin et de rage sanguinaire.

Et il ouvrit brusquement la portière.

La patience de Rodolphe était à bout ; inquiet pour Fleur-de-Marie, dont l'effroi augmentait à chaque minute, et pensant qu'un acte de vigueur imposerait à ce misérable qu'il croyait simplement ivre, il sauta de sa voiture pour saisir le Squelette à la gorge... D'abord celui-ci recula vivement en tirant de sa poche un long couteau poignard, puis il se jeta sur Rodolphe.

Fleur-de-Marie, voyant le poignard du bandit levé sur son père, poussa un cri déchirant, se précipita hors de la voiture, et l'enlaça de ses bras...

C'en était fait d'elle et de son père sans le Chourineur, qui, au commencement de cette rixe, ayant reconnu la livrée du prince, était parvenu, après des efforts surhumains, à s'approcher du Squelette.

Au moment où celui-ci menaçait le prince de son couteau, le Chourineur arrêta le bras du brigand d'une main, et, de l'autre, le saisit au collet et le renversa à demi en arrière.

Quoique surpris à l'improviste et par derrière, le Squelette put se retourner, reconnut le Chourineur et s'écria :

— L'homme à la blouse grise de la Force !... cette fois-ci, je te tue. Et, se précipitant avec furie sur le Chourineur, il lui plongea son couteau dans la poitrine...

Le Chourineur chancela... mais ne tomba pas... la foule le soutenait.

— La garde ! voici la garde !

Crièrent quelques voix effrayées.

A ces mots, à la vue du meurtre du Chourineur, toute cette foule si compacte, craignant d'être comprise dans cet assassinat, se dispersa comme par enchantement, et se mit à fuir dans toutes les directions...

Le Squelette, Nicolas Martial et Tortillard disparurent aussi...

Lorsque la garde arriva, gênée par la foule, qui était parvenu à s'échapper lorsque la foule l'avait abandonnée pour entourer la voiture du prince, il ne restait sur le théâtre de cette lugubre scène que Rodolphe, sa fille, et le Chourineur inondé de sang.

Les deux valets de pied du prince l'avaient assis par terre et adossé à un arbre.

Tout ceci s'était passé mille fois plus rapidement qu'il n'est possible de l'écrire, à quelques pas de la guinguette d'où étaient sortis le Squelette et sa bande.

Le prince, pâle et ému, entourait de ses bras Fleur-de-Marie défaillante, pendant que les postillons rajustaient les traits, qui avaient été à moitié brisés dans la bagarre.

— Vite, dit le prince à ses gens, occupés à secourir le Chourineur, transportez ce malheureux dans ce cabaret... Et toi, a-t-il s'adressant à son courrier, monte sur le siège, et qu'on aille ventre à terre chercher à l'hôtel le docteur David ; il ne doit partir qu'à onze heures... on le trouvera.

Quelques minutes après, la voiture partait au galop, et les deux domestiques transportaient le Chourineur dans la salle basse où avait eu lieu l'orgie, et où se trouvaient encore quelques-unes des femmes qui y avaient figuré.

— Ma pauvre enfant, dit Rodolphe à sa fille, je vais te conduire dans une chambre de cette maison... et tu m'y attendras... car je ne puis abandonner aux seuls soins de mes gens cet homme courageux qui vient de me sauver encore la vie.

— Oh ! mon père, je vous en prie, ne me quittez pas... s'écria Fleur-de-Marie avec épouvante en saisissant le bras de Rodolphe, ne me laissez pas seule... je mourrais de frayeur... j'irai où vous irez...

— Mais ce spectacle est affreux !

— Mais, grâce à cet homme... vous vivez pour moi, mon père... permettez au moins que je me joigne à vous pour le remercier et pour le consoler.

La perplexité du prince était grande : sa fille témoignait une si juste frayeur de rester seule dans une chambre de cette ignoble taverne, qu'il se résigna à entrer avec elle dans la salle basse où se trouvait le Chourineur.

Le maître de la guinguette et plusieurs d'entre les femmes qui y étaient restées (parmi lesquelles se trouvait l'ogresse du tapis franc) avaient à la hâte étendu le blessé sur un matelas, et puis étanché, tamponné sa plaie avec des serviettes.

Le Chourineur venait d'ouvrir les yeux lorsque Rodolphe entra. A la vue du prince, ses traits, d'une pâleur de mort, se ranimèrent un peu... Il sourit péniblement, et lui dit d'une voix faible :

— Ah ! monsieur Rodolphe... comme ça s'est heureusement rencontré que je ne sois trouvé là !...

— Brave et dévoué... comme toujours ! lui dit le prince avec un accent désolé, tu me sauves encore.

— J'allais aller... à la barrière de Charenton... pour tâcher de vous voir partir... heureusement... je me suis trouvé arrêté ici par la foule... Ça devait d'ailleurs m'arriver... je l'ai dit à Martial... j'avais un pressentiment.

— Un pressentiment ?

— Oui... monsieur Rodolphe... Le rêve du sergent... cette nuit je l'ai eu...

— Oubliez ces idées... espérez... votre blessure ne sera pas mortelle...

— Oh ! si, le Squelette a piqué juste... C'est égal, j'avais raison... de dire à Martial... qu'un ver de terre comme moi pouvait quelquefois être... utile... à un grand seigneur comme vous...

— Mais c'est la vie... que je vous dois encore.

— Nous sommes quittes... monsieur Rodolphe... Vous m'avez dit que j'avais du cœur et de l'honneur... Ce mot-là... voyez-vous... Oh ! j'étouffe... monseigneur... sans vous... commander... faites-moi l'honneur... de... votre main... je sens que je m'en vas...

— Non... c'est impossible... s'écria le prince en se courbant vers le Chourineur et serrant dans ses mains la main glacée du moribond, non... vous vivrez, vous vivrez...

— Monsieur Rodolphe... voyez-vous qu'il y a quelque chose... là-haut... J'ai tué... d'un coup de couteau... je meurs d'un coup... de... couteau..... dit le Chourineur, d'une voix de plus en plus faible et étouffée.

A ce moment, ses regards s'arrêtèrent sur Fleur-de-Marie, qu'il n'avait pas encore aperçue. L'étonnement se peignit sur sa figure mourante ; il fit un mouvement et dit :

— Ah !... mon... Dieu ! la Goualeuse.

— Oui... c'est ma fille... elle vous bénit de lui avoir conservé son père...

— Elle... votre fille... ici... ça me rappelle notre connaissance... monsieur Rodolphe... et les coups de poings de la fin... mais... ce... coup de couteau-là sera aussi... le coup... de la fin... J'ai chouriné... ou me... chourine... c'est juste...

Puis il fit un profond soupir en renversant sa tête en arrière... Il était mort...

Le bruit des chevaux retentit au dehors : la voiture de Rodolphe avait rencontré celle de Murph et de David, qui, dans leur empressement de rejoindre le prince, avaient précipité leur départ.

David et le squire entrèrent.

— David, dit Rodolphe en essuyant ses larmes et en montrant le Chourineur, ne reste-t-il donc aucun espoir, mon Dieu ?

— Aucun, monseigneur, dit le docteur après une minute d'examen.

Pendant cette minute, il s'était passé une scène muette et effrayante entre Fleur-de-Marie et l'ogresse... que Rodolphe, lui, n'avait pas remarquée.

Lorsque le Chourineur avait prononcé à demi-voix le nom de la Goualeuse, l'ogresse, levant vivement la tête, avait vu Fleur-de-Marie.

(1) Femme.

Déjà l'horrible femme avait reconnu Rodolphe : on l'appelait monseigneur... il appelait la Goualeuse sa fille... Une telle métamorphose stupéfiait l'ogresse, qui attachait opiniâtrément ses yeux stupidement effarés sur son ancienne victime...

Fleur-de-Marie, pâle, épouvantée, semblait fascinée par ce regard.

La mort du Chourineur, l'apparition inattendue de l'ogresse, qui venait réveiller, plus douloureux que jamais, le souvenir de sa dégradation première, lui paraissait d'un sinistre présage.

De ce moment, Fleur-de-Marie fut frappée d'un de ces pressentiments qui souvent ont, sur des caractères tels que le sien, une irrésistible influence.

Peu de temps après ces tristes événements, Rodolphe et sa fille avaient pour jamais quitté Paris.

ÉPILOGUE.

CHAPITRE PREMIER.

Gerolstein.

LE PRINCE HENRI D'HERKAUSEN-OLDENZAAL AU COMTE MAXIMILIEN KAMINETZ.

Oldenzaal, 25 août 1840 (1).

J'arrive de Gerolstein, où j'ai passé trois mois auprès du grand-duc et de sa famille ; je croyais trouver une lettre m'annonçant votre arrivée à Oldenzaal, jugez de ma surprise, de mon chagrin, lorsque j'appreuds que vous êtes encore retenu en Hongrie pour plusieurs semaines.

Depuis quatre mois je n'ai pu vous écrire, ne sachant où vous adresser mes lettres, grâce à votre manière originale et aventureuse de voyager ; vous m'aviez pourtant formellement promis à Vienne, au moment de notre séparation, de vous trouver le premier août à Oldenzaal. Il me faut donc renoncer au plaisir de vous voir, et pourtant jamais je n'aurais eu plus besoin d'épancher mon cœur dans le vôtre, mon bon Maximilien, mon plus vieil ami, car, quoique bien jeunes encore, notre amitié est ancienne : elle date de notre enfance.

Que vous dirai-je? depuis trois mois une révolution complète s'est opérée en moi... Je touche à l'un de ces instants qui décident de l'existence d'un homme... Jugez si votre présence, si vos conseils me manquent ! Mais vous ne me manquerez pas longtemps, quels que soient les intérêts qui vous retiennent en Hongrie ; vous viendrez, Maximilien, vous viendrez, je vous en conjure, car j'aurai besoin sans doute de puissantes consolations... et je ne puis aller vous chercher. Mon père, dont la santé est de plus en plus chancelante, m'a rappelé de Gerolstein. Il s'affaiblit chaque jour davantage : il m'est impossible de le quitter...

J'ai tant à vous dire que je serai prolixe : il me faut vous raconter l'époque la plus pleine, la plus romanesque de ma vie...

Étrange et triste hasard ! pendant cette époque nous sommes fatalement restés éloignés l'un de l'autre, nous, les inséparables, nous, les deux frères, nous, les deux plus fervents apôtres de la trois fois sainte amitié ! nous, enfin, si fiers de prouver que les Carlos et le Posa de notre Schiller ne sont pas des idéalités, et que, comme ces divines créations du grand poète, nous savons goûter les suaves délices d'un tendre et mutuel attachement !

Oh ! mon ami, mon ami, pourquoi, pourquoi n'êtes-vous là ! que n'étiez-vous là ! Depuis trois mois mon cœur déborde d'émotions à la fois d'une douceur ou d'une tristesse inexprimable. Et j'étais seul, et je suis seul... Plaignez-moi, vous qui connaissez ma sensibilité quelquefois si bizarrement expansive, vous qui souvent avez vu mes yeux se mouiller de larmes au naïf récit d'une action généreuse, au simple aspect d'un beau soleil couchant, ou d'une nuit d'été paisible et étoilée ! Vous souvenez-vous, l'an passé, lors de notre excursion aux rives d'Oppenfeld... au bord du grand lac... nos rêveries silencieuses pendant cette magnifique soirée si remplie de calme, de poésie et de sérénité ?

Bizarre contraste !... C'était trois jours avant ce duel sanglant où je n'ai pas voulu vous prendre pour second, car j'aurais trop souffert pour vous, si j'avais été blessé sous vos yeux... Ce duel, où, pour une querelle de jeu, mon second, à moi, a malheureusement tué ce jeune Fran-

(1) Nous rappellerons au lecteur qu'environ quinze mois se sont passés depuis le jour où Rodolphe a quitté Paris par la barrière Saint-Jacques, après le meurtre du Chourineur.

çais, le vicomte de Saint-Remy... A propos, savez-vous ce qu'est devenue cette dangereuse sirène que M. de Saint-Remy avait amenée à Oppenfeld, et qui se nommait, je crois, Cecily David?

Mon ami, vous devez sourire de pitié en me voyant m'égarer ainsi parmi de vagues souvenirs du passé, au lieu d'arriver aux graves confidences que je vous annonce ; c'est que, malgré moi, je recule l'instant de ces confidences ; je connais votre sévérité, et j'ai peur d'être grondé, oui, grondé, parce qu'au lieu d'agir avec réflexion, avec sagesse (une sagesse de vingt et un ans, hélas !), j'ai agi follement, ou plutôt je n'ai pas agi... je me suis laissé aveuglément emporter au courant qui m'entraînait... et c'est seulement depuis mon retour de Gerolstein, je le me suis, pour ainsi dire, éveillé du songe enchanteur qui m'a bercé pendant trois mois... et ce réveil est funeste...

Allons, mon ami, mon bon Maximilien, je prends mon grand courage. Écoutez-moi avec indulgence... Je commence en baissant les yeux, je n'ose vous regarder... en lisant ces lignes, vos traits doivent être devenus si graves, si sévères... homme stoïque !

Ayant obtenu un congé de six mois, je quittai Vienne, et je restai ici quelque temps auprès de mon père : sa santé étant bonne alors, il me conseilla d'aller visiter mon excellente tante, la princesse Juliane, supérieure de l'abbaye de Gerolstein. Je vous l'ai dit, je crois, mon ami, que mon aïeule était cousine germaine de l'aïeul du grand-duc actuel, et que ce dernier, Gustave-Rodolphe, grâce à cette parenté, a toujours bien voulu nous traiter, moi et mon père, très-affectueusement de cousins. Vous savez aussi, je crois, que, pendant un assez long voyage que le prince fit dernièrement en France, il chargea mon père de l'administration du grand duché.

Ce n'est nullement par orgueil, vous le pensez, mon ami, que je vous parle de ces circonstances ; c'est pour vous expliquer les causes de l'extrême intimité dans laquelle j'ai vécu avec le grand-duc et sa famille pendant mon séjour à Gerolstein.

Vous souvenez-vous que l'an passé, lors de notre voyage des bords du Rhin, on nous apprit que le prince avait retrouvé en France, et épousé *in extremis* madame la comtesse Mac-Grégor, afin de légitimer la naissance d'une fille qu'il avait eue d'elle lors d'une première union secrète, plus tard cassée pour vice de forme et parce qu'elle avait été contractée malgré la volonté du grand-duc alors régnant?

Cette jeune fille, ainsi solennellement reconnue, est cette charmante princesse Amélie (1) dont lord Dudley, qui l'avait vue à Gerolstein il y a maintenant une année environ, nous parlait cet hiver, à Vienne, avec un enthousiasme que nous accusions d'exagération... Étrange hasard !... qui l'eût dit alors !...

Mais, quoique vous ayez sans doute maintenant à peu près deviné mon secret, laissez-moi suivre la marche des événements sans l'intervertir....

Le couvent de Sainte-Hermangilde, dont ma tante est abbesse, est à peine éloigné d'un demi-quart de lieue de Gerolstein, les jardins de l'abbaye touchent aux faubourgs de la ville ; une charmante maison, complètement isolée du cloître, avait été mise à ma disposition par ma tante, qui m'aime, vous le savez, avec une tendresse maternelle.

Le jour de mon arrivée, elle m'apprit qu'il y avait le lendemain réception solennelle et fête à la cour, le grand-duc devant en être officiellement annoncer son prochain mariage avec madame la marquise d'Harville, arrivée depuis peu à Gerolstein, accompagnée de son père, M. le comte d'Orbigny (2).

Les uns blâmaient le prince de n'avoir pas recherché encore cette fois une alliance souveraine (la grande-duchesse dont le prince était veuf appartenait à la maison de Bavière) , d'autres, au contraire, et ma tante était du nombre, le félicitaient d'avoir préféré à des vues d'ambitieuses convenances une jeune et aimable femme qu'il adorait et qui appartenait à la plus haute noblesse de France. Vous savez d'ailleurs, mon ami, que ma tante a toujours eu pour le grand-duc Rodolphe l'attachement le plus profond ; mieux que personne elle pouvait apprécier les éminentes qualités du prince.

— Mon cher enfant, me dit-elle à propos de cette réception solennelle où je devais me rendre le lendemain de mon arrivée, mon cher enfant, ce que vous verrez de plus merveilleux dans cette fête sera sans contredit la perle de Gerolstein.

— De qui voulez-vous parler, ma bonne tante?

— De la princesse Amélie.

— La fille du grand-duc? En effet, lord Dudley nous en avait parlé à Vienne avec un enthousiasme que nous avions taxé d'exagération poétique.

— A mon âge, avec mon caractère et dans ma position, reprit ma tante, on s'exalte assez peu ; aussi vous croirez à l'impartialité de mon jugement, mon cher enfant. Eh bien ! je vous dis, moi, que de ma vie je n'ai rien connu de plus enchanteur que la princesse Amélie. Je vous parlerais de son angélique beauté, si elle n'était pas douée d'un charme

(1) Le nom de Marie rappelant à Rodolphe et à sa fille de tristes souvenirs, il lui avait donné le nom d'Amélie, l'un des noms de sa mère à lui.

(2) Nous rappellerons au lecteur, pour la vraisemblance de ce récit, que la dernière princesse souveraine de Courlande, femme aussi remarquable par la rare supériorité de son esprit que par le charme de son caractère et l'adorable bonté de son cœur, était mademoiselle de Medem.

inexprimable qui est encore supérieur à la beauté. Figurez-vous la candeur dans la dignité et la grâce dans la modestie. Dès le premier jour où le grand-duc m'a présentée à elle, j'ai senti pour cette jeune princesse une sympathie involontaire. Du reste, je ne suis pas la seule : l'archiduchesse Sophie est à Gerolstein depuis quelques jours ; c'est bien la plus fière et la plus hautaine princesse que je sache...

— Il est vrai, ma tante, son ironie est terrible, peu de personnes échappent à ses mordantes plaisanteries. A Vienne on la craignait comme le feu... La princesse Amélie aurait-elle trouvé grâce devant elle ?

— L'autre jour elle vint ici après avoir visité la maison d'asile placée sous la surveillance de la jeune princesse. Savez-vous une chose ? me dit cette redoutable archiduchesse avec sa brusque franchise ; j'ai l'esprit singulièrement tourné à la satire, n'est-ce pas ? Eh bien ! si je vivais longtemps avec la fille du grand duc, je deviendrais, j'en suis sûre, inoffensive... tant sa bonté est pénétrante et contagieuse.

— Mais c'est donc une enchanteresse que ma cousine ? dis-je à ma tante en souriant.

— Son plus puissant attrait, à mes yeux du moins, reprit ma tante, est ce mélange de douceur, de modestie et de dignité dont je vous ai parlé, et qui donne à son visage angélique l'expression la plus touchante.

— Certes, ma tante, la modestie est une rare qualité chez une princesse si jeune, si belle et si heureuse.

— Songez encore, mon cher enfant, qu'il est d'autant mieux à la princesse Amélie de jouir sans ostentation vaniteuse de la haute position qui lui est incontestablement acquise, que son élévation est récente (1).

— Et dans son entretien avec vous, ma tante, la princesse a-t-elle fait quelque allusion à sa fortune passée ?

— Non ; mais lorsque, malgré mon grand âge, je lui parlai avec le respect qui lui est dû, puisque Son Altesse est la fille de notre souverain, son trouble ingénu, mêlé de reconnaissance et de vénération pour moi, m'a profondément émue ; car sa réserve, remplie de noblesse et d'affabilité, me prouvait que le présent ne l'enivrait pas assez pour qu'elle oubliât le passé, et qu'elle rendait à mon âge ce que j'accordais à son rang.

— Il faut, en effet, dis-je à ma tante, un tact exquis pour observer ces nuances si délicates.

— Aussi, mon cher enfant, plus j'ai vu la princesse Amélie, plus je me suis félicitée de ma première impression. Depuis qu'elle est ici, ce qu'elle a fait de bonnes œuvres est incroyable, et cela avec une réflexion, une maturité de jugement qui me confondent chez une personne de son âge. Jugez-en : à sa demande, le grand-duc a fondé à Gerolstein un établissement pour les petites filles orphelines de cinq ou six ans, et pour les jeunes filles, orphelines aussi abandonnées, qui ont atteint seize ans, âge si fatal pour les infortunées que rien ne défend contre la séduction du vice ou l'obsession du besoin. Ce sont des religieuses nobles de mon abbaye qui enseignent et dirigent les pensionnaires de cette maison. En allant la visiter, j'ai eu souvent occasion de juger de l'adoration que les pauvres créatures déshéritées ont pour la princesse Amélie. Chaque jour elle va passer quelques heures dans cet établissement, placé sous sa protection spéciale ; et, je vous le répète, mon enfant, ce n'est pas seulement du respect, de la reconnaissance, que les pensionnaires et les religieuses ressentent pour Son Altesse, c'est presque du fanatisme.

— Mais c'est un ange que la princesse Amélie, dis-je à ma tante.

— Un ange, oui, un ange, reprit-elle, car vous ne pouvez vous imaginer avec quelle attendrissante bonté elle traite ses protégées, de quelle pieuse sollicitude elle les entoure. Jamais je n'ai vu ménager avec plus de délicatesse la susceptibilité du malheur : on dirait qu'une irrésistible sympathie attire surtout la princesse vers cette classe de pauvres abandonnées. Enfin, le croiriez-vous ? elle, fille d'un souverain, n'appelle jamais autrement ces jeunes filles que mes sœurs.

A ces derniers mots de ma tante, je vous l'avoue, Maximilien, une larme me vint aux yeux. Ne trouvez-vous pas en effet belle et sainte la conduite de cette jeune princesse ? Vous connaissez ma sincérité, je vous jure que je vous rapporte et que je vous rapporterai toujours presque textuellement les paroles de ma tante.

— Puisque la princesse, lui dis-je, est si merveilleusement douée, j'éprouverai un grand trouble lorsque demain je lui serai présenté ; vous connaissez mon insurmontable timidité, vous savez que l'élévation du caractère m'impose encore plus que le rang : je suis donc certain de paraître à la princesse aussi stupide qu'embarrassé ; j'en prends mon parti d'avance.

— Allons, allons, me dit ma tante en souriant, elle aura pitié de vous, mon cher enfant, d'autant plus que vous ne serez pas pour elle une nouvelle connaissance.

— Moi, ma tante ?

— Sans doute.

— Et comment cela ?

— Vous vous souvenez que, lorsqu'à l'âge de seize ans vous avez quitté Oldenzaal pour faire un voyage en Russie et en Angleterre avec

(1) En arrivant en Allemagne, Rodolphe avait dit que Fleur-de-Marie, longtemps crue morte, n'avait jamais quitté sa mère la comtesse Sarah.

votre père, j'ai fait faire de vous un portrait dans le costume que vous portiez au premier bal costumé donné par feu la grande-duchesse.

— Oui, ma tante, un costume de page allemand du seizième siècle.

— Notre excellent peintre Fritz Mocker, tout en reproduisant fidèlement vos traits, n'avait pas seulement retracé un personnage du seizième siècle ; mais, par un caprice d'artiste, il s'était plu à imiter jusqu'à la manière et jusqu'à la vétusté des tableaux peints à cette époque. Quelques jours après son arrivée en Allemagne, la princesse Amélie, étant venue me voir avec son père, remarqua votre portrait, et me demanda naïvement quelle était cette charmante figure des temps passés. Son père sourit, me fit un signe, et lui répondit : — Ce portrait est celui d'un de nos cousins, qui aurait malheureusement, vous le voyez, à son costume, ma chère Amélie, quelque trois cents ans, mais qui, bien jeune, avait déjà témoigné d'une rare intrépidité et d'un cœur excellent : ne porte-t-il pas, en effet, la bravoure dans le regard et la bonté dans le sourire ?

(Je vous en supplie, Maximilien, ne haussez pas les épaules avec un impatient dédain en me voyant écrire de telles choses à propos de moi-même ; cela me coûte, vous devez le croire ; mais la suite de ce récit vous prouvera que ces puérils détails, dont je sens le ridicule amer, sont malheureusement indispensables. Je ferme cette parenthèse, et je continue.)

— La princesse Amélie, reprit ma tante, dupe de cette innocente plaisanterie, partagea l'avis de son père sur l'expression douce et fière de votre physionomie, après avoir plus attentivement considéré le portrait. Plus tard, lorsque j'allai la voir à Gerolstein, elle me demanda en souriant des nouvelles de son cousin des temps passés. Je lui avouai alors votre supercherie, lui disant que le beau page du seizième siècle était simplement mon neveu, le prince Henri d'Herkaüsen-Oldenzaal, actuellement âgé de vingt et un ans, capitaine aux gardes de S. M. l'empereur d'Autriche, et en tout, sauf le costume, fort ressemblant à son portrait. A ces mots, la princesse Amélie, avons dit ma tante, rougit et redevint sérieuse, comme elle l'est presque toujours. Depuis, elle ne m'a naturellement jamais reparlé du tableau. Néanmoins, vous voyez, mon cher enfant, que vous ne serez pas complètement étranger à un nouveau visage pour votre cousine, comme dit le grand-duc. Ainsi donc, rassurez-vous, et soutenez l'honneur de votre portrait, ajouta ma tante en souriant.

Cette conversation avait eu lieu, le vous l'ai dit, mon cher Maximilien, la veille du jour où je devais être présenté à la princesse ma cousine ; je quittai ma tante, et je rentrai chez moi.

Je ne vous ai jamais caché mes plus secrètes pensées, bonnes ou mauvaises ; je vais donc vous avouer à quelles absurdes et folles imaginations je me laissai entraîner après l'entretien que je viens de vous rapporter.

CHAPITRE II.

Gerolstein.

LE PRINCE HENRI D'HERKAÜSEN-OLDENZAAL AU COMTE MAXIMILIEN KAMINETZ.

Vous m'avez dit bien des fois, mon cher Maximilien, que j'étais dépourvu de toute vanité ; je le crois, j'ai besoin de le croire pour continuer ce récit sans m'exposer à passer à vos yeux pour un présomptueux.

Lorsque je fus seul chez moi, me rappelant l'entretien de ma tante, je ne pus m'empêcher de songer, avec une secrète satisfaction, que la princesse Amélie, ayant remarqué ce portrait de moi fait depuis six ou sept ans, avait quelques jours après demandé, en plaisantant, des nouvelles de son cousin des temps passés.

Rien n'était plus sot que de baser le moindre espoir sur une circonstance aussi insignifiante, j'en conviens ; mais, je vous l'ai dit, je serai comme toujours, envers vous, de la plus entière franchise ; eh bien ! cette insignifiante circonstance me ravit. Sans doute, les louanges que j'avais entendu donner à la princesse Amélie par une femme aussi grave, aussi austère que ma tante, en élevant davantage la princesse à mes yeux, me rendaient plus sensible encore la distinction qu'elle avait daigné m'accorder, ou plutôt qu'elle avait accordée à mon portrait. Pourtant, que vous dirai-je ! cette distinction éveilla en moi des espérances si folles, que, jetant à cette heure un regard plus calme sur le passé, je me demande comment j'ai pu me laisser entraîner à ces pensées qui aboutissaient inévitablement à un abîme.

Quelque parent du grand-duc, et toujours parfaitement accueilli de lui, il m'était impossible de concevoir la moindre espérance de mariage avec la princesse, lors même qu'elle eût agréé mon amour, ce qui était plus qu'improbable. Notre famille tient honorablement à son rang, mais elle est pauvre, si on compare notre fortune aux immenses domaines du grand-duc, le prince le plus riche de la Confédération germanique ; et puis enfin j'avais vingt et un ans à peine, j'étais simple capitaine aux gardes, sans renom, sans position personnelle ; jamais, en un mot, le grand-duc ne pouvait songer à moi pour sa fille.

Toutes ces réflexions auraient dû me préserver d'une passion que je n'éprouvais pas encore, mais dont j'avais pour ainsi dire le singulier pressentiment. Hélas ! je m'abandonnai au contraire à de nouvelles puérilités. Je portais au doigt une bague qui m'avait été autrefois donnée par Thécla (la bonne comtesse que vous connaissez) ; quoique ce gage d'un amour étourdi, facile et léger, ne pût me gêner beaucoup, j'en fis héroïquement le sacrifice à mon amour naissant, et le pauvre anneau disparut dans les eaux rapides de la rivière qui coule sous mes fenêtres.

Vous dire la nuit que je passai est inutile ; vous la devinez. Je savais la princesse Amélie blonde et d'une angélique beauté : je tâchai de m'imaginer ses traits, sa taille, son maintien, le son de sa voix, l'expression de son regard ; puis, songeant à mon portrait qu'elle avait remarqué, je me rappelai à regret que l'artiste maudit m'avait dangereusement flatté ; de plus, je comparais avec désespoir le costume pittoresque du page du quinzième siècle au sévère uniforme du capitaine aux gardes de Sa Majesté Impériale. Puis, à ces niaises préoccupations succédaient çà et là, je vous l'assure, mon ami, quelques pensées généreuses, quelques nobles élans de l'âme ; je me sentais ému, oh ! profondément ému, au ressouvenir de cette adorable bonté de la princesse Amélie, qui appelait les pauvres abandonnées qu'elle protégeait ses sœurs, m'avait dit ma tante.

Enfin, bizarre et inexplicable contraste ! j'ai, vous le savez, la plus humble opinion de moi-même... et j'étais cependant assez glorieux pour supposer que le vue de mon portrait avait frappé la princesse ; j'avais assez de bon sens pour comprendre qu'une distance infranchissable me séparait d'elle à jamais, et cependant je me demandais avec une véritable anxiété si elle ne me trouverait pas trop indigne de mon portrait. Enfin je ne l'avais jamais vue, j'étais convaincu d'avance qu'elle me remarquerait à peine .. et cependant je me croyais le droit de lui sacrifier le gage de mon premier amour.

Je passai dans de véritables angoisses la nuit dont je vous parle et une partie du lendemain. L'heure de la réception arriva. J'essayai deux ou trois habits d'uniforme, les trouvant plus mal faits les uns que les autres, et je partis pour le palais grand-ducal très-mécontent de moi.

Quoique Gerolstein soit à peine éloigné d'un quart de lieue de l'abbaye de Sainte-Hermangilde, durant ce court trajet mille pensées m'assaillirent, toutes les puérilités dont j'avais été si occupé disparurent devant une idée grave, triste, presque menaçante ; un invincible pressentiment m'annonçait une de ces crises qui dominent la vie tout entière, une sorte de révélation me disait que j'allais aimer, aimer passionnément, aimer comme on n'aime qu'une fois : et, pour comble de fatalité, cet amour, aussi hautement que dignement placé, devait être pour moi toujours malheureux.

Ces idées m'effrayèrent tellement que je pris tout à coup la sage résolution de faire arrêter ma voiture, de revenir à l'abbaye et d'aller rejoindre mon père, laissant à ma tante le soin d'excuser mon brusque départ auprès du grand-duc.

Malheureusement une de ces causes vulgaires dont les effets sont quelquefois immenses m'empêcha d'exécuter mon premier dessein. Ma voiture étant arrêtée à l'entrée de l'avenue qui conduit au palais, je me penchais à la portière pour donner à mes gens ordre de retourner, lorsque le baron et la baronne Koller, qui, comme moi, se rendaient à la cour, m'aperçurent et firent aussi arrêter leur voiture. Le baron, me voyant en uniforme, me dit : — Pourrai-je vous être bon à quelque chose, mon cher prince ? Que vous arrive-t-il ? Puisque vous allez au palais, montez avec nous, dans le cas où un accident serait arrivé à vos chevaux.

Rien ne m'était plus facile, n'est-ce pas, mon ami, que de trouver une défaite pour quitter le baron et regagner l'abbaye. Eh bien ! soit impuissance, soit secret désir d'échapper à la détermination salutaire que je venais de prendre, je répondis d'un air embarrassé que je doutais que mon ordre à mon cocher de s'informer à la grille du palais si l'on y entrait par le pavillon neuf ou par la cour de marbre. — On entre par la cour de marbre, mon cher prince, me répondit le baron, car c'est une réception de grand gala. Dites à votre voiture de suivre la mienne, je vous indiquerai le chemin.

Vous savez, Maximilien, combien je suis fataliste ; je voulais retourner à l'abbaye pour m'épargner les chagrins que je pressentais ; le sort s'y opposait, je m'abandonnai à mon étoile. Vous ne connaissez pas le palais grand-ducal de Gerolstein, mon ami ? Selon tous ceux qui ont visité les capitales de l'Europe, il n'est pas, à l'exception de Versailles, une résidence royale dont l'ensemble et les abords soient d'un aspect plus majestueux. Si j'entre dans quelques détails à ce sujet, c'est qu'en me souvenant à cette heure de ces imposantes splendeurs, je me demande comment elles ne m'ont pas frappé davantage ; comment il se fait, car enfin la princesse Amélie était fille du souverain maître de ce palais, de ces gardes, de ces richesses merveilleuses.

La cour de marbre, vaste hémicycle, est ainsi appelée parce qu'à l'exception d'un large chemin de ceinture où circulent les voitures, elle est dallée de marbres de toutes couleurs, formant de magnifiques mosaïques au centre desquelles se dessine un immense bassin revêtu de brèche antique, alimenté par d'abondantes eaux qui tombent incessamment d'une large vasque de porphyre.

Cette cour d'honneur est circulairement entourée d'une rangée de statues de marbre blanc du plus haut style, portant des torchères de bronze doré d'où jaillissent des flots de gaz éblouissant. Alternant avec ces statues, des vases Médicis, exhaussés sur leurs socles richement sculptés, renfermaient d'énormes lauriers-roses, véritables buissons fleuris, dont le feuillage lustré, vu aux lumières, resplendissait d'une verdure métallique.

Les voitures s'arrêtaient au pied d'une double rampe à balustres qui conduisait au péristyle du palais ; au pied de cet escalier se tenaient en vedette, montés sur leurs chevaux noirs, deux cavaliers du régiment des gardes du grand-duc, qui choisit ces soldats parmi les sous-officiers les plus grands de son armée. Vous, mon ami, qui aimez tant les gens de guerre, vous eussiez été frappé de la tournure sévère et martiale de ces deux colosses, dont la cuirasse et le casque d'acier d'un profil antique, sans cimier ni crinière, étincelaient aux lumières ; ces cavaliers portaient l'habit bleu à collet jaune, le pantalon de daim blanc et les bottes fortes montant au-dessus du genou. Enfin pour vous, mon ami, qui aimez ces détails militaires, j'ajouterai qu'au haut de l'escalier, de chaque côté de la porte, deux grenadiers du régiment d'infanterie de la garde grand-ducale étaient en faction. Leur tenue, sauf la couleur de l'habit et les revers, ressemblait, m'a-t-on dit, à celle des grenadiers de Napoléon.

Après avoir traversé le vestibule où se tenaient, hallebarde en main, les suisses de livrée du prince, je montai un imposant escalier de marbre blanc qui aboutissait à un portique orné de colonnes de jaspe et surmonté d'une coupole peinte et dorée. Là se trouvaient deux longues files de valets de pied. J'entrai ensuite dans la salle des gardes, à la porte de laquelle se tenaient toujours un chambellan et un aide de camp de service, chargés de conduire auprès de Son Altesse Royale les personnes qui avaient droit à lui être particulièrement présentées. Ma parenté, quoique éloignée, me valut cet honneur : un aide de camp me précéda dans une longue galerie remplie d'hommes en habit de cour ou d'uniforme, et de femmes en grande parure.

Pendant que je traversais lentement cette foule brillante, j'entendis quelques paroles qui augmentèrent encore mon émotion : de tous côtés on admirait l'angélique beauté de la princesse Amélie, les traits charmants de la marquise d'Harville, et l'air véritablement impérial de l'archiduchesse Sophie, qui, récemment arrivée de Munich avec l'archiduc Stanislas, allait bientôt repartir pour Varsovie ; mais, tout en rendant hommage à l'altière dignité de l'archiduchesse, à la gracieuse distinction de la marquise d'Harville, on reconnaissait que rien n'était plus idéal que la figure enchanteresse de la princesse Amélie.

À mesure que j'approchais de l'endroit où se tenaient le grand-duc et sa fille, je sentais mon cœur battre avec violence. Au moment où j'arrivai à la porte de ce salon (j'ai oublié de vous dire qu'il y avait bal et concert à la cour), l'illustre Liszt venait de se mettre au piano ; aussi le silence le plus recueilli succéda-t-il au léger murmure des conversations. En attendant la fin du morceau, que le grand artiste jouait avec sa supériorité accoutumée, je restai dans l'embrasure d'une porte.

Alors, mon ami, pour la première fois je vis la princesse Amélie. Laissez-moi vous dépeindre cette scène, car j'éprouve un charme indicible à rassembler ces souvenirs.

Figurez-vous, mon ami, un vaste salon meublé avec une somptuosité royale, éblouissant de lumières et tendu d'étoffe de soie cramoisie, sur laquelle courait un feuillage d'or brodé en relief. Au premier rang, sur de grands fauteuils dorés, se tenait l'archiduchesse Sophie (le prince lui faisait les honneurs de son palais) ; à sa gauche madame la marquise d'Harville, et à sa droite la princesse Amélie ; debout derrière elles était le grand-duc, portant l'uniforme de colonel de ses gardes ; il semblait rajeuni par le bonheur et ne pas avoir plus de trente ans ; l'habit militaire faisait encore valoir l'élégance de sa taille et la beauté de ses traits ; auprès de lui était l'archiduc Stanislas en costume de feld-maréchal, puis venaient ensuite les dames d'honneur de la cour, les femmes des grands dignitaires de la cour, et enfin ceux-ci.

Ai-je besoin de vous dire que la princesse Amélie, moins encore par son rang sur les grâces et sa beauté, dominait cette foule éblouissante ? Ne me condamnez pas, mon ami, sans lire ce portrait. Quoiqu'il soit mille fois encore au-dessous de la réalité, vous comprendrez mon adoration, vous comprendrez que dès que je la vis je l'aimai, et que la rapidité de cette passion ne put être égalée que par sa violence et son éternité.

La princesse Amélie, vêtue d'une simple robe de moire blanche, portait, comme l'archiduchesse Sophie, le grand cordon de l'ordre impérial de Saint-Népomucène, qui lui avait été récemment envoyé par l'impératrice. Un bandeau de perles, entourant son front noble et candide, s'harmonisait à ravir avec les deux grosses nattes de cheveux d'un blond cendré magnifique qui encadraient ses joues légèrement rosées ; ses bras charmants, plus blancs encore que les flots de dentelle d'où ils sortaient, étaient à demi cachés par des gants qui s'arrêtaient au-dessous de son coude à fossette ; rien de plus accompli que sa taille, rien de plus joli que son pied chaussé de satin blanc. Au moment où je la vis, ses grands yeux, du plus pur azur, étaient rêveurs ; je ne sais même si à cet instant elle subissait l'influence de quelque pensée sérieuse, ou si elle était vivement impressionnée par la sombre harmonie du morceau que jouait Liszt ; mais son demi-sourire me parut d'une douceur et d'une mélancolie indicibles. La tête légèrement baissée sur sa poitrine, elle effeuillait machinalement un gros bouquet d'œillets blancs et de roses qu'elle tenait à la main.

incapable de goûter certains bonheurs pour ainsi dire trop complets, trop immenses pour ses facultés bornées, de même aussi je crois certains êtres trop divinement doués pour ne pas quelquefois sentir avec amertume combien ils sont esseulés ici-bas, et pour ne pas alors regretter vaguement leur exquise délicatesse, qui les expose à tant de déceptions, à tant de froissements ignorés des natures moins choisies... Il me semblait qu'alors la princesse Amélie éprouvait la réaction d'une pensée pareille.

Bras-Rouge.

Germain.

Jamais je ne pourrai vous exprimer ce que je ressentis alors : tout ce que m'avait dit ma tante de l'ineffable bonté de la princesse Amélie me revint à la pensée... Souriez, mon ami... mais malgré moi je sentis mes yeux devenir humides en voyant rêveuse, presque triste, cette jeune fille si admirablement belle, entourée d'honneurs, de respects, et idolâtrée par un père tel que le grand-duc.

Maximilien, je vous l'ai souvent dit : de même que je crois l'homme

Tout à coup, par un hasard étrange (tout est fatalité dans ceci), elle tourna machinalement les yeux du côté où je me trouvais.

Vous savez combien l'étiquette et la hiérarchie des rangs sont scrupuleusement observées chez nous. Grâce à mon titre et aux liens de parenté qui m'attachent au grand-duc, les personnes au milieu desquelles je m'étais d'abord placé s'étaient peu à peu reculées, de sorte que je restai presque seul et très en évidence au premier rang, dans l'embrasure de la porte de la galerie.

Il fallut cette circonstance pour que la princesse Amélie, sortant de sa rêverie, m'aperçût et me remarquât sans doute, car elle fit un léger mouvement de surprise, et rougit.

Elle avait vu mon portrait à l'abbaye, chez ma tante, elle me reconnaissait : rien de plus simple. La princesse m'avait à peine regardé pendant une seconde, mais ce regard me fit éprouver une commotion violente, profonde : je sentis mes joues en feu, je baissai les yeux, et je restai quelques minutes sans oser les lever de nouveau sur la princesse... Lorsque je m'y hasardai, elle causait tout bas avec l'archiduchesse Sophie, qui semblait l'écouter avec le plus affectueux intérêt.

Liszt ayant mis un intervalle de quelques minutes entre les deux morceaux qu'il devait jouer, le grand-duc profita de ce moment pour lui exprimer son admiration de la manière la plus gracieuse. Le prince, revenant à sa place, m'aperçut, me fit un signe de tête rempli de bienveillance, et dit quelques mots à l'archiduchesse et me désignant du regard. Celle-ci, après m'avoir un instant considéré, se retourna vers le grand-duc, qui ne put s'empêcher de sourire en lui répondant et en adressant la parole à sa fille. La princesse Amélie me parut embarrassée, car elle rougit de nouveau.

J'étais au supplice ; malheureusement l'étiquette ne me permettait pas de quitter la place où je me trouvais avant la fin du concert, qui recommença bientôt. Deux ou trois fois je regardai la princesse Amélie à la dérobée ; elle me sembla pensive et attristée ; mon cœur se serra ; je souffrais de la légère contrariété que je venais de lui causer involontairement, et que je croyais deviner. Sans doute le grand-duc lui avait demandé en plaisantant si elle me trouvait quelque ressemblance avec le portrait de son cousin des temps passés ; et, dans son ingénuité, elle se reprochait peut-être de n'avoir pas dit à son père qu'elle m'avait déjà reconnu. Le concert terminé, je suivis l'aide de camp de service ; il me conduisit auprès du grand-duc, qui voulut bien faire quelques pas au-devant de moi, me prit cordialement par le bras, et dit à l'archiduchesse Sophie, en s'approchant d'elle :

— Je demande à Votre Altesse Impériale la permission de lui présenter mon cousin le prince Henri de Herkaüsen-Oldenzaal.

— J'ai déjà vu le prince à Vienne, et je le retrouve ici avec plaisir, répondit l'archiduchesse, devant laquelle je m'inclinai profondément.

— Ma chère Amélie, reprit le prince en s'adressant à sa fille, je vous présente le prince Henri, votre cousin ; il est fils du prince Paul, l'un de mes plus vénérables amis, que je regrette bien de ne pas voir aujourd'hui à Gerolstein.

Évanouissement de la princesse Amélie. — PAGE 374.

— Voudriez-vous, monsieur, faire savoir au prince Paul que je partage vivement les regrets de mon père, car je serai toujours bien heureuse de connaître ses amis, me répondit ma cousine avec une simplicité pleine de grâce...

Je n'avais jamais entendu le son de la voix de la princesse ; imaginez-vous, mon ami, le timbre le plus doux, le plus frais, le plus harmonieux, enfin un de ces accents qui font vibrer les cordes les plus délicates de l'âme.

— J'espère, mon cher Henri, que vous resterez quelque temps chez votre tante que j'aime, que je respecte comme ma mère, vous le savez, me dit le grand-duc avec bonté. Venez souvent nous voir en famille, à la fin de la matinée, sur les trois heures ; si nous sortons, vous partagerez notre promenade ; vous savez que je vous ai toujours aimé, parce que vous êtes un des plus nobles cœurs que je connaisse.

— Je ne sais comment exprimer à Votre Altesse Royale ma reconnaissance pour le bienveillant accueil qu'elle daigne me faire.

— Eh bien ! pour me prouver votre reconnaissance, dit le prince en souriant, invitez votre cousine pour la deuxième contredanse, car la première appartient de droit à l'archiduc.

— Votre Altesse voudra-t-elle m'accorder cette grâce?... dis-je à la princesse Amélie en m'inclinant devant elle.

— Appelez-vous simplement cousin et cousine, selon la bonne vieille coutume allemande, interrompit le grand-duc ; le cérémonial ne convient pas entre parents.

— Ma cousine me fera-t-elle l'honneur de danser cette contredanse avec moi ?

— Oui, mon cousin, me répondit la princesse Amélie.

CHAPITRE III.

Gerolstein.

LE PRINCE HENRI D'HERKAUSEN-OLDENZAAL AU COMTE MAXIMILIEN KAMINETZ.

Oldenzaal, le 25 août 1840.

Je ne saurais vous dire, mon ami, combien je fus à la fois heureux et peiné de la paternelle cordialité du grand-duc ; la confiance qu'il me témoignait, l'affectueuse bonté avec laquelle il avait engagé sa fille et moi à substituer aux formules de l'étiquette ces appellations de famille d'une intimité si douce, tout me pénétrait de reconnaissance ; je me reprochais d'autant plus amèrement le charme fatal d'un amour qui ne devait ni ne pouvait être agréé par le prince. Je m'étais promis, il est vrai (je n'ai pas failli à cette résolution), de ne jamais dire un mot qui pût faire soupçonner à ma cousine l'amour que je ressentais ; mais je craignais que mon émotion, que mes regards me trahissent... Malgré moi pourtant, ce sentiment, si muet, si caché qu'il dût être, me semblait coupable.

J'eus le temps de faire ces réflexions pendant que la princesse Amélie dansait la première contredanse avec l'archiduc Stanislas. Ici, comme partout, la danse n'est plus qu'une sorte de marche qui suit la mesure de l'orchestre ; rien ne pouvait faire valoir davantage la grâce sérieuse du maintien de ma cousine.

J'attendais avec un bonheur mêlé d'anxiété le moment d'entretien que la liberté du bal allait me permettre d'avoir avec elle. Je fus assez maître de moi pour cacher mon trouble lorsque j'allai la chercher auprès de la marquise d'Harville.

En songeant aux circonstances du portrait, je m'attendais à voir la princesse Amélie partager mon embarras ; je ne me trompais pas. Je me souviens presque mot pour mot de notre première conversation ; laissez-moi vous la rapporter, mon ami :

— Votre Altesse me permettra-t-elle, lui dis-je, de l'appeler ma cousine, ainsi que le grand-duc m'y autorise ?

— Sans doute, mon cousin, me répondit-elle avec grâce ; je suis toujours heureuse d'obéir à mon père.

— Et je suis d'autant plus fier de cette familiarité, ma cousine, que j'ai appris par ma tante à vous connaître, c'est-à-dire à vous apprécier.

— Souvent aussi mon père m'a parlé de vous, mon cousin, et ce qui vous étonnera peut-être, ajouta-t-elle timidement, c'est que je vous connaissais déjà, si cela se peut dire, de vue... Madame la supérieure de Sainte-Hermangilde, pour qui j'ai la plus respectueuse affection, nous avait un jour montré, à mon père et à moi, un portrait...

— Où j'étais représenté en page du seizième siècle ?

— Oui, mon cousin ; et mon père fit même la petite supercherie de me dire que ce portrait était celui d'un de nos parents du temps passé, en ajoutant d'ailleurs des paroles si bienveillantes pour ce cousin d'autrefois, que notre famille doit se féliciter de le compter parmi nos parents d'aujourd'hui.

— Hélas ! ma cousine, je crains de ne pas plus ressembler au portrait moral que le grand-duc a daigné faire de moi qu'au page du seizième siècle.

— Vous vous trompez, mon cousin, me dit naïvement la princesse ; car, à la fin du concert, en jetant au hasard les yeux du côté de la galerie, je vous ai reconnu tout de suite, malgré la différence du costume.

Puis, voulant changer sans doute un sujet de conversation qui l'embarrassait, elle me dit :

— Quel admirable talent que celui de M. Liszt, n'est-ce pas ?

— Admirable. Avec quel plaisir vous l'écoutiez !

— C'est qu'en effet il y a, ce me semble, un double charme dans la musique sans paroles : non-seulement on jouit d'une excellente exécution, mais on peut appliquer sa pensée du moment aux mélodies que l'on écoute, et qui en deviennent pour ainsi dire l'accompagnement... Je ne sais si vous me comprenez, mon cousin ?

— Parfaitement. Les pensées sont alors des paroles que l'on met mentalement sur l'air que l'on entend.

— C'est cela, c'est cela, vous me comprenez, dit-elle avec un mouvement de gracieuse satisfaction ; je craignais de mal expliquer ce que je ressentais tout à l'heure pendant cette mélodie si plaintive et si touchante.

— Grâce à Dieu, ma cousine, lui dis-je en souriant, vous n'avez aucune parole à mettre sur un air si triste.

Soit que ma question fût indiscrète et qu'elle voulût éviter d'y répondre, soit qu'elle ne l'eût pas entendue, tout à coup la princesse Amélie me dit, en voyant le grand-duc, qui, donnant le bras à l'archiduchesse Sophie, traversait alors la galerie où l'on dansait :

— Mon cousin, voyez donc mon père, comme il est beau !... quel air noble et bon ! comme tous les regards le suivent avec sollicitude ! il me semble qu'on l'aime encore plus qu'on ne le révère...

— Ah ! m'écriai-je, ce n'est pas seulement ici, au milieu de sa cour, qu'il est chéri ! Si les bénédictions du peuple retentissaient dans la postérité, le nom de Rodolphe de Gerolstein serait justement immortel.

En parlant ainsi, mon exaltation était sincère ; car vous savez, mon ami, qu'on appelle, à bon droit, les États du prince le *Paradis de l'Allemagne*.

Il m'est impossible de vous peindre le regard reconnaissant que ma cousine jeta sur moi en m'entendant parler de la sorte.

— Apprécier ainsi mon père, me dit-elle avec émotion, c'est être bien digne de l'attachement qu'il vous porte.

— C'est que personne plus que moi ne l'aime et l'admire ! En outre des rares qualités qui font les grands princes, n'a-t-il pas le génie de la bonté, qui fait les princes adorés ?...

— Vous ne savez pas combien vous dites vrai !... s'écria la princesse encore plus émue.

— Oh ! je le sais, je le sais, et tous ceux qu'il gouverne le savent comme moi... On l'aime tant, que l'on s'affligerait de ses chagrins comme on se réjouit de son bonheur ; l'empressement de tous à venir offrir leurs hommages à madame la marquise d'Harville consacre à la fois et le choix de Son Altesse Royale et la valeur de la future grande-duchesse.

— Madame la marquise d'Harville est plus digne que qui que ce soit de l'attachement de mon père ; c'est le plus bel éloge que je puisse vous faire d'elle.

— Et vous pouvez sans doute l'apprécier justement : car vous l'avez probablement connue en France, ma cousine.

A peine avais-je prononcé ces derniers mots, que je ne sais quelle soudaine pensée vint à l'esprit de la princesse Amélie ; elle baissa les yeux, et, pendant une seconde, ses traits prirent une expression de tristesse qui me rendit muet de surprise.

Nous étions alors à la fin de la contredanse, la dernière figure me séparait un instant de ma cousine ; lorsque je la reconduisis auprès de madame d'Harville, il me sembla que ses traits étaient encore légèrement altérés...

Je crus et je crois encore que mon allusion au séjour de la princesse en France, lui ayant rappelé la mort de sa mère, lui causa l'impression pénible dont je viens de vous parler.

Pendant cette soirée, je remarquai une circonstance qui vous paraîtra puérile, mais qui m'a été une nouvelle preuve de l'intérêt que cette jeune fille inspire à tous. Son bandeau de perles s'étant un peu dérangé, l'archiduchesse Sophie, à qui elle donnait alors le bras, eut la bonté de vouloir lui replacer elle-même ce bijou sur le front. Or, qui connaît la hauteur proverbiale de l'archiduchesse, une telle prévenance de sa part semble à peine croyable. Du reste, la princesse Amélie, que j'observais attentivement ce moment, parut à la fois si confuse, si reconnaissante, je dirais presque si embarrassée de cette gracieuse attention, que je crus voir briller une larme dans ses yeux.

Telle fut, mon ami, ma première soirée à Gerolstein. Si je vous l'ai racontée avec tant de détails, c'est que presque toutes ces circonstances ont eu plus tard pour moi leurs conséquences.

Maintenant, j'abrégerai ; je ne vous parlerai que de quelques faits principaux relatifs à mes fréquentes entrevues avec ma cousine et son père.

Le surlendemain de cette fête, je fus du très-petit nombre de personnes invitées à la célébration du mariage du grand-duc avec madame la marquise d'Harville. Jamais je ne vis la physionomie de la princesse Amélie plus radieuse et plus sereine que pendant cette cérémonie. Elle contemplait son père et la marquise avec une sorte de religieux ravissement qui donnait un nouveau charme à ses traits ; on eût dit qu'ils reflétaient le bonheur ineffable du prince et de madame d'Harville.

Ce jour-là, ma cousine fut très-gaie, très-causante. Je lui donnai le bras dans une promenade que l'on fit après dîner dans les jardins du palais, magnifiquement illuminés. Elle me dit, à propos du mariage de son père :

— Il me semble que le bonheur de ceux que nous chérissons nous est encore plus doux que notre propre bonheur : car il y a toujours une nuance d'égoïsme dans la jouissance de notre félicité personnelle.

Si je vous cite entre mille cette réflexion de ma cousine, mon ami, c'est que vous jugiez du cœur de cette créature adorable, qui a, comme son père, le génie de la bonté.

Quelques jours après le mariage du grand-duc, j'eus avec lui une assez longue conversation ; il m'interrogea sur le passé, sur mes projets d'avenir ; il me donna les conseils les plus sages, les encouragements les plus flatteurs, me parla même de plusieurs de ses projets de gouvernement avec une confiance dont je fus aussi fier que flatté ; enfin, que vous dirai-je ? un moment, l'idée la plus folle me traversa l'esprit, je crus que le prince avait deviné mon amour, et que dans cet entretien il voulait m'étudier, me pressentir, et peut-être m'amener à un aveu...

Malheureusement, cet espoir insensé ne dura pas longtemps : le prince termina la conversation en me disant que le temps des grandes guerres était fini ; que je devais profiter de mon nom, de mes alliances, de l'éducation que j'avais reçue et de l'étroite amitié qui unissait mon père au prince de M., premier ministre de l'empereur, pour parcourir la carrière diplomatique au lieu de la carrière militaire, ajoutant que toutes les questions qui se décidaient autrefois sur les champs de bataille se décideraient désormais dans les congrès ; que bientôt les traditions tortueuses et perfides de l'ancienne diplomatie feraient place à une politique large et humaine, en rapport avec les véritables intérêts des peuples, qui de jour en jour avaient davantage la conscience de leurs droits ; qu'un esprit élevé, loyal et généreux pourrait avoir avant quelques années un noble et grand rôle à jouer dans les affaires politiques, et faire ainsi beaucoup de bien. Il me proposait enfin le concours de sa souveraine protection pour me faciliter les abords de la carrière qu'il m'engageait instamment à parcourir.

Vous comprenez, mon ami, que si le prince avait eu le moindre projet sur moi, il ne m'eût pas fait de telles ouvertures. Je le remerciai de ses offres avec une vive reconnaissance, en ajoutant que je sentais tout le prix de ses conseils, et que j'étais décidé à les suivre.

J'avais d'abord mis la plus grande réserve dans mes visites au palais; mais, grâce à l'insistance du grand-duc, j'y vins bientôt presque chaque jour vers les trois heures. On y vivait dans toute la charmante simplicité de nos cours germaniques. C'était la vie des grands châteaux d'Angleterre, rendue plus attrayante par la simplicité cordiale, la douce liberté des mœurs allemandes. Lorsque le temps le permettait, nous faisions de longues promenades à cheval avec le grand-duc, la grande-duchesse, ma cousine, et les personnes de leur maison. Lorsque nous restions au palais, nous nous occupions de musique, je chantais avec la grande-duchesse et ma cousine, dont la voix avait un timbre d'une pureté, d'une suavité sans égales, et que je n'ai jamais pu entendre sans me sentir remué jusqu'au fond de l'âme. D'autres fois, nous visitions en détail les merveilleuses collections de tableaux et d'objets d'art, ou les admirables bibliothèques du prince, qui, vous le savez, est un des hommes les plus savants et des plus éclairés de l'Europe; assez souvent je revenais dîner au palais, et, les jours d'Opéra, j'accompagnais au théâtre la famille grand-ducale.

Chaque jour passait comme un songe; peu à peu ma cousine me traita avec une familiarité toute fraternelle; elle ne me cachait pas le plaisir qu'elle éprouvait à me voir, elle me confiait tout ce qui l'intéressait; deux ou trois fois elle me pria de l'accompagner lorsqu'elle allait avec la grande-duchesse visiter ses jeunes orphelines; souvent aussi elle me parlait de mon avenir avec une maturité de raison, avec un intérêt sérieux et réfléchi qui me confondait de la part d'une jeune fille de son âge; elle aimait aussi beaucoup à s'informer de mon enfance, de ma mère, hélas! toujours si regrettée. Chaque fois que j'écrivais à mon père, elle me priait de la lui rappeler à son souvenir; puis, comme elle brodait à ravir, elle me remit un jour pour lui une charmante tapisserie à laquelle elle avait longtemps travaillé. Que vous dirai-je, mon ami, un frère et une sœur, se retrouvant après de longues années de séparation, n'essaient pas joui d'une intimité plus douce. Du reste, lorsque, par le plus grand des hasards, nous restions seuls, l'arrivée d'un tiers ne pouvait jamais changer le sujet ou même l'accent de notre conversation.

Vous vous étonnerez peut-être, mon ami, de cette fraternité entre deux jeunes gens, surtout en songeant aux aveux que je vous fais; mais plus ma cousine me témoignait de confiance et de familiarité, plus je m'observais, plus je me contraignais, de peur de voir cesser cette adorable familiarité. Et puis, ce qui augmentait encore ma réserve, c'est que la princesse mettait dans ses relations avec moi tant de franchise, tant de noble confiance, et surtout si peu de coquetterie, que je suis presque certain qu'elle a toujours ignoré ma violente passion. Il me reste un léger doute à ce sujet, à propos d'une circonstance que je vous raconterai tout à l'heure.

Si cette intimité fraternelle avait dû toujours durer, peut-être ce bonheur m'eût suffi; mais, par cela même que j'en jouissais avec délices, je songeais que bientôt mon service ou la carrière de le prince m'engageait à parcourir m'appellerait à Vienne ou à l'étranger; je songeais enfin que prochainement peut-être le grand-duc penserait à marier sa fille d'une manière digne d'elle...

Ces pensées me devinrent d'autant plus pénibles que le moment de mon départ approchait. Ma cousine remarqua bientôt le changement qui s'était opéré en moi. La veille du jour où je la quittai, elle me dit que depuis quelque temps elle me trouvait sombre, préoccupé. Je tâchai d'éluder ces questions; j'attribuai ma tristesse à un vague ennui.

— Je ne puis vous croire, me dit-elle; mon père vous traite presque comme un fils, tout le monde vous aime; vous trouver malheureux serait de l'ingratitude.

— Eh bien! lui dis-je sans pouvoir vaincre mon émotion, ce n'est pas de l'ennui, c'est du chagrin, oui, c'est un profond chagrin que j'éprouve.

— Et pourquoi? que vous est-il arrivé? me demanda-t-elle avec intérêt?

— Tout à l'heure, ma cousine, vous m'avez dit que votre père me traitait comme un fils... qu'ici tout le monde m'aimait... Eh bien! avant peu il me faudra renoncer à ces affections si précieuses, il faudra enfin... quitter Gerolstein, et, je vous l'avoue, cette pensée me désespère.

— Et le souvenir de ceux qui nous sont chers... n'est-ce donc rien, mon cousin?

— Sans doute... mais les années, mais les événements amènent tant de changements imprévus!

— Il est du moins des affections qui ne sont pas changeantes : celle que mon père vous a toujours témoignée... celle que je ressens pour vous est de ce nombre, vous le savez bien; on frère et sœur...

pour ne jamais s'oublier, ajouta-t-elle en levant sur moi ses grands yeux bleus humides de larmes.

Ce regard me bouleversa, je fus sur le point de me trahir; heureusement je me contins.

— Il est vrai que les affections durent, lui dis-je avec embarras; mais les positions changent... Ainsi, ma cousine, quand je reviendrai dans quelques années, croyez-vous qu'alors cette intimité, dont j'apprécie tout le charme, puisse encore durer?

— Pourquoi ne durerait-elle pas?

— C'est qu'alors vous serez sans doute mariée, ma cousine... vous aurez d'autres devoirs... et vous aurez oublié votre pauvre frère.

. . . .

Je vous le jure, mon ami, je ne lui dis rien de plus ; j'ignore encore si elle vit dans ces mots un aveu qui l'offensa, ou si elle fut comme moi douloureusement frappée des changements inévitables que l'avenir devait nécessairement apporter à nos relations ; mais, au lieu de me répondre, elle resta un moment silencieuse, accablée ; puis, se levant brusquement, la figure pâle, altérée, elle sortit après avoir regardé pendant quelques secondes la tapisserie de la jeune comtesse d'Oppenheim, une de ses dames d'honneur, qui travaillait dans l'embrasure d'une des fenêtres du salon où avait lieu notre entretien.

Le soir même de ce jour, je reçus de mon père une nouvelle lettre qui me rappelait précipitamment ici. Le lendemain matin j'allai prendre congé du grand-duc ; il me dit que ma cousine était un peu souffrante, qu'il se chargerait de mes adieux pour elle ; il me serra paternellement dans ses bras, regrettant, ajouta-t-il, mon prompt départ, et surtout que ce départ fût causé par les inquiétudes que me donnait la santé de mon père ; puis, me rappelant avec la plus grande bonté ses conseils au sujet de la nouvelle carrière qu'il m'engageait très-instamment à embrasser, il ajouta qu'au retour de mes missions, ou pendant mes congés, il me reverrait toujours à Gerolstein avec un vif plaisir.

Heureusement, à mon arrivée ici, je trouvai l'état de mon père un peu amélioré ; il est encore alité, et toujours d'une grande faiblesse, mais il ne me donne plus d'inquiétude sérieuse. Malheureusement il s'est aperçu de mon abattement, de ma sombre taciturnité ; plusieurs fois, mais en vain, il m'a déjà supplié de lui confier la cause de mon morne chagrin. Je n'oserais, malgré son aveugle tendresse pour moi ; vous savez sa sévérité au sujet de tout ce qui lui paraît manquer de franchise et de loyauté.

Hier je le veillais ; seul auprès de lui, le croyant endormi, je n'avais pu retenir mes larmes, qui coulaient silencieusement en songeant à mes beaux jours de Gerolstein. Il me vit pleurer, car il sommeillait à peine, et j'étais complètement absorbé par ma douleur : il m'interrogea avec la plus touchante bonté ; j'attribuai ma tristesse aux inquiétudes que m'avait données sa santé, mais il ne fut pas dupe de cette défaite.

Maintenant que vous savez tout, mon bon Maximilien, dites, mon sort est-il assez désespéré?... Que faire?... que résoudre?...

. . . .

Ah! mon ami, je ne puis vous dire mon angoisse. Que va-t-il arriver, mon Dieu? . Tout est à jamais perdu! Je suis le plus malheureux des hommes, si mon père ne renonce pas à son projet.

Voici ce qui vient d'arriver :

Tout à l'heure, je terminais cette lettre, lorsqu'à mon grand étonnement, mon père, que je croyais couché, est entré dans son cabinet, où je vous écrivais ; il vit sur son bureau mes quatre premières grandes pages déjà remplies, j'étais à la fin de celle-ci.

— A qui écris-tu si longuement? me demanda-t-il en souriant.

— A Maximilien, mon père.

— Oh! me dit-il avec une expression d'affectueux reproche, je sais qu'il a toute ta confiance... Il est bien heureux, lui !

Il prononça ces derniers mots d'un ton si douloureusement navré, que, touché de son accent, je lui répondis en lui donnant ma lettre presque sans réflexion :

— Lisez, mon père...

Mon ami, il a tout lu. Savez-vous ce qu'il m'a dit ensuite, après être resté quelque temps méditatif?

— Y ̄ ri, je vais écrire au grand-duc ce qui s'est passé pendant votre séjour à Gerolstein.

— Mon père, je vous en conjure, ne faites pas cela.

— Ce que vous racontez à Maximilien est-il scrupuleusement vrai?

— Oui, mon père.

— En ce cas, jusqu'ici votre conduite a été loyale... Le prince l'appréciera. Mais il ne faut pas qu'à l'avenir vous vous montriez indigne de sa noble confiance, ce qui arriverait si, abusant de son offre, vous retourniez plus tard à Gerolstein dans l'intention peut-être de vous faire aimer de sa fille.

— Mon père... pouvez-vous penser?...

— Je pense que vous aimez avec passion, et que la passion est tôt ou tard une mauvaise conseillère.

— Comment! mon père, vous écrirez au prince que...

— Que vous aimez éperdument votre cousine...

— Au nom du ciel! mon père, je vous en supplie, n'en faites rien!

— Aimez-vous votre cousine?

— Je l'aime avec idolâtrie, mais...

Mon père m'interrompit.

— En ce cas, je vais écrire au grand-duc et lui demander pour vous la main de sa fille...

— Mais, mon père, une telle prétention est insensée de ma part!

— Il est vrai... Néanmoins je dois faire franchement cette demande au prince, en lui exposant les raisons qui m'imposent cette démarche. Il vous a accueilli avec la plus loyale hospitalité, il s'est montré pour vous d'une bonté paternelle, il serait indigne de moi et de vous de le tromper. Je connais l'élévation de son âme, il sera sensible à mon procédé d'honnête homme; s'il refuse de vous donner sa fille, comme cela est presque indubitable, il saura du moins qu'à l'avenir, si vous retourniez à Gerolstein, vous ne devez plus vivre avec elle dans la même intimité. Vous m'avez, mon enfant, ajouta mon père avec bonté, librement montré la lettre que vous écriviez à Maximilien. Je suis maintenant instruit de tout; il est de mon devoir d'écrire au grand-duc... et je vais lui écrire à l'instant même.

Vous le savez, mon ami, mon père est le meilleur des hommes, mais il est d'une inflexible ténacité de volonté lorsqu'il s'agit de ce qu'il regarde comme son devoir; jugez de mes angoisses, de mes craintes. Quoique la démarche qu'il va tenter soit, après tout, franche et honorable, elle ne m'en inquiète pas moins. Comment le grand-duc accueillera-t-il cette folle demande? N'en sera-t-il pas choqué, et la princesse Amélie ne sera-t-elle pas aussi blessée que j'aie laissé mon père prendre une résolution pareille sans son agrément?

Ah! mon ami, plaignez-moi, je ne sais que penser. Il me semble que je contemple un abîme et que le vertige me saisit...

Je termine à la hâte cette longue lettre; bientôt je vous écrirai. Encore une fois, plaignez-moi, car en vérité je crains de devenir fou si la fièvre qui m'agite dure longtemps encore. Adieu, adieu, tout à vous de cœur et à toujours.

HENRI D'H. O.

. . . .

Maintenant nous conduirons le lecteur au palais de Gerolstein, habité par Fleur-de-Marie depuis son retour de France.

CHAPITRE IV.

La princesse Amélie.

L'appartement occupé par Fleur-de-Marie (nous ne l'appellerons la princesse Amélie qu'officiellement) dans le palais grand-ducal avait été meublé, par les soins de Rodolphe, avec un goût et une élégance extrêmes. Du balcon de l'oratoire de la jeune fille on découvrait au loin les deux tours du couvent de Sainte-Hermangilde, qui, dominant d'immenses massifs de verdure, étaient elles-mêmes dominées par une haute montagne boisée, au pied de laquelle s'élevait l'abbaye.

Par une belle matinée d'été, Fleur-de-Marie laissait errer ses regards sur ce splendide paysage qui s'étendait au loin. Coiffée en cheveux, elle portait une robe montante d'étoffe printanière blanche à petites raies bleues; un large col de batiste très-simple, rabattu sur ses épaules, laissait voir les deux bouts et le nœud d'une petite cravate de soie du même bleu que la ceinture de sa robe.

Assise dans un grand fauteuil d'ébène sculpté, à haut dossier de velours cramoisi, le coude soutenu par un des bras de ce siège, la tête un peu baissée, elle appuyait sa joue sur le revers de sa petite main blanche, légèrement veinée d'azur.

L'attitude languissante de Fleur-de-Marie, sa pâleur, la fixité de son regard, l'amertume de son demi-sourire, révélaient une mélancolie profonde.

Au bout de quelques moments, un soupir profond, douloureux, souleva son sein. Laissant alors retomber la main où elle appuyait sa joue, elle inclina davantage encore sa tête sur sa poitrine. On eût dit que l'infortunée se courbait sous le poids de quelque grand malheur.

A cet instant une femme d'un âge mûr, d'une physionomie grave et distinguée, vêtue avec une élégante simplicité, entra presque timidement dans l'oratoire, et toussa légèrement pour attirer l'attention de Fleur-de-Marie.

Celle-ci, sortant de sa rêverie, releva vivement la tête, et dit en saluant avec un mouvement plein de grâce:

— Que voulez-vous, ma chère comtesse?

— Je viens prévenir Votre Altesse que monseigneur la prie de l'attendre; car il va se rendre ici dans quelques minutes, répondit la dame d'honneur de la princesse Amélie avec une formalité respectueuse.

— Aussi je m'étonnais de n'avoir pas encore embrassé mon père aujourd'hui; j'attends avec tant d'impatience sa visite de chaque matin!... Mais j'espère que je ne dois pas à une indisposition de mademoiselle d'Harneim le plaisir de vous voir deux jours de suite au palais, ma chère comtesse?

— Que Votre Altesse n'ait aucune inquiétude à ce sujet: mademoiselle d'Harneim m'a priée de la remplacer aujourd'hui; demain elle aura l'honneur de reprendre son service auprès de Votre Altesse, qui daignera peut-être excuser ce changement.

— Certainement, car je n'y perdrai rien; après avoir eu le plaisir de vous voir deux jours de suite, ma chère comtesse, j'aurai pendant deux autres jours mademoiselle d'Harneim auprès de moi.

— Votre Altesse nous comble, répondit la dame d'honneur en s'inclinant de nouveau; son extrême bienveillance m'encourage à lui demander une grâce!

— Parlez... parlez; vous connaissez mon empressement à vous être agréable.

— Il est vrai que depuis longtemps Votre Altesse m'a habituée à ses bontés; mais il s'agit d'un sujet tellement pénible, que je n'aurais pas le courage de l'aborder, s'il ne s'agissait d'une action très-méritante; aussi j'ose compter sur l'indulgence extrême de Votre Altesse.

— Vous n'avez nullement besoin de mon indulgence, ma chère comtesse; je suis toujours très-reconnaissante des occasions que l'on me donne de faire un peu de bien.

— Il s'agit d'une pauvre créature qui malheureusement avait quitté Gerolstein avant que Votre Altesse eût fondé son œuvre si utile et si charitable pour les jeunes filles orphelines ou abandonnées, que rien ne défend contre les mauvaises passions.

— Et qu'a-t-elle fait? que réclamez-vous pour elle?

— Son père, homme très-aventureux, avait été chercher fortune en Amérique, laissant sa femme et sa fille dans une existence assez précaire. La mère mourut; la fille, âgée de seize ans à peine, livrée à elle-même, quitta le pays pour suivre à Vienne un séducteur, qui la délaissa bientôt. Ainsi que cela arrive toujours, ce premier pas dans le sentier du vice conduisit cette malheureuse à un abîme d'infamie; en peu de temps elle devint, comme tant d'autres misérables, l'opprobre de son sexe...

Fleur-de-Marie baissa les yeux, rougit, et ne put cacher un léger tressaillement qui n'échappa pas à sa dame d'honneur. Celle-ci, craignant d'avoir blessé la chaste susceptibilité de la princesse en l'entretenant d'une telle créature, reprit avec embarras:

— Je demande mille pardons à Votre Altesse, je l'ai choquée sans doute, en attirant son attention sur une existence si flétrie; mais l'infortunée manifeste un repentir si sincère... que j'ai cru pouvoir solliciter pour elle un peu de pitié.

— Et vous avez eu raison. Continuez... je vous en prie, dit Fleur-de-Marie en surmontant sa douloureuse émotion; tous les égarements sont en effet dignes de pitié, lorsque le repentir leur succède.

— C'est ce qui est arrivé dans cette circonstance, ainsi que je l'ai fait observer à Votre Altesse. Après deux années de cette vie abominable, la grâce toucha cette abandonnée... Saisie d'un tardif remords, elle est revenue ici. Le hasard a fait qu'en arrivant elle a été se loger dans une maison qui appartient à une digne veuve, dont la douceur et la piété sont populaires. Encouragée par la pieuse bonté de la veuve, la pauvre créature lui a avoué ses fautes, ajoutant qu'elle ressentait une juste horreur pour sa vie passée, et qu'elle achèterait au prix de la pénitence la plus rude le bonheur d'entrer dans une maison religieuse où elle pourrait expier ses égarements et mériter leur rédemption. La digne veuve à qui elle fit cette confidence, sachant que j'avais l'honneur d'appartenir à Votre Altesse, m'a écrit pour me recommander cette malheureuse qui, par la toute-puissante interdiction de Votre Altesse auprès de la princesse Juliane, supérieure de l'abbaye, pourrait espérer d'entrer sœur converse au couvent de Sainte-Hermangilde; elle demande comme une faveur d'être employée aux travaux les plus pénibles, pour que sa pénitence soit plus méritoire. J'ai voulu entretenir plusieurs fois cette femme avant de me permettre d'implorer pour elle la pitié de Votre Altesse, et je suis fermement convaincue que son repentir sera durable. Ce n'est ni le besoin ni l'âge qui la ramène au bien; elle a dix-huit ans à peine, elle est très-belle encore, et possède une petite somme d'argent qu'elle veut affecter à une œuvre charitable, si elle obtient la faveur qu'elle sollicite.

— Je me charge de votre protégée, dit Fleur-de-Marie en contenant difficilement son trouble, tant sa vie passée offrait de ressemblance avec celle de la malheureuse en faveur de qui on la sollicitait; puis elle ajouta :

— Le repentir de cette infortunée est trop louable pour ne pas l'encourager.

— Je ne sais comment exprimer ma reconnaissance à Votre Altesse. J'osais à peine espérer qu'elle daignât s'intéresser si charitablement à une pareille créature...

— Elle a été coupable, elle se repent... dit Fleur-de-Marie avec un accent de commisération et de tristesse indicible; il est juste d'avoir pitié d'elle... Plus ses remords sont sincères, plus ils doivent être douloureux, ma chère comtesse...

— J'entends, je crois, monseigneur, dit tout à coup la dame d'honneur sans remarquer l'émotion profonde et croissante de Fleur-de-Marie.

En effet, Rodolphe entra dans un salon qui précédait l'oratoire, tenant à la main un énorme bouquet de roses.

A la vue du prince, la comtesse se retira discrètement. A peine eut-elle disparu, que Fleur-de-Marie se jeta au cou de son père, appuya son front sur son épaule, et resta ainsi quelques secondes sans parler.

— Bonjour... bonjour, mon enfant chérie, dit Rodolphe en serrant sa fille dans ses bras avec effusion, sans s'apercevoir encore de sa tristesse. Vois donc ce buisson de roses; quelle belle moisson j'ai faite ce matin pour toi! C'est ce qui m'a empêché de venir plus tôt. J'espère que je ne t'ai jamais apporté un plus magnifique bouquet... Tiens.

Et le prince, ayant toujours son bouquet à la main, fit un léger mouvement en arrière pour se dégager des bras de sa fille et la regarder; mais, la voyant fondre en larmes, il jeta le bouquet sur une table, prit les mains de Fleur-de-Marie dans les siennes, et s'écria :

— Tu pleures, mon Dieu ! qu'as-tu donc?

— Rien, rien... mon bon père... dit Fleur-de-Marie en essuyant ses larmes et tâchant de sourire à Rodolphe.

— Je t'en conjure, dis-moi ce que tu as... Qui peut t'avoir attristée?

— Je vous assure, mon père, qu'il n'y a pas de quoi vous inquiéter... La comtesse était venue solliciter mon intérêt pour une pauvre femme si intéressante... si malheureuse... que malgré moi je me suis attendrie à son récit.

— Bien vrai?... ce n'est que cela ?...

— Ce n'est que cela, reprit Fleur-de-Marie en prenant sur une table les fleurs que Rodolphe avait jetées. Mais comme vous me gâtez! ajoutait-elle... quel bouquet magnifique ! Et quand je pense que chaque jour... vous m'en apportez un pareil... cueilli par vous...

— Mon enfant, dit Rodolphe en contemplant sa fille avec anxiété, tu me caches quelque chose... Ton sourire est douloureux, contraint. Je t'en conjure, dis-moi ce qui t'afflige... ne t'occupe pas de ce bouquet.

— Oh ! vous le savez, ce bouquet est ma joie de chaque matin, et puis j'aime tant les roses... Je les ai toujours tant aimées... Vous vous souvenez, ajouta-t-elle avec un sourire navrant, vous vous souvenez de mon pauvre petit rosier !... dont j'ai toujours gardé les débris...

A cette pénible allusion au temps passé, Rodolphe s'écria :

— Malheureuse enfant ! mes soupçons seraient-ils fondés?... Au milieu de l'éclat qui t'environne, songerais-tu encore quelquefois à cet horrible temps?... Hélas! j'avais cru cependant te le faire oublier à force de tendresse !

— Pardon, pardon, mon père! Ces paroles m'ont échappé. Je vous afflige...

— Je m'afflige, pauvre ange, dit tristement Rodolphe, parce que ces retours vers le passé doivent être affreux pour toi... parce qu'ils empoisonneraient ta vie si tu avais la faiblesse de t'y abandonner.

— Mon père... c'est par hasard... Depuis notre arrivée ici, c'est la première fois...

— C'est la première fois que tu m'en parles... oui... mais ce n'est peut-être pas la première fois que ces pensées te tourmentent. Je m'étais aperçu des accès de mélancolie, et quelquefois j'accusais le passé de causer ta tristesse. Mais, faute de certitude, je n'osais pas même essayer de combattre la funeste influence de ces ressouvenirs, de t'en montrer le néant, l'injustice; car si ton chagrin avait eu une autre cause, si le passé avait été pour toi ce qu'il doit être, un vain et mauvais songe, je risquais d'éveiller en toi les idées pénibles que je voulais détruire...

— Combien vous êtes bon !... combien ces craintes témoignent encore de votre ineffable tendresse !

— Que veux-tu... ma position était si difficile, si délicate... Encore une fois, je ne te disais rien, mais j'étais sans cesse préoccupé de ce qui te touchait... En contractant ce mariage qui comblait tous mes vœux, j'avais aussi cru donner une garantie de plus à ton repos. Je connaissais trop l'excessive délicatesse de ton cœur pour espérer que jamais... jamais tu ne songerais plus au passé ; mais je me disais que si par hasard ta pensée s'y arrêtait, tu devais, en te sentant maternellement chérie par la noble femme qui t'a connue et aimée au plus profond de ton malheur, tu devais, dis-je, regarder le passé comme suffisamment expié par tes atroces misères et être indulgente ou plutôt juste envers toi-même ; car enfin ma femme a droit par ses rares qualités aux respects de tous, n'est-ce pas ? Eh bien ! dès que tu es pour elle une fille, une sœur chérie, ne dois-tu pas être rassurée? Son tendre attachement n'est-il pas une réhabilitation complète? Ne te dit-il pas qu'elle sait comme toi que tu as été victime et non coupable, qu'on ne peut enfin te reprocher que le malheur... qui t'a accablée dès ta naissance ? Aurais-tu même commis de grandes fautes, ne seraient-elles pas mille fois expiées, rachetées par tout ce que tu as fait de bien, par tout ce qui s'est développé d'excellent et d'adorable en toi ?...

— Mon père...

— Oh ! je t'en prie, laisse-moi te dire ma pensée entière, puisqu'un hasard, qu'il faudra bénir sans cesse, a amené cet entretien. Depuis longtemps je le désirais et je le redoutais à la fois... Dieu veuille qu'il ait un succès salutaire !... J'ai à te faire oublier tant d'affreux chagrins; j'ai à remplir auprès de toi une mission si auguste, si sacrée, que j'aurais eu le courage de sacrifier à ton repos mon amour pour madame d'Harville... mon amitié pour Murph, si j'avais pensé que leur présence t'eût trop douloureusement rappelé le passé.

— Oh ! mon bon père, pouvez-vous le croire ?... Leur présence, à eux, qui savent... ce que j'étais... et qui pourtant m'aiment tendrement, ne personnifie-t-elle pas au contraire l'oubli et le pardon?... Enfin, mon père, ma vie entière n'eût-elle pas été désolée si pour moi vous aviez renoncé à votre mariage avec madame d'Harville ?

— Oh ! je n'aurais pas été seul à vouloir ce sacrifice s'il avait dû assurer ton bonheur... Tu ne sais pas quel renoncement Clémence s'était déjà volontairement imposé ?... Car elle aussi comprend toute l'étendue de mes devoirs envers toi.

— Vos devoirs envers moi, mon Dieu ! Et qu'ai-je fait pour mériter autant ?

— Ce que tu as fait, pauvre ange aimé... Jusqu'au moment où tu m'as été rendue, ta vie n'a été qu'amertume, misère, désolation... et tes souffrances passées je me les reproche comme si je les avais causées ! Aussi, lorsque je te vois souriante, satisfaite, je me crois pardonné... Mon seul but, mon seul vœu est de te rendre aussi idéalement heureuse que tu as été infortunée, de t'élever autant que tu as été abaissée, car il me semble que les derniers vestiges du passé s'effacent lorsque les personnes les plus éminentes, les plus honorables, te rendent les respects qui te sont dus.

— A moi du respect ?... non, non, mon père... mais à mon rang, ou plutôt à celui que vous m'avez donné

— Oh ! ce n'est pas ton rang qu'on aime et qu'on révère... c'est toi, entends-tu bien, mon enfant chérie, c'est toi-même, c'est toi seule... Il est des hommages imposés par le rang, mais il en est aussi d'imposés par le charme et par l'attrait! Tu ne sais pas distinguer ceux-là, toi, parce que tu t'ignores, parce que, par une prodige d'esprit et de tact qui me rend aussi fier qu'idolâtre de toi, tu apportes dans ces relations cérémonieuses, si nouvelles pour toi, songerais-tu encore quelquefois à cet horrible temps un mélange de dignité, de modestie et de grâce, auquel ne peuvent résister les caractères les plus hautains...

— Vous m'aimez tant, mon père, et on vous aime tant, que l'on est sûr de vous plaire en me témoignant de la déférence.

— Oh ! la méchante enfant ! s'écria Rodolphe en interrompant sa fille et en l'embrassant avec tendresse. La méchante enfant, qui ne veut accorder aucune satisfaction à mon orgueil de père !

— Cet orgueil n'est-il pas aussi satisfait en vous attribuant à vous seul la bienveillance que l'on me témoigne, mon bon père ?

— Non, certainement, mademoiselle, dit le prince en souriant à sa fille pour chasser la tristesse dont il la voyait encore atteinte, non, mademoiselle, ce n'est pas la même chose; car il ne m'est pas permis d'être fier de moi, et je puis et je dois être fier de vous... oui, fier. Encore une fois, tu ne sais pas combien tu es divinement douée... Et quinze mois ton éducation s'est si merveilleusement accomplie, que ta mère la plus difficile serait enthousiaste de toi : et cette éducation a encore augmenté l'influence presque irrésistible que tu exerces autour de toi sans t'en douter.

— Mon père... vos louanges me rendent confuse.

— Je dis la vérité, rien que la vérité. En veux-tu des exemples ? Parlons hardiment du passé ; c'est un ennemi que je veux combattre corps à corps, il faut le regarder en face. Eh bien ! te souviens-tu de la Louve, de cette courageuse femme qui t'a sauvée ? Rappelle-toi cette scène de la prison que tu m'as racontée : une foule de détenues, plus stupides encore que méchantes, s'acharnaient à tourmenter une de leurs compagnes faible et infirme, leur souffre-douleur : tu parais, tu parles, et voilà qu'aussitôt ces furies, rougissant de leur lâche cruauté envers leur victime, se montrent aussi charitables qu'elles avaient été méchantes. N'est-ce donc rien, cela ? Enfin, est-ce, oui ou non, grâce à toi que la Louve, cette femme indomptable, a connu le repentir et désiré une vie honnête et laborieuse? Va, crois-moi, mon enfant chérie, celle qui avait dominé la Louve et ses turbulentes compagnes par le seul ascendant de la bonté jointe à une rare élévation d'esprit, celle-là, quoique dans d'autres circonstances et dans une sphère tout opposée, devait par le même charme (n'allez pas sourire de ce rapprochement, mademoiselle), fasciner aussi l'altière archiduchesse Sophie et tout mon entourage; car bons et méchants, grands et petits, subissent presque toujours l'influence des âmes supérieures... Je ne veux pas dire que tu sois née princesse dans l'acception aristocratique du mot, cela serait une pauvre flatterie à te faire, mon enfant... mais tu es de ce petit nombre d'êtres privilégiés qui sont nés pour dire à une reine ce qu'il faut pour la charmer et s'en faire aimer... et aussi pour dire à une pauvre créature, avilie et abandonnée, ce qu'il faut pour la rendre meilleure, la consoler et s'en faire adorer.

— Mon bon père... de grâce...

— Oh ! tant pis pour vous, mademoiselle, il y a trop longtemps que mon cœur déborde. Songe donc, avec mes craintes d'éveiller en toi les souvenirs de ce passé que je veux anéantir, que j'anéantirai à jamais dans ton esprit... je n'osais t'entretenir de ces comparaisons... de ces rapprochements qui te rendent si adorable à mes yeux. Que de fois Clémence et moi nous nous sommes extasiés sur toi !... Que de fois, si attendrie que les larmes lui venaient aux yeux, elle m'a dit : N'est-il pas merveilleux que cette chère enfant soit ce qu'elle est, après le malheur qui l'a poursuivie ? ou plutôt, reprenait Clémence, n'est-il pas merveilleux que, loin d'altérer cette noble et rare nature, l'infortune ait au contraire donné plus d'essor à ce qu'il y avait d'excellent en elle.

A ce moment-là, la porte du salon s'ouvrit, et Clémence, grande-duchesse de Gerolstein, entra, tenant une lettre à la main.

— Voici, mon ami, dit-elle à Rodolphe, une lettre de France. J'ai voulu vous l'apporter, afin de dire bonjour à ma paresseuse enfant, que je n'ai pas encore vue ce matin, ajouta Clémence en embrassant tendrement Fleur-de-Marie.

— Cette lettre arrive à merveille, dit gaiement Rodolphe après l'avoir parcourue; nous causions justement du passé... de ce monstre que nous allons incessamment combattre, ma chère Clémence... car il menace le repos et le bonheur de notre enfant.

— Serait-il vrai, mon ami? Ces accès de mélancolie que nous avions remarqués...

— N'avaient pas d'autre cause que de méchants souvenirs ; mais heureusement nous connaissons maintenant notre ennemi... et nous en triompherons...

— Mais de qui donc est cette lettre, mon ami? demanda Clémence.

— De la gentille Rigolette... la femme de Germain.

— Rigolette... s'écria Fleur-de-Marie, quel bonheur d'avoir de ses nouvelles !

— Mon ami, dit tout bas Clémence à Rodolphe, en lui montrant Fleur-de-Marie du regard, ne craignez-vous pas que cette lettre... ne lui rappelle des idées pénibles ?

— Ce sont justement ces souvenirs que je veux anéantir, ma chère Clémence; il faut les aborder hardiment, et je suis sûr que je trouverai dans la lettre de Rigolette d'excellentes armes contre eux... car cette bonne petite créature adorait notre enfant, et l'appréciait comme elle devait l'être.

Et Rodolphe lut à haute voix la lettre suivante :

« Ferme de Bouqueval, 15 août 1841.

« Monseigneur,

« Je prends la liberté de vous écrire encore pour vous faire part d'un bien grand bonheur qui nous est arrivé, et pour vous demander une nouvelle faveur, à vous à qui nous devons déjà tant, ou plutôt à qui nous devons le vrai paradis où nous vivons, moi, mon Germain et sa bonne mère.

« Voilà de quoi il s'agit, monseigneur : depuis dix jours je suis comme folle de joie, car il y a dix jours que j'ai un amour de petite fille ; moi je trouve que c'est tout le portrait de Germain ; lui, que c'est tout le mien ; notre chère maman Georges dit qu'elle nous ressemble à tous les deux ; le fait est qu'elle a de charmants yeux bleus comme Germain, et des cheveux noirs tout frisés comme moi. Par exemple, contre son habitude, mon mari est injuste, il veut toujours avoir notre petite sur ses genoux... tandis que moi, c'est mon droit, n'est-ce pas, monseigneur ? »

— Braves et dignes jeunes gens ! qu'ils doivent être heureux ! dit Rodolphe. Si jamais couple fut bien assorti... c'est celui-là.

— E combien Rigolette mérite son bonheur ! dit Fleur-de-Marie.

— Aussi j'ai toujours béni le hasard qui me l'a fait rencontrer, dit Rodolphe; et il continua :

« Mais, au fait, monseigneur, pardon de vous entretenir de ces gentilles querelles de ménage qui finissent toujours par un baiser... Du reste, les oreilles doivent joliment vous tinter, monseigneur, car il ne se passe pas de jour que nous ne disions, en nous regardant nous deux Germain : Sommes-nous heureux, mon Dieu ! sommes-nous heureux !... et naturellement votre nom vient tout de suite après ces mots-là... Excusez ce griffonnage qu'il y a là, monseigneur, avec un pâté : c'est que, sans y penser, j'avais écrit monsieur Rodolphe, comme je disais autrefois, et j'ai raturé. J'espère, à propos de cela, que vous trouverez que mon écriture a bien gagné, ainsi que mon orthographe ; car Germain me montre toujours, et je ne fais plus des grands bâtons en allant tout de travers, comme du temps où vous me tailliez mes plumes... »

— Je dois avouer, dit Rodolphe en riant, que ma petite protégée se fait un peu illusion, et je suis sûr que Germain s'occupe plutôt de baiser la main de son élève que de la diriger.

— Allons, mon ami, vous êtes injuste, dit Clémence en regardant la lettre ; c'est un peu gros, mais très-lisible.

— Le fait est qu'il y a progrès, reprit Rodolphe ; autrefois il lui aurait fallu huit pages pour contenir ce qu'elle écrit maintenant en deux.

Et il continua :

« C'est pourtant vrai que vous m'avez taillé des plumes, monseigneur ; quand nous y pensons, nous deux Germain, nous en sommes tout honteux, en nous rappelant que vous étiez si peu fier... Eh ! mon Dieu ! voilà encore que je me surprends à vous parler d'autre chose que de ce que nous voulons vous demander, monseigneur ; car mon mari se joint à moi, et c'est bien important ; nous y attachons une idée... vous allez voir.

« Nous vous supplions donc, monseigneur, d'avoir la bonté de nous choisir et de nous donner un nom pour notre petite fille chérie ; c'est convenu avec le parrain et la marraine, et ces parrain et marraine, savez-vous qui c'est, monseigneur ? Deux personnes que vous et madame la marquise d'Harville vous avez tirées de la peine pour les rendre bien heureuses, aussi heureuses que nous... En un mot, c'est Morel le lapidaire et Jeanne Duport, la sœur d'un pauvre prisonnier nommé Pique-Vinaigre, une digne femme que j'avais vue en prison quand j'allais y visiter mon pauvre Germain, et que plus tard madame la marquise a fait sortir de l'hôpital.

« Maintenant, monseigneur, il faut que vous sachiez pourquoi nous avons choisi M. Morel pour parrain et Jeanne Duport pour marraine. Nous nous sommes dit, nous deux Germain : Ça sera comme une manière de remercier encore M. Rodolphe de ses bontés que de prendre pour parrain et marraine de notre petite fille des dignes gens qui doivent tout à lui et à madame la marquise... sans compter que Morel le lapidaire et Jeanne Duport sont la crème des honnêtes gens... Ils sont de notre classe, et de plus, comme nous disons avec Germain, nos plus proches parents en bonheur, puisqu'ils sont comme nous de la famille de vos protégés, monseigneur. »

— Ah ! mon père, ne trouvez-vous pas cette idée d'une délicatesse charmante? dit Fleur-de-Marie avec émotion. Prendre pour parrain et marraine de leur enfant des personnes qui vous doivent tout, à vous et à ma seconde mère !

— Vous avez raison, chère enfant, dit Clémence ; je suis on ne peut plus touchée de ce souvenir.

— Et moi je suis très-heureux d'avoir si bien placé mes bienfaits, dit Rodolphe en continuant sa lecture :

« Du reste, au moyen de l'argent que vous lui avez fait donner, monsieur Rodolphe, Morel est maintenant courtier en pierres fines; il gagne de quoi bien élever sa famille et faire apprendre un état à ses enfants. La bonne et pauvre Louise va, je crois, se marier avec un digne ouvrier qui l'aime et la respecte comme elle doit l'être, car elle a été bien malheureuse, mais non coupable, et le fiancé de Louise a assez de cœur pour comprendre cela... »

— J'étais bien sûr, s'écria Rodolphe en s'adressant à sa fille, de trouver dans la lettre de cette chère petite Rigolette des armes contre notre ennemi!... Tu entends, c'est l'expression du simple bon sens de cette âme honnête et droite... Elle dit de Louise : *Elle a été malheureuse et non coupable, et son fiancé a assez de cœur pour comprendre cela.*

Fleur-de-Marie, de plus en plus émue et attristée par la lecture de cette lettre, tressaillit de regard que son père attacha un moment sur elle en prononçant les derniers mots que nous avons soulignés :

Le prince continua :

« Je vous dirai encore, monseigneur, que Jeanne Duport, par la générosité de madame la marquise, a pu se faire séparer de son mari, ce vilain homme qui lui mangeait tout et la battait; elle a repris sa fille aînée auprès d'elle, et elle tient une petite boutique de passementerie où elle vend ce qu'elle fabrique avec ses enfants; leur commerce prospère. Il n'y a pas non plus de gens plus heureux, et cela, grâce à qui ? grâce à vous, monseigneur, grâce à madame la marquise, qui, tous deux, savez si bien donner, et donner si à propos.

« A propos de ça, Germain vous écrit comme d'ordinaire, monseigneur, à la fin du mois, au sujet de la *Banque des travailleurs sans ouvrage et des prêts gratuits.* Il n'y a presque jamais de remboursements en retard, et on s'aperçoit déjà beaucoup du bien-être que cela répand dans le quartier. Au moins maintenant de pauvres familles peuvent supporter la morte-saison du travail sans mettre leur linge et leurs matelas au mont-de-piété. Aussi, quand l'ouvrage revient, leur voir avec quel cœur ils s'y mettent; ils sont si fiers qu'on ait eu confiance dans leur travail et dans leur probité!... Dame! ils n'ont que ça. Aussi comme ils vous bénissent de leur avoir fait prêter là-dessus! Oui, monseigneur, ils vous bénissent, vous; car, quoique vous disiez que vous n'êtes pour rien dans cette fondation, sauf la nomination de Germain comme caissier-directeur, et que c'est un inconnu qui a fait ce grand bien... nous aimons mieux croire que c'est à vous qu'on le doit; c'est plus naturel !

« D'ailleurs il y a une fameuse trompette pour répéter à tout bout de champ que c'est vous qu'on doit bénir; cette trompette est madame Pipelet, qui répète à chacun qu'il n'y a que son roi des locataires (excusez, monsieur Rodolphe, elle vous appelle toujours ainsi) qui puisse avoir fait cette œuvre charitable, et son vieux chéri d'Alfred est toujours de son avis. Quant à lui, il est si fier et si content de son poste de gardien de la banque, qu'il dit que les poursuites de M. Cabrion lui seraient maintenant indifférentes. Pour en finir avec votre famille de reconnaissants, monseigneur, j'ajouterai que Germain a lu dans les journaux que le nommé Martial, un colon d'Algérie, avait été cité avec de grands éloges pour le courage qu'il avait montré en repoussant à la tête de ses métayers une attaque d'Arabes pillards, et que sa femme, aussi intrépide que lui, avait été légèrement blessée à ses côtés, où elle tirait des coups de fusil comme un vrai grenadier. Depuis ce temps-là, dit-on dans le journal, on l'a baptisée madame Carabine.

« Excusez de cette longue lettre, monseigneur; mais j'ai pensé que vous ne seriez pas fâché d'avoir une bonne des nouvelles de tous ceux dont vous avez été la providence... Je vous écris de la ferme de Bouqueval, où nous sommes depuis le printemps avec notre bonne mère. Germain part le matin pour ses affaires, et il revient le soir. A l'automne, nous retournerons habiter Paris. Comme c'est drôle, monsieur Rodolphe, moi qui n'aimais pas la campagne, je l'adore maintenant. Je m'explique ça, parce que Germain l'aime beaucoup. A propos de la ferme, monsieur Rodolphe, vous qui savez sans doute où est cette bonne fille de Goualeuse, si vous en avez l'occasion, dites-lui qu'on se souvient toujours d'elle comme de ce qu'il y a de plus doux et de meilleur au monde, et que, pour moi, je ne pense jamais à notre bonheur sans me dire : Puisque M. Rodolphe était aussi le M. Rodolphe de cette chère Fleur-de-Marie, grâce à lui elle doit être heureuse comme nous autres, et ça me fait trouver mon bonheur encore meilleur.

« Mon Dieu, mon Dieu, comme je bavarde ! Qu'est-ce que vous allez dire, monseigneur? Mais bah ! vous êtes si bon!... Et puis, voyez-vous, c'est vieux jeu et je gazouille tant et aussi joyeusement que papa Crétu et Ramonette, qui n'osent plus lutter maintenant de chant avec moi. Allez, monsieur Rodolphe, je vous en réponds, je les mets sur les dents.

« Vous ne nous refuserez pas notre demande, n'est-ce pas, monseigneur? Si vous donnez un nom à notre petite fille chérie, il nous semble que ça lui portera bonheur, que ce sera comme sa bonne étoile. Tenez, monsieur Rodolphe, quelquefois, moi et mon bon Germain, nous nous félicitons presque d'avoir connu la peine, parce que nous sentons doublement combien notre enfant sera heureuse de ne pas savoir ce que c'est que la misère par où nous avons passé.

« Si je finis en vous disant, monsieur Rodolphe, que nous tâchons de secourir par-ci par-là de pauvres gens selon nos moyens, ce n'est pas pour nous vanter, mais pour que vous sachiez que nous ne gardons pas pour nous seuls tout le bonheur que vous nous avez donné. D'ailleurs nous disons toujours à ceux que nous secourons : — Ce n'est pas nous qu'il faut remercier et bénir... c'est M. Rodolphe, l'homme le meilleur, le plus généreux qu'il y ait au monde. Et ils vous prennent pour une espèce de saint, si ce n'est plus.

« Adieu, monseigneur. Croyez que lorsque notre petite fille commencera à épeler, le premier mot qu'elle lira sera votre nom, monsieur Rodolphe; et puis après, ceux-ci, que vous avez fait écrire sur ma corbeille de noces :

Travail et sagesse. — Honneur et bonheur.

« Grâce à ces quatre mots-là, à notre tendresse et à nos soins, nous espérons, monseigneur, que notre enfant sera toujours digne de prononcer le nom de celui qui a été notre providence et celle de tous les malheureux qu'il a connus.

« Pardon, monseigneur; c'est que j'ai, en finissant, comme de grosses larmes dans les yeux... mais c'est de bonnes larmes... Excusez, s'il vous plaît... ce n'est pas ma faute... mais je n'y vois plus bien clair, et je griffonne...

« J'ai l'honneur, monseigneur, de vous saluer avec autant de respect que de reconnaissance.

« Rigolette, femme Germain.

« P. S. Ah ! mon Dieu ! monseigneur, en relisant ma lettre, je m'aperçois que j'ai mis bien des fois *monsieur Rodolphe.* Vous me pardonnerez, n'est-ce pas ? Vous savez bien que, sous un nom ou sous un autre, nous vous respectons et nous vous bénissons la même chose, monseigneur. »

CHAPITRE V.

Les souvenirs.

— Chère petite Rigolette ! dit Clémence attendrie par la lecture que venait de faire Rodolphe. Cette lettre est naïve et remplie de sensibilité.

— Sans doute, reprit Rodolphe; on ne pouvait mieux placer un bienfait. Notre protégée est douée d'un excellent naturel; c'est un cœur d'or, et notre chère enfant l'apprécie comme nous, ajouta-t-il en s'adressant à sa fille.

Puis, frappé de sa pâleur et de son accablement, il s'écria :

— Mais qu'as-tu donc?

— Hélas !... quel douloureux contraste entre ma position et celle de Rigolette... « Travail et sagesse. — Honneur et bonheur », ces quatre mots disent tout ce qu'a été... tout ce que doit être sa vie... Jeune fille laborieuse et sage, épouse chérie, heureuse mère, femme honorée, telle est sa destinée !... tandis que moi...

— Grand Dieu !... que dis-tu?

— Grâce... mon bon père; ne m'accusez pas d'ingratitude... mais, malgré votre ineffable tendresse, malgré celle de ma seconde mère, malgré les respects et les splendeurs dont je suis entourée... malgré votre puissance souveraine, ma honte est incurable... Rien ne peut anéantir le passé... Encore une fois, pardonnez-moi, mon père... je vous l'ai caché jusqu'à présent... mais le souvenir de ma dégradation première me désespère et me tue...

— Clémence, vous l'entendez !... s'écria Rodolphe avec désespoir.

— Mais, malheureuse enfant ! dit Clémence en prenant affectueusement la main de Fleur-de-Marie dans les siennes, notre tendresse, l'affection de ceux qui vous entourent, que vous méritez, tout ne vous prouve-t-il pas que ce passé ne doit plus être pour vous qu'un vain et mauvais songe?

— Oh ! fatalité... fatalité ! reprit Rodolphe. Maintenant je maudis mes craintes, mon silence; cette funeste idée, depuis longtemps enracinée dans son esprit, y a fait à notre insu d'affreux ravages, et il est trop tard pour comprendre cette déplorable erreur... Ah! je suis bien malheureux!

— Courage, mon ami, dit Clémence à Rodolphe; vous le disiez tout à l'heure, il vaut mieux connaître l'ennemi qui nous menace... Nous savons maintenant la cause du chagrin de notre enfant, nous en triompherons, parce que nous aurons pour nous la raison, la justice et notre tendresse.

— Et puis enfin parce qu'elle verra que son affliction, si elle était incurable, rendrait la nôtre incurable aussi, reprit Rodolphe; car, en vérité, ce serait à désespérer de toute justice humaine et divine, si cette infortunée n'avait fait que changer de tourments.

Après un assez long silence, pendant lequel Fleur-de-Marie parut se recueillir, elle prit d'une main la main de Rodolphe, de l'autre celle de Clémence, et leur dit d'une voix profondément altérée :

— Écoutez-moi, mon bon père... et vous aussi, ma tendre mère... ce jour est solennel... Dieu l'a voulu, et je l'en remercie, qu'il me fût impossible de vous cacher davantage ce que je ressens... Avant peu d'ailleurs je vous aurais fait l'aveu que vous allez entendre, car toute souffrance a son terme... et, si cachée que fût la mienne, je n'aurais pu vous la taire plus longtemps.

— Ah!... je comprends tout, s'écria Rodolphe; il n'y a plus d'espoir pour elle.

— J'espère dans l'avenir, mon père, et cet espoir me donne la force de vous parler ainsi.

— Et que peux-tu espérer de l'avenir... pauvre enfant, puisque ton sort présent ne te cause que chagrins et amertume?

— Je vais vous le dire, mon père... mais avant, permettez-moi de vous rappeler le passé... de vous avouer devant Dieu qui m'entend ce que j'ai ressenti jusqu'ici.

— Parle... parle, nous t'écoutons, dit Rodolphe, en s'asseyant avec Clémence auprès de Fleur-de-Marie.

— Tant que je suis restée à Paris... auprès de vous, mon père, dit Fleur-de-Marie, j'ai été si heureuse, oh! si complétement heureuse, que ces beaux jours ne seraient pas trop payés par des années de souffrances... Vous le voyez... j'ai du moins connu le bonheur.

— Pendant quelques jours peut-être...

— Oui ; mais quelle félicité pure et sans mélange ! Vous m'entouriez, comme toujours, des soins les plus tendres ! je me livrais sans crainte aux élans de reconnaissance et d'affection qui à chaque instant emportaient mon cœur vers vous... L'avenir m'éblouissait : un père à adorer, une seconde mère à chérir doublement, car elle devait remplacer la mienne..., que je n'avais jamais connue... Et puis... je dois tout avouer, mon orgueil s'exaltait malgré moi, tant j'étais honorée de vous appartenir. Lorsque le petit nombre de personnes de votre maison qui, à Paris, avaient occasion de me parler, m'appelaient Altesse... je ne pouvais m'empêcher d'être fière de ce titre. Si alors je pensais quelquefois vaguement au passé, c'était pour me dire : Moi, jadis si avilie, je suis la fille chérie d'un prince souverain que chacun bénit et révère ; moi, jadis si misérable, je jouis de toutes les splendeurs du luxe et d'une existence presque royale ! Hélas ! que voulez-vous, mon père, ma fortune était si imprévue... votre puissance m'entourait d'un si splendide éclat, que j'étais excusable peut-être de me laisser aveugler ainsi.

— Excusable!... mais rien de plus naturel, pauvre ange aimé. Quel mal de t'enorgueillir d'un rang qui était le tien ? de jouir des avantages de la position que je t'avais rendue? Aussi dans ce temps-là, je me le rappelle bien, tu étais d'une gaieté charmante ; que de fois je t'ai vue tomber dans mes bras comme accablée par la félicité, et me dire avec un accent enchanteur ces mots qu'hélas ! je ne dois plus entendre : Mon père... c'est trop... trop de bonheur ! Malheureusement ce sont ces souvenirs-là... vois-tu, qui m'ont endormi dans une sécurité trompeuse, et plus tard je ne me suis pas assez inquiétée des causes de ta mélancolie...

— Mais dites-nous donc, mon enfant, reprit Clémence, qui a pu changer en tristesse cette joie si pure, si légitime, que vous éprouviez d'abord ?

— Hélas ! une circonstance bien funeste et bien imprévue !...

— Quelle circonstance ?...

— Vous vous rappelez, mon père... dit Fleur-de-Marie, ne pouvant vaincre un frémissement d'horreur, vous vous rappelez la scène terrible qui a précédé notre départ de Paris... lorsque votre voiture a été arrêtée près de la barrière ?

— Oui... répondit tristement Rodolphe. Brave Chourineur !... après m'avoir encore une fois sauvé la vie, il est mort... là... devant nous... en disant : — Le ciel est juste... j'ai tué, on me tue !...

— Eh bien !... mon père, au moment où ce malheureux expirait, sa-

vez-vous qui j'ai vu... me regarder fixement ?... Oh ! ce regard... ce regard... il m'a toujours poursuivie depuis, ajouta Fleur-de-Marie en frissonnant.

— Quel regard? De qui parles-tu? s'écria Rodolphe.

— De l'ogresse du tapis-franc... murmura Fleur-de-Marie.

— Ce monstre ! tu l'as revu ? et où cela ?

— Vous ne l'avez pas aperçue dans la taverne où est mort le Chourineur? elle se trouvait parmi les femmes qui l'entouraient.

— Ah ! maintenant, dit Rodolphe avec accablement, je comprends... Déjà frappée de terreur par le meurtre du Chourineur, tu auras cru voir quelque chose de providentiel dans cette affreuse rencontre !!!

— Il n'est que trop vrai, mon père ; à la vue de l'ogresse, je ressentis un froid mortel ; il me sembla que sous son regard mon cœur, jusqu'alors rayonnant de bonheur et d'espoir, se glaçait tout à coup. Oui, rencontrer cette femme au moment même où le Chourineur mourait en disant : — Le ciel est juste !... cela m'a paru un blâme providentiel de mon orgueilleux oubli du passé, que je devais expier à force d'humiliation et de repentir.

— Mais le passé, on te l'a imposé ; tu n'en peux répondre devant Dieu !

— Vous avez été contrainte... enivrée... malheureuse enfant.

— Une fois précipitée malgré toi dans cet abîme, tu ne pouvais plus en sortir, malgré tes remords, ton épouvante et ton désespoir, grâce à l'atroce indifférence de cette société dont tu étais victime. Tu te voyais à jamais enchaînée dans cet antre ; il a fallu, pour t'en arracher, le hasard qui t'a placée sur mon chemin.

— Et puis enfin, mon enfant, votre père vous le dit, vous étiez victime et non complice de cette infamie ! s'écria Clémence.

— Mais cette infamie... je l'ai subie... ma mère... reprit douloureusement Fleur-de-Marie. Rien ne peut anéantir ces affreux souvenirs... Sans cesse ils me poursuivent, non plus comme autrefois au milieu des paisibles habitants d'une ferme, ou des femmes dégradées, mes compagnes de Saint-Lazare... mais ils me poursuivent jusque dans ce palais... peuplé de l'élite de l'Allemagne... ils me poursuivent enfin jusque dans les bras de mon père, jusque sur les marches de son trône.

Et Fleur-de-Marie fondit en larmes.

Rodolphe et Clémence restèrent muets devant cette effrayante expression d'un remords invincible ; ils pleuraient aussi, car ils sentaient l'impuissance de leurs consolations.

— Depuis lors, reprit Fleur-de-Marie en essuyant ses larmes, à chaque instant du jour, je me dis avec une honte amère : On m'honore, on me révère; les personnes les plus éminentes, les plus vénérables, m'entourent de respects ; aux yeux de toute une cour, la sœur d'un empereur a daigné rattacher mon bandeau sur mon front... et j'ai vécu dans la fange de la Cité, tutoyée par des voleurs et des assassins !

Oh ! mon père, pardonnez-moi ; mais plus ma position s'est élevée... plus j'ai été frappée de la dégradation profonde où j'étais tombée... à chaque hommage que l'on me rend, je me sens coupable d'une profanation ; songez-y donc, mon Dieu ! après avoir été ce que j'ai été... souffrir que des vieillards s'inclinent devant moi... souffrir que de nobles jeunes filles, que des femmes justement respectées se trouvent flattées de m'entourer... souffrir enfin que des princesses, doublement augustes et par l'âge et par leur caractère sacerdotal, me comblent de prévenances et d'éloges... cela n'est-il pas impie et sacrilége ! Et puis, si vous saviez, mon père, ce que j'ai souffert !... ce que je souffre encore chaque jour en me disant : Si Dieu voulait que le passé fût connu... avec quel mépris mérité on traiterait celle qu'à cette heure on élève si haut !... Quelle juste et effrayante punition !

— Mais, malheureuse enfant, ma femme et moi nous connaissons le passé... nous sommes dignes de notre rang, et pourtant nous te chérissons... nous t'adorons.

— Vous avez pour moi l'aveugle tendresse d'un père et d'une mère...

— Tout le bien que tu as fait depuis ton séjour ici ? et cette institution belle et sainte, cet asile ouvert par toi aux orphelines et aux pauvres filles abandonnées, ces soins admirables d'intelligence et de dévouement dont tu les entoures ? ton insistance à les appeler tes sœurs, à vouloir qu'elles t'appellent ainsi, puisque en effet tu les traites en sœurs ?... n'est-ce donc rien pour la rédemption de fautes qui ne furent pas les tiennes ?... Enfin l'affection que te témoigne la digne abbesse de Sainte-Hermangilde, qui ne te connaît que depuis ton arrivée ici, ne la dois-tu pas absolument à l'élévation de ton esprit, à la beauté de ton âme, à la piété sincère ?

— Tant que les louanges de l'abbesse de Sainte-Hermangilde ne s'adressent qu'à ma conduite présente, j'en jouis sans scrupule, mon père ; mais lorsqu'elle cite mon exemple aux demoiselles nobles qui sont en religion dans l'abbaye, mais lorsque celles-ci voient en moi un modèle de toutes les vertus, je me sens mourir de confusion, comme si j'étais complice d'un mensonge indigne.

Après un assez long silence, Rodolphe reprit avec un abattement douloureux :

— Je le vois, il faut désespérer de te persuader : les raisonnements sont impuissants contre une conviction d'autant plus inébranlable qu'elle a sa source dans un sentiment généreux et élevé, puisque à chaque instant tu jettes un regard sur le passé. Le contraste de ces souvenirs et de ta position présente doit être en effet pour toi un supplice continuel... Pardon, à mon tour, pauvre enfant.

— Vous, mon bon père, me demander pardon !... et de quoi, grand Dieu ?

— De n'avoir pas prévu tes susceptibilités... D'après l'excessive délicatesse de ton cœur, j'aurais dû les deviner... Et pourtant... que pouvais-je faire ?... Il était de mon devoir de te reconnaître solennellement pour ma fille... alors ces respects, dont l'hommage t'est si douloureux, venaient nécessairement t'entourer...

Oui, mais j'ai eu un tort... j'ai été, vois-tu, trop orgueilleux de toi... j'ai trop voulu jouir du charme que ta beauté, que ton esprit, que ton caractère inspiraient à tous ceux qui t'approchaient... J'aurais dû cacher mon trésor... vivre presque dans la retraite avec Clémence et toi... renoncer à ces fêtes, à ces réceptions nombreuses où j'aimais tant à te voir briller... croyant follement t'élever si haut... si haut... que le passé disparaîtrait entièrement à tes yeux... Mais, hélas ! le contraire est arrivé... et, comme tu me l'as dit, plus tu t'es élevée, plus l'abîme dont je t'ai retirée t'a paru sombre et profond...

Encore une fois, c'est ma faute... j'avais pourtant cru bien faire !... dit Rodolphe en essuyant ses larmes, mais je me suis trompé... Et puis, je me suis cru pardonné trop tôt... la vengeance de Dieu n'est pas satisfaite... elle me poursuit encore dans le bonheur de ma fille !...

Quelques coups discrètement frappés à la porte du salon qui précédait l'oratoire de Fleur-de-Marie interrompirent ce triste entretien.

Rodolphe se leva, et entr'ouvrit la porte.

Il vit Murph, qui lui dit :

— Je demande pardon à Votre Altesse Royale de venir la déranger ; mais un courrier du prince d'Herkaüsen-Oldenzaal vient d'apporter cette lettre, qui, dit-il, est très-importante, et doit être sur-le-champ remise à Votre Altesse Royale.

— Merci, mon bon Murph. Ne t'éloigne pas, lui dit Rodolphe avec un soupir ; tout à l'heure j'aurai besoin de causer avec toi.

Et le prince, ayant fermé la porte, resta un moment dans le salon pour y lire la lettre que Murph venait de lui remettre.

Elle était ainsi conçue :

« Monseigneur,

« Puis-je espérer que les liens de parenté qui m'attachent à Votre Altesse Royale et l'amitié dont elle a toujours daigné m'honorer excuseront une démarche qui serait d'une grande témérité si elle ne m'était pas imposée par une conscience d'honnête homme ?

« Il y a quinze mois, monseigneur, vous reveniez de France, ramenant avec vous une fille d'autant plus chérie que vous l'aviez crue perdue pour toujours, tandis qu'au contraire elle n'avait jamais quitté sa mère, que vous avez épousée à Paris *in extremis*, afin de légitimer la naissance de la princesse Amélie, qui est ainsi l'égale des autres Altesses de la Confédération germanique.

« Sa naissance est donc souveraine, sa beauté incomparable, son cœur est aussi digne de sa naissance que son esprit est digne de sa beauté, ainsi que me l'a écrit ma sœur l'abbesse de Sainte-Hermangilde, qui a souvent l'honneur de voir la fille bien-aimée de Votre Altesse Royale.

« Maintenant, monseigneur, j'aborderai franchement le sujet de cette lettre, puisque malheureusement une maladie grave me retient à Oldenzaal, et m'empêche de me rendre auprès de Votre Altesse Royale.

« Pendant le temps que mon fils a passé à Gerolstein, il a vu presque chaque jour la princesse Amélie, il l'aime éperdument, mais il lui a toujours caché cet amour.

« J'ai cru devoir, monseigneur, vous en instruire. Vous avez daigné accueillir paternellement mon fils et l'engager à revenir, au sein de votre famille, vivre de cette intimité qui lui était si précieuse ; j'aurais indignement manqué à la loyauté en dissimulant à Votre Altesse Royale une circonstance qui doit modifier l'accueil qui était réservé à mon fils.

« Je sais qu'il serait insensé à nous d'oser espérer nous allier plus étroitement encore à la famille de Votre Altesse Royale.

« Je sais que la fille dont vous êtes à bon droit si fier, monseigneur, doit prétendre à de hautes destinées.

« Mais je sais aussi que vous êtes le plus tendre des pères, et que, si vous jugiez jamais mon fils digne de vous appartenir et de faire le bonheur de la princesse Amélie, vous ne seriez pas arrêté par les graves disproportions qui rendent pour nous une telle fortune inespérée.

« Il ne m'appartient pas de faire l'éloge d'Henri, monseigneur ; mais j'en appelle aux encouragements et aux louanges que vous avez si souvent daigné lui accorder.

« Je n'ose et ne puis vous en dire davantage, monseigneur ; mon émotion est trop profonde.

« Quelle que soit votre détermination, veuillez croire que nous nous y soumettrons avec respect, et que je serai toujours fidèle aux sentiments profondément dévoués avec lesquels j'ai l'honneur d'être

« de Votre Altesse Royale

« le très-humble et obéissant serviteur,

« GUSTAVE-PAUL,
« prince d'Herkaüsen-Oldenzaal. »

CHAPITRE VI.

Aveux.

Après la lecture de la lettre du prince, père d'Henri, Rodolphe resta quelque temps triste et pensif ; puis, un rayon d'espoir éclairant son front, il revint auprès de sa fille, à qui Clémence prodiguait en vain les plus tendres consolations.

— Mon enfant, tu l'as dit toi-même, Dieu a voulu que ce jour fût celui des explications solennelles, dit Rodolphe à Fleur-de-Marie ; je ne prévoyais pas qu'une nouvelle et grave circonstance dût encore justifier tes paroles.

— De quoi s'agit-il, mon père ?

— Mon ami, qu'y a-t-il ?

— De nouveaux sujets de crainte.

— Pour qui donc, mon père ?

— Pour toi.

— Pour moi ?

— Tu ne nous as avoué que la moitié de tes chagrins, pauvre enfant.

— Soyez assez bon pour vous expliquer, mon père, dit Fleur-de-Marie en rougissant.

— Maintenant je le puis, je n'ai pu le faire plus tôt, ignorant que tu désespérais à ce point de ton sort. Écoute, ma fille chérie, tu te crois, ou plutôt tu es bien malheureuse. Lorsqu'au commencement de notre entretien tu m'as parlé des espérances qui te restaient, j'ai compris... mon cœur a été brisé... car il s'agissait pour moi de te perdre à jamais, de te voir t'enfermer dans un cloître, de te voir descendre vivante dans un tombeau. Tu voudrais entrer au couvent...

— Mon père...

— Mon enfant, est-ce vrai ?

— Oui, si vous me le permettez, répondit Fleur-de-Marie d'une voix étouffée.

— Nous quitter ! s'écria Clémence.

— L'abbaye de Sainte-Hermangilde est bien rapprochée de Gerolstein : je vous verrai souvent, vous et mon père.

— Songez donc que de tels vœux sont éternels, ma chère enfant. Vous n'avez pas dix-huit ans, et peut-être un jour...

— Oh ! je ne me repentirai jamais de la résolution que je prends : je ne trouverai le repos et l'oubli que dans la solitude d'un cloître, si toutefois mon père, et vous, ma seconde mère, vous me continuez votre affection.

— Les devoirs, les consolations de la vie religieuse pourraient, en effet, dit Rodolphe, sinon guérir, du moins calmer les douleurs de la pauvre âme abattue et déchirée. Et, quoiqu'il s'agisse de la moitié du bonheur de ma vie, il se peut que j'approuve ta résolution. Je sais que tu souffres, et je ne dis pas que le renoncement au monde ne doive pas être le terme fatalement logique de ta triste existence.

— Quoi ! vous aussi, Rodolphe ! s'écria Clémence.

— Permettez-moi, mon amie, d'exprimer toute ma pensée, reprit Rodolphe. Puis, s'adressant à sa fille : Mais, avant de prendre cette détermination extrême, il faut examiner si un autre avenir ne serait pas plus selon tes vœux et selon les nôtres. Dans ce cas, aucun sacrifice ne me coûterait pour assurer ton avenir.

Fleur-de-Marie et Clémence firent un mouvement de surprise ; Rodolphe reprit en regardant fixement sa fille :

— Que penses-tu... de ton cousin le prince Henri ?

Fleur-de-Marie tressaillit et devint pourpre.

Après un moment d'hésitation elle se jeta dans les bras du prince en pleurant.

— Tu l'aimes, pauvre enfant !

— Vous ne me l'aviez jamais demandé, mon père ! répondit Fleur-de-Marie en essuyant ses yeux.

— Mon ami, nous ne nous étions pas trompés, dit Clémence.

— Ainsi, tu l'aimes... ajouta Rodolphe en prenant les mains de sa fille dans les siennes ; tu l'aimes bien, mon enfant chéri ?

— Oh ! si vous saviez, reprit Fleur-de-Marie, ce qu'il m'en a coûté de vous cacher ce sentiment dès que je l'ai eu découvert dans mon cœur ! Hélas ! à la moindre question de votre part, je vous aurais tout avoué... Mais la honte me retenait et m'aurait toujours retenue.

— Et crois-tu qu'Henri connaisse ton amour pour lui ? dit Rodolphe.

— Grand Dieu ! mon père, je ne le pense pas ! s'écria Fleur-de-Marie avec effroi.

— Et lui... crois-tu qu'il t'aime ?

— Non, mon père... non... Oh ! j'espère que non... il souffrirait trop.

— Et comment cet amour est-il venu, mon ange aimé ?

— Hélas ! presque à mon insu... Vous vous souvenez d'un portrait de page ?

— Qui se trouve dans l'appartement de l'abbesse de Sainte-Hermangilde... c'était le portrait d'Henri ?

— Oui, mon père... Croyant cette peinture d'une autre époque, un jour, en votre présence, je ne cachai pas à la supérieure que j'étais frappée de la beauté de ce portrait. Vous me dîtes alors, mon père, que ce tableau représentait un de nos parents d'autrefois, qui, très-jeune encore, avait montré un grand courage et d'excellentes qualités. La grâce de cette figure, jointe à ce que vous me dîtes du noble caractère de ce parent, ajouta encore à ma première impression... Depuis ce jour, souvent je m'extasiais plus à regarder ce portrait, et cela sans le moindre scrupule, croyant qu'il s'agissait d'un de nos cousins mort depuis longtemps... Peu à peu, je m'habituai à des douces pensées... sachant qu'il ne m'était pas permis d'aimer sur cette terre... ajouta Fleur-de-Marie avec une expression navrante, et en laissant de nouveau couler ses larmes. Je me fis de ces rêveries bizarres une sorte de mélancolique intérêt, moitié sourire et moitié larmes ; je regardai ce joli page des temps passés comme un fiancé d'outre-tombe... que je retrouverais peut-être un jour dans l'éternité ; il me semblait qu'un tel amour était seul digne d'un cœur qui vous appartenait tout entier, mon père... Mais pardonnez-moi ces tristes enfantillages.

— Rien de plus touchant, au contraire, pauvre enfant ! dit Clémence profondément émue.

— Maintenant, reprit Rodolphe, je comprends pourquoi tu m'as reproché un jour, d'un air chagrin, de t'avoir trompée sur ce portrait.

— Hélas ! oui, mon père... Jugez de ma confusion, lorsque plus tard la supérieure m'apprit que ce portrait était celui de son neveu, l'un de nos parents... Alors, mon trouble fut extrême ; je tâchai d'oublier mes premières impressions ; mais, plus j'y tâchais, plus elles s'enracinaient dans mon cœur, par suite même de la persévérance de mes efforts... Malheureusement encore, souvent je vous entendis, mon père, vanter le cœur, l'esprit, le caractère du prince Henri.

— Tu l'aimais déjà, mon enfant chérie, alors que tu n'avais encore vu que son portrait et entendu parler que de ses rares qualités.

— Sans l'aimer, mon père, je sentais pour lui un attrait que je me reprochais amèrement ; mais je me consolais en pensant que personne au monde ne saurait ce triste secret, qui me couvrait de honte à mes propres yeux. Oser aimer... moi... moi... et puis ne pas me contenter de votre tendresse, de celle de ma seconde mère ! Ne vous devais-je pas assez pour employer toutes les forces, toutes les ressources de mon cœur à vous chérir tous deux ?... Oh ! croyez-moi, parmi mes reproches, ces derniers furent les plus douloureux. Enfin, pour la première fois je vis mon cousin... à cette grande fête que vous donniez à l'archiduchesse Sophie ; le prince Henri ressemblait d'une manière si saisissante à son portrait, que je le reconnus tout d'abord... Le soir même, mon père, vous m'avez présenté mon cousin, en autorisant entre nous l'intimité que permet la parenté.

— Et bientôt vous vous êtes aimés ?

— Ah ! mon père, il exprimait son respect, son attachement, son admiration pour vous avec tant d'éloquence... vous m'aviez dit vous-même tant de bien de lui !...

— Il le méritait... Il n'est pas de caractère plus élevé, il n'est pas de meilleur et de plus valeureux cœur.

— Ah ! de grâce, mon père... ne le louez pas ainsi... Je suis déjà si malheureuse !

— Et moi, je tiens à te bien convaincre de toutes les rares qualités de ton cousin. Ce que je te dis t'étonne... Je le conçois, mon enfant... Continue.

— Je sentais le danger que je courais en voyant le prince Henri chaque jour, et je ne pouvais me soustraire à ce danger. Malgré mon aveugle confiance en vous, mon père, je n'osais vous exprimer mes craintes. Je mis tout mon courage à cacher cet amour ; pourtant, je vous l'avoue, mon père, malgré mes remords, souvent, dans cette intimité fraternelle de chaque jour, oubliant le passé, j'éprouvai des éclairs de bonheur inconnu jusqu'alors, mais bientôt suivis, hélas ! de sombres désespoirs, dès que je retombais sous l'influence de mes tristes souvenirs... Car, hélas ! s'ils me poursuivaient au milieu des hommages et des respects de personnes presque indifférentes, jugez, jugez... mon père, de mes tortures, lorsque le prince Henri me prodiguait les louanges les plus délicates... m'entourait d'une adoration candide et pieuse, mettant, disait-il, l'attachement fraternel qu'il ressentait pour moi sous la sainte protection de sa mère, qu'il avait perdue bien jeune. Du moins, le doux nom de sœur qu'il me donnait, je tâchais de le mériter, en conseillant mon cousin sur son avenir, selon mes faibles lumières, en m'intéressant à tout ce qui le touchait, en lui promettant de toujours vous demander pour lui votre bienveillant appui... Mais souvent, aussi, que de tourments, que de pleurs dévorés, souvent, quand le prince Henri m'interrogeait sur mon enfance, sur ma première jeunesse... Oh ! tromper... toujours craindre... toujours mentir, toujours trembler devant le regard de celui qu'on aime et qu'on respecte, comme le criminel tremble devant le regard inexorable de son juge !... Oh ! mon père ! j'étais coupable, je le sais, je n'avais pas le droit d'aimer ; mais j'expiais ce triste amour par bien des douleurs... Que vous dirai-je ? Le départ du prince Henri, que m'a toujours inspiré ; je l'invitai à nous voir souvent... Jusqu'alors je l'avais traité comme mon fils, je ne changeai rien à ma manière d'être envers lui... Au bout de quelques jours, Clémence et moi nous ne pûmes plus douter de l'attrait que vous éprouviez l'un pour l'autre... Si la position était plus douloureuse, ma pauvre enfant, la mienne aussi était pénible, et surtout d'une délicatesse extrême... Comme père, sachant les rares et excellentes qualités d'Henri, je ne pouvais qu'être profondément heureux de votre attachement, car jamais je n'aurais pu rêver un époux plus digne de toi.

— Ah ! mon père... pitié ! pitié !...

— Ecoute-moi à mon tour... Tu sens bien que je t'aime trop, que ma tendresse est trop clairvoyante pour que ton amour et celui d'Henri m'aient échappé ; au bout de quelques jours, je fus certain qu'il t'aimait, plus encore peut-être que tu ne l'aimes...

— Mon père... non... non... c'est impossible, il ne m'aime pas à ce point.

— Il t'aime, te dis-je... il t'aime avec passion, avec délire.

— O mon Dieu ! mon Dieu !

— Ecoute encore. Lorsque je t'ai fait cette plaisanterie du portrait, j'ignorais qu'Henri dût venir bientôt voir sa tante à Gerolstein. Lorsqu'il y vint, je cédai au penchant qu'il m'a toujours inspiré ; je l'invitai à nous voir souvent... Jusqu'alors je l'avais traité comme mon fils, je ne changeai rien à ma manière d'être envers lui... Au bout de quelques jours, Clémence et moi nous ne pûmes plus douter de l'attrait que vous éprouviez l'un pour l'autre... Si la position était plus douloureuse, ma pauvre enfant, la mienne aussi était pénible, et surtout d'une délicatesse extrême... Comme père, sachant les rares et excellentes qualités d'Henri, je ne pouvais qu'être profondément heureux de votre attachement, car jamais je n'aurais pu rêver un époux plus digne de toi.

— Ah ! mon père... pitié ! pitié !...

— Mais, comme homme d'honneur, je songeais au triste passé de mon enfant... Aussi, loin d'encourager les espérances d'Henri, dans plusieurs entretiens je lui donnai des conseils absolument contraires à ceux qu'il aurait dû attendre de moi si j'avais songé à lui accorder ta main. Dans des conjonctures si délicates, comme père et comme homme d'honneur, je devais garder une neutralité rigoureuse, ne pas encourager l'amour de ton cousin, mais le traiter avec la même affabilité que par le passé... Tu as été jusqu'ici si malheureuse, mon enfant chérie, que, le voyant pour ainsi dire te ranimer sous l'influence de ce noble et pur amour, pour rien au monde je n'aurais voulu te ravir ces joies divines et rares. En admettant même que cet amour dût être brisé plus tard... tu aurais au moins connu quelques jours d'innocent bonheur... Et puis, enfin... cet amour pouvait assurer ton repos à venir...

— Mon repos ?

— Écoute encore... Le père d'Henri, le prince Paul, vient de m'écrire ; voici sa lettre... Quoiqu'il regarde cette alliance comme une faveur inespérée, il me demande la main pour son fils, qui, me dit-il, éprouve pour toi l'amour le plus respectueux et le plus passionné.

— O mon Dieu ! mon Dieu ! dit Fleur-de-Marie en cachant son visage dans ses mains, j'aurais pu être si heureuse !

— Courage, ma fille bien-aimée ! Si tu le veux, ce bonheur est à toi ! s'écria tendrement Rodolphe.

— Oh ! jamais !... jamais !... Oubliez-vous ?...

— Je n'oublie rien... Mais que demain tu entres au couvent, non-seulement je te perds à jamais... mais tu me quittes pour une vie de larmes et d'austérités... Eh bien ! te perdre pour te perdre... qu'au moins je te sache heureuse et mariée à celui que tu aimes... et qui t'adore.

— Mariée avec lui... moi, mon père !...

— Oui... mais à la condition que, sitôt après votre mariage, contracté ici la nuit, sans d'autres témoins que Murph pour toi et que le baron de Graün pour Henri, vous partirez tous deux pour aller dans quelque tranquille retraite de Suisse ou d'Italie, vivre inconnus, en riches bourgeois. Maintenant, ma fille chérie, sais-tu pourquoi je me résigne à t'éloigner de moi ? sais-tu pourquoi je désire qu'Henri quitte son titre une fois hors de l'Allemagne ? C'est que je suis sûr qu'au milieu d'un bonheur solitaire, concentré dans une existence dépouillée de tout faste, peu à peu tu oublieras cet odieux passé, qui t'est surtout pénible parce qu'il contraste amèrement avec les cérémonieux hommages dont à chaque instant tu es entourée.

— Rodolphe a raison, s'écria Clémence. Seule avec Henri, continuellement heureuse de son bonheur et du vôtre, il ne vous restera pas le temps de songer à vos chagrins d'autrefois, mon enfant.

— Puis, comme il me serait impossible d'être longtemps sans te voir, chaque année Clémence et moi nous irons vous visiter.

— Et un jour... lorsque la plaie dont vous souffrez tant, pauvre petite, sera cicatrisée... lorsque vous aurez trouvé l'oubli dans le bonheur... et ce moment arrivera plus tôt que vous ne le pensez... vous reviendrez près de nous pour ne plus nous quitter !

— L'oubli dans le bonheur !... murmura Fleur-de-Marie qui, malgré elle, se laissait bercer par ce songe enchanteur.

— Oui... oui, mon enfant, reprit Clémence, lorsqu'à chaque instant du jour vous vous verrez bénie, respectée, adorée par l'époux de votre choix, par l'homme dont votre père vous a mille fois vanté le cœur noble et généreux... aurez-vous le loisir de songer au passé ? Et, lors même que vous y songeriez... comment ce passé vous attristerait-il ? comment vous empêcherait-il de croire à la radieuse félicité de votre mari ?

— Enfin c'est vrai... car dis-moi, mon enfant, reprit Rodolphe, qui pouvait à peine contenir des larmes de joie en voyant sa fille ébranlée, en présence de l'idolâtrie de ton mari pour toi... lorsque tu auras la conscience et la preuve du bonheur qu'il te doit... quels reproches pourras-tu te faire ?

— Mon père... dit Fleur-de-Marie, oubliant le passé pour cette espérance ineffable, tant de bonheur me serait-il encore réservé ?

— Ah ! j'en étais bien sûr ! s'écria Rodolphe dans un élan de joie triomphante, est-ce qu'après tant d'années, un père qui le veut... ne peut pas rendre au bonheur son enfant adorée ?...

— Elle mérite tant... que nous devions être exaucés, mon ami, dit Clémence en partageant le ravissement du prince.

— Épouser Henri... et un jour... passer ma vie entre lui... ma seconde mère... et mon père... répéta Fleur-de-Marie, subissant de plus en plus la douce ivresse de ses pensées.

— Oui, mon ange aimé, nous serons tous heureux !... Je vais répondre au père d'Henri que je consens au mariage, s'écria Rodolphe en serrant Fleur-de-Marie dans ses bras avec une émotion indicible. Rassure-toi, notre séparation sera passagère... les nouveaux devoirs que le mariage va t'imposer raffermiront encore tes pas dans cette voie d'oubli et de félicité où tu vas marcher désormais... car enfin, si un jour tu es mère, ce ne sera pas seulement pour toi qu'il te faudra être heureuse...

— Ah ! s'écria Fleur-de-Marie avec un cri déchirant, car ce mot de mère la réveilla du songe enchanteur qui la berçait, mère !... moi ?... Oh ! jamais !... je suis indigne de ce saint nom... Je mourrais de honte devant mon enfant... si je n'étais pas morte de honte devant son père... en lui faisant l'aveu de mon passé...

— Que dit-elle ? mon Dieu ! s'écria Rodolphe, foudroyé par ce brusque changement...

— Moi mère... reprit Fleur-de-Marie avec une amertume désespérée, moi respectée, moi bénie par un enfant innocent et candide ! Moi autrefois l'objet du mépris de tous ! moi profaner ainsi le nom sacré de mère... oh ! jamais... Misérable folie que j'étais de me laisser entraîner à un espoir indigne !...

— Ma fille, par pitié, écoute-moi.

Fleur-de-Marie se leva droite, pâle, et belle de la majesté d'un malheur incurable.

— Mon père... nous oublions qu'avant de m'épouser... le prince Henri doit connaître ma vie passée.

— Je ne l'avais pas oublié, s'écria Rodolphe ; il doit tout savoir... il saura tout...

— Et vous ne voulez pas que je meure... de me voir ainsi dégradée à ses yeux ?

— Mais il saura aussi quelle irrésistible fatalité t'a jetée dans l'abîme... mais il saura ta réhabilitation.

— Et il sentira enfin, reprit Clémence en serrant Fleur-de-Marie dans ses bras, que lorsque je vous appelle ma fille... il peut sans honte vous appeler sa femme.

— Et moi... ma mère... j'aime trop... j'estime trop le prince Henri pour jamais lui donner une main qui a été touchée par les bandits de la Cité.

. . . .

Peu de temps après cette scène douloureuse, on lisait dans la *Gazette officielle de Gerolstein* :

« Hier a eu lieu, en l'abbaye grand-ducale de Sainte-Hermangilde, en
« présence de Son Altesse royale le grand-duc régnant et de toute la
« cour, la prise de voile de très-haute et très-puissante princesse Son
« Altesse Amélie de Gerolstein.

« Le noviciat a été reçu par l'illustrissime et révérendissime seigneur
« monseigneur Charles-Maxime, archevêque-duc d'Oppenheim ; mon-
« seigneur Annibal-André Montano, des princes de Delphes, évêque de
« Ceuta *in partibus infidelium* et nonce apostolique, y a donné le salut
« et la bénédiction papale.

« Le sermon a été prononcé par le révérendissime seigneur Pierre
« d'Asfeld, chanoine du chapitre de Cologne, comte du Saint-Empire
« romain. »

« VENI, CREATOR OPTIME. »

CHAPITRE VII.

La profession.

RODOLPHE A CLÉMENCE.

Gerolstein, 12 janvier 1842 (1).

En me rassurant complètement aujourd'hui sur la santé de votre père mon amie, vous me faites espérer que vous pourrez, avant la fin de cette

(1) Environ six mois se sont passés depuis que Fleur-de-Marie est entrée comme novice au couvent de Sainte-Hermangilde.

semaine, le ramener ici. Je l'avais prévenu que dans la résidence de Rosenfeld, située au milieu des forêts, il serait exposé, malgré toutes les précautions possibles, à l'âpre rigueur de nos froids; malheureusement sa passion pour la chasse a rendu nos conseils inutiles. Je vous en conjure, Clémence, dès que votre père pourra supporter le mouvement de la voiture, partez aussitôt ; quittez ce pays sauvage et cette sauvage demeure, seulement habitable pour ces vieux Germains au corps de fer dont la race a disparu.

Clémence, je vous en supplie, pas d'imprudence ; je sais combien vous êtes vaillante et dévouée... je sais de quels soins empressés vous allez entourer votre père ; mais il serait aussi désespéré que moi si votre santé s'altérait pendant ce voyage. Je déplore doublement la maladie du comte, car elle vous éloigne de moi dans un moment où j'aurais puisé bien des consolations dans votre tendresse...

Le duc de Gerolstein.

Tom Seyton.

Je tremble qu'à votre tour vous ne tombiez malade ; les fatigues de ce voyage précipité, les inquiétudes auxquelles vous avez été en proie jusqu'à votre arrivée auprès de votre père, toutes ces causes ont dû agir cruellement sur vous. Que n'ai-je pu vous accompagner !...

La cérémonie de la profession de notre pauvre enfant est toujours fixée à domain... à demain 15 janvier, époque fatale... C'est le TREIZE JANVIER que j'ai tiré l'épée contre mon père...

Ah ! mon amie... je m'étais cru pardonné trop tôt... L'enivrant espoir de passer ma vie auprès de vous et de ma fille m'avait fait oublier que ce n'était pas moi, mais elle, qui avait été punie jusqu'à présent, et que mon châtiment était encore à venir.

Et il est venu... lorsqu'il y a six mois l'infortunée nous a dévoilé la double torture de son cœur : — sa honte incurable du passé... jointe à son malheureux amour pour Henri...

Ces deux amers et brûlants ressentiments, exaltés l'un par l'autre, devaient, par une logique fatale, amener son inébranlable résolution de prendre le voile. Vous le savez, mon amie, en combattant ce dessein de toutes les forces de notre adoration pour elle, nous ne pouvions nous dissimuler que sa digne et courageuse conduite eût été la nôtre. Que répondre à ces mots terribles :

« J'aime trop le prince Henri pour lui donner une main touchée par les bandits de la Cité. »

Elle a dû se sacrifier à ses nobles scrupules, au souvenir ineffaçable de sa honte! elle l'a fait vaillamment... elle a renoncé aux splendeurs du monde, elle est descendue des marches d'un trône pour s'agenouiller, vêtue de bure, sur la dalle d'une église ; elle a croisé ses mains sur sa poitrine, courbé sa tête angélique... ses beaux cheveux blonds que j'aimais tant, et que je conserve comme un trésor, sont tombés tranchés par le fer...

O mon amie, vous savez notre émotion déchirante à ce moment lugubre et solennel ; cette émotion est, à cette heure, aussi poignante que par le passé... En vous écrivant ces mots, je pleure comme un enfant.

. . . .

Je l'ai vue ce matin ; quoiqu'elle m'ait paru moins pâle que d'habitude, et qu'elle prétende ne pas souffrir... sa santé m'inquiète mortellement. Hélas! lorsque, sous le voile et le bandeau qui entourent son noble front, je vois ses traits amaigris qui ont la froide blancheur du marbre, et qui font paraître ses grands yeux bleus plus grands encore, je ne puis m'empêcher de songer au doux et pur éclat dont brillait sa beauté le jour de notre mariage. Jamais, n'est-ce pas, nous ne l'avions vue plus charmante? notre bonheur semblait rayonner sur son délicieux visage.

Comme je vous le disais, je l'ai vue ce matin ; elle n'est pas prévenue que la princesse Juliane se démet volontairement en sa faveur de sa dignité abbatiale : demain donc, jour de sa profession, notre enfant sera élue abbesse, puisqu'il y a unanimité parmi les demoiselles nobles de la communauté pour lui conférer cette dignité (1).

Depuis le commencement de son noviciat, il n'y a qu'une voix sur sa

(1) Dans quelques circonstances, on élevait une religieuse à la dignité d'abbesse le jour même de sa profession. — Voir la *Vie de très-haute et très-religieuse princesse madame Charlotte-Flandrine de Nassau, très-digne abbesse du royal monastère de Sainte-Croix, qui fut élue abbesse à dix-neuf ans.*

piété, sur sa charité, sur sa religieuse exactitude à remplir toutes les règles de son ordre, dont elle exagère malheureusement les austérités... Elle a exercé dans ce couvent l'influence qu'elle exerce partout, sans y prétendre et en l'ignorant, ce qui en augmente la puissance.

Son entretien de ce matin m'a confirmé ce dont je me doutais ; elle n'a pas trouvé dans la solitude du cloître et dans la pratique sévère de la vie monastique le repos et l'oubli... elle se félicite pourtant de sa résolution, qu'elle considère comme l'accomplissement d'un devoir impérieux ; mais elle souffre toujours, car elle n'est pas née pour ces contemplations mystiques, au milieu desquelles certaines personnes, oubliant toutes les affections, tous les souvenirs terrestres, se perdent en ravissements ascétiques.

Non, Fleur-de-Marie croit, elle prie, elle se soumet à la rigoureuse et dure observance de son ordre ; elle prodigue les consolations les plus évangéliques, les soins les plus humbles aux pauvres femmes malades qui sont traitées dans l'hospice de l'abbaye. Elle a refusé jusqu'à l'aide d'une sœur converse pour le modeste ménage de cette triste cellule froide et nue où nous avons remarqué avec un si douloureux étonnement, vous vous le rappelez, mon amie, les branches desséchées de son petit rosier, suspendues au-dessus de son christ. Elle est enfin l'exemple chéri, le modèle vénéré de la communauté..... Mais elle me l'a avoué ce matin, en se reprochant cette faiblesse avec amertume, elle n'est pas tellement absorbée par la pratique et par les austérités de la vie religieuse, que le passé ne lui apparaisse sans cesse non-seulement tel qu'il a été... mais tel qu'il aurait pu être.

— Je m'en accuse, mon père, me disait-elle avec cette calme et douce résignation que vous lui connaissez, je m'en accuse, mais je ne puis m'empêcher de songer souvent que, si Dieu avait voulu m'épargner la dégradation qui a flétri à jamais mon avenir, j'aurais pu vivre toujours auprès de vous, aimée de l'époux de votre choix. Malgré moi, ma vie se partage entre ces douloureux regrets et les effroyables souvenirs de la Cité. En vain je prie Dieu de me délivrer de ces obsessions, de remplir uniquement mon

Mort de la princesse Amélie. — PAGE 378.

cœur de son pieux amour, de ses saintes espérances, de me prendre enfin tout entière, puisque je veux me donner tout entière à lui... il n'exauce pas mes vœux... sans doute parce que mes préoccupations terrestres me rendent indigne d'entrer en communication avec lui.

— Mais alors, m'écriai-je, saisi d'une folle lueur d'espérance, il en est temps encore, aujourd'hui ton noviciat finit, mais ce n'est que demain qu'aura lieu ta profession solennelle ; tu es encore libre, renonce à cette vie si rude et si austère qui ne t'offre pas les consolations que tu attendais ; souffrir pour souffrir, viens souffrir dans nos bras, notre tendresse adoucira tes chagrins.

Secouant tristement la tête, elle me répondit avec cette inflexible justesse de raisonnement qui nous a si souvent frappés,

— Sans doute, mon bon père, la solitude est bien triste pour moi… pour moi déjà si habituée à vos tendresses de chaque instant. Sans doute je suis poursuivie par d'amers regrets, de navrants souvenirs ; mais au moins j'ai la conscience d'accomplir un devoir… mais je comprends, mais je sais que partout ailleurs qu'ici je serais déplacée ; je me retrouverais dans cette condition si cruellement fausse… dont j'ai déjà tant souffert… et pour moi… et pour vous… car j'ai ma fierté aussi. Votre fille sera ce qu'elle doit être… fera ce qu'elle doit faire, subira ce qu'elle doit subir… Demain tous sauraient de quelle fange vous m'avez tirée… qu'on me voyant repentante au pied de la croix on me pardonnerait peut-être le passé en faveur de mon humilité présente… Et il n'en serait pas ainsi, n'est-ce pas, mon bon père, si l'on me voyait, comme il y a quelques mois, briller au milieu des splendeurs de votre cour. D'ailleurs, satisfaire aux justes et sévères exigences du monde, c'est me satisfaire moi-même ; aussi je remercie et je bénis Dieu de toute la puissance de mon âme, en songeant que lui seul pouvait offrir à votre fille un asile et une position dignes d'elle et de vous… position enfin qui ne formât pas un affligeant contraste avec ma dégradation première… et pût mériter le seul respect qui me soit dû… celui que l'on accorde au repentir et à l'humilité sincères.

Hélas ! Clémence… que répondre à cela ?…

Fatalité ! fatalité ! car cette malheureuse enfant est douée, si cela peut se dire, d'une inexorable logique en tout ce qui touche les délicatesses du cœur et de l'honneur. Avec un esprit et une âme pareils, il ne faut pas songer à pallier, à tourner les positions fausses ; il faut en subir les implacables conséquences…

Je l'ai quittée, comme toujours, le cœur brisé.

Sans fonder le moindre espoir sur cette entrevue, qui sera la dernière avant sa profession, je m'étais dit : — Aujourd'hui peut-être peut renoncer au cloître. Mais vous le voyez, mon amie, sa volonté est irrévocable, et je dois, hélas ! en convenir avec elle et répéter ses paroles :

— Dieu seul pouvait lui offrir un asile et une position dignes d'elle et de moi.

Encore une fois, sa résolution est admirablement convenable et logique au point de vue de la société où nous vivons… Avec l'exquise susceptibilité de Fleur-de-Marie, il n'y a pas pour elle d'autre condition possible. Mais, je vous l'ai bien souvent, mon amie, si des devoirs sacrés, plus sacrés encore que ceux de la famille, ne me retenaient pas au milieu de ce peuple qui m'aime et dont je suis un peu la providence, je serais allé avec vous, ma fille, Henri et Murph, vivre heureux et obscur dans quelque retraite ignorée. Alors, loin des lois impérieuses d'une société impuissante à guérir les maux qu'elle a faits, nous aurions bien forcé cette malheureuse enfant au bonheur et à l'oubli… tandis qu'ici, au milieu de cet éclat, de ce cérémonial, si restreint qu'il fût, c'était impossible… Mais encore une fois… fatalité !… fatalité ! je ne puis déserter mon pouvoir sans compromettre le bonheur de ce peuple, qui compte sur moi… Braves et dignes gens ! qu'ils ignorent toujours ce que leur fidélité me coûte !…

Adieu, tendrement adieu, ma bien-aimée Clémence. Il m'est presque consolant de vous voir aussi affligée que moi du sort de mon enfant, car ainsi je puis dire notre chagrin, et il n'y a pas d'égoïsme dans ma souffrance.

Quelquefois je me demande avec effroi ce que je serais devenu sans vous au milieu de circonstances si douloureuses… Combien aussi ces pensées m'apitoient encore davantage sur le sort de Fleur-de-Marie… Car à elle, que nous restez, vous… Et à elle, que lui reste-t-il ?

Adieu encore, et tristement adieu, noble amie, bon ange des jours mauvais. Revenez bientôt ; cette absence vous pèse autant qu'à moi…

A vous ma vie et mon amour !… âme et cœur, à vous !

R.

Je vous envoie cette lettre par un courrier ; à moins de changement imprévu, je vous en expédierai un autre demain, sitôt après la triste cérémonie. Mille vœux et espoirs à votre père pour son prompt rétablissement. J'oubliais de vous donner des nouvelles du pauvre Henri. Son état s'améliore et ne donne plus de si graves inquiétudes. Son excellent père, malade lui-même, a retrouvé des forces pour le soigner, pour le veiller ; miracle d'amour paternel qui ne nous étonne pas, nous autres.

Ainsi donc, amie, à demain… demain, jour sinistre et néfaste pour moi !

A vous encore, à vous toujours.

R.

Abbaye de Sainte-Hermangilde,
quatre heures du matin.

Rassurez-vous, Clémence, rassurez-vous, quoique l'heure à laquelle je vous écris cette lettre et le lieu d'où elle est datée doivent vous effrayer…

Grâce à Dieu, le danger est passé ; mais la crise a été terrible…

Hier, après vous avoir écrit, agité par je ne sais quel funeste pressentiment, me rappelant la pâleur, l'air souffrant de ma fille, l'état de faiblesse où elle languit depuis quelque temps, songeant enfin qu'elle devait passer en prières, dans une immense et glaciale église, presque toute cette nuit qui précède sa profession, j'ai envoyé Murph et David à l'abbaye demander à la princesse Juliane de leur permettre de rester jusqu'à demain dans la maison extérieure qu'Henri habitait ordinairement. Ainsi ma fille pouvait avoir de prompts secours si moi des nouvelles si, comme je le craignais, les forces lui manquaient pour accomplir cette rigoureuse… obligation de rester une nuit de janvier en prières par un froid excessif. J'avais aussi écrit à Fleur-de-Marie que, tout en respectant les devoirs de ses devoirs religieux, je la suppliais de songer à sa santé et de faire sa veillée de prières dans sa cellule et non dans l'église. Voici ce qu'elle m'a répondu :

« Mon bon père, je vous remercie du plus profond de mon cœur de cette nouvelle et tendre preuve de votre intérêt. N'ayez aucune inquiétude ; je me crois en état d'accomplir mon devoir. Votre fille, mon bon père, ne peut témoigner ni crainte ni faiblesse. La règle est telle, je dois m'y conformer. En résultera-t-il quelques souffrances physiques, c'est avec joie que je les offrirai à Dieu. Vous m'approuverez, je l'espère, vous qui avez toujours pratiqué le renoncement et le devoir avec tant de courage. Adieu, mon bon père, je ne vous dirai pas que je vais prier pour vous. En priant Dieu, je vous prie toujours, car il m'est impossible de ne pas vous confondre avec la divinité que j'implore. Vous avez été pour moi sur la terre ce que Dieu, si je le mérite, sera pour moi dans le ciel.

« Daignez bénir ce soir votre fille par la pensée, mon bon père… Elle sera demain l'épouse du Seigneur.

« Elle vous baise la main avec un pieux respect.

« Sœur Amélie. »

Cette lettre, que je ne pus lire sans fondre en larmes, me rassura pourtant quelque peu ; je devais, moi aussi, accomplir une veillée sinistre.

La nuit venue, j'allai m'enfermer dans le pavillon que j'ai fait construire non loin du monument élevé au souvenir de mon père, en expiation de cette nuit fatale.

Vers une heure du matin, j'entendis la voix de Murph ; je frissonnai d'épouvante. Il arrivait en toute hâte du couvent.

Que vous dirai-je, mon amie ? Ainsi que je l'avais prévu, la malheureuse enfant, malgré son courage et sa volonté, n'a pas eu la force d'accomplir entièrement cette pratique barbare, dont il avait été impossible à la princesse Juliane de la dispenser, la règle étant formelle à ce sujet.

A huit heures du soir, Fleur-de-Marie s'est agenouillée sur la pierre de cette église. Jusqu'à plus de minuit elle a prié. Mais, à cette heure, succombant à sa faiblesse, à cet horrible froid, à son émotion, car a longuement et silencieusement pleuré, elle s'est évanouie. Deux religieuses, qui, par ordre de la princesse Juliane, avaient partagé sa veillée, vinrent la relever et la transportèrent dans sa cellule.

David fut à l'instant prévenu. Murph monta en voiture, accourut me chercher. Je volai au couvent ; je fus reçu par la princesse Juliane. Elle me dit que David craignait que vous ne fît une trop vive impression sur ma fille ; que son évanouissement, dont elle était revenue, ne présentait rien de très-alarmant, ayant été causé seulement par une grande faiblesse.

D'abord une horrible pensée me vint. Je crus qu'on voulait me cacher quelque grand malheur, ou du moins me préparer à l'apprendre ; mais la supérieure me dit : — Je vous l'affirme, monseigneur, la princesse Amélie est hors de danger ; un léger cordial que le docteur David lui a fait prendre a ranimé ses forces.

Je ne pouvais douter de ce que m'affirmait l'abbesse ; je la crus, et j'attendis des nouvelles de ma fille avec une douloureuse impatience.

Au bout d'un quart d'heure d'angoisses, David revint. Grâce à Dieu, elle allait mieux, et elle avait voulu continuer sa veillée de prières dans l'église, en consentant seulement à s'agenouiller sur un coussin. Et, comme je me révoltais et m'indignais de ce que la supérieure et lui eussent accédé à son désir, ajoutant que je m'y opposais formellement, il me répondit qu'il eût été dangereux de contrarier la volonté de ma fille dans un moment où elle était sous l'influence d'une vive émotion nerveuse, et que d'ailleurs il était convenu avec la princesse Juliane que la pauvre enfant quitterait l'église à l'heure des matines pour prendre un peu de repos et se préparer à la cérémonie.

— Elle est donc maintenant à l'église ? lui dis-je.

— Oui, monseigneur ; mais avant une demi-heure elle l'aura quittée.

Je me fis aussitôt conduire à notre tribune du nord, d'où l'on domine tout le chœur.

Là, au milieu des ténèbres de cette vaste église, seulement éclairée par la pâle clarté de la lampe du sanctuaire, je la vis, près de la grille, agenouillée, les mains jointes, et priant encore avec ferveur.

Moi aussi je m'agenouillai en pensant à mon enfant.

Trois heures sonnèrent ; deux sœurs assises dans les stalles, qui ne l'avaient pas quittée des yeux, vinrent lui parler bas. Au bout de quelques moments elle se signa, se releva et traversa le chœur d'un pas assez ferme ; et pourtant, mon amie, lorsqu'elle passa sous la lampe, son visage me parut aussi blanc que le long voile qui flottait autour d'elle.

Je sortis aussitôt de la tribune, voulant d'abord aller la rejoindre ; mais je craignis qu'une nouvelle émotion l'empêchât de goûter quelques moments de repos. J'envoyai David savoir comment elle se trouvait : il revint me dire qu'elle se sentait mieux et qu'elle allait tâcher de dormir un peu.

Je reste à l'abbaye pour la cérémonie qui aura lieu ce matin.

Je pense maintenant, mon amie, qu'il est inutile de vous envoyer cette lettre incomplète... Je la terminerai demain, en vous racontant les événements de cette triste journée.

Bientôt donc, mon amie. Je suis brisé de douleur, plaignez-moi.

Le 13 janvier.

CHAPITRE DERNIER.

Rodolphe à Clémence.

TREIZE JANVIER... anniversaire maintenant doublement sinistre !!!
Mon amie... nous la perdons à jamais !
Tout est fini... tout !
Ecoute ce récit :

Il est donc vrai... on éprouve une volupté atroce à raconter une horrible douleur.

Hier je me plaignais du hasard qui vous retenait loin de moi... aujourd'hui, Clémence, je me félicite de ce que vous n'êtes pas ici : vous souffririez trop...

Ce matin, je sommeillais à peine, j'ai été éveillé par le son des cloches... j'ai tressailli d'effroi... cela m'a semblé funèbre... on eût dit un glas de funérailles.

En effet... ma fille est morte pour nous... morte, entendez-vous... Dès aujourd'hui, Clémence... il vous faut commencer à porter son deuil dans votre cœur, dans votre cœur toujours pour elle si maternel..

Que notre enfant soit ensevelie sous le marbre d'un tombeau ou sous la voûte d'un cloître... pour nous... quelle est la différence ?

Dès aujourd'hui, entendez-vous, Clémence, il faut la regarder comme morte... D'ailleurs... elle est d'une si grande faiblesse... sa santé, altérée par tant de chagrins, par tant de secousses, est si chancelante... Pourquoi pas aussi cette autre mort, plus complète encore ? La fatalité n'est pas lasse...

Et puis d'ailleurs... d'après ma lettre d'hier, vous devez comprendre que cela serait peut-être plus heureux pour elle... qu'elle fût morte.

Morte... ces cinq lettres ont une physionomie étrange... ne trouvez-vous pas ?... quand on les écrit à propos d'une fille idolâtrée... d'une fille si belle... si charmante, d'une bonté si angélique... Dix-huit ans à peine... et morte au monde !...

Au fait... pour nous et pour elle, à quoi bon végéter souffrante dans la morne tranquillité de ce cloître ? qu'importe qu'elle vive, si elle est perdue pour nous ? Elle doit tant l'aimer, la vie... que la fatalité lui a faite !...

Ce que je dis là est affreux... il y a un égoïsme barbare dans l'amour paternel !...

. . . .

A midi, sa profession a eu lieu avec une pompe solennelle.

Caché derrière les rideaux de notre tribune, j'y ai assisté...

J'ai ressenti, mais avec encore plus d'intensité, toutes les poignantes émotions que nous avions éprouvées lors de son noviciat...

Chose bizarre ! elle est adorée, on croit généralement qu'elle est attirée vers la vie religieuse par une irrésistible vocation, on devrait voir dans sa profession un événement heureux pour elle, et, au contraire, une accablante tristesse pesait sur la foule.

Au fond de l'église, parmi le peuple... j'ai vu deux sous-officiers de mes gardes, deux vieux et rudes soldats, baisser la tête et pleurer...

On eût dit qu'il y avait dans l'air un douloureux pressentiment... Du moins s'il était fondé, il n'est réalisé qu'à demi...

La profession terminée, on a ramené notre enfant dans la salle du chapitre, où devait avoir lieu la nomination de la nouvelle abbesse...

Grâce à mon privilège souverain, j'allai dans cette salle attendre Fleur-de-Marie au retour du chœur.

Elle entra bientôt...

Son émotion, sa faiblesse étaient si grandes, que deux sœurs la soutenaient...

Je fus effrayé, moins encore de sa pâleur et de la profonde altération de ses traits que de l'expression de son sourire... Il me parut empreint d'une sorte de satisfaction sinistre...

Clémence... je vous le dis... peut-être bientôt nous faudra-t-il du courage... bien du courage... Je sens pour ainsi dire en moi que notre enfant est mortellement frappée...

... Après tout, sa vie serait si malheureuse...

Voilà deux fois que je me dis, en pensant à la mort possible de ma fille... que cette mort mettrait du moins un terme à sa cruelle existence... Cette pensée est un horrible symptôme... Mais, si ce malheur doit nous frapper, il vaut mieux y être préparé, n'est-ce pas, Clémence ?

Se préparer à un pareil malheur... c'est en savourer peu à peu et d'avance les lentes angoisses... C'est un raffinement de douleurs inouï... Cela est mille fois plus affreux que le coup qui vous frappe imprévu... Au moins la stupeur, l'anéantissement vous épargnent une partie de cet atroce déchirement...

Mais les usages de la compassion veulent qu'on vous prépare... Probablement je n'agirais pas autrement moi-même, pauvre amie... si j'avais à vous apprendre le funeste événement dont je vous parle... Ainsi épouvantez-vous... si vous remarquez que je vous entretiens d'elle... avec des ménagements, des détours d'une tristesse désespérée, après vous avoir annoncé que sa santé ne me donnait pourtant pas de graves inquiétudes.

Oui, épouvantez-vous, si je vous parle comme je vous écris maintenant... car, quoique je l'aie quittée assez calme il y a une heure pour venir terminer cette lettre, je vous le répète, Clémence, il me semble ressentir en moi qu'elle est plus souffrante qu'elle ne le paraît... Fasse le ciel que je me trompe, et que je prenne pour des pressentiments la désespérante tristesse que m'a inspirée cette cérémonie lugubre !

Fleur-de-Marie entra donc dans la grande salle du chapitre.

Toutes les stalles furent successivement occupées par les religieuses.

Elle alla modestement se mettre à la dernière place de la rangée de gauche ; elle s'appuyait sur le bras d'une des sœurs, car elle semblait toujours bien faible.

Au haut de la salle, la princesse Juliane était assise, ayant d'un côté la grande-prieure, de l'autre une seconde dignitaire, tenant à la main la crosse d'or, symbole de l'autorité abbatiale.

Il se fit un profond silence, la princesse se leva, prit sa crosse en main, et dit d'une voix grave et émue :

« — Mes chères filles, mon grand âge m'oblige de confier à des mains
« plus jeunes cet emblème de mon pouvoir spirituel, et elle montra sa
« crosse. J'y suis autorisée par une bulle de notre saint-père ; je pré-
« senterai donc à la bénédiction de monseigneur l'archevêque d'Oppen-
« heim et à l'approbation de S. A. R. le grand-duc, notre souverain,
« celle de vous, mes chères filles, qui par vos suffrages aura été désignée pour
« me succéder. Notre grande-prieure va vous faire connaître le résultat
« de l'élection, et à celle-là que vous aurez élue je remettrai ma crosse
« et mon anneau. »

Je ne quittai pas ma fille des yeux.

Debout dans sa stalle, les deux mains jointes sur sa poitrine, les yeux baissés, à demi enveloppée de son voile blanc et des longs plis traînants de sa robe noire, elle se tenait immobile et pensive, elle n'avait pas un moment supposé qu'on pût l'élire ; son élévation n'avait été confiée qu'à moi par l'abbesse.

La grande-prieure prit un registre et lut :

« Chacune de nos chères sœurs ayant été, suivant la règle, invitée,
« il y a huit jours, à déposer son vote entre les mains de notre sainte
« mère et à tenir son choix secret jusqu'à ce moment ; au nom de notre
« sainte mère, je déclare qu'une de nous, mes chères sœurs, a par sa
« piété exemplaire, par ses vertus angéliques, mérité le suffrage una-
« nime de la communauté, et celle-là est notre sœur Amélie, de son
« vivant très-haute et très-puissante princesse de Gerolstein. »

A ces mots, une sorte de murmure de douce surprise et d'heureuse satisfaction circula dans la salle ; tous les regards des religieuses se fixèrent sur ma fille avec une expression de tendre sympathie ; malgré mes accablantes préoccupations, je fus moi-même vivement ému de cette nomination qui, faite isolément et secrètement, offrait néanmoins une si touchante unanimité.

Fleur-de-Marie, stupéfaite, devint encore plus pâle ; ses genoux tremblaient si fort, qu'elle fut obligée de s'appuyer d'une main sur le rebord de la stalle.

L'abbesse reprit d'une voix haute et grave :

« Mes chères filles, c'est bien sœur Amélie que vous croyez la plus
« digne et la plus méritante de vous toutes ? c'est bien elle que vous
« reconnaissez pour votre supérieure spirituelle ? Que chacune de vous
« me réponde à son tour, mes chères filles. »

Et chaque religieuse répondit à haute voix :

« — Librement et volontairement j'ai choisi et je choisis sœur Amélie « pour ma sainte mère et supérieure. »

Saisie d'une émotion inexprimable, ma pauvre enfant tomba à genoux, joignit les deux mains, et resta ainsi jusqu'à ce que chaque vote fût émis.

Alors l'abbesse, déposant la crosse et l'anneau entre les mains de la grande-prieure, s'avança vers ma fille pour la prendre par la main et la conduire au siège abbatial.

. . . .

Mon amie, ma tendre amie, je me suis interrompu un moment ; il m'a fallu reprendre courage pour achever de vous raconter cette scène déchirante…

« — Relevez-vous, ma chère fille, lui dit l'abbesse, venez prendre la « place qui vous appartient ; vos vertus évangéliques, et non votre « rang, vous l'ont gagnée. »

En disant ces mots, la vénérable princesse se pencha vers ma fille pour l'aider à se relever.

Fleur-de-Marie fit quelques pas en tremblant, puis arrivant au milieu de la salle du chapitre elle s'arrêta, et dit d'une voix dont le calme et la fermeté m'étonnèrent :

« — Pardonnez-moi, sainte mère… je voudrais parler à mes sœurs.

« — Montez d'abord, ma chère fille, sur votre siège abbatial, dit la « princesse ; c'est de là que vous devez leur faire entendre votre voix.

« — Cette place, sainte mère… ne peut être la mienne, répondit « Fleur-de-Marie d'une voix haute et tremblante.

« — Que dites-vous, ma chère fille ?

« — Une si haute dignité n'est pas faite pour moi, sainte mère.

« — Mais les vœux de toutes vos sœurs vous y appellent.

« — Permettez-moi, sainte mère, de faire ici à deux genoux une con-
« fession solennelle ; mes sœurs verront bien, et vous aussi, sainte
« mère, que la condition la plus humble n'est pas encore assez humble
« pour moi.

« — Votre modestie vous abuse, ma chère fille, » dit la supérieure avec bonté, croyant en effet que la malheureuse enfant cédait à un sentiment de modestie exagérée ; mais moi je devinai ces aveux que Fleur-de-Marie allait faire. Saisi d'effroi, je m'écriai d'une voix suppliante :

— Mon enfant… je t'en conjure…

A ces mots… vous dire, mon amie, tout ce que je lus dans le profond regard que Fleur-de-Marie me jeta serait impossible.. Ainsi que vous le saurez plus tard, en un instant, elle m'avait compris. Oui, elle avait compris que je devais partager la honte de cette horrible révélation… Elle avait compris qu'après de tels aveux on pouvait m'accuser… moi, de mensonge… car j'avais toujours dû laisser croire que jamais Fleur-de-Marie n'avait quitté sa mère…

A cette pensée, la pauvre enfant s'était crue coupable envers moi d'une noire ingratitude… Elle n'eut pas la force de continuer, elle se tut et baissa la tête avec accablement…

« Encore une fois, ma chère fille, reprit l'abbesse, votre modestie
« vous trompe… L'unanimité du choix de vos sœurs vous prouve com-
« bien vous êtes digne de me remplacer… Par cela même que vous
« avez pris part aux joies du monde, votre renoncement à ces joies
« n'en est que plus méritoire… Ce n'est pas S. A. la princesse Amélie
« qui est élue, c'est sœur Amélie… Pour nous, votre vie a commencé
« du jour où vous avez mis le pied dans la maison du Seigneur… et
« c'est cette exemplaire et sainte vie que nous récompensons. Je vous
« dirai plus, ma chère fille ; avant d'entrer au bercail votre existence
« aurait été aussi égarée qu'elle a été au contraire pure et louable…
« que les vertus évangéliques dont vous nous avez donné l'exemple de-
« puis votre séjour ici expieraient et rachèteraient encore aux yeux du
« Seigneur un passé si coupable qu'il fût… D'après cela, ma chère fille,
« jugez si votre modestie doit être rassurée. »

Ces paroles de l'abbesse furent, comme vous le pensez, mon amie, d'autant plus précieuses pour Fleur-de-Marie, qu'elle croyait le passé ineffaçable. Malheureusement, cette scène l'avait profondément émue, et, quoiqu'elle affectât du calme et de la fermeté, il me sembla que ses traits s'altéraient d'une manière inquiétante… Par deux fois elle tressaillit en passant sur son front sa pauvre main amaigrie.

« — Je crois vous avoir convaincue, ma chère fille, reprit la princesse « Juliane, et vous ne voudrez pas causer à vos sœurs un vif chagrin « en refusant cette marque de leur confiance et de leur affection.

« — Non, sainte mère, dit-elle d'une voix avec une expression qui me frappa,
« et d'une voix de plus en plus faible, je crois maintenant pouvoir ac-
« cepter… Mais, comme je me sens bien fatiguée et un peu souffrante,
« si vous le permettiez, sainte mère, la cérémonie de ma consécration
« n'aurait lieu que dans quelques jours…

« — Il sera fait comme vous le désirez, ma chère fille… mais en « attendant que votre dignité soit bénie et consacrée… prenez cet an-

« neau... venez à votre place... nos chères sœurs vous rendront hom-
« mage selon notre règle. »

Et la supérieure, glissant son anneau pastoral au doigt de Fleur-de-Marie, la conduisit au siège abbatial.

Ce fut un spectacle simple et touchant.

Auprès de ce siège où elle s'assit, se tenaient, d'un côté, la grande prieure, portant la crosse d'or ; de l'autre, la princesse Juliane. Chaque religieuse alla s'incliner devant notre enfant et lui baiser respectueusement la main.

Je voyais à chaque instant son émotion augmenter, ses traits se décomposer davantage ; enfin cette scène fut sans doute au-dessus de ses forces... car elle s'évanouit avant que la procession des sœurs fût terminée...

Jugez de mon épouvante !... Nous la transportâmes dans l'appartement de l'abbesse.

David n'avait pas quitté le couvent ; il accourut, lui donna les premiers soins. Puisse-t-il ne m'avoir pas trompé ! mais il m'a assuré que ce nouvel accident n'avait pour cause qu'une extrême faiblesse causée par le jeûne, les fatigues et la privation de sommeil que ma fille s'était imposées pendant son rude et long noviciat...

Je l'ai cru, parce qu'en effet ses traits angéliques, quoique d'une effrayante pâleur, ne trahissaient aucune souffrance lorsqu'elle reprit connaissance... Je fus même frappé de la sérénité qui rayonnait sur son beau front. De nouveau cette quiétude m'effraya : il me sembla qu'elle cachait le secret espoir d'une délivrance prochaine...

La supérieure était retournée au chapitre pour clore la séance, je restai seul avec ma fille.

Après m'avoir regardé en silence pendant quelques moments, elle me dit :

— Mon bon père... pourrez-vous oublier mon ingratitude ? Pourrez-vous oublier qu'au moment où j'allais faire cette pénible confession, vous m'avez demandé grâce ?...

— Tais-toi... je t'en supplie.

— Et je n'avais pas songé, reprit-elle avec amertume, qu'en disant à la face de tous de quel abîme de dépravation vous m'aviez retirée... c'était révéler un secret que vous aviez gardé par tendresse pour moi... c'était vous accuser publiquement, vous, mon père, d'une dissimulation à laquelle vous ne vous étiez résigné que pour m'assurer une vie éclatante et honorée... Oh ! pourrez-vous me pardonner ?

Au lieu de lui répondre, je collai mes lèvres sur son front, elle sentit couler mes larmes.

Après avoir baisé mes mains à plusieurs reprises, elle me dit :

— Maintenant, je me sens mieux, mon bon père... maintenant que me voici, ainsi que le dit notre règle, morte au monde... je voudrais faire quelques dispositions en faveur de plusieurs personnes, mais, comme tout ce que je possède est à vous... m'y autorisez-vous, mon père ?...

— Peux-tu en douter ?... Mais je t'en supplie, lui dis-je, n'aie pas de ces pensées sinistres... Plus tard tu t'occuperas de ce soin... n'as-tu pas le temps ?

— Sans doute, mon bon père, j'ai encore bien du temps à vivre... ajouta-t-elle avec un accent qui, je ne sais pourquoi, me fit de nouveau tressaillir. Je la regardai plus attentivement ; aucun changement dans ses traits ne justifia mon inquiétude. Oui, j'ai encore bien du temps à vivre, reprit-elle, mais je ne devrai plus m'occuper de choses terrestres... car, aujourd'hui, je renonce à tout ce qui m'attache au monde... Je vous en prie, ne me refusez pas...

— Ordonne, je ferai ce que tu désires ..

— Je voudrais que ma tendre mère gardât toujours dans le petit salon où elle se tient habituellement... mon métier à broder... avec la tapisserie que j'avais commencée...

— Tes désirs seront remplis, mon enfant. Ton appartement est resté comme il était le jour où tu as quitté le palais ; car tout ce qui t'appartenu est pour nous l'objet d'un culte religieux... Clémence sera profondément touchée de ta pensée...

— Quant à vous, mon bon père, prenez, je vous en prie, mon grand fauteuil d'ébène, où j'ai tant pensé, tant rêvé...

— Il sera placé à côté du mien, dans mon cabinet de travail, et je t'y verrai chaque jour assise près de moi, comme tu t'y asseyais si souvent, lui dis-je sans pouvoir retenir mes larmes.

— Maintenant, je voudrais laisser quelques souvenirs de moi à ceux qui m'ont témoigné tant d'intérêt quand j'étais malheureuse. A madame Georges je voudrais donner l'écritoire dont je me servais dernièrement. Ce don aura quelque à-propos, ajouta-t-elle avec son doux sourire, car c'est elle qui, à la ferme, a commencé de m'apprendre à écrire. Quant au vénérable curé de Bouqueval, qui m'a instruite dans la religion, je lui destine le beau christ de mon oratoire...

— Bien, mon enfant.

— Je désirerais aussi envoyer mon bandeau de perles à ma bonne petite Rigoletto... C'est un bijou simple qu'elle pourra porter sur ses beaux cheveux noirs... Et puis, si cela était possible, puisque vous savez où se trouvent Martial et la Louve en Algérie, je voudrais que cette courageuse femme qui m'a sauvé la vie eût ma croix d'or émaillée... Ces différents gages de souvenir, mon bon père, seraient remis à ceux à qui je les envoie « de la part de Fleur-de-Marie. »

— J'exécuterai tes volontés... Tu n'oublies personne ?...

— Je ne crois pas, mon bon père.

— Cherche bien... Parmi ceux qui t'aiment, n'y a-t-il pas quelqu'un de bien malheureux ?... d'aussi malheureux que ta mère et moi... quelqu'un enfin qui regrette aussi douloureusement que nous ton entrée au couvent ?

La pauvre enfant me comprit, me serra la main, une légère rougeur colora un instant son pâle visage.

Allant au-devant d'une question qu'elle craignait sans doute de me faire, je lui dis :

— Il va mieux... on ne craint plus pour ses jours...

— Et son père ?

— Il se ressent de l'amélioration de la santé de son fils... il va mieux aussi... Et à Henri ? que lui donnes-tu ?... Un souvenir de toi lui serait une consolation si chère et si précieuse !...

— Mon père... offrez-lui mon prie-Dieu... Hélas ! je l'ai bien souvent arrosé de mes larmes, en demandant au ciel la force d'oublier Henri, puisque j'étais indigne de son amour...

— Combien il sera heureux de voir que tu as eu une pensée pour lui !...

— Quant à la maison d'asile pour les orphelines et les jeunes filles abandonnées de leurs parents, je désirerais, mon bon père, que

. . . .

Ici la lettre de Rodolphe était interrompue par ces mots presque illisibles :

« Clémence... Murph terminera cette lettre ; je n'ai plus la tête à moi ; je suis fou... Ah ! le 13 Janvier !!! »

. . . .

La fin de cette lettre, de l'écriture de Murph, était ainsi conçue

Madame

D'après les ordres de Son Altesse Royale, je complète ce triste récit. Les deux lettres de monseigneur auront dû préparer Votre Altesse Royale à l'accablante nouvelle qu'il me reste à lui apprendre.

Il y a trois heures, monseigneur était occupé à écrire à Votre Altesse Royale ; j'attendais dans une pièce voisine qu'il me remît la lettre pour l'expédier aussitôt par un courrier. Tout à coup j'ai vu entrer la princesse Juliane d'un air consterné. — Où est Son Altesse Royale ? me dit-elle d'une voix fort émue. — Princesse, monseigneur écrit à madame la grande-duchesse des nouvelles de la journée. — Sir Walter, il faut apprendre à monseigneur un événement terrible. Vous êtes son ami... veuillez l'en instruire... De vous, le coup lui sera moins terrible...

Je compris tout ; je crus plus prudent de me charger de cette funeste révélation... la supérieure ayant ajouté que la princesse Amélie s'éteignait lentement, et que monseigneur devait se hâter de venir recevoir les derniers soupirs de sa fille, je n'avais malheureusement pas le temps d'employer des ménagements. J'entrai dans le salon ; Son Altesse Royale s'aperçut de ma pâleur. — Tu viens m'apprendre un malheur !... — Un irréparable malheur, monseigneur... Du courage !... — Ah ! mes pressentiments !!... s'écria-t-il. Et, sans ajouter un mot, il courut au cloître. Je le suivis.

De l'appartement de la supérieure, la princesse Amélie avait été transportée dans sa cellule après sa dernière entrevue avec monseigneur. Une des sœurs la veillait ; au bout d'une heure, elle s'aperçut que la voix de la princesse Amélie, qui lui parlait par intervalles, s'affaiblissait et s'oppressait de plus en plus. La sœur s'empressa d'aller prévenir la supérieure. Le docteur David fut appelé ; il crut remédier à cette nouvelle perte de forces par un cordial, mais en vain ; le pouls était à peine sensible... Il reconnut avec désespoir que des émotions réitérées ayant probablement usé le peu de forces de la princesse Amélie, il ne restait aucun espoir de la sauver.

Ce fut alors que monseigneur arriva ; la princesse Amélie venait de recevoir les derniers sacrements, une lueur de connaissance lui restait encore ; dans une de ses mains, croisées sur son sein, elle tenait les *débris de son petit rosier*...

Monseigneur tomba agenouillé à son chevet ; il sanglotait.

— Ma fille !... mon enfant chérie !... s'écria-t-il d'une voix déchirante.

La princesse Amélie l'entendit, tourna légèrement la tête vers lui... ouvrit les yeux... tâcha de sourire, et dit d'une voix défaillante :

— Mon bon père... pardon... aussi à Henri... à ma bonne mère... pardon...

Ce furent ses derniers mots...

Après une heure d'une agonie pour ainsi dire paisible... elle rendit son âme à Dieu...

Lorsque sa fille eut rendu le dernier soupir, monseigneur ne dit pas un mot... son calme et son silence étaient effrayants... Il ferma les paupières de la princesse, la baisa plusieurs fois au front, prit pieusement les débris du petit rosier et sortit de la cellule.

Je le suivis ; il revint dans la maison extérieure du cloître, et, me montrant la lettre qu'il avait commencé d'écrire à Votre Altesse Royale, et à laquelle il voulut en vain ajouter quelques mots, car sa main tremblait convulsivement, il me dit :

— Il m'est impossible d'écrire... Je suis anéanti... ma tête se perd !... Écris à la grande-duchesse que je n'ai plus de fille !...

J'ai exécuté les ordres de monseigneur.

Qu'il me soit permis, comme à son plus vieux serviteur, de supplier Votre Altesse Royale de hâter son retour... autant que la santé de M. le comte d'Orbigny le permettra. La présence seule de Votre Altesse Royale pourrait calmer le désespoir de monseigneur... Il veut chaque nuit veiller sa fille jusqu'au jour où elle sera ensevelie dans la chapelle grand-ducale.

J'ai accompli ma triste tâche, madame ; veuillez excuser l'incohérence de cette lettre, et recevoir l'expression du respectueux dévouement avec lequel j'ai l'honneur d'être de Votre Altesse Royale

Le très-obéissant serviteur,

WALTER MURPH.

. . . .

La veille du service funèbre de la princesse Amélie, Clémence arriva à Gerolstein avec son père.

Rodolphe ne fut pas seul le jour des funérailles de Fleur-de-Marie.

FIN DE L'ÉPILOGUE.

A MONSIEUR LE RÉDACTEUR EN CHEF

DU

JOURNAL DES DÉBATS.

Monsieur,

Les *Mystères de Paris* sont terminés ; permettez-moi de venir publiquement vous remercier d'avoir bien voulu prêter à cette œuvre, malheureusement aussi imparfaite qu'incomplète, la grande et puissante publicité du *Journal des Débats* ; ma reconnaissance est d'autant plus vive, monsieur, que plusieurs des idées émises dans cet ouvrage différaient essentiellement de celles que vous soutenez avec autant d'énergie que de talent, et qu'il est rare de rencontrer le courageuse et loyale impartialité dont vous avez fait preuve à mon égard.

J'invoquerai encore une fois cette impartialité, monsieur, pour vous dire quelques mots en faveur d'une modeste publication, fondée et EXCLUSIVEMENT RÉDIGÉE PAR DES OUVRIERS, sous le titre de la *Ruche populaire*. Quelques artisans honnêtes et éclairés ont élevé cette tribune populaire, où ils exposent leurs réclamations avec autant de convenance que de modération. (Je citerai entre autres une lettre aussi touchante que respectueuse, adressée au roi par M. Duquesne, ouvrier imprimeur.) L'ORGANISATION DU TRAVAIL, LA LIMITATION DE LA CONCURRENCE, LE TARIF DES SALAIRES, y sont traités par les ouvriers eux-mêmes, et, à cet égard, leur voix mérite, ce me semble, d'être attentivement écoutée par tous ceux qui s'occupent des affaires publiques.

Mais malheureusement il se passera peut-être bien des années encore avant que ces grandes questions d'un intérêt si vital pour les masses soient résolues. En attendant, chaque jour amène et dévoile de nouvelles misères, de nouvelles souffrances individuelles : les fondateurs de la *Ruche* ont espéré qu'en faisant chaque mois un appel en faveur des plus malheureux de leurs frères, ils seraient peut-être écoutés des heureux du monde.

Permettez-moi, monsieur, de vous citer la première page de la *Ruche populaire* :

La Ruche Populaire.

« Secourir d'honorables infortunes qui se
« plaignent, c'est bien. S'enquérir de ceux
« qui luttent avec honneur, avec énergie,
« et leur venir en aide, quelquefois à leur
« insu... prévenir à temps la misère ou les
« tentations qui mènent au crime... c'est
« mieux. »

RODOLPHE, dans les *Mystères de Paris*

« Si, dans notre conviction, le peuple ne peut être délivré ou secouru avec efficacité que par des mesures législativement prévoyantes, ce n'est pas pour nous une raison de méconnaître ou de repousser aveuglément les dons offerts avec délicatesse.

« Le rôle que M. Eugène Sue fait remplir à Rodolphe dans les *Mystères de Paris* nous ayant inspiré l'idée de nous enquérir de familles honnêtes et malheureuses, et qui, à ces titres, sont dignes de l'évangélique fraternité, nous faisons à l'humanité des personnes riches un pieux appel : car un bienfait suffit quelquefois à détourner le malheur, à sauver de la misère, du désespoir, du crime peut-être, une famille dépourvue de tout... Et puis les aumônes dégradent... Ce que nous conseillerons principalement sera de procurer du travail ou quelques places ré-

« Nous avons à soulager plusieurs familles intéressantes et dans la détresse : les bienfaiteurs peuvent s'adresser au bureau de ce journal, où on leur confiera les adresses, pour qu'ils puissent aller eux-mêmes administrer leurs dons.

« Nous citerons entre autres une famille composée du père, de la mère et de quatre enfants, dont le plus âgé a six ans ; ils ont vainement sollicité des emplois qui leur permissent de vivre, mais qu'ils n'ont pas obtenus pour le même motif qui devrait exciter le plus touchant intérêt : parce qu'ils avaient une nombreuse famille...

« Une autre de ces familles vient de perdre son chef, honnête ouvrier peintre, qui, en travaillant, est tombé d'un quatrième étage. Il laisse une femme enceinte et plusieurs enfants en bas âge dans la plus profonde douleur et le plus grand dénûment. »

C'est avec bonheur, je vous l'avoue, monsieur, que j'ai cité cette page, où mon nom est inscrit d'une manière si flatteuse ; car je me regarderai toujours comme récompensé au delà de toute espérance chaque fois que je croirai avoir inspiré, par mes écrits, quelque action généreuse ou quelque pensée charitable, et l'idée mise en pratique par les fondateurs de la *Ruche populaire* me semble de ce nombre.

Ainsi, les personnes riches qui voudraient s'abonner à ce journal mensuel (6 francs par an, au bureau de la *Ruche*, rue des Quatre-Fils, n° 17, au Marais) seraient chaque mois instruites de quelque infortune respectable qu'il leur serait peut-être doux de soulager ; car, disons-le hautement, il y a généralement en France beaucoup de commisération pour ceux qui souffrent ; mais bien souvent l'occasion manque pour exercer la charité d'une façon profitable au cœur, et, si cela peut se dire, intéressante. Sous ce rapport, la *Ruche populaire* offrirait de précieux renseignements aux âmes d'élite qui recherchent les pures et nobles jouissances.

Un dernier mot, monsieur.

Comme vous avez été de moitié dans mon œuvre par l'immense publicité que vous lui avez donnée, je crois pouvoir vous instruire d'un résultat dont vous vous féliciterez, je l'espère, avec moi. On m'écrit de Bordeaux et de Lyon que plusieurs personnes riches et compatissantes s'occupent de réaliser dans ces deux villes mon projet d'une banque de prêts gratuits pour les travailleurs sans ouvrage, et quelqu'un qui fait ici l'usage le plus généreux et le plus éclairé d'une immense fortune m'a donné, au sujet d'une fondation pareille pour Paris, les plus encourageantes espérances.

Souhaitons maintenant, monsieur, qu'un législateur véritablement ami du peuple prenne en main les questions relatives :

« A l'établissement d'avocats des pauvres ;

« A l'abaissement du taux exorbitant de l'intérêt prélevé par le Mont-de-Piété ;

« A la tutelle préservatrice exercée par l'État sur les enfants des suppliciés et des condamnés à perpétuité ;

« A la réforme du Code pénal à l'endroit des abus de confiance. »

Et peut-être ce livre, attaqué récemment encore avec tant d'amertume et de violence, aura du moins produit quelques bons résultats.

Veuillez encore agréer, monsieur, l'expression de ma vive gratitude et l'assurance de mes sentiments les plus dévoués.

Eugène SUE

Paris, ce 15 octobre 1843.

NOTES.

Au sujet de l'impossibilité où sont les classes pauvres de jouir du bénéfice des lois civiles, nous avons reçu de nouvelles réclamations et quelques documents curieux, les uns de Hollande, les autres d'Italie ; nous donnons ces renseignements ci-après, en exprimant toute notre gratitude aux personnes qui nous ont fait l'honneur de nous les adresser.

Plusieurs officiers judiciaires ont bien voulu nous faire observer que, dans beaucoup de circonstances, la chambre des avoués de Paris a instrumenté officieusement et sans frais, lorsque les parties faisaient preuve d'indigence.

Rien de plus honorable, de plus louable, de plus charitable assurément que cette aumône judiciaire. Mais ceci est un DON, un OCTROI VOLONTAIRE, par conséquent VARIABLE, RÉVOCABLE, et non pas une INSTITUTION, un FAIT LÉGAL et acquis virtuellement aux classes pauvres.

Ce n'est pas une AUMÔNE que nous demandons pour elles, c'est un DROIT RECONNU ; car il nous semble que l'indigence a aussi ses droits.

Il est au moins étrange que la France, qui devrait marcher à la tête de la civilisation, ne fasse point jouir les classes les plus nombreuses et les plus laborieuses de la société des charitables avantages qui leur sont acquis chez presque toutes les nations de l'Europe.

En Hollande, en Sardaigne, dans presque toutes les légations d'Italie, les pauvres, ainsi qu'on va le voir, sont mille fois mieux traités qu'en France sous ce rapport.

Le document suivant, traduit du Code hollandais, vient de nous être communiqué par l'un des avocats les plus distingués d'Amsterdam. On ne peut qu'admirer une telle législation.

Extrait du Code de procédure civile néerlandais relatif aux classes pauvres.

« Art. 855. Toutes personnes, soit demandeurs, soit défendeurs, en fournissant la preuve qu'elles sont hors d'état de payer les frais d'un procès, peuvent obtenir du juge qui doit connaître de l'objet du procès l'autorisation de plaider SANS FRAIS.

« Art. 856. Cette autorisation se demande par requête écrite sur papier NON TIMBRÉ ; et, si la requête est adressée à une cour ou à un tribunal d'arrondissement, elle est signée par un avoué désigné à cet effet, au besoin, par le président.

« Art. 857. Cette requête contiendra le résumé des faits et une indication sommaire des arguments sur lesquels est fondée la demande ou la défense de l'exposant.

« Art. 858. Cette requête sera accompagnée d'un certificat de l'indigence de l'exposant, délivré par le chef de l'administration du lieu de son domicile.

« Art. 859. La cour ou le tribunal ordonne, par simple disposition, la citation de la partie adverse devant deux juges-commissaires, et désigne, selon l'importance de la cause, un avoué, ou bien un avocat et un avoué, pour l'assister à l'audience.

« Art. 860. La demande, ainsi que l'ordonnance du juge, seront, à la requête de l'exposant, signifiées par huissier ET SANS FRAIS à la personne ou au domicile de la partie adverse. Cet exploit sera enregistré GRATIS et EXEMPT DU DROIT DE TIMBRE.

« Art. 861. Si la partie adverse ne comparaît pas devant les commissaires, la cour ou le tribunal, sur le rapport de ces commissaires, examinera si l'exposant a suffisamment prouvé son indigence ; elle accorde, dans ce cas, l'autorisation demandée, à moins que le juge ne considère la demande ou la défense au fond dénuée de tout fondement.

« Art. 862. Si la partie adverse comparaît, elle peut s'opposer à ce que l'autorisation soit accordée en prouvant que les assertions de l'exposant sont sans fondement. Ces preuves doivent se faire, quant aux faits, par des documents concluants, et, quant au droit, par une disposition expresse de la loi.

« Art. 863. La partie adverse peut également fonder son opposition sur le manque ou sur l'insuffisance du certificat d'indigence, ou bien sur l'indication des moyens pécuniaires suffisants de la part de l'exposant.

« Art. 864. Sur le rapport des juges-commissaires, la demande de l'exposant est accueillie ou refusée. Si elle est accueillie, on désigne pour l'ASSISTER GRATIS un avoué, ou un avocat et un avoué, si déjà il n'y a été pourvu.

« Art. 865. Si celui qui a obtenu de plaider sans frais a succombé en première instance, il ne pourra plaider sans frais en appel ou en cassation sans y être autorisé de nouveau. S'il a gagné son procès en première instance, il n'a pas besoin de nouvelle autorisation pour plaider sans frais en appel ou en cassation. Sur sa requête, il lui sera seulement désigné un nouvel avocat et un nouvel avoué.

« Art. 866. Tous exploits devront se faire par un huissier domicilié dans le canton, ou, à son défaut, par l'huissier d'un canton voisin.

« Art. 867. Le jugement qui accueille la demande de plaider sans frais et tous les actes qui l'ont précédé SONT EXEMPTS DE TIMBRE ET SERONT ENREGISTRÉS GRATIS. AUCUN SALAIRE D'HUISSIER, D'AVOUÉ ET D'AVOCAT NE POURRA JAMAIS DE CE CHEF ÊTRE PORTÉ EN COMPTE NI A L'EXPOSANT NI A LA PARTIE ADVERSE.

« Art. 868. Si la demande de plaider sans frais est accueillie, tous les actes produits par le plaideur sans frais seront visés pour timbre et enregistrés en DÉBET, tous droits de greffe et d'amendes judiciaires, dus de ce chef, seront également mis en DÉBET, et le plaideur sans frais ne SERA JAMAIS TENU DE PAYER aucun salaire aux avocat, avoué et huissier qui lui auront été adjoints.

« Art. 872. Lorsque les indigents, en dehors d'un procès proprement dit, ont besoin d'une autorisation judiciaire, d'une approbation ou de toute autre ordonnance sur requête, ils peuvent adresser leur requête écrite sur papier NON TIMBRÉ, en y joignant un certificat d'indigence. Dans ce cas, la réponse ou l'ordonnance leur sera délivrée LIBRE DE TIMBRE, DE DROIT D'ENREGISTREMENT ET SANS AUCUNS FRAIS.

« Art. 873. Dans ce cas, et si les indigents ne sont pas munis d'avoué, il leur en sera désigné un par le président.

« Art. 874. Les bureaux de bienfaisance, les administrations d'institutions charitables et des églises des divers cultes peuvent également, et de la même manière, obtenir de plaider sans frais, sans être tenus de produire des certificats d'indigence.

« Art. 875. Les décisions des cours, tribunaux et justices de canton (de paix), relativement à l'admission de plaider sans frais, ne sont pas sujettes à appel. »

Le document suivant est relatif aux institutions de certains États d'Italie :

« Dans les États du duché de Modène et dans les légations des États romains, où toutes les lois civiles et criminelles protégent et favorisent les riches et les nobles, il y a cependant une institution fort belle.

« Il arrive très-fréquemment que des pauvres ont besoin de faire valoir leurs droits, et se trouveraient dans la nécessité de les abandonner faute de moyens pécuniaires, s'ils devaient payer les taxes prescrites, les rétributions aux avocats et les dépenses du papier timbré.

« Il y a, dans lesdits États, une institution très-charitable, c'est-à-dire qu'il existe auprès des tribunaux des avocats reconnus, qu'on appelle AVOCATS DES PAUVRES, lesquels sont autorisés à faire les actes sur PAPIER LIBRE, avec EXEMPTION DE TOUTE TAXE, et obligés d'agir SANS RECEVOIR AUCUNE RÉTRIBUTION. Les places d'avocats des pauvres sont très-recherchées, particulièrement par les jeunes avocats qui commencent leur carrière.

« Le malheureux qui veut jouir du bénéfice de la susdite loi n'a qu'à produire au tribunal civil un certificat d'indigence délivré par le curé et visé par le maire de l'arrondissement ou de la commune. »

A propos d'institutions philanthropiques, on nous communique cette autre note.

Que l'on compare les intérêts énormes que le Mont-de-Piété, en France, exige des malheureux, et la charitable générosité avec laquelle ces établissements sont administrés dans plusieurs États d'Italie :

« Il y a dans toutes les villes d'Italie des Monts-de-Piété. L'intérêt fixé par les lois est de 6 pour 100 pour les GRANDS MONTS-DE-PIÉTÉ, et de 3 et 4 pour 100 pour les petits. Ceux-ci servent absolument aux pauvres, parce qu'on n'y fait que de petits prêts. Dans plusieurs villes commerçantes, les lois qui règlent les intérêts de l'argent permettent, à titre de commerce, de porter les intérêts à 8 et même à 10 pour cent ; mais JAMAIS LES INTÉRÊTS SUR LES PRÊTS DES MONTS-DE-PIÉTÉ NE DÉPASSENT 6 POUR 100. On conçoit facilement cette mesure d'équité et de moralité pour les établissements de bienfaisance.

« Il y a dans plusieurs villes d'Italie des Monts-de-Piété tout à fait GRATUITS (dans lesquels on prête sans intérêts) ; entre autres celui qui existe à la Mirandole, duché de Modène. Non-seulement cet établissement prête sans intérêts, mais il tient pendant cinq ans (y compris l'accumulation des intérêts à 3 pour 100) à la disposition des emprunteurs ou héritiers l'excédant qu'on a retiré de la vente aux enchères des objets engagés. Lorsque ce délai de cinq ans est expiré, il y a prescription ; mais les sommes abandonnées ne tombent pas dans le domaine de l'établissement : elles servent à former des dots pour de pauvres filles indigentes, parmi lesquelles on donne la préférence aux orphelines. »

A M. LE RÉDACTEUR DU JOURNAL DES DÉBATS.

Monsieur,

A propos d'un chapitre des *Mystères de Paris*, dans lequel j'essayais de prouver par l'exposition d'un fait dramatisé que LES PAUVRES NE POUVAIENT PRESQUE JAMAIS JOUIR DU BÉNÉFICE DE LA LOI CIVILE, j'ai reçu les réclamations de plusieurs magistrats et officiers judiciaires.

Tout en m'encourageant avec une bienveillance sympathique, dont je suis aussi touché que reconnaissant, à persévérer dans la tâche que j'ai entreprise, ils m'engagent à écarter de mes assertions tout ce qui, en paraissant exagéré, pourrait diminuer la portée morale qu'ils reconnaissent à mon livre.

Permettez-moi, monsieur, de répondre à ce passage d'une lettre que M. ***, président d'un tribunal civil du ressort de la cour royale de Nancy, m'a fait l'honneur de m'écrire, ce passage résumant pour ainsi dire les diverses objections qui m'ont été adressées :

« Vous dites, monsieur, que la justice civile est TROP CHÈRE POUR LES PAUVRES GENS. Je crois que, dans son malheur, la femme dont vous peignez la triste situation avait un abri sûr contre la brutalité, les persécutions et les désordres de son mari : il lui suffisait de déposer sa plainte au parquet de M. le procureur du roi ; des poursuites auraient été dirigées par ce magistrat au nom de la vindicte publique ; et la répression eût été prompte et efficace, sans qu'il en coûtât rien à l'épouse ; le mari pouvait être puni, la femme protégée. Avec le jugement obtenu en police correctionnelle contre son mari, pour délit de coups volontaires, elle avait la faculté d'intenter ensuite une action en séparation de corps pour sévices, et la demande eût été nécessairement ACCUEILLIE A TRÈS-PEU DE FRAIS... car ici l'audition des témoins au civil devenait inutile : la seule production du jugement motivait la séparation. »

Nous reconnaissons tout ce qu'il y a de juste dans cette observation ; mais nous croyons que le vice que nous avons signalé n'en subsiste pas moins.

En effet, LA FEMME EST TOUJOURS OBLIGÉE D'INTENTER UNE ACTION EN SÉPARATION DE CORPS ; or, quoique cette demande soit accueillie A TRÈS-PEU DE FRAIS, ces frais n'en sont pas moins si exorbitants relativement à la condition du pauvre, qu'il lui devient matériellement IMPOSSIBLE de profiter du bénéfice de la loi.

Nous avions, d'après des autorités irrécusables, porté le chiffre de la somme nécessaire pour payer les frais d'une demande en séparation de corps à 4 ou 500 francs : en admettant que ces frais soient réduits de moitié, par la production du jugement obtenu en police correctionnelle pour sévices et violences, il restera toujours 200 francs de frais, 100 même si l'on veut... Eh bien ! ceux qui connaissent la position des classes ouvrières diront comme nous que 100 francs est une somme non pas difficile, mais IMPOSSIBLE A RÉALISER, pour une mère de famille qui, gagnant à peine trente sous par jour, est obligée d'entretenir et de nourrir elle et ses enfants avec cette somme.

Pour réaliser 100 francs, il lui faudrait NE PAS VIVRE, elle et sa famille, pendant près de deux mois.

Un officier judiciaire nous a objecté qu'un magistrat pouvait, préventivement et en vertu de son pouvoir discrétionnaire, ordonner d'expulser un mari violent et débauché du domicile conjugal.

Soit : ceci est une mesure transitoire ; mais la SÉPARATION LÉGALE, efficace, définitive, ne peut s'obtenir que par un jugement ressortissant d'un tribunal civil, et, nous le répétons, nous le prouvons, il est impossible aux pauvres de subvenir aux frais de ce jugement.

Nous convenons de notre peu d'autorité comme légiste ; c'est le seul bon sens qui nous a toujours guidé dans nos nombreuses observations critiques : laissons parler un magistrat, auteur d'un noble et beau livre où respire la plus touchante, la plus intelligente philanthropie, unie à un sentiment religieux d'une haute élévation (1).

« Les pauvres ont le droit de plaider ; mais devant les tribunaux civils il ne s'agit pas d'avancer 15 francs. Pour lancer une assignation, les frais sont énormes ; peu de procès coûtent moins de 50 francs ; il s'agit donc, pour le journalier, du prix de vingt-cinq journées de travail, c'est-à-dire que PENDANT VINGT-CINQ JOURS IL NE DONNERA PAS DE PAIN A SA FAMILLE, ou grèvera son avenir d'un passif qu'il payera Dieu sait quand. Que fera-t-il ? Il ira chez le juge de paix, qui citera les parties par lettres ; le défendeur ne se rendra pas devant le magistrat, l'ouvrier sera obligé de le faire assigner, c'est-à-dire qu'il faudra qu'il fasse l'avance des fonds nécessaires : indigence trouve peu de crédit. Si le journalier ne peut faire valoir ses droits, le débiteur abusera de cette misérable position ; il ne le payera pas, ou le réduira à subir des transactions désastreuses. »

Et plus loin (page 274) :

« Si l'ouvrier maltraite sa femme, s'il passe sa vie dans les cabarets et dans les maisons de débauche, s'il force sa compagne à travailler seule pour les faire vivre tous deux, s'il la CONTRAINT DE SE PROSTITUER AU PROFIT DE LA COMMUNAUTÉ, qui défendra cette malheureuse contre son infortune ? Elle gagne 75 centimes à 1 franc par jour. »

Nous le répétons ; si modérés que soient les frais de justice civile, ils sont matériellement inabordables aux classes pauvres.

Dans le même chapitre, nous tâchions de peindre les douleurs et l'effroi d'une malheureuse mère qui craint de voir son mari chercher un lucre infâme dans la prostitution de sa propre fille.

On nous écrit à ce sujet :

« Quant au projet de prostitution ou d'excitation à la débauche du père envers sa fille, il convient aussi de se pénétrer des dispositions de l'article 334 du Code, et vous serez convaincu, monsieur, que la société n'est pas désarmée en présence de si monstrueux attentats, et la prévoyance du législateur ne pouvait aller plus loin. »

A ceci, je me permettrai de répondre qu'ainsi que je l'ai prouvé :

Le père est admis à faire inscrire sa fille AU BUREAU DES MŒURS, sur le registre de la prostitution ; le mari a le même pouvoir sur sa femme.

Enfin, je citerai les passages suivants du livre de M. Prosper Tarbé :

« ..... Aujourd'hui, si une jeune fille de ONZE ANS ET DEMI (et Dieu sait quelle raison, quelle expérience on peut avoir à cet âge !) est victime d'une séduction, si sa mère éplorée vient demander justice aux magistrats, on lui demande s'il y a eu publicité ou scandale ; et, si cette malheureuse répond négativement, on NE PEUT RIEN pour son cœur de mère profondément outragé, rien pour sa pauvre fille corrompue, déshonorée avant d'être femme, rien pour la société, qui voit avec indignation toutes les lois de la morale indignement méconnues. (Page 114).

« Longtemps j'ai refusé de croire à l'inceste ; ce me semblait une fiction faite pour la tragédie... mais la vie judiciaire tue une à une toutes les illusions du cœur... Que de pauvres mères sont venues conter en pleurant qu'elles avaient pour rivales leurs propres filles !... D'autres se disent victimes des brutales amours de leurs fils... Faut-il dire que quelquefois j'ai vu le père et la fille maltraiter la mère et la chasser honteusement de sa propre maison pour y goûter en paix, si Dieu le permettait, leurs coupables amours !.. Et lorsque ces misères sont connues d'un procureur du roi, LA LOI LE CONDAMNE A L'INACTION... Oh ! c'est alors qu'on sent combien est vicieuse une législation qui laisse à la justice de Dieu le soin de punir des actes qui font tant de mal sur la terre !

« A la société qui demande vengeance, aux bonnes mœurs, à la religion, à la nature qui s'indignent, au malheureux qui pleure et vient demander justice et secours, l'homme de la loi doit répondre : JE NE PEUX RIEN... JE NE FERAI RIEN.

« Qu'on ne me dise pas que le ministère public peut faire des remon-

---

(1) *Travail et Salaire*, par M. Prosper Tarbé, substitut du procureur du roi à Reims. Paris, 1841.

trances. Nul n'est censé ignorer la loi, cet adage est une vérité, et l'on sait bien maintenant répondre aux reproches du parquet : — La loi ne le défend pas, de quoi vous mêlez-vous ? » (Pages 120 et 121.)

La loi étant impuissante à réprimer l'inceste, comment, je le demande, atteindra-t-elle le père qui, usant de son droit de chef de la communauté, poussera sa fille au déshonneur, afin de profiter du prix de la honte de cette malheureuse ?

Veut-on un autre exemple de l'impossibilité où sont les classes pauvres de jouir du bénéfice de certaines lois civiles ?

Voici un fait qui s'est passé le 8 de ce mois :

Une rixe s'engage entre deux hommes ; l'un reçoit un coup dangereux, dont il meurt.

Je lis dans le journal qui rend compte des assises (1) :

« ..... On introduit la veuve de la victime, jeune femme de vingt-cinq ans, vêtue en grand deuil, et d'une pâleur mortelle.

« *Demande*. — Avant de s'aliter, votre mari n'était-il pas venu au parquet de M. le procureur du roi pour porter plainte et pour déclarer qu'il se portait partie civile ?

« *Réponse*. — Oui, monsieur le président ; il voulait s'assurer, pour éviter d'aller à l'hospice, qu'il serait en état de payer son médecin en demandant des dommages et intérêts, car il ne doutait pas qu'il n'allait faire une maladie (en suite du coup qu'il avait reçu) ; mais, comme on lui demanda de DÉPOSER D'ABORD UNE SOMME QUE NOUS N'AVIONS PAS, NOUS AUTRES PAUVRES GENS, IL FALLUT RENONCER AU BÉNÉFICE DE LA LOI ; et je vous le dis, messieurs, quelque temps après mon mari mourut à l'hôpital.

« La pauvre veuve se met à pleurer.

« M. LE PRÉSIDENT, *avec bonté*. — Venez, madame, venez vous asseoir au pied de la cour, à côté de votre avocat... »

Je le répète, ceci s'est passé hier...

J'avais dit, dans le même chapitre des *Mystères de Paris*, qu'au moins l'exécution capitale était infligée GRATIS...

On m'écrit à ce sujet :

« Voici, monsieur, ce qui est arrivé dans une ville du département de l'Oise, où j'ai une maison de campagne : un homme fut condamné à mort par la cour d'assises ; il fut exécuté. Eh bien ! monsieur, LES FRAIS D'EXÉCUTION FURENT TELS QUE SA MALHEUREUSE VEUVE FUT OBLIGÉE DE VENDRE SA VACHE ET SA PETITE MAISON POUR Y SUBVENIR...

« Ce fut grâce à une souscription ouverte par moi dans le pays, et généreusement remplie par nos braves paysans, que la pauvre femme dut de ne pas mourir de faim. »

. . . .

Je n'aurais pas, monsieur, de nouveau soulevé ces questions sans les réclamations dont je viens de signaler ; l'extrême bienveillance dont elles étaient empreintes, l'autorité morale que leur donnaient le caractère et la position des personnes qui ont bien voulu me les adresser, motivaient cette réponse, ou plutôt cette preuve de déférence, toujours et seulement due à une critique loyale, intelligente et sérieuse... C'est pour cela qu'il ne me convient pas de répondre aux attaques dont les *Mystères de Paris* ont été hier l'objet à la tribune de la chambre des députés.

Permettez-moi, monsieur, de le répéter encore en terminant cette lettre : Oui, il est d'utiles, de grandes, d'importantes réformes à introduire dans certaines parties de la législation ; et pour revenir au sujet précédent :

Le jugement de police correctionnelle qui condamnerait un homme accusé de violences graves envers sa femme ne pourrait-il pas, A LA DEMANDE DE LA FEMME DONT LA PAUVRETÉ SERAIT CONSTATÉE, ENTRAÎNER VIRTUELLEMENT ET SANS FRAIS LA SÉPARATION DE CORPS ?

(1) *Bulletin des Tribunaux*, 8 juin 1843. Cour d'assises, présidence de M. Bresson.

Je livre cette proposition à l'examen des gens spéciaux.

Veuillez agréer, monsieur, l'assurance, etc.

EUGÈNE SUE.

Paris, le 13 juin.

AU MÊME.

Monsieur,

Je reçois d'un haut fonctionnaire diplomatique français en Piémont la note suivante, qu'il me fait l'honneur de m'adresser au sujet de l'institution de l'AVOCAT DES PAUVRES. Cette belle institution, fondée en Piémont depuis plusieurs siècles, permet aux indigents d'intenter SANS FRAIS OU DROITS RÉGALIENS TOUTE ESPÈCE D'ACTION JUDICIAIRE TANT AU CIVIL QU'AU CRIMINEL.

Ainsi que je l'ai fait remarquer dans la première de ces notes, cette même législation si charitable et si réellement libérale et démocratique existe en Hollande, dans le duché de Modène et dans la plupart des légations.

Est-il permis d'espérer qu'un jour la chambre des députés, à qui toute initiative appartient, comprendra qu'il est au moins étrange qu'on France les classes pauvres et ouvrières soient incomparablement moins bien traitées que dans les États si souvent appelés DESPOTIQUES ?

Il est du moins consolant de constater que des souverains en qui réside la toute-puissance charitable veillent si paternellement, si pieusement aux intérêts des malheureux. En raison même du pouvoir presque absolu dont ils jouissent, ce sont ces princes que l'on doit personnellement glorifier, au nom de l'humanité, d'avoir maintenu ou fondé des institutions si généreuses.

Voici la note sur l'INSTITUTION DE L'AVOCAT DES PAUVRES, qui vous semblera, je l'espère, monsieur, digne d'un vif intérêt :

« L'institution d'un magistrat chargé, aux frais du gouvernement, de la défense des pauvres, tant au civil qu'au criminel, est très-ancienne dans les États de Piémont et de Savoie. On a, à ce sujet, une constitution du duc Amédée VIII, qui remonte au quatorzième siècle.

« Voici comment ce service est maintenant organisé :

« Il y a auprès de chaque sénat du royaume (Turin, Chambéry, Nice, Gênes et Casale) un bureau des pauvres qui se compose :

« 1° D'UN AVOCAT DES PAUVRES qui très-souvent a le grade de sénateur, avec un nombre proportionnel de substituts, selon l'étendue de la juridiction du sénat : ces substituts sont tous avocats, ils font partie de la magistrature et passent ensuite à des places éminentes ;

« 2° D'un AVOUÉ DES PAUVRES assisté d'un certain nombre de substituts ;

« 3° De quelques secrétaires occupés de la tenue des registres.

« Le bureau des pauvres est d'abord chargé de la défense de tous les criminels ; il a le privilège d'intervenir dans les procès qui se jugent par défaut ; cependant il ne se sert que rarement de ce droit, et dans des cas extraordinaires : car autrement il y aurait lésion de la justice, et ce serait autoriser tous les prévenus à se soustraire aux mesures générales d'arrestation provisoire.

« L'avocat des pauvres intervient aux visites des prisons, qui sont prescrites deux fois par an au sénat.

« Le sénat se réunit dans une salle des prisons, assisté de l'avocat général, du greffier, etc., et là il entend toutes les réclamations des détenus ; l'AVOCAT DES PAUVRES est autorisé à les appuyer et à les soutenir, s'il les juge raisonnables.

« Les prévenus ne peuvent pas refuser le patronage de l'avocat des pauvres. Le gouvernement a dicté cette mesure dans l'intérêt des prévenus, voulant qu'ils soient défendus et bien défendus. Maintenant ils sont libres d'associer à leur défense un autre jurisconsulte.

« Dans les affaires civiles, la partie qui veut être admise au BÉNÉFICE DES PAUVRES présente une requête au président du tribunal dans le ressort duquel elle veut intenter son action; cette requête est communiquée à l'avocat des pauvres, qui rend ses conclusions pour l'admission ou pour le rejet.

« Les conditions d'admissibilité sont : 1° l'INDIGENCE ; elle est attestée par un certificat du maire ou de deux conseillers de la commune, légalisé par le juge de paix, qui est obligé de prendre des informations particulières, et d'attester qu'elle résulte de la vérité de ce qui est exprimé dans le certificat ; 2° que l'action que veulent intenter les pauvres soit fondée en droit. Sur ce point, la plus grande circonspection est recommandée aux avocats des pauvres, afin que ce qui est un bénéfice pour les uns ne devienne pas un moyen de vexation pour les autres.

« Une fois qu'on est admis au bénéfice des pauvres, il n'y a plus aucuns frais à faire ; l'administration de l'enregistrement délivre du papier timbré à débit (A DEBITO). Tous les fonctionnaires publics, compris les notaires, sont obligés de délivrer à l'avocat des pauvres tous les actes qu'il requiert, sauf répétition en cas de succès.

« Si l'affaire doit se plaider dans la ville de la résidence du sénat, par devant quelque tribunal que ce soit, l'avocat des pauvres instruit et discute lui-même l'affaire ; si c'est dans la province, le président du tribunal délègue un avocat et un procureur pour faire les fonctions du bureau des pauvres.

« Dans les procès qui concernent les pauvres, les tribunaux sont autorisés à abréger les délais.

« L'avocat des pauvres, outre son traitement fixe (5,000 francs), perçoit en répétition ses honoraires comme tout autre avocat, en cas de condamnation de la partie adverse aux dépens.

« Quelques clients de mauvaise foi s'étaient permis de transiger sur les frais, et de donner quittance moyennant la moitié ou un quart. La jurisprudence des tribunaux a paré à cet abus indigne, en déclarant que le montant des frais était une créance particulière du bureau des pauvres, qui seul peut libérer le débiteur. Cette jurisprudence, désormais établie, était nécessaire dans l'intérêt du fisc, qui fait l'avance de tous les frais, et nécessaire aussi dans l'intérêt de tous les fonctionnaires publics, qui délivrent copie des actes.

« Pour assister le bureau des pauvres, tous les stagiaires y sont attachés pendant un an. Ceux qui aspirent à entrer dans la magistrature y restent ordinairement pendant plusieurs années, et ils y trouvent l'avantage de voir passer sous leurs yeux grand nombre d'affaires dont autrement ils ignoreraient.

« Tous les règlements qui concernent le bureau des pauvres se trouvent dans les anciennes constitutions du Piémont. Probablement elles seront reproduites, à quelques modifications près, dans le nouveau code de procédure dont on s'occupe »

Puisse, monsieur, ce nouvel exemple de justice et de charité, emprunté au code PIÉMONTAIS, non moins admirable en cela que le code HOLLANDAIS, inspirer enfin à quelqu'un de nos législateurs la pensée de soulever devant le pays cette grave question... cette question vitale pour les classes pauvres !

EUGÈNE SUE.

Paris, 30 juin.

La lettre suivante, d'un de MM. les magistrats du parquet de Toulouse, a été adressée à M. Eugène Sue, au sujet des *Mystères de Paris*.

Toulouse, le 7 août 1843.

« Monsieur,

« Dans le chapitre II de la 8ᵉ partie des *Mystères de Paris*, vous tracez le plan d'une banque destinée à prêter, sans intérêt, à des ouvriers sans travail. Je crois devoir vous faire connaître qu'une institution de ce genre existe déjà à Toulouse, sous le titre de Société de prêt charitable et gratuit, où elle a été autorisée par une ordonnance du roi du 27 août 1828. Fondée par des personnes bienfaisantes, qui ont contribué à son établissement par une souscription de 600 fr. au moins, elle prête sans intérêt et sur gage à des ouvriers d'une moralité reconnue, jusqu'à concurrence de la somme de 300 fr. L'administration municipale a contribué à cette bonne œuvre en affectant dans l'Hôtel-de-Ville un local pour le service de ses bureaux et lui allouant un secours annuel de 1,000 fr. pour ses frais d'administration. Quoique ses moyens d'action ne soient pas aussi étendus qu'on pourrait le désirer, elle contribue toutefois à arracher quelques victimes à la rapacité des usuriers.

« Mais si les ravages de l'usure sont diminués dans la ville de Toulouse par cette institution charitable, sa population pauvre n'en ressent pas moins les tristes conséquences de l'élévation des frais de justice, et de l'impossibilité où se trouve l'indigent d'avoir recours aux tribunaux. Ces inconvénients, que vous avez fait ressortir avec tant de force dans une autre partie de votre ouvrage, appellent hautement une réforme, et nul n'en sent plus l'indispensable nécessité que les magistrats du parquet, appelés trop souvent à être sur ce point les témoins de la douleur de l'indigent, à qui ils ne peuvent offrir que de stériles conseils. Attaché à ces fonctions depuis treize années, combien de fois j'ai appelé de mes vœux une loi qui permit aux pauvres l'accès gratuit des tribunaux ! Cependant notre législation n'est pas complètement muette à cet égard : l'article 75 de la loi du 25 mars 1817 autorise le procureur du roi à poursuivre d'office, sans droits de timbre et d'enregistrement, les rectifications et réparations d'omissions, dans les registres de l'état civil, d'actes qui intéressent les individus notoirement indigents, et cette disposition, quoique par la mauvaise tenue de ces registres dans les campagnes rend d'une application fréquente, épargne à bien des pauvres gens, qui en usent le plus souvent au moment de contracter mariage, c'est-à-dire dans une époque où leurs faibles ressources doivent pourvoir à de nombreuses dépenses, leur épargne, dis-je, les frais d'une procédure qui ne coûterait pas moins de 50 à 60 fr.

« Sans doute on doit se féliciter d'une semblable disposition ; mais ne serait-il pas juste qu'elle fût étendue à d'autres cas non moins urgents? Sur ce point on peut citer, indépendamment des exemples pris chez divers peuples d'Italie et que vous avez fait connaître dans le *Journal des Débats*, la législation des Pays-Bas : elle se trouve consignée pour ce pays dans divers lois et arrêtés de 1814, 1815 et 1824, qu'on trouve rapportés dans le *Répertoire de Jurisprudence* de Merlin (vᵒ *Pauvres*, tome XVII, 4ᵉ édit.). Il en résulte que les indigents qui justifient de leur position sont admis à plaider dans tous les tribunaux, soit en demandant, soit en défendant, avec exemption des droits de timbre, d'enregistrement, de greffe, d'expédition, et d'honoraires d'avoués et d'huissiers. Ces droits sont toutefois acquittés par la partie qui perd son procès, si elle n'est pas indigente ; ainsi la perte pour le fisc n'est pas absolue dans tous les cas.

« Combien il serait à désirer que la France, dont la législation a servi de modèle à ses voisins sur tant de points, leur empruntât à son tour une si philanthropique institution ! Par là se trouverait anéanti un des griefs que le peuple exprime avec le plus d'amertume contre l'ordre de choses existant : par là les magistrats ne se verraient pas trop souvent forcés de refuser à un justiciable la justice qu'il réclame et qui lui est due.

« Continuez, monsieur, à faire servir votre voix puissante à signaler d'aussi déplorables lacunes dans notre législation : il est impossible qu'elle ne soit pas enfin entendue de nos législateurs.

« Veuillez agréer, monsieur, l'assurance de ma haute considération. »

FIN DES MYSTÈRES DE PARIS.

La princesse Amélie.

www.ingramcontent.com/pod-product-compliance
Lightning Source LLC
Chambersburg PA
CBHW060617170426
43201CB00009B/1047